Beckmann · Kment

Gesetz über die Umweltverträglichkeitsprüfung (UVPG)

Umwelt-Rechtsbehelfsgesetz (UmwRG)

Beckmann · Kment

Gesetz über die Umweltverträglichkeitsprüfung (UVPG)

Umwelt-Rechtsbehelfsgesetz (UmwRG)

Kommentar

Begründet von

Prof. Dr. Werner Hoppe †
Universitätsprofessor em. an der Universität Münster, Rechtsanwalt und Of Counsel in der Kanzlei der Rechtsanwälte Gleiss Lutz, Berlin/Stuttgart

Fortgeführt von

Prof. Dr. Martin Beckmann
Rechtsanwalt und Fachanwalt für Verwaltungsrecht, Münster,
Honorarprofessor an der Universität Münster

Prof. Dr. Martin Kment, LL.M. (Cambridge)
Universitätsprofessor an der Universität Augsburg,
Geschäftsführender Direktor des Instituts für Umweltrecht der Universität Augsburg

Bearbeitet von

Dr. Martin M. Arnold · Dr. Stefan Bauer, LL.M. Eur. · Prof. Dr. Martin Beckmann · Dr. René Grandjot · Dr. Joachim Hagmann · Prof. Dr. Patrick Hilbert · Dr. Georg Hünnekens · Dr. Matthias Keller · Prof. Dr. Martin Kment, LL.M. (Cambridge) · Prof. Dr. Tobias Leidinger · Dr. Bernd Schieferdecker · Dr. Jörg Wagner · Prof. Dr. Armin von Weschpfennig · Prof. Dr. Daniela Winkler

7. Auflage

Carl Heymanns Verlag 2026

Zitiervorschlag: *Bearbeiter* in Beckmann/Kment, UVPG, § 1 Rn. 26

Bibliografische Information der Deutschen Nationalbibliothek

Die Deutsche Nationalbibliothek verzeichnet diese Publikation in der Deutschen Nationalbibliografie; detaillierte bibliografische Daten sind im Internet über http://dnb.d-nb.de abrufbar.

ISBN 978-3-452-30541-1

www.wolterskluwer.com

Umschlagkonzeption: Martina Busch, Grafikdesign, Homburg Kirrberg
Satz: Datagroup-Int SRL, Timisoara, Romania
Druck und Weiterverarbeitung: Wydawnictwo Diecezjalne i Drukarnia w Sandomierzu, Sandomierz, Polen

Gedruckt auf säurefreiem, alterungsbeständigem und chlorfreiem Papier.

Vorwort

Das Recht der Umweltverträglichkeitsprüfung und der gerichtliche Rechtsschutz in Umweltangelegenheiten zählen zu den zentralen Instrumenten des modernen Umweltrechts. Dementsprechend finden die Vorschriften des UVPG und des UmwRG in der Wissenschaft und vor allem in der Praxis große Beachtung. Mit dem Erlass des Gesetzes zur Modernisierung des Rechts der Umweltverträglichkeitsprüfung vom 20.07.2017 wurde das UVPG umfassend umgestaltet. Diese grundlegende Neuordnung ist bereits in der im Jahr 2018 erschienenen 5. Auflage dieses Kommentars berücksichtigt worden.

Nachdem mit der im Jahr 2023 erschienenen 6. Auflage weitere Änderungen beider Regelungsbereiche in die Kommentierung eingearbeitet worden sind, haben sich inzwischen erneut gesetzgeberische und rechtsprechungsbedingte Neuerungen ergeben. Diese – wenn auch nur geringfügigen – Aktualisierungen machen das Erscheinen einer 7. Auflage des Kommentars erforderlich.

Nachdem mit Artikel 4 des Gesetzes zur Beschleunigung von Investitionen vom 3. Dezember 2020 (BGBl. I S. 2694) bereits der § 14a UVPG zur Beschleunigung des Planungs- und Genehmigungsverfahrens bei der Elektrifizierung von Schienenstrecken und anderen kleineren Vorhaben eingeführt wurde, kommen nun mit den §§ 14b–14d UVPG weitere Vorschriften zur Beschleunigung unterschiedlicher Infrastrukturprojekte hinzu. So wurde durch Artikel 2 des Gesetzes zur Änderung des Raumordnungsgesetzes und anderer Vorschriften (ROGÄndG) vom 22. März 2023 (BGBl. I Nr. 88) § 14b UVPG eingeführt, welcher eine Beschleunigung von Städtebauprojekten für Anlagen zur Nutzung solarer Strahlungsenergie in sog. »Go-to-Gebieten« anordnet. Mit Artikel 10 des Gesetzes zur Beschleunigung von Genehmigungsverfahren im Verkehrsbereich und zur Umsetzung der Richtlinie (EU) 2021/1187 über die Straffung von Maßnahmen zur rascheren Verwirklichung des transeuropäischen Verkehrsnetzes vom 22. Dezember 2023 (BGBl. I Nr. 409) wurden die §§ 14c und 14d UVPG hinzugenommen, welche den Ersatzneubau von Autobahnbrücken und den Ausbau von Fahrradwegen entlang von Bundesstraßen beschleunigen sollen. Des Weiteren wurde mehrmals die Anlage 1 (Liste »UVP-pflichtige Vorhaben«) und die Anlage 5 (Liste »SUP-pflichtiger Pläne und Programme«) überarbeitet. Namentlich wurde die Anlage 5 durch Artikel 4 des Gesetzes zur sofortigen Verbesserung der Rahmenbedingungen für die erneuerbaren Energien im Städtebaurecht vom 4. Januar 2023 (BGBl. I Nr. 6) und Artikel 2 des Gesetzes für die Wärmeplanung und zur Dekarbonisierung der Wärmenetze vom 20. Dezember 2023 (BGBl. I Nr. 394) aktualisiert. Die Anlage 1 wurde durch Artikel 14c des Gesetzes zur Anpassung des Energiewirtschaftsrechts an unionsrechtliche Vorgaben und zur Änderung weiterer energierechtlicher Vorschriften vom 22. Dezember 2023 (BGBl. I Nr. 405), Artikel 10 des Vierten Bürokratieentlastungsgesetzes vom 23. Oktober 2024 (BGBl. I Nr. 323) und Artikel 2 des Gesetzes zur Änderung des Kohlendioxid-Speicherungsgesetzes vom 25. November 2025 (BGBl. I Nr. 282) geändert.

Weitere kleinere, aber dennoch bedeutsame Änderungen des Gesetzes erfuhren die §§ 2, 5, 47 und 49 UVPG durch Artikel 2 des Gesetzes zur Änderung des Raumordnungsgesetzes und anderer Vorschriften (ROGÄndG) vom 22. März 2023 (BGBl. I Nr. 88), die §§ 1, 53 und 66 UVPG durch Artikel 10 des Gesetzes zur Beschleunigung von Genehmigungsverfahren im Verkehrsbereich und zur Umsetzung der Richtlinie (EU) 2021/1187 über die Straffung von Maßnahmen zur rascheren Verwirklichung des transeuropäischen Verkehrsnetzes vom 22. Dezember 2023 (BGBl. I Nr. 409) sowie die §§ 18, 20 und 56 UVPG durch Artikel 2 des Fünften Gesetzes zur Änderung verwaltungsverfahrensrechtlicher Vorschriften sowie zur Änderung des Sechsten Buches Sozialgesetzbuchs (5. VwVfÄndG) vom 4. Dezember 2023 (BGBl. I Nr. 344). Abschließend wurden auch § 50 UVPG durch Artikel 2 des Gesetzes für die Wärmeplanung und zur Dekarbonisierung der Wärmenetze vom 20. Dezember 2023 (BGBl. I Nr. 394), § 22 UVPG durch Artikel 10 des Vierten Bürokratieentlastungsgesetzes vom 23. Oktober 2024 (BGBl. I Nr. 323) sowie § 65 UVPG durch Artikel 4 des Gesetzes zur Beschleunigung des Ausbaus von Geothermieanlagen, Wärmepumpen und Wärmespeichern und zur Änderung weiterer rechtlicher Rahmenbedingungen für den klimaneutralen Ausbau der Wärmeversorgung sowie zur Änderung des Baugesetzbuchs und zur Änderung des Bundes-Immissionsschutzgesetzes vom 22. Dezember 2025 (BGBl. I Nr. 348) in Kleinigkeiten überarbeitet.

Einige kleinere Änderungen sind auch im UmwRG seit dem Erscheinen der 6. Auflage in Kraft getreten: So wurde § 6 UmwRG durch Artikel 2 des Gesetzes zur Beschleunigung von verwaltungsgerichtlichen Verfahren im Infrastrukturbereich vom 14. März 2023 (BGBl. I Nr. 71) und § 1 UmwRG durch Artikel 14b des Gesetzes zur Anpassung des Energiewirtschaftsrechts an unionsrechtliche Vorgaben und zur Änderung weiterer energierechtlicher Vorschriften vom 22. Dezember 2023 (BGBl. I Nr. 405) leicht abgewandelt. Von besonderer Bedeutung für das UmwRG ist jedoch der aktuelle Gesetzesentwurf der Bundesregierung zur Änderung des Umwelt-Rechtsbehelfsgesetzes und weiterer umweltrechtlicher Vorschriften, welcher die nationalen Regelungen zum Zugang zu Rechtsschutz in Umweltangelegenheiten an europarechtliche und völkerrechtliche Vorgaben anpassen soll. Auch dieser am 21.01.2026 vom Bundeskabinett beschlossenen Gesetzentwurf wird von der Neukommentierung – soweit noch möglich – bereits von unterschiedlichen Seiten beleuchtet. Der Entwurf eines Infrastruktur-Zukunftsgesetzes vom 19.12.2025 (BR-Drs. 780/25) konnte noch vor einer Verbändeanhörung innerhalb des Drucklegungsprozesses jedoch nicht mehr ausgewertet werden; dies bleibt der nächsten Auflage vorbehalten.

Im Übrigen konzentriert sich die Neukommentierung auf eine Einarbeitung und Berücksichtigung der zwischenzeitlich umfangreich ergangenen Rechtsprechung und Literatur zum UVPG und zum UmwRG. Von besonderer Bedeutung ist dabei der Klimabeschluss des BVerfG vom 24.03.2021 – 1 BvR 2656/18 u.a. –, wonach Art. 20a GG den Staat nicht nur zum Klimaschutz allgemein, sondern weitergehend zur Herstellung von Klimaneutralität verpflichtet. Die Berücksichtigung des Klimawandels und die Folgen von Planungs- und Zulassungsentscheidungen für das globale und das lokale Klima sind unstreitig Gegenstand der Umweltprüfung. Die Frage, welche Konsequenzen sich aus den bei der Umweltprüfung ermittelten globalen Klimafolgen für die Planungs- und Zulassungsentscheidungen ergeben können, wurde mittlerweile umfangreich in Literatur und Rechtsprechung diskutiert. So existiert mit dem Urteil des BVerwG vom 27.03.2025 – 7 A 3.24 – eine höchstrichterliche Entscheidung, wie der Klimawandel im immissionsschutzrechtlichen Genehmigungsverfahren zu berücksichtigen ist. Neben weiteren höchstrichterlichen Entscheidungen – insbesondere auch zu der Anerkennung des Rechtsschutzes einer Umweltvereinigung gegen unterschiedliche Entscheidungen nach dem UmwRG wie beispielsweise der Anerkennung von Rechtsschutz gegen Zielabweichungsentscheidungen nach dem Urteil des BVerwG vom 28.09.2023 – 4 C 6.21 – befasst sich der Kommentar aber auch mit der ober- und untergerichtlichen Rechtsprechung und bringt diese systematisierend auf den neuesten Stand.

Für die 7. Auflage des Kommentars konnten wieder 14 Autorinnen und Autoren mit wissenschaftlicher und praktischer Expertise aus allen Bereichen des Umweltrechts gewonnen werden. Von besonders großer Freude für uns ist, dass mit Herrn Prof. Dr. Armin von Weschpfennig – zusätzlich zum bisherigen Autorenteam – ein weiterer Kommentator aus der Wissenschaft dazugewonnen werden konnte. Er wird mit seiner ausgewiesenen Erfahrung im Planungs- und Umweltrecht die fachliche Tiefe und Praxisnähe des Werkes in besonderer Weise bereichern.

Herzlicher Dank gebührt an erster Stelle allen Autorinnen und Autoren für ihre engagierte Mitwirkung, mit der sie die wesentliche Grundlage des Kommentars legen. Da ein Kommentar nicht ohne die volle Unterstützung des Verlags gelingen kann, gilt ein ganz besonderer Dank auch dem für unseren Kommentar seit der 7. Auflage verantwortlichen Acquisition Editor, Herrn Björn Wagner (Wolters Kluwer Deutschland GmbH), und der für die Herausgabe dieser Auflage verantwortlichen Project Editorin, Frau Caroline Knopp (Datagroup Deutschland GmbH). Herr Wagner und Frau Knopp haben mit großem Engagement und in perfekter, sympathischer Zusammenarbeit mit den Autorinnen, Autoren und den Herausgebern das zügige Erscheinen der 7. Auflage des Kommentars ermöglicht. Großen Dank verdienen schließlich auch die Wissenschaftlichen Mitarbeiter von Herrn Prof. Dr. Kment in Augsburg für ihre unermüdliche Einsatzbereitschaft. Ausdrücklich hervorzuheben sind dabei Herr Jonas Kirschner und Herr Torben Buck, die sich durch ihr Engagement und ihre Sorgfalt bei der Arbeit für den Kommentar besonders verdient gemacht haben.

Münster und Augsburg im Februar 2026

Die Herausgeber

Martin Beckmann | Martin Kment

Autorenverzeichnis

Dr. Martin M. Arnold
Rechtsanwalt und Fachanwalt für Verwaltungsrecht und Agrarrecht, Mediator (DAA), in der Kanzlei der Rechtsanwälte Baumeister, Münster

Dr. Stefan Bauer, LL.M. Eur.
Rechtsanwalt in der Kanzlei CMS Hasche Sigle, Stuttgart; vormals Richter am Verwaltungsgerichtshof Mannheim

Prof. Dr. Martin Beckmann
Rechtsanwalt und Fachanwalt für Verwaltungsrecht, Münster, Honorarprofessor der Universität Münster

Dr. René Grandjot
Regierungsdirektor im Bundesministerium des Innern

Dr. Joachim Hagmann
Rechtsanwalt und Fachanwalt für Verwaltungsrecht in der Kanzlei der Rechtsanwälte Baumeister, Münster

Prof. Dr. Patrick Hilbert
Geschäftsführender Direktor des Instituts für Umwelt- und Planungsrecht, Lehrstuhl für Öffentliches Recht, insb. Verwaltungsrecht, Universität Münster

Dr. Georg Hünnekens
Rechtsanwalt und Fachanwalt für Verwaltungsrecht in der Kanzlei der Rechtsanwälte Baumeister, Münster

Dr. Matthias Keller
Vorsitzender Richter am Verwaltungsgericht Aachen

Prof. Dr. Martin Kment, LL.M. (Cambridge)
Geschäftsführender Direktor des Instituts für Umweltrecht der Universität Augsburg, Lehrstuhl für Öffentliches Recht und Europarecht, Umweltrecht und Planungsrecht

Prof. Dr. Tobias Leidinger
Rechtsanwalt und Fachanwalt für Verwaltungsrecht bei der Luther Rechtsanwaltsgesellschaft, Büro Düsseldorf, Honorarprofessor an der Ruhr-Universität Bochum, Direktor am Institut für Berg- und Energierecht der Ruhr-Universität Bochum

Dr. Bernd Schieferdecker
Rechtsanwalt und Fachanwalt für Verwaltungsrecht in der Kanzlei Dolde Mayen & Partner, Stuttgart

Ministerialdirigent Dr. Jörg Wagner
Ministerialdirigent im Bundesministerium für Wohnen, Stadtentwicklung und Bauwesen

Prof. Dr. Armin von Weschpfennig
Professor für Öffentliches Recht an der Helmut-Schmidt-Universität/Universität der Bundeswehr Hamburg

Prof. Dr. Daniela Winkler
Institut für Volkswirtschaftslehre und Recht, Abteilung für Rechtswissenschaft, Universität Stuttgart

Im Einzelnen haben bearbeitet

Einleitung	Winkler
UVPG	
§§ 10, 11, 12	Arnold
§§ 1, 2, 3, 4, 14b, Anlage 1	Bauer
§§ 6, 13, 24, 25, 26, 27, 28, 43, 51, 65, 66, 67, 68, 69, 73	Beckmann
§§ 54, 55, 56, 57, 58, 59, 60, 61, 62, 63, 64	Grandjot
§§ 17, 18, 19, 20, 21, 22, 23,	Hagmann
§§ 14a, 67a	Hilbert
§§ 47, 52, 53	Hünnekens
§§ 5, 7, 9, 14	Keller
§§ 8, 14d, 15, 16, 38, 39, 40, 72, Anlage 4 (in § 16 inbegriffen)	Kment
§§ 33, 34, 35, 36, 37, Anlage 5, Anlage 6	Leidinger
§§ 29, 30, 31, 32, 45, 46	Schieferdecker
§§ 48, 49, 50	Wagner
§§ 14c, 41, 42, 44	von Weschpfennig
§§ 70, 71, 74	Winkler
UmwRG	
§§ 1, 3, 8	Schieferdecker
§§ 2, 4	Kment
§§ 5, 6, 7	Winkler

Inhaltsübersicht

Inhaltsverzeichnis

Abkürzungsverzeichnis

a.A.	andere(r) Ansicht
a.a.O.	am anderen Ort
a.F.	alte Fassung
abgedr.	abgedruckt
ABl	Amtsblatt
ABlEG	Amtsblatt der Europäischen Gemeinschaft
Abs.	Absatz
Abschn.	Abschnitt
AEG	Allgemeines Eisenbahngesetz v. 27.12.1993 (BGBl. I S. 2378, 2396), zul. geänd. d. Art. 1 G v. 17.07.2025 (BGBl. I Nr. 164)
AEUV	Vertrag über die Arbeitsweise der Europäischen Union, Fassung aufgrund des am 01.12.2009 in Kraft getretenen Vertrages von Lissabon (Konsolidierte Fassung bekanntgemacht im ABlEG Nr. C 115 v. 09.05.2008, S. 47), zul. geänd. d. die Akte über die Bedingungen des Beitritts der Republik Kroatien und die Anpassungen des Vertrags über die Europäische Union, des Vertrags über die Arbeitsweise der Europäischen Union und des Vertrags zur Gründung der Europäischen Atomgemeinschaft (ABl. EU L 112/21 vom 24.04.2012)
allg.	allgemein(e)
amtl.	amtlich(e)
Amtsbl	Amtsblatt
Anh.	Anhang
Anl.	Anlage
Anm.	Anmerkung
AöR	Archiv des öffentlichen Rechts (Zeitschrift)
ARGEBAU	Arbeitsgemeinschaft der für das Bau-, Wohnungs- und Siedlungswesen zuständigen Minister der Länder
Art.	Artikel
AtG	Gesetz über die friedliche Verwendung der Kernenergie und den Schutz gegen ihre Gefahren (Atomgesetz) i.d.F. d. Bek. v. 15.07.1985 (BGBl. I S. 1565), zul. geänd. d. Art. 1 G v. 04.12.2022 (BGBl. I S. 2153)
AtVfV	Atomrechtliche Verfahrensverordnung i.d.F. d. Bek. v. 03.02.1995 (BGBl. I S. 180), zul. geänd. d. Art. 16 V v. 11.12.2024 (BGBl. I Nr. 411)
Aufl.	Auflage
ausf.	ausführlich
AWZ	Ausschließliche Wirtschaftszone
BW	Baden-Württemberg
BAnz	Bundesanzeiger
BASE	Bundesamt für die Sicherheit der nuklearen Entsorgung
BauGB	Baugesetzbuch i.d.F. d. Bek. v. 03.11.2017 (BGBl. I S. 3634), zul. geänd. d. Art. 1 G v. 27.10.2025 (BGBl. I Nr. 257)
BauGB-MaßnG	Maßnahmengesetz zum Baugesetzbuch i.d.F. d. Bek. v. 28.04.1993 (BGBl. I S. 622), durch Art. 11 Abs. 2 G v. 18.08.1997 (BGBl. I S. 2081 ff.) außer Kraft gesetzt
BauO NRW	Bauordnung für das Land Nordrhein-Westfalen (Landesbauordnung 2018) v. 21.07.2018 (GV NRW S. 421), zul. geänd. d. Art. 1 G v. 31.10.2023 (GV NRW S. 1172)
BauR	Baurecht (Zeitschrift)
Bay	Bayern
BayLplG	Bayerisches Landesplanungsgesetz v. 25.06.2021 (GVBl S. 254), zul. geänd. d. § 4 G v. 23.07.2024 (GVBl S. 257)
BayVBl	Bayerische Verwaltungsblätter (Zeitschrift)
BayVGH	Bayerischer Verwaltungsgerichtshof
BBahnG	Bundesbahngesetz v. 13.12.1951 (BGBl. III, Nr. 931-1), zul. geänd. d. Art. 331 V v. 19.06.2020 (BGBl. I S. 1328)
BBergG	Bundesberggesetz v. 13.08.1990 (BGBl. I S. 1310), zul. geänd. d. Art. 1 G v. 23.10.2024 (BGBl. I Nr. 323)

BbgKVerf	Kommunalverfassung des Landes Brandenburg v. 05.03.2024 (GVBl I Nr. 10, 38), zul. geänd. d. Art. 1 G v. 02.04.2025 (GVBl I Nr. 8)
BBodSchG	Gesetz zum Schutz vor schädlichen Bodenveränderungen und zur Sanierung von Altlasten (Bundes-Bodenschutz-Gesetz) v. 17.03.1998 (BGBl. I S. 502), zul. geänd. d. Art. 7 G v. 25.02.2021 (BGBl. I S. 306)
Bd., Bde.	Band, Bände
BDSG	Bundesdatenschutzgesetz i.d.F. d. Bek. v. 30.06.2017 (BGBl. I S. 2097), zul. geänd. d. Art. 7 G v. 06.05.2024 (BGBl. I Nr. 149)
bearb.	bearbeiter
Begr.	Begründung
Bek.	Bekanntmachung
ber.	berichtigt
Beschl.	Beschluss
BesVerwR	Besonderes Verwaltungsrecht
BGBl.	Bundesgesetzblatt
BGH	Bundesgerichtshof
BGHZ	Entscheidungen des Bundesgerichtshofs in Zivilsachen
BImSchG	Gesetz zum Schutz vor schädlichen Umwelteinwirkungen durch Luftverunreinigungen, Geräusche, Erschütterungen und ähnliche Vorgänge (Bundes-Immissionsschutzgesetz) i.d.F. d. Bek. v. 17.05.2013 (BGBl. I S. 1274; 2021 I S. 123); zul. geänd. d. Art. 1 G v. 12.08.2025 (BGBl. I Nr. 189)
4. BImSchV	Vierte Verordnung zur Durchführung des Bundes-Immissionsschutzgesetzes (Verordnung über genehmigungsbedürftige Anlagen) i.d.F. d. Bek. v. 31.05.2017 (BGBl. I S. 1440), zul. geänd. d. Art. 1 V v. 12.11.2024 (BGBl. I Nr. 355)
9. BImSchV	Neunte Verordnung zur Durchführung des Bundes-Immissionsschutzgesetzes (Verordnung über das Genehmigungsverfahren) i.d.F. d. Bek. v. 29.05.1992 (BGBl. I S. 1001), zul. geänd. d. Art. 4 G v. 03.07.2024 (BGBl. I Nr. 225)
BKompV	Verordnung über die Vermeidung und die Kompensation von Eingriffen in Natur und Landschaft im Zuständigkeitsbereich der Bundesverwaltung (Bundeskompensationsverordnung) v. 14.05.2020 (BGBl. I S. 1088)
BMU	Bundesministerium für Umwelt, Naturschutz, nukleare Sicherheit und Verbraucherschutz
BMVg	Bundesministerium der Verteidigung
BMVI	Bundesministerium für Digitales und Verkehr
BNatSchG	Gesetz über Naturschutz und Landschaftspflege (Bundesnaturschutzgesetz) v. 29.07.2009 (BGBl. I S. 2542), zul. geänd. d. Art. 48 G v. 23.10.2024 (BGBl. I Nr. 323)
BOStrab	Straßenbahn-Bau- und Betriebsordnung vom 11.12.1987 (BGBl. I S. 2648), zul. geänd. d. Art. 1 V v. 01.10.2019 (BGBl. I S. 1410)
BR-Drs.	Bundesratsdrucksache
BReg	Bundesregierung
BremGVBl	Bremisches Gesetzblatt
BremUVPG	Bremisches Landesgesetz über die Umweltverträglichkeitsprüfung i.d.F. d. Bek. v. 05.02.2008 (BremGVBl S. 47), zul. geänd. d. Nr. 2.3 i.V.m. Anl. 3 Bek. über die Änd. von Zuständigkeiten vom 02.09.2025 (BremGBl S. 674)
BremWG	Bremisches Wassergesetz v. 12.04.2011 (BremGVBl S. 262), zul. geänd. d. Nr. 2.3 iVm Anl. 3, Nr. 2.6 iVm Anl. 6 Bek. über die Änd. von Zuständigkeiten vom 02.09.2025 (BremGBl S. 674)
bspw.	beispielsweise
BT-Drs.	Bundestagsdrucksache
BT-Prot	Bundestagsprotokoll
BVerfG	Bundesverfassungsgericht
BVerfGE	Entscheidungen des Bundesverfassungsgerichts
BVerwG	Bundesverwaltungsgericht
BVerwGE	Entscheidungen des Bundesverwaltungsgerichts
BW GemO	Gemeindeordnung für Baden-Württemberg i.d.F. d. Bek. v. 24.07.2000 (GBl S. 581, 698), zul. geänd. d. Art. 1 G v. 22.07.2025 (GBl Nr. 71)

BWaldG	Bundeswaldgesetz v. 02.05.1975 (BGBl. I S. 1037), zul. geänd. d. Art. 112 G v. 10.08.2021 (BGBl. I S. 3436)
bzgl.	bezüglich
bzw.	beziehungsweise
ca.	circa
d.h.	das heißt
dass.	dasselbe
DB	Der Betrieb (Zeitschrift)
DDR	Deutsche Demokratische Republik
ders.	derselbe
dies.	dieselbe(n)
Doppelbuchst.	Doppelbuchstabe
DÖV	Die Öffentliche Verwaltung (Zeitschrift)
DtZ	Deutsch-Deutsche Rechts-Zeitschrift
DVBl	Deutsches Verwaltungsblatt (Zeitschrift)
E	Entscheidung
EAG Bau	Gesetz zur Anpassung des Baugesetzbuchs an EU-Richtlinien (Europarechtsanpassungsgesetz Bau) v. 24.06.2004 (BGBl. I S. 1359)
ebd.	ebenda
EBKrG	Gesetz über Kreuzungen von Eisenbahnen und Straßen (Eisenbahnkreuzungsgesetz) i.d.F. d. Bek. v. 21.03.1971 (BGBl. I S. 337), zul. geänd. d. Art. 2 G v. 31.05.2021 (BGBl. I S. 1221)
EBO	Eisenbahn-Bau- und Betriebsordnung v. 08.05.1967 (BGBl. II S. 1563), zul. geänd. d. Art. 2 V v. 05.04.2019 (BGBl. I S. 479)
ECE-Abkommen	Übereinkommen über die Umweltverträglichkeitsprüfung im grenzüberschreitenden Zusammenhang v. 25.02.1991
EDV	Elektronische Datenverarbeitung
EEA	Einheitliche Europäische Akte vom 28.02.1986 (BGBl. II S. 1102)
EG	Europäische Gemeinschaft
EGV	Vertrag zur Gründung der Europäischen Gemeinschaft (nach Ratifizierung des Maastrichter Vertrages)
Eild. LKT NW	Eildienst Landkreistag Nordrhein-Westfalen (Zeitschrift)
Einl.	Einleitung, Einlassung
EIS	Environment Impact Statement
endg.	endgültig
Erg.Bd.	Ergänzungsband
ESBO	Eisenbahn-Bau- und Betriebsordnung für Schmalspurbahnen v. 25.02.1972 (BGBl. I S. 269), zul. geänd. d. Art. 519 V v. 31.08.2015 (BGBl. I S. 1474)
ET	Energiewirtschaftliche Tagesfragen (Zeitschrift)
etc.	et cetera
EU	Europäische Union
EuGH	Europäischer Gerichtshof
EuGRZ	Europäische Grundrechte-Zeitschrift
EuR	Europarecht (Zeitschrift)
EUV	Vertrag über die Europäische Union i.d.F. d. Bek. v. 09.05.2008 (AblEG Nr. C 115, S. 13), zul. geänd. d. die Akte über die Bedingungen des Beitritts der Republik Kroatien und die Anpassungen des Vertrags über die Europäische Union, des Vertrags über die Arbeitsweise der Europäischen Union und des Vertrags zur Gründung der Europäischen Atomgemeinschaft (Abl. EU L 112/21)
EuZW	Europäische Zeitschrift für Wirtschaftsrecht
Evertr.	Vertrag zwischen der Bundesrepublik Deutschland und der Deutschen Demokratischen Republik über die Herstellung der Einheit Deutschlands v. 31.08.1990 (BGBl. II S. 885) – Einigungsvertrag
EWGV	Vertrag zur Gründung der Europäischen Wirtschaftsgemeinschaft v. 25.03.1957 (BGBl. II S. 753, 766)
f., ff.	folgend, folgende Seite(n)

FFH	Fauna-Flora-Habitat im Sinne der Fauna-Flora-Habitat-Richtlinie (FFH-Richtlinie 92/43/EWG, Abl. L 206 v. 22.07.1992, S. 7) sowie §§ 33 ff. BNatSchG
FlurbG	Flurbereinigungsgesetz i.d.F. d. Bek. v. 16.03.1976 (BGBl. I S. 546), zul. geänd. d. Art. 17 G v. 19.12.2008 (BGBl. I S. 2794)
Fn.	Fußnote
FS	Festschrift
FStrG	Bundesfernstraßengesetz i.d.F. d. Bek. v. 28.06.2007 (BGBl. I S. 1206), zul. geänd. d. Art. 1 G v. 22.12.2023 (BGBl. I Nr. 409)
G	Gesetz
GBl	Gesetzblatt
GBl; GV, GVBl, GVOBl	Gesetz- und Verordnungsblatt
geänd. d.	geändert durch
gem.	gemäß
GemO RhPf	Gemeindeordnung Rheinland-Pfalz i.d.F. d. Bek. v. 31.01.1994 (GVBl S. 153), zul. geänd. d. Art. 6 G v. 01.01.2024 (GVBl S. 473, 475)
GenTG	Gesetz zur Regelung der Gentechnik (Gentechnikgesetz) v. 16.12.1993 (BGBl. I S. 2066), zul. geänd. d. Art. 8 Abs. 7 G v. 27.09.2021 (BGBl. I S. 4530)
GG	Grundgesetz für die Bundesrepublik Deutschland v. 23.05.1949 (BGBl. I S. 1), zul. geänd. d. Art. 1 G v. 22.03.2025 (BGBl. I Nr. 94)
ggf.	gegebenenfalls
GMBl	Gemeinsames Ministerialblatt
GO NRW	Gemeindeordnung für das Land Nordrhein-Westfalen i.d.F. d. Bek. v. 14.07.1994 (GV S. 666), zul. geänd. d. Art. 1 G v. 10.07.2025 (GV S. 618)
GO S-H	Gemeindeordnung für Schleswig-Holstein i.d.F. d. Bek. v. 28.02.2003 (GVOBl S. 57), zul. geänd. d. Art. 1 G v. 25.07.2025 (GVOBl Nr. 121)
GS	Gedächtnisschrift
GuD	Gas- und Dampf(-Kraftwerk)
h	Stunde
Hamb.	Hamburg
HbBodSch	Handbuch des Bodenschutzes
HbStR	Handbuch des Staatsrechts
HdböffBauR	Handbuch des öffentlichen Baurechts
HdUR	Handwörterbuch des Umweltrechts
HdUVP	Handbuch der Umweltverträglichkeitsprüfung
HGO	Hessische Gemeindeordnung i.d.F. d. Bek. v. 07.03.2005 (GVBl I S. 142), zul. geänd. d. G v. 01.04.2024 (GVBl. Nr. 24)
Hinw.	Hinweis
Hinweisbeschl.	Hinweisbeschluss
HmbGVBl	Hamburgisches Gesetz- und Verordnungsblatt
HmbUVPG	Gesetz über die Umweltverträglichkeitsprüfung in Hamburg v. 10.12.1996 (HmbGVBl S. 310), zul. geänd. d. Art. 2 G v. 21.02.2018 (HmbGVBl S. 53)
Hrsg.	Herausgeber
HS	Halbsatz
i.E.	im Einzelnen
i.Erg.	im Ergebnis
i.S.d.	im Sinne des, der
i.S.v.	im Sinne von
i.Ü.	im Übrigen
i.V.m.	in Verbindung mit
i.W.	im Wesentlichen
i.d.F. d.Bek.v.	in der Fassung der Bekanntmachung vom
i.d.R.	in der Regel
insbes.	Insbesondere
IUR	Informationsdienst Umweltrecht (Zeitschrift)
IVU-RL	Richtlinie 96/61 EG des Rates vom 24.09.1996 über die integrierte Vermeidung und Verminderung der Umweltverschmutzung (AblEG v. 10.10.1996 Nr. L

	257/26); aufgehoben/ersetzt gem. Art. 22 der RL 2008/1/EG (Abl. Nr. L 24, S. 8)
JuS	Juristische Schulung (Zeitschrift)
JZ	Juristenzeitung (Zeitschrift)
KOM	Kommission
KrW-/AbfG	Gesetz zur Förderung der Kreislaufwirtschaft und Sicherung der umweltverträglichen Beseitigung von Abfällen (Kreislaufwirtschafts- und Abfallgesetz) v. 27.09.1994 (BGBl. I S. 2705), aufgehoben durch Art. 6 Abs. 1 G v. 24.02.2012 (BGBl. I S. 212)
KrWG	Gesetz zur Förderung der Kreislaufwirtschaft und Sicherung der umweltverträglichen Bewirtschaftung von Abfällen (Kreislaufwirtschaftsgesetz – KrWG) v. 24.02.2012 (BGBl. I S. 212), zul. geänd. d. Art. 5 G v. 02.03.2023 (BGBl. I Nr. 56)
KSG	Gesetz zur Einführung eines Bundes-Klimaschutzgesetzes und zur Änderung weiterer Vorschriften (Bundes-Klimaschutzgesetz) v. 12.12.2019 (BGBl. I S. 2513), zul. geänd. d. Art. 1 G v. 15.07.2024 (BGBl. I Nr. 235)
KSVG Saarl	Kommunalselbstverwaltungsgesetz des Saarlandes i.d.F. d. Bek. v. 27.06.1997 (Amtsbl S. 682), zul. geänd. d. Art. 49 G v. 27.08.2025 (Amtsbl I S. 854, 863)
KV M-V	Kommunalverfassung für das Land Mecklenburg-Vorpommern v. 13.07.2011 (GVOBl S. 777), zul. geänd. d. Art. 4 G v. 18.03.2025 (GVOBl S. 130, 136)
KVG LSA	Kommunalverfassungsgesetz des Landes Sachsen-Anhalt v. 17.06.2014 (GVBl S. 288), zul. geänd. d. G v. 26.06.2025 (GVBl S. 410)
LAI	Länderausschuss für Immissionsschutz
Landesplanungsvertrag Berlin-Brandenburg	Vertrag über die Aufgaben und Trägerschaft sowie Grundlagen und Verfahren der gemeinsamen Landesplanung zwischen den Ländern Berlin und Brandenburg i.d.F. d. Bek. v. 13.02.2012 (GVBl Nr. 14 S. 1)
Leits.	Leitsatz
lit.	Buchstabe
LKV	Landes- und Kommunalverwaltung (Zeitschrift)
LplG BW	Landesplanungsgesetz Baden-Württemberg i.d.F. d. Bek. v. 10.07.2003 (GBl S. 385), zul. geänd. d. Art. 10 G v. 22.07.2025 (GBl. Nr. 71)
LPlG M-V	Gesetz über die Raumordnung und Landesplanung des Landes Mecklenburg-Vorpommern i.d.F. d. Bek. v. 05.05.1998 (GVOBl S. 503, 613), zul. geänd. d. Art. 1 G v. 13.05.2024 (GVOBl S. 149)
LPlG NRW	Landesplanungsgesetz für das Land Nordrhein-Westfalen i.d.F. d. Bek. v. 03.05.2005 (GV NRW S. 430), zul. geänd. d. Art. 1 G v. 23.09.2025 (GV NRW S. 784)
LPlG Rh.-Pf.	Landesplanungsgesetz Rheinland-Pfalz v. 10.04.2003 (GVBl S. 41), zul. geänd. d. § 54 G v. 06.10.2015 (GVBl S. 283, 295)
LuftVG	Luftverkehrsgesetz v. 14.01.1981 (BGBl. I S. 61) i.d.F. d. Bek. v. 10.05.2007 (BGBl. I S. 698), zul. geänd. d. Art. 3 G v. 23.10.2024 (BGBl. I Nr. 327)
LWG	Landeswassergesetz
LWG NRW	Wassergesetz für das Land Nordrhein-Westfalen i.d.F. d. Bek. v. 25.06.1995 (GV NRW S. 926), zul. geänd. d. Art. 3 G v. 17.12.2021 (GV NRW S. 1470)
m.	mit
m.E.	meines Erachtens
m.w.N.	mit weiteren Nachweisen
MBl	Ministerialblatt
MBl NW	Ministerialblatt Nordrhein-Westfaleb
MBPlG	Gesetz zur Regelung des Planungsverfahrens für Magnetschwebebahnen (Magnetschwebebahnplanungsgesetz) v. 23.11.1994 (BGBl. I S. 3486), zul. geänd. d. Art. 330 V v. 19.06.2020 (BGBl. I S. 1328)
MELF	Ministerium für Ernährung, Landwirtschaft und Forschung des Landes Nordrhein-Westfalen
MURL	Ministerium für Umwelt, Raumordnung und Landwirtschaft des Landes Nordrhein-Westfalen
MW	Megawatt
Nachw.	Nachweis

Nds.	Niedersachsen
NdsVBl	Niedersächsische Verwaltungsblätter
NdsWG	Niedersächsisches Wassergesetz
NEPA	National Environmental Policy Act
NJW	Neue Juristische Wochenschrift (Zeitschrift)
NkomVG	Niedersächsisches Kommunalverfassungsgesetz v. 17.12.2010 (GVBl S. 576), zul. geänd. d. G v. 21.06.2023 (GVBl S. 111)
NordÖR	Zeitschrift für öffentliches Recht in Norddeutschland
Nr., Nrn.	Nummer(n)
NRW	Nordrhein-Westfalen
NuL	Natur und Landschaft (Zeitschrift)
NuR	Natur und Recht (Zeitschrift)
NVwZ	Neue Zeitschrift für Verwaltungsrecht
NVwZ-RR	Neue Zeitschrift für Verwaltungsrecht-Rechtsprechungsreport
NWVBl	Nordrhein-Westfälische Verwaltungsblätter (Zeitschrift)
o.Ä.	oder Ähnliches
ÖffBauBoR	Öffentliches Bau- und Bodenrecht, Raumplanungsrecht
ÖffBauR	Öffentliches Baurecht
OVG	Oberverwaltungsgericht
PBefG	Personenbeförderungsgesetz i.d.F. d. Bek. v. 08.08.1990 (BGBl. I S. 1690), zul. geänd. d. Art. 7 IV G v. 11.04.2024 (BGBl. I Nr. 119)
PflSchG	Pflanzenschutzgesetz i.d.F. d. Bek. v. 06.02.2012 (BGBl. I S. 148, 1281), zul. geänd. d. Art. 2 G v. 20.12.2022 (BGBl. I S. 2752)
PVS	Politische Vierteljahresschrift (Zeitschrift)
RaumPlanung	Raumplanung (Zeitschrift)
RdL	Recht der Landwirtschaft (Zeitschrift)
Rdn.	Randnummer(n) (bei werksinternen Verweisen)
RefEntw.	Referentenentwurf
RegEntw.	Regierungsentwurf
Rh.-Pf.	Rheinland-Pfalz
RhlpfWG	Wassergesetz für das Land Rheinland-Pfalz v. 14.07.2015 (GVBl. S. 127), zul. geänd. d. G v. 09.07.2025 (GVBl. I S. 2752)
Rn.	Randnummer(n) (bei Verweisen auf Fremdliteratur)
ROG	Raumordungsgesetz v. 22.12.2008 (BGBl. I S. 2986), zul. geänd. d. Art. 7 G v. 12.08.2025 (BGBl. I Nr. 189)
RohrFLtgV	Rohrfernleitungsverordnung v. 27.09.2002 (BGBl. I S. 3777, 3809), zul. geänd. d. Art. 224 V v. 19.06.2020 (BGBl. I S. 1328)
ROLaPlaR	Raumordnungs- und Landesplanungsrecht
RoV	Raumordnungsverordnung v. 13.12.1990 (BGBl. I S. 2766), zul. geänd. d. Art. 12 G v. 22.03.2023 (BGBl. I Nr. 88)
RS.	Rechtssache
Rspr.	Rechtsprechung
RuL	Raumordnungs- und Landesplanungsrecht
S.	Satz, Seite
s.	siehe
s.o.	siehe oben
s.u.	siehe unten
Saarl.	Saarland
SächsGemO	Sächsische Gemeindeordnung i.d.F. d. Bek. v. 09.03.2018 (GVBl S. 62), zul. geänd. d. Art. 15 G v. 27.06.2025 (GVBl S. 285)
SächsLPlG	Landesplanungsgesetz Sachsen v. 11.12.2018 (GVBl S. 706), zul. geänd. d. Art. 1 G v. 10.09.2025 (GVBl S. 350)
Schl.-H.	Schleswig-Holstein
Slg.	Sammlung
SLPG	Saarländisches Landesplanungsgesetz v. 18.11.2010 (Amtsbl I S. 2599), zul. geänd. d. Art. 92 G v. 08.12.2021 (Amtsbl I S. 2629)
sog.	sogenannte
Sp.	Spalte

SRU	Der Rat von Sachverständigen für Umweltfragen
st. Rspr.	ständige Rechtsprechung
StrlSchG	Gesetz zum Schutz vor der schädlichen Wirkung ionisierender Strahlung (Strahlenschutzgesetz) v. 27.06.2017 (BGBl. I S. 1966), zul. geänd. d. Art. 4 G v. 23.10.2024 (BGBl. I Nr. 324)
StrWG NRW	Straßen- und Wegegesetz des Landes Nordrhein-Westfalen i.d.F. d. Bek. v. 23.09.1995 (GV NRW S. 1029), zul. geänd. d. Art. 5 G v. 10.12.2024 (GV NRW S. 1184)
StuGB	Städte- und Gemeindebund, seit 1992 Stadt und Gemeinde (Zeitschrift)
StuGR	Städte- und Gemeinderat (Zeitschrift)
SUP	Strategische Umweltprüfung
SUP-RL	Richtlinie 2001/42/EG des Europäischen Parlaments und des Rates v. 27.06.2001 über die Prüfung der Umweltauswirkungen bestimmter Pläne und Programme AblEG L 197 v. 21.07.2001 S. 30
SUPG	Gesetz zur Einführung einer strategischen Umweltprüfung und zur Umsetzung der Richtlinie 2001/42/EG vom 25.06.2005 (BGBl. I S. 1746)
TA Luft	Technische Anleitung zur Reinhaltung der Luft i.d.F. d. Bek. v. 18.08.2021 (GMBl S. 1050)
ThürKO	Thüringer Gemeinde und Landkreisordnung i.d.F. d. Bek. v. 28.01.2003 (GVBl S. 41), zul. geänd. d. Art. 33 G v. 02.07.2024 (GVBl S. 277, 288)
ThürLPlG	Thüringer Landesplanungsgesetz v. 11.12.2012 (GVBl S. 450), zul. geänd. d. G v. 21.05.2024 (GVBl S. 93)
ThürVBl	Thüringer Verwaltungsblatt
Tz.	Textziffer
u.a.	unter anderem, und andere
u.ä.	und ähnliches
UGB-AT	Umweltgesetzbuch – Allgemeiner Teil (Professorenentwurf)
UI-RL	Richtlinie 2003/4/EG des Europäischen Parlaments und des Rates vom 28. Januar 2003 über den Zugang der Öffentlichkeit zu Umweltinformationen und zur Aufhebung der Richtlinie 90/313/EWG des Rates, ABl EU Nr. L. 041 v. 14.02.2003, S. 26
UIG	Umweltinformationsgesetz v. 22.12.2004 (BGBl. I S. 3704), i.d.F. d. Bek. v. 27.10.2014 (BGBl. I S. 1643), zul. geänd. d. Art. 2 G v. 25.02.2021 (BGBl. I S. 306)
UmweltR	Umweltrecht
UmwRG	Gesetz über ergänzende Vorschriften zu Rechtsbehelfen in Umweltangelegenheiten nach der EG-Richtlinie 2003/35/EG (Umwelt-Rechtsbehelfsgesetz – UmwRG), i.d.F. d. Bek. v. 23.08.2017 (BGBl. I, S. 3290), zul. geänd. d. Art. 14b G v. 22.12.2023 (BGBl. I Nr. 405)
Unterabs./UAbs.	Unterabsatz
UPR	Umwelt- und Planungsrecht (Zeitschrift)
Urt.	Urteil
UTR	Jahrbuch des Umwelt- und Technikrechts
UVP	Umweltverträglichkeitsprüfung
UVP-report	UVP-report (Zeitschrift)
UVP-RL	Richtlinie des Rates über die Umweltverträglichkeitsprüfung bei bestimmten öffentlichen und privaten Projekten v. 27.06.1985 (85/337 EWG) ABlEG Nr. L 175 v. 05.07.1985, S. 40
UVP-V Bergbau	Verordnung über die Umweltverträglichkeitsprüfung bergbaulicher Vorhaben v. 13.07.1990 (BGBl. I S. 1420), zul. geänd. d. Art. 1 V v. 18.12.2023 (BGBl. 2024 I Nr. 2)
UVPG	Gesetz über die Umweltverträglichkeitsprüfung i.d.F. d. Bek. v. 18.03.2021 (BGBl. I S. 540), zul. geänd. d. Art. 2 G v. 25.11.2025 (BGBl. I Nr. 282)
UVPUmsG	Gesetz zur Umsetzung der Richtlinie des Rates vom 27.06.1985 über die Umweltverträglichkeitsprüfung bei bestimmten privaten und öffentlichen Projekten (85/337/EWG) v. 12.02.1990 (BGBl. I S. 205) unter Berücksichtigung nachträglicher Gesetzesänderungen

UVPVwV	Allgemeine Verwaltungsvorschrift zur Ausführung des Gesetzes über die Umweltverträglichkeitsprüfung, beschl. v. d. Bundesregierung am 17.05.1995
V	Verordnung
v.	vom, von
VBlBW	Verwaltungsblätter für Baden-Württemberg (Zeitschrift)
VEP	Vorhaben- und Erschließungsplan
Verf.	Verfasser
VerfGH	Verfassungsgerichtshof
VersuchsanlagenG	Gesetz über den Bau und den Betrieb von Versuchsanlagen zur Erprobung von Techniken für den spurgeführten Verkehr v. 29.01.1976 (BGBl. I S. 241), zul. gänd. d. Art. 507 V v. 31.08.2015 (BGBl. I S. 1474)
VerwArch	Verwaltungsarchiv (Zeitschrift)
VerwR	Verwaltungsrecht
VG	Verwaltungsgericht
VGH	Verwaltungsgerichtshof
vgl.	vergleiche
VIZ	Zeitschrift für Vermögens- und Investitionsrecht
VMBl	Ministerialblatt des Bundesministeriums für Verteidigung
VO	Verordnung
Vorb.	Vorbemerkung
VR	Verwaltungsrundschau (Zeitschrift)
VRS	Verkehrsrechtssammlung
VVDStRL	Veröffentlichungen der Vereinigung der Deutschen Staatsrechtslehrer
VwGO	Verwaltungsgerichtsordnung i.d.F. d. Bek. v. 19.03.1991 (BGBl. I S. 686), zul. gänd. d. Art. 5 G v. 24.10.2024 (BGBl. I Nr. 328)
VwV	Verwaltungsvorschrift
VwVfG	Verwaltungsverfahrensgesetz i.d.F. d. Bek. v. 23.01.2003 (BGBl. I S. 102), zul. gänd. d. Art. 2 G v. 15.07.2024 (BGBl. I Nr. 236)
WaStrG	Bundeswasserstraßengesetz (WaStrG) i.d.F. d. Bek. v. 23.05.2007 (BGBl. I S. 962, 2008 I S. 1980), zul. gänd. d. Art. 3 G v. 12.08.2025 (BGBl. I Nr. 189)
WHG	Gesetz zur Ordnung des Wasserhaushalts (Wasserhaushaltsgesetz) v. 31.07.2009 (BGBl. I S. 2585), zul. gänd. d. Art. 2 G v. 12.08.2025 (BGBl. I Nr. 189)
WiVerw	Wirtschaft und Verwaltung (Zeitschrift)
z.B.	zum Beispiel
z.T.	zum Teil
ZAU	Zeitschrift für Angewandte Umweltforschung
ZfB	Zeitschrift für Bergrecht
ZfBR	Zeitschrift für Baurecht
ZfU	Zeitschrift für Umweltpolitik und Umweltrecht
ZfW	Zeitschrift für Wasserrecht
ZG	Zeitschrift für Gesetzgebung
Ziff.	Ziffer
zit.	zitiert
ZRP	Zeitschrift für Rechtspolitik
ZUFO	Zentrum für Umweltforschung
zul.	zuletzt
ZUR	Zeitschrift für Umweltrecht

Literaturverzeichnis

Akbarian, G.-S./Raetzke, C.(Hrsg.), Strahlenschutzgesetz: StrlSchG, 1. Aufl., München 2022.

Albrecht, E. Das Neuhardenberger Abkommen zur grenzüberschreitenden UVP zwischen Deutschland und Polen, EurUP 2006, 256 ff.

Alleweldt, R. Verbandsklage und gerichtliche Kontrolle von Verfahrensfehlern: Neue Entwicklungen im Umweltrecht – Zum Einfluß der Aarhus-Konvention und der Richtlinie 2003/35 EG auf die deutsche Rechtsordnung, DÖV 2006, 621 ff.

Altenschmidt, S. Das deutsche Maßnahmenprogramm für die Nord- und Ostsee, NuR 2017, 12 ff.

Antweiler, C./Liebschwager, P. Die Entwicklung des öffentlichen Verkehrsrechts in den Jahren 2019/2020, NVwZ 2021, 849 ff.

Appel, I. Europas Sorge um die Vorsorge – Zur Mitteilung der Europäischen Kommission über die Anwendbarkeit des Vorsorgeprinzips, NVwZ 2001, 395 ff.

Appel, M. Zehn Jahre Bundesfachplanung – Zielstellung, Bilanz, Anpassungsbedarf, EnWZ 2021, 435 ff.

Appel, M. Umweltverbände im Ferrari des deutschen Umweltrechtsschutzes – Anmerkung zur Trianel-Entscheidung des EuGH, Urt. v. 12.05.2011 – C-115/09, NuR 2011, 423 ff.

Appel, M. Subjektivierung von UVP-Fehlern durch das Umwelt-Rechtsbehelfsgesetz?, NVwZ 2010, 473 ff.

Appel, M./Ohms, M./Saurer, J. Kommentar zum BImSchG, Berlin 2021.

Appold, W. Freiraumschutz durch räumliche Planung. Rechtliche Möglichkeiten eines landesplanerischen Gesamtkonzepts, Beiträge zum Siedlungs- und Wohnungswesen und zur Raumplanung, Bd. 122, Münster 1988; zit.: Appold, Freiraumschutz durch räumliche Planung.

Arndt, B. Das Vorsorgeprinzip im EU-Recht, Tübingen 2009.

Arndt, M. Die Begründung der Zulässigkeit von UVP-pflichtigen Vorhaben durch Bebauungspläne, BauR 2025, 717.

Arndt, U. Frühe Öffentlichkeitsbeteiligung durch den Bundestag, ZRP 2018, 177 ff.

Austermann, Ch. Einblicke in das Fahrzeuggenehmigungsrecht – eine Bestandsaufnahme und Vorausschau, DVBl 2023, 233 ff.

Baars, A. Die neuen Vorbescheide für Windenergieanlagen nach § 9 Ia BImSchG. Kann auf eine UVP-Vorprüfung verzichtet werden?, NVwZ 2025, 389 ff.

Backes, C. Erneuerbare Energien und Artenschutz – Konflikt oder Koexistenz?, ZUR 2018, 587 ff.

Bader, J./Ronellenfitsch M. (Hrsg.) Beck'scher Online-Kommentar zum Verwaltungsverfahrensgesetz, Kommentar, 69. Edition, Stand: Oktober 2025, München; zit.: Bearbeiter, in: BeckOK VwVfG.

Balla, St. Die UVP-Vorprüfung – im Einzelfall schwierig, NuR 2017, 239 ff.

Balla, St. Der Umweltbericht in der Strategischen Umweltprüfung nach dem neuen UVPG, NuR 2006, 485 ff.

Balla, St. Mögliche Ansätze der Überwachung im Rahmen der Strategischen Umweltprüfung, UVP-report 2005, 131 ff.

Balla, St. Bewertung und Berücksichtigung von Umweltauswirkungen nach § 12 UVPG bei der Planfeststellung, Berlin 2003; zit.: Balla, Bewertung.

Balla, St./Borkenhagen, J.	Der neue UVP-Bericht – Anforderungen des novellierten Gesetzes über die Umweltverträglichkeitsprüfung, UVP-report 2/2019, 82 ff.
Balla, St./Borkenhagen, J./ Günnewig, D.	Der UVP-Bericht nach dem Gesetz über die Umweltverträglichkeitsprüfung, ZUR 2019, 323 ff.
Balla, St./Hartlik, J./ Peters, H.-J.	Grundsätze und Verfahren der Vorprüfung des Einzelfalls nach dem UVPG, UPR 2006, 17 ff.
Balla, St./Peters, H.-J.	Die novellierte UVP-Richtlinie und ihre Umsetzung, NuR 2015, 297 ff.
Balla, St./Peters, H.-J.	Die Vorprüfung des Einzelfalls zur Feststellung der SUP-Pflicht, ZUR 2006, 179 ff.
Balla, St./Peters, H.-J./ Wulfert, K.	Leitfaden zur Strategischen Umweltprüfung (im Auftrag des Umweltbundesamtes), März 2010.
Balla, St./Sangenstedt, Ch.	Umweltverträglichkeitsprüfung in beschleunigten Zeiten – Gedanken zur funktionalen Auslegung und effektiven Anwendung des UVPG sowie zur möglichen Weiterentwicklung des UVP-Rechts – Teil 1, ZUR 2023, 387 ff.
Balla, St./Sangenstedt, Ch.	Umweltverträglichkeitsprüfung in beschleunigten Zeiten – Gedanken zur Auslegung und effektiven Anwendung des UVPG sowie zur möglichen Weiterentwicklung des UVP-Rechts – Teil 2, ZUR 2023, 476 ff.
Balleis, K.	Mitwirkungs- und Klagerechte anerkannter Naturschutzverbände, Frankfurt u.a. 1996.
Baranski, Ph.	Wasserrechtliche Rahmenbedingungen im deutschen Tonbergbau, UPR 2025, 51 ff.
Bartelt, S.	Die Europafähigkeit des Grundgesetzes und die Föderalismuskommission – Ein Abgesang, DÖV 2005, 894 ff.
Bartlsperger, R.	Leitlinien zur Regelung der gemeinschaftsrechtlichen Umweltverträglichkeitsprüfung unter Berücksichtigung der Straßenplanung, DVBl 1987, 1 ff.
Battis, U.	Mediation in der Bauleitplanung, DÖV 2011, 340 ff.
Battis, U.	Verfahrenstransparenz durch Öffentlichkeitsbeteiligung, in: Battis/ Söfker/Stüer (Hrsg.), Nachhaltige Stadt- und Raumentwicklung – Festschrift für Michael Krautzberger, 2008, S. 3 ff.
Battis, U./Ingold, A.	Screening-Verfahren in der Bauleitplanung, LKV 2007, 433 ff.
Battis, U./Kersten, J.	Die Raumordnung nach der Föderalismusreform, DVBl 2007, 152 ff.
Battis, U./Krautzberger, M./Löhr, R.-P.	Gesetz zur Erleichterung von Planungsvorhaben für die Innenentwicklung der Städte (»BauGB 2007«), NVwZ 2007, 121 ff.
Battis, U./Krautzberger, M./Löhr, R.-P.	Die Änderungen des Baugesetzbuchs durch das Europarechtsanpassungsgesetz Bau (EAG Bau 2004), NJW 2004, 2553 ff.
Battis, U./Krautzberger, M./Löhr, R.-P.	Die Umsetzung des neuen UVP-Rechts in das Baugesetzbuch, NVwZ 2001, 961 ff.
Battis, U./Krautzberger, M./Löhr, R.-P. (Begr.)	Baugesetzbuch, Kommentar, 16. Aufl., München 2025; zit.: Bearbeiter, in: Battis/Krautzberger/Löhr, BauGB.
Battis, U./Krautzberger, M./Mitschang, S./Reidt, O./Stüer, B.	Gesetz zur Förderung des Klimaschutzes bei der Entwicklung in den Städten und Gemeinden in Kraft getreten, NVwZ 2011, 897 ff.
Battis, U./Mitschang, S./ Reidt, O.	Das Gesetz zur Umsetzung der Richtlinie 2014/52/EU im Städtebaurecht und zur Stärkung des neuen Zusammenlebens in der Stadt (BauGB-Novelle 2017), NVwZ 2017, 817 ff.
Battis, U./Moench, Ch./ Uechtritz, M./Mattes, Ch./von der Groeben, C.	Gutachterliche Stellungnahme zur Umsetzung der UVP-Änderungsrichtlinie im Baugesetzbuch, 2015; zit.: Battis/Moench/Uechtritz/ Mattes/v. d. Groeben, Gutachterliche Stellungnahme.

Bauer, Ch./Wörner, F.	§ 17 FStrG und § 14c UVPG nF – praktische Umsetzungsfragen am Beispiel von Ersatzneubauten von Brückenbauwerken, IR 2024, 243 ff.
Bechmann, A.	Das Praxisdefizit der Umweltverträglichkeitsprüfung – Struktur, Ausmaß, Ursachen, Folgen, Barsinghausen 2003.
Becker, B.	Einführung in Inhalt, Bedeutung und Probleme der Umsetzung der Richtlinie 96/61/EG des Rates der Europäischen Union vom 24. September 1996 über die integrierte Vermeidung und Verminderung der Umweltverschmutzung, DVBl 1997, 588 ff.
Beckmann, J./Ortloff, S.	Bindung der luftverkehrsrechtlichen Genehmigungsbehörde an die Ziele der Raumordnung, NVwZ 2006, 981 ff.
Beckmann, M	Ausnahmen und Abweichungen von Zielen der Raumordnung – Effektive Instrumente eines neuen »Deutschlandtempos«?, EuRUP 2024, 15 ff.
Beckmann, M.	Raumordnungsrecht, in: Hoppenberg/de Witt (Hrsg.), Handbuch des öffentlichen Baurechts, Bd. II, Loseblatt, Stand: 63. Aufl. 2025, S. 169 ff.
Beckmann, M.	Das Bundesverfassungsgericht, der Klimawandel und der »intertemporale Freiheitsschutz«, UPR 2021, 241 ff.
Beckmann, M.	Legalisierungswirkung und Bestandsschutz immissionsschutzrechtlicher Genehmigungen und ihre Bedeutung für das Umweltschadensrecht, EuRUP 2020, 238 ff.
Beckmann, M.	Plausibilität als richterlicher Kontrollmaßstab, in: Gärditz/Keller/Niesler (Hrsg.), Der Kontrollauftrag der Verwaltungsgerichtsbarkeit, liber amicorum für Max-Jürgen Seibert, Berlin 2020, S. 13 ff.
Beckmann, M.	Effektiver Rechtsschutz vor den Verwaltungsgerichten? – Zur Rolle der Anwaltschaft im Verwaltungsrechtsstreit, DVBl 2019, 1172 ff.
Beckmann, M.	Grenzüberschreitende Umweltverträglichkeitsprüfungen für Laufzeitverlängerungen ausländischer Kernkraftwerke und deutscher Zwischenlager?, UPR 2019, 121 ff.
Beckmann, M.	Funktionswandel der Verwaltungsgerichtsbarkeit unter dem Einfluss des Unionsrechts? – Der Umfang des Verwaltungsrechtsschutzes auf dem Prüfstand, in: Verhandlungen des 71. Deutschen Juristentags Essen 2016, Bd. II Sitzungsberichte (Referate und Beschlüsse), München 2017, N 80 – N 125.
Beckmann, M.	Abwägung als Verfahren – Abwägung als materielles Recht, BauR 2016, 1417 ff.
Beckmann, M.	Gemeindliches Einvernehmen nach § 36 Abs. 1 BauGB bei Vorhaben unter Bergaufsicht, BauR 2015, 1757 ff.
Beckmann, M.	Umweltverträglichkeitsprüfung in der praktischen Anwendung, ZUR 2014, 541 ff.
Beckmann, M.	Die Rechte des Grundstückseigentümers bei der Gewinnung von Bodenschätzen nach dem Bundesberggesetz, Agrar- und Umweltrecht 2012, 1 ff.
Beckmann, M.	Klimaschutz durch Landesplanung – Anmerkungen zum Entwurf eines Klimaschutzgesetzes NRW, NWVBl 2011, 249 ff.
Beckmann, M.	Grenzen der Zumutbarkeit der Nachsorgeverantwortung eines Bergwerksunternehmens, ZUR 2006, 295 ff.
Beckmann, M.	Rechtsschutz gegen Hochwasserrisiken – Steinkohlebergbau unter dem Rhein, in: Vieweg (Hrsg.), Risiko-Recht-Verantwortung, Köln 2006, S. 197 ff.; zit.: Beckmann, Rechtsschutz gegen Hochwasserrisiken.

Beckmann, M.	Die allgemeine Vorprüfung zur Feststellung der UVP-Pflicht immissionsschutzrechtlich genehmigungsbedürftiger Anlagen, DVBl 2004, 791 ff.
Beckmann, M.	Die integrative immissionsschutzrechtliche Genehmigung – Ein Instrument auch des Investitionsschutzes und der Rechtssicherheit für den Vorhabenträger?, NuR 2003, 715 ff.
Beckmann, M.	Die UVP für Pläne und Programme im Bereich der Abfallplanung, in: Die UVP für Pläne und Programme, 1997, S. 80 ff.
Beckmann, M.	Verfahrensrechtliche Anforderungen an die Standortsuche für Abfalldeponien, DVBl 1994, 236 ff.
Beckmann, M.	Bewerten und Gesetzesanwendung bei der Umweltverträglichkeitsprüfung, DVBl 1993, 1335 ff.
Beckmann, M.	Oberflächeneigentum und Bergbau, DVBl 1992, 741 ff.
Beckmann, M.	Rechtsschutz Drittbetroffener bei der Umweltverträglichkeitsprüfung, DVBl 1991, 358 ff.
Beckmann, M.	Die Umweltverträglichkeitsprüfung und das rechtssystematische Verhältnis von Planfeststellungsbeschlüssen und Genehmigungsentscheidungen, DÖV 1987, 944 ff.
Beckmann, M.	Verwaltungsgerichtlicher Rechtsschutz im raumbedeutsamen Umweltrecht, Beiträge zum Siedlungs- und Wohnungswesen und zur Raumplanung, Bd. 114, Münster 1987; zit.: Beckmann, Rechtsschutz.
Beckmann, M.	Wertminderungen von Grundstücken als abwägungsrelevanter Belang im Planfeststellungsverfahren BauR 2021, 768 ff.
Beckmann, M.	Keine Berücksichtigung globaler Klimafolgen im immissionsschutzrechtlichen Genehmigungsverfahren, NuR 2025, 725 ff.
Beckmann, M.	Völkerrechtliche Anforderungen an die Bekanntmachung zur Beteiligung bei der Aufstellung von Raumordnungsplänen, UPR 2025, 457 ff.
Beckmann, M.	Zur Berücksichtigung globaler Klimafolgen bei der Zulassung Abfallentsorgungsanlagen, AbfallR 2025, 210 ff.
Beckmann, M.	Eigentumsschutz und enteignungsrechtliche Vorwirkung der abfallrechtlichen Planfeststellung, UPR 2023, 121 ff.
Beckmann, M.	Auf dem Weg zu einem Bundes-Klimaanpassungsgesetz (KAnG), KlimaRZ 2023, 151 ff.
Beckmann, M.	Einführung in das Klimaschutzrecht sowie Erläuterungen zu den §§ 3, 3a, 4, 5, 6, 7 und 8 KSG, in: Landmann/Rohmer, Stand: Juni 2023.
Beckmann, M.	Plausibilitätsmaßstäbe rechtsstaatlicher Kontrollverfahren, Rechtstheorie 2022, 249 ff.
Beckmann, M.	Rechtliche Anforderungen an Vorranggebietsfestlegungen für die Gewinnung von Kies und Sand in NRW, BauR 2024, 1595 ff.
Beckmann, M.	Zur Mitgewinnung bergfreier Bodenschätze beim Abbau von Grundeigentümerbodenschätzen, ZfB 2024, 225 ff.
Beckmann, M.	Genehmigungsfiktionen – Effektives Instrument der Verfahrensbeschleunigung und/oder rechtsstaatliche Herausforderung des Verwaltungsrechtsschutzes, EuRUP 2025, 85 ff.
Beckmann, M.	Chancen und Grenzen einer Verfahrensbeschleunigung durch Genehmigungsfiktionen, DVBl 2025, 809 ff.
Beckmann, M.	Verfahrensrechtliche Anforderungen an Planungsträger und Regionalplanungsbehörden bei der Aufstellung und Änderung von Regionalplänen in NRW, BauR 2025, 1468 ff.
Beckmann, M.	Keine Berücksichtigung globaler Klimafolgen in immissionsschutzrechtlichen Genehmigungsverfahren?, NuR 2025, 725 ff.

Beckmann, M.	Zur Berücksichtigung globaler Klimafolgen bei der Zulassung von Abfallentsorgungsanlagen, AbfallR 2025, 210 ff.
Beckmann, M.	Planungsziele und »in Betracht kommende anderweitige Planungsmöglichkeiten« in der Regionalplanung – Anmerkungen auch zu den Urteilen des OVG NRW vom 26.08.2021 zum Kraftwerk Datteln 4, DVBl 2022, 809 ff.
Beckmann, M./Appold, W./Kuhlmann, E.-M.	Zur gerichtlichen Kontrolle abfallrechtlicher Planfeststellungsbeschlüsse, DVBl 1988, 1002 ff.
Beckmann, M./Hünnekens, G.	Zur Erforderlichkeit einer FFH-Verträglichkeitsprüfung bei der Bundesverkehrswegeplanung, DVBl 2002, 1508 ff.
Beckmann, M./Wittmann, A.	Zur Flexibilisierung des Systems bergrechtlicher Zulassungen DVBl 2021, 137.
Beckmann, M./Wittmann, A.	Die Zulegung nach § 35 BBergG, ZfB 2009, 32 ff.
Beckmann, M./Wittmann, A.	Rechtsschutz für Betroffene und Umweltvereinigungen bei Umweltschäden im Sinne des Umweltschadensgesetzes, UPR 2008, 421 ff.
Beier, A.	Umwelt-Rechtsbehelfsgesetz – kein Ende in Sicht?, UPR 2018, 161 ff.
Beier, A.	Paukenschlag aus Luxemburg? Die gerichtliche Überprüfung von Zulassungsentscheidungen für UVP-pflichtige Projekte – Anmerkungen zum Urteil des EuGH vom 15. Oktober 2015 (Rs. C-137/14), UPR 2016, 48 ff.
Beirat Verwaltungsverfahrensrecht beim Bundesministerium des Innern (BMI)	Möglichkeiten und Ansätze für eine Verfahrensbeschleunigung in Zulassungs- und Planungsverfahren, NVwZ 2025, 1243 ff.
Bender, B./Pfaff, R.	Zur Standortproblematik im Recht der Abfallentsorgungsanlagen, DVBl 1992, 181 ff.
Berger, A.	Rechtliche Ordnung paralleler Anlagenkontrollverfahren, insbesondere am Beispiel der Bauaufsicht, VerwArch 2009, 342 ff.
Berkemann, J.	Verlängerung einer Genehmigung steht unter FFH-RL-Recht, ZUR 2021, 149.
Berkemann, J.	Beurteilungsspielraum oder Einschätzungsprärogative versus gerichtliche Kontrolle im Naturschutzrecht, ZUR 2021, 280 ff.
Berkemann, J.	»Freiheitschancen über die Generationen« (Art. 20a GG) – Intertemporaler Klimaschutz im Paradigmenwechsel, DÖV 2021, 701 ff.
Berkemann, J.	Beweisrecht im Verwaltungsrecht, DÖV 2020, 516 ff.
Berkemann, J.	Die Rechtsprechung des BVerwG zum Umwelt-Rechtsbehelfsgesetz (UmwRG), DVBl 2020, 1 ff.
Berkemann, J.	Zur Abwägungsdogmatik: Stand und Bewertung, ZUR 2016, 323 ff.
Berkemann, J.	Vollkontrolle der Umweltverbandsklage! – »Empfehlung« des Compliance Committee 2013/2014 der Aarhus Konvention, DVBl 2015, 389 ff.
Berkemann, J.	Rechtsschutz im Naturschutzrecht – Neue Entwicklungen, EurUP 2014, 148 ff.
Berkemann, J.	Der Störfallbetrieb in der Bauleitplanung – Skizzen zur rechtlichen Problembehandlung nach Maßgabe der RL 96/82/EG (SEVESO II), ZfBR 2010, 18 ff.
Berkemann, J.	Gemeinschaftskonformes und gemeinschaftswidriges Überleitungsrecht des Umweltverbandsklagerecht (UmwRG), DVBl 2010, 1403 ff.
Berkemann, J.	Bauleitplanung und Datenschutz, ZfBR 1986, 155 ff.
Berkemann, J./Halama, G.	Erstkommentierungen zum BauGB 2004, Bonn 2005.
Betenstedt, J./Grandjot, R./Waskow, S.	Die Umsetzung der Richtlinie 2010/75/EU über Industrieemissionen (IE-Richtlinie) im Immissionsschutzrecht, ZUR 2013, 402 ff.

Bick, U.	Die Rechtsprechung des BVerwG zum Artenschutzrecht, NuR 2016, 73 ff.
Bick, U./Wulfert, K.	Der Artenschutz in der Vorhabenzulassung aus rechtlicher und naturschutzfachlicher Sicht, NVwZ 2017, 346 ff.
Bickenbach, Ch.	Umweltprozessrecht ist Verwaltungsprozessrecht, DVBl 2025, 14 ff.
Bier, W.	Fachplanungs- und Umweltrecht in der Rechtsprechung des BVerwG, DVBl 2015, 265 ff.
Blum, P.	Beteiligung der Öffentlichkeit und Verbandsbeteiligung bei der Zulassung umweltrelevanter Projekte – im »neuen Deutschlandtempo« auf Abbruch?, NdsVBl. 2023, 319 ff.
Blume, E.	Das Verhältnis von Baurecht und Naturschutzrecht nach dem Investitionserleichterungs- und Wohnbaulandgesetz, NVwZ 1993, 941 ff.
Blumenberg, H.	Neuere Entwicklungen zu Struktur und Inhalt des Abwägungsgebots im Bauplanungsrecht, DVBl 1989, 86 ff.
Bohne, E.	Das Umweltgesetzbuch vor dem Hintergrund der Föderalismusreform, EurUP 2006, 276 ff.
Bohne, E.	Grundprobleme des UVP-Gesetzes und seiner Ausführungsvorschriften, in: Hübler/Zimmermann (Hrsg.), UVP am Wendepunkt. Wege zu einer vorsorgenden Umweltpolitik, Planung und Praxis im Umweltschutz, Bd. 1, 1992, S. 3 ff.
Bohne, E.	Umweltrechtliche Rechts- und Verwaltungsvorschriften auf dem Prüfstand – Erfahrungen aus einem Planspiel mit Ausführungsvorschriften zum UVP-Gesetz und zum Bundes-Immissionsschutzgesetz, in: Jahrbuch des Umwelt- und Technikrechts 1991, UTR 15, Düsseldorf 1991, S. 21 ff.
Bohne, E.	Optimale Umsetzung der UVP-EG-Richtlinie in deutsches Recht?, ZAU 1990, 341 ff.
Bohne, E.	Die Umweltverträglichkeitsprüfung bergbaulicher Vorhaben, ZfB 1989, 93 ff.
Bohne, E./Finke, L./Kleinschmidt, V./Röscheisen, H.	Das Gesetz über die Umweltverträglichkeitsprüfung, 1990, 341 ff.
Boldt, G./Weller, H.	Bundesberggesetz. Ergänzungsband zum Kommentar, Berlin 1992.
Bönker, Ch.	Umweltstandards in Verwaltungsvorschriften, Beiträge zum Siedlungs- und Wohnungswesen und zur Raumplanung, Bd. 142, Münster 1992; zit.: Bönker, Umweltstandards.
Bothe, M.	Ein neuer Anlauf für das UGB – Risiken und Chancen der Föderalismusreform, in: Führ, M./Wahl, R./v. Wilmowsky, P. (Hrsg.) Umweltrecht und Umweltwissenschaft – Festschrift E. Rehbinder, Berlin 2007, S. 15 ff.; zit.: Bothe, in: FS Rehbinder.
Bovet, J./Hanusch, M.	Monitoring in der Raumordnungsplanung – Die Überwachung der erheblichen Auswirkungen der Durchführung von Regionalplänen auf die Umwelt, DVBl 2006, 1345 ff.
Brandt, K.	Präklusion im Verwaltungsverfahren, NVwZ 1997, 233 ff.
Brandt, K.	Grenzüberschreitender Nachbarschutz im deutschen Umweltrecht, DVBl 1995, 779 ff.
Breuer, M.	Zu den Auswirkungen des KlimaSeniorinnen-Falls auf das deutsche Verwaltungsprozessrecht, NVwZ 2024, 1631 ff.
Breuer, R.	Zielkonflikte im Umweltrecht, NVwZ 2025, 113 ff.

Breuer, R.	Empfiehlt es sich, ein Umweltgesetzbuch zu schaffen, gegebenenfalls mit welchen Regelungsbereichen? Gutachten B für den 59. Deutschen Juristentag, in: Verhandlungen des 59. Deutschen Juristentages, München 1992.
Breuer, R.	Schutz von Betriebs- und Geschäftsgeheimnissen im Umweltrecht, NVwZ 1986, 171 ff.
Breuer, R.	Strukturen und Tendenzen des Umweltrechts, Der Staat 1981, 393 ff.
Breuer, R./Gärditz, K. F. (Hrsg.)	Öffentliches und privates Wasserrecht, 4. Aufl., München 2017.
Brigola, A./Hess, F.	Die Fallstricke der unions- und völkerrechtlichen Metamorphose des Umwelt-Rechtsbehelfsgesetzes (UmwRG) im Jahr 2017, NuR 2017, 729 ff.
Brohm, W.	Öffentliches Baurecht, 4. Aufl., München 2007.
Bruckert, F.	Die Ausweitung der Klagebefugnis im Umweltrecht, NuR 2015, 541 ff.
Brüning, C.	Der Regelungsgehalt der Zulassung vorzeitigen Beginns nach § 9a WHG, § 8a BImSchG, § 33 KrW-/AbfG, JbUTR 2003, 53 ff.
Buchberger, E.	Das Verbandsklagerecht der Umweltverbände – ein Streifzug, EurUP 2019, 377 ff.
Budenbender, U./ Mutschler, U.	Bindungs- und Präklusionswirkung von Teilentscheidungen nach BImSchG und AtG, Köln 1979.
Büllesbach, R./Diercks, Th.	Vorbereitung und Durchführung eines Erörterungstermins im Rahmen eines abfallrechtlichen Planfeststellungsverfahrens, DVBl 1991, 469 ff.
Bundesanstalt für Straßen- und Verkehrswesen	Bundesstraßenverzeichnis, Ausgabe 2009.
Bundesministerium für Digitales und Verkehr (Hrsg.)	Bericht zur Überprüfung der Bedarfspläne (BPÜ) für die Verkehrsträger Schiene, Straße und Wasserstraße, November 2024.
Bundesministerium für Umwelt, Naturschutz und nukleare Sicherheit	Leitfaden zur Strategischen Umweltprüfung (Langfassung), März 2010, abrufbar unter: http://www.bmu.de/; zit.: BMU Leitfaden.
Bundesnetzagentur	Bedarfsermittlung 2023-2037/2045.
Bundesregierung	Deutsche Nachhaltigkeitsstrategie, Weiterentwicklung 2021 (Stand: 10.03.2021); zit.: Bundesregierung, Deutsche Nachhaltigkeitsstrategie 2021.
Bundesregierung	Deutsche Nachhaltigkeitsstrategie, Weiterentwicklung 2025 (Stand: 21.11.2025); zit.: Bundesregierung, Deutsche Nachhaltigkeitsstrategie 2025.
Bunge, Th.	Der Zugang zu Gerichten aufgrund des Art. 9 Abs. 3 der Aarhus-Konvention, NuR 2023, 675 ff.
Bunge, Th.	Die Verbandsklage im Umweltrecht, JuS 2020, 740 ff.
Bunge, Th.	Umweltrechtsbehelfsgesetz, Kommentar, 2. Aufl., Berlin 2019; zit.: Bunge, UmwRG.
Bunge, Th.	Der Anwendungsbereich der Richtlinie über die strategische Umweltprüfung (2001/42/EG) in der Rechtsprechung des Gerichtshofs der EU, NuR 2017, 447 ff.
Bunge, Th.	Weiter Zugang zu Gerichten nach der UVP- und der Industrieemissions-Richtlinie: Vorgaben für das deutsche Verwaltungsprozessrecht – Das Urteil des Gerichtshofs der EU vom 15. Oktober 2015 (C-137/14, Kommission/Deutschland), NuR 2016, 11 ff.

Bunge, Th.	Der Rechtsschutz in Umweltangelegenheiten in Deutschland – Stand und offene Fragen, ZUR 2015, 531 ff.
Bunge, Th.	Neue Anforderungen an die Umweltverträglichkeitsprüfung: die UVP-Änderungsrichtlinie 2014, NVwZ 2014, 1257 ff.
Bunge, Th.	Die Klagemöglichkeiten anerkannter Umweltverbände aufgrund des Umwelt-Rechtsbehelfsgesetzes nach dem Trianel-Urteil des Europäischen Gerichtshofs, NuR 2011, 605 ff.
Bunge, Th.	»Weiter Zugang zu den Gerichten« nach Art. 10a der UVP-Richtlinie – zum Urteil des Europäischen Gerichtshofs vom 15. Oktober 2009 (Rs. C-263/08), ZUR 2010, 20 ff.
Bunge, Th.	Monitoring bei der Strategischen Umweltprüfung, Grundlegende Anforderungen nach den §§ 14m UVPG und 4c BauGB, UVP-report 2005, 124 ff.
Bunge, Th.	Rechtsschutz bei der UVP nach der Richtlinie 2003/35/EG – am Beispiel der Anfechtungsklage, ZUR 2004, 141 ff.
Bunge, Th.	Zur Harmonisierung von Umweltverträglichkeitsprüfungen, Strategischer Umweltprüfungen, FFH-Verträglichkeitsprüfungen und Raumverträglichkeitsprüfungen, in: Hendle u.a., Die Strategische Umweltprüfung (sog. Plan-UVP) als neues Instrument des Umweltrechts, Berlin 2004, S. 191 ff.
Bunge, Th.	Die Umweltverträglichkeitsprüfung von Projekten: Verfahrensrechtliche Erfordernisse auf der Basis der EG-Richtlinie vom 27. Juni 1985, DVBl 1987, 819 ff.
Bunge, Th.	Die Umweltverträglichkeitsprüfung im Verwaltungsverfahren. Zur Umsetzung der Richtlinie der Europäischen Gemeinschaften vom 27. Juni 1985 (85/337/EWG) in der Bundesrepublik Deutschland, Köln, Bundesanzeiger 1986; zit.: Bunge, UVP.
Bunzel, A.	Monitoring in der Stadt- und Regionalplanung, in: Mitschang (Hrsg.), Umweltprüfverfahren in der Stadt- und Regionalplanung, Berliner Schriften zur Stadt- und Regionalplanung (Bd. 1) Frankfurt 2006, S. 61 ff.
Burger, S.	Die föderale Zuständigkeitsordnung für die Anerkennung von Umweltvereinigungen, DVBl 2024, 880 ff.
Burgi, M./Nischwitz, M./ Zimmermann, P.	Beschleunigung bei Planung, Genehmigung und Vergabe, NVwZ 2022, 1321 ff.
Burgi, M.	Klimaverwaltungsrecht angesichts von BVerfG-Klimabeschluss und European Green Deal, NVwZ 2021, 1401 ff.
Busse, J.	Die Plan-UP-Richtlinie aus kommunaler Sicht, KommJur 2004, 245 ff.
Calliess, Ch.	Europarechtlicher Hintergrund der SUP, in: Erbguth, W. (Hrsg.), Strategische Umweltprüfung (SUP) – Stand, Rechtsfragen, Perspektiven, Baden-Baden 2006, S. 21 ff.; zit.: Calliess, in: Erbguth (Hrsg.), SUP.
Calliess, Ch.	Verfahrensrechtliche Anforderungen der Richtlinie zur strategischen Umweltprüfung, in: Hendler u.a. (Hrsg.), Die strategische Umweltprüfung (sog. Plan-UVP) als neues Instrument des Umweltrechts, Berlin 2004, S. 174. ff.
Calliess, Ch.	Zur Maßstabswirkung des Vorsorgeprinzips im Recht – Dargestellt am Beispiel der geplanten Reform des europäischen Chemikalienrechts durch das Weißbuch des EU-Kommission zur zukünftigen Chemikalienpolitik, VerwArch 94 (2003) 389 ff.
Calliess, Ch.	Die Justitiabilität des Art. 72 Abs. 2 GG vor dem Hintergrund von kooperativem und kompetitivem Föderalismus, DÖV 1997, 889 ff.

Calliess, Ch.	Zur unmittelbaren Wirkung der EG-Richtlinie über die Umweltverträglichkeitsprüfung und ihrer Umsetzung im deutschen Immissionsschutzrecht, NVwZ 1996, 339 ff.
Calliess, Ch./Dross, M.	Alternativenprüfung im Kontext des Netzausbaus – Überlegungen mit Blick auf die Strategische Umweltprüfung des Bundesbedarfsplans Übertragungsnetze, ZUR 2013, 76 ff.
Calliess, Ch./Ruffert, M.	EUV/AEUV – Das Verfassungsrecht der Europäischen Union mit Europäischer Grundrechtecharta, 6. Aufl., München 2022; zit.: Bearbeiter, in: Calliess/Ruffert, EUV/AEUV.
Calliess, Ch./Täuber, N.	Klimaklagen nach dem Urteil des Europäischen Gerichtshofs für Menschenrechte, NVwZ 2024, 945 ff.
Calliess, Ch./Wiegand, S.	Umweltverträglichkeitsprüfung (UVP) von Flugrouten, NVwZ 2016, 793 ff.
Cho, D.	Relativierung des Bestandsschutzes durch Einflüsse des europäischen Umweltrechts?, Berlin 2023.
Christiansen, N.	Aufhebung einer Entscheidung bei relativen Verfahrensfehlern – Änderung der Rechtsprechung des BVerwG, jurisPR-UmwR 8/2021 Anm. 2.
Coenen, R./Jörissen, J.	Die Umweltverträglichkeitsprüfung in den USA – Analyse US-amerikanischer Erfahrungen und deren Relevanz für die Implementation der UVP-Richtlinie der EG in der Bundesrepublik Deutschland, Berlin 1988.
Cosack, N.	Bergrechtliches Zulassungsverfahren und Fauna/Flora/Habitat-Verträglichkeitsprüfung, NuR 2000, 311 ff.
Cupei, J.	Umweltverträglichkeitsprüfung (UVP) – Ein Beitrag zur Strukturierung der Diskussion – zugleich eine Erläuterung der EG-Richtlinie, Köln 1986; zit.: Cupei, UVP.
Cupei, J.	Die Richtlinie der EG zur Umweltverträglichkeitsprüfung – Entwicklung und Stand der Verhandlungen, WiVerw 1985, 63 ff.
Cupei, J.	Umweltverträglichkeitsprüfung (UVP) – Die Richtlinie des Rates der Europäischen Gemeinschaften, DVBl 1985, 813 ff.
Czech, Ph.	Recht auf effektive Maßnahmen zur Eindämmung des Klimawandels, NLMR 2024, 106 ff.
Czybulka, D.	Das Rechtsregime der Ausschließlichen Wirtschaftszone (AWZ) im Spannungsfeld von Nutzungs- und Schutzinteressen, NuR 2001, 367 ff.
Czychowski, M./Reinhardt, M.	Wasserhaushaltsgesetz unter Berücksichtigung der Landeswassergesetze, 13. Aufl., München 2023; zit.: Czychowski/Reinhardt, WHG.
Dammert, B./Brückner, G.	Bergwerke und Umweltverträglichkeitsprüfungen, ZUR 2023, 30 ff.
Danwitz, Th. v.	Aarhus-Konvention: Umweltinformation, Öffentlichkeitsbeteiligung, Zugang zu den Gerichten, NVwZ 2004, 272 ff.
Darnstädt, Th.	Gefahrenabwehr und Gefahrenvorsorge, Frankfurt a.M. 1983.
Däuper, O./Bernstorff, A. v.	Gesetz zur Suche und Auswahl eines Standortes für die Endlagerung radioaktiver Abfälle, ZUR 2014, 24 ff.
Däuper, O./Bosch, K./Ringwald, R.	Zur Finanzierung des Standortauswahlverfahrens für ein atomares Endlager durch Beiträge der Abfallverursacher, ZUR 2013, 329 ff.
Decker, A.	Rechtsschutz gegen Flächennutzungspläne nach dem UmwRG – Der Umweltverbände Freud, der Gemeinden Leid, VBlBW 2018, 441 ff.
Degenhart, Ch.	Die Neuordnung der Gesetzgebungskompetenzen durch die Föderalismusreform, NVwZ 2006, 1209 ff.

Degenhart, Ch.	Präklusion im Verwaltungsprozeß, in: Erichsen, Hans-Uwe (Hrsg.), System des verwaltungsgerichtlichen Rechtsschutzes – Festschrift für Christian-Friedrich Menger zum 70. Geburtstag, Köln 1985, S. 621 ff.; zit.: Degenhart, in: FS Menger.
Deutscher Anwaltverein durch den Ausschuss Umweltrecht	Zur Neufassung der Allgemeinen Verwaltungsvorschrift zur Ausführung des Gesetzes über die Umweltverträglichkeitsprüfung 2023 (UVPVwV 2023), NuR 2024, 36 ff.
Deutscher Anwaltverein durch den Ausschuss Umweltrecht	Zum Referentenentwurf eines Gesetzes zur Änderung des Umwelt-Rechtsbehelfsgesetzes und weiterer umweltrechtlicher Vorschriften, NuR 2025, 681 ff.
Di Fabio, U.	Verwaltungsvorschriften als ausgeübte Beurteilungsermächtigung – Plädoyer für eine Neubestimmung der normkonkretisierenden Verwaltungsvorschriften im System der Rechtsquellen, DVBl 1992, 1338 ff.
Di Fabio, U.	Risikoentscheidung im Rechtsstaat, Tübingen 1994.
Diekmann, C.	Öffentlichkeit ist keine Kür – UVP-Pflicht und die Durchführung eines Erörterungstermins, AbfallR 2009, 133 ff.
Dienes, K.	Umweltverträglichkeitsprüfung und Standards aus Sicht der Energiewirtschaft, in: Bonus/Hoppe/Schreiber (Hrsg.), Umweltverträglichkeitsprüfung – Gibt es Standards? Workshop des ZUFO am 17. und 18. Juni 1991 in Münster, Münster 1992, S. 9 ff.; zit.: Dienes, UVP.
Dienes, K.	Das Gesetz über die Umweltverträglichkeitsprüfung, ET 1990, 727 ff.
Dietz, A./Meyer, S.	Erweiterte Drittanfechtungsklagen von Kommunen am Maßstab der Aarhus-Konvention und des Artikel 28 Absatz 2 Satz 1 GG, AöR 2015, 198 ff.
Dippel, M./Deifuß D.	Umweltverträglichkeitsprüfung und Vorprüfung bei der Änderungsgenehmigung bestehender Anlagen, NVwZ 2004, 1177 ff.
Dippel, M./Niggemeyer, J.	Europarechtswidrigkeit des § 2 Abs. 1 Nr. 1 UmwRG? Zugleich Besprechung von OVG NRW, Vorlagebeschluss vom 5.3.2009, EurUP 2009, 199 ff.
Dirnberger, F./Henneke, H.-G./Meyer, H./Schliesky, U./Schwarting, G./Sponer, W.-U./Steger, C. O./Stubenrauch, H./Winkel, J./Klang, K./Bülow, J./Dieter, J./Haßenkamp, W./Zimmermann, U. (Hrsg.)	Praxis der Kommunalverwaltung – Nordrhein-Westfalen, Kreisordnung für das Land Nordrhein-Westfalen (KrO NRW), Kommentar, Band B 2 NW, München 2024; zit.: Bearbeiter, in: PdK NRW.
Dolde, K.-P.	Naturschutzfachliche Einschätzungsprärogative – Normkonkretisierung tut not!, NVwZ 2019, 1567.
Dolde, K.-P.	Die Verlängerung der Fristen des § 18 Abs. 1 BImSchG, in: Kment, M. (Hrsg.), Das Zusammenwirken von deutschem und europäischem Öffentlichen Recht, Festschrift für Hans D. Jarass zum 70. Geburtstag, München 2015, S. 287 ff.
Dolde, K.-P.	Verwaltungsverfahren und Deregulierung, NVwZ 2006, 857 ff.
Dolde, K.-P.	Umweltrecht im Wandel, Berlin 2001; zit.: Bearbeiter, in: Dolde, Umweltrecht im Wandel.
Dolde, K.-P.	Die EG-Richtlinie über die integrierte Vermeidung und Verminderung der Umweltverschmutzung (IVU-Richtlinie) – Auswirkungen auf das deutsche Umweltrecht, NVwZ 1997, 313 ff.
Dolde, K.-P.	Klimaschutz bei der Zulassung von Abfallentsorgungsanlagen, AbfallR 2024, 80 ff.

Dolde, K.-P./Vetter, A. — Ausnahmen von der TA Siedlungsabfall für die Ablagerung mechanisch-biologisch vorbehandelter Abfälle, NVwZ 1998, 217 ff.

Dreier, H. — Grundgesetz-Kommentar, Band II, 3. Aufl., Tübingen 2015; zit.: Bearbeiter, in: Dreier, GG.

Drenseck, W. (Hrsg.) — Festschrift für Heinrich Wilhelm Kruse zum 70. Geburtstag, Köln 2001; zit.: Verfasser, in: FS Kruse.

Droste-Hülshoff, W. v./Heusser, O. — Aspekte der UVP im deutsch-französischen Grenzraum (Oberrhein) UVP-report 1992, 77 ff.

Dünchheim, T. — Verwaltungsprozeß unter europäischem Einfluss, Berlin 2003.

Dünchheim, T. — Fracking in Deutschland – Rechtliche Grenzen und Möglichkeiten, DVBl 2017, 1390 ff.

Dünchheim, T. (Hrsg.) — Bundesfernstraßengesetz, 7. Aufl., 2026; zit.: Bearbeiter, in: Dünchheim, FStrG.

Dürig, G./Herzog, R./Scholz, R. — Grundgesetz Kommentar, 107. Aufl., München 2025.

Durinke, P./Elgeti, T. — Digitalisierung der Öffentlichkeitsbeteiligung – die Integration des PlanSiG in das VwVfG, NVwZ 2024, 112 ff.

Durner, W. — Nationale Spielräume für eine Wiedereinführung der Präklusion, VerwArch 2020, 162 ff.

Durner, W. — SUP-pflichtige Fachpläne in der verwaltungsgerichtlichen Kontrolle, EurUP 2018, 142 ff.

Durner, W. — Die »Bundesfachplanung« im NABEG – dogmatischer Standort, Bindungswirkung, Prüfprogramm und infrastrukturpolitische Modellfunktion, DVBl 2013, 1564 ff.

Durner, W. — Die aktuellen Vorschläge für ein Netzausbaubeschleunigungsgesetz (NABEG) – Bewertung der Verfassungsmäßigkeit und des Beschleunigungspotentials, DVBl 2011, 853 ff.

Durner, W. — Die behördliche Befugnis zur Nachbesserung fehlerhafter Verwaltungsakte, VerwArch 2006, 345 ff.

Durner, W. — Direktwirkung europäischer Verbandsklagerechte? Überlegungen zum Ablauf der Umsetzungsfrist der Richtlinie 2003/35/EG am 25.06.2005 und zur unmittelbaren Anwendbarkeit ihrer Vorgaben über den Zugang zu Gerichten, ZUR 2005, 285 ff.

Durner, W. — Konflikte räumlicher Planungen, Stuttgart 2005.

Durner, W. — Rechtsfragen der Digitalisierung der Schienenwege, Immissionsschutzrechtliche und genehmigungsrechtliche Fragen der Einführung des European Train Control Systems (ETCS), VerwArch 2025, 1 ff.

Durner, W. — Möglichkeiten und Grenzen einer Wiedereinführung der materiellen Präklusion in Planungs- und Genehmigungsverfahren, UPR 2020, 443 ff.

Eberle, D./Jacoby, C. (Hrsg.) — Umweltprüfung für Regionalpläne, Hannover 2003; zit.: Bearbeiter, in: Eberle/Jacoby (Hrsg.), Umweltprüfung für Regionalpläne.

Eckert, J. — Klagebefugnis von Umweltverbänden: Nationales Recht und EuGH-Rechtsprechung, VR 2020, 1 ff.

Ehlers, D./Pünder, H. (Hrsg.) — Allgemeines Verwaltungsrecht, 16. Aufl., Berlin 2022; zit.: Verfasser, in: Erichsen/Ehlers (Hrsg.), Allg. VerwaltungsR.

Eichberger, M. — Gerichtliche Kontrolldichte, naturschutzfachliche Einschätzungsprärogative und Grenzen wissenschaftlicher Erkenntnis, NVwZ 2019, 1560 ff.

Eifert, M. — Umweltschutzrecht, in: Schoch/Eifert, Besonderes Verwaltungsrecht, 2. Aufl., München, 2023.

Eisenbarth, M. — Präklusion im Verwaltungsverfahren – Bewegungsfreiheit im europäischen Korsett in Zeiten der Energie- und Verkehrswende, VBLBW 2024, 45 ff.

Ekardt, F. — Nach dem Altrip-Urteil: Von der Klagebefugnis zu Verfahrensfehlern, Abwägungsfehlern und Individualklage, NVwZ 2014, 393 ff.

Ekardt, F. — Verwaltungsgerichtliche Kontrolldichte unter europäischem und internationalen Einfluss, NuR 2006, 221 ff.

Ekardt, F. — Die nationale Klagebefugnis nach der Aarhus-Konvention, NVwZ 2006, 55 ff.

Ekardt, F./Pöhlmann, K. — Die neue EG-Öffentlichkeitsrichtlinie – mehr Partizipation für die Bürger?, ThürVBl. 2005, 252 ff.

Ekardt, F./Pöhlmann, K. — Europäische Klagebefugnis: Öffentlichkeitsrichtlinie, Klagerechtsrichtlinie und ihre Folgen, NVwZ 2005, 532 ff.

Ekardt, F./Weyland, R. — Föderalismusreform und europäisches Verwaltungsrecht, NVwZ 2006, 737 ff.

Elgeti, T./Dietrich, L. — UVP-(Vorprüfungs)pflichtigkeit bergrechtlich zuzulassender Flutungen von Grubenbauen und der Aufhebungsanspruch nach § 4 Abs. 1 UmwRG – Anmerkung zu den Beschlüssen des OVG Lüneburg vom 21.10.2008 – 7 ME 170/07, NuR 2009, 58 ff., NuR 2009, 461 ff.

Enders, R./Krings, M. — Zur Änderung des Gesetzes über die Umweltverträglichkeitsprüfung durch das Artikelgesetz zur Umsetzung der UVP-Änderungsrichtlinie, DVBl 2001, 1242 ff.

Sparwasser R./Engel R./Voßkuhle A. — Umweltrecht – Grundzüge des öffentlichen Umweltschutzrechts, 5. Aufl., Heidelberg 2003.

Epiney, A. — Föderalismusreform und Europäisches Umweltrecht, NuR 2006, 403 ff.

Epiney, A. — Neuere Rechtsprechung des EuGH in den Bereichen institutionelles Recht, allgemeines Verwaltungsrecht, Grundfreiheiten, Umwelt- und Gleichstellungsrecht, NVwZ 2006, 407 ff.

Epiney, A. — Gemeinschaftsrecht und Verbandsklage, NVwZ 1999, 485 ff.

Epiney, A./Sollberger, K. — Zugang zu Gerichten und gerichtliche Kontrolle im Umweltrecht – Rechtsvergleich, völker- und europarechtliche Vorgaben und Perspektiven für das deutsche Recht, Berlin 2002.

Erbguth, W. — Faktische Kontrollrestriktion der Judikative versus Einschätzungsprärogative der Verwaltung?, DVBl 2020, 1050 ff.

Erbguth, W. — Rechtsschutz gegen Raumordnungspläne – unter besonderer Berücksichtigung des § 48 UVPG, DVBl 2018, 897 ff.

Erbguth, W. — Ziel, Konzeption und Entwicklungslinien der Umweltverträglichkeitsprüfung, ZUR 2014, 515 ff.

Erbguth, W. — Abwägung als Wesensmerkmal rechtsstaatlicher Planung – die Anforderungen des Rechtsstaatsprinzips, UPR 2010, 281 ff.

Erbguth, W. — Die strategische Umweltprüfung im Abfallrecht, LKV 2006, 1 ff.

Erbguth, W. — Phasenspezifischer oder konzentrierter Rechtsschutz? – Anhand des Umwelt- und Planungsrechts, Art. 14 GG, § 35 III 3 BauGB, NVwZ 2005, 241 ff.

Erbguth, W. — Schiffsabfallentsorgung – Europarechtliches Sekundärrecht, völkerrechtlicher Hintergrund, nationale Umsetzung, DVBl 2005, 333 ff.

Erbguth, W. — EAG BauE: Änderungen des Raumordnungsrechts, NuR 2004, 91 ff.

Erbguth, W. — Rechtsschutzfragen und Fragen der §§ 214 und 215 BauGB im neuen Städtebaurecht, DVBl 2004, 802 ff.

Erbguth, W. — Entwicklungslinien im Recht der Umweltverträglichkeitsprüfung: UVP-RL – UVPÄndRL – UVPG – SUP, UPR 2003, 321 ff.

Erbguth, W.	Ausgewiesene und potentielle Schutzgebiete nach FFH- bzw. Vogelschutz-Richtlinie: (Rechts-)Wirkungen auf die räumliche Gesamtplanung, NuR 2000, 130 ff.
Erbguth, W.	Das Bundesverwaltungsgericht und die Umweltverträglichkeitsprüfung – Einige Anmerkungen, ausgehend von BVerwG, Urt. v. 21.03.1996 – 4 C 19.94, NuR 1996, 589; NuR 1997, 261 ff.
Erbguth, W.	Informale Standortsuche für eine Hausmülldeponie und Abwägungsgebot – anhand eines praktischen Beispiels, NuR 1992, 262 ff.
Erbguth, W.	Vorgaben der EG-Richtlinie für die Einführung einer Umweltverträglichkeitsprüfung (UVP) in das deutsche Recht, VR 1988, 5 ff.
Erbguth, W.	Gemeinschaftsrechtliche Impulse zur Weiterentwicklung des nationalen Verwaltungsrechts – Der integrative Ansatz der Umweltverträglichkeitsprüfung nach EG-Recht, DÖV 1988, 481 ff.
Erbguth, W.	Klimaschutz auf Zulassungsebene. Reichweite des § 13 Abs. 1 Satz 1 KSG und Budgetansatz, UPR 2023, 241 ff.
Erbguth, W. (Hrsg.)	Effektiver Rechtsschutz im Umweltrecht? – Stand, aktuelle Entwicklungen, Perspektiven, Baden-Baden 2005; zit.: Verfasser, in: Erbguth (Hrsg.), Effektiver Rechtsschutz im Umweltrecht?
Erbguth, W./Mahlburg, St.	Steuerung von Offshore-Windenergieanlagen in der Ausschließlichen Wirtschaftszone, DÖV 2003, 665 ff.
Erbguth, W./Schink, A.	Gesetz über die Umweltverträglichkeitsprüfung, Kommentar, 2. Aufl., München 1996; zit.: Erbguth/Schink, UVPG.
Erbguth, W./Schink, A.	Die Umweltverträglichkeitsprüfung im immissionsschutzrechtlichen Zulassungsverfahren, DVBl 1991, 413 ff.
Erbguth, W./Schubert, M.	Hafenerweiterung durch einheitliche Planfeststellung, VerwArch 2010, 437 ff.
Erbguth, W./Schubert, M.	Das Gesetz zur Einführung einer strategischen Umweltprüfung und zur Umsetzung der RL 2001/42/EG (SUPG), ZUR 2005, 524 ff.
Ernst, W./Zinkahn, W./Bielenberg, W./Krautzberger, M. (Hrsg.)	Baugesetzbuch, 158. EL, München 2025; zit.: Bearbeiter, in: Ernst/Zinkahn/Bielenberg/Krautzberger, BauGB.
Ewer, W.	Ausgewählte Rechtsanwendungsfragen des Entwurfs für ein Umwelt-Rechtsbehelfsgesetz, NVwZ 2007, 267 ff.
Eyermann, E.	VwGO – Verwaltungsgerichtsordnung, Kommentar, 16. Aufl., München 2022.
Falke, J./Schlacke, S. (Hrsg.)	Neue Entwicklungen im Umwelt- und Verbraucherrecht, Berlin 2004; zit.: Verfasser, in: Falke/Schlacke (Hrsg.), Neue Entwicklungen im Umwelt- und Verbraucherrecht.
Faßbender, K.	Die strategische Umweltprüfung: Anspruch und Wirklichkeit, ZUR 2018, 323 ff.
Faßbender, K.	Grundfragen und Herausforderungen des europäischen Umweltplanungsrechts, NVwZ 2005, 1122 ff.
Fehling, M./Kastner, B./Störmer, R. (Hrsg.)	Verwaltungsrecht, Handkommentar, 5. Aufl., Baden-Baden 2021.
Feldhaus, G.	Bundesimmissionsschutzrecht, Kommentar, 235. Aktualisierung, Heidelberg 2025; zit.: Bearbeiter, in: Feldhaus, Bundesimmissionsschutzrecht.
Feldhaus, G.	Beste verfügbare Techniken und Stand der Technik, NVwZ 2001, 1 ff.
Feldhaus, G.	Entwicklung und Rechtsnatur von Umweltstandards, UPR 1982, 137 ff.
Feldmann, F.-J.	Die Umsetzung der UVP-Änderungsrichtlinie in deutsches Recht, DVBl 2001, 589 ff.
Feldmann, F.-J.	UVP-Gesetz und UVP-Verwaltungsvorschrift, UPR 1991, 127 ff.

Feldt, W./Schumacher, J.	Zur (Un)Rechtmäßigkeit der geplanten Elbvertiefung, NuR 2017, 676 ff.
Feldt, W./Schumacher, J.	Die Alternativenprüfung im Rahmen des Verfahrens zur geplanten Elbvertiefung, NuR 2015, 391 ff.
Fellenberg, F.	Kumulation, Kontrolldichte und Kohärenzsicherung – aktuelle Streitfragen im Habitatschutzrecht, NVwZ 2019, 177 ff.
Fellenberg, F.	Weiter frischer Wind aus Luxemburg – Zu den Klagemöglichkeiten im Umweltrecht, NVwZ 2015, 1721 ff.
Fellenberg, F./Schiller, G.	Rechtsbehelfe von Umweltvereinigungen und Naturschutzvereinigungen nach dem »Trianel-Urteil« des EuGH (Rs. C-115/09), UPR 2011, 321 ff.
Fellenberg, F./Guckelberger, A.	Klimaschutzrecht, Kommentar, München 2022
Finkelnburg, K.	Die Änderungen des Baugesetzbuchs durch das Europarechtsanpassungsgesetz Bau, NVwZ 2004, 897 ff.
Finkelnburg, K./Ortloff, K.-M./Kment, M.	Öffentliches Baurecht, 8. Aufl., München 2022.
Fischer-Hüftle, P.	Zur naturschutzrechtlichen Vereinsklage nach dem BNatSchG 2009, NuR 2011, 237 ff.
Fischer-Hüftle, P.	Zur Gesetzgebungskompetenz auf dem Gebiet »Naturschutz und Landschaftspflege« nach der Föderalismusreform, NuR 2007, 78 ff.
Fleury, R.	Das Vorsorgeprinzip im Umweltrecht, Köln 1995; zit.: Fleury, Vorsorgeprinzip im Umweltrecht.
Fluck, J.	Änderungen genehmigungspflichtiger Anlagen nach §§ 15, 16 BImSchG idF der Beschleunigungsnovelle, VerwArch 1997, 265 ff.
Fluck, J.	Zum Begriff des Abwassers, ZfW 1996, 489 ff.
Fluck, J./Fischer, K./Martini, M.	Informationsfreiheitsrecht mit Umweltinformations- und Verbraucherinformationsrecht, Kommentar, 40. Aktualisierung, Heidelberg 2023.
Fouquet, J.	Zur UVP-Pflichtigkeit von Tagebauen, ZUR 1994, 191 ff.
Franke, P./Karrenstein, F.	Neue Instrumente zur Beschleunigung des Netzausbaus, EnWZ 2019, 195 ff.
Franke, P./Wabnitz, M.	Konzentrierter Rechtsschutz: Das Spannungsfeld zwischen Beschleunigung, Transparenz und Rechtssicherheit am Beispiel des NABEG, ZUR 2017, 462 ff.
Franßen, E. (Hrsg.)	Bürger – Richter – Staat: Festschrift für Horst Sendler zum Abschied aus seinem Amt, München, 1991; zit.: Verfasser, in: FS Sendler.
Franzius, C.	Verbandsklage im Umweltrecht – Unionsrechtliche Vorgaben und Umsetzung in nationales Recht, NuR 2019, 649 ff.
Franzius, C.	Auf dem Weg zum Klimaschutzgesetz – Instrumente zur Einhaltung der Klimaschutzziele, EnWZ 2019, 435 ff.
Franzius, C.	Baustellen des Umweltrechtsschutzes, DVBl 2018, 410 ff.
Franzius, C.	Stuttgart 21: Eine Epochenwende?, GewArch 2012, 225 ff.
Franzius, C.	Genügt die Novelle des Umwelt-Rechtsbehelfsgesetzes den unionsrechtlichen Vorgaben?, NVwZ 2018, 219 ff.
Fredel, A.	Das Umweltverbandsklagerecht gegen Einzelzulassungen von Kraftfahrzeugen, EurUP 2018, 535 ff.
Frenz, W.	Weitere Dieselfahrverbote nach deutschem Richtlinienverstoß? – Anmerkung zum Urteil des EuGH vom 03. Juni 2021 (Rs. C-635/18), DVBl 2021, 1370 ff.
Frenz, W.	Anmerkung zu EuGH, Urtl. V. 29.07.2019 – Rs. C-411/17, ECLI:EU:C:2019:622 – Inter-Environnement Wallonie (Doel), DVBl 2020, 122 ff.

Frenz, W.	Umweltklagen weiter effektuiert: Subjektive Rechte, Präklusion und Entscheidungserheblichkeit von Verfahrensfehlern – Anmerkung zu EuGH, Urt. v. 15.10.2015 – C-137/14, NuR 2015, 832 ff.
Frenz, W.	Zumutbare Alternativen nach § 34 Abs. 3 BNatSchG, NuR 2015, 683 ff.
Frenz, W.	Drittschutz im Bergrecht, NVwZ 2011, 86 ff.
Frenz, W.	Handbuch Europarecht Band 5 – Wirkungen und Rechtsschutz, Berlin 2010; zit.: Frenz, Europarecht 5.
Frenz, W.	Föderalismusreform im Umweltschutz, NVwZ 2006, 742 ff.
Frenz, W.	Bergrecht und Nachhaltige Entwicklung, Berlin 2001; zit.: Frenz, Bergrecht.
Frenz, W.	Kommentar zum BBergG, Berlin 2019.
Frenz, W.	Fracking-Verbot, NVwZ 2016, 1042 ff.
Frenz, W.	Klimaschutzrecht, 3. Aufl., Berlin, 2025.
Frenz, W.	USA vs. EU: Perspektiven nach dem Clean Industrial Deal und dem ReArm-Programm, EuR 2025, 386 ff.
Frenz, W.	EU-Wettbewerbsstärkung und Folgen für das deutsche Klimaschutzrecht, DVBl 2025, 153 ff.
Frenz, W.	Auswirkungen des Clean Industrial Deal, NuR 2025, 318 ff.
Frenz, W. (Hrsg.)	Aktuelles Immissionsschutzrecht und Emissionshandel, Berlin 2006; zit.: Verfasser, in: Frenz (Hrsg.), Aktuelles Immissionsschutzrecht.
Frenz, W. (Hrsg.)	Klimaschutzrecht Gesamtkommentar, 3. Auflage, Berlin 2025.
Frenz, W./Müggenborg, H.-J.	SUP-Pflicht für Landschaftsschutzgebietsverordnungen, UPR 2023, 281 ff.
Frenz, W./Müggenborg, H.-J. (Hrsg.)	Kommentar zum BNatSchG, 4. Aufl., Berlin 2024; zit.: Bearbeiter, in: Frenz/Müggenborg, BNatSchG.
Frey, M.	Möglichkeiten und Grenzen der Abschichtung umweltrechtlicher Prüfungen bei Windkraft-Flächennutzungsplanung und -anlagengenehmigung, BauR 2014, 920 ff.
Friauf, H./Höfling, W. (Hrsg.)	Berliner Kommentar zum GG, Loseblatt, Berlin 2025.
Friesecke, A.	Bundeswasserstraßengesetz, Kommentar, 7. Aufl., Köln 2020; zit.: Friesecke, WaStrG.
Führ, M.	Der Dieselskandal und das Recht. Ein Lehrstück zum technischen Sicherheitsrecht, NVwZ 2017, 265 ff.
Führ, M. (Hrsg.)	GK-BImSchG, Kommentar, 3. Aufl., Hürth 2024; zit.: Bearbeiter, in: Führ, GK-BImSchG.
Führ, M./Dopfer, J./Bizer, K.	Evaluation des UVPG des Bundes – Ergebnisse einer retrospektiven Gesetzesfolgenforschung, ZUR 2009, 59 ff.
Füßer, K./Gresse, J.	Alternativenprüfung bei Erdkabel-Pilotverfahren: Linienförmige Vorhaben mit »Joker« zur Überwindung hohen Raumwiderstands?, NVwZ 2021, 1094 ff.
Gaentzsch, G.	Die bergrechtliche Planfeststellung, in: Festschrift für Horst Sendler, München 1991, S. 403 ff.; zit.: Gaentzsch, in: FS Sendler.
Gaentzsch, G.	Bauleitplanung und Baugenehmigungspraxis unter den Anforderungen des Naturschutzes und der Umweltverträglichkeit, NuR 1990, 1 ff.
Gallas, A.	Die Umweltverträglichkeitsprüfung im immissionsschutzrechtlichen Genehmigungsverfahren, UPR 1991, 214 ff.
Gantzer, J.	Grenzüberschreitende Behörden- und Öffentlichkeitsbeteiligung bei umweltrelevanten Vorhaben am Oberrhein, VBlBW 2005, 464 ff.
Gärditz, K. F.	Europäisches Verwaltungsprozessrecht, JuS 2009, 385 ff.

Gärditz, K. F. (Hrsg.)	VwGO – Verwaltungsgerichtsordnung mit Nebengesetzen, Kommentar, 2. Aufl., Hürth 2018.
Gärditz, K./Keller. K./ Niesler, A. (Hrsg.)	Der Kontrollauftrag der Verwaltungsgerichtsbarkeit. Liber Amicorum für Max-Jürgen Seibert, Berlin 2020.
Gassner, E.	Zur Rücknahme richterlicher Kontrolle einer Verwaltungsentscheidung im Falle ökologischer Erkenntnisdefizite – Der Beschluss des BVerfG vom 23.10.2018 im Lichte des Art. 20a GG, DVBl 2019, 1370 ff.
Gassner, E.	Unterlassene UVP – Umwandlung eines Militärflughafens in einen Verkehrsflughafen, NVwZ 2008, 1203 ff.
Gassner, E.	Neues zur Umweltprüfung in der Bauleitplanung, DVBl 2007, 1403 ff.
Gassner, E.	Gesetz über die Umweltverträglichkeitsprüfung, Kommentar, Heidelberg 2006; zit.: Gassner, UVPG.
Gassner, E.	Zur Bewertung der Auswirkungen von UVP-Projekten auf die Umwelt, UPR 1996, 429 ff.
Gassner, E.	Umweltverträglichkeitsprüfung in der planerischen Abwägung, UPR 1993, 241 ff.
Gassner, E.	Die medien- und verfahrensübergreifende Umweltverträglichkeitsprüfung, UPR 1990, 361 ff.
Gassner, E./Bendomir-Kahlo, G./Schmidt-Räntsch, A./Schmidt-Räntsch, J.	Bundesnaturschutzgesetz, Kommentar, 2. Aufl. 2003; zit: Bearbeiter, in: Gassner/Bendomir-Kahlo/Schmidt-Räntsch, BNatSchG.
Gassner, E./Heugel, M.	Das neue Naturschutzrecht, München 2010.
Gassner, E./Winkelbrandt, A./Bernotat, D.	UVP und strategische Umweltprüfung, rechtliche und fachliche Anleitung für die Umweltprüfung, 5. Aufl., Heidelberg 2010; zit.: Gassner/Winkelbrandt/Bernotat, UVP.
Gaßner, H./Schmidt, A.	Die Neuregelung der Zulassung von Abfallentsorgungsanlagen, NVwZ 1993, 946 ff.
Gellermann, M.	Windkraftnutzung im Lichte der Vogelschutzrichtlinie 2009/147/EG, NuR 2020, 178 ff.
Gellermann, M.	Naturschutzrecht nach der Novelle des Bundesnaturschutzgesetzes, NVwZ 2010, 73 ff.
Gellermann, M.	Europäisierte Klagerechte anerkannter Umweltverbände, NVwZ 2006, 7 ff.
Gellermann, M.	Die Windfarm im Lichte des Artikelgesetzes, NVwZ 2004, 1199 ff.
Genth, M.	Ist das neue Umwelt-Rechtsbehelfsgesetz europarechtskonform?, NuR 2008, 28 ff.
Gersdorf, H./Paal, B. P. (Hrsg.)	Beck'scher Online-Kommentar zum Informations- und Medienrecht, 49. Edition, Stand: 01.08.2025, München; zit.: Bearbeiter, in: BeckOK InfoMedienR.
Gesellschaft für Umweltrecht GfU (Hrsg.)	Risikoregulierung und Risikokommunikation – Umweltprüfung für Pläne und Programme, Tagungen der Gesellschaft für Umweltrecht, Bd. 35, 2005; zit.: Verfasser, in: GfU (Hrsg.), Umweltprüfung.
Giemulla, E.	Der Zusammenhang zwischen Ausbauplan und Genehmigung bzw. Planfeststellung, NVwZ 2003, 643 ff.
Giemulla, E./Schmid, R. (Hrsg.)	Luftverkehrsgesetz, Kommentar, Loseblatt, Stand März 2022; zit.: Bearbeiter, in: Giemulla/Schmid, LuftVG.
Giesberts, L./Reinhardt, M. (Hrsg.)	Beck'scher Online-Kommentar zum Umweltrecht, 75. Edition, Kommentar, Stand: Juli 2025, München; zit.: Bearbeiter, in: BeckOK UmweltR.

Gieseke, U.	UVP-Portale des Bundes und der Länder: Vollzugs- und Rechtsfragen, ZUR 2022, 350 ff.
Ginzky, H.	Die Richtlinie über die Prüfung der Umweltauswirkungen bestimmter Pläne und Programme – Interpretation und Umsetzungsempfehlungen, UPR 2002, 47 ff.
Ginzky, H./Rechenberg, J.	Der Gewässerschutz in der Föderalismusreform, ZUR 2006, 344 ff.
Ginzky, H./Viebrock, J.	Unanwendbarkeit von § 22 UVPG wegen Verstoßes gegen die UVP-Richtlinie der EG, UPR 1991, 428 ff.
Glaser, A.	Schwerpunktbereich – Grundstrukturen des Naturschutzrechts, JuS 2010, 209 ff.
Götz, V./Geis, M.-E.	Allgemeines Polizei- und Ordnungsrecht, 17. Aufl., Göttingen 2022.
Götze, R./Lau, M.	Naturschutzrechtliches Vermeidungsgebot und künftige naturräumliche Entwicklung – Zur Eingriffsbewertung bei ökologischen Potenzialstörungen, DVBl 2006, 415 ff.
Grabitz, E./Hilf, M./ Nettesheim, M. (Hrsg.)	Das Recht der Europäischen Union: EUV/AEUV, 85. Aufl., München 2025; zit.: Bearbeiter, in: Grabitz/Hilf/Nettesheim (Hrsg.), Recht der Europäischen Union.
Graf, D.	Die Umsetzung der Plan-UP-Richtlinie im Raumordnungsrecht des Bundes und der Länder, Baden-Baden 2006; zit.: Graf, Umsetzung der Plan-UP-RL.
Grandjot, R.	Grenzüberschreitende Umweltprüfungen – Änderungen durch das Gesetz zur Modernisierung des Rechts der Umweltverträglichkeitsprüfung, DVBl 2018, S. 161 ff.
Grandjot, R.	Missbräuchliches oder unredliches Verhalten im Rechtsbehelfsverfahren – Der neue § 5 Umwelt-Rechtbehelfsgesetz (UmwRG), in: Hoffmann, J. (Hrsg.), 15 Jahre Zentrum für Rechts- und Verwaltungswissenschaften an der Brandenburgischen Technischen Universität, Berlin 2017, S. 137 ff.; zit.: Grandjot, Der neue § 5 Umwelt-Rechtsbehelfsgesetz.
Grandjot, R.	Zur Konzeption eines Kompetenztitels »Recht der Umwelt«, DÖV 2006, 511 ff.
Greim, J.	Das Urteil des EuGH in der Rechtssache Altrip – Meilenstein oder Mosaikstein auf dem Weg zum gebotenen Individualrechtsschutz bei UVP-Fehlern, NuR 2014, 81 ff.
Greim, J.	Die Verbandsklage nach dem Umwelt-Rechtsbehelfsgesetz – Politik der (zu) kleinen Schritte, BayVBl 2014, 517 ff.
Greim, J.	Anmerkung zu EuGH, Urt. v. 12.05.2011, Az.: C-115/09, UPR 2011, 271 ff.
Greve, H.	Das neue Bundesdatenschutzgesetz, NVwZ 2017, 737 ff.
Grimm, D.	Verfahrensfehler als Grundrechtsverstöße, NVwZ 1985, 865 ff.
Gröhn, K.	Die Anerkennung von Umweltvereinigungen – ein Rechtsinstitut zwischen Verwaltungskontrolle, Qualitätssicherung und Öffentlichkeitsbeteiligung, NuR 2019, 225 ff.
Gronemeyer, N.	Änderungen des BauGB und der VwGO durch das Gesetz zur Erleichterung von Planungsvorhaben für die Innenentwicklung der Städte, BauR 2007, 815 ff.
Groß, Th.	Die Alternativenprüfung in der Umweltverträglichkeitsprüfung, NVwZ 2001, 514 ff.
Grotefels, S.	Bebauungspläne nach § 13b BauGB versus Boden- und Flächenschutz?, UPR 2018, 321 ff.
Grotefels, S.	Umweltprüfung bei Raumordnungsplänen nach dem neuen Landesplanungsgesetz NRW, NWVBl 2007, 41 ff.

Grotefels, S.	Gemeinsame grenzüberschreitende Regionalplanung zwischen den Niederlanden und Nordrhein-Westfalen, Münster 1992; zit.: Grotefels, Gemeinsame grenzüberschreitende Regionalplanung.
Grotefels, S. (geb. Wickrath)	Bürgerbeteiligung im Recht der Raumordnung und Landesplanung, Münster 1992; zit.: Wickrath, Bürgerbeteiligung.
Grotefels, S./Uebbing, C.	Öffentlichkeitsbeteiligung in der Raumordnung, NuR 2003, 460 ff.
Grüner, J.	Die Einschränkung der planerischen Gestaltungsfreiheit durch Optimierungsgebote und Abwägungsdirektiven. Eine Untersuchung der Rechtsprechung des Bundesverwaltungsgerichts zur Wirkung von § 50 Satz 1 BImSchG auf die Abwägung, UPR 2011, 50 ff.
Grünewald, B.	Subjektive Verfahrensrechte als Folge der Europäisierung des Bauplanungsrechts, NVwZ 2009, 1520 ff.
Guckelberger, A.	Aarhus-Konvention und Unionsrecht als prägende Faktoren für die Verbandsklage im UmwRG, NuR 2020, 149 ff.
Guckelberger, A.	Die Erweiterung der umweltrechtsbehelfsfähigen Gegenstände auf dem Prüfstand, NuR 2020, 217 ff.
Guckelberger, A.	Die Ausgestaltung der Umweltrechtsbehelfe für Verbände seit der UmwRG-Novelle 2017, NuR 2020, 505 ff.
Guckelberger, A.	Zum methodischen Umgang mit Verwaltungsvorschriften, Verw 2002, 61 ff.
Guckelberger, A.	Update in Sachen Umwelt-Rechtsbehelfsgesetz, NuR 2024, 73 ff.
Guckelberger, A.	Das LNG-Beschleunigungsgesetz – Vorbild für das Planungsrecht oder Sonderfall, UPR 2023, 452 ff.
Guckelberger, A./Gard, A.	15 Jahre SUP-Richtlinie: Bilanz und Perspektiven, EurUP 2016, 168 ff.
Guckelberger, A./Mitschang, E.	Klagerecht der Umweltvereinigungen gegen Kfz-Typengenehmigung, NJW 2022, 3747 ff.
Günnewig, D./Hoppenstedt, A.	Methodische Weiterentwicklung der Umweltrisikoeinschätzung von Verkehrsprojekten, NuL 2001, 358 ff.
Günter, G.	Das neue Recht der UVP nach dem Artikelgesetz – ist die UVP-Änderungsrichtlinie europarechtskonform umgesetzt, NuR 2002, 317 ff.
Haaren, Ch. v. (Hrsg.)	Landschaftsplanung, 2. Aufl., Stuttgart 2022.
Haaren, Ch. v./Scholles, F./Ott, St./Myrzik, A./Wulfert, K.	Strategische Umweltprüfung und Landschaftsplanung, Abschlussbericht zum F+E Vorhaben 80282130 des Bundesamtes für Naturschutz 2004; zit.: von Haaren u.a., Strategische Umweltprüfung und Landschaftsplanung.
Hacker, F./Jansen,F./Krämerkämper, T./Kremer, P./Teßmer, D.	Der Abschneidewert für Stickstoffeinträge im Habitatschutz, NuR 2021, 729 ff.
Hadamek, R.	Das Gesetz zur Beschleunigung von Planungsverfahren im Verkehrsbereich, UPR 2024, 413 ff.
Häde, U.	Zur Föderalismusreform in Deutschland, JZ 2006, 930 ff.
Hafner, S.	Beteiligung der Öffentlichkeit bei der Anpassung an die Folgen des Klimawandels, NuR 2012, 315 ff.
Hahn, E.	Anforderungen und Perspektiven der Umweltverträglichkeitsprüfung in Städtebau und Bauleitplanung, in: Spannowsky, W./Mitschang, S. (Hrsg.), Umweltverträglichkeitsprüfung in der Bauleitplanung, Köln 2002, S. 99 ff.; zit.: Hahn, in: Spannowsky/Mitschang, UVP in der Bauleitplanung.
Hahn, P./Watson, K.	Novellierung der UVP-Richtlinie – Im Spannungsfeld zwischen Qualitätssicherung und Verfahrensvereinfachung, I+E 2013, 157 ff.
Hailbronner, K. (Hrsg.)	Staat und Völkerrechtsordnung: Festschrift für Karl Doehring, Berlin 1989; zit.: Verfasser, in: FS Doehring.

Halama, G. — Die FFH-Richtlinie – unmittelbare Auswirkungen auf das Planungs- und Zulassungsrecht, NVwZ 2001, 506 ff.

Halmes, G. — Rechtsgrundlagen für den regionalen Integrationsprozeß in Europa, DÖV 1996, 933 ff.

Hamann, Ch. — Die Umweltverträglichkeitsprüfung im Baugenehmigungsverfahren, ZfBR 2006, 537 ff.

Hanke, S./Steinbach, D. — Die lärmende Jugendherberge, JA 2011, 202 ff.

Hardt, H. — Analyse zur inhaltlichen und methodischen Ausgestaltung der UVP im Bebauungsplanverfahren, in Kistenmacher (Hrsg.), Werkstattbericht Nr. 17, Kaiserslautern 1991, UVP in der Bebauungsplanung, S. 76 ff.

Hartje, V./Klaphake, A. (Hrsg.) — Die Rolle der Europäischen Union in der Umweltplanung, Marburg, 1998; zit: Verfasser, in: Hartje/Klaphake (Hrsg.), Die Rolle der Europäischen Union in der Umweltplanung.

Hartlik, J. — Anforderungen an den UVP-Bericht unter Beachtung methodisch-inhaltlicher Praktikabilität – Teil 1, UVP-report 1/2020, 3 ff.

Hartlik, J. — Anforderungen an den UVP-Bericht unter Beachtung methodisch-inhaltlicher Praktikabilität – Teil 2, UVP-report 2/2020, 71 ff.

Hartung, O. — Ersatzneubau von Brücken nach dem FStrG: Zu erheblichen Änderungen und »Vorgriffsfällen«, DVBl 2023, 121 ff.

Heberlein, H. — Grenznachbarschaftliche Zusammenarbeit auf kommunaler Basis, DÖV 1996, 100 ff.

Heidtmann-Kappler, D./Scheidler, A. — Die Entscheidung des Bundesministers der Verteidigung nach § 3 Abs. 2 UVPG, UPR 2004, 95 ff.

Heidtmann, E. — Landschaftsplanung und Eingriffsregelung, die wesentlichen Planungsinstrumente des Naturschutzes und der Landschaftspflege, NuR 1993, 68 ff.

Heiland, St./Regener, M./Stratmann L./Hauff M./Wiedenbacher S. — Kumulative Auswirkungen in der Strategischen Umweltprüfung, UVP-report 2006, 122 ff.

Heinze, L./Wolff, H. A. — Die faktische Klagebegründungsfrist des § 6 UmwRG bei Nachbarklagen gegen Zulassungsentscheidungen, NVwZ 2022, 931 ff.

Heitsch, Ch. — Durchsetzung der materiell-rechtlichen Anforderungen der UVP-Richtlinie im immissionsschutzrechtlichen Genehmigungsverfahren, NuR 1996, 453 ff.

Held, J. — Umfang der Klage- und Rügebefugnis von Individualklägern nach dem Umwelt-Rechtsbehelfsgesetz, DÖV 2019, 121 ff.

Held, J. — Umweltrechtliche Verfahrensfehler im Lichte der neuesten Rechtsprechung, DVBl 2016, 12 ff.

Held, J. — Individualrechtsschutz bei fehlerhaftem Verwaltungsverfahren, NVwZ 2012, 461 ff.

Hellmann, U./Weber, A. — Das Gesetz über die Umweltverträglichkeitsprüfung (UVP-Gesetz), NJW 1990, 1625 ff.

Hendler, R. — Das Gesetz zur Einführung einer Strategischen Umweltprüfung, NVwZ 2005, 977 ff.

Hendler, R. — Die Bedeutung der Richtlinie zur strategischen Umweltprüfung für die Planung der Bundesverkehrswege, EurUP 2004, 85 ff.

Hendler, R. — Die SUP-Richtlinie-Bedeutung für die Verkehrswegeplanung, in: Ziekow, J., Aktuelle Probleme des Fachplanung- und Raumordnungsrecht, Berlin 2004, S. 267 ff.

Hendler, R. — Der Geltungsbereich der EG-Richtlinie zur strategischen Umweltprüfung, NuR 2003, 2 ff.

Hendler, R.	Zum Begriff der Pläne und Programme in der EG-Richtlinie zur strategischen Umweltprüfung, DVBl 2003, 227 ff.
Hendler, R.	Zur Umweltprüfungspflichtigkeit des Bundesverkehrswegeplans, UVP-report 2003, 57 ff.
Hendler, R.	Umsetzung der EG-Richtlinie für die UVP bei Plänen und Programmen: Bestimmung der von der Richtlinie erfaßten Pläne und Programme des deutschen Rechts, Rechtsgutachten im Auftrag des Bundesministeriums für Umwelt, Naturschutz und Reaktorsicherheit, Trier 2002; zit.: Hendler, BMU-Rechtsgutachten.
Hendler, R./Ibler, M./Soria, J. M. (Hrsg.)	»Für Sicherheit, für Europa« – Festschrift für Volkmar Götz, Göttingen 2005; zit.: Verfasser, in: FS Götz.
Hendler, R./Marburger, P./Reinhardt, M./Schröder, M. (Hrsg.)	Jahrbuch des Umwelt- und Technikrechts 2006, Bd. 90, Berlin 2006; zit.: Verfasser in: Hendler u.a. (Hrsg.), JbUTR 90 (2006).
Hendler, R./Marburger, P./Reinhardt, M./Schröder, M. (Hrsg.)	Die strategische Umweltprüfung (sog. Plan-UVP) als neues Instrument des Umweltrechts – Tagung des Instituts für Umwelt- und Technikrecht vom 17. bis 18. März 2003, S. 153 ff.; zit.: Verfasser, in: Hendler u.a. (Hrsg.), Strategische Umweltprüfung.
Hendler, R./Wu, M.	Öffentlichkeitsbeteiligung im Umweltrecht der Europäischen Union, DVBl 2014, 78 ff.
Hendrischke, O.	»Allgemeine Grundsätze« als abweichungsfester Kern der Naturschutzgesetzgebung des Bundes, NuR 2007, 454 ff.
Hermann, N.	Vom BER und vom Bär – Neues zu den Flugrouten, DVBl 2014, 813 ff.
Hermes, G./Sellner, D.	Beck'scher AEG-Kommentar, 2. Aufl., München 2014.
Hermsdorf, M./Glaser, R.	Das Maßnahmengesetz als Präjudiz für eine Ausweitung der Klagemöglichkeiten von Umweltverbänden?, NVwZ 2023, 1217 ff.
Herrmann, N./Wagner, T.	Grenzen der Summation und Kumulation im Umweltrecht, NuR 2005, 20 ff.
Herz, B./von der Groeben, C.	Industriepark und störfallrechtliche Expansionsgrenzen, DVBl 2015, 882 ff.
Herzmann, K.	Monitoring als Verwaltungsaufgabe, DVBl 2007, 670 ff.
Heß F./Peters, J./Schöneberger, Ph./Verheyen, R.	Das Gebot der Berücksichtigung des Klimaschutzes auf Vorhabenebene – de lege lata und de lege ferenda, NVwZ 2023, 113 ff.
Heß, F.	Aktivierung der Umweltverbandsklage, ZUR 2018, 687 ff.
Heß, F./Brigola, A.	Die Fallstricke der unions- und völkerrechtlichen Metamorphose des Umwelt-Rechtsbehelfsgesetzes (UmwRG) im Jahr 2017, NuR 2017, 729 ff.
Heß, F./Hörtzsch, L. M.	Pflicht der Bundesregierung zur Aufstellung von Sofortprogrammen nach § 8 Abs. 1 und 2 Klimaschutzgesetz, NuR 2024, 391 ff.
Heute-Bluhm, G.	Rechtliche Vorgaben für die Standortvorauswahl bei der Zulassung von Abfallentsorgungsanlagen, VBlBW 1993, 206 ff.
Heyn, B.	Die Genehmigung von Flächennutzungsplänen, UPR 2019, 365 ff.
Hien, E.	Rechtsschutz gegen Planungsentscheidungen im Fernstraßenrecht – auch im europäischen Vergleich, DVBl 2007, 393 ff.
Hien, E.	Die Umweltverträglichkeitsprüfung in der gerichtlichen Praxis, NVwZ 1997, 422 ff.
Hilgers, H. A.	Die frühzeitige Öffentlichkeitsbeteiligung an der Umweltverträglichkeitsprüfung für Windkraftanlagen, NVwZ 2021, 436 ff.
Hille, M.	Auswirkungen des deutschen Klimaschutzrechts auf das Planfeststellungsverfahren für Straßenbahnbetriebsanlagen, UPR 2024, 327 ff.
Hilz, S.	Ein Quantum Baurecht, ZdiW 2023, 266 ff.

Himmelmann, S./ Tünnesen-Harmes, C.	Wende bei der Beurteilung bergrechtlicher Betriebspläne, UPR 2002, 212 ff.
Hofer, J.	Psychologie und Politik im Spiel – UVP im schweizerisch-deutschen Grenzraum, UVP-report 1992, 70 ff.
Hoffmann-Riem, W.	Ökologisch orientiertes Verwaltungsverfahrensrecht – Vorklärungen, AöR 1994, 590 ff.
Hoffmann-Riem, W.	Von der Antragsbindung zum konsentierten Optionenermessen, DVBl 1994, 605 ff.
Hoffmann, E./Heß, F.	Beck'scher Online-Kommentar Klimarecht, 3. Edition, Stand: 01.06.2025.
Hofmann-Hoeppel, J.	Beschleunigung des Fachplanungsrechts – Erfahrungen aus der abfallrechtlichen Zulassungspraxis, VerR 1994, 391 ff.
Hofmann, E.	Der Funktionswandel der Verwaltungsgerichtsbarkeit – nur eine Frage des Umweltrechts?, EurUP 2015, 266 ff.
Hofmann, E.	Der Klimaschutzbeschluss des BVerfG. Rezeption, Dogmatik, Kritik, NVwZ 2021, 1587 ff.
Hofmann, E.	Abwägung im Recht, Tübingen 2007.
Hofmann, H./Henneke, H.-G. (Hrsg.)	Kommentar zum Grundgesetz, 16. Aufl. 2025; zit.: Verfasser, in: Hofmann/Henneke, GG.
Hohnerlein, J.	Die Zulassung des vorzeitigen Beginns umweltrelevanter Vorhaben als Interimsentscheidung. Präjudizierung der Genehmigungsentscheidung?, NVwZ 2022, 750 ff.
Hölscheidt, S.	Europa 1992: Die Organe der Europäischen Gemeinschaften, JA 1990, 253 ff.
Hönes, E.-R.	Das kulturelle Erbe, NuR 2009, 19 ff.
Hoppe, W.	Kompetenz-Debakel für die »Raumordnung« durch die Föderalismusreform in Folge der uneingeschränkten Abweichungszuständigkeit der Länder, DVBl 2007, 144 ff.
Hoppe, W.	Die Abwägung im EAG Bau nach Maßgabe des § 1 VII BauGB 2004, NVwZ 2004, 903 ff.
Hoppe, W.	Entwicklung von Grundstrukturen des Planungsrechts durch das BVerwG – Hommage an die Leitentscheidung zum planungsrechtlichen Abwägungsgebot vom 12.12.1969, zugleich Anmerkung zu BVerwG, v. 12.12.1969 – IV C 105.66, DVBl 2003, 697 ff.
Hoppe, W.	Verfassungsrechtliche Grundlagen des Verhältnisses von Oberflächeneigentum und Bergbau, DVBl 1993, 221 ff.
Hoppe, W.	Die Bedeutung von Optimierungsgeboten im Planungsrecht, DVBl 1992, 853 ff.
Hoppe, W.	Die Umweltverträglichkeitsprüfung im Planfeststellungs- und Anlagengenehmigungsverfahren. Zur Anwendung der Art. 3 und 8 EG-Richtlinie im deutschen Recht, Berlin 1988, S. 39 ff.; zit.: Hoppe, UVP.
Hoppe, W.	Staatsaufgabe Umweltschutz, VVDStRL 1980, 211 ff.
Hoppe, W.	Zur Struktur von Normen des Planungsrechts – Bemerkungen zu rechtsstaatlichen Anforderungen an die Begriffsbildung im Planungsrecht, DVBl 1974, 641 ff.
Hoppe, W. (Hrsg.)	Raumordnungs- und Landesplanungsrecht des Bundes und des Landes Rheinland-Pfalz, Köln 1986.
Hoppe, W./Appold, W.	Umweltverträglichkeitsprüfung – Bewertung und Standards aus rechtlicher Sicht, DVBl 1991, 1221 ff.
Hoppe, W./Appold, W./ Haneklaus, W.	Rechtspflicht zur Standortalternativenprüfung im Raumordnungsverfahren?, DVBl 1992, 1203 ff.

Hoppe, W./Beckmann, M.	Planfeststellung und Plangenehmigung im Abfallrecht, Berlin 1990; zit.: Hoppe/Beckmann, Planfeststellung.
Hoppe, W./Beckmann, M.	Zur Berücksichtigung von Standortalternativen bei der Zulassung von Abfallentsorgungsanlagen, DÖV 1990, 769 ff.
Hoppe, W./Beckmann, M.	Grundeigentumsschutz bei heranrückendem Bergbau, Köln u.a. 1988; zit.: Hoppe/Beckmann, Grundeigentumsschutz.
Hoppe, W./Beckmann, M.	Juristische Aspekte einer interkommunalen Zusammenarbeit beiderseits der deutsch-niederländischen Grenze, DVBl 1986, 1 ff.
Hoppe, W./Beckmann, M./Kauch, P.	Umweltrecht, 2. Aufl., München 2000; zit.: Hoppe/Beckmann/Kauch, Umweltrecht.
Hoppe, W./Bönker, Ch./Grotefels, S.	Öffentliches Baurecht – Raumordnungsrecht, Städtebaurecht, Bauordnungsrecht, 5. Aufl., München 2024.
Hoppe, W./Schlarmann, H./Buchner, R./Deutsch, M.	Rechtsschutz bei der Planung von Verkehrsanlagen und anderen Infrastrukturvorhaben. Grundlagen der Planfeststellung, 4. Aufl., Berlin 2011; zit.: Hoppe/Schlarmann/Buchner/Deutsch, Rechtsschutz.
Hoppenberg, M./Elgeti, T.	Änderungen von Unterlagen bei UVP-pflichtigen Vorhaben, NUR 2005, 625 ff.
Hösch, U.	Die Bewältigung von Prognoseunsicherheit bei planerischen Entscheidungen am Beispiel des Fluglärms, UPR 2006, 411 ff.
Hösch, U.	Das bayerische Gesetz zur Umsetzung der UVP-Richtlinie, NVwZ 2001, 519 ff.
Huber, M./Voßkuhle, A.	Kommentar zum Grundgesetz – Bd 3: Art. 83-146, 8. Aufl., München 2024; zit.: Bearbeiter, in: Huber/Voßkuhle (Hrsg.), GG.
Hübler, K.-H.	Ist die Plan- und Programm-UVP der Königsweg der Umweltpolitik im Jahre 2002?, UVP-report 1998, 65 ff.
Hübler, K.-H./Otto-Zimmermann, K. (Hrsg.)	Umweltverträglichkeitsprüfung – Gesetzgebung, Sachstand, Positionen, Lösungsansätze, Taunusstein 1989; zit.: Bearbeiter, in: Hübler/Otto-Zimmermann, UVP.
Huck, W./Müller, M.	Beck'sche Kompakt-Kommentare, Verwaltungsverfahrensgesetz (VwVfG), 4. Aufl., München 2025.
Huggins, B.	Das artenschutzrechtliche Tötungsverbot als abgestuftes Schutzregime, NuR 2021, 73 ff.
Huggins, B./Dietrich, L.	Planungsrechtlicher Artenschutz – Aktualität und Detailtiefe in der überörtlichen Planung, ZUR 2024, 526 ff.
Huggins, B./Zimmermann J.	Gesetz zum Schutz der Insektenvielfalt – Novellierungen des Natur- und Pflanzenschutzrechts, DVBl 2022, 20 ff.
Hyckel, J.	Die materiell-rechtliche Transformation des Umweltschutzes in der Bauleitplanung, ZfBR 2016, 335 ff.
Ipsen, J.	Die Kompetenzverteilung zwischen Bund und Ländern nach der Föderalismusnovelle, NJW 2006, 2801 ff.
Ipsen, J.	Einwendungsbefugnis und Einwendungsausschluß im atomrechtlichen Genehmigungsverfahren, DVBl 1980, 146 ff.
Isensee, J./Kirchhof, P. (Hrsg.)	Handbuch des Staatsrechts, Band III, 3. Aufl., Heidelberg 2007; zit.: Verfasser, in: Isensee/Kirchhof (Hrsg.), HbStR.
Jacob, T./Lau, M.	Beurteilungsspielraum und Einschätzungsprärogative, NVwZ 2015, 241.
Jacoby, Ch.	Strategische Umweltprüfung (SUP) – Aktueller Stand der Diskussion in Bezug auf die vorgesehene SUP-Richtlinie, UVP-Report 2001, 28 ff.
Jacoby, Ch.	Die strategische Umweltprüfung (SUP) in der Raumplanung: Instrumente, Methoden und Rechtsgrundlagen für die Bewertung von Standortalternativen in der Stadt- und Regionalplanung, Berlin 2000; zit.: Jacoby, SUP.

Jaeger, M./Kames, J.	Zur Erforderlichkeit der Prüfung von Alternativstandorten im Rahmen der Umweltverträglichkeitsprüfung (unter besonderer Berücksichtigung der Planung von Abfallentsorgungsanlagen), ZfW 1992, 269 ff.
Jarass, H. D.	Bundes-Immissionsschutzgesetz, Kommentar, 15. Aufl., München 2024; zit.: Jarass, BImSchG.
Jarass, H. D.	Das Umweltgesetzbuch in Deutschland, ZfU 2006, 1 ff.
Jarass, H. D.	Allgemeine Probleme der Gesetzgebungskompetenz des Bundes, NVwZ 2000, 1089 ff.
Jarass, H. D.	Aktuelle Probleme des Planfeststellungsrechts, DVBl 1997, 795 ff.
Jarass, H. D.	Folgen der innerstaatlichen Wirkung von EG-Richtlinien, NJW 1991, 2655 ff.
Jarass, H. D.	Grundstrukturen des Gesetzes über die Umweltverträglichkeitsprüfung, NuR 1991, 201 ff.
Jarass, H. D.	Auslegung und Umsetzung der EG-Richtlinie zur Umweltverträglichkeitsprüfung: Konkretisiert anhand der Probleme im Abfallrecht, Baden-Baden, 1989; zit.: Jarass, Auslegung und Umsetzung der EG-RL zur UVP.
Jarass, H. D.	Der rechtliche Stellenwert technischer und wissenschaftlicher Standards – Probleme und Lösungen am Beispiel der Umweltstandards, NJW 1987, 1225 ff.
Jarass, H. D.	Umweltverträglichkeitsprüfung bei Industrievorhaben, Recht – Technik – Wirtschaft, Köln 1987; zit.: Jarass, UVP bei Industrievorhaben.
Jarass, H. D.	Konkurrenz, Konzentration und Bindungswirkung von Genehmigungen: Probleme und Lösungen am Beispiel der baulichen Anlagen, Berlin 1984.
Jarass, H. D./Beljin, S.	Die Bedeutung von Vorrang und Durchführung des EG-Rechts für die nationale Rechtssetzung und Rechtsanwendung, NVwZ 2004, 1 ff.
Jarass, H. D./Beljin, S.	Grenzen der Privatbelastung durch unmittelbar wirkende Richtlinie, EuR 2004, 714 ff.
Jarass, H. D./Beljin, S.	Unmittelbare Anwendung des EG-Rechts und EG-rechtskonforme Auslegung, JZ 2003, 768.
Jarass, H. D./Kment, M.	Kommentar zum Baugesetzbuch, 3. Aufl., München 2022
Jarass, H. D./Petersen, F. (Hrsg.)	Kommentar zum KrWG, 2. Aufl., München 2022.
Jarass, H. D./Pieroth, B.	Grundgesetz für die Bundesrepublik Deutschland, Kommentar, 18. Aufl., München 2024.
Jauss, N./Marczona, P.	Die vorzulegenden Unterlagen und die Verantwortungsverteilung in der Umweltprüfung, UPR 2022, 474 ff.
Jessel, B.	Die Integration von Umweltbelangen in die Entscheidungsfindung in der Bauleitplanung, UPR 2004, 408 ff.
Jessel, B./Müller-Pfannenstiehl, K./Rößling, H.	Die künftige Stellung der Landschaftsplanung zur Strategischen Umweltprüfung (SUP), NuL 2003, 332 ff.
Jordan, I./Welsing, R.	Einstellung der Grubenwasserhaltung nach Beendigung der Steinkohlegewinnung – Bergrechtliche Betrachtung, ZfB 2017, 231 ff.
Just, J.-D.	Ermittlung und Einstellung von Belangen bei der planerischen Abwägung, Münster 1996.
Kadelbach, St.	Allgemeines Verwaltungsrecht unter europäischem Einfluß, Tübingen 1999.
Kahl, W.	Nachhaltigkeit durch Organisation und Verfahren, Tübingen 2016.
Kahl, W.	Neuere höchstrichterliche Rechtsprechung zum Umweltrecht – Teil 1, JZ 2016, 666 ff.

Kahl, W.	Die Zustimmungsbedürftigkeit von Bundesgesetzen nach Art. 84 I GG unter besonderer Berücksichtigung des Umweltverfahrensrechts, NVwZ 2008, 710 ff.
Kahl, W.	Grundrechtsschutz durch Verfahren in Deutschland und in der EU, VerwArch 2004, 1 ff.
Kahl, W.	Objektive Grenzen der gerichtlichen Kontrolle im Artenschutzrecht. Anmerkungen zum Beschluss des Bundesverfassungsgerichts vom 23. Oktober 2018, in: Gärditz/Keller/Nießler (Hrsg.), Der Kontrollauftrag der Verwaltungsgerichtsbarkeit, Berlin 2020, S. 167 ff.
Kahl, W./Gärditz, K. F.	Umweltrecht, 14. Aufl., München 2025.
Kahl, W./Ludwigs, M. (Hrsg.)	Handbuch des Verwaltungsrechts, Band 1: Grundstrukturen des deutschen Verwaltungsrechts, Heidelberg 2021.
Kahl, W./Schmidtchen, M.	Kommunale Wärme- und Klimaaktionspläne, EurUP 2013, 186 ff.
Kämper, N.	Fachplanung in Deutschland – geht das auch schneller?, NWVBl 2023, 45 ff.
Karge, M.	Das Umwelt-Rechtsbehelfsgesetz im System des deutschen Verwaltungsprozessrechts, Baden-Baden 2010.
Karpenstein, U./Kotzur M./Vasel J. (Hrsg.)	Handbuch Rechtsschutz in der Europäischen Union. Durchsetzung des Gemeinschaftsrechts vor europäischen und deutschen Gerichten, 4. Aufl., München 2024; zit.: Karpenstein/Kotzur/Vasel, Rechtsschutz in der Europäischen Union.
Karrenstein, F.	Das neue Schutzgut Fläche in der Umweltverträglichkeitsprüfung, NuR 2019, 98 ff.
Keienburg, B.	Das bergrechtliche Betriebsplanzulassungsverfahren, NVwZ 2013, 1123 ff.
Keienburg, B.	Die Öffentlichkeitsbeteiligung im Bergrecht, Stuttgart u.a. 2004; zit.: Keienburg, Öffentlichkeitsbeteiligung.
Keilich, C.	Zulassungsfreie Änderungen fachplanungsrechtlicher Vorhaben und UVP-Pflicht, LKV 2004, 97 ff.
Keller, K.	Drittanfechtungen im Umweltrecht durch Umweltvereinigungen und Individualkläger, NVwZ 2017, 1080 ff.
Kemmler, I.	Nationaler Stabilitätspakt und Aufteilung der EU-Haftung zwischen Bund und Ländern nach der Föderalismusreform, LKV 2006, 529 ff.
Kenyeressy, A.	Kritische Analyse des Vorschlags zur Änderung der UVP-Richtlinie, UPR 2013, 139 ff.
Kerkmann, J.	»Klagebegründungsfrist« nach § 6 UmwRG auch in Normenkontrollverfahren gegen Bebauungspläne?, BauR 2020, 914 ff.
Kerkmann, J.	Das Umwelt-Rechtsbehelfsgesetz, BauR 2007, 1527 ff.
Kerkmann, J.	Anmerkung zu EuGH, U. v. 07.01.2004 – Rs. C-201/02 – (Wiederaufnahme eines Bergbaubetriebs ohne UVP), DVBl 2004, 1288 ff.
Kerkmann, J./Martin, L.	Konkurrenz zwischen den verfahrensrechtlichen Vorschriften des Immissionsschutzrechts und dem UVPG. Gleichzeitig Anmerkung zu BVerwG, Urteil vom 28.09.2016 – 7 C 1.15, I+E 2017, 39 ff.
Kern, J.	Die (fern-)straßenrechtliche Planfeststellung – ein Verfahren ohne Ende?, DÖV 1989, 932 ff.
Kersten, J.	Konviviale Nachhaltigkeit, Begriff – Konzept – Dogmatik, NVwZ 2024, 614 ff.
Kerstensteiner, N.	Das Tierschutzrecht im Schatten des Umweltrechts: Prozessrechtliche Defizite und Reformansätze, ZUR 2025, 332 ff.
Kesper, I.	Reform des Föderalismus in der Bundesrepublik Deutschland – Die geplanten Änderungen im Überblick, NdsVBl 2006, 154 ff.
Kimminich, O./Storm, P.-C./Lersner, H. Frhr. v.	Handwörterbuch des Umweltrechts (HdUR), 2. Aufl., Berlin 1994.

Kischel, U.	Die Kontrolle der Verhältnismäßigkeit durch den Europäischen Gerichtshof, EuR 2000, 380 ff.
Kistenmacher, H. (Hrsg.)	Praxisuntersuchung und Expertise zu einer Umsetzung der europäischen Umweltverträglichkeitsrichtlinien in das Raumordnungsrecht, Forschungsprojekt im Auftrag des Bundesministeriums für Verkehr, Bau- und Wohnungswesen 1998–2000, Kaiserslautern 2001; zit.: Verfasser, In: Kistenmacher, H. (Hrsg.), Praxisuntersuchung.
Kistner, P.	Alternativenprüfungen im Netzausbaurecht, Kaiserslautern u.a. 2018.
Kläne, Ch.	Strategische Umweltprüfung (SUP) in der Bauleitplanung: zur Umsetzung der Richtlinie 2001/42/EG über die Planung der Umweltauswirkungen bestimmter Pläne und Programme, Hamburg 2003; zit.: Kläne, Strategische Umweltprüfung in der Bauleitplanung.
Kläne, Ch.	Screening von Bebauungsplänen, DVBl 2001, 1031 ff.
Kleesiek, A.	Zur Problematik der unterlassenen Umweltverträglichkeitsprüfung, Berlin 2010.
Klein, O./Schneider, K.	Art. 72 GG n.F. im Kompetenzgefüge der Föderalismusreform – Ein Überblick zur Erfindung des »generellen Abweichungsrechts«, zur Ersetzung der Rahmenvorschriften sowie zur Eröffnung einer neuen Antragsart im Verfassungsprozess –, DVBl 2006, 1549 ff.
Kleinschnittger, A.	Die abfallrechtliche Planfeststellung. Möglichkeiten der Verfahrensvereinfachung und -beschleunigung insbesondere durch Verfahrensstufung, Berlin 2022; zit.: Kleinschnittger, Planfeststellung.
Klement, J. H./Müller-Terpitz, R.	Energierecht. Kommentar. Baden-Baden 2026 (im Erscheinen).
Kling, A.	Zur Klimaverträglichkeitsprüfung: Eine erste Bilanz der Rechtsprechung zum Berücksichtigungsgebot des § 13 Abs. 1 S. 1 KSG, ZUR 2024, 141 ff.
Klinger, R.	Die Aarhus-Konvention im Werkzeugkasten des Rechtsanwalts: Universeller Türöffner oder stumpfes Schwert?, EurUP 2019, 51.
Klinger, R.	Urteilsanmerkung, ZUR 2017, 90 ff.
Klinger, R.	Novelle des Umweltrechtsschutzes – Der große Wurf?, ZUR 2016, 449.
Klinger, R.	Umweltverträglichkeitsprüfung und Rechtsschutz, ZUR 2014, 535.
Kloepfer, M.	Umweltrecht, 4. Aufl., München 2016; zit. Kloepfer, Umweltrecht.
Kloepfer, M.	Sinn und Gestalt des kommenden Umweltgesetzbuchs, UPR 2007, 161 ff.
Kloepfer, M.	Föderalismusreform und Gesetzgebungskompetenzen, ZG 2006, 250 ff.
Kloepfer, M./Rehbinder, E./Schmidt-Aßmann, E./Kunig, Ph. (Hrsg.)	Umweltgesetzbuch – Allgemeiner Teil, Forschungsbericht des Umweltbundesamtes, Berlin 1991; zit.: Kloepfer/Rehbinder/Schmidt-Aßmann/Kunig, UGB-AT.
Kloepfer, M./Widmann, J.	Die Entscheidung des BVerfG zum Bundes-Klimaschutzgesetz, DVBl 2021, 1333 ff.
Klößner, B.	Straßenplanung und Umweltverträglichkeitsprüfung, Baden Baden 1992.
Kment, M	Klimaschutzziele und Jahresemissionsmengen – Kernelemente des neues Bundes-Klimaschutzgesetzes, NVwZ 2020, 1537 ff.
Kment, M	Faktische Grenzen judikativer Kontrolle und eingeforderte Maßstabsbildung in der (Nicht-) Wissensgesellschaft, EuRUP 2020, 317 ff.
Kment, M.	Verwirklichung von Infrastrukturprojekten in Abschnitten im Lichte der Rechtsprechung des Bundesverwaltungsgerichts, AöR 2017, 247 ff.

Kment, M. Raumordnungsgesetz Kommentar, Baden-Baden 2019; zit.: Bearbeiter, in: Kment, Raumordnungsgesetz

Kment, M. Rechtsbehelfe von Umweltvereinigungen – Anwendungsfragen des neuen § 2 UmwRG 2017, NVwZ 2018, 921 ff.

Kment, M. Die Bewältigung von Nichtwissen durch adaptive Abwägung – zugleich ein Beitrag zur Dogmatik der Abwägung, ZUR 2016, 331 ff.

Kment, M. Die Überformung des deutschen Planungsrechts durch EU-Recht – Hat die Präklusion eine Zukunft?, UPR 2016, 487 ff.

Kment, M. Neue Anforderungen an die Bundesfachplanung für HGÜ-Vorhaben, NVwZ 2016, 1762 ff.

Kment, M. Die Umweltverfassungsbeschwerde – Unionsrechtlich erzwungener Rechtsschutz von Umweltverbänden gegen die gesetzliche Standortwahl eines atomaren Endlagers, in: Festschrift für Hans D. Jarass zum 70. Geburtstag, Das Zusammenwirken von Deutschem und Europäischem öffentlichen Recht, München 2015, S. 301-318.

Kment, M. Energiewirtschaftsgesetz (EnWG), 3. Aufl., Baden-Baden 2024.

Kment, M. Bundesfachplanung von Trassenkorridoren für Höchstspannungsleitungen, NVwZ 2015, 616 ff.

Kment, M. Europarechtswidrigkeit des § 4 I UmwRG?, NVwZ 2012, 481 ff.

Kment, M. Grenzüberschreitende Behörden- und Öffentlichkeitsbeteiligung bei ausländischen Vorhaben und Planungen – eine Analyse des § 9b UVPG, NuR 2012, 321 ff.

Kment, M. Vorbote der Energiewende in der Bundesrepublik Deutschland: das Netzausbaubeschleunigungsgesetz, RdE 2011, 341 ff.

Kment, M. Das Raumordnungsverfahren – Befristung und Verlängerung, NVwZ 2010, 542 ff.

Kment, M. Grenzüberschreitendes Verwaltungshandeln, Tübingen 2010.

Kment, M. Suche nach Alternativen in der Strategischen Umweltprüfung, DVBl 2008, 364 ff.

Kment, M. Das neue Umwelt-Rechtsbehelfsgesetz und seine Bedeutung für das UVPG – Rechtsschutz des Vorhabenträgers, anerkannter Vereinigungen und Dritter, NVwZ 2007, 274 ff.

Kment, M. Raumordnungsgebiete in der deutschen Ausschließlichen Wirtschaftszone, VERW 2007, 53 ff.

Kment, M. Umweltprüfung bei der Aufstellung von Flächennutzungsplänen und Landschaftsplänen – Überlegungen zur Verfahrensintegration, UPR 2007, 85 ff.

Kment, M. Planerhaltung auf dem Prüfstand: Die Neuerungen der §§ 214, 215 BauGB 2007 europarechtlich betrachtet, DVBl 2007, 1275 ff.

Kment, M. Die raumordnungsrechtliche Planerhaltung im Lichte des europäischen Rechts – Eine Untersuchung des § 10 ROG, DÖV 2006, 462 ff.

Kment, M. Die Stellung nationaler Unbeachtlichkeits-, Heilungs- und Präklusionsvorschriften im europäischen Recht, EuR 2006, 201 ff.

Kment, M. Zur angestrebten Änderung der Gesetzgebungskompetenz im Bereich der Raumordnung, NUR 2006, 217 ff.

Kment, M. Das geänderte Raumordnungsgesetz nach Erlass des Europarechtsanpassungsgesetzes Bau, NVwZ 2005, 886 ff.

Kment, M. Nationale Unbeachtlichkeits-, Heilungs- und Präklusionsvorschriften und Europäisches Recht, Berlin 2005.

Kment, M. Zu den Aufgaben und Pflichten des Beamten im Abwägungsvorgang – Gesetzesbindung, Unparteilichkeit und Gehorsamspflicht, BauR 2005, 1257 ff.

Kment, M. — Zur Europarechtskonformität der neuen baurechtlichen Planerhaltungsregeln, AöR 2005, 570 ff.

Kment, M. — Rechtsschutz im Hinblick auf Raumordnungspläne, Münster 2002; zit.: Kment, Rechtsschutz.

Kment, M. — Landesplanerischer Ausschluss von Fracking-Vorhaben in NRW, NWVBl. 2017, 1 ff.

Kment, M. — Änderungsbedarf im Recht der Planfeststellung. Notwendige Folgemaßnahmen und das Zusammentreffen mehrerer Vorhaben in der Fachplanung, NVwZ 2023, 123 ff.

Kment, M. — Die Neuausrichtung der Raumverträglichkeitsprüfung im Raumordnungsgesetz und ihr Verhältnis zur Umweltverträglichkeitsprüfung, EuRUP 2024, 38 ff.

Kment, M. — Gutachten Nr. 159/2024, in: Umweltbundesamt (Hrsg.), Notwendigkeit einer vollumfänglichen Umweltverträglichkeitsprüfung in Verfahren nach dem Bundes-Immissionsschutzgesetz.

Kment, M. — Mindestvorgaben der Umweltverträglichkeitsprüfung im immissionsschutzrechtlichen Genehmigungsverfahren, NVwZ 2024, 1609 ff.

Kment, M. — Künstliche Intelligenz in der Netzplanung?, RdE 2023, 1 ff.

Kment, M. (Hrsg.) — Energiewirtschaftsgesetz, 3. Auflage 2023.

Kment, M./Borchert, S. — Zeit für eine Verfassung 4.0?, KIR 2025, 9 ff.

Kment, M./Buck, T. — Künstliche Intelligenz in der Bauleitplaung, DVBl 2025, 989 ff.

Kment, M./Lorenz, C. — Eckpfeiler des deutschen Verwaltungsrechts auf europäischem Prüfstand, EurUP 2016, 47 ff.

Kment, M./Pleiner, T. — Abschnittsbildung bei energiewirtschaftlichen Streckenplanungen, Schriften zum Infrastrukturrecht Band 1, 2013.

Knack, H. J./Henneke, H.-G. (Hrsg.) — Verwaltungsverfahrensgesetz (VwVfG). Kommentar, 11. Aufl., Köln 2019; zit.: Bearbeiter, in: Knack/Henneke, VwVfG.

Knauff, M. — Die Verbandsklage im Energiesektor, EnWZ 2021, 3 ff.

Knauff, M. — Methodenfreiheit in der Netzplanung, EnWZ 2019, 51 ff.

Knill, Ch./Winkler, D. — Konvergenz oder Divergenz nationaler Rechts- und Verwaltungsstrukturen? – Der Effekt der Europäisierung am Beispiel der Umweltverträglichkeitsprüfung in Deutschland und England, VerwArch 2007, 1 ff.

Knöchel, H. — Die Umweltverträglichkeitsprüfung bei Vorhaben des untertägigen Steinkohlenbergbaus, NWVBl. 1992, 117 ff.

Knopp, L. — Öffentlichkeitsbeteiligungsgesetz und Umwelt-Rechtsbehelfsgesetz, ZUR 2005, 281 ff.

Koch, H.-J. — Umweltrecht, 4. Aufl., München 2014.

Koch, H.-J. — Die Verbandsklage im Umweltrecht, NVwZ 2007, 369 ff.

Koch, H.-J./Siebel-Huffmann, H. — Das Artikelgesetz zur Umsetzung der UVP-Änderungsrichtlinie, der IVU-Richtlinie und weiterer Umweltschutzrichtlinien, NVwZ 2001, 1081 ff.

Koch, H.-J./Braun, A. — Aktuelle Entwicklungen des Immissionsschutzrechts, NVwZ 2010, 1199 ff.

Koch, H.-J./Hendler, R. — Baurecht, Raumordnungs- und Landesplanungsrecht, 6. Aufl., München 2015.

Koch, H.-J./Hofmann, E./Reese, M. — Handbuch Umweltrecht, 6. Aufl., München 2024; zit.: Bearbeiter, in: Koch/Hofmann/Reese, Umweltrecht.

Koch, H.-J./Kahle Ch. — Aktuelle Entwicklungen des Immissionsschutzrechts, NVwZ 2006, 1006 ff.

Koch, M. — Von der kommunalen UVP zur SUP, UVP-Report 2007, 245 ff.

Köck, W. — Die Bedarfsplanung im Infrastrukturrecht, ZUR 2016, 579 ff.

Köck, W.	Immissionsschutzrechtliche Störfallvorsorge vor den Herausforderungen der Anpassung an den Klimawandel, ZUR 2011, 15 ff.
Köck, W.	Ökologische Verhältnismäßigkeit und Umweltverfassung, ZUR 2023, 643 ff.
Kodal, K. (Begr.)	Straßenrecht, 8. Aufl. 2021; zit.: Bearbeiter, in: Kodal, Straßenrecht.
Köhler, St.	Klimaschutz in der Straßenplanung, UPR 2024, 456 ff.
Kohls, M./Boerstra, B.	Aktuelle Beschleunigungsgesetzgebung zum Netzausbau – Energiewirtschaftsrecht-Novelle 2023 (Teil 2), EnWZ 2024, 160 ff.
Kokott, J.	Europäisierung des Verwaltungsprozessrechts, VERW 1998, 335 ff.
Kokott, J./Sobotta, C.	Das BVerwG und das europäische Umweltrecht, NVwZ-Beilage 2013, 48 ff.
Kollmer, N.	Der öffentliche Anhörungstermin im Umweltverträglichkeits-Prüfungsverfahren (§ 9 UVPG), BayVBl. 1995, 449 ff.
Kollmer, N.	Zustellung und Zugänglichmachen des Genehmigungsbescheides nach § 9 Abs. 2 UVPG, UPR 1995, 132 ff.
Kollmer, N.	Die verfahrensrechtliche Stellung der Beteiligten nach dem UVP-Gesetz, NVwZ 1994, 1057 ff.
Kolodziejcok, K.-G./ Endres, E./Krohn, S./ Bendomir-Kahlo, G./ Recken J./Apfelbacher, D./ Iven, K. (Hrsg.)	Naturschutz, Landschaftspflege und einschlägige Regelungen des Jagd- und Forstrechts, Loseblatt, Stand: 2023, Berlin; zit.: Bearbeiter, in: Kolodziejcok/Endres/Bendomir-Kahlo/Apfelbacher/Iven, BNatSchG.
Kommission der Europäischen Union (GD Umwelt)	Umsetzung der Richtlinie 2001/42/EG über die Prüfung der Umweltauswirkungen bestimmter Pläne und Programme, 2003; zit.: EU-Kommission (GD Umwelt), Umsetzung.
Kopp F. O./Ramsauer U.	Verwaltungsverfahrensgesetz, 26. Aufl., München 2025; zit.: Kopp/Ramsauer, VwVfG.
Kopp, F. O./Schenke, W.-R.	Verwaltungsgerichtsordnung, Kommentar, 31. Aufl., München 2025; zit.: Bearbeiter, in: Kopp/Schenke, VwGO.
Köppel, J./Langenheld, A./ Peters, W./Wende, W./ Günnewig, D./Hanusch, M./Hoppenstedt, A./ Kraetzschmer, D./ Lambrecht, H./Gassner, E.	Anforderungen der SUP-Richtlinie an Bundesverkehrswegeplanung und Verkehrsentwicklungsplanung der Länder, Forschungsbericht Nr. 20296185, Bericht im Auftrag des Umweltbundesamtes 2004; zit.: Köppel u.a., Anforderungen der SUP-Richtlinie.
Korbmacher, A.	Rechtsprechungsübersicht zum Umweltrecht, NVwZ 2024, 777 ff.
Korbmacher, G.	Das atomrechtliche Anhörungsverfahren – Betrachtungen zum Erörterungstermin für das Endlager Schacht Konrad, UPR 1994, 325 ff.
Kotulla, M.	Bundes-Immissionsschutzgesetz, Bielefeld 2024; zit.: Bearbeiter, in: BImSchG.
Kotulla, M.	Das novellierte Wasserhaushaltsgesetz, NVwZ 2010, 79 ff.
Kotulla, M.	Zur Begründbarkeit von Zustimmungsvorbehalten zu Gunsten des Bundestages beim Erlass von Rechtsverordnungen, NVwZ 2010, 943 ff.
Kotulla, M.	Umweltschutzgesetzgebungskompetenzen und »Föderalismusreform«, NVwZ 2007, 489 ff.
Kramer, M./Schüren, J.	EUGH-Entscheidung zum UmwRG: Das Aus für materielle Präklusion und traditionelle Verfahrensfehlerfolgenlehre?, ZUR 2016, 400 ff.

Krämer, T.	Überblick zu den Anforderungen bestehender Umweltprüfverfahren in der Regional- und Bauleitplanung, in: Mitschang (Hrsg.), Umweltprüfverfahren in der Stadt- und Regionalplanung, Berliner Schriften zur Stadt- und Regionalplanung (Bd. 1) 2006, S. 1 ff.; zit.: Krämer, in: Mitschang, Umweltprüfverfahren.
Krautzberger, M.	Böden in Not: nationale und internationale Herausforderungen und Ansätze zum Bodenschutz, DVBl 2016, 801 ff.
Krautzberger, M.	Der Bebauungsplan der Innenentwicklung (§ 13a BauGB) im Lichte der aktuellen Rechtsprechung, DVBl 2014, 270 ff.
Krautzberger, M.	Bauleitplanung im vereinfachten und im beschleunigten Verfahren nach dem BauGB 2007, UPR 2007, 170 ff.
Krautzberger, M.	Gesetz zur Erleichterung von Planungsvorhaben für die Innenentwicklung der Städte (»BauGB 2007«), UPR 2006, 405 ff.
Krautzberger, M.	Umweltprüfung und Umweltbericht in der Bauleitplanung, in: Mitschang (Hrsg.), Umweltprüfverfahren in der Stadt- und Regionalplanung, Berliner Schriften zur Stadt- und Regionalplanung (Bd. 1) 2006, S. 41 ff.; zit.: Krautzberger, in: Mitschang, Umweltprüfverfahren.
Krautzberger, M.	Die Umweltprüfung im Bauleitplanverfahren nach dem EAG Bau 2004, UPR 2004, 401 ff.
Krautzberger, M./Stüer, B.	Städtebaurechtsnovelle 2017, DVBl 2018, 7 ff.
Krautzberger, M./Stüer, B.	BauGB 2007: Stärkung der Innenentwicklung, DVBl 2007, 160 ff.
Krautzberger, M./Stüer, B.	Städtebaurecht 2004: Umweltprüfung und Abwägung, DVBl 2004, 914 ff.
Kremer, E./Neuhaus, P.	Bergrecht, Stuttgart 2000; zit.: Kremer/Neuhaus, Bergrecht.
Kretz, C.	Anlagenstandort-Bestimmung und Standortverantwortlichkeit in der abfallrechtlichen Planfeststellung, UPR 1992, 129 ff.
Kreuter-Kirchhoff, C./ Schlacke, S. (Hrsg.)	Klimaschutzrecht, Handkommentar, Baden-Baden 2025.
Krieglstein, F.	Die Zulassung von Hochspannungsfreileitungen im liberalisierten Strommarkt, UPR 2003, 17 ff.
Kröger, D./Schulz, H.	Verfahrensbeschleunigung durch Plangenehmigung zulasten des – integrierten – Umweltschutzes?, NuR 1995, 72 ff.
Krönke, Ch	Digitale Verwaltungshilfe, Die Einbindung Künstlicher Intelligenz (KI) in Verwaltungshandeln aus der Perspektive des Privatisierungsrechts, VERW 2023, 31 ff.
Kugelmann, D.	Das Informationsfreiheitsgesetz des Bundes, NJW 2005, 3609 ff.
Kühling, J.	Neues Bundesdatenschutzgesetz – Anpassungsbedarf bei Unternehmen, NJW 2017, 1985 ff.
Kühling, J./Herrmann, N.	Fachplanungsrecht, 2. Aufl., Düsseldorf 2000.
Kühling, J./Otte, K. (Hrsg.)	AEG/ERegG, Allgemeines Eisenbahngesetz/Eisenbahnregulierungsgesetz, Kommentar, München 2020.
Kuhn, F.	Die neue Richtlinie (EU) 2024/1203 über den strafrechtlichen Schutz der Umwelt und ihre Auswirkungen auf das deutsche Recht, ZfPC 2025, 98 ff.
Kühne, G.	Obligatorische Rahmenbetriebsplanzulassung im Bergrecht und ihre Wirkungen, DVBl 2006, 662 ff.
Kühne, G.	Bergrechtlicher Rahmenbetriebsplan, Anlagengenehmigungsrecht und UVP. Fragen der Bindungswirkung und Planfeststellungspflichtigkeit von Rahmenbetriebsplanzulassungen am Beispiel des Erkundungsbergwerks Gorleben, Recht – Technik – Wirtschaft, Bd. 68, Köln u.a. 1993; zit.: Kühne, Bergrechtlicher Rahmenbetriebsplan.

Kühne, G.	Die Einführung der Umweltverträglichkeitsprüfung im Bergrecht, UPR 1989, 326 ff.
Kühne, G./von Hammerstein, F./Keienburg, B./Kappes, C./Wiesendahl S. (Hrsg.)	Kommentar zum Bundesberggesetz, 3. Aufl., Berlin 2023.
Kukk, A.	Was gilt nach dem Urteil des Bundesverwaltungsgerichts für gemäß §13b BauGB erlassene Bebauungs- und »berichtigte« Flächennutzungspläne sowie auf dieser Grundlage ergangenen Verwaltungsakte?, ZfBR 2023, 735 ff.
Kullmann	Bundesberggesetz, Baden-Baden 2012.
Külpman, Ch.	Steuerung der Wohnraumvorsorge und des Freiraumschutzes durch das Bauplanungsrecht, ZUR 2022, 81 ff.
Külpmann, C.	Das ergänzende Verfahren im Zulassungsrecht aus richterlicher Sicht, NVwZ 2020, 1143.
Külpmann, C.	Anmerkungen zum gegenwärtigen Stand des Umweltrechtsschutzes, DVBl 2019, 140, 144 ff.
Külpmann, C.	Teilung und Zusammenfassung von planfeststellungsbedürftigen Projekten, DVBl 2018, 974.
Külpmann, Ch.	Die Klagebegründungsfrist des § 6 Satz 1 UmwRG – Inhalt, Anwendungsbereich und Risiken einer versteckten Vorschrift, NVwZ 2025, 529 ff.
Külpmann, Ch.	Die Klagebegründungsfrist des § 6 Satz 1 UmwRG – Inhalt, Anwendungsbereich und Risiken einer versteckten Vorschrift, NVwZ 2025, 529 ff.
Kümper, B.	Anmerkung zu BVerwG: NABEG – Recht des Ausbaues von Energieleitungen, NVwZ 2021, 1536 ff.
Kümper, B.	Die öffentliche Antragskonferenz als neue Verfahrensinstrument des Energieplanungsrechts, DÖV 2016, 929 ff.
Kümper, B.	Planfeststellung für Vorhaben nach dem Netzausbaubeschleunigungsgesetz (NABEG) und räumliche Gesamtplanung, UPR 2016, 500 ff.
Kümper, B.	Zur Bindung der Planfeststellung für Vorhaben nach dem Netzausbaubeschleunigungsgesetz (NABEG) an landesplanerische Ziele der Raumordnung, DVBl 2016, 1572 ff.
Kümper, B.	Fehler bei der Umweltprüfung – Perspektiven der Planerhaltung bei Bauleitplänen und Raumordnungsplänen, ZfBR 2022, 540 ff.
Kümper, B.	Anmerkung zum Urteil des BVerwG vom 28.09.2023 (4 C 6.21; NVwZ 2024, 343) – Die Zulassung einer Abweichung von den Zielen der Raumordnung, NVwZ 2024, 347 ff.
Kümper, B.	Die jüngsten Änderungen des Raumordnungsgesetzes (ROG), DVBl 2023, 1126 ff.
Kupke, D./Magaard, Ch.	Neue Hürden für die Windenergie? – Die Rechtsprechung konkretisiert die Voraussetzungen für die UVP-Prüfung, ZUR 2016, 598.
Kuschnerus, U.	Planänderungen vor Erlaß eines Planfeststellungsbeschlusses – zur praktischen Anwendung der Anhörungsvorschriften, DVBl 1990, 235 ff.
Ladeur, K.-H.	Die Umsetzung der EG-Richtlinie zur Umweltverträglichkeitsprüfung in nationales Recht und ihre Koordination mit dem allgemeinen Verwaltungsrecht, UPR 1996, 419 ff.
Lambrecht, H.	FFH-Verträglichkeitsprüfung in der übergeordneten Verkehrswegeplanung, UVP-report, Sonderheft März 2003, 141 ff.

Lambrecht, H.	Die Erforderlichkeit einer FFH-Verträglichkeitsprüfung für den Bundesverkehrswegeplan und die Bedarfspläne – unter Berücksichtigung der Anforderungen der Richtlinie über die UVP-Pflicht von Plänen, NuR 2002, 265 ff.
Lamfried, D.	Die Anerkennung von Umwelt- und Naturschutzvereinigungen in der behördlichen Praxis, DVBl 2020, 609 ff.
Lamfried, D.	Neuere Rechtsprechung zur Anerkennung von Umwelt- und Naturschutzvereinigungen, ZUR 2020, 288 ff.
Landel, C.	Die Umweltverträglichkeitsprüfung in parallelen Zulassungsverfahren, Berlin 1995.
Landmann, R. v./Rohmer, G. (Hrsg)	Umweltrecht, Loseblatt, 107. Aufl., München 2025; zit.: Bearbeiter, in: Landmann/Rohmer, Umweltrecht.
Lange, K.	Rechtsfolgen der Umweltverträglichkeitsprüfung für die Genehmigung oder Zulassung eines Projekts, DÖV 1992, 780 ff.
Langstädtler, S.	Brauchen wir ein Wasserstoffinfrastrukturgesetz? Zum planungs- und genehmigungsrechtlichen Rahmen für die Erzeugung, Verteilung und Speicherung von grünem Wasserstoff, ZUR 2021, 203 ff.
Lau, M.	Anforderungen an eine rechtssichere Variantenprüfung am Beispiel des Fernstraßenrechts, UPR 2021, 10 ff.
Lau, M.	Arten- und Gebietsschutz in der Bundesfachplanung, NVwZ 2017, 830 ff.
Lau, M.	Naturschutzrechtliche Genehmigungsmöglichkeiten in der Bauleitplanung vor dem Hintergrund zu erwartender Erweiterung von Klagemöglichkeiten, BauR 2011, 770 ff.
Lau, M.	Die Reichweite der Beschleunigung des Abbaus des Investitionsstaus an Bundesfernstraßen, UPR 2023, 248 ff.
Lecheler, H.	Europarechtliche Vorgaben für die Öffentlichkeitsbeteiligung und den Rechtsschutz im deutschen Wirtschaftsverwaltungs- und Umweltrecht, GewArch 2005, 305 ff.
Lecheler, H.	Infrastrukturplanung zwischen Beschleunigung, Öffentlichkeitsbeteiligung und Rechtsschutzerfordernissen, DVBl 2005, 1533 ff.
Lecheler, H.	Isolierte Anfechtung von Verfahrensfehlern ohne materielle Beschwer, NVwZ 2005, 1156 f.
Lee, P.	Die Geburtsstunde der heimlichen Präklusion – Zum Schicksal der materiellen Präklusion nach dem Urteil des EuGH vom 15.10.2015 in Rs. C-137/14 und dem Gesetzentwurf zur Anpassung des Umwelt-Rechtsbehelfsgesetzes, EurUP 2017, 62 ff.
Leidinger, T.	Natura 2000-Vorschriften vermitteln weiterhin keinen Drittschutz – Hintergrund und Auswirkungen des Urteils des Bundesverwaltungsgerichts vom 17. Februar 2021 – Az. 7 C 3.20 – auf die Praxis, UPR 2022, 86 ff.
Leidinger, T.	Netzausbaubeschleunigung zum Zweiten, NVwZ 2020, 1377 ff.
Leidinger, T.	Stellungnahme zum Entwurf eines Gesetzes zur Modernisierung des Rechts der Umweltverträglichkeitsprüfung (idF der BT-Drs. 18/11499 vom 13.03.2017), Deutscher Bundestag, Ausschuss für Umwelt, Naturschutz, Bau und Reaktorsicherheit, Ausschussdrucksache 18(16)543-E zur Anhörung am 29.03.2017.
Leidinger, T.	Die Gesetzesnovellen zum Energieleistungsbau: Neue Rahmenbedingungen für Netzentwicklungsplanung und Einsatz von Erdkabeltechnik, NuR 2016, 585 ff.
Leidinger, T.	Abwägung und Alternativenprüfung beim Stromnetzausbau – Zum aktuellen Streitstand, DVBl 2014, 683 ff.
Leidinger, T.	3. Kapitel Bedarfsplanung, in: Posser/Faßbender, Praxishandbuch Netzplanung und Netzausbau, 2013, S. 47 ff.

Leidinger, T.	Die neue TEN-E-Verordnung: Transeuropäischer Netzausbau und Auswirkungen auf die deutsche Genehmigungspraxis, DVBl 2022, 1353 ff.
Leidinger, T./Franken, L.	Geothermie – Schlüssel zur Treibhausgasneutralität im Wärmesektor, NVwZ 2024, 365 ff.
Leidinger, T./Merfeld, M.	Einsatz von Projektmanagern in komplexen Zulassungsverfahren – Option zur Beschleunigung und Qualitätssicherung, DÖV 2025, 713 ff.
Leidinger, T./Stickel, J.	Neuerungen im Recht der Umweltverträglichkeitsprüfung – Eine Bestandsaufnahme nach der UVPG-Novelle 2017, UPR 2019, 327 ff.
Leising, J.	Windenergieanlagen und der Vogelschutz in der »Ausschließlichen Wirtschaftzone« der Bundesrepublik Deutschland, ZfU 2003, 187 ff.
Leisner, W.	Bestandsgarantie des Eigentums – vom Bergrecht unterminiert?, DVBl 1988, 555 ff.
Lell, O./Sangenstedt, C.	Bezüge zwischen der Plan-UVP und der Projekt-UVP, UVP-report 2001, 123 ff.
Lenk, M.	Die neue Richtlinie über den strafrechtlichen Schutz der Umwelt RL (EU) 2024/1203 – Abkehr vom Grundsatz strenger Verwaltungsaktakzessorietät?, NStZ 2025, 521 ff.
Lersner, H. v. /Wendenburg, H./Kropp, O./ Rüdiger, J.	Recht der Abfallbeseitigung des Bundes, der Länder und der Europäischen Union, Berlin, Stand Juni 2025; zit.: Bearbeiter, in: v. Lersner/Wendenburg/Versteyl, Recht der Abfallbeseitigung.
Lieber, T.	Die Umweltverträglichkeitsprüfung (nach dem neuen UVPG) im Planfeststellungsverfahren, UPR 2018, 441 ff.
Lieber, T.	Rechtliche Bindungen zwischen der Planfeststellung von Flughäfen und der Flugroutenplanung – Rechtsgrundlagen und Folgewirkungen der aktuellen Rechtsprechung, NVwZ 2014, 397 ff.
Lippert, A.	Die Bedeutung der Öffentlichkeitsbeteiligung bei großen Infrastrukturvorhaben, ZUR 2013, 203 ff.
Lorenzmeier, St.	Klimaschutz durch die Europäische Menschenrechtskonvention?, EurUP 2024, 263 ff.
Lorz, A./Konrad, C. Mühlbauer, H./ Müller-Walter, M./ Stöckel, H.	Naturschutzrecht mit Artenschutz und Europarecht/Internationales Recht, 3. Aufl., München 2013.
Louis, H. W.	Das neue Bundesnaturschutzgesetz, NuR 2010, 77 ff.
Louis, H. W.	Die Übergangsregelungen für das Verbandsklagerecht nach den §§ 61, 69 Abs. 7 BNatSchG vor dem Hintergrund der europarechtlichen Klagerechte für Umweltverbände auf Grund der Änderungen der IVU- und der UVP-Richtlinie zur Umsetzung des Aarhus-Übereinkommens, NuR 2004, 287 ff.
Louis, H. W.	Die Anerkennung von Naturschutzverbänden, NuR 1994, 381 ff.
Louis, H.W.	Die Gesetzgebungszuständigkeit für Naturschutz und Landschaftspflege nach dem Gesetzesentwurf zur Föderalismusreform, ZUR 2006, 340 ff.
Louis, H.W.	Die strategische Umweltprüfung für Landschaftspläne, UPR 2006, 285 ff.
Lübbe-Wolff, G.	Integrierter Umweltschutz – Brauchen die Behörden mehr Flexibilität?, NuR 1999, 241 ff.
Lüdeke, J./Köppel, J.	Welcoming the wind! Wo stehen Umweltprüfung und Naturschutz in der Folge der deutschen Offshore-Windkraft-Strategie?, UVP-report 2010, 109 ff.

Ludwigs, M.	Anmerkung zu einer Entscheidung des BVerwG, Beschluss vom 21.06.2016 (9 B 65.15) – Zum Kausalitätserfordernis bei Verfahrensfehlern im Rahmen des § 4 UmwRG, NVwZ 2016, 1260 ff.
Ludwigs, M.	Anmerkung zu einer Entscheidung des BVerwG, Urteil vom 22.10.2015 (7 C 15.13) – Zur unionskonformen Auslegung des UmwRG bei der wasserrechtlichen Planfeststellung, NVwZ 2016, 314 ff.
Ludwigs, M.	Bausteine des Verwaltungsrechts auf dem Prüfstand des EuGH – Die Revolution ist ausgeblieben, NJW 2015, 3484 ff.
Ludwigs, M./Pascher, T.	Die Europäisierung des Verwaltungsrechts in der Fallbearbeitung, JuS 2022, 409 ff.
Lütkes, S./Ewers, W.	Bundesnaturschutzgesetz, Kommentar, 3. Aufl., München 2025; zit.: Bearbeiter, in: Lütkes/Ewer, BNatSchG.
Mager, Ute	Die Bedeutung der Neufassung des Umweltrechtsbehelfsgesetzes vom 29. Mai 2017 für das Raumplanungs- und Baurecht, EurUP 2018, 50 ff.
Mammen, L.	Der neue Typus der konkurrierenden Gesetzgebung mit Abweichungsrecht, DÖV 2007, 376 ff.
Mann, Th./Hundertmark, K.	Das neue Strahlenschutzgesetz und seine Schnittstellen zum Umwelt-, Bau- und Katastrophenschutzrecht, NVwZ 2019, 825 ff.
Mann, Th./Sennekamp, Ch./Uechtritz, M. (Hrsg.)	Verwaltungsverfahrensgesetz, Kommentar, 3. Aufl., Baden-Baden 2025; zit.: Bearbeiter, in: Mann/Sennekamp/Uechtritz, VwVfG.
Mann, Th./Lang, L.	Ein klimaneutrales Stromnetz für Deutschland, DVBl 2023, 897 ff.
Marburger, P.	Ausbau des Individualrechtsschutzes gegen Umweltbelastungen als Aufgabe des bürgerlichen und des öffentlichen Rechts, Gutachten C des 56. Deutschen Juristentages, München 1986; zit.: Marburger Gutachten zum 56. DJT, C.
Marquard, M.	Klagebegründungsfrist und innerprozessuale Präklusion: § 6 UmwRG in der Praxis, NVwZ 2019, 1162 ff.
Marquard, M.	Auswirkungen des § 80c VwGO auf das Umwelt- und Infrastrukturrecht – Bestandsaufnahme und Vorausschau, EurUP 2024, 306 ff.
Marty, M.	Die Erweiterung des Rechtsschutzes in Umwelt-Angelegenheiten – Anmerkungen zum Umwelt-Rechtsbehelfsgesetz, ZUR 2009, 115 ff.
Masing, J.	Kritik des integrierten Umweltschutzes, DVBl 1998, 549 ff.
Masing, T./Beck, F.	Rechtsfragen der Grundabtretung und Besitzeinweisung nach dem BBergG, NuR 2024, 224 ff.
Mäßenhausen, H.-U. v.	Rahmenbetriebsplan und Umweltverträglichkeitsprüfung, ZfB 1994, 119 ff.
Maurer, H./Waldhoff, C.	Allgemeines Verwaltungsrecht, 21. Aufl., München 2024.
Mayen, T.	Die Umweltverträglichkeitsprüfung nach dem UVP-Gesetz und der UVP-Verwaltungsvorschrift, NVwZ 1996, 319 ff.
Mayer, C.	Die Einbeziehung von Außenbereichsflächen in das beschleunigte Verfahren nach § 13b BauGB im Konflikt mit dem Gebot der Reduzierung der Freiraumflächeninanspruchnahme, ZfBR 2019, 9 ff.
Mayer, C.	Die neue EuGH-Rechtsprechung betreffend den SUP-Befreiungstatbestand des Art. 3 Abs. 3 Alt. 1 RL 2001/42/EG und ihre Auswirkungen auf das nationale Bauplanungsrecht, NuR 2017, 687 ff.
Meitz, C.	Umfang und Verhältnis der Rechtsbehelfe von Umwelt- und Naturschutzvereinigungen – Die Auswirkungen der Reform 2010, ZUR 2010, 563 ff.
Meßerschmidt, K.	Bundesnaturschutzrecht, Kommentar zum Bundesnaturschutzgesetz, Vorschriften und Entscheidungen, 173. Aktualisierung, München 2025.

Meßerschmidt, K.	Europäisches Umweltrecht, München 2011; zit. Meßerschmidt, Europäisches UmweltR
Metz, Ch.	Zulässigkeit und Grenzen formeller und materieller Präklusion, Bonn 1983.
Meyer-Rutz, E.	Das Übereinkommen über die Umweltverträglichkeitsprüfung im grenzüberschreitenden Rahmen, UVP-report 1992, 68 ff.
Milstein, A.	Wie verbindlich sind die Ziele der Raumordnung (noch)? Zur Novelle der Abweichung von den Zielen der Raumordnung (§ 6 Abs. 2 ROG) durch das ROGÄndG, EuRUP 2024, 28 ff.
Mitschang, St.	Neue Anforderungen an die Umweltprüfung in der Bauleitplanung, UPR 2018, 41 ff.
Mitschang, St.	UPV-Änderungs-Richtlinie – Neue Anforderungen an die Durchführung der Umweltprüfung in der Bauleitplanung, ZfBR 2015, 432 ff.
Mitschang, St.	FFH-Verträglichkeitsprüfung in der Bauleitplanung – planerische und rechtliche Belange, DVBl 2010, 1257 ff.
Mitschang, St.	Restriktionen im Bereich der kommunalen Planungshoheit, in: Spannowsky W. (Hrsg.), Erscheinungsbilder eines wandelnden Verwaltungsrechts – Festschrift für G. Püttner, Köln 2006, S. 277 ff.; zit.: Mitschang, in: FS Püttner.
Mitschang, St.	Erste Erfahrungen mit der Umweltprüfung in der Flächennutzungsplanung, BauR 2005, 334 ff.
Mitschang, St.	Die planexterne Kompensation von Eingriffen in Natur und Landschaft, NuL 1997, 273 ff.
Mitschang, St.	Bauleitplanung, Eingriffsregelung und »Ökokonto«, ZfBR 1995, 240 ff.
Mitschang, St.	Aktuelle Entwicklungen bei in die Bauleitplanung »integrierten« Umweltprüfungen, UPR 2022, 161 ff.
Mitschang, St. (Hrsg.)	Umweltprüfverfahren in der Stadt- und Regionalplanung, Frankfurt 2006; zit.: Verfasser, in: Mitschang (Hrsg.), Umweltprüfverfahren.
Mitschang, St./Wagner, J.	FFH-Verträglichkeitsprüfung in der Bauleitplanung – planerische und rechtliche Belange, DVBl 2010, 1257 ff.
Möckel, S.	Anforderungen, Kontrolle und wissenschaftliche Standards von Prognosen in Bedarfsplanungen, VerwArch 2017, 439 ff.
Molitor, L.	Umweltprüfung in der Raumordnung, in: Spannowsky W./Hofmeister, A. (Hrsg.), Die Landschaftsplanung und ihr Beitrag für die räumliche Planung, Köln u.a. 2007, S. 41 ff.; zit.: Molitor, in Spannowsky/Hofmeister (Hrsg.), Landschaftsplanung.
Molkenbur, G.	Die Bedeutung der Umweltverträglichkeitsprüfung (UVP) bei bergbaulichen Vorhaben, ZAU 1992, 207 ff.
Möllers, C./Weinberg, N.	Die Klimaschutzentscheidung des Bundesverfassungsgerichts, JZ 2021, 1069 ff.
Moormann, F.-J.	Die wesentlichen Änderungen des Immissionsschutzrechts durch das Investitionserleichterungs- und Wohnbaulandgesetz, UPR 1993, 286 ff.
Mörsdorf, O.	Unmittelbare Anwendung von EG-Richtlinien zwischen Privaten in der Rechtsprechung des EuGH, EuR 2009, 219 ff.
Möstl, M./Kugelmann, D.	Polizei- und Ordnungsrecht NRW, 2. Aufl., München 2025.
Much, S.	Rechtsfragen der Ablagerung von CO_2 in unterirdischen geologischen Formationen, ZUR 2007, 130 ff.
Müller, B.	Die deutsche Schutznormtheorie gilt nicht mehr bei umweltrechtlichen Verbandsklagen, EurUP 2011, 166 ff.
Müller, H./Schulz, G.	Bundesfernstraßengesetz: FStrG mit Bundesfernstraßenmautgesetz, 3. Aufl., München 2022.

Müller, S.	Die Umweltverträglichkeitsprüfung von Gesetzesentwürfen, Berlin 2000; zit.: Müller, UVP von Gesetzentwürfen.
Münch, I. v./Kunig, Ph. (Hrsg.)	Grundgesetz, 8. Aufl., München 2025; zit.: Bearbeiter, in: v. Münch/Kunig (Hrsg.), GG.
MURL (Hrsg.)	Die UVP für Pläne und Programme, Düsseldorf 1997; zit.: Verfasser, in: MURL (Hrsg.), UVP für Pläne und Programme.
Näckel, A.	Umweltprüfung für Pläne und Programme – Die Richtlinie 2001/42/EG des Europäischen Parlaments und des Rates über die Prüfung der Umweltauswirkungen bestimmter Pläne und Programme und ihre Umsetzung in das deutsche Recht, Baden-Baden 2003; zit: Näckel, Umweltprüfung.
Nebelsieck, R./Schrotz J.-O.	Europäisch gestärkte Anwälte der Natur, ZUR 2006, 122 ff.
Niederstadt, F./Weber, R.	Verbandsklagen zur Geltendmachung von Naturschutzbelangen bei immissionsschutzrechtlichen Genehmigungen, NuR 2009, 297 ff.
Niedobitek, M.	Das Recht der grenzüberschreitenden Verträge, Tübingen 2001; zit.: Niedobitek, Grenzüberschreitende Verträge.
Niedobitek, M.	Kollisionen zwischen EG-Recht und nationalem Recht, VerwArch 92 (2001), 58 ff.
Niermann, R.	Betriebsplan und Planfeststellung im Bergrecht, Beiträge zum Siedlungs- und Wohnungswesen und zur Raumplanung, Bd. 143, Münster 1992; zit.: Niermann, Betriebsplan und Planfeststellung.
Nisipeanu, P.	Das Scoping-Verfahren nach § 5 UVPG – Dargestellt an (ab-)wasserwirtschaftlichen Genehmigungsverfahren, NVwZ 1993, 319 ff.
Obermayer, K./Funke-Kaiser, M.	Kommentar zum Verwaltungsverfahrensgesetz, 6. Aufl., Köln 2021; zit.: Bearbeiter, in: Obermayer, VwVfG.
Ochtendung, B.	Die Zulassung des vorzeitigen Beginns im Umweltrecht, Berlin 1998.
Oebbecke, J.	Verwaltungszuständigkeit, in: Isensee/Kirchhof (Hrsg.), HbStR, 3. Aufl., Bd. VI, 2008, § 136.
Oestreich, G.	Individualrechtsschutz im Umweltrecht nach dem Inkrafttreten der Aarhus-Konvention und dem Erlass der Aarhus-Richtlinie, VERW 2006, 29 ff.
Oexle, A./Lammers, T.	Klimapolitik vor den Verwaltungsgerichten – Herausforderungen der »climate change litigation«, NVwZ 2020, 1723 ff.
Ögorek, M.	Die Anfechtung von Planfeststellungsbeschlüssen durch Gemeinden nach Inkrafttreten des Umwelt-Rechtsbehelfsgesetzes, NVwZ 2010, 401 ff.
Oldiges, M.	Der beschwerliche Weg zu einem Umweltgesetzbuch, ZG 2008, 263 ff.
Oppermann, T./Classen, C./Nettesheim, M.	Europarecht, 10. Aufl., München 2025.
Ossenbühl, F.	Autonome Rechtsetzung der Verwaltung, in Isensee/Kirchhof (Hrsg.): HbStR, 3. Aufl., Bd. V, 2007, § 104.
Ossenbühl, F.	Vorsorge als Rechtsprinzip im Gesundheits-, Arbeits- und Umweltschutz, NVwZ 1986, 161 ff.
Ossenbühl, F.	Die Ausbauplanung für öffentliche Straßen, in: Bartlsperger, R./Blümel, W./Schroeter, H.-W., Ein Vierteljahrhundert Straßenrechtsgesetzgebung, Hamburg 1980, S. 297 ff.
Otto, S.	Umweltverträglichkeitsprüfung von Plänen und Programmen: Vorschlag der Kommission für eine EU-Richtlinie des Rates über die Prüfung der Umweltauswirkungen bestimmter Pläne und Programme – Umsetzung in nationales Recht, Sinzheim 1999; zit.: Otto, UVP.

Paetow, St.	Zur Struktur der abfallrechtlichen Planfeststellung, in: Franßen/Redeker/Schlichter/Wilke (Hrsg.), Bürger – Richter – Staat, Festschrift für Horst Sendler, 1991, S. 425 ff.; zit.: Paetow, FS Sendler.
Paluch, D./Werk, K.	Zum aktuellen Sachstand der europäischen Beschlüsse zur UVP-Richtlinie, NuR 2014, 400.
Paluch, D./Werk, K.	Zum aktuellen Sachstand und zur Bewertung der europäischen Beschlüsse zur Änderung der UVP-Richtlinie, NuR 2014, 400 ff.
Papier, H.-J.	Abschluß völkerrechtlicher Verträge und Föderalismus – Lindauer Abkommen, DÖV 2003, 265 ff.
Papier, H.-J.	Einwendungen Dritter in Verwaltungsverfahren, NJW 1980, 313 ff.
Paßlick, H.	Die Ziele der Raumordnung und Landesplanung. Rechtsfragen von Begriff, Wirksamkeit, insbesondere im Außenbereich gemäß § 35 Abs. 1 BBauG und Darstellungsprivileg. Beiträge zum Siedlungs- und Wohnungswesen und zur Raumplanung, Bd. 105, Münster 1986; zit.: Paßlick, Ziele der Raumordnung und Landesplanung.
Pauli, F./Hagemann, M.	Die UVP-Vorprüfung und deren Heilung, UPR 2018, 8 ff.
Pautsch, A./Hoffmann, L. (Hrsg.)	VwVfG – Verwaltungsverfahrensgesetz, Kommentar, 2. Aufl., München 2021.
Pernice, I.	Gestaltung und Vollzug des Umweltrechts im europäischen Binnenmarkt – Europäische Impulse und Zwänge für das deutsche Umweltrecht, NVwZ 1990, 414 ff.
Pernice, I./Rodenhoff, V.	Die Gemeinschaftskompetenz für eine Richtlinie über den Zugang zu Gerichten in Umweltangelegenheiten, ZUR 2004, 149 ff.
Peters, H.-J.	Umweltplanungsrecht und strategische Umweltprüfung, VR 2006, 401 ff.
Peters, H.-J.	Der Erheblichkeitsbegriff bei der UVP-Vorprüfung, NuR 2004, 89 ff.
Peters, H.-J.	Umweltverträglichkeitsprüfung und Zulassungsverfahren, in: Erbguth (Hrsg.), Die Umweltverträglichkeitsprüfung: Neuregelungen, Entwicklungstendenzen, Baden-Baden 2003.
Peters, H.-J.	Planfeststellungsverfahren mit integrierter Umweltverträglichkeitsprüfung bei Rohrleitungsanlagen, ZfW 2002, 146 ff.
Peters, H.-J.	Das Recht der Umweltverträglichkeitsprüfung im Übergang, UPR 1999, 294 ff.
Peters, H.-J.	Die Bewertung in der Umweltverträglichkeitsprüfung – Zur ökologischen Vorsorgeorientierung, ZUR 1994, 67 ff.
Peters, H.-J.	Die UVP-Richtlinie der EG und die Umsetzung in das deutsche Recht. Gesamthafter Ansatz und Bewertung der Umweltauswirkungen, Baden-Baden 1994; zit.: Peters, UVP-Richtlinie.
Peters, H.-J.	Rechtliche Maßstäbe des Bewertens in der gesetzlichen UVP und die Berücksichtigung in der Entscheidung, NuR 1990, 103 ff.
Peters, H.-J./Peters, F./Hesselbarth Th.	Umweltrecht, 6. Aufl., Stuttgart u.a. 2024; zit.: Peters, Umweltrecht.
Peters, H.-J./Balla, St./Hesselbarth, Th.	Gesetz über die Umweltverträglichkeitsprüfung, Handkommentar, 4. Aufl., Baden-Baden 2019; zit.: Verfasser, in: Peters/Balla/Hesselbarth, UVPG.
Peters, H.-J./Frey, M.	Abschichtung bei Umweltprüfungen als Teil von Flächennutzungsplänen und immissionsschutzrechtlichen Genehmigungen bei Windenergieanlagen, KommJur 2014, 441.
Peters, H.-J./Surburg, U.	Die Strategische Umweltprüfung bei Plänen und Programmen, VR 2004, 9 ff.
Petersen, F.	Die Novellierung der Abfallrahmenrichtlinie, AbfallR 2006, 102 ff.

Pfaff-Schley, H. (Hrsg.)	Die Umweltverträglichkeitsprüfung als Planungsinstrument: Planungs-UVP, Anlagen-UVP, Taunusstein 1993; zit.: Verfasser, in: Pfaff-Schley (Hrsg.), UVP.
Pfohl, M.	Die Richtlinie (EU) 2024/1203 über den strafrechtlichen Schutz der Umwelt, ZHW 2025, 1 ff., 45 ff.
Philipp-Gerlach, U./Lukas, A.	Die UVP-Vorprüfung in der Rechtsprechung und Praxis, Ein aktuelles Panorama, ZUR 2014, 548.
Piens, R./Schulte, H.-W./ Graf Vitzthum, W.	Bundesberggesetz, Kommentar, 3. Aufl., Stuttgart 2020; zit.: Piens/ Schulte/Graf Vitzthum (Hrsg.), BBergG.
Pietzcker, J./Fiedler, C.	Die Umsetzung der Plan-UP-Richtlinie im Bauplanungsrecht, DVBl 2002, 929 ff.
Pitschke, M.	BVS Standpunkt: Radon in Gebäuden, DS 2017, 207.
Pöcker, M.	Irritationen einer Grundlage des Rechtssystems: Die Problematik des Verhältnisses von materiellem Recht und Verfahrensrecht Planungsentscheidungen, DÖV 2003, 980 ff.
Porsch, W.	Verwaltungsgerichtlicher Rechtsschutz im Umweltrecht. Über die Stärkung der Verbandsklage zur Umwelt-Popularklage?, NVwZ 2013, 1393 ff.
Posser, H.	Die verwaltungsgerichtliche Kontrolle von Klimafolgenprüfungen, DVBl 2025, 821 ff.
Posser, H./Faßbender, K.	Praxishandbuch Netzausbau und Netzplanung – Die neue Infrastrukturplanung der Energiewende in Recht und Praxis – NABEG, EnLAG und das InfraStrPlanVBeschlG, Berlin 2013.
Posser, H./Wolff, H.	VwGO, Kommentar, 2. Aufl., München 2014.
Posser, H./Wolff, H. (Hrsg.)	Beck'scher Online-Kommentar zur Verwaltungsgerichtsordnung, Kommentar, 74. Edition, München 2025; zit.: Bearbeiter, in: BeckOK VwGO.
Prell, L./Altmiks, A.	Die aktuellen Änderungen des VwVfG. Integration des PlanSiG und Erleichterung der elektronischen Ersetzung der Schriftform, NVwZ 2024, 105 ff.
Püchel, G.	Die materiell-rechtlichen Anforderungen der EG-Richtlinie zur Umweltverträglichkeitsprüfung. Eine Untersuchung der Auswirkungen auf die Zulassung gemäß §§ 4 ff. BImSchG und §§ 17 ff. FStrG, Beiträge zum Siedlungs- und Wohnungswesen und zur Raumplanung, Bd. 127, Munster 1989; zit.: Püchel, UVP.
Raad, P./Volkhausen, W.	Ausgewählte aktuelle Rechtsfragen zur Umweltinspektion, UWP 2023, 125 ff.
Radespiel, L.	Entwicklung des Rechtsschutzes im Umweltrecht aufgrund völker- und europarechtlicher Vorgaben – insbesondere das Umwelt-Rechtsbehelfsgesetz, EurUP 2007, 118 ff.
Ramsauer, U.	Umweltprobleme in der Flughafenplanung – Verfahrensrechtliche Fragen, NVwZ 2004, 1041 ff.
Rasch, E.	Medienöffentlichkeit im Erörterungstermin, NuR 2002, 400 ff.
Raschke, M./Roscher, M.	Planerische Steuerung erneuerbarer Energien im Lichte der Novelle des Raumordnungsgesetzes und der Änderungen des Baugesetzbuches, ZfBR 2024, 116 ff.
Rat für Nachhaltige Entwicklung Mehr Wert für die Fläche	Das »Ziel-30-ha« für die Nachhaltigkeit in Stadt und Land, Berlin 2004 (Nachdruck 2008); zit.: Rat für Nachhaltige Entwicklung Mehr Wert für die Fläche.
Rat von Sachverständigen für Umweltfragen	Stellungnahme des Rates von Sachverständigen für Umweltfragen zur Umsetzung der EG-Richtlinie über die Umweltverträglichkeitsprüfung in das nationale Recht, DVBl 1988, 21 ff.
Rausch, D.	Umwelt- und Planungsrecht beim Bergbau, Baden-Baden 1990.

Rautenberg, T. — Monitoring im Baugesetzbuch, NVwZ 2005, 1009 ff.

Rebentisch, M. — Die Neuerungen im Genehmigungsverfahren nach dem Bundes-Immissionsschutzgesetz, NVwZ 1992, 926 ff.

Rebler, A./Fritsch, V. — Genehmigungsarten/-verfahren bei energiewirtschaftlichen Maßnahmen, UPR 2025, 136 ff.

Redeker, K. — Grundgesetzliche Rechte auf Verfahrensteilhabe, NJW 1980, 1593 ff.

Redeker, K. (Begr.) — Verwaltungsgerichtsordnung, Kommentar, 17. Aufl., Stuttgart 2021; zit.: Redeker/von Oertzen, VwGO.

Reese, M. — Klimaanpassung im Raumplanungsrecht, ZUR 2015, 16.

Rehbinder, E. — Rechtliche Grenzen für die Beendigung umweltrechtlicher Verbandsklagen gegen Entgelt, NuR 2015, 733 ff.

Rehbinder, E. — Nachhaltigkeit als Prinzip des Umweltrechts: konzeptionelle Fragen, in: Dolde (Hrsg.), Umweltrecht im Wandel, Berlin 2001, S. 721 ff.; zit.: Rehbinder, in: Dolde (Hrsg.), Umweltrecht im Wandel.

Rehbinder, E. — Prinzipien des Umweltrechts in der Rechtsprechung des Bundesverwaltungsgerichts: Das Vorsorgeprinzip als Beispiel, in: Franßen/Redeker/Schlichter/Wilke (Hrsg.), Bürger – Richter – Staat: Festschrift für Horst Sendler, 1991, S. 269 ff.; zit.: Rehbinder, in: FS Sendler.

Rehbinder, E./Schink, A. (Hrsg.) — Grundzüge des Umweltrechts, 6. Aufl., Berlin 2025; zit.: Bearbeiter, in: Rehbinder/Schink, Umweltrecht.

Rehbinder, E./Wahl, R. — Kompetenzprobleme bei der Umsetzung von europäischen Richtlinien, NVwZ 2002, 21 ff.

Reidt, O. — Beachtlichkeit von Zielen der Raumordnung außerhalb von § 1 Abs. 4 BauGB? – Die unendliche Geschichte von Datteln IV, UPR 2022, 81 ff.

Reidt, O. — Die Änderungsgenehmigung nach § 16 BImSchG, NVwZ 2017, 356 ff.

Reidt, O. — SUP und Rechtsschutz, in: Erbguth, W. (Hrsg.), Strategische Umweltprüfung (SUP) – Stand, Rechtsfragen, Perspektiven, Baden-Baden 2006, S. 149 ff.; zit.: Reidt, in: Erbguth (Hrsg.), SUP.

Reinhardt, M. — Drittschutz im Wasserrecht, DÖV 2011, 135 ff.

Reinhardt, M. — Die »strategische« Umweltprüfung im Wasserrecht, NuR 2005, 499 ff.

Reiter, S. (Hrsg.) — Neue Wege in der UVP: novellierte UVP-Gesetzgebung und innovative Methodik, Bonn 2001; zit.: Verfasser, in: Reiter (Hrsg.), Neue Wege in der UVP.

Rengeling, H.-W. — Föderalismusreform und Gesetzgebungskompetenzen, DVBl 2006, 1537 ff.

Rengeling, H.-W. — Bedeutung und Anwendbarkeit des Vorsorgeprinzips im europäischen Umweltrecht, DVBl 2000, 1473 ff.

Rengeling, H.-W. — Gesetzgebungskompetenzen für den integrierten Umweltschutz, Köln 1999; zit.: Rengeling, Gesetzgebungskompetenzen.

Rengeling, H.-W. — Die Bundeskompetenzen für das Umweltgesetzbuch I, DVBl 1998, 997 ff.

Rennert, K. — Die Rechtsprechung des Bundesverwaltungsgerichts zum Umweltrecht, DVBl 2019, 133 ff.

Rennert, K. — Übersicht über die Rechtsprechung des Bundesverwaltungsgerichts zum Umweltrecht, DVBl 2017, 209 ff.

Repkewitz, U. — Beschleunigung der Verkehrswegeplanung, VerwArch 1997, 137 ff.

Riege, S. — Praxisfragen zum Projektmanager, EnWZ 2022, 170 ff.

Rieger, A. S./Groß, J. — Wegfall der Präklusion im UVP-Verfahren, NZBau 2017, 195 ff.

Rieger, W. — Normenkontrollanträge von Umweltvereinigungen gegen Bebauungspläne, UPR 2021, 321 ff.

Riese, C.	§ 6 WindBG – Zwischen Ausbaubeschleunigung und Naturschutz. Eine kritische Analyse von § 6 WindBG und § 9 Abs. 1a BImSchG im Kontext der Genehmigungspraxis von Windenergieanlagen, UWP 2025, 6 ff.
Rietzler, A.	Das Recht der grenzüberschreitenden Umweltverträglichkeitsprüfung inländischer Vorhaben nach dem neuen UVPG, UVP-report 2019, 91 ff.
Rietzler, A.	Behörden- und Öffentlichkeitsbeteiligung bei ausländischen Vorhaben im Lichte der Espoo-Konvention, NVwZ 2015, 483 ff.
Rietzler, A.	Verlängerung einer immissionsschutzrechtlichen Genehmigung für Windenergieanlagenerlängerung einer immissionsschutzrechtlichen Genehmigung für Windenergieanlagen, jurisPR-UmwR 10/2023, Anm. 5.
Rietzler, A./Gayling-Westphal, B. v.	Aktuelle Entwicklungen im Recht der grenzüberschreitenden UVP nach der Espoo-Konvention, EurUP 2017, 11 ff.
Ritter, E.-H.	Das Gesetz zur Neufassung des Raumordnungsgesetzes (ROG 2009): Weiterentwicklung oder beginnendes Siechtum?, DÖV 2009, 425 ff.
Ritter, E.-H.	Planungscontrolling: Konsequenz aus der Pflicht zur Strategischen Umweltprüfung, DÖV 2005, 929 ff.
Ritter, S.	»Wir machen das Bauen schneller, einfacher und günstiger« – Hält die Genehmigungsfiktion, was die Landesregierung zur Reform der Landesbauordnung verspricht?, VBlBW 2025, 1 ff.
Röckinghausen, M.	Rechtsschutz in Umweltangelegenheiten. Nach der Novelle ist vor der Novelle, I+E 2015, 154 ff.
Roder, M.	Anforderungen der SUP-Richtlinie an ein Monitoring für Pläne und Programme, in: DIfU, Monitoring und Bauleitplanung, 2004, S. 11 ff.
Roder, M.	Monitoring nach Art. 10 der SUP-Richtlinie, in: Hendler u.a., Die Strategische Umweltprüfung (sog. Plan-UVP) als neues Instrument des Umweltrechts, Umwelt- und Technikrecht Bd. 76, Berlin 2004, S. 225 ff.
Röhl, H. Ch./Ladenburger, C.	Die materielle Präklusion im raumbezogenen Verwaltungsrecht, Berlin 1997; zit.: Röhl/Ladenburger, Materielle Präklusion.
Rojahn, O.	Umweltschutz in der raumordnerischen Standortplanung von Infrastrukturvorhaben, NVwZ 2011, 654 ff.
Rojahn, O.	Zum Schutzregime potentieller FFH-Gebiete nach dem Dragaggi-Urteil des Europäischen Gerichtshofs, in: Mitschang (Hrsg.), Umweltprüfverfahren in der Stadt- und Regionalplanung, Berliner Schriften zur Stadt- und Regionalplanung (Bd. 1) Frankfurt 2006, S. 121 ff.; zit.: Rojahn, in: Mitschang, Umweltprüfverfahren.
Rolfsen, M.	Das neue Wasserhaushaltsgesetz, NuR 2009, 765 ff.
Ronellenfitsch, M.	Der Entwurf eines Gesetzes zur Beschleunigung der Planungen für Verkehrswege in den neuen Ländern und im Land Berlin, DVBl 1991, 920 ff.
Ronellenfitsch, M.	Die Planfeststellung, VerwArch 1989, 92 ff.
Ronellenfitsch, M.	Vorüberlegungen zur Bereinigung des luftrechtlichen Verfahrensrechts, DVBl 1984, 501 ff.
Rößing, L.	Denkmalschutz und Umweltverträglichkeitsprüfung, Münster 2004; zit.: Rößing, Denkmalschutz und UVP.
Roßnagel, A./Hentschel, A.	Alternativenprüfung für atomare Endlager? Zur Prüfpflicht des öffentlichen Vorhabenträgers im Fachplanungsrecht, UPR 2004, 291 ff.
Rott, P.	Effektiver Rechtsschutz vor missbräuchlichen AGB – Zum Cofidis-Urteil des EuGH, EuZW 2003, 5 ff.

Rubel, R.	Umweltrechtsschutz in der gerichtlichen Praxis, EurUP 2019, 386 ff.
Rubel, R.	Aktuelle Probleme bei der Planfeststellung von Höchstspannungsleitungen, DVBl 2017, 585 ff.
Rubel, R.	Rechtsschutz gegen Flugrouten, DVBl 2015, 525 ff.
Ruf, S.	Mehr Schutz für Geschäfts- und Betriebsgeheimnisse bei Internetveröffentlichung in umweltrechtlichen Verfahren?, ZUR 2023, 162 ff.
Ruffert, M.	Umweltrechtsschutz ohne methodische Grundlage? Zur neueren Rechtsprechung des EuGH und ihren Folgen für Deutschland, DVBl 2019, 1033 ff.
Ruge, R.	»We Love Cable«: Erdkabel im Höchstspannungsbereich als Allheilmittel für mehr Akzeptanz für den Netzausbau, RdE 2016, 105 ff.
Rühl, Ch.	Das Verhältnis von Umweltverträglichkeitsprüfung bei Bauleitplänen und nachfolgender Umweltverträglichkeitsprüfung in Vorhabenzulassungsverfahren, UPR 2002, 129 ff.
Runge, K./Schomerus, T.	Klimaschutz in der Strategischen Umweltprüfung – am Beispiel der Windenergienutzung in der Ausschließlichen Wirtschaftszone, ZUR 2007, 410 ff.
Runkel, P.	Umweltverträglichkeitsprüfung in der Bebauungsplanung, DVBl 2001, 1377 ff.
Runkel, P.	Neuregelung des Rechts der Raumordnung, DVBl 1996, 699 ff.
Ruttloff M./Wagner E./ Wagner S.	Climate Change Litigation: Öffentlich-rechtliche und zivilrechtliche Angriffe auf Projektvorhaben unter dem Banner des Klimaschutzes, BB 2022, 516 ff.
Ruttloff, M./Freihoff, L.	Intertemporale Freiheitssicherung oder doch besser »intertemporale Systemgerechtigkeit«? – auf Konturensuche, NVwZ 2021, 917.
Sachs, M.	Grundgesetz-Kommentar, 10. Aufl., München 2024.
Sachs, M.	Verwaltung an den »Funktionsgrenzen der Rechtsprechung«, DVBl 2020, 311.
Säcker, F.	Berliner Kommentar zum Energierecht, 5. Aufl., Frankfurt a.M. 2022.
Sander, A.	Strategische Umweltprüfung für das Immissionsschutzrecht?, UPR 2003, 336 ff.
Sander, A.	Pflicht zur Abfallwirtschaftsplanung – ohne Gestaltungsmöglichkeit durch Ausschlusskriterien zugunsten von Umweltbelangen?, AbfallR 2024, 68 ff.
Sander, A./Adamowicz, J.	Grenzüberschreitende Umweltprüfung zwischen Deutschland/ Brandenburg und Polen – sowie wichtigste Unterschiede und Gemeinsamkeiten im jeweiligen Umweltprüfungsrecht, UPR 2013, 61 ff.
Sangenstedt, Ch.	Die Novelle 2024 des Bundes-Klimaschutzgesetzes in der Fachplanung am Beispiel der Verkehrswegeplanung, NVwZ 2025, 142 ff.
Sangenstedt, Ch.	Die Reform der UVP-Richtlinie 2014: Herausforderungen für das deutsche Recht, ZUR 2014, 526 ff.
Sangenstedt, Ch.	Das Gesetz zur Einführung einer Strategischen Umweltprüfung und zur Umsetzung der Richtlinie 2001/42/EG – Struktur des SUP-Gesetzes und Elemente des SUP-Verfahrens, NuL 2006, 165 ff.
Sangenstedt, Ch.	Die Umsetzung der SUP durch das SUP-Gesetz, in: Erbguth, W. (Hrsg.), Strategische Umweltprüfung (SUP) – Stand, Rechtsfragen, Perspektiven, Baden-Baden 2006, S. 77 ff.; zit.: Sangenstedt, in: Erbguth (Hrsg.), SUP.
Sangenstedt, Ch.	Die SUP-Richtlinie: Stand der Umsetzung in Deutschland, UVP-report 2005, 12 ff.
Sangenstedt, Ch.	Möglichkeiten und Grenzen einer verstärkten Digitalisierung der Öffentlichkeitsbeteiligung in Verfahren mit UVP, ZUR 2023, 579 ff.

Sauer, M.	Das Gesetz zur Anpassung des Umweltrechtsbehelfsgesetzes und anderer Vorschriften an europa- und völkerrechtliche Vorgaben, UPR 2017, 448 ff.
Saurer, J.	Heilung von Verfahrensfehlern in umweltrechtlichen Zulassungsverfahren, NVwZ 2020, 1137 ff.
Saurer, J.	Klagebeschränkungen im Klimaschutzrecht, ZUR 2024, 214 ff.
Saurer, J.	Heilung von Verfahrensfehlern in umweltrechtlichen Zulassungsverfahren, NVwZ 2020, 1137 ff.
Sauthoff, M.	Durchsetzung des Klimaschutzes im Städtebau, KlimR 2022, 11 f.
Sauthoff, M.	Die strategische Umweltprüfung im Straßenrecht, ZUR 2006, 15 ff.
Sauthoff, M.	Die »nachvollziehende« Abwägung als dogmatischer Begriff, in: Brüning/Ewer/Schlacke/Tegethoff (Hrsg.), Festschrift für Ramsauer, München 2023, 115.
Saxler, B.	Zugang zu Gerichten bei fehlerhafter UVP – Anmerkung zu EuGH, Urteil vom 07.11.2013 – Rs. C-72/12 (Altrip), EurUP 2014, 222 ff.
Schäfer, K.	Zum integrierten Konzept der IVU-Richtlinie, UPR 1997, 444 ff.
Schaller, W./Henrich, M.	Aktuelle Rechtsfragen der Bundesfachplanung, UPR 2014, 361 ff.
Scheffczyk, F.	Das Gesetz zur Beschleunigung von verwaltungsgerichtlichen Verfahren im Infrastrukturbereich, NordÖR 2023, 177 ff.
Scheidler, A.	Anlagenüberwachung durch Anordnung von Messungen nach § 26 BImSchG, GewArch 2021, 66 ff.
Scheidler, A.	Die Umsetzung der Luftqualitätsrichtlinie und der Dienstleistungsrichtlinie im Immissionsschutzrecht, Immissionsschutz 2011, 60 ff.
Scheidler, A.	Vorgaben zur Umweltplanung im Raumordnungsgesetz 2009, NVwZ 2010, 19 ff.
Scheidler, A.	Ausnahmen vom UVP-Gesetz für Vorhaben der Landesverteidigung – Zur Neufassung des § 3 II – UVPG durch das Öffentlichkeitsbeteiligungsgesetz, NVwZ 2008, 731 ff.
Scheidler, A.	Das Integrationsprinzip im deutschen und europäischen Umweltrecht – Die Ausgangslage zur Schaffung einer integrierten Vorhabengenehmigung nach der Föderalismusreform, WiVerw 2008, 3 ff.
Scheidler, A.	Auswirkungen der Föderalismusreform auf das Umweltrecht, UPR 2006, 423 ff.
Scheidler, A.	Die Föderalismusreform als neue Chance für ein Umweltgesetzbuch?, GewArch 2006, 453 ff.
Scheidler, A.	Rechtsschutz Dritter bei fehlerhafter oder unterbliebener Umweltverträglichkeitsprüfung, NVwZ 2005, 863 ff.
Scheidler, A.	Strategische Umweltprüfung für Lärmaktionspläne, NuR 2005, 628 ff.
Scheidler, A.	Umweltsonderrecht für Vorhaben der Landesverteidigung, NuR 2005, 8 ff.
Scheidler, A.	UVP-Pflicht bei Vorhaben der Nato-Streitkräfte in Deutschland, NVwZ 2005, 293 ff.
Scheidler, A.	Die Umweltverträglichkeitsprüfung bei Rodungen und Erstaufforstungen, NuR 2004, 434 ff.
Scheidler, A.	Ausbau der erneuerbaren Energien in Abbaubereichen des Braunkohletagebaus, Die Verordnungsermächtigung des § 249b BauGB, RdE 2025, 229 ff.
Scheidler, A.	Die Zweckbestimmung des § 1 BImSchG in der seit 9.7.2024 geltenden Fassung, UPR 2025, 6 ff.
Scheidler, A.	Der Planerhaltungsvorschriften im Baugesetzbuch und ihre Ergänzung durch den neuen § 215 BauGB, UPR 2024, 201 ff.
Scheidler, A.	Genehmigungserleichterungen für Windenergieanlagen in Beschleunigungsgebieten, VR 2025, 366 ff.

Schenk, W.	Die Umweltverträglichkeitsprüfung nach Inkrafttreten des Modernisierungsgesetzes vom 20. Juli 2017, EurUP 2018, 174 ff.
Schiffer, T./Kathstede, F.	Umsetzung der Erneuerbare-Energien-Richtlinie (RED III) in nationales Recht im Bereich Windenergie auf See und Stromnetze – eine Darstellung, UPR 2024, 361 ff.
Schiller, G.	Unionsrechtliche Vorgaben für die Alternativenprüfung, UPR 2016, 457 ff.
Schiller, G.	Das Verhältnis der Bundesfachplanung zur Planfeststellung nach dem NABEG, EurUP 2013, 178 ff.
Schiller, G.	Die Berücksichtigung von Belangen des Klimaschutzes bei der Zulassung von Umspannwerken, UPR 2025, 361 ff.
Schink, A.	Klimaschutz und Klimaanpassung als Gegenstände der Umweltprüfung in der Bauleitplanung, in: Mitschang (Hrsg.), Klimaschutz und Klimaanpassung in der Regional- und Bauleitplanung, Berliner Schriften zur Stadt- und Regionalplanung Bd. 40, Baden-Baden 2021, S. 299 ff.
Schink, A.	Entwicklungen und Stand der UVP, NuR 2018, 21 ff.
Schink, A.	Die naturschutzrechtliche Eingriffsregelung in der Vorhabenzulassung und der Bauleitplanung – Gemeinsamkeiten und Unterschiede, NuR 2017, 585 ff.
Schink, A.	Vier Jahrzehnte Immissionsschutzrecht, NVwZ 2017, 337 ff.
Schink, A.	Veröffentlichung von Arten umweltbezogener Informationen gemäß § 3 Abs. 3 S. 2 BauGB und § 9 Abs. 1a Nr. 5 UVPG, UPR 2016, 241 ff.
Schink, A.	Das Verfahren der Netzplanung als Vorbild für andere Infrastrukturplanungen?, EurUP 2015, 148 ff.
Schink, A.	Umweltprüfung in der Bauleitplanung – Grundlagen und Auswirkungen der UVP-Änderungsrichtlinie 2014, UPR 2014, 408 ff.
Schink, A.	Änderung der UVP-Richtlinie und Auswirkungen auf das nationale Recht, DVBl 2014, 877 ff.
Schink, A.	Bundesfachplanung für den Netzausbau, I+E 2014, 203 ff.
Schink, A.	Verstärkung der Öffentlichkeitsbeteiligung und neue UVP-Anforderungen an Unternehmen, DVBl 2013, 1347 ff.
Schink, A.	Umweltprüfung für Pläne und Programme – Verfahrensanforderungen, NuR 2005, 143 ff.
Schink, A.	Umweltprüfung für Pläne und Programme, NVwZ 2005, 615 ff.
Schink, A.	Umweltprüfung für Pläne und Programme Gemeinschaftsrechtliche Vorgaben und Fachplanung, in: Gesellschaft für Umweltrecht, Risikoregulierung und Risikokommunikation – Umweltprüfung für Pläne und Programme, Dokumentation zur 28. wissenschaftlichen Fachtagung Leipzig 2004, Berlin 2005, S. 93 ff.; zit.: Schink, Umweltprüfung.
Schink, A.	Umweltverträglichkeitsprüfung in der Bauleitplanung, UPR 2004, 81 ff.
Schink, A.	Die Vorprüfung in der Umweltverträglichkeitsprüfung nach § 3c UVPG, NVwZ 2004, 1182 ff.
Schink, A.	Umweltverträglichkeitsprüfung – Verträglichkeitsprüfung – naturschutzrechtliche Eingriffsregelung – Umweltprüfung, in: Erbguth (Hrsg.), Die Umweltverträglichkeitsprüfung: Neuregelungen, Entwicklungstendenzen, Baden-Baden 2004, S. 33 ff.
Schink, A.	Straßenverkehrslärm in der Bauleitplanung, NVwZ 2003, 1041 ff.
Schink, A.	Umweltverträglichkeitsprüfung – Verträglichkeitsprüfung – naturschutzrechtliche Eingriffsregelung, NuR 2003, 647 ff.

Schink, A. — Die Aarhus-Konvention und das deutsche Umweltrecht, EurUP 2003, 27 ff.

Schink, A. — Die Umweltverträglichkeitsprüfung – offene Konzeptfragen, DVBl 2001, 321 ff.

Schink, A. — Auswirkungen des EG-Rechts auf die Umweltverträglichkeitsprüfung nach deutschem Recht, NVwZ 1999, 11 ff.

Schink, A. — Die Umweltverträglichkeitsprüfung – eine Bilanz, NuR 1998, 173 ff.

Schink, A. — Bedeutung der TA Siedlungsabfall für die Entsorgung von Siedlungsabfällen, NuR 1998, 20 ff.

Schink, A. — Folgen der EG-Rechtswidrigkeit der Übergangsvorschriften zum UVP-Gesetz, NVwZ 1995, 953 ff.

Schink, A. — Gemeinschaftsrechtliche Fortentwicklung der UVP, DVBl 1995, 73 ff.

Schink, A. — Der Baurechtskompromiß, NuR 1993, 365 ff.

Schink, A. — StuGR Städte- und Gemeinderat 1992, 176 ff.

Schink, A. — Die Freistellung von der Verantwortlichkeit für Altlasten in den neuen Bundesländern, VIZ 1992, 131 ff.

Schink, A. — Die Bedeutung des UVP-Gesetzes für die Kommunen, NVwZ 1991, 935 ff.

Schink, A. — Eildienst Landkreistag NW 1991, 28 ff.

Schink, A. — Amtsermittlung und Gefahrerforschung, DVBl 1989, 1182 ff.

Schink, A. — Monitoring für Ausgleichs- und Ersatzmaßnahmen, UPR 2018, 248 ff.

Schink, A. — Digitalisierung der Öffentlichkeitsbeteiligung im Verwaltungsverfahren, UPR 2024, 369 ff.

Schink, A. — Klimaschutz- und Klimafolgenrecht in Nordrhein-Westfalen, NWVBl 2025, 137 ff.

Schink, A. — Anforderungen an Alternativenprüfungen, UPR 2022, 206 ff.

Schink, A./Erbguth, W. — Die Umweltverträglichkeitsprüfung im immissionsschutzrechtlichen Genehmigungsverfahren, DVBl 1991, 413 ff.

Schink, A./Reidt, O./Mitschang, S. — UVPG/UmwRG Kommentar, 2. Aufl., München 2023; zit.: Bearbeiter, in: Schink/Reidt/Mitschang, UVPG/UmwRG.

Schink, A./Versteyl, A./Dippel, M. — NABEG – Kommentar zum Netzausbaubeschleunigungsgesetz, Berlin 2016.

Schlacke S. — Umweltrecht, 9. Aufl., Baden-Baden 2023.

Schlacke, S. — Klimaschutzrecht – Ein Grundrecht auf intertemporale Freiheitssicherung, NVwZ 2021, 912 ff.

Schlacke, S. — Bundes-Klimaschutzgesetz: Klimaschutzziele und -pläne als Herausforderung des Verwaltungsrechts, EurUP 2020, 338 ff.

Schlacke, S. — Aktuelles zum Umwelt-Rechtsbehelfsgesetz. Kompensationen des Wegfalls der materiellen Präklusion, Anwendungsbereich, Rügebefugnis und Kontrollmaßstab im Spiegel der Rechtsprechung, NVwZ 2019, 1392 ff.

Schlacke, S. — Die jüngste Novellierung des UmwRG zur Umsetzung der Vorgaben der Aarhus-Konvention, EurUP 2018, 127 ff.

Schlacke, S. — Die Novelle des UmwRG 2017, NVwZ 2017, 905 ff.

Schlacke, S. — Bedeutung von Verfahrensfehlern im Umwelt- und Planungsrecht – unter besonderer Berücksichtigung des Gesetzentwurfs zum UmwRG vom 5.9.2016, UPR Sonderheft 2016, 478 ff.

Schlacke, S. — Die Europäisierung des Verwaltungs(prozess)rechts durch Umweltrecht: Folgen von Verfahrensfehlern und Präklusion, Jahrbuch des Instituts für Umwelt- und Technikrecht 2016, 173 ff.

Schlacke, S.	Zur fortschreitenden Europäisierung des (Umwelt-)Rechtsschutzes, NVwZ 2014, 11 ff.
Schlacke, S.	Anmerkung zu EuGH, Rs. C-115/09, NVwZ 2011, 804 ff.
Schlacke, S.	Zur Beachtlichkeit von Verfahrensfehlern nach § 4 UmwRG – zugleich Anmerkung zu VGH Kassel, Urt. v. 24.09.2008, ZUR 2009, S. 87 ff., ZUR 2009, 80 ff.
Schlacke, S.	Das Umwelt-Rechtsbehelfsgesetz, NuR 2007, 8 ff.
Schlacke, S.	Zur Drittschutz bei Nichtdurchführung einer gebotenen Umweltverträglichkeitsprüfung – zugl. Anmerkung zu: OVG Münster, U. v. 03.01.2006 – 20 D 118.03.AK, 20 D 35/04.AK, 20 D 118.04. AK, 20 D 120/04.AK, 20 D 159/04.AK –, ZUR 2006, 360 ff.
Schlacke, S.	Aarhus-Konvention: Information, Beteiligung und Rechtsschutz in Umweltangelegenheiten, UVP-report 2005, 67 ff.
Schlacke, S.	Rechtsschutz durch Verbandsklage – Zum Fortentwicklungsbedarf des umweltbezogenen Rechtsschutzsystems –, NuR 2004, 629 ff.
Schlacke, S.	Dieselskandal und Verbandsklage, Zur erneuten Unionsrechtswidrigkeit des deutschen Umweltrechtsschutzes, NVwZ 2023, 37 ff.
Schlacke, S.	Erfolgreiche Verbandsklagen für den Klimaschutz: Bundesregierung muss Sofortprogramme beschließen, NVwZ 2024, 564 ff.
Schlacke, S. (Hrsg.)	Gemeinschaftskommentar zum Bundesnaturschutzgesetz, GK-BNatSchG, 3. Aufl., Köln 2024.
Schlacke, S./Römling, D.	Neue Herausforderungen der gerichtlichen Kontrolle von Plänen unter besonderer Berücksichtigung des Klimaschutzgesetzes (KSG), DVBl 2021, 144 ff.
Schlacke, S./Schrader, Ch./Bunge, T.	Informationsrechte, Öffentlichkeitsbeteiligung und Rechtsschutz im Umweltrecht – Aarhus-Handbuch, 2. Aufl., Berlin 2019.
Schlarmann, L.	Die Rechtsprechung zur Alternativenprüfung im Planungsrecht, DVBl 1992, 871 ff.
Schlarmann, L.	Die Alternativenprüfung im Planungsrecht, Beiträge zum Siedlungs- und Wohnungswesen und zur Raumplanung, Bd. 139, Münster 1991; zit.: Schlarmann, Alternativenprüfung.
Schlecht A.-M.	Die Unbeachtlichkeit von Verfahrensfehlern im deutschen Umweltrecht, Berlin 2010.
Schlichter, O./Stich, R./Driehaus, H.-J./Paetow, S.	Berliner Kommentar zum Baugesetzbuch, Stand: August 2025.
Schliepkorte, J.	Der Vorhaben- und Erschließungsplan, 3. Aufl., Bonn 2001; zit.: Schliepkorte, Vorhaben- und Erschließungsplan.
Schmehl, A.	Die erneuerte Erforderlichkeitsklausel in Art. 72 Abs. 2 GG, DÖV 1996, 724 ff.
Schmehl, A./Klement, J. H. (Hrsg.)	Gemeinschaftskommentar zum Kreislaufwirtschaftsgesetz, 2. Aufl., Köln 2019.
Schmidt-Aßmann, E.	Umsetzung der UVP-Richtlinie, in: Festschrift für Karl Doehring, Heidelberg 1989, S. 889 ff.; zit.: Schmidt-Aßmann, in: FS Doehring.
Schmidt-Aßmann, E./Hoffmann-Riem, W. (Hrsg.)	Strukturen des Europäischen Verwaltungsrechts, Baden-Baden 1999; zit.: Verfasser, in: Schmidt-Aßmann/Hoffmann-Riem, Strukturen des Europäischen Verwaltungsrechts.
Schmidt-Eichstaedt, G.	Die Richtlinie zur strategischen Umweltprüfung aus kommunaler Sicht, in: Hendler (Hrsg.), Die strategische Umweltprüfung (sog. Plan-UVP) als neues Instrument des Umweltrechts, UTR 76, Berlin 2004, S. 97 ff.
Schmidt-Eichstaedt, G.	Der neue Umweltbericht nach § 2a BauGB als Bestandteil der Begründung von UVP-pflichtigen Bebauungsplänen, BauR 2002, 405 ff.

Schmidt-Eichsteadt, G.	Umweltprüfung und Verträglichkeitsprüfung in der Raumordnungsplanung, BauR 2023, 1052 ff.
Schmidt-Preuß, M.	Gegenwart und Zukunft des Verfahrensrechts, NVwZ 2005, 489 ff.
Schmidt-Preuß, M.	Integrative Anforderungen an das Verfahren der Vorhabenzulassung – Anwendung und Umsetzung der IVU-Richtlinie, NVwZ 2000, 252 ff.
Schmidt-Preuß, M.	Veränderungen grundlegender Strukturen des deutschen (Umwelt-) Rechts durch das »Umweltgesetzbuch I«, DVBl 1998, 857 ff.
Schmidt, A./Kremer, P.	Das Umwelt-Rechtsbehelfsgesetz und der »weite Zugang zu Gerichten« – Zur Umsetzung der auf den Rechtsschutz in Umweltangelegenheiten bezogenen Vorgaben der sog. Öffentlichkeitsrichtlinie 2003/35/EG, ZUR 2007, 57 ff.
Schmidt, Ch.	Zwischen Innovation und Regulierung: Die Grenzen des KI-Einsatzes in der öffentlichen Verwaltung, RDi 2025, 406 ff.
Schmidt, G.	Die Umweltverträglichkeitsprüfung im Zulassungsverfahren durch mehrere Behörden, NVwZ 2003, 292 ff.
Schmidt, M./Rütz, N./Bier, S.	Umsetzungsfragen bei der strategischen Umweltprüfung (SUP) in nationales Recht, DVBl 2002, 357 ff.
Schmidt, R.	Neue höchstrichterliche Rechtsprechung zum Umweltrecht, JZ 2003, 933 ff.
Schmidt, R.	Der Staat der Umweltvorsorge, DÖV 1994, 749 ff.
Schmidt, T. I.	Vorfristiger Widerspruch und Wiedereinsetzung in den vorigen Stand, DÖV 2001, 857 ff.
Schmitz, H.	Verfahrensbeschleunigung durch oder trotz Raumordnung – Das Raumordnungsverfahren im Kontext aktueller und geplanter Beschleunigungsgesetze, ZfBR 2023, 221 ff.
Schmitz, H./Jastrow, S.-D.	Das Informationsfreiheitsgesetz des Bundes, NVwZ 2005, 984 ff.
Schnabel, C.	Geistiges Eigentum als Grenze der Informationsfreiheit, K&R 2011, 626 ff.
Schneider, J.-P.	Nachvollziehende Amtsermittlung bei der Umweltverträglichkeitsprüfung. Zum Verhältnis zwischen dem privaten Träger des Vorhabens und der zuständigen Behörde bei der Sachverhaltsermittlung nach dem UVPG, Schriften zum Umweltrecht, Bd. 19, Berlin 1991; zit.: Schneider, UVP.
Schober, K./Calabro, C.	Qualitätssicherung bei artenschutzrechtlichen Prüfungen von Windenergieprojekten, NVwZ 2022, 115 ff.
Schoch, F.	Individualrechtsschutz im deutschen Umweltrecht unter dem Einfluß des Gemeinschaftsrechts, NVwZ 1999, 457 ff.
Schoch, F./Eifert, M.	Besonderes Verwaltungsrecht, 2. Aufl., München 2023.
Schoch, F./Schneider, J.-P.	Verwaltungsrecht, VwGO, 47. Aufl., München 2025.
Schoeneberg, J.	Umweltverträglichkeitsprüfung, München 1993; zit.: Schoeneberg, UVP.
Schoeneberg, J.	Umweltverträglichkeitsprüfung und Landschaftsplanung, UPR 1991, 210 ff.
Scholles, F./Haaren, Ch. v./Myrzik, A./Ott, St./Wilke, T./Winkelbrandt, A./Wulfert, K.	Strategische Umweltprüfung und Landschaftsplanung, UVP-report 2003, 76 ff.
Schomerus, T./Busse, J.	Zur Umsetzung der Richtlinie über die Strategische Umweltprüfung in das deutsche Recht, NordÖR 2005, 98 ff.
Schomerus, Th.	Das Aarhus Convention Compliance Committee (ACCC), DVBl 2024, 1313 ff.
Schoppen, C.	Die Umsetzung der Seveso-III-Richtlinie in deutsches Recht, NVwZ 2017, 1561 ff.

Schoppen, C.	Update zum Umwelt-Rechtsbehelfsgesetz – die Novelle 2024 und neue Rechtsprechung, NWVBl 2024, 495 ff.
Schrader, Ch.	Bodenschutz, Landwirtschaft und Klimaschutz, NuR 2009, 747 ff.
Schrader, Ch.	Neue Entwicklungen in der Verbandsmitwirkung und Verbandsklage, UPR 2006, 205 ff.
Schrader, Ch.	Beschleunigung von immissionsschutzrechtlichen Genehmigungsverfahren durch Projektmanager?, DÖV 2025, 133 ff.
Schreiber, R.	Die Umsetzung der Plan-UP-Richtlinie im Raumordnungsrecht – eine Zwischenbilanz, UPR 2004, 50 ff.
Schröder, M.	Auswirkungen ökologischer Erkenntnisdefizite auf die verwaltungsgerichtliche Kontrolle, EuRUP 2019, 91 ff.
Schröder, M.	Postulate und Konzepte zur Durchsetzbarkeit und Durchsetzung der EG-Umweltpolitik, NVwZ 2006, 389 ff.
Schrödter, W.	Baugesetzbuch, Kommentar, 9. Aufl., Baden-Baden 2019; zit.: Bearbeiter, in: Schrödter, Baugesetzbuch
Schrödter, W.	Der Bebauungsplan der Innenentwicklung, Teil 1, ZfBR 2010, 332 ff.
Schrödter, W.	Aktuelle Entscheidungen zum Umwelt-Rechtsbehelfsgesetz, NVwZ 2009, 157 ff.
Schrödter, W.	Die neue Umweltverbandsklage gegen Bebauungspläne nach dem Umwelt-Rechtsbehelfsgesetz, LKV 2008, 391 ff.
Schrödter, W.	Umweltprüfung in der Bauleitplanung, LKV 2008, 109 ff.
Schrödter, W.	Aktuelle Fragen zur städtebaulichen Umweltprüfung nach dem Europaanpassungsgesetz-Bau, LKV 2006, 251 ff.
Schrödter, W.	EAG Bau – Die SUP in der Bauleitplanung, in: Erbguth, W. (Hrsg.), Strategische Umweltprüfung (SUP) – Stand, Rechtsfragen, Perspektiven, Baden-Baden 2006, S. 49 ff.; zit.: Schrödter, in: Erbguth (Hrsg.), SUP.
Schrödter, W.	Umweltprüfung und Umweltüberwachung in der Bauleitplanung, NordÖR 2004, 317 ff.
Schroer, J.	Ein Jahr BauGB-Novelle 2007: Erste Erfahrungen aus der Praxis, NZBau 2008, 46 ff.
Schröter, F.	UVP für Pläne und Programme – Veränderungen durch die Plan-UVP für die Raumplanung, RaumPlanung 2000, 27 ff.
Schubert, M.	Die bauplanungsrechtliche Umweltprüfung im Spannungsfeld EG-rechtlicher Vorgaben und kommunaler Praktikabilitätsansprüche, NuR 2005, 369 ff.
Schulte, H.	Zum Verhältnis Bergwerkseigentum – Grundeigentum, NVwZ 1989, 1138 ff.
Schulte, H.	Bergbau, Umweltrecht, Raumplanung, ZfB 1987, 178 ff.
Schulz, T./Appel, M.	Das WindSeeG als neuer Rechtsrahmen für Offshore Windenergie, ER 2016, 231 ff.
Schulze-Fielitz, H.	Umweltschutz im Föderalismus – Europa, Bund und Länder, NVwZ 2007, 249 ff.
Schumacher, J.	Umwelt-Rechtsbehelfsgesetz, UPR 2008, 13 ff.
Schumacher, J./Fischer-Hüftle, P. (Hrsg.)	Bundesnaturschutzgesetz, Kommentar, 3. Aufl., Stuttgart 2021; zit.: Bearbeiter, in: Schumacher/Fischer-Hüftle, BNatSchG.
Schüren, J./Kramer, M.	EUGH-Entscheidung zum UmwRG: Das Aus für materielle Präklusion und traditionelle Verfahrensfehlerfolgenlehre?, ZUR 2016, 400 ff.
Schütte, P./Langstädtler, S.	Deutschlandtempo als »new normal«?, ZUR 2024, 3 ff.
Schütte, S.	Evaluation der Öffentlichkeitsbeteiligung – Ergebnisse empirischer Forschung, UPR 2023, 420 ff.

Schwanenflug, N. v./ Strohmayr, S.	Rechtsschutz von Kommunen gegen UVP-pflichtige Vorhaben – Änderungen durch die Öffentlichkeitsbeteiligungsrichtlinie der EG?, NVwZ 2006, 395 ff.
Schwarz, T.	Abschichtung bei der Umweltprüfung in der Raumordnung und der Bauleitplanung, NuR 2011, 545 ff.
Schwarz, T.	Die Umweltprüfung in gestuften Planungsverfahren, 2011.
Schwarze, J./Becker, U./ Hatje, A./Schoo, J.	EU-Kommentar, 4. Aufl., Baden-Baden 2019.
Schwarzenberg, L./Ruß, S.	Die Windenergieerlasse der Länder – Überblick und neue Entwicklungen, ZUR 2016, 278 ff.
Schweitzer, M./Hummer, W.	Europarecht – das Recht der Europäischen Union; das Recht der Europäischen Gemeinschaften (EGKS, EG, EAG) 6. Aufl., München 2003; zit.: Schweitzer/Hummer, Europarecht.
Schwerdtfeger, A.	Der deutsche Verwaltungsrechtsschutz unter dem Einfluss der Aarhus-Konvention, Tübingen 2010.
Schwerdtfeger, A.	Beschleunigungsgebiete für erneuerbare Energien – Fragen des Rechtsschutzes, Die Änderungen der Erneuerbare-Energien-Richtlinie im Lichte der Aarhus-Konvention, EurUP 2023, 365 ff.
Schwertner, I.	Die Bedeutung des Umwelt-Rechtsbehelfsgesetzes für die rechtssichere Genehmigung unter besonderer Berücksichtigung der europarechtlichen Vorgaben, EurUP 2007, 124 ff.
Seeliger, P./Wrede, S.	Zum neuen Wasserhaushaltsgesetz, NuR 2009, 679 ff.
Seibert, M.	Klimaschutz und Generationengerechtigkeit – Der Jahrhundert-Beschluss des Bundesverfassungsgerichts, DVBl 2021, 1141 ff.
Seibert, M.-J.	Die gerichtliche Kontrolle von Verfahrensvorschriften nach § 4 UmwRG, NVwZ 2019, 337 ff.
Seibert, M.-J.	Luftreinhaltepläne vor Gericht, EurUP 2020, 346 ff.
Seibert, M.-J.	Die Fehlerbehebung durch ergänzendes Verfahren nach dem UmwRG. Neue prozessuale Instrumente zur Genehmigungserhaltung, NVwZ 2018, 97 ff.
Seibert, M.-J.	Verbandsklagen im Umweltrecht. Aktueller Stand, Perspektiven und praktische Probleme, NVwZ 2013, 1040 ff.
Seibert, M.-J.	Aktuelle Rechtsprechung des Oberverwaltungsgerichts für das Land Nordrhein-Westfalen zum Immissionsschutz, DVBl 2011, 391 ff.
Sellner, D.	Probleme der UVP-Pflichtigkeit wesentlicher Änderungen von immissionsschutzrechtlich genehmigungsbedürftigen Anlagen, in: Kment (Hrsg.), Festschrift für Jarass, München 2015, S. 395 ff.
Sellner, D./Reidt, O./ Ohms, M. J.	Immissionsschutzrecht und Industrieanlagen, 3. Aufl., München 2006; zit.: Sellner/Reidt/Ohms, Immissionsschutzrecht.
Selmer, P.	Die Föderalismusreform – Eine Modernisierung der bundesstaatlichen Ordnung? JuS 2006, 1052 ff.
Selmer, P.	Vorbescheid und Teilgenehmigung im Immissionsschutzrecht, Baden-Baden 1979; zit.: Selmer, Vorbescheid und Teilgenehmigung.
Senator für Bau, Umwelt und Verkehr, Bremen (Hrsg.)	Die Vorprüfung in der Umweltverträglichkeitsprüfung, Schriftenreihe des Vereins für Umweltrecht, 2004, darin: Schink, A. Die Vorprüfung in der UVP nach § 3c UVPG, S. 5 ff.; zit.: Schink, in: Senator für Bau Umwelt und Verkehr, Bremen (Hrsg.), Die Vorprüfung in der Umweltverträglichkeitsprüfung.
Sendler, H.	Ist das Umweltrecht normierbar?, UPR 1981, 1 ff.
Seok, J. H./Ziekow J. (Hrsg.)	Die Einbeziehung Privater in die Erfüllung öffentlicher Aufgaben, Berlin 2008.

Sieder, F./Zeitler, H./ Dahme, H./Knopp, G.-M.	Wasserhaushaltsgesetz, Abwasserabgabengesetz,: WHG, 59. Aufl., München 2024; zit.: Bearbeiter, in: Sieder/Zeitler/Dahme/Knopp, WHG.
Siegel, Th.	Die Präklusion in europäisierten Verwaltungsrecht, NWvZ 2016, 337 ff.
Siegel, Th.	Zur Relevanz des Klimaschutzes in der Fachplanung, DÖV 2023, 329 ff.
Siegel, Th./Troidl, Th.	Straßenrecht, München 2025.
Siegel, Th.	Beschleunigung von verwaltungsgerichtlichen Verfahren im Infrastrukturbereich durch verwaltungsprozessuale Regelungen?, UPR 2023, 403 ff.
Siems, Th.	Das UVP-Verfahren: Drittschützende Wirkung oder doch »nur« reines Verfahrensrecht, NuR 2006, 359 ff.
Simonis, U.E.	Präventive Umweltpolitik, Frankfurt a.M. 1988.
Sinner, W.	Beginn einer Zeitenwende im Recht der UVP? – Anmerkung zum Urteil des EuGH vom 07.11.2013 (Rs C-72/12), UPR 2014, 258 ff.
Sinner, W./Gassner, U./ Hartlik, J./Albrecht, J.	Umweltverträglichkeitsprüfung/Strategische Umweltprüfung, 14. Aktualisierung, Wiesbaden 2022.
Sitsen, M.	Die Umweltverträglichkeitsprüfung bei Änderungs- oder Erweiterungsvorhaben, UPR 2008, 292 ff.
Sittel-Czypionka, W.	Umsetzung der Umweltverträglichkeitsprüfung im Städtebau, DÖV 1992, 737 ff.
Skouris, V.	Auswirkungen der Rechtsprechung des Europäischen Gerichtshofs auf die Funktion der deutschen Verwaltungsgerichtsbarkeit – Zur Reichweite des Urteils des EuGH vom 15.10.2015 in der Rechtssache C-137/14, DVBl 2016, 937 ff.
Smeddinck, U.	StandAG Standortauswahlgesetz, Kommentar, Berlin 2017; zit.: Smeddinck, StandAG.
Smeddinck, U.	Das UGB als Stunde Null – Umweltrecht zwischen Historisierung und Neubeginn, EurUP 2007, 202 ff.
Smeddinck, U.	Gesetzesfolgenabschätzung und Umweltverträglichkeitsprüfung – Zur Evaluierung des UVP-Gesetzes, DÖV 2004, 103 ff.
Snjka, D.	Anmerkung zur Reichweite der UVP-Pflicht bei abwechselnd frei- und erdverlegten Stromleitungen, UPR 2021, 373 ff.
Söbbeke, M.	Föderalismusreform – Eine Betrachtung aus kommunaler Sicht, KommJur 2006, 402 ff.
Sobotta, C.	Die Rechtsprechung des EuGH zu Art. 6 der Habitatrichtlinie, ZUR 2006, 353 ff.
Sodan, H.	Unbeachtlichkeit und Heilung von Verfahrens- und Formfehlern, DVBl 1999, 729 ff.
Sodan, H./Ziekow, H. (Hrsg.)	Verwaltungsgerichtsordnung, Kommentar, 6. Aufl., Baden-Baden 2025; zit.: Bearbeiter, in: Sodan/Ziekow, VwGO.
Soell, H./Dirnberger, F.	Wieviel Umweltverträglichkeit garantiert die UVP? Bestandsaufnahme und Bewertung des Gesetzes zur Umsetzung der EG-Richtlinie über die Umweltverträglichkeitsprüfung, NVwZ 1990, 705 ff.
Söfker, W.	Das Gesetz zur Neufassung des Raumordnungsgesetzes, UPR 2009, 161 ff.
Söfker, W.	Zum Entwurf eines Gesetzes zur Neufassung des Raumordnungsgesetzes (GeROG), UPR 2008, 161 ff.
Sommer, K.	Umweltschutzziele in der Strategischen Umweltprüfung, UVP-report 2003, 82 ff.
Sow, A.	Über Wissen und Nichtwissen im Verwaltungsrecht, DÖV 2019, 317 ff.

Spannowsky, W.	Die Einführung eines beschleunigten Verfahrens für Bebauungspläne der Innenentwicklung, NuR 2007, 521 ff.
Spannowsky, W.	Die Grenzen der Länderabweichungsbefugnis gem. Art. 72 Abs. 3 Nr. 4 GG im Bereich der Raumordnung, UPR 2007, 41 ff.
Spannowsky, W.	Anforderungen an Alternativenprüfungen im Rahmen von Umweltprüfverfahren, in: Mitschang (Hrsg.), Umweltprüfverfahren in der Stadt- und Regionalplanung, Berliner Schriften zur Stadt- und Regionalplanung (Bd. 1), Frankfurt 2006, S. 89 ff.; zit.: Spannowsky, in: Mitschang, Umweltprüfverfahren.
Spannowsky, W.	Rechts- und Verfahrensfragen einer »Plan-UVP« im deutschen Raumplanungssystem, UPR 2000, 201 ff.
Spannowsky, W.	Änderungen des Raumordnungsgesetzes, ZfBR 2023, 540 ff.
Spannowsky, W.	Notwendigkeit und rechtliche Anforderungen an die Alternativenprüfung in der Bauleitplanung, UPR 2005, 401 ff.
Spannowsky, W./Krämer, T. (Hrsg.)	Die aktuellen Änderungen des BauGB sowie des ROG 2004 und ihre Auswirkungen auf die Praxis, Köln 2005; zit.: Verfasser, in: Spannowsky/Krämer (Hrsg.), Aktuelle Änderungen.
Spannowsky, W./Krämer, T. (Hrsg.)	Plan-UP-Richtlinie: Konsequenzen für Raumordnung und Stadtentwicklung, Köln 2004; zit.: Verfasser, in: Spannowsky/Krämer (Hrsg.), Plan-UP-Richtlinie.
Spannowsky, W./Runkel, P./Goppel, K.	Raumordnungsgesetz, 2. Aufl., München 2018; zit.: Bearbeiter, in: Spannowsky/Runkel/Goppel, ROG.
Spiegels, Th.	Grenzüberschreitende Regionalplanung zwischen Nordrhein-Westfalen und den Niederlanden, Münster 2000; zit.: Spiegels, Grenzüberschreitende Regionalplanung.
Spieler, M.	Das Gesetz zur Anpassung des Umwelt-Rechtsbehelfsgesetzes und anderer Vorschriften an europa- und völkerrechtliche Vorgaben, jurisPR-UmwR 8/2017 Anm. 1.
Spieth, F./Appel, M.	Umfang und Grenzen der Einklagbarkeit von UVP-Fehlern nach Umwelt-Rechtsbehelfsgesetz, NuR 2009, 312 ff.
Spinner, J.	Die Verbandsklage gegen Bebauungspläne aufgrund des Umwelt-Rechtsbehelfsgesetzes, NuR 2011, 335 ff.
Spoerr, W.	Die allgemeine Verwaltungsvorschrift zur Ausführung des Gesetzes über die Umweltverträglichkeitsprüfung, NJW 1996, 85 ff.
Stapelfeldt, A./Siemko, S.	Umwelt-Rechtsbehelfsgesetz und Öffentlichkeitsbeteiligungsgesetz, KommJur 2008, 321 ff.
Starck, C. (Hrsg.)	Föderalismusreform, München 2007; zit.: Bearbeiter, in: Starck (Hrsg.), Föderalismusreform, 2007.
Stäsche, U.	Abschaffung der Sektorziele und des sektorspezifischen Nachsteuerungsmechanismus durch die KSG-Novelle 2024: Risiken für die Erreichung der nationalen Klimaschutzziele?, ZfU 2024, 299 ff.
Staupe, J.	Anwendung der UVP-Änderungsrichtlinie nach Ablauf der Umsetzungsfrist, NVwZ 2000, 508 ff.
Steinbeiß-Winkelmann, C.	Europäisierung des Verwaltungsrechtsschutzes – Anmerkungen zu einer »unendlichen Geschichte«, NJW 2010, 1233 ff.
Steinberg, R.	Landesplanerische Standortplanung und Planfeststellung – unter besonderer Berücksichtigung der Planung von Verkehrsflughäfen, DVBl 2010, 137 ff.
Steinberg, R.	Standards des integrierten Umweltschutzes, NuR 1999, 192 ff.
Steinberg, R.	Die gestufte Umweltverträglichkeitsprüfung im Raumordnungsverfahren, NuR 1992, 164 ff.
Steinberg, R.	Neue Entwicklungen in der Dogmatik des Planfeststellungsrechts, DVBl 1992, 1501 ff.

Steinberg, R.	Rechtsfragen der raumordnerischen Umweltverträglichkeitsprüfung, DÖV 1992, 321 ff.
Steinberg, R.	Die Bewertung der Umweltauswirkungen eines Vorhabens nach dem Gesetz über die Umweltverträglichkeitsprüfung (UVPG), DVBl 1990, 1369 ff.
Steinberg, R.	Bemerkungen zum Entwurf eines Bundesgesetzes über die Umweltverträglichkeitsprüfung, DVBl 1988, 995 ff.
Steinberg, R.	Planrechtfertigung und Planungsleitsätze in der straßenrechtlichen Planfeststellung, NVwZ 1986, 812 ff.
Steinberg, R./Kloepfer, I.	IVU-Richtlinie und immissionsschutzrechtliche Genehmigung, DVBl 1997, 973 ff.
Steinberg, R./Müller, H.	Nachträgliche Öffentlichkeitsbeteiligung bei Änderung von Planunterlagen während des Planfeststellungsverfahrens, UPR 2007, 1 ff.
Steinberg, R./Wickel, M./ Müller, H.	Fachplanung, 4. Aufl., Baden-Baden 2012; zit.: Steinberg/Wickel/ Müller, Fachplanung.
Steinfort, F.	Die Umsetzung der naturschutzrechtlichen Eingriffsregelung, VerwArch 1994, 107 ff.
Steinkemper, U.	Neuregelungen des BauGB durch das Europarechtsanpassungsgesetz Bau (EAG Bau), VBlBW 2004, 401 ff.
Stelkens, P./Bonk, H. J./ Sachs, M.	Verwaltungsverfahrensgesetz, Kommentar, 10. Aufl., München 2023; zit.: Bearbeiter, in: Stelkens/Bonk/Sachs, VwVfG.
Stern, K./Sodan, H./ Möstl, M.	Das Staatsrecht der Bundesrepublik Deutschland, Band I, 2. Aufl., München 2022.
Stich, R.	Probleme der Umsetzung der EG-Richtlinie 1985 über die Umweltverträglichkeitsprüfung in das Planungs-, Bau- und Umweltschutzrecht des Bundes und der Länder, UPR 1990, 121 ff.
Stiens, C.	Betriebsplan und Planfeststellung im Bergrecht, Münster 1992; zit.: Stiens, Betriebsplan.
Stock, M.	Konkurrierende Gesetzgebung, postmodern: Abweichung durch »Abweichung«?, ZG 2006, 1 ff.
Storm, P.-Chr./Bunge, Th.	Handbuch der Umweltverträglichkeitsprüfung (HdUVP), Aktualisierung 2/25, Berlin 2025; zit.: Bearbeiter, in: HdUVP.
Storost, U.	Rechtsschutz der Natur in der gerichtlichen Kontrolle von Planfeststellungsbeschlüssen, UPR 2018, 52 ff.
Storost, U.	Erforderlichkeit von Fachkonventionen für die arten- und gebietsschutzrechtliche Prüfung aus verwaltungsrichterlicher Sicht, UPR 2015, 47 ff.
Storost, U.	FFH-Verträglichkeitsprüfung und Abweichungsentscheidung, DVBl 2009, 673 ff.
Stratmann, L./Bölitz, D./ Heiland, St./Reinke, M.	Die grenzüberschreitende Beteiligung in der Strategischen Umweltprüfung am Beispiel der Regionalplanung – Verfahrensvorschläge und Erfahrungen aus dem INTERREG-III-A-Projekt »transSEA«, UVP-report 2006, S. 222 ff.
Stratmann, L./Helbron, H./Heiland, St./Schmidt, M.	Prüfmethodik und Bewertungsmaßstäbe für die SUP in der Regionalplanung, UVP-report 2006, S. 229 ff.
Streinz, R.	Europarecht, 12. Aufl., Heidelberg 2023.
Streinz, R. (Hrsg.)	EUV/AEUV-Kommentar, 3. Aufl., München 2018; zit.: Bearbeiter, in: Streinz, EUV/AEUV.
Stüer, B.	Bauleitplanung, in Hoppenberg/de Witt, Handbuch des öffentlichen Baurechts, Loseblatt, 63. Aufl., München 2025.

Stüer, B.	Anmerkung zu einer Entscheidung des BVerfG, Beschluss vom 23.10.2018 (1 BvR 2523/13) – Zur Begrenzung der gerichtlichen Kontrolle durch den Erkenntnisstand der Fachwissenschaft, DVBl 2019, 47 ff.
Stüer, B.	Anmerkung zum Urteil des BVerwG vom 19.02.2015 (7 C 10.12) – Zur Frage der Aufhebung der Planfeststellung für den Hafen Köln-Godorf, DVBl 2015, 492 ff.
Stüer, B.	Verwaltungsgerichtlicher Rechtsschutz im Umweltrecht – Aktuelle Entwicklung der wasserwirtschaftlichen Fachplanung – Energiewende – 37. Umweltrechtliche Fachtagung der Gesellschaft für Umweltrecht, DVBl 2014, 425 ff.
Stüer, B.	Habitat- und Vogelschutz in der Fachplanung, DVBl 2007, 1 ff.
Stüer, B.	Strategische Umweltprüfung in der Verkehrswege-, Landes- und Regionalplanung, UPR 2003, 97 ff.
Stüer, B./Beckmann, M.	Handbuch des Bau- und Fachplanungsrechts, 6. Aufl., München 2025; zit.: Stüer/Beckmann, Handbuch des Bau- und Fachplanungsrechts.
Stüer, B./Hermanns, C. D.	Fachplanungsrecht – Grundlagen, DVBl 2002, 435 ff.
Stüer, B./Probstfeld, W.	Anhörungsverfahren bei straßenrechtlichen Großvorhaben – Die Hochmoselquerung, DÖV 2000, 701 ff.
Stüer, B./Rieder, M.	Präklusion in der Fachplanung und Europarecht, EurUP 2004, 139 ff.
Stüer, B./Rieder, M.	Präklusion im Fernstraßenrecht, DÖV 2003, 473 ff.
Stüer, B./Sailer, A.	Monitoring in der Bauleitplanung, BauR 2004, 1392 ff.
Stüer, B./Stüer, E.-M.	Die BauGB-Klimanovelle und das Energiefach- und Finanzierungsrecht 2011, DVBl 2011, 1117 ff.
Sydow, G.	Horizontale und vertikale Verzahnung der Strategischen Umweltprüfung mit anderen umweltbezogenen Prüfverfahren, DVBl 2006, 65 ff.
Szechenyi, A.	EuGH locuta – Präklusion finita? Das Urteil des EuGH vom 15. Oktober 2015 (Rs. C-137/14) und seine Auswirkungen auf Behördenpraxis und Gerichtsverfahren, BayVBl. 2016, 366 ff.
Teßmer, D.	Entwurf eines Verfahrensbeschleunigungsgesetzes: Beschleunigung durch Abbau von Verwaltungskontrolle und Verfahrensrechten?, ZUR 2006, 469 ff.
Tettinger, P. J. (Hrsg.)	Umweltverträglichkeitsprüfung bei Projekten des Bergbaus und der Energiewirtschaft, Stuttgart 1989; zit.: Bearbeiter, in: Tettinger (Hrsg.), UVP.
Thiel, M.	Zur verfassungsrechtlichen Zulässigkeit der (materiellen) Präklusion im Fachplanungsrecht, DÖV 2001, 814 ff.
Thomas, J.	Zur Bedeutung und zum Bedeutungswandel der Flurbereinigung in Deutschland, FuB 2005, 179 ff.
Thorwarth, K.	Die Umweltverträglichkeitsprüfung bei der Änderung von Hochwasserschutzdeichen, ZfW 1991, 73 ff.
Thyssen, B./Roth, M.	Planungs- und Genehmigungsbeschleunigung. Alter Wein in neuen Schläuchen oder endlich der große Wurf?, NVwZ 2025, 884 ff.
Trute, H.-H.	Vorsorgestrukturen und Luftreinhalteplanung im Bundes-Immissionsschutzgesetz, Heidelberg 1989; zit.: Trute, Vorsorgestrukturen und Luftreinhalteplanung.
Uebbing, C.	Umweltprüfung bei Raumordnungsplänen – Eine Untersuchung zur Umsetzung der Plan-UP-Richtlinie in das Raumordnungsrecht, Münster 2004; zit.: Uebbing, Umweltprüfung.
Uechtritz, M.	Phasenspezifischer oder konzentrierter Rechtsschutz: Das Beispiel Raumordnungs- und Baurecht, ZUR 2017, 479 ff.

Uechtritz, M.	»Seveso II« im Baugenehmigungsverfahren: Herausforderungen für die Bauaufsichtsbehörden und die gerichtliche Kontrolle, BauR 2012, 1039 ff.
Uechtritz, M.	Die Umweltprüfung in der Raumordnung – zur Umsetzung der Plan-UP-Richtlinie, ZUR 2006, 9 ff.
Uechtritz, M.	Die Umweltprüfung in der Bauleitplanung, BauR 2005, 1859 ff.
Uechtritz, M.	Umweltprüfung für Pläne und Programme – Raumordnung und Bauleitplanung, in: Gesellschaft für Umweltrecht (Hrsg.), Risikoregulierung und Risikokommunikation – Umweltprüfung für Pläne und Programme, Tagungen der Gesellschaft für Umweltrecht, Band 35, 2005, S. 221 ff.
Uechtritz, M.	Der Klimabeschluss des Bundesverfassungsgerichts und sein Einfluss auf das Planungs- und Planfeststellungsrecht, DVBl 2022, 1241 ff.
Uechtritz, M	Berücksichtigung globaler Klimaauswirkungen in der straßenrechtlichen Planfeststellung, NVwZ 2022, 1525 ff.
Uechtritz, M./Ruttloff, M.	Der Klimaschutz-Beschluss des Bundesverfassungsgerichts. Auswirkungen auf Planungs- und Genehmigungsentscheidungen, NVwZ 2022, 9 ff.
Uerpmann, R.	Normkonkretisierende Verwaltungsvorschriften im System staatlicher Handlungsformen, BayVBl. 2000, 705 ff.
Uffelmann, C.	Bestandsschutz im Konflikt mit dem Naturschutz, Tübingen 2025.
Uhlenbrock, K.	Grundabtretung in Lützerath- bergrechtlich und Berg behördliche Entscheidungen, in: Jahresbericht 2022 der Bergbehörden des Landes Nordrhein-Westfalen,2024, S. 76.
Uibeleisen, M.	Die Novelle des Bundes-Immissionsschutzgesetzes (BImSchG) – Ein Überblick, NVwZ 2024, 1121 ff.
Ule, C. H./Laubinger, H./ Repkewitz, U.	Bundes-Immissionsschutzgesetz, Kommentar, Stand: August 2025, Köln; zit.: Bearbeiter, in: Ule/Laubinger/Repkewitz, BImSchG.
Umweltbundesamt	Leitfaden zur strategischen Umweltprüfung (SUP), Langfassung vom April 2009, www.umweltbundesamt.de.
UVP-Gesellschaft	Stellungnahme zum Entwurf des Bundesministeriums für Umwelt, Naturschutz, Bau und Reaktorsicherheit für ein Gesetz zur Modernisierung des Rechts der Umweltverträglichkeitsprüfung, UVP-report 2016, 222 ff.
Vallendar, W.	Europäisches Naturschutzrecht: Die Verbandsklage – Risiken und Nebenwirkungen für Infrastrukturvorhaben, UPR 2008, 1 ff.
Vallendar, W.	Planungsrecht im Spiegel der aktuellen Rechtsprechung des Bundesverwaltungsgerichts, UPR 1997, 129 ff.
Vallendar, W.	Bewertung von Umweltauswirkungen – Gibt § 12 UVPG sein Geheimnis preis?, UPR 1993, 417 ff.
Vallendar, W.	Die UVP-Novelle zur 9. BImSchV, UPR 1992, 212 ff.
Vees, M.	Zur Klagebefugnis von Naturschutzverbänden, ZUR 2008, 373 ff.
Versmann, A.	Strategische Umweltprüfung für Abfallwirtschaftspläne, ZUR 2006, 233 ff.
Versmann, A.	Die strategische Umweltprüfung in der Abfallwirtschaftsplanung, AbfallR 2004, 212 ff.
Versteyl, L.-A./Sondermann, D.	Bundesbodenschutzgesetz, Kommentar, 2. Aufl., München 2005; zit.: Bearbeiter, in: Versteyl/Sondermann, BBodSchG.
Versteyl, L.-A./Mann, T./ Schomerus, T.	Kommentar zum KrW-/AbfG, 4. Aufl., München 2019; zit.: Bearbeiter, in: Versteyl/Mann/Schomerus, KrW-/AbfG.
Vetter, A.	Rechtliche Anforderungen an die Klimafolgenprüfung im Planfeststellungs- und Plangenehmigungsverfahren für die Errichtung und Erweiterung von Deponien, AbfallR 2024, 298 ff.

Vetterl, R.	Die Planungsakte des Gesetzgebers und der Regierung beim Ausbau der Bundesfernstraßen, München 1985.
Viebrock, J.	Beschleunigung von Planungsverfahren und UVP. Zur Vereinbarkeit der §§ 2 Abs. 2 und 4 des Entwurfes zum Beschleunigungsgesetz mit der UVP-Richtlinie der EG, IUR 1991, 113 ff.
Völzmann, B.	Vom Fremdkörper zum Systemwandler? – Zur wachsenden Rolle der Umweltverbände im Verwaltungsprozess, EurUP 2024, 294 ff.
Voßkuhle, A./Eifert, M./Möllers, C.	Grundlagen des Verwaltungsrechts, 3. Aufl., München 2022.
Wagner, D.	Ansätze für die Umweltverträglichkeitsprüfung (UVP) für Programme und Pläne in der Bundesrepublik Deutschland, RuR 2001, 477 ff.
Wagner, J.	Der Weg zur klimafreundlichen und an den Klimawandel angepassten Kommune, UPR 2017, 361 ff.
Wagner, J.	Mediation im Städtebaurecht 2013 – ein Beitrag zum Planungs- und Konfliktmanagement, DVBl 2014, 150 ff.
Wagner, J.	Umweltverträglichkeitsprüfung in der Bauleitplanung und im Raumordnungsverfahren, DVBl 1993, 583 ff.
Wagner, J.	Legal Tech und Legal Robots – Der Wandel im Rechtswesen durch neue Technologien und Künstliche Intelligenz, Wiesbaden 2018.
Wagner, J.	Die Umweltprüfung in der Raumordnung – eine Paartherapie, in: Mitschang (Hrsg.), Umweltprüfung und Umweltverträglichkeitsprüfung, Berliner Schriften zur Stadt- und Regionalplanung, Bd. 43, Baden-Baden 2022.
Wagner, J./Mitschang, St.	Novelle des BauGB 1998: Neue Aufgaben für die Bauleitplanung und Landschaftsplanung, DVBl 1997, 1137 ff.
Wagner, K./Engel, Th.	Neuerungen im Städtebaurecht durch das Europarechtsanpassungsgesetz Bau (EAG Bau), BayVBl. 2005, 33 ff.
Wagner, S.	Klimaschutz und Klimaanpassung in der Regionalplanung – Instrumente, Möglichkeiten und Grenzen, in: Mitschang (Hrsg.), Klimaschutz und Klimaanpassung in der Regional- und Bauleitplanung, Berliner Schriften zur Stadt- und Regionalplanung Bd. 40, Baden-Baden 2021, S. 9 ff.
Wagner, T./Emmer, M.	Zum Schutz gemeldeter FFH-Gebiete vor Aufnahme in die Gemeinschaftsliste, NVwZ 2006, 422 ff.
Wahl, R.	Das Verhältnis von Verwaltungsverfahren und Verwaltungsprozessrecht in europäischer Sicht, DVBl 2003, 1285 ff.
Wahl, R.	Materiell-integrierte Anforderungen an die Anlagenzulassung – Anforderungen und Umsetzung der IVU-Richtlinie, NVwZ 2000, 502 ff.
Wahl, R.	Das Raumordnungsverfahren am Scheideweg, in: Festschrift Sendler, München 1991, S. 199 ff.; zit.: Wahl, in: FS Sendler.
Wahl, R.	Entwicklung des Fachplanungsrechts, NVwZ 1990, 426 ff.
Wahl, R.	Thesen zur Umsetzung der Umweltverträglichkeitsprüfung nach EG-Recht in das deutsche öffentliche Recht, DVBl 1988, 86 ff.
Wahlhäuser, J.	Das Gesetz zur Beschleunigung von Investitionen (Investitionsbeschleunigungsgesetz) als weiterer Beitrag zur Förderung von Beschleunigungspotentialen in den Bereichen Infrastrukturausbau, Justiz und Raumordnung, UPR 2021, 41 ff.
Wakonig, H.	Die Umweltverträglichkeitsprüfung im deutschen und chilenischen Recht, Baden-Baden 2005; zit.: Wakonig, Umweltverträglichkeitsprüfung.
Walter, Ch.	Internationalisierung des deutschen und Europäischen Verwaltungsverfahrens- und Verwaltungsprozessrechts – am Beispiel der Aarhus-Konvention, Habilitationsvortrag, Heidelberg 2004, EuR 2005, 302 ff.

Wasielewski, A.	Stand der Umsetzung der UVP-Änderungs- und der IVU-Richtlinie, NVwZ 2000, 15 ff.
Weber, A.	Zur Umsetzung der Umweltverträglichkeitsrichtlinie im deutschen Recht, UPR 1998, 206 ff.
Weber, A.	Die Umweltverträglichkeitsrichtlinie im deutschen Recht, Köln 1989; zit: Weber, UVP-RL.
Wefelmeier, C.	Die Umsetzung der UVP-Richtlinie durch das Niederländische Gesetz über die Umweltverträglichkeitsprüfung, NdsVBl 2004, 169 ff.
Wegener, B. W.	Die europäische Umweltverbandsklage, ZUR 2011, 363 ff.
Wegener, B. W.	Rechtsschutz im europäischen (Umwelt-)Recht – Richterrechtliche und sekundärrechtliche Bausteine und Fehlercodes unionaler Dogmatik, in: Hendler/Marburger/Reiff/Schröder (Hrsg.), Jahrbuch des Umwelt- und Technikrechts (UTR 98), Berlin 2008, S. 319 ff.
Wegener, N.	Keine SUP-Pflicht für Windenergieerlasse, NuR 2017, 605 ff.
Weidemann, H.	Die Verbandsklage und das Umweltrechtsbehelfsgesetz, VR 2008, 227 ff.
Weidermann, S.	Wegfall der Präklusion, DÖV 2017, 933 ff.
Weiland, U.	SUP – Wo stehen wir sieben Jahre nach der Richtlinie?, UVP-report 2009, 39 ff.
Weiß, E.	Zur Entwicklung des Flurbereinigungsgesetzes der Bundesrepublik Deutschland in den vergangenen 6 Jahrzehnten, Bonn 2009.
Weller, H.	Zur Frage der Anwendbarkeit des § 52 Abs. 2a BBergG auf laufende Betriebe in den neuen Bundesländern, ZfB 1994, 1 ff.
Wemdzio, M.	Einbeziehungsmöglichkeiten eines potenziellen Investors von Offshore Windenergieanlagen bei der Raumordnungsplanung nach § 18a ROG mittels öffentlich-rechtlichem Vertrag, UPR 2009, 132 ff.
Wemdzio, M.	Die UVP – Unheimlich viel Papier?, NuR 2008, 479 ff.
Wendt, H./Uffelmann, C.	Die fehlerhafte Umweltprüfung im Eilrechtsschutz gegen Baugenehmigungen, NordÖR 2020, 214 ff.
Wendt, H./Uffelmann, Ch.	Neujustierung der Trassenabwägung für den Stromnetzausbau – das Ende der Alternativenprüfung?, NVwZ 2024, 961 ff.
Werner, S. /Au, Ch.	Öffentliche Bekanntmachung einer Umweltverträglichkeits-Vorprüfung, UPR 2005, 141 ff.
Werner, S. /Au, Ch.	Zur Zulässigkeit der öffentlichen Bekanntgabe einer negativen Entscheidung nach § 3c UVPG, UPR 2004, 100 ff.
Weschpfennig, A. v.	Die Systematik der UVP-Pflicht im Bergrecht, EurUP 2016, 182 ff.
Weschpfennig, A. v.	Strukturen des Bergrechts, Tübingen, 2022.
Weyel, H.-H.	Stadtökologie, Möglichkeiten und Aktionsräume kommunaler Umweltpolitik, VerwArch 1989, 245 ff.
Weyrauch, B.	Der Umweltbericht nach der novellierten Anlage 1 zum BauGB, UPR 2018, 81 ff.
Weyrauch, F.	Die Tücken der Alternativenprüfung in der Bauleitplanung, BauR 2011, 446 ff.
Weyreuther, F.	Rechtliche Bindung und gerichtliche Kontrolle planender Verwaltung im Bereich des Bodenrechts, BauR 1997, 293 ff.
Wickel, M.	Das Bundes-Klimaschutzgesetz und seine rechtlichen Auswirkungen, ZUR 2021, 332 ff.
Wickel, M.	Symbolische Gesetzgebung in der Verkehrswegeplanung? – Anmerkung zur erneuten Verlängerung des Verkehrswegeplanungsbeschleunigungsgesetzes, NVwZ 2001, 16 ff.
Wickrath, S.	Bürgerbeteiligung im Recht der Raumordnung und Landesplanung. Beiträge zum Siedlungs- und Wohnungswesen und zur Raumplanung, Bd. 141, Münster 1992; zit.: Wickrath, Bürgerbeteiligung.

Wickrath, S. — Die Öffentlichkeitsbeteiligung im Raumordnungsverfahren, DVBl 1992, 988 ff.

Widmann, A. — Prozeduraler Klimaschutz – Das Schutzgut »Klima« in der Umweltverträglichkeitsprüfung, Berlin 2024.

Widmann, A. — Prozeduraler Klimaschutz. Das Schutzgut »Klima« in der Umweltverträglichkeitsprüfung, Berlin 2024.

Wiedmann, J.-L. — Klimaschutz ohne Sektorenziele. Das Zweite Gesetz zur Änderung des Bundes-Klimaschutzgesetzes, NVwZ 2024, 876 ff.

Wiggers, Ch. — Planerhaltung im Recht der Raumordnung, Münster 2003; zit.: Wiggers, Planerhaltung.

Wilde, M. — Verhältnis zwischen Bergrecht und Naturschutzrecht, DVBl 1998, 1321 ff.

Wilrich, T. — Zulassung, Betrieb und Überwachung von Rohrleitungsanlagen und Energieleitungen, NVwZ 2003, 787 ff.

Wilrich, T. — Prüfung, Betrieb und Überwachung von Arbeitsmitteln und Anlagen nach der Betriebssicherheitsverordnung, DB 2002, 1553 ff.

Wingerter, K./Köhler-Rott, R./Zöllner, S. — Flurbereinigungsgesetz – Standardkommentar, 11. Aufl., Berlin 2025.

Winkler, D. — Gemeindliches Einvernehmen in konzentrierten Zulassungsverfahren – Die Bedeutung des § 36 Abs. 2 Satz 1 BauGB am Beispiel der Errichtung und Änderung von Abwasseranlagen, KommJur 2006, 168 ff.

Winter, G. — Individualrechtsschutz im deutschen Umweltrecht unter dem Einfluß des Gemeinschaftsrechts, NVwZ 1999, 467 ff.

Winter, G. — Grenzwerte, Düsseldorf 1998.

Winter, G. — Regelungsmaßstäbe im Gefahrstoffrecht in das Planungs-, Bau- und Umweltschutzrecht des Bundes und der Länder, DVBl 1994, 913 ff.

Wörheide, D. — Die Bergbauberechtigungen nach dem BBergG, Baden-Baden, 2014,.

Wolf, F. — Die Umsetzung der UVP-Richtlinie 2014 in der Verordnung über das immissionsschutzrechtliche Genehmigungsverfahren, ZUR 2018, 457 ff.

Wolf, R. — Die Genehmigung von Kohlekraftwerken im Zeichen der Europäisierung des Rechtsrahmens, NuR 2010, 244 ff.

Wolf, R. — Transnationale Vorhaben und nationalstaatliches Zulassungsregime. Rechtliche Rahmenbedingungen für die geplante Ostsee-Pipeline, ZUR 2007, 24 ff.

Wolf, R. — Grundfragen der Entwicklung einer Raumordnung für die Ausschließliche Wirtschaftszone, ZUR 2005, 176 ff.

Wolff, D. — Der Einfluss des Klimakonventionsrechts auf das Klimaverfassungsrecht, KlimR 2025, 203 ff.

Wulfhorst, R. — Der Bundesverkehrswegeplan und die Beteiligung der Öffentlichkeit, DVBl 2012, 466 ff.

Wulfhorst, R. — Die Untersuchung von Alternativen im Rahmen der Strategischen Umweltprüfung, NVwZ 2011, 1099 ff.

Wulfhorst, R. — Auswirkungen der Umweltverträglichkeitsprüfung auf das Bebauungsplanverfahren, UPR 2001, 246 ff.

Wulfhorst, R. — Die Untersuchung von Alternativen im Rahmen der Strategischen Umweltprüfung, NVwZ 2011, 1099 ff.

Würtenberger, Th. D. — Der Klimawandel in den Umweltprüfungen, ZUR 2009, 171 ff.

Wustlich, G. — Die Änderungen im Genehmigungsverfahren für Windenergieanlagen, NVwZ 2003, 996 ff.

Zahn, K. v. — Monitoring in der Bebauungsplanung und bei FNP-Änderungsverfahren, UVP-report 2005, 50 ff.

Zeccola, M	Die Akzeptanz im Verwaltungsverfahren, DÖV 2019, 100 ff.
Zeccola, M./Pfleiderer, R.	Legitimation durch Partizipation?, DÖV 2021, 59 ff.
Zeissler, C./Schmitz, V.	Das Urteil des EuGH vom 15.10.2015 in der Rechtssache C-137/14 als Ende der umweltrechtlichen Präklusion?, UPR 2016, 1 ff.
Ziegler, A.	Umweltverträglichkeitsprüfung in Genehmigungsverfahren nach dem Bundes-Immissionsschutzgesetz, NJW 1991, 409 ff.
Ziekow, J.	Verwaltungsverfahrensgesetz, Kommentar, 4. Aufl., Stuttgart 2019; zit.: Ziekow, VwVfG.
Ziekow, J.	Verfahrensfehler im Umweltrecht – notwendige Nachjustierungen im deutschen Verwaltungsrecht, NuR 2014, 229 ff.
Ziekow, J.	Abschied von der verwaltungsgerichtlichen Kontrolle von Bebauungsplänen? Ein Drama in mehreren Akten, BauR 2007, 1169 ff.
Ziekow, J.	Das Umwelt-Rechtsbehelfsgesetz im System des deutschen Rechtsschutzes, NVwZ 2007, 259 ff.
Ziekow, J.	Neue Entwicklungen des Rechtsschutzes im Umweltrecht, insbesondere das Umweltrechtsbehelfsgesetz, Beitrag zur 30. wissenschaftlichen Fachtagung der GfU, 2006.
Ziekow, J.	Von der Reanimation des Verfahrensrechts, NVwZ 2005, 263 ff.
Ziekow, J.	Perspektiven von Öffentlichkeitsbeteiligung und Verbandsbeteiligung in der Raumordnung, NuR 2002, 701 ff.
Ziekow, J. (Hrsg.)	Handbuch des Fachplanungsrechts, 3. Aufl., München 2024.
Ziekow, J. (Hrsg.)	Aktuelle Fragen des Luftverkehrs-, Fachplanungs- und Naturschutzrechts, Berlin 2006; zit.: Verfasser, in: Ziekow (Hrsg.), Aktuelle Fragen.
Ziekow, J. (Hrsg.)	Planung 2000 – Herausforderungen für das Fachplanungsrecht, Berlin 2001; zit.: Verfasser, in: Ziekow (Hrsg.), Planung 2000.
Ziekow, J./Windoffer, A./ Oertel, M-P.	Evaluation von Regelungen zur Beschleunigung von Genehmigungsverfahren – Ein Ansatz zur Schließung einer Forschungslücke, DVBl 2006, 1469 ff.
Zilling, L.	Umweltkonsultationen – ein neues Instrument zur Umweltfolgenabschätzung und Partizipation bei einem grenzüberschreitenden Infrastruktur-Großprojekt, UVP-report 2006, 236 ff.
Zimmermann, A.	Rechtliche Probleme bei der Errichtung seegestützter Windenergieanlagen, DÖV 2003, 133 ff.
Zöttl, J.	Integrierter Ansatz für den Umweltschutz in der Industrie 1998: Europäischer Kongreß zur nachhaltigen Entwicklung in der Industrie in Straßburg, NVwZ 1999, 49 ff.

Gesetz über die Umweltverträglichkeitsprüfung (UVPG)

neugefasst durch Bekanntmachung vom 18.03.2021 BGBl. I S. 540; zuletzt geändert durch Artikel 4 G. v. 22.12.2025 (BGBl. 2025 I Nr. 348)

Teil 1 – Allgemeine Vorschriften für die Umweltprüfungen

§ 1 Anwendungsbereich

(1) Dieses Gesetz gilt für
1. die in Anlage 1 aufgeführten Vorhaben,
2. die in Anlage 5 aufgeführten Pläne und Programme,
3. sonstige Pläne und Programme, für die nach den §§ 35 bis 37 eine Strategische Umweltprüfung oder Vorprüfung durchzuführen ist, sowie
4. die grenzüberschreitende Behörden- und Öffentlichkeitsbeteiligung bei UVP-pflichtigen Vorhaben im Ausland nach den §§ 58 und 59 und bei SUP-pflichtigen Plänen und Programmen eines anderen Staates nach den §§ 62 und 63.

(2) [1]Bei Vorhaben oder Teilen von Vorhaben, die ausschließlich Zwecken der Verteidigung dienen, kann das Bundesministerium der Verteidigung oder eine von ihm benannte Stelle im Einzelfall entscheiden, dieses Gesetz ganz oder teilweise nicht anzuwenden, soweit sich die Anwendung nach Einschätzung des Bundesministeriums der Verteidigung oder der von ihm benannten Stelle nachteilig auf die Erfüllung dieser Zwecke auswirken würde, insbesondere wegen Eilbedürftigkeit des Vorhabens oder aus Gründen der Geheimhaltung. [2]Zwecke der Verteidigung schließen auch zwischenstaatliche Verpflichtungen ein. [3]Bei der Entscheidung ist der Schutz vor erheblichen nachteiligen Umweltauswirkungen zu berücksichtigen. [4]Sonstige Rechtsvorschriften, die das Zulassungsverfahren betreffen, bleiben unberührt. [5]Wird eine Entscheidung nach Satz 1 getroffen, unterrichtet das Bundesministerium der Verteidigung hierüber das für Umwelt zuständige Ministerium des betroffenen Landes unverzüglich sowie das Bundesministerium für Umwelt, Naturschutz, nukleare Sicherheit und Verbraucherschutz spätestens bis zum Ablauf des 31. März des Folgejahres.

(3) [1]Bei Vorhaben oder Teilen von Vorhaben, die ausschließlich der Bewältigung von Katastrophenfällen dienen, kann die zuständige Behörde im Einzelfall entscheiden, dieses Gesetz ganz oder teilweise nicht anzuwenden, soweit sich die Anwendung nach Einschätzung der zuständigen Behörde negativ auf die Erfüllung dieses Zwecks auswirken würde. [2]Bei der Entscheidung ist der Schutz vor erheblichen nachteiligen Umweltauswirkungen zu berücksichtigen. [3]Sonstige Rechtsvorschriften, die das Zulassungsverfahren betreffen, bleiben unberührt.

(4) [1]Dieses Gesetz findet Anwendung, soweit Rechtsvorschriften des Bundes oder der Länder die Umweltverträglichkeitsprüfung nicht näher bestimmen oder die wesentlichen Anforderungen dieses Gesetzes nicht beachten. [2]Rechtsvorschriften mit weitergehenden Anforderungen bleiben unberührt.

§ 2 Begriffsbestimmungen

(1) Schutzgüter im Sinne dieses Gesetzes sind
1. Menschen, insbesondere die menschliche Gesundheit,
2. Tiere, Pflanzen und die biologische Vielfalt,
3. Fläche, Boden, Wasser, Luft, Klima und Landschaft,
4. kulturelles Erbe und sonstige Sachgüter sowie
5. die Wechselwirkung zwischen den vorgenannten Schutzgütern.

(2) [1]Umweltauswirkungen im Sinne dieses Gesetzes sind unmittelbare und mittelbare Auswirkungen eines Vorhabens oder der Durchführung eines Plans oder Programms auf die Schutzgüter. [2]Dies schließt auch solche Auswirkungen des Vorhabens ein, die aufgrund von dessen Anfälligkeit

für schwere Unfälle oder Katastrophen zu erwarten sind, soweit diese schweren Unfälle oder Katastrophen für das Vorhaben relevant sind.

(3) Grenzüberschreitende Umweltauswirkungen im Sinne dieses Gesetzes sind Umweltauswirkungen eines Vorhabens in einem anderen Staat.

(4) Vorhaben im Sinne dieses Gesetzes sind nach Maßgabe der Anlage 1
1. bei Neuvorhaben
   a) die Errichtung und der Betrieb einer technischen Anlage,
   b) der Bau einer sonstigen Anlage,
   c) die Durchführung einer sonstigen in Natur und Landschaft eingreifenden Maßnahme,
2. bei Änderungsvorhaben
   a) die Änderung, einschließlich der Erweiterung, der Lage, der Beschaffenheit oder des Betriebs einer technischen Anlage,
   b) die Änderung, einschließlich der Erweiterung, der Lage oder der Beschaffenheit einer sonstigen Anlage,
   c) die Änderung, einschließlich der Erweiterung, der Durchführung einer sonstigen in Natur und Landschaft eingreifenden Maßnahme.

(5) [1]Windfarm im Sinne dieses Gesetzes sind drei oder mehr Windkraftanlagen, deren Einwirkungsbereich sich überschneidet und die in einem funktionalen Zusammenhang stehen, unabhängig davon, ob sie von einem oder mehreren Vorhabenträgern errichtet und betrieben werden. [2]Ein funktionaler Zusammenhang wird insbesondere angenommen, wenn sich die Windkraftanlagen in derselben Konzentrationszone oder in einem Gebiet nach § 7 Absatz 3 des Raumordnungsgesetzes befinden.

(6) Zulassungsentscheidungen im Sinne dieses Gesetzes sind
1. die Bewilligung, die Erlaubnis, die Genehmigung, der Planfeststellungsbeschluss und sonstige behördliche Entscheidungen über die Zulässigkeit von Vorhaben, die in einem Verwaltungsverfahren getroffen werden, einschließlich des Vorbescheids, der Teilgenehmigung und anderer Teilzulassungen, mit Ausnahme von Anzeigeverfahren,
2. Linienbestimmungen und andere Entscheidungen in vorgelagerten Verfahren nach § 47,
3. Beschlüsse nach § 10 des Baugesetzbuchs über die Aufstellung, Änderung oder Ergänzung von Bebauungsplänen, durch die die Zulässigkeit von bestimmten Vorhaben im Sinne der Anlage 1 begründet werden soll, sowie Beschlüsse nach § 10 des Baugesetzbuchs über Bebauungspläne, die Planfeststellungsbeschlüsse für Vorhaben im Sinne der Anlage 1 ersetzen.

(7) [1]Pläne und Programme im Sinne dieses Gesetzes sind nur solche bundesrechtlich oder durch Rechtsakte der Europäischen Union vorgesehenen Pläne und Programme, die
1. von einer Behörde ausgearbeitet und angenommen werden,
2. von einer Behörde zur Annahme durch eine Regierung oder im Wege eines Gesetzgebungsverfahrens ausgearbeitet werden oder
3. von einem Dritten zur Annahme durch eine Behörde ausgearbeitet werden.

[2]Ausgenommen sind Pläne und Programme, die ausschließlich Zwecken der Verteidigung oder der Bewältigung von Katastrophenfällen dienen, sowie Finanz- und Haushaltspläne und -programme.

(8) Öffentlichkeit im Sinne dieses Gesetzes sind einzelne oder mehrere natürliche oder juristische Personen sowie deren Vereinigungen.

(9) Betroffene Öffentlichkeit im Sinne dieses Gesetzes ist jede Person, deren Belange durch eine Zulassungsentscheidung oder einen Plan oder ein Programm berührt werden; hierzu gehören auch Vereinigungen, deren satzungsmäßiger Aufgabenbereich durch eine Zulassungsentscheidung oder einen Plan oder ein Programm berührt wird, darunter auch Vereinigungen zur Förderung des Umweltschutzes.

(10) Umweltprüfungen im Sinne dieses Gesetzes sind Umweltverträglichkeitsprüfungen und Strategische Umweltprüfungen.

(11) Einwirkungsbereich im Sinne dieses Gesetzes ist das geographische Gebiet, in dem Umweltauswirkungen auftreten, die für die Zulassung eines Vorhabens relevant sind.

§ 3 Grundsätze für Umweltprüfungen

[1]Umweltprüfungen umfassen die Ermittlung, Beschreibung und Bewertung der erheblichen Auswirkungen eines Vorhabens oder eines Plans oder Programms auf die Schutzgüter. [2]Sie dienen einer wirksamen Umweltvorsorge nach Maßgabe der geltenden Gesetze und werden nach einheitlichen Grundsätzen sowie unter Beteiligung der Öffentlichkeit durchgeführt.

Teil 2 – Umweltverträglichkeitsprüfung

Abschnitt 1 – Voraussetzungen für eine Umweltverträglichkeitsprüfung

§ 4 Umweltverträglichkeitsprüfung

Die Umweltverträglichkeitsprüfung ist unselbständiger Teil verwaltungsbehördlicher Verfahren, die Zulassungsentscheidungen dienen.

§ 5 Feststellung der UVP-Pflicht

(1) [1]Die zuständige Behörde stellt auf der Grundlage geeigneter Angaben des Vorhabenträgers sowie eigener Informationen unverzüglich fest, dass nach den §§ 6 bis 14b für das Vorhaben eine Pflicht zur Durchführung einer Umweltverträglichkeitsprüfung (UVP-Pflicht) besteht oder nicht. [2]Die Feststellung trifft die Behörde

1. auf Antrag des Vorhabenträgers oder
2. bei einem Antrag nach § 15 oder
3. von Amts wegen nach Beginn des Verfahrens, das der Zulassungsentscheidung dient.

(2) [1]Sofern eine Vorprüfung vorgenommen worden ist, gibt die zuständige Behörde die Feststellung der Öffentlichkeit bekannt. [2]Dabei gibt sie die wesentlichen Gründe für das Bestehen oder Nichtbestehen der UVP-Pflicht unter Hinweis auf die jeweils einschlägigen Kriterien nach Anlage 3 an. [3]Gelangt die Behörde zu dem Ergebnis, dass keine UVP-Pflicht besteht, geht sie auch darauf ein, welche Merkmale des Vorhabens oder des Standorts oder welche Vorkehrungen für diese Einschätzung maßgebend sind. [4]Bei der Feststellung der UVP-Pflicht kann die Bekanntgabe mit der Bekanntmachung nach § 19 verbunden werden.

(3) [1]Die Feststellung ist nicht selbständig anfechtbar. [2]Beruht die Feststellung auf einer Vorprüfung, so ist die Einschätzung der zuständigen Behörde in einem gerichtlichen Verfahren betreffend die Zulassungsentscheidung nur daraufhin zu überprüfen, ob die Vorprüfung entsprechend den Vorgaben des § 7 durchgeführt worden ist und ob das Ergebnis nachvollziehbar ist.

§ 6 Unbedingte UVP-Pflicht bei Neuvorhaben

[1]Für ein Neuvorhaben, das in Anlage 1 Spalte 1 mit dem Buchstaben »X« gekennzeichnet ist, besteht die UVP-Pflicht, wenn die zur Bestimmung der Art des Vorhabens genannten Merkmale vorliegen. [2]Sofern Größen- oder Leistungswerte angegeben sind, besteht die UVP-Pflicht, wenn die Werte erreicht oder überschritten werden.

§ 7 Vorprüfung bei Neuvorhaben

(1) [1]Bei einem Neuvorhaben, das in Anlage 1 Spalte 2 mit dem Buchstaben »A« gekennzeichnet ist, führt die zuständige Behörde eine allgemeine Vorprüfung zur Feststellung der UVP-Pflicht durch. [2]Die allgemeine Vorprüfung wird als überschlägige Prüfung unter Berücksichtigung der in Anlage 3 aufgeführten Kriterien durchgeführt. [3]Die UVP-Pflicht besteht, wenn das Neuvorhaben nach Ein-

schätzung der zuständigen Behörde erhebliche nachteilige Umweltauswirkungen haben kann, die nach § 25 Absatz 2 bei der Zulassungsentscheidung zu berücksichtigen wären.

(2) [1]Bei einem Neuvorhaben, das in Anlage 1 Spalte 2 mit dem Buchstaben »S« gekennzeichnet ist, führt die zuständige Behörde eine standortbezogene Vorprüfung zur Feststellung der UVP-Pflicht durch. [2]Die standortbezogene Vorprüfung wird als überschlägige Prüfung in zwei Stufen durchgeführt. [3]In der ersten Stufe prüft die zuständige Behörde, ob bei dem Neuvorhaben besondere örtliche Gegebenheiten gemäß den in Anlage 3 Nummer 2.3 aufgeführten Schutzkriterien vorliegen. [4]Ergibt die Prüfung in der ersten Stufe, dass keine besonderen örtlichen Gegebenheiten vorliegen, so besteht keine UVP-Pflicht. [5]Ergibt die Prüfung in der ersten Stufe, dass besondere örtliche Gegebenheiten vorliegen, so prüft die Behörde auf der zweiten Stufe unter Berücksichtigung der in Anlage 3 aufgeführten Kriterien, ob das Neuvorhaben erhebliche nachteilige Umweltauswirkungen haben kann, die die besondere Empfindlichkeit oder die Schutzziele des Gebietes betreffen und nach § 25 Absatz 2 bei der Zulassungsentscheidung zu berücksichtigen wären. [6]Die UVP-Pflicht besteht, wenn das Neuvorhaben nach Einschätzung der zuständigen Behörde solche Umweltauswirkungen haben kann.

(3) [1]Die Vorprüfung nach den Absätzen 1 und 2 entfällt, wenn der Vorhabenträger die Durchführung einer Umweltverträglichkeitsprüfung beantragt und die zuständige Behörde das Entfallen der Vorprüfung als zweckmäßig erachtet. [2]Für diese Neuvorhaben besteht die UVP-Pflicht. [3]Die Entscheidung der zuständigen Behörde ist nicht anfechtbar.

(4) Zur Vorbereitung der Vorprüfung ist der Vorhabenträger verpflichtet, der zuständigen Behörde geeignete Angaben nach Anlage 2 zu den Merkmalen des Neuvorhabens und des Standorts sowie zu den möglichen erheblichen Umweltauswirkungen des Neuvorhabens zu übermitteln.

(5) [1]Bei der Vorprüfung berücksichtigt die Behörde, ob erhebliche nachteilige Umweltauswirkungen durch Merkmale des Vorhabens oder des Standorts oder durch Vorkehrungen des Vorhabenträgers offensichtlich ausgeschlossen werden. [2]Liegen der Behörde Ergebnisse vorgelagerter Umweltprüfungen oder anderer rechtlich vorgeschriebener Untersuchungen zu den Umweltauswirkungen des Vorhabens vor, bezieht sie diese Ergebnisse in die Vorprüfung ein. [3]Bei der allgemeinen Vorprüfung kann sie ergänzend berücksichtigen, inwieweit Prüfwerte für Größe oder Leistung, die die allgemeine Vorprüfung eröffnen, überschritten werden.

(6) [1]Die zuständige Behörde trifft die Feststellung zügig und spätestens sechs Wochen nach Erhalt der nach Absatz 4 erforderlichen Angaben. [2]In Ausnahmefällen kann sie die Frist für die Feststellung um bis zu drei Wochen oder, wenn dies wegen der besonderen Schwierigkeit der Prüfung erforderlich ist, um bis zu sechs Wochen verlängern.

(7) Die zuständige Behörde dokumentiert die Durchführung und das Ergebnis der allgemeinen und der standortbezogenen Vorprüfung.

§ 8 UVP-Pflicht bei Störfallrisiko

Sofern die allgemeine Vorprüfung ergibt, dass aufgrund der Verwirklichung eines Vorhabens, das zugleich benachbartes Schutzobjekt im Sinne des § 3 Absatz 5d des Bundes-Immissionsschutzgesetzes ist, innerhalb des angemessenen Sicherheitsabstandes zu Betriebsbereichen im Sinne des § 3 Absatz 5a des Bundes-Immissionsschutzgesetzes die Möglichkeit besteht, dass ein Störfall im Sinne des § 2 Nummer 7 der Störfall-Verordnung eintritt, sich die Eintrittswahrscheinlichkeit eines solchen Störfalls vergrößert oder sich die Folgen eines solchen Störfalls verschlimmern können, ist davon auszugehen, dass das Vorhaben erhebliche nachteilige Umweltauswirkungen haben kann.

§ 9 UVP-Pflicht bei Änderungsvorhaben

(1) [1]Wird ein Vorhaben geändert, für das eine Umweltverträglichkeitsprüfung durchgeführt worden ist, so besteht für das Änderungsvorhaben die UVP-Pflicht, wenn

1. allein die Änderung die Größen- oder Leistungswerte für eine unbedingte UVP-Pflicht gemäß § 6 erreicht oder überschreitet oder
2. die allgemeine Vorprüfung ergibt, dass die Änderung zusätzliche erhebliche nachteilige oder andere erhebliche nachteilige Umweltauswirkungen hervorrufen kann.

[2]Wird ein Vorhaben geändert, für das keine Größen- oder Leistungswerte vorgeschrieben sind, so wird die allgemeine Vorprüfung nach Satz 1 Nummer 2 durchgeführt. [3]Wird ein Vorhaben der Anlage 1 Nummer 18.1 bis 18.8 geändert, so wird die allgemeine Vorprüfung nach Satz 1 Nummer 2 nur durchgeführt, wenn allein durch die Änderung der jeweils für den Bau des entsprechenden Vorhabens in Anlage 1 enthaltene Prüfwert erreicht oder überschritten wird.

(2) [1]Wird ein Vorhaben geändert, für das keine Umweltverträglichkeitsprüfung durchgeführt worden ist, so besteht für das Änderungsvorhaben die UVP-Pflicht, wenn das geänderte Vorhaben

1. den Größen- oder Leistungswert für die unbedingte UVP-Pflicht gemäß § 6 erstmals erreicht oder überschreitet oder
2. einen in Anlage 1 angegebenen Prüfwert für die Vorprüfung erstmals oder erneut erreicht oder überschreitet und eine Vorprüfung ergibt, dass die Änderung erhebliche nachteilige Umweltauswirkungen hervorrufen kann.

[2]Wird ein Städtebauprojekt oder eine Industriezone nach Anlage 1 Nummer 18.5, 18.7 und 18.8 geändert, gilt Satz 1 mit der Maßgabe, dass allein durch die Änderung der Größen- oder Leistungswert nach Satz 1 Nummer 1 oder der Prüfwert nach Satz 1 Nummer 2 erreicht oder überschritten wird.

(3) [1]Wird ein Vorhaben geändert, für das keine Umweltverträglichkeitsprüfung durchgeführt worden ist, so wird für das Änderungsvorhaben eine Vorprüfung durchgeführt, wenn für das Vorhaben nach Anlage 1

1. eine UVP-Pflicht besteht und dafür keine Größen- oder Leistungswerte vorgeschrieben sind oder
2. eine Vorprüfung, aber keine Prüfwerte vorgeschrieben sind.

[2]Die UVP-Pflicht besteht, wenn die Vorprüfung ergibt, dass die Änderung erhebliche nachteilige Umweltauswirkungen hervorrufen kann.

(4) Für die Vorprüfung bei Änderungsvorhaben gilt § 7 entsprechend.

(5) Der in den jeweiligen Anwendungsbereich der Richtlinien 85/337/EWG und 97/11/EG fallende, aber vor Ablauf der jeweiligen Umsetzungsfristen erreichte Bestand bleibt hinsichtlich des Erreichens oder Überschreitens der Größen- oder Leistungswerte und der Prüfwerte unberücksichtigt.

§ 10 UVP-Pflicht bei kumulierenden Vorhaben

(1) Für kumulierende Vorhaben besteht die UVP-Pflicht, wenn die kumulierenden Vorhaben zusammen die maßgeblichen Größen- oder Leistungswerte nach § 6 erreichen oder überschreiten.

(2) [1]Bei kumulierenden Vorhaben, die zusammen die Prüfwerte für eine allgemeine Vorprüfung erstmals oder erneut erreichen oder überschreiten, ist die allgemeine Vorprüfung durchzuführen. [2]Für die allgemeine Vorprüfung gilt § 7 Absatz 1 und 3 bis 7 entsprechend.

(3) [1]Bei kumulierenden Vorhaben, die zusammen die Prüfwerte für eine standortbezogene Vorprüfung erstmals oder erneut erreichen oder überschreiten, ist die standortbezogene Vorprüfung durchzuführen. [2]Für die standortbezogene Vorprüfung gilt § 7 Absatz 2 bis 7 entsprechend.

(4) [1]Kumulierende Vorhaben liegen vor, wenn mehrere Vorhaben derselben Art von einem oder mehreren Vorhabenträgern durchgeführt werden und in einem engen Zusammenhang stehen. [2]Ein enger Zusammenhang liegt vor, wenn
1. sich der Einwirkungsbereich der Vorhaben überschneidet und
2. die Vorhaben funktional und wirtschaftlich aufeinander bezogen sind.

[3]Technische und sonstige Anlagen müssen zusätzlich mit gemeinsamen betrieblichen oder baulichen Einrichtungen verbunden sein.

(5) Für die in Anlage 1 Nummer 14.4, 14.5 und 19.1 aufgeführten Vorhaben gilt Absatz 4 mit der Maßgabe, dass zusätzlich ein enger zeitlicher Zusammenhang besteht.

(6) Der in den jeweiligen Anwendungsbereich der Richtlinien 85/337/EWG und 97/11/EG fallende, aber vor Ablauf der jeweiligen Umsetzungsfristen erreichte Bestand bleibt hinsichtlich des Erreichens oder Überschreitens der Größen- oder Leistungswerte und der Prüfwerte unberücksichtigt.

§ 11 UVP-Pflicht bei hinzutretenden kumulierenden Vorhaben, bei denen das Zulassungsverfahren für das frühere Vorhaben abgeschlossen ist

(1) Hinzutretende kumulierende Vorhaben liegen vor, wenn zu einem beantragten oder bestehenden Vorhaben (früheren Vorhaben) nachträglich ein kumulierendes Vorhaben hinzutritt.

(2) [1]Wenn für das frühere Vorhaben eine Zulassungsentscheidung getroffen worden ist, so besteht für den Fall, dass für das frühere Vorhaben bereits eine Umweltverträglichkeitsprüfung durchgeführt worden ist, für das hinzutretende kumulierende Vorhaben die UVP-Pflicht, wenn
1. das hinzutretende Vorhaben allein die Größen- oder Leistungswerte für eine UVP-Pflicht gemäß § 6 erreicht oder überschreitet oder
2. eine allgemeine Vorprüfung ergibt, dass durch sein Hinzutreten zusätzliche erhebliche nachteilige oder andere erhebliche nachteilige Umweltauswirkungen hervorgerufen werden können.

[2]Für die allgemeine Vorprüfung gilt § 7 Absatz 1 und 3 bis 7 entsprechend.

(3) [1]Wenn für das frühere Vorhaben eine Zulassungsentscheidung getroffen worden ist, so ist für den Fall, dass für das frühere Vorhaben keine Umweltverträglichkeitsprüfung durchgeführt worden ist, für das hinzutretende kumulierende Vorhaben
1. die Umweltverträglichkeitsprüfung durchzuführen, wenn die kumulierenden Vorhaben zusammen die maßgeblichen Größen- oder Leistungswerte nach § 6 erreichen oder überschreiten oder
2. die allgemeine Vorprüfung durchzuführen, wenn die kumulierenden Vorhaben zusammen die Prüfwerte für die allgemeine Vorprüfung erstmals oder erneut erreichen oder überschreiten oder
3. die standortbezogene Vorprüfung durchzuführen, wenn die kumulierenden Vorhaben zusammen die Prüfwerte für die standortbezogene Vorprüfung erstmals oder erneut erreichen oder überschreiten.

[2]Für die Vorprüfung gilt § 7 entsprechend.

(4) [1]Erreichen oder überschreiten in den Fällen des Absatzes 3 die kumulierenden Vorhaben zwar zusammen die maßgeblichen Größen- oder Leistungswerte nach § 6, werden jedoch für das hinzutretende kumulierende Vorhaben weder der Prüfwert für die standortbezogene Vorprüfung noch der Prüfwert für die allgemeine Vorprüfung erreicht oder überschritten, so besteht für das hinzutretende kumulierende Vorhaben die UVP-Pflicht nur, wenn die allgemeine Vorprüfung ergibt, dass durch sein Hinzutreten zusätzliche erhebliche nachteilige oder andere erhebliche nachteilige Umweltauswirkungen eintreten können. [2]Für die allgemeine Vorprüfung gilt § 7 Absatz 1 und 3 bis 7 entsprechend.

(5) In der Vorprüfung für das hinzutretende kumulierende Vorhaben ist das frühere Vorhaben als Vorbelastung zu berücksichtigen.

(6) Der in den jeweiligen Anwendungsbereich der Richtlinien 85/337/EWG und 97/11/EG fallende, aber vor Ablauf der jeweiligen Umsetzungsfristen erreichte Bestand bleibt hinsichtlich des Erreichens oder Überschreitens der Größen- oder Leistungswerte und der Prüfwerte unberücksichtigt.

§ 12 UVP-Pflicht bei hinzutretenden kumulierenden Vorhaben, bei denen das frühere Vorhaben noch im Zulassungsverfahren ist

(1) [1]Wenn für das frühere Vorhaben zum Zeitpunkt der Antragstellung für das hinzutretende kumulierende Vorhaben noch keine Zulassungsentscheidung getroffen worden ist, so besteht für den Fall, dass für das frühere Vorhaben allein die UVP-Pflicht besteht, für das hinzutretende kumulierende Vorhaben die UVP-Pflicht, wenn
1. das hinzutretende Vorhaben allein die Größen- und Leistungswerte für die UVP-Pflicht gemäß § 6 erreicht oder überschreitet oder
2. die allgemeine Vorprüfung ergibt, dass durch das hinzutretende Vorhaben zusätzliche erhebliche nachteilige oder andere erhebliche Umweltauswirkungen hervorgerufen werden können.

[2]Für die allgemeine Vorprüfung gilt § 7 Absatz 1 und 3 bis 7 entsprechend.

(2) [1]Wenn für das frühere Vorhaben zum Zeitpunkt der Antragstellung für das hinzutretende kumulierende Vorhaben noch keine Zulassungsentscheidung getroffen worden ist, so ist für den Fall, dass für das frühere Vorhaben allein keine UVP-Pflicht besteht und die Antragsunterlagen für dieses Zulassungsverfahren bereits vollständig eingereicht sind, für das hinzutretende kumulierende Vorhaben
1. die Umweltverträglichkeitsprüfung durchzuführen, wenn die kumulierenden Vorhaben zusammen die maßgeblichen Größen- oder Leistungswerte nach § 6 erreichen oder überschreiten,
2. die allgemeine Vorprüfung durchzuführen, wenn die kumulierenden Vorhaben zusammen die Prüfwerte für die allgemeine Vorprüfung erstmals oder erneut erreichen oder überschreiten, oder
3. die standortbezogene Vorprüfung durchzuführen, wenn die kumulierenden Vorhaben zusammen die Prüfwerte für die standortbezogene Vorprüfung erstmals oder erneut erreichen oder überschreiten.

[2]Für die Vorprüfung gilt § 7 entsprechend. [3]Für das frühere Vorhaben besteht keine UVP-Pflicht und keine Pflicht zur Durchführung einer Vorprüfung.

(3) [1]Wenn für das frühere Vorhaben zum Zeitpunkt der Antragstellung für das hinzutretende kumulierende Vorhaben noch keine Zulassungsentscheidung getroffen worden ist, so ist für den Fall, dass für das frühere Vorhaben allein keine UVP-Pflicht besteht und die Antragsunterlagen für dieses Zulassungsverfahren noch nicht vollständig eingereicht sind, für die kumulierenden Vorhaben jeweils
1. eine Umweltverträglichkeitsprüfung durchzuführen, wenn die kumulierenden Vorhaben zusammen die maßgeblichen Größen- oder Leistungswerte nach § 6 erreichen oder überschreiten,
2. eine allgemeine Vorprüfung durchzuführen, wenn die kumulierenden Vorhaben zusammen die Prüfwerte für eine allgemeine Vorprüfung erstmals oder erneut erreichen oder überschreiten, oder
3. eine standortbezogene Vorprüfung durchzuführen, wenn die kumulierenden Vorhaben zusammen die Prüfwerte für eine standortbezogene Vorprüfung erstmals oder erneut erreichen oder überschreiten.

[2]Für die Vorprüfung gilt § 7 entsprechend. [3]Bei einem Vorhaben, das einer Betriebsplanpflicht nach § 51 des Bundesberggesetzes unterliegt, besteht für das frühere Vorhaben keine Verpflichtung zur Durchführung einer Umweltverträglichkeitsprüfung oder einer Vorprüfung nach den Sätzen 1 und 2, wenn für das frühere Vorhaben zum Zeitpunkt der Antragstellung für das hinzutretende kumulierende Vorhaben ein zugelassener Betriebsplan besteht.

(4) [1]Erreichen oder überschreiten in den Fällen des Absatzes 2 oder Absatzes 3 die kumulierenden Vorhaben zwar zusammen die maßgeblichen Größen- oder Leistungswerte nach § 6, werden jedoch für das hinzutretende kumulierende Vorhaben weder der Prüfwert für die standortbezogene Vorprüfung noch der Prüfwert für die allgemeine Vorprüfung erreicht oder überschritten, so besteht

für das hinzutretende kumulierende Vorhaben die UVP-Pflicht nur, wenn die allgemeine Vorprüfung ergibt, dass durch sein Hinzutreten zusätzliche erhebliche nachteilige oder andere erhebliche nachteilige Umweltauswirkungen hervorgerufen werden können. [2]Für die allgemeine Vorprüfung gilt § 7 Absatz 1 und 3 bis 7 entsprechend. [3]Im Fall des Absatzes 3 sind die Sätze 1 und 2 für das frühere Vorhaben entsprechend anzuwenden.

(5) Das frühere Vorhaben und das hinzutretende kumulierende Vorhaben sind in der Vorprüfung für das jeweils andere Vorhaben als Vorbelastung zu berücksichtigen.

(6) Der in den jeweiligen Anwendungsbereich der Richtlinien 85/337/EWG und 97/11/EG fallende, aber vor Ablauf der jeweiligen Umsetzungsfristen erreichte Bestand bleibt hinsichtlich des Erreichens oder Überschreitens der Größen- oder Leistungswerte und der Prüfwerte unberücksichtigt.

§ 13 Ausnahme von der UVP-Pflicht bei kumulierenden Vorhaben

Für die in Anlage 1 Nummer 18.5, 18.7 und 18.8 aufgeführten Industriezonen und Städtebauprojekte gelten die §§ 10 bis 12 nicht.

§ 14 Entwicklungs- und Erprobungsvorhaben

(1) [1]Sofern ein in Anlage 1 Spalte 1 mit einem »X« gekennzeichnetes Vorhaben ein Entwicklungs- und Erprobungsvorhaben ist und nicht länger als zwei Jahre durchgeführt wird, besteht für dieses Vorhaben eine UVP-Pflicht abweichend von § 6 nur, wenn sie durch die allgemeine Vorprüfung festgestellt wird. [2]Für die Vorprüfung gilt § 7 Absatz 1 und 3 bis 7 entsprechend. [3]Bei der allgemeinen Vorprüfung ist die Durchführungsdauer besonders zu berücksichtigen.

(2) Ein Entwicklungs- und Erprobungsvorhaben ist ein Vorhaben, das ausschließlich oder überwiegend der Entwicklung und Erprobung neuer Verfahren oder Erzeugnisse dient.

§ 14a Besondere Änderungen zur Modernisierung und Digitalisierung von Schienenwegen

(1) Keiner Umweltverträglichkeitsprüfung bedarf die Änderung eines Schienenwegs oder einer sonstigen Bahnbetriebsanlage nach den Nummern 14.7, 14.8 und 14.11 der Anlage 1, soweit sie lediglich aus den folgenden Einzelmaßnahmen besteht:
1. der Ausstattung einer bestehenden Bahnstrecke im Zuge des Wiederaufbaus nach einer Naturkatastrophe mit einer Oberleitung einschließlich dafür notwendiger räumlich begrenzter baulicher Anpassungen, insbesondere von Tunneln mit geringer Länge oder von Kreuzungsbauwerken,
2. den im Rahmen der Digitalisierung einer Bahnstrecke erforderlichen Baumaßnahmen, insbesondere der Ausstattung einer Bahnstrecke mit Signal- und Sicherungstechnik des Standards European Rail Traffic Management System (ERTMS),
3. dem barrierefreien Umbau oder der Erhöhung oder Verlängerung eines Bahnsteigs,
4. der technischen Sicherung eines Bahnübergangs,
5. der Erneuerung eines Eisenbahnübergangs,
6. der Erneuerung und Änderung eines Durchlasses sowie
7. der Herstellung von Überleitstellen für Gleiswechselbetriebe.

(2) Eine standortbezogene Vorprüfung entsprechend § 7 Absatz 2 wird zur Feststellung der UVP-Pflicht durchgeführt für
1. die Ausstattung einer bestehenden Bahnstrecke mit einer Oberleitung auf einer Länge von weniger als 15 Kilometern einschließlich dafür notwendiger räumlich begrenzter baulicher Anpassungen, insbesondere von Tunneln mit geringer Länge oder von Kreuzungsbauwerken,
2. die Errichtung einer Lärmschutzwand zur Lärmsanierung,
3. die Erweiterung einer Bahnbetriebsanlage mit einer Flächeninanspruchnahme von weniger als 5.000 Quadratmetern.

(3) Eine allgemeine Vorprüfung entsprechend § 7 Absatz 1 wird zur Feststellung der UVP-Pflicht durchgeführt für

1. die Ausstattung einer bestehenden Bahnstrecke mit einer Oberleitung, soweit nicht durch Absatz 2 Nummer 1 erfasst,
2. die Erweiterung einer Bahnbetriebsanlage nach Nummer 14.8.3.1 der Anlage 1 mit einer Flächeninanspruchnahme von 5.000 Quadratmetern oder mehr,
3. die sonstige Änderung eines Schienenwegs oder einer sonstigen Bahnbetriebsanlage nach den Nummern 14.7 und 14.8 der Anlage 1, soweit nicht von den Absätzen 1 und 2 erfasst.

§ 14b Anwendbarkeit von Artikel 6 der Verordnung (EU) 2022/2577

(1) Bei Städtebauprojekten für Anlagen zur Nutzung solarer Strahlungsenergie im bisherigen Außenbereich im Sinne des § 35 des Baugesetzbuchs nach Anlage 1 Nummer 18.7 ist von der Durchführung einer Umweltverträglichkeitsprüfung abzusehen, wenn die Anlage zur Nutzung solarer Strahlungsenergie in einem Gebiet liegt, für das in einem Plan Anlagen zur Nutzung solarer Strahlungsenergie vorgesehen sind, und wenn bei Aufstellung dieses Plans eine Strategische Umweltprüfung durchgeführt wurde.

(2) [1]Absatz 1 ist auf bereits laufende und nach dem 29. März 2023 begonnene Zulassungsverfahren nur anzuwenden, wenn der Antragsteller dies gegenüber der zuständigen Behörde verlangt und den Antrag bis zum Ablauf des 30. Juni 2025 stellt. [2]Satz 1 ist für das gesamte Zulassungsverfahren anzuwenden, ungeachtet dessen, ob es bis zum Ablauf des 30. Juni 2025 abgeschlossen wird.

§ 14c Ersatzneubauten mit baulicher Erweiterung im Vorgriff auf einen späteren Ausbau

(1) [1]Keiner Umweltverträglichkeitsprüfung bedürfen unselbständige Teile von Ausbaumaßnahmen, die im Verlauf von Bundesautobahnen oder Bundesstraßen eine durchgehende Länge von bis zu 1 500 Metern haben, soweit deren vorgezogene Durchführung zur unterhaltungsbedingten Erneuerung von Brückenbauwerken erforderlich ist. [2]Als unselbstständige Teile von Ausbaumaßnahmen im Sinne des Satzes 1 gelten vorgezogene Abschnitte eines Streckenausbaus, wenn der unselbständige Teil der Ausbaumaßnahme keine unmittelbare verkehrliche Kapazitätserweiterung bewirkt.

(2) Eine allgemeine Vorprüfung entsprechend § 7 Absatz 1 ist in den Fällen des Absatzes 1 zur Feststellung der UVP-Pflicht durchzuführen, wenn durch die vorgezogene Baumaßnahme ein Natura 2000-Gebiet betroffen sein kann.

§ 14d Bau von Radwegen an Bundesstraßen

(1) Keiner Umweltverträglichkeitsprüfung bedarf die Änderung einer Bundesstraße durch den Bau eines straßenbegleitenden Radweges mit einer durchgehenden Länge von bis zu zehn Kilometern.

(2) Eine allgemeine Vorprüfung entsprechend § 7 Absatz 1 wird in den Fällen des Absatzes 1 zur Feststellung der UVP-Pflicht durchgeführt, wenn durch die Baumaßnahme ein Natura 2000-Gebiet betroffen sein kann.

Abschnitt 2 – Verfahrensschritte der Umweltverträglichkeitsprüfung

§ 15 Unterrichtung über den Untersuchungsrahmen

(1) [1]Auf Antrag des Vorhabenträgers oder wenn die zuständige Behörde es für zweckmäßig hält, unterrichtet und berät die zuständige Behörde den Vorhabenträger entsprechend dem Planungsstand des Vorhabens frühzeitig über Inhalt, Umfang und Detailtiefe der Angaben, die der Vorhabenträger voraussichtlich in den UVP-Bericht aufnehmen muss (Untersuchungsrahmen). [2]Die Unterrichtung und Beratung kann sich auch auf weitere Gesichtspunkte des Verfahrens, insbesondere auf dessen zeitlichen Ablauf, auf die zu beteiligenden Behörden oder auf die Einholung von Sachverständigengutachten erstrecken. [3]Verfügen die zuständige Behörde oder die zu beteiligenden Behörden über Informationen, die für die Erarbeitung des UVP-Berichts zweckdienlich sind, so stellen sie diese Informationen dem Vorhabenträger zur Verfügung.

(2) Der Vorhabenträger hat der zuständigen Behörde geeignete Unterlagen zu den Merkmalen des Vorhabens, einschließlich seiner Größe oder Leistung, und des Standorts sowie zu den möglichen Umweltauswirkungen vorzulegen.

(3) [1]Vor der Unterrichtung über den Untersuchungsrahmen kann die zuständige Behörde dem Vorhabenträger sowie den nach § 17 zu beteiligenden Behörden Gelegenheit zu einer Besprechung geben. [2]Die Besprechung soll sich auf den Gegenstand, den Umfang und die Methoden der Umweltverträglichkeitsprüfung erstrecken. [3]Zur Besprechung kann die zuständige Behörde hinzuziehen:
1. Sachverständige,
2. nach § 55 zu beteiligende Behörden,
3. nach § 3 des Umwelt-Rechtsbehelfsgesetzes anerkannte Umweltvereinigungen sowie
4. sonstige Dritte.

[4]Das Ergebnis der Besprechung wird von der zuständigen Behörde dokumentiert.

(4) Ist das Vorhaben Bestandteil eines mehrstufigen Planungs- und Zulassungsprozesses und ist dem Verfahren nach § 4 ein anderes Planungs- oder Zulassungsverfahren vorausgegangen, als dessen Bestandteil eine Umweltprüfung durchgeführt wurde, soll sich die Umweltverträglichkeitsprüfung auf zusätzliche erhebliche oder andere erhebliche Umweltauswirkungen sowie auf erforderliche Aktualisierungen und Vertiefungen beschränken.

(5) Die zuständige Behörde berät den Vorhabenträger auch nach der Unterrichtung über den Untersuchungsrahmen, soweit dies für eine zügige und sachgerechte Durchführung des Verfahrens zweckmäßig ist.

§ 16 UVP-Bericht

(1) [1]Der Vorhabenträger hat der zuständigen Behörde einen Bericht zu den voraussichtlichen Umweltauswirkungen des Vorhabens (UVP-Bericht) vorzulegen, der zumindest folgende Angaben enthält:
1. eine Beschreibung des Vorhabens mit Angaben zum Standort, zur Art, zum Umfang und zur Ausgestaltung, zur Größe und zu anderen wesentlichen Merkmalen des Vorhabens,
2. eine Beschreibung der Umwelt und ihrer Bestandteile im Einwirkungsbereich des Vorhabens,
3. eine Beschreibung der Merkmale des Vorhabens und des Standorts, mit denen das Auftreten erheblicher nachteiliger Umweltauswirkungen des Vorhabens ausgeschlossen, vermindert oder ausgeglichen werden soll,
4. eine Beschreibung der geplanten Maßnahmen, mit denen das Auftreten erheblicher nachteiliger Umweltauswirkungen des Vorhabens ausgeschlossen, vermindert oder ausgeglichen werden soll, sowie eine Beschreibung geplanter Ersatzmaßnahmen,
5. eine Beschreibung der zu erwartenden erheblichen Umweltauswirkungen des Vorhabens,
6. eine Beschreibung der vernünftigen Alternativen, die für das Vorhaben und seine spezifischen Merkmale relevant und vom Vorhabenträger geprüft worden sind, und die Angabe der wesent-

lichen Gründe für die getroffene Wahl unter Berücksichtigung der jeweiligen Umweltauswirkungen sowie
7. eine allgemein verständliche, nichttechnische Zusammenfassung des UVP-Berichts.

[2]Bei einem Vorhaben nach § 1 Absatz 1, das einzeln oder im Zusammenwirken mit anderen Vorhaben, Projekten oder Plänen geeignet ist, ein Natura 2000-Gebiet erheblich zu beeinträchtigen, muss der UVP-Bericht Angaben zu den Auswirkungen des Vorhabens auf die Erhaltungsziele dieses Gebiets enthalten.

(2) Der UVP-Bericht ist zu einem solchen Zeitpunkt vorzulegen, dass er mit den übrigen Unterlagen ausgelegt werden kann.

(3) Der UVP-Bericht muss auch die in Anlage 4 genannten weiteren Angaben enthalten, soweit diese Angaben für das Vorhaben von Bedeutung sind.

(4) [1]Inhalt und Umfang des UVP-Berichts bestimmen sich nach den Rechtsvorschriften, die für die Zulassungsentscheidung maßgebend sind. [2]In den Fällen des § 15 stützt der Vorhabenträger den UVP-Bericht zusätzlich auf den Untersuchungsrahmen.

(5) [1]Der UVP-Bericht muss den gegenwärtigen Wissensstand und gegenwärtige Prüfmethoden berücksichtigen. [2]Er muss die Angaben enthalten, die der Vorhabenträger mit zumutbarem Aufwand ermitteln kann. [3]Die Angaben müssen ausreichend sein, um
1. der zuständigen Behörde eine begründete Bewertung der Umweltauswirkungen des Vorhabens nach § 25 Absatz 1 zu ermöglichen und
2. Dritten die Beurteilung zu ermöglichen, ob und in welchem Umfang sie von den Umweltauswirkungen des Vorhabens betroffen sein können.

(6) Zur Vermeidung von Mehrfachprüfungen hat der Vorhabenträger die vorhandenen Ergebnisse anderer rechtlich vorgeschriebener Prüfungen in den UVP-Bericht einzubeziehen.

(7) [1]Der Vorhabenträger muss durch geeignete Maßnahmen sicherstellen, dass der UVP-Bericht den Anforderungen nach den Absätzen 1 bis 6 entspricht. [2]Die zuständige Behörde hat Nachbesserungen innerhalb einer angemessenen Frist zu verlangen, soweit der Bericht den Anforderungen nicht entspricht.

(8) [1]Sind kumulierende Vorhaben, für die jeweils eine Umweltverträglichkeitsprüfung durchzuführen ist, Gegenstand paralleler oder verbundener Zulassungsverfahren, so können die Vorhabenträger einen gemeinsamen UVP-Bericht vorlegen. [2]Legen sie getrennte UVP-Berichte vor, so sind darin auch jeweils die Umweltauswirkungen der anderen kumulierenden Vorhaben als Vorbelastung zu berücksichtigen.

(9) Der Vorhabenträger hat den UVP-Bericht auch elektronisch vorzulegen.

§ 17 Beteiligung anderer Behörden

(1) Die zuständige Behörde unterrichtet die Behörden, deren umweltbezogener Aufgabenbereich durch das Vorhaben berührt wird, einschließlich der von dem Vorhaben betroffenen Gemeinden und Landkreise sowie der sonstigen im Landesrecht vorgesehenen Gebietskörperschaften, über das Vorhaben und übermittelt ihnen den UVP-Bericht.

(2) [1]Die zuständige Behörde holt die Stellungnahmen der unterrichteten Behörden ein. [2]Für die Stellungnahmen gilt § 73 Absatz 3a des Verwaltungsverfahrensgesetzes entsprechend.

§ 18 Beteiligung der Öffentlichkeit

(1) [1]Die zuständige Behörde beteiligt die Öffentlichkeit zu den Umweltauswirkungen des Vorhabens. [2]Der betroffenen Öffentlichkeit wird im Rahmen der Beteiligung Gelegenheit zur Äußerung gegeben. [3]Dabei sollen nach dem Umwelt-Rechtsbehelfsgesetz anerkannte Vereinigungen die zustän-

dige Behörde in einer dem Umweltschutz dienenden Weise unterstützen. [4]Das Beteiligungsverfahren muss den Anforderungen des § 73 Absatz 3 Satz 1 und 2 und Absatz 5 bis 7 des Verwaltungsverfahrensgesetzes entsprechen.

(2) [1]In einem vorgelagerten Verfahren oder in einem Planfeststellungsverfahren über einen Wege- und Gewässerplan mit landschaftspflegerischem Begleitplan nach § 41 des Flurbereinigungsgesetzes kann die zuständige Behörde abweichend von Absatz 1 und abweichend von § 73 Absatz 6 des Verwaltungsverfahrensgesetzes auf die Durchführung eines Erörterungstermins verzichten. [2]Auf eine Benachrichtigung nach § 73 Absatz 5 Satz 3 des Verwaltungsverfahrensgesetzes kann in einem vorgelagerten Verfahren verzichtet werden.

§ 19 Unterrichtung der Öffentlichkeit

(1) Bei der Bekanntmachung zu Beginn des Beteiligungsverfahrens unterrichtet die zuständige Behörde die Öffentlichkeit

1. über den Antrag auf Zulassungsentscheidung oder über eine sonstige Handlung des Vorhabenträgers zur Einleitung eines Verfahrens, in dem die Umweltverträglichkeit geprüft wird,
2. über die Feststellung der UVP-Pflicht des Vorhabens nach § 5 sowie, falls erforderlich, über die Durchführung einer grenzüberschreitenden Beteiligung nach den §§ 54 bis 56,
3. über die für das Verfahren und für die Zulassungsentscheidung jeweils zuständigen Behörden, bei denen weitere relevante Informationen erhältlich sind und bei denen Äußerungen oder Fragen eingereicht werden können, sowie über die festgelegten Fristen zur Übermittlung dieser Äußerungen oder Fragen,
4. über die Art einer möglichen Zulassungsentscheidung,
5. darüber, dass ein UVP-Bericht vorgelegt wurde,
6. über die Bezeichnung der das Vorhaben betreffenden entscheidungserheblichen Berichte und Empfehlungen, die der zuständigen Behörde zum Zeitpunkt des Beginns des Beteiligungsverfahrens vorliegen,
7. darüber, wo und in welchem Zeitraum die Unterlagen nach den Nummern 5 und 6 zur Einsicht ausgelegt werden sowie
8. über weitere Einzelheiten des Verfahrens der Beteiligung der Öffentlichkeit.

(2) [1]Im Rahmen des Beteiligungsverfahrens legt die zuständige Behörde zumindest folgende Unterlagen zur Einsicht für die Öffentlichkeit aus:

1. den UVP-Bericht,
2. die das Vorhaben betreffenden entscheidungserheblichen Berichte und Empfehlungen, die der zuständigen Behörde zum Zeitpunkt des Beginns des Beteiligungsverfahrens vorgelegen haben.

[2]In Verfahren nach § 18 Absatz 2 und § 1 der Atomrechtlichen Verfahrensverordnung können die Unterlagen abweichend von § 18 Absatz 1 Satz 4 bei der Genehmigungsbehörde oder bei einer geeigneten Stelle in der Nähe des Standorts des Vorhabens ausgelegt werden.

(3) Weitere Informationen, die für die Zulassungsentscheidung von Bedeutung sein können und die der zuständigen Behörde erst nach Beginn des Beteiligungsverfahrens vorliegen, sind der Öffentlichkeit nach den Bestimmungen des Bundes und der Länder über den Zugang zu Umweltinformationen zugänglich zu machen.

§ 20 Zentrale Internetportale; Verordnungsermächtigung

(1) [1]Für die Zugänglichmachung des Inhalts der Bekanntmachung nach § 19 Absatz 1 und der nach § 19 Absatz 2 auszulegenden Unterlagen im Internet richten Bund und Länder zentrale Internetportale ein. [2]Die Zugänglichmachung erfolgt im zentralen Internetportal des Bundes, wenn die Zulassungsbehörde eine Bundesbehörde ist. [3]Für den Aufbau und Betrieb des zentralen Internetportals des Bundes ist das Umweltbundesamt zuständig.

(2) Die zuständige Behörde macht den Inhalt der Bekanntmachung nach § 19 Absatz 1 und die in § 19 Absatz 2 Satz 1 Nummer 1 und 2 genannten Unterlagen über das einschlägige zentrale Internetportal zugänglich.

(3) Der Inhalt der zentralen Internetportale kann auch für die Zwecke der Berichterstattung nach § 73 verwendet werden.

(4) Die Bundesregierung wird ermächtigt, durch Rechtsverordnung mit Zustimmung des Bundesrates Folgendes zu regeln:
1. die Art und Weise der Zugänglichmachung nach den Absätzen 1 und 2 sowie
2. die Dauer der Speicherung der Unterlagen.

(5) Alle in das zentrale Internetportal einzustellenden Unterlagen sind elektronisch vorzulegen.

§ 21 Äußerungen und Einwendungen der Öffentlichkeit

(1) Die betroffene Öffentlichkeit kann sich im Rahmen der Beteiligung schriftlich oder zur Niederschrift bei der zuständigen Behörde äußern.

(2) Die Äußerungsfrist endet einen Monat nach Ablauf der Frist für die Auslegung der Unterlagen.

(3) [1]Bei Vorhaben, für die Unterlagen in erheblichem Umfang eingereicht worden sind, kann die zuständige Behörde eine längere Äußerungsfrist festlegen. [2]Die Äußerungsfrist darf die nach § 73 Absatz 3a Satz 1 des Verwaltungsverfahrensgesetzes zu setzende Frist nicht überschreiten.

(4) [1]Mit Ablauf der Äußerungsfrist sind für das Verfahren über die Zulässigkeit des Vorhabens alle Äußerungen, die nicht auf besonderen privatrechtlichen Titeln beruhen, ausgeschlossen. [2]Hierauf weist die zuständige Behörde in der Bekanntmachung der Auslegung oder bei der Bekanntgabe der Äußerungsfrist hin.

(5) Die Äußerungsfrist gilt auch für solche Einwendungen, die sich nicht auf die Umweltauswirkungen des Vorhabens beziehen.

§ 22 Erneute Beteiligung der Öffentlichkeit bei Änderungen im Laufe des Verfahrens

(1) [1]Ändert der Vorhabenträger im Laufe des Verfahrens die Unterlagen, die nach § 19 Absatz 2 auszulegen sind, so ist eine erneute Beteiligung der Öffentlichkeit erforderlich. [2]Die Äußerungsfrist nach § 21 Absatz 2 und 3 kann angemessen verkürzt werden. [3] Die Öffentlichkeitsbeteiligung ist auf die Änderungen zu beschränken. [4]Hierauf weist die zuständige Behörde in der Bekanntmachung hin.

(2) [1]Die zuständige Behörde soll von einer erneuten Beteiligung der Öffentlichkeit absehen, wenn zusätzliche erhebliche oder andere erhebliche Umweltauswirkungen nicht zu besorgen sind. [2]Dies ist insbesondere dann der Fall, wenn solche Umweltauswirkungen durch die vom Vorhabenträger vorgesehenen Vorkehrungen ausgeschlossen werden.

§ 23 Geheimhaltung und Datenschutz sowie Schutz der Rechte am geistigen Eigentum

(1) [1]Die Rechtsvorschriften über Geheimhaltung und Datenschutz sowie über die Rechte am geistigen Eigentum bleiben unberührt. [2]Insbesondere sind Urkunden, Akten und elektronische Dokumente geheim zu halten, wenn das Bekanntwerden ihres Inhalts dem Wohl des Bundes oder eines Landes Nachteile bereiten würde oder wenn die Vorgänge nach einem Gesetz oder ihrem Wesen nach geheim gehalten werden müssen.

(2) [1]Soweit die nach § 19 Absatz 2 zur Einsicht für die Öffentlichkeit auszulegenden Unterlagen Informationen der in Absatz 1 genannten Art enthalten, kennzeichnet der Vorhabenträger diese Informationen und legt zusätzlich eine Darstellung vor, die den Inhalt der Unterlagen ohne Preisgabe des Geheimnisses beschreibt. [2]Die Inhaltsdarstellung muss so ausführlich sein, dass Dritten

die Beurteilung ermöglicht wird, ob und in welchem Umfang sie von den Umweltauswirkungen des Vorhabens betroffen sein können.

(3) Geheimhaltungsbedürftige Unterlagen sind bei der Auslegung durch die Inhaltsdarstellung zu ersetzen.

§ 24 Zusammenfassende Darstellung

(1) [1]Die zuständige Behörde erarbeitet eine zusammenfassende Darstellung
1. der Umweltauswirkungen des Vorhabens,
2. der Merkmale des Vorhabens und des Standorts, mit denen erhebliche nachteilige Umweltauswirkungen ausgeschlossen, vermindert oder ausgeglichen werden sollen, und
3. der Maßnahmen, mit denen erhebliche nachteilige Umweltauswirkungen ausgeschlossen, vermindert oder ausgeglichen werden sollen, sowie
4. der Ersatzmaßnahmen bei Eingriffen in Natur und Landschaft.

[2]Die Erarbeitung erfolgt auf der Grundlage des UVP-Berichts, der behördlichen Stellungnahmen nach § 17 Absatz 2 und § 55 Absatz 4 sowie der Äußerungen der betroffenen Öffentlichkeit nach den §§ 21 und 56. [3]Die Ergebnisse eigener Ermittlungen sind einzubeziehen.

(2) Die zusammenfassende Darstellung soll möglichst innerhalb eines Monats nach dem Abschluss der Erörterung im Beteiligungsverfahren erarbeitet werden.

§ 25 Begründete Bewertung der Umweltauswirkungen und Berücksichtigung des Ergebnisses bei der Entscheidung

(1) [1]Auf der Grundlage der zusammenfassenden Darstellung bewertet die zuständige Behörde die Umweltauswirkungen des Vorhabens im Hinblick auf eine wirksame Umweltvorsorge im Sinne des § 3 nach Maßgabe der geltenden Gesetze. [2]Die Bewertung ist zu begründen.

(2) Bei der Entscheidung über die Zulässigkeit des Vorhabens berücksichtigt die zuständige Behörde die begründete Bewertung nach dem in Absatz 1 bestimmten Maßstab.

(3) Bei der Entscheidung über die Zulassung des Vorhabens müssen die zusammenfassende Darstellung und die begründete Bewertung nach Einschätzung der zuständigen Behörde hinreichend aktuell sein.

§ 26 Inhalt des Bescheids über die Zulassung oder Ablehnung des Vorhabens

(1) Der Bescheid zur Zulassung des Vorhabens muss zumindest die folgenden Angaben enthalten:
1. die umweltbezogenen Nebenbestimmungen, sofern sie mit der Zulassungsentscheidung verbunden sind,
2. eine Beschreibung der vorgesehenen Überwachungsmaßnahmen nach § 28 oder nach entsprechenden bundes- oder landesrechtlichen Vorschriften sowie
3. eine Begründung, aus der die wesentlichen tatsächlichen und rechtlichen Gründe hervorgehen, die die Behörde zu ihrer Entscheidung bewogen haben; hierzu gehören
   a) Angaben über das Verfahren zur Beteiligung der Öffentlichkeit,
   b) die zusammenfassende Darstellung gemäß § 24,
   c) die begründete Bewertung gemäß § 25 Absatz 1 und
   d) eine Erläuterung, wie die begründete Bewertung, insbesondere die Angaben des UVP-Berichts, die behördlichen Stellungnahmen nach § 17 Absatz 2 und § 55 Absatz 4 sowie die Äußerungen der Öffentlichkeit nach den §§ 21 und 56, in der Zulassungsentscheidung berücksichtigt wurden oder wie ihnen anderweitig Rechnung getragen wurde.

(2) Wird das Vorhaben nicht zugelassen, müssen im Bescheid die dafür wesentlichen Gründe erläutert werden.

(3) Im Übrigen richtet sich der Inhalt des Bescheids nach den einschlägigen fachrechtlichen Vorschriften.

§ 27 Bekanntmachung der Entscheidung und Auslegung des Bescheids

(1) [1]Die zuständige Behörde hat in entsprechender Anwendung des § 74 Absatz 5 Satz 2 des Verwaltungsverfahrensgesetzes die Entscheidung zur Zulassung oder Ablehnung des Vorhabens öffentlich bekannt zu machen sowie in entsprechender Anwendung des § 74 Absatz 4 Satz 2 des Verwaltungsverfahrensgesetzes den Bescheid zur Einsicht auszulegen. [2] § 20 gilt hierfür entsprechend. [3]Soweit der Bescheid geheimhaltungsbedürftige Angaben im Sinne von § 23 Absatz 2 enthält, sind die entsprechenden Stellen unkenntlich zu machen.

(2) Abweichend von Absatz 1 Satz 1 kann in einem Verfahren nach § 18 Absatz 2 die Öffentlichkeit in einem geeigneten Publikationsorgan über das Ergebnis des Verfahrens unterrichtet werden und das Ergebnis des Verfahrens mit Begründung und einer Information über Rechtsbehelfe kann entsprechend dem in § 19 Absatz 2 Satz 2 geregelten Verfahren öffentlich ausgelegt werden.

§ 28 Überwachung

(1) [1]Soweit bundes- oder landesrechtliche Regelungen keine Überwachungsmaßnahmen vorsehen, ergreift die zuständige Behörde die geeigneten Überwachungsmaßnahmen, um die Einhaltung der umweltbezogenen Bestimmungen des Zulassungsbescheids nach § 26 zu überprüfen. [2]Dies gilt insbesondere für
1. die im Zulassungsbescheid festgelegten Merkmale des Vorhabens und des Standorts sowie
2. die Maßnahmen, mit denen erhebliche nachteilige Umweltauswirkungen ausgeschlossen, vermindert oder ausgeglichen werden sollen, und die Ersatzmaßnahmen bei Eingriffen in Natur und Landschaft.

[3]Die zuständige Behörde kann dem Vorhabenträger Überwachungsmaßnahmen nach den Sätzen 1 und 2 aufgeben.

(2) [1]Soweit bundes- oder landesrechtliche Regelungen keine entsprechenden Überwachungsmaßnahmen vorsehen, ergreift die zuständige Behörde geeignete Maßnahmen zur Überwachung erheblicher nachteiliger Umweltauswirkungen, wenn die Auswirkungen des Vorhabens schwer vorhersehbar oder die Wirksamkeit von Maßnahmen, mit denen erhebliche Umweltauswirkungen ausgeschlossen, vermindert oder ausgeglichen werden sollen, oder die Wirksamkeit von Ersatzmaßnahmen unsicher sind. [2]Die zuständige Behörde kann dem Vorhabenträger Überwachungsmaßnahmen nach Satz 1 aufgeben.

Abschnitt 3 – Teilzulassungen, Zulassung eines Vorhabens durch mehrere Behörden, verbundene Prüfverfahren

§ 29 Umweltverträglichkeitsprüfung bei Teilzulassungen

(1) [1]In Verfahren zur Vorbereitung eines Vorbescheids und zur Erteilung einer ersten Teilgenehmigung oder einer sonstigen ersten Teilzulassung hat sich die Umweltverträglichkeitsprüfung vorläufig auf die nach dem jeweiligen Planungsstand erkennbaren Umweltauswirkungen des Gesamtvorhabens zu erstrecken und abschließend auf die Umweltauswirkungen, die Gegenstand der Teilzulassung sind. [2]Dem jeweiligen Umfang der Umweltverträglichkeitsprüfung ist bei der Unterrichtung über den Untersuchungsrahmen und beim UVP-Bericht Rechnung zu tragen.

(2) [1]Bei weiteren Teilzulassungen soll die Umweltverträglichkeitsprüfung auf zusätzliche erhebliche oder andere erhebliche Umweltauswirkungen des Vorhabens beschränkt werden. [2]Absatz 1 gilt entsprechend.

§ 30 Erneute Öffentlichkeitsbeteiligung bei Teilzulassungen

(1) [1]Ist für ein Vorhaben bereits eine Teilzulassung nach § 29 erteilt worden, so ist im Verfahren zur Erteilung der Zulassung oder weiterer Teilzulassungen eine erneute Beteiligung der Öffentlichkeit erforderlich. [2]Sie ist jedoch auf den Gegenstand der weiteren Teilzulassung zu beschränken. [3]Hierauf weist die zuständige Behörde in der Bekanntmachung hin.

(2) [1]Die zuständige Behörde kann von einer erneuten Beteiligung der Öffentlichkeit absehen, soweit zusätzliche erhebliche oder andere erhebliche Umweltauswirkungen nicht zu besorgen sind. [2]Dies ist insbesondere dann der Fall, wenn solche Umweltauswirkungen durch die vom Vorhabenträger vorgesehenen Vorkehrungen ausgeschlossen werden.

§ 31 Zulassung eines Vorhabens durch mehrere Behörden; federführende Behörde

(1) Bedarf ein Vorhaben der Zulassung durch mehrere Landesbehörden, so bestimmen die Länder eine federführende Behörde.

(2) [1]Die federführende Behörde ist zumindest für folgende Aufgaben zuständig:
1. die Feststellung der UVP-Pflicht (§ 5),
2. die Unterrichtung über den Untersuchungsrahmen (§ 15),
3. die Erarbeitung der zusammenfassenden Darstellung (§ 24),
4. die Benachrichtigung eines anderen Staates (§ 54),
5. die grenzüberschreitende Behördenbeteiligung (§ 55 Absatz 1 bis 4 und 6) und
6. die grenzüberschreitende Öffentlichkeitsbeteiligung (§ 56).

[2]Die Länder können der federführenden Behörde weitere verfahrensrechtliche Zuständigkeiten übertragen. [3]Die federführende Behörde nimmt ihre Aufgaben im Zusammenwirken zumindest mit denjenigen Zulassungsbehörden und mit derjenigen für Naturschutz und Landschaftspflege zuständigen Behörde wahr, deren Aufgabenbereich durch das Vorhaben berührt wird. [4]Sie erfüllt diese Aufgaben nach den Verfahrensvorschriften, die für die Umweltverträglichkeitsprüfung in dem von ihr durchzuführenden Zulassungsverfahren gelten.

(3) [1]Bedarf ein Vorhaben einer Genehmigung nach dem Atomgesetz sowie einer Zulassung durch eine oder mehrere weitere Behörden und ist eine der zuständigen Behörden eine Bundesbehörde, so ist die atomrechtliche Genehmigungsbehörde federführende Behörde. [2]Sie ist neben den in Absatz 2 Satz 1 genannten Aufgaben auch für die Beteiligung der Öffentlichkeit (§§ 18 und 19) zuständig.

(4) [1]Wird über die Zulässigkeit eines Vorhabens im Rahmen mehrerer Verfahren entschieden, so wird eine gemeinsame zusammenfassende Darstellung nach § 24 für das gesamte Vorhaben erstellt. [2]Auf der Grundlage der zusammenfassenden Darstellung nehmen die Zulassungsbehörden eine Gesamtbewertung der Umweltauswirkungen des Vorhabens vor und berücksichtigen nach § 25 Absatz 2 die Gesamtbewertung bei den Zulassungsentscheidungen. [3]Die federführende Behörde stellt das Zusammenwirken der Zulassungsbehörden sicher.

§ 32 Verbundene Prüfverfahren

[1]Für ein Vorhaben, das einzeln oder im Zusammenwirken mit anderen Vorhaben, Projekten oder Plänen geeignet ist, ein Natura 2000-Gebiet erheblich zu beeinträchtigen, wird die Verträglichkeitsprüfung nach § 34 Absatz 1 des Bundesnaturschutzgesetzes im Verfahren zur Zulassungsentscheidung des Vorhabens vorgenommen. [2]Die Umweltverträglichkeitsprüfung kann mit der Prüfung

nach Satz 1 und mit anderen Prüfungen zur Ermittlung oder Bewertung von Umweltauswirkungen verbunden werden.

Teil 3 – Strategische Umweltprüfung

Abschnitt 1 – Voraussetzungen für eine Strategische Umweltprüfung

§ 33 Strategische Umweltprüfung

Die Strategische Umweltprüfung (SUP) ist unselbständiger Teil behördlicher Verfahren zur Aufstellung oder Änderung von Plänen und Programmen.

§ 34 Feststellung der SUP-Pflicht

(1) Die zuständige Behörde stellt frühzeitig fest, ob nach den §§ 35 bis 37 eine Verpflichtung zur Durchführung einer Strategischen Umweltprüfung (SUP-Pflicht) besteht.

(2) [1]Die Feststellung der SUP-Pflicht ist, sofern eine Vorprüfung des Einzelfalls nach § 35 Absatz 2 oder § 37 vorgenommen worden ist, der Öffentlichkeit nach den Bestimmungen des Bundes und der Länder über den Zugang zu Umweltinformationen zugänglich zu machen; soll eine Strategische Umweltprüfung unterbleiben, ist dies einschließlich der dafür wesentlichen Gründe bekannt zu geben. [2]Die Feststellung ist nicht selbständig anfechtbar.

§ 35 SUP-Pflicht in bestimmten Plan- oder Programmbereichen und im Einzelfall

(1) Eine Strategische Umweltprüfung ist durchzuführen bei Plänen und Programmen, die
1. in der Anlage 5 Nummer 1 aufgeführt sind oder
2. in der Anlage 5 Nummer 2 aufgeführt sind und für Entscheidungen über die Zulässigkeit von in der Anlage 1 aufgeführten Vorhaben oder von Vorhaben, die nach Landesrecht einer Umweltverträglichkeitsprüfung oder Vorprüfung des Einzelfalls bedürfen, einen Rahmen setzen.

(2) [1]Bei nicht unter Absatz 1 fallenden Plänen und Programmen ist eine Strategische Umweltprüfung nur dann durchzuführen, wenn sie für die Entscheidung über die Zulässigkeit von in der Anlage 1 aufgeführten oder anderen Vorhaben einen Rahmen setzen und nach einer Vorprüfung im Einzelfall im Sinne von Absatz 4 voraussichtlich erhebliche Umweltauswirkungen haben. [2] § 34 Absatz 4 und § 35 Absatz 6 des Baugesetzbuchs bleiben unberührt.

(3) Pläne und Programme setzen einen Rahmen für die Entscheidung über die Zulässigkeit von Vorhaben, wenn sie Festlegungen mit Bedeutung für spätere Zulassungsentscheidungen, insbesondere zum Bedarf, zur Größe, zum Standort, zur Beschaffenheit, zu Betriebsbedingungen von Vorhaben oder zur Inanspruchnahme von Ressourcen, enthalten.

(4) [1]Hängt die Durchführung einer Strategischen Umweltprüfung von einer Vorprüfung des Einzelfalls ab, hat die zuständige Behörde aufgrund einer überschlägigen Prüfung unter Berücksichtigung der in Anlage 6 aufgeführten Kriterien einzuschätzen, ob der Plan oder das Programm voraussichtlich erhebliche Umweltauswirkungen hat, die im weiteren Aufstellungsverfahren nach § 43 Absatz 2 zu berücksichtigen wären. [2]Bei der Vorprüfung nach Satz 1 ist zu berücksichtigen, inwieweit Umweltauswirkungen durch Vermeidungs- und Verminderungsmaßnahmen offensichtlich ausgeschlossen werden. [3]Die in § 41 genannten Behörden sind bei der Vorprüfung nach Satz 1 zu beteiligen. [4]Die Durchführung und das Ergebnis der Vorprüfung sind zu dokumentieren.

§ 36 SUP-Pflicht aufgrund einer Verträglichkeitsprüfung

Eine Strategische Umweltprüfung ist durchzuführen bei Plänen und Programmen, die einer Verträglichkeitsprüfung nach § 36 Satz 1 Nummer 2 des Bundesnaturschutzgesetzes unterliegen.

§ 37 Ausnahmen von der SUP-Pflicht

[1]Werden Pläne und Programme nach § 35 Absatz 1 und § 36 nur geringfügig geändert oder legen sie die Nutzung kleiner Gebiete auf lokaler Ebene fest, so ist eine Strategische Umweltprüfung nur dann durchzuführen, wenn eine Vorprüfung des Einzelfalls im Sinne von § 35 Absatz 4 ergibt, dass der Plan oder das Programm voraussichtlich erhebliche Umweltauswirkungen hat. [2]Die §§ 13 und 13a des Baugesetzbuchs sowie § 8 Absatz 2 des Raumordnungsgesetzes bleiben unberührt.

Abschnitt 2 – Verfahrensschritte der Strategischen Umweltprüfung

§ 38 Vorrang anderer Rechtsvorschriften bei der SUP

[1]Unbeschadet des § 52 finden die Vorschriften dieses Abschnitts Anwendung, soweit Rechtsvorschriften des Bundes und der Länder die Strategische Umweltprüfung nicht näher bestimmen oder in ihren Anforderungen diesem Gesetz nicht entsprechen. [2]Rechtsvorschriften mit weitergehenden Anforderungen bleiben unberührt.

§ 39 Festlegung des Untersuchungsrahmens

(1) Die für die Strategische Umweltprüfung zuständige Behörde legt den Untersuchungsrahmen der Strategischen Umweltprüfung einschließlich des Umfangs und Detaillierungsgrads der in den Umweltbericht nach § 40 aufzunehmenden Angaben fest.

(2) [1]Der Untersuchungsrahmen einschließlich des Umfangs und Detaillierungsgrads der in den Umweltbericht aufzunehmenden Angaben bestimmen sich unter Berücksichtigung von § 33 in Verbindung mit § 2 Absatz 1 nach den Rechtsvorschriften, die für die Entscheidung über die Ausarbeitung, Annahme oder Änderung des Plans oder Programms maßgebend sind. [2]Der Umweltbericht enthält die Angaben, die mit zumutbarem Aufwand ermittelt werden können, und berücksichtigt dabei den gegenwärtigen Wissensstand und der Behörde bekannte Äußerungen der Öffentlichkeit, allgemein anerkannte Prüfungsmethoden, Inhalt und Detaillierungsgrad des Plans oder Programms sowie dessen Stellung im Entscheidungsprozess.

(3) [1]Sind Pläne und Programme Bestandteil eines mehrstufigen Planungs- und Zulassungsprozesses, soll zur Vermeidung von Mehrfachprüfungen bei der Festlegung des Untersuchungsrahmens bestimmt werden, auf welcher der Stufen dieses Prozesses bestimmte Umweltauswirkungen schwerpunktmäßig geprüft werden sollen. [2]Dabei sind Art und Umfang der Umweltauswirkungen, fachliche Erfordernisse sowie Inhalt und Entscheidungsgegenstand des Plans oder Programms zu berücksichtigen. [3]Bei nachfolgenden Plänen und Programmen sowie bei der nachfolgenden Zulassung von Vorhaben, für die der Plan oder das Programm einen Rahmen setzt, soll sich die Umweltprüfung auf zusätzliche oder andere erhebliche Umweltauswirkungen sowie auf erforderliche Aktualisierungen und Vertiefungen beschränken.

(4) [1]Die Behörden, deren umwelt- und gesundheitsbezogener Aufgabenbereich durch den Plan oder das Programm berührt wird, werden bei der Festlegung des Untersuchungsrahmens der Strategischen Umweltprüfung sowie des Umfangs und Detaillierungsgrads der in den Umweltbericht aufzunehmenden Angaben beteiligt. [2]Die zuständige Behörde gibt auf der Grundlage geeigneter Informationen den zu beteiligenden Behörden Gelegenheit zu einer Besprechung oder zur Stellungnahme über die nach Absatz 1 zu treffenden Festlegungen. [3]Sachverständige, betroffene Gemeinden, nach § 60 Absatz 1 zu beteiligende Behörden, nach § 3 des Umwelt-Rechtsbehelfsgesetzes anerkannte Umweltvereinigungen sowie sonstige Dritte können hinzugezogen werden. [4]Verfügen die zu beteiligenden Behörden über Informationen, die für den Umweltbericht zweckdienlich sind, übermitteln sie diese der zuständigen Behörde.

§ 40 Umweltbericht

(1) [1]Die zuständige Behörde erstellt frühzeitig einen Umweltbericht. [2]Dabei werden die voraussichtlichen erheblichen Umweltauswirkungen der Durchführung des Plans oder Programms sowie vernünftiger Alternativen ermittelt, beschrieben und bewertet.

(2) [1]Der Umweltbericht nach Absatz 1 muss nach Maßgabe des § 39 folgende Angaben enthalten:
1. Kurzdarstellung des Inhalts und der wichtigsten Ziele des Plans oder Programms sowie der Beziehung zu anderen relevanten Plänen und Programmen,
2. Darstellung der für den Plan oder das Programm geltenden Ziele des Umweltschutzes sowie der Art, wie diese Ziele und sonstige Umwelterwägungen bei der Ausarbeitung des Plans oder des Programms berücksichtigt wurden,
3. Darstellung der Merkmale der Umwelt, des derzeitigen Umweltzustands sowie dessen voraussichtliche Entwicklung bei Nichtdurchführung des Plans oder des Programms,
4. Angabe der derzeitigen für den Plan oder das Programm bedeutsamen Umweltprobleme, insbesondere der Probleme, die sich auf ökologisch empfindliche Gebiete nach Nummer 2.6 der Anlage 6 beziehen,
5. Beschreibung der voraussichtlichen erheblichen Auswirkungen auf die Umwelt nach § 3 in Verbindung mit § 2 Absatz 1 und 2,
6. Darstellung der Maßnahmen, die geplant sind, um erhebliche nachteilige Umweltauswirkungen aufgrund der Durchführung des Plans oder des Programms zu verhindern, zu verringern und soweit wie möglich auszugleichen,
7. Hinweise auf Schwierigkeiten, die bei der Zusammenstellung der Angaben aufgetreten sind, zum Beispiel technische Lücken oder fehlende Kenntnisse,
8. Kurzdarstellung der Gründe für die Wahl der geprüften Alternativen sowie eine Beschreibung, wie die Umweltprüfung durchgeführt wurde,
9. Darstellung der geplanten Überwachungsmaßnahmen gemäß § 45.

[2]Die Angaben nach Satz 1 sollen entsprechend der Art des Plans oder Programms Dritten die Beurteilung ermöglichen, ob und in welchem Umfang sie von den Umweltauswirkungen des Plans oder Programms betroffen werden können. [3]Eine allgemein verständliche, nichttechnische Zusammenfassung der Angaben nach diesem Absatz ist dem Umweltbericht beizufügen.

(3) Die zuständige Behörde bewertet vorläufig im Umweltbericht die Umweltauswirkungen des Plans oder Programms im Hinblick auf eine wirksame Umweltvorsorge im Sinne der § 3 in Verbindung mit § 2 Absatz 1 und 2 nach Maßgabe der geltenden Gesetze.

(4) Angaben, die der zuständigen Behörde aus anderen Verfahren oder Tätigkeiten vorliegen, können in den Umweltbericht aufgenommen werden, wenn sie für den vorgesehenen Zweck geeignet und hinreichend aktuell sind.

§ 41 Beteiligung anderer Behörden

[1]Die zuständige Behörde übermittelt den Behörden, deren umwelt- und gesundheitsbezogener Aufgabenbereich durch den Plan oder das Programm berührt wird, den Entwurf des Plans oder Programms sowie den Umweltbericht und holt die Stellungnahmen dieser Behörden ein. [2]Die zuständige Behörde setzt für die Abgabe der Stellungnahmen eine angemessene Frist von mindestens einem Monat.

§ 42 Beteiligung der Öffentlichkeit

(1) Für die Öffentlichkeitsbeteiligung gelten § 18 Absatz 1 sowie die §§ 19, 21 Absatz 1 und § 22 entsprechend, soweit nachfolgend nichts anderes bestimmt wird.

(2) [1]Der Entwurf des Plans oder Programms, der Umweltbericht sowie weitere Unterlagen, deren Einbeziehung die zuständige Behörde für zweckmäßig hält, werden frühzeitig für eine

angemessene Dauer von mindestens einem Monat öffentlich ausgelegt. [2]Auslegungsorte sind unter Berücksichtigung von Art und Inhalt des Plans oder Programms von der zuständigen Behörde so festzulegen, dass eine wirksame Beteiligung der betroffenen Öffentlichkeit gewährleistet ist.

(3) [1]Die betroffene Öffentlichkeit kann sich zu dem Entwurf des Plans oder Programms und zu dem Umweltbericht äußern. [2]Die zuständige Behörde bestimmt für die Äußerung eine angemessene Frist von mindestens einem Monat nach Ende der Auslegungsfrist. [3]Mit Ablauf der Äußerungsfrist sind alle Äußerungen ausgeschlossen, die nicht auf besonderen privatrechtlichen Titeln beruhen. [4]Hierauf ist in der Bekanntmachung der Auslegung oder bei der Bekanntgabe der Äußerungsfrist hinzuweisen. [5]Ein Erörterungstermin ist durchzuführen, soweit Rechtsvorschriften des Bundes dies für bestimmte Pläne und Programme vorsehen.

§ 43 Abschließende Bewertung und Berücksichtigung

(1) [1]Nach Abschluss der Behörden- und Öffentlichkeitsbeteiligung überprüft die zuständige Behörde die Darstellungen und Bewertungen des Umweltberichts unter Berücksichtigung der ihr nach den §§ 41, 42, 60 Absatz 1 und § 61 Absatz 1 übermittelten Stellungnahmen und Äußerungen. [2]Bei der Überprüfung gelten die in § 40 Absatz 3 bestimmten Maßstäbe.

(2) Das Ergebnis der Überprüfung nach Absatz 1 ist im Verfahren zur Aufstellung oder Änderung des Plans oder Programms zu berücksichtigen.

§ 44 Bekanntgabe der Entscheidung über die Annahme oder Ablehnung des Plans oder Programms

(1) [1]Die Annahme eines Plans oder Programms ist öffentlich bekannt zu machen. [2]Die Ablehnung eines Plans oder Programms kann öffentlich bekannt gemacht werden.

(2) Bei Annahme des Plans oder Programms sind folgende Informationen zur Einsicht auszulegen:
1. der angenommene Plan oder das angenommene Programm,
2. eine zusammenfassende Erklärung, wie Umwelterwägungen in den Plan oder das Programm einbezogen wurden, wie der Umweltbericht nach § 40 sowie die Stellungnahmen und Äußerungen nach den §§ 41, 42, 60 Absatz 1 und § 61 Absatz 1 berücksichtigt wurden und aus welchen Gründen der angenommene Plan oder das angenommene Programm nach Abwägung mit den geprüften Alternativen gewählt wurde,
3. eine Aufstellung der Überwachungsmaßnahmen nach § 45 sowie
4. eine Rechtsbehelfsbelehrung, soweit über die Annahme des Plans oder Programms nicht durch Gesetz entschieden wird.

§ 45 Überwachung

(1) [1]Die erheblichen Umweltauswirkungen, die sich aus der Durchführung des Plans oder Programms ergeben, sind zu überwachen, um insbesondere frühzeitig unvorhergesehene nachteilige Auswirkungen zu ermitteln und geeignete Abhilfemaßnahmen ergreifen zu können. [2]Die erforderlichen Überwachungsmaßnahmen sind mit der Annahme des Plans oder Programms auf der Grundlage der Angaben im Umweltbericht festzulegen.

(2) Soweit Rechtsvorschriften des Bundes oder der Länder keine abweichende Zuständigkeit regeln, obliegt die Überwachung der für die Strategische Umweltprüfung zuständigen Behörde.

(3) Andere Behörden haben der nach Absatz 2 zuständigen Behörde auf Verlangen alle Umweltinformationen zur Verfügung zu stellen, die zur Wahrnehmung der Aufgaben nach Absatz 1 erforderlich sind.

(4) Die Ergebnisse der Überwachung sind der Öffentlichkeit nach den Vorschriften des Bundes und der Länder über den Zugang zu Umweltinformationen sowie den in § 41 genannten Behörden zugänglich zu machen und bei einer erneuten Aufstellung oder einer Änderung des Plans oder Programms zu berücksichtigen.

(5) [1]Zur Erfüllung der Anforderungen nach Absatz 1 können bestehende Überwachungsmechanismen, Daten- und Informationsquellen genutzt werden. [2] § 40 Absatz 4 gilt entsprechend.

§ 46 Verbundene Prüfverfahren

[1]Für einen Plan nach § 35 oder § 36, der einzeln oder im Zusammenwirken mit anderen Vorhaben, Projekten oder Plänen geeignet ist, ein Natura 2000-Gebiet erheblich zu beeinträchtigen, ist die Verträglichkeitsprüfung nach § 34 Absatz 1 des Bundesnaturschutzgesetzes im Verfahren zur Aufstellung oder Änderung des Plans vorzunehmen. [2]Die Strategische Umweltprüfung kann mit der Prüfung nach Satz 1 und mit anderen Prüfungen zur Ermittlung oder Bewertung von Umweltauswirkungen verbunden werden.

Teil 4 – Besondere Verfahrensvorschriften für bestimmte Umweltprüfungen

§ 47 Linienbestimmung und Genehmigung von Flugplätzen

(1) [1]Für die Linienbestimmung nach § 16 Absatz 1 des Bundesfernstraßengesetzes und für die Linienbestimmung nach § 13 Absatz 1 des Bundeswasserstraßengesetzes sowie im Verfahren zur Genehmigung von Flugplätzen nach § 6 Absatz 1 des Luftverkehrsgesetzes wird bei Vorhaben die Umweltverträglichkeit nach dem jeweiligen Planungsstand des Vorhabens geprüft. [2]In die Prüfung der Umweltverträglichkeit sind bei der Linienbestimmung alle ernsthaft in Betracht kommenden Trassenvarianten einzubeziehen.

(2) (weggefallen)

(3) Im nachfolgenden Zulassungsverfahren kann die Prüfung der Umweltverträglichkeit auf zusätzliche erhebliche oder andere erhebliche Umweltauswirkungen des Vorhabens beschränkt werden.

(4) Die Linienbestimmung nach § 16 Absatz 1 des Bundesfernstraßengesetzes und die Linienbestimmung nach § 13 Absatz 1 des Bundeswasserstraßengesetzes kann nur im Rahmen des Rechtsbehelfsverfahrens gegen die nachfolgende Zulassungsentscheidung überprüft werden.

§ 48 Raumordnungspläne

Besteht für die Aufstellung eines Raumordnungsplans nach diesem Gesetz die SUP-Pflicht, so wird die Strategische Umweltprüfung einschließlich der Überwachung nach dem Raumordnungsgesetz durchgeführt. Auf einen Raumordnungsplan nach Anlage 5 Nummer 1.5 oder 1.6, der Flächen für die Windenergienutzung oder für den Abbau von Rohstoffen ausweist, ist § 1 Absatz 1 Satz 1 Nummer 4 des Umwelt-Rechtsbehelfsgesetzes nicht anzuwenden.

§ 49 Umweltverträglichkeitsprüfung bei Vorhaben mit Raumverträglichkeitsprüfung

In der Raumverträglichkeitsprüfung erfolgt die Prüfung der Umweltauswirkungen nur nach Maßgabe des Raumordnungsgesetzes. Die Umweltverträglichkeitsprüfung im nachfolgenden behördlichen Verfahren, das der Zulassungsentscheidung dient, umfasst eine vertiefte Prüfung der in der Raumverträglichkeitsprüfung nur überschlägig geprüften Umweltauswirkungen.

§ 50 Bauleitpläne

(1) [1]Werden Bebauungspläne im Sinne des § 2 Absatz 6 Nummer 3, insbesondere bei Vorhaben nach Anlage 1 Nummer 18.1 bis 18.9, aufgestellt, geändert oder ergänzt, so wird die Umweltverträglichkeitsprüfung einschließlich der Vorprüfung nach den §§ 1 und 2 Absatz 1 und 2 sowie nach den §§ 3 bis 13 im Aufstellungsverfahren als Umweltprüfung sowie die Überwachung nach den Vorschriften des Baugesetzbuchs durchgeführt. [2]Eine nach diesem Gesetz vorgeschriebene Vorprüfung entfällt, wenn für den aufzustellenden Bebauungsplan eine Umweltprüfung nach den Vorschriften des Baugesetzbuchs durchgeführt wird.

(2) Besteht für die Aufstellung, Änderung oder Ergänzung eines Bauleitplans nach diesem Gesetz eine Verpflichtung zur Durchführung einer Strategischen Umweltprüfung, wird hierfür unbeschadet der §§ 13 und 13a des Baugesetzbuchs eine Umweltprüfung einschließlich der Überwachung nach den Vorschriften des Baugesetzbuchs durchgeführt.

(3) Wird die Umweltverträglichkeitsprüfung in einem Aufstellungsverfahren für einen Bebauungsplan und in einem nachfolgenden Zulassungsverfahren durchgeführt, soll die Umweltverträglichkeitsprüfung im nachfolgenden Zulassungsverfahren auf zusätzliche oder andere erhebliche Umweltauswirkungen des Vorhabens beschränkt werden.

§ 51 Bergrechtliche Verfahren

[1]Bei bergbaulichen Vorhaben, die in der Anlage 1 aufgeführt sind und dem Bergrecht unterliegen, werden die Umweltverträglichkeitsprüfung und die Überwachung des Vorhabens nach den Vorschriften des Bundesberggesetzes durchgeführt. [2]Teil 2 Abschnitt 2 und 3 in Verbindung mit Anlage 4 findet nur Anwendung, soweit das Bundesberggesetz dies anordnet.

§ 52 Landschaftsplanungen

Bei Landschaftsplanungen richten sich die Erforderlichkeit und die Durchführung einer Strategischen Umweltprüfung nach Landesrecht.

§ 53 Verkehrswegeplanungen auf Bundesebene

(1) Bei Bedarfsplänen nach Nummer 1.1 der Anlage 5 ist eine Strategische Umweltprüfung nur für solche erheblichen Umweltauswirkungen erforderlich, die nicht bereits Gegenstand einer Strategischen Umweltprüfung im Verfahren zur Aufstellung oder Änderung von anderen Plänen und Programmen nach Nummer 1.1 der Anlage 5 waren.

(2) [1]Bei der Verkehrswegeplanung auf Bundesebene nach Nummer 1.1 der Anlage 5 werden bei der Erstellung des Umweltberichts in Betracht kommende vernünftige Alternativen, die die Ziele und den geographischen Anwendungsbereich des Plans oder Programms berücksichtigen, insbesondere alternative Verkehrsnetze und alternative Verkehrsträger ermittelt, beschrieben und bewertet. [2]Auf die Verkehrswegeplanung auf Bundesebene ist § 1 Absatz 1 Satz 1 Nummer 4 des Umwelt-Rechtsbehelfsgesetzes nicht anzuwenden.

(3) Das Bundesministerium für Digitales und Verkehr wird ermächtigt, im Einvernehmen mit dem Bundesministerium für Umwelt, Naturschutz, nukleare Sicherheit und Verbraucherschutz durch Rechtsverordnung ohne Zustimmung des Bundesrates für das Verfahren der Durchführung der Strategischen Umweltprüfung bei Plänen und Programmen nach Nummer 1.1 der Anlage 5 besondere Bestimmungen zur praktikablen und effizienten Durchführung zu erlassen über

1. die Einzelheiten des Verfahrens zur Festlegung des Untersuchungsrahmens nach § 39 im Hinblick auf Besonderheiten der Verkehrswegeplanung,
2. das Verfahren der Erarbeitung und über Inhalt und Ausgestaltung des Umweltberichts nach § 40 im Hinblick auf Besonderheiten der Verkehrswegeplanung,

3. die Einzelheiten der Beteiligung von Behörden und der Öffentlichkeit nach den §§ 41, 42, 60 und 61, unter Berücksichtigung der Verwendungsmöglichkeiten von elektronischen Kommunikationsmitteln,
4. die Form der Bekanntgabe der Entscheidung nach § 44, unter Berücksichtigung der Verwendungsmöglichkeiten von elektronischen Kommunikationsmitteln,
5. die Form, den Zeitpunkt und die Berücksichtigung von Ergebnissen der Überwachung nach § 45.

(4) Das Bundesministerium für Digitales und Verkehr wird ferner ermächtigt, im Einvernehmen mit dem Bundesministerium für Umwelt, Naturschutz, nukleare Sicherheit und Verbraucherschutz durch Rechtsverordnung mit Zustimmung des Bundesrates zu bestimmen, dass die Länder zur Anmeldung von Verkehrsprojekten für Pläne und Programme nach Nummer 1.1 der Anlage 5 bestimmte vorbereitende Prüfungen vorzunehmen und deren Ergebnisse oder sonstigen Angaben beizubringen haben, die für die Durchführung der Strategischen Umweltprüfung notwendig sind.

Teil 5 – Grenzüberschreitende Umweltprüfungen

Abschnitt 1 – Grenzüberschreitende Umweltverträglichkeitsprüfung

§ 54 Benachrichtigung eines anderen Staates

(1) [1]Wenn ein Vorhaben, für das eine UVP-Pflicht besteht, erhebliche grenzüberschreitende Umweltauswirkungen haben kann, benachrichtigt die zuständige deutsche Behörde frühzeitig die von dem anderen Staat benannte Behörde durch Übersendung geeigneter Unterlagen über das Vorhaben. [2]Wenn der andere Staat keine Behörde benannt hat, so wird die oberste für Umweltangelegenheiten zuständige Behörde des anderen Staates benachrichtigt.

(2) Absatz 1 gilt entsprechend, wenn ein anderer Staat um Benachrichtigung ersucht.

(3) Die Benachrichtigung und die geeigneten Unterlagen sind in deutscher Sprache und in einer Amtssprache des anderen Staates zu übermitteln.

(4) Die zuständige deutsche Behörde bittet die von dem anderen Staat benannte Behörde um Mitteilung innerhalb einer angemessenen Frist, ob eine Beteiligung erwünscht wird.

(5) Teilt der andere Staat mit, dass eine Beteiligung gewünscht wird, so findet eine grenzüberschreitende Behörden- und Öffentlichkeitsbeteiligung nach Maßgabe der §§ 55 bis 57 statt.

(6) Wenn ein Vorhaben, für das die UVP-Pflicht besteht, grenzüberschreitende Umweltauswirkungen haben kann und der andere Staat eine Beteiligung nicht wünscht, kann sich die betroffene Öffentlichkeit des anderen Staates am inländischen Beteiligungsverfahren nach Maßgabe der §§ 18 bis 22 beteiligen.

§ 55 Grenzüberschreitende Behördenbeteiligung bei inländischen Vorhaben

(1) Die zuständige deutsche Behörde übermittelt der benannten Behörde des anderen Staates sowie weiteren von dieser angegebenen Behörden, soweit die Angaben nicht in der Benachrichtigung enthalten waren, 1. den Inhalt der Bekanntmachung nach § 19 Absatz 1 und 2. die Unterlagen, die nach § 19 Absatz 2 zur Einsicht für die Öffentlichkeit auszulegen sind.

(2) [1]Folgende Unterlagen sind in deutscher Sprache und in einer Amtssprache des anderen Staates zu übermitteln:
1. der Inhalt der Bekanntmachung nach § 19 Absatz 1,
2. die nichttechnische Zusammenfassung des UVP-Berichts sowie
3. die Teile des UVP-Berichts, die es den beteiligten Behörden und der Öffentlichkeit des anderen Staates ermöglichen, die voraussichtlichen erheblichen nachteiligen grenzüberschreitenden

Umweltauswirkungen des Vorhabens einzuschätzen und dazu Stellung zu nehmen oder sich zu äußern.

[2]Die zuständige Behörde kann verlangen, dass ihr der Vorhabenträger eine Übersetzung dieser Angaben in die entsprechende Amtssprache zur Verfügung stellt.

(3) Die zuständige deutsche Behörde unterrichtet die benannte Behörde des anderen Staates sowie weitere von dieser angegebene Behörden über den geplanten zeitlichen Ablauf des Genehmigungsverfahrens.

(4) [1]Die zuständige deutsche Behörde gibt der benannten Behörde des anderen Staates sowie weiteren von dieser angegebenen Behörden mindestens im gleichen Umfang wie den nach § 17 zu beteiligenden Behörden Gelegenheit zur Stellungnahme. [2]Für die Stellungnahmen gilt § 73 Absatz 3a des Verwaltungsverfahrensgesetzes entsprechend.

(5) [1]Soweit erforderlich oder soweit der andere Staat darum ersucht, führen die zuständigen obersten Bundes- und Landesbehörden innerhalb eines vereinbarten, angemessenen Zeitrahmens mit dem anderen Staat Konsultationen durch, insbesondere über die grenzüberschreitenden Umweltauswirkungen des Vorhabens und über die Maßnahmen zu deren Vermeidung oder Verminderung. [2]Die Konsultationen können von einem geeigneten Gremium durchgeführt werden, das aus Vertretern der zuständigen obersten Bundes- und Länderbehörden und aus Vertretern des anderen Staates besteht.

(6) Die zuständige deutsche Behörde übermittelt den beteiligten Behörden des anderen Staates in einer Amtssprache des anderen Staates sonstige für das Verfahren der grenzüberschreitenden Umweltverträglichkeitsprüfung wesentliche Unterlagen, insbesondere Einladungen zum Erörterungstermin und zu Konsultationen.

(7) Die beteiligten Behörden des anderen Staates können ihre Mitteilungen und Stellungnahmen in einer ihrer Amtssprachen übermitteln.

§ 56 Grenzüberschreitende Öffentlichkeitsbeteiligung bei inländischen Vorhaben

(1) Bei der grenzüberschreitenden Öffentlichkeitsbeteiligung kann sich die Öffentlichkeit des anderen Staates am Verfahren nach den §§ 18 bis 22 beteiligen.

(2) Die zuständige deutsche Behörde wirkt darauf hin, dass
1. das Vorhaben in dem anderen Staat auf geeignete Weise bekannt gemacht wird und
2. dabei angegeben wird,
   a) wo, in welcher Form und in welchem Zeitraum die Unterlagen nach § 19 Absatz 2 der Öffentlichkeit des anderen Staates zugänglich gemacht werden,
   b) welcher deutschen Behörde in welcher Form und innerhalb welcher Frist die betroffene Öffentlichkeit des anderen Staates Äußerungen übermitteln kann sowie
   c) dass im Verfahren zur Beteiligung der Öffentlichkeit mit Ablauf der festgelegten Frist alle Äußerungen für das Verfahren über die Zulässigkeit des Vorhabens ausgeschlossen sind, die nicht auf besonderen privatrechtlichen Titeln beruhen.

(3) Die zuständige deutsche Behörde kann der betroffenen Öffentlichkeit des anderen Staates die elektronische Übermittlung von Äußerungen auch abweichend von den Voraussetzungen des § 3a Absatz 2 und 3 des Verwaltungsverfahrensgesetzes gestatten, sofern im Verhältnis zum anderen Staat für die elektronische Übermittlung die Voraussetzungen der Grundsätze von Gegenseitigkeit und Gleichwertigkeit erfüllt sind.

(4) Die Öffentlichkeit des anderen Staates kann ihre Äußerungen in einer ihrer Amtssprachen übermitteln.

§ 57 Übermittlung des Bescheids

(1) [1]Die zuständige deutsche Behörde übermittelt der benannten Behörde des anderen Staates sowie denjenigen Behörden des anderen Staates, die Stellungnahmen abgegeben haben, in deutscher Sprache den Zulassungsbescheid. [2]Zusätzlich übermittelt sie in einer Amtssprache des anderen Staates
1. die Teile des Bescheids, die es den beteiligten Behörden und der Öffentlichkeit des anderen Staates ermöglichen, zu erkennen,
   a) auf welche Art und Weise die voraussichtlichen erheblichen nachteiligen grenzüberschreitenden Umweltauswirkungen des Vorhabens sowie Gesichtspunkte oder Maßnahmen zum Ausschluss, zur Verminderung oder zum Ausgleich solcher Auswirkungen bei der Zulassungsentscheidung berücksichtigt worden sind und
   b) auf welche Art und Weise die Stellungnahmen der Behörden und die Äußerungen der betroffenen Öffentlichkeit des anderen Staates sowie die Ergebnisse der Konsultationen nach § 55 Absatz 5 bei der Zulassungsentscheidung berücksichtigt worden sind sowie
2. die Rechtsbehelfsbelehrung.

(2) Die zuständige deutsche Behörde wirkt darauf hin, dass der betroffenen Öffentlichkeit des anderen Staates
1. die Zulassungsentscheidung auf geeignete Weise bekannt gemacht wird und
2. der Bescheid einschließlich der übersetzten Teile zugänglich gemacht wird.

§ 58 Grenzüberschreitende Behördenbeteiligung bei ausländischen Vorhaben

(1) [1]Erhält die zuständige Behörde die Benachrichtigung eines anderen Staates über ein geplantes Vorhaben, für das in dem anderen Staat eine Pflicht zur Durchführung einer Umweltverträglichkeitsprüfung besteht und das erhebliche Umweltauswirkungen in Deutschland haben kann, so ersucht die zuständige deutsche Behörde, soweit entsprechende Angaben der Benachrichtigung nicht bereits beigefügt sind, die zuständige Behörde des anderen Staates um Unterlagen über das Vorhaben, insbesondere um eine Beschreibung des Vorhabens und um Angaben über dessen Umweltauswirkungen in Deutschland. [2]Die zuständige deutsche Behörde soll die zuständige Behörde des anderen Staates ersuchen, ihr in deutscher Sprache die Angaben des § 55 Absatz 2 zu übermitteln.

(2) [1]Auf der Grundlage der erhaltenen Angaben teilt die zuständige Behörde der zuständigen Behörde des anderen Staates mit, ob sie eine Beteiligung am Zulassungsverfahren für erforderlich hält. [2]Benötigt sie hierfür weitere Angaben, so ersucht sie die zuständige Behörde des anderen Staates um weitere Angaben im Sinne des § 16 Absatz 1 und 3 in deutscher Sprache.

(3) [1]Die zuständige Behörde unterrichtet die Behörden, die bei einem inländischen Vorhaben nach § 17 zu beteiligen wären, über das Vorhaben und übermittelt ihnen die Unterlagen und Angaben, die ihr vorliegen. [2]Sofern sie nicht die Abgabe einer einheitlichen Stellungnahme für angezeigt hält, weist sie die beteiligten Behörden darauf hin, welcher Behörde des anderen Staates eine Stellungnahme zugeleitet werden kann und welche Frist es für die Stellungnahme gibt.

(4) Erhält die zuständige Behörde auf andere Weise Kenntnis von einem geplanten ausländischen Vorhaben, das erhebliche Umweltauswirkungen in Deutschland haben kann, gelten die Absätze 1 bis 3 entsprechend.

(5) [1]Zuständig ist die Behörde, die für ein gleichartiges Vorhaben in Deutschland zuständig wäre. [2]Sind mehrere Behörden zuständig, so verständigen sie sich unverzüglich auf eine federführende Behörde. [3]Die federführende Behörde nimmt in diesem Fall zumindest die in den Absätzen 1 und 2 genannten Aufgaben der zuständigen deutschen Behörde wahr. [4]Die anderen zuständigen Behörden können der federführenden Behörde im Einvernehmen mit der federführenden Behörde weitere Aufgaben übertragen.

(6) Für Konsultationen mit dem anderen Staat gilt § 55 Absatz 5 entsprechend.

§ 59 Grenzüberschreitende Öffentlichkeitsbeteiligung bei ausländischen Vorhaben

(1) Auf der Grundlage der von dem anderen Staat zu diesem Zweck übermittelten Unterlagen macht die zuständige deutsche Behörde das Vorhaben in geeigneter Weise in den voraussichtlich betroffenen Gebieten der Öffentlichkeit bekannt.

(2) In der Bekanntmachung weist die zuständige deutsche Behörde darauf hin, welcher Behörde des anderen Staates eine Stellungnahme zugeleitet werden kann und welche Frist es für die Stellungnahme gibt.

(3) Die zuständige Behörde macht die Unterlagen öffentlich zugänglich.

(4) Die Bekanntmachung und die nach Absatz 3 öffentlich zugänglich zu machenden Unterlagen sind zumindest über das zentrale Internetportal zugänglich zu machen.

(5) Die Vorschriften über die öffentliche Bekanntmachung der Entscheidung und die Auslegung des Bescheids nach § 27 gelten entsprechend, soweit Rechtsvorschriften des Bundes oder der Länder für die Form der Bekanntmachung und Zugänglichmachung des Bescheids nicht etwas Abweichendes regeln.

Abschnitt 2 – Grenzüberschreitende Strategische Umweltprüfung

§ 60 Grenzüberschreitende Behördenbeteiligung bei inländischen Plänen und Programmen

(1) [1]Für die grenzüberschreitende Behördenbeteiligung bei Strategischen Umweltprüfungen gelten die Vorschriften über die Benachrichtigung eines anderen Staates nach § 54 und für die grenzüberschreitende Behördenbeteiligung nach § 55 entsprechend. [2]Bei der Benachrichtigung der zuständigen Behörde eines anderen Staates ist ein Exemplar des Plan- oder Programmentwurfs und des Umweltberichts zu übermitteln.

(2) [1]Die zuständige deutsche Behörde übermittelt den beteiligten Behörden des anderen Staates die Benachrichtigung in einer Amtssprache des anderen Staates. [2]Bei der Durchführung der grenzüberschreitenden Behördenbeteiligung übermittelt sie zumindest folgende Unterlagen in der Amtssprache des anderen Staates:
1. den Inhalt der Bekanntmachung nach § 42 in Verbindung mit § 19 Absatz 1,
2. die nichttechnische Zusammenfassung des Umweltberichts sowie
3. die Teile des Plan- oder Programmentwurfs und des Umweltberichts, die es den beteiligten Behörden und der Öffentlichkeit des anderen Staates ermöglichen, die voraussichtlichen erheblichen nachteiligen grenzüberschreitenden Umweltauswirkungen des Vorhabens einzuschätzen und dazu Stellung zu nehmen oder sich zu äußern.

(3) Die zuständige deutsche Behörde setzt eine angemessene Frist, innerhalb derer die zuständige Behörde des anderen Staates Gelegenheit zur Stellungnahme hat.

§ 61 Grenzüberschreitende Öffentlichkeitsbeteiligung bei inländischen Plänen und Programmen

(1) [1]Für die grenzüberschreitende Öffentlichkeitsbeteiligung bei Strategischen Umweltprüfungen gilt § 56 entsprechend. [2]Die in dem anderen Staat betroffene Öffentlichkeit kann sich am Verfahren nach § 42 beteiligen.

(2) [1]Die zuständige deutsche Behörde übermittelt bei der Annahme des Plans oder Programms dem beteiligten anderen Staat die in § 44 Absatz 2 genannten Informationen. [2]Dabei übermittelt sie folgende Informationen auch in einer Amtssprache des anderen Staates:
1. die Entscheidung zur Annahme des Programms,

2. die Teile der zusammenfassenden Erklärung, die es den beteiligten Behörden und der Öffentlichkeit des anderen Staates ermöglichen zu erkennen, auf welche Art und Weise
   a) der Plan oder das Programm die im Umweltbericht dargestellten voraussichtlichen erheblichen nachteiligen grenzüberschreitenden Umweltauswirkungen sowie Maßnahmen zum Ausschluss, zur Verringerung oder zum Ausgleich dieser Auswirkungen berücksichtigt,
   b) die Stellungnahmen der Behörden und die Äußerungen der betroffenen Öffentlichkeit des anderen Staates sowie die Ergebnisse der Konsultationen nach § 60 Absatz 1 in Verbindung mit § 55 Absatz 5 berücksichtigt,
3. eine Rechtsbehelfsbelehrung, soweit über die Annahme des Plans oder Programms nicht durch Gesetz entschieden wird, und
4. sonstige Unterlagen, die für das Verfahren der grenzüberschreitenden Strategischen Umweltprüfung wesentlich sind.

§ 62 Grenzüberschreitende Behördenbeteiligung bei ausländischen Plänen und Programmen

Für die Beteiligung der deutschen Behörden bei Plänen und Programmen eines anderen Staates gelten die Vorschriften für die grenzüberschreitende Behördenbeteiligung bei ausländischen Vorhaben nach § 58 und für die Konsultation mit dem anderen Staat nach § 55 Absatz 5 entsprechend.

§ 63 Grenzüberschreitende Öffentlichkeitsbeteiligung bei ausländischen Plänen und Programmen

(1) Für die Beteiligung der deutschen Öffentlichkeit bei Plänen und Programmen eines anderen Staates gilt § 59 Absatz 1 bis 3 und 5 entsprechend.

(2) Für die Bekanntgabe der Entscheidung über die Annahme oder Ablehnung des Plans oder Programms und für die Auslegung von Unterlagen im Falle der Annahme gilt § 44 entsprechend.

Abschnitt 3 – Gemeinsame Vorschriften

§ 64 Völkerrechtliche Verpflichtungen

Weitergehende Regelungen zur Umsetzung völkerrechtlicher Verpflichtungen von Bund und Ländern bleiben unberührt.

Teil 6 – Vorschriften für bestimmte Leitungsanlagen (Anlage 1 Nummer 19)

§ 65 Planfeststellung; Plangenehmigung

(1) Vorhaben, die in der Anlage 1 unter den Nummern 19.3 bis 19.9 aufgeführt sind, sowie die Änderung solcher Vorhaben bedürfen der Planfeststellung durch die zuständige Behörde, sofern dafür nach den §§ 6 bis 14 eine Verpflichtung zur Durchführung einer Umweltverträglichkeitsprüfung besteht.

(2) [1]Sofern keine Verpflichtung zur Durchführung einer Umweltverträglichkeitsprüfung besteht, bedarf das Vorhaben der Plangenehmigung. [2]Die Plangenehmigung entfällt in Fällen von unwesentlicher Bedeutung. [3]Diese liegen vor, wenn die Prüfwerte nach § 7 Absatz 1 und 2 für Größe und Leistung, die die Vorprüfung eröffnen, nicht erreicht werden oder die Voraussetzungen des § 74 Absatz 7 Satz 2 des Verwaltungsverfahrensgesetzes erfüllt sind; die §§ 10 bis 12 gelten entsprechend. [4]Die Sätze 2 und 3 gelten nicht für Errichtung, Betrieb und Änderung von Rohrleitungsanlagen zum Befördern wassergefährdender Stoffe sowie für die Änderung ihres Betriebs, ausgenommen Änderungen von unwesentlicher Bedeutung.

(3) Für Vorhaben, die in der Anlage 1 Nummer 19.7 oder 19.8 aufgeführt sind und die zugleich die Errichtung, den Betrieb oder die Änderung von Wärmeleitungen betreffen, ist anstelle der Absätze 1 und 2 sowie anstelle der §§ 66 bis 69 der § 8 des Geothermie-Beschleunigungsgesetzes vom 22. Dezember 2025 (BGBl. 2025 I Nr. 348, S. 2) anzuwenden.

§ 66 Entscheidung; Nebenbestimmungen; Verordnungsermächtigung

(1) [1]Der Planfeststellungsbeschluss darf nur ergehen, wenn
1. sichergestellt ist, dass das Wohl der Allgemeinheit nicht beeinträchtigt wird, insbesondere
   a) Gefahren für die Schutzgüter nicht hervorgerufen werden können und
   b) Vorsorge gegen die Beeinträchtigung der Schutzgüter, insbesondere durch bauliche, betriebliche oder organisatorische Maßnahmen entsprechend dem Stand der Technik getroffen wird,
2. umweltrechtliche Vorschriften und andere öffentlich-rechtliche Vorschriften dem Vorhaben nicht entgegenstehen,
3. Ziele der Raumordnung beachtet und Grundsätze und sonstige Erfordernisse der Raumordnung berücksichtigt sind,
4. Belange des Arbeitsschutzes gewahrt sind.

[2]Bei Vorhaben im Sinne der Nummer 19.3 der Anlage 1 darf der Planfeststellungsbeschluss darüber hinaus nur erteilt werden, wenn eine nachteilige Veränderung der Wasserbeschaffenheit nicht zu besorgen ist.

(2) [1]Der Planfeststellungsbeschluss kann mit Bedingungen versehen, mit Auflagen verbunden und befristet werden, soweit dies zur Wahrung des Wohls der Allgemeinheit oder zur Erfüllung von öffentlich-rechtlichen Vorschriften, die dem Vorhaben entgegenstehen können, erforderlich ist. [2]Die Aufnahme, Änderung oder Ergänzung von Auflagen über Anforderungen an das Vorhaben ist auch nach dem Ergehen des Planfeststellungsbeschlusses zulässig.

(3) Die Absätze 1 und 2 gelten für die Plangenehmigung entsprechend.

(4) Der Planfeststellungsbeschluss muss zumindest die folgenden Angaben enthalten:
1. die umweltbezogenen Nebenbestimmungen, die mit der Zulassungsentscheidung verbunden sind,
2. eine Beschreibung der vorgesehenen Überwachungsmaßnahmen,
3. eine Begründung, aus der die wesentlichen tatsächlichen und rechtlichen Gründe hervorgehen, die die Behörde zu ihrer Entscheidung bewogen haben; hierzu gehören
   a) Angaben über das Verfahren zur Beteiligung der Öffentlichkeit,
   b) die zusammenfassende Darstellung gemäß § 24,
   c) die begründete Bewertung gemäß § 25 Absatz 1 sowie
   d) eine Erläuterung, wie die begründete Bewertung, insbesondere die Angaben des UVP-Berichts, die behördlichen Stellungnahmen nach § 17 Absatz 2 und § 55 Absatz 4 sowie die Äußerungen der Öffentlichkeit nach den §§ 21 und 56, in der Zulassungsentscheidung berücksichtigt wurden oder wie ihnen anderweitig Rechnung getragen wurde.

(5) Wird das Vorhaben nicht zugelassen, müssen im Bescheid die dafür wesentlichen Gründe erläutert werden.

(6) [1]Die Bundesregierung wird ermächtigt, nach Anhörung der beteiligten Kreise durch Rechtsverordnung mit Zustimmung des Bundesrates Vorschriften zur Erfüllung der Voraussetzungen des Absatzes 1 Satz 1 Nummer 1 zu erlassen über
1. die dem Stand der Technik entsprechenden baulichen, betrieblichen oder organisatorischen Maßnahmen zur Vorsorge gegen die Beeinträchtigung der Schutzgüter,
2. die Pflichten von Vorhabenträgern und Dritten,
   a) Behörden und die Öffentlichkeit zu informieren,
   b) Behörden Unterlagen vorzulegen,

c) Behörden technische Ermittlungen und Prüfungen zu ermöglichen sowie ihnen dafür Arbeitskräfte und technische Hilfsmittel zur Verfügung zu stellen,

2a. die behördlichen Befugnisse,
   a) technische Ermittlungen und Prüfungen vorzunehmen,
   b) während der Betriebszeit Betriebsräume sowie unmittelbar zugehörige befriedete Betriebsgrundstücke zu betreten,
   c) bei Erforderlichkeit zur Verhütung dringender Gefahren für die öffentliche Sicherheit oder Ordnung Wohnräume und außerhalb der Betriebszeit Betriebsräume sowie unmittelbar zugehörige befriedete Betriebsgrundstücke zu betreten,
   d) jederzeit Anlagen zu betreten sowie Grundstücke, die nicht unmittelbar zugehörige befriedete Betriebsgrundstücke nach den Buchstaben b und c sind,
3. die Überprüfung von Vorhaben durch Sachverständige, Sachverständigenorganisationen und zugelassene Überwachungsstellen sowie über die Anforderungen, die diese Sachverständigen, Sachverständigenorganisationen und zugelassene Überwachungsstellen erfüllen müssen, sowie über das Verfahren ihrer Anerkennung,
4. die Anpassung bestehender Vorhaben an die Anforderungen der geltenden Vorschriften,
5. die Anzeige von Änderungen, die nach § 65 weder einer Planfeststellung noch einer Plangenehmigung bedürfen, an die zuständige Behörde,
6. die Befugnis für behördliche Anordnungen im Einzelfall.

[2]In der Rechtsverordnung können Vorschriften über die Einsetzung technischer Kommissionen getroffen werden. [3]Die Kommissionen sollen die Bundesregierung oder das Bundesministerium für Umwelt, Naturschutz, nukleare Sicherheit und Verbraucherschutz in technischen Fragen beraten. [4]Sie schlagen dem Stand der Technik entsprechende Regeln (technische Regeln) unter Berücksichtigung der für andere Schutzziele vorhandenen Regeln und, soweit dessen Zuständigkeiten berührt sind, in Abstimmung mit der Kommission für Anlagensicherheit nach § 51 a Absatz 1 des Bundes-Immissionsschutzgesetzes vor. [5]In die Kommissionen sind Vertreter der beteiligten Bundesbehörden und Landesbehörden, der Sachverständigen, Sachverständigenorganisationen und zugelassenen Überwachungsstellen, der Wissenschaft sowie der Hersteller und Betreiber von Leitungsanlagen zu berufen. [6]Technische Regeln können vom Bundesministerium für Umwelt, Naturschutz, nukleare Sicherheit und Verbraucherschutz im Bundesanzeiger veröffentlicht werden. [7]In der Rechtsverordnung können auch die Stoffe, die geeignet sind, die Wasserbeschaffenheit nachteilig zu verändern (wassergefährdende Stoffe im Sinne von Nummer 19.3 der Anlage 1), bestimmt werden. [8]Das Grundrecht der Unverletzlichkeit der Wohnung (Artikel 13 des Grundgesetzes) wird durch Satz 1 Nummer 2a Buchstabe c eingeschränkt.

(7) Die Bundesregierung wird ermächtigt, für Rohrleitungsanlagen, die keiner Planfeststellung oder Plangenehmigung bedürfen, nach Anhörung der beteiligten Kreise im Sinne von § 23 Absatz 2 des Wasserhaushaltsgesetzes durch Rechtsverordnung mit Zustimmung des Bundesrates
1. eine Anzeigepflicht vorzuschreiben,
2. Regelungen entsprechend Absatz 4 Satz 1 Nummer 1 bis 4, 6 oder entsprechend Absatz 6 Satz 2 und 7 zu erlassen.

(8) Für Anlagen, die militärischen Zwecken dienen, obliegen dem Bundesministerium der Verteidigung und den von ihm benannten Stellen die Aufgaben des Vollzugs und der Überwachung.

§ 67 Verfahren; Verordnungsermächtigung

[1]Für die Durchführung des Planfeststellungsverfahrens und des Plangenehmigungsverfahrens gelten die §§ 72 bis 78 des Verwaltungsverfahrensgesetzes. [2]Die Bundesregierung wird ermächtigt, durch Rechtsverordnung mit Zustimmung des Bundesrates weitere Einzelheiten des Planfeststellungsverfahrens, insbesondere zu Art und Umfang der Antragsunterlagen, zu regeln.

§ 67a Zulassung des vorzeitigen Baubeginns

(1) [1]In einem Planfeststellungs- oder Plangenehmigungsverfahren für ein Vorhaben nach § 65 Absatz 1 in Verbindung mit der Anlage 1 Nummer 19.7 kann die für die Feststellung des Plans oder für die Erteilung der Plangenehmigung zuständige Behörde vorläufig zulassen, dass bereits vor Feststellung des Plans oder der Erteilung der Plangenehmigung in Teilen mit der Errichtung oder Änderung der Rohrleitungsanlage einschließlich der Vorarbeiten begonnen wird, wenn
1. unter Berücksichtigung der Stellungnahmen der Träger öffentlicher Belange einschließlich der Gebietskörperschaften mit einer Entscheidung im Planfeststellungs- oder Plangenehmigungsverfahren zugunsten des Vorhabenträgers gerechnet werden kann,
2. der Vorhabenträger ein berechtigtes oder ein öffentliches Interesse an der Zulassung des vorzeitigen Baubeginns darlegt,
3. der Vorhabenträger nur Maßnahmen durchführt, die reversibel sind,
4. der Vorhabenträger über die für die Maßnahmen notwendigen privaten Rechte verfügt und
5. der Vorhabenträger sich verpflichtet,
   a) alle Schäden zu ersetzen, die bis zur Entscheidung im Planfeststellungs- oder Plangenehmigungsverfahren durch die Maßnahmen verursacht worden sind, und
   b) sofern kein Planfeststellungsbeschluss oder keine Plangenehmigung erfolgt, den früheren Zustand wiederherzustellen.

[2]Ausnahmsweise können irreversible Maßnahmen zugelassen werden, wenn sie nur wirtschaftliche Schäden verursachen und für diese Schäden eine Entschädigung in Geld geleistet wird. [3]Die Zulassung erfolgt auf Antrag des Vorhabenträgers und unter dem Vorbehalt des Widerrufs.

(2) [1]Die für die Feststellung des Plans oder für die Erteilung der Plangenehmigung zuständige Behörde kann die Leistung einer Sicherheit verlangen, soweit dies erforderlich ist, um die Erfüllung der Verpflichtungen des Vorhabenträgers nach Absatz 1 Satz 1 Nummer 5 und Satz 2 zu sichern. [2]Soweit die zugelassenen Maßnahmen durch die Planfeststellung oder Plangenehmigung für unzulässig erklärt sind, ordnet die Behörde gegenüber dem Träger des Vorhabens an, den früheren Zustand wiederherzustellen. [3]Dies gilt auch, wenn der Antrag auf Planfeststellung oder Plangenehmigung zurückgenommen wurde.

(3) Die Entscheidung über die Zulassung des vorzeitigen Baubeginns ist den anliegenden Gemeinden und den Beteiligten zuzustellen.

(4) Widerspruch und Anfechtungsklage gegen die Zulassung des vorzeitigen Baubeginns haben keine aufschiebende Wirkung.

§ 68 Überwachung

(1) [1]Die zuständige Behörde hat durch geeignete Maßnahmen zu überwachen, dass Vorhaben, die in Anlage 1 unter den Nummern 19.3 bis 19.9 aufgeführt sind, im Einklang mit den umweltbezogenen Bestimmungen des Zulassungsbescheids nach § 65 durchgeführt werden. [2]Bei UVP-pflichtigen Vorhaben gilt dies insbesondere für die im Planfeststellungsbescheid festgelegten Merkmale des Vorhabens und des Standorts, für die Maßnahmen, mit denen erhebliche nachteilige Umweltauswirkungen ausgeschlossen, vermindert oder ausgeglichen werden sollen, sowie für die Ersatzmaßnahmen bei Eingriffen in Natur und Landschaft.

(2) Die Überwachung nach Absatz 1 kann dem Vorhabenträger aufgegeben werden, soweit dies nach landesrechtlichen Vorschriften vorgesehen ist.

§ 69 Bußgeldvorschriften

(1) Ordnungswidrig handelt, wer vorsätzlich oder fahrlässig
1. ohne Planfeststellungsbeschluss nach § 65 Absatz 1 oder ohne Plangenehmigung nach § 65 Absatz 2 Satz 1 ein Vorhaben durchführt,

2. einer vollziehbaren Auflage nach § 66 Absatz 2 zuwiderhandelt oder
3. einer Rechtsverordnung nach
   a) § 66 Absatz 6 Satz 1 Nummer 1, 3, 4 oder 6, jeweils auch in Verbindung mit Absatz 7 Nummer 2, oder
   b) § 66 Absatz 6 Satz 1 Nummer 2, auch in Verbindung mit Absatz 7 Nummer 2, oder § 66 Absatz 6 Satz 1 Nummer 5 oder Absatz 7 Nummer 1

oder einer vollziehbaren Anordnung aufgrund einer solchen Rechtsverordnung zuwiderhandelt, soweit die Rechtsverordnung für einen bestimmten Tatbestand auf diese Bußgeldvorschrift verweist.

(2) Die Ordnungswidrigkeit kann in den Fällen des Absatzes 1 Nummer 3 Buchstabe b mit einer Geldbuße bis zu zwanzigtausend Euro, in den übrigen Fällen mit einer Geldbuße bis zu fünfzigtausend Euro geahndet werden.

Teil 7 – Schlussvorschriften

§ 70 Ermächtigung zum Erlass von Verwaltungsvorschriften

Die Bundesregierung kann mit Zustimmung des Bundesrates allgemeine Verwaltungsvorschriften erlassen, insbesondere über

1. Kriterien und Verfahren, die zu dem in § 3 Satz 2 und § 25 Absatz 1 genannten Zweck bei der Ermittlung, Beschreibung und Bewertung von Umweltauswirkungen zugrunde zu legen sind,
2. Grundsätze für den Untersuchungsrahmen nach § 15,
3. Grundsätze für die zusammenfassende Darstellung nach § 24 und für die begründete Bewertung nach § 25 Absatz 1,
4. Grundsätze und Verfahren zur Vorprüfung nach § 7 sowie über die in Anlage 3 aufgeführten Kriterien,
5. Grundsätze für die Erstellung des Umweltberichts nach § 40,
6. Grundsätze für die Überwachung nach den §§ 28, 45 und 68.

§ 71 Bestimmungen zum Verwaltungsverfahren

Von den Regelungen des Verwaltungsverfahrens, die in diesem Gesetz und aufgrund dieses Gesetzes getroffen werden, kann durch Landesrecht nur in dem Umfang abgewichen werden, der in § 1 Absatz 4 und § 38 bestimmt ist.

§ 72 Vermeidung von Interessenkonflikten

Ist die zuständige Behörde bei der Umweltverträglichkeitsprüfung zugleich Vorhabenträger, so ist die Unabhängigkeit des Behördenhandelns bei der Wahrnehmung der Aufgaben nach diesem Gesetz durch geeignete organisatorische Maßnahmen sicherzustellen, insbesondere durch eine angemessene funktionale Trennung.

§ 73 Berichterstattung an die Europäische Kommission

(1) Zur Vorbereitung der Berichterstattung an die Europäische Kommission teilen die zuständigen Behörden des Bundes und der Länder dem für Umweltschutz zuständigen Bundesministerium erstmals am 31. März 2023 und sodann alle sechs Jahre für ihren Zuständigkeitsbereich folgende Angaben mit:

1. die Anzahl der Vorhaben, für die im Betrachtungszeitraum eine Umweltverträglichkeitsprüfung durchgeführt worden ist, getrennt nach den in Anlage 1 genannten Vorhabenarten sowie
2. die Anzahl der Vorhaben nach Anlage 1 Spalte 2, für die im Betrachtungszeitraum eine Vorprüfung nach § 7 Absatz 1 oder 2 durchgeführt worden ist.

(2) Sofern entsprechende Angaben verfügbar sind, sind ebenfalls mitzuteilen:
1. die durchschnittliche Verfahrensdauer der im Betrachtungszeitraum durchgeführten Umweltverträglichkeitsprüfungen,
2. eine Abschätzung der durchschnittlichen unmittelbaren Kosten
   a) aller im Betrachtungszeitraum durchgeführten Umweltverträglichkeitsprüfungen sowie
   b) der Umweltverträglichkeitsprüfungen, die im Betrachtungszeitraum für Vorhaben kleiner und mittlerer Unternehmen durchgeführt worden sind.

§ 74 Übergangsvorschrift

(1) Für Vorhaben, für die das Verfahren zur Feststellung der UVP-Pflicht im Einzelfall nach § 3 c oder nach § 3 e Absatz 1 Nummer 2 in der Fassung dieses Gesetzes, die vor dem 16. Mai 2017 galt, vor dem 16. Mai 2017 eingeleitet wurde, sind die Vorschriften des Teils 2 Abschnitt 1 über die Vorprüfung des Einzelfalls in der bis dahin geltenden Fassung weiter anzuwenden.

(2) Verfahren nach § 4 sind nach der Fassung dieses Gesetzes, die vor dem 16. Mai 2017 galt, zu Ende zu führen, wenn vor diesem Zeitpunkt
1. das Verfahren zur Unterrichtung über voraussichtlich beizubringende Unterlagen in der bis dahin geltenden Fassung des § 5 Absatz 1 eingeleitet wurde oder
2. die Unterlagen nach § 6 in der bis dahin geltenden Fassung dieses Gesetzes vorgelegt wurden.

(3) Verfahren nach § 33 sind nach der Fassung dieses Gesetzes, die vor dem 16. Mai 2017 galt, zu Ende zu führen, wenn vor diesem Zeitpunkt der Untersuchungsrahmen nach § 14 f Absatz 1 in der bis dahin geltenden Fassung dieses Gesetzes festgelegt wurde.

(4) Besteht nach den Absätzen 1 bis 2 eine Verpflichtung zur Durchführung einer Umweltverträglichkeitsprüfung und ist diese gemäß § 50 im Bebauungsplanverfahren nach den Vorschriften des Baugesetzbuchs durchzuführen, gilt insoweit § 244 des Baugesetzbuchs.

(5) (weggefallen)

(6) Verfahren zur Errichtung und zum Betrieb sowie zur Änderung von Rohrleitungsanlagen nach Nummer 19.3 der Anlage 1, die vor dem 25. Juni 2002 eingeleitet worden sind, sind nach den Bestimmungen des Gesetzes zur Umsetzung der UVP-Änderungsrichtlinie, der IVU-Richtlinie und weiterer EG-Richtlinien zum Umweltschutz vom 27. Juli 2001 (BGBl. I S. 1950) zu Ende zu führen.

(6a) [1]Eine Genehmigung für eine Rohrleitungsanlage zum Befördern wassergefährdender Stoffe, die nach § 19 a Absatz 1 Satz 1 des Wasserhaushaltsgesetzes in der am 28. Februar 2010 geltenden Fassung erteilt worden ist, gilt, soweit eine Umweltverträglichkeitsprüfung durchgeführt worden ist, als Planfeststellung nach § 65 Absatz 1, in den übrigen Fällen als Plangenehmigung nach § 65 Absatz 2 fort. [2]Eine Rohrleitungsanlage zum Befördern wassergefährdender Stoffe, die nach § 19 e Absatz 2 Satz 1 und 2 des Wasserhaushaltsgesetzes in der am 28. Februar 2010 geltenden Fassung angezeigt worden ist oder keiner Anzeige bedurfte, bedarf keiner Planfeststellung oder Plangenehmigung; § 66 Absatz 2 und 6 gilt entsprechend.

(7) (weggefallen)

(8) [1]Die Vorschriften des Teils 3 gelten für Pläne und Programme, deren erster förmlicher Vorbereitungsakt nach dem 29. Juni 2005 erfolgt. [2]Verfahren zur Aufstellung oder Änderung von Plänen und Programmen, deren erster förmlicher Vorbereitungsakt nach dem 20. Juli 2004 erfolgt ist, sind nach den Vorschriften dieses Gesetzes zu Ende zu führen.

(9) [1]Pläne und Programme, deren erster förmlicher Vorbereitungsakt vor dem 21. Juli 2004 erfolgt ist und die später als am 20. Juli 2006 angenommen oder in ein Gesetzgebungsverfahren eingebracht werden, unterliegen den Vorschriften des Teils 3. [2] § 48 dieses Gesetzes sowie § 27 Absatz 1 und 3 des Raumordnungsgesetzes bleiben unberührt.

(10) [1]Verfahren, für die nach § 49 Absatz 1 eine Umweltverträglichkeitsprüfung durchzuführen ist und die vor dem 1. März 2010 begonnen worden sind, sind nach diesem Gesetz in der ab dem 1. März 2010 geltenden Fassung zu Ende zu führen. [2]Hat eine Öffentlichkeitsbeteiligung bereits stattgefunden, ist von einer erneuten Beteiligung der Öffentlichkeit nach § 9 in der vor dem 29. Juli 2017 geltenden Fassung abzusehen, soweit keine zusätzlichen oder anderen erheblichen Umweltauswirkungen zu erwarten sind. [3]Hat eine Behördenbeteiligung bereits stattgefunden, bedarf es einer erneuten Beteiligung nach den §§ 7 und 8 in der vor dem 29. Juli 2017 geltenden Fassung nur, wenn neue Unterlagen zu erheblichen Umweltauswirkungen des Vorhabens vorliegen.

(11) [1]Verfahren nach § 4, die der Entscheidung über die Zulässigkeit von Vorhaben dienen und die vor dem 25. Juni 2005 begonnen worden sind, sind nach den Vorschriften dieses Gesetzes in der ab 15. Dezember 2006 geltenden Fassung zu Ende zu führen. [2]Satz 1 findet keine Anwendung auf Verfahren, bei denen das Vorhaben vor dem 25. Juni 2005 bereits öffentlich gemacht worden ist.

(12) [1]Für Verfahren nach § 4, die der Entscheidung über die Zulässigkeit von Vorhaben nach Nummer 13.2.2 der Anlage 1 dienen, findet dieses Gesetz nur Anwendung, wenn das Verfahren nach dem 1. März 2010 eingeleitet worden ist. [2]Verfahren nach § 4, die der Entscheidung über die Zulässigkeit von Vorhaben nach den Nummern 3.15, 13.1 bis 13.2.1.3, 13.3 bis 13.18 und 17 der Anlage 1 dienen und die vor dem 1. März 2010 eingeleitet worden sind, sind nach der bis zu diesem Tag geltenden Fassung des Gesetzes zu Ende zu führen.

(13) Für Verfahren nach § 4, die der Entscheidung über die Zulässigkeit von Vorhaben nach Nummer 17.3 der Anlage 1 dienen, ist dieses Gesetz nur anzuwenden, wenn das Verfahren nach dem 1. August 2013 eingeleitet worden ist.

Anlage 1 Liste »UVP-pflichtige Vorhaben«

Nachstehende Vorhaben fallen nach § 1 Absatz 1 Nummer 1 in den Anwendungsbereich dieses Gesetzes. Soweit nachstehend eine allgemeine Vorprüfung oder eine standortbezogene Vorprüfung des Einzelfalls vorgesehen ist, nimmt dies Bezug auf die Regelungen des § 7 Absatz 1 und 2.

Legende:

Nr.	=	Nummer des Vorhabens
Vorhaben	=	Art des Vorhabens mit ggf. Größen- oder Leistungswerten nach § 6 Satz 2 sowie Prüfwerten für Größe oder Leistung nach § 7 Absatz 5 Satz 3
X in Spalte 1	=	Vorhaben ist UVP-pflichtig
A in Spalte 2	=	allgemeine Vorprüfung des Einzelfalls: siehe § 7 Absatz 1 Satz 1
S in Spalte 2	=	standortbezogene Vorprüfung des Einzelfalls: siehe § 7 Absatz 2

Nr.	Vorhaben	Sp. 1	Sp. 2
1.	**Wärmeerzeugung, Bergbau und Energie:**		
1.1	Errichtung und Betrieb einer Anlage zur Erzeugung von Strom, Dampf, Warmwasser, Prozesswärme oder erhitztem Abgas durch den Einsatz von Brennstoffen in einer Verbrennungseinrichtung (wie Kraftwerk, Heizkraftwerk, Heizwerk, Gasturbine, Verbrennungsmotoranlage, sonstige Feuerungsanlage), einschließlich des jeweils zugehörigen Dampfkessels, mit einer Feuerungswärmeleistung von		
1.1.1	mehr als 200 MW,	X	
1.1.2	50 MW bis 200 MW;		A

Nr.	Vorhaben	Sp. 1	Sp. 2
1.2	Errichtung und Betrieb einer Anlage zur Erzeugung von Strom, Dampf, Warmwasser, Prozesswärme oder erhitztem Abgas in einer Verbrennungseinrichtung (wie Kraftwerk, Heizkraftwerk, Heizwerk, Gasturbinenanlage, Verbrennungsmotoranlage, sonstige Feuerungsanlage), einschließlich des jeweils zugehörigen Dampfkessels, ausgenommen Verbrennungsmotoranlagen für Bohranlagen und Notstromaggregate, durch den Einsatz von		
1.2.1	Kohle, Koks einschließlich Petrolkoks, Kohlebriketts, Torfbriketts, Brenntorf, naturbelassenem Holz, emulgiertem Naturbitumen, Heizölen, ausgenommen Heizöl EL, mit einer Feuerungswärmeleistung von 1 MW bis weniger als 50 MW,		S
1.2.2	gasförmigen Brennstoffen (insbesondere Koksofengas, Grubengas, Stahlgas, Raffineriegas, Synthesegas, Erdölgas aus der Tertiärförderung von Erdöl, Klärgas, Biogas), ausgenommen naturbelassenem Erdgas, Flüssiggas, Gasen der öffentlichen Gasversorgung oder Wasserstoff, mit einer Feuerungswärmeleistung von		
1.2.2.1	10 MW bis weniger als 50 MW,		S
1.2.2.2	1 MW bis weniger als 10 MW, bei Verbrennungsmotoranlagen oder Gasturbinenanlagen,		S
1.2.3	Heizöl EL, Dieselkraftstoff, Methanol, Ethanol, naturbelassenen Pflanzenölen oder Pflanzenölmethylestern, naturbelassenem Erdgas, Flüssiggas, Gasen der öffentlichen Gasversorgung oder Wasserstoff mit einer Feuerungswärmeleistung von		
1.2.3.1	20 MW bis weniger als 50 MW,		S
1.2.3.2	1 MW bis weniger als 20 MW, bei Verbrennungsmotoranlagen oder Gasturbinenanlagen,		S
1.2.4	anderen als in Nummer 1.2.1 oder 1.2.3 genannten festen oder flüssigen Brennstoffen mit einer Feuerungswärmeleistung von		
1.2.4.1	1 MW bis weniger als 50 MW,		A
1.2.4.2	100 KW bis weniger als 1 MW;		S
1.3	(weggefallen)		
1.4	Errichtung und Betrieb einer Verbrennungsmotoranlage oder Gasturbinenanlage zum Antrieb von Arbeitsmaschinen für den Einsatz von		
1.4.1	Heizöl EL, Dieselkraftstoff, Methanol, Ethanol, naturbelassenen Pflanzenölen, Pflanzenölmethylestern Koksofengas, Grubengas, Stahlgas, Raffineriegas, Synthesegas, Erdölgas aus der Tertiärförderung von Erdöl, Klärgas, Biogas, naturbelassenem Erdgas, Flüssiggas, Gasen der öffentlichen Gasversorgung oder Wasserstoff mit einer Feuerungswärmeleistung von		
1.4.1.1	mehr als 200 MW,	X	
1.4.1.2	50 MW bis 200 MW,		A
1.4.1.3	1 MW bis weniger als 50 MW, ausgenommen Verbrennungsmotoranlagen für Bohranlagen,		S
1.4.2	anderen als in Nummer 1.4.1 genannten Brennstoffen mit einer Feuerungswärmeleistung von		
1.4.2.1	mehr als 200 MW,	X	
1.4.2.2	50 MW bis 200 MW		A
1.4.2.3	1 MW bis weniger als 50 MW;		S
1.5	(weggefallen)		
1.6	Errichtung und Betrieb einer Windfarm mit Anlagen mit einer Gesamthöhe von jeweils mehr als 50 Metern mit		
1.6.1	20 oder mehr Windkraftanlagen,	X	
1.6.2	6 bis weniger als 20 Windkraftanlagen,		A

Nr.	Vorhaben	Sp. 1	Sp. 2
1.6.3	3 bis weniger als 6 Windkraftanlagen;		S
1.7	Errichtung und Betrieb einer Anlage zum Brikettieren von Braun- oder Steinkohle;	X	
1.8	Errichtung und Betrieb einer Anlage zur Trockendestillation von Steinkohle oder Braunkohle (z.B. Kokerei, Gaswerk, Schwelerei) mit einem Durchsatz von		
1.8.1	500 t oder mehr je Tag,	X	
1.8.2	weniger als 500 t je Tag, ausgenommen Holzkohlenmeiler;		A
1.9	Errichtung und Betrieb einer Anlage zur Vergasung oder Verflüssigung von Kohle oder bituminösem Schiefer mit einem Durchsatz von		
1.9.1	500 t oder mehr je Tag,	X	
1.9.2	weniger als 500 t je Tag;		A
1.10	Errichtung und Betrieb einer Anlage zur Abscheidung von Kohlendioxid zur dauerhaften Speicherung		
1.10.1	aus einer Anlage, die nach Spalte 1 UVP-pflichtig ist,	X	
1.10.2	mit einer Abscheidungsleistung von 1,5 Mio. t oder mehr pro Jahr, soweit sie nicht unter Nummer 1.10.1 fällt,	X	
1.10.3	mit einer Abscheidungsleistung von weniger als 1,5 Mio. t pro Jahr;		A
1.11	Errichtung und Betrieb einer Anlage zur		
1.11.1	Erzeugung von Biogas, soweit nicht durch Nummer 8.4 erfasst, mit einer Produktionskapazität von		
1.11.1.1	2 Mio. Normkubikmetern oder mehr Rohgas je Jahr,		A
1.11.1.2	1,2 Mio. bis weniger als 2 Mio. Normkubikmetern Rohgas je Jahr,		S
1.11.2	Aufbereitung von Biogas mit einer Verarbeitungskapazität von		
1.11.2.1	2 Mio. Normkubikmetern oder mehr Rohgas je Jahr,		A
1.11.2.2	1,2 Mio. bis weniger als 2 Mio. Normkubikmetern Rohgas je Jahr,		S
2.	**Steine und Erden, Glas, Keramik, Baustoffe:**		
2.1	Errichtung und Betrieb eines Steinbruchs mit einer Abbaufläche von		
2.1.1	25 ha oder mehr,	X	
2.1.2	10 ha bis weniger als 25 ha,		A
2.1.3	weniger als 10 ha, soweit Sprengstoffe verwendet werden;		S
2.2	Errichtung und Betrieb einer Anlage zur Herstellung von Zementklinkern oder Zementen mit einer Produktionskapazität von		
2.2.1	1.000 t oder mehr je Tag,	X	
2.2.2	weniger als 1.000 t je Tag;		A
2.3	Errichtung und Betrieb einer Anlage zur Gewinnung von Asbest;	X	
2.4	Errichtung und Betrieb einer Anlage zur Bearbeitung oder Verarbeitung von Asbest oder Asbesterzeugnissen mit		
2.4.1	einer Jahresproduktion von		
2.4.1.1	20.000 t oder mehr Fertigerzeugnissen bei Asbestzementerzeugnissen,	X	
2.4.1.2	50 t oder mehr Fertigerzeugnissen bei Reibungsbelägen,	X	
2.4.2	einem Einsatz von 200 t oder mehr Asbest bei anderen Verwendungszwecken,	X	
2.4.3	einer geringeren Jahresproduktion oder einem geringeren Einsatz als in den vorstehenden Nummern angegeben;		A
2.5	Errichtung und Betrieb einer Anlage zur Herstellung von Glas, auch soweit es aus Altglas hergestellt wird, einschließlich Anlagen zur Herstellung von Glasfasern mit einer Schmelzkapazität von		

Nr.	Vorhaben	Sp. 1	Sp. 2
2.5.1	200.000 t oder mehr je Jahr oder bei Flachglasanlagen, die nach dem Floatglasverfahren betrieben werden, 100.000 t oder mehr je Jahr,	X	
2.5.2	20 t je Tag bis weniger als in der vorstehenden Nummer angegeben,		A
2.5.3	100 kg bis weniger als 20 t je Tag, ausgenommen Anlagen zur Herstellung von Glasfasern, die für medizinische oder fernmeldetechnische Zwecke bestimmt sind;		S
2.6	Errichtung und Betrieb einer Anlage zum Brennen keramischer Erzeugnisse (einschließlich Anlagen zum Blähen von Ton) mit einer Produktionskapazität von		
2.6.1	75 t oder mehr je Tag,		A
2.6.2	weniger als 75 t je Tag, soweit der Rauminhalt der Brennanlage 4 m^3 oder mehr beträgt oder die Besatzdichte mehr als 100 kg je Kubikmeter Rauminhalt der Brennanlage beträgt, ausgenommen elektrisch beheizte Brennöfen, die diskontinuierlich und ohne Abluftführung betrieben werden;		S
2.7	Errichtung und Betrieb einer Anlage zum Schmelzen mineralischer Stoffe, einschließlich Anlagen zur Herstellung von Mineralfasern;		A
3.	**Stahl, Eisen und sonstige Metalle einschließlich Verarbeitung:**		
3.1	Errichtung und Betrieb einer Anlage zum Rösten (Erhitzen unter Luftzufuhr zur Überführung in Oxide) oder Sintern (Stückigmachen von feinkörnigen Stoffen durch Erhitzen) von Erzen;	X	
3.2	Errichtung und Betrieb eines integrierten Hüttenwerkes (Anlage zur Herstellung oder zum Erschmelzen von Roheisen und zur Weiterverarbeitung zu Rohstahl, bei der sich Gewinnungs- und Weiterverarbeitungseinheiten nebeneinander befinden und in funktioneller Hinsicht miteinander verbunden sind);	X	
3.3	Errichtung und Betrieb einer Anlage zur Herstellung oder zum Erschmelzen von Roheisen oder Stahl einschließlich Stranggießen, auch soweit Konzentrate oder sekundäre Rohstoffe eingesetzt werden, mit einer Schmelzkapazität von		
3.3.1	2,5 t Roheisen oder Stahl je Stunde oder mehr,		A
3.3.2	weniger als 2,5 t Stahl je Stunde;		S
3.4	Errichtung und Betrieb einer Anlage zur Herstellung von Nichteisenrohmetallen aus Erzen, Konzentraten oder sekundären Rohstoffen durch metallurgische, chemische oder elektrolytische Verfahren;	X	
3.5	Errichtung und Betrieb einer Anlage zum Schmelzen, zum Legieren oder zur Raffination von Nichteisenmetallen mit einer Schmelzkapazität von		
3.5.1	100.000 t oder mehr je Jahr,	X	
3.5.2	4 t oder mehr je Tag bei Blei und Cadmium oder von 20 t oder mehr je Tag bei sonstigen Nichteisenmetallen, jeweils bis weniger als 100.000 t je Jahr,		A
3.5.3	0,5 t bis weniger als 4 t je Tag bei Blei und Cadmium oder von 2 t bis weniger als 20 t je Tag bei sonstigen Nichteisenmetallen, ausgenommen – Vakuum-Schmelzanlagen, – Schmelzanlagen für Gusslegierungen aus Zinn und Wismut oder aus Feinzink und Aluminium in Verbindung mit Kupfer oder Magnesium, – Schmelzanlagen, die Bestandteil von Druck- oder Kokillengießmaschinen sind oder die ausschließlich im Zusammenhang mit einzelnen Druck- oder Kokillengießmaschinen gießfertige Nichteisenmetalle oder gießfertige Legierungen niederschmelzen, – Schmelzanlagen für Edelmetalle oder für Legierungen, die nur aus Edelmetallen oder aus Edelmetallen und Kupfer bestehen, – Schwalllötbäder und – Heißluftverzinnungsanlagen;		S

Nr.	Vorhaben	Sp. 1	Sp. 2
3.6	Errichtung und Betrieb einer Anlage zur Umformung von Stahl durch Warmwalzen;		A
3.7	Errichtung und Betrieb einer Eisen-, Temper- oder Stahlgießerei mit einer Verarbeitungskapazität an Flüssigmetall von		
3.7.1	200.000 t oder mehr je Jahr,	X	
3.7.2	20 t oder mehr je Tag,		A
3.7.3	2 t bis weniger als 20 t je Tag;		S
3.8	Errichtung und Betrieb einer Anlage zum Aufbringen von metallischen Schutzschichten auf Metalloberflächen mit Hilfe von schmelzflüssigen Bädern mit einer Verarbeitungskapazität von		
3.8.1	100.000 t Rohgut oder mehr je Jahr,	X	
3.8.2	2 t Rohgut je Stunde bis weniger als 100.000 t Rohgut je Jahr,		A
3.8.3	500 kg bis weniger als 2 t Rohgut je Stunde, ausgenommen Anlagen zum kontinuierlichen Verzinken nach dem Sendzimirverfahren;		S
3.9	Errichtung und Betrieb einer Anlage zur Oberflächenbehandlung von Metallen durch ein elektrolytisches oder chemisches Verfahren mit einem Volumen der Wirkbäder von		
3.9.1	30 m^3 oder mehr,		A
3.9.2	1 m^3 bis weniger als 30 m^3 bei Anlagen durch Beizen oder Brennen unter Verwendung von Fluss- oder Salpetersäure;		S
3.10	Errichtung und Betrieb einer Anlage, die aus einem oder mehreren maschinell angetriebenen Hämmern oder Fallwerken besteht, wenn die Schlagenergie eines Hammers oder Fallwerkes		
3.10.1	20 Kilojoule oder mehr beträgt,		A
3.10.2	1 Kilojoule bis weniger als 20 Kilojoule beträgt;		S
3.11	Errichtung und Betrieb einer Anlage zur Sprengverformung oder zum Plattieren mit Sprengstoffen bei einem Einsatz von 10 kg Sprengstoff oder mehr je Schuss;		A
3.12	Errichtung und Betrieb einer Schiffswerft		
3.12.1	zum Bau von Seeschiffen mit einer Größe von 100.000 Bruttoregistertonnen,	X	
3.12.2	zur Herstellung oder Reparatur von Schiffskörpern oder Schiffssektionen aus Metall mit einer Länge von 20 m oder mehr, soweit nicht ein Fall der vorstehenden Nummer vorliegt;		A
3.13	Errichtung und Betrieb einer Anlage zum Bau von Schienenfahrzeugen mit einer Produktionskapazität von 600 oder mehr Schienenfahrzeugeinheiten je Jahr (1 Schienenfahrzeugeinheit entspricht 0,5 Lokomotive, 1 Straßenbahn, 1 Wagen eines Triebzuges, 1 Triebkopf, 1 Personenwagen oder 3 Güterwagen);		A
3.14	Errichtung und Betrieb einer Anlage für den Bau und die Montage von Kraftfahrzeugen oder einer Anlage für den Bau von Kraftfahrzeugmotoren mit einer Kapazität von jeweils 100.000 Stück oder mehr je Jahr;		A
3.15	Errichtung und Betrieb einer Anlage für den Bau und die Instandsetzung von Luftfahrzeugen, soweit je Jahr mehr als 50 Luftfahrzeuge hergestellt oder repariert werden können, ausgenommen Wartungsarbeiten;		A
4.	**Chemische Erzeugnisse, Arzneimittel, Mineralölraffination und Weiterverarbeitung:**		

Nr.	Vorhaben	Sp. 1	Sp. 2
4.1	Errichtung und Betrieb einer integrierten chemischen Anlage (Verbund zur Herstellung von Stoffen oder Stoffgruppen durch chemische Umwandlung im industriellen Umfang, bei dem sich mehrere Einheiten nebeneinander befinden und in funktioneller Hinsicht miteinander verbunden sind und – zur Herstellung von organischen Grundchemikalien, – zur Herstellung von anorganischen Grundchemikalien, – zur Herstellung von phosphor-, Stickstoff- oder kaliumhaltigen Düngemitteln (Einnährstoff oder Mehrnährstoff), – zur Herstellung von Ausgangsstoffen für Pflanzenschutzmittel und von Bioziden, – zur Herstellung von Grundarzneimitteln unter Verwendung eines chemischen oder biologischen Verfahrens oder – zur Herstellung von Explosivstoffen dienen), ausgenommen Anlagen zur Erzeugung oder Spaltung von Kernbrennstoffen oder zur Aufarbeitung bestrahlter Kernbrennstoffe nach Nummer 11.1;	X	
4.2	Errichtung und Betrieb einer Anlage zur Herstellung von Stoffen oder Stoffgruppen durch chemische Umwandlung im industriellen Umfang, ausgenommen integrierte chemische Anlagen nach Nummer 4.1, Anlagen nach Nummer 10.1 und Anlagen zur Erzeugung oder Spaltung von Kernbrennstoffen oder zur Aufarbeitung bestrahlter Kernbrennstoffe nach Nummer 11.1;		A
4.3	Errichtung und Betrieb einer Anlage zur Destillation oder Raffination oder sonstigen Weiterverarbeitung von Erdöl in Mineralölraffinerien;	X	
4.4	Errichtung und Betrieb einer Anlage zur Herstellung von Anstrich- oder Beschichtungsstoffen (Lasuren, Firnisse, Lacke, Dispersionsfarben) oder Druckfarben unter Einsatz von 25 t flüchtiger organischer Verbindungen oder mehr je Tag, die bei einer Temperatur von 293,15 Kelvin einen Dampfdruck von mindestens 0,01 Kilopascal haben;		A
5.	**Oberflächenbehandlung von Kunststoffen:**		
5.1	Errichtung und Betrieb einer Anlage zur Oberflächenbehandlung von Kunststoffen durch ein elektrolytisches oder chemisches Verfahren mit einem Volumen der Wirkbäder von 30 m^3 oder mehr;		A
6.	**Holz, Zellstoff:**		
6.1	Errichtung und Betrieb einer Anlage zur Gewinnung von Zellstoff aus Holz, Stroh oder ähnlichen Faserstoffen;	X	
6.2	Errichtung und Betrieb einer Anlage zur Herstellung von Papier oder Pappe mit einer Produktionskapazität von		
6.2.1	200 t oder mehr je Tag,	X	
6.2.2	20 t bis weniger als 200 t je Tag;		A
7.	**Nahrungs-, Genuss- und Futtermittel, landwirtschaftliche Erzeugnisse:**		
7.1	Errichtung und Betrieb einer Anlage zur Intensivhaltung von Hennen mit		
7.1.1	60.000 oder mehr Plätzen,	X	
7.1.2	40.000 bis weniger als 60.000 Plätzen,		A
7.1.3	15.000 bis weniger als 40.000 Plätzen;		S
7.2	Errichtung und Betrieb einer Anlage zur Intensivhaltung oder -aufzucht von Junghennen mit		
7.2.1	85.000 oder mehr Plätzen,	X	
7.2.2	40.000 bis weniger als 85.000 Plätzen,		A
7.2.3	30.000 bis weniger als 40.000 Plätzen;		S

Nr.	Vorhaben	Sp. 1	Sp. 2
7.3	Errichtung und Betrieb einer Anlage zur Intensivhaltung oder -aufzucht von Mastgeflügel mit		
7.3.1	85.000 oder mehr Plätzen,	X	
7.3.2	40.000 bis weniger als 85.000 Plätzen,		A
7.3.3	30.000 bis weniger als 40.000 Plätzen;		S
7.4	Errichtung und Betrieb einer Anlage zur Intensivhaltung oder -aufzucht von Truthühnern mit		
7.4.1	60.000 oder mehr Plätzen,	X	
7.4.2	40.000 bis weniger als 60.000 Plätzen,		A
7.4.3	15.000 bis weniger als 40.000 Plätzen;		S
7.5	Errichtung und Betrieb einer Anlage zur Intensivhaltung oder -aufzucht von Rindern mit		
7.5.1	800 oder mehr Plätzen,		A
7.5.2	600 bis weniger als 800 Plätzen;		S
7.6	Errichtung und Betrieb einer Anlage zur Intensivhaltung oder -aufzucht von Kälbern mit		
7.6.1	1.000 oder mehr Plätzen,		A
7.6.2	500 bis weniger als 1.000 Plätzen;		S
7.7	Errichtung und Betrieb einer Anlage zur Intensivhaltung oder -aufzucht von Mastschweinen (Schweine von 30 kg Lebendgewicht oder mehr) mit		
7.7.1	3.000 oder mehr Plätzen,	X	
7.7.2	2.000 bis weniger als 3.000 Plätzen,		A
7.7.3	1.500 bis weniger als 2.000 Plätzen;		S
7.8	Errichtung und Betrieb einer Anlage zur Intensivhaltung oder -aufzucht von Sauen einschließlich dazugehörender Ferkel (Ferkel bis weniger als 30 kg Lebendgewicht) mit		
7.8.1	900 oder mehr Plätzen,	X	
7.8.2	750 bis weniger als 900 Plätzen,		A
7.8.3	560 bis weniger als 750 Plätzen;		S
7.9	Errichtung und Betrieb einer Anlage zur getrennten Intensivaufzucht von Ferkeln (Ferkel von 10 bis weniger als 30 kg Lebendgewicht) mit		
7.9.1	9.000 oder mehr Plätzen,	X	
7.9.2	6.000 bis weniger als 9.000 Plätzen,		A
7.9.3	4.500 bis weniger als 6.000 Plätzen;		S
7.10	Errichtung und Betrieb einer Anlage zur Intensivhaltung oder -aufzucht von Pelztieren mit		
7.10.1	1.000 oder mehr Plätzen,		A
7.10.2	750 bis weniger als 1.000 Plätzen;		S
7.11	Errichtung und Betrieb einer Anlage zur Intensivhaltung oder -aufzucht von Tieren in gemischten Beständen, wenn		
7.11.1	die jeweils unter den Nummern 7.1.1, 7.2.1, 7.3.1, 7.4.1, 7.7.1, 7.8.1, 7.9.1 und 7.10.1 genannten Platzzahlen nicht erreicht werden, die Summe der Vom-Hundert-Anteile, bis zu denen die Platzzahlen ausgeschöpft werden, aber den Wert 100 erreicht oder überschreitet,	X	
7.11.2	die jeweils unter den Nummern 7.1.2, 7.2.2, 7.3.2, 7.4.2, 7.5.1, 7.6.1, 7.7.2, 7.8.2, 7.9.2 und 7.10.1 genannten Platzzahlen nicht erreicht werden, die Summe der Vom-Hundert-Anteile, bis zu denen die Platzzahlen ausgeschöpft werden, aber den Wert von 100 erreicht oder überschreitet,		A

Nr.	Vorhaben	Sp. 1	Sp. 2
7.11.3	die jeweils unter den Nummern 7.1.3, 7.2.3, 7.3.3, 7.4.3, 7.5.2, 7.6.2, 7.7.3, 7.8.3, 7.9.3 und 7.10.2 genannten Platzzahlen nicht erreicht werden, die Summe der Vom-Hundert-Anteile, bis zu denen die Platzzahlen ausgeschöpft werden, aber den Wert 100 erreicht oder überschreitet;		S
7.12	(weggefallen)		
7.13	Errichtung und Betrieb einer Anlage zum Schlachten von Tieren mit einer Kapazität von		
7.13.1	50 t Lebendgewicht oder mehr je Tag,		A
7.13.2	0,5 t bis weniger als 50 t Lebendgewicht je Tag bei Geflügel oder 4 t bis weniger als 50 t Lebendgewicht je Tag bei sonstigen Tieren;		S
7.14	Errichtung und Betrieb einer Anlage zur Erzeugung von Speisefetten aus tierischen Rohstoffen, ausgenommen Milch, mit einer Produktionskapazität von		
7.14.1	75 t Fertigerzeugnissen oder mehr je Tag,		A
7.14.2	weniger als 75 t Fertigerzeugnissen je Tag, ausgenommen Anlagen zur Erzeugung von Speisefetten aus selbstgewonnenen tierischen Fetten in Fleischereien mit einer Kapazität von bis zu 200 kg Speisefett je Woche;		S
7.15	Errichtung und Betrieb einer Anlage zum Schmelzen von tierischen Fetten mit einer Produktionskapazität von		
7.15.1	75 t Fertigerzeugnissen oder mehr je Tag,		A
7.15.2	weniger als 75 t Fertigerzeugnissen je Tag, ausgenommen Anlagen zur Verarbeitung von selbstgewonnenen tierischen Fetten zu Speisefetten in Fleischereien mit einer Kapazität von bis zu 200 kg Speisefett je Woche;		S
7.16	Errichtung und Betrieb einer Anlage zur Herstellung von Fleischkonserven mit einer Produktionskapazität von		
7.16.1	75 t Konserven oder mehr je Tag,		A
7.16.2	1 t bis weniger als 75 t Konserven je Tag;		S
7.17	Errichtung und Betrieb einer Anlage zur Herstellung von Gemüsekonserven mit einer Produktionskapazität von		
7.17.1	600 t Konserven oder mehr je Tag, wenn die Anlage an nicht mehr als 90 aufeinanderfolgenden Tagen im Jahr in Betrieb ist,		A
7.17.2	300 t Konserven oder mehr je Tag, wenn die Anlage an mehr als 90 aufeinanderfolgenden Tagen im Jahr in Betrieb ist,		A
7.17.3	10 t bis weniger als den in den Nummern 7.17.1 oder 7.17.2 angegebenen Kapazitäten für Tonnen Konserven je Tag und unter den dort genannten Voraussetzungen im Übrigen, ausgenommen Anlagen zum Sterilisieren oder Pasteurisieren dieser Nahrungsmittel in geschlossenen Behältnissen;		S
7.18	Errichtung und Betrieb einer Anlage zur Herstellung von Futtermittelerzeugnissen aus tierischen Rohstoffen, soweit in einer solchen Anlage eine fabrikmäßige Herstellung von Tierfutter durch Erwärmen der Bestandteile tierischer Herkunft erfolgt,		A
7.19	Errichtung und Betrieb einer Anlage zur Beseitigung oder Verwertung von Tierkörpern oder tierischen Abfällen mit einer Verarbeitungskapazität von		
7.19.1	10 t oder mehr je Tag,		A
7.19.2	weniger als 10 t je Tag;		S
7.20	Errichtung und Betrieb einer Anlage zum Gerben einschließlich Nachgerben von Tierhäuten oder Tierfellen mit einer Verarbeitungskapazität von		
7.20.1	12 t Fertigerzeugnissen oder mehr je Tag,		A

Nr.	Vorhaben	Sp. 1	Sp. 2
7.20.2	weniger als 12 t Fertigerzeugnissen je Tag, ausgenommen Anlagen, in denen weniger Tierhäute oder Tierfelle behandelt werden als beim Schlachten von weniger als 4 t sonstigen Tieren nach Nummer 7.13.2 anfallen;		S
7.21	Errichtung und Betrieb einer Anlage zur Herstellung von Fischmehl oder Fischöl;	X	
7.22	Errichtung und Betrieb einer Anlage zur Herstellung von Braumalz (Mälzerei) mit einer Produktionskapazität von		
7.22.1	600 t Darrmalz oder mehr je Tag, wenn die Anlage an nicht mehr als 90 aufeinanderfolgenden Tagen im Jahr in Betrieb ist,		A
7.22.2	300 t Darrmalz oder mehr je Tag, wenn die Anlage an mehr als 90 aufeinanderfolgenden Tagen im Jahr in Betrieb ist,		A
7.22.3	weniger als den in den Nummern 7.22.1 oder 7.22.2 angegebenen Kapazitäten für Tonnen Darrmalz je Tag und unter den dort genannten Voraussetzungen im Übrigen;		S
7.23	Errichtung und Betrieb einer Anlage zur Herstellung von Stärkemehlen mit einer Produktionskapazität von		
7.23.1	600 t Stärkemehlen oder mehr je Tag, wenn die Anlage an nicht mehr als 90 aufeinanderfolgenden Tagen im Jahr in Betrieb ist,		A
7.23.2	300 t Stärkemehlen oder mehr je Tag, wenn die Anlage an mehr als 90 aufeinanderfolgenden Tagen im Jahr in Betrieb ist,		A
7.23.3	1 t bis weniger als den in den Nummern 7.23.1 oder 7.23.2 angegebenen Kapazitäten für Tonnen Stärkemehle je Tag und unter den dort genannten Voraussetzungen im Übrigen;		S
7.24	Errichtung und Betrieb einer Anlage zur Herstellung oder Raffination von Ölen oder Fetten aus pflanzlichen Rohstoffen mit einer Produktionskapazität von		
7.24.1	600 t Fertigerzeugnissen oder mehr je Tag, wenn die Anlage an nicht mehr als 90 aufeinanderfolgenden Tagen im Jahr in Betrieb ist,		A
7.24.2	300 t Fertigerzeugnissen oder mehr je Tag, wenn die Anlage an mehr als 90 aufeinanderfolgenden Tagen im Jahr in Betrieb ist,		A
7.24.3	weniger als den in den Nummern 7.24.1 oder 7.24.2 angegebenen Kapazitäten für Tonnen Fertigerzeugnisse je Tag mit Hilfe von Extraktionsmitteln und unter den dort genannten Voraussetzungen im Übrigen, soweit die Menge des eingesetzten Extraktionsmittels 1 t oder mehr je Tag beträgt;		S
7.25	Errichtung und Betrieb einer Anlage zur Herstellung oder Raffination von Zucker unter Verwendung von Zuckerrüben oder Rohzucker;		A
7.26	Errichtung und Betrieb einer Brauerei mit einer Produktionskapazität von		
7.26.1	6.000 hl Bier oder mehr je Tag, wenn die Brauerei an nicht mehr als 90 aufeinanderfolgenden Tagen im Jahr in Betrieb ist,		A
7.26.2	3.000 hl Bier oder mehr je Tag, wenn die Brauerei an mehr als 90 aufeinanderfolgenden Tagen im Jahr in Betrieb ist,		A
7.26.3	200 hl bis weniger als den in den Nummern 7.26.1 oder 7.26.2 angegebenen Kapazitäten für Hektoliter Bier je Tag und unter den dort genannten Voraussetzungen im Übrigen;		S
7.27	Errichtung und Betrieb einer Anlage zur Herstellung von Süßwaren oder Sirup aus tierischen Rohstoffen, ausgenommen Milch, mit einer Produktionskapazität von		
7.27.1	75 t Süßwaren oder Sirup oder mehr je Tag,		A
7.27.2	50 kg bis weniger als 75 t Süßwaren oder Sirup je Tag bei Herstellung von Lakritz;		S

Nr.	Vorhaben	Sp. 1	Sp. 2
7.28	Errichtung und Betrieb einer Anlage zur Herstellung von Süßwaren oder Sirup aus pflanzlichen Rohstoffen mit einer Produktionskapazität von		
7.28.1	600 t oder mehr Süßwaren oder Sirup je Tag, wenn die Anlage an nicht mehr als 90 aufeinanderfolgenden Tagen im Jahr in Betrieb ist,		A
7.28.2	300 t oder mehr Süßwaren oder Sirup je Tag, wenn die Anlage an mehr als 90 aufeinanderfolgenden Tagen im Jahr in Betrieb ist,		A
7.28.3	50 kg bis weniger als den in den Nummern 7.28.1 oder 7.28.2 angegebenen Kapazitäten für Tonnen Süßwaren je Tag und unter den dort genannten Voraussetzungen im Übrigen bei Herstellung von Kakaomasse aus Rohkakao oder bei thermischer Veredelung von Kakao- oder Schokoladenmasse;		S
7.29	Errichtung und Betrieb einer Anlage zur Behandlung oder Verarbeitung von Milch, Milcherzeugnissen oder Milchbestandteilen mit einer Produktionskapazität als Jahresdurchschnittswert von		
7.29.1	200 t Milch oder mehr je Tag,		A
7.29.2	5 t bis weniger als 200 t Milch, Milcherzeugnissen oder Milchbestandteilen je Tag bei Sprühtrocknern;		S
8.	**Verwertung und Beseitigung von Abfällen und sonstigen Stoffen:**		
8.1	Errichtung und Betrieb einer Anlage zur Beseitigung oder Verwertung fester, flüssiger oder in Behältern gefasster gasförmiger Abfälle, Deponiegas oder anderer gasförmiger Stoffe mit brennbaren Bestandteilen durch		
8.1.1	thermische Verfahren, insbesondere Entgasung, Plasmaverfahren, Pyrolyse, Vergasung, Verbrennung oder eine Kombination dieser Verfahren		
8.1.1.1	bei gefährlichen Abfällen,	X	
8.1.1.2	bei nicht gefährlichen Abfällen mit einer Durchsatzkapazität von 3 t Abfällen oder mehr je Stunde,	X	
8.1.1.3	bei nicht gefährlichen Abfällen mit einer Durchsatzkapazität von weniger als 3 t Abfällen je Stunde,		A
8.1.2	Verbrennen von Altöl oder Deponiegas in einer Verbrennungsmotoranlage mit einer Feuerungswärmeleistung von		
8.1.2.1	50 MW oder mehr,		A
8.1.2.2	1 MW bis weniger als 50 MW,		A
8.1.2.3	weniger als 1 MW,		S
8.1.3	Abfackeln von Deponiegas oder anderen gasförmigen Stoffen, ausgenommen über Notfackeln, die für den nicht bestimmungsgemäßen Betrieb erforderlich sind;		S
8.2	Errichtung und Betrieb einer Anlage zur Erzeugung von Strom, Dampf, Warmwasser, Prozesswärme oder erhitztem Abgas in einer Verbrennungseinrichtung (wie Kraftwerk, Heizkraftwerk, Heizwerk, sonstige Feuerungsanlage), einschließlich zugehöriger Dampfkessel, durch den Einsatz von – gestrichenem, lackiertem oder beschichtetem Holz oder – Sperrholz, Spanplatten, Faserplatten oder sonst verleimtem Holz sowie daraus anfallenden Resten, soweit keine Holzschutzmittel aufgetragen oder infolge einer Behandlung enthalten sind oder Beschichtungen keine halogenorganischen Verbindungen oder Schwermetalle enthalten, mit einer Feuerungswärmeleistung von		
8.2.1	50 MW oder mehr,	X	
8.2.2	1 MW bis weniger als 50 MW;		S
8.3	Errichtung und Betrieb einer Anlage zur biologischen Behandlung von gefährlichen Abfällen mit einer Durchsatzkapazität an Einsatzstoffen von		
8.3.1	10 t oder mehr je Tag,	X	

Nr.	Vorhaben	Sp. 1	Sp. 2
8.3.2	1 t bis weniger als 10 t je Tag;		S
8.4	Errichtung und Betrieb einer Anlage zur biologischen Behandlung von		
8.4.1	nicht gefährlichen Abfällen, soweit nicht durch Nummer 8.4.2 erfasst, mit einer Durchsatzkapazität an Einsatzstoffen von		
8.4.1.1	50 t oder mehr je Tag,		A
8.4.1.2	10 t bis weniger als 50 t je Tag,		S
8.4.2	Gülle, soweit die Behandlung ausschließlich durch anaerobe Vergärung (Biogaserzeugung) erfolgt, mit einer Durchsatzkapazität von		
8.4.2.1	50 t oder mehr je Tag,		A
8.4.2.2	weniger als 50 t je Tag, soweit die Produktionskapazität von Rohgas 1,2 Mio. Normkubikmeter je Jahr oder mehr beträgt;		S
8.5	Errichtung und Betrieb einer Anlage zur chemischen Behandlung, insbesondere zur chemischen Emulsionsspaltung, Fällung, Flockung, Neutralisation oder Oxidation, von gefährlichen Abfällen;	X	
8.6	Errichtung und Betrieb einer Anlage zur chemischen Behandlung, insbesondere zur chemischen Emulsionsspaltung, Fällung, Flockung, Neutralisation oder Oxidation, von nicht gefährlichen Abfällen mit einer Durchsatzkapazität an Einsatzstoffen von		
8.6.1	100 t oder mehr je Tag,	X	
8.6.2	50 t bis weniger als 100 t je Tag,		A
8.6.3	10 t bis weniger als 50 t je Tag;		S
8.7	Errichtung und Betrieb einer Anlage zur zeitweiligen Lagerung von Abfällen, ausgenommen die zeitweilige Lagerung bis zum Einsammeln auf dem Gelände der Entstehung der Abfälle, bei		
8.7.1	Eisen- oder Nichteisenschrotten, einschließlich Autowracks, mit einer Gesamtlagerkapazität von		
8.7.1.1	1.500 t oder mehr,		A
8.7.1.2	100 t bis weniger als 1.500 t,		S
8.7.2	gefährlichen Schlämmen mit einer Gesamtlagerkapazität von		
8.7.2.1	50 t oder mehr,		A
8.7.2.2	30 t bis weniger als 50 t;		S
8.8	(weggefallen)		
8.9	Errichtung und Betrieb einer Anlage zur Lagerung von Abfällen über einen Zeitraum von jeweils mehr als einem Jahr, bei		
8.9.1	gefährlichen Abfällen mit		
8.9.1.1	einer Aufnahmekapazität von 10 t je Tag oder mehr oder einer Gesamtlagerkapazität von 150 t oder mehr,	X	
8.9.1.2	geringeren Kapazitäten als in Nummer 8.9.1.1 angegeben,		A
8.9.2	nicht gefährlichen Abfällen mit		
8.9.2.1	einer Aufnahmekapazität von 10 t je Tag oder mehr oder einer Gesamtlagerkapazität von 150 t oder mehr,		A
8.9.2.2	geringeren Kapazitäten als in Nummer 8.9.2.1 angegeben;		S
9.	**Lagerung von Stoffen und Gemischen:**		
9.1	Errichtung und Betrieb einer Anlage, die der Lagerung von Stoffen oder Gemischen, die bei einer Temperatur von 293,15 Kelvin einen absoluten Dampfdruck von mindestens 101,3 Kilopascal und einen Explosionsbereich mit Luft haben (brennbare Gase), in Behältern oder von Erzeugnissen, die diese Stoffe oder Gemische z. B. als Treibmittel oder Brenngas enthalten, dient, ausgenommen Erdgasröhrenspeicher und Anlagen, die von Nummer 9.3 erfasst werden,		

Nr.	Vorhaben	Sp. 1	Sp. 2
9.1.1	soweit es sich nicht ausschließlich um Einzelbehältnisse mit einem Volumen von jeweils nicht mehr als 1.000 cm^3 handelt, mit einem Fassungsvermögen von		
9.1.1.1	200.000 t oder mehr,	X	
9.1.1.2	30 t bis weniger als 200.000 t,		A
9.1.1.3	3 t bis weniger als 30 t,		S
9.1.2	soweit es sich ausschließlich um Einzelbehältnisse mit einem Volumen von jeweils nicht mehr als 1.000 cm^3 handelt, mit einem Fassungsvermögen von		
9.1.2.1	200.000 t oder mehr,	X	
9.1.2.2	30 t bis weniger als 200.000 t;		S
9.2	Errichtung und Betrieb einer Anlage, die der Lagerung von Flüssigkeiten dient, ausgenommen Anlagen, die von Nummer 9.3 erfasst werden, soweit		
9.2.1	die Flüssigkeiten einen Flammpunkt von 373,15 Kelvin oder weniger haben, mit einem Fassungsvermögen von		
9.2.1.1	200.000 t oder mehr,	X	
9.2.1.2	50.000 t bis weniger als 200.000 t,		A
9.2.1.3	10.000 t bis weniger als 50.000 t,		S
9.2.2	die Flüssigkeiten einen Flammpunkt unter 294,15 Kelvin haben und deren Siedepunkt bei Normaldruck (101,3 Kilopascal) über 293,15 Kelvin liegt, mit einem Fassungsvermögen von 5.000 t bis weniger als 10.000 t;		S
9.3	Errichtung und Betrieb einer Anlage, die der Lagerung von im Anhang 2 (Stoffliste zu Nummer 9.3 Anhang 1) der Verordnung über genehmigungsbedürftige Anlagen in der jeweils geltenden Fassung genannten Stoffen dient, mit einer Lagerkapazität von		
9.3.1	200.000 t oder mehr,	X	
9.3.2	den in Spalte 4 des Anhangs 2 (Stoffliste zu Nummer 9.3 Anhang 1) der Verordnung über genehmigungsbedürftige Anlagen in der jeweils geltenden Fassung ausgewiesenen Mengen bis weniger als 200.000 t,		A
9.3.3	den in Spalte 3 bis weniger als den in Spalte 4 des Anhangs 2 (Stoffliste zu Nummer 9.3 Anhang 1) der Verordnung über genehmigungsbedürftige Anlagen in der jeweils geltenden Fassung ausgewiesenen Mengen;		S
9.4	Errichtung und Betrieb einer Anlage, die der Lagerung von Erdöl, petrochemischen oder chemischen Stoffen oder Erzeugnissen dient, ausgenommen Anlagen, die von den Nummern 9.1, 9.2 oder 9.3 erfasst werden, mit einem Fassungsvermögen von		
9.4.1	200.000 t oder mehr,	X	
9.4.2	25.000 t bis weniger als 200.000 t;		A
10.	**Sonstige Industrieanlagen:**		
10.1	Errichtung und Betrieb einer Anlage zur Herstellung, Bearbeitung oder Verarbeitung von explosionsgefährlichen Stoffen im Sinne des Sprengstoffgesetzes, die zur Verwendung als Sprengstoffe, Zündstoffe, Treibstoffe, pyrotechnische Sätze oder zur Herstellung dieser Stoffe bestimmt sind; hierzu gehört auch eine Anlage zum Laden, Entladen oder Delaborieren von Munition oder sonstigen Sprengkörpern, ausgenommen Anlagen im handwerklichen Umfang oder zur Herstellung von Zündhölzern sowie ortsbewegliche Mischladegeräte;	X	
10.2	Errichtung und Betrieb einer Anlage zur Wiedergewinnung oder Vernichtung von explosionsgefährlichen Stoffen im Sinne des Sprengstoffgesetzes;	X	

Nr.	Vorhaben	Sp. 1	Sp. 2
10.3	Errichtung und Betrieb einer Anlage zum Vulkanisieren von Natur- oder Synthesekautschuk unter Verwendung von Schwefel oder Schwefelverbindungen mit einem Einsatz von		
10.3.1	25 t Kautschuk oder mehr je Stunde,		A
10.3.2	weniger als 25 t Kautschuk je Stunde, ausgenommen Anlagen, in denen weniger als 50 kg Kautschuk je Stunde verarbeitet wird oder ausschließlich vorvulkanisierter Kautschuk eingesetzt wird;		S
10.4	Errichtung und Betrieb einer Anlage zur Vorbehandlung (Waschen, Bleichen, Mercerisieren) oder zum Färben von Fasern oder Textilien mit		
10.4.1	einer Verarbeitungskapazität von 10 t Fasern oder Textilien oder mehr je Tag,		A
10.4.2	einer Färbekapazität von 2 t bis weniger als 10 t Fasern oder Textilien je Tag bei Anlagen zum Färben von Fasern oder Textilien unter Verwendung von Färbebeschleunigern einschließlich Spannrahmenanlagen, ausgenommen Anlagen, die unter erhöhtem Druck betrieben werden,		S
10.4.3	einer Bleichkapazität von weniger als 10 t Fasern oder Textilien je Tag bei Anlagen zum Bleichen von Fasern oder Textilien unter Verwendung von Chlor oder Chlorverbindungen;		S
10.5	Errichtung und Betrieb eines Prüfstandes für oder mit Verbrennungsmotoren, ausgenommen – Rollenprüfstände, die in geschlossenen Räumen betrieben werden, und – Anlagen, in denen mit Katalysator oder Dieselrußfilter ausgerüstete Serienmotoren geprüft werden, mit einer Feuerungswärmeleistung von insgesamt		
10.5.1	10 MW oder mehr,		A
10.5.2	300 KW bis weniger als 10 MW;		S
10.6	Errichtung und Betrieb eines Prüfstandes für oder mit Gasturbinen oder Triebwerken mit einer Feuerungswärmeleistung von insgesamt		
10.6.1	mehr als 200 MW,	X	
10.6.2	100 MW bis 200 MW,		A
10.6.3	weniger als 100 MW;		S
10.7	Errichtung und Betrieb einer ständigen Renn- oder Teststrecke für Kraftfahrzeuge;		A
11.	**Kernenergie:**		
11.1	Errichtung und Betrieb einer ortsfesten Anlage zur Erzeugung oder zur Bearbeitung oder Verarbeitung oder zur Spaltung von Kernbrennstoffen oder zur Aufarbeitung bestrahlter Kernbrennstoffe sowie bei ortsfesten Anlagen zur Spaltung von Kernbrennstoffen die insgesamt geplanten Maßnahmen zur Stilllegung, zum sicheren Einschluss oder zum Abbau der Anlage oder von Anlagenteilen; ausgenommen sind ortsfeste Anlagen zur Spaltung von Kernbrennstoffen, deren Höchstleistung 1 KW thermische Dauerleistung nicht überschreitet; einzelne Maßnahmen zur Stilllegung, zum sicheren Einschluss oder zum Abbau der in Halbsatz 1 bezeichneten Anlagen oder von Anlagenteilen gelten als Änderung im Sinne von § 9;	X	
11.2	Errichtung und Betrieb einer Anlage zur Sicherstellung oder zur Endlagerung radioaktiver Abfälle;	X	
11.3	außerhalb der in den Nummern 11.1 und 11.2 bezeichneten Anlagen Errichtung und Betrieb einer Anlage oder Einrichtung zur Bearbeitung oder Verarbeitung bestrahlter Kernbrennstoffe oder hochradioaktiver Abfälle oder zu dem ausschließlichen Zweck der für mehr als zehn Jahre geplanten Lagerung bestrahlter Kernbrennstoffe oder radioaktiver Abfälle an einem anderen Ort als dem Ort, an dem diese Stoffe angefallen sind;	X	

Nr.	Vorhaben	Sp. 1	Sp. 2
11.4	außerhalb der in den Nummern 11.1 und 11.2 bezeichneten Anlagen, soweit nicht Nummer 11.3 Anwendung findet, Errichtung und Betrieb einer Anlage oder Einrichtung zur Lagerung, Bearbeitung oder Verarbeitung radioaktiver Abfälle, deren Aktivitäten die Werte erreichen oder überschreiten, bei deren Unterschreiten es für den beantragten Umgang nach einer aufgrund des Strahlenschutzgesetzes erlassenen Rechtsverordnung keiner Vorbereitung der Schadensbekämpfung bei Abweichungen vom bestimmungsgemäßen Betrieb bedarf;		A
12.	**Abfalldeponien:**		
12.1	Errichtung und Betrieb einer Deponie zur Ablagerung von gefährlichen Abfällen im Sinne des Kreislaufwirtschaftsgesetzes;	X	
12.2	Errichtung und Betrieb einer Deponie zur Ablagerung von nicht gefährlichen Abfällen im Sinne des Kreislaufwirtschaftsgesetzes, mit Ausnahme der Deponien für Inertabfälle nach Nummer 12.3, mit einer Aufnahmekapazität von		
12.2.1	10 t oder mehr je Tag oder mit einer Gesamtkapazität von 25.000 t oder mehr,	X	
12.2.2	weniger als 10 t je Tag oder mit einer Gesamtkapazität von weniger als 25.000 t;		S
12.3	Errichtung und Betrieb einer Deponie zur Ablagerung von Inertabfällen im Sinne des Kreislaufwirtschaftsgesetzes;		A
13.	**Wasserwirtschaftliche Vorhaben mit Benutzung oder Ausbau eines Gewässers:**		
13.1	Errichtung und Betrieb einer Abwasserbehandlungsanlage, die ausgelegt ist für		
13.1.1	organisch belastetes Abwasser von 9.000 kg/d oder mehr biochemischen Sauerstoffbedarfs in fünf Tagen (roh) oder anorganisch belastetes Abwasser von 4.500 m^3 oder mehr Abwasser in zwei Stunden (ausgenommen Kühlwasser),	X	
13.1.2	organisch belastetes Abwasser von 600 kg/d bis weniger als 9.000 kg/d biochemischen Sauerstoffbedarfs in fünf Tagen (roh) oder anorganisch belastetes Abwasser von 900 m^3 bis weniger als 4.500 m^3 Abwasser in zwei Stunden (ausgenommen Kühlwasser),		A
13.1.3	organisch belastetes Abwasser von 120 kg/d bis weniger als 600 kg/d biochemischen Sauerstoffbedarfs in fünf Tagen (roh) oder anorganisch belastetes Abwasser von 10 m^3 bis weniger als 900 m^3 Abwasser in zwei Stunden (ausgenommen Kühlwasser);		S
13.2	Errichtung und Betrieb einer Anlage zur intensiven Fischzucht		
13.2.1	in oberirdischen Gewässern oder Küstengewässern oder verbunden mit dem Einbringen oder Einleiten von Stoffen in oberirdische Gewässer oder Küstengewässer mit einem Fischertrag je Jahr von		
13.2.1.1	1.000 t oder mehr, wenn dies durch Landesrecht vorgeschrieben ist,	X	
13.2.1.2	100 t oder mehr, soweit nicht von Nummer 13.2.1.1 erfasst,		A
13.2.1.3	50 t bis weniger als 100 t;		S
13.2.2	in der ausschließlichen Wirtschaftszone Deutschlands mit einem Fischertrag je Jahr von		
13.2.2.1	mehr als 2.500 t,	X	
13.2.2.2	500 t bis 2.500 t,		A
13.2.2.3	250 t bis weniger als 500 t;		S
13.3	Entnehmen, Zutagefördern oder Zutageleiten von Grundwasser oder Einleiten von Oberflächenwasser zum Zwecke der Grundwasseranreicherung, jeweils mit einem jährlichen Volumen an Wasser von		

Nr.	Vorhaben	Sp. 1	Sp. 2
13.3.1	10 Mio. m^3 oder mehr,	X	
13.3.2	100.000 m^3 bis weniger als 10 Mio. m^3,		A
13.3.3	5.000 m^3 bis weniger als 100.000 m^3, wenn durch die Gewässerbenutzung erhebliche nachteilige Auswirkungen auf grundwasserabhängige Ökosysteme zu erwarten sind;		S
13.4	Tiefbohrung zum Zweck der Wasserversorgung;		A
13.5	Wasserwirtschaftliches Projekt in der Landwirtschaft (sofern nicht von Nummer 13.3 oder Nummer 13.18 erfasst), einschließlich Bodenbewässerung oder Bodenentwässerung, mit einem jährlichen Volumen an Wasser von		
13.5.1	100.000 m^3 oder mehr,		A
13.5.2	5.000 m^3 bis weniger als 100.000 m^3, wenn durch die Gewässerbenutzung erhebliche nachteilige Auswirkungen auf grundwasserabhängige Ökosysteme zu erwarten sind;		S
13.6	Bau eines Stauwerkes oder einer sonstigen Anlage zur Zurückhaltung oder dauerhaften Speicherung von Wasser, wobei		
13.6.1	10 Mio. m^3 oder mehr Wasser zurückgehalten oder gespeichert werden,	X	
13.6.2	weniger als 10 Mio. m^3 Wasser zurückgehalten oder gespeichert werden;		A
13.7	Umleitung von Wasser von einem Flusseinzugsgebiet in ein anderes, ausgenommen Transport von Trinkwasser in Rohrleitungen, mit einem Volumen von		
13.7.1	– 100 Mio. oder mehr m^3 Wasser pro Jahr, wenn durch die Umleitung Wassermangel verhindert werden soll, oder – 5 % oder mehr des Durchflusses, wenn der langjährige durchschnittliche Wasserdurchfluss des Flusseinzugsgebietes, dem Wasser entnommen wird, 2.000 Mio. m^3 übersteigt,	X	
13.7.2	weniger als den in Nummer 13.7.1 angegebenen Werten;		A
13.8	Flusskanalisierungs- und Stromkorrekturarbeiten;		A
13.9	Bau eines Hafens für die Binnenschifffahrt, wenn der Hafen für Schiffe mit		
13.9.1	mehr als 1.350 t zugänglich ist,	X	
13.9.2	1.350 t oder weniger zugänglich ist;		A
13.10	Bau eines Binnen- oder Seehandelshafens für die Seeschifffahrt;	X	
13.11	Bau eines mit einem Binnen- oder Seehafen für die Seeschifffahrt verbundenen Landungssteges zum Laden und Löschen von Schiffen (ausgenommen Fährschiffe), der		
13.11.1	Schiffe mit mehr als 1.350 t aufnehmen kann,	X	
13.11.2	Schiffe mit 1.350 t oder weniger aufnehmen kann;		A
13.12	Bau eines sonstigen Hafens, einschließlich Fischereihafens oder Jachthafens, oder einer infrastrukturellen Hafenanlage;		A
13.13	Bau eines Deiches oder Dammes, der den Hochwasserabfluss beeinflusst (sofern nicht von Nummer 13.16 erfasst);		A
13.14	Errichtung und Betrieb einer Wasserkraftanlage;		A
13.15	Baggerung in Flüssen oder Seen zur Gewinnung von Mineralien;		A
13.16	Bauten des Küstenschutzes zur Bekämpfung der Erosion und meerestechnische Arbeiten, die geeignet sind, Veränderungen der Küste mit sich zu bringen (zum Beispiel Bau von Deichen, Molen, Hafendämmen und sonstigen Küstenschutzbauten), mit Ausnahme der Unterhaltung und Wiederherstellung solcher Bauten, soweit nicht durch Landesrecht etwas anderes als in dieser Nummer bestimmt ist;		A

Nr.	Vorhaben	Sp. 1	Sp. 2
13.17	Landgewinnung am Meer, soweit nicht durch Landesrecht etwas anderes bestimmt ist;		A
13.18	sonstige der Art nach nicht von den Nummern 13.1 bis 13.17 erfasste Ausbaumaßnahmen im Sinne des Wasserhaushaltsgesetzes		
13.18.1	soweit die Ausbaumaßnahmen nicht von Nummer 13.18.2 erfasst sind,		A
13.18.2	naturnaher Ausbau von Bächen, Gräben, Rückhaltebecken und Teichen, kleinräumige naturnahe Umgestaltungen, wie die Beseitigung von Bach- und Grabenverrohrungen, Verlegung von Straßenseitengräben in der bebauten Ortslage und ihre kleinräumige Verrohrung, Umsetzung von Kiesbänken in Gewässern;		S
14.	**Verkehrsvorhaben:**		
14.1	Bau einer Bundeswasserstraße durch		
14.1.1	Vorhaben im Sinne der Nummern 13.6.1 und 13.7.1,	X	
14.1.2	Vorhaben im Sinne der Nummern 13.6.2, 13.7.2, 13.8, 13.12 und 13.13 (unabhängig von einer Beeinflussung des Hochwasserabflusses);		A
14.2	Bau einer Bundeswasserstraße, die für Schiffe mit		
14.2.1	mehr als 1.350 t zugänglich ist,	X	
14.2.2	1.350 t oder weniger zugänglich ist;		A
14.3	Bau einer Bundesautobahn oder einer sonstigen Bundesstraße, wenn diese eine Schnellstraße im Sinne der Begriffsbestimmung des Europäischen Übereinkommens über die Hauptstraßen des internationalen Verkehrs vom 15. November 1975 ist;	X	
14.4	Bau einer neuen vier- oder mehrstreifigen Bundesstraße, wenn diese neue Straße eine durchgehende Länge von 5 km oder mehr aufweist;	X	
14.5	Bau einer vier- oder mehrstreifigen Bundesstraße durch Verlegung und/ oder Ausbau einer bestehenden Bundesstraße, wenn dieser geänderte Bundesstraßenabschnitt eine durchgehende Länge von 10 km oder mehr aufweist;	X	
14.6	Bau einer sonstigen Bundesstraße;		A
14.7	Bau eines Schienenwegs von Eisenbahnen mit den dazugehörigen Betriebsanlagen sowie Bahnstromfernleitungen auf dem Gelände der Betriebsanlage oder entlang des Schienenwegs;	X	
14.8	Soweit der Bau nicht Teil des Baus eines Schienenwegs nach Nummer 14.7 oder einer Bahnstromfernleitung nach Nummer 19.13 ist		
14.8.1	Bau von Gleisanschlüssen mit einer Länge bis 2.000 m		S
14.8.2	Bau von Gleisanschlüssen mit einer Länge bis 2.000 m		S
14.8.3	Bau einer sonstigen Betriebsanlage von Eisenbahnen, insbesondere einer intermodalen Umschlaganlage oder eines Terminals für Eisenbahnen, wenn diese eine Fläche		
14.8.3.1	von 5.000 m² oder mehr in Anspruch nimmt,		A
14.8.3.2	von 2.000 m² bis weniger als 5.000 m² in Anspruch nimmt.		S
14.9	Bau einer Magnetschwebebahnstrecke mit den dazugehörenden Betriebsanlagen;	X	
14.10	Bau einer anderen Bahnstrecke für den öffentlichen spurgeführten Verkehr mit den dazugehörenden Betriebsanlagen;		A
14.11	Bau einer Bahnstrecke für Straßenbahnen, Stadtschnellbahnen in Hochlage, Untergrundbahnen oder Hängebahnen im Sinne des Personenbeförderungsgesetzes, jeweils mit den dazugehörenden Betriebsanlagen;		A
14.12	Bau eines Flugplatzes im Sinne der Begriffsbestimmungen des Abkommens von Chicago von 1944 zur Errichtung der Internationalen Zivilluftfahrt-Organisation (Anhang 14) mit einer Start- und Landebahngrundlänge von		

Nr.	Vorhaben	Sp. 1	Sp. 2
14.12.1	1.500 m oder mehr,	X	
14.12.2	weniger als 1.500 m;		A
15.	**Bergbau und dauerhafte Speicherung von Kohlendioxid:**		
15.1	bergbauliche Vorhaben, einschließlich der zu ihrer Durchführung erforderlichen betriebsplanpflichtigen Maßnahmen dieser Anlage, nur nach Maßgabe der aufgrund des § 57 c Nummer 1 des Bundesberggesetzes erlassenen Rechtsverordnung,		
15.2	Errichtung, Betrieb und Stilllegung von Kohlendioxidspeichern;	X	
16.	**Flurbereinigung:**		X
16.1	Bau der gemeinschaftlichen und öffentlichen Anlagen im Sinne des Flurbereinigungsgesetzes;		A
17.	**Forstliche und landwirtschaftliche Vorhaben:**		
17.1	Erstaufforstung im Sinne des Bundeswaldgesetzes mit		
17.1.1	50 ha oder mehr Wald,	X	
17.1.2[(2)]	20 ha bis weniger als 50 ha Wald,		A
17.1.3[(3)]	2 ha bis weniger als 20 ha Wald;		S
17.2	Rodung von Wald im Sinne des Bundeswaldgesetzes zum Zwecke der Umwandlung in eine andere Nutzungsart mit		
17.2.1	10 ha oder mehr Wald,	X	
17.2.2	5 ha bis weniger als 10 ha Wald,		A
17.2.3[(4)]	1 ha bis weniger als 5 ha Wald;		S
17.3	Projekte zur Verwendung von Ödland oder naturnahen Flächen zu intensiver Landwirtschaftsnutzung mit		
17.3.1	20 ha oder mehr,	X	
17.3.2	10 ha bis weniger als 20 ha,		A
17.3.3	1 ha bis weniger als 10 ha;		S
18.	**Bauvorhaben:**		
18.1	Bau eines Feriendorfes, eines Hotelkomplexes oder einer sonstigen großen Einrichtung für die Ferien- und Fremdenbeherbergung, für den im bisherigen Außenbereich im Sinne des § 35 des Baugesetzbuchs ein Bebauungsplan aufgestellt wird, mit		
18.1.1	einer Bettenzahl von jeweils insgesamt 300 oder mehr oder mit einer Gästezimmerzahl von jeweils insgesamt 200 oder mehr,	X	
18.1.2	einer Bettenzahl von jeweils insgesamt 100 bis weniger als 300 oder mit einer Gästezimmerzahl von jeweils insgesamt 80 bis weniger als 200;		A
18.2	Bau eines ganzjährig betriebenen Campingplatzes, für den im bisherigen Außenbereich im Sinne des § 35 des Baugesetzbuchs ein Bebauungsplan aufgestellt wird, mit einer Stellplatzzahl von		
18.2.1	200 oder mehr,	X	
18.2.2	50 bis weniger als 200;		A
18.3	Bau eines Freizeitparks, für den im bisherigen Außenbereich im Sinne des § 35 des Baugesetzbuchs ein Bebauungsplan aufgestellt wird, mit einer Größe des Plangebiets von		
18.3.1	10 ha oder mehr,	X	
18.3.2	4 ha bis weniger als 10 ha;		A
18.4	Bau eines Parkplatzes, für den im bisherigen Außenbereich im Sinne des § 35 des Baugesetzbuchs ein Bebauungsplan aufgestellt wird, mit einer Größe von		
18.4.1	1 ha oder mehr,	X	

Nr.	Vorhaben	Sp. 1	Sp. 2
18.4.2	0,5 ha bis weniger als 1 ha;		A
18.5	Bau einer Industriezone für Industrieanlagen, für den im bisherigen Außenbereich im Sinne des § 35 des Baugesetzbuchs ein Bebauungsplan aufgestellt wird, mit einer zulässigen Grundfläche im Sinne des § 19 Absatz 2 der Baunutzungsverordnung oder einer festgesetzten Größe der Grundfläche von insgesamt		
18.5.1	100.000 m^2 oder mehr,	X	
18.5.2	20.000 m^2 bis weniger als 100.000 m^2;		A
18.6	Bau eines Einkaufszentrums, eines großflächigen Einzelhandelsbetriebes oder eines sonstigen großflächigen Handelbetriebes im Sinne des § 11 Absatz 3 Satz 1 der Baunutzungsverordnung, für den im bisherigen Außenbereich im Sinne des § 35 des Baugesetzbuchs ein Bebauungsplan aufgestellt wird, mit einer zulässigen Geschossfläche von		
18.6.1	5.000 m^2 oder mehr,	X	
18.6.2	1.200 m^2 bis weniger als 5.000 m^2;		A
18.7	Bau eines Städtebauprojektes für sonstige bauliche Anlagen, für den im bisherigen Außenbereich im Sinne des § 35 des Baugesetzbuchs ein Bebauungsplan aufgestellt wird, mit einer zulässigen Grundfläche im Sinne des § 19 Absatz 2 der Baunutzungsverordnung oder einer festgesetzten Größe der Grundfläche von insgesamt		
18.7.1	100.000 m^2 oder mehr,	X	
18.7.2	20.000 m^2 bis weniger als 100.000 m^2;		A
18.8	Bau eines Vorhabens der in den Nummern 18.1 bis 18.7 genannten Art, soweit der jeweilige Prüfwert für die Vorprüfung erreicht oder überschritten wird und für den in sonstigen Gebieten ein Bebauungsplan aufgestellt, geändert oder ergänzt wird;		A
18.9	Vorhaben, für das nach Landesrecht zur Umsetzung der Richtlinie 85/337/EWG des Rates über die Umweltverträglichkeitsprüfung bei bestimmten öffentlichen und privaten Projekten (ABl. EG Nr. L 175 S. 40) in der durch die Änderungsrichtlinie 97/11/EG des Rates (ABl. EG Nr. L 73 S. 5) geänderten Fassung eine Umweltverträglichkeitsprüfung vorgesehen ist, sofern dessen Zulässigkeit durch einen Bebauungsplan begründet wird oder ein Bebauungsplan einen Planfeststellungsbeschluss ersetzt;		
19.	**Leitungsanlagen und andere Anlagen:**		
19.1	Errichtung und Betrieb einer Hochspannungsfreileitung im Sinne des Energiewirtschaftsgesetzes mit		
19.1.1	einer Länge von mehr als 15 km und mit einer Nennspannung von 220 kV oder mehr,	X	
19.1.2	einer Länge von mehr als 15 km und mit einer Nennspannung von 110 kV bis zu 220 kV,		A
19.1.3	einer Länge von 5 km bis 15 km und mit einer Nennspannung von 110 kV oder mehr,		A
19.1.4	einer Länge von weniger als 5 km und einer Nennspannung von 110 kV oder mehr;		S
19.2	Errichtung und Betrieb einer Gasversorgungsleitung im Sinne des Energiewirtschaftsgesetzes, ausgenommen Anlagen, die den Bereich eines Werksgeländes nicht überschreiten, mit		
19.2.1	einer Länge von mehr als 40 km und einem Durchmesser von mehr als 800 mm,	X	
19.2.2	einer Länge von mehr als 40 km und einem Durchmesser von 300 mm bis zu 800 mm,		A

Nr.	Vorhaben	Sp. 1	Sp. 2
19.2.3	einer Länge von 5 km bis 40 km und einem Durchmesser von mehr als 300 mm,		A
19.2.4	einer Länge von weniger als 5 km und einem Durchmesser von mehr als 300 mm;		S
19.3	Errichtung und Betrieb einer Rohrleitungsanlage zum Befördern wassergefährdender Stoffe im Sinne von § 66 Absatz 6 Satz 7 dieses Gesetzes, ausgenommen Rohrleitungsanlagen, die – den Bereich eines Werksgeländes nicht überschreiten, – Zubehör einer Anlage zum Umgang mit solchen Stoffen sind, oder Anlagen verbinden, die in engem räumlichen und betrieblichen Zusammenhang miteinander stehen und kurzräumig durch landgebundene öffentliche Verkehrswege getrennt sind, mit		
19.3.1	einer Länge von mehr als 40 km,	X	
19.3.2	einer Länge von 2 km bis 40 km und einem Durchmesser der Rohrleitung von mehr als 150 mm,		A
19.3.3	einer Länge von weniger als 2 km und einem Durchmesser der Rohrleitung von mehr als 150 mm;		S
19.4	Errichtung und Betrieb einer Rohrleitungsanlage, soweit sie nicht unter Nummer 19.3 fällt, zum Befördern von verflüssigten Gasen, ausgenommen Anlagen, die den Bereich eines Werksgeländes nicht überschreiten, mit		
19.4.1	einer Länge von mehr als 40 km und einem Durchmesser der Rohrleitung von mehr als 800 mm,	X	
19.4.2	einer Länge von mehr als 40 km und einem Durchmesser der Rohrleitung von 150 mm bis zu 800 mm,		A
19.4.3	einer Länge von 2 km bis 40 km und einem Durchmesser der Rohrleitung von mehr als 150 mm,		A
19.4.4	einer Länge von weniger als 2 km und einem Durchmesser der Rohrleitung von mehr als 150 mm;		S
19.5	Errichtung und Betrieb einer Rohrleitungsanlage, soweit sie nicht unter Nummer 19.3 oder als Energieanlage im Sinne des Energiewirtschaftsgesetzes unter Nummer 19.2 fällt, zum Befördern von nichtverflüssigten Gasen, ausgenommen Anlagen, die den Bereich eines Werksgeländes nicht überschreiten, mit		
19.5.1	einer Länge von mehr als 40 km und einem Durchmesser der Rohrleitung von mehr als 800 mm,	X	
19.5.2	einer Länge von mehr als 40 km und einem Durchmesser der Rohrleitung von 300 mm bis zu 800 mm,		A
19.5.3	einer Länge von 5 km bis 40 km und einem Durchmesser der Rohrleitung von mehr als 300 mm,		A
19.5.4	einer Länge von weniger als 5 km und einem Durchmesser der Rohrleitung von mehr als 300 mm;		S
19.6	Errichtung und Betrieb einer Rohrleitungsanlage zum Befördern von Stoffen im Sinne von § 3 a des Chemikaliengesetzes, soweit sie nicht unter eine der Nummern 19.2 bis 19.5 fällt und ausgenommen Abwasserleitungen sowie Anlagen, die den Bereich eines Werksgeländes nicht überschreiten oder Zubehör einer Anlage zum Lagern solcher Stoffe sind, mit		
19.6.1	einer Länge von mehr als 40 km und einem Durchmesser der Rohrleitung von mehr als 800 mm,	X	
19.6.2	einer Länge von mehr als 40 km und einem Durchmesser der Rohrleitung von 300 mm bis 800 mm,		A

Nr.	Vorhaben	Sp. 1	Sp. 2
19.6.3	einer Länge von 5 km bis 40 km und einem Durchmesser der Rohrleitung von mehr als 300 mm,		A
19.6.4	einer Länge von weniger als 5 km und einem Durchmesser der Rohrleitung von mehr als 300 mm;		S
19.7	Errichtung und Betrieb einer Rohrleitungsanlage zum Befördern von Dampf oder Warmwasser aus einer Anlage nach den Nummern 1 bis 10, die den Bereich des Werksgeländes überschreitet (Dampf- oder Warmwasserpipeline), mit		
19.7.1	einer Länge von 5 km oder mehr außerhalb des Werksgeländes,		A
19.7.2	einer Länge von weniger als 5 km im Außenbereich;		S
19.8	Errichtung und Betrieb einer Rohrleitungsanlage, soweit sie nicht unter Nummer 19.6 fällt, zum Befördern von Wasser, die das Gebiet einer Gemeinde überschreitet (Wasserfernleitung), mit		
19.8.1	einer Länge von 10 km oder mehr,		A
19.8.2	einer Länge von 2 km bis weniger als 10 km;		S
19.9	Errichtung und Betrieb eines künstlichen Wasserspeichers mit		
19.9.1	10 Mio. m^3 oder mehr Wasser,	X	
19.9.2	2 Mio. m^3 bis weniger als 10 Mio. m^3 Wasser,		A
19.9.3	5.000 m^3 bis weniger als 2 Mio. m^3 Wasser;		S
19.10	Errichtung und Betrieb einer Kohlendioxidleitung im Sinne des Kohlendioxid-Speicherung-und-Transport-Gesetzes ausgenommen Anlagen, die den Bereich eines Werksgeländes nicht überschreiten, mit		
19.10.1	einer Länge von mehr als 40 km und einem Durchmesser der Rohrleitung von mehr als 800 mm,	X	
19.10.2	einer Länge von mehr als 40 km und einem Durchmesser der Rohrleitung von 150 mm bis zu 800 mm,		A
19.10.3	einer Länge von 2 km bis 40 km und einem Durchmesser der Rohrleitung von mehr als 150 mm,		A
19.10.4	einer Länge von weniger als 2 km und einem Durchmesser der Rohrleitung von mehr als 150 mm.		S
19.11	Errichtung und Betrieb eines Erdkabels nach § 2 Absatz 5 des Bundesbedarfsplangesetzes	X	
19.12	Errichtung und Betrieb einer Anbindungsleitung von LNG-Anlagen an das Fernleitungsnetz im Sinne des Energiewirtschaftsgesetzes, ausgenommen Leitungsanlagen, die den Bereich eines Werksgeländes nicht überschreiten, mit		
19.12.1	einer Länge von mehr als 40 km und einem Durchmesser von mehr als 800 mm,	X	
19.12.2	einer Länge von mehr als 40 km und einem Durchmesser von 300 mm bis zu 800 mm,		A
19.12.3	einer Länge von 5 km bis 40 km und einem Durchmesser von mehr als 300 mm,		A
19.12.4	einer Länge von weniger als 5 km und einem Durchmesser von mehr als 300 mm.		S
19.13	Errichtung und Betrieb einer Bahnstromfernleitung mit einer Nennspannung von 110 kV bis weniger als 220 kV, soweit nicht von Nummer 14.7 erfasst,		
19.13.1	mit einer Länge von 15 km oder mehr		A
19.13.2	mit einer Länge von weniger als 15 km		S

Anlage 2 Angaben des Vorhabenträgers zur Vorbereitung der Vorprüfung

1. Nachstehende Angaben sind nach § 7 Absatz 4 vom Vorhabenträger zu übermitteln, wenn nach § 7 Absatz 1 und 2, auch in Verbindung mit den §§ 8 bis 14, eine Vorprüfung durchzuführen ist.
   a) Eine Beschreibung des Vorhabens, insbesondere
      aa) der physischen Merkmale des gesamten Vorhabens und, soweit relevant, der Abrissarbeiten,
      bb) des Standorts des Vorhabens und der ökologischen Empfindlichkeit der Gebiete, die durch das Vorhaben beeinträchtigt werden können.
   b) Eine Beschreibung der Schutzgüter, die von dem Vorhaben erheblich beeinträchtigt werden können.
   c) Eine Beschreibung der möglichen erheblichen Auswirkungen des Vorhabens auf die betroffenen Schutzgüter infolge
      aa) der erwarteten Rückstände und Emissionen sowie gegebenenfalls der Abfallerzeugung,
      bb) der Nutzung der natürlichen Ressourcen, insbesondere Fläche, Boden, Wasser, Tiere, Pflanzen und biologische Vielfalt.
2. Bei der Zusammenstellung der Angaben für die Vorprüfung ist den Kriterien nach Anlage 3, die für das Vorhaben von Bedeutung sind, Rechnung zu tragen. Soweit der Vorhabenträger über Ergebnisse vorgelagerter Umweltprüfungen oder anderer rechtlich vorgeschriebener Untersuchungen zu den Umweltauswirkungen des Vorhabens verfügt, sind diese ebenfalls einzubeziehen.
3. Zusätzlich zu den Angaben nach Nummer 1 Buchstabe a kann der Vorhabenträger auch eine Beschreibung aller Merkmale des Vorhabens und des Standorts und aller Vorkehrungen vorlegen, mit denen erhebliche nachteilige Umweltauswirkungen ausgeschlossen werden sollen.
4. Wird eine standortbezogene Vorprüfung durchgeführt, können sich die Angaben des Vorhabenträgers in der ersten Stufe auf solche Angaben beschränken, die sich auf das Vorliegen besonderer örtlicher Gegebenheiten gemäß den in Anlage 3 Nummer 2.3 aufgeführten Schutzkriterien beziehen.

Anlage 3 Kriterien für die Vorprüfung im Rahmen einer Umweltverträglichkeitsprüfung

Nachstehende Kriterien sind anzuwenden, soweit in § 7 Absatz 1 und 2, auch in Verbindung mit den §§ 8 bis 14, auf Anlage 3 Bezug genommen wird.

1. **Merkmale der Vorhaben**
   Die Merkmale eines Vorhabens sind insbesondere hinsichtlich folgender Kriterien zu beurteilen:
   1.1 Größe und Ausgestaltung des gesamten Vorhabens und, soweit relevant, der Abrissarbeiten,
   1.2 Zusammenwirken mit anderen bestehenden oder zugelassenen Vorhaben und Tätigkeiten,
   1.3 Nutzung natürlicher Ressourcen, insbesondere Fläche, Boden, Wasser, Tiere, Pflanzen und biologische Vielfalt,
   1.4 Erzeugung von Abfällen im Sinne von § 3 Absatz 1 und 8 des Kreislaufwirtschaftsgesetzes,
   1.5 Umweltverschmutzung und Belästigungen,
   1.6 Risiken von Störfällen, Unfällen und Katastrophen, die für das Vorhaben von Bedeutung sind, einschließlich der Störfälle, Unfälle und Katastrophen, die wissenschaftlichen Erkenntnissen zufolge durch den Klimawandel bedingt sind, insbesondere mit Blick auf:
      1.6.1 verwendete Stoffe und Technologien,
      1.6.2 die Anfälligkeit des Vorhabens für Störfälle im Sinne des § 2 Nummer 7 der Störfall-Verordnung, insbesondere aufgrund seiner Verwirklichung innerhalb des angemessenen Sicherheitsabstandes zu Betriebsbereichen im Sinne des § 3 Absatz 5a des Bundes-Immissionsschutzgesetzes,
   1.7 Risiken für die menschliche Gesundheit, z. B. durch Verunreinigung von Wasser oder Luft.
2. **Standort der Vorhaben**
   Die ökologische Empfindlichkeit eines Gebiets, das durch ein Vorhaben möglicherweise beeinträchtigt wird, ist insbesondere hinsichtlich folgender Nutzungs- und Schutzkriterien unter

Berücksichtigung des Zusammenwirkens mit anderen Vorhaben in ihrem gemeinsamen Einwirkungsbereich zu beurteilen:

2.1 bestehende Nutzung des Gebietes, insbesondere als Fläche für Siedlung und Erholung, für land-, forst- und fischereiwirtschaftliche Nutzungen, für sonstige wirtschaftliche und öffentliche Nutzungen, Verkehr, Ver- und Entsorgung (Nutzungskriterien),

2.2 Reichtum, Verfügbarkeit, Qualität und Regenerationsfähigkeit der natürlichen Ressourcen, insbesondere Fläche, Boden, Landschaft, Wasser, Tiere, Pflanzen, biologische Vielfalt, des Gebiets und seines Untergrunds (Qualitätskriterien),

2.3 Belastbarkeit der Schutzgüter unter besonderer Berücksichtigung folgender Gebiete und von Art und Umfang des ihnen jeweils zugewiesenen Schutzes (Schutzkriterien):

2.3.1 Natura 2000-Gebiete nach § 7 Absatz 1 Nummer 8 des Bundesnaturschutzgesetzes,

2.3.2 Naturschutzgebiete nach § 23 des Bundesnaturschutzgesetzes, soweit nicht bereits von Nummer 2.3.1 erfasst,

2.3.3 Nationalparke und Nationale Naturmonumente nach § 24 des Bundesnaturschutzgesetzes, soweit nicht bereits von Nummer 2.3.1 erfasst,

2.3.4 Biosphärenreservate und Landschaftsschutzgebiete nach den §§ 25 und 26 des Bundesnaturschutzgesetzes,

2.3.5 Naturdenkmäler nach § 28 des Bundesnaturschutzgesetzes,

2.3.6 geschützte Landschaftsbestandteile, einschließlich Alleen, nach § 29 des Bundesnaturschutzgesetzes,

2.3.7 gesetzlich geschützte Biotope nach § 30 des Bundesnaturschutzgesetzes,

2.3.8 Wasserschutzgebiete nach § 51 des Wasserhaushaltsgesetzes, Heilquellenschutzgebiete nach § 53 Absatz 4 des Wasserhaushaltsgesetzes, Risikogebiete nach § 73 Absatz 1 des Wasserhaushaltsgesetzes sowie Überschwemmungsgebiete nach § 76 des Wasserhaushaltsgesetzes,

2.3.9 Gebiete, in denen die in Vorschriften der Europäischen Union festgelegten Umweltqualitätsnormen bereits überschritten sind,

2.3.10 Gebiete mit hoher Bevölkerungsdichte, insbesondere Zentrale Orte im Sinne des § 2 Absatz 2 Nummer 2 des Raumordnungsgesetzes,

2.3.11 in amtlichen Listen oder Karten verzeichnete Denkmäler, Denkmalensembles, Bodendenkmäler oder Gebiete, die von der durch die Länder bestimmten Denkmalschutzbehörde als archäologisch bedeutende Landschaften eingestuft worden sind.

3. Art und Merkmale der möglichen Auswirkungen

Die möglichen erheblichen Auswirkungen eines Vorhabens auf die Schutzgüter sind anhand der unter den Nummern 1 und 2 aufgeführten Kriterien zu beurteilen; dabei ist insbesondere folgenden Gesichtspunkten Rechnung zu tragen:

3.1 der Art und dem Ausmaß der Auswirkungen, insbesondere, welches geographische Gebiet betroffen ist und wie viele Personen von den Auswirkungen voraussichtlich betroffen sind,

3.2 dem etwaigen grenzüberschreitenden Charakter der Auswirkungen,

3.3 der Schwere und der Komplexität der Auswirkungen,

3.4 der Wahrscheinlichkeit von Auswirkungen,

3.5 dem voraussichtlichen Zeitpunkt des Eintretens sowie der Dauer, Häufigkeit und Umkehrbarkeit der Auswirkungen,

3.6 dem Zusammenwirken der Auswirkungen mit den Auswirkungen anderer bestehender oder zugelassener Vorhaben,

3.7 der Möglichkeit, die Auswirkungen wirksam zu vermindern.

Anlage 4 Angaben des UVP-Berichts für die Umweltverträglichkeitsprüfung

Soweit die nachfolgenden Aspekte über die in § 16 Absatz 1 Satz 1 genannten Mindestanforderungen hinausgehen und sie für das Vorhaben von Bedeutung sind, muss nach § 16 Absatz 3 der UVP-Bericht hierzu Angaben enthalten.

1. Eine Beschreibung des Vorhabens, insbesondere
   a) eine Beschreibung des Standorts,

b) eine Beschreibung der physischen Merkmale des gesamten Vorhabens, einschließlich der erforderlichen Abrissarbeiten, soweit relevant, sowie des Flächenbedarfs während der Bau- und der Betriebsphase,
c) eine Beschreibung der wichtigsten Merkmale der Betriebsphase des Vorhabens (insbesondere von Produktionsprozessen), z. B.
   aa) Energiebedarf und Energieverbrauch,
   bb) Art und Menge der verwendeten Rohstoffe und
   cc) Art und Menge der natürlichen Ressourcen (insbesondere Fläche, Boden, Wasser, Tiere, Pflanzen und biologische Vielfalt),
d) eine Abschätzung, aufgeschlüsselt nach Art und Quantität,
   aa) der erwarteten Rückstände und Emissionen (z. B. Verunreinigung des Wassers, der Luft, des Bodens und Untergrunds, Lärm, Erschütterungen, Licht, Wärme, Strahlung) sowie
   bb) des während der Bau- und Betriebsphase erzeugten Abfalls.

2. Eine Beschreibung der vom Vorhabenträger geprüften vernünftigen Alternativen (z. B. in Bezug auf Ausgestaltung, Technologie, Standort, Größe und Umfang des Vorhabens), die für das Vorhaben und seine spezifischen Merkmale relevant sind, und Angabe der wesentlichen Gründe für die getroffene Wahl unter Berücksichtigung der jeweiligen Umweltauswirkungen.
3. Eine Beschreibung des aktuellen Zustands der Umwelt und ihrer Bestandteile im Einwirkungsbereich des Vorhabens und eine Übersicht über die voraussichtliche Entwicklung der Umwelt bei Nichtdurchführung des Vorhabens, soweit diese Entwicklung gegenüber dem aktuellen Zustand mit zumutbarem Aufwand auf der Grundlage der verfügbaren Umweltinformationen und wissenschaftlichen Erkenntnisse abgeschätzt werden kann.
4. Eine Beschreibung der möglichen erheblichen Umweltauswirkungen des Vorhabens; Die Darstellung der Umweltauswirkungen soll den Umweltschutzzielen Rechnung tragen, die nach den Rechtsvorschriften, einschließlich verbindlicher planerischer Vorgaben, maßgebend sind für die Zulassungsentscheidung. Die Darstellung soll sich auf die Art der Umweltauswirkungen nach Buchstabe a erstrecken. Anzugeben sind jeweils die Art, in der Schutzgüter betroffen sind nach Buchstabe b, und die Ursachen der Auswirkungen nach Buchstabe c.
   a) Art der Umweltauswirkungen
   Die Beschreibung der zu erwartenden erheblichen Umweltauswirkungen soll sich auf die direkten und die etwaigen indirekten, sekundären, kumulativen, grenzüberschreitenden, kurzfristigen, mittelfristigen und langfristigen, ständigen und vorübergehenden, positiven und negativen Auswirkungen des Vorhaben erstrecken.
   b) Art, in der Schutzgüter betroffen sind
   Bei der Angabe, in welcher Hinsicht die Schutzgüter von den Auswirkungen des Vorhabens betroffen sein können, sind in Bezug auf die nachfolgenden Schutzgüter insbesondere folgende Auswirkungen zu berücksichtigen:

Schutzgut (Auswahl)	mögliche Art der Betroffenheit
Menschen, insbesondere die menschliche Gesundheit	Auswirkungen sowohl auf einzelne Menschen als auch auf die Bevölkerung
Tiere, Pflanzen, biologische Vielfalt	Auswirkungen auf Flora und Fauna
Fläche	Flächenverbrauch
Boden	Veränderung der organischen Substanz, Bodenerosion, Bodenverdichtung, Bodenversiegelung
Wasser	hydromorphologische Veränderungen, Veränderungen von Quantität oder Qualität des Wassers

Klima	Veränderungen des Klimas, z. B. durch Treibhausgasemissionen, Veränderung des Kleinklimas am Standort
kulturelles Erbe	Auswirkungen auf historisch, architektonisch oder archäologisch bedeutende Stätten und Bauwerke und auf Kulturlandschaften

c) Mögliche Ursachen der Umweltauswirkungen
Bei der Beschreibung der Umstände, die zu erheblichen Umweltauswirkungen des Vorhabens führen können, sind insbesondere folgende Gesichtspunkte zu berücksichtigen:
aa) die Durchführung baulicher Maßnahmen, einschließlich der Abrissarbeiten, soweit relevant, sowie die physische Anwesenheit der errichteten Anlagen oder Bauwerke,
bb) verwendete Techniken und eingesetzte Stoffe,
cc) die Nutzung natürlicher Ressourcen, insbesondere Fläche, Boden, Wasser, Tiere, Pflanzen und biologische Vielfalt, und, soweit möglich, jeweils auch auf die nachhaltige Verfügbarkeit der betroffenen Ressource einzugehen,
dd) Emissionen und Belästigungen sowie Verwertung oder Beseitigung von Abfällen,
ee) Risiken für die menschliche Gesundheit, für Natur und Landschaft sowie für das kulturelle Erbe, zum Beispiel durch schwere Unfälle oder Katastrophen,
ff) das Zusammenwirken mit den Auswirkungen anderer bestehender oder zugelassener Vorhaben oder Tätigkeiten; dabei ist auch auf Umweltprobleme einzugehen, die sich daraus ergeben, dass ökologisch empfindliche Gebiete nach Anlage 3 Nummer 2.3 betroffen sind oder die sich aus einer Nutzung natürlicher Ressourcen ergeben,
gg) Auswirkungen des Vorhabens auf das Klima, zum Beispiel durch Art und Ausmaß der mit dem Vorhaben verbundenen Treibhausgasemissionen,
hh) die Anfälligkeit des Vorhabens gegenüber den Folgen des Klimawandels (zum Beispiel durch erhöhte Hochwassergefahr am Standort),
ii) die Anfälligkeit des Vorhabens für die Risiken von schweren Unfällen oder Katastrophen, soweit solche Risiken nach der Art, den Merkmalen und dem Standort des Vorhabens von Bedeutung sind.

5. Die Beschreibung der grenzüberschreitenden Auswirkungen des Vorhabens soll in einem gesonderten Abschnitt erfolgen.
6. Eine Beschreibung und Erläuterung der Merkmale des Vorhabens und seines Standorts, mit denen das Auftreten erheblicher nachteiliger Umweltauswirkungen ausgeschlossen, vermindert, ausgeglichen werden soll.
7. Eine Beschreibung und Erläuterung der geplanten Maßnahmen, mit denen das Auftreten erheblicher nachteiliger Umweltauswirkungen ausgeschlossen, vermindert oder ausgeglichen werden soll, sowie geplanter Ersatzmaßnahmen und etwaiger Überwachungsmaßnahmen des Vorhabenträgers.
8. Soweit Auswirkungen aufgrund der Anfälligkeit des Vorhabens für die Risiken von schweren Unfällen oder Katastrophen zu erwarten sind, soll die Beschreibung, soweit möglich, auch auf vorgesehene Vorsorge- und Notfallmaßnahmen eingehen.
9. Die Beschreibung der Auswirkungen auf Natura 2000-Gebiete soll in einem gesonderten Abschnitt erfolgen.
10. Die Beschreibung der Auswirkungen auf besonders geschützte Arten soll in einem gesonderten Abschnitt erfolgen.
11. Eine Beschreibung der Methoden oder Nachweise, die zur Ermittlung der erheblichen Umweltauswirkungen genutzt wurden, einschließlich näherer Hinweise auf Schwierigkeiten und Unsicherheiten, die bei der Zusammenstellung der Angaben aufgetreten sind, zum Beispiel technische Lücken oder fehlende Kenntnisse.
12. Eine Referenzliste der Quellen, die für die im UVP-Bericht enthaltenen Angaben herangezogen wurden.

Anlage 5 Liste »SUP-pflichtiger Pläne und Programme«

Nachstehende Pläne und Programme fallen nach § 1 Absatz 1 Nummer 2, § 2 Absatz 7 in den Anwendungsbereich dieses Gesetzes.

Legende:

Nr. = Nummer des Plans oder Programms

Plan oder Programm = Art des Plans oder Programms

Nr.	Plan oder Programm
1.	**Obligatorische Strategische Umweltprüfung nach § 35 Absatz 1 Nummer 1**
1.1	Verkehrswegeplanungen auf Bundesebene einschließlich Bedarfspläne nach einem Verkehrswegeausbaugesetz des Bundes
1.2	Ausbaupläne nach § 12 Absatz 1 des Luftverkehrsgesetzes, wenn diese bei ihrer Aufstellung oder Änderung über den Umfang der Entscheidungen nach § 8 Absatz 1 und 2 des Luftverkehrsgesetzes wesentlich hinausreichen
1.3	Risikomanagementpläne nach § 75 des Wasserhaushaltsgesetzes und die Aktualisierung der vergleichbaren Pläne nach § 75 Absatz 6 des Wasserhaushaltsgesetzes
1.4	Maßnahmenprogramme nach § 82 des Wasserhaushaltsgesetzes
1.5	Raumordnungsplanungen nach § 13 des Raumordnungsgesetzes
1.6	Raumordnungsplanungen des Bundes nach § 17 Absatz 1 und 2 des Raumordnungsgesetzes
1.8	Bauleitplanungen nach den §§ 6 und 10 des Baugesetzbuchs
1.9	Maßnahmenprogramme nach § 45 h des Wasserhaushaltsgesetzes
1.10	Bundesbedarfspläne nach § 12 e des Energiewirtschaftsgesetzes
1.11	Bundesfachplanungen nach den §§ 4 und 5 des Netzausbaubeschleunigungsgesetzes Übertragungsnetz
1.12	Nationale Aktionsprogramme nach Artikel 5 Absatz 1 der Richtlinie 91/676/EWG des Rates vom 12. Dezember 1991 zum Schutz der Gewässer vor Verunreinigung durch Nitrat aus landwirtschaftlichen Quellen (ABl. L 375 vom 31.12.1991, S. 1), die zuletzt durch die Verordnung (EG) Nr. 1137/2008 (ABl. L 311 vom 21.11.2008, S. 1) geändert worden ist
1.13	Das Nationale Entsorgungsprogramm nach § 2 c des Atomgesetzes
1.14	Bundesfachpläne Offshore nach § 17 a des Energiewirtschaftsgesetzes
1.15	Festlegung der Standortregionen für die übertägige Erkundung nach § 15 Absatz 3 des Standortauswahlgesetzes
1.16	Festlegung der Standorte für die untertägige Erkundung nach § 17 Absatz 2 des Standortauswahlgesetzes.
1.17	Flächenentwicklungspläne nach § 5 des Windenergie-auf-See-Gesetzes
1.18	Feststellungen der Eignung einer Fläche und der installierbaren Leistung auf der Fläche nach § 12 Absatz 5 des Windenergie-auf-See-Gesetzes
2.	**Strategische Umweltprüfung bei Rahmensetzung nach § 35 Absatz 1 Nummer 2**
2.1	Lärmaktionspläne nach § 47 d des Bundes-Immissionsschutzgesetzes
2.2	Luftreinhaltepläne nach § 47 Absatz 1 des Bundes-Immissionsschutzgesetzes
2.3	Abfallwirtschaftskonzepte nach § 21 des Kreislaufwirtschaftsgesetzes

Nr.	Plan oder Programm
2.4	Fortschreibung der Abfallwirtschaftskonzepte nach § 16 Absatz 3 Satz 4, 2. Alternative des Kreislaufwirtschafts- und Abfallgesetzes vom 27. September 1994 (BGBl. I S. 2705), das zuletzt durch Artikel 5 des Gesetzes vom 6. Oktober 2011 (BGBl. I S. 1986) geändert worden ist,
2.5	Abfallwirtschaftspläne nach § 30 des Kreislaufwirtschaftsgesetzes, einschließlich von besonderen Kapiteln oder gesonderten Teilplänen über die Entsorgung von gefährlichen Abfällen, Altbatterien und Akkumulatoren oder Verpackungen und Verpackungsabfällen
2.6	Abfallvermeidungsprogramme nach § 33 des Kreislaufwirtschaftsgesetzes
2.7	Operationelle Programme aus dem Europäischen Fonds für Regionale Entwicklung, dem Europäischen Sozialfonds, dem Kohäsionsfonds und dem Europäischen Meeres- und Fischereifonds sowie Entwicklungsprogramme für den ländlichen Raum aus dem Europäischen Landwirtschaftsfonds für die Entwicklung des ländlichen Raumes
2.8	Besondere Notfallpläne des Bundes oder der Länder nach § 99 Absatz 2 Nummer 9 oder § 100, jeweils auch in Verbindung mit § 103 Absatz 1 des Strahlenschutzgesetzes, für die Entsorgung von Abfällen bei möglichen Notfällen
2.9	Pläne des Bundes oder der Länder nach § 118 Absatz 2 oder 5, jeweils auch in Verbindung mit § 103 Absatz 1 des Strahlenschutzgesetzes, für die Entsorgung von Abfällen
2.10	Bestimmung von Maßnahmen durch Rechtsverordnung nach § 123 Satz 2 des Strahlenschutzgesetzes
2.11	Radonmaßnahmenplan nach § 122 Absatz 1 des Strahlenschutzgesetzes
2.12	Aktionspläne nach § 40d des Bundesnaturschutzgesetzes
2.13	Klimaschutzprogramme nach § 9 des Bundes-Klimaschutzgesetzes
2.14	Entscheidungen über die Ausweisung als Gebiet zum Neu- oder Ausbau von Wärmenetzen oder als Wasserstoffnetzausbaugebiet nach § 26 des Wärmeplanungsgesetzes

Anlage 6 Kriterien für die Vorprüfung des Einzelfalls im Rahmen einer Strategischen Umweltprüfung

Nachstehende Kriterien sind anzuwenden, soweit auf Anlage 6 Bezug genommen wird.

1. Merkmale des Plans oder Programms, insbesondere in Bezug auf
   - 1.1 das Ausmaß, in dem der Plan oder das Programm einen Rahmen setzen;
   - 1.2 das Ausmaß, in dem der Plan oder das Programm andere Pläne und Programme beeinflusst;
   - 1.3 die Bedeutung des Plans oder Programms für die Einbeziehung umweltbezogener, einschließlich gesundheitsbezogener Erwägungen, insbesondere im Hinblick auf die Förderung der nachhaltigen Entwicklung;
   - 1.4 die für den Plan oder das Programm relevanten umweltbezogenen, einschließlich gesundheitsbezogener Probleme;
   - 1.5 die Bedeutung des Plans oder Programms für die Durchführung nationaler und europäischer Umweltvorschriften.
2. Merkmale der möglichen Auswirkungen und der voraussichtlich betroffenen Gebiete, insbesondere in Bezug auf
   - 2.1 die Wahrscheinlichkeit, Dauer, Häufigkeit und Umkehrbarkeit der Auswirkungen;
   - 2.2 den kumulativen und grenzüberschreitenden Charakter der Auswirkungen;
   - 2.3 die Risiken für die Umwelt, einschließlich der menschlichen Gesundheit (zum Beispiel bei Unfällen);
   - 2.4 den Umfang und die räumliche Ausdehnung der Auswirkungen;
   - 2.5 die Bedeutung und die Sensibilität des voraussichtlich betroffenen Gebiets aufgrund der besonderen natürlichen Merkmale, des kulturellen Erbes, der Intensität der Bodennutzung des Gebiets jeweils unter Berücksichtigung der Überschreitung von Umweltqualitätsnormen und Grenzwerten;
   - 2.6 Gebiete nach Nummer 2.3 der Anlage 3.

Einleitung

Übersicht

A. Die Umweltprüfung

I. Begriff der Umweltprüfung

Der europäische Gesetzgeber hat mit der UVP-Richtlinie[1] und der SUP-Richtlinie,[2] in deren Implementation das Gesetz über die Umweltverträglichkeitsprüfung (UVPG)[3] erging, für bestimmte Projekte, Pläne und Programme die Verpflichtung zur Durchführung einer Umweltprüfung eingeführt, die hierdurch wesentlicher Bestandteil einer Vielzahl umweltrelevanter Verfahren geworden ist. Hiernach sollen behördliche Entscheidungen mit Umweltbezug erst getroffen werden, nachdem die vorhersehbaren Umweltfolgen eines Projekts hinreichend genau ermittelt und bewertet worden sind. Mit der Einführung dieser Richtlinien hat die EU dem europäischen wie deutschen Umweltrecht in den vergangenen vierzig Jahren ihren unverkennbaren Stempel aufgedrückt. 1

§ 3 Satz 1 UVPG beschreibt die *Umweltprüfung* als die Ermittlung, Beschreibung und Bewertung der erheblichen Auswirkungen eines Vorhabens oder eines Plans oder Programms auf die Schutzgüter des UVPG, namentlich Menschen, insbesondere die menschliche Gesundheit, Tiere, Pflanzen und die biologische Vielfalt, Fläche, Boden, Wasser, Luft, Klima und Landschaft, kulturelles Erbe und sonstige Sachgüter sowie die Wechselwirkungen zwischen den vorgenannten Schutzgütern (§ 2 Abs. 1 UVPG). *Umweltprüfungen* dienen einer wirksamen Umweltvorsorge nach Maßgabe der gel- 2

1 Richtlinie 2011/92/EU des Europäischen Parlaments und des Rates vom 13.12.2011 über die Umweltverträglichkeitsprüfung bei bestimmten öffentlichen und privaten Projekten, ABl. 2012 L 26/1; geändert durch Richtlinie 2014/52/EU des Europäischen Parlaments und des Rates vom 16.04.2014 zur Änderung der Richtlinie 2011/92/EU über die Umweltverträglichkeitsprüfung bei bestimmten öffentlichen und privaten Projekten, ABl. L 124 vom 25.04.2014, S. 1.

2 RL 2001/42/EG des Europäischen Parlaments und des Rates vom 27.06.2001 über die Prüfung der Umweltauswirkungen bestimmter Pläne und Programme; ABl. 2001 L 197/30 ff.

3 Gesetz über die Umweltverträglichkeitsprüfung in der Fassung der Bekanntmachung vom 18.03.2021 (BGBl. I, S. 540), das zuletzt durch Artikel 10 des Gesetzes vom 23.10.2024 (BGBl. 2024 I Nr. 323) geändert worden ist.

tenden Gesetze und werden nach einheitlichen Grundsätzen sowie unter Beteiligung der Öffentlichkeit durchgeführt (§ 3 Satz 2 UVPG). Das Gesetz kennt – entsprechend der europäischen Vorgaben – zwei Arten von Umweltprüfungen (§ 2 Abs. 10 UVPG): Die Umweltverträglichkeitsprüfung (UVP) bezieht sich auf Projekte i.S.d. Art. 1 Abs. 2 lit. a) UVP-RL 2011/92/EU bzw. Vorhaben i.S.d. § 2 Abs. 4 UVPG; die Strategische Umweltprüfung (SUP) bezieht sich auf Pläne und Programme i.S.d. Art. 2 lit. a) UVP-RL 2001/42/EU bzw. i.S.d. § 2 Abs. 7 UVPG.

II. Verfassungsrechtliche Prinzipien

3 Die Umweltprüfung beschreibt Verfahrensanforderungen, welche in fachgesetzliche Zulassungs- oder Planungsverfahren zu integrieren sind (vgl. § 4 UVPG). Inhaltliche Anforderungen werden hierdurch – im Wesentlichen[4] – nicht aufgestellt. Die Verbesserung der Umweltqualität soll stattdessen auf prozeduralem Wege sichergestellt werden: Bei der Entscheidungsfindung sollen breite Umwelterwägungen Berücksichtigung finden.[5] Insbesondere die verstärkte Beteiligung der Öffentlichkeit zielt darauf ab, öffentliche Anregungen und Bedenken zu sammeln und zu berücksichtigen, um den Entscheidungsprozess »nachvollziehbarer und transparenter« zu machen und hierdurch das öffentliche Bewusstsein für Umweltbelange und die öffentliche Unterstützung zu stärken.[6] Damit ist die Umweltprüfung – in Gestalt einer UVP oder SUP – auch Ausdruck eines *prozeduralen Legitimationskonzepts*. Durch dieses werden die vom BVerfG entwickelten Säulen der funktionell-institutionellen, der personellen und der sachlich-inhaltlichen Legitimation i.S.d. Art. 20 Abs. 2 Satz 1 GG ergänzt. Insbesondere der Gedanke der sachlich-inhaltlichen Legitimation ist in der Verwaltungsarbeit relevant, da er die Bindung der gesetzesausführenden Behörde an das vom Parlament beschlossene Gesetz und die grundsätzliche Weisungsgebundenheit der Verwaltung gegenüber der Regierung sowie deren Verantwortlichkeit gegenüber dem Parlament sichert.[7] Danach obliegt primär dem unmittelbar demokratisch legitimierten Parlament die rechtliche Steuerung, welche durch die Anwendung der Exekutive realisiert und durch die Kontrolle der Judikative ergänzt wird.[8] Um die Steuerungsobliegenheit auszufüllen, ohne welche der parlamentarische Gesetzesbefehl nicht verwirklicht werden kann, bedarf es hinreichend bestimmter Normbefehle. Dies gilt im Hinblick auf die Gestalt, die Dichte und die Weite des Normbefehls. In ihrer Gestalt sind daher verwaltungsrechtliche Normen regelmäßig durch eine konditionale Normstruktur[9] geprägt, die allerdings Ermessen und Beurteilungsspielräume nicht von vornherein ausschließt. Die Steuerung wirkt hingegen bei planenden Entscheidungen, die eine administrative Abwägung verlangen, nur abgeschwächt[10] – solche finden sich im umweltrechtlichen Kontext häufig. Nach dem Legitimationsmodell des BVerfG vermag eine Schwächung der sachlich-inhaltlichen Säule jedoch durch Stärkung der anderen Säulen ausgeglichen werden, da die Säulen in einem wechselbezüglichen Verhältnis stehen. Insgesamt bedarf es nur eines hinreichenden Legitimationsniveaus.

4 Bereits seit längerem steht dieses Legitimationsmodell unter Rechtfertigungsdruck[11] – und dies nicht zuletzt unter dem Eindruck von Prozeduralisierung und Partizipation.[12] Beide Elemente vermögen

4 Vgl. hierzu unter Rdn. 32.

5 4. Erwägungsgrund der SUP-RL 2001/42/EG (o. Fn. 2).

6 16. Erwägungsgrund der UVP-RL 2011/92/EU (o. Fn. 1).

7 BVerfGE 47, 253 (275 f.); 68, 1 (88); 77, 1 (40); 83, 60 (73); 93, 27 (66); 107, 59 (87); 130, 76 (124); 136, 194 (262); 137, 185 (232 f.); 139, 194 (225); 147, 50 (127).

8 Insgesamt hierzu *Reimer*, in: Voßkuhle/Eifert/Möllers, Grundlagen I, § 9 Rn. 1 ff.

9 Hierzu auch noch unter Rdn. 66.

10 Hierauf weist zu Recht *Wittreck* ZG 2011, 209 (220) hin. Siehe auch *Würtenberger* NJW 1991, 257 (258).

11 So mit ausführlicher Begründung *Wittreck* ZG 2011, 209 (217 ff.). Diskutiert wird das Modell insbesondere mit Blick auf Europäisierungsentwicklungen (hierzu *Pache* VVDStRL 66 [2007], 106 [139 ff.]; *Groß* VVDStRL 66 [2007], 152 [171 ff.]) wie auch aus der Perspektive der funktionalen Selbstverwaltung (BVerfGE 107, 59 [89 ff.]; hierzu *Jestaedt* JuS 2004, 649 ff.; *Musil* DÖV 2004, 116 ff.; *Unruh* JZ 2003, 1061 ff.; *Zeccola/Pfleiderer* DÖV 2021, 59 ff.).

12 Zu ersterem u.a. *Tschentscher*, Demokratische Legitimation der Dritten Gewalt, S. 228 ff., 258 ff.; zu letzterem etwa *Fisahn*, Demokratie und Öffentlichkeitsbeteiligung, 2002, 231 ff., 292 ff.; *Rossen-Stadt-*

jedoch zugleich, neue Aspekte der Legitimation einzubringen. Verfahrensvorgaben und Öffentlichkeitsbeteiligung sind zunächst darauf gerichtet, die Entscheidungsrichtigkeit zu verbessern bzw. herbeizuführen.[13] Der Eigenwert des Verfahrens zeigt sich mit zunehmender Komplexität der Entscheidungsgrundlage und hier insbesondere dann, wenn mehrere vertretbare Lösungen denkbar sind,[14] sodass es an einer in die binären Muster von Rechtmäßigkeit/Rechtswidrigkeit gefügten Entscheidungssituation fehlt. Bei umweltrelevanten Verfahren ist dies (zunehmend) zu beobachten. Das Verfahren (der Umweltprüfung) entscheidet dann, welche Informationen ermittelt werden, wie die Problemlösung strukturiert wird, welche Alternativen diskutiert werden etc.[15] In diesem Sinne gibt das Verfahren bereits die möglichen Lösungen vor: Es gibt einen weiteren *Input* zur Sicherung größtmöglicher demokratischer Legitimation, indem das Verfahren auf frühzeitige und breit gefächerte Informationsgewinnung, fachliche Kompetenz sowie Sachlichkeit und Rationalität ausgerichtet ist.[16]

Gerade der Partizipation bzw. Öffentlichkeitsbeteiligung als wesentlicher Verfahrensbestandteil ist 5
noch ein weiterer Gedanke eigen: die Hoffnung, dass die Möglichkeit, eigene Belange zu benennen, und die Notwendigkeit, fremde Belange zur Kenntnis zu nehmen, die Bereitschaft steigert, die Verwaltungsentscheidung zu *akzeptieren*,[17] was auf der *Output*-Seite eine Befriedungsfunktion begründen soll.[18] In jüngeren Gesetzesvorhaben wird die (Ergebnis-)Akzeptanz – im Sinne einer positiven bzw. neutralen Einstellung dem konkreten Planungsergebnis gegenüber[19] – bereits explizit als Gesetzesziel benannt[20] und vermag hierdurch Legitimationsfunktion zu übernehmen. Im Hinblick auf das UVPG fehlt ein entsprechender Hinweis bislang. Zumindest der Gesichtspunkt der Transparenz, der als Voraussetzung von Akzeptanz gehandelt wird,[21] findet aber im 29. und 34. Erwägungsgrund[22] zur Änderung der UVP-RL Erwähnung.

Neben das Konzept der *Ergebnis*akzeptanz treten auch Überlegungen zur *Verfahrens*akzeptanz:[23] Dies 6
meint die »Akzeptanz des Verfahrens«, nicht die Akzeptanz der »konkret durch das Verfahren gene-

---

feld, Beteiligung, Partizipation und Öffentlichkeit, in: Voßkuhle/Eifert/Möllers, Grundlagen II, § 29 Rn. 70 f.; *Zeccola/Pfleiderer* DÖV 2021, 59 ff.

13 In diesem Sinne *Tschentscher*, a.a.O.

14 Darauf weist bereits *Luhmann*, Legitimation durch Verfahren, S. 203 hin.

15 Siehe hierzu *Luhmann*, Legitimation durch Verfahren, S. 204.

16 Im Einzelnen hierzu noch unter Rdn. 22.

17 Hierzu umfänglich *Würtenberger* NJW 1991, 257 ff.; aus jüngerer Zeit *Peters* DVBl 2015, 808 ff.; *Zeccola* DÖV 2019, 100 ff.

18 Zum Widerspruch von Befriedungsanspruch und Zweckrationalität der Verwaltung siehe *Luhmann*, Legitimation durch Verfahren, S. 207: »Gerade in den Augen des Publikums trennen sich [...] Effizienz auf der einen und Befriedigungswert oder Legitimität der Entscheidung auf der anderen Seite.« Dieser möchte – wohl vom Ansatz der Output-Legitimation ausgehend – den Anspruch auf Legitimation durch Verwaltungsverfahren daher weitgehend aufgeben (*ders.*, a.a.O., S. 215 ff.).

19 So in der Gesetzesbegründung zu den Öffentlichkeitsbeteiligungsvorschriften des EnWG und NABEG BT-Drs. 17/6073, S. 19; weiter reichend die Spanne bei *Würtenberger*, Akzeptanz von Verwaltungsentscheidungen, 1996, S. 62: »Spannbreite des Bewertens von Verwaltungsentscheidungen von richtig bis noch anerkennenswürdig«. Nach *Luhmann* ist Akzeptanz die »wahrheitsähnliche« Anerkennung einer Entscheidung als Grundlage eigenen Handelns bzw. eigener Entscheidungen. Kritisch zu dem »herrschenden« Verständnis *Peters* DVBl 2015, 808 (812 f.).

20 So im Hinblick auf das NABEG BT-Drs. 17/6073, S. 18: »[... die Verfahren nach dem NABEG sollten] durch Gewährleistung offener und transparenter Debatten auf lokaler, regionaler und nationaler Ebene, durch die das Vertrauen der Öffentlichkeit und die Akzeptanz der Anlagen erhöht werden, ... die Beteiligung der Öffentlichkeit am Entscheidungsprozess erleichtern.«.

21 Siehe hierzu den Nachw. in Fn. 19.

22 So insbesondere der 34. Erwägungsgrund der RL 2014/52/EU (ABl. L 124/1): »Um Transparenz und Verantwortlichkeit zu gewährleisten, sollte die zuständige Behörde verpflichtet sein, ihren Beschluss über die Genehmigung eines Projekts zu begründen und anzugeben, dass sie die Ergebnisse der durchgeführten Konsultationen und der zusammengetragenen einschlägigen Informationen berücksichtigt hat.«.

23 Siehe hierzu *Peters* DVBl 2015, 808 (813).

rierten Entscheidung«.[24] Diesem Konzept ist zu Gute zu halten, dass es nicht auf die empirisch schwer bestimmbare subjektive Einstellung weiter Bevölkerungsteile zu einem Projekt, sondern auf das Verwaltungshandeln (konkreter: dessen normativen Unterbau) abstellt.[25] Verfahrensakzeptanz-fördernd wirken daher normative Vorgaben, die einen breiten Raum für Öffentlichkeitsbeteiligungen,[26] ein faires Verfahren,[27] aber auch hinreichende Sachkenntnisse der Behörden vorsehen. Wie noch zu zeigen sein wird, erfüllt das Verfahren der Umweltprüfung diese Voraussetzungen.[28] Unter diesen Gesichtspunkten vermögen die Verfahrensvorgaben der Umweltprüfung einen spürbaren Beitrag zur Steigerung der Verwaltungslegitimation – sowohl aus der Input- als auch der Output-Perspektive – zu leisten. Sie führen hierdurch insbesondere im Bereich abwägender Entscheidungen auch zu einer Umgestaltung des verfassungsrechtlichen Unterbaus.

III. Umweltrechtliche Prinzipien

7 Umweltprüfungen dienen drei umweltrechtlichen Prinzipien: Dies ist zum ersten das *Integrationsprinzip*, welches die Berücksichtigung der Auswirkungen eines Vorhabens oder Plans oder Programms auf sämtliche Umweltmedien zum Gegenstand hat. Hierdurch wird der Blick für die »Wechselwirkungen«[29] bzw. »Wechselbeziehungen«[30] zwischen den verschiedenen Umweltfaktoren geschärft. Dieses kommt auch in der umfassenden Auflistung von relevanten Schutzgütern in § 2 Abs. 1 UPVG zum Ausdruck. Ziel ist es, Belastungsverlagerungen zwischen verschiedenen Schutzgütern zu vermeiden. Zugleich sollen Zielkonflikte[31] rechtzeitig erkannt und, wenn nicht behebbar, so zumindest berücksichtigt werden. Zugleich sollen die umweltbeeinträchtigenden Wirkungen menschlichen Handelns im Hinblick auf die *Umwelt* als geschlossenes und komplexes Wirkungsgefüge in einer additiven Gesamtbetrachtung gewürdigt werden.

8 Daneben tritt das *Vorsorgeprinzip*, welches einen präventiven (aber dennoch anlassbezogenen) Umweltschutz ermöglicht. Der Vorsorgegedanke kommt insbesondere im Begriff der *Frühzeitigkeit* zum Ausdruck, der in § 15 Abs. 1, § 34 Abs. 1, § 40 Abs. 1, § 42 Abs. 2, § 45 Abs. 1, § 54 Abs. 1 UVPG Erwähnung findet. Noch deutlicher sprach § 1 UVPG a.F. vom Zweck der Umweltprüfung als *frühzeitige* und umfassende Ermittlung, Beschreibung und Bewertung von Umweltauswirkungen. Der Vorsorgegrundsatz enthält dabei zwei Perspektiven:[32] Im Sinne einer Risiko- und Gefahrenvorsorge meint er die Bewältigung von durch Ungewissheit und Unsicherheit definierten Risikosituationen durch die Vorverlagerung des Handelns im Verhältnis zur später angesiedelten Gefahrenabwehr (sog. Ignoranztheorie).[33] Weiterhin ist eine Belastung der Umwelt, die deren Regenerationsfähigkeit erschöpft, zu vermeiden, um kommenden Generationen Lebensqualität und Lebensstandard zu sichern (sog. Freiraumtheorie).[34] So verstanden knüpft der Begriff der Vorsorge

---

24 *Peters* DVBl 2015, 808 (813); *Zeccola* DÖV 2019, 100 (105).

25 Das Konzept eines akzeptanzfördernden Verfahrens findet sich bei *Zeccola* DÖV 2019, 100 ff. Auch das BVerfG hat die (zumindest mittelbare) verfassungsrechtliche Relevanz der Akzeptanz (konkret zur Förderung des Klimaschutzes) betont (BVerfGE 161, 63, Rn. 100 ff.).

26 So *Peters* DVBl 2015, 808 (813 f.); vgl. auch BVerwG, NVwZ 2011, 1256 (1258).

27 Dies ließe sich als Erwägung aus BVerwG, NVwZ 2011, 1256 (1258) ableiten, wonach Akzeptanzförderung nicht zu einer Verletzung des Neutralitätsgebots führen darf. Umgekehrt könnte man argumentieren, dass gerade die neutrale (sachliche) Behörde akzeptanzfördernd zu wirken vermag.

28 Hierzu unter Rdn. 22, 24.

29 So Art. 3 lit. d) UVP-RL a.F.

30 So Art. 3 lit. e) UVP-RL n.F.

31 Vgl. allgemein zu Zielkonflikten im Umweltrecht *Breuer* NVwZ 2025, 113 ff.

32 *Kloepfer* spricht von einem mehrfunktionalen Gebot (*Kloepfer*, Umweltrecht, § 4 Rn. 28).

33 *Calliess*, in: Calliess/Ruffert, EUV/AEUV, Art. 191 AEUV Rn. 33; bereits früher *Grabitz* WiVerw 1984, 232; *Niklisch* NJW 1986, 2287.

34 *Feldhaus* DVBl 1980, 133; *Ossenbühl* NVwZ 1986, 161 (162); *Sellner* NJW 1980, 1255; aus unionsrechtlicher Perspektive (und hierbei insbesondere an die Mitteilung der Kommission zum Vorsorgegrundsatz vom 2.2.2000; KOM [2000] 1 endg. anknüpfend) *Appel* NVwZ 2001, 395 (397); *Calliess*,

auch an den Gedanken der ökologischen Nachhaltigkeit an,[35] wonach die natürlichen Ressourcen nur in dem Umfang in Anspruch genommen werden dürfen und so zu bewirtschaften sind, dass ihre langfristige Erhaltung und Nutzbarkeit auch durch künftige Generationen gewährleistet wird.[36] Jedoch überschreitet die Nachhaltigkeitsdimension den Grundsatz der Ressourcenvorsorge, soweit sie neben dem Umweltschutz die rechtliche Verteilung von Nutzungsbefugnissen an knappen Umweltgütern und damit eine ökonomische Dimension umfasst.[37] Die grundlegenden Annahmen der Freiraumtheorie hat auch das BVerfG in seiner »Klimaschutz«-Entscheidung[38] aufgegriffen und mit den Grundrechten verbunden, welche es zu intertemporalen[39] Freiheitsrechten weiterentwickelt hat. Nach dieser Rspr. ist eine aktuelle Betroffenheit des Grundrechtsträgers bereits dann anzunehmen, wenn diese im jetzigen Recht angelegt ist, weil durch aktuelles (Nicht-)Handeln ein späterer Grundrechtseingriff unabwendbar wird.[40] So bezieht sich das BVerfG auf künftige »(w)eitere Reduktionlasten«,[41] die »in Großzügigkeiten des gegenwärtigen Klimaschutzrechts« angelegt sind.[42] Darin kommt die Überzeugung zum Ausdruck, dass Umweltgüter (hier: die Luft/Atmosphäre im Hinblick auf ihre CO2-Aufnahmefähigkeit) nur begrenzt belastbar sind und sich daher gegenwärtiges Handeln auf künftige Lebensverhältnisse auszuwirken vermag.

Als *drittes* tritt das Kooperationsprinzip hinzu: Skizzenhaft als Verantwortungsteilung zwischen Staat 9
und Gesellschaft beschrieben, konkretisiert sich Kooperation in dem (verfassungsrechtlich überformten)[43] Zusammenführen staatlicher und gesellschaftlicher Kompetenzen zur Bewältigung der anstehenden ›Menschheitsaufgaben‹. Der in der Umweltprüfung vorrangig angelegte Gedanke der Öffentlichkeitsbeteiligung,[44] welche sich zum Kernpunkt des Verfahrens der Umweltprüfung entwickelt hat, ist Ausdruck dieses Prinzips. Auch wenn die Umweltverträglichkeitsprüfung von Beginn an auf Partizipation ausgerichtet war, so wurde dieser Verfahrensbestandteil im Zeitablauf zunehmend gestärkt. Dies wurzelt nicht zuletzt in der Erkenntnis, dass Beteiligungsmöglichkeiten in Umweltverfahren nicht nur den subjektiven Rechten der Betroffenen (im Sinne eines ›vorgelagerten‹ Rechtsschutzes und einer erweiterten Kontrolle) dienen können, sondern auch im öffentlichen Interesse bestehen. Verkürzt gesagt dient Öffentlichkeitsbeteiligung einerseits Aspekten der Rechtsstaatlichkeit im Sinne von Richtigkeitsgewähr und Effektivierung administrativen Handelns, andererseits – wie schon oben erläutert[45] – Aspekten des Demokratieprinzips durch Legitimations- und Akzeptanzsteigerungen.[46] In diesem Sinne ist auch die Einbeziehung zivilgesellschaftlicher Akteure (denen zugleich über das UmwRG entsprechende Klagerechte zuerkannt werden) zu verstehen.

Umweltstaat, S. 179 ff.; *ders.*, in: Calliess/Ruffert, EUV/AEUV, Art. 191 AEUV Rn. 33; *Lübbe-Wolff* NVwZ 1998, 777 (779); allg. hierzu *Wahl/Appel*, Prävention und Vorsorge, S. 1 (74, 78).

35 Betont kritisch daher zu der Erweiterung des Vorsorgebegriffs auf den Freiraumaspekt *Kahl*, in: Streinz, EUV/AEUV, Art. 191 AEUV Rn. 83.

36 Zum Begriff der Nachhaltigkeit: *Kahl*, Nachhaltigkeit als Verbundbegriff, 2008; *ders.*, Nachhaltigkeit durch Organisation und Verfahren, 2016; *ders./Gärditz*, Umweltrecht, § 4 Rn. 36 ff.

37 Siehe die Begriffsbildung bei *Wieland* ZUR 2016, 473 (473). Grundsätzlich zu den drei Ebenen der Nachhaltigkeit (Ökologie, Ökonomie und Soziales) siehe Art. 3 Abs. 3 Satz 2 EUV. Zur Weiterentwicklung des dreidimensionalen Nachhaltigkeitsverständnisses *Kersten* NVwZ 2024, 614 ff.

38 BVerfGE 157, 30 ff.

39 Hierzu BVerfGE 157, 30, Rn. 116 ff., 182 ff.

40 BVerfGE 157, 30, Rn. 150.

41 BVerfGE 157, 30, Rn. 117.

42 BVerfGE 157, 30, Rn. 120.

43 Zu den verfassungsrechtlichen Anforderungen *Di Fabio* NVwZ 1999, 1153 (1157 f.).

44 Zu den Varianten der Öffentlichkeitsbeteiligung *Guckelberger* VerwArch 2012, 31 ff.

45 Siehe unter Rdn. 3 ff., 5.

46 Im Einzelnen zu den Funktionen noch *Appel* NVwZ 2012, 1361 (1362).

B. Die unionsrechtliche Entwicklung

I. Die UVP-Richtlinie

1. Historie

10 Unionsrechtlich steht am Anfang der Erlass der RL 85/337/EWG vom 27.06.1985 über die Umweltverträglichkeitsprüfung bei bestimmten öffentlichen und privaten Projekten,[47] die – noch auf Art. 100 EWGV a.F. (jetzt: Art. 114 AEUV) und Art. 235 EWGV[48] (jetzt: Art. 352 AEUV) beruhend – es nicht nur ermöglichen sollte, bei allen technischen Planungs- und Entscheidungsprozessen die Auswirkungen auf die Umwelt so früh wie möglich abschätzen zu können, sondern auch Wettbewerbsverzerrungen in der Union vermeiden sollte.[49] Wesentliche Änderungen ergaben sich durch die (erste) UVP-Änderungsrichtlinie 97/11/EG[50] aus dem Jahre 1997, die bereits auf die umweltrechtliche Kompetenznorm des Art. 130s EWGV gestützt werden konnte.[51] Die Richtlinie 2003/35/EG (sog. Öffentlichkeitsbeteiligungs-RL)[52] implementierte – gestützt auf Art. 175 EGV – die Verpflichtungen der Aarhus-Konvention[53] in die UVP-Richtlinie.[54] Nur kleine Änderungen brachte die Anpassung der UVP-RL durch RL 2009/31/EG.[55]

11 Mittlerweile ist die UVP-Richtlinie als RL 2011/92/EU vom 13. Dezember 2012 neu gefasst und nunmehr auf Art. 192 AEUV gestützt.[56] Der Richtlinie liegt eine weitgehende Harmonisierung zugrunde, von denen die Mitgliedstaaten nach Maßgabe des Art. 193 AEUV – im Rahmen einer Schutzverstärkung – abweichen könnten. Weitreichende inhaltliche Änderungen waren mit der Kodifizierung nicht verbunden. Diese kamen jedoch mit der (zweiten) UVP-Änderungsrichtlinie[57] aus dem Jahre 2014. Mit den Änderungen der UVP-Änderungsrichtlinie 2014 fand eine deutliche Angleichung der Umweltverträglichkeitsprüfung an das Verfahren der SUP statt, da signifikante Anforderungen (wie die Erstellung eines Umweltberichts)[58] und Vorgaben (wie die Durchführung

---

47 ABl. 1985 L 175/40.

48 Die Vorgängervorschrift des Art. 352 AEUV griff – vor Einführung der umweltpolitischen Kompetenznormen – als Flexibilitätsklausel die umweltpolitischen Aspekte der Richtlinie auf (s. hierzu GHN-*Winkler*, Art. 352 AEUV Rn. 26).

49 Die UVP-RL geht auf die frühen umweltpolitischen Aktionsprogramme der EU zurück (ABl. 1973 Nr. C 112/1; 1977 Nr. C 139/1; 1983 Nr. C 46/1). Zu den Vorbildern *Weber*, UVP-RL, S. 5.

50 Richtlinie 97/11/EG des Rates vom 3. 3. 1997 zur Änderung der RL 85/337/EWG über die Umweltverträglichkeitsprüfung bei bestimmten öffentlichen und privaten Projekten (ABl. 1997 L 73/5).

51 Eine Übersicht der Änderungen findet sich bei *Becker* NVwZ 1997, 1167 ff.

52 Richtlinie 2003/35/EG des Europäischen Parlaments und des Rates vom 26.05.2003 über die Beteiligung der Öffentlichkeit bei der Ausarbeitung bestimmter umweltbezogener Pläne und Programme und zur Änderung der Richtlinien 85/337/EWG und 96/61/EG des Rats in Bezug auf die Öffentlichkeitsbeteiligung und den Zugang zu Gerichten (ABl. 2003 L 156/17).

53 UN/ECE-Übereinkommen über den Zugang zu Informationen, die Öffentlichkeitsbeteiligung an Entscheidungsverfahren und den Zugang zu Gerichten in Umweltangelegenheiten. Hierzu *Schlacke* ZUR 2004, 129 ff.; *dies./Schrader/Bunge*, Informationsrechte, Öffentlichkeitsbeteiligung und Rechtsschutz im Umweltrecht, 2009 passim; *Schumacher* NuR 2003, 2 ff.; *Sommermann* ZaöRV 2017, 321 ff.

54 Siehe hierzu noch unter Rdn. 26.

55 Richtlinie 2009/31/EG des Europäischen Parlaments und des Rates vom 23.04.2009 über die geologische Speicherung von Kohlendioxid und zur Änderung der Richtlinie 85/337/EWG des Rates sowie der Richtlinien 2000/60/EG, 2001/80/EG, 2004/35/EG, 2006/12/EG und 2008/1/EG des Europäischen Parlaments und des Rates sowie der Verordnung (EG) Nr. 1013/2006 (ABl. 2009 L 140/114).

56 ABl. 2012 L 26/1.

57 Richtlinie 2014/51/EG des Europäischen Parlaments und des Rates vom 16.04.2014 zur Änderung der Richtlinie 2011/91/EG über die Umweltverträglichkeitsprüfung bei bestimmten öffentlichen und privaten Projekten (ABl. 2014 L 124/1). Zu den hiermit verbundenen Änderungen *Balla/Peters* NuR 2015, 297 ff.; *Bunge* NVwZ 2014, 1257 ff.

58 Hierzu Rdn. 19.

eines Monitoring-Verfahrens)[59] übernommen wurden. Seitdem scheint die Rechtslage weitgehend saturiert; es sind keine Rechtsänderungen mehr beobachtbar, jedoch weiterhin eine sehr aktive europäische Rechtsprechung.

2. Anwendungsbereich: Projekte

Gegenstand der UVP-Richtlinie ist die Umweltverträglichkeitsprüfung bei öffentlichen und privaten *Projekten*, die möglicherweise erhebliche Auswirkungen auf die Umwelt haben (Art. 1 Abs. 1 UVP-RL). Der Begriff des Projekts wird in Art. 1 Abs. 2a) UVP-RL definiert als »die Errichtung von baulichen und sonstigen Anlagen« sowie »sonstige Eingriffe in Natur und Landschaft einschließlich derjenigen zum Abbau von Bodenschätzen«. Entsprechend der Rspr. des EuGHs fallen hierunter Arbeiten und physische Eingriffe, nicht jedoch die bloße Verlängerung bestehender Genehmigungen.[60] Die (in geänderter Form in Kraft getretene) UVP-RL bezieht sich dem Enumerationsprinzip gemäß auf Projekte,[61] die im Anh. I und II aufgeführt werden.[62] Die Anhänge differenzieren i.V.m. Art. 4 der RL im Verbindlichkeitsgrad zwischen den Projekten – besonders nach Art und Größe –, wobei es darüber hinaus unter engen Voraussetzungen (Art. 2 Abs. 4 UVP-RL) auch einzelfallbezogene Ausnahmen gibt. Für die Projekte im Anh. I (z.B. Kernkraftwerke, Wärmekraftwerke, integrierte chemische Anlagen, Wiederaufbereitungsanlagen, Autobahnen) ist eine UVP zwingend vorgeschrieben. Die in Anh. II aufgezählten Projekte (z.B. Flurbereinigungsprojekte, Kokereien, Schiffswerften, Speicherung und Lagerung von Erdöl, Anlagen zur Intensivtierhaltung, Städtebauprojekte, Feriendörfer), die nicht unbedingt, sondern nur unter bestimmten Umständen bedeutende Auswirkungen auf die Umwelt mit sich bringen, werden einer UVP nur unterzogen, wenn ihre Merkmale nach Auffassung der Mitgliedstaaten dies erfordern. Seit der ersten Änderungs-UVP-RL ist klargestellt, dass auch Änderungen und Erweiterungen bereits genehmigter, durchgeführter oder in der Durchführung befindlicher Projekte des Anh. II hierunter zu fassen sind (Anl. II Nr. 13).[63] Nicht gestattet ist es, einzelne Klassen des Anh. II von einer Prüfung vollständig und endgültig auszuschließen.[64] Die hierzu ergangene Rechtsprechung hat Ausdruck in Art. 4 Abs. 2 UVP-RL gefunden, wonach die Mitgliedstaaten für jede Projektart die Entscheidung über die UVP-Pflichtigkeit entweder anhand einer Einzeluntersuchung (Satz 2 lit. a) oder aufgrund von mitgliedstaatlichen Schwellenwerten bzw. Kriterien (Satz 2 lit. b)[65] oder einer Kombination aus beiden Verfahren (Satz 3) 12

59 Hierzu Rdn. 35.

60 EuGH, Rs. C-2/07, *Abraham* u.a, Rn. 23.; Urt. v. 17.03.2011 – Rs. C-275/09, ECLI:EU:C:2011:154, *Brussels Hoofdstedelijk Gewest,* Rn. 24; Urt. v. 19.04.2012 – Rs. C-121/11, ECLI:EU:C:2012:225, *Pro-Braine*, Rn. 31.

61 Der Aufzählung in Anh. 1 und 2 entsprechend – und damit über die Def. in Art. 1 Abs. 2a UVP-RL hinausgehend – fallen hierunter auch die dem Projekt zuzuordnenden Tätigkeitsbereiche.

62 Gemäß Art. 1 Abs. 3 UVP-RL können die Mitgliedstaaten entscheiden, diese RL nicht auf Projekte oder Teile von Projekten anzuwenden, die ausschließlich Zwecken der Verteidigung dienen, oder auf Projekte, die ausschließlich der Bewältigung von Katastrophenfällen dienen, wenn sie der Auffassung sind, dass sich eine derartige Anwendung negativ auf diese Zwecke auswirken würde.

63 Vgl. Bekanntmachung der Kommission über die Anwendung der Richtlinie über die Umweltverträglichkeitsprüfung (s.o. Fn. 1) auf Änderungen und Erweiterungen von Projekten gemäß Anh. I Nr. 24 und Anh. II Nr. 13 lit. a, einschließlich der wichtigsten damit zusammenhängenden Konzepte und Grundsätze, C 486/1.

64 Siehe EuGH, Rs. C-133/94, Slg. 1996, I-2323, *Kom./Belgien*, Rn. 43; EuGH, Rs. C-301/95, Slg. 1998, I-6135, *Kom./Deutschland*, Rn. 38; EuGH, Rs. C-435/97, Slg. 1999, I-5613, *WWF et al.*, Rn. 37 –; EuGH, Rs. C-474/99, Slg. 2002, I-5293, *Kom./Spanien*, Rn. 30.

65 Dass es hierdurch in den Mitgliedstaaten zu unterschiedlichen Schwellenwerten und in der Folge einer unterschiedlichen Häufigkeit von UVP-Verfahren kommt, wird von der Kommission deutlich kritisiert; s. Bericht der Kommission an den Rat, das Europäische Parlament, den Europäischen Wirtschafts- und Sozialausschuss und den Ausschuss der Regionen über die Anwendung und Wirksamkeit der UVP-Richtlinie (RL 85/337/EWG in der Fassung der RL 97/11/EG und 2003/35/EG), KOM(2009) 378 endg., S. 5 f.

zu treffen hat. Von dem Anwendungsbereich der UVP-Richtlinie können weiterhin Projekte, die Zwecken der Landesverteidigung dienen, ausgenommen werden, wenn der betroffene Mitgliedstaat diese Ausnahme in seiner nationalen Rechtsordnung vorsieht (Art. 1 Abs. 3 UVP-RL). Auch Projekte, die durch einen besonderen einzelstaatlichen Gesetzgebungsakt zugelassen werden, können – sofern die Ziele der Richtlinie verwirklicht werden – von den Richtlinienbestimmungen, die sich auf die Öffentlichkeitsbeteiligung beziehen, ausgenommen werden (Art. 2 Abs. 5 UVP-RL).

13 Im Hinblick auf die Vorprüfung bestimmt Anh. III die relevanten Kriterien, die bei der Einzelfalluntersuchung oder bei der Festlegung von Schwellenwerten bzw. Kriterien zu berücksichtigen sind. Pflichtige Auswahlkriterien sind Merkmale des Projekts, Standort des Projekts sowie dessen potenzielle Auswirkungen. Durch die UVP-Änderungsrichtlinie 2014 neu hinzugekommen sind insbesondere Katastrophenrisiken (einschließlich solcher, die durch den Klimawandel bedingt sind; Nr. 1 f) und Unfallrisiken (Nr. 1 g) sowie Kumulierungen mit Auswirkungen anderer bestehender und/oder genehmigter Projekte (Nr. 3 g) und die Möglichkeit, Auswirkungen wirksam zu verringern (Nr. 3 h).

14 Durch die Richtlinienänderung wurde das sog. Screening zu einer ›kleinen UVP‹ ausgebaut. Der Projektträger muss nun gemäß Art. 4 Abs. 3 die in dem neuen Anh. II. A. enthaltenen Angaben über die Merkmale des Projekts und die damit verbundenen erheblichen Umweltauswirkungen liefern. Zugleich wurde die Vorprüfdauer auf regelmäßig 90 Tage beschränkt (Art. 4 Abs. 6). Der Behörde obliegt im Anschluss gemäß Art. 4 Abs. 5 eine gesonderte Begründungspflicht für die negative/positive Feststellungsentscheidung. Weitere von der Kommission angestoßene Änderungen ließen sich nicht durchsetzen.[66]

15 Das UVPG verwendet den – in § 2 Abs. 4 UVPG legaldefinierten – Begriff des Vorhabens, welcher den Projektbegriff in Art. 1 Abs. 2a) UVP-RL aufnimmt und erweitert, indem neben die Errichtung auch der Betrieb umfasst wird.[67]

3. Verfahrensbezug

16 Die Umweltverträglichkeitsprüfung nach der UVP-RL ist *verfahrensbezogen*.[68] Gemäß Art. 2 Abs. 2 kann die »Umweltverträglichkeitsprüfung in den Mitgliedstaaten im Rahmen der bestehenden Verfahren zur Genehmigung der Projekte durchgeführt werden, oder falls solche nicht bestehen, im Rahmen anderer Verfahren oder der Verfahren, die einzuführen sind, um den Zielen dieser Richtlinie zu entsprechen.« Nach Art. 1 Abs. 2 lit. g) UVP-RL sind folgende Verfahrensschritte einzuhalten: *i)* Ausarbeitung eines Berichts über die Umweltverträglichkeitsprüfung (im Folgenden »UVP-Bericht«) durch den Projektträger gemäß Artikel 5 Abs. 1 und 2; *ii)* Durchführung von Konsultationen gemäß Artikel 6 und, soweit relevant, Artikel 7; *iii)* Prüfung der im Rahmen des UVP-Berichts vom Projektträger gemäß Artikel 5 Abs. 3 vorgelegten Informationen und erforderlichenfalls vorgelegten ergänzenden Informationen sowie der aus den Konsultationen gemäß Artikeln 6 und 7 gewonnenen einschlägigen Informationen durch die zuständige Behörde; *iv)* begründete Schlussfolgerung der zuständigen Behörde in Bezug auf die erheblichen Auswirkungen des Projekts auf die Umwelt unter Berücksichtigung der Ergebnisse der Prüfung gemäß Ziffer iii und gegebenenfalls ihrer eigenen ergänzenden Prüfung; und *v)* die Integration der begründeten Schlussfolgerung der zuständigen Behörde in alle Entscheidungen gemäß Artikel 8a. Die UVP-RL unterlässt es hingegen, fachgesetzliche Zulassungsbedingungen aufzustellen. Ihre Funktion erschöpft sich daher

---

66 Hierzu im Detail *Sangenstedt* ZUR 2014, 526 (528 f.). Der Vorschlag der Kommission für eine Richtlinie des Europäischen Parlaments und des Rates zur Änderung der Richtlinie 2011/92/EU über die Umweltverträglichkeitsprüfung bei bestimmten öffentlichen und privaten Projekten (COM[2012]628 final) ist abrufbar unter https://eur-lex.europa.eu/LexUriServ/LexUriServ.do?uri=COM:2012:0628:FIN:EN:PDF (zuletzt abgerufen am 15.11.2025), abgedruckt auch in BR-Drs. 655/12 vom 26.10.2012.

67 Vgl. hierzu die Kommentierung in § 2 UVPG Rdn. 85 ff.

68 Siehe zur Bedeutung des Verfahrensbezugs bereits unter Rdn. 3 ff.

(weitgehend)[69] in der Sichtbarmachung der betroffenen Umweltbelange, deren Durchsetzungsvermögen auf diesem Wege gestärkt werden soll.[70]

Im Rahmen der Verfahrensgestaltung gewinnt der (im Vorsorgegrundsatz angelegte) Aspekt der *Frühzeitigkeit* besondere Bedeutung; seit der jüngsten Änderung findet er – mit Blick auf die Öffentlichkeitsbeteiligung – auch explizite Erwähnung im Richtlinientext (vgl. Art. 6 Abs. 2, 4 UVP-RL). Im UVPG findet er im Hinblick auf die UVP nur in § 15 Abs. 1 UVPG Erwähnung. 17

Eine Vertiefung des Integrationsprinzips sollte durch eine Zusammenführung verschiedener umweltrechtlicher Verfahren unter der Trägerschaft der UVP erfolgen. Auf diesem Weg sollen Verzögerungen, Diskrepanzen und administrative Unsicherheiten aus der Welt geschafft und Verwaltungs- und Durchführungskosten verringert werden.[71] Der Kommissionsvorschlag, der die durchgängige Einführung des sog. *One-Shop-Stop*-Prinzips verfolgte,[72] konnte sich jedoch nicht umfänglich durchsetzen, da einige Mitgliedstaaten dies für unvereinbar mit den Organisations- und Verfahrensstrukturen ihres nationalen Rechts hielten.[73] Gemäß Art. 2 Abs. 3 Unterabs. 1 UVP-RL besteht daher eine Verpflichtung zur Einführung koordinierter und/oder gemeinsamer Verfahren *nur* für Projekte, die sowohl nach der UVP-RL als auch nach der FFH-RL und/oder der Vogelschutzrichtlinie bestehen. Tritt das UVP-Verfahren neben sonstige (durch Unionsgesetzgebung vorgeschriebene) Verfahren zur Prüfung von Umweltauswirkungen,[74] besteht diese Möglichkeit optional (Art. 2 Abs. 3 Unterabs. 2 UVP-RL). In ihren (unverbindlichen)[75] Leitlinien[76] zur Einführung koordinierter oder gemeinsamer Verfahren konkretisiert die Kommission die beiden Verfahrensarten. Im Rahmen des *gemeinsamen* Verfahrens nehmen die Mitgliedstaaten vorbehaltlich anderslautender Bestimmungen anderer einschlägiger Unionsgesetzgebung eine einzige Prüfung der Umweltauswirkungen eines bestimmten Projekts vor (Art. 2 Abs. 3 Unterabs. 4 UVP-RL). Diese im Einklang mit der UVP-RL durchgeführte Prüfung ersetzt andere vorgeschriebene Umweltprüfungen und gewährleistet, dass deren Anforderungen erfüllt werden.[77] Im Rahmen des *koordinierten* Verfahrens benennen die Mitgliedstaaten vorbehaltlich anderslautender Bestimmungen anderer einschlägiger Unionsgesetzgebung eine Behörde, die die verschiedenen Prüfungen der Umweltauswirkungen eines Projekts koordiniert (Art. 2 Abs. 3 Unterabs. 3 UVP-RL). Dies bewirkt Klarheit und Effizienz für Projektträger und Behörden gleichermaßen und bietet Orientierungshilfen während des gesamten Verfahrens. Die benannte Verwaltungsstelle spielt eine zentrale Rolle bei der Koordinierung und trägt dafür Sorge, dass die Umweltprüfungen reibungslos ablaufen.[78] 18

Mit der UVP-Änderungsrichtlinie 2014 wurde zudem der Begriff des UVP-Berichts (Art. 5 Abs. 1 Satz 1 UVP-RL) neu eingeführt[79] und damit eine weitere Annäherung an die SUP-Richtlinie vollzogen.[80] Nach Satz 2 umfassen die durch den Projektträger bereitzustellenden Informationen mindestens *a)* eine Beschreibung des Projekts mit Angaben zum Standort, zur Ausgestaltung, zur Größe 19

69 Zu materiellen Implikationen siehe noch unter Rdn. 32.

70 Zu den Erfolgen dieses Ansatzes *Führ/Dopfer/Bizer* ZUR 2009, 59 (59, 62).

71 Leitlinien der Kommission für die Straffung der Umweltverträglichkeitsprüfung gemäß Art. 2 Abs. 3 der Richtlinie über die Umweltverträglichkeitsprüfung (RL 2011/92/EU, o. Fn. 1), ABl. C 273 vom 27.07.2016, S. 1 ff.; hierzu *Falke* ZUR 2016, 630 (632 f.).

72 Art. 2 Abs. 3 des Richtlinienvorschlags der Kommission (o. Fn. 66).

73 Grundsätzlich zur Implementationsproblematik unter Rdn. 62 ff.

74 Gemeint sind Verfahren nach der Wasserrahmenrichtlinie (RL 2000/60/EG) oder der IE-RL (RL 2010/75/EU).

75 Darauf weist die Kommission selbst hin und ergänzt, dass »letztlich der Gerichtshof der Europäischen Union über die endgültige Auslegung von EU-Rechtsvorschriften entscheidet« (Leitlinien [Fn. 71], S. 1).

76 Siehe den Nachw. in Fn. 71.

77 Siehe hierzu die Leitlinien der Kommission (Fn. 71), S. 2.

78 Siehe hierzu die Leitlinien der Kommission (Fn. 71), S. 2.

79 Art. 5 Abs. 1, 3 der UVP-RL 2011/92/EU (o. Fn. 1) verwendete die Bezeichnung der »vorzulegenden Angaben«.

80 Hierzu noch unter Rdn. 41.

und zu anderen einschlägigen Aspekten des Projekts, *b)* eine Beschreibung der möglichen erheblichen Auswirkungen des Projekts auf die Umwelt, *c)* eine Beschreibung der Aspekte des Projekts und/oder der Maßnahmen, mit denen mögliche erhebliche nachteilige Auswirkungen auf die Umwelt vermieden, verhindert oder verringert und, wenn möglich, ausgeglichen werden sollen, *d)* eine Beschreibung der vom Projektträger untersuchten vernünftigen Alternativen, die für das Projekt und seine spezifischen Merkmale relevant sind, und die Angabe der wesentlichen Gründe für die getroffene Wahl unter Berücksichtigung der Auswirkungen des Projekts auf die Umwelt, *e)* eine nichttechnische Zusammenfassung der unter den lit. a) bis d) genannten Angaben und *f)* ergänzende Informationen gemäß Anh. IV, die für die spezifischen Merkmale eines bestimmten Projekts oder einer bestimmten Projektart und der Umweltfaktoren, die möglicherweise beeinträchtigt werden, von Bedeutung sind. Diese Aufzählung bleibt weit hinter dem Kommissionsvorschlag[81] zurück und entfaltet im Vergleich zur Vorgängervorschrift insbesondere präzisierende und konkretisierende Wirkung.[82] Die Umsetzung erfolgt in § 16 UVPG.

4. Schutzgüter

20 Art. 3 Abs. 1 UVP-RL benennt die *Schutzgüter* der UVP. Dies sind a) Bevölkerung und menschliche Gesundheit,[83] b) biologische Vielfalt unter besonderer Berücksichtigung der gemäß der FFH-RL und der Vogelschutz-RL geschützten Arten und Lebensräume,[84] c) Fläche,[85] Boden, Wasser, Luft und Klima, d) Sachgüter, kulturelles Erbe und Landschaft; e) Wechselbeziehungen zwischen den unter den lit. a) bis d) genannten Faktoren. Durch die UVP-Änderungsrichtlinie 2014 neu hinzugekommen sind die in Art. 3 Abs. 2 UVP-RL aufgeführten Auswirkungen, die aufgrund der Anfälligkeit des Projekts für (relevante) schwere Unfälle und/oder Katastrophen zu erwarten sind. Das Schutzgut »Klima« soll verstärkt Aspekte des Klimawandels umfassen, worunter (entsprechend dem durch Änderungs-RL 2014 neu eingefügten Anh. IV) explizit die Reduktion von Treibhausgasemissionen und die Berücksichtigung von anpassungsrelevanten Auswirkungen zu fassen sind.[86] Der Klimabegriff wird daher weit verstanden und soll nicht nur Veränderungen auf der Mikroebene, sondern auch auf der Makroebene berücksichtigen. Diese Erweiterung wurde auch durch die Rechtsprechung des BVerwG nachvollzogen.[87] Die umfassende Weite der aufgeführten Schutzgüter sowie die Benennung der »Wechselbeziehungen« zwischen den verschiedenen Faktoren verdeutlichen den integrativen Ansatz der UVP-RL,[88] die auf das Ziel eines hohen Umweltschutzniveaus ausgerichtet ist, wie es auch in Art. 191 Abs. 2 Satz 1 AEUV Erwähnung findet.

---

81 Anh. IV des Richtlinienvorschlags der Kommission (o. Fn. 66). Kritisch dazu der Beschluss des Bundesrates vom 14.12.2012, BR-Drs. 655/12 (Beschluss), S. 10 f., Nr. 25; *Schink* DVBl 2013, 1347 (1352).

82 Dies gilt insbesondere mit Blick auf Anh. IV, der »einen wesentlich differenzierteren und kleinteiligeren Zuschnitt« (so *Sangenstedt* ZUR 2014, 526 [531]) aufweist als der zuvor geltende Katalog.

83 Die Formulierung ersetzt die frühere Formulierung »Mensch«, um deutlich zu machen, dass nicht nur die gesundheitlichen Auswirkungen, sondern auch andere Konsequenzen umfasst sind. Tlw. wurde auch die frühere Fassung bereits in diesem Sinne interpretiert; vgl. *Bunge* NVwZ 2014, 1257 (1258); *ders.*, in: HdUVP, § 2 Rn. 85 ff. Zugleich bedeutet dies eine Angleichung an den Schutzgüterkatalog der SUP-RL (Anh. I lit. f). Die Merkmale sind in § 2 Abs. 1 Satz 2 UVPG bereits umgesetzt und finden hier für UVP und SUP Anwendung.

84 Der Begriff »biologische Vielfalt« ersetzt nun das Begriffspaar »Flora und Fauna«, wodurch die UVP-RL terminologisch an die Biodiversitätskonvention angeglichen wird; hierzu Erwägungsgrund 10 der ÄnderungsRL 2014/52/EU. Anders führt Anh. I lit. f) SUP-RL sowohl die »biologische Vielfalt« als auch »Fauna und Flora« auf. Das Schutzgut der »biologischen Vielfalt« wird neben Tieren und Pflanzen in § 1 Abs. 1 Satz 2 UVPG aufgeführt.

85 Ergänzt wurde der Begriff der Fläche, um auch Flächenauswirkungen von Projekten berücksichtigen zu können; dies begrüßend *Sangenstedt* ZUR 2014, 526 (530).

86 Vgl. Anh. IV Nr. 4, 5 f.

87 Vgl. BVerwGE 166, 132, Rn. 18 ff. einerseits, BVerwG, BeckRS 2021, 10139, Rn. 8 andererseits. Insgesamt hierzu *Widmann*, Prozedualer Klimaschutz, passim.

88 Hierzu bereits unter Rdn. 7.

5. Scoping

Der Aspekt der Frühzeitigkeit kommt auch im sog. Scoping zum Tragen. Es handelt sich dabei um die behördliche Festsetzung des Untersuchungsrahmens und der vom Vorhabenträger beizubringenden Unterlagen. Dies wird tlw. als wichtigster Verfahrensschritt der UVP verstanden, dessen Ziel es ist, dem Vorhabenträger frühzeitig Hinweise zu geben, mit denen die Unterlagen auf die entscheidungsrelevanten Aspekte fokussiert werden können.[89] Die UVP-Änderungsrichtlinie 2014 hat diesbezüglich kaum Änderungen herbeigeführt. So verlangt Art. 5 Abs. 2 Unterabs. 1 UVP-RL ein Scoping nur bei entsprechendem Antrag des Vorhabenträgers; eine strengere Fassung der Kommission[90] konnte sich nicht durchsetzen. Allerdings verbleibt den Mitgliedstaaten die Kompetenz, ein verbindliches Scoping anzuordnen (Art. 5 Abs. 2 Unterabs. 2 UVP-RL); § 15 Abs. 1 Satz 1 UVPG ermöglicht dies, soweit die Behörde es als zweckmäßig erachtet. Ebenfalls nicht durchsetzbar war der Kommissionsvorschlag[91] dahingehend, dass die Behörde die Prüfung detailliert vorstrukturieren, demnach insbesondere festlegen sollte, welche potenziellen Umweltauswirkungen und welche Projektalternativen vom Vorhabenträger zu untersuchen sind. Kritik entzündete sich daran, dass ein so verstandenes Scoping Überregulierung und daher weniger Hilfestellung als vielmehr Bevormundung des Vorhabenträgers bedeuten würde.[92] 21

6. Objektivität und Sachverstand

Dem neu eingeführten Art. 9a UVP-RL entsprechend stellen die Mitgliedstaaten sicher, dass die zuständige(n) Behörde(n) ihre(r/n) Pflichten »auf objektive Weise nachkommt bzw. nachkommen« und insbesondere jeden Interessenkonflikt vermeiden. Ein besonderes Augenmerk gilt dieser Vorgabe, soweit die Behörde selbst Projektträgerin ist. Hier müssen die Mitgliedstaaten für eine angemessene Trennung inkompatibler Funktionen sorgen (vgl. hierzu § 72 UVPG). Der 33. Erwägungsgrund der UVP-Änderungsrichtlinie verlangt zudem hinreichende Fachkenntnisse bei den zuständigen Behörden »in dem einschlägigen Bereich des jeweiligen Projekts«, um zu gewährleisten, dass die vom Projektträger bereitgestellten Informationen vollständig und von hoher Qualität sind. 22

7. Behördenbeteiligung

Die UVP wird ihrer Informations- und Aufklärungsfunktion insbesondere durch die normierten Beteiligungsgebote gerecht. Deren Ziel ist primär die Generierung von Sachverstand, wie er auch im 33. Erwägungsgrund[93] der UVP-Änderungsrichtlinie 2014 Erwähnung findet: Gleiches ergibt sich aus dem Regelungskontext des Art. 6 Abs. 1 UVP-RL. Demnach werden die Behörden, »die in ihrem umweltbezogenen Aufgabenbereich von dem Projekt berührt sein könnten«, beteiligt; es handelt sich also zunächst um Behörden mit entsprechenden (spezialisierten) Fachkenntnissen. Diese bereits in der früheren Richtlinienfassung enthaltene Bestimmung wird seitens der UVP-Änderungsrichtlinie 2014 durch die Verpflichtung ergänzt, dass auch Behörden, die »in ihrer lokalen und regionalen Zuständigkeit voraussichtlich von dem Projekt berührt sein könnten«, die Möglichkeit zur Stellungnahme zu geben ist. Diese Änderung, die nicht zuletzt lokale Selbstverwaltungsrechte stärkt, wurde in die Neufassung des § 17 UVPG dergestalt eingefügt, dass nunmehr auch eine Beteiligung der von dem Vorhaben betroffenen Gemeinden und Landkreise sowie der sonstigen im Landesrecht vorgesehenen Gebietskörperschaften vorgesehen ist. 23

---

89 *Sangenstedt* ZUR 2014, 526 (531).

90 Art. 5 Abs. 2, Art. 2 Abs. 3 des Richtlinienvorschlags der Kommission (o. Fn. 66).

91 Art. 5 Abs. 2, Art. 2 Abs. 3 des Richtlinienvorschlags der Kommission (o. Fn. 66).

92 So die Kritik des Bundesrates im Beschluss vom 14.12.2012, S. 11, Nr. 27; *Sangenstedt* ZUR 2014, 526 (531); *Schink* DVBl 2013, 1347 (1353).

93 Siehe Rdn. 22.

8. Öffentlichkeitsbeteiligung

24 Die Öffentlichkeitsbeteiligung, die das Herzstück des Verfahrens darstellt,[94] ist in Art. 6 Abs. 2–7 UVP-RL geregelt. Die Vorschrift hat eine deutliche Erweiterung durch die Öffentlichkeitsbeteiligungsrichtlinie[95] erfahren. Die UVP-ÄnderungsRL 2014 betonte noch einmal, dass Umweltinformationen in Bezug auf die Umsetzung der Richtlinie *frühzeitig*[96] und *elektronisch* bereitgestellt werden sollen, um den öffentlichen Zugang zu Informationen und die Transparenz zu fördern. Die Mitgliedstaaten sollten zu diesem Zweck wenigstens ein zentrales Portal oder Zugangspunkte auf der angemessenen Verwaltungsebene schaffen, die den einfachen und wirksamen Zugang der Öffentlichkeit zu diesen Informationen ermöglichen.[97] Die »Öffentlichkeit«[98] soll nach Art. 6 Abs. 2 entsprechend dieser Maßgaben Informationen erhalten über a) den Genehmigungsantrag; b) die Tatsache, dass das Projekt Gegenstand einer Umweltverträglichkeitsprüfung ist, und gegebenenfalls die Tatsache, dass Artikel 7 Anwendung findet; c) genaue Angaben zu den jeweiligen Behörden, die für die Entscheidung zuständig sind, bei denen relevante Informationen erhältlich sind bzw. bei denen Stellungnahmen oder Fragen eingereicht werden können, sowie zu vorgesehenen Fristen für die Übermittlung von Stellungnahmen oder Fragen; d) die Art möglicher Entscheidungen, oder, soweit vorhanden, den Entscheidungsentwurf; e) die Angaben über die Verfügbarkeit der Informationen, die gemäß Artikel 5 eingeholt wurden; f) die Angaben, wann, wo und in welcher Weise die relevanten Informationen zugänglich gemacht werden; g) Einzelheiten zu den Vorkehrungen für die Beteiligung der Öffentlichkeit nach Absatz 5 dieses Artikels. Erweiterte Rechte kommen der »betroffenen Öffentlichkeit« zu, die nach Art. 1 Abs. 2 lit. e) UVP-RL die von umweltbezogenen Entscheidungsverfahren gemäß Art. 2 Abs. 2 betroffene oder wahrscheinlich betroffene Öffentlichkeit oder die Öffentlichkeit mit einem Interesse daran ist. Im Sinne dieser Begriffsbestimmung haben Nichtregierungsorganisationen, die sich für den Umweltschutz einsetzen und alle nach innerstaatlichem Recht geltenden Voraussetzungen nach § 3 Abs. 2 UmwRG erfüllen, ein Interesse. Die Rechtsposition der »betroffenen Öffentlichkeit« wird in Art. 6 Abs. 3 und 4 UVP-RL konkretisiert. U.a. sind ihr weitergehende Informationen zugänglich zu machen. Ihr ist außerdem Gelegenheit zu geben, sich vor Durchführung des Projekts hierzu frühzeitig und in effektiver Weise zu äußern. Im Hinblick auf die Unterrichtung der (einfachen) Öffentlichkeit und der Anhörung der »betroffenen Öffentlichkeit« liegt es im Ermessen der Mitgliedstaaten, die Modalitäten genauer zu bestimmen.

25 Entsprechend differenziert auch das UVPG zwischen der »Öffentlichkeit« gemäß § 2 Abs. 8 UVPG und der »betroffenen Öffentlichkeit« gemäß § 2 Abs. 9 UVPG.[99] Die Öffentlichkeit wird nach Maßgabe der §§ 18, 19 und 22 UVPG beteiligt; Gelegenheit zur Äußerung erhält hingegen (nur) die betroffene Öffentlichkeit nach §§ 18 Abs. 1 Satz 2, 21 UVPG.

26 Die Richtlinie 2003/35/EG brachte hinsichtlich der Behörden- und Öffentlichkeitsbeteiligung und damit korrespondierend im Bereich des Rechtsschutzes wesentliche Änderungen mit sich. Insbesondere wurde Art. 10a RL 85/337/EWG (jetzt: Art. 11 UVP-RL) neu eingefügt. Hiernach sind die Mitgliedstaaten verpflichtet, im Rahmen ihrer innerstaatlichen Rechtsvorschriften sicherzustellen, dass die Mitglieder der betroffenen Öffentlichkeit,[100] die entweder ein ausreichendes Interesse oder eine Rechtsverletzung geltend machen, sofern das nationale Recht Letzteres erfordert, Zugang zu einem Überprüfungsverfahren haben, um die materiell-rechtliche und verfahrensrechtliche Rechtmäßigkeit von Entscheidungen, Handlungen oder Unterlassungen anzufechten, für die die Bestimmungen zur Öffentlichkeitsbeteiligung gelten. Hierdurch wird weitgehend der Wortlaut des

---

94 Siehe unter Rdn. 4.
95 Siehe den Nachw. in Fn. 52.
96 Eine *frühzeitige* Öffentlichkeitsbeteiligung wurde schon im Bericht der Kommission (o. Fn. 63), KOM(2009) 378 endg., S. 8 gefordert.
97 18. Erwägungsgrund.
98 Vgl. die Legaldef. in Art. 1 Abs. 2 d) UVP-RL.
99 Vgl. hierzu noch die Kommentierungen in § 2 Rdn. 131 ff. und 135 ff.
100 Siehe Rdn. 24 f.

Art. 9 Abs. 2 der Aarhus-Konvention umgesetzt. Die Regelung des Art. 11 UVP-RL hat letztlich auch die Rechtsschutzmöglichkeiten auf nationaler Ebene deutlich erweitert.[101] So hat der EuGH in der Rechtssache *Trianel* entschieden, dass Art. 11 UVP-RL jeder nationalen Vorschrift entgegensteht, welche es Umweltschutzverbänden untersagt, sich auf Vorschriften zu berufen, die nur die Interessen der Allgemeinheit und nicht die Rechtsgüter Einzelner schützt.[102] Dies führte zur Streichung dieser Voraussetzung in § 2 Abs. 1 UmwRG. In der Rechtssache *Altrip* stellt der EuGH klar, dass die Mitgliedstaaten die Möglichkeit eröffnen müssen, dass eine Entscheidung nicht nur aufgrund des Ausbleibens einer UVP, sondern auch im Falle ihrer fehlerhaften Anwendung angefochten werden kann.[103] Jede dieser Entscheidungen begründete einen entsprechenden Anpassungsbedarf im deutschen Recht.[104] Zugleich tragen diese Veränderungen zu einer deutlichen Aufwertung der Öffentlichkeitsbeteiligung im Verfahrensablauf bei, die zugleich eine legitimationssteigernde Wirkung entfaltet.[105]

9. Bewertung und Berücksichtigung

Gegenstand der UVP ist gemäß Art. 3 UVP-RL die *Identifizierung*, *Beschreibung* und *Bewertung* der unmittelbaren und mittelbaren erheblichen Auswirkungen eines Projekts auf die dort genannten[106] Schutzgüter. Art. 8 UVP-RL verlangt – in weitgehender Übernahme der Vorgängervorschrift – die »gebührende«[107] *Berücksichtigung* des Prüfungsergebnisses im Entscheidungsprozess. 27

In Art. 8a UVP-RL finden sich erstmals Vorgaben für den Inhalt der Entscheidung. Beschließt die Behörde die Zulassung des Projekts, so muss diese mindestens die folgenden Einzelheiten enthalten: *a)* die begründete Schlussfolgerung gemäß Art. 1 Abs. 2 lit. g Ziffer iv; *b)* etwaige Umweltauflagen, die mit der Entscheidung verbunden sind, sowie eine Beschreibung der Aspekte des Projekts und/oder der Maßnahmen, mit denen erhebliche nachteilige Auswirkungen auf die Umwelt vermieden, verhindert oder verringert und soweit möglich ausgeglichen werden sollen, und, soweit angemessen, eine Beschreibung der Überwachungsmaßnahmen. Entscheidet sich die Behörde für die Ablehnung des Vorhabens, so hat sie die wesentlichen Gründe hierfür anzugeben (Art. 8a Abs. 2 UVP-RL). 28

Die Umsetzung der Vorgaben des Art. 8 UVP-RL erfolgt über § 25 Abs. 1, 2 UVPG: Auf der Grundlage der zusammenfassenden Darstellung *bewertet* die zuständige Behörde die Umweltauswirkungen des Vorhabens im Hinblick auf eine wirksame Umweltvorsorge (Abs. 1 Satz 1). Bei der Entscheidung über die Zulässigkeit des Vorhabens *berücksichtigt* die zuständige Behörde die begründete Bewertung nach dem in Absatz 1 bestimmten Maßstab. Das Berücksichtigungsgebot übernimmt daher Vermittlungsfunktion zwischen Umweltprüfung und Projektzulassung. Die systematische Trennung von *Bewertung* (Abs. 1) und *Berücksichtigung* (Abs. 2), die sich auch bei der SUP findet,[108] soll die Eigenständigkeit des *Bewertungs*vorgangs betonen.[109] 29

Der Bewertungsvorgang umfasst die Betrachtung der umweltbezogenen Auswirkungen, während die Berücksichtigung die (ergebnisoffene) *Befassung* bzw. – so eine geläufige Formulierung – die *inhaltliche Auseinandersetzung*[110] mit den betrachteten Auswirkungen meint. Im Rahmen dieser Befassung sind die umweltrelevanten Auswirkungen mit sonstigen Belangen abzuwägen. Die *Berück-* 30

101 Hierzu noch detailliert unter Rdn. 52, 67 ff.
102 EuGH, Urt. v. 12.05.2011, Rs. C-115/09, *Trianel*, Ls.; hierzu *Schwerdtfeger* EuR 2012, 80 ff.
103 EuGH, Urt. v. 07.11.2013, Rs. C-72/12, *Altrip*; hierzu *Ekardt* NVwZ 2014, 393 ff.
104 Siehe hierzu unter Rdn. 67 ff.
105 Siehe hierzu bereits unter Rdn. 3.
106 Siehe unter Rdn. 20.
107 Dieser Einschub wurde durch die UVP-Änderungsrichtlinie 2014 neu eingefügt.
108 Vgl. Rdn. 43 f.
109 BT-Drs. 18/11499, S. 94.
110 So BT-Drs. 11/3919, 27; *Kümper*, in: Schink/Reidt/Mitschang, UVPG/UmwRG, § 25 Rn. 16; *Sangenstedt* ZUR 2014, 526 (533); *Uebbing*, S. 288 f. Ähnlich *Calliess*, Umweltrecht, S. 43: »sichtbar in die planerische Entscheidung integriert«.

sichtigung ergibt sich zunächst aus der kleinschrittigen Verfahrensgestaltung der Umweltprüfung, da »die Zusammenstellung und Aufbereitung der Entscheidungsgrundlage in Verfahren mit UVP transparenter, systematischer und strukturierter erfolgt als in Verfahren ohne UVP«,[111] und daher die umfassende Ermittlung der Bewertungsgrundlage für die Befassung erst ermöglicht. Die verbreiterte Bewertungsgrundlage erhöht zugleich die Begründungsanforderungen bei abweichender Entscheidung.

31 Inhaltlich erfolgen Bewertung und Berücksichtigung der zusammenfassend dargestellten Umweltauswirkungen »nach Maßgabe der geltenden Gesetze«. Die umweltrechtlichen Fachgesetze bleiben formal unverändert. Daher ist in die Genehmigungs- und Planfeststellungsnormen kein zusätzliches Tatbestandsmerkmal »wirksamer Umweltvorsorge« i.S.d. § 25 UVPG hineinzulesen, das die Erfassung medienübergreifender Risiken und Beeinträchtigungen ermöglicht.[112] Das Gesetz hat auf eine eigenständige allgemeine Berücksichtigungsklausel ohne Bezugnahme auf fachgesetzliche Regelungen gerade verzichtet. Die Entscheidung darüber, ob und in welcher Weise die betroffenen Umweltbelange im Entscheidungsprozess Berücksichtigung finden, ist also eine Frage des jeweiligen Entscheidungsverfahrens selbst.[113] Die in der jüngsten Richtlinienänderung zu beobachtende Betonung[114] des ›Berücksichtigungsauftrags‹ findet in der sprachlichen Ausgestaltung des § 25 Abs. 2 UVPG keinen Widerhall.

32 Allerdings ist zu erwägen, ob die fachgesetzlichen Voraussetzungen durch die Einführung des UVPG mit dem ausdrücklich in § 2 Abs. 1, 2 i.V.m. § 3 UVPG normierten medienübergreifenden Ansatz eine materiell-rechtliche Änderung erfahren haben.[115] Da sich aus der Bindung an die geltenden Gesetze der fachgesetzliche Wortlaut als Auslegungsgrenze ergibt, kann die im Rahmen der Umweltverträglichkeitsprüfung erforderliche Umsetzung des integrativen Ansatzes lediglich über auslegungsoffene Tatbestandsmerkmale, insbesondere unbestimmte Rechtsbegriffe[116] oder (planerische) Abwä-

---

111 BT-Drs. 18/11499, S. 56.

112 So scheinbar *Storm*, Umweltrecht, Rn. 334: »Bei gebundenen Erlaubnissen … ist die Zulassung *je nach Bewertungsergebnis* zu erteilen oder zu versagen.« (Hervorhebung durch Verf.).

113 Statt vieler *Cupei* NuR 1985, S. 297 (299); *Erbguth/Schoeneberg* WiVerw. 1985, S. 102 (107); *Kümper*, in: Schink/Reidt/Mitschang, UVPG/UmwRG, § 25 UVPG Rn. 18.

114 Dies zum einen durch die Einfügung des Begriffs der »gebührenden« Berücksichtigung sowie durch die Hervorhebung der Berücksichtigung im 34. Erwägungsgrund der UVP-Änderungsrichtlinie: »Um Transparenz und Verantwortlichkeit zu gewährleisten, sollte die zuständige Behörde verpflichtet sein, ihren Beschluss über die Genehmigung eines Projekts zu begründen und anzugeben, dass sie die Ergebnisse der durchgeführten Konsultationen und der zusammengetragenen einschlägigen Informationen berücksichtigt hat.«.

115 So etwa (noch) *Beckmann* DÖV 1987, 944 (952 f.); *Bohne*, Umweltrechtliche Rechts- und Verwaltungsvorschriften auf dem Prüfstand, in: Breuer/Kloepfer/Marburger/Schröder (Hrsg.), UTR 15 (1991), S. 21 (34); *Erbguth* NVwZ 1988, 969 (973); *ders./Schoeneberg* WiVerw. 1985, 102 (117 f.); *Feldmann* UPR 1991, S. 127 (130 f.); *Lange* DÖV 1992, 780 (781, 785 f.); *Peters* UPR 1994, 281 (283); *ders.* UPR 1995, 300 (302); *ders.*, Umweltverwaltungsrecht, Abschn. I Rn. 52; *Sellner*, Der integrative Ansatz im Bundes-Immissionsschutzgesetz, in: Dolde (Hrsg.), Umweltrecht im Wandel, S. 401 (405 f.); *Soell/Dirnberger* NVwZ 1990, S. 705 (708 f.); *Steinberg* DVBl 1990, S. 1369 (1371) (anders noch *ders.* DVBl 1988, S. 995 [999]); *Wahl* DVBl 1988, S. 86 (88). Demgegenüber wird ein rein verfahrensrechtlicher Ansatz der Umweltverträglichkeitsprüfung mittlerweile ganz überwiegend vertreten; siehe etwa BVerwGE 100, 238 (243); BVerwGE 104, 337 (346); *Di Fabio* NVwZ 1998, S. 329 (333); *Hoppe/Deutsch*, Umweltschutz und Raumordnung sowie Bodennutzung, in: Rengeling (Hrsg.), EUDUR II/2, § 87 Rn. 128; *Kümper*, in: Schink/Reidt/Mitschang, UVPG/UmwRG, § 25 UVPG Rn. 22; *Peters/Balla/Hesselbarth*, UVPG, § 25 Rn. 4; *Schink*, in: Dolde, Umweltrecht im Wandel, S. 837 (842); *Schmidt/Preuß* DVBl 1995, 485 (488 ff.); *Weber/Hellmann* NJW 1990, 1625 (1628, 1630 f.).

116 BT-Drs. 11/5532, S. 31. So auch ausdrücklich *Wahl* DVBl 1988, S. 86 (88 f.), der unter Verweis auf § 40 VwVfG einen Rückgriff auf Ermessensvorschriften ausschließt.

gungs- und Ermessensvorschriften[117] erfolgen.[118] Die historische Auslegung bestätigt diesen Ansatz, da der Gesetzgeber bei Schaffung des UVPG 1990 explizit von einer derartigen Erweiterung des Prüfungszuschnitts ausging.[119] Zur Betonung wurde das Ziel der »wirksamen Umweltvorsorge« im Gesetzgebungsprozess eingefügt.[120] Die integrative Interpretation fand in der früheren Gesetzesfassung deutlichen Ausdruck, da die Berücksichtigungspflicht nicht nur in § 12 UVPG a.F. (jetzt § 25 UVPG), sondern auch in der Formulierung der Zwecksetzung nach § 1 UVPG a.F. (als Verpflichtung zur möglichst frühzeitigen Berücksichtigung) Erwähnung fand. Der mit der Gesetzesänderung durch »Gesetz zur Modernisierung des Rechts der Umweltverträglichkeitsprüfung« vom 20.07.2017[121] abgewandelte Normtext erweckt einen abweichenden Eindruck, da die Formulierung des § 1 UVPG gestrichen wurde und gleichzeitig § 3 UVPG n.F. als Merkmale der Umweltprüfungen die »Ermittlung, Beschreibung und Bewertung der erheblichen Auswirkungen eines Vorhabens oder eines Plans oder Programms«, nicht jedoch deren Berücksichtigung erwähnt. Der Blick in die Gesetzesmaterialien widerspricht diesem Eindruck jedoch: Der Gesetzgeber wollte offenkundig nicht von der Interpretation des UVPG 1990 abweichen, sondern verweist explizit auf dessen Gesetzesbegründung.[122] Die Verknüpfung mit dem nationalen Fachrecht sei bereits so weitgehend, dass schon nach früherer – mit der Gesetzesänderung unveränderter – Rechtslage die Vorgabe einer »gebührenden« Berücksichtigung i.S.d. Art. 8 UVP-RL erfüllt sei.[123] Nur eine derartige – inhaltlich angereicherte – Auslegung ermöglicht, die Vorgaben der UVP-Richtlinie möglichst effizient in das nationale Rechtssystem zu integrieren.

10. Alternativenprüfung, Basisszenario, Null-Alternative

Eine verpflichtende Alternativenprüfung kennt die UVP-RL herkömmlich nicht – dies ändert sich 33
(entgegen der Stoßrichtung der Kommission)[124] auch mit der UVP-ÄnderungsRL nicht.[125] Nach ihrem 31. Erwägungsgrund dient die UVP dem Ziel »die Qualität des Verfahrens zur Umweltverträglichkeitsprüfung zu erhöhen und die Einbeziehung von Umweltaspekten bereits in einem frühen Projektentwurfsstadium zu ermöglichen«. Zu diesem Zweck soll der UVP-Bericht nicht nur den Umweltzustand vor der Projektrealisierung (sog. Basisszenario) und eine Übersicht über die voraussichtliche Umweltentwicklung bei Nichtdurchführung des Projekts (Art. 5 Abs. 1 i.V.m. Anh. IV Nr. 3), sondern auch eine Beschreibung vernünftiger Alternativen (Art. 5 Abs. 1 Satz 1 lit. d) UVP-RL) enthalten. Letztere beschränkt sich jedoch auf die vom Projektträger *untersuchten* Alternativen,[126] womit es der Projektträger in der Hand hat, die Reichweite der Prüfung zu beschränken. Nicht umfasst werden andere, möglicherweise von der Öffentlichkeit eingebrachte, Projektvarianten. Dies entspricht der fachgesetzlichen Ausgestaltung, soweit das Zulassungsrecht tatbestandlich keine Auseinandersetzung mit Konzept- oder Standortalternativen und auf der Rechts-

---

117 So *Kümper*, in: Schink/Reidt/Mitschang, UVPG/UmwRG, § 25 UVPG Rn. 20 ff.

118 *Bohne*, Umweltrechtliche Rechts- und Verwaltungsvorschriften auf dem Prüfstand, in: Breuer/Kloepfer/Marburger/Schröder (Hrsg.), UTR 15 (1991), S. 21 (34 f.); *Erbguth/Schoeneberg* WiVerw. 1985, S. 102 (113); *Jarass* NuR 1991, S. 201 (206); *Kaster* NuR 1996, S. 109 (119); *Soell/Dirnberger* NVwZ 1990, S. 705 (708 f.); mit ausführlicher Begründung; *Steinberg* DVBl 1990, S. 1369 (1370 f.).

119 Vgl. BT-Drs. 11/3919, S. 28; BT-Drs. 11/5532, S. 31.

120 Dieser Passus wurde erst im Laufe des Gesetzgebungsverfahrens aufgrund einer Empfehlung des federführenden Bundestags-Umweltausschusses in die Vorschrift eingefügt (vgl. Beschlussempfehlung und Bericht des BT-Ausschusses für Umwelt, Naturschutz und Reaktorsicherheit, BT-Drs. 11/5532, S. 11). Damit sollte »der materielle Regelungsgehalt des Gesetzes im Sinne einer medienübergreifenden, integrativen UVP deutlicher gemacht« werden (BT-Drs. 11/5532, S. 38).

121 BGBl. I, S. 2808.

122 BT-Drs. 18/11499, S. 94.

123 BT-Drs. 18/11499, S. 94.

124 Bericht der Kommission (o. Fn. 60), KOM(2009) 378 endg., S. 7.

125 *Bunge* NVwZ 2014, 1257 (1260); *Sangenstedt* ZUR 2014, 526 (532).

126 Nach der vorhergehenden Richtlinienfassung waren »die *wichtigsten* anderweitigen vom Projektträger geprüften Lösungsmöglichkeiten« zu prüfen (Anl. IV Nr. 2).

folgenebene eine gebundene Entscheidung vorsieht. Die UVP-Alternativenprüfung bliebe dann ohne jeden Anknüpfungspunkt im Fachrecht; anders wäre dies etwa bei Planfeststellungsverfahren.[127]

34 In nahezu wörtlicher Übernahme der europäischen Vorgaben normiert das UVPG daher als Mindestvoraussetzungen des UVP-Berichts »eine Beschreibung der vernünftigen Alternativen, die für das Vorhaben und seine spezifischen Merkmale relevant und vom Vorhabenträger geprüft worden sind, und die Angabe der wesentlichen Gründe für die getroffene Wahl unter Berücksichtigung der jeweiligen Umweltauswirkungen« (§ 16 Abs. 1 Satz 1 Nr. 6 UVPG; hierzu auch Anl. IV Nr. 2). Gemäß § 16 Abs. 3 i.V.m. Anl. IV Nr. 3 sind »eine Beschreibung des aktuellen Zustands der Umwelt und ihrer Bestandteile im Einwirkungsbereich des Vorhabens und eine Übersicht über die voraussichtliche Entwicklung der Umwelt bei Nichtdurchführung des Vorhabens« erforderlich, »soweit diese Entwicklung gegenüber dem aktuellen Zustand mit zumutbarem Aufwand auf der Grundlage der verfügbaren Umweltinformationen und wissenschaftlichen Erkenntnisse abgeschätzt werden kann« und diese Angaben für das Vorhaben von Bedeutung sind. Eine Erweiterung des Prüfungsumfangs liegt hierin soweit, dass auch die sog. Null-Alternative, also das gänzliche Ausbleiben des Projekts, Berücksichtigung findet,[128] ohne dass sie jedoch aus der Perspektive des Projektträgers eine vernünftige Alternative sein wird.

11. Monitoring

35 Die UVP-Änderungsrichtlinie führt erstmals für die projektbezogene Umweltverträglichkeitsprüfung ein *Monitoring* ein, das für die SUP bereits bekannt ist. Nach Abs. 4 Satz 1 des Art. 8a UVP-RL stellen die Mitgliedstaaten sicher, dass Aspekte des Projekts und Maßnahmen, mit denen erhebliche nachteilige Auswirkungen auf die Umwelt vermieden, verhindert, verringert oder soweit wie möglich ausgeglichen werden sollen, vom Projektträger umgesetzt werden. Zugleich werden Überwachungsverfahren im Hinblick auf erhebliche nachteilige Umwelteinwirkungen festgelegt. Die Art der zu überwachenden Parameter und die Überwachungsdauer müssen Art, Standort und Umfang des Projekts sowie dem Ausmaß seiner Auswirkungen auf die Umwelt angemessen sein (Art. 8a Abs. 4 Satz 2 VUP-RL). Der Gesetzgeber hat diese Vorgaben in § 28 UVPG umgesetzt.

II. Die SUP-Richtlinie

1. Historie

36 Ergänzt wird die UVP-Richtlinie durch die RL 2001/42/EG des Europäischen Parlaments und des Rates vom 27.06.2001 über die *Prüfung der Umweltauswirkungen bestimmter Pläne und Programme* (sog. SUP-Richtlinie),[129] die bis zum 21.07.2004 umzusetzen war. Durch diese wird in bestimmten Fällen eine Verpflichtung zur Durchführung einer *Strategischen Umweltprüfung* errichtet. Die Richtlinie hat bislang keine Änderungen erfahren.

2. Anwendungsbereich: Pläne und Programme

37 Die jüngsten Änderungen der UVP-RL haben einen deutlichen Gleichlauf der Verfahren nach UVP- und SUP-RL herbeigeführt.[130] Der wesentliche Unterschied besteht in ihrem Anwendungsbereich. Dieser umfasst bei der SUP-RL grundsätzlich alle raumübergreifenden Pläne und Programme, die einen Rahmen für die künftige Genehmigung der in den Anh. I, II der UVP-RL aufgeführten Projekte setzen oder angesichts ihrer voraussichtlichen Auswirkungen auf Schutzgebiete eine Prüfung nach Art. 6 oder 7 RL 92/43/EG erfordern (Art. 3 Abs. 2). Sofern diese nur die Nutzung kleiner Gebiete auf lokaler Ebene oder geringfügige Änderungen betreffen, ist eine Verträglichkeitsprüfung nur erforderlich, wenn die Pläne oder Programme voraussichtlich erhebliche Umweltauswirkungen

127 Hierzu auch *Sangenstedt* ZUR 2014, 523 (526).
128 So auch *Bunge* NVwZ 2014, 1257 (1261).
129 ABl. 2001 L 197/30 ff.; hierzu *Spannowsky* UPR 2000, 201 ff.
130 Siehe bereits unter Rdn. 19.

haben (Art. 3 Abs. 3, 5 i.V.m. Anh. II). Pläne und Programme, die ausschließlich der Landesverteidigung oder dem Katastrophenschutz dienen, sowie Finanz- oder Haushaltspläne fallen nicht unter die Richtlinie. Die Umweltprüfung ist während der Ausarbeitung und vor der Annahme des Plans oder Programms oder vor dessen Einführung in das Gesetzgebungsverfahren durchzuführen.

3. Verfahrensbezug

Auch die Strategische Umweltprüfung stellt Verfahrensanforderungen auf. Gemäß Art. 2 lit. b) SUP-RL besteht die Umweltprüfung aus der Ausarbeitung eines Umweltberichts, der Durchführung von Konsultationen, der Berücksichtigung des Umweltberichts und der Ergebnisse der Konsultationen bei der Entscheidungsfindung und der Unterrichtung über die Entscheidung gemäß den Artikeln 4 bis 9. Die SUP-RL unterlässt es im Übrigen, fachgesetzliche Zulassungsbedingungen aufzustellen. Der Gedanke der *Frühzeitigkeit* findet in Art. 6 Abs. 2 SUP-RL (Behörden- und Öffentlichkeitsbeteiligung) und Art. 10 Abs. 1 (Monitoring) Erwähnung; in der Umsetzung durch das UVPG wird der Aspekt der Frühzeitigkeit in § 34 Abs. 1 UVPG (SUP-Pflichtigkeit), § 40 Abs. 1 UVPG (UVP-Bericht), § 42 Abs. 2 UVPG (Öffentlichkeitsbeteiligung) sowie § 45 Abs. 1 UVPG (Überwachung) aufgegriffen. **38**

4. Behörden- und Öffentlichkeitsbeteiligung

Im Rahmen der Konsultationen müssen Behörden und Öffentlichkeit nach Art. 6 Abs. 2 SUP-RL »frühzeitig und effektiv« beteiligt werden. Gemäß Art. 6 Abs. 3 SUP-RL bestimmen die Mitgliedstaaten die zu konsultierenden Behörden, die in ihrem umweltbezogenen Aufgabenbereich von den durch die Durchführung des Plans oder Programms verursachten Umweltauswirkungen betroffen sein könnten. Die Mitgliedstaaten bestimmen auch – so Art. 6 Abs. 4 UVP-RL –, wie weit der Begriff der Öffentlichkeit zu fassen ist. Darunter fallen jedenfalls die Teile der Öffentlichkeit, die vom Entscheidungsprozess gemäß der SUP-RL betroffen sind oder voraussichtlich betroffen sein werden oder ein Interesse daran haben, darunter auch relevante Nichtregierungsorganisationen, z. B. Organisationen zur Förderung des Umweltschutzes und andere betroffene Organisationen (2. HS). **39**

Dies entspricht der Differenzierung zwischen der »Öffentlichkeit« und der »betroffenen Öffentlichkeit« in § 2 Abs. 8, 9 UVPG. Die Öffentlichkeitsbeteiligung im SUP-Verfahren ist parallel zur Rechtslage der UVP angelegt: Auch hier besteht eine Beteiligung der Öffentlichkeit (§ 42 Abs. 1 UVPG): Zu diesem Zweck werden der Entwurf des Plans oder Programms, der Umweltbericht sowie weitere Unterlagen, deren Einbeziehung die zuständige Behörde für zweckmäßig hält, frühzeitig für eine angemessene Dauer von mindestens einem Monat öffentlich ausgelegt (§ 42 Abs. 2 UVPG). Ein Äußerungsrecht ist jedoch der betroffenen Öffentlichkeit vorbehalten (§ 42 Abs. 3 UVPG). **40**

5. Umweltbericht

In einem Umweltbericht sind die voraussichtlichen erheblichen Umweltauswirkungen und eine Alternativenprüfung aufzuführen (vgl. Anh. I). Die Pläne oder Programme sowie der Umweltbericht sind auch anderen möglicherweise betroffenen Mitgliedstaaten zuzustellen. Der Umweltbericht, die Stellungnahmen der Öffentlichkeit und anzuhörender Behörden sowie die Ergebnisse möglicher grenzüberschreitender Konsultationen sind bei der Ausarbeitung des Plans oder Programms vor ihrer Annahme oder Einbringung in ein Gesetzgebungsverfahren zu berücksichtigen (Art. 8). **41**

6. Alternativenprüfung

Gemäß Art. 5 Abs. 1 SUP-RL sind im Rahmen des Umweltberichts vernünftige Alternativen, die die Ziele und den geographischen Anwendungsbereich des Plans oder Programms berücksichtigen, zu ermitteln, zu beschreiben und zu bewerten. Anh. I konkretisiert, dass der Umweltbericht eine Kurzdarstellung der Gründe für die Wahl der geprüften Alternativen enthalten müsse. Die Umsetzung dieser Vorgaben erfolgt in § 40 Abs. 1, 2 Nr. 8, § 44 Abs. 2 Nr. 2 UVPG. Die SUP sieht also – **42** weitergehend als die UVP – eine Pflicht zur Berücksichtigung der *vernünftigen* Alternativen vor.[131] Dies ist sinnvoll, da auf der Planungsebene – anders als auf der Projektebene – aufgrund des abgemilderten Konkretisierungsgrades Raum für eine Alternativenprüfung bleibt. Auch das Fachrecht bietet hier die notwendigen Anknüpfungspunkte.[132]

7. Bewertung und Berücksichtigung

43 Auch im Rahmen der SUP sind Bewertung und Berücksichtigung der Umweltauswirkungen vorgesehen. Der SUP-Richtlinie entsprechend, die beide Vorgänge bereits regelungssystematisch trennt (Art. 5 SUP-RL einerseits, Art. 8 SUP-RL andererseits), unterscheidet auch der Gesetzgeber in § 43 Abs. 1 und Abs. 2 UVPG zwei Verfahrensschritte.[133]

44 Die Berücksichtigung erfolgt »im Verfahren zur Aufstellung oder Änderung des Plans oder Programms« im Rahmen einer Abwägung der betroffenen Umweltbelange mit anderen Belangen. Es handelt sich dabei um eine Befassungspflicht[134] mit offenem Ausgang: Ein genereller Vorrang der umweltrelevanten Erwägungen ist abzulehnen.[135] Anders als im Rahmen der Projektzulassung[136] bieten Planungs- und Planfeststellungsverfahren mit den darin vorgesehenen Abwägungsklauseln hinreichende Anknüpfungspunkte, um die Ergebnisse der SUP in den fachgesetzlichen Vorgang zu integrieren. Mit welchem Gewicht die Umweltbelange in die Gesamtabwägung einfließen, richtet sich gemäß § 43 Abs. 2 UVPG nach den jeweiligen fachrechtlichen Vorschriften, auf deren Grundlage der Plan bzw. das Programm aufgestellt wird.[137]

8. Monitoring

45 Nach Art. 10 Abs. 1 SUP-RL überwachen die Mitgliedstaaten die erheblichen Auswirkungen der Durchführung der Pläne und Programme auf die Umwelt, um u.a. frühzeitig unvorhergesehene negative Auswirkungen zu ermitteln und ein frühzeitiges Ergreifen geeigneter Abhilfemaßnahmen zu ermöglichen; hierin kommt noch einmal der Vorsorgegedanke zum Ausdruck. Nach Abs. 2 können zu diesem Zwecke bestehende Überwachungsmaßnahmen angewandt werden. Die Implementation dieser Vorgaben erfolgt über § 45 UVPG.

C. Das Zusammenspiel von UVP und SUP

46 Umweltverträglichkeitsprüfung und Strategische Umweltprüfung – als zwei Ausprägungen der Umweltprüfungen – stellen komplementäre Prüfinstrumente dar, die *aufeinander aufbauen und sich gegenseitig ergänzen*. Während die UVP vorhaben- bzw. projektbezogen ist, bezieht sich die SUP auf den vorgelagerten Plan. Während also die UVP nur die Fragen erörtern kann, die nach den einschlägigen fachrechtlichen Vorschriften zum Prüfprogramm der Behörde gehören, eröffnet die SUP auch die Möglichkeit, Fragen des Bedarfs, des Standorts oder der Trassenführung aufzuwerfen und in diesem Zusammenhang auch Alternativen zu erörtern.[138] Hierdurch gelingt nicht nur eine – auf-

131 Siehe im Vergleich zur UVP bereits unter Rdn. 33.

132 Die mangelnde Berücksichtigung sinnvoller Alternativen kann einen fachplanungsrechtlichen Abwägungsfehler begründen; so bspw. BVerwGE 154, 153, Rn. 14; 170, 33 Rn. 660; BVerwG, NVwZ 2003, 485 ff.; NVwZ 2025, 1514, Rn. 208 ff.

133 Hierzu siehe bereits oben unter Rdn. 33.

134 Siehe hierzu unter Rdn. 30.

135 So statt vieler *Hendler* NVwZ 2005, 977 (983); *Ginsky* UPR 2002, 47 (51 f.); *Schink* NuR 2005, 143 (148).

136 Zur Problematik siehe unter Rdn. 31 ff.

137 *Schink*, in: Schink/Reidt/Mitschang, UVPG/UmwRG, § 43 Rn. 11.

138 An dieser Stelle wird der Unterschied zwischen UVP und SUP besonders deutlich: Während die UVP nur in engen Umfang Projektalternativen in den Blick nimmt (unter Rdn. 33), verlangt die SUP auch die Prüfung von Konzeptalternativen (dazu bereits unter Rdn. 42).

grund der Komplexität dringend notwendige – »Abschichtung«;[139] auf diesem Weg wird auch die der Umweltprüfung immanente Öffentlichkeitsbeteiligung maßgeblich aufgewertet, indem die Partizipation bereits grundsätzliche Fragen der Gestaltung und nicht mehr nur – auf der letzten Ebene – die Zulassungsfähigkeit des Vorhabens umfasst. Obgleich eine überschneidungsfreie Abgrenzbarkeit nicht immer möglich ist,[140] möchte die Kommission auch künftig von einer Konsolidierung der Vorschriften absehen,[141] da andernfalls die Besonderheiten der beiden Prüfprozesse nicht mehr hinlänglich berücksichtigt werden könnten.

D. Die Umsetzung durch das UVPG

I. Die formale Umsetzung

Während die Einführung einer Umweltverträglichkeitsprüfung, deren Notwendigkeit bereits in den jungen Jahren aufkeimender Umweltpolitik erkannt wurde,[142] politisch zunächst nicht durchsetzbar war,[143] forcierte das europäische Umweltrecht in Gestalt der UVP-RL 85/337/EWG die Einführung dieses integrativen Verfahrenselements. Die Transformation der europarechtlichen Vorgaben in das nationale Recht erfolgt im Wesentlichen durch das Gesetz über die Umweltverträglichkeitsprüfung (UVPG)[144] als *Stammgesetz.*[145] Obwohl die Gesetzesbezeichnung dies nicht zum Ausdruck bringt, umfasst das Gesetz sowohl die Umweltverträglichkeitsprüfung als auch die Strategische Umweltprüfung[146] und dient daher sowohl der Umsetzung der UVP-RL als auch der SUP-RL.[147] 47

Weitere fachgesetzliche Umsetzungen (im Hinblick auf die vorhabenbezogene UVP) erfolgen in der 9. BImSchVO (für BImSchG-Vorhaben), in der AtVfV (für atomgesetzliche Vorhaben), im BBergG und die UVP-VO Bergbau (für BBergG-Vorhaben), im BauGB (für UVP-pflichtige Bauvorhaben). Mit Blick auf SUP-pflichtige Pläne und Programme wurde das EAG Bau 2004[148] zur Anpassung des BauGB eingeführt.[149] Das Zusammenspiel von fachgesetzlicher Regelung und UVPG wird in § 1 Abs. 4 UVPG und § 38 UVPG geregelt.[150] 48

Die Entwicklung der Umweltverträglichkeitsprüfung ist ein »evolvierender Prozess«,[151] der in schrittweisen Änderungen und Ergänzungen des Gesetzesinhalts zum Ausdruck kommt, welche wiederum Reaktionen auf fortschreitende unionsrechtliche Vorgaben sind: In Umsetzung der – bis zum 3.7.1988 umzusetzenden – UVP-RL 85/337/EWG erging zunächst das UVPG 1990 vom 12. Februar 1990 49

139 Dies betonend *Sangenstedt*, in: Landmann/Rohmer, Umweltrecht, § 1 UVPG Rn. 5.

140 Deutlich wird dies insbesondere bei Kategorien der Bauplanung; siehe hierzu unter § 7 UmwRG Rdn. 16.

141 Bericht der Kommission (o. Fn. 65), KOM(2009) 378 endg., S. 8 f.

142 Vorbildfunktion entfaltete das *Environmental Impact Statement* (EIS), welches 1969 mit dem *National Environmental Policy Act* (NEPA) in das US-amerikanische Rechtssystem eingeführt wurde.

143 Hierzu detailliert *Erbguth* ZUR 2014, 515 (515).

144 In der Bekanntmachung vom 18.03.2021, BGBl. I, S. 540.

145 Zum gesetzgeberischen Hintergrund BT-Drs. 11/3919, S. 15.

146 Krit. dazu auch *Hendler* NVwZ 2005, 977 (978).

147 Hierzu noch unter Rdn. 49.

148 Sog. Gesetz zur Anpassung des Baugesetzbuchs an EU-Richtlinien vom 24. Juni 2004 (kurz: Europarechtsanpassungsgesetz Bau) vom 24. Juni 2004 (BGBl. I, S. 1359), in Kraft getreten am 20. Juli 2004.

149 Das EAG Bau hat in Umsetzung der »Richtlinie 2001/42/EG des Europäischen Parlamentes und des Rates über die Prüfung der Umweltauswirkungen bestimmter Pläne und Programme« sowie der »Richtlinie 2003/35/EG über die Beteiligung der Öffentlichkeit bei der Ausarbeitung bestimmter umweltbezogener Pläne und Programme« als Artikelgesetz einige baurechtlich relevante Gesetze, insbesondere das Baugesetzbuch, geändert. Folge der Änderung des BauGB war insbesondere die Einführung der Umweltprüfung in der Bauleitplanung und damit eine grundlegende Änderung der Vorschriften über die Aufstellung der Bauleitpläne.

150 Siehe hierzu auch § 71 Rdn. 1 ff.

151 So die Bezeichnung im Bericht der Kommission (o. Fn. 63), KOM(2009) 378 endg., S. 12.

mit Geltung ab 1. August 1990.[152] Das Artikelgesetz zur Umsetzung der UVP-Änderungsrichtlinie, der IVU-Richtlinie und weiterer EG-Richtlinien zum Umweltschutz vom 27.07.2001, in Kraft getreten am 03.08.2001, mit dem in Art. 1 das UVPG 1990 novelliert wurde (UVPG 2001),[153] diente der Umsetzung der UVP-Änderungsrichtlinie 97/11/EG[154], deren Umsetzungsfrist am 14.03.1999 endete. Die SUP-RL 2001/42/EG,[155] welche Pläne und Programme umfasst, war bis zum 21.07.2004 umzusetzen. Dies geschah durch das Gesetz zur Einführung einer Strategischen Umweltprüfung und zur Umsetzung der Richtlinie 2001/42/EG vom 25.06.2005, in Kraft getreten am 29.06.2005,[156] durch welches insbesondere ein neuer Dritter Teil über die Strategische Umweltprüfung (§§ 14a ff. UVPG 2005; §§ 33 ff. UVPG n.F.) eingeführt wurde. Aufgrund der verzögerten Reaktion des nationalen Gesetzgebers und daraus resultierender Umsetzungsdefizite waren in den Zwischenzeiten einzelne RL-Bestimmungen nach Ablauf der Umsetzungsfrist unmittelbar anwendbar.

50 Wesentliche Änderungen hat das UVPG durch das Öffentlichkeitsbeteiligungsgesetz vom 09.12.2006, in Kraft getreten am 15.12.2006,[157] erfahren, das der Anpassung des UVPG an die Vorgaben der sog. Öffentlichkeitsbeteiligungs-RL[158] diente, die bis zum 25.06.2005 umsetzbar war. Die Richtlinie verpflichtet u.a. zur Einführung einer Öffentlichkeitsbeteiligung bei bestimmten Plänen und Programmen, die nicht bereits einer SUP mit Öffentlichkeitsbeteiligung bedurften sowie der Ergänzung der nationalen Bestimmungen zur Öffentlichkeitsbeteiligung bei Zulassungsverfahren für Industrieverfahren und Infrastrukturmaßnahmen nach der UVP-RL und IVU-RL.[159] Hierdurch wurde eine Anpassung des nationalen Rechts an die Anforderungen der Aarhus-Konvention[160] zur Öffentlichkeitsbeteiligung in umweltrechtlichen Verfahren bewirkt.

51 Durch Erlass des Gesetzes zur Modernisierung des Rechts der Umweltverträglichkeitsprüfung vom 20.07.2017, im Wesentlichen in Kraft getreten am 29.07.2018,[161] wurde das UVPG umfassend umgestaltet. Das Gesetz dient der Anpassung des Bundesrechts an die Vorgaben der UVP-Änderungsrichtlinie 2014/52/EU vom 16.04.2014,[162] die – unbeschadet der in Art. 3 der RL benannten Übergangsbestimmungen[163] – eine Umsetzungspflicht bis zum 16. Mai 2017 begründete. Die unionsrechtlich bedingte Novelle wurde zudem zum Anlass genommen, die Regelungen zur Umweltprüfung »insgesamt zu vereinfachen, zu harmonisieren und anwenderfreundlicher auszugestalten«.[164] In jüngerer Zeit wurde das UVPG durch Art. 2 des Gesetzes zur Durchführung der Verordnung (EU) Nr. 1143/2014 über die Prävention und das Management der Einbringung und Ausbreitung invasiver gebietsfremder Arten vom 08.09.2017, in Kraft getreten am 16.09.2017,[165] sowie durch Art. 2 des Gesetzes zur Änderung raumordnungsrechtlicher Vorschriften vom 23.05.2017[166] und Art. 2 des

152 BGBl. I 1990, S. 205.
153 BGBl. I 2001, S. 1950; Bekanntmachung der Neufassung des Gesetzes über die Umweltverträglichkeitsprüfung vom 05.09.2001, BGBl. I 2001, S. 2350.
154 Richtlinie 97/11/EG des Rates vom 03.03.1997 zur Änderung der RL 85/337/EWG über die Umweltverträglichkeitsprüfung bei bestimmten öffentlichen und privaten Projekten; ABl. 1997 L 73/5.
155 S.o. Fn. 2.
156 BGBl. I 2005, S. 1746; Bekanntmachung der Neufassung des Gesetzes über die Umweltverträglichkeitsprüfung vom 25.06.2005, BGBl. I 2005, S. 1757.
157 Gesetz über die Öffentlichkeitsbeteiligung in Umweltangelegenheiten nach der EG-Richtlinie 2003/35/EG; BGBl. I 2006, S. 2819.
158 Siehe hierzu den Nachw. in Fn. 52.
159 BT-Drs. 16/2494, S. 1.
160 Siehe hierzu den Nachw. in Fn. 53.
161 BGBl. I 2017, S. 2808.
162 ABl. L 2014/124, S. 1 ff.
163 Vgl. hierzu noch unter § 74 Rdn. 8.
164 BT-Drs. 18/11499, S. 1.
165 BGBl. I 2017, S. 3370.
166 BGBl. I 2017, S. 1245.

Gesetzes zur Modernisierung des Rechts der Umweltverträglichkeitsprüfung vom 20.07.2017,[167] beide in Kraft getreten am 29.11.2017, geändert. Die Neufassung des Gesetzes wurde am 18.03.2021 bekanntgemacht.[168] Seitdem wurde das Gesetz durch Art. 14 des Aufbauhilfegesetzes 2021 vom 10.09.2021[169], durch Art. 4 des Gesetzes zur sofortigen Verbesserung der Rahmenbedingungen für die erneuerbaren Energien im Städtebaurecht vom 04.01.2023,[170] durch Art. 2 des Gesetzes zur Änderung des Raumordnungsgesetzes und anderer Vorschriften vom 22.03.2023,[171] durch Art. 10 des Gesetzes zur Beschleunigung von Genehmigungsverfahren im Verkehrsbereich und zur Umsetzung der RL (EU) 2021/1187 über die Straffung von Maßnahmen zur rascheren Verwirklichung des transeuropäischen Verkehrsnetzes vom 22.12.2023,[172] durch Art. 14c des Gesetzes zur Anpassung des Energiewirtschaftsrechts an unionsrechtliche Vorgaben und zur Änderung weiterer energierechtlicher Vorschriften vom 22.12.2023,[173] durch Art. 2 des Fünften Gesetzes zur Änderung verwaltungsverfahrensrechtlicher Vorschriften sowie zur Änderung des Sechsten Buches des Sozialgesetzbuchs vom 04.12.2023,[174] durch Art. 2 des Gesetzes für die Wärmeplanung und zur Dekarbonisierung der Wärmenetze vom 20.12.2023,[175] durch Art. 13 des Gesetzes zur Änderung des Erneuerbare-Energien-Gesetzes und weiterer energiewirtschaftsrechtlicher Vorschriften zur Steigerung des Ausbaus photovoltaischer Energieerzeugung vom 08.05.2024[176] sowie zuletzt durch Art. 10 des Vierten Bürokratieentlastungsgesetzes vom 23.10.2024[177] geändert.

Ergänzend zum UVPG wurde das Umweltrechtsbehelfsgesetz (UmwRG), in Kraft getreten am 15.12.2006,[178] erlassen, welches in Umsetzung der so genannten dritten Säule[179] der Aarhus-Konvention[180] sowie der unionsrechtlichen Anforderungen der Öffentlichkeitsbeteiligungsrichtlinie – und insbesondere der hierdurch eingeführten Art. 10a UVP-RL a.F. (jetzt: Art. 11 UVP-RL) und Art. 15a IVU-RL (jetzt: Art. 25 IE-RL) – erging. Hierdurch wurde nicht nur die Möglichkeit der umweltrechtlichen Verbandsklage eingeführt[181] – das UmwRG regelt in § 4 zugleich die gerichtliche Geltendmachung von Verfahrensfehlern, insbesondere bei UVP-pflichtigen Vorhaben. Hierdurch wurde die Durchsetzbarkeit und Wertigkeit der Umweltverträglichkeitsprüfung im Zeitablauf[182] deutlich gestärkt. 52

Das UVPG ist ein Bundesgesetz, das auf einer Zusammenschau mehrerer Kompetenztitel des Bundes im Bereich der ausschließlichen[183] und der konkurrierenden[184] Gesetzgebung beruht. Soweit die Kompetenz nach Art. 74 Abs. 1 Nr. 11 und 22 GG in Anspruch genommen wird, ergibt sich die 53

167 BGBl. I 2017, S. 2808. Hierdurch wurde das UVPG an eine Änderung des Raumordnungsgesetzes angepasst.
168 BGBl. I 2021, S. 540.
169 BGBl. I 2021, S. 4147.
170 BGBl. 2023 I Nr. 6.
171 BGBl. 2023 I Nr. 88.
172 BGBl. 2023 I Nr. 409.
173 BGBl. 2023 I Nr. 405.
174 BGBl. 2023 I Nr. 344.
175 BGBl. 2023 I Nr. 394.
176 BGBl. 2024 I Nr. 151.
177 BGBl. 2024 I Nr. 323.
178 Gesetz über ergänzende Vorschriften zu Rechtsbehelfen in Umweltangelegenheiten nach der EG-Richtlinie 2003/35/EG vom 07.12.2006; neugefasst durch Bekanntmachung vom 23.08.2017, BGBl. I, S. 3290.
179 Die erste Säule betrifft den Zugang der Öffentlichkeit zu Umweltinformationen, die zweite Säule umfasst die Beteiligung an Umweltverfahren.
180 UN/ECE-Übereinkommen über den Zugang zu Informationen, die Öffentlichkeitsbeteiligung an Entscheidungsverfahren und den Zugang zu Gerichten in Umweltangelegenheiten.
181 Siehe hierzu EuGH, Rs. C-115/09, *Trianel*, ECLI:EU:C:2011:289.
182 Zur Rechtsentwicklung siehe noch unter Rdn. 67 ff.
183 Art. 71 i.V.m. Art. 73 Abs. 1 Nr. 1, 6, 6a, 14 GG.
184 Art. 72 Abs. 1 i.V.m. Art. 74 Abs. 1 Nr. 11, 17, 18, 21, 22, 23, 24, 29, 31, 32 GG.

Erforderlichkeit einer bundesgesetzlichen Regelung gemäß Art. 72 Abs. 2 GG daraus, dass verschiedene Regelungen des Gesetzes zur Wahrung der Rechts- und Wirtschaftseinheit im gesamtstaatlichen Interesse erforderlich sind: Gegenstand der Verfahrensregelungen des UVPG sind »raumbedeutsame Vorhaben mit erheblichen Umweltauswirkungen, die häufig auch die Grenzen eines Bundeslandes oder die Grenzen eines Mitgliedstaates der EU überschreiten«.[185] Eine bundesgesetzliche Regelung ist erforderlich, um Rechtsunsicherheiten und Rechtszersplitterung zu vermeiden und auf diesem Wege einen verbindlichen Handlungsrahmen für wirtschaftliche und infrastrukturelle Projekte aufzustellen.[186]

54 Seit der Föderalismusreform bestehen Abweichungskompetenzen der Länder in den wichtigen Bereichen Naturschutz und Landespflege,[187] Raumordnung und Wasserhaushalt[188] (Art. 72 Abs. 3 Nr. 2, 4, 5 i.V.m. Art. 125 b Abs. 1 Satz 3 GG). Ein weiteres Abweichungsrecht der Länder besteht gemäß Art. 84 Abs. 1 Satz 5 GG grundsätzlich im Hinblick auf das Verwaltungsverfahren. Diese Vorschrift ist von besonderem Interesse, da die Vorgaben des UVPG maßgeblich solche des Verfahrensrechts sind. Das Verwaltungsverfahren ist jedoch gemäß § 71 UVPG weitgehend abweichungsfest durch das UVPG geregelt, um eine Aushöhlung der gesetzlichen Vorgaben zu verhindern.[189] Art. 84 Abs. 1 Satz 5 GG eröffnet diese Möglichkeit. Allerdings stellt Art. 84 Abs. 1 Satz 6 GG dies unter den Vorbehalt der Zustimmung des Bundesrates. Dem ist Genüge getan, da der Bundesrat in seiner 959. Sitzung am 07.07.2017 beschlossen hat, dem vom Bundestag am 29.06.2017 verabschiedeten Gesetz über zur Modernisierung des Rechts der Umweltverträglichkeitsprüfung zuzustimmen.[190]

55 Daneben treten landesgesetzliche Umweltverträglichkeitsprüfungsgesetze;[191] die den Ländern obliegende Regelungskompetenz ist jedoch beschränkt: Insbesondere sind die Länder gehalten, Regelungslücken, die das Bundesrecht bewusst belässt, auszufüllen (§ 31 Abs. 2 Satz 2; § 45 Abs. 2; § 59 Abs. 5 UVPG). Sie sind insbesondere verpflichtet, die federführende Behörde zu bestimmen (§ 31 Abs. 1 UVPG) und festzulegen, welche Behörden die Behörden- und Öffentlichkeitsbeteiligungen durchführen oder Unterlagen beibringen sollen. Gemäß § 1 Abs. 4 UVPG bleibt es ihnen möglich, das Verfahren der Umweltprüfungen zu verschärfen.

56 Auf der Grundlage des § 70 UVPG wurde aktuell die »Allgemeine Verwaltungsvorschrift zur Ausführung des Gesetzes über die Umweltverträglichkeitsprüfung vom 14.04.2025« erlassen. Die Neufassung berücksichtigt zahlreiche Änderungen im UVPG sowie aktuelle Rechtsprechung (z.B. des Europäische Gerichtshofs und der deutschen Verwaltungsgerichte).[192] Die Verwaltungsvorschrift bezieht sich nicht auf die Vorschriften in Teil 3 des UVPG zur SUP sowie in Teil 5 Abschnitt 2 des

185 BT-Drs. 18/11499, S. 62.

186 BT-Drs. 18/11499, S. 62.

187 Ausgenommen sind hier die Grundsätze des Naturschutzes, das Recht des Artenschutzes oder das Meeresnaturschutzrecht.

188 Nicht umfasst sind hiervon die stoff- oder anlagenbezogenen Regelungen.

189 Siehe hierzu § 71 UVPG Rdn. 1 ff.

190 BR-Drs. 532/17, S. 1.

191 Umweltverwaltungsgesetz BW, GBl. 2014, 592; UVPG Bln, GVBl. 2007, 222; BbgUVPG, GVBl. I/02, S. 62; BremUVPG, Brem.GBl. 2008, 47; HmbUVPG, HmbGVBl. 1996, S. 310; LUVPG MV, GVOBl. M-V 2011, S. 885; NdsUVPG, Nds.GVBl. 2007, S. 179; UVPG NRW, GV.NW 1992, S. 175; LUVPG RhPf, GVBl. RP Nr. 17, S. 516; Saarl. Gesetz Nr. 1507 über die UVP, ABl. 2002, S. 2494; SächsUVPG, SächsGVBl. 2002, S. 34; SächsAnh UVPG, GVBl. LS. 2002, S. 372; LUVPG SchlH, SchlH GVOBl. 2003, S. 246; ThürUVPG, ThürGVBl. 2007, S. 85. Die Länder Bayern und Hessen haben keine parlamentarischen Gesetze, sondern Verwaltungsvorschriften (BayUVPVwV) bzw. eine Rechtsverordnung (VO über Zuständigkeiten nach BImSchG und zur Durchführung der UVP, GVBl. 2007 I Nr. 22, S. 678) erlassen.

192 Vgl. hierzu § 70 Rdn. 16.

UVPG zur grenzüberschreitenden SUP; insofern wurde bereits in der Vergangenheit eine entsprechende Leitlinie erlassen.[193]

II. Die Einpassung in das nationale Rechtssystem

1. Gescheiterte Reformbemühungen

Dass das UVPG seit seiner Einführung im Jahre 1990 schon zahlreiche Änderungen erfahren hat, ist nicht zuletzt Ausdruck seiner mangelnden Passgenauigkeit in das deutsche Umweltrecht.[194] Frühere Versuche, das Umweltrecht durch die Kodifizierung[195] in einem Umweltgesetzbuch passend zu machen, sind – nicht zuletzt aus kompetenzrechtlichen Gründen[196] – gescheitert. 57

Der Professorenentwurf[197] zum Allgemeinen Teil eines Umweltgesetzbuchs entwickelte eine umweltspezifische Eröffnungskontrolle, die als Umweltbewilligung bezeichnet wurde und alle Kontrollentscheidungen, die heute unter den Begriffen Genehmigung, Erlaubnis, Konzession, Zulassung oder Ähnlichem laufen, unter einen einheitlichen Typus zusammenfassen sollte (vgl. §§ 52 ff. UGB-AT). Ihre Struktur entsprach im Ansatz einer gebundenen Genehmigung, deren Zulassungsvoraussetzungen jedoch »begriffsintern« mit Abwägungselementen durchsetzt sein sollten.[198] Die »Umweltbewilligung« sollte als Regelungstypus ihren Anwendungsbereich nach Maßgabe des Besonderen Teils erhalten.[199] Konzentrationswirkung sollte der Umweltbewilligung jedoch gemäß § 55 Abs. 2 UGB-AT nur zukommen, soweit diese spezialgesetzlich (auch von den Ländern) angeordnet wurde. In der Begründung des Gesetzesentwurfs wurde das Fehlen einer (grundsätzlich für wünschenswert gehaltenen) Konzentrationsanordnung auf den Umstand gestützt, dass es sich bei dem vorliegenden Entwurf um einen solchen des Allgemeinen Teils handelte. Die Umweltbewilligung sei in der Form eines »Modellgesetzes« geregelt, das rechtspraktische Bedeutsamkeit erst dort erlange, wo durch einen Rechtsetzungsakt des Fachrechts oder der Besonderen Teile die Anwendbarkeit der vorliegenden Vorschriften speziell angeordnet werde. Außerdem könne der Umfang der Konzentrationswirkung erst exakt bestimmt werden, wenn der Sachbereich des Bewilligungstatbestandes, also der jeweilige Anlagen- oder Handlungsbegriff, genau festgelegt worden sei.[200] Die Regelung im Einzelfall wurde einem zu diesem Zeitpunkt noch zu konzipierenden Besonderen Teil überlassen. Mangels gesetzlicher Umsetzbarkeit trat an die Stelle dieses aus dem Jahre 1990 stammenden Entwurfs die erste Fassung des UVPG vom 12.02.1990 mit deutlicher Überschreitung der Umsetzungsfrist. 58

Der Entwurf der Unabhängigen Sachverständigenkommission[201] aus dem Jahre 1997 für ein Umweltgesetzbuch (UGB-KomE) ging weiter und fasste eine als Vorhabengenehmigung bezeichnete inte- 59

---

193 Siehe https://www.bmuv.de/download/leitfaeden-zu-uvp-und-sup (zuletzt abgerufen am 15.11.2025).

194 Zum Vergleich zur Einpassung in die englische Rechtslandschaft *Knill/Winkler* VerwArch 98 (2007), 1 ff.

195 Die Kodifizierung sollte die vorhandene durch verschiedene historisch gewachsene Gesetzesmaterien sowie europarechtliche Vorgaben entstandene Zersplitterung des geltenden Umweltrechts in verschiedene Fachgesetze aufheben, auftretende Wertungswidersprüche beseitigen sowie das Umweltrecht im Ganzen fortentwickeln; vgl. hierzu bereits den Umweltbericht der Bundesregierung 1976, BT-Drs. 07/5684, S. 23.

196 Kompetenzrechtliche Gründe werden hingegen verneint von *Breuer*, Gutachten B für den 59. DJT, S. B 1 (B 21 f.); *Böhm* ZUR 2002, 6 (6 f. insbes. Fn. 4); *Kloepfer/Kunig/Rehbinder/Schmidt-Aßmann* DVBl 1991, 339 (340).

197 Umfassend hierzu *Breuer*, Gutachten B für den 59. DJT, S. B 1 (B 92 ff.).

198 *Schmidt-Aßmann*, in: Kloepfer/Rehbinder/Schmidt-Aßmann/Kunig (Hrsg.), UGB-AT, S. 273.

199 *Schmidt-Aßmann*, in: Kloepfer/Rehbinder/Schmidt-Aßmann/Kunig (Hrsg.), UGB-AT, S. 270 f.

200 Vgl. hierzu *Schmidt-Aßmann*, in: Kloepfer/Rehbinder/Schmidt-Aßmann/Kunig (Hrsg.), UGB-AT, S. 277.

201 Diese Unabhängige Sachverständigenkommission wurde 1992 vom Bundesumweltministerium mit dem Auftrag eingesetzt, ein einheitliches Umweltgesetzbuch zu erarbeiten. Ihr Entwurf gliederte sich in einen Allgemeinen und einen Besonderen Teil. In dem Allgemeinen Teil wurden die übergreifenden und allgemeinen Rechtsgrundsätze des Umweltrechts zusammengefasst und vor die Klammer gezogen.

grierte Genehmigung besonders umweltrelevanter Vorhaben ins Auge, welche eine vollständige Berücksichtigung der Ergebnisse der Umweltverträglichkeitsprüfung möglich gemacht hätte.[202] Da die Sachverständigenkommission die Verbindung der unterschiedlichen Ansätze des geltenden Rechts zu einer einheitlichen Vorhabengenehmigung für möglich hielt, entstand ein einheitlicher Zulassungstypus, der die wichtigsten für den Umweltschutz bedeutsamen Projekte erfassen sollte.[203] Gemäß § 80 Abs. 1 Satz 1 UGB-KomE war mit Hilfe der Vorhabengenehmigung eine einheitliche und medienübergreifende Entscheidung über die Zulassung von Vorhaben ins Auge gefasst, welche regelmäßig Auswirkungen auf mehrere Umweltgüter haben könnten. Ziel dieser Regelung sollte eine Vereinheitlichung der Verfahrensvoraussetzungen und darüber hinaus eine stärkere Harmonisierung der materiellen Genehmigungsvoraussetzungen in Form einer fachübergreifenden Prüfung sein. Nach § 99 Abs. 1 Satz 1 UGB-KomE sollte durch die Vorhabengenehmigung »die Zulässigkeit des Vorhabens umfassend, insbesondere im Hinblick auf alle Auswirkungen auf die Umwelt und den Menschen festgestellt« werden. Nach § 99 Abs. 1 Satz 2 UGB-KomE waren daneben »andere das Vorhaben betreffende behördliche Entscheidungen, insbesondere Genehmigungen und Planfeststellungen, nicht erforderlich.«[204] Die einheitliche Entscheidung über sämtliche nach § 84 UGB-KomE in Betracht kommenden Genehmigungsvoraussetzungen sollte demnach alle nach anderen Gesetzen erforderlichen Zulassungen ersetzen.[205] Damit wurden alle Genehmigungen im Sinne der Konzentration zu einer einzigen zusammengezogen, sodass der fachübergreifenden Prüfung auch eine fachübergreifende Genehmigung entsprechen sollte. In dessen Folge wurde auch eine Änderung der Behördenstruktur nahegelegt, wonach *eine* Genehmigungsbehörde im Bereich des Umweltschutzes mit allen notwendigen Kompetenzen ausgestattet werden sollte.[206]

60 Anfang 1999 wurde im Bundesumweltministerium auf der Grundlage des Kommissionsentwurfs ein Referentenentwurf für ein »Erstes Buch zum UGB« erstellt. Die Verteilung der Gesetzgebungskompetenzen zwischen Bund und Ländern verhinderte bis 2006 jedoch die Einführung eines Umweltgesetzbuchs. Vor diesem Hintergrund wurde die Realisierung eines Umweltgesetzbuchs (wiederum) zurückgestellt und eine – bereits zeitlich verspätete – Umsetzung der UVP-Änderungs-[207] sowie der IVU-Richtlinie[208] in nationales Recht durch eine Artikelgesetzgebung[209] zur Änderung der geltenden umweltrechtlichen Einzelgesetze im Jahre 2001 gewährleistet.[210]

61 Nach einem weiteren Versuch im Jahre 2009 gilt das Projekt mittlerweile als endgültig gescheitert:[211] Zunächst wurden die kompetenzrechtlichen Hürden jedoch beseitigt: Mit der am 1.9.2006 in Kraft getretenen Föderalismusreform wurde die Rahmengesetzgebung des Bundes für Naturschutz und Wasser (Art. 75 Abs. 1 Nr. 3, 4 GG a.F.) in eine konkurrierende Gesetzgebung (Art. 74 Abs. 1 Nr. 29, 32 GG n.F.) umgewandelt und dem Bund hierdurch die Möglichkeit eröffnet, Vollregelungen

---

Der Besondere Teil war in neun Kapitel unterteilt, die spezielle Regelungen zu einzelnen Umweltmedien und Umwelteinwirkungen enthielten.

202 Vgl. BMU (Hrsg.), UGB-KomE, Einleitung, S. 76; vor §§ 80–114, S. 615.

203 Vgl. BMU (Hrsg.), UGB-KomE, Einleitung, S. 88; vor §§ 80–114, S. 617.

204 Ausnahmen sollten nur für Zulassungen nach dem BBergG bestehen; vgl. § 99 Abs. 1 Satz 3 UGB-KomE.

205 BMU (Hrsg.), UGB-KomE, §§ 83–100, S. 655.

206 BMU (Hrsg.), UGB-KomE, §§ 83–100, S. 656.

207 Richtlinie 97/11/EG des Rates vom 03.03.1997 zur Änderung der Richtlinie 85/337/EWG des Rates vom 27.06.1985 über die Umweltverträglichkeitsprüfung bei bestimmten öffentlichen und privaten Projekten, ABl. EG Nr. L 73 S. 5.

208 Richtlinie 96/61/EG des Rates vom 24.09.1996 über die integrierte Vermeidung und Verminderung der Umweltverschmutzung, ABl. EG Nr. L 257, S. 26.

209 Gesetz zur Umsetzung der UVP-Änderungsrichtlinie, der IVU-Richtlinie und weiterer EG-Richtlinien zum Umweltschutz vom 27.07.2001 (BGBl. I, S. 1950).

210 Siehe hierzu bereits unter Rdn. 49.

211 Von *Weber/Riedel* NVwZ 2009, 998 ff. wird der Mehrwert einer umweltrechtlichen Kodifikation bezweifelt.

für diese Bereiche zu treffen. Die Zusammenführung der Umweltgesetze in ein einheitliches Umweltgesetzbuch war im Koalitionsvertrag von 2005 zwischen SPD und CDU/CSU vereinbart worden. Im Juni 2008 fanden Anhörungen der Bundesländer und der Verbände zum Referentenentwurf des Bundesumweltministeriums statt. Aufgrund des politischen Widerstandes der Bayerischen Landesregierung bzw. der CSU kam es jedoch letztlich nicht zu einer Einbringung des entsprechenden Gesetzesentwurfs.[212]

2. Einbindung in die fachgesetzlichen Zulassungsverfahren

Die gewählte Lösung einer Umsetzung der UVP- und SUP-RL durch ein UVPG als Stammgesetz und ergänzende fachgesetzliche Regelungen erweist sich gleichsam als anspruchsvoll, da die auf diesem Wege miteinander zu kombinierenden Regelungen stellenweise nicht reibungsfrei anwendbar sind. 62

Die UVP-Pflichtigkeit eines Vorhabens läuft ohne ein behördliches Zulassungsverfahren weitgehend leer,[213] da die Bausteine des Integrationsprinzips an ein Genehmigungserfordernis oder zumindest irgendwie geartetes Überprüfungsverfahren anschließen[214] und ein Anknüpfungspunkt für die erforderliche Berücksichtigung der gewonnenen Erkenntnisse fehlt. Art. 2 Abs. 2 der RL 2011/92/EU regelt daher auch, dass »(d)ie Umweltverträglichkeitsprüfung in den Mitgliedstaaten *im Rahmen der bestehenden Verfahren zur Genehmigung der Projekte* durchgeführt werden [kann] oder, falls solche nicht bestehen, *im Rahmen anderer Verfahren* oder *der Verfahren, die einzuführen sind, um den Zielen dieser Richtlinie zu entsprechen.*« Dies geht mit dem deutschen System der präventiven Prüfung konform, welches in der Regel ein umweltbedeutsames Verhalten erst nach dessen Überprüfung und ausdrücklicher Zulassung in Form einer Kontrollerlaubnis oder Ausnahmebewilligung ermöglicht. Auch Planungs- und Planfeststellungsentscheidungen genügen dieser Voraussetzungen. 63

Die UVP beinhaltet jedoch einen *verfahrensmäßigen* Ansatz, der dem deutschen Zulassungsrecht herkömmlich fremd ist.[215] Die hier lange Zeit vorherrschende Beschränkung des Verfahrens auf eine »dienende« Funktion ergab sich aus dem im Genehmigungsverfahren liegenden Schwerpunkt behördlicher Entscheidungen. Hier erschöpft sich das Verfahren im Wesentlichen in der Pflicht zur Anhörung der Betroffenen (§ 28 VwVfG) sowie der Entscheidungsbegründung (§ 39 VwVfG), sofern nicht die Komplexität der angestrebten Entscheidung eine stärkere Prozeduralisierung erforderlich macht.[216] Demgegenüber kennen zwar Planfeststellungs- und Planungsverfahren auch detaillierte verfahrensrechtliche Anforderungen,[217] die Geringschätzung des prozeduralen Elements wird jedoch durch vielfältige Regelungen zur Heilung und Unbeachtlichkeit von Verfahrensfehlern verdeutlicht.[218] Da das Verwaltungsrecht sein Augenmerk auf die Übereinstimmung der Entscheidung mit dem materiellen Recht legt,[219] werden Verfahrensfehler hingenommen, sofern sie nicht zugleich materiellrechtliche Fehler begründen.[220] Hiermit korrespondiert eine umfassende verwaltungsgerichtliche Kontrolle, welche die Verwaltungsgerichte dazu verpflichtet, die Verantwortung für die Ergebnisrichtigkeit zu gewährleisten. Für die Umweltprüfungen gilt diese Einschätzung nicht. Das Kernelement – die Öffentlichkeitsbeteiligung – gewinnt nach zahlreichen Gesetzesänderungen,[221] die in 64

212 Zur Pressemitteilung des damaligen Bundesumweltministers *Sigmar Gabriel* s. https://www.bmu.de/pressemitteilung/umweltgesetzbuch-ist-am-widerstand-bayerns-und-der-union-gescheitert/(abgerufen am 15.11.2025).
213 Vgl. *Volkmann* VerwArch. 89 (1998), 363 (378).
214 So ausdrücklich *Volkmann* VerwArch. 89 (1998), 363 (378).
215 Vgl. *Barth/Demmke/Ludwig* NuR 2001, 133 (134).
216 Vgl. etwa § 10 BImSchG, AtVfV.
217 §§ 3 ff. BauGB, § 72 ff. VwVfG.
218 Vgl. §§ 45 f. VwVfG; §§ 214 f. BauGB; § 44a VwGO.
219 Vgl. hierzu auch bereits unter Rdn. 1 ff.
220 Vgl. *Barth/Demmke/Ludwig* NuR 2001, 133 (134 f.).
221 Hierzu bereits unter Rdn. 24 sowie noch unter Rdn. 39 f.

einem ausgefeilten Fehlerregime in § 4 UmwRG münden, einen eigenständigen Wert. Fehler in der Öffentlichkeitsbeteiligung begründen weitreichende Rechtsschutzmöglichkeiten.[222] Dies ist eine prägende Änderung, die, vermittelt durch die europäischen Richtlinien, von der Aarhus-Konvention angestoßen wurde.

65 Genehmigungsverfahren und administrative Strukturen des Umweltrechts spiegeln eine *medienspezifische* Ausdifferenzierung wider,[223] die tlw. bereits verfassungsrechtlich in der Verteilung der Gesetzgebungskompetenzen zwischen Bund und Ländern, im Übrigen im verfassungsrechtlichen Ressortprinzip[224] angelegt ist. Eine solche Aufteilung erschwert die Durchführung des Verfahrens und die Einbeziehung des Ergebnisses der Umweltprüfung, weshalb die »Vorhabengenehmigung« des UGB-E lange als notwendiger Ausweg betrachtet wurde. Ausnahmen bestehen in Planungs- und Planungsfeststellungsverfahren; sektoral differenzierte Verfahren werden durch die Anordnung von Konzentrationswirkungen (so im BImSchG)[225] bzw. Huckepackverfahren (so im BNatSchG)[226] zumindest in der administrativen Ausführung zusammengeführt, um den Verfahrensablauf zu erleichtern.[227]

66 Als herausfordernd erweist sich zudem die enge inhaltliche Bindung des (Umwelt-)Verwaltungsrechts,[228] welche sich in der Normierung konkret formulierter Tatbestände und eng gefasster Rechtsfolgen spiegelt.[229] Diese ist Ausdruck der verfassungsrechtlich als Ausfluss des Rechtsstaatsprinzips verankerten Gesetzmäßigkeit der Verwaltung (Art. 20 Abs. 3 2. HS GG) sowie des hiermit korrespondierenden sachlich-inhaltlichen Legitimationsansatzes des Demokratieprinzips.[230] Die ökosystemare Betrachtungsweise der UVP bedarf dagegen der Umsetzung durch ein gestalterisches System, welches sich in einer finalen Normstruktur finden lässt. Aus diesem Grund ist das deutsche Regelungsmodell für die Implementation des integrierten Ansatzes der UVP sowie die notwendige Durchführung einer Alternativenprüfung grundsätzlich schlecht geeignet.[231] Dies wird insbesondere bei der Ausgestaltung der Kontrollerlaubnis deutlich, welche durch eine strikte rechtliche Bindung des Entscheidungsträgers ohne eigenen Ermessensspielraum charakterisiert ist.[232] Im Hinblick auf die regelmäßig betroffenen Grundrechtspositionen darf die beantragte Genehmigung bei Vorliegen aller Genehmigungsvoraussetzungen nicht verweigert werden.[233] Das Institut der Kontrollerlaubnis verhindert somit weitgehend die Umsetzung einer ressourcenübergreifenden Abwägung umweltrechtlicher Belange.[234] Wenig besser ist die Ausgangslage, soweit die Genehmigung als Ausnahme-

---

222 Hierzu noch unter Rdn. 67 ff.

223 Vgl. hierzu *Zöttl* Journal of Environmental Law 2000, 281 (282).

224 Zum verwaltungsrechtlichen Wirkungskreis des Ressortprinzips *Schröder*, in: Huber/Voßkuhle (Hrsg.), GG, Art. 65 Rn. 28.

225 So in § 13 BImSchG.

226 So in § 17 Abs. 1 BNatSchG.

227 Allerdings zum Spannungsverhältnis zwischen solchen integrativen Tendenzen und dem verfassungsrechtlichen Ressortprinzip *Erbguth* NuR 2018, 17.

228 Hierzu bereits unter Rdn. 31 f.

229 Begrenzte eigene Entscheidungsspielräume der Verwaltung bestehen insofern nur im Hinblick auf Ermessen und unbestimmte Rechtsbegriffe. Im Hinblick auf letzteres wird zudem von der h.M. ein eigenständiger Beurteilungsspielraum der Verwaltung abgelehnt.

230 Hierzu bereits oben unter Rdn. 3.

231 Hierzu *Kümper*, in: Schink/Reidt/Mitschang, UVPG/UmwRG, § 25 UVPG Rn. 14; *Volkmann* VerwArch. 89 (1998), 363 (387 ff.); *Wahl*, in: Dolde, S. 237 (245). Allgemein zur möglichen Unvereinbarkeit europäischen Rechts mit nationalen Rechtssystemen vgl. *Ladeur*, Introduction, in: Ladeur (Hrsg.), The Europeanisation of Administrative Law, S. 1 (4 ff.).

232 Zum Institut der »Kontrollerlaubnis« vgl. *Erbguth*, Raumbedeutsames Umweltrecht, S. 153; *Kloepfer*, Umweltrecht, § 5 Rn. 48; *Sparwasser/Engel/Voßkuhle*, Umweltrecht, § 2 Rn. 65.

233 Betroffen sind zumeist Art. 12 I, 14 I GG. Krit. *Kugelmann* DVBl 2002, 1238 (1242).

234 Hierzu § 25 UVPG Rn. 161 ff. Vgl. auch *Erbguth/Schoeneberg* WiVerw. 1985, 102 (114 f.): »Harmonisierung von Konsequenzen des präventiven Verbots mit Erlaubnisvorbehalt … mit ressourcen-ökonomischen Erwägungen«. Einschränkend *Kugelmann* DVBl 2002, 1238 (1245 ff.).

bewilligung ausgestaltet ist.[235] Das hier der Genehmigungsbehörde zur Verfügung stehende Ermessen ist gemäß § 40 VwVfG entsprechend dem Zweck der gesetzlichen Ermächtigung auszuüben und kann daher keinen Anknüpfungspunkt für eine eigenständige, möglicherweise medienübergreifende Abwägungsentscheidung der Genehmigungsbehörde bieten, bejaht man nicht eine materiell-rechtliche Überformung der fachrechtlichen Normen.[236] Ausnahmen bestehen, sofern Planungs- und Planfeststellungsentscheidungen betroffen sind. Das deutlichste Beispiel enthält das Bauplanungsrecht mit den in § 1 Abs. 5, 6, § 1a BauGB normierten Planungszielen und Planungsleitlinien und dem hieran anknüpfenden Abwägungsgebot, welchem ein gestaltendes Moment innewohnt.[237]

E. Rechtsschutz

Rechtsschutz in Umweltangelegenheiten wird maßgeblich durch die Vorgaben der sog. 3. Säule der Aarhus-Konvention und ihre Umsetzung in europäisches Richtlinienrecht geprägt. Art. 9 Abs. 2 der Aarhus-Konvention bestimmt, dass »jede Vertragspartei [...] im Rahmen ihrer innerstaatlichen Rechtsvorschriften sicher[stellt], dass Mitglieder der betroffenen Öffentlichkeit, (a) die ein ausreichendes Interesse haben oder alternativ (b) eine Rechtsverletzung geltend machen, sofern das Verwaltungsprozessrecht einer Vertragspartei dies als Voraussetzung erfordert, Zugang zu einem Überprüfungsverfahren vor einem Gericht und/oder einer anderen auf gesetzlicher Grundlage geschaffenen unabhängigen und unparteiischen Stelle haben, um die materiell-rechtliche und verfahrensrechtliche Rechtmäßigkeit von Entscheidungen, Handlungen oder Unterlassungen anzufechten, für die Art. 6 und [...] sonstige einschlägige Bestimmungen dieses Abkommens gelten.« Unionsrechtlich wurden diese Vorgaben durch die sog. Öffentlichkeitsbeteiligungsrichtlinie[238] umgesetzt, die insbesondere die Ergänzung der UVP-RL um Art. 11 und der IE-RL um Art. 25 zur Folge hatte. Beide Vorschriften legen wortgleich fest, dass »[d]ie Mitgliedstaaten [...] im Rahmen ihrer innerstaatlichen Rechtsvorschriften sicher[stellen], dass Mitglieder der betroffenen Öffentlichkeit, die a) ein ausreichendes Interesse haben oder alternativ b) eine Rechtsverletzung geltend machen, sofern das Verwaltungsverfahrensrecht bzw. Verwaltungsprozessrecht eines Mitgliedstaats dies als Voraussetzung erfordert, Zugang zu einem Überprüfungsverfahren vor einem Gericht oder einer anderen auf gesetzlicher Grundlage geschaffenen unabhängigen und unparteiischen Stelle haben, um die materiell-rechtliche und verfahrensrechtliche Rechtmäßigkeit von Entscheidungen, Handlungen oder Unterlassungen anzufechten, für die die Bestimmungen dieser Richtlinie über die Öffentlichkeitsbeteiligung gelten.« Die Umsetzung dieser Vorgaben erfolgte durch Erlass des Umweltrechtsbehelfsgesetzes.[239] 67

I. Individualklagerechte

Die Geltendmachung von Individualklagerechten verlangt gemäß § 42 Abs. 2 VwGO die Möglichkeit der Verletzung subjektiv-öffentlicher Rechte. Dies kann im Hinblick auf materiell-rechtliche Umweltanforderungen durchaus problematisch sein, da umweltschutzrechtliche Vorgaben häufig gerade nicht im Interesse einzelner, sondern zum Zwecke des Allgemeinwohls bestehen. Herausfordernd ist ebenfalls die Geltendmachung von Fehlern im Verfahren der Umweltprüfung: Regeln, die das Verwaltungsverfahren betreffen, sollen nach herkömmlicher Interpretation gerade keine subjektiven öffentlichen Rechte i.S.d. § 42 Abs. 2 VwGO verleihen. Die Annahme einer nur *dienenden Funktion* des Verfahrens, die aus § 44a VwGO, §§ 45, 46 VwVfG abgeleitet wird bzw. wurde, erschwert(e) die Möglichkeit, Verfahrensfehler gerichtlich geltend zu machen. Die Vorgaben des 68

---

235 Zum Institut der »Ausnahmebewilligung« vgl. *Kloepfer*, Umweltrecht, § 5 Rn. 49.

236 In diesem Sinne hier unter Rdn. 31 f.

237 Vgl. *Breuer* AöR 127 (2002), 523 (523 ff.).

238 Siehe den Nachw. in Fn. 52.

239 Gesetz über ergänzende Vorschriften zu Rechtsbehelfen in Umweltangelegenheiten nach der EG-Richtlinie 2003/35/EG vom 07.12.2006; neugefasst durch Bekanntmachung vom 23.08.2017, BGBl. I, S. 3290.

Art. 9 Abs. 2 der Aarhus-Konvention und der in ihrer Umsetzung ergangenen unionsrechtlichen Vorschriften führen jedoch zu einer schrittweisen Änderung der rechtlichen Situation. Die vom deutschen Gesetzgeber vorgesehene Anfechtbarkeit einer Entscheidung aufgrund des vollständigen Ausbleibens einer UVP oder UVP-Vorprüfung wurde im Hinblick auf den Effektivitätsgrundsatz und dem Ziel des Art. 10a (jetzt: Art. 11) UVP-RL, einen weiten Zugang zu Gericht zu gewähren, als nicht hinreichend angesehen. Vielmehr wies der EuGH in der *Altrip-Entscheidung* aus dem Jahre 2013 darauf hin, dass die Anfechtungsoption auch im Falle der (nur) fehlerhaften Anwendung der UVP-Vorschriften bestehen muss.[240] Daraus ergab sich Anpassungsbedarf im Hinblick auf § 4 UmwRG a.F. Zur Überprüfung stand gleichermaßen § 46 VwVfG, wonach Verfahrensfehler nur zur Aufhebung der Sachentscheidung führen, wenn sie für das den Kläger belastende Ergebnis kausal sind. Zweifel an der Unionsrechtmäßigkeit resultierten insbesondere aus den hohen Anforderungen an die Substanziierungslast, die vom BVerwG insbesondere für Verbandskläger,[241] formuliert wurden. Der Gesetzgeber reagierte mit einer Novelle des UmwRG, wonach § 4 UmwRG zwischen absoluten Verfahrensfehlern nach Abs. 1 und relativen Verfahrensfehlern nach Abs. 1a differenziert.[242] Verfahrensfehler nach Abs. 1 stellen absolute Aufhebungsgründe dar, während auf andere Verfahrensfehler weiterhin § 46 VwVfG anwendbar ist. Abs. 1a Satz 2 enthält allerdings noch eine Vermutungsregelung, wonach in Zweifelsfällen eine Beeinflussung anzunehmen ist.[243] Die Rechtsprechung zu § 46 VwVfG wurde auch in der Entscheidung des EuGHs vom 15.10.2015 bestätigt.[244] Mit der Umgestaltung des § 4 UmwRG ist eine (weitere) deutliche Aufwertung des Verfahrens der Umweltprüfung (und insbesondere der Öffentlichkeitsbeteiligung; vgl. § 4 Abs. 1 Nr. 2, 3 c) UmwRG) verbunden, die eine legitimationsverstärkende Wirkung begründet.[245]

69 In derselben Entscheidung sah der EuGH die Anordnung einer materiellen Präklusion, d.h. die Verwirkung von Einwendungen im gerichtlichen Verfahren, als Verstoß gegen die unionsrechtlichen Vorgaben aus Art. 11 UVP-RL und Art. 25 IE-RL an.[246] Der Gesetzgeber reagiert mit einer Streichung des Art. 2 Abs. 3 UmwRG a.F. und der Feststellung in § 7 Abs. 4 UmwRG n.F., dass die Anwendung des § 73 Abs. 4 Satz 3–6 VwVfG im Rechtsbehelfsverfahren gegen eine Entscheidung nach § 1 Abs. 1 Satz 1 Nr. 1 UmwRG ausgeschlossen ist.[247] Im Kontext dieser Gesetzesänderung zu lesen sind § 5 UmwRG, der eine Missbrauchsregelung enthält, sowie § 6 UmwRG, der eine Klagebegründungsfrist normiert.

70 Die aus § 113 Abs. 1 VwGO resultierende Verpflichtung, eine Rechtsverletzung geltend zu machen, wurde durch den EuGH jedoch explizit als unionsrechtskonform eingestuft.[248] Die Möglichkeit, Rechtsschutz von der Geltendmachung einer Rechtsverletzung abhängig zu machen, »sofern das nationale Verwaltungsverfahrensrecht bzw. Verwaltungsprozessrecht dies als Voraussetzung erfordert«, wird in Art. 9 Abs. 2 der Aarhus-Konvention und Art. 11 Abs. 1 UVP-RL sowie Art. 25 Abs. 1 IE-RL explizit eingeräumt. Zudem sehen diese Artikel in ihrem jeweiligen Abs. 3 vor, dass die Mitgliedstaaten u.a. bestimmen können, was eine Rechtsverletzung ist.

240 EuGH, Urt. v. 07.11.2013, Rs. C-72/12, Altrip; hierzu *Ekardt* NVwZ 2014, 393 ff.; *Gärditz* NVwZ 2014, 1 ff.; *ders.* EurUP 2015, 196 ff.; *Greim* BayVBl. 2014, 517 ff.; *Kahl* JZ 2014, 722 ff.; *Schlacke* NVwZ 2014, 11 ff.; *Siegel* NJW 2014, 973 ff.

241 Hierzu noch unter § 5 UmwRG Rdn. 13.

242 Artikel 1 des Gesetzes zur Änderung des Umwelt-Rechtsbehelfsgesetzes zur Umsetzung des Urteils des Europäischen Gerichtshofs vom 07.11.2013 in der Rechtssache C-72/12 vom 20.11.2015, BGBl. I, S. 2069.

243 Zur Interpretation dieser Vorgaben BVerwGE 154, 73 Rn. 41, 44 bzw. 43; BVerwGE 155, 91 Rn. 35, 37; BVerwG NVwZ 2016, 1257 Rn. 22; NVwZ 2016, 1641 Rn. 18 ff.

244 EuGH, Rs. C-137/14, ECLI:EU:C:2015:683.

245 Siehe hierzu unter Rdn. 3 ff.

246 Zum Hintergrund noch genauer unter § 5 UmwRG Rdn. 1 ff.

247 Zur Novelle des UmwRG *Schlacke* NVwZ 2017, 905 ff.

248 EuGH, Rs. C-137/14, ECLI:EU:C:2015:683, Rn. 32; ebenso bereits EuGH, Rs. C-115/09, ECLI:EU:C:2011:289, Rn. 45.

II. Verbandsklagerechte

71 Die Klagebefugnis umweltrechtlicher Verbände war vor Einführung der Verbandsklagerechte nach § 2 UmwRG mangels eigener subjektiver Rechte nur sehr eingeschränkt möglich. Der Weg, diese subjektiven öffentlichen Rechte durch den Erwerb sog. Sperrgrundstücke zu erlangen, versperrte das BVerwG frühzeitig.[249] Durch die Einführung der Verbandsklage wurde das auf subjektiv-öffentlichen Rechten beruhende deutsche Klagesystem deutlich verändert. Dem gesetzgeberischen Versuch, dieses System in die Verbandsklage ›hinein zu retten‹, wurde von Seiten des EuGHs ein Riegel vorgeschoben. In der *Trianel-Entscheidung* wurde die in § 2 Abs. 1 Nr. 1 UmwRG a.F. enthaltene Formulierung, wonach sich Umweltverbände nur (!) auf Rechtsvorschriften stützen können, die »Rechte Einzelner begründen«, zu Recht als unionsrechtswidrig eingestuft.[250] Der Gesetzgeber reagierte mit der Streichung der einschränkenden Klausel.[251] In einer jüngeren Gesetzesänderung wurde zugleich die Beschränkung auf Vorschriften, »die dem Umweltschutz dienen«, gestrichen.[252] Dies entspricht den Vorgaben von Art. 9 Abs. 2 Aarhus-Konvention[253] und Art. 11 UVP-RL, die eine entsprechende Einschränkung nicht kennen.

72 Im Hinblick auf Verfahrensfehler gilt das für Individualklagen Gesagte.

73 Auch Umweltverbände profitieren vom Ausschluss der Präklusion; die Vorgaben zu Art. 9 Abs. 2 der Aarhus-Konvention sind im UmwRG einheitlich umgesetzt. Eine Ausnahme besteht lediglich gemäß § 7 Abs. 3 UmwRG für Pläne und Programme, die nicht Art. 9 Abs. 2, sondern Art. 9 Abs. 3 der Aarhus-Konvention unterfallen.[254] In seiner jüngeren Rechtsprechung hat der EuGH festgestellt, dass Art. 9 Abs. 3 es grundsätzlich nicht verbietet, die Zulässigkeit der von ihr erfassten Rechtsbehelfe von der Voraussetzung abhängig zu machen, dass der Rechtsbehelfsführer seine Einwendungen rechtzeitig bereits im Verwaltungsverfahren erhoben hat.[255] Mit einer solchen Regelung sollen die streitigen Punkte unter Umständen schneller identifiziert und gegebenenfalls bereits im Verwaltungsverfahren gelöst werden können, sodass sich die Klage erübrigt.[256] Systematisch unterscheidet der EuGH damit zwischen den Abs. 2 und 3 des Art. 9 der Aarhus-Konvention, denen er (dem unterschiedlichen Kreis der Adressaten entsprechend: »betroffene Öffentlichkeit« [vgl. Art. 2 Nr. 5 AK] einerseits, »Mitglieder der Öffentlichkeit« [vgl. Art. 2 Nr. 4 AK] andererseits) unterschiedliche Anforderungen und Funktionen zuweist: Während die betroffene Öffentlichkeit Klagerechte akzessorisch zum Umfang der Beteiligungsrechte erhält, übernimmt Abs. 3 eine Auffangfunktion für die Fällen, in denen kein Fall des Art. 6 AK vorliegt.[257]

---

249 Das BVerwG verurteilte ein solches Verhalten als rechtsmissbräuchlich (BVerwG, NVwZ 2001, 427; ZUR 2012, 317).

250 EuGH, Rs. C-115/09, ECLI:EU:C:2011:289, *Trianel*, Rn. 50.

251 Artikel 1 des Gesetzes zur Änderung des Umwelt-Rechtsbehelfsgesetzes und anderer umweltrechtlicher Vorschriften vom 21.01.2013, BGBl. I, S. 95.

252 Artikel 1 des Gesetzes zur Anpassung des Umwelt-Rechtsbehelfsgesetzes und anderer Vorschriften an europa- und völkerrechtliche Vorgaben vom 29.05.2017, BGBl. I, S. 1298.

253 Die Änderung dient der Umsetzung von Art. 9 Abs. 2 der Aarhus-Konvention (vgl. Compliance-Committee der Aarhus-Konvention vom 20.12.2013; Fall ACCC/C/2008/31, Ziff. 78); hierzu auch BT-Drs. 18/9526, S. 38.

254 Siehe hierzu noch die Kommentierung zu § 7 UmwRG Rdn. 14 ff. Der Referentenentwurf bezüglich eines Gesetzes zur Änderung des Umwelt-Rechtsbehelfsgesetzes und weiterer umweltrechtlicher Vorschriften vom Juli 2025 plante, den Anwendungsbereich des § 7 Abs. 3 UmwRG zu erweitern.

255 EuGH, Rs. C-664/15, Urt. v. 20.12.2017, EU:C:2017:987, Protect, Rn. 88 ff.; Rs. C-826/18, Urt. v. 14.01.2021, ECLI:EU:C:2021:7, *Stichting Varkens*, Rn. 63.

256 EuGH, Rs. C-826/18, Urt. v. 14.01.2021, ECLI:EU:C:2021:7, *Stichting Varkens*, Rn. 63.

257 Hierzu noch *Römling* ZUR 2021, 235.

F. Aktuelle Impulse: Umweltprüfungen unter Druck

74 In jüngerer Zeit gerät die europarechtlich initiierte Umweltprüfung unter Druck: Ihr wird eine Verhinderungs- und Verzögerungswirkung nachgesagt, die den Beschleunigungsimpulsen im Hinblick auf den Aus- und Umbau der Infrastruktur entgegensteht.[258] Dies betrifft insbesondere den Umbau der *Energie*infrastruktur, was sowohl aus der Gaskrise aufgrund des russischen Angriffskriegs auf die Ukraine als auch aus der Notwendigkeit zum klimaneutralen Umgestaltung des Energiesystems resultiert.[259] Zugleich besteht der – stellenweise diffuse, andernorts durchaus begründbare – Eindruck, angesichts einer zunehmend maroden Infrastruktur könne es sich der deutsche Staat nicht leisten, vor Umsetzung einzelner Projekte und Planungen umfängliche Umweltprüfungen und ggf. noch langwierigere Gerichtsverfahren abzuwarten. Beschleunigungseffekte werden daher auf zwei Ebenen gesehen: bei dem Verzicht auf oder der Straffung von Umweltprüfungsverfahren einerseits und bei dem Wiedererwachen der materiellen Präklusion, welche nicht rechtzeitig erhobene Einwendungen dauerhaft der rechtlichen Bewertung entnimmt. In beiden Fällen verläuft die politische Debatte jedoch in Teilen jenseits der bestehenden unionsrechtlichen Rechtslage. Dass die beiden letzten Koalitionsverträge der (materiellen) Präklusion als wichtigem Beschleunigungselement das Wort redeten, widerspricht den deutlichen Worten des EuGHs, der insofern klare Grenzen aufzeigt.[260] Verstärkt wird daneben die Reduktion von Prüfungspflichten in den Blick genommen, was sich auch aus jüngeren gesetzgeberischen Aktivitäten ablesen lässt. So hat der Gesetzgeber zuletzt das Vierte Bürokratieentlastungsgesetz erlassen, welches sich mit der Verkürzung von Äußerungsfristen beschäftigt.[261] Mit Gesetz zur Beschleunigung von Genehmigungsverfahren im Verkehrsbereich und zur Umsetzung der Richtlinie (EU) 2021/1187 über die Straffung von Maßnahmen zur rascheren Verwirklichung des transeuropäischen Verkehrsnetzes[262] werden UVP-Pflichten für spezifische Verkehrsprojekte (Ersatzneubauten sowie Radwege an Bundesstraßen) ausgeschlossen oder durch Vorprüfungen ersetzt.[263] Die bisherige rechtliche Analyse belegt jedoch, dass ein Vorgehen »mit der Brechstange« nicht zu empfehlen ist. Vielmehr ist im Einzelnen detailgenau auszutarieren, welche Handlungsspielräume das europäische Recht belässt.[264] Zu beachten bleibt zudem, dass Versuche, den Prüfungsumfang zu straffen oder Öffentlichkeitsbeteiligungen zu reduzieren, die Befürchtung eines zunehmenden Akzeptanzverlusts entgegensteht.[265]

---

258 Insgesamt zur Problematik *Balla/Sangenstedt* ZUR 2023, 387 ff.; *dies.* ZUR 2023, 476 ff.; *Burgi/Nischwitz/Zimmermann* NVwZ 2022, 1321; *Kment* NVwZ 2024, 1609 ff.

259 Hierzu auch *Kment*, NVwZ 2024, 1609 (1609).

260 Vgl. hierzu im Detail § 5 UVPG Rdn. 1 ff., § 7 Rdn. 14 ff.

261 Gesetz v. 23.10.2024, BGBl. 2024 I Nr. 323.

262 Gesetz v. 22.12.2023, BGBl. 2023 I Nr. 409.

263 Hierzu noch § 14c UVPG Rdn. 2 ff., § 14d UVPG Rdn. 2.

264 Hierzu detailliert *Kment* NVwZ 2024, 1609 mit genauer Analyse der europäischen Rechtslage, die mittlerweile einige Abweichungen zu den Vorgaben der UVP- und SUP-Richtlinie vorsieht.

265 Siehe hierzu u.a. *Burgi/Nischwitz/Zimmermann* NVwZ 2022, 1321 (1327).

Teil 1 Allgemeine Vorschriften für die Umweltprüfungen

§ 1 Anwendungsbereich

(1) Dieses Gesetz gilt für
1. die in Anlage 1 aufgeführten Vorhaben,
2. die in Anlage 5 aufgeführten Pläne und Programme,
3. sonstige Pläne und Programme, für die nach den §§ 35 bis 37 eine Strategische Umweltprüfung oder Vorprüfung durchzuführen ist, sowie
4. die grenzüberschreitende Behörden- und Öffentlichkeitsbeteiligung bei UVP-pflichtigen Vorhaben im Ausland nach den §§ 58 und 59 und bei SUP-pflichtigen Plänen und Programmen eines anderen Staates nach den §§ 62 und 63.

(2) [1]Bei Vorhaben oder Teilen von Vorhaben, die ausschließlich Zwecken der Verteidigung dienen, kann das Bundesministerium der Verteidigung oder eine von ihm benannte Stelle im Einzelfall entscheiden, dieses Gesetz ganz oder teilweise nicht anzuwenden, soweit sich die Anwendung nach Einschätzung des Bundesministeriums der Verteidigung oder der von ihm benannten Stelle nachteilig auf die Erfüllung dieser Zwecke auswirken würde, insbesondere wegen Eilbedürftigkeit des Vorhabens oder aus Gründen der Geheimhaltung. [2]Zwecke der Verteidigung schließen auch zwischenstaatliche Verpflichtungen ein. [3]Bei der Entscheidung ist der Schutz vor erheblichen nachteiligen Umweltauswirkungen zu berücksichtigen. [4]Sonstige Rechtsvorschriften, die das Zulassungsverfahren betreffen, bleiben unberührt. [5]Wird eine Entscheidung nach Satz 1 getroffen, unterrichtet das Bundesministerium der Verteidigung hierüber das für Umwelt zuständige Ministerium des betroffenen Landes unverzüglich sowie das Bundesministerium für Umwelt, Naturschutz, nukleare Sicherheit und Verbraucherschutz spätestens bis zum Ablauf des 31. März des Folgejahres.

(3) [1]Bei Vorhaben oder Teilen von Vorhaben, die ausschließlich der Bewältigung von Katastrophenfällen dienen, kann die zuständige Behörde im Einzelfall entscheiden, dieses Gesetz ganz oder teilweise nicht anzuwenden, soweit sich die Anwendung nach Einschätzung der zuständigen Behörde negativ auf die Erfüllung dieses Zwecks auswirken würde. [2]Bei der Entscheidung ist der Schutz vor erheblichen nachteiligen Umweltauswirkungen zu berücksichtigen. [3]Sonstige Rechtsvorschriften, die das Zulassungsverfahren betreffen, bleiben unberührt.

(4) [1]Dieses Gesetz findet Anwendung, soweit Rechtsvorschriften des Bundes oder der Länder die Umweltverträglichkeitsprüfung nicht näher bestimmen oder die wesentlichen Anforderungen dieses Gesetzes nicht beachten. [2]Rechtsvorschriften mit weitergehenden Anforderungen bleiben unberührt.

Übersicht

A. Allgemeines und Gesetzesgeschichte

I. Gesetzesgeschichte

1 Die aktuelle Fassung der Vorschrift geht zurück auf die **UVPG-Novelle 2017.**[1] § 1 UVPG zählt zu den »Allgemeinen Vorschriften für die Umweltprüfungen«[2] und beschreibt, wie zuvor § 3 UVPG in der bis zum 28.07.2017 geltenden Fassung (a.F.), den »**Anwendungsbereich**« des Gesetzes. Eine allgemein formulierte Bestimmung des **Gesetzeszwecks**, die § 1 UVPG a.F. noch enthielt, gibt es nicht mehr.[3] Nach der generellen Beschreibung des Anwendungsbereichs in Absatz 1 befassen sich die Absätze 2 und 3 mit zwei speziellen Anwendungsgegenständen: Vorhaben der Verteidigung – die Vorgängerregelung war § 3 Abs. 2 UVPG a.F. – und Vorhaben, die ausschließlich der Bewältigung von Katastrophenfällen dienen. Schließlich findet sich in Abs. 4 die aus § 4 UVPG a.F. übernommene Regelung zur Klärung des Verhältnisses zwischen den UVP-Vorschriften im UVP-Gesetz und solchen außerhalb dieses Gesetzes.

2 Die Umgestaltungen durch die UVPG-Novelle 2017 beruhten zentral auf drei gesetzgeberischen Anliegen:[4]
- Umsetzung der Vorgaben aus der UVP-Änderungsrichtlinie 2014/52/EU,
- Berücksichtigung der jüngeren Rechtsprechung,
- Vereinfachung, Harmonisierung, anwenderfreundlichere Gestaltung.

3 Intendiert wurden möglichst **einfache und klare, Rechtssicherheit** schaffende Strukturen[5]. Damit wurde dem Umstand Rechnung getragen, dass die Einhaltung der UVP-rechtlichen Anforderungen in weitaus höherem Maße **justiziabel** ist als dies früher einmal der Fall war. Nach § 4 UmwRG könne das Unterbleiben einer erforderlichen UVP Gegenstand eines Rechtsbehelfsverfahrens sein und zur **Aufhebung der Zulassungsentscheidung** führen.[6] Der Gesetzgeber hat erkannt, dass (noch heute) gerade Umweltverbandsklagen die Verwaltungsgerichte viel beschäftigen und sich nicht nur Genehmigungsverfahren verzögern, sondern Vorhabenträger ebenso wie Behörden durch rechtliche Risiken und Unsicherheiten belastet sind.[7]

4 Inhaltlich unverändert gegenüber § 3 UVPG a.F. beschreibt § 1 Abs. 1 UVPG den **Anwendungsbereich** des Gesetzes mit möglichst einfachen Verknüpfungen: »Dieses Gesetz gilt für die in Anl. 1 aufgeführten Vorhaben…«. Gleichermaßen wird in Bezug auf Pläne und Programme auf den Katalog in Anl. 5 verwiesen. Für die sonstigen Pläne und Programme mit Strategischer Umweltprüfung gelten die Beschreibungen der §§ 35 bis 37. Der Anwendungsbereich der Öffentlichkeitsbeteiligung bei UVP-pflichtigen Vorhaben im Ausland wird durch die §§ 59 und 59 bzw. bei SUP-pflichtigen Plänen und Programmen eines anderen Staates durch die §§ 62 und 63 bestimmt.

5 Im Gegensatz zur aktuellen Gesetzesfassung enthielt § 3 Abs. 1 und 1a UVPG a.F. noch eine Verordnungsermächtigung, die es der Bundesregierung erlaubte, die Kataloge der Anl. 1 und 3 (nach aktueller Nummerierung Anl. 1 und 5) durch Rechtsverordnung zu ändern. Diese Ermächtigung spielte in der Praxis keine Rolle. Der Gesetzgeber betrachtete sie vor diesem Hintergrund als ent-

---

1 Artikel 1 des Gesetzes vom 20.07.2017 (Gesetz zur Modernisierung des Rechts der Umweltverträglichkeitsprüfung), BGBl. I, S. 2808.

2 Teil 1 des UVP-Gesetzes.

3 Die BReg verweist dazu in der Begründung des Gesetzentwurfs (BR-Drs. 164/17, S. 82) auf das Handbuch der Rechtsförmlichkeit. Danach sind »Allgemeine Zweckbestimmungen…dem Stammgesetz nicht voranzustellen. Der Zweck des Gesetzes sollte aus den getroffenen Regelungen selbst ohne weiteres erkennbar sein.« (vgl. dort Rn. 362, S. 113).

4 BT-Drs. 18/11499.

5 BReg. BR-Drs. 164/17, S. 61.

6 BReg. BR-Drs. 164/17, S. 62.

7 BReg. BR-Drs. 164/17, S. 2.

behrlich und sah in ihrer Streichung Vereinfachungspotenzial, das er seinem Regelungsanliegen entsprechend nutzte.[8]

Auf der anderen Seite bietet die erst kürzlich überarbeitete Allgemeine Verwaltungsvorschrift zur Ausführung des UVPG (UVPVwV) Orientierung mit Blick auf Auslegungsfragen und die jeweilige Behördenpraxis.[9] 6

Der **Verzicht** auf eine »**Zweckbestimmung**« des Gesetzes durch die UVPG-Novelle 2017 war zunächst als mögliches Defizit der Neuregelung identifiziert worden.[10] Denn § 1 UVPG a.F., der wesentlich auf »eine wirksame Umweltvorsorge« abstellte, galt mit dieser programmatischen Ausrichtung bis dahin als »Grundnorm für die Umweltprüfung«[11]. Diese Kritik hat sich als unbegründet erwiesen. Sie berücksichtigt nicht, dass der Gesetzgeber das Ziel der wirksamen Umweltvorsorge bei der in § 3 UVPG erfolgenden Formulierung der »Grundsätze für Umweltprüfungen« und damit in spezifischerem Zusammenhang durchaus erneut aufgegriffen hat und sie als solche bei behördlichen Entscheidungen in diesem Zusammenhang zu berücksichtigen sind.[12] Auch deswegen ging mit der redaktionellen Umgestaltung des Gesetzes kein Verlust an umweltpolitischem Ehrgeiz einher. Vielmehr muss sich die Umweltverträglichkeitsprüfung nach wie vor am grundlegenden Maßstab der **wirksamen Umweltvorsorge** orientieren. 7

II. Unionsrechtliche Vorgaben

Die 2014 überarbeitete UVP-Richtlinie[13] befasst sich beschränkt mit den Inhalten des § 1 UVPG, und zwar bezüglich »Vorhaben, die ausschließlich Zwecken der Verteidigung dienen« (Abs. 2) und »Projekten, die ausschließlich der Bewältigung von Katastrophenfällen dienen« (Abs. 3). Art. 1 Abs. 3 der UVP-RL bestimmt hierzu: »Die Mitgliedstaaten können – auf der Grundlage einer Einzelfallbeurteilung und sofern dies nach innerstaatlichem Recht vorgesehen ist – entscheiden, diese Richtlinie nicht auf Projekte oder Teile von Projekten anzuwenden, die **ausschließlich** Zwecken der Verteidigung dienen, oder auf Projekte, die ausschließlich der Bewältigung von Katastrophenfällen dienen, wenn sie der Auffassung sind, dass sich eine derartige Anwendung negativ auf diese Zwecke auswirken würde«. Es wird auf die entsprechende Umsetzung im Rahmen der Kommentierung der Abs. 2 und 3 des § 1 UVPG eingegangen. 8

B. Regelungsgegenstände

I. Anwendungsbereich des UVP-Gesetzes (Abs. 1)

§ 1 Abs. 1 UVPG regelt den **Anwendungsbereich** des Gesetzes. 9

a) **Ziff. 1.** führt das bewährte Verweisungskonzept fort »Dieses **Gesetz gilt** für die in **Anl. 1 aufgeführten Vorhaben**«. Da die Vorhaben in der Anl. 1 weitgehend mit genau beschriebenen Techniken und vielfach technischen Größen etc. festgelegt werden, besteht jedenfalls im Umfang solcher quantifizierender Beschreibungen ein hohes Maß an Verständlichkeit und Rechtssicherheit.[14] Vom Anwendungsbereich umfasst sind neben Neuvorhaben (§ 2 Abs. 4 Nr. 1 UVPG) auch Änderungsvorhaben (§ 2 Abs. 4 Nr. 2 UVPG) der in Anl. 1 genannten Art.[15]

---

8 BT-Drs. 18/11499, S. 82.

9 UVPVwV i.d. Fassung vom 14.04.2025, Banz AT 29.04.2025 B8.

10 Vgl. hierzu *Dienes,* in: Hoppe/Beckmann/Kment, UVPG, 5. Aufl., § 1 UVPG Rn. 5.

11 *Appold*, in: Hoppe/Beckmann, UVPG, 4. Aufl., § 1 Rn. 1.

12 Vgl. hierzu auch explizit § 25 Abs. 1 Satz 1 und § 40 Abs. 3 UVPG.

13 Richtlinie 2014/52/EU des Europäischen Parlament und des Rats v. 16.04.2014, ABlEU L 124 v. 25.04.2014, 1 ff.; vgl. zu Entwicklungen betr. die Richtlinie *Sangenstedt* ZUR 2014, 526.

14 Zur Regelungstechnik siehe auch die Kommentierung zu Anl. 1.

15 Siehe hierzu auch Ziff. 1.1 UVPVwV 2025 zu § 1 UVPG sowie den dortigen Hinweis auf die Kumulationsvorschriften der §§ 10–12 UVPG.

b) Ähnliches gilt bei **Ziff. 2.** für die in Anl. 5 aufgeführte Liste SUP-pflichtiger Pläne und Programme.

c) Bezüglich der in **Ziff. 3.** erfassten sonstigen Pläne und Programme, für die nach den §§ 35–37 eine Strategische Umweltprüfung oder Vorprüfung durchzuführen ist, ist dieser gesetzliche Rahmen maßgeblich.

d) Soweit es gemäß **Ziff. 4.** um die grenzüberschreitende Behörden- und Öffentlichkeitsbeteiligung bei UVP-pflichtigen Vorhaben im Ausland nach den §§ 58 und 59 und bei SUP-pflichtigen Plänen und Programmen eines anderen Staates nach den §§ 62 und 63 geht, handelt es sich um spezielle, gesetzlich geregelte Fälle, die die Aspekte der Behörden- und Öffentlichkeitsbeteiligung mit Auslandsbezug betreffen.

II. Vorhaben der Verteidigung (Abs. 2)

10 Vorhaben der Verteidigung können der Anwendung des UVP-Gesetzes entsprechend den unionsrechtlichen Vorgaben nur entzogen werden, wenn sie »**ausschließlich**« Zwecken der Verteidigung dienen. Andererseits profitieren unter dieser Voraussetzung auch »**Teile von Vorhaben**« von der Freistellungsmöglichkeit. Die Entscheidung über die Anwendung des UVP-Gesetzes ist anhand im Gesetz selbst definierter Kriterien zu treffen und muss sich entsprechend den unionsrechtlichen Vorgaben an der Frage einer möglichen Beeinträchtigung des Verteidigungszwecks orientieren, wobei auf der anderen Seite die Umweltauswirkungen des Vorhabens zu berücksichtigen sind.[16] Der heutige Rechtszustand unterscheidet sich insgesamt – auch prozedural – nicht unerheblich von der Vorgängerregelung des § 3 Abs. 2 UVPG a.F.[17]

11 Die Entscheidung trifft das Bundesministerium der Verteidigung oder »eine von ihm **benannte Stelle**«. In Bezug auf die Delegationsmöglichkeit gab es im Gesetzgebungsverfahren Meinungsunterschiede, wobei sich die Bundesregierung im Ergebnis gegenüber dem Bundesrat durchsetzte. Der Bundesrat meinte zunächst, es bedürfe zur Gewährleistung hinreichender Bestimmtheit und Transparenz zwingend einer eigenen Entscheidung des Bundesverteidigungsministeriums.[18] Die Bundesregierung ist dem entgegengetreten, hat auf die bereits zuvor in § 5 Abs. 1 UVP-V Verteidigung vorgesehene Übertragungsmöglichkeit hingewiesen und hat auch die **Sinnhaftigkeit** einer solchen Regelung herausgestellt. Diese trage dem Umstand Rechnung, dass auf Ministeriumsebene typischerweise Entscheidungen konzeptioneller Art getroffen würden, die operative Verfahrensführung aber regelmäßig dem nachgeordneten Bereich obliege.[19]

12 Das Bundesministerium der Verteidigung oder die benannte Stelle müssen im Einzelfall entscheiden, ob das Gesetz ganz oder teilweise unangewendet bleiben soll. Voraussetzung für eine Nichtanwendungsentscheidung ist, dass sich die Anwendung des UVP-Gesetzes »nach Einschätzung« des Verteidigungsministeriums oder der benannten Stelle nachteilig auf die Erfüllung der Verteidigungszwecke auswirken würde. Als Gründe für »**nachteilige Auswirkungen**« werden die »**Eilbedürftigkeit** des Vorhabens« oder »Gründe der **Geheimhaltung**« hervorgehoben. Mit der Kennzeichnung »insbesondere« wird ausgedrückt, dass es **weitere Gründe** geben kann. Die geltende Formulierung »ganz oder teilweise nicht anzuwenden« trifft die Vorgabe des Artikels 1 Abs. 3 der UVP-Richtlinie[20]. Mit Satz 2 wird die Gleichstellung von »Vorhaben der Verteidigung« und »zwischenstaatlichen Verpflichtungen« bestimmt. Wie bereits bei der Vorgängerregelung des § 3 Abs. 2 UVPG a.F. wird geregelt, dass bei der Entscheidung der Schutz »vor erheblichen nachteiligen Umweltauswirkungen **zu berücksichtigen**« ist. Klargestellt wird außerdem, dass sich die Freistellungsmöglichkeit ausschließlich auf die Regeln des UVP-Gesetzes bezieht und sie sich nicht auf sonstige das Zulassungsverfahren betreffende Vorschriften erstreckt.

16 Siehe auch Ziff 1.2 UVPVwV 2025 zu § 1 UVPG.
17 Vgl. im Einzelnen *Dienes*, in: Hoppe/Beckmann/Kment, UVPG, 5. Aufl., § 1 UVPG Rn. 8.
18 Stellungnahme Bundesrat, BT-Drs. 18/11948, S. 1.
19 Gegenäußerung der Bundesregierung, BT-Drs. 18/11948, S. 20.
20 ABlEU v. 25.04.2014, L 124/7.

Es gibt allerdings auch im Genehmigungsrecht Sondervorschriften (§§ 59, 60 BImSchG, 14. BImSchV), die bei Verteidigungsvorhaben neben der Freistellung von der UVP-Pflicht Besonderheiten und Erleichterungen mit sich bringen können. 13

Im Falle einer Nichtanwendungsentscheidung **unterrichtet** das Bundesministerium der Verteidigung unverzüglich das für Umwelt zuständige Ministerium des betroffenen **Landes** sowie spätestens bis zum Ablauf des 31. März des Folgejahres auch das **Bundesumweltministerium** (im Normtext des § 1 Abs. 2 Satz 5 UVPG entsprechend der damaligen Bezeichnung: Bundesministerium für Umwelt, Naturschutz, nukleare Sicherheit und Verbraucherschutz; gegenwärtig: Bundesministerium für Umwelt, Klimaschutz, Naturschutz und nukleare Sicherheit). Die Einbeziehung des zuständigen Landesumweltministeriums geht auf einen im Gesetzgebungsverfahren aufgegriffenen Vorschlag des Bundesrats zurück.[21] 14

Insgesamt eröffnet § 1 Abs. 2 UVPG bezüglich Ausnahmeentscheidungen aus Gründen der Verteidigung einigen Entscheidungsspielraum. Das gilt sowohl für das »Ob« als auch für den Umfang der Nichtanwendung des UVP-Gesetzes (»ganz oder teilweise«). 15

III. Vorhaben zur Bewältigung von Katastrophenfällen (Abs. 3)

§ 1 Abs. 3 UVPG betrifft Ausnahmen von den Anforderungen des UVPG in Bezug auf **Katastrophenfälle.** Die UVP-Richtlinie sieht solche Ausnahmen für Anlagen der Verteidigung und zur Katastrophenbewältigung vor, wenn diese Zwecke ausschließlich verfolgt werden und soweit sich die Anwendung der Richtlinie negativ auf diese Zwecke auswirken würde.[22] Die Regelung ähnelt derjenigen des § 1 Abs. 2 UVPG an, wobei hier für die Entscheidung naturgemäß eher Beschleunigungserfordernisse im Vordergrund stehen werden, während bei Verteidigungsvorhaben – jedenfalls nach bisheriger Vorstellung – Geheimhaltungsinteressen eine größere Rolle spielen dürften. 16

Wie bei Vorhaben der Verteidigung wird der zuständigen Behörde ermöglicht zu entscheiden, das UVP-Gesetz ganz oder teilweise nicht anzuwenden, sofern es um Vorhaben oder Teile von Vorhaben zur Bewältigung von Katastrophenfällen geht. Vorausgesetzt wird, dass nach Einschätzung der zuständigen Behörde **negative Auswirkungen** auf den **Katastrophenschutz** erwartet werden. Wie bei Verteidigungsprojekten muss im Rahmen einer solchen Entscheidung der Schutz vor erheblichen nachteiligen Umweltauswirkungen angemessen berücksichtigt werden und beschränkt sich die Freistellungsmöglichkeit auf die Vorschriften für Umweltprüfungen.[23] Das sonstige Zulassungsrecht bleibt hiervon – sofern keine weitergehenden Sonderregelungen wie § 246c BauGB greifen – unberührt. Anders als bei Vorhaben der Verteidigung verzichtet das Gesetz im Zusammenhang mit Katastrophenfällen auf die ausdrückliche Regelung von Mitteilungspflichten in Bezug auf eine Nichtanwendungsentscheidung 17

IV. Verhältnis des UVP-Gesetzes zu anderen Rechtsvorschriften (Abs. 4)

1. Allgemeines und Gesetzesgeschichte

§ 1 Abs. Abs. 4 UVPG regelt das **Verhältnis** der Bestimmungen des UVP-Gesetzes zu **anderen Rechtsvorschriften des Bundes und der Länder,** die Regelungen zu Umweltverträglichkeitsprüfungen treffen. Die Regelung entspricht dem vormaligen § 4 UVPG a.F., der inhaltlich nur mit Blick auf die Ermöglichung kleinerer fachrechtlicher Abweichungen eine Änderung erfahren hat.[24] Eine 18

21 Vgl. die Beschlussempfehlung des BT-Ausschusses für Umwelt, Naturschutz, Bau und Reaktorsicherheit, BT-Drs. 18/12994, S. 2, 16. Das frühere Einvernehmen mit dem Bundesumweltministerium ist entfallen, es bezog sich aber auf die abweichende Entscheidungsebene »der Rechtsverordnung«.

22 ABlEU L 124/7.

23 Vgl. Ziff 1.3 UVPVwV 2025 zu § 1 UVPG.

24 Vgl. hierzu die Beschlussempfehlung des BT-Ausschusses für Umwelt, Naturschutz, Bau und Reaktorsicherheit, BT-Drs. 18/12994, S. 2, 16.

Parallelvorschrift findet sich im § 38 UVPG bezüglich der **Strategischen Umweltprüfung (SUP)** bei Plänen und Programmen.

Neben dem UVP-Gesetz existiert eine beträchtliche Zahl anderer Rechtsvorschriften des Bundes und der Länder mit UVP-Bezug. Teilweise gibt es – auf Vollständigkeit abzielende – Verfahrensordnungen, die umfassend das jeweilige Verwaltungsverfahren, etwa für Anlagen nach dem BImSchG (9. BImSchV), regeln. Die Umweltauswirkungen solcher BImSchG-Anlagen sorgfältig zu untersuchen, bewerten und an den Maßstäben des BImSchG zu messen, ist zentrale Aufgabe der fachgesetzlichen Genehmigungsanforderungen. Es gibt somit in diesen Fällen zwei Verfahrensordnungen. Die Situationen eines Aufeinandertreffens verschiedener Regelwerke bzw. Normen hat der Gesetzgeber mit drei Varianten (aufgeteilt auf die Sätze 1 und 2) beschrieben und die notwendigen Entscheidungen zum maßgeblichen Recht getroffen.

19 Wurde die Kollisionsvorschrift durch die UVPG-Novelle 2017 inhaltlich weitgehend unverändert fortgeführt, mag ihre Verschiebung von dem selbstständigen § 4 UVPG a.F. in einen kaum hervortretenden Bestandteil des § 1 UVPG auf den ersten Blick verwundern. Von der Sache her betrifft § 1 Abs. 4 UVPG aber freilich eine Thematik des Anwendungsbereichs des Gesetzes und wurde somit letztlich an der »richtigen Stelle« untergebracht.

Ein **Unterschied** der Neufassung gegenüber § 4 UVPG a.F. liegt in der zweiten Variante des ersten Satzes, in dem der Passus »...oder in ihren Anforderungen **diesem Gesetz** nicht entsprechen« durch die Formulierung »die **wesentlichen** Anforderungen dieses Gesetzes nicht beachten« ersetzt wurde. Hierdurch sollen wie erwähnt fachrechtliche Abweichungen, die die wesentlichen Anforderungen des UVP-Gesetzes beachten, ermöglicht werden.

20 Im Gesetzgebungsverfahren zum UVP-Gesetz 1990 war die Kollisionsregelung politisch heftig **umstritten**.[25] Der Grund hierfür liegt darin, dass durch die Vorschrift eine Entscheidung darüber getroffen wird, was im UVP-Gesetz unmittelbar geregelt wird und was der fachgesetzlichen Regelung vorbehalten bleibt. Damit wird mittelbar auch über Art und Maß der inneren Harmonisierung des Umweltrechts entschieden, da die Umweltverträglichkeitsprüfung aufgrund ihres Querschnittcharakters geeignet ist, die verschiedenen Zulassungsverfahren mehr oder weniger zu vereinheitlichen.[26]

2. Regelungsgegenstände: 3 Varianten

21 § 1 Abs. 4 UVPG regelt im Einzelnen, welche Vorschrift bzw. Auslegung gilt, wenn fachgesetzliche Vorschriften mit den Anforderungen des UVP-Gesetzes »kollidieren«, indem sie »dahinter zurückstehen« bzw. »lückenhaft sind« oder aber hierüber hinausgehen. Die Vorschrift macht deutlich, dass das UVP-Gesetz nicht den Anspruch erhebt, eine abschließende Kodifikation vorzunehmen. Aus Sicht des Gesetzgebers bestand hierfür auch keine Veranlassung, weil auch die UVP-Richtlinie **kein geschlossenes Konzept** darstellt.[27] So enthalten insbesondere auch § 10 BImSchG und die 9. BImSchV Regelungen, die die UVP für das immissionsschutzrechtliche Genehmigungsverfahren spezifisch und abschließend regeln.[28] Das Gesetz zur Beschleunigung des Einsatzes verflüssigten Erdgases (LNGG) wiederum enthielt bis zum 30.06.2025 eine von § 1 Abs. 4 UVPG abweichende Ausnahmevorschrift. Danach war das UVPG bei Vorhaben nicht anzuwenden, deren beschleunigte Zulassung einen relevanten Beitrag zu leisten geeignet war, um eine Krise der Gasversorgung zu bewältigen oder abzuwenden.[29]

---

25 *Bohne* ZAU 1990, 341 (344).

26 BT-Drs. 11/3919, S. 15.

27 BT-Drs. 11/3919, S. 16.

28 Vgl. BVerwG, Urt. v. 28.09.2016 – 7 C 1.15, NVwZ-RR 2017, 229 Rn. 14; VGH München, Urt. v. 22.07.2025 – 22 A 23.40033, juris Rn. 82 m.w.N.

29 § 4 Abs. 1 LNGG a.F., vgl. hierzu BVerwG, Urt. v. 14.11.2024 – 7 A 8.23, NVwZ 2025, 771.

Es gibt **drei Varianten**: § 1 Abs. 4 Satz 1 UVPG regelt zwei Fälle. § 1 Abs. 4 Satz 2 UVPG betrifft 22
einen dritten Fall.

Die **Variante 1** gemäß § 1 Abs. 4 Satz 1 Alt. 1 UVPG betrifft die Situation, dass Rechtsvorschriften 23
außerhalb des UVP-Gesetzes die Umweltverträglichkeitsprüfung »nicht näher bestimmen«. Sie regelt für diesen Falle die **subsidiäre Geltung** des UVP-Gesetzes. Normierungsdefizite im Fachrecht werden mit dessen Hilfe beseitigt und es werden Lücken geschlossen.

Die **Variante 2** gemäß § 1 Abs. 4 Satz 1 Alt. 2 UVPG befasst sich mit der Frage, was gilt, wenn 24
andere Vorschriften des Fachrechts nicht allen **Anforderungen** des UVPG genügen. Sie stellt für diesen Fall die **Wahrung** der **wesentlichen** Anforderungen des UVP-Gesetzes **sicher.**

Die **Variante 3** gemäß § 1 Abs. 4 Satz 2 UVPG regelt die Geltung von Rechtsvorschriften des Fach- 25
rechts mit **weitergehenden** Anforderungen.

a) Subsidiarität des UVPG (1. Variante)

§ 1 Abs. 4 Satz 1 Alt. 1 UVPG bestimmt die **subsidiäre Geltung** des UVP-Gesetzes gegenüber dem 26
Fachrecht bezüglich UVP-spezifischer Regelungen. Diese Subsidiarität wird mit der grundsätzlich »größeren **Sachnähe fachspezifischer** Vorschriften und überkommener Strukturen des deutschen Rechts« begründet.[30] Dies kann dazu führen, dass das UVPG vollständig verdrängt wird. Von Fall zu Fall werden damit unterschiedliche Regelwerke die anzuwendenden UVP-Vorschriften bestimmen können. Vorrangige fachrechtliche Regelungen liegen z.B. in Gestalt der 9. BImSchV (Verordnung über das Genehmigungsverfahren) vor.[31]

b) Geltung wesentlicher Anforderungen durch das UVPG (2. Variante)

Das UVP-Gesetz hat Vorrang gegenüber fachspezifischen Rechtsvorschriften zur UVP, soweit diese 27
keine oder nur solche Regelungen enthalten, die den »**wesentlichen** Anforderungen« des Gesetzes **nicht genügen**. Die Klausel soll gewährleisten, dass das UVPG trotz seiner Subsidiarität eine **steuernde Funktion** als »**Stammgesetz**« erfüllen kann. Durch die subsidiäre und lückenschließende Geltung des UVP-Gesetzes wird insoweit ein Mindeststandard definiert.[32] Umgekehrt verdrängt das Fachrecht das UVP-Gesetz, wenn und soweit es gleichlautende oder weitergehende Anforderungen an die Durchführung einer UVP enthält.[33] Die Bestimmungen des Fachrechts müssen das Mindest-Anspruchsniveau des UVP-Gesetzes erreichen. Die fachgesetzlichen UVP-Vorschriften sind mit den Regelungen des UVPG abzugleichen. Dem UVP-Gesetz als »Stammgesetz« kommt eine **Auslegungsfunktion** für UVP-Begriffe und UVP-Regelungen der Fachgesetze zu.[34]

Mit der UVPG-Novelle 2017 hat der Gesetzgeber den Begriff der »**Wesentlichkeit**« eingefügt, um 28
fachrechtliche Abweichungen in einem bestimmten Umfang zu ermöglichen und insoweit Flexibilität zu schaffen.[35] Dies wirft nach wie vor die Frage auf, welche Anforderungen des UVP-Gesetzes zu den wesentlichen zählen und welche nicht. Aus den Gesetzgebungsmaterialien ergibt sich inso-

30 So ausdrücklich Begr. RegEntw. UVPG, BT-Drs. 11/3919, S. 22 f.; *Bunge*, in: HdUVP, § 4 Rn. 5.

31 Vgl. hierzu vorstehend Rdn. 21 sowie *Peters/Balla/Hesselbarth*, UVPG, § 1 Rn. 60 mit weiteren Beispielen.

32 Vgl. *Sangenstedt*, in: Landmann/Rohmer, Umweltrecht, 90. EL Juni 2019, § 1 UVPG Rn. 28; *Tepperwien*, in: Schink/Reidt/Mitschang, UVPG/UmwRG, § 1 UVPG Rn. 16: »Sicherheitsnetz«.

33 Dazu auch *Sangenstedt*, in: Landmann/Rohmer, Umweltrecht, 90. EL Juni 2019, § 1 UVPG Rn. 28; *Soell/Dirnberger* NVwZ 1990, 705 (706) kritisieren diesen Tatbestand als »Missgriff«.

34 *Bohne*, in: Tettinger, UVP, S. 13 (22); vgl. auch *Peters*, UVP-Richtlinie, S. 43; *Peters/Balla/Hesselbarth*, UVPG, § 1 Rn. 61; *Bunge*, in: HdUVP, § 4 Rn. 23.

35 Vgl. BT-Drs. 18/12994, S. 2, 16.

weit, dass jedenfalls die Vorgaben der UVP-Richtlinie, d.h. der unionsrechtlich determinierte Bereich, als wesentlich anzusehen ist.[36]

29 Der fachgesetzliche Vorrang muss nicht notwendigerweise in Gänze bestehen. Die Überprüfung kann auch zu punktuellen Ergebnissen in dem Sinne führen, dass einzelne Bestimmungen des Fachgesetzes dem UVP-Gesetz entsprechen oder weitergehende Anforderungen stellen, andere Vorschriften hingegen hinter den Anforderungen des Gesetzes zurückbleiben oder keine Regelung enthalten.[37] Dies setzt freilich eine Teilbarkeit der fachrechtlichen Regelung voraus.[38] Ist eine solche gegeben, besteht der **Vorrang** des Fachgesetzes dann **nur partiell**. Das UVPG kommt insoweit lückenfüllend zur Anwendung.[39]

c) Rechtsvorschriften mit weitergehenden Anforderungen (3. Variante)

30 § 1 Abs. 4 Satz 2 UVPG bestimmt, dass Rechtsvorschriften mit weitergehenden Anforderungen unberührt bleiben. Der Bedeutungsgehalt dieser Klausel erschließt sich auf der Grundlage der eingangs getroffenen Feststellung, dass sich die Anwendung des § 1 Abs. 4 UVPG auf die im Gesetz geregelten Gegenstände beschränkt. Eine abschließende Regelung könnte das UVP-Gesetz nur im Hinblick auf diese Regelungsgegenstände treffen. In Anbetracht des Umstands, dass sich der Gesetzgeber gegen ein geschlossenes Konzept entschieden hat, muss deswegen alles außer Betracht bleiben, was jenseits dieser Regelungsgegenstände liegt. Angesprochen sind damit bspw. Regelungen, die in Bezug auf die Behördenbeteiligung das Erfordernis des Einvernehmens statuieren.[40] Als Vorschriften, die weitergehende Anforderungen stellen, dürften auch solche Bestimmungen zu verstehen sein, die die Verpflichtung begründen, für die (abschließende) Beurteilung eines Sachverhalts die Stellungnahme einer weiteren Stelle einzuholen.[41] In Betracht kommen außerdem besondere Vorschriften über die Öffentlichkeitsbeteiligung.[42]

§ 2 Begriffsbestimmungen

(1) Schutzgüter im Sinne dieses Gesetzes sind
1. Menschen, insbesondere die menschliche Gesundheit,
2. Tiere, Pflanzen und die biologische Vielfalt,
3. Fläche, Boden, Wasser, Luft, Klima und Landschaft,
4. kulturelles Erbe und sonstige Sachgüter sowie
5. die Wechselwirkung zwischen den vorgenannten Schutzgütern.

(2) [1]Umweltauswirkungen im Sinne dieses Gesetzes sind unmittelbare und mittelbare Auswirkungen eines Vorhabens oder der Durchführung eines Plans oder Programms auf die Schutzgüter. [2]Dies schließt auch solche Auswirkungen des Vorhabens ein, die aufgrund von dessen Anfälligkeit für schwere Unfälle oder Katastrophen zu erwarten sind, soweit diese schweren Unfälle oder Katastrophen für das Vorhaben relevant sind.

(3) Grenzüberschreitende Umweltauswirkungen im Sinne dieses Gesetzes sind Umweltauswirkungen eines Vorhabens in einem anderen Staat.

36 BT-Drs. 18/12994, S. 15; vgl. ebenso *Tepperwien*, in: Schink/Reidt/Mitschang, UVPG/UmwRG, § 1 UVPG Rn. 17.
37 Begr. RegEntw. UVPG, BT-Drs. 11/3919, S. 23.
38 *Tepperwien*, in: Schink/Reidt/Mitschang, UVPG/UmwRG, § 1 UVPG Rn. 18.
39 *Erbguth* Die Verwaltung 1991, 283 (298 f.); *Erbguth/Schink*, UVPG, § 4 Rn. 8; *Bunge*, in: HdUVP, § 4 Rn. 22; *Peters*, UVP-Richtlinie, S. 43.
40 Z.B. § 36 Abs. 1 Satz 1 BauGB, § 47 Abs. 4 Satz 2 BImSchG, § 14 Abs. 3 Satz 1 WaStrG, § 19 Abs. 3 WHG.
41 So ausdrücklich *Gassner*, UVPG, § 4 Rn. 21 mit Blick auf § 34 Abs. 4 Satz 2 BNatSchG.
42 Vgl. in Bezug auf § 8 Abs. 2 Satz 3 der 9. BImSchV *Czajka*, in: Feldhaus, Bundesimmissionsschutzrecht, § 10 BImSchG Rn. 50.

(4) Vorhaben im Sinne dieses Gesetzes sind nach Maßgabe der Anlage 1

1. bei Neuvorhaben
   a) die Errichtung und der Betrieb einer technischen Anlage,
   b) der Bau einer sonstigen Anlage,
   c) die Durchführung einer sonstigen in Natur und Landschaft eingreifenden Maßnahme,
2. bei Änderungsvorhaben
   a) die Änderung, einschließlich der Erweiterung, der Lage, der Beschaffenheit oder des Betriebs einer technischen Anlage,
   b) die Änderung, einschließlich der Erweiterung, der Lage oder der Beschaffenheit einer sonstigen Anlage,
   c) die Änderung, einschließlich der Erweiterung, der Durchführung einer sonstigen in Natur und Landschaft eingreifenden Maßnahme.

(5) [1]Windfarm im Sinne dieses Gesetzes sind drei oder mehr Windkraftanlagen, deren Einwirkungsbereich sich überschneidet und die in einem funktionalen Zusammenhang stehen, unabhängig davon, ob sie von einem oder mehreren Vorhabenträgern errichtet und betrieben werden. [2]Ein funktionaler Zusammenhang wird insbesondere angenommen, wenn sich die Windkraftanlagen in derselben Konzentrationszone oder in einem Gebiet nach § 7 Absatz 3 des Raumordnungsgesetzes befinden.

(6) Zulassungsentscheidungen im Sinne dieses Gesetzes sind

1. die Bewilligung, die Erlaubnis, die Genehmigung, der Planfeststellungsbeschluss und sonstige behördliche Entscheidungen über die Zulässigkeit von Vorhaben, die in einem Verwaltungsverfahren getroffen werden, einschließlich des Vorbescheids, der Teilgenehmigung und anderer Teilzulassungen, mit Ausnahme von Anzeigeverfahren,
2. Linienbestimmungen und andere Entscheidungen in vorgelagerten Verfahren nach § 47,
3. Beschlüsse nach § 10 des Baugesetzbuchs über die Aufstellung, Änderung oder Ergänzung von Bebauungsplänen, durch die die Zulässigkeit von bestimmten Vorhaben im Sinne der Anlage 1 begründet werden soll, sowie Beschlüsse nach § 10 des Baugesetzbuchs über Bebauungspläne, die Planfeststellungsbeschlüsse für Vorhaben im Sinne der Anlage 1 ersetzen.

(7) [1]Pläne und Programme im Sinne dieses Gesetzes sind nur solche bundesrechtlich oder durch Rechtsakte der Europäischen Union vorgesehenen Pläne und Programme, die

1. von einer Behörde ausgearbeitet und angenommen werden,
2. von einer Behörde zur Annahme durch eine Regierung oder im Wege eines Gesetzgebungsverfahrens ausgearbeitet werden oder
3. von einem Dritten zur Annahme durch eine Behörde ausgearbeitet werden.

[2]Ausgenommen sind Pläne und Programme, die ausschließlich Zwecken der Verteidigung oder der Bewältigung von Katastrophenfällen dienen, sowie Finanz- und Haushaltspläne und -programme.

(8) Öffentlichkeit im Sinne dieses Gesetzes sind einzelne oder mehrere natürliche oder juristische Personen sowie deren Vereinigungen.

(9) Betroffene Öffentlichkeit im Sinne dieses Gesetzes ist jede Person, deren Belange durch eine Zulassungsentscheidung oder einen Plan oder ein Programm berührt werden; hierzu gehören auch Vereinigungen, deren satzungsmäßiger Aufgabenbereich durch eine Zulassungsentscheidung oder einen Plan oder ein Programm berührt wird, darunter auch Vereinigungen zur Förderung des Umweltschutzes.

(10) Umweltprüfungen im Sinne dieses Gesetzes sind Umweltverträglichkeitsprüfungen und Strategische Umweltprüfungen.

(11) Einwirkungsbereich im Sinne dieses Gesetzes ist das geographische Gebiet, in dem Umweltauswirkungen auftreten, die für die Zulassung eines Vorhabens relevant sind.

Übersicht

A. Allgemeines

I. Zweck und Bedeutung der Vorschrift

1 Das UVP-Gesetz verzichtet – anders als vor seiner Reformierung im Jahr 2017 – auf eine eigenständige Bestimmung des Gesetzeszwecks.[1] Ein Teil der wesentlichen Inhalte des § 1 UVPG a.F. findet sich aber an anderer Stelle wieder. Zu nennen ist in diesem Zusammenhang – neben §§ 3, 25 Abs. 1 und 2 UVPG – auch § 2 Abs. 10 UVPG, der den Begriff der Umweltprüfung definiert.[2]

2 In § 2 UVPG greift der Gesetzgeber die aus den Umweltfachgesetzen[3] bekannte Regelungstechnik auf und zieht als Teil der allgemeinen Vorschriften des UVP-Gesetzes auch die maßgeblichen Begriffsbestimmungen »vor die Klammer«. Die Regelung erfüllt die Funktion, die wesentlichen Elemente der Umweltprüfung einer verbindlichen **Legaldefinition** zuzuführen und damit einen Bezugspunkt für die Begrifflichkeit der nachfolgenden Gesetzesbestimmungen zu schaffen.[4] Als zentrale Vorschrift definiert Absatz 1 den Katalog der »Schutzgüter« und damit die relevanten Schutzobjekte der Umweltprüfung. Absatz 2 enthält eine Definition des Begriffs der »Umweltauswirkungen«. Dieser erfährt in Absatz 3 in räumlicher Hinsicht eine Erweiterung um die grenzüberschreitende Perspektive. In Absatz 4 wird mit dem Begriff des »Vorhabens« der zentrale Anknüpfungspunkt und Gegenstand der Umweltprüfung legal definiert; der Vorhabenbegriff ist zugleich wesentlich für die Eröffnung von Klagerechten nach dem Umwelt-Rechtsbehelfsgesetz (§ 1 Abs. 1 Satz 1 UmwRG). Absatz 5

1 Siehe hierzu näher die Kommentierung zu § 1 UVPG Rdn. 1 ff.
2 Begr. RegEntw. UVP-Modernisierungsgesetz BT-Drs. 18/11499, S. 57 und S. 73.
3 Z.B. §§ 3 BImSchG, 2 BBodSchG, 3 WHG, 3 KrWG, 2 PflSchG.
4 Vgl. dazu bereits *Erbguth* Die Verwaltung 1991, 283 (292).

führt als besondere Vorhabenart die »Windfarm« auf. Die nachfolgenden Absätze definieren die Begriffe der »Zulassungsentscheidung« (Abs. 6), der »Pläne und Programme« (Abs. 7) sowie diejenigen der »Öffentlichkeit« (Abs. 8) und der »betroffenen Öffentlichkeit« (Abs. 9). Absatz 10 legt fest, dass die »Umweltprüfung« als Oberbegriff zu verstehen ist und sowohl die »Umweltverträglichkeitsprüfung« als auch die »Strategische Umweltprüfung« umfasst. Absatz 11 schließlich bestimmt die Reichweite des »Einwirkungsbereichs« im Sinne des Gesetzes.

II. Gesetzesgeschichte

Die geltende Fassung des UVP-Gesetzes, das am 18.03.2021 neu bekannt gemacht wurde[5], geht 3 zurück auf das Gesetz zur Modernisierung des Rechts der Umweltverträglichkeitsprüfung vom 20.07.2017[6]. Das UVP-Modernisierungsgesetz diente der Anpassung des Bundesrechts an die Vorgaben der Richtlinie 2014/52/EU des Europäischen Parlaments und des Rates vom 16.04.2014 zur Änderung der Richtlinie 2011/92/EU über die Umweltverträglichkeitsprüfung bei bestimmten öffentlichen und privaten Projekten.[7] Die UVP-Änderungsrichtlinie 2014/52/EU hatte wesentliche Modifikationen der Umweltverträglichkeitsprüfung (UVP) und der Strategischen Umweltprüfung (SUP) nach sich gezogen, die entsprechende Anpassungen im UVP-Gesetz erforderlich machten. Nach der Vorstellung des Gesetzgebers sollten die unionsrechtlichen Vorgaben des UVP-Rechts außerdem unter Berücksichtigung der einschlägigen Rechtsprechung des Europäischen Gerichtshofs und der Verwaltungsgerichte klarer umgesetzt werden, um so das Risiko einer späteren Aufhebung von Zulassungsentscheidungen zu verringern. Schließlich war es erklärter Wille des Gesetzgebers, die unionsrechtlich notwendige Novellierung zum Anlass zu nehmen, um die Regelungen zur Umweltverträglichkeitsprüfung insgesamt zu vereinfachen, zu harmonisieren und anwenderfreundlicher auszugestalten.[8]

Mit der Raumordnungsnovelle[9] wurde zum 28.09.2023 die Verweisung in § 2 Abs. 6 Nr. 2 UVPG a.F. auf § 49 UVPG gestrichen. Hintergrund ist die Bündelung und Straffung der Raumverträglichkeitsprüfung in § 15 ROG (nur überschlägige Prüfung der Auswirkungen auf die Schutzgüter des § 2 Abs. 1 UVPG) und die Streichung der UVP auch mangels eines Zulassungscharakters der Raumverträglichkeitsprüfung.[10]

1. Unionsrechtliche Vorgaben

Die UVP-Richtlinie in Gestalt der UVP-Änderungsrichtlinie 2014/52/EU und die SUP-Richtlinie[11] 4 bilden die zentralen Elemente des geltenden europäischen Umweltverfahrensrechts. Die **projektbezogene** Umweltverträglichkeitsprüfung (UVP) findet ihre **planbezogene** Entsprechung in der Strategischen Umweltprüfung (SUP).

5 BGBl. I, S. 540.
6 BGBl. I, S. 2808.
7 ABl Nr. L 124 v. 25.04.2014, S. 1 ff.
8 So ausdrücklich RegEntw. UVP-Modernisierungsgesetz BT-Drs. 18/11499, S. 1.
9 Gesetz zur Änderung des Raumordnungsgesetzes und anderer Vorschriften (ROGÄndG) vom 22.03.2023 (BGBl. I Nr. 88).
10 Vgl. näher zur Gesetzesbegründung BT-Drs. 20/4823, S. 30 f.
11 Richtlinie 2001/42/EG des Europäischen Parlaments und des Rates vom 27.06.2001 über die Prüfung der Umweltauswirkungen bestimmter Pläne und Programme (ABl Nr. L 197 v. 21.07.2001, S. 30).

a) UVP-Änderungsrichtlinie 2014/52/EU

5 Nachdem durch die Richtlinie 2011/92/EU vom 13.12.2011[12] die UVP-Richtlinie in ihrer ursprünglichen Fassung aus dem Jahre 1985[13] und die drei nachfolgenden Änderungsrichtlinien[14] lediglich zusammengefasst wurden, waren mit der UVP-Änderungsrichtlinie 2014/52/EU erhebliche Neuregelungen verbunden. Diese betrafen den Prüfumfang, das Verfahren und die Qualitätssicherung der UVP.[15] Ziel der Änderungen war es, zur Stärkung der Bedeutung der UVP und zur Verbesserung der Berücksichtigung von Umweltbelangen in der Entscheidung über die Zulassung von Vorhaben beizutragen.[16]

6 Ebenso wie Art. 2 lit. b der SUP-Richtlinie für die Strategische Umweltprüfung enthält die UVP-Richtlinie eine **Legaldefinition** der Umweltverträglichkeitsprüfung. Die UVP gliedert sich nach Art. 1 Abs. 2 lit. g der UVP-Richtlinie in die folgenden fünf Verfahrensschritte:
- Erstellung eines »UVP-Berichts« durch den Vorhabenträger gemäß Art. 5 Abs. 1 und 2,
- Durchführung von »Konsultationen« gemäß Art. 6 und ggf. Art. 7,
- (eigentliche) »Prüfung« der durch den Vorhabenträger insbesondere mit dem UVP-Bericht vorgelegten Informationen sowie der Informationen aus den Beteiligungsschritten durch die zuständige Behörde,
- »begründete Schlussfolgerung« der zuständigen Behörde in Bezug auf die erheblichen Umweltauswirkungen des Vorhabens sowie
- »Integration« der begründeten Schlussfolgerung der zuständigen Behörde in alle Entscheidungen über die Erteilung einer Genehmigung gem. Art. 8a.

7 Die Legaldefinition betont den Charakter der UVP als **Verfahrensinstrument**.[17] Kerngedanke der UVP-Änderungsrichtlinie war es, ein Verfahren festzulegen, in dem vor der Zulassung eines potentiell umweltbelastenden Vorhabens dessen jeweilige Umweltauswirkungen in rechtlich geordneter und transparenter Form geprüft und bei der anschließenden Entscheidung in gebündelter Form berücksichtigt werden können.[18] Art. 8 der UVP-Richtlinie verlangt insoweit ausdrücklich eine »gebührende« Berücksichtigung der Umweltauswirkungen bei der Entscheidung über die Genehmigung des Vorhabens. Die Regelung zielt darauf ab, vor der eigentlichen Genehmigung eines Vorhabens Klarheit darüber zu erlangen, ob es auch in Ansehung festgestellter Umweltauswirkungen zugelassen werden kann.[19] Maßstäbe für die Berücksichtigung der prognostizierten Umweltauswirkungen, also die materiell-rechtliche Bewertung der Umweltbelange und ihre Gewichtung gegenüber anderen relevanten Belangen, legt die Vorschrift hingegen nicht fest. Die materiell-rechtliche Berücksichtigung der Umweltauswirkungen erfolgt vielmehr erst im Rahmen der anschließenden Zulassungsentscheidung und richtet sich nach den genehmigungsrechtlichen Anforderungen des jeweiligen Fachrechts.[20]

---

12 ABl 2012 Nr. L 26, S. 1.

13 Richtlinie 85/337/EWG (ABl 1985 Nr. L 175 S. 40).

14 Richtlinien 97/11/EG v. 03.03.1997 (ABl 1997 Nr. L 73, S. 5), 2003/35/EG v. 26.05.2003 (ABl 2003 Nr. L 156, S. 17) und 2009/31/EG v. 23.04.2009 (ABl 2009 Nr. L 140, S. 114).

15 Näher hierzu *Wagner* EurUP 2014, 122 (123 ff.); *Schink* DVBl 2014, 877 ff.; *ders.* UPR 2014, 408 ff.; *Sangenstedt* ZUR 2014, 526 (528 ff.); *Balla/Peters* NuR 2015, 297 (298 ff.); *Battis/Moench/Uechtritz/Mattes/v. d. Groeben,* Gutachterliche Stellungnahme, S. 7 ff., *Schiller* UPR 2016, 457 ff. Zu Vorentwürfen der Richtlinie vgl. *Kenyeressy* UPR 2013, 139 ff.; *Paluch/Werk* NuR 2014, 400 ff.

16 *Wagner* EurUP 2014, 122 (123); *Schink* UPR 2014, 408.

17 *Schink* DVBl 2014, 877 (878 f.); *Balla/Peters* NuR 2015, 297 (299).

18 So *Meßerschmidt,* Europäisches UmweltR, § 8 Rn. 1; *Schink* UPR 2014, 408. Vgl. auch BVerwG, Urt. v. 18.11.2004 – 4 CN 11.03, BVerwGE 122, 207 (211).

19 *Meßerschmidt,* Europäisches UmweltR, § 8 Rn. 6; *Schink* UPR 2014, 408.

20 *Sangenstedt* ZUR 2014, 526 (533); *Balla/Peters* NuR 2015, 297 (304); *Battis/Moench/Uechtritz/Mattes/v. d. Groeben,* Gutachterliche Stellungnahme, S. 7. Näher dazu § 25 Rdn. 7 ff.

Anliegen der UVP-Änderungsrichtlinie 2014 war es, zu einem hohen Schutzniveau für die Umwelt und die menschliche Gesundheit beizutragen.[21] Zu diesem Zweck werden die unmittelbaren und mittelbaren erheblichen Auswirkungen des Projekts auf einen **Katalog von Schutzgütern** identifiziert, beschrieben und bewertet (Art. 3 Abs. 1 lit. a bis e). Die maßgeblichen Schutzgüter wurden durch die Änderungsrichtlinie teilweise modifiziert und an die SUP-Richtlinie angepasst[22], ohne dass damit ein materieller Bedeutungswechsel verbunden gewesen wäre[23]. 8

Im Hinblick auf die Auswirkungen des Projekts nimmt lit. a zunächst und eigenständig die »**Bevölkerung und menschliche Gesundheit**« in den Blick. Es folgt unter lit. b die »**biologische Vielfalt** unter besonderer Berücksichtigung der gemäß der Richtlinie 92/43/EWG und der Richtlinie 2009/147/EG geschützten Arten und Lebensräume«. Hierbei handelt es sich um eine terminologische Anknüpfung an die **Biodiversitätskonvention** vom 05.06.1992.[24] Wie sich aus Anh. IV Nr. 4 der Änderungsrichtlinie ergibt, schließt der Begriff der »biologischen Vielfalt« die Schutzgüter der Fauna und Flora ein, die dort beispielhaft im Klammerzusatz erwähnt werden.[25] 9

Lit. c nennt als weitere Schutzgüter »**Fläche, Boden, Wasser, Luft und Klima**«. 10

Die Einfügung der »**Fläche**« als Schutzgut durch die Änderungsrichtlinie trägt der Zielsetzung Rechnung, die in der Mitteilung der Kommission vom 22.09.2006 über die »Thematische Strategie für den Bodenschutz« zum Ausdruck kommt. Dort wird unter Hinweis auf das Problem der Landverödung gefordert, bei öffentlichen und privaten Projekten die Auswirkungen auf die betroffenen Flächen, insbesondere auf den Flächenverbrauch zu prüfen und zu begrenzen.[26] Es ist zwar zuzugeben, dass die Verankerung als eigenständiges Schutzgut eine **stärkere Akzentuierung** bedeutet.[27] Eine Erweiterung des Rechtsgüterschutzes ist damit jedoch nicht verbunden. Der Flächenverbrauch war schon nach bisherigem Recht in die Umweltprüfung einbezogen, und zwar unter dem Schutzgut »Boden«.[28]

Im Hinblick auf das Schutzgut »**Klima**« war im Zuge der Novellierung der UVP-Richtlinie zunächst eine Änderung geplant gewesen. So sah ein früherer Entwurf der EU-Kommission[29] stattdessen das Merkmal »**Klimawandel**« vor. Dieser Vorschlag wurde jedoch im Zuge der Beratungen durch das EU-Parlament verworfen.[30] Dies erscheint konsequent, da der Klimawandel selbst kein Schutzgut darstellt, sondern vielmehr eine unerwünschte Beeinträchtigung des Schutzguts »Klima« und damit einen Teilaspekt desselben beschreibt.[31] Gleichwohl liegt es nahe, den Begriff »Klima« auch vor dem Hintergrund des fortschreitenden Klimawandels zu interpretieren. Erwägungsgrund 13 der UVP- 11

21 Erwägungsgründe 1, 12, 15 und 22 der Richtlinie.

22 Vgl. hierzu näher *Sangenstedt* ZUR 2014, 526 (530); *Paluch/Werk* NuR 2014, 400 (402); *Wagner* EurUP 2014, 122 (125); *Battis/Moench/Uechtritz/Mattes/v. d. Groeben,* Gutachterliche Stellungnahme, S. 15.

23 Begr. RegEntw UVP-Modernisierungsgesetz BT-Drs. 18/11499, S. 74; vgl. dazu auch bereits *Paluch/Werk* NuR 2014, 400 (402); *Wagner* EurUP 2014, 122 (125).

24 BGBl. II 1993 S. 1741; vgl. hierzu Erwägungsgrund 10 der UVP-Änderungsrichtlinie 2014/52/EU sowie *Battis/Moench/Uechtritz/Mattes/v. d. Groeben,* Gutachterliche Stellungnahme, S. 15 f.; *Bunge* NVwZ 2014, 1527 (1528); *Sangenstedt* ZUR 2014, 526 (530); *Schink* UPR 2014, 408 (416); *ders.* DVBl 2014, 877 (880 f.); *Wagner* EurUP 2014, 122 (125).

25 Vgl. *Sangenstedt* ZUR 2014, 526 (530), *Balla/Peters* NuR 2015, 297 (300); für eine über diese noch hinausgehende Erweiterung des Schutzguts *Schink* DVBl 2014, 877 (880 f.).

26 Erwägungsgrund 9 der UVP-Änderungsrichtlinie 2014/52/EU. Vgl. dazu auch *Paluch/Werk* NuR 2014, 400 (401); *Balla/Peters* NuR 2015, 297 (300).

27 In diesem Sinne *Paluch/Werk* NuR 2014, 400 (401); *Wagner* EurUP 2014, 122 (125); *Sangenstedt* ZUR 2014, 526 (530). Zur Implementierung des Merkmals in § 2 Abs. 1 Nr. 3 UVPG vgl. Rdn. 40 ff.

28 *Sangenstedt* ZUR 2014, 526 (530); ähnlich *Battis/Moench/Uechtritz/Mattes/v. d. Groeben,* Gutachterliche Stellungnahme, S. 17; kritisch *Schink* DVBl 2014, 877 (881).

29 Vorschlag vom 26.10.2012, COM (2012) 628 final, S. 15.

30 Vgl. dazu *Paluch/Werk* NuR 2014, 400 (402); *Battis/Moench/Uechtritz/Mattes/v. d. Groeben,* Gutachterliche Stellungnahme, S. 18.

31 Zutreffend *Balla/Peters* NuR 2015, 297 (300).

Änderungsrichtlinie 2014 spricht ausdrücklich davon, dass der »Klimawandel« weitere Umweltschäden verursachen und die wirtschaftliche Entwicklung gefährden wird. Deshalb sei es angezeigt, die Auswirkungen von Projekten auf das Klima und ihre Anfälligkeit in Bezug auf den Klimawandel zu bewerten. Nach Anh. III Nr. 1 lit. f der Richtlinie sollen insbesondere auch die durch den Klimawandel bedingten Auswirkungen, etwa die daraus resultierenden Risiken schwerer Unfälle und/oder von Katastrophen, berücksichtigt werden. Anh. IV Nr. 5 lit. f bestimmt, dass der UVP-Bericht u.a. Angaben zu Art und Ausmaß der Treibhausgasemissionen und zur Anfälligkeit des Vorhabens in Bezug auf den Klimawandel enthalten soll.[32]

12 Zutreffend wird in diesem Zusammenhang allerdings darauf hingewiesen, dass der Beitrag der Umweltprüfung zur Bewältigung des Klimawandels nicht überschätzt werden sollte. Der im Rahmen der UVP leistbare Ermittlungs- und Prüfaufwand ist begrenzt. Gemäß Art. 5 Abs. 1 Satz 3 der UVP-Richtlinie wird lediglich die Berücksichtigung des gegenwärtigen Wissensstandes und aktueller Prüfmethoden gefordert. Darüber hinausgehende Untersuchungen oder gar eine wissenschaftliche Grundlagenforschung können aus Anlass einer Umweltprüfung hingegen nicht verlangt werden.[33] Schließlich ist es nicht zuletzt unter methodischen Gesichtspunkten schwierig, die Auswirkungen eines Vorhabens auf den Klimawandel zu erfassen.[34]

Einzelheiten zu Inhalt und Tiefe der UVP sind Gegenstand der Festlegung des Untersuchungsrahmens nach § 39 UVPG.

13 Schließlich nennt die UVP-Richtlinie in Art. 3 Abs. 1 lit. d als weitere Schutzgüter noch »**Sachgüter**«, »**kulturelles Erbe**« und die »**Landschaft**« in ihrer Schutzbedürftigkeit als solche. Letzterer kommt – insbesondere im Zusammenhang mit entsprechenden Unterschutzstellungen – hierbei die größte Praxisrelevanz zu.

14 Art. 3 Abs. 1 lit. e der UVP-Richtlinie stellt klar, dass auch die **Wechselbeziehung** zwischen den aufgeführten Schutzgütern zu berücksichtigen ist. Mit dieser bereits in der Ursprungsfassung der UVP-Richtlinie[35] enthaltenen Regelung wird zwar eine Selbstverständlichkeit ausgedrückt. Dem kann gleichwohl das Gebot einer alle Aspekte der genannten Schutzgüter umfassend in den Blick nehmenden, integralen Prüfung entnommen werden.

15 Das unionsrechtliche Verständnis der UVP ist gekennzeichnet durch die Abkehr von einer lediglich isolierten Betrachtung der einzelnen Schutzgüter hin zu einem **medienübergreifenden** oder **integrativen Schutz** der Umweltfaktoren.[36] Dieser Ansatz zielt nicht nur auf eine möglichst vollständige aneinander gereihte Prüfung einzelner Umweltaspekte, sondern strebt eine besondere Qualität der Zusammenführung dieser Aspekte an. Statt sektoral abgeschichtete Einzelteile zusammenzulegen, muss jeweils ein **Gesamtbild der Umwelt** in ihren konkreten Zusammenhängen gezeichnet werden. Diese Zusammenhänge sind dann in ihrer vollen Komplexität zu bewerten.[37]

16 Nach Art. 3 Abs. 2 UVP-Richtlinie gehören zu den im Rahmen der UVP zu betrachtenden Auswirkungen eines Vorhabens auch solche, die aufgrund der **Anfälligkeit** des Projekts **für schwere Unfälle und/oder Katastrophen** zu erwarten sind. Die Regelung ist im Zusammenhang mit den Erwägungsgründen 14 und 15 der Änderungsrichtlinie 2014/52/EU zu sehen. In Erwägungsgrund

32 *Sangenstedt* ZUR 2014, 526 (530) ist deshalb der Meinung, das Schutzgut Klima sei im Zuge der Richtliniennovelle »nur scheinbar unverändert beibehalten« worden. Vgl. dazu auch *Battis/Moench/Uechtritz/Mattes/v. d. Groeben,* Gutachterliche Stellungnahme, S. 18.

33 Vgl. BVerwG, Urt. v. 07.03.1997 – 4 C 10.96, BVerwGE 104, 144 (151); BVerwG, Urt. v. 25.01.1996 – 4 C 5.95, BVerwGE 100, 238 (249 f.); BVerwG, Urt. v. 30.05.1984 – 4 C 58.81, BVerwGE 69, 256 (273). Vgl. dazu auch *Gassner,* UVPG, § 14g Rn. 22; *Sangenstedt* ZUR 2014, 526 (530).

34 *Paluch/Werk* NuR 2014, 400 (401); *Sangenstedt* ZUR 2014, 526 (530).

35 Vgl. Art. 3 Spiegelstrich 3 der Richtlinie 85/337/EWG: »Wechselwirkung«.

36 Näher zu diesem Prüfungsansatz Rdn. 64 ff.

37 Vgl. bereits *Masing* DVBl 1998, 549 (550) unter Hinweis auf den integrativen Prüfungsansatz der IVU-Richtlinie.

14 wird erläutert, dass der Rat die Kommission in seinen Schlussfolgerungen vom 30.11.2009 zur Kommissionsmitteilung vom 23.02.2009 betreffend das »Gemeinschaftskonzept zur Verhütung von Naturkatastrophen und von Menschen verursachten Katastrophen« dazu aufgefordert hat, bei künftigen Initiativen der Union die Belange der Katastrophenverhütung und des Katastrophenmanagements zu berücksichtigen. Erwägungsgrund 15 führt näher aus, für welche Projekte im Interesse der Sicherung eines **hohen Umweltschutzniveaus** Vorsorgemaßnahmen zu treffen sind. Es handelt sich um Projekte, bei denen aufgrund ihrer Anfälligkeit für schwere Unfälle und/oder Naturkatastrophen mit erheblichen nachteiligen Auswirkungen auf die Umwelt zu rechnen ist.

Zu berücksichtigen sind die Anfälligkeit (Gefährdung und Widerstandsfähigkeit) dieser Projekte 17
für die genannten Ereignisse, das Risiko des Eintretens solcher Unfälle und/oder Katastrophen und deren Auswirkungen in Bezug auf die Wahrscheinlichkeit erheblicher nachteiliger Folgen für die Umwelt. Gegenstand der Prüfung sind nur Unfall- oder Katastrophenszenarien, die einen **projekttypischen Charakter** aufweisen.[38] Nach Anh. IV Nr. 8 der Richtlinie kann zur Vermeidung von Doppelprüfungen auf Informationen zurückgegriffen werden, die im Rahmen von Risikobewertungen auf der Grundlage unionsrechtlicher oder nationaler Vorschriften gewonnen wurden, wenn diese die Anforderungen der UVP-Richtlinie erfüllen. Zu den gemeinschaftsrechtlichen Grundlagen zählen insoweit namentlich die Seveso-III-Richtlinie[39] und die Euratom-Richtlinie.[40]

Art. 3 Abs. 2 der Richtlinie hat letztlich nur eine klarstellende Funktion. Denn die dort genannten 18
Auswirkungen werden schon durch das Merkmal »Auswirkungen des Projekts« in Art. 3 Abs. 1 der Richtlinie erfasst.[41]

b) SUP-Richtlinie

Erklärtes Ziel der SUP-Richtlinie[42] ist es, im Hinblick auf die Förderung einer nachhaltigen Ent- 19
wicklung ein **hohes Umweltschutzniveau sicherzustellen** und dazu beizutragen, dass bei der Ausarbeitung und Annahme von bestimmten Plänen und Programmen Umwelterwägungen einbezogen werden, indem diese Pläne und Programme, die voraussichtlich erhebliche Umweltauswirkungen haben werden, einer Umweltprüfung unterzogen werden. (Art. 1 der SUP-Richtlinie). Nach dem Erwägungsgrund 5 der SUP-Richtlinie soll die Festlegung von Verfahren für die Umweltprüfung auf der Ebene von Plänen und Programmen den Unternehmen zugute kommen, weil damit ein konsistenterer Handlungsrahmen durch Einbeziehung der relevanten Umweltinformationen bei der Entscheidungsfindung geboten wird. Neben der damit offensichtlich angestrebten Erhöhung der **Planungssicherheit** verfolgt die Einbeziehung eines breiteren Spektrums von Faktoren bei der Entscheidungsfindung auch den Zweck, zu nachhaltigeren und wirksameren Lösungen beizutragen. Eine Umweltprüfung soll daher bereits bei der Aufstellung von Plänen und Programmen und nicht erst in den anschließenden Zulassungsverfahren für konkrete Vorhaben durchgeführt werden. Für die Zulassungsebene bleibt es aber dabei, dass das Instrument der UVP nach Maßgabe der UVP-Richtlinie Anwendung findet.[43]

---

38 Vgl. dazu *Sangenstedt* ZUR 2014, 526 (530).

39 Richtlinie 2012/18/EU des Parlaments und des Rates v. 04.07.2012 zur Beherrschung der Gefahren schwerer Unfälle mit gefährlichen Stoffen, zur Änderung und anschließenden Aufhebung der Richtlinie 96/82 EG des Rates (ABl Nr. L 197 S. 1 ff.). Vgl. dazu *Schoppen* NVwZ 2017, 1561 (1563 ff.).

40 Richtlinie 2009/71/Euratom des Rates v. 25.06.2009 über den Gemeinschaftsrahmen für die nukleare Sicherheit kerntechnischer Anlagen (ABl Nr. L 172 S. 18 ff.).

41 *Bunge* NVwZ 2014, 1257 (1258); *Sangenstedt* ZUR 2014, 526 (530); zweifelnd insoweit *Battis/Moench/Uechtritz/Mattes/v. d. Groeben,* Gutachterliche Stellungnahme, S. 19 f.

42 Richtlinie 2001/42/EG des Europäischen Parlaments und des Rates vom 27.06.2001 über die Prüfung der Umweltauswirkungen bestimmter Pläne und Programme (ABl Nr. L 197 v. 21.07.2001, S. 30).

43 Vgl. dazu bereits BT-Drs. 15/3441, S. 12.

20 Der Anwendungsbereich der SUP-Richtlinie ergibt sich einerseits aus Art. 2 lit. a und andererseits aus Art. 3 der Richtlinie.[44] Dabei regelt Art. 2 lit. a der Richtlinie zwei **kumulative Voraussetzungen**, die erfüllt sein müssen, damit ein Plan oder Programm überhaupt SUP-pflichtig sein kann. Art. 3 der Richtlinie bestimmt näher den **Geltungsbereich** unter konkreter Bezugnahme auf Bereiche, in denen entweder allgemein oder im Einzelfall erhebliche Umweltauswirkungen angenommen werden.

Eine eigentliche Legaldefinition der Begriffe der »Pläne« und »Programme« enthält die Richtlinie der insoweit irreführenden Überschrift ihres Art. 2 (»Begriffsbestimmungen«) nicht, sondern sie beschränkt sich auf die Formulierung einschränkender Attribute derselben als Voraussetzung für ihre Anwendbarkeit.[45] Die Begriffe haben durch die nachfolgend dargestellte, ausdifferenzierte Rechtsprechung des Europäischen Gerichtshofs in diesem Bereich jedoch eine erhebliche Konturierung erfahren und können auf dieser Grundlage als geklärt angesehen werden (»acte éclairé«). Im Übrigen erschließen sich die Begriffsinhalte auch aus der Zielsetzung der Richtlinie sowie ihrer Abgrenzung zur UVP-Richtlinie.

21 Der EuGH[46] betont in ständiger Rechtsprechung, dass die den Geltungsbereich definierenden Vorschriften der Richtlinie einer **weiten Auslegung** bedürfen. Er verweist hierzu auf das in Art. 1 der Richtlinie statuierte Ziel, ein hohes Umweltschutzniveau zu gewährleisten sowie solche Pläne und Programme, die voraussichtlich erhebliche Umweltauswirkungen haben, einer Umweltprüfung zu unterziehen. Der EuGH überträgt damit die Wertung, die er der UVP-Richtlinie zugrunde legt, auf die SUP-Richtlinie. Nach dieser Interpretation setzt das Unionsrecht den Mitgliedstaaten Grenzen bei der Entscheidung über die Frage, welche Vorhaben einer Umweltverträglichkeitsprüfung bzw. welche Pläne oder Programme einer Strategischen Umweltprüfung zu unterziehen sind.[47] Das Erfordernis einer weiten Auslegung lässt sich überdies mit den **internationalen Verpflichtungen** der Union begründen, die sich hier insbesondere aus Art. 2 Abs. 7 des Übereinkommens von Espoo[48] ergeben.[49]

22 Nach ihrem Art. 2 lit. a erfasst die SUP-Richtlinie nur Pläne und Programme, die von einer Behörde auf nationaler, regionaler oder lokaler Ebene ausgearbeitet und/oder angenommen werden oder die von einer Behörde für die Annahme durch das Parlament oder die Regierung im Wege eines Gesetzgebungsverfahrens ausgearbeitet werden (erste Voraussetzung) und die aufgrund von Rechts- oder Verwaltungsvorschriften erstellt werden müssen (zweite Voraussetzung).

Für die Annahme einer »**Ausarbeitung**« bedarf es nach der Rechtsprechung des EuGH keiner ziel- und zweckgerichteten Ausrichtung auf einen der in Art. 3 Abs. 2 lit. a SUP-RL genannten Bereiche.[50]

---

44 Siehe hierzu instruktiv Generalanwalt Sánchez-Bordona, Schlussanträge v. 16.09.2021 – C-300/20 (Landschaftsschutzgebiet Inntal Süd/Bund Naturschutz in Bayern), Celex-Nr. 62020CC0300 Rn. 33 ff.

45 »Im Sinne dieser Richtlinie bezeichnet der Ausdruck »Pläne und Programme« Pläne und Programme […], die […].« (Art. 2 lit. a der Richtlinie).

46 EuGH, Urt. v. 22.02.2022 – C-300/20 (Landschaftsschutzgebiet Inntal Süd/Bund Naturschutz in Bayern), ECLI:EU:C:2022:102 Rn. 44; Urt. v. 12.06.2019 – C-43/18 (CFE), ECLI:EU:C:2019:483 = NuR 2019, 469 Rn. 36; Urt. v. 07.06.2018 – C-160/17 (Thybaut), ECLI:EU:C:2018:401, Rn. 40; Urt. v. 07.06.2018 – C-671/16 (Inter-Environnement Bruxelles), ECLI:EU:C:2018:403 = NuR 2018, 541 Rn. 34; Urt. v. 27.10.2016 – C-290/15 (D'Oultremont), ECLI:EU:C:2016:816 = NVwZ 2017, 378 Rn. 40; Urt. v. 10.09.2015 – C-473/14 (Dimos Kropias Attikis), ECLI:EU:C:2015:582, Rn. 50; Urt. v. 22.03.2012 – C-567/10 (Inter-Environnement Bruxelles), ECLI:EU:C:2012:159 = NuR 2012, 631 Rn. 37.

47 Näher dazu *Bunge* NuR 2017, 447 (448).

48 Übereinkommen über die Umweltverträglichkeitsprüfung im grenzüberschreitenden Rahmen vom 25.02.1991 (ABlEG C 104 v. 24.04.1992, S. 7 = BGBl. II, S. 1407).

49 Vgl. EuGH, Urt. v. 25.06.2020 – C-24/19 (A u.a./Windkraftanlagen in Aalter und Nevele), ECLI:EU:C:2020:503 = NuR 2020, 695 = Rn. 49.

50 Zweifelnd insoweit noch BVerwG, Beschl. v. 04.05.2020 – 4 CN 4.18, ZUR 2020, 494 Rn. 29.

Eine Ausarbeitung liegt vielmehr bereits dann vor, wenn der betreffende Plan oder das Programm einen dieser Bereiche »betrifft«, d.h. sich tatsächlich auf diesen auswirkt.[51] Ferner ist der Begriff der Ausarbeitung nicht auf die erstmalige Aufstellung beschränkt, sondern er umfasst gleichermaßen die Änderung eines bereits bestehenden Plans oder Programms.[52] Gleiches kann für dessen Aufhebung gelten.[53] Zu berücksichtigen ist jedoch, dass ein und dieselbe planerische Festsetzung nicht mehreren Umweltprüfungen anhand identischer Kriterien unterzogen werden muss. Daher besteht keine SUP-Pflicht, wenn sich ein Plan oder Programm in eine Hierarchie von Rechtsakten einfügt, die selbst bereits Gegenstand einer Umweltverträglichkeitsprüfung waren und von denen davon ausgegangen werden darf, dass die Interessen, die die SUP-Richtlinie schützen soll, hinreichend berücksichtigt worden sind.[54] Unerheblich ist demgegenüber das Abstraktionsniveau des Plans oder Programms, so dass auch abstrakt-generelle Vorschriften, die allgemeine Vorgaben für eine unbestimmte Zahl von Fällen enthalten, in den Geltungsbereich der Richtlinie fallen können.[55]

Hinsichtlich der zweiten Voraussetzung des Art. 2 lit. a der Richtlinie, dass der betreffende Plan bzw. das jeweilige Programm aufgrund von Rechts- oder Verwaltungsvorschriften »erstellt werden muss«, wurde zunächst die Auffassung vertreten, die SUP-Pflicht beschränke sich auf Pläne und Programme, zu deren Ausarbeitung oder Annahme eine rechtliche Verpflichtung besteht.[56] Dieser einschränkenden Sichtweise ist der EuGH nicht gefolgt. Nach inzwischen gefestigter Rechtsprechung sind SUP-pflichtig vielmehr auch solche Pläne und Programme, deren Ausarbeitung **im Ermessen der Behörde** liegt, sofern die Modalitäten der Aufstellung in Rechts- oder Verwaltungsvorschriften geregelt sind. Mit Blick auf das Ziel der Sicherstellung eines hohen Umweltschutzniveaus und die Wahrung der praktischen Wirksamkeit der SUP-Richtlinie genügt danach die Existenz einer besonderen Rechtsgrundlage, die zum Erlass des Plans bzw. Programms ermächtigt.[57] Nicht der Aufstellungspflicht unterliegen damit lediglich solche Planungen, die ohne Rechts- oder Verwaltungsvorschriften über Zuständigkeiten und Verfahren erarbeitet werden.[58] Es genügt aber, wenn die Rechtsgrundlage in einem anderen Plan – z.B. einem Bebauungsplan[59] – vorgesehen ist.[60] 23

51 Vgl. EuGH, Urt. v. 22.02.2022 – C-300/20 (Landschaftsschutzgebiet Inntal Süd/Bund Naturschutz in Bayern), ECLI:EU:C:2022:102 Rn. 49; Urt. v. 25.06.2020 – C-24/19 (A u.a./Windkraftanlagen in Aalter und Nevele), ECLI:EU:C:2020:503 = NuR 2020, 695 = Rn. 66; Urt. v. 27.10.2016 – C-290/15 (D'Oultrement), ECLI:EU:C:2016:816 = NVwZ 2017, 378 Rn. 44.

52 Vgl. EuGH, Urt. v. 22.02.2022 – C-300/20 (Landschaftsschutzgebiet Inntal Süd/Bund Naturschutz in Bayern), ECLI:EU:C:2022:102 Rn. 45; Urt. v. 12.06.2019 – C-43/18 (CFE), ECLI:EU:C:2019:483 = NuR 2019, 469 Rn. 71; Urt. v. 08.05.2019 – C-305/18 (Verdi Ambiente e Società [VAS] – Aps Onlus u.a.), EU:C:2019:384 = NVwZ 2019, 1345 Rn. 52 m.w.N.

53 Vgl. EuGH, Urt. v. 22.03.2012 – C-567/10 (Inter-Environnement Bruxelles), ECLI:EU:C:2012:159 = NuR 2012, 631 Rn. 40 ff.

54 Vgl. EuGH, Urt. v. 12.06.2019 – C-43/18 (CFE), ECLI:EU:C:2019:483 = NuR 2019, 469 Rn. 72 f.; Urt. v. 10.09.2015 – C-473/14 (Dimos Kropias Attikis), ECLI:EU:C:2015:582, Rn. 55; Urt. v. 22.03.2012 – C-567/10 (Inter-Environnement Bruxelles), ECLI:EU:C:2012:159 = NuR 2012, 631 Rn. 42.

55 Vgl. EuGH, Urt. v. 22.02.2022 – C-300/20 (Landschaftsschutzgebiet Inntal Süd/Bund Naturschutz in Bayern), ECLI:EU:C:2022:102 Rn. 41; Urt. v. 25.06.2020 – C-24/19 (A u.a./Windkraftanlagen in Aalter und Nevele), ECLI:EU:C:2020:503 = NuR 2020, 695 = Rn. 61 m.w.N.

56 Vgl. etwa *Schink,* Umweltprüfung, S. 93 (108); *Louis* UPR 2006, 285.

57 Vgl. EuGH, Urt. v. 22.02.2022 – C-300/20 (Landschaftsschutzgebiet Inntal Süd/Bund Naturschutz in Bayern), ECLI:EU:C:2022:102 Rn. 37; Urt. v. 25.06.2020 – C-24/19 (A u.a./Windkraftanlagen in Aalter und Nevele), ECLI:EU:C:2020:503 = NuR 2020, 695 = Rn. 36 ff.; Urt. v. 12.06.2019 – C-321/18 (Terre wallonne), ECLI:EU:C:2019:484 Rn. 34; Urt. v. 07.06.2018 – C-160/17 (Thybaut), ECLI:EU:C:2018:401, Rn. 43; Urt. v. 22.03.2012 – C-567/10 (Inter-Environnement Bruxelles), ECLI:EU:C:2012:159 = NuR 2012, 631 Rn. 28 ff.

58 Vgl. hierzu BVerwG, Beschl. v. 07.01.2025 – 7 B 16/24, NVwZ 2025, 1033 Rn. 6.

59 Vgl. BVerwG, Beschl. v. 07.01.2025 – 7 B 16/24, NVwZ 2025, 1033 Rn. 6.

60 Vgl. EuGH, Urt. v. 09.03.2023 – C-9/22 (An Bord Pleanála u.a./Site de St Teresa's Gardens), ECLI:EU:C:2023:176 = NuR 2023, 252, Rn. 31.

24 **Bereichsspezifisch** besteht eine SUP-Pflicht für alle Pläne und Programme aus den Bereichen Landwirtschaft, Forstwirtschaft, Fischerei, Energie, Industrie, Verkehr, Abfallwirtschaft, Wasserwirtschaft, Telekommunikation, Fremdenverkehr, Raumordnung oder Bodennutzung aber nur, wenn sie einen **Rahmen für künftige Genehmigungen von Projekten** setzen, die in den Anhängen I und II der UVP-Richtlinie genannt sind (Art. 3 Abs. 2 lit. a). Alternativ kann es sich um Pläne und Programme handeln, bei denen angesichts der voraussichtlichen Auswirkungen auf bestimmte Gebiete eine Verträglichkeitsprüfung nach Art. 6 oder 7 der FFH-Richtlinie[61] für erforderlich erachtet wird (Art. 3 Abs. 2 lit. b). Die in Art. 3 Abs. 2 der Richtlinie genannten Pläne und Programme unterfallen grundsätzlich uneingeschränkt der SUP-Pflicht. Eine Ausnahme besteht lediglich dann, wenn sie nur kleine Gebiete auf lokaler Ebene betreffen oder es sich ausschließlich um geringfügige Änderungen an vorhandenen Plänen oder Programmen handelt; in diesem Fall bedürfen sie ausnahmsweise nur dann einer SUP, wenn die Mitgliedstaaten bestimmen, dass sie voraussichtlich erhebliche Umweltauswirkungen haben (Art. 3 Abs. 3). Schließlich können auch nicht unter Art. 3 Abs. 2 der SUP-Richtlinie fallende Pläne und Programme in den Anwendungsbereich der Richtlinie fallen, sofern sie einen Rahmen für die künftige Genehmigung von Projekten setzen, die ihrerseits voraussichtlich erhebliche Umweltauswirkungen haben (Art. 3 Abs. 4).[62] Ob letzteres der Fall ist, bestimmen die Mitgliedstaaten entweder im Rahmen einer Einzelfallprüfung oder durch abstrakte Festlegungen in Bezug auf bestimmte Arten von Plänen und Programmen oder aber durch eine Kombination beider Ansätze (Art. 3 Abs. 5). Das deutsche Recht sieht hierfür in § 35 Abs. 2 und 4 UVPG die Durchführung einer **Vorprüfung des Einzelfalls** vor.[63]

25 Wesentliche Voraussetzung für die Anwendbarkeit der SUP-Richtlinie ist die **Rahmensetzung** für künftige (Einzel-)Projekte. Für die Beantwortung der Frage, ob ein Plan oder Programm eine entsprechende Rahmensetzung beinhaltet, ist wiederum das unionsrechtliche Effizienzgebot (»Effet utile«) zu berücksichtigen, was erfordert, dass der SUP-Richtlinie und dem mit ihr verfolgten Ziel der Gewährleistung eines hohen Umweltschutzniveaus maximale Geltung verschafft wird. Vor diesem Hintergrund kommt es für die Frage der Rahmensetzung nicht auf den quantitativen Regelungsumfang an, sondern darauf, ob die Regelungen einen hinreichend signifikanten Rahmen für Projekte mit Umweltauswirkungen begründen. Denn die sich aus der SUP-Richtlinie ergebenden Verpflichtungen sollen nicht durch eine Zerstückelung von Maßnahmen umgangen werden können.[64] Für die Annahme einer Rahmensetzung muss der Plan oder das Programm eine **signifikante Gesamtheit von Kriterien und Modalitäten** für die Genehmigung und Durchführung eines oder mehrerer Projekte aufstellen, insbesondere hinsichtlich des Standorts, der Art, der Größe und der Betriebsbedingungen solcher Projekte oder der mit ihnen verbundenen Inanspruchnahme von Ressourcen.[65]

---

61 Richtlinie 92/43/EWG des Rates v. 21.05.1992 zur Erhaltung der natürlichen Lebensräume sowie der wildlebenden Tiere und Pflanzen, ABl Nr. L 206 S. 7 ff., zuletzt geändert durch Art. 1 der Richtlinie 2013/17/EU des Rates v. 13.05.2013, ABl. Nr. L 158, S. 193 ff.

62 Vgl. hierzu *Bunge* NuR 2017, 447 ff. Vgl. auch bereits *Schink* NuR 2005, 143 (145 f.); *ders.* NVwZ 2005, 615 (617 ff.); *Louis* UPR 2006, 285.

63 Vgl. – auch in Bezug auf die Reichweite der Verbandsklagebefugnis von Umweltverbänden – BVerwG, Beschl. v. 04.05.2020 – 4 CN 4.18, ZUR 2020, 494 Rn. 15; VGH BW, Urt. v. 14.07.2021 – 10 S 141/20, ZUR 2022, 48 Rn. 69; *Gärditz* EurUP 2018, 158, 165; insoweit ablehnend *Fellenberg/Schiller*, in: Landmann/Rohmer, Umweltrecht, § 1 UmwRG Rn. 86.

64 Vgl. EuGH, Urt. v. 25.06.2020 – C-24/19 (A u.a./Windkraftanlagen in Aalter und Nevele), ECLI:EU:C:2020:503 = NuR 2020, 695 = Rn. 70; Urt. v. 12.06.2019 – C-43/18 (CFE), ECLI:EU:C:2019:483 = NuR 2019, 469 Rn. 64; Urt. v. 07.06.2018 – C-671/16 (Inter-Environnement Bruxelles), ECLI:EU:C:2018:403 = NuR 2018, 541 Rn. 55.

65 Vgl. EuGH, Urt. v. 22.02.2022 – C-300/20 (Landschaftsschutzgebiet Inntal Süd/Bund Naturschutz in Bayern), ECLI:EU:C:2022:102 Rn. 60 ff.; Urt. v. 25.06.2020 – C-24/19 (A u.a./Windkraftanlagen in Aalter und Nevele), ECLI:EU:C:2020:503 = NuR 2020, 695 = Rn. 67; Urt. v. 12.06.2019 – C-43/18 (CFE), ECLI:EU:C:2019:483 = NuR 2019, 469 Rn. 61; Urt. v. 07.06.2018 – C-671/16 (Inter-Environnement Bruxelles), ECLI:EU:C:2018:403 = NuR 2018, 541 Rn. 53; Urt. v. 27.10.2016 – C-290/15 (D'Oultrement), ECLI:EU:C:2016:816 = NVwZ 2017, 378 Rn. 49.

Ausgehend von dem gebotenen weiten Verständnis können deswegen außenwirksame Erlasse, die Bestimmungen über die Errichtung und den Betrieb von Windkraftanlagen enthalten (z.B. Vorgaben in Bezug auf Schattenwurf, Sicherheit und Geräuschpegel), SUP-pflichtig sein.[66] Umgekehrt ist in lediglich allgemein gehaltenen Bestimmungen wie dem in einer Landschaftsschutzgebietsverordnung geregelten grundsätzlichen Bauverbot keine Rahmensetzung zu sehen, weil es hier an der Formulierung von Kriterien oder Modalitäten für die Genehmigung von Einzelprojekten fehlt.[67] Zu berücksichtigen ist ferner das **Gebietsverwaltungsprivileg** gemäß Art. 6 Abs. 1 der FFH-Richtlinie[68].Der EuGH hat klargestellt, dass auch Schutzgebietsausweisungen mit Tätigkeitsverboten und entsprechenden Freistellungsregelungen unter das Gebietsverwaltungsprivileg zu fassen sind und deswegen keine SUP-pflichtigen Pläne und Programme darstellen. Dies steht allerdings unter dem Vorbehalt, dass die betreffende Regelung (Schutzgebietsverordnung) insgesamt unmittelbar mit der Verwaltung des ausgewiesenen Gebiets in Verbindung steht und für die Verwaltung als notwendig zu erachten ist.[69]

Der Begriff der »**erheblichen Umweltauswirkungen**« (Art. 3 Abs. 1 der Richtlinie) wird in der SUP-Richtlinie ebenfalls nicht definiert. Für die in Art. 3 Abs. 2 der Richtlinie genannten Bereiche wird indes – außer in den Fällen des Art. 3 Abs. 3 der Richtlinie – unwiderlegbar vermutet, dass der Plan oder das Programm voraussichtlich erhebliche Umweltauswirkungen hat und sie werden deswegen grundsätzlich der SUP-Pflicht unterworfen. Für die übrigen (Einzel-)Fälle, in denen den Mitgliedstaaten die Prüfung obliegt, ob erhebliche Umweltauswirkungen zu erwarten sind und deswegen eine SUP-Pflicht besteht, legt Anh. II der SUP-Richtlinie die Prüfungskriterien fest. Damit erhält der Begriff der erheblichen Umweltauswirkungen zugleich die notwendige Kontur. Erheblich können dabei – wie auch im Anwendungsbereich der UVP-Richtlinie[70] – nicht nur negative Umweltauswirkungen sein, sondern auch positive Auswirkungen.[71] 26

2. Innerstaatliche Entstehung

Im Gesetzgebungsverfahren zur UVPG-Novelle 2014 setzte sich im Hinblick auf § 2 Abs. 1 der Regierungsentwurf praktisch ohne Einschränkung durch. Der Bundesrat drang lediglich mit seiner Anregung durch, unter Nr. 4 das Merkmal »Kulturgüter« durch den Begriff »kulturelles Erbe« zu ersetzen. Der weitergehende Vorschlag, das Merkmal »Landschaft« (Nr. 3) den Schutzgütern der Nr. 4 zuzuordnen, um dadurch die Betrachtung implizit auf Gesichtspunkte der »Kulturlandschaft« zu lenken,[72] wurde zurückgewiesen. Die Bundesregierung[73] ließ sich dabei von der Erwägung leiten, dass inhaltliche Überschneidungen insbesondere mit den Schutzgütern Fläche, Boden und Wasser (Nr. 3) bestehen, die es nahelegen, die vorgesehene Zuordnung beizubehalten. 27

Ebenso wenig konnte sich der Bundesrat mit dem Vorschlag durchsetzen, in § 2 Abs. 5 bei der Begriffsbestimmung »Windfarm« von einer Aufnahme des Merkmals »funktionaler Zusammenhang« 28

66 Vgl. EuGH Urt. v. 25.06.2020 – C-24/19 (A u.a./Windkraftanlagen in Aalter und Nevele), ECLI:EU:C:2020:503 = NuR 2020, 695.

67 Vgl. EuGH, Urt. v. 22.02.2022 – C-300/20 (Landschaftsschutzgebiet Inntal Süd/Bund Naturschutz in Bayern), ECLI:EU:C:2022:102 Rn. 62 ff.; in diese Richtung bereits EuGH, Urt. v. 12.06.2019 – C-43/18 (CFE), ECLI:EU:C:2019:483 = NuR 2019, 469 Rn. 64 ff. in Bezug auf die Ausweisung eines Natura-2000-Gebiets (dort abhängig von der Bewertung der betreffenden Festsetzungen).

68 Richtlinie 92/43/EWG vom 21.05.1992 (ABl. L 206, S. 7).

69 EuGH, Urt. v. 17.10.2024 – C-461/23 (Umweltforum Osnabrücker Land), ECLI:EU:C:2024:902; vgl. hierzu auch Nds. OVG, Urt. v. 10.12.2024 – 4 KN 122/21, NuR 2025, 60 = juris Rn. 105; Nds. OVG, Urt. v. 27.02.2025 – 4 KN 65/20, NuR 2025, 413 = juris Rn. 43.

70 Vgl. insoweit EuGH, Urt. v. 25.07.2008 – C-142/07 (Ecologistas en Acción-CODA), EU:C:2008:445 = Slg. 2008 I-6117 Rn. 41.

71 EuGH, Urt. v. 12.06.2019 – C-43/18 (CFE), ECLI:EU:C:2019:483 = NuR 2019, 469 Rn. 41; vgl. ebenso bereits *Schink,* Umweltprüfung, S. 93 (110); *Hendler* NuR 2003, 2 (3).

72 Stellungnahme des Bundesrates BT-Drs. 18/11948, S. 2.

73 Gegenäußerung der Bundesregierung BT-Drs. 18/11948, S. 20.

abzusehen. Als Argument wurde angeführt, dieses Merkmal sei nur als räumliches Kriterium denkbar und werde in dieser Dimension bereits durch den Begriff »sich überschneidender Einwirkungsbereiche« erfasst.[74] In ihrer Gegenäußerung machte die Bundesregierung deutlich, dass zu dem gemeinsamen Einwirkungsbereich kumulativ das Merkmal des funktionalen Zusammenhangs hinzutreten müsse. Anderenfalls wären auch weit voneinander entfernte Windkraftanlagen als eine gemeinsame Windfarm zu betrachten, was die Durchführung der UVP und der UVP-Vorprüfung in der Praxis erheblich erschweren würde.[75]

B. Begriffsbestimmungen

29 Die § 2 UVPG definiert im Einklang mit den Vorgaben der UVP-Änderungsrichtlinie 2014/52/EU die wesentlichen im UVP-Gesetz verwendeten Begrifflichkeiten.[76]

I. Schutzgüter (Abs. 1)

30 § 2 Abs. 1 UVPG benennt nach Maßgabe von Art. 3 Abs. 1 der UVP-Richtlinie die maßgeblichen Schutzgüter. Die **katalogartige Aufzählung** der Schutzgüter unter Einbeziehung der Wechselwirkung unterscheidet die Prüfung der Umweltverträglichkeit nach dem UVPG und der UVP-Richtlinie von der UVP im anglo-amerikanischen Rechtskreis.[77] Der Aufzählung kommt eine gewisse **ordnende Funktion** zu.[78] Aus der gewählten Reihenfolge lässt sich keine Gewichtung ableiten. Die UVP muss vielmehr alle genannten Schutzgüter umfassend und in ihren jeweiligen Überschneidungen und gegenseitigen Wechselbeziehungen berücksichtigen. Aufgrund ihres weiten Anwendungsbereiches und ihres medienübergreifenden Prüfungsansatzes ist die UVP in besonderer Weise geeignet, die ökologischen Auswirkungen eines Vorhabens zu erfassen. Bei den Änderungen zur Ausgestaltung der UVP fand die **Deutsche Nachhaltigkeitsstrategie 2016** Berücksichtigung, um die positive Wirkung der UVP für die Förderung einer nachhaltigen Entwicklung weiter zu verbessern.[79]

31 Zur Umsetzung der Agenda 21 von 1992[80] wurden sowohl auf europäischer als auch auf Bundesebene Nachhaltigkeitsstrategien entwickelt. Mit der Deutschen Nachhaltigkeitsstrategie[81], die sich an den Sustainable Development Goals (SDG) der Vereinten Nationen orientiert, hat die Bundesregierung die globalen Nachhaltigkeitsziele auf Bundesebene umgesetzt und auch ein **neues Indikatorensystem** eingeführt. Die Deutsche Nachhaltigkeitsstrategie knüpft an die bisherigen Indikatoren der nationalen Nachhaltigkeitsstrategie an, fasst zeitlich überholte Zielsetzungen mit Perspektive auf das Jahr 2030 neu und definiert neue Ziele mit Blick auf die Anforderungen der Agenda 2030 für nachhaltige Entwicklung. Die Strategie weist zu jedem SDG ein durch Indikatoren gestütztes politisches Ziel aus, das im fraglichen Themenfeld relevanten Handlungsbedarf identifiziert. Die Indikatoren erschließen das Themenfeld und weisen in ihrer Schlüsselfunktion den Weg für die Weiterentwicklung der Politik.[82]

32 Das UVP-Gesetz unterstützt eine Vielzahl der Ziele. Dies gilt bspw. für die Ziele zu den Indikatoren Stickstoffüberschuss, Emissionen von Luftschadstoffen, Primärenergieverbrauch, Anstieg der Siedlungs- und Verkehrsfläche (Flächenverbrauch), Artenvielfalt und Landschaftsqualität. Durch die weite Fassung des Schutzgüterkatalogs werden grundsätzlich alle Umweltschutzaspekte erfasst. § 2

74 BT-Drs. 18/11948, S. 2.
75 BT-Drs. 18/11948, S. 20 f. Zum Begriff »Einwirkungsbereich« vgl. Rdn. 96 und 142 ff.
76 Begr. RegEntw. UVP-Modernisierungsgesetz BT-Drs. 18/11948, S. 74.
77 Näher dazu *Erbguth/Schink,* UVPG, Einl. Rn. 25 ff.
78 Kritisch insoweit *Gassner,* UVPG, § 2 Rn. 10.
79 Vgl. dazu Begr. RegEntw. UVP-Modernisierungsgesetz BT-Drs. 18/11499, S. 63.
80 Aktionsprogramm der Vereinten Nationen nach der UN-Konferenz für Umwelt und Entwicklung in Rio de Janeiro 1992.
81 Bundesregierung, Deutsche Nachhaltigkeitsstrategie 2016.
82 Bundesregierung, Deutsche Nachhaltigkeitsstrategie 2016, S. 24 ff.

Abs. 1 UVPG hebt solche Schutzgüter hervor, die unter dem Gesichtspunkt der Nachhaltigkeit besondere Bedeutung in Anspruch nehmen.[83]

1. Menschen, insbesondere die menschliche Gesundheit (Nr. 1)

In der Aufzählung eigenständig vorangestellt ist das Schutzgut **Mensch** (Nr. 1), der dem Begriff der »Bevölkerung« in Art. 3 Abs. 1 lit. a der UVP-Richtlinie entspricht.[84] Die Regelung stellt aus diesem die menschliche Gesundheit in den Vordergrund (»insbesondere«). Gegenstand der Prüfung sind damit zunächst die Auswirkungen, die das Vorhaben, der Plan oder das Programm auf die menschliche Gesundheit haben kann. Gemeint sind entsprechende Veränderungen unabhängig davon, ob sie physisch-organischen Charakter haben oder psychischer Natur sind.[85] Tatbestandsrelevante Auswirkungen sind deshalb zweifellos Körperschäden, Krankheiten, somatische Funktionsstörungen sowie Beeinträchtigungen der körperlichen Integrität, etwa durch Lärm. 33

Auch wenn § 2 Abs. ist Nr. 1 UVPG die Gesundheit in den Vordergrund des Güterschutzes stellt, ist das Schutzgut nicht auf den gesundheitlichen Aspekt beschränkt. Erfasst werden daneben alle anderen Auswirkungen unterhalb dieser Schwelle einer gesundheitlichen Beeinträchtigung, also Störungen des physischen, psychischen oder auch des sozialen **Wohlbefindens**.[86] Dies wird dadurch bestätigt, dass die UVP-Richtlinie ausdrücklich das Ziel verfolgt, zu einer Verbesserung der Lebensqualität beizutragen.[87] Dieses weite Schutzgutverständnis legt auf den ersten Blick nahe, die durch das Bundes-Bodenschutzgesetz (BBodSchG) geschützten natürlichen Funktionen des Bodens ebenfalls in die Prüfung der Auswirkungen des Vorhabens auf den Menschen einzubeziehen.[88] Eine derart erweiternde Auslegung ist jedoch deswegen nicht notwendig, weil § 2 Abs. 1 Nr. 3 UVPG den Boden als eigenständiges Schutzgut benennt. 34

Zum Wohlbefinden sind soziale Beziehungen insoweit zu zählen, als sie sich in städtebaulichen Strukturen und damit raumbedeutsam in der Umwelt entfalten. Wenn und soweit Auswirkungen eines UVP-pflichtigen Vorhabens bzw. eines SUP-pflichtigen Plans oder Programms in dieser Betroffenheit zu erfassen und zu bewerten sind, kommt eine Anlehnung an die Belange in Betracht, die in § 1 Abs. 6 BauGB in Bezug auf das menschliche Leben verankert sind, also etwa gesunde Wohn- und Arbeitsverhältnisse, Bedürfnisse der Familien, der jungen und alten Menschen und der Behinderten sowie ggf. auch Belange von Sport, Freizeit und Erholung sowie die Erhaltung, Erneuerung und Fortentwicklung vorhandener Ortsteile.[89] Von solchen berücksichtigungsfähigen sozialen Beziehungen abzugrenzen sind sozio-ökonomische Veränderungen wie etwa mögliche Folgen eines Vorhabens auf den allgemeinen Arbeitsmarkt, die nicht zu berücksichtigen sind und sich auch kaum verlässlich prognostizieren lassen.[90] Gegenstand der Umweltprüfung können demgegenüber bspw. auch die gesellschaftlichen Auswirkungen von Umsiedlungsmaßnahmen sein, die durch die Verwirklichung eines flächenintensiven Großvorhabens verursacht sind.[91] Dabei zeigen sich allerdings wieder Überschneidungen zu anderen Schutzgütern wie hier der in § 2 Abs. 1 Nr. 3 UVPG genannten Fläche. 35

83 BT-Drs. 18/11499, S. 63.

84 Vgl. hierzu die Entwurfsbegründung der UVPG-Novelle, BT-Drs. 18/11499, S. 74.

85 Dazu auch *Bunge*, in: HdUVP, § 2 Rn. 108.

86 In diesem Sinne Rat von Sachverständigen für Umweltfragen, Sondergutachten »Umwelt und Gesundheit Risiken richtig einschätzen«, BT-Drs. 14/2300, S. 38, Teilziffer 18 ff.; *Bunge*, in: HdUVP, § 2 Rn. 108 f.; *Gassner*, UVPG, § 2 Rn. 11; *Peters/Balla/Hesselbarth*, UVPG, § 2 Rn. 4; *Sangenstedt*, in: Landmann/Rohmer, Umweltrecht, 90. EL Juni 2019, § 1 UVPG Rn. 34.

87 Vgl. Erwägungsgrund 14 der UVP-Richtlinie 2011/92/EU.

88 So *Ruthig*, in: Ehlers/Fehling/Pünder, Besonderes Verwaltungsrecht – Band 2, § 49 Rn. 19.

89 Vgl. *Gassner*, UVPG, § 2 Rn. 12; vgl. beispielhaft auch OVG Schleswig-Holstein, Urt. v. 13.12.2023 – 4 KS 2/22, juris Rn. 192 ff. und die dort genannten Wirkfaktoren Verlärmung/Erschütterung/Störreize, Luftschadstoffemissionen und – wenngleich aufgrund seiner Subjektivität problematisch – Visualität.

90 Näher hierzu *Bunge*, in: HdUVP, § 2 Rn. 113 ff.

91 *Bunge*, in: HdUVP, § 2 Rn. 110; *Gassner*, UVPG, § 2 Rn. 11.

36 Einen Beitrag zum wirksamen Schutz des Menschen vor vermeidbaren Gesundheitsgefahren leistet auch die Regelung des § 2 Abs. 2 UVPG. Danach sind in die Prüfung auch mittelbare Auswirkungen sowie solche einzubeziehen, die aufgrund der Anfälligkeit des Vorhabens für schwere Unfälle oder Katastrophen zu erwarten sind. Zu denken ist in diesem Zusammenhang nicht zuletzt an eine etwaige Erhöhung des Risikos von Naturkatastrophen wie beispielsweise Hochwasserereignissen.

▶ **Beispiel:**

Das Vorhaben hat Auswirkungen auf die Fließgeschwindigkeit eines Flusses oder die Funktion von Retentionsflächen.

§ 2 Abs. 2 UVPG unterstreicht nochmals das Gebot einer umfassenden Berücksichtigung aller denkbaren Auswirkungen des Vorhabens und damit die weitreichenden Anforderungen an die UVP. Eine nähere Eingrenzung des Einwirkungsbereichs auf den Menschen als Schutzgut ermöglicht die Orientierung an den einschlägigen fachrechtlichen Bestimmungen und Regelwerken bspw. der TA Lärm.[92]

2. Tiere, Pflanzen und die biologische Vielfalt (Nr. 2)

37 Zu untersuchen sind ferner die Auswirkungen des Vorhabens auf »**Tiere**« und »**Pflanzen**«. Diese Tatbestandsmerkmale erfassen nicht nur einzelne Lebewesen, sondern auch Populationen und Arten, und zwar unabhängig von ihrem Entwicklungsstadium bzw. ihrer Vegetationsphase.[93] Unerheblich ist, ob es sich um wildlebende oder unter der Kontrolle des Menschen gehaltene Tiere und Pflanzen handelt. Es kommt auch nicht darauf an, ob die jeweilige Tier- und Pflanzenart besonders geschützt ist.[94] Diese Rechtsgüter werden in unmittelbarem Zusammenhang mit dem Schutzgut der »**biologischen Vielfalt**« aufgeführt, womit das Gesetz letztlich auch an die das von der UVP-Richtlinie verfolgte Ziel der Erhaltung der Artenvielfalt[95] anknüpft. Der Gesetzgeber hat jedoch davon abgesehen, die in Art. 3 Abs. 1 lit. b der UVP-Richtlinie vorgenommene Bezugnahme auf die in den Richtlinien 92/43/EWG (FFH-Richtlinie) und 2009/147/EG (Vogelschutzrichtlinie) geschützten Arten und Lebensräume in das deutsche Recht zu übernehmen. Damit wird verdeutlicht, dass § 2 Abs. 1 Nr. 2 UVPG nicht nur solche Tiere und Pflanzen erfasst, deren Schutz unionsrechtlich begründet ist.[96] Vielmehr sind im Rahmen der Umweltprüfung auch die Anforderungen des nationalen Rechts zu berücksichtigen.[97] Das Schutzgut umfasst mithin die durch die FFH-Richtlinie und die Vogelschutz-Richtlinie geschützten Arten und Lebensräume[98], ist hierauf aber nicht beschränkt.

Insgesamt wird damit zugleich der Indikator 15.1 »**Artenvielfalt**« der Nachhaltigkeitsstrategie[99] gestärkt. Im Übrigen rückt auch der Indikator 8.1 »Ressourcenschonung« verstärkt in den Blickpunkt der Betrachtung. Denn nach Anl. 4 Nr. 1 lit. c UVPG zählen neben dem Energiebedarf und Energieverbrauch sowie Art und Menge der verwendeten Rohstoffe auch Art und Menge der natürlichen Ressourcen und damit ausdrücklich auch die »biologische Vielfalt« zu den Merkmalen des Vorhabens, die – soweit von Relevanz für das Vorhaben – im UVP-Bericht des Vorhabenträgers Erwähnung finden müssen.[100]

---

92 Vgl. etwa OVG Lüneburg, Beschl. v. 11.03.2019 – 12 ME 105/18, BauR 2019, 1136 Rn. 38; siehe hierzu näher die Kommentierung zu § 10 UVPG Rdn. 16.

93 *Bunge*, in HdUVP, § 2 Rn. 116; speziell zur Einbeziehung tierökologischer Belange in die UVP *Kleinschmidt* LÖLF-Mitteilungen 1991, 46 ff.

94 Vgl. hierzu etwa *Mitschang* UPR 2018, 41.

95 Vgl. Erwägungsgrund 14 der UVP-Richtlinie 2011/92/EU.

96 Siehe hierzu die Entwurfsbegründung der UVPG-Novelle, BT-Drs. 18/11499, S. 75.

97 Vgl. *Hamacher*, in: Schink/Reidt/Mitschang, UVPG/UmwRG, § 2 UVPG Rn. 15.

98 Näher dazu *Schink* DVBl 2014, 877 (880).

99 Bundesregierung, Deutsche Nachhaltigkeitsstrategie 2016, S. 39.

100 BT-Drs. 18/11499, S. 64.

Inhaltlich wird das Tatbestandsmerkmal der biologischen Vielfalt durch § 1 Abs. 1 Nr. 1 BNatSchG ausgefüllt. Nach dieser Vorschrift sind Natur und Landschaft aufgrund ihres eigenen Wertes und als Grundlage für Leben und Gesundheit des Menschen so zu schützen, dass die biologische Vielfalt auf Dauer gesichert ist. Das Gesetz definiert den Begriff als die Vielfalt der Tier- und Pflanzenarten einschließlich der innerartlichen Vielfalt sowie die Vielfalt an Formen von Lebensgemeinschaften und Biotopen (§ 7 Abs. 1 Nr. 1 BNatSchG). Zur dauerhaften Sicherung der biologischen Vielfalt sind entsprechend ihrem Gefährdungsgrad insbesondere lebensfähige Populationen wildlebender Tiere und Pflanzen einschließlich ihrer Lebensstätten zu erhalten und der Austausch zwischen den Populationen sowie Wanderungen und Wiederbesiedlungen zu ermöglichen (§ 1 Abs. 2 Nr. 1 BNatSchG).[101] Diese Vorschriften tragen wie bereits die Vorläuferregelungen im Bundesnaturschutzgesetz dem Art. 14 der **Biodiversitätskonvention** vom 05.06.1992[102] Rechnung. Das am 29.12.1993 in Kraft getretene Abkommen sieht vor, dass bei Vorhaben und Programmen mit möglichen erheblichen Auswirkungen auf die biologische Vielfalt eine Umweltverträglichkeitsprüfung durchgeführt wird und die Umweltfolgen berücksichtigt werden. 38

Auswirkungen auf Tiere, Pflanzen und die biologische Vielfalt stellen zunächst die **unmittelbaren Beeinträchtigungen** der Gesundheit bzw. des biologisch-physiologischen Normalzustandes (Verletzung oder Tötung bzw. Beschädigung oder Zerstörung) dar. Zu den Auswirkungen zählen auch Störungen oder Beunruhigungen, etwa durch Lärm oder Schadstoffe. Erfasst werden nach dem eindeutigen Wortlaut des Gesetzes auch **mittelbare Veränderungen**.[103] Hierzu gehören bspw. Schadstoffeinträge in Boden, Wasser oder Luft, Grundwasserabsenkungen oder klimatische Faktoren wie die Verringerung der Luftfeuchtigkeit, die den Lebensraum einer Art beeinträchtigen können.[104] 39

3. Fläche, Boden, Wasser, Luft, Klima und Landschaft (Nr. 3)

a) Fläche

Die Darstellung der Schutzgüter seit der UVP-Änderungsrichtlinie greift § 2 Abs. 1 Nr. 3 UVPG auf, indem den nachfolgenden Umweltgütern das Schutzgut »**Fläche**« vorangestellt wird. Durch die Hervorhebung in der Reihung der Schutzgüter soll dem Gesichtspunkt des Flächenverbrauchs in besonderer Weise Rechnung getragen werden.[105] 40

Die Umwandlung von Freifläche für Siedlungen und Verkehrswege und die kontinuierliche Abnahme land- und forstwirtschaftlich genutzter Flächen führen zu Schädigungen der Umwelt. Auch nicht versiegelte Siedlungsflächen (z.B. Grünflächen, Sportflächen) verlieren ihre natürlichen Eigenschaften. Die Inanspruchnahme von Flächen für Maßnahmen der Infrastruktur zerschneidet nicht selten Landschaftsräume und bedroht Fauna und Flora. Die Schäden an Naturgütern, die mit dem **Flächenverbrauch** verbundenen sind, treten in der Regel erst über lange Zeiträume auf und sind in den Folgewirkungen nur schwer zu erkennen. Anders als bspw. die Umweltfaktoren Luft und Wasser zirkuliert der Boden nicht in geschlossenen und sich regenerierenden Kreisläufen. Der Boden ist kein vermehrbares Schutzgut. Bodenverluste sind nur schwer auszugleichen, und eine qualitative Wiedergutmachung von Eingriffen ist – wenn überhaupt – nur mit verhältnismäßig großem Aufwand möglich. Die Erhaltung der natürlichen Filter-, Puffer- und Lebensraumfunktionen land- und forstwirtschaftlich genutzter Böden ist von besonderer Bedeutung, um nachteilige Auswirkungen 41

101 *Schumacher/Schumacher*, in: Schumacher/Fischer-Hüftle, BNatSchG, § 1 Rn. 33 ff. und *Kratsch/Schumacher/Schumacher*, ebd., § 7 Rn. 3 ff.

102 BGBl. II 1993, S. 1741.

103 Näher zum Begriff der unmittelbaren und mittelbaren Auswirkungen Rdn. 75 ff.

104 *Bunge*, in: HdUVP, § 2 Rn. 117 unter Hinweis auf Arbeitsgemeinschaft UVP-Gütesicherung, UVP-Gütesicherung S. 54 ff.

105 Begr. RegEntw. UVP-Modernisierungsgesetz BT-Drs. 18/11499, S. 64.

auf das (Grund-)Wasser, die Lebensräume für Flora und Fauna, die Luft, das Klima und den Boden selbst zu verhindern.[106]

42 Wegen der Komplexität ökologischer Zusammenhänge erweist es sich als schwierig, eine generelle ökologische Grenze für den Flächenverbrauch zu identifizieren. Ein dem Vorsorgeprinzip[107] verpflichtetes Handeln gebietet ein Tätigwerden auf der Grundlage aktuell verfügbarer Kenntnisse. Vor diesem Hintergrund erlangt der **Indikator Nr. 11.1.a–1.1.c** der Deutschen Nachhaltigkeitsstrategie[108] besondere Bedeutung. Da mit einem Flächenverbrauch meist auch die Abnahme der Siedlungsdichte sowie eine Zunahme des Verkehrsaufkommens und des Energieverbrauchs einhergehen, weist der Indikator auch auf Belastungspotenziale hin, die über die Inanspruchnahme von Flächen hinausgehen. Der Flächenverbrauch steht also als **Schlüsselindikator für** die **Nachhaltigkeit der Raumnutzung**.

43 Mit der Aufnahme der »Fläche« in den Katalog der Schutzgüter reagiert der Gesetzgeber auf den vorskizzierten Befund. Er nimmt damit ein Stück weit in Kauf, die Schutzgutsystematik nicht durchgängig einzuhalten, weil es sich beim Tatbestandsmerkmal »Fläche« weniger um ein Schutzgut als vielmehr um einen **Umweltindikator** handelt. Zudem lässt sich der quantitative Aspekt des Flächenverbrauchs auch dem Schutzgut »Boden« zuordnen. Steht bei diesem ansonsten aber eher die Bodenqualität im Vordergrund, hebt der Gesetzgeber mit der Aufnahme als eigenes Schutzgut allerdings die Umweltperspektive und den Nachhaltigkeitsaspekt hervor.[109]

Flankierend bestimmt das Gesetz nunmehr in Anl. 4 Nr. 4 lit. b, dass der Vorhabenträger gehalten ist, im UVP-Bericht bei der Beschreibung der möglichen erheblichen Umweltauswirkungen des Vorhabens auch Angaben über die Art zu machen, in der Schutzgüter betroffen sind. Mit Blick auf das Schutzgut »Fläche« wird in der Rubrik »mögliche Art der Betroffenheit« der Flächenverbrauch ausdrücklich erwähnt.

b) Boden

44 Gegenstand der Umweltprüfung sind auch die Auswirkungen eines Vorhabens, Plans oder Programms auf das Schutzgut »**Boden**«. Das Gesetz definiert das Tatbestandsmerkmal nicht. Ein Blick in Umweltfachgesetze, in denen der Begriff Verwendung findet, offenbart ein unterschiedliches Verständnis.[110] In Gestalt des BBodSchG[111] liegt eine bundesgesetzlich verbindliche Begriffsbestimmung vor. § 2 Abs. 1 BBodSchG definiert den Boden als die obere Schicht der Erdkruste, soweit sie Träger der in Absatz 2 genannten Bodenfunktionen ist, einschließlich der flüssigen Bestandteile (Bodenlösung) und der gasförmigen Bestandteile (Bodenluft), ohne Grundwasser und Gewässerbetten. Der Boden wird damit nicht räumlich, sondern funktional definiert.[112] Die **Bodenfunktionen** werden in § 2 Abs. 2 BBodSchG näher bestimmt. Danach ist der Boden in seinen natürlichen Funktionen (Nr. 1), seinen Funktionen als Archiv der Natur- und Kulturgeschichte (Nr. 2) sowie in seinen

106 *Rat für Nachhaltige Entwicklung*, Mehr Wert für die Fläche, S. 5. Vgl. auch *Krautzberger* DVBl 2016, 801 (803 f.).

107 Dazu näher die Kommentierung zu § 3 UVPG Rdn. 44 ff.

108 Deutsche Nachhaltigkeitsstrategie – Weiterentwicklung 2021, S. 270 ff., 374, abrufbar unter https://www.bundesregierung.de/breg-de/themen/nachhaltigkeitspolitik/eine-strategie-begleitet-uns/deutsche-nachhaltigkeitsstrategie.

109 Vgl. Begr. RegEntw. UVP-Modernisierungsgesetz BT-Drs. 18/11499, S. 75: »Akzentuierung«; ebenso *Hamacher*, in: Schink/Reidt/Mitschang, UVPG/UmwRG, § 2 UVPG Rn. 17.

110 Eingehend dazu *Kauch*, Bodenschutz, S. 7 ff. m.w.N.; vgl. auch bereits *Erbguth* UPR 1984, 241 (242); *Kloepfer*, Umweltrecht, § 14 Rn. 12; *von Mutius*, in: Blume, HbBodSch, S. 477 (478).

111 Gesetz zum Schutz vor schädlichen Bodenveränderungen und zur Sanierung von Altlasten (Bundes-Bodenschutzgesetz) vom 17.03.1998 (BGBl. I, S. 502), zuletzt geändert durch Art. 7 des G. v. 25.02.2021 (BGBl. I, S. 306).

112 *Hoppe/Beckmann/Kauch*, Umweltrecht, § 27 Rn. 18; zu dem zugrundeliegenden anthropozentrischen Begriffsverständnis vgl. näher *Peine* DVBl 1998, 157 (159); *Kobes* NVwZ 1998, 786 (788).

Nutzungsfunktionen (Nr. 3) nachhaltig zu sichern oder wiederherzustellen. Dieses die Bodenfunktionen in ihrer Vielfalt erfassende Begriffsverständnis liegt auch dem UVP-Gesetz zugrunde.[113]

Nach Anl. 4 Nr. 4 lit. b sind im UVP-Bericht in Bezug auf das Schutzgut Boden nach der möglichen Art der Betroffenheit insbesondere folgende Auswirkungen zu beschreiben: Veränderung der organischen Substanz, Bodenerosion, Bodenverdichtung, Bodenversiegelung. Da bei Einwirkungen auf den Boden Beeinträchtigungen seiner natürlichen Funktionen, seiner Nutzungsfunktionen und seiner Leistungsfähigkeit so weit wie möglich vermieden werden sollen, ist zu prüfen, ob bei der Durchführung des Vorhabens eine Veränderung der physikalischen, chemischen oder biologischen Eigenschaften des Bodens, etwa durch Veränderung der Bodenphysik, Flächenversiegelung oder durch stoffliche Einträge, zu besorgen ist, die eine nachhaltige Beeinträchtigung seiner Funktionen bedeuten würde. 45

c) Wasser

Gegenstand der Umweltprüfung sind ferner die Auswirkungen des Vorhabens auf das Schutzgut »**Wasser**«. Das Begriffsverständnis des UVPG umfasst den Begriff des Gewässers i.S.d. §§ 1, 3 WHG[114], ist darauf aber nicht beschränkt. 46

Gewässer sind die Teile der Erdoberfläche, die infolge ihrer natürlichen Beschaffenheit oder künstlichen Vorrichtungen nicht nur vorübergehend mit Wasser bedeckt sind, sowie die Teile des Erdinneren, die Wasser enthalten. Erfasst sind damit die Oberflächengewässer wie Meere, Flüsse und Seen sowie das Grundwasser. Zum Gewässer zählt jedoch nicht nur das Wasser an sich, sondern im Sinne eines funktionalen Verständnisses des Gewässerbegriffs auch das, was mit dem Wasser eine Einheit darstellt, d.h. »(Gewässer-)Bett, Ufer, Schwebstoffe im Wasser, Geschiebe und Eis«.[115] Ein – oberirdisches – Gewässer, d.h. ein ständig oder zeitweilig in Betten fließendes oder stehendes oder aus Quellen wild abfließendes Wasser (§ 3 Nr. 1 WHG), verliert diese Eigenschaft nicht, wenn es zeitweise versiegt. Es genügt, dass das Wasser in wiederkehrendem Rhythmus – wenn auch unregelmäßig – in einem Bett fließt.[116] Unerheblich ist, auf welchem Weg das Wasser in ein Gewässer gelangt.[117] Deshalb steht auch die teilweise Verrohrung eines Baches der rechtlichen Qualifikation als oberirdisches Gewässer nicht entgegen, solange nur der Bezug zum natürlichen Wasserkreislauf noch besteht.[118] Nichts anderes gilt für das in Luft kondensierte oder aus Niederschlägen oder Schneeschmelze wild abfließende Wasser, für das in Pflanzen gebundene Wasser oder die natürliche Bodenfeuchtigkeit unmittelbar unter der Erdoberfläche.[119] 47

Das UVP-Gesetz bestimmt in der Anl. 4 Nr. 4 lit. c sublit. cc, dass bei der Beschreibung der Umstände, die zu erheblichen Umweltauswirkungen führen können, u.a. auf die Ressource Wasser und deren nachhaltige Verfügbarkeit einzugehen ist. Ersichtlich besteht damit ein Bezug zu dem einschlägigen **Indikator 6.1.a (Gewässerqualität)** der Deutschen Nachhaltigkeitsstrategie, der auf die Minderung 48

113 Weitergehend *Bunge*, in: HdUVP, § 2 Rn. 122 unter Hinweis auf den umfassenden Prüfcharakter der UVP.

114 Gesetz zur Ordnung des Wasserhaushalts (Wasserhaushaltsgesetz) v. 31.07.2009 (BGBl. I, S. 2585), zuletzt geändert durch Art. 2 des G. v. 18.08.2021 (BGBl. I, S. 3909).

115 *Knopp*, in Sieder/Zeitler/Dahme/Knopp, WHG, § 2 Rn. 9; *Czychowski/Reinhardt*, WHG, § 3 Rn. 7; vgl. auch OVG Lüneburg, Urt. v. 25.09.2003 – 8 KN 2072/01, NuR 2004, 122 (123).

116 OVG Schleswig, Urt. v. 09.05.1996 – 2 L 185/94, ZfW 1997, 126 (128); *Széchényi*, in Sieder/Zeitler/Dahme/Knopp, WHG, § 3 Rn. 51 m.w.N.

117 OVG NRW, Urt. v. 24.05.1986 – 20 A 454/85, ZfW 1987, 122.

118 BVerwG, Beschl. v. 29.01.1996 – 4 B 5.96, ZfW 1997, 25 ff.; vgl. auch BVerwG, Urt. v. 27.01.2011 – 7 C 3.10, UPR 2011, 232 (233); vgl. zur Abgrenzung näher *Guckelberger*, in BeckOK UmweltR, § 2 WHG Rn. 3 ff. m.w.N.

119 Insoweit eher ablehnend *Hoppe/Beckmann/Kauch*, Umweltrecht, § 17 Rn. 2.

der stofflichen Belastung von Gewässern abzielt. Darüber hinaus ist die Nutzung von Wasser ein Gesichtspunkt, der bereits bei der Vorprüfung nach § 7 UVPG zu berücksichtigen ist.[120]

49 Auswirkungen auf das Schutzgut Wasser sind dann anzunehmen, wenn sich dessen physikalische, chemische oder biologische Beschaffenheit ändert. Ausweislich der Aufzählung in Anl. 4 Nr. 4 lit. b zum UVPG handelt sich dabei um hydromorphologische Veränderungen sowie Veränderungen von Quantität und Qualität des Wassers.[121] Nach Anl. 3 Nr. 1.7 sind die Merkmale des Vorhabens unter dem Gesichtspunkt etwaiger Risiken für die menschliche Gesundheit ausdrücklich auch im Hinblick auf eine »Verunreinigung von Wasser« zu beurteilen. Auf dieses Kriterium nimmt auch die Regelung in Anl. 4 Nr. 1 lit. d sublit. aa bei den Angaben zum UVP-Bericht Bezug.

d) Luft

50 Im Rahmen der Umweltprüfung sind ferner die Auswirkungen auf das Schutzgut »**Luft**« zu untersuchen. Unter diesem Begriff versteht das Gesetz das die Atmosphäre der Erde bildende Gasgemisch in seiner vertikalen Ausdehnung über der Erdoberfläche. Bedeutsam für die Umweltprüfung sind vornehmlich die Auswirkungen eines Vorhabens auf die unteren Luftschichten.[122]

51 Gemäß Anl. 4 Nr. 1 lit. d sublit. aa zum UVPG gehört zu den Angaben des Vorhabenträgers auch eine Abschätzung der zu erwartenden Luftemissionen. Verunreinigungen der Luft zählen zu den Umständen, zu denen nach Anl. 4 Nr. 4 lit. c sublit. dd Angaben zu machen sind. Luftverunreinigungen stellen auch ein Kriterium dar, das bei der Vorprüfung nach § 7 UVPG zu berücksichtigen ist (Anl. 3 Nr. 1.7). Der erneute Bezug zur Nachhaltigkeitsstrategie ist offensichtlich. Dort wird zum Indikatorenbereich **Luftbelastung (Indikator 3.2.a)** das Ziel formuliert, eine Reduktion der Emissionen von Luftschadstoffen zu erreichen.[123]

52 Eine Auswirkung auf das Schutzgut liegt dann vor, wenn sich die physikalische, chemische oder biologische Beschaffenheit des Gasgemisches Luft durch das Vorhaben verändert. Derartige Veränderungen werden etwa durch gasförmigen Schadstoffeintrag hervorgerufen. Weitere Ursachen sind Änderungen des natürlichen Feuchtigkeitsgehaltes sowie Temperatur- oder Druckänderungen.[124] Für die Bewertung der Auswirkungen auf die Luftbeschaffenheit sind die aufgrund des BImSchG festgelegten Immissionswerte, insbesondere der TA Luft, anzuwenden, soweit es das Fachrecht vorschreibt.

e) Klima

53 Das Schutzgut »**Klima**« bezeichnet den für ein begrenztes geographisches Gebiet typischen Ablauf der Witterung in einem gewissen Zeitraum. Nach der räumlichen Ausdehnung des betrachteten Gebietes wird allgemein zwischen lokalem, regionalem und globalem Klima unterschieden. Vor der UVPG-Novelle 2017 waren für die Umweltprüfung ausschließlich die Auswirkungen des Vorhabens auf das standortbezogene lokale Klima von Belang. Erst die Neuregelung erhob das **Makroklima**, d.h. das großräumige Klima, zum Bestandteil des Schutzguts.[125] Anl. 4 Nr. 4 lit. b und lit. c sublit. gg bestimmt seitdem ausdrücklich, dass der Beitrag des Vorhabens zum Klimawandel, z. B. durch Art und Ausmaß der mit ihm verbundenen Treibhausgasemissionen, bei entsprechender Relevanz zu betrachten ist. Die Altfassung des UVPG wurde auch nicht nachträglich durch das Inkrafttreten des Bundes-Klimaschutzgesetzes (KSG) begriffserweiternd »aufgeladen«.[126]

---

120 Vgl. Anl. 2 Nr. 1 lit. b und lit. c sublit. bb sowie Anl. 3 Nr. 1.3 und Nr. 2.2.

121 Dazu auch *Bunge*, in: HdUVP, § 2 Rn. 126.

122 *Bunge*, in: HdUVP, § 2 Rn. 127.

123 Siehe insoweit auch RegEntw. UVP-Modernisierungsgesetz BT-Drs. 18/11499, S. 64.

124 So *Bunge*, in: HdUVP, § 2 Rn. 128.

125 Vgl. BVerwG, Urt. v. 24.02.2021 – 9 A 8.20, NVwZ 2021, 1846; siehe auch Ziff. 2.1 UVPVV 2025 zu § 2 UVPG.

126 Vgl. BVerwG, Urt. v. 04.05.2022 – 9 A 7.21, BVerwGE 175, 312 Rn. 64.

Die Maßgabe der Berücksichtigung des Globalklimas zielt darauf ab, die Erreichung eines weiteren Nachhaltigkeitsziels, nämlich der Reduzierung von **Treibhausgasemissionen (Indikator Nr. 13.1.a** der Deutschen Nachhaltigkeitsstrategie), zu stärken.[127] Es steht trotz zeitgeistiger Ermüdungserscheinungen weiter zu erwarten, dass die Bedeutung dieses Schutzguts auch im Hinblick auf die Bemühungen zur Abmilderung der Klimakrise und zur Erreichung der im Übereinkommen von Paris vom 12. Dezember 2015 (»Pariser Klimaübereinkommen«)[128] vereinbarten Ziele an Bedeutung zunehmen wird. Die gestiegene Bedeutung eines effektiven Klimaschutzes mit dem Ziel der Herstellung von Klimaneutralität hat auch im sog. »Klima-Beschluss«[129] seinen Niederschlag gefunden, in dem das Bundesverfassungsgericht dessen verfassungsrechtliche Verankerung in den Freiheitsgrundrechten – in Verbindung jeweils mit dem objektivrechtlichen Klimaschutzgebot des Art. 20a GG – herausgearbeitet hat. Art. 20a GG verpflichtet danach den Staat zum Klimaschutz einschließlich der Herstellung von Klimaneutralität (»Treibhausgasminderungslast«); dieses Klimaschutzgebot hat eine internationale Dimension.[130] Das Bundesverfassungsgericht betont außerdem ausdrücklich, dass das relative Gewicht des Klimaschutzgebots in der Abwägung bei fortschreitendem Klimawandel weiter zunimmt.[131] 54

Der Umfang und die notwendige Ermittlungstiefe hinsichtlich der Auswirkungen eines Vorhabens auf das Globalklima stellt die Behörden vor praktische Schwierigkeiten. Dabei ist zu berücksichtigen, dass Inhaltsmängel der UVP im Regelfall – soweit die Anstoßwirkung für die Beteiligung der Öffentlichkeit nicht verfehlt wird – nicht als Verfahrensfehler geltend gemacht werden können.[132] Entsprechende inhaltliche Mängel können sich daher in der Regel nur bei der materiell-rechtlichen Beurteilung der Abwägungsentscheidung, insbesondere mit Blick auf das Berücksichtigungsgebot gemäß § 13 KSG, auswirken.[133] Das Bundesverwaltungsgericht hat dabei klargestellt, dass die Behörde nur einen bezogen auf die konkrete Planungssituation vertretbaren Aufwand entfalten muss.[134] Hinsichtlich der Frage, was im Einzelfall »vertretbar« ist und von der Behörde verlangt wird, besteht jedoch nach wie vor erhebliche Unsicherheit. 55

Hinsichtlich des Berücksichtigungsgebots gemäß § 13 KSG ist schließlich zu beachten, dass eine Berücksichtigung der Klimafolgen eines Vorhabens nur dort erfolgen kann, wo die Behörde einen Abwägungs-, Beurteilungs- oder Ermessensspielraum hat. Deswegen ist § 13 KSG nach der Rechtsprechung bei immissionsschutzrechtlichen Genehmigungen als gebundenen Entscheidungen mangels eines entsprechenden Entscheidungsspielraums nicht anwendbar.[135]

Tatbestandsrelevante Auswirkungen auf das Klima sind z.B. Veränderungen der Lufttemperatur, Luftfeuchtigkeit, Windgeschwindigkeit und -richtung sowie der Häufigkeit, Dauer und Intensität 56

127 BT-Drs. 18/11499, S. 64.

128 BGBl. 2016 II, S. 1082.

129 BVerfG, Beschl. v. 29.04.2021 – 1 BvR 2656/18 u.a., BVerfGE 157, 30. Siehe hierzu auch die Besprechungen etwa von *Beckmann* UPR 2021, 241, *Berkemann* DÖV 2021, 701, *Frenz* DÖV 2021, 715, *Kloepfer/Wiesmann* DVBl 2021, 1333, *Möllers/Weinberg* JZ 2021, 1069, *Schlacke* NVwZ 2021, 912 oder *Seibert* DVBl 2021, 1141.

130 BVerfG, a.a.O., BVerfGE 157, 30 Rn. 198, 203.

131 BVerfGE 157, 30 Rn. 198.

132 Siehe hierzu näher die Kommentierung zu § 4 Rdn. 9.

133 Vgl. hierzu etwa Hamb. OVG, Beschl. v. 30.04.2024 – 1 Es 4/24.P, juris Rn. 40 f., 159 ff.; Nds. OVG, Beschl. v. 07.05.2024 – 7 MS 83/23, DVBl 2024, 859.

134 BVerwG, Urt. v. 04.05.2022 – 9 A 7.21, BVerwGE 175, 312 Rn. 82.

135 BVerwG, Urt. v. 22.06.2023 – 7 A 9.22, BVerwGE 179, 239 Rn. 35 f.; BVerwG, Urt. v. 14.11.2024 – 7 A 8.23, NVwZ 2025, 771 Rn. 28; BVerwG, Urt. v. 27.03.2025 – 7 A 3.24, juris Rn. 52 ff.; Bay. VGH, Urt. v. 22.07.2025 – 22 A 23.40033, juris Rn. 100; zum Luftverkehrsrecht vgl. Bay. VGH, Urt. v. 30.07.2025 – 8 A 24.40037 u.a., juris Rn. 134 ff.; krit. mit Blick auf die immissionsschutzrechtliche Schutzgutauslegung bzw. mit Bedenken hinsichtlich der Unionsrechtskonformität *Beckmann* NuR 2025, 725; *Scheidler* UPR 2025, 6; zur Berücksichtigung globaler Klimafolgen bei der Zulassung von Abfallentsorgungsanlagen siehe ferner *Beckmann* AbfallR 2025, 210.

von Niederschlägen.[136] Solche Erscheinungen lassen sich zumeist auch als Auswirkungen auf das Umweltmedium Luft qualifizieren.[137]

f) Landschaft

57 Gegenstand der Umweltprüfung sind ferner die Auswirkungen auf das Schutzgut »**Landschaft**«. Der Begriff der Landschaft hat für das Naturschutzrecht eine zentrale Bedeutung.[138] Er wird hier als ein durch bestimmte strukturelle und funktionelle Merkmale und eine charakteristische Nutzungsweise individuell geprägter und als Einheit in dieser Merkmalsvielfalt abgrenzbarer Teilraum der Erdoberfläche verstanden.[139] Es lassen sich verschiedene Landschaftstypen unterscheiden, wobei die Bodengestaltung und die Bodenart, der Pflanzenbewuchs und die Gewässer die Hauptmerkmale sind, die die Eigenheit einer Landschaft bestimmen.[140] Die Landschaft ist aus naturschutzrechtlicher Sicht zum einen das Landschaftsbild und zum anderen der Bestandteil des Landschafts- und Naturhaushalts, der den Lebensraum für Tiere und Pflanzen bildet (z. B. § 14 Abs. 1 BNatSchG). Angesichts des integrativen Charakters der Umweltprüfung bleibt das UVP-Gesetz jedenfalls nicht hinter diesem Begriffsverständnis zurück.[141]

58 Der Begriff des **Landschaftsbildes** schließt die ästhetischen Funktionen von Natur und Landschaft und die Erholungsfunktionen ein. Er ist aber keineswegs nur visuell zu verstehen. Die Wirkung von Natur und Landschaft ist bedeutsam im Hinblick auf alle Sinne.[142] Das Schutzgut **Landschaftshaushalt** umfasst das Wirkungsgefüge zwischen den Landschaftsfaktoren Relief, Boden, Gewässer, Klima, Luft, Tier- und Pflanzenpopulationen sowie der menschlichen Gesellschaft. Der gesamthafte Charakter des Landschaftshaushalts, verstanden als Leistungs- und Funktionsfähigkeit des Naturhaushalts (§ 1 Abs. 1 Nr. 2 BNatSchG), wird bestimmt durch das Funktionieren des Gesamtgefüges, das wiederum von Einzelkomponenten abhängt, die ihre Aufgabe in diesem Gesamtgefüge erfüllen. Zur Erfassung des komplexen Schutzguts kann auf **Bio-Indikatoren** zurückgegriffen werden.[143] Es geht nicht nur um die aktuelle Leistung und Funktion des Systems, sondern auch um die Leistungs- und Funktionsfähigkeit im Sinne von Entwicklungspotentialen. Potentiell sind alle diese Gesichtspunkte in die Umweltprüfung einzubeziehen, um dem Schutzgut der Landschaft gerecht zu werden, in concreto jedoch nur, soweit diese im Einzelfall tatsächlich relevant werden.[144]

59 Eine tatbestandsrelevante Auswirkung auf das Schutzgut liegt vor, wenn sich die physikalische, chemische oder biologische Beschaffenheit der Landschaft verändert. Diese ist in ihrer ökologischen Bedeutung betroffen, wenn Lebensräume für Tiere und Pflanzen etwa durch Flächenversiegelung – die daneben freilich auch das spezielle Schutzgut »Fläche« tangiert – vermindert oder zerstört werden. Auswirkungen auf das Landschaftsbild sind Veränderungen seiner Elemente, die die Wahrnehmung der Landschaft durch den Menschen modifizieren.[145]

---

136 *Bunge*, in: HdUVP, § 2 Rn. 130; dazu *Baumüller*, in: HdUVP, Kennzahl 2805 (Klima) S. 1 ff.

137 Näher zu der engen Verknüpfung der Schutzgüter Luft und Klima *Gassner/Winkelbrandt/Bernotat*, UVP, S. 143 ff.

138 Z.B. §§ 1, 14, 22, 26 Gesetz über Naturschutz und Landschaftspflege (Bundesnaturschutzgesetz – BNatSchG) v. 29.07.2009 (BGBl. I, S. 2542), zuletzt geändert durch Art. 1 des G. v. 18.08.2021 (BGBl. I, S. 3908).

139 *Schumacher/Schumacher*, in: Schumacher/Fischer-Hüftle, BNatSchG, § 1 Rn. 8 ff.; *Meßerschmidt*, BNatSchG, § 1 Rn. 27 ff.

140 *Sparwasser/Engel/Voßkuhle*, Umweltrecht, § 6 Rn. 8 f.

141 Vgl. dazu *Bunge*, in: HdUVP, § 2 Rn. 132 f.

142 *Gassner*, UVPG, § 2 Rn. 29 und 32.

143 Vgl. etwa BVerwG, Urt. v. 09.02.2017 – 7 A 2.15, BVerwGE 158, 1 Rn. 162; Beschl. v. 21.02.1997 – 4 B 177.96, NVwZ-RR 1997, 607 (608).

144 *Gassner*, UVPG, § 2 Rn. 25.

145 *Bunge*, in: HdUVP, § 2 Rn. 134.

4. Kulturelles Erbe und sonstige Sachgüter (Nr. 4)

§ 2 Abs. 1 UVPG führt unter Nr. 4 schließlich als Schutzgut »**kulturelles Erbe und sonstige Sachgüter**« auf. Der Gesetzentwurf der Bundesregierung zur UVPG-Novelle 2017 sprach noch von Kulturgütern und sonstigen Sachgütern und beließ es insoweit bei der Ausgestaltung des UVP-Gesetzes in seiner vorherigen Fassung.[146] Die jetzige Formulierung »kulturelles Erbe« wurde im Zuge des Gesetzgebungsverfahrens auf Anregung des Bundesrats[147] aufgenommen, dessen weitergehender Vorschlag im Übrigen aber abgelehnt wurde.[148] 60

Die Bezeichnung des Schutzguts in seiner ursprünglichen Fassung machte deutlich, dass »Kulturgüter« im Verständnis des Gesetzes eine Kategorie des (Ober-)Begriffs »Sachgüter« darstellen. Dieses Tatbestandsmerkmal war seinerseits in keiner Beziehung eingeschränkt, was die Annahme nahelegte, dass an den weiten Begriff der Sache gemäß § 90 BGB angeknüpft wird. Der Begriff umfasste alle körperlichen Gegenstände, war aber zugleich auf diese begrenzt mit der Folge, dass immaterielle Güter ausgeschlossen waren.[149] Nach anderer Auffassung sollte der Begriff dennoch weit ausgelegt werden. Erfasst werden sollten danach auch immaterielle Aspekte wie räumlich bezogene Traditionen, wenn und soweit durch das Vorhaben Auswirkungen auf ein »kulturelles Erbe« in Frage stehen.[150] Dieses **weite Begriffsverständnis** findet nunmehr seine Bestätigung im Wortlaut der neu gefassten Vorschrift. Der Begriff ist nicht mehr auf dingliche Gesichtspunkte begrenzt.[151] Allerdings muss die Beurteilung ihren Bezugspunkt stets in der Gegenständlichkeit finden.[152] Anl. 4 Nr. 4 lit. b zum UVPG legt dieses Verständnis nahe. Die Vorschrift bestimmt nämlich ausdrücklich, dass bei Angaben zu der Art, in der das Schutzgut »kulturelles Erbe« von einem Vorhaben, Plan oder Programm betroffen sein kann, insbesondere Auswirkungen auf historisch, architektonisch oder archäologisch bedeutende Stätten und Bauwerke und auf Kulturlandschaften zu berücksichtigen sind. Erfasst sind danach auch Denkmäler, Bodendenkmäler sowie einzelne Bauwerke oder Ensembles von Bauwerken, die aus kunsthistorischer, architektonischer oder ingenieurtechnischer Sicht von Bedeutung sind. 61

Für den Begriff der »**sonstigen Sachgüter**« ist es unerheblich, ob es sich um natürlich belassene oder künstlich geschaffene Sachgüter handelt. Ebenso wenig kommt es auf den öffentlich-rechtlichen oder privatrechtlichen Charakter der Sachgüter an. Auch herrenlose Sachen sind insoweit tatbestandsrelevant, als sie Gegenstand von Aneignungsrechten nach dem Jagd- oder Fischereirecht sein können oder Schutzgut des Naturschutzrechts sind.[153] Sportanlagen, Gärten und landwirtschaftlich genutzte Flächen zählen ebenso dazu wie Waldflächen und Grundstücke, die ganz oder teilweise Zwecken des Naturschutzes dienen. Bei der im Rahmen der Umweltprüfung vorzunehmenden Betrachtung der Auswirkungen auf die Sachgüter sind insbesondere auch deren spezifische Funktionen in das Blickfeld zu nehmen. Angesprochen sind damit bspw. die Funktionen Wohnen, Erholung, Landwirtschaft und Forstwirtschaft. Solche Funktionen können signifikante Aussagen über Umweltauswirkungen bündeln und den Prüfungsumfang auf das Wesentliche reduzieren.[154] 62

Auswirkungen auf die Schutzgüter sind Änderungen ihrer physikalischen, chemischen oder biologischen Beschaffenheit, etwa durch Beschädigung oder Zerstörung. Dabei sind auch diesbezüg- 63

146 BT-Drs. 18/11499, S. 11.

147 Stellungnahme des Bundesrates BT-Drs. 18/11948, S. 3.

148 Gegenäußerung der Bundesregierung BT-Drs. 18/11948, S. 34.

149 *Gassner*, UVPG, § 2 Rn. 35; in diesem Sinne wohl auch *Peters/Balla/Hesselbarth*, UVPG, § 2 Rn. 11.

150 *Hönes* NuR 2009, 19 (22).

151 Insoweit noch zurückhaltend *Hamacher*, in: Schink/Reidt/Mitschang, UVPG/UmwRG, § 2 UVPG Rn. 35.

152 Zu weitgehend *UVP-Gesellschaft*, UVP-Report 2017, 222 (226), wonach auch »sinnlich Erfahrbares« einbezogen sein soll. Bei einem solchen Begriffsverständnis dürfte das Merkmal mangels hinreichender Bestimmtheit in der Praxis kaum handhabbar sein.

153 So *Gassner*, UVPG, § 2 Rn. 35 ff.

154 *Gassner*, UVPG, § 2 Rn. 36.

liche Risiken in den Blick zu nehmen, wie nicht zuletzt auch Anl. 4 Nr. 4 lit. c sublit. ee der Anlage zum UVPG nahelegt.[155]

5. Wechselwirkung zwischen den Schutzgütern (Nr. 5)

64 § 2 Abs. 1 Nr. 5 UVPG erstreckt die Prüfung der Auswirkungen eines Vorhabens, Plans oder Programms entsprechend den unionsrechtlichen Vorgaben[156] auch auf die **Wechselwirkung** zwischen den vorgenannten Schutzgütern. Der darin zum Ausdruck kommende **medienübergreifende** und **integrative Ansatz** der Umweltprüfung stellt eine Abkehr von einem überkommenen sektoralen Schutz einzelner Umweltmedien und eine Hinwendung zum Schutz komplexer Systeme dar, in denen sich Wechselwirkungen zwischen den Organismen und der Umwelt abspielen.[157] Für das Verständnis der Umweltprüfung erlangt dieses Tatbestandsmerkmal zentrale Bedeutung, wenngleich der Begriff mitunter etwas schillernd wirkt[158] und in seinen einzelnen Facetten nicht ganz leicht zu erfassen ist.[159]

a) Wechselwirkung als naturwissenschaftlicher Begriff

65 Der Begriff Wechselwirkung ist aus der naturwissenschaftlichen Disziplin der **Wirkungsforschung** bekannt.[160] Wirkung bedeutet dabei nicht die bloße Anwesenheit eines Stoffes in einem biologischen System; sie ist vielmehr die Antwort dieses Systems auf einen bestimmten Reiz. Im Zusammenhang mit Umweltschadstoffen ist Wirkung jede Veränderung, die durch einen Stoff nach kurz- oder langdauernder Zufuhr, vorübergehend oder bleibend, messbar, fühlbar oder auf andere Weise erkennbar bei Mensch oder Tier hervorgerufen wird. Dementsprechend liegt eine Wirkung dann vor, wenn in einem Organismus oder in Teilen des Organismus vorübergehend oder dauerhaft Änderungen von normalen physiologischen Prozessen herbeigeführt werden, d.h. wenn sich durch den Stoff das Muster der ständig ablaufenden biochemischen Aktivitäten verändert und diese Änderung beobachtet oder erkannt werden kann.[161] Art und Anzahl von Wirkungen sind in einem komplexen biologischen System theoretisch unendlich, praktisch jedoch begrenzt. Allerdings werden in der Regel nur solche Wirkungen beobachtet, nach denen gesucht wird, während andere, insbesondere bisher unbekannte Wirkungen, der Beobachtung entgehen können.

66 Aussagen über Wirkungen auf komplexe biologische Systeme und über deren Zusammenhang mit Stoffen oder über Dosis-Wirkungsbeziehungen oder Wirkungsschwellen und damit auch über Dosisbereiche und über Bedingungen, unter denen keine Wirkungen erwartet werden, sind ihrer Natur nach **Wahrscheinlichkeitsaussagen**. Statistische Verfahren stellen eine wesentliche methodische Grundlage zur Ermittlung und Quantifizierung des Zusammenhangs von Stoff und Wirkung dar. Mittels statistischer Methoden können Hypothesen, vermutete Ursachen oder Zusammenhänge als wahrscheinlich, weniger wahrscheinlich oder unwahrscheinlich dargestellt werden. Diese Methoden können jedoch keine Beweise liefern. Lautet das Resultat der statistischen Aufarbeitung eines Untersuchungsergebnisses, dass eine Aussage über die Wirkung eines Stoffes nicht gemacht werden kann, so darf daraus nicht der Schluss gezogen werden, dass keine Wirkung auftrat. Die Aussage ist vielmehr an die Methoden gebunden, mit denen versucht wurde, eine Wirkung zu erfassen, und kann

155 So zutr. *Bunge*, in: HdUVP, § 2 Rn. 140.

156 Vgl. oben Rdn. 14.: »Wechselbeziehung«.

157 *Erbguth/Schink*, UVPG, Einl. Rn. 15 f. und § 2 Rn. 28; *Schoeneberg*, UVP, Rn. 91; dazu bereits *Hoppe* VVDStRL 38 (1980) 211 (238); *Hoppe/Püchel* DVBl 1988, 1 (5); *SRU* DVBl 1988, 21 (26).

158 So bereits *Vallendar* UPR 1993, 417 (419) m. Fn. 31; ähnlich *Beckmann* ZUR 2014, 541 (543): »diffus«.

159 Instruktiv dazu bereits die Diskussionsbeiträge im Rahmen der Anhörung des *Arbeitskreises für Umweltrecht*, Gebundene Genehmigung oder Quasi-Planfeststellung, S. 9 ff., S. 24, S. 43 ff., S. 58 ff., S. 61 f.

160 Überblicke dazu bei *Trute* Vorsorgestrukturen und Luftreinhalteplanung S. 42 ff.

161 *SRU*, Umweltgutachten 1987, Tz. 1622 m.w.N.

sich auch nur auf diese Bedingungen beziehen. Es ist deshalb nicht auszuschließen, dass eine Wirkung auftrat, die mit den verwendeten Beobachtungsmethoden jedoch nicht zu erfassen war.[162]

Das Vorerwähnte gilt in besonderer Weise, wenn mehrere Stoffe in einem Organismus entweder direkt oder vermittelt miteinander in Wechselwirkung treten. Es werden dabei **Interaktionen** ausgelöst, welche die Wirkung der Einzelgrößen modifizieren. Solche Wechselwirkungen sind immer dann zu erwarten, wenn die jeweiligen Einflussgrößen am gleichen Einwirkungsort angreifen.[163] Das Zusammenwirken mehrerer Stoffe in einem Organismus ist allerdings nur bedingt vorhersagbar und bedarf deshalb praktisch immer der experimentellen Abklärung. Grundsätzlich können gleichzeitig im Organismus anwesende Stoffe sich gegenseitig in ihren Wirkungen verstärken, abschwächen oder ihre Wirkungen unabhängig voneinander entfalten, d.h. sich gegenseitig nicht beeinflussen.[164] Wegen der zahlreichen Kombinationsmöglichkeiten kann das mögliche Zusammenwirken mehrerer Stoffe nicht hinreichend abgeschätzt werden. Dies wird notwendigerweise auch vielfach so bleiben, da die Kombinationsmöglichkeiten zu zahlreich sind, als dass sie auch bei größtem Aufwand jemals vollständig untersucht werden könnten.[165] 67

Naturwissenschaftliche Wissensdefizite und **methodische Unsicherheiten** bestehen nach wie vor 68
u.a. in folgenden Bereichen:[166]
- Öko- und humantoxische Wirkungen verschiedener Schadstoffe, insbesondere in Bezug auf synergistische und akkumulative Wirkungen,
- umfassende Prognose aller von einem geplanten Vorhaben ausgehenden Umweltauswirkungen (z.B. Kenntnis über Art und Mengen aller bei einem Verfahren freigesetzten Stoffe),
- Datenlage über den Zustand der Umwelt vor Durchführung des Vorhabens,
- Funktionsweise des betrachteten Ökosystems, insbesondere hinsichtlich der Transport- und Akkumulationsmechanismen freigesetzter Schadstoffe sowie aller Wechselwirkungen zwischen den Teilbereichen der betrachteten Umwelt,
- Eintrittswahrscheinlichkeit von Stör- und Unfällen.

b) Wechselwirkung als Rechtsbegriff

Vor diesem Hintergrund bereitet es gewisse Schwierigkeiten, genaueren Aufschluss über die einzel- 69
nen Inhalte des **Rechtsbegriffs der Wechselwirkung** zu erlangen. Grund hierfür sind nicht zuletzt die Unsicherheiten, die die naturwissenschaftliche Bewertung komplexer Wirkungszusammenhänge kennzeichnen. Der Rechtsbegriff erkennt die Betrachtungsweise der Ökologie an, dass die einzelnen Umweltgüter nicht isoliert nebeneinander bestehen, sondern dass es Interdependenzen gibt. Wechselwirkungen beschreiben die **Umwelt als System**. Die Umwelt ist in diesem Sinne nicht nur die Summe der Umweltgüter, sondern eine eigene Größe.[167] Eben diesem Verständnis trägt das UVP-Gesetz dadurch Rechnung, dass es in § 2 Abs. 1 Nr. 5 UVPG auch die Wechselwirkung zum Gegenstand des Prüfverfahrens erklärt. Ein bloßes Aneinanderreihen einzelner Bewertungen der Umweltauswirkungen erfüllt die Zwecke der UVP also nicht. Es darf nicht nur nach den möglichen Folgen gefragt werden, die das Vorhaben, der Plan oder das Programm für ein einzelnes Umweltmedium hat, sondern es ist **medienübergreifend** und **integrativ** zu prüfen.

Der Wortlaut des § 2 Abs. 1 Satz 1 UVPG a. F. (»Auswirkungen eines Vorhabens auf… sowie die 70
Wechselwirkung zwischen den… Schutzgütern«) wurde mitunter so interpretiert, dass mit dem Begriff der Wechselwirkung eine – besondere – Kategorie der Auswirkungen auf die Umweltgüter

162 Vgl. dazu *SRU*, Umweltgutachten 1987, Tz. 1629 f.
163 *SRU*, Umweltgutachten 1987, Tz. 1461.
164 *Beyersmann*, in: Winter, Grenzwerte, S. 27 (68 f.).
165 So ausdrücklich *SRU*, Umweltgutachten 1987, Tz. 1672.
166 Dazu *Engelhardt* ZAU 1992, 166 (168); *Schoeneberg*, UVP, Rn. 93.
167 So BVerwG, Urt. v. 25.01.1996 – 4 C 5.95, BVerwGE 100, 238 (246); *Peters/Balla/Hesselbarth*, UVPG, § 2 Rn. 14; *SRU* DVBl 1988, 21 (26); *Wahl* DVBl 1988, 86 (87); *Erbguth* DÖV 1988, 481 (484); *Winter* NuR 1989, 197 (202); *Peters* UPR 1990, 133 (134); *Hoppe/Appold* DVBl 1991, 1221 (1222).

in Bezug genommen werden sollte.[168] Ein solches Begriffsverständnis ist jedenfalls mit der seit der UVPG-Novelle 2017 geltenden Fassung des § 2 Abs. 1 UVPG nicht mehr vereinbar. Gesetzessystematisch ist das Merkmal vielmehr nun eindeutig als eigenständiges Schutzgut angelegt.[169] Damit bringt der Gesetzgeber deutlich zum Ausdruck, dass Gegenstand der Umweltprüfung auch die Folgen von einzelnen Belastungen sind, die sich durch ihr Zusammentreffen addieren (**Kumulationseffekte**) oder sich gegenseitig verstärken und damit mehr als die Summe ihrer einzelnen Wirkung erzeugen (**synergetische Effekte**).[170] Darüber hinaus werden auch **Verlagerungseffekte** bzw. Problemverschiebungen von einem Medium in ein anderes aufgrund von Vermeidungs- oder Verminderungsmaßnahmen erfasst.[171] Insgesamt geht es um die Berücksichtigung der »kommunizierenden Effekte«[172] zwischen den übrigen Schutzgütern.[173] Kann bspw. bei einer emittierenden Anlage durch Einsatz von Filtern eine Reduzierung der Luftverschmutzung erreicht werden, so muss zugleich die Frage gestellt werden, ob eine für Boden und Wasser verträgliche Entsorgung dieser Filter möglich ist. Sind mit einem Vorhaben Bodenverunreinigungen verbunden, muss der Frage nachgegangen werden, ob dadurch eine Beeinträchtigung der Gewässer zu besorgen ist.[174]

71 Der Ansatz, die Umwelt als ein Wirkungsgefüge mit vielfältigen Vernetzungen zu begreifen, findet sich nicht erst im UVP-Gesetz. Das Naturschutzrecht stellt eine Rechtsmaterie dar, die in ihrem zentralen Anliegen seit jeher durch eine medienübergreifende Sichtweise gekennzeichnet ist. Die Wechselwirkungen sind das Definitionsmerkmal des für das Bundesnaturschutzgesetz maßgeblichen Begriffs des **Naturhaushalts.**[175] Dieser umschreibt das komplexe Wirkungsgefüge aller natürlichen Faktoren wie Boden, Wasser, Luft, Klima, Pflanzen- und Tierwelt, wobei innerhalb und zwischen den belebten und nichtbelebten Anteilen vielfältige Wechselwirkungen zwischen physikalischen, chemischen und biologischen Vorgängen bestehen.[176] Der Begriff Naturhaushalt steht für eine Vielzahl verschiedenster Ökosysteme, die miteinander in vielfältiger Weise in Beziehung stehen und sich gegenseitig beeinflussen. Aufgrund der Komplexität dieser Zusammenhänge lässt sich im Vorfeld allerdings oftmals kaum sagen, ob sich die Einbringung eines Stoffs nachteilig auf den Naturhaushalt auswirken wird.[177] Dementsprechend ist ein weites Begriffsverständnis geboten und schon dann von einem Eingriff in den Naturhaushalt auszugehen, wenn in den Naturhaushalt Stoffe eingebracht werden oder wenn auf einzelne Bestandteile des Naturhaushalts eingewirkt wird und dadurch

---

168 In diesem Sinne *Vallendar* UPR 1993, 417 (419); *Ladeur* ZfU 1994, 1 (6); *Vorwerk* Die Verwaltung 1996, 241 (246 f.); *Schink* NuR, 1998, 173 (174); *Schäfer* UPR 1997, 444 (445 f.). A.A. *Peters,* UVP-Richtlinie, S. 23 f.; *ders.* NuR 1996, 235 (236).

169 Vgl. ebenso *Hamacher*, in: Schink/Reidt/Mitschang, UVPG/UmwRG, § 2 UVPG Rn. 36; *Peters/Balla/Hesselbarth,* UVPG, § 2 Rn. 14.

170 Vgl. dazu bereits *Ladeur* ZfU 1994, 1 (6); *Schmidt-Aßmann*, in: FS Doehring, S. 889 (899). A.A.: *Peters,* UVP-Richtlinie S. 24 und S. 44; *Peters/Balla/Hesselbarth,* UVPG, § 2 Rn. 13; *Gassner,* UVPG, § 2 Rn. 44, die solche Effekte dem Begriff der (mittelbaren) Auswirkungen zuordnen.

171 *Hoppe/Püchel* DVBl 1988, 1 (5); *Bohne,* in: Tettinger, UVP, S. 13 (45); *Feldmann* UPR 1991, 127 (131); *Vorwerk* Die Verwaltung 1996, 241 (247); *Schäfer* UPR 1997, 444 (445 f.); a.A. *Peters,* UVP-Richtlinie, S. 24 (44); *Gassner,* UVPG, § 2 Rn. 44.

172 *Hamacher*, in: Schink/Reidt/Mitschang, UVPG/UmwRG, § 2 UVPG Rn. 36.

173 Im Ergebnis ähnlich *Peters/Balla/Hesselbarth,* UVPG, § 2 Rn. 14, wonach das Schutzgut das komplexe Wirkungsgefüge der Umweltgüter in ihrer Gesamtheit beschreibt.

174 *Hoppe/Beckmann/Kauch,* Umweltrecht, § 8 Rn. 72.

175 Vgl. § 7 Abs. 1 Nr. 2 BNatSchG; näher dazu *Meßerschmidt,* BNatSchG, § 1 Rn. 48 ff.; *Schumacher/Schumacher*, in: Schumacher/Fischer-Hüftle, BNatSchG, § 1 Rn. 48 und *Kratsch/Schumacher/Schumacher*, ebd., § 7 Rn. 6 ff.

176 So bereits Begr. RegEntw. BNatSchG, BT-Drs. 7/886, S. 28.

177 Vgl. hierzu *Kratsch/Schumacher/Schumacher*, in: Schumacher/Fischer-Hüftle, BNatSchG, § 7 Rn. 7, die darauf hinweisen, dass etwa die Vernichtung eines Pflanzenschädlings zwar für einen Pflanzenbestand nützlich sein, aber zugleich negative Auswirkungen auf die Nahrungsgrundlage anderer Lebenswesen haben kann.

(unerwünschte) Rückwirkungen auf andere Bestandteile ausgelöst werden.[178] Eine entsprechend weites Verständnis erscheint auch in Bezug auf den Begriff der Wechselwirkungen angezeigt.

Gewisse Schwierigkeiten, komplexe Wirkungszusammenhänge im Rahmen des UVP-Gesetzes verfahrensrechtlich in den Griff zu bekommen, zeigen sich an ungewöhnlichen Wortschöpfungen, die zur Charakterisierung herangezogen werden. So sollen die Umweltauswirkungen etwa »multidimensional«, »polysektoral« oder »sequenziell« ermittelt, beschrieben und bewertet werden, um die »ökologische Relevanz medienübergreifender Belastungsakkumulationen« zu erkennen.[179] Unterstellte man, dass damit nur der Versuch unternommen werden soll, dem **Wirkungsgefüge komplexer Ökosysteme** rein oberflächlich – quasi durch inhaltsleere Etiketten – Rechnung zu tragen, könnte hierin zugleich eine Selbstüberschätzung der UVP gesehen werden. Gleichermaßen wurde zunächst eine »tendenzielle Selbstüberforderung« der UVP befürchtet.[180] Solche Bedenken und Zweifel haben sich in der Praxis allerdings nicht bewahrheitet. Hierum geht es in der Sache auch nicht. Mit der Bestimmung der Wechselwirkung zum Schutzgut wird vielmehr das Gebot einer ganzheitlichen Betrachtung aller Umweltauswirkungen eines Vorhabens zum Ausdruck gebracht, d.h. im Wesentlichen die Notwendigkeit einer Loslösung von einer isolierten Betrachtung der einzelnen Umweltmedien.[181] Eine solche ist durchaus leistbar und erfordert im Zweifelsfall eben eine weite Auslegung des Schutzguts. 72

In der Vergangenheit wurden zuweilen Bedenken geäußert, ob die Wechselwirkungen zwischen einzelnen Umweltmedien, die im Rahmen der UVP zu bewerten sind, im fachrechtlichen Genehmigungsverfahren angemessen berücksichtigt werden können. Derartige Bedenken erweisen sich ebenfalls als unbegründet, berücksichtigen sie doch mitunter nicht hinreichend die einschlägigen Regelungen des jeweiligen Fachrechts.[182] 73

Der Begriff der Wechselwirkung darf allerdings nicht dahingehend überhöht werden, dass die UVP gleichsam als »Suchverfahren« missverstanden wird, in dem alle nur erdenklichen Auswirkungen auf Umweltgüter und deren Wertigkeit bis in alle Einzelheiten und feinsten Verästelungen zu untersuchen wären. Vielmehr muss stets die **Vorhaben- bzw. Projektbezogenheit der UVP** und deren unselbständiger Charakter im Blick behalten werden.[183] Die UVP verfolgt keinen Selbstzweck, sondern zielt auf die formalisierte Erfassung der Hauptauswirkungen respektive der erheblichen Umweltauswirkungen eines Vorhabens im Sinne von § 1 Abs. 1 Nr. 1 in Verbindung Anl. 1 UVPG.[184]

II. Umweltauswirkungen (Abs. 2)

§ 2 Abs. 2 UVPG definiert den Begriff der »**Umweltauswirkungen**«. Entsprechend der Gesetzessystematik gilt der Begriff für die Umweltverträglichkeitsprüfung (UVP) und die Strategische Umweltprüfung (SUP) gleichermaßen.[185] 74

178 BVerwG, Urt. v. 27.08.2009 – 7 C 1.09, NVwZ-RR 2010, 97 Rn. 20; *Klages*, in: Frenz/Müggenborg, BNatSchG, § 7 Rn. 3.

179 Dazu *Schoeneberg*, UVP, Rn. 93 m.w.N.

180 *Wahl* DVBl 1988, 86 (87 f.); *Schoeneberg*, UVP, Rn. 93.

181 Ebenso *Hamacher*, in: Schink/Reidt/Mitschang, UVPG/UmwRG, § 2 UVPG Rn. 38.

182 Siehe hierzu näher die Kommentierung zu § 25 UVPG Rdn. 161 ff.

183 Vgl. näher die Kommentierung zu § 4 UVPG.

184 Vgl. ebenso OVG NRW, Urt. v. 01.06.2023 – 20 D 377/21.AK, juris Rn. 80; OVG NRW, Beschl. v. 23.12.2016 – 20 B 710/16.AK, juris Rn. 37 ff.; missverständlich deswegen Nds. OVG, Beschl. v. 31.03.2025 – 12 ME 49/24, juris Rn. 57: »umfassende UVP«; siehe hierzu auch die Kommentierung zur Anl. 1 Rdn. 9 m.w.N.

185 Vgl. Begr. RegEntw. UVP-Modernisierungsgesetz BT-Drs. 18/11499, S. 75.

1. Unmittelbare und mittelbare Auswirkungen (Satz 1)

75 In Übereinstimmung mit den Maßgaben der UVP-Richtlinie[186] und der SUP-Richtlinie[187] erfasst § 2 Abs. 2 Satz 1 UVPG neben den unmittelbaren explizit auch die mittelbaren Auswirkungen eines Vorhabens oder der Durchführung eines Plans oder Programms auf die Schutzgüter. Eine Konkretisierung der Begrifflichkeit erfolgt mit Blick auf die Angaben des UVP-Berichts. Gemäß Anl. 4 Nr. 4 lit. a zum UVPG soll sich die Darstellung auch auf die **Art der Umweltauswirkungen** erstrecken. Danach bezieht die Beschreibung der zu erwartenden Umweltauswirkungen ausdrücklich die direkten und die etwaigen indirekten, sekundären, kumulativen, grenzüberschreitenden, kurzfristigen, mittelfristigen und langfristigen, ständigen und vorübergehenden, positiven und negativen Auswirkungen ein.

Vor allem bei mittelbaren Auswirkungen muss sich jedoch noch ein hinreichender Bezug zum Vorhaben herstellen lassen; dieser **Vorhabenbezug** beurteilt sich anhand vorhaben- und standortbezogener Kriterien.[188] Zu berücksichtigen sind nur solche Umweltauswirkungen, die dem Vorhaben bei wertender Betrachtung zurechenbar sind, weil sich in ihnen ein vorhabenspezifisches Risiko realisiert, dessen Bewältigung das Zulassungsverfahren dient.[189]

76 Eine Einschränkung des Begriffs der »Umweltauswirkungen«, etwa durch Kriterien wie »Schädlichkeit«[190], »Nachteiligkeit«[191] oder »Erheblichkeit«[192], enthält die Vorschrift nicht. Mithin kommt es für das Begriffsverständnis nicht (erst) auf solche zusätzlichen Attribute der von einem Vorhaben bzw. Plan oder Programm ausgehenden ökologischen Folgen an. Der Begriff umfasst vielmehr schlechthin **jede Auswirkung auf die Umwelt**. Dies erschließt sich ohne Weiteres daraus, dass es sich hier um eine allgemeine Begriffsdefinition handelt. Ob es sich bei den festgestellten Umweltauswirkungen um nachteilige bzw. schädliche handelt, ergibt sich demgegenüber naturgemäß erst aus der Umweltprüfung selbst und ihren Ergebnissen. Die Erheblichkeit der Auswirkungen spielt ebenfalls erst im Zusammenhang mit ihrer Bewertung und daraus folgenden Behandlung eine Rolle.

77 Das weite Begriffsverständnis erfordert eine **umfassende Einbeziehung** der Auswirkungen, welche von einem Vorhaben bzw. einem Plan oder Programm auf die Umwelt ausgehen, die also einen Vorhaben- bzw. Projektbezug aufweisen. Angesichts der dem **Vorsorgegrundsatz** verpflichteten Zielsetzung des Gesetzes liegt es nahe, dass nicht nur diejenigen Umweltfolgen erfasst werden sollen, die mit mehr oder weniger hoher Wahrscheinlichkeit zu erwarten sind. Vielmehr sind auch solche Auswirkungen in den Blick zu nehmen, die nach den konkreten Umständen des Einzelfalles verursacht werden *können*.[193] Der Grad der Wahrscheinlichkeit ihres Eintritts hat hier noch außer Betracht zu bleiben, wobei auf der anderen Seite allerdings **keine allumfassende »Suchpflicht«** hinsichtlich der entferntesten möglichen Auswirkungen besteht.[194] Dieser Aspekt erlangt Bedeutung vielmehr erst im Rahmen der zusammenfassenden Darstellung der Umweltauswirkungen und deren Bewertung.[195]

78 Auswirkungen auf die Umwelt gehen von nahezu jedem Vorhaben aus. Schon die bloße Existenz des Vorhabens verändert bereits ein Stück Umwelt und stellt damit zumindest eine »Auswirkung«

---

186 Art. 3 Abs. 1.

187 Vgl. Art. 1 und Art. 3.

188 Vgl. BVerwG, Beschl. v. 18.02.2021 – 4 B 25.20, juris Rn. 8; BVerwG, Urt. v. 14.11.2024 – 7 A 8.23, NVwZ 2025, 771 Rn. 29.

189 BVerwG, Beschl. v. 22.06.2023 – 7 VR 3.23, BVerwGE 179, 226 Rn. 45 ff. m.w.N.; siehe auch Ziff. 16.4.1 UVPVV.

190 So etwa § 3 Abs. 1 BImSchG oder § 2 Abs. 3 BBodSchG.

191 So etwa § 7 Abs. 1 und 2 oder § 12 Abs. 1 Satz 1 Nr. 2 UVPG.

192 So etwa § 12 Abs. 1 Satz 1 Nr. 2, § 22 Abs. 2 Satz 1 oder § 28 Abs. 2 Satz 1 UVPG.

193 So auch Ziff. 2.2.1 UVPVV 2025 zu § 2 UVPG.

194 Vgl. vorstehend Rn. 73.

195 *Bunge*, in: HdUVP, § 2 Rn. 98; *Peters*, UVP-Richtlinie, S. 31 f. und S. 51 ff.

dar. Die Auswirkungen erlangen eine konfliktträchtige Dimension, wenn durch die Verwirklichung des Vorhabens ein für wertvoll gehaltener Bestandteil der Umwelt, etwa ein Biotop, der Lebensraum einer Tierart oder eine seltene Landschaftsformation, betroffen wird. Das Vorhaben kann nicht nur bodenbezogene, sondern auch die Atmosphäre betreffende Wirkungen entfalten. Diese bestehen in den aus dem Nachbarrecht bekannten Wirkungen auf Sonneneinfall, Luftzirkulation und Geräuschpegel sowie ggf. auch in Veränderungen des Mikroklimas.

Noch weiter reichen die potenziellen Wirkungen, wenn das Vorhaben nicht nur gebaut, sondern in Betrieb genommen wird. In solchen Fällen vervielfachen sich die Wirkungen auf die Schutzgüter schon deshalb, weil der Betrieb im Unterschied zur Errichtung nicht nur einmal Wirkungen hervorbringt, die dann mehr oder weniger konstant bleiben. Vielmehr entstehen im Betrieb immer wieder neue Wirkungen, die sich im Laufe der Betriebsdauer noch vermehren können. Sie können als Folge ihrer quantitativen Vermehrung zugleich **qualitative Steigerungen** erfahren: Überschreiten Belastungen eine bestimmte Mindestmenge, so können sie eine neue Qualität annehmen. Stoffe, die in kleinen Mengen unbedenklich sind, überschreiten in größeren Mengen die Toxizitätsgrenze. Jedes einzelne Vorhaben kann für sich allein schon diese Wirkungen auslösen. Diese steigern sich aber noch, wenn mehrere von ihnen oder auch nur die Wirkungen mehrerer von ihnen zusammentreffen.[196] 79

Die skizzierte Darstellung möglicher Auswirkungen auf die Umwelt macht deutlich, dass die Zahl der in die Betrachtung einzubeziehenden Auswirkungen potenziell unendlich ist.[197] Je größer und umfangreicher das Vorhaben, desto weiter können seine Auswirkungen reichen. Sind die Umweltauswirkungen theoretisch unendlich komplex, gilt dies gleichermaßen für das der Ermittlung dieser Auswirkungen dienende Verfahren. Allerdings ist diese Feststellung eher theoretischer Natur. Praktisch wird die **Komplexität des Verfahrens** durch die in § 15 i.V.m. § 16 UVPG normierten Grundpflichten deutlich **reduziert**: danach bestehen Unterrichtungs- und Vorlagepflichten des Vorhabenträgers gegenüber der Behörde einerseits, Beratungs-, Erörterungs- und ggf. Beibringungspflichten der zuständigen Behörde gegenüber dem Vorhabenträger andererseits.[198] Zweck dieser Pflichten ist die Festlegung von Gegenstand, Umfang und Methoden der UVP. Die praktische Bedeutung dieses »**Scoping-Verfahrens**«[199] kann unter dem hier skizzierten Gesichtspunkt kaum überschätzt werden. Es ist letztlich diese frühzeitige Abstimmung zwischen Behörde und Vorhabenträger, welche die potentiell unendliche Komplexität der UVP im Einzelfall strukturiert und auf ein durchführbares Verwaltungsverfahren reduziert.[200] 80

2. Anfälligkeit für schwere Unfälle oder Katastrophen (Satz 2)

Nach § 2 Abs. 2 Satz 2 UVPG sind Umweltauswirkungen auch solche Auswirkungen auf die Schutzgüter, die aus der **Anfälligkeit** des Vorhabens **für schwere Unfälle oder Katastrophen** resultieren, soweit diese schweren Unfälle und Katastrophen für das Vorhaben relevant sind. Nach der Systematik der Vorschrift stellt sich dieser Tatbestand als **Unterfall** unmittelbarer und mittelbarer Auswirkungen dar. Er knüpft an eine entsprechende Regelung des Art. 3 Abs. 2 der UVP-Richtlinie an. Für das Verständnis dieser Norm ist der Erwägungsgrund 15 der Änderungsrichtlinie 2014/52/EU maßgeblich. Danach sollen im Interesse eines hohen Umweltschutzniveaus für bestimmte Projekte, bei denen aufgrund ihrer Anfälligkeit für die fraglichen Ereignisse mit erheblichen nachteiligen Auswirkungen auf die Umwelt zu rechnen ist, Vorsorgemaßnahmen getroffen werden. Als Beispiel für derartige (Natur-)Katastrophen werden Überschwemmungen, der Anstieg des Meeresspiegels oder Erdbeben genannt. Der Richtlinie betont in diesem Zusammenhang, dass die Anfälligkeit i.S.d. 81

---

196 Dazu *Gusy* UTR 1991, 3 (9) m.w.N.

197 Zutreffend *Gusy* UTR 1991, 3 (9); *Ladeur* ZfU, 1994, 1 (8); eine nicht abschließende Aufzählung der möglichen Arten von Umweltauswirkungen gibt Ziff. 2.2.2 UVPVV 2025 zu § 2 UVPG vor.

198 *Gusy* UTR 1991, 3 (10).

199 Näher dazu die Kommentierung zu § 15 UVPG, dort Rdn. 3 ff.

200 So bereits *Gusy* UTR 1991, 3 (10).

Gefährdung und Widerstandsfähigkeit sowie das Risiko des Eintretens solcher Ereignisse und deren Auswirkungen in Bezug auf die Wahrscheinlichkeit erheblicher negativer Folgen für die Umwelt zu berücksichtigen sind.

82 Die Frage, inwieweit die genannten Merkmale des § 2 Abs. 2 Satz 2 UVPG für das jeweilige Vorhaben relevant sind, beurteilt sich nach dem einschlägigen Fachrecht.[201]

III. Grenzüberschreitende Umweltauswirkungen (Abs. 3)

83 Der Bedeutung des grenzüberschreitenden Charakters von Umweltauswirkungen trägt die UVP-Richtlinie Rechnung. Anh. III Nr. 3 lit. c der Richtlinie erwähnt dieses Merkmal in den relevanten Auswahlkriterien für die Entscheidung, ob für die in Anh. II aufgelisteten Projekten eine UVP durchgeführt werden sollte. Etwaige grenzüberschreitende Auswirkungen, die die Durchführung eines Plans oder Programms auf die Umwelt haben kann, sind nach dem Erwägungsgrund 7 und des Art. 7 SUP-Richtlinie Gegenstand ausreichender grenzübergreifender Konsultationen. Vor diesem europarechtlichen Hintergrund definiert § 2 Abs. 3 UVPG den Begriff der grenzüberschreitenden Umweltauswirkungen als solche »eines Vorhabens in einem anderen Staat«.

84 Die näheren Vorschriften über grenzüberschreitende Umweltprüfungen sind in Teil 5 des UVP-Gesetzes zusammengefasst.[202] Diese unterscheiden zwischen der grenzüberschreitenden Umweltverträglichkeitsprüfung (§§ 54 ff.), der grenzüberschreitenden Strategischen Umweltprüfung (§§ 60 ff.) und den gemeinsamen Vorschriften (§ 64). Ein Blick auf die in diesen Regelungen erfassten Konstellationen zeigt, dass die Begriffsbestimmung in § 2 Abs. 3 UVPG ihrem Wortlaut nach zu kurz greift, und zwar in zweifacher Hinsicht: Zum einen beschränkt sich die Definition auf die **projektbezogenen** Umweltwirkungen, also auf solche, die von einem Vorhaben (i.S.v. § 2 Abs. 4 UVPG) ausgehen können. Wie dem Gesetz an anderer Stelle zu entnehmen ist, können aber auch Pläne oder Programme – seien es inländische (§§ 61 f.) oder ausländische (§ 62 f.) – Anlass dafür sein, eine grenzüberschreitende Strategische Umweltprüfung durchzuführen. Das Fehlen eines entsprechenden Tatbestandsmerkmals in § 2 Abs. 3 UVPG dürfte deshalb wohl ein redaktionelles Versehen darstellen. Im Übrigen spricht die Vorschrift von den Umweltauswirkungen eines Vorhabens in einem »anderen Staat«. Die Formulierung erfasst zweifellos mögliche Auswirkungen eines inländischen Vorhabens im Ausland. Nach dem Wortlaut der Vorschrift gilt dies aber nicht ohne Weiteres für den umgekehrten Fall, auch wenn diese Konstellation den Regelungen der §§ 62, 63 UVPG zugrunde liegt. Gründe der **Gesetzesklarheit** sprechen de lege ferenda dafür, das Merkmal »Pläne und Programme« ausdrücklich in den § 2 Abs. 3 UVPG aufzunehmen und die Vorschrift im Übrigen so zu formulieren, dass auch die Fallvariante eines ausländischen Vorhabens, Plans oder Programms mit grenzüberschreitenden Umweltauswirkungen im Inland eindeutig erfasst ist.

IV. Vorhaben (Abs. 4)

85 § 2 Abs. 4 UVPG definiert den Begriff des »**Vorhabens**« zunächst durch eine Anknüpfung an die Liste »UVP-pflichtige Vorhaben« in der Anlage 1 zum UVP-Gesetz. Diese Liste zählt ausnahmslos solche Anlagen auf, deren Errichtung und Betrieb der fachgesetzlichen Zulassung bedürfen. Daraus ergibt sich, dass dem UVP-Gesetz kein eigener Vorhabenbegriff zugrunde liegt, sondern derjenige des jeweiligen Fachgesetzes maßgeblich ist.[203] Auch mit Rücksicht auf die Funktion der UVP, die fachgesetzliche Sachentscheidung durch Ermittlung und Bewertung des Vorhabens vorzubereiten,

201 Begr. RegEntw. UVP-Modernisierungsgesetz BT-Drs. 18/11499, S. 75; siehe hierzu am Beispiel der Straßenplanung *Köhler* UPR 2024, 456.

202 BT-Drs. 18/11499, S. 61 und S. 75.

203 In diesem Sinne bereits *Kretz* UPR 1992, 129 (133); *Peters/Balla/Hesselbarth,* UVPG, § 2 Rn. 22; a.A. *Bunge*, in: HdUVP, § 2 Rn. 156. Siehe dazu auch die Kommentierungen zu § 16 Rdn. 22, und zu Anl. 1 Rdn. 6.

knüpft § 2 Abs. 4 UVPG an den Vorhabenbegriff des jeweiligen Fachrechts an.[204] Erfasst werden aber nur Vorhaben, die in der abschließenden Liste der »UVP-pflichtigen Vorhaben « gemäß Anl. 1 zum UVPG aufgeführt sind.[205]

Unionsrechtlich entspricht dem Begriff des Vorhabens derjenige des »**Projekts**«, der gemäß Art. 1 Abs. 2 der UVP-Richtlinie einerseits die Errichtung von baulichen oder sonstigen Anlagen sowie andererseits sonstige Eingriffe in Natur und Landschaft einschließlich derjenigen zum Abbau von Bodenschätzen umfasst. Für die Prüfungspflichtigkeit nimmt auch die Richtlinie auf Kataloge (Anhänge I und II zur Richtlinie) Bezug (Art. 4 Abs. 1 und 2 der UVP-Richtlinie).

Die Systematik von § 2 Abs. 4 UVPG nimmt zunächst eine Differenzierung zwischen **Neuvorhaben (Nr. 1)** und **Änderungsvorhaben (Nr. 2)** vor. Innerhalb der Vorhabengruppe nach Nr. 1 sind drei Kategorien zu unterscheiden: die Errichtung und der Betrieb einer technischen Anlage (lit. a), der Bau einer sonstigen Anlage (lit. b) und die Durchführung einer sonstigen in Natur und Landschaft eingreifenden Maßnahme (lit. c). Die Vorhabengruppe der Nr. 2 umfasst Änderungen unter Einschluss der Erweiterung des Vorhabens, wobei Lage oder Beschaffenheit nur bei technischen und sonstigen Anlagen und eine Änderung des Betriebs lediglich bei technischen Anlagen erfasst werden.[206] 86

1. Neuvorhaben (Nr. 1)

Vorhaben i.S.d. § 2 Abs. 4 Nr. 1 UVPG sind nach Maßgabe der Anlage 1 also zunächst die **Errichtung** und der **Betrieb** einer technischen Anlage (lit. a) sowie der **Bau** einer sonstigen Anlage (lit. b). Eine Legaldefinition des Begriffs der »Anlage« enthält das Gesetz nicht. Dies verwundert kaum angesichts des Tatbestandes, dass das geltende Umweltrecht keinen einheitlichen Anlagenbegriff kennt.[207] Es liegt deshalb auch in diesem Zusammenhang nahe, auf das jeweilige fachgesetzliche Begriffsverständnis zurückzugreifen.[208] Technische Anlagen im Sinne der. Anlage 1 sind insbesondere die immissionsschutzrechtlichen Anlagen, die Anlagen des Abfall- und Wasserrechts (Nrn. 8, 12, 13.1) sowie die Leitungsanlagen und andere Anlagen (Nr. 19).[209] 87

Nr. 1 lit. a erfasst nicht nur die Errichtung einer technischen Anlage, d.h. deren erstmalige Realisierung, sondern ausdrücklich auch den Betrieb einer schon bestehenden Anlage. Auch der laufende Betrieb einer Anlage führt regelmäßig zu Auswirkungen auf die Umwelt, die über die mit ihrem Bau verbundenen hinausgehen und auch insoweit die Durchführung einer UVP erforderlich machen können. Das Gesetz stellt auf die bestimmungsgemäße Nutzung der Anlage für den geplanten Zweck ab.[210] Dazu zählt sicherlich die Produktion im engeren Sinne. Das Merkmal geht jedoch darüber hinaus und erfasst die gesamte Betriebsweise, die bspw. auch Maßnahmen zur Wartung und Unterhaltung einschließt.[211] Die Prüfpflicht knüpft nicht erst daran an, dass die Errichtung und der Betrieb einer Anlage beantragt wird. Bereits die Vorbereitung eines Vorbescheids und die Erteilung einer ersten Teilgenehmigung oder einer sonstigen ersten **Teilzulassung** unterliegen der UVP (§ 29 Abs. 1 88

---

204 Vgl. BVerwG, Urt. v. 02.11.2017 – 7 C 25.15, NVwZ 2018, 986 Rn. 25; BVerwG, Urt. v. 11.08.2016 – 7 A 1.15, BVerwGE 156, 20 Rn. 34.

205 BVerwG, Urt. v. 07.11.2024 – 3 CN 2.23, BVerwGE 183, 363 Rn. 16 f.: Zulassung der Bejagung durch Verordnung deswegen kein Vorhaben.

206 Begr. RegEntw. UVP-Modernisierungsgesetz BT-Drs. 18/11499, S. 74.

207 So Begr. RegEntw. UVPG, BT-Drs. 11/3919, S. 21; dazu *Hoppe/Beckmann/Kauch,* Umweltrecht, § 21 Rn. 36; *Sundermann*, in: HdUR, Bd. I, Sp. 88 ff.; vgl. demgegenüber *Kloepfer/Rehbinder/Schmidt-Aßmann/Kunig,* UGB-AT, § 2 Abs. 7.

208 Siehe auch die Kommentierung zu Anl. 1 Rdn. 6.

209 In diesem Sinne auch *Bunge*, in: HdUVP, § 2 Rn. 162.

210 *Bunge*, in: HdUVP, § 2 Rn. 179, der auch alle Arbeiten, die die Nutzung vorbereiten, zum »Betrieb« zählt; für eine Zuordnung zum Begriff der »Errichtung« *Jarass,* BImSchG, § 4 Rn. 54 ff. m.w.N.

211 Siehe die Kommentierung zu Anl. 1 Rdn. 6.

UVPG). Bei weiteren Teilzulassungen soll die Prüfung auf zusätzliche erhebliche oder andere erhebliche Umweltauswirkungen des Vorhabens zu beschränkt werden (§ 29 Abs. 2 UVPG).[212]

89 Nr. 1 lit. b zielt erkennbar darauf ab, etwaige Schutzlücken zu schließen. Gegenüber der Regelung des lit. a ist die Bestimmung einerseits weiter, andererseits aber auch enger. Indem sie in den Vorhabenbegriff auch sonstige Anlagen einbezieht, kommt ihr Auffangcharakter zu. Der Anwendungsbereich der Norm ist allerdings insoweit inhaltlich begrenzt, als er nur den Bau und nicht auch den Betrieb der Anlage umfasst. Ersichtlich ist auch dieser Begriff **fachgesetzlich** zu verstehen.[213]

90 Schließlich erwähnt Nr. 1 in Anknüpfung an die UVP-Richtlinie[214] auch die Durchführung einer **sonstigen in Natur und Landschaft eingreifenden Maßnahme** (lit. c). Die Vorschrift stellt einen Auffangtatbestand dar, der solche Vorhaben erfasst, die nicht oder nicht eindeutig die Voraussetzungen des Anlagenbegriffs erfüllen.[215] Als Ausgangspunkt für das Begriffsverständnis bietet sich das Naturschutzrecht und hier insbesondere § 14 Abs. 1 BNatSchG an.[216] Nach dieser Vorschrift sind Eingriffe in Natur und Landschaft Veränderungen der Gestalt oder Nutzung von Grundflächen oder Veränderungen des mit der belebten Bodenschicht in Verbindung stehenden Grundwasserspiegels, die die Leistungs- und Funktionsfähigkeit des Naturhaushalts oder das Landschaftsbild erheblich beeinträchtigen können. Im Einklang damit zählen zu den relevanten Maßnahmen im Sinne der Anlage 1 bspw. die Entnahme von Grundwasser oder die künstliche Grundwasserauffüllung (Nr. 13.3), die Tiefbohrung zum Zwecke der Wasserversorgung (Nr. 13.4), die Baggerung in Flüssen oder Seen zur Gewinnung von Mineralien (Nr. 13.15) und forstliche Vorhaben, d.h. Erstaufforstungen und Rodungen von Wald (Nr. 17.1 und Nr. 17.2).[217]

2. Änderungsvorhaben (Nr. 2)

91 Ein Vorhaben gem. § 2 Abs. 4 Nr. 2 UVPG ist auch **die Änderung**, einschließlich der Erweiterung, der Lage, der Beschaffenheit oder des Betriebs einer technischen Anlage (lit. a) oder die Änderung, einschließlich der Erweiterung, der Lage oder der Beschaffenheit einer sonstigen Anlage (lit. b). Ebenfalls den Vorhabenbegriff erfüllt die Änderung, einschließlich der Erweiterung, der Durchführung einer sonstigen in Natur und Landschaft eingreifenden Maßnahme (lit. c). Hierunter fallen etwa die Herstellung, Beseitigung und wesentliche Umgestaltung eines Gewässers oder Waldumwandlungen.[218]

92 Die Formulierung in lit. a und b lehnt sich an die Regelung des § 16 Abs. 1 Satz 1 HS 1 BImSchG an. Nach dieser Vorschrift bedarf die Änderung der Lage, der Beschaffenheit oder des Betriebs einer genehmigungsbedürftigen Anlage der Genehmigung, wenn durch die Änderung nachteilige Auswirkungen hervorgerufen werden können und diese Auswirkungen für die Prüfung nach § 6 Abs. 1 Nr. 1 BImSchG erheblich sein können (wesentliche Änderung). Für das Verständnis der Begrifflichkeiten sind wiederum die **fachgesetzlichen Vorschriften maßgeblich.**

93 Eine Änderung der Lage einer genehmigungsbedürftigen Anlage liegt im Falle der kleinräumigen Verschiebung vor. Eine Veränderung der Beschaffenheit ist dann gegeben, wenn der Zustand der Anlage als solcher eine Änderung erfährt. Dies kann Änderungen an der bestehenden Anlage betreffen (**qualitative Änderung**) oder Erweiterungen der Anlage (**quantitative Änderung**).[219] Diese Unter-

212 Näher dazu die Kommentierung zu § 29 UVPG Rdn. 60 ff.
213 Vgl. die Kommentierung zu Anl. 1 Rdn. 7.
214 Art. 1 Abs. 2 lit. a zweiter Spiegelstrich.
215 In diesem Sinne auch *Bunge*, in: HdUVP, § 2 Rn. 171.
216 *Bunge*, in: HdUVP, § 2 Rn. 171.
217 Dazu Anl. 1 Rdn. 1 ff.; vgl. auch *Bunge*, in: HdUVP, § 2 Rn. 174.
218 Vgl. bereits zum Altrecht BT-Drs. 14/4599, S. 93.
219 *Reidt/Schiller*, in: Landmann/Rohmer, § 16 BImSchG Rn. 61, *Bunge*, in: HdUVP, § 2 Rn. 183 und Rn. 190 f.

scheidung kann vor allem für die Frage der inhaltlichen Reichweite der UVP relevant sein.[220] Erfasst werden der Austausch oder Ersatz von Anlagenteilen, nicht hingegen die bloße Instandsetzung oder Reparatur.[221] Eine Änderung des Betriebs liegt auch vor, wenn die Betriebsweise der Anlage einschließlich der Betriebszeiten verändert wird.[222]

Die (wesentliche) Änderung einer Anlage ist von der Neuanlage abzugrenzen. Erweiterungen einer Anlage als Unterfall der Änderung sind dann nicht als Neuanlage einzuordnen, wenn bloße Vergrößerungen oder die Errichtung gleichartiger Anlagen im Sinne der 4. BImSchV[223] in Rede stehen. Erreicht die Änderung (Erweiterung in quantitativer Hinsicht, Änderung der Beschaffenheit der Bestandsanlage in qualitativer Hinsicht) eine Dimension, die den Kernbestand der Anlage überwiegend oder sogar vollständig verändert, sodass sich damit zugleich die Gesamtkonzeption der Anlage ändert, bedarf es einer Neugenehmigung. Dies kann insbesondere dann der Fall sein, wenn die Änderung zu einer Verdoppelung der Anlagenkapazität führt oder sogar darüber hinausreicht.[224] 94

Die Frage, ob im Änderungsgenehmigungsverfahren eine UVP durchzuführen ist, richtet sich nach § 9 UVPG und den dort genannten Kriterien, insbesondere danach, ob für das nun geänderte Ausgangsvorhaben eine UVP durchgeführt wurde und ob die Größen- oder Leistungswerte nach Anl. 1 zum UVPG erreicht oder überschritten werden.[225] 95

V. Windfarm (Abs. 5)

§ 2 Abs. 5 UVPG definiert mit dem Begriff »**Windfarm**« eine konkrete Vorhabenart, zu der die Anlage 1 in Nr. 1.6 weitere Maßgaben enthält.[226] Satz 1 trifft zunächst eine quantitative Aussage dahin, dass eine Windfarm zumindest das Vorhandensein von drei oder mehr Windkraftanlagen voraussetzt. Dabei kommt es nicht darauf an, ob die Anlagen von einem oder mehreren Vorhabenträgern errichtet und betrieben werden. Als weitere Tatbestandsmerkmale müssen nach der Vorschrift kumulativ hinzutreten, dass sich der Einwirkungsbereich der Windkraftanlagen überschneidet und die Anlagen in einem funktionalen Zusammenhang stehen. Für den Begriff »**Einwirkungsbereich**« hält das Gesetz eine Legaldefinition bereit. Nach § 2 Abs. 11 UVPG handelt es sich dabei um das geographische Gebiet, in dem die Umweltauswirkungen auftreten, die für die Zulassung eines Vorhabens relevant sind.[227] Gemäß § 2 Abs. 5 Satz 2 UVPG wird ein **funktionaler Zusammenhang** insbesondere dann **fingiert**, wenn sich die Anlagen in derselben Konzentrationszone oder in einem Gebiet nach § 7 Abs. 3 ROG befinden. Wann außer den von der Fiktionswirkung erfassten Fällen ein solcher funktionaler Zusammenhang zwischen Windkraftanlagen besteht, richtet sich nach ähnlichen Kriterien wie für den funktionalen und wirtschaftlichen Zusammenhang i.S.v. § 10 Abs. 4 Satz 2 Nr. 2 UVPG bei der **Kumulation** von Vorhaben.[228] Mit diesen knüpft der Gesetzgeber an die Rechtsprechung des EuGH[229] an, wonach eine Umgehung der UVP-Pflicht durch Aufsplitterung von Vorhaben vermieden werden muss.[230] Die Annahme einer Aufsplitterung setzt voraus, dass sich 96

220 Vgl. in Bezug auf den Prüfungsgegenstand in einem immissionsschutzrechtlichen Änderungsgenehmigungsverfahren BVerwG, Urt. v. 21.08.1996 – 11 C 9.95, BVerwGE 101, 347, 355; siehe in diesem Zusammenhang mit Blick auf die Reichweite und den Prüfungsgegenstand der UVP ferner die Kommentierung zu § 9 Rdn. 15.

221 *Jarass*, BImSchG, § 15 Rn. 16.

222 OVG Lüneburg, Beschl. v. 09.08.2016 – 12 ME 102/16, NordÖR 2016, 518 = juris Rn. 14.

223 Vgl. dazu näher *Feldhaus/Schenk*, in: Feldhaus, BImSchG, § 4 Rn. 119 ff.

224 Näher dazu *Reidt* NVwZ 2017, 356 (357) m.w.N.

225 Vgl. hierzu im Einzelnen näher die Kommentierung zu § 9 UVPG.

226 Siehe zu Problemlagen bei Windkraftanlagen die Kommentierungen zu § 6 Rdn. 8 und § 6 Rdn. 28 ff.; § 7 Rdn. 25 ff., § 10 Rdn. 29 ff.

227 Zu diesem Merkmal vgl. unten Rdn. 143 f.

228 RegEntw. UVP-Modernisierungsgesetz BT-Drs. 18/11499, S. 75.

229 Vgl. Urt. v. 21.09.1999 – C-392/96 (Kommission/Irland), ECLI:EU:C:1999:431 = Slg. 1999, I-5901 Rn. 76.

230 RegEntw. UVP-Modernisierungsgesetz BT-Drs. 18/11499, S. 83.

ein Ensemble mehrerer benachbarter kleinerer Vorhaben bei wertender Betrachtung als Einheit darstellt und damit für die Frage der Notwendigkeit einer UVP einem Einzelvorhaben derselben Größe oder Leistung gleichsteht. Die Vergleichbarkeit mit einem entsprechend großen UVP-pflichtigen Vorhaben derselben Art ist gegeben, wenn die Vorhaben nicht beziehungslos und gleichsam zufällig nebeneinander verwirklicht werden, sondern funktional und wirtschaftlich aufeinander bezogen sind. Dieser Zusammenhang kann in einem gemeinsamen betrieblichen oder wirtschaftlichen Zweck liegen. Erforderlich hierfür ist ein planvolles und koordiniertes Verhalten. Ein Indiz kann in ineinandergreifenden betrieblichen Abläufen gesehen werden.[231] Ein funktionaler Zusammenhang im Sinne des § 2 Abs. 5 Satz 1 UVPG setzt allerdings nicht zwingend ineinandergreifende betriebliche Abläufe voraus, sondern es genügt das Vorhandensein von Umständen, aus denen sich ein die Vorhaben koordinierendes und dem/den Betreiber(n) zurechenbares Verhalten hinreichend verlässlich ableiten lässt.[232] Durch das Erfordernis eines solchen funktionalen Zusammenhangs wurde der Begriff der Windfarm im Zuge der UVPG-Novelle 2017 etwas eingeschränkt und mit der Kumulationsregelung harmonisiert.[233]

97 Die **Konzentrationszone** ist ein planungsrechtlicher Begriff. Windkraftanlagen sind gem. § 35 Abs. 1 Nr. 5 BauGB im Außenbereich privilegiert zulässig. Die Errichtung solcher Anlagen konnte jedoch mit dem Planvorbehalt des § 35 Abs. 3 Satz 3 BauGB gesteuert werden, indem hierfür Konzentrationszonen ausgewiesen wurden. Aufgrund der Sondervorschrift des § 249 Abs. 1 BauGB ist § 35 Abs. 3 Satz 3 BauGB jedoch auf Windkraftanlagen nicht mehr anzuwenden.[234] Das Windenergieflächenbedarfsgesetz (WindBG) und § 249c BauGB enthalten entsprechende Sonderregelungen für die Windkraft. Für **Windenergiegebiete** und für **Beschleunigungsgebiete** enthalten § 6 und § 6b WindBG weitreichende Genehmigungserleichterungen, die auch die UVP betreffen.[235]

In Bezug auf die Wirksamkeit von Konzentrationszonenplanungen[236] existiert eine ausdifferenzierte Rechtsprechung des Bundesverwaltungsgerichts. Danach ist die Entwicklung eines schlüssigen Gesamtkonzepts erforderlich, das sich auf den gesamten Außenbereich erstreckt. Die Planungsentscheidung muss nicht nur Auskunft darüber geben, von welchen Erwägungen die positive Standortzuweisung getragen wird, sondern auch deutlich machen, welche Gründe es rechtfertigen, den übrigen Planungsraum von Windkraftanlagen freizuhalten.[237] Weil sich die negative und die positive Komponente der festgelegten Konzentrationszonen einander bedingen, muss der Plan sicherstellen, dass sich die betroffenen Vorhaben an anderer Stelle gegenüber konkurrierenden Nutzungen durchsetzen.[238] Dies erfordert eine Unterscheidung zwischen Flächen, deren Bereitstellung für die Windkraftnutzung »schlechthin« ungeeignet sind (sog. »harte Tabuflächen«[239]) und solchen, in denen nach dem Willen des Plangebers aus unterschiedlichen Gründen die Errichtung von Windkraftanlagen »von vornherein« ausgeschlossen werden »soll« (sog. »weiche Tabuzonen«[240]). »Harte Tabu-

231 Vgl. BVerwG, Urt. v. 17.12.2015 – 4 C 7.14, BVerwGE 153, 361 Rn. 18; siehe näher zur Kumulationsregelung die Kommentierung zu § 10 UVPG Rdn. 20 ff.

232 Vgl. BVerwG, Urt. v. 17.12.2015 – 4 C 7.14, BVerwGE 153, 361 Rn. 18; Nds. OVG, Beschl. v. 11.03.2019 – 12 ME 105/18 -, juris Rn. 50; Sächs. OVG, Beschl. v. 25.11.2024 – 1 B 10/24, juris Rn. 28 f.

233 Vgl. näher VGH BW, Beschl. v. 25.01.2018 – 10 S 1681717, VBlBW 2018, 335 = juris Rn. 15; Nds. OVG, Beschl. v. 11.03.2019 – 12 ME 105/18, ZNER 2019, 148 = juris Rn. 36; OVG NRW, Urt. v. 05.10.2020 – 8 A 894/17, ZNER 2020, 558 = juris Rn. 68 ff. m.w.N.

234 Vgl. hierzu *Söfker/Kment*, in: Ernst/Zinkahn/Bielenberg/Krautzberger, BauGB, § 35 Rn. 744.

235 Vgl. hierzu OVG NRW, Beschl. v. 14.10.2024 – 8 B 713/24.AK, UPR 2025, 76; Bay. VGH, Urt. v. 04.07.2024 – 22 A 23.40049, juris Rn. 53; zu den Genehmigungserleichterungen für Windenergie in Beschleunigungsgebieten siehe ferner *Scheidler*, VR 2025, 366.

236 Zum Überleitungsrecht siehe § 245e BauGB.

237 Vgl. BVerwG, Urt. v. 18.08.2015 – 4 CN 7.14, BVerwGE 152, 372 Rn. 8, v. 11.04.2013 – 4 CN 2.12, NVwZ 2013, 1017 Rn. 5 und v. 13.12.2012 – 4 CN 1.11, BVerwGE 145, 231 Rn. 9.

238 Vgl. BVerwG, Urt. v. 18.08.2015 – 4 CN 7.14, BVerwGE 152, 372 Rn. 8.

239 Vgl. BVerwG, Urt. v. 17.12.2002 – 4 C 15.01, BVerwGE 117, 287 (295, 299).

240 Vgl. BVerwG, Urt. v. 21.10.2004 – 4 C 2.04, BVerwGE 122, 109 (112).

flächen« scheiden schon kraft Gesetzes als Konzentrationszonen für die Windenergienutzung aus.[241] Demgegenüber sind »weiche Tabuzonen« der Ebene der Abwägung zuzuordnen, so dass der Plangeber seine Entscheidung für deren Ausweisung rechtfertigen muss. Dazu muss er aufzeigen, wie er die eigenen Ausschlussgründe bewertet, d.h. kenntlich machen, dass er seinen Abwägungsspielraum erkannt hat, und die Gründe für seine Wertung offenlegen.[242]

Durch die Bezugnahme auf § 7 Abs. 3 ROG werden drei Gebietstypen erfasst: In einem **Vorranggebiet** (Nr. 1), das für bestimmte raumbedeutsame Funktionen oder Nutzungen vorgesehen ist, sind andere raumbedeutsame Funktionen oder Nutzungen ausgeschlossen, soweit diese mit den vorrangigen Funktionen oder Nutzungen nicht vereinbar sind. Vorranggebiete sind das Ergebnis einer raumordnerischen Letztentscheidung und damit Ziele der Raumordnung und Landesplanung. **Vorbehaltsgebiete** (Nr. 2) sind dadurch gekennzeichnet, dass der in ihnen festgelegten raumbedeutsamen Funktion oder Nutzung bei der Abwägung mit anderen konkurrierenden raumbedeutsamen Funktionen oder Nutzungen besonderes Gewicht zukommt. Bei **Eignungsgebieten** (Nr. 3) handelt es sich um Gebiete, in denen bestimmten raumbedeutsamen Maßnahmen oder Nutzungen, die städtebaulich nach § 35 BauGB zu beurteilen sind, andere raumbedeutsame Belange nicht entgegenstehen, wobei diese Maßnahmen oder Nutzungen an anderer Stelle im Planungsraum ausgeschlossen sind. **Eignungsgebiete für den Meeresbereich** (Nr. 4) schließlich sind solche Bereiche, die im Meeresbereich liegen, und in denen bestimmten raumbedeutsamen Funktionen oder Nutzungen andere raumbedeutsame Belange nicht entgegenstehen, wobei diese Funktionen oder Nutzungen an anderer Stelle im Planungsraum ausgeschlossen sind. In dieser ausschließenden Wirkung kommt den Eignungsgebieten der Charakter eines zu beachtenden Ziels der Raumordnung zu.[243] 98

VI. Zulassungsentscheidungen (Abs. 6)

§ 2 Abs. 6 UVPG enthält eine **Legaldefinition** des Begriffs der »**Zulassungsentscheidung**« und benennt die Verwaltungsverfahren, die als Trägerverfahren für die Durchführung der UVP in Betracht kommen. Die **katalogartige Aufzählung** ist **abschließend**.[244] Nach der Systematik der Vorschrift sind drei Kategorien von Zulassungsentscheidungen zu unterscheiden: Bewilligungen, Erlaubnisse, Genehmigungen, Planfeststellungsbeschlüsse und sonstige Zulassungsentscheidungen (Nr. 1), Linienbestimmungen und andere Entscheidungen in vorgelagerten Verfahren nach den §§ 47 und 49 (Nr. 2) sowie bauleitplanerische Beschlüsse nach § 10 BauGB (Nr. 3).[245] 99

1. Behördliche Zulassungsentscheidungen (Nr. 1)

§ 2 Abs. 6 Nr. 1 UVPG führt als erste Kategorie **alle behördlichen Entscheidungen über die Zulässigkeit von Vorhaben** auf, die in einem Verwaltungsverfahren getroffen werden. Der Entscheidungsbegriff ist dadurch trotz des abschließenden Charakters der Katalogtatbestände des § 2 Abs. 6 UVPG denkbar weit. Als ihrerseits nicht abschließende Beispiele[246] nennt das Gesetz die Bewilligung, die Genehmigung und den Planfeststellungsbeschluss. **Teilgenehmigungen** und andere **Teilzulassungen**[247] erfüllen ausdrücklich ebenfalls den Begriff der Zulassungsentscheidung. Hintergrund ist, dass sie dem Vorhabenträger das Recht einräumen, bereits einen Teil des Vorhabens zu realisieren.[248] Explizite 100

---

241 BVerwG, Urteil vom 13.12.2012 – 4 CN 1.11, BVerwGE 145, 231 Rn. 12; *Schink* UPR 2016, 366, 367.

242 Vgl. zusammenfassend BVerwG, Beschl. v. 30.01.2019 – 4 BN 4.18, juris Rn. 6; *Söfker/Kment*, in: Ernst/Zinkahn/Bielenberg/Krautzberger, BauGB, § 35 Rn. 767 ff. m.w.N.

243 Näher zu diesem Begriff die Kommentierung zu § 66 UVPG Rdn. 34.

244 Begr. RegEntw. BT-Drs. 18/11499, S. 75. A.A. insoweit 5.

245 Andere behördliche Entscheidungen wie etwa raumordnungsrechtliche Zielabweichungen stellen keine Zulassungsentscheidung in diesem Sinne dar, BVerwG, Urt. v. 28.09.2023 – 4 C 6.21, juris Rn. 12.

246 *Peters/Balla/Hesselbarth*, UVPG, § 2 Rn. 28; *Bunge*, in: HdUVP, § 2 Rn. 19.

247 Siehe zu Teilzulassungen näher die Kommentierung zu § 29 UVPG Rdn. 20 ff.

248 *Bunge*, in: HdUVP, § 2 Rn. 196.

Erwähnung findet auch der **Vorbescheid**. Dessen systematische Verortung im Zusammenhang mit der Teilgenehmigung und anderen Teilzulassungen unter Nr. 1 erscheint freilich nicht ganz konsequent, weil der Vorbescheid dem Vorhabenträger noch nicht die Befugnis gewährt, das Vorhaben zu verwirklichen, sondern nur einzelne Genehmigungsvoraussetzungen klärt.[249] Aus dem Blickwinkel der Umweltverträglichkeitsprüfung stellt der Gesetzgeber den Vorbescheid und die Teilzulassung durch die Regelungen in § 2 Abs. 6 Nr. 1 und § 29 Abs. 1 UVPG dennoch gleich.

101 Voraussetzung für die Einordnung als »**sonstige behördliche Entscheidungen über die Zulässigkeit von Vorhaben**« ist, dass der betreffenden Entscheidung tatsächlich ein **Zulassungscharakter** zukommt, d.h. sie ein präventives Verbot mit Erlaubnisvorbehalt im Sinne einer Kontrollerlaubnis überwindet. Dies entspricht den unionsrechtlichen Vorgaben in der UVP-Richtlinie, die als »Genehmigung« solche Entscheidungen definiert, aufgrund deren der Projektträger das Recht zur Durchführung des Projekts erhält.[250] Ausreichend ist allerdings, dass die behördliche Entscheidung Teilaspekte einer Zulassung enthält, was insbesondere für **mehrstufige Genehmigungsverfahren** eine Rolle spielt. Denn anderenfalls könnte die UVP-Pflichtigkeit eines Vorhabens durch die bloße Aufspaltung des Genehmigungsvorgangs auf mehrere Schritte umgangen werden, was den durch die UVP-Richtlinie vorgesehenen Regelungen ihre praktische Wirksamkeit nähme.[251] Voraussetzung für die Annahme eines Zulassungscharakters ist jedoch stets, dass sich die betreffende Verwaltungsentscheidung auf ein **anlagenbezogenes Vorhaben** bezieht.[252]

Nicht in diesem Sinne zumindest Elemente einer Zulassung enthält die Verlängerungsentscheidung nach § 18 Abs. 3 BImSchG, durch die lediglich eine Nebenbestimmung zu einer bereits erteilten Zulassung, nämlich deren Befristung, modifiziert wird.[253] Da sie keine behördliche Präventivkontrolle beinhaltet, stellt auch die Verbindlichkeitserklärung eines bodenschutzrechtlichen Sanierungsplans gemäß § 13 Abs. 6 Satz 1 BBodSchG als solche keine Zulassungsentscheidung dar, wobei für im Wege der Verfahrenskonzentration nach § 13 Abs. 6 Satz 2 BBodSchG miterteilte fachrechtliche Einzelentscheidungen (jeweils isoliert) anderes gelten kann.[254] Die Verlängerungsentscheidung nach § 18 Abs. 3 BImSchG und auch der bodenschutzrechtliche Sanierungsplan gemäß § 13 Abs. 6 Satz 1 BBodSchG sind nach der Rechtsprechung des Bundesverwaltungsgerichts allerdings nach Maßgabe von §§ 2 Abs. 1, 1 Abs. 1 Satz 1 Nr. 5 UmwRG (»Vorhaben, die unter Anwendung umweltbezogener Rechtsvorschriften *zugelassen* werden«) mit der Umweltverbandsklage angreifbar.[255] Während eine Verlängerungsentscheidung nicht UVP-pflichtig ist[256], kann die Verbindlichkeitserklärung eines Sanierungsplans nach § 35 Abs. 2 Satz 1, Abs. 3 UVPG eine einzelfallbezogene Vorprüfung voraussetzen, ob eine SUP durchzuführen ist[257]

102 Kraft ausdrücklicher gesetzlicher Anordnung zählen die **Anzeigeverfahren** nicht zu den Entscheidungen i.S.d. § 2 Abs. 6 Nr. 1 UVPG. Dies erschließt sich ohne Weiteres daraus, dass die

249 Siehe hierzu auch die Kommentierung zu § 29 UVPG Rdn. 29. Für eine Verankerung unter Nr. 2 deshalb *Bunge*, in HdUVP, § 2 Rn. 197.

250 Art. 1 Abs. 2 lit. c der UVP-Richtlinie, vgl. zum unionsrechtlichen Genehmigungsbegriff auch EuGH, Urt. v. 07.01.2004 – C-201/02 (Wells), ECLI:EU:C:2004:12 = NVwZ 2004, 593.

251 EuGH, Urt. v. 07.01.2004 – C-201/02 (Wells), ECLI:EU:C:2004:12 = NVwZ 2004, 593; Urt. v. 04.05.2006 – C-508/03 (Kommission/Vereinigtes Königreich), ECLI:EU:C:2006:287 = NVwZ 2006, 803.

252 Vgl. in Bezug auf die Änderung von Jagdzeiten BVerwG, Urt. v. 07.11.2024 – 3 CN 2.23, BVerwGE 183, 363: Zwar keine UVP-pflichtige Zulassungsentscheidung, aber nach dem Auffangtatbestand des § 1 Abs. 1 Satz 1 Nr. 5 UmwRG tauglicher Gegenstand einer (dort im Ergebnis aus FFH-rechtlichen Gründen erfolgreichen) Umweltverbandsklage.

253 Vgl. BVerwG, Urt. v. 19.12.2019 – 7 C 28.18, BVerwGE 167, 250 Rn. 16 ff.

254 Vgl. VGH BW, Urt. v. 14.07.2021 – 10 S 141/20, NuR 2022, 193.

255 Vgl. BVerwG, Urt. v. 19.12.2019 – 7 C 28.18, BVerwGE 167, 250 Rn. 25; BVerwG, Urt. v. 22.06.2023 – 10 C 4.23, BVerwGE 179, 256 Rn. 12 ff.; siehe hierzu die Kommentierung zu § 1 UmwRG Rdn. 82.

256 Vgl. BVerwG, Urt. v. 19.12.2019 – 7 C 28.18, BVerwGE 167, 250 Rn. 19.

257 Vgl. BVerwG, Urt. v. 22.06.2023 – 10 C 4.23, BVerwGE 179, 256 Rn. 21.

Umsetzung nur anzeigepflichtige Vorhaben keiner vorherigen behördlichen Entscheidung bedarf, sondern die Behörde durch die Anzeige vielmehr in die Lage versetzt wird, ggf. ihrerseits im Rahmen ihrer jeweiligen fachrechtlichen Überwachungsaufgaben tätig zu werden.[258] Nicht unter den Anwendungsbereich des Gesetzes fällt damit bspw. die Anzeigeverfahren der Änderung einer immissionsschutzrechtlich genehmigungsbedürftigen Anlage nach § 15 BImSchG. Gegenstand des Anzeigeverfahrens ist die Klärung der Genehmigungsbedürftigkeit, nicht der Genehmigungsfähigkeit.[259] § 15 sieht im Zusammenspiel mit § 16 BImSchG ein »gestuftes Regime« für **Änderungen der Anlage** vor: Wenn und soweit die Veränderung schon nicht als Änderung i.S.d. § 15 BImSchG eingestuft werden kann oder keine Auswirkungen auf die Schutzgüter des § 1 BImSchG aufweist, ist sie anzeigefrei.[260] Liegt demgegenüber eine wesentliche Änderung vor, weil sie erhebliche nachteilige Auswirkungen auf die relevanten Schutzgüter mit sich bringt, ist die Änderung genehmigungspflichtig und deshalb im Zusammenhang mit § 16 BImSchG die Feststellung der UVP-Pflicht nach Maßgabe von § 9 UVPG vorzunehmen.

2. Entscheidungen in vorgelagerten Verfahren (Nr. 2)

§ 2 Abs. 6 Nr. 2 UVPG bestimmt, dass zu den Zulassungsentscheidungen im Sinne dieses Gesetzes 103
auch die **Linienbestimmungen** und **andere Entscheidungen in vorgelagerten Verfahren** nach § 47 gehören. In Anknüpfung an die Erwägung, dass die Auswirkungen auf die Umwelt frühzeitig zu berücksichtigen sind,[261] bringt das Gesetz zum Ausdruck, dass eine UVP nicht erst auf der Ebene der Verfahren durchzuführen ist, die über die Zulässigkeit eines Vorhabens entscheiden. Vielmehr hat die Prüfung bereits auf vorgelagerten Planungsebenen zu erfolgen, soweit dort **rahmensetzende Entscheidungen** zu Einzelaspekten getroffen werden.[262] Dieser Ebene sind bspw. die Linienbestimmungen zuzurechnen, die bei linienförmigen Infrastrukturvorhaben den allgemeinen Trassenverlauf festlegen. Nach § 47 Abs. 1 Satz 1 UVPG wird für die Linienbestimmung von Bundesfernstraßen nach § 16 Abs. 1 FStrG und von Bundeswasserstraßen nach § 13 Abs. 1 WaStrG sowie im Verfahren zur Genehmigung von Flugplätzen nach § 6 Abs. 1 LuftVG die Umweltverträglichkeit nach dem jeweiligen Planungsstand des Vorhabens geprüft. Im nachfolgenden Zulassungsverfahren kann die Prüfung der Umweltverträglichkeit deswegen auf zusätzliche erhebliche oder andere erhebliche Umweltauswirkungen des Vorhabens beschränkt werden (§ 47 Abs. 3 UVPG).

Der frühere Verweis des § 2 Abs. 6 Nr. 2 UVPG auf § 49 UVPG wurde mit Inkrafttreten der Raum- 104
ordnungsnovelle[263] zum 28.09.2023 gestrichen. Hintergrund ist die Bündelung und Straffung der Raumverträglichkeitsprüfung in § 15 ROG (nur überschlägige Prüfung der Auswirkungen auf die Schutzgüter des § 2 Abs. 1 UVPG) und die Streichung der UVP auch mangels eines Zulassungscharakters der Raumverträglichkeitsprüfung.[264]

3. Bauleitplanerische Beschlüsse (Nr. 3)

§ 2 Abs. 6 Nr. 3 UVPG trifft Regelungen, die sich – in enger Beziehung zu § 50 UVPG – mit der 105
Umweltprüfung im Rahmen der Bauleitplanung befassen. Dabei ergibt sich aus dem eindeutigen

258 *Hamacher*, in: Schink/Reidt/Mitschang, UVPG/UmwRG, § 2 UVPG Rn. 59.

259 § 15 ABs. 2 Satz 1 BImSchG; vgl. hierzu *Fluck* VerwArch 88 (1997), 265 (285).

260 *Jarass*, BImSchG, § 15 Rn. 3.

261 Siehe dazu Einl. Rdn. 8 sowie die Kommentierung zu § 3 Rdn. 7.

262 *Bunge*, in: HdUVP, § 2 Rn. 202; dazu auch bereits *Erbguth/Schink*, UVPG, § 2 Rn. 53; *Erbguth* VerwArch 81 (1990) 327 (332); *Weber/Hellmann* NJW 1990, 1625 (1629); *Wagner* DVBl 1993, 583 (584); *Schoeneberg*, UVP, Rn. 186.

263 Gesetz zur Änderung des Raumordnungsgesetzes und anderer Vorschriften (ROGÄndG) vom 22.03.2023 (BGBl. I Nr. 88).

264 Vgl. näher zur Gesetzesbegründung BT-Drs. 20/4823, S. 30 f.

Wortlaut der Vorschrift, dass es sich um satzungsgemäße Entscheidungen mit einem engen Bezug zu Vorhaben der Anl. 1 zum UVPG handelt.[265]

106 Nr. 3 enthält zwei Varianten: Zunächst ist die Rede von Bebauungsplänen, die die Zulässigkeit von bestimmten UVP-pflichtigen Vorhaben begründen sollen. Damit sind Pläne gemeint, deren Festsetzungen im Zulassungsverfahren Beachtung verlangen, also solche Pläne, die sich auf die in der Anlage 1 zum UVP-Gesetz aufgeführten, insbesondere immissionsschutzrechtlich relevanten Anlagen oder auch auf bestimmte Bauvorhaben (Anl. 1 Nr. 18.1 bis 18.9) beziehen.[266] Die zweite Variante erfasst solche Bebauungspläne, die bestimmte Planfeststellungsbeschlüsse ersetzen können. Hier ist also der Bebauungsplan die Zulassungsentscheidung. Dies ist bspw. bei Vorhaben nach § 17b Abs. 8 FStrG und § 28 Abs. 3 PBefG der Fall.[267]

107 Seit Inkrafttreten des **Europarechtsanpassungsgesetzes Bau** vom 24.06.2004[268] ordnet § 2 Abs. 4 BauGB generell für alle Bauleitpläne an, dass für die Belange des Umweltschutzes eine Umweltprüfung durchzuführen ist. Durch diese Regelung wurde die Umweltprüfung zum Regelverfahren für grundsätzlich alle Bauleitpläne erhoben.[269] Der Gesetzgeber knüpft damit an die Regelung in Art. 4 der SUP-Richtlinie an. Nach dieser Vorschrift können Umweltprüfungen in der Planungshierarchie abgeschichtet werden, um die Auswirkungen auf die Umwelt bei den unterschiedlichen Konkretisierungsgraden von der Ebene der Programme über die Planung bis hin zur Genehmigung von Vorhaben sicherzustellen.

108 Folgerichtig war eine Umweltprüfung grundsätzlich für alle Pläne und Programme vorzusehen, die den Rahmen für die künftige Genehmigung von Projekten setzen, die nach der UVP-Richtlinie einer Umweltverträglichkeitsprüfung unterliegen. Nach der Vorgängerregelung des § 17 Satz 2 UVPG 2001 wurde bei Vorhaben nach Anl. 1 eine Prüfung der Umweltverträglichkeit im Bebauungsplanverfahren nur durchgeführt, wenn durch diesen Bebauungsplan die Zulässigkeit des Vorhabens begründet werden sollte (§ 2 Abs. 3 Nr. 3 UVPG a.F.). Die Beschränkung der UVP bei diesen Bebauungsplänen, die bereits eine konkrete Standortentscheidung für ein Vorhaben treffen, wurde angesichts der unionsrechtlich vorgegebenen gestuften Form von Umweltprüfungen als nicht mehr zeitgemäß angesehen.[270]

109 Die gesetzgeberische Grundentscheidung des § 2 Abs. 4 BauGB wurde im UVPG 2005 nachvollzogen. Da für alle Pläne und Programme, die den Rahmen für die künftige Genehmigung von Projekten setzen, eine Umweltprüfung durchgeführt werden muss, war es folgerichtig, die Umweltverträglichkeitsprüfung für bestimmte Bebauungspläne in der umfassenderen Umweltprüfung aufgehen zu lassen. Dies hatte – wenn auch nicht in sonderlich klarer Form – seinen Ausdruck in § 17 Abs. 1 und Abs. 2 UVPG a.F gefunden.[271] Nach § 17 Abs. 1 Satz 2 UVPG a.F. entfiel die Vorprüfung des Einzelfalles, wenn für den aufzustellenden Bebauungsplan eine Umweltprüfung nach den Vorschriften des BauGB durchgeführt wird, die zugleich den Anforderungen einer Umweltverträglichkeitsprüfung entspricht. Da dies nach der Konzeption des Gesetzgebers[272] stets der Fall war, schied eine Einzelfallprüfung generell aus.[273]

---

265 Siehe dort Nr. 18.1 bis 18.9.

266 Vgl. zum Begriff des »bestimmten Vorhabens« bei einem Bauvorhaben nach Nr. 18.7 der Anl. 1 BVerwG, Urt. v. 24.04.2024 – 4 CN 2.23, BVerwGE 182, 200 Rn. 21.

267 *Bunge*, in: HdUVP, § 2 Rn. 208; *Peters/Balla,* UVPG, § 2 Rn. 47.

268 Gesetz zur Anpassung des Baugesetzbuches an EU-Richtlinien (Europarechtsanpassungsgesetz Bau – EAG-Bau), BGBl. I, S. 1359.

269 Dazu *Schink* UPR 2014, 408 (409) m.w.N.

270 So ausdrücklich die Begr. RegEntw. EAG Bau BT-Drs. 15/2250, S. 73.

271 Dazu *Uechtritz* BauR 2005, 1859 (1861), kritisch auch *Schubert* NuR 2005, 369 (371).

272 Näher dazu *Krautzberger* UPR 2004, 41 (44 f.); *ders./Schliepkorte* UPR 2003, 92 (94).

273 Begr. RegEntw. EAG Bau BT-Drs. 15/2250, S. 74; dazu auch *Krautzberger/Schliepkorte* UPR 2003, 92 (94); *Uechtritz* BauR 2005, 1859 (1861).

110 Zur **Vermeidung von Mehrfachprüfungen** wurde im Gesetz mit Blick auf die Festlegung des Untersuchungsrahmens eine zentrale Regelung getroffen. § 14 f Abs. 3 UVPG a.F. bestimmte insoweit, dass im Einzelfall entschieden werden kann, auf welcher Stufe des Planungs- und Zulassungsprozesses bestimmte Auswirkungen auf die Umwelt schwerpunktmäßig geprüft werden sollen. Dabei waren u.a. Art und Umfang der Umweltauswirkungen zu berücksichtigen. Bei nachfolgenden Plänen und Programmen sowie bei der nachfolgenden Zulassung von Vorhaben, für die der Plan oder das Programm einen Rahmen setzt, sollte sich die Umweltprüfung auf zusätzliche oder andere erhebliche Umweltauswirkungen sowie auf erforderliche Aktualisierungen und Vertiefungen beschränken. Diese Stufung erschien jedenfalls für das Verhältnis von Flächennutzungsplan und Bebauungsplan zweckmäßig.

111 Angesichts der weitergehenden Bestimmungen des BauGB wurde bereits mit Blick auf § 2 Abs. 3 Nr. 3 UVPG a.F. konstatiert, dass dieser Vorschrift in der Praxis wohl nur geringe Bedeutung zukommen würde.[274] Diese Einschätzung bleibt vor dem Hintergrund des unveränderten Wortlauts der Regelung in § 2 Abs. 6 Nr. 3 UVPG weiterhin richtig. Dies zeigt auch § 50 UVPG, der das Verhältnis zwischen UVPG und BauGB zum Gegenstand hat und den Vorrang der bauplanungsrechtlichen Regelungen ausdrücklich regelt.

4. (Umwelt-)Rechtsbehelfsmöglichkeiten

112 Regelungen über Rechtsbehelfsmöglichkeiten in Bezug auf Entscheidungen i.S.d. § 2 Abs. 6 UVPG enthält das **Umwelt-Rechtsbehelfsgesetz.**[275] Die letzte grundlegende Novellierung dieses Gesetzes im Jahr 2017[276] diente insbesondere der Umsetzung der Beschlüsse der 5. Vertragsstaatenkonferenz zur UN/ECE Aarhus-Konvention vom 02.07.2014 und des Urteils des EuGH vom 15.10.2015, mit dem dieser die nicht hinreichende Beachtung gemeinschaftsrechtlicher Rechtsschutzanforderungen gerügt hatte.[277]

113 Der Anwendungsbereich des Umwelt-Rechtsbehelfsgesetzes bestimmt sich nach dessen § 1. § 1 Abs. 1 Satz 1 Nr. 1 UmwRG stellt dabei maßgeblich darauf ab, ob es um eine Zulassungsentscheidung i.S.v. § 2 Abs. 6 UVPG geht, für die nach den einschlägigen Rechtsvorschriften eine **UVP-Pflichtigkeit** bestehen kann. Eine solche kann sich daraus ergeben, dass ein Vorhaben nach den gesetzlichen Vorgaben zwingend einer Umweltverträglichkeitsprüfung zu unterziehen ist, dass das Vorhaben nach dem Ergebnis einer vorgeschriebenen allgemeinen oder standortbezogenen Vorprüfung des Einzelfalls einer UVP bedarf oder dass die Vorprüfung mangelhaft durchgeführt wurde. Bei der Vorprüfung des Einzelfalls ist im Rahmen der Begründetheit des Rechtsbehelfs primar zu prüfen, ob eine Umweltverträglichkeitsprüfung durchgeführt wurde bzw. hätte durchgeführt werden müssen.[278]

114 Ein wesentlicher Kerninhalt der UmwRG-Novelle 2017 war die **Erweiterung des Anwendungsbereichs.** Das Gesetz gilt nunmehr insbesondere auch für Rechtsbehelfe gegen Entscheidungen über die Annahme von Plänen und Programmen nach § 2 Abs. 7 UVPG, für die eine Pflicht zur Durchführung einer Strategischen Umweltprüfung bestehen kann (§ 1 Abs. 1 Satz 1 Nr. 4 UmwRG).

---

274 So die Einschätzung von *Bunge*, in: HdUVP, § 2 Rn. 210 f.

275 Gesetz über ergänzende Vorschriften zu Rechtsbehelfen in Umweltangelegenheiten nach der EG-Richtlinie 2003/35/EG (Umwelt-Rechtsbehelfsgesetz – UmwRG) idF d. Bek. v. 23.08.2017 (BGBl. I, S. 3290), zuletzt geändert durch Art. 8 d. G v. 25.02.2021, BGBl. I, S. 306.

276 BGBl. I, S. 1298. Zu den Änderungen des UmwRG eingehend *Schlacke* NVwZ 2017, 905 ff.; *Keller* NVwZ 2017, 1080 ff.; vgl. auch *Klinger* ZUR 2017, 86 ff.

277 EuGH C-137/14 (Kommission/Deutschland), ECLI:EU:C:2015:683 = NVwZ 2015, 1665 Rn. 75 ff. Näher hierzu die Kommentierung § 2 UmwRG Rdn. 6 ff.

278 § 4 Abs. 1 UmwRG; vgl. dazu bereits BT-Drs. 16/2495, S. 11.

VII. Pläne und Programme (Abs. 7)

1. Allgemeines

115 Die Begriffe der »**Pläne und Programme**« werden in § 2 Abs. 7 UVPG umrissen. Dabei fällt auf, dass die Regelung selbst – ebenso wie ihr unionsrechtliches Vorbild[279] – auf eine wirkliche Legaldefinition des Plan- und Programmbegriffs verzichtet. Eine Eingrenzung erfolgt vielmehr nur durch die Benennung der für das UVP-Gesetz relevanten Rechtsgrundlagen für ihre Ausarbeitung (Bundesrecht und Unionsrecht) sowie die Bildung von Fallgruppen, welche die Art ihres Zustandekommens beschreiben. Hiervon abgesehen wurden die maßgeblichen Kriterien zur Begriffseingrenzung in der Rechtsprechung insbesondere des EuGH[280] entwickelt.

116 Die gesetzliche Arrondierung der Begriffe der Pläne und Programme in § 2 Abs. 7 UVPG legt zudem ein planungsrechtliches Begriffsverständnis nahe.[281] Pläne und Programme zeichnen sich einerseits dadurch aus, dass sie keine abschließende Entscheidung über die Zulässigkeit eines Vorhabens treffen. Vielmehr sind sie Instrumente einer vorgelagerten Entscheidungsebene, auf der Festlegungen getroffen werden, die spätere **Entscheidungen** (über die Zulassung eines Einzelvorhabens) erst **vorbereiten**. Andererseits werden Pläne und Programme in einem planerischen Prozess erstellt, für den die **planerische Gestaltungsfreiheit** kennzeichnend ist. Diese gestalterische Freiheit bezieht sich sowohl auf die Zielsetzung als auch die Wahl der Mittel im Interesse der Zielerreichung.[282] Der Plangeber ist aufgerufen, die konkret betroffenen Belange umfassend zu betrachten und untereinander und gegeneinander abzuwägen und dabei ggf. auch mögliche Alternativen oder Varianten in das Blickfeld zu nehmen.[283]

117 Hiervon ausgehend ist es irrelevant, wie das jeweilige Instrument bezeichnet wird. Fehlt der charakteristische Gestaltungsspielraum, kann es sich aber nicht um eine Planung i.S.d. Gesetzes handeln. Deshalb erfüllt die Konzeption technischer Normen oder abstrakt-genereller Rechtsvorschriften, die allgemeine Vorgaben für eine unbestimmte Vielzahl von Fällen enthalten, nicht die tatbestandlichen Voraussetzungen.[284]

2. Relevante rechtliche Planungsgrundlagen

118 § 2 Abs. 7 Satz 1 UVPG begrenzt die für das UVPG relevanten Pläne und Programme auf solche, die bundesrechtlich oder durch Rechtsakte der Europäischen Union vorgesehen sind. Bei **bundesrechtlich** vorgesehenen Plänen und Programmen handelt es sich um Planungen, deren Ausarbeitung (einschließlich Änderung) oder Annahme durch Rechtsvorschriften des Bundes geregelt ist. Nach dem eindeutigen Wortlaut kommt es nicht darauf an, ob die betreffende Planung durch eine Bundes- oder Landesbehörde erfolgt. Maßgeblich ist allein, ob sich die Planung in einer bundesrechtlichen Vorschrift vorgesehen ist und sich hierauf zurückführen lässt. Grundlage der Planungsaufgabe kann insoweit auch eine **Verwaltungsvorschrift** sein, die die Behörde nur im Innenverhältnis bindet. Der Behörde ist damit die Befugnis eingeräumt, weitere Fälle zu bestimmen, in denen eine Strategische Umweltprüfung durchzuführen ist.[285]

119 Für Pläne und Programme, die ausschließlich auf Grundlage landesrechtlicher Regelung erstellt werden sind, finden die Vorschriften des UVP-Gesetzes keine direkte Anwendung. Denn bei diesen

---

279 Vgl. oben Rdn. 20.

280 Vgl. hierzu ausführlich oben Rdn. 21 ff.

281 Vgl. dazu bereits BT-Drs. 15/3441, S. 23.

282 Vgl. bereits BVerwG, Urt. v. 12.12.1969 – IV C 105.66, BVerwGE 34, 301 = juris Rn. 20: »...weil Planung ohne Gestaltungsfreiheit ein Widerspruch in sich wäre...«; siehe hierzu auch *Wegner* NuR 2017, 605 (607).

283 *Bunge*, in: HdUVP, § 2 Rn. 223, *Meßerschmidt*, Europäisches UmweltR, § 8 Rn. 141.

284 Vgl. dazu bereits BT-Drs. 15/3441, S. 23; in diesem Sinne auch *Bunge*, in: HdUVP, § 2 Rn. 227; *Stüer*, Handbuch, Rn. 2755.

285 *Bunge*, in: HdUVP, § 2 Rn. 230 f.

Plänen und Programmen liegt die Regelungskompetenz bei den Ländern, die freilich in ihren Vorschriften auf das UVPG verweisen können.[286] Da die SUP-Richtlinie – nachvollziehbar – nicht zwischen den jeweiligen innerstaatlichen Rechtsetzungsebenen differenziert[287], ist ihre Umsetzung unionsrechtlich demgegenüber auch dann geboten, wenn der Regelungsauftrag für ein Plan oder Programm aus dem Landesrecht herrührt.

§ 2 Abs. 7 Satz 1 UVPG führt daneben **Rechtsakte der Europäischen Union** an. Gemeint sein können damit naturgemäß nur Regelungen des in den Mitgliedstaaten unmittelbar geltenden Unionsrechts, d.h. insbesondere entsprechende Planungsregelungen in EU-Verordnungen (Art. 288 Abs. 2 AEUV).[288] Die Erstreckung auf Pläne und Programme, die ihre Grundlage unmittelbar im Unionsrecht haben, ist eine Reaktion des Gesetzgebers auf die einschlägige Rechtsprechung des EuGH.[289] Die SUP-Richtlinie bietet keine Anhaltspunkte, die ihre Nichtanwendung auf Pläne und Programme, die mitgliedstaatliche Behörden unmittelbar auf Unionsrecht gestützt erstellen, rechtfertigen könnte. Ein solcher Ausschluss liefe im Übrigen den mit der Richtlinie verfolgten Zielen (Art. 1 SUP-Richtlinie) zuwider. 120

Schließlich muss der Plan bzw. das Programm im Unions- oder Bundesrecht **vorgesehen** sein. Soweit in der Vergangenheit – auch seitens des Gesetzgebers – die Auffassung vertreten wurde, nur solche Pläne und Programme seien unionsrechtlich SUP-pflichtig, zu deren Aufstellung eine gesetzliche Verpflichtung besteht[290], ist dem durch die Rechtsprechung des EuGH[291] inzwischen endgültig die Grundlage entzogen. Dem hat der Gesetzgeber im Rahmen der UVPG-Novelle Rechnung getragen. Durch die Formulierung, dass die Pläne oder Programme in den genannten Rechtsakten nur »vorgesehen« sein müssen, sollte klargestellt werden, dass auch solche Pläne und Programme SUP-tauglich sind, deren Aufstellung im Ermessen der Behörde steht.[292] Die hierzu ermächtigenden Vorschriften müssen lediglich die insoweit zuständigen Behörden und das Ausarbeitungsverfahren festlegen.[293] 121

3. Fallgruppen

Zur näheren Begriffsbestimmung unterscheidet § 2 Abs. 7 Satz 1 UVPG drei Fallgruppen: Pläne und Programme i.S.d. Gesetzes sind danach nur solche bundesrechtlich oder durch EU-Rechtsakte vorgesehenen Pläne und Programme, die von einer Behörde ausgearbeitet und angenommen werden (Nr. 1) oder von einer Behörde zur Annahme durch eine Regierung oder im Wege eines Gesetzgebungsverfahrens ausgearbeitet werden (Nr. 2) oder von einem Dritten zur Annahme durch eine Behörde ausgearbeitet werden (Nr. 3). 122

Die Fallgruppe nach Nr. 1 setzt voraus, dass die genannten Planungsinstrumente von einer »Behörde« ausgearbeitet und angenommen werden. In Anknüpfung an die Terminologie der unionsrechtlichen 123

286 Dazu *Bunge*, in: HdUVP, § 2 Rn. 232 mit entspr. Beispielen.

287 Art. 2 lit. a der SUP-Richtlinie: »aufgrund von Rechts- oder Verwaltungsvorschriften«.

288 *Bunge*, in: HdUVP, § 2 Rn. 233.

289 EuGH, Urt. v. 17.06.2010 – C-105/09 und C-110/09 (Terre wallone und Inter-Environnement Wallonie), ECLI:EU:C:2010:355 = Slg. 2010, I-5611 Rn. 35 ff. in Bezug auf die sog. Nitratrichtlinie 91/676/EWG. Vgl. BT-Drs. 17/10957, S. 18.

290 Vgl. dazu BT-Drs. 15/3441, S. 23. Zustimmend etwa *Hendler* NVwZ 2005, 977 (979); weitergehend bereits *Gassner*, UVPG, § 2 Rn. 69 ff. unter Hinweis auf Art. 2 lit. a zweiter Spiegelstrich der SUP-Richtlinie.

291 Vgl. zu deren Entwicklung ausführlich oben Rdn. 21 ff.

292 BT-Drs. 18/11499, S. 76.

293 EuGH, Urt. v. 22.02.2022 – C-300/20 (Landschaftsschutzgebiet Inntal Süd/Bund Naturschutz in Bayern), ECLI:EU:C:2022:102 Rn. 37; Urt. v. 12.06.2019 – C-321/18 (Terre wallonne), ECLI:EU:C:2019:484 Rn. 34; Urt. v. 07.06.2018 – C-160/17 (Thybaut), ECLI:EU:C:2018:401, Rn. 43; Urt. v. 22.03.2012 – C-567/10 (Inter-Environnement Bruxelles), ECLI:EU:C:2012:159 = NuR 2012, 631 Rn. 31.

Grundlage des Art. 2 lit. a der SUP-Richtlinie ist der Behördenbegriff weit auszulegen; es wird aber deutlich, dass die Pläne und Programme stets **öffentlich-rechtlichen Charakters** sind.[294] Bei der »Annahme« handelt es sich um einen – ggf. auch internen – Akt, mit dem die Behörde zum Ausdruck bringt, dass sie sich den Inhalt des bisherigen Plan- oder Programmentwurfs zu eigen macht und ihn bei ihren künftigen Handlungen berücksichtigen wird.[295]

124 Die Fallgruppe der Nr. 2 übernimmt im Wesentlichen die Formulierung des Art. 2 lit. a Spiegelstrich 1 der SUP-Richtlinie. Danach werden auch solche Pläne und Programme erfasst, die von einer Behörde zur Annahme durch eine Regierung oder im Wege eines Gesetzgebungsverfahrens ausgearbeitet werden.[296] Die SUP-Richtlinie spricht von Plänen und Programmen auf nationaler, regionaler und lokaler Ebene und schließt damit auch hochstufige und relativ allgemein gehaltene Planungen für das gesamte Staatsgebiet ein.[297] Im Lichte dieser unionsrechtlichen Vorgabe spricht einiges dafür, die Bundesverkehrswegeplanung unter Einschluss der darauf aufbauenden Gesetze sowie Bedarfspläne nach § 12e EnWG unter die Vorschrift des § 2 Abs. 7 Nr. 2 zu subsumieren.[298] Dieser Einschätzung ist der Gesetzgeber gefolgt. Die genannten Planungen unterliegen nach Nr. 1.1 bzw. 1.10 der Anl. 5 zum UVPG einer Umweltprüfung. Einschränkend weist die Begründung zum Gesetzentwurf darauf hin, dass Gesetze, Verordnungen und Verwaltungsvorschriften i.d.R. nicht als Pläne oder Programme zu qualifizieren seien, weil sie Regelungen abstrakt-genereller Art enthielten.[299] Nicht zu übersehen ist freilich, dass nach der Rechtsprechung des EuGH allein der Umstand, dass eine als Plan oder Programm einzustufende Maßnahme einen allgemeinen Charakter aufweist oder ein gewisses Abstraktionsniveau in ihrer Ausgestaltung erreicht, diese nicht schon dem Geltungsbereich der SUP-Richtlinie entzieht.[300]

125 Die Fallgruppe 3 des § 2 Abs. 7 Satz 1 UVPG erfasst Pläne und Programme, die von einem Dritten zur Annahme durch eine Behörde ausgearbeitet werden. Die Vorschrift zielt ersichtlich darauf ab, **Regelungslücken** zu **schließen**. Die Pflicht zur Durchführung einer Umweltprüfung könnte nämlich anderenfalls dadurch unterlaufen werden, dass die Planung nicht durch die Behörde selbst, sondern durch Dritte erfolgt. Einbezogen ist damit bspw. das Handeln einer Einrichtung, die eine Aufgabe der öffentlichen Daseinsvorsorge wahrnimmt, ohne zugleich den Begriff der Behörde zu erfüllen.[301] Ebenso erfasst ist das Tätigwerden (privater) Dritter, die zwecks Ausarbeitung der Planung hinzugezogen werden.

126 Soweit für alle Fallgruppen eine »Ausarbeitung« vorausgesetzt wird, ist hiermit allein der Vorgang der Erstellung gemeint und ergeben sich hieraus keine besonderen Anforderungen an den Grad einer Ziel- oder Zweckgerichtetheit mit Blick auf die in Anl. 5 zum UVPG genannten Bereiche. Es genügt insoweit vielmehr, dass sich der Plan oder das Programm tatsächlich auf einen dieser Bereiche im Sinne von § 35 Abs. 1 UVPG auswirkt.[302]

294 *Bunge* NuR 2017, 447 (449).

295 BT-Drs. 15/3441, S. 23; *Bunge*, in HdUVP, § 2 Rn. 229.

296 Siehe OVG Berlin-Brandenburg, Urt. v. 30.11.2023 – OVG 11 A 1/23, ZUR 2024, 300 (301), zu einem Klimaschutzsofortprogramm i.S.d. § 8 Abs. 2 KSG als Plan bzw. Programm i.S.d. § 2 Abs. 7 Satz 1 UVPG.

297 So *Bunge* NuR 2017, 447 (450).

298 *Bunge*, in: HdUVP, § 2 Rn. 227, *ders.* NuR 2017, 447 (450).

299 BT-Drs. 18/11499, S. 76.

300 EuGH, Urt. v. 22.02.2022 – C-300/20 (Landschaftsschutzgebiet Inntal Süd/Bund Naturschutz in Bayern), ECLI:EU:C:2022:102 Rn. 41.

301 Im Zusammenhang mit der Erstellung von Plänen zur Sicherung von Wasserressourcen kann ein privatisiertes Unternehmen der Wasserversorgung als »Behörde« i.S.d. SUP-Richtlinie anzusehen sein; vgl. dazu *Bunge* NuR 2017, 447 (449).

302 Vgl. in Bezug auf das Unionsrecht EuGH, Urt. v. 22.02.2022 – C-300/20 (Landschaftsschutzgebiet Inntal Süd/Bund Naturschutz in Bayern), ECLI:EU:C:2022:102 Rn. 49; Urt. v. 25.06.2020 – C-24/19 (A u.a./Windkraftanlagen in Aalter und Nevele), ECLI:EU:C:2020:503 = NuR 2020, 695 = Rn. 66;

Dreh- und Angelpunkt für die Frage der SUP-Pflichtigkeit von Plänen oder Programmen ist oftmals die Frage einer **Rahmensetzung** für die Zulässigkeit von Einzelvorhaben (§ 35 Abs. 1 Nr. 2 sowie Abs. 2 und 3 UVPG), die im Einzelfall nicht immer einfach zu beantworten ist und zu der sich in der Rechtsprechung eine gewisse Kasuistik entwickelt hat.[303] So können bei entsprechenden Regelungsinhalten etwa Luftreinhaltepläne[304], Lärmaktionspläne oder auch Abfallwirtschaftspläne[305] als rahmensetzend anzusehen sein. SUP-pflichtig ist nach der Rechtsprechung auch die Verbindlichkeitserklärung eines bodenschutzrechtlichen Sanierungsplans.[306] Keinen Rahmen setzen hingegen städtebauliche Entwicklungsmaßnahmen nach §§ 165 ff. BauGB[307] und – jedenfalls im Regelfall – Landschaftsschutzgebietsausweisungen[308]. 127

4. Die Ausnahmeregelung des Satzes 2

Die Ausnahmeregelung des Satzes 2 dient der Umsetzung des Art. 3 Abs. 8 der SUP-Richtlinie.[309] 128
Sie bestimmt, dass bestimmte Pläne und Programme nicht in den Anwendungsbereich der Strategischen Umweltprüfung fallen, auch wenn sie die Merkmale nach Satz 1 erfüllen. Ausgenommen sind zum einen Pläne und Programme, die ausschließlich **Zwecken der Verteidigung** oder der **Bewältigung von Katastrophenfällen** dienen. Bei der Anwendung dieser Ausnahmeregelung kommt es ausschließlich auf die Ziele des Plans oder Programms an, nicht dagegen auf Auswirkungen, die diese Planungsinstrumente auf andere Belange haben mögen. Führt bspw. eine den Zwecken der Verteidigung dienende Planung zu einer Verbesserung der lokalen Beschäftigungsstruktur, so ist dies kein Umstand, der ihre SUP-Pflichtigkeit begründen würde, solange die Zielsetzung des Plans oder Programms unverändert bleibt.[310]

Die Regelung in Satz 2 nimmt Bezug auf die **Katastrophenschutzpläne**, die nach den einschlägigen 129
Gesetzen der Länder vorgesehen sind.[311] Gegenstand dieser Pläne sind Schutz- und Abwehrmaßnahmen für Katastrophenschutzsituationen. Der Begriff »Katastrophe« wird jeweils landesrechtlich definiert, wobei festzustellen ist, dass die Regelungen in den Formulierungen zwar abweichen, ihnen aber im Wesentlichen ein gleiches Grundverständnis zugrunde liegt. Nach § 1 Abs. 2 Nr. 2 BHKG NRW ist unter Katastrophe ein Schadensereignis zu verstehen, welches das Leben, die Gesundheit oder die lebensnotwendige Versorgung zahlreicher Menschen, Tiere, natürliche Lebensgrundlagen oder erhebliche Sachwerte in so ungewöhnlichem Ausmaß gefährdet oder wesentlich beeinträchtigt, dass der sich hieraus ergebenden Gefährdung der öffentlichen Sicherheit nur wirksam begegnet werden kann, wenn die zuständigen Behörden und Dienststellen, Organisationen und eingesetzten Kräfte unter einer einheitlichen Gesamtleitung der zuständigen Katastrophenschutzbehörde zusammenwirken.

Von der SUP-Pflicht ausdrücklich ausgenommen sind zum anderen **Finanz- und Haushaltspläne** 130
und -programme. Die gesetzgeberische Entscheidung begegnet keinen Bedenken[312] und erscheint folgerichtig. Zwar ist nicht zu verkennen, dass Haushaltspläne und Finanzprogramme die finanziellen Rahmenbedingungen für die Verwirklichung von Vorhaben aufstellen und damit Einfluss auf

Urt. v. 27.10.2016 – C-290/15 (D'Oultremont), ECLI:EU:C:2016:816 = NVwZ 2017, 378 Rn. 44. Siehe hierzu oben Rdn. 22.

303 Siehe hierzu auch die Kommentierung zu § 1 UmwRG Rdn. 68.
304 BVerwG, Urt. v. 27.02.2020 – 7 C 3.19, BVerwGE 168, 20 Rn. 22.
305 *Schink*, in: Schink/Reidt/Mitschang, UVPG/UmwRG, § 35 UVPG Rn. 15 m.w.N.
306 BVerwG, Urt. v. 22.06.2023 – 10 C 4.23, BVerwGE 179, 256; a.A. noch VGH BW, Urt. v. 14.07.2021 – 10 S 141/20, NuR 2022, 193 in der Vorinstanz.
307 VGH BW, Urt. v. 06.07.2021 – 3 S 2103/19, ZfBR 2022, 71.
308 Vgl. oben Rdn. 25.
309 BT-Drs. 18/11499, S. 76.
310 Weitergehend *Bunge*, in: HdUVP, § 2 Rn. 236.
311 *Bunge*, in: HdUVP, § 2 Rn. 237.
312 Kritisch demgegenüber aus umweltpolitischer Sicht *Bunge*, in: HdUVP, § 2 Rn. 239.

deren Größe und Standort nehmen. Solche Planungen setzen aber nicht den Rahmen für die Entscheidung über die Zulässigkeit von Vorhaben.[313]

VIII. Öffentlichkeit (Abs. 8)

131 § 2 Abs. 8 UVPG enthält eine Legaldefinition des Begriffes der »**Öffentlichkeit**« und knüpft insoweit an die gemeinschaftsrechtlichen Vorgaben aus Art. 1 Abs. 2 lit. d der UVP-Richtlinie, Art. 2 lit. d der SUP-Richtlinie sowie Art. 2 Nr. 4 der Aarhus-Konvention an. Textliche Übereinstimmung besteht insoweit, als sowohl in den Vorschriften der Richtlinien und der Konvention als auch im Gesetzestext von einzelnen oder mehreren natürlichen oder juristischen Personen die Rede ist. Das letztgenannte Tatbestandsmerkmal erfasst Personen(-mehrheiten), die kraft Gesetzes Träger eigener Rechte und Pflichten sein können. Gemeint sind damit Personen des Privatrechts wie auch solche des öffentlichen Rechts.[314]

132 Mit Blick auf die Mehrheit von Personen spricht das Gesetz darüber hinaus von »deren Vereinigungen«. Soweit sich dieses Merkmal auf die vorerwähnten natürlichen und juristischen Personen bezieht, kommt ihm eine eigenständige Bedeutung nicht zu, weil die Vorschrift diese Personenmehrheiten bereits erfasst. Sinn und Zweck der Regelung legen deshalb ein Verständnis nahe, dass mit diesem Begriff auch eine nicht rechtsfähige Mehrheit von Personen einbezogen werden soll.[315]

133 Während das Gesetz den Begriff »**Vereinigung**« erwähnt, führen die Richtlinien darüber hinaus noch das Merkmal »Organisationen oder Gruppen« an. Das UVP-Gesetz bleibt damit jedoch nicht hinter den unionsrechtlichen Vorgaben zurück. Das Tatbestandsmerkmal »Vereinigung« umfasst ohne weiteres den Begriff der Organisation, der lediglich auf einen organisatorischen Zusammenschluss der Personenmehrheit hinweist. Es schließt aber auch den Begriff der »Gruppe« ein. Hierbei handelt es sich um eine Mehrheit von Personen, die sich bspw. als Bürgerinitiative zu bestimmten Zwecken regelmäßig trifft, ohne dass es hierfür einer festen internen Struktur bedarf. Eine weite Auslegung des Merkmals, die europarechtlich geboten ist, führt zu dem Ergebnis, dass auch solche Personenzusammenschlüsse erfasst werden.[316]

134 **Ausländische** natürliche oder juristische Personen und deren Vereinigungen erfüllen ebenfalls den Begriff der Öffentlichkeit. Dies ergibt sich aus den Anforderungen der vorerwähnten Richtlinien und der Aarhus-Konvention. Die Regelungen über die grenzüberschreitende Öffentlichkeitsbeteiligung bei inländischen Vorhaben (§ 56) und bei inländischen Plänen und Programmen (§ 61) tragen diesem Erfordernis Rechnung.[317]

IX. Betroffene Öffentlichkeit (Abs. 9)

135 § 2 Abs. 9 UVPG greift die in § 2 Abs. 8 UVPG geregelte Begriffsbestimmung der Öffentlichkeit auf und knüpft im 1. HS an das Tatbestandsmerkmal der »berührten Belange« aus § 73 Abs. 4 Satz 1 VwVfG an.[318] Die Regelung bestimmt, dass jeder, dessen Belange durch die Entscheidung über die Zulassung eines Vorhabens oder die Durchführung eines Plans oder eines Programms berührt werden, Teil der **betroffenen Öffentlichkeit** ist. Diesen Begriff kennt auch das Unionsrecht. Art. 3 Nr. 1 der Richtlinie 2003/35/EG des Europäischen Parlaments und des Rates vom 26.05.2003[319] definierte ihn erstmals, und zwar als »die von umweltbezogenen Entscheidungsverfahren (…) betroffene oder wahrscheinlich betroffene Öffentlichkeit oder die Öffentlichkeit mit einem Interesse daran (…)«.

---

313 BT-Drs. 15/3441, S. 23 f.
314 *Bunge*, in: HdUVP, § 2 Rn. 243.
315 Zutreffend *Bunge*, in: HdUVP, § 2 Rn. 244.
316 Vgl. *Bunge*, in: HdUVP, § 2 Rn. 245.
317 *Bunge*, in: HdUVP, § 2 Rn. 246.
318 Vgl. dazu bereits BT-Drs. 15/3441, S. 24.
319 ABl Nr. L 156, S. 17.

Der Begriff »**Belang**« ist in Übereinstimmung mit Rechtsprechung und Schrifttum weiter zu verstehen als der des »subjektiven öffentlichen Rechts«. Er umfasst alle öffentlich-rechtlich oder zivilrechtlich begründeten Rechte, also bspw. Gesundheit, Eigentum oder Nutzungsbefugnisse. Darüber hinaus beinhaltet er nicht rechtlich geschützte Interessen wirtschaftlicher, ökologischer, sozialer, kultureller, ideeller oder sonstiger Art, die nicht unredlich erworben und deshalb anerkennenswert sind.[320] Entsprechend der Zielsetzung von UVP und SUP ist eine weite Auslegung der Begriffe geboten. Die Einbeziehung der Öffentlichkeit im Rahmen des Prüfverfahrens dient nicht nur dem individuellen Interesse, sondern auch dazu, der Behörde eine solide Informationsgrundlage zu vermitteln. Die **Optimierung der Informationsbasis** für die Behörde ist ein Anliegen, das in Richtlinien immer wieder zum Ausdruck kommt. So stellt bspw. Erwägungsgrund 16 der UVP-Richtlinie ausdrücklich fest, dass eine effektive Beteiligung der Öffentlichkeit die Entscheidungsträger in die Lage versetzt, geäußerte Meinungen und Bedenken zu berücksichtigen. »Dadurch wird der Entscheidungsprozess nachvollziehbarer und transparenter, und in der Öffentlichkeit wächst das Bewusstsein für Umweltbelange sowie die Unterstützung für die getroffenen Entscheidungen.« 136

Die Wahrnehmung von Interessen allein zum Schutz der Allgemeinheit oder des Gemeinwohls stellt demgegenüber keinen individuellen Belang dar.[321] Mithin ist es nicht ausreichend, wenn der Einzelne sich den Schutz öffentlicher Interessen zur Aufgabe macht. Das Recht, im Rahmen einer UVP oder SUP Stellung zu nehmen, setzt stets voraus, dass der Einzelne in **eigenen Rechten** oder **berechtigten Interessen** betroffen ist. 137

Belange i.S.d. Absatzes 9 HS 1 sind berührt, wenn eine **Betroffenheit zumindest möglich** erscheint, also nicht offensichtlich und nach jeder Betrachtungsweise auszuschließen ist.[322] Ob diese nicht entfernte Möglichkeit besteht, beurteilt sich nach den Umständen des Einzelfalls. In projektbezogenen Zulassungsverfahren ist bspw. die Entfernung eines Grundstücks mit einer darauf stattfindenden Wohnnutzung zum Standort des geplanten Vorhabens von Bedeutung. Vor diesem Hintergrund hat etwa das OVG NRW in einem Verfahren zur Aufhebung einer immissionsschutzrechtlichen Genehmigung zur wesentlichen Änderung von Windkraftanlagen in einer Windfarm festgestellt, dass natürliche und juristische Personen zur »betroffenen Öffentlichkeit« gehören, wenn sie durch die – ein UVP-pflichtiges Vorhaben betreffende – Zulassungsentscheidung in ihren Belangen »berührt« werden. Dabei wird die Betroffenheit in diesem Sinne grundsätzlich durch einen **räumlichen Bezug zum Wirkungsbereich** der Immissionen bestimmt sein.[323] 138

Absatz 9 HS 2 bestimmt, dass zu der betroffenen Öffentlichkeit unter bestimmten Voraussetzungen auch **Vereinigungen** gehören. Soweit es sich um juristische Personen handelt, können diese ebenso wie natürliche Personen in eigenen Belangen berührt werden. Im Hinblick auf diese Vereinigungen verlangt die Vorschrift, dass deren »**satzungsgemäßer Aufgabenbereich**« durch eine Zulassungsentscheidung oder einen Plan oder ein Programm berührt wird.[324] Kraft ausdrücklicher gesetzlicher Anordnung gehören dazu auch Vereinigungen zur Förderung des Umweltschutzes. Neben den i.S.v. § 3 UmwRG anerkannten Umweltvereinigungen können auch Denkmalschutzvereine oder Jagd- und Fischereivereinigungen betroffen sein.[325] Die Vorschrift verlangt nach ihrem Wortlaut (»darunter auch Vereinigungen zur Förderung des Umweltschutzes«) allerdings nicht zwingend, dass die Vereinigung Aufgaben im Bereich des Umweltschutzes wahrnimmt. Notwendig, aber auch hin- 139

320 BT-Drs. 15/3441, S. 24; vgl. auch *Neumann/Külpmann*, in: Stelkens/Bonk/Sachs, VwVfG, § 73 Rn. 71, *Peters/Balla/Hesselbarth,* UVPG, § 2 Rn. 41, *Bunge*, in: HdUVP, § 2 Rn. 249.

321 BT-Drs. 15/3441, S. 24; *Neumann/Külpmann, in:* Stelkens/Bonk/Sachs, VwVfG, § 73 Rn. 72, *Peters/Balla,* UVPG, § 2 Rn. 65, *Bunge*, in: HdUVP, § 2 Rn. 251.

322 *Gassner,* UVPG, § 2 Rn. 54, *Bunge*, in: HdUVP, § 2 Rn. 252.

323 OVG NRW, Urt. v. 25.02.2015 – 8 A 959/10, DVBl 2015, 993 (996). Zum Begriff der »Windfarm« vgl. Rdn. 96.

324 Vgl. bspw. VGH BW, Urt. v. 12.10.2022 – 10 S 2903/21, juris Rn. 2, 32.

325 In diesem Sinne bereits *Gassner,* UVPG, § 2 Rn. 53.

reichend ist, dass die Vereinigung einen gewissen durch die Satzung vorgegebenen Organisationsgrad aufweist.

X. Umweltprüfungen (Abs. 10)

140 Die Vorschrift des § 2 Abs. 10 UVPG stellt klar, dass die »Umweltprüfung« als **Oberbegriff** für die Umweltverträglichkeitsprüfung und die Strategische Umweltprüfung zu verstehen ist.[326] Eine eigenständige Definition der beiden Begriffe enthält das Gesetz nicht. Es umschreibt jedoch deren Aufgabe und Wirkungsweise. Anknüpfend an die wesentlichen Regelungselemente der Art. 3 und Art. 5 bis 8 der UVP-Richtlinie und des Art. 2 der SUP-Richtlinie fasst es diese in komprimierter Form in § 3 UVPG zusammen. Umweltprüfungen umfassen danach
- die Ermittlung, Beschreibung und Bewertung der erheblichen Auswirkungen eines Vorhabens oder eines Plans oder Programms auf die Schutzgüter
- zur wirksamen Umweltvorsorge nach Maßgabe der geltenden Gesetze
- nach einheitlichen Grundsätzen
- unter Beteiligung der Öffentlichkeit.

141 Umweltverträglichkeitsprüfung und Strategische Umweltprüfung sind zudem **unselbstständiger Teil** verwaltungsbehördlicher Verfahren, die der Entscheidung über die Zulassung eines Vorhabens dienen (§ 4 UVPG) bzw. die Aufstellung oder Änderung eines Plans oder Programms zum Ziele haben (§ 33 UVPG).[327]

XI. Einwirkungsbereich (Abs. 11)

142 Der Begriff des »**Einwirkungsbereichs**« findet als Vorgabe für den UVP-Bericht Verwendung. Gemäß § 16 Abs. 1 Satz 1 Nr. 2 UVPG muss der vom Vorhabenträger vorzulegende Bericht eine Beschreibung der Umwelt und ihrer Bestandteile im Einwirkungsbereich des Vorhabens enthalten.

143 Nach der Legaldefinition des § 2 Abs. 11 UVPG ist unter dem Einwirkungsbereich das geographische Gebiet zu verstehen, in dem Umweltauswirkungen auftreten, die für die Zulassung des Vorhabens relevant sind.[328] Die Definition zielt ersichtlich darauf ab, eine **Begrenzung** der in den Blick zu nehmenden Umweltauswirkungen vorzunehmen. Außer Betracht bleiben Auswirkungen, die für die Zulassung des Vorhabens offensichtlich ohne Bedeutung sind, weil sie auszuschließen sind oder zumindest fernliegend erscheinen. Die **Eingrenzung auf zulassungsrelevante Umweltauswirkungen** verdeutlicht, dass die Maßgaben der fachgesetzlichen Vorschriften in Bezug zu nehmen sind.[329] Dies ist nur folgerichtig, denn das UVP-Gesetz stellt keine eigenständigen Voraussetzungen für die Zulassung von Vorhaben auf.[330]

144 Im Übrigen muss stets ein **räumlicher Bezug** zum Wirkungsbereich bestehen.[331] Damit grenzt das Merkmal die Auswirkungen auf die Umwelt auf einen räumlichen Bereich ein, für dessen Veränderung das Vorhaben ursächlich sein kann. Dies lässt sich nicht pauschal i.S. einer bestimmten Entfernung bestimmen, sondern ist immer eine Frage des Einzelfalls.[332]

---

326 Begr. RegEntw. UVP-Modernisierungsgesetz BT-Drs. 18/11499, S. 75.

327 Vgl. dazu die Kommentierung zu § 4 UVPG Rdn. 6 ff.

328 Vgl. OVG Lüneburg, Urt. v. 05.09.2024 – 1 LC 31/23, NordÖR 2024, 658 (661); BayVGH, Beschl. v. 21.10.2024 – 22 ZB 23.1143, BeckRS 2024, 30434 Rn. 18, zum Einwirkungsbereich eines Vorhabens mit Blick auf Geruchsimmissionen.

329 Vgl. in Bezug auf Geruchsimmissionen Nds. OVG, Urt. v. 05.09.2024 – 1 LC 31/23, NuR 2025, 259: Anwendung der TA Luft.

330 So ausdrücklich Begr. RegEntw. UVP-Modernisierungsgesetz BT-Drs. 18/11499, S. 76.

331 Zum Einwirkungsbereich von Windkraftanlagen OVG NRW, Urt. v. 25.02.2015 – 8 A 959/10, DVBl 2015, 993 (996); dazu auch Rdn. 138.

332 *Bunge*, in: HdUVP, § 2 Rn. 252.

§ 3 Grundsätze für Umweltprüfungen

[1]Umweltprüfungen umfassen die Ermittlung, Beschreibung und Bewertung der erheblichen Auswirkungen eines Vorhabens oder eines Plans oder Programms auf die Schutzgüter. [2]Sie dienen einer wirksamen Umweltvorsorge nach Maßgabe der geltenden Gesetze und werden nach einheitlichen Grundsätzen sowie unter Beteiligung der Öffentlichkeit durchgeführt.

Übersicht

A. Allgemeines

I. Zweck und Bedeutung der Vorschrift

§ 3 UVPG bestimmt die Grundsätze, die für die Durchführung von Umweltprüfungen maßgeblich sind. Es werden die für beide Prüfverfahren (UVP und SUP) wesentlichen gemeinsamen Elemente aufgeführt. Die Regelung des Satzes 1 bestimmt den Gegenstand der Prüfung und strukturiert den Prüfungsablauf. Satz 2 beschreibt die Zielsetzung der Umweltprüfungen. Das Merkmal »nach Maßgabe der geltenden Gesetze« stellt klar, dass die materiell-rechtlichen Maßstäbe für die Umweltprüfungen aus den fachgesetzlichen Vorschriften zu entnehmen sind.[1] Die in § 3 UVPG zusammengefassten Grundsätze waren bereits vor der UVPG-Novelle 2017 in § 1, § 2 Abs. 1 Satz 2 und 3 sowie Abs. 4 Satz 2 UVPG a.F. angelegt. Der Regelung kommt die Funktion zu, die wesentlichen Zielsetzungen des Gesetzes in einer auf die maßgeblichen Gesichtspunkte reduzierten **Grundnorm für die Umweltprüfung** zu konzentrieren.[2] 1

II. Gesetzesgeschichte

Die in § 3 UVPG aufgestellten Grundsätze für die Durchführung von Umweltprüfungen finden ihre unionsrechtlichen Grundlagen in den einschlägigen Vorschriften der UVP-Richtlinie und der SUP-Richtlinie. 2

1 Begr. RegEntw. UVP-Modernisierungsgesetz BT-Drs. 18/11499, S. 76. Vgl. dazu Rdn. 53 ff.
2 So mit Blick auf § 1 a.F. bereits Begr. RegEntw. UVPG 1990, BT-Drs. 11/3919, S. 20; vgl. auch *Sangenstedt*, in: Landmann/Rohmer, Umweltrecht, 90. EL Juni 2019, § 1 UVPG Rn. 1.

1. Unionsrechtliche Vorgaben

a) UVP-Richtlinie

3 Anliegen der UVP-Richtlinie, beginnend mit der UVP-Richtlinie in ihrer Urfassung von 1985[3] bis hin zu ihrer geltenden Fassung nach der letzten Änderungsrichtlinie von 2014[4],ist es, in einer dem **Vorsorgeprinzip** entsprechenden Weise darauf hinzuwirken, dass Umweltbelastungen von vornherein vermieden werden, statt sie erst nachträglich in ihren Auswirkungen zu bekämpfen. Deshalb sind bei allen technischen Planungs- und Entscheidungsprozessen die Auswirkungen auf die Umwelt so früh wie möglich zu berücksichtigen. Zur Verwirklichung dieser Zielsetzung ist ein spezifisches Prüfverfahren (Art. 3 UVP-Richtlinie) im Hinblick auf bestimmte Projekte (Art. 1, 2 und 4 UVP-Richtlinie) vorgesehen, das nähere Angaben des Projektträgers (UVP-Bericht gemäß Art. 5 UVP-Richtlinie und Anh. IV), die Beteiligung anderer Behörden, der Öffentlichkeit und anderer Mitgliedstaaten am Verfahren (Art. 6 und 7 UVP-Richtlinie) sowie die Berücksichtigung der eingeholten Angaben im Rahmen des Genehmigungsverfahrens (Art. 8 UVP-Richtlinie) erfordert. Die **Harmonisierung** dieses Prüfverfahrens durch das Unionsrecht dient auch dem Zweck, ungleichen Wettbewerbsbedingungen durch **unterschiedliche Rechtsvorschriften** in den einzelnen Mitgliedstaaten entgegenzuwirken.[5]

4 Gemäß Art. 3 Abs. 1 der UVP-Richtlinie identifiziert, beschreibt und bewertet die UVP in geeigneter Weise nach Maßgabe eines jeden Einzelfalls die unmittelbaren und mittelbaren erheblichen Auswirkungen eines Projekts auf die in den lit. a-e genannten Umweltfaktoren. § 3 Satz 1 UVPG weicht hiervon in seinem Wortlaut zwar insoweit ab, als er nicht von einem »Identifizieren«, sondern von der »Ermittlung« der Umweltauswirkungen spricht. Sachliche Unterschiede ergeben sich aus der abweichenden Wortwahl jedoch nicht.[6] Rechtlich unerheblich ist es ferner, dass das UVP-Gesetz im Gegensatz zur Richtlinie nicht ausdrücklich verlangt, dass die Prüfung der Umweltverträglichkeit »in geeigneter Weise« zu erfolgen hat. Das Merkmal ist als Vorgabe für die Mitgliedstaaten in dem Sinne zu verstehen, dass diese verpflichtet sind, ihre Rechtsgrundlagen für die Prüfung so auszugestalten, dass der Zweck der Richtlinie in effektiver Weise erreicht wird, wozu auch die Gewährleistung eines wirksamen – und damit für die Zwecke der Richtlinie geeigneten – Prüfverfahrens gehört.[7]

5 Der vorerwähnten Formulierung der Richtlinie wird allerdings insoweit besondere Bedeutung beigemessen, als daraus teilweise die Forderung abgeleitet wurde, dass die UVP in aller Regel auch Vorhabenalternativen zu berücksichtigen habe. Diese Auffassung verweist darauf, dass die **Alternativenprüfung** als wesentliches Element der UVP anzusehen sei.[8] Dieser Ansatz fand allerdings bereits im Wortlaut der UVP-Richtlinie 1985 keine hinreichende Grundlage. In Anh. IV Nr. 2 wird verlangt, dass die nach Art. 5 Abs. 1 der Richtlinie vom Vorhabenträger vorzulegenden Unterlagen »(eine) Übersicht über die wichtigsten anderweitigen vom Projektträger geprüften Lösungsmöglichkeiten und Angabe der wesentlichen Auswahlgründe im Hinblick auf die Umweltauswirkungen« enthalten. Die Formulierung ist dahin zu verstehen, dass der Vorhabenträger nach Maßgabe der Richtlinie nur solche Projektalternativen darstellen muss, die er selbst aus eigenem Antrieb erwogen hat. Er ist demgegenüber nicht verpflichtet, alle Varianten seines Vorhabens zu prüfen, zu denen aus objektiver Sicht Anlass bestehen könnte.

---

3 Richtlinie 85/337/EWG, ABl L 175 v. 05.07.1985, S. 40.

4 Richtlinie 2014/52/EU, ABl Nr. L 124 v. 25.04.2014, S. 1 ff.

5 So ausdrücklich bereits die Präambel der UVP-RL 1985.

6 Dazu bereits *Bunge*, in HdUVP, § 2 Rn. 30.

7 *Bunge*, in: HdUVP, § 2 Rn. 40.

8 So *Erbguth/Schink*, UVPG, § 2 Rn. 20. Vgl. auch *Bunge* DVBl 1987, 819 (823); *Hoppe/Püchel* DVBl 1988, 1 (6); *Püchel*, UVP, S. 91 ff., S. 132 ff.; *Soell/Dirnberger* NVwZ 1990, 705 (710 ff.); *Steinberg* NuR 1992, 164 (167 ff.).

Dieser Befund findet seine Bestätigung in dem inzwischen eindeutigen Wortlaut der UVP-Richtlinie. Art. 5 Abs. 1 lit. d der Richtlinie spricht von der Beschreibung der vom Projektträger »untersuchten« vernünftigen Alternativen. Es sind daher nur solche Alternativen zu beschreiben, die der Vorhabenträger freiwillig oder aufgrund anderer Vorschriften bereits geprüft hat. Von einem »undeutlichen Befund«[9] kann in diesem Zusammenhang keine Rede sein. Die Regelungen verfolgen ersichtlich nicht das Ziel, eine eigenständige UVP rechtliche Pflicht zur Prüfung vernünftiger Alternativen zu begründen.[10] Wenn die materiell-rechtlichen Vorschriften des Zulassungsrechts eine Alternativenprüfung nicht fordern, ist eine solche auch nicht aufgrund unionsrechtlicher Vorgaben für die Durchführung der UVP geboten.[11] 6

Das die UVP darüber hinaus kennzeichnende Merkmal der **Frühzeitigkeit** findet bereits in der Präambel der UVP-Richtlinie 1985 Erwähnung. Dort wird unter Bezugnahme auf verschiedene Aktionsprogramme der EU betont, dass bei allen technischen Planungs- und Entscheidungsprozessen die Auswirkungen auf die Umwelt so früh wie möglich berücksichtigt werden müssen. Art. 2 Abs. 1 Satz 1 der UVP-Richtlinie knüpft hieran an, indem er die Pflicht begründet, dass die Prüfung vor der Erteilung der Genehmigung stattfinden muss. 7

b) SUP-Richtlinie

Die SUP-Richtlinie[12] regelt die gemeinschaftsrechtlichen Anforderungen der Umweltprüfung bei der Aufstellung oder Änderung von bestimmten Plänen und Programmen. Ziel der Richtlinie ist es, im Hinblick auf die Förderung einer nachhaltigen Entwicklung ein **hohes Umweltschutzniveau** sicherzustellen. Sie soll bewirken, dass den Umweltfaktoren bei der Ausarbeitung und Annahme von Plänen und Programmen angemessen Rechnung getragen wird. Hierzu sollen bestimmte Pläne und Programme, die voraussichtlich erhebliche Auswirkungen auf die Umwelt haben, einer Strategischen Umweltprüfung unterzogen werden. Wie der Erwägungsgrund 5 der SUP-Richtlinie erhellt, soll die Strategische Umweltprüfung den Unternehmen zugutekommen, da über die frühzeitige Berücksichtigung von Umweltbelangen mehr **Planungssicherheit** geschaffen wird. Außerdem soll die Einbeziehung eines breiteren Spektrums von Faktoren bei der Entscheidungsfindung zu nachhaltigeren und wirksameren Lösungen beitragen. Eine Umweltprüfung soll daher bereits bei der Aufstellung von Plänen und Programmen und nicht erst in den Zulassungsverfahren für konkrete Vorhaben durchgeführt werden. 8

Die Frage, welche Anforderungen die SUP-Richtlinie an die Alternativenprüfung stellt, beurteilt sich nach deren Art. 5 i.V.m. Art. 3. Wenn eine Pflicht zur Umweltprüfung von Plänen und Programmen besteht, ist ein Umweltbericht zu erstellen (Art. 3 Abs. 1 SUP-Richtlinie). Darin werden die voraussichtlichen erheblichen Auswirkungen, die die Durchführung des Plans oder Programms auf die Umwelt hat, sowie vernünftige Alternativen, die die Ziele und den geographischen Anwendungsbereich des Plans oder Programms berücksichtigen, ermittelt, beschrieben und bewertet. Welche Informationen zu diesem Zweck vorzulegen sind, ergibt sich aus Anh. I. Nach lit. h handelt es sich u.a. um eine Kurzdarstellung der Gründe für die Wahl der geprüften Alternativen. Die Vorschrift statuiert nach ihrem eindeutigen Wortlaut insoweit eine **Pflicht zur Alternativenprüfung.**[13] 9

---

9 *Kenyeressy* UPR 2013, 139 (141 f.).

10 *Schiller* UPR 2016, 457 (461); *Sangenstedt* ZUR 2014, 526 (532); *Bunge* NVwZ 2014 1257 (1260); *Schink* DVBl 2013, 1347 (1353); *ders.*, in: Schink/Reidt/Mitschang, UVPG/UmwRG, Einl Rn. 8. Zur UVP-RL 1985 *Hoppe/Appold/Haneklaus* DVBl 1992, 1203 (1209); *Jarass,* EG-Richtlinie zur UVP, S. 33.

11 Siehe hierzu auch BVerfG, Beschl. v. 20.02.2008 – 1 BvR 2722/06, NVwZ 2008, 780 Rn. 36 sowie die Kommentierung zu § 16 (Abs. 1 Satz 1 Nr. 6) UVPG Rdn. 28.

12 Richtlinie 2001/42/EG, Abl L 197 v. 21.07.2001, S. 30.

13 BVerfG, Beschl. v. 20.02.2008 – 1 BvR 2722/06, NVwZ 2008, 780 Rn. 37; vgl. auch *Gassner,* UVPG, § 14g Rn. 22 ff.; *Schink* NVwZ 2005, 615 (616). Eingehend *Schiller* UPR 2016, 457 (462).

10 Die Prüfung der Alternativen erfolgt idR zweistufig. Die erste Stufe beinhaltet die **Alternativenauswahl**, die zweite Stufe legt die Prüfungstiefe für die Alternativen fest.[14] Für die unter den Alternativen zu treffende Wahl ist nach dem Wortlaut der Vorschrift zunächst maßgeblich, ob eine »vernünftige Alternative« in Betracht kommt. Darüber hinaus ist nach Art. 5 Abs. 1 der SUP-Richtlinie von Bedeutung, welche Ziele mit dem Plan oder Programm verfolgt werden. Das Planungsziel, dessen Festlegung grundsätzlich dem Planungsträger obliegt, markiert die Grenze der Alternativenprüfung.[15] Unionsrechtlich geboten ist eine am Grundsatz der Verhältnismäßigkeit ausgerichtete Prüfung, die Aufwand und Ertrag bei der Ermittlung und Auswertung von Umweltauswirkungen berücksichtigt. Dies beinhaltet eine »je-desto-Formel« in Bezug auf das Verhältnis zwischen Umweltauswirkungen und Bemessung des Untersuchungsraums. Je größer sich das Vorhaben in seinen Umweltauswirkungen darstellt, desto weiter ist der Untersuchungsrahmen auch mit Blick auf die Optimierung des Standorts zu ziehen.[16]

11 Von der Alternativenauswahl zu unterscheiden ist die Frage, ob alle vernünftigen Alternativen in gleicher **Ermittlungstiefe** zu untersuchen sind. Die SUP-Richtlinie trifft hierzu unmittelbar keine Feststellungen. Allerdings ist zu beachten, dass die Detailschärfe der Prüfung entscheidend vom Konkretisierungsgrad des Plans oder Programms abhängt. Sind Pläne oder Programme eher abstrakt gehalten, kann die Prüfung der Umweltauswirkungen auch nur allgemein erfolgen. Art. 5 Abs. 2 der SUP-Richtlinie macht daher den Umfang der Angaben, der vernünftigerweise verlangt werden kann, vom Inhalt und Detaillierungsgrad des Plans oder Programms abhängig. Diese Maßgabe muss dann gleichermaßen auch für die Tiefe der Alternativenprüfung gelten.[17]

2. Innerstaatliche Entstehung

12 Die Vorschrift des § 3 UVPG begegnete im Gesetzgebungsverfahren keinen Bedenken. Sie ist in der Fassung des Regierungsentwurfs[18] in Kraft getreten.

B. Gegenstand und Abfolge der Prüfschritte (Satz 1)

13 § 3 Satz 1 UVPG bestimmt, dass die erheblichen Auswirkungen eines Vorhabens oder eines Plans oder Programms auf die Schutzgüter zu ermitteln, zu beschrieben und zu bewerten sind. Die Begriffe Ermittlung, Beschreibung und Bewertung markieren die zentralen Schritte im Ablauf der Umweltprüfung und legen zugleich die inhaltliche Seite des Prüfverfahrens fest.[19] Indem diese Verfahrensabschnitte zu den Grundsätzen der Umweltprüfung gehören, erhalten sie den Charakter rechtlich **unabdingbarer Teilschritte**, die im Rahmen der Prüfung nacheinander abzuarbeiten sind. Diese Schrittfolge trägt der Erkenntnis Rechnung, dass ein effizientes UVP- bzw. SUP-Verfahren ablauforganisatorischer Strukturen bedarf, die die Notwendigkeit und den Fortgang der gebotenen Einzelmaßnahmen für alle Beteiligten transparent erscheinen lassen.

14 Satz 1 geht ersichtlich davon aus, dass die Umweltprüfung zu einem Ergebnis führt. Das Gesetz sieht als **Ergebnisse der Umweltprüfung** diejenigen Erkenntnisse an, die durch die Ermittlung, Beschreibung und Bewertung der Auswirkungen eines Vorhabens oder eines Plans und Programms auf die Umwelt gewonnen worden sind. Dass das Ergebnis der Umweltprüfung in einer Positiv- oder Negativentscheidung (im Sinne eines »Ja/Nein«) oder, anders ausgedrückt, in einem Votum über die Umweltverträglichkeit oder Umweltunverträglichkeit bestehen müsste, kann der Bestimmung nicht entnommen werden. Wie sich im Rückschluss aus den Vorschriften der §§ 24, 25 UVPG

---

14 Näher dazu *Schiller* UPR 2016, 457 (462).

15 *Schiller* UPR 2016, 457 (462); *Schink* UPR 2014, 408 (412); *Spannowsky* UPR 2005, 401 (405).

16 Vgl. BVerwG, Urt. v. 07.12.2023 – 4 CN 6.22, BVerwGE 181, 99.

17 In diesem Sinne *Schiller* UPR 2016, 457 (463) unter Hinweis auf die Arbeitshilfe der EU-Kommission zur Umsetzung der Richtlinie 2001/42/EG Nr. 5.12.

18 Begr. RegEntw. UVP-Modernisierungsgesetz BT-Drs. 18/11499, S. 13.

19 So bereits *Erbguth/Schink,* UVPG, § 1 Rn. 6 und § 2 Rn. 7 ff.; *Weber/Hellmann* NJW 1990, 1625 (1627 f.).

ergibt, versteht der Gesetzgeber das Ergebnis der Umweltprüfung allerdings ebenso wenig als wertneutrale Darstellung der Umweltauswirkungen eines Vorhabens bzw. Plans oder Programms. Ersichtlich liegt dem Verfahrensschema der UVP bzw. SUP (Ermittlung – Beschreibung – Bewertung – Ergebnis) das Modell einer zunehmenden Reduktion von Komplexität zugrunde. Das in der Regelung des § 3 Satz 1 UVPG vorausgesetzte Ergebnis kann folglich nur in einer durch ein Mindestmaß an Klarheit gekennzeichneten qualitativen Aussage über die Auswirkungen auf die Umwelt bestehen. Diese Aussage ist im Rahmen des Bewertungsvorgangs nach § 25 Abs. 1 UVPG zu treffen.[20]

Die gesetzessystematische Betrachtung zeigt, dass die Berücksichtigung der begründeten Bewertung der Umweltauswirkungen von deren Ermittlung, Beschreibung und Bewertung zu trennen ist. Anders als diese Verfahrensschritte zählt die **Berücksichtigung nicht mehr** zum **UVP-Verfahren,** sondern ist der Ebene der Zulassungsentscheidung zuzurechnen (§ 25 Abs. 2 UVPG). »Berücksichtigen« bedeutet, dass die zuständige Behörde das Ergebnis der Umweltprüfung nicht einfach nur zur Kenntnis nehmen darf. Vielmehr muss sie sich mit dem Ergebnis inhaltlich auseinandersetzen.[21] Diese Beurteilung ist im Hinblick auf eine wirksame Umweltvorsorge i.S.d. § 3 Satz 2 UVPG nach Maßgabe der geltenden Gesetze vorzunehmen (§ 25 Abs. 1 Satz 1 UVPG).[22] Die UVP hingegen strukturiert das Verfahren im Vorfeld der Sachentscheidung durch die Phasen der Informationsgewinnung und der Informationsverarbeitung, indem die Umweltauswirkungen eines Vorhabens gegliedert nach vorgeschriebenen Verfahrensschritten ermittelt, beschrieben und bewertet werden.[23] 15

I. Erhebliche Umweltauswirkungen

Gegenüber dem weiten Begriff der »Umweltauswirkungen« i.S.d. § 2 Abs. 2 Satz 1 UVPG[24] nimmt § 3 Satz 1 UVPG eine inhaltliche Einschränkung dahin vor, dass Umweltprüfungen (nur) die **erheblichen Auswirkungen** auf die Schutzgüter erfassen. Mit diesem Tatbestandsmerkmal knüpft die Vorschrift an entsprechende Bestimmungen in der UVP-Richtlinie[25] und der SUP-Richtlinie[26] an. Weder diese Richtlinien noch das UVP-Gesetz enthalten jedoch eine Legaldefinition des Begriffs der Erheblichkeit. Es gibt insoweit zwar Überschneidungen mit dem Terminus der »schädlichen Umwelteinwirkung« i.S.d. § 3 Abs. 1 BImSchG. Der Gegenstand der Umweltprüfungen geht allerdings über Immissionen hinaus und schließt andere Beeinträchtigungen wie bspw. den Flächenverbrauch, die Verdichtung oder die Versiegelung ein. Dies ergibt sich aus § 3 Satz 1 UVPG ebenso wie aus § 2 Abs. 2 Satz 1 UVPG, die es nahelegen, den Begriff im Licht der Schutzgüter auszulegen. Dieses Verständnis liegt offensichtlich auch den Regelungen über die Angaben des Vorhabenträgers zur Vorbereitung der Vorprüfung (Anlage 2 Nr. 1 lit. b und c) sowie über die Angaben des UVP-Berichts für die Umweltverträglichkeitsprüfung (Anlage 4 Nr. 4) zugrunde. Die **Erheblichkeit** ist keine Tatsachenfeststellung, sondern eine **Wertungsfrage**, die sich nach den einschlägigen fachgesetzlichen Vorschriften, d.h. nach dem materiellen Zulassungsrecht bestimmt.[27] Können die möglichen 16

20 Näher dazu die Kommentierung zu § 25 UVPG Rdn. 12 ff., 36 ff. und 100.

21 Begr. RegEntw. UVPG, BT-Drs. 11/3919, S. 27; *Bunge*, in: HdUVP, § 1 Rn. 31; *Peters/Balla/Hesselbarth*, UVPG, § 25 Rn. 36; *Sangenstedt*, in: Landmann/Rohmer, Umweltrecht, 90. EL Juni 2019, § 1 UVPG Rn. 56; vgl. auch *Schmidt-Aßmann*, in: FS Doehring, S. 889 (898 f.) m.w.N.; *Schmidt-Preuß* DVBl 1995, 485 (487 f.).

22 Eingehend dazu die Kommentierung zu § 25 UVPG Rdn. 112 ff. und 117 ff.

23 Vgl. BVerwG, Urt. v. 28.11.2017 – 7 A 17.12, BVerwGE 161, 17 Rn. 31; Hess. VGH, Urt. v. 29.08.2024 – 6 C 1172/17.T, juris Rn. 197; VGH BW, Urt. v. 20.12.2023 – 14 S 218/23, UWP 2024, 65, juris Rn. 79.

24 Siehe hierzu die Kommentierung zu § 2 UVPG Rdn. 75 ff.

25 Vgl. etwa die Erwägungsgründe 11, 27, 29 sowie Art. 3 Abs. 1 und Art. 4 Abs. 4.

26 Z.B. Erwägungsgründe 7, 10, 11 sowie Art. 1, Art. 3 Abs. 3 und 4, Art. 5 Abs. 1.

27 Zutreffend *Hofmann*, in: Landmann/Rohmer, Umweltrecht, 90. EL Juni 2019, § 6 UVPG Rn. 21 und 24.

Auswirkungen auf ein Schutzgut nach dem materiellen Fachrecht auf das Ergebnis einer Zulassungsentscheidung keinen Einfluss haben, sind sie nicht erheblich.[28]

17 Zum näheren Begriffsverständnis ist auf die höchstrichterliche Rechtsprechung zu verweisen. Aus Anlass einer UVP-Vorprüfung bei Hochspannungsleitungen hat das Bundesverwaltungsgericht[29] ausdrücklich klargestellt, dass die Schwelle erheblicher Umweltauswirkungen i.S.d. § 3c Satz 1 UVPG a.F. (= § 7 Abs. 1 UVPG) nicht mit derjenigen der schädlichen Umwelteinwirkungen des Immissionsschutzrechts gleichzusetzen ist. Erhebliche Umweltbeeinträchtigungen sind dementsprechend nicht erst dann zu berücksichtigen, wenn die Umweltauswirkungen so gewichtig sind, dass sie nach Einschätzung der Behörde zu einer Versagung der Zulassung führen können. Die UVP verfolge nämlich das Ziel, die Umweltbelange so herauszuarbeiten, dass sie in den Abwägungsprozess aller Belange in gebündelter Form eingehen. Für die Abwägungsentscheidung sei zwar das materielle Zulassungsrecht maßgeblich. Die UVP müsse aber »grundsätzlich auch die Abwägungsentscheidung vorbereiten, wenn Umweltauswirkungen…bei der Entscheidung über die Zulässigkeit des Vorhabens im Hinblick auf eine wirksame Umweltvorsorge nach § 12 UVPG (a.F. = § 25 Abs. 1 UVPG) zu berücksichtigen sind.«[30] Danach sind Umweltauswirkungen schon dann als erheblich zu qualifizieren, wenn sie »…mehr als geringfügig und damit abwägungserheblich sind.«[31] Hiervon ausgehend sind Umweltauswirkungen jedenfalls dann erheblich, wenn sie an die **Zulässigkeitsschwelle heranreichen** und deshalb mit einem solchen Gewicht in die Abwägung eingehen, dass sie zumindest auf das »Wie« der Entscheidung Einfluss nehmen können.[32] Im Zusammenhang mit der Aufstellung von Bebauungsplänen kommt es darauf an, ob die zu erwartenden Umweltauswirkungen abwägungsrelevant sind.[33]

II. Ermittlung

18 Die **Ermittlung** der erheblichen Auswirkungen eines Vorhabens bzw. eines Plans oder Programms stellt im Rahmen der Umweltprüfung den ersten Schritt eines dreiphasigen Prüfablaufs dar. Sie beinhaltet die Erforschung und Feststellung des für das jeweilige Verfahren **entscheidungserheblichen Sachverhalts.** Diese Aufgabe obliegt in Abweichung von der Aufgabenzuweisung nach Maßgabe des Amtsermittlungsgrundsatzes (§ 24 VwVfG) zunächst und weitgehend dem Träger des Vorhabens, und zwar unbeschadet der Tatsache, dass die zuständige Behörde gem. § 24 UVPG eine zusammenfassende Darstellung der Auswirkungen des Vorhabens auf die in § 2 Abs. 1 UVPG aufgeführten Schutzgüter erarbeiten muss und damit eine Mitverantwortung für eine quantitativ und qualitativ ausreichende Ermittlung der Umweltauswirkungen hat.

1. Inhalt und Umfang

19 Das Gesetz versteht die Ermittlung als eine **Prognose** über die voraussichtlichen Auswirkungen eines Vorhabens bzw. Plans oder Programms auf die Umwelt. Diese Prognose setzt zunächst voraus, dass verschiedene Fakten bekannt sind, nämlich die Konzeption des geplanten Vorhabens, der gegenwärtige Zustand der Umwelt im räumlichen Einwirkungsbereich des Vorhabens und die von dem Vorhaben möglicherweise ausgehenden Folgen für die Umwelt. Diese Informationen reichen allerdings noch nicht aus. Da die Verwirklichung des Projekts in der Zukunft liegt, muss in die Prognose auch die potenzielle künftige Entwicklung der Umwelt in dem fraglichen geographischen Raum ohne das Vorhaben einbezogen werden, soweit diese sich nach Maßgabe konkreter Planungen

---

28 Vgl. BVerwG, Beschl. v. 02.03.2023 – 4 B 16.22, juris Rn. 13 m.w.N.

29 BVerwG, Urt. v. 17.12.2013 – 4 A 1.13, BVerwGE 148, 353.

30 BVerwG, a.a.O. Rn. 37.

31 BVerwG, a.a.O. Rn. 38.

32 So zutreffend *Philipp-Gerlach/Lukas* ZUR 2014, 548 (550); ähnlich *Mitschang*, in: Schink/Reidt/Mitschang, UVPG/UmwRG, § 3 UVPG Rn. 7.

33 OVG NRW, Urt. v. 19.11.2015 – 2 D 57/14.NE, BauR 2016, 772; Urt. v. 11.11.2020 – 2 D 54/18.NE, juris Rn. 47 ff. m.w.N.

abschätzen lässt. Erst die Verknüpfung der Informationen über das Vorhaben und über die Entwicklung der Umwelt ohne das Vorhaben erlaubt eine Aussage über die voraussichtlichen oder möglichen ökologischen Veränderungen.[34]

Bei der Ermittlung kann auf vorhandene Untersuchungen, Erhebungen, Kataster und Pläne zurückgegriffen werden, sofern diese Grundlagen aktuell sind und den Maßgaben des § 2 Abs. 1 UVPG Rechnung tragen. Grundsätzlich ist nur der **aktuelle Ist-Zustand** zu ermitteln (und zu beschreiben). Sind wirtschaftliche, verkehrliche, technische und sonstige Entwicklungen zu erwarten, die zu einer erheblichen Veränderung des Ist-Zustandes führen können, ist der **vorhersehbare Zustand** zu beschreiben, wie er sich bis zur Vorhabenverwirklichung darstellen wird.[35] 20

Zur Erfassung der Umweltrelevanz eines Vorhabens, eines Plans oder eines Programms im Rahmen der Umweltprüfung bedarf es nicht nur inhaltlicher Maßgaben für die Durchführung des Prüfverfahrens. Es gehört dazu auch eine überzeugende Methodik, um die ökologischen Veränderungen erfassen und beurteilen zu können. Das UVP-Gesetz legt nicht fest, mit Hilfe welcher **Methodik** die Auswirkungen auf die Schutzgüter zu untersuchen sind. Hierfür kommt es maßgeblich auf das jeweils untersuchte Schutzgut sowie die insoweit zu berücksichtigenden Rahmenvorgaben des einschlägigen Fachrechts sowie ggf. auch einschlägiger normkonkretisierender Verwaltungsvorschriften wie etwa die TA Lärm[36] an.[37] Die Auswahl der Untersuchungsmethode muss sich zudem an dem allgemeinen Kenntnisstand und ihrer fachlichen Anerkennung orientieren.[38] Insbesondere muss sie den Stand der jeweiligen Fachwissenschaft, z.B. in Bezug auf artenschutzrechtliche Belange, berücksichtigen.[39] 21

Grundsätzlich stehen an Untersuchungsmethoden die in der Konstruktion einfachen und leicht zu handhabenden Methoden wie die Nutzwertanalyse, die Kosten-Nutzen-Analyse und die ökologische Risikoanalyse zur Verfügung. Es sind auch Ausdifferenzierungen je nach Komplexität des Vorhabens und den möglichen Umweltauswirkungen in der Form einer flexiblen Kombination der erwähnten Methoden möglich. Zur Ermittlung und allgemeinverständlichen Beschreibung der voraussichtlichen Umweltauswirkungen eines Vorhabens können alle im Einzelfall geeigneten – weil dem Stand der Fachwissenschaft entsprechenden – und rechtlich zulässigen qualitativen oder quantitativen Methoden und Verfahren herangezogen werden. Die Annahmen und Rahmenbedingungen, auf denen die Vorhersage der voraussichtlichen Auswirkungen eines Vorhabens auf die Umwelt beruht, sind darzulegen. 22

Soweit es nicht um die Ermittlung, sondern um die Bewertung von Auswirkungen geht und hierfür Bewertungskriterien herangezogen werden, liegt es nahe, die Auswirkungen des Vorhabens nach den Mess- und Berechnungsverfahren zu ermitteln, die für die Anwendung dieser Kriterien vorgegeben sind. Für den Fall der vergleichenden Bewertung verschiedener Vorhaben- oder Trassenvarianten kann es zweckmäßig sein, auch die vorgenannten formalisierten Bewertungsverfahren heranzuziehen, wenn die Ziele im Rahmen dieser Bewertungsverfahren aus den gesetzlichen Umweltanforderungen abgeleitet sind.[40] 23

34 In diesem Sinne *Bunge*, in: HdUVP, § 2 Rn. 91.

35 So ausdrücklich noch Nr. 0.5.1.2 UVPVwV zum UVPG 2010.

36 Technische Anleitung zum Schutz gegen Lärm, GMBl 1998 Nr. 26, S. 503, zuletzt geändert durch Verwaltungsvorschrift vom 01.06.2017, BAnz AT v. 08.06.2017, B5.

37 *Bunge*, in: HdUVP, § 2 Rn. 92.

38 *Peters/Balla/Hesselbarth*, UVPG, § 3 Rn. 7.

39 Vgl. insoweit etwa VGH BW, Beschl. v. 21.01.2022 – 10 S 1861/21, EnWZ 2022, 132 m.w.N.

40 Vgl. dazu noch Nr. 0.6.1.3 UVPVwV zum UVPG 2010.

2. Grenzen

24 Die Zahl der Auswirkungen, die mit einem Vorhaben oder einem Plan oder Programm verbunden sind, ist potenziell unendlich groß.[41] Praktisch tendiert die Prüfung dazu, alle Auswirkungen erfassen zu wollen. Die Funktionsfähigkeit des Prüfverfahrens und der sinnvolle Einsatz des Verwaltungsaufwands erfordern deshalb eine sachangemessene **Beschränkung der Ermittlungstätigkeit.** Bedenken begegnet es daher nicht, zunächst solche Auswirkungen auszublenden, die offensichtlich auszuschließen sind. Dies entspricht auch dem Verständnis der UVP im anglo-amerikanischen Recht. Das Gebot der vollständigen Ermittlung von Tatsachen, die für die Umweltprüfung relevant sind, ist vielmehr dahin einzuschränken, dass nach den vernünftigerweise vorhersehbaren Auswirkungen zu fragen ist.[42] Welche Auswirkungen insgesamt zu ermitteln sind, bestimmt sich nach den Umständen im Einzelfall und dem jeweiligen Fachrecht. Danach können neben den Auswirkungen des Regelbetriebs einer Anlage auch die Auswirkungen des Vorhabens in Ausnahmefällen wie Unfällen oder Katastrophen zu berücksichtigen sein.[43] Gleichzeitig ist zu berücksichtigen, dass inhaltliche Fehler der UVP wie die unzureichende Berücksichtigung bestimmter Auswirkungen auf die Schutzgüter erst dann einen nach § 4 UmwRG rügefähigen Verfahrensfehler darstellen, wenn die **Anstoßwirkung** (§ 16 Abs. 5 Satz 3 Nr. 2 UVPG) verfehlt wird.[44] Regelmäßig wird die Anstoßwirkung aber nicht bereits dann verfehlt, wenn bloß einzelne Aspekte nicht mit einer hinreichenden Tiefe ermittelt, einzelne Angaben fehlerhaft, Unterlagen unzureichend oder Bewertungen fragwürdig sind.[45]

25 Beschränkungen ergeben sich darüber hinaus aus verfahrenssystematischen Erwägungen angesichts der gesetzgeberischen Entscheidung, die Umweltprüfung in bestehende Verfahren zu integrieren. Die behördliche Sachverhaltsermittlung ist auf solche Umstände begrenzt, die **entscheidungserheblich** sind.[46] Die Ermittlung (und Beschreibung) der Umweltauswirkungen ist als Feststellung des entscheidungserheblichen Sachverhalts für die Erfüllung umweltbezogener gesetzlicher Zulassungsvoraussetzungen zu begreifen. Gegenstand der Ermittlung (und Beschreibung) sind somit die **zulassungsrelevanten Umweltauswirkungen.**

26 Die Erfassung der solchermaßen entscheidungserheblichen Auswirkungen auf die Umwelt unterliegt dem **Grundsatz der Verhältnismäßigkeit**, und zwar im Hinblick auf Art, Umfang, Zeit und Auswahl der Mittel. Die Behörde muss das zum richtigen Verständnis der zu ermittelnden Umweltauswirkungen und ihrer Bedeutung erforderliche Datenmaterial erheben. Nach den jeweiligen Umständen bemisst sich im Grundsatz auch die gebotene Tiefe der Ermittlung.[47] Je nachhaltiger die möglichen Umweltfolgen eines Vorhabens sein können, desto weiter und intensiver ist den Auswirkungen nachzuspüren. Bei alldem ist zu berücksichtigen, dass bei umweltrechtlichen Zulassungsverfahren – insbesondere im Zusammenhang mit dem UVP-Bericht (§ 16 UVPG) – eine weitreichende Mitwirkungslast des Vorhabenträgers besteht, die den Aufwand für die Genehmigungsbehörde in der Praxis nicht unerheblich relativiert.[48]

---

41 Siehe dazu näher die Kommentierung zu § 2 UVPG Rdn. 65.

42 Vgl. *Ladeur* ZfU 1994, 1 (9) m.w.N.

43 § 2 Abs. 2 Satz 2 UVPG, vgl. BVerwG, Beschl. v. 02.03.2023 – 4 B 16.22, juris Rn. 12 f. m.w.N.

44 Vgl. BVerwG, Beschl. v. 27.06.2025 – 9 B 54.24, juris Rn. 8 ff. m.w.N. zur st. Rspr.

45 Vgl. BVerwG, Beschl. v. 26.03.2020 – 3 B 24.19, juris Rn. 9, Bay. VGH, Urt. v. 22.07.2025 – 22 A 23.40033, juris Rn. 86; VGH BW, Urt. v. 28.04.2025 – 10 S 1455/23, juris Rn. 39, jew. m.w.N.

46 Siehe dazu oben Rdn. 18. Vgl. auch bereits *Jarass,* UVP bei Industrievorhaben, S. 47 ff.; *Beckmann* DÖV 1987, 944; *Steinberg* DVBl 1990, 1369; *Hoppe/Appold* DVBl 1991, 1221 (1223); *Schink* NuR 1998, 173 (178); *Sangenstedt,* in: Landmann/Rohmer, Umweltrecht, 90. EL Juni 2019, § 1 UVPG Rn. 35; kritisch gegenüber diesem Kriterium der Beschränkung: *Erbguth* Die Verwaltung 1991, 297; *Schink/Erbguth* DVBl 1991, 413; *Kühling* UVP-report 1992, 1 (2); *Schoeneberg,* UVP, Rn. 84 m. Fußn. 20; *Ladeur* ZfU 1994, 1 (8 f.).

47 Dazu Bay. VGH, Urt. v. 24.01.1992 – 8 CS 91.01233 u.a., UPR 1992, 393; vgl. auch *Schink* NuR 1998, 173 (178); *Bunge,* in: HdUVP, § 2 Rn. 91.

48 Vgl. hierzu *Peters/Balla/Hesselbarth,* UVPG, § 3 Rn. 6.

Praktische Bedeutung kommt auch der Frage nach dem Zeithorizont zu, für den die Auswirkungen zu ermitteln sind. Allgemeingültige Aussagen lassen sich hierzu allerdings kaum treffen. Dieser Gesichtspunkt bedarf deshalb der Klärung bei der **Festlegung des Untersuchungsrahmens** nach § 15 UVPG.[49]

Nicht selten stößt die Ermittlung von Umweltauswirkungen auf **erkenntnistheoretische Grenzen.** 27
Denn die Erkennbarkeit von Wirkungen setzt voraus, dass im Wesentlichen bekannt ist, wonach gesucht wird, oder dass zumindest Indikatoren vorhanden sind, die den Systemzustand widerspiegeln, auch wenn die Kausalität von Stoff und Wirkung noch nicht bekannt ist. Fehlt es selbst an solchen Indikatoren, ist die gesetzliche Forderung nach einer Ermittlung von Auswirkungen praktisch nicht erfüllbar. Dies gilt in Anbetracht begrenzter Erkenntnisse über ökologische Wirkungszusammenhänge vor allem für den Nachweis von Wechselwirkungen.[50] Sind bestimmte Auswirkung eines Vorhabens im Rahmen der Ermittlung nicht erweislich, präjudiziert dies mangels anderweitiger gesetzlicher Regelung deshalb auch kein negatives Ergebnis der Umweltprüfung.

III. Beschreibung

Die sich anschließende **Beschreibung** der Umweltauswirkungen ist ein rein **deskriptiver Vorgang,** 28
der sich in verbaler und/oder zeichnerischer Form vollzieht.[51] Dieser zweite Verfahrensschritt dient der Darstellung der Ermittlungsergebnisse und insoweit auch der Information und Transparenz im Verfahren zugunsten der Öffentlichkeit und der beteiligten Behörden. Schon diese Funktion verdeutlicht, dass sich die Beschreibung jeglicher (Be-)Wertung des Ermittlungsergebnisses zu enthalten hat.[52] Die Bewertung ist vielmehr einem eigenen Prüfungsschritt vorbehalten. Der Vorhabenträger hat zunächst die ermittelten und beschriebenen Umweltauswirkungen, d.h. die entscheidungserheblichen Unterlagen, die den wesentlichen Teil des UVP-Berichts ausmachen, der zuständigen Behörde zu Beginn des Verfahrens vorzulegen (§ 16 UVPG). Auf der Grundlage dieses Berichts, behördlicher Stellungnahmen, der Äußerungen der betroffenen Öffentlichkeit sowie der Ergebnisse eigener Ermittlungen erarbeitet die zuständige Behörde eine zusammenfassende Darstellung der Auswirkungen des Vorhabens auf die in § 2 Abs. 1 UVPG genannten Schutzgüter (§ 24 Abs. 1 UVPG).

IV. Bewertung

In einem dritten Schritt vollzieht sich die **Bewertung** der ermittelten und beschriebenen Umwelt- 29
auswirkungen. Wie sich aus den §§ 16 und 24 UVPG einerseits sowie § 25 UVPG andererseits ergibt, stellt die Bewertung einen eigenen Abschnitt im Ablauf des Prüfverfahrens dar.[53] Die zuständige Behörde bewertet gemäß § 25 UVPG die Auswirkungen des Vorhabens auf die Umwelt auf der Grundlage der zusammenfassenden Darstellung nach § 24 UVPG und berücksichtigt diese Bewertung bei der Entscheidung über die Zulässigkeit des Vorhabens im Hinblick auf eine wirksame Umweltvorsorge nach Maßgabe der geltenden Gesetze (§ 3 Satz 2 UVPG). Bei der Bewertung geht es um die Beurteilung, ob und inwieweit die Umweltfolgen hingenommen werden sollen oder nicht.[54] Bewertung ist die Auslegung und Anwendung der umweltbezogenen Tatbestandsmerkmale, d.h. der einschlägigen fachgesetzlichen Zulassungsvoraussetzungen, auf den entscheidungserheblichen Sachverhalt.[55]

---

49 So *Bunge*, in: HdUVP, § 2 Rn. 104.

50 Siehe dazu die Kommentierung zu § 2 UVPG Rdn. 65 ff.

51 *Mitschang*, in: *Schink/Reidt/Mitschang*, UVPG/UmwRG, § 3 UVPG Rn. 5; *Schoeneberg*, UVP, Rn. 87; *Bunge*, in: HdUVP, § 2 Rn. 94.

52 *Peters/Balla/Hesselbarth*, UVPG, § 3 Rn. 8, § 24 Rn. 5; siehe hierzu auch die Kommentierung zu § 24 UVPG Rdn. 64 f.

53 *Bunge*, in: HdUVP, § 2 Rn. 95.

54 So ausdrücklich Begr. RegEntw. UVPG 1990, BT-Drs. 11/3919, S. 26 f.

55 Dazu noch Nr. 0.6.1.1 UVPVwV zum UVPG 2010. In diesem Sinne auch *Feldmann* UPR 1991, 127 (129); *Vorwerk* Die Verwaltung 1998, 241 (249). Siehe hierzu eingehend die Kommentierung zu § 25

30 Das UVP-Gesetz folgt dem juristisch-deduktiven Bewertungsbegriff.[56] Aus der Systematik des Gesetzes ergibt sich eine strikte Trennung zwischen Risikoabschätzung und Risikobewertung.[57] Art und Umfang möglicher Umweltbeeinträchtigungen und deren Eintrittswahrscheinlichkeit sind Gegenstand des Ermittlungsvorgangs und der Beschreibung (**Risikoabschätzung**). Demgegenüber stellt die beurteilende Einstufung der ermittelten und beschriebenen Folgewirkungen, also die Einschätzung der Erheblichkeit im Sinne der Vernachlässigbarkeit und Tolerierbarkeit (Signifikanz) möglicher Umweltauswirkungen, das Bewerten dar (**Risikobewertung**).[58]

31 Der **medienübergreifende Ansatz** der Umweltprüfung prägt auch die Struktur des Bewertungsvorgangs. Erforderlich ist zunächst eine Bewertung der Auswirkungen eines Vorhabens auf die einzelnen Umweltgüter. Die mediale Perspektive ist sodann um die Betrachtung der Wechselwirkungen[59] zu ergänzen. Obgleich die Bewertung über die einzelnen Umweltmedien hinaus auch die Wechselwirkung zwischen den Schutzgütern einzubeziehen hat und insofern gesamthaft sein muss, schreibt das Gesetz nicht notwendig eine Saldierung der Umweltauswirkungen im Rahmen der UVP vor.[60] Es geht vielmehr davon aus, dass bisher keine Verrechnungseinheiten existieren, mit deren Hilfe eine Aufrechnung einzelner Umweltgüter untereinander erfolgen kann.[61] Demnach ist dem integrativen Ansatz des Gesetzes Rechnung getragen, wenn die Bewertung in Kenntnis aller Umweltauswirkungen erfolgt.[62]

1. Bewertungsmaßstäbe

32 Eine so verstandene Bewertung erfordert Maßstäbe. Denn Bewerten bedeutet immer auch und zunächst das **Anlegen von Wertungsmaßstäben**. Solche Maßstäbe ergeben sich jedoch weder aus den unionsrechtlichen Vorgaben noch aus dem Gesetz[63]. Letzteres bestimmt in § 25 Abs. 1 Satz 1 UVPG vielmehr, dass die Bewertung im Hinblick auf eine wirksame Umweltvorsorge i.S.d. § 3 UVPG nach Maßgabe der geltenden Gesetze zu erfolgen hat.

33 Weitgehend Einigkeit besteht dahingehend, dass neben **originären**, d.h. im jeweiligen UVP-Verfahren mit Blick auf das anstehende Vorhaben einzelfallbezogen zu entwickelnden Maßstäben auch **sekundäre Maßstäbe** heranzuziehen sind. Zwar spricht Art. 3 Abs. 1 der UVP-Richtlinie von dem Erfordernis des Bewertens »nach Maßgabe eines jeden Einzelfalls«. Aus diesem Merkmal lässt sich jedoch nur ableiten, dass die Bewertung projektbezogen zu erfolgen hat. Das bedeutet (nur), dass die geeigneten Methoden und Maßstäbe anzuwenden sind, die dem Einzelfall gerecht werden. Hieraus ergibt sich umgekehrt nicht, dass für jeden Einzelfall neue, eigene Maßstäbe entwickelt werden müssten und allgemeingültige Maßstäbe nicht angewendet werden dürften. Vielmehr liegt folgende Schlussfolgerung nahe: Da sich die UVP-Richtlinie auch in ihrer geänderten Fassung über die anzuwendenden Bewertungsmaßstäbe – bewusst – ausschweigt, schreibt sie eine originäre Maßstabbildung auch nicht vor. Damit muss aber eine Maßstabbildung sekundärer Art erlaubt sein. Unionsrechtlich reicht somit grundsätzlich eine Bewertung nach Maßgabe von Standards aus. Die sekundäre Maßstabbildung muss nicht ausschließlich rechtssatzförmiger Natur sein.[64] Fehlt es an konkretisierenden

---

UVPG Rdn. 31 ff. sowie Nr. 7.1.2 und Nr. 25 UVPVwV 2025.

56 *Bohne* ZfB 1989, 93 (115 f.); *Böhret/Hofmann,* UVP-Planspiel, S. 88 f. Im Gegensatz dazu steht der naturwissenschaftlich-technische Bewertungsbegriff; vgl. dazu *Erbguth* Eild. LKT NW 1991, 17 (20) m.w.N.

57 Vgl. dazu bereits *Hoppe/Appold* DVBl 1991, 1221 (1222) m.w.N.

58 *Bohne*, in: Tettinger, UVP, S. 13 (41); *Erbguth/Schink,* UVPG, § 2 Rn. 11 a.E.; *Schoeneberg,* UVP, Rn. 88.

59 Zu diesem Rechtsbegriff siehe näher die Kommentierung zu § 2 UVPG Rdn. 64 ff.

60 Begr. RegEntw. UVPG 1990, BT-Drs. 11/3919, S. 27.

61 Dazu bereits *SRU* Umweltgutachten 1978, Tz. 1353.

62 Begr. RegEntw. UVPG 1990, BT-Drs. 11/3919, S. 27.

63 Vgl. hierzu BVerwG, Urt. v. 28.11.2017 – 7 A 17.12, BVerwGE 161, 17 Rn. 29 ff.; OVG Sachsen-Anhalt, Urt. v. 13.06.2024 – 2 K 76/22, juris Rn. 52; Sächs. OVG, Urt. v. 27.11.2019 – 4 C 18/18, juris Rn. 41.

64 So aber noch *Bohne*, in: Tettinger, UVP, S. 13 (43).

untergesetzlichen Rechtsmaßstäben, ist der Rückgriff auf **außerrechtliche Bewertungskriterien** nicht verwehrt.[65] Das UVP-Gesetz nimmt dies nicht nur in Kauf, sondern stellt ausdrücklich darauf ab. Die Bewertung nach § 25 UVPG hat vor allem dort einen Sinn, wo die vorhandenen Umweltfachgesetze ohne den Zwischenschritt einer außerrechtlichen Bewertung nicht auskommen.[66]

Für die Bewertung dürfen nicht nur rein ökologisch gebildete und festgesetzte Maßstäbe herangezogen werden.[67] Es genügt, wenn die Bewertungsmaßstäbe zwar umweltschutzorientiert sind, aber in Abwägung mit anderen umweltexternen Belangen zustande gekommen sind.[68] Dass der Rückgriff auf solchermaßen **abgewogene Standards** zulässig ist, zeigt die Rückbesinnung auf den Doppelcharakter von Umweltstandards: Standards entfalten einerseits sachverständige Aussagen, andererseits enthalten sie politische Wertungen. Wann z.B. Umwelteinwirkungen »schädlich« i.S.d. § 5 Abs. 1 Nr. 1 BImSchG sind oder was dem »Stand der Technik« gem. § 5 Abs. 1 Nr. 2 BImSchG entspricht, kann zuverlässig nur aufgrund naturwissenschaftlich-technischer Erkenntnisse durch Sachverständige beurteilt werden. Umweltstandards sind aber auch wertende Entscheidungen. Dies gilt vor allem für die **Vorsorgestandards**, die auf eine erwünschte Umweltqualität zielen und sich vordringlich an der technischen Vermeidbarkeit eines Schadstoffausstoßes orientieren. Der Inhalt solcher Standards, d.h. das Maß der erforderlichen Vorsorge, ist notwendig das Ergebnis einer politischen Entscheidung, die zu treffen für den Gesetzgeber auch verfassungsrechtlich geboten sein kann.[69] 34

Auch sog. **Schutzstandards**, die sich an bekannten, vermuteten oder geschätzten Schädlichkeitsschwellen orientieren, sind nicht frei von politischen Wertungen. So ist bspw. die Festlegung eines Fixpunktes für noch nicht schädliche Immissionswerte neben der Sachverständigenaussage eine politische Entscheidung über das sozialadäquate Restrisiko. Der Staat, in dessen Verantwortung die Festlegung von Umweltstandards liegt, kann sich für mehr oder weniger umweltfreundliche Standards entscheiden. Diese Entscheidung ist **keine rein ökologische Entscheidung.** Das gilt auch dann, wenn die staatliche Entscheidung eine Technologie verbietet, weil darin zugleich die Bevorzugung einer anderen Technologie liegt. Ein weiteres Argument kommt hinzu: Umweltstandards haben einen generellen Geltungsanspruch. Die mit diesen Standards angestrebte Gleichbehandlung verbietet es, ein einzelnes Zulassungsverfahren zum Instrument der Standardsetzung zu machen. Der Versuch, rein ökologische Umweltstandards den Umweltstandards der Fachgesetze gegenüberzustellen, würde letztere ihrer generellen Verbindlichkeit berauben. Es ist aber nicht Sinn und Zweck der UVP, die vom Staat selbst gesetzten Umweltstandards anlässlich der Zulassung eines Einzelvorhabens in Frage zu stellen.[70] 35

2. Alternativenprüfung

Die Frage, ob und inwieweit die Durchführung einer **UVP** auch eine **Bewertung von Alternativen** voraussetzt, darf nach längerer Zeit intensiv geführter Diskussionen[71] nunmehr als im negativen Sinne geklärt gelten. Der Gesetzgeber hat in § 3 Satz 2 UVPG eine eindeutige Regelung getroffen. Die Umweltprüfungen sind »nach Maßgabe der geltenden Gesetze« durchzuführen. Damit wird auf die **fachgesetzlichen Vorschriften** verwiesen. Zu diesem Ergebnis führt auch folgende Betrachtung: Bei der Entscheidung über die Zulässigkeit des Vorhabens berücksichtigt die zuständige Behörde 36

65 Siehe dazu näher die Kommentierung zu § 25 UVPG Rdn. 35 ff., 46 ff.

66 Dazu bereits *Beckmann* DVBl 1993, 1335 (1336); *Schmidt* DÖV 1994, 749 (755); vgl. auch *Dohle* NVwZ 1989, 697 (704); *Gassner* UPR 1993, 241 (242).

67 A.A. *Erbguth/Schink* UVPG § 12 Rn. 6 f.; *Schink/Erbguth* DVBl 1991, 413 (417); *Peters,* UVP-Richtlinie, S. 50; *ders.* VBlBW 1995, 5 (6); vgl. auch bereits *Bückmann* UPR 1988, 361 (361 f.).

68 In diesem Sinne *Gassner* UPR 1990, 361; *Hoppe/Appold* DVBl 1991, 1221 (1225); *Bönker,* Umweltstandards, S. 183; *Beckmann* DVBl 1993, 1335; *Vallendar* UPR 1993, 417 (418 f.).

69 Vgl. BVerfG, Beschl. v. 23.10.2018 – 1 BvR 2523/13 u.a., BVerfGE 149, 407 Rn. 24.

70 Vgl. dazu bereits *Vallendar* UPR 1993, 417 (419).

71 Siehe dazu näher die Kommentierung § 25 UVPG Rdn. 74 ff.

die begründete Bewertung der Umweltauswirkungen (§ 25 Abs. 2 UVPG), die ihrerseits auf der Grundlage der zusammenfassenden Darstellung gemäß § 24 UVPG erfolgt. Nach § 24 Abs. 1 Satz 2 UVPG wird die zusammenfassende Darstellung u.a. auf der Grundlage des UVP-Berichts (§ 16 UVPG) erarbeitet. § 16 Abs. 1 Satz 1 Nr. 6 UVPG spricht im Zusammenhang mit der Beschreibung der vernünftigen Alternativen ausdrücklich nur solche an, die »vom Vorhabenträger geprüft worden sind«. Der Katalog etwaiger anderweitiger Lösungsmöglichkeiten sowie Umfang und Intensität der vorzunehmenden Prüfung werden durch die vom Projektträger eingebrachten Unterlagen begrenzt. Eine Pflicht des Vorhabenträgers, mögliche Alternativen zu prüfen, ergibt sich daraus nicht.[72] Maßgeblich für eine etwaige Pflicht zur Prüfung von Vorhabenalternativen ist ausschließlich das jeweils anzuwendende **Fachrecht**.[73] Die Anerkennung einer über die UVP-Vorschriften vermittelten Erweiterung der Pflicht zur Alternativenprüfung wäre auch deshalb fragwürdig, weil dies den Anspruch auf Erteilung der Genehmigung bei Vorliegen der gesetzlichen Voraussetzungen relativieren und insoweit einen Eingriff in die verfassungsrechtlich geschützte unternehmerische Freiheit bedeuten könnte.[74]

37 Ein die **Strategische Umweltprüfung** kennzeichnendes Wesensmerkmal ist die Alternativenprüfung.[75] Sie trägt maßgeblich dazu bei, die Untersuchung der Umweltauswirkungen auf der Plan- oder Programmebene zu einer strategischen zu machen.[76] Dies gilt unabhängig davon, ob es sich um die Prüfung von Standortalternativen, Trassenalternativen oder Konzeptalternativen handelt. § 40 Abs. 1 Satz 2 UVPG bestimmt, dass der Umweltbericht die voraussichtlichen erheblichen Umweltauswirkungen nicht nur für die zur Durchführung vorgesehene Plan- bzw. Programmalternative, sondern auch für vernünftige Alternativen zu ermitteln, zu beschreiben und zu bewerten hat. Die Vorschrift knüpft mit dieser Formulierung an Art. 5 Abs. 1 der SUP-Richtlinie an. Damit wird eine Alternativenprüfung verpflichtend vorgeschrieben, soweit unter Berücksichtigung der Ziele und des geographischen Anwendungsbereichs des Plans oder Programms realisierbare Alternativen zur Verfügung stehen.[77] Die SUP-Vorschriften gehen damit weiter als die UVP-Vorschriften, die in § 16 Abs. 1 Satz 1 Nr. 6 UVPG lediglich eine Beschreibung der vernünftigen Alternativen verlangen, die vom Vorhabenträger geprüft worden sind.

38 Nach ihrer konzeptionellen Zielsetzung ist die **Alternativenwahl** grundsätzlich auf die Berücksichtigung aller betroffenen Belange ausgerichtet. Der Tatbestand, dass die Vorschrift an das Merkmal »vernünftige« Alternativen anknüpft, macht deutlich, dass die Untersuchung nicht auf Umweltgesichtspunkte beschränkt ist.[78] Vor diesem Hintergrund begegnet es keinen Bedenken, die Rechtsprechung des Bundesverwaltungsgerichts zur Alternativenprüfung im Fachplanungsrecht auf die Strategische Umweltprüfung zu übertragen. Danach ist es dem Gesetzgeber nicht verwehrt, bindende Vorgaben zu machen und auf diese Weise den Kreis der zu prüfenden Alternativen einzugrenzen.[79] Die Pflicht zur Prüfung von Alternativen im Rahmen der Strategischen Umweltprüfung geht damit ersichtlich nicht über die Anforderungen hinaus, die nach der Rechtsprechung im Hinblick auf die Alternativenprüfung an eine **sachgerechte planerische Abwägung** unter Beachtung der

---

72 BVerwG, Beschl. v. 14.05.1996 –7 NB 3.95, BVerwGE 101, 166 (173 f.); vgl. dazu auch *Beckmann* ZUR 2014, 541 (544).

73 BVerwG, Urt. v. 09.11.2017 – 3 A 4.15, juris Rn. 25; Beschl. v. 09.04.2008 – 7 B 2.08, Buchholz 406.25 § 16 BImSchG Nr. 1 Rn. 6f; Urt. v. 25.01.1996 – 4 C 5.95, NuR 1996, 466 (468); Beschl. v. 16.08.1995 – 4 B 92.95, Buchholz 407.4 § 17 FStrG Nr. 104; Nds. OVG, Beschl. v. 07.05.2024 – 7 MS 81/23, juris Rn. 22; Bay. VGH, Urt. v. 27.03.2024 – 8 B 21.298, juris Rn. 70 f.

74 Dazu *Beckmann* ZUR 2014, 541 (544).

75 Siehe hierzu bereits oben Rdn. 9.

76 *Gassner*, UVPG, § 14g Rn. 23.

77 Vgl. dazu bereits *Uebbing*, Umweltprüfung, S. 173; *Balla* NuR 2006, 485 (490); *Schink*, Umweltprüfung, S. 93 (146).

78 *Schiller* UPR 2016, 457 (462), *Wulfhorst* NVwZ 2011, 1099 (1102).

79 BVerwG, Beschl. v. 28.02.2013 – 7 VR 13.12, UPR 2013, 345 (348). Vgl. dazu auch *Schiller* UPR 2016, 457 (462); *Schiller* UPR 2016, 457 (462).

Zumutbarkeitsgrenze zu stellen sind.[80] Es sind nur solche Alternativen in den Blick zu nehmen, die ernsthaft in Betracht kommen, d.h. die sich nach Lage der Dinge aufdrängen oder zumindest nahe liegen.[81] Dabei sind insbesondere mit Blick auf den Untersuchungsraum der von der Planung ausgehende Umfang umweltrechtlicher Konfliktlagen und die Reichweite möglicher Umweltauswirkungen zu berücksichtigen (»Je-Desto-Formel«).[82]

Für die **Untersuchungstiefe** der in Betracht zu ziehenden Alternativen geht das Bundesverwaltungsgericht davon aus, dass nicht alle vernünftigen Alternativen in vergleichbarer Detailschärfe zu prüfen sind.[83] Die Tiefe der Ermittlung bestimmt sich nach dem Grad der Beeinträchtigung und der Schutzwürdigkeit der betroffenen Güter.[84] Wie die UVP ist auch die Strategische Umweltprüfung kein allgemeines Suchverfahren, in dem allen erdenklichen Auswirkungen auf die Schutzgüter bis in die kleinsten Verästelungen nachzugehen ist.[85] 39

Eine Pflicht, aktiv nach Alternativen zu suchen, ist der Vorschrift des § 40 Abs. 1 UVPG nicht zu entnehmen.[86] Gegen eine solche Annahme spricht bereits der Umstand, dass die SUP nach der SUP-Richtlinie in gleicher Weise wie bereits die UVP nach der UVP-Richtlinie ein reines **Verfahrensinstrument** darstellt. Ein materiell-rechtlicher Charakter kommt den SUP-Vorschriften des UVP-Gesetzes daher nicht zu. Im Übrigen ist die Behörde weder nach dem UVP-Gesetz noch nach der SUP-Richtlinie verpflichtet, diejenige Planalternative mit den geringsten Umweltauswirkungen auszuwählen. § 43 Abs. 2 UVPG bestimmt (lediglich), dass das Ergebnis der Überprüfung im Verfahren zur Aufstellung oder Änderung des Plans oder Programms zu berücksichtigen ist.[87] Ebenfalls **nicht zwingend** vorgeschrieben ist die Einbeziehung der **Null-Variante**, d.h. eines Verzichts auf die Umsetzung eines Plans oder Programms, in die Alternativenprüfung.[88] Dagegen spricht bereits die Erwägung, dass die Null-Variante regelmäßig nicht den mit dem Plan oder Programm verfolgten Zielen entsprechen dürfte.[89] 40

C. Ausrichtung der Prüfung (Satz 2)

I. Umweltvorsorge

Gemäß § 3 Satz 2 UVPG dient die Umweltprüfung einer wirksamen **Umweltvorsorge**. Damit wird zugleich eine der wichtigsten Intentionen des Gesetzes formuliert. Bereits aus den Erwägungsgründen in der Präambel der UVP-Richtlinie 1985 ergibt sich, dass die Prüfung der Umweltverträglichkeit dazu beitragen soll, Umweltbelastungen von vornherein zu vermeiden, statt sie erst nachträglich in 41

---

80 Leidinger ET 2013, 89 (90 f.); *Schiller* UPR 2016, 457 (462).

81 BVerwG, Urt. v. 11.07.2019 – 9 A 14.18, BVerwGE 166, 171 Rn. 78; Urt. v. 10.02.2016 – 9 A 1.15, BVerwGE 154, 153 Rn. 14; Urt. v. 03.03.2011 – 9 A 8.10, BVerwGE 139, 150 Rn. 66; Urt. v. 16.03.2006 – 4 A 1075.04, BVerwGE 125, 116 (146 f.); Urt. v. 07.03.1997 – 4 C 10.96, BVerwGE 104, 144 (151); BVerwG, Urt. v. 25.01.1996 – 4 C 5.95, BVerwGE 100, 238 (249 f.); BVerwG, Urt. v. 30.05.1984 – 4 C 58.81, BVerwGE 69, 256 (273); *Gassner,* UVPG, § 14g Rn. 22.

82 Vgl. BVerwG, Urt. v. 07.12.2023 – 4 CN 6/22, BVerwGE 181, 99 Rn. 37, 42 m.w.N.

83 BVerwG, Beschl. v. 18.01.2011 – 7 B 19.10, NVwZ 2011, 812 Rn. 64; BVerwG, Beschl. v. 24.05.2011 – 4 BN 45/10, BauR 2011, 1609 Rn. 5. Vgl. dazu auch *Schiller* UPR 2016, 457 (463).

84 BVerwG, Urt. v. 14.11.2002 – 4 A 15.02, NuR 2003, 360; dazu auch *Gassner,* UVPG, § 14g Rn. 24.

85 Zur UVP vgl. BVerwG, Urt. v. 21.03.1996 – 4 C 19.94, BVerwGE 100, 370 (377).

86 So aber wohl noch *Schink* Umweltprüfung S. 93 (147); *Uebbing* Umweltprüfung S. 173 ff.

87 Dazu bereits BT-Drs. 15/3441, S. 34; vgl. auch *Balla* NuR 2006, 485 (490).

88 In diesem Sinne aber noch *Schink* Umweltprüfung S. 93 (147).

89 Vgl. BVerwG, Urt. v. 17.01.2007 – 9 A 20.05, BVerwGE 128, 1 = juris Rn. 142; BVerwG, Urt. v. 05.10.2021 – 7 A 13.20, BVerwGE 173, 296 Rn. 70 ff.; VGH BW, Urt. v. 20.12.2023 – 14 S 219/23, *Pietzcker/Fiedler* UVP-report 2002, 83 (88); *Balla* NuR 2006, 485 (490); *Peters/Balla/Hesselbarth,* UVPG, § 40 Rn. 9. Vgl. auch *Bunge,* in: HdUVP, § 2 Rn. 44. Siehe weitergehend zur Alternativenprüfung und ihrer Reichweite die Kommentierung zu § 40 UVPG Rdn. 21 ff.

ihren Auswirkungen zu bekämpfen.[90] Auch der deutsche Gesetzgeber sieht in dieser Zielsetzung ein zentrales Anliegen der Umweltprüfung und bringt deshalb den – in § 25 Abs. 1 Satz 1 UVPG nochmals betonten – Vorsorgecharakter dieses Instruments an hervorgehobener Stelle zum Ausdruck.[91] Das **UVP-Gesetz** ist damit **als rechtlich verbindliche Ausprägung** des **Vorsorgeprinzips** anzusehen.[92]

42 Der Vorsorgegedanke ist ein **Handlungsprinzip der Umweltpolitik** wie auch ein **Prinzip des Umweltrechts**[93]. Politisches Prinzip und Rechtsprinzip liegen auf verschiedenen Ebenen. Sie sind an unterschiedliche Voraussetzungen gebunden und bedienen sich unterschiedlicher Instrumente.[94] Als Handlungsmaxime der Umweltpolitik vollzieht sich die Vorsorge keineswegs nur mit den Mitteln des Rechts. Maßnahmen der Struktur-, Finanz- und Agrarpolitik treten im Interesse der Zielerreichung flankierend hinzu. Der Vorsorgegedanke als Rechtsprinzip strukturiert im Umfang seines Geltungsanspruchs die Rechtsanwendung und -fortbildung und leistet damit auch einen Beitrag zur inneren Harmonisierung und Konkretisierung des Umweltrechts.[95]

1. Vorsorge als Handlungsprinzip der Umweltpolitik

43 Das **politische Vorsorgeprinzip** wurde im Umweltbericht 1976 der Bundesregierung erstmals ausdrücklich formuliert: »Umweltpolitik erschöpft sich nicht in der Abwehr drohender Gefahren und der Beseitigung eingetretener Schäden. Vorsorgende Umweltpolitik verlangt darüber hinaus, dass die Naturgrundlagen geschützt und schonend in Anspruch genommen werden…«.[96] Zwar werden mit Blick auf die instrumentelle Umsetzung des politischen Prinzips »vorausschauende und gestaltende planerische Maßnahmen« herausgestellt.[97] Eine Operationalisierung für politische Entscheidungen war mit dieser Formulierung jedoch nicht verbunden.[98] Der Umweltbericht 1990 der Bundesregierung[99] erfasste unter dem Begriff des Vorsorgeprinzips neben der Gefahrenabwehr die Tätigkeitsfelder der **Risikovorsorge** und der **Zukunftsvorsorge**. Zielsetzung der **Umweltvorsorge** ist es, »die natürlichen Lebensgrundlagen zu schützen und zu entwickeln und im Sinne eines ökologischen Generationenvertrages zu sichern bzw. neu zu schaffen.« Erste Umrisse des Nachhaltigkeitsprinzips waren in dieser Formulierung bereits erkennbar.[100]

2. Vorsorge als Prinzip des Umweltrechts

44 Als **Prinzip des Umweltrechts** wird der Vorsorgegrundsatz vornehmlich nach seinem systematisch-dogmatischen Stellenwert betrachtet. Unter diesem Gesichtspunkt lassen sich drei Varianten unterscheiden, nämlich rechtssatzförmige Prinzipien, Strukturprinzipien und allgemeine Rechtsprinzipien.[101] Das Vorsorgeprinzip als rechtssatzförmiges Prinzip stellt einen unmittelbar anwendbaren

---

90 Hierzu auch *Weber/Hellmann* NJW 1990, 1625 mit Hinweisen auf die Aktionsprogramme der Gemeinschaft.

91 So bereits Begr. RegEntw. UVPG 1990, BT-Drs. 11/3919, S. 20.

92 *Bunge*, in: HdUVP, § 1 Rn. 12; *Peters/Balla,* UVPG, § 1 Rn. 8; *Sangenstedt*, in: Landmann/Rohmer, 90. EL 2019, UVPG, § 1 Rn. 11; *Wulfhorst*, in: Landmann/Rohmer, 90. EL 2019, UVPG, § 12 Rn. 27.

93 Zum Vorsorgeprinzip näher *Kutscheidt*, in: Dolde, Umweltrecht im Wandel, S. 437 ff.; *Rehbinder*, in: Dolde, Umweltrecht im Wandel, S. 721 (722 ff.); *ders.*, in: FS Sendler, S. 269 ff.; *Hoppe/Beckmann/Kauch,* Umweltrecht, § 1 Rn. 78 ff. und 127 ff. m.w.N.; *Kloepfer,* Umweltrecht, § 4 Rn. 22 ff. m.w.N.; *Sparwasser/Engel/Voßkuhle,* Umweltrecht, § 2 Rn. 18 ff.

94 *Rehbinder,* Vorsorgeprinzip, S. 3 ff.; *Trute,* Vorsorgestrukturen und Luftreinhalteplanung, S. 6.

95 *Trute,* Vorsorgestrukturen und Luftreinhalteplanung, S. 6 m.w.N.

96 BT-Drs. 7/5684, S. 8.

97 BT-Drs. 7/5684, S. 6.

98 So kritisch *SRU* BT-Drs. 8/1938, Tz. 1936.

99 BT-Drs. 11/7168, S. 26.

100 So zutreffend *Kloepfer,* Umweltrecht, § 4 Rn. 22. Siehe zur Nachhaltigkeitsstrategie der Bundesregierung auch die Kommentierung zu § 2 UVPG Rdn. 30 ff.

101 *Rehbinder*, in: Simonis, Präventive Umweltpolitik, S. 129 (130 ff.); *ders.*, in: FS Sendler, S. 269 ff.; *Schmidt* DÖV 1994, 749 (752 ff.).

Maßstab dar. Es hat normative Funktion (Genehmigungsvoraussetzung, Eingriffsermächtigung, Ermächtigung zum Erlass von Rechtsverordnungen oder Verwaltungsvorschriften). Als Strukturprinzip ist der Vorsorgegrundsatz ein Leitgedanke allgemeiner Art, der bestimmten Regelungen zugrunde liegt, darüber hinaus jedoch nicht unmittelbar anwendbar ist. Der Vorsorgegedanke legitimiert in diesem Sinne bspw. die Berücksichtigung des Umweltschutzes in der Planung sowie das Anmelde- und Prüfverfahren für Chemikalien.[102] Schließlich sind allgemeine Rechtsprinzipien für das gesamte Umweltrecht oder einzelne Teilgebiete anzuerkennen, die über den in den Regelungen niedergelegten Anwendungsbereich hinaus verallgemeinert werden können und die Rechtsanwendung und -fortbildung allgemein und in dem Sinne steuern, dass eine Auslegung gesetzlicher Vorschriften im Lichte des Prinzips zu erfolgen hat.[103]

Als **rechtsatzförmiger Grundsatz** ist das Vorsorgeprinzip in der Verfassung (Art. 20a GG) und auch 45
in verschiedenen Gesetzen[104] niedergelegt.[105] Über den Inhalt des Vorsorgegedankens, der mit den jeweiligen Vorschriften angesprochen, aber nicht mit eindeutigen Konturen versehen wird, besteht jedoch weiterhin eine gewisse Unklarheit.[106] Das Vorsorgeprinzip besagt jedenfalls zunächst, dass Umweltgefahren und -schäden soweit wie möglich vermieden werden und bestenfalls gar nicht erst entstehen sollen.[107] Damit beinhaltet das Prinzip eine Erweiterung weg von der repressiven Schadensbeseitigung hin zu einem präventiven »vorsorgenden« Umweltschutz. Bei dieser »sicherheitsrechtlichen« Auslegung des Vorsorgeprinzips handelt es sich um **Risiko-** bzw. **Gefahrenvorsorge.**[108] Da Prävention nach herkömmlichem Verständnis schon zur Aufgabe der Gefahrenabwehr zählt, erschließt sich die spezifische Bedeutung der Gefahrenvorsorge erst durch Abgrenzung der beiden Bereiche voneinander. Dass Vorsorge nicht mit Gefahrenabwehr zusammenfällt, verdeutlicht der Gesetzgeber bspw. im BImSchG, das beide Bereiche (§§ 1, 5 Abs. 1 Nr. 1 und 2) unterscheidet. Auch das BBodSchG differenziert deutlich zwischen Pflichten zur Gefahrenabwehr (§ 4) und Vorsorgepflichten (§ 7).[109]

Vorbehaltlich abweichender Begrifflichkeit in einzelnen Umweltgesetzen bleibt nur die Möglichkeit, 46
den Vorsorgegedanken von der Gefahrenabwehr dadurch abzuschichten, dass man die Voraussetzungen der Vorsorge deutlich unter die Gefahrenschwelle absenkt.[110] Gegenstand der Gefahrenvorsorge, die wie die Gefahrenabwehr eine **Prognose** voraussetzt,[111] ist die »Noch-nicht-Gefahr«.[112] Gefahrenvorsorge zielt auf die Steuerung von (noch nicht »gefährlichen«) **Risiken.** Das Vorsorgeprinzip erfasst danach insbesondere:

– auch (zeitlich und räumlich) entfernte Gefahren,

102 So *Rehbinder*, in: FS Sendler, S. 269 (270).

103 *Rehbinder*, in: FS Sendler, S. 269 (270) m. Fn. 3 unter Hinweis auf Tendenzen im Bauplanungsrecht.

104 Z.B. § 5 Abs. 1 Nr. 2 BImSchG, §§ 1, 7 BBodSchG, § 1 ChemG; §§ 1 Nr. 1, 6 Abs. 1 GenTG.

105 Vgl. in diesem Zusammenhang auch die durch den sog. Klimabeschluss des BVerfG (Beschl. v. 29.04.2021 – 1 BvR 2656/18 u.a., BVerfGE 157, 30) angestoßene Entwicklung. Siehe hierzu ebenfalls die Kommentierung zu § 2 UVPG Rdn. 53.

106 *Kloepfer*, Umweltrecht, § 4 Rn. 28.; *SRU* BT-Drs. 8/1938, Tz. 1936; mit Blick auf das Vorsorgegebot im Immissionsschutzrecht *Kutscheidt*, in: Dolde, Umweltrecht im Wandel, S. 437 (439); vgl. im immissionsschutzrechtlichen Zusammenhang *Dietlein*, in: Landmann/Rohmer, Umweltrecht, § 5 BImSchG Rn. 134 ff. m.w.N.

107 *Hoppe* VVDStRL 38 (1980) 211, 228 ff.; *Ossenbühl* NVwZ 1986, 161 (162); *Kloepfer*, Umweltrecht, § 4 Rn. 12.

108 Speziell zur Gefahrenvorsorge *Darnstädt*, Gefahrenabwehr und Gefahrenvorsorge, S. 53 ff. und S. 130 ff.

109 Näher dazu *Schrader* NuR 2009, 747 (750); *Sondermann/Hejma*, in: Versteyl/Sondermann, BBodSchG, § 2 Rn. 43 ff.

110 *Kloepfer*, Umweltrecht, § 4 Rn. 38; in diesem Sinne auch bereits *Breuer* DVBl 1978, 829 (836); *ders.* Der Staat 205 (1981), 393 (412 f.).

111 Dazu *Darnstädt*, Gefahrenabwehr und Gefahrenvorsorge, S. 8 ff.; *Trute*, Vorsorgestrukturen und Luftreinhalteplanung, S. 15 ff.

112 So *Fleury*, Vorsorgeprinzip im Umweltrecht, S. 45.

– Fälle geringer Eintrittswahrscheinlichkeit bis hin zum bloßen Gefahrenverdacht bzw. zur bloßen Risikovorsorge,
– Umweltbelastungen, die für sich genommen ungefährlich, aber insgesamt schädlich und technisch vermeidbar sind.[113]

Geht es somit um einen vorausschauenden Schutz vor Risiken, die sich erst noch zu einer Gefahr verdichten können, bedarf es auf der anderen Seite einer Abgrenzung von dem nicht vorsorgefähigen allgemeinen Lebensrisiko. Erforderlich ist für eine Berücksichtigung im Rahmen der Vorsorge deswegen, dass sich zumindest ein »**Besorgnispotential**« entwickelt hat bzw. begründen lässt.[114]

47 Die Rechtsprechung zählt zur Vorsorge alle Maßnahmen, die unabhängig von den geltenden Schädlichkeitsgrenzen das an Umweltqualität durchsetzen sollen, was im Hinblick auf ein vorhandenes Potential an **Vermeidungstechnologie** realisierbar erscheint.[115] Sie knüpft damit an den gefahrenunabhängigen Vorsorgebegriff an, stellt dabei jedoch primär auf die technische Vermeidbarkeit von Umweltgefährdungen ab. Da eine eindeutige Grenze des Vorsorgeprinzips einfachgesetzlich bisher nicht festgelegt ist, muss zur näheren Bestimmung seiner Reichweite auf verfassungsrechtlich begründete Maßstäbe zurückgegriffen werden; namentlich ist dies das **Übermaßverbot**.[116] Das bedeutet: Es können keine unverhältnismäßigen Vermeidungsanstrengungen verlangt werden. Vielmehr muss die geforderte **Vorsorge** nach Umfang und Ausmaß **dem Risikopotential** der Umwelteinwirkungen, die sie verhindern soll, **proportional** sein.[117] Maßnahmen der Vorsorge sind umso eher geboten, je geringer der Aufwand ist, den sie erfordern. Technikbezogene Vorsorge gegen schädliche Umwelteinwirkungen durch Begrenzung der Emissionen ist umso eher vertretbar, je größer das Besorgnispotential der Emissionen im Einzelfall ist.[118]

II. Umweltprüfung als wirksames Vorsorgeinstrument

48 § 3 Satz 2 UVPG verbindet seine Aussage über die maßgebliche Regelungsabsicht des Gesetzes mit einer Anforderung an die Wirkungsweise des Prüfverfahrens: Die Umweltprüfung ist im Interesse einer **wirksamen Umweltvorsorge** durchzuführen.

49 Diese Prüfung kann aber nur dann ein wirkungsvolles Instrument sein kann, wenn es zum Einsatz gelangt, bevor im Entscheidungsprozess rechtliche oder faktische Bindungen eingetreten sind.[119] Eine effektive Vorsorge setzt voraus, dass die Untersuchung der Auswirkungen auf die Umwelt in einem **möglichst frühen Planungsstadium** erfolgt. Auch wenn der Gedanke der Frühzeitigkeit nicht ausdrücklich unter den Grundsätzen für die Umweltprüfung gemäß § 3 UVPG aufgeführt wird,[120] ist doch unverkennbar, dass das Gesetz diesem Gebot Rechnung trägt. Der Gedanke der Frühzeitigkeit erlangt Bedeutung in mehrfacher Hinsicht: Er soll zunächst sicherstellen, dass die Ergebnisse

113 *Kloepfer,* Umweltrecht, § 4 Rn. 38 m.w.N.
114 Vgl. *Dietlein*, in: Landmann/Rohmer, Umweltrecht, § 5 BImSchG Rn. 146 m.w.N.
115 So bereits BVerwG, Urt. v. 17.02.1984 – 7 C. 8.82, BVerwGE 69, 37 (44 f.); speziell zur Risikovorsorge nach § 7 Abs. 2 Nr. 3 AtG vgl. BVerwG, Urt. v. 19.12.1985 – 7 C 65.82, BVerwGE 72, 300 ff. Vgl. auch BVerwG, Beschl. v. 20.11.2014 – 7 B 27.14, NVwZ-RR 2015, 94 = juris Rn. 14; OVG NRW, Urt. v. 27.05.2025 – 22 D 136/24.AK, juris Rn. 44 ff.; Nds. OVG, Urt. v. 18.05.2020 – 12 LB 113/19, BauR 2020, 1447 = juris Rn. 86.Der Rechtsprechung im Zusammenhang mit Umweltstandards folgend: *SRU* Umweltgutachten 1987, Tz. 105 ff.; *Salzwedel*, in: Nicklisch, Prävention im Umweltrecht, S. 13 (22); eingehend zum Vorsorgeprinzip in der Rechtsprechung des Bundesverwaltungsgerichts *Rehbinder*, in: FS Sendler, S. 269 ff.
116 *Ossenbühl* NVwZ 1986, 161 (167 f.); *Feldhaus* UPR 1987, 1 (8); *Kloepfer/Rehbinder/Schmidt-Aßmann/Kunig*, UGB-AT, S. 140 ff.
117 BVerwG, Urt. v. 17.02.1984 – 7 C 8.82, UPR 1984, 202 (204).
118 Vgl. dazu *Schink* NVwZ 2017, 337 (341).
119 Begr. RegEntw. UVPG 1990, BT-Drs. 11/3914, S. 20; *Sangenstedt*, in: Landmann/Rohmer, Umweltrecht, 90. EL Juni 2019, § 1 UVPG Rn. 47; *Bunge*, in: HdUVP, § 1 Rn. 35.
120 So aber noch in § 1 Nr. 1 und Nr. 2 UVPG a.F.

der Umweltprüfung dergestalt in den Entscheidungsprozess eingehen, dass sie die Entscheidung in adäquater Weise beeinflussen können. Dies ist durch die Regelung in § 25 Abs. 2 UVPG gewährleistet, wonach die begründete Bewertung der Umweltauswirkungen des Vorhabens bei der Zulassungsentscheidung zu berücksichtigen ist.[121] Für die Aufstellung oder Änderung von Plänen und Programmen bestimmt § 34 Abs. 1 UVPG, dass die zuständige Behörde »frühzeitig« feststellt, ob nach den §§ 35 bis 37 eine Verpflichtung zur Durchführung einer Strategischen Umweltprüfung (SUP) besteht.

Der Frühzeitigkeit kommt allerdings kein Wert an sich zu. Der Gedanke ist vielmehr im Lichte des Wirksamkeitsgebots zu verstehen. Maßgeblich ist der Zeitpunkt, zu welchem die Umweltprüfung sinnvoll durchführbar ist und spätestens benötigt wird. Solange die für die Umweltprüfung wesentlichen Parameter eines Vorhabens noch nicht feststehen, macht eine Prüfung keinen Sinn. Entsprechendes gilt für Pläne und Programme. Auch diese müssen einen Konkretisierungsgrad erreicht haben, der ihnen prüffähige Konturen verleiht. Der Gedanke der Frühzeitigkeit erfordert eine Optimierung i.S.d. **Rechtzeitigkeit**, wobei es entscheidend auf eine den anspruchsvollen Voraussetzungen gerecht werdende Umweltprüfung ankommt.[122] 50

Ferner leitet sich aus dem Gebot auch die Forderung ab, dass für die Durchführung der einzelnen Untersuchungsschritte (Ermittlung, Beschreibung und Bewertung) ausreichend Zeit zur Verfügung stehen muss.[123] 51

Der Begriff der Umweltvorsorge i.S.d. § 3 Satz 2 UVPG schließt die Abwehr von Gefahren ein. Er setzt aber das Vorliegen einer Gefahr nicht zwingend voraus.[124] Vor dem Hintergrund dieses Begriffsverständnisses soll die zuständige Behörde durch die Bereitstellung qualitativ anspruchsvoller Beurteilungsgrundlagen in die Lage versetzt werden, eine Entscheidung über die Zulässigkeit des Vorhabens in der Weise zu treffen, dass die Umwelt so wenig wie möglich beeinträchtigt wird. Dieser Zielsetzung dient insbesondere auch die Vorschrift des § 25 UVPG. Zwar stellt diese Bestimmung keine neuen Entscheidungsmaßstäbe auf, sondern verweist in Absatz 1 auf die geltenden Gesetze. Sie verlangt aber doch, dass die bestehenden Maßstäbe im Hinblick auf eine wirksame Umweltvorsorge anzuwenden sind. Dies bedeutet allerdings nicht, dass es zulässig wäre, unter dem Blickwinkel einer vorsorgeorientierten Bewertung die Auslegung der jeweiligen fachgesetzlichen Zulassungsvoraussetzungen gleichsam um einen weitergehenden ökologischen Prüfansatz anzureichern.[125] Einem solchen Ansatz hat das Bundesverwaltungsgericht zu Recht eine Absage erteilt.[126] Bei der **Umweltprüfung** handelt es sich um **Verfahrensrecht**, und zwar ungeachtet ihrer vorsorgeorientierten Ausrichtung. Der rechtliche Stellenwert der Umweltbelange in der Entscheidung wird durch die Umweltprüfung nach Maßgabe des UVP-Gesetzes nicht geändert.[127] 52

121 Zu den Regelungen in §§ 1, 12 UVPG a.F. *Bunge*, in: HdUVP, § 1 Rn. 31; *Sangenstedt*, in: Landmann/Rohmer, Umweltrecht, 90. EL Juni 2019, § 1 UVPG Rn. 13 f.

122 Zutreffend *Gassner*, UVPG, § 1 Rn. 35; *Sangenstedt*, in: Landmann/Rohmer, Umweltrecht, 90. EL Juni 2019, § 1 UVPG Rn. 49.

123 *Bunge*, in: HdUVP, § 1 Rn. 20; *Sangenstedt*, in: Landmann/Rohmer, Umweltrecht, 90. EL Juni 2019, § 1 UVPG Rn. 50.

124 Dazu bereits oben Rdn. 45 ff. Vgl. auch bereits Begr. RegEntw. UVPG 1990, BT-Drs. 11/3919, S. 20; *Bohne* ZAU 1990, 340 (346). *Sangenstedt*, in: Landmann/Rohmer, Umweltrecht, 90. EL Juni 2019, § 1 UVPG Rn. 11 unterstreicht demgegenüber die Eigenständigkeit des UVP-rechtlichen Begriffs der Umweltvorsorge; kritisch auch *Peters* UPR 1994, 281.

125 In diesem Sinne aber *Heitsch* NuR 1996, 453 (457) m.w.N.

126 BVerwG, Urt. v. 25.01.1996 – 4 C 5.95, NVwZ 1996, 788 (790); vgl. auch *Hien* NVwZ 1997, 422 (425 ff.).

127 Zustimmend bereits *Schmidt-Preuß* DVBl 1995, 485 ff.; *Ladeur* UPR 1996, 419 (425); kritisch demgegenüber *Sangenstedt*, in: Landmann/Rohmer, Umweltrecht, 90. EL Juni 2019, § 1 UVPG Rn. 17 ff.; vgl. auch *Schink* NuR 1998, 173 (176 f.). Siehe hierzu auch die Kommentierung zu § 25 UVPG Rdn. 7 und 102 ff.

III. Maßgabe der geltenden Gesetze

53 Die Vorschrift des § 3 Satz 2 UVPG bestimmt ferner, dass die Umweltprüfung einer wirksamen Umweltvorsorge nach Maßgabe der geltenden Gesetze dient. Die nähere Bestimmung »nach Maßgabe der geltenden Gesetze« in unmittelbarem Kontext macht deutlich, dass das Merkmal »wirksame Umweltvorsorge« **im Lichte der fachgesetzlichen Anforderungen** zu interpretieren ist. Der Vorschrift kommt eine klarstellende Funktion zu, und zwar in zwei Richtungen: Die materiellen Maßstäbe für die Durchführung von Umweltprüfungen ergeben sich ausschließlich aus den einschlägigen fachgesetzlichen Vorschriften. Für die Zulassung von Vorhaben sowie für die Beurteilung der Umweltauswirkungen eines Plans oder Programms enthält das UVP-Gesetz keine eigenständigen Prüf- und Bewertungsmaßstäbe.[128]

54 Dieses nach dem Gesetzeswortlaut eindeutige Auslegungsergebnis gilt für die Regelung in § 25 Abs. 1 Satz 1 UVPG gleichermaßen. Die Vorschrift greift die Formulierung des § 3 Satz 2 UVPG für die begründete Bewertung der Umweltauswirkungen auf. Nach § 25 Abs. 2 UVPG gilt dieser Maßstab ausdrücklich auch für die Berücksichtigung der Umweltauswirkungen bei der Entscheidung über die Zulassung von Vorhaben.[129]

55 Der Gesetzgeber knüpft damit an die höchstrichterliche Rechtsprechung an. Das Bundesverwaltungsgericht hat im Hinblick auf die Regelung des § 12 UVPG a.F. bereits festgestellt, dass diese Vorschrift nicht den Zweck verfolgt, die materiellen Bewertungsmaßstäbe des geltenden Fachrechts zu verdrängen oder gar zu verschärfen.[130] Das UVP-Gesetz in der geltenden Fassung lässt hieran keinen Zweifel mehr aufkommen. Es wäre auch nicht sinnvoll, das **Verfahrensinstrument** der UVP mit materiellen Anforderungen anzureichern. Bereits mit Beschluss vom 14.12.2012 hat der Bundesrat zutreffend festgestellt, dass es nicht Gegenstand des UVP-Rechts ist, inhaltliche Anforderung an die Genehmigung zu formulieren.[131] Die UVP-Prüfung reicht also jeweils nur so weit, wie dies die Beurteilung der Zulassungsfähigkeit des Vorhabens nach den fachgesetzlichen Vorschriften erforderlich macht.[132]

IV. Einheitliche Grundsätze für die Umweltprüfung

56 Gemäß § 3 Satz 2 UVPG soll schließlich gewährleistet sein, dass die Umweltprüfungen nach **einheitlichen Grundsätzen** durchgeführt werden. Der Gesetzgeber knüpft mit dieser Maßgabe an die Erwägungen der UVP-Richtlinie 1985 an.[133] Danach diente die Einführung der UVP nicht zuletzt dem Zweck, ungleiche Wettbewerbsbedingungen aufgrund unterschiedlicher Rechtsvorschriften in den Mitgliedstaaten der Europäischen Union zu vermeiden.[134] Dieser auf eine **gemeinschaftsweite Rechtsharmonisierung** abzielenden Absicht trägt das UVP-Gesetz dadurch Rechnung, dass es Mindestanforderungen für alle UVP-pflichtigen Vorhaben und auch die SUP von Plänen und Programmen festlegt. Darüber hinaus ermächtigt es die Bundesregierung in § 70 UVPG ausdrücklich, insbesondere Kriterien und Verfahren, die zu dem in § 3 Satz 2 und § 25 Abs. 1 UVPG genannten Zweck zugrunde zu legen sind (Nr. 1), Grundsätze für den Untersuchungsrahmen nach § 15 UVPG (Nr. 2) und für die zusammenfassende Darstellung nach § 24 UVPG und für die begründete Bewertung nach § 25 Abs. 1 UVPG (Nr. 3) durch den Erlass von Verwaltungsvorschriften zu kon-

128 Begr. RegEntw. UVP-Modernisierungsgesetz BT-Drs. 18/11499, S. 76; so auch BVerwG, Urt. v. 27.03.2025 – 7 A 3.24, UPR 2025, 346 = juris Rn. 53.

129 Begr. RegEntw. UVP-Modernisierungsgesetz BT-Drs. 18/11499, S. 60.

130 BVerwG, Beschl. v. 10.10.2006 – 9 B 27.05, NVwZ 2007, 84 (86). Vgl. auch *Beckmann* ZUR 2014, 541 (543).

131 BR-Drs. 655/12(B), S. 6. Dazu auch *Beckmann* ZUR 2014, 541 (544).

132 *Schink* DVBl 2014, 877 (881) unter Hinweis auf BVerwG, Beschl. v. 17.02.1997 – 4 VP 17.96, NuR 1998, 305 (308); Nds. OVG, Beschl. v. 13.12.2006 – 7 ME 271/04, ZUR 2007, 207 (208).

133 BT-Drs. 11/3919, S. 20.

134 So ausdrücklich die Präambel der UVP-RL 1985.

kretisieren.[135] Erst die Einhaltung einheitlicher Grundsätze gewährleistet zum einen die Gleichbehandlung der Fälle durch Vorgaben für die Aufbereitung des Sachverhalts und sichert zum anderen die Entwicklung eines Methodenstandards, der auch »europarechtsfest« ist.[136]

V. Beteiligung der Öffentlichkeit

Die Beteiligung der Öffentlichkeit ist ein **Kerngedanke der Umweltprüfung.** Deshalb ist es nur folgerichtig, dass dieses zentrale Verfahrenselement in die Regelung des § 3 UVPG über die Grundsätze für Umweltprüfungen aufgenommen wird. § 3 Satz 2 UVPG verdeutlicht, dass die Maßgabe der Einbeziehung der Öffentlichkeit sowohl für die Umweltverträglichkeitsprüfung als auch für die Strategische Umweltprüfung zu gewährleisten ist. 57

Die Formulierung »unter Beteiligung der Öffentlichkeit« ist im Zusammenhang zu lesen mit den Begriffsbestimmungen des § 2 Abs. 8 und Abs. 9 UVPG sowie der darin vorgenommene Differenzierung zwischen der »Öffentlichkeit« und der »betroffenen Öffentlichkeit«.[137] Die Vorschriften beschreiben den Kreis der an den Prüfverfahren zu beteiligenden Personen und zugleich den Umfang, in dem diese Beteiligung zu gewährleisten ist. Die Öffentlichkeit ist berechtigt, die ausgelegten Unterlagen, d.h. insbesondere die Untersuchung der Umweltverträglichkeit eines Vorhabens oder den Entwurf des Plans bzw. des Programms einzusehen. Demgegenüber ist das Recht, sich gegenüber der zuständigen Behörde zu den Unterlagen zu äußern, auf die betroffene Öffentlichkeit beschränkt (§ 18 Abs. 1, § 19 Abs. 1 und 2 bzw. § 42 Abs. 1 und Abs. 3 Satz 1 UVPG).[138] Da sich die Betroffenheit erst anhand der ausgelegten Unterlagen beurteilen lässt, unterliegt das Einsichtsrecht dieser Beschränkung nicht. 58

Teil 2 Umweltverträglichkeitsprüfung

Abschnitt 1 Voraussetzungen für eine Umweltverträglichkeitsprüfung

§ 4 Umweltverträglichkeitsprüfung

Die Umweltverträglichkeitsprüfung ist unselbständiger Teil verwaltungsbehördlicher Verfahren, die Zulassungsentscheidungen dienen.

Übersicht Rdn.

135 Näher zum UVPG a.F. *Gassner,* UVPG, § 1 Rn. 5 und 34; dazu auch bereits *Bunge,* in: HdUVP, § 1 Rn. 36; *Schoeneberg,* UVP, Rn. 71. *Sangenstedt,* in: Landmann/Rohmer, Umweltrecht, 90. EL Juni 2019, § 1 UVPG Rn. 31 verweist demgegenüber darauf, dass allgemeine Verwaltungsvorschriften in der Praxis eher eine untergeordnete Rolle spielen, während informelle Arbeitshilfen an Bedeutung gewinnen.

136 So zutreffend bereits *Gassner,* UVPG, § 1 Rn. 5; *Sangenstedt,* in: Landmann/Rohmer, Umweltrecht, 90. EL Juni 2019, § 1 UVPG Rn. 25.

137 Siehe hierzu näher die Kommentierung zu § 2 UVPG Rdn. 131 ff., 135 ff.

138 Vgl. dazu *Bunge,* in: HdUVP, § 2 Rn. 26.

A. Allgemeines

I. Zweck und Bedeutung der Vorschrift

1 Während die §§ 1 bis 3 UVPG als Teil 1 des Gesetzes »Allgemeine Vorschriften für die Umweltprüfungen« zum Inhalt haben, leitet § 4 UVPG den Teil 2 ein, der mit »Umweltverträglichkeitsprüfung« überschrieben ist und die Voraussetzungen für ihre Durchführung (Abschnitt 1) und die einzelnen Verfahrensschritte (Abschnitt 2) näher regelt sowie Einzelbestimmungen für bestimmte Sonderkonstellationen (Abschnitt 3 – Teilzulassungen, Zulassung eines Vorhabens durch mehrere Behörden, verbundene Prüfverfahren) enthält.

§ 4 UVPG beschreibt das Verhältnis zwischen der Umweltverträglichkeitsprüfung und dem jeweiligen Zulassungsverfahren. Die Vorschrift stellt klar, dass sich die Umweltverträglichkeitsprüfung nicht in einem eigenständigen Verfahren vollzieht, sondern sie einen unselbstständigen Teil des fachrechtlichen Zulassungsverfahrens darstellt. Sie dient allein der Vorbereitung der Entscheidung über die Zulassung eines UVP-pflichtigen Vorhabens.[1]

II. Gesetzesgeschichte

1. UVP-Richtlinie

2 Wie bereits die UVP-Richtlinie 1985[2] kennzeichnet auch die geltende Fassung der UVP-Richtlinie[3] große Zurückhaltung im Hinblick auf die Frage der **verfahrensrechtlichen Implementation der UVP**. Sie überlässt es den Mitgliedstaaten ausdrücklich, diese im Rahmen der bestehenden Verfahren zur Genehmigung der Projekte durchzuführen oder neue Prüfverfahren einzuführen (Art. 2 Abs. 2 UVP-Richtlinie). Diese Zurückhaltung entspricht dem Charakter von Richtlinien, die für die Mitgliedstaaten hinsichtlich des zu erreichenden Ziels verbindlich sind, den innerstaatlichen Stellen dabei jedoch die Wahl der Form und der Mittel überlassen (Art. 288 Abs. 3 AEUV). Maßgeblich für die Erfüllung der unionsrechtlichen Vorgaben ist allein, dass das gewählte Verfahren geeignet ist, den Zielen der Richtlinie zu entsprechen und diesen zu praktischer Wirksamkeit zu verhelfen. Die UVP-Richtlinie gibt weder eine Selbständigkeit des Prüfverfahrens noch die Eigenständigkeit des Prüfergebnisses oder dessen separate Anfechtbarkeit vor. Ebenso unterfällt es wie sonst auch der Entscheidungsfreiheit der Mitgliedstaaten, welchen Behörden sie die Durchführung der UVP zuweisen.[4]

3 Auch aus der UVP-Richtlinie selbst ergibt sich, dass die Umweltverträglichkeitsprüfung keine materiell-rechtlichen Implikationen hat, sondern sie verfahrens- bzw. projektbezogen zu verstehen ist.[5] Die dortige Definition der UVP lehnt sich an die Begriffsbestimmung der Umweltprüfung in Art. 2 lit. b der SUP-Richtlinie an. Nach Art. 1 Abs. 2 lit. g der UVP-Richtlinie umfasst die Umweltverträglichkeitsprüfung **fünf Verfahrensschritte**:
- Ausarbeitung eines UVP-Berichts,
- Behörden- und Öffentlichkeitsbeteiligung,
- Prüfung der vorgelegten und ggf. ergänzenden Angaben,
- zusammenfassende Darstellung und Bewertung sowie
- Aufnahme der begründeten Schlussfolgerung in alle Zulassungsentscheidungen.

4 Diese Schrittfolge verdeutlicht, dass es der Kerngedanke der projektbezogenen UVP ist, vor Zulassung eines potenziell umweltbelastenden Vorhabens dessen Auswirkungen auf die Umwelt in einem **recht-**

1 Begr. RegEntw. UVPG 2017, BT-Drs. 18/11499, S. 77.
2 Richtlinie 85/337/EWG, ABl L 175 v. 05.07.1985, S. 40.
3 Richtlinie 2011/92/EU, ABl L 26 v. 28.01.2012, S. 1, in der Fassung der Änderungsrichtlinie 2014/52/EU, ABl L 124 v. 25.04.2014, S. 1 ff.
4 Vgl. hierzu auch *Bunge*, in: HdUVP, § 2 Rn. 28.
5 *Schink* DVBl 2014, 877 (878 f.).

lich geordneten und transparenten Verfahren zu prüfen und bei der anschließenden Entscheidung über die Zulassung des Vorhabens zu berücksichtigen.[6]

2. Innerstaatliche Entstehung

Die Vorschrift des § 4 UVPG hat im Gesetzgebungsverfahren zur UVPG-Novelle 2017 keine Änderung erfahren. Sie ist in der Fassung des Regierungsentwurfs in Kraft getreten. 5

B. Verfahrensbezogene Integration der UVP

Nach § 4 UVPG ist die Umweltverträglichkeitsprüfung ein **unselbstständiger Teil** der vorhandenen verwaltungsbehördlichen Verfahren.[7] Dem UVP-Gesetz liegt das Konzept zugrunde, auf die Einführung zusätzlicher bürokratischer Verfahren und auf die Schaffung neuer Behörden zu verzichten und die UVP in die bestehenden fachgesetzlichen Verfahren zu integrieren.[8] Der Ablauf der umweltrechtlichen Verfahren und die Behördenzuständigkeit richten sich deshalb auch in Ansehung des UVP-Gesetzes grundsätzlich nach den einschlägigen fachgesetzlichen Regelungen.[9] 6

I. Unselbständiger Teil verwaltungsbehördlicher Verfahren

Die Vorschrift des § 4 UVPG stellt klar, dass die UVP ein **Verfahrensbestandteil** ist. Dabei beschränkt sich die UVP allerdings nicht nur die eingeholten Gutachten oder den UVP-Bericht.[10] Die Umweltverträglichkeitsprüfung ist zwar kein eigenständiges Verfahren, wohl aber ein der Entscheidung vorgeschalteter, formalisierter **Zwischenschritt.**[11] Sie ist in den Ablauf eines anderen Verwaltungsverfahrens, des fachrechtlichen Trägerverfahrens[12], eingebunden, das der Entscheidung über die Zulassung des Vorhabens dient. In diesem Rahmen hat sie die Aufgabe, zur Ermittlung, Beschreibung und Bewertung des **entscheidungserheblichen Sachverhalts** beizutragen.[13] 7

Aus dem unselbständigen Charakter der Umweltprüfung als formalisiertes Verfahrensbestandteil des Trägerverfahrens folgt zugleich, dass inhaltliche Mängel der UVP grundsätzlich nicht für sich genommen isoliert gerügt werden können. Mängel der UVP können vielmehr nur nach Maßgabe von § 4 Abs. 1, 1a UmwRG als **Verfahrensfehler** geltend gemacht werden.[14] 8

Verfahrensfehler betreffen nur den äußeren Verfahrensablauf (Beginn des Verfahrens, Verfahrensschritte, Beteiligung anderer Behörden und der Öffentlichkeit).[15] Inhaltliche Unzulänglichkeiten der UVP können insbesondere dann einmal einen Verfahrensfehler begründen, wenn der UVP-Bericht oder die auszulegenden Fachgutachten die notwendige Anstoßwirkung für die Beteiligung der Öffentlichkeit verfehlen. Hierfür genügt es aber regelmäßig nicht, wenn einzelne Umweltaus-

6 *Meßerschmidt,* Umweltrecht, § 8 Rn. 1.

7 Dazu bereits Begr. RegEntw. UVPG 1990, BT-Drs. 11/3919, S. 20; vgl. auch BVerwG, Urt. v. 19.05.1998 – 4 C 11.96, NVwZ 1999, 528 (531); *Bunge,* in: HdUVP, § 2 Rn. 79 ff.; *Weber/Hellmann* NJW 1990, 1625 (1627). Siehe auch *Mitschang,* in: Schink/Reidt/Mitschang, UVPG/UmwRG, § 4 UVPG Rn. 5: »integratives Konzept«.

8 Dazu bereits Begr. RegEntw. UVPG 1990, BT-Drs. 11/3919, S. 15; vgl. auch *Dohle* NVwZ 1989, 697 (698); *Jarass* NuR 1991, 201 (202).

9 Dazu bereits *Bohne* ZfB 1989, 93 (99); *Dienes* ET 1990, 727 (728).

10 Vgl. *Bunge,* in: HdUVP, § 2 Rn. 214.

11 BVerwG, Urt. v. 18.11.2004 – 4 CN 11.03, BVerwGE 122, 207; BVerwG, Urt. v. 13.12.2007 – 4 C 9.06, BVerwGE 130, 83; *Neumann/Külpmann,* in: Stelkens/Bonk/Sachs, VwVfG, § 74 Rn. 119 m.w.N.

12 Im Sinne von § 2 Abs. 6 UVPG, vgl. insoweit auch den Hinweis in Ziff. II.2.4.1. UVPVwV.

13 So bereits Begr. RegEntw. UVPG 1990, BT-Drs. 11/3919, S. 21; vgl. auch *Bunge,* in: HdUVP, § 2 Rn. 80.

14 Vgl. OVG NRW, Urt. v. 11.09.2018 – 20 D 79/17.AK, ZUR 2019, 164 = juris Rn. 159 ff. m.w.N.

15 Vgl. BVerwG, Urt. v. 11.09.2025 – 7 C 10.24, juris Rn. 19; OVG Schleswig-Holstein, Urt. v. 13.12.2023 – 4 KS 2/22, juris Rn. 51 ff.; VGH BW, Urt. v. 11.12.2023 – 10 S 1914/22, VBlBW 2024, 469 = juris Rn. 52; OVG NRW, Urt. v. 15.11.2024 – 22 D 227/23.AK, BauR 2025, 770 = juris Rn. 29 f.

wirkungen nicht mit einer hinreichenden Tiefe ermittelt, einzelne Angaben fehlerhaft oder Bewertungen fragwürdig sind. Die Öffentlichkeitsbeteiligung bezweckt gerade, Fehler oder Unzulänglichkeiten der UVP und der ihr zugrundeliegenden Fachgutachten aufzuzeigen, um sie beheben zu können.[16] Für sich genommen stellen **inhaltliche Mängel** der **UVP keine Verfahrensmängel** dar. Vielmehr betreffen sie den durch die jeweiligen materiell-rechtlichen Vorgaben gesteuerten Prozess der Willens- und Entscheidungsbildung.[17] Dementsprechend beurteilt sich auch die Frage des notwendigen Inhalts eines UVP-Berichts nach **materiell-rechtlichen Maßstäben.**[18]

Die UVP dient zwar dem Zweck, die Umweltbelange eines Vorhabens zusammenzutragen, damit sie in gebündelter Form in die eigentliche Zulassungsentscheidung eingehen können. Inhaltliche Mängel der UVP sind jedoch, solange sie nicht so gravierend sind, dass sie zugleich einen Verfahrensmangel nach sich ziehen, nur erheblich, wenn sie sich in der fachrechtlichen Abwägung fortsetzen, d.h. für das Ergebnis der Zulassungsprüfung von Einfluss gewesen sind.[19] Auf diese Weise kann ein inhaltlicher Mangel der UVP in einen materiell-rechtlichen Fehler münden. Dies beurteilt sich aber ausschließlich nach dem jeweiligen Fachrecht und nicht nach den Vorschriften des UVP-Gesetzes. Aufgrund des dienenden Charakters der UVP können inhaltliche Mängel, von methodischen Fehlern herangezogener Fachgutachten bis hin zur fehlenden Betrachtung einzelner Umweltauswirkungen eines Vorhabens, im Grundsatz nur nach Maßgabe des materiellen Rechts gegen die Sachentscheidung ins Feld geführt werden.[20]

II. Zulassungsentscheidungen dienendes Verfahren

9 Die Formulierung »verwaltungsbehördliche Verfahren« in § 4 UVPG hat Bedeutung in zweifacher Hinsicht: Zum einen nimmt sie Bezug auf **Verwaltungsbehörden aller Ebenen.**[21] Zum anderen erfasst der Oberbegriff die verschiedenen Verfahrensarten, für die Regelungen des UVP-Gesetzes von Relevanz sind.[22] Dabei handelt es sich nicht nur um Verwaltungsverfahren i.S.d. § 9 VwVfG. Auch verwaltungsinterne Verfahren sowie Normsetzungsverfahren kommen in Betracht.[23] Für welche Verfahren die UVP Bedeutung erlangt, ergibt sich daraus, dass die Umweltverträglichkeitsprüfung Teil der verwaltungsbehördlichen Verfahren ist, die »Zulassungsentscheidungen dienen«. Gemeint sind damit in erster Linie die **der Verwirklichung** des Vorhabens **unmittelbar vorausgehenden Zulassungsverfahren**, wie sich der Blick auf § 2 Abs. 6 UVPG zeigt.[24]

10 Erfasst werden aber auch diejenigen behördlichen Entscheidungsprozesse, die vor Beginn der Zulassungsverfahren im engeren Sinne stattfinden und wegen der von ihnen ausgehenden recht-

16 Vgl. BVerwG, Beschl. v. 27.06.2025 – 9 B 54.24, juris Rn. 9; BVerwG, Beschl. v. 26.03.2020 – 3 B 24.19, NVwZ 2020, 1199 Rn. 9.

17 BVerwG, Urt. v. 28.11.2017 – 7 A 17.12, BVerwGE 161, 17 Rn. 29 ff.; BVerwG, Beschl. v. 08.05.2018 – 9 A 12.17, DVBl 2018, 1232; Sächs. OVG, Beschl. v. 18.03.2019 – 4 B 397/18, SächsVBl 2020, 109 = juris Rn. 17.

18 BVerwG, Urt. v. 11.09.2025 – 7 C 10.24, juris Rn. 19; BVerwG, Beschl. v. 02.03.2023 – 4 B 16.22, juris Rn. 21.

19 BVerwG, 13.12.2007 – 4 C 9.06, BVerwGE 130, 83; BVerwG, Urt. v. 25.01.1996 – 4 C 5.95, BVerwGE 100, 238.

20 Vgl. BVerwG, Urt. v. 16.03.2021 – 4 A 10.19, NVwZ 2021, 1615 Rn. 18; BVerwG, Beschl. v. 26.03.2020 – 3 B 24.19, NVwZ 2020, 1199 Rn. 9; BVerwG, Beschl. v. 07.01.2020 – 4 B 74.17, juris Rn. 8 f.; Bay. VGH, Beschl. v. 16.12.2024 – 22 CS 24.1314, juris Rn. 29 ff.; VGH BW, Urt. v. 28.04.2025 – 10 S 1455/23, juris Rn. 36; VGH BW, Urt. v. 17.11.2022 – 14 S 2056/21, VBlBW 2023, 231 = juris Rn. 28; OVG Sachsen-Anhalt, Urt. v. 13.06.2024 – 2 K 76/22, juris Rn. 52 f.; OVG Hamburg, Beschl. v. 30.04.2024 – 1 Es 4/24.P, juris Rn. 40.

21 *Bunge*, in: HdUVP, § 2 Rn. 87.

22 BT-Drs. 11/3919, S. 20 f.

23 Dazu BT-Drs. 11/3919, S. 21; vgl. auch Bunge, in: HdUVP, § 2 Rn. 88.

24 Siehe hierzu näher die Kommentierung zu § 2 UVPG Rdn. 99 ff.

lichen oder faktischen Bindungen für die nachfolgenden Verfahren beachtlich sind.[25] Welche Verfahren damit gemeint sind, zeigt § 2 Abs. 6 Nr. 2 und 3 UVPG, wonach auch Linienbestimmungen und andere Entscheidungen in vorgelagerten Verfahren nach § 47 UVPG (Nr. 2)[26] und Bebauungspläne (Nr. 3)[27] zu den Zulassungsentscheidungen im Sinne des UVP-Gesetzes zählen. Der Begriff erstreckt sich außerdem auf Vorbescheide, Teilgenehmigungen und einer andere Teilzulassungen (§ 2 Abs. 6 Nr. 1 UVPG).[28]

III. Parallelvorschriften

Inhaltsgleiche Parallelvorschriften zu § 4 UVPG finden sich in § 1 Abs. 2 Satz 1 der 9. BImSchV, 11
in § 2 a Abs. 1 Satz 1 AtG und in § 181 Abs. 1 Satz 1 StrlSchG.

§ 5 Feststellung der UVP-Pflicht

(1) [1]Die zuständige Behörde stellt auf der Grundlage geeigneter Angaben des Vorhabenträgers sowie eigener Informationen unverzüglich fest, dass nach den §§ 6 bis 14b für das Vorhaben eine Pflicht zur Durchführung einer Umweltverträglichkeitsprüfung (UVP-Pflicht) besteht oder nicht. [2]Die Feststellung trifft die Behörde

1. auf Antrag des Vorhabenträgers oder
2. bei einem Antrag nach § 15 oder
3. von Amts wegen nach Beginn des Verfahrens, das der Zulassungsentscheidung dient.

(2) [1]Sofern eine Vorprüfung vorgenommen worden ist, gibt die zuständige Behörde die Feststellung der Öffentlichkeit bekannt. [2]Dabei gibt sie die wesentlichen Gründe für das Bestehen oder Nichtbestehen der UVP-Pflicht unter Hinweis auf die jeweils einschlägigen Kriterien nach Anlage 3 an. [3]Gelangt die Behörde zu dem Ergebnis, dass keine UVP-Pflicht besteht, geht sie auch darauf ein, welche Merkmale des Vorhabens oder des Standorts oder welche Vorkehrungen für diese Einschätzung maßgebend sind. [4]Bei der Feststellung der UVP-Pflicht kann die Bekanntgabe mit der Bekanntmachung nach § 19 verbunden werden.

(3) [1]Die Feststellung ist nicht selbständig anfechtbar. [2]Beruht die Feststellung auf einer Vorprüfung, so ist die Einschätzung der zuständigen Behörde in einem gerichtlichen Verfahren betreffend die Zulassungsentscheidung nur daraufhin zu überprüfen, ob die Vorprüfung entsprechend den Vorgaben des § 7 durchgeführt worden ist und ob das Ergebnis nachvollziehbar ist.

Übersicht Rdn.

25 Vgl. BT-Drs. 11/3919, S. 20 f., *Bunge*, in: HdUVP, § 2 Rn. 90.
26 Siehe hierzu die Kommentierung zu § 2 UVPG Rdn. 103 ff.
27 Siehe hierzu die Kommentierung zu § 2 UVPG Rdn. 105 ff.
28 Siehe hierzu die Kommentierung zu § 2 UVPG Rdn. 100.

A. Allgemeines

1 § 5 ist die zweite Vorschrift des Abschnitts 1 über die »Voraussetzungen für eine Umweltverträglichkeitsprüfung« (§§ 4 bis 14a) im Teil 2 des UVPG. Während § 4 allgemein das Verhältnis zwischen dem Umweltverträglichkeitsverfahren und dem Zulassungsverfahren bestimmt, **verlangt § 5 von der Behörde die Feststellung der UVP-Pflicht.** Auf der Grundlage geeigneter Angaben des Vorhabenträgers sowie eigener Informationen hat die Behörde nach § 5 Abs. 1 Satz 1 »unverzüglich« festzustellen, ob für das konkrete Vorhaben eine UVP-Pflicht besteht oder nicht. § 5 besitzt mit § 34 eine Parallelvorschrift, welche die Feststellung der SUP-Pflicht betrifft. Durch die UVP-Novelle im Jahr 2017 ist § 5 an die Stelle des im Wesentlichen inhaltsgleichen § 3a a.F. getreten. In seinem Abs. 2 besitzt § 5 (durch die UVP-Novelle veränderte) Vorgaben über die Bekanntgabe der Vorprüfung an die Öffentlichkeit sowie über die Pflicht der Behörde, die wesentlichen Gründe für ihre Einschätzung über das Bestehen oder Nichtbestehen der UVP-Pflicht anhand der Kriterien nach Anlage 3 anzugeben. In Abs. 3 enthält § 5, wie schon § 3a a.F., eine Einschränkung der gerichtlichen Überprüfbarkeit der behördlichen Feststellungsentscheidung. Diese ist als Verfahrenshandlung nicht direkt nach ihrer Vornahme, also nicht »selbständig« anfechtbar (§ 5 Abs. 3 Satz 1), sondern erst als Bestandteil der späteren Zulassungsentscheidung. Ferner besteht ein Beurteilungsspielraum der Behörde hinsichtlich der von ihr aufgrund überschlägiger Einschätzung durchzuführenden Vorprüfung. Die für das Ergebnis der Vorprüfung (UVP-Pflicht: ja oder nein) maßgebliche Einschätzung der Behörde, ist im Prozess über die angefochtene oder erstrebte Zulassungsentscheidung **von den Verwaltungsgerichten nur eingeschränkt zu überprüfen.** Nach § 5 Abs. 3 Satz 2 hat sich die gerichtliche Prüfung darauf zu beschränken, ob die Vorprüfung entsprechend den »Vorgaben des § 7« durchgeführt worden ist und ob »das Ergebnis nachvollziehbar« ist. Überschreitet die behördliche Anwendung des § 5 den in Abs. 3 Satz 2 bestimmten Maßstab, sieht § 4 Abs. 1 Satz 2 UmwRG darin einen **»absoluten Verfahrensfehler«**, der – ohne eine Heilung – zur Aufhebung der Zulassungsentscheidung führt, vgl. § 4 Abs. 1 Satz 2 UmwRG. Absolute Verfahrensfehler im Sinne des § 4 Abs. 1 UmwRG können bei Anwendung des § 5 ferner dadurch entstehen, dass die Behörde bei der Einordnung des Vorhabens die UVP-Pflicht bzw. UVP-Vorprüfungspflicht verkennt und die Zulassung des Vorhabens erfolgt, obwohl die erforderliche UVP bzw. die erforderliche Vorprüfung weder durchgeführt noch nachgeholt worden ist, vgl. § 4 Abs. 1 Satz 1 Nr. 1 lit. a bzw. lit. b UmwRG. Die Frage, ob der Zulassungsentscheidung der Behörde eine rechtsfehlerfreie Anwendung des § 5 zur Feststellung der UVP-Pflicht zu Grunde liegt oder nicht, hat angesichts der genannten Fehlerfolgen in der Rechtspraxis ein herausragendes Gewicht. Die nach einem langen Abstimmungsprozess am 30.04.25 in Kraft getretene **Allgemeine Verwaltungsvorschrift** zur Ausführung des Gesetzes über die Umweltverträglichkeitsprüfung (UVPVwV) vom 14.04.2025 besitzt zwar keine Außenwirkung. Sie kann aber den Einstieg in die gerichtsfeste Rechtsanwendung erleichtern. Die neue UVPVwV enthält im Gegensatz zu ihrer Vorgängerin aus dem Jahr 1995 erstmals auch Aussagen zu den Vorgaben für die Vorprüfung.

I. Entstehung der Vorschrift

Nummerierung und genauer Wortlaut des § 5 gehen auf die Novelle durch das »Gesetz zur Modernisierung des Rechts der Umweltverträglichkeitsprüfung« vom 20.07.2017 zurück.[1] Im Gesetzgebungsverfahren waren die Regelungen des § 5 nicht umstritten. Sie sind in der Fassung des Regierungsentwurfs[2] in Kraft getreten. Die Novelle 2017 erging zur Anpassung des Bundesrechts an die Vorgaben der an sich bis zum 16.05.2017 umzusetzenden UVP-Änderungsrichtlinie 2014. Dazu wurde die in § 3a a.F. gebrauchte Formulierung »Angaben zum Vorhaben« ersetzt, und zwar durch »Angaben des Vorhabenträgers«, vgl. § 5 Abs. 1 Satz 1.[3] Die damit verbundene Erweiterung des Umfangs der Angaben wurde durch **die neue Anlage 2** erforderlich, welche wiederum der Umsetzung der Anlage II.A der UVP-Änderungsrichtlinie 2014 diente. Danach hat der Träger vorprüfungspflichtiger Vorhaben neben den **Angaben zu seinem Vorhaben auch solche zu anderen Faktoren (Standort, Schutzgüter, Auswirkungen)** zu machen. Veränderung zur Vorgängervorschrift in § 3 a a.F. ergaben sich auch bei § 5 Abs. 2. Die darin an die Behörde gerichteten Vorschriften zur Bekanntmachung und Begründung der Entscheidung über die UVP-Pflicht setzten nämlich Vorgaben des Art. 4 Abs. 5 Satz 2 der UVP-Änderungsrichtlinie 2014 um. Der neue Inhalt war, dass die Behörde das **Ergebnis ihrer Vorprüfung aktiv bekanntzugeben hat**, und zwar unabhängig davon, ob sie dabei eine UVP-Pflicht festgestellt hat oder nicht. Die Bezeichnung »Bekanntgabe« wurde dabei in bewusster Abgrenzung zum Begriff der »Bekanntmachung« im Sinne von § 72 Abs. 2 VwVfG und entsprechender fachgesetzlicher Regelungen gewählt, um deutlich zu machen, dass für die »Bekanntgabe« nicht die gleichen formalen Anforderungen gelten. Ermöglicht werden sollte der Verwaltung vielmehr eine flexible und kostengünstige Handhabung. Damit werde, so die Bundesregierung in der Begründung ihres damaligen Gesetzesentwurfs[4], die zuständige Behörde in die Lage versetzt, selbst diejenigen Mittel zu wählen, die geeignet seien, der betroffenen und interessierten Öffentlichkeit im konkreten Fall eine effektive Möglichkeit der Kenntnisnahme zu eröffnen. Für die praktische Handhabung verwies die Gesetzesbegründung auf das nach § 20 vorgesehene (und zwischenzeitlich auch eingerichtete[5]) **UVP-Portal im Internet** bzw. Amtstafeln, Amtsblätter oder örtliche Tageszeitungen.[6] 2

II. Umfang und Ziel des UVP-Modernisierungsgesetzes

Die Novellierung durch das UVP-Modernisierungsgesetz im Jahr 2017 ließ die Grundstruktur des deutschen UVP-Rechts unangetastet. Die »UVP-Pflicht« blieb der zentraler Gesetzesbegriff. Auch an der rechtssystematischen Einordnung wurde festgehalten: Die mit der UVP verbundenen Prüfschritte sind als **unselbständiger Teil eines Trägerverfahrens** (»**Huckepack**«) vorzunehmen; Trägerverfahren wiederum ist das verwaltungsbehördliche Verfahren, das der Entscheidung über die Zulassung des Vorhabens dient (vgl. § 4). Damit hat die behördliche Feststellung, ob eine UVP-Pflicht des Vorhabens besteht oder nicht (§ 5), ihre zentrale Bedeutung beibehalten und lenkt Art und Umfang des auf Vorhabenzulassung gerichteten Verfahrens (**verfahrenslenkende Funktion**). Weiterhin ist die als Anlage 1 bestehende Liste »UVP-pflichtige Vorhaben« und ihre bewährte Mechanik geblieben, welche in Spalte 1 die UVP-pflichtigen Vorhaben mit »X« und in Spalte 2 die allgemein (»A«) und standortbezogen (»S«) vorprüfungspflichten Vorhaben kennzeichnet bzw. auflistet. 3

Das mit der Novelle 2017 verfolgte gesetzgeberische Anliegen war es, die Vorschriften zur Feststellung der UVP-Pflicht **»klarer und detaillierter« als bisher** zu regeln.[7] Dazu hat der Gesetzgeber vorhabenspezifische Regelungen geschaffen, nämlich bezogen auf »Neuvorhaben« (§§ 6, 7), »Anlagen 4

1 BGBl. I 2017, S. 2808.
2 Begr. RegEntw. UVP-Modernisierungsgesetz, BT-Drs. 18/11499, S. 13/14.
3 BR-Drs. 164/17, S. 86.
4 BR-Drs. 164/17, S. 86.
5 https://www.uvp-portal.de bzw. UVP-Portale-Verordnung v. 11.11.2020 (BGBl. I 2020, S. 2428).
6 Vgl. nunmehr Nr. 5.2.1 UVPVwV; Bundesbehörden haben die Bundes-UVP-Portal-VwV zu beachten.
7 BR-Drs. 164/17, S. 63.

mit Störfallrisiko« (§ 8), »Änderungsvorhaben« (§ 9), »kumulierende Vorhaben« (in verschiedenen Varianten nach §§ 10 bis 13), »Entwicklungs- und Erprobungsvorhaben« (§ 14). Die »Änderung von Schienenwegen« (§ 14 a) ist im Jahr 2020 hinzugekommen.[8] Bei **Änderungsvorhaben** führte die Novelle 2017 die Unterscheidung zwischen solchen Vorhaben ein, bei denen für das bestehende Vorhaben, das geändert werden soll, bereits eine UVP durchgeführt wurde und solchen, bei denen dies nicht der Fall war. Eingeführt wurde die **Möglichkeit einer freiwilligen UVP** bei Vorhaben, für die nach dem Gesetz nur eine UVP-Vorprüfung vorgesehen ist.

5 Mit den detaillierten Vorschriften zur **UVP-Vorprüfung** wurde im Gesetzgebungsverfahren zur Novelle 2017 die Erwartung verbunden, dass es künftig bei der Durchführung dieses Verfahrensabschnitts zu nicht unerheblichen **Erleichterungen für die Behörden** komme.[9] In der Mehrzahl der Fälle werde sich der Zeitaufwand für die Prüfung der Vorprüfungsunterlagen nach § 7 verringern, auch wenn im Einzelfall der höhere Detaillierungsgrad der Anforderungen dazu führen könne, dass die Vorprüfungsunterlagen umfangreicher ausfallen als nach alter Rechtslage.[10] Ob sich diese Prognose als zutreffend erwiesen hat, können letztlich nur rechtstatsächliche Untersuchungen beantworten. Eine Erleichterung für den behördlichen Vollzug stellt die am 30.04.25 in Kraft getretene **Allgemeine Verwaltungsvorschrift** zur Ausführung des Gesetzes über die Umweltverträglichkeitsprüfung dar. Diese auf § 70 UVPG gestützte Verwaltungsvorschrift enthält, ohne bindende Außenwirkung, Aussagen zu den Vorgaben für die Vorprüfung.

B. Regelungsgegenstände im Einzelnen

I. Feststellung der UVP-Pflicht gemäß § 5 Absatz 1

1. Feststellung auf der Grundlage »geeigneter Angaben des Vorhabenträgers sowie eigener Informationen«

6 § 5 Abs. 1 Satz 1 weist auf die »geeigneten Angaben des Vorhabenträgers« hin. Die Entscheidung über die Feststellung der UVP-Pflicht setzt damit voraus, dass der Vorhabenträger über das von ihm geplante Projekt in einer Art und Weise informiert, die (ggfls. nach behördlich verlangter Klarstellung bzw. Ergänzung) geeignet ist, eine Prüfung der vom UVPG gestellten Anforderungen zu ermöglichen (**»prüffähige Angaben«**). Insoweit trifft den Vorhabenträger eine Mitwirkungsobliegenheit bei der behördlichen Informationsgewinnung. Das gilt zunächst für diejenigen Informationen, die erforderlich sind, um zu beurteilen, ob das geplante Projekt einem Vorhaben nach Anlage 1 unterfällt und in welche Kategorie der gelisteten Vorhaben (X, A oder S) dieses einzuordnen ist. Bei Vorhaben zur Intensivtierhaltung ist es zum Beispiel die »Zahl der geplanten Plätze zur Tierhaltung«, die für die Einordnung in die Vorhabenkategorie maßgeblich ist, vgl. Nrn. 7.1 bis 7.11.3 der Anlage 1. Unterschreitet das jeweilige Projekt die dort genannte Mindestanzahl, fällt es aus dem Anwendungsbereich des UVPG (§ 1 Abs. 1 Nr. 1) heraus. Verweigert der Projektträger entsprechende Angaben, ist das Vorhaben nicht prüffähig und die beantragte Zulassung ist schon deswegen abzulehnen. Besitzt eine Organisation oder ein Standort das Umweltmanagement-Gütesiegel der Europäischen Union und ist deshalb nach der *Eco-Management and Audit Scheme*(EMAS)-Verordnung[11] registriert, können die in diesem Zusammenhang bereits vorhandenen Unterlagen (Umweltprüfung, Umweltbetriebsprüfung, Umwelterklärung) vom Vorhabenträger vorgelegt werden und sind von der Behörde bei der Vorprüfung des Vorhabens als Angaben im Sinne der Anlage 2 zum UVPG zu berücksichtigen.[12]

---

8 Vgl. Art. 4 des Investitionsbeschleunigungsgesetzes v. 03.12.2020 (BGBl. I 2020, S. 2694) und die Änderung des § 14a UVPG durch Art. 14 des Aufbauhilfegesetzes 2021 v. 10.09.2021 (BGBl. I 2021, S. 4147).

9 BR-Drs. 164/17, S. 78.

10 BR-Drs. 164/17, S. 78.

11 Vgl. Verordnung (EG) Nr. 1221/2009 v. 25.11.2009.

12 Nr. 5.1.2. Abs. 2 UVPVwV.

Das »**Vorliegen eines Vorhabens nach Anlage 1**« ist eine Tatbestandsvoraussetzung für die nach § 5 zu treffende Entscheidung über die UVP-Pflicht und unterliegt als solche der behördlichen Vollprüfung.[13] Für die gerichtliche Überprüfbarkeit gelten insoweit keine Einschränkungen. Besonderheiten greifen allerdings ein, wenn es um die Vornahme der in § 5 Abs. 2 (im Zusammenhang mit der Bekanntgabe) genannten Vorprüfung der A- und S-Vorhaben der Anlage 1 geht. Diese Voraussetzungen zur Feststellung einer möglichen UVP-Pflicht soll die Behörde als »überschlägige Prüfung« (§ 7 Abs. 1 Satz 2 und Abs. 2 Satz 2) vornehmen, um einschätzen zu können, ob das UVP-vorprüfungspflichtige Vorhaben »erhebliche nachteilige Umweltauswirkungen haben kann« und aus diesem Grund die UVP-Pflicht auslöst oder nicht. Die Prüfung bezieht sich auf das Vorliegen der Möglichkeit (»kann«) des Auftretens erheblicher nachteiliger Umweltauswirkungen. **Die Behörde darf diesen besonderen Prüfungsmaßstab keinesfalls verfehlen.** Verfahrensfehler können nämlich sowohl bei einer zu intensiven als auch bei einer zu geringen Prüftiefe entstehen. So darf die Behörde nicht bereits im Rahmen der Vorprüfung mit einer der Umweltverträglichkeitsprüfung vergleichbaren Prüftiefe »durchermitteln« und damit unzulässigerweise die eigentliche Umweltverträglichkeitsprüfung (unter Missachtung der für diese obligatorischen Öffentlichkeitsbeteiligung) vorwegnehmen; sie ist vielmehr auf eine überschlägige Vorausschau beschränkt.[14] Umgekehrt darf sich die Vorprüfung der Behörde aber auch nicht in einer oberflächlichen Abschätzung spekulativen Charakters erschöpfen, sondern muss auf der Grundlage geeigneter und ausreichender Informationen erfolgen.[15] 7

Der Vorhabenträger hat es in der Hand, **aufgetauchte Bewertungsunsicherheiten bei der Vorprüfung durch Ergänzung der Unterlagen auszuräumen**. Er wird daran regelmäßig ein Eigeninteresse haben. Auch kann eine behördliche Anhörung des Betroffenen angezeigt sein, um ihm Gelegenheit zu geben, Antragsunterlagen nachzureichen. Die Vorprüfung soll »überschlägig« vorgenommen und »unverzüglich« zu einer Einschätzung führen. Es geht also nicht darum, die Fragen nach der Möglichkeit erheblicher Umweltauswirkungen abschließend zu klären. Verbleibt nach Durchführung der Vorprüfung eine Ungewissheit, so hat die Behörde ihre Feststellung im Zweifel zu Gunsten der UVP-Pflichtigkeit zu treffen.[16] Die Maxime »**in dubio pro UVP**« entspricht einer an den unionsrechtlichen Zwecken des UVP-Rechts orientierten Rechtsanwendung des Verfahrensrechts. Dabei spielt die Beteiligung der Öffentlichkeit als Garant für eine wirksame Umweltvorsorge und ein hohes Umweltschutzniveau eine zentrale Rolle. Damit ließe es sich nicht vereinbaren, wenn umweltrelevante Vorhaben im Zweifel ohne vorherige UVP und damit ohne Öffentlichkeitsbeteiligung zugelassen würden. Um der Vorprüfung eines Vorhabens auf seine UVP-Pflichtigkeit einen Rahmen zu geben, verweist das UVPG mit der Formulierung »**nach Maßgabe der geltenden Gesetze**« (§ 3 Satz 2 und § 25 Abs. 1 Satz 1 a.E.) auf das für die Zulassung jeweils einschlägige Prüfprogramm des Fachrechts. Entscheidet sich eine Behörde im Zweifel für die UVP-Pflicht, vermeidet sie im Übrigen auch das mit der Ablehnung der UVP-Pflicht verbundenen Risiko, dass im Streit um die Zulassung des Vorhabens ein absoluter Verfahrensfehler im Sinne des § 4 Abs. 1 UmwRG festgestellt wird, weil das kontrollierende Gericht die für die Ablehnung der UVP-Pflicht gegebenen Gründe der Behörde als »nicht nachvollziehbar« erachtet, vgl. § 5 Abs. 3 Satz 2. 8

2. Unverzüglich

Die behördliche Feststellung hat **unverzüglich** zu erfolgen. Dies bedeutet, dass ohne schuldhaftes Zögern (§ 121 BGB) entschieden werden muss.[17] Es muss zügig und zielorientiert verfahren wer- 9

---

13 *Tepperwien*, in: Schink/Reidt/Mitschang, § 5 UVPG Rn. 8.

14 BVerwG, Urt. v. 25.06.2014 – 9 A 1.13, juris Rn. 18.

15 BVerwG, Urt. v. 25.06.2014 – 9 A 1.13, juris Rn. 18.

16 *Sangenstedt*, in: Landmann/Rohmer, Umweltrecht, § 3a UVPG Rn. 12.

17 *Sangenstedt*, in: Landmann/Rohmer, Umweltrecht, § 3a UVPG Rn. 9; *Peters/Balla*, Hk-UVPG, § 3a Rn. 11.

den.[18] Diese Vorgabe entspricht den allgemeinen gesetzgeberischen Beschleunigungsanliegen nach verschiedenen darauf bezogenen Verfahrensnormen, wie es beispielsweise in § 10 Abs. 6a BImSchG zum Ausdruck kommt.[19]

10 Eine »unverzügliche« Entscheidung setzt allerdings voraus, dass der Antragsteller seine Obliegenheiten erfüllt und **Unterlagen mit einer Qualität vorlegt, dass die Vorprüfung durchgeführt werden kann.** In Bezug auf den Artenschutz bei Windenergieanlagen bedeutet dies, dass die Behörde aus den Unterlagen ersehen können muss, ob sich z.B. Brutstätten bzw. regelmäßig genutzte Nahrungshabitate oder Flugkorridore windenergieempfindlicher Vogelarten im Einwirkungsbereich der geplanten Anlagen befinden, ob mögliche Verstöße gegen die artenschutzrechtlichen Verbote des § 44 Abs. 1 BNatSchG zu erwarten sind, sich also insbesondere das Tötungsrisiko signifikant erhöht, und ob Vermeidungs- und Verminderungsmaßnahmen, die vom Antragsteller vorgesehen werden, nach überschlägiger Prüfung hinreichend wahrscheinlich den Eintritt von Ereignissen ausschließen, die artenschutzrechtlich verboten sind.[20]

3. Zuständige Behörde

11 »**Zuständige Behörde**« ist die über die Zulassung des Vorhabens entscheidende Behörde, soweit dieses nur einer einzigen Zulassungsentscheidung bedarf. In den Fällen paralleler Zulassungsverfahren gemäß § 31 Abs. 2 bestimmen die Länder unter den mehreren zuständigen Landesbehörden die »federführende Behörde«.

4. Feststellung der UVP-Pflicht auf Antrag oder von Amts wegen gemäß § 5 Abs. 1 Satz 2

12 § 5 Abs. 1 Satz 2 regelt, weitgehend übereinstimmend mit dem früheren § 3 a a.F., **drei mögliche Initiativen** für die Feststellung der UVP-Pflicht:
- auf **Antrag des Vorhabenträgers** – s.u. Variante (1),
- bei einem **Antrag nach § 15** (Unterrichtung über den Untersuchungsrahmen) – s.u. Variante (2),
- **von Amts wegen** nach Beginn des Verfahrens zur Zulassungsentscheidung – s.u. Variante (3).

13 Der Vorhabenträger soll durch die eindeutige Behördenfeststellung im Hinblick auf die weiteren erforderlichen Verfahrensschritte Klarheit erlangen und damit handlungsfähig sein. Er soll Gewissheit über die Notwendigkeit oder Entbehrlichkeit der UVP besitzen.[21]

Variante (1) Auf Antrag des Vorhabenträgers

14 Der 1. Fall eines Feststellungsantrags regelt die isolierte feststellende Entscheidung außerhalb des Scoping-Verfahrens und vor Beginn des Zulassungsverfahrens. Die Fallkonstellation kann sein, dass es dem Antragsteller zunächst nur darum geht, Klarheit über die UVP-Pflicht oder aber das Fehlen dieser Pflicht zu erlangen, ohne bereits die weitergehenden Angaben zum Vorhaben treffen zu müssen. Es handelt sich um ein (reines) Antragsverfahren gemäß § 22 VwVfG. Mangels Rechtsvorschriften, die eine bestimmte Form vorschreiben, gilt der Grundsatz der Formlosigkeit eines solchen Antrages. Er kann also auch mündlich gestellt werden. Zweckmäßig ist allerdings die schriftliche Antragstellung. Dies drängt sich bereits deshalb auf, weil im Mittelpunkt der Antragstellung die beizubringenden – ohnehin schriftlichen – Angaben des Projektträgers stehen. Ohne diese Angaben ist die Behörde nicht in der Lage, die Prüfung durchzuführen und die feststellende Entscheidung zu treffen.

Variante (2) Bei einem Antrag nach § 15 (Unterrichtung über den Untersuchungsrahmen)

18 *Peters/Balla,* Hk-UVPG, § 3a Rn. 11 sprechen sogar von einer Entscheidung »unter Zeitdruck«.

19 Zur Beschleunigungsabsicht s. auch die Gesetzesbegründung, BT-Drs. 14/4599, S. 94.

20 Vgl. etwa die »Handreichung« des Bad.-Württ. Umweltministeriums zur Berücksichtigung des Artenschutzes in der UVP-Vorprüfung und UVP, S. 12.

21 *Feldmann* DVBl 2001, S. 589 (593) erinnert an »zahlreiche Problemfälle in der Vergangenheit«.

Die 2. Fallvariante der Behördenfeststellung baut auf einer sinnvollen Verknüpfung zweier Vorgänge auf: Die Beantragung bei der Behörde, den Untersuchungsrahmen festzulegen (s. § 15), wird gleichzeitig mit dem Antrag verbunden, die UVP-Pflicht festzustellen bzw. das Nicht-Bestehen einer solchen Pflicht.[22] Zu berücksichtigen ist, dass ein solcher Termin nicht zwingend stattfinden muss, auch wenn dessen Durchführung häufig im Interesse des Vorhabenträgers liegen wird und – zumindest bei größeren Vorhaben – auch praktisch der Regelfall sein wird. 15

Variante (3) Nach Beginn des Zulassungsverfahrens

Die 3. Variante gemäß § 5 greift von Amts wegen ein. Sie ermöglicht der Behörde die Feststellung der UVP-Pflicht »nach Beginn des Verfahrens, das der Zulassungsentscheidung dient«. Bei diesem Verfahren handelt es sich um den Beginn des fachgesetzlichen Zulassungsverfahrens, z.B. mit Stellung des Antrags gemäß §§ 4, 5 und 6 BImSchG auf Genehmigung einer Anlage. 16

II. Bekanntgabe der Feststellung gegenüber der Öffentlichkeit gemäß § 5 Absatz 2

§ 5 Abs. 2 regelt in 4 Sätzen Einzelheiten zur **Bekanntgabe des Ergebnisses der Vorprüfung** gegenüber der Öffentlichkeit. 17

1. Bei Vorprüfungen: Bekanntgabe der Feststellung gegenüber der Öffentlichkeit gemäß § 5 Absatz 2 Satz 1

§ 5 Abs. 2 Satz 1 verlangt, dass die Behörde, nachdem sie eine Vorprüfung des Vorhabens vorgenommen hat, das erzielte Ergebnis der Öffentlichkeit bekannt gibt. Die **Bekanntgabe** erfüllt eine wichtige Anstoßfunktion. Die Öffentlichkeit wird über das Vorhaben informiert und in die Lage versetzt, sich ein eigenes Bild darüber zu machen, wie die Behörde das Vorhaben hinsichtlich seiner Umweltrelevanz einschätzt und wie die sie dementsprechend das weitere Verwaltungsverfahren zur Zulassung des Vorhabens führen will. Anders als nach früherer Rechtslage besteht die Pflicht zur Bekanntgabe unabhängig davon, ob die Behörde eine UVP-Pflicht bejaht oder nicht, vgl. § 5 Abs. 2 Satz 2. Allerdings kann bei Feststellung der UVP-Pflicht die Bekanntgabe mit der Bekanntmachung nach § 19 verbunden werden, vgl. § 5 Abs. 2 Satz 4. Mit der Bezeichnung »Bekanntgabe« in § 5 Abs. 2 Satz 1 (= zugänglich machen), die bewusst von »Bekanntmachung« abgegrenzt ist, wie sie etwa § 72 Abs. 2 VwVfG enthält, wird der zuständigen Behörde mehr Flexibilität bei der Verlautbarung einräumt. Insbesondere kommt als Mittel der Bekanntgabe die **Einstellung in das Internetportal nach § 20** oder die Veröffentlichung über Amtstafeln, Amtsblätter oder örtliche Tageszeitungen in Betracht.[23] 18

2. Angabe der wesentlichen Gründe für die Feststellung gemäß § 5 Abs. 2 Satz 2 – Begründungspflicht

Die Behörde hat ihre Entscheidung über das Bestehen oder Nichtbestehen der UVP-Pflicht der Öffentlichkeit bekannt zu geben und dabei die »wesentlichen Gründe unter Hinweis auf die jeweils einschlägigen Kriterien nach Anlage 3« anzuführen. **Diese nach § 5 Abs. 2 Satz 2 statuierte Begründungspflicht ist insbesondere für die Öffentlichkeit von Bedeutung.** Sie wird auf diese Weise über Anwendung des UVP-Rechts informiert und kann danach zur Durchsetzung des Umweltrechts aktiv werden, im weiteren Verlauf notfalls durch Anrufung der Gerichte, um im Wege der Individual- oder Verbandsklage gegen die Zulassungsentscheidung die Durchsetzung einer (verneinten) UVP-Pflicht nach Maßgabe des UmwRG zu erstreiten. In diesem Streit um die Zulassung führt es schon dann zu einem **absoluten Verfahrensfehler** (§ 4 Abs. 1 Satz 2 UmwRG), wenn die nach § 5 Abs. 2 Satz 2 gegebene Begründung nicht ausreicht, um das gefundene Ergebnis (Nichtbestehen der UVP-Pflicht) für das Gericht »nachvollziehbar« erscheinen zu lassen. Schon nach früherer Rechtslage (§ 3c Satz 6 a.F.) war vor diesem Hintergrund die Durchführung der Vorprüfung und deren 19

22 *Sangenstedt*, in: Landmann/Rohmer, Umweltrecht, § 3a UVPG Rn. 8.
23 Vgl. Nr. 5.2.1 UVPVwV.

Ergebnis zu **dokumentieren**. Die nunmehr gesetzlich geregelte **Dokumentations- und Begründungspflicht** besitzt damit zentrale Bedeutung.[24] Mit den Sätzen 2 und 3 wird der notwendige Inhalt der Begründung bestimmt. Die Begründung ist der Öffentlichkeit stets zusammen mit dem Ergebnis der Vorprüfung bekannt zu geben.

20 Die Angabe der wesentlichen Gründe hat **unter Hinweis auf die einschlägigen Kriterien gemäß Anlage 3** (früher: Anlage 2 a.F. mit ähnlichen, aber nicht identischen Kriterien) zu erfolgen. Bei diesen Kriterien handelt es sich um knappe Beschreibungen der zu betrachtenden Aspekte im Sinne einer Check-Liste. Sie erfasst die Bereiche »1. Merkmale der Vorhaben«, »2. Standort der Vorhaben« sowie »3. Art und Merkmale der möglichen Auswirkungen« mit jeweils zahlreichen Unterpunkten. Auf diese Weise wird einerseits die Arbeit der Behörden erleichtert und in gewissen Grenzen gewährleistet, dass der Blick möglichst breit auf die Einzelheiten gerichtet wird. Außerdem wird mit der Anlage 3 eine höhere Transparenz durch einheitliche Maßstäbe für die Abfassung von Begründungen geschaffen.

3. Bei Verneinung der UVP-Pflicht gemäß § 5 Abs. 2 Satz 3: Erweiterte Begründungspflicht

21 Führt die behördliche Vorprüfung zum Ergebnis, dass **keine UVP-Pflicht besteht, erwächst daraus gemäß § 5 Abs. 2 Satz 3 eine erweiterte Begründungspflicht:** Die Behörde muss »auch darauf eingehen«, welche Merkmale des Vorhabens oder des Standorts oder welche Vorkehrungen für ihre Einschätzung maßgebend sind. Die Nachvollziehbarkeit der Begründung soll nicht daran scheitern, dass die Behörde die Beurteilung des Vorhabens anhand der einschlägigen Kriterien in Anlage 3 nicht dokumentiert. Aus der Vielzahl der Erwägungen sollen diejenigen herausgestellt werden, welche die Annahme der fehlenden UVP-Pflicht nach Einschätzung der Behörde stützen und daher entscheidungstragend sind. Zur Erfüllung der erweiterten Begründungspflicht muss die Behörde den Einzelfall prüfen und den Sachverhalt erfassen. So werden Rechtsfehler vermieden, die leicht entstehen können, wenn die UVP-Pflicht und damit die Öffentlichkeitsbeteiligung vorschnell abgelehnt wird.

4. Verbindung von Bekanntgabe der Feststellung der UVP-Pflicht und deren Bekanntmachung gemäß § 5 Abs. 2 Satz 4, § 19

22 Gemäß § 5 Abs. 2 Satz 4 kann die Bekanntgabe der Feststellung der UVP-Pflicht mit der Bekanntmachung gemäß § 19 verbunden werden. § 19 regelt die Verbindung der Ergebnisse der Vorprüfung mit der »Bekanntmachung zu Beginn des UVP-Beteiligungsverfahrens«. Es liegt auf der Hand, dass diese Verbindung sinnvoll ist.

III. Keine selbstständige Anfechtbarkeit (Abs. 3)

23 **Die (negative) Feststellung der UVP-Pflicht** nach Durchführung einer Vorprüfung des Einzelfalles ist gemäß § 5 Abs. 3 Satz 1, ebenso wie nach früherer Rechtslage gemäß § 3a Satz 3 a.F., **nicht selbstständig anfechtbar**. Hier kommt der in § 44a Satz 1 VwGO geregelte prozessuale Grundsatz zum Ausdruck,[25] wonach Rechtsbehelfe gegen behördliche Verfahrenshandlungen nur gleichzeitig mit den gegen die Sachentscheidung zulässigen Rechtsbehelfen geltend gemacht werden können. Es soll ausgeschlossen werden, dass sich der Ablauf des Verwaltungsverfahrens durch die Einleitung gerichtlicher Überprüfungsverfahren gegen die Feststellung nach § 5 verzögert.[26] Ein Verstoß gegen die verfassungsrechtliche Gewährleistung des effektiven Rechtsschutzes (Art. 19 Abs. 4 GG) ist damit nicht verbunden. So ist die Wirksamkeit des Rechtsschutzes (vgl. auf Unionsebene Art. 47 GRCh) typischerweise gewahrt, wenn Klage bzw. Eilantrag erst unmittelbar nach Erlass der Zulassungsentscheidung erhoben bzw. gestellt werden können. Erst ab diesem Zeitpunkt ist mit der faktischen

24 BReg, BR-Drs. 164/17 S. 87.
25 Begründung BReg zum Gesetzentwurf, BR-Drs. 164/17, S. 87.
26 Begründung BReg zum Gesetzentwurf, BR-Drs. 164/17, S. 87.

Umsetzung des Vorhabens zu rechnen mit der Folge, dass durch die Anrufung der Gerichte im Wege des (Eil-)Rechtsschutzes noch wirksam verhindert werden kann, dass der Vorhabenträger, beispielsweise durch Rodungsarbeiten zur Räumung des Baufeldes, irreversible Fakten schafft. Diese Grundsätze können nicht unbesehen herangezogen werden, wenn die (negative) Feststellung der UVP-Pflicht erst auf eine Nachbarklage gegen die Zulassungsentscheidung nachgeholt und dann isoliert angegriffen wird. Hier könnte dem Nachbarkläger ein Recht auf einen effektiven Rechtsbehelf nach Art. 47 GRCh zustehen und die isolierte Anfechtbarkeit der (negativen) Feststellung der UVP-Pflicht ausnahmsweise ermöglichen. Das VG Aachen[27] hält in dieser speziellen Konstellation eine Klageberechtigung direkt aus dem Unionsrecht für möglich und hat zur Klärung dieser Rechtsschutzfrage den EuGH angerufen (C-513/25 »EDEKA«).

IV. Eingeschränkte gerichtliche Kontrolle bei Vorprüfung gemäß § 5 Abs. 3 Satz 2

Die gerichtliche Kontrolle der behördlichen Feststellung nach § 5 findet im Streit um die Zulassungsentscheidung (§ 5 Abs. 3 Satz 1) statt. Beruht die Feststellung nach § 5 auf einer **Vorprüfung, ist die gerichtliche Kontrolle eingeschränkt.** Es findet eine Plausibilitätskontrolle statt, bei der die von der Behörde für ihr Prüfergebnis gegebene Begründung zugrunde zu legen ist.[28] Die dazu in § 5 Abs. 3 Satz 2 bestehende Regelung hat der Gesetzgeber bereits im Jahr 2006 mit dem Öffentlichkeitsbeteiligungsgesetz eingeführt, vgl. dazu § 3a Satz 3 und Satz 4 a.F.[29] Der eingeschränkte Kontrollumfang nach § 5 Abs. 3 Satz 2 besteht unabhängig davon, ob die Behörde nach vorgenommener Vorprüfung das Nichtbestehen oder das Bestehen der UVP-Pflicht feststellt. Damit gilt die Regelung auch für **Rechtsbehelfe von Vorhabenträgern**, deren Genehmigungsantrag mit der Begründung abgelehnt wurde, dass das Vorhaben UVP-pflichtig sei und der Vorhabenträger nicht die erforderlichen UVP-Unterlagen, insbes. keinen UVP-Bericht nach § 16, vorgelegt habe.[30] § 5 Abs. 3 Satz 2 betrifft das gerichtliche Verfahren und ist daher eng mit dem UmwRG[31] verknüpft. So bestimmt § 4 Abs. 1 Satz 2 UmwRG, dass die Vorprüfung, die dem Maßstab des § 5 Abs. 3 Satz 2 nicht genügt, im Drittprozess gegen die Zulassungsentscheidung einer »nicht durchgeführten Vorprüfung« gleichsteht. Eine nicht durchgeführte Vorprüfung stellt einen absoluten Verfahrensfehler dar (§ 4 Abs. 1 Satz 1 Nr. 1 lit. b UmwRG), der im Prozess auf die zulässig erhobene Drittklage zwingend zur Aufhebung der Zulassungsentscheidung führt. 24

Das **Telos des § 5 Abs. 3 Satz 2** lässt sich gut erfassen, wenn man sich die **Motive des Gesetzgebers** für die mit dem Öffentlichkeitsbeteiligungsgesetzes aus dem Jahr 2006[32] geschaffene Ursprungsregelung vor Augen führt, die seinerzeit durch Anfügung des Satzes 4 in § 3a a.F. erfolgte. Dort heißt es: Mit der Anfügung eines neuen Satz 4 in § 3a UVPG [jetzt § 5 Abs. 3 Satz 2] solle klargestellt werden, in welchem Umfang Vorprüfungsergebnisse in gerichtlichen Verfahren überprüft werden können. Mit der Formulierung »nach Einschätzung der zuständigen Behörde auf Grund überschlägiger Prüfung« räume § 3a Satz 4 a.F. [jetzt § 5 Abs. 3 Satz 2] der **zuständigen Behörde einen gerichtlich nur eingeschränkt überprüfbaren Beurteilungsspielraum** ein. Die behördlichen Prognosen, ob das Vorhaben erhebliche nachteilige Umweltauswirkungen haben könne, solle nur daraufhin überprüft werden können, ob die Vorprüfung in einem ordnungsgemäßen Verfahren [jetzt entsprechend den Vorgaben des § 7] durchgeführt worden sei und ob das Ergebnis dieser Vorprüfung nachvollziehbar sei. Eine ausdrückliche Regelung schien dem Gesetzgeber geboten, weil die durch das Gesetz zur Umsetzung der UVP-Änderungsrichtlinie, der IVU-Richtlinie und weiterer EG-Richtlinien zum Umweltschutz vom 27.07.2001[33] eingeführte Vorprüfung des Einzelfalls nach 25

27 VG Aachen, Beschl. v. 28.07.2025 – 3 K 2522/20, juris, 5. Leitsatz.
28 BVerwG, Urt. v. 20.12.2011 – 9 A 31.10, juris Rn. 29.
29 BGBl. I 2006, S. 2819.
30 BR-Drs. 164/17, S. 87.
31 BGBl. I 2006, S. 2819.
32 BGBl. I 2006. S. 2819.
33 BGBl. I 2001, S. 1950.

§ 3c UVPG a.F. damals ein relativ neues Vollzugsinstrument war, zu dem sich noch keine gefestigte gerichtliche Spruchpraxis entwickelt hatte.

26 In den letzten zwei Jahrzehnten hat die Detailarbeit der Verwaltungsgerichte beim Nachvollziehen behördlicher und gutachterlicher UVP-Bewertungen zu einer umfangreichen Spruchpraxis geführt. Dabei hat sich immer wieder die besondere Komplexität gezeigt, welche für die Behörde damit verbunden ist, in nachvollziehbarer Weise zu einer Einschätzung darüber zu gelangen, ob ein Vorhaben erhebliche nachteilige Umweltauswirkungen haben kann oder nicht. Die **UVP-Vorprüfung fordert einen »Spagat zwischen zwei Extremen«**: Sie darf weder zu oberflächlich noch zu intensiv sein.[34] Es ist daher nicht verwunderlich, dass die Aufhebung der Zulassungsentscheidung wegen einer fehlerhaften UVP-Vorprüfung in der Gerichtspraxis zu einer der häufigsten Fallgestaltungen[35] zählt, wenn um die Einhaltung des UVP-Rechts gestritten wird. Eine Vorprüfung, welche das Nichtbestehen der UVP-Pflicht nach § 5 feststellt, lässt daher im Streit um die Aufhebung der Vorhabenzulassung das Prozessrisiko[36] für die Behörde und den Vorhabenträger tendenziell steigen. Umgekehrt sinkt das Prozessrisiko für die am Erhalt der Vorhabenzulassung interessierten Beteiligten, wenn die angefochtene Zulassung auf einer (mit ordnungsgemäßer Öffentlichkeitsbeteiligung) durchgeführten UVP beruht. In diesem Fall führt allein ein nach § 4 Abs. 1 Satz 1 Nr. 3 UmwRG gegebener »schwerer Fehler« zu einem die Aufhebung der Zulassung nach sich ziehenden absoluten Verfahrensfehler.

V. (Eil-)Rechtsschutzverfahren

27 Das **Streitvorbringen zur Einhaltung des UVP-Rechts** nimmt in gerichtlichen Entscheidungen über Drittklagen gegen Vorhabenzulassungen einen nicht unerheblichen Raum ein. Typischerweise rügen Umweltverbände oder Individualkläger, dass die behördliche Einschätzung über das Nichtbestehen der UVP-Pflicht dem in § 5 Abs. 3 Satz 2 enthaltenen Maßstab widerspricht. Die Verwaltungsgerichte prüfen dann, ob die Entscheidung der Behörde auf einem zutreffenden Verständnis des einschlägigen Rechts (§ 7 Abs. 1 und 2) beruht und mit Blick auf die Sachverhaltsannahmen und die herangezogenen fachlichen und gutachterlichen Bewertungen insgesamt als »nachvollziehbar« einzustufen ist.

28 Erklärungsbedürftig ist die bemerkenswerte **Prüfungstiefe der Verwaltungsgerichte bei Entscheidungen im einstweiligen Rechtsschutz.**[37] Diese Rechtsschutzform ist zwar als summarisches Verfahren gedacht, hat sich aber gleichzeitig auch an den Erfolgsaussichten der Klage im Hauptsacheverfahren zu orientieren und muss diese möglichst zuverlässig einschätzen. Die Genauigkeit der gerichtlichen Prüfung im Eilverfahren hat einen oftmals unterschätzten, aber für die konkreten Verfahrensbeteiligten entscheidenden Vorteil. Die Beteiligten werden auf diese Weise durch die Eilentscheidung in die Lage versetzt, die mit der Fortführung des Hauptsacheverfahrens verbundenen **Prozessrisiken besser einzuschätzen.** Dies kann sie vor gravierenden (zeitlichen und finanziellen) Verlusten bewahren. Die beklagte Behörde kann ggfls. während der Dauer des Klageverfahrens in einem ergänzenden Verfahren (§ 4 Abs. 1 b Satz 1 UmwRG) die unterbliebene UVP bzw. eine (korrekte) UVP-Vorprüfung nachholen und, falls erforderlich, zu diesem Zweck einen **Antrag auf Aussetzung des Klageverfahrens § 4 Abs. 1 b Satz 3 UmwRG** stellen. Inhaltlich verbietet sich eine allzu kursorische gerichtliche Prüfung im Eilverfahren auch schon deswegen, weil bis zum Abschluss des Hauptsacheverfahrens einige Zeit vergehen kann. Gerade im Recht der Vorhabenzulassung ist es nicht übertrieben, wenn man davon spricht, dass mit der gerichtlichen Eilentscheidung gleichsam eine »**Endgültigkeit der Vorläufigkeit**« verbunden ist. Gibt das Verwaltungsgericht »grünes Licht« für die sofortige Vollziehung der Vorhabenzulassung, können mit dem Vorhabenbeginn, zum Bei-

34 *Seibert* NVwZ 2019, 337 (343).

35 *Seibert* NVwZ 2019, 337 (340).

36 Zu Fehlerfolgen und gerichtlicher Kontrolle: *Beckmann* ZUR 2014, 541 (542).

37 Vgl. etwa VGH Mannheim, Beschl. v. 23.02.2016 – 3 S 2225/15, juris sowie OVG Koblenz, Beschl. v. 02.04.2014 – 1 B 10249/14, juris; zum Rechtsschutz unter EU-Perspektive: *Klinger* ZUR 2014, 539 ff.

spiel durch Rodung des Baufelds, nachteilige Fakten für Flora und Fauna geschaffen werden, die sich später, also zum Zeitpunkt der Entscheidung über die Hauptsache, nicht mehr rückgängig machen lassen. Umgekehrt ist ein »rotes Licht« durch die gerichtliche Aussetzung der Genehmigungsvollziehung geeignet, die zeitnahe Umsetzung des Vorhabens zu beeinträchtigen, was beispielsweise bei wichtigen Energie- und Infrastrukturvorhaben, dazu zählen auch Windfarmen, das damit verbundene (überragende) öffentliche Interesse betrifft. Es kommt hinzu, dass der zu Unrecht erfolgreiche Eilantragsteller, anders als nach § 945 ZPO, nicht zum Ersatz der wirtschaftlichen Nachteile verpflichtet ist, die dem Vorhabenträger durch die vom Antragsteller bewirkte Aussetzung der Vollziehung der Vorhabenzulassung entstanden sind.

1. Exkurs: Feststellung der UVP-Pflicht und Fachrecht

a) Rechtsgebundene Kontrollerlaubnis

UVPG und Fachrecht stehen nach dem Regelungskonzept des deutschen Umsetzungsgesetzgebers 29
nicht unverbunden nebeneinander. Die UVP besitzt nach § 4 immer ein fachrechtliches Trägerverfahren, dessen unselbständiger Teil sie ist. Die Anwendung des UVPG soll **»nach Maßgabe der geltenden Gesetze«** (§§ 3 Satz 2 und 25 Abs. 1 Satz 1) erfolgen und sich damit an den fachrechtlichen Voraussetzungen orientieren, deren Erfüllung zur Erteilung der beantragten Genehmigung erforderlich ist. Muss dies im immissionsschutzrechtlichen Genehmigungsverfahren nicht doch zu einer (an sich sachwidrigen) Prüfung der Genehmigungsfähigkeit in der allgemeinen Vorprüfung führen? Die Frage kann mit zwei von *Seibert*[38] ausformulierten **»Je-desto-Formeln«** differenziert beantworten werden:

- Je offener die materiellen Bewertungsmaßstäbe sind, je schwerer und unsicherer sie im Einzelfall zu handhaben sind, desto eher können »erhebliche Umweltauswirkungen« vorliegen.
- Je genauer und verlässlicher die Beurteilungsmaßstäbe und ihre konkrete Anwendung im Einzelfall jedoch sind, desto eher können erhebliche Umweltauswirkungen auch dann hinreichend sicher ausgeschlossen werden, wenn die zu erwartenden Umweltauswirkungen sich dem jeweiligen Grenzwert nähern.

Letztgenannte Formel kann bei gebundenen Genehmigungsentscheidungen dazu führen, dass Umweltauswirkungen je nach Einzelfall dichter als bei Planfeststellungsverfahren **an die Grenzwerte heranrücken, ohne dass dies zwangsläufig zur »Erheblichkeit« der nachteiligen Umweltauswirkungen führt.** In diesem Sinne hat auch der VGH Mannheim entschieden und ausgeführt, dass es im Widerspruch zur Konzeption des Gesetzgebers stehe, wenn regelmäßig bei einer allgemeinen Vorprüfung des Einzelfalls wegen sicherer Ausschöpfung der Genehmigungsgrenzen die Pflicht zur Durchführung einer UVP ausgelöst werde.[39]

b) Planfestellungen

Verfahren mit planerischer Abwägung, zu den Planfeststellungsverfahren zählen, können die ver- 30
fahrensrechtliche Ausrichtung des UVP-Rechts besser integrieren als Verfahren zur Erteilung einer gebundenen Genehmigungsentscheidungen. Bei Abwägungsentscheidungen sind das Verfahren und der dabei erzielte Inhalt eng aufeinander bezogen. Hier können die verfahrensrechtliche und die inhaltliche Schwelle der Relevanz besser angeglichen werden. Natürlich muss auch hier gelten, dass erhebliche nachteilige Umweltauswirkungen, die zur Durchführung einer Umweltverträglichkeitsprüfung verpflichten, nicht erst dann vorliegen, wenn die nach dem jeweils einschlägigen materiellen Zulassungsrecht maßgebliche Schädlichkeitsgrenze voraussichtlich überschritten wird und damit die Umweltauswirkungen nach Einschätzung der Behörde so gewichtig sind, dass sie zu einer Versagung der Zulassung führen.[40] Auch hier entstünde, zugespitzt formuliert, das Ergebnis, dass bei

38 *Seibert*, NVwZ 2019, 337 (342).
39 VGH Mannheim, Beschl. v. 06.07.2015 – 8 S 534/15, juris.
40 Zum rechtlichen Maßstab der Vorprüfung: BVerwG, Urt. v. 17.12.2013 – 4 A 1.13, juris Rn. 37.

einer Einzelfallbeurteilung des Vorhabens die Öffentlichkeit erst dann zu beteiligen wäre, wenn das Vorhaben ohnehin nicht zugelassen werden kann. Maßgeblich ist nach der Rechtsprechung des BVerwG[41], dass Umweltauswirkungen bereits dann erheblich sind, wenn sie an die Zumutbarkeitsschwelle heranreichen und deshalb in der Abwägung so gewichtig sind, dass im Zeitpunkt der UVP-Vorprüfung ein Einfluss auf das Ergebnis des Planfeststellungsbeschlusses nicht ausgeschlossen werden kann. Mit anderen Worten: **Umweltauswirkungen sind erheblich, wenn sie mehr als geringfügig und damit abwägungserheblich sind.** Maßgeblich ist auch hier das materielle Zulassungsrecht.

2. Fallbeispiele

31 Das Vorgesagte wird durch ein Urteil des BVerwG vom 25.06.2014[42] illustriert. Dort wird zu einem **straßenrechtlichen Änderungsvorhaben** festgestellt, dass die UVP die **Umweltbelange so herausarbeiten soll, dass diese in die Abwägung in gebündelter Form eingehen können.** Erhebliche nachteilige Umweltauswirkungen, die die Durchführung einer UVP erforderlich mache, lägen nicht erst dann vor, wenn die Umweltauswirkungen so gewichtig sind, dass sie nach Einschätzung der Behörde zu einer Versagung führen können.[43] Allerdings stünde es im Widerspruch zur Konzeption des Gesetzgebers, wenn bei nahezu jedem der allgemeinen Vorprüfung des Einzelfalls unterliegenden Fachplanungsvorhaben oder bei nahezu jeder Änderung eines Vorhabens die Pflicht zur Durchführung einer UVP allein deswegen bestünde, weil praktisch nie auszuschließen sei, dass ein derartiges Vorhaben abwägungserhebliche Umweltauswirkungen habe.[44] Es bedürfe daher im Rahmen der Vorprüfung einer **Gewichtung der abwägungserheblichen Belange** unter Berücksichtigung der in der Anlage 2 a.F. (jetzt Anlage 3) aufgeführten Kriterien.

32 In einem anderen fachrechtlichen Kontext hat das BVerwG mit Urteil vom 17.12.2013[45] die einschlägigen Grundsätze des maßgeblichen UVP-Rechts ebenfalls verdeutlicht. In einer Streitigkeit um die **Planfeststellung für eine 7,4 km lange Höchstspannungsfreileitung nach dem EnWG ging es um eine allgemeine UVP-Vorprüfung.** Die von der Leitung ausgehenden elektromagnetischen Felder, die unterhalb der Grenzwerte der 26. BImSchV lagen, waren zu bewerten. Dies wurde von der Behörde und den Gutachtern so interpretiert, dass es insoweit an erheblichen Umweltauswirkungen fehle. Dem folgte das BVerwG nicht. Zu berücksichtigen seien elektromagnetische Auswirkungen nicht erst dann, wenn diese so gewichtig seien, dass sie zu einer Versagung der Zulassung führen könnten.[46] Die UVP solle die Umweltbelange herausarbeiten und bündeln, damit ihre Ergebnisse in die Abwägung eingehen können. Sie sei ein formalisierter Zwischenschritt mit dem Ziel einer zunächst auf die Umweltbelange beschränkten Bewertung der Auswirkungen des Vorhabens. Jedenfalls bei Überschreiten der fachplanungsrechtlichen Zumutbarkeitsschwelle könne die Erheblichkeitsschwelle allenfalls dann verneint werden, wenn bereits der Vorhabenträger Vermeidungs- und Verminderungsmaßnahmen vorgesehen habe und diese die nachteiligen Umweltauswirkungen offensichtlich ausschlössen. Die elektrische Feldstärke von 3,8 kV/m und magnetische Flussdichte von 21,0 uT nähere sich damit deutlich dem Grenzwert von 5,0 kV/m und betreffe absehbar eine nicht unerhebliche Länge. Die prognostizierte Belastung werfe erkennbar die Frage auf, ob im Rahmen der Abwägung eine Senkung dieser Belastung in Betracht kam. Es wäre Aufgabe der UVP gewesen, diese Abwägung vorzubereiten. Die Möglichkeit erheblicher nachteiliger Umweltauswirkungen habe die Behörde deshalb in ihrer Vorprüfung nicht verneinen dürfen. Im Ergebnis erklärte das BVerwG den Planfeststellungsbeschluss für rechtswidrig und nicht vollziehbar.

41 BVerwG, Urt. v. 13.12.2007 – 4 C 9.06, juris Rn. 30 (Luftverkehrsrecht).
42 BVerwG, Urt. v. 25.06.2014 – 9 A 1.13, juris Rn. 21 (A 44 Ratingen).
43 BVerwG, Urt. v. 25.06.2014 – 9 A 1.13, juris Rn. 21.
44 BVerwG, Urt. v. 25.06.2014 – 9 A 1.13, juris Rn. 22.
45 BVerwG, Urt. v. 17.12.2013 – 4 A 1.13, juris.
46 BVerwG, Urt. v. 17.12.2013 – 4 A 1.13, juris Rn. 67.

Aus Anlass der Überprüfung einer **straßenrechtlichen Planfeststellung (Bundesautobahn A 20)** hat das BVerwG[47] klargestellt, dass – anders als nach früherer Rechtslage – zum Schutzgut Klima nicht nur die kleinklimatischen Verhältnisse in der Umgebung des Vorhabens, sondern auch das **globale Klima** gehören. Zur Beantwortung der für die Feststellung der UVP-Pflicht im Rahmen der Vorprüfung maßgeblichen Frage, ob ein Vorhaben erhebliche Umweltauswirkungen haben kann, sind damit auch seine Klimawirkungen maßgeblich, insbesondere die Art und das Ausmaß der mit der Errichtung und dem Betrieb des Vorhabens verbundenen **Treibhausgasemissionen**. Der 9. Senat des BVerwG[48] hat dabei im Zusammenhang mit der Berücksichtigung vorhabenbezogener Klimafolgen, wie sie von § 13 des Klimaschutzgesetzes gefordert wird, eine Betrachtungstiefe verlangt, die von der zuständigen Behörde mit einem »**vertretbaren Aufwand**« erreicht werden kann. 33

§ 6 Unbedingte UVP-Pflicht bei Neuvorhaben

[1]Für ein Neuvorhaben, das in Anlage 1 Spalte 1 mit dem Buchstaben »X« gekennzeichnet ist, besteht die UVP-Pflicht, wenn die zur Bestimmung der Art des Vorhabens genannten Merkmale vorliegen. [2]Sofern Größen- oder Leistungswerte angegeben sind, besteht die UVP-Pflicht, wenn die Werte erreicht oder überschritten werden.

Übersicht

A. Überblick

Abschnitt 1 des zweiten Teils des UVPG regelt die Voraussetzungen der UVP-Pflicht. § 4 bestimmt, was eine Umweltverträglichkeitsprüfung ist; sie ist unselbstständiger Teil verwaltungsbehördlicher Verfahren, die Zulassungsentscheidungen dienen. Nach § 5 Abs. 1 stellt die zuständige Behörde auf der Grundlage geeigneter Angaben des Vorhabenträgers sowie eigener Informationen unverzüglich fest, ob nach den §§ 6 bis 14 für das Vorhaben eine Pflicht zur Durchführung einer Umweltverträglichkeitsprüfung (UVP-Pflicht) besteht oder nicht. Die Feststellung trifft die Behörde gem. § 5 Abs. 1 Satz 2 auf Antrag des Vorhabenträgers oder bei einem Antrag nach § 15 oder von Amts wegen nach Beginn des Verfahrens, das der Zulassungsentscheidung bzw. der Entscheidung über den Zulassungsantrag dient. 1

Die §§ 6 und 7 übernehmen das frühere System der UVP-Pflicht, das zwischen Vorhaben mit unbedingter UVP-Pflicht und solchen Vorhaben unterscheidet, bei denen die Notwendigkeit einer UVP vom Ergebnis einer allgemeinen oder standortbezogenen Vorprüfung abhängt. § 6 regelt unter Bezugnahme auf Anlage 1 des Gesetzes die unbedingte UVP-Pflicht bei Neuvorhaben und entspricht damit im Wesentlichen dem vormaligen § 3b Absatz 1. § 6 gilt für alle UVP-Verfahren nach dem UVPG, nach der 9. BImSchV und der AtVfV, nach dem BBergG mit Maßgaben des § 1 UVP-V Bergbau und mit Blick auf die Nr. 18 der Anlage 1 des UVPG auch für Bebauungspläne.[1] 2

Die Durchführung einer UVP wird für die Neuvorhaben vorgeschrieben, bei denen die in Anlage 1 zur Bestimmung seiner Art genannten Merkmale vorliegen und die, sofern bestimmte Größen- oder Leistungswerte angegeben sind, diese Werte erreichen oder überschreiten. Dazu enthält die Anlage 1 3

47 BVerwG, Urt. v. 24.02.2021 – 9 A 8.20, juris Rn. 34.
48 BVerwG, Urt. v. 04.05.2022 – 9 A 7/21, juris, Rn. 82 (Bundesautobahn A 14).
1 *Peters/Balla/Hesselbarth,* UVPG, § 6 Rn. 2.

eine konkrete Bezugnahme auf die Kennzeichnung mit dem Buchstaben »X« in Spalte 1. Sie soll verdeutlichen, dass von der Regelung nur Vorhaben erfasst werden, bei denen die UVP-Pflicht nicht von dem Ergebnis einer Vorprüfung abhängt, sondern sich unmittelbar aus dem Gesetz, nämlich der Anlage 1, selbst ergibt.[2]

4 Der Gesetzgeber verwendet im UVPG verschiedene Vorhabenbegriffe (Neuvorhaben, Änderungsvorhaben, kumulierende Vorhaben, störfallrelevante Vorhaben, Entwicklungs- und Erprobungsvorhaben und die Windfarm als ein spezielles Vorhaben). § 2 Abs. 4 enthält eine **Legaldefinition des Vorhabenbegriffs.** Vorhaben im Sinne des UVPG sind danach nach Maßgabe der Anlage 1 des UVPG 1. bei Neuvorhaben a) die Errichtung und der Betrieb einer technischen Anlage, b) der Bau einer sonstigen Anlage, c) die Durchführung einer sonstigen in Natur und Landschaft eingreifenden Maßnahme, 2. bei Änderungsvorhaben a) die Änderung, einschließlich der Erweiterung, der Lage, der Beschaffenheit oder des Betriebs einer technischen Anlage, b) die Änderung, einschließlich der Erweiterung, der Lage oder der Beschaffenheit einer sonstigen Anlage, c) die Änderung, einschließlich der Erweiterung, der Durchführung einer sonstigen in Natur und Landschaft eingreifenden Maßnahme. Der Vorhabenbegriff des UVPG ist nicht nur für die Feststellung der UVP-Pflicht, sondern auch für die Bestimmung des Anwendungsbereichs des Gesetzes, für die Begrenzung des Gegenstandes der Umweltverträglichkeitsprüfung und für die Begrenzung der Angaben des UVP-Berichts maßgeblich.[3]

5 Der Gesetzgeber differenziert zwischen Vorhaben, für die eine unbedingte UVP-Pflicht besteht (§ 6 und § 9 Abs. 1 Nr. 1, Abs. 2 Satz 1 Nr. 1 und Satz 2, jeweils in Verbindung mit Anlage 1 Spalte 1), und solchen Vorhaben, bei denen die UVP-Pflicht vom Ergebnis einer UVP-Vorprüfung abhängt (§ 7 Abs. 1 und § 9 Abs. 1 Satz 1 Nr. 2 und Satz 2 sowie § 9 Abs. 2 Satz 1 Nr. 2, jeweils in Verbindung mit Anlage 1 Spalte 2, § 9 Abs. 2 Satz 2 und Abs. 3 in Verbindung mit Anlage 1). Außerdem unterscheidet der Gesetzgeber zwischen Neuvorhaben (§§ 6 und 7) und Änderungsvorhaben (§ 9). Bei den Änderungsvorhaben unterscheidet der Gesetzgeber wiederum zwischen Vorhaben, bei denen für das bestehende Vorhaben, das geändert werden soll, bereits eine UVP durchgeführt wurde (§ 9 Abs. 1) und solchen, bei denen dies nicht der Fall war (§ 9 Abs. 2 und 3).[4]

6 Der Gesetzgeber beabsichtigte mit dem UVP-Modernisierungsgesetz 2017 unter anderem, die Vorschriften zur Feststellung der UVP-Pflicht klarer und detaillierter als bisher zu regeln. Hier lag ein besonderer Regelungsschwerpunkt der Gesetzesnovelle, der nicht durch die UVP-Änderungsrichtlinie, sondern durch die von der Bundesregierung ausgemachten praktischen Bedürfnisse des Vollzugs veranlasst war.[5] Das geltende UVP-Recht des Bundes sollte gerade auch im Zusammenhang mit der Feststellung der UVP-Pflicht vereinfacht, harmonisiert und anwenderfreundlicher ausgestaltet werden.[6] Angesichts der komplexen, zwischen verschiedenen Fallgestaltungen differenzierenden Systematik, die der Feststellung der UVP-Pflicht zugrunde liegt, ist dies nur bedingt gelungen. Immerhin wird man dem Gesetzgeber attestieren können, dass zahlreiche Regelungen, die in der Vergangenheit ohne Kenntnis der dazu zwischenzeitlich ergangenen Rechtsprechung kaum noch nachvollziehbar waren, klarere Konturen erhalten haben. Das betrifft insbesondere die Vorschriften über die Kumulation,[7] aber auch die weiteren, die §§ 3 a ff. UVPG a.F. ersetzenden Bestimmungen des 2017 novellierten UVPG.

7 Die zuständige Behörde stellt nach § 5 Abs. 1 S. 1 auf der Grundlage geeigneter Angaben des Vorhabenträgers sowie eigener Informationen unverzüglich fest, ob nach §§ 6–14d für das Vorhaben

---

2 Siehe dazu die Gesetzesbegründung BT-Drs. 18/11499, S. 78.

3 Zum Begriff des Vorhabens *Hagmann*, in: Landmann/Rohmer, Umweltrecht, Stand: 4/2022, § 65 UVPG Rn. 5.

4 Dazu auch *Tepperwien*, in: Schink/Reidt/Mitschang, UVPG/UmwRG, 2023, § 6 UVPG Rn. 3.

5 Siehe dazu die Gesetzesbegründung BT-Drs. 18/11499, S. 58; *Beckmann*, FS Erbguth 2019, S. 441 ff.

6 Gesetzesbegründung BT-Drs. 18/11499, S. 56.

7 Siehe z.B. OVG Lüneburg, Beschl. v. 12.12.2017 – 12 LA 102/17, juris Rn. 14; OVG NRW, Beschl. v. 23.10.2017 – 8 B 566/17, juris Rn. 45 ff.; BVerwG, Urt. v. 17.12.2015 – 4 C 7.14, BVerwGE 153, 361; *Arnold* NVwZ 2017, 497; *Arnold/Weghake* BauR 2016, 190; *Rebentisch* UPR 2016, 53.

eine Pflicht zur Durchführung einer UVP besteht. Die Prüfung der UVP-Pflicht ist eine **Vollprüfung**, soweit es um die Tatbestandsvoraussetzungen der Anlage 1 sowie der §§ 9 ff. geht. Die Feststellung der obligatorischen UVP-Pflicht bedarf keiner gesonderten Bekanntgabe an die Öffentlichkeit. Sofern entscheidungsrelevante Informationen bei der zuständigen Behörde nicht verfügbar sind, muss die Behörde im Rahmen der **Amtsermittlungspflicht** nach § 24 Abs. 1 S. 1 VwVfG den Sachverhalt weiter aufklären.[8] Beteiligte sollen nach § 26 Abs. 2 S. 1 VwVfG bei der Ermittlung des Sachverhalts mitwirken. Sie sollen gem. § 26 Abs. 2 S. 2 VwVfG insbesondere ihnen bekannte Tatsachen und Beweismittel angeben. Eine weitergehende Pflicht, bei der Ermittlung des Sachverhalts mitzuwirken, insbesondere eine Pflicht zum persönlichen Erscheinen oder zur Aussage, besteht nur, soweit sie durch Rechtsvorschrift besonders vorgesehen ist (§ 26 Abs. 2 S. 3 VwVfG). Den Vorhabenträger trifft eine **Beibringungsobliegenheit.** Lässt sich auf Grundlage der eingereichten Unterlagen auch nach einer Nachbesserungsaufforderung die UVP-Pflicht nach den §§ 6–14d nicht beurteilen, kann die Behörde die weitere Bearbeitung ablehnen. Der Antrag soll nach § 20 Abs. 2 S. 2 der 9. BImSchV abgelehnt werden, wenn der Antragsteller einer Aufforderung zur Ergänzung der Unterlagen innerhalb einer ihm gesetzten Frist, die auch im Falle ihrer Verlängerung drei Monate nicht überschreiten soll, nicht nachgekommen ist. Die Feststellung der UVP-Pflicht ist unabhängig davon erforderlich, ob ein unbedingt UVP-pflichtiges oder ein vorprüfungspflichtiges Vorhaben in Rede steht. Die Feststellung trifft die Behörde nach § 5 Abs. 1 S. 2 auf Antrag des Vorhabenträgers oder bei einem Antrag nach § 15 (Unterrichtung über Untersuchungsrahmen) oder von Amts wegen nach Beginn des Zulassungsverfahrens. Die Feststellung muss unverzüglich, d.h. ohne schuldhaftes Zögern, getroffen werden. Voraussetzung dafür ist, dass der Vorhabenträger die erforderlichen Unterlagen zeitgerecht vorlegt. Bei einem Antrag auf Unterrichtung über den Untersuchungsrahmen und bei einer Feststellung von Amts wegen nach Beginn des Zulassungsverfahrens sollte die Feststellung der UVP-Pflicht vor Durchführung des Scoping-Termins und vor der Anforderung der Scoping-Unterlagen erfolgen. Für die Feststellung der UVP-Pflicht ist die Behörde zuständig, die über den Zulassungsantrag entscheidet. Bei parallelen Zulassungsverfahren (§ 31 Abs. 2) bestimmen die Länder unter den zuständigen Landesbehörden die federführende Behörde. Die **federführende Behörde** stellt fest, ob eine UVP-Pflicht aus den §§ 6–14d für das Vorhaben folgt. Voraussetzung für eine UVP-Pflicht nach den §§ 6–14d ist allerdings die Anwendbarkeit des UVPG.

Wird die Errichtung und der Betrieb oder die Änderung der Lage, der Beschaffenheit oder des Betriebs einer **Windenergieanlage** oder dazugehöriger Nebenanlagen i.S.d. § 3 Nr. 15a EEG in einem zum Zeitpunkt der Genehmigungserteilung ausgewiesenen **Windenergiegebiet** nach § 2 Nr. 1 WindBG beantragt, ist nach § 6 Abs. 1 S. 1 WindBG im Genehmigungsverfahren abweichend von den Vorschriften des UVPG keine UVP und abweichend von § 44 Abs. 1 BNatSchG keine artenschutzrechtliche Prüfung durchzuführen. Das gilt nach § 6 Abs. 1 S. 2 WindBG aber nur, wenn bei Ausweisung des Windenergiegebietes eine Umweltprüfung nach § 8 ROG oder § 2 Abs. 4 BauGB durchgeführt wurde und soweit das Windenergiegebiet nicht in einem Natura 2000-Gebiet, einem Naturschutzgebiet oder einem Nationalpark liegt. Als Windenergiegebiet gelten nach § 2 Nr. 1a) WindBG unter anderem Vorranggebiete und mit diesen vergleichbare Gebiete in Raumordnungsplänen sowie Sonderbauflächen, Sondergebiete und mit diesen vergleichbare Ausweisungen in Flächennutzungs- und Bebauungsplänen. Nach § 6 Abs. 1 Satz 1 WindBG ist die Anwendung des UVPG grundsätzlich – unabhängig vom Vorliegen einer dort vorgesehenen UVP- oder UVP-Vorprüfungspflicht – ausgeschlossen.[9] Unanwendbar ist das UVPG auch bei der **Planfeststellung** 8

8 Die nach § 86 Abs. 1 VwGO auch für die Verwaltungsgerichte bestehende Amtsermittlungspflicht wird durch § 6 S. 1 UmwRG begrenzt, siehe VGH BW, Urt. v. 14.08.2025 – 3 S 831/23, juris Rn. 36; OVG SH, Urt. v. 17.04.2024 – 5 KS 12/22, juris Rn. 29; OVG NRW, Urt. v. 20.06.2022 – 11 D 29/21.AK, juris Rn. 49.

9 OVG Münster, Beschl. v. 14.10.2024 – 8 B 713/24.AK, juris; siehe auch OVG Lüneburg, Beschl. v. 10.04.2025 – 12 MS 14/25, juris Rn. 23, wonach § 6 Abs 1 WindBG nicht auf einen Zweitgenehmigungsantrag für ein bereits bestandskräftig genehmigtes Vorhaben anwendbar ist; zu § 6 WindBG siehe auch *Riese/Endres* UWP 2025, 6.

einer Gasversorgungsleitung. Abweichend von § 1 Abs. 4 UVPG hat die Zulassungsbehörde bei Vorhaben nach § 2 I Nrn. 1, 3, 4 und 5 LNGG das UVPG nach Maßgabe von § 1 Abs. 2 bis 5 LNGG nicht anzuwenden, wenn eine beschleunigte Zulassung des konkreten Vorhabens geeignet ist, einen relevanten Beitrag zu leisten, um eine Krise der Gasversorgung zu bewältigen oder abzuwenden. Der Verzicht auf eine Umweltverträglichkeits(vor)prüfung nach § 4 LNGG muss auch bei einem Änderungsvorhaben nach § 9 geeignet sein, die Zulassung des konkreten Vorhabens nach § 2 LNGG zu beschleunigen.[10] Werden Bebauungspläne i.S.v. § 2 Abs, 6 Nr. 3, insbesondere bei Vorhaben nach Anl. 1 Nr. 18.1 bis 18.9, aufgestellt, geändert oder ergänzt, wird die UVP einschließlich Vorprüfung im Aufstellungsverfahren als Umweltprüfung nach dem BauGB durchgeführt (§ 50 Abs. 1 S. 1). Bei in den Anwendungsbereich des UVPG fallenden UVP-pflichtigen Vorhaben insbesondere nach Anlage 1 Nr. 18.1 bis 18.9 UVPG besteht die Prüfpflicht grundsätzlich sowohl bei der Planaufstellung als auch bei der Vorhabenzulassung. Die Anwendung des § 50 Abs. 3 bei der Vorhabenzulassung setzt voraus, dass eine UVP auf Planebene ordnungsgemäß durchgeführt worden ist; nur insoweit tritt auf Zulassungsebene eine Entlastung ein.[11]

9 UVP-pflichtig können Vorhaben nur im Zusammenhang mit ihrer behördlichen Zulassung werden. Die Umweltverträglichkeitsprüfung ist auch im Unionsrecht auf die Zulassungsentscheidung bezogen, eine Beschreibung von Umweltauswirkungen um ihrer selbst willen fordert die UVP-Richtlinie nicht.[12] Nach § 16 Abs. 4 S. 1 bestimmen sich deshalb auch Inhalt und Umfang des UVP-Berichts nach den Rechtsvorschriften, die für die Zulassungsentscheidung maßgebend sind. **Zulassungsentscheidungen** im Sinne des UVPG sind nach § 2 Abs. 6 Nrn. 1 bis 3

1. die Bewilligung, die Erlaubnis, die Genehmigung, die Planfeststellung und sonstige behördliche Entscheidungen über die Zulässigkeit von Vorhaben, die in einem Verwaltungsverfahren getroffen werden, einschließlich des Vorbescheids, der Teilgenehmigung und anderer Teilzulassungen, mit Ausnahme von Anzeigeverfahren,
2. Linienbestimmungen und andere Entscheidungen in vorgelagerten Verfahren nach den §§ 47 und 49,
3. Beschlüsse nach § 10 BauGB über die Aufstellung, Änderung oder Ergänzung von Bebauungsplänen, durch die die Zulässigkeit von bestimmten Vorhaben im Sinne der Anlage 1 begründet werden soll, sowie Beschlüsse nach § 10 BauGB über Bebauungspläne, die Planfeststellungsbeschlüsse für Vorhaben im Sinne der Anlage 1 ersetzen.

Zulassungen im vorgenannten Sinne sind auch **Teilgenehmigungen, Vorbescheide** und **Verlängerungsbescheide** nach § 18 Abs. 3 BImSchG.[13] § 2 Abs. 6 Nr. 3, Alt. 1 meint **Pläne**, deren Festsetzungen in einem nachfolgenden Zulassungsverfahren zu beachten sind und eine bestimmte Zulassungsentscheidung durch die Schaffung von Baurecht im Sinne von § 30 BauGB unmittelbar vorbereiten. Die Pläne beziehen sich auf die in Anlage 1 zum UVPG aufgeführten Vorhaben, insbesondere die immissionsschutzrechtlich relevanten technischen Anlagen (§ 2 Abs. 4 Nr. 1 lit. a) nach Nr. 1 bis 10 sowie die – in § 50 Abs. 1 Satz 1 ausdrücklich erwähnten – bestimmten Bauvorhaben nach Nr. 18.1 bis 18.9. Es kann sich um vorhabenbezogene Pläne i.S.v. § 12 BauGB oder um vorhabenorientierte bzw. projektbezogene Angebotsbebauungspläne handeln, die im Blick auf ein hinreichend konkretes UVP-pflichtiges Vorhaben erlassen werden.[14] Entscheidungen, die dem Vorhabenträger kein Recht zur Durchführung des Vorhabens geben, sondern nur einzelne Zulässigkeitsaspekte regeln, aber gleichwohl zur Realisierung des Vorhabens beitragen, können grundsätzlich von § 2 Abs. 6 Nr. 1 umfasst sein.

---

10 BVerwG, Beschl. v. 25.01.2024 – 7 VR 1/24, NVwZ 2024, 500.

11 VGH BW, Beschl. v. 23.02.2021 – 10 S 1327/20, UPR 2021, 422.

12 BVerwG, Beschl. v. 18.02.2021 – 4 B 25/20, juris Rn. 18; *Balla/Sangenstedt* ZUR 2023, 387 (392); *Beckmann* AbfallR 2025, 210 (215).

13 BVerwG, Urt. v. 25.01.2024 – 7 A 4/23, UPR 2024, 300 = juris Rn. 10; BVerwG, Urt. v. 08.11.2022 – 7 C 7.21, BVerwGE 177, 13 Rn. 19.

14 BVerwG, Urt. v. 24.04.2024 – 4 CN 2/23, NVwZ 2024, 1501.

Art. 1 II c UVP-RL definiert den Begriff Genehmigung als Entscheidung der zuständigen Behörde, aufgrund deren der Projektträger das Recht zur Durchführung des Projekts erhält. Eine solche Freigabewirkung hat die Zulassung einer **Zielabweichung** nach der Rechtsprechung des BVerwG nicht. Insbesondere vermittelt sie dem Projektträger keinen Anspruch auf eine entsprechende Planung.[15] Ob das Urteil des BVerwG überzeugend ist, kann man bezweifeln.[16] Nach § 8 Abs. 1 S. 1 ROG ist bei der Aufstellung von Raumordnungsplänen eine Umweltprüfung durchzuführen. Der Begriff der Zulassungsentscheidung ist grundsätzlich weit zu verstehen. Ausgehend von § 2 Abs. 6 Nr. 1 UVPG sind Zulassungsentscheidungen die Bewilligung, die Erlaubnis, die Genehmigung, der Planfeststellungsbeschluss sowie sonstige behördliche Entscheidungen über die Zulässigkeit von Vorhaben, die in einem Verwaltungsverfahren getroffen werden, einschließlich des Vorbescheids, der Teilgenehmigung und anderer Teilzulassungen, mit Ausnahme von Anzeigeverfahren. Aus dem Begriff der »sonstigen behördlichen Entscheidungen über die Zulässigkeit von Vorhaben« erhellt, dass grundsätzlich sämtliche Entscheidungen von dem Begriff der Zulassungsentscheidung erfasst sein sollen, durch die der Vorhabenträger das Recht zur Durchführung eines Vorhabens erhält und die für die Zulassung des Vorhabens erforderlich sind. Dazu zählen auch Teilentscheidungen im Rahmen mehrstufiger Genehmigungsverfahren sowie vorgelagerte Entscheidungen. Der Gesetzgeber geht auf der Grundlage von Art. 3 IIa Plan-UP-RL davon aus, dass Raumordnungspläne generell einer Umweltprüfung zu unterziehen sind. Die rechtliche Wirkung einer Zielabweichungsentscheidung besteht darin, dass ein verbindliches Ziel der Raumordnung in einem konkreten Einzelfall für eine raumbedeutsame Planung oder für eine Zulassungsentscheidung von der Zielbindung »aus raumordnerischer Sicht freigegeben« wird, mit der Folge, dass kein inhaltlicher Widerspruch zwischen der Planung und dem Vorhaben mehr besteht. Die Zielabweichungsentscheidung stellt aber nicht nur fest, dass ein Ziel der Raumordnung im konkreten Fall nicht beachtlich ist; vielmehr gestattet die zuständige Raumordnungsbehörde mit ihrer Zielabweichungsentscheidung eine Abweichung von einem Raumordnungsziel und gibt dazu einem entsprechenden Antrag des Vorhabenträgers statt. Es handelt sich insoweit sehr wohl um eine Gestattung der zuständigen Behörde auf Antrag eines Antragsberechtigten und damit durchaus auch um eine Zulassungsentscheidung für ein bestimmtes raumbedeutsames Vorhaben, die zwar, wie auch andere Genehmigungen, insbesondere Teilgenehmigungen, die Errichtung und den Betrieb des Vorhabens bzw. der Anlage noch nicht freigibt, die jedoch, insoweit ähnlich einem Vorbescheid und anders als das Ergebnis einer Raumverträglichkeitsprüfung, die die Nichtgeltung eines ansonsten verbindlichen Ziels der Raumordnung verbindlich und abschließend entscheidet und, insoweit ähnlich einer Teilgenehmigung, die Abweichung entsprechend einem dazu gestellten Antrags gestattet. Keineswegs betrifft die Zielabweichungsentscheidung nur die nicht auf ein konkretes raumbedeutsames Vorhaben bezogene Ebene der Raumordnung. Vielmehr setzt die Prüfung der Abweichungsvoraussetzungen, nämlich der raumordnerischen Vertretbarkeit und des Unberührtseins der Grundzüge der Planung, eine zwingende Befassung mit Art und Umfang sowie mit den Umweltauswirkungen eines solchen Vorhabens voraus.[17] 10

Nach § 8 Abs. 2 S. 1 1 ROG kann bei geringfügigen Änderungen von einer Umweltprüfung abgesehen werden, wenn durch eine überschlägige Prüfung festgestellt wurde, dass die Änderungen voraussichtlich keine erheblichen Umweltauswirkungen haben werden. Die Zielabweichung darf nicht zur Umgehung der Pflicht zur Umweltprüfung für eine Planänderung dienen. 11

B. Neuvorhaben und Änderungsvorhaben

Die unbedingte UVP-Pflicht nach § 6 besteht nur für Neuvorhaben, nicht hingegen für Änderungsvorhaben, deren UVP-Pflicht sich nach § 9 richtet. Zwar kommt es auch bei den Änderungsvor- 12

15 BVerwG, Urt. v. 28.09.2023 – 4 C 6/21, juris Rn. 16; kritisch dazu *Kümper* NVwZ 2024, 347.

16 Näher dazu *Beckmann*, in: Stüer/Beckmann, Handbuch des Bau- und Fachplanungsrechts, 2025, Rn. 4370.

17 *Beckmann*, in: Stüer/Beckmann, Handbuch des Bau- und Fachplanungsrechts, 2025, Rn. 4371; *Beckmann* EuRUP 2024, 15 (25).

haben nach § 9 auf die für eine UVP-Pflicht gemäß § 6 maßgeblichen Größen- und Leistungswerte an (§ 9 Abs. 1 Nr. 1, § 9 Abs. 2 Nr. 1). Allerdings muss bei den Änderungsvorhaben zusätzlich noch unterschieden werden, ob für das Vorhaben, das geändert werden soll, bereits eine UVP durchgeführt worden ist oder nicht. Davon abhängig ändern sich die Voraussetzungen für die Feststellung einer UVP-Pflicht. Der Vorhabenträger bestimmt mit seinem Antrag Gegenstand und Umfang des Vorhabens. Er kann verschiedene Vorhaben, z.B. mehrere genehmigungsbedürftige Anlagen, in einem Antrag und damit auch in einem einheitlichen Zulassungsverfahren zusammenfassen. Erstreckt sich der Genehmigungsantrag auf verschiedene genehmigungspflichtige Änderungen, von denen lediglich eine der UVP-Pflicht unterliegt, dann ist das Vorhaben insgesamt UVP-pflichtig. Die UVP kann insoweit in einem einheitlichen Änderungsvorhaben nicht auf die Änderung beschränkt werden, welche z.B. durch das Überschreiten bestimmter Leistungswerte die UVP-Pflicht auslöst.

13 Für ein Neuvorhaben, das in Anlage 1 Spalte 1 mit dem Buchstaben »X« gekennzeichnet ist, besteht die UVP-Pflicht, wenn die zur Bestimmung der Art des Vorhabens genannten Merkmale vorliegen. Bei einem Neuvorhaben, das in Anlage 1 Spalte 2 mit dem Buchstaben »A« gekennzeichnet ist, führt die zuständige Behörde eine allgemeine Vorprüfung zur Feststellung der UVP-Pflicht durch. Bei einem Neuvorhaben, das in Anlage 1 Spalte 2 mit dem Buchstaben »S« gekennzeichnet ist, führt die zuständige Behörde eine standortbezogene Vorprüfung zur Feststellung der UVP-Pflicht durch. Als **Neuvorhaben** definiert der Gesetzgeber in § 2 Abs. 4 Nr. 1 die Errichtung und den Betrieb einer technischen Anlage, den Bau einer sonstigen Anlage sowie die Durchführung einer sonstigen Natur und Landschaft eingreifenden Maßnahme. Für die Abgrenzung zu einem Änderungsvorhaben ist mit dieser Definition noch nicht viel gewonnen. Das UVPG enthält weder eine Definition des Anlagenbegriffs noch des Begriffs einer technischen Anlage. Es kommt insoweit grundsätzlich auf den Anlagenbegriff des jeweiligen Fachrechts an.[18]

14 Praktische Bedeutung hat die Unterscheidung von technischen und sonstigen Anlagen insoweit, als bei technischen Anlagen auch Änderungen des Betriebs, für die keine baulichen Änderungen erforderlich sind, Gegenstand einer UVP sein können, während Änderungen des Betriebs einer sonstigen Anlage nur dann UVP-pflichtig sind, wenn mit der betrieblichen Änderung zugleich eine Änderung der Lage oder Beschaffenheit der Anlage verbunden ist.[19]

Als **technische Anlagen** werden die immissionsschutzrechtlich genehmigungsbedürftigen Anlagen, Anlagen des Kreislaufwirtschafts- und Wasserrechts, und Leitungsanlagen verstanden, bei denen nicht nur die Errichtung, sondern auch der Betrieb genehmigungspflichtig ist. Die **Wiederinbetriebnahme** einer faktisch vorhandenen, bislang illegal errichteten bzw. betriebenen Anlage gilt als Neuvorhaben. Dasselbe gilt auch für Anlagen, deren Genehmigung nach § 18 Abs. 1 Nr. 2 BImSchG erloschen ist.[20] Die **Herstellung vorgefertigter Anlagenteile** (etwa Baumaterialien) an einem anderen Ort als dem geplanten Standort erfolgt, fällt nicht unter den Begriff der »Errichtung«.[21] Beschränkt man die Umweltfolgenprüfung im Sinne eines standortbezogenen Vorhabenbegriffs auf Umweltfolgen, die am Vorhabenstandort verursacht werden, dann sind im Rahmen der UVP für Leitungs- oder Verkehrsvorhaben Umweltauswirkungen durch bauvorbereitende Maßnahmen nur zu prüfen, soweit solche Arbeiten standortnah, d.h. im Bereich der geplanten Trasse selbst erfolgen, etwa durch die Rodung von Wald und den Abriss vorhandener Gebäude zur Freimachung des Baufeldes oder Schaffung provisorischer Zufahrtstraßen.[22] Nach einer Mindermeinung soll jedoch auch die Produktion von Bauteilen, die zur Durchführung eines bestimmten Infrastrukturprojekts benötigt, in Auftrag gegeben und standortextern angefertigt werden, dem Vorhaben zuzurechnen sein und des-

18 *Wysk* in Kopp/Ramsauer, VwVfG, 2021, § 72 Rn. 24.
19 Nr. 2.4.6 UVPVwV 2025.
20 OVG Magdeburg, Urt. v. 02.04.2012 – 2 L 193/09, juris Rn. 44; *Tepperwien,* in Schink/Reidt/Mitschang, UVPG/UmwRG, 2023, § 6 Rn. 3.
21 OVG BB, Urt. v. 12.03.2020 – 11 A 7.18, juris; OVG BB, Beschl. v. 23.07.2019 – 11 S 80.18; Nr. 2.4.4 UVPVwV 2025.
22 *Schink* NuR 2012, 603 (606); *Balla/Sangenstedt* ZUR 2023, 387 (392).

halb auch in den Vorhabenbegriff der UVP einbezogen werden.[23] Die UVP-Pflicht besteht, wenn das Neuvorhaben nach Einschätzung der zuständigen Behörde erhebliche nachteilige Umweltauswirkungen haben kann, die nach § 25 Abs. 2 bei der Zulassungsentscheidung zu berücksichtigen wären. Was erheblich ist, bestimmt sich demzufolge nach dem jeweiligen materiellen Zulassungsrecht.[24]

Als **Änderungsvorhaben** bezeichnet der Gesetzgeber in § 2 Abs. 4 Nr. 2 die Änderung, einschließlich der Erweiterung, der Lage, der Beschaffenheit oder des Betriebs einer technischen Anlage (a), die Änderung, einschließlich der Erweiterung, der Lage oder der Beschaffenheit einer sonstigen Anlage (b) sowie die Änderung, einschließlich der Erweiterung, der Durchführung einer sonstigen in Natur und Landschaft eingreifenden Maßnahme. Auch aus der Definition der Änderungsvorhaben i.S.v. § 2 Abs. 4 Nr. 2 lässt sich im konkreten Einzelfall nicht sicher bestimmen, ob es sich bei dem Vorhaben um ein Neuvorhaben handelt, das bei Vorliegen der weiteren Voraussetzungen nach § 6 UVP-pflichtig ist, oder um ein Änderungsvorhaben, das gegebenenfalls nach § 9 einer UVP zu unterziehen ist. Eine Änderung kann nur vorliegen, wenn das Vorhaben vom Regelungsgehalt einer bestandskräftigen früheren Zulassungsentscheidung nicht mehr gedeckt ist. Schon Zugelassenes bedarf keiner neuen Zulassung.[25] Ein Änderungsvorhaben ist die Änderung eines bereits zugelassenen Vorhabens oder eines Vorhabens, das bereits durchgeführt wurde oder dessen Durchführung bereits begonnen hat. Das Änderungsvorhaben ist ein eigenständiges Vorhaben und dementsprechend zu unterscheiden von dem Vorhaben, das gegebenenfalls Gegenstand der ursprünglichen Genehmigung war.[26] 15

Der Gesetzgeber hat sich bei seiner Definition des Änderungsvorhabens an der Regelung des § 16 Abs. 1 Satz 1 1. HS BImSchG orientiert.[27] Nach dieser Vorschrift bedarf die Änderung der Lage, der Beschaffenheit oder des Betriebs einer genehmigungsbedürftigen Anlage der Genehmigung, wenn durch die Änderung nachteilige Auswirkungen hervorgerufen werden können und diese Auswirkungen für die Prüfung nach § 6 Abs. 1 Nr. 1 BImSchG erheblich sein können (wesentliche Änderung). Für das Verständnis der Begrifflichkeiten des UVPG können die fachgesetzlichen Vorschriften und deren Auslegung weiterhelfen.[28] Der Vorhabenbegriff des § 2 Abs. 2 knüpft mit Rücksicht auf die Funktion der Umweltverträglichkeitsprüfung, die fachplanerische Sachentscheidung vorzubereiten, bei Planfeststellungsvorhaben an den fachplanerischen Vorhabenbegriff an; grundsätzlich ist nach der Rechtsprechung ein Vorhaben im Sinne des Fachplanungsrechts auch ein Vorhaben im Sinne des UVPG.[29] Da die UVP gem. § 4 ein unselbständiger Teil von Zulassungsverfahren ist, die Zulassungsentscheidungen nach § 2 Abs. 6 dienen (sog. **Trägerverfahren**) und da die UVP dazu dient, die fachgesetzliche Sachentscheidung durch Ermittlung, Beschreibung und Bewertung der Umweltauswirkungen des Vorhabens vorzubereiten, richten sich Inhalt und Umfang der UVP regelmäßig nach dem Gegenstand des Trägerverfahrens (für den UVP-Bericht siehe § 16 Abs. 4 Satz 1). Der UVP-rechtliche Vorhabenbegriff ist insoweit unselbständig, so dass das UVP-Vorhaben stets mit dem fachrechtlichen Vorhaben identisch ist.[30] Eine genehmigungspflichtige Änderung setzt ein Abweichen von der genehmigten Anlage, d.h. auch ein Abweichen von dem 16

23 *Balla/Sangenstedt* ZUR 2023, 387 (392).

24 OVG Lüneburg, Urt. v. 14.12.2023 – 1 KN 45/21, juris Rn. 29; *Balla/Sangenstedt* ZUR 2023, 387 (392).

25 BVerwG, Urt. v. 18.12.2014 – 4 C 36/13, NVwZ 2015, 1223.

26 BVerwG, Urt. v. 24.10.2013 – 7 C 36/11, juris Rn. 29; Nr. 2.4.5.1 UVPVwV 2025.

27 Zur Änderungsgenehmigung nach § 16 BImSchG siehe ausführlich *Reidt* NVwZ 2017, 356.

28 OVG Greifswald, Urt. v. 05.04.2016 – 5 K 4/14, BeckRS 2016, 52700, Rn. 56; zur UVP-Pflicht wesentlicher Änderungen von immissionsschutzrechtlich genehmigungsbedürftigen Anlagen siehe *Sellner,* FS Jarass, 395.

29 BVerwG, Urt. v. 11.08.2016 – 7 A 1/15, BVerwGE 156, 20, Rn. 34.

30 BVerwG, Urt. v. 02.11.2017 – 7 C 25.15, juris Rn. 25 m.w.N.; Nr. 2.4.1 UVPVwV 2025.

dafür bereits erteilten Genehmigungsbescheid voraus.[31] Prüfungsgegenstand im Änderungsgenehmigungsverfahren nach § 16 BImSchG sind die unmittelbar zu ändernden Anlagenteile und Verfahrensschritte. Soweit sich die Änderung auf die Bestandsanlage auswirkt, erstreckt sich die Prüfung außerdem auf die hiervon betroffenen Anlagenteile und Verfahrensschritte. Dagegen ist die Gesamtanlage nicht Gegenstand der Prüfung.[32] Unter den Begriff der Änderungsvorhaben fällt auch die Änderung von Vorhaben, für die vor Beginn ihrer Durchführung keine UVP durchgeführt wurde, sei es aufgrund einer (damals) fehlenden UVP-Pflicht, oder unter Verkennung der bereits damals geltenden UVP-rechtlichen Anforderungen.[33]

17 Zu dem UVP-rechtlichen Begriff des Änderungsvorhabens wird darauf hingewiesen, dass dieser Begriff zwar in einem weiten Sinne zu verstehen sei; er finde allerdings dort seine Grenze, wo die Modifikation nach Ausmaß und Umfang eine Dimension erreiche, welche die **Identität** mit dem bisherigen Vorhaben in Frage stelle. Das sei der Fall, wenn die Art des Vorhabens, wie sie in der Anlage 1 des UVPG beschrieben sei, nicht mehr die Gleiche sei. Dann handele es sich rechtlich um ein neues Vorhaben.[34] Ob es allerdings tatsächlich allein darauf ankommt, ob das Vorhaben noch derselben Katalognummer des Anh. 1 des UVPG zuzurechnen ist, ist fraglich.

18 Nach der Rechtsprechung des BVerwG ist von einer Neuerrichtung auszugehen, wenn das Vorhaben nicht auf die genehmigte Anlage bezogen ist, sondern sich als Errichtung einer weiteren Anlage darstellt.[35] Maßgeblich für die Abgrenzung im Immissionsschutzrecht ist der Anlagenbegriff des § 1 Abs. 2 und 3 der 4. BImSchV. Danach erstreckt sich das Genehmigungserfordernis auf alle betriebsnotwendigen Anlagenteile und Verfahrensschritte, auf **Nebeneinrichtungen**, die mit den betriebsnotwendigen Anlagenteilen und Verfahrensschritten in einem räumlichen und betriebstechnischen Zusammenhang stehen, sowie auf eine **Mehrheit von Anlagen** derselben Art, die dadurch in einem engen räumlichen und betrieblichen Zusammenhang stehen, dass sie auf demselben Betriebsgelände liegen, mit gemeinsamen Betriebseinrichtungen verbunden sind und einem vergleichbaren technischen Zweck dienen. Ein Vorhaben nach § 2 Abs. 4 liegt auch dann vor, wenn ein fachrechtliches Vorhaben aus einer Hauptanlage mit mehreren Nebeneinrichtungen besteht und nur eine der Nebeneinrichtungen die Merkmale einer Ordnungsnummer nach der Anlage 1 UVPG aufweist.[36] Ein neues Vorhaben stellt – so das BVerwG – eine Änderung der genehmigten Anlage dar, wenn es als Nebeneinrichtung der genehmigten Anlage zuzuordnen ist oder mit ihr betriebstechnisch und organisatorisch in einer Weise verbunden ist, die es nach der Verkehrsanschauung rechtfertigt, eine einheitliche, nach einem übergreifenden Konzept betriebene Anlage anzunehmen.[37]

19 Treffen **mehrere planfeststellungsbedürftige Vorhaben** derart zusammen, dass für diese Vorhaben nur eine einheitliche Entscheidung möglich ist (§ 78 VwVfG), führt dies dazu, dass ausschließlich die Verfahrensvorschriften für das auswirkungsstärkere Vorhaben heranzuziehen sind. Hiervon wird auch die Pflicht zur Umweltverträglichkeitsprüfung mit der Folge erfasst, dass für das – beide Vorhabenteile umfassende – Vorhaben insgesamt nur eine Umweltverträglichkeitsprüfung durchzuführen ist.[38]

20 In Abgrenzung zu einer wesentlichen Änderung einer bestehenden Anlage handelt es sich um eine Neuerrichtung, wenn durch die beabsichtigte Änderung der Charakter der (Gesamt-) Anlage ver-

31 BVerwG, Urt. v. 17.07.2019 – 7 B 27/18, juris Rn. 22; *Jarass,* BImSchG 2020, § 16 Rn. 7; *Reidt/Schiller,* in: Landmann/Rohmer, Umweltrecht, § 16 BImSchG Rn. 63.
32 OVG NRW, Beschl. v. 14.10.2024 – 8 B 713/24.AK, juris Rn. 38.
33 Nr. 2.4.5.1 UVPVwV 2025.
34 *Bunge,* in: HdUVP, § 2 Rn. 161.
35 OVG Magdeburg, Urt. v. 24.03.2015 – 2 L 184/10, juris Rn. 59.
36 Nr. 2.4.2 UVPVwV 2025.
37 BVerwG, Beschl. v. 09.04.2008 – 7 B 2.08, juris Rn. 3; BVerwG, Urt. v. 06.07.1984 – 7 C 71.82, BVerwGE 69, 351 (355).
38 BVerwG, Urt. v. 03.11.2020 – 9 A 9.19, juris Rn. 31; Nr. 2.4.3 UVPVwV 2025.

ändert wird.[39] Das wiederum setzt voraus, dass die Änderungen derart prägend sind, dass die gesamte Anlage als eine neue Anlage qualifiziert werden muss. Die Abgrenzung einer Neuerrichtung von einer Änderung hängt insoweit maßgeblich vom Umfang der ursprünglichen Anlage ab. **Erweiterungen** werden regelmäßig lediglich als Änderungen eingestuft, insbesondere wenn es sich bei den Erweiterungen um gleichartige Anlagen handelt. Als Neuerrichtung soll ein Vorhaben angesehen werden, wenn der neue Teil gegenüber dem bestehenden Teil völlig dominant ist und man deshalb nicht mehr von einer Änderung sprechen kann. Je stärker diese Grenzen überschritten werden, desto gewichtiger soll das Indiz für eine Änderung des Anlagencharakters sein. Wird durch das Vorhaben der **Kernbestand der Anlage** vollständig oder überwiegend verändert und ändert sich damit zugleich der Charakter der Gesamtanlage, bedarf es einer Neugenehmigung. Dies kann z.B. bei einer **deutlichen Erhöhung der Anlagenkapazität** der Fall sein.[40] Auch liegt eine Neuerrichtung vor, wenn eine (genehmigte) Anlage an einer ganz anderen Stelle neu aufgebaut wird.[41] Besonderheiten gelten insoweit allerdings für das **Repowering von Windenergieanlagen**, soweit bei einem vollständigen Austausch der Anlage eine Änderungsgenehmigung möglich ist, wenn der Abstand zwischen der Bestandsanlage und der neuen Anlage höchstens das Fünffache der Gesamthöhe der neuen Anlage und damit möglicherweise ca. 1, 5 km beträgt.[42]

Auch der komplette Austausch des Typs einer baulichen Anlage muss nicht zwingend ein Neuvorhaben, sondern kann auch nur ein Änderungsvorhaben sein. Unerheblich soll es für die Abgrenzung zwischen Neuerrichtung und Änderung sein, ob die Anlage schon errichtet wurde oder ob erst im Rahmen der Ersterrichtung von der Ursprungsgenehmigung abgewichen werden soll. Der Begriff der Änderung knüpfe an ein Abweichen des Vorhabens vom Genehmigungsbescheid und nicht von dem tatsächlichen Anlagenbestand oder Anlagenbetrieb an.[43] Bei **Windenergieanlagen** soll bei einem reinen **Typenwechsel**, bei dem die Anlagenart i.S.d. § 3 Abs. 5 BImSchG stets unverändert bleibt, anhand des gewöhnlichen Maßstabs, der durch den Abweichungsgrad der neuen von der alten Anlage bestimmt wird, zu entscheiden sein, ob nur eine Änderung oder eine Neuerrichtung vorliegt. Der Typenwechsel bei unverändertem Standort und in etwa vergleichbaren Anlagendaten sei nur ein Änderungsvorhaben.[44] Wird eine Anlage zur Erzeugung von Strom aus erneuerbaren Energien modernisiert (**Repowering**), müssen nach § 16 b Abs. 1 BImSchG auf Antrag des Vorhabenträgers im Rahmen des Änderungsgenehmigungsverfahrens nur Anforderungen geprüft werden, soweit durch das Repowering im Verhältnis zum gegenwärtigen Zustand unter Berücksichtigung der auszutauschenden Anlage nachteilige Auswirkungen hervorgerufen werden und diese für die Prüfung nach § 6 BImSchG erheblich sein können. Die Modernisierung umfasst nach § 16 Abs. 2 Satz 1 BImSchG den vollständigen oder teilweisen Austausch von Anlagen oder Betriebssystemen und -geräten zum Austausch von Kapazität oder zur Steigerung der Effizienz oder der Kapazität der Anlage. Bei einem vollständigen Austausch der Anlage sind nach § 16 Abs. 2 Satz 2 BImSchG zusätzliche Anforderungen einzuhalten: Die neue Anlage muss innerhalb von 24 Monaten nach dem Rückbau der Bestandsanlage errichtet und der Abstand zwischen der Bestandsanlage und der neuen Anlage darf höchstens das Zweifache der Gesamthöhe der neuen Anlage betragen. Ob es sich bei einem so als Modernisierung definierten Anlagentausch (stets) noch als Änderungsvorhaben im 21

39 *Jarass,* BImSchG, 2024, § 16 Rn. 8; *Reidt/Schiller,* in: Landmann/Rohmer, Umweltrecht, § 16 BImSchG Rn. 32 ff.

40 *Reidt* NVwZ 2017, 356 (357).

41 *Jarass,* BImSchG, 2024, § 16 Rn. 8.

42 Näher und auch kritisch dazu *Dietlein/Fabi,* in: Landmann/Rohmer, Umweltrecht, Stand: 1/2025, § 16b BImSchG Rn. 15 ff.

43 VG Kassel, Urt. v. 20.12.2021 – 7 K 1480/20.KS, juris Rn. 83; BayVGH, Urt. v. 13.05.2005 – 22 A 96.40091, juris Rn. 58; VG Trier, Beschl. v. 03.05.2013 – 5 L 324/13.TR, juris Rn. 15; *Jarass,* BImSchG, 2024, § 15 Rn. 8, 18 m.w.N.

44 VG Kassel, Urt. v. 20.12.2021 – 7 K 1480/20.KS, juris Rn. 83; VG Darmstadt, Beschl. v. 17.06.2015 – 6 L 571/15.DA, juris Rn. 78; VG Regensburg, Beschl. v. 12.12.2018 – RN 7 S 18.1984, BeckRS 2018, 41421 Rn. 47.

UVP-rechtlichen Sinne handelt, kann man bezweifeln. Immerhin werden nicht nur zur Kapazitätssteigerung Anlagen und Betriebssysteme vollständig ausgetauscht; sie werden ggfls. auch erst zwei Jahre nach dem Rückbau der Altanlage und auch noch möglicherweise mehrere Hundert Meter entfernt vom bisherigen Anlagenstandort errichtet. Das könnte, gemessen an den Vorgaben der UVP-Richtlinie auch für ein Neuvorhaben sprechen, so dass nicht § 9, sondern § 6 für die UVP-Pflicht maßgeblich wäre.

22 Nach § 16b Abs. 7 BImSchG müssen in dem Fall, dass bei einer genehmigten Windenergieanlage vor der Errichtung Änderungen am Anlagentyp vorgenommen werden oder dieser gewechselt wird, im Rahmen des Änderungsgenehmigungsverfahrens nur dann Anforderungen geprüft werden, soweit durch die Änderung des Anlagentyps im Verhältnis zur genehmigten Anlage nachteilige Auswirkungen hervorgerufen werden und diese für die Prüfung nach § 6 BImSchG erheblich sein können (§ 16b Abs. 7 S. 1Satz 1). Wird der Standort der Anlage um nicht mehr als 8 m geändert, die Gesamthöhe um nicht mehr als 20 m erhöht und der Rotordurchlauf um nicht mehr als 8 m verringert, sind ausschließlich Anforderungen nach § 16b Abs. 8 BImSchG nachzuweisen und zu prüfen (§ 16b Abs. 7 Satz 3). § 16b Abs. 7 Satz 1 BImSchG wurde durch das Gesetz zur Änderung des Energiesicherungsgesetzes und anderer energiewirtschaftlicher Vorschriften im Oktober 2022 eingeführt. Damit wird die behördliche Prüfung auf zusätzliche Auswirkungen durch das Änderungsvorhaben beschränkt.[45] Dadurch soll der Prüfungsumfang auf solche Auswirkungen begrenzt werden, die sich im Vergleich zum genehmigten Zustand nachteilig auswirken. Außerdem ergibt sich aus der Regelung, dass Änderungen des Anlagentyps auch vor der Errichtung keiner Neugenehmigung bedürfen.[46] § 16b Abs. 7 Satz 3 BImSchG wurde im Juli 2024 eingeführt. Danach gilt in Fällen von Änderungen oder eines Wechsels des Anlagentyps unter den näher genannten Voraussetzungen eine noch weiterreichende Privilegierung der Änderung. Durch den Verweis auf § 16b Abs. 8 BImSchG ist die Prüfung dann beschränkt auf die Standsicherheit, schädlichen Umwelteinwirkungen durch Geräusche und nachteilige Auswirkungen durch Turbulenzen.[47] Nach § 16b Abs. 9 S. 1 BImSchG gilt in bestimmten Fällen des Repowering die Genehmigung nach Ablauf von sechs Wochen einschließlich der Nebenbestimmungen als antragsgemäß geändert, sofern die Behörde nicht zuvor über den Antrag entscheidet oder ein Antrag nach § 16b Abs. 5 BImSchG gestellt wird.[48]

23 Für **Brückenersatzneubauten** an gleicher Stelle erläutern die Arbeitshinweise der Straßenbauverwaltung des Ministeriums für Verkehr des Landes Baden-Württemberg, dass eine Umweltverträglichkeitsprüfung häufig nicht erforderlich sei.[49] Grundsätzlich dürfe eine Bundesfernstraße gem. § 17 Abs. 1 Satz 1 FStrG zwar nur gebaut oder geändert werden, wenn der Plan vorher festgestellt ist. Das bedeute im Umkehrschluss aber, dass es einer Planfeststellung und damit auch einer UVP nicht bedürfe, wenn eine Maßnahme an einem Brückenbauwerk kein Neuvorhaben und auch keine Änderung, sondern lediglich eine **Erhaltungsmaßnahme** darstelle. Davon sei auszugehen, wenn die Baumaßnahmen ohne die Leistungsfähigkeit der Straße und die Verkehrsmengen des Kraftfahrzeugverkehrs zu erhöhen nur auf eine Substanzerhaltung und eventuelle Anpassung an aktualisierte Regelquerschnitte sowie auf sonstige konstruktive Verbesserungen zielten. Eine Veränderung des Brückenbauwerks in Breite, Gradiente oder Höhenlinie sei für sich genommen nicht zwingend bereits als erhebliche bauliche Umgestaltung einzustufen. Bei der Realisierung eines identischen Ersatzneubaus, das heißt bei einer 1:1 Wiederherstellung, handele es sich um eine Erhaltungsmaßnahme. Baumaßnahmen, die die verkehrliche Leistungsfähigkeit der Straße steigerten, würden

45 OVG BB, Urt. v. 18.12.2024 – 7 A 39/24, juris Rn. 36.

46 OVG BB, Urt. v. 18.12.2024 – 7 A 39/24, juris Rn. 36 unter Verweis auf BT-Drs. 20/3497 v. 20.09.2022, S. 35.

47 Zur Kritik an der in diesem Zusammenhang geltenden Genehmigungsfiktion *Beckmann* EuRUP 2025, 85 ff.

48 Zu den Genehmigungsfiktionen ausführlicher *Beckmann* EuRUP 2025, 85; *Beckmann* DVBl. 2025, 809 ff.

49 Baden-Württemberg, Ministerium für Verkehr, Arbeitshinweise für die Brückenersatzneubauten in der Straßenbauverwaltung, Dezember 2024, S. 14 ff.; kritisch dazu *Balla/Sangenstedt* ZUR 2023, 387 (390).

dagegen als Änderungen gelten.[50] Regelmäßig sei für eine solche Änderung auch keine UVP-Vorprüfung erforderlich. Unmittelbar aus Nrn. 14.3 bis 14.6 in Verbindung mit §§ 6 und 7 werde sich eine UVP-Pflicht oder Vorprüfungspflicht in aller Regel nicht ergeben. Bei einem Brückenersatzneubau handele es sich nicht um einen Neubau im Sinne der Nrn. 14.3, 14.4 und 14.6. der Anlage 1 UVPG. Es käme damit lediglich eine UVP-Pflicht wegen der Änderung eines bestehenden Vorhabens nach § 9 in Betracht. Da in der Regel bislang nur solche Brücken saniert würden, für die mangels Inkrafttretens des UVPG 1990 ursprünglich keine UVP durchgeführt worden sei, kämen § 9 Abs. 2 und 3 UVPG zur Anwendung.[51]

Keiner Umweltverträglichkeitsprüfung bedürfen nach § 14c Abs. 1 S. 1 unselbständige Teile von **Ausbaumaßnahmen**, die im Verlauf von Bundesautobahnen oder Bundesstraßen eine durchgehende Länge von bis zu 1.500 m haben, soweit deren vorgezogene Durchführung zur unterhaltungsbedingten Erneuerung von Brückenbauwerken erforderlich ist. Als unselbstständige Teile von Ausbaumaßnahmen gelten vorgezogene Abschnitte eines Streckenausbaus, wenn der unselbständige Teil der Ausbaumaßnahme keine unmittelbare verkehrliche Kapazitätserweiterung bewirkt (§ 14c Abs. 1 S, 2). Eine allgemeine Vorprüfung entsprechend § 7 Abs. 1 ist zur Feststellung der UVP-Pflicht durchzuführen, wenn durch die vorgezogene Baumaßnahme ein **Natura 2000-Gebiet** betroffen sein kann (§ 14c Abs. 2).[52] 24

Keiner Umweltverträglichkeitsprüfung bedarf nach § 14d Abs. 1 die Änderung einer Bundesstraße durch den Bau eines straßenbegleitenden Radweges mit einer durchgehenden Länge von bis zu 10 km. Eine allgemeine Vorprüfung entsprechend § 7 Abs. 1 wird in den Fällen des § 14d Abs. 1 zur Feststellung der UVP-Pflicht durchgeführt, wenn durch die Baumaßnahme ein Natura 2000-Gebiet betroffen sein kann.[53] 25

C. Einheitliche Vorhaben und Mehrheit selbstständiger Einzelvorhaben

Die UVP-Pflicht des § 6 bezieht sich auf Einzelvorhaben und nicht auf eine Mehrheit unterschiedlicher, jeweils selbstständiger Einzelvorhaben. Probleme kann dies bei der Frage bereiten, ob es sich im konkreten Einzelfall tatsächlich um mehrere, jeweils für sich genommen UVP-pflichtige Einzelvorhaben oder um eine **gemeinsame Anlage** im Sinne des Immissionsschutzrechts handelt, für die nicht nur immissionsschutzrechtlich lediglich eine einheitliche Anlagengenehmigung, sondern auch UVP-rechtlich nur eine Umweltverträglichkeitsprüfung durchgeführt werden muss. Des Weiteren kann sich die Frage stellen, ob eine Anlage zu einem komplexen Vorhaben gehört, so dass ihre Errichtung bzw. Inbetriebnahme als Änderungsvorhaben des komplexen Vorhabens anzusehen ist und sich die UVP-Pflicht nicht nach § 6, sondern nach § 9 richtet. 26

I. Gemeinsame Anlagen des Immissionsschutzrechts

Nach § 1 Abs. 3 der 4. BImSchV bilden Anlagen derselben Art, die in einem engen räumlichen und betrieblichen Zusammenhang errichtet oder betrieben werden, eine gemeinsame Anlage. Das Umweltgefährdungspotenzial ergibt sich bei solchen Anlagen nicht aus der Einzelanlage, sondern aus der Gesamtanlage.[54] Sie werden, wenn sie zusammen die maßgebenden Leistungsgrenzen oder Anlagengrößen erreichen oder überschreiten, auch einheitlich immissionsschutzrechtlich als Anlage angesehen 27

---

50 Siehe dazu auch OVG NRW, Beschl. v. 11.05.2023 – 11 B 106/23, juris Rn. 11; VGH BW, Urt. v. 25.04.2024 – 8 S 1738/22, juris Rn. 34 ff.; *Hartung* Ersatzneubau von Brücken nach dem FStrG: Zu erheblichen Änderungen und »Vorgriffsfällen«, DVBl. 2023, 121.

51 Näher dazu Baden-Württemberg, Ministerium für Verkehr, Arbeitshinweise für die Brückenersatzneubauten in der Straßenbauverwaltung, Dezember 2024, S. 14 ff.

52 Näher dazu *Beckmann*, in: Stüer/Beckmann, Handbuch des Bau- und Fachplanungsrechts, 2025, Rn. 4422 ff.

53 Näher dazu *Beckmann*, in: Stüer/Beckmann, Handbuch des Bau- und Fachplanungsrechts, 2025, Rn. 4425.

54 *Jarass*, BImSchG, 2024, § 4 Rn. 27; OVG NRW, Beschl. v. 27.11.2008 – 8 B 1476/08, DVBl 2009, 457.

und genehmigt, wenn die Genehmigungsvoraussetzungen vorliegen. Für die Genehmigungsbedürftigkeit kommt es dann auf die Gesamtkapazität an.[55] Es spricht nichts dagegen, diese gemeinsamen Anlagen im Sinne des Immissionsschutzrechts auch UVP-rechtlich als einheitliches Vorhaben einzuordnen. Die UVP-Pflicht richtet sich insoweit bei Neuvorhaben nach § 6; auf die Vorschriften über kumulierende Anlagen der §§ 10–12 kommt es insoweit nicht an. Soll eine für sich genommen genehmigungspflichtige Anlage zur Ergänzung der gemeinsamen Anlage nachträglich errichtet und in Betrieb genommen werden, handelt es sich mit Blick auf die gemeinsame Anlage um ein Änderungsvorhaben, nicht jedoch um ein Neuvorhaben. Maßgeblich ist insoweit § 9, nicht jedoch § 6.

II. Komplexvorhaben

28 Für bestimmte Vorhaben setzt der Gesetzgeber bereits begrifflich voraus, dass sie sich aus mehreren Anlagen und Anlagenteilen zusammensetzen, die grundsätzlich auch für sich genommen genehmigungspflichtig sein können. Nr. 2.4.2 UVPVwV 2025 verweist dazu beispielhaft auf folgenden Vorhaben: Integriertes Hüttenwerk (Nr. 3.2.1 Anh. 1 zur 4. BImSchV), Kraftfahrzeugmontagewerk (Nr. 3.24 Anh. 1 zur 4. BImSchV) und Mineralölraffinerien (Nr. 4.4.1 Anh. 1 zur 4. BImSchV).[56] Dazu zählen auch z.B. Windfarmen, integrierte chemische Anlagen oder integrierte Hüttenwerke im Sinne der Anlage 1 des UVPG.

29 UVP-pflichtig sind solche komplexen Vorhaben vor allem deshalb, weil von ihnen gerade angesichts der technisch-funktionalen Verknüpfung verschiedener Anlagen und Einrichtungen besondere Umweltgefahren verursacht werden können. Die UVP-Pflicht solcher Komplexvorhaben ergibt sich bei Neuvorhaben aus § 6, bei Änderungen solcher Komplexvorhaben aus § 9. Es kommt auch insoweit nicht auf die Kumulationsvorschriften der §§ 10–12 an.[57]

30 Allerdings bedeutet die Tatsache, dass ein solches Komplexvorhaben in der Anl. 1 als UVP-pflichtiges Vorhaben ausgewiesen ist, nicht zwingend, dass ein derartiges Vorhaben auch in einem einzigen Verfahren zugelassen werden kann bzw. muss. Entscheidend ist vielmehr, ob und inwieweit nach dem jeweiligen Fachrecht eine einheitliche Genehmigung oder aber eine Mehrzahl von Genehmigungen erforderlich ist.

31 Für die Genehmigungspflicht und mittelbar damit auch für die UVP-Pflicht immissionsschutzrechtlich genehmigungsbedürftiger Anlagen ist insoweit der Anlagenbegriff des Immissionsschutzrechts, insbesondere der Begriff der 4. BImSchV maßgeblich. Welche Anlagen immissionsschutzrechtlich genehmigungsbedürftig sind, ergibt sich aus dem Anh. 1 der 4. BImSchV. Der Verordnungsgeber führt in diesem Katalog ganz unterschiedliche Sachverhalte als genehmigungspflichtige Anlagen auf. Es kann sich dabei um einzelne Aggregate handeln, wie z.B. eine Mühle i.S.v. Nr. 7.21 oder eine Räucheranlage i.S.v. Nr. 7.5 des Anh. 1 der 4. BImSchV; als genehmigungspflichtige Anlage kann aber auch eine vollständige Betriebsstätte (z.B. eine Gießerei i.S.v. Nr. 3.8 des Anh. 1 der 4. BImSchV) sein.[58] Wenn man im Zusammenhang mit der Genehmigung von Windenergieanlagen einen verfahrensrechtlichen Spielraum des Vorhabenträgers anerkennt, innerhalb einer »WEA-Gruppe« von weniger als 20 WEA (und damit ohne Relevanz für die Abgrenzung zwischen Nr. 1.6.1 und Nr. 1.6.2 des Anh. 1 der 4. BImSchV), die als gemeinsame Anlage i.S.d. § 1 Abs. 3 Satz 1 BImSchG betrachtet werden könnte, Teilmengen zu bilden und diese gesondert zur Genehmigung zu stellen, findet dieser Spielraum nach Ansicht des OVG Lüneburg keine Entsprechung auf der Ebene der Vorprüfung zur Feststellung einer etwaigen UVP-Pflicht. Der Vorhabenträger könne allein durch die Verteilung geplanter WEA auf mehrere Genehmigungsanträge nicht darüber disponieren, ob diese WEA zusammen oder mit mehreren Bestandsanlagen eine Windfarm bildeten, welcher Art von Vorprüfung

55 OVG Koblenz, Urt. v. 28.08.2019 – 8 A 10060/19, juris Rn. 38.

56 UVPVwV 2023, Nr. 2.4.2., BR-Drs. 616/24 v. 12.12.2024.

57 *Tepperwien*, in: Schink/Reidt/Mitschang, UVPG/UmwRG, 2023, § 6 Rn. 3; *Schink/Ley* DVBl 2019, 535 (540).

58 *Hansmann/Röckinghausen*, in: Landmann/Rohmer, Umweltrecht, Stand: 8/2013, § 1 BImSchV Rn. 2.

es infolgedessen bedürfe und ob hiernach eine UVP-Pflicht bestehe. Es müsse daher sorgfältig zwischen der Windfarm i.S.d. § 2 Abs. 5 und der WEA-Gruppe als genehmigungsbedürftiger (gemeinsamer) Anlage i.S.d. § 1 Abs. 3 der 4. BImSchV unterschieden werden.[59]

III. Vorhabenbegriff der Fachplanung

Der Vorhabenbegriff des UVPG knüpft mit Rücksicht auf die Funktion der Umweltverträglichkeitsprüfung, die fachplanerische Sachentscheidung durch Ermittlung, Beschreibung und Bewertung des Vorhabens vorzubereiten, an den fachplanerischen Vorhabenbegriff an. Grundsätzlich ist ein Vorhaben im Sinne des Fachplanungsrechts auch ein Vorhaben im Sinne des UVPG.[60] 32

Im fachplanungsrechtlichen Zusammenhang mit dem Bau eines nach Anl. 1 Nr. 13.9.1 UVP-pflichtigen Hafens für die Binnenschifffahrt hat das BVerwG dazu erläutert, der Gesetzgeber setze voraus, dass über die Zulässigkeit bestimmter Vorhaben im Rahmen mehrerer Verfahren entschieden wird und bestimmt für diesen Fall, dass die in diesen Verfahren durchgeführten Teilprüfungen zu einer Gesamtbewertung aller Umweltauswirkungen zusammengefasst werden.[61] Die Richtlinienvorgaben erforderten ebenfalls nicht, den **Ausbau eines Hafens** nur in einem einzigen Genehmigungs- oder Planfeststellungsverfahren zuzulassen. Vielmehr könne danach die Umweltverträglichkeitsprüfung in den Mitgliedstaaten im Rahmen der bestehenden Verfahren zur Genehmigung der Projekte durchgeführt werden oder, falls solche nicht bestehen, im Rahmen anderer Verfahren oder der Verfahren, die einzuführen sind, um den Zielen dieser Richtlinie zu entsprechen. Eine Umweltverträglichkeitsprüfung müsse somit nicht notwendig in einem einzigen Genehmigungs- oder Zulassungsverfahren durchgeführt werden, sondern diese sei auch in einer Mehrzahl von Verfahren möglich.[62] 33

Die Rechtsprechung erkennt zwar ein Recht des Vorhabenträgers, den Gegenstand seines Vorhabens selbst zu bestimmen, grundsätzlich an.[63] Dieses Bestimmungsrecht wird jedoch durch das materielle Planungsrecht eingegrenzt, das den Rahmen für die planerische Ausgestaltung vorgibt. Grenzen für eine solche Ausgestaltung ergeben sich danach vor allem aus den Zielen des jeweiligen Fachplanungsgesetzes und aus dem Abwägungsgebot.[64] Eine **Abschnittsbildung** bei der Planfeststellung unterliegt der materiellen gerichtlichen Kontrolle darauf, ob sie dem Grundsatz umfassender Problembewältigung gerecht werden kann oder ein gebildeter Streckenabschnitt vor dem Hintergrund der Gesamtplanung der eigenen sachlichen Rechtfertigung entbehrt.[65] Die Abwägung darf weder durch übermäßige Aufsplitterung in Teilplanungen noch umgekehrt durch Zusammenfassung mehrerer Planungen beeinträchtigt werden. Grenzen des Bestimmungsrechts des Vorhabenträgers bestehen deshalb nach der Rechtsprechung z.B. dann, wenn eine zusammenhängende Maßnahme in Abschnitte geteilt wird. Das Abwägungsgebot verbietet, die Teilplanung so weit zu verselbstständigen, dass Pro- 34

59 OVG Lüneburg, Urt. v. 18.10.2021 – 12 LB 110/19, juris Rn. 83.

60 VGH BW Beschl. v. 14.02.2017 – 5 S 2122/16, juris Rn. 30; BVerwG, Urt. v. 11.08.2016 – 7 A 1.15, juris Rn. 34; OVG BB, Urt. v. 12.03.2020 – OVG 11 A 7.18, juris Rn. 59 f.; VG Bremen, Urt. v. 07.02.2019 – 5 K 2621/15, juris Rn. 40; *Wysk*, in: Kopp/Ramsauer, VwVfG, 2025, § 63 Rn. 24; zu den Voraussetzungen der Zulässigkeit einer Abschnittsbildung bei eisenbahnrechtlichen Planfeststellungen siehe VGH BW, Beschl. v. 10.06.2025 – 5 S 385/25, juris Rn. 111.

61 BVerwG, Urt. v. 19.02.2015 – 7 C 11.12, NVwZ 2015, 1070 unter Verweis auf § 2 Abs. 1 Satz 4 UVPG a.F.; siehe dazu heute § 31 Abs. 4.

62 BVerwG, Urt. v. 19.02.2015 – 7 C 11.12, NVwZ 2015, 1070.

63 Dazu BVerwG, Urt. v. 05.10.2021 – 7 A 17/20, juris Rn. 45; siehe auch *Neumann/Külpmann*, in: Stelkens/Bonk/Sachs, VwVfG, 2023, § 73 Rn. 23. *Wysk*, in: Kopp/Ramsauer, VwVfG, 2025, § 63 Rn. 25.

64 *Wysk*, in: Kopp/Ramsauer, VwVfG, 2025, § 63 Rn. 25.

65 BVerwG, Beschl. v. 15.09.2023 – 7 VR 6,23, ZUR 2023, 677; Beschl. v. 24.03.2021 – 4 VR 2/20, juris Rn. 59; Urt. v. 15.12.2016 – 4 A 4.15, BVerwGE 157, 73 Rn. 26; *Beckmann*, in: Stüer/Beckmann, Handbuch des Bau- und Fachplanungsrechts, 2025, Rn. 7986; Nr. 2.4.7.1 UVPVwV 2025; umfassend zur Abschnittsbildung *Kment* AöR 142 (247); zur Abschnittsbildung bei der Straßenplanung *Sauthoff*, in: Ziekow, Handbuch des Fachplanungsrechts, 2024, § 11 Rn. 55; zur eisenbahnrechtlichen Planfeststellung VGH BW, Beschl. v. 10.06.2025 – 5 S 385/25, juris Rn. 111.

bleme, die durch die Gesamtplanung geschaffen werden, unbewältigt bleiben.[66] Grenzen des Bestimmungsrechts bestehen z.B. auch dann, wenn zwei oder mehr geplante Maßnahmen vom Träger als ein Vorhaben behandelt werden. Verfolgt der Vorhabenträger mit mehreren Maßnahmen verschiedene Planungsziele und können diese Maßnahmen unabhängig voneinander verwirklicht werden, ohne dass die Erreichung der Ziele einer Maßnahme durch den Verzicht auf die anderen Maßnahmen auch nur teilweise vereitelt würde, so handelt es sich auch um mehrere Vorhaben. Der Vorhabenträger darf dann nicht mehrere Vorhaben als ein Vorhaben bezeichnen und damit verhindern, dass über die Zulässigkeit jedes der Vorhaben von der Planfeststellungsbehörde im Rahmen einer gesonderten fachplanerischen Abwägung der für und gegen das einzelne Vorhaben sprechenden Belange entschieden wird.[67]

35 Konsequenzen einer Abschnittsbildung bei linearen Verfahren erläutern die UVPVwV 2025. Für die Feststellung, ob eine UVP durchzuführen ist, kann die zulässige Aufteilung eines Vorhabens in Abschnitte danach nicht ohne weiteres bewirken, dass eine UVP unterbleibt. Vielmehr müsse auch das Gesamtvorhaben mit in den Blick genommen werden. Ausschlaggebend für die Beurteilung seien die Umstände des Einzelfalls. Eine Einbeziehung weiterer Vorhabenabschnitte komme bei der Feststellung der UVP-Pflicht für solche Teile des Gesamtvorhabens in Betracht, bei denen bereits »eine gewisse planerische Verfestigung« bestehe. Diese könne anzunehmen sein, wenn das Gesamtvorhaben schon Gegenstand einer Linienbestimmung oder einer Bundesfachplanung nach § 4 NABEG gewesen sei. Bloße Planungsabsichten des Vorhabenträgers, die noch mit Unsicherheiten verbunden seien, genügten dagegen nicht.[68] Eine Beschränkung auf den aktuell anstehenden Streckenabschnitt könne bei der Prüfung der UVP-Pflicht dann gerechtfertigt sein, wenn der Vorhabenträger das Projekt wegen noch bestehender Unsicherheiten bei der Realisierung des Gesamtvorhabens von vornherein so plane, dass bereits dem beantragten Teil des Vorhabens auch ohne Realisierung des Gesamtvorhabens für sich ein eigenständiger Zweck zukomme (**Vermeidung eines Planungstorsos**). In Zweifelsfällen solle aber vorsorglich eine UVP durchgeführt werden. Der Umstand, dass allein aus verwaltungspraktischen Gründen eine Abschnittsbildung vorgenommen werden soll, bilde für die UVP-Pflicht keinen hinreichenden Differenzierungsgrund. Nach der Rechtsprechung des EuGH sei das Erreichen oder Überschreiten der Schwellenwerte für die UVP-Pflicht bei grenzüberschreitenden linearen Vorhaben mit Blick auf das Gesamtprojekt, das heißt unter Einbeziehung auch der im Nachbarstaat durchgeführten Teile des Vorhabens, festzustellen.[69] Gleiches müsse für inländische Vorhaben gelten, die die Grenzen eines Bundeslandes überschritten. Die Frage einer Gesamt- oder Einzelbetrachtung stelle sich auch dann, wenn ein bestehendes lineares Vorhaben (z.B. eine Strom- oder Gasleitung oder eine Bahnstrecke) in der Weise ausgebaut oder technisch ertüchtigt wird, dass lediglich an einzelnen Leitungs- oder Streckenabschnitten Maßnahmen vorgenommen werden. Ob diese Maßnahmen dann jeweils als selbständige (Änderungs-)Vorhaben oder als unselbständige Elemente eines einheitlichen (Änderungs-)Vorhabens zu betrachten seien, richte sich wiederum nach den Umständen des Einzelfalls. Für ein einheitliches Vorhaben spreche in solchen Fällen insbesondere, wenn der Vorhabenträger selbst die Maßnahmen im Zusammenhang plane und beantrage oder auf andere Weise erkennbar werde, dass es sich um ein einheitliches Vorhaben handele.[70]

66 BVerwG, Urt. v. 16.03.2021 – 4 A 10/19, juris Rn. 57; OVG SH, Urt. v. 01.12.2020 – 4 KS 1/19, juris Rn. 57; VGH BW Beschl. v. 14.02.2017 – 5 S 2122/16, juris Rn. 30; BVerwG, Urt. v. 10.04.1997 – 4 C 5.96, BVerwGE 104, 236.

67 VGH BW, Beschl. v. 14.02.2017 – 5 S 2122/16, juris Rn. 30; BVerwG, Urt. v. 11.08.2016 – 7 A 1.15, juris Rn. 35.

68 Nr. 2.4.7.1 UVPVwV 2025.

69 Nr. 2.4.7.1 UVPVwV 2025 unter Verweis auf EuGH, Urt. v. 10.12.2009 – C-205/08, Rn. 54.

70 Nr. 2.4.7.1 UVPVwV 2025.

Auch für die Frage, ob ein Neuvorhaben i.S.v. § 6 oder ein Änderungsvorhaben im Sinne von § 9 vorliegt, kommt es darauf an, den Vorhabenbegriff der Fachplanung, soweit er auch für die UVP maßgeblich ist, hinreichend zu berücksichtigen. 36

D. Kennzeichnung mit dem Buchstaben »X«

Neuvorhaben sind dann nach § 6 UVP-pflichtig, wenn sie in Anl. 1 Spalte 1 mit dem Buchstaben »X« gekennzeichnet sind. Die Vorgängervorschrift des § 3b Abs. 1 Satz 1 verwies zwar nur allgemein auf die Anlage 1 und nicht zusätzlich auf die Kennzeichnungen mit dem Buchstaben »X« in Spalte 1 der Anl. 1. Eine materielle Änderung des Umfangs der UVP-Pflicht für Neuvorhaben ergibt sich daraus aber nicht. Es handelt sich vielmehr lediglich um eine gesetzgeberische Klarstellung. 37

Schon aus der Legende der Anl. 1 ergab sich, dass bedingungslos, d.h. ohne Vorprüfung und ohne standortbezogene Vorprüfung UVP-pflichtig nur die Vorhaben sind, die mit dem Buchstaben »X« gekennzeichnet sind. Es handelt sich insoweit um eine abschließende Aufzählung, bei der sich der Gesetzgeber bzw. der Richtliniengeber an der Umweltrelevanz der Vorhaben orientiert hat. Unbedingt UVP-pflichtig sind regelmäßig solche Vorhaben, die angesichts der von ihnen möglicherweise ausgehenden Umweltauswirkungen ausnahmslos vor einer Zulassung auf ihre Umweltverträglichkeit hin in dem dafür vorgesehenen, formalisierten Verfahren geprüft werden sollen. 38

E. Vorliegen der Bestimmungsmerkmale

Der Gesetzgeber sieht nicht nur eine Kennzeichnung in der Spalte 1 der Anl. 1 für die unbedingt UVP-pflichtigen Vorhaben vor. Vielmehr besteht eine UVP-Pflicht nach § 6 nur, wenn auch die zur Bestimmung der Art des Vorhabens genannten Merkmale vorliegen und ggf. zusätzlich noch bestimmte Größen- oder Leistungswerte erreicht oder überschritten werden. Der Gesetzgeber unterscheidet insoweit zwischen den allgemeinen Bestimmungsmerkmalen für die UVP-pflichtigen Vorhaben und zusätzlichen Größen- und Leistungswerten, die bei den meisten Vorhaben noch zusätzlich überschritten werden müssen, um eine UVP-Pflicht auszulösen. Die meisten Vorhaben, die einer unbedingten UVP-Pflicht unterliegen, werden nicht nur mit allgemeinen Bestimmungsmerkmalen beschrieben, sondern auch noch mit zusätzlichen Größen- und Leistungswerten bestimmt. 39

Als Beispiel für ein Vorhaben, das schon aufgrund des Vorliegens eines Bestimmungsmerkmals und unabhängig von zusätzlichen Größen- und Leistungswerten unbedingt UVP-pflichtig ist, sei die Errichtung und der Betrieb einer Anlage zur Gewinnung von Asbest (Nr. 2.3 Anl. 1) genannt. Hingegen sind die Errichtung und der Betrieb einer Anlage zur Bearbeitung oder Verarbeitung von Asbest oder Asbesterzeugnissen (Nr. 2.4 Anl. 1) nicht stets UVP-pflichtig, sondern erst ab einer bestimmten Jahresproduktion oder bei einem Einsatz von bestimmten Mengen Asbest bei anderen Verwendungszwecken. 40

F. Größen- und Leistungswerte

Hinsichtlich der Größen- und Leistungswerte, deren Erreichen oder Überschreiten zu einer UVP-Pflicht führt, stellt sich die Frage, ob es auf die nach den Antragsunterlagen geplante Installation oder auf die tatsächliche Nutzung ankommt. Grundsätzlich ist davon auszugehen, dass die in den Antragsunterlagen beschriebene Anlage installiert und dementsprechend zukünftig auch genutzt werden soll. Allerdings ist es denkbar, dass bestimmte Anlagen bzw. Anlagenteile sinnvollerweise oder aus technischen Gründen nur in einer bestimmten Leistungsgröße errichtet werden können. Insoweit wäre es unverhältnismäßig, auf die installierte Leistung der Anlage abzustellen, wenn der Anlagenbetreiber den vollen Umfang dieser installierten Leistung nicht abrufen will, weil ein entsprechender Bedarf (derzeit) gar nicht besteht. Es kommt insoweit nicht nur auf die tatsächliche Leistungsfähigkeit, sondern auf den durch die Genehmigung zugelassenen Anlagenbetrieb an. Wird dieser abweichend von der technisch vorhandenen Anlagenkapazität auf der Grundlage einer entsprechenden verbindlichen Erklärung des Anlagenbetreibers durch Auflagen der Genehmigung eingeschränkt, dann ist der insoweit rechtlich zulässige und nicht der tatsächlich mögliche Leistungs- 41 wert maßgeblich. Die darüber hinaus installierte Leistungskapazität könnte bei einer in diesem Sinne nur eingeschränkt genehmigten Betriebsweise durch eine genehmigungspflichtige oder ggfls. anzeigebedürftige Änderung des Betriebs in Anspruch genommen werden.

42 Nach § 1 Abs. 1 Satz 4 der 4. BImSchV ist hinsichtlich der Genehmigungsbedürftigkeit einer immissionsschutzrechtlich genehmigungsbedürftigen Anlage, wenn diese vom Erreichen oder Überschreiten einer bestimmten Leistungsgrenze oder Anlagengröße abhängt, jeweils auf den rechtlich und tatsächlich möglichen Betriebsumfang einer durch denselben Betreiber betriebenen Anlage abzustellen. Der Verordnungsgeber stellt in diesem Zusammenhang klar, dass es nicht allein darauf ankommt, welcher Betriebsumfang mit welchen Leistungsgrenzen oder Anlagengrößen tatsächlich möglich ist. Vielmehr soll dem Anlagenbetreiber die Möglichkeit eingeräumt werden, seine technisch möglicherweise leistungsfähigere Anlage durch eine rechtlich verbindliche Erklärung einzuschränken und damit unterhalb der genehmigungsrechtlich möglicherweise entscheidenden Leistungsgrenzen bzw. Anlagengrößen zu bleiben.[71] Es bestehen keine Bedenken, diese Regelung entsprechend auch im Zusammenhang mit der UVP-Pflicht nach § 6 entsprechend anzuwenden.

§ 7 Vorprüfung bei Neuvorhaben

(1) [1]Bei einem Neuvorhaben, das in Anlage 1 Spalte 2 mit dem Buchstaben »A« gekennzeichnet ist, führt die zuständige Behörde eine allgemeine Vorprüfung zur Feststellung der UVP-Pflicht durch. [2]Die allgemeine Vorprüfung wird als überschlägige Prüfung unter Berücksichtigung der in Anlage 3 aufgeführten Kriterien durchgeführt. [3]Die UVP-Pflicht besteht, wenn das Neuvorhaben nach Einschätzung der zuständigen Behörde erhebliche nachteilige Umweltauswirkungen haben kann, die nach § 25 Absatz 2 bei der Zulassungsentscheidung zu berücksichtigen wären.

(2) [1]Bei einem Neuvorhaben, das in Anlage 1 Spalte 2 mit dem Buchstaben »S« gekennzeichnet ist, führt die zuständige Behörde eine standortbezogene Vorprüfung zur Feststellung der UVP-Pflicht durch. [2]Die standortbezogene Vorprüfung wird als überschlägige Prüfung in zwei Stufen durchgeführt. [3]In der ersten Stufe prüft die zuständige Behörde, ob bei dem Neuvorhaben besondere örtliche Gegebenheiten gemäß den in Anlage 3 Nummer 2.3 aufgeführten Schutzkriterien vorliegen. [4]Ergibt die Prüfung in der ersten Stufe, dass keine besonderen örtlichen Gegebenheiten vorliegen, so besteht keine UVP-Pflicht. [5]Ergibt die Prüfung in der ersten Stufe, dass besondere örtliche Gegebenheiten vorliegen, so prüft die Behörde auf der zweiten Stufe unter Berücksichtigung der in Anlage 3 aufgeführten Kriterien, ob das Neuvorhaben erhebliche nachteilige Umweltauswirkungen haben kann, die die besondere Empfindlichkeit oder die Schutzziele des Gebietes betreffen und nach § 25 Absatz 2 bei der Zulassungsentscheidung zu berücksichtigen wären. [6]Die UVP-Pflicht besteht, wenn das Neuvorhaben nach Einschätzung der zuständigen Behörde solche Umweltauswirkungen haben kann.

(3) [1]Die Vorprüfung nach den Absätzen 1 und 2 entfällt, wenn der Vorhabenträger die Durchführung einer Umweltverträglichkeitsprüfung beantragt und die zuständige Behörde das Entfallen der Vorprüfung als zweckmäßig erachtet. [2]Für diese Neuvorhaben besteht die UVP-Pflicht. [3]Die Entscheidung der zuständigen Behörde ist nicht anfechtbar.

(4) Zur Vorbereitung der Vorprüfung ist der Vorhabenträger verpflichtet, der zuständigen Behörde geeignete Angaben nach Anlage 2 zu den Merkmalen des Neuvorhabens und des Standorts sowie zu den möglichen erheblichen Umweltauswirkungen des Neuvorhabens zu übermitteln.

(5) [1]Bei der Vorprüfung berücksichtigt die Behörde, ob erhebliche nachteilige Umweltauswirkungen durch Merkmale des Vorhabens oder des Standorts oder durch Vorkehrungen des Vorhabenträgers offensichtlich ausgeschlossen werden. [2]Liegen der Behörde Ergebnisse vorgelagerter

71 Siehe dazu auch *Hansmann/Röckinghausen,* in: Landmann/Rohmer, Umweltrecht, Stand: 8/2013, § 1 BImschV Rn. 6.

Umweltprüfungen oder anderer rechtlich vorgeschriebener Untersuchungen zu den Umweltauswirkungen des Vorhabens vor, bezieht sie diese Ergebnisse in die Vorprüfung ein. [3]Bei der allgemeinen Vorprüfung kann sie ergänzend berücksichtigen, inwieweit Prüfwerte für Größe oder Leistung, die die allgemeine Vorprüfung eröffnen, überschritten werden.

(6) **[1]Die zuständige Behörde trifft die Feststellung zügig und spätestens sechs Wochen nach Erhalt der nach Absatz 4 erforderlichen Angaben. [2]In Ausnahmefällen kann sie die Frist für die Feststellung um bis zu drei Wochen oder, wenn dies wegen der besonderen Schwierigkeit der Prüfung erforderlich ist, um bis zu sechs Wochen verlängern.**

(7) **Die zuständige Behörde dokumentiert die Durchführung und das Ergebnis der allgemeinen und der standortbezogenen Vorprüfung.**

Übersicht

A. Allgemeines

Während § 6 die Neuvorhaben mit unbedingter UVP-Pflicht betrifft, erfasst § 7 die **Neuvorhaben mit nur bedingter UVP-Pflicht.** Das sind die Vorhaben, bei denen die UVP-Pflicht davon abhängt, zu welchem Ergebnis die Vorprüfung (engl. *screening procedure*) führt. Das Screening zur Ermittlung der UVP-Pflicht wird bei »mittleren Vorhaben« als **allgemeine Vorprüfung** nach § 7 Abs. 1 und bei vergleichsweise »kleineren Vorhaben« lediglich als **standortbezogene Vorprüfung** nach § 7 Abs. 2 vorgenommen. § 7 ist die Nachfolgevorschrift von § 3c UVPG a.F. über die UVP-Pflicht im Einzelfall. Er hat dessen Regelungskern übernommen und um einige Bestimmungen erweitert. Teils setzen diese den aufgrund der Richtlinie 2014/52/EU geänderten Art. 4 der UVP-Richtlinie um,[1] teils haben die hinzugefügten Bestimmungen nur klarstellende Bedeutung, d.h. sie bilden eine zuvor bereits übliche Praxis beim Vollzug der Vorprüfung zur Ermittlung der UVP-Pflicht ab.[2] Die neue Allgemeine Verwaltungsvorschrift zur Ausführung des Gesetzes über die UVP (UVPVwV) vom 14.04.2025 erläutert insbesondere die Vorprüfung bei Neuvorhaben. 1

1 BReg, BR-Drs. 164/17, S. 84.
2 BReg, BR-Drs. 164/17, S. 84.

B. Regelungen im Einzelnen

I. Allgemeine Vorprüfung des Einzelfalls nach Anlage 1, Spalte 2, Buchst. »A« (Abs. 1)

2 § 7 Abs. 1 und 2 i.V.m. Spalte 2 der Anlage 1 definieren die beiden Varianten der Vorprüfungsverfahren bei Neubauvorhaben: Die »**allgemeine**« und die »**standortbezogene** Vorprüfung«. Im erstgenannten Fall geht es um das Kennzeichen »A« (für allgemeine Vorprüfung). Fällt das Vorhaben unter eine entsprechende Kategorie der Spalte 2, führt die Behörde eine allgemeine Vorprüfung zur Feststellung der UVP-Pflicht durch. Das Gesetz beschreibt diese in § 7 Abs. 1 Satz 2 als »überschlägige Prüfung unter Berücksichtigung der in Anlage 3 aufgeführten Kriterien«. Damit wird zunächst klargestellt, dass es sich nicht um eine Vollprüfung der relevanten Umweltauswirkungen handelt. Die überschlägige Prüfung soll zu einer positiven oder negativen Entscheidung zur Frage der UVP-Pflicht führen und damit das weitere Verfahren lenken. Schon aufgrund dieser verfahrenslenkenden Funktion darf das Vorprüfungsverfahren das eigentliche Verfahren zur Umweltverträglichkeitsprüfung, das die Beteiligung der Öffentlichkeit vorsieht, nicht vorwegnehmen.[3] Die Vorprüfung ist nicht darauf gerichtet, die zu erwartenden Umweltauswirkungen des Vorhabens im Rahmen einer in Einzelheiten gehenden Untersuchung zu ermitteln.[4] Mit einer auf eine überschlägige Vorausschau begrenzten Prüfungstiefe[5] soll die Vorprüfung vielmehr nur eine begründete Einschätzung der zuständigen Behörde ermöglichen, **ob das Vorhaben »erhebliche nachteilige Umweltauswirkungen haben kann,**[6] **die nach § 25 Abs. 2 bei der Zulassungsentscheidung zu berücksichtigen wären«**. Dabei steht keine »oberflächliche« Prüfung in Rede, sondern eine grobe Einschätzung. Die Einholung von Gutachten ist regelmäßig nicht geboten. In begründeten Fällen können allerdings Stellungnahmen anderer Behörden und/oder eine Vor-Ort-Besichtigung des vorgesehenen Standorts des Vorhabens, sinnvollerweise unter Beteiligung des Trägers des Vorhabens, zur Abschätzung der Umweltauswirkungen zweckmäßig sein.[7] Die nach § 7 Abs. 1 Satz 2 vorgesehene »überschlägige Prüfung« ändert nichts daran, dass die Behörde bei der Durchführung der Vorprüfung strikt an die rechtlichen Vorgaben des § 7 gebunden ist. Verfahrensführung und das Ergebnis, ob eine UVP-Pflicht besteht oder nicht, sind nach § 7 Abs. 7 zu dokumentieren, und zwar nicht zuletzt um die spätere Überprüfbarkeit (§ 5 Abs. 3 Satz 2 i.V.m. § 4 Abs. 1 Satz 2 UmwRG) zu ermöglichen. Die Behörde muss **sachlich und fachlich fundierte Gründe anführen**, damit ihre Einschätzung zum Bestehen oder Nichtbestehen der UVP-Pflicht als »**nachvollziehbar**« im Sinne des § 5 Abs. 3 Satz 2 eingestuft werden kann. Dieser Anforderung wird ein Screening allein nach Aktenlage nicht immer gerecht werden können.[8] Bei der Frage, welche Unterlagen und Informationen als geeignete Grundlage einer überschlägigen Prüfung benötigt werden, kommt der Behörde ein **Einschätzungsspielraum** zu.[9] Nimmt die Behörde **unrichtigerweise eine allgemeine Vorprüfung** nach § 7 Abs. 1 vor, obwohl eine standortbezogene Vorprüfung nach § 7 Abs. 2 ausreichend gewesen wäre, so ist dies unerheblich. Insbesondere liegt darin **kein Verfahrensfehler** nach § 4 Abs. 1 Satz 1 Nr. 1 lit. b) bzw. Satz 2 UmwRG.[10] **Die standortbezogene Vorprüfung ist in der allgemeinen Vorprüfung enthalten.**[11] Dies folgt daraus, dass die speziellen Prüfkriterien der standortbezogenen Vorprüfung (Gebietsschutz anhand der dazu unter Nr. 2.3 der Anlage 3 genannten Schutzkriterien) immer auch einen Teil der allgemeinen Vorprüfung bilden, die sich auf alle der in Anlage 3 aufgeführten Kriterien bezieht.

---

3 BVerwG, Urt. v. 25.06.2014 – 9 A 1.13, juris Rn. 18; BReg, BR-Drs. 164/17, S. 88.
4 BReg, BR-Drs. 164/17, S. 88.
5 BVerwG, Urt. v. 20.12.2011 – 9 A 31.10, juris Rn. 25; BVerwG, Urt. v. 25.06.2014 – 9 A 1.13, juris Rn. 18; VGH München, Beschl. v. 17.11.2014 – 22 ZB 14.1035, juris Rn. 16; OVG Koblenz, Beschl. v. 02.04.2014 – 1 B 10249/14, juris Rn. 19.
6 BReg, BR-Drs. 164/17, S. 88.
7 Leitfaden zur Vorprüfung (2003) Ziff. 2.2, Abs. 3.
8 *Sangenstedt*, in: Landmann/Rohmer, Umweltrecht, § 3c UVPG Rn. 15.
9 BVerwG, Urt. v. 18.12.2014 – 4 C 36.13, juris Rn. 29.
10 OVG NRW, Urt. v. 18.05.2017 – 8 A 975/15, juris Rn. 72.
11 OVG Berlin-Brandenburg, Urt. v. 15.03.2023 – 3a A 13/23, juris Rn. 26.

Für die Vorprüfung ergibt sich regelmäßig **aus der Spalte 2 der Anlage 1, ein durch Größen- oder Leistungswerte quantifizierter Rahmen.** Der Rahmen grenzt nach oben hin an die Wertgrenzen, die in der Spalte 1 (Buchst. X) für die obligatorische UVP festgelegt sind. Im Vergleich mit der standortbezogenen Vorprüfung des Einzelfalles liegt der Rahmen für die allgemeine Vorprüfung im »mittleren Bereich«, wenn es unterhalb dieses Rahmens noch Anlagengrößen für eine in der Spalte 2 mit Buchst. »S« gekennzeichnete standortbezogene Vorprüfung des Einzelfalls gibt. Dies ist z.B. bei **Feuerungsanlagen** der Fall, die ab 200 MW stets UVP-pflichtig sind, zwischen 50 und 200 MW der allgemeinen Vorprüfung des Einzelfalls zu unterziehen und darunter liegend, je nach Brennstoff, ab 1 MW (bis 50 MW) standortbezogen zu prüfen sind. Es gibt aber auch **Fälle, in denen es lediglich zwei Ebenen gibt** und auf der unteren Ebene nur eine allgemeine Vorprüfung des Einzelfalls, z.B. im Falle der Kohleverflüssigungsanlagen (Nr. 1.9, und zwar bei Anlagen von weniger als 500 t/Tag). Im Fall von Vorhaben gem. § 2 Abs. 4 Ziff. 1. b) »Bau einer sonstigen Anlage« findet sich, z.B. betreffend die Flurbereinigung gemäß Nr. 16, ausschließlich die Variante der allgemeinen Vorprüfung des Einzelfalles. Bei den »sonstigen in Natur und Landschaft eingreifenden Maßnahmen«, also Vorhaben gemäß § 2 Abs. 4 Ziff. 1 c), existieren **allein die Fälle stets UVP-pflichtiger Vorhaben** (Buchst. »X«), nämlich bei mehr als 50 ha Wald (Nr. 17.1.1). 3

Erforderlich ist eine **Prognose der Umweltauswirkungen bzw. Umweltfolgen des geplanten Vorhabens.** Dabei geht es im ersten Schritt um eine Vielzahl von Feststellungen in tatsächlicher Hinsicht, z.B. was Art und Umfang der Emissionen, die Inanspruchnahme von Ressourcen etc. anbetrifft. Von diesen Sachfragen sind die in einem zweiten Schritt vorzunehmenden Bewertungsfragen der Erheblichkeit der ermittelten Umweltauswirkungen zu unterscheiden. Eine besondere Herausforderung stellt dabei die Prognose dar, ob die Errichtung und der **Betrieb des Vorhabens mit den Anforderungen des Artenschutzes in Einklang sein wird.** So hat sich die allgemeine Vorprüfung nach Maßgabe der Kriterien in Anlage 3 zum UVPG u.a. auf die Frage zu erstrecken, ob das Vorhaben deshalb UVP-pflichtig ist, weil es erhebliche negative Auswirkungen auf besonders geschützte Arten und damit das Schutzgut Tier (§ 2 Abs. 1 Nr. 2) haben kann. 4

Maßgeblich ist der besondere Artenschutz mit seinen Zugriffsverboten. Gemäß § 44 Abs. 1 Nr. 1 BNatSchG ist es u.a. verboten, wild lebende Tiere der besonders geschützten Arten zu verletzen oder zu töten. Dazu zählen insbesondere die europäischen Vogelarten. Die unionsrechtliche **FFH-Richtlinie**[12] (Art. 12 Abs. 1 lit. a) und die **Vogelschutzrichtlinie**[13] (Art. 5 lit. a) geben dieses Tötungsverbot vor. Der auf das einzelne Tier (individuenbezogen) abstellende **Tatbestand des Tötungsverbots** gilt für Handlungen (Jagd) und Vorhaben (Windenergieanlagen, Straßenbauprojekte etc.) und verzichtet in der Umsetzung durch § 44 Abs. 1 Nr. 1 BNatSchG, anders die europäischen Ausgangsvorschriften, auf subjektive Elemente im Tatbestand.[14] Nach deutscher Rechtslage[15] greift der weite **Tatbestand des Tötungsverbots allerdings erst gar nicht ein**, wenn die Beeinträchtigung durch das Vorhaben das Tötungs- und Verletzungsrisiko für Exemplare der besonders geschützten (Vogel-) Arten »**nicht signifikant erhöht**« und diese Beeinträchtigung bei Anwendung der gebotenen, fachlich anerkannten Schutzmaßnahmen nicht vermieden werden kann, vgl. dazu § 44 Abs. 5 Satz 2 Nr. 1 BNatSchG. Die für die allgemeine Vorprüfung maßgebliche Frage, ob das Vorhaben unter Artenschutzgesichtspunkten erhebliche Umweltauswirkungen haben kann, die z.B. nach § 6 Abs. 1 Nr. 2 BImSchG i.V.m. § 44 Abs. 1 Nr. 1 BNatSchG bei der Zulassungsentscheidung zu berücksichtigen wären, kann 5

12 (FFH-)Richtlinie 92/43/EWG zur Erhaltung der natürlichen Lebensräume sowie der wildlebenden Tiere und Pflanzen vom 21.05.1992, ABl. 1992 L 206, S. 7 (zuletzt geändert durch Richtlinie 2013/17/EU vom 13.05.2013).

13 (Vogelschutz-)Richtlinie 2009/147/EG über die Erhaltung der wildlebenden Vogelarten vom 30.11.2009, ABl. 2010 L 20, S. 7 (zuletzt geändert durch VO [EU] 2019/1010 vom 05.06.2019).

14 *Heugel*, in: Lütkes/Ewer, BNatSchG § 44 Rn. 6.

15 *Backes* ZUR 2018, S. 587 (590) u.a. zur Situation in den Niederlanden und der Anwendung des sog. ORNIS-Kriteriums als Ausnahmevoraussetzung, wonach der durch ein Vorhaben verursachte zusätzliche Verlust von unter 1 % der gesamten Sterblichkeitsrate einer Tierart keine negativen Auswirkungen auf den Erhaltungszustand habe; vgl. dazu auch EuGH, Urt. v. 09.12.2004 – C-79/03, juris Rn. 36.

die Behörde dementsprechend **auch dann verneinen, wenn voraussichtlich kein Nullrisiko für die besonders geschützte (Vogel-)Art besteht** und Vermeidungsmaßnahmen offensichtlich nicht in Betracht kommen. In der Praxis wird der Vorhabenträger daran interessiert sein, die Umweltfolgen seines Projekts durch technische Vorkehrungen von vornherein unter diese Signifikanzschwelle zu drücken. Dies hat die Behörde in der Vorprüfung nach § 7 Abs. 5 Satz 1 dahin zu berücksichtigen, ob dadurch erhebliche nachteilige Umweltauswirkungen »offensichtlich ausgeschlossen« sind.

6 Der deutsche Fachgesetzgeber hat mit dem für den Gesetzesvollzug zentralen »**Signifikanz-Kriterium**«[16] eine ständige Rechtsprechung des BVerwG[17] aufgegriffen. Damit ist aber **keine generelle Ausnahme** verbunden, wie sie der EuGH[18] in einem schwedischen Fall beanstandet hat. Die Signifikanzschwelle zielt darauf ab, die Erkennbarkeit der Risikoerhöhung für einzelne Exemplare anzuzeigen.[19] Die Klärung der Frage, **ob eine Risikoerhöhung im Einzelfall als »signifikant« anzusehen ist**, setzt daher immer eine wertende Betrachtung auf der Grundlage von fachwissenschaftlichen Erkenntnissen aus dem Bereich der Ökologie voraus.[20] Es obliegt dem Vorhabenträger (ggfls. nach einem Scoping gemäß § 15 Abs. 1 Satz 1) seine Antragsunterlagen um ein artenschutzrechtliches Gutachten zu ergänzen. Die ökologische Betrachtung des Fachgutachters bedarf hier einer (fachwissenschaftlich nicht immer unproblematischen) Ausrichtung am politisch zu verantwortenden Rahmen des jeweils geltenden **Artenschutzrechts und seiner normativen Vorgaben**.[21] Insoweit besteht eine gewisse Nähe zur forensischen Begutachtung. Damit der Aufwand in einem vertretbaren Rahmen bleibt, ist eine Standardisierung unabdingbar. Hier ist das von *Bernotat* und *Dierschke* erarbeitete und vom Bundesamt für Naturschutz gestützte Bewertungskonzept eines »**Mortalitäts-Gefährdungs-Index**« zu nennen.[22] Bei diesem Ansatz, auf den sich auch das BVerwG[23] stützt, werden populationsbiologische (z.B. natürliche Reproduktions- und Mortalitätsrate, artspezifisches Lebensalter der Individuen oder Bestandsgrößen) sowie naturschutzfachliche Parameter (z.B. Gefährdung, Seltenheit, Erhaltungszustand oder nationale Verantwortlichkeit) berücksichtigt.

7 Müssen Behörden[24] bei der UVP-Vorprüfung oder Gerichte bei deren Kontrolle beurteilen, ob eine naturschutzfachliche Bewertung aussagekräftig ist, so findet nach der »**Rotmilan-Entscheidung**« des BVerfG[25] eine **zweischrittige Prüfung**[26] statt:

1. Zunächst ist feststellen, ob es eine **anerkannte Fachmeinung** zu Methode oder Inhalt der aufgeworfenen Frage gibt. Das ist eine Tatsachenfeststellung, die notfalls mit sachverständiger Hilfe zu erfolgen hat.
   a) Gibt es einen solchen »**Standard**«, dann prüft die Behörde oder das Gericht dessen Befolgung bzw. die Gründe für eine Abweichung.
   b) Gibt es diesen »**Standard« nicht**, sondern stattdessen ein wissenschaftliches »**Erkenntnisvakuum**«, gilt bei der Gerichtskontrolle der Maßstab der Plausibilität.

8 Auch wenn die Vorprüfung nach § 7 Abs. 1 und Abs. 7 »überschlägig« und »zügig« vorzunehmen ist, können die vorgenannten Prüfungsschritte eine wichtige Orientierung bieten.

---

16 Kritisch beleuchtet von *Huggins* NuR 2021, 73 ff.

17 Grundlegend BVerwG, Urt. v. 09.07.2008 – 9 A 14/07, NVwZ 2009, S. 302 Rn. 91 f.

18 EuGH, Urt. v. 04.03.2021 – C-473/19, C-474/19 – (Skydda Skogen) NVwZ 2021, S. 545.

19 Vgl. *Bick/Wulfert* NVwZ 2017, S. 346 (347).

20 BVerwG, Beschl. v. 08.03.2018 – 9 B 25/17, juris Rn. 11.

21 Zur »normierten« Ökologie: *Berkemann* ZUR 2021, S. 280 ff.

22 *Bernotat/Dierschke*, Übergeordnete Kriterien zur Bewertung der Mortalität wildlebender Tiere im Rahmen von Projekten und Eingriffen (2016); https://www.bfn.de/sites/default/files/2021–09/Bernotat_Dierschke_2016.pdf (zuletzt abgerufen: 09.03.2022).

23 BVerwG, Urt. v. 27.11.2018 – 9 B 25/17, juris Rn. 28.

24 Behörden haben – nicht anders als die Gerichte – die Aufgabe, naturschutzfachliche Bewertungen auf ihre Aussagekraft und damit auf die Einhaltung anerkannter Standards zu überprüfen.

25 BVerfG, Beschl. v. 23.10.2018 – 1 BvR 2523/13, juris Rn. 24.

26 BVerwG, Beschl. v. 15.07.2020 – 9 B 5/20, juris Rn. 18, 20.

Bei der Ermittlung der Umweltauswirkungen im Wege der Einzelfallprüfung sind die **Kriterien gemäß Anlage 3 zu berücksichtigen**. Anlage 3 konkretisiert 3 Bereiche an Kriterien: 1. »Merkmale der Vorhaben«, 2. »Standort der Vorhaben«, 3. »Art und Merkmale der möglichen Auswirkungen«, jeweils mit einer größeren Anzahl von Unteraspekten. Da die Aufzählung in Anlage 3 Nr. 2 nicht abschließend ist, sollte sie insbesondere richtlinienkonform zugunsten nicht explizit benannter, aber gleichermaßen schutzbedürftiger Gebiete, interpretiert werden.[27] Besonders deutlich wird der nicht abschließende Charakter der Anlage 3 bei Nr. 1 und 3 durch das Wort »insbesondere«. Die Einbeziehung der Kriterien gemäß Anlage 3 erfolgt unterschiedlich für die allgemeine und die standortbezogenen Einzelfallprüfung. Bei erstgenannter sind sämtliche aufgeführten Kriterien heranzuziehen, wohingegen bei der standortbezogenen Vorprüfung auf der 1. Stufe nur die unter Nr. 2 (»Standort der Vorhaben«) aufgeführten **Schutzkriterien gemäß Nr. 2.3** maßgeblich sind. Nach der der UVP beizumessenden Funktion gemäß § 4 muss der maßgebliche Untersuchungsraum alle Umweltgesichtspunkte umfassen, die für die **fachgesetzliche Zulassungsentscheidung** von Bedeutung sind. 9

II. Standortbezogene Vorprüfung des Einzelfalls nach Anlage 1, Spalte 2, Buchst. »S« (Abs. 2)

Bei einem Neuvorhaben, das in Spalte 2 der Anlage 1 mit dem Buchstaben »S« gekennzeichnet ist, führt die Behörde eine **standortbezogene Vorprüfung** zur Feststellung der UVP-Pflicht durch. Ebenso wie bei der allgemeinen Vorprüfung ist diese als »überschlägige Prüfung« durchzuführen. Dies geschieht in zwei Stufen. In der ersten Stufe prüft die zuständige Behörde, ob bei dem Vorhaben **besondere örtliche Gegebenheiten** gemäß den in Anlage 3 Nr. 2.3 aufgeführten Schutzkriterien vorliegen (Abs. 2 Satz 3). Aufgelistet sind 11 Unterpunkte derartiger Schutzkriterien. Darunter fallen insbesondere die **Natura 2000-Gebiete** sowie andere Schutzgebiete nach dem BNatSchG, aber auch sonstige Schutzgebiete, wie z.B. Wasserschutzgebiete und Überschwemmungsgebiete. Einbezogen sind schließlich auch denkmalgeschützte Objekte oder archäologisch bedeutende Landschaften. Ergibt die Prüfung in der ersten Stufe, dass keine besonderen örtlichen Gegebenheiten vorliegen, so besteht keine UVP-Pflicht. Ergibt die Prüfung in der ersten Stufe, dass besondere örtliche Gegebenheiten vorliegen, so prüft die Behörde auf der zweiten Stufe unter Berücksichtigung der in Anlage 3 aufgeführten Kriterien, ob das Vorhaben erhebliche nachteilige Umweltauswirkungen haben kann, welche **die besondere Empfindlichkeit oder die Schutzziele des Gebietes betreffen** und nach § 25 Abs. 2 bei der Zulassungsentscheidung zu berücksichtigen wären. Die UVP-Pflicht besteht, wenn das Neuvorhaben nach Einschätzung der zuständigen Behörde solche Umweltauswirkungen haben kann. Die gebotene »überschlägige Prüfung« setzt die Heranziehung der relevanten Unterlagen, z.B. über diese betreffenden Schutzgebiete, Denkmäler etc., voraus. Es sind nur solche Vorhaben UVP-pflichtig, die eine Gefährdung **spezifischer ökologischer Schutzfunktionen** befürchten lassen. Auf die Umweltrelevanz im Übrigen kommt es nicht an.[28] Prüfungsmaßstab der standortbezogenen UVP-Prüfung des Einzelfalls sind allein die Schutzkriterien in Nr. 2.3 der Anlage 3 zum UVPG. Daher bleiben beispielsweise Immissionsbeiträge oberhalb der Schwellenwerte in kleinere Waldbereiche, die kein besonders empfindliches Gebiet im Sinne der Nr. 2.3 der Anlage 3 darstellen und weder nach landesrechtlichen noch europarechtlichen Vorgaben innerhalb der standortbezogenen UVP-Vorprüfung zu berücksichtigen sind, unberücksichtigt.[29] 10

Für die standortbezogene Vorprüfung des Einzelfalls sieht Spalte 2 der Anlage 1 vielfach »**Abschneidewerte**« nach unten hin vor.[30] Der untere Wert schneidet die Einzelfallprüfung ab. Unterhalb dieser »Bagatellwerte« wird gesetzlich das Ausbleiben »erheblicher nachteiliger Umweltauswirkungen« unterstellt. 11

---

27 *Günter* NuR 2002, S. 317 (319); OVG Saarlouis, Beschl. v. 05.04.2017 – 2 B 726/16, juris Rn. 10 ff.
28 *Kläne* DVBl 2001, 1031 (1035 f.); *Schink* NVwZ 2004, 1182 (1188).
29 VG Osnabrück, Urt. v. 28.04.2016 – 2 A 89/14, openJur 2016, 6670.
30 Begriff gem. Gesetzesbegründung, BT-Drs. 14/4599, S. 97.

12 **Artenschutzrechtlichen Belangen** kommt im Rahmen einer standortbezogenen Vorprüfung – anders als bei einer allgemeinen Vorprüfung – grundsätzlich nur dann Relevanz zu, wenn sie **förmlich als Schutzzweck eines Gebiets** nach Nr. 2.3 der Anlage 3 zum UVPG bestimmt wurden.[31] Auf die förmliche Schutzgebietsausweisungen kann – auch bei richtlinienkonformer Auslegung – nur ganz ausnahmsweise verzichtet werden kann.[32] Die Ausnahmesituationen werden von der Judikatur unterschiedlich definiert. Teilweise wird geprüft, ob der Fall einer sich **förmlich aufdrängenden Erforderlichkeit** der Unterschutzstellung des betreffenden Lebensraums vorliegt[33] bzw. ob es sich um ein »**faktisches Vogelschutzgebiet**« handelt.[34] Das Vorliegen einer derartigen Ausnahmesituation setze einen Lebensraum oder ein Habitat voraus, das für sich betrachtet »in signifikanter Weise zur Arterhaltung beiträgt oder prioritäre Lebensraumtypen beherbergt«.[35] Soweit in den Streitverfahren auf die in Anh. III Nr. 2 lit. iii der UVP-Richtlinie 2014 unter »Standort der Projekte« aufgeführten »Bergregionen und **Waldgebiete**« verwiesen wird, wird von der Rechtsprechung darauf hingewiesen, dass damit »**keine eigene Schutzkategorie** begründet« werde.[36]

13 Bei der standortbezogenen Vorprüfung können, wie auch bei der allgemeinen Vorprüfung, **Fragen des Gebiets- bzw. Habitatschutzes aufgeworfen** werden. Dabei geht es um Beeinträchtigungen der Gebiete des europäischen ökologischen Netzes »Natura 2000« (Natura 2000-Gebiete/FFH-Gebiete) vgl. §§ 31 ff. BNatSchG. Das Netz Natura 2000 umfasst die im Rahmen der europäischen FFH- und Vogelschutzrichtlinie gemeldeten Gebiete. Zusammen bedecken die insgesamt 5.200 Gebiete 15,5 % der terrestrischen Fläche Deutschlands und rund 45 % der marinen Fläche (Stand: 2019).[37] Nach § 34 Abs. 1 Satz 1 BNatSchG sind »Projekte« vor ihrer Zulassung oder Durchführung auf ihre Verträglichkeit mit den Erhaltungszielen eines Natura 2000-Gebiets zu überprüfen, wenn sie einzeln oder im Zusammenwirken mit anderen Projekten oder Plänen geeignet sind, **das Gebiet erheblich zu beeinträchtigen**, und nicht unmittelbar der Verwaltung des Gebiets dienen. Artikel 2(3) der UVP-RL fordert von den Mitgliedstaaten ein gemeinsames oder koordiniertes Verfahren zwischen der UVP und der FFH-Verträglichkeitsprüfung. Das in beiden Prüfumgebungen geforderte Screening (Vorprüfung) kann dabei »Hand in Hand« gehen, da sich (ungeachtet des unterschiedlichen Rechtskontextes) **der ökologische Prüfungsansatz gleicht**. Aus diesem Grund sind **internetgestützte Fachinformationssysteme (FIS)**[38] in gleicher Weise für die FFH-Verträglichkeitsprüfungen wie für die UVP-Vorprüfung eine unverzichtbare fachliche Hilfe. Das gilt für Behörden, Projekt- und Planungsträger, Planungsbüros und Gutachter, aber auch für die Fachöffentlichkeit, die sonstigen Beteiligte oder Interessierten.

14 Das zeigt die zunehmend an Bedeutung gewinnende »**Stickstoff-Problematik**«. In den Fachinformationssystemen lassen sich insbesondere differenzierte Informationen zu möglichen erheblichen Beeinträchtigungen der **Lebensraumtypen nach Anh. I der FFH-Richtlinie** gewinnen, die bei der standortbezogenen Vorprüfung zu berücksichtigen sind (Nr. 2.3.1 der Anlage 3 zum UVPG). Zu den geschützten FFH-Lebensraumtypen gehören auch solche, die besonders **stickstoffempfind-**

31 BVerwG, Urt. v. 26.09.2019 – 7 C 5/18, juris, 3.Leitsatz.

32 BVerwG, Urt. v. 26.09.2019 – 7 C 5/18, juris Rn. 34 sowie VGH Mannheim, Beschl. v. 25.01.2018 – 10 S 1681/17, juris Rn. 20 und OVG Greifswald, Beschl. v. 27.06.2018 – 3 M 286/15, juris Rn. 117.

33 OVG Saarlouis, Beschl. v. 05.04.2017 – 2 B 726/16, juris Rn. 10.

34 VGH Kassel, Beschl. v. 25.07.2017 – 9 B 2522/16, juris Rn. 15.

35 OVG Saarlouis, Beschl. v. 05.04.2017 – 2 B 726/16, juris Rn. 10.

36 VGH Kassel, Beschl. v. 27.07.2016 – 9 B 2522/16, juris Rn. 16.

37 Bundesamt für Naturschutz, https://www.bfn.de/natura-2000-gebiete (abgerufen am 07.02.2026); eine Suche nach FFH-Gebieten ermöglicht bspw. die von Manderbach et al. verantwortete Internetseite: http://www.ffh-gebiete.de/ffh-gebiete (abgerufen am 07.02.2026).

38 Vgl. das internetgestützte Fachinformationssystem des Bundesamtes für Naturschutz zur FFH-Verträglichkeitsprüfung (kurz: FFH-VP-Info) unter https://ffh-vp-info.de/FFHVP/Page.jsp (abgerufen am 07.03.2022) und für NRW unter https://ffh-vp.naturschutzinformationen.nrw.de/ffh-vp/de/karte/vp (abgerufen am 07.02.2026).

lich sind[39]. Führt ein Vorhabens aufgrund der Merkmale seines Standortes (»besondere örtliche Gegebenheit«) zu einem Stickstoffeintrag in Bezug auf ein stickstoffempfindliches Schutzgebiet, wie es etwa als Folge der **Errichtung und des Betriebs von Kraftwerken**[40], **Anlagen der Intensivtierhaltung**[41] **oder Straßen**[42] in Betracht kommt, bedarf es in der FFH-Vorprüfung ebenso wie in der standortbezogenen UVP-Vorprüfung einer fachlichen Einschätzung der »**Erheblichkeit**«.[43] In beiden Prüfbereichen besteht ein großes praktisches Bedürfnis zur Festlegung von **Bagatell- und Irrelevanzschwellen.** Das gilt insbesondere für Ablagerungen von Stickstoff (Stickstoffdepositionen).[44]

Diese Festlegung irrelevanter Stickstoffdepositionen kann nur relativ zur Empfindlichkeit des FFH-Schutzgebietes erfolgen. 15 Es geht bezogen auf einen geschützten Lebensraumtyp um einen irrelevanten (Bagatell-)Anteil an der maßgeblichen und in diesem Sinne »kritischen« Höchstbelastung (engl. *critical load*) mit Stickstoff, welche das geschützte Gebiet aufzunehmen in der Lage ist, ohne dass es zu einer erheblichen Beeinträchtigung kommen kann. Allgemein werden die **Critical Loads (CL)** als kritische Belastungsraten für luftgetragene Stickstoff- und Schwefeleinträge definiert, bei deren Einhaltung oder Unterschreitung es weder akut noch langfristig zu schädigenden Wirkungen auf empfindliche Ökosysteme kommt.[45]

Das BVerwG setzt in ständiger Rechtsprechungspraxis den **Bagatell- oder Irrelevanzwert bei 3 %** 16 **des jeweiligen CL-Wertes an**, wobei Stickstoffeinträge aus anderen Projekten kumulativ zu berücksichtigen sind.[46] Bei einem (sehr hohen) CL-Wert von 20 kg für ein Gebiet liegt die Schwelle für das »Bagatellhafte« rechnerisch damit bei 0,6 kg N/(ha*a). Es bestehe, so das BVerwG, ein fachwissenschaftlicher Konsens darüber, dass Zusatzbelastungen von nicht mehr als 3 % des jeweiligen CL-Wertes außerstande sind, signifikante Veränderungen des Ist-Zustandes auszulösen oder die Wiederherstellung eines günstigen Zustandes signifikant einzuschränken.[47] Umgekehrt hat das BVerwG eine im Hinblick auf ihre Wirkungen zu vernachlässigende **Bagatelle** bereits bei Zusatzbelastungen in einer Größenordnung **von bis zu 10 % des CL-Wertes verneint.**[48]

Neben den schutzgebietsbezogenen Bagatell- oder Irrelevanzwerten wird vom BVerwG ein sog. »vor- 17 habenbezogener Abschneidewert« in Höhe von 0,3 kg N/(ha*a) anerkannt. Dieses Abschneidekriterium ist systematisch der Prüfung von Bagatellschwellen vorgelagert und unabhängig von diesen zu ermitteln.[49] Selbst bei der Kummulation von Anlagen ist dieser Wert nicht auf die Bagatell- oder Irrelevanzwerte und damit auf die Critical Loads des jeweiligen Schutzgebietes zu beziehen.[50] **Der vorhabenbezogene Abschneidewert in Höhe von 0,3 kg N/(ha*a) ist ein absoluter Wert.** Dazu verweist das BVerwG auf die unterschiedlichen Funktionen von Abschneidekriterium einerseits und Irrelevanz- oder Bagatellschwelle andererseits und die unterschiedliche Ermittlung

39 In NRW sind dies u.a. nährstoffarme Stillgewässer, Feuchtheiden, Trockenheiden, Sandtrockenrasen auf Binnendünen, Kalkhalbtrockenrasen, Borstgrasrasen, Pfeifengraswiesen, Hoch- und Übergangsmoore, Moorwälder; vgl. dazu *Kiel*, FFH-Verträglichkeit und »Stickstoff-Problematik«, MUNLV NRW (Vortrag vom 02.11.2021), https://artenschutz.naturschutzinformationen.nrw.de/artenschutz/de/downloads (abgerufen am 07.02.2026).

40 BVerwG, Urteil v. 15.05.2019 – 7 C 27.17, juris (»Trianel-Kraftwerk Lünen«).

41 BVerwG, Urt. v. 21.01.2021 – 7 C 9.19, juris (»Hähnchenmaststall«).

42 BVerwG, Urt. v. 12.06.2019 – 9 A 2.18, juris (»A 143 Westumfahrung Halle«).

43 In der FFH-Prüfung tritt die »Verträglichkeit« als Genehmigungsvoraussetzung hinzu, vgl. § 34 Abs. 2 BNatSchG/Art. 6 Abs. 3 FFH-Richtlinie.

44 Zur Beurteilung der Stickstoffdeposition außerhalb des Habitatschutzes, vgl. Anh. 9 der TA Luft v. 18.08.2021, GMBl, S. 1050.

45 Vgl. Glossar des Umweltbundesamts: https://www.umweltbundesamt.de/service/glossar (abgerufen am 07.02.2026).

46 BVerwG, Urt. v. 06.11.2012 – 9 A 17.11, NuR 2014, S. 344, Rn. 62 und 93.

47 BVerwG, Urt. v. 14.04.2010 – 9 A 5.08, juris Rn. 94.

48 BVerwG, Urt. v. 14.04.2010 – 9 A 5.08, juris Rn. 92.

49 BVerwG, Urt. v. 21.01.2021 – 7 VC 9.19, juris Rn. 28.

50 So aber OVG NRW, Urt. v. 16.06.2016 – 8 D 99/13.AK, juris, 5. Leitsatz (»Trianel-Kraftwerk Lünen«).

der jeweils geltenden Werte. Das Abschneidekriterium dient der Bestimmung des Einwirkungsbereichs einer geplanten Anlage und damit des Untersuchungsraums und -umfangs der anzustellenden Prüfung. Zugleich werden hierdurch die in die Summationsbetrachtung einzubeziehenden Vorhaben bestimmt. Der Abschneidewert von 0,3 kg N/(ha*a) ist, so das BVerwG, an der Messunsicherheit orientiert, da unterhalb dieser Grenze die zusätzliche von einem Vorhaben ausgehende Belastung (Zusatzbelastung) nicht mehr mit vertretbarer Genauigkeit bestimmbar bzw. nicht mehr eindeutig von der Hintergrundbelastung abgrenzbar sei.[51]

18 Nach dieser höchstrichterlichen Rechtsprechungslinie sind Stickstoffeinträge bis 0,3 kg pro Hektar und Jahr bei der Vorhabenprüfung **nicht zu berücksichtigen.** Jenseits einer »0,3 kg-Isolinie« gelten Stickstoffeinträge damit als unbeachtlich, und zwar **unabhängig** (!) von der Art und dem Zustand betroffener Lebensräume, der Höhe der Vorbelastung oder kumulativer Einwirkungen aus anderen Projekten.[52] Eine Reduzierung des projektbezogenen Abschneidewerts bei der Summationsbetrachtung, wie sie das OVG NRW[53] für geboten erachtet hatte, hat das BVerwG als Revisionsinstanz ausdrücklich abgelehnt und ausgeführt, dass OVG NRW habe **»bundesrechtswidrig«** einen projektbezogenen Abschneidewert von 0,05 kg N/(ha*a) zugrunde gelegt.[54] Daraus folgt, dass selbst dann, wenn die Anwendung des (absoluten) Abschneidewerts dazu führt, dass ein Stickstoffeintrag als »irrelevant« gilt, der sich (bei sehr niedrigem CL-Wert) oberhalb der 3 % Bagatellschwelle bewegt, **dem absoluten Abschneidewert gleichwohl der Vorrang einzuräumen ist.** Das BVerwG verweist insoweit darauf, dass auch hier Zusatzbelastungen und Nachweisgrenze nicht operabel, sondern »lediglich theoretischer Natur« seien.

19 Für die Praktikabilität der UVP-Vorprüfung bzw. der FFH-Prüfungen ist diese Rechtsprechung des BVerwG sicherlich ein Gewinn. Die auf das Vorhaben bezogene Stickstoffausbreitungsrechnung führt beispielsweise bei einer Anlage zur Intensivtierhaltung schnell und unkompliziert zum Umfang des Untersuchungsraums. Fehlt es dort an den betreffenden Schutzgütern, kann die standortbezogene Vorprüfung mit Blick auf den Stickstoffeintrag die UVP-Pflicht verneinen. Allerdings muss sich der Rechtsanwender darüber bewusst sein, dass die rechtliche Begründung zur Heranziehung eines **absoluten Abschneidekriteriums mit dem Wert 0,3 kg N/(ha*a) auch auf fachwissenschaftlichen Annahmen beruht, die falsifiziert werden können**, wenn sie nicht mehr der besten wissenschaftlichen Erkenntnis entsprechen.[55]

20 **Die standortbezogene Vorprüfung** hat ihren Blick u.a. auch auf den **mitgliedstaatlichen Biotopschutz** (Nr. 2.3.7 der Anlage 3) zu richten, der im Fachrecht in § 30 BNatSchG verankert ist. Zum Biotopschutz führt das BVerwG[56] aus, dass das unterschiedliche Maß an Gewissheit, das sich die Behörde über den Schadenseintritt beim FFH-Gebietsschutz nach § 34 BNatSchG/Art. 6 Abs. 3 FFH-RL einerseits und beim Biotopschutz nach § 30 Abs. 2 BNatSchG andererseits verschaffen müsse, **Raum für Differenzierungen bei der Höhe der Critical Loads** lassen könne. Eine – gegebenenfalls auch durch pauschale Zusatzfaktoren zum Ausdruck gebrachte – Differenzierung zwischen Schutzgebieten von gemeinschaftlicher Bedeutung und Biotopflächen bei der Frage, ob eine erhebliche Beeinträchtigung zu erwarten sei, müsse sich aber an den jeweils unterschiedlichen Maßstäben der Überzeugungsbildung hinsichtlich einer drohenden Beeinträchtigung und nicht etwa an der hiervon unabhängigen Größe des Verbreitungsgebietes und der Dynamik und Stärke der Bedrohung orientieren. Dem werde der von der Behörde herangezogene **»LAI-Leitfaden 2012« nicht gerecht**, weil der dort angesetzte Abschneidewert von **5 kg N/(ha*a) zu hoch** sei, da eine derartige Zusatz-

51 Kritisch dazu: *Hacker/Jansen/Krämerkämper/Kremer/Tessmer* NuR 2021, 729 ff.

52 BVerwG, Urt. v. 15.05.2019 – 7 C 27.17, juris Rn. 33.

53 OVG NRW, Urt. v. 16.06.2016 – 8 D 99/13.AK, juris (»Trianel-Kraftwerk Lünen«).

54 BVerwG, Urt. v. 15.05.2019 – 7 C 27.17, juris Rn. 31 (»Trianel-Kraftwerk Lünen«); und dazu: *Hacker/Jansen/Krämerkämper/Kremer/Tessmer* NuR 2021, 729 ff.

55 *Hacker/Jansen/Krämerkämper/Kremer/Tessmer* NuR 2021, 729 ff. lehnen den absoluten Abschneidewert von 0,3 kg N/(ha*a) daher ab.

56 BVerwG, Urt. v. 21.01.2021 – 7 VC 9.19, juris Rn. 28.

belastung für besonders stickstoffempfindliche Biotope 50 % bis 100 % der Spannweite maximal tolerierbarer Stickstoffbelastungen erreichen würde. Es sei revisionsgerichtlich daher nicht zu beanstanden, wenn die Vorinstanz es als »weder nachvollziehbar noch gerechtfertigt« ansehe, eine derart hohe Stickstoffbelastung für ein Biotop als irrelevant zu vernachlässigen. Die vorgenannten Bewertungsgrundsätze gilt es auch bei der standortbezogenen UVP-Vorprüfung zu beachten, die sich an der ökologischen Empfindlichkeit eines Gebietes unter Anwendung der einschlägigen Schutzkriterien zu richten hat. Erforderlich ist eine Gefährdung der spezifischen ökologischen Schutzfunktion des Schutzgebietes.

III. Entfallen der Vorprüfung bei Beantragung der Durchführung einer UVP gemäß § 7 Abs. 3

Gemäß § 7 Abs. 3 **kann der Vorhabenträger die Durchführung einer UVP beantragen** und die Vorprüfung damit entbehrlich machen. Die zuständige Behörde muss zustimmen. Die Durchführung der UVP gilt dann als freiwillig. Dies bietet sich dem Vorhabenträger insbesondere dann an, wenn er ohnehin damit rechnet, dass die Vorprüfung das Bestehen einer UVP-Pflicht ergeben wird. Aufwand und Zeit für die Vorprüfung wird gespart. Außerdem vermeidet der Vorhabenträger rechtliche Unsicherheiten, die im Fall eines Verfahrens ohne UVP bei einem sich als UVP-vorprüfungspflichtig erweisenden Vorhaben für den Bestand der Genehmigung entstehen könnten (§ 4 Abs. 1 UmwRG). Wie die Bezugnahme in Satz 1 auf die Abs. 1 und 2 deutlich macht, ist eine freiwillige UVP nur bei Vorhaben[57] möglich, für die nach Anlage 1 eine Vorprüfungspflicht besteht. Zweite Voraussetzung der freiwilligen UVP ist, dass die zuständige Behörde das Entfallen der Vorprüfung für zweckmäßig hält. Ein Fall fehlender Zweckmäßigkeit besteht nach der Regierungsbegründung z.B. dann, wenn offenkundig ist, dass das Vorhaben keine erheblichen nachteiligen Umweltauswirkungen haben kann.[58] Liegen die Voraussetzungen des Satzes 1 vor, besteht nach Satz 2 die UVP-Pflicht. Es bestehen für solche »freiwilligen UVP« keine geringeren Anforderungen als bei einer unbedingten UVP-Pflicht unmittelbar nach den gesetzlichen Vorschriften oder als Ergebnis einer Vorprüfung. Erachtet die zuständige Behörde das Entfallen der Vorprüfung nicht als zweckmäßig, findet eine solche nach Abs. 1 oder Abs. 2 statt (§ 7 Abs. 3 Satz 2). Die Entscheidung ist als Verfahrenshandlung gemäß § 7 Abs. 3 Satz 3 nicht anfechtbar.[59] 21

Das Instrument der »freiwilligen UVP« scheint im immissionsschutzrechtlichen Verfahren insbesondere bei kleineren Windenergievorhaben angenommen zu werden. Davon berichten *Sinner u.a.*[60], die in diesem Zusammenhang auf Betreiber kleinerer Bürgerwindparks verweisen, welche mit der »freiwilligen UVP« wirtschaftliche Risiken reduzierten. Für solche Vorhabenträger bedeute es oft die Insolvenz, wenn die zur Kredittilgung benötigten Einnahmen aus der Stromeinspeisung deshalb ausfallen, weil die (fehlerhaft) ohne UVP zugelassene Anlage bis zur Nachholung der gebotenen UVP und damit mindestens für ein halbes Jahr vom Gericht stillgelegt wird. 22

IV. Vorlagepflicht geeigneter Angaben nach Anlage 2 zur Vorbereitung der Vorprüfung gemäß § 7 Abs. 4

Gemäß § 7 Abs. 4 ist der Vorhabenträger verpflichtet, der zuständigen Behörde **geeignete Angaben nach Anlage 2** zu den Merkmalen des Neuvorhabens und des Standorts zu machen sowie zu den möglichen erheblichen Umweltauswirkungen des Neuvorhabens zu übermitteln. Die Vorschrift dient der Umsetzung von Art. 4 Abs. 4 Satz 1 und 2 der (geänderten) UVP-Richtlinie. Danach hat der Vorhabenträger bei Vorhaben, für die die Mitgliedstaaten eine Vorprüfung vorsehen, bestimmte Angaben über das Vorhaben, dessen Standort und dessen Umweltauswirkungen vorzulegen. Welche Angaben das sind, wird in der neuen Anlage 2 konkretisiert, auf die Bezug genommen wird. 23

---

57 Das gilt auch für Änderungsvorhaben gemäß § 9 Abs. 4.
58 BReg, BR-Drs. 164/17.
59 Zur Parallelthematik des Anfechtungsausschlusses bei § 5 Abs. 3 Satz 1 siehe die Kommentierung dort.
60 *Sinner/Gassner/Hartlik/Albrecht,* in: PdK Bu K-4a, III. 2. Teil, Nr. 2.6.2.

24 Anlage 2 hebt 4 **Aspekte** hervor:

a) Ziff. 1. fordert eine Beschreibung:
- des Vorhabens, insbesondere »der physischen Merkmale des gesamten Vorhabens«
- »des Standortes des Vorhabens und der ökologischen Empfindlichkeit der Gebiete, die durch das Vorhaben beeinträchtigt werden können«,
- »der Schutzgüter…«
- »der möglichen Auswirkungen des Vorhabens…«.

b) Ziff. 2.
Bei der Zusammenstellung der Angaben ist den Kriterien nach Anlage 3 Rechnung zu tragen. Ergebnisse vorgelagerter Umweltprüfungen oder anderer rechtlich vorgeschriebener Untersuchungen zu den Umweltauswirkungen des Vorhabens sind einzubeziehen.

c) Ziff. 3.
Zusätzlich zu den physischen Merkmalen des gesamten Vorhabens und des Standortes kann der Vorhabenträger auch eine Beschreibung aller Merkmale des Vorhabens und des Standortes und aller Vorkehrungen vorlegen, mit denen erhebliche nachteilige Umweltauswirkungen ausgeschlossen werden sollen.

d) Ziff. 4.
Bei einer standortbezogenen Vorprüfung können sich die Angaben des Vorhabenträgers in der ersten Stufe auf solche Angaben beschränken, die sich auf das Vorliegen besonderer örtlicher Gegebenheiten gemäß den in Anlage 3 Nr. 2.3 aufgeführten Schutzkriterien beziehen.

V. Einbeziehung von Schutzvorkehrungen, Ergebnissen vorgelagerter Umweltprüfungen und Prüfwerten gemäß § 7 Abs. 5

1. Schutzvorkehrungen gemäß § 7 Abs. 5 Satz 1

25 Gemäß § 7 Abs. 5 Satz 1 berücksichtigt die Behörde bei Vorprüfungen, ob erhebliche nachteilige Umweltauswirkungen durch Merkmale des Vorhabens oder des Standortes oder durch Vorkehrungen des Vorhabenträgers **offensichtlich ausgeschlossen werden.** Unter Schutzvorkehrungen fallen grundsätzlich **sowohl Vermeidungs- als auch Verminderungsmaßnahmen.** Mit Vorkehrungen zur Verminderung können erhebliche nachteilige Umweltauswirkungen ausgeschlossen werden, wenn die gleichwohl zu erwartenden nachteiligen Umweltauswirkungen nicht die Schwelle der Erheblichkeit erreichen.[61] Die Rechtsprechung nimmt dementsprechende Überprüfungen vor. In der Praxis der Zulassung von Windfarmen spielt bisweilen eine Rolle, dass in Nebenbestimmung zum Bescheid Abschaltungen von Windenergieanlagen in bestimmtem Umfang festgelegt worden sind. Diese müssen allerdings geeignet und ausreichend sein, den Vermeidungszweck vollständig zu erreichen. In dem vom OVG NRW im Jahr 2017[62] entschiedenen Fall hielt das Gericht die Annahme der Vermeidung erheblicher nachteiliger Umweltauswirkungen durch die Abschaltung von Windenergieanlagen für »nicht nachvollziehbar«. Die Maßnahmen seien zum Schutz der Rohrweihe entweder ungeeignet oder aber nicht sicher wirkungsvoll.

26 Nicht unter relevante Verminderungsmaßnahmen fallen Ausgleichs- und Ersatzmaßnahmen, da sie erhebliche nachteilige Umweltauswirkungen nicht ausschließen, vielmehr lediglich einen Ausgleich oder Ersatz schaffen.[63] Mit der Anforderung, dass erhebliche nachteilige Umweltauswirkungen »offensichtlich ausgeschlossen werden« müssen, wird ersichtlich ein strenger Maßstab aufgestellt. »Offensichtlich« ist etwas klar und ohne Zweifel Erkennbares. Der Maßstab passt zu der Messlatte für die Prüfung, die überschlägig sein muss.

27 Anders als bei Kompensationsmaßnahmen verhält es sich bei vorgezogene Ausgleichsmaßnahmen im Sinne der artenschutzrechtlichen Regelung des § 44 Absatz 5 Satz 3 BNatSchG (CEF-Maßnah-

61 BReg, BR-Drs. 164/17, S. 89.
62 OVG NRW, Urt. v. 18.05.2017 – 8 A 870/15, juris Rn. 115.
63 BReg, BR-Drs. 164/17, S. 89.

men).[64] Bei diesen Maßnahmen, die der Schaffung und Aufwertung von Fortpflanzungs- oder Ruhestätten dienen, muss die zeitliche Kontinuität der Lebensstätte gesichert sein; dabei muss zuverlässig prognostiziert werden, dass die Tiere den neu geschaffenen Lebensraum annehmen.[65] Aufgrund dieser strengen Anforderungen an ihre Wirksamkeit ist es gerechtfertigt, vorgezogene Ausgleichsmaßnahmen in ihrer rechtlichen Wirkung den Vermeidungs- und Verminderungsmaßnahmen gleichzusetzen.[66]

2. Ergebnisse vorgelagerter Umweltprüfungen oder anderer rechtlich vorgeschriebener Untersuchungen gemäß § 7 Abs. 5 Satz 2

Liegen der Behörde Ergebnisse aus vorgelagerten Umweltprüfungen oder anderen rechtlich vorgeschriebenen Untersuchungen zu den Umweltauswirkungen des Vorhabens vor, bezieht die Behörde diese Ergebnisse in die Vorprüfung ein. 28

3. Ergänzende Berücksichtigung bei der allgemeinen Vorprüfung, inwieweit Prüfwerte für Größe oder Leistung überschritten werden gemäß § 7 Abs. 5 Satz 3

Bei der allgemeinen Vorprüfung kann die Behörde ergänzend berücksichtigen, inwieweit Prüfwerte für Größe oder Leistung, die die allgemeine Vorprüfung eröffnen, überschritten werden. Die gemeinten Prüfwerte ergeben sich aus Spalte 2 der Anlage 1. Nach der Begründung zum Gesetzentwurf der früheren Gesetzesfassung des § 3c Satz 4 soll eine **UVP »umso eher durchzuführen«** sein, **»je deutlicher die Prüfwerte überschritten werden«**.[67] Außerdem ist relevant, in welchem Maße das Vorhaben Größen- oder Leistungswerten für die zwingende UVP-Pflicht angenähert ist. Je größer die Nähe zum Bereich der zwingenden UVP-Pflicht, umso eher ist anzunehmen, dass das Vorhaben erhebliche nachteilige Umweltauswirkungen haben kann.[68] Dieser Ansatz ist nachvollziehbar, soweit u.a. das Kriterium der »Größe des Vorhabens« z.B. gemäß Nr. 1.1 der Anlage 2 in Rede steht. Im Allgemeinen sind größere Anlagen mit höheren Leistungswerten umweltrelevanter als kleinere Anlagen. Dies ergibt die Logik der Abstufung nach Werten und Eingruppierung in die verschiedenen Kategorien. Nicht pauschal beantworten lässt sich aber die Frage, was dies bei Betrachtung des Beispielsfalls eines **Kraftwerkes mit Größen zwischen 50 und 200 MW** zur praktischen Konsequenz hat. Zutreffend wird darauf hingewiesen, dass bereits nach dem Wortlaut der Vorschrift (»auch zu berücksichtigen«) klar sein muss, dass es sich bei diesem Kriterium lediglich um einen ergänzenden Bewertungsgesichtspunkt handelt.[69] Er kann dem Rechtsanwender nicht mehr als eine Orientierung geben. Eine inhaltliche Begründung macht dieses Merkmal nicht entbehrlich. Vielmehr ist die materielle Vorprüfung entscheidend. Sie wird jedoch u.U. erleichtert, wenn das Vorhaben der Größe nach an ein stets UVP-pflichtiges gemäß Spalte 1 (X-Vorhaben) der Anlage 1 heranreicht, denn es reicht bei der Vorprüfung des Einzelfalls aus, dass erhebliche nachteilige Umweltauswirkungen eintreten können. 29

VI. Zügige Behördenentscheidung, Frist: 6 Wochen mit Verlängerungsmöglichkeit gemäß § 7 Abs. 6

Gemäß § 7 Abs. 6 Satz 1 trifft die zuständige Behörde die Feststellung über die UVP-Pflicht zügig. 30
Die Frist dafür ist **»spätestens 6 Wochen«** nach Erhalt der gemäß Abs. 4 erforderlichen Angaben. Die Vorschrift beinhaltet zunächst eine allgemeine Zügigkeitsvorgabe. Diese ist aus praktischer Sicht ein richtiger Ansatz, aber nicht quantifiziert. Deshalb wird die allgemeine Vorgabe mit einer klaren Frist von 6 Wochen nebst Verlängerungsmöglichkeit verbunden. Mit Abs. 6 besteht erstmals eine

64 VGH BW, Urt. v. 20.11.2018 – 5 S 2138/16, juris Rn. 117.
65 BVerwG, Urt. v. 18.03.2009 – 9 A 39.07, juris Rn. 67.
66 Nr. 7.5.3 UVPVwV.
67 BT-Drs. 14/4599, S. 97.
68 BT-Drs. 14/4599, S. 97.
69 *Sangenstedt*, in: Landmann/Rohmer, Umweltrecht, § 3c UVPG Rn. 28.

Frist für die Vorprüfung. Sie konkretisiert die gemäß § 5 Abs. 1 Satz 1 bestehende Verpflichtung der Behörde zur unverzüglichen Feststellung der UVP-Pflicht für die Fälle der Vorprüfung.[70] Die 6 Wochen bedeuten die maximale Dauer der Vorprüfung.[71] Für Ausnahmefälle gibt es Verlängerungsmöglichkeiten, und zwar zunächst von 3 Wochen oder, wenn dies wegen der besonderen Schwierigkeit der Prüfung erforderlich ist, von bis zu 6 Wochen.

31 Besondere Schwierigkeiten können sich z.B. durch die Komplexität des Vorhabens, die Besonderheiten des Standortes oder den Umfang des Vorhabens ergeben.[72] Aufgrund der begrenzten Prüfungstiefe (überschlägige Prüfung) soll es ermöglicht werden, die Vorprüfung in kürzerer Zeit abzuschließen. Es soll vermieden werden, dass sich die Vorprüfung in der Praxis zu einer vorweggenommenen UVP entwickelt. Aus Gründen der Verfahrensbeschleunigung wird in Deutschland von der Option einer Verlängerung auf eine Gesamtfrist von 90 Tagen, wie sie die UVP-Richtlinie ermöglicht, kein Gebrauch gemacht.[73]

VII. Dokumentation der Durchführung und des Ergebnisses der allgemeinen und der standortbezogenen Vorprüfung gemäß § 7 Abs. 7

32 Gemäß Abs. 7 dokumentiert die zuständige Behörde die Durchführung und das Ergebnis der allgemeinen und der standortbezogenen Vorprüfung. Die Vorschrift übernimmt die Regelung des früheren § 3c Satz 6 a.F. Sie wurde seinerzeit im Hinblick auf das Urteil des EuGH vom 10.06.2004[74] durch das Öffentlichkeitsbeteiligungsgesetz vom 09.12.2006[75] in das UVPG eingefügt. Die Durchführung der Vorprüfung ist nur insoweit zu dokumentieren, wie dies für das Ergebnis der Vorprüfung relevant ist.

§ 8 UVP-Pflicht bei Störfallrisiko

Sofern die allgemeine Vorprüfung ergibt, dass aufgrund der Verwirklichung eines Vorhabens, das zugleich benachbartes Schutzobjekt im Sinne des § 3 Absatz 5d des Bundes-Immissionsschutzgesetzes ist, innerhalb des angemessenen Sicherheitsabstandes zu Betriebsbereichen im Sinne des § 3 Absatz 5a des Bundes-Immissionsschutzgesetzes die Möglichkeit besteht, dass ein Störfall im Sinne des § 2 Nummer 7 der Störfall-Verordnung eintritt, sich die Eintrittswahrscheinlichkeit eines solchen Störfalls vergrößert oder sich die Folgen eines solchen Störfalls verschlimmern können, ist davon auszugehen, dass das Vorhaben erhebliche nachteilige Umweltauswirkungen haben kann.

Übersicht Rdn.

70 BReg, BR-Drs. 164/17, S. 89.
71 BReg, BR-Drs. 164/17, S. 89.
72 BReg, BR-Drs. 164/17, S. 89.
73 BReg, BR-Drs. 164/17, S. 89.
74 EuGH, Urt. v. 10.06.2004 – C-87/02, juris.
75 BGBl. I 2006, S. 2819.

A. Allgemeines

Die Anordnung des § 8 UVPG steht in einem engen systematischen Regelungszusammenhang mit den übrigen Vorschriften des ersten Abschnitts des zweiten Teils des UVPG (§§ 4–14d UVPG). Wie alle diese Regelungen verhält sie sich zu der Frage, wann ein Vorhaben nach § 2 Abs. 4 UVPG einer UVP-Pflicht unterliegt. Diese Fragestellung wird im Rahmen des § 8 UVPG in einen störfallrechtlichen Kontext eingebettet, wobei sich der Blick des § 8 UVPG auf Entwicklungen **in der Nachbarschaft von Störfallbetrieben** verengt.[1] Besteht die Möglichkeit, dass die Verwirklichung eines Schutzobjekts (§ 3 Abs. 5d BImSchG) in der näheren Umgebung zu einem störfallrelevanten Betriebsbereich (§ 3 Abs. 5a BImSchG) die Gefahr eines Störfalls begründen könnte, die Eintrittswahrscheinlichkeit eines Störfalls (§ 2 Nr. 7 StörfallV) vergrößern könnte oder sich die Folgen eines solchen Störfalls verschlimmern könnten, löst § 8 UVPG eine UVP-Pflicht des schutzbedürftigen Vorhabens aus. Die Norm stellt das Vorliegen erheblicher nachteiliger Umweltauswirkungen im Sinne des § 7 Abs. 1 Satz 3 UVPG fest. 1

B. Historie und systematische Einordnung

Die Ursprünge des § 8 UVPG liegen im Recht der Europäischen Union. Dort nehmen sowohl die **Seveso-III-RL**[2] als auch die **UVP-RL**[3] Einfluss auf das nationale Recht. Sie streiten neben einer sachgerechten Beherrschung der Gefahren schwerer Unfälle mit gefährlichen Stoffen[4] auch für eine hinreichende Information und Beteiligung der betroffenen Öffentlichkeit im Zusammenhang mit störfallrelevanten Zulassungsentscheidungen.[5] Außerdem wird nach Art. 23 lit. b Seveso-III-RL der Rechtsschutz des Art. 11 UVP-RL[6] auf das gesamte Störfallrecht erstreckt, sodass ein nationales Umsetzungserfordernis nach Art. 288 Abs. 3 AEUV besteht.[7] 2

Auf diese unionsrechtlichen Vorgaben hat der Gesetzgeber zunächst mit Einführung des **§ 3d UVPG a.F.** reagiert.[8] Diese Vorschrift ist dann nach nahezu 7 Monaten durch das **Gesetz zur Modernisierung des Rechts der Umweltverträglichkeitsprüfung vom 20.07.2017**[9] an die Umgestaltung des UVPG angepasst worden; auch wurde ein Verweisungsfehler behoben. Mit letztlich unwesentlich verändertem Inhalt findet sich der Anordnungstext des ehemaligen § 3d UVPG a.F. nunmehr in § 8 UVPG.[10] 3

§ 8 UVPG fügt sich in eine legislative Regelungskonzeption ein, die auf eine **Verzahnung von BImSchG und UVPG** setzt, um den Richtlinienvorgaben gerecht zu werden: Im BImSchG werden die Zulassungsverfahren der störfallrelevanten Betriebsanlagen u.a. in §§ 10, 16a, 19 Abs. 4, 23a, 23b BImSchG aufgegriffen,[11] während die in Art. 15 Abs. 1 lit. c Seveso-III-RL angesprochenen 4

1 *Jarass,* BImSchG, § 23b Rn. 2.

2 Richtlinie 2012/18/EU v. 04.07.2012 (ABl. L 197/1).

3 Richtlinie 2011/92/EU v. 13.12.2011 (ABl. L 26/1), geändert durch Richtlinie 2014/52/EU 2014 v. 16.04.2014 (ABl. L 124/1).

4 Vgl. Art. 13 Seveso-III-RL; Art. 3 Abs. 2 sowie Anh. III Nr. 1 lit. f UVP-RL.

5 Vgl. Art. 14, 15 Seveso-III-RL sowie Art. 5 UVP-RL. Siehe hierzu auch *Jarass* NVwZ 2018, 185 (185); *Schoppen* NVwZ 2017, 1561 (1561).

6 Der nationale Gesetzgeber hat zur Umsetzung der Verpflichtung aus Art. 11 UVP-RL das UmwRG erlassen; vgl. dazu Gesetzentwurf der Bundesregierung v. 04.09.2006, BT-Drs. 16/2495, S. 7.

7 Siehe allgemein *Nettesheim,* in: Grabitz/Hilf/Nettesheim (Hrsg.), Recht der Europäischen Union, Art. 288 AEUV Rn. 114 ff. Zu § 8 UVPG vgl. Gesetzentwurf der Bundesregierung v. 17.08.2016, BT-Drs. 18/9417, S. 16, 31.

8 Siehe Art. 2 des Gesetzes zur Umsetzung der Richtlinie 2012/18/EU zur Beherrschung der Gefahren schwerer Unfälle mit gefährlichen Stoffen, zur Änderung und anschließenden Aufhebung der Richtlinie 96/82/EG des Rates v. 30.11.2016, BGBl. I, S. 2749 sowie die Begründung zum Gesetzentwurf der Bundesregierung v. 17.08.2016, BT-Drs. 18/9417, S. 15 ff., 31 f.

9 BGBl. I, S. 2808.

10 Gesetzentwurf der Bundesregierung v. 13.03.2017, BT-Drs. 18/11499, S. 79.

11 Vgl. dazu auch *Jarass* NVwZ 2018, 185.

»neue(n) Entwicklungen in der Nachbarschaft von Betrieben« bzw. die in Art. 3 Abs. 2 UVP-RL erwähnte Berücksichtigung der »Anfälligkeit des Projekts für schwere Unfälle und/oder Katastrophen« dem § 8 UVPG überlassen bleiben.[12] Die angesprochenen Richtlinienbestimmungen nehmen Realisierungsvorhaben in Bezug, die **nicht selbst die Qualität einer Störfallanlage** (Betriebsbereich i.S.d. § 3 Abs. 5a BImSchG) besitzen, dennoch aber – wegen ihrer Nähe zu diesen Betriebsbereichen – eine Störfallrelevanz aufweisen. Diese rechtliche Betrachtung ist dem deutschen Recht nicht fremd; so nimmt auch § 15 Abs. 1 Satz 2 Alt. 2 BauNVO die Belästigungs- und Störanfälligkeit eines Vorhabens in den Blick und macht diese zu einer Zulässigkeitsfrage des möglicherweise schutzbedürftigen Vorhabens.[13]

5 Die angesprochene Verteilung der störfallrechtlichen Regelungselemente auf das BImSchG und das UVPG ist durchaus erwähnenswert, denn diese **Aufspaltung war nicht zwingend notwendig**; eine umfassende Inkorporation im BImSchG wäre durchaus denkbar gewesen. Demgegenüber scheint es dem Gesetzgeber wichtig gewesen zu sein, mit dem Regelungsgespann aus BImSchG und UVPG darauf Rücksicht zu nehmen, dass das anlagenbezogene BImSchG nur schwer die relevanten Nachbarschaftsvorhaben im Sinne des Art. 15 Abs. 1 lit. c Seveso-III-RL erfassen kann. Um einen Systembruch zu vermeiden, wurde deshalb wohl das UVPG gewählt, um in den relevanten Fällen – wie unionsrechtlich gefordert – eine **Öffentlichkeitsbeteiligung** mit §§ 18 ff. UVPG vorzuhalten und zudem den Weg in den **Rechtsschutz**[14] zu eröffnen.[15]

C. Tatbestandsmerkmale der Norm

6 Der Tatbestand des § 8 UVPG weist die Besonderheit auf, dass er auf **unterschiedliche Rechtsbegriffe anderer Gesetze** Bezug nimmt. Dort ist angeordnet, dass bei der allgemeinen Vorprüfung nach § 7 UVPG von erheblichen nachteiligen Umweltauswirkungen auszugehen ist, wenn das zu prüfende Vorhaben – unter Beachtung eines angemessenen Sicherheitsabstands – im Einwirkungsbereich eines störfallrelevanten Betriebsbereichs im Sinne des § 3 Abs. 5a BImSchG angesiedelt werden soll. Die Rechtsfolge wird allerdings nur dann ausgelöst, wenn das fragliche Vorhaben ein Schutzobjekt im Sinne des § 3 Abs. 5d BImSchG ist und durch seine Verwirklichung die Gefahr eines Störfalls nach § 2 Nr. 7 StörfallV erstmals entsteht (1), sich die Eintrittswahrscheinlichkeit eines bereits existenten Störfallrisikos vergrößert (2) oder sich die Folgen eines potenziellen Störfalls verschlimmern können (3).

I. Störfallrelevante Betriebsbereiche nach § 3 Abs. 5a BImSchG

7 Auslösendes Moment des § 8 UVPG ist die Existenz eines störfallrelevanten Betriebsbereichs nach § 3 Abs. 5a BImSchG. **§ 3 Abs. 5a BImSchG definiert den Betriebsbereich** als den »gesamte(n) unter der Aufsicht eines Betreibers stehende(n) Bereich, in dem gefährliche Stoffe im Sinne des Artikels 3 Nummer 10 der Richtlinie 2012/18/EU des Europäischen Parlaments und des Rates vom 4. Juli 2012 zur Beherrschung der Gefahren schwerer Unfälle mit gefährlichen Stoffen, zur Änderung und anschließenden Aufhebung der Richtlinie 96/82/EG des Rates (ABl. L 197 vom 24.07.2012, S. 1) in einer oder mehreren Anlagen einschließlich gemeinsamer oder verbundener Infrastrukturen oder Tätigkeiten auch bei Lagerung im Sinne des Artikels 3 Nummer 16 der Richtlinie in den in Artikel 3 Nummer 2 oder Nummer 3 der Richtlinie bezeichneten Mengen tatsächlich vorhanden oder vorgesehen sind oder vorhanden sein werden, soweit vernünftigerweise vorhersehbar ist, dass die genannten gefährlichen Stoffe bei außer Kontrolle geratenen Prozessen anfallen; ausgenommen sind die in Artikel 2 Abs. 2 der Richtlinie 2012/18/EU angeführten Einrichtungen, Gefahren und Tätigkeiten, es sei denn, es handelt sich um eine in Artikel 2 Absatz 2 Unterabsatz 2 der Richtlinie 2012/18/EU genannte Einrichtung, Gefahr oder Tätigkeit.«

---

12 *Jarass,* BImSchG, § 23b Rn. 2.
13 *Jarass/Kment,* BauGB, § 30 Rn. 25.
14 Siehe hierzu auch nachfolgend Rdn. 18.
15 Gesetzentwurf der Bundesregierung v. 17.08.2016, BT-Drs. 18/9417, S. 15 ff., 31 f.

Diese umfassende Definition zerfällt in unterschiedliche Parameter. Wichtigstes Element ist die Bezugnahme auf den »gesamten unter der Aufsicht eines Betreibers stehenden Bereich«, in dem sich eine oder mehrere störfallrelevante Anlagen befinden. Als **Betreiber** ist diejenige natürliche oder juristische Person oder Personenvereinigung zu verstehen, die bestimmend auf den Betrieb und die ihm zugeordneten Anlagen einwirken kann,[16] diese also »in ihrem Namen, auf ihre Rechnung und in eigener Verantwortung« führt.[17] Die Eigentümerstellung ist hierbei von nachrangiger Bedeutung;[18] ausschlaggebend ist, wer die **tatsächliche Sachherrschaft** über den Betrieb ausübt und somit auf die Aktivitäten des Betriebs unmittelbar Einfluss nimmt.[19] Es gilt überdies der in § 1 Abs. 1 Satz 4 der 4. BImSchV verankerte Grundsatz der Betreiberidentität.[20] Sein Vorliegen ist unproblematisch, wenn eine Anlage einer Person zugerechnet werden kann. Trifft man jedoch auf mehrere Einzelanlagen, müssen diese einer gemeinsamen Leitung unterstehen, um noch einem Betreiber zugerechnet werden zu können.[21] Hierbei können selbst konzernrechtliche Abhängigkeitsverhältnisse die notwendige Verbindung schaffen.[22] 8

Dessen ungeachtet erstreckt sich der Betriebsbereich in § 3 Abs. 5a BImSchG nur auf diejenigen Teile des Betriebs, die **mit dem störfallrelevanten Teil des Betriebs in einem hinreichenden Zusammenhang** stehen, so dass durch eine gegenseitige Einflussnahme eine Auswirkung auf das Störfallrisiko, sein Ausmaß oder seine schädlichen Folgen zu rechnen ist.[23] Dieser Zusammenhang muss zunächst räumlich bestehen, wie man aus dem Bezug auf die Umgebung bzw. das Umfeld des Betriebsbereichs in Art. 7 Abs. 1 lit. g und Anh. II 2 lit. a Seveso-III-RL ableiten kann.[24] Überdies wird man einen betrieblichen, also einen betriebstechnischen und einen organisatorischen Zusammenhang fordern müssen.[25] Häufig wird sich der Betriebsbereich des § 3 Abs. 5a BImSchG gleichwohl nicht auf eine Anlage begrenzen. Er erfasst nach Art. 3 Nr. 1 Seveso-III-RL »den gesamten Bereich, in dem gefährliche Stoffe in einer oder in mehreren Anlagen einschließlich gemeinsamer oder verbundener Infrastrukturen oder Tätigkeiten vorhanden sind«. Der Betriebsbereich nach § 3 Abs. 5a BImSchG erstreckt sich deshalb in der Regel auf das gesamte Werksgelände.[26] 9

Dieser so definierte Betriebsbereich muss schließlich unter der **Aufsicht** des Betreibers stehen. Damit ist die Sachherrschaft des Betreibers gemeint.[27] Substanziellen Mehrwert besitzt das Aufsichtserfordernis allerdings nicht, ist die Sachherrschaft doch bereits Voraussetzung der Betreiberposition.[28] 10

---

16 OVG Münster, Urt. v. 11.12.2012 – 8 A 722/11, UPR 2013, 388 (389); *Jarass*, BImSchG, § 3 Rn. 96; *Herz/von der Groeben* DVBl 2015, 882 (883).

17 BVerwG, Urt. v. 22.10.1998 – 7 C 38.97, NJW 1999, 1416 (1417).

18 BVerwG, Urt. v. 25.06.1992 – 7 C 1/92, UPR 1992, 441 (442); BGH, Urt. v. 15.10.2009 – III ZR 8/09, NVwZ 2010, 467 Rn. 18.

19 OVG Lüneburg, Beschl. v. 02.04.2009 – 12 ME 53/09, NVwZ 2009, 991 (992); *Dietlein*, in: Landmann/Rohmer, Umweltrecht, § 5 BImSchG Rn. 28.

20 OVG Münster, Beschl. v. 27.11.2008 – 8 B 1476/08, NVwZ-RR 2009, 462 (462); OVG Lüneburg, Beschl. v. 02.04.2009 – 12 ME 53/09, NVwZ 2009, 991 (992).

21 OVG Münster, Urt. v. 16.03.2016 – 8 A 1576/14, NVwZ-RR 2016, 656 Rn. 34; *Hansmann/Röckinghausen*, in: Landmann/Rohmer, Umweltrecht, § 1 4. BImSchV Rn. 26.

22 OVG Münster, Beschl. v. 27.11.2008 – 8 B 1476/08, NVwZ-RR 2009, 462 (463); OVG Lüneburg, Beschl. v. 02.04.2009 – 12 ME 53/09, NVwZ 2009, 991 (992); *Jarass*, BImSchG, § 4 Rn. 30; a.A. *Kotulla*, in: ders., BImSchG, § 3 Rn. 92; vgl. auch *Herz/von der Groeben* DVBl 2015, 882 (883).

23 *Krohn*, in: Führ, BImSchG, § 3 Rn. 213 f.

24 *Jarass*, BImSchG, § 3 Rn. 97.

25 OVG Münster, Urt. v. 11.12.2012 – 8 A 722/11, UPR 2013, 388 Rn. 34; *Thiel*, in: Landmann/Rohmer, Umweltrecht, § 3 BImSchG Rn. 100; *Kotulla*, in: ders., BImSchG, § 3 Rn. 91; *Laubinger/Storost*, in: Ule/Laubinger/Repkewitz, BImSchG, § 3 Rn. F14.

26 *Jarass*, BImSchG, § 3 Rn. 98a; *Thiel*, in: Landmann/Rohmer, Umweltrecht, § 3 BImSchG Rn. 97.

27 *Laubinger/Storost*, in: Ule/Laubinger/Repkewitz, BImSchG, § 3 Rn. F18; *Herz/von der Groeben* DVBl 2015, 882 (885).

28 Siehe hierzu bereits Rdn. 8.

11 Schließlich wird der Betriebsbereich nach § 3 Abs. 5a BImSchG durch die Präsenz oder die geplante Präsenz[29] von **gefährlichen Stoffen** geprägt. Ein »gefährlicher Stoff« ist nach Art. 3 Nr. 10 Seveso-III-RL ein Stoff oder ein Gemisch (also eine Verbindung aus mehreren Stoffen i.S.v. Art. 3 Nr. 11 Seveso-III-RL), »der/das unter Anh. I Teil 1 fällt oder in Anh. I Teil 2 (der Seveso-III-RL) aufgeführt ist, einschließlich in Form eines Rohstoffs, eines Endprodukts, eines Nebenprodukts, eines Rückstands oder eines Zwischenprodukts«.

II. Vorhaben mit Schutzobjektsqualität nach § 3 Abs. 5d BImSchG

12 § 3 Abs. 5d BImSchG definiert **abschließend**[30] die benachbarten Schutzobjekte. Diese sind »ausschließlich oder überwiegend dem Wohnen dienende Gebiete, öffentlich genutzte Gebäude und Gebiete, Freizeitgebiete, wichtige Verkehrswege und unter dem Gesichtspunkt des Naturschutzes besonders wertvolle oder besonders empfindliche Gebiete«. Bei genauerer Betrachtung wird deutlich, dass man innerhalb der Schutzobjekte zwischen Gebieten und Anlagen differenzieren kann. Zu den **Gebieten** zählen zunächst solche, die überwiegend dem Wohnen dienen, wobei die planungsrechtlichen Grundlagen maßgeblich sind.[31] Fehlen planungsrechtliche Vorgaben, ist die tatsächliche Situation ausschlaggebend.[32] Splittersiedlungen werden aber grundsätzlich nicht geschützt.[33] Weiter erstreckt sich § 3 Abs. 5d BImSchG auf öffentlich genutzte Gebiete (z.B. Parkanlagen[34]), Freizeitgebiete (z.B. Campingplätze[35]) und unter dem Gesichtspunkt des Naturschutzes besonders wertvolle oder besonders empfindliche Gebiete;[36] zu den Letztgenannten sind FFH-Gebiete, Vogelschutzgebiete, Naturschutzgebiete und Landschaftsschutzgebiete,[37] wohl auch Schutzwaldgebiete und Wasserschutzgebiete zu zählen.[38]

13 Als schutzwürdige Anlagen benennt § 3 Abs. 5d BImSchG **öffentlich genutzte Gebäude** und wichtige Verkehrswege. Zu ersteren dürften etwa größere Einkaufszentren unterschiedlichster Spielart zählen ebenso wie Hotelkomplexe, größere Verwaltungsgebäude oder Kirchen.[39] Ihnen allen ist gemeinsam, dass sie von einem unbegrenzten und wechselnden Personenkreis aufgesucht werden, so dass eine Vorbereitung auf einen Störfall außerordentlich schwer fällt und die Besucher daher besonders schutzbedürftig sind.[40] Zu den ebenfalls geschützten **wichtigen Verkehrswegen** zählen hinreichend frequentierte Straßen, Eisenbahnen, Flughäfen und Wasserwege.[41] Bezieht man diese Vorgaben auf das UVPG, werden vor allem die Vorhaben nach Anlage 1 Nr. 14 und 18 UVPG in diesem Kontext relevant sein.[42]

---

29 Vgl. hierzu Art. 3 Nr. 12 Seveso-III-RL.

30 Anders ist dies bei § 50 Satz 1 BImSchG; vgl. dazu *Jarass,* BImSchG, § 3 Rn. 109.

31 VGH München, Beschl. v. 05.03.2001 – 8 ZB 00.3490, NVwZ-RR 2001, 579 (581); *Schoen,* in: Landmann/Rohmer, Umweltrecht, § 50 BImSchG Rn. 105; *Schink* NVwZ 2003, 1041 (1044).

32 *Jarass,* BImSchG, § 50 Rn. 11.

33 VGH München, Beschl. v. 05.03.2001 – 8 ZB 00.3490, NVwZ-RR 2001, 579 (581); *Uechtritz* BauR 2012, 1039 (1045); *Schink* NVwZ 2003, 1041 (1044).

34 OVG Münster, Urt. v. 03.09.2009 – 10 D 121/07.NE, NuR 2009, 801 (810).

35 VGH Kassel, Urt. v. 04.10.1984 – III N 17/82, UPR 1985, 220 (221 f.).

36 *Mager,* in: Kotulla, BImSchG, § 50 Rn. 37.

37 *Jarass,* BImSchG, § 50 Rn. 12.

38 *Jarass,* BImSchG, § 50 Rn. 12.

39 EuGH, Urt. v. 15.09.2011 – C-53/10, ZUR 2011, 586 Rn. 46; OVG Münster, Urt. v. 03.09.2009 – 10 D 121/07.NE, NuR 2009, 801 (810).

40 VGH Mannheim, Beschl. v. 29.04.2015 – 3 S 2101/14, juris Rn. 12.

41 *Jarass,* BImSchG, § 50 Rn. 14.

42 Vgl. Gesetzentwurf der Bundesregierung v. 17.08.2016, BT-Drs. 18/9417 S. 31.

III. Beachtung des angemessenen Sicherheitsabstands

14 Die Anwendung des § 8 UVPG entbindet nicht von der Pflicht, den angemessenen Sicherheitsabstand zu den störfallrelevanten Betriebsbereichen im Sinne des § 3 Abs. 5a BImSchG einzuhalten.[43] Auch bei der Bestimmung des angemessenen Sicherheitsabstands spielt das BImSchG eine maßgebliche Rolle: Die **in § 3 Abs. 5c BImSchG angelegten Grundsätze** finden bei der Interpretation des § 8 UVPG Anwendung, obschon § 8 UVPG nicht ausdrücklich auf diese Regelung Bezug nimmt.[44] § 3 Abs. 5c Satz 2 BImSchG kann man zunächst entnehmen, dass bei der Ermittlung eines angemessenen Sicherheitsabstands allein **störfallrelevante Faktoren**, nicht aber ökonomische und auch keine sozialen Faktoren maßgeblich sind.[45]

15 Konkret wird der angemessene Sicherheitsabstand i.S.d. Art. 13 Abs. 2 Seveso-III-RL durch eine **Zusammenschau von Faktoren** ermittelt.[46] Zunächst wird man beim störfallrelevanten Betriebsbereich selbst ansetzen müssen, also die Art der jeweiligen gefährlichen Stoffe, die Wahrscheinlichkeit des Entstehens eines schweren Unfalls, die Unfallfolgen, die Art der betrieblichen Tätigkeit, die Intensität der öffentlichen Nutzung des Betriebsbereichs sowie die Leichtigkeit, mit der Notfallkräfte bei einem Unfall eingreifen können, in Ansatz bringen.[47] Außerdem dürften auch technische Maßnahmen zur Verminderung des Unfallrisikos oder zur weiteren Begrenzung möglicher Unfallfolgen berücksichtigt werden, die nicht auf den Betriebsbereich begrenzt sind.[48] So sind etwa Nutzungseinschränkungen oder besondere bauliche Anforderungen an das an den Störfallbetrieb heranrückende Vorhaben denkbar.[49] Allgemein gilt, dass die Angemessenheit des Abstands ein **technisch-fachlich bestimmbarer Rechtsbegriff** ist, der **einzelfallabhängig** mit Leben zu füllen ist.[50] Dies gilt umso mehr, als es bislang noch keine Kodifizierung durch eine »Technische Anordnung Abstand« auf der Grundlage des § 48 Abs. 1 Satz 1 Nr. 6 BImSchG gibt.[51]

IV. Erhöhtes Störfallrisiko

16 § 8 UVPG knüpft daran an, dass durch die anvisierte Verwirklichung eines Vorhabens die Gefahr eines Störfalls begründet, die Eintrittswahrscheinlichkeit eines Störfalls (§ 2 Nr. 7 StörfallV) vergrößert oder sich die Folgen eines solchen Störfalls verschlimmern »könnten«. Es handelt sich, wie bereits der Wortlaut (»oder«) veranschaulicht, um alternative, nicht kumulative Tatbestandsvoraussetzungen, wobei bereits die Möglichkeit ihrer Verwirklichung ausreicht; Letzteres muss allerdings auf hinreichende Anhaltspunkte gestützt werden.[52] In diesem Regelungszusammenhang versteht § 2 Nr. 7 StörfallV unter einem **Störfall** »ein Ereignis, das unmittelbar oder später innerhalb oder außerhalb des Betriebsbereichs zu einer ernsten Gefahr oder zu Sachschäden nach Anh. VI Teil 1 Ziffer I Nummer 4 führt«. Was wiederum mit einer **ernsten Gefahr** gemeint ist, erläutert § 2 Nr. 8 StörfallV, der diesen Begriff – wie folgt – legal definiert: »Eine Gefahr, bei der a) das Leben von Menschen bedroht wird oder schwerwiegende Gesundheitsbeeinträchtigungen von Menschen zu

43 Siehe zu den Betriebsbereichen oben Rdn. 7 ff.

44 Vgl. dazu auch *Jarass,* BImSchG, § 3 Rn. 105.

45 BVerwG, Urt. v. 20.12.2012 – 4 C 11.11, NVwZ 2013, 719 Rn. 19; *Uechtritz* BauR 2012, 1039 (1046 f.); auch *Jarass* NVwZ 2018, 185 (190); *Laubinger,* in: Ule/Laubinger/Repkewitz, BImSchG, § 23a Rn. C9.

46 BVerwG, Urt. v. 20.12.2012 – 4 C 11.11, NVwZ 2013, 719 Rn. 16 ff.

47 EuGH, Urt. v. 15.09.2011 – C-53/10, ZUR 2011, 586 Rn. 44; BVerwG, Urt. v. 20.12.2012 – 4 C 11.11, NVwZ 2013, 719 Rn. 18.

48 BVerwG, Urt. v. 20.12.2012 – 4 C 11.11, NVwZ 2013, 719 Rn. 18; *Jarass,* BImSchG, § 3 Rn. 106b.

49 BVerwG, Urt. v. 20.12.2012 – 4 C 11.11, NVwZ 2013, 719 Rn. 18; *Berkemann* ZfBR 2010, 18 (24); *Laubinger/Storost,* in: Ule/Laubinger/Repkewitz, BImSchG, F37.

50 EuGH, Urt. v. 15.09.2011 – C-53/10, ZUR 2011, 586 Rn. 44; BVerwG, Urt. v. 20.12.2012 – 4 C 11.11, NVwZ 2013, 719 Rn. 20.

51 Krit. dazu *Umweltrechtsausschuss des Deutschen Anwaltvereins* NuR 2017, 287 f., der die Verlagerung der Entscheidungsgewalt auf die eingesetzten Gutachter befürchtet.

52 Vgl. *Jarass* NVwZ 2018, 185 (190).

befürchten sind, b) die Gesundheit einer großen Zahl von Menschen beeinträchtigt werden kann oder c) die Umwelt, insbesondere Tiere und Pflanzen, der Boden, das Wasser, die Atmosphäre sowie Kultur- oder sonstige Sachgüter geschädigt werden können, falls durch eine Veränderung ihres Bestandes oder ihrer Nutzbarkeit das Gemeinwohl beeinträchtigt würde«. Diese genannten Schutzgüter werden auch in § 2 Abs. 1 UVPG aufgegriffen, so dass hierdurch eine Verbindung zum UVPG entsteht.[53] Schließlich bleibt zu beachten, dass es unerheblich ist, ob die in § 2 Nr. 8 StörfallV aufgeführten Gefahrentatbestände **unmittelbar** durch den gefährlichen Stoff selbst ausgelöst werden (z.B. Körperverletzungen wegen einer Explosion) oder **mittelbar** auf diesen zurückgehen, etwa weil Betroffene durch einen Brand in Panik geraten.[54]

D. Feststellung der UVP-Pflicht

17 Liegen die Tatbestandsvoraussetzungen des § 8 UVPG vor, stellt dieser fest, dass das fragliche Vorhaben erhebliche nachteilige Umweltauswirkungen haben kann und **löst** damit die **UVP-Pflicht aus**. Diese Rechtsfolge ist in der Sache konsequent. Kommt die zuständige Behörde nämlich zu der Erkenntnis, dass ein Vorhaben die Qualität eines benachbarten Schutzobjekts i.S.d. § 3 Abs. 5d BImSchG aufweist und zudem die Gefahr eines Störfalls nach § 2 Nr. 7 StörfallV erstmalig begründet, seine Eintrittswahrscheinlichkeit erhöht oder aber zu einer Steigerung der möglichen Folgen eines Störfalls führt, werden damit automatisch die Schutzgüter des § 2 Abs. 1 UVPG wesentlich tangiert. Es ist also zugleich dargetan, dass erhebliche nachteilige Umweltauswirkungen i.S.d. § 2 Abs. 2 Satz 1 UVPG in Betracht kommen, wie dies § 2 Abs. 2 Satz 2 UVPG ergänzend bestätigt.[55] Die ausgelöste UVP-Pflicht würde sich mithin – selbst ohne die ausdrückliche Regelung des § 8 UVPG – bei einer konsequenten Anwendung der allgemeinen Regeln des § 7 UVPG ergeben.

E. Rechtsschutzrelevanz

18 Die Anordnung des § 8 UVPG besitzt eine in das UmwRG führende rechtsschutzrelevante Komponente.[56] Wie bereits dargelegt,[57] verlangt Art. 23 lit. b Seveso-III-RL, dass der Rechtsschutz des Art. 11 UVP-RL auf das gesamte Störfallrecht erstreckt wird. Es muss nach der Vorstellung des Unionsgesetzgebers somit der betroffenen Öffentlichkeit möglich sein, (auch) in den Anwendungsfällen des § 8 UVPG Rechtsschutz nach Maßgabe des Art. 11 UVP-RL zu erlangen. Da der nationale Gesetzgeber den Anwendungsbereich des UmwRG gem. § 1 Abs. 1 Nr. 1 lit. a UmwRG auf alle UVP-pflichtigen Vorhaben erstreckt hat, wird durch die Anordnung der UVP-Pflicht in § 8 UVPG zugleich der an Art. 11 UVP-RL angelehnte **Rechtsschutz des UmwRG**[58] für das UVPG-relevante Störfallrecht eröffnet. Hierbei ist auch von Bedeutung, dass mit der UVP-Pflicht zugleich eine Beteiligungsberechtigung von Umweltvereinigungen nach § 18 UVPG ausgelöst wird,[59] die § 2 Abs. 1 Nr. 3 lit. a UmwRG zu einer Zulässigkeitsvoraussetzung für anerkannte Vereinigungen nach § 3 UmwRG erhebt.

53 Vgl. auch Gesetzentwurf der Bundesregierung v. 17.08.2016, BT-Drs. 18/9417, S. 31.
54 *Hansmann/König*, in: Landmann/Rohmer, Umweltrecht, § 2 12. BImSchV Rn. 20.
55 Vgl. auch § 2 Rdn. 81.
56 Gesetzentwurf der Bundesregierung v. 17.08.2016, BT-Drs. 18/9417, S. 31.
57 Siehe oben Rdn. 2.
58 Der nationale Gesetzgeber hat zur Umsetzung der Verpflichtung aus Art. 11 UVP-RL das UmwRG erlassen; vgl. dazu Gesetzentwurf der Bundesregierung v. 04.09.2006, BT-Drs. 16/2495, S. 7.
59 Vgl. zu Einzelheiten § 18 Rdn. 19.

§ 9 UVP-Pflicht bei Änderungsvorhaben

(1) [1]Wird ein Vorhaben geändert, für das eine Umweltverträglichkeitsprüfung durchgeführt worden ist, so besteht für das Änderungsvorhaben die UVP-Pflicht, wenn
1. allein die Änderung die Größen- oder Leistungswerte für eine unbedingte UVP-Pflicht gemäß § 6 erreicht oder überschreitet oder
2. die allgemeine Vorprüfung ergibt, dass die Änderung zusätzliche erhebliche nachteilige oder andere erhebliche nachteilige Umweltauswirkungen hervorrufen kann.

[2]Wird ein Vorhaben geändert, für das keine Größen- oder Leistungswerte vorgeschrieben sind, so wird die allgemeine Vorprüfung nach Satz 1 Nummer 2 durchgeführt. [3]Wird ein Vorhaben der Anlage 1 Nummer 18.1 bis 18.8 geändert, so wird die allgemeine Vorprüfung nach Satz 1 Nummer 2 nur durchgeführt, wenn allein durch die Änderung der jeweils für den Bau des entsprechenden Vorhabens in Anlage 1 enthaltene Prüfwert erreicht oder überschritten wird.

(2) [1]Wird ein Vorhaben geändert, für das keine Umweltverträglichkeitsprüfung durchgeführt worden ist, so besteht für das Änderungsvorhaben die UVP-Pflicht, wenn das geänderte Vorhaben
1. den Größen- oder Leistungswert für die unbedingte UVP-Pflicht gemäß § 6 erstmals erreicht oder überschreitet oder
2. einen in Anlage 1 angegebenen Prüfwert für die Vorprüfung erstmals oder erneut erreicht oder überschreitet und eine Vorprüfung ergibt, dass die Änderung erhebliche nachteilige Umweltauswirkungen hervorrufen kann.

[2]Wird ein Städtebauprojekt oder eine Industriezone nach Anlage 1 Nummer 18.5, 18.7 und 18.8 geändert, gilt Satz 1 mit der Maßgabe, dass allein durch die Änderung der Größen- oder Leistungswert nach Satz 1 Nummer 1 oder der Prüfwert nach Satz 1 Nummer 2 erreicht oder überschritten wird.

(3) [1]Wird ein Vorhaben geändert, für das keine Umweltverträglichkeitsprüfung durchgeführt worden ist, so wird für das Änderungsvorhaben eine Vorprüfung durchgeführt, wenn für das Vorhaben nach Anlage 1
1. eine UVP-Pflicht besteht und dafür keine Größen- oder Leistungswerte vorgeschrieben sind oder
2. eine Vorprüfung, aber keine Prüfwerte vorgeschrieben sind.

[2]Die UVP-Pflicht besteht, wenn die Vorprüfung ergibt, dass die Änderung erhebliche nachteilige Umweltauswirkungen hervorrufen kann.

(4) Für die Vorprüfung bei Änderungsvorhaben gilt § 7 entsprechend.

(5) Der in den jeweiligen Anwendungsbereich der Richtlinien 85/337/EWG und 97/11/EG fallende, aber vor Ablauf der jeweiligen Umsetzungsfristen erreichte Bestand bleibt hinsichtlich des Erreichens oder Überschreitens der Größen- oder Leistungswerte und der Prüfwerte unberücksichtigt.

Übersicht

A. Allgemeines

1 Das UVPG unterscheidet zur Bestimmung der UVP-(Vorprüfungs-)Pflicht zwischen **Neuvorhaben** (§§ 6 und 7), **Änderungsvorhaben** (§ 9) und sogenannten **kumulierenden Vorhaben** (§§ 10 bis 13). Die in § 9 enthaltenen Regelungen zu den Änderungsvorhaben besitzen ebenso wie diejenigen in §§ 10 bis 12 zu den kumulierenden Vorhaben eine wiederkehrende Struktur. Am Anfang stehen jeweils die Voraussetzungen für die unbedingte UVP-Pflicht (§ 6), dann folgen diejenigen für die Durchführung der Vorprüfung (§ 7) und den Abschluss bilden »Bestandschutzregelungen« (§ 9 Abs. 5).

2 Inhaltlich sind die Regelungen zum Änderungsvorhaben und zu den kumulierenden Vorhaben durch einen gemeinsamen Zweck verbunden. Als Umsetzung der UVP-Richtlinie sollen sie sicherstellen, dass die Umweltverträglichkeitsprüfung bei Projekten mit voraussichtlich erheblichen Auswirkungen auf die Umwelt **nicht durch eine Aufsplitterung der Vorhaben (»Salamitaktik«) umgangen wird**, und zwar dergestalt, dass auch die zeitlich versetzte Verwirklichung von Teilprojekten erfasst wird. Diese Zwecksetzung der UVP-Richtlinie hat der EuGH bereits im sogenannten **»Irland-Urteil«**[1] verdeutlicht.

3 Vor diesem Hintergrund dient § 9 der Umsetzung der UVP-Richtlinie und ihrer in Nr. 24 des Anh. I und in Nr. 13 lit. a des Anh. II enthaltenen Vorgaben.

4 In Nr. 24 des Anh. I bestimmt die UVP-Richtlinie eine unbedingte UVP-Pflicht für:

> *»Jede Änderung oder Erweiterung von Projekten, die in diesem Anhang [als unbedingt UVP-pflichtig] aufgeführt sind, wenn sie für sich genommen die Schwellenwerte, sofern solche in diesem Anhang festgelegt sind, erreicht.«*

Auf der Grundlage dieser Vorschrift hat der EuGH in der Doel-Entscheidung[2] für die gesetzlich bestimmte (substanzielle) Laufzeitverlängerung von Kernkraftwerken eine zwingende UVP-Pflicht angenommen und damit begründet, dass die **Umweltauswirkungen des Änderungsprojekts** denjenigen des bestehenden Betriebs entsprächen.[3] Das Normverständnis des EuGH orientiert sich an der gebotenen Umweltvorsorge und damit an der Effektuierung des von der UVP-Richtlinie verfolgten Zwecks (*effet utile*). Dem muss ggfls. durch eine **unionsrechtskonforme Auslegung** der deutschen Vorschriften zur UVP-Pflicht bei Änderungsvorhaben Rechnung getragen werden.

5 Im Anh. II über die nur potenziell UVP-pflichtigen Projekte, über deren UVP-Pflicht die Mitgliedstaaten nach Art. 4 Abs. 2 bis 6 der UVP-Richtlinie entscheiden, listet der Unionsgesetzgeber unter Nr. 13 lit. a ergänzend dazu **sonstige Projekte der Änderung oder Erweiterung** auf:

> *»Die Änderung oder Erweiterung von bereits genehmigten, durchgeführten oder in der Durchführungsphase befindlichen Projekten des Anhangs I oder dieses Anhangs, die erhebliche nachteilige Auswirkungen auf die Umwelt haben können (nicht durch Anhang I erfasste Änderung oder Erweiterung)«.*

Diese **sonstigen Projekte der Änderung oder Erweiterung** lösen für sich genommen keine zwingende UVP-Pflicht aus, weil sie die dazu erforderlichen besonderen Merkmale bzw. (hohen) Größen- und Leistungswerte nicht erfüllen können, vgl. Art. 4 Abs. 1 i.V.m. Anh. I der UVP-Richtlinie. Sie stellen ein typisches Änderungsvorhaben dar, indem sie vorhandene Projekte ändern oder erweitern, die entweder der zwingenden UVP-Pflicht nach Anh. I oder der potenziellen UVP-Pflicht nach Anh. II unterfallen. Dieser spezifische Inhalt löst die potenzielle UVP-Pflicht als Änderungsvorhaben aus, vgl. Art. 4 Abs. 2 bis 6 i.V.m. Anh. II Nr. 13 lit. a der UVP-Richtlinie.

---

1 EuGH, Urt. v. 21.09.1999 – C-392/96, juris.
2 EuGH, Urt. v. 29.07 2019 – C-411/17, juris (Doel-1 und Doel-2).
3 EuGH, Urt. v. 29.07 2019 – C-411/17, juris Rn. 78.

Die deutsche Umsetzung dieses Richtlinienrechts erfolgt in § 9 über die UVP-Pflicht bei Änderungsvorhaben. An die Stelle des Projektbegriffs setzt der deutsche Umsetzungsgesetzgeber den Vorhabenbegriff, wie sich aus § 1 Abs. 1 Nr. 1 und § 2 Abs. 4 UVPG ergibt. »Änderung oder Erweiterungen« fasst der deutsche Umsetzungsgesetzgeber mit einem weiten Begriff der Änderung zusammen, der die Erweiterung umfasst, wie sich aus § 1 Abs. 1 Nr. 1 und § 2 Abs. 4 Nr. 2 UVPG ergibt. Zu den Änderungsvorhaben im Sinne des § 9 zählen damit auch Erweiterungsvorhaben. § 9 besitzt Vorgängervorschriften in den §§ 3 e und 3 b Abs. 3 UVPG a.F. Anders als nach früherem Recht (§ 3e Abs. 1 UVPG a.F.) wird bei den erfassten Änderungsfällen nicht mehr danach unterschieden, ob für das zu ändernde Grundvorhaben eine UVP-Pflicht besteht oder nicht. **Vielmehr kommt es darauf an, ob für das zu ändernde Grundvorhaben eine UVP tatsächlich durchgeführt worden ist oder nicht.** Komplizierte retrospektive Prüfungen, ob das zu ändernde Grundvorhaben nach damaligem oder heutigem Recht UVP-pflichtig gewesen wäre, können damit entfallen. Entscheidend ist nach § 9, ob die Zulassung des bereits bestehenden Vorhabens seinerzeit mit UVP erfolgt ist oder nicht. Dies ergibt sich aus dem Gesetzeswortlaut. In den Gesetzesmaterialien, namentlich im Regierungsentwurf, findet sich eine umfangreiche Begründung zu § 9, auf die nachfolgend weitgehend zurückgegriffen wird. 6

Die Anwendbarkeit des UVPG setzt ein in der Anlage 1 aufgeführtes Vorhaben voraus, vgl. § 1 Abs. 1 Satz 1. **Vorhaben** sind entweder **Neuvorhaben** (§ 2 Abs. 4 Nr. 1) oder **Änderungsvorhaben** (§ 2 Abs. 4 Nr. 1 Nr. 2). Damit wird das für § 9 maßgebliche Änderungsvorhaben explizit dem allgemeinen UVP-Vorhabenbegriff zugeordnet. § 2 Abs. 4 Nr. 2 öffnet den Inhalt des Änderungsbegriffs, der in all seinen Facetten »**einschließlich der Erweiterung**« zu verstehen ist. Änderungen liegen vor, wenn sie sich auf eine »technische Anlage« beziehen und deren Lage, Beschaffenheit oder Betrieb betreffen, vgl. § 2 Abs. 4 Nr. 2 lit. a). Änderungen sind solche, die sich auf eine »sonstige Anlage« beziehen und deren Lage oder Beschaffenheit (hier wird der Betrieb ausgenommen) betreffen, vgl. § 2 Abs. 4 Nr. 2 lit. b). Änderungen können schließlich auch dann gegeben sein, wenn sie sich auf die Durchführung einer sonstigen »in Natur und Landschaft eingreifenden Maßnahme« beziehen, vgl. § 2 Abs. 4 Nr. 2 lit. c). Die Begriffe in § 2 Abs. 4 steuern allein die Anwendbarkeit des UVP-Verfahrensrechts. Sie enthalten keine inhaltliche Definition dafür, unter welchen Voraussetzungen im Einzelfall eine Änderung bzw. Erweiterung einer (technischen) Anlage vorliegt. Diese Begriffsbestimmung richtet sich nach materiellem (Fach-) Recht, u.a. nach dem Immissionsschutzrecht.[4] Nach dem BImSchG z.B. liegt die »Änderung« einer Anlage dann vor, wenn von ihrer gestatteten (genehmigten) Wirkung in qualitativer (»Änderung im engeren Sinn«) oder quantitativer Hinsicht (»Erweiterung«) abgewichen wird.[5] Im Änderungsgenehmigungsverfahren gemäß § 16 Abs. 1 BImSchG erstreckt sich die UVP allein auf die Umweltauswirkungen des Änderungsvorhabens. Die 9. BImSchV gilt für die genehmigungsbedürftigen Anlagen, die in der 4. BImSchV aufgeführt werden (Erweiterung eines Kraftwerks z.B. gemäß Ziff. 1.1 des Anh. zur 4. BImSchV). Prüfungsgegenstand im Änderungsgenehmigungsverfahren gemäß § 16 BImSchG sind zunächst »die unmittelbar zu ändernden Anlagenteile und Verfahrensschritte«.[6] Soweit sich die Änderung auf die Bestandsanlage auswirkt, erstreckt sich die Prüfung außerdem auf die hiervon betroffenen Anlagenteile und Verfahrensschritte.[7] In diesem vom fachrechtlichen Träger- bzw. Zulassungsverfahren gesteckten Rahmen (§§ 4, 25 Abs. 2) muss sich auch die UVP bewegen. Da die Änderung stets die gestatteten Anlagen betreffen muss, ist von Bedeutung, was alles der gestatteten Anlage zuzurechnen ist.[8] 7

4 VGH München, Beschl. v. 04.07.2016 – 22 CS 16.1078, juris Rn. 19; BVerwG, Urt. v. 18.06.2015 – 4 C 4.14, juris Rn. 15 und Urt. v. 18.12.2014 – 4 C 36.13, juris Rn. 23.

5 VGH München (wie Fn. 3); *Jarass*, BImSchG, § 15 Rn. 7.

6 BVerwG, Urt. v. 21.08.1996 – 11 C 9.95, BVerwGE 101, 347, 355; BVerwG, Urt. v. 24.10.2013 – 7 C 36.11, BVerwGE 148, 155 Rn. 38.

7 BVerwGE 101, 347, 355.

8 VGH München, Beschl. v. 04.07.2016 – 22 CS 16.1078, juris Rn. 19.

8 § 9 gliedert sich im Wesentlichen in die Änderungsvorhaben gemäß Abs. 1, bei denen für das Vorhaben, das geändert wird, bereits eine UVP durchgeführt worden ist und solche gemäß Abs. 2 und 3, bei denen dies nicht der Fall ist. Abs. 5 enthält eine Bestandsschutzregelung, die dem früheren § 3 b Abs. 3 Satz 3 UVPG a.F. weitgehend entspricht.

9 Spezialvorschriften zu § 9 innerhalb des UVPG sind § 14a Abs. 1 (Schienenwege), § 14c (Ersatzneubauten) und § 14d (Radwege an Bundesstraßen).

10 Die neu erlassene Verwaltungsvorschrift vom 14.04.2025 (UVPVwV) erläutert die Systematik des § 9 anhand zahlreicher Beispiele, insbesondere zur Vergrößerung der Zahl vorhandener Windkraftanlagen, soweit sich diese nicht nach § 6 WindBG richtet.

B. UVP-Pflicht bei der Änderung von Vorhaben, die mit UVP zugelassen worden sind gemäß § 9 Abs. 1

I. § 9 Abs. 1 Satz 1 Nr. 1 und 2, sowie Satz 2

11 § 9 Abs. 1 Satz 1 regelt die (mögliche) UVP-Pflicht bei der Änderung von Vorhaben, die mit UVP zugelassen worden sind, in zwei Varianten. **§ 9 Abs. 1 Satz 1 Nr. 1 schreibt als erste Gesetzesvariante für das Änderungsvorhaben die Durchführung einer UVP vor**, wenn die geplante Änderung für sich genommen den in Anlage 1 angegeben Größen- oder Leistungswert für das Vorliegen der unbedingten UVP-Pflicht (§ 6) erreicht oder überschreitet. Ein solches Änderungsvorhaben ist einem UVP-pflichtigen Neuvorhaben nach § 6 gleichzustellen. **Als zweite Gesetzesvariante bestimmt § 9 Abs. 1 Satz 1 Nr. 2, dass für (sonstige) Änderungsvorhaben eine Vorprüfung durchzuführen ist**, wenn sie sich auf ein Grundvorhaben beziehen, für das bereits eine UVP-Prüfung erfolgt ist. Dass hier die Pflicht zur Vorprüfung grundsätzlich für jedes denkbare Änderungsvorhaben vorgesehen ist, erscheint sehr weitgehend. Es ist aber zu bedenken, dass ein Grundvorhaben geändert werden soll, dessen besondere Umweltrelevanz aufgrund einer durchgeführten UVP als gegeben anzusehen ist. Im Einzelfall kann eine Auslegung anhand des Grundsatzes der Verhältnismäßigkeit und der teleologischen Reduktion ergeben, dass keine Änderung im Sinne des UVP-Gesetzes vorliegt, wenn, wie beispielsweise bei der Umgestaltung der betrieblichen Sozialräume,[9] eine Relevanz für vorhabenbezogene Umweltauswirkungen offensichtlich ausgeschlossen erscheint. Besteht, wie in aller Regel, eine Vorprüfungspflicht auch für kleinere Änderungsvorhaben, ist zur Bestimmung der UVP-Pflicht zu untersuchen, **ob die Änderung andere bzw. zusätzliche erhebliche nachteilige Umweltauswirkungen hervorrufen kann.** Der Umfang der Vorprüfung ist damit auf die änderungsbezogenen zusätzlichen Umweltauswirkungen beschränkt. Für die Einbeziehung der Umweltauswirkung des Grundvorhabens oder früherer Änderungen des Grundvorhabens lässt der eindeutige Wortlaut des § 9 Abs. 1 Satz 1 Nr. 2 keinen Raum. Dies ist unionsrechtlich nicht zu beanstanden. Die Umweltauswirkungen eines Grundvorhabens, die bereits bei der UVP eines früheren Genehmigungsverfahrens und der dafür durchgeführten Öffentlichkeitsbeteiligung berücksichtigt worden sind, können abgeschichtet werden. Sie gehören unionsrechtlich nicht zu den **zusätzlichen Umweltauswirkungen.**[10] Es geht für die Bestimmung der UVP-Pflicht eines vorprüfungspflichtigen Änderungsvorhabens nach § 9 Abs. 1 Satz 1 Nr. 2 allein darum, ob »**die Änderung**« erhebliche nachteilige Umweltauswirkungen hervorrufen kann. Nicht übernommen hat der Gesetzgeber das etwas umfangreichere Prüfungsprogramm der Vorgängervorschrift, welches noch die Einbeziehung früherer Änderungen oder Erweiterungen vorsah, welche nicht zu einer UVP geführt hatten, vgl. dazu § 3 e Abs. 1 Nr. 2 HS 2 UVPG a.F. Die Gesetzesbegründung zu § 9 Abs. 1 Satz 1 Nr. 2 verwirft diese Regelung und erläutert dazu, frühere Änderungen oder Erweiterungen, die nicht zur Umweltverträglichkeitsprüfung geführt hätten, seien nach der Neuregelung in § 9 Abs. 1 Satz 1 Nr. 2 »dem neu beantragten Änderungs-

---

9 Beispiel von *Tepperwien*, in: Schink/Reidt/Mitschang, UVPG/UmwRG, § 9 UVPG Rn. 4.
10 Vgl. Schlussantrag der GA'in *Kokott* v. 27.01.2022, in der Rs. C-43/21 Rn. 72.

vorhaben nicht zuzurechnen, gleichwohl aber zu berücksichtigen.«[11] Hier wird das gesetzgeberische Motiv deutlich, den Umfang der Vorprüfung nach § 9 Abs. 1 Satz 1 Nr. 2 im Vergleich zur Vorgängervorschrift einzuschränken. Fraglich ist, was die Gesetzesbegründung meint, wenn sie davon spricht, die früheren Änderungen oder Erweiterungen seien **»gleichwohl zu berücksichtigen«**. Darin liegt der Hinweis darauf, dass eine Änderung (z.B. mit einer zusätzlichen Stickstoffbelastung) immer auf eine bestimmte Grundsituation (z.B. die gegebene Stickstoffdeposition) trifft, welche dann als »Ist-Zustand« bzw. »Vorbelastung« zu berücksichtigen ist.

Der Satz 2 des § 9 Abs. 1 schreibt die allgemeine Vorprüfung nach § 9 Satz 1 Nr. 2 auch für Ände- 12
rungen solcher Vorhaben vor, für deren UVP-Pflicht keine Größen- oder Leistungswerte vorgeschrieben sind, vgl. insoweit z.B. Nr. 1.7 der Anlage 1 (Anlage zum Brikettieren von Braun- oder Steinkohle). Abweichend davon dürfte ein Änderungsvorhaben, das zum Beispiel auf eine substanzielle Verlängerung der Betriebsdauer gerichtet ist und daher Umweltauswirkungen besitzt, die denjenigen des bestehenden Betriebs gleichkommen, nach der Doel-Entscheidung des EuGH[12] im Ergebnis (durch wertende Einordnung als »Neuvorhaben«?) zur Bejahung einer unbedingten UVP-Pflicht führen.

II. § 9 Abs. 1 Satz 3

Gemäß Satz 3 des § 9 Abs. 1 bestehen Ausnahmen für Änderungen bestimmter größerer **Vorhaben** 13
des Bauplanungsrechts und von Industriezonen gemäß Anlage 1 Nr. 18.1 bis 18.8. Dabei handelt es sich insbes. um sämtliche bundesrechtlich geregelten bauplanungsrechtlichen Vorhaben, wie z.B. **Feriendörfer, Einkaufszentren, Städtebauprojekte** etc. Die allgemeine Vorprüfung wird insoweit nur durchgeführt, wenn **allein durch die Änderung** der jeweils für den Bau des entsprechenden Vorhabens in Anlage 1 enthaltene Prüfwert erreicht oder überschritten wird. Dies entspricht im Wesentlichen der früher geltenden Regelung des § 3 e Abs. 2 UVPG a.F.[13] Darin liegt eine die Vorhabenträger begünstigende Regelung in Bezug auf die ansonsten bestehenden Anforderungen gemäß § 9 Abs. 1 Satz 1 Nr. 2. Nach dieser Regelung sind nämlich auch kleinere, unterhalb von Prüfwerten liegende Änderungen der Vorprüfung unterworfen. Es soll nach der Gesetzesbegründung den **Besonderheiten der »Städtebauprojekte«** Rechnung getragen werden. Diese Projekte seien häufig geprägt durch eine historisch kontinuierliche Entwicklung und längere Siedlungsgeschichte. Dies trifft sicherlich zu, besagt aber noch nichts darüber, ob die **Zielsetzung der UVP-Richtlinie** gewahrt ist, wonach Projekte, bei denen mit erheblichen Auswirkungen auf die Umwelt zu rechnen ist, vor Erteilung der Genehmigung unter Beteiligung der Öffentlichkeit auf ihre möglichen erheblichen Umweltauswirkungen zu beurteilen sind. Die deutsche Regelung in § 9 Abs. 1 Satz 3 kann nicht verhindern, dass es durch eine **Vielzahl von städtebaulichen Erweiterungsvorhaben**, die sich jeweils unterhalb der Schwelle der in Anlage 1 enthaltenen Prüfwerte bewegen, in der Summe zu erheblichen nachteiligen Umweltauswirkungen kommt, ohne dass zuvor die Durchführung einer UVP und die damit verbundene Öffentlichkeitsbeteiligung stattgefunden hat. Auf der anderen Seite wird dieser Gefahr nach der deutschen Rechtslage dadurch begegnet, dass städtebauliche Entwicklungen von Gewicht durch die **Aufstellung von Bebauungsplänen** gesteuert werden. Begründet der Bebauungsplan die rechtliche Grundlage für städtebauliche Vorhaben nach Anlage 1 Nr. 18.1 bis 18.9, so findet eine **Umweltprüfung mit Öffentlichkeitsbeteiligung** im Aufstellungsverfahren statt, vgl. § 50.

11 BReg, BR-Drs. 164/17, S. 90.
12 EuGH, Urt. v. 29.07 2019 – C-411/17, juris Rn. 78.
13 BReg, BR-Drs. 164/17, S. 90.

C. UVP-Pflicht gemäß § 9 Abs. 2 und 3 bei der Änderung von Vorhaben, die ohne UVP zugelassen worden sind

14 § 9 Abs. 2 und 3 bestimmen die UVP-Pflicht bei der Änderung von Vorhaben, **die ohne UVP zugelassen worden sind** und bei denen auch nicht für eine frühere Änderung eine UVP durchgeführt wurde. Dies kann nach der Analyse der Bundesregierung in der Gesetzesbegründung z.B. darauf beruhen, dass das **frühere Vorhaben** und jetzige **Grundvorhaben**
- vor Inkrafttreten des UVPG zugelassen wurde,
- weder die Größen- und Leistungswerte für die unbedingte UVP-Pflicht nach Anlage 1 noch die Prüfwerte für die Vorprüfungspflicht nach Anlage 1 erreichte oder überschritt,
- zwar die Prüfwerte für die Vorprüfungspflicht nach Anlage 1 erreichte oder überschritt, aber eine oder mehrere Vorprüfung(en) zu dem Ergebnis kam(en), dass das Vorhaben bzw. »die Änderung« keine erheblichen Umweltauswirkungen haben kann oder
- zwar eigentlich UVP-pflichtig gewesen wäre, die Zulassungsbehörde jedoch die diesbezüglichen rechtlichen Anforderungen verkannt hat.[14]

15 Nach § 9 Abs. 2 Satz 1 Nr. 1 bedarf das Änderungsvorhaben zwingend der UVP, wenn das geänderte Vorhaben, also das Grundvorhaben in der veränderten Gestalt, erstmals den in der Anlage 1 angegebenen Größen- oder Leistungswert für die unbedingte UVP-Pflicht erreicht oder überschreitet (»**Hineinwachsen in die unbedingte UVP-Pflicht**«). Die Größen- und Leistungswerte von Grund- und Änderungsvorhaben sind hier zu addieren. Die Summe dieser Werte ist maßgeblich für die Anwendung der Anlage 1.[15] Anders als in den Fällen des § 9 Abs. 1 muss in den Fällen des § 9 Abs. 2 die **Summe der Größen- und Leistungswerte** herangezogen werden, weil für das Grundvorhaben und seine etwaigen früheren Änderungen bisher noch keine UVP und damit auch noch keine Öffentlichkeitsbeteiligung stattgefunden hat. Ein Gleichklang bei der Behandlung der Fälle nach § 9 Abs. 1 und nach § 9 Abs. 2 besteht erst wieder bei der **Durchführung der UVP, welche in beiden Fallgruppen »für das Änderungsvorhaben« vorzunehmen ist.** Das Änderungsvorhaben erfüllt als solches den Vorhabenbegriff nach dem UVPG, vgl. § 2 Abs. 4 Nr. 2. Daher ist bei der Durchführung der UVP auch nur das Änderungsvorhaben selbst gemeint und nicht etwa »die Summe« aus dem Änderungsvorhaben und dem Grundvorhaben.[16] Das Grundvorhaben ist aber gleichwohl bei der Erfassung des »Ist-Zustandes« bzw. der »Vorbelastung« zu berücksichtigen.

16 Für ein Änderungsvorhaben, das ein Vorhaben ändert, für das keine UVP durchgeführt worden ist, besteht nach § 9 Abs. 2 Satz 1 Nr. 2 dann eine UVP-Pflicht, wenn das Vorhaben in der Gestalt der Änderung (»**geändertes Vorhaben**«) erstmals oder erneut einen in der Anlage 1 angegebenen Prüfwert für die Vorprüfung erreicht oder überschreitet (»**Erreichen der Vorprüfungspflicht**«) und die Vorprüfung ergibt, dass die Änderung erhebliche Umweltauswirkungen hervorrufen kann. § 9 Abs. 2 Satz 1 Nr. 2 entspricht teilweise dem früheren § 3c Satz 5 UVPG a.F., und zwar in der Verweisungskette auf § 3 b Abs. 3 UVPG a.F. Erfasst werden nach der Entwurfsbegründung[17] u.a. Fälle wiederholter Änderungen vorprüfungspflichtiger Vorhaben, bei denen die Vorprüfung jeweils zu dem (negativen) Prüfergebnis gekommen ist, das keine UVP erforderlich sei. Für das Erreichen der Vorprüfungspflicht ist jeweils maßgeblich, ob die Summe der Prüfwerte, die sich aus Grundvorhaben und Änderungsvorhaben ergibt, nach Anlage 1 die Vorprüfungspflicht auslöst. Es kommt also auf das »**geänderte Vorhaben**« an. Hingegen ist für die Durchführung der Vorprüfung nach dem eindeutigen Wortlaut des § 9 Abs. 2 Satz 1 Nr. 2 **allein »die Änderung« maßgeblich.** Das Grundvorhaben ist daher nicht Gegenstand der Vorprüfung, aber gleichwohl in der Vorprüfung bei der Erfassung des »Ist-Zustandes« bzw. der »Vorbelastung« zu berücksichtigen. Ist die Änderung so weitreichend, dass das geänderte Vorhaben erstmals die Größen- oder Leistungswert für die unbedingte

14 BReg, BR-Drs. 164/17, S. 90.

15 BReg, BR-Drs. 164/17, S. 90.

16 Vgl. zum UVPG a.F.: BVerwG, Urt. v. 24.10.2013 – 7 C 36/11, juris Rn. 31 unter Hinweis auf *Sitsen* UPR 2008, 292 ff. (294).

17 BReg, BR-Drs. 164/17, S. 91.

UVP-Pflicht erreicht oder überschreitet, ist nach § 9 Abs. 2 Satz 1 Nr. 1 unmittelbar die UVP durchzuführen.

Für Altanlagen, die vor dem Inkrafttreten des UVPG zugelassen worden sind, hat eine UVP naturgemäß nicht stattfinden können. Zur Beurteilung des Änderungsvorhabens ist das mit der Altanlage verbundene Grundvorhaben den im aktuellen Anh. 1 gelisteten Vorhaben zuzuordnen. Wäre die Altanlage nach heutiger Rechtslage ein Vorhaben, dessen UVP-Pflicht zwingend ist, wenn bestimmte Größen- oder Leistungswerte erreicht oder überschritten werden, **so führt das aktuelle Änderungsvorhaben dann zur UVP-Pflicht**, wenn es für sich genommen diese Größen- oder Leistungswerte erreicht oder überschreitet. Bestandsschutzbelange (§ 9 Abs. 5) werden dabei nicht berührt. Wäre die Altanlage nach heutiger Rechtslage ein Vorhaben, dessen Vorprüfungspflicht davon abhängt, dass bestimmte Prüfwerte erreicht oder überschritten werden, **so führt das aktuelle Änderungsvorhaben dann zur Vorprüfungspflicht**, wenn es für sich genommen diese Prüfwerte erreicht oder überschreitet. Bestandsschutzbelange (§ 9 Abs. 5) werden auch hier nicht berührt. Wäre die Altanlage schließlich nach heutiger Rechtslage ein Vorhaben, das für seine UVP-Pflicht nicht an Größen- oder Leistungswerten bzw. für seine Vorprüfungspflicht nicht an Prüfwerten gemessen wird, **so führt das aktuelle Änderungsvorhaben analog § 9 Abs. 3 Satz 1 zu einer Vorprüfungspflicht.** Der analogen Anwendung des § 9 Abs. 3 Satz 1 stehen Bestandsschutzgesichtspunkte (§ 7 Abs. 5) nicht entgegen, weil die UVP-Pflicht nur dann besteht, wenn die Vorprüfung ergibt, dass **»die Änderung«**, die wiederum allein der neuen Rechtslage unterliegt, erhebliche nachteilige Umweltauswirkungen hervorrufen kann. In der UVP bzw. Vorprüfung ist die Altanlage bei der Erfassung des »Ist-Zustandes« bzw. der »Vorbelastung« zu berücksichtigen. Eher vage bleiben die **Überlegungen zur Behandlung der Altanlagen in der Gesetzesbegründung.** Sie halten bei der aktuellen Änderung von solchen Altanlagen, die bei heutiger Neuzulassung der Vorprüfungspflicht oder sogar der zwingenden UVP-Pflicht unterliegen würden, das erneute Erreichen oder Überschreitens eines Prüfwertes für die Vorprüfung für denkbar, und zwar selbst dann, wenn die geplante Änderung keine Auswirkungen auf die Größe und Leistung des Vorhabens habe.[18] 17

Satz 2 des § 9 Abs. 2 enthält eine spezielle Regelung für die in Anlage 1 Nr. 18.5, 18.7 und 18.8 aufgeführten **Städtebauprojekte** bzw. **Industriezonen** und behält damit die frühere Rechtslage (§ 3b Abs. 3 Satz 4 UVPG a.F.) bei. Zu Gunsten des Vorhabenträgers solcher Projekte lässt die Regelung die bestehenden Grundvorhaben unberücksichtigt. Maßgeblich ist, ob **allein durch die Änderung die unbedingte UVP-Pflicht** (§ 9 Abs. 2 Satz 1 Nr. 1) **oder die Vorprüfungspflicht** (§ 9 Abs. 2 Satz 1 Nr. 2) **ausgelöst wird.** Die in der Regelung genannten Infrastrukturvorhaben seien oftmals, so der Hinweis in der Gesetzesbegründung, Teil einer kontinuierlichen Entwicklung und längeren Siedlungsgeschichte bzw. als durch kontinuierliche Weiterentwicklung gekennzeichnete dynamische Sondersituation anzusehen.[19] Dies trifft sicherlich zu, besagt aber noch nichts darüber, ob die Zielsetzung der UVP-Richtlinie gewahrt ist, wonach Projekte, bei denen mit erheblichen Auswirkungen auf die Umwelt zu rechnen ist, vor Erteilung der Genehmigung unter Beteiligung der Öffentlichkeit auf ihre möglichen erheblichen Umweltauswirkungen zu beurteilen sind. Wie die Parallelbegünstigung in § 9 Abs. 1 Satz 3 kann diejenige in § 9 Abs. 2 Satz 2 nicht verhindern, dass es durch eine Vielzahl von Änderungen, welche sich unterhalb der maßgeblichen Schwellen (§ 9 Abs. 2 Satz 1 Nr. 1 und Nr. 2) bewegen, in der Summe zu erheblichen nachteiligen Umweltauswirkungen kommt, ohne dass zuvor die Durchführung einer UVP und die damit verbundene Öffentlichkeitsbeteiligung stattgefunden hat. Die spezielle Regelung in Satz 2 des § 9 Abs. 2 ist **daher auf Kritik gestoßen.**[20] Auf der anderen Seite darf nicht übersehen werden, dass einer städtebauliche Entwicklungen von Gewicht regelmäßig ein Bebauungs- 18

18 BReg, BR-Drs. 164/17, S. 91.

19 Zum UVPG 2017 vgl. BReg, BR-Drs. 164/17, S. 91; zum Vorgängergesetz UVPG 2010 bzw. 2001 mit entsprechender Regelung gemäß § 3 Abs. 3 vgl. BT-Drs. 14/4599, S. 95.

20 Vgl. *Sangenstedt*, in: Landmann-Rohmer, Umweltrecht, § 3b UVPG Rn. 52.

plan vorgeschaltet ist, in dessen Aufstellungsverfahren eine **Umweltprüfung mit Öffentlichkeitsbeteiligung** stattfindet, vgl. § 50.

19 § 9 Abs. 3 Satz 1 behandelt, wie zuvor schon § 9 Abs. 2, Änderungsvorhaben, welche Grundvorhaben betreffen, für die keine Umweltverträglichkeitsprüfung durchgeführt worden ist. Als Rechtsfolge kennt § 9 Abs. 3 aber allein die Vorprüfung für das Änderungsvorhaben. Der Tatbestand der Norm betrifft UVP-Vorhaben nach Anlage 1, **die für ihre UVP-Pflicht nicht an Größen- oder Leistungswerten** (Nr. 1 des § 9 Abs. 3 Satz 1) bzw. **für ihre Vorprüfungspflicht nicht an Prüfwerten** (Nr. 2 des § 9 Abs. 3 Satz 1) **gemessen werden.** So löst beispielsweise eine Anlage zum Brikettieren von Braun- oder Steinkohle nach Nr. 1.7 der Anlage 1 die UVP-Pflicht aus, ohne dass dafür auf die Erfüllung von Größen- oder Leistungswerten ankommt. Die Errichtung und der Betrieb einer Wasserkraftanlage ist nach Nr. 13.14 der Anlage 1 ein Beispiel dafür, dass die Pflicht zur (allgemeinen) Vorprüfung eingreift, ohne dass es insoweit einen Prüfwert gibt. Wird ein derartiges Vorhaben der Anlage 1 geändert, so ordnet der Gesetzgeber eine Vorprüfung an. Bei der Durchführung der Vorprüfung kommt es darauf an, ob **»die Änderung«** erhebliche nachteilige Umweltauswirkungen hervorrufen kann. Das bestehende Vorhaben ist im Rahmen der Vorprüfung und ggf. bei der durchzuführenden UVP bei der Erfassung des »Ist-Zustandes« bzw. der »Vorbelastung« zu berücksichtigen.[21]

D. Vorprüfung bei Änderungsvorhaben erfolgt entsprechend § 7

20 Gemäß § 9 Abs. 4 gilt für die Vorprüfung bei Änderungsvorhaben § 7 entsprechend.

E. Bestandsschutz gemäß § 9 Abs. 5

21 Gemäß § 9 Abs. 5 bleibt der in den jeweiligen Anwendungsbereichen der UVP-Richtlinien 85/337/EWG und 97/11/EG fallende, aber vor Ablauf der jeweiligen Umsetzungsfristen **erreichte Bestand hinsichtlich des Erreichens oder Überschreitens der Größen- oder Leistungswerte** (UVP-Pflicht) **und der Prüfwerte** (Vorprüfungspflicht) **unberücksichtigt.** An dieser, der Vorgängerregelung gemäß § 3 b Abs. 3 Satz 3 UVPG a.F. entsprechenden Bestandsschutzregelung hat der Gesetzgeber festgehalten. Im Gesetzgebungsverfahren der UVPG-Novelle 2017 hat der Bundesrats-Umweltausschuss Klarstellungsbedarf gesehen, wann von einem **»erreichten Bestand«** gesprochen werden kann.[22] Die Bundesregierung hat dazu in dem Sinne Stellung genommen, dass es einer Klarstellung der Formulierung »erreichter Bestand« nicht bedürfe. Bei dem geschützten Bestand handele es sich um solche Vorhaben, die nach den aufgeführten Richtlinien zum Zeitpunkt des Ablaufs der jeweiligen Umsetzungsfristen der Richtlinie noch nicht der Verpflichtung zur Durchführung einer UVP unterlagen. Für die UVP-Richtlinie 85/337/EWG **lief die Umsetzungsfrist am 03.07.1988 ab**, bei der UVP-Änderungsrichtlinie aus 1997 97/11/EG **war dies der 14.03.1999.** Die bauliche oder technische Realisierung brauche zu den Zeitpunkten nicht erfolgt sein.[23] Wie sich aus der Gesetzesbegründung zur Vorgängernorm des § 3 b Abs. 3 Satz 3 e, die übernommen wurde, ergebe, habe sich der Gesetzgeber des § 3 b Abs. 3 »insgesamt von Umweltschutzgesichtspunkten leiten lassen«. Um den »Bestandsschutz des bestehenden Vorhabens zu wahren«, soll sich die UVP »nicht auf das Gesamtvorhaben« beziehen, sondern nur auf die Erweiterung.[24] Ein »erreichter Bestand« ist danach bereits dann anzunehmen, **wenn dem Vorhabenträger die beantragte Zulassung erteilt worden ist.**[25]

---

21 Begründung BReg zum Regierungsentwurf, BR-Drs. 164/17, S. 91.

22 BT-Drs. 18/11948, S. 21.

23 Gegenäußerung der Bundesregierung zur Stellungnahme des Bundesrates (31.03.2017) v. 12.04.2017, BT-Drs. 18/11948, S. 21.

24 BReg, BT-Drs. 14/4599, S. 95.

25 BReg, BT-Drs. 18/11948, S. 21; nach *Sangenstedt*, in: Landmann/Rohmer, Umweltrecht, § 3b UVPG Rn. 50 kommt es darauf an, ob sich das Alt-Vorhaben in einem fortgeschrittenen Stadium der Zulassung befand und bereits einen verfestigten Status erreicht hatte.

§ 10 UVP-Pflicht bei kumulierenden Vorhaben

(1) Für kumulierende Vorhaben besteht die UVP-Pflicht, wenn die kumulierenden Vorhaben zusammen die maßgeblichen Größen- oder Leistungswerte nach § 6 erreichen oder überschreiten.

(2) [1]Bei kumulierenden Vorhaben, die zusammen die Prüfwerte für eine allgemeine Vorprüfung erstmals oder erneut erreichen oder überschreiten, ist die allgemeine Vorprüfung durchzuführen. [2]Für die allgemeine Vorprüfung gilt § 7 Absatz 1 und 3 bis 7 entsprechend.

(3) [1]Bei kumulierenden Vorhaben, die zusammen die Prüfwerte für eine standortbezogene Vorprüfung erstmals oder erneut erreichen oder überschreiten, ist die standortbezogene Vorprüfung durchzuführen. [2]Für die standortbezogene Vorprüfung gilt § 7 Absatz 2 bis 7 entsprechend.

(4) [1]Kumulierende Vorhaben liegen vor, wenn mehrere Vorhaben derselben Art von einem oder mehreren Vorhabenträgern durchgeführt werden und in einem engen Zusammenhang stehen. [2]Ein enger Zusammenhang liegt vor, wenn
1. sich der Einwirkungsbereich der Vorhaben überschneidet und
2. die Vorhaben funktional und wirtschaftlich aufeinander bezogen sind.

[3]Technische und sonstige Anlagen müssen zusätzlich mit gemeinsamen betrieblichen oder baulichen Einrichtungen verbunden sein.

(5) Für die in Anlage 1 Nummer 14.4, 14.5 und 19.1 aufgeführten Vorhaben gilt Absatz 4 mit der Maßgabe, dass zusätzlich ein enger zeitlicher Zusammenhang besteht.

(6) Der in den jeweiligen Anwendungsbereich der Richtlinien 85/337/EWG und 97/11/EG fallende, aber vor Ablauf der jeweiligen Umsetzungsfristen erreichte Bestand bleibt hinsichtlich des Erreichens oder Überschreitens der Größen- oder Leistungswerte und der Prüfwerte unberücksichtigt.

Übersicht

A. Allgemeines

Mit den §§ 10 bis 13 hat der Gesetzgeber im Rahmen des »Gesetzes zur Modernisierung des Rechts der Umweltverträglichkeitsprüfung«[1] die Vorschriften zur UVP-Pflicht bei **kumulierenden Vorhaben** im Jahr 2017 umfassend neu geregelt. § 10 enthält die grundlegenden Regelungen für die Feststellung der UVP-Pflicht bei kumulierenden Vorhaben. Die weitergehenden Regelungen in den §§ 11 bis 13 UVPG bauen hierauf auf. 1

Das Erfordernis des Erfassens kumulierender Vorhaben ergibt sich aus Art. 2 Abs. 1 der UVP-Richtlinie und der hierauf bezogenen Rechtsprechung des EuGH, namentlich insbesondere des »**Irland-Urteils**«[2]. Der EuGH führte in dieser Entscheidung aus, dass es nicht ausreichend ist, die Not- 2

1 BGBl. 2017 Teil I, S. 2808.
2 EuGH Rs. C-392/96 Rn. 76 ff.

wendigkeit einer UVP allein von der Größe oder der Leistung eines jeweils betrachteten Einzelvorhabens abhängig zu machen, sondern auch eine Umgehung des Regelungsziels durch eine Aufsplitterung von Vorhaben dadurch zu vermeiden ist, dass bei der Bestimmung der UVP-Pflicht auch kumulative Wirkungen berücksichtigt werden, die sich daraus ergeben, dass mehrere Projekte derselben Art dicht beieinander durchgeführt werden. Bliebe die kumulative Wirkung von Projekten dagegen unberücksichtigt, so hätte dies, so der EuGH, zur Folge, dass sämtliche Projekte einer bestimmten Art der Verträglichkeitsprüfung entzogen werden könnten, obgleich sie zusammengenommen erhebliche Auswirkungen auf die Umwelt im Sinne von Art. 2 Abs. 1 der UVP-Richtlinie haben könnten.[3] Dies gilt nicht nur für zeitgleich, sondern auch für nacheinander zu realisierende Vorhaben.

3 Die bis 2017 gültige Regelung zu kumulierenden Vorhaben in §§ 3b Abs. 2 und 3, 3c Satz 5 UVPG a.F., die dazu dienen sollte, die Vorgaben der UVP-Richtlinie unter Berücksichtigung insbesondere des »Irland-Urteils« des EuGH umzusetzen, hatte sich als defizitär erwiesen und zu Auslegungsproblemen und einer uneinheitlichen Rechtsprechung geführt.[4] Insbesondere die Fallgestaltung der nachträglichen Kumulation, also der zeitlich versetzten Verwirklichung von Teilprojekten, wurde vom Gesetzeswortlaut nicht erfasst.[5] Diese Regelungslücke hat zunächst das BVerwG in seinem Urteil vom 18.06.2015 (4 C 4.14) durch die Annahme einer Gesamtanalogie zu § 3b Abs. 2 und Abs. 3 UVPG a.F. geschlossen.[6] Der Gesetzgeber hat diese Rechtsprechung zum Anlass genommen, die bis dahin geltende – unzureichende – Regelung durch eine Neuregelung zu ersetzen, um so für Rechtsklarheit und eine Übereinstimmung mit den unionsrechtlichen Vorgaben zu sorgen.[7]

4 Die Neuregelung für kumulierende Vorhaben findet sich seit der Gesetzesnovelle von 2017 in den §§ 10 bis 12. § 10 Abs. 1 bis 3 bestimmt die Rechtsfolgen, die eintreten, wenn die Voraussetzungen des Abs. 4 für die Annahme von kumulierenden Vorhaben vorliegen. Die §§ 11 und 12 betreffen die Fälle **nachträglicher Kumulation** und schränken die UVP-Pflicht in diesen Fallkonstellationen im Vergleich zu den generellen Regelungen in § 10 Abs. 1 bis 3 ein. Dabei differenzieren die §§ 11 und 12 danach, ob das Zulassungsverfahren für das frühere Vorhaben schon abgeschlossen ist (§ 11) oder noch andauert (§ 12). § 13 nimmt bestimmte Vorhaben vom Anwendungsbereich der §§ 10 bis 12 aus.

B. UVP-Pflicht auf Grund von Größe oder Leistung kumulierender Vorhaben (Abs. 1 bis 3)

5 § 10 regelt in den Absätzen 1 bis 3 die UVP-rechtlichen Folgen einer nach Abs. 4 anzunehmenden Kumulation. Liegen diese Voraussetzungen vor, sind die sich aus der Anlage 1 zum UVPG jeweils ergebenden **Größen- oder Leistungswerte zu addieren**, soweit nicht ein vorhandener Bestand nach Abs. 6 unberücksichtigt bleibt. Sie gelten sowohl für Neubauvorhaben als auch für die Änderung bestehender Vorhaben im Sinne des § 9.

6 **Abs. 1** betrifft den Fall, dass diese Addition der Größen- oder Leistungswerte der kumulierenden Vorhaben den in Anlage 1 Spalte 1 mit einem »X« gekennzeichneten Wert erreicht oder überschreitet, so dass eine **unbedingte UVP-Pflicht** nach § 6 besteht, wenn nicht die §§ 11 bis 13 Abweichendes regeln.

3 EuGH Rs. C-392/96 Rn. 76.

4 BT-Drs. 18/11499, S. 81.

5 BVerwG, Urt. v. 18.06.2015 – 4 C 4.14, juris Rn. 16.

6 BVerwG, Urt. v. 18.06.2015 – 4 C 4.14, juris Rn. 16; zu diesem Urteil vergleiche: *Buchheister* DVBl 2016, 265 (270); *Rubel* DVBl 2016, 459 (464); *Külpmann* jurisPR-BVerwG 19/2015 Anm. 5; *Rebentisch* UPR 2016, 53; *Schlacke* NVwZ 2015, 1461; *Arnold/Weghake* BauR 2016, 190 (194); *Arnold* NVwZ 2017, 497 (499).

7 BT-Drs. 18/11499, S. 59.

Nach **Abs. 2** ist eine **allgemeine Vorprüfung** erforderlich, wenn die Addition der Größen- oder Leistungswerte der kumulierenden Anlagen die in Anlage 1 Spalte 2 ausgewiesenen Schwellenwerte für die allgemeine Vorprüfung erstmals oder erneut erreicht oder überschreitet, wenn nicht die §§ 11 bis 13 Abweichendes regeln. § 7 Abs. 1 und 3 bis 7 gilt in den Fällen des Abs. 2 entsprechend. **Abs. 3** enthält eine entsprechende Regelung für den Fall des Erreichens oder Überschreitens der Schwellenwerte für eine **standortbezogene Vorprüfung.** § 7 Abs. 2 bis 7 gilt entsprechend. 7

C. Kumulierende Vorhaben (Abs. 4)

Die Voraussetzungen für die Annahme kumulierender Vorhaben sind in § 10 Abs. 4 geregelt. Maßgebend ist nach Satz 1, dass **mehrere Vorhaben derselben Art**, die von einem oder mehreren Vorhabenträgern durchgeführt werden, **in einem engen Zusammenhang** stehen. Wann von einem engen Zusammenhang auszugehen ist, ist Satz 2 zu entnehmen. Das zusätzliche Erfordernis der Verbindung technischer und sonstiger Anlagen mit gemeinsamen betrieblichen oder baulichen Einrichtungen aus Satz 3 ist unionsrechtswidrig[8] und daher nicht mehr anzuwenden.[9] Die Regelung des Satzes 1 entspricht mit der Ausnahme dem bis 2017 geltenden § 3b Abs. 2 Satz 1 UVPG a.F., dass es nach der Neuregelung nicht mehr erforderlich ist, dass diese Vorhaben gleichzeitig verwirklicht werden, sodass nunmehr auch die **nachträgliche Kumulation** unmittelbar vom Gesetzeswortlaut erfasst und die vom BVerwG zuvor entwickelte Gesamtanalogie[10] nicht mehr erforderlich ist. 8

Im Verhältnis zur alten Regelung in § 3b Abs. 2 UVPG a.F. sind in § 10 Abs. 4 Satz 2 und Satz 3 die Voraussetzungen für den engen Zusammenhang im Sinne des Satzes 1 im Rahmen der Gesetzesnovelle 2017 neu gefasst worden. Dabei hat der Gesetzgeber sich von der vorherigen, an § 1 Abs. 3 der 4. BImSchV angelehnten Formulierung in § 3b Abs. 2 Satz 2 UVPG a.F. (Belegenheit auf »demselben Bau- oder Betriebsgelände«) gelöst und die vom BVerwG im Urteil vom 18.06.2015 (4 C 4.14) und insbesondere im nachfolgenden Urteil vom 17.12.2015 (4 C 7.14)[11] definierten Voraussetzungen für die Annahme eines engen Zusammenhangs praktisch wortgleich in den Gesetzestext übernommen, wobei Satz 3 aufgrund der Rechtsprechung des EuGH nicht mehr anzuwenden ist. 9

I. Vorhaben derselben Art

Um von kumulierenden Vorhaben ausgehen zu können, muss es sich zunächst um **Vorhaben derselben Art** handeln.[12] Es sollen demnach nicht alle eng zusammenhängenden Vorhaben an einem Standort eine Bewertungseinheit im Sinne des UVPG bilden, sondern eine gemeinsame Betrachtung nur dann angestellt werden, wenn es sich um **qualitativ vergleichbare** Vorhaben handelt, deren Größe oder Leistung nach den Kategorien gemäß Anlage 1 Spalte 1 Kennzeichen »X« zu einem einheitlichen Gesamtwert aufsummiert werden kann.[13] Für die qualitative Vergleichbarkeit sind vor allem die technische und bauliche Beschaffenheit sowie die Betriebsweise maßgebend. Von Vorhaben derselben Art ist demnach jedenfalls dann auszugehen, wenn diese in der Liste »UVP-pflichtige Vorhaben« der Anlage 1 einer Vorhabenart **derselben Ordnungsnummer zugeordnet** worden sind. Darüber hinaus können ausnahmsweise auch solche Vorhaben als Vorhaben derselben Art bewertet werden, die innerhalb derselben Sachgebietsgruppe unterschiedlichen Ordnungsnummern zugeordnet sind, soweit sich die Vorhaben durch eine entsprechende technische oder bauliche Beschaffenheit und Betriebsweise sowie durch vergleichbare Umweltauswirkungen auszeichnen und die angegebenen Größen- oder Leistungswerte addierbar sind und zwar ungeachtet von Unterschieden im Detail, die bei einem Nutzungswechsel die Annahme einer baurechtlich relevanten Nutzungsänderung recht- 10

8 EuGH Rs. C-596/22 Rn. 34.

9 OVG NRW, Beschl. v. 04.01.2024 – 2 B 994/23, juris Rn. 36.

10 BVerwG, Urt. v. 18.06.2015 – 4 C 4.14, juris Rn. 16.

11 BVerwG, Urt. v. 17.12.2015 – 4 C 7.14, juris Rn. 11 ff.

12 Vgl. Hierzu auch: Ziff. 10.4.1 »Allgemeine Verwaltungsvorschrift zur Ausführung des Gesetzes über die Umweltverträglichkeitsprüfung« vom 14.04.2025.

13 BVerwG, Urt. v. 25.01.2024 – 7 A 4,23, juris Rn. 22; Beschl. v. 29.01.2025 – 10 B 6.24, juris Rn. 10.

fertigen können. Zu verweisen ist in diesem Zusammenhang auf die Regelung in Nr. 7.11 der Anlage 1, wonach bei gemischten Tierbeständen, die für sich betrachtet die jeweiligen Größenwerte nicht erreichen, eine Addition der Vom-100-Anteile vorzunehmen und so zu überprüfen ist, ob ein summarischer Wert von 100 % bezogen auf die Spalten 1 und 2 der Anlage 1 erreicht wird.[14] Hieraus ist zu folgern, dass alle Vorhaben, die einer bestimmten Projektart der zweiten Ebene (z.B. Nr. 1.1., 1.2 usw.) zugeordnet werden können, in diesem Sinne kumulationstauglich sind.[15] Ansonsten und über die vorstehend dargestellte Ausnahme hinaus gilt, dass die Annahme von Vorhaben derselben Art bei Vorhaben mit nicht vergleichbaren Größen- oder Leistungsangaben grundsätzlich nicht in Betracht kommt.

11 Nicht erforderlich für die Annahme des Vorliegens von Vorhaben derselben Art ist, wie sich aus dem Gesetzeswortlaut (»von einem oder mehreren Vorhabenträgern durchgeführt«) ergibt, dass es sich um **Vorhaben desselben Trägers** handelt.[16]

12 Die Regelungen über kumulierende Vorhaben in § 10 führt darüber hinaus auch **nicht zu einer Modifikation des fachrechtlichen Vorhabenbegriffs**; kumulierende Vorhaben im Sinne des UVPG sind danach nicht allein deshalb, also nicht allein aufgrund der kumulierenden Betrachtung, als »Gesamtvorhaben« im materiell-rechtlichen Sinn zu qualifizieren. Das BVerwG stellte hierzu kürzlich noch einmal klar, dass der Vorhabenbegriff des § 2 Abs. 4 mit Rücksicht auf die Funktion der Umweltverträglichkeitsprüfung, die Sachentscheidung durch Ermittlung, Beschreibung und Bewertung des Vorhabens vorzubereiten, an den fachrechtlichen Vorhabenbegriff anknüpft und ein Vorhaben im Sinne des jeweiligen Fachrechts daher grundsätzlich auch ein Vorhaben im Sinne des UVPG ist. Bei Komplexvorhaben, die einer Umweltverträglichkeitsprüfung zu unterziehen sind, wird der fachrechtliche Vorhabenbegriff aber umgekehrt nicht modifiziert, weshalb auch mehrere kumulierende Vorhaben nur unter den jeweiligen fachrechtlichen Voraussetzungen als Gesamtvorhaben zu bewerten sind.[17]

II. Enger Zusammenhang

13 § 10 Abs. 4 verlangt für die kumulierende Betrachtung von Vorhaben derselben Art einen engen Zusammenhang dieser Vorhaben. Dieser enge Zusammenhang liegt vor, wenn sich **die Einwirkungsbereiche der Vorhaben überschneiden** und die Vorhaben darüber hinaus **funktional und wirtschaftlich aufeinander bezogen** sind (Satz 2). Das Erfordernis der zusätzlichen Verbindung technischer und sonstiger Anlagen mit **gemeinsamen betrieblichen oder baulichen Einrichtungen** (Satz 3) ist nach der Rechtsprechung des EuGH[18] unionsrechtswidrig und daher nicht mehr zu berücksichtigen.[19]

14 Mit der Neuregelung der Voraussetzungen der Kumulierung im Rahmen des »Gesetzes zur Modernisierung des Rechts der Umweltverträglichkeitsprüfung« hat der Gesetzgeber sich von der vorherigen an § 1 Abs. 3 der 4. BImSchV orientierten Formulierung des § 3 b Abs. 2 Satz 2 Nr. 1 UVPG a.F. gelöst, wonach ein enger Zusammenhang bei technischen oder sonstigen Anlagen neben anderen Voraussetzungen erforderte, dass diese auf demselben Betriebs- oder Baugelände belegen waren. Der Gesetzgeber sah diese Formulierung im Rahmen der Gesetzesnovelle 2017 als missverständlich an, da sie, so die Begründung zum Gesetzesentwurf der Bundesregierung, den Rechtsanwender zu der Vorstellung verleiten könnte, dass sich die Vorhaben innerhalb eines zusammenhängenden, von einer gemeinsamen Einfriedung umgrenzten Geländes befinden müssten, wohingegen es nach der

14 NdsOVG, Beschl. v. 12.09.2023 – 1 LA 105/22, juris Rn. 13.

15 BVerwG, Beschl. v. 29.01.2025 – 10 B 6.24, juris Rn. 10; NdsOVG, Urt. v. 30.06.2021 – 1 LC 120/17, juris Rn. 57; OVG SH, Urt. v. 28.11.2019 – 5 LB 3/19, juris Rn. 91; vgl. zur alten Rechtslage: *Bunge*, UVP-Report 2001, 234 (235); *Sangenstedt*, Umweltrecht, § 3 b UVPG, Rn. 27; vgl. auch: *Dienes* in der 4. Auflage dieses Werkes zu § 3b, Rn. 19 m.w.N.

16 BT-Drs. 18/11499, S. 83.

17 BVerwG, Beschl. v. 29.01.2025 – 10 B 6.24, juris Rn. 9.

18 EuGH Rs. C-596/22 Rn. 34.

19 OVG NRW, Beschl. v 04.01.2024 – 2 B 994/23, juris Rn. 36.

Rechtsprechung des BVerwG für die Annahme des erforderlichen räumlichen Zusammenhangs **nicht auf optisch wahrnehmbare Umstände** ankommt.[20] Auf die Definition eines wie auch immer gearteten Betriebs- oder Baugeländes kommt es für die Anwendung der Kumulationsregel des § 10 Abs. 4 danach nicht (mehr) an, was mit Blick auf die auswirkungsbezogene Zielrichtung des UVPG letztlich auch konsequent ist.

1. Überschneidender Einwirkungsbereich

Das Erfordernis überschneidender Einwirkungsbereiche der zu betrachtenden Vorhaben ist erstmals vom BVerwG im Urteil vom 18.06.2015 (4 C 4.14) zur Beschreibung der erforderlichen **räumlichen Komponente des engen Zusammenhangs** formuliert worden und stellte seinerzeit eine Absage an die in der obergerichtlichen Rechtsprechung[21] vertretene Auslegung dar, dass diese räumliche Komponente des engen Zusammenhangs aufgrund einer Gesamtbetrachtung nach der Verkehrsanschauung insbesondere auch unter Berücksichtigung optischer Aspekte zu ermitteln sei. Aufgrund des wirkungsbezogenen Ansatzes des UVP-Rechts müsse vielmehr auf eine **Überlagerung der Umweltauswirkungen** abgestellt werden.[22] Hieran knüpfte der Gesetzgeber bei der Neuregelung der Kumulationsvorschrift an und überführte die vom BVerwG formulierten Voraussetzungen in das Gesetz. 15

Was unter dem **Einwirkungsbereich**[23] einer Anlage zu verstehen ist, ergibt sich aus § 2 Abs. 11. 16
Danach ist der Einwirkungsbereich im Sinne des UVPG das geographische Gebiet, in dem Umweltauswirkungen auftreten, die (nach dem jeweils anzuwendenden Fachrecht) **für die Zulassung eines Vorhabens relevant** sind,[24] wobei alle unmittelbaren oder mittelbaren Auswirkungen eines Vorhabens auf die Schutzgüter des § 2 Abs. 1 in den Blick zu nehmen sind.[25] Allein eine Überschneidung von Immissionsradien reicht zur Annahme eines gemeinsamen Einwirkungsbereichs i.S.d. UVPG indes nicht aus; im Überschneidungsbereich muss auch ein schutzwürdiges Objekt[26] liegen, auf das die Immissionen einwirken.[27] Soweit Auswirkungen für die Zulassung eines Vorhabens dagegen ohne Bedeutung sind, können sie auch im Rahmen der Prüfung der Kumulationsvoraussetzungen außer Betracht bleiben, da das UVPG keine eigenständigen, von den fachrechtlichen Zulassungsvoraussetzungen unabhängigen, materiellen Anforderungen für die Zulassung eines Vorhabens enthält.[28] Für die Bestimmung des Einwirkungsbereichs sind daher die jeweiligen fachrechtlichen Regelungen heranzuziehen, wobei es entscheidend auf die an einem bestimmten Einwirkungsort entstehende Gesamtbelastung unter Einschluss vorhandener Vorbelastungen und nicht auf den individuellen

---

20 BT-Drs. 18/11499, S. 83 m.V.a. Urteile des BVerwG v. 18.06.2015 und 17.12.2015.

21 OVG SH, Urt. v. 08.03.2013 – 1 LB 5/12, juris; OVG NRW, Urt. v. 17.06.2014 – 2 A 1434/13, juris.

22 BVerwG, Urt. v. 18.06.2015 – 4 C 4.14, juris Rn. 24.

23 Der vorherigen behördlichen und verwaltungsgerichtlichen Praxis, ein Überschneiden oder Berühren der Einwirkungsbereiche von zwei Windenergieanlagen regelmäßig zu verneinen, wenn zwischen ihnen eine Entfernung von mehr als dem Zehnfachen des Rotordurchmessers liegt, hat das BVerwG (Beschl. v. 28.04.2020 – 4 B 39/19, juris, Orientierungssatz) mit der Begründung eine Absage erteilt, dass der zehnfache Rotordurchmesser keinen rechtsverbindlichen Grenzwert im Sinne einer keine technische Wirkungsgröße darstelle, so dass stets eine Betrachtung der jeweiligen Auswirkungen im Einzelfall vorzunehmen ist, wobei darauf zu verweisen ist, dass bei der Prüfung der UVP-Pflicht von Windenergieanlagen nicht auf die Kumulationsvorschrift abzustellen ist, sondern es insoweit allein auf den Begriff der Windfarm im Sinne des § 2 Abs. 5 ankommt, vgl. hierzu unter C. III.

24 BayVGH, Beschl. v. 21.10.2024 – 22 ZB 23.1143, juris Rn. 18; OVG NRW, Beschl. v. 16.03.2020 – 10 A 360/18, juris Rn. 35.

25 OVG SH, Urt. v. 11.11.2020 – 1 LB 1/18, juris Rn. 107.

26 Wohngebäude, die einer emittierenden Hofstelle zuzurechnen sind, sind insoweit auszuklammern, NdsOVG, Beschl. v. 12.09.2023 – 1 LA 105/22, juris Rn. 18.

27 BayVGH, Beschl. v. 21.10.2024 – 22 ZB 23.1143, juris Rn. 18; NdsOVG, Urt. v. 05.09.2024 – 1 LC 31/23, juris Rn. 27; NdsOVG, Urt. v. 30.06.2021 – 1 LC 120/17, juris, Leitsatz 1.

28 BT-Drs. 17/164, S. 85.

Belastungsbeitrag ankommt.[29] Erweist sich eine Umwelteinwirkung nach diesem jeweiligen Fachrecht an einem schutzwürdigen Objekt als irrelevant, so ist sie auch nicht dazu geeignet, die Kumulationsvoraussetzung der überschneidenden Umweltwirkungen (mit) zu begründen.[30] Hinsichtlich dieser fachrechtlichen Regelungen, die zur Bestimmung des Einwirkungsbereichs der Anlage heranzuziehen sind, verweist die Begründung zum Gesetzesentwurf bezogen auf Auswirkungen eines Vorhabens auf dem Luftpfad auf das durch das Immissionsschutzrecht definierte Beurteilungsgebiet gem. Nr. 4.6.2.5 der TA Luft.[31] Im Bereich von Lärmimmissionen kann auf Nr. 2.2 der TA Lärm abgestellt werden.[32]

17 Insbesondere im Bereich von luftgetragenen Emissionen dürfte es sich bei Nr. 4.6.2.5 der TA Luft aber nur um eine Mindestregelung handeln. Sind beispielsweise **Stickstoffimmissionen** zu betrachten, so kann sich ein wesentlich weiterer Rahmen des Einwirkungsbereichs dann ergeben, wenn FFH-Gebiete betroffen sind.[33] Hier muss der Einwirkungsbereich durch eine dem Abschneidekriterium entsprechende Isoplethe bestimmt werden.[34] Bei **Geruchsimmissionen**, z. B. im Rahmen der Zulassung von Tierhaltungsanlagen, dürfte regelmäßig auf die 2 %-Isoplethe abzustellen sein,[35] was an die **Irrelevanzregelung** in Nr. 3.3 des Anhangs 7 zur TA Luft 2021 anknüpft, da Geruchsimmissionen, die diesen Wert nicht erreichen, im Rahmen der Zulassungsentscheidung außer Betracht bleiben können.

18 Dabei unterscheidet sich die Feststellung überschneidender Umwelteinwirkungen im Bereich von Geruchsimmissionen insoweit bspw. von der entsprechenden Feststellung bei Lärmimmissionen als es zur Bestimmung des Einwirkungsbereichs bei Geruchimmissionen auf die Reichweite des Schutzanspruchs nicht ankommt, wohingegen bei Lärmimmissionen die Relevanzschwelle von den zulässigen Lärmwerten des jeweiligen Immissionsortes im Überschneidungsbereich abhängt (Irrelevanz bei 6 dB[A] unter IRW). Der **Schutzanspruch des Immissionsortes** ist bei der Betrachtung der Geruchsimmissionen daher erst im Rahmen der der Vorprüfung bzw. UVP zuzuordnenden Klärung zu bestimmen und unter gleichzeitiger Ermittlung der Vorbelastung in Bezug zur Gesamtbelastung zu setzen; erst hier ergibt sich, ob der relevante Immissionsbeitrag des Vorhabens tatsächlich eine schädliche Umwelteinwirkung darstellt.[36]

19 Die **Ermittlung des Einwirkungsbereichs** ist dabei nicht in einer Tiefe zu führen, die der eigentlichen Umweltverträglichkeitsprüfung vorbehalten ist. Allerdings besteht auch kein Anlass, eine geringere **Prüfdichte** zu verlangen, als sie im Rahmen der Vorprüfung des Einzelfalls geboten bzw. zulässig ist. Denn Kumulationsprüfung und Vorprüfung dienen demselben unionsrechtlichen Zweck. Beide müssen einen Ausgleich zwischen dem öffentlichen Interesse an der Durchführung einer Umweltverträglichkeitsprüfung und dem privaten Interesse an einer zügigen und kostengünstigen Durchführung von Verfahren, in denen die Überflüssigkeit der Umweltverträglichkeitsprüfung absehbar ist, erreichen. Die gleiche Funktion indiziert die gleiche Prüfdichte.[37] Unbedenklich ist es danach insbesondere, Gutachten zu verwerten, die der Vorhabenträger selbst beigebracht hat. Im

29 OVG NRW, Beschl. v. 04.01.2024 – 2 B 994/23, juris Rn. 50; Beschl. v. 16.03.2020 – 10 A 360/18, juris Rn. 37.
30 BayVGH, Beschl. v. 21.10.2024 – 22 ZB 23.1143, juris Rn. 18.
31 BT-Drs. 18/11499, S. 83.
32 NdsOVG, Beschl. v. 11.03.2019 – 12 ME 105/18, juris Rn. 38.
33 Vgl. OVG NRW, Urt. v. 16.06.2016 – 8 D 99/13.AK, juris Rn. 548 ff.
34 Zur Bestimmung des Einwirkungsbereichs anhand des Abschneidekriteriums: BVerwG, Urt. v. 11.07.2019 – 9 A 13/18, juris Rn. 122.
35 BayVGH, Beschl. v. 21.10.2024 – 22 ZB 23.1143, juris Rn. 18; NdsOVG, Urt. v. 05.09.2024 – 1 LC 31/23, juris Rn. 21; OVG NRW, Beschl. v. 04.01.2024 – 2 B 994/23, juris Rn. 52; Urt. v. 08.12.2023 – 7 A 742/22 -, juris Rn. 109–111.
36 NdsOVG, Beschl. v. 12.09.2023 – 1 LA 105/22, juris Rn. 18.
37 NdsOVG, Urt. v. 05.09.2024 – 1 LC 31/23, juris Rn. 23.

Rahmen ihres Verfahrensermessens kann die Genehmigungsbehörde entsprechende Unterlagen vom Bauherrn nachfordern.

2. Funktional und wirtschaftlich aufeinander bezogen

Weitere Voraussetzung der Kumulation ist nach Abs. 4 Satz 2 Nr. 2, dass die Vorhaben funktional und wirtschaftlich aufeinander bezogen sind. Auch diese Formulierung geht auf das Urteil des BVerwG vom 18.06.2015 (4 C 4.14) sowie das »Irland-Urteil« des EuGH zurück, wonach eine Umgehung der UVP-Pflicht durch eine Aufsplitterung von Vorhaben vermieden werden muss.[38] Das BVerwG schränkte seinerzeit ein, dass allein eine Wirkungsüberschneidung nicht ausreichend sei, um eine kumulierende Betrachtung von Vorhaben zu rechtfertigen. Vorhaben, die **beziehungslos und gleichsam zufällig nebeneinander** verwirklicht werden, sollten nicht schon wegen ihrer sich überlagernden Umweltauswirkungen der Vorprüfungspflicht unterliegen. Es müsse zusätzlich ein räumlich-betrieblicher Zusammenhang gegeben sein, der dadurch geprägt sei, dass die Vorhaben funktional und wirtschaftlich aufeinander bezogen seien.[39] Dem ist der Gesetzgeber im Rahmen der Neuregelung des Kumulationstatbestandes gefolgt. 20

Dieser funktionale und wirtschaftliche Bezug setzt **ein planvolles, koordiniertes Vorgehen** der Vorhabenträger im Sinne einer gegenseitig zurechenbaren Planungsentscheidung voraus, aufgrund derer von einem zufälligen Zusammentreffen der Vorhaben derselben Art nicht mehr gesprochen werden kann.[40] Vorhaben sind danach dann funktional und wirtschaftlich aufeinander bezogen im Sinne der Nr. 2, wenn sie bei wertender Betrachtung als **Aufsplitterung eines Gesamtvorhabens** bzw. als Einheit erscheinen.[41] 21

Ineinandergreifende betriebliche Abläufe sind hierfür zwar ausreichend, aber nicht zwingend erforderlich.[42] Es genügten vielmehr Umstände, aus denen sich **ein die Vorhaben koordinierendes und den Betreibern zurechenbares Verhalten** hinreichend verlässlich ableiten lässt.[43] Eine derartige Koordination kann beispielsweise dann gegeben sein, wenn Genehmigungsverfahren parallel betrieben und durch gemeinsame Gutachten für mehrere Vorhaben vorangetrieben werden,[44] wenn Betriebsabläufe – beispielsweise im Sinne einer Wertschöpfungs- oder Veredelungskette bzw. eines gemeinsamen betrieblichen oder wirtschaftlichen Zwecks – ineinander greifen,[45] wenn Vorhaben von unterschiedlichen Betreibergesellschaften realisiert werden sollen, die aber (im Wesentlichen) dieselben Gesellschafter haben[46] oder wenn es sich um ein sog. **Familienprojekt**[47] handelt. Auch in letzterem Fall wird oftmals von einem koordinierten Vorgehen im Sinne einer funktionalen und wirtschaftlichen Bezogenheit mehrerer Vorhaben aufeinander auszugehen sein. Gerade aber nicht nur – in diesen Fällen des Familienprojekts kann auch die Frage der Herkunft des Vorhabengrund- 22

38 BT-Drs. 18/11499, S. 83.
39 BVerwG, Urt. v. 18.06.2015 – 4 C 4.14, juris Rn. 25.
40 NdsOVG, Urt. v. 30.06.2021 – 1 LC 120/17, juris Rn. 59; OVG SH, Urt. v. 11.11.2020 – 1 LB 1/18, juris Rn. 115; OVG NRW, Beschl. v. 16.03.2020 – 10 A 360/18, juris Rn. 39.
41 BT-Drs. 18/11499, S. 83.
42 NdsOVG, Beschl. v. 12.09.2023 – 1 LA 105/22, juris Rn. 15.
43 BVerwG, Urt. v. 17.12.2015 – 4 C 7.14, juris Rn. 18.
44 BayVGH, Urt. v. 30.06.2017 – 22 B 15.2365, juris Rn. 108: Beibringung von, sich auf insgesamt vier Windenergieanlagen gemeinsam beziehende Gutachten, zu den Themen »Lärm«, »Schattenwurf«, »avifaunistische Auswirkungen«.
45 BVerwG, Urt. v. 17.12.2015 – 4 C 7.14, juris Rn. 18; OVG NRW, Urt. v. 16.03.2016 – 8 A 1576/14, juris Rn. 73: Ferkel aus den Sauenstallungen des »Betriebs 1« werden auch im Ferkelaufzuchtstall des »Betriebs 2« aufgezogen; *Külpmann*, juris-PR-BVerwG 19/2015 Anm. 5.
46 VG Hannover, Urt. v. 30.11.2020 – 12 A 2799/18, juris Rn. 41.
47 NdsOVG, Beschl. v. 12.09.2023 – 1 LA 105/22, juris Rn. 16; NdsOVG, Urt. v. 30.06.2021 – 1 LC 120/17, juris Rn. 59; OVG SH, Urt. v. 11.11.2020 – 1 LB 1/18, juris Rn. 119; OVG NRW, Beschl. v. 16.03.2020 – 10 A 360/18, juris Rn. 41 ff.; OVG Berlin-Brandenburg, Beschl. v. 08.09.2015 – 11 S 22.15, juris Rn. 41.

stücks eines später hinzutretenden Vorhabens ein maßgebendes Kriterium für die Annahme einer gegenseitig zurechenbaren Planungsentscheidung sein.[48]

23 Maßgebend abzustellen ist in diesem Zusammenhang nicht zuletzt mit Blick auf die Vorgaben des »Irland-Urteils«[49] darauf, ob bei einer Gesamtschau aller für den jeweiligen Einzelfall relevanten Umstände von einem **zufälligen Zusammentreffen der Vorhaben** auszugehen ist.[50]

24 Soweit der BayVGH in einem Beschluss zur alten Rechtslage hinsichtlich der Anforderungen an einen funktionalen und wirtschaftlichen Bezug ausführte, dass eine technische oder wirtschaftliche Verbindung bestehen müsse, wonach der von den Betreibern verfolgte Zweck nur mit Rücksicht auf den Bestand und den Betrieb der jeweils anderen Anlage sinnvoll verwirklicht werden könne,[51] hat dem ein zu enges Begriffsverständnis zugrunde gelegen, das den Anwendungsbereich der Kumulationsregelung auch mit Blick auf den Gesetzeszweck zu stark einschränkte. Jedenfalls nach heutiger Rechtslage lässt sich dies gerade auch mit Blick auf die Gesetzgebungsgeschichte und die Zielrichtung des »Irland-Urteils«, ein Umgehen der UVP-Pflicht durch eine Aufsplitterung von Vorhaben zu verhindern, nicht mehr vertreten.

3. Gemeinsame betriebliche oder bauliche Einrichtungen technischer Anlagen

25 Für technische und sonstige Anlagen normiert Abs. 4 Satz 3 für die Annahme eines engen Zusammenhangs ergänzend das Erfordernis der **Verbindung mit gemeinsamen betrieblichen oder baulichen Einrichtungen**. Dieses Erfordernis ist hinsichtlich seiner Vereinbarkeit mit dem Unionsrecht in der Vergangenheit wiederholt kritisiert worden.[52] Wenngleich das BVerwG schon zur Vorgängerregelung des § 3b Abs. 2 Satz 2 Nr. 1 UVPG a.F. festgestellt hatte, dass das Erfordernis der Verbindung mit gemeinsamen betrieblichen oder baulichen Einrichtungen für die Annahme der Kumulation unionsrechtlich nicht zu beanstanden sei,[53] befasste sich bspw. das VG Hannover in seinem Urteil vom 30.11.2020 intensiv mit dieser Frage, brauchte sie im Ergebnis aber nicht zu beantworten.[54] Diese Zweifel griff das VG Minden in einem **Vorlagebeschluss an den EuGH** vom 17.06.2022 (1 K 4856/18) auf. In der ersten Vorlagefrage bat das VG Minden den EuGH um Beantwortung der Frage, ob Art. 2 Abs. 1 i.V.m. Art. 4 Abs. 1 RL 2011/92/EU und Nr. 17 lit. a) sowie Nr. 24 des Anhangs I zu dieser Richtlinie bzw. Art. 2 Abs. 1 i.V.m. Art. 4 Abs. 2 und 3 RL 2011/92/EU und Nr. 1 lit. e) des Anhangs II sowie Nr. 1 lit. b) und Nr. 3 lit. g) des Anhangs III zu dieser Richtlinie dahingehend auszulegen seien, dass sie einer nationalen Norm entgegenstünden, wonach dann, wenn eine Anlage zur Intensivaufzucht von Masthähnchen und -hühnchen zu einer solchen bereits genehmigten Anlage hinzutrete, diese Anlagen nur dann als kumulierende Vorhaben die Durchführung einer Umweltverträglichkeitsprüfung oder einer Einzelfalluntersuchung i.S.d. Art. 4 Abs. 2 lit. a) RL 2011/92/EU erforderten, wenn sie mit gemeinsamen betrieblichen oder baulichen Einrichtungen verbunden seien.[55]

26 Der EuGH entschied über die im Rahmen des Vorabentscheidungsersuchens gestellten Fragen mit Beschluss vom 28.02.2023 (C-596/22). Zu der vorstehend dargestellten ersten Vorlagefrage des VG Minden, das Tatbestandsmerkmal der Verbindung technischer und sonstiger Anlagen mit gemeinsamen betrieblichen oder baulichen Einrichtungen gem. Abs. 4 S. 3 betreffend, stellte der

48 NdsOVG, Beschl. v. 12.09.2023 – 1 LA 105/22, juris Rn. 16.
49 EuGH Rs. C-392/96.
50 Vgl. diesbezügliche instruktive Subsumtion der Einzelfallumstände in: NdsOVG, Beschl. v. 12.09.2023 – 1 LA 105/22, juris Rn. 16.
51 BayVGH, Beschl. v. 10.12.2015 – 22 CS 15.2247, juris Rn. 37.
52 Vgl. hierzu auch die Kommentierung in der Vorauflage dieses Werkes, § 10 Rn. 30–32.
53 BVerwG, Urt. v. 18.06.2015 – 4 C 4/14, juris Rn. 25.
54 VG Hannover, Urt. v. 30.11.2020 – 12 A 2799/18, juris Rn. 44–47.
55 VG Minden, Beschl. v. 17.06.2022 – 1 K 4856/18, juris Leitsatz.

EuGH fest, dass dieses **unionsrechtswidrig** und damit im Ergebnis **nicht anwendbar** ist.[56] Auf die in der Rechtsprechung zwischenzeitlich entwickelte umfassende Kasuistik zu den betrieblichen oder baulichen Einrichtungen, die insoweit »verklammernd« wirken können,[57] kommt es nach dem Beschluss des EuGH somit nicht mehr an.

Zur Begründung der Annahme der Unionsrechtswidrigkeit von Abs. 4 S. 3 führte der EuGH wie folgt aus: 27

»Im Übrigen hat der Gerichtshof bereits entschieden, dass sich bei der Überprüfung, ob ein Projekt einer Umweltverträglichkeitsprüfung unterzogen werden muss, die einer nationalen Behörde nach diesen Vorschriften obliegende Verpflichtung, die Auswirkungen zu prüfen, die das Projekt zusammen mit anderen haben könnte, mangels einer Präzisierung nicht allein auf gleichartige Projekte beschränkt. Erst recht kann diese Verpflichtung nicht allein auf Projekte beschränkt werden, die mit gemeinsamen Einrichtungen verbunden sind. Daher kann, wie das vorlegende Gericht ausführt, die Frage, ob mehrere Projekte zusammen erhebliche Auswirkungen auf die Umwelt haben können, nicht von einer Verbindung dieser Projekte mit solchen Einrichtungen abhängen. Würde man die Richtlinie 2011/92, die einen ausgedehnten Anwendungsbereich und einen sehr weitreichenden Zweck hat, dahin auslegen, dass sie einer solchen Beschränkung nicht entgegensteht, liefe dies außerdem offenkundig dem wesentlichen Ziel der Richtlinie zuwider, das nach Art. 2 Abs. 1 darin besteht, dass Projekte, bei denen insbesondere aufgrund ihrer Art, ihrer Größe oder ihres Standorts mit erheblichen Auswirkungen auf die Umwelt zu rechnen ist, vor Erteilung der Genehmigung einer Prüfung in Bezug auf ihre Auswirkungen auf die Umwelt unterzogen werden. Folglich ist auf die erste Frage zu antworten, dass Art. 4 Abs. 3 der Richtlinie 2011/92 in Verbindung mit Anhang III Nr. 1 Buchst. b und Nr. 3 Buchst. g dieser Richtlinie dahin auszulegen ist, dass er einer Regelung eines Mitgliedstaats entgegensteht, nach der die Verpflichtung, die Auswirkungen zu prüfen, die ein Projekt gemeinsam mit anderen Projekten haben könnte, auf Fälle beschränkt ist, in denen die geplante Anlage und die anderen Projekte mit gemeinsamen Einrichtungen verbunden sind.«[58]

Das vom EuGH gefundene Ergebnis der Auslegung des Unionsrechts und dessen Anwendung auf das UVPG ist überzeugend und entspricht der auch dem »Irland-Urteil« zu entnehmenden Zielrichtung zu vermeiden, dass das Regelungsziel der Richtlinie 85/337/EWG des Rates vom 27.06.1985 über die Umweltverträglichkeitsprüfung bei bestimmten öffentlichen und privaten Projekten durch die Aufsplitterung von Projekten umgangen wird, was aber der Fall wäre, wenn die kumulative Wirkung von Projekten unberücksichtigt bleibe, da dies praktisch zur Folge hätte, dass sämtliche Projekte einer bestimmten Art der Verträglichkeitsprüfung entzogen werden könnten, obgleich sie zusammengenommen erhebliche Auswirkungen auf die Umwelt im Sinne von Art. 2 Abs. 1 der Richtlinie haben könnten.[59] Vom Erfordernis einer solchen kumulierenden Betrachtung sollen nur die Vorhaben ausgenommen sein, die beziehungslos und gleichsam zufällig nebeneinanderstehen, das heißt, dass bei Betrachtung der Umstände des jeweiligen Einzelfalls von einem zufälligen Zusammentreffen von Vorhaben derselben Art gesprochen werden kann.[60] Genau dieses Ziel wird aber dann nicht erreicht, wenn man zusätzlich zu den Voraussetzungen des Abs. 4 S. 2 Nr. 1 und 2 auch noch das Vorliegen gemeinsamer betrieblicher oder baulicher Einrichtungen verlangt. Diesbezüglich hat das VG Minden in seinem Vorlagebeschluss an den EuGH zutreffend darauf hingewiesen, dass dieses Kriterium unter Umweltgesichtspunkten nicht von Belang und darüber hinaus auch willentlich steuerbar ist. So seien Tierhaltungsanlagen seinerzeit *»häufig mit Hilfe von speziali-* 28

56 OVG NRW, Beschl. v. 04.01.2024 – 2 B 994/23, juris Rn. 36; vgl auch: Ziff. 10.4.4 »Allgemeine Verwaltungsvorschrift zur Ausführung des Gesetzes über die Umweltverträglichkeitsprüfung« vom 14.04.2025.

57 Vgl. hierzu auch die Kommentierung in der Vorauflage dieses Werkes, § 10 Rn. 21–29.

58 EuGH, Beschl. 28.02.2023 – C-596/22, juris Rn. 31 ff.

59 EuGH, Urt. v. 21.09.1999 – C-392/96, juris Rn. 76.

60 NdsOVG, Beschl. v. 12.09.2023 – 1 LA 105/22, juris Rn. 15; OVG SH, Urt. v. 11.11.2020 – 1 LB 1/18, juris Rn. 115.

sierten Rechtsanwälten so konzipiert [worden], dass mehrere Vorhaben nicht mit gemeinsamen betrieblichen oder baulichen Einrichtungen verbunden sind«, was die Rechtsprechung als zulässige Gestaltung angesehen habe.[61] Trotzdem hier also nicht davon ausgegangen werden konnte, dass die Vorhaben beziehungslos und gleichsam nur zufällig nebeneinanderstehen, waren sie so unter Anwendung von Abs. 4 S. 3 trotzdem der Verträglichkeitsprüfung entzogen. Dieser Vorhabengestaltung hat der EuGH nun mit einer überzeugenden Begründung ein Ende gemacht.

III. Kein Fall der Kumulation: Windfarmen

29 Soweit es um die Feststellung der UVP-Pflicht von Windenergieanlagen geht, handelt es sich entgegen einer vom BayVGH zur vorherigen Rechtslage wiederholt vertretenen Auffassung[62] **nicht um einen Anwendungsfall der Kumulationsregelung** des seinerzeitigen § 3b Abs. 3 UVPG a.F. bzw. des heutigen § 10 Abs. 4. Windenergieanlagen unterliegen gem. §§ 6 ff. i.V.m. Nr. 1.6.1 bis 1.6.3 der Anlage 1 einer UVP-Pflicht, bzw. einer entsprechenden Vorprüfungspflicht, wenn sie höher als 50m und Bestandteil einer **Windfarm** sind. Eine Windfarm bilden nach der Definition des § 2 Abs. 5 drei oder mehr Windenergieanlagen, deren Einwirkungsbereiche sich überschneiden und die in einem funktionalen Zusammenhang stehen, unabhängig davon, ob sie von einem oder mehreren Vorhabenträgern errichtet und betrieben werden. Dabei kommt es nicht darauf an, ob der Vorhabenträger innerhalb einer »WEA-Gruppe« von weniger als 20 Windenergieanlagen (und damit ohne Relevanz für die Abgrenzung zwischen Nr. 1.6.1 und Nr. 1.6.2 des Anhangs 1 der 4. BImSchV), die als gemeinsame Anlage im Sinne des § 1 Abs. 3 Satz 1 BImSchG betrachtet werden könnte, Teilmengen bildet und diese gesondert zur Genehmigung stellt. Dieser im Immissionsschutzrecht wurzelnde Spielraum des Vorhabenträgers hinsichtlich der Gestaltung seiner Anträge findet keine Entsprechung auf der Ebene der Vorprüfung zur Feststellung einer etwaigen UVP-Pflicht. Denn der Vorhabenträger kann allein durch die Verteilung geplanter Windenergieanlagen auf mehrere Genehmigungsanträge nicht darüber disponieren, ob diese Windenergieanlagen zusammen oder mit mehreren Bestandsanlagen eine Windfarm bilden, welcher Art von Vorprüfung es infolgedessen bedarf und (mittelbar), ob hiernach eine UVP-Pflicht besteht. Es ist daher zwischen der Windfarm im Sinne des § 2 Abs. 5 UVPG und der WEA-Gruppe als immissionsschutzrechtlich genehmigungsbedürftiger (gemeinsamer) Anlage im Sinne des § 1 Abs. 3 der 4. BImSchV zu unterscheiden.[63]

30 Ein Rückgriff auf die Kumulationsregelung bei der Prüfung der UVP-Pflicht oder der Vorprüfungspflicht von Windenergieanlagen ist daher nicht erforderlich, weil die Einordnung als UVP-rechtliche Bewertungseinheit sich direkt aus der Anlage 1 und der Begriffsdefinition in § 2 Abs. 5 ergibt, ohne dass es der wertenden Betrachtung nach § 10 Abs. 4 bedürfte.[64] Der Gesetzgeber hat dies nun im Rahmen des »Gesetzes zur Modernisierung des Rechts der Umweltverträglichkeitsprüfung« klargestellt. Dementsprechend heißt es in der Begründung zum Gesetzesentwurf der Bundesregierung auch, dass für die Frage, wann eine Windfarm vorliegt »auf ähnliche Kriterien abgestellt wird, wie sie nach § 10 Abs. 4 für die Kumulation gelten«.[65]

31 Die UVP-Pflicht bzw. die entsprechende Vorprüfungspflicht knüpft demnach allein an den Begriff der Windfarm und die Höhe der zu betrachtenden Windenergieanlagen an (Anlagen mit einer Gesamthöhe von jeweils mehr als 50 Metern, vgl. Nr. 1.6 der Anlage 1 zum UVPG), ohne dass es insoweit der Prüfung der weitergehenden Tatbestandsmerkmale des § 10 Abs. 4 bedürfte. Ausreichend für die Annahme einer Windfarm war bislang ausgehend von der grundlegenden Ent-

61 VG Minden, Beschl. v. 17.06.2022 – 1 K 4856/18, juris Rn. 143; vgl. hierzu auch Rn. 32 der Kommentierung in der Vorauflage.

62 BayVGH, Beschl. v. 23.12.2016 – 2 ZB 16.2286, juris Rn. 9; Beschl. v. 10.02.2016 – 22 ZB 15.2329, juris Rn. 11; Beschl. v. 10.12.2015 – 22 CS 15.2247, juris Rn. 35.

63 NdsOVG, Urt. v. 18.10.2021 – 12 LB 110/19, juris Rn. 83.

64 So schon zur alten Rechtslage: ThürOVG, Beschl. v. 02.09.2008 – 1 EO 448/08, juris Rn. 68; *Sangenstedt*, Umweltrecht, § 3b UVPG Rn. 13; *Kupke/Magaard* ZUR 2016, 598 (599).

65 BT-Drs. 18/11499, S. 75.

scheidung des BVerwG vom 30.06.2004,[66] die seinerzeit noch in immissionsschutzrechtlichem Zusammenhang erging, dass sich die **Einwirkungsbereiche der jeweiligen Windenergieanlagen**[67] in Bezug auf die Schutzgüter des § 2 Abs. 1 überschneiden oder wenigstens berühren. Im Rahmen des »Gesetzes zur Modernisierung des Rechts der Umweltverträglichkeitsprüfung« ist durch die Begriffsdefinition in § 2 Abs. 5 das weitergehende Erfordernis eines **funktionalen Zusammenhangs** hinzugekommen,[68] den der Gesetzestext exemplarisch durch die Belegenheit der Anlagen in derselben Konzentrationszone oder im selben Gebiet nach § 7 Abs. 3 ROG umschreibt.

D. Erfordernis eines engen zeitlichen Zusammenhangs bei bestimmten Anlagen (Abs. 5)

Nach § 10 Abs. 5 bedarf die Annahme der Kumulation bei bestimmten enumerativ aufgezählten Vorhaben über die Voraussetzungen des Abs. 4 hinaus auch eines **engen zeitlichen Zusammenhangs der Verwirklichung**. Die Norm entspricht dem vorherigen § 3 b Abs. 3 Satz 5 UVPG a.F. und erweitert den Anwendungsbereich der Regelung auf die in Nr. 19.1 der Anlage 1 aufgeführten Vorhaben, um den Besonderheiten des aufgrund der Energiewende verstärkt vorangetriebenen Stromleitungsausbaus Rechnung zu tragen, wobei die in Nr. 19.11 aufgeführten Erdkabel nicht erfasst sind.[69] Das Erfordernis des engen zeitlichen Zusammenhangs besteht demnach für **den Bau oder die Verlegung vier- oder mehrstreifiger Bundesstraßen** bestimmter Länge (Nr. 14.4 und 14.5 der Anlage 1) sowie für die Errichtung und den Betrieb einer **Hochspannungsfreileitung** im Sinne des Energiewirtschaftsgesetzes (Nr. 19.1 der Anlage 1). 32

Mit dieser **Sonderregelung für bestimmte planfeststellungsbedürftige Vorhaben** soll dem Umstand Rechnung getragen werden, dass solche Infrastrukturvorhaben häufig abschnittweise geplant werden, wobei zwischen der Durchführung der einzelnen Abschnitte häufig längere Zeitspannen liegen.[70] Eine Anrechnung zuvor realisierter Teile soll in solchen Fällen nur stattfinden, wenn die jeweiligen Abschnitte nicht nur in einem engen räumlichen Zusammenhang stehen, sondern zwischen den Vorhaben auch ein enger zeitlicher Zusammenhang besteht. 33

Einen solchen engen zeitlichen Zusammenhang wird man bei **Straßenbauvorhaben** betreffend vier- oder mehrstreifiger Bundesstraßen noch annehmen können, wenn der Zulassungsantrag für einen neuen Streckenabschnitt noch innerhalb der Geltungsdauer des Planfeststellungsbeschlusses des vorhergehenden Streckenabschnitts erfolgt.[71] Auch beim Bau von **Hochspannungsfreileitungen** soll nach der Gesetzesbegründung von dem die Kumulation mit tragenden engen zeitlichen Zusammenhang dann auszugehen sein, wenn die Antragstellung für das hinzutretende kumulierende Vorhaben noch innerhalb der Frist erfolgt, nach deren Ablauf der vorhergehende Planfeststellungsbeschluss außer Kraft treten würde, wenn nicht mit der Ausführung des Plans begonnen worden wäre,[72] so dass auch hier eine **Zehnjahresfrist** Anwendung findet (§§ 75 Abs. 4 VwVfG i.V.m. 17 c FStrG). 34

E. Bestandsschutz (Abs. 6)

Gem. Abs. 6, der dem vorherigen § 3b Abs. 3 Satz 3 UVPG a.F. entspricht, gibt es einen **geschützten Bestand vorhandener Anlagen**, der hinsichtlich der Frage des Erreichens oder Überschreitens der Größen- oder Schwellenwerte unberücksichtigt bleibt. Bei diesem geschützten Bestand handelt es sich um solche Vorhaben, die nach den UVP-Richtlinien (UVP-RL und UVP-ÄnderungsRL aus 1997) zum Zeitpunkt des Ablaufs der jeweiligen **Umsetzungsfristen** der Richtlinien noch nicht der 35

---

66 BVerwG, Urt. v. 30.06.2004 – 4 C 9.03, juris.
67 Zur Bestimmung des Einwirkungsbereichs von Windenergieanlagen vgl. OVG NRW, Urt. v. 18.05.2017 – 8 A 870/15, juris Rn. 57 ff.
68 Vgl. hierzu: VGH BW, Beschl. v. 25.01.2018 – 10 S 1681/17, juris Rn. 15 f.
69 BT-Drs. 18/11499, S. 84.
70 Vgl. zur Vorgängerregelung des § 3b Abs. 3 Satz 5 UVPG a.F.: BT-Drs. 14/4599, S. 95.
71 Vgl. zur Vorgängerregelung des § 3b Abs. 3 Satz 5 UVPG a.F.: *Dienes* in der 4. Auflage dieses Werkes, § 3 b Rn. 44.
72 BT-Drs. 18/11499, S. 84.

Verpflichtung zur Durchführung einer UVP unterlagen. Für die UVP-Richtlinie 85/337/EWG lief die Umsetzungsfrist am 03.07.1988 ab, bei der UVP-Änderungsrichtlinie 97/11/EG war dies der 14.03.1999. Vorhaben, die diese Kriterien erfüllen, führen – trotz des Vorliegens der Voraussetzungen des Abs. 4 – nicht zur Annahme der Kumulation.

36 **Erreicht** im Sinne des Abs. 6 ist der Bestand nicht erst, wenn die jeweilige Anlage zugelassen oder gar realisiert worden ist. Maßgebend abzustellen ist vielmehr auf einen **verfahrensrechtlich bestandsgeschützten Status**, den der Vorhabenträger dann erreicht, wenn er alles zur Erteilung der Genehmigung Erforderliche getan hat. Abzustellen ist danach auf den **Zeitpunkt der Einreichung eines prüffähigen, d.h. vollständigen Genehmigungsantrages.**[73] Vollständige Unterlagen liegen grundsätzlich dann vor, wenn die Unterlagen in einer Weise prüffähig sind, dass sie sich zu allen rechtlich relevanten Aspekten des Vorhabens verhalten und die Behörde in die Lage versetzen, den Antrag unter Berücksichtigung dieser Vorgaben näher zu prüfen. Nicht vollständig sind Unterlagen dann, wenn sie rechtlich relevante Frage vollständig ausblenden. Die Unterlagen müssen allerdings nicht schon die Genehmigungsfähigkeit belegen. Es ist also nicht erforderlich, dass ein vorzulegendes Gutachten der Prüfung in jeder Hinsicht standhält und keine weiteren fachlichen Fragen aufwirft. Fachliche Einwände und fachliches Nachhaken stehen der Annahme der Vollständigkeit nicht entgegen, sofern die fragliche Unterlage eine fachliche Prüfung überhaupt ermöglicht.[74]

37 Im Hinblick auf die überwiegend mit Schwellenwerten abgegrenzten Anlagentypen der Anl. 1 wirkt sich dieser »Bestandsschutz-Gedanke« zunächst rein mathematisch aus, nämlich durch **rechnerischen Abzug des entsprechenden Altbestandes.**[75]

38 Das VG Stade hat sich jüngst mit der **Vereinbarkeit der Bestandsschutzregelung des Abs. 6 mit dem Unionsrecht** auseinandergesetzt und ist zu dem Ergebnis gekommen, dass diese Vereinbarkeit nicht gegeben und die Regelung unionsrechtswidrig und daher nicht anzuwenden sei.[76] Die Bestandsschutzregelung sei nicht mit der vom EuGH festgestellten weiten Reichweite der Richtlinie 2011/92 vereinbar. Zur Begründung führte das VG Stade wie folgt aus:

> *»Ausgehend von der Zielsetzung der Richtlinie 2011/92, dass Projekte, bei denen insbesondere aufgrund ihrer Art, ihrer Größe oder ihres Standorts mit erheblichen Auswirkungen auf die Umwelt zu rechnen ist, vor Erteilung der Genehmigung einer Prüfung in Bezug auf ihre Auswirkungen auf die Umwelt unterzogen werden, geht der Gerichtshof von einer nahezu unbeschränkten Pflicht zur Berücksichtigung bestehender und/oder genehmigter Projekte aus, wenn diese zusammen mit den zur Genehmigung gestellten Projekten die von der Richtlinie erfassten negativen Umweltauswirkungen haben können. Dabei wird nicht nur das Erfordernis gemeinsamer betrieblicher Einrichtungen verworfen, der Gerichtshof betont ausdrücklich, dass auch bei Projekten, die für sich selbst eine Prüfungspflicht nicht auslösen, die Tatsache, dass sie die Schwellenwerte in Verbindung mit anderen Projekten erreichen, die Prüfpflicht hervorruft. Festzustellen ist dabei auch, dass der Gerichtshof eine Einschränkung in zeitlicher Hinsicht nicht vornimmt. Er geht ausdrücklich davon aus, dass insbesondere den Auswirkungen eines Projekts auf die in Art. 3 Abs. 1 der Richtlinie 2011/92 genannten Faktoren unter Berücksichtigung der Kumulierung der Auswirkungen mit den Auswirkungen anderer bestehender und/oder genehmigter Projekte Rechnung zu tragen ist. Dieser unionsrechtlichen Auslegung der Richtlinie stehen § 10 Abs. 6 und § 11 Abs. 6 UVPG entgegen, wenn*

73 OVG NRW, Urt. v. 21.09.2018 – 2 A 669/17, juris Rn. 45; Urt. v. 17.06.2014 – 2 A 1434/13 u.a., juris Rn. 94; offen gelassen von: BVerwG, Urt. v. 17.12.2015 – 4 C 7.14, juris Rn. 25 sowie OVG NRW, Urt. v. 16.03.2016 – 8 A 1576/14, juris Rn. 61.

74 OVG NRW, Beschl. v. 13.09.2017 – 8 B 1373/16, juris Rn. 16.

75 OVG NRW, Urt. v. 17.06.2014 – 2 A 1434/13, juris Rn. 94 ff.; *Enders/Krings*, DVBl 2001, 1242; *Sangenstedt*, Umweltrecht, § 3b UVPG, Rn. 50.

76 VG Stade, Urt. v. 11.07.2024 – 2 A 1079/22, juris Rn. 50.

sie sämtliche Vorhaben, die bei Ablauf der Umsetzungsfrist der zitierten Richtlinien bestanden oder genehmigt waren, unberücksichtigt lassen.«[77]

Die Argumentation des VG Stade ist schlüssig und entsprechende Kritik ist auch schon im Gesetzgebungsverfahren des »Gesetzes zur Modernisierung des Rechts der Umweltverträglichkeitsprüfung« geäußert worden.[78] Sie ist aber doch nicht zwingend. Zwar geht das VG davon aus, dass sich seine Rechtsauffassung unmittelbar aus der bisherigen Rechtsprechung des EuGH ergebe,[79] indes hatte der EuGH sich mit dieser Frage bislang noch nicht auseinanderzusetzen, so dass jedenfalls die vom VG erkannte Unmittelbarkeit nicht gegeben sein dürfte. Auch höchstrichterliche und obergerichtliche Rechtsprechung hat bislang weder die Regelung in Abs. 6 noch diejenige in der Vorgängernormen des § 3b Abs. 3 S. 3 UVPG a.F zum Anlass genommen, Zweifel an der Unionsrechtskonformität der zu formulieren. Da es auch nicht offensichtlich und nachgerade auf der Hand liegend ist, dass der Bundesgesetzgeber seinen Umsetzungsspielraum mit der Bestandsschutzregelung für bestimmte Altanlagen überschritten haben sollte, bestehen zunächst keine Bedenken hinsichtlich der Anwendung der Regelung. Dies umso mehr als das Urteil zum Zeitpunkt des Redaktionsschlusses dieser Kommentierung noch **nicht rechtskräftig**, sondern die vom VG im Urteil selbst zugelassene Berufung derzeit noch beim NdsOVG (1 LC 166/24) anhängig ist. Die weitere Entwicklung gilt es demnach im Auge zu behalten. 39

§ 11 UVP-Pflicht bei hinzutretenden kumulierenden Vorhaben, bei denen das Zulassungsverfahren für das frühere Vorhaben abgeschlossen ist

(1) Hinzutretende kumulierende Vorhaben liegen vor, wenn zu einem beantragten oder bestehenden Vorhaben (früheren Vorhaben) nachträglich ein kumulierendes Vorhaben hinzutritt.

(2) [1]Wenn für das frühere Vorhaben eine Zulassungsentscheidung getroffen worden ist, so besteht für den Fall, dass für das frühere Vorhaben bereits eine Umweltverträglichkeitsprüfung durchgeführt worden ist, für das hinzutretende kumulierende Vorhaben die UVP-Pflicht, wenn

1. **das hinzutretende Vorhaben allein die Größen- oder Leistungswerte für eine UVP-Pflicht gemäß § 6 erreicht oder überschreitet oder**
2. **eine allgemeine Vorprüfung ergibt, dass durch sein Hinzutreten zusätzliche erhebliche nachteilige oder andere erhebliche nachteilige Umweltauswirkungen hervorgerufen werden können.**

[2]Für die allgemeine Vorprüfung gilt § 7 Absatz 1 und 3 bis 7 entsprechend.

(3) [1]Wenn für das frühere Vorhaben eine Zulassungsentscheidung getroffen worden ist, so ist für den Fall, dass für das frühere Vorhaben keine Umweltverträglichkeitsprüfung durchgeführt worden ist, für das hinzutretende kumulierende Vorhaben

1. **die Umweltverträglichkeitsprüfung durchzuführen, wenn die kumulierenden Vorhaben zusammen die maßgeblichen Größen- oder Leistungswerte nach § 6 erreichen oder überschreiten oder**
2. **die allgemeine Vorprüfung durchzuführen, wenn die kumulierenden Vorhaben zusammen die Prüfwerte für die allgemeine Vorprüfung erstmals oder erneut erreichen oder überschreiten oder**
3. **die standortbezogene Vorprüfung durchzuführen, wenn die kumulierenden Vorhaben zusammen die Prüfwerte für die standortbezogene Vorprüfung erstmals oder erneut erreichen oder überschreiten.**

[2]Für die Vorprüfung gilt § 7 entsprechend.

---

77 VG Stade, Urt. v. 11.07.2024 – 2 A 1079/22, juris Rn. 57.
78 Umweltrechtsausschuss des Deutschen Anwaltvereins, NuR 2017, 287 (288).
79 VG Stade, Urt. v. 11.07.2024 – 2 A 1079/22, juris Rn. 58.

(4) [1]Erreichen oder überschreiten in den Fällen des Absatzes 3 die kumulierenden Vorhaben zwar zusammen die maßgeblichen Größen- oder Leistungswerte nach § 6, werden jedoch für das hinzutretende kumulierende Vorhaben weder der Prüfwert für die standortbezogene Vorprüfung noch der Prüfwert für die allgemeine Vorprüfung erreicht oder überschritten, so besteht für das hinzutretende kumulierende Vorhaben die UVP-Pflicht nur, wenn die allgemeine Vorprüfung ergibt, dass durch sein Hinzutreten zusätzliche erhebliche nachteilige oder andere erhebliche nachteilige Umweltauswirkungen eintreten können. [2]Für die allgemeine Vorprüfung gilt § 7 Absatz 1 und 3 bis 7 entsprechend.

(5) In der Vorprüfung für das hinzutretende kumulierende Vorhaben ist das frühere Vorhaben als Vorbelastung zu berücksichtigen.

(6) Der in den jeweiligen Anwendungsbereich der Richtlinien 85/337/EWG und 97/11/EG fallende, aber vor Ablauf der jeweiligen Umsetzungsfristen erreichte Bestand bleibt hinsichtlich des Erreichens oder Überschreitens der Größen- oder Leistungswerte und der Prüfwerte unberücksichtigt.

Übersicht

A. Allgemeines

1 Die §§ 11 und 12 betreffen die von der früheren Regelung kumulierender Vorhaben nicht ausdrücklich erfasste Konstellation der **nachträglichen Kumulation**. Diese Regelungslücke, die sich dadurch ergab, dass die Vorgängerregelung in § 3b Abs. 2 Satz 1 UVPG a.F. die Gleichzeitigkeit der Verwirklichung mehrerer Vorhaben verlangte,[1] war nach dem Urteil des BVerwG vom 18.06.2015[2] im Wege einer Gesamtanalogie zu § 3b Abs. 2 und Abs. 3 UVPG a.F. zu schließen. Diese vom BVerwG angenommene Regelungslücke hat der Gesetzgeber im Rahmen des »Gesetzes zur Modernisierung des Rechts der Umweltverträglichkeitsprüfung«[3] zum Anlass genommen, eine ausdrückliche Regelung auch für die Fallgruppe der nachträglichen Kumulation in das Gesetz aufzunehmen.[4] Auf das Merkmal der Gleichzeitigkeit der Verwirklichung der Vorhaben kommt es damit nicht (mehr) an, womit der Gesetzgeber insbesondere den Anforderungen des »**Irland-Urteils**« des EuGH[5] gerecht werden wollte.[6]

2 Die §§ 11 und 12 bauen auf § 10 auf und verlangen, dass die dort normierten Voraussetzungen der Kumulation, insbesondere die des § 10 Abs. 4, vorliegen. Ist dies der Fall, regelt § 11 die Konstellation, dass das **Zulassungsverfahren für das frühere Vorhaben schon abgeschlossen** ist, wohingegen § 12 die Fälle betrifft, in denen **das frühere Zulassungsverfahren noch nicht abgeschlossen** ist.

1 Vgl. hierzu: *Dienes* in der 4. Auflage dieses Werkes, § 3b Rn. 24.
2 BVerwG, Urt. v. 18.06.2015 – 4 C 4.14, juris Rn. 16.
3 BGBl. 2017 Teil I, S. 2808.
4 BT-Drs. 18/11499, S. 59.
5 EuGH Rs. C-392/96 Rn. 76 ff.
6 BT-Drs. 18/11499, S. 84.

B. Hinzutretende kumulierende Vorhaben, Abs. 1

3 Nach der Begriffsdefinition in Abs. 1, die für §§ 11 und 12 gilt,[7] liegen **hinzutretende kumulierende Vorhaben** vor, wenn zu einem beantragten oder bestehenden früheren Vorhaben[8] nachträglich ein im Sinne des § 10 kumulierendes Vorhaben hinzutritt, womit die Fallkonstellation der **nachträglichen Kumulation** nunmehr ihre gesetzliche Regelung erfahren hat.

C. Früheres Vorhaben mit UVP (Abs. 2)

4 Abs. 2 betrifft die Fälle, in denen im Rahmen des (abgeschlossenen) Zulassungsverfahrens für das **frühere Vorhaben** bereits eine **Umweltverträglichkeitsprüfung durchgeführt** worden ist. Diese Regelung orientiert sich an § 9 Abs. 1, der die Änderung UVP-pflichtiger Vorhaben betrifft, da es – so die Begründung zum Gesetzesentwurf – unter wirkungsbezogenen Gesichtspunkten keinen Unterschied ergibt, ob ein UVP-pflichtiges Vorhaben erweitert oder im engen räumlichen Zusammenhang mit ihm ein gleichartiges anderes Vorhaben durchgeführt wird. Auch in letzterem Fall der Kumulation ist eine Betrachtung als **Bewertungseinheit** angezeigt.[9] Maßgebend abzustellen ist in diesem Zusammenhang nicht auf die retrospektiv mitunter schwierig zu beantwortende Frage, ob für das Vorhaben zum Zeitpunkt seiner Zulassung eine UVP-Pflicht bestand, sondern allein darauf, ob eine **UVP tatsächlich erfolgt** ist.[10]

5 In diesen Fällen der nachträglichen Kumulation, in denen für das frühere Vorhaben eine UVP tatsächlich durchgeführt worden ist, besteht für das hinzutretende kumulierende Vorhaben eine UVP-Pflicht nur dann, wenn es entweder **allein die Größen- oder Leistungswerte** des § 6 erreicht oder überschreitet (Nr. 1) oder eine **allgemeine Vorprüfung** zu dem Ergebnis führt, dass durch sein Hinzutreten zusätzliche erhebliche nachteilige oder andere erhebliche nachteilige Umweltauswirkungen hervorgerufen werden können (Nr. 2). Eine allgemeine Vorprüfung ist in den hier betroffenen Fällen der nachträglichen Kumulation demnach zumindest durchzuführen. Dies gilt auch dann, wenn das hinzutretende kumulierende Vorhaben allein die Vorprüfungswerte nicht erreicht.

6 Bezüglich der allgemeinen Vorprüfung, die nach Nr. 2 durchzuführen ist, wenn das hinzutretende Vorhaben allein die Größen- oder Leistungswerte für eine UVP-Pflicht nach § 6 nicht erreicht oder überschreitet, verweist Abs. 2 Satz 2 auf § 7 Abs. 1 und 3 bis 7, dessen Regelungen entsprechend anzuwenden sind. Abs. 5 regelt weiter, dass in der Vorprüfung für das hinzutretende Vorhaben das frühere Vorhaben als **Vorbelastung** zu berücksichtigen ist, womit nach der Gesetzesbegründung einerseits sichergestellt werden soll, dass die Umweltauswirkungen des früheren Vorhabens in der Vorprüfung und ggf. auch in einer sich anschließenden UVP berücksichtigt werden, andererseits aber **das frühere Vorhaben als solches nicht Gegenstand der Vorprüfung bzw. der UVP** für das hinzutretende Vorhaben ist.[11]

D. Früheres Vorhaben ohne UVP (Abs. 3)

7 Die Regelung des Abs. 3 betrifft die Fallkonstellation, in der im Rahmen der Zulassungsentscheidung **für das frühere Vorhaben keine Umweltverträglichkeitsprüfung durchgeführt** worden ist. Hier besteht eine Vergleichbarkeit zur Änderung eines bislang nicht UVP-pflichtigen Vorhabens im Sinne des § 9 Abs. 2.

---

7 BT-Drs. 18/11499, S. 84.

8 Zum Begriff des »früheren Vorhabens«: OVG SH, Urt. v. 11.11.2020 – 1 LB 1/18, juris Rn. 103: *»Bereits aus § 11 Abs. 1 UVPG ergibt sich, dass der Begriff des »früheren Vorhabens« nicht nur zukünftige, geplante Maßnahmen, sondern auch solche, die bereits durch die Errichtung einer Anlage und die Aufnahme ihres Betriebes umgesetzt wurden, erfasst.«*

9 BT-Drs. 18/11499, S. 84.

10 BT-Drs. 18/11499, S. 80.

11 BT-Drs. 18/11499, S. 85.

8 Eine **Umweltverträglichkeitsprüfung** ist in diesen Fällen nach Nr. 1 dann durchzuführen, wenn die kumulierenden Vorhaben zusammen die maßgeblichen Größen- oder Leistungswerte nach § 6 erreichen oder überschreiten. Nach Nr. 2 ist eine **allgemeine Vorprüfung** bei erstmaligem oder erneutem Erreichen oder Überschreiten der entsprechenden Prüfwerte durch die kumulierenden Vorhaben angezeigt[12] und eine **standortbezogene Vorprüfung** nach Nr. 3 durchzuführen, wenn die kumulierenden Vorhaben die hierfür einschlägigen Prüfwerte erstmals oder erneut erreichen oder überschreiten. Für die jeweils erforderliche Vorprüfung **gilt § 7 entsprechend.**

9 Auch in den Fällen des Abs. 3 ist Abs. 5 anzuwenden, wonach das frühere Vorhaben als **Vorbelastung** zu berücksichtigen, aufgrund seines Bestandsschutzes aber nicht Gegenstand einer nachträglichen UVP ist.[13]

E. Hinzutretende Kleinvorhaben (Abs. 4)

10 Abs. 4 enthält eine **Sonderregelung für hinzutretende Vorhaben**, die bei isolierter Betrachtung **unterhalb der Prüfwerte** für die standortbezogene oder die allgemeine Vorprüfung verbleiben. Überschreiten solche Vorhaben kumulierend mit früheren Vorhaben, für die eine UVP nicht durchgeführt wurde, die Größen- oder Leistungswerte des § 6, so dass also eine unbedingte UVP-Pflicht bestünde, entfällt diese UVP-Pflicht dennoch, wenn eine allgemeine Vorprüfung ergibt, dass durch das hinzutretende Vorhaben keine zusätzlichen erheblichen nachteiligen oder andere nachteilige Umwelteinwirkungen eintreten können.[14] § 7 Absatz 1 und 3 bis 7 ist für die allgemeine Vorprüfung wiederum entsprechend anzuwenden.

11 Im Rahmen des Vorabentscheidungsverfahrens C-596/22 stellte der EuGH mit Beschluss vom 28.02.2023 die Unionsrechtskonformität dieser Regelung fest, die das VG Minden in seinem Vorlagebeschluss vom 17.06.2022 (1 K 4856/18) infrage gestellt hatte.

12 Nach den Ausführungen in der Begründung zum Gesetzesentwurf der Bundesregierung sollte es sich bei der Regelung des Abs. 5 um eine nur in Ausnahmefällen anzuwendende Sondervorschrift für **Anlagen »mit potentiellem Bagatellcharakter«** handeln.[15] Ob sich der Anwendungsbereich indes stets derart eingrenzen lässt, dass tatsächlich nur die »Kleinvorhaben« betroffen wären, die der Gesetzgeber im Sinne hatte,[16] ist zu bezweifeln, wie nicht zuletzt der dem oben zitierten Beschluss des EuGH vom 28.02.2023 (C-596/22) zugrunde liegende Sachverhalt zeigt, in dem die Norm vom EuGH unbeanstandet auf einen Stall für Mastgeflügel mit einer Kapazität von 29.990 Tieren angewendet wurde.[17]

F. Vorgaben für die Prüfung

13 Im Falle der Kumulation ist für das hinzutretende Vorhaben nach Abs. 2 Nr. 2 und Abs. 3 Nr. 2 eine allgemeine Vorprüfung, im Falle des Abs. 3 Nr. 3 eine standortbezogene Vorprüfung durchzuführen. § 7 gilt jeweils entsprechend, so dass die jeweilige Vorprüfung den Vorgaben des § 7 entsprechend erfolgen muss.

14 Nach Abs. 5 ist in der Vorprüfung für das hinzutretende kumulierende Vorhaben das frühere Vorhaben als Vorbelastung zu berücksichtigen. Damit wird einerseits sichergestellt, dass die Umweltauswirkungen des früheren Vorhabens in der Vorprüfung und gegebenenfalls in der UVP für das hinzutretende Vorhaben nicht unberücksichtigt bleiben. Andererseits wird aber auch klargestellt,

---

12 OVG SH, Urt. v. 11.11.2020 – 1 LB 1/18, juris Rn. 129; VG Hannover, Urt. v. 30.11.2020 – 12 A 2799/18, juris Rn. 31.

13 BT-Drs. 18/11499, S. 85.

14 OVG SH, Urt. v. 11.11.2020 – 1 LB 1/18, juris Rn. 132.

15 BT-Drs. 18/11499, S. 85.

16 BT-Drs. 18/11499, S. 85: *»Die in Absatz 4 geregelte Fallgruppe betrifft hinzutretende kumulierende Kleinvorhaben mit potenziellem Bagatellcharakter.«*.

17 Auf den Beschluss des EuGH folgend: VG Minden, Beschl. v. 01.09.2023 – 1 K 4856/18, juris Rn. 54.

dass das frühere Vorhaben als solches nicht Gegenstand der Vorprüfung bzw. der UVP für das hinzutretende Vorhaben ist.[18]

G. Bestandsschutz

Gem. Abs. 6, der dem bisherigen § 3b Abs. 3 Satz 3 UVPG a.F. entspricht, gibt es **einen geschützten Bestand vorhandener Anlagen**, der hinsichtlich der Frage des Erreichens oder Überschreitens der Größen- oder Schwellenwerte unberücksichtigt bleibt. Bei diesem geschützten Bestand handelt es sich um solche Vorhaben, die nach den UVP-Richtlinien (UVP-RL und UVP-ÄnderungsRL aus 1997) zum Zeitpunkt des Ablaufs der jeweiligen **Umsetzungsfristen** der Richtlinien noch nicht der Verpflichtung zur Durchführung einer UVP unterlagen. Abzustellen ist insoweit auf einen **verfahrensrechtlich bestandsgeschützten Status**, den der Vorhabenträger dann erreicht, wenn er alles zur Erteilung der Genehmigung Erforderliche getan hat.[19] Zu den Bedenken hinsichtlich der Unionsrechtskonformität dieser Regelung, vergleiche die Ausführungen zu § 10 Abs. 4.[20] 15

§ 12 UVP-Pflicht bei hinzutretenden kumulierenden Vorhaben, bei denen das frühere Vorhaben noch im Zulassungsverfahren ist

(1) [1]Wenn für das frühere Vorhaben zum Zeitpunkt der Antragstellung für das hinzutretende kumulierende Vorhaben noch keine Zulassungsentscheidung getroffen worden ist, so besteht für den Fall, dass für das frühere Vorhaben allein die UVP-Pflicht besteht, für das hinzutretende kumulierende Vorhaben die UVP-Pflicht, wenn

1. das hinzutretende Vorhaben allein die Größen- und Leistungswerte für die UVP-Pflicht gemäß § 6 erreicht oder überschreitet oder
2. die allgemeine Vorprüfung ergibt, dass durch das hinzutretende Vorhaben zusätzliche erhebliche nachteilige oder andere erhebliche Umweltauswirkungen hervorgerufen werden können.

[2]Für die allgemeine Vorprüfung gilt § 7 Absatz 1 und 3 bis 7 entsprechend.

(2) [1]Wenn für das frühere Vorhaben zum Zeitpunkt der Antragstellung für das hinzutretende kumulierende Vorhaben noch keine Zulassungsentscheidung getroffen worden ist, so ist für den Fall, dass für das frühere Vorhaben allein keine UVP-Pflicht besteht und die Antragsunterlagen für dieses Zulassungsverfahren bereits vollständig eingereicht sind, für das hinzutretende kumulierende Vorhaben

1. die Umweltverträglichkeitsprüfung durchzuführen, wenn die kumulierenden Vorhaben zusammen die maßgeblichen Größen- oder Leistungswerte nach § 6 erreichen oder überschreiten,
2. die allgemeine Vorprüfung durchzuführen, wenn die kumulierenden Vorhaben zusammen die Prüfwerte für die allgemeine Vorprüfung erstmals oder erneut erreichen oder überschreiten, oder
3. die standortbezogene Vorprüfung durchzuführen, wenn die kumulierenden Vorhaben zusammen die Prüfwerte für die standortbezogene Vorprüfung erstmals oder erneut erreichen oder überschreiten.

[2]Für die Vorprüfung gilt § 7 entsprechend. [3]Für das frühere Vorhaben besteht keine UVP-Pflicht und keine Pflicht zur Durchführung einer Vorprüfung.

(3) [1]Wenn für das frühere Vorhaben zum Zeitpunkt der Antragstellung für das hinzutretende kumulierende Vorhaben noch keine Zulassungsentscheidung getroffen worden ist, so ist für den Fall, dass für das frühere Vorhaben allein keine UVP-Pflicht besteht und die Antragsunterlagen

18 BT-Drs. 18/11499, S. 85.
19 Vgl. hierzu § 10 Rdn. 35 ff.
20 Vgl. hierzu § 10 Rdn. 38 f.

für dieses Zulassungsverfahren noch nicht vollständig eingereicht sind, für die kumulierenden Vorhaben jeweils

1. **eine Umweltverträglichkeitsprüfung durchzuführen, wenn die kumulierenden Vorhaben zusammen die maßgeblichen Größen- oder Leistungswerte nach § 6 erreichen oder überschreiten,**
2. **eine allgemeine Vorprüfung durchzuführen, wenn die kumulierenden Vorhaben zusammen die Prüfwerte für eine allgemeine Vorprüfung erstmals oder erneut erreichen oder überschreiten, oder**
3. **eine standortbezogene Vorprüfung durchzuführen, wenn die kumulierenden Vorhaben zusammen die Prüfwerte für eine standortbezogene Vorprüfung erstmals oder erneut erreichen oder überschreiten.**

[2]Für die Vorprüfung gilt § 7 entsprechend. [3]Bei einem Vorhaben, das einer Betriebsplanpflicht nach § 51 des Bundesberggesetzes unterliegt, besteht für das frühere Vorhaben keine Verpflichtung zur Durchführung einer Umweltverträglichkeitsprüfung oder einer Vorprüfung nach den Sätzen 1 und 2, wenn für das frühere Vorhaben zum Zeitpunkt der Antragstellung für das hinzutretende kumulierende Vorhaben ein zugelassener Betriebsplan besteht.

(4) [1]Erreichen oder überschreiten in den Fällen des Absatzes 2 oder Absatzes 3 die kumulierenden Vorhaben zwar zusammen die maßgeblichen Größen- oder Leistungswerte nach § 6, werden jedoch für das hinzutretende kumulierende Vorhaben weder der Prüfwert für die standortbezogene Vorprüfung noch der Prüfwert für die allgemeine Vorprüfung erreicht oder überschritten, so besteht für das hinzutretende kumulierende Vorhaben die UVP-Pflicht nur, wenn die allgemeine Vorprüfung ergibt, dass durch sein Hinzutreten zusätzliche erhebliche nachteilige oder andere erhebliche nachteilige Umweltauswirkungen hervorgerufen werden können. [2]Für die allgemeine Vorprüfung gilt § 7 Absatz 1 und 3 bis 7 entsprechend. [3]Im Fall des Absatzes 3 sind die Sätze 1 und 2 für das frühere Vorhaben entsprechend anzuwenden.

(5) Das frühere Vorhaben und das hinzutretende kumulierende Vorhaben sind in der Vorprüfung für das jeweils andere Vorhaben als Vorbelastung zu berücksichtigen.

(6) Der in den jeweiligen Anwendungsbereich der Richtlinien 85/337/EWG und 97/11/EG fallende, aber vor Ablauf der jeweiligen Umsetzungsfristen erreichte Bestand bleibt hinsichtlich des Erreichens oder Überschreitens der Größen- oder Leistungswerte und der Prüfwerte unberücksichtigt.

Übersicht

A. Allgemeines

1 § 12 enthält spezielle Regelungen für hinzutretende kumulierende Vorhaben in den Fällen, in denen das Zulassungsverfahren des früheren Vorhabens im Zeitpunkt des Hinzutretens eines kumulierenden Vorhabens **noch nicht abgeschlossen** ist. Der Begriff des hinzutretenden kumulierenden Vorhabens entspricht dem des § 11 Abs. 1.[1]

1 BT-Drs. 18/11499, S. 84, vgl. auch § 11 Rdn. 3.

In den Absätzen 1 bis 3 unterscheidet die Norm **drei verschiedene Fallkonstellationen**. Abs. 1 betrifft die Fälle, in denen das frühere Vorhaben, über dessen Zulassung noch nicht entschieden wurde, UVP-pflichtig ist. In Abs. 2 finden sich Regelungen für Fälle, in denen das frühere Vorhaben allein nicht UVP-pflichtig ist und die Antragsunterlagen für dieses Verfahren bereits vollständig eingereicht wurden, Abs. 3 regelt die Fälle, in denen die Antragsunterlagen für das frühere, allein nicht UVP-pflichtige Vorhaben noch nicht vollständig eingereicht wurden. Abs. 4 enthält eine § 11 Abs. 4 vergleichbare Regelung für Kleinvorhaben, Abs. 5 betrifft die wechselseitige Berücksichtigung der Vorhaben in der jeweiligen Vorprüfung und Abs. 6 enthält eine § 11 Abs. 6 entsprechende Bestandsschutzregelung. 2

B. Früheres Vorhaben ist UVP-pflichtig (Abs. 1)

Abs. 1 betrifft die Fälle, in denen das **frühere Vorhaben**, über dessen Zulassung noch nicht entschieden wurde, **für sich allein UVP-pflichtig** ist. In diesen Fällen ist das hinzutretende Vorhaben ebenfalls UVP-pflichtig, wenn es entweder allein die Größen- oder Leistungswerte für die UVP-Pflicht gem. § 6 erreicht oder überschreitet (Abs. 1 Nr. 1) oder eine allgemeine Vorprüfung ergibt, dass durch das hinzutretende Vorhaben zusätzliche erhebliche nachteilige oder andere erhebliche Umweltauswirkungen hervorgerufen werden können (Abs. 1 Nr. 2). Strukturell ist die hier geregelte Konstellation mit der des § 11 Abs. 2 vergleichbar. 3

Bezüglich der **allgemeinen Vorprüfung**, die nach Nr. 2 durchzuführen ist, wenn das hinzutretende Vorhaben allein die Größen- oder Leistungswerte für eine UVP-Pflicht nach § 6 nicht erreicht oder überschreitet, verweist Abs. 1 Satz 2 auf § 7 Abs. 1 und 3 bis 7, dessen Regelungen entsprechend anzuwenden sind. Gem. Abs. 5 ist zudem das frühere Vorhaben in der Vorprüfung des hinzutretenden Vorhabens als **Vorbelastung** zu berücksichtigen. 4

C. Früheres Vorhaben ist nicht UVP-pflichtig (Abs. 2 und 3)

Die Absätze 2 und 3 betreffen Konstellationen, in denen das frühere Vorhaben allein, also ohne Berücksichtigung einer Kumulation, **nicht UVP-pflichtig** ist. Die Regelungen differenzieren danach, ob die Antragsunterlagen für das frühere Vorhaben zum Zeitpunkt der **Antragstellung** für das hinzutretende Vorhaben schon **vollständig eingereicht** waren (Abs. 2) oder nicht (Abs. 3).[2] 5

Vollständige Unterlagen liegen grundsätzlich dann vor, wenn die Unterlagen in einer Weise prüffähig sind, dass sie sich zu allen rechtlich relevanten Aspekten des Vorhabens verhalten und die Behörde in die Lage versetzen, den Antrag unter Berücksichtigung dieser Vorgaben näher zu prüfen.[3] Nicht voll ständig sind Unterlagen dann, wenn sie rechtlich relevante Frage vollständig ausblenden. Die Unterlagen müssen allerdings nicht schon die Genehmigungsfähigkeit belegen. Es ist also nicht erforderlich, dass ein vorzulegendes Gutachten der Prüfung in jeder Hinsicht standhält und keine weiteren fachlichen Fragen aufwirft. Fachliche Einwände und fachliches Nachhaken stehen der Annahme der Vollständigkeit nicht entgegen, sofern die fragliche Unterlage eine fachliche Prüfung überhaupt ermöglicht. 6

Nach § 7 Abs. 2 der 9. BImSchV hat die Genehmigungsbehörde den Antragsteller über die voraussichtlich zu beteiligenden Behörden und den geplanten zeitlichen Ablauf des Genehmigungsverfahrens zu unterrichten, wenn die eingereichten Unterlagen vollständig sind. Erfolgt eine entsprechende Unterrichtung nicht, macht die Behörde das Vorhaben aber gleichwohl nach § 8 Abs. 1 Satz 1 der 9. BImSchV bekannt, stellt die Bekanntmachung eine konkludente Bestätigung der Vollständigkeit dar. Dementsprechend ist bei Vorhaben, bei denen die Behörde die Öffentlichkeitsbeteiligung eingeleitet hat, in der Regel von Vollständigkeit der Antragsunterlagen im Sinne von Abs. 2 7

2 OVG NRW, Beschl. v. 13.09.2017 – 8 B 1373/16, juris Rn. 11.

3 BVerwG, Urt. v. 25.06.2020 – 4 C 3.19, juris Rn. 26; OVG NRW, Beschl. v. 18.09.2018 – 8 A 1886/16, juris Rn. 25; OVG NRW, Beschl. v. 13.09.2017 – 8 B 1373/16, juris Rn. 16.

und 3 UVPG auszugehen, soweit sich nicht im Zuge des weiteren Verfahrens die Notwendigkeit grundlegender Änderungen oder Ergänzungen ergibt.[4]

I. Antragsunterlagen für das frühere Vorhaben vollständig eingereicht (Abs. 2)

8 Sind die Antragsunterlagen für das frühere, nicht UVP-pflichtige Vorhaben im Zeitpunkt der Antragstellung für das hinzutretende Vorhaben schon **vollständig eingereicht**, ist das hinzutretende Vorhaben nach Abs. 2 Nr. 1 dann UVP-pflichtig, wenn die kumulierenden Vorhaben zusammen die maßgeblichen Größen- oder Leistungswerte nach § 6 erreichen oder überschreiten.

9 Erreichen oder überschreiten die kumulierenden Vorhaben zusammen die **Prüfwerte für die allgemeine Vorprüfung** erstmals oder erneut, so ist nach Nr. 2 für das hinzutretende Vorhaben eine dementsprechende allgemeine Vorprüfung durchzuführen. Entsprechendes gilt nach Nr. 3 hinsichtlich einer **standortbezogenen Vorprüfung**, soweit die kumulierenden Vorhaben zusammen die insoweit einschlägigen Prüfwerte erstmals oder erneut erreichen oder überschreiten.

10 § 7 gilt gem. Abs. 2 Satz 2 für die jeweils nach Nr. 2 oder 3 durchzuführende Vorprüfung entsprechend und gem. Abs. 5 ist das frühere Vorhaben in der Vorprüfung als **Vorbelastung** zu berücksichtigen. Für das frühere Vorhaben selbst ist dagegen nach Satz 3 **weder eine UVP noch eine Vorprüfung** durchzuführen,[5] da der Vorhabenträger in diesem Stadium – die Antragsunterlagen sind bereits vollständig eingereicht – vor einer Beeinträchtigung seines Verfahrens durch das kumulierend hinzutretende Vorhaben geschützt werden soll.[6]

II. Antragsunterlagen für das frühere Vorhaben nicht vollständig eingereicht (Abs. 3)

11 Abs. 3 betrifft die Fälle, in denen die Antragsunterlagen für das frühere Vorhaben im Zeitpunkt der Antragstellung für das hinzutretende Vorhaben noch **nicht vollständig eingereicht** sind. Es handelt sich um die schon vom früheren Recht erfassten Fälle der **»gleichzeitigen Kumulation«** gem. § 3b Abs. 2 UVPG a.F.[7] In diesen Fällen ist – anders als bei Abs. 2 – der Vorhabenträger des früheren Vorhabens nicht davor geschützt, noch eine UVP oder eine Vorprüfung nach dem UVPG durchzuführen. Bei Vorliegen der Voraussetzungen des Abs. 3 ist daher für beide kumulierenden Vorhaben jeweils eine entsprechende Prüfung (Vorprüfung oder UVP) durchzuführen.

12 Nach Abs. 3 Nr. 1 ist eine UVP erforderlich, wenn die kumulierenden Vorhaben zusammen die einschlägigen Größen- oder Leistungswerte des § 6 erreichen oder überschreiten. Eine allgemeine oder eine standortbezogene Vorprüfung ist nach Abs. 3 Nr. 2 und 3 durchzuführen, wenn die kumulierenden Vorhaben zusammen die jeweiligen Prüfwerte erstmals oder erneut erreichen oder überschreiten. In diesen Fällen der Erforderlichkeit einer Vorprüfung gilt § 7 entsprechend. Gem. Abs. 5 ist zudem das frühere Vorhaben in der Vorprüfung des hinzutretenden Vorhabens als **Vorbelastung** zu berücksichtigen

13 § 12 Abs. 3 Satz 3 sieht ferner eine Ausnahmeregelung für bergrechtliche Vorhaben vor, für die Betriebsplan vorliegt. Liegt für das frühere Verfahren zum Zeitpunkt der Antragstellung für das hinzutretende kumulierende Vorhaben ein gültiger Betriebsplan vor, so besteht für das frühere Verfahren keine UVP- oder entsprechende Vorprüfungspflicht.[8]

D. Hinzutretende Kleinvorhaben (Abs. 4)

14 Abs. 4 enthält eine Sonderregelung für **hinzutretende (Klein-)Vorhaben**, die bei isolierter Betrachtung unterhalb der Prüfwerte für die standortbezogene oder die allgemeine Vorprüfung verbleiben. Über-

---

4 Vgl. hierzu: Ziff. 12.2.3 »Allgemeine Verwaltungsvorschrift zur Ausführung des Gesetzes über die Umweltverträglichkeitsprüfung« vom 14.04.2025.

5 OVG NRW, Beschl. v. 13.09.2017 – 8 B 1373/16, juris Rn. 11.

6 BT-Drs. 18/11499, S. 86.

7 BT-Drs. 18/11499, S. 86.

8 BT-Drs. 18/11499, S. 86.

schreiten solche Vorhaben kumulierend mit einem früheren Vorhaben die Größen- oder Leistungswerte des § 6, so dass eigentlich eine unbedingte UVP-Pflicht bestünde, entfällt diese UVP-Pflicht dennoch, wenn eine allgemeine Vorprüfung ergibt, dass durch das hinzutretende Vorhaben keine zusätzlichen erheblichen nachteiligen oder andere nachteilige Umwelteinwirkungen eintreten können. § 7 Abs. 1 und 3 bis 7 sind für die allgemeine Vorprüfung wiederum entsprechend anzuwenden. Im Rahmen des Vorabentscheidungsverfahrens C-596/22 stellte der EuGH mit Beschluss vom 28.02.2023 die Unionsrechtskonformität der gleichlautenden Regelung in § 11 Abs. 4 fest, die das VG Minden in seinem Vorlagebeschluss vom 17.06.2022 (1 K 4856/18) infrage gestellt hatte.[9] Auch im Rahmen des § 12 bestehen demnach keine Bedenken hinsichtlich der Unionsrechtskonformität der Norm, wenngleich die Anwendung nicht, wie vom Gesetzgeber eigentlich intendiert, allein auf »Kleinvorhaben« mit Bagatellcharakter beschränkt sein dürfte.[10]

15 Diese Regelung gilt in dem Fall, in dem die Antragsunterlagen für das frühere Vorhaben bei Einreichen der Antragsunterlagen für das hinzutretende Vorhaben noch nicht vollständig waren gem. Abs. 4 Satz 3 **entsprechend für das frühere Vorhaben**. Handelte es sich bei diesem um ein Kleinvorhaben, so soll dieses durch die Norm im Vergleich zum Regelfall begünstigt werden, so dass eine UVP je nach Ausgang der Vorprüfung trotz kumulierenden Überschreitens der Größen- oder Leistungswerte nach § 6 entbehrlich sein kann.[11]

E. Vorgaben für die Prüfung (Abs. 5)

16 Für das hinzutretende Vorhaben ist in den Fällen des Abs. 1 Nr. 2 und des Abs. 2 Nr. 2 eine allgemeine Vorprüfung und in den Fällen des Abs. 2 Nr. 3 eine standortbezogene Vorprüfung durchzuführen. In den Fällen des Abs. 3 Nr. 2 und 3 sind für beide kumulierenden Vorhaben entsprechende Vorprüfungen durchzuführen. Abs. 1 bis 3, jeweils Satz 2, verweist betreffend dieser Vorprüfungen auf § 7. Die jeweilige Vorprüfung muss also den Vorgaben des § 7 entsprechend erfolgen.

17 Nach Abs. 5 sind das frühere Vorhaben und das hinzutretende kumulierende Vorhaben in der Vorprüfung für das jeweils andere Vorhaben als Vorbelastung zu berücksichtigen, womit eine Berücksichtigung der Umweltauswirkungen des jeweils anderen Vorhabens sichergestellt wird, ohne dass das frühere Vorhaben als solches aber Prüfgegenstand der Vorprüfung bzw. der UVP für das hinzutretende Vorhaben würde.[12] In den Fällen der Abs. 1 und 2 hat also das hinzutretende kumulierende Vorhaben das frühere Vorhaben als Vorbelastung zu berücksichtigen, im Fall des Abs. 3 muss eine gegenseitige Berücksichtigung des jeweils anderen Vorhabens als Vorbelastung erfolgen.

F. Bestandsschutz (Abs. 6)

18 Gem. Abs. 6, der dem vormaligen § 3 b Abs. 3 Satz 3 UVPG a.F. entspricht, gibt es **einen geschützten Bestand vorhandener Anlagen**, der hinsichtlich der Frage des Erreichens oder Überschreitens der Größen- oder Schwellenwerte unberücksichtigt bleibt. Bei diesem geschützten Bestand handelt es sich um solche Vorhaben, die nach den UVP-Richtlinien (UVP-RL und UVP-ÄnderungsRL aus 1997) zum Zeitpunkt des Ablaufs der jeweiligen **Umsetzungsfristen** der Richtlinien noch nicht der Verpflichtung zur Durchführung einer UVP unterlagen. Abzustellen ist insoweit auf einen **verfahrensrechtlich bestandsgeschützten Status**, den der Vorhabenträger dann erreicht, wenn er alles zur Erteilung der Genehmigung Erforderliche getan hat.[13] Zu den Bedenken hinsichtlich der Unionsrechtskonformität dieser Regelung, vergleiche die Ausführungen zu § 10 Abs. 4.[14]

9 Vgl. hierzu § 11 Rdn. 11.
10 Vgl. hierzu § 11 Rdn. 12.
11 BT-Drs. 18/11499, S. 86.
12 BT-Drs. 18/11499, S. 86.
13 Vgl. hierzu § 10 Rdn. 36.
14 Vgl. hierzu § 10 Rdn. 38 f.

§ 13 Ausnahme von der UVP-Pflicht bei kumulierenden Vorhaben

Für die in Anlage 1 Nummer 18.5, 18.7 und 18.8 aufgeführten Industriezonen und Städtebauprojekte gelten die §§ 10 bis 12 nicht.

Übersicht

A. Einführung

1 Nach § 13 gelten die §§ 10 bis 12 über die UVP-Pflicht bei kumulierenden Vorhaben für die in Anlage 1 Nummer 18.5, 18.7 und 18.8 aufgeführten Industriezonen und Städtebauprojekte nicht. Daraus ergibt sich eine erhebliche Privilegierung dieser Vorhaben, weil eine UVP-Pflicht ausscheidet, obwohl die Kumulationskriterien der §§ 10 bis 12 vorliegen. § 13 privilegiert folgende Vorhaben:

- Nr. 18.5 der Anlage 1 zum UVPG: **Bau einer Industriezone für Industrieanlagen**, für den im bisherigen Außenbereich im Sinne des § 35 BauGB ein Bebauungsplan aufgestellt wird,
- Nr. 18.7 der Anlage 1 zum UVPG: **Bau eines Städtebauprojektes für sonstige bauliche Anlagen**, für den im bisherigen Außenbereich im Sinne des § 35 BauGB ein Bebauungsplan aufgestellt wird,
- Nr. 18.8 der Anlage 1 zum UVPG: **Bau eines Vorhabens der in den Nummern 18.1 bis 18.7 der Anlage 1 zum UVPG genannten Art**, für das in sonstigen Gebieten ein Bebauungsplan aufgestellt, geändert oder ergänzt wird.

Für solche Vorhaben bleibt es als Voraussetzung für die UVP-Pflicht bzw. für die Vorprüfungspflicht bei dem Erreichen oder Überschreiten des jeweiligen Schwellenwertes in Anlage 1 zum UVPG alleine durch das jeweilige Vorhaben. Gleichartige Vorhaben in der Umgebung, die die Kumulationsvoraussetzungen des § 10 Abs. 4 erfüllen, sollen bei der Feststellung der UVP-Pflicht unberücksichtigt bleiben. Anlass für eine solche Privilegierung bot dem Gesetzgeber die Einsicht, dass die genannten Vorhaben häufig Teil einer kontinuierlichen und längeren Siedlungsentwicklung sind, so dass kleinere Erweiterungen oder Umgestaltungen bestehender Baugebiete nicht mit Blick auf die Größe des Bestandes UVP-pflichtig werden sollen. Die Unionsrechtskonformität dieser Regelung wird bezweifelt.[1]

2 Wird ein Vorhaben geändert, für das keine Umweltverträglichkeitsprüfung durchgeführt worden ist, so besteht für das Änderungsvorhaben nach § 9 Abs. 2 Satz 1 die UVP-Pflicht, wenn das geänderte Vorhaben 1. den Größen- oder Leistungswert für die unbedingte UVP-Pflicht gemäß § 6 UVPG erstmals erreicht oder überschreitet oder 2.; sie einen in Anlage UVPG 1 angegebenen Prüfwert für die Vorprüfung erstmals oder erneut erreicht oder überschreitet und eine Vorprüfung ergibt, dass die Änderung erhebliche nachteilige Umweltauswirkungen hervorrufen kann. Wird ein Städtebauprojekt oder eine Industriezone nach Anlage UVPG 1 Nrn. 18.5, 18.7 und 18.8 geändert, gilt nach § 9 Abs. 2 Satz 2 die vorgenannte Regelung des § 9 Abs. 2 Satz 1 mit der Maßgabe, dass allein durch die Änderung der Größen- oder Leistungswert nach § 9 Abs. 2 Satz 1 Nr. 1 oder der Prüfwert nach § 9 Abs. 2 Satz 1 Nr. 2 erreicht oder überschritten wird. Die Verpflichtung zur Durchführung einer Umweltverträglichkeitsprüfung besteht gemäß § 10 Abs. 1 grundsätzlich auch dann, wenn kumulierende Vorhaben zusammen die maßgeblichen Größen- oder Leistungswerte nach § 6 erreichen oder überschreiten. Bei kumulierenden Vorhaben, die zusammen die Prüfwerte für eine allgemeine Vorprüfung erstmals oder erneut erreichen oder überschreiten, ist nach § 10 Abs. 2 Satz 1 die allgemeine Vorprüfung durchzuführen. Kumulierende Vorhaben liegen nach § 10 Abs. 4 Satz 1 vor,

1 *Tepperwien,* in: Schink/Reidt/Mitschang, UVPG/UmwRG, § 13 UVPG Rn. 1.

wenn mehrere Vorhaben derselben Art von einem oder mehreren Vorhabenträgern durchgeführt werden und in einem engen Zusammenhang stehen.

Ausgenommen von einem solchen Hineinwachsen sind nach § 13 Industriezonen und Städtebauprojekte nach Nrn. 18.5, 18.7 und 18.8 der Anlage 1. Mit dieser Ausnahme vom Anwendungsbereich der Kumulationsvorschriften soll vermieden werden, dass bei allen oder jedenfalls bei vielen Städtebauprojekten, die im Anschluss an schon bebaute städtische Bereiche realisiert werden sollen, aufgrund der Kumulation eine UVP-Pflicht entsteht, selbst wenn das jeweiligen Vorhaben (weit) unter den Größen–, Leistungs- oder Prüfwerten bleibt.[2] Mit § 13 wird die frühere Regelung des § 3b Abs. 3 Satz 4, die Besonderheiten derartiger Vorhaben Rechnung tragen sollte,[3] trotz der dagegen gerichteten Kritik[4] beibehalten. 3

Eingeführt wurde die inhaltsgleiche Vorgängerregelung durch das Gesetz zur Umsetzung der UVP-Änderungsrichtlinie, der IVU-Richtlinie und weiterer EG-Richtlinien zum Umweltschutz vom 27.07.2001.[5] Die damalige Gesetzesbegründung weist darauf hin, dass sich diese Vorhaben auf Grund ihres durch kontinuierliche Weiterentwicklung gekennzeichneten dynamischen Charakters und des Umstands, dass sie regelmäßig Bestandteile einer längeren Siedlungsgeschichte sind, die sich nicht als nachträglicher Prüfgegenstand einer Umweltverträglichkeitsprüfung eignen, wesentlich von sonstigen Vorhaben unterscheiden. Wegen dieses besonderen Charakters »passten« – so die Gesetzesbegründung – die Vorschriften über die Kumulation nicht für die in der Anlage 1 Nr. 18.5, 18.7 und 18.8 aufgeführten Städtebauprojekte und Industriezonen.[6] 4

Nach § 50 Abs. 1 Satz 1 wird die Umweltverträglichkeitsprüfung einschließlich der Vorprüfung nach den §§ 1 und 2 Abs. 1 und 2 sowie nach den §§ 3–13 im Aufstellungsverfahren als Umweltprüfung sowie die Überwachung nach den Vorschriften des BauGB durchgeführt, wenn Bebauungspläne im Sinne von § 2 Abs. 6 Nr. 3, insbesondere bei Vorhaben nach Anl. 1 Nr. 18.1 bis 18.9, aufgestellt, geändert oder ergänzt werden. Die Besonderheit der in § 50 Abs. 1 Satz 1 und in § 13 genannten städtebaulichen Vorhaben besteht darin, dass dem Bebauungsplanverfahren kein gesondert vom UVPG erfasstes, förmliches Zulassungsverfahren, sondern nur noch ein Baugenehmigungsverfahren folgt. Diese Vorhaben sind, wenn sie im bisherigen Außenbereich zugelassen werden sollen und einen in der Anl. 1 genannten Größenwert erreichen, einer Umweltprüfung im Bebauungsplanverfahren zu unterziehen. Nachvollziehbarer Anlass für die Einbeziehung in das Rechtsregime des UVPG war die besondere Schutzwürdigkeit des Außenbereichs. Nach Anl. 1 Nr. 18.8 entsteht außerdem eine UVP-Pflicht für den Bau bestimmter Vorhaben, wenn diese nicht im Außenbereich, sondern im bereits umgewandelten Außenbereich, d.h. im unbeplanten Innenbereich im Sinne von § 34 BauGB, liegen. 5

B. Industriezonen und Städtebauprojekte

Die in § 13 vorgesehene Ausnahme vom Anwendungsbereich der Kumulationsvorschriften der §§ 10–12 gilt für Industriezonen im Sinne von Nr. 18.5 der Anl. 1, für Städtebauprojekte im Sinne von Nr. 18.7 der Anl. 1 und für Industriezonen und Städtebauprojekte, die zwar die Flächengrößen, deren Überschreitung eine unbedingte UVP-Pflicht auslöst, nicht erreichen, die jedoch den jeweiligen Prüfwert für die Vorprüfung erreichen oder überschreiten und für den Bau bestimmter Vorhaben, für den in sonstigen Gebieten ein Bebauungsplan aufgestellt, geändert oder ergänzt wird (Nr. 18.8). 6

2 *Stüer,* in: Hoppenberg/de Witt, Handbuch des öffentlichen Baurechts, Bauplanungsrecht, 2021, Rn. 1041.
3 Gesetzesbegründung, BT-Drs. 18/11499, S. 86.
4 *Gunter* NuR 2002, 317.
5 BGBl. 2001, S. 1950.
6 BT-Drs. 18/11499, S. 86; *Tepperwien,* in: Schink/Reidt/Mitschang, UVPG/UmwRG, § 13 UVPG Rn. 1 mit Zweifeln an der Unionsrechtskonformität der Regelung.

7 Die einzelnen UVP-pflichtigen Vorhaben sind in Nrn. 18.1 bis 18.7 entsprechend dem Sprachgebrauch der UVP-Richtlinie vom deutschen Gesetzgeber bezeichnet worden. Die Begrifflichkeiten der Richtlinie entsprechen allerdings nicht ohne weiteres dem Sprachgebrauch des deutschen Rechts. Anhand des Sprachverständnisses der Richtlinie wird in der Gesetzesbegründung davon ausgegangen, dass sich die in den Nummern 18.1 bis 18.7 aufgeführten Vorhaben durchweg über ihre Größe definieren. Hieraus folgen die vom Gesetzgeber bestimmten Schwellenwerte. Insbesondere bei »Industriezonen« oder »Städtebauprojekten« setzt die Subsumtion bestimmter Vorhaben unter diese Begriffe voraus, dass das jeweilige Vorhaben seiner Art nach bereits eine gewisse räumliche Dimension erreicht. Entsprechendes gilt z.B. auch für Freizeitparks. Hierbei handelt es sich schon nach dem allgemeinen Sprachgebrauch um größere Ausflugs- und Vergnügungsstätten mit in der Regel kommerziellen Freizeitangeboten.[7]

8 Bei der Bestimmung der Schwellenwerte für die UVP-Pflicht der von den Nummern 18.1 bis 18.7 erfassten baulichen Anlagen ist ausweislich der Gesetzesbegründung davon ausgegangen worden, dass erhebliche nachteilige Umweltauswirkungen in der Regel dann zu besorgen sind, wenn der beabsichtigte Standort der Vorhaben im Außenbereich liegt und die Vorhaben eine gewisse Größenordnung erreichen. Dies trägt der besonderen Schutzbedürftigkeit des Außenbereichs Rechnung und begünstigt die in ökologischer Hinsicht in aller Regel vorzuziehende Entwicklung der Gemeinden innerhalb des bereits vorhandenen Siedlungsbereichs. Dieses Konzept entspricht nach Auffassung des Gesetzgebers auch dem Sinn und Zweck der Richtlinie: Erhebliche nachteilige Umweltauswirkungen der Vorhaben, die in den Nummern 18.1 bis 18.7 erfasst sind und für die nach deutschem Recht die Durchführung eines Bebauungsplanverfahrens vorgesehen ist, ergeben sich im Allgemeinen aufgrund ihres Standorts und der möglichen Beeinträchtigung von Natur und Landschaft sowie aufgrund der Flächeninanspruchnahme, was durch die im Wesentlichen auf den »Versiegelungsgrad« bezogenen Schwellenwerte berücksichtigt worden ist.[8]

9 Zum Verhältnis der Tatbestände in den Nummern 18.1 bis 18.7 untereinander gilt nach der Gesetzesbegründung, dass für die UVP-Pflicht entscheidend ist, ob im jeweiligen Bebauungsplanverfahren auch nur einer der Tatbestände erfüllt ist. Dementsprechend ist z.B. in einem Bebauungsplan für ein Industriegebiet im bisherigen Außenbereich eine Umweltverträglichkeitsprüfung oder zunächst eine standortbezogene Vorprüfung des Einzelfalls auch dann durchzuführen, wenn der für eine Industriezone nach Nummer 18.5 maßgebliche Schwellen- oder Prüfwert hinsichtlich der Grundfläche der Anlagen nicht erreicht wird, zugleich jedoch ein Parkplatz nach Nummer 18.4 mit mindestens 500 Stellplätzen bzw. mit mindestens 50 bis weniger als 200 Stellplätzen in dem Gebiet errichtet werden soll. Die Umweltverträglichkeitsprüfung bzw. die standortbezogene Vorprüfung kann dann allerdings – unter Berücksichtigung des funktionalen Zusammenhangs mit dem Industriegebiet – auf die erheblichen nachteiligen Umweltauswirkungen des Parkplatzes beschränkt werden.[9]

I. Industriezonen

10 Nr. 18.5 der Anlage 1 listet als Vorhaben den Bau einer Industriezone für Industrieanlagen auf, für den im bisherigen Außenbereich im Sinne des § 35 BauGB ein Bebauungsplan aufgestellt wird, mit einer zulässigen Grundfläche im Sinne des § 19 Abs. 2 BauNVO oder einer festgesetzten Größe der Grundfläche von insgesamt 100.000 m^2 oder mehr oder aber von insgesamt mehr als 20.000 m^2 bis weniger als 100.000 m^2.

11 Zulässige Grundfläche ist nach § 19 Abs. 2 BauNVO der nach § 19 Abs. 1 BauNVO errechnete Anteil des Baugrundstücks, der von baulichen Anlagen überdeckt werden darf. Die Grundflächenzahl gibt nach § 19 Abs. 1 BauNVO an, wieviel m^2 Grundfläche je m^2 Grundstücksfläche im Sinne des § 19 Abs. 3 BauNVO zulässig sind.

---

7 Gesetzesbegründung, BT-Drs. 14/4599, S. 121.

8 Gesetzesbegründung, BT-Drs. 14/4599, S. 121.

9 Gesetzesbegründung, BT-Drs. 14/4599, S. 121.

Wird die Schwelle von 100.000 m² beim Bau der Industriezone erreicht oder überschritten, besteht eine unbedingte UVP-Pflicht; wird die Schwelle von 20.000 m² bis weniger als 100.000 m² erreicht, bedarf es einer allgemeinen Vorprüfung im Sinne von § 7 Abs. 1 Satz 1. 12

Industriezonen sind größere Bereiche, in denen zumindest mehrere Industrieanlagen zugelassen werden können. Als Industriezone ist regelmäßig ein durch Industriegebiet geprägter Bereich zu verstehen; im Einzelfall kann eine Industriezone aber auch Gewerbe- und Sondergebiete einbeziehen.[10] Es muss sich dabei um Pläne handeln, bei denen die industrielle Nutzung weitaus im Vordergrund steht. Bebauungspläne, die nur angebotsbezogen sind und keine weiteren vorhabenbezogenen Festsetzungen enthalten, lösen keine UVP-Pflichtigkeit unter dem Tatbestandsmerkmal »Industriezone« aus.[11] 13

II. Städtebauprojekte

Als weiteres von den Kumulationsvorschriften der §§ 10–12 befreites Vorhaben listet Nr. 18.7 den Bau eines Städtebauprojekts für sonstige bauliche Anlagen auf, für den im bisherigen Außenbereich im Sinne des § 35 BauGB ein Bebauungsplan aufgestellt wird, mit einer zulässigen Grundfläche im Sinne des § 19 Abs. 2 BauNVO oder einer festgesetzten Größe der Grundfläche von insgesamt 100.000 m² oder mehr oder aber von insgesamt 20.000 m² bis weniger als 100.000 m². Im zuerst genannten Fall des Überschreitens von 100.000 m² besteht eine unbedingte UVP-Pflicht; in dem weiteren Fall eines Überschreitens der Schwelle von 20.000 m² besteht die Notwendigkeit einer allgemeinen Vorprüfung im Sinne von § 7 Abs. 1 Satz 1. 14

Bei Anl. 1 Nr. 18.7 handelt es sich um einen Auffangtatbestand, der sich auf alle möglichen Bauvorhaben erstreckt, insbesondere auch auf die Ausweisung von Wohnungsbauvorhaben oder Gewerbegebieten. Dementsprechend fallen auch Bebauungspläne, die verschiedene Baugebiete ausweisen, wie z.B. Gewerbegebiete, Mischgebiete und/oder Wohngebiete, darunter.[12] Der Begriff des Städtebauprojekts ist nach der Rechtsprechung des BVerwG entsprechend der Funktion von Nr. 18.7 der Anlage 1 zum UVPG als Auffangtatbestand weit auszulegen und beschränkt sich nicht auf Infrastrukturprojekte im engeren Sinne.[13] Er umfasst die Errichtung von baulichen Anlagen, die eine gewisse räumliche Dimension erreichen und ihrem Wesen nach städtisch sind.[14] Städtebauprojekte sind solche Projekte einer Gesamtplanung, die auf eine Vielheit baulicher Maßnahmen abzielen. Nach Nr. 18.4 und Nr. 18.6 der Anlage 1 zum UVPG sind auch Parkplätze und Einkaufszentren städtebauliche Projekt i.d.S. 15

III. Sonstige Projekte

Von den Kumulationsvorschriften der §§ 10–12 befreit der Gesetzgeber in Nr. 18.8 der Anl. 1 schließlich noch den Bau eines Vorhabens der in den Nr. 18.1 bis 18.7 genannten Art, soweit der jeweilige Prüfwert für die Vorprüfung erreicht oder überschritten wird und für den in sonstigen Gebieten ein Bebauungsplan aufgestellt, geändert oder ergänzt wird. 16

Zu den sonstigen Bauvorhaben zählen der Bau eines Feriendorfs, eines Hotelkomplexes oder einer sonstigen Einrichtung für die Ferien- und Fremdenbeherbergung (Anl. 1 Nr. 18.1), der Bau eines ganzjährig betriebenen Campingplatzes (Anl. 1 Nr. 18.2), der Bau eines Freizeitparks (Anl. 1 Nr. 18.3), der Bau eines Parkplatzes (Anl. 1 Nr. 18.4), der Bau einer Industriezone für Industrieanlagen (Anl. 1 Nr. 18.5), der Bau eines Einkaufszentrums, eines großflächigen Einzelhandelsbetriebs oder eines sonstigen großflächigen Handelsbetriebs im Sinne von § 11 Abs. 3 Satz 1 BauNVO 17

---

10 *Stüer,* in: Hoppenberg/de Witt, Handbuch des öffentlichen Baurechts, Bauplanungsrecht, Rn. 1349.

11 OVG SA, Urt. v. 17.11.2005 – 2 K 229/02, juris Rn. 60.

12 *Stüer,* in: Hoppenberg/de Witt, Handbuch des öffentlichen Baurechts, Bauplanungsrecht Rn. 1351.

13 BVerwG, Urt. v. 24.04.2024 – 4 CN 2.23, NVwZ 2024, 1501 (1504).

14 BVerwG, Urt. v. 24.04.2024 – 4 CN 2.23, NVwZ 2024, 1501 (1504) unter Verweis auf BT-Drs. 14/4599, 121 f.

(Anl. 1 Nr. 18.6) sowie der Bau eines Städtebauprojekts für sonstige bauliche Anlagen (Anl. 1 Nr. 18.7).

18 Während die Regelungen in den Nrn. 18.1 bis 18.7 der Anl. 1 zunächst für den Bau der aufgeführten Anlagen im bisherigen Außenbereich, wenn für den Bau ein Bebauungsplan aufgestellt wird, gelten, regelt Nr. 18.8 den Fall, dass für den Bau der in den Nrn. 18.1 bis 18.7 aufgeführten Anlagen in sonstigen Gebieten ein Bebauungsplan aufgestellt, geändert oder ergänzt wird. Diese Regelung ist im Änderungsfall damit auch einschlägig, wenn die Anlagen im vormaligen Außenbereich aufgrund eines Bebauungsplans errichtet worden sind und nunmehr eine andere oder intensivere Nutzung im Wege der Bebauungsplanung vorbereitet werden soll.[15]

C. Ausnahme vom Anwendungsbereich der §§ 10–12

19 Liegen die Voraussetzungen des § 13 vor, handelt es sich also um Bauvorhaben im Sinne der Anl. 1 Nrn. 18.5, 18.7 oder 18.8, sind bei der Umweltprüfung die §§ 10–12 nicht anzuwenden. Daraus folgt, dass es für das Erreichen oder Überschreiten der für dieses Vorhaben maßgeblichen Flächenwerte nur auf den Umfang der jeweiligen Änderung oder Erweiterung selbst ankommt. Vorangegangene Entwicklungsschritte sind somit nicht einzubeziehen. Änderungen oder Erweiterungen werden vielmehr als eigenständige Vorhaben eingeordnet.[16]

20 Gerechtfertigt wird diese Privilegierung der städtebaulichen Vorhaben damit, dass die genannten Vorhaben Teil einer kontinuierlichen städtebaulichen Entwicklung und möglicherweise einer lang dauernden Entwicklungsgeschichte sind, die sich nicht als eigenständiger Prüfungsgegenstand einer Umweltverträglichkeitsprüfung eignen.[17] Zwar wird dieser Rechtfertigung durchaus Plausibilität attestiert; befürchtet wird jedoch, dass Infrastrukturprojekte planerisch so dimensioniert werden, dass eine zwingende UVP-Pflicht vermieden wird und damit bei späteren Erweiterungen es genau zu den Abschichtungen käme, die UVP-rechtlich unerwünscht sein und auch mit der Rechtsprechung des EuGH kollidieren könnten.[18]

21 Unabhängig von der Frage, ob für die Bestimmung der UVP-Pflicht die §§ 10–12 heranzuziehen sind oder nicht, müssen bei der Planung und Zulassung von Industriezonen und städtebaulichen Projekten die Umweltauswirkungen bereits vorhandener Vorhaben berücksichtigt werden, weil und soweit es sich bei ihnen um relevante Vorbelastungen handelt, die auch dann entscheidungsrelevant sind, wenn keine UVP-Pflicht besteht.

D. Geltung des § 9

22 Wird ein Städtebauprojekt oder eine Industriezone nach Anl. 1 Nr. 18.5, 18.7 und 18.8 geändert, gilt gem. § 9 Abs. 2 Satz 2 die Vorschrift des § 9 Abs. 2 Satz 1 mit der Maßgabe, dass allein durch die Änderung der Größen- oder Leistungswerte nach § 9 Abs. 2 Satz 1 Nr. 1 oder der Prüfwerte nach Abs. 2 Satz 1 Nr. 2 erreicht oder überschritten wird. Nach § 9 Abs. 2 Satz 1 besteht für das Änderungsvorhaben die UVP-Pflicht, wenn das geänderte Vorhaben den Größen- oder Leistungswert für die unbedingte UVP-Pflicht gemäß § 6 erstmals erreicht oder überschreitet oder einen in Anl. 1 angegebenen Prüfwert für die Vorprüfung erstmals oder erneut erreicht oder überschreitet und eine Vorprüfung ergibt, dass die Änderung erhebliche nachteilige Umweltauswirkungen hervorrufen kann.

---

15 Gesetzesbegründung, BT-Drs. 14/4599, S. 121.

16 VG Münster, Urt. v. 12.10.2021 – 2 K 673/16, juris Rn. 80.

17 Begr. RegE, BR-Drs. 674/00 v. 10.11.2000, S. 89.

18 *Günter* NuR 2002, 317, 321 f.; *Gassner,* UVPG, 2006, § 3b UVPG a.F. Rn. 26; siehe auch OVG Saarland, Beschl. v. 27.04.2015 – 2 B 39/15, juris Rn. 7 zur Befürchtung einer »Salamitaktik«; EuGH, Urt. v. 21.09.1999 – C 392/95, Slg. 1999 I S. 5929 Rn. 76; *Tepperwien,* in: Schink/Reidt/Mitschang, UVPG/UmwRG, § 13 UVPG Rn. 2: »Unionsrechtskonformität muss stark bezweifelt werden«.

§ 14 UVP-pflichtige Entwicklungs- und Erprobungsvorhaben

(1) [1]Sofern ein in Anlage 1 Spalte 1 mit einem »X« gekennzeichnetes Vorhaben ein Entwicklungs- und Erprobungsvorhaben ist und nicht länger als zwei Jahre durchgeführt wird, besteht für dieses Vorhaben eine UVP-Pflicht abweichend von § 6 nur, wenn sie durch die allgemeine Vorprüfung festgestellt wird. [2]Für die Vorprüfung gilt § 7 Absatz 1 und 3 bis 7 entsprechend. [3]Bei der allgemeinen Vorprüfung ist die Durchführungsdauer besonders zu berücksichtigen.

(2) Ein Entwicklungs- und Erprobungsvorhaben ist ein Vorhaben, das ausschließlich oder überwiegend der Entwicklung und Erprobung neuer Verfahren oder Erzeugnisse dient.

Übersicht

A. Allgemeines

Die Vorschrift ist mit der Fassung 2001 erstmals in das UVPG eingefügt worden und mit der aktuellen Fassung leicht umformuliert worden. Die sprachlichen und strukturellen Änderungen dienen aus Sicht der Gesetzesmaterialien der »besseren Verständlichkeit«.[1] Die unionsrechtliche Grundlage befindet sich in Nr. 13 lit. b des Anh. II zur UVP-Richtlinie. Dort ermöglicht der Unionsgesetzgeber für Vorhaben, die im Anh. I als UVP-pflichtige Projekte gelistet sind, eine **Ausnahme von der zwingenden UVP-Pflicht**, und zwar unter folgenden Voraussetzungen: 1

»Projekte des Anhangs I, die ausschließlich oder überwiegend der Entwicklung und der Erprobung neuer Verfahren oder Erzeugnisse dienen und nicht länger als zwei Jahre betrieben werden.«

Diese Richtlinienvorgabe ermöglicht es den Mitgliedstaaten, die jeweils zuständige Behörde zu ermächtigen, in den Fällen von Entwicklungs- und Erprobungsverfahren von der UVP abzusehen, wenn die Voraussetzungen dafür gegeben sind. 2

Die neue Verwaltungsvorschrift zur Ausführung des UVPG (UVPVwV) vom 14.04.2025 beschränkt sich bei § 14 UVPG zu weiten Teilen auf eine Wiedergabe der Gesetzesbestimmung. 3

B. Regelung im Einzelnen

I. Absehen von der UVP (§ 14 Abs. 1)

§ 14 Abs. 1 ermöglicht ein **Absehen von der UVP** unter vier Voraussetzungen, die das Vorhaben erfüllen muss: 4

- gemäß Anlage 1 Spalte 1 gelistet (X-Vorhaben = zwingende UVP-Pflicht),
- dient (mind. überwiegend) zur Entwicklung und Erprobung neuer Verfahren oder Erzeugnisse,
- keine längere Durchführung als zwei Jahre und
- Durchführung einer allgemeinen (negativen) Vorprüfung.
  1. Die erste Voraussetzung ergibt sich daraus, dass regelmäßig nur in den dort genannten Fällen zwingender UVP-Pflicht eine derartige Ausnahmeentscheidung notwendig wird. In den Fällen gemäß Anlage 1 Spalte 2 (A- und S-Vorhaben) sind ohnehin allgemeine oder standortbezogene Vorprüfungen des Einzelfalls erforderlich.[2]
  2. Die zweite Voraussetzung betrifft die eigentliche inhaltliche Umschreibung dessen, was unter »Entwicklungs- und Erprobungsvorhaben« zu verstehen ist. Dazu findet sich eine Definition im Abs. 2 (siehe dazu unter II.).

1 BReg, BR-Drs. 164/17, S. 98.
2 Gesetzesbegründung, BT-Drs. 14/4599, S. 98.

3. Die dritte Voraussetzung betrifft eine zeitliche Komponente: Das Vorhaben darf nicht für mehr als zwei Jahre durchgeführt werden.
4. Ein Absehen von der UVP-Pflicht ist nach der vierten Voraussetzung nur nach Durchführung einer allgemeinen Vorprüfung möglich, die zu einem negativen Ergebnis geführt hat. § 7 Abs. 1 und Abs. 3 bis 7 sind entsprechend anzuwenden.

5 Gemäß Abs. 1 Satz 2 ist bei der allgemeinen Vorprüfung die Durchführungsdauer besonders zu berücksichtigen. Je kürzer die Betriebsdauer, desto geringer ist die Relevanz des Vorhabens. Maßgebend für die 2-Jahresfrist ist die tatsächliche Gesamtdauer, nicht die Dauer einzelner Genehmigungsabschnitte.[3] Die 2-Jahresfrist ist eine Maximalfrist und kann nicht verlängert werden.[4] Soll das Vorhaben länger als zwei Jahre durchgeführt werden, findet § 14 UVPG keine Anwendung, sondern es besteht eine unbedingte UVP-Pflicht.[5]

II. Entwicklungs- und Erprobungsvorhaben (§ 14 Abs. 2)

6 Es muss sich nach der Definition des Abs. 2 um Vorhaben handeln, die – ausschließlich oder überwiegend – auf die Entwicklung oder Erprobung **neuer Verfahren** oder **neuer Erzeugnisse** ausgerichtet sind. Die Legaldefinition erfolgt in recht allgemeiner Weise durch die gleichen Begriffe »Entwicklung« und »Erprobung« sowie durch die Bezugnahme auf »neue Verfahren« oder »Erzeugnisse«, denen das Vorhaben dienen muss. Der UVP-rechtliche Begriff erfasst im Wesentlichen die im Anh. zur 4. BImSchV aufgeführten Anlagen, aber auch sonstige Vorhaben, mit denen neue Verfahren oder Erzeugnisse entwickelt oder erprobt werden sollen, wobei etwa gemäß der Gesetzesbegründung an den Bau und Betrieb technisch neuartiger Verkehrswege zu Versuchszwecken zu denken ist.[6] Ähnlich wie beim immissionsschutzrechtlichen Verständnis der »Versuchsanlage«, an das sich § 14 Abs. 2 anlehnt, dürften zu Produktionszwecken errichtete Anlagen, in denen zeitweise auch Entwicklungs- und Erprobungsarbeiten durchgeführt werden, zur Erfüllung des Tatbestands nicht ausreichen.[7] Die Erleichterungen des § 14 kommen dagegen Vorhaben zu Gute, die sich auf bestimmte Entwicklungsmaßnahmen konzentrieren oder sich darauf beschränken, die Anwendung eines (der Entwicklung nach bereits ausgereiften) Verfahrens unter spezifischen Bedingungen zu erproben.

7 Es ist ausreichend, wenn die Entwicklungs- oder Erprobungsabsicht »**überwiegend**« verfolgt wird. Dieses einschränkende Merkmal kann auf Grund seiner Unbestimmtheit nur im Einzelfall beurteilt werden. Die in Rede stehenden Zwecke sind dann überwiegend, wenn sie im Wesentlichen verfolgt werden bzw. wenn das Schwergewicht des Vorhabens darauf gerichtet ist.

§ 14a Besondere Änderungen zur Modernisierung und Digitalisierung von Schienenwegen

(1) Keiner Umweltverträglichkeitsprüfung bedarf die Änderung eines Schienenwegs oder einer sonstigen Bahnbetriebsanlage nach den Nummern 14.7, 14.8 und 14.11 der Anlage 1, soweit sie lediglich aus den folgenden Einzelmaßnahmen besteht:

1. **der Ausstattung einer bestehenden Bahnstrecke im Zuge des Wiederaufbaus nach einer Naturkatastrophe mit einer Oberleitung einschließlich dafür notwendiger räumlich begrenzter baulicher Anpassungen, insbesondere von Tunneln mit geringer Länge oder von Kreuzungsbauwerken,**
2. **den im Rahmen der Digitalisierung einer Bahnstrecke erforderlichen Baumaßnahmen, insbesondere der Ausstattung einer Bahnstrecke mit Signal- und Sicherungstechnik des Standards European Rail Traffic Management System (ERTMS),**

---

3 VG Gera NuR 2004, 61 (63).
4 Nr. 14 UVPVwV.
5 Nr. 14 UVPVwV.
6 *Sangenstedt,* in: Landmann/Rohmer, Umweltrecht, § 3 f Rn. 4.
7 Dazu *Hansmann,* in: Landmann/Rohmer, Umweltrecht, § 2 zur 4. BImSchV Rn. 10.

3. dem barrierefreien Umbau oder der Erhöhung oder Verlängerung eines Bahnsteigs,
4. der technischen Sicherung eines Bahnübergangs,
5. der Erneuerung eines Eisenbahnübergangs,
6. der Erneuerung und Änderung eines Durchlasses sowie
7. der Herstellung von Überleitstellen für Gleiswechselbetriebe.

(2) Eine standortbezogene Vorprüfung entsprechend § 7 Absatz 2 wird zur Feststellung der UVP-Pflicht durchgeführt für
1. die Ausstattung einer bestehenden Bahnstrecke mit einer Oberleitung auf einer Länge von weniger als 15 Kilometern einschließlich dafür notwendiger räumlich begrenzter baulicher Anpassungen, insbesondere von Tunneln mit geringer Länge oder von Kreuzungsbauwerken,
2. die Errichtung einer Lärmschutzwand zur Lärmsanierung,
3. die Erweiterung einer Bahnbetriebsanlage mit einer Flächeninanspruchnahme von weniger als 5.000 Quadratmetern.

(3) Eine allgemeine Vorprüfung entsprechend § 7 Absatz 1 wird zur Feststellung der UVP-Pflicht durchgeführt für
1. die Ausstattung einer bestehenden Bahnstrecke mit einer Oberleitung, soweit nicht durch Absatz 2 Nummer 1 erfasst,
2. die Erweiterung einer Bahnbetriebsanlage nach Nummer 14.8.3.1 der Anlage 1 mit einer Flächeninanspruchnahme von 5.000 Quadratmetern oder mehr,
3. die sonstige Änderung eines Schienenwegs oder einer sonstigen Bahnbetriebsanlage nach den Nummern 14.7 und 14.8 der Anlage 1, soweit nicht von den Absätzen 1 und 2 erfasst.

Übersicht **Rdn.**

A. Allgemeines

I. Entstehungsgeschichte

Ursprünglich enthielt § 14a UVPG eine Regelung zur Feststellung der SUP-Pflicht, die seit 2017 in § 34 UVPG geregelt ist. Durch das Gesetz zur Beschleunigung von Investitionen wurde § 14a UVPG mit Wirkung vom **10.12.2020** erneut mit einem Regelungsgehalt gefüllt und im Zusammenhang hiermit die Anlage 1 zum UVPG geändert.[1] § 14a UVPG regelt nunmehr – wie die amtliche Überschrift anzeigt – die (fehlende) UVP-Pflicht von besonderen Änderungen zur Modernisierung und Digitalisierung von Schienenwegen. Während des Gesetzgebungsverfahrens hat der Bundesrat gegenüber dem ursprünglichen Entwurf des Gesetzes[2] verschiedene Änderungsvorschläge unterbreitet,[3] mit denen er sich nur teilweise durchsetzen konnte.[4] Einige Änderungen sind durch den Bundestag selbst vorgenommen worden.[5] 1

1 Art. 4 Gesetz zur Beschleunigung von Investitionen v. 3.12.2020, BGBl. I, S. 2694. Übergreifend hierzu *Wahlhäuser* UPR 2021, 41 ff.
2 BT-Drs. 19/22139.
3 BR-Drs. 456/20 (Beschluss), S. 19 ff
4 Siehe die Stellungnahme der Bundesregierung in BT-Drs. 19/22778, S. 2; die Beschlussempfehlung des Ausschusses für Verkehr und digitale Infrastruktur, BT-Drs. 19/24040, S. 6 f.; sowie eingehend *Mann*, in: Landmann/Rohmer, Umweltrecht, § 14a UVPG Rn. 4 ff.
5 BT-Drs. 19/24040, S. 23 f.; *Mann*, in: Landmann/Rohmer, Umweltrecht, § 14a UVPG Rn. 8 f.

2 Seit ihrem Inkrafttreten wurde die Vorschrift einmal geändert. Im Jahr **2021** wurde in Abs. 1 die heutige **Nr. 1 neu eingefügt**, die bisherigen Nrn. 1–6 wurden zu den Nrn. 2–7. Dies geschah durch Art. 14 des Aufbauhilfegesetzes 2021.[6] Dieser war im ursprünglichen Gesetzentwurf nicht enthalten,[7] sondern wurde erst aufgrund der Beschlussempfehlung des Haushaltsausschusses aufgenommen.[8]

II. Systematik

3 Innerhalb des UVPG ist § 14a **lex specialis zu § 9 UVPG.**[9] Während § 9 UVPG die UVP-Pflicht bei Änderungsvorhaben allgemein regelt, stellt § 14a Abs. 1 UVPG bestimmte Änderungen von Schienenwegen und sonstigen Bahnbetriebsanlagen gänzlich von der UVP-Pflicht frei. § 14a Abs. 2 UVPG regelt, wann für bestimmte auf Schienenwege bezogene Vorhaben eine standortbezogene Vorprüfung nötig ist. § 14a Abs. 3 UVPG regelt entsprechendes für die allgemeine Vorprüfung.

4 Wichtig ist zudem, dass § 14a UVPG in **systematischem Zusammenhang mit § 18 Abs. 1a AEG** steht. Gem. § 18 Abs. 1 AEG setzen der Bau und die Änderung von Betriebsanlagen der Eisenbahn einschließlich der Bahnfernstromleitungslinien eigentlich eine Planfeststellung/Plangenehmigung voraus.[10] Von dem Erfordernis einer vorherigen Planfeststellung/Plangenehmigung befreit nun § 18 Abs. 1a AEG – der zusammen mit § 14a UVPG durch das Investitionsbeschleunigungsgesetz 2020 eingeführt wurde (Rdn. 1) – bestimmte Einzelmaßnahmen. Voraussetzung der Befreiung nach § 18 Abs. 1a AEG ist indes, dass keine UVP-Pflicht besteht. An diesem Tatbestandsmerkmal dockt § 14a UVPG systematisch an. Der nachträglich eingefügte § 14a Abs. 1 Nr. 1 UVPG (Rdn. 2) steht in systematischem Zusammenhang mit dem zeitgleich eingefügten § 18 Abs. 1 Satz 5 AEG. Nach diesem stellen bestimmte Wiederaufbaumaßnahmen keine Änderungen von Betriebsanlagen dar (Rdn. 10) und bedürfen damit keiner Planfeststellung. § 14a Abs. 1 Nr. 1 UVPG befreit die Elektrifizierung solcher Wiederaufbauten von der UVP-Pflicht, um sie zeitgleich mit dem Wiederaufbau zu ermöglichen (Rdn. 7).

III. Zweck der Regelung

5 Der **Zweck** der Regelung ist nach der Vorstellung des Gesetzgebers die **Verfahrensbeschleunigung** und die **Investitionserleichterung**. § 14a UVPG wurde im Rahmen eines Artikelgesetzes eingeführt, das generell Planungs- und Genehmigungsverfahren beschleunigen sollte, weil hierdurch – nach der Vorstellung des Gesetzgebers – »Investitionen schneller und effektiver« umgesetzt werden könnten.[11] Hierfür wurden u.a. »die Elektrifizierung von Schienenstrecken und andere kleinere Vorhaben« bei der Änderung von Schienenwegen und sonstigen Bahnbetriebsanlagen von der Planfeststellungs- und Plangenehmigungspflicht freigestellt.[12] Voraussetzung hierfür ist allerdings, dass die Vorhaben nicht UVP-pflichtig sind, was den systematischen Zusammenhang mit § 14a UVPG begründet (Rdn. 4).

6 Zudem soll der beschleunigte Ausbau der Eisenbahninfrastruktur der Erreichung der **Klimaschutzziele** dienen.[13]

7 Einen – tragischen – Hintergrund hat die 2021 neu eingeführte **Nr. 1** in § 14a Abs. 1 UVPG. Sie wurde nach der **Hochwasserkatastrophe 2021** eingeführt, um die Elektrifizierung der Eisenbahn-

6 Gesetz zur Errichtung eines Sondervermögens »Aufbauhilfe 2021« und zur vorübergehenden Aussetzung der Insolvenzantragspflicht wegen Starkregenfällen und Hochwasser im Juli 2021 sowie zur Änderung weiterer Gesetze (Aufbauhilfegesetz 2021 – AufbhG 2021) v. 10.09.2021, BGBl. I, S. 4147.
7 BT-Drs. 19/32039.
8 BT-Drs. 19/32275, S. 29 f.
9 BT-Drs. 19/22139, S. 25.
10 *Vallendar*, in: Beck'scher AEG Kommentar, § 18 Rn. 24 ff.
11 BT-Drs. 19/22139, S. 1.
12 BT-Drs. 19/22139, S. 12.
13 BT-Drs. 19/22139, S. 22, 25.

infrastruktur bereits bei dem Wiederaufbau der Infrastruktur nach der Zerstörung »durch eine Naturkatastrophe« zu ermöglichen (vgl. auch Rdn. 4), anstatt sie und ihre Planung auf die Zeit danach zu verweisen.[14] Damit verfolgt die Regelung Ziele der **Klimawandelfolgenbewältigung**, die auch unabhängig vom konkreten Anlass ihrer Einführung relevant werden können.

B. Die Regelung im Einzelnen

I. Keine UVP-Pflicht nach Abs. 1

Nach § 14a **Abs. 1** UVPG entfällt die UVP-Pflicht für bestimmte Änderungsvorhaben qua Gesetz; 8
dies bedeutet auch den Ausschluss einer UVP-Vorprüfung und der freiwilligen UVP nach § 7 Abs. 3 UVPG (Ziff. 14a.1 der VwV zum UVPG[15]). Auf die konkreten Umweltauswirkungen der Einzelmaßnahmen kommt es nicht an.[16] Den von Abs. 1 erfassten Einzelmaßnahmen ist gemein, dass sie **wenig beeinträchtigend** sind und nur mit **unerheblichen Umweltauswirkungen** einhergehen.[17] Die Befreiung von der UVP-Pflicht durch § 14a Abs. 1 UVPG ist **unionsrechtskonform**, weil die in den Nrn. 1–7 genannten Einzelmaßnahmen weder unter Nr. 7 lit. a Anh. I der UVP-RL noch unter Nr. 10 lit. c Anh. II der UVP-RL fallen.[18]

1. Bestimmte Bahnbetriebsanlagen

§ 14a Abs. 1 UVPG erfasst nur Änderungen von **Schienenwegen und sonstigen Bahnbetriebsanlagen nach den Nummern 14.7, 14.8 und 14.11 der Anlage 1**. Es werden also nur die in diesen 9
Nummern der Anlage 1 zum UVPG explizit genannten Bahnbetriebsanlagen und nicht alle Bahnbetriebsanlagen, d.h. nicht alle Grundstücke, Bauwerke und sonstigen Einrichtungen einer Eisenbahn, die unter Berücksichtigung der örtlichen Verhältnisse zur Abwicklung oder Sicherung des Reise- oder Güterverkehrs auf der Schiene erforderlich sind (§ 4 Abs. 1 Satz 1 EBO),[19] erfasst.

2. Änderung

§ 14a Abs. 1 UVPG erfasst zudem nur die **Änderung** der genannten (Rdn. 9) Bahnbetriebsanlagen, 10
d.h. er ist nur für Änderungsvorhaben (§ 2 Abs. 4 Nr. 2 UVPG), nicht für Neuvorhaben (§ 2 Abs. 4 Nr. 1 UVPG) einschlägig. Wann eine Änderung vorliegt, bestimmt sich nach dem einschlägigen Fachrecht,[20] hier also dem AEG.[21] Insbesondere liegt gem. § 18 Abs. 1 Satz 4 AEG im Fall der Erneuerung einer bestehenden Betriebsanlage einer Eisenbahn nur dann eine Änderung vor, wenn der Grundriss oder der Aufriss der Betriebsanlage oder beides wesentlich geändert wird, was nicht nur quantitativ, sondern auch qualitativ zu bewerten ist.[22] Eine wesentliche Änderung liegt nach dem 2021 eingeführten (Rdn. 4) § 18 Abs. 1 Satz 5 AEG insbesondere dann nicht vor, wenn die Änderung des Grundrisses oder Aufrisses der Betriebsanlage im Zuge des Wiederaufbaus nach einer Naturkatastrophe erforderlich ist, um die Betriebsanlage vor Naturereignissen zu schützen, und in

---

14 BT-Drs. 19/32275, S. 29 f.
15 Banz AT v. 29.04.2025 B8.
16 BT-Drs. 19/22139, S. 25.
17 BT-Drs. 19/22139, S. 25.
18 I.E. auch *Hartung* DVBl. 2023, 121 (126); an der Unionsrechtskonformität von § 14a Abs. 1 Nr. 1 zweifelnd indes *Tepperwien*, in: Schink/Reidt/Mitschang, UVPG/UmwRG, § 14a UVPG Rn. 3.
19 Allg. zum Begriff der Bahnbetriebsanlage und der Konkretisierung durch § 4 Abs. 1 EBO BVerwGE 102, 269 (273 f.); *Fehling*, in: Beck'scher AEG Kommentar, § 2 Rn. 65 f.; *Walter*, in: Kühling/Otte (Hrsg.), AEG/ERegG, 2020, § 18 Rn. 5 ff.; *Buchner*, Eisenbahnrechtliche Planfeststellung und kommunale Planungshoheit, 2001, S. 29 ff.
20 Näher § 2 Rn. 93; § 9 Rn. 2.
21 Vgl. *Vallendar*, in: Beck'scher AEG Kommentar, § 18 Rn. 75 ff.
22 BT-Drs. 19/2239, S. 21.

einem räumlich begrenzten Korridor entlang des Trassenverlaufs erfolgt.[23] In diesen Fällen liegt keine Änderung (aber auch kein Neubau) vor.

3. Bestimmte Einzelmaßnahmen

11 Als dritte Voraussetzung fordert § 14a Abs. 1 UVPG, dass die erfasste Änderung lediglich aus einer der in den Nrn. 1–7 näher bezeichneten Einzelmaßnahmen besteht. Notwendig ist also, dass es sich zum einen um eine **Einzelmaßnahme** handelt, was nach der Gesetzesbegründung zu § 18 Abs. 1a AEG der Fall sein soll, »wenn das Bauvorhaben als solches ohne weitere genehmigungspflichtige Änderungen anderer Bestandteile der bestehenden Bahnstrecke oder notwendiger Folgemaßnahmen umgesetzt wird,«[24] was auch für § 14a Abs. 1 UVPG gilt.[25] Sofern mehrere je für sich als Einzelmaßnahme qualifizierbare Bauvorhaben notwendigerweise zusammentreffen, sind sie nicht getrennt, sondern gemeinsam zu betrachten und in der Folge keine Einzelmaßnahme mehr.[26]

12 Von der UVP-Pflicht befreit werden **nur die in den Nrn. 1–7 genannten** Einzelmaßnahmen. Dabei ist – selbstredend – ausreichend, wenn nur eine der dort genannten Einzelmaßnahmen in Rede steht. Der im Plural gehaltene Gesetzeswortlaut (»soweit sie lediglich aus den folgenden Einzelmaßnahmen besteht«) ist nach Sinn und Zweck der Vorschrift eindeutig dahingehend zu verstehen, dass es ausreicht, wenn eine der Nummern alternativ einschlägig ist. Dies ergibt sich auch aus der Gesetzgebungshistorie. Der Bundesrat wollte durch eine Änderung des Gesetzeswortlauts klarstellen, dass die einzelnen Nummern des Abs. 1 nicht kumulativ zu verstehen sind.[27] Dass der Gesetzeswortlaut nicht angepasst wurde, kann nur so verstanden werden, dass der Gesetzgeber schon die jetzige Fassung für eindeutig genug hielt.

13 § 14a Abs. 1 **Nr. 1** UVPG erfasst die Ausstattung einer bestehenden Bahnstrecke im Zuge des Wiederaufbaus nach einer Naturkatastrophe mit einer Oberleitung einschließlich dafür notwendiger räumlich begrenzter baulicher Anpassungen, insbesondere von Tunneln mit geringer Länge oder von Kreuzungsbauwerken. Die Vorschrift dient der beschleunigten **Elektrifizierung** (Rdn. 7). Ob ein Tunnel nur eine geringe Länge aufweist, ist nach der Gesetzesbegründung zu § 18 Abs. 1a AEG relativ zu den örtlichen Gegebenheiten zu bestimmen, wobei jedenfalls ab einer Länge von 300 m keine geringe Länge mehr vorliegen soll.[28]

14 § 14a Abs. 1 **Nr. 2** UVPG erfasst die im Rahmen der **Digitalisierung einer Bahnstrecke** erforderlichen Baumaßnahmen, insbesondere die Ausstattung einer Bahnstrecke mit Signal- und Sicherungstechnik des Standards European Rail Traffic Management System (ERTMS). Das **ERTMS** ist das europäische Eisenbahnverkehrsleitsystem, dessen Einrichtung unionsrechtlich gefordert ist (siehe insb. Art. 3 Nr. 21, 22, Art. 18 VO [EU] 2024/1679[29], Art. 2 DVO [EU] 2017/6[30]). § 14a Abs. 1 Nr. 2 UVPG will die umfassende Streckendigitalisierung vor allem auf diesem Standard ermöglichen.[31]

---

23 BT-Drs. 19/32039, S. 31.
24 BT-Drs. 19/22139, S. 22 m. Bsp.
25 VG Frankfurt (Oder), Beschl. v. 19.10.2021 – 6 L 337/21, juris-Rn. 24, 36.
26 BT-Drs. 19/22139, S. 22.
27 BR-Drs. 456/20 (Beschluss), S. 20.
28 BT-Drs. 19/24040, S. 22.
29 Verordnung (EU) 2024/1679 des Europäischen Parlaments und des Rates vom 13.06.2024 über Leitlinien der Union für den Aufbau des Transeuropäischen Verkehrsnetzes, zur Änderung der Verordnungen (EU) 2021/1153 und (EU) Nr. 913/2010 und zur Aufhebung der Verordnung (EU) Nr. 1315/2013, ABl. L 348, S. 1.
30 Durchführungsverordnung (EU) 2017/6 der Kommission v. 05.01.2017 über den europäischen Bereitstellungsplan für das Europäische Eisenbahnverkehrsleitsystem, ABl. L 2027/1679.
31 BT-Drs. 19/22778, S. 21; *Durner* VerwArch 2025, 1 (6).

§ 14a Abs. 1 **Nr. 3** UVPG erfasst den barrierefreien Umbau oder die Erhöhung oder Verlagerung eines Bahnsteigs. Derartige Vorhaben sind nur wenig beeinträchtigend, aber dringlich, weil sie Benachteiligungen bestimmter Personengruppen abbauen können.[32] 15

§ 14a Abs. 1 **Nr. 4** UVPG erfasst technische Sicherungen eines Bahnübergangs. Bahnübergänge sind höhengleiche Kreuzungen von Eisenbahnen und Straßenbahnen mit Straßen, Wegen und Plätzen (§ 11 Abs. 1 EBO, § 1 Abs. 2 EBKrG, § 20 Abs. 1 BOStrab). 16

§ 14a Abs. 1 **Nr. 5** UVPG erfasst Erneuerungen eines Eisenbahnübergangs. Da die Nr. 5 in ihrem Wortlaut von der Nr. 4 abweicht und anders als diese statt des allgemeineren Begriffs »Bahnübergang« nur von »Eisenbahnübergängen« spricht, erfasst sie nur Bahnübergänge von Eisenbahnen (§ 11 Abs. 1 EBO, § 11 ESBO, § 1 Abs. 2 EBKrG), so dass die Erneuerung von Bahnübergängen von Straßenbahnen (§ 4 Abs. 1, 2 PBefG) nicht von der Nr. 5 erfasst wird. 17

§ 14a Abs. 1 **Nr. 6** UVPG erfasst Erneuerungen und Änderungen eines Durchlasses. Durchlässe finden sich typischerweise in Bahndämmen, um sie für Wasserläufe durchlässig zu halten. Sie haben eine lichte Weite von weniger als 2 m (vgl. Ziff. 3 DIN 1076). 18

§ 14a Abs. 1 **Nr. 7** UVPG erfasst die Herstellung von Überleitstellen für Gleiswechselbetriebe. Sie »ermöglichen das Überholen von Zügen und dienen auch der Erlangung eines robusten Netzes«, weshalb ihre Förderung nach Ansicht des Gesetzgebers dazu beiträgt, den Personenverkehr auf der Schiene attraktiver zu gestalten.[33] 19

II. Standortbezogene Vorprüfung nach Abs. 2

§ 14a **Abs. 2** UVPG regelt, dass bei den in seinen Nrn. 1–3 aufgeführten Vorhaben eine **standortbezogenen Vorprüfung** nach § 7 Abs. 2 UVPG[34] durchzuführen ist. Dies hat den Hintergrund, dass bei diesen Vorhaben die Umweltauswirkungen nicht pauschal als unerheblich angesehen werden können, sondern sie je nach den örtlichen Gegebenheiten auch erhebliche Umwelteinwirkungen haben können.[35] 20

§ 14a Abs. 2 **Nr. 1** UVPG erfasst die Ausstattung einer **bestehenden Bahnstrecke** mit einer **Oberleitung** auf einer **Länge von weniger als 15 Kilometern** einschließlich dafür notwendiger räumlich begrenzter baulicher Anpassungen, insbesondere von Tunneln mit geringer Länger oder von Kreuzungsbauwerken. Die Regelung dient der Elektrifizierung des Schienennetzes. Der Unterschied zum spezielleren § 14a Abs. 1 Nr. 1 UVPG liegt darin, dass es bei diesem um die Ausstattung einer Bahnstrecke mit einer Oberleitung bei ihrem Wiederaufbau geht (Rdn. 13), während es bei § 14a Abs. 2 Nr. 1 UVPG um die Ausstattung einer bestehenden Bahnstrecke geht, die nicht wiederaufgebaut werden muss. Die räumlich begrenzte bauliche Anpassung von Kreuzungsbauwerken schließt nach Ziff. 14a.2 der VwV zum UVPG auch die für Elektrifizierungsmaßnahmen typischen Änderungen am Aufriss des Kreuzungsbauwerks ein. 21

§ 14a Abs. 2 **Nr. 2** UVPG erfasst die Errichtung einer Lärmschutzwand zur Lärmsanierung. Sie können – je nach Standort – aufgrund ihrer Barrierewirkung erhebliche Umwelteinwirkungen, insb. mit Blick auf Tiere haben.[36] Erfasst wird nicht die Errichtung von Lärmschutzwänden zur Lärmvorsorge i.R.v. § 41 BImSchG, sondern nur die Errichtung i.R.d. **Lärmsanierung**, die nicht von § 41 BImSchG erfasst wird.[37] Zu ihrer finanziellen Förderung vgl. die Richtlinie zur Förderung von 22

32 Vgl. BT-Drs. 19/22139, S. 22.
33 BT-Drs. 19/24040, S. 23 f.
34 § 7 Rdn. 7 ff.
35 Eingehend BT-Drs. 19/22139, S. 25 m. Bsp.
36 BT-Drs. 19/22139, S. 25.
37 *Jarass*, BImSchG, § 41 Rn. 4.

Maßnahmen zur Lärmsanierung an bestehenden Schienenwegen der Eisenbahnen des Bundes – überarbeitete Fassung 2022 – v. 19.05.2022.[38]

23 § 14a Abs. 2 **Nr. 3** UVPG erfasst die Erweiterung einer Bahnbetriebsanlage mit einer Flächeninanspruchnahme von **weniger als 5.000 m2**. Zum Begriff der **Betriebsanlage** vgl. § 4 EBO, § 1 Abs. 7 BOStrab. Nach **Nr. 14.8.3.2 der Anlage 1** zum UVPG ist für **sonstige Bahnbetriebsanlagen**, d.h. solche, die keine Schienenwege mit den dazugehörigen Betriebsanlagen oder Bahnstromfernleitungen sind, eine standortbezogene Vorprüfung erst notwendig, wenn die Betriebsanlage eine Fläche von 2.000 m^2 bis weniger als 5.000 m^2 einnimmt. Der Wortlaut von § 14a Abs. 2 Nr. 3 UVPG ließe sich auch so verstehen, dass Betriebsanlagen mit einer Flächeninanspruchnahme von weniger als 5.000 m^2 – und damit auch von weniger als 2.000 m^2 – stets einer standortbezogenen Vorprüfung zu unterziehen sind. Die systematische Zusammenschau von § 14a Abs. 2 Nr. 3 UVPG mit Nr. 14.8.3.2 der Anlage 1 zum UVPG, der im selben Zuge geändert wurde, spricht indes gegen eine solche Interpretation und vielmehr dafür, dass Nr. 14.8.3.2 der Anlage 1 zum UVPG **lex specialis** ist. Die Entstehungsgeschichte bestätigt diese Sicht.[39] Deshalb sind von Nr. 14.8.3.2 der Anlage 1 zum UVPG erfasste **sonstige Betriebsanlagen** mit einer **Flächeninanspruchnahme von weniger als 2.000 m2 keiner UVP-Vorprüfung** zu unterziehen.[40] Bei den von Nrn. 14.7, 14.8.1 und 14.8.2 der Anlage 1 zum UVPG erfassten Betriebsanlagen gilt die flächenmäßige Einschränkung hingegen nicht.

III. Allgemeine Vorprüfung nach Abs. 3

24 Nach § 14a **Abs. 3** UVPG sind die in den Nrn. 1–3 genannten Vorhaben einer **allgemeinen Vorprüfung** nach § 7 Abs. 1 UVPG[41] zu unterziehen. Hintergrund ist, dass bei ihnen nicht von vornherein ausgeschlossen werden kann, dass sie – auch unabhängig von den örtlichen Gegebenheiten – erhebliche Umwelteinwirkungen haben.[42]

25 § 14a Abs. 3 **Nr. 1** UVPG erfasst die Ausstattung einer bestehenden Bahnstrecke mit einer Oberleitung, soweit sie nicht durch Abs. 2 Nr. 1 erfasst wird. Dies betrifft vor allem die **Oberleitungsausstattung** auf Strecken mit **mehr als 15 km Länge**. § 14a Abs. 1 Nr. 1 UVPG geht auch insoweit als speziellere Regelung vor (Rdn. 13, 21).

26 § 14a Abs. 3 **Nr. 2** UVPG erfasst die Erweiterung einer Bahnbetriebsanlage nach Nr. 14.8.3.1. der Anlage 1 zum UVPG mit einer Flächeninanspruchnahme von 5.000 m^2 oder mehr. Damit gibt Nr. 2 den Regelungsgehalt der erwähnten Nr. 14.8.3.1 der Anlage 1 zum UVPG wieder. Erfasst werden hierdurch **sonstige Bahnbetriebsanlagen**, d.h. solche, die keine Schienenwege mit den dazugehörigen Betriebsanlagen oder Bahnstromfernleitungen sind.

27 § 14a Abs. 3 **Nr. 3** UVPG erfasst sonstige Änderungen eines Schienenwegs oder einer sonstigen Bahnbetriebsanlage nach den Nrn. 14.7 und 14.8 der Anlage 1 zum UVPG, soweit sie nicht von den Abs. 1 und 2 erfasst sind. Die Regelung ist eine Auffangvorschrift, mit der sichergestellt wird, dass jenseits der Privilegierungen aus den Abs. 1 und 2 eine allgemeine Vorprüfung durchgeführt wird. Namentlich für die Vorhaben i.S.d. Nr. 14.7 der Anlage 1 zum UVPG wiederholt die Vorschrift damit die Regelung aus § 9 Abs. 1 Satz 2 UVPG.

---

38 Verkehrsblatt 2022, S. 402.
39 Siehe die Gesetzesbegründung in BT-Drs. 19/22139, S. 26.
40 I.E. ebenso *Tepperwien*, in: Schink/Reidt/Mitschang, UVPG/UmwRG, § 14a UVPG Rn. 7.
41 § 7 Rdn. 2 ff.
42 BT-Drs. 19/22139, S. 26.

§ 14b Anwendbarkeit von Artikel 6 der Verordnung (EU) 2022/2577

(1) Bei Städtebauprojekten für Anlagen zur Nutzung solarer Strahlungsenergie im bisherigen Außenbereich im Sinne des § 35 des Baugesetzbuchs nach Anlage 1 Nummer 18.7 ist von der Durchführung einer Umweltverträglichkeitsprüfung abzusehen, wenn die Anlage zur Nutzung solarer Strahlungsenergie in einem Gebiet liegt, für das in einem Plan Anlagen zur Nutzung solarer Strahlungsenergie vorgesehen sind, und wenn bei Aufstellung dieses Plans eine Strategische Umweltprüfung durchgeführt wurde.

(2) [1]Absatz 1 ist auf bereits laufende und nach dem 29. März 2023 begonnene Zulassungsverfahren nur anzuwenden, wenn der Antragsteller dies gegenüber der zuständigen Behörde verlangt und den Antrag bis zum Ablauf des 30. Juni 2025 stellt. [2]Satz 1 ist für das gesamte Zulassungsverfahren anzuwenden, ungeachtet dessen, ob es bis zum Ablauf des 30. Juni 2025 abgeschlossen wird.

Übersicht

A. Allgemeines

I. Zweck und Bedeutung der Vorschrift

1 Der Sinn und Zweck des § 14b UVPG liegt in der **Beschleunigung des Ausbaus erneuerbarer Energien im Bereich der Solarenergie**. Die Vorschrift beruht auf Artikel 6 der EU-Notfall-Verordnung[1], die ihrerseits Teil des europäischen »REPowerEU«-Plans ist und darauf abzielt, die Genehmigungsverfahren für erneuerbare Energien zu vereinfachen und zu beschleunigen.

Ein zentraler Zweck der Vorschrift ist die **Vermeidung von Doppelprüfungen** durch die Verknüpfung von Strategischer Umweltprüfung (SUP) und projektbezogener Umweltverträglichkeitsprüfung (UVP). Die Strategische Umweltprüfung ist als »unselbständiger Teil behördlicher Verfahren zur Aufstellung oder Änderung von Plänen und Programmen« konzipiert (§ 33 UVPG). Wenn auf der Planungsebene bereits eine umfassende Umweltprüfung durchgeführt wurde, soll auf Ebene des Einzelprojekts keine weitere vollständige UVP mehr erforderlich sein. Der Gesetzeszweck geht damit in die gleiche Richtung wie derjenige der Verfahrenserleichterungen gemäß § 47 Abs. 3 UVPG und § 50 Abs. 3 UVPG.

Die Vorschrift dient somit der **Effizienzsteigerung im Genehmigungsverfahren** für Freiflächen-PV. Durch die Möglichkeit, auf eine projektbezogene UVP zu verzichten, wenn bereits eine SUP auf Planungsebene stattgefunden hat, werden Verfahren beschleunigt und administrative Lasten reduziert. Dies trägt zur Erreichung der Klimaziele bei, indem der Ausbau der Solarenergie erleichtert wird.

II. Gesetzesgeschichte

1. EU-Notfall-Verordnung

2 Die Entstehungsgeschichte des § 14b UVPG ist eng mit der europäischen Energiepolitik verbunden, insbesondere gilt er als Reaktion auf die Energiekrise infolge des russischen Angriffskriegs auf die

1 Verordnung (EU) 2022/2577, ABl. L 335/36 v. 29.12.2022.

Ukraine. Am 22.12.2022 erließ der Rat der Europäischen Union die VO (EU) 2022/2577 zur Festlegung eines Rahmens für einen beschleunigten Ausbau der Nutzung erneuerbarer Energien.

Diese Verordnung, auch als »**EU-Notfall-Verordnung**« bezeichnet, wurde auf die Kriseninterventionsvorschrift des Art. 122 AEUV gestützt, was bedeutet, dass sie ohne Zustimmung des Europäischen Parlaments und im beschleunigten Verfahren zustande kam. Sie trat bereits am 30.12.2022 in Kraft und galt zunächst für einen Zeitraum von 18 Monaten. Später wurde sie mehrmals verlängert, zuletzt durch Verordnung (EU) 2024/223 bis zum 30.06.2025.

3 Ziel der EU-Notfall-VO war es, die Energiemärkte durch Sofortmaßnahmen, insbesondere durch Verfahrenserleichterungen und die Beschleunigung von Genehmigungsverfahren für Anlagen im Bereich der erneuerbaren Energien, zu entlasten und dadurch einen Schutz gegen den Einsatz der Gasversorgung als »Waffe« zu bieten.[2] Durch den Ausbau erneuerbarer Energien sollten die Nachfrage nach fossilen Brennstoffen reduziert und die Energiesicherheit erhöht werden.[3]

Insbesondere beschränkte die EU-Notfall-VO die UVP-Pflichtigkeit und Vorprüfungspflichten bei Genehmigungsverfahren von Solarenergieanlagen und des Repowerings (Art. 4 Abs. 1 Satz 2 und Art. 5 Abs. 4 VO [EU] 2022/2577).

Art. 6 VO (EU) 2022/2577 sah die Möglichkeit für Mitgliedstaaten vor, für Projekte im Bereich der erneuerbaren Energien unter bestimmten Voraussetzungen Ausnahmen von der UVP sowie von den Bewertungen des Artenschutzes gem. Art. 12 Abs. 1 der FFH-Richtlinie und Art. 5 der Vogelschutz-Richtlinie zu bestimmen.

2. Erneuerbare-Energien-Richtlinie

4 Die **Erneuerbare Energien-Richtline** (RED III-Richtlinie) vom 18.10.2023[4] sieht Ausnahmen von der UVP-Pflicht für Freiflächen-PV vor. Ziel der RED-III-Richtlinie ist es unter anderem, einen nahtlosen Übergang zu der EU-Notfallverordnung zu gewährleisten, damit die Verfahrenserleichterungen, die die EU-Notfallverordnung mit sich brachte, aufrecht erhalten bleiben.[5] Die Verfahrenserleichterungen werden durch die RED III-Richtlinie noch erweitert, indem sie die Möglichkeit der Ausweisung von Infrastrukturgebieten und Beschleunigungsgebieten vorsieht. Für diese gelten weitreichende Straffungen der UVP-Pflicht (Art. 15e und Art. 16a RED III-RL).

3. Innerstaatliche Entstehung

5 Die Vorschrift des § 14b UVPG trat am 29.03.2023 in Kraft.[6] Der deutsche Gesetzgeber hat damit von der Befugnis aus Art. 6 VO (EU) 2022/2577 für unterschiedliche Vorhabenarten jeweils gesondert Gebrauch gemacht, so für Solarparks in § 14b UVPG.[7]

Mit der Umsetzung der RED III-Richtlinie das RED-III-Umsetzungsgesetz[8] wurden im Gegensatz zu Windenergieanlagen Freiflächen-PV nicht weiter von der UVP-Pflicht ausgenommen, **sodass die Anwendbarkeit des § 14b UVPG mit Außerkrafttreten der EU-NotfallVO am 30.06.2025 endete.**

---

2 Erwägungsgrund 1 zur VO (EU) 2022/257.

3 *Kment* NVwZ 2024, 1609 (1611 f.).

4 Richtlinie (EU) 2023/2413, ABl. L vom 31.10.2023.

5 Siehe zur RED III-RL im Überblick *Lehnert/Traum* ZNER 2023, 457; *Wulff* NVwZ 2024, 368.

6 Art. 2 Nr. 4 ROGÄndG vom 22.03.2023 (BGBl. I Nr. 88).

7 Vgl. für Onshore-WEA § 6 WindBG, für Offshore-WEA § 72a WindSeeG und für den Netzausbau § 43m EnWG.

8 Gesetz zur Umsetzung von Vorgaben der Richtlinie (EU) 2023/2413 für Zulassungsverfahren nach dem Bundes-Immissionsschutzgesetz und dem Wasserhaushaltsgesetz sowie für Planverfahren nach dem Baugesetzbuch und dem Raumordnungsgesetz, zur Änderung des Bundeswasserstraßengesetzes und zur Änderung des Windenergieflächenbedarfsgesetze vom 12.08.2025 (BGBl. I Nr. 189).

B. Regelungsgegenstand

I. Ausnahme von UVP-Pflicht (Abs. 1)

Bei Städtebauprojekten im bisherigen Außenbereich gemäß § 35 BauGB ist nach Anl. 1 Nr. 18.7 UVPG bei einer zulässigen Grundfläche von 100.000 m^2 oder mehr zwingend eine UVP, bei einer zulässigen Grundfläche von 20.000 bis 100.000 m^2 eine allgemeine Vorprüfung des Einzelfalls durchzuführen. Dies kann auch Solarprojekte betreffen.[9] Hiervon sah § 14b Abs. 1 UVPG eine Ausnahme vor, wenn der Solarpark in einem Gebiet lag, für das in einem Plan Anlagen zur Nutzung solarer Strahlungsenergie vorgesehen sind, und wenn bei Aufstellung dieses Plans eine SUP durchgeführt wurde. 6

Die Vorschrift etablierte ein gestuftes Prüfsystem zwischen Strategischer Umweltprüfung und projektbezogener Umweltverträglichkeitsprüfung. Die SUP auf Planungsebene sollte die umweltbezogenen Auswirkungen umfassend prüfen, sodass auf Projektebene keine weitere vollständige Prüfung mehr erforderlich war. Dies betraf namentlich Gebiete, die im Rahmen der Bauleitplanung speziell für die Solarenergienutzung ausgewiesen wurden.

Ein maßgeblicher Unterschied zwischen § 14b UVPG und vergleichbaren Vorschriften wie § 6 WindBG besteht darin, dass § 14b UVPG nur von der Verpflichtung zur Durchführung einer UVP entbunden hat und nicht auch von Artenschutzprüfungen. Hintergrund war, dass nach Auffassung des Gesetzgebers PV-Anlagen generell weniger Konflikten mit dem Artenschutz verursachen und die artenschutzrechtliche Prüfung bei diesen daher in geringerem Ausmaß mit Verzögerungen zu rechnen ist als bei anderen EE-Anlagen wie insbesondere Windenergieanlagen.[10]

II. Anwendungsbereich der Vorschrift (Abs. 2)

§ 14b Abs. 2 UVPG regelte ein **umfassendes Wahlrecht** des Vorhabenträgers. Es lag allein in der Hand des Vorhabenträgers zu entscheiden, ob er die Befreiung von der UVP in Anspruch nimmt. Dieses Wahlrecht bestand sowohl für bei Inkrafttreten der Regelung bereits laufende als auch für neue Zulassungsverfahren (»bereits laufende und nach dem 29. März 2023 begonnene Verfahren«).[11] Ein entsprechendes Verlangen konnte der Vorhabenträger bis zum 30.06.2025 bei der Behörde anbringen. Eine solche Optierung gilt für das gesamte Zulassungsverfahren auch dann fort, wenn es erst nach dem Stichtag abgeschlossen wird. 7

§ 14c Ersatzneubauten mit baulicher Erweiterung im Vorgriff auf einen späteren Ausbau

(1) [1]Keiner Umweltverträglichkeitsprüfung bedürfen unselbständige Teile von Ausbaumaßnahmen, die im Verlauf von Bundesautobahnen oder Bundesstraßen eine durchgehende Länge von bis zu 1.500 Metern haben, soweit deren vorgezogene Durchführung zur unterhaltungsbedingten Erneuerung von Brückenbauwerken erforderlich ist. [2]Als unselbstständige Teile von Ausbaumaßnahmen im Sinne des Satzes 1 gelten vorgezogene Abschnitte eines Streckenausbaus, wenn der unselbständige Teil der Ausbaumaßnahme keine unmittelbare verkehrliche Kapazitätserweiterung bewirkt.

(2) Eine allgemeine Vorprüfung entsprechend § 7 Absatz 1 ist in den Fällen des Absatzes 1 zur Feststellung der UVP-Pflicht durchzuführen, wenn durch die vorgezogene Baumaßnahme ein Natura 2000-Gebiet betroffen sein kann.

---

9 Zum Begriff des »Städtebauprojekts« und den mit ihm verbundenen Auslegungsschwierigkeiten siehe die Kommentierung zu Anl. 1 UVPG Rdn. 7.

10 Zur näheren Gesetzesbegründung siehe BT-Drs. 20/5830, S. 45 f.

11 Vgl. ausdrücklich die Gesetzesbegründung in BT-Drs. 20/5830, S. 46.

Übersicht

A. Allgemeines

I. Regelungsgegenstand

1 § 14c UVPG regelt den Verzicht auf eine Umweltverträglichkeitsprüfung für den **Ersatzneubau von Brücken.** Handelt es sich um unselbständige Teile von Ausbaumaßnahmen (sog. **Vorgriffsfälle**) im Verlauf von Bundesautobahnen oder Bundesstraßen, die eine durchgehende Länge von 1.500 Metern nicht überschreiten, entfällt nach Abs. 1 Satz 1 die Umweltverträglichkeitsprüfung, sofern eine vorgezogene Durchführung zur unterhaltungsbedingten Erneuerung des jeweiligen Brückenbauwerks erforderlich ist. Abs. 1 Satz 2 definiert »unselbständige Teile von Ausbaumaßnahmen« als »vorgezogene Abschnitte eines Streckenausbaus, wenn der unselbständige Teil der Ausbaumaßnahme keine unmittelbare verkehrliche Kapazitätserweiterung bewirkt«. Allerdings ist nach Abs. 2 bei möglicher Betroffenheit eines Natura 2000-Gebiets eine allgemeine Vorprüfung entsprechend § 7 Abs. 1 zur Feststellung der UVP-Pflicht durchzuführen.

II. Zweck und Bedeutung der Vorschrift

2 § 14c dient der möglichst **zügigen**[1] und **wirtschaftlichen**[2] **Erneuerung** der zunehmend maroden Straßeninfrastruktur und steht in engem **Zusammenhang mit § 17 Abs. 1 Satz 3 Nr. 2 FStrG.** Nach § 17 Abs. 1 Satz 1 FStrG dürfen Bundesfernstraßen nur gebaut oder geändert werden, wenn der Plan vorher festgestellt ist. Gemäß Satz 2 liegt eine Änderung vor, wenn eine Bundesfernstraße um einen oder mehrere durchgehende Fahrstreifen für den Kraftfahrzeugverkehr baulich erweitert (Nr. 1) oder in sonstiger Weise erheblich baulich umgestaltet (Nr. 2) wird. Da gerade letzteres in der Vergangenheit zu Rechtsunsicherheiten führte,[3] hat der Gesetzgeber mit § 17 Abs. 1 Satz 3 FStrG nicht abschließende (»insbesondere«) Ausnahmen vom Begriff der Änderung i.S.d. Satzes 2 normiert. Hiernach liegt eine solche Änderung nicht vor, wenn sie im Zuge des Wiederaufbaus nach einer Naturkatastrophe erforderlich ist, um die Bundesfernstraße vor Naturereignissen zu schützen, und in einem räumlich begrenzten Korridor entlang des Trassenverlaufs erfolgt (Nr. 1) oder unselbständiger Teil einer Ausbaumaßnahme ist, eine durchgehende Länge von höchstens 1.500 Metern hat und deren vorgezogene Durchführung zur unterhaltungsbedingten Erneuerung eines Brückenbauwerks erforderlich ist (Nr. 2). Satz 4 definiert einen unselbständigen Teil einer Ausbaumaßnahme als eine Änderung der Bundesfernstraße, die im Vorgriff auf den Ausbau einer Strecke durchgeführt werden soll, und keine unmittelbare verkehrliche Kapazitätserweiterung bewirkt. In solchen Konstellationen wäre es mit Blick auf beschränkte Ressourcen nicht sachgerecht und unwirtschaftlich, den Träger der Straßenbaulast auf teure, nicht planfeststellungspflichtige Unterhaltungsmaßnahmen bis hin zum 1:1-Komplettaustausch[4] zu verweisen, um das Brückenbauwerk – ggf. lange vor Ablauf

1 *Bauer/Wörner* IR 2024, 243 (244).
2 Entwurfsbegründung, BT-Drs. 20/6879, S. 111.
3 *Hartung* DVBl 2023, 121 (123 ff.); *Lau* UPR 2023, 248 (249 f.).
4 Vgl. auch Rdn. 5.

der Nutzungsdauer – im Zuge der Ausbaumaßnahme (erneut) zu ersetzen.[5] Ebenso verfehlt wäre eine vollständige Sperrung mit den damit verbundenen wirtschaftlichen und sozialen Nachteilen für die betroffene Region sowie erhöhten CO_2-Emissionen wegen des gestörten Verkehrsflusses.[6]

An diese zweite Fallkonstellation schließt § 14c weitgehend textidentisch an und normiert als **Sonderregelung zu § 9**,[7] der die UVP-Pflicht bei Änderungsvorhaben normiert, den gesetzlichen Verzicht auf die Umweltverträglichkeitsprüfung weitgehend[8] parallel zur Entbehrlichkeit einer Planfeststellung bzw. Plangenehmigung. Ob es einer Regelung auch im UVPG zwingend bedurft hätte, erscheint fraglich, weil der Begriff des Änderungsvorhabens auch im Lichte des Fachrechts zu lesen ist.[9] Andererseits ist es konstruktiv nicht ausgeschlossen, dass Planfeststellungspflicht und UVP-Pflicht in Einzelfällen auseinanderfallen.[10] Jedenfalls ist die Normierung aus Gründen der Rechtsklarheit sowie der Gesetzessystematik zu begrüßen.[11] In dem oben umrissenen Umfang soll daher der Ersatzneubau von Brücken **ohne Planfeststellungsverfahren und ohne Umweltverträglichkeitsprüfung** zulässig sein. Die **Vereinbarkeit mit Unionsrecht** erscheint allerdings **zweifelhaft**.[12] 3

III. Gesetzesgeschichte

§ 14c wurde – ebenfalls wie § 17 Abs. 1 Satz 3 Nr. 2 und Satz 4 FStrG – **Ende 2023** durch das Gesetz zur Beschleunigung von Genehmigungsverfahren im Verkehrsbereich und zur Umsetzung der Richtlinie (EU) 2021/1187 über die Straffung von Maßnahmen zur rascheren Verwirklichung des transeuropäischen Verkehrsnetzes[13] eingefügt. Der ursprüngliche Gesetzentwurf der Bundesregierung[14] wurde im Gesetzgebungsverfahren nicht mehr geändert. Der Vorschlag des Bundesrates, auch Brückenbauwerke im Verlauf von **Bundesschienenwegen** aufzunehmen,[15] konnte sich – rechtspolitisch wenig konsequent – nicht durchsetzen.[16] 4

IV. Anwendungsbereich der Vorschrift – Ersatzneubau von Brücken

Der tatbestandliche Anwendungsbereich der Norm erschließt sich erst aus einer Zusammenschau des Normtextes mit der Überschrift. Erfasst werden nach Abs. 1 Satz 1 – ungeachtet der Einzelheiten – unselbständige Teile von Ausbaumaßnahmen im Verlauf von Bundesautobahnen oder Bundesstraßen, deren vorgezogene Durchführung zur unterhaltungsbedingten Erneuerung von Brückenbauwerken erforderlich ist. Unmittelbar erfasst wird ausweislich der Überschrift zu § 14c (»Ersatzneubauten mit baulicher Erweiterung im Vorgriff auf einen späteren Ausbau«) zunächst lediglich der **Ersatzneubau von Brücken**[17] am selben Ort, nicht aber Maßnahmen zur Änderung eines kompletten Streckenabschnitts.[18] Die Brückenbauwerke müssen im Vorgriff auf einen späteren Ausbau der Strecke mit einer baulichen Erweiterung verbunden, also beispielsweise derart dimensioniert sein, dass sie (später) weitere Fahrspuren aufnehmen können (»Vorgriffsfälle«).[19] **Bloße** 5

5 *Gresse/Hartung*, in: Dünchheim, FStrG, § 17 Rn. 107 f.
6 Entwurfsbegründung, BT-Drs. 20/6879, S. 111.
7 Entwurfsbegründung, BT-Drs. 20/6879, S. 111.
8 Siehe aber Rdn. 14 ff.
9 § 2 Rdn. 92; *Bauer/Wörner* IR 2024, 243 (249); vgl. auch *Gresse/Hartung*, in: Dünchheim, FStrG, § 17 Rn. 109.
10 *Bauer/Wörner* IR 2024, 243 (248 f.); *Hartung* DVBl 2023, 121 (125 ff.).
11 Vgl. auch *Gresse/Hartung*, in: Dünchheim, FStrG, § 17 Rn. 111.
12 Siehe unten Rdn. 18 ff.
13 BGBl. I Nr. 409.
14 BT-Drs. 20/6879, S. 40.
15 Stellungnahme Bundesrat, BT-Drs. 20/6879, S. 140 f.
16 Die Gegenäußerung der BReg vermerkt insoweit lediglich eine Prüfzusage, BT-Drs. 20/6879, S. 147.
17 Vgl. auch die Entwurfsbegründung, BT-Drs. 20/6879, S. 56, 111.
18 Entwurfsbegründung, BT-Drs. 20/6879, S. 111 f.
19 *Gresse/Hartung*, in: Dünchheim, FStrG, § 17 Rn. 105; vgl. Entwurfsbegründung, BT-Drs. 20/6879, S. 111; a.A. *Hadamek* UPR 2024, 413 (414) zu § 17 Abs. 1 Satz 3 Nr. 2 FStrG. Zum Begriff der Vor-

Unterhaltungsmaßnahmen an vorhandenen Brückenbauwerken wie Konstruktionsverbesserungen zur Anpassung an aktuelle Regelwerke ohne Kapazitätserhöhung bis hin zur unveränderten 1:1-Wiedererrichtung der Brücke werden hingegen ebenso wenig erfasst[20] wie die Erweiterung vorhandener Brückenbauwerke. Der Gesetzgeber ging offenbar davon aus, dass Unterhaltungsmaßnahmen ohnehin keiner UVP-Pflicht unterliegen.[21] Sollte dies im Einzelfall anders zu bewerten sein, wäre über eine analoge Anwendung des § 14c nachzudenken. Gerade dann dürften aber **unionsrechtliche Anforderungen** entgegenstehen, die überdies auch die Konstruktion des § 14c selbst betreffen.[22]

B. Tatbestandliche Voraussetzungen der fehlenden UVP-Pflicht

6 Ausgehend vom grundsätzlichen tatbestandlichen Anwendungsbereich der Norm – dem Ersatzneubau von Brücken – muss es sich nach § 14c Abs. 1 Satz 1 um Brücken im Verlauf von Bundesautobahnen oder Bundesstraßen handeln, die unselbständige Teile von Ausbaumaßnahmen sind. Sie dürfen eine durchgehende Länge von bis zu 1.500 Metern nicht überschreiten. Schließlich müssen sie als vorgezogene Durchführung zur unterhaltungsbedingten Erneuerung von Brückenbauwerken erforderlich sein.

I. Ersatzneubau von Brücken im Verlauf von Bundesautobahnen oder Bundesstraßen

7 Erforderlich ist zunächst, dass es sich um einen Ersatzneubau einer Brücke im Verlauf von Bundesautobahnen oder Bundesstraßen handelt. Hinsichtlich des Ersatzneubaus von Brücken kann auf die Ausführungen zum Anwendungsbereich der Norm verwiesen werden.[23] Aufgrund der engen systematischen Verknüpfung mit § 17 Abs. 1 Satz 3 Nr. 2 FStrG[24] sind Bundesautobahnen und Bundesstraßen i.S.d. § 14c Abs. 1 Satz 1 Bundesstraßen des Fernverkehrs (**Bundesfernstraßen**) i.S.d. § 1 FStrG.[25]

II. Ersatzneubauten als unselbstständige Teile von Ausbaumaßnahmen

8 Es muss sich um unselbständige Teile von Ausbaumaßnahmen handeln, die in Abs. 1 Satz 2 legaldefiniert werden. Als unselbstständige Teile von Ausbaumaßnahmen im Sinne des Satzes 1 gelten danach vorgezogene Abschnitte eines Streckenausbaus, wenn der unselbständige Teil der Ausbaumaßnahme **keine unmittelbare verkehrliche Kapazitätserweiterung** bewirkt.

9 **Ausbaumaßnahme** ist beispielsweise die **Erweiterung** eines Streckenabschnitts **um zwei Fahrstreifen.**[26] Wird lediglich der entsprechende Ausbau der neuen Brücke vorgezogen, die anschließenden Streckenabschnitte aber nicht entsprechend ausgebaut, ist eine unmittelbare Kapazitätserweiterung damit regelmäßig nicht verbunden. **Kapazität** meint dabei die größte »*Verkehrsstärke*, die ein *Verkehrsstrom* unter den gegebenen baulichen, verkehrlichen und betrieblichen Bedingungen erreichen kann«.[27]

---

griffsfälle *Hartung* DVBl 2023, 121 (127); *Lau* UPR 2023, 248 (250).

20 *Gresse/Hartung*, in: Dünchheim, FStrG, § 17 Rn. 105 zum fernstraßenrechtlichen Änderungsbegriff, Rn. 111; dazu unten Rdn. 12.

21 So auch *Gresse/Hartung*, in: Dünchheim, FStrG, § 17 Rn. 111 unter Verweis auf die insoweit etwas kryptische Entwurfsbegründung, BT-Drs. 20/6879, S. 111; ebenso Nr. 14c der Allgemeine Verwaltungsvorschrift zur Ausführung des Gesetzes über die Umweltverträglichkeitsprüfung, BAnz AT 29.04.2025 B8.

22 Siehe unten Rdn. 18 ff.

23 Siehe oben Rdn. 5.

24 Siehe oben Rdn. 2 f.

25 Näher *von Weschpfennig*, in: Dünchheim, FStrG, § 1 Rn. 8 ff.

26 Entwurfsbegründung, BT-Drs. 20/6879, S. 111.

27 Forschungsgesellschaft für Straßen- und Verkehrswesen (FGSV), Begriffsbestimmungen für das Straßen- und Verkehrswesen, Stand Juni 2020, S. 60 (Hervorh. im Original); ausführlich *Gresse/Hartung*, in: Dünchheim, FStrG, § 17 Rn. 84 ff.

Hierfür dürfte der Ausbau einer Brücke mit einer Gesamtlänge von maximal 1.500 Metern nicht genügen, zumal die neuen Spuren aus Gründen der Verkehrssicherheit in aller Regel noch nicht freigegeben werden dürften.[28] Da der Ausbau der übrigen Streckenabschnitte aber gesondert zugelassen werden muss, sind entsprechende **Kapazitätssteigerungen lediglich mittelbar** und der vorgezogene Teil der Ausbaumaßnahme **unselbstständig** i.S.d. Abs. 1.[29]

Da der Ersatzneubau gerade unabhängig vom gesamten Streckenabschnitt vorab realisiert werden soll, kommt es auf den diesbezüglichen Planungsstand und damit auch auf die Zulassungsfähigkeit nicht an. Andernfalls würde das Regelungsziel durch Inzidentprüfungen konterkariert, deren Tiefe kaum sinnvoll abgrenzbar ist. Allerdings muss die Ausbaumaßnahme als solche zumindest vorgesehen sein. Hierfür genügt jedenfalls eine entsprechende **gesetzliche Bedarfsfeststellung im Fernstraßenausbaugesetz.**[30] Durch den vorgezogenen Ausbau des Brückenbauwerks wird die Entscheidung über den später geplanten Ausbau der Strecke aber weder faktisch noch rechtlich vorweggenommen.[31] 10

III. Länge von maximal 1.500 Metern

Das Brückenbauwerk einschließlich der äußersten Brückenwiderlager, der zugehörigen **Flügelwände** und dem entsprechenden **Hinterfüllbereich**[32] sowie etwaiger Ein- und Ausfädelungsstreifen[33] darf eine Länge von 1.500 Meter nicht überschreiten. Bloß temporäre Verschwenkungsbereiche zur Anbindung an die übrige Strecke dürften hingegen wohl nicht anrechenbar sein.[34] 11

IV. Unterhaltungsbedingte Erforderlichkeit der vorgezogenen Durchführung

Der vorgezogene Ersatzneubau muss zur unterhaltungsbedingten Erneuerung von Brückenbauwerken erforderlich sein. Das ist bereits dann der Fall, wenn Brücken mit einer geringen Restnutzungsdauer künftig nicht wegen eines unzureichenden Bauwerkszustands **für längere Zeit vollständig oder teilweise gesperrt** werden müssen. Ausreichend kann bereits eine Sperrung beispielsweise nur für Lastkraftwagen mit einem bestimmten zulässigen Gesamtgewicht sein.[35] Dabei ist auch die Restnutzungsdauer in Beziehung zu setzen zu der Verfahrensdauer zuzüglich der Bauzeit.[36] Hingegen beschränkt der Verweis auf das zur unterhaltungsbedingten Erneuerung von Brückenbauwerken Erforderliche den Ersatzneubau nicht auf 1:1-Erneuerungen sowie Angleichungen an das technische Regelwerk,[37] auch wenn der Wortlaut dieses Tatbestandsmerkmals dies nahezulegen scheint. Dem widerspricht schon die klar dokumentierte Zielsetzung des § 14c und § 17 Abs. 1 Satz 3 Nr. 2 FStrG.[38] 12

C. Rechtsfolge

I. Gesetzlicher Ausschluss der Umweltverträglichkeitsprüfung

Rechtsfolge ist der gesetzliche Ausschluss der UVP-Pflicht, wobei **materielle Standards nicht abgesenkt** werden.[39] Wie immer bei einem Verzicht auf die Umweltverträglichkeitsprüfung können 13

28 Vgl. Entwurfsbegründung, BT-Drs. 20/6879, S. 111.
29 *Gresse/Hartung*, in: Dünchheim, FStrG, § 17 Rn. 107.
30 *Gresse/Hartung*, in: Dünchheim, FStrG, § 17 Rn. 107.
31 Entwurfsbegründung, BT-Drs. 20/6879, S. 111.
32 *Hadamek* UPR 2024, 413 (414); *Gresse/Hartung*, in: Dünchheim, FStrG, § 17 Rn. 106.
33 Entwurfsbegründung, BT-Drs. 20/6879, S. 111; Nr. 14c der Allgemeine Verwaltungsvorschrift zur Ausführung des Gesetzes über die Umweltverträglichkeitsprüfung, BAnz AT 29.04.2025 B8.
34 So jedenfalls *Hadamek* UPR 2024, 413 (414); a.A. *Gresse/Hartung*, in: Dünchheim, FStrG, § 17 Rn. 106.
35 Vgl. die Entwurfsbegründung, BT-Drs. 20/6879, S. 56, 111 mit teils differierenden Begründungen zu § 17 Abs. 1 Satz 3 Nr. 2 FStrG und § 14c UVPG; vgl. oben Rdn. 2.
36 *Gresse/Hartung*, in: Dünchheim, FStrG, § 17 Rn. 107.
37 So aber *Hadamek* UPR 2024, 413 (414).
38 Dazu oben Rdn. 2 f.
39 Entwurfsbegründung, BT-Drs. 20/6879, S. 111.

etwaige Informationsdefizite allerdings auf materiell-rechtliche Prüfungen rückwirken, wenn relevante Umstände unbekannt bleiben. Der Ausschluss der UVP-Pflicht gilt nach dem Wortlaut und im Interesse der Beschleunigung umfassend und damit auch für straßenbaufremde Vorhabentatbestände der Anlage 1 UVPG wie beispielsweise Waldumwandlungen oder Gewässerbenutzungen. Ob dies allerdings mit **Unionsrecht** vereinbar ist, erscheint zweifelhaft.[40]

II. Allgemeine Vorprüfung bei Natura 2000-Gebieten

14 Sofern durch die vorgezogene Baumaßnahme ein Natura 2000-Gebiet betroffen sein kann, regelt § 14c Abs. 2 eine **Rückausnahme.** In diesen Fällen ist eine allgemeine Vorprüfung entsprechend § 7 Abs. 1 durchzuführen. Wann ein Natura 2000-Gebiet »betroffen sein kann«, wird nicht näher definiert. Systematisch kritikwürdig ist insbesondere, dass der Gesetzgeber die **Rückausnahme weder unmittelbar noch terminologisch mit § 34 BNatSchG verzahnt** hat, der bezüglich Natura 2000-Gebieten die Verträglichkeit und (Un-)Zulässigkeit von Projekten regelt.

15 Ob **dennoch** eine **Anknüpfung an § 34 BNatSchG** angezeigt ist, erscheint zunächst fraglich. So stellt die Entwurfsbegründung zu § 14c darauf ab, dass bei der Betroffenheit von Natura 2000-Gebieten »erhebliche Umweltauswirkungen nicht ausgeschlossen werden können«[41] und daher eine UVP-Vorprüfung zu erfolgen hat. § 34 BNatSchG adressiert dagegen die erhebliche Beeinträchtigung des Gebiets mit Blick auf dessen Erhaltungsziele und den Schutzzweck,[42] damit teils andere Prüfungsinhalte[43] und insoweit letztlich auch andere Betroffenheiten. Wenn der Gesetzgeber aber in § 14c Abs. 2 an die Betroffenheit gerade von Natura 2000-Gebieten anknüpft, dürfte er auch deren spezifische Schutzziele und -zwecke in Bezug nehmen wollen. Können diese betroffen sein, können auch i.Ü. erhebliche Umweltauswirkungen im Sinne der Entwurfsbegründung nicht ausgeschlossen werden, sodass eine UVP-Vorprüfung entsprechend § 7 Abs. 1 erforderlich ist.

16 Der **Begriff der Betroffenheit** hängt folglich eng mit dem Begriff der erheblichen Beeinträchtigung i.S.d. § 34 BNatSchG zusammen, wobei grundsätzlich jede Beeinträchtigung von Erhaltungszielen erheblich ist und als Beeinträchtigung des Gebiets als solche gewertet werden muss[44]. In Betracht kommen infolgedessen **drei mögliche Anknüpfungspunkte im Rahmen von § 34 BNatSchG** – das Ergebnis der FFH-Verträglichkeitsprüfung (vgl. § 34 Abs. 2 BNatSchG), das Ergebnis einer notwendigen FFH-Vorprüfung (vgl. § 34 Abs. 1 Satz 1 BNatSchG) oder bereits die Entscheidung, eine Vorprüfung überhaupt durchzuführen.[45] Gegen eine Verzahnung mit dem Ergebnis der FFH-Verträglichkeitsprüfung spricht bereits, dass § 14c i.V.m. § 17 Abs. 1 Satz 3 Nr. 2 FStrG darauf angelegt ist, Ersatzneubauten möglichst ohne formalisierte Umweltprüfung und ohne Planfeststellungsverfahren möglichst zügig realisieren zu können. Dem würde es zuwiderlaufen, wenn schon die Frage nach der Notwendigkeit einer UVP-Vorprüfung eine formalisierte FFH-Verträglichkeitsprüfung erforderlich machen würde.[46] Zudem stünde nach einer solchen Betroffenheit bereits fest, dass das Projekt nach § 34 Abs. 2 BNatSchG grundsätzlich unzulässig ist. § 14c Abs. 2 würde dann nur noch solche Vorhaben betreffen, bei denen eine diesbezügliche Ausnahme in Betracht kommt. Anhaltspunkte für einen derart eingeschränkten Anwendungsbereich finden sich in der Entstehungsgeschichte nicht.[47] Bei der sehr früh verorteten Entscheidung, eine Vorprüfung überhaupt durchzuführen, bleibt hingegen das Maß an Betroffenheit noch abstrakt. Würden bereits dann UVP-Vorprüfungen

40 *Gresse/Hartung*, in: Dünchheim, FStrG, § 17 Rn. 111, 114 f.; unten Rdn. 18 ff.
41 BT-Drs. 20/6879, S. 112.
42 *Ewer*, in: Lütkes/Ewer, BNatSchG, § 34 Rn. 7 f.; *Möckel*, in: Schlacke, BNatSchG, § 34 Rn. 87 f.; vgl. speziell zur Vorprüfung BVerwG, Urt. v. 17.01.2007 – 9 A 20/05, BVerwGE 128, 1 Rn. 40 f.
43 § 32 Rdn. 6; *Dix*, in: Landmann/Rohmer, Umweltrecht, § 32 UVPG Rn. 10.
44 BVerwG, Urt. v. 17.01.2007 – 9 A 20/05, BVerwGE 128, 1 Rn. 41.
45 Näher *Gresse/Hartung*, in: Dünchheim, FStrG, § 17 Rn. 112.
46 I.E. ebenso *Gresse/Hartung*, in: Dünchheim, FStrG, § 17 Rn. 112, die auch auf systematische Überlegungen im Zusammenspiel mit § 17 Abs. 1 FStrG abstellen.
47 Vgl. Entwurfsbegründung, BT-Drs. 20/6879, S. 112.

notwendig, würde ebenfalls die Zielsetzung des § 14c konterkariert. Aufgrund der skizzierten Rechtsfolgen, die nicht unerheblich von den gesetzlichen Intentionen abweichen, erscheint es mangels ausdrücklicher Regelung angezeigt, auf das **Ergebnis der FFH-Vorprüfung** abzustellen.[48] Bedarf es danach einer FFH-Verträglichkeitsprüfung, ist nach § 14c Abs. 2 auch eine UVP-Vorprüfung entsprechend § 7 Abs. 1 durchzuführen.

Ist danach eine Umweltverträglichkeitsprüfung durchzuführen, stellt sich die Frage nach dem richtigen **Trägerverfahren**, da nach § 17 Abs. 1 Satz 3 Nr. 2 FStrG – entsprechend dem Verzicht auf die Umweltverträglichkeitsprüfung nach § 14c Abs. 1 – eine obligatorische Planfeststellung gerade ausscheidet.[49] 17

D. Unionsrechtliche Bedenken

Nach Auffassung der **Entwurfsbegründung** ist der weitreichende Ausschluss der UVP-Pflicht unionsrechtlich unbedenklich, da die Fallkonstellation »keiner der in Anh. I oder II genannten Projekte der UVP-Richtlinie« unterfällt. »Sie stellt keinen Bau oder Ausbau einer Autobahn bzw. Straße in diesem Sinne dar, sondern ist ein vorgezogener unselbständiger Teil derartiger Bau- bzw. Ausbaumaßnahmen im Rahmen einer UVP-freien erhaltungsbedingten Brückenerneuerung. Es gibt unionsrechtlich keine Veranlassung, diesen unselbständigen Teil einer Bau- oder Ausbaumaßnahme, der bis zur Realisierung des späteren Streckenausbaus noch keine Kapazitätserweiterung bewirkt, einer UVP-Pflicht zu unterziehen, zumal für den anschließenden Streckenausbau ohnehin noch ein Zulassungsverfahren durchzuführen ist.«[50] 18

Damit macht es sich der Gesetzgeber freilich zu einfach, weil **Anh. II Nr. 13 lit. a UVP-RL** sehr wohl die Änderung oder Erweiterung von bereits genehmigten, durchgeführten oder in der Durchführungsphase befindlichen Projekten der Anhänge I oder II erfasst, die erhebliche nachteilige Auswirkungen auf die Umwelt haben können und nicht bereits von Anh. I erfasst werden. Anh. I Nr. 7 lit. b und c UVP-RL erfasst den Bau von Autobahnen und Schnellstraßen sowie ab 10 km Länge auch den Bau von neuen vier- oder mehrspurigen Straßen oder die Verlegung und/oder den Ausbau von bestehenden ein- oder zweispurigen Straßen zu vier- oder mehrspurigen Straßen. Unter Anh. II Nr. 10 lit. e UVP-RL fällt u.a. der Bau von sonstigen Straßen. Ersatzneubauten können demnach durchaus eine Änderung im Sinne des Anh. II Nr. 13 lit. a UVP-RL sein.[51] Ein gesetzlicher Pauschalausschluss der Umweltverträglichkeitsprüfung muss daher den Anforderungen des Art. 4 Abs. 2 und 3 i.V.m. Anh. III UVP-RL genügen. 19

Nach ständiger **Rechtsprechung des EuGH** haben die Mitgliedstaaten zwar einen Wertungsspielraum, »in dessen Rahmen sie bestimmen können, ob ein Projekt, das in eine der in Anh. II der geänderten Richtlinie aufgeführten Kategorien fällt, einer Umweltverträglichkeitsprüfung unterzogen werden muss«. Dieser Spielraum wird »jedoch durch die in Art. 2 Abs. 1 der Richtlinie festgelegte Pflicht begrenzt [...], die Projekte, bei denen insbesondere aufgrund ihrer Art, ihrer Größe oder ihres Standorts mit erheblichen Auswirkungen auf die Umwelt zu rechnen ist, einer Prüfung in Bezug auf ihre Auswirkungen zu unterziehen [...]. Im Rahmen der Wahrnehmung ihres Wertungsspielraums müssen die Mitgliedstaaten all diese Kriterien bei ihrer Entscheidung berücksichtigen, ob bestimmte Projekte Auswirkungen auf die Umwelt haben können«. Erforderlich ist dabei eine »Gesamtbewertung der Auswirkungen von Projekten oder deren Änderung auf die Umwelt [...]. Es stellte eine Vereinfachung dar und liefe diesem Ansatz zuwider, wenn im Rahmen der Umweltverträglichkeitsprüfung eines Projekts oder seiner Änderung nur die unmittelbaren Wirkungen der geplanten Arbeiten selbst in Rechnung gestellt würden, nicht aber die Auswirkungen auf die Umwelt, 20

48 I.E. ebenso *Gresse/Hartung*, in: Dünchheim, FStrG, § 17 Rn. 112.

49 Dazu unten Rdn. 21.

50 Entwurfsbegründung, BT-Drs. 20/6879, S. 44.

51 *Bauer/Wörner* IR 2024, 243 (249); *Gresse/Hartung*, in: Dünchheim, FStrG, § 17 Rn. 111; *Lau* UPR 2023, 248 (253).

die durch die Benutzung und den Betrieb der durch diese Arbeiten entstandenen Anlagen hervorgerufen werden können«.[52]

21 Ob im Lichte dessen ein Pauschalausschluss der UVP-Pflicht[53] bei Ersatzneubauten trägt oder zumindest eine **UVP-Vorprüfung** erforderlich ist, wird in der Literatur unterschiedlich beurteilt.[54] Gerade mit Blick auf die bau- und rückbaubedingten Umwelteinwirkungen sowie straßenfremde Projekttatbestände,[55] die im Gesetzgebungsverfahren wohl völlig ausgeblendet und damit auch nicht abgewogen[56] worden sind, erscheint die Vereinbarkeit mit der UVP-RL in der Tat zweifelhaft. Lässt man infolgedessen § 14c (im Einzelfall) unangewendet,[57] stellt sich die Frage nach dem richtigen **Trägerverfahren**, weil § 17 Abs. 1 Satz 3 Nr. 2 FStrG die obligatorische Planfeststellung weiterhin ausschließt. In Betracht kommt insoweit eine Plangenehmigung nach § 17b Abs. 2 FStrG[58] oder auch eine fakultative Planfeststellung nach § 17 Abs. 1 Satz 5 FStrG auf Antrag des Vorhabenträgers.[59]

§ 14d Bau von Radwegen an Bundesstraßen

(1) Keiner Umweltverträglichkeitsprüfung bedarf die Änderung einer Bundesstraße durch den Bau eines straßenbegleitenden Radweges mit einer durchgehenden Länge von bis zu zehn Kilometern.

(2) Eine allgemeine Vorprüfung entsprechend § 7 Absatz 1 wird in den Fällen des Absatzes 1 zur Feststellung der UVP-Pflicht durchgeführt, wenn durch die Baumaßnahme ein Natura 2000-Gebiet betroffen sein kann.

Übersicht

A. Entstehungsgeschichte und Systematik

1 Durch Artikel 10 des Gesetzes zur Beschleunigung von Genehmigungsverfahren im Verkehrsbereich und zur Umsetzung der Richtlinie (EU) 2021/1187 über die Straffung von Maßnahmen zur rascheren Verwirklichung des **transeuropäischen Verkehrsnetzes** vom 22.12.2023 (BGBl. 2023 I Nr. 409) wurde die Vorschrift des § 14d UVPG neu eingefügt. Die am 29.12.2023 in Kraft getretene Regelung ordnet sich systematisch richtigerweise in die §§ 14a ff. UVPG ein, welche **Abweichungen zur**

52 EuGH, Urt. v. 25.07.2008 – C-142/07, ECLI:EU:C:2008:445, Rn. 38 f. (Ecologistas en Acción-CODA) zur UVP-RL a.F.; in diesem Sinne auch EuGH, Urt. v. 25.05.2023 – C-575/21, ECLI:EU:C:2023:425, Rn. 41 ff. (WertInvest Hotelbetriebs GmbH).

53 Vgl. zur (Un-)Zulässigkeit solcher Pauschalausschlüsse – dort allerdings bezogen auf ganze Klassen von Projekten nach Anh. II UVP-RL – EuGH, Urt. v. 24.10.1996 – C-72/95, ECLI:EU:C:1996:404, Rn. 50 ff. (Kraaijeveld u.a.); Urt. v. 21.03.2013 – C-244/12, ECLI:EU:C:2013:203, Rn. 29 ff. (Flughafen Salzburg).

54 Europarechtskonform *Hadamek* UPR 2024, 413 (414); *Lau* UPR 2023, 248 (252 ff.), dort in anderem Kontext und kritisch *Gresse/Hartung*, in: Dünchheim, FStrG, § 17 Rn. 109; Verstoß gegen Europarecht *Bauer/Wörner* IR 2024, 243 (246).

55 Vgl. oben Rdn. 13.

56 *Gresse/Hartung*, in: Dünchheim, FStrG, § 17 Rn. 115.

57 So wohl *Bauer/Wörner* IR 2024, 243 (245 f.); allgemein und instruktiv *Ludwigs/Pascher* JuS 2022, 409 (410 ff.).

58 Die Plangenehmigung tritt an Stelle der Planfeststellung, die aber hier bereits im Ausgangspunkt entfällt. Insoweit erscheint dieser Weg gesetzessystematisch an sich versperrt.

59 *Bauer/Wörner* IR 2024, 243 (246).

normalerweise bestehenden UVP-Pflicht bei Änderungsvorhaben gem. § 9 UVPG einführen.[1] Entsprechend seiner amtlichen Überschrift regelt § 14d Abs. 1 UVPG die (fehlende) UVP-Pflicht bei der Änderung einer Bundesstraße durch den Bau eines straßenbegleitenden Radwegs. Dieses Privileg wird zudem auf die **allgemeine Vorprüfung**, ob eine UVP-Pflicht im Einzelfall besteht, ausgeweitet. Dies ergibt sich mittelbar aus § 14d Abs. 2 UVPG.[2] Ausschließlich im Falle der Betroffenheit von Natura 2000-Gebieten ist gem. § 14d Abs. 2 UVPG nämlich eine solche UVP-Vorprüfung durchzuführen.[3] Schließlich ist anzumerken, dass der Wortlaut des § 14d UVPG dem des Gesetzentwurfs der Bundesregierung entspricht.[4]

B. Zweck der Regelung

2 Zweck des § 14d UVPG ist es nach der Vorstellung des Gesetzgebers – ebenso wie bei § 14a UVPG –, eine **Verfahrensbeschleunigung** und eine **Investitionserleichterung** bei Infrastrukturvorhaben zu erreichen.[5] Dies ergibt sich auch aus der Historie der Norm: § 14d UVPG wurde im Rahmen eines Artikelgesetzes eingeführt, das generell und insbesondere zur Umsetzung der Richtlinie (EU) 2021/1187 über die Straffung von Maßnahmen zur rascheren Verwirklichung des transeuropäischen Verkehrsnetzes, Planungs- und Genehmigungsverfahren im Verkehrsbereich beschleunigen soll.[6] Durch deutliche Verkürzung der Verfahrensdauer sollen gleichzeitig Investitionen schnell, effizient und zielsicher umgesetzt werden können.[7]

C. Inhalt der Regelung

I. Ausnahme von der UVP-Pflicht

3 Gem. § 14d Abs. 1 UVPG betrifft die Freistellung von der UVP-Pflicht inhaltlich den Bau von Radwegen entlang von Bundesstraßen. Dabei nimmt § 14d Abs. 1 UVPG eine Reihe von **Konkretisierungen** vor und knüpft Voraussetzungen an die Freistellung der UVP-Pflicht, was dazu führt, dass nur ganz bestimmte Radwege von der Entbindung der UVP-Pflicht profitieren können.

4 Die erste Einschränkung betrifft die **Länge** des Radweges: Nach § 14d Abs. 1 UVPG können nur Radwege mit einer durchgehenden Länge von bis zu zehn Kilometern von der UVP-Pflicht freigestellt werden. Für Vorhaben, bei denen der Radweg die Gesamtlänge von zehn Kilometern überschreitet, gilt die UVP-Pflicht nach § 9 UVPG. Sollen Radwege abschnittsweise gebaut werden, ist eine Gesamtbetrachtung notwendig; dies kann mit Blick auf die bisweilen verzweigten Radwegnetze im Einzelfall schwerfallen. Sollte der Radweg aufgrund von Sachnotwendigkeiten (Topografie, Flussverläufe, enge Brückenkapazitäten etc.) partiell auf eine Parallelführung zu einer Landesstraße ausweichen, um dann zur Bundesstraße zurückzukehren, dürfte der ausbrechende Abschnitt des Radweges in die Gesamtbilanz der Länge des Radweges einzubeziehen sein. Nur so wird die umweltrechtliche Bedeutung des Radweges vollständig erfasst.

5 Zweitens muss es sich bei dem Radweg um einen **straßenbegleitenden** Radweg handeln. Es wird also ein enger räumlicher Zusammenhang des Radweges zur Straße vorausgesetzt, wobei eine Trennung des KfZ-Verkehrs vom Fahrradverkehr durch einen Grünstreifen zur Verkehrssicherheit der Verkehrsteilnehmer unschädlich ist. Durch diesen geringen Ausbauumfang und die Bündelung des Radwegs mit einer Trasse, von der bereits **Vorbelastungen** auf die Umwelt ausgehen, wird sichergestellt, dass von dem Radweg keine erheblichen neuen Umweltauswirkungen ausgehen, die eine

1 Vgl. Ziffer II. 14d der UVPVwV vom 14.04.2025.

2 Vgl. Ziffer II. 14d der UVPVwV vom 14.04.2025.

3 Vgl. Ziffer II. 14d der UVPVwV vom 14.04.2025.

4 Gesetzentwurf v. 04.05.2023, BR-Drs. 198/23, S. 39; Gesetzentwurf v. 17.05.2023, BT-Drs. 20/6879, S. 39 f.

5 Vgl. § 14a UVPG Rdn. 5.

6 Gesetzesbegr. v. 17.05.2023, BT-Drs. 20/6879, S. 1 f.

7 Gesetzesbegr. v. 17.05.2023, BT-Drs. 20/6879, S. 1.

UVP-Pflicht gem. Art. 2 Abs. 1 der UVP-RL begründen könnten.[8] Marginale Abweichungen von der straßenbegleitenden Parallelführung zur Straße sind gleichwohl zulässig, um beispielsweise einem Gebäude, einigen Bäumen etc. auszuweichen.

6 Drittens ist gesetzlich der Zusammenhang des Radweges zu einer **Bundesstraße** gefordert. Bundesstraßen sind solche Straßen, die gem. § 2 des FStrG als Bundesstraßen gewidmet sind.[9] Gem. § 2 Abs. 3a Hs. 1 FStrG sind öffentliche Straßen, die die Voraussetzungen des § 1 Abs. 1 FStrG oder § 1 Abs. 3 FStrG erfüllen, als Bundesautobahn oder Bundesstraße zu widmen. Der Unterschied zwischen Bundesautobahnen und Bundesstraßen wird von § 2 Abs. 3a Hs. 2 FStrG verdeutlicht. Danach sind Bundesstraßen, die die Voraussetzungen des § 1 Abs. 3 FStrG erfüllen, zu Bundesautobahnen aufzustufen; sie sind dann keine Bundesstraßen (mehr). Wegen des klaren Wortlauts von § 14d Abs. 1 UVPG profitieren nur Bundesstraßen, nicht aber Bundesautobahnen von der Privilegierung des § 14d Abs. 1 UVPG. Fasst man die Regelungen des § 2 Abs. 3a Hs. 1 und Hs. 2 FStrG zusammen, sind Bundesstraßen somit jene Straßen, die als solche gewidmet sind, weil sie den Anforderungen des § 1 Abs. 1 FStrG entsprechen, ohne gleichzeitig die Voraussetzungen des § 1 Abs. 3 FStrG zur Aufstufung als Bundesautobahn zu erfüllen. Ein von der Bundesanstalt für Straßen- und Verkehrswesen geführtes Bundesstraßenverzeichnis (BVerz) listet die als Bundesstraßen gewidmeten Straßen mit ihrem jeweiligen Streckenverlauf gesondert auf.[10] Zu beachten ist, dass die Eintragung ins jeweilige Straßenverzeichnis konstitutiv wirkt.[11] Das heißt, dass selbst bei Nichtvorliegen der straßenrechtlichen Einstufungsvoraussetzungen für eine Bundesstraße eine Eintragung in das Bundesstraßenverzeichnis zur Privilegierung führen kann.[12] Durch diese dritte Voraussetzung kommt der begrenzte Anwendungsbereich der Vorschrift am deutlichsten zum Ausdruck. Der von § 14d Abs. 1 UVPG geforderte **Zusammenhang** eines Radweges zu einer Bundesstraße wird nicht unterbrochen, wenn der Radweg in geringem Umfang auf eine Parallelführung mit einer Landesstraße ausweichen muss;[13] der Bezug zur Bundesstraße muss allerdings dominant bleiben.

7 Viertens muss der straßenbegleitende Radweg im Rahmen der **Änderung einer Bundesstraße** genehmigt werden. Die Änderungsgenehmigung einer bestehenden Bundesstraße ist das typische Planungsverfahren beim Zubau eines straßenbegleitenden Fahrradwegs. Diese Voraussetzung beschränkt die Freistellung von der UVP-Pflicht auf Fälle, bei denen der Fahrradweg **im Nachhinein** zur Straße hinzukommt. Werden Bundesstraße und Fahrradweg gleichzeitig neu gebaut, so gilt die normale UVP-Pflicht gem. § 6 UVPG. Der von § 14d UVPG verwendete Begriff des **Baus** dürfte sowohl die erstmalige Errichtung als auch (wesentliche) nachträgliche Änderungen des Radweges meinen; dies schließt insbesondere (wesentliche) Erweiterungen des Radweges, z.B. Verlängerungen, mit ein.

8 Gesetzesbegr. v. 17.05.2023, BT-Drs. 20/6879, S. 112; vgl. Ziffer II. 14d der UVPVwV vom 14.04.2025.

9 *Sauthoff*, in: Müller/Schulz, FStrG, § 2 Rn. 1, 30.

10 Bundesanstalt für Straßen- und Verkehrswesen, Bundesstraßenverzeichnis, Ausgabe 2009, abrufbar unter https://www.bast.de/DE/Publikationen/BerichteBASt/Fachveroeffentlichungen/Verkehrstechnik/Downloads/V-bverz.pdf?__blob=publicationFile&v=1. Mit der Fortschreibung des Bundesstraßenverzeichnisses wurde im Jahr 2024 begonnen. Die Veröffentlichung der überarbeiteten Fassung ist für das Jahr 2025 vorgesehen. Das Bundesstraßenverzeichnis soll künftig in einem zweijährigen Turnus aktualisiert werden und auf der Internetseite des Fernstraßen-Bundesamtes (FBA) bereitgestellt werden. Der genaue Veröffentlichungslink steht derzeit noch nicht fest und wird unter https://www.verwaltungsdaten-informationsplattform.de/register/92#Allgemeines zu gegebener Zeit bekanntgegeben.

11 So nur *Kriebitzsch*, in: Dünchheim, FStrG, § 2 Rn. 1.

12 Vgl. zu einer fehlerhaften Einstufung einer Gemeindeverbindungsstraße als öffentlicher Feld- und Waldweg VGH München, Urt. v. 23.04.1996 – 8 B 96.552, juris Rn. 9; VG Augsburg, Urt. v. 07.03.2005 – Au 6 K 03.67, juris Rn. 31 ff.; allgemein zur Widmung *Heber*, in: Kodal, Straßenrecht, 7. Aufl. 2010, Kap. 8 Rn. 1, 5.

13 Vgl. Rdn. 4.

II. Natura 2000-Gebiete

Eine Ausnahme von der Freistellung von der UVP-Pflicht sieht **§ 14d Abs. 2 UVPG** vor. Dieser verlangt, dass auch in den Anwendungsfällen des § 14d Abs. 1 UVPG eine Vorprüfung im Einzelfall gem. § 9 Abs. 4 UVPG i.V.m. § 7 Abs. 1 UVPG durchzuführen ist, falls durch das Vorhaben ein Natura 2000-Gebiet (§§ 31 ff. BNatSchG)[14] betroffen sein kann. Diese Einschränkung der Privilegierung des § 14d Abs. 1 UVPG ist notwendig, da im Kontakt mit den umweltsensiblen Natura 2000-Gebieten erhebliche Umweltauswirkungen nicht ausgeschlossen werden können.[15] 8

D. Vereinbarkeit mit Unionsrecht

Die nationale Freistellung von der UVP-Pflicht erfolgt in Einklang mit den europarechtlichen Vorgaben der UVP-Richtlinie.[16] Gem. Art. 4 Abs. 2 Satz 1 UVP-RL bestimmen die Mitgliedsstaaten vorbehaltlich des Art. 2 Abs. 4 UVP-RL in Bezug auf Projekte des Anh. II – worunter gem. Nr. 10 e) Var. 1 des Anh. II der UVP-RL auch der Bau von Straßen fällt –, ob das Projekt einer Umweltverträglichkeitsprüfung unterzogen werden muss. Gem. Art. 4 Abs. 2 Satz 2 lit. b) UVP-RL können die Mitgliedsstaaten dabei **Schwellenwerte oder Kriterien** festlegen, bei deren Unterschreitung einzelne Vorhaben nicht UVP-pflichtig sind.[17] Eine solche Festlegung hat der deutsche Gesetzgeber in § 14d Abs. 1 UVPG getroffen, indem er beim Bau von Fahrradwegen an Bundesstraßen den Entfall der UVP-Pflicht an eine Längenbegrenzung des Fahrradweges (10 km) knüpft. 9

Gem. Art. 4 Abs. 3 Satz 1 UVP-RL sind bei der Festlegung von Schwellenwerten bzw. Kriterien für die Freistellung von der UVP-Pflicht die relevanten Auswahlkriterien des Anh. III der UVP-RL zu berücksichtigen. Die EU-Mitgliedsstaaten haben insofern einen **Ermessensspielraum** bei der Festlegung von Projektarten und Schwellenwerten, die einer UVP-Prüfung zu unterziehen sind.[18] Dieser Spielraum wird lediglich durch Art. 2 Abs. 1 der UVP-Richtlinie begrenzt, der festlegt, dass Projekte, bei denen unter anderem aufgrund ihrer Art, ihrer Größe oder ihres Standortes mit erheblichen Auswirkungen auf die Umwelt zu rechnen ist, einer Prüfung in Bezug auf ihre Auswirkungen zu unterziehen sind.[19] Die mitgliedsstaatliche Schwellenwertfestlegung bei Radwegen an Bundesstraßen auf eine durchgehende Länge von bis zu zehn Kilometern hält sich dabei an den bestehenden 10

---

14 Gem. § 7 Abs. 1 Nr. 8 BNatSchG sind Natura 2000-Gebiete solche Gebiete von gemeinschaftlicher Bedeutung sowie Europäische Vogelschutzgebiete. Gebiete von gemeinschaftlicher Bedeutung sind die in der Liste nach Art. 2 Abs. 2 UAbs. 2 der Richtlinie 92/43/EWG (FFH-Richtlinie) aufgenommenen Gebiete, auch wenn ein Schutz im Sinne des § 32 Abs. 2–4 BNatSchG noch nicht gewährleistet ist. Europäische Vogelschutzgebiete sind Gebiete im Sinne des Art. 4 Abs. 1 und 2 der Richtlinie 2009/147/EG (ABl. L 20 v. 26.01.2010 S. 7) (Vogelschutzrichtlinie), wenn ein Schutz im Sinne des § 32 Abs. 2–4 bereits gewährleistet ist. In Deutschland wurden bis Ende 2023 4.547 FFH-Gebiete und 742 Vogelschutzgebiete gemeldet, vgl. Listenansicht https://natura2000.eea.europa.eu/Natura2000lists/; Kartenansicht https://natura2000.eea.europa.eu/(Stand: 05.11.2025); vgl. zum Stand Ende 2019 auch *Kahl/Gärditz*, Umweltrecht, 2021, § 10 Rn. 115.

15 Vgl. Ziffer II. 14d der UVPVwV vom 14.04.2025. Zu den Beeinträchtigungsverboten: *Gellermann*, in: Landmann/Rohmer, Umweltrecht, § 33 BNatSchG Rn. 4 ff.; *Möckel*, in: Schlacke, GK-BNatSchG, § 33 Rn. 6 ff.

16 Richtlinie 2011/92/EU des Europäischen Parlaments und des Rates vom 13.12.2011 über die Umweltverträglichkeitsprüfung bei bestimmten öffentlichen und privaten Projekten (ABl. L 26 vom 28.01.2012, S. 1).

17 Richtlinie 2011/92/EU vom 13.12.2011, zuletzt geändert durch Richtlinie 2014/52/EU vom 16.04.2014; diese Möglichkeit bereits erkennend noch bevor die Bundesrepublik Deutschland davon Gebrauch gemacht hat BVerwG, Urt. v. 20.08.2008 – 4 C 11.07, BVerwGE 131, 352 Rn. 20; zu § 14c UVPG, mit welchem der deutsche Gesetzgeber nun von dieser Möglichkeit einer Freistellung für Ersatzneubauten im Verkehrsbereich Gebrauch gemacht hat, *Gresse/Hartung*, in: Dünchheim, FStrG, § 17 Rn. 111.

18 Gesetzesbegr. v. 17.05.2023, BT-Drs. 20/6879, S. 112.

19 Gesetzesbegr. v. 17.05.2023, BT-Drs. 20/6879, S. 112; EuGH, Urt. v. 25.05.2023 – C-575/21, NVwZ 2023, 1313 Rn. 37; *Kment*, in: Umweltbundesamt (Hrsg.), Notwendigkeit einer vollumfänglichen Umweltverträglichkeitsprüfung in Verfahren nach dem Bundes-Immissionsschutzgesetz, Gutachten

Spielraum. Durch den Bau oder die Erweiterung von straßenbegleitenden (unselbstständigen) Radwegen ist nicht mit erheblichen Auswirkungen auf die Umwelt zu rechnen. Zu berücksichtigen sind insofern der gegenüber sonstigen Verkehrsinfrastrukturmaßnahmen geringere Ausbauumfang, das Fehlen betriebsbedingter Beeinträchtigungen durch Lärm, Schadstoffe und Erschütterungen sowie die positiven Umwelteffekte von Trassenbündelungen bei der Anlage von Radwegen neben vorhandenen Straßen.[20]

11 Die Einhaltung des Ermessensspielraums wird ergänzend mit der Regelung des § 14d Abs. 2 UVPG abgesichert, der verlangt, dass in Fällen, in denen ein Natura 2000-Gebiet betroffen sein kann, stets eine Vorprüfung im Einzelfall durchgeführt wird.[21] § 14d Abs. 2 UVPG respektiert damit die Sensibilität besonderer Naturräume (Natura 2000-Gebiete), indem er garantiert, dass eine umweltbezogene Prüfung des Vorhabens wieder einsetzt, falls erhebliche Umweltauswirkungen eines Radweges (einschließlich seiner Errichtung) nicht ausgeschlossen werden können. Somit wird durch die unterschiedlichen Voraussetzungen, die die Freistellung des § 14d Abs. 1 UVPG einschränken, ein der UVP-RL entsprechendes Maß an Umweltschutz gewährleistet.

Abschnitt 2 Verfahrensschritte der Umweltverträglichkeitsprüfung

§ 15 Unterrichtung über den Untersuchungsrahmen

(1) [1]Auf Antrag des Vorhabenträgers oder wenn die zuständige Behörde es für zweckmäßig hält, unterrichtet und berät die zuständige Behörde den Vorhabenträger entsprechend dem Planungsstand des Vorhabens frühzeitig über Inhalt, Umfang und Detailtiefe der Angaben, die der Vorhabenträger voraussichtlich in den UVP-Bericht aufnehmen muss (Untersuchungsrahmen). [2]Die Unterrichtung und Beratung kann sich auch auf weitere Gesichtspunkte des Verfahrens, insbesondere auf dessen zeitlichen Ablauf, auf die zu beteiligenden Behörden oder auf die Einholung von Sachverständigengutachten erstrecken. [3]Verfügen die zuständige Behörde oder die zu beteiligenden Behörden über Informationen, die für die Erarbeitung des UVP-Berichts zweckdienlich sind, so stellen sie diese Informationen dem Vorhabenträger zur Verfügung.

(2) Der Vorhabenträger hat der zuständigen Behörde geeignete Unterlagen zu den Merkmalen des Vorhabens, einschließlich seiner Größe oder Leistung, und des Standorts sowie zu den möglichen Umweltauswirkungen vorzulegen.

(3) [1]Vor der Unterrichtung über den Untersuchungsrahmen kann die zuständige Behörde dem Vorhabenträger sowie den nach § 17 zu beteiligenden Behörden Gelegenheit zu einer Besprechung geben. [2]Die Besprechung soll sich auf den Gegenstand, den Umfang und die Methoden der Umweltverträglichkeitsprüfung erstrecken. [3]Zur Besprechung kann die zuständige Behörde hinzuziehen:
1. Sachverständige,
2. nach § 55 zu beteiligende Behörden,
3. nach § 3 des Umwelt-Rechtsbehelfsgesetzes anerkannte Umweltvereinigungen sowie
4. sonstige Dritte.

[4]Das Ergebnis der Besprechung wird von der zuständigen Behörde dokumentiert.

(4) Ist das Vorhaben Bestandteil eines mehrstufigen Planungs- und Zulassungsprozesses und ist dem Verfahren nach § 4 ein anderes Planungs- oder Zulassungsverfahren vorausgegangen, als dessen Bestandteil eine Umweltprüfung durchgeführt wurde, soll sich die Umweltverträglichkeits-

Nr. 159/2024, S. 27, abrufbar unter https://www.umweltbundesamt.de/sites/default/files/medien/11850/publikationen/159_2024_texte_umweltvertraeglichkeitspruefung.pdf.

20 Gesetzesbegr. v. 17.05.2023, BT-Drs. 20/6879, S. 112, vgl. Ziffer II. 14d der UVPVwV vom 14.04.2025.

21 Vgl. dieselbe Begründung zu § 14c UVPG bei der Gesetzesbegr. v. 17.05.2023, BT-Drs. 20/6879, S. 112.

prüfung auf zusätzliche erhebliche oder andere erhebliche Umweltauswirkungen sowie auf erforderliche Aktualisierungen und Vertiefungen beschränken.

(5) Die zuständige Behörde berät den Vorhabenträger auch nach der Unterrichtung über den Untersuchungsrahmen, soweit dies für eine zügige und sachgerechte Durchführung des Verfahrens zweckmäßig ist.

Übersicht

A. Allgemeines

I. Regelungsgegenstand

1 Die Unterrichtung über den Untersuchungsrahmen ist ein dem eigentlichen Zulassungsverfahren vorangestelltes Instrument. Es dient der **frühzeitigen Abstimmung** der Pflicht des Vorhabenträgers nach § 16 UVPG, einen Bericht zu den voraussichtlichen Umweltauswirkungen des Vorhabens (**UVP-Bericht**) vorzulegen. Der Abstimmung gehen im Regelfall informale »Vorbesprechungen«, »Vorverhandlungen«, »projektbegleitende Gespräche« etc. voraus. Dies entspricht seit jeher gängiger Praxis in umfänglichen Zulassungsverfahren, um einzelne Fragen auch schon klären zu können, bevor mit erheblichem Zeit- und Kostenaufwand die für die förmliche Antragstellung erforderlichen Detailplanungen erstellt werden. § 15 UVPG erkennt das in der Praxis auftretende Bedürfnis nach solchen Abstimmungen an,[1] gibt aber gleichzeitig und insoweit unter Preisgabe dessen, was das Informelle an sich kennzeichnet, ein Reglement für Inhalt und Ablauf des der UVP vorangestellten Dialogs zwischen Vorhabenträger und zuständiger Behörde vor. Dies rechtfertigt es, von einem »formalisierten Vorverfahren«[2] oder von einer »(Teil-)Formalisierung ansonsten informalen Verwaltungshandelns«[3] zu sprechen.

2 Nach anglo-amerikanischem und niederländischem Vorbild soll durch das Vorgespräch die Reichweite (**scope**) der für ein individuelles Vorhaben voraussichtlich erforderlichen Untersuchungen

1 Vgl. dazu *Führ/Dopfer/Bizer* ZUR 2009, 59 (60).
2 *Steinberg* DVBl 1988, 995 (1000).
3 *Erbguth/Schink*, UVPG, § 5 Rn. 24.

festgelegt, also ein sog. **Scoping** durchgeführt werden, das auf die behördliche Verpflichtung fokussiert wird, den Vorhabenträger über Inhalt, Umfang und Detailtiefe der Angaben, die der Vorhabenträger voraussichtlich in den UVP-Bericht aufnehmen muss und damit über das für das Untersuchungsprogramm relevante Material zu unterrichten.[4] Ein solches Vorgehen ermöglicht vor förmlicher Antragstellung und damit vor Beginn des eigentlichen Entscheidungsverfahrens eine **erste Einschätzung** des zu betreibenden Aufwands, um ein bestimmtes Vorhaben im Hinblick auf seine Umweltauswirkungen untersuchen zu können. Die Unterrichtung dient in erster Linie dem Vorhabenträger: Er soll Klarheit über die voraussichtliche Reichweite der Untersuchung seines Vorhabens gewinnen, damit auf möglichst sicherer – nämlich abgestimmter – Grundlage die Zusammenstellung oder Vervollständigung des nach § 16 UVPG vorzulegenden UVP-Berichts erfolgen kann.[5] Das Scoping setzt daher voraus, dass sich der Vorhabenträger rechtzeitig vor der geplanten Antragstellung an die zuständige Behörde wendet und sie auf der Grundlage geeigneter Unterlagen über das geplante Vorhaben informiert. Die Vorschrift erlegt der Behörde Beratungs- und Informationspflichten auf, wie § 15 Abs. 1 Satz 3 UVPG verdeutlicht, wonach die zuständige Behörde sowie die übrigen nach § 17 UVPG zu beteiligenden Behörden verpflichtet sind, dem Vorhabenträger bei der Zusammenstellung des nach § 16 UVPG vorzulegenden UVP-Berichts in bestimmtem Umfang Hilfen zu gewähren. Diese Informationspflicht nach Abs. 1 Satz 3 der Vorschrift besteht unabhängig von der Durchführung eines Scopings und ist im Regelungszusammenhang mit der Vorlegungslast des Vorhabenträgers nach § 16 UVPG zu sehen. Die Beratungspflicht der Behörde endet überdies nicht automatisch mit Abschluss der Unterrichtung über den Untersuchungsrahmen, sondern setzt sich gem. § 15 Abs. 5 UVPG auch nach dem Scoping fort, sofern dies zweckdienlich ist.

II. Zweck und Bedeutung

3 Die ersten Ausführungen verdeutlichen bereits den Zweck der das umweltrechtliche Kooperationsprinzip konkretisierenden Vorschrift in Umrissen: Das Scoping mit abschließender Unterrichtung soll eine **Hilfestellung für den Vorhabenträger** bieten, ihm insbesondere – soweit das nach dem Planungsstand möglich ist – zu einer realistischen Einschätzung über den bestehenden Untersuchungsbedarf verhelfen.[6] Insoweit handelt es sich um eine spezialgesetzliche Regelung der nach allgemeinem Verwaltungsverfahrensrecht bestehenden Auskunfts- und Beratungspflichten (§ 25 VwVfG).[7] Im Übrigen ist die vorgelagerte Erörterung des voraussichtlichen Untersuchungsrahmens geeignet, das Zulassungsverfahren von potenziellem Konfliktstoff zu entlasten, die Befassung mit im Einzelfall unerheblichen und damit überflüssigen Angaben über das Vorhaben zu vermeiden und das Verfahren gleich zu Beginn so zu strukturieren, dass die Fülle der für die Durchführung der UVP erforderlichen Informationen im späteren Verfahren Schritt für Schritt verarbeitet werden kann.[8] Damit dient das Scoping der **Vereinfachung, Beschleunigung und Akzeptanz der UVP**.[9] Auch wenn die nach § 15 Abs. 1 UVPG erfolgende Unterrichtung nur Inhalt, Umfang und Detailtiefe der Angaben, die der Vorhabenträger voraussichtlich in den UVP-Bericht aufnehmen muss, festlegt und damit

4 VG Aachen, Urt. v. 11.05.2004 – 7 K 689/00, NuR 2005, 123 (124).
5 *Köck* ZUR 2011, 15 (22).
6 BVerwG, Urt. v. 24.11.2010 – 9 A 13.09, DVBl 2011, 496 Rn. 30; *Balla/Sangenstedt* ZUR 2023, 387 (391).
7 *Blum* NdsVBl 2023, 319 (322 f.); *Kämper* NWVBl 2023, 45 (47 ff.).
8 II. Nr. 15.0.1 der UVPVwV.
9 So auch II. Nr. 15.0.1 der UVPVwV; *Balla/Sangenstedt* ZUR 2023, 476 (477); *Schmidt* NVwZ 2003, 292 (294); *Sangenstedt* ZUR 2014, 526 (531); *Appel,* in: Frenz/Müggenborg, BNatSchG, § 9 Rn. 82; *Reidt/Augustin* in: Schink/Reidt/Mitschang, UVPG/UmwRG, § 15 UVPG Rn. 2; *Hoppe/Beckmann/Kauch,* Umweltrecht, § 8 Rn. 80; *Kloepfer,* Umweltrecht, § 5 Rn. 649; krit. *Hilgers* NVWZ 2021, 436 (440) hinsichtlich der Akzeptanzwirkung für den Fall, dass keine frühzeitige Öffentlichkeitsbeteiligung erfolgt. *Bunge,* in: Schlacke/Schrader/Bunge, Information, Beteiligung und Rechtsschutz in Umweltangelegenheiten, 2019, § 2 Rn. 735 bringt eine verbindliche Beteiligung der Öffentlichkeit oder zumindest anerkannter Umweltverbände und gleichgestellter Vereinigungen i.S.d. §§ 3 Abs. 3, 2 Abs. 2 UmwRG ins Spiel.

aus der Sicht des Vorhabenträgers keine endgültige Sicherheit im Hinblick auf die Vollständigkeit seines später vorzulegenden UVP-Berichts gewährleisten kann, bietet das Scoping dem Vorhabenträger doch die Chance, späteren Überraschungen weitgehend vorzubeugen und sich frühzeitig – nämlich vor Abschluss der internen Projektplanung – über die behördlicherseits gestellten Anforderungen an die für die UVP relevanten Unterlagen zu informieren, diese mit ihr zu diskutieren und im Anschluss daran ggf. noch ausstehende Gutachten o.Ä. einzuholen.[10] Ein auf ausreichender Informationsgrundlage und unter Beteiligung der maßgeblichen Fachbehörden durchgeführtes Scoping vermag das Risiko, in einem späteren Verfahrensstadium – und dann mit hohem und kostspieligem Zeitverlust – fehlende Angaben nachreichen sowie erneut öffentlich auslegen und (nach-) erörtern zu müssen, erheblich zu vermindern.[11] Das vorgeschaltete Instrument des Untersuchungsrahmens kann auch verschiedene fachgesetzlich erforderliche Prüfungen koordinieren und so das Gesamtvorgehen leiten.[12] Ein weiterer Vorteil besteht darin, dass Meinungsunterschiede zwischen Antragsteller und UVP-Behörde über Inhalt, Umfang und Detailtiefe des nach § 16 UVPG vorzulegenden UVP-Berichts schon vor der Beteiligung der Öffentlichkeit und damit noch in einer Phase der Projektplanung ausgetragen werden können, in der ein gegenseitiges Nachgeben möglich erscheint, ohne in der Öffentlichkeit »Gesichtsverluste« erleiden zu müssen. Dies setzt freilich voraus, dass von den Möglichkeiten der Drittbeteiligung nach § 15 Abs. 3 Satz 3 UVPG kein, nur sparsamer oder zeitlich gestufter[13] Gebrauch gemacht wird. Das Scoping darf aber andererseits nicht dazu missbraucht werden, hinter verschlossenen Türen die Herabsetzung der gesetzlichen Anforderungen an die UVP zu verabreden oder ihre Durchführung vor der Beteiligung der Öffentlichkeit vorwegzunehmen. Die gesetzliche Ausdifferenzierung der optionalen Beteiligungsregeln in § 15 Abs. 3 Satz 3 UVPG durch Art. 1 des Gesetzes zur Modernisierung des Rechts der Umweltverträglichkeitsprüfung (UVP-Modernisierungsgesetz) vom 20.07.2017[14] legt insofern das gegenläufige Transparenzinteresse des Gesetzgebers offen.

Es liegt in der Logik eines überwiegend im Interesse der Vorhabenträger geschaffenen Verfahrensinstruments, auch ihnen die Entscheidung zu belassen, von der Möglichkeit seines Einsatzes Gebrauch zu machen. Dies kann vor der Eröffnung des Zulassungsverfahrens geschehen mit der Folge, dass die Einleitung des Verfahrens vorverlagert wird.[15] Die Durchführung ist aber auch nach Eröffnung des Zulassungsverfahrens möglich.[16] In jedem Fall bestimmt § 15 UVPG mit Blick auf die Interessenlage die Durchführung eines Scopings **nicht zur Voraussetzung für die Eröffnung des die UVP enthaltenden Zulassungsverfahrens.** Die Unterrichtung nach § 15 UVPG kann zwar – wie gesetzlich ausdrücklich klargestellt wird – auch ohne darauf gerichtetes Ersuchen des Vorhabenträgers auf Initiative der zuständigen Behörde stattfinden. Dabei kann die zuständige Behörde gem. § 15 Abs. 3 Satz 1 UVPG dem Vorhabenträger zuvor Gelegenheit zu einer gemeinsamen Besprechung geben. Ein Zwang zur gemeinsamen Besprechung besteht aber schon nach dem eindeutigen Wortlaut (»Gelegenheit«) nicht. Die Unterrichtung kann vielmehr – wie schon nach altem Recht[17] – auch ohne Durchführung eines Scoping-Termins stattfinden.[18] Der Vorhabenträger ist daher nicht gehindert, entweder von vornherein ohne Erörterung des voraussichtlichen Untersuchungsrahmens den UVP-Bericht i.S.d. § 16 UVPG einzureichen oder das Scoping abzubrechen, wenn keine Einigung 4

10 *Schink* NuR 2003, 647 (650 f.); *Enders/Krings* DVBl 2001, 1242 (1249).

11 *Führ/Dopfer/Bizer* ZUR 2009, 59 (60).

12 II. Nr. 15.0.1 der UVPVwV.

13 Vgl. hierzu auch die nachfolgenden Ausführungen unter Rdn. 21.

14 BGBl. I, S. 2808.

15 VGH Mannheim, Beschl. v. 06.08.2020 – 10 S 2941/19, NuR 2021, 135 Rn. 15; VG Hannover, Urt. v. 12.01.2021 – 4 A 1902/20, Rn. 55, juris.

16 *Uschkereit*, in: Pautsch/Hoffmann, VwVfG, § 73 Rn. 26.

17 *Beckmann* NVwZ 1991, 427 (428); *Gassner* UPR 1990, 361 (363); *Bohne* ZfB 1989, 93 (107).

18 *Rößing*, Denkmalschutz und UVP, S. 128, 157; *Schoeneberg*, UVP, Rn. 105; a.A. *Jarass*, BImSchG, § 10 Rn. 21. Für eine verpflichtende Durchführung des Scopings plädieren *Führ/Dopfer/Bizer* ZUR 2009, 59 (63) und *Schink* NuR 2018, 21 (27).

mit der Behörde über den Untersuchungsrahmen erzielt werden kann. Auch außenstehende Dritte haben keinen Anspruch auf Durchführung des Scopingverfahrens.[19] Das Verfahren nach § 15 UVPG hat somit die Bedeutung eines an den Vorhabenträger gerichteten Angebots. Wird es wahrgenommen, entstehen hauptsächlich Pflichten der für die UVP zuständigen Behörde. Der Vorhabenträger hat gem. § 15 Abs. 2 UVPG lediglich der zuständigen Behörde geeignete Unterlagen zu den Merkmalen des Vorhabens, einschließlich seiner Größe oder Leistung, und des Standorts sowie zu den möglichen Umweltauswirkungen vorzulegen. Hierbei handelt es sich um eine **Obliegenheit** des Vorhabenträgers; ihre Einhaltung kann von der zuständigen Behörde nicht verlangt werden, führt bei Nichteinhaltung aber zu verringerten Informations- und Beratungspflichten der zuständigen Behörde.[20] Der Vorhabenträger wird in der Regel – vor allem bei sehr komplexen Verfahren und bei fehlender Erfahrung aus vergleichbaren Verfahren – gut beraten sein, von dem Gesprächsangebot der Behörde Gebrauch zu machen. Reicht er ohne vorangegangene gemeinsame Besprechung den Zulassungsantrag mit dem UVP-Bericht nach § 16 UVPG ein, kommt eine Unterrichtung über Inhalt, Umfang und Detailtiefe der Angaben, die der Vorhabenträger voraussichtlich in den UVP-Bericht aufnehmen muss, nach § 15 Abs. 1 Satz 1 UVPG als erste verfahrensleitende Maßnahme der Behörde gleichwohl, nämlich dann in Betracht, wenn sich herausstellt, dass der vorgelegte UVP-Bericht den Anforderungen des § 16 UVPG nicht entspricht. Mit der Unterrichtung können sodann die noch beizubringenden Angaben des UVP-Berichts nachgefordert werden. Auf diese Weise ist in jedem Fall gesichert, dass der Umfang der Untersuchung in Übereinstimmung mit dem im deutschen Verwaltungsverfahrensrecht herrschenden Untersuchungsgrundsatz (§ 24 VwVfG) von der Behörde bestimmt wird.

III. Gesetzesgeschichte

5 Scoping und Unterrichtung waren in der UVP-RL 1985 nicht vorgesehen, insoweit waren die vormaligen Regelungen des UVPG 1990 **ohne EG-rechtliches Vorbild**. Lediglich Satz 4 der Vorschrift in der alten Fassung (jetzt § 15 Abs. 1 Satz 3 UVPG) ging auf Art. 5 Abs. 3 UVP-RL 1985 zurück, der die Begründung von Informationspflichten aller Behörden vorsah, »die über zweckdienliche Informationen verfügen«, aber den Mitgliedstaaten die Übernahme dieser Regelung ins nationale Recht freistellte. Die UVP-Änderungsrichtlinie übernahm das Instrument des Scopings in Art. 5 Abs. 2, so dass die Vorschrift im Rahmen der Neufassung des UVPG durch das **Artikelgesetz 2001** lediglich geringfügig geändert werden musste. Die Modifikationen waren eher redaktioneller Natur und führten zu einer systematischen Neustrukturierung der Satzreihenfolge.[21] Des Weiteren wurde die Unterrichtung stärker auf die Unterlagenbeibringungslast des Vorhabenträgers ausgerichtet, während sie vormals auch den »voraussichtlichen Untersuchungsrahmen« zum Gegenstand hatte. Außerdem erfolgte mit der Anpassung die Klarstellung, dass die Unterrichtung auch ohne Antrag des Vorhabenträgers auf Initiative der Behörde erfolgen kann. Schließlich erweiterte das Artikelgesetz 2001 den Kreis der informationspflichtigen Behörden.[22] Durch Art. 1 des **Gesetzes zur Einführung der Strategischen Umweltprüfung und zur Umsetzung der Richtlinie 2001/42/EG**[23] aus dem Jahr 2005 wurde § 5 UVPG a.F. nur leicht gestreift. Neu hinzugekommen war lediglich die Anordnung des § 5 Satz 1 HS 2 UVPG a.F., beim Scopingtermin die Abschichtungsmöglichkeiten mehrstufiger Planungs- und Zulassungsprozesse zu beachten. Absatz 2 des § 5 UVPG a.F. (jetzt: § 15 Abs. 5 UVPG) wurde durch Art. 6 des **Gesetzes zur Umsetzung der Richtlinie über Industrieemissionen**

19 BVerwG, Urt. v. 09.11.2006 – 4 A 2001.06, BVerwGE 127, 95 Rn. 26; Urt. v. 24.11.2010 – 9 A 13.09, DVBl 2011, 496 Rn. 30; *Hilgers* NVwZ 2021, 436 (441).

20 Siehe hierzu auch unten Rdn. 14.

21 Siehe die Kommentierung von *Haneklaus* in der 2. Aufl. Rn. 5.

22 Auch hierdurch ist keine wesentliche Rechtsänderung eingetreten, da die beteiligten Behörden nach altem Recht über die Regelungen des Umweltinformationsgesetzes ebenfalls zur Auskunft und Informationserteilung verpflichtet werden konnten.

23 BGBl. I, S. 1746.

vom 08.04.2013[24] neu eingefügt. Danach berät die zuständige Behörde den Träger des Vorhabens auch nach der Unterrichtung, soweit dies für eine zügige und sachgerechte Durchführung des Verfahrens zweckmäßig ist. Die nunmehr letzte Neufassung des UVPG durch Art. 1 des **Gesetzes zur Modernisierung des Rechts der Umweltverträglichkeitsprüfung (UVP-Modernisierungsgesetz)** vom 20.07.2017[25] hatte neben der Verschiebung der Regelung des § 5 UVPG a.F. in § 15 UVPG weitere Änderungen des § 15 UVPG zur Folge, welche aufgrund der neuen Anforderungen des Art. 5 Abs. 2 Satz 1 der durch die UVP-Änderungsrichtlinie 2014/52/EU[26] geänderten UVP-Richtlinie erforderlich wurden.[27] Neben einer Präzisierung der vom Vorhabenträger vorzulegenden Unterlagen (§ 15 Abs. 2 UVPG) wurden insbesondere die Hinzuziehungsmöglichkeiten bei der Beteiligung nach § 15 Abs. 3 UVPG (vormals § 5 Abs. 1 Satz 2–4 UVPG) auf anerkannte Umweltvereinigungen nach § 3 UmwRG erweitert.[28] Des Weiteren wurde eine Regelung zur Abschichtung eingefügt (§ 15 Abs. 4 UVPG) und in der Vorgabe über die Informationspflicht der Behörde gem. § 15 Abs. 1 Satz 3 UVPG (vormals § 5 Abs. 1 Satz 5 UVPG) das intendierte Ermessen (»soll«) der Behörde gestrichen.

IV. Anwendungsbereich der Vorschrift

1. Regelbereich und Sondervorschriften

§ 15 UVPG gilt als Grundtatbestand grundsätzlich bei allen Verfahren, die sich mit einem UVP-pflichtigen Vorhaben befassen. Von diesem Grundtatbestand gibt es Ausnahmen; es finden sich überdies aber auch Verweise von anderen Gesetzen auf § 15 UVPG. § 15 UVPG gilt nicht im **Bauleitplanverfahren** (§ 50 UVPG);[29] im **Flurbereinigungsverfahren** kommt sie erst seit In-Kraft-Treten des Artikelgesetzes 2001 zur Anwendung, da § 19 Satz 2 UVPG a.F. ersatzlos gestrichen worden ist.[30] Seit der Änderung der §§ 52 Abs. 2a und 57a Abs. 1 BBergG durch Art. 2 Abs. 4 des Gesetzes zur Modernisierung des Rechts der Umweltverträglichkeitsprüfung (UVP-Modernisierungsgesetz) vom 20.07.2017[31] gilt § 15 UVPG bei der Rahmenbetriebsplanzulassung UVP-pflichtiger Vorhaben des Bergbaus (§ 57a Abs. 1 Satz 5 BBergG). Die UVPG-Norm hat außerdem in der **Raumverträglichkeitsprüfung** nur dann Bedeutung, wenn das Landes(planungs-)recht einen Scoping-Termin vorsieht. Dies folgt mittelbar aus § 49 Satz 1 UVPG, der hinsichtlich der Durchführung der Prüfung der Umweltauswirkungen ausschließlich auf das Raumordnungsgesetz verweist. Dort hat der Bundesgesetzgeber zwar einzelne Vorgaben zur Durchführung der Raumverträglichkeitsprüfung gemacht (§ 15 ROG),[32] die Festschreibung eines Scopings lässt das Raumordnungsgesetz jedoch vermissen. Damit ist mit Blick auf § 27 Abs. 3 ROG den Ländern die Entscheidung überlassen, die Raumverträglichkeitsprüfung in Übereinstimmung mit oder abweichend von § 15 UVPG auszugestalten.[33] Im Übrigen kommt eine Anwendung des § 15 UVPG auch dann nicht in Betracht, »wenn die zuständige Behörde selbst Träger des Vorhabens ist oder wenn eine Behörde das Vorhaben plant und dabei die Bestimmung des Untersuchungsrahmens selbst vornimmt«.[34] Dies ist im Rah- 6

24 BGBl. I, S. 734.
25 BGBl. I, S. 2808.
26 ABl. L 124, 1.
27 Die aufgrund der UVP-Änderungsrichtlinie 2014 erforderlichen Änderungen halten sich jedoch in Grenzen: *Bunge* NVwZ 2014, 1257 (1259 f.). Siehe zu den Änderungen der UVP-Richtlinie *Kenyeressy* UPR 2013, 139.
28 *Blum* NdsVBl 2023, 319 (323).
29 Siehe § 50 Rdn. 7; *Mitschang* UPR 2022, 161 (161).
30 Die Vorschrift des § 19 UVPG a.F. wurde durch Art. 1 des UVP-Modernisierungsgesetz vom 20.07.2017 aufgehoben.
31 BGBl. I, S. 2808.
32 *Dietz,* in: Kment, ROG, § 15 Rn. 50 ff.; *Goppel,* in: Spannowsky/Runkel/Goppel, ROG, § 15 Rn. 50 ff.
33 Vgl. dazu *Hofmann*, in: Kment, ROG, § 27 Rn. 27 f.; *Spannowsky*, in: ders./Runkel/Goppel, ROG, § 27 Rn. 14.
34 So die Begründung des Regierungsentwurfs zu § 5, BT-Drs. 11/3919, S. 23.

men der **Linienbestimmung** von Bundesfernstraßen nach § 16 FStrG und von Bundeswasserstraßen nach § 13 WaStrG der Fall.

2. Vorrangige Regelungen des Fachrechts

7 **Vorrangige Geltung** i.S.d. § 1 Abs. 4 UVPG beansprucht das Fachrecht gegenüber den Regelungen des § 15 UVPG **im Anwendungsbereich der 9. BImSchV** und der **AtVfV.**

8 Die 9. BImSchV sieht für das **immissionsschutzrechtliche Genehmigungsverfahren** Regelungen des Scopings vor, die mit denen in § 15 UVPG weitgehend identisch sind. Dem § 15 UVPG entsprechend, bestimmt § 2a Abs. 1 der 9. BImSchV, dass die Genehmigungsbehörde die für die Durchführung der UVP erheblichen Fragen mit dem Träger des Vorhabens erörtert. § 2a Abs. 4 der 9. BImSchV stellt klar, dass die Genehmigungsbehörde nur dann das Scoping durchführt, wenn sie zugleich federführende Behörde i.S.d. § 31 Abs. 1, 2 UVPG ist. Vergleichbare Regelungen trifft die AtVfV für das **atomrechtliche Genehmigungsverfahren.**[35]

9 Eine fachgesetzliche Sondervorschrift besteht in dem Gesetz über Maßnahmen zur Beschleunigung des **Netzausbaus Elektrizitätsnetze (NABEG)** nicht mehr.[36] Gem. § 20 NABEG a.F. wurde der Scopingtermin durch eine von der Bundesnetzagentur durchgeführte Antragskonferenz ersetzt.[37] Die Normen §§ 19, 20 NABEG a.F. sind am 30.12.2023 durch das EnWRAnpG 2024[38] aufgehoben worden. Zugunsten eines schnelleren Verfahrens existiert keine zwingende Antragskonferenz mehr, sodass das Planfeststellungsverfahren erstmals mit einem Antrag nach § 21 NABEG beginnt.[39] Mangels verdrängender Sondervorschriften gilt § 15 UVPG somit auch im Netzausbau.[40] Alleine § 21 Abs. 4 Satz 1 HS 1 NABEG eröffnet der Bundesnetzagentur nunmehr die Möglichkeit, ein fristgebundenes Scoping nach § 15 UVPG durchzuführen. Nach einer entsprechenden Aufforderung sind die geeigneten Unterlagen nach § 15 Abs. 2 UVPG innerhalb einer Drei-Monatsfrist einzureichen. Die Aufforderung kann bereits ab der Aufnahme des Vorhabens in den Bundesbedarfsplan erfolgen.

3. Verhältnis zu anderen Vorschriften des UVPG

10 Das Scoping nach § 15 UVPG ist den obligatorischen Verfahrensschritten der UVP vorangestellt und bereitet diese vor, darf deren **Inhalte aber nicht vorwegnehmen**. Dies gilt mit Blick auf die Beteiligungsregeln der §§ 17, 18 und §§ 55 ff. UVPG ebenso wie bezogen auf die einzelnen Verfahrensschritte des **Ermittelns, Beschreibens** und **Bewertens.**[41] Die Besprechung nach § 15 Abs. 3 Satz 1 UVPG soll weder zu einer vorgezogenen Behörden- oder Öffentlichkeitsbeteiligung führen noch einer ersten Begutachtung des Vorhabens im Hinblick auf seine Umweltauswirkungen oder im Hinblick auf seine Zulassungsvoraussetzungen dienen. Besprechung, Unterrichtung und Informationserteilung haben lediglich eine Hilfsfunktion im Hinblick auf die nach § 16 UVPG bestehende Vorlagepflicht des UVP-Berichts durch den Vorhabenträger.[42] Während § 16 UVPG die Aufgabe des Vorhabenträgers, die erforderlichen Angaben zur Prüfung der Umweltauswirkungen seines Vorhabens zusammenzustellen, bestimmt, dient § 15 UVPG mithin der Vorbereitung dieses

---

35 Siehe § 1b AtVfV i.d.F. d. Bek. v. 03.02.1995, zul. geänd. d. Art. 16 der Verordnung v. 11.12.2024 (BGBl. 2024 I Nr. 411).

36 Gesetz v. 28.07.2011 (BGBl. I, S. 1690), zul. geänd. d. Art. 5 des Gesetzes v. 08.06.2024 (BGBl. 2024 I Nr. 151); vgl. dazu *Kment* RdE 2011, 341 ff.

37 *Kümper* DÖV 2016, 929 (929 ff.); *Kohls/Boerstra* EnWZ 2024, 160 (165).

38 Art. 7 des Gesetzes zur Anpassung des Energiewirtschaftsrechts an unionsrechtliche Vorgaben und zur Änderung weiterer energierechtlicher Vorschriften v. 22.12.2023 (BGBl. 2023 I Nr. 405).

39 Beschlussempfehlung v. 08.11.2023, BT-Drs. 20/9187, S. 169.

40 Beschlussempfehlung v. 08.11.2023, BT-Drs. 20/9187, S. 169.

41 Gleichwohl kommt es im Rahmen des § 15 UVPG durchaus zu einer ersten Filterung der Analyse aus der Sicht des Vorhabenträgers, siehe *Hoffmann-Riem* AöR 119 (1994) 590 (612).

42 Ebenso *Schoeneberg*, UVP, Rn. 108.

Verfahrensschrittes.[43] Bereits hier können Hilfestellungen durch technologiegestützte Verarbeitungsschritte der Verfahrensschnelligkeit dienen, in denen Informationen gebündelt, gegliedert und geordnet werden.[44]

V. Zuständige Behörde

Zuständig für das Scoping nach § 15 UVPG ist die **zur Zulassung berufene Behörde** in den Fällen, in denen das UVP-pflichtige Vorhaben nur einer einzigen Zulassungsentscheidung bedarf.[45] In den Fällen des § 31 UVPG (parallele Zulassungsverfahren) führt die – landesrechtlich bestimmte – **federführende Behörde** die Erörterung und Unterrichtung durch.[46] Dies geschieht gem. § 31 Abs. 2 Satz 3 UVPG »im Zusammenwirken« zumindest mit den übrigen (durch die Federführung verdrängten) Zulassungsbehörden sowie mit der Naturschutzbehörde.[47] Das Zusammenwirken dürfte regelmäßig zur Beteiligung der genannten Behörden an der gemeinsamen Besprechung und zur Abstimmung mit ihnen vor der Unterrichtung des Vorhabenträgers führen.[48] Lehnt der Vorhabenträger die Beteiligung (einzelner) dieser Behörden an der Erörterung ab, besteht für die federführende Behörde keine Handhabe gegen diese Verweigerung. Der Vorhabenträger trägt dann aber umgekehrt das Risiko, im förmlichen Zulassungsverfahren mit nachträglichen Anforderungen an seinen nach § 16 UVPG vorgelegten UVP-Bericht konfrontiert zu werden. 11

VI. Verwaltungsvorschriften

Die noch auf der Grundlage des § 20 Nr. 2 UVPG a.F. ergangenen Verwaltungsvorschriften[49] enthalten **allgemeine und vorhabenspezifische Grundsätze für die Unterrichtung** über den voraussichtlichen Untersuchungsrahmen der UVP nach § 15 UVPG. Diese allgemeine, im Wesen unverbindliche Verwaltungsvorschrift wurde auf Grundlage der Ermächtigung des § 70 UVPG im Jahr 2025 aktualisiert und erweitert.[50] Die ursprüngliche Fassung von 1995 konnte die Praxis nicht mehr sachgerecht anleiten und musste deshalb angepasst werden.[51] Insbesondere geänderte Unionsvorgaben und neue Rechtsprechung mussten Berücksichtigung finden.[52] Auf den Inhalt der Verwaltungsvorschrift[53] wird im Zusammenhang mit der jeweiligen Problemstellung eingegangen. 12

B. Scopingtermin – Besprechung über Inhalt, Umfang und Detailtiefe der im UVP-Bericht aufzunehmenden Angaben (Untersuchungsrahmen)

I. Einleitung des Scopings

Der Unterrichtung über Inhalt, Umfang und Detailtiefe der Angaben, die der Vorhabenträger voraussichtlich in den UVP-Bericht aufnehmen muss (Untersuchungsrahmen), wird im Regelfall eine gemeinsame Besprechung nach § 15 Abs. 3 UVPG vorausgehen, wenn auch seit der Änderung der 13

43 VG Aachen, Urt. v. 11.05.2004 – 7 K 689/00, NuR 2005, 123 (124).
44 *Kment* NVwZ 2024, 1609 (1616 f.).
45 VG Aachen, Urt. v. 11.05.2004 – 7 K 689/00, NuR 2005, 123 (124).
46 *Schmidt* NVwZ 2003, 292 (294); *Hamann* ZfBR 2006, 537 (539).
47 II. Nr. 15.0.2 der UVPVwV.
48 *Schmidt* NVwZ 2003, 292 (295).
49 Allgemeine Verwaltungsvorschrift zur Ausführung des Gesetzes über die Umweltverträglichkeitsprüfung (UVPVwV) v. 18.09.1995, GMBl. 1995 S. 671; siehe i.Ü. die Kommentierung zu § 70 Rdn. 11 f. sowie *Mayen* NVwZ 1996, 319 (320 f.); *Spoerr* NJW 1996, 85 (86).
50 Allgemeine Verwaltungsvorschrift zur Ausführung des Gesetzes über die Umweltverträglichkeitsprüfung (UVPVwV) v. 29.04.2025, BAnz AT 29.04.2025 B8; *Deutscher Anwaltverein durch den Ausschuss Umweltrecht* NuR 2024, 36 (36).
51 *Deutscher Anwaltverein durch den Ausschuss Umweltrecht* NuR 2024, 36 (36); BR-Drs. 616/24, S. 1.
52 BR-Drs. 616/24, S. 1.
53 Maßgeblich für § 15 UVPG sind die Anordnungen unter Teil II. Nr. 15 der UVPVwV; siehe auch § 70 UVPG Rdn. 9 ff.

Vorschrift im Jahr 2001 klargestellt ist, dass ein Scoping-Termin nicht zwingend stattfinden muss.[54] Unterbleibt ein **Ersuchen des Vorhabenträgers** nach § 15 Abs. 1 Satz 1 UVPG vollständig und entschließt sich die Behörde nach Einleitung des Zulassungsverfahrens **von Amts wegen**, eine Unterrichtung über den Untersuchungsrahmen vorzunehmen, ist dem Vorhabenträger in gleicher Weise Gelegenheit zur Besprechung der UVP-relevanten Fragen in einem Scoping-Termin zu geben wie bei Vorliegen eines Ersuchens durch den Vorhabenträger.[55] Der Vorhabenträger kann dem Gesprächsangebot folgen, er muss es aber nicht. Bleibt bei dem Scoping eine Besprechung aus, handelt es sich um ein »schriftliches Verfahren«, in welchem sich die Beteiligten durch Schriftsätze austauschen.[56]

14 Die Durchführung eines Scopings setzt in jedem Fall die an die zuständige Behörde gerichtete **Mitteilung über das geplante Vorhaben durch den Träger des Vorhabens** voraus.[57] Der Vorhabenträger hat seit dem UVP-Modernisierungsgesetz vom 20.07.2017[58] gem. § 15 Abs. 2 UVPG der zuständigen Behörde dabei geeignete Unterlagen zu den **Merkmalen des Vorhabens**, einschließlich seiner **Größe** oder **Leistung** und des **Standorts**, sowie zu den **möglichen Umweltauswirkungen** vorzulegen. Vor dieser Gesetzesänderung unterlag dieser dem Scoping notwendig vorausgehende Schritt keinerlei Formerfordernissen.[59] Es empfahl sich jedoch auch bereits davor, die Mitteilung schriftlich und unter Beifügung geeigneter Unterlagen, die Aufschluss über das geplante Vorhaben geben, vorzunehmen. Die vorzulegenden Unterlagen über die möglichen Umweltauswirkungen können noch **sehr allgemein gehalten** werden[60] und müssen nicht den Anforderungen der Angaben des UVP-Berichts nach § 16 UVPG entsprechen. Dies ist bereits der Frühzeitigkeit des Scoping-Verfahrens geschuldet. Ziel der Voraussetzung des § 15 Abs. 2 UVPG ist es, dass die Behörde den Vorhabenträger umfassend über den Untersuchungsrahmen, d.h. über Inhalt, Umfang und Detailtiefe der Angaben, die der Vorhabenträger voraussichtlich später in den UVP-Bericht gem. § 16 UVPG aufnehmen muss, unterrichten und beraten kann. Die Pflicht, geeignete Unterlagen vorzulegen, dient daher dem eigenen Interesse des Vorhabenträgers, frühzeitig über den Aufwand der Erarbeitung des UVP-Berichts informiert zu werden. Aus diesem Grund macht es gerade keinen Sinn, wenn der Vorhabenträger zunächst von sich aus und ohne eine Mitteilung an die Behörde zu erstatten, im Vorfeld ein Planungsbüro beauftragt, das bereits detaillierte und umfassende Beschreibungen über die Umwelt, über die Auswirkungen und über Vermeidungs- und Verminderungsmaßnahmen des Vorhabens erarbeitet,[61] da das Scoping gerade den Sachverstand der zuständigen Behörde sowie der weiteren zu beteiligenden Stellen – im Sinne optimaler Ermittlungsergebnisse – fruchtbar machen soll. Erst auf Grundlage dieser Informationen und Ausrichtung sollen die weiteren Arbeitsschritte vorgenommen werden. Unterlagen, die der Behörde selbst zur Verfügung stehen, brauchen nicht eingereicht zu werden. **Kommt der Vorhabenträger der Obliegenheit nach § 15 Abs. 2 UVPG nicht nach,** läuft er Gefahr, seine Unterlagen später nachbessern und vervollständigen zu müssen.[62] Die Pflicht der Behörde, den Vorhabenträger über den Untersuchungsrahmen zu unterrichten und ihn zu beraten, entfällt hierdurch jedoch nicht gänzlich, sondern reduziert sich nur auf das der Behörde aufgrund fehlender Unterlagen mögliche Maß.

---

54 *Balla/Sangenstedt* ZUR 2023, 476 (477); *Günter* NuR 2002, 317 (322); *Hahn/Watson* IE 2013, 157 (161 f.); siehe auch oben Rdn. 4.

55 *Hamann* ZfBR 2006, 537 (539).

56 II. Nr. 15.3.1 der UVPVwV.

57 II. Nr. 15.1.1 der UVPVwV.

58 BGBl. I, S. 2808.

59 Vgl. *Beckmann*, in: Landmann/Rohmer, Umweltrecht, § 15 UVPG Rn. 7.

60 Gesetzentwurf v. 13.03.2017, BT-Drs. 18/11499, S. 87.

61 So aber *Nisipeanu* NVwZ 1993, 319 (322), der »überschlägige Angaben zu den in § 6 Abs. 3 und 4 UVPG (a.F.) abverlangten Informationen« und damit erheblichen Voraufwand fordert, andererseits aber das Scoping als ein Instrument verstanden wissen will, das präjudizierende Entscheidungen und Planungen des Vorhabenträgers sowie daraus resultierende Überraschungseffekte bei den Genehmigungsbehörden verhindern soll.

62 Vgl. dazu VG Frankfurt, Urt. v. 26.05.2008 – 5 K 2151/04, Rn. 68 – juris.

II. Besprechungsgegenstände

15 Nach § 15 Abs. 3 Satz 2 UVPG bilden **Gegenstand, Umfang und die Methoden der Umweltverträglichkeitsprüfung** die zentralen Besprechungsthemen. Erst daraus lässt sich der voraussichtliche Untersuchungsrahmen der UVP gewinnen und damit die konkreten Anforderungen an die Unterlagen nach § 16 UVPG klären, über die die zuständige Behörde den Vorhabenträger *nach* Durchführung des Scoping-Termins zu unterrichten hat. Die in § 5 Abs. 1 Satz 3 UVPG a.F. noch nachrangig aufgeführten »sonstigen für die UVP erheblichen Fragen« wurden durch das UVP-Modernisierungsgesetz 2017 zur Vereinfachung des Besprechungstermins gestrichen.[63]

1. Gegenstand der UVP

16 Gegenstand der UVP ist das zur Zulassung stehende **Vorhaben**[64] **mit seinen möglichen Auswirkungen auf die Umwelt.** Für das jeweilige Vorhaben ist daher zu klären, welche Schutzgüter i.S.d. § 2 Abs. 1 und Abs. 2 UVPG (ggf. »wechselwirksam«) durch seine Realisierung betroffen werden können. Nicht zum Gegenstand der UVP zählen Belange, die keinen Bezug zur Umwelt haben. Insbesondere unterliegt der UVP nicht die Frage, ob das Vorhaben genehmigungsfähig oder aus wirtschaftlichen, politischen, sozialen, ethischen oder sonstigen außerökologischen Gründen sinnvoll oder »gerechtfertigt« erscheint.[65] Zweckmäßigerweise sind die mit der Mitteilung über das Vorhaben überreichten Unterlagen bereits an den Umweltmedien ausgerichtet und erlauben auch Rückschlüsse darauf, in welchen Bereichen Umweltauswirkungen nicht oder nicht in erheblichem Maße zu erwarten sind. Umfasst der fachgesetzliche Vorhabenbegriff neben dem Betrieb einer Anlage auch deren Errichtung, sind auch die **Umweltauswirkungen in der Errichtungsphase des Vorhabens** (Baustellenverkehr, Lärmemissionen von Baumaschinen, baustellenbedingte Staubentwicklung, vorübergehende Inanspruchnahme von Wasser, Boden oder anderen natürlichen Ressourcen) mitzubetrachten. Entsprechendes gilt für die **Auswirkungen der Stilllegung eines Betriebs**, wenn das jeweilige Zulassungsrecht – wie z.B. in § 5 Abs. 3 BImSchG – Anforderungen an die Stilllegung einer Anlage als Voraussetzung für die Errichtungs- und Betriebsgenehmigung ausdrücklich regelt oder wenn sich – wie in § 57a Abs. 5 BBergG im Verhältnis von planfestgestelltem Rahmenbetriebsplan zum Abschlussbetriebsplan[66] – die Rechtswirkung der Zulassungsentscheidung für das Vorhaben im Sinne »vertikaler« Konzentration[67] auf die nachfolgende Entscheidung über die Einstellung des Betriebs erstreckt. In diesen Fällen sind die Umweltauswirkungen der Stilllegung des Betriebs, soweit sie bereits erkennbar sind, im Zulassungsverfahren des UVP-pflichtigen Vorhabens mitzubetrachten. Ist aber die Stilllegung einem gesonderten Zulassungsverfahren unterworfen, für das seinerseits eine UVP erforderlich ist, sind die Umweltauswirkungen der Stilllegung allein dort relevant (z.B. bei Stilllegung einer kerntechnischen Anlage nach § 7 Abs. 3 AtG). Besonderheiten ergeben sich auch bei **Vorbescheiden und Teilzulassungen.** Da sich gem. § 29 Abs. 1 Satz 1 UVPG in diesen Fällen die UVP **vorläufig** auf die nach dem jeweiligen Planungsstand erkennbaren Umweltauswirkungen des Gesamtvorhabens und **abschließend** auf die Umweltauswirkungen zu erstrecken hat, die Gegenstand von Vorbescheid oder erster Teilgenehmigung sind, verändern sich gem. § 13 Abs. 1 Satz 2 UVPG auch die Anforderungen an die Unterlagen im Rahmen des Scoping-Termins. Gleiches gilt gem. § 13 Abs. 2 Satz 2 i.V.m. Abs. 1 Satz 2 UVPG entsprechend für weitere Teilgenehmigungen oder Teilzulassungen.

63 Gesetzentwurf v. 13.03.2017, BT-Drs. 18/11499, S. 87.

64 Zum Vorhabenbegriff des UVPG vgl. § 2 Rdn. 85 ff.

65 *Beckmann*, in: Landmann/Rohmer, Umweltrecht, § 15 UVPG Rn. 28.

66 Zu den Rechtswirkungen des bergrechtlichen Planfeststellungsbeschlusses für nachfolgende Betriebspläne vgl. *Weller/Kullmann*, in: Kullmann, BBergG, § 57a Rn. 6; *Bohne* ZfB 1989, 93 (121); *Niermann*, Betriebsplan und Planfeststellung im Bergrecht, S. 246 f.

67 *Weller/Kullmann*, in: Kullmann, BBergG, § 57a Rn. 6; *Bohne* ZfB 1989, 93 (121); *Gaentzsch*, in: FS Sendler, S. 403 (416).

2. Umfang der UVP

17 Vom Umfang einer UVP hängt entscheidend ihre Qualität, aber auch der von ihr beanspruchte Zeit- und Kostenaufwand ab. Aus diesem Grunde wird zwischen Vorhabenträgern, Behörden und Dritten im Verlauf des Genehmigungsverfahrens am erbittertsten um den **Umfang der jeweils vorzunehmenden Untersuchung** einer vom Vorhaben tatsächlich oder nur möglicherweise verursachten Umweltauswirkung gerungen. Dabei geht es im Einzelnen etwa um Fragen nach der räumlichen Ausdehnung des Untersuchungsgebiets, nach dem zeitlichen Horizont, dem Detaillierungsgrad und nach der Eindringtiefe einzelner Untersuchungen, nach der Häufigkeit bestimmter Betrachtungen oder Probenentnahmen sowie nach der ausreichenden Repräsentanz von statistischem Datenmaterial.[68] Sie erstrecken sich gem. § 15 Abs. 4 UVPG zudem auf Abschichtungswirkungen, die sich bei mehrstufigen Planungs- und Zulassungsprozessen ergeben können.[69] Im Einzelfall verbergen sich hinter solchen Fragen (auch) unterschiedliche Auffassungen über die anzuwendenden Methoden. Zum Bewältigen des Umfangs und zur Reduzierung der personellen Ressourcen ist der Einsatz KI-gestützter Technologien zu empfehlen.[70] Verschiedene Datenverarbeitungsprogramme können die weitreichenden Informationen systematisieren und zusammenfassen. So können unnötige Ausführungen eingespart und Schwerpunktsetzungen vollzogen werden, um das Verfahren zu beschleunigen und Ressourcen zu entlasten.[71]

18 **Maßgeblich für den Umfang der UVP sind die Voraussetzungen der fachgesetzlichen Zulassungstatbestände**, weil das UVPG insoweit keine eigenen Maßstäbe vorhält und das Scoping vor allem der (vorläufigen) Festlegung dessen dient, welchen Inhalt, Umfang und welche Detailtiefe die Angaben des UVP-Berichts haben müssen, den der Vorhabenträger gem. § 16 Abs. 1 UVPG zu Beginn des Zulassungsverfahrens vorzulegen hat. Entscheidungserheblich sind allein die Zulassungsvoraussetzungen des Fachrechts, da das UVPG keine materiellen Anforderungen an die Genehmigungsfähigkeit eines Vorhabens stellt, sondern die UVP fachgesetzakzessorisch als unselbstständiges Element des Zulassungsverfahrens ausgestaltet hat.[72] Inhalt, Umfang und Detailtiefe des UVP-Berichts nach § 16 Abs. 1 UVPG bestimmen sich deshalb gem. § 16 Abs. 4 UVPG – vorbehaltlich weitergehender Anforderungen aus § 16 Abs. 1, 4 und 5 UVPG – nach den Rechtsvorschriften, die für die Entscheidung über die Zulässigkeit des Vorhabens maßgebend sind. Die Anforderungen des § 16 Abs. 1, 4 und 5 UVPG gehen ihrerseits nicht über die fachgesetzlich verankerten Erheblichkeitsschwellen hinaus, wie die Formulierung in § 16 Abs. 1 Nr. 3, 4 und 5 UVPG (»erheblichen nachteiligen Umweltauswirkungen«) belegt.[73]

3. Methoden der UVP

19 Als Methoden der UVP sind die naturwissenschaftlichen oder technischen Verfahren zur Ermittlung, Beschreibung und Bewertung von Umweltauswirkungen des Vorhabens zu erörtern. Dabei geht es vor allem um Mess-, Erhebungs- oder Prognoseverfahren, mit denen der Ist-Zustand der Umwelt bestimmt oder die Umweltfolgen des Vorhabens abgeschätzt werden sollen. Für die Beschreibung

68 *Schink* NuR 2003, 647 (650).

69 Siehe hierzu Rdn. 23; *Beckmann* ZUR 2014, 541 (545). Siehe auch *Führ/Dopfer/Bizer* ZUR 2009, 59 (62) sowie OVG Lüneburg, Beschl. v. 13.12.2006 – 7 ME 271/04, ZUR 2007, 207 (208); *Balla/Sangenstedt* ZUR 2023, 476 (485 f.).

70 *Kment* NVwZ 2024, 1609 (1616 f.); *Beirat Verwaltungsverfahrensrecht beim Bundesministerium des Innern* NVwZ 2025, 1243 (1244).

71 *Schmidt* RDi 2025, 406 (409); *Wagner*, Legal Tech und Legal Robots – Der Wandel im Rechtsmarkt durch neue Technologien und künstliche Intelligenz, 2018, S. 23; *Kment* NVwZ 2024, 1609 (1616 f.).

72 BVerwG, Beschl. v. 17.02.1997 – 4 VP 17.96, NuR 1998, 305 (308); *Hoppenberg/Elgeti* NuR 2005, 625 (626); *Guckelberger* EurUP 2016, 168 (175); *Schlacke*, in: Kahl, Nachhaltigkeit durch Organisation und Verfahren, S. 335 (343).

73 Vgl. i.E. § 16 Rdn. 14.

der zu erwartenden erheblichen Umweltauswirkungen und für die Beschreibung der Umwelt können nur die gegenwärtigen Prüfmethoden herangezogen werden (§ 16 Abs. 5 Satz 1 UVPG).

III. Form der Besprechung

Die Gestaltung des Scoping-Termins ist nicht gesetzlich ausgestaltet, sondern steht im Verfahrens- 20
ermessen der Behörde (»**einfach, zweckmäßig und zügig**«[74]). Der Vorhabenträger kann und sollte seine Vorstellungen vom Ablauf der Besprechung einbringen, insbesondere darauf hinweisen, welche Gegenstände der Besprechung aus seiner Sicht vordringlich sind. Bei umfangreicheren Verfahren wird die Besprechung in mehreren Terminen stattfinden. Dies bietet die Möglichkeit, den Kreis der Beteiligten je nach Tagesordnung unterschiedlich festzulegen. Da der Vorhabenträger nicht verpflichtet ist, dem Besprechungsangebot der Behörde zu folgen, kann er praktisch bestimmen, welche Behörden, anerkannten Umweltvereinigungen, Sachverständige oder Dritte zu welchen Themen hinzugezogen werden sollen. Das Ergebnis der Besprechung muss von der zuständigen Behörde jedoch gem. § 15 Abs. 3 Satz 4 UVPG dokumentiert werden. Unter den Voraussetzungen des § 3 Abs. 1 UIG können Private Einsicht in die Dokumentation der Besprechung und in die schriftliche Unterrichtung des Vorhabenträgers verlangen.[75] In Baden-Württemberg ist der Scoping-Termin gem. § 13 Abs. 3 Satz 4 UVwG-BW[76] immer dann öffentlich, wenn »nicht geheimhaltungsbedürftige Tatsachen zur Sprache kommen und ein Besprechungsteilnehmer den Ausschluss der Öffentlichkeit beantragt oder die zuständige Behörde den Ausschluss von Amts wegen anordnet«.[77] Daraus lässt sich jedoch kein Recht zur Beteiligung der Öffentlichkeit ableiten.[78]

C. Hinzuziehung von Behörden, Sachverständigen, anerkannten Umweltvereinigungen und Dritten

Das in § 15 Abs. 3 Satz 1 und 3 UVPG verankerte Recht zur Hinzuziehung anderer Stellen ergibt sich 21
bereits aus der verfahrensleitenden Stellung der zuständigen Behörde. Die Einbindung der im weiteren Verfahren nach § 17 UVPG ohnehin zu beteiligenden **Behörden** ist sinnvoll, um zu verhindern, dass bei der Festlegung des Untersuchungsrahmens nur die möglicherweise zu enge fachbezogene Sicht der zuständigen Behörde berücksichtigt wird und die daran ausgerichteten Unterlagen des Vorhabenträgers unvollständig bleiben. Daneben können bei Vorhaben mit erheblichen **grenzüberschreitenden Umweltauswirkungen** auch nach **§ 55 UVPG zu beteiligende Behörden** hinzugezogen werden. Die Beteiligung von **Sachverständigen** kann sich etwa empfehlen, wenn schon zu diesem Zeitpunkt feststeht, dass der Vorhabenträger den UVP-Bericht nach § 16 UVPG durch ein (bestimmtes) Planungsbüro erstellen lässt. Auch die Einbindung von **anerkannten Umweltvereinigungen** kann in dem frühen Stadium des Scopings ein sinnvolles Mittel darstellen.[79] Ihre ausdrückliche Erwähnung zeigt die gesteigerte Bedeutung der Umweltvereinigungen in den Verfahrensprozessen. Gleichwohl war diese Hervorhebung gesetzestechnisch nicht zwingend erforderlich, wurden Natur- und Umweltschutzverbände auch bislang schon unter dem Terminus der »Dritten« in das Scoping einbezogen.[80] Als **Dritte** kommen (betroffene)

74 So die Nr. 0.4.3 der UVPVwV v. 18.09.1995. Die aktuelle UVPVwV v. 29.04.2025 ist hierzu in II. Nr. 15.3.1 verhalten.

75 *Beckmann*, in: Landmann/Rohmer, Umweltrecht, § 15 UVPG Rn. 32; *Reidt/Augustin, in:* Schink/Reidt/Mitschang, UVPG/UmwRG, § 15 UVPG Rn. 34.

76 Umweltverwaltungsgesetz Baden-Württemberg v. 25.11.2014 (GBl. 2014, 592), zul. geänd. d. Art. 46 des Gesetzes vom 11.02.2020 (GBl. 2020, S. 37, 43).

77 In Baden-Württemberg wird insgesamt eine sehr progressive Art der Beteiligung beim Scoping gelebt, *Arndt* ZRP 2018, 177 (179).

78 LT-Drs. 15/5487, S. 52; *Bunge,* in: Schlacke/Schrader/Bunge, Information, Beteiligung und Rechtsschutz in Umweltangelegenheiten, § 2 Rn. 45.

79 *Blum* NdsVBl 2023, 319 (322 f.).

80 Siehe auch unter § 39 Rdn. 51.

Standort- und Nachbargemeinden[81] in Betracht, betroffene Privatpersonen dagegen weniger, da die Beteiligung Dritter am Scoping keine Rechtsschutzfunktion zu erfüllen hat, sondern ausschließlich der sachgerechten Bestimmung des voraussichtlichen Untersuchungsrahmens dient; das Scoping tangiert den Rechtskreis eines Dritten nicht.[82] Das Scoping darf nicht zu einer vorgezogenen, partiellen Öffentlichkeitsbeteiligung führen,[83] und zwar schon deshalb nicht, weil in Ermangelung förmlicher Beteiligungsregeln (Bekanntmachung, Auslegung von Unterlagen etc.) keine Chancengleichheit im Hinblick auf die Zulassung zum Scoping besteht und die Hinzuziehung ausgesuchter Privatpersonen zumindest den Eindruck erwecken könnte, dass deren Interessen gegenüber den Belangen nicht hinzugezogener Dritter besondere Beachtung finden. Ungeachtet dessen kann (und sollte) im Scoping aber jede Behörde, jeder Verband, jede sonstige Stelle, Einrichtung oder Privatperson beteiligt werden, von der in angemessener Zeit ein sachlicher Beitrag zur Bestimmung des voraussichtlichen Untersuchungsrahmens erwartet werden kann.[84] Die Beteiligung kann in der Form der Einholung schriftlicher Stellungnahmen oder mündlich, dabei themenorientiert und auch in wechselnder Besetzung an verschiedenen Verhandlungsterminen erfolgen. Will die zuständige Behörde andere Stellen von dem Vorhaben unterrichten, sollte sie dies mit dem Vorhabenträger abklären, da in dieser frühen Projektphase vor Antragstellung ein berechtigtes Interesse des Vorhabenträgers an vertraulicher Behandlung seines Vorhabens bestehen kann. Um die mündliche Erörterung in einem angemessenen Zeitrahmen zu halten und etwaigen Verzögerungsstrategien einzelner Beteiligter von vornherein Grenzen zu ziehen, sollte die Behörde straff terminieren und für schriftliche Stellungnahmen angemessene Ausschlussfristen setzen.

D. Vermeidung von Mehrfachprüfungen (Abs. 4)

I. Bedürfnis nach Abschichtung

22 Grundsätzlich erfordert jede Umweltprüfung, sei sie plan- bzw. programm- oder aber projektbezogen, eine behördliche Entscheidung über Umweltauswirkungen. Die Untersuchung dieser Auswirkungen erfolgt im Rahmen eines in sich geschlossenen Verfahrens, um dadurch einen einheitlichen Bezugspunkt (das geographisch betroffene Gebiet), einen vergleichbaren Zeithorizont und einen bezogen auf die Bedürfnisse der Entscheidung abgestimmten Untersuchungsumfang mit zweckmäßiger Detaildichte zu gewährleisten.[85] Führen mehrere Entscheidungen, die im Rahmen eines mehrstufigen Planungs- oder Zulassungsprozesses getroffen werden, jeweils für sich eine solche Umweltprüfung vollständig durch, besteht die **Gefahr von Mehrfachprüfungen.**[86] Aus Gründen der Verfahrensökonomie bietet es sich deshalb an, die Möglichkeit zu schaffen, Prüfungsschritte auf einzelnen Ebenen zu bündeln und für die übrigen Ebenen nutzbar zu machen.[87] So kann der **Prüfungsablauf insgesamt beschleunigt und entlastet** werden.[88] Es kann darüber hinaus sogar der **Anreiz** geschaffen werden, sachlich und geographisch sich überschneidende bzw. sich aufeinander beziehende **Entscheidungsprozesse zeitlich und inhaltlich abgestimmt durchzuführen**, um Synergieeffekte noch

81 II. Nr. 15.3.2 der UVPVwV; In der Parallelvorschrift der 9. BImSchV (§ 2a Abs. 3 Satz 3) werden Standort- und Nachbargemeinden ausdrücklich als Dritte genannt.

82 BVerwG, Urt. v. 09.11.2006 – 4 A 2001.06, BVerwGE 127, 95 Rn. 26; Urt. v. 24.11.2010 – 9 A 13.09, DVBl 2011, 496 Rn. 30.

83 So zu Recht *Schoeneberg*, UVP, Rn. 108; II. Nr. 15.3.1 der UVPVwV; *Schink* NUR 2018, 21 (27) plädiert für eine verpflichtende Beteiligung der Öffentlichkeit iRd Scopings.

84 *Peters/Balla/Hesselbarth*, UVPG, § 15 Rn. 15.

85 *Bunge*, in: Eberle/Jacoby (Hrsg.), Umweltprüfung für Regionalpläne, S. 20 (22).

86 *Kment*, Öffentliches Baurecht, § 5 Rn. 31; *Krautzberger/Kment*, in: Ernst/Zinkahn/Bielenberg/Krautzberger, BauGB, § 2 Rn. 536; *Beckmann* ZUR 2014, 541 (544); *Guckelberger* EurUP 2016, 168 (175).

87 *Sangenstedt*, in: Erbguth (Hrsg.), SUP, S. 77 (94); *Wemdzio* UPR 2009, 132 (134); *Sydow* DVBl 2006, 65 (71); *Grotefels* NWVBl 2007, 41 (44 f.). Vgl. auch *Schwarz*, Umweltprüfung in gestuften Planungsverfahren.

88 *Schink*, in: GfU (Hrsg.), Umweltprüfung, S. 93 (139 f.); *Guckelberger* EurUP 2016, 168 (175); *Sauthoff* ZUR 2006, 15 (18); *Spannowsky*, in: ders./Krämer (Hrsg.), Plan-UP-Richtlinie, S. 51 (69 ff.); *Schiller* EurUP 2013, 178 (183); siehe auch Gesetzesbegr. v. 29.06.2004, BT-Drs. 15/3441, S. 31.

stärker zu nutzen. Gesetzgeberisches Instrument der beschriebenen Verfahrensökonomisierung ist die Abschichtung, die in § 15 Abs. 4 UVPG ihre scoping-spezifische Ausprägung gefunden hat, sich aber generell über das gesamte Planungs- und Zulassungsrecht verteilt finden lässt.[89] **Unionsrechtlich** wird sie von Art. 5 Abs. 1 UVP-RL gefordert.

II. Wirkung der Abschichtung

Die **Auswirkungen** der Abschichtung für das Zulassungsverfahren bestimmt **§ 15 Abs. 4 UVPG.** 23
Danach soll sich die Umweltverträglichkeitsprüfung auf zusätzliche oder andere erhebliche Umweltauswirkungen sowie erforderliche Aktualisierungen und Vertiefungen beschränken. Dadurch sollen unnötige Doppelprüfungen vermieden und so der gewünschte Synergieeffekt erzielt werden.[90] Voraussetzung für die Abschichtungsmöglichkeit ist, dass das Vorhaben Bestandteil eines mehrstufigen Planungs- und Zulassungsprozesses und der Umweltverträglichkeitsprüfung ein anderes Planungs- oder Zulassungsverfahren vorausgegangen ist, als dessen Bestandteil bereits eine Umweltprüfung durchgeführt wurde. § 15 Abs. 4 UVPG verdeutlicht außerdem, welche **Einschränkungen** die Abschichtungswirkung hinnehmen muss. Sie kann nur so weit reichen, wie auch inhaltlich vergleichbare Fragen behandelt wurden bzw. **Schnittmengen** bestanden; anderenfalls wäre eine Mehrfachprüfung gar nicht zu befürchten gewesen.[91] Des Weiteren darf sich das Umfeld der jeweiligen Entscheidungsprozesse nicht grundlegend verändert haben oder seit der letzten Umweltprüfung zu viel Zeit verstrichen sein.[92] Nur soweit die Erkenntnisse aus dem vorangegangenen (höherstufigen) Planungs- oder Zulassungsverfahren noch **aktuell** sind, dürfen sie weiterhin Verwendung finden.[93] Schließlich weist § 15 Abs. 4 UVPG noch darauf hin, dass in den uneingeschränkten Genuss der Abschichtungswirkung nur solche Entscheidungsebenen kommen können, deren Prüfungstiefe nicht von höherer Konkretisierungsdichte ist, als die der vorangegangenen Umweltprüfung. Ist dies doch der Fall, sind notwendige **Vertiefungen** der Umweltprüfung vorzunehmen. Und schließlich muss überprüft werden, ob die Untersuchungen und Ergebnisse der vorausgegangenen Entscheidungsstufen Anlass zur Sorge geben, dass dort die **rechtlichen Anforderungen** nicht **eingehalten** wurden.[94] Ein blindes Vertrauen auf übermittelte Ergebnisse ist nicht sachgerecht.

Zumindest für den Fall, dass der Umweltverträglichkeitsprüfung lediglich ein Planungsverfahren 24
vorangegangen ist, **relativieren die aufgezeigten Einschränkungen der Abschichtungswirkung in der Praxis** spürbar den gewünschten **Synergieeffekt.**[95] Hochstufige Pläne beispielsweise sind grundsätzlich pauschaler und gröber gefasst als die nachfolgenden Zulassungsebenen. Dies bedingt bereits die Funktion des höherstufigen Plans, der seiner Natur nach auf Konkretisierung angelegt ist. Auf der hochstufigen Ebene werden deshalb überwiegend nur Grundsatzentscheidungen getroffen, an deren Abstraktionsniveau die Umweltprüfung ausgerichtet ist. Das nachfolgende Zulassungsverfahren besticht demgegenüber durch eine notwendig stärker ausgeprägte Differenzierung und Konkretisierung und verlangt somit nach einer Umweltverträglichkeitsprüfung, die ihren spezifischen Bedürfnissen angepasst ist. Mithin bedarf es häufig einer Aktualisierung, Vertiefung und auch der

---

89 §§ 39 Abs. 3, 47 Abs. 3, 49 Abs. 2 UVPG; § 8 Abs. 3 ROG. Einem ähnlichen Prinzip folgen §§ 40 Abs. 4, 45 Abs. 5, 46 Satz 2, 53 Abs. 1 UVPG.

90 *Wemdzio* UPR 2009, 132 (134); *Guckelberger* EurUP 2016, 168 (175).

91 *Bunzel*, in: Eberle/Jacoby (Hrsg.), Umweltprüfung für Regionalpläne, S. 27 (31); *Uebbing*, Umweltprüfung, S. 269; *Schwarz* NuR 2011, 545 (549).

92 *Grotefels*, in: Mitschang (Hrsg.), Umweltprüfverfahren, S. 19 (29); *Busse* KommJur 2004, 245 (250); *Bunzel*, in: Eberle/Jacoby (Hrsg.), Umweltprüfung für Regionalpläne, S. 27 (31 f.).

93 *Kment*, Öffentliches Baurecht, § 5 Rn. 31; *Beckmann* ZUR 2014, 541 (545); *Krautzberger/Kment*, in: Ernst/Zinkahn/Bielenberg/Krautzberger, BauGB, § 2 Rn. 538; *Kment* NVwZ 2015, 616 (625).

94 *Beckmann* ZUR 2014, 541 (545).

95 Siehe auch *Führ/Dopfer/Bizer* ZUR 2009, 59 (62), die auf Durchführungsmängel bei der Abschichtung in der Praxis hinweisen. Zurückhaltend auch *Beckmann* ZUR 2014, 541 (545).

Selektion des vorgefundenen Materials.[96] Darüber hinaus liegen zwischen den Planungen auf der höherstufigen Ebene und den nachfolgenden Zulassungsentscheidungen zumeist größere Zeitabstände, so dass viele Erkenntnisse der »Vorgänger« veraltet und unbrauchbar geworden sind.[97]

25 Die **Abschichtungswirkung erfasst ausschließlich den Prüfungsumfang und die Detailtiefe** der Umweltverträglichkeitsprüfung.[98] Das Erfordernis einer insgesamt formell vollständig durchzuführenden Prüfung lässt sie unberührt.[99] Demnach sind ungeachtet etwaiger Abschichtungswirkungen **auf jeder Prüfungsebene alle verfahrensrechtlichen Anforderungen der UVP einzuhalten.**[100]

E. Unterrichtung über den Untersuchungsrahmen

I. Inhalt der Unterrichtung

26 Dem Abschluss der Besprechung folgt die Unterrichtung über Inhalt, Umfang und Detailtiefe der Angaben, die der Vorhabenträger voraussichtlich in den UVP-Bericht gem. § 16 UVPG aufnehmen muss. Mit diesem Schritt wird das Scoping beendet. Die Unterrichtung hat als Ergebnis der Erörterung festzuhalten, welche individuellen Anforderungen der in § 16 UVPG nur abstrakt-generell umschriebene UVP-Bericht des Vorhabenträgers für das konkrete Vorhaben zu erfüllen hat. Die Unterrichtung muss demnach in tatsächlicher Hinsicht **konkrete, auf das Vorhaben bezogene Angaben** enthalten und darf sich nicht auf eine Aufzählung der in § 16 Abs. 1, 3 und 5 UVPG aufgeführten Punkte beschränken.[101] Gleichzeitig hat die Unterrichtung in rechtlicher Hinsicht den Rahmen dessen einzuhalten, was nach § 16 UVPG dem Vorhabenträger an Beibringungspflichten zulässigerweise abverlangt werden kann. Die Unterrichtung und Beratung kann sich auch auf **weitere Aspekte**, insbesondere den weiteren Ablauf des Verfahrens, etwa über den erforderlichen Zeitrahmen einzelner Untersuchungen, über den Umfang eigener Ermittlungen der Behörde, über die zu beteiligenden Behörden, über die Auswahl von Gutachtern oder über den Zugang zu Datensammlungen erstrecken. Die Auffangklausel des § 15 Abs. 1 Satz 2 UVPG verdeutlicht, dass zum Gegenstand der Unterrichtung und Beratung alle mit der UVP zusammenhängenden Fragen gemacht werden können und nicht nur solche, die im Zusammenhang mit der Unterlagenbeschaffung des Vorhabenträgers von Bedeutung sind. Erfolgt die Unterrichtung, ohne dass zuvor eine Besprechung stattgefunden hat, auf der Grundlage eingereichter, aber unvollständiger Antragsunterlagen des Vorhabenträgers, kann sich die Behörde darauf beschränken, die noch fehlenden Unterlagen in Form einer Mängelliste anzumahnen. In diesem Fall hat die Behörde ggf. auch darauf hinzuweisen, dass die Unterlagen noch nicht auslegungsreif sind und der Antrag bis zur Vervollständigung der Unterlagen – etwa der Einreichung eines ausreichenden UVP-Berichts – nicht weiterbearbeitet werden kann. Sie kann für die Nachreichung der erforderlichen Genehmigungsunterlagen angemessene Fristen setzen und darauf aufmerksam machen, dass die Nichtbeachtung zur Ablehnung des Antrags auf Zulassung des Vorhabens führen wird.[102] Die Nachforderungsmöglichkeit hat ihren Ursprung in der Vorlegungslast des Vorhabenträgers nach § 16 Abs. 2 UVPG, wonach er den UVP-Bericht zu einem solchen Zeitpunkt vorzulegen hat, dass er mit den übrigen Unterlagen ausgelegt werden kann.[103]

---

96 *Bunge*, in: Eberle/Jacoby (Hrsg.), Umweltprüfung für Regionalpläne, S. 20 (24); *Peters/Balla/Hesselbarth*, UVPG, § 15 Rn. 21.

97 *Bunge*, in: Eberle/Jacoby (Hrsg.), Umweltprüfung für Regionalpläne, S. 20 (24).

98 *Grotefels* NWVBl 2007, 41 (45).

99 *Grotefels*, in: Mitschang (Hrsg.), Umweltprüfverfahren, S. 19 (30); *Bunge*, in: Eberle/Jacoby (Hrsg.), Umweltprüfung für Regionalpläne, S. 20 (23); *Schink* NuR 2005, 143 (144); *Jacoby* SUP, S. 189 f.

100 *Guckelberger* EurUP 2016, 168 (175); *Schink* NuR 2005, 143 (144).

101 *Beckmann*, in: Landmann/Rohmer, Umweltrecht, § 15 UVPG Rn. 37.

102 Zum Rechtsschutz gegen unberechtigte Unterlagenanforderungen *Beckmann*, in: Landmann/Rohmer, Umweltrecht, § 15 UVPG Rn. 33; *ders.* NVwZ 1991, 427 (429); *Mayen* NVwZ 1996, 319 (321).

103 Siehe hierzu § 16 Rdn. 13.

II. Form und Frist

Die Unterrichtung ist durch das UVPG **nicht an besondere Form- oder Fristvorschriften gebunden.** 27
Ein zweckmäßiger und verfahrensfördernder Einsatz dieses Instruments gebietet aber – angesichts der Fülle der mitzuteilenden Einzelheiten – die Schriftform[104] sowie – mit Blick auf die ohnehin lange Verfahrensdauer UVP-pflichtiger Vorhaben – eine zügige Bearbeitung, damit der Vorhabenträger alsbald nach Durchführung des Scoping-Termins den vorläufig festgelegten Untersuchungsrahmen zur Grundlage der Zusammenstellung des UVP-Berichts machen kann. Zur besseren Transparenz soll ein solches Untersuchungsschreiben die Rechtsgrundlagen der einzelnen Anforderungen nennen.[105] Dabei erhalten alle an dem Entwurf Beteiligten eine Ausfertigung, außer das Schreiben wird einvernehmlich im Internet veröffentlicht.[106]

III. Rechtsqualität, Maßgeblichkeit des jeweiligen Planungsstands, Schadensersatz

Die Unterrichtung über den Untersuchungsrahmen ist nach einhelliger Auffassung **kein Verwaltungsakt**, sondern ein unselbstständiger, wegen der Regelung in § 44a VwGO nicht gesondert anfechtbarer **Verfahrensrealakt.**[107] Der Begriff »Unterrichtung« (im Gegensatz zu »Festlegung« etwa)[108] betont den eingeschränkten Verbindlichkeitsanspruch dieser das Scoping abschließenden Maßnahme.[109] Angesichts dessen, dass das Scoping dem eigentlichen Verwaltungsverfahren mit dort integrierter UVP und umfassender Öffentlichkeitsbeteiligung vorausgeht, muss der Rahmen für zusätzliche Untersuchungen und ergänzende Unterlagen für weitere Erkenntnisse offen gehalten werden, die sich erst mit zunehmender Planungsdichte und fortschreitendem Ermittlungsstand vor allem im Hinblick auf die nach Bekanntmachung und Auslegung der Antragsunterlagen erhobenen und sodann erörterten Einwendungen zu einem endgültigen Bild über die erforderlichen Untersuchungen der Umweltauswirkungen des Vorhabens zusammensetzen. Eine verbindliche Festlegung der Unterlagenbeibringungslast des Vorhabenträgers schon nach der Durchführung eines Scoping-Termins liefe Gefahr, die Anforderungen des UVPG an die umfassende Ermittlung der Umweltauswirkungen zu unterlaufen und Beteiligungsrechte Dritter im eigentlichen Verwaltungsverfahren zu verletzen. Die Unterrichtung erfolgt daher vorbehaltlich weiterer Erkenntnisse als vorläufige Entscheidung der zuständigen Behörde und **vermittelt kein schutzwürdiges Vertrauen des Vorhabenträgers** darauf, in späteren Phasen des Verfahrens nicht mit weiteren Forderungen nach Unterlagenergänzung belegt zu werden.[110] Nachträgliche Erweiterungen des Untersuchungsrahmens sind daher jedenfalls dann ohne Haftungsrisiko der Behörde möglich, wenn sie durch neue, nach Abschluss des Scoping-Verfahrens gewonnene Erkenntnisse gestützt werden. Dies wird seit der Änderung der Vorschrift durch das Artikelgesetz 2001 durch die in der Formulierung »**entsprechend dem Planungsstand des Vorhabens**« enthaltene Relativierung der Unterrichtung ausdrücklich klargestellt. Die Unterrichtung kann nur den jeweiligen Planungsstand berücksichtigen und nicht weiter gehen, als die internen Planungen des Vorhabenträgers gediehen und im Scoping offengelegt worden sind. Die Unterrichtung hat den zugrunde gelegten Planungsstand umgekehrt aber auch so auszuschöpfen, dass eine spätere Ausdehnung des Untersuchungsrahmens nur durch die Fortschreibung (Differenzierung, Ergänzung oder Änderung) der Projektplanung gerechtfertigt erscheint. Im Übrigen ergibt sich aus § 29 Abs. 1 UVPG sowie

104 Entsprechend der Anordnung der II. Nr. 15.1.3 der UVPVwV ist ein Unterrichtungsschreiben »zweckmäßig«.

105 II. Nr. 15.1.3 der UVPVwV.

106 II. Nr. 15.1.3 der UVPVwV.

107 *Reidt/Augustin,* in: Schink/Reidt/Mitschang, UVPG/UmwRG, § 15 UVPG Rn. 32; *Schoeneberg,* UVP, Rn. 111; *Bunge,* in: HdUVP, 0600, § 5 Rn. 34; *Beckmann,* in: Landmann/Rohmer, Umweltrecht, § 15 UVPG Rn. 33.

108 Damit sei nicht ausgedrückt, dass jede »Festlegung« strikt verbindlich und unveränderlich sein muss; vgl. etwa § 39 Rn. 48.

109 *Beckmann,* in: Stüer/Beckmann, BauR-HdB, Rn. 4436.

110 *Peters/Balla/Hesselbarth,* UVPG, § 15 Rn. 18; *Schmidt-Aßmann,* in: FS Doehring, S. 889 (897).

allgemein aus der strengen Verfahrensakzessorietät der UVP, dass sich der festzulegende Untersuchungsrahmen und die hierfür benötigten Unterlagen im Verfahren auf Erteilung eines Vorbescheids oder einer Teilzulassung entsprechend dem jeweiligen Planungsstand vorläufig auf die erkennbaren Umweltauswirkungen des Gesamtvorhabens zu beschränken haben.[111] Umfang und Tiefe der Betrachtung im Rahmen einer in das Entscheidungsverfahren eingebetteten UVP müssen – selbstverständlich – mit dem auf Teilaspekte des jeweiligen Vorhabens bezogenen Gehalt einer Entscheidung im vertikal gestuften Zulassungsverfahren korrespondieren. Erweist sich umgekehrt eine von der Behörde durch die Unterrichtung veranlasste Untersuchung im späteren Verfahren als überflüssig, kann dies unter dem Gesichtspunkt fehlerhafter Auskunftserteilung **Schadensersatzansprüche des Vorhabenträgers** ohne Rücksicht auf das Verschulden der Behörde begründen.[112] Der Vorhabenträger sollte im Interesse des späteren Bestands der von ihm begehrten Zulassungsentscheidung von dem Bemühen absehen, auf Einhaltung des durch die Unterrichtung gezogenen Rahmens zu drängen. Angesichts der wegen § 44a VwGO vor dem Erlass der das Zulassungsverfahren abschließenden Behördenentscheidung praktisch nicht gegebenen Rechtsschutzmöglichkeiten gegen unberechtigte Unterlagenanforderungen empfiehlt es sich regelmäßig im Interesse eines zügigen Verfahrensablaufs, den in der Unterrichtung festgelegten Untersuchungsrahmen zu akzeptieren, obschon eine Pflicht zur Vorlage der erbetenen Unterlagen nicht besteht.[113] Oftmals können auf den ersten Blick überzogen wirkende Anforderungen an den Umfang einer UVP durch die Einschaltung von Planungsbüros entschärft und eingehalten werden.

F. Informationspflicht der zuständigen Behörde

29 Nach § 15 Abs. 1 Satz 3 UVPG *müssen* die zuständige Behörde und die zu beteiligenden Behörden den Vorhabenträger bei der Erarbeitung des UVP-Berichts nach § 16 UVPG unterstützen, indem sie ihm hierfür zweckdienliche Informationen zur Verfügung stellen.[114] Die danach **bestehende Informationspflicht** der Behörden erstreckt sich ausschließlich auf relevante Informationen, die ihnen selbst zur Verfügung stehen (etwa Karten- und Datenmaterial, Pläne und Gutachten) und nicht dem Geheimhaltungsschutz nach § 23 UVPG unterliegen.[115] Nach der in §§ 15 und 16 UVPG vorgenommenen Rollenverteilung ist es dagegen nicht Sache der Behörden, eigene Ermittlungen im Hinblick auf die UVP-relevanten Umweltauswirkungen des Vorhabens anzustellen und Gutachten o.ä. Material von dritter Seite zu beschaffen.[116] Besitzen sie Kenntnisse darüber, wo notwendige Informationen abgefragt werden können, haben sie den Vorhabenträger jedoch diesbezüglich zu unterrichten. Kommen die zuständigen Behörden der Informationspflicht nicht nach, kann dies einen Amtshaftungsanspruch aufgrund einer Amtspflichtverletzung begründen.[117]

G. Weitergehende Beratungspflicht (Abs. 5)

30 Gem. § 15 Abs. 5 UVPG endet die Beratungspflicht der zuständigen Behörde nicht mit der das Scoping abschließenden Unterrichtung des Vorhabenträgers[118] über den Untersuchungsrahmen. Auch danach hat die zuständige Behörde den Vorhabenträger weiter zu beraten, soweit dies für

---

111 Siehe dazu näher § 29 Rdn. 56 f.

112 *Beckmann*, in: Landmann/Rohmer, Umweltrecht, § 15 UVPG Rn. 33; *Peters/Balla/Hesselbarth*, UVPG, § 15 Rn. 18.

113 *Beckmann*, in: Landmann/Rohmer, Umweltrecht, § 15 Rn. 34.

114 *Reidt/Augustin*, in: Schink/Reidt/Mitschang, UVPG/UmwRG, § 15 UVPG Rn. 18; *Peters/Balla/Hesselbarth*, UVPG, § 15 Rn. 19.

115 *Reidt/Augustin*, in: Schink/Reidt/Mitschang, UVPG/UmwRG, § 15 UVPG Rn. 18.

116 Nach *Beckmann*, in: Landmann/Rohmer, Umweltrecht, § 15 UVPG Rn. 40 kann für die zuständigen Behörden eine Pflicht zur Recherche bestehen, sofern der Vorhabenträger keine vergleichbaren Einsichtsmöglichkeiten hat.

117 *Beckmann*, in: Landmann/Rohmer, Umweltrecht, § 15 UVPG Rn. 40.

118 Siehe hierzu Rdn. 26 ff.

eine zügige und sachgerechte Durchführung des Verfahrens **zweckmäßig** ist.[119] Die weitergehende Beratungspflicht ergänzt die allgemeine Beratungspflicht nach § 25 Abs. 2 VwVfG bei der Durchführung einer Umweltverträglichkeitsprüfung.[120] Die Beratungspflicht der zuständigen Behörde soll verdeutlicht werden, indem hervorgehoben wird, dass diese eine **kontinuierliche behördliche Aufgabe** während der gesamten Umweltverträglichkeitsprüfung ist.[121] Hiermit soll zum einen der Vorhabenträger unterstützt werden, damit Verzögerungen und unnötiger Aufwand vermieden werden und zum anderen soll die Behörde durch eine kontinuierliche Beratung in die Lage versetzt werden, den weiteren Ablauf des Verfahrens sowie Abstimmungen mit anderen Behörden und Dritten frühzeitig planen und vorbereiten zu können.[122] § 15 Abs. 5 UVPG unterstreicht auch den nicht abschließenden Charakter des Scopings, wonach sich die Unterrichtung des Vorhabenträgers auf die »voraussichtlich« in den UVP-Bericht aufzunehmenden Angaben bezieht und die zuständige Behörde im weiteren Verfahrensverlauf bei neuen Erkenntnissen weitere Angaben fordern kann.[123]

§ 16 UVP-Bericht

(1) [1]Der Vorhabenträger hat der zuständigen Behörde einen Bericht zu den voraussichtlichen Umweltauswirkungen des Vorhabens (UVP-Bericht) vorzulegen, der zumindest folgende Angaben enthält:

1. **eine Beschreibung des Vorhabens mit Angaben zum Standort, zur Art, zum Umfang und zur Ausgestaltung, zur Größe und zu anderen wesentlichen Merkmalen des Vorhabens,**
2. **eine Beschreibung der Umwelt und ihrer Bestandteile im Einwirkungsbereich des Vorhabens,**
3. **eine Beschreibung der Merkmale des Vorhabens und des Standorts, mit denen das Auftreten erheblicher nachteiliger Umweltauswirkungen des Vorhabens ausgeschlossen, vermindert oder ausgeglichen werden soll,**
4. **eine Beschreibung der geplanten Maßnahmen, mit denen das Auftreten erheblicher nachteiliger Umweltauswirkungen des Vorhabens ausgeschlossen, vermindert oder ausgeglichen werden soll, sowie eine Beschreibung geplanter Ersatzmaßnahmen,**
5. **eine Beschreibung der zu erwartenden erheblichen Umweltauswirkungen des Vorhabens,**
6. **eine Beschreibung der vernünftigen Alternativen, die für das Vorhaben und seine spezifischen Merkmale relevant und vom Vorhabenträger geprüft worden sind, und die Angabe der wesentlichen Gründe für die getroffene Wahl unter Berücksichtigung der jeweiligen Umweltauswirkungen sowie**
7. **eine allgemein verständliche, nichttechnische Zusammenfassung des UVP-Berichts.**

[2]Bei einem Vorhaben nach § 1 Absatz 1, das einzeln oder im Zusammenwirken mit anderen Vorhaben, Projekten oder Plänen geeignet ist, ein Natura 2000-Gebiet erheblich zu beeinträchtigen, muss der UVP-Bericht Angaben zu den Auswirkungen des Vorhabens auf die Erhaltungsziele dieses Gebiets enthalten.

(2) Der UVP-Bericht ist zu einem solchen Zeitpunkt vorzulegen, dass er mit den übrigen Unterlagen ausgelegt werden kann.

(3) Der UVP-Bericht muss auch die in Anlage 4 genannten weiteren Angaben enthalten, soweit diese Angaben für das Vorhaben von Bedeutung sind.

---

119 *Peters/Balla/Hesselbarth,* UVPG, § 15 Rn. 22; *Beckmann,* in: Landmann/Rohmer, Umweltrecht, § 15 UVPG Rn. 39.

120 Beschlussempfehlung v. 07.11.2012, BT-Drs. 17/11394, S. 45.

121 Beschlussempfehlung v. 07.11.2012, BT-Drs. 17/11394, S. 45; *Reidt/Augustin,* in: Schink/Reidt/Mitschang, UVPG/UmwRG, § 15 UVPG Rn. 31.

122 Beschlussempfehlung v. 07.11.2012, BT-Drs. 17/11394, S. 45; vgl. *Beckmann,* in: Landmann/Rohmer, Umweltrecht, § 15 UVPG Rn. 39.

123 *Peters/Balla/Hesselbarth,* UVPG, § 15 Rn. 22; *Balla/Peters* NuR 2015, 297 (302).

(4) [1]Inhalt und Umfang des UVP-Berichts bestimmen sich nach den Rechtsvorschriften, die für die Zulassungsentscheidung maßgebend sind. [2]In den Fällen des § 15 stützt der Vorhabenträger den UVP-Bericht zusätzlich auf den Untersuchungsrahmen.

(5) [1]Der UVP-Bericht muss den gegenwärtigen Wissensstand und gegenwärtige Prüfmethoden berücksichtigen. [2]Er muss die Angaben enthalten, die der Vorhabenträger mit zumutbarem Aufwand ermitteln kann. [3]Die Angaben müssen ausreichend sein, um

1. der zuständigen Behörde eine begründete Bewertung der Umweltauswirkungen des Vorhabens nach § 25 Absatz 1 zu ermöglichen und

2. Dritten die Beurteilung zu ermöglichen, ob und in welchem Umfang sie von den Umweltauswirkungen des Vorhabens betroffen sein können.

(6) Zur Vermeidung von Mehrfachprüfungen hat der Vorhabenträger die vorhandenen Ergebnisse anderer rechtlich vorgeschriebener Prüfungen in den UVP-Bericht einzubeziehen.

(7) [1]Der Vorhabenträger muss durch geeignete Maßnahmen sicherstellen, dass der UVP-Bericht den Anforderungen nach den Absätzen 1 bis 6 entspricht. [2]Die zuständige Behörde hat Nachbesserungen innerhalb einer angemessenen Frist zu verlangen, soweit der Bericht den Anforderungen nicht entspricht.

(8) [1]Sind kumulierende Vorhaben, für die jeweils eine Umweltverträglichkeitsprüfung durchzuführen ist, Gegenstand paralleler oder verbundener Zulassungsverfahren, so können die Vorhabenträger einen gemeinsamen UVP-Bericht vorlegen. [2]Legen sie getrennte UVP-Berichte vor, so sind darin auch jeweils die Umweltauswirkungen der anderen kumulierenden Vorhaben als Vorbelastung zu berücksichtigen.

(9) Der Vorhabenträger hat den UVP-Bericht auch elektronisch vorzulegen.

Übersicht

Anlage 4 Angaben des UVP-Berichts für die Umweltverträglichkeitsprüfung

Soweit die nachfolgenden Aspekte über die in § 16 Absatz 1 Satz 1 genannten Mindestanforderungen hinausgehen und sie für das Vorhaben von Bedeutung sind, muss nach § 16 Absatz 3 der UVP-Bericht hierzu Angaben enthalten.

1. Eine Beschreibung des Vorhabens, insbesondere

a) eine Beschreibung des Standorts,

b) eine Beschreibung der physischen Merkmale des gesamten Vorhabens, einschließlich der erforderlichen Abrissarbeiten, soweit relevant, sowie des Flächenbedarfs während der Bau- und der Betriebsphase,

c) eine Beschreibung der wichtigsten Merkmale der Betriebsphase des Vorhabens (insbesondere von Produktionsprozessen), z. B.

aa) Energiebedarf und Energieverbrauch,

bb) Art und Menge der verwendeten Rohstoffe und

cc) Art und Menge der natürlichen Ressourcen (insbesondere Fläche, Boden, Wasser, Tiere, Pflanzen und biologische Vielfalt),

d) eine Abschätzung, aufgeschlüsselt nach Art und Quantität,

aa) der erwarteten Rückstände und Emissionen (z. B. Verunreinigung des Wassers, der Luft, des Bodens und Untergrunds, Lärm, Erschütterungen, Licht, Wärme, Strahlung) sowie

bb) des während der Bau- und Betriebsphase erzeugten Abfalls.

2. Eine Beschreibung der vom Vorhabenträger geprüften vernünftigen Alternativen (z. B. in Bezug auf Ausgestaltung, Technologie, Standort, Größe und Umfang des Vorhabens), die für das Vorhaben und seine spezifischen Merkmale relevant sind, und Angabe der wesentlichen Gründe für die getroffene Wahl unter Berücksichtigung der jeweiligen Umweltauswirkungen.

3. Eine Beschreibung des aktuellen Zustands der Umwelt und ihrer Bestandteile im Einwirkungsbereich des Vorhabens und eine Übersicht über die voraussichtliche Entwicklung der Umwelt bei Nichtdurchführung des Vorhabens, soweit diese Entwicklung gegenüber dem aktuellen Zustand mit zumutbarem Aufwand auf der Grundlage der verfügbaren Umweltinformationen und wissenschaftlichen Erkenntnisse abgeschätzt werden kann.

4. Eine Beschreibung der möglichen erheblichen Umweltauswirkungen des Vorhabens; Die Darstellung der Umweltauswirkungen soll den Umweltschutzzielen Rechnung tragen, die nach den Rechtsvorschriften, einschließlich verbindlicher planerischer Vorgaben, maßgebend sind für die Zulassungsentscheidung. Die Darstellung soll sich auf die Art der Umweltauswirkungen nach Buchstabe a erstrecken. Anzugeben sind jeweils die Art, in der Schutzgüter betroffen sind nach Buchstabe b, und die Ursachen der Auswirkungen nach Buchstabe c.

a) Art der Umweltauswirkungen

Die Beschreibung der zu erwartenden erheblichen Umweltauswirkungen soll sich auf die direkten und die etwaigen indirekten, sekundären, kumulativen, grenzüberschreitenden, kurzfristigen, mittelfristigen und langfristigen, ständigen und vorübergehenden, positiven und negativen Auswirkungen des Vorhabens erstrecken.

b) Art, in der Schutzgüter betroffen sind

Bei der Angabe, in welcher Hinsicht die Schutzgüter von den Auswirkungen des Vorhabens betroffen sein können, sind in Bezug auf die nachfolgenden Schutzgüter insbesondere folgende Auswirkungen zu berücksichtigen:

Schutzgut (Auswahl)	*mögliche Art der Betroffenheit*
Menschen, insbesondere die menschliche Gesundheit	*Auswirkungen sowohl auf einzelne Menschen als auch auf die Bevölkerung*
Tiere, Pflanzen, biologische Vielfalt	*Auswirkungen auf Flora und Fauna*
Fläche	*Flächenverbrauch*
Boden	*Veränderung der organischen Substanz, Bodenerosion, Bodenverdichtung, Bodenversiegelung*
Wasser	*hydromorphologische Veränderungen, Veränderungen von Quantität oder Qualität des Wassers*
Klima	*Veränderungen des Klimas, z. B. durch Treibhausgasemissionen, Veränderung des Kleinklimas am Standort*
kulturelles Erbe	*Auswirkungen auf historisch, architektonisch oder archäologisch bedeutende Stätten und Bauwerke und auf Kulturlandschaften*

c) Mögliche Ursachen der Umweltauswirkungen
Bei der Beschreibung der Umstände, die zu erheblichen Umweltauswirkungen des Vorhabens führen können, sind insbesondere folgende Gesichtspunkte zu berücksichtigen:
aa) die Durchführung baulicher Maßnahmen, einschließlich der Abrissarbeiten, soweit relevant, sowie die physische Anwesenheit der errichteten Anlagen oder Bauwerke,
bb) verwendete Techniken und eingesetzte Stoffe,
cc) die Nutzung natürlicher Ressourcen, insbesondere Fläche, Boden, Wasser, Tiere, Pflanzen und biologische Vielfalt, und, soweit möglich, jeweils auch auf die nachhaltige Verfügbarkeit der betroffenen Ressource einzugehen,
dd) Emissionen und Belästigungen sowie Verwertung oder Beseitigung von Abfällen,
ee) Risiken für die menschliche Gesundheit, für Natur und Landschaft sowie für das kulturelle Erbe, zum Beispiel durch schwere Unfälle oder Katastrophen,
ff) das Zusammenwirken mit den Auswirkungen anderer bestehender oder zugelassener Vorhaben oder Tätigkeiten; dabei ist auch auf Umweltprobleme einzugehen, die sich daraus ergeben, dass ökologisch empfindliche Gebiete nach Anlage 3 Nummer 2.3 betroffen sind oder die sich aus einer Nutzung natürlicher Ressourcen ergeben,
gg) Auswirkungen des Vorhabens auf das Klima, zum Beispiel durch Art und Ausmaß der mit dem Vorhaben verbundenen Treibhausgasemissionen,
hh) die Anfälligkeit des Vorhabens gegenüber den Folgen des Klimawandels (zum Beispiel durch erhöhte Hochwassergefahr am Standort),
ii) die Anfälligkeit des Vorhabens für die Risiken von schweren Unfällen oder Katastrophen, soweit solche Risiken nach der Art, den Merkmalen und dem Standort des Vorhabens von Bedeutung sind.

5. Die Beschreibung der grenzüberschreitenden Auswirkungen des Vorhabens soll in einem gesonderten Abschnitt erfolgen.
6. Eine Beschreibung und Erläuterung der Merkmale des Vorhabens und seines Standorts, mit denen das Auftreten erheblicher nachteiliger Umweltauswirkungen ausgeschlossen, vermindert, ausgeglichen werden soll.
7. Eine Beschreibung und Erläuterung der geplanten Maßnahmen, mit denen das Auftreten erheblicher nachteiliger Umweltauswirkungen ausgeschlossen, vermindert oder ausgeglichen werden soll, sowie geplanter Ersatzmaßnahmen und etwaiger Überwachungsmaßnahmen des Vorhabenträgers.
8. Soweit Auswirkungen aufgrund der Anfälligkeit des Vorhabens für die Risiken von schweren Unfällen oder Katastrophen zu erwarten sind, soll die Beschreibung, soweit möglich, auch auf vorgesehene Vorsorge- und Notfallmaßnahmen eingehen.
9. Die Beschreibung der Auswirkungen auf Natura 2000-Gebiete soll in einem gesonderten Abschnitt erfolgen.

10. Die Beschreibung der Auswirkungen auf besonders geschützte Arten soll in einem gesonderten Abschnitt erfolgen.
11. Eine Beschreibung der Methoden oder Nachweise, die zur Ermittlung der erheblichen Umweltauswirkungen genutzt wurden, einschließlich näherer Hinweise auf Schwierigkeiten und Unsicherheiten, die bei der Zusammenstellung der Angaben aufgetreten sind, zum Beispiel technische Lücken oder fehlende Kenntnisse.
12. Eine Referenzliste der Quellen, die für die im UVP-Bericht enthaltenen Angaben herangezogen wurden.

A. Allgemeines

I. Regelungsgegenstand

§ 16 UVPG regelt die Pflicht des Vorhabenträgers zur Beibringung eines Berichts zu den voraus- 1
sichtlichen Umweltauswirkungen des Vorhabens (**UVP-Bericht**). Er weist folgende **Struktur** auf: Absatz 1 Satz 1 enthält die pflichtenbegründende Grundnorm, nach der der UVP-Bericht über die Umweltauswirkungen vom Vorhabenträger der zuständigen Behörde vorzulegen ist. Daneben werden in § 16 Abs. 1 Satz 1 Nr. 1 bis 7, Satz 2 UVPG die Mindestangaben, die der UVP-Bericht enthalten muss, aufgenommen. § 16 Abs. 2 UVPG regelt den Zeitpunkt, zu welchem der UVP-Bericht vorzulegen ist. Danach muss der Vorhabenträger den UVP-Bericht so früh vorlegen, dass er mit den übrigen Unterlagen ausgelegt werden kann. § 16 Abs. 3 UVPG legt fest, dass der UVP-Bericht zusätzlich zu den Mindestangaben nach § 16 Abs. 1 UVPG auch die in der Anlage 4 genannten weiteren Angaben enthalten muss, allerdings nur soweit die Angaben für das Vorhaben von Bedeutung sind. § 16 Abs. 4 UVPG verweist – als spezialgesetzliche Regelung der in § 1 Abs. 4 UVPG allgemein angeordneten Subsidiarität des UVPG – für Inhalt und Umfang des UVP-Berichts auf die entsprechenden Rechtsvorschriften des jeweils einschlägigen Fachrechts und in den Fällen, in denen ein Scoping gem. § 15 UVPG stattgefunden hat, zusätzlich auf den dort ermittelten Untersuchungsrahmen. Der Untersuchungs- und Darstellungsaufwand wird in § 16 Abs. 5 UVPG ausgestaltet. § 16 Abs. 6 UVPG enthält eine Möglichkeit der Abschichtung, wonach auch die Ergebnisse anderer rechtlich vorgeschriebener Prüfungen in den UVP-Bericht einzubeziehen sind. Nach § 16 Abs. 7 UVPG obliegt die Beibringungslast des UVP-Berichts dem Vorhabenträger. Die zuständige Behörde muss den UVP-Bericht jedoch überprüfen und gegebenenfalls Nachbesserungen innerhalb einer angemessenen Frist verlangen. § 16 Abs. 8 Satz 1 UVPG sieht die Möglichkeit eines gemeinsamen UVP-Berichts für kumulierende Vorhaben vor. Wird hiervon kein Gebrauch gemacht, müssen die Umweltauswirkungen der Vorhaben gem. § 16 Abs. 8 Satz 2 UVPG in dem UVP-Bericht des jeweils anderen Vorhabens als Vorbelastung berücksichtigt werden. Nach § 16 Abs. 9 UVPG hat der Vorhabenträger den UVP-Bericht auch elektronisch vorzulegen.

II. Zweck und Bedeutung der Vorschrift

Die Vorschrift ist **Ausdruck des umweltrechtlichen Verursacherprinzips.**[1] Wer ein umweltrelevantes 2
Vorhaben verwirklichen will, hat auch die Informationen zu liefern, die notwendig sind, um die Umweltverträglichkeit des Vorhabens überprüfen zu können. § 16 UVPG besitzt damit ganz erhebliche Bedeutung für die Durchführung einer UVP sowie für Verlauf und Ausgang des Zulassungsverfahrens überhaupt; denn Auslegung und Anwendung seiner Bestimmungen entscheiden nicht nur über den UVP-bedingten Zeit- und Finanzbedarf des Trägers eines UVP-pflichtigen Vorhabens, sondern auch über die Qualität des Materials, auf dessen Grundlage die UVP durchzuführen ist. Der Vorhabenträger hat somit die Verantwortung für die Beschaffenheit und Vollständigkeit des für die UVP entscheidungserheblichen Tatsachenstoffs. Dessen ungeachtet erfordert das innerstaatlich im Verwaltungsverfahren geltende **Amtsermittlungsprinzip** (§ 24 VwVfG), dass die Durchführung der UVP auf der Grundlage des vorgelegten UVP-Berichts und anderer Erkenntnisquellen in der

1 *Bunge*, in: HdUVP, 0600, § 6 Rn. 7.

Hand der hierzu berufenen Behörde verbleibt und nicht einem Verfahrensbeteiligten übertragen wird.[2] Es ist deshalb insbesondere nicht Sache des Vorhabenträgers, im Einzelfall die Ermittlungsbreite und -tiefe der UVP selbst zu bestimmen – was bereits die behördliche Unterrichtung über den voraussichtlichen Untersuchungsrahmen nach § 15 UVPG deutlich werden lässt. Gleiches gilt für die zusammenfassende Darstellung der Umweltauswirkungen nach § 24 UVPG oder die Bewertung der Umweltauswirkungen nach § 25 UVPG, die nicht in eigener Regie vorzunehmen sind.[3]

III. Gesetzesgeschichte und europäische Vorgaben

3 Die **Pflicht** des Vorhabenträgers, einen UVP-Bericht beizubringen, ist in Art. 5 Abs. 1 UVP-RL angelegt. In ihrer **ursprünglichen Fassung** unterschied diese Bestimmung nach Mindestangaben, die vom Träger eines UVP-pflichtigen Projekts in jedem Fall vorzulegen waren (Art. 5 Abs. 2 UVP-RL 1985), und weiteren Angaben, die nur bei Hinzutreten besonderer, der Einschätzung der Mitgliedstaaten überantworteter Voraussetzungen abgeliefert werden mussten (Art. 5 Abs. 1 i.V.m. Anh. III UVP-RL 1985). Danach waren die in Anh. III der UVP-RL 1985 enthaltenen (umfassenden) Angaben nur dann beizubringen, wenn die Mitgliedstaaten der Auffassung waren, dass die Angaben in einem bestimmten Verfahrensstadium und in Anbetracht besonderer Merkmale eines bestimmten Projekts oder einer bestimmten Art von Projekten und der möglicherweise beeinträchtigten Umwelt **von Bedeutung sind** und dass die Zusammenstellung der Angaben vom Projektträger unter Berücksichtigung des Kenntnisstandes und der Prüfungsmethoden **billigerweise verlangt werden kann**. Die erhöhte Mitwirkungs- und Darlegungslast musste sich objektiv aus dem jeweiligen Vorhaben und seiner zu erwartenden (gesteigerten oder jedenfalls nicht unerheblichen) Umweltbeeinträchtigung rechtfertigen – mithin **für die UVP erforderlich** sein. Zudem musste sie subjektiv, gemessen am Erkenntnisstand und an den zur Verfügung stehenden Prüfungsmethoden, vom Projektträger billigerweise verlangt werden können, d.h. **zumutbar** sein. Die **UVP-Änderungsrichtlinie 2011/92/EU** vom 13.12.2011[4] beließ es im Grundsatz bei dieser differenzierten Regelung. Die Mindestangaben, die ein Vorhabenträger vorzulegen hatte, waren in **Art. 5 Abs. 3 UVP-RL a.F.** aufgeführt, die weitergehenden Anforderungen ergeben sich aus **Anh. IV**. Die Mitgliedstaaten hatten danach unverändert nach Erforderlichkeit und Zumutbarkeit zu entscheiden, in welchen Fällen sie weitergehende Unterlagen vom Projektträger fordern. Der Katalog der **Mindestangaben** in Art. 5 Abs. 3 UVP-RL a.F. ist dabei **erweitert** worden.

4 Durch die **UVP-Änderungsrichtlinie 2014/52/EU** vom 16.04.2014[5] wurde die Vorschrift des Art. 5 UVP-RL erheblich verändert. Zum einen ist der Begriff des UVP-Berichts neu eingeführt worden. Danach müssen die Angaben über die voraussichtlichen Umweltauswirkungen nun in einem einheitlichen Bericht (sog. UVP-Bericht) vom Vorhabenträger vorgelegt werden. Die Mindestangaben des UVP-Berichts enthält Art. 5 Abs. 1 UVP-RL. Im Zuge der Modifikation des Unionssekundärrechts wurde die oben beschriebene ursprüngliche Unterscheidung zwischen Mindestangaben und weiteren Angaben zum Teil aufgegeben. Die weiteren Angaben nach Art. 5 Abs. 1 UVP-RL a.F. werden jetzt ebenfalls als Mindestangaben in Art. 5 Abs. 1 lit. f UVP-RL geregelt. Danach muss der UVP-Bericht auch die ergänzenden Informationen gemäß Anh. IV enthalten. Allerdings steht die Erweiterung des Berichtinhalts weiterhin unter dem Vorbehalt, dass nur die Informationen aufgeführt werden müssen, die für die spezifischen Merkmale eines bestimmten Projekts oder einer bestimmten Projektart und der Umweltfaktoren, die möglicherweise beeinträchtigt werden, von Bedeutung sind (Relevanzerfordernis). Neu hinzu kommen des Weiteren die Pflichten der zuständigen Behörde und des Projektträgers nach Art. 5 Abs. 3 UVP-RL. Sie dienen der Vollständigkeit und

2 Zum Verhältnis von Amtsermittlungspflicht und Mitwirkungspflicht siehe *Rößing*, Denkmalschutz und UVP, S. 180 ff.

3 *Balla/Sangenstedt* ZUR 2023, 476 (480).

4 ABl. L 26, 1.

5 ABl. L 124, 1.

Qualität des UVP-Berichts und sprechen hierzu insbesondere Mindestanforderungen an die Fachkenntnisse der mit dem UVP-Bericht betrauten Akteure aus. Mit der Änderung des Art. 5 UVP-RL wurde die Regelung über den UVP-Bericht – insgesamt betrachtet – stark der Vorschrift über den Umweltbericht bei der Strategischen Umweltprüfung nach Art. 5 SUP-RL angeglichen.[6]

Die aktuelle Fassung des § 16 UVPG orientiert sich weitgehend an der UVP-Änderungsrichtlinie 5
2014. Der Katalog der nach der geänderten UVP-RL **obligatorisch einzureichenden Unterlagen** findet sich in § 16 Abs. 1, 3 und 5 UVPG wieder. Im Einzelnen verlangt die UVP-RL mindestens eine Beschreibung des Projekts nach Standort, Art und Umfang, Ausgestaltung, Größe und anderen wesentlichen Merkmalen – umgesetzt durch § 16 Abs. 1 Satz 1 Nr. 1 UVPG –, eine Beschreibung der zu erwartenden erheblichen Umweltauswirkungen des Vorhabens – umgesetzt in § 16 Abs. 1 Satz 1 Nr. 5 UVPG –, die notwendigen Angaben der Merkmale des Vorhabens und des Standorts, mit denen das Auftreten erheblicher nachteiliger Umweltauswirkungen des Vorhabens ausgeschlossen, vermindert oder ausgeglichen werden soll – umgesetzt in § 16 Abs. 1 Satz 1 Nr. 3 UVPG –, eine Beschreibung der geplanten Maßnahmen, mit denen das Auftreten erheblicher nachteiliger Umweltauswirkungen des Vorhabens ausgeschlossen, vermindert oder ausgeglichen werden soll – umgesetzt in § 16 Abs. 1 Satz 1 Nr. 4 UVPG, der zudem Angaben über geplante Ersatzmaßnahmen vorsieht –, eine Beschreibung der vernünftigen Alternativen, die für das Vorhaben und seine spezifischen Merkmale relevant und vom Vorhabenträger geprüft worden sind, und die Angabe der wesentlichen Gründe für die getroffene Wahl unter Berücksichtigung der jeweiligen Umweltauswirkungen – umgesetzt in § 16 Abs. 1 Satz 1 Nr. 6 UVPG –, eine nichttechnische Zusammenfassung der vorgenannten Angaben – umgesetzt in § 16 Abs. 5 Satz 3 Nr. 2 UVPG, wonach die Angaben des UVP-Berichts so auszugestalten sind, um Dritten die Beurteilung zu ermöglichen, ob und in welchem Umfang sie von den Umweltauswirkungen des Vorhabens betroffen sein können – und schließlich die in Anlage 4 genannten weiteren Angaben, soweit diese Angaben für das Vorhaben von Bedeutung sind – umgesetzt in § 16 Abs. 3 UVPG.

Im Rahmen der ersten Umsetzungsdiskussion im Zusammenhang mit dem UVPG 1990 wurde im 6
Schrifttum entgegen hier vertretener Auffassung angenommen, ein **Alternativenvergleich** – Prüfung von Standort- und Konzeptalternativen für das Vorhaben bis hin zur sog. »Null-Variante« – sei nach Gemeinschaftsrecht notwendiger Bestandteil der UVP.[7] Wortlaut und Entstehungsgeschichte der Richtlinie sprachen indessen gegen diese Annahme.[8] In Anh. III Nr. 2 UVP-RL 1985 wurde lediglich verlangt, dass die nach Art. 5 Abs. 1 UVP-RL vom Vorhabenträger vorzulegenden Unterlagen »gegebenenfalls (eine) Übersicht über die wichtigsten anderweitigen vom Projektträger geprüften Lösungsmöglichkeiten und Angabe der wesentlichen Auswahlgründe im Hinblick auf die Umweltauswirkungen« enthalten. Demgegenüber sah der ursprüngliche Richtlinienvorschlag der Kommission[9] im entsprechenden Zusammenhang mit der »Beschreibung des vorgeschlagenen Vorhabens und gegebenenfalls der vernünftigerweise möglich erscheinenden Alternativen hinsichtlich des Standorts und des Entwurfs des Vorhabens« eine erheblich weitergehende Regelung vor, die sich jedoch gegenüber den Bedenken einzelner Mitgliedstaaten gerade nicht durchsetzen konnte. Aus dem Vergleich zwischen dem deutlich abgeschwächten Richtlinientext mit dem ursprünglich vorgeschlagenen Entwurf der Kommission wurde deutlich, dass unter der Geltung der Richtlinie vom Vorhabenträger nur solche Projektalternativen darzustellen waren, die er aus eigenem Antrieb gegebenenfalls erwogen hatte.[10] Dieser Sicht war vor allem auch deshalb beizupflichten, weil Art. 5 UVP-RL a.F. nicht dem

6 *Balla/Peters* NuR 2015, 297 (302); *Mitschang* ZfBR 2015, 432 (438); siehe hierzu § 40.

7 So z.B. *Erbguth* NVwZ 1992, 209 (219); *Soell/Dirnberger* NVwZ 1990, 705 (710 f.).

8 *Hoppe/Appold/Haneklaus* DVBl 1992, 1203 (1209 f.); *Appold,* Freiraumschutz durch räumliche Planung, S. 103 f.; *Jarass,* Auslegung und Umsetzung der EG-RL zur UVP, S. 33.

9 Vorschlag einer Richtlinie über die Umweltverträglichkeitsprüfung bei bestimmten öffentlichen und privaten Vorhaben vom 11.06.1980, KOM (80) 313 endg., dok. 7972/80 = ENV 106, abgedr. bei *Cupei,* UVP, S. 82 ff.

10 *Appold,* Freiraumschutz durch räumliche Planung, S. 103 f.; *Jarass,* Auslegung und Umsetzung der EG-RL zur UVP, S. 33.

Modell einer vorrangigen behördlichen Verfahrensverantwortung – wie sie unter der Geltung des Amtsermittlungsgrundsatzes nach deutschem Recht bestehen würde – gefolgt war, sondern vielmehr dem Projektträger eine originäre Verantwortung für die Zusammenstellung der prüfungsrelevanten Informationsbasis zugewiesen hatte.[11] Diese europarechtlich vorgenommene Rollenverteilung des Art. 5 UVP-RL a.F. hätte es dann aber auch nahegelegt, dem Projektträger die Darlegung von Projektalternativen aufzuerlegen, wenn ihre Prüfung als obligatorischer Gegenstand einer UVP i.S.d. Richtlinie angesehen worden wäre. Dieser auch bereits in den Vorauflagen vertretenen Auffassung hat sich die Rechtsprechung ebenfalls angeschlossen.[12] Weder unter der Geltung der UVP-Änderungsrichtlinie 2011 noch durch die UVP-Änderungsrichtlinie 2014 ergibt sich diesbezüglich ein Änderungsbedarf. Der durch die UVP-Änderungsrichtlinie 2011 geänderte Richtlinientext hat lediglich zur Streichung des Wortes »gegebenenfalls« geführt. Auch die durch die UVP-Änderungsrichtlinie 2014 erfolgte Umformulierung hat materiell-rechtlich keine Auswirkungen. Danach muss der UVP-Bericht nun »eine Beschreibung der vom Projektträger untersuchten vernünftigen Alternativen, die für das Projekt und seine spezifischen Merkmale relevant sind, und die Angabe der wesentlichen Gründe für die getroffene Wahl unter Berücksichtigung der Auswirkungen des Projekts auf die Umwelt« enthalten. Vorzulegen sind aber nach wie vor nur die vom Vorhabenträger tatsächlich **aus eigener Veranlassung untersuchten** Lösungsmöglichkeiten.[13] Haben keine derartigen Prüfungen stattgefunden, läuft die Regelung insoweit weiterhin leer.

7 Im Rahmen der bisher letzten großen Novellierungen des UVPG durch das **Gesetz zur Modernisierung des Rechts der Umweltverträglichkeitsprüfung (UVP-Modernisierungsgesetz) vom 20.07.2017**[14] wurde § 16 UVPG (§ 6 UVPG a.F.) erheblich verändert. Neben einer neuen Anordnung der Absatzstruktur und den oben genannten Anpassungen an die UVP-Änderungsrichtlinie 2014, insbesondere die geänderten Regelungen zu den Mindestangaben des UVP-Berichts,[15] wurde in § 16 Abs. 6 UVPG die Möglichkeit der **Abschichtung** zur Vermeidung von Mehrfachprüfungen eingefügt. Neu in § 16 UVPG aufgenommen wurden ebenfalls eine explizite Regelung zur Beibringungslast des Vorhabenträgers und zum **Nachbesserungsrecht** bzw. zur **Nachbesserungspflicht** der zuständigen Behörde in Absatz 7, eine Sonderregelung für den UVP-Bericht bei **kumulierenden Vorhaben** in Absatz 8 und die Pflicht des Vorhabenträgers, den UVP-Bericht auch **elektronisch** vorzulegen, in Absatz 9. Gestrichen wurde hingegen die Regelung des § 6 Abs. 5 UVPG a.F., wonach die Absätze 1 bis 4 des § 6 UVPG a.F. entsprechend galten, wenn die zuständige Behörde für diejenige öffentlich-rechtliche Körperschaft tätig wird, die Träger des Vorhabens ist. Inhaltlich erfolgte durch diese Streichung jedoch keine Änderung, da auch ohne eine ausdrückliche Regelung hierzu § 16 UVPG in den beschriebenen Fällen anwendbar ist.[16]

IV. Anwendungsbereich der Vorschrift

1. Vorrangige Regelungen des Fachrechts (Abs. 4)

8 Die Vorgaben zum UVP-Bericht sind grundsätzlich bei allen UVP-pflichtigen Vorhaben relevant; hinsichtlich des Umfangs und des Inhalts ist gem. § 16 Abs. 4 Satz 1 UVPG jedoch das jeweilige Fachrecht vorrangig. Dieses kann hierbei auch den jeweiligen Prüfungsumfang und -aufwand konkretisieren.[17] So findet § 16 UVPG im **Bauleitplanverfahren** (§ 50 UVPG)[18] keine Anwendung. In der **Raumverträglichkeitsprüfung** gilt die Norm nur dann, wenn das Landes(planungs-)recht einen

11 *Schmidt-Aßmann*, in: FS Doehring, S. 889 (893 ff.).
12 Grundlegend BVerwG, Urt. v. 14.05.1996 – 7 NB 3.95, BVerwGE 101, 166 (168 ff.); Beschl. v. 17.02.1997 – 4 VP 17.96, NuR 1998, 305 (307 f.); krit. *Schink* NuR 1998, 173 (177 f.); *Groß* NVwZ 2001, 513.
13 OVG Bautzen, Beschl. v. 13.07.2022 – 4 B 235/21, EnWZ 2023, 85 (86 f.).
14 BGBl. I, S. 2808.
15 Siehe hierzu bereits oben Rdn. 4 f.
16 Gesetzesbegr. v. 13.03.2017, BT-Drs. 18/11499, S. 90.
17 *Balla/Sangenstedt* ZUR 2023, 387 (394).
18 Siehe § 50 Rdn. 7 f.

Scopingtermin vorsieht. Dies folgt mittelbar aus § 49 Satz 1 UVPG, der hinsichtlich der Vermeidung von Umweltauswirkungen ausschließlich auf das Raumordnungsgesetz verweist. Dort hat der Bundesgesetzgeber zwar einzelne Vorgaben zur Durchführung der Raumverträglichkeitsprüfung gemacht (§ 15 ROG),[19] eine Festschreibung des Scopings lässt das Raumordnungsgesetz jedoch vermissen. Damit ist mit Blick auf § 27 Abs. 3 ROG den Ländern die Entscheidung überlassen, die Raumverträglichkeitsprüfung in Übereinstimmung mit oder abweichend von § 15 UVPG auszugestalten.[20] Eine uneingeschränkt vorrangige Geltung i.S.d. § 1 Abs. 4 UVPG gegenüber den Regelungen des § 16 UVPG beansprucht das Fachrecht im Anwendungsbereich der 9. BImSchV. Die Anforderungen an die Antragsunterlagen im **Genehmigungsverfahren nach dem BImSchG** ergeben sich direkt aus den §§ 4a bis e der 9. BImSchV. Dieser Sonderweg wird dadurch relativiert, dass letztlich die Regelungen des § 16 Abs. 1, 3 und 5 UVPG inhaltlich übernommen und lediglich für die Besonderheiten des immissionsschutzrechtlichen Genehmigungsverfahrens präzisiert werden (z.B. Immissionsprognose, Energieeffizienz). Schließlich bleibt noch § 21 NABEG zu beachten, der Sonderregelungen für Planfeststellungsverfahren zur Errichtung und Änderung von **Hochspannungsleitungen** nach §§ 18 ff. NABEG bereithält.[21]

2. Fachrechtliche Inbezugnahme des § 16 UVPG

Seit der Änderung durch das UVP-Modernisierungsgesetz 2017 sind die vorrangigen Regelungen 9
des Fachrechts etwas zurückgenommen worden. Die §§ 52 Abs. 2a, 57a Abs. 1, 2 BBergG normieren seit der Änderung durch Art. 2 Abs. 4 des Gesetzes zur Modernisierung des Rechts der Umweltverträglichkeitsprüfung (UVP-Modernisierungsgesetz) vom 20.07.2017[22] eine direkte Anwendung des § 16 UVPG bei der **Rahmenbetriebszulassung UVP-pflichtiger Vorhaben des Bergbaus.**[23] Gleiches gilt für die **atomrechtlichen Genehmigungsverfahren.** § 3 Abs. 2 AtVfV nimmt seit dem UVP-Modernisierungsgesetz 2017 hinsichtlich der Angaben, die der UVP-Bericht enthalten muss, § 16 UVPG in Bezug.[24]

3. Einschränkungen bei Verfahrensstufung

Im Falle von **Vorbescheid** oder **Teilzulassungen** gelten reduzierte, der abschnittsweisen Planung und 10
Verwirklichung des Vorhabens Rechnung tragende Anforderungen an den Umfang der Unterlagen des Vorhabenträgers. Gemäß § 29 Abs. 1 Satz 1 UVPG dürfen Vorbescheid und erste Teilgenehmigung nur nach Durchführung einer UVP erteilt werden. Nach § 29 Abs. 1 Satz 1 UVPG hat sich die UVP in diesen Fällen **vorläufig** auf die nach dem jeweiligen Planungsstand erkennbaren Umweltauswirkungen des Gesamtvorhabens und **abschließend** auf solche Umweltauswirkungen zu erstrecken, die Gegenstand von Vorbescheid und Teilzulassung sind. Diese Differenzierung des Prüfungsstoffs hinsichtlich abschließend und vorläufig zu beurteilender Fragen eines Vorhabens entspricht der Unterscheidung zwischen abschließend gestattendem (bei der Teilgenehmigung) bzw. feststellendem (beim Vorbescheid) Teil einer im gestuften Genehmigungsverfahren ergehenden Teilentscheidung einerseits und dem nur vorläufig zu bildenden Urteil über die Genehmigungsfähigkeit des Gesamtvorhabens andererseits. Nach § 29 Abs. 1 Satz 2 UVPG ist dem eingeschränkten Umfang der UVP im gestuften Verfahren beim UVP-Bericht nach § 16 UVPG Rechnung zu tragen. Im Rahmen der Erteilung **weiterer** Teilzulassungen soll sich die UVP gem. § 29 Abs. 2 UVPG auf die Betrachtung

---

19 *Dietz*, in: Kment, ROG, § 15 Rn. 50 ff.; *Goppel*, in: Spannowsky/Runkel/Goppel, ROG, § 15 Rn. 50 ff.

20 Vgl. dazu *Schubert*, in: Kment, ROG, § 27 Rn. 27 f.; *Spannowsky*, in: ders./Runkel/Goppel, ROG, § 27 Rn. 14; vgl. auch § 49 Rdn. 30.

21 Vgl. dazu *Kment* RdE 2011, 341 ff.

22 BGBl. I, S. 2808.

23 Vor der Gesetzesänderung enthielt § 57a Abs. 2 Satz 2, 3 BBergG eine eigene Regelung über die einzureichenden Unterlagen, welche § 16 UVPG (§ 6 UVPG a.F.) vorging.

24 Vor der Gesetzesänderung enthielt § 3 Abs. 2 AtVfV eine eigenständige Regelung über die einzureichenden Unterlagen, die § 16 UVPG (§ 6 UVPG a.F.) vorging.

der bisher noch nicht geprüften Umweltauswirkungen des Vorhabens beschränken; der Vorhabenträger hat hierbei nur die noch fehlenden Unterlagen einzureichen.[25]

B. Vorlagepflicht des Vorhabenträgers

I. Bezugspunkt und Form der Vorlagepflicht (Abs. 1, 9)

11 Der Vorhabenträger hat nach § 16 Abs. 1 Satz 1 UVPG der zuständigen Behörde einen **Bericht über die voraussichtlichen Umweltauswirkungen** des Vorhabens (sog. UVP-Bericht) vorzulegen. Die unionsrechtlich geforderte[26] Begrifflichkeit des UVP-Berichts wurde durch das UVP-Modernisierungsgesetz 2017 in das nationale Recht eingeführt und ersetzt die bisherige Regelung, wonach der Vorhabenträger die »entscheidungserheblichen Unterlagen« vorzulegen hatte.[27] In der Sache hat sich hierdurch jedoch nur die Form der Übermittlung geändert. Der Vorhabenträger muss seit der Gesetzesänderung die entscheidungserheblichen Unterlagen, die er bereits nach alter Gesetzeslage vorzulegen hatte, **in einem Dokument zusammenfassen** und diesen UVP-Bericht der zuständigen Behörde vorlegen.[28] Der UVP-Bericht kann Bestandteil eines umfassenderen Dokuments sein, muss dann allerdings klar als solcher gekennzeichnet werden.[29] Diese Vorgehensweise entsprach in vielen Fällen auch bereits der bestehenden Praxis.[30] Neu eingefügt wurde die Pflicht des Vorhabenträgers gem. § 16 Abs. 9 UVPG, den UVP-Bericht zusätzlich **elektronisch vorzulegen**. Damit soll die Zugänglichmachung des Inhalts des UVP-Berichts über das zentrale Internetportal nach § 20 UVPG erleichtert werden.[31]

II. Qualitätssicherung (Abs. 7)

12 Gemäß § 16 Abs. 7 Satz 1 UVPG hat der **Vorhabenträger** bei der Vorlage des UVP-Berichts durch geeignete Maßnahmen sicherzustellen, dass dieser den Anforderungen des § 16 UVPG entspricht. Der Vorhabenträger muss daher, soweit er selbst kein Personal mit der nötigen Sachkompetenz hat,[32] sich **qualifizierten externen Kräften bei der Erarbeitung des UVP-Berichts** bedienen.[33] Die Beibringungslast des Vorhabenträgers wird dabei von der **Prüfpflicht der zuständigen Behörde** gem. § 16 Abs. 7 Satz 2 UVPG gespiegelt. Danach hat die zuständige Behörde die Vollständigkeit und die inhaltliche Qualität des UVP-Berichts zu überprüfen.[34] Auch hierfür benötigt die zuständige Behörde Personal mit ausreichend Fachkompetenz.[35] Hat der Vorhabenträger seine Beibringungslast nicht vollständig erfüllt und entspricht der UVP-Bericht somit nicht den Anforderungen des § 16 UVPG, hat die zuständige Behörde dem Vorhabenträger gem. § 16 Abs. 7 Satz 2 UVPG – unter möglichst konkreter Bezeichnung des Nachbesserungsbedarfs[36] – eine angemessene Frist für diese **Nachbesserung** zu setzen. Das Verfahren kann erst fortgesetzt werden, wenn die zuständige Behörde nach erneuter Prüfung festgestellt hat, dass der Vorhabenträger seiner Nachbesserungspflicht gem. § 16 Abs. 7 UVPG nachgekommen ist.

25 Siehe i.E. § 29 Rdn. 56 f.
26 Siehe hierzu Rdn. 4.
27 Gesetzesbegr. v. 13.03.2017, BT-Drs. 18/11499, S. 88.
28 Gesetzesbegr. v. 13.03.2017, BT-Drs. 18/11499, S. 59.
29 *Balla/Borkenhagen/Günnewig* ZUR 2019, 323 (324); II. Nr. 16.0.2 der UVPVwV.
30 *Sangenstedt* ZUR 2014, 526 (531); Gesetzesbegr. v. 13.03.2017, BT-Drs. 18/11499, S. 59.
31 Gesetzesbegr. v. 13.03.2017, BT-Drs. 18/11499, S. 90; *Reidt/Augustin,* in: Schink/Reidt/Mitschang, UVPG/UmwRG, § 16 UVPG Rn. 52; *Sangenstedt* ZUR 2023, 579 (580).
32 Der Rückgriff auf In-House-Experten bleibt jedoch wohl möglich: *Sangenstedt* ZUR 2014, 526 (532); *Paluch/Werk* NuR 2014, 400 (404).
33 Gesetzesbegr. v. 13.03.2017, BT-Drs. 18/11499, S. 90.
34 Gesetzesbegr. v. 13.03.2017, BT-Drs. 18/11499, S. 90; *Peters/Balla/Hesselbarth,* UVPG, § 16 Rn. 56.
35 *Balla/Peters* NuR 2015, 297 (303); *Mitschang* ZfBR 2015, 432 (439); *Paluch/Werk* NuR 2014, 400 (404).
36 *Reidt/Augustin,* in: Schink/Mitschang/Reidt, UVPG/UmwRG, § 16 UVPG Rn. 50.

III. Zeitpunkt der Vorlage (Abs. 2)

Der UVP-Bericht ist der zuständigen Behörde zu einem solchen Zeitpunkt vorzulegen, dass er **mit den übrigen Unterlagen ausgelegt werden kann** (§ 16 Abs. 2 UVPG). Vor der Änderung durch das UVP-Modernisierungsgesetz 2017 hatte der Vorhabenträger die Unterlagen nach § 6 Abs. 1 Satz 1 UVPG a.F. noch zu Beginn des Verfahrens vorzulegen. Die Verlagerung des Vorlagezeitpunkts nach hinten wird der neuen gehobenen Stellung des Scoping gem. § 15 UVPG gerecht.[37] Das Scoping kann nach § 15 UVPG ausdrücklich auch nach Eröffnung des Zulassungsverfahrens durchgeführt werden.[38] Jedoch stehen Inhalt, Umfang und Detailtiefe des UVP-Berichts erst nach Abschluss des Scopingverfahrens endgültig fest. Dieser Konstellation ist § 6 Abs. 1 Satz 1 UVPG a.F. nicht mehr gerecht geworden.[39] Es kann zwischen der Vorlage des UVP-Berichts und der Stellung des Zulassungsantrags ein erheblicher Zeitraum vergehen, weshalb der Zeitpunkt der spätesten Vorlage des UVP-Berichts so konzipiert wurde, dass der Bericht zusammen mit den übrigen Unterlagen ausgelegt werden kann.[40] Daraus folgt, dass die zuständige Behörde die **Einbeziehung der Öffentlichkeit** nach §§ 18 und 19 UVPG so lange zu verweigern hat, bis der UVP-Bericht **alle** notwendigen Angaben enthält. Auf diese Weise wird i.S.v. § 16 Abs. 5 Satz 3 Nr. 2 UVPG sichergestellt, dass sich die Öffentlichkeit frühzeitig ein *umfassendes* Bild über die Umweltauswirkungen des Vorhabens machen und jedermann entscheiden kann, ob er Einwendungen erheben will (sog. Anstoßfunktion).[41] Zugleich erfüllt die zuständige Behörde ihre Informationspflicht aus § 19 Abs. 1 Nr. 1 UVPG.[42] Dieser Befund schließt allerdings nach der Rechtsprechung nicht aus, dass **Mängel des UVP-Berichts** auch nach Auslegung im weiteren Verfahren durch ergänzende Angaben ausgeglichen werden können.[43] Öffentlichkeits- und Behördenbeteiligung dienen im Gegenteil gerade auch dazu, Aufschluss über vom Vorhabenträger selbst nicht erkannte Umweltauswirkungen und Möglichkeiten ihrer Vermeidung sowie Anstöße für weiteren Untersuchungsbedarf zu erlangen.[44] 13

C. Umfang und Methodik des UVP-Berichts (Abs. 5)

I. Umfang der Angaben des UVP-Berichts

Der Vorhabenträger muss nur die **entscheidungserheblichen Angaben** in den UVP-Bericht aufnehmen.[45] Um dem Bericht eine notwendige Struktur und Klarheit zu geben, sollten Schwerpunktsetzungen und Cluster herausgearbeitet werden.[46] Da die UVP gem. § 4 UVPG kein selbstständiges Verwaltungsverfahren mit abschließender Sachentscheidung, sondern lediglich unselbstständiger Teil des jeweiligen Zulassungsverfahrens ist,[47] können nur solche Angaben verlangt werden, die nach 14

---

37 Gesetzesbegr. v. 13.03.2017, BT-Drs. 18/11499, S. 89.

38 Siehe § 15 Rdn. 4, 14.

39 Gesetzesbegr. v. 13.03.2017, BT-Drs. 18/11499, S. 89.

40 Gesetzesbegr. v. 13.03.2017, BT-Drs. 18/11499, S. 89.

41 VGH Mannheim, Urt. v. 17.11.2022 – 14 S 2056/21, NVwZ 2023, 767 (770).

42 Siehe hierzu § 19 Rdn. 12.

43 BVerwG, Urt. v. 08.06.1995 – 4 C 4.94, BVerwGE 98, 339 (358 f.); Urt. v. 19.05.1998 – 4 C 11.96, NVwZ 1999, 528 (531); Urt. v. 24.11.2004 – 9 A 42.03, juris Rn. 26 f. Siehe zum Rechtsschutz gegen einen Mangel im UVP-Verfahren: § 4 UmwRG Rdn. 33 ff.

44 Allgemein zur Funktion der Öffentlichkeitsbeteiligung *Hafner* NuR 2012, 315 (316 f.); *Sinner/Gassner/Hartlik,* Umweltverträglichkeitsprüfung, I 3. Teil S. 24; *Lippert* ZUR 2013, 203 (206 f.).

45 Die Einschränkung der Entscheidungserheblichkeit gilt weiterhin, obwohl der Begriff der »entscheidungserheblichen Unterlagen« durch den UVP-Bericht ersetzt wurde. Siehe hierzu bereits Rdn. 4, 7.

46 *Kment* NVwZ 2024, 1609 (1617); II. Nr. 16.1.4 der UVPVwV.

47 BVerwG, Beschl. v. 17.02.1997 – 4 VP 17.96, NuR 1998, 305 (308); Beschl. v. 26.09.2013 – 4 VR 1.13, NuR 2013, 800 Rn. 67; Urt. v. 08.09.2016 – 3 A 5.15, NJOZ 2017, 1199 Rn. 26; OVG Lüneburg, Beschl. v. 13.12.2006 – 7 ME 271/04, ZUR 2007, 207 (208); *Hoppenberg/Elgeti* NuR 2005, 625 (626); *Kloepfer,* Umweltrecht, § 5 Rn. 496.

Maßgabe des jeweiligen Fachrechts für die Zulassungsentscheidung selbst bedeutsam sind.[48] Dieser schon aus allgemeinen verfahrensrechtlichen Grundsätzen abzuleitende Erheblichkeitszusammenhang zwischen Zulassungsanforderungen sowie Ermittlungsumfang und -tiefe wird in § 16 Abs. 4 Satz 1 UVPG besonders hervorgehoben und in § 16 Abs. 5 Satz 3 Nr. 1 UVPG nochmals aufgegriffen, um klarzustellen, dass sich die Unterlagenbeibringungslast des Vorhabenträgers auch nicht unter UVP-Gesichtspunkten auf Gegenstände erstreckt, deren Kenntnis keinen Einfluss auf die Zulassungsentscheidung der Behörde nehmen könnte. Dies wird sich indessen kaum einschränkend auf Inhalt und Umfang der notwendigen Angaben auswirken, da die fachgesetzlichen Zulassungstatbestände durch die Verwendung unbestimmter Rechtsbegriffe, durch Gemeinwohlklauseln, durch die Ermächtigung zur Ausübung von Ermessen oder durch die Einräumung planerischer Gestaltungsfreiheit hinreichend Raum zur umfassenden Ermittlung aller Umweltauswirkungen eines Vorhabens gewähren. Gleichwohl ist die Beibringungslast des Vorhabenträgers nicht uferlos, sondern zielgerichtet: Die Angaben, welche der Vorhabenträger in den UVP-Bericht aufnehmen muss, müssen gem. § 16 Abs. 5 Satz 3 Nr. 1 UVPG jedenfalls ausreichend sein, damit die zuständige Behörde auf Basis dieser Angaben eine begründete Bewertung der Umweltauswirkungen nach § 25 Abs. 1 UVPG erstellen kann. Dies kann dazu führen, dass die denkbaren Auswirkungen eines Vorhabens auf die Umwelt zunächst in oft aufwendigen Untersuchungen ermittelt werden müssen, um die Feststellung zu ermöglichen, ob sie i.S.d. fachgesetzlichen Zulassungsvoraussetzungen erheblich sind. Schließlich bestimmt das UVPG in den als **Auffangtatbeständen** fungierenden § 16 Abs. 1 und 3 UVPG selbst, was – notfalls auch über die fachgesetzlichen Anforderungen hinaus[49] – nach einheitlichen Maßstäben bei allen UVP-pflichtigen Vorhaben zu den notwendigen Mindestangaben des UVP-Berichts i.S.d. Vorschrift zu rechnen ist. Da sich die UVP gem. § 3 Satz 2 UVPG am Vorsorgegrundsatz auszurichten hat,[50] müssen Angaben zu den Auswirkungen des Vorhabens – unabhängig von den Maßstäben der jeweils einschlägigen fachgesetzlichen Zulässigkeitsanforderungen – insbesondere schon unterhalb der Gefahrenschwelle gemacht werden.

II. Methoden des UVP-Berichts

15 Der UVP-Bericht muss unter Berücksichtigung des gegenwärtigen Wissensstands und der gegenwärtigen Prüfungsmethoden erstellt werden. Der gegenwärtige Wissensstand kennzeichnet den Stand der in Fachkreisen geführten Diskussion,[51] meint jedoch mehr als lediglich den allgemeinen Wissensstand.[52] Auch die Berücksichtigung von Mindermeinungen in der wissenschaftlichen Auseinandersetzung über bestimmte naturwissenschaftliche Prozesse oder Kausalzusammenhänge ist dadurch nicht ausgeschlossen.[53] Die Vorschrift knüpft die Beibringungslast nämlich nicht an den gegenwärtigen *anerkannten* Wissensstand. Der Begriff des gegenwärtigen Wissensstands ist durch besondere Aktualität gekennzeichnet. Er verlangt, sich neuen Erkenntnissen zu öffnen und diese bei der Erstellung des UVP-Berichts mit einfließen zu lassen. Vom Träger des Vorhabens wird jedoch keine Grundlagenforschung verlangt, um alle erdenklichen Umweltauswirkungen seines Vorhabens ermitteln und beschreiben zu können.[54] »Die UVP ist (…) kein ›Suchverfahren‹, in dem alle nur erdenklichen Auswirkungen eines Vorhabens auf Umweltgüter und deren Wertigkeit bis in alle

---

48 Ebenso OVG Lüneburg, Urt. v. 08.03.2006 – 7 KS 145/02 u.a., DVBl 2006, 1044 (1051); OVG Berlin, Beschl. v. 23.07.2019 – OVG 11 S 80.18, juris – Rn. 19; Urt. v. 12.03.2020 – OVG 11 A 7.18, juris – Rn. 97; *Wemdzio* NuR 2008, 479 (479); *Groß* NVwZ 2001, 514 (515); *Schink* NuR 2003, 647 (651); *Hoppenberg/Elgeti* NuR 2005, 625 (626); *Bunge*, in: HdUVP, 0600, § 6 Rn. 25.

49 § 16 Abs. 3 und 4 UVPG enthalten Mindestangaben; siehe BVerwG, Urt. v. 08.06.1995 – 4 C 4.94, BVerwGE 98, 339 (358); Urt. v. 19.05.1998 – 4 C 11.96, NVwZ 1999, 528 (531); Urt. v. 24.11.2004 – 9 A 42.03, juris Rn. 24; *Hoppenberg/Elgeti* NuR 2005, 625 (626).

50 Siehe dazu § 3 Rdn. 41 ff.; II. Nr. 16.1.4 der UVPVwV.

51 *Peters/Balla/Hesselbarth*, UVPG, § 16 Rn. 15.

52 *Gassner*, UVPG, § 14f Rn. 11.

53 *Peters/Balla/Hesselbarth*, UVPG, § 16 Rn. 15.

54 BVerwG, Urt. v. 21.03.1996 – 4 C 19.94, BVerwGE 100, 370 (377).

Einzelheiten und feinsten Verästelungen zu untersuchen wären und gar Antworten auf in der Wissenschaft bisher noch ungeklärte Fragen gefunden werden müssten«.[55] Die Anbindung an den gegenwärtigen Wissensstand schließt es daher aus, den Vorhabenträger ohne vernünftige Anhaltspunkte auf die Suche nach entlegensten und nur theoretisch denkbaren Auswirkungen seines Vorhabens zu schicken. Die Berücksichtigung rein spekulativer Theorien ist nicht gemeint, nur gesicherte Erkenntnisse unterfallen dem Wissensbegriff.[56] Die Einsicht in das Wirkungsgefüge zwischen den einzelnen Umweltfaktoren hängt deshalb weiterhin vom Stand der Erkenntnis und der Erkenntnismöglichkeiten ab. Sind diese noch lückenhaft und werden sie bei realistischer Betrachtung zumindest auf absehbare Zeit lückenhaft bleiben, kann auch die UVP dieses Defizit nicht überwinden. Die zuständige Behörde hat aber dafür Sorge zu tragen, dass die Verfahren, die im konkreten Fall zur Erreichung des Untersuchungszwecks qualitativ und quantitativ geeignet erscheinen, nicht ungenutzt bleiben.[57]

Die »**gegenwärtigen Prüfmethoden**« sind vergleichbar mit den »**aktuellen Prüfmethoden**«[58], welche 16
in Art. 5 Abs. 1 UVP-RL genannt werden. Die Erfüllung dieser Anforderung verlangt mehr als die Verfolgung allgemein anerkannter Techniken, der Maßstab des Gebotenen wird vielmehr an die Front der Entwicklung verlagert. Das Kriterium der gegenwärtigen Prüfmethoden ist daher anspruchsvoller als die »allgemein anerkannten Prüfmethoden«,[59] womit grundsätzlich nur diejenigen Methoden zu verstehen sind, die sich in der Praxis bereits durchgesetzt haben, mithin solche, die in der Praxis **allgemein anerkannt** sind;[60] wobei in begründeten Ausnahmefällen auch Abweichungen möglich sind.[61] Die gegenwärtigen Prüfmethoden umfassen alle **verfügbaren Techniken**, die dem **höchsten Entwicklungsstand** entsprechen.[62] Soweit verschiedene wissenschaftliche Ansätze in Betracht kommen, ist die Methodenwahl nachvollziehbar zu begründen.[63] Kommt es während des Verfahrens zu einer fachwissenschaftlichen Methodenentwicklung, muss die Untersuchung unter Umständen aktualisiert werden.[64]

III. Zumutbarer Aufwand

Mit dem Kriterium des zumutbaren Aufwands stellt der Gesetzgeber Umfang und Detaillierungs- 17
grad der Angaben, die der Vorhabenträger in den UVP-Bericht aufnehmen muss, unter den Vorbehalt der Verhältnismäßigkeit oder konkreter unter den Vorbehalt der **Angemessenheit**.[65] Dieses auch als Übermaßverbot, Proportionalität oder (eben) Zumutbarkeit bekannte Element[66] der klassischen dreistufigen Verhältnismäßigkeitsprüfung ist unionsrechtlich anerkannt.[67] Es verlangt grundsätzlich

---

55 BVerwG, Urt. v. 21.03.1996 – 4 C 19.94, BVerwGE 100, 370 (377); *Balla/Borkenhagen/Günnewig* ZUR 2019, 323 (325); *Reese* ZUR 2015, 16 (24). Siehe auch OVG Münster, Urt. v. 17.02.2011 – 2 D 36/09, juris Rn. 109; *Mitschang*, in: Berliner Kommentar zum BauGB, § 2 Rn. 528.

56 Vgl. BVerwG, Urt. v. 21.06.2001 – 7 C 21.00, BVerwGE 114, 342 (346); siehe auch *Gassner*, UVPG, § 14 f Rn. 13.

57 Zu diesem und dem Voranstehenden BVerwG, Urt. v. 25.01.1996 – 4 C 5.96, BVerwGE 100, 238 (248).

58 Siehe hierzu auch § 39 Rdn. 24.

59 Vgl. BVerfG, Beschl. v. 08.08.1978 – 2 BvL 8/77, BVerfGE 49, 89 (135 f.); *Jarass*, BImSchG, § 3 Rn. 115; *Uebbing*, Umweltprüfung, S. 126.

60 *Peters/Balla/Hesselbarth*, UVPG, § 15 Rn. 15.

61 *Balla/Borkenhagen/Günnewig* ZUR 2019, 323 (325).

62 So auch *Gassner*, UVPG, § 14 f Rn. 12; a.A. *Pietzcker/Fiedler* DVBl 2002, 929 (935).

63 BVerwG, Urt. v. 09.02.2017 – 7 A 2/15 u.a., BVerwGE 158, 1 Rn. 40; *Balla/Borkenhagen/Günnewig* ZUR 2019, 323 (325); *Balla/Borkenhagen* UVP-report 2/2019, 82 (83).

64 *Balla/Borkenhagen* UVP-report 2/2019, 82 (83).

65 *Schomerus/Busse* NordÖR 2005, 398 (402); *Peters/Balla/Hesselbarth*, UVPG, § 16 Rn. 17; *Uebbing*, Umweltprüfung, S. 127; *Kment* AöR 130 (2005) 570 (594 f.); *ders.* UPR 2007, 85 (86); *Bunge/Nesemann*, in: HdUVP, 0507, S. 43.

66 *Schulze-Fielitz*, in: Dreier (Hrsg.), GG, Art. 20 – Rechtsstaat Rn. 184.

67 EuGH, Urt. v. 19.06.1980 – Verb. Rs. 41, 121 und 796/79, Slg. 1980, 1979 Rn. 21; Urt. v. 27.06.1990 – C-118/89, Slg. 1990, I-2637 Rn. 12; Urt. v. 21.01.1992 – C-319/90, Slg. 1992, I-203 Rn. 12;

eine Gesamtabwägung, in die der verfolgte Zweck und die Ermittlungsbelastung der Angaben des UVP-Berichts eingestellt und in ein ausgewogenes Verhältnis gebracht werden müssen.[68] Die vorzunehmende Gewichtung ist stets **einzelfallbezogen** und nicht schematisch abzuhandeln. Sie hat sich daran zu orientieren, welchen voraussichtlichen Nutzen eine bestimmte Angabe im Rahmen des UVP-Berichts haben wird und welche nachteiligen Folgen damit verbunden sind. Dabei fallen nicht nur die Bedeutung und die Sensibilität der betroffenen Schutzgüter ins Gewicht, sondern auch die Schwere, Qualität und Nachhaltigkeit der prognostizierten Umweltbeeinträchtigungen.[69] Insgesamt muss sichergestellt werden, dass der ermittelte Umfang der Angaben des UVP-Berichts eine sachgerechte Entscheidungsfindung ermöglicht, die Ergebnisse der UVP also letztlich eine **verlässliche Beurteilungsgrundlage** bei der Zulassungsentscheidung des Vorhabens bilden können.[70] Dies wird durch § 16 Abs. 5 Satz 3 Nr. 1 UVPG nochmals bekräftigt, wonach die Angaben des UVP-Berichts ausreichend sein müssen, um der zuständigen Behörde eine begründete Bewertung der Umweltauswirkungen des Vorhabens nach § 25 Abs. 1 UVPG zu ermöglichen. In diesem Rahmen sollte beachtet werden, dass KI-gestützte Technologien das Ordnen, Bündeln und Zusammenstellen der Informationen erheblich erleichtern können.[71] Die menschliche Aufgabe kann sich dann z.B. auf die Kontrollfunktion begrenzen; so können Effizienz und eine höhere Kapazitätsausschöpfung gewonnen werden.[72] Für das Merkmal der Zumutbarkeit gilt ein **objektivierter Maßstab**.[73] Eine Unterscheidung nach wirtschaftlicher Leistungsfähigkeit des Vorhabenträgers wäre in Anbetracht des am Gemeinwohl ausgerichteten Untersuchungsziels einer UVP nicht sachgerecht.[74] Objektiv nicht zumutbar ist die Beibringung einzelner Angaben für den Vorhabenträger insbesondere dann, wenn der mit ihr verbundene Aufwand in keinem vernünftigen Verhältnis zum voraussichtlich zu erwartenden Erkenntnisgewinn für die UVP steht, mithin zwischen dem Untersuchungsaufwand und dem Nutzen ein Missverhältnis entsteht.[75] Das Gleiche gilt, wenn die Beibringung bestimmter Unterlagen in Rede steht, über die die Behörde bereits verfügt oder an die sie leichter gelangen kann als der Vorhabenträger.

IV. Drittverständlichkeit

18 § 16 Abs. 5 Satz 3 Nr. 2 UVPG schreibt vor, dass die Angaben im UVP-Bericht so ausgestaltet sein müssen, damit Dritten die Beurteilung, ob und in welchem Umfang sie von den Umweltauswirkungen des Vorhabens betroffen sein können, ermöglicht wird. Vor dem UVP-Modernisierungsgesetz 2017 bezog sich die **Darstellungsart der Drittverständlichkeit** (§ 6 Abs. 3 Satz 3 UVPG a.F.) lediglich auf die allgemein verständliche, nichttechnische Zusammenfassung (§ 6 Abs. 3 Satz 2 UVPG a.F.; jetzt geregelt in § 16 Abs. 1 Satz 1 Nr. 7 UVPG). Seit der Novelle beansprucht die Vorschrift des § 16 Abs. 5 Satz 3 Nr. 2 UVPG für sämtliche Angaben des UVP-Berichts Verbindlichkeit. Die Darstellungsart der Drittverständlichkeit dient der Sicherstellung der Anstoßwirkung für die spätere

---

Urt. v. 14.12.2004 – C-210/03, LMRR 2004, 94 Rn. 47; BVerwG, Urt. v. 27.01.2000 – 4 C 2.99, BVerwGE 110, 302 (310 f.); Urt. v. 17.05.2002 – 4 A 28.01, NVwZ 2002, 1243 (1246); *Calliess*, in: ders./Ruffert (Hrsg.), EUV/AEUV, Art. 5 EUV Rn. 44 f.; *Gassner*, UVPG, § 14f Rn. 15.

68 Siehe allgemein: BVerfG, Urt. v. 15.01.2002 – 1 BvR 1783/99, BVerfGE 104, 337 (349); Beschl. v. 17.10.1990 – 1 BvR 283/85, BVerfGE 83, 1 (19); *Jarass*, in: ders./Pieroth, GG, Art. 20 Rn. 120.

69 Vgl. *Balla/Borkenhagen* UVP-report 2/2019, 82 (83).

70 BVerwG, Urt. v. 21.03.1996 – 4 C 19/94, BVerwGE 100, 370 (377); vgl. auch BVerwG, Beschl. v. 21.02.1997 – 4 B 177.96, UPR 1997, 295 (295).

71 *Kment* NVwZ 2024, 1609 (1616 f.).

72 *Schmidt* RDi 2025, 406 (409); *Kment* NVwZ 2024, 1609 (1616 f.).

73 So auch die Begr. des UVP-Gesetzentwurfs, BT-Drs. 11/3919, S. 24; ferner *Reidt/Augustin*, in: Schink/Reidt/Mitschang, UVPG/UmwRG, § 16 UVPG Rn. 45; *Beckmann*, in: Stüer/Beckmann, BauR-HdB, Rn. 4437.

74 *Peters/Balla/Hesselbarth*, UVPG, § 16 Rn. 17.

75 *Kment* NVwZ 2016, 1762 (1766); *ders.* NVwZ 2015, 616 (624); *ders.* DVBl 2008, 364 (366); *Ruge* RdE 2016, 105 (109); *Wulfhorst* NVwZ 2011, 1099 (1102).

Öffentlichkeitsbeteiligung[76] und besitzt damit eine vorweggenommene Rechtsschutzfunktion für die betroffenen Dritten,[77] indem sie es den Bürgern erleichtert bzw. erst ermöglicht, ihre Rechte zu erkennen und geltend zu machen.[78] Da das Erfordernis der Drittverständlichkeit durch die Gesetzesänderung nun für den gesamten UVP-Bericht Geltung erlangt, ist die Rechtsschutzfunktion des UVP-Berichts nochmals deutlich gestärkt worden. Ist die Anstoß- und Beteiligungsfunktion durch grob unvollständige Unterlagen oder schwerwiegende Fehler in erheblichem Maße beeinträchtigt, kann ein absoluter Verfahrensfehler nach § 4 Abs. 1 Nr. 3 UmwRG entstehen.[79]

D. Obligatorische Mindestangaben (Abs. 1)

I. Allgemeines

§ 16 Abs. 1 UVPG bestimmt die Angaben, die im UVP-Bericht des Vorhabenträgers in jedem Fall enthalten sein müssen (obligatorische Mindestangaben).[80] Dies sind nach § 16 Abs. 1 Satz 1 UVPG die **Beschreibung des Vorhabens** (Nr. 1), die **Beschreibung der Umwelt** (Nr. 2), die Merkmale des Vorhabens, mit denen die erheblichen nachteiligen **Umweltauswirkungen ausgeschlossen, vermindert oder ausgeglichen werden sollen** (Nr. 3), die geplanten **Umweltschutzmaßnahmen** (Nr. 4) sowie die **zu erwartenden erheblichen Umweltauswirkungen des Vorhabens** (Nr. 5), die Übersicht über die vom Vorhabenträger **geprüften vernünftigen Alternativen und Auswahlgründe** (Nr. 6) und eine **allgemein verständliche Zusammenfassung des UVP-Berichts** (Nr. 7). Bei Vorhaben, die einzeln oder im Zusammenwirken mit anderen Vorhaben, Projekten oder Plänen geeignet sind, ein **Natura 2000-Gebiet** erheblich zu beeinträchtigen, muss der UVP-Bericht zusätzlich Angaben zu den **Auswirkungen des Vorhabens auf die Erhaltungsziele dieses Gebiets** enthalten (**§ 16 Abs. 1 Satz 2 UVPG**). 19

Je nach Art des Vorhabens ist ein mehr oder weniger großer Teil der in § 16 Abs. 1 UVPG geforderten Mindestangaben mit solchen Angaben identisch, die auch schon vor In-Kraft-Treten des UVPG nach den jeweils geltenden fachgesetzlichen Anforderungen vom Vorhabenträger beizubringen waren und selbstverständlich nach wie vor, d.h., auch unabhängig von UVP-spezifischen Erfordernissen, mit den Antrags- oder Planunterlagen einzureichen sind. Wegen dieses Nebeneinanders kann es zu **Überschneidungen des UVP-Berichts mit den fachrechtlich geforderten Unterlagen** kommen, was zu einer Erhöhung des Arbeitsaufwandes des Vorhabenträgers führen kann, soweit die Überschneidungen nicht durch Bezugnahmen bzw. Verweisen vermieden werden können.[81] In jedem Fall sieht § 16 UVPG seit dem UVP-Modernisierungsgesetz 2017 zwingend vor, dass alle nach § 16 UVPG notwendigen Angaben im UVP-Bericht aufzuführen sind. Auch die wesentlichen Ergebnisse der Fachgutachten sind in den UVP-Bericht zu übernehmen.[82] Diese Gutachten werden nicht selbst zum Inhalt des UVP-Berichts, da ihre Urheberschaft – und damit die Verantwortlichkeit für die korrekte Erstellung der Fachgutachten – an anderer Stelle ruht. Folglich werden die Fachgutachten einzig nachrichtlich übernommen und stellen damit allenfalls eine Grundlage für den UVP-Bericht 20

---

76 BVerwG, Urt. v. 28.04.2016 – 9 A 9.15, NVwZ 2016, 1710 Rn. 34; Urt. v. 09.02.2017 – 7 A 2/15 u.a., BVerwGE 158, 1 Rn. 28; Urt. v. 28.11.2017 – 7 A 17/12, BVerwGE 161, 17 Rn. 29, 31; Urt. v. 19.12.2017 – 7 A 10/17, UPR 2018, 302 Rn. 24; Beschl. v. 26.03.2020 – 3 B 24/19, NVwZ 2020, 1199 Rn. 9. Zur Reichweite der Anstoßwirkung: OVG Hamburg, Beschl. v. 08.01.2020 – 2 Bs 183/19, NordÖR 2020, 235 (238); *Wendt/Uffelmann* NordÖR 2020, 214 (217 f.).

77 BVerwG, Beschl. v. 26.03.2020 – 3 B 24/19, NVwZ 2020, 1199 (1200); *Bunge*, in: HdUVP, 0600, § 6 Rn. 60.

78 *Balla/Borkenhagen/Günnewig* ZUR 2019, 323 (324).

79 Hierzu § 4 UmwRG Rdn. 25 ff.; BVerwG, Beschl. v. 26.03.2020 – 3 B 24/19, juris Rn. 9; VGH Mannheim, Urt. v. 17.11.2022 – 14 S 2056/21, NVwZ 2023, 767 (770); VGH München, Beschl. v. 29.07.2024 – 22 AS 24.40016, juris Rn. 53.

80 *Balla/Borkenhagen/Günnewig* ZUR 2019, 323 (326).

81 Gesetzesbegr. v. 13.03.2017, BT-Drs. 18/11499, S. 69.

82 *Balla/Borkenhagen* UVP-report 2/2019, 82 (83).

dar. Allein aus Gründen der Übersichtlichkeit sollten nur die wesentlichen Methoden und Ergebnisse der Methoden eingearbeitet werden.[83]

21 Die Anhörung der Öffentlichkeit, die Erörterung der Einwendungen gegen das Vorhaben und die Einholung von Stellungnahmen der verschiedenen Behörden treten als Erkenntnisquellen neben den UVP-Bericht des Vorhabenträgers, tragen mithin gemeinsam dazu bei, die Umweltauswirkungen eines Vorhabens vor der Entscheidung über seine Zulassung zusammenfassend darstellen und bewerten zu können. Beides – **zusammenfassende Darstellung und Bewertung der Umweltauswirkungen** nach §§ 24 und 25 UVPG – **obliegt** daher, trotz der Pflicht des Vorhabenträgers, einen UVP-Bericht vorzulegen, allein der für die Durchführung der UVP **zuständigen Behörde**, nicht hingegen dem Vorhabenträger. Diese Trennung der Verantwortungsbereiche darf aber nicht darüber hinwegtäuschen, dass die Erarbeitung der zusammenfassenden Darstellung gem. § 24 Abs. 1 Satz 2 UVPG auf der Grundlage des UVP-Berichts erfolgt und diese zusammenfassende Darstellung ihrerseits nach § 25 Abs. 1 UVPG Grundlage der Bewertung der Umweltauswirkungen ist.[84] Außerdem enthalten UVP-Berichte typischerweise Bewertungsvorschläge, da zur Erstellung genehmigungsfähiger Antragsunterlagen eine gedankliche Antizipation der behördlichen Bewertungen notwendig ist.[85]

II. Beschreibung des Vorhabens (Nr. 1)

22 Zu den **allgemeinen Angaben** i.S.d. § 16 Abs. 1 Nr. 1 UVPG gehören die Art des Vorhabens, sein Standort, die Größen- und Lageverhältnisse seiner baulichen und sonstigen Anlagen, der Bodenbedarf, die voraussichtliche Dauer von Errichtung und Betrieb, die wesentlichen technischen Betriebsabläufe, die Anbindung des Vorhabens an die vorhandene Infrastruktur, namentlich an die Verkehrswege, sowie der ggf. zu erwartende Bedarf an zusätzlichen Infrastrukturmaßnahmen. Maßgeblich ist der **Vorhabenbegriff** des jeweiligen Fachgesetzes, da das UVPG keinen eigenständigen, gegenüber dem Fachrecht erweiterten Vorhaben- oder Anlagenbegriff einführt, sondern über § 2 Abs. 4 UVPG auf die in der Anlage 1 zu § 1 UVPG aufgeführten Vorhaben verweist, die dort anhand ihrer gesetzlichen Zulassungstatbestände identifiziert werden.[86] Umfasst ein Vorhaben nach der Zulassungsnorm neben dem **Betrieb** auch die **Errichtung** der betrieblichen Anlagen (vgl. etwa § 4 BImSchG), ist das Vorhaben auch in seinen Errichtungsphase(n) und -schritten zu beschreiben. Entsprechendes gilt auch hinsichtlich der übrigen nach § 16 Abs. 1 Satz 1 Nr. 2 bis 7, Satz 2 UVPG obligatorisch und nach Absatz 3 der Vorschrift in Einzelfällen beizubringenden Unterlagen, soweit sie vorhabenbezogen sind. So müssen etwa auch Zahlen zum **Baustellenverkehr** und Angaben zu seinen Auswirkungen auf die UVP-Schutzgüter, ferner Angaben zu temporärer, nur errichtungsbedingter **Flächen- oder Gewässerinanspruchnahme** geliefert werden. Entsprechendes gilt für die **Auswirkungen der Stilllegung eines Betriebs**, wenn das jeweilige Zulassungsrecht – wie z.B. in § 5 Abs. 3 BImSchG – Anforderungen an die Stilllegung einer Anlage als Voraussetzung für die Errichtungs- und Betriebsgenehmigung ausdrücklich regelt oder wenn sich – wie in § 57a Abs. 5 BBergG im Verhältnis von planfestgestelltem Rahmenbetriebsplan zum Abschlussbetriebsplan[87] – die Rechtswirkung der Zulassungsentscheidung für das Vorhaben im Sinne »vertikaler« Konzentration[88] auf die nachfolgende Entscheidung über die Einstellung des Betriebs erstreckt. In diesen Fällen sind die Umweltauswirkungen der Stilllegung des Betriebs, soweit sie bereits erkennbar sind, im Zulassungsverfahren des UVP-pflichtigen Vorhabens mit zu ermitteln. Ist die Stilllegung einem gesonderten Zulassungsverfahren unterworfen, für das seinerseits eine UVP erforderlich ist, sind die Umweltauswirkungen

83 *Lieber* UPR 2018, 441 (444).
84 *Balla/Sangenstedt* ZUR 2023, 476 (480).
85 *Hartlik* UVP-report 2/2020, 71; II. Nr. 16.1.4.1 der UVPVwV; *Balla/Sangenstedt* ZUR 2023, 476 (480).
86 *Kretz* UPR 1992, 129 (133); *Hoppe/Appold/Haneklaus* DVBl 1992, 1203 (1210).
87 Zu den Rechtswirkungen des bergrechtlichen Planfeststellungsbeschlusses für nachfolgende Betriebspläne vgl. *Niermann*, Betriebsplan und Planfeststellung im Bergrecht, S. 246 f.
88 *Gaentzsch*, in: FS Sendler, S. 403 (416).

der Stilllegung allein dort relevant (z.B. bei Stilllegung einer kerntechnischen Anlage nach § 7 Abs. 3 AtG). **Nicht** in den Rahmen dieses »**Objektsteckbriefes**« gehören indessen Angaben zur »Rechtfertigung« des Vorhabens, etwa die Darlegung des Bedarfs für ein derartiges Vorhaben nach volkswirtschaftlichen, umweltpolitischen, entsorgungswirtschaftlichen oder ähnlichen Gesichtspunkten. Die UVP hat sich allein auf die Umweltverträglichkeit, nicht hingegen auf die Erforderlichkeit oder Sinnhaftigkeit eines Vorhabens zu beziehen. Erlaubt ist, was das (Fach-)Gesetz zulässt; das UVPG errichtet daneben keine materiellen Schranken für die Zulässigkeit eines Vorhabens.[89] Eine »**Planrechtfertigung**« o.Ä. kann daher nicht aus **UVP-gesetzlicher** Sicht gefordert werden. Hiervon unberührt bleibt die Frage, ob ein Vorhaben nach Fachplanungsrecht im Hinblick auf das verfassungsrechtliche Gebot der Gesetzmäßigkeit der Enteignung (Art. 14 Abs. 3 GG) einer Planrechtfertigung bedarf und aus diesem Grunde nach der Rechtsprechung des *BVerwG* zu prüfen ist, ob das Vorhaben, gemessen an den Zielen des jeweiligen Fachgesetzes, »vernünftigerweise geboten« ist.[90]

III. Beschreibung der Umwelt und ihrer Bestandteile (Nr. 2)

Die Beschreibung der Umwelt und ihrer Bestandteile **im Einwirkungsbereich des Vorhabens** hat 23
sich auf die (unmittelbare, benachbarte, in irgendeiner Weise tangierte) Umwelt des Vorhabens zu beziehen. Einwirkungsbereich ist nach der Legaldefinition des § 2 Abs. 11 UVPG nämlich das geographische Gebiet, in dem Umweltauswirkungen auftreten, die für die Zulassung eines Vorhabens relevant sind. Angaben hierzu erfordern zunächst die **Festlegung eines Untersuchungsradius.** Dieser darf nicht einheitlich für alle Bestandteile der das Vorhaben umgebenden Umwelt festgelegt werden, sondern ist **nach der spezifischen Reichweite der Auswirkungen des Vorhabens auf die einzelnen Umweltfaktoren oder Umweltbestandteile** zu bestimmen.[91] So ist etwa eine Beschreibung des Landschaftsbilds eines Vorhabens nur in Sichtweite des Vorhabens sinnvoll, weil es darüber hinaus von ihm nicht beeinträchtigt werden dürfte, während der Untersuchungsradius im Hinblick auf vorhandene Siedlungen wegen der möglichen Auswirkungen eines emittierenden Vorhabens auf die menschliche Gesundheit auch weit darüber hinausgehen kann.[92] Dies schließt es aus, dass ein Untersuchungsgebiet pauschal in einem einheitlichen km-Radius festgelegt wird.[93] Zu beschreiben sind umfassend und vollständig **alle die Umwelt des Vorhabens bildenden Faktoren**, namentlich die in § 2 Abs. 1, 2 UVPG genannten Schutzgüter, ohne Rücksicht auf die Frage, ob mit (erheblichen) Auswirkungen des Vorhabens auf sie überhaupt zu rechnen ist.[94] Dies macht den Unterschied zu der ebenfalls Umweltanalysen erfordernden, aber auswirkungsorientierten Prüfung nach § 16 Abs. 1 Nr. 5 UVPG aus. Im Hinblick auf § 16 Abs. 1 Nr. 5 UVPG kann es allerdings sinnvoll sein, auch den Umweltzustand einer fachlichen Bewertung zu unterziehen, insbesondere bzgl. der Bedeutung und Empfindlichkeit der Schutzgüter hinsichtlich voraussichtlicher Umweltauswirkungen.[95]

---

89 Siehe § 2 Rdn. 7; für § 6 UVPG a.F. ausdrücklich OVG Lüneburg, Urt. v. 08.03.2006 – 7 KS 145/02 u.a., DVBl 2006, 1044 (1051).

90 BVerwG, Urt. v. 14.02.1975 – IV C 21.74, BVerwGE 48, 56 (60); Urt. v. 22.03.1985 – 4 C 15.83, BVerwGE 71, 166 (168 f.); Urt. v. 08.07.1998 – 11 A 53.97, BVerwGE 107, 142 (145 ff.); Beschl. v. 17.09.2004 – 9 VR 3.04, NVwZ 2005, 330 (331); Urt. v. 16.03.2006 – 4 A 1075.04, NVwZ-Beil. 2006, 1 Rn. 182; Urt. v. 15.07.2016 – 9 C 3.16, NVwZ 2016, 1631 Rn. 23; Urt. v. 11.08.2016 – 7 A 1.15, ZUR 2016, 665 (667); Urt. v. 06.04.2017 – 4 A 2.16, DVBl 2017, 1039 Rn. 32; in diesem Sinne auch BVerfG, Urt. v. 16.12.2002 – 1 BvR 171/02, NVwZ 2003, 726 (727).

91 BVerwG, Urt. v. 09.02.2017 – 7 A 2/15 u.a., BVerwGE 158, 1 Rn. 145.

92 BVerwG, Urt. v. 31.07.2012 – 4 A 7001.11 u.a., NVwZ 2013, 297 Rn. 44; OVG Berlin, Urt. v. 14.06.2016 – OVG 11 A 10.13, juris Rn. 36.

93 Dies gilt auch für die Beschränkung der Grobplanung einzelner Flugrouten bei der Zulassung eines Flughafens: BVerwG, Urt. v. 31.07.2012 – 4 A 7001.11 u.a., NVwZ 2013, 297 Rn. 43 ff.; OVG Berlin, Urt. v. 14.06.2016 – OVG 11 A 10.13, juris Rn. 36.

94 *Peters/Balla/Hesselbarth,* UVPG, § 16 Rn. 23.

95 *Peters/Balla/Hesselbarth,* UVPG, § 16 Rn. 22.

IV. Beschreibung der Merkmale des Vorhabens, mit denen erhebliche nachteilige Umweltauswirkungen ausgeschlossen, vermindert oder ausgeglichen werden sollen (Nr. 3)

24 Nach § 16 Abs. 1 Satz 1 Nr. 3 UVPG muss der UVP-Bericht auch eine Beschreibung der Merkmale des Vorhabens und des Standorts enthalten, mit der das Auftreten erheblicher nachteiliger Umweltauswirkungen ausgeschlossen, vermindert oder ausgeglichen werden soll. Die Bezeichnung »ausgeschlossen« meint in diesem Zusammenhang sowohl das »Vermeiden« als auch das »Verhindern« erheblicher nachteiliger Umweltauswirkungen.[96] Die Regelung wurde durch das UVP-Modernisierungsgesetz 2017 neu in den Katalog der obligatorischen Mindestangaben des UVP-Berichts aufgenommen und basiert auf Art. 5 Abs. 1 lit. c der UVP-Änderungsrichtlinie 2014.[97] Im Unterschied zu § 16 Abs. 1 Satz 1 Nr. 4 UVPG, nach dem die Umweltschutzmaßnahmen beschrieben werden sollen,[98] setzt die Mindestangabe des § 16 Abs. 1 Satz 1 Nr. 3 UVPG früher an. Der Vorhabenträger soll dadurch angeregt werden, nicht nur frühzeitig Umweltschutzmaßnahmen ins Auge zu fassen, sondern sich auch bereits bei der Planung des Vorhabens Gedanken zu machen, wie durch eine Änderung der Merkmale des Vorhabens selbst, die nach § 16 Abs. 1 Satz 1 Nr. 1 UVPG beschrieben werden müssen,[99] bereits erhebliche nachteilige Umweltauswirkungen ausgeschlossen, vermindert oder ausgeglichen werden können. Die Regelung kann daher im Zusammenhang mit § 16 Abs. 1 Satz 1 Nr. 6 UVPG gesehen werden, wonach der UVP-Bericht eine Beschreibung der vom Vorhabenträger geprüften vernünftigen Alternativen und der Auswahlgründe enthalten muss.[100] Allerdings begründet auch § 16 Abs. 1 Satz 1 Nr. 3 UVPG keine Pflicht des Vorhabenträgers, Alternativen zu prüfen.[101]

V. Umweltschutzmaßnahmen (Nr. 4)

25 Die Beschreibung der geplanten Maßnahmen, mit denen erhebliche Beeinträchtigungen der Umwelt ausgeschlossen, vermindert oder soweit möglich ausgeglichen werden, sowie die Beschreibung der geplanten Ersatzmaßnahmen dienen dazu, die verbleibenden erheblichen Beeinträchtigungen und Risiken des Vorhabens für die Umwelt herauszufiltern und der Bewertung zugänglich zu machen. Mit der Bezeichnung »ausgeschlossen« ist wie in § 16 Abs. 1 Satz 1 Nr. 3 UVPG sowohl das »Vermeiden« als auch das »Verhindern« erheblicher nachteiliger Umweltauswirkungen umfasst.[102] Diese semantische Gleichförmigkeit erleichtert es, § 16 Abs. 1 Satz 1 Nr. 3 und Nr. 4 UVPG im UVP-Bericht zusammen zu behandeln, was zulässig ist.[103] Konzeptionell orientiert sich § 16 Abs. 1 Satz 1 Nr. 4 UVPG an der Stufenfolge der **Eingriffsregelung des § 13 BNatSchG.**[104] Anders als jene Bestimmung konstituiert § 16 Abs. 1 Satz 1 Nr. 4 UVPG aber keine entsprechenden Vermeidungs-, Verhinderungs-, Minimierungs-, Ausgleichs- oder Unterlassungspflichten des Vorhabenträgers. Sie führt allerdings dazu, dass der Vorhabenträger sich bereits frühzeitig mit entsprechenden **Möglichkeiten zur Vermeidung etc.** von Umweltbeeinträchtigungen **auseinandersetzen muss.** Für die Frage etwa, ob bestimmte erhebliche Umweltbeeinträchtigungen eines Vorhabens ausgeschlossen oder vermindert werden können, ist eine wenigstens überschlägige Suche nach umweltschonenderen Alternativen eines Vorhabens oder einzelner Aspekte seiner technischen Verwirklichung sowie die ernsthafte Auseinandersetzung mit ggf. denkbaren Alternativen erforderlich. Die Beschreibung von

---

96 Gesetzesbegr. v. 13.03.2017, BT-Drs. 18/11499, S. 88.
97 Gesetzesbegr. v. 13.03.2017, BT-Drs. 18/11499, S. 88.
98 Siehe hierzu Rdn. 25.
99 Siehe hierzu Rdn. 22.
100 Siehe hierzu Rdn. 28.
101 Siehe hierzu Rdn. 28; *Balla/Sangenstedt* ZUR 2023, 476 (479).
102 Gesetzesbegr. v. 13.03.2017, BT-Drs. 18/11499, S. 88.
103 *Balla/Borkenhagen* UVP-report 2/2019, 82 (86).
104 Diesen engen Zusammenhang betonen auch *Götze/Lau* DVBl 2006, 415 (418). Siehe zu den Eingriffsregelungen des § 13 BNatSchG: *Kerkmann/Koch*, in: Schlacke, GK-BNatSchG, § 13 Rn. 8 ff.; *Lütkes*, in: ders./Ewer, BNatSchG, § 13 Rn. 9 ff.; *Gellermann*, in: Landmann/Rohmer, Umweltrecht, § 13 BNatSchG Rn. 4 ff.

geplanten Ersatzmaßnahmen bei nicht ausgleichbaren erheblichen nachteiligen Umweltauswirkungen verlangt vom Vorhabenträger keine eigene, unter Berücksichtigung aller Belange zu treffende Abwägung des Eingriffs, wohl aber eine **eigene Bewertung des Eingriffs**, um gleichwertige Maßnahmen zur Kompensation ermitteln und anbieten zu können. Vermeidungsmaßnahmen können technischer oder ökologischer Art sein, als Ausgleichsmaßnahmen kommen typischerweise naturschutzfachliche Kompensationsmaßnahmen gem. § 15 Abs. 2 BNatSchG in Betracht; Überwachungsmaßnahmen sind dagegen von § 16 Abs. 1 Satz 1 Nr. 4 UVPG nicht erfasst.[105]

VI. Erhebliche nachteilige Umweltauswirkungen (Nr. 5)

Die Beschreibung der zu erwartenden erheblichen nachteiligen Umweltauswirkungen des Vorhabens 26
ist für die UVP von größter Bedeutung. Die hierzu vom Vorhabenträger in den UVP-Bericht aufzunehmenden Angaben bilden eine wesentliche Grundlage für die später erfolgende Darstellung und Bewertung der Umweltauswirkungen. Es handelt sich um den »Kerninhalt«[106] bzw. um das »Herzstück des UVP-Berichts«[107]. Der Begriff der **Umweltauswirkungen** ist nicht identisch mit dem Immissionsbegriff des BImSchG, sondern erfasst darüber hinaus vor allem auch die **Wirkungen der Immissionen.**[108] Damit ist freilich nicht gesagt, dass das BImSchG keine ausreichende, insbesondere **medienübergreifende** Ermittlung (Beschreibung und Bewertung) der Umweltauswirkungen zuließe.[109] Der umfassende Prüfungsauftrag des UVPG wird dort vielmehr dadurch gelöst, dass in § 5 Abs. 1 Nr. 1 BImSchG neben den Schutz vor schädlichen Umwelteinwirkungen (Immissionen) auch der Schutz vor sonstigen Gefahren, sonstigen erheblichen Nachteilen und sonstigen erheblichen Belästigungen gestellt wird. In gleichem Umfang gewährleistet dies die Vorsorgeverpflichtung nach § 5 Abs. 1 Nr. 2 BImSchG.[110] Damit werden alle Umweltauswirkungen i.S.d. UVPG einschließlich der Wechselwirkungen mitumfasst.[111] Schließlich wird die durch das Artikelgesetz 2001 erfolgte Erweiterung der Betreiberpflichten nach § 5 Abs. 1 BImSchG durch die Ausrichtung auf ein hohes Schutzniveau für die Umwelt insgesamt, mit der das Problem der Belastungsverlagerung gelöst werden sollte, dem medienübergreifenden Ansatz der UVP gerecht.[112]

Eine reine Emissionsbetrachtung, auf deren Grundlage die Immissionen berechnet werden können, 27
reicht zur Erfüllung der durch § 16 Abs. 1 Satz 1 Nr. 5 UVPG errichteten Pflichten nicht aus. Es müssen vielmehr Angaben zu den Folgen der Immissionen für die einzelnen Umweltmedien (menschliche Gesundheit, Beeinträchtigung von Flora und Fauna etc.) beigebracht werden. So ist es beispielsweise ungenügend, bei Einleitungen in ein Gewässer etwa nur Angaben über Art und Menge der Schmutzfracht und die Vermischungs- und Verdünnungseffekte im Umkreis der Einleitungsstelle zu machen. Hinzuzutreten haben Angaben über die voraussichtlichen Auswirkungen der eingeleiteten Stoffe auf die im Gewässer anzutreffenden lebenden Organismen sowie auf ihre möglichen Folgen für die menschliche Gesundheit. Dies setzt Erkenntnisse und entsprechende Angaben über die Umwelt und ihre Bestandteile voraus.[113] Da die UVP nach der Konzeption der §§ 2 und 3 UVPG und der zugrunde liegenden UVP-RL im Übrigen auf **vollständige Berücksichtigung aller Schutzgüter** gerichtet ist **(integrativer Ansatz),**[114] müssen die vom Vorhabenträger in den UVP-Bericht aufzunehmenden Angaben nach § 16 Abs. 1 Satz 1 Nr. 5 UVPG so **umfassende Angaben** enthalten, dass festgestellt werden kann, ob einzelne der in § 2 Abs. 1 UVPG genannten Schutzgüter durch

105 *Peters/Balla/Hesselbarth,* UVPG, § 16 Rn. 29.
106 *Peters/Balla/Hesselbarth,* UVPG, § 16 Rn. 31.
107 *Hartlik* UVP-report 1/2020, 3 (10).
108 Zutreffend *Jarass,* Auslegung und Umsetzung der EG-RL zur UVP, S. 47 f.
109 Dazu § 25 Rdn. 166; zum integrativen Umweltschutz im BImSchG *Jarass,* BImSchG § 5 Rn. 5.
110 Zur Vorsorgepflicht siehe *Dietlein,* in: Landmann/Rohmer, Umweltrecht, § 5 BImSchG Rn. 131 ff.
111 *Ziegler* NJW 1991, 409; a.A. *Schink/Erbguth* DVBl 1991, 413 (418).
112 Krit. dazu *Enders/Krings* DVBl 2001, 1389 (1394).
113 So schon die Begr. des UVP-Gesetzentwurfs, BT-Drs. 11/3919, S. 24.
114 Siehe Einl. Rdn. 20.

Auswirkungen des Vorhabens beeinträchtigt werden.[115] Der Vorhabenträger sollte daher nicht auf Angaben zu bestimmten Wirkfaktoren verzichten, nur weil er der Auffassung ist, dass die Auswirkungen dieser Faktoren auf die Umweltgüter unterhalb der Erheblichkeitsschwelle angesiedelt sind. Falls es nur unerhebliche oder keine Auswirkungen auf bestimmte Schutzgüter gibt, sollte dies ausdrücklich angegeben werden, um deutlich zu machen, dass die in Rede stehenden Wirkfaktoren zwar gesehen, aber am Maßstab einer Erheblichkeitsprüfung als irrelevant ausgeschieden worden sind.

VII. Vom Träger des Vorhabens geprüfte vernünftige Alternativen (Nr. 6)

28 Die Bestimmung gibt dem Vorhabenträger die Vorlage einer Beschreibung der von ihm geprüften und für das Vorhaben und seine spezifischen Merkmale relevanten vernünftigen **Alternativen** und seiner **Auswahlgründe** im Hinblick auf die Umweltauswirkungen des Vorhabens auf. Die Bestimmung begründet allerdings **keinerlei Pflichten des Vorhabenträgers zur Prüfung von Vorhabenalternativen.**[116] Der Umstand, dass ein Alternativenvergleich die Bewertung im Rahmen der UVP ganz erheblich erleichtern kann und ein Verzicht hierauf die Gewinnung von Maßstäben für die Beurteilung der Umweltverträglichkeit erschweren wird,[117] belegt noch nicht, dass das geltende Recht entsprechende Pflichten begründet. Auch die prinzipielle Eignung[118] eines bestimmten behördlichen Entscheidungsverfahrens für den Vergleich von Projektvarianten sagt nichts darüber aus, ob derartige Vergleichsuntersuchungen obligatorisch anzustellen sind. Auszugehen ist vielmehr davon, dass die UVP sowohl nach der UVP-Richtlinie[119] als auch nach dem UVPG **projektbezogen** konzipiert worden ist und in jene bestehenden Verfahren integriert wurde, die auf fachgesetzlicher Ebene über die Zulassung der UVP-pflichtigen Vorhaben (mit)entscheiden. Folgerichtig geht das UVPG von einem **Vorhabenbegriff** aus, wie er dem jeweils maßgeblichen Zulassungsrecht zugrunde liegt. Dies belegt die Begriffsbestimmung des § 2 Abs. 4 UVPG, die auf die in der Anlage 1 zu § 1 UVPG aufgeführten Vorhaben verweist. Dort werden als Vorhaben, die der UVP unterliegen, ausschließlich Bau und Betrieb von Anlagen, die der fachgesetzlichen Zulassung in bestimmten Genehmigungs- oder Planfeststellungsverfahren bedürfen, genannt. Das UVPG führt somit keinen eigenständigen, gegenüber dem Fachrecht erweiterten Vorhaben- oder Anlagenbegriff ein.[120] Das Vorhaben i.S.d. UVPG ist vielmehr identisch mit dem zulassungsbedürftigen Vorhaben i.S.d. jeweils einschlägigen Fachrechts.[121] Nur soweit das Fachrecht das jeweils verfahrensgegenständliche Vorhaben in verschiedenen Durchführungsvarianten erfasst, hat sich die UVP auch auf diese zu beziehen.[122] Dann folgt aber der Alternativenvergleich nicht aus dem UVP-Recht, sondern aus dem Fachrecht.[123] Gegenstand eines fachgesetzlichen Zulassungsverfahrens ist aber regelmäßig ein Vorhaben an einem bestimmten Standort – bei sog. Punktprojekten – oder – bei Trassenprojekten – in einer bestimmten Trassierung; denn die Voraussetzungen für die Zulässigkeit eines Vorhabens lassen sich immer nur

---

115 Siehe zum Umfang der Darlegung im Zusammenhang mit dem Klimawandel *Köck* ZUR 2011, 15 (22).

116 Grundlegend BVerwG, Beschl. v. 14.05.1996 – 7 NB 3.95, BVerwGE 101, 166 (168 ff.); ferner BVerwG, Beschl. v. 17.02.1997 – 4 VP 17.96, NuR 1998, 305 (307 f.); OVG Lüneburg, Urt. v. 08.03.2006 – 7 KS 145/02 u.a., DVBl 2006, 1044 (1051); OVG Bautzen, Beschl. v. 13.07.2022 – 4 B 235/21, EnWZ 2023, 85 (86 f.); zustimmend *Spannowsky* UPR 2005, 401 (404); krit. *Groß* NVwZ 2001, 513; insbesondere schreibt auch die UVP-Änderungsrichtlinie 2014 keine solche Pflicht vor: *Balla/Peters* NuR 2015, 297 (302); *Sangenstedt* ZUR 2014, 526 (532).

117 *Erbguth* NVwZ 1992, 209 (219).

118 So *Steinberg* NuR 1992, 164 (168).

119 Siehe oben Rdn. 6.

120 So zutreffend *Kretz* UPR 1992, 129 (133).

121 Dies gilt auch für den jeweiligen Abschnitt eines abschnittsweisen Zulassungsverfahrens: OVG Koblenz, Urt. v. 01.07.2015 – 8 C 10494/14, DVBl 2015, 1194 Rn. 58; *Kment/Pleiner*, S. 26 ff.

122 *Roßnagel/Hentschel* UPR 2004, 291 (292); *Wemdzio* NuR 2008, 479 (479); *Groß* NVwZ 2001, 514 (515); *Sangenstedt* ZUR 2014, 526 (532).

123 II. Nr. 16.1.5 der UVPVwV.

im Hinblick auf seine konkrete räumliche Lage überprüfen. Eine Alternativenprüfung ist in diesen Fällen allenfalls hinsichtlich des Anlagenkonzeptes, nicht jedoch in Bezug auf den gewählten Standort oder die festgelegte Trassierung der Anlage eröffnet. Standortalternativen sind deshalb keine verschiedenen Varianten desselben Vorhabens, sondern unterschiedliche Vorhaben, für die regelmäßig eigenständige Zulassungsverfahren durchzuführen wären. Etwas anderes gilt nur dort, wo das Fachrecht die Berücksichtigung von Standortalternativen im Verfahren über die Zulassung eines bestimmten Vorhabens verlangt, wie dies für die **Planfeststellung** mit Blick auf das **Abwägungsgebot** allgemein anzuerkennen ist.[124] Hier, aber auch nur hier, ergibt sich dann in der Tat die Notwendigkeit, die verschiedenen **sich ernsthaft aufdrängenden**[125] bzw. **ernsthaft in Betracht kommenden**[126] Standorte auch auf ihre jeweiligen Umweltauswirkungen hin zu untersuchen, wobei Planungsvarianten, die nach einer Grobanalyse in einem frühen Planungsstadium ausgeschieden werden, keinen weiteren Detailprüfungen der Umweltverträglichkeit unterzogen werden müssen,[127] aber zumindest eine Erläuterung der Umweltauswirkungen erforderlich ist.[128]

VIII. Zusammenfassung des UVP-Berichts (Nr. 7)

Die allgemein verständliche, nichttechnische **Zusammenfassung** des UVP-Berichts dient der schnelleren Orientierung vor allem der im Rahmen der Öffentlichkeitsbeteiligung Einsicht nehmenden Dritten.[129] Dies wird durch § 16 Abs. 5 Satz 3 Nr. 2 UVPG ausdrücklich in qualitativer Hinsicht unterstrichen, wonach die Angaben des UVP-Berichts für Dritte verständlich sein müssen.[130] Die Zusammenfassung hat damit auch eine Rechtsschutzfunktion im Hinblick auf diejenigen Angaben, die der Einzelne zur Überprüfung seiner Rechtsbetroffenheit benötigt.[131] Die Zusammenfassung muss daher **vollständig und leicht verständlich** (**»nichttechnisch«**) sein. 29

IX. Natura 2000-Gebiet (Abs. 1 Satz 2)

Nach § 16 Abs. 1 Satz 2 UVPG muss der Vorhabenträger bei Vorhaben, die einzeln oder im Zusammenwirken mit anderen Vorhaben, Projekten oder Plänen geeignet sind, ein Natura 2000-Gebiet erheblich zu beeinträchtigen, Angaben zu den Auswirkungen des Vorhabens auf die Erhaltungsziele dieses Gebiets ebenfalls in den UVP-Bericht aufnehmen. Es wird klargestellt, dass die Beschreibung der erheblichen nachteiligen Umweltauswirkungen nach § 16 Abs. 1 Satz 1 Nr. 5 UVPG sich auch auf die Auswirkungen auf die Erhaltungsziele des FFH- oder Vogelschutzgebietes 30

124 BVerwG, Urt. v. 21.01.2016 – 4 A 5.14, NVwZ 2016, 844 Rn. 168; OVG Lüneburg, Urt. v. 08.03.2006 – 7 KS 145/02 u.a., DVBl 2006, 1044 (1051); siehe dazu etwa auch *Kment* DVBl 2008, 364; *ders.*, Öffentliches Baurecht, § 4 Rn. 54; *Just*, Ermittlung und Einstellung von Belangen bei der planerischen Abwägung, S. 148; *Hoppe*, in: ders./Bönker/Grotefels, Öffentliches Baurecht, § 5 Rn. 48 ff., 71 ff.; *Spannowsky* UPR 2005, 401 (401 ff.); *Schrödter* LKV 2008, 109 (111); *Schink* NuR 2018, 21 (27 f.); umfassend *Schlarmann*, Alternativenprüfung, S. 7 ff. Siehe hierzu auch § 40 Rdn. 19 ff.

125 Vgl. nur BVerwG, Urt. v. 30.05.1984 – 4 C 58.81, BVerwGE 69, 256 (273); Beschl. v. 14.05.1996 – 7 NB 3.95, BVerwGE 101, 166 (174) Urt. v. 26.02.1999 – 4 A 47.96, NVwZ 2000, 560 (560).

126 BVerwG, Urt. v. 14.11.2002 – 4 A 15.02, BVerwGE 117, 149 (160); Urt. v. 15.05.2003 – 4 CN 9.01, NVwZ 2003, 1263 (1267); Urt. v. 09.02.2005 – 9 A 80.03, NVwZ-RR 2005, 453 (454); Urt. v. 22.11.2016 – 9 A 25.15, NVwZ 2017, 627 Rn. 38 ff.; Urt. v. 15.12.2016 – 4 A 4.15, BVerwGE 157, 73 Rn. 32.

127 BVerwG, Beschl. v. 16.08.1995 – 4 B 92.95, NuR, 1996, 402 (403); Urt. v. 21.01.2016 – 4 A 5.14, NVwZ 2016, 844 Rn. 172; Urt. v. 28.04.2016 – 9 A 9.15, NVwZ 2016, 1710 Rn. 174; *Balla/Borkenhagen* UVP-report 2/2019, 82 (89); *Schink* NuR 2018, 21 (28); *Balla/Sangenstedt* ZUR 2023, 476 (479).

128 EuGH, Urt. v. 08.11.2018 – C-461/17, ECLI:EU:C:2018:883 Rn. 69 (Holohan u.a.); II. Nr. 16.1.5 der UVPVwV.

129 *Schoeneberg*, UVP, Rn. 125, 131 ff., betont zu Recht die Funktion der Unterlagen als Grundlage für die Öffentlichkeitsbeteiligung.

130 Siehe hierzu Rdn. 18.

131 So auch *Bunge*, in: HdUVP, 0600, § 6 Rn. 60.

erstreckt, wenn das Vorhaben einer Prüfung nach § 34 BNatSchG bedarf.[132] Unter den besagten Erhaltungszielen versteht man im Übrigen gem. § 7 Abs. 1 Nr. 9 BNatSchG »*Ziele, die im Hinblick auf die Erhaltung oder Wiederherstellung eines günstigen Erhaltungszustands eines natürlichen Lebensraumtyps von gemeinschaftlichem Interesse, einer in Anhang II der Richtlinie 92/43/EWG oder in Artikel 4 Absatz 2 oder Anhang I der Richtlinie 2009/147/EG aufgeführten Art für ein Natura 2000-Gebiet festgelegt sind.*« Die Erhaltungsziele werden dabei für jedes Gebiet gesondert festgelegt und sind in der Schutzgebietserklärung festzulegen und auszuweisen.[133] Die Schutzgebiete und die Schutzerklärungen, in welcher der Schutzzweck entsprechend den jeweiligen Erhaltungszielen bestimmt wird, werden gem. § 32 Abs. 1 Satz 1 BNatSchG von den Bundesländern festgesetzt.[134]

E. Weitergehende Angaben nach der Anlage 4 (Abs. 3)

I. Allgemeines

31 Die Liste der nach § 16 Abs. 1 UVPG beizubringenden Unterlagen wird in § 16 Abs. 3 UVPG um die in der Anlage 4 genannten Angaben erweitert, soweit diese für das Vorhaben **von Bedeutung** sind.[135] Ob und inwiefern die Angaben relevant sind und mit welchem Umfang und Detailierungsgrad sie erforderlich sind, bestimmt sich nach Art, Zuschnitt und technischer Ausgestaltung des Vorhabens, sowie den örtlichen Gegebenheiten und sonstigen Umständen des Einzelfalls.[136] Deshalb ist **in jedem Einzelfall** zunächst individuell zu prüfen, ob die in der Anlage 4 aufgeführten Angaben überhaupt beizubringen sind.[137] Mit dieser Unterscheidung zwischen obligatorischen Angaben und solchen, die nur in besonderen Fällen unter strengeren Voraussetzungen vorzuweisen sind, ist der Gesetzgeber dem Vorbild der UVP-RL gefolgt, die in Art. 5 Abs. 1 ebenfalls zwischen stets erforderlichen und fakultativen Angaben (Art. 5 Abs. 1 lit. f der UVP-Änderungsrichtlinie 2014) unterscheidet. Ungeachtet dieser ausdrücklichen Beschränkung der Beibringungslast des Vorhabenträgers gilt der Verhältnismäßigkeitsgrundsatz[138] uneingeschränkt als verfassungsrechtlich (und EU-rechtlich) zu beachtende Schranke für die Mitwirkungspflichten des Vorhabenträgers. Angaben etwa, die nicht geeignet sind, das Ziel des Verfahrens – die Feststellung der erheblichen Auswirkungen eines Vorhabens auf die Umwelt – zu fördern, können vom Vorhabenträger nicht verlangt werden. Der Katalog der Anlage 4 ist im Übrigen nicht als Block in der Gesamtheit seiner Anforderungen stets einheitlich zu beachten; es ist vielmehr in jedem einzelnen Fall zu entscheiden, welche Angaben der verschiedenen Unterpunkte erforderlich sind. Aus dem Regel-Ausnahme-Verhältnis von § 16 Abs. 1 UVPG zu Absatz 3 der Bestimmung folgt schließlich, dass die zuständige Behörde im Zweifel die **Darlegungs- und Beweislast** dafür trägt, dass weitere Angaben über die obligatorisch in den UVP-Bericht aufzunehmenden Angaben hinaus erforderlich sind.[139]

32 Für das Vorhaben **von Bedeutung sind die weiteren Angaben**, wenn die Umweltverträglichkeit des Vorhabens auf der Grundlage der nach § 16 Abs. 1 UVPG in den UVP-Bericht aufzunehmenden Angaben nicht verlässlich oder nicht ausreichend ermittelt, dargestellt und bewertet werden können. Das Vorhaben muss in seiner konkreten Gestalt so geartet sein, dass ein detaillierterer Grad der

---

132 Gesetzesbegr. v. 13.03.2017, BT-Drs. 18/11499, S. 89. Siehe zur Prüfung nach § 34 BNatSchG: *Ewer*, in: Lütkes/Ewer, BNatSchG, § 34 Rn. 9 ff.; *Möckel*, in: Schlacke, GK-BNatSchG, § 34 Rn. 9 ff.

133 *Möckel*, in: Schlacke, GK-BNatSchG, § 7 Rn. 16, 18.

134 Siehe hierzu zum Beispiel: Bayerische Natura 2000-Verordnung (BayNat2000V) v. 19.02.2016 (AllMBl. Nr. 3/2016, S. 258).

135 *Balla/Borkenhagen/Günnewig* ZUR 2019, 323; *Hoppenberg/Elgeti* NuR 2005, 625 (626).

136 OVG Berlin, Beschl. v. 23.07.2019 – OVG 11 S 80.18, juris – Rn. 11; *Reidt/Augustin,* in: Schink/Reidt/Mitschang, UVPG/UmwRG, § 16 Rn. 41.

137 *Balla/Borkenhagen/Günnewig,* ZUR 2019, 323 (326).

138 Siehe hierzu allgemein *Jarass*, in: ders./Pieroth, GG, Art. 20 Rn. 112 ff.; *Schulze-Fielitz*, in: Dreier (Hrsg.), Art. 20 – Rechtsstaat, Rn. 179 ff. (für das nationale Recht); *Calliess*, in: ders./Ruffert (Hrsg.), EUV/AEUV, Art. 5 EUV Rn. 44 f.; *Streinz*, in: ders. (Hrsg.), EUV/EGV, Art. 5 EUV Rn. 43 ff.; *Kischel* EuR 2000, 380 (384 ff.) (für das Europarecht).

139 *Schneider,* Amtsermittlung, S. 67; kritisch dazu *Winter* NuR 1989, 197 (200).

Beschreibung erforderlich ist, als § 16 Abs. 1 UVPG es verlangt. Maßstäblich hierfür können die jeweils einschlägigen (materiellen) fachgesetzlichen Zulassungsbestimmungen sein. Bei näherer Prüfung der einzelnen Anforderungen der Anlage 4 ergibt sich allerdings, dass die weiteren in Betracht kommenden Angaben nicht unbedingt wesentlich über das hinausgehen, was nach § 16 Abs. 1 UVPG auch schon verlangt werden kann. Bei den gegebenenfalls geforderten Angaben der Anlage 4 handelt es sich weitestgehend um **Konkretisierungen** der obligatorischen Mindestangaben nach § 16 Abs. 1 UVPG.[140]

II. Beschreibung des Vorhabens (Nr. 1)

Die nicht abschließenden[141] Angaben nach Nr. 1 der Anlage 4 **konkretisieren** und **ergänzen** die obligatorische Vorhabenbeschreibung nach § 16 Abs. 1 Satz 1 Nr. 1 UVPG.[142] Danach muss der UVP-Bericht, solange die Angaben für das Vorhaben von Bedeutung sind, eine Beschreibung des Standorts (a), der physischen Merkmale des gesamten Vorhabens, einschließlich anfallender Abrissarbeiten und des Flächenbedarfs während der Bau- und Betriebsphase (b), der wichtigsten Merkmale der Betriebsphase samt Produktionsprozessen, z.B. Energiebedarf und -verbrauch, Art und Menge der verwendeten Rohstoffe und natürlichen Ressourcen (c) enthalten. Hinzu kommt eine für alle Umweltmedien vorzunehmende – nach Art und Quantität aufzuschlüsselnde – Abschätzung der anfallenden Rückstände und Emissionen sowie des erzeugten Abfalls (d).[143] 33

III. Alternativenprüfung (Nr. 2)

Nr. 2 der Anlage 4 **ergänzt** die Alternativenprüfung nach § 16 Abs. 1 Satz 1 Nr. 6 UVPG um Bezugspunkte für die Prüfung vernünftiger Alternativen.[144] Danach soll sich die Alternativenprüfung z.B. auf die Ausgestaltung, die Technologie, den Standort, die Größe und den Umfang des Vorhabens beziehen. 34

IV. Null-Variante (Nr. 3)

Nr. 3 der Anlage 4 ist an § 16 Abs. 1 Satz 1 Nr. 2 UVPG angelehnt und erweitert diesen um die voraussichtliche Entwicklung der Umwelt bei Nichtdurchführung des Vorhabens.[145] Die Darstellung der Null-Variante (auch: Prognosenullfall oder Bezugsfall-Prognose)[146] dient der besseren Nachvollziehbarkeit der erheblichen Umweltauswirkungen des Vorhabens, indem ein Vergleich der Auswirkungen ohne und mit dem Vorhaben ermöglicht wird.[147] Die Anforderungen der Nr. 3 der Anlage 4 sind allerdings ausschließlich auf die Umweltverträglichkeitsprüfung verengt und besagen nichts über eigenständig geregelte Prüfungen, wie die FFH-Verträglichkeitsprüfung.[148] Die Angabe der Null-Variante wird neben der Einschränkung nach § 16 Abs. 3 UVPG, wonach die Angabe für das Vorhaben von Bedeutung sein muss, zusätzlich unter die weitere Einschränkung der **Zumutbarkeit** gestellt.[149] Angaben der voraussichtlichen Umweltauswirkungen der Null-Variante müssen nur in den UVP-Bericht aufgenommen werden, wenn dies mit zumutbarem Aufwand auf der Grundlage der verfügbaren Umweltinformationen und wissenschaftlichen Erkenntnisse abgeschätzt 35

140 *Sangenstedt* ZUR 2014, 526 (531); Gesetzesbegr. v. 13.03.2017, BT-Drs. 18/11499, S. 89. *Hartlik* UVP-report 1/2020, 3 (4) empfiehlt deshalb die direkte Anwendung der Anlage 4.
141 *Balla/Borkenhagen/Günnewig* ZUR 2019, 323 (326); *Peters/Balla/Hesselbarth,* UVPG § 16 Rn. 21.
142 Siehe hierzu bereits Rdn. 22.
143 *Balla/Borkenhagen/Günnewig* ZUR 2019, 323 (325 f.).
144 Siehe hierzu bereits Rdn. 28.
145 Siehe hierzu bereits Rdn. 23.
146 *Peters/Balla/Hesselbarth,* UVPG, § 16 Rn. 24.
147 *Sangenstedt* ZUR 2014, 526 (532).
148 BVerwG, Urt. v. 11.07.2019 – 9 A 13/18, BVerwGE 166, 132 Rn. 92.
149 *Wolf* ZUR 2018, 457 (460).

werden kann.[150] Weiteren Unsicherheiten der Prognose wurde dadurch Rechnung getragen, dass der Vorhabenträger lediglich eine Übersicht der voraussichtlichen Umweltentwicklung der Null-Variante darzulegen hat.[151] Besonderheiten ergeben sich in Bezug auf Verkehrs- und den damit verbundenen Immissionsprognosen und Prognosen hinsichtlich des Klimawandels.[152]

V. Erhebliche Umweltauswirkungen (Nr. 4)

36 Die Angabe nach Nr. 4 der Anlage 4 **konkretisiert** die Darstellungsart der möglichen erheblichen Umweltauswirkungen, welche bereits nach § 16 Abs. 1 Satz 1 Nr. 5 UVPG in den UVP-Bericht aufgenommen werden müssen.[153] Danach soll die Darstellung den Umweltschutzzielen Rechnung tragen, die nach den Rechtsvorschriften, einschließlich verbindlicher planerischer Vorgaben, maßgebend für die Zulassungsentscheidung sind.[154] Die Darstellung soll sich dabei auf die Art der Umweltauswirkungen (a), die Art, in der Schutzgüter betroffen sind (b) und die möglichen Ursachen der Umweltauswirkungen (c) erstrecken. Insbesondere die Aufzählung der Schutzgüter ist dabei nicht abschließend.[155] Insgesamt enthält Nr. 4 der Anlage 4 einige thematische Überschneidungen und wirkt nicht optimal abgestimmt.[156]

37 Nach Nr. 4 lit. c Doppelbuchst. aa der Anlage 4 sind die besonderen Umweltauswirkungen bei **Durchführung baulicher Maßnahmen**, einschließlich der **Abrissarbeiten** (z.B. im Rahmen der Baufeldfreimachung)[157] und der **physischen Anwesenheit** errichteter Anlagen oder Bauwerke zu berücksichtigen.

38 Die **eingesetzten Stoffe** und **verwendeten Techniken** sind gem. Nr. 4 lit. c Doppelbuchst. bb der Anlage 4 zu berücksichtigen. Stoffe in diesem Sinne können Baustoffe für die Errichtung einer Anlage oder die jeweiligen Betriebsstoffe sein; letztere sind zusammen mit den betrieblichen Techniken vor allem bei technischen Anlagen relevant.[158]

39 Zu den **natürlichen Ressourcen** i.S.d. Nr. 4 lit. c Doppelbuchst. cc der Anlage 4 zählen »insbesondere« Fläche, Boden, Wasser, Tiere, Pflanzen und die biologische Vielfalt. Soweit möglich ist auf die nachhaltige Verfügbarkeit, d.h. auf das langfristige Angebot, der betroffenen Ressourcen einzugehen.[159] Bei Tieren und Pflanzen ist deren Seltenheit zu berücksichtigen.[160]

40 Besonders zu berücksichtigen sind gem. Nr. 4 lit. c Doppelbuchst. dd der Anlage 4 die **Emissionen und Belästigungen** sowie die **Verwertung oder Beseitigung von Abfällen**.

41 Von Nr. 4 lit. c Doppelbuchst. ee der Anlage 4 sind nicht nur die beispielhaft aufgezählten **Risiken schwerer Unfälle oder Katastrophen**, sondern vielmehr **alle Risiken** für die Schutzgüter menschliche Gesundheit, Natur und Landschaft sowie kulturelles Erbe erfasst (z.B. gesundheitliche Risiken durch Luftschadstoffe; Kollisionsrisiken von Tieren an Straßen oder Energiefreileitungen).[161] Ein solches Risiko liegt bereits dann vor, wenn der Eintritt der Auswirkungen lediglich wahrscheinlich oder zumindest möglich erscheint.[162]

---

150 II. Nr. 16.1.4.3 der UVPVwV.
151 *Sangenstedt* ZUR 2014, 526 (532).
152 *Balla/Borkenhagen/Günnewig* ZUR 2019, 323 (327); *Peters/Balla/Hesselbarth,* UVPG, § 16 Rn. 24.
153 Siehe hierzu bereits Rdn. 26 f.
154 Vgl. OVG Berlin, Beschl. v. 23.07.2019 – OVG 11 S 80.18, juris Rn. 10 f.
155 *Peters/Balla/Hesselbarth,* UVPG, § 16 Rn. 33.
156 *Hartlik* UVP-report 1/2020, 3 (5).
157 *Peters/Balla/Hesselbarth,* UVPG, § 16 Rn. 34.
158 *Peters/Balla/Hesselbarth,* UVPG, § 16 Rn. 35.
159 *Peters/Balla/Hesselbarth,* UVPG, § 16 Rn. 36.
160 *Peters/Balla/Hesselbarth,* UVPG, § 16 Rn. 36.
161 *Peters/Balla/Hesselbarth,* UVPG, § 16 Rn. 38.
162 *Peters/Balla/Hesselbarth,* UVPG, § 16 Rn. 38.

Besonders zu beachten sind auch die Auswirkungen, die infolge des **Zusammenwirkens mit anderen bestehenden oder zugelassenen Vorhaben oder Tätigkeiten** auftreten, Nr. 4 lit. c Doppelbuchst. ff der Anlage 4. Es geht dabei nicht nur um gleichartige, sondern um alle Vorhaben, die einen gemeinsamen Einfluss auf die Schutzgüter haben und somit eine neue Qualität der Beeinträchtigung erzeugen.[163] Trotz des klaren Wortlauts (»zugelassenen Vorhaben«) werden auch Vorhaben, die sich parallel im Zulassungsverfahren befinden, berücksichtigt.[164] Noch nicht abschließend geklärt ist, welches Verfahrensstadium für die Prioritätsbeurteilung ausschlaggebend ist. Nach dem BVerwG ist es erforderlich, dass die Auswirkungen des anderen Vorhabens verlässlich absehbar sind. Dies sei der Fall, wenn die erforderliche Zulassung erteilt ist, und sei jedenfalls ausgeschlossen, wenn das Zulassungsverfahren noch nicht einmal eingeleitet ist.[165] Das OVG Münster bejaht die konkrete Absehbarkeit des Vorhabens bereits ab dem Zeitpunkt der Einreichung eines prüffähigen, d.h. vollständigen Antrags bei der Zulassungsbehörde.[166] Da während der Erstellung des UVP-Berichts oftmals noch nicht klar ist, welches Vorhaben frühzeitiger die vollständigen Unterlagen einreicht oder gar die Zulassungsentscheidung getroffen wird, sollten bei parallelen Planungen im Zweifel die anderen Vorhaben in die Betrachtung miteinbezogen werden.[167] 42

Besonders zu berücksichtigen sind die Auswirkungen des Vorhabens auf das **Klima**, zum Beispiel durch Art und Ausmaß der mit dem Vorhaben verbundenen **Treibhausgasemissionen**, Nr. 4 lit. c Doppelbuchst. gg der Anlage 4. Schutzgut i.S.d. Nr. 4 lit. b der Anlage 4 ist dabei nicht nur das Kleinklima, sondern auch das großräumige Klima.[168] Im UVP-Bericht ist, soweit es für das jeweilige Vorhaben relevant ist, auf die direkte und indirekte Beeinflussung der Treibhausgasemissionen einzugehen, d.h. auf sämtliche bau- und betriebsbedingten Treibhausgasemissionen und auf die Betroffenheit von Treibhausgassenken (z.B. klimarelevante Böden; alte Waldstandorte).[169] Das UVPG lässt offen, ob eine qualitative oder eine quantifizierte Prognose hinsichtlich der Emissionen erforderlich ist.[170] Bei bestimmten Vorhaben, wie beispielsweise bei der vorhabenbedingten Produktion erneuerbarer Energien, kann auch die Senkung von Treibhausgasemissionen zum Gegenstand des UVP-Berichts werden.[171] Sofern Vorhaben dem Handel mit Treibhausgas-Zertifikaten unterliegen, sollte darauf hingewiesen werden.[172] 43

Nach Nr. 4 lit. c Doppelbuchst. hh der Anlage 4 ist die Anfälligkeit des Vorhabens gegenüber den Folgen des Klimawandels zu berücksichtigen.[173] Eine solche Anfälligkeit kann beispielsweise durch eine erhöhte Hochwassergefahr am Standort gegeben sein. Da die UVP sich schwerpunktmäßig auf Umweltauswirkungen konzentriert, ist kein vollständiges *Climate Proofing* durchzuführen; der Fokus sollte auf erkennbaren und vernünftigerweise vorhersehbaren standortbezogenen Risiken liegen.[174] 44

Obwohl die Risiken schwerer Unfälle und Katastrophen bereits in Nr. 4 lit. c Doppelbuchst. ee der Anlage 4 aufgeführt werden, ist die Anfälligkeit des Vorhabens bzgl. solcher Risiken in Nr. 4 lit. c Doppelbuchst. ii der Anlage 4 separat genannt. Dies gilt, soweit die Risiken nach Art, den Merkmalen und dem Standort des Vorhabens von Bedeutung sind. Werden Vorhaben nach den gesetz- 45

163 *Hartlik* UVP-report 2/2020, 71 (76); *Balla/Borkenhagen/Günnewig* ZUR 2019, 323 (328).
164 *Balla/Borkenhagen/Günnewig* ZUR 2019, 323 (328).
165 BVerwG, Urt. v. 14.07.2011 – 9 A 68.07, NuR 2011, 866 Rn. 81.
166 OVG Münster, Urt. v. 16.06.2016 – 8 D 99/13.AK, ZUR 2016, 613 (616 f.).
167 *Balla/Borkenhagen/Günnewig* ZUR 2019, 323 (328).
168 BVerwG, Beschl. v. 18.02.2021 – 4 B 25/20, juris Rn. 8; OVG Hamburg, Beschl. v. 30.04.2024 – 1 ES 4/24.P, juris Rn. 39; zur früheren Rechtslage: BVerwG, Urt. v. 28.04.2016 – 9 A 9/15, Buchholz 407.4 § 17 FStrG Nr. 241 Rn. 181; Urt. v. 11.07.2019 – 9 A 14.18, Buchholz 407.4 § 4 FstrG Nr. 2 Rn. 28.
169 *Peters/Balla/Hesselbarth,* UVPG, § 16 Rn. 42.
170 *Balla/Borkenhagen/Günnewig* ZUR 2019, 323 (329).
171 *Peters/Balla/Hesselbarth,* UVPG, § 16 Rn. 43.
172 *Peters/Balla/Hesselbarth,* UVPG, § 16 Rn. 43.
173 BVerwG, Urt. v. 11.07.2019 – 9 A 13/18, BVerwGE 166, 132 Rn. 21.
174 *Peters/Balla/Hesselbarth,* UVPG, § 16 Rn. 44.

lichen Bestimmungen und anerkannten Regeln der Technik errichtet, sind sie im Regelfall ausreichend gegen solche Risiken geschützt.[175]

VI. Gesonderte Darstellung (Nr. 5, 9, 10)

46 Die Darstellung der Angaben über die grenzüberschreitenden Umweltauswirkungen (Nr. 5), die Auswirkungen auf Natura 2000-Gebiete (Nr. 9) und auf besonders geschützte Arten (Nr. 10) in einem gesonderten Abschnitt des UVP-Berichts dient dem **erleichterten Umgang** mit dem UVP-Bericht.[176] Bei der Beschreibung der grenzüberschreitenden Auswirkungen des Vorhabens in einem gesonderten Abschnitt soll der Öffentlichkeit des anderen Staates die Einschätzung, ob sie von den Auswirkungen betroffen ist und die Möglichkeit der Stellungnahmen schneller und einfacher möglich sein.[177] Nr. 9, 10 soll die Prüfung nach § 34 BNatSchG bzw. § 44 BNatSchG erleichtern, indem durch die Beschreibung in einem gesonderten Abschnitt in einfach gelagerten Fällen entbehrlich sein kann, dass der Vorhabenträger gesonderte Unterlagen vorlegen muss, wodurch die Vorlage doppelter identischer Unterlagen vermieden werden kann.[178]

VII. Merkmale des Vorhabens, mit denen die erheblichen nachteiligen Umweltauswirkungen ausgeschlossen, vermindert oder ausgeglichen werden sollen (Nr. 6)

47 Nr. 6 der Anlage 4 bezieht sich auf § 16 Abs. 1 Satz 1 Nr. 3 UVPG und erweitert diesen um eine **Erläuterungspflicht** des Vorhabenträgers über die Merkmale und des Standorts des Vorhabens, mit denen die erheblichen nachteiligen Umweltauswirkungen ausgeschlossen, vermindert oder ausgeglichen werden sollen.[179] Die Pflicht der Nr. 6 der Anlage 4 besteht nur, sofern diese Punkte erläuterungsbedürftig sind.[180]

VIII. Umweltschutzmaßnahmen (Nr. 7)

48 Wie Nr. 6 der Anlage 4 **erweitert** Nr. 7 der Anlage 4 die obligatorische Mindestangabe nach § 16 Abs. 1 Satz 1 Nr. 4 UVPG um eine Erläuterung der – erläuterungsbedürftigen[181] – geplanten Maßnahmen, mit denen erhebliche nachteilige Umweltauswirkungen ausgeschlossen, vermindert oder ausgeglichen werden sollen, sowie der geplanten Ersatzmaßnahmen.[182] Des Weiteren sollen zusätzlich zu den Umweltschutzmaßnahmen nach § 16 Abs. 1 Satz 1 Nr. 4 UVPG auch eine Beschreibung und Erläuterung etwaiger Überwachungsmaßnahmen in den UVP-Bericht aufgenommen werden. Erfasst sind nicht nur behördliche Überwachungsmaßnahmen, sondern auch die Eigenüberwachung.[183]

IX. Vorsorge- und Notfallmaßnahmen (Nr. 8)

49 Nach Nr. 8 der Anlage 4 hat der Vorhabenträger auch Angaben zu **Vorsorge- und Notfallmaßnahmen** in den UVP-Bericht aufzunehmen, soweit Umweltauswirkungen aufgrund der Anfälligkeit für das Vorhaben für die Risiken von schweren Unfällen oder Katastrophen zu erwarten sind. In diesem Punkt geht die Angabenpflicht der Anlage 4 originär über den Katalog der obligatorischen Mindestangaben nach § 16 Abs. 1 UVPG hinaus. Erfasst sind sowohl Ereignisse, die durch die Anlage selbst verursacht werden, als auch Ereignisse außerhalb der Anlage, die auf diese einwirken und dazu führen, dass von

175 OVG Münster, Urt. v. 04.09.2017 – 11 D 14/14.AK, juris Rn. 90 f.; *Balla/Borkenhagen/Günnewig* ZUR 2019, 323 (329).
176 Gesetzesbegr. v. 13.03.2017, BT-Drs. 18/11499, S. 115 f.
177 Gesetzesbegr. v. 13.03.2017, BT-Drs. 18/11499, S. 115.
178 Gesetzesbegr. v. 13.03.2017, BT-Drs. 18/11499, S. 116.
179 Siehe hierzu bereits Rdn. 24.
180 *Peters/Balla/Hesselbarth,* UVPG, § 16 Rn. 27.
181 *Peters/Balla/Hesselbarth,* UVPG, § 16 Rn. 30.
182 Siehe hierzu bereits Rdn. 25.
183 *Peters/Balla/Hesselbarth,* UVPG, § 16 Rn. 30.

ihr erhebliche Auswirkungen auf die Umwelt ausgehen, sofern solche Risiken nach Art, der Merkmale und dem Standort des UVP-pflichtigen Vorhabens von Bedeutung sind.[184]

X. Methoden und Hinweise auf Schwierigkeiten (Nr. 11)

Die Beschreibung der Methoden oder Nachweise, die zur Ermittlung der erheblichen Umweltauswirkungen genutzt wurden und die Beschreibung der **Schwierigkeiten und Unsicherheiten** des Vorhabenträgers **bei der Zusammenstellung der Angaben** gem. Nr. 11 der Anlage 4 soll die Angabe des UVP-Berichts nachvollziehbar machen[185] und somit Erkenntnislücken bei der Ermittlung des erheblichen Tatsachenmaterials zu Tage fördern, um damit eine Einschätzung noch offener Umweltrisiken des Vorhabens zu ermöglichen. 50

XI. Referenzliste der Quellen (Nr. 12)

Nr. 12 der Anlage 4 dient ebenso wie Nr. 11 der Nachvollziehbarkeit und **Transparenz** des UVP-Berichts, indem dem UVP-Bericht eine Referenzliste der Quellen, die für die Angaben herangezogen wurden, angefügt werden muss.[186] Sofern bedeutende Quellen nicht frei zugänglich sind, sollten diese den Antragsunterlagen beigefügt werden.[187] 51

F. Vermeidung von Mehrfachprüfungen (Absatz 6)

§ 16 Abs. 6 UVPG legt dem Vorhabenträger die weitere Pflicht auf, vorhandene Ergebnisse, die der Vorhabenträger aus anderen rechtlich vorgeschriebenen Prüfungen erlangt hat, in den UVP-Bericht aufzunehmen. Das **Telos** der Vorschrift entspricht dem Regelungsziel der Anordnungen zur Abschichtung von Umweltverträglichkeitsprüfungen (§ 15 Abs. 4 UVPG).[188] Die Vorschrift dient zum einen der Vereinheitlichung der Prüfungsmaßstäbe und -methoden[189] und zum anderen der **Vermeidung von unnötiger Mehrarbeit** und damit der Entlastung des Vorhabenträgers vor überflüssigem Untersuchungsaufwand.[190] Denn Daten, die bereits an anderer Stelle gewonnen wurden, sollen nicht nochmals erhoben werden müssen. Dabei sind mit »**anderen Verfahren**« sowohl verwaltungsbehördliche Zulassungsverfahren als auch Planungsverfahren gemeint.[191] Dies können beispielsweise FFH-Verträglichkeitsprüfungen nach § 34 BNatSchG oder landschaftspflegerische Begleitpläne nach § 17 BNatSchG sein.[192] Auch die Inbezugnahme aktueller Ergebnisse vergleichbarer benachbarter Vorhaben ist möglich.[193] 52

G. Kumulierende Vorhaben (Absatz 8)

Absatz 8 sieht eine **Sonderregelung** für den UVP-Bericht vor, wenn kumulierende Vorhaben jeweils einer Umweltverträglichkeitsprüfung zu unterziehen sind. In diesen Fällen haben die Vorhabenträger nach § 16 Abs. 8 Satz 1 UVPG die **Wahl**, ob sie entweder einen gemeinsamen oder jeweils einen eigenständigen UVP-Bericht vorlegen – aber auch nur diese Vorlage kann gemeinsam erfolgen.[194] Wollen die Vorhabenträger getrennte UVP-Berichte vorlegen, bestimmt § 16 Abs. 8 Satz 2 UVPG, dass die UVP-Berichte der kumulierenden Vorhaben die Umweltauswirkungen des jeweils anderen Vorhabens als Vorbelastung zu berücksichtigen haben. Damit soll sichergestellt werden, dass bei 53

184 *Wolf* ZUR 2018, 457 (460 f.).
185 Gesetzesbegr. v. 13.03.2017, BT-Drs. 18/11499, S. 116.
186 Gesetzesbegr. v. 13.03.2017, BT-Drs. 18/11499, S. 116.
187 *Peters/Balla/Hesselbarth,* UVPG, § 16 Rn. 53.
188 Siehe ausführlich hierzu § 15 Rdn. 22 ff.
189 *Reidt/Augustin,* in: Schink/Reidt/Mitschang, UVPG/UmwRG, § 16 UVPG Rn. 47.
190 Gesetzesbegr. v. 13.03.2017, BT-Drs. 18/11499, S. 90; *Peters/Balla/Hesselbarth,* UVPG, § 16 Rn. 55.
191 Siehe zum Vergleich mit der Abschichtung nach § 40 Abs. 4: § 40 Rdn. 23 ff.
192 *Peters/Balla/Hesselbarth,* UVPG, § 16 Rn. 55.
193 *Reidt/Augustin,* in: Schink/Reidt/Mitschang, UVPG/UmwRG, § 16 UVPG Rn. 47.
194 BVerwG, Urt. v. 11.08.2016 – 7 A 1.15, BVerwGE 156 (37 f.); *Reidt/Augustin,* in: Schink/Reidt/Mitschang, UVPG/UmwRG, § 16 UVPG Rn. 51; Gesetzesbegr. v. 13.03.2017, BT-Drs. 18/11499, S. 90.

getrennter Vorlage der UVP-Berichte mehrerer kumulierender Vorhaben dennoch durch jeden UVP-Bericht ein **gesamtheitliches Bild** der durch die Vorhaben entstehenden **Umweltauswirkungen** aufgezeigt werden kann. Um den Entscheidungsgegenstand des jeweiligen Zulassungsverfahrens darzustellen, sollten im Falle eines gemeinsamen UVP-Berichts die Umweltauswirkungen der einzelnen Vorhaben nicht nur summarisch, sondern auch separat abgebildet werden.[195]

54 § 10 Abs. 4 UVPG enthält eine Definition der **kumulierenden Vorhaben.**[196] Danach sind Vorhaben nur kumulierend, wenn sie derselben Art sind und in einem engen Zusammenhang stehen. Die UVP-Änderungsrichtlinie 2014 sieht in Anh. IV Nr. 5 lit. e jedoch eine offenere Formulierung vor. Eine Einschränkung auf Vorhaben derselben Art und in einem zeitlichen Zusammenhang ist danach nicht vorgesehen. Aus diesem Grund ist § 16 Abs. 8 UVPG dahingehend **unionsrechtskonform auszulegen**, dass die Einschränkung des § 10 Abs. 4 UVPG nicht für die Beschreibung der Umweltauswirkung kumulierender Vorhaben im UVP-Bericht Geltung erlangt.[197] Eine Bagatellfallregelung – insbesondere in zeitlicher Hinsicht – erscheint nichtsdestotrotz sinnvoll.[198]

§ 17 Beteiligung anderer Behörden

(1) Die zuständige Behörde unterrichtet die Behörden, deren umweltbezogener Aufgabenbereich durch das Vorhaben berührt wird, einschließlich der von dem Vorhaben betroffenen Gemeinden und Landkreise sowie der sonstigen im Landesrecht vorgesehenen Gebietskörperschaften, über das Vorhaben und übermittelt ihnen den UVP-Bericht.

(2) [1]Die zuständige Behörde holt die Stellungnahmen der unterrichteten Behörden ein. [2]Für die Stellungnahmen gilt § 73 Absatz 3a des Verwaltungsverfahrensgesetzes entsprechend.

Übersicht

A. Allgemeines

1 § 17 regelt die Beteiligung anderer Behörden durch die zuständige Behörde im Rahmen UVP-pflichtiger **vorgelagerter** und **abschließender Zulassungsverfahren.** Die Vorschrift griff in seiner ersten Fassung aus dem Jahr 1990 als **Mindeststandard** für die **Beteiligung anderer Behörden** in einer Minimalfassung den Regelungsgehalt von § 73 Abs. 2 VwVfG zur Behördenbeteiligung im Rahmen eines Planfeststellungsverfahrens auf. Mit der Novelle im Jahr 2001 wurde die für eine UVP erforderliche Behördenbeteiligung präziser gefasst und auf den besonderen Auftrag des UVPG, die Umweltauswirkungen eines Vorhabens zu ermitteln, zugeschnitten. Es wurden Vorgaben zur **Unterrichtung**

195 *Peters/Balla/Hesselbarth*, UVPG, § 16 Rn. 57.

196 Siehe zu den kumulierenden Vorhaben § 10 Rdn. 8 ff.; OVG Lüneburg, Beschl. v. 12.09.2023 – 1 LA 105/22, juris Rn. 13 ff.

197 *Mitschang* ZfBR 2015, 432 (440).

198 *Balla/Peters* NuR 2015, 297 (303).

(vor förmlicher Beteiligung) der Behörden, deren **umweltbezogener** Aufgabenbereich durch das Vorhaben berührt wird, und zur Übermittlung der entscheidungserheblichen Unterlagen eingefügt. Zudem wurden die Fristenregelung und die Präklusionsregelung des **§ 73 Abs. 3a VwVfG** ausdrücklich in Bezug genommen. Die Novelle des Jahres 2017 hat den Inhalt, abgesehen von kleineren Änderungen zur Verbesserung der Verständlichkeit, unverändert gelassen. Für die strategische Umweltprüfung gilt § 41; die Behördenbeteiligung im Falle grenzüberschreitender Umweltprüfungen ist in den §§ 55, 58, 60 und 62 geregelt.

I. Regelungsgegenstand

§ 17 schreibt für die Behördenbeteiligung ein **zweigestuftes Beteiligungsverfahren** vor: Zunächst hat eine **Unterrichtung** der von dem Vorhaben in ihrem umweltbezogenen Aufgabenbereich berührten Behörden zu erfolgen; in diesem Zusammenhang ist der nach Maßgabe des § 16 zu fertigende **UVP-Bericht** zu übermitteln. Danach hat die zuständige Behörde die **Stellungnahmen** dieser Behörden einzuholen. Abs. 2 nimmt zur Konkretisierung dieser Verfahrensschritte auf § 73 Abs. 3a VwVfG Bezug; die Stellungnahme ist daher innerhalb einer von der zuständigen Behörde zu setzenden Frist, die drei Monate nicht überschreiten darf, abzugeben (§ 73 Abs. 3a Satz 1 VwVfG). Stellungnahmen, die nach Ablauf der Frist eingehen, sind zu berücksichtigen, wenn der Planfeststellungsbehörde die vorgebrachten Belange bekannt sind oder hätten bekannt sein müssen oder für die Rechtmäßigkeit der Entscheidung von Bedeutung sind; im Übrigen können sie berücksichtigt werden (§ 73 Abs. 3a Satz 2 VwVfG). 2

II. Zweck und Bedeutung der Vorschrift

Die Beteiligung anderer Behörden durch die für die Durchführung des Verfahrens zuständige Behörde nach § 17 bildet neben der Erstellung des UVP-Berichts nach § 16 und der Beteiligung der Öffentlichkeit nach den §§ 18 ff. einen **wesentlichen Bestandteil** der in § 3 Satz 1 vorgeschriebenen »**Ermittlung**« der Auswirkungen eines Vorhabens auf die Schutzgüter. Die Behördenbeteiligung soll dazu beitragen, dass die Bewertung der Umweltverträglichkeit des Vorhabens auf einer umfassenden **Informationsgrundlage** erfolgt. Darüber hinaus hat die Behördenbeteiligung im deutschen Recht die Funktion, den durch die Anordnung einer Konzentrationswirkung möglicherweise bedingten Verlust von fachlichen Kompetenzen der zu beteiligenden Behörden durch Sicherung von Beteiligungsrechten auszugleichen. Die Stellungnahmen der zu beteiligenden Behörden werden nach § 24 Abs. 1 Satz 2 Bestandteil der zusammenfassenden Darstellung und gehen so in die Bewertung der Umweltauswirkungen des Vorhabens nach § 25 durch die zuständige Behörde ein. 3

III. Gesetzesgeschichte

Die **UVP-RL** trifft in Art. 6 Abs. 1 eine recht **detaillierte Regelung** zur Behördenbeteiligung. Demgegenüber hatte sich der **deutsche Gesetzgeber** bei der Schaffung des UVPG ursprünglich **bewusst knapp** auf die Wiederholung des Regelungsgehalts der Vorschrift des § 73 Abs. 2 VwVfG zur Behördenbeteiligung im Planfeststellungsverfahren beschränkt, um das bewährte Beteiligungssystem nicht zu verändern. Die Novelle des UVPG im Jahr 2001 hat aber nachträglich zu einer Präzisierung und mehr Eigenständigkeit der gesetzlichen Regelung geführt, um die Besonderheiten, die aus der Durchführung einer UVP herrühren, für die Behördenbeteiligung im jeweiligen Trägerfahren zu verdeutlichen.[1] Der so geschaffene Inhalt wurde durch die Novelle im Jahr 2017 im Wesentlichen nicht verändert.[2] 4

1 BT-Drs. 14/4599, S. 99.
2 BT-Drs. 18/11499, S. 90.

1. Vorgaben der UVP-Richtlinie

5 Nach Art. 6 Abs. 1 Satz 1 UVP-RL treffen die Mitgliedstaaten die erforderlichen Maßnahmen, damit die Behörden, die in ihrem umweltbezogenen Aufgabenbereich oder in ihrer lokalen oder regionalen Zuständigkeit voraussichtlich von dem Projekt berührt sein können, die Möglichkeit haben, ihre Stellungnahmen zu den Angaben des Projektträgers und zu dem Antrag auf Genehmigung abzugeben. Nach Satz 2 sollen die Mitgliedstaaten allgemein oder von Fall zu Fall bei der Einreichung von Anträgen auf Genehmigung die Behörden bestimmen, die anzuhören sind. Nach Satz 3 werden diesen Behörden die nach Art. 5 der Richtlinie eingeholten Informationen übermittelt. Die Richtlinie will durch diese Regelung eine umfassende Einbeziehung des Fachwissens aller vom konkreten Vorhaben in ihrem Aufgabenbereich berührten Umweltbehörden sicherstellen, um so die **bestmögliche Beurteilungsgrundlage für die UVP** des Vorhabens durch die zuständige Behörde zu ermöglichen. Die vom Vorhabenträger vorzulegenden Unterlagen können dabei nach Vorstellung des Richtliniengebers sogar ggf. durch die zu beteiligenden Behörden ergänzt werden.[3] Die UVP-RL geht ferner davon aus, dass die Einzelheiten der Anhörung der zu beteiligenden Behörden jeweils von den Mitgliedstaaten festgelegt werden (Art. 6 Abs. 1 Satz 4 UVP-RL).

6 Die Änderung der UVP-RL im Jahr 1997 hat zu einer geringfügigen Erweiterung des Art. 6 Abs. 1 Satz 1 geführt; es wurde der klarstellende Hinweis aufgenommen, dass die Behörden die Möglichkeit haben (müssen), ihre Stellungnahmen auch zu den Angaben des Projektträgers abzugeben. Mit der Änderung der UVP-Richtlinie im Jahr 2014 wurde der Kreis der zu beteiligenden Behörden um solche Behörden erweitert, die in ihrer lokalen oder regionalen Zuständigkeit voraussichtlich von dem Projekt berührt sein könnten. Zudem wurde Absatz 6 ergänzt. Danach muss – was die Beteiligung der Behörden angeht – der Zeitrahmen für die verschiedenen Phasen so gewählt werden, dass ausreichend Zeit zur Verfügung steht, um die zu beteiligenden Behörden zu informieren und ihnen die Möglichkeit zu geben, sich vorzubereiten und effektiv an dem umweltbezogenen Entscheidungsverfahren teilzunehmen.

2. Innerstaatliche Entstehung

7 Der ursprüngliche Wortlaut der Regelung verwies lediglich darauf, dass die zuständige Behörde die Stellungnahmen der Behörden einholt, deren Aufgabenbereich durch das Vorhaben berührt wird. Zu dieser Aussage war im Gesetzgebungsverfahren zur Schaffung des UVPG 1990 unmittelbar Einigkeit erzielt worden; sie ist auch jetzt noch der wesentliche Kern der Regelung. Die ursprüngliche Zurückhaltung des Bundesgesetzgebers bei der Umsetzung der nach Art. 6 Abs. 1 UVP-RL vorgesehenen Behördenbeteiligung war in der schon **fortgeschrittenen Normierung** dieses Verfahrensschrittes in den **Fachplanungsgesetzen** begründet, die durch das UVPG nicht überlagert werden sollte.

8 Durch die Novelle im Jahr 2001 wurde die Behördenbeteiligung auf den **besonderen Auftrag des UVPG**, Umweltauswirkungen zu ermitteln, ausgerichtet, ohne damit die Zurückhaltung bei der Ausformung des Beteiligungsverfahrens aufzugeben. Zu beteiligen sind seitdem die Behörden, die in ihrem **umweltbezogenen Aufgabenbereich** berührt werden. In Umsetzung der UVP-Änderungsrichtlinie aus dem Jahr 1997 wurde zudem der besondere Hinweis aufgenommen, dass die Unterrichtung auch die Unterlagen des Vorhabenträgers einschließt. Schließlich wurde in Anpassung an die zwischenzeitlich erfolgte Fortentwicklung des Verwaltungsverfahrensgesetzes die Fristenregelung aus § 73 Abs. 3a VwVfG übernommen. Diese redaktionellen Änderungen waren im Gesetzgebungsverfahren unstreitig.

9 In der Novelle des Jahres 2017 ist die Vorschrift in zwei Absätze aufgeteilt worden. Der Gesetzgeber hat mit Blick auf die Neufassung des Art. 6 Abs. 1 UVP-RL ferner klargestellt, dass die von dem Vorhaben betroffenen Gemeinden und Landkreise sowie der sonstigen im Landesrecht vorgesehenen

3 So Erwägungsgrund Nr. 7 der UVP-RL.

Gebietskörperschaften zum Kreis der zu beteiligenden Behörden gehören. Ferner ist den Behörden seit der Neufassung der gesetzlichen Regelung der UVP-Bericht zu übermitteln, während die Vorgängerregelung eine Übermittlung der entscheidungserheblichen Unterlagen vorsah. In der Gesetzesbegründung wird ausgeführt, die Regelung entspreche, abgesehen von kleineren Änderungen zur Verbesserung der Verständlichkeit, dem bisherigen § 7. Die Aufteilung auf zwei Absätze diene der besseren Übersicht. Zur Anpassung an die neue Fassung des Artikels 6 Abs. 1 der geänderten UVP Richtlinie werde in Absatz 1 ausdrücklich geregelt, dass zu den Behörden, deren umweltbezogener Aufgabenbereich durch das Vorhaben berührt wird, auch die von dem Vorhaben betroffenen Gemeinden und Landkreise sowie die sonstigen im Landesrecht vorgesehenen Gebietskörperschaften (z.B. in Rheinland-Pfalz der Bezirksverband Pfalz) gehören würden.[4]

IV. Verhältnis zu den fachrechtlichen Vorschriften über die Behördenbeteiligung

§ 17 verpflichtet die zuständige Behörde in **allen UVP-pflichtigen Verfahren** zur Beteiligung der 10
anderen in ihrem umweltbezogenen Aufgabenbereich berührten Behörden einschließlich der von dem Vorhaben betroffenen Gemeinden und Landkreise sowie der sonstigen im Landesrecht vorgesehenen Gebietskörperschaften. Die Vorschrift kommt zur Anwendung, sofern die Fachgesetze nicht ihrerseits (und gemäß § 1 Abs. 4 dann im Ausgangspunkt vorrangig) eine Regelung zur Behördenbeteiligung treffen. Dies ist bei den abschließenden Zulassungsverfahren ganz überwiegend der Fall, während bei den vorgelagerten Verfahren nicht immer eine Behördenbeteiligung fachgesetzlich angeordnet wird. Eigenständige Bedeutung für alle Verfahren entfaltet die Vorgabe, im Rahmen des Beteiligungsverfahrens den UVP-Bericht nach § 16 zu übermitteln. Der Katalog der UVP-pflichtigen Vorhaben wird in Anlage 1 aufgelistet.

Bei den abschließenden Zulassungsverfahren ergibt sich die Verpflichtung zur Behördenbeteiligung 11
überwiegend unmittelbar aus dem Fachrecht. Vorrangige fachgesetzliche Beteiligungsregelungen sind in § 10 Abs. 5 BImSchG i.V.m. § 11 der 9. BImSchV für das immissionsschutzrechtliche Genehmigungsverfahren (Nrn. 1 bis 10 der Anlage 1) und in § 7 Abs. 4 AtG für das atomrechtliche Genehmigungsverfahren (Nr. 11 der Anlage 1) enthalten. Von der mit § 17 vergleichbaren Regelung des § 73 Abs. 2 und 3a VwVfG werden insbesondere die Planfeststellungsverfahren der Abfall- und Wasserwirtschaftsplanung, der Verkehrswege- und Flughafenplanungen sowie der bergbaulichen Vorhaben und der energiewirtschaftlichen und sonstigen Leitungsvorhaben (§§ 43 ff. EnWG, § 22 Abs. 1 und 2 NABEG, §§ 65 ff. UVPG) erfasst. Hierbei handelt es sich um die Vorhaben nach den Nrn. 12 bis 15 und Nr. 19 der Anlage 1 zum UVPG. § 41 Abs. 2 FlurbG ordnet zur Beteiligung der Behörden zusätzlich einen Anhörungstermin für das flurbereinigungsrechtliche Planfeststellungsverfahren an (Nr. 16 der Anlage 1). Die wasserrechtlichen Vorschriften der §§ 11 und 68 WHG sehen keine eigenständige fachgesetzliche Behördenbeteiligung vor. Allerdings verweist § 70 Abs. 1 WHG für das Planfeststellungsverfahren nach § 68 WHG auf die Geltung der §§ 72 bis 78 VwVfG und die dort geregelten Beteiligungsvorschriften. § 17 ist jedoch konstitutiv auf die wasserrechtlichen Erlaubnis- und Bewilligungsverfahren nach § 11 WHG anzuwenden (Nr. 13 der Anlage 1). Gleiches gilt für die Rodung bzw. Erstaufforstung von Wald nach den §§ 9 f. BWaldG (Nr. 17 der Anlage 1); auch hier ist wegen fehlender bundesgesetzlicher Regelungen § 17 unmittelbar anzuwenden.

Die Fachgesetze des Verkehrsplanungsrechts ordnen für den Verfahrensabschnitt der vorgelagerten 12
Verfahren generell keine Behördenbeteiligung an. § 17 findet daher unmittelbar Anwendung für die Linienbestimmungsverfahren nach § 16 FStrG und nach § 13 WaStrG sowie für luftverkehrsrechtlichen Genehmigungsverfahren nach § 6 LuftVG, für die nach Maßgabe des § 47 Abs. 1 UVPG eine UVP durchzuführen ist. Geht den Linienbestimmungsverfahren bzw. den luftverkehrsrechtlichen Genehmigungsverfahren eine Raumverträglichkeitsprüfung nach § 15 ROG voraus, so gilt § 49. Danach erfolgt die Prüfung der Umweltauswirkungen in der Raumverträglichkeitsprüfung

4 BT-Drs. 18/11499, S. 90.

nach Maßgabe des Raumordnungsgesetzes. Die Umweltverträglichkeitsprüfung in den nachfolgenden behördlichen Verfahren, die der Zulassungsentscheidung dienen (dazu zählen auch die Linienbestimmungsverfahren sowie Genehmigungsverfahren nach § 6 LuftVG)[5], umfassen dann nur noch eine vertiefte Prüfung der in der Raumverträglichkeitsprüfung überschlägig geprüften Umweltauswirkungen. Für Raumverträglichkeitsprüfungen folgt die Verpflichtung zur Beteiligung anderer Behörden eigenständig aus § 15 Abs. 3 S. 1 ROG.

B. Beteiligung anderer Behörden durch die zuständige Behörde

13 § 17 unterscheidet einerseits zwischen der **zuständigen Behörde**, die für die Durchführung und damit für die Verfahrensleitung des Zulassungsverfahrens (Planfeststellungs- oder Genehmigungsverfahren) bzw. dem diesen vorgelagerten Planungsverfahren (z.B. Raumordnungsverfahren oder Linienbestimmungsverfahren) einschließlich der unselbstständigen UVP verantwortlich ist, und andererseits den von ihr **zu beteiligenden Behörden**, die zum beabsichtigten Vorhaben fachliche Stellungnahmen aus ihrem Aufgabenbereich abgeben sollen.

I. Zuständige Behörde

14 Die zuständige Behörde im Sinne von § 17 ist diejenige Behörde, die nach dem jeweiligen **Fachgesetz** mit der **Durchführung des Verfahrens** zur Zulassung des Vorhabens und damit mit der Verfahrensleitung und nach dem UVPG zusätzlich mit der Durchführung der unselbstständigen UVP **beauftragt** ist.[6] Sind für die endgültige Zulassung eines Vorhabens **mehrere Genehmigungsverfahren** parallel durchzuführen oder sind vor der abschließenden Zulassung des Vorhabens zunächst vorgelagerte Verfahrensstufen zu durchlaufen, gibt es für jeden dieser Verfahrensabschnitte u.U. eine **eigene zuständige Behörde**, welche das nach § 17 vorgeschriebene Beteiligungsverfahren durchzuführen hat. Die Zuweisung der Zuständigkeit erfolgt in der Regel durch die für die Ausgestaltung der Verwaltungsverfahren verantwortlichen Landesgesetzgeber.

15 Im Fachplanungsrecht unterscheiden die allgemeinen gesetzlichen Regelungen zwischen der Anhörungsbehörde und der Planfeststellungsbehörde.[7] Aufgabe der Anhörungsbehörde ist es, die Anhörung einschließlich Erörterungstermin durchzuführen und danach ihre Stellungnahme sowie die Stellungnahmen der an der Anhörung Beteiligten sowie die nicht erledigten Einwendungen der **Planfeststellungsbehörde** als Grundlage für deren Entscheidung zuzuleiten. Eine Verpflichtung, die Aufgaben von Planfeststellungs- und Anhörungsbehörde etwa zur Wahrung der Neutralität zu trennen und zwei unterschiedlichen Behörden zuzuweisen, gibt es allerdings nicht.[8] Auf Bundesebene fallen die Funktionen von Anhörungsbehörde und Planfeststellungsbehörde daher häufig zusammen.[9] Sofern dies nicht der Fall ist und eine Behörde ausschließlich als Anhörungsbehörde tätig wird, gilt diese als zuständige Behörde i.S.d. § 17, da die Beteiligung der Öffentlichkeit Teil des Anhörungsverfahrens i.S.d. § 73 VwVfG ist.

16 Bedarf ein Vorhaben der Zulassung durch mehrere Landesbehörden, so bestimmen die Länder nach § 31 Abs. 1 eine federführende Behörde. Ferner können die Länder die auf diese Weise bestimmte federführende Behörde nach § 31 Abs. 2 Satz 2 mit der Durchführung der Beteiligung anderer Behörden nach § 17 beauftragen. Sofern die Länder von dieser Möglichkeit Gebrauch machen und die federführende Behörde mit der Durchführung des Verfahrens nach § 17 beauftragen, ist sie zuständige Behörde im Sinne der Vorschrift.

5 BR-Drs. 508/22, S. 32.
6 Vgl. hierzu auch Nr. 2.1 der Allgemeinen Verwaltungsvorschrift zur Ausführung des Gesetzes über die Umweltverträglichkeitsprüfung (UVPVwV).
7 Vgl. § 73 VwVfG einerseits und § 74 VwVfG andererseits.
8 *Neumann/Külpmann*, in: Stelkens/Bonk/Sachs, VwVfG, § 73 Rn. 4 f.
9 Vgl. z.B. § 14 Abs. 1 Satz 3 WaStrG, §§ 18 Abs. 1 und 22 NABEG, § 18 AEG i.V.m. § 3 Abs. 2 BEVVG.

II. Zu beteiligende Behörden

Die nach § 17 zu beteiligenden Behörden haben die Pflicht, die zuständige – und damit verfahrensleitende – Behörde bei der Vorhabenzulassung **durch fachliche Stellungnahmen zu informieren und zu unterstützen.** Im Gegensatz zur verfahrensleitenden Behörde sind sie für die Vorhabenzulassung nicht eigenständig verantwortlich und daher nur auf Aufforderung – soweit sie fachlich berührt sind – zur Abgabe von Stellungnahmen berechtigt. Stellungnahmen von Stellen, die nicht den Behörden im Sinne des § 17 zugerechnet werden, und Stellungnahmen von Behörden, die inhaltlich über den gesetzlich zugewiesenen Zuständigkeitsbereich hinausgehen, können nicht als Gegenstand der förmlichen Behördenbeteiligung gemäß § 17 verwertet werden. Erhält die verfahrensleitende Behörde Hinweise zum Vorhaben außerhalb der förmlichen Behördenbeteiligung, kann sie diese nach entsprechender Überprüfung aber als Gegenstand eigener Erkenntnisse in den Verfahrensablauf einführen. 17

1. Behörden

§ 17 greift den Wortlaut des § 73 Abs. 2 VwVfG auf, dem seinerseits der Behördenbegriff des § 1 Abs. 4 VwVfG zugrunde liegt. Nach § 1 Abs. 4 VwVfG ist eine Behörde **»jede Stelle, die Aufgaben der öffentlichen Verwaltung wahrnimmt«.** Dieser verfahrensrechtliche, funktionale Behördenbegriff des Verwaltungsverfahrensgesetzes erfasst zunächst die Behörden des Bundes, der Länder und der Gemeinden, daneben aber auch die Behörden von Körperschaften, die Anstalten und Stiftungen des öffentlichen Rechts wie z.B. kommunale Planungsverbände nach § 205 BauGB, Landestraßenbaubetriebe oder kommunale oder regionale Wasserverbände.[10] Schließlich werden Einzelpersonen und juristische Personen des Privatrechts erfasst, sofern sie als Beliehene vom Staat mit der Wahrnehmung öffentlich-rechtlicher Aufgaben betraut worden sind. Zum Teil verwenden die Fachgesetze daher auch den umfassenderen Begriff der »Behörden und sonstigen Träger öffentlicher Belange«, welche zu beteiligen sind.[11] 18

Nach § 3 des Umwelt-Rechtsbehelfsgesetzes **anerkannte Umweltschutzvereinigungen** zählen nicht zu den nach § 17 zu beteiligenden Behörden, weil sie keine Behörden im Sinne des § 1 Abs. 4 VwVfG sind. Sie werden stattdessen im Zuge der Öffentlichkeitsbeteiligung nach den §§ 18 ff. beteiligt (vgl. §§ 18 Abs. 1 Satz 2, 2 Abs. 9). Zwar gewährt § 63 Abs. 1, Abs. 2 BNatSchG den nach § 3 Umwelt-Rechtsbehelfsgesetz anerkannten Vereinigungen unter den dort geregelten Voraussetzungen das Recht auf Gelegenheit zur Stellungnahme und zur Einsicht in die einschlägigen Sachverständigengutachten. Die Rechtsprechung folgert hieraus, dass anerkannte Naturschutzvereinigungen Verwaltungshelfer für den Naturschutz sind, und leitet ein eigenständiges, formales Beteiligungsrecht ab.[12] Dieses Beteiligungsrecht erfordere, dass den anerkannten Naturschutzverbänden Gelegenheit zur Äußerung auf der Grundlage sämtlicher für die naturschutzrechtliche Beurteilung wesentlicher Unterlagen gegeben werde.[13] Der Gesetzgeber hat allerdings die Beteiligung der anerkannten Umweltschutzvereinigungen, die nach § 2 Abs. 9 als betroffene Öffentlichkeit gelten, im Zusammenhang mit der Öffentlichkeitsbeteiligung in § 18 Abs. 1 Satz 2 geregelt.[14] Dies ist im Hinblick auf den Behördenbegriff des § 1 Abs. 4 VwVfG konsequent. Ein Konflikt mit dem von der Rechtsprechung geprägten Beteiligungsanspruch läge nur dann vor, wenn die Beteiligung der anerkannten Vereinigungen im Zuge der Öffentlichkeitsbeteiligung nach § 18 hinter der Beteiligung der Behörden nach § 17 zurückbliebe. Dies ist jedoch nicht der Fall. Da nach § 19 19

10 Einzelheiten zu den von § 1 Abs. 4 VwVfG erfassten Behörden bei *Schmitz,* in: Stelkens/Bonk/Sachs, VwVfG, § 1 Rn. 226 ff.; zum funktionellen Behördenbegriff des VwVfG *Schmitz,* ebd., § 1 Rn. 230 ff.

11 Vgl. § 4 Abs. 1 und 2 BauGB und §§ 9 Abs. 2 und 22 Abs. 1 Nr. 1 NABEG.

12 BVerwG, Urt. v. 01.04.2015 – 4 C 6/14, juris; BVerwG, Urt. v. 12.12.1996 – 4 C 19/95, juris; BVerwG, Urt. v. 12.11.1997 – 11 A 49/96, juris; VGH München, Urt. v. 15.03.2021 – 8 A 18.40041, Rn. 33, juris.

13 BVerwG, Urt. v. 12.12.1996 – 4 C 19/95, juris.

14 BT-Drs. 18/9526, S. 47.

Abs. 2 nicht nur der UVP-Bericht öffentlich auszulegen ist, sondern weitere entscheidungserheblichen Berichte und Empfehlungen, geht die Öffentlichkeitsbeteiligung formal gesehen sogar über die Beteiligung der Behörden nach § 17 hinaus.[15] Im Übrigen kann die Beteiligung von Vereinigungen fachgesetzlich vorgeschrieben sein.[16]

20 Die Verpflichtung zur Behördenbeteiligung unmittelbar aufgrund des UVPG kann nur so weit gehen wie der **Regelungsumfang des UVPG.** Voraussetzung für die Beteiligung anderer Behörden durch die zuständige, verfahrensleitende Behörde ist daher, dass diese in ihrem **umweltbezogenen Aufgabenbereich** durch das auf seine Umweltverträglichkeit zu prüfende Vorhaben berührt werden. Da nach den **Fachplanungsgesetzen** und nach § 73 Abs. 2 VwVfG zumeist auch **alle anderen Behörden**, die in ihrem Aufgabenbereich berührt sind, einzubeziehen sind, kommt dieser gesetzessystematisch notwendigen Begrenzung keine praktische Bedeutung zu. Aber auch bei den Verfahren ohne eigene gesetzliche Regelung über die Beteiligung von Behörden, wie etwa bei den vorgelagerten Verfahren, werden entsprechende Beteiligungspflichten regelmäßig durch Verwaltungsvorschriften angeordnet. Wirkt sich ein beabsichtigtes Vorhaben mit Auswirkungen auf die Umwelt z.B. auf wirtschaftliche Belange aus, ist nach den allgemeinen Beteiligungsgrundsätzen des Fachrechts daher eine regional oder örtlich zuständige Stelle für Wirtschaftsförderung neben der vom UVPG unmittelbar erfassten Natur- oder Immissionsschutzbehörde zu beteiligen.

21 Eine Einschränkung für den Kreis der zu beteiligenden Behörden ergibt sich demgegenüber aus dem ungeschriebenen Erfordernis, dass es sich bei der Aufgabenwahrnehmung um die **Wahrnehmung öffentlich-rechtlicher Aufgaben** handeln muss. Damit scheidet zunächst die Beteiligung all jener Behörden aus, die nicht in ihrem öffentlich-rechtlichen Zuständigkeitsbereich, sondern privatrechtlich (bspw. bei einer erwarteten Beeinträchtigung des Behördengebäudes durch Immissionen) betroffen sind.[17] Hier kann eine Betroffenheit nur im Rahmen des Beteiligungsverfahrens für die Öffentlichkeit geltend gemacht werden.[18] Ebenso reicht eine fiskalische Betroffenheit (bspw. bei einer Zuständigkeit der Behörde für die Vergabe von Fördermitteln für das Vorhaben) nicht für eine Einbeziehung in das Verfahren der Behördenbeteiligung aus.

22 Rechtlich maßgeblich für die Entscheidung, ob eine Behörde durch das Vorhaben in ihrem umweltbezogenen Aufgabenbereich berührt ist, ist das Gesetz, das den fachlichen Rahmen für das Tätigwerden dieser Behörde setzt. Dient dieses dem **Schutz** (auch) eines der in § 2 Abs. 1 Satz 2 genannten **Umweltbelange**, kann die zur Bewahrung oder Umsetzung dieses Gesetzes originär zuständige Behörde in ihren umweltbezogenen Belangen berührt sein. Weiter ist zu prüfen, ob die erwarteten Auswirkungen des beabsichtigten Vorhabens den **räumlichen Zuständigkeitsbereich** der Behörde betreffen. Sie ist auch dann schon berührt, wenn durch das Vorhaben erst künftige Tätigkeiten dieser Behörde beeinträchtigt würden.[19] In Zweifelsfällen sollte ein großzügiger Maßstab bei der Beteiligung angelegt werden.[20]

23 Eine Beteiligung einer anderen Behörde ist des Weiteren unabhängig von einem konkreten Berührtsein geboten, wenn die Herstellung des **Einvernehmens oder des Benehmens mit dieser Behörde kraft Gesetzes angeordnet ist.**[21] Daneben existieren auf Landesebene regelmäßig Listen, in denen der verfahrensleitenden Behörde ein fester Kreis von zu beteiligenden Behörden pauschal vorgegeben wird. Diese Listen entfalten die Wirkung von »Checklisten«; der verfahrensleitenden Behörde

15 Mitunter enthalten Fachgesetze insoweit eine ausdrückliche Regelung; vgl. zum Raumordnungsverfahren beispielsweise die niedersächsische Regelung des § 10 Abs. 4 Satz 1 NROG.

16 Siehe z.B. § 22 Abs. 1, Abs. 2 NABEG; vgl. *Hofmann* in: Landmann/Rohmer, UmwR, § 17 UVPG Rn. 6.

17 *Schink*, in: Knack/Henneke, VwVfG, § 73 Rn. 43; so auch *Kollmer* in Bezug auf die Gemeinden, NVwZ 1994, 1057 (1058).

18 *Schink*, in: Knack/Henneke, VwVfG, § 73 Rn. 43.

19 Wie hier *Ramsauer/Wysk*, in: Kopp/Ramsauer, VwVfG, § 73 Rn. 34.

20 *Schink*, in: Knack/Henneke, VwVfG, § 73 Rn. 45.

21 Zum Einvernehmen und Benehmen unten Rdn. 38; vgl. auch *Jarass* DVBl 1997, 795 (797).

ist es daher erlaubt, nicht alle der dort genannten Stellen in die Behördenbeteiligung einzubeziehen, wenn nach ihrer Einschätzung eine Berührtheit im Einzelfall nicht gegeben ist. Ein begründeter Verzicht auf die Beteiligung einer in einer derartigen Liste enthaltenen Fachbehörde stellt keinen Rechtsfehler dar.

2. Gebietskörperschaften

Neben den Behörden, deren umweltbezogener Aufgabenbereich durch das Vorhaben berührt wird, 24 sind ferner die von dem Vorhaben betroffenen **Gemeinden und Landkreise sowie die sonstigen im Landesrecht vorgesehenen Gebietskörperschaften** zu beteiligen. Die im Zuge der Novellierung im Jahr 2017 vorgenommene Einfügung geht auf den geänderten Art. 6 Abs. 1 UVP-RL zurück, nach dem (auch) Behörden zu beteiligen sind, die in ihrer lokalen oder regionalen Zuständigkeit voraussichtlich von dem Projekt berührt sein könnten.

Gebietskörperschaften sind **Körperschaften des öffentlichen Rechtes, die in einem bestimmten** 25 **räumlich umgrenzten Gebiet Hoheitsgewalt ausüben.** Nach der Rechtsprechung des Bundesverfassungsgerichts[22] ist für eine Gebietskörperschaft kennzeichnend, dass eine Mitgliedschaft der Bewohner unmittelbar an den Wohnsitz innerhalb des Bereiches der Gebietskörperschaft anknüpft und sie Gebietshoheit besitzt. Mithin sind die Zuständigkeit und Mitgliedschaft **territorial bestimmt.** Dies unterscheidet die Gebietskörperschaft von anderen öffentlichen Körperschaften (wie z.B. Zweckverbänden) nach den landesrechtlichen Gesetzen über die kommunale Zusammenarbeit.[23] Zu den Gebietskörperschaften zählen neben den Landkreisen,[24] Gemeinden und Städten u.a. auch der Bezirksverband Pfalz (§ 1 RhPf BezO), die bayrischen Bezirke (Art. 1 BayBezO), Kommunalverbände besonderer Art (§ 3 Abs. 1 StädteregionAaG, § 3 Abs. 1 NKomVG, § 194 Abs. 3 SaarKSVG), die Verbandsgemeinden Sachsen-Anhalt (§ 2 Abs. 2 KVG LSA) und Rheinland-Pfalz (§ 64 GemO RhPf) sowie die Samtgemeinden Niedersachsen (§ 2 NKomVG). Streitig ist, ob die nordrhein-westfälischen Landschaftsverbände Gebietskörperschaften sind, da der Begriff in § 2 LVerbO NRW nicht ausdrücklich genannt wird. Im Hinblick auf die umfassende Zuständigkeit und die Weisungsfreiheit seiner Mitglieder (vgl. § 15 Abs. 1 LVerbO NRW) spricht Überwiegendes für eine Einordnung als Gebietskörperschaft.[25]

Soweit sich Gebietskörperschaften auf die verfassungsrechtlich in Art. 28 Abs. 2 GG bzw. in ent- 26 sprechenden Regelungen der Landesverfassungen verbürgte Recht der Selbstverwaltung stützen können, haben sie die Möglichkeit, **neben oder anstelle der Beteiligung als zuständige Behörde nach § 17 auch Einwendungen gemäß § 21 gegen ein Vorhaben** zu erheben. Dabei ist allerdings eine klare Trennung geboten. So müssen die auf Art. 28 Abs. 2 GG bzw. die entsprechende Regelung der Landesverfassung gestützten Einwendungen deutlich von der Stellungnahme nach § 17 Abs. 2 abgegrenzt werden, und zwar sowohl formell als auch materiell.

Auf **formeller Ebene** bedarf es einer klaren Trennung von der bloßen Stellungnahme und der 27 Erhebung einer Einwendung in diesem Sinne.[26] In Anwendung des § 73 Abs. 4 Satz 1 VwVfG muss eine Einwendung »schriftlich oder zur Niederschrift« erhoben werden und erfordert in der Folge die **eigenhändige Unterschrift des dazu berufenen gesetzlichen Vertreters** nach Maßgabe des jeweiligen Kommunalverfassungsrechts (in der Regel des Hauptverwaltungsbeamten).[27] Inhaltlich muss die Einwendung derart substantiiert vorgetragen werden, dass eine **Abgrenzung von der Stellungnahme** nach § 17 Abs. 2 möglich ist. Dies ist jedenfalls dann nicht der Fall, wenn lediglich pauschal

---

22 BVerfG, Urt. v. 24.07.1979 – 2 BvK 1/78, BVerfGE 52, S. 95 ff.
23 *Plückhahn*, in: PdK NRW § 5 GkG Kap. 4.3.
24 *Mehde*, in: Dürig/Herzog/Scholz, GG, Art. 28 Abs. 2 Rn. 279.
25 *Wansleben*, in: PdK NRW, § 1 KrO Kap. 5.2.
26 OVG NRW, Beschl. v. 29.08.2005 – 11 A 4823/03; BVerwG, Urt. v. 09.06.1999 – 11 A 8.98; BVerwG, Urt. v. 09.02.2005 – 9 A 62.03.
27 OVG NRW, Beschl. v. 29.08.2005 – 11 A 4823/03; *Ziekow*, VwVfG, § 73 Rn. 51.

behauptet wird, in eigenen Angelegenheiten berührt zu sein. Es bedarf vielmehr der Darlegung und der ausdrücklichen Geltendmachung, dass die Gebietskörperschaft in ihren Angelegenheiten der örtlichen Gemeinschaft nach Art. 28 Abs. 2 Satz 1 GG oder ihrem Selbstverwaltungsrecht im Sinne der jeweiligen Landesverfassungen verletzt ist.[28] Die Anforderungen an den Umfang der Darlegungspflicht richten sich dabei nach dem **Grad der Konkretheit der Planungsunterlagen.**[29]

28 Auf **materieller Ebene** bedarf es einer Darlegung der Verletzung **wehrfähiger** Teile des Selbstverwaltungsrechts der Gemeinden gemäß Art. 28 Abs. 2 Satz 1 GG oder von Selbstverwaltungsangelegenheiten. Hierunter fallen insbesondere die Beeinträchtigung der gemeindlichen Planungshoheit, der Funktionsfähigkeit kommunaler Einrichtungen, des kommunalen Selbstgestaltungsrechts, der Finanzhoheit oder anderer öffentlicher Belange.[30] Verletzt sein kann entweder der Gegenstand der Angelegenheit selbst oder die Art der Ausführung der Selbstverwaltung.[31] Diese Betroffenheit muss in der Einwendung dargelegt und konkretisiert werden.

29 Für Einwendungen, die seitens einer Gebietskörperschaft neben oder anstelle einer Stellungnahme nach § 17 erhoben haben, gelten die allgemeinen Vorgaben über die **Präklusion bzw. den Einwendungsausschluss.**[32] Durch den Erlass des »Gesetzes zur Anpassung des Umwelt-Rechtsbehelfsgesetzes und anderer Vorschriften an Europa- und völkerrechtliche Vorgaben« vom 25.05.2017[33] ist die Sensibilität dieses Themas indes entschärft worden. Hatte die Verfehlung der formalen und materiellen Anforderungen zuvor den umfassenden Ausschluss der Einwendungen zur Folge,[34] tritt nunmehr allein noch die Verfahrenspräklusion nach § 21 Abs. 4 ein. Präkludierte Einwendungen müssen demnach zwar **im weiteren Verwaltungsverfahren nicht behandelt**, beispielsweise in einem Erörterungstermin nicht mündlich erörtert werden. Dennoch ist der Inhalt der ausgeschlossenen Einwendung sowohl im weiteren Zulassungsverfahren als auch in ggf. sich anschließenden gerichtlichen Überprüfungsverfahren materiell relevant.[35]

C. Einholung der Stellungnahmen

30 Die zuständige, verfahrensleitende Behörde holt von den zu beteiligenden Behörden deren Stellungnahmen zum beabsichtigten Vorhaben und zu dessen möglichen Auswirkungen ein. Das Verfahren zur Einholung der Stellungnahmen wird durch § 17 Satz 1 in **zwei Schritte**, nämlich zunächst der **Unterrichtung** und dann der **Einholung von Stellungnahmen** gegliedert. Zu beachten ist dabei die **Fristen- und Präklusionsregelung** in § 73 Abs. 3a VwVfG, auf die § 17 Abs. 2 Bezug nimmt. Trifft das Fachrecht keine darüber hinausgehenden Sonderregelungen und fehlen auch ergänzende oder konkretisierende Verwaltungsvorschriften oder Erlasse der Länder, steht der verfahrensleitenden Behörde die Organisation des Beteiligungsverfahrens im Übrigen frei.

I. Unterrichtung vor Einholung der Stellungnahmen

31 Das UVPG sieht **keine Vollständigkeitsprüfung** des Antrags auf Zulassung des Vorhabens vor. Allerdings gibt das Fachrecht regelmäßig eine solche Prüfung vor.[36] In diesen Fällen ist es sinnvoll, die Vollständigkeitsprüfung abzuwarten, bevor die Beteiligung der Behörden nach § 17 veranlasst wird. Danach unterrichtet die zuständige Behörde die zu beteiligenden Behörden über das Vorhaben,

28 OVG NRW, Beschl. v. 29.08.2005 – 11 A 4823/03.
29 *Ziekow*, VwVfG, § 73 Rn. 48.
30 *Mehde*, in: Dürig/Herzog/Scholz, GG, Art. 28 Abs. 2 Rn. 199 ff.
31 *Mehde*, in: Dürig/Herzog/Scholz, GG, Art. 28 Abs. 2 Rn. 189.
32 Vgl. z.B. § 73 Abs. 4 Satz 3 VwVfG; § 10 Abs. 3 Satz 9 BImSchG; § 7 Abs. 1 S. 2 AtVfV; §§ 9 Abs. 2 S. 4 NABEG.
33 Gesetz vom 29.05.2017, BGBl. I, S. 1298.
34 OVG NRW, Beschl. v. 29.08.2005 – 11 A 4823/03; BVerwG, Urt. v. 09.06.1999 – 11 A 8.98; BVerwG, Urt. v. 09.02.2005 – 9 A 62.03.
35 Vgl. § 21 Rdn. 28 ff.
36 Z.B. § 73 Abs. 2 VwVfG; § 10 Abs. 3 BImSchG; § 7 9. BImSchV.

übermittelt den UVP-Bericht und setzt nach § 17 Abs. 2 i.V.m. § 73 Abs. 3a VwVfG eine Frist zur Stellungnahme, die drei Monate nicht übersteigen darf. Wird die Frist versäumt, gilt die eingeschränkte Behördenpräklusion nach § 73 Abs. 3a Satz 2 VwVfG.[37]

Bis zur Novellierung im Jahr 2017 sah das Gesetz vor, dass die zuständige Behörde den zu beteiligenden Behörden die entscheidungserheblichen Unterlagen zu übermitteln hatte. Nach der Einführung des UVP-Berichts (§ 16) sieht § 17 Abs. 1 nunmehr vor, dass den zu beteiligenden Behörden der **UVP-Bericht** zu übermitteln ist. Die Übermittlung weiterer Unterlagen (insbesondere der das Vorhaben betreffenden entscheidungserheblichen Berichte und Empfehlungen, die der zuständigen Behörde zum Beginn des Beteiligungsverfahrens vorgelegen haben, vgl. § 19 Abs. 2 Nr. 2) ist durch § 17 formal gesehen nicht veranlasst. Andererseits ist die Übermittlung weiterer Unterlagen jedoch rechtlich unkritisch. Nicht selten ist die Übermittlung weiterer Unterlagen (z.B. der vollständigen Antragsunterlagen) sogar fachrechtlich geboten.[38] Insbesondere können die Antragsunterlagen den zu beteiligenden Behörden einen verbesserten Informationsstand über das Vorhaben vermitteln, der eine präzisere Ermittlung, Beschreibung und Bewertung der Auswirkungen des Vorhabens auf die Schutzgüter des UVPG zulässt.[39] Angesichts des Umstands, dass die nach § 19 Abs. 2 auszulegenden Unterlagen auch über das zentrale Internetportal nach § 20 Abs. 2 sowie nach Maßgabe des § 27b VwVfG zugänglich gemacht werden müssen, dürfte die praktische Relevanz dieser Frage begrenzt sein.[40] 32

Zur Steigerung der Effizienz und zur Beschleunigung der Abgabe der Stellungnahmen kann es hilfreich sein, die zu beteiligenden Behörden im Begleitschreiben auf mögliche **Schwerpunkte ihrer jeweiligen fachlichen Betroffenheit** hinzuweisen. Bei einer Behördenbeteiligung im Rahmen gestufter oder paralleler Zulassungsverfahren ist zweckmäßigerweise im Begleitschreiben darauf hinzuweisen, dass sich die Stellungnahmen auf den konkreten Verfahrensabschnitt zu beschränken haben. Den anderen Behörden ermöglicht die Unterrichtung zugleich die Kontrolle, ob der Vorhabenträger ihren Anregungen aus dem Scoping-Verfahren nach § 15 gefolgt ist. 33

II. Inhalt und Form der abzugebenden Stellungnahmen

Auf der Grundlage der zugeleiteten bzw. verfügbaren Unterlagen geben die beteiligten Behörden ihre Stellungnahmen zu dem beabsichtigten Vorhaben ab. Der Inhalt der Stellungnahmen ist grundsätzlich auf den jeweiligen **Aufgabenbereich der Behörde zu beschränken.** Auswirkungen auf andere Aufgabenbereiche und Überschneidungen können jedoch dann einbezogen werden, wenn auf mögliche Wechselwirkungen bspw. von vorgeschlagenen Schutzmaßnahmen hinzuweisen ist; derartige Hinweise können daher im Einzelfall durchaus wichtig für eine Gesamtbeurteilung des Vorhabens werden. Überschreitungen des eigenen Aufgabenbereichs im Rahmen der Stellungnahme sollten zur Vermeidung von Kompetenzkonflikten aber entsprechend kenntlich gemacht werden. Ggf. kann den anderen Behörden ein **Abdruck** der eigenen Stellungnahme an die verfahrensleitende Behörde übersendet werden, damit diese die Gelegenheit erhalten, bei Bedarf ihre Stellungnahmen im Hinblick auf mögliche fachliche Konflikte, aber auch besondere Wechselwirkungen zu ergänzen. 34

Die Stellungnahmen sind in der Regel schriftlich durch den Behördenleiter oder eine nach außen vertretungsberechtigte Person (»im Auftrag«) abzugeben. Vorbehalte hinsichtlich einzelner Punkte oder nur vorläufige Stellungnahmen sind zu kennzeichnen. Im Rahmen eines von der verfahrensleitenden Behörde anberaumten Anhörungstermins können Stellungnahmen auch zu Protokoll gegeben werden, sofern das Fachrecht nicht ausdrücklich schriftliche Stellungnahmen verlangt. Weitere Einzelheiten regelt ggf. das Fachrecht, ansonsten können sie von der verfahrensleitenden 35

37 Siehe dazu Rdn. 39 ff.
38 Siehe oben Rdn. 10 ff.
39 Vgl. § 3.
40 Zur parallelen Problemstellung bei § 73 Abs. 2 VwVfG vgl. *Ramsauer/Wysk,* in: Kopp/Ramsauer, VwVfG, § 73 Rn. 36.

Behörde aufgrund der ihr vom Gesetzgeber zugewiesenen Verfahrensherrschaft im konkreten Fall vorgegeben werden.

36 Eine Pflicht zur Abgabe einer Stellungnahme besteht nicht. Ob und wie eine Behörde, die keine Stellungnahme abgegeben hat, an einem ggf. durch das Fachrecht geforderten Erörterungstermin[41] zu beteiligen ist, ist nach Maßgabe des jeweiligen Fachrechts zu beurteilen. Das UVPG ist insoweit nicht aussagekräftig, da die Durchführung eines Erörterungstermins jedenfalls im Hinblick auf die Beteiligung der Behörde nach § 17 (anders als im Hinblick auf die Beteiligung der Öffentlichkeit; vgl. § 18 Abs. 1 Satz 4 i.V.m. § 73 Abs. 6) nicht gefordert ist.

III. Wirkung der Stellungnahmen

37 Hinsichtlich der Wirkung der Stellungnahmen ist zu unterscheiden. In einer isolierten Betrachtung des UVPG kommt den Stellungnahmen der in ihrem Aufgabenbereich berührten Behörden die **Wirkung von Fachbeiträgen** zu, die das Material für die Bewertung der Umweltverträglichkeit des Vorhabens sowie das Abwägungsmaterial und die Entscheidungsunterlagen der zuständigen Behörde im Rahmen der weiteren Verfahrensschritte der UVP ergänzen.[42] Eine unmittelbare Bindungswirkung für die zuständige Behörde besteht nicht. Daher kann sich die zuständige Behörde, wenn hinreichend gewichtige Gründe vorliegen, über die Einschätzung der Fachbehörde hinwegsetzen. In jedem Fall ist die zuständige Behörde zu einer eigenverantwortlichen Ermittlung und Bewertung des Sachverhalts verpflichtet.[43].

38 Unabhängig davon kann das Fachrecht im Hinblick auf die Beteiligung von Behörden einen strengeren Maßstab schaffen, beispielsweise die Herstellung eines Einvernehmens oder Benehmens voraussetzen. Ist ein »**Einvernehmen**« angeordnet,[44] darf sich die verfahrensleitende Behörde nicht über diese Stellungnahme hinwegsetzen, sondern muss diese übernehmen.[45] Durch das Einvernehmenserfordernis erhält die zu beteiligende Stelle daher ein freilich fachlich zu begründendes Vetorecht im Einzelfall eingeräumt, welches dazu dient, ihre besondere Rechtsposition wie bspw. die Zuständigkeit zur Ausübung des wasserrechtlichen Bewirtschaftungsermessens zu schützen.[46] Ist demgegenüber ein »**Benehmen**« angeordnet,[47] ist die Stellungnahme der zu beteiligenden Fachbehörde zwar in jedem Fall und damit unabhängig von deren konkreter Betroffenheit einzuholen.[48] Allerdings kann sich die verfahrensleitende Behörde im Rahmen des ihr zugewiesenen Entscheidungsspielraums und mit entsprechender Begründung über eine entgegenstehende Stellungnahme hinwegsetzen.

IV. Stellungnahmefristen und Präklusion für Behörden

39 § 17 Abs. 2 nimmt auf die Fristen- und Präklusionsregelung des § 73 Abs. 3a VwVfG Bezug. Dies bedeutet zunächst, dass die zuständige Behörde der zu beteiligenden Behörde eine Stellungnahmefrist zu setzen hat, die drei Monate nicht überschreiten darf. In UVP-pflichtigen Genehmigungsverfahren, für die keine eigenen Beteiligungsvorschriften bestehen, wird durch die Bezugnahme in § 17 Abs. 2 die Verfahrensfrist des § 73 Abs. 3a VwVfG auf diese Weise verbindlich.

40 Behördliche Stellungnahmen, die nach Ablauf der Frist nach Satz 1 eingehen, sind zu berücksichtigen, wenn der Planfeststellungsbehörde die vorgebrachten Belange bekannt sind oder hätten bekannt

41 Siehe z.B. § 73 Abs. 6 VwVfG i.V.m. § 27c VwVfG; § 10 Abs. 6 BImSchG; §§ 14 ff. 9. BImSchV.

42 *Schink*, in: Knack/Henneke, VwVfG, § 73 Rn. 52 f.

43 *Hofmann* in: Landmann/Rohmer, UmwR, § 17 UVPG Rn. 14.

44 Vgl. z.B. § 19 Abs. 3 1. HS WHG.

45 Zum Begriff und zur Wirkung des Einvernehmens *Henneke*, in: Knack/Henneke, VwVfG, § 35 Rn. 88, 167.

46 *Schenk*, in: Sieder/Zeitler/Dahme/Knopp, WHG AbwAG, § 19 WHG Rn. 33.

47 Vgl. z.B. § 19 Abs. 3 2. HS WHG.

48 Zum Begriff und zur Wirkung des Benehmens *Henneke*, in: Knack/Henneke, VwVfG, § 35 Rn. 88; *Jarass* DVBl 1997, 795 (797).

sein müssen oder für die Rechtmäßigkeit der Entscheidung von Bedeutung sind; im Übrigen können sie berücksichtigt werden. Im Hinblick auf fachplanungsrechtliche Zulassungsentscheidungen ist ein besonderes Augenmerk auf die **rechtsfehlerfreie Ausübung des Abwägungsermessens** zu legen. Der im Interesse der Straffung des Beteiligungsverfahrens geregelte Einwendungsausschluss darf nicht zu offensichtlichen Abwägungsfehlern führen.[49] Von Bedeutung für die Rechtmäßigkeit der Entscheidung ist eine Stellungnahme nicht erst dann, wenn sie das Abwägungsergebnis beeinflusst hätte, sondern bereits dann, wenn mit ihr ein Belang geltend gemacht wird, der in den Abwägungsvorgang einzustellen ist und dessen Nichtberücksichtigung dort zu einem Abwägungsfehler führt.[50] In allen anderen Fällen hat die zuständige Behörde nach pflichtgemäßer Ermessensausübung darüber zu entscheiden, ob verspätet vorgetragene Belange berücksichtigt werden. Eine fehlerhafte Ermessensausübung wird regelmäßig dann vorliegen, wenn Belange nicht berücksichtigt wurden, obwohl die Berücksichtigung der Belange nicht zu einer Verfahrensverzögerung geführt hätte.[51]

Im Ergebnis kommt der Präklusionsregelung damit aus rechtsstaatlichen Gründen im Wesentlichen 41
Appellfunktion gegenüber den zu beteiligenden Behörden zu, zur Vermeidung der Nichtberücksichtigung der eigenen Belange die Stellungnahmen innerhalb der gesetzlich vorgegebenen Frist abzugeben.

V. Nachträgliche Änderung der Unterlagen

§ 17 regelt nicht, wie von der zuständigen Behörde zu verfahren ist, wenn sich nach Abschluss der 42
Behördenbeteiligung die **Vorhabenunterlagen ändern**. Hierin unterscheidet sich § 17 von den Regelungen zur Beteiligung der Öffentlichkeit.[52] Auch die UVP-Richtlinie behandelt die Behördenbeteiligung und die Öffentlichkeitsbeteiligung nicht gleich. So gilt nach Art. 6 Abs. 4 UVP-RL das Gebot einer frühzeitigen und effektiven Beteiligung der Öffentlichkeit, während eine entsprechende Anordnung für die Beteiligung der Behörden fehlt. Daher ist eine erneute Beteiligung der Behörden im Falle nachträglich geänderter Vorhabenunterlagen zumindest aus Sicht des UVP-Rechts nicht geboten, wenngleich sie nicht selten sinnvoll sein dürfte, um von dem der zu beteiligenden Behörde vorhandenen Fachwissen zu profitieren.[53] Unabhängig davon ist die nachträgliche Beteiligung der Behörden im Falle geänderter Unterlagen gelegentlich im Fachrecht geregelt.[54] Sofern dort eine erneute Beteiligung der Behörden vorgesehen ist, ist die gesetzliche Anordnung zu beachten.

§ 18 Beteiligung der Öffentlichkeit

(1) [1]Die zuständige Behörde beteiligt die Öffentlichkeit zu den Umweltauswirkungen des Vorhabens. [2]Der betroffenen Öffentlichkeit wird im Rahmen der Beteiligung Gelegenheit zur Äußerung gegeben. [3]Dabei sollen nach dem Umwelt-Rechtsbehelfsgesetz anerkannte Vereinigungen die zuständige Behörde in einer dem Umweltschutz dienenden Weise unterstützen. [4]Das Beteiligungsverfahren muss den Anforderungen des § 73 Absatz 3 Satz 1 und 2 und Absatz 5 bis 7 des Verwaltungsverfahrensgesetzes entsprechen.

(2) [1]In einem vorgelagerten Verfahren oder in einem Planfeststellungsverfahren über einen Wege- und Gewässerplan mit landschaftspflegerischem Begleitplan nach § 41 des Flurbereinigungsgesetzes kann die zuständige Behörde abweichend von Absatz 1 und abweichend von § 73 Absatz 6 des Verwaltungsverfahrensgesetzes auf die Durchführung eines Erörterungstermins verzichten.

49 *Neumann/Külpmann*, in: Stelkens/Bonk/Sachs, VwVfG, § 73 Rn. 44.
50 *Neumann/Külpmann*, in: Stelkens/Bonk/Sachs, VwVfG, § 73 Rn. 44.
51 So auch *Neumann/Külpmann*, in: Stelkens/Bonk/Sachs, VwVfG, § 73 Rn. 44a.
52 Vgl. §§ 19 Abs. 3, 22.
53 Ähnlich: *Hofmann*, in: Landmann/Rohmer, UmweltR, § 17 UVPG Rn. 24.
54 Vgl. z.B. § 73 Abs. 8 VwVfG.

[2]**Auf eine Benachrichtigung nach § 73 Absatz 5 Satz 3 des Verwaltungsverfahrensgesetzes kann in einem vorgelagerten Verfahren verzichtet werden.**

Übersicht

A. Allgemeines

1 Die §§ 18 ff. regeln die Beteiligung der Öffentlichkeit als einen durch § 3 hervorgehobenen, **unverzichtbaren Bestandteil** der UVP. Die Beteiligung der Öffentlichkeit im Rahmen eines Zulassungs-, Planungs- oder vorgelagerten Verfahrens muss sich zumindest auf die Umweltauswirkungen des zu prüfenden Vorhabens erstrecken. Die in § 18 verwendeten Begriffe der Beteiligung der Öffentlichkeit als Oberbegriff und Gelegenheit zur Äußerung als deren wesentliches Element erfassen sowohl die **öffentliche Anhörung** als auch die **schriftliche Stellungnahme** der Öffentlichkeit. Damit werden die **Vorgaben** aus **Art. 6 Abs. 4 und 5 UVP-RL** zur »**Anhörung**« der betroffenen Öffentlichkeit umgesetzt. § 18 wird flankiert durch § 42, der eine Öffentlichkeitsbeteiligung bei Strategischen Umweltprüfungen verlangt; darüber hinaus regeln die §§ 56, 59, 61 und 63 die grenzüberschreitende Öffentlichkeitsbeteiligung in den Zulassungsverfahren und bei Plänen und Programmen mit in andere Staaten übergreifenden Auswirkungen auf die Umwelt.

2 Durch die §§ 18 ff. wird zugleich Art. 6 des internationalen **Aarhus-Abkommens** aus dem Jahr 1998 umgesetzt.[1] Die umfassende Verpflichtung zur Beteiligung der Öffentlichkeit unter Einschluss von für den Umweltschutz tätigen Nichtregierungsorganisationen bei allen Planungs- und Zulassungsverfahren mit Auswirkungen auf die Umwelt beruht auf dem **gemeinschaftsrechtlichen Konzept der »informierten Öffentlichkeit«** im Vorfeld einer Entscheidung und stellt ein beachtliches Korrektiv zu den erstmaligen Beschleunigungsbestrebungen des deutschen Gesetzgebers in den 1990er Jahren im Gefolge der Deutschen Einheit dar.[2] Der dritte Erwägungsgrund der Öffentlichkeitsbeteiligungs-RL von 2003 bringt es wie folgt auf den Punkt: »Eine effektive Beteiligung der Öffentlichkeit bei Entscheidungen ermöglicht es einerseits der Öffentlichkeit, Meinungen und Bedenken zu äußern, die für diese Entscheidung von Belang sein können, und ermöglicht es andererseits auch den Entscheidungsträgern, diese Meinungen und Bedenken zu berücksichtigen; dadurch wird der Entscheidungsprozess nachvollziehbarer und transparenter, und in der Öffentlichkeit wächst das Bewusstsein für Umweltbelange sowie die Unterstützung für die getroffenen Entscheidungen.«[3] Ein wichtiger Bestandteil dieses Konzeptes ist die Einbeziehung von **Umweltschutzvereinigungen** in die

1 Vgl. BR-Drs. 565/06.
2 Die Hintergründe darlegend *Dolde* NVwZ 2006, 857 ff.
3 Öffentlichkeitsbeteiligungs-Richtlinie (2003/35/EG); hierzu *Ekardt/Pöhlmann* ThürVbl 2005, 252 ff.

Öffentlichkeitsbeteiligung sowie in die Gewährung von **Rechtsschutzmöglichkeiten** gegen Zulassungsentscheidungen UVP-pflichtiger Vorhaben durch das UmwRG.

I. Regelungsgegenstand

Die § 18 normiert die Grundzüge der Beteiligung der Öffentlichkeit bei UVP-pflichtigen Vorhaben 3
sowohl für die abschließenden Zulassungsverfahren (Planfeststellungs- und Genehmigungsverfahren) als auch – bei gestuften Verfahren – für die vorgelagerten (Planungs-)Verfahren durch die zuständige Behörde, bei mehreren zuständigen Behörden durch die federführende Behörde nach § 31. § 18 Abs. 1 normiert den Grundsatz der Beteiligung der Öffentlichkeit. § 18 Abs. 1 Satz 3 stellt einerseits klar, dass nach dem Umwelt-Rechtsbehelfsgesetz anerkannte Vereinigungen der Öffentlichkeit unterfallen.[4] Zugleich wird die Rolle dieser Vereinigungen auch dahingehend definiert, dass sie die zuständige Behörde in einer dem Umweltschutz dienenden Weise unterstützen. Schließlich gibt Abs. 1 Satz 4 für die Zulassungsverfahren ein **mündliches Anhörungsverfahren** vor, das den Anforderungen des § 73 Abs. 3 Satz 1 und 2, Abs. 5 bis 7 VwVfG entspricht.

Abs. 2 enthält Sonderregelungen für vorgelagerte Verfahren sowie Planfeststellungsverfahren über 4
einen Wege- und Gewässerplan mit landschaftspflegerischen Begleitplan nach § 41 FlurbG. In diesen Verfahren kann – abweichend von den allgemeinen Regelungen – auf die Durchführung bestimmter Verfahrensschritte verzichtet werden.

II. Zweck und Bedeutung der Vorschrift

Die Beteiligung der Öffentlichkeit soll dazu beitragen, die mutmaßlichen **Umweltauswirkungen** 5
eines Vorhabens so früh und umfassend wie möglich zu erkennen.[5] Neben der Unterrichtung über den Untersuchungsrahmen (§ 15), dem UVP-Bericht (§ 16) und der Beteiligung anderer Behörden (§ 17) ist die Beteiligung der Öffentlichkeit nach den §§ 18 ff. ein wesentlicher Bestandteil des Verfahrensschrittes der »Ermittlung« der Auswirkungen des Vorhabens auf die Umwelt. Die mündlichen und schriftlichen Äußerungen aus der Öffentlichkeit gehen als Information in den weiteren Prüfungsprozess des Verfahrens ein. Ferner und ganz wesentlich sollen die Partizipationsmöglichkeiten der Bürger die **Akzeptanz** des Vorhabens erhöhen und zur Vermeidung von Rechtsstreitigkeiten beitragen.[6]

III. Gesetzesgeschichte

1. Europäische Vorgaben

Bereits die UVP-RL aus dem Jahr 1985 enthielt in Art. 6 grundlegende Vorgaben für die Öffentlich- 6
keitsbeteiligung bei UVP-pflichtigen Zulassungsverfahren. Eine erste Novellierung erfolgte durch die UVP-Änderungs-RL (97/11/EG) im Jahr 1997. Demgegenüber kommt der Öffentlichkeitsbeteiligungs-RL (2003/35/EG) aus dem Jahr 2003 keine selbstständige, sondern eine die UVP-RL erneut fortentwickelnde Funktion zu, indem sie in Art. 3 (Änderung der Richtlinie 85/337/EWG) diese um zusätzliche Vorschriften zur Öffentlichkeitsbeteiligung erweiterte.

Art. 6 Abs. 2 UVP-RL gibt vor, dass die Öffentlichkeit elektronisch und durch öffentliche Bekannt- 7
machung oder auf anderem geeignetem Wege im Rahmen umweltbezogener Entscheidungsverfahren frühzeitig über das Entscheidungsverfahren informiert wird. Dabei werden Mindestinhalte dieser

4 Vgl. § 3 UmwRG; siehe in diesem Zusammenhang auch § 2 Abs. 9, der ebenfalls klarstellt, dass Vereinigungen, deren satzungsmäßiger Aufgabenbereich durch eine Zulassungsentscheidung oder einen Plan oder ein Programm berührt wird, darunter auch Vereinigungen zur Förderung des Umweltschutzes, zur betroffenen Öffentlichkeit zählen.

5 *Bunge*, UVP im Verwaltungsverfahren, S. 27; *Weber* UPR 1988, 206 (211). Ausführlich zur Frage, ob bzw. wie die Öffentlichkeitsbeteiligung zum Umweltschutz beiträgt: *Schütte* UPR 2023, 420 ff.

6 *Wickrath*, Bürgerbeteiligung, S. 12 ff., die zwischen Emanzipations-, Kontroll-, Rechtsschutz-, Integrations-, Legitimations- und Rationalisierungsfunktion unterscheidet.

Information vorgegeben. Nach Art. 6 Abs. 3 UVP-RL haben die Mitgliedstaaten sodann sicherzustellen, dass der betroffenen Öffentlichkeit innerhalb eines angemessenen zeitlichen Rahmens bestimmte Unterlagen und Informationen zur Verfügung gestellt werden, nämlich insbesondere der UVP-Bericht nach Art. 5 UVP-RL sowie die wichtigsten Berichte und Empfehlungen, die der zuständigen Behörde im Zeitpunkt der öffentlichen Bekanntmachung nach Art. 6 Abs. 2 UVP-RL vorliegen.

8 Nach Art. 6 Abs. 4 UVP-RL erhält die betroffene Öffentlichkeit frühzeitig und in effektiver Weise die Möglichkeit, sich an den umweltbezogenen Entscheidungsverfahren zu beteiligen. Sie hat zu diesem Zweck das Recht, der zuständigen Behörde gegenüber Stellung zu nehmen und Meinungen zu äußern, wenn alle Optionen noch offenstehen und bevor die Entscheidung über den Genehmigungsantrag getroffen wird. Abs. 5 gewährt den Mitgliedstaaten aber Spielraum hinsichtlich der Vorgehensweise bei der Unterrichtung (bspw. durch Anschläge innerhalb eines gewissen Umkreises oder Veröffentlichung in Lokalzeitungen) und Anhörung der betroffenen Öffentlichkeit (bspw. durch Aufforderung zu schriftlichen Stellungnahmen **oder** durch eine öffentliche Anhörung). Hinzugekommen ist mit der Novelle 2014 die nach Art. 6 Abs. 5 Satz 2 bestehende Pflicht, der Öffentlichkeit die einschlägigen Informationen auf der angemessenen Verwaltungsebene elektronisch zugänglich zu machen, wenigstens über ein zentrales Portal oder über einfach zugängliche Zugangspunkte.[7] Abs. 6 verlangt die Gestaltung eines Zeitrahmens, der für die einzelnen Phasen jeweils ausreichend Zeit zur Verfügung belässt, um die Öffentlichkeit zu informieren bzw. dieser Gelegenheit zur effektiven Vorbereitung und Äußerung zu geben. Die Frist, innerhalb derer die betroffene Öffentlichkeit zu konsultieren ist, beträgt nach Art. 6 Abs. 7 mindestens 30 Tage.

2. Innerstaatliche Entstehung

9 Das deutsche Gesetzgebungsverfahren zu § 9 UVPG a.F. war bei erstmaligem Erlass des UVPG 1990 durch den Ansatz geprägt, zwar einerseits die **Einbeziehung der Öffentlichkeit** in **allen** und damit erstmalig auch in den vorgelagerten **Planungsverfahren** sicherzustellen, andererseits aber **keine neuen Rechtsschutzmöglichkeiten** zu eröffnen, die den Vorwurf eines Verfahrensverzögerung durch die Einführung der UVP begründet hätten. Auch galt es, die in den Fachgesetzen für die abschließenden Zulassungsverfahren teilweise bereits sehr detailliert festgelegten Verfahren zur Öffentlichkeitsbeteiligung (mit mündlicher Erörterung) zu berücksichtigen bzw. unverändert aufzugreifen. Ein mit der Umsetzung der UVP-RL verbundenes weiteres Anliegen des Gesetzgebers war die **innere Harmonisierung des Umweltrechts.** Der Gesetzentwurf der Bundesregierung lehnte sich daher bewusst eng an die Vorgaben des Verwaltungsverfahrensgesetzes zur Öffentlichkeitsbeteiligung im **Planfeststellungsverfahren** als einzuhaltenden **Mindeststandard** an.[8] Bei den vorgelagerten Verfahren wurde eine Regelung vorgeschlagen, die der damals neu geschaffenen, mittlerweile aber aus kompetenzrechtlichen Gründen wieder aufgehobenen Regelung zur Einbeziehung der Öffentlichkeit beim Raumordnungsverfahren entsprach.

10 Die Novelle des UVPG im Jahr 2001 hat die Vorschrift des § 9 UVPG a.F. in den wesentlichen Grundzügen unverändert gelassen. Redaktionelle Anpassungen erfolgten in § 9 Abs. 1 UVPG a.F.; zudem wurden – mittelbar – durch die fortgeltende Inbezugnahme der Abs. 3, 4 bis 7 die zwischenzeitlichen Änderungen des § 73 VwVfG und damit zusätzliche **Fristen- und verschärfte Präklusionsregelungen** zur Beschleunigung des Verfahrensablaufs integriert. In Abs. 2 wurde in Umsetzung von Art. 9 Abs. 1 UVPG a.F. die Pflicht zur Benachrichtigung der Öffentlichkeit über den Ausgang des Verfahrens geregelt; hierzu wurde – auch im Sinne einer Rechtsvereinheitlichung – die Regelung des § 74 Abs. 4 und 5 VwVfG aufgegriffen.[9] Aus dem gleichen Grund wurde in § 9 Abs. 3 UVPG a.F. schließlich die Regelung zur Einbeziehung der Öffentlichkeit im vorgelagerten Verfahren um den Hinweis zur **Zugänglichmachung** auch des **Inhalts der Entscheidung** mit Begründung ergänzt. Die

7 Vgl. hierzu § 20.
8 BT-Drs. 11/3919, S. 25.
9 BT-Drs. 14/4599, S. 100 (zu Nr. 10).

dargestellten Änderungen waren im Gesetzgebungsverfahren unstreitig. Die nächste Novelle des UVPG im Jahr 2005 brachte für § 9 UVPG a.F. nur geringfügige redaktionelle Anpassungen mit sich, und zwar im Wesentlichen durch Einfügen eines neuen Satzes 2 in Abs. 1 und einer Umformulierung in Abs. 3 Nr. 3, die klarstellten, dass (nur) die **betroffene** Öffentlichkeit zu dem Vorhaben äußerungsberechtigt ist.[10]

Zu wesentlichen Ergänzungen in § 9 UVPG a.F. hat demgegenüber das Öffentlichkeitsbeteiligungsgesetz 2006 geführt, indem es die Abs. 1a und 1b neu eingefügt und auch die Abs. 1 und 3 redaktionell ergänzt sowie Abs. 2 um den Hinweis auf eine zusätzlich geforderte Rechtsbehelfsbelehrung erweitert hat. Anlass waren die Änderungen der UVP-RL durch die Öffentlichkeitsbeteiligungs-RL, die es bis zum 25.06.2005 umzusetzen galt.[11] Diese Einfügungen gaben den deutschen Behörden zusätzliche **Mindestinhalte** für die **öffentliche Bekanntmachung** und für die sich anschließende öffentliche **Auslegung** vor, um eine einheitliche Qualität der Öffentlichkeitsbeteiligung zu garantieren. Sie erhöhten die bisher vom VwVfG vorgegebenen Standards an das Verfahren der Beteiligung erheblich. Weitere redaktionelle Ergänzungen dienten in Anlehnung an den Wortlaut der Richtlinie der Einführung des einheitlichen Begriffes der »Beteiligung« anstelle des früher verwendeten Begriffes der »Einbeziehung« der Öffentlichkeit. Schließlich wurde aus systematischen Gründen § 9 Abs. 3 Satz 2 UVPG a.F. gestrichen und die dortige Anordnung, dass unmittelbarer Rechtsschutz gegen (Zwischen-)Ergebnisse vorgelagerter Verfahren nicht gewährt wird, in die diese Verfahren unmittelbar regelnden §§ 15 und 16 UVPG a.F. integriert. 11

Durch das **Gesetz zur Anpassung des Umwelt-Rechtsbehelfsgesetzes und anderer Vorschriften an europa- und völkerrechtliche Vorgaben** vom 29.05.2017 sind Abs. 1 Satz 3 sowie die Absätze 1c bis 1e in den § 9 UVPG a.F. eingefügt worden.[12] Damit wurde zum einen die besondere Rolle der nach dem Umwelt-Rechtsbehelfsgesetz anerkannten Vereinigungen klargestellt.[13] Zudem wurde die Äußerungsfrist für UVP-pflichtige Vorhaben verlängert. Sie beträgt nun – orientiert man sich an der in § 73 Abs. 3 Satz 1 VwVfG vorgegebenen Dauer der Auslegung – insgesamt zwei Monate. Bei Vorhaben, für die Unterlagen in erheblichem Umfang eingereicht worden sind, kann die zuständige Behörde eine längere Äußerungsfrist festlegen. 12

Mit dem **Gesetz zur Modernisierung des Rechts der Umweltverträglichkeitsprüfung** vom 20. Juli 2017[14], das insbesondere der Anpassung des Bundesrechts an die Vorgaben der Richtlinie 2014/52/EU des Europäischen Parlaments und des Rates vom 16. April 2014 dient, wurden die bis dahin einheitlich in § 9 UVPG a.F. geregelten Vorgaben in die §§ 18 bis 22 überführt. Abweichend vom bisherigen § 9 Abs. 2 UVPG a.F. wird jedoch die Unterrichtung der Öffentlichkeit über die Zulassungsentscheidung nicht mehr im Rahmen der §§ 18 bis 22, sondern eigenständig in dem neuen § 27 geregelt. Bei der Ausgestaltung der Öffentlichkeitsbeteiligung sah die UVP-Änderungsrichtlinie einige grundlegende Neuerungen vor. Sie betrafen die verstärkte Nutzung elektronischer Medien und die Einführung von zentralen Internetportalen.[15] § 18 enthält allgemeine Regelungen zur Beteiligung der Öffentlichkeit an der UVP sowie eine Sonderregelung für das vorgelagerte Verfahren. Abs. 1 entspricht § 9 Abs. 1 Satz 1 bis 4 UVPG a.F. Der § 9 Abs. 1 Satz 5 UVPG a.F. wird durch § 22 ersetzt. Die bisher nach § 9 Abs. 3 Nr. 2 UVPG a.F. vorgesehene Sonderregelung für die Zugänglichmachung der Unterlagen im vorgelagerten Verfahren, die im Hinblick auf die Beteiligung der Öffentlichkeit herabgesetzte Anforderungen enthielt, war mit den Bestimmungen 13

10 BR-Drs. 588/04, S. 62 (zu Nr. 9 a und b).

11 BR-Drs. 551/06, S. 24 f.

12 Gesetz zur Anpassung des Umwelt-Rechtsbehelfsgesetzes und anderer Vorschriften an europa- und völkerrechtliche Vorgaben vom 29.05.2017 (BGBl. I, S. 1298).

13 BT-Drs. 18/9526, S. 47.

14 BGBl. I, S. 2808.

15 BT-Drs. 18/11499, S. 91.

der UVP-Änderungsrichtlinie über die elektronische Zugänglichkeit nicht mehr vereinbar. Daher ist die Regelung (nunmehr § 18 Abs. 2) modifiziert worden.[16]

14 Die Regelung des § 18 Abs. 1 S. 4 ist mit Wirkung zum 01.01.2024 durch das 5. VwVfGÄndG[17] modifiziert worden.[18] Sie verweist nunmehr auch auf § 73 Abs. 3 S. 2 VwVfG, der ebenfalls mit Wirkung zum 01.01.2024 geändert wurde. Inhaltlich geht es um die Auslegung der Unterlagen und hier konkret um die Eröffnung einer anderen Zugangsmöglichkeit neben der körperlichen Auslegung. Nach § 73 Abs. 3 S. 2 VwVfG bestimmt die Anhörungsbehörde, in welcher der Gemeinden eine andere Zugangsmöglichkeit nach § 27b Abs. 1 Satz 1 Nr. 2 VwVfG zur Verfügung zu stellen ist und legt im Benehmen mit der jeweiligen Gemeinde die Zugangsmöglichkeit fest.

IV. Verhältnis zu fachrechtlichen Vorschriften über die Öffentlichkeitsbeteiligung

15 Die §§ 18 ff. setzen die Vorgaben der UVP-RL zunächst mit eigenen Verfahrensregelungen zur Beteiligung der Öffentlichkeit um. Dies umfasst insbesondere die Bekanntmachung (§ 19 Abs. 1), die Auslegung (§ 19 Abs. 2) sowie die im Verfahren abzugebenden Äußerungen und Einwendungen der Öffentlichkeit (§ 21). Darüber hinaus gelten nach § 18 Abs. 1 Satz 4 bestimmte Verfahrensregelungen des Verwaltungsverfahrensgesetzes, nämlich Regelungen mit weiteren Modalitäten der Auslegung (§ 73 Abs. 3 Satz 1 und 2, Abs. 5 VwVfG) sowie zur Durchführung eines Erörterungstermins (§ 73 Abs. 6, Abs. 7 VwVfG). Neben dem UVP-Recht enthält aber auch das Fachrecht Verfahrensvorgaben zur Beteiligung der Öffentlichkeit. Zu nennen sind beispielsweise § 10 BImSchG i.V.m. §§ 8 ff. der 9. BImSchV, § 2a AtG i.V.m §§ 4 ff. AtVfV, § 17 a FStrG, § 43a EnWG oder die §§ 9 ff., 22 ff. NABEG. Daher stellt sich die Frage, in welchem Verhältnis die verfahrensrechtlichen Vorgaben des UVPG zu den entsprechenden Regelungen des Fachrechts stehen.

16 Die Abgrenzung zwischen den Verfahrensvorgaben des UVPG und den des Fachrechts vollzieht sich nach § 1 Abs. 4. Danach findet das UVPG Anwendung, soweit Rechtsvorschriften des Bundes oder der Länder die Umweltverträglichkeitsprüfung nicht näher bestimmen oder die wesentlichen Anforderungen des UVPG nicht beachten. Rechtsvorschriften mit weitergehenden Anforderungen bleiben hingegen unberührt. Dem Grunde nach ist das UVPG also subsidiär und tritt zurück. Etwas anderes gilt nur dann, wenn das Fachrechts entweder keine Verfahrensvorschriften beinhaltet, die die Prüfung der Umweltverträglichkeit gewährleisten, oder nur solche Verfahrensvorschriften, die den wesentlichen Anforderungen des UVPG nicht entsprechen. Dabei hat das **Gesetz zur Modernisierung des Rechts der Umweltverträglichkeitsprüfung** vom 20. Juli 2017[19] die Regelung leicht modifiziert. War das UVPG nach der alten Fassung anwendbar, soweit das Fachrecht »den Anforderungen des UVPG nicht entspricht«, ist es nunmehr anwendbar, sofern die fachrechtlichen Vorgaben »die wesentlichen Anforderungen dieses Gesetzes nicht beachten«. Mit der Einfügung des Begriffs »**wesentlichen** Anforderungen« hat der Gesetzgeber den Regelungsinhalt etwas anders nuanciert.[20] In einem gewissen Grad sind abweichende fachrechtliche Vorschriften tolerabel.[21] Die Verfahrensvorgaben des UVPG gehen den fachrechtlichen Vorschriften hingegen dann vor, wenn die Abweichungen des Fachrechts die Wesentlichkeitsschwelle überschreiten.

16 BT-Drs. 18/11499, S. 91.

17 Fünftes Gesetz zur Änderung verwaltungsverfahrensrechtlicher Vorschriften sowie zur Änderung des Sechsten Buches Sozialgesetzbuchs (5. VwVfÄndG) vom 04.12.2023 (BGBl. I Nr. 344).

18 Grundlegend zur Digitalisierung der Öffentlichkeitsbeteiligung in Verwaltungsverfahren: *Schink* UPR 2024, 369 ff.; *Prell/Altmiks* NVwZ 2024, 105 ff.; *Durinke/Elgeti* NVwZ 2024, 112 ff.

19 BGBl. I, S. 2808.

20 Auch wenn in der Begründung des Gesetzesentwurfs ausgeführt wird, § 1 Abs. 4 entspreche dem bisherigen § 4 (BT-Drs. 18/11499, S. 74).

21 Zu § 17a FStrG siehe VGH München, Urt. v. 21.06.2023 – 8 A 21.40036, Rn. 33.

B. Öffentlichkeit

Die Beteiligung der Öffentlichkeit, wie sie vom UVPG in den §§ 18 ff. grundlegend geregelt ist und auf die auch § 42 Abs. 1 Bezug nimmt, vollzieht sich bei allen Planungs- und Zulassungsverfahren immer in **drei** oder **vier Schritten**:[22] 17

- öffentliche Bekanntmachung des Plan- oder Zulassungsverfahrens,
- öffentliche Auslegung von Unterlagen,
- Gelegenheit zur Äußerung der betroffenen Öffentlichkeit und
- ggf. Durchführung eines Erörterungstermins.[23]

Damit wird der zentralen Anforderung der UVP-RL, nämlich nach einer **Unterrichtung** zunächst der **gesamten** und einer nachfolgenden **Anhörung** sodann der **betroffenen Öffentlichkeit** Rechnung getragen.[24] Die Bekanntmachung richtet sich an jeden und auch die Auslegung als Bestandteil der Unterrichtung ist für alle zugänglich. Demgegenüber wird die Gelegenheit zur Äußerung und die sich anschließende Teilnahme an einem Erörterungstermin als Bestandteil der Anhörung nur **Einwendern** und der von dem Vorhaben **betroffenen Öffentlichkeit** zugestanden. Dies unterscheidet § 18 von § 18 Abs. 1 9. BImSchV, nach dem der Erörterungstermin öffentlich ist.

18 Unter **Öffentlichkeit** versteht das UVPG gem. § 2 Abs. 8 einzelne oder mehrere natürliche oder juristische **Personen** sowie deren **Vereinigungen**. Dieser vom UVPG verwendete, gemeinschaftsrechtlich hergeleitete[25] Öffentlichkeitsbegriff wird auch § 18 Abs. 1 Satz 1 zugrunde gelegt. Er verengt sich in § 18 Abs. 1 Satz 2 auf die betroffene Öffentlichkeit, sobald es um deren Möglichkeit zur Abgabe von Äußerungen geht. **Betroffene Öffentlichkeit** im Sinne des Gesetzes ist nach § 2 Abs. 9 jede **Person**, deren Belange durch eine Zulassungsentscheidung oder einen Plan oder ein Programm berührt werden; hierzu gehören auch **Vereinigungen**, deren satzungsmäßiger Aufgabenbereich durch eine Zulassungsentscheidung oder einen Plan oder ein Programm berührt wird, darunter auch Vereinigungen zur Förderung des Umweltschutzes.[26] Der Begriff des Berührens von Belangen ist dabei weit zu verstehen. Keinesfalls ist er mit der Klagebefugnis nach § 42 Abs. 2 VwGO zu verwechseln; eine unmittelbare Betroffenheit oder gar eine Verletzung in subjektiven Rechtspositionen ist nicht erforderlich.[27] Eine Berührung der Belange ist nur dann ausgeschlossen, wenn die eigene Sphäre unter keinem denkbaren Gesichtspunkt berührt wird oder die geltend gemachten Rechte und Belange dem Einwender nicht als eigene zustehen können.[28] Der Kreis der Belange umfasst dabei alle öffentlich-rechtlich oder zivilrechtlich begründeten eigenen Rechte, ferner auch alle sonstigen wirtschaftlichen, ökologischen, sozialen, kulturellen, ideellen oder sonstigen nicht unredlich erworbenen und daher anerkennenswerten eigenen Interessen des Einwenders.[29] Die Zugehörigkeit zur betroffenen Öffentlichkeit hängt im Übrigen auch nicht an der Staatsangehörigkeit oder einem Wohnsitz im Inland. Auch ausländische oder im Ausland ansässige Personen können der betroffenen Öffentlichkeit zugehören, und zwar unabhängig davon, ob und inwieweit eine grenzüberschreitende Umweltprüfung stattgefunden hat.[30]

19 Von den in § 2 Abs. 9 angesprochenen Vereinigungen werden auch die **nach § 3 Umwelt-Rechtsbehelfsgesetz anerkannten Vereinigungen** erfasst. Diese sollen nach § 18 Abs. 1 Satz 3 die zuständige Behörde in einer dem Umweltschutz dienenden Weise unterstützen. Damit erinnert der Gesetzgeber

22 Siehe dazu oben Rdn. 7 ff.

23 Zur Frage des Verhältnisses zwischen dem UVPG und dem Fachrecht im Hinblick auf die Pflicht zur Durchführung eines Erörterungstermins siehe Rdn. 29.

24 Vgl. Art. 1 Abs. 2 lit. c) und d) sowie Art. 6 Abs. 2 UVP-RL.

25 Vgl. Art. 1 Abs. 2 lit. d) UVP-Richtlinie.

26 Vgl. Art. 1 Abs. 2 lit. e) UVP-Richtlinie.

27 *Neumann/Külpmann*, in: Stelkens/Bonk/Sachs, VwVfG, § 73 Rn. 73.

28 *Schink*, in: Knack/Henneke, VwVfG, § 73 Rn. 98 ff.; *Neumann/Külpmann*, in: Stelkens/Bonk/Sachs, VwVfG, § 73 Rn. 71.

29 *Neumann/Külpmann*, in: Stelkens/Bonk/Sachs, VwVfG, § 73 Rn. 71.

30 *Schink*, in: Knack/Henneke, VwVfG, § 73 Rn. 101.

zum einen an die besondere Rolle, die anerkannte Vereinigungen nach ständiger Rechtsprechung des BVerwG einnehmen.[31] Sie brächten – so die Gesetzesbegründung – ihren naturschutzfachlichen Sachverstand quasi als Verwaltungshelfer in die Vorbereitung behördlicher Entscheidungen ein. Ihre Mitwirkung sei eine die Behörde bei ihrer Entscheidung unterstützende, auf die Einbringung naturschutzfachlichen Sachverstandes zielende »Sachverstandspartizipation«, die Vollzugsdefiziten im Bereich des Naturschutzes und der Landschaftspflege entgegenwirken solle. Zur besonderen Rolle gehören beispielsweise eine frühzeitige und enge Abstimmung mit der zuständigen Behörde sowie die Einbringung bei der Vereinigung vorhandener Erkenntnisse zu möglichen Auswirkungen auf die Umwelt. Eine entsprechende Mitwirkung dient daher einem frühzeitigen und wirksamen Schutz der Umwelt.[32] Zum anderen macht der Gesetzgeber deutlich, dass die Beteiligung der nach § 3 Umwelt-Rechtsbehelfsgesetz anerkannten Vereinigungen nicht Teil der Behördenbeteiligung nach § 17 ist, sondern Teil der Öffentlichkeitsbeteiligung nach § 18.[33] Durch die Regelung wird keine Mitwirkungspflicht geregelt; die Zulässigkeit eines Rechtsbehelfs (Klage oder Widerspruch) einer anerkannten Umweltvereinigung kann nicht davon abhängig gemacht werden, ob sich diese im vorherigen Ausgangsverfahren beteiligt hat.[34]

20 Zur Öffentlichkeit können schließlich auch kommunale Gebietskörperschaften (insb. Kreise und Gemeinden) zählen, wenn und soweit sie sich auf die Betroffenheit ihres durch Art. 28 Abs. 2 GG bzw. durch entsprechende Garantien in der jeweiligen Landesverfassung geschützten Selbstverwaltungsrechts berufen.[35]

C. Beteiligungsverfahren

21 Die Beteiligungspflicht des § 18 Abs. 1 Satz 1 ist auf die Umweltauswirkungen des Vorhabens beschränkt. Gemeint sind damit die Schutzgüter im Sinne des § 2 Abs. 1. Das Fachrecht sieht regelmäßig eine weitergehende Beteiligung der Öffentlichkeit vor.[36] Eine organisatorische Trennung des Verfahrens im Sinne einer separaten Beteiligung zu Umweltauswirkungen sowie einer weiteren Beteiligung zu anderen Belangen ist indes weder rechtlich geboten, noch dürfte sie sinnvoll sein.[37] Die Vorgaben des VwVfG zur Beteiligung der Öffentlichkeit sind mit Wirkung zum 01.01.2024 durch das 5. VwVfGÄndG[38] modifiziert worden. Mit der Novellierung des § 27a VwVfG und der Einführung der §§ 27b und 27c VwVfG sind wesentliche Schritte zur Digitalisierung der Öffentlichkeitsbeteiligung umgesetzt worden.[39]

I. Bekanntmachung des Vorhabens

22 Das Beteiligungsverfahren beginnt mit der **Bekanntmachung**. Dabei hat die zuständige Behörde die Öffentlichkeit nach den Vorgaben des § 19 Abs. 1 i.V.m. § 27a VwVfG über das Vorhaben zu unterrichten.[40]

---

31 BT-Drs. 18/9526, S. 47 unter Verweis auf BVerwG, Urt. v. 01.04.2015 – 4 C 6.14, Rn. 25.

32 BT-Drs. 18/9526, S. 47.

33 Siehe hierzu auch § 17 Rdn. 19.

34 Vgl. § 2 Abs. 1 Satz 1 Nr. 3 lit. a UmwRG; BT-Drs. 18/9526, S. 47; BR-Drs. 422/1/16, S. 17.

35 Zur Beteiligung kommunaler Körperschaften als Einwender siehe § 17 Rdn. 24 ff.

36 Z.B. § 73 VwVfG.

37 *Hofmann* in: Landmann/Rohmer, UmwR, § 18 UVPG Rn. 14; *Peters/Balla/Hesselbarth*, UVPG, § 18 Rn. 11.

38 Fünftes Gesetz zur Änderung verwaltungsverfahrensrechtlicher Vorschriften sowie zur Änderung des Sechsten Buches Sozialgesetzbuchs (5. VwVfÄndG) vom 04.12.2023 (BGBl. I Nr. 344).

39 Grundlegend dazu: *Schink* UPR 2024, 369 ff.; *Prell/Altmiks* NVwZ 2024, 105 ff.; *Durinke/Elgeti* NVwZ 2024, 112 ff.

40 Vgl. dazu die Ausführungen zu § 19 Rdn. 8 ff.

II. Auslegung

Die Beteiligung setzt sich sodann mit der **Auslegung** fort.[41] Diese ist nach § 18 Abs. 1 Satz 4 i.V.m. §§ 73 Abs. 3, § 27b VwVfG dadurch zu bewirken, dass die auszulegenden Dokumente auf einer Internetseite der für die Auslegung zuständigen Behörde oder ihres Verwaltungsträgers und auf mindestens eine andere Weise zugänglich gemacht werden. Dabei bestimmt die Anhörungsbehörde nach § 73 Abs. 3 Satz 2 VwVfG, in welcher der Gemeinden eine andere Zugangsmöglichkeit zur Verfügung gestellt werden muss; sie legt ferner im Benehmen mit der jeweiligen Gemeinde die Zugangsmöglichkeit fest. Der Umfang der auszulegenden Unterlagen wird durch § 19 Abs. 2 vorgegeben. Die Dauer der Auslegung beträgt einen Monat; die Auslegung hat spätestens drei Wochen nach Zugang der auszulegenden Unterlagen bei den Gemeinden zu beginnen. Die Gemeinden, in denen der Plan auszulegen ist, haben die Auslegung vorher nach § 18 Abs. 1 Satz 4 i.V.m. § 73 Abs. 5 VwVfG ortsüblich bekannt zu machen. Die Bekanntmachung muss den in § 73 Abs. 5 Satz 1 VwVfG vorgegebenen Mindestinhalt haben. 23

III. Äußerungen und Einwendungen

Die betroffene Öffentlichkeit kann sich nach § 21 Abs. 1 im Rahmen der Beteiligung **schriftlich oder zur Niederschrift bei der zuständigen Behörde äußern.**[42] Die Äußerungsfrist endet gemäß § 21 Abs. 2 einen Monat nach Ablauf der Frist für die Auslegung der Unterlagen, wobei die zuständige Behörde unter den Voraussetzungen des § 21 Abs. 3 eine längere Äußerungsfrist festlegen kann. Mit Ablauf der Äußerungsfrist greift die durch § 21 Abs. 4, Abs. 5 vorgegebene Verfahrenspräklusion.[43] 24

IV. Erörterungstermin

Gemäß § 18 Abs. 1 Satz 4 i.V.m. § 73 Abs. 6 Satz 1 VwVfG hat die zuständige Behörde nach Ablauf der Äußerungsfrist des § 21 einen **Erörterungstermin** durchzuführen, in dem die rechtzeitig gegen das Vorhaben erhobenen Einwendungen, die rechtzeitig abgegebenen Stellungnahmen von Vereinigungen sowie die Stellungnahmen der Behörden mit dem Träger des Vorhabens, den Behörden, den Betroffenen sowie denjenigen, die Einwendungen erhoben oder Stellungnahmen abgegeben haben, erörtert werden.[44] Nach § 27c VwVfG kann ein in § 73 Abs. 6 VwVfG vorgegebener Erörterungstermin ersetzt werden 25

1. durch eine Onlinekonsultation oder
2. mit Einwilligung der zur Teilnahme Berechtigten durch eine Video- oder Telefonkonferenz.

Bei einer Onlinekonsultation ist den zur Teilnahme Berechtigten gemäß § 27c Abs. 2 VwVfG innerhalb einer vorher bekannt zu machenden Frist Gelegenheit zu geben, sich schriftlich oder elektronisch zu äußern. Die Frist soll nach § 27c Abs. 2 Satz 2 VwVfG mindestens eine Woche betragen.

Gemeinschaftsrechtlich ist die Durchführung eines Erörterungstermins nicht geboten; nach Art. 6 Abs. 5 Öffentlichkeitsbeteiligungs-RL reicht ein schriftliches Anhörungsverfahren aus.[45] Dennoch hat sich der deutsche Gesetzgeber dazu entschieden, nicht nur in den jeweiligen Fachgesetzen, sondern auch im UVPG einen Erörterungstermin vorzugeben. Obwohl die rechtliche Relevanz des Erörterungstermins begrenzt ist, hat der Erörterungstermin eine wichtige Bedeutung in den Zulassungsverfahren, die nicht unterschätzt werden sollte. Die Begrenzung der rechtlichen Relevanz des Erörterungstermins rührt daher, dass der Verfahrensstoff im Wesentlichen durch die im Vorfeld zum Termin abgegebenen schriftlichen Stellungnahmen und Äußerungen geprägt wird. Zwar kommt 26

41 Vgl. dazu die Ausführungen zu § 19 Rdn. 22 ff.
42 Vgl. dazu die Ausführungen zu § 21 Rdn. 12 ff.
43 Vgl. dazu die Ausführungen zu § 21 Rdn. 28 ff.
44 Zu den Rechtsfolgen eines zu Unrecht unterbliebenen Erörterungstermins: SächsOVG, Beschl. v. 12.04.2017 – 4 B 277/16.
45 BVerwG, Urt. v. 16.06.2016 – 9 A 4.15, Rn. 17, juris; BVerwG, Urt. v. 25.03.2015 – 9 A 1.14, Rn. 18, juris.

es in der Praxis vor, dass auf einem Erörterungstermin neue Gesichtspunkte angesprochen werden, die in den bis dahin abgegebenen schriftlichen Stellungnahmen und Äußerungen noch nicht thematisiert wurden. Nicht zuletzt angesichts der in § 21 Abs. 4 angelegten Verfahrenspräklusion dürfte es sich aber insoweit nicht um den Regelfall handeln.

27 Die Bedeutung des Erörterungstermins liegt zum einen in der Möglichkeit, einen echten Interessenausgleich zwischen Betroffenen, dem Vorhabenträger und der zuständigen Behörde erzielen zu können. Dies gelingt erfahrungsgemäß aber nur dann, wenn das Ziel des Betroffenen nicht darin besteht, das Vorhaben insgesamt zu verhindern, sondern wenn es um die Art und Weise der Ausführung geht. Personen, die kategorisch gegen ein Vorhaben eingestellt sind, werden sich durch einen Erörterungstermin in der Regel ebenso wenig von ihrer Auffassung abbringen lassen, wie der Vorhabenträger dazu bereit sein wird, auf die Durchführung des Vorhabens zu verzichten. Zum anderen ist der Termin wichtig, da – selbst, wenn kein Interessenausgleich erreicht werden kann – den kritisch gegenüber einem Vorhaben eingestellten Personen ein Forum gegeben wird, auf dem sie ihre Kritik gegenüber den maßgeblichen Beteiligten, nämlich dem Vorhabenträger und der Zulassungsbehörde vorbringen können. Auch wenn sich eine vollständige Befriedigung erfahrungsgemäß selten erreichen lässt, ist die Durchführung des Erörterungstermins jedenfalls ein wichtiger Beitrag hierzu, da er im wörtlichen Sinne die Anhörung der Beteiligten sicherstellt. Insbesondere bei Vorhaben mit breiter Öffentlichkeitswirkung und/oder hohem Konfliktpotenzial besteht andererseits die Gefahr darin, dass der Erörterungstermin zu einem reinen Schlagabtausch zwischen dem Vorhabenträger und den Einwendern gerät,[46] in dem es nicht mehr ernsthaft darum geht, einen Interessenausgleich zu erreichen, sondern nur noch um die Auseinandersetzung als solche. Dennoch überwiegen die Gründe für die Beibehalten des Erörterungstermins. In Zeiten, in denen sich die Öffentlichkeit immer weiter gegenüber Zulassungsbehörden und Gerichten emanzipiert und ihre Beteiligung in Zulassungsverfahren immer stärker einfordert, wäre es kaum nachvollziehbar, einen zentralen Schritt der Öffentlichkeitsbeteiligung abzuschaffen.

1. Absehen von der Erörterung

28 § 73 Abs. 6 regelt einige Fälle, bei deren Eingreifen von der Durchführung des Erörterungstermins abgesehen werden kann. Dies ist nach § 73 Abs. 6 Satz 6 VwVfG i.V.m. § 67 Abs. 2 Nr. 1 und 4 VwVfG aber nur dann der Fall, wenn einem Antrag im Einvernehmen mit allen Beteiligten in vollem Umfang entsprochen wird oder alle Beteiligten auf die Durchführung des Erörterungstermins verzichtet haben. Beide Fälle haben nur eine eingeschränkte praktische Relevanz.

29 Das Fachrecht enthält insoweit durchaus weitergehende Regelungen. So ist in Zulassungsverfahren nach dem BImSchG gemäß § 10 Abs. 6 BImSchG i.V.m. § 12 Abs. 1 Satz 3 9. BImSchV nicht obligatorisch die Durchführung eines Erörterungstermins geboten; hierüber entscheidet stattdessen die Genehmigungsbehörde nach pflichtgemäßer Ermessensausübung, und zwar auch für UVP-pflichtige Vorhaben.[47] Ähnlich regeln dies § 17a Abs. 5 Satz 1 FStrG im Hinblick auf Planfeststellungsverfahren für Bundesfernstraßen, § 18a Abs. 5 Satz 1 AEG für die Zulassung von Betriebsanlagen einer Eisenbahn, § 43a Satz 1 Nr. 3 EnWG für die Zulassung energiewirtschaftsrechtlicher Anlagen und § 14a Abs. 5 Satz 1 WaStrG für Bundeswasserstraßen betreffende Zulassungsverfahren. Auch weichen die fachrechtlichen Ausnahmetatbestände, in denen auf die Durchführung eines eigentlich vorgesehenen Erörterungstermins verzichtet werden kann, verschiedentlich von den in § 67 Abs. 2 Nr. 1 und 4 VwVfG geregelten Fällen ab. Der Katalog der Ausnahmen im Fachrecht ist dabei häufig weiter.[48] Dabei stellen die fachrechtlichen Regelungen mit einer ausdrücklichen Bezugnahme auf § 18 Abs. 1 Satz 4 durchweg klar, dass der Erörterungstermin auch dann entfallen kann, wenn das Verfahren ein UVP-pflichtiges Vorhaben betrifft, die Durchführung des Erörterungs-

46 Diesen Begriff verwendet *Schink*, in: Knack/Henneke, VwVfG, § 73 Rn. 143.

47 Vgl. § 12 Abs. 1 Satz 4 9. BImSchV.

48 Vgl. z.B. § 16 Abs. 1 der 9. BImSchV; § 43a Satz 1 Nr. 3 EnWG; § 10 AtVfV.

termins also nicht allein fachrechtlich geschuldet ist, sondern nach § 18 Abs. 1 Satz 4 i.V.m. § 73 Abs. 6 VwVfG auch UVP-rechtlich.[49]

2. Ablauf des Erörterungstermins

a) Vorbereitung und Bekanntmachung des Erörterungstermins

Die Festlegung der **Zeit und des Ortes des Erörterungstermins** liegt im Ermessen der zuständigen Behörde. Zulässig ist es, den Erörterungstermin zu den normalen Arbeitszeiten anzusetzen. Insbesondere ist nicht erforderlich, dass Betroffene außerhalb ihrer normalen Arbeitszeiten teilnehmen können. Der Grundsatz des rechtlichen Gehörs verlangt lediglich, dass die Betroffenen überhaupt in der Lage sind, an einem Verwaltungsverfahren teilzunehmen; es kommt nicht darauf an, ob dies für sie mit gewissen Nachteilen hinsichtlich ihrer Berufsausübung verbunden ist.[50] Der Ort sollte nach Möglichkeit innerhalb des Auslegungsgebiets nach § 73 Abs. 2, jedenfalls aber in der Nähe des Einwirkungsbereichs des Plans bzw. Vorhabens liegen; der genutzte Raum muss über eine hinreichende Größe und Ausstattung verfügen.[51] 30

Der anberaumte Erörterungstermin ist **öffentlich bekannt zu machen**; die Bekanntmachung hat dabei mindestens **eine Woche** vorher in ortsüblicher Weise zu erfolgen (§ 73 Abs. 6 Satz 2 VwVfG), soweit sie nicht bereits zusammen mit der Bekanntmachung der Auslegung erfolgt ist (§ 73 Abs. 7 VwVfG). Die Behörden, der Träger des Vorhabens und diejenigen, die Einwendungen erhoben oder Stellungnahmen abgegeben haben, sind von dem Erörterungstermin zu benachrichtigen (§ 73 Abs. 6 Satz 3 VwVfG). Sind mehr als 50 Benachrichtigungen erforderlich, können sie auch durch eine öffentliche Bekanntmachung ersetzt werden, welche im amtlichen Veröffentlichungsblatt der Anhörungsbehörde und außerdem in den örtlichen Tageszeitungen zu erfolgen hat, die in dem Bereich verbreitet sind, in dem sich das Vorhaben voraussichtlich auswirken wird (§ 73 Abs. 6 Satz 4 und 5 VwVfG). 31

b) Durchführung des Erörterungstermins

Gem. § 73 Abs. 6 Satz 1 VwVfG hat die zuständige Behörde nach Ablauf der Einwendungsfrist die rechtzeitig erhobenen Einwendungen mit den Beteiligten zu erörtern. Der Erörterungstermin ist nicht öffentlich. Der **Kreis der Teilnahmeberechtigten** bestimmt sich nach § 73 Abs. 6 Satz 1 und 6 i.V.m. § 68 Abs. 1 VwVfG. Danach können am Erörterungstermin der Träger des Vorhabens, die Behörden, die Stellungnahmen abgegeben haben, die durch das Vorhaben Betroffenen unabhängig davon, ob sie Einwendungen erhoben haben, sowie alle Einwender teilnehmen.[52] Teilnahmeberechtigt sind des Weiteren die entscheidende Behörde (soweit sie nicht bereits zugleich die Anhörungsbehörde ist), die Aufsichtsbehörde und ggf. auch andere Personen, sofern der Verhandlungsleiter dies gestattet und kein Beteiligter widerspricht.[53] Gestattet die Verhandlungsleitung anderen Personen trotz des Widerspruchs eines Beteiligten die Teilnahme am Erörterungstermin, führt dies zu einem Verfahrensfehler.[54] **Verhandlungsleiter** ist entweder der Leiter der Anhörungsbehörde oder ein von ihm bestellter Bediensteter, ggf. aber auch ein beauftragte externe Person.[55] Der Ablauf der Verhandlung richtet 32

---

49 Vgl. § 16 Abs. 1 der 9. BImSchV; § 17a Abs. 5 Satz 1 FStrG; § 18a Abs. 5 Satz 1 AEG; § 43a Satz 1 Nr. 3 EnWG; § 14a Abs. 5 Satz 1 WaStrG.

50 VGH Mannheim, Urt. v. 21.10.1988 – 5 S 1088/88, NVwZ-RR 1989, 354.

51 *Lieber*, in: Mann/Sennekamp/Uechtritz, VwVfG, § 73 Rn. 289 m.w.N.

52 Hierzu ausführlich *Schink*, in: Knack/Henneke, VwVfG, § 73 Rn. 147 ff., *Lieber*, in: Mann/Sennekamp/Uechtritz, VwVfG, § 73 Rn. 298 ff.

53 Vgl. § 68 Abs. 1 VwVfG. Zur Möglichkeit der Teilnahme von persönlich nicht betroffenen Pressevertretern *Stüer/Probstfeld* DÖV 2000, 701 (706), »wenn niemand aus der Versammlung etwas dagegen einzuwenden hat«.

54 BVerwG, Urt. v. 16.06.2016 – 9 A 4.15. Das BVerwG hat den Verfahrensfehler in der zitierten Entscheidung allerdings als unbeachtlich im Sinne des § 4 Abs. 1a UmwRG i.V.m. § 46 VwVfG angesehen.

55 *Schink*, in: Knack/Henneke, VwVfG, § 73 Rn. 168.

sich im Einzelnen nach § 68 VwVfG. Kennzeichnend sind insbesondere die Nichtöffentlichkeit der Verhandlung, das formale Leitungs- und Ordnungsrecht des Verhandlungsleiters sowie die Verpflichtung zur Anfertigung einer Niederschrift.[56]

33 Gegenstand der Erörterung sind gem. § 73 Abs. 6 Satz 1 VwVfG die rechtzeitig erhobenen Einwendungen und die Stellungnahmen der Behörden. Entscheidend für den Erfolg oder Misserfolg der Erörterung ist eine faire Verhandlungsführung, die den oben dargelegten Funktionen der umfassenden Informationsgewinnung und des angestrebten Interessenausgleichs gerecht wird. Einerseits sollte sie unter Beachtung der nach dem VwVfG vorgegebenen Formalien zur Verhandlungsleitung daher darauf ausgerichtet werden, systematisch und substanziell die zuvor schriftlich eingegangenen Stellungnahmen mit den anwesenden Beteiligten zu behandeln und im mündlichen Diskurs schrittweise durchzugehen. Andererseits sollte sie bei streitigen Positionen den Versuch unternehmen, durch eine kooperative Gesprächsführung gemeinsame Interessen herauszuarbeiten und hierauf aufbauende Kompromisse, ggf. in Teilfragen, zu verabreden.

c) Besonderheiten bei Massenverfahren

34 Mehrere tausend Einwendungen gegen ein Vorhaben sind bei Großprojekten die Regel und erfordern ein **besonderes Management des Anhörungsverfahrens.** Der Gesetzgeber hat bei Massenverfahren zunächst durch Erleichterungen bei der Benachrichtigungs- und Zustellungspflicht reagiert, falls mehr als 50 Einwender zu informieren sind (§ 73 Abs. 6 Satz 4, Abs. 5 Satz 2 Nr. 4 lit. b) VwVfG). Gleichwohl kommt auf die Anhörungsbehörde ein erheblicher Aufwand zu, um allen rechtzeitig erhobenen Einwendungen gerecht zu werden und insbesondere ihre ausreichende Erörterung zu gewährleisten. Abweichend von der ursprünglichen Intention des Gesetzgebers, der von einem einheitlichen Erörterungstermin ausgegangen ist, kann es sich bei Massenverfahren als sinnvoll erweisen, den Erörterungstermin auf **mehrere Einzeltermine** zu verteilen und **unterschiedliche Themenkomplexe** nach und nach abzuarbeiten.[57] Wird eine solche Vorgehensweise wegen des zu erwartenden Umfangs der Anwendungen gewählt, sollte hierauf bereits in der Bekanntmachung hingewiesen werden. Typisch für Massenverfahren ist auch, dass Personen Zutritt zur Erörterung verlangen, die weder rechtzeitig Einwendungen erhoben haben noch offensichtlich betroffen sind und damit an sich ausgeschlossen wären. Um unnötige Konflikte bereits zu Beginn des Erörterungstermins zu vermeiden, kann diesen Personen – soweit Platz vorhanden ist – das Zuhören durch den Verhandlungsleiter gestattet werden, sofern auch die anderen Beteiligten nicht widersprechen (vgl. § 68 Abs. 1 Satz 2 VwVfG).[58]

3. Online-Konsultation und Video-/Telefonkonferenz

35 Gemäß § 27c VwVfG kann ein Erörterungstermin nach § 73 Abs. 6 VwVfG durch eine Online-Konsultation oder – mit Einwilligung der zur Teilnahme Berechtigten – durch eine Video- oder Telefonkonferenz ersetzt werden. Die Regelung des § 27c VwVfG ist durch das 5. VwVfGÄndG[59] mit Wirkung zum 01.01.2024 in das Gesetz aufgenommen worden. Sie geht auf das am 31.12.2023 außer Kraft getretene Planungssicherstellungsgesetz (PlanSiG) zurück. Bereits in § 5 Abs. 2 und Abs. 5 PlanSiG war vorgesehen, dass eine durch Rechtsvorschrift angeordnete Erörterung durch eine Onlinekonsultation oder eine Video- oder Telefonkonferenz ersetzt werden kann. Über die Durchführung einer Online-Konsultation entscheidet die Behörde nach pflichtgemäßer Ermessensausübung. Diese Entscheidung ist nicht von der Zustimmung der zur Teilnahme Berechtigten abhängig. Die Durchführung einer Telefon- oder Online-Konferenz bedarf demgegenüber der Zustimmung der zur Teilnahme Berechtigten, da es derzeit technisch noch nicht hinreichend mög-

56 Einzelheiten bei *Büllesbach/Diercks* DVBl 1991, 469 (476).

57 Hierzu und zum Folgenden *Büllesbach/Diercks* DVBl 1991, 469 (474).

58 Vgl. hierzu Rdn. 32.

59 Fünftes Gesetz zur Änderung verwaltungsverfahrensrechtlicher Vorschriften sowie zur Änderung des Sechsten Buches Sozialgesetzbuchs (5. VwVfÄndG) vom 04.12.2023 (BGBl. I Nr. 344).

lich ist, die Persönlichkeitssphäre der Teilnehmer zu schützen. So kann derzeit z.B. technisch nicht hinreichend sicher ausgeschlossen werden, dass von Dritten Aufzeichnungen während der Video- oder Telefonkonferenz gemacht werden. Dieser Gefahr können sich die zur Teilnahme Berechtigten nur durch Nichtteilnahme und damit durch Verzicht auf ihr Verfahrensrecht entziehen, wenn die Behörde die Erörterung durch eine Video- oder Telefonkonferenz ersetzt.[60]

§ 27c VwVfG ist auch im Anwendungsbereich des § 18 Abs. 1 Satz 4 VwVfG anwendbar. Dies folgt aus § 1 Abs. 4. Danach schuldet das Verfahrensrecht außerhalb des UVPG keine vollständige Identität der verfahrensrechtlichen Vorschriften. Stattdessen müssen nur die »wesentlichen Anforderungen« des UVPG beachtet werden. Daher sind gewisse Abweichungen tolerabel. Es kommt also darauf an, ob die verfahrensrechtlichen Abweichungen oberhalb der Wesentlichkeitsschwelle liegen. Dies ist im Hinblick auf § 27c VwVfG nicht anzunehmen. Zu berücksichtigen ist zum einen, dass die Durchführung des Erörterungstermins europarechtlich nicht geboten ist. Daher sind größere Spielräume des Verfahrensrechts insoweit tolerabel. Zum anderen sehen die Fachgesetze die Durchführung des Erörterungstermins ohnehin regelmäßig nicht obligatorisch vor, sondern stellen die Durchführung in das Ermessen der Anhörungsbehörde.[61] Wenn es aber regelmäßig zulässig ist, vollständig auf den Erörterungstermin zu verzichten, muss es erst recht zulässig sein, ihn gemäß § 27c VwVfG durch eine Online-Konsultation oder eine Video- bzw. Telefonkonferenz zu ersetzen. 36

Die Frage, was Gegenstand des Austausches ist und wer zur Teilnahme berechtigt ist, folgt aus den Regelungen zur Durchführung eines Erörterungstermins. Insbesondere gilt, dass mit der Onlinekonsultation nicht das Einwendungsverfahren wiederholt wird. Die Einwendungen haben die Antragsunterlagen zum Gegenstand; die Äußerungen im Rahmen einer Onlinekonsultation beziehen sich dagegen, weil ein Erörterungstermin nach § 73 Abs. 6 Satz 1 VwVfG ersetzt wird, auf »die gegen den Plan erhobenen Einwendungen, die rechtzeitig abgegebenen Stellungnahmen von Vereinigungen […] sowie die Stellungnahmen der Behörden zu dem Plan«.[62] Zur Teilnahme am Austausch sind dabei nur die Personen und Einrichtungen berechtigt, die berechtigt wären, an einem Erörterungstermin teilzunehmen. Dementsprechend können der Träger des Vorhabens, die Behörden, die Stellungnahmen abgegeben haben, und die durch das Vorhaben Betroffenen sowie alle Einwender teilnehmen.[63] Teilnahmeberechtigt sind des Weiteren die entscheidende Behörde (soweit sie nicht bereits zugleich die Anhörungsbehörde ist), die Aufsichtsbehörde und ggf. auch andere Personen, sofern der Verhandlungsleiter dies gestattet und kein Beteiligter widerspricht. 37

D. Vorgelagerte Verfahren

In § 18 Abs. 2 sind Verfahrenserleichterungen für **vorgelagerte Verfahren** geregelt. Vorgelagerte Verfahren sind nach § 2 Abs. 6 Nr. 2 Linienbestimmungen und andere Entscheidungen nach den §§ 47 und 49. Mithin fallen folgende Verfahren unter den Begriff des vorgelagerten Verfahrens: 38
- Linienbestimmung nach § 16 Abs. 1 FStrG;
- Linienbestimmung nach § 13 Abs. 1 WaStrG;
- Genehmigungen nach § 6 LuftVG;
- Raumverträglichkeitsprüfungen bei Vorhaben, für die nach dem UVPG eine UVP-Pflicht besteht.

In vorgelagerten Verfahren kann die zuständige Behörde **auf die Durchführung eines Erörterungstermins verzichten**. Dies ist unionsrechtlich unbedenklich, da die UVP-RL nicht zwingend einen Erörterungstermin verlangt, sondern den Mitgliedstaaten die Wahl lässt, wie die Anhörung der Öffentlichkeit ausgestaltet wird und dabei die Aufforderung zu schriftlichen Stellungnahmen oder die Durchführung eines öffentlichen Anhörungstermins als alternative Vorschläge benennt (vgl. Art. 6 Abs. 5 UVP-RL). Zugleich stellt der Gesetzgeber mit seiner Formulierung klar, dass der 39

60 BT-Drs. 20/8299, S. 21; *Altmiks* in: BeckOK VwVfG, § 27c Rn. 16; *Prell/Altmiks*; NVwZ 2024, S. 105.
61 Vgl. Rdn. 29.
62 BT-Drs. 20/8299, S. 21.
63 Vgl. Rdn. 32.

Erörterungstermin nicht zwingend entfallen muss. Stattdessen hat die Behörde hierüber in pflichtgemäßer Ermessensausübung zu entscheiden. Dabei kann das Ermessen auch dahingehend ausgeübt werden, den Erörterungstermin durchzuführen. Ferner kann in vorgelagerten Verfahren auf eine **Benachrichtigung nach den § 18 Abs. 1 Satz 4 i.V.m. § 73 Abs. 5 Satz 3 VwVfG** verzichtet werden. § 73 Abs. 5 Satz 3 VwVfG sieht vor, nicht ortsansässige Betroffene, deren Person und Aufenthalt bekannt sind oder die sich innerhalb angemessener Frist ermitteln lassen, parallel zur öffentlichen Bekanntmachung von der Auslegung der Unterlagen mit dem Hinweis nach § 73 Abs. 5 Satz 2 VwVfG zu benachrichtigen. Auch dieser Verzicht ist fakultativ; die zuständige Behörde kann das ihr zustehende Verfahrensermessen daher auch dahingehend ausüben, Benachrichtigungen vorzunehmen. Im Übrigen gelten die Verfahrensvorgaben der §§ 18 ff. auch für vorgelagerte Verfahren. Dies gilt auch für § 27, sodass auch die im vorgelagerten Verfahren getroffene Entscheidung nach Maßgabe des § 27 bekanntzumachen und auszulegen ist.

E. Wege- und Gewässerplan mit landschaftspflegerischen Begleitplan nach § 41 FlurbG

40 Ebenso wie im Fall der vorgelagerten Verfahren kann die zuständige Behörde nach § 18 Abs. 2 auch in einem **Planfeststellungsverfahren über einen Wege- und Gewässerplan mit landschaftspflegerischem Begleitplan nach § 41 des Flurbereinigungsgesetzes** auf die Durchführung eines Erörterungstermins verzichten. Hintergrund dieser gesetzgeberischen Anordnung ist offensichtlich, dass dem Wege- und Gewässerplan – insofern anders als bei anderen Planfeststellungen – noch die abschließende Entscheidung über die zu bauenden gemeinschaftlichen und öffentlichen Anlagen in Form des Flurbereinigungsplans gem. § 58 Abs. 1 Satz 1 FlurbG folgt, die Planfeststellung nach § 41 FlurbG daher in gewisser Weise den vorgelagerten Verfahren ähnelt.

41 »Flurbereinigungsprojekte« werden im Anh. II Nr. 1 a der UVP-RL ausdrücklich erwähnt. Sie fallen damit gem. Art. 4 Abs. 2 UVP-RL unter die Kategorie von Projekten, für die die Mitgliedstaaten in eigener Verantwortung zu prüfen haben, ob sie bzw. in welchem Umfang sie nach Maßgabe des Art. 2 Abs. 1 UVP-RL einer UVP zu unterziehen sind. Der deutsche Gesetzgeber hat dies so umgesetzt, dass nach Nr. 16.1 der Anlage 1 der Bau der gemeinschaftlichen und öffentlichen Anlagen im Sinne des Flurbereinigungsgesetzes der allgemeinen Vorprüfung des Einzelfalls i.S.d. § 7 Abs. 1 Satz 1 unterliegt. Ist das Vorhaben nach der allgemeinen Vorprüfung UVP-pflichtig, so stellt das Planfeststellungsverfahren nach § 41 Abs. 1 FlurbG das zentrale Verfahrensinstrument für den Bau der gemeinschaftlichen und öffentlichen Anlagen dar. Da im Flurbereinigungsgesetz keine Regelungen zur Durchführung einer UVP angelegt sind, gelten nach § 1 Abs. 4 die Regelungen des UVPG. Die Durchführung eines Plangenehmigungsverfahrens nach § 41 Abs. 4 FlurbG ist in diesem Fall wegen der Regelung des § 74 Abs. 6 Nr. 3 VwVfG unzulässig. Erst recht scheidet die Durchführung eines vereinfachten Flurbereinigungsverfahrens nach § 86 FlurbG aus.

42 Bis auf den Verzicht auf die Durchführung des Erörterungstermins gelten alle übrigen Verfahrensvorgaben der §§ 18 ff. für Planfeststellungsverfahren nach § 41 Abs. 1 FlurbG. Das Vorhaben ist also gemäß § 19 Abs. 1 bekannt zu machen. Ferner sind die Unterlagen nach § 19 Abs. 2 auszulegen. Die betroffene Öffentlichkeit hat schließlich nach § 21 die Möglichkeit, sich schriftlich oder zur Niederschrift zu äußern. Die Entscheidung über die Zulassung ist gemäß § 27 bekannt zu machen. Der Verzicht auf den Erörterungstermin ist unionsrechtlich unbedenklich, da die UVP-RL nicht zwingend einen Erörterungstermin verlangt, sondern den Mitgliedstaaten die Wahl lässt, wie die Anhörung der Öffentlichkeit ausgestaltet wird und dabei die Aufforderung zu schriftlichen Stellungnahmen oder die Durchführung eines öffentlichen Anhörungstermins als alternative Vorschläge benennt (vgl. Art. 6 Abs. 5 UVP-RL). Zugleich stellt der Gesetzgeber mit seiner Formulierung klar, dass der Erörterungstermin nicht zwingend entfallen muss. Stattdessen hat die Behörde hierüber in pflichtgemäßer Ermessensausübung zu entscheiden. Dabei kann das Ermessen auch dahingehend ausgeübt werden, den Erörterungstermin durchzuführen.

§ 19 Unterrichtung der Öffentlichkeit

(1) Bei der Bekanntmachung zu Beginn des Beteiligungsverfahrens unterrichtet die zuständige Behörde die Öffentlichkeit
1. über den Antrag auf Zulassungsentscheidung oder über eine sonstige Handlung des Vorhabenträgers zur Einleitung eines Verfahrens, in dem die Umweltverträglichkeit geprüft wird,
2. über die Feststellung der UVP-Pflicht des Vorhabens nach § 5 sowie, falls erforderlich, über die Durchführung einer grenzüberschreitenden Beteiligung nach den §§ 54 bis 56,
3. über die für das Verfahren und für die Zulassungsentscheidung jeweils zuständigen Behörden, bei denen weitere relevante Informationen erhältlich sind und bei denen Äußerungen oder Fragen eingereicht werden können, sowie über die festgelegten Fristen zur Übermittlung dieser Äußerungen oder Fragen,
4. über die Art einer möglichen Zulassungsentscheidung,
5. darüber, dass ein UVP-Bericht vorgelegt wurde,
6. über die Bezeichnung der das Vorhaben betreffenden entscheidungserheblichen Berichte und Empfehlungen, die der zuständigen Behörde zum Zeitpunkt des Beginns des Beteiligungsverfahrens vorliegen,
7. darüber, wo und in welchem Zeitraum die Unterlagen nach den Nummern 5 und 6 zur Einsicht ausgelegt werden sowie
8. über weitere Einzelheiten des Verfahrens der Beteiligung der Öffentlichkeit.

(2) [1]Im Rahmen des Beteiligungsverfahrens legt die zuständige Behörde zumindest folgende Unterlagen zur Einsicht für die Öffentlichkeit aus:
1. den UVP-Bericht,
2. die das Vorhaben betreffenden entscheidungserheblichen Berichte und Empfehlungen, die der zuständigen Behörde zum Zeitpunkt des Beginns des Beteiligungsverfahrens vorgelegen haben.

[2]In Verfahren nach § 18 Absatz 2 und § 1 der Atomrechtlichen Verfahrensverordnung können die Unterlagen abweichend von § 18 Absatz 1 Satz 4 bei der Genehmigungsbehörde oder bei einer geeigneten Stelle in der Nähe des Standorts des Vorhabens ausgelegt werden.

(3) Weitere Informationen, die für die Zulassungsentscheidung von Bedeutung sein können und die der zuständigen Behörde erst nach Beginn des Beteiligungsverfahrens vorliegen, sind der Öffentlichkeit nach den Bestimmungen des Bundes und der Länder über den Zugang zu Umweltinformationen zugänglich zu machen.

Übersicht

A. Allgemeines

I. Regelungsinhalt

§ 19 enthält konkretisierende Regelungen zur Beteiligung der Öffentlichkeit. Sie betreffen die ersten beiden Schritte der Öffentlichkeitsbeteiligung, nämlich die öffentliche Bekanntmachung des Vorhabens und die öffentliche Auslegung von Unterlagen. An die Auslegung schließen sich die Möglichkeit zu Äußerungen und Einwendungen (§ 21) sowie ggf. die Durchführung eines Erörterungs- 1 termins (§ 18 Abs. 1 Satz 4 i.V.m. § 73 Abs. 5 VwVfG) an. § 19 Abs. 3 regelt den Umgang mit weiteren Informationen, die für die Zulassungsentscheidung von Bedeutung sein können und die der zuständigen Behörde erst nach Beginn des Beteiligungsverfahrens vorliegen.

2 Konkretisierende Regelungen zur Bekanntmachung und zur Auslegung über das Internet enthält das Verwaltungsverfahrensgesetz. So sind mit Wirkung zum 01.01.2024 die §§ 27a und 27b VwVfG durch das 5. VwVfGÄndG[1] in das Gesetz eingefügt worden.[2] Nach § 27a Abs. 1 VwVfG ist die Bekanntmachung so zu bewirken, dass der Inhalt der Bekanntmachung auch auf einer Internetseite der Behörde oder ihres Verwaltungsträgers zugänglich gemacht wird. Nach § 27b Abs. 1 VwVfG ist die Auslegung dadurch zu bewirken, dass die auszulegenden Dokumente auf einer Internetseite der für die Auslegung zuständigen Behörde oder ihres Verwaltungsträgers und auf mindestens eine andere Weise zugänglich gemacht werden. Auch das Fachrecht enthält verschiedentlich Vorgaben zur Bekanntmachung des Vorhabens und zur Auslegung von Unterlagen.[3] Sofern es sich um ein UVP-pflichtiges Vorhaben handelt, vollzieht sich die Abgrenzung zwischen den Verfahrensvorgaben des UVPG und denen des VwVfG bzw. des Fachrechts nach § 1 Abs. 4. Danach findet das UVPG Anwendung, soweit Rechtsvorschriften des Bundes oder der Länder die Umweltverträglichkeitsprüfung nicht näher bestimmen oder die wesentlichen Anforderungen des UVPG nicht beachten. Rechtsvorschriften mit weitergehenden Anforderungen bleiben hingegen unberührt.

II. Gesetzesgeschichte

1. Europäische Vorgaben

3 Bereits die UVP-RL aus dem Jahr 1985 enthielt in Art. 6 die grundlegende Regelung für die Öffentlichkeitsbeteiligung bei UVP-pflichtigen Zulassungsverfahren. Eine erste Änderung erfolgte durch die UVP-Änderungs-RL (97/11/EG) im Jahr 1997. Demgegenüber kommt der Öffentlichkeitsbeteiligungs-RL (2003/35/EG) aus dem Jahr 2003 keine selbstständige, sondern eine die UVP-RL erneut fortentwickelnde Funktion zu, indem sie in Art. 3 (Änderung der Richtlinie 85/337/EWG) diese um zusätzliche Vorschriften zur Öffentlichkeitsbeteiligung erweiterte.

4 Art. 6 Abs. 2 UVP-RL in der Ursprungsfassung von 1985 verpflichtete die Mitgliedstaaten (»tragen dafür Sorge«) in einem ersten Schritt zu einer **Unterrichtung** der Öffentlichkeit über den Genehmigungsantrag sowie über die Projektunterlagen (»binnen einer angemessenen Frist zugänglich gemacht werden«), in einem zweiten Schritt zu einer **Gelegenheit zur Stellungnahme** der konkret Betroffenen (»Gelegenheit gegeben wird, sich… zu äußern«). Dieses abgestufte Verfahren der Beteiligung der Öffentlichkeit wird als **»trichterförmiges« Modell** beschrieben,[4] weil die frühe Unterrichtung der Öffentlichkeit nicht nur der Schaffung eines transparenten Genehmigungsverfahrens, sondern zugleich auch als »Trichter« für die für den nächsten Schritt notwendige Eingrenzung der Betroffenen dienen soll.[5] Art. 6 Abs. 3 UVP-RL verwies hinsichtlich der Ausgestaltung der Einzelheiten auf die Mitgliedstaaten, »die nach Maßgabe der besonderen Merkmale der betreffenden Projekte oder Standorte« den betroffenen Personenkreis, den Ort und die Form der Unterrichtung sowie angemessene Fristen bestimmen können. Im Anschluss an die Zulassungsentscheidung sah Art. 9 Abs. 1 UVP-RL in der fortgeschriebenen Fassung von 1997 eine weitergehende Informationspflicht der zuständigen Behörde gegenüber der Öffentlichkeit vor.

5 Die Öffentlichkeitsbeteiligungs-RL hat im Jahr 2003 in Art. 3 die UVP-RL in Bezug auf die Anforderungen an die Öffentlichkeitsbeteiligung und die anschließende Information der Öffentlich-

1 Fünftes Gesetz zur Änderung verwaltungsverfahrensrechtlicher Vorschriften sowie zur Änderung des Sechsten Buches Sozialgesetzbuchs (5. VwVfÄndG) vom 04.12.2023 (BGBl. I Nr. 344).

2 Grundlegend zur Digitalisierung der Öffentlichkeitsbeteiligung in Verwaltungsverfahren: *Schink* UPR 2024, 369 ff.; *Prell/Altmiks* NVwZ 2024, 105 ff.; *Durinke/Elgeti* NVwZ 2024, 112 ff.

3 Z.B. § 10 Abs. 3, Abs. 4 BImSchG; §§ 9, 10 der 9. BImSchV.

4 *Weber* UPR 1988, 206 (211).

5 Wortprägend war *Cupei* DVBl 1985, 813 (818).

keit über die getroffene Entscheidung grundlegend überarbeitet. Die Abs. 2 und 3 des Art. 6 UVP-RL wurden durch umfangreiche neue Abs. 2 bis 6 ersetzt und auch die bereits 1997 erweiterte Bekanntmachungsverpflichtung nach Art. 9 Abs. 1 UVP-RL wurde nochmals fortgeschrieben. Art. 6 Abs. 2 UVP-RL regelt den Inhalt – vorzugsweise – einer öffentlichen Bekanntmachung, durch welche die Öffentlichkeit frühzeitig über das beabsichtigte Vorhaben zu informieren ist; aber auch andere geeignete Wege wie die Bekanntgabe in elektronischen Medien werden erstmals eröffnet. Abs. 3 regelt die Informationen, die der betroffenen Öffentlichkeit in angemessener Zeit zugänglich zu machen sind. Abs. 4 schreibt die Möglichkeit der Beteiligung der betroffenen Öffentlichkeit in effektiver Weise und mit dem Recht vor, »der zuständigen Behörde … gegenüber Stellung zu nehmen und Meinungen zu äußern, wenn alle Optionen noch offenstehen und bevor die Entscheidung über den Genehmigungsantrag getroffen wird«. Abs. 5 gewährt den Mitgliedstaaten darüber hinaus aber Spielraum hinsichtlich der Vorgehensweise bei der Unterrichtung (bspw. durch Anschläge innerhalb eines gewissen Umkreises oder Veröffentlichung in Lokalzeitungen) und Anhörung der betroffenen Öffentlichkeit (bspw. durch Aufforderung zu schriftlichen Stellungnahmen **oder** durch eine öffentliche Anhörung). Hinzugekommen ist mit der Novelle 2014 die nach Art. 6 Abs. 5 Satz 2 bestehende Pflicht, der Öffentlichkeit die einschlägigen Informationen auf der angemessenen Verwaltungsebene elektronisch zugänglich zu machen, wenigstens über ein zentrales Portal oder über einfach zugängliche Zugangspunkte. Abs. 6 gibt vor, für die einzelnen Phasen jeweils ausreichend Zeit zur Verfügung zu stellen, um die Öffentlichkeit zu informieren bzw. dieser Gelegenheit zur effektiven Vorbereitung und Äußerung zu geben. Die Frist, innerhalb derer die betroffene Öffentlichkeit zu konsultieren ist, beträgt nach Art. 6 Abs. 7 mindestens 30 Tage.

2. Innerstaatliche Entstehung

Die Regelung des § 19 geht im Wesentlichen auf § 9 Abs. 1a und 1b UVPG a.F. zurück, die durch das Öffentlichkeitsbeteiligungsgesetz 2006 in das UVPG eingefügt worden sind. Gleichzeitig wurden die Abs. 1 und 3 redaktionell ergänzt sowie Abs. 2 um den Hinweis auf eine zusätzlich geforderte Rechtsbehelfsbelehrung erweitert. Anlass waren die Änderungen der UVP-RL durch die Öffentlichkeitsbeteiligungs-RL, die es bis zum 25.06.2005 umzusetzen galt.[6] Diese Einfügungen gaben den deutschen Behörden zusätzliche **Mindestinhalte** für die **öffentliche Bekanntmachung** und für die sich anschließende öffentliche **Auslegung** vor, um eine einheitliche Qualität der Öffentlichkeitsbeteiligung zu garantieren. Sie erhöhten die bisher vom VwVfG vorgegebenen Standards an das Verfahren der Beteiligung erheblich. Weitere redaktionelle Ergänzungen dienten in Anlehnung an den Wortlaut der Richtlinie der Einführung des einheitlichen Begriffes der »Beteiligung« anstelle des früher verwendeten Begriffes der »Einbeziehung« der Öffentlichkeit. Schließlich wurde aus systematischen Gründen § 9 Abs. 3 Satz 2 UVPG a.F. gestrichen und die dortige Anordnung, dass unmittelbarer Rechtsschutz gegen (Zwischen-)Ergebnisse vorgelagerter Verfahren nicht gewährt wird, in die diese Verfahren unmittelbar regelnden §§ 15 und 16 UVPG a.F. integriert. 6

Mit der Novellierung im Jahr 2017 wurde § 19 – neben einigen sprachlichen Klarstellungen – vor allem auf den nach § 16 zu erstellenden UVP-Bericht angepasst (vgl. § 19 Abs. 1 Nr. 5; Abs. 2 Satz 1 Nr. 1). Gleichzeitig wurde § 19 Abs. 1 Nr. 6 eingeführt, nach der in der Bekanntmachung auch zu bezeichnen ist, welche weiteren für das Vorhaben entscheidungserheblichen Berichte und Empfehlungen der Genehmigungsbehörde vorliegen. Damit wird die Regelung im Hinblick auf § 19 Abs. 2 Satz Nr. 2 harmonisiert. Gleichzeitig wird den Anforderungen des Art. 6 Abs. 2 lit. d Nr. vi. des Aarhus-Übereinkommens[7] Rechnung getragen.[8] 7

6 BR-Drs. 551/06, S. 24 f.

7 Übereinkommen vom 25.06.1998 über den Zugang zu Informationen, die Öffentlichkeitsbeteiligung an Entscheidungsverfahren und den Zugang zu Gerichten in Umweltangelegenheiten (BGBl. II [2006] S. 1251).

8 BT-Drs. 18/11499, S. 91.

B. Bekanntmachung

8 Nach § 19 Abs. 1 hat die zuständige Behörde die Öffentlichkeit bei der Bekanntmachung **zu Beginn des Beteiligungsverfahrens** mit den dort geregelten Inhalten zu unterrichten. Nach § 18 Abs. 1 Satz 4 i.V.m. 73 Abs. 5 Satz 1, Abs. 2 VwVfG umfasst dies eine ortsübliche Bekanntmachung in den Gemeinden, in denen sich das Vorhaben voraussichtlich auswirken wird, sowie nach § 27a VwVfG die Pflicht zur Bekanntmachung im Internet.

I. Formale Anforderungen

9 Die **zuständige Behörde** im Sinne von § 17 ist diejenige Behörde, die nach dem jeweiligen **Fachgesetz** mit der **Durchführung des Verfahrens** zur Zulassung des Vorhabens und damit mit der Verfahrensleitung und nach dem UVPG zusätzlich mit der Durchführung der unselbstständigen UVP **beauftragt** ist.[9] Sind für die endgültige Zulassung eines Vorhabens **mehrere Genehmigungsverfahren** parallel durchzuführen oder sind vor der abschließenden Zulassung des Vorhabens zunächst vorgelagerte Verfahrensstufen zu durchlaufen, gibt es für jeden dieser Verfahrensabschnitte u.U. eine **eigene zuständige Behörde**, welche das nach § 17 vorgeschriebene Beteiligungsverfahren durchzuführen hat. Sind die Anhörungsbehörde und die Planfeststellungsbehörde nicht identisch, liegt die Zuständigkeit für die Erfüllung der sich aus § 19 ergebenden Verpflichtungen bei der Anhörungsbehörde.[10]

10 Bekanntzumachen ist nach § 18 Abs. 1 Satz 4 i.V.m. § 73 Abs. 5 Satz 1, Abs. 2 VwVfG in den **Gemeinden**, in denen sich das Vorhaben **voraussichtlich auswirken** wird. Stehen die tatsächlichen Auswirkungen des Vorhabens im Zeitpunkt der Auslegung nicht fest, ist für die Bestimmung der Gemeinden, in denen der Plan auszulegen ist, eine Prognose erforderlich.[11] Im Zweifel muss die Beteiligung und damit auch die Bekanntmachung nach § 19 Abs. 1 alle Personen erfassen, die durch das Vorhaben potenziell abwägungserheblich betroffen sein können, z. B. weil ein Grundstück innerhalb des Einwirkungsbereichs des Vorhabens liegt und weder aus tatsächlichen noch aus rechtlichen Gründen auszuschließen ist, dass die Realisierung des Vorhabens zu einer Betroffenheit führen wird.[12]

11 Welche **Form der Bekanntmachung**, d.h. insbesondere welche Stelle oder welcher Ort, ortsüblich ist (§ 73 Abs. 5 Satz 1 VwVfG), ergibt sich entweder aus dem Fach- oder auch allgemein aus Landes- und Gemeinderecht, hier insbesondere aus den entsprechenden Satzungen der Gemeinden.[13] In der Regel wird es sich um eine **schriftliche Bekanntmachung** im **lokalen Amtsblatt oder der örtlichen Tageszeitung** handeln. Daneben ist § 27a VwVfG zu beachten. Nach § 27a Abs. 1 VwVfG ist die Bekanntmachung dadurch zu bewirken, dass der Inhalt der Bekanntmachung auch auf einer Internetseite der Behörde oder ihres Verwaltungsträgers zugänglich gemacht wird. Mit dem Wort »auch« wird klargestellt, dass die Zugänglichmachung über das Internet zu der ortsüblichen Bekanntmachung hinzutritt. Soweit durch Rechtsvorschrift nichts anderes bestimmt ist, ist nach § 27a Abs. 1 Satz 2 VwVfG für die Einhaltung einer vorgeschriebenen Frist die Zugänglichmachung im Internet maßgeblich. Die Pflicht zur Bekanntmachung im Internet besteht nach § 27a Abs. 2 VwVfG nicht, wenn eine Zugänglichmachung im Internet nicht möglich ist, insbesondere aus technischen Gründen.

II. Inhalt der Bekanntmachung

12 § 19 Abs. 1 gibt die Mindestinhalte der Bekanntmachung vor. Gemeint ist dabei die erste Bekanntmachung. Es ist regelmäßig nicht erforderlich, die Anforderungen bei jeder weiteren Bekanntmachung

---

9 Vgl. hierzu auch Nr. 0.1.3. der Allgemeinen Verwaltungsvorschrift zur Ausführung des Gesetzes über die Umweltverträglichkeitsprüfung (UVPVwV).
10 Näheres zum Begriff der zuständigen Behörde: § 17 Rdn. 14.
11 BVerwG, Urt. v. 28.04.2016 – 9 A 9.15, Rn. 15; BVerwG, Urt. v. 31.07.2012 – 4 A 7001.11, Rn. 32.
12 BVerwG, Urt. v. 31.07.2012 – 4 A 7001.11, Rn. 32.
13 Zur ortsüblichen Bekanntmachung *Schink*, in: Knack/Henneke, VwVfG, § 73 Rn. 70 f.

innerhalb des fortdauernden Beteiligungsverfahrens zu wiederholen.[14] Ziel ist es, der Öffentlichkeit das Beteiligungsverfahren so transparent wie möglich zu machen. Die zuständige Behörde hat daher die Öffentlichkeit über Folgendes zu **unterrichten**:

»1. über den Antrag auf Zulassungsentscheidung oder über eine sonstige Handlung des Vorhabenträgers zur ***Einleitung eines Verfahrens****, in dem die Umweltverträglichkeit geprüft wird«.* 13

Da die Bekanntmachung der ersten Information der Öffentlichkeit dient und auf eine weite Verbreitung dieser Erstinformation abzielt, dass ein Vorhaben mit Umweltauswirkungen beabsichtigt ist, reicht die Information über den Antrag oder die sonstige Handlung des Vorhabenträgers zur Einleitung eines Verfahrens, in dem die Umweltverträglichkeit geprüft wird, aus. Eine Veröffentlichung weiterer Details des Vorhabens ist hingegen Aufgabe der nachfolgenden Auslegung und nicht Gegenstand der Bekanntmachung.

»2. über die ***Feststellung der UVP-Pflicht*** *des Vorhabens nach § 5 sowie, falls erforderlich, über die Durchführung einer* ***grenzüberschreitenden Beteiligung*** *nach den §§ 54 bis 56«* 14

Gegenstand der Bekanntmachung ist des Weiteren die Information der Öffentlichkeit über das Bestehen der UVP-Pflicht nach § 5 sowie auch die Information darüber, ob sie eine grenzüberschreitende Öffentlichkeitsbeteiligung für erforderlich hält. Diese Information gibt der Öffentlichkeit zugleich erste Anhaltspunkte, wie die zuständige Behörde das Vorhaben hinsichtlich seiner Umweltverträglichkeit und Reichweite möglicher Umweltauswirkungen einschätzt. Das Feststellungserfordernis gilt nicht nur für Vorhaben, die auf der Grundlage einer **Vorprüfung des Einzelfalls** nach § 5 Abs. 2 UVP-pflichtig sind, sondern auch für Vorhaben, die **kraft Gesetzes** einer UVP-Pflicht unterliegen.[15] Dabei muss die Formulierung so gewählt werden, dass die Feststellung der UVP-Pflicht hinreichend deutlich wird. Ein reines Paragrafenzitat der Vorschriften des UVPG genügt nicht.[16] Hingegen hat die Rechtsprechung einen Hinweis auf »die allgemeinverständliche Zusammenfassung nach dem UVPG« sowie insbesondere auf »die Anhörung der Öffentlichkeit zu den Umweltauswirkungen des Bauvorhabens nach § 9 Abs. 1, 1 a des Gesetzes über die Umweltverträglichkeitsprüfung« für ausreichend erachtet.[17] Um keinen Zweifel aufkommen zu lassen, dürfte es sich in der Praxis empfehlen, eine ausdrückliche Feststellung der UVP-Pflicht in die Bekanntmachung aufzunehmen. Sofern in einer UVP-Vorprüfung festgestellt wird, dass das Vorhaben **nicht UVP-pflichtig** ist, bedarf es keiner öffentlichen Bekanntmachung dieser Entscheidung.[18]

»3. über die für das Verfahren und für die Entscheidung über die Zulässigkeit des Vorhabens jeweils ***zuständigen Behörden****, bei denen weitere relevante Informationen erhältlich sind und bei denen* ***Äußerungen oder Fragen*** *eingereicht werden können, sowie über die* ***festgelegten Fristen*** *zur Übermittlung dieser Äußerungen oder Fragen«* 15

Mit den Informationen über die zuständigen Behörden, die einzuhalten Fristen und die vorhandenen Ansprechstellen für Fragen erfährt die Öffentlichkeit den näheren Rahmen und erhält Kenntnis von den handelnden Akteuren. Sie kann sich hierauf für das folgende Beteiligungsverfahren einstellen. Auch wird sie darüber informiert, ob sich ggf. – wie teilweise gesetzlich vorgesehen – Anhörungs- und Entscheidungsbehörde unterscheiden. Nicht gefordert ist der Hinweis, dass bei der Planfeststellungsbehörde und den Auslegungsgemeinden weitere relevante Informationen erhältlich sind und Äußerungen oder Fragen eingereicht werden können.[19]

14 BVerwG, Urt. v. 26.06.2019 – 4 A 5/18, Rn. 22, juris; BVerwG, Urt. v. 30.11.2020 – 9 A 5/20, Rn. 20, juris; OVG Lüneburg, Urt. v. 27.08.2019 – 7 KS 24/17, Rn. 120, juris.

15 BVerwG, Urt. v. 21.01.2016 – 4 A 5.14, Rn. 32.

16 BVerwG, Urt. v. 21.01.2016 – 4 A 5.14, Rn. 32; BVerwG, Urt. v. 28.04.2016 – 9 A 9.15, Rn. 17.

17 BVerwG, Urt. v. 28.04.2016 – 9 A 9.15, Rn. 17.

18 EuGH, Urt. v. 30.04.2009 – C-75/08, Rn. 61; *Hofmann*, in: Landmann/Rohmer, UmweltR, § 19 UVPG Rn. 10.

19 BVerwG, Urt. v. 26.06.2019 – 4 A 5/18, Rn. 17, juris.

16 *»4. die **Art einer möglichen Zulassungsentscheidung**«*

Mit der Information über die Art einer möglichen Entscheidung kann sich die Öffentlichkeit darauf einstellen, welchen Stellenwert das Verfahren im Planungsgefüge hat, worüber genau entschieden werden soll und ob daher ggf. auch noch zu einem späteren Zeitpunkt weitere Beteiligungsmöglichkeiten eröffnet werden. Die Rechtsprechung hat eine Bekanntmachung, in der mehrfach die Begriffe »Planfeststellung« und »Planfeststellungsverfahren« verwandt wurden, insoweit als ausreichend erachtet.[20]

17 *»5. darüber, dass ein **UVP-Bericht** vorgelegt wurde«*

Aufgrund der Angabe, dass ein UVP-Bericht vorgelegt wurde, erhält die Öffentlichkeit Kenntnis über die Existenz der zentralen Unterlage, die Grundlage der UVP ist. Sie erhält so den entscheidenden Anhaltspunkt, welcher Teil der Antragsunterlagen am ehesten Auskunft über die Umwelt und ihre Bestandteile im Einwirkungsbereich des Vorhabens und die zu erwartenden Umweltauswirkungen des Vorhabens gibt.

18 *»6. über die Bezeichnung der das Vorhaben betreffenden **entscheidungserheblichen Berichte und Empfehlungen**, die der zuständigen Behörde zum Zeitpunkt des Beginns des Beteiligungsverfahrens vorliegen«*

Neben dem Hinweis auf den UVP-Bericht muss die Bekanntmachung auch eine Unterrichtung über die Bezeichnung der das Vorhaben betreffenden entscheidungserheblichen Berichte und Empfehlungen, die der zuständigen Behörde zum Zeitpunkt des Beginns des Beteiligungsverfahrens vorliegen, enthalten. Die Vorschrift korrespondiert mit § 19 Abs. 2 Nr. 2, nach dem diese Unterlagen öffentlich auszulegen sind.[21]

19 Die Rechtsprechung hat sich in der Vergangenheit mehrfach mit der Frage beschäftigt, welche Anforderungen an die Angabe der entscheidungserheblichen Unterlagen nach § 6 UVPG a.F. zu stellen sind. Dabei wurde konstatiert, dass einerseits ein bloßer Hinweis auf die entscheidungserheblichen Unterlagen nicht ausreicht,[22] andererseits aber – anders als bei § 3 Abs. 2 BauGB[23] – eine vollständige Auflistung der Unterlagen ebenfalls nicht gefordert sei. Ausreichen soll stattdessen ein aussagekräftiger Überblick mit einer Aufzählung einzelner Unterlagen und dem Hinweis auf weitere Unterlagen.[24] Für die Einordnung dieser Rechtsprechung ist wichtig, dass sie sich auf die entscheidungserheblichen Unterlagen nach den §§ 9 Abs. 1 b Nr. 1, 6 UVP a.F. bezog, und nicht auf die weiteren entscheidungserheblichen Berichte und Empfehlungen nach § 9 Abs. 1 b Nr. 2 UVPG a.F. Nach der Neufassung sieht das Gesetz in § 16 anstelle der entscheidungserheblichen Unterlagen nunmehr die Vorlage eines UVP-Berichts vor. Daher darf die Rechtsprechung nicht ohne Weiteres auf § 19 Abs. 1 Nr. 6 UVPG übertragen werden. Im Hinblick auf die Bezeichnung der weiteren entscheidungserheblichen Berichte und Empfehlungen, die neben dem UVP-Bericht vorzulegen sind (§ 19 Abs. 2 Nr. 2), gelten daher eher herabgesetzte, keinesfalls aber strengere Anforderungen. Ein reiner Hinweis auf die Existenz weiterer entscheidungserheblicher Berichte und Empfehlungen ohne nähere Konkretisierung wird dem Wortlaut des § 19 Abs. 1 Nr. 6, der immerhin eine »Bezeichnung« der Unterlagen verlangt, wohl nicht gerecht.[25] Eine vollständige Auflistung

20 BVerwG, Urt. v. 28.04.2016 – 9 A 9.15, Rn. 18, juris.

21 BT-Drs. 18/11499, S. 91.

22 BVerwG, Urt. v. 21.01.2016 – 4 A 5.14, Rn. 36; BVerwG, Urt. v. 28.04.2016 – 9 A 9.15, Rn. 20.

23 Vgl. insoweit BVerwG, Urt. v. 18.07.2013 – 4 CN 3.12; BVerwG, Urt. v. 07.05.2014 – 4 CN 5.13; BVerwG, Urt. v. 11.09.2014 – 4 CN 1.14.

24 BVerwG, Urt. v. 28.04.2016 – 9 A 9.15, Rn. 20; BVerwG, Urt. v. 04.04.2019 – 4 A 6/18, Rn. 15, juris; BVerwG, Urt. v. 26.06.2019 – 4 A 5/18, Rn. 20, juris; BVerwG, Urt. v. 30.11.2020 – 9 A 5/20, Rn. 20, juris; OVG Bremen, Beschl. v. 03.04.2017 – 1 B 126/16, Rn. 54, juris.

25 Vgl. insoweit auch den Gesetzesentwurf (BT-Drs. 18/11499, S. 91), in dem ausgeführt wird, in der Bekanntmachung sei mitzuteilen, welche weiteren für das Vorhaben entscheidungserheblichen Berichte und Empfehlungen betreffend das Vorhaben der Genehmigungsbehörde vorliegen.

der sonstigen entscheidungserheblichen Berichte und Empfehlungen ist aber ebenfalls nicht geschuldet. Stattdessen reicht es aus, wenn ein aussagekräftiger Überblick durch die Aufzählung einzelner Unterlagen gegeben wird, der mit dem Hinweis verbunden werden kann, dass noch weitere Unterlagen existieren.

*»7. die Angabe, **wo** und in welchem **Zeitraum** die Unterlagen nach den Nummern 5 und 6 zur Einsicht **ausgelegt** werden«* 20

Die Angabe, wo und in welchem Zeitraum die Unterlagen ausgelegt werden, hilft der Öffentlichkeit ebenfalls, sich auf das weitere Beteiligungsverfahren einzustellen und die Einsichtnahme in die Unterlagen individuell zu planen. Die Regelung korrespondiert mit den §§ 18 Abs. 1 Satz 4 UVPG, 73 Abs. 5 Satz 2 Nr. 1 VwVfG, nach denen in der Bekanntmachung darauf hinzuweisen ist, wo und in welchem Zeitraum der Plan zur Einsicht ausgelegt ist.

*»8. **weitere Einzelheiten** des Verfahrens der Beteiligung der Öffentlichkeit«* 21

Aufgrund der notwendigen Informationen über weitere Einzelheiten des Verfahrens der Öffentlichkeitsbeteiligung kann die Öffentlichkeit sich schließlich ein Gesamtbild über das gesamte beabsichtigte Beteiligungsverfahren verschaffen und sich insbesondere schon frühzeitig Gedanken machen, ob eine Teilnahme am Erörterungstermin sinnvoll ist. Den weiteren Inhalt der Bekanntmachung regelt § 19 Abs. 2 im Zusammenwirken mit § 18 Abs. 1 Satz 4 i.V.m. § 73 Abs. 5 VwVfG. Danach ist gem. § 73 Abs. 5 Satz 2 VwVfG in der Bekanntmachung darauf hinzuweisen, wo und in welchem Zeitraum der Plan zur Einsicht ausgelegt ist, dass etwaige Einwendungen oder Stellungnahmen von Vereinigungen bei den in der Bekanntmachung zu bezeichnenden Stellen innerhalb der Einwendungsfrist vorzubringen sind und dass bei Ausbleiben eines Beteiligten in dem Erörterungstermin auch ohne ihn verhandelt werden kann. Ergänzend ist § 27b Abs. 2 VwVfG zu beachten, insbesondere § 27b Abs. 2 Nr. 2 VwVfG, nach dem in der Bekanntmachung die Internetseite anzugeben ist, auf der die Zugänglichmachung der auszulegenden Unterlagen erfolgt.

Ein Hinweis auf die Präklusionsregelung (§ 73 Abs. 4 Satz 3, 4 VwVfG, § 21 Abs. 4) ist nicht nur zulässig,[26] sondern nach § 21 Abs. 4 Satz 2 gesetzlich vorgesehen. Insbesondere liegt insoweit kein Widerspruch zu § 7 Abs. 4 UmwRG vor. Zwar sind die Präklusionsregelungen nach § 7 Abs. 4 UmwRG nicht in Rechtsbehelfsverfahren anwendbar. Dennoch gelten sie im Verwaltungsverfahren, sodass der Hinweis seine Berechtigung findet. Auch der Hinweis, dass die Einwendung Name und Anschrift des Einwenders enthalten sowie den geltend gemachten Belang und das Maß der Beeinträchtigung erkennen lassen müsse, ist nicht zu beanstanden.[27] Ferner ist darauf hinzuweisen, dass wenn mehr als 50 Benachrichtigungen oder Zustellungen vorzunehmen sind – die Personen, die Einwendungen erhoben haben, oder die Vereinigungen, die Stellungnahmen abgegeben haben, von dem Erörterungstermin durch die öffentliche Bekanntmachung benachrichtigt werden können und dass die Zustellung der Entscheidung über die Einwendungen in diesem Fall durch öffentliche Bekanntmachung ersetzt werden kann. Nicht ortsansässige Personen, deren Aufenthalt bekannt ist oder sich innerhalb angemessener Frist ermitteln lässt, sollen gem. § 73 Abs. 5 Satz 3 VwVfG zudem auf Veranlassung der Anhörungsbehörde von der Auslegung benachrichtigt werden.

C. Öffentliche Auslegung

§ 19 Abs. 2 Satz 1 gibt vor, welche Unterlagen zur Einsicht für die Öffentlichkeit auszulegen sind. 22
Die weiteren Modalitäten der Auslegung (insbesondere Auslegungsort und -dauer) werden durch § 18 Abs. 1 Satz 4 i.V.m. § 73 Abs. 3 Satz 1 VwVfG sowie durch § 27b VwVfG bestimmt. Sofern das **Fachrecht weitergehende Anforderungen** enthält, gilt § 1 Abs. 4 Satz 2, nach dem Rechtsvorschriften mit weitergehenden Anforderungen unberührt bleiben. Daher sind beispielsweise bei Zulassungsverfahren nach dem BImSchG – unabhängig von § 19 Abs. 2 Satz 1 – der Genehmigungs-

26 VGH München, Urt. v. 30.11.2020 – 22 A 19.40034, 22 A 19.40036, Rn. 115, juris.
27 BVerwG, Beschl. v. 27.07.2020 – 4 VR 7/19, 4 VR 3/20, Rn. 16, juris.

antrag sowie weitere Unterlagen, Berichte und Empfehlungen auszulegen (§ 10 Abs. 3 Satz 2 BImSchG). Bei fachplanungsrechtlichen Zulassungsverfahren sieht § 73 Abs. 3 VwVfG die Auslegung des Plans vor, der nach § 73 Abs. 1 Satz 2 VwVfG aus den Zeichnungen und Erläuterungen besteht, die das Vorhaben, seinen Anlass und die von dem Vorhaben betroffenen Grundstücke und Anlagen erkennen lassen. § 6 Abs. 1 AtVfV sieht die Auslegung des Antrags, des Sicherheitsberichts und einer Kurzbeschreibung vor.

I. Formale Anforderungen

23 Die **Art und Weise der Auslegung** wird durch § 27b VwVfG vorgegeben. Danach ist die Auslegung dadurch zu bewirken, dass die auszulegenden Dokumente auf einer Internetseite der für die Auslegung zuständigen Behörde oder ihres Verwaltungsträgers und darüber hinaus auf mindestens eine andere Weise zugänglich gemacht werden. Die **Zugänglichmachung im Internet** ist somit nicht nur zwingender Bestandteil der Auslegung, sondern die wichtigste Arte der Veröffentlichung. Sie tritt mittlerweile nicht zur körperlichen Auslegung der Unterlagen hinzu, sondern stellt stattdessen den Schwerpunkt der Auslegung dar.[28] Die Bereitstellung der Dokumente muss auf einer Internetseite der für die Auslegung zuständigen Behörde oder ihres Verwaltungsträgers erfolgen; ein Link zu einer Seite des Vorhabenträgers ist daher nicht zulässig.[29] Die Zugänglichmachung kann auch in der Weise erfolgen, dass die Unterlagen auf einem gesetzlich vorgeschriebenen Portal bereitgestellt werden (z.B. auf dem Portal nach § 20) und hierauf über einen Link auf der Behördenseite Zugriff genommen wird.[30]

24 Für diejenigen, die das Internet nicht nutzen (können), müssen die auszulegenden Dokumente nach § 27b Abs. 1 Satz 1 Nr. 2 VwVfG zudem auf mindestens eine **andere Weise zugänglich** gemacht werden. Die andere Zugangsmöglichkeit kann durchaus – gerade mit Blick auf die schwere Lesbarkeit von größeren Plänen auf Bildschirmen – die herkömmliche (körperliche) Auslegung der Dokumente zur Einsicht sein. Zwingend ist die körperliche Auslegung aber nicht. Stattdessen ist z.B. auch eine Zugänglichmachung auf digitalem Weg ohne Internetnutzung vorstellbar, z.B. in Form von Leseterminals in öffentlichen Gebäuden.[31]

Nach § 18 Abs. 1 Satz 4 i.V.m. § 73 Abs. 3 Satz 2 VwVfG bestimmt die Anhörungsbehörde, in welchen Gemeinden nach § 73 Abs. 2 VwVfG die andere Zugangsmöglichkeit nach § 27b Abs. 1 Satz 1 Nr. 2 VwVfG zur Verfügung zu stellen ist und legt im Benehmen mit der jeweiligen Gemeinde die Art der Zugangsmöglichkeit fest. Gemeint sind nach § 73 Abs. 2 VwVfG die Gemeinden, in denen sich das Vorhaben voraussichtlich auswirken wird. Stehen die tatsächlichen Auswirkungen des Vorhabens im Zeitpunkt der Auslegung nicht fest, ist für die Bestimmung der Gemeinden, in denen der Plan auszulegen ist, eine Prognose erforderlich.[32] Anders als nach bisheriger Rechtslage muss die anderweitige Zugänglichmachung aber nicht zwingend in allen Gemeinden nach § 73 Abs. 2 VwVfG erfolgen, sondern die Anhörungsbehörde kann das ihr zustehende Ermessen dahingehend ausüben, nur bestimmte Gemeinden nach § 73 Abs. 2 VwVfG auszuwählen.

25 Die **Dauer der Auslegung** beträgt einen Monat; die Auslegung hat spätestens drei Wochen nach Zugang der auszulegenden Unterlagen bei den Gemeinden zu beginnen. Die Gemeinden, in denen der Plan auszulegen ist, haben die Auslegung vorher nach § 18 Abs. 1 Satz 4 i.V.m. § 73 Abs. 5 VwVfG ortsüblich bekannt zu machen. Die Bekanntmachung muss den in § 73 Abs. 5 Satz 1 VwVfG sowie § 27b Abs. 2 VwVfG vorgegebenen Mindestinhalt haben.

---

28 *Altmiks* in: BeckOK VwVfG, § 27b Rn. 7.
29 BT-Drs. 20/8299, S. 20.
30 BT-Drs. 20/8299, S. 20.
31 BT-Drs. 20/8299, S. 20.
32 BVerwG, Urt. v. 28.04.2016 – 9 A 9/15, Rn. 15; BVerwG, Urt. v. 31.07.2012 – 4 A 7001.11, Rn. 32.

II. Auszulegende Unterlagen

Nach Maßgabe des § 19 Abs. 2 auszulegen sind zumindest der nach § 16 zu fertigende **UVP-Bericht** sowie die das Vorhaben betreffenden **entscheidungserheblichen Berichte und Empfehlungen**, die der zuständigen Behörde zum Zeitpunkt des Beginns des Beteiligungsverfahrens vorgelegen haben. Mit dem Begriff »zumindest« stellt der Gesetzgeber klar, dass die Auslegung weiterer Unterlagen nicht schädlich ist; UVP-rechtlich geboten ist sie jedoch nicht.[33] Der nach § 16 zu fertigende UVP-Bericht muss vollständig ausgelegt werden; keinesfalls reicht es aus, die nach § 16 Abs. 1 Nr. 7 zu erstellende allgemein verständliche, nichttechnische Zusammenfassung des UVP-Berichts auszulegen. Besteht der UVP-Bericht nicht aus einer, sondern aus mehreren Unterlagen, müssen alle Teile ausgelegt werden. 26

Ferner sind nach § 19 Abs. 2 Satz 1 Nr. 2 weitere das Vorhaben betreffende **entscheidungserheblichen Berichte und Empfehlungen** auszulegen, die der zuständigen Behörde zum Zeitpunkt des Beginns des Beteiligungsverfahrens vorgelegen haben. Die Regelung entspricht dem § 9 Abs. 1 b Satz 1 Nr. 2 UVPG a.F. Sie wurde durch das Öffentlichkeitsbeteiligungsgesetz aus dem Jahr 2006 in das UVPG eingeführt und in der Novellierung 2017 unverändert übernommen. Dabei sah der ursprüngliche Gesetzesentwurf aus dem Jahr 2006 vor, dass neben den Unterlagen nach § 6 UVPG a.F. »die **wichtigsten** Berichte und Empfehlungen betreffend das Vorhaben, die der zuständigen Behörde zum Zeitpunkt des Beginns des Beteiligungsverfahrens vorgelegen haben« auszulegen seien.[34] Die jetzige Formulierung, in der das Wort »wichtigsten« durch »entscheidungserheblichen« ersetzt wurde, geht auf die Beschlussempfehlungen der Ausschüsse des Bundesrates zurück.[35] Zur Begründung wird in der Beschlussempfehlung ausgeführt, zwar entspreche der Begriff »wichtigsten« dem Begriff der EU-Richtlinie. Das nationale Recht kenne aber den Begriff wichtigste Berichte und Empfehlungen nicht. Wenn es wichtigste gäbe, müsste es auch wichtige und weniger wichtige Berichte und Empfehlungen geben. Dies könne zum Streit und zu Klagen über das Verständnis führen, wann ein Bericht ein »wichtigster« sei, der ausgelegt werden müsse. Im nationalen Recht, auch im UVP-Recht, sei der Begriff »entscheidungserheblich« bekannt. Deswegen solle dieser Begriff gewählt werden. Es umfasse auf jeden Fall die gemeinten »wichtigsten« Berichte.[36] 27

Der Begriff »Berichte und Empfehlungen« ist im Ausgangspunkt weit gefasst. Er kann einerseits **Gutachten** umfassen,[37] andererseits aber auch **behördliche oder andere Stellungnahmen** zum Vorhaben, die der zuständigen Behörde im Zeitpunkt der öffentlichen Auslegung bereits vorliegen.[38] Hierbei ist zunächst § 3 in den Blick zu nehmen. Danach umfasst die UVP die Ermittlung, Beschreibung und Bewertung der erheblichen Auswirkungen eines Vorhabens oder eines Plans oder Programms auf die **Schutzgüter nach § 2 Abs. 1**. Entscheidungserhebliche Unterlagen im Sinne des § 19 Abs. 2 Satz 1 Nr. 2 können daher von vornherein nur solche Unterlagen sein, die sich zur Ermittlung, Beschreibung und Bewertung der Auswirkungen des Vorhabens oder Plans auf die in § 2 Abs. 1 vorgegebenen Schutzgüter verhalten. Andere Unterlagen, die in keinem Zusammenhang mit den Schutzgütern des UVPG stehen (z.B. technische Planungen, Statikberechnungen o.Ä.), werden hingegen nicht von § 19 Abs. 2 Satz 1 Nr. 2 umfasst. Ferner sind die **Geheimhaltungsvorschriften** zu beachten, die nunmehr durch § 23 dezidiert geregelt worden sind.[39] Soweit Geheimhaltungsvorschriften gelten, greift die in § 19 Abs. 2 geregelte Pflicht zur Auslegung nicht ein. 28

Allerdings müssen nicht alle Unterlagen ausgelegt werden, die möglicherweise zur umfassenden Beurteilung der Rechtmäßigkeit der Planung erforderlich sind, sondern nur solche, die – aus der 29

33 Zu weitergehenden Anforderungen, die aus dem Fachrecht folgen können, vgl. Rdn. 22.
34 BT-Drs. 16/2494, S. 8.
35 BR-Drs. 551/1/06, S. 5.
36 BR-Drs. 551/1/06, S. 5.
37 BT-Drs. 16/2494, S. 23.
38 BT-Drs. 16/2494, S. 23; OVG Bautzen, Beschl. v. 12.04.2017 – 4 B 277/16, Rn. 24, juris.
39 Vgl. hierzu § 23 Rdn. 11 ff.

Sicht der potenziell Betroffenen – notwendig sind, um den Betroffenen das Interesse an der Erhebung von Einwendungen bewusst zu machen (Anstoßwirkung). Welche Unterlagen und Gutachten dazu gehören, ist im jeweiligen Einzelfall zu beurteilen.[40] Nicht ausgelegt werden müssen eigene Einschätzungen und Stellungnahmen der zuständigen Behörde, mit denen für Außenstehende kein weitergehender Kenntnisgewinn verbunden ist, sondern die lediglich eine Auswertung von Informationen und eine Dokumentation der behördlichen Meinungsbildung während des laufenden Planfeststellungsverfahrens darstellen.[41]

30 Ein in der Praxis immer wieder aufkommender Streitpunkt ist die Frage, ob bzw. unter welchen Voraussetzungen Unterlagen auszulegen sind, auf die **in ausgelegten Unterlagen Bezug genommen** wird. Hierbei kann es sich beispielsweise um Unterlagen über die Erhebung von Daten (z.B. Kartierungen, Messberichte o.Ä.), aber auch um ältere Gutachten und Fachbeträge handeln. Streng genommen handelt es sich auch bei diesen Unterlagen um entscheidungserhebliche Unterlagen im Sinne des Gesetzes, was für eine uneingeschränkte Pflicht zur Auslegung sprechen würde. Die Rechtsprechung hat sich im Hinblick auf § 6 UVPG a.F. aber zurückhaltender geäußert und die Beantwortung der Frage davon abhängig gemacht, ob und inwieweit die tatsächlich ausgelegten Unterlagen eine Anstoßwirkung vermitteln konnten. Die Auslegung weiteren Unterlagen war dann nicht geschuldet, wenn die tatsächlich ausgelegten Unterlagen diese Anstoßfunktion erfüllten.[42] Dies war insbesondere dann anzunehmen, wenn sich der wesentliche Inhalt der nicht ausgelegten Unterlagen aus den ausgelegten Unterlagen ergab und auf diese Weise eine hinreichende Anstoßwirkung für die betroffene Öffentlichkeit vermitteln konnte.[43] Damit wird der Begriff der Entscheidungserheblichkeit in einem gewissen Maße relativiert. Dies ist allerdings im Ergebnis richtig, da der Umfang der auszulegenden Unterlagen ansonsten häufig ein unverhältnismäßiges Maß annehmen würde. Eine vernünftige Begrenzung des Umfangs der Unterlagen liegt dabei auch im Interesse der betroffenen Öffentlichkeit, denn eine effektive Beteiligung setzt nicht zuletzt auch eine Übersichtlichkeit der ausgelegten Unterlagen voraus. Die Rechtsprechung ist mittlerweile durch die gesetzgeberischen Entwicklungen überholt worden, weil nach der jetzt geltenden Gesetzeslage in erster Linie nicht mehr die entscheidungserheblichen Unterlagen nach § 6 UVPG a.F., sondern stattdessen der nach § 16 zu fertigende UVP-Bericht auszulegen ist.

31 Dennoch ist der von der Rechtsprechung geprägte Ansatz weiterhin überzeugend, und zwar im Hinblick auf die Abgrenzung des Umfangs der weiteren entscheidungserheblichen Empfehlungen und Berichte nach § 19 Abs. 2 Satz 1 Nr. 2. Für diese können dann aber keinesfalls strengere, sondern allenfalls herabgesetzte Anforderungen gelten. In der Praxis wird es sich empfehlen, neben dem UVP-Bericht jedenfalls die **zentralen umweltfachlichen Gutachten** auszulegen, beispielsweise die FFH-Verträglichkeitsstudie, den artenschutzrechtlichen Fachbeitrag und den landschaftspflegerischen Begleitplan,[44] ferner Fachgutachten zu Immissionen oder Fachbeiträge nach der WRRL.[45] Unterbleibt die Auslegung dieser Unterlagen, ist dies unschädlich, wenn und soweit der wesentliche Inhalt der nicht ausgelegten Dokumente dergestalt aus den ausgelegten Unterlagen (insbesondere aus dem UVP-Bericht) hervorgeht, dass eine hinreichende Anstoßwirkung vermittelt wurde. Regelmäßig nicht ausgelegt werden müssen Unterlagen über durchgeführte floristische oder faunistische Begehungen oder Erhebungen (Kartierungen), wenn sich die wesentlichen Ergebnisse der Begehungen bzw. Erhebungen aus den ausgelegten Unterlagen (z.B. dem UVP-Bericht und/oder den natur-

40 BVerwG, Urt. v. 28.04.2016 – 9 A 9/15, Rn. 19, juris; BVerwG, Beschl. v. 16.04.2019 – 4 B 54/18, Rn. 16, juris; BVerwG, Urt. v. 02.07.2020 – 9 A 19/19, Rn. 23, juris; OVG Bautzen, Urt. v. 05.03.2025 – 7 C 5/24, Rn. 30; OVG Hamburg, Beschl. v. 30.04.2024 – 1 Es 4/24.P, Rn. 42 ff.; OVG Münster, Urt. v. 05.02.2021 – 11 D 13/18.AK, Rn. 92, juris.

41 VGH Mannheim, Urt. v. 20.11.2018 – 5 S 2138/16, Rn. 138, juris.

42 BVerwG, Urt. v. 10.11.2016 – 9 A 18.15, Rn. 21, juris; OVG Lüneburg, Urt. v. 04.07.2017 – 7 KS 12/15, Rn. 43, juris; OVG Greifswald, Beschl. v. 14.12.2015 – 5 M 303/15, Rn. 93, juris.

43 BVerwG, Urt. v. 10.11.2016 – 9 A 18.15, Rn. 21.

44 Vgl. Nr. 19.2 Abs. 2 UVPVwV.

45 OVG Münster, Urt. v. 05.02.2021 – 11 D 13/18.AK, Rn. 98, juris.

schutzfachlichen Beiträgen und Gutachten) ableiten lassen.[46] Dies gilt in jedem Fall für die erstellten Rohdaten (Kartierungsbögen), aber auch für Unterlagen, in denen die Ergebnisse der Kartierungen zusammengetragen werden. Ebenfalls nicht auslegungspflichtig sind ältere Gutachten, wenn die wesentlichen Ergebnisse, auf die sich das ausgelegte Gutachten stützt, in den ausgelegten Unterlagen wiedergegeben werden.[47] Ebenfalls nicht ausgelegt werden müssen Unterlagen, die überholt sind,[48] oder die andere, insbesondere frühere Planungs- oder Zulassungsverfahren betreffen.[49] Auch Unterlagen eines fernstraßenrechtlichen Linienbestimmungsverfahrens müssen im anschließenden Planfeststellungsverfahren nicht erneut ausgelegt werden. Diese sind vielmehr in dem Verfahren zur Linienbestimmung auszulegen, in dem die Öffentlichkeit gemäß § 47 UVPG zu beteiligen ist.[50] Dasselbe gilt für die Durchführung von Raumverträglichkeitsprüfungen.[51] In beiden Fällen kann die Auslegung im nachfolgenden Zulassungsverfahren auf die Unterlagen beschränkt bleiben, die sich zu zusätzlichen erheblichen oder anderen erheblichen Umweltauswirkungen des Vorhabens verhalten.[52] Hingegen hält das Bundesverwaltungsgericht nach jüngerer Rechtsprechung die Auslegung der Verkehrsprognosen in Zulassungsverfahren für Verkehrsinfrastrukturvorhaben regelmäßig für geboten. Dies gelte jedenfalls dann, wenn die Ermittlung der Verkehrszahlen im ausgelegten Erläuterungsbericht nicht hinreichend nachvollziehbar dargestellt worden sei.[53] Nicht auszulegen sind dagegen Unterlagen, die nicht die Vorhabenzulassung, sondern die Ausführung des Vorhabens betreffen (insbesondere die Ausführungsplanung).[54]

§ 19 Abs. 2 Satz 2 enthält eine **Sonderregelung für vorgelagerte Verfahren**,[55] Planfeststellungsver- 32
fahren über einen Wege- und Gewässerplan mit landschaftspflegerischem Begleitplan nach § 41 FlurbG[56] sowie Verfahren nach § 1 AtVfV. Abweichend von § 18 Abs. 1 Satz 4 i.V.m. § 73 Abs. 3, Abs. 2 VwVfG, der eine Zugänglichmachung in den Gemeinden vorsieht, in denen sich das Vorhaben voraussichtlich auswirken wird, können die Unterlagen bei der Genehmigungsbehörde oder einer geeigneten Stelle in der Nähe des Standorts des Vorhabens ausgelegt werden. Die Entscheidung hierüber steht im Ermessen der zuständigen Behörde. Diese kann das Verfahrensermessen mithin auch dahingehend ausüben, dass die Unterlagen entsprechend der allgemeinen Vorgabe der § 18 Abs. 1 Satz 4 i.V.m. § 73 Abs. 3, Abs. 2 VwVfG in den Gemeinden ausgelegt wird.

D. Weitere Informationen

Nach § 19 Abs. 3 sind **weitere Informationen**, die für die Zulassungsentscheidung von Bedeutung 33
sein können und die der zuständigen Behörde erst nach Beginn des Beteiligungsverfahrens vorliegen, der Öffentlichkeit nach den **Bestimmungen des Bundes und der Länder über den Zugang zu**

46 BVerwG, Urt. v. 26.06.2019 – 4 A 5/18 –, Rn. 25, juris; OVG Münster, Urt. v. 05.02.2021 – 11 D 13/18.AK, Rn. 128, juris; OVG Lüneburg, Urt. v. 04.07.2017 – 7 KS 12/15, Rn. 43, juris.
47 BVerwG, Urt. v. 02.07.2020 – 9 A 19/19, Rn. 30 ff., juris.
48 BVerwG, Urt. v. 02.07.2020 – 9 A 19/19, Rn. 28, juris.
49 BVerwG, Urt. v. 15.10.2020 – 7 A 9/19, Rn. 42 ff., juris; OVG Bremen, Urt. v. 03.04.2017 – 1 B 126/16, Rn. 58.
50 BVerwG, Urt. v. 10.11.2016 – 9 A 18.15, Rn. 21, juris; BVerwG, Urt. v. 28.04.2016 – 9 A 9.15, Rn. 19, juris; BVerwG, Urt. v. 02.07.2020 – 9 A 19/19, Rn. 28, juris.
51 BVerwG, Urt. v. 21.01.2016 – 4 A 5/14, Rn. 22, juris; BVerwG, Urt. v. 26.06.2019 – 4 A 5/18, Rn. 22, juris, BVerwG, Beschl. v. 27.07.2020 – 4 VR 7/19, 4 VR 3/20, Rn. 21, juris.; vgl. ferner § 49.
52 Vgl. § 47 Abs. 3, § 49 Satz 2.
53 Für Verfahren nach dem FStrG: BVerwG, Urt. v. 15.02.2018 – 9 C 1.17, Rn. 31, juris; für Verfahren nach dem AEG: BVerwG, Urt. v. 15.10.2020 – 7 A 9/19, Rn. 19, juris; anders noch: BVerwG, Urt. v. 03.03.2011 – 9 A 8/10, Rn. 20, juris; OVG NRW, Urt. v. 28.04.2016 – 11 D 33/13.AK, Rn. 77, juris.
54 BVerwG, Urt. v. 03.03.2011 – 9 A 8/10, Rn. 21, juris.
55 Siehe hierzu § 18 Rdn. 38 f.
56 Siehe hierzu § 18 Rdn. 40.

Umweltinformationen, also nach den Umweltinformationsgesetzen des Bundes[57] und der Länder zugänglich zu machen. Der Begriff der Information ist dabei weit zu verstehen; er umfasst nachträgliche Fachbeiträge und Gutachten ebenso wie Stellungnahmen von Behörden oder anderen Trägern öffentlicher Belange. Maßgeblich ist allerdings, dass zumindest die Möglichkeit einer Relevanz für die Zulassungsentscheidung besteht. Im Zuge des Verfahrens bei der zuständigen Behörde eingehende Informationen, bei denen die Relevanz für die Zulassungsentscheidung ausgeschlossen werden kann, unterliegen dem § 19 Abs. 3 nicht.

34 In aller Regel werden nach Beginn des Beteiligungsverfahrens weitere Informationen in ein Zulassungsverfahren eingebracht, die für die Zulassungsentscheidung von Bedeutung sein können. Insbesondere können die im Zuge der Öffentlichkeitsbeteiligung eingehenden Äußerungen und Einwendungen Fragen aufwerfen, die beantwortet werden müssen. Es ist eine der wesentlichen Funktionen der Öffentlichkeitsbeteiligung, zulassungsrelevante Aspekte erstmalig oder jedenfalls stärker in den Fokus des Vorhabenträgers bzw. der zuständigen Behörde zu rücken. Das Spektrum der nachträglich durch den Vorhabenträger erstellten Informationen reicht von der Erläuterung ausgelegter Unterlagen über die Vertiefung vorhandener Untersuchungen, die Durchführung weiterer Untersuchungen bis hin zur Änderung des zuzulassenden Vorhabens. Nicht zuletzt aufgrund der Rechtsprechung zu § 4 UmwRG[58] ist es in der Praxis zu erheblichen Unsicherheiten gekommen, wie mit nachträglich in Zulassungsverfahren eingebrachten Informationen und Unterlagen umzugehen ist.

35 Die Regelung des § 19 Abs. 3 enthält hierzu eine Mindestvorgabe. Jedenfalls schuldet die Behörde die Zugänglichmachung nach Maßgabe der Umweltinformationsgesetze des Bundes und der Länder. Gleichzeitig ist § 19 Abs. 3 allerdings subsidiär gegenüber Vorschriften, die weitergehende Beteiligungsrechte regeln. Greift eine solche speziellere Vorschrift ein, ist die Beteiligung nach den dort geregelten (strengeren) Vorgaben vorzunehmen. Demgegenüber kommt § 19 Abs. 3 zur Anwendung, wenn keine speziellere Vorschrift mit strengeren Vorgaben eingreift. Bei der Abgrenzung des § 19 Abs. 3 zu spezielleren Beteiligungsvorschriften ist wie folgt zu differenzieren:

I. Änderungen des Vorhabens

36 Die neuen Unterlagen können eine **Änderung des zuzulassenden Vorhabens oder Plans** beinhalten. In diesem Fall greifen zunächst die fachrechtlichen Vorschriften über die Beteiligung der Öffentlichkeit bei Änderungen im Verfahren ein, so zum Beispiel in § 73 Abs. 8 VwVfG für fachplanungsrechtliche Zulassungsverfahren,[59] § 8 Abs. 2 der 9. BImSchV für immissionsschutzrechtliche Zulassungsverfahren[60] oder § 4a Abs. 3 BauGB für Bebauungspläne.[61] Daher hat die Beteiligung der Öffentlichkeit den fachrechtlichen Vorschriften zu genügen. Dies umfasst im Grundsatz – je nach fachrechtlicher Vorgabe – entweder eine beschränkte Beteiligung betroffener Dritter (§ 73 Abs. 8 VwVfG) oder eine neue Auslegung (§ 8 Abs. 2 der 9. BImSchV, § 4a Abs. 3 BauGB). Änderungen, die das Gesamtkonzept der Planung und die Identität des Vorhabens berühren und somit zu einem Vorhaben führen, das nach Gegenstand, Art, Größe und Betriebsweise im Wesentlichen andersartig ist, erfordern sogar ein vollständig neues Anhörungsverfahren mit erneuter Auslegung.[62]

37 Mit der Änderung eines Vorhabens geht im Regelfall zugleich eine **Änderung der nach § 19 Abs. 2 auszulegenden Unterlagen** (des UVP-Berichts sowie der anderen entscheidungserheblichen Berichte

57 Umweltinformationsgesetz (UIG) in der Fassung der Bekanntmachung vom 27.10.2014 (BGBl. I, S. 1643), zuletzt geändert durch Art. 2 des Gesetzes zur Änderung des UmweltschadensG, des UmweltinformationsG und weiterer umweltrechtlicher Vorschriften vom 25.02.2021 (BGBl. I, S. 306).

58 EuGH, Urt. v. 07.11.2013 – C-72/12 (Altrip); EuGH, Urt. v. 15.10.2015 – C-137/14, Rn. 54 ff.

59 Vgl. hierzu *Schink*, in: Knack/Henneke, VwVfG, § 73 Rn. 177 ff.; *Neumann/Külpmann*, in: Stelkens/Bonk/Sachs, VwVfG, § 73 Rn. 134 ff.

60 Vgl. *Dietlein*, in: Landmann/Rohmer, UmweltR, § 8 9. BImSchV Rn. 4 ff.

61 Vgl. *Battis*, in: Battis/Krautzberger/Löhr, BauGB, § 4a Rn. 4 ff.

62 BVerwG, Urt. v. 10.11.2016 – 9 A 18.15, Rn. 25, juris; BVerwG, Urt. v. 27.10.2000 – 4 A 18.99, BVerwGE 112, 140, 145; BVerwG, Urt. v. 12.08.2009 – 9 A 64.07, Rn. 29, juris.

und Empfehlungen) einher. Daher gilt neben den fachrechtlichen Vorschriften auch § 22. UVP-rechtlich ist nach § 22 Abs. 1 im Ausgangspunkt eine erneute Beteiligung der Öffentlichkeit (also eine erneute Auslegung) erforderlich, die sich allerdings auf die Änderungen beschränken hat.[63] Von einer erneuten Beteiligung der Öffentlichkeit soll nach § 22 Abs. 2 abgesehen werden, wenn zusätzliche erhebliche oder andere erhebliche Umweltauswirkungen nicht zu besorgen sind.

Soweit weder die fachrechtlichen Vorgaben noch § 22 eine weitergehende Beteiligung der Öffentlichkeit verlangen (vgl. § 73 Abs. 8 VwVfG, § 8 Abs. 2 der 9. BImSchV, § 22 Abs. 2), greift § 19 Abs. 3 ein. In diesen Fällen sind die weiteren Informationen jedenfalls nach Maßgabe der Umweltinformationsgesetze des Bundes und der Länder zugänglich zu machen. 38

II. Änderungen der nach § 19 Abs. 2 auszulegenden Unterlagen

Die weiteren Informationen, die der zuständigen Behörde erst nach Beginn des Beteiligungsverfahrens vorliegen, können ferner **Änderungen der nach § 19 Abs. 2 auszulegenden Unterlagen beinhalten, ohne das Vorhaben zu ändern.** Beispielsweise können nachträglich durchgeführte fachgutachterliche Untersuchungen Befunde beinhalten, die einerseits von den nach § 19 Abs. 2 ausgelegten Unterlagen abweichen, andererseits aber die Zulassungsfähigkeit des Vorhabens nicht grundsätzlich in Frage stellen. Ein nachträglich erstelltes Lärmgutachten könnte etwa andere Lärmimmissionen als die ursprünglich ausgelegten Unterlagen ausweisen, die aber immer noch unterhalb der Zumutbarkeitsschwelle des jeweils geltenden Regelwerks (z.B. TA Lärm, 16. BImSchV o.Ä.) liegen. Nachträgliche Ergänzungen der artenschutzrechtlichen Prüfung könnten ein – im Vergleich zu den ursprünglich ausgelegten Unterlagen – abweichendes Arteninventar ausweisen, gleichzeitig aber dennoch das Eingreifen artenschutzrechtlicher Verbotstatbestände nach § 44 BNatSchG ausschließen, z.B. weil durchgeführte Vermeidungs- und Verminderungsmaßnahmen greifen. 39

Auch eine **Ergänzung von Unterlagen** gilt unter bestimmten Voraussetzungen als Änderung. Dies ist nach der Rechtsprechung immer dann der Fall, wenn eine nach Gegenstand, Systematik und Ermittlungstiefe **neue oder über die bisherigen Untersuchungen wesentlich hinausgehende Prüfung der Umweltbetroffenheiten** vorgenommen wird, die für die Beurteilung der Rechtmäßigkeit des Vorhabens insgesamt erforderlich ist und ihren Niederschlag in einer **neuen entscheidungserheblichen Unterlage** über die Umweltauswirkungen des Vorhabens findet.[64] Inhaltlich beurteilt sich die Frage, wann eine neue oder wesentlich über die bisherigen Untersuchungen hinausgehende Prüfung vorliegt, danach, ob bereits die ursprünglichen Unterlagen die nach § 16 Abs. 5 Satz 2 nötige Anstoßwirkung entfalten oder ob eine solche erstmalig von den neuen Unterlagen ausgeht. Die Anstoßwirkung soll den Zweck der Öffentlichkeitsbeteiligung sicherstellen, durch Einbeziehung von Meinungsäußerungen und Bedenken der Öffentlichkeit zu Umweltbelangen den behördlichen Entscheidungsprozess besser und transparenter zu gestalten. Sie setzt voraus, dass die Unterlagen potenziell Betroffenen und den anerkannten Vereinigungen die Beurteilung ermöglichen, ob und in welchem Umfang ihre Belange oder ihre satzungsgemäßen Interessen von den Umweltauswirkungen betroffen werden können.[65] 40

In beiden Fällen der Unterlagenänderung greift zunächst und **vorrangig § 22** ein, der nach Abs. 1 im Ausgangspunkt eine Pflicht zur erneuten Beteiligung der Öffentlichkeit vorsieht (also insbesondere eine erneute, auf die Änderungen beschränkte Auslegung). Von einer erneuten Beteiligung der Öffentlichkeit soll nach § 22 Abs. 2 hingegen dann abgesehen werden, wenn zusätzliche erhebliche 41

63 Zum Verhältnis zwischen den fachrechtlichen Vorgaben und § 22 siehe § 22 Rdn. 9 f.

64 BVerwG, Urt. v. 10.11.2016 – 9 A 18.15, Rn. 25, juris; BVerwG, Urt. v. 28.04.2016 – 9 A 9.15, Rn. 34, juris; BVerwG, Urt. v. 09.02.2017 – 7 A 2.15, Rn. 28, juris; BVerwG, Urt. v. 27.11.2018 – 9 A 8/17, Rn. 54, juris; BVerwG, Urt. v. 27.07.2021 – 4 A 14.19, Rn. 19, juris; BVerwG, Beschl. v. 14.12.2021 – 4 B 10/21, Rn. 5, juris; siehe dazu ferner § 22 Rdn. 12 ff.

65 BVerwG, Urt. v. 09.02.2017 – 7 A 2.15, Rn. 28, juris; BVerwG, Urt. v. 28.04.2016 – 9 A 9.15, Rn. 34, juris; BVerwG, Urt. v. 31.12.2012 – 4 A 7001.11 u.a., Rn. 41, juris; BVerwG, Urt. v. 27.07.2021 – 4 A 14.19, Rn. 19, juris; BVerwG, Beschl. v. 14.12.2021 – 4 B 10/21, Rn. 5, juris.

oder andere erhebliche Umweltauswirkungen nicht zu besorgen sind. Besteht nach § 22 Abs. 2 keine Pflicht zur erneuten Beteiligung der Öffentlichkeit, greift wieder die Mindestanforderung des § 19 Abs. 3 ein. Die weiteren Informationen sind dann jedenfalls nach Maßgabe der Umweltinformationsgesetze des Bundes und der Länder zugänglich zu machen.

III. Verbleibender Anwendungsbereich des § 19 Abs. 3

42 Der Anwendungsbereich des § 19 Abs. 3 leitet sich aus den vorstehenden Überlegungen zur Abgrenzung gegenüber den spezielleren Vorschriften ab. Die Zugänglichmachung der Informationen nach § 19 Abs. 3 setzt voraus, dass die weiteren Informationen weder eine Änderung des Vorhabens noch eine Änderung der nach § 19 Abs. 2 auszulegenden Unterlagen beinhalten oder – wenn doch eine Änderung im letztgenannten Sinne vorliegt – von einer Beteiligung der Öffentlichkeit abgesehen wird, weil zusätzliche erhebliche oder andere erhebliche Umweltauswirkungen nicht zu besorgen sind. Typischerweise wird es nicht um ändernde, sondern um **ergänzende Informationen** gehen, die allerdings nicht von so wesentlicher Bedeutung sein darf, dass die Ergänzung als Änderung im Sinne des § 22 aufzufassen ist.

E. Gerichtliche Kontrolle

43 Sofern die zuständige Behörde die Verfahrensvorgaben des § 19 verletzt, ist die betreffende Handlung **nach § 44a VwGO nicht isoliert anfechtbar**, sondern nur gleichzeitig mit den gegen die Sachentscheidung gerichteten Rechtsbehelfen. Im Hinblick auf die **gerichtliche Kontrolldichte** ist zu unterscheiden. Soweit es um objektive Tatbestandsmerkmale geht, beispielsweise die Abgrenzung der entscheidungserheblichen Berichte und Empfehlungen, greift eine uneingeschränkte gerichtliche Kontrolle.[66] Soweit Ermessensentscheidungen zu treffen sind, beispielsweise über die Bestimmung der Gemeinden, in denen nach § 18 Abs. 1 Satz 4 i.V.m. § 73 Abs. 3 S. 2 VwVfG die anderweitige Zugänglichmachung erfolgt, vollzieht sich die gerichtliche Kontrolle der Ermessensausübung nach § 114 VwGO.[67] Danach hat das Gericht zu prüfen, ob die gesetzlichen Grenzen des Ermessens überschritten sind oder von dem Ermessen in einer dem Zweck der Ermächtigung nicht entsprechenden Weise Gebrauch gemacht ist Inhaltliche Fehler in den ausgelegten Unterlagen stellen keinen Verfahrensfehler dar, sofern die ausgelegten Unterlagen die notwendige Anstoßfunktion vermitteln.[68]

44 Stellt sich in der Prüfung heraus, dass ein Rechtsfehler vorliegt, wird dieser Mangel aber regelmäßig **keinen absoluten Verfahrensfehler** im Sinne des § 4 Abs. 1 UmwRG darstellen. Da § 4 Abs. 1 Nr. 1 und Nr. 2 UmwRG ersichtlich nicht einschlägig sind, käme wohl nur § 4 Abs. 1 Nr. 3 UmwRG in Betracht. Dieser setzt nach lit. b) voraus, dass der Verfahrensfehler nach Art und Schwere mit den in den Nummern 1 und 2 genannten Fällen (unterbliebene UVP bzw. UVP-Vorprüfung sowie unterbliebene Öffentlichkeitsbeteiligung) vergleichbar ist. Dies kann bei Fehlern der oben beschriebenen Art wohl nur in Ausnahmefällen angenommen werden.[69] Weitaus häufiger werden Mängel als **relative Verfahrensfehler** im Sinne des § 4 Abs. 1 a UmwRG einzustufen sein.[70] Danach gilt im Ausgangspunkt § 46 VwVfG, nach dem eine Aufhebung der Zulassungsentscheidung nicht

66 Siehe zur gerichtlichen Kontrolle unbestimmter Rechtsbegriffe allgemein: *Decker*, in: BeckOK VwGO, § 114 Rn. 32 ff.

67 Zum Anwendungsbereich des § 114 VwGO siehe *Riese*, in: Schoch/Schneider, VwGO, § 114 Rn. 6 ff.

68 BVerwG, Urt. v. 26.03.2020 – 3 B 24/19, Rn. 7 ff.; VGH Mannheim, Urt. v. 28.04.2025 – 10 S 1455/23, Rn. 39 ff.; OVG Hamburg, Beschl. v. 30.04.2024 – 1 Es 4/24.P, Rn. 40 ff.; VGH Mannheim, Urt. v. 20.12.2023 – 14 S 218/23, Rn. 79 ff.; VGH Mannheim, Urt. v. 17.11.2022 – 14 S 2056/21, Rn. 27 ff.

69 Möglicherweise dann, wenn zentrale Unterlagen – wie der UVP-Bericht – entgegen § 19 Abs. 2 nicht ausgelegt werden.

70 Für Mängel bei der Bekanntmachung nach § 19 Abs. 1: BVerwG, Urt. v. 21.01.2016 – 4 A 5.14, Rn. 37 ff., juris; BVerwG, Urt. v. 30.11.2020 – 9 A 5/20, Rn. 25, juris; VGH Mannheim, Beschl. v. 14.02.2017 – 5 S 2122/16, Rn. 22, juris.

allein deshalb beansprucht werden kann, weil diese unter Verletzung von Vorschriften über das Verfahren zustande gekommen ist, wenn offensichtlich ist, dass die Verletzung die Entscheidung in der Sache nicht beeinflusst hat. Nach § 4 Abs. 1 a Satz 2 UmwRG wird demgegenüber eine Beeinflussung vermutet, wenn sich durch das Gericht nicht aufklären lässt, ob der Verfahrensfehler die Entscheidung in der Sache beeinflusst hat. Dies ist im Einzelfall zu prüfen. Im Falle einer fehlerhaften Bekanntmachung hat die Rechtsprechung mehrfach entschieden, dass eine Beeinflussung der Sachentscheidung ausgeschlossen werden konnte,[71] während im Falle der Nichtauslegung einer entscheidungserheblichen Unterlage eine Beeinflussung für möglich gehalten wurde.[72] Selbst wenn aber eine Beeinflussung der Sachentscheidung nicht ausgeschlossen werden könnte, hätte dies schließlich nicht zwingend die Aufhebung der Zulassungsentscheidung zur Folge. Stattdessen müsste nach § 4 Abs. 1 b UmwRG geprüft werden, ob der Verfahrensfehler durch Entscheidungsergänzung oder ein ergänzendes Verfahren behoben werden kann.

§ 20 Zentrale Internetportale; Verordnungsermächtigung

(1) [1]Für die Zugänglichmachung des Inhalts der Bekanntmachung nach § 19 Absatz 1 und der nach § 19 Absatz 2 auszulegenden Unterlagen im Internet richten Bund und Länder zentrale Internetportale ein. [2]Die Zugänglichmachung erfolgt im zentralen Internetportal des Bundes, wenn die Zulassungsbehörde eine Bundesbehörde ist. [3]Für den Aufbau und Betrieb des zentralen Internetportals des Bundes ist das Umweltbundesamt zuständig.

(2) Die zuständige Behörde macht den Inhalt der Bekanntmachung nach § 19 Absatz 1 und die in § 19 Absatz 2 Satz 1 Nummer 1 und 2 genannten Unterlagen über das einschlägige zentrale Internetportal zugänglich.

(3) Der Inhalt der zentralen Internetportale kann auch für die Zwecke der Berichterstattung nach § 73 verwendet werden.

(4) Die Bundesregierung wird ermächtigt, durch Rechtsverordnung mit Zustimmung des Bundesrates Folgendes zu regeln:
1. die Art und Weise der Zugänglichmachung nach den Absätzen 1 und 2 sowie
2. die Dauer der Speicherung der Unterlagen.

(5) Alle in das zentrale Internetportal einzustellenden Unterlagen sind elektronisch vorzulegen.

Übersicht

71 BVerwG, Urt. v. 21.01.2016 – 4 A 5.14, Rn. 37 ff., juris; OVG Bremen, Beschl. v. 03.04.2017 – 1 B 126/17, Rn. 56 ff., juris; VGH Mannheim, Beschl. v. 14.02.2017 – 5 S 2122/16, Rn. 25, juris; VGH Mannheim, Urt. v. 20.11.2018 – 5 S 2138/16, Rn. 136, juris.

72 OVG Greifswald, Beschl. v. 14.12.2015 – 5 M 303/15, Rn. 101, juris.

A. Allgemeines

I. Regelungsgegenstand

1 Nach § 20 sind die Bekanntmachung des Vorhabens sowie der UVP-Bericht und die zum Zeitpunkt des Beginns der Öffentlichkeitsbeteiligung entscheidungserheblichen Berichte und Empfehlungen, die der zuständigen Behörde zum Zeitpunkt des Beginns des Beteiligungsverfahrens vorgelegen haben, **im Internet zu veröffentlichen**. Zu diesem Zweck richten Bund und Länder **zentrale Internetportale** ein. Die Bundesregierung erhält durch § 20 Abs. 4 die Ermächtigung, durch **Rechtsverordnung** konkrete Vorgaben zur Art und Weise der Zugänglichmachung sowie zur Dauer der Speicherung der Unterlagen zu regeln. Die Regelung des § 20 findet nur auf die Umweltverträglichkeitsprüfung i.S.d. §§ 4 ff. Anwendung. Für Strategische Umweltprüfungen gilt § 20 dagegen nach § 42 Abs. 1 nicht.

2 Der Gesetzgeber hat von der Verordnungsermächtigung des § 20 Abs. 4 Gebrauch gemacht und am 11.11.2020 die Verordnung über zentrale Internetportale des Bundes und der Länder im Rahmen der Umweltverträglichkeitsprüfung (UVP-Portale-Verordnung) erlassen.[1] Sie enthält konkretisierende Vorgaben zu den Funktionen der zentralen Internetportale (§ 3 UVPPortV), zur Art und Weise der Zugänglichmachung der Daten (§ 4 UVPPortV), zur Dauer der Zugänglichmachung der Daten (§ 5 UVPPortV) und zur Speicherung der Daten (§ 6 UVPPortV). Auch die am 14.04.2025 von der Bundesregierung erlassene Allgemeine Verwaltungsvorschrift zur Ausführung des Gesetzes über die Umweltverträglichkeitsprüfung[2] enthält konkretisierende Vorgaben zu § 20 UVPG.

II. Zweck und Bedeutung der Vorschrift

3 Zweck des UVP-Portals nach § 20 ist es, bestimmte Informationen über UVP-pflichtige Vorhaben einfach zugänglich zu machen und damit die Informationsmöglichkeiten der Bürger zur Information über das Vorhaben und seine Umweltauswirkungen zu verbessern.[3] Damit soll zur **Transparenz** der UVP und des Zulassungsverfahrens insgesamt beigetragen werden.[4] Die Regelungen verfolgen das Ziel der Schaffung einer verbesserten Transparenz der UVP und des Zulassungsverfahrens insgesamt.[5] Sie steht in einem Kontext zu § 27 Abs. 1 Satz 2, nach der auch die Entscheidung über die Zulassung oder Ablehnung des Vorhabens entsprechend des § 20 zu veröffentlichen ist. Bei ausländischen Vorhaben mit grenzüberschreitender UVP werden die übersandten Unterlagen von der zuständigen deutschen Behörde ebenfalls über das UVP-Portal der Öffentlichkeit zugänglich gemacht (§ 59 Abs. 4). Auch werden die UVP-Portale genutzt, um die Ergebnisse von UVP-Vorprüfungen der Öffentlichkeit bekannt zu geben (§ 5 Abs. 2 Satz 1). Das zentrale Internetportal kann ferner nach § 20 Abs. 3 für die Vorbereitung der Berichterstattung an die Europäische Kommission gemäß § 73 genutzt werden. Über die nach § 20 einzurichtenden zentralen Internetportale der Länder sollen schließlich auch die nach dem Baugesetzbuch in das Internet einzustellenden Informationen und Unterlagen zugänglich gemacht werden (vgl. § 3 Abs. 2 Satz 5 BauGB).[6]

---

1 Verordnung über zentrale Internetportale des Bundes und der Länder im Rahmen der Umweltverträglichkeitsprüfung (UVP-Portale-Verordnung – UVPPortV) vom 11.11.2020 (BGBl. I, S. 2428) – FNA 2129–20-3.

2 Allgemeine Verwaltungsvorschrift zur Ausführung des Gesetzes über die Umweltverträglichkeitsprüfung vom 14.05.2025 – UVPVwV (BAnz AT 29.04.2025 B8).

3 Eingehend, auch mit Überlegungen zu weitergehenden Reformen: *Sangenstedt* ZUR 2023, 579 ff.

4 Nr. 20.1 Abs. 1 UVPVwV.

5 BT-Drs. 18/11499, S. 59.

6 BT-Drs. 18/10942, S. 42.

III. Gesetzesgeschichte

1. Unionsrechtliche Vorgaben

Die Regelung dient der Umsetzung des Art. 6 Abs. 5 Satz 2 UVP-RL. Nach Erwägungsgrund Nr. 16 UVP-RL ermöglicht eine **effektive Beteiligung der Öffentlichkeit**, Meinungen und Bedenken zu äußern, die für eine Entscheidung von Belang sein können. Zugleich ermöglicht sie den Entscheidungsträgern, diese Meinungen und Bedenken zu berücksichtigen. Dadurch werde – so Erwägungsgrund Nr. 16 – der Entscheidungsprozess nachvollziehbarer und transparenter gestaltet, und in der Öffentlichkeit wachse das Bewusstsein für Umweltbelange sowie die Unterstützung für die getroffenen Entscheidungen. Zur Sicherstellung einer effektiven Beteiligung ist die Öffentlichkeit frühzeitig über das Verfahren auf Zulassung des Vorhabens zu informieren (vgl. Art. 6 Abs. 2 UVP-RL). Ferner sind der Öffentlichkeit nach Maßgabe des Art. 6 Abs. 3 der UVP-RL bestimmte Unterlagen und Informationen zugänglich zu machen (insbesondere der UVP-Bericht). Die Öffentlichkeit erhält auf dieser Grundlage nach Art. 6 Abs. 4 UVP-RL die Möglichkeit, sich an den umweltbezogenen Entscheidungsverfahren zu beteiligen. Sie hat das Recht, der zuständigen Behörde bzw. den zuständigen Behörden gegenüber Stellung zu nehmen und Meinungen zu äußern, wenn alle Optionen noch offenstehen und bevor die Entscheidung über den Genehmigungsantrag getroffen wird. Die Öffentlichkeit soll dabei ausdrücklich auch auf elektronischem Wege informiert werden. So treffen die Mitgliedstaaten nach Art. 6. Abs. 5 Satz 2 UVP-RL die erforderlichen Maßnahmen, um sicherzustellen, dass die einschlägigen Informationen der Öffentlichkeit auf der angemessenen Verwaltungsebene elektronisch zugänglich sind, wenigstens über ein zentrales Portal oder über einfach zugängliche Zugangspunkte. 4

Zugleich trägt der Gesetzgeber mit dem Erlass des § 20 den Anforderungen der Art. 7 Abs. 1 UA 3, Abs. 2 lit. g der Richtlinie 2003/4/EG[7] Rechnung. So sind nach Art. 7 Abs. 2 lit. g der Richtlinie 2003/4/EG Umweltverträglichkeitsprüfungen und umweltbestandteilbezogene Risikobewertungen zugänglich zu machen bzw. zu verbreiten. Nach Art. 7 Abs. 1 UA 3 der Richtlinie 2003/4/EG sorgen die Mitgliedstaaten dafür, dass Umweltinformationen zunehmend in elektronischen Datenbanken zugänglich gemacht werden, die der Öffentlichkeit über öffentliche Telekommunikationsnetze leicht zugänglich sind. 5

2. Innerstaatliche Entstehung

Die gesetzliche Regelung geht im Wesentlichen auf den Gesetzesentwurf der Bundesregierung vom 13.03.2017 zurück.[8] Allerdings sah der ursprüngliche Gesetzesentwurf im Hinblick auf die über das zentrale Internetportal zugänglich zu machenden Unterlagen lediglich einen Verweis auf § 27 a VwVfG vor, und zwar mit der Maßgabe, dass die Zugänglichmachung der Unterlagen nach § 19 Abs. 2 jeweils auch über das einschlägige zentrale Internetportal erfolge.[9] 6

Die Ausschüsse des Bundesrates hielten diese Formulierung für missverständlich. Der Wortlaut könne dahingehend interpretiert werden, dass über den Umfang der europarechtlich vorgesehenen Veröffentlichungspflichten hinaus z.B. auch Antragsunterlagen veröffentlicht werden müssten. Mögliche Missverständnisse seien zum Schutz von Geschäfts- und Betriebsgeheimnissen und sonstigen sensiblen Daten unbedingt zu vermeiden. Daher müsse der § 20 Abs. 2 des Entwurfes so abgefasst werden, dass ausdrücklich auf den Umfang der Unterlagen eingegangen werde, die im Internet zu veröffentlichen seien.[10] Die von den Ausschüssen des Bundesrates vorgeschlagene Alternativformulierung lautete: »Die Zugänglichmachung von Unterlagen, die zur Einsicht für die Öffentlichkeit ausgelegt werden, über das einschlägige zentrale Internetportal oder anderweitig über das Inter- 7

7 Richtlinie 2003/4/EG des Europäischen Parlaments und des Rates vom 28. Januar 2003 über den Zugang der Öffentlichkeit zu Umweltinformationen und zur Aufhebung der Richtlinie 90/313/EWG des Rates.
8 BT-Drs. 19/11499.
9 BT-Drs. 19/11499, S. 22.
10 BR-Drs. 164/1/17, S. 27.

net, beschränkt sich auf die Unterlagen im Sinne von § 19 Abs. 2.«[11] Die Bundesregierung griff den Kritikpunkt der Ausschüsse des Bundesrates auf, schlug jedoch eine andere, nämlich die letztlich in das Gesetz eingeflossene Formulierung vor.[12] Auf die Empfehlungen der Ausschüsse des Bundesrates geht ferner auch die Regelung des § 20 Abs. 5 zurück, nach der alle in das zentrale Internetportal einzustellenden Unterlagen elektronisch vorzulegen sind. Der ursprüngliche Gesetzesentwurf hatte eine Vorlage des Umweltberichts in elektronischer Form vorgesehen (§ 16 Abs. 9 UVPG-E). Da jedoch nach dem Willen des Gesetzgebers auch weitere Berichte und Empfehlungen in das zentrale Internetportal eingestellt würden, sei es erforderlich, auch für eine entsprechende elektronische Vorlage diese Unterlagen zu sorgen.

8 Mit Inkrafttreten des Fünften Gesetzes zur Änderung verwaltungsverfahrensrechtlicher Vorschriften[13] ist § 20 Abs. 2 Satz 2 aufgehoben worden. Dieser hatte vorgegeben, dass im Falle einer Diskrepanz zwischen den (körperlich) ausgelegten und den im Internet veröffentlichten Unterlagen die ausgelegten Unterlagen maßgeblich waren. Die Streichung stellt eine Folgeänderung zur Änderung des § 27a VwVfG dar, der in Abs. 1 Satz 4 eine dem § 20 Abs. 2 Satz 2 entsprechende Regelung vorgesehen hatte. Die neuen §§ 27a und 27b VwVfG enthalten eine solche Regelung hingegen nicht mehr. Zur Vermeidung von Wertungswidersprüchen wurde daher § 20 Abs. 2 Satz 2 UVPG, der dem bisherigen § 27a Abs. 1 Satz 4 VwVfG nachgebildet war, aufgehoben.[14]

IV. Abgrenzung zu allgemeinen und fachrechtlichen Verfahrensvorschriften

9 Vorschriften über die Beteiligung der Öffentlichkeit über die Zugänglichmachung von Informationen und Unterlagen finden sich außerhalb des UVPG auch an anderer Stelle, nämlich einerseits in den **allgemeinen Verfahrensvorschriften** (§§ 27a, 27b VwVfG), zum anderen auch in verschiedenen **fachrechtlichen Gesetzen** (z.B. in den §§ 5 Abs. 3, 10 Abs. 3, Abs. 8a BImSchG; § 8 Abs. 1 der 9. BImSchV). Daher ist eine Abgrenzung des § 20 UVPG von den Vorgaben der anderen Gesetze erforderlich.

1. Verhältnis zu den §§ 27a, 27b VwVfG

10 Nach dem durch das PlVereinhG vom 31.05.2013[15] in das VwVfG eingefügten und mit Wirkung zum 01.01.2024 geänderten[16] **§ 27a Abs. 1 VwVfG** ist, sofern durch Rechtsvorschrift eine öffentliche oder ortsübliche Bekanntmachung angeordnet ist, diese dadurch zu bewirken, dass der Inhalt der Bekanntmachung auch auf einer Internetseite der Behörde oder ihres Verwaltungsträgers zugänglich gemacht wird. Nach dem ebenfalls am 01.01.2024 in Kraft getretenen **§ 27b Abs. 1 VwVfG** ist, wenn durch Rechtsvorschrift die Auslegung von Dokumenten zur Einsicht angeordnet ist, diese dadurch zu bewirken, dass die Dokumente zugänglich gemacht werden

1. auf einer Internetseite der für die Auslegung zuständigen Behörde oder ihres Verwaltungsträgers und
2. auf mindestens eine andere Weise.

11 Die Regelung des § 27 b VwVfG **unterscheidet sich in mehrfacher Hinsicht** von § 20. Während § 20 durch die Inbezugnahme des § 19 Abs. 1 und § 19 Abs. 2 den Kreis der durch das Internetportal zugänglich zu machenden Inhalte und Unterlagen abschließend bestimmt (und beschränkt), ist § 27b Abs. 1 VwVfG jedenfalls im Ansatz offener gefasst, indem er sich auf alle zur Einsicht

11 BR-Drs. 164/1/17, S. 26.

12 BT-Drs. 18/11948, S. 23.

13 Fünftes Gesetz zur Änderung verwaltungsverfahrensrechtlicher Vorschriften sowie zur Änderung des Sechsten Buches Sozialgesetzbuch – 5. VwVfÄndG (BGBl. I 2023, Nr. 344).

14 BT-Drs. 20/8299, S. 23.

15 Gesetz zur Verbesserung der Öffentlichkeitsbeteiligung und Vereinheitlichung von Planfeststellungsverfahren (PlVereinhG) vom 31.05.2013, BGBl. I Nr. 26, S. 1388.

16 Fünftes Gesetz zur Änderung verwaltungsverfahrensrechtlicher Vorschriften sowie zur Änderung des Sechsten Buches Sozialgesetzbuchs – 5. VwVfÄndG (BGBl. 2023 I Nr. 344 vom 08.12.2023).

auszulegenden Unterlagen bezieht. Damit kann § 27b VwVfG beispielsweise auch Antragsunterlagen erfassen, deren Zugänglichmachung nach dem UVPG nicht geschuldet ist. Andererseits sieht § 27b VwVfG eine Ausnahme von der Pflicht der Zugänglichmachung über das Internet vor, wenn eine Veröffentlichung der auszulegenden Unterlagen im Internet, insbesondere aus technischen Gründen, nicht möglich ist (§ 27b Abs. 1 Satz 2 VwVfG).Im Gegensatz hierzu gibt § 20 die Zugänglichmachung über das Internet verbindlich vor; ein Absehen von der Veröffentlichung unter bestimmten Ausnahmevoraussetzungen ist in der Norm nicht angelegt. Ein dritter Unterschied besteht schließlich darin, dass § 27b VwVfG eine Zugänglichmachung auf der Internetseite der Behörde oder ihres Verwaltungsträgers vorgibt, während die Informationen und Unterlagen nach § 20 UVPG über die zentralen Internetportale des Bundes und der Länder zugänglich gemacht werden müssen.

Das Verhältnis zwischen den §§ 27a, 27b VwVfG und fachrechtlichen Spezialregelungen (z.B. zu § 10 Abs. 3 Satz 3 BImSchG) ist noch nicht abschließend geklärt.[17] Tatsächlich wird es auf eine Auslegung der jeweiligen fachrechtlichen Spezialnorm ankommen, mit der ermittelt werden muss, ob der Gesetzgeber eine abschließende Regelung schaffen wollte, die auch die §§ 27a, 27b VwVfG verdrängen soll.[18] Nur dann ist ein Rückgriff auf die §§ 27a, 27 VwVfG ausgeschlossen, während die Regelung ansonsten subsidiär anwendbar bleibt. 12

Die Abgrenzung zu den §§ 19, 20 ist hingegen klarer. Mit der Zugänglichmachung der Bekanntmachung nach § 19 Abs. 1 im jeweiligen UVP-Portal erfolgt zugleich eine Zugänglichmachung über die Internetseite des Verwaltungsträgers der Zulassungsbehörde nach § 27a Abs. 1 Satz 1 VwVfG.[19] Im Hinblick auf die zu veröffentlichenden Unterlagen stellt § 20 keine abschließende Spezialregelung dar, sodass § 27b VwVfG parallel anwendbar bleibt.[20] Dies bedeutet praktisch, dass Inhalte und Unterlagen unter bestimmten Voraussetzungen mehrfach über das Internet zugänglich gemacht werden, nämlich zum einen nach Maßgabe des § 20 über das zentrale Internetportal und ggf. parallel hierzu nach Maßgabe des § 27b VwVfG, soweit dessen Voraussetzungen ebenfalls eingreifen. Für die Richtigkeit dieses Auslegungsergebnisses sprechen zum einen die Gesetzgebungsunterlagen. So wird in der Gegenäußerung der Bundesregierung vom 12.04.2017,[21] die in der Beschlussempfehlung vom 28.06.2017 aufgegriffen wurde,[22] ausgeführt, die Anforderungen des § 27a VwVfG blieben von § 20 Abs. 2 unberührt.[23] Schließlich lässt sich das Auslegungsergebnis auch teleologisch begründen. Würde der Regelung des § 20 Abs. 2 ein abschließender Charakter zugemessen, so blieben die über das Internet zugänglich zu machenden Inhalte zwingend auf die Informationen und Unterlagen nach § 19 Abs. 1, Abs. 2 UVPG beschränkt. Eine Veröffentlichung weiterer Inhalte, wie sie § 27b VwVfG vorgibt, wäre nicht vorgesehen. Ein solches Auslegungsergebnis wäre mit dem vom europäischen und nationalen Gesetzgeber verfolgten Transparenzzweck nicht in Einklang zu bringen. 13

17 Vgl. einerseits *Ramsauer*, in: Kopp/Ramsauer, VwVfG, § 27a Rn. 2, der von einem abschließenden Charakter des § 10 Abs. 3 BImSchG ausgeht, während *Stelkens*, in: Stelkens/Bonk/Sachs, VwVfG, § 27a Rn. 21a annimmt, dass § 27a VwVfG neben § 10 Abs. 3 BImSchG anwendbar ist.

18 So im Ausgangspunkt auch BT-Drs. 18/12994, S. 18. Ob allerdings die weitere Aussage überzeugt, das BImSchG und die 9. BImSchV würden abschließende Regelungen enthalten, die die Anwendung von § 27a VwVfG ausschlössen, ist zweifelhaft (so auch: *Stelkens*, in: Stelkens/Bonk/Sachs, VwVfG, § 27a Rn. 21a).

19 Nr. 20.1 Abs. 1 UVPVwV.

20 Nr. 20.1 Abs. 1 UVPVwV.

21 BT-Drs. 18/11948.

22 BT-Drs. 18/12994, S. 3.

23 BT-Drs. 18/11948, S. 23.

2. Verhältnis zu fachrechtlichen Vorschriften über die Beteiligung der Öffentlichkeit

14 **Fachrechtliche Spezialgesetze** enthalten mitunter Vorgaben zur Zugänglichmachung von Inhalten über das Internet. So sieht z.B. § 10 Abs. 3 Satz 1 BImSchG vor, dass die zuständige Behörde ein Vorhaben in ihrem amtlichen Veröffentlichungsblatt und auf ihrer Internetseite öffentlich bekannt zu machen hat. Nach § 10 Abs. 3 Satz 3 BImSchG ist die Auslegung der Antragsunterlagen dadurch zu bewirken, dass die Dokumente auf einer Internetseite der zuständigen Behörde zugänglich gemacht werden. Dies korrespondiert mit § 8 Abs. 1 Satz 1 der 9. BImSchV. Diese Regelungen lassen die Pflichten aus § 20 UVPG unberührt.[24] Dies hat zur Folge, dass Bekanntmachungen und Unterlagen mitunter mehrfach über das Internet zugänglich zu machen sind, nämlich einerseits auf der Grundlage des Fachrechts über die Internetseite der Behörde und andererseits nach § 20 UVPG über das jeweilige UVP-Portal.

15 Der Gesetzgeber hat bereits damit begonnen, die fachrechtlichen Spezialregelungen zu harmonisieren und auf § 20 abzustimmen. Umgesetzt wurde dies beispielsweise durch den Erlass des § 3 Abs. 2 Satz 5 BauGB, der in Bauleitplanverfahren eine Zugänglichmachung des Inhalts der ortsüblichen Bekanntmachung nach § 3 Abs. 2 Satz 4 BauGB und der nach § 3 Abs. 2 Satz 1 BauGB auszulegenden Unterlagen über ein zentrales Internetportal vorsieht, wobei allerdings nicht das Internetportal nach § 20 UVPG gemeint ist, sondern ein Internetportal der Bauverwaltung des jeweiligen Bundeslands.[25] § 2a AtG und § 6 Abs. 5 AtVfV sehen mittlerweile die Zugänglichmachung von Inhalten (Bekanntmachungen) und Unterlagen über das zentrale Internetportal nach § 20 vor. Im Bereich des Immissionsschutzrechts sind die §§ 8 Abs. 1 Satz 3, 10 Abs. 1 Satz 7 und 8 der 9. BImSchV entsprechend modifiziert worden.[26]

B. Einrichtung zentraler Internetportale

16 Nach § 20 Abs. 1 richten Bund und Länder zentrale Internetportale für die Zugänglichmachung des Inhalts nach § 19 Abs. 1 und der nach § 19 Abs. 2 auszulegenden Unterlagen im Internet ein. Für den Aufbau und Betrieb des **zentralen Internetportals des Bundes** ist nach § 20 Abs. 1 Satz 3 UVPG das Umweltbundesamt (UBA) zuständig. Im Übrigen bestimmen die Länder die zuständige Behörde.[27] Das UBA hat in Umsetzung dieser Regelung das UVP-Portal des Bundes eingerichtet.[28] Über dieses Internetportal werden nach § 20 Abs. 1 Satz 2 Informationen und Unterlagen zugänglich gemacht, wenn eine Bundesbehörde Zulassungsbehörde ist. Durch seine Zuständigkeit für den Aufbau und Betrieb des zentralen Internetportals werden dem Umweltbundesamt aber nicht zugleich die Aufgaben einer Anhörungsbehörde nach § 73 Abs. 4 VwVfG oder entsprechenden fachrechtlichen Vorschriften zugewiesen; Einwendungen sind daher nicht bei ihm zu erheben, sondern bei der jeweils zuständigen Zulassungs- oder Anhörungsbehörde.[29]

17 Ist die Zulassungsbehörde eine Landesbehörde, so sind die maßgeblichen Inhalte und Unterlagen über das **zentrale Internetportal des jeweiligen Bundeslandes** zugänglich zu machen. Alle Bundesländer (Baden-Württemberg, Bayern, Brandenburg, Berlin, Bremen, Hessen, Hamburg, Mecklenburg-Vorpommern, Niedersachsen, Nordrhein-Westfalen, Rheinland-Pfalz, Schleswig-Holstein, Saarland, Sachsen-Anhalt, Sachsen und Thüringen) haben sich zusammengeschlossen und ein gemeinsames UVP-Portal errichtet.[30] Das ursprünglich vom Bundesland Niedersachsen separat errichtete Landesportal ist mittlerweile in dem gemeinsamen Internetportal aufgegangen.

24 Vgl. § 8 Abs. 1 Satz 3 der 9. BImSchV.
25 Dazu näher: *Gieseke* ZUR 2022, 351.
26 Erste Verordnung zur Änderung der Verordnung über das Genehmigungsverfahren – 9. BImSchV v. 08.12.2017 (BGBl. I, S. 3882).
27 Vgl. § 2 Abs. 2 UVPPortV, *Gieseke* ZUR 2022, 353.
28 https://www.uvp-portal.de.
29 Nr. 20.1 Abs. 2 UVPVwV; BT-Drs. 18/11499, S. 91.
30 https://uvp-verbund.de.

Für das Fachplanungsrecht unterscheidet § 73 VwVfG zwischen der **Anhörungs- und der Planfeststellungsbehörde**. Kein Zweifel über das auszuwählende zentrale Internetportal besteht dann, wenn Anhörungs- und die Planfeststellungsbehörde identisch sind.[31] Gelegentlich allerdings fallen die Behörden auseinander. In diesen Fällen kann beispielsweise eine Landesbehörde Anhörungsbehörde i.S.d. § 73 Abs. 1 VwVfG sein, während eine Bundesbehörde Planfeststellungsbehörde i.S.d. § 74 VwVfG ist. Da § 20 Abs. 1 UVPG auf die Zulassungsbehörde abstellt, kommt es in diesen Fällen auf die Planfeststellungsbehörde an.[32] Ist diese eine Bundesbehörde, so sind die Informationen und Unterlagen über das zentrale Internetportal des Bundes zugänglich zu machen. 18

Zur Ermöglichung eines einfachen Zugangs zu den Daten müssen die zentralen Internetportale nach § 3 Abs. 1 UVPPortV so von der portalbetreibenden Behörde aufgebaut und betrieben werden, dass sie die folgenden Funktionen umfassen: 19

1. einen kosten- und anmeldefreien Zugang,
2. eine interaktive Kartenansicht, auf der die Vorhaben markiert sind,
3. eine Listenansicht aller Vorhaben, in der zu jedem Vorhaben angezeigt werden
   a. die jeweilige Bezeichnung des Vorhabens und
   b. die allgemein verständliche Bezeichnung der Kategorie des Vorhabens,
4. eine Vorhaben-Detailseite, auf der gesammelt zu einem Vorhaben angezeigt werden
   a. die in Nummer 3 genannten Bezeichnungen,
   b. eine kurze Beschreibung des Vorhabens und
   c. die i.S.d. § 20 Abs. 2 Satz 1 des Gesetzes über die Umweltverträglichkeitsprüfung zuständige Behörde sowie ihre Kontaktdaten,
5. eine Suchfunktion in der Listenansicht aller Vorhaben, mit der Vorhaben nach der Vorhabenbezeichnung gesucht werden können, und
6. eine Filterfunktion in der Listenansicht aller Vorhaben, mit der Vorhaben nach der Vorhabenkategorie gefiltert werden können.

Nach § 3 Abs. 2 UVPPortV kann die portalbetreibende Behörde weitere Funktionen im zentralen Internetportal zur Verfügung stellen, insbesondere um dem technischen Fortschritt Rechnung zu tragen und den Zugang zu den Daten weiter zu erleichtern.

C. Zugänglichmachung von Inhalten und Unterlagen

Nach § 20 Abs. 2 macht die zuständige Behörde den Inhalt der Bekanntmachung nach § 19 Abs. 1 und die in § 19 Abs. 2 Satz 1 Nummer 1 und 2 genannten Unterlagen über das einschlägige zentrale Internetportal zugänglich. In der Regel ist dies die Zulassungsbehörde (§ 20 Abs. 1). Sind die Anhörungs- und die Planfeststellungsbehörde nicht identisch, ist nicht die Anhörungsbehörde, sondern die Planfeststellungsbehörde für die Zugänglichmachung nach § 20 Abs. 2 zuständig.[33] Im Falle der Zulassung eines Vorhabens durch mehrere Landesbehörden ist zuständige Behörde i.S.d. § 20 Abs. 2 die nach Maßgabe des § 31 bestimmte **federführende Behörde**.[34] 20

I. Inhalt der Bekanntmachung und Unterlagen

Die zuständige Behörde hat zunächst den **Inhalt der Bekanntmachung** nach § 19 Abs. 1 über das zentrale Internetportal zugänglich zu machen. Durch den Wortlaut stellt der Gesetzgeber klar, dass 21

31 Auf Bundesebene vgl. z.B. BNetzA für Planfeststellungen nach § 31 Abs. 1, 2 Abs. 2 NABEG; Wasser- und Schifffahrtsdirektionen für Planfeststellungen nach § 14 WaStrG; Bundesamt für kerntechnische Entsorgungssicherheit für Zulassungsverfahren nach § 9b AtG. Entsprechendes gilt für die Identität der Anhörungs- und Planfeststellungsbehörde auf Landesebene.

32 *Gieseke* ZUR 2022, 350 (353); *Hofmann* in: Landmann/Rohmer, UmwR, § 20 UVPG Rn. 18; ähnlich für die Zuständigkeit zur Abfassung der zusammenfassenden Darstellung der Umweltauswirkungen nach § 11 UVPG a.F.: BVerwG, Urt. v. 05.03.1997 – 11 A 25.95, NVwZ 1998, 513 (514).

33 So auch: *Hofmann*, in: Landmann/Rohmer, UmwR, § 20 UVPG Rn. 18.

34 *Hofmann*, in: Landmann/Rohmer, UmwR, § 20 UVPG Rn. 19.

nur eine Wiedergabe des Inhalts der Bekanntmachung nach § 19 Abs. 1 in das zentrale Internetportal eingebracht wird. Der so wiedergegebene Inhalt hat also nicht den Charakter einer eigenen Bekanntmachung. Erst recht kann er die Bekanntmachung nach § 19 Abs. 1 nicht ersetzen. Ferner sind die **Unterlagen nach § 19 Abs. 2** über das zentrale Internetportal zugänglich zu machen. Der Inhalt der in das UVP-Portal einzustellenden Unterlagen ergibt sich aus § 20 Abs. 2 Satz 1 UVPG. Darüber hinaus gibt die in der Begriffsbestimmung für Daten nach § 2 Abs. 1 UVPPortV enthaltene Aufstellung Auskunft über die zwingend in das Portal einzustellenden Inhalte.[35] Dies umfasst im Wesentlichen den UVP-Bericht i.S.d. § 16 und die das Vorhaben betreffenden entscheidungserheblichen Berichte und Empfehlungen, die der zuständigen Behörde zum Zeitpunkt des Beginns des Beteiligungsverfahrens vorgelegen haben. Dabei hat die Behörde sicherzustellen, dass die Daten über das zentrale Internetportal in einer solchen Art und Weise zugänglich gemacht werden und zugänglich bleiben, dass sie von den Nutzern des zentralen Internetportals gespeichert und ausgedruckt werden können.[36] Es sind nicht zwingend die kompletten Antragsunterlagen einzustellen.[37]

22 § 20 Abs. 2 schließt die Zugänglichmachung weiterer Informationen in dem betreffenden Portal nicht aus, solange der Zweck des UVP-Portals dadurch nicht beeinträchtigt wird.[38] Dies ist konsistent zu § 3 Abs. 2 UVPPortV, nach dem die portalbetreibende Behörde weitere Funktionen im zentralen Internetportal zur Verfügung stellen kann, insbesondere um dem technischen Fortschritt Rechnung zu tragen und den Zugang zu den Daten weiter zu erleichtern. Insbesondere wäre es rechtlich unbedenklich, neben den in § 20 Abs. 2 genannten Mindestinhalten weitere Antragsunterlagen über das Internetportal zugänglich zu machen.[39] Ferner ist auf § 10 Abs. 3 Satz 3 UIG hinzuweisen, nach dem das Internetportal nach § 20 unter den dort geregelten Voraussetzungen zur Verbreitung von Umweltinformationen genutzt werden kann.

II. Dauer der Zugänglichmachung

23 Die Dauer der Zugänglichmachung der Daten ist in § 5 UVPPortV geregelt. Danach sind der Inhalt der Bekanntmachung zu Beginn des Beteiligungsverfahrens nach § 19 Abs. 1, die Bekanntmachung der Öffentlichkeitsbeteiligung bei ausländischen Vorhaben nach § 59, der UVP-Bericht nach § 16, die entscheidungserheblichen Berichte und Empfehlungen nach § 19 Abs. 2 sowie bei ausländischen Vorhaben die Unterlagen nach § 59 Abs. 3 bis zum Ablauf der Auslegungsfrist nach § 18 Abs. 1 Satz 4 i.V.m. § 73 Abs. 3 Satz 1 VwVfG auf dem zentralen Internetportal zugänglich zu halten.[40] Die Entscheidung über die Zulassung oder Ablehnung des Vorhabens nach § 27, die Entscheidung einer ausländischen Behörde nach § 59 Abs. 5 sowie der jeweilige Bescheid über die Zulassung der Ablehnung des Vorhaben sind bis zum Ablauf der jeweiligen Rechtsbehelfsfrist auf dem zentralen Internetportal zugänglich zu halten.[41] Wird der Antrag auf Zulassungsentscheidung vor Ablauf der in § 5 Abs. 1 UVPPortV genannten Frist vom Vorhabenträger zurückgenommen oder erledigt er sich auf andere Weise, so sind die Unterlagen nur bis zum Ablauf des Tages der Rücknahme des Antrags oder der anderweitigen Erledigung zugänglich zu halten.[42] Eine **Verlängerung des Zeitraums** der Zugänglichmachung ist sowohl im Hinblick auf den Inhalt der Bekanntmachung nach § 19 Abs. 1 als auch die in § 19 Abs. 2 Satz 1 Nr. 1 und 2 genannten Unterlagen einerseits nicht geboten, andererseits aber unschädlich.[43]

35 Nr. 20.2 UVPVwV.
36 § 4 Abs. 1 Satz 1 UVPPortV.
37 Nr. 20.2 UVPVwV; *Gieseke* ZUR 2022, 352.
38 Nr. 20.6.3 UVPVwV.
39 Nr. 20.6.3 UVPVwV.
40 § 5 Abs. 1 UVPPortV; *Gieseke* ZUR 2022, 355.
41 § 5 Abs. 2 UVPPortV.
42 § 5 Abs. 2 UVPPortV.
43 Nr. 20.6.2 UVPVwV; *Gieseke* ZUR 2022, 355.

III. Gerichtliche Kontrolle

Die Verletzung der Vorgaben des § 20 Abs. 2 stellt einen **Verfahrensfehler** dar und tangiert damit die formelle Rechtmäßigkeit der getroffenen Zulassungsentscheidung. Die Vorgaben könnten beispielsweise dadurch verletzt werden, dass der Inhalt der Bekanntmachung nach § 19 Abs. 1 überhaupt nicht oder mit einem unzutreffenden Inhalt in das zentrale Internetportal eingestellt wird. Ein Verfahrensfehler liegt auch dann vor, wenn die Unterlagen nach § 19 Abs. 2 Nr. 1 und 2 überhaupt nicht oder nur unvollständig über das zentrale Internetportal zugänglich gemacht werden. Schließlich ist auch dann vom Vorliegen eines Verfahrensfehlers auszugehen, wenn die über das zentrale Internetportal zugänglich gemachten Unterlagen von den nach Maßgabe des § 27b VwVfG zugänglich gemachten Unterlagen abweichen. Die Behörde hat sicherzustellen, dass die über das zentrale Internetportal zugänglich gemacht Unterlagen inhaltlich vollständig den öffentlich ausgelegten Unterlagen entsprechen. Kommt es zu Diskrepanzen, liegt ein Verfahrensfehler vor. Betroffene müssen sich auf eine effektive Informationsgewährung über das zentrale Internetportal verlassen können, was voraussetzt, dass die öffentlich ausgelegten und die über das zentrale Internetportal zugänglich gemachten Unterlagen inhaltsgleich sind. 24

Ob ein **zeitweiliger Ausfall des Internetportals** einen Verfahrensfehler darstellt, ist eine Frage des Einzelfalls. Zunächst gilt, dass ein Verfahrensfehler überhaupt nur dann vorliegen kann, wenn der Ausfall in der Sphäre der zuständigen Behörde oder des jeweiligen Betreibers des zentralen Internetportals liegt. Auch in diesem Fall ist die Frage nach allgemeinen Grundsätzen zu beantworten. Bei der (körperlichen) Auslegung nach § 19 Abs. 2 gibt das Gesetz lediglich einen Zeitraum vor (Dauer: ein Monat; vgl. § 18 Abs. 1 Satz 4 i.V.m. § 73 Abs. 3 VwVfG). Damit wird nach herrschender Meinung die Dauer der Auslegung insgesamt geregelt, nicht dagegen, an welchen Tagen und zu welchen Tageszeiten die Planunterlagen bei der auslegenden Behörde einsehbar sind.[44] Die Festlegung der individuellen Zeiten innerhalb dieses Zeitraums, in denen der Plan eingesehen werden könne, sei – so das BVerwG – den zur Organisationsgewalt gehörenden Regelungen des Behördenbetriebs überlassen. Dem Bundesrecht genüge eine einmonatige Auslegung der Planentwürfe, die auf die Stunden des Publikumsverkehrs beschränkt sei, sofern die Stunden des Publikumsverkehrs so bemessen seien, dass die Einsichtsmöglichkeit nicht unzumutbar beschränkt werde.[45] Überträgt man diesen Gedanken auf § 20, so ist zunächst festzustellen, dass ein zeitweiliger Ausfall des Internetportals, der in der Sphäre der zuständigen Behörde oder des Betreibers des Internetportals liegt, nicht per se zu einem Verfahrensfehler führt. Stattdessen ist zu prüfen, wie stark sich der temporäre Ausfall auf die Beteiligungsmöglichkeiten ausgewirkt hat. Erst wenn eine unzumutbare Verkürzung der Beteiligungsmöglichkeit vorgelegen hat, kann ein Verfahrensfehler angenommen werden. Keine unzumutbare Beschränkung dürfte vorliegen, wenn die zeitliche Dauer des Ausfalls des zentralen Internetportals wenige Tage nicht überschreitet. 25

Kein Verfahrensfehler liegt ferner dann vor, wenn die öffentlich ausgelegten und über das zentrale Internetportal zugänglich gemachten Unterlagen zwar vollständig und deckungsgleich, aber **inhaltlich defizitär** sind. In diesem Fall steht nicht eine Verletzung des Verfahrensrechts, also die formelle Rechtswidrigkeit der Zulassungsentscheidung im Raum, sondern es geht um die materielle Rechtmäßigkeit. 26

Da § 20 das Bestehen einer UVP-Pflicht voraussetzt, ist für alle Vorhaben, die § 20 unterfallen, der Anwendungsbereich des Umwelt-Rechtsbehelfsgesetzes[46] eröffnet. Eine Verletzung des § 20 Abs. 2 27

44 BVerwG, Urt. v. 13.09.1985 – 4 C 64.80, NVwZ 1986, 740.

45 BVerwG, Urt. v. 13.09.1985 – 4 C 64.80, NVwZ 1986, 740 (741).

46 Gesetz über ergänzende Vorschriften zu Rechtsbehelfen in Umweltangelegenheiten nach der EG-Richtlinie 2003/35/EG (Umwelt-Rechtsbehelfsgesetz – UmwRG) in der Fassung der Bekanntmachung vom 23.08.2017 (BGBl. I, S. 3290), zuletzt geändert durch Art. 14b des Gesetzes zur Anpassung des Energiewirtschaftsrechts an unionsrechtliche Vorgaben und zur Änd. weiterer energierechtlicher Vorschriften vom 22.12.2023 (BGBl. 2023 I Nr. 405).

stellt keinen **keinen absoluten Verfahrensfehler** i.S.d. § 4 Abs. 1 UmwRG dar. Dies gilt jedenfalls dann, wenn nicht zugleich die UVP bzw. die Vorprüfung des Einzelfalls bzw. die Beteiligung der Öffentlichkeit vollständig unterblieben sind. Dann nämlich scheiden die Aufhebungstatbestände des § 4 Abs. 1 Nr. 1 und Nr. 2 aus. Auch kann regelmäßig wohl nicht angenommen werden, dass eine Verletzung der Vorgaben aus § 20 Abs. 2 einen Verfahrensfehler darstellt, der nach seiner Art und Schwere mit den in Nr. 1 und 2 genannten Fällen vergleichbar ist (vgl. § 4 Abs. 1 Nr. 3 lit. b UmwRG).

28 Mithin wird eine Verletzung des § 20 Abs. 2 im Regelfall als **relativer Verfahrensfehler** i.S.d. § 4 Abs. 1a UmwRG zu werten sein, der wiederum auf § 46 VwVfG verweist. Nach § 46 VwVfG kann die Aufhebung eines nicht nichtigen Verwaltungsakts nicht allein deshalb beansprucht werden, weil er unter Verletzung von Verfahrensvorschriften zustande gekommen ist, wenn offensichtlich ist, dass die Verletzung die Entscheidung in der Sache nicht beeinflusst hat. Der Offensichtlichkeitsmaßstab wird allerdings durch § 4 Abs. 1a UmwRG modifiziert. Eine Beeinflussung der Entscheidung in der Sache durch den Verfahrensfehler wird bereits dann vermutet, wenn dies nicht durch das Gericht aufgeklärt werden kann. Diese Modifizierung des allgemeinen Maßstabs des § 46 VwVfG ist der sog. Altrip-Entscheidung des EuGH geschuldet.[47] Ob eine Beeinflussung der Entscheidung in der Sache auszuschließen ist, muss im jeweiligen Einzelfall geprüft werden. Von vornherein von der Hand gewiesen werden kann dies in vielen Fällen vermutlich nicht. Jedenfalls im Falle einer unvollständigen Zugänglichmachung von Unterlagen nach § 19 Abs. 1 Nr. 1 und 2 ist nicht auszuschließen, dass sich Betroffene auf die Vollständigkeit der über das zentrale Internetportal verfügbaren Unterlagen verlassen haben. Damit könnte es hinsichtlich der Unterlagen, die nicht über das zentrale Internetportal verfügbar waren, an der Anstoßfunktion fehlen. Selbst dann ist jedoch auf § 4 Abs. 1b UmwRG zu verweisen, der die Möglichkeit einer **Entscheidungsergänzung** bzw. der Durchführung eines **ergänzenden Verfahrens** vermittelt. Zugleich stellt § 4 Abs. 1b UmwRG klar, dass die Regelungen über die Heilung von Verfahrensfehlern nach § 45 Abs. 2 VwVfG sowie die Planergänzungsverfahren nach § 75 Abs. 1a VwVfG unberührt bleiben, also ebenfalls anwendbar sind.

D. Vorbereitung der Berichterstattung nach § 73

29 § 20 Abs. 3 stellt klar, dass die in dem zentralen Internetportal enthaltenen Informationen zugleich zur **Vorbereitung der Berichterstattung nach § 73** genutzt werden können. Die Bundesregierung ist nach Art. 12 Abs. 2 UVP-RL dazu verpflichtet, der Kommission alle sechs Jahre ab dem 16.05.2017 bestimmte Angaben mitzuteilen, beispielsweise die Anzahl der Projekte, die einer UVP unterzogen worden, die Aufschlüsselung in Projektkategorien oder die durchschnittliche Dauer der Verfahren der UVP. Zur Vorbereitung dieser Berichterstattung haben die zuständigen Behörden des Bundes und der Länder nach § 73 dem für Umweltschutz zuständigen Bundesministerium erstmals am 31.03.2023 und sodann alle sechs Jahre Angaben zu machen, nämlich die Anzahl der Vorhaben, für die eine UVP oder eine UVP-Vorprüfung durchgeführt wurde, die durchschnittliche Verfahrensdauer sowie eine Abschätzung der durchschnittlichen unmittelbaren Kosten.

E. Verordnungsermächtigung

30 § 20 Abs. 4 ermächtigt die Bundesregierung zum Erlass einer **Rechtsverordnung**, mit der Näheres über die Art und Weise der Zugänglichmachung der Inhalte nach den Abs. 1 und 2 sowie über die Dauer der Speicherung in den zentralen Internetportalen des Bundes und der Länder geregelt werden kann. Der Gesetzgeber hat von der Verordnungsermächtigung des § 20 Abs. 4 Gebrauch gemacht und am 11.11.2020 die Verordnung über zentrale Internetportale des Bundes und der Länder im Rahmen der Umweltverträglichkeitsprüfung (UVP-Portale-Verordnung) erlassen.[48]

---

47 EuGH, Urt. v. 07.11.2013 – C-72/12 – (»Altrip«); vgl. ferner: BVerwG, Urt. v. 21.01.2016 – 4 A 5.14, Rn. 38 ff.

48 Verordnung über zentrale Internetportale des Bundes und der Länder im Rahmen der Umweltverträglichkeitsprüfung (UVP-Portale-Verordnung – UVPPortV) vom 11.11.2020 (BGBl. I, S. 2428) – FNA 2129–20-3.

F. Pflicht zur elektronischen Vorlage

Nach § 20 Abs. 5 sind alle in das zentrale Internetportal einzustellenden **Unterlagen elektronisch vorzulegen**. Die zuständige Behörde kann zu diesem Zweck vom Vorhabenträger verlangen, dass er die betreffenden Unterlagen in einem gängigen elektronischen Format vorlegt. Der Vorhabenträger hat dabei sicherzustellen, dass die elektronisch vorgelegten Unterlagen inhaltlich mit gegebenenfalls in Papier vorgelegten Unterlagen übereinstimmen.[49] 31

Welches Format gängig ist, wird weder in der Verwaltungsvorschrift noch in der UVPVwV konkretisiert. Auch die Gesetzgebungsmaterialien enthalten hierzu keine weiteren Hinweise. Es dürfte jedoch allgemeinen Verhältnismäßigkeitserwägungen entsprechen, dass die elektronische Vorlage lediglich in einem gängigen Format geschuldet ist (z.B. als PDF-Dateien).[50] Will die zuständige Behörde dagegen komplexere bzw. nicht gängige Formate oder Dateisysteme einsetzen, so hat sie die Umsetzung von den gängigen Dateiformaten auf das von ihr bevorzugte System selbst umzusetzen. 32

§ 21 Äußerungen und Einwendungen der Öffentlichkeit

(1) Die betroffene Öffentlichkeit kann sich im Rahmen der Beteiligung schriftlich oder zur Niederschrift bei der zuständigen Behörde äußern.

(2) Die Äußerungsfrist endet einen Monat nach Ablauf der Frist für die Auslegung der Unterlagen.

(3) [1]Bei Vorhaben, für die Unterlagen in erheblichem Umfang eingereicht worden sind, kann die zuständige Behörde eine längere Äußerungsfrist festlegen. [2]Die Äußerungsfrist darf die nach § 73 Absatz 3a Satz 1 des Verwaltungsverfahrensgesetzes zu setzende Frist nicht überschreiten.

(4) [1]Mit Ablauf der Äußerungsfrist sind für das Verfahren über die Zulässigkeit des Vorhabens alle Äußerungen, die nicht auf besonderen privatrechtlichen Titeln beruhen, ausgeschlossen. [2]Hierauf weist die zuständige Behörde in der Bekanntmachung der Auslegung oder bei der Bekanntgabe der Äußerungsfrist hin.

(5) Die Äußerungsfrist gilt auch für solche Einwendungen, die sich nicht auf die Umweltauswirkungen des Vorhabens beziehen.

Übersicht

49 Nr. 20.5 UVPVwV.
50 *Gieseke* ZUR 2022, 350 (354).

A. Allgemeines

1 Unionsrechtlich beruht § 21 auf Art. 6 Abs. 4 UVP-RL. Danach erhält die »betroffene Öffentlichkeit [...] frühzeitig und in effektiver Weise die Möglichkeit, sich an den umweltbezogenen Entscheidungsverfahren gemäß Artikel 2 Abs. 2 zu beteiligen, und hat zu diesem Zweck das Recht, der zuständigen Behörde bzw. den zuständigen Behörden gegenüber Stellung zu nehmen und Meinungen zu äußern, wenn alle Optionen noch offenstehen und bevor die Entscheidung über den Genehmigungsantrag getroffen wird.« Der Wortlaut wurde durch die Richtlinie 2014/52/EU nicht geändert.[1]

2 Die Einfügung der Abs. 1c bis 1e des § 9 UVPG a.F., denen der § 21 im Wesentlichen entspricht, ist nicht nur eine Umsetzung des Art. 6 Abs. 4 UVP-RL, sondern zugleich auch eine Reaktion des deutschen Gesetzgebers auf das **Urteil des EuGH vom 15.10.2015.**[2] Dort hatte der EuGH unter anderem festgestellt, die Bundesrepublik Deutschland habe gegen ihre Verpflichtungen aus Art. 11 der UVP-RL und aus Art. 25 der IED-Richtlinie[3] verstoßen, indem sie gemäß § 2 Abs. 3 des UmwRG und § 73 Abs. 4 VwVfG die Klagebefugnis und den Umfang der gerichtlichen Prüfung auf Einwendungen beschränke, die bereits innerhalb der Einwendungsfrist im Verwaltungsverfahren, das zur Annahme der Entscheidung geführt habe, eingebracht worden seien.[4] Der deutsche Gesetzgeber hat daraufhin mit dem »Gesetz zur Anpassung des Umwelt-Rechtsbehelfsgesetzes und anderer Vorschriften an Europa- und völkerrechtliche Vorgaben« vom 25.05.2017[5] § 2 Abs. 3 aus dem UmwRG gestrichen und gleichzeitig die Regelung des § 7 Abs. 4 in das Gesetz eingefügt. Nach § 7 Abs. 4 UmwRG findet § 73 Abs. 4 Satz 3 bis 6 VwVfG – also die Präklusionsregelung – keine Anwendung in Rechtsbehelfsverfahren gegen eine Entscheidung nach § 1 Abs. 1 Satz 1 UmwRG. Die sehr weitreichenden Konsequenzen, die mit der **Abschaffung der Präklusionsregelungen** verbunden sind, will der Gesetzgeber zugleich mit **mehreren Korrektiven** eingrenzen:[6]

- Nach § 5 UmwRG bleiben Einwendungen, die eine Person oder eine Vereinigung i.S.d. § 4 Abs. 3 Satz 1 erstmals im Rechtsbehelfsverfahren erhebt, unberücksichtigt, wenn die erstmalige Geltendmachung im Rechtsbehelfsverfahren missbräuchlich oder unredlich ist.
- Klagen gegen Entscheidungen im Sinne von § 1 Abs. 1 Satz 1 oder Abs. 1a Satz 1 UmwRG oder gegen deren Unterlassen sind nach § 6 UmwRG binnen einer Frist von zehn Wochen ab Klageerhebung zu begründen.
- Nach § 7 Abs. 5 UmwRG führt eine Verletzung materieller Rechtsvorschriften nur dann zur Aufhebung der Entscheidung nach § 1 Abs. 1 Satz 1 Nr. 1 oder Abs. 1a Satz 1 Nr. 3 UmwRG, wenn sie nicht durch Entscheidungsergänzung oder ein ergänzendes Verfahren behoben werden kann.
- Nach § 21 Abs. 4 bleibt der Einwendungsausschluss für das Verwaltungsverfahren (sog. formelle Präklusion) beibehalten. Um der Öffentlichkeit einen ausreichenden Zeitraum für die Erhebung von Einwendungen zu eröffnen, wurde die Einwendungsfrist von zwei Wochen nach Ende der Auslegung auf einen Monat nach Ende der Auslegung verlängert. Unter bestimmten Voraussetzungen ist eine weitere Verlängerung der Frist durch die zuständige Behörde möglich.

1 Richtlinie 2014/52/EU des Europäischen Parlaments und des Rates vom 16.04.2014 zur Änderung der Richtlinie 2011/92/EU über die Umweltverträglichkeitsprüfung bei bestimmten öffentlichen und privaten Projekten, Abl. v. 25.04.2014, L 124.

2 EuGH, Urt. v. 15.10.2015 – C-137/14.

3 Richtlinie 2010/75/EU des Europäischen Parlaments und des Rates vom 24. November 2010 über Industrieemissionen.

4 EuGH, Urt. v. 15.10.2015 – C-137/14, Antwort Nr. 1 tir 2.

5 BT-Drs. 18/9526.

6 BT-Drs. 18/9526, S. 1 ff.

I. Regelungsgegenstand

§ 21 regelt die Äußerungen und Einwendungen der Öffentlichkeit. Nach Abs. 1 kann sich die betroffene Öffentlichkeit schriftlich oder zur Niederschrift bei der zuständigen Behörde äußern. Die Äußerungsfrist beträgt nach Abs. 2 einen Monat nach Ablauf der Auslegung der Unterlagen. Die Behörde kann nach Abs. 3 Satz 1 eine längere Äußerungsfrist festlegen, wenn für das Vorhaben Unterlagen in einem erheblichen Umfang eingereicht worden sind. Die verlängerte Äußerungsfrist darf jedoch nicht die den beteiligten Behörden gesetzte Stellungnahmefrist nach § 73 Abs. 3a Satz 1 VwVfG überschreiten. Abs. 5 stellt klar, dass die Äußerungsfrist auch für solche Einwendungen gilt, die sich nicht auf die Umweltauswirkungen des Vorhabens beziehen. 3

Bedeutsam ist darüber hinaus die Regelung des Abs. 4. Danach sind mit Ablauf der Äußerungsfrist für das Verfahren über die Zulässigkeit des Vorhabens alle Äußerungen ausgeschlossen, die nicht auf besonderen privatrechtlichen Titeln beruhen. Die so angeordnete formelle bzw. Verfahrenspräklusion gilt nur für das Zulassungsverfahren; sie beinhaltet keinen materiellen Verlust der nicht fristgerecht vorgetragenen Äußerungen bzw. Einwendungen. Hiermit hat der Gesetzgeber ein Korrektiv zur weitgehenden Abschaffung der materiellen Präklusionsregelungen geschaffen,[7] die nach dem Urteil des EuGH vom 15.10.2015 veranlasst war.[8] 4

II. Zweck und Bedeutung der Vorschrift

§ 21 dient zunächst der Umsetzung des Art. 6 Abs. 4 UVP-RL. Danach erhält die betroffene Öffentlichkeit **frühzeitig und in effektiver Weise die Möglichkeit**, sich an den umweltbezogenen Entscheidungsverfahren gemäß Artikel 2 Abs. 2 **zu beteiligen**, und hat zu diesem Zweck das Recht, der zuständigen Behörde bzw. den zuständigen Behörden gegenüber Stellung zu nehmen und Meinungen zu äußern, wenn alle Optionen noch offenstehen und bevor die Entscheidung über den Genehmigungsantrag getroffen wird. Diese recht allgemein gehaltene Vorgabe wird durch § 21 konkretisiert, bspw. im Hinblick auf die Form der Äußerung bzw. Einwendung oder im Hinblick auf die Äußerungsfrist. 5

Dabei schafft § 21 einerseits Mindestvoraussetzungen, die nach § 1 Abs. 4 Satz 1 fachrechtlichen Vorgaben jedenfalls dann vorgehen, soweit diese die wesentlichen Anforderungen des UVPG nicht beachten. Andererseits bleiben nach § 1 Abs. 4 Satz 2 Rechtsvorschriften mit weitergehenden Anforderungen unberührt. Faktisch hat dies zur Folge, dass bei Diskrepanzen zwischen den fachrechtlichen Vorschriften zur Beteiligung der Öffentlichkeit und den Vorgaben aus § 21 regelmäßig die Vorgabe gilt, die die weitergehenden Beteiligungsrechte eröffnet. Darüber hinaus überlagert § 21 Abs. 5 fachrechtliche Vorgaben zur Beteiligung der Öffentlichkeit, indem er Vorgaben zur Äußerungsfrist für solche Einwendungen schafft, die sich nicht auf die Umweltauswirkungen des Vorhabens beziehen. Dies ist zwar in gewisser Weise systemfremd, da der Zweck des UVPG darin liegt, einer wirksamen Umweltvorsorge zu dienen.[9] Andererseits gewährleistet § 21 Abs. 5 aber eine praktikable Durchführung des Anhörungsverfahrens. 6

III. Gesetzesgeschichte

Die Regelung des § 21 entspricht dem § 9 Abs. 1c-1e in der Fassung des »Gesetzes zur Anpassung des Umwelt-Rechtsbehelfsgesetzes und anderer Vorschriften an europa- und völkerrechtliche Vorgaben« vom 25.05.2017.[10] Lediglich der in § 9 Abs. 1e UVPG a.F. verwendete Passus »sonstige Einwendungen« ist durch den Passus »Einwendungen, die sich nicht auf die Umweltauswirkungen 7

7 Vgl. § 7 Abs. 4 UmwRG.
8 EuGH, Urt. v. 15.10.2015 – C-137/14.
9 § 3 Abs. 1 Satz 2; vgl. hierzu BR-Drs. 422/1/16, S. 19.
10 Gesetz vom 25.05.2017, BGBl. I, S. 1298.

des Vorhabens beziehen« ersetzt worden. Hiermit bezweckte der Gesetzgeber keine inhaltliche Änderung der Regelung, sondern eine Klarstellung.[11]

8 Die durch das »Gesetz zur Anpassung des Umwelt-Rechtsbehelfsgesetzes und anderer Vorschriften an europa- und völkerrechtliche Vorgaben« vom 25.05.2017 eingefügten Absätze 1c-1e des § 9 UVPG a.F. entsprachen weitgehend dem Gesetzentwurf der Bundesregierung.[12] Zur Begründung wird im Gesetzesentwurf ausgeführt, auch nach der Entscheidung des EuGH vom 15.10.2015 könne der Einwendungsausschluss im Verwaltungsverfahren beibehalten werden. § 9 Abs. 1 Satz 2 und 3 UVPG a.F. enthielten entsprechende Spezialregelungen im Hinblick auf Einwendungen im Verwaltungsverfahren. Unberührt von der neuen Regelung blieben die bereits nach damaligem Recht bestehende Berücksichtigungspflicht verspäteter Einwendungen aufgrund der Amtsermittlungspflicht der Behörde; dies werde durch den letzten Halbsatz in Satz 2 klargestellt.[13] Die in Abs. 1d angelegte Verlängerungsmöglichkeit gebe der zuständigen Behörde die Möglichkeit, nach pflichtgemäßem Ermessen eine verlängerte Äußerungsfrist festzulegen. Dies gelte aber nur für Vorhaben, bei denen die Anzahl der auszulegenden Unterlagen erheblich sei und die Erarbeitung von Äußerungen daher besonders Zeit aufwändig sein könne. Die zuständige Behörde habe daher in diesen Verfahren jeweils vor der öffentlichen Bekanntmachung zu entscheiden, ob es für das Verfahren fördernd sei, eine längere Äußerungsfrist festzulegen. Eine Verlängerung der Äußerungsfrist sei nur bis zu dem Zeitpunkt möglich, der nach § 73 Abs. 3a Satz 1 VwVfG auch den beteiligten Behörden für ihre Stellungnahme eingeräumt sei. Damit werde gewährleistet, dass die längere Äußerungsfrist zu keiner Verzögerung des Verfahrens insgesamt führen könne.[14]

9 Die einzige Änderung, die im Verlaufe des Gesetzgebungsverfahrens umgesetzt wurde, betrifft § 9 Abs. 1c Satz 2 UVPG a.F. Dieser sollte nach dem ursprünglichen Entwurf der Bundesregierung folgende Fassung erhalten: »Mit Ablauf der Äußerungsfrist sind für das Verfahren über die Zulässigkeit des Vorhabens alle Äußerungen ausgeschlossen, die nicht auf besonderen privatrechtlichen Titeln beruhen, es sei denn, die vorgebrachten Einwendungen sind für die Rechtmäßigkeit der Entscheidung von Bedeutung«.[15] Auf einen entsprechenden Beschluss des Bundesrates, dem die Bundesregierung in ihrer Gegenäußerung zustimmte, ist der letzte Halbsatz dieses Satzes gestrichen worden.[16] Die Regelung lautete danach: »Mit Ablauf der Äußerungsfrist sind für das Verfahren über die Zulässigkeit des Vorhabens alle Äußerungen ausgeschlossen, die nicht auf besonderen privatrechtlichen Titeln beruhen«.

10 Die Beschlussempfehlungen der Ausschüsse des Bundesrates beinhalteten den Vorschlag, auf die Regelung des § 9 Abs. 1c-1e UVPG a.F. (also den jetzigen § 21) vollständig zu verzichten.[17] Zur Begründung wurde angeführt, die Regelung sei nach europa- und völkerrechtlichen Vorgaben nicht erforderlich und würde verschiedene Probleme in sich bergen. Sie habe zur Folge, dass für UVP-pflichtige und nicht-UVP-pflichtige Verfahren unterschiedliche Verfahrensregelungen gelten würden. Der Sinn einer solchen Rechtszersplitterung sei nicht ersichtlich. Dies betreffe beispielsweise die unterschiedlichen Einwendungsfristen. Je nachdem, ob ein UVP-pflichtiges Vorhaben vorliege oder nicht, müsse ein Einwender unterschiedliche Einwendungsfristen beachten. Ferner sei zu beachten, dass es oftmals streitig sei, ob ein Vorhaben der UVP-Pflicht unterliege. Zeige sich dann in einem Gerichtsverfahren, dass ein als nicht-UVP-pflichtig eingestuftes Vorhaben in Wirklichkeit UVP-pflichtig sei, habe die Zulassungsbehörde eine zu kurze Einwendungsfrist gewählt. Die durch § 9 Abs. 1d geschaffene Möglichkeit, die Einwendungsfrist zu verlängern, könne Einwender provozieren, Anträge auf Verlängerung der Einwendungsfrist zu stellen. Die dann zu treffende Ermessensent-

11 BT-Drs. 18/11499, S. 92.
12 BT-Drs. 18/9526.
13 BT-Drs. 18/9526, S. 47.
14 BT-Drs. 18/9526, S. 48.
15 BT-Drs. 18/9526, S. 13.
16 BR-Drs. 422/16 (Beschluss), S. 4; BT-Drs. 18/1246, S. 3, 16.
17 BR-Drs. 422/1/16, S. 18 ff.

scheidung werde sich einer gerichtlichen Überprüfung stellen müssen. Der letzte Halbsatz des § 9 Abs. 1c Satz 2 UVPG a.F. führe faktisch zu einer Entwertung der formellen Präklusion. Da in die Zulassungsentscheidung alle relevanten Belange einzustellen und zu bewerten seien, dürfte es kaum eine Einwendung geben, die nicht von Bedeutung für die Entscheidung sein könne. Die Bearbeitung verspäteter Einwendungen solle jedoch im Ermessen der Behörde stehen.

Der Bundesrat ist diesen Beschlussempfehlungen – wie oben ausgeführt – nur im letzten Punkt 11 gefolgt. Daraufhin ist der 2. HS des § 9 Abs. 1c Satz 2 UVPG a.F. gestrichen worden.[18] Zur Begründung wurde ausgeführt, der nur zu Zwecken der Klarstellung in das Gesetz eingefügten Regelung bedürfe es nicht. Die sich aus § 24 Abs. 1 Satz 1 VwVfG ergebende Amtsermittlungspflicht habe mit der formellen Präklusion nichts zu tun und sei deshalb losgelöst von dieser zu betrachten. Im Übrigen sei die Rückausnahme rechtlich problematisch, weil der Einwendungsausschluss mit ihr nahezu vollständig ins Leere liefe. Äußerungen, die keine Bedeutung für die Rechtmäßigkeit der Entscheidung haben würden, seien bereits keine Einwendungen.[19] In den Beschlussempfehlungen der Ausschüsse des Bundestages wurde ergänzend ausgeführt, da es sich bei den Änderungen jeweils um die Streichung einer Klarstellung handele, bleibe es bei dem geltenden Rechtsverständnis, wonach im Rahmen des behördlichen Untersuchungsgrundsatzes (§ 24 VwVfG) auch nicht fristgerecht eingegangene Äußerungen bzw. Einwendungen, ohne deren Einbeziehung die Zulassungsentscheidung inhaltlich fehlerhaft wäre, in die Entscheidung einzubeziehen seien. Bei solchen Einwendungen sei es allerdings nicht erforderlich, sie zum Gegenstand eines Erörterungstermins zu machen.[20]

B. Äußerungen der betroffenen Öffentlichkeit

Nach § 21 Abs. 1 kann sich die betroffene Öffentlichkeit im Rahmen der Beteiligung schriftlich 12 oder zur Niederschrift bei der zuständigen Behörde äußern. **Betroffene Öffentlichkeit** ist nach § 2 Abs. 9 jede Person, deren Belange durch eine Zulassungsentscheidung oder einen Plan oder ein Programm berührt werden; hierzu gehören auch Vereinigungen, deren satzungsmäßiger Aufgabenbereich durch eine Zulassungsentscheidung oder einen Plan oder ein Programm berührt wird, darunter auch Vereinigungen zur Förderung des Umweltschutzes.[21] Der Kreis der Belange geht dabei deutlich über rechtlich geschützte Interessen hinaus; er umfasst alle öffentlich-rechtlich oder zivilrechtlich begründeten eigenen Rechte, aber auch alle sonstigen wirtschaftlichen, ökologischen, sozialen, kulturellen, ideellen oder sonstigen nicht unredlich erworbenen und daher anerkennenswerten eigenen Interessen des Einwenders.[22]

Zuständige Behörde im Sinne von § 21 ist diejenige Behörde, die nach dem jeweiligen Fachgesetz 13 mit der Durchführung des Verfahrens zur Zulassung des Vorhabens und damit mit der Verfahrensleitung und nach dem UVPG zusätzlich mit der Durchführung der unselbstständigen UVP beauftragt ist.[23] Fallen im Fachplanungsrecht Anhörungs- und Planfeststellungsbehörde auseinander, so ist die Anhörungsbehörde zuständige Behörde im Sinne von § 21. Sofern die Länder nach § 31 Abs. 1 unter den dort geregelten Voraussetzungen eine federführende Behörde bestimmt und nach § 31 Abs. 2 Satz 2 mit der Durchführung der Öffentlichkeitsbeteiligung beauftragt haben, ist die federführende Behörde zuständige Behörde im Sinne von § 21.

Abweichend von § 21 Abs. 1, nach dem sich die betroffene Öffentlichkeit bei der zuständigen 14 Behörde zu äußern hat, lässt das Fachrecht verschiedentlich zu, dass **Einwendungen gegenüber**

18 BR-Drs. 422/16 (Beschluss), S. 4.
19 BR-Drs. 422/16 (Beschluss), S. 4 ff.
20 BT-Drs. 18/12146, S. 16.
21 Zum Begriff der betroffenen Öffentlichkeit siehe auch § 18 Rdn. 18 sowie die Ausführungen zu § 2 Abs. 9.
22 *Schink*, in: Knack/Henneke, VwVfG, § 73 Rn. 99; *Neumann/Külpmann*, in: Stelkens/Bonk/Sachs, VwVfG, § 73 Rn. 71.
23 Zum Begriff der zuständigen Behörde vgl. die Ausführungen zu § 17 Rdn. 14 f.

anderen Behörden oder Stellen abgegeben werden. So sind beispielsweise nach § 73 Abs. 4 Satz 1 VwVfG Einwendungen bei der Anhörungsbehörde »oder bei der Gemeinde« zu erheben, in der der Plan ausgelegt worden ist. Auch nach § 12 Abs. 1 der 4. BImSchV können Einwendungen bei der Genehmigungsbehörde »oder bei der Stelle erhoben werden, bei der Antrag und Unterlagen zur Einsicht ausliegen«. Hier greift § 1 Abs. 4 Satz 2, nach dem Rechtsvorschriften zur Umweltverträglichkeitsprüfung, die weitergehenden Anforderungen als die des UVPG beinhalten, unberührt bleiben. Mit der Erweiterung des Begriffs der Behörde, gegenüber der eine Einwendung abgegeben werden kann, wird eine solche weitergehende Anforderung geschaffen. Dies hat zur Folge, dass in Fällen, in denen eine solche fachrechtliche Vorgabe besteht, Äußerungen und Einwendungen i.S.d. § 21 Abs. 1 nicht nur gegenüber der zuständigen Behörde abgegeben werden können, sondern alternativ gegenüber den anderen benannten Behörden oder Stellen. Es ist dagegen nicht erforderlich, neben der Erhebung der Einwendung bei der Gemeinde oder anderen zuständigen Stelle mit Rücksicht auf § 21 Abs. 1 die Äußerung oder Einwendung nochmals gegenüber der zuständigen Behörde i.S.d. UVPG zu erheben.

15 Auffällig ist, dass § 21 zwischen **Äußerungen und Einwendungen** unterscheidet. Diese Unterscheidung ist bereits in der amtlichen Überschrift angelegt. Die Norm selbst verwendet in den Abs. 1 bis 4 den Begriff »Äußerung«, im Abs. 5 dagegen den Begriff »Einwendung«. Ein qualitativer Unterschied ist dabei nicht ersichtlich. Er kann auch nicht auf die UVP-RL zurückgeführt werden, da diese in Art. 6 Abs. 4 den Begriff »Stellungnahme« verwendet. Immerhin ist feststellbar, dass § 21 Abs. 5 den Begriff »Einwendungen« weiter fasst, indem solche Beträge angesprochen werden, die sich nicht auf Umweltauswirkungen des Vorhabens beziehen. Damit wird die Terminologie des Fachrechts aufgegriffen.[24]

16 Die betroffene Öffentlichkeit kann sich **schriftlich oder zur Niederschrift** äußern. Die Schriftform verlangt die Herstellung eines Schriftstücks, das durch eigenhändige Unterschrift oder die Unterschrift einer vertretungsberechtigten Person unterzeichnet sein muss.[25] Eine Übertragung durch Telefax genügt,[26] eine Übermittlung einer E-Mail dagegen nicht.[27] Zur Niederschrift bedeutet, dass ein Bediensteter der Behörde eine wörtliche Niederschrift in einer förmlichen Urkunde aufnimmt. Behördeninterne Vermerke über Gespräche mit dem Einwender genügen hingegen nicht.[28] Einwendungen können nach § 14 Abs. 1 Satz 1 VwVfG auch durch einen Bevollmächtigten erhoben werden. Die vorherige Vorlage einer Vollmacht ist dabei nach § 14 Abs. 1 Satz 3 VwVfG nicht erforderlich. Die Erhebung von Einwendungen durch einen vollmachtlosen Vertreter kann auch nach der Planfeststellung noch rückwirkend genehmigt werden (§ 177 BGB analog).[29]

17 Während § 21 Abs. 1 ausschließlich auf schriftliche oder zur Niederschrift abgegebene Äußerungen abstellt, lässt das Fachrecht verschiedentlich auch **andere, insbesondere elektronische Übertragungswege** zu. So kann beispielsweise nach § 3a Abs. 2 Satz 1 VwVfG eine durch Rechtsvorschrift angeordneten Schriftform durch die elektronische Form ersetzt werden, soweit nicht durch Rechtsvorschrift etwas anderes bestimmt ist. Auch nach § 10 Abs. 3 Satz 8 BImSchG besteht die Möglichkeit, Einwendungen alternativ zur Schriftform elektronisch zu erheben. Hier gilt das oben Ausgeführte entsprechend. Mit der Erweiterung der Übertragungswege schafft das Fachrecht weitergehende Anforderungen i.S.d. § 1 Abs. 4 Satz 2, die unberührt bleiben. Soweit das Fachrecht dies zulässt,

24 Z.B. § 73 Abs. 4 Satz 1 VwVfG; § 10 Abs. 3 Satz 4 BImSchG.

25 *Neumann/Külpmann*, in: Stelkens/Bonk/Sachs, VwVfG, § 73 Rn. 76; *Lieber*, in: Mann/Sennekamp/Uechtritz, VwVfG, § 73 Rn. 229.

26 *Neumann/Külpmann*, in: Stelkens/Bonk/Sachs, VwVfG, § 73 Rn. 76; *Lieber*, in: Mann/Sennekamp/Uechtritz, VwVfG, § 73 Rn. 229.

27 *Lieber*, in: Mann/Sennekamp/Uechtritz, VwVfG, § 73 Rn. 229, zur Sonderregelung des § 3a VwVfG siehe Rdn. 17.

28 *Schink*, in: Knack/Henneke, VwVfG, § 73 Rn. 114; *Neumann/Külpmann*, in: Stelkens/Bonk/Sachs, VwVfG, § 73 Rn. 76; *Lieber*, in: Mann/Sennekamp/Uechtritz, VwVfG, § 73 Rn. 229.

29 *Lieber*, in: Mann/Sennekamp/Uechtritz, VwVfG, § 73 Rn. 232 m.w.N.

was jedenfalls infolge der Regelung des § 3a Abs. 2 Satz 1 VwVfG in einem weiten Umfang der Fall sein dürfte, ersetzt die elektronische Einreichung der Äußerung und Einwendung die schriftlich oder zur Niederschrift abgegebene Äußerung im Sinne des § 21 Abs. 1. Insbesondere stellt § 21 Abs. 1 keine etwas anderes bestimmende Rechtsvorschrift i.S.d. § 3a Abs. 2 Satz 1 dar.

C. Äußerungsfrist

I. Reguläre Äußerungsfrist

Die reguläre **Äußerungsfrist beginnt mit der Auslegung nach § 19 Abs. 2.**[30] Äußerungen, die vor Beginn der Auslegung gegenüber der zuständigen Behörde gemacht werden, gelten nicht als solche i.S.d. § 21; sie sind im weiteren Verfahren nicht als Äußerungen der betroffenen Öffentlichkeit zu behandeln (insbesondere nicht im Erörterungstermin zu erörtern). Hintergrund ist die Notwendigkeit, den Verfahrensstoff exakt bestimmen zu können. Insbesondere muss klar sein, welche Äußerungen und Einwendungen im weiteren Verfahren behandelt werden müssen.[31] In einem früheren Verfahren gemachte Äußerungen oder Äußerungen, die in der frühen Beteiligung der Öffentlichkeit nach § 25 Abs. 3 VwVfG gemacht wurden, sind daher nicht Äußerungen i.S.d. § 21;[32] sie müssen wiederholt werden. Ob eine **Bezugnahme** auf eine frühere schriftliche Äußerung oder die schriftliche Äußerung eines Dritten ausreicht, ist im Einzelfall zu entscheiden. Grundsätzlich muss sich der Inhalt der Äußerung aus dem Schriftstück selbst samt ggf. beigefügter Unterlagen ergeben.[33] Unproblematisch ist die Inbezugnahme daher ausreichend, wenn die in Bezug genommene Äußerung als Kopie beigelegt wird.[34] Ohne Beifügung einer Kopie reicht die Inbezugnahme einer Äußerung dagegen jedenfalls im Ausgangspunkt nicht aus. Etwas anderes gilt allenfalls dann, wenn eine eindeutige Bezugnahme auf einen durch die zuständige Behörde identifizierbares und dieser bereits vorliegendes Schriftstück vorliegt.[35] Die **Äußerungsfrist endet** regulär gemäß § 21 Abs. 2 einen Monat nach Ablauf der Frist für die Auslegung der Unterlagen. Da die Auslegung gemäß § 18 Abs. 1 Satz 4 i.V.m. § 73 Abs. 3 Satz 1 VwVfG einen Monat dauert, hat die Äußerungsfrist insgesamt eine Dauer von zwei Monaten. 18

II. Verlängerung der Äußerungsfrist

Bei Vorhaben, für die Unterlagen in erheblichem Umfang eingereicht worden sind, kann die Behörde nach § 21 Abs. 3 Satz 1 eine **längere Äußerungsfrist** als die in § 21 Abs. 2 obligatorisch vorgegebene Monatsfrist festlegen. Die Entscheidung über die Verlängerung der Äußerungsfrist obliegt allein der zuständigen Behörde. 19

1. Voraussetzungen und Ermessensausübung

Die Verlängerung der Äußerungsfrist steht unter der objektiven Voraussetzung, dass es sich um ein Vorhaben handelt, für das **Unterlagen in erheblichem Umfang** eingereicht worden sind. Der unbestimmte Rechtsbegriff »Unterlagen in erheblichem Umfang« weist eine beachtliche Unschärfe auf, zumal die Einschätzung, ab wann ein erheblicher Umfang vorliegt, nicht zuletzt auch vom subjektiven Empfinden des Beurteilenden abhängen dürfte. Dennoch handelt es sich um ein objektives Tatbestandsmerkmal, das geprüft und bejaht werden muss, damit die Verlängerungsmöglichkeit 20

30 OVG Schleswig, Urt. v. 13.12.2023 – 4 KS 2/22, Rn. 47; *Hofmann* in: Landmann/Rohmer, Umweltrecht, § 21 UVPG Rn. 13; *Neumann/Külpmann*, in: Stelkens/Bonk/Sachs, VwVfG, § 73 Rn. 77.

31 *Neumann/Külpmann*, in: Stelkens/Bonk/Sachs, VwVfG, § 73 Rn. 78.

32 BVerwG, Urt. v. 09.02.2005 – 9 A 62/03, Rn. 35, juris; *Neumann/Külpmann*, in: Stelkens/Bonk/Sachs, VwVfG, § 73 Rn. 78.

33 *Ziekow*, VwVfG, § 73 Rn. 49.

34 BVerwG, Urt. v. 22.01.2004 – 4 A 4/03, Rn. 29, juris; BVerwG, Beschl. v. 28.12.2011 – 9 B 59/11, Rn. 9 ff., juris; *Lieber*, in: Mann/Sennekamp/Uechtritz, VwVfG, § 73 Rn. 231.

35 So auch: *Lieber*, in: Mann/Sennekamp/Uechtritz, VwVfG, § 73 Rn. 231; offen gelassen von BVerwG, Beschl. v. 28.12.2011 – 9 B 59/11, Rn. 10.

dem Grunde nach eröffnet ist. Greift die Tatbestandsvoraussetzung nicht ein, erreicht der Unterlagenumfang also nicht die Erheblichkeitsschwelle, ist eine Verlängerung der Äußerungsfrist unzulässig. Anderenfalls würde die Regelung über die obligatorische Monatsfrist des § 21 Abs. 2 unterlaufen. § 21 Abs. 2 knüpft dabei allein an den Umfang der Unterlagen an. Andere Gesichtspunkte – beispielsweise ein angenommenes Maß an besonderer Komplexität – können keine Verlängerung der Äußerungsfrist vermitteln. In der Gesetzesbegründung wird ausgeführt, die Regelung gelte nur für Vorhaben, bei denen die Anzahl der auszulegenden Unterlagen erheblich sei und die Erarbeitung von Äußerungen daher besonders zeitaufwendig sein könne.[36] Letztlich kommt es auf einen Vergleich mit dem Unterlagen Umfang anderer Vorhaben an. Eine Verlängerung der Äußerungsfrist wird insbesondere im Falle der Zulassung sog. Großvorhaben in Betracht kommen.

21 Sofern das Eingreifen des Tatbestands angenommen wird, ist die Entscheidung über die Fristverlängerung von der zuständigen Behörde nach pflichtgemäßer **Ermessensausübung** zu treffen. Dabei sind – wie stets im Verwaltungsrecht – das »Entschließungsermessen« und das »Auswahlermessen« voneinander zu unterscheiden.[37] Entschließungsermessen meint dabei die Wahlfreiheit der Behörde, ob sie überhaupt tätig werden will, während Auswahlermessen die Freiheit der Entscheidung beinhaltet, in welcher Weise sie sich bei mehreren rechtlich zulässigen Maßnahmen betätigt. Das der Behörde zustehende Entschließungsermessen beinhaltet dabei auch die Möglichkeit, von einer Fristverlängerung abzusehen, obwohl für das Vorhaben Unterlagen in einem erheblichen Umfang eingereicht wurden, wenn entsprechende Gründe vorliegen. Will die Behörde trotz Eingreifens der objektiven Tatbestandsvoraussetzungen von einer Verlängerung absehen, muss sie sich daher ihrer Auswahlmöglichkeit bewusst sein und hinreichende Erwägungen über die zu treffende Entscheidung auf der Grundlage aller wesentlichen Tatsachen anstellen.[38] Will die zuständige Behörde hingegen im Falle des Einreichens erheblicher Unterlagen eine verlängerte Äußerungsfrist festsetzen, muss sie die Dauer der verlängerten Äußerungsfrist ebenfalls nach pflichtgemäßer Ermessensausübung festlegen und exakt bestimmen. In ihrer Ermessensausübung muss sie auch den Sinn und Zweck der Öffentlichkeitsbeteiligung berücksichtigen. Sie soll bereits im Verfahren alle entscheidungserheblichen Argumente kennen, um eine abschließende Entscheidung im Verfahren treffen zu können.[39] Die verlängerte Äußerungsfrist darf nach § 21 Abs. 3 Satz 2 – um Verfahrensverzögerungen zu vermeiden – die den Behörden nach § 17 Abs. 2 i.V.m. § 73 Abs. 3a VwVfG gesetzte Stellungnahmefrist nicht überschreiten.[40] Diese kann bis zu drei Monaten betragen. Für § 21 Abs. 3 Satz 2 kommt es indes allein darauf an, welche Frist festgesetzt wurde. Das Ende der Äußerungsfrist ist nach § 18 Abs. 1 Satz 4 i.V.m. § 73 Abs. 5 Nr. 2 VwVfG in der ortsüblichen Bekanntmachung anzugeben.

22 § 21 Abs. 3 enthält keine Vorgabe darüber, **wann die Entscheidung über die Verlängerung der Äußerungsfrist zu treffen ist**. In der Gesetzesbegründung wird ausgeführt, die zuständige Behörde habe jeweils vor der öffentlichen Bekanntmachung zu entscheiden, ob es für das Verfahren fördernd sei, eine längere Äußerungsfrist festzulegen.[41] Obwohl Ausführungen in der Gesetzesbegründung keine objektive Regelungswirkung entfalten, sondern allenfalls im Zuge der Auslegung einer gesetzlichen Regelung herangezogen werden können, spricht Überwiegendes für die Richtigkeit dieses Ansatzes. Hintergrund ist die öffentliche Bekanntmachung nach § 18 Abs. 1 Satz 4 i.V.m. § 73 Abs. 5 Nr. 2 VwVfG. Danach ist das Ende der Äußerungsfrist in der öffentlichen Bekanntmachung der Auslegung anzugeben, was wiederum voraussetzt, dass eine Entscheidung über eine etwaige Verlängerung der Äußerungsfrist vor der öffentlichen Bekanntmachung getroffen wird. Würde sich eine Behörde zu einem späteren Zeitpunkt dazu entscheiden, die Äußerungsfrist verlängern zu wollen,

36 BT-Drs. 18/9526, S. 47 f.

37 *Ruffert*, in: Knack/Henneke, VwVfG, § 40 Rn. 31 ff.

38 *Ruffert*, in: Knack/Henneke, VwVfG, § 40 Rn. 49.

39 BT-Drs. 18/9526, S. 48.

40 BT-Drs. 18/9526, S. 48.

41 BT-Drs. 18/9526, S. 48; vgl. hierzu auch BR-Drs. 422/1/16, S. 20.

müsste das Verfahren ab der öffentlichen Bekanntmachung der Auslegung wiederholt werden, also eine erneute Auslegung durchgeführt werden.[42]

2. Gerichtliche Kontrolle

In der Beschlussempfehlung der Ausschüsse des Bundesrates wird befürchtet, § 21 Abs. 3 könne 23 Einwender provozieren, Anträge auf Verlängerung der Einwendungsfrist zu stellen. Diese müssten dann von der zuständigen Behörde ermessensfehlerfrei beschieden werden, wobei naturgemäß ein Teil dieser Entscheidungen auf dem Rechtsweg angefochten werden dürfte (z.B. über einen Gesamtangriff über den erlassenen Planfeststellungsbeschluss). Es sei zu erwarten, dass viele Einwender vor Gericht ausführen würden, ihnen sei durch eine zu kurz gewählte Einwendungsfrist unmöglich gemacht worden, alle ihre Belange in das Planfeststellungsverfahren einzubringen. Aufgrund des Abwägungsmangels sei der Beschluss rechtswidrig. Darüber hinaus seien die Anforderungen des UVPG an die vorgesehene Beteiligung verletzt worden. Daher liege ein absoluter Verfahrensfehler gemäß § 4 Abs. 1 Nr. 3 UmwRG vor, so dass der Beschluss nicht geheilt werden könne, sondern in Gänze aufgehoben werden müsste.[43]

Hieran ist zunächst richtig, dass die Entscheidung über die Verlängerung der Äußerungsfrist der 24 gerichtlichen Kontrolle unterliegt. Sie ist indes **nach § 44a VwGO nicht isoliert anfechtbar**, sondern nur gleichzeitig mit den gegen die Sachentscheidung gerichteten Rechtsbehelfen. Im Hinblick auf die **gerichtliche Kontrolldichte** ist zu unterscheiden. Das **objektive Tatbestandsmerkmal** »Unterlagen in erheblichem Umfang« unterliegt einer uneingeschränkten gerichtlichen Kontrolle.[44] So könnte beispielsweise ein Gericht zu der Überzeugung gelangen, dass die für das Vorhaben eingereichten Unterlagen einen erheblichen Umfang i.S.d. § 21 Abs. 3 haben, während die zuständige Behörde dies nicht angenommen hatte. Hätte die Behörde dann in konsequenter Weiterführung ihres Ansatzes davon abgesehen, in pflichtgemäßer Ermessensausübung über die Frage der Fristverlängerung zu entscheiden, würde ein Ermessensausfall vorliegen. Die **gerichtliche Kontrolle der Ermessensausübung** vollzieht sich im Übrigen entsprechend der Regelung des § 114 VwGO.[45] Danach hat das Gericht (auch) zu prüfen, ob die gesetzlichen Grenzen des Ermessens überschritten sind oder von dem Ermessen in einer dem Zweck der Ermächtigung nicht entsprechenden Weise Gebrauch gemacht worden ist. Typische Ermessensfehler könnten darin bestehen, dass das Ermessen über die Fristverlängerung gar nicht ausgeübt wird (z.B., weil die Behörde annimmt, die Tatbestandsvoraussetzungen des § 21 Abs. 3 griffen gar nicht ein), oder dass die Ausübung des Ermessens von sachfremden Erwägungen geleitet wird.

Allerdings dürften derartige Mängel regelmäßig wohl regelmäßig **keinen absoluten Verfahrensfehler** 25 i.S.d. § 4 Abs. 1 UmwRG darstellen.[46] Da § 4 Abs. 1 Nr. 1 und Nr. 2 UmwRG ersichtlich nicht einschlägig ist, käme wohl nur § 4 Abs. 1 Nr. 3 UmwRG in Betracht. Dieser setzt nach lit. b voraus, dass der Verfahrensfehler nach Art und Schwere mit den in den Nummern 1 und 2 genannten Fällen (unterbliebene UVP bzw. UVP-Vorprüfung sowie unterbliebene Öffentlichkeitsbeteiligung) vergleichbar ist. Dies kann bei einer ermessensfehlerhaften Entscheidung über die Verlängerung der Äußerungsfrist wohl kaum angenommen werden. Hingegen wäre eine rechtswidrige Entscheidung jedenfalls ein relativer Verfahrensfehler i.S.d. § 4 Abs. 1a UmwRG. Danach gilt im Ausgangspunkt § 46 VwVfG, nach dem eine Aufhebung der Zulassungsentscheidung nicht allein deshalb beansprucht werden kann, weil diese unter Verletzung von Vorschriften über das Verfahren zustande gekommen ist, wenn offensichtlich ist, dass die Verletzung die Entscheidung in der Sache nicht beeinflusst hat.

42 Großzügiger: *Hofmann* in: Landmann/Rohmer, Umweltrecht, § 21 UVPG Rn. 16, der keine Pflicht zur erneuten Auslegung annimmt.

43 BR-Drs. 422/1/16, S. 20.

44 Siehe zur gerichtlichen Kontrolle unbestimmter Rechtsbegriffe allgemein: *Decker*, in: BeckOK VwGO, § 114 Rn. 32 ff.

45 Zum Anwendungsbereich des § 114 VwGO siehe *Riese*, in: Schoch/Schneider, VwGO, § 114 Rn. 6 ff.

46 So auch *Hofmann* in: Landmann/Rohmer, Umwrecht, § 21 UVPG Rn. 18.

Nach § 4 Abs. 1a Satz 2 UmwRG wird eine Beeinflussung vermutet, wenn sich durch das Gericht nicht aufklären lässt, ob der Verfahrensfehler die Entscheidung in der Sache beeinflusst hat. Selbst ein Fehler, der nach § 46 VwVfG beachtlich ist, hätte allerdings nicht automatisch die Aufhebung der Zulassungsentscheidung zur Folge. Stattdessen müsste nach § 4 Abs. 1b UmwRG geprüft werden, ob der Verfahrensfehler durch Entscheidungsergänzung oder ein ergänzendes Verfahren behoben werden kann.

26 Zulassungsbehörden, die einer einwenderseits angeregten oder gar beantragten Fristverlängerung nicht stattgeben wollen, sollten sowohl die Tatbestandsseite als auch die Rechtsfolgenseite des § 21 Abs. 3 im Auge behalten. Sofern die Unterlagen keinen erheblichen Umfang erreichen, ist eine Fristverlängerung bereits tatbestandlich ausgeschlossen. Die Rechtssicherheit der getroffenen Entscheidung gegen die Fristverlängerung wird aber noch erhöht, wenn die Behörde die Ablehnung der Fristverlängerung nicht nur mit der mangelnden Tatbestandsmäßigkeit begründet, sondern darüber hinaus vorsorglich dargelegt, dass und warum das Erschließungsermessen auch dann im Sinne der Ablehnung der Verlängerung ausgeübt worden wäre, wenn – entgegen der Auffassung der zuständigen Behörde – der Tatbestand des § 21 Abs. 3 einschlägig wäre. Damit würde vorsorglich eine Ermessensunterschreitung ausgeschlossen.

III. Einwendungen, die sich nicht auf Umweltauswirkungen beziehen

27 Die durch § 21 vorgegebene Äußerungsfrist gilt nicht nur für Äußerungen, die sich auf Umweltauswirkungen beziehen, sondern nach Abs. 5 auch für solche **Einwendungen, die sich nicht auf Umweltauswirkungen des Vorhabens beziehen**. Mit dem Begriff »Einwendungen« greift der Gesetzgeber an dieser Stelle die Terminologie des Fachrechts auf.[47] § 21 Abs. 5 gilt gleichermaßen für die obligatorischen Äußerungsfristen nach § 21 Abs. 2 und für ggf. nach § 21 Abs. 3 verlängerte Äußerungsfristen. Damit ist § 21 über den Abs. 5 eine insoweit vorrangige Spezialregelung gegenüber fachrechtlichen Vorgaben,[48] die eine abweichende (kürzere) Einwendungsfrist vorgeben.[49] In den Beschlussempfehlungen des Bundesrates wird ausgeführt, dass das UVPG mit dieser Regelung außerhalb seines eigentlichen Anwendungsbereichs Vorgaben treffen solle, erscheine aus rechtssystematischer Sicht fragwürdig.[50] Dennoch ist die Regelung konsequent und richtig. Würden die verlängerten Äußerungsfristen nur für umweltbezogene Äußerungen gelten, hätte dies zur Folge, dass in ein und demselben Zulassungsverfahren Einwendungs- bzw. Äußerungsfristen mit unterschiedlicher Dauer laufen würden. Nicht umweltbezogene Einwendungen müssten dann spätestens zwei Wochen nach Ende der Auslegung erhoben werden, während für umweltbezogene Einwendungen eine längere Frist laufen würde. Da eine genaue Differenzierung zwischen umweltbezogenen und nicht umweltbezogenen Einwendungen aber in der Praxis oftmals nur schwer möglich ist, entstünden in der Anwendung der gesetzlichen Vorschriften kaum zu bewältigende Komplikationen. Entschließt sich der Gesetzgeber also, im Falle der Zulassung UVP-pflichtiger Vorhaben verlängerte Äußerungsfristen vorzugeben, ist es fast unumgänglich, diese auch auf alle anderen (nicht umweltbezogenen) Einwendungen auszudehnen.

D. Einwendungsausschluss

28 Nach § 21 Abs. 4 sind mit Ablauf der Äußerungsfrist für das Verfahren über die Zulässigkeit des Vorhabens alle Äußerungen, die nicht auf besonderen privatrechtlichen Titeln beruhen, aus-

---

47 Siehe dazu oben Rdn. 15.

48 § 73 Abs. 4 Satz 1 VwVfG; § 10 Abs. 3 Satz 8 1. HS BImSchG; § 7 Abs. 1 AtVfV; §§ 9 Abs. 6 Satz 1, 22 Abs. 7 Satz 1 NABEG.

49 Vgl. hierzu auch Nr. 21 UVPVwV: »*§ 21 Absatz 5 UVPG bildet eine Ausnahme von dem Grundsatz, dass die fachrechtlichen Regelungen zur Öffentlichkeitsbeteiligung von den Bestimmungen des UVPG unberührt bleiben. Dementsprechend gelten die speziellen Einwendungs- beziehungsweise Äußerungsfristen des Fachrechts nicht, soweit sie von der Äußerungsfrist nach § 21 Absatz 2 UVPG abweichen.*«

50 BR-Drs. 422/1/16, S. 19.

geschlossen. Hierauf weist die zuständige Behörde in der Bekanntmachung der Auslegung oder bei der Bekanntgabe der Äußerungsfrist hin. Die Einfügung der Vorschrift in das UVPG, die nahezu deckungsgleich mit § 9 Abs. 1c Satz 2 und 3 der bis zum 28.07.2017 geltenden Fassung ist, ist Teil der Reaktion des deutschen Gesetzgebers auf das Urteil des EuGH vom 15.10.2015.[51] Dort hatte der EuGH unter anderem festgestellt, die Bundesrepublik Deutschland habe gegen ihre Verpflichtungen aus Art. 11 der UVP-RL und aus Art. 25 der IED-Richtlinie[52] verstoßen, indem sie gemäß § 2 Abs. 3 des UmwRG und § 73 Abs. 4 VwVfG die Klagebefugnis und den Umfang der gerichtlichen Prüfung auf Einwendungen beschränke, die bereits innerhalb der Einwendungsfrist im Verwaltungsverfahren, das zur Annahme der Entscheidung geführt habe, eingebracht worden seien.[53] Die zentralen Fragen der in der Rechtswissenschaft geführten Kontroverse, wie das Urteil des EuGH zu verstehen sei und welche Schlussfolgerungen zu ziehen seien,[54] hat der Gesetzgeber mit dem Erlass des »Gesetzes zur Anpassung des Umwelt-Rechtsbehelfsgesetzes und anderer Vorschriften an Europa- und völkerrechtliche Vorgaben« vom 25.05.2017 beantwortet,[55] indem er für Vorhaben, die UVP-pflichtig oder UVP-vorprüfungspflichtig sind, die Vorschriften der materiellen Präklusion abgeschafft und gleichzeitig mit § 21 Abs. 4 die formelle Präklusion eingeführt hat.

I. Formelle und materielle Präklusion

29 Der Begriff der Präklusion beinhaltet den Ausschluss von Einwendungen, die nicht oder nicht fristgerecht im Verfahren erhoben worden sind. Dabei wird zwischen formeller und materieller Präklusion unterschieden. Die **formelle Präklusion** bezieht sich allein auf das Verwaltungsverfahren, also das Verfahren zur Zulassung des Vorhabens. Sie beinhaltet, dass nicht oder verspätet erhobene Einwendungen im weiteren Zulassungsverfahren nicht behandelt (beispielsweise nicht in einem Erörterungstermin erörtert) werden müssen. Ein Verlust der materiellen Rechtsposition ist mit der formellen Präklusion jedoch nicht verbunden. Im Gegensatz dazu beinhaltet die **materielle Präklusion** auch die materielle Verwirkung der nicht oder verspätet mit der Einwendung geltend gemachten Rechtsposition. Dies hat zur Konsequenz, dass der Betroffene nicht nur im Verwaltungsverfahren mit den präkludierten Einwendungen ausgeschlossen ist, sondern auch in einem sich ggf. anschließenden verwaltungsgerichtlichen Verfahren. Die materielle Präklusion beschränkt damit auch die sachliche Überprüfung der Zulassungsentscheidung durch das Gericht; ob eine Präklusion eingetreten ist, ist eine Frage der Begründetheit.[56]

30 Die deutschen Gerichte haben die formelle und die materielle Präklusion für verfassungsrechtlich zulässig gehalten, und zwar sowohl mit Blick auf Art. 19 Abs. 4 Satz 1 GG als auch mit Blick auf die Eigentumsgarantie des Art. 14 Abs. 1 Satz 1 GG.[57] Hingegen erkannte der EuGH in den deutschen Regelungen über den Einwendungsausschluss einen Verstoß gegen Art. 11 UVP-RL und Art. 25 der IE-RL dahingehend, dass § 2 Abs. 3 UmwRG sowie § 73 Abs. 4 VwVfG sowohl bei Verbands- als auch bei Individualklagen die Klagebefugnis und den Umfang der gerichtlichen Prüfung auf Einwendungen beschränken, die bereits innerhalb der Einwendungsfrist im Verwaltungs-

51 EuGH, Urt. v. 15.10.2015 – C-137/14.

52 Richtlinie 2010/75/EU des Europäischen Parlaments und des Rates vom 24.11.2010 über Industrieemissionen.

53 EuGH, Urt. v. 15.10.2015 – C-137/14, Antwort Nr. 1 tir 2; siehe hierzu auch oben Rdn. 8 ff.

54 Siehe z.B. *Fellenberg* NVwZ 2015, 1721; *Kment* UPR 2016, 487; *Ludwigs* NJW 2015, 3484; *Zeissler/Schmitz* UPR 2016, 1; *Siegel* NVwZ 2016, 337; *Bunge* NuR 2016, 11; *Skouris* DVBl 2016, 937; *Szechenyi* BayVBl. 2016, 366; *Rieger/Groß* NZBau 2017, 195 ff.; *Kramer/Schüren* ZUR 2016, 400 ff.; *Weidermann* DÖV 2017, 933 ff.

55 BT-Drs. 18/9526.

56 Vgl. statt aller: *Neumann/Külpmann*, in: Stelkens/Bonk/Sachs, VwVfG, § 73 Rn. 88.

57 BVerfG, Beschl. v. 08.07.1982 – 2 BvR 1187/80 –; BVerfG, Beschl. v. 27.12.1999 – 1 BvR 1746/97; BVerwG, Urt. v. 17.07.1980 – 7 C 101/78; BVerwG, Urt. v. 24.05.1996 – 4 A 38/95; BVerwG, Beschl. v. 13.03.1995 – 11 VR 5/95; BVerwG, Urt. v. 23.04.1997 – 11 A 7/97; BVerwG, Beschl. v. 17.10.2005 – 7 BN 1/05; BVerwG, Urt. v. 30.01.2008 – 9 A 27/06.

verfahren eingebracht worden sind.[58] Da sich die Aussagen des EuGH nur auf die gerichtliche Prüfung beziehen, betrifft das Urteil nur die materielle, nicht dagegen die formelle Präklusion. Ferner sind allein solche Vorhaben betroffen, die dem Anwendungsbereich der UVP-RL oder der IE-RL unterliegen. Damit ist in der unionsrechtlichen Ausgangslage zu differenzieren: Für Vorhaben, die weder der UVP-RL noch der IE-RL unterliegen, sind Regelungen der formellen und materiellen Präklusion unionsrechtlich zulässig. Für Vorhaben im Anwendungsbereich der UVP-RL oder IE-RL sind materielle Präklusionsregelungen unionsrechtlich unzulässig; zu formellen Präklusionsregelungen hat sich der EuGH jedenfalls in der Entscheidung vom 15.10.2015 nicht kritisch geäußert.

31 Als Reaktion auf das Urteil des EuGH vom 15.10.2015 hat der deutsche Gesetzgeber die Vorschriften über den Einwendungsausschluss grundlegend überarbeitet. Zwar ist § 73 Abs. 4 VwVfG, der die formelle und materielle Präklusion im Fachplanungsrecht vorgibt, nicht aufgehoben worden. Dies war auch nicht erforderlich, weil § 73 Abs. 4 VwVfG auch fachplanungsrechtliche Vorhaben umfasst, die weder der UVP-RL noch der IE-RL unterliegen. Aufgehoben wurde allerdings § 2 Abs. 3 UmwRG a.F., der einen umfassenden Einwendungsausschluss bei Rechtsbehelfen von Vereinigungen vorsah, der wiederum auch Vorhaben umfasste, die der UVP-RL oder der IE-RL unterliegen. Ferner gibt der Gesetzgeber nunmehr mit § 7 Abs. 4 UmwRG vor, dass § 73 Abs. 4 Satz 3–6 VwVfG für eine Reihe von Vorhaben, darunter insbesondere UVP-pflichtige sowie UVP-vorprüfungspflichtige Vorhaben sowie Vorhaben, die dem Anwendungsbereich der IE-RL unterliegen, nicht anwendbar ist.[59] Zugleich hat er in den Bereichen, in denen die materielle Präklusion abgeschafft wurde, Vorschriften über die formelle Präklusion von Einwendungen eingeführt, darunter auch – im Hinblick auf UVP-pflichtige bzw. UVP-vorprüfungspflichtige Vorhaben – die Regelung des § 21 Abs. 4.[60]

II. Präkludierte Äußerungen

32 Präkludiert sind nach § 21 Abs. 4 Äußerungen, die **nach Ablauf der Äußerungsfrist** in das Verfahren eingebracht werden. Die Äußerungsfrist endet gemäß Abs. 2 regulär einen Monat nach Ablauf der Frist für die Auslegung der Unterlagen (also nach § 18 Abs. 1 Satz 4 i.V.m. § 73 Abs. 3 Satz 1 VwVfG im Regelfall zwei Monate nach Beginn der Auslegung). Die Frist kann jedoch nach § 21 Abs. 3 von der zuständigen Behörde verlängert werden, wenn für das Vorhaben Unterlagen in einem erheblichen Umfang eingereicht worden sind.

33 Von der Präklusion ausgenommen sind **Äußerungen, die auf besonderen privatrechtlichen Titeln beruhen**. Dies umfasst Einwendungen, die aus dem Privatrecht abgeleitet werden, wobei sich allerdings nicht um allgemeine nachbarschaftliche oder besitzrechtliche Abwehransprüche handelt, sondern um Ansprüche aus anderem Rechtsgrund, beispielsweise um Unterlassungsansprüche aus Miet- oder Pachtverträgen oder Grunddienstbarkeiten.[61] Dessen ungeachtet schneidet die Präklusion auch nicht zivilrechtliche Abwehransprüche gegen das Vorhaben ab, die etwa aus dem Eigentum oder anderen dinglichen Rechten an einem Grundstück hergeleitet werden. Derartige Ansprüche können aber fachrechtlich ausgeschlossen sein.[62]

III. Behandlung präkludierter Äußerungen

34 Bei der Wirkung des § 21 Abs. 4 ist zwischen dem Verwaltungsverfahren und der verwaltungsgerichtlichen Kontrolle zu unterscheiden.

---

58 EuGH, Urt. v. 15.10.2015 – C-137/14, Antwort Nr. 1 tir 2; *Fellenberg* NVwZ 2015, 1721 (1723).

59 Zu weiteren Änderungen im Bereich der Präklusionsregelungen siehe *Schlacke* NVwZ 2017, 905 (909).

60 Einen Überblick über weitere gesetzliche Vorgaben zur Einführung der formellen Präklusion, insbesondere im Bereich des Immissionsschutzrechts (siehe z.B. § 10 Abs. 3 Satz 5 BImSchG) und des Atomrechts: *Schlacke* NVwZ 2017, 905 (909).

61 *Roßnagel*, in: Koch/Pache/Scheuing, GK-BImSchG, § 10 Rn. 404.

62 Z.B. nach § 75 Abs. 1 Satz 1 VwVfG oder nach § 14 BImSchG; *Neumann/Külpmann*, in: Stelkens/Bonk/Sachs, VwVfG, § 73 Rn. 99; *Roßnagel*, in: Koch/Pache/Scheuing, GK-BImSchG, § 10 Rn. 404.

1. im Verwaltungsverfahren

Konsequenz des § 21 Abs. 4 ist zunächst, dass die Äußerung **im weiteren Verwaltungsverfahren nicht zu behandeln** ist. Beispielsweise muss sie nicht beim durchzuführenden Erörterungstermin mündlich erörtert werden. Sofern sich der Vorhabenträger mit den erhobenen Äußerungen auseinandersetzt (z.B. durch die Anfertigung einer synoptischen Gegenäußerung), ist es ferner nicht geboten, präkludierte Äußerungen in dieser Auseinandersetzung zu berücksichtigen. Dabei stellt der Wortlaut des § 21 Abs. 4 (»sind … ausgeschlossen«) klar, dass es sich um eine verbindliche Rechtsfolge handelt, die Zulassungsbehörde insoweit also kein Verfahrensermessen ausüben kann. Dennoch ist eine freiwillige (also überobligatorische) Behandlung präkludierter Äußerungen im Verwaltungsverfahren nicht unmöglich. Sie setzt voraus, dass sowohl die Zulassungsbehörde als auch der Vorhabenträger hiermit einverstanden sind. Im Hinblick auf die materielle Beachtlichkeit präkludierter Einwendungen[63] wird dieses Einverständnis in der Praxis nicht selten vorliegen. 35

Die formelle Präklusion von Äußerungen darf nicht mit der **materiellen Relevanz** verwechselt werden. Auch präkludierte Äußerungen sind inhaltlich zu beachten, und zwar nicht nur in dem sich an das Zulassungsverfahren anschließenden verwaltungsgerichtlichen Verfahren, sondern auch im Zulassungsverfahren selbst. Da die Zulassungsbehörde nach dem Untersuchungsgrundsatz des § 24 Abs. 1 VwVfG den Sachverhalt von Amts wegen zu ermitteln hat, muss sie auch verfristete Äußerungen sowie jede andere ihr bekannt gewordene Tatsache in die materielle Prüfung des Zulassungsverfahrens einbeziehen.[64] Schlagen diese Tatsachen im Falle der Kontrollerlaubnis auf die Genehmigungsvoraussetzungen durch, bestehen Hindernisse für die Erteilung der Genehmigung, die nicht infolge der formellen Präklusion überwunden werden. Dasselbe gilt, wenn zwingende Planungsleitsätze in fachplanungsrechtlichen Zulassungsentscheidungen betroffen sind. Enthält eine präkludierte Äußerung in einem fachplanungsrechtlichen Zulassungsverfahren einen abwägungsrelevanten Inhalt, muss sich die Abwägung mit dem vorgetragenen Belang auseinandersetzen. 36

2. im verwaltungsgerichtlichen Verfahren

Für die **verwaltungsgerichtliche Kontrolle** einer Zulassungsentscheidung spielt die Regelung des § 21 Abs. 4 hingegen keine Rolle. Auch verspätete Einwendungen sind daher im gerichtlichen Verfahren vollumfänglich zu prüfen, sofern nicht eine prozessrechtliche Regelung eingreift, die die Beachtung einer Äußerung ausschließt. Beispiele hierfür sind § 5 UmwRG, nach dem missbräuchlich oder unredlich erhobene Einwendungen unberücksichtigt bleiben, oder die Regelung zur Klagebegründungsfrist in § 6 UmwRG. 37

Auch aus diesem Grund dürfen die Wirkungen der formellen Präklusion nach § 21 Abs. 4 **nicht überschätzt** werden. Da die formelle Präklusion die materielle Wirkung der Äußerung weder im Zulassungsverfahren noch im verwaltungsgerichtlichen Verfahren aussetzt, ist eine inhaltliche Befassung mit der verspäteten Einwendung unumgänglich. Da sich der materielle Maßstab nicht unterscheidet, werden die Zulassungsbehörde und der Vorhabenträger bei der inhaltlichen Befassung mit Äußerungen und Einwendungen in der Praxis oftmals nicht streng unterscheiden, ob die Einwendung bzw. Äußerung verfristet ist oder nicht. Daher wird § 21 Abs. 4 in der Praxis wohl nur eine begrenzte Bedeutung erfahren. Am ehesten wird sich der Unterschied bei der Durchführung des Erörterungstermins manifestieren, wenn und soweit verfristete Einwendungen und Äußerungen von der Erörterung ausgenommen werden. 38

---

63 Siehe dazu sogleich.

64 BT-Drs. 18/9526, S. 47; BR-Drs. 422/1/16, S. 20; BR-Drs. 422/16 (Beschluss), S. 4 f.; BT-Drs. 18/12146, S. 16; vgl. ferner: BVerwG, Urt. v. 17.07.1980 – 7 C 101/78, Rn. 30, juris; *Weidermann* DÖV 2017, 933 (940 f.).

IV. Hinweis auf formelle Präklusion

39 Nach § 21 Abs. 4 Satz 2 weist die zuständige Behörde in der Bekanntmachung der Auslegung oder bei der Bekanntgabe der Äußerungsfrist auf den Einwendungsausschluss des Satzes 1 hin. Fehlt der Hinweis, greift die formelle Präklusionsregelung des § 21 Abs. 4 Satz 1 nicht ein. Für den Hinweis reicht es aus, den Wortlaut des Abs. 4 Satz 1 zu wiederholen. Weitere Angaben sind zulässig, dürfen aber nicht irreführen. Empfehlenswert ist zudem der Hinweis auf die Form, in der Äußerungen und Einwendungen erhoben werden können.[65]

40 Die im Wortlaut des Satzes 2 angelegte **Unterscheidung zwischen der »Bekanntmachung der Auslegung« und »Bekanntgabe der Äußerungsfrist«** ist vermutlich in Anlehnung an § 73 Abs. 4 Satz 4 VwVfG in das Gesetz übernommen worden, der ebenfalls zwischen der »Bekanntmachung der Auslegung« und der »Bekanntgabe der Einwendungsfrist« unterscheidet. Faktisch dürfte die in § 21 Abs. 4 Satz 2 enthaltene Variante »Bekanntgabe der Äußerungsfrist« jedoch – im Gegensatz zu § 73 Abs. 4 Satz 4 VwVfG – leerlaufen. So ist es nach allgemeinen fachplanungsrechtlichen Vorschriften unter bestimmten, nämlich den in § 73 Abs. 3 Satz 2 VwVfG geregelten Voraussetzungen zulässig, auf eine öffentliche Auslegung des Plans zu verzichten. In diesem Fall kann der Hinweis auf die Präklusion naturgemäß nicht durch die Bekanntmachung der Auslegung vermittelt werden. Stattdessen wird den Betroffenen und den Vereinigungen nach § 73 Abs. 4 Satz 2 VwVfG eine Einwendungsfrist gesetzt. Der Hinweis auf die Präklusion ist dann nach § 73 Abs. 4 Satz 4 VwVfG in diese Bekanntgabe der Einwendungsfrist zu übernehmen. Handelt es sich jedoch um ein UVPG-pflichtiges Vorhaben, ist eine öffentliche Auslegung nach § 19 Abs. 2 zwingend geboten; ein Verzicht ist nicht zulässig. Daher bedarf es nach § 18 Abs. 1 Satz 4 i.V.m. § 73 Abs. 5 VwVfG stets auch einer Bekanntmachung der Auslegung. Mithin greift in allen Fällen die erste Variante des § 21 Abs. 4 Satz 2 ein; der Hinweis auf das Bestehen des formellen Einwendungsausschlusses ist immer in die Bekanntmachung der Auslegung aufzunehmen. Für eine separate Bekanntgabe der Äußerungsfrist besteht kein Raum.

§ 22 Erneute Beteiligung der Öffentlichkeit bei Änderungen im Laufe des Verfahrens

(1) [1]Ändert der Vorhabenträger im Laufe des Verfahrens die Unterlagen, die nach § 19 Absatz 2 auszulegen sind, so ist eine erneute Beteiligung der Öffentlichkeit erforderlich. [2] Die Äußerungsfrist nach § 21 Absatz 2 und 3 kann angemessen verkürzt werden. [3] Die Öffentlichkeitsbeteiligung ist auf die Änderungen zu beschränken. [4]Hierauf weist die zuständige Behörde in der Bekanntmachung hin.

(2) [1]Die zuständige Behörde soll von einer erneuten Beteiligung der Öffentlichkeit absehen, wenn zusätzliche erhebliche oder andere erhebliche Umweltauswirkungen nicht zu besorgen sind. [2]Dies ist insbesondere dann der Fall, wenn solche Umweltauswirkungen durch die vom Vorhabenträger vorgesehenen Vorkehrungen ausgeschlossen werden.

Übersicht

65 Zur insoweit vergleichbaren Rechtslage des § 73 Abs. 4 Satz 4 VwVfG *Neumann/Külpmann*, in: Stelkens/Bonk/Sachs, VwVfG, § 73 Rn. 54, 91.

A. Allgemeines

I. Regelungsinhalt

1 § 22 regelt das Absehen von einer nochmaligen Anhörung der Öffentlichkeit, wenn die nach § 19 Abs. 2 auszulegenden Unterlagen im laufenden Zulassungsverfahren vom Vorhabenträger geändert werden. In einem solchen Fall **soll** nur dann von einer **erneuten Anhörung abgesehen** werden, wenn **keine zusätzlichen erheblichen** oder **anderen erheblichen Auswirkungen auf die Umwelt** durch die Änderung zu besorgen sind. Der Gesetzgeber des UVPG hat mit § 22 eine eigenständige, an § 4 Abs. 2 AtVfV angelehnte Regelung geschaffen. Die Vorschrift ergänzt fachgesetzliche Regelungen zur Änderung des Vorhabens im laufenden Verfahren.

II. Gesetzesgeschichte

1. Europäische Vorgaben

2 Nach Art. 6 Abs. 4 UVP-RL hat die betroffene Öffentlichkeit frühzeitig und in effektiver Weise die Möglichkeit zu erhalten, sich an den umweltbezogenen Entscheidungsverfahren zu beteiligen. Sie hat zu diesem Zweck das Recht, der zuständigen Behörde bzw. den zuständigen Behörden gegenüber Stellung zu nehmen und Meinungen zu äußern, wenn alle Optionen noch offenstehen und bevor die Entscheidung über den Genehmigungsantrag getroffen wird. Gemäß Art. 6 Abs. 3 UVP-RL stellen die Mitgliedstaaten sicher, dass entscheidungserhebliche Informationen, die der zuständigen Behörde erst zugänglich werden, nachdem die betroffene Öffentlichkeit informiert wurde, der Öffentlichkeit in Übereinstimmung mit der der Richtlinie 2003/4/EG des Europäischen Parlaments und des Rates vom 28. Januar 2003 über den Zugang der Öffentlichkeit zu Umweltinformationen zugänglich gemacht werden.

2. Innerstaatliche Entstehung

3 § 22 geht auf § 9 Abs. 1 Satz 4 UVPG a.F. zurück, der bereits Gegenstand des UVPG 1990 war.[1] In der Gesetzesbegründung wird ausgeführt, es werde klargestellt, dass die Öffentlichkeit nur einmal anzuhören sei, es sei denn, die Änderung der Unterlagen lasse zusätzliche oder andere erhebliche Umweltauswirkungen besorgen. Auf § 73 Abs. 8 VwVfG sei nicht verwiesen worden, da diese Vorschrift stärker differenziert und nicht auf Genehmigungsverfahren ausgerichtet sei, wie die Festlegung von Fristen, Behördenbeteiligung und des Auslegungsortes zeige. Die Regelung orientiere sich deshalb an § 4 Abs. 2 AtVfV.[2] In den nachfolgenden Novellen 2001 und 2006 ist die Vorschrift inhaltlich unverändert geblieben.

4 Bei der zum 29.07.2017 in Kraft getretenen Neufassung ist § 9 Abs. 1 Satz 4 UVPG in einen eigenen Paragrafen überführt und konkretisierend ergänzt worden. In der Gesetzesbegründung wird u.a. ausgeführt, eine Änderung des Vorhabens sei keine Voraussetzung für die Pflicht zur erneuten Öffentlichkeitsbeteiligung. Ausreichend sei vielmehr, dass die zuvor ausgelegten Unterlagen einen wesentlichen Fehler oder erhebliche Lücken bei Darstellung der Umweltauswirkungen aufweisen würden und daher in einem wesentlichen Teil ergänzt oder korrigiert werden müssten. Nach Abs. 1 Satz 2 beschränke sich der Gegenstand der erneuten Öffentlichkeitsbeteiligung auf die vorgesehenen Änderungen. Für die von der Änderung nicht berührten Teile des Vorhabens eröffne die Vorschrift daher keine erneute Möglichkeit zur Erhebung von Einwendungen. Zu Abs. 2 wird ausgeführt, die Regelung entspreche dem bisherigen § 9 Abs. 1 Satz 4 UVPG und § 8 Abs. 2 Satz 3 der 9. BImSchV. Fachrechtliche Regelungen, wonach eine erneute Öffentlichkeitsbeteiligung auch dann erforderlich sei, wenn durch die Änderung nachteilige Auswirkungen auf Dritte zu erwarten seien (vgl. z.B. § 8 Abs. 2 Satz 1 der 9. BImSchV), blieben unberührt.[3]

1 Ursprünglich in § 9 Abs. 1 Satz 3 UVPG a.F.
2 BT-Drs. 11/3919, S. 25.
3 BT-Drs. 18/11499, S. 92.

5 Dabei sah der ursprüngliche Gesetzgebungsentwurf vor, dass die zuständige Behörde von einer erneuten Beteiligung der Öffentlichkeit absehen **kann**, wenn zusätzliche erhebliche oder andere erhebliche Umweltauswirkungen nicht zu besorgen sind. Die Änderung des Wortlauts dahingehend, dass die zuständige Behörde unter den vorgegebenen Voraussetzungen von einer erneuten Beteiligung der Öffentlichkeit absehen **soll**, geht auf die Beschlussempfehlungen der Ausschüsse des Bundestages zurück.[4] Zur Begründung wird ausgeführt, die Änderung bringe durch die Ausgestaltung des § 22 Abs. 2 Satz 1 als »Soll-Bestimmung« zum Ausdruck, dass von einer erneuten Beteiligung der Öffentlichkeit regelmäßig abgesehen werden könne, wenn zusätzliche oder andere erhebliche Umweltauswirkungen nicht zu besorgen seien.[5]

6 § 22 Abs. 2 Satz 2 ist durch das Vierte Bürokratieentlastungsgesetz[6] in das Gesetz eingefügt worden. Die Regelung ist am 01.01.2025 in Kraft getreten. Da der Gesetzgeber keine Übergangsvorschrift geregelt hat, gilt § 22 Abs. 2 Satz 2 seit dem Zeitpunkt des Inkrafttretens[7] auch für laufende Verfahren.

III. Verhältnis zu § 19 Abs. 3

7 Nach § 19 Abs. 3 sind weitere Informationen, die für die Zulassungsentscheidung von Bedeutung sein können und die der zuständigen Behörde erst nach Beginn des Beteiligungsverfahrens vorliegen, der Öffentlichkeit nach den Bestimmungen des Bundes und der Länder über den Zugang zu Umweltinformationen zugänglich zu machen. § 19 Abs. 3 beinhaltet damit eine Mindestvorgabe für die Beteiligung der Öffentlichkeit, die subsidiär gegenüber Vorschriften ist, die weitergehende Beteiligungsrechte regeln. Greift eine solche speziellere Vorschrift ein, ist die Beteiligung nach den dort geregelten (strengeren) Vorgaben vorzunehmen. Solche strengeren Beteiligungsvorschriften sind zum einen verschiedentlich im Fachrecht vorhanden.[8] Zum anderen stellt auch § 22 eine weitergehende Beteiligungsvorschrift dar, die dem § 19 Abs. 3 vorgeht.[9]

B. Änderung der nach § 19 Abs. 2 auszulegenden Unterlagen

8 § 22 setzt voraus, dass die nach § 19 Abs. 2 auszulegenden **Unterlagen geändert** werden. Nach § 19 Abs. 2 sind zumindest der nach § 16 zu fertigende UVP-Bericht und die das Vorhaben betreffenden entscheidungserheblichen Berichte und Empfehlungen auszulegen, die der zuständigen Behörde zum Zeitpunkt des Beginns des Beteiligungsverfahrens vorgelegen haben. Mit dem Begriff »zumindest« stellt der Gesetzgeber klar, dass die Auslegung weiterer Unterlagen unschädlich, also zulässig ist. § 22 kommt indes nur zur Anwendung, wenn es um Änderungen der Unterlagen geht, die nach § 19 Abs. 2 zwingend auszulegen sind (also des UVP-Berichts oder der weiteren entscheidungserheblichen Berichte und Empfehlungen i.S.d. § 19 Abs. 2 Nr. 2). Die Änderung der Unterlagen kann dabei an unterschiedlicher Stelle ansetzen.

9 Die neuen Unterlagen können eine **Änderung des zuzulassenden Vorhabens oder Plans** beinhalten. In diesem Fall greifen auch die fachrechtlichen Vorschriften über die Beteiligung der Öffentlichkeit bei Änderungen im Verfahren ein, so z.B. in § 73 Abs. 8 VwVfG für fachplanungsrechtliche Zulassungsverfahren, § 8 Abs. 2 der 9. BImSchV für immissionsschutzrechtliche Zulassungsverfahren oder § 4 a Abs. 3 BauGB für Bebauungspläne. Auch die fachrechtlichen Vorschriften beinhalten Vorgaben zur Beteiligung der Öffentlichkeit, so z.B. entweder eine beschränkte Beteiligung betroffener

4 BT-Drs. 18/12994, S. 3.

5 BT-Drs. 18/12994, S. 18.

6 Viertes Gesetz zur Entlastung der Bürgerinnen und Bürger, der Wirtschaft sowie der Verwaltung von Bürokratie (Viertes Bürokratieentlastungsgesetz) vom 23.10.2024 (BGBl. I Nr. 323).

7 01.01.2025.

8 Vgl. z.B. § 73 Abs. 8 VwVfG, § 8 Abs. 2 der 9. BImSchV oder § 4a Abs. 3 BauGB für den Fall der Änderung des Vorhabens oder Plans. Zur Vorrangigkeit der 9. BImSchV gegenüber § 22: VG Frankfurt, Beschl. v. 07.01.2019 – 8 L 3176/18.F, Rn. 18, juris.

9 Vgl. § 19 Rdn. 33 ff.

Dritter (§ 73 Abs. 8 VwVfG) oder eine neue Auslegung (§ 8 Abs. 2 der 9. BImSchV, § 4a Abs. 3 BauGB). Änderungen des Vorhabens, die das Gesamtkonzept der Planung und die Identität des Vorhabens berühren und somit zu einem Vorhaben führen, das nach Gegenstand, Art, Größe und Betriebsweise im Wesentlichen andersartig ist, erfordern sogar ein vollständig neues Anhörungsverfahren mit erneuter Auslegung.[10]

Mit der **Änderung eines Vorhabens** geht im Regelfall zugleich eine **Änderung der nach § 19 Abs. 2** 10
auszulegenden Unterlagen (UVP-Bericht sowie andere entscheidungserhebliche Berichte und Empfehlungen) einher. Daher greift neben den fachrechtlichen Vorschriften auch § 22, der nach Abs. 1 im Regelfall eine erneute Beteiligung der Öffentlichkeit vorsieht. Das Verhältnis zwischen den fachrechtlichen Vorschriften und § 22 bestimmt sich nach § 1 Abs. 4. Danach findet das UVPG u.a. dann Anwendung, wenn die fachrechtlichen Vorschriften die wesentlichen Anforderungen des UVPG nicht beachten. Fachrechtliche Rechtsvorschriften mit weitergehenden Anforderungen bleiben hingegen unberührt. Sofern die fachrechtlichen Vorgaben hinsichtlich der wesentlichen Anforderungen hinter dem UVPG zurückbleiben, geht somit das UVPG vor. Dies ist vor allem im Hinblick auf die fachplanungsrechtlichen Zulassungsverfahren anzunehmen. Dort sieht § 73 Abs. 8 VwVfG bei der Änderung ausgelegter Pläne nur eine beschränkte Beteiligung betroffener Dritter vor. Hat die Änderung der ausgelegten Pläne jedoch zugleich eine Änderung der nach § 19 Abs. 2 auszulegenden Unterlagen zur Folge (z.B. des UVP-Berichts), geht § 22 vor. In diesem Fall ist eine erneute Beteiligung der Öffentlichkeit geboten; die in § 73 Abs. 8 VwVfG vorgesehene beschränkte Beteiligung Dritter genügt nicht.

Ein weiterer Anwendungsfall des § 22 ist die **Änderung** der nach § 19 Abs. 2 auszulegenden Unter- 11
lagen, die **nicht zugleich eine Änderung des Vorhabens oder Plans** beinhalten.[11] Dies meint eine inhaltliche Änderung der Aussagen, die in den nach § 19 Abs. 2 ausgelegten Unterlagen getroffen worden sind. Beispielsweise können nachträglich durchgeführte fachgutachterliche Untersuchungen Befunde beinhalten, die einerseits von den nach § 19 Abs. 2 ausgelegten Unterlagen abweichen, andererseits aber die Zulassungsfähigkeit des Vorhabens nicht in Frage stellen. Ein nachträglich erstelltes Lärmgutachten könnte etwa andere Lärmimmissionen ausweisen, als die nach § 19 Abs. 2 ausgelegten Unterlagen, die aber nach wie vor unterhalb der Zumutbarkeitsschwelle des jeweils geltenden Regelwerks (TA Lärm, 16. BImSchV etc.) liegen. Nachträgliche Ergänzungen der artenschutzrechtlichen Prüfung könnten ein – im Vergleich zu den ausgelegten Unterlagen – abweichendes Arteninventar ausweisen, gleichzeitig aber dennoch das Eingreifen artenschutzrechtlicher Verbotstatbestände nach § 44 BNatSchG ausschließen, z.B. weil durchgeführte Vermeidungs- und Verminderungsmaßnahmen greifen. Dabei kann die Änderung auch in einer Verbesserung der beschriebenen und bewerteten Umweltauswirkungen bestehen, wobei in diesem Fall allerdings § 22 Abs. 2 eingreifen wird.

Unter bestimmten Voraussetzungen stellt auch die **Ergänzung von Unterlagen** eine Änderung i.S.d. 12
§ 22 dar. Dies gilt nach der Rechtsprechung aber nicht für jede Ergänzung, sondern nur dann, wenn eine nach Gegenstand, Systematik und Ermittlungstiefe **neue oder über die bisherigen Untersuchungen wesentlich hinausgehende Prüfung der Umweltbetroffenheiten** vorgenommen wird, die für die Beurteilung der Rechtmäßigkeit des Vorhabens insgesamt erforderlich ist und ihren Niederschlag in einer **neuen entscheidungserheblichen Unterlage** über die Umweltauswirkungen des Vorhabens findet.[12] Letztlich geht es sich in diesen Fällen um die Reparatur eines Verfahrensfehlers. Die nachträglich erstellte Unterlage hätte vor Beginn des Beteiligungsverfahrens erstellt

---

10 BVerwG, Urt. v. 10.11.2016 – 9 A 18.15, Rn. 25, juris; BVerwG, Urt. v. 27.10.2000 – 4 A 18.99, BVerwGE 112, 140, 145; BVerwG, Urt. v. 12.08.2009 – 9 A 64.07, Rn. 29, juris.

11 So auch Nr. 22 UVPVwV.

12 BVerwG, Urt. v. 10.11.2016 – 9 A 18.15, Rn. 25, juris; BVerwG, Urt. v. 28.04.2016 – 9 A 9.15, Rn. 34, juris; BVerwG, Urt. v. 09.02.2017 – 7 A 2.15, Rn. 28, juris; BVerwG, Urt. v. 27.11.2018 – 9 A 8/17 –, Rn. 54, juris; BVerwG, Urt. v. 27.07.2021 – 4 A 14.19 –, Rn. 19, juris; BVerwG, Beschl. v. 14.12.2021 – 4 B 10/21 –, Rn. 5, juris; vgl. ferner Nr. 22 UVPVwV.

werden und nach Maßgabe des § 19 Abs. 2 ausgelegt werden müssen. Ist dies unterblieben, so ist unter den genannten Voraussetzungen eine erneute Beteiligung der Öffentlichkeit geboten.

13 Inhaltlich beurteilt sich die Frage, wann eine neue oder wesentlich über die bisherigen Untersuchungen hinausgehende Prüfung vorliegt, danach, ob bereits die ursprünglichen Unterlagen die nach § 16 Abs. 5 Satz 2 nötige **Anstoßwirkung** entfalten, oder ob eine solche erstmalig von den neuen Unterlagen ausgeht. Die Anstoßwirkung soll den Zweck der Öffentlichkeitsbeteiligung sicherstellen, durch Einbeziehung von Meinungsäußerungen und Bedenken der Öffentlichkeit zu Umweltbelangen den behördlichen Entscheidungsprozess besser und transparenter zu gestalten. Sie setzt voraus, dass die Unterlagen potenziell Betroffenen und den anerkannten Vereinigungen die Beurteilung ermöglichen, ob und in welchem Umfang ihre Belange oder ihre satzungsgemäßen Interessen von den Umweltauswirkungen betroffen werden können.[13]

14 In Anwendung dieses Maßstabs hat die Rechtsprechung bei der nachträglichen Erstellung eines wasserrechtlichen Beitrags keine Pflicht zur erneuten Beteiligung der Öffentlichkeit angenommen, wenn der nachträglich erstellte Beitrag nicht wesentlich über die Inhalte hinausgeht, die bereits in den ausgelegten Unterlagen, insbesondere dem landschaftspflegerischen Begleitplan und einer wassertechnischen Untersuchung behandelt worden waren.[14] Anders wurde dies für die nachträgliche Erstellung eines wasserrechtlichen Beitrags gesehen, wenn die ursprünglich ausgelegten Unterlagen keine hinreichenden Informationen beinhalteten und die Anstoßfunktion daher nicht vermitteln konnten.[15] Auch im Falle der Ergänzung bereits ausgelegter umweltfachlicher Unterlagen, ist zu differenzieren. Sofern die ausgelegten Unterlagen (z.B. UVP-Bericht, FFH-Verträglichkeitsuntersuchung, artenschutzrechtlicher Fachbeitrag etc.) bereits wesentliche Aussagen enthalten, die durch die nachträglich entstehenden Informationen konkretisiert oder punktuell ergänzt bzw. geändert werden, liegt keine Änderung der Unterlagen i.S.d. § 22 vor, weil die nach § 19 Abs. 2 ausgelegten Unterlagen eine hinreichende Anstoßfunktion vermitteln konnten.[16] Fehlen hingegen wesentliche Aussagen in den nach § 19 Abs. 2 ausgelegten Unterlagen, kann die nachträgliche Ergänzung eine Änderung i.S.d. § 22 darstellen, die ein Beteiligungserfordernis nach sich zieht.

C. Erneute Beteiligung der Öffentlichkeit

15 Sofern eine Änderung i.S.d. § 22 Abs. 1 vorliegt, ist eine erneute Beteiligung der Öffentlichkeit erforderlich. Von dieser kann nach Maßgabe des § 22 Abs. 2 abgesehen werden.

I. Umfang der Beteiligung

16 Mit der Anordnung der erneuten Beteiligung der Öffentlichkeit verweist § 22 Abs. 1 auf die §§ 18 bis 21. Dabei sind im Ausgangspunkt die Beteiligungsschritte zu wiederholen, die bis zur Vorlage der geänderten Unterlagen durchgeführt wurden. Dies umfasst jedenfalls die öffentliche Auslegung nach § 19 Abs. 2 sowie die Gelegenheit zu Äußerungen und Einwendungen gemäß § 18 Abs. 1 Satz 2 in Verbindung mit § 21. Dabei gelten im Ausgangspunkt die allgemeinen Fristen. Dementsprechend wären die geänderten Unterlagen für die Dauer eines Monats auszulegen (§ 18 Abs. 1 Satz 4 i.V.m. § 73 Abs. 3 Satz 1 VwVfG). Die Äußerungsfrist würde nach § 21 Abs. 2 einen Monat nach Ablauf der Frist für die Auslegung der Unterlagen enden. Der mit Wirkung zum 01.01.2025

13 BVerwG, Urt. v. 09.02.2017 – 7 A 2.15, Rn. 28, juris; BVerwG, Urt. v. 28.04.2016 – 9 A 9.15, Rn. 34, juris; BVerwG, Urt. v. 31.12.2012 – 4 A 7001.11 u.a., Rn. 41, juris; BVerwG, Urt. v. 27.07.2021 – 4 A 14.19 –, Rn. 19, juris; BVerwG, Beschl. v. 14.12.2021 – 4 B 10/21 –, Rn. 5, juris.

14 BVerwG, Urt. v. 10.11.2016 – 9 A 18.15, Rn. 27, juris; BVerwG, Urt. v. 09.02.2017 – 7 A 2.15, Rn. 30, juris; VG Hamburg, Urt. v 05.06.2019 – 7 K 7639/16, Rn. 121 ff., juris.

15 BVerwG, Urt. v. 28.04.2016 – 9 A 9.15, Rn. 34, juris; OVG Münster, Urt. v. 05.02.2021 – 11 D 13/18. AK, Rn. 98 ff., juris.

16 BVerwG, Urt. v. 09.02.2017 – 7 A 2.15, Rn. 28, juris; BVerwG, Urt. v. 27.07.2021 – 4 A 14.19, Rn. 21 ff., juris; OVG Berlin-Brandenburg, Urt. v. 19.09.2023 – OVG 3a A 73/23, Rn. 38; OVG Münster, Urt. v. 05.02.2021 – 11 D 13/18.AK, Rn. 115 ff., juris.

neu eingefügte § 22 Abs. 1 Satz 2 sieht allerdings vor, dass die Äußerungsfrist angemessen verkürzt werden kann. In der Gesetzesbegründung wird hierzu ausgeführt, da sich diese Beteiligung nur auf die Änderungen des Vorhabens beziehe, seien die Unterlagen, zu denen sich die Öffentlichkeit erneut äußern könne, weniger umfangreich als im Rahmen der ersten Öffentlichkeitsbeteiligung nach den §§ 18–21. Daher sei es in der Regel angemessen, eine kürzere Äußerungsfrist vorzusehen. Die kürzere Öffentlichkeitsbeteiligung könne dazu führen, dass auch die beantragte Zulassung schneller erteilt werde.[17] Über die Äußerungsfrist entscheidet die Anhörungsbehörde in pflichtgemäßer Ermessensausübung. Der Gesetzgeber ist ausweislich der zitierten Begründung offensichtlich davon ausgegangen, dass in der Regel eine Verkürzung der Äußerungsfrist angezeigt ist.

Ob ein **erneuter Erörterungstermin** durchgeführt werden muss, ist bislang nicht abschließend geklärt. Dagegen spricht, dass die Durchführung des Erörterungstermins europarechtlich nicht geboten ist.[18] Die geforderte Anstoßwirkung wird daher bereits mit der öffentlichen Auslegung der Unterlagen erreicht; der Erörterungstermin hat insoweit keine weitergehende Funktion. Dennoch sprechen die überwiegenden Gründe dafür, dass grundsätzlich und soweit fachrechtlich nichts anderes geregelt ist, eine erneute Durchführung des Erörterungstermins geboten ist. Zum einen verweist § 22 Abs. 1 mit dem Begriff »erneute Beteiligung der Öffentlichkeit« auf die allgemeinen Beteiligungsvorschriften und damit auf die §§ 18 ff., ohne zwischen einzelnen Verfahrensschritten zu differenzieren. Zum anderen enthalten verschiedene fachrechtliche Verfahrensvorschriften Ausnahmeregelungen, nach denen von der Erörterung i.S.d. § 73 Abs. 6 VwVfG und des § 18 Abs. 1 Satz 4 abgesehen werden kann, wenn ein ausgelegter Plan geändert wird.[19] Mit der Bezugnahme auf § 18 Abs. 1 Satz 4 in den zitierten fachrechtlichen Regelungen dokumentiert der Gesetzgeber, dass er im Ausgangspunkt vom Erfordernis einer erneuten Erörterung ausgeht, und zwar nicht lediglich im Hinblick auf die fachrechtlichen Vorschriften, sondern auch auf § 18 Abs. 1 Satz 4. Hiermit konform geht die Regelung des § 8 Abs. 2 Satz 4 der 9. BImSchV sowie des § 4 Abs. 2 Satz 4 AtVfV. Danach sind – sofern eine zusätzliche Bekanntmachung und Auslegung erforderlich ist – die Einwendungsmöglichkeit und die Erörterung auf die vorgesehenen Änderungen beschränkt. Da dies auch für UVP-pflichtige Anlagen gilt,[20] kann der Rückschluss gezogen werden, dass im Übrigen die Durchführung eines erneuten Erörterungstermins vorausgesetzt wird. Nicht erforderlich ist die Durchführung des Erörterungstermins hingegen, wenn das Fachrecht dies ausdrücklich so vorsieht, was mittlerweile auf viele Fachgesetze zutrifft.[21] 17

Die erneute Beteiligung ist **zwingend auf die Änderungen zu beschränken**. Insoweit steht der Behörde kein Ermessensspielraum zu. Die Behörde hat in der Bekanntmachung nach § 22 Abs. 1 Satz 4 ausdrücklich auf diesen Umstand hinzuweisen. Wie die Beschränkung der Auslegung formal umgesetzt wird, steht im Verfahrensermessen der Behörde. Wenn möglich, sollte sich die erneute Auslegung von vornherein nur auf die geänderten Unterlagen beschränken. Sofern nicht nur die geänderten Unterlagen, sondern auch andere Unterlagen i.S.d. § 19 Abs. 2 erneut ausgelegt werden, sollte nicht nur in der Bekanntmachung, sondern auch in den ausgelegten Unterlagen hinreichend deutlich gemacht werden, dass sich die Auslegung und vor allem die Äußerungsmöglichkeit nur auf die geänderten Teile der Unterlagen bezieht. Äußerungen und Einwendungen, die sich nicht auf die Änderung des Vorhabens, sondern auf andere Punkte beziehen, sind nach § 21 Abs. 4 im Zulassungsverfahren präkludiert.[22] 18

17 BR-Drs. 129/24, S. 103.
18 BVerwG, Urt. v. 16.06.2016 – 9 A 4.15, Rn. 17, juris; BVerwG, Urt. v. 25.03.2015 – 9 A 1.14, Rn. 18, juris; BVerwG, Beschl. v. 28.03.2020 – 4 VR 5/19, Rn. 16, juris.
19 Vgl. z.B. § 17a Abs. 5 FStrG; § 18a Abs. 5 AEG; § 43a Satz 1 Nr. 3 EnWG; § 10 Abs. 2 Satz 1 Nr. 3 LuftVG; § 14a Abs. 5 WaStrG.
20 Vgl. § 8 Abs. 2 Satz 3 der 9. BImSchV sowie § 4 Abs. 3 Satz 2 AtVfV.
21 § 17a Abs. 5 FStrG; § 18a Abs. 5 AEG; § 43a Satz 1 Nr. 3 EnWG; § 10 Abs. 2 Satz 1 Nr. 3 LuftVG; § 14a Abs. 5 WaStrG.
22 Vgl. hierzu § 21 Rdn. 28 ff.

II. Absehen von einer erneuten Beteiligung

19 Nach § 22 Abs. 2 soll die Behörde von der erneuten Beteiligung der Öffentlichkeit absehen, wenn zusätzliche erhebliche oder andere erhebliche Umweltauswirkungen nicht zu besorgen sind. Dies ist insbesondere dann der Fall, wenn solche Umweltauswirkungen durch die vom Vorhabenträger vorgesehenen Vorkehrungen ausgeschlossen werden.

20 Umweltauswirkungen sind nach § 2 Abs. 2 unmittelbare und mittelbare Auswirkungen eines Vorhabens oder der Durchführung eines Plans oder Programms auf die Schutzgüter nach § 2 Abs. 1. Dies schließt auch solche Auswirkungen des Vorhabens ein, die aufgrund von dessen Anfälligkeit für schwere Unfälle oder Katastrophen zu erwarten sind, soweit diese schweren Unfälle oder Katastrophen für das Vorhaben relevant sind. Um **zusätzliche Umweltauswirkungen** handelt es sich dabei dann, wenn die jeweilige Auswirkung bereits in den nach § 19 Abs. 2 ausgelegten Unterlagen behandelt worden war und die geänderten Unterlagen nun ein höheres Maß der Umweltauswirkungen offenbaren. **Andere Umweltauswirkungen** liegen vor, wenn die Umweltauswirkungen, die in den geänderten Unterlagen beschrieben werden, in den ursprünglich nach § 19 Abs. 2 ausgelegten Unterlagen nicht behandelt wurden. Dabei können sowohl die »zusätzlichen« als auch die »anderen« Auswirkungen entweder durch eine Änderung des Vorhabens oder Plans ausgelöst werden, oder ohne Änderung des Vorhabens in einer geänderten Bewertung (z.B. durch neue fachgutachterliche Stellungnahmen) bestehen.

21 § 22 Abs. 2 greift auch dann ein, wenn zwar zusätzliche oder andere Umweltauswirkungen zu besorgen sind, diese aber unterhalb der **Erheblichkeitsschwelle** liegen.[23] Die Erheblichkeit ist im Sinne einer graduellen Verschärfung zu verstehen.[24] Dies hängt einerseits von ihrem Gewicht bzw. Ausmaß ab. Andererseits kann auch die Frage der Vorbelastung eine Rolle spielen. Liegt bereits eine hohe Vorbelastung vor, sind zusätzliche bzw. andere Auswirkungen eher als erheblich einzustufen. Hingegen ist nicht maßgeblich, ob die Umweltauswirkungen unterhalb der jeweils fachgesetzlich zu bestimmenden Zumutbarkeitsgrenze liegen, ob also beispielsweise die einschlägigen Grenz- oder Richtwerte eingehalten werden. Auch unterhalb der Schwelle der Grenz- und Richtwerte liegen zusätzliche bzw. andere erhebliche Umweltauswirkungen vor, wenn die Änderungsunterlagen höhere oder andere Auswirkungen aufzeigen.[25]

22 Die Beurteilung, ob die Besorgnis zusätzlicher bzw. anderer erheblicher Umweltauswirkungen besteht oder ausgeschlossen werden kann, setzt eine von der zuständigen Behörde zu treffende **Prognoseentscheidung** im Zeitpunkt der Vorlage der geänderten Unterlagen voraus.[26] Da es insbesondere mit Blick auf die Beurteilung der Erheblichkeit um eine graduelle Beurteilung geht, ist eine eindeutige Bestimmung und damit auch eine gerichtliche Kontrolle kaum möglich. Es spricht daher Überwiegendes dafür, dass die zuständige Behörde insoweit einen Beurteilungsspielraum hat, der nur einer eingeschränkten gerichtlichen Kontrolle unterliegt.[27] Dies kann auch aus dem Rechtsgedanken des § 5 Abs. 3 Satz 2 abgeleitet werden, nach dem Vorprüfungen i.S.d. § 5 Abs. 2 ebenfalls nur einer eingeschränkten gerichtlichen Kontrolle unterliegen. Daher ist seitens des Gerichts nur zu prüfen, ob die Beurteilung der Behörde der Systematik des § 22 entspricht und in sich nachvollziehbar ist.

23 Nach § 22 Abs. 2 Satz 2 müssen bei der Beurteilung der Umweltauswirkungen die **vom Vorhabenträger vorgesehenen Vorkehrungen** berücksichtigt werden. Diese gesetzliche Klarstellung hat in

23 Vgl. Nr. 22 UVPVwV i.V.m. Nr. 7.1.2 UVPVwV.

24 Vgl. zu § 16 BImSchG: *Reidt/Schiller*, in: Landmann/Rohmer, Umweltrecht, § 16 BImSchG Rn. 132 f.; VGH München, Urt. v. 13.05.2005 – 22 A 96.40091, NVwZ-RR 2006, 456 (458).

25 BVerwG, Urt. v. 17.12.2013 – 4 A 1.13, Rn. 37 ff., juris.

26 Vgl. zu § 16 BImSchG: *Reidt/Schiller*, in: Landmann/Rohmer, Umweltrecht, § 16 BImSchG Rn. 134 f.

27 A.A., im Sinne einer uneingeschränkten gerichtlichen Kontrolle: *Hofmann* in: Landmann/Rohmer, Umweltrecht, § 22 UVPG Rn. 14; *Dippel* in: Schink/Reidt/Mitschang, UVPG, § 22 Rn. 10; VG Braunschweig, Urt. v. 07.08.2019 – 6 A 159/17, Rn. 149, juris.

erster Linie in den Fällen Bedeutung, in denen die Änderung der nach § 19 Abs. 2 auszulegenden Unterlagen auf eine Änderung des Vorhabens beruht. Dann nämlich kann der Vorhabenträger im Änderungsvorhaben Vorkehrungen vorsehen, mit denen zusätzliche oder andere erhebliche Umweltauswirkungen ausgeschlossen werden. Diese sind bei der behördlichen Beurteilung zu berücksichtigen. Letztlich kommt es jedoch für beide Fälle (Änderung des Vorhabens und Änderung der Unterlagen ohne Vorhabenänderung) allein darauf an, ob zusätzliche oder andere erhebliche Umweltauswirkungen eintreten können.

In der am 29.07.2017 in Kraft getretenen Novelle hat der Gesetzgeber die **Rechtsfolgenanordnung** 24
geändert. Während der ursprüngliche Normtext ein Ermessen der Behörde vorsah (»kann«), lautet die gesetzliche Anordnung nun, dass die Behörde unter den Voraussetzungen des § 22 Abs. 2 von der erneuten Beteiligung der Öffentlichkeit absehen **soll**. Die Änderung des Gesetzes in diesem Punkt geht auf die Beschlussempfehlungen der Ausschüsse des Bundestages zurück.[28] Zur Begründung wird ausgeführt, die Änderung bringe zum Ausdruck, dass von einer erneuten Beteiligung der Öffentlichkeit regelmäßig abgesehen werden kann, wenn zusätzliche oder andere erhebliche Umweltauswirkungen nicht zu besorgen seien.[29] Soll-Vorschriften enthalten eine Bindung für den Regelfall, von der nur aus wichtigem Grund oder in atypischen Fällen abgewichen werden kann.[30] Ein solcher Grund kann von vornherein nicht in der Unsicherheit liegen, ob tatsächlich zusätzliche oder andere erhebliche Umweltauswirkungen eintreten werden, da in diesem Fall die Anforderungen des § 22 Abs. 2 nicht eingreifen. Ein Grund, der ein Abweichen von der Soll-Anordnung rechtfertigt, kann demgegenüber darin bestehen, dass sich der Vorhabenträger und die zuständige Behörde übereinstimmend für die Durchführung einer erneuten Öffentlichkeitsbeteiligung aussprechen, obwohl die Voraussetzungen des § 22 Abs. 2 eingreifen.

D. Gerichtliche Kontrolle

Sofern die zuständige Behörde die Verfahrensvorgaben des § 22 verletzt, ist die betreffende Hand- 25
lung **nach § 44 a VwGO nicht isoliert anfechtbar**, sondern nur gleichzeitig mit den gegen die Sachentscheidung gerichteten Rechtsbehelfen. Im Hinblick auf die **gerichtliche Kontrolldichte** ist zu differenzieren. Auf der **Tatbestandsseite** unterliegt die Frage, ob eine Änderung der nach § 19 Abs. 2 auszulegenden Unterlagen vorliegt, einer uneingeschränkten gerichtlichen Kontrolle. Hingegen hat die Behörde im Hinblick auf die Beurteilung der Frage, ob erhebliche zusätzliche oder andere Umweltauswirkungen zu besorgen sind, nach hier vertretener Auffassung einen Beurteilungsspielraum, der nur eingeschränkt gerichtlich überprüfbar ist.[31] Seitens der Gerichte ist insoweit nur zu prüfen, ob die Beurteilung der Behörde der Systematik des § 22 entspricht und in sich nachvollziehbar ist. Auf der **Rechtsfolgenseite** ist die gerichtliche Prüfdichte an den allgemeinen Vorgaben für Soll-Entscheidungen zu orientieren. Weicht die Behörde von der gesetzlich angeordneten Regel ab, obwohl kein atypischer Fall vorliegt, überschreitet sie ihr Ermessen. Zieht die Verwaltung die Regelrechtsfolge hingegen ohne selbstständige Ermessensüberlegung heran, weil sie die atypische Gestaltung des Sachverhalts nicht erkennt, erfüllt sie die Voraussetzungen einer Ermessensunterschreitung. Ob ein atypischer Fall vorliegt, unterliegt als Rechtsvoraussetzung für die Ermessensentscheidung dabei einer vollständigen gerichtlichen Überprüfung.[32]

Stellt sich in der Prüfung heraus, dass ein Rechtsfehler vorliegt, wird dieser Mangel häufig **keinen** 26
absoluten Verfahrensfehler i.S.d. § 4 Abs. 1 UmwRG darstellen. Da § 4 Abs. 1 Nr. 1 und Nr. 2 UmwRG ersichtlich nicht einschlägig sind, käme wohl nur § 4 Abs. 1 Nr. 3 UmwRG in Betracht. Dieser setzt nach lit. b voraus, dass der Verfahrensfehler nach Art und Schwere mit den in den Nummern 1 und 2 genannten Fällen (unterbliebene UVP bzw. UVP-Vorprüfung sowie unterbliebene

28 BT-Drs. 18/12994, S. 3.
29 BT-Drs. 18/12994, S. 18.
30 *Sachs*, in: Stelkens/Bonk/Sachs, VwVfG, § 40 Rn. 26 m.w.N.
31 Vgl. Rdn. 22.
32 *Wolff*, in: Sodan/Ziekow, VwGO, § 114 Rn. 141 m.w.N.

Öffentlichkeitsbeteiligung) vergleichbar ist. Dies kann bei Fehlern der oben beschriebenen Art wohl nur in Ausnahmefällen angenommen werden. Regelmäßig werden Mängel als **relative Verfahrensfehler** i.S.d. § 4 Abs. 1 a UmwRG einzustufen sein.[33] Danach gilt im Ausgangspunkt § 46 VwVfG, nach dem eine Aufhebung der Zulassungsentscheidung nicht allein deshalb beansprucht werden kann, weil diese unter Verletzung von Vorschriften über das Verfahren zustande gekommen ist, wenn offensichtlich ist, dass die Verletzung die Entscheidung in der Sache nicht beeinflusst hat. Nach § 4 Abs. 1a Satz 2 UmwRG wird eine Beeinflussung vermutet, wenn sich durch das Gericht nicht aufklären lässt, ob der Verfahrensfehler die Entscheidung in der Sache beeinflusst hat. Dies ist im Einzelfall zu prüfen. Selbst wenn eine Beeinflussung der Sachentscheidung nicht ausgeschlossen werden könnte, hätte dies schließlich nicht zwingend die Aufhebung der Zulassungsentscheidung zur Folge. Stattdessen müsste nach § 4 Abs. 1 b UmwRG geprüft werden, ob der Verfahrensfehler durch Entscheidungsergänzung oder ein ergänzendes Verfahren behoben werden kann.

§ 23 Geheimhaltung und Datenschutz sowie Schutz der Rechte am geistigen Eigentum

(1) [1]Die Rechtsvorschriften über Geheimhaltung und Datenschutz sowie über die Rechte am geistigen Eigentum bleiben unberührt. [2]Insbesondere sind Urkunden, Akten und elektronische Dokumente geheim zu halten, wenn das Bekanntwerden ihres Inhalts dem Wohl des Bundes oder eines Landes Nachteile bereiten würde oder wenn die Vorgänge nach einem Gesetz oder ihrem Wesen nach geheim gehalten werden müssen.

(2) [1]Soweit die nach § 19 Absatz 2 zur Einsicht für die Öffentlichkeit auszulegenden Unterlagen Informationen der in Absatz 1 genannten Art enthalten, kennzeichnet der Vorhabenträger diese Informationen und legt zusätzlich eine Darstellung vor, die den Inhalt der Unterlagen ohne Preisgabe des Geheimnisses beschreibt. [2]Die Inhaltsdarstellung muss so ausführlich sein, dass Dritten die Beurteilung ermöglicht wird, ob und in welchem Umfang sie von den Umweltauswirkungen des Vorhabens betroffen sein können.

(3) Geheimhaltungsbedürftige Unterlagen sind bei der Auslegung durch die Inhaltsdarstellung zu ersetzen.

Übersicht

A. Allgemeines

1 § 23 stellt – neben der Gewährleistung des Schutzes der Rechte am geistigen Eigentum – den Schutz der gesetzlichen Geheimhaltungs- und Datenschutzpflichten sicher. Dabei enthält die Norm neben der Verweisung auf die insoweit einschlägigen allgemeinen Vorschriften in Abs. 1 Satz 1 (»… bleiben unberührt«) in den nachfolgenden Regelungen konkretisierende Vorgaben zur Geheimhaltung. Die Vorgaben zur Geheimhaltung und zum Datenschutz begrenzen die durch die § 17 vorgeschriebene Behördenbeteiligung und die durch die § 18 geregelte Beteiligung der Öffentlichkeit.[1] Diese

33 Für Mängel bei der Bekanntmachung nach § 19 Abs. 1: BVerwG, Urt. v. 21.01.2016 – 4 A 5/15, Rn. 37 ff., juris; VGH Mannheim, Beschl. v. 14.02.2017 – 5 S 2122/16, Rn. 22, juris.

1 So bereits zur ursprünglichen Fassung des § 10 a.F.: BT-Drs. 11/3919, S. 26.

Beschränkung von einzelnen Verfahrensschritten, die wegen ihrer Bedeutung für die Informationsgewinnung einen wesentlichen Bestandteil jeder UVP darstellen, ist vor dem Hintergrund des durch **Art. 12** und **Art. 14 GG** gewährten Betriebsgeheimnisschutzes[2] und des durch **Art. 2 Abs. 1 GG** gewährten Persönlichkeitsschutzes[3] geboten. Auch die UVP-RL sieht in Art. 10 einen entsprechenden Betriebsgeheimnis- und Persönlichkeitsschutz als Korrektiv zu der nach Art. 6 und 7 vorgeschriebenen Behördenbeteiligung und Einbeziehung der Öffentlichkeit vor.

I. Regelungsgegenstand

§ 23 Abs. 1 Satz 1 enthält zunächst die **deklaratorische Klarstellung**, dass die Rechtsvorschriften über Geheimhaltung und Datenschutz sowie über die Rechte am geistigen Eigentum unberührt bleiben. Nicht ganz im systematischen Einklang mit der deklaratorisch angelegten Grundaussage der Norm beinhalten die nachfolgenden Regelungen verschiedene **Konkretisierungen**, die erkennbar konstitutiv wirken sollen. In diesem Sinne konkretisiert Abs. 1 Satz 2 sowohl die Schutzobjekte (Urkunden, Akten und elektronische Dokumente) als auch die Voraussetzungen, unter denen der Schutz eingreift (nämlich dann, wenn das Bekanntwerden des Inhalts dem Wohl des Bundes oder eines Landes Nachteile bereiten würde oder wenn die Vorgänge nach einem Gesetz oder ihrem Wesen nach geheim gehalten werden müssen). Damit greift der Gesetzgeber explizit den Wortlaut des § 99 Abs. 1 Satz 2 VwGO auf.[4] 2

Die Abs. 2 und 3 beziehen sich nach dem Wortlaut der Norm ersichtlich nur auf den in Abs. 1 vorgegebenen Geheimnisschutz, nicht dagegen auf den Datenschutz oder den Schutz der Rechte am geistigen Eigentum. So hat der Vorhabenträger nach § 23 Abs. 2 geheimhaltungsbedürftige Informationen zu kennzeichnen und zusätzlich eine Darstellung vorzulegen, die den Inhalt der Unterlagen ohne Preisgabe des Geheimnisses beschreibt. Die Inhaltsdarstellung muss so ausführlich sein, dass Dritten die Beurteilung ermöglicht wird, ob und in welchem Umfang sie von den Umweltauswirkungen des Vorhabens betroffen sein können. Geheimhaltungsbedürftige Unterlagen sind nach § 23 Abs. 3 bei der Auslegung durch die Inhaltsdarstellung zu ersetzen. 3

§ 23 bezieht sich allein auf die nach dem UVPG notwendigen Verfahrensschritte, also auf die Unterrichtung über den Untersuchungsrahmen (§ 15), die Vorlage des UVP-Berichts (§ 16), die Behördenbeteiligung (§ 17) und die Beteiligung der Öffentlichkeit (§§ 18–22). Für weitere Verfahrensschritte, die nach anderen gesetzlichen Grundlagen durchzuführen sind, gilt § 23 dagegen nicht. Daher ist beispielsweise die Frage, ob und ggf. welche Informationen aus den im Rahmen des Beteiligungsverfahrens erhobenen Einwendungen einem Geheimnisschutz unterliegen oder welche Informationen aus datenschutzrechtlichen Gründen nicht an den Vorhabenträger weitergeleitet werden dürfen, nicht nach Maßgabe des § 23 zu beantworten. Insoweit bleiben allerdings die allgemeinen Vorschriften anwendbar (z.B. § 30 VwVfG). 4

Eine ausdrückliche Anordnung der Geltung von § 23 für die Behörden- und Öffentlichkeitsbeteiligung bei der Aufstellung oder Änderung von **Plänen und Programmen, die einer SUP unterliegen**, findet sich im UVPG nicht. Es ist jedoch davon auszugehen, dass der Gesetzgeber auch bei der Anwendung der §§ 33–46 von der Geltung der Rechtsvorschriften über Geheimhaltung, Daten- 5

2 Zum durch Art. 12 und 14 GG gewährten subjektiven öffentlich-rechtlichen Rechtsanspruch auf Wahrung von Betriebs- und Geschäftsgeheimnissen: *Kallerhoff/Mayen*, in: Stelkens/Bonk/Sachs, VwVfG, § 30 Rn. 2; vgl. ferner *Ruf* ZUR 2023, 162 ff.

3 Zum durch Art. 2 Abs. 1 GG gewährten Recht auf informationelle Selbstbestimmung: *Kallerhoff/Mayen*, in: Stelkens/Bonk/Sachs, VwVfG, § 30 Rn. 2; herausgearbeitet für den Datenschutz (»Grundrecht auf informationelle Selbstbestimmung«) durch das »Volkszählungsurteil« des BVerfG v. 15.12.1983 – 1 BvR 209/83, BVerfGE 65, 1 ff.

4 BT-Drs. 18/11499, S. 92.

schutz und die Rechte am geistigen Eigentum ausgeht. Dies gilt jedenfalls für die allgemeinen gesetzlichen Regelungen, die auch ohne den Verweis des § 23 anwendbar sind.[5]

6 Entsprechendes gilt für den Fall der **grenzüberschreitenden Umweltverträglichkeitsprüfung** nach den §§ 54 ff. Bei der Auslegung der allgemeinen gesetzlichen Regelungen ist darüber hinaus Art. 10 Unterabs. 2 UVP-RL in den Blick zu nehmen. Danach unterliegen im Falle einer grenzüberschreitenden UVP die Übermittlung von Angaben an einen anderen Mitgliedstaat und der Empfang von Angaben eines anderen Mitgliedstaates den Beschränkungen, die in dem Mitgliedstaat gelten, in dem das Projekt durchgeführt werden soll. Durch diese Ergänzung wird sichergestellt, dass sich der Geheimnisschutz auch im Verfahren der grenzüberschreitenden Beteiligung einheitlich nach dem innerstaatlichen Recht beurteilt, das für die Zulassung des beabsichtigten Vorhabens maßgeblich ist. Im deutschen Recht wird dies mit den Regelungen über den Umfang der mit dem jeweiligen Mitgliedstaat auszutauschenden Unterlagen in den §§ 54 ff. umgesetzt.

7 § 27 Satz 3 nimmt auf § 23 Abs. 2 Bezug. Danach sind bei der öffentlichen Bekanntmachung und der Auslegung des Bescheids über die Zulassung oder Ablehnung des Vorhabens geheimhaltungsbedürftige Angaben im Sinne von § 23 Abs. 2 unkenntlich zu machen.

II. Gesetzesgeschichte

8 Die Wahrung gewerblicher und handelsbezogener Geheimnisse ist in **Art. 10 UVP-RL** angelegt. Dies galt bereits vor dem Inkrafttreten der Richtlinie 2014/52/EU, mit der allerdings die Klarstellung eingefügt wurde, dass dieser Schutz unbeschadet der Richtlinie 2003/4/EG[6] gilt. Art. 10 UVP-RL geht insofern über § 23 hinaus, dass er die einzelstaatlichen Rechts- und Verwaltungsvorschriften und auch die herrschende Rechtspraxis in Bezug nimmt. Andererseits bleibt Art. 10 UVP-RL insofern hinter § 23 zurück, dass er allein auf die »Wahrung der gewerblichen und handelsbezogenen Geheimnisse einschließlich des geistigen Eigentums« abstellt. Der von § 23 ebenfalls in den Blick genommene Datenschutz wird in Art. 10 UVP-RL nicht angesprochen.

9 In der vor dem Inkrafttreten des Änderungsgesetzes vom 20.07.2017 geltenden Fassung beschränkte sich die gesetzliche Regelung auf die in § 23 Abs. 1 Satz 1 angelegte deklaratorische Klarstellung, dass die Rechtsvorschriften über Geheimhaltung und Datenschutz unberührt bleiben. Die Gesetzesbegründung verwies in diesem Zusammenhang auf § 30 VwVfG sowie § 10 Abs. 2 und § 27 Abs. 3 BImSchG. § 30 VwVfG bezwecke insbesondere auch die Geheimhaltung von Betriebs- und Geschäftsgeheimnissen. Die genannten Vorschriften des Bundes-Immissionsschutzgesetzes seien für den Anwendungsbereich dieses Gesetzes von besonderer Bedeutung. Beide Vorschriften würden die Geheimhaltung von Betriebs- oder Geschäftsgeheimnissen behandeln.[7]

10 Seit dem Inkrafttreten des Änderungsgesetzes vom 20.07.2017 bezieht die deklaratorische Klarstellung des § 23 Abs. 1 Satz 1 auch die Rechte am geistigen Eigentum ein. Damit trägt der Gesetzgeber dem Art. 10 UVP-RL Rechnung, der ebenfalls explizit auf das geistige Eigentum abstellt. Mit der Einfügung des neuen Abs. 1 Satz 2 werde – so die Gesetzesbegründung – klargestellt, dass insbesondere Urkunden, Akten und elektronische Dokumente geheim zu halten seien, für die § 99 Abs. 1 Satz 2 VwGO eine Geheimhaltung im gerichtlichen Verfahren ermögliche. Die ebenfalls ergänzten Abs. 2 und 3 würden einerseits dem Schutz von Geschäfts- und Betriebsgeheimnissen sowie sonstiger geheimhaltungsbedürftige Informationen nach Abs. 1 Rechnung tragen, zugleich aber auch sicherstellen, dass dem Informationsinteresse der Öffentlichkeit im Rahmen der Öffentlichkeitsbeteiligung im gebotenen Umfang Rechnung getragen werde. Die Regelungen würden sich am

5 Z.B. § 30 VwVfG für die Aufstellung bzw. Änderung solcher Pläne und Programme, die dem Anwendungsbereich der §§ 9 ff. VwVfG unterfallen.

6 Richtlinie 2003/4/EG des Europäischen Parlaments und des Rates vom 28.01.2003 über den Zugang der Öffentlichkeit zu Umweltinformationen und zur Aufhebung der Richtlinie 90/313/EWG des Rates.

7 BT-Drs. 11/3919, S. 26.

bisherigen § 3 Abs. 3 Satz 2 und 3 AtVfV orientieren.[8] Der Begriff »Rechte am geistigen Eigentum« wurde durch die Ausschüsse des Bundesrates in das Gesetz eingebracht;[9] der ursprüngliche Gesetzesentwurf hatte stattdessen den Begriff »Schutz des Urheberrechts« verwandt. Zur Begründung ihres Änderungsvorschlags führen die Ausschüsse des Bundesrats aus, es sei nicht ersichtlich, warum der Entwurf allein auf das Urheberrecht abstelle und nicht auch sonstige Rechte am geistigen Eigentum berücksichtige; z.B. könne das Leistungsschutzrecht des Lichtbildners an Fotografien bei den betreffenden Genehmigungsunterlagen ebenso relevant werden wie das Urheberrecht.[10]

B. Geheimhaltung

I. Fachrechtliche und allgemeine Rechtsvorschriften

Nach § 23 Abs. 1 Satz 1 bleiben die Rechtsvorschriften über Geheimhaltung unberührt. Angesprochen werden damit vorrangig im Fachrecht verankerte Vorschriften über die Geheimhaltung, im Übrigen die Vorschriften des allgemeinen Verfahrensrechts. Im Gegensatz zu den Vorschriften über den Datenschutz sowie die Rechte am geistigen Eigentum, die im Hinblick auf die Verfahrensvorschriften nach den §§ 15 ff. in der Praxis wohl eher eine begrenzte Bedeutung haben werden,[11] kommt den Rechtsvorschriften über die Geheimhaltung eine größere praktische Relevanz zu. 11

Auf fachrechtlicher Ebene enthält das **Immissionsschutzrecht** Vorgaben über die Geheimhaltung. Nach § 10 Abs. 2 BImSchG sind die Antragsunterlagen, soweit sie Geschäfts- oder Betriebsgeheimnisse enthalten, zu kennzeichnen und getrennt vorzulegen. Ihr Inhalt muss, soweit es ohne Preisgabe des Geheimnisses geschehen kann, so ausführlich dargestellt sein, dass es Dritten möglich ist, zu beurteilen, ob und in welchem Umfang sie von den Auswirkungen der Anlage betroffen werden können. Hiermit korrespondierend gibt § 10 Abs. 3 der 9. BImSchV vor, dass – soweit Unterlagen Geschäfts- oder Betriebsgeheimnisse enthalten – an ihrer Stelle die Inhaltsdarstellung nach § 10 Abs. 2 Satz 2 BImSchG auszulegen ist. Hält die Genehmigungsbehörde die Kennzeichnung der Unterlagen als Geschäfts- oder Betriebsgeheimnisse für unberechtigt, so hat sie vor der Entscheidung über die Auslegung dieser Unterlagen nach § 10 Abs. 3 Satz 2 der 9. BImSchV den Antragsteller zu hören. Bei der öffentlichen Bekanntmachung des Genehmigungsbescheids (vgl. § 10 Abs. 8 BImSchG) sind – soweit der Bescheid Geschäfts- oder Betriebsgeheimnisse enthält – die entsprechenden Stellen nach § 10 Abs. 8a Satz 2 BImSchG unkenntlich zu machen. 12

Vorgaben über die Geheimhaltung sind ferner im **Atomrecht** verankert. Mit dem Änderungsgesetz vom 20.07.2017 ist dabei eine vollständige Harmonisierung zu § 23 hergestellt worden. So entspricht die Regelung des § 6a AtVfV sowohl im Hinblick auf die Struktur als auch den Inhalt dem § 23. Hinzuweisen ist schließlich auf die Vorgaben des **Verwaltungsverfahrensgesetzes**, namentlich auf § 30 VwVfG. Danach haben die Beteiligten Anspruch darauf, dass ihre Geheimnisse, insbesondere die zum persönlichen Lebensbereich gehörenden Geheimnisse sowie die Betriebs- und Geschäftsgeheimnisse, von der Behörde nicht unbefugt offenbart werden. 13

Nach herrschender Meinung sind **Geheimnisse** i.S.d. § 30 VwVfG alle sich auf ein bestimmtes privates Rechtssubjekt und dessen Lebens- oder Betriebsverhältnisse beziehende Tatsachen, die bisher nur einem begrenzten Personenkreis bekannt sind, und an deren Nichtverbreitung das Rechtssubjekt deshalb ein berechtigtes Interesse hat.[12] Zum **persönlichen Lebensbereich** gehören solche Geheimnisse, die einen Bezug zum auch verfassungsrechtlich geschützten unantastbaren Bereich privater Lebensgestaltung haben,[13] z.B. Angaben über familiäre, gesundheitliche oder wirtschaftliche 14

8 BT-Drs. 18/11499, S. 92.
9 BR-Drs. 164/1/17, S. 28.
10 BR-Drs. 164/1/17, S. 28 f.
11 Siehe dazu Rdn. 17 und Rdn. 25.
12 *Kallerhoff/Mayen*, in: Stelkens/Bonk/Sachs, VwVfG, § 30 Rn. 7 ff.; *Ritgen*, in: Knack/Henneke, VwVfG, § 30 Rn. 13 ff.; *Ramsauer*, in: Kopp/Ramsauer, VwVfG, § 30 Rn. 8 ff.
13 *Kallerhoff/Mayen*, in: Stelkens/Bonk/Sachs, VwVfG, § 30 Rn. 9 m.w.N.

Verhältnisse sowie die dazugehörigen Unterlagen oder Informationen. **Betriebs- und Geschäftsgeheimnisse** sind demgegenüber alle auf ein Unternehmen bezogenen Tatsachen, Umstände und Vorgänge, die nicht offenkundig, sondern nur einem begrenzten Personenkreis zugänglich sind und an deren Nichtverbreitung der Rechtsträger ein berechtigtes Interesse hat. Dabei sollen Betriebsgeheimnisse technisches Wissen (»Know How«) im weitesten Sinne umfassen (z.B. Produktionsmethoden und Verfahrensabläufe), während Geschäftsgeheimnisse vornehmlich kaufmännisches Wissen betreffen (z.B. Ertragslagen, Geschäftsbücher, Kundenlisten, Bezugsquellen, Marktstrategien, Unterlagen zur Kreditwürdigkeit oder Kalkulationsunterlagen).[14] Vorausgesetzt wird jeweils, dass ein berechtigtes Interesse an der Geheimhaltung des betrieblichen bzw. geschäftlichen Geheimnisses besteht, das z.B. darin liegen könnte, dass die Offenbarung gegenüber einem Konkurrenten zu einem wirtschaftlichen Nachteil führen kann.

15 Verboten ist die Offenbarung dann, wenn kein **Einverständnis** des Geheimnisträgers vorliegt und die Offenbarung auch im Übrigen nicht **gesetzlich legitimiert** ist.[15] Ein Einverständnis mit der Offenbarung ist insbesondere dann anzunehmen, wenn keine Kennzeichnung der Unterlagen nach § 19 Abs. 2 vorliegt. Eine gesetzliche Legitimation zur Offenbarung eines Geheimnisses kann durch eine spezialgesetzliche Regelung vermittelt werden. Allerdings dürften die insoweit in Betracht kommenden spezialgesetzlichen Grundlagen (z.B. §§ 30 Abs. 4, Abs. 5, 31, 31a AO oder §§ 67 ff. SGB X) in den in § 1 genannten Vorhaben, Plänen und Programmen kaum zur Anwendung gelangen. Unabhängig davon kann aber auch eine Interessen- und Güterabwägung ergeben, dass die Offenbarung des Geheimnisses zur Wahrung höherrangiger Rechtsgüter der Allgemeinheit oder Einzelner erforderlich ist.[16] In diesem Sinne kann eine Offenbarung des Geheimnisses beispielsweise dann legitimiert sein, wenn die Information von der Fachbehörde zur Abfassung einer Stellungnahme nach § 17 Abs. 2 zwingend benötigt wird. In diesem Fall ist die zu beteiligende Behörde, soweit ihr ein Geheimnis mitgeteilt wird, gegenüber Dritten selbst nach § 30 VwVfG zur Wahrung des Geheimnisschutzes verpflichtet.

II. Geheimhaltungspflicht nach Abs. 1 Satz 2

16 Eine besondere Ausformung erfährt der nach allgemeinen Vorschriften bestehende Geheimnisschutz durch § 23 Abs. 1 Satz 2. Danach sind insbesondere Urkunden, Akten und elektronische Dokumente geheim zu halten, wenn das Bekanntwerden ihres Inhalts dem Wohl des Bundes oder eines Landes Nachteile bereiten würde oder wenn die Vorgänge nach einem Gesetz oder ihrem Wesen nach geheim gehalten werden müssen. Der Gesetzgeber lehnt sich damit an die Regelung des § 99 Abs. 1 Satz 2 VwGO an.[17]

17 Mit dem Abstellen auf das **Wohl des Bundes oder eines deutschen Landes** knüpft § 99 VwGO und mithin auch § 23 an die §§ 54 Abs. 3, 96 StPO an.[18] Es genügt nicht, dass Nachteile für die genannten Gebietskörperschaften möglich sind; sie müssen vielmehr mit an Sicherheit grenzender Wahrscheinlichkeit eintreten. Der Eintritt muss zudem von erheblichem Gewicht sein zur. Ein solcher Nachteil ist u.a. gegeben, wenn und soweit die Bekanntgabe des Akteninhalts die künftige Erfüllung der Aufgaben der Sicherheitsbehörden einschließlich deren Zusammenarbeit mit anderen Behörden erschweren oder Leben, Gesundheit oder Freiheit von Personen gefährden würde.[19] Eine ausdrücklich durch **Gesetz** vorgegebene Geheimhaltungspflicht dürfte im Bereich der UVP selten anzutreffen sein. Insbesondere stellen weder die Pflicht zur Amtsverschwiegenheit noch datenschutz-

14 *Kallerhoff/Mayen*, in: Stelkens/Bonk/Sachs, VwVfG, § 30 Rn. 13 m.w.N.
15 *Herrmann*, in: BeckOK VwVfG, § 30 Rn. 14.
16 *Herrmann*, in: BeckOK VwVfG, § 30 Rn. 20; BVerwG, Urt. v. 03.09.1991 – 1 C 48/88, DVBl 1992, 298 (300); VGH Mannheim, Urt. v. 26.05.1992 – 1 S 668/90, DVBl 1992, 1309 (1310); vgl. auch BVerfG, Beschl. v. 15.01.1970 – 1 BvR 13/68, BVerfGE 27, 344 (353).
17 BT-Drs. 18/11499, S. 92.
18 *Posser*, in: BeckOK VwGO, § 99 Rn. 20.1.
19 *Redeker/von Oertzen*, VwGO, § 99 Rn. 4 m.w.N.

rechtliche Vorschriften eine solche gesetzliche Regelung dar.[20] In der Praxis wird es daher vor allem darauf ankommen, ob Vorgänge **dem Wesen nach geheimhaltungsbedürftig** sind. Dies ist im jeweiligen Einzelfall zu entscheiden. Dabei ist ein strenger Maßstab anzulegen.[21] Letztlich hat sich hierzu eine reichhaltige Kasuistik entwickelt.[22] Im Hinblick auf die UVP ist hieraus wohl am ehesten auf die Fallgruppe des Betriebs-/Geschäftsgeheimnisses[23] und die Fallgruppe der Sicherheit gefährdeter Einrichtungen zu verweisen, insbesondere mit Blick auf den Schutz vor Terrorangriffen und Sabotage.[24]

III. Kennzeichnung und Inhaltsdarstellung (Absatz 2)

Nach Abs. 2 **kennzeichnet** der Vorhabenträger die Informationen der in Abs. 1 genannten Art und legt zusätzlich eine Darstellung vor, die den Inhalt der Unterlagen ohne Preisgabe des Geheimnisses beschreibt. Die **Inhaltsdarstellung** muss so ausführlich sein, dass Dritten die Beurteilung ermöglicht wird, ob und in welchem Umfang sie von den Umweltauswirkungen des Vorhabens betroffen sein können. Nach Abs. 3 sind geheimhaltungsbedürftige Unterlagen bei der Auslegung durch die Inhaltsdarstellung zu ersetzen. 18

Obwohl sich Abs. 2 nach dem Wortlaut der Norm auf die »Informationen der in Abs. 1 genannten Art« bezieht und dabei nicht zwischen den Rechtsvorschriften über die Geheimhaltung, den Datenschutz und die Rechte am geistigen Eigentum unterscheidet, können die in Abs. 2 und 3 geregelten Vorgaben nur dann eingreifen, wenn und soweit es um **Rechtsvorschriften über Geheimhaltung** geht. Hierfür spricht zum einen, dass der 2. HS des Abs. 2 Satz 1 den Passus »ohne Preisgabe des Geheimnisses« verwendet. Auch Abs. 3 stellt auf »geheimhaltungsbedürftige Unterlagen« ab, knüpft also ebenfalls an die »Rechtsvorschriften über Geheimhaltung« an. Im Übrigen dürfte eine Übertragung der Vorgaben aus den Abs. 2 und 3 auf »Rechtsvorschriften über Datenschutz« wohl bereits deshalb ausscheiden, weil diese Informationen nicht in einem unmittelbaren Zusammenhang zu den Umweltauswirkungen des Vorhabens stehen. Im Hinblick auf die Rechte am geistigen Eigentum könnte eine Anwendung der Abs. 2 und 3 zwar in Betracht kommen. Allerdings wird regelmäßig festzustellen sein, dass die Vorschriften über Rechte am geistigen Eigentum durch die Verfahrensschritte nach dem UVPG in der Regel nicht beeinträchtigt werden.[25] Sollte dies im Einzelfall anders sein, sind die Absätze 2 und 3 entsprechend anwendbar. 19

Die in Abs. 2 Satz 1 vorgesehene **Kennzeichnung** obliegt dem Vorhabenträger; er allein entscheidet, welche Unterlagen gekennzeichnet werden. Formelle Vorgaben macht das Gesetz dabei nicht. Es dürfte ratsam sein, es nicht bei der Erstellung einer Übersicht zu belassen, sondern jede Unterlage, die geheimhaltungsbedürftig ist, mit einer entsprechenden Kennzeichnung (z.B. einem Aufdruck oder handschriftlichen Vermerk) zu versehen.[26] Ferner hat der Vorhabenträger für jede der als geheimhaltungsbedürftig gekennzeichneten Unterlagen eine **Inhaltsdarstellung** vorzulegen, die den Inhalt der Unterlagen ohne Preisgabe des Geheimnisses beschreibt. Diese muss so ausführlich sein, dass Dritten die Beurteilung ermöglicht wird, ob und in welchem Umfang sie von den Umweltauswirkungen des Vorhabens betroffen sein können. 20

IV. Auslegung der Inhaltsdarstellung

Nach Abs. 3 sind geheimhaltungsbedürftige Unterlagen bei der **Auslegung durch die Inhaltsdarstellung** zu ersetzen. Da die Auslegung der Unterlagen durch die Zulassungsbehörde vorgenommen 21

20 VGH Kassel, Beschl. v. 21.07.1983 – 1 TE 14/83, juris; *Posser*, in: BeckOK VwGO, § 99 Rn. 21.1; *Schenke*, in: Kopp/Schenke, VwGO, § 99 Rn. 11.
21 *Rudisile*, in: Schoch/Schneider, VwGO, § 99 Rn. 18.
22 *Rudisile*, in: Schoch/Schneider, VwGO, § 99 Rn. 19 m.w.N.
23 Siehe dazu oben Rdn. 14.
24 *Posser*, in: BeckOK VwGO, § 99 Rn. 20 ff.
25 Siehe dazu unten Rdn. 28 ff.
26 So zu § 10 Abs. 2 BImSchG auch *Dietlein*, in: Landmann/Rohmer, Umweltrecht, § 10 BImSchG Rn. 66.

wird, nimmt sie die Ersetzung der geheimhaltungsbedürftigen Unterlagen durch die Inhaltsdarstellung vor.

22 Dabei knüpft das Gesetz nicht an die Kennzeichnung der Unterlage an, sondern an die Geheimhaltungsbedürftigkeit. Dies bedeutet, dass die Kennzeichnung einer Unterlage als geheimhaltungsbedürftig keinen Automatismus auslöst. Die Zulassungsbehörde hat stattdessen **in eigener Verantwortung zu prüfen**, ob die nach Abs. 2 gekennzeichneten Unterlagen tatsächlich geheimhaltungsbedürftig i.S.d. Abs. 1 sind.[27] Gelangt sie in dieser Prüfung zu der Überzeugung, dass die Kennzeichnung zu Unrecht erfolgte und die Unterlage in Wirklichkeit nicht geheimhaltungsbedürftig ist, so gilt zunächst § 10 Abs. 3 Satz 2 der 9. BImSchV in analoger Anwendung. Die Behörde hat demnach den Vorhabenträger vor der Entscheidung über die Auslegung der Unterlage anzuhören. Verbleibt die Behörde nach der Anhörung des Vorhabenträgers bei der Überzeugung, dass keine Geheimhaltungsbedürftigkeit besteht, so hat sie die Entscheidung über die Auslegung der Unterlage zu treffen.[28] Der Vorhabenträger kann eine Auslegung der von ihm als geheimhaltungsbedürftig gehaltenen Unterlage verhindern, indem er den Antrag auf Vorhabenzulassung zurücknimmt. Auch ist die Entscheidung der Behörde über die Auslegungsfähigkeit der Unterlage nach zutreffender Auffassung ausnahmsweise isoliert anfechtbar.[29] § 44a VwGO greift insoweit nicht ein, da es sich um eine Verfahrenshandlung handelt, die vollstreckt werden kann (mittels der Durchführung der Auslegung; vgl. § 44a Satz 2 VwGO).

23 Verzichtet die zuständige Behörde unter Berufung auf den Geheimnisschutz auf die Auslegung einer Unterlage, die nach § 19 Abs. 2 auszulegen wäre, obwohl die gesetzlichen Vorschriften über die Geheimhaltung in Wirklichkeit nicht eingreifen, so genügt die Auslegung nicht den Anforderungen aus § 19 Abs. 2. In der **gerichtlichen Kontrolle** unterliegt die Frage, ob eine Geheimhaltungsbedürftigkeit vorliegt, einer uneingeschränkten gerichtlichen Überprüfung, weil es sich um ein objektives Tatbestandsmerkmal handelt. Die weiteren Folgen dieses Fehlers richten sich nach den allgemeinen Vorgaben, die im Falle einer unvollständigen Auslegung eingreifen.[30]

24 Im umgekehrten Fall, also der Auslegung von Unterlagen, die der Geheimhaltungspflicht unterliegen, kann die Verletzung der Geheimhaltungspflicht Folgenbeseitigungs- und Schadensersatzansprüche, insbesondere Amtshaftungsansprüche auslösen[31] oder strafrechtliche Sanktionen (z.B. nach § 203 Abs. 2 StGB) nach sich ziehen.[32]

C. Datenschutz

25 § 23 Abs. 1 Satz 1 stellt klar, dass die Rechtsvorschriften über Datenschutz unberührt bleiben. Dabei ist zunächst daran zu erinnern, dass § 23 nur für **die vom UVPG vorgegebenen Verfahrensschritte** gilt, also für die Unterrichtung über den Untersuchungsrahmen (§ 15), die Vorlage des UVP-Berichts (§ 16), die Behördenbeteiligung (§ 17) und die Beteiligung der Öffentlichkeit (§§ 18 bis 22). Für weitere Verfahrensschritte, die nach anderen gesetzlichen Grundlagen durchzuführen sind, gilt § 23

27 *Ruf* ZUR 2023, 162 (165).

28 So zu § 10 Abs. 2 BImSchG auch *Jarass*, BImSchG, § 10 Rn. 40; *Czajka*, in: Feldhaus, BImSchR, § 10 Rn. 30; *Schack*, in: BeckOK UmwR, § 10 BImSchG Rn. 12; a.A. *Dietlein*, in: Landmann/Rohmer, Umweltrecht, § 10 BImSchG Rn. 63 f., der eine Auslegung der Unterlage für unzulässig hält. Die Behörde habe den Antrag stattdessen als unzulässig abzuweisen, was dem Vorhabenträger die Möglichkeit der Erhebung einer Verpflichtungsklage eröffne.

29 Streitig. Wie hier gegen das Eingreifen der Sperrwirkung: *Jarass*, BImSchG, § 10 Rn. 40; *Frenz*, in: Kotulla, BImSchG, § 10 Rn. 70; *Czajka*, in: Feldhaus, BImSchR, § 10 Rn. 30; *Schack*, in: BeckOK UmweltR, § 10 BImSchG Rn. 13; a.A. *Dietlein*, in: Landmann/Rohmer, Umweltrecht, § 10 BImSchG Rn. 64; *Weiss*, in: Appel/Ohms/Saurer, § 10 BImSchG Rn. 109; offen gelassen von *Roßnagel/Hentschel*, in: GK-BImSchG, § 10 Rn. 230, Fn. 293.

30 Vgl. § 19 Rdn. 43 ff.

31 Für personenbezogene Daten regelt § 83 BDSG fachrechtlich einen Schadensersatzanspruch.

32 Hierzu ausführlicher: *Hofmann* in: Landmann/Rohmer, Umweltrecht, § 23 UVPG Rn. 30 f.

dagegen nicht. Daher ist beispielsweise die Frage, ob und ggf. welche Informationen aus den im Rahmen des Beteiligungsverfahrens erhobenen Einwendungen aus datenschutzrechtlichen Gründen nicht an den Vorhabenträger weitergeleitet werden dürfen (z.B. Name und Adresse des Einwenders), nicht nach Maßgabe des § 23 zu beantworten. Insoweit bleiben allerdings die allgemeinen Vorschriften anwendbar (z.B. § 30 VwVfG). Mithin hat der deklaratorische Verweis auf die Rechtsvorschriften des Datenschutzes in der Praxis nur eine sehr begrenzte Relevanz.

Die datenschutzrechtlichen Gesetze haben eine **umfassende Novellierung** erfahren.[33] Bereits am 24.05.2016 ist die europäische Datenschutzgrundverordnung der EU (DS-GVO) verabschiedet worden.[34] Die DS-GVO gilt seit dem Zeitpunkt des Inkrafttretens am 25.05.2018 als unmittelbar anwendbares Recht in den Mitgliedstaaten (Art. 99 Abs. 2 DS-GVO), ohne dass es eines staatlichen Umsetzungsakts bedarf. Ihr kommt gegenüber entgegenstehendem nationalem Recht Anwendungsvorrang zu. Der deutsche Gesetzgeber hat mit dem Erlass des Datenschutzanpassungsgesetzes unter anderem das BDSG neu gefasst und an die unmittelbar geltenden europäischen Vorgaben angepasst.[35] Die Neufassung des BDSG ist ebenfalls am 25.05.2018 in Kraft getreten. Ab dem 25.05.2018 sind mithin vier Regelungsbereiche für das Datenschutzrecht in Deutschland maßgeblich: die DS-GVO, das neue BDSG sowie das bereichsspezifische und landesrechtliche Datenschutzrecht. Das Zusammenspiel der einzelnen Regelungsbereiche bestimmt sich nach dem jeweiligen Anwendungsbereich.[36] Vorrangig anwendbar ist stets die DS-GVO. Nur soweit diese Konkretisierungen durch die Mitgliedstaaten zulässt, ist zu prüfen, ob bereichsspezifisch, landesrechtlich oder durch das BDSG Regelungen getroffen wurden. 26

Von einer **Zulässigkeit der Datenübermittlung** der zuständigen, verfahrensleitenden Behörde an die berührten in- und ausländischen Behörden ist auszugehen, wenn und soweit die Kenntnis der personenbezogenen Daten für eine Abgabe von fachlichen Stellungnahmen zu den Umweltauswirkungen des Vorhabens bzw. Plans oder Programms erforderlich ist. Entsprechendes gilt für die Beteiligung der in- und ausländischen Öffentlichkeit. Sie hat jedenfalls Anspruch darauf, zu erfahren, welche Personen den Vorhabenantrag gestellt haben. Dagegen erscheint es für die Beurteilung des Vorhabens durch die Öffentlichkeit nicht erforderlich, auch weitere personenbezogene Daten des Vorhabenträgers, wie z.B. dessen Familienstand, Geburtstag oder die private Wohnanschrift bekannt zu geben. 27

D. Schutz der Rechte am geistigen Eigentum

Beim Begriff **»Rechte am geistigen Eigentum«** hat sich der Gesetzgeber an § 9 UIG orientiert.[37] Hier wie dort umfasst der Begriff Schutzrechte an immateriellen Gütern,[38] insbesondere aus dem Urheberrecht, dem Geschmacksmusterrecht, dem Markenrecht und dem Patentrecht.[39] 28

Diese Rechte können sich aber nur dann auf die **Verfahrensschritte nach dem UVPG** auswirken, wenn das Verfahren eine Verletzung des jeweiligen Rechts am geistigen Eigentum zur Folge haben würde. Was nach den maßgeblichen Bestimmungen über das geistige Eigentum zulässig ist, also keine dort geregelten Anforderungen der Rechtsinhaber verletzen würde, hat keine Auswirkungen 29

33 Grundlegend: *Greve* NVwZ 2017, 737 ff.; *Kühling* NJW 2017, 1985 ff.

34 VO (EU) 2016/679 des Europäischen Parlaments und des Rates v. 27.04.2016 zum Schutz natürlicher Personen bei der Verarbeitung personenbezogener Daten, zum freien Datenverkehr und zur Aufhebung der RL 95/36/EG (Datenschutz-Grundverordnung), ABl. 2016 L 119, 1.

35 Gesetz zur Anpassung des Datenschutzrechts an die VO (EU) 2016/679 und zur Umsetzung der RL (EU) 2016/680 (Datenschutz-Anpassungs- und -Umsetzungsgesetz EU – DSAnpUG-EU) vom 30.06.2017, BGBl. I, S. 2097.

36 *Greve* NVwZ 2017, 737.

37 BR-Drs. 164/1/17, S. 29.

38 *Karg*, in: BeckOK InfoMedienR, § 9 UIG Rn. 17.

39 *Karg*, in: BeckOK InfoMedienR, § 9 UIG Rn. 17; *Reidt/Schiller*, in: Landmann/Rohmer, Umweltrecht, § 9 UIG, Rn. 16; *Schnabel* K&R 2011, 626.

auf das UVPG vorgegebene Verfahren.[40] Da beispielsweise § 139 PatG den patentrechtlichen Unterlassungsanspruch an die Benutzung des Patents im Sinne der §§ 9 ff. PatG anknüpft und die reine Informationsübermittlung keine Benutzungstatbestand in diesem Sinne darstellt, können patentrechtliche Ansprüche den Verfahrensschritten nach dem UVPG kaum entgegenstehen.[41]

30 Zu den **urheberrechtlich geschützten Unterlagen** können nach § 2 Abs. 1 Nr. 7 UrhG auch Darstellungen wissenschaftlicher oder technischer Art gehören. Hierzu zählen im Ausgangspunkt auch Unterlagen i.S.d. § 19 Abs. 2. Der Urheberschutz greift aber nur nach Maßgabe des § 2 Abs. 2. Danach sind nur persönliche geistige Schöpfungen Werke i.S.d. UrhG. Darunter werden vom Menschen entwickelte Gedankenäußerungen verstanden, die von seiner Persönlichkeit geprägt sind und individuelle Züge aufweisen.[42] Da Antragsunterlagen **regelmäßig weder eine persönliche Prägung noch individuelle Züge** aufweisen,[43] werden die Unterlagen i.S.d. § 19 Abs. 2 in der Regel nicht vom Urheberrechtsschutz erfasst. Dann greifen von vornherein keine urheberrechtlichen Restriktionen ein. Anderes kann ausnahmsweise für solche Unterlagen (z.B. Baupläne oder wissenschaftliche Gutachten) gelten, die eine weit überdurchschnittliche individuelle Eigenart und Originalität aufweisen.[44] Solche Unterlagen sind dem Grunde nach dem Urheberrechtsschutz zugänglich. Dennoch wird das Urheberrecht den Verfahrensschritten nach dem UVPG aus mehreren Gründen regelmäßig nicht entgegenstehen. Zum einen wird jedenfalls für die Unterlagen, die gezielt im Hinblick auf das Verfahren der Zulassung des jeweiligen Vorhabens angefertigt wurden, regelmäßig anzunehmen sein, dass der Inhaber des Urheberrechts die Nutzung der Unterlage **gestattet**. Zum anderen ist auf die Regelung des § 45 Abs. 1, Abs. 3 UrhG hinzuweisen. Danach ist die öffentliche Auslegung von Werken zur **Verwendung in einem Verfahren vor einer Behörde** ausdrücklich zulässig. Insgesamt ist daher festzustellen, dass der Einfluss des Urheberrechts auf die Verfahrensschritte nach dem UVPG insgesamt sehr begrenzt bleiben wird.

§ 24 Zusammenfassende Darstellung

(1) [1]Die zuständige Behörde erarbeitet eine zusammenfassende Darstellung
1. **der Umweltauswirkungen des Vorhabens,**
2. **der Merkmale des Vorhabens und des Standorts, mit denen erhebliche nachteilige Umweltauswirkungen ausgeschlossen, vermindert oder ausgeglichen werden sollen, und**
3. **der Maßnahmen, mit denen erhebliche nachteilige Umweltauswirkungen ausgeschlossen, vermindert oder ausgeglichen werden sollen, sowie**
4. **der Ersatzmaßnahmen bei Eingriffen in Natur und Landschaft.**

[2]Die Erarbeitung erfolgt auf der Grundlage des UVP-Berichts, der behördlichen Stellungnahmen nach § 17 Absatz 2 und § 55 Absatz 4 sowie der Äußerungen der betroffenen Öffentlichkeit nach den §§ 21 und 56. [3]Die Ergebnisse eigener Ermittlungen sind einzubeziehen.

(2) Die zusammenfassende Darstellung soll möglichst innerhalb eines Monats nach dem Abschluss der Erörterung im Beteiligungsverfahren erarbeitet werden.

Übersicht

40 So zu § 9 UIG: VGH Mannheim, Urt. v. 25.11.2008 – 10 S 2702/06, NuR 2009, 650 (652 f.); vgl. ferner *Reidt/Schiller*, in: Landmann/Rohmer, Umweltrecht, § 9 UIG, Rn. 16.

41 Hierauf verweisen zu Recht *Reidt/Schiller*, in: Landmann/Rohmer, Umweltrecht, § 9 UIG, Rn. 16.

42 *Karg*, in: BeckOK InfoMedienR, § 9 UIG Rn. 19; *Reidt/Schiller*, in: Landmann/Rohmer, Umweltrecht, § 9 UIG Rn. 17.

43 *Reidt/Schiller*, in: Landmann/Rohmer, Umweltrecht, § 9 UIG Rn. 17.

44 *Karg*, in: BeckOK InfoMedienR, § 9 UIG Rn. 20; *Schnabel* K&R 2011, 626 (629).

A. Allgemeines

1 § 24 fordert eine systematische und zusammenfassende Beschreibung der Umweltauswirkungen des Vorhabens, um damit eine **rechtstatsächliche Basis** für die begründete Bewertung der Umweltauswirkungen und für die Berücksichtigung des Ergebnisses bei der Entscheidung über die Zulässigkeit des Vorhabens i.S.v. § 25 zu schaffen.[1] § 24 ist nicht anwendbar, wenn und soweit Spezialvorschriften Vorrang haben. Nach § 50 Abs. 1 wird z.B. die UVP im Bauleitplanverfahren nach den Bestimmungen des BauGB durchgeführt. Für die immissionsschutzrechtlichen Genehmigungsverfahren bestimmt § 20 Abs. 1a der 9. BImSchV das Erfordernis einer zusammenfassenden Darstellung für UVP-pflichtige Anlagen (siehe auch § 14a Abs. 1 AtVfV für Atomanlagen). In der Raumverträglichkeitsprüfung erfolgt die Prüfung der Umweltauswirkungen gem. § 49 Satz 1 nur nach Maßgabe des ROG. Bei bergbaulichen Vorhaben, die in der Anlage 1 des UVPG aufgeführt sind und dem Bergrecht unterliegen, werden die Umweltverträglichkeitsprüfung und die Überwachung des Vorhabens gem. § 51 nach den Vorschriften des BBergG durchgeführt. § 57a Abs. 1 Satz 5 BBergG sieht jedoch vor, dass für das Verfahren die §§ 15 bis 27, § 31 und damit auch § 24 anzuwenden sind.

I. Gesetzesgeschichte

2 § 24 übernimmt einen Teil der Regelungen des früheren § 11 UVPG a.F. Die Änderungen des § 24 gegenüber der vorherigen Rechtslage dienten nach der Gesetzesbegründung der Umsetzung der UVP-Änderungsrichtlinie. In Absatz 1 wird gem. Art. 5 Abs. 1 Satz 1 der geänderten UVP-RL der Begriff »**UVP-Bericht**« nach § 16 an Stelle des früheren Begriffs »Unterlagen« verwendet.

3 Die aktuelle Formulierung in Absatz 1 Satz 1 und 2 berücksichtigt außerdem, dass die zusammenfassende Darstellung weitere Verfahrensschritte der UVP vorbereitet, für die nach der UVP-Änderungsrichtlinie geänderte Anforderungen gelten. Vorbereitet wird z.B. **die begründete Schlussfolgerung** nach Art. 1 Abs. 2 g Ziffer iv der geänderten UVP-RL sowie der Inhalt der Entscheidung

1 *Kümper*, in: Schink/Reidt/Mitschang, UVPG/UmwRG, 2023, § 24 UVPG Rn. 1; *Wulfhorst*, in: Landmann/Rohmer, Umweltrecht, Stand: 4/2022, § 24 UVPG Rn. 1; siehe auch Nr. 24.0.1 UVPVwV.

nach Art. 8 a Abs. 1 a und Absatz 4 sowie die Veröffentlichung von Informationen nach Art. 9 Abs. 1 b der geänderten UVP-RL. Nach Art. 8 a Abs. 1 b UVP-RL sind in die Entscheidung über die Zulässigkeit des Vorhabens unter anderem die Aspekte des Projekts aufzunehmen, mit denen erhebliche nachteilige Auswirkungen auf die Umwelt vermieden, verhindert oder verringert und soweit möglich ausgeglichen werden sollen. Daher sind die entsprechenden Merkmale in die zusammenfassende Darstellung aufzunehmen. Ebenso wie bei § 16 Abs. 1 Satz 1 Nr. 3 und 4 umfasst die Bezeichnung »ausgeschlossen« sowohl das »**Vermeiden**« als auch das »**Verhindern**« erheblicher nachteiliger Umweltauswirkungen im Sinne der UVP-Änderungsrichtlinie. Zusätzlich sind in die zusammenfassende Darstellung nach Satz 1 Nr. 3 auch die etwaigen **Maßnahmen** aufzunehmen, mit denen erhebliche nachteilige Umweltauswirkungen ausgeschlossen, vermindert oder ausgeglichen werden sollen sowie nach Satz 1 Nr. 4 die etwaigen Ersatzmaßnahmen bei Eingriffen in Natur und Landschaft.[2]

4 Nach Art. 9 Abs. 1 b UVP-RL hat die zuständige Behörde sicherzustellen, dass der Öffentlichkeit unter anderem eine Zusammenfassung der Ergebnisse der Anhörungen, sowie der mit dem UVP-Bericht, der Durchführung der Behördenbeteiligung nach Art. 8 und gegebenenfalls der grenzüberschreitenden Behörden- und Öffentlichkeitsbeteiligung erhaltenen Informationen zugänglich gemacht wird. Diese Anforderung wird im UVPG dadurch umgesetzt, dass die zusammenfassende Darstellung nach § 26 Abs. 1 Nr. 3 b in die **Begründung des Bescheids** über die Zulässigkeit des Vorhabens aufgenommen wird, der nach § 27 Satz 1 zur Einsicht auszulegen ist.[3] Zur Vorbereitung dieses Schritts sollte nach dem Gesetzesentwurf der Bundesregierung in der zusammenfassenden Darstellung auch angegeben werden, ob die Informationen jeweils aus dem UVP-Bericht, einer behördlichen Stellungnahme oder aus Äußerungen der Öffentlichkeit stammen. Der Bundesrat wies in seiner Stellungnahme zu dem Gesetzesentwurf darauf hin, dass eine solche Regelung europarechtlich nicht gefordert ist und dass auf eine Zuordnung zu den Informationsquellen verzichtet werden kann.[4] Dem stimmte die Bundesregierung zu, so dass eine solche Zuordnung zu den Informationsquellen nicht erforderlich ist.

5 Absatz 2 entspricht dem früheren § 11 Satz 3. Die Sätze 4 und 5 des früheren § 11 werden ersetzt durch die neuen Anforderungen nach § 26 Abs. 1 Nr. 3 b und d.

II. Sinn und Zweck der zusammenfassenden Darstellung

6 Sinn und Zweck der zusammenfassenden Darstellung werden besonders deutlich in § 25. Die zusammenfassende Darstellung ist Grundlage für die **Bewertung der Umweltauswirkungen** im Hinblick auf eine wirksame Umweltvorsorge im Sinne des § 3 nach Maßgabe der geltenden Gesetze.[5] In der zusammenfassenden Darstellung sind deshalb **alle entscheidungserheblichen Angaben** zusammenzufassen, die für die Bewertung der Umweltauswirkungen des Vorhabens erforderlich sind. Die zusammenfassende Darstellung dient der Aufbereitung des für die Bewertung der Umweltauswirkungen relevanten Tatsachenstoffes.[6] Die zuständige Behörde soll durch die zusammenfassende Darstellung dazu veranlasst werden, die Umweltauswirkungen besonders sorgfältig zu prüfen und sie zur Vorbereitung der Entscheidung in geeigneter Weise zusammenzufassen. Die zusammenfassende Darstellung nach § 24 schafft somit die Grundlage für die Bewertung der Umweltaus-

---

2 Gesetzesbegründung der Bundesregierung BT-Drs. 18/11499, S. 92.

3 Siehe auch Nr. 24.02.2 UVPVwV.

4 Stellungnahme des Bundesrats BR-Drs. 18/11948 vom 12.04.2017, S. 17.

5 *Wulfhorst,* in: Landmann/Rohmer, Umweltrecht, Stand: 4/2022, § 24 UVPG Rn. 10.

6 BVerwG, Beschl. v. 15.03.2021 – 4 B 14/20, juris Rn. 5; BVerwG, Beschl. v. 11.07.2013 – 7 A 20.11, DVBl 2013, 1453 Rn. 14; *Lieber,* in: Mann/Sennekamp/Uechtritz, VwVfG, 2025, § 73 Rn. 360; VGH Mannheim, Urt. v. 20.11.2018 – 5 S 2138/16, juris Rn. 102.

wirkungen nach § 25.[7] Mit der zusammenfassenden Darstellung beginnt nach der Erörterung im Anhörungsverfahren die eigentliche Entscheidungsphase.

Bei einer Evaluation des UVPG im Auftrage des Umweltbundesamtes im Jahre 2009 wurde die Qualität der zusammenfassenden Darstellung insgesamt als eher schlecht bewertet. Die Angaben in der zusammenfassenden Darstellung seien häufig nicht raumkonkret und vorhabenspezifisch. Insbesondere seien Vermeidungsmaßnahmen vielfach zu abstrakt und undifferenziert beschrieben, während die Angaben zu Verminderungs- und vor allem zu Ausgleichs- und Ersatzmaßnahmen überwiegend sehr ausführlich dargestellt würden.[8] 7

Die zusammenfassende Darstellung dient nicht nur der **Entscheidungsvorbereitung** für die zuständige Behörde, sondern darüber hinaus auch der **Beteiligung der Öffentlichkeit**. Indem der Gesetzgeber vorschreibt, dass die zusammenfassende Darstellung gem. § 24 Inhalt des Bescheids über die Zulassung oder Ablehnung des Vorhabens sein muss (§ 26 Abs. 1 b) und dass außerdem die Entscheidung über die Zulassung oder Ablehnung des Vorhabens nach § 27 öffentlich bekanntzumachen sowie in entsprechender Anwendung des § 74 Abs. 4 Satz 2 VwVfG zur Einsicht auszulegen ist, wird sichergestellt, dass die Öffentlichkeit über die Umweltrelevanz des zugelassenen oder abgelehnten Vorhabens hinreichend informiert wird.[9] 8

Bedarf ein Vorhaben der Zulassung durch mehrere Behörden und ist die gemäß § 31 Abs. 1 für die Erarbeitung der zusammenfassenden Darstellung zuständige **federführende Behörde** nicht für die Entgegennahme der Unterlagen des Vorhabenträgers oder die Durchführung des innerstaatlichen Beteiligungsverfahrens zuständig, so sind ihr unverzüglich nach Abschluss dieser Verfahrensschritte der UVP-Bericht nach § 16, die Stellungnahmen aus der Behördenbeteiligung nach § 17 Abs. 2 und § 55 Abs. 4, die Äußerungen der Öffentlichkeit nach § 21 und die Ergebnisse behördlicher Ermittlungen (§ 24 Abs. 1 Satz 3) zur Verfügung zu stellen. Zweckmäßig ist zudem eine Beteiligung der federführenden Behörde an den vorherigen Verfahrensschritten.[10] Die federführende Behörde hat die zusammenfassende Darstellung im Zusammenwirken zumindest mit den anderen Zulassungsbehörden und der Naturschutzbehörde, deren Aufgabenbereich durch das Vorhaben berührt wird, zu erarbeiten (§ 31 Abs. 2 Satz 3). Dazu entwirft sie auf der Grundlage der ihr zur Verfügung gestellten Ermittlungsergebnisse die zusammenfassende Darstellung und übermittelt den Entwurf den beteiligten Behörden, die dazu innerhalb einer Frist, die von der federführenden Behörde festgesetzt wird, zu dem Entwurf Stellung nehmen.[11] 9

III. Anwendungsbereich der Vorschrift

§ 24 ist nur anwendbar, soweit nicht speziellere Vorschriften vorgehen. Werden Bebauungspläne im Sinne des § 2 Abs. 6 Nr. 3, insbesondere bei Vorhaben nach Anlage 1 Nr. 18.1 bis 18.9, aufgestellt, geändert oder ergänzt, so wird nach 50 Abs. 1 Satz 1 die Umweltverträglichkeitsprüfung einschließlich der Vorprüfung nach den §§ 1, 2 Abs. 1 und 2 sowie nach den §§ 3–13 im Aufstellungsverfahren als Umweltprüfung sowie die Überwachung nach den Vorschriften des BauGB durchgeführt. Eine nach dem UVPG vorgeschriebene Vorprüfung entfällt nach § 50 Abs. 1 Satz 2, wenn für den aufzustellenden Bebauungsplan eine Umweltprüfung nach den Vorschriften des BauGB durchgeführt wird.[12] 10

7 *Lieber*, in: Mann/Sennekamp/Uechtritz, VwVfG, 2025, § 73 Rn. 360; *Kümper*, in: Schink/Reidt/Mitschang, UVPG/UmwRG, § 24 UVPG Rn. 2.
8 Siehe dazu *Führ/Dopfer/Bizer* ZUR 2009, 59 (61).
9 Zustimmend *Wulfhorst*, in: Landmann/Rohmer, Umweltrecht, Stand: 4/2022, § 24 UVPG Rn. 11.
10 Nr. 24.0.3 UVPVwV.
11 Nr. 24.0.4 UVPVwV.
12 Siehe dazu BVerwG, Urt. v. 24.04.2024 – 4 CN 2/23, BVerwGE 182, 200 = juris Rn. 21; OVG Lüneburg, Urt. v. 02.10.2024 – 1 KN 34/23, juris Rn. 22; *Arndt* BauR 2025, 717.

11 Nach § 2 Abs. 4 BauGB wird für die Belange des Umweltschutzes nach § 1 Abs. 6 Nr. 7 und § 1 a BauGB eine Umweltprüfung durchgeführt, in der die voraussichtlichen erheblichen Umweltauswirkungen ermittelt und in einem Umweltbericht beschrieben und bewertet werden; die Anlage 1 zum BauGB ist anzuwenden. Die Gemeinde legt dazu für jeden Bauleitplan fest, in welchem Umfang und Detaillierungsgrad die Ermittlung der Belange für die Abwägung erforderlich ist. Die Umweltprüfung bezieht sich auf das, was nach gegenwärtigem Wissensstand und allgemein anerkannten Prüfmethoden sowie nach Inhalt und Detaillierungsgrad des Bauleitplans angemessener Weise verlangt werden kann. Das Ergebnis der Umweltprüfung ist in der Abwägung zu berücksichtigen. Der Umweltbericht bildet nach § 2 a Satz 3 BauGB einen gesonderten Teil der Begründung. Nach § 214 Abs. 1 Satz 1 Nr. 3 BauGB ist die Verletzung der Formvorschrift des § 2 a BauGB grundsätzlich beachtlich.[13] Dazu zählt auch das Vorhandensein des in § 2 a Satz 3 BauGB genannten Umweltberichts. Unbeachtlich ist der Verfahrensmangel, wenn der Umweltbericht nur in unwesentlichen Punkten unvollständig ist.[14] Der Umweltbericht darf weniger ausführlich ausfallen, wenn bereits das Scoping ergibt, dass Umweltbelange nicht oder nur geringfügig betroffen sind. Aber auch ein solcher Befund muss in einem Umweltbericht dokumentiert werden und macht ihn insoweit nicht verzichtbar.[15]

12 Anders als nach § 24 wird für die UVP bei der Bauleitplanung keine zusammenfassende Darstellung als Zwischenstand des Verfahrens festgehalten. Die Gemeinde hat gem. § 2 a Satz 1 BauGB im Aufstellungsverfahren dem Entwurf des Bauleitplans eine Begründung beizufügen. In ihr sind entsprechend dem Stand des Verfahrens die Ziele, Zwecke und wesentlichen Auswirkungen des Bauleitplans und in dem Umweltbericht nach der Anlage 1 zum BauGB die auf Grund der Umweltprüfung nach § 2 Abs. 4 ermittelten und bewerteten Belange des Umweltschutzes darzulegen.

13 Anders als nach dem früheren Recht sieht § 57 a Abs. 1 Satz 4 BBergG ausdrücklich die Anwendbarkeit des § 24 für das **bergrechtliche Planfeststellungsverfahren** vor.[16] Grundsätzlich unanwendbar ist § 24 bei der Raumverträglichkeitsprüfung (§ 49). In der Raumverträglichkeitsprüfung erfolgt die Prüfung der Umweltauswirkungen nur nach Maßgabe des ROG. Vorrangige Regelungen zur zusammenfassenden Darstellung ergeben sich auch aus § 20 Abs. 1 a der 9. BImSchV und § 14a Abs. 1 AtVfV.[17]

B. Grundlagen der zusammenfassenden Darstellung (§ 24 Abs. 1 Sätze 2 und 3)

14 Die zuständige Behörde erarbeitet nach § 24 Abs. 1 Satz 2 die zusammenfassende Darstellung auf der Grundlage des UVP-Berichts, der behördlichen Stellungnahmen nach § 17 Abs. 2 und § 55 Abs. 4 sowie der Äußerungen der betroffenen Öffentlichkeit nach den §§ 21 und 56.

I. UVP-Bericht

15 Zentraler Ausgangspunkt der zusammenfassenden Darstellung ist der von dem Vorhabenträger nach § 16 Abs. 1 Satz 1 vorzulegende UVP-Bericht. Die Mindestangaben, die der Vorhabenträger nach § 16 Abs. 1 Satz 1 im UVP-Bericht zu machen hat, sind insoweit auch Gegenstand der zusammenfassenden Darstellung. Die Anforderungen an diese Verpflichtung des Vorhabenträgers sind durch das Gesetz zur Modernisierung des Rechts der Umweltverträglichkeitsprüfung im Jahr 2017 umfassend geregelt worden. Der Begriff des UVP-Berichts ist seitdem neu. Die vom Vorhabenträger vorzulegenden Angaben über die Umweltauswirkungen des Vorhabens sind der zuständigen Behörde

---

13 BVerwG, Urt. v. 25.06.2020 – 4 CN 5/18, BVerwGE 169, 29, juris Rn. 34.

14 Siehe dazu BayVGH, Urt. v. 04.03.2021 – 2 N 18.916, juris Rn. 16.

15 BayVGH, Beschl. v. 16.12.2024 -22 CS 24.1314, juris Rn. 30; BayVGH, Urt. v. 04.03.2021 – 2 N 18.916, juris Rn. 18; OVG MV, Urt. v. 26.04.2023 – 3 K 149/15, juris Rn. 52; *Scheidler* UPR 2024, 201 ff.

16 *Beckmann,* in: Frenz, BBergG, 2019, § 57a Rn. 63.

17 Dazu *Kümper*, in: Schink/Reidt/Mitschang, UVPG/UmwRG, § 24 UVPG Rn. 7.

vorzugsweise in einem Dokument zu übermitteln, das als UVP-Bericht bezeichnet wird. Das schließt es nach der Gesetzesbegründung zwar nicht aus, dass der UVP-Bericht Bestandteil eines umfassenderen Dokuments ist, z.B. eines Erläuterungsberichts in einem Planfeststellungsverfahren, jedoch muss bei Aufnahme des Berichts in ein umfassenderes Dokument der Teil dieses Dokuments, der den UVP-Bericht enthält, auch als solcher bezeichnet werden.[18]

§ 16 Abs. 1 Satz 1 listet die Angaben auf, die der UVP-Bericht stets enthalten muss. Es handelt sich um inhaltliche **Mindestanforderungen** an den UVP-Bericht, die in allgemeiner Form umschrieben werden. Der UVP-Bericht geht der Genehmigung voraus, damit die zuständige Behörde bei ihrer Meinungsbildung die Auswirkungen auf die Umwelt bei allen technischen Planungs- und Entscheidungsprozessen so früh wie möglich berücksichtigen kann, um Umweltbelastungen von vornherein zu vermeiden statt sie erst nachträglich ihre Auswirkungen zu bekämpfen.[19] Die Umweltverträglichkeitsprüfung ist auf die Zulassungsentscheidung bezogen, eine Beschreibung von Umweltauswirkungen um ihrer selbst willen fordert die UVP-RL nicht.[20] Zur Konkretisierung und Spezifizierung der in § 16 Abs. 1 Satz 1 Nr. 1 bis 7 genannten Aspekte ist, jeweils angepasst an Art, Lage und Zuschnitt des geplanten Vorhabens, den Vorgaben des § 16 Abs. 3 und 4 Rechnung zu tragen. Nach § 16 Abs. 3 muss der UVP-Bericht auch die in Anlage 4 genannten weiteren Angaben enthalten, soweit diese Angaben für das Vorhaben von Bedeutung sind. Nach § 16 Abs. 4 Satz 1 bestimmen sich Inhalt und Umfang des UVP-Berichts nach den Rechtsvorschriften, die für die Zulassungsentscheidung maßgebend sind. 16

Wenn eine Unterrichtung über den **Untersuchungsrahmen** nach § 15 Abs. 1 Satz 1 stattgefunden hat, stützt der Vorhabenträger gem. § 16 Abs. 4 Satz 2 den UVP-Bericht zusätzlich auch auf den bei dieser Unterrichtung festgelegten Untersuchungsrahmen. Um eine dem Vorhabentyp, seinen spezifischen Merkmalen und dem jeweiligen Standort angemessene Bestimmung der Anforderungen an den UVP-Bericht vorzunehmen, empfiehlt die Bundesregierung in der Gesetzesbegründung, dass die Behörde den Vorhabenträger über den Untersuchungsrahmen gem. § 15 Abs. 1 berät und unterrichtet.[21] 17

Gem. § 16 Abs. 1 Satz 1 Nr. 1 Abs. 1 Satz 1 Nr. 1 muss der UVP-Bericht eine Beschreibung des Vorhabens enthalten, die sich auf Angaben zum Standort, zur Art des Vorhabens sowie zu dessen technischer Ausgestaltung, zur Größe und zu anderen mit Blick auf die Umweltfolgen wesentlichen Merkmale des Vorhabens erstreckt. Zulässig ist es, im UVP-Bericht die Beschreibung des Vorhabens überblickartig kurz zu halten, wenn in weiteren Antragsunterlagen, z.B. in einem **Erläuterungsbericht**, der in Planfeststellungsverfahren eingereicht wird, das Vorhaben ausführlicher vorgestellt und erläutert wird. Es kann insoweit in dem UVP-Bericht auf die ergänzenden und detaillierteren Antragsunterlagen verwiesen werden. In der Gesetzesbegründung wird empfohlen, nur die wichtigsten Inhalte der Fachgutachten in den UVP-Bericht zu übernehmen und im Hinblick auf die Einzelheiten auf das betreffende Gutachten zu verweisen, das ebenfalls auszulegen sei.[22] 18

Soweit der UVP-Bericht eine Beschreibung der zu erwartenden erheblichen Umweltauswirkungen des Vorhabens enthalten muss, unterscheiden der Richtliniengeber und der deutsche Gesetzgeber 19

---

18 Gesetzesbegründung der BReg BT-Drs. 18/11499, S. 87; zum UVP-Bericht siehe auch *Balla/Borkenhagen/Günnewig* ZUR 2019, 323; zur erforderlichen Anstoßfunktion des UVP-Berichts nach § 16 Abs. 5 Satz 1 UVPG siehe VGH BW, Urt. v. 28.04.2025 – 10 S 1455/23, juris Rn. 39; BVerwG, Urt. v. 28.04.2016 – 9 A 9.15 – BVerwGE 155, 91 Rn. 34; Beschl. v. 26.03.2020 – 3 B 24.19, juris Rn. 9; BayVGH, Beschl. v. 16.12.2024 -22 CS 24.1314, juris Rn. 30; VGH BW, Urt. v. 20.12.2023 – 14 S 218/23, juris Rn. 79; *Hofmann*, in: Landmann/Rohmer, Umweltrecht, § 19 UVPG Rn. 19.

19 BVerwG, Beschl. v. 18.02.2021 – 4 B 25/20, juris Rn. 18; EuGH, Urt. v. 26.07.2017 – C 196/16 u.a., NVwZ 2017, 1611 Rn. 33; OVG BB, Beschl. v. 23.07.2019 – OVG 11 S 80.18, juris Rn. 10.

20 BVerwG, Beschl. v. 18.02.2021 – 4 B 25/20, juris Rn. 18; *Beckmann* NuR 2025, 725 ff.

21 Gesetzesbegründung der BReg BT-Drs. 18/11499, S. 87.

22 Gesetzesbegründung BT-Drs. 18/11499, S. 88; BVerwG, Urt. v. 15.02.2018 – 9 C 1/17, BVerwGE 161, 180, juris Rn. 31.

nicht zwischen positiven und nachteiligen Umweltauswirkungen. Es sind dementsprechend auch die **positiven Wirkungen des Vorhabens** auf die Umwelt im UVP-Bericht darzustellen und dementsprechend auch in der zusammenfassenden Darstellung zu beschreiben.

20 Wenn – wie häufig – die vom Vorhabenträger vorgelegten Antragsunterlagen zu den zu erwartenden Umweltauswirkungen des Vorhabens umfangreich sind und sich gegebenenfalls auch auf ausführlichere **Fachgutachten** erstrecken, muss der UVP-Bericht nur die wichtigsten Inhalte dieser Fachgutachten übernehmen; hinsichtlich der Einzelheiten darf auf die Fachgutachten verwiesen werden, die nach § 19 Abs. 2 Nr. 2 und § 20 Abs. 1 Satz 1 ebenfalls auszulegen und über das Internet-Portal zugänglich zu machen sind. Nichts anderes gilt für die zusammenfassende Darstellung der Umweltauswirkungen; die zusammenfassende Funktion dieser Darstellung bewirkt, dass sie sich nicht auf sämtliche Einzelheiten erstrecken, sondern sich auf die für die Umwelt wesentlichen Aspekte beschränken darf und muss.

21 Zu den Mindestangaben des UVP-Berichts gehören nach § 16 Abs. 1 Satz 1 Nr. 5 auch voraussichtliche Veränderungen der Umwelt bei **Vorhaben- oder Trassenvarianten**, soweit diese vom Vorhabenträger geprüft wurden oder das Fachrecht eine solche Alternativenprüfung verlangt. Dementsprechend sind auch Alternativen in diesem Sinne Gegenstand der zusammenfassenden Darstellung.[23]

II. Behördliche Stellungnahmen

22 Neben dem UVP-Bericht erfolgt die Bearbeitung der zusammenfassenden Darstellung auch auf der Grundlage der behördlichen Stellungnahmen nach § 17 Abs. 2. Gem. § 17 Abs. 1 unterrichtet die zuständige Behörde zunächst die Behörden, deren umweltbezogener Aufgabenbereich durch das Vorhaben berührt wird, einschließlich der von dem Vorhaben betroffenen Gemeinden und Landkreise sowie der sonstigen im Landesrecht vorgesehenen Gebietskörperschaften, über das Vorhaben und übermittelt ihnen den UVP-Bericht. Auf der Grundlage dieser Unterrichtung holt die zuständige Behörde nach § 17 Abs. 2 Satz 1 die Stellungnahmen der unterrichteten Behörden ein. Nach § 17 Abs. 2 Satz 2 gilt für die Stellungnahmen § 73 Abs. 3 a VwVfG entsprechend. Die Behörden haben danach ihre Stellungnahme innerhalb einer von der Anhörungsbehörde zu setzenden Frist abzugeben, die drei Monate nicht überschreiten darf. Stellungnahmen, die nach Ablauf der Frist nach Satz 1 eingehen, sind zu berücksichtigen, wenn der zuständigen Behörde die vorgebrachten Belange bekannt sind oder hätten bekannt sein müssen oder für die Rechtmäßigkeit der Entscheidung von Bedeutung sind; im Übrigen können sie berücksichtigt werden (vgl. § 73 Abs. 3 a VwVfG).

III. Äußerungen der Öffentlichkeit

23 Nicht zuletzt berücksichtigt die zuständige Behörde bei der Erarbeitung der zusammenfassenden Darstellung auch die Äußerungen der betroffenen Öffentlichkeit. Nach § 21 Abs. 1 kann sich die betroffene Öffentlichkeit im Rahmen der Beteiligung schriftlich oder zur Niederschrift bei der zuständigen Behörde äußern. Die **Äußerungsfrist** endet nach § 21 Abs. 2 einen Monat nach Ablauf der Frist für die Auslegung der Unterlagen.

24 Zwar sind nach § 21 Abs. 4 Satz 1 mit Ablauf der Äußerungsfrist für das Verfahren über die Zulässigkeit des Vorhabens alle Äußerungen, die nicht auf besonderen privatrechtlichen Titeln beruhen, ausgeschlossen. Sie haben eine **Verfahrenspräklusion** zur Folge, die eine Erörterung nicht fristgerecht vorgetragener Einwendungen im Verfahren erübrigt. Das bedeutet jedoch nicht, dass die zuständige Behörde solche nicht fristgerecht vorgetragenen Äußerungen bei der Entscheidung über die Zulässigkeit des Vorhabens unberücksichtigt lassen könnte. Sie kann sie deshalb auch bei der zusammen-

23 So zutreffend *Wulfhorst*, in: Landmann/Rohmer, Umweltrecht, Stand: 4/2022, § 24 UVPG Rn. 16 mit berechtigter Kritik an ein davon abweichendes Urteil des BVerwG, wonach Auswirkungen der vom Vorhabenträger geprüften anderweitigen Lösungsmöglichkeiten nicht dargestellt werden müssten, es vielmehr ausreiche, Trassenvarianten im Rahmen der fachplanerischen Abwägung darzustellen, BVerwG, Urt. v. 29.06.2017 – 3 A 1.16, DVBl. 2018, 187.

fassenden Darstellung nicht ausblenden. Denn angesichts einer fehlenden **materiellen Präklusion**[24] müsste sie ansonsten damit rechnen, dass eine mangelnde Berücksichtigung entscheidungsrelevanter Informationen die Rechtmäßigkeit ihrer Entscheidung in Frage stellen könnte. Daran hat weder sie noch der Vorhabenträger ein Interesse.[25]

Ähnliches wie für nicht fristgerechte Äußerungen der betroffenen Öffentlichkeit gilt auch für Äußerungen der nicht betroffenen Öffentlichkeit. Wenn und soweit solche Informationen entscheidungsrelevant sind, ist die zuständige Behörde gut beraten, sie unabhängig von der Betroffenheit auch bei ihrer Entscheidung zu berücksichtigen und dementsprechend auch in die zusammenfassende Darstellung der Umweltauswirkungen aufzunehmen. 25

IV. Ergebnisse eigener Ermittlungen (§ 24 Abs. 1 Satz 3)

Die Ergebnisse eigener Ermittlungen sind nach § 24 Abs. 1 Satz 3 einzubeziehen. Da nach dem 26 Gesetzeswortlaut Grundlage der zusammenfassenden Darstellung die Antragsunterlagen, die behördlichen Stellungnahmen sowie die Äußerungen der betroffenen Öffentlichkeit sind, während die Ergebnisse eigener Ermittlungen lediglich einzubeziehen sind, ist davon auszugehen, dass der Gesetzgeber diesen behördeneigenen Ermittlungen lediglich eine ergänzende, nachgeordnete Funktion beimisst. Der Amtsermittlungsgrundsatz wird insoweit eingeschränkt.[26] Die zuständige Behörde wird zu eigenen, originären Ermittlungen, die über die vorgelegten Unterlagen hinausgehen, berechtigt. § 24 Abs. 1 Satz 2 verdeutlicht insoweit aber auch, dass die zuständige Behörde auch im Rahmen der UVP von Amts wegen eigene Ermittlungen anstellen muss, soweit diese zur Beurteilung des Vorhabens erforderlich sind.[27]

Das ergibt sich im Übrigen auch aus dem **Amtsermittlungsgrundsatz** des § 24 VwVfG, den die 27 UVP-RL und das UVPG grundsätzlich unberührt lassen.[28] Nach § 24 Abs. 1 Satz 1 VwVfG ermittelt die Behörde den Sachverhalt von Amts wegen; sie bestimmt nach § 24 Abs. 1 Satz 2 VwVfG Art und Umfang der Ermittlungen. An das Vorbringen und an die Beweisanträge der Beteiligten ist sie nicht gebunden. Gem. § 24 Abs. 2 VwVfG hat die Behörde alle für den Einzelfall bedeutsamen, auch für die Beteiligten günstigen Umstände zu berücksichtigen.

Nach § 25 Abs. 2 Satz 1 VwVfG erörtert die Behörde, soweit erforderlich, bereits vor Stellung eines 28 Antrags mit dem zukünftigen Antragsteller, welche Nachweise und Unterlagen von ihm zu erbringen sind und in welcher Weise das Verfahren beschleunigt werden kann. Sie kann und muss den Vorhabenträger selbstverständlich auch im laufenden Verfahren auf die Notwendigkeit der Vorlage ergänzender Unterlagen hinweisen. Allerdings erweitern die UVP-Vorschriften den Kreis der **Mitwirkungspflichten** des Antragstellers. Die Rollenverteilung im Verwaltungsverfahren wird insofern modifiziert, als der Vorhabenträger durch die Begründung von Vorlage- und Unterrichtungspflichten dazu angehalten wird, sein Augenmerk nicht schwergewichtig oder gar ausschließlich auf Fragen der ökonomischen Rentierlichkeit sowie der technischen und der finanziellen Realisierbarkeit des Projekts zu richten, sondern sich auch aktiv an der Klärung der ökologischen Folgen zu beteiligen.

---

24 Siehe dazu EuGH, Urt. v. 15.10.2015 – Rs C-137/14, NJW 2015, 3495; kritisch dazu *Berkemann* DVBl. 2016, 205, 207 ff.; *Kahl* JZ 2016, 666, 670; *Kment/Lorenz* EuRUP 2016, 47 (56); *Schlacke* NVwZ 2019, 1392 (1394); *Eisenbarth* VBLBW 2024, 45; *Durner* UPR 2020, 443.

25 Zu nationalen Spielräumen für eine Wiedereinführung der (materiellen) Präklusion siehe *Durner* VerwArch 2020, 162.

26 *Beckmann,* in: Landmann/Rohmer, Umweltrecht, Stand: 8/2020, § 15 UVPG Rn. 5.

27 *Lier/Engel/Pfau,* in: Mann/Sennekamp/Uechtritz, VwVfG, § 24 Rn. 49 sprechen deshalb von Grundsätzen einer nachvollziehenden Amtsermittlung unter Verweis auf *Schneider*, Nachvollziehende Amtsermittlung bei der Umweltverträglichkeitsprüfung, 1991; siehe auch *Sterz* UPR 2021, 54 (58).

28 Zustimmend *Kallerhoff/Fellenberg*, in: in Stelkens/Bonk/Sachs, VwVfG, 2023, § 24 Rn. 6; *Kümper*, in: Schink/Reidt/Mitschang, UVPG/UmwRG, § 24 UVPG. 11; siehe auch *Guckelberger* UPR 2023, 452.

29 Während der Rechtsträger der Behörde, die einen eingreifenden Verwaltungsakt erlassen hat, die **materielle Beweislast**, für das Vorliegen der Tatsachen trägt, die nach dem einschlägigen materiellen Recht Voraussetzung für die durch den streitgegenständlichen Verwaltungsakt angeordnete Rechtsfolge sind, ist dem Vorhabenträger die materielle Beweislast für das Vorliegen der Genehmigungsvoraussetzungen zugeordnet. Das bedeutet jedoch nicht, dass ihn insoweit eine ausschließliche **Beweisführungslast** trifft. Vielmehr ist die zuständige Behörde verpflichtet, gegebenenfalls ergänzend zu den vorgelegten Unterlagen noch eigene Ermittlungen zum Sachverhalt anzustellen.[29] Die Behörde kann sich deshalb bei der zusammenfassenden Darstellung der Umweltauswirkungen nicht auf eine bloße Unterlagenprüfung und die Zusammenstellung des ihr vorgelegten Materials beschränken. Nötigenfalls ist sie verpflichtet, eigenständig die Angaben des Vorhabenträgers zu ergänzen und zu berichtigen. Mängel in der Dokumentation des Verwaltungsverfahrens begründen daher keinen Verfahrensfehler, können sich aber auf die **Beweisführung** und **Beweislast** auswirken.[30]

C. Inhalt der zusammenfassenden Darstellung (§ 24 Abs. 1 Satz 1)

30 Die zusammenfassende Darstellung enthält eine Aufbereitung aller umweltrelevanten, bewertungs- und entscheidungserheblichen Informationen über das beabsichtigte Vorhaben.[31] Den Inhalt der zusammenfassenden Darstellung beschreibt § 24 Abs. 1 Satz 1. Danach hat die zuständige Behörde in der zusammenfassenden Darstellung die erforderlichen Angaben über die Umweltauswirkungen des Vorhabens, die Merkmale des Vorhabens und des Standorts, mit denen erhebliche nachteilige Umweltauswirkungen ausgeschlossen, vermindert oder ausgeglichen werden sollen, und über die Maßnahmen, mit denen erhebliche nachteilige Umweltauswirkungen ausgeschlossen, vermindert oder ausgeglichen werden sollen, sowie über Ersatzmaßnahmen bei Eingriffen in Natur und Landschaft zu machen. Die zusammenfassende Darstellung enthält hinsichtlich der Umweltauswirkungen des Vorhabens (Abs. 1 Satz 1 Nr. 1) eine Beschreibung des entscheidungsrelevanten Ist-Zustands der Umwelt und eine Prognose entscheidungsrelevanter Veränderungen der Umwelt.[32] In der zusammenfassenden Darstellung soll angegeben werden, aus welcher Informationsquelle die wesentlichen Angaben stammen (z.B. vom Vorhabenträger, von anderen Behörden, aus der Öffentlichkeitsbeteiligung, aus eigenen Ermittlungen). Soweit ein entscheidungserheblicher Sachverhalt nicht aufgeklärt werden kann, ist darauf in der zusammenfassenden Darstellung einzugehen.[33]

I. Auswirkungen des Vorhabens

31 Nach § 24 Abs. 1 Satz 1 erarbeitet die zuständige Behörde eine zusammenfassende Darstellung der Umweltauswirkungen des Vorhabens. Welche Umweltauswirkungen des Vorhabens zusammenfassend dargestellt werden müssen, ergibt sich aus der Auflistung in § 2 Abs. 1 Satz 1.

1. Unmittelbare und mittelbare Auswirkungen

32 Umweltauswirkungen i.S.d. UVPG sind unmittelbare und mittelbare Auswirkungen eines Vorhabens oder der Durchführung eines Plans oder Programms auf die Schutzgüter. Dies schließt nach § 2 Abs. 2 Satz 2 auch solche Auswirkungen des Vorhabens ein, die aufgrund von dessen Anfälligkeit für **schwere Unfälle** oder Katastrophen zu erwarten sind, soweit diese schweren Unfälle oder Katastrophen für das Vorhaben relevant sind.[34] Die Differenzierung zwischen unmittelbaren und mittel-

29 Zu Fragen der Beweisführungslast und der materiellen Beweislast ausführlicher *Lier/Engel/Pfau*, in: Mann/Sennekamp/Uechtritz, VwVfG, § 24 Rn. 58; *Kallerhoff/Fellenberg*, in: Stelkens/Bonk/Sachs, VwVfG, 2023, § 24 Rn. 54 ff.; *Schlatmann*, in: Kopp/Ramsauer, VwVfG, 2025, § 24 Rn. 39 ff.

30 BVerwG, Urt. v. 20.06.2024 – 11 A 3/23, juris Rn. 19.

31 *Kümper*, in: Schink/Reidt/Mitschang, UVPG/UmwRG, 2023, § 24 UVPG Rn. 8; Nr. 24.1.1 UVPVV 2025.

32 *Wulfhorst*, in: Landmann/Rohmer, Umweltrecht, Stand: 4/2022, § 24 UVPG Rn. 14; *Kümper*, in: Schink/Reidt/Mitschang, UVPG/UmwRG, § 24 UVPG Rn. 9; Nr. 24.1.1 UVPVwV 2025.

33 Nr. 24.1.1 UVPVwV 2025.

34 Zustimmend *Kümper*, in: Schink/Reidt/Mitschang, UVPG/UmwRG, § 24 UVPG Rn. 9.

baren Auswirkungen wurde nachträglich in das Gesetz aufgenommen, wenngleich auch die bis 2001 geltende Gesetzesfassung – ohne eine entsprechende Erwähnung – eine Bewertung und Berücksichtigung auch mittelbarer Umweltauswirkungen ermöglichte und auch forderte. Art. 3 Abs. 1 UVP-RL spricht ebenfalls von den unmittelbaren und mittelbaren Auswirkungen eines Projekts. Insoweit ist dies nicht mehr als eine deklaratorische Klarstellung, ein Merkposten für den Adressaten der Regelung.

2. Erheblichkeit der Auswirkungen

Da die zusammenfassende Darstellung Grundlage der Bewertung und letztlich der Berücksichtigung 33 dieser Bewertung in der Zulassungsentscheidung sein soll, können sich ihre Angaben auf die für die Zulassungsentscheidung erheblichen Aussagen beschränken. Zwar beschränkt der Wortlaut des § 24 Abs. 1 Nr. 1 – anders als in § 24 Abs. 1 Nrn. 2, 3 – die zusammenfassende Darstellung der Umweltauswirkungen nicht auf solche, die erheblich sind. Was nicht entscheidungserheblich ist, kann aber weder für die Ermittlung und Beschreibung von Umweltauswirkungen noch für die Bewertung oder Berücksichtigung dieser Umweltauswirkungen relevant sein.[35] Dem könnte man zwar entgegenhalten, dass die Frage, ob die Umweltauswirkungen erheblich sind, erst im Rahmen der begründeten Bewertung der Umweltauswirkungen und bei der Berücksichtigung des Ergebnisses bei der Entscheidung nach § 25 zu beantworten ist. Würde man bereits bei der zusammenfassenden Darstellung die Entscheidungserheblichkeit als »**Abschneidekriterium**« großzügig einsetzen, wären damit die betreffenden Umweltauswirkungen einer Bewertung entzogen.[36] Allerdings ist auch der Vorhabenträger nach § 16 Abs. 1 Nr. 5 nur verpflichtet, die zu erwartenden erheblichen Umweltauswirkungen des Vorhabens zu beschreiben. Es wäre kaum nachvollziehbar, wenn der Vorhabenträger sich auf die entscheidungserheblichen Angaben beschränken könnte, die zuständige Behörde jedoch stets darüber hinaus auch nicht entscheidungserhebliche Auswirkungen zusammenfassend darzustellen hätte. Sie müsste dann insoweit eigene Ermittlungen anstellen. Hinzu kommt, dass es nicht darum geht, das Kriterium der Entscheidungserheblichkeit großzügig mit dem Ziel einzusetzen, relevante Umweltauswirkungen auszugrenzen. Die zuständige Behörde muss sich ohnehin – entweder bereits bei der zusammenfassenden Darstellung, spätestens jedoch bei der Bewertung der Umweltauswirkungen – entscheiden, ob es sich um erhebliche Umweltauswirkungen handelt. Sie zu verpflichten, zusammenfassend darzustellen, was sie am Ende nicht für entscheidungserheblich hält, ist nicht angebracht. Es wäre auch mit dem Blick auf den Grundsatz der Verhältnismäßigkeit kaum vertretbar, dem Vorhabenträger über § 16 Abs. 1 Nr. 5 hinaus Angaben zu nicht erheblichen Umweltauswirkungen abzuverlangen, die am Ende angesichts ihrer Unerheblichkeit bei der Entscheidung keine Rolle spielen können.[37]

Schließlich ist auch zu berücksichtigen, dass die zusammenfassende Darstellung nach § 26 Abs. 1 34 Nr. 3b in die Begründung der Entscheidung aufzunehmen ist. Es erschiene wenig hilfreich, wenn die zuständige Behörde ihre zusammenfassende Darstellung in weitem Umfang auf solche Umweltauswirkungen erstrecken würde, die sie in derselben Entscheidungsbegründung, einige Kapitel oder Absätze später, als (offensichtlich) unerheblich ausblenden würde.

---

35 BVerwG, Urt. v. 27.03.2025 – 7 A 3.24, juris Rn. 53; Beschl. v. 18.02.2021 – 4 B 25/20, juris Rn. 18; *Beckmann*, in: Stüer/Beckmann, Handbuch des Bau- und Fachplanungsrechts, Rn. 4468; *Kümper*, in: Schink/Reidt/Mitschang, UVPG/UmwRG, § 25 UVPG Rn. 13; *Balla/Sangenstedt* ZUR 2023, 387 (391); *Wulfhorst*, in: Landmann/Rohmer, Umweltrecht, Stand: 1/2023, § 25 UVPG Rn. 32; zum Maßstab der Erheblichkeit bei der UVP siehe auch *Wysk*, in: Kopp/Ramsauer, VwVfG, § 63 Rn. 34.

36 Zu Abschneidekriterien bei Stickstoffdepositionen *Beckmann*, in: Stüer/Beckmann, Handbuch des Bau- und Fachplanungsrechts, Rn. 4713: OVG Magdeburg, Urt. v. 19.12.2023 – 2 L 74/19, juris Rn. 113; OVG Münster, Urt. v. 10.11.2022 – 10 A 1938/18, juris Rn. 190.

37 Zustimmend *Kümper*, in: Schink/Reidt/Mitschang, UVPG/UmwRG, § 24 UVPG Rn. 9; ausführlich dazu auch *Wulfhorst*, in: Landmann/Rohmer, Umweltrecht, Stand: 4/2022, § 24 UVPG Rn. 22 ff. mit einer vermittelnden Ansicht.

35 Zu bedenken ist allerdings, dass erheblich nicht nur solche Umweltauswirkungen sind, die zu einer Ablehnung der Zulassung führen, weil die gesetzlichen Zulassungsvoraussetzungen nicht erfüllt sind oder aber im Rahmen einer Ermessens- oder Abwägungsentscheidung für eine Ablehnung sprechen. Auch Umweltauswirkungen, denen mit Nebenbestimmungen zur Anlagenzulassung begegnet werden kann bzw. muss, sind erheblich. Letztlich kommt es für die Erheblichkeit einer Umweltauswirkung auch nicht darauf an, ob zu ihrer Vermeidung oder Verringerung Nebenbestimmungen in den Zulassungsbescheid aufgenommen werden müssen. Vielmehr sind auch solche Umweltauswirkungen erheblich, die nach einer begründeten Bewertung hingenommen werden können und einer Genehmigung des Vorhabens nicht entgegenstehen. Entscheidend ist deshalb, ob und inwieweit Umweltauswirkungen bei der Zulassungsentscheidung zu berücksichtigen sind.[38] Von vornherein unberücksichtigt bleiben können insoweit nur solche Umweltauswirkungen, die offensichtlich weder für die Frage, ob das Vorhaben zugelassen werden kann, noch für die weitere Frage, ob in Kenntnis dieser Umweltauswirkungen Nebenbestimmungen angeordnet werden müssen, relevant sind.

36 Da die Umweltverträglichkeitsprüfung die Umweltbelange so herausarbeiten soll, dass sie bei Planungsentscheidungen in die **planerische Abwägung** in gebündelter Form eingehen können, muss die Umweltverträglichkeitsprüfung grundsätzlich auch die Abwägungsentscheidung vorbereiten, wenn Umweltauswirkungen in die Abwägung eingehen und damit bei der Entscheidung über die Zulässigkeit des Vorhabens im Hinblick auf eine wirksame Umweltvorsorge zu berücksichtigen sind.[39]

37 Der Umfang und der **Detaillierungsgrad** der Beschreibungen richten sich nach der Bedeutung des Schutzguts und der Intensität, mit der dieses beeinträchtigt wird. Eine erschöpfende Darstellung ist nicht geboten. Dies ergibt sich schon daraus, dass § 24 lediglich eine »zusammenfassende« Darstellung fordert.

3. Umweltschutzgüter

38 Schutzgutbezogen geht es nach § 2 Abs. 1 um Auswirkungen des Vorhabens auf Menschen, insbesondere die menschliche Gesundheit, Tiere, Pflanzen und die biologische Vielfalt, auf Fläche, Boden, Wasser, Luft, Klima und Landschaft, ob das kulturelle Erbe und sonstige Sachgüter sowie auf Wechselwirkungen zwischen den vorgenannten Schutzgütern. Soweit die UVP mit einer FFH-Verträglichkeitsprüfung nach § 34 BNatSchG oder mit einer Prüfung der naturschutzrechtlichen Eingriffsregelung (§§ 13 ff. BNatSchG) zusammentrifft, sind deren Ergebnisse in die zusammenfassende Darstellung aufzunehmen.[40]

39 Besondere Aufmerksamkeit bedarf angesichts deutlich sichtbarer werdender Folgen des **Klimawandels** dessen Berücksichtigung schon bei der Erarbeitung der zusammenfassenden Darstellung.[41] Gem. § 2 Abs. 1 Nr. 3 ist Schutzgut des UVPG unter anderem das Klima; zu den weiteren Angaben, die

38 BVerwG, Urt. v. 13.12.2007 – 4 C 9.06, BVerwGE 130, 83 Rn. 34; Urt. v. 17.12.2013 – 4 A 1.13, BVerwGE 148, 353 Rn. 37; Urt. v. 25.06.2014 – 9 A 1.13, BVerwGE 150, 92 Rn. 21; BayVGH, Urt. v. 14.10.2021 – 22 A 20.40001, juris Rn. 32; VG Aachen, Beschl. v. 28.11.2014 – 3 L 224/13, juris Rn. 46.

39 OVG NRW, Urt. v. 10.04.2014 – 7 D 57/12.NE, juris Rn. 63; BVerwG, Urt. v. 17.12.2013 – 4 A 1.13, juris Rn. 37.

40 Nr. 24.1.2 UVPVwV 2025.

41 Zur Berücksichtigung des Klimawandels im immissionsschutzrechtlichen Genehmigungsverfahren BVerwG, Urt. v. 27.03.2025 – 7 A 3.24, juris Rn. 52; siehe dazu *Schiller* UPR 2025, 361; kritisch dazu auch *Beckmann* NuR 2025, 725; *Beckmann* AbfallR 2025, 210; zur Berücksichtigung des Klimawandels in der Bauleitplanung OVG Lüneburg, Urt. v. 02.10.2024 – 1 KN 34/23, juris Rn. 62; *Beckmann*, in: Stüer/Beckmann, Handbuch des Bau- und Fachplanungsrechts, Rn. 1765; zum Klimaschutz in der Straßenplanung *Köhler* UPR 2024, 456; siehe auch *Widmann*, Prozeduraler Klimaschutz – Das Schutzgut »Klima« in der Umweltverträglichkeitsprüfung; zur verwaltungsgerichtlichen Kontrolle von Klimafolgenprüfungen *Posser* DVBl. 2025, 821; *Fellenberg* NVwZ 2022, 913; *Wagner* NJW 2021, 2256;

der UVP-Bericht nach § 16 Abs. 3 i.V.m. Anlage 4 Ziff. 4 b und c Doppelbuchst. gg enthalten muss, gehören Veränderungen des Klimas und zwar nicht nur Veränderungen des lokalen Kleinklimas, sondern auch des globalen Klimas, z.B. als Folge von Treibhausgasemissionen.[42] Das unterscheidet die geltende Rechtslage von der Vorgängerfassung des UVPG, bei der sich der Klimabegriff in § 2 Abs. 1 Satz 2 Nr. 2 UVPG a.F. auf das standortbezogene lokale Klima bezog.[43] Die Verpflichtung zur Ermittlung und Bewertung der Klimafolgen entfällt nicht allein wegen durchaus möglicher wissenschaftlich/technischer Schwierigkeiten einer solchen Ermittlung und Bewertung. Besteht wissenschaftliche Ungewissheit über umweltrelevante Ursachenzusammenhänge, setzt Art. 20 a GG nach der Rechtsprechung des BVerfG Entscheidungen des Gesetzgebers Grenzen und erlegt ihm auch in Verantwortung für künftige Generationen eine besondere Sorgfaltspflicht auf.[44] Ausdruck dieser besonderen Sorgfaltspflicht ist es nach Ansicht des BVerfG, dass der Gesetzgeber bereits belastbare Hinweise auf die Möglichkeit gravierender oder irreversibler Beeinträchtigungen – jeweils in Ansehung ihrer Belastbarkeit – berücksichtigen muss. Was insoweit verfassungsrechtlich für den Gesetzgeber gilt, muss angesichts der auch für die vollziehende Gewalt geltenden Verpflichtung des Art. 20 a GG auch für die zuständigen Behörden bei der UVP gelten. Auch sie müssen sich angesichts eines sich krisenhaft entwickelnden Klimawandels mit besonderer Sorgfalt um eine Ermittlung und Bewertung von Klimafolgen ihrer Zulassungsentscheidungen bemühen. Unvermeidbare Prognoseunsicherheiten sind insoweit hinzunehmen, aber kein Grund, eine Klimafolgenabschätzung ganz zu unterlassen. Dem lässt sich auch nicht überzeugend entgegenhalten, die globalen Klimafolgen eines UVP-pflichtigen Einzelvorhabens seien, gemessen an den weltweiten oder auch nur bundesweiten Jahresemissionsmengen so gering, dass es sich nicht um erhebliche globale Klimafolgen handeln könnte. Zwar hat das OVG NRW in einem Eilverfahren gegen die Erweiterung einer Deponie gemeint, die Größenordnungen des vorhabenbedingten CO_2-Ausstoßes durch den dort in Rede stehenden Abraumtransport sowie der Menge des in diesem Zusammenhang durch eine Waldrodung freigesetzten CO_2 seien bezogen auf Deutschland, Europa und die Welt verschwindend gering. Insgesamt werde die mangelnde Relevanz der CO_2-Bilanz des Deponievorhabens im Hinblick auf das globale Klima auch bei einem Vergleich mit den Größenordnungen der in der Anlage 2 zu § 4 KSG n.F. zur Erreichung der nationalen Klimaschutzziele (§ 1, § 3 Abs. 1 KSG n.F.) bis 2030 festgelegten zulässigen Jahresemissionsmengen an CO_2 deutlich.[45] Ob und inwieweit sich jedoch eine Ermittlung, Bewertung und Berücksichtigung von globalen Klimafolgen eines Einzelvorhabens tatsächlich mit der vom OVG NRW vorgetragenen Begründung einer Irrelevanz angesichts der im Verhältnis zur Jahresemissionsmenge weltweit oder bundesweit nur geringfügigen Emissionen überzeugend begründen lässt, ist mehr als zweifelhaft. Dagegen spricht, dass bei der nach der Neufassung des UVPG zwingenden Berücksichtigung von globalen Klimafolgen bei einem Einzelvorhaben nahezu denknotwendig der Einzelbeitrag immer nur sehr gering sein kann. Es ist allerdings die Summe dieser Einzelbeiträge, die das weltweite Problem ausmacht. Hinzu kommt, dass die Ermittlung und Bewertung von Klimafolgen nicht zwingend eine Ablehnung des Vorhabens rechtfertigen soll, sondern auch die Möglichkeit geben kann, klimaschonendere Alternativen abzuwägen oder klimaschützende Auflagen oder Nebenbestimmungen in Erwägung zu ziehen. Auch

---

Wegener NJW 2022, 425; *Schlacke*, in: Kreuter-Kirchhof, Klimaschutzrecht, § 13 Rn. 1 ff.; *Erbguth* UPR 2023, 241; Hille UPR 2024, 281; *Kling* ZUR 2024, 141; *Verheyen* u.a. NVwZ 2023, 113.

42 BVerwG, Urt. v. 24.02.2021 – 9 A 8/20, juris Rn. 34.

43 BVerwG, Urt. v. 24.02.2021 – 9 A 8/20, juris Rn. 35; siehe auch BVerfG, Beschl. v. 24.03.2021 – 1 BvR 2656/18, 1 BvR 78/20, 1 BvR 96/20, 1 BvR 288/20, NVwZ 2021, 951; *Berkemann* DÖV 2021, 701; *Schlacke* NVwZ 2021, 912; *Ruttloff/Freihoff* NVwZ 2021, 917; *Möllers/Weinberg* JZ 2021, 1069; *Kloepfer/Widmann* DVBl 2021, 1333; *Seibert* DVBl 2021, 1141; *Beckmann* UPR 2021, 241; *Hofmann* NVwZ 2021, 1587.

44 BVerfG, Beschl. v. 24.03.2021 – 1 BvR 2656/18, BVerfGE 157, 30, juris Rn. 229; *Epiney*, in: Huber/Voßkuhle, GG, 2024, Art. 20 a Rn. 71; *Murswiek*, in: Sachs, GG, Art. 20a Rn. 72b.

45 OVG NRW, Beschl. v. 29.12.2021 – 20 B 1690/21, juris; a.A. BVerfG, Beschl. v. 23.03.2022 – 1 BvR 1187/17; BVerfGE 161, 63 Rn. 143; BVerwG, Urt. v. 19.02.2025 – 9 A 9.23, juris Rn. 225; *Britz* NVwZ 2022, 825 (830): »unzulässiger Fundamentaleinwand«.

insoweit ist die Summe dieser Bemühungen und nicht eine vorhabenbezogene Einzelmaßnahme für den weltweiten Klimaschutz entscheidend.[46]

40 Die zuständige Behörde ist verpflichtet, die zu erwartende Menge an Treibhausgasen, welche aufgrund des von ihr geplanten Projekts emittiert werden, zu ermitteln. Nur bei unverhältnismäßigem **Ermittlungsaufwand** kommt eine Schätzung in Betracht.[47] Eine Quantifizierung von zu erwartenden TEHG-Emissionen ist im Planverfahren sowohl geboten als auch im Regelfall ohne unzumutbaren Aufwand möglich.[48]

41 Unter der Geltung des UVPG 2010 war der Begriff des Klimas nur im Sinne des standortbezogenen lokalen Klimas zu verstehen. Gem. § 2 Abs. 1 Nr. 3 UVPG in der Fassung vom 20.07.2017 ist Schutzgut im Sinne des Gesetzes auch das großräumige Klima.[49] § 16 Abs. 3 UVPG i.V.m. Nr. 4 c) gg) und hh) verlangen im UVP-Bericht Angaben über Auswirkungen des Vorhabens auf das Klima, z.B. durch Art und Ausmaß der Treibhausgasemissionen, die Anfälligkeit des Vorhabens gegenüber Folgen des Klimawandels (z.B. durch erhöhte Hochwassergefahr am Standort). § 1a der 9. BImSchV bestimmt, dass Gegenstand der Prüfung der Umweltverträglichkeit auch die Auswirkungen der Anlage auf das Klima sind. Fraglich ist allerdings, ob und inwieweit globale Klimafolgen auch bei der Entscheidung über die Erteilung einer immissionsschutzrechtlichen Genehmigung zu berücksichtigen sind. Die Voraussetzungen für die Erteilung einer immissionsschutzrechtlichen Genehmigung sind abschließend in den §§ 5, 6 BImSchG geregelt. Das UVPG verändert diese Genehmigungsvoraussetzungen grundsätzlich nicht. Die Ergebnisse einer UVP zu den Klimafolgen des Vorhabens können nur über die Genehmigungsvoraussetzungen der §§ 5, 6 BImSchG berücksichtigt werden. Lassen diese Genehmigungsvoraussetzungen eine Berücksichtigung von Klimafolgen nicht zu, braucht sich die Umweltverträglichkeitsprüfung und insbesondere auch die zusammenfassende Darstellung nicht auf solche Klimafolgen zu beziehen. Angesichts des gebundenen Charakters der immissionsschutzrechtlichen Genehmigung nach § 6 Abs. 1 BImSchG, ergeben sich nach der Rechtsprechung des BVerwG auch aus dem klimaschutzrechtlichen Berücksichtigungsgebot des § 13 Abs. 1 Satz 1 KSG keine neuen Handlungs- oder Entscheidungsspielräume für die Berücksichtigung globaler Klimafolgen eines Vorhabens bei der Entscheidung über die Erteilung einer immissionsschutzrechtlichen Genehmigung.[50] Fraglich ist aber, ob sich aus dem EU-Recht nicht eine Pflicht ergibt, den Zulassungstatbestand auch der immissionsschutzrechtlichen Genehmigung für eine solche Berücksichtigung globaler Klimafolgen zu öffnen.[51]

42 Für Anlagen, die dem TEHG unterliegen, sieht § 5 Abs. 2 Satz 1 BImSchG vor, dass Anforderungen zur Begrenzung der Emission von Treibhausgasen nur zulässig sind, um sicherzustellen, dass im Einwirkungsbereich der Anlage keine schädlichen Umwelteinwirkungen entstehen. Zur Erfüllung der Pflicht zur effizienten Verwendung von Energie in Bezug auf Kohlendioxidemissionen dürfen keine Anforderungen gestellt werden, die über das TEHG hinausgehen (§ 5 Abs. 2 Satz 3 BImSchG). Daher wird bei vom TEHG erfassten Anlagen der globale Klimaschutz durch das spezielle Klimaschutzrecht des TEHG geregelt und nicht durch das allgemeine Immissionsschutzrecht des BImSchG.

---

46 OVG Magdeburg, Urt. v. 14.05.2025 – 5 K 525/23, juris Rn. 89; zu den Auswirkungen des Klimaschutz-Beschlusses des BVerfG vom 24.03.2021 auf Planungs- und Genehmigungsentscheidungen siehe *Uechtritz/Ruttloff* NVwZ 2022, 9; zur Durchsetzung des Klimaschutzes im Städtebau *Sauthoff* KlimR 2022, 11.

47 BVerwG, Beschl. v. 22.06.2023 – 7 VR 3.23, juris Rn. 39; BVerwG, Urt. v. 15.09.2023 – 7 VR 6/23, juris Rn. 42 ff.

48 VG Stade, Beschl. v. 29.04.2024 – 2 B 175/24, juris Rn. 84.

49 BVerwG, Urt. v. 24.02.2021 – 9 A 8/20, juris.

50 BVerwG, Urt. v. 27.03.2025 – 7 A 3.24, juris Rn. 18; Urt. v. 04.05.2022 – 9 A 7.21, BVerwGE 175, 312 = juris Rn. 62; Urt. v. 14.11.2024 – 7 A 8.23, juris Rn. 28; Urt. v. 22.06.2023 – 7 A 9.22, BVerwGE 179, 239 = juris Rn. 35 f.

51 *Beckmann* NuR 2025, 725 ff.; *Beckmann* AbfallR 2025, 210 ff. zur Berücksichtigung globaler Klimafolgen bei der Zulassung von Abfallentsorgungsanlagen.

Lediglich der Schutz vor schädlichen Umwelteinwirkungen im unmittelbaren Einwirkungsbereich der betreffenden Anlage bleibt möglicher Regelungsgegenstand des allgemeinen Immissionsschutzrechts des BImSchG.

Das BVerwG erläutert zum Erfordernis, globale Klimafolgen eines immissionsschutzrechtlich genehmigungsbedürftigen Vorhabens bei der UVP zu berücksichtigen, Schutzgüter des Immissionsschutzrechts seien nach § 1 Abs. 1 BImSchG in der seit dem 09.07.2024 geltenden Fassung unter anderem die Atmosphäre und das Klima. In der zuvor geltenden Fassung des BImSchG sei insoweit zwar ausdrücklich nur die Atmosphäre erfasst gewesen, zu der jedoch bereits das Klima im Sinne des – gegebenenfalls von einer Anlage beeinflussten – kleinräumigen Klimas, nicht jedoch der globalen Klimaverhältnisse, gezählt worden sei. Der Gesetzesbegründung zur Ergänzung des § 1 Abs. 1 BImSchG lasse sich nicht entnehmen, dass mit der Aufnahme des Begriffs »Klima« eine materielle Rechtsänderung verbunden sein sollte. Vielmehr sei von einer ausdrücklichen Klarstellung des schon bestehenden Schutzzwecks die Rede.[52] Einer Prüfung der Auswirkungen eines nach § 6 Abs. 1 Nr. 1 i.V.m. § 5 Abs. 1 Nr. 1 BImSchG immissionsschutzrechtlich genehmigungsbedürftigen Vorhabens auf das globale Klima bedürfe es deshalb nicht. Auswirkungen eines genehmigungsbedürftigen Vorhabens auf das globale Klima seien auch nicht im Rahmen der Umweltverträglichkeitsprüfung zu ermitteln. Nach § 3 Satz 2 UVPG dienten Umweltprüfungen einer wirksamen Umweltvorsorge nach Maßgabe der geltenden Gesetze. Schon diese Formulierung verdeutliche, dass sich die materiellen Prüfmaßstäbe für Umweltprüfungen aus den fachrechtlichen Vorschriften ergäben.[53] Folgerichtig fordere § 16 Abs. 3 im UVP-Bericht (nur) diejenigen Angaben, die für das Vorhaben von Bedeutung seien und sehe § 16 Abs. 4 vor, dass sich Inhalt und Umfang des UVP-Berichts nach den Rechtsvorschriften bestimmten, die für die Zulassungsentscheidung maßgebend seien. Daraus ergebe sich, dass mögliche Auswirkungen auf ein Schutzgut, die nach dem materiellen Fachrecht auf das Ergebnis einer Zulassungsentscheidung keinen Einfluss haben könnten, nicht erheblich seien.[54] Aus dem Berücksichtigungsgebot des § 13 Abs. 1 Satz 1 KSG folge nichts Anderes. Die Pflicht der Träger öffentlicher Aufgaben, bei ihren Planungen und Entscheidungen den Zweck des KSG und die zu seiner Erfüllung festgelegten Ziele zu berücksichtigen, könne nur bei Planungs- und Ermessensentscheidungen greifen. Nur diese beließen Trägern öffentlicher Aufgaben einen Entscheidungsspielraum, innerhalb dessen die vorgeschriebene Berücksichtigung stattfinden könne. Die immissionsschutzrechtliche Genehmigung sei gemäß § 6 Abs. 1 BImSchG aber eine gebundene Entscheidung.[55] 43

Ob diese Rechtsprechung des BVerwG überzeugt, ist fraglich. Das gilt sowohl hinsichtlich der mittlerweile schon ständigen Rechtsprechung, wonach der gebundene Charakter der immissionsschutzrechtlichen Kontrollerlaubnis eine Berücksichtigung der Klimafolgen nach § 13 KSG kategorisch ausschließt. Dem kann man entgegenhalten, dass die unbestimmten Rechtsbegriffe der Grundpflichten des § 5 Abs. 1 BImSchG, die über § 6 Nr. 1 BImSchG zu den Genehmigungsvoraussetzungen zählen, eine nachvollziehende Abwägung ermöglichen, die auch Raum für eine Berücksichtigung globaler Klimafolgen des Vorhabens schafft. Eine solche Auslegung könnte auch zur Vermeidung eines ansonsten möglicherweise unionsrechtswidrigen Genehmigungstatbestands geboten sein. Denn wenn die UVP-RL in der geltenden Fassung eine Berücksichtigung globaler Klimafolgen UVP-pflichtiger Vorhaben verlangt, dann muss eine Berücksichtigung der UVP-Ergebnisse auch insoweit bei der Zulassungserscheinung möglich sein. Ließe der Zulassungstatbestand eine Berücksichtigung der in der UVP zu prüfenden globalen Klimafolgen nicht zu, würde dies – entgegen der Rechtsprechung des BVerwG – nicht bedeuten, dass auf eine Berücksichtigung globa- 44

52 BVerwG, Urt. v. 27.03.2025 – 7 A 3.24, juris Rn. 52 unter Verweis auf BT-Drs. 20/7502, S. 19.
53 BVerwG, Urt. v. 27.03.2025 – 7 A 3.24, juris Rn. 53 unter Verweis auf BT-Drs. 18/11499, S. 76.
54 BVerwG, Urt. v. 27.03.2025 – 7 A 3.24, juris Rn. 53; Beschl. v. 02.03.2023 – 4 B 16.22, juris Rn. 13.
55 BVerwG, Urt. v. 27.03.2025 – 7 A 3.24, juris Rn. 54; Urt. v. 04.05.2022 – 9 A 7.21, BVerwGE 175, 312 Rn. 62; Urt. v. 22.06.2023 – 7 A 9.22, BVerwGE 179, 239 Rn. 35 f.; Urt. v. 14.11.2024 – 7 A 8.23, juris Rn. 28.

ler Klimafolgen verzichtet werden kann. Vielmehr wäre der Zulassungstatbestand nicht unionsrechtskonform. Der Meinungsstreit um die Berücksichtigungsfähigkeit globaler Klimafolgen bei der immissionsschutzrechtlichen Genehmigung erinnert an die erheblichen Bedenken, die bei der Einführung der UVP in das deutsche Recht erhoben wurden, die immissionsschutzrechtliche Genehmigung sei wegen ihres gebundenen Charakters nicht geeignet, den medienübergreifend/integrativen Prüfungsansatz der UVP-RL umzusetzen.[56] Die Lösung des damit angesprochenen Problems bestand damals zu Recht nicht darin, auf die UVP-Pflicht immissionsschutzrechtlicher Genehmigungen zu verzichten und damit gegen die UVP-RL zu verstoßen, sondern den Zulassungstatbestand unionsrechtskonform auszulegen und ihn ergänzend durch Änderungen an die Richtlinienerfordernisse anzupassen.[57]

45 Die zusammenfassende Darstellung bezieht sich insgesamt auf die Umweltauswirkungen des Vorhabens. Dies schließt eine Darstellung möglicher **Wechselwirkungen** i.S.v. § 2 Abs. 1 Nr. 5 ein. Dies erfordert aber nicht, dass die hierauf bezogenen Informationen in einer gesonderten Planunterlage zusammengefasst werden, sofern die Wechselwirkungen nicht ausgeklammert werden. Der Begriff der Wechselwirkungen soll unter anderem zum Ausdruck bringen, dass die Umwelt nicht nur als Summe einzelner Umweltgüter oder Umweltmedien wahrzunehmen ist, sondern diese in ihren Bezügen untereinander eine zu berücksichtigende Größe darstellen. Allerdings darf diese Gegenüberstellung nicht zu einer Saldierung der Beeinträchtigungen führen. Die Darstellung möglicher Umweltauswirkungen und der Maßnahmen zu ihrer Vermeidung, Verminderung etc. beruht letztlich auf einer **Prognose**, die wiederum auf Erfahrungen von Wissenschaft und Praxis aufbaut. Die Prognose enthält Aussagen über Art und Umfang sowie Eintritts- und Vermeidungswahrscheinlichkeit bestimmter Umweltauswirkungen.

II. Vorhabens- und Standortmerkmale (§ 24 Abs. 1 Nr. 2)

46 Neben einer Darstellung der Umweltauswirkungen des Vorhabens müssen nach § 24 Abs. 1 Satz 1 Nr. 2 die Merkmale des Vorhabens und des Standorts, mit denen erhebliche nachteilige Umweltauswirkungen ausgeschlossen, vermindert oder ausgeglichen werden sollen, dargestellt werden. Entsprechende Angaben muss der Vorhabenträger gem. § 16 Abs. 1 Satz 1 Nr. 3 bereits im **UVP-Bericht** machen. Schon im Rahmen des Verfahrens zur Unterrichtung über den **Untersuchungsrahmen** hat der Vorhabenträger nach § 15 Abs. 2 der zuständigen Behörde geeignete Unterlagen zu den Merkmalen des Vorhabens, einschließlich seiner Größe oder Leistung, und des Standorts vorzulegen. Die Bezeichnung »ausgeschlossen« umfasst begrifflich sowohl das »Vermeiden« als auch das »Verhindern« erheblicher nachteiliger Umweltauswirkungen i.S.v. Art. 5 Abs. 1 c der geänderten UVP-RL.[58]

III. Umweltschutzmaßnahmen (§ 24 Abs. 1 Nr. 3)

47 Der Verpflichtung der zuständigen Behörde, die zusammenfassende Darstellung auch auf die Maßnahmen zu erstrecken, mit denen erhebliche nachteilige Umweltauswirkungen vermieden, vermindert oder ausgeglichen werden, einschließlich der Ersatzmaßnahmen bei nicht ausgleichbaren, aber vorrangigen Eingriffen in Natur und Landschaft, korrespondiert mit der Verpflichtung des Vorhabenträgers gem. § 16 Abs. 1 Nr. 3, einen UVP-Bericht mit Angaben vorzulegen, die sich auf eine Beschreibung der geplanten Maßnahmen erstrecken, mit denen das Auftreten erheblicher nachteiliger Umweltauswirkungen des Vorhabens ausgeschlossen, vermindert oder ausgeglichen werden soll. Ebenso wie bei § 16 Abs. 1 Satz 1 Nr. 3 und 4 umfasst die Bezeichnung »ausgeschlossen« sowohl das »Vermeiden« als auch das »Verhindern« erheblicher nachteiliger Umweltauswirkungen im Sinne der UVP-Änderungsrichtlinie. Zu den Maßnahmen, mit denen erhebliche nachteilige Umweltauswirkungen ausgeglichen werden sollen und die nach § 24 Abs. 1 Nr. 3 in die zusammenfassende Darstellung aufzunehmen sind, gehören insbesondere auch **Ausgleichsmaßnahmen** im Sinne von

56 Näher dazu *Beckmann*, in: FS Erbguth, S. 244 ff.; *Erbguth* DVBl. 1991, 413.
57 Näher dazu *Beckmann* NuR 2025, 725 ff.; *Beckmann* AbfallR 2025, 220 ff.
58 Gesetzesbegründung der BReg BT-Drs. 18/11499, S. 87.

§ 15 Abs. 2 BNatSchG. Außerdem sind nach § 24 Abs. 1 Satz 1 Nr. 4 bei Eingriffen in Natur und Landschaft jedenfalls auch **Ersatzmaßnahmen** (§ 15 Abs. 2 BNatSchG) in die Darstellung einzubeziehen.[59]

Schwierigkeiten können sich auch in diesem Zusammenhang bei der Beantwortung der Frage ergeben, wann die **Erheblichkeitsschwelle** überschritten ist. Anhaltspunkte liefern Ausmaß, grenzüberschreitender Charakter, Schwere, Komplexität, Dauer, Häufigkeit, Reversibilität der Auswirkungen etc. Nicht jeder abwägungserhebliche Umweltbelang löst die Pflicht zur Durchführung einer UVP und damit auch die Pflicht aus, diesen in einer zusammenfassenden Darstellung der Umweltauswirkungen des Vorhabens nach § 24 zu berücksichtigen, weil grundsätzlich nie auszuschließen ist, dass ein Vorhaben abwägungserhebliche Umweltauswirkungen hat. Dementsprechend genügt es auch nicht für die Erforderlichkeit einer UVP, wenn Umweltauswirkungen allenfalls zu einer Ergänzung der Planung um weitere Schutzauflagen auf Grundlage strikten Rechts führen können.[60] Der Begriff der »erheblichen nachteiligen Umweltauswirkungen« im Sinne des UVPG ist auch nicht gleichbedeutend mit dem der »erheblichen Beeinträchtigung von Natur und Landschaft« im Sinne der naturschutzrechtlichen Eingriffsregelung des BNatSchG. Gleiches soll auch für den Begriff der »erheblichen Beeinträchtigung besonderer Schwere« nach der BKompV 2020 gelten. Insoweit bedingt nach der Rechtsprechung des BVerwG nicht jede erhebliche Beeinträchtigung i.S.d. naturschutzrechtlichen Eingriffsregelung nach § 13 BNatSchG zwingend erhebliche nachteilige Umweltauswirkungen im Sinne des UVPG. Nach Anlage 3 zum UVPG sind hierfür unter anderem auch Kriterien zur Bewertung von Art und Merkmalen der möglichen Auswirkungen gem. Nr. 3 Anlage 3 zum UVPG heranzuziehen.[61] Die Kriterien der Nr. 3 der Anlage 3 geben jedoch aufgrund ihres hohen Abstraktionsgrades für die Frage, ob es sich um erhebliche nachteilige Auswirkungen auf die Umwelt handelt, wenig her. Die Erläuterung der UVPVwV, dass eine erhebliche Beeinträchtigung im Sinne der naturschutzrechtlichen Eingriffsregelung nicht gleichbedeutend ist mit erheblichen nachteiligen Umweltauswirkungen im Sinne des UVPG, ist zwar im Kern richtig und stimmt mit der Rechtsprechung des BVerwG überein, könnte aber gleichwohl in der praktischen Anwendung leicht dahingehend missverstanden werden, dass hier ein eher großzügiger Maßstab gilt, was dann allerdings wieder zu einem gerichtsrelevanten Risiko geraten könnte. Von der Möglichkeit, von einer UVP abzusehen mit der Begründung, es seien zwar erhebliche Beeinträchtigungen von Natur und Landschaft im naturschutzrechtlichen Sinne zu erwarten, dabei handele es sich aber nicht um erhebliche nachteilige Umweltauswirkungen im Sinne des UVPG, sollte deshalb nur mit Vorsicht Gebrauch gemacht werden, will man nicht den Fehler einer zu Unrecht unterlassenen UVP riskieren, der dem eigentlichen Sinn und Zweck dieser Differenzierung, im Sinne einer Verfahrensbeschleunigung die UVP entbehrlich zu machen, zuwider laufen würde, weil die UVP bzw. die Vorprüfung ggfls. nachgeholt werden müsste. 48

Mit dem Verweis auf **Ausgleichs- und Ersatzmaßnahmen** bei Eingriffen in Natur und Landschaft verknüpft der Gesetzgeber die UVP mit der naturschutzrechtlichen **Eingriffsregelung**. Dem dient auch § 17 Abs. 10 BNatSchG, wonach Verfahren bei Vorhaben, die einen Eingriff in Natur und Landschaft verursachen und die der UVP-Pflicht unterliegen, den Anforderungen des UVPG genügen müssen. Auch die Hierarchie von Vermeidung, Ausgleich und Ersatz entspricht der Systematik der Eingriffsregelung. Während die Ersatzmaßnahmen sich auf einen möglichen Eingriff in Natur und Landschaft beschränken, gehen die übrigen Vermeidungs-, Verminderungs- und Ausgleichsmaßnahmen über die naturschutzrechtliche Eingriffsregelung hinaus. 49

Vermeidungs- und Verminderungsmaßnahmen sind Instrumente einer wirksamen Umweltvorsorge, der die UVP nach § 3 Satz 2 vornehmlich dienen soll.[62] Ob und inwieweit derartige Maßnahmen 50

59 Nr. 24.1.2 UVPVwV 2025.
60 Nr. 7.1.2 UVPVwV 2025 unter Verweis auf BVerwG, Urt. v. 18.06.2020 – 3 C 2.19, juris Rn. 35.
61 Nr. 7.1.2 UVPVwV 2025 unter Verweis auf BVerwG, Urt. v. 07.12.2006, 4 C 16.04, juris Rn. 51; siehe auch BVerwG, Urt. v. 14.12.2022 – 9 A 18/21, juris Rn. 26.
62 Zu den Erwartungen an die UVP in diesem Zusammenhang *Wemdzio* NuR 2008, 479 (480).

erforderlich sind, insbesondere ob eine Verpflichtung des Vorhabenträgers besteht, solche Maßnahmen einzuleiten und durchzuführen, ergibt sich weder aus § 16 Abs. 1 Nr. 4 noch aus § 24 Abs. 1 Satz 1 Nr. 3, sondern aus den materiell-rechtlichen Zulassungsvoraussetzungen, die für die jeweiligen Vorhaben zu erfüllen sind.

1. Vermeidungsgebote

51 Ein naturschutzrechtliches Verbot erheblicher Umweltbeeinträchtigungen sieht z.B. § 15 Satz 1 BNatSchG vor, wonach der Verursacher eines Eingriffs verpflichtet ist, erhebliche Beeinträchtigungen vorrangig zu vermeiden.[63] Beeinträchtigungen sind gem. § 15 Abs. 1 Satz 2 BNatSchG vermeidbar, wenn **zumutbare Alternativen**, den mit dem Eingriff verfolgten Zweck am gleichen Ort ohne oder mit geringeren Beeinträchtigungen von Natur und Landschaft zu erreichen, gegeben sind. Soweit Beeinträchtigungen nicht vermieden werden können, ist dies nach § 15 Abs. 1 Satz 3 BNatSchG zu begründen. Mit dem **Begründungserfordernis** soll erreicht werden, dass denkbare Vermeidungsmöglichkeiten im Interesse der Verhinderung unnötiger Beeinträchtigungen von Natur und Landschaft ernstlich erwogen und die Gründe dargelegt werden, deretwegen von ihnen kein Gebrauch gemacht wird. Die Begründungspflicht verlangt eine inhaltliche Auseinandersetzung mit schonenderen **Alternativen** und soll damit der besonderen Bedeutung des Vermeidungsgebots Rechnung tragen.[64] Zu unterlassen sind allerdings nicht die den Eingriff auslösenden Vorhaben selbst, sondern die mit ihnen verbundenen und erheblichen Beeinträchtigungen der Natur und Landschaft. Das Vermeidungsgebot des § 15 Abs. 1 Satz 1 BNatSchG zielt auf die Prüfung schonenderer Ausführungsvarianten am geplanten Standort des Vorhabens. Eine Verpflichtung des Vorhabenträgers, aus mehreren möglichen Planungsalternativen die ökologisch günstigste zu wählen, ergibt sich aus § 15 BNatSchG nicht.[65]

52 Ein weiteres naturschutzrechtliches Vermeidungsgebot ergibt sich aus § 34 Abs. 2 BNatSchG. Danach können Projekte, die zu erheblichen Beeinträchtigungen von **FFH-Gebieten** und europäischen **Vogelschutzgebieten** führen, grundsätzlich nicht zugelassen werden, es sei denn, sie sind aus zwingenden Gründen des überwiegenden öffentlichen Interesses notwendig (§ 34 Abs. 3 Nr. 1 BNatSchG) oder wenn zumutbare Alternativen, den mit dem Projekt verfolgten Zweck an anderer Stelle ohne oder mit geringeren Beeinträchtigungen zu erreichen, nicht gegeben sind (§ 34 Abs. 3 Nr. 2 BNatSchG).

53 Immissionsschutzrechtliche Vermeidungs- und Verminderungsanforderungen ergeben sich z.B. aus dem **Vorsorgegebot** des § 5 Abs. 1 Nr. 2 BImSchG für die immissionsschutzrechtlich genehmigungsbedürftigen Anlagen, wonach Vorsorge gegen schädliche Umwelteinwirkungen und sonstige Gefahren, erhebliche Nachteile und erhebliche Belästigungen getroffen wird, insbesondere durch die dem **Stand der Technik** entsprechende Maßnahmen. Der Stand der Technik i.S.v. § 3 Abs. 6 BImSchG ist der Entwicklungsstand fortschrittlicher Verfahren, Einrichtungen oder Betriebsweisen, der die praktische Eignung einer Maßnahme zur Begrenzung von Emissionen in Luft, Wasser und Boden zur Gewährleistung der Anlagensicherheit, zur Gewährleistung einer umweltverträglichen Abfallentsorgung oder sonst zur Vermeidung oder Verminderung von Auswirkungen auf die Umwelt zur Erreichung eines allgemein hohen Schutzniveaus für die Umwelt insgesamt gesichert erscheinen lässt.

54 Des Weiteren schreibt § 5 Abs. 1 Nr. 3 BImSchG für die immissionsschutzrechtlich genehmigungsbedürftigen Anlagen vor, dass **Abfälle** zu vermeiden sind. Das soll jedoch nicht gelten, wenn und

---

63 Siehe dazu *Schink* NuR 2017, 585 (590 f.); *Guckelberger,* in: Frenz/Müggenborg, BNatSchG, § 15 Rn. 22.

64 Siehe dazu *Lütkes,* in: Lütkes/Ewer, BNatSchG, 2025, § 15 Rn. 7; *Guckelberger,* in: Frenz/Müggenborg, BNatSchG, 2024, § 15 Rn. 27, dort auch zu der Frage, wen die Begründungspflicht trifft, den Verursacher oder die zuständige Behörde; *Gellermann,* in: Landmann/Rohmer, Umweltrecht, § 15 BNatSchG Rn 6.

65 *Lütkes,* in: Lütkes/Ewer, BNatSchG, § 15 Rn. 7.

soweit die Vermeidung technisch nicht möglich oder nicht zumutbar ist. Eine Vermeidung ist unzulässig, soweit sie zu nachteiligeren Umweltauswirkungen als die Verwertung führt. Dieses differenzierte Vermeidungsgebot des § 5 BImSchG wird durch das UVPG weder verschärft noch sonst materiell abgeändert. Liegen für die Vermeidung oder Verminderung von Umweltauswirkungen verbindliche Standards vor, etwa solche der TA Luft, dann richten sich die Vermeidungs- und Verminderungsanforderungen nach diesen Standards. Fehlt es an solchen Umweltstandards, dann muss durch die Behörde und – soweit erforderlich – unter Hinzuziehung von Sachverständigen der Stand der Technik und damit auch das gebotene Maß der Vermeidung und Verminderung nach der Grundnorm des § 3 Abs. 6 BImSchG ermittelt werden, um die gebotene Vorsorge festzulegen.

Das zentrale **Vermeidungsgebot des Kreislaufwirtschaftsrechts** steht an der Spitze der fünfstufigen 55
Abfallhierarchie.[66] Die Abfallhierarchie wird nach dem KrWG über die Grundpflichten der Abfallerzeuger und Abfallbesitzer umgesetzt. Grundlage der Anwendung der Abfallhierarchie für immissionsschutzrechtlich genehmigungsbedürftige Anlagen ist die **Abfallgrundpflicht** des § 5 Abs. 1 Nr. 3 BImSchG. Abfälle sind danach vorrangig zu vermeiden (vgl. § 6 Abs. 1 KrWG). Vermeidung im Sinne des KrWG ist nach § 3 Abs. 20 Satz 1 KrWG jede Maßnahme, die ergriffen wird, bevor ein Stoff, Material oder Erzeugnis zu Abfall geworden ist, und dazu dient, die Abfallmenge, die schädliche Auswirkungen des Abfalls auf Mensch und Umwelt oder den Gehalt an schädlichen Stoffen in Materialien und Erzeugnissen zu verringern. Hierzu zählen nach § 3 Abs. 20 Satz 2 KrWG die anlageninterne Kreislaufwirtschaft von Stoffen, die abfallarme Produktgestaltung, die Wiederverwendung von Erzeugnissen und die Verlängerung ihrer Lebensdauer sowie ein Konsumverhalten, das auf den Erwerb von abfall- und schadstoffarmen Produkten sowie die Nutzung von Mehrwegverpackungen gerichtet ist. Die in § 6 Abs. 1 KrWG festgelegte Rangfolge wird in § 6 Abs. 2 KrWG näher konkretisiert. Denn von der Rangfolge nach § 6 Abs. 1 KrWG soll nach Maßgabe der §§ 7 und 8 KrWG diejenige Maßnahmen Vorrang haben, die den Schutz von Mensch und Umwelt bei der Erzeugung und Bewirtschaftung von Abfällen unter Berücksichtigung des Vorsorge- und Nachhaltigkeitsprinzips am besten gewährleistet. Das Abfallvermeidungsgebot des KrWG bleibt ohne Konkretisierung im Wege verbindlicher Pflichten durch den Gesetz- oder Verordnungsgeber ein abstrakter **Programmsatz.**[67] Daran ändert auch die Aufstellung von **Abfallvermeidungsprogrammen** nichts, die allenfalls behördeninterne Bindungswirkung haben, jedoch nicht außenverbindlich für Abfallerzeuger und Abfallbesitzer sind.[68]

Vermeidungs- und Verminderungsgebote gibt es darüber hinaus in allen wesentlichen umweltrecht- 56
lichen Regelungsbereichen, z.B. auch im **Wasserrecht**, dort gelten insbesondere die **Bewirtschaftungsziele** für die Oberflächengewässer und für das Grundwasser, wonach eine Verschlechterung des mengenmäßigen und des chemischen Zustands zu vermeiden ist (vgl. z.B. § 5 Abs. 1 Nr. 1, § 6 Abs. 1 Satz 1 Nr. 3, § 12 Abs. 1 Nr. 1, § 27 Abs. 1, § 47 Abs. 1 Nr. 1 WHG) und im **Bodenschutzrecht**, dort z.B. die Pflicht, dass jeder sich so zu verhalten hat, dass schädliche Bodenveränderungen nicht hervorgerufen werden (§ 4 Abs. 1 BBodSchG) und die Vorsorgepflicht nach § 7 Satz 3 BBodSchG, wonach Bodeneinwirkungen zu vermeiden oder zu vermindern sind, soweit dies auch im Hinblick auf den Zweck der Nutzung des Grundstücks verhältnismäßig ist.[69]

2. Ausgleichsmaßnahmen

Zu den Ausgleichsmaßnahmen zählen Maßnahmen, die dazu führen, dass nach ihrer Durchführung 57
keine erheblichen oder nachhaltigen Beeinträchtigungen mehr zurückbleiben. Nach § 15 Abs. 2

66 Näher dazu *Beckmann*, in: Landmann/Rohmer, Umweltrecht, Stand: 12/2020, § 6 KrWG Rn. 25 ff.; siehe auch den Leitfaden des BMUB zur Anwendung der Abfallhierarchie nach § 6 KrWG Stand: 25.09.2017.

67 VGH München, Beschl. v. 09.01.2019, UPR 2020, 15.

68 *Beckmann*, in: Landmann/Rohmer, Umweltrecht, Stand: 12/2020, § 6 KrWG Rn. 25.

69 Näher dazu *Gröhn/Sanden*, in: Koch/Hofmann/Reese, Handbuch Umweltrecht, § 10 Rn. 78 ff.; *Kahl/Gärditz*, Umweltrecht, § 9 Rn. 21.

Satz 2 BNatSchG ist eine Beeinträchtigung ausgeglichen, wenn und sobald die beeinträchtigten Funktionen des Naturhaushalts in gleichartiger Weise wiederhergestellt sind und das Landschaftsbild landschaftsgerecht wiederhergestellt oder neugestaltet ist. Der naturschutzrechtliche Ausgleich orientiert sich zwar in erster Linie an dem Zustand von Natur und Landschaft, der vor der Beeinträchtigung bestand; ausreichend soll es jedoch sein, wenn die Wiederherstellung »in gleichartiger Weise« geschieht. Ein lediglich gleichwertiger Zustand reicht demgegenüber nicht aus.[70]

58 Der Ausgleich muss grundsätzlich nicht am **Ort der Beeinträchtigung** stattfinden. Jedoch muss regelmäßig ein **räumlich-funktioneller Zusammenhang** zwischen Eingriffs- und Ausgleichsort vorhanden sein. Nach der Rechtsprechung des BVerwG hängt die Eignung von Ausgleichsmaßnahmen weder ausschließlich noch in erster Linie von ihrer Entfernung zum Eingriffsort ab.[71] Solange eine Ausgleichsfläche noch auf den Eingriffsort zurückwirkt, ist sie nicht schon deshalb weniger geeignet, weil sie vom Eingriffsort weiter entfernt ist als eine andere potenzielle Ausgleichsfläche. Etwaige Lagenachteile alternativ in Betracht zu ziehender Ausgleichsflächen können möglicherweise durch einen größeren Flächenumfang oder durch besondere Vorkehrungen bei der Ausgestaltung der Maßnahmen aufgefangen werden. Hinsichtlich der Frage, ob ein hinreichender räumlicher-funktioneller Zusammenhang zum Eingriffsort besteht, steht der zuständigen Behörde eine naturschutzfachliche **Einschätzungsprärogative** zu.[72] Soweit allerdings ein Bewertungsverfahren vom Gesetz- oder Verordnungsgeber verbindlich vorgegeben wird, wie z.B. in der BKompV, muss die zuständige Behörde dies beachten.[73]

59 Besonderheiten gelten gem. § 1 a Abs. 3 Satz 3 BauGB für den Eingriff in Natur und Landschaft im Bereich des Bauplanungsrechts.[74] § 18 Abs. 1 BNatSchG schreibt vor, dass in den Fällen, in denen aufgrund der Aufstellung, Änderung, Ergänzung oder Aufhebung von Bauleitplänen oder von Satzungen nach § 34 Abs. 4 Satz 1 Nr. 3 BauGB ein Eingriff in Natur und Landschaft zu erwarten ist, über die Vermeidung, den Ausgleich und den Ersatz nach den Vorschriften des Baugesetzbuchs zu entscheiden ist. § 1 a Abs. 3 Satz 1 BauGB sieht vor, dass die Vermeidung und der Ausgleich voraussichtlich erheblicher Beeinträchtigungen des Landschaftsbildes sowie der Leistungs- und Funktionsfähigkeit des Naturhaushalts in der Abwägung nach § 1 Abs. 7 BauGB zu berücksichtigen sind. Die Eingriffsregelung ist insoweit Bestandteil der Abwägung; es gibt im Bereich der Bauleitplanung daher keine zwingende Reihenfolge von Vermeidung, Ausgleich, Ersatz und Abwägung mit weiteren Anforderungen an Natur und Landschaft.

IV. Ersatzmaßnahmen

60 Ersatzmaßnahmen sollen einen nicht ausgleichbaren Eingriff kompensieren. Nach § 15 Abs. 2 Satz 3 BNatSchG ist eine Beeinträchtigung ersetzt, wenn und sobald die beeinträchtigten Funktionen des Naturhaushalts in dem betroffenen Naturraum in gleichwertiger Weise hergestellt sind und das Landschaftsbild landschaftsgerecht neugestaltet ist. Anders als Ausgleichsmaßnahmen müssen Ersatzmaßnahmen keinen gleichartigen, sondern nur einen gleichwertigen Zustand schaffen. Ziel ist es, zumindest die ökologische Gesamtbilanz auszugleichen. Anders als Ausgleichsmaßnahmen müssen Ersatzmaßnahmen nicht auf den Eingriffsort zurückwirken. Es reicht vielmehr aus, wenn überhaupt

70 *Gellermann,* in: Landmann/Rohmer, Umweltrecht, § 15 BNatSchG Rn. 12.

71 BVerwG, Urt. v. 24.03.2011 – 7 A 3.10, NVwZ 2011, 1124 Rn. 44; OVG RP, Urt. v. 09.12.2024 – 1 C 10210/23.OVG Rn. 249; *Gellermann,* in: Landmann/Rohmer, Umweltrecht, § 15 BNatSchG Rn. 20.

72 BVerwG, Urt. v. 09.11.2017 – 3 A 4.15, BVerwGE 160, 263, 291; OVG Lüneburg, Urt. v. 22.04.2016 – 7 KS 35/12, juris; siehe auch BayVGH, Beschl. v. 21.12.2021 – 2 NE 21.2669, juris Rn. 7; *Guckelberger,* in: Frenz/Müggenborg, BNatSchG, § 15 Rn. 62; *Beckmann,* in: Stüer/Beckmann, Handbuch des Bau- und Fachplanungsrechts, Rn. 3892; OVG NRW, Urt. v. 14.08.2023 – 22 A 793/22, BeckRS 2023, 25196.

73 *Guckelberger,* in: Frenz/Müggenborg, BNatSchG, § 15 Rn. 62.

74 *Schink* NuR 2017, 585 ff.; *Stüer,* Bauplanungsrecht in: Hoppenberg/de Witt, Handbuch des öffentlichen Baurechts, Stand: Juli 2021, Rn. 1258; *Battis,* in: Battis/Krautzberger/Löhr, BauGB, § 1a Rn. 11.

eine räumliche Beziehung zwischen dem Ort des Eingriffs und der durchzuführenden Ersatzmaßnahme besteht. Der erforderliche räumliche Bezug zwischen dem Eingriffsort und dem Ort der Ersatzvornahme kann auch bei einer Entfernung vom Eingriffsort zum Ort der Ersatzmaßnahme von etwa 30 km bestehen.[75] Es besteht naturschutzrechtlich kein Vorrang von Ausgleichsmaßnahmen gegenüber Ersatzmaßnahmen, wie sich aus der gleichrangigen Benennung beider Maßnahmen in § 15 Abs. 2 Satz 1 BNatSchG durch das Wort »oder« ergibt. Unter naturschutzfachlichen Gesichtspunkten kann es sogar vorteilhaft sein, erforderliche Kompensationsmaßnahmen in gebündelter Form an besonders gut geeigneten Standorten und nicht unmittelbar in der Nähe des Eingriffs auszuführen.[76]

Da die Anwendung der naturschutzrechtlichen Eingriffsregelung in hohem Maße auf naturschutz- **61**
fachlichen Sachverstand angewiesen ist, wird bei der Bewertung der Eingriffswirkungen eines Vorhabens im Rahmen eines Planfeststellungsverfahrens der Planfeststellungsbehörde bei der Bewertung der Kompensationswirkung auch von Ersatzmaßnahmen der zuständigen Behörde eine **naturschutzfachliche Einschätzungsprärogative** zugestanden.[77] Nach dem Rotmilan-Beschluss des BVerfG kann eine Einschränkung der gerichtlichen Kontrolle mit der Rechtsschutzgarantie des Art. 19 Abs. 4 Satz 1 GG vereinbar sein, wenn die Anwendung eines Gesetzes die Klärung tatsächlicher naturschutzfachlicher Feststellungen verlangt, zu denen es weder eine hinreichende untergesetzliche Konkretisierung noch in Fachkreisen und Wissenschaft allgemein anerkannte Maßstäbe und Methoden gibt. In solchen Fällen stoße das Verwaltungsgericht an Grenzen, weil es ihm dann objektiv unmöglich sei, den Sachverhalt vollständig aufzuklären und sich davon zu überzeugen, ob die Behördenentscheidung richtig oder falsch ist. Die Grenzen der gerichtlichen Kontrolle ergäben sich nicht daraus, dass der Verwaltung eine Einschätzungsprärogative eingeräumt wäre, sondern rührten schlicht daher, dass sich die naturschutzfachliche Richtigkeit des Ergebnisses der Verwaltungsentscheidung objektiv nicht abschließend beurteilen lasse. Die Kontrolle sei aber weitestmöglich noch durchzuführen; das Gericht müsse insbesondere die Plausibilität der behördlichen Entscheidung prüfen.[78] Zu Recht wird dazu angemerkt, dass sich aus dieser Einordnung der naturschutzfachlichen Einschätzungsprärogative im Ergebnis kein anderer Umfang der gerichtlichen Kontrolle ergibt, weil auch nach der Rechtsprechung des BVerfG die Verwaltungsgerichte auf eine Vertretbarkeits- bzw. Plausibilitätskontrolle der behördlichen Einschätzung beschränkt sind. Sei die naturschutzrechtliche Prüfung damit auf außerrechtliche, insbesondere ökologische Bewertungen einschließlich technischer und naturwissenschaftlicher Prognosen angewiesen, für die weder normkonkretisierende Maßstäbe noch in den einschlägigen Fachkreisen und der einschlägigen Wissenschaft allgemein anerkannte Maßstäbe und Methoden bestehen, so unterlägen diese keiner Richtigkeitsgewähr, sondern sei die gerichtliche Kontrolle darauf beschränkt, ob die Einschätzungen der Behörde im konkreten Einzelfall naturschutzfachlich vertretbar seien, sie insbesondere nicht auf einem unzulänglichen oder gar ungeeigneten Bewertungsverfahren beruhten, und ob die Behörde zu einer plausiblen Einschätzung gelangt sei. Den Verwaltungsgerichten obliege darüber hinaus die Prüfung, ob der Behörde bei der Ermittlung und Anwendung der von ihr gewählten – vertretbaren – Methode Verfahrensfehler

---

75 OVG Lüneburg, Urt. v. 04.07.2017 – 7 KS 7/15, juris Rn. 213; *Guckelberger,* in: Frenz/Müggenborg, BNatSchG, § 15 Rn. 57.

76 OVG Lüneburg, Urt. v. 04.07.2017 – 7 KS 7/15, juris Rn. 212.

77 Zu naturschutzfachlichen Einschätzungsprärogative siehe auch BVerfG, Beschl. v. 23.10.2018 – 1 BvR 2523/13, 595/14, BVerfGE 149, 407 Rn. 18 ff., 23; BVerwG, Urt. v. 09.07.2008 – 9 A 14.07, juris Rn. 65; Urt. v. 27.06.2013 – 4 C 1.12, juris Rn. 14; Urt. v. 21.11.2013 – 7 C 40.11, juris Rn. 14; Beschl. v. 08.03.2018 – 9 B 25/17, juris Rn. 12; VGH BW, Urt. v. 19.03.2025 – 10 S 1411/23, juris Rn. 90; VG München, Beschl. v. 10.04.2025 – M 31S 25.1237, juris Rn. 52; *Beckmann,* in: Stüer/Beckmann, Handbuch des Bau- und Fachplanungsrechts, Rn. 3892.

78 BVerfG, Beschl. v. 23.10.2018 – 1 BvR 2523/13, 1 BvR 595/14, DVBl 2019, 42; VGH BW, Urt. v. 19.03.2025 – 10 S 1411/23, juris Rn. 90; Anmerkungen dazu unter anderem von *Sow* DÖV 2019, 317; *Gassner* DVBl 2019, 13760; *Stüer* DVBl. 2019, 47; *Erbguth* DVBl. 2020, 1050; *Schröder* EuRUP 2019, 91.

unterlaufen seien, sie von einem unrichtigen oder nicht hinreichend tiefgehend aufgeklärten Sachverhalt ausgegangen sei, allgemeingültige Bewertungsmaßstäbe verletzt habe oder sich von sachfremden Erwägungen habe leiten lassen.[79]

62 Die Zulassung einer Ersatzmaßnahme kann ihrerseits die Durchführung einer UVP voraussetzen. Ist im Rahmen des für die Zulassung der Ersatzmaßnahme erforderlichen Planfeststellungsverfahrens eine UVP notwendig, dann kann es mit dem Zweck der UVP unvereinbar sein, bereits mit dem Planfeststellungsbeschluss bezüglich des den naturschutzrechtlichen Eingriff verursachenden Vorhabens dem Grunde nach über die Zulassung der Ersatzmaßnahme mitzuentscheiden, wenn die dafür erforderlichen Entscheidungsgrundlagen noch nicht vorliegen.

D. Art und Weise der Erarbeitung

I. Erarbeitung des Inhalts

63 Die Verpflichtung der zuständigen Behörde zur »Erarbeitung« der zusammenfassenden Darstellung verdeutlicht, dass sich diese Darstellung nicht in einer bloßen Aneinanderreihung der verschiedenen Unterlagen, Gutachten und Einwendungen erschöpfen darf. Die zuständige Behörde ist vielmehr verpflichtet, die ihr vorliegenden Informationen systematisch aufzuarbeiten, zu strukturieren und in geschlossener Form darzustellen.[80] Der damit verbundene Aufwand lässt sich am ehesten begrenzen, wenn bereits im Scoping-Termin eine vorläufige Gliederung der Materialien verabredet wird, auf deren Grundlage in den folgenden Verfahrensschritten die Materialien aufbereitet werden. Eine bloße Zusammenfassung der vom Vorhabenträger gelieferten Informationen oder eine reine Übernahme von Inhalten des UVP-Berichts bzw. seiner allgemein verständlichen Zusammenfassung (§ 16 Abs. 1 Satz 1 Nr. 7) reicht nicht.[81]

II. Wertneutrale Abfassung

64 Die zusammenfassende Darstellung soll die für die begründete Bewertung der Umweltauswirkungen erforderlichen Aussagen über die voraussichtlichen Umweltauswirkungen des Vorhabens und über die Maßnahmen beschreiben, mit denen erhebliche nachteilige Umweltauswirkungen ausgeschlossen, vermindert oder ausgeglichen werden, einschließlich der Ersatzmaßnahmen bei nicht ausgleichbaren, aber vorrangigen Eingriffen in Natur und Landschaft. Dazu gehören unter anderem Aussagen über Art und Umfang sowie Häufigkeit oder Eintrittswahrscheinlichkeit der zu erwartenden Umweltauswirkungen. Allerdings soll sich die zusammenfassende Darstellung in einer reinen Beschreibung der zu erwartenden Umweltauswirkungen, der Merkmale des Vorhabens und des Standorts i.S.v. § 24 Abs. 1 Nr. 2 und der Maßnahmen i.S.v. § 24 Abs. 1 Nr. 3 erschöpfen. Insoweit soll die zusammenfassende Darstellung wertneutral abgefasst werden. Denn die wertenden Aussagen darüber, ob Umweltauswirkungen »schädlich«, »nachteilig« oder »gemeinwohlbeeinträchtigend« sind, sind Teil der sich anschließenden und auf der zusammenfassenden Darstellung aufbauenden Bewertung der Umweltauswirkungen des Vorhabens.[82]

65 Allerdings dürfte eine saubere Trennung zwischen der zusammenfassenden Darstellung und ihrer begründeten Bewertung im Einzelfall schwierig sein. Die zusammenfassende Darstellung enthält

---

79 VGH BW, Urt. v. 19.03.2025 – 10 S 1411/23, juris Rn. 90; BVerwG, Urt. v. 03.11.2020 – 9 A 9.19, BVerwGE 170, 210 Rn. 113; VGH BW, Urt. v. 31.08.2023 – 14 S 2140/22, juris Rn. 29; VGH BW, Urt. v. 17.07.2024 – 10 S 1396/23, juris Rn. 29.

80 OVG Hamburg, Beschl. v. 24.08.2016 – 2 Bs 113/16, juris Rn. 29; BVerwG, Beschl. v. 10.10.2006 – 9 B 27/05, NVwZ 2007, 84 (86); *Lieber*, in: Mann/Sennekamp/Uechtritz, VwVfG, 2019, § 73 Rn. 360; *Wulfhorst*, in: Landmann/Rohmer, Umweltrecht, Stand: 4/2022, § 24 UVPG Rn. 31. *Kümper*, in: Schink/Reidt/Mitschang, UVPG/UmwRG, 203, § 24 UVPG Rn. 10.

81 VGH BW, Urt. v. 04.12.2018 – 5 S 1981/16, BeckRS 2018, 51760.

82 *Kümper*, in: Schink/Reidt/Mitschang, UVPG/UmwRG, § 24 UVPG Rn. 10; *Wulfhorst*, in: Landmann/Rohmer, Umweltrecht, Stand: 4/2022, § 24 UVPG Rn. 24.

jedenfalls keine Aussagen dazu, ob das beabsichtigte Vorhaben trotz der zu erwartenden Umweltauswirkungen die gesetzlichen Zulassungsvoraussetzungen erfüllt oder nicht. § 24 Abs. 1 Satz 1 fordert mit dem Gebot einer zusammenfassenden Darstellung der Umweltauswirkungen auch keine rechnerische und saldierende Gegenüberstellung der von dem Vorhaben zu erwartenden Einwirkungen auf die verschiedenen Umweltschutzgüter nach standardisierten Maßstäben.[83]

III. Umfang der Darstellung

Der Umfang der zusammenfassenden Darstellung hängt mittelbar auch von dem nach § 16 beizubringenden UVP-Bericht ab. Entsprechend den in § 16 Abs. 1 geforderten Mindestangaben und den in § 16 Abs. 3 geforderten zusätzlichen Angaben ergibt sich auch für die zusammenfassende Darstellung, dass sie zumindest Angaben enthalten muss zur Beschreibung des Vorhabens mit Angaben zum Standort, zur Art, zum Umfang und zur Ausgestaltung, zur Größe und zu anderen wesentlichen Merkmalen des Vorhabens. Zusammenfassend beschrieben werden müssen die Umwelt und ihre Bestandteile im Einwirkungsbereich des Vorhabens, etc. Da der UVP-Bericht eine allgemeinverständliche, nicht technische Zusammenfassung enthält (§ 16 Abs. 1 Satz 1 Nr. 7), kann es sinnvoll sein, sich bei der Verfassung der zusammenfassenden Darstellung nicht zuletzt an dieser Zusammenfassung des UVP-Berichts zu orientieren. Jedoch bedarf es eines kritischen Blicks, ob die Zusammenfassung des UVP-Berichts die Erkenntnisse des Berichts tatsächlich hinreichend und vollständig zusammenfasst. Außerdem muss die zusammenfassende Darstellung auch weitere Erkenntnisse aus der Öffentlichkeitsbeteiligung, der Behördenbeteiligung und aus eigenen Ermittlungen berücksichtigen. 66

Die Angaben des UVP-Berichts müssen Dritten die Beurteilung ermöglichen, ob und in welchem Umfang sie von den Umweltauswirkungen des Vorhabens betroffen werden können (§ 16 Abs. 5 Satz 3 Nr. 2). Das gilt auch für die zusammenfassende Darstellung, wenngleich diese, da sie erst nach Abschluss des Beteiligungsverfahrens erarbeitet wird, nicht die Funktion hat, im Rahmen der Öffentlichkeitsbeteiligung zu einer Mitwirkung zu motivieren. Nach § 27 Satz 1 hat die zuständige Behörde in entsprechender Anwendung des § 74 Abs. 5 Satz 2 VwVfG die Entscheidung zur Zulassung oder Ablehnung des Vorhabens öffentlich bekanntzumachen sowie in entsprechender Anwendung des § 74 Abs. 4 Satz 2 VwVfG den Bescheid zur Einsicht auszulegen. Der Öffentlichkeit soll damit die Möglichkeit gegeben werden, nachzuvollziehen, zu welchen Erkenntnissen die Umweltverträglichkeitsprüfung geführt hat und wie diese Erkenntnisse bei der Genehmigungsentscheidung berücksichtigt worden sind. Insbesondere soll die Öffentlichkeit erkennen können, wie mit ihren Äußerungen umgegangen wurde. Die in § 27 vorgesehene Bekanntmachung hat insoweit auch Bedeutung für den Rechtsschutz gegen die Zulassungsentscheidung.[84] Die Aufnahme der zusammenfassenden Darstellung in den bekanntzumachenden und auszulegenden Genehmigungsbescheid dient insoweit nicht nur der Erhöhung der **Transparenz** des Verfahrens, sondern auch dem **effektiven Rechtsschutz**. 67

E. Berücksichtigung des beantragten Zulassungsgegenstands

Die zusammenfassende Darstellung muss dem jeweiligen Gegenstand des geführten Zulassungsverfahrens entsprechen. Das bedeutet, dass sich die zusammenfassende Darstellung auf sämtliche erheblichen Umweltauswirkungen des Vorhabens zu erstrecken hat, wenn eine Vollgenehmigung in dem Zulassungsverfahren angestrebt wird. 68

I. Teilzulassung und Vorbescheid

Besondere Anforderungen an die Erarbeitung der zusammenfassenden Darstellung ergeben sich, wenn eine UVP in einem Verfahren durchzuführen ist, dessen Ergebnis lediglich eine Teilzulassung 69

83 Zustimmend *Kümper*, in: Schink/Reidt/Mitschang, UVPG/UmwRG, § 24 UVPG Rn. 10.
84 Gesetzesbegründung der BReg BT-Drs. 18/11499, S. 95.

oder ein Vorbescheid sein soll. In diesem Fall hat die zusammenfassende Darstellung sich entsprechend § 29 Abs. 1 *vorläufig* auf die erkennbaren Umweltauswirkungen des Gesamtvorhabens und *abschließend* auf die Umweltauswirkungen des Vorhabens insoweit zu erstrecken, als diese Gegenstand des Vorbescheides oder der Teilzulassung sind.[85] Entsprechend § 29 Abs. 2 Satz 1 beschränkt sich die Notwendigkeit einer zusammenfassenden Darstellung bei weiteren Teilgenehmigungen oder entsprechenden Teilzulassungen auf zusätzliche oder andere erhebliche Umweltauswirkungen des Vorhabens, die im Vorbescheidverfahren oder in dem vorangegangenen Verfahren der Teilzulassung nicht geprüft wurden. Für den immissionsschutzrechtlichen Vorbescheid sind Umfang und Durchführung der UVP in § 23 Abs. 4 der 9. BImSchV i.V.m. § 22 Abs. 3 der 9. BImSchV geregelt. Danach erstreckt sich die UVP im Rahmen der vorläufigen Prüfung auf die erkennbaren Auswirkungen der gesamten Anlage auf die in § 1a der 9. BImSchV genannten Schutzgüter und abschließend auf die Auswirkungen, deren Ermittlung, Beschreibung und Bewertung Voraussetzung für Feststellungen oder Gestattungen ist, die Gegenstand des Vorbescheids sind. Der Gedanke des vorläufigen positiven Gesamturteils gilt damit auch für die UVP: Soweit der Vorbescheid Genehmigungsvoraussetzungen verbindlich klärt, müssen die Umweltauswirkungen des Vorhabens abschließend geprüft werden, soweit über Umweltauswirkungen erst in der späteren Zulassung verbindlich entschieden wird, müssen sie vorläufig betrachtet werden. Das entspricht § 29.[86] Eine Besonderheit gilt allerdings nach § 9 Abs. 1 a Satz 4 BImSchG für Windenergieanlagen mit der Novelle des BImSchG vom 09.07.2024. Abweichend von § 29 Abs. 1 Satz 1 findet danach eine vorläufige Umweltverträglichkeitsprüfung im Hinblick auf die Umweltauswirkungen des Gesamtvorhabens für die Erteilung des Vorbescheides nicht statt.[87]

II. Parallele Zulassungsverfahren

70 Besonderheiten ergeben sich hinsichtlich der zusammenfassenden Darstellung auch bei parallelen Zulassungsverfahren, in denen die **federführende Behörde** nach § 31 Abs. 2 spezifische Aufgaben zu übernehmen hat; sie hat nach § 31 Abs. 2 Satz 1 Nr. 3 insbesondere die zusammenfassende Darstellung zu erarbeiten.[88]

III. Raumverträglichkeitsprüfung

71 Besonderheiten gelten schließlich auch dann, wenn eine Raumverträglichkeitsprüfung vorausgegangen ist. Gem. § 49 Satz 1 erfolgt in der Raumverträglichkeitsprüfung die Prüfung der Umweltauswirkungen nur nach Maßgabe des ROG. Die Umweltverträglichkeitsprüfung im nachfolgenden behördlichen Verfahren, das der Zulassungsentscheidung dient, umfasst gem. § 49 Satz 2 eine vertiefte Prüfung der in der Raumverträglichkeitsprüfung nur überschlägig geprüften Umweltauswirkungen. § 49 ist vom Gesetzgeber im Rahmen des ROGÄndG 2023 mit dem Ziel geändert worden, Doppelprüfungen möglichst zu vermeiden.[89] In der Raumverträglichkeitsprüfung nach § 15 ROG sollen Umweltbelange nur noch insoweit berücksichtigt werden, als diese auf der vorgelagerten Ebene der Raumverträglichkeitsprüfung nach überschlägiger Prüfung der Auswirkungen des Vorhabens auf die Schutzgüter nach § 2 Abs. 1 unter Berücksichtigung der in Anl. 3 des UVPG

---

85 Dies gilt nicht nur für die UVP, sondern auch bei einer Vorprüfung nach § 7, siehe dazu OVG NRW, Urt. v. 05.12.2024 – 7 A 828/22, juris Rn. 40; OVG Lüneburg, Urt. v. 18.10.2021 – 12 LB 110/19, NuR 2022, 66 = juris Rn. 65 f., OVG NRW, Urt. v. 09.08.2006 – 8 A 1359/05, DVBl. 2007, 129 = juris Rn. 59: OVG Lüneburg, Urt. v. 12.11.2008 – 12 LC 72/07, juris Rn. 46 f.; VG Minden, Urt. v. 01.09.2023 – 1 K 4856/18, juris Rn. 59 f.; *Dix*, in: Landmann/Rohmer, Umweltrecht, Stand: Juni 2024, § 29 UVPG Rn. 30.

86 *Baars* NVwZ 2025, 389 (390).

87 Zu den neuen Vorbescheiden für Windenergieanlagen nach § 9 Ia BImSchG siehe *Baars* NVwZ 2025, 389.

88 Dazu *Jauss/Marczona* UPR 2022, 474.

89 *Beckmann*, in: Stüer/Beckmann, Handbuch des Bau- und Fachplanungsrechts, Rn. 766; Schmitz/*Lehrian* ZfBR 2023, 221 (222).

genannten Kriterien erkennbar sind. Im Verfahren der Raumverträglichkeitsprüfung gibt es keine Umweltverträglichkeitsprüfung nach dem UVPG mehr. Der Verzicht auf die UVP dient der Verfahrensbeschleunigung. In der Gesetzesbegründung wird darauf hingewiesen, dass die Raumverträglichkeitsprüfung keine Zulassungsentscheidung i.S.d. UVP-RL ist, mit der ein bestimmtes Projekt im Sinne der UVP-RL genehmigt wird, und auch kein vorbereitender Schritt im Rahmen dieser Entscheidung ist. Vielmehr handele es sich bei der Raumverträglichkeitsprüfung nur um eine gutachterliche Stellungnahme der zuständige Raumordnungsbehörde.[90] Das Ergebnis der Raumverträglichkeitsprüfung sei lediglich im Rahmen von behördlichen Ermessensentscheidungen oder als Abwägungsmaterial bei Entscheidungen mit planerischem Einschlag zu berücksichtigen und könne daher im Rahmen dieser Entscheidungen auch »überwunden« werden. Da die Umweltauswirkungen des Vorhabens in der Raumverträglichkeitsprüfung nur noch überschlägig geprüft werden, könne dieser Prüfung nicht mehr die volle abschließende Wirkung zukommen, die für sie als Bestandteil des früheren Raumordnungsverfahrens vorgesehen sei. Deshalb stelle § 49 Satz 2 klar, dass die UVP in einem nachfolgenden Zulassungsverfahren, soweit erforderlich, auch eine vertiefte Prüfung in der Raumverträglichkeitsprüfung nur überschlägig geprüften Umweltauswirkungen umfasst. Ob mit dieser Reform die gewünschte Verfahrenserleichterung und Beschleunigung gelingt, erscheint zweifelhaft, weil sie nichts daran ändert, dass die Umweltfolgen der raumbedeutsamen Planung oder Maßnahmen sowohl bei der Raumverträglichkeitsprüfung als auch bei der Zulassung des Vorhabens geprüft und ggfls. abgeschichtet werden müssen. Eine effektive Beschleunigung wäre eher mit einem Verzicht auf die Durchführung einer Raumverträglichkeitsprüfung erreichbar. Möglicherweise könnte die Funktion der Raumverträglichkeitsprüfung auch durch das Rechtsinstituts eines Vorbescheids ersetzt werden, mit dem eine verbindliche Prüfung der Vereinbarkeit eines Vorhabens mit Erfordernissen dort ermöglicht werden könnte, wo es sinnvoll erscheint, die damit verbundenen Rechtsfragen vor dem eigentlichen Zulassungsverfahren verbindlich abzuschichten.[91]

F. Form der zusammenfassenden Darstellung

Die zusammenfassende Darstellung ist ein einheitliches, zunächst behördeninternes Schriftstück.[92] 72
Es soll nach § 24 Abs. 2 möglichst innerhalb eines Monats nach dem Abschluss der Erörterung im Beteiligungsverfahren erarbeitet werden. Da in aller Regel innerhalb dieser Frist noch keine Entscheidung über die Zulassung oder Ablehnung des Vorhabens vorliegt, muss die zusammenfassende Darstellung, die nach § 26 Abs. 1 Nr. 3 b später Inhalt des Bescheids über die Zulassung oder Ablehnung des Vorhabens wird, als Zwischenergebnis bzw. Ausschnitt des das Zulassungsverfahren abschließenden Bescheids vorab erarbeitet werden. Für eine eigenständige Erarbeitung der zusammenfassenden Darstellung vor Verfassung des Zulassungsbescheids spricht auch ihre Funktion, eine begründete Bewertung der Umweltauswirkungen zu ermöglichen, die wiederum nach § 25 Abs. 2 bei der Entscheidung über die Zulässigkeit des Vorhabens zu berücksichtigen ist. Sie ist in dieser vorbereitenden Phase nicht Teil der Begründung des Bescheids, zu der sie nach § 26 Abs. 1 wird, wenn die Entscheidung getroffen ist und vor ihrer Veröffentlichung begründet werden muss.[93] In der Praxis ist eine vorgezogene, eigenständige Formulierung der zusammenfassenden Darstellung in aller Regel auch schon deshalb notwendig, weil die Behörde die Entscheidung über den Zulassungs-

90 Zu den Rechtswirkungen der Raumverträglichkeitsprüfung siehe auch *Beckmann*, in: Stüer/Beckmann, Handbuch des Bau- und Fachplanungsrechts, Rn. 766.

91 *Beckmann*, in: Stüer/Beckmann, Handbuch des Bau- und Fachplanungsrechts, Rn. 760; zur Neuausrichtung der Raumverträglichkeitsprüfung im Raumordnungsgesetz und zu ihrem Verhältnis zur Umweltverträglichkeitsprüfung *Kment* EuRUP 2024, 38; siehe auch *Schmitz/Lehrian* ZfBR 2023, 221; einen Verzicht auf die Durchführung einer Raumverträglichkeitsprüfung sieht der Entwurf eines Zukunftsgesetzes Infrastruktur für zahlreiche Infrastrukturvorhaben vor.

92 *Beckmann*, in: Stüer/Beckmann, Handbuch des Bau- und Fachplanungsrechts, Rn. 4463; *Peters/Balla/Hesselbarth*, UVPG, 2019, § 24 Rn. 4, vergleichen die zusammenfassende Darstellung mit dem Sachverhaltsbericht eines Berichterstatters in einem Kollegialgericht.

93 Siehe auch *Kümper*, in: Schink/Reidt/Mitschang, UVPG/UmwRG, § 24 UVPG Rn. 14.

antrag nur selten innerhalb der Monatsfrist des § 25 Abs. 2 verfassen und begründen kann. Bei einer Vorhabenzulassung durch mehrere Behörden ist ein gesondertes Dokument ohnehin zwingend, weil die zusammenfassende Darstellung dann von der federführenden Behörde nach § 31 Abs. 2 Satz 1 und nicht von den einzelnen Zulassungsbehörden formuliert wird.

Als behördeninternes Arbeitsmittel ist die zusammenfassende Darstellung nicht zur eigenständigen Veröffentlichung gedacht und stellt insoweit kein isoliert anfechtbares Dokument dar. Dies wurde in der Vergangenheit teilweise mit der Begründung bedauert, ein eigenständiges UVP-Dokument würde eine Bewertung und Berücksichtigung der Ergebnisse verbessern sowie die gerichtliche Kontrolle erleichtern. Da die zusammenfassende Darstellung keine Rechtsanwendung umweltbezogener Zulassungsvoraussetzungen darstellt, taugt sie als Gegenstand eigenständiger verwaltungsgerichtlicher Kontrolle wenig. Das Fehlen einer zusammenfassenden Darstellung oder eine unzureichende zusammenfassenden Darstellung können allerdings ein relevanter Verfahrensfehler sein. Fehlt die zusammenfassende Darstellung der Umweltauswirkungen vollständig, dann spricht Vieles dafür, dass es sich nicht nur um eine fehlerhafte UVP, sondern um das Fehlen der UVP insgesamt handelt, weil diese ohne zusammenfassende Darstellung gar nicht stattgefunden hat. Die zusammenfassende Darstellung ist nämlich nach der deutschen Systematik des UVPG die zentrale Grundlage für die Bewertung der Umweltauswirkungen und ihre anschließende Berücksichtigung bei der Zulassungsentscheidung.[94] Die UVP-RL verpflichtet die Mitgliedstaaten jedoch nicht, eine zusammenfassende Darstellung vorzuschreiben. Eine Veröffentlichung der zusammenfassenden Darstellung wurde in der Vergangenheit für wünschenswert gehalten, weil sie es ermöglichen könne, das behördliche Vorgehen nachzuprüfen, wodurch die Transparenz und oftmals die Akzeptanz der Entscheidung gefördert würden.

73 Der Gesetzgeber hat anlässlich der Modernisierung des Rechts der Umweltverträglichkeitsprüfung im Jahre 2017 auf die Erstellung eines eigenständig zu veröffentlichenden Dokuments zur zusammenfassenden Darstellung der Umweltauswirkungen unter anderem deshalb verzichtet, weil dies zu unnötigem Verwaltungsaufwand führen würde, insbesondere wenn nur eine einzige Behörde über die Zulässigkeit des Vorhabens zu entscheiden hat. Wenn die zuständige Behörde in der Lage ist, innerhalb der **Frist** von § 24 Abs. 2 den Bescheid zur Zulassung bzw. zur Ablehnung des Vorhabens zu verfassen, kann sie deshalb auf ein gesondertes Dokument der zusammenfassenden Darstellung vollständig verzichten. An der Einschätzung, dass es sich bei der zusammenfassenden Darstellung um ein behördeninternes Arbeitsmittel handelt, kann auch angesichts des § 26 Abs. 1 Nr. 3 lit. b, wonach die zusammenfassende Darstellung gem. § 24 zwingend in die Begründung der Zulassungsentscheidung aufzunehmen ist, festgehalten werden.[95] Denn erst mit der Aufnahme in den Zulassungsbescheid wird die zusammenfassende Darstellung Teil des Bescheids. Erst als solcher ist sie mit dem Zulassungsbescheid öffentlich bekannt zu machen und zur Einsicht auszulegen (§ 27), so dass die zusammenfassende Darstellung als maßgebliche Grundlage für die Vorbereitung der Entscheidung eine behördeninterne Funktion behält. Durch die Veröffentlichung der zusammenfassenden Darstellung als Teil des Zulassungsbescheids werden die Transparenz des Entscheidungsverfahrens und (hoffentlich) auch die Akzeptanz der Zulassungsentscheidung gefördert.[96]

74 Ist dies aus Zeitgründen nicht möglich, muss sie die zusammenfassende Darstellung vorab innerhalb der Frist des § 24 Abs. 2 erarbeiten; sie muss das entsprechende Dokument jedoch nicht vorab veröffentlichen. In parallelen Zulassungsverfahren ist die **federführende Behörde** für die Erarbeitung der zusammenfassenden Darstellung zuständig, während für die Bewertung und die Berücksichtigung der begründeten Bewertung die jeweilige Genehmigungsbehörde zuständig ist. In diesen Fällen muss die federführende Behörde den anderen Genehmigungsbehörden die zusammenfassende Darstellung in einem gesonderten Dokument vorab übersenden.

---

94 *Beckmann*, in: Frenz, BBergG, § 57a Rn. 67; VG Hamburg, Beschl. v. 15.06.2016 – 7 E 1486, juris Rn. 59.
95 A.A. *Kümper*, in: Schink/Reidt/Mitschang, UVPG/UmwRG, § 24 UVPG Rn. 12.
96 So zu Recht *Kümper*, in: Schink/Reidt/Mitschang, UVPG/UmwRG, § 24 UVPG Rn. 13.

I. Obligatorischer Bestandteil der Begründung der Zulassungsentscheidung

Gem. § 26 Abs. 1 Nr. 3 b ist die zusammenfassende Darstellung obligatorischer Teil der Begründung der Zulassungsentscheidung. Die zusammenfassende Darstellung wird dementsprechend mit der Bekanntmachung der Entscheidung nach § 27 Satz 1 veröffentlicht. 75

Wird über die Zulässigkeit eines Vorhabens im Rahmen mehrerer Verfahren entschieden, so wird gem. § 31 Abs. 4 Satz 1 eine **gemeinsame zusammenfassende Darstellung** für das gesamte Vorhaben erarbeitet. Auf der Grundlage der zusammenfassenden Darstellung nehmen die Zulassungsbehörden eine Gesamtbewertung der Umweltauswirkungen des Vorhabens vor und berücksichtigen nach § 25 Abs. 2 die Gesamtbewertung bei den Zulassungsentscheidungen (§ 31 Abs. 4 Satz 2). Die federführende Behörde stellt das Zusammenwirken der Zulassungsbehörden sicher. 76

§ 31 Abs. 2 Satz 1 Nr. 3 bestimmt zwar, dass die federführende Behörde die zusammenfassende Darstellung erarbeitet. Das ändert aber nichts daran, dass die gemeinsame zusammenfassende Darstellung jeweils in die Begründung der parallel zu erlassenden Zulassungsbescheide aufzunehmen ist. Dies ergibt sich aus § 26 Abs. 1 Nr. 3 b. 77

II. Verwendung anderer Darstellungsformen

Bei der Abfassung der zusammenfassenden Darstellung kann die zuständige Behörde neben einer verbalen Beschreibung der voraussichtlichen Umweltauswirkungen auch andere Darstellungsformen, etwa Tabellen, Karten, Fotografien etc., nutzen. Die Art und Weise der Darstellung bleibt im Übrigen dem Ermessen der zuständigen Behörde vorbehalten. Teilweise wird empfohlen, für die zusammenfassende Darstellung eine problemorientierte Struktur zu erarbeiten, die entsprechend den Umweltbereichen Wasser, Boden, Luft unter Einbeziehung der jeweiligen Wechselwirkungen oder entsprechend den verschiedenen Einwirkungspfaden abgefasst werden könne. § 24 verpflichtet nicht zu einer rechnerischen Gegenüberstellung. Sie würde nach Ansicht des BVerwG die Gefahr in sich bergen, eine Befundgenauigkeit und Prognosesicherheit in Bezug auf das Zusammenwirken von für die Umwelt und deren Schutz bedeutsamen Faktoren vorzutäuschen und damit eine **Scheinrationalität** zu erzeugen, die einer sachgerechten und die tatsächlichen Gegebenheiten berücksichtigenden Bewertung nach § 25 (früher § 12) wenig dienlich wäre.[97] Neben verbal-argumentativen Methoden der Darstellung kommen formalisierte Methoden in Betracht, zu denen ökologische **Risikoanalysen** und **Nutzwertanalysen** zählen. 78

G. Verfahren der Erarbeitung

I. Zuständigkeit

Fraglich ist, welche Behörde für die Erarbeitung der zusammenfassenden Darstellung zuständig ist, wenn im Planfeststellungsverfahren die Aufgaben im Verfahren zwischen Anhörungsbehörde und Planfeststellungsbehörde aufgeteilt sind. Eine ausschließliche oder zumindest ergänzende Zuständigkeit der Anhörungsbehörde wird unter anderem mit deren größerer Sachnähe zum Anhörungsverfahren begründet. Für die Zuständigkeit der Anhörungsbehörde soll außerdem seit der Novelle des UVPG die Trennung zwischen § 24 Abs. 1 einerseits und § 25 bzw. § 26 Abs. 1 Nr. 3 b) andererseits sprechen; zudem wäre eine Erarbeitung der zusammenfassenden Darstellung durch die Planfeststellungsbehörde innerhalb der Monatsfrist des § 24 Abs. 2 UVPG schon aufgrund der parallelen Frist für die Stellungnahme nach § 73 Abs. 9 VwVfG nicht möglich.[98] Nach überwiegender Ansicht ist jedoch die Planfeststellungsbehörde für die Erarbeitung der zusammenfassenden Darstellung zuständig.[99] Dies ergibt sich schon daraus, dass die zusammenfassende Darstellung gem. 79

---

97 BVerwG, Urt. v. 08.06.1995 – 4 C 4.94, NVwZ 1996, 381 (388).

98 *Lieber*, in: Mann/Sennekamp/Uechtritz, VwVfG, § 73 Rn. 361.

99 BVerwG, Urt. v. 05.03.1997 – 11 A 25/95, BVerwGE 104, 12, juris Rn. 104; VGH Mannheim, Urt. v. 04.12.2018 – 5 S 1981/16, juris Rn. 95; *Neumann/Külpmann*, in: Stelkens/Bonk/Sachs, VwVfG,

§ 26 Abs. 1 Nr. 3 b) Teil der Begründung der Entscheidung über die Zulassung des Vorhabens sein muss, für die allein die Planfeststellungsbehörde verantwortlich ist.

80 Außerdem sind bei der zusammenfassenden Darstellung nach § 24 Abs. 1 Satz 3 eigene Ermittlungen beizuziehen. Solche zusätzlichen Ermittlungen auf der Grundlage des Untersuchungsgrundsatzes anzustellen, ist Aufgabe der Planfeststellungsbehörde.[100] Nur sie kann mit Blick auf die ihr abverlangte Entscheidung über den Planfeststellungsantrag entscheiden, ob und ggf. welche zusätzlichen, für die zusammenfassende Darstellung relevanten Ermittlungen erforderlich sind.[101] Die Schwierigkeiten, die sich daraus ergeben können, dass die Monatsfrist des § 21 Abs. 2 kurz ist und auch noch parallel zur Frist für die Stellungnahme nach § 73 Abs. 9 VwVfG läuft, sprechen nicht für eine Zuständigkeit der Anhörungsbehörde. Nach § 73 Abs. 9 VwVfG gibt die Anhörungsbehörde zum Ergebnis des Anhörungsverfahrens eine Stellungnahme ab und leitet diese der Planfeststellungsbehörde innerhalb eines Monats nach Abschluss der Erörterung mit dem Plan, den Stellungnahmen der Behörden und der Vereinigungen nach § 73 Abs. 4 Satz 5 VwVfG sowie den nicht erledigten Einwendungen zu. Diese Stellungnahme erstreckt sich auf alle betroffenen Belange, die im Rahmen des Anhörungsverfahrens eine Rolle gespielt haben. Sie beschränkt sich insoweit nicht auf die Umweltauswirkungen des Vorhabens, die Gegenstand zusammenfassenden Darstellung sind. Die Stellungnahme der Anhörungsbehörde dient ebenfalls der Vorbereitung der Entscheidung der Planfeststellungsbehörde. Angesichts der parallel laufenden Fristen kann die Planfeststellungsbehörde bei der Erarbeitung der zusammenfassenden Darstellung nicht oder nicht vollständig auf die Stellungnahme nach § 73 Abs. 9 VwVfG zurückgreifen, wenn diese erst zum Ablauf der Frist nach § 24 Abs. 2 bei ihr eintrifft. Nicht nur nicht auszuschließen, sondern empfehlenswert ist es, dass die Anhörungsbehörde im Rahmen ihrer Stellungnahme nach § 73 Abs. 9 VwVfG eine von der Planfeststellungsbehörde zu verfassende, zusammenfassende Darstellung vorbereitet.[102]

81 Allerdings ist die Frist in § 24 Abs. 2 weicher formuliert als die Frist für die Stellungnahme der Anhörungsbehörde nach § 73 Abs. 9 VwVfG. Während diese zwingend innerhalb eines Monats nach Abschluss der Erörterung vorzulegen ist, »soll« die zusammenfassende Darstellung nur »möglichst« innerhalb eines Monats nach dem Abschluss der Erörterung im Beteiligungsverfahren erarbeitet werden. Das gibt der Planfeststellungsbehörde eine gewisse Flexibilität, die Stellungnahme der Anhörungsbehörde gegebenenfalls noch bei der Erarbeitung der zusammenfassenden Darstellung einzubeziehen.[103]

82 Überträgt die zuständige Behörde die Aufgabe der Erstellung einer zusammenfassenden Darstellung auf einen **Erfüllungsgehilfen**, z.B. auf einen externen Sachbearbeiter, darf sie es nicht versäumen, sich inhaltlich mit dem entsprechenden Entwurf auseinanderzusetzen, und sich nicht damit begnügen, die zusammenfassende Darstellung nur noch passiv entgegenzunehmen und unverändert und unreflektiert in ihren Bescheid zu übernehmen.[104] Im Rahmen eigener Prüfung der von einem Sachverständigen als Verwaltungshelfer erarbeiteten Darstellung und Bewertung der Umweltauswirkungen eines Vorhabens muss die Genehmigungsbehörde sich mit den Fragen auseinandersetzen, ob zu den von dem Sachverständigen vorgenommenen Bewertungen sowie seinen wesentlichen im Verwaltungsverfahren umstrittenen Wirkungsprognosen rechtmäßige Alternativen bestehen und warum sie diesen nicht den Vorzug gegenüber den entsprechenden Einschätzungen des Sachverständigen gibt.[105]

---

§ 73 Rn. 140; *Wysk*, in: Kopp/Ramsauer, VwVfG, § 63 Rn. 64; § 73 Rn. 150; *Schink*, in: Knack/Henneke, VwVfG, § 73 Rn. 191; *Kümper*, in: Schink/Reidt/Mitschang, UVPG/UmwRG, § 24 UVPG Rn. 16; *Peters/Balla/Hesselbarth*, UVPG, Rn. 7.

100 BVerwG, Urt. v. 05.03.1997 – 11 A 25/95, BVerwGE 104, 123 (126 f.); *Wulfhorst*, in: Landmann/Rohmer, Umweltrecht, Stand: 4/2022, § 24 UVPG Rn. 26.

101 *Kümper*, in: Schink/Reidt/Mitschang, UVPG/UmwRG, § 24 UVPG Rn. 16.

102 *Wysk*, in: Kopp/Ramsauer, VwVfG, § 73 Rn. 150.

103 *Kümper*, in: Schink/Reidt/Mitschang, UVPG/UmwRG, § 24 UVPG Rn. 18.

104 *Wulfhorst*, in: Landmann/Rohmer, Umweltrecht, Stand: 4/2022, § 24 UVPG Rn. 35.

105 OVG Lüneburg, Beschl. v. 11.02.2019 – 12 ME 219/18, ZUR 2019, 429.

II. Frist

Die Erarbeitung der zusammenfassenden Darstellung soll nach § 24 Abs. 2 möglichst innerhalb eines Monats nach Abschluss der Erörterung im Beteiligungsverfahren erarbeitet sein. Die Frist ist für Großvorhaben – die typischerweise der UVP-Pflicht unterliegen – sehr kurz. Es handelt sich aber ohnehin nicht um eine zwingende, d.h. nicht ausnahmefähige Vorgabe, wie sich aus der Soll-Formulierung ergibt.[106] Das OVG Bautzen führt dazu aus, aus dem Verstreichen der Frist des § 24 Abs. 2 könne bereits seinem Wortlaut nach kein Verfahrensfehler folge. Danach solle möglichst die zusammenfassende Darstellung innerhalb eines Monats nach dem Abschluss der Erörterung im Beteiligungsverfahren erarbeitet werden. Damit werde der Planfeststellungsbehörde ersichtlich keine Rechtspflicht auferlegt. Im Übrigen dürfte, so das OVG Bautzen, auch für die Monatsfrist des § 24 Abs. 2 gelten, dass sie der Straffung und Beschleunigung des Verfahrens im Interesse des Vorhabenträgers diene, sodass ihre Überschreitung jedenfalls nicht von einem Drittbetroffenen geltend gemacht werden könne.[107] Allerdings bedarf es für eine Überschreitung der Frist im Ausnahmefall einer Rechtfertigung. Für den **Regelfall** jedenfalls muss die zusammenfassende Darstellung innerhalb eines Monats erarbeitet sein.[108] Besonders problematisch dürfte die Einhaltung der Monatsfrist sein, wenn im Falle der Erforderlichkeit paralleler Zulassungen eine gemeinsame zusammenfassende Darstellung notwendig ist (§ 31 Abs. 4 Satz 1). In einem solchen Fall soll nach § 31 Abs. 4 Satz 3 die federführende Behörde allein die zusammenfassende Darstellung erarbeiten (§ 31 Abs. 2 Satz 1 Nr. 3) und auf der Grundlage dieser zusammenfassenden Darstellung gemeinsam mit den parallel zuständigen Zulassungsbehörden eine Gesamtbewertung der Umweltauswirkungen des Vorhabens vornehmen und diese Gesamtbewertung dann bei der Zulassungsentscheidung berücksichtigen, wobei die federführende Behörde das Zusammenwirken der Zulassungsbehörden sicherstellen soll. Eine solche gemeinsame zusammenfassende Darstellung innerhalb eines Monats nach dem Abschluss der Erörterung im Beteiligungsverfahren zu erarbeiten, dürfte schwierig werden. In zahlreichen Fällen dürfte der Monat schon verstrichen sein, bevor ein Wort- oder Ergebnisprotokoll des Erörterungstermins vorliegt. Das Bundesumweltministerium erläutert in den UVPVwV 2025 dazu, die Einhaltung der Monatsfrist nach § 24 Abs. 2 sei insbesondere dann für die zügige Durchführung des Zulassungsverfahrens erforderlich, wenn Anhörungsbehörde und Planfeststellungsbehörde unterschiedliche Behörden seien. Bei Identität von Anhörungs- und Planfeststellungsbehörde könne es jedoch auch ausreichen, wenn die zusammenfassende Darstellung und die begründete Bewertung so rechtzeitig vorlägen, dass sie bei der Zulassungsentscheidung berücksichtigt werden könnten.[109] 83

Damit die Monatsfrist jedenfalls im Regelfall eingehalten werden kann, muss bereits vor dem Erörterungstermin eine intensive Auseinandersetzung mit den Stellungnahmen und Einwendungen, Gutachten und Antragsunterlagen stattfinden, so dass nicht nur eine sachgerechte Erörterung, sondern auch nach der Erörterung eine unverzügliche Erarbeitung der zusammenfassenden Darstellung möglich wird. 84

Dass die zusammenfassende Darstellung Teil der Entscheidungsbegründung sein muss (§ 26 Abs. 1 Nr. 3 b), bedeutet nicht, dass innerhalb der Monatsfrist des § 24 Abs. 2 bereits der Bescheid über die Zulassung oder Ablehnung des Vorhabens vorliegen muss. Vielmehr muss in Vorbereitung auf den Erlass des Bescheids dieser Teil der Entscheidungsbegründung im Regelfall bereits innerhalb eines Monats nach dem Abschluss der Erörterung im Beteiligungsverfahren erarbeitet worden sein. 85

---

106 *Sterz* UPR 2021, 54 (58); *Kümper*, in: Schink/Reidt/Mitschang, UVPG/UmwRG, § 24 UVPG Rn. 18.

107 OVG Bautzen, Beschl. v. 13.07.2022 – 4 B 228/21, juris Rn. 11.

108 *Kümper*, in: Schink/Reidt/Mitschang, UVPG/UmwRG, § 24 UVPG Rn. 18; siehe auch *Beckmann*, in: Stüer/Beckmann, Handbuch des Bau- und Fachplanungsrechts, Rn. 4462.

109 Nr. 24.2 UVPVwV 2025; die weitgehende Freistellung von der Monatsfrist des § 24 Abs. 2 bei Identität von Anhörungs- und Planfeststellungsbehörde erscheint zweifelhaft, auch wenn § 24 Abs. 2 lediglich eine Soll-Pflicht enthält, was grundsätzlich jedenfalls zu einer Verpflichtung im Regelfall führt. Die Identität von Anhörungs- und Planfeststellungsbehörde dürfte in diesem Sinne aber keine die Abweichung von der Regelverpflichtung ausreichende Rechtfertigung sein.

Es handelt sich insoweit bei der zusammenfassenden Darstellung, die innerhalb der Monatsfrist erarbeitet worden ist, regelmäßig um ein zunächst noch behördeninternes Dokument, das in die spätere Entscheidungsbegründung einzubeziehen ist. Es ist allerdings gem. § 25 Abs. 3 darauf zu achten, dass bei der Entscheidung über die Zulassung des Vorhabens die zusammenfassende Darstellung und die begründete Bewertung nach Einschätzung der zuständigen Behörde hinreichend aktuell sind. Die Erläuterungen des Bundesumweltministeriums dazu in Nr. 25.3 UVPVwV 2025, die zusammenfassende Darstellung und die begründete Bewertung seien hinreichend aktuell, wenn keine Anhaltspunkte dafür bestünden, dass sich die tatsächlichen oder rechtlichen Umstände zwischenzeitlich so verändert hätten, dass diese Unterlagen für die Zulassungsentscheidung keine tragfähige Entscheidungsgrundlage mehr bieten würden, sind kaum geeignet, ein gewisses Maß an Rechtsunsicherheit auch insoweit zu verringern.

86 Bei der Entscheidung über die Zulassung des Vorhabens müssen nach § 25 Abs. 3 die zusammenfassende Darstellung und die begründete Bewertung nach Einschätzung der zuständigen Behörde hinreichend aktuell sein. § 25 Abs. 3 dient der Umsetzung von Art. 8 a Abs. 6 Satz 1 der geänderten UVP-RL. Die zusammenfassende Darstellung ist dann nicht mehr hinreichend aktuell, wenn sich die tatsächlichen oder rechtlichen Umstände zwischenzeitlich so verändert haben, dass diese Unterlagen für die Zulassungsentscheidung keine tragfähige Entscheidungsgrundlage bieten.[110] Dass die Umweltverträglichkeitsprüfung, insbesondere die zusammenfassende Darstellung der Umweltauswirkungen, auf hinreichend aktuellen Daten und Erhebungen beruhen muss, galt auch schon vor der Neuregelung des UVP-Modernisierungsgesetzes 2017, auch wenn ausdrückliche Vorgaben zur **Aktualität der Datengrundlage** sich weder aus der UVP-RL noch aus dem UVPG ergaben.[111] Im Schrifttum wurde dazu vertreten, Datenbestände seien in der Regel dann hinreichend aktuell, wenn die Erhebungen im Gelände nicht länger als fünf Jahre zurücklägen und nach Durchführung der Geländearbeiten keine erheblichen Veränderungen des Standortes oder der anthropogenen Einflüsse eingetreten seien.[112] Das BVerwG merkt dazu an, als Leitlinie für die Praxis möge es im Ansatz sinnvoll sein, die Tauglichkeit der Datengrundlage an einer zeitlichen Grenze auszurichten. Eine solche Grenze könne aber nur einen allgemeinen Anhalt bieten. Sie ändere nichts daran, dass die Aktualität der Datengrundlage nach Maßgabe praktischer Vernunft unter Berücksichtigung der jeweiligen Einzelfallumstände zu beurteilen sei. So könne insbesondere bei einem großflächigen Untersuchungsgebiet die Aktualisierung von Datenbeständen in einem Teilgebiet auch Rückschlüsse auf die Verlässlichkeit älterer Daten für ein anderes Teilgebiet zulassen; eine fortlaufende Aktualisierung aller Bestandsdaten könne nicht verlangt werden.[113] Auch die Änderung rechtlicher Maßstäbe, etwa die Verschärfung von Emissionsgrenzwerten der 17. BImSchV, kann dazu führen, dass für die Einhaltung von Abgaswerten vorgelegten Gutachten nicht mehr aktuell sind.[114] Aus der Formulierung »nach Einschätzung der zuständigen Behörde« in § 25 Abs. 3 ergibt sich eine vom Gesetzgeber eingeräumte **Einschätzungsprärogative** für die Behörde, die gerichtlich nicht voll überprüft werden kann.[115]

87 Ergibt sich aus der Erörterung im Einwendungsverfahren die Notwendigkeit der **Beiziehung weiterer Unterlagen** durch den Projektträger oder von weiteren behördlichen Ermittlungen, dann kann die Monatsfrist zur Erstellung der zusammenfassenden Darstellung nicht eingehalten werden. In diesem Fall soll der Projektträger über die Unmöglichkeit, die Frist einzuhalten, unterrichtet werden.

110 Gesetzesbegründung der BReg BT-Drs. 18/11499, S. 93.

111 BVerwG, Urt. v. 09.02.2017 – 7 A 2.15, juris Rn. 149; OVG Lüneburg, Urt. v. 24.10.2019 – 12 KS 127/17, juris Rn. 151.

112 *Gaßner/Winkelbrandt/Bernotat,* UVP und Strategische Umweltprüfung, 010, S. 172 Rn. 97 und S. 187 Rn. 112.

113 BVerwG, Urt. v. 09.02.2017 – 7 A 2.15 Rn. 149; siehe auch OVG NRW, Beschl. v. 29.11.2017 – 8 B 663/17, juris Rn. 18.

114 OVG Lüneburg, Urt. v. 24.10.2019 – 12 KS 127/17, juris Rn. 151.

115 VG Mainz, Beschl. v. 23.02.2018 – 3 L 1470/17.MZ, juris Rn. 8; BVerwG, Urt. v. 18.12.2014 – 4 C 36/13, juris Rn. 29.

Fraglich ist, welche Konsequenzen sich daraus ergeben, dass die Frist des § 24 Abs. 2 nicht eingehalten wird. Jedenfalls auf den ersten Blick spricht Einiges dafür, dass es sich bei dieser Bestimmung um eine nicht weiter sanktionierte **Ordnungsvorschrift mit Appellcharakter** handelt. Dafür spricht die Beschränkung auf eine Soll-Verpflichtung, die noch durch die Verwendung des Begriffs »möglichst« weiter relativiert wird. Bei zeitlich sehr weitreichenden Überschreitungen und wenn überzeugende Rechtfertigungsgründe für die Fristversäumnis fehlen, kann das Fristversäumnis auch einen im Einzelfall beachtlichen, in anderen Fällen unbeachtlichen Verfahrensfehler darstellen. Sinn und Zweck der Fristregelung ist es, dass der zeitliche Abstand zwischen der Erarbeitung der zusammenfassenden Darstellung und der Erörterung im Beteiligungsverfahren nicht so groß wird, dass die Erkenntnisse aus der Erörterung verblassen oder gar vergessen werden. Dementsprechend muss ein zu weiter zeitlicher Abstand vermieden werden. 88

Für das **immissionsschutzrechtliche Genehmigungsverfahren** sah der Entwurf der Ersten Verordnung zur Änderung der 9. BImSchV der Bundesregierung vor, dass nach § 20 Abs. 1 b Satz 1 der 9. BImSchV die Genehmigungsbehörde möglichst innerhalb eines Monats nach Erarbeitung der zusammenfassenden Darstellung auf deren Grundlage und nach den für ihre Entscheidung maßgeblichen Rechts- und Verwaltungsvorschriften die Auswirkungen des Vorhabens auf die in § 1 a 9. BImSchV genannten Schutzgüter bewertet. Der Bundesrat stimmte dem Verordnungsentwurf nur mit Maßgaben zu. Unter anderem forderte er eine Streichung der Monatsfrist. Zur Begründung verwies der Bundesrat darauf, dass es sich bei der im Verordnungsentwurf enthaltenen Frist für die Erarbeitung der Bewertung der Auswirkungen um eine Anforderung handele, die europarechtlich nicht durch die UVP-Änderungsrichtlinie gefordert werde. Außerdem handele es sich bei der Frist lediglich um eine bloße Ordnungsvorschrift, sodass deren Nichtbeachtung keine Folgen für die Rechtmäßigkeit der Genehmigung begründe. Die Frist laufe daher ins Leere, zumal die Bewertung der Auswirkungen des Vorhabens auf die Umweltschutzgüter in der Praxis ohnehin erst im Genehmigungsbescheid erfolge. Schließlich sei zu berücksichtigen, dass mit einer Formulierung »möglichst innerhalb eines Monats« der Genehmigungsbehörde keine zwingende Frist vorgegeben werde, sondern vielmehr ein weiterer zeitlicher Spielraum für die Erarbeitung der Bewertung eingeräumt werde. Dies unterstreiche, dass damit in der Praxis ohnehin keine Beschleunigung des Verfahrens erreicht werde und die vorgesehene Frist somit grundsätzlich entbehrlich sei.[116] Der Verordnungsgeber hat deshalb in der in Kraft getretenen Verordnung vom 08.12.2017 auf die Monatsfrist verzichtet. 89

III. Zulassung durch mehrere Behörden

Bedarf ein Vorhaben der Zulassung durch mehrere Landesbehörden, dann bestimmen die Länder eine **federführende Behörde**. Die federführende Behörde ist nach § 31 Abs. 2 Satz 1 Nr. 3 unter anderem für die Erarbeitung der zusammenfassenden Darstellung zuständig. Die federführende Behörde hat dabei nach § 31 Abs. 2 Satz 3 ihrer Aufgaben im Zusammenwirken zumindest mit den Zulassungsbehörden und mit derjenigen für Naturschutz und Landschaftspflege zuständigen Behörde wahrzunehmen, deren Aufgabenbereich durch das Vorhaben berührt wird. 90

Nach § 31 Abs. 4 Satz 1 wird eine **gemeinsame zusammenfassende Darstellung** nach § 24 für das gesamte Vorhaben erstellt. Auf der Grundlage der zusammenfassenden Darstellung nehmen gem. § 31 Abs. 4 Satz 2 die Zulassungsbehörden eine Gesamtbewertung der Umweltauswirkungen des Forms vor und berücksichtigen nach § 25 Abs. 2 die Gesamtbewertung bei den Zulassungsentscheidungen. Die federführende Behörde stellt das Zusammenwirken der Zulassungsbehörden nach § 31 Abs. 4 Satz 3 sicher. 91

Damit der federführenden Behörde für die Erarbeitung der zusammenfassenden Darstellung die nach ihrer Auffassung notwendigen Informationen zur Verfügung stehen, sollte die federführende Behörde die ihr vorliegenden Unterlagen unverzüglich auf Vollständigkeit prüfen und ggf. bei den 92

116 Beschl. des Bundesrats vom 22.09.2017 BR-Drs. 268/17, S. 8.

im Übrigen zuständigen Behörden oder Beteiligten die noch für erforderlich gehaltenen Informationen anfordern.

93 Es kann deshalb sinnvoll sein, dass die federführende Behörde die zusammenfassende Darstellung zunächst im Entwurf erarbeitet und dazu die zu beteiligenden Behörden um Stellungnahme bittet. Um die vom Gesetzgeber gesetzte Monatsfrist einzuhalten, kann eine solche Stellungnahme allerdings nur innerhalb kurzer Fristen erfolgen. Bei unterschiedlichen Auffassungen über die darzustellenden Umweltauswirkungen entscheidet die federführende Behörde. Sie ist an die Stellungnahmen anderer Behörden nicht gebunden.[117]

94 Bei Vorbescheiden und Teilzulassungen erstreckt sich die Umweltverträglichkeitsprüfung und damit auch die zusammenfassende Darstellung gem. § 29 Abs. 1 Satz 1 vorläufig auf die erkennbaren Umweltauswirkungen des Gesamtvorhabens und abschließend auf die Umweltauswirkungen des Vorhabens, soweit es Gegenstand des aktuellen Verfahrens ist. Für Windenergieanlagen weicht der Gesetzgeber in § 9 Abs. 1 a Satz 4 BImSchG davon ab.[118]

H. Rechtsfolgen einer Verletzung

95 § 24 richtet sich mit seiner Verpflichtung an die zuständige Behörde. Sie wird zu einer zusammenfassenden Darstellung der Umweltauswirkungen verpflichtet. Missachtet die zuständige Behörde ihre Pflichten aus § 24, verhindert § 44 a VwGO einen Rechtsbehelf des Vorhabenträgers gegen eine insoweit unzureichende behördliche Verfahrenshandlung.[119]

I. Beachtlichkeit des Verfahrensfehlers

96 Die Umweltverträglichkeitsprüfung vollzieht sich nach der Rechtsprechung in verschiedenen Verfahrensschritten, die ordnungsgemäß durchgeführt werden müssen. Von den einzelnen Verfahrensschritten und ihrer Durchführung sind die Anforderungen an ihre inhaltliche Ausgestaltung zu unterscheiden. Diese werden von den materiell-rechtlichen Maßstäben der im jeweiligen Einzelfall einschlägigen Fachgesetze geprägt, für deren Prüfung die Umweltverträglichkeits(vor)prüfung durch Zusammenstellung und Aufbereitung des umweltbezogenen Tatsachenmaterials den Rahmen und die Grundlage bildet. Auch der durch materiell-rechtliche Vorgaben gesteuerte Prozess der Willens- und Entscheidungsbildung ist nicht Teil des Verfahrensgangs.[120] Das BVerwG ist der Auffassung, dass inhaltliche und methodische Mängel der UVP keine Verfahrensfehler sind und deshalb nicht von § 4 Abs. 1 Nr. 3 UmwRG erfasst werden. Dies soll z.B. für Mängel von eingeholten Fachgutachten gelten, die insoweit zu den materiell-rechtlichen Fehlern zählen.[121]

97 Danach muss schon zur Beantwortung der Frage, ob das Fehlen oder ein Mangel der zusammenfassenden Darstellung Verfahrensfehler oder (lediglich)ein materiell-rechtlicher Inhaltsmangel ist, berücksichtigt werden, ob der festgestellte Mangel das gesetzgeberische Anliegen einer frühzeitigen und effektiven Öffentlichkeitsbeteiligung in Frage stellt. Da die zusammenfassende Darstellung nach

---

117 Zustimmend *Kümper*, in: Schink/Reidt/Mitschang, UVPG/UmwRG, § 24 UVPG Rn. 17.

118 Siehe dazu *Baars* NVwZ 2025, 389.

119 Zustimmend *Kümper*, in: Schink/Reidt/Mitschang, UVPG/UmwRG, § 24 UVPG Rn. 19; siehe auch *Wulfhorst*, in: Landmann/Rohmer, Umweltrecht, Stand: 4/2022, § 24 UVPG Rn. 40.

120 OVG NRW, Urt. v. 01.03.2021 – 8 A 1183/18, juris Rn. 96; OVG Sachsen, Beschl. v. 18.03.2019 – 4 B 397/18, juris Rn. 17; BVerwG, Urt. v. 19.12.2017 – 7 A 6.17, juris Rn. 19, 22; Urt. v. 28.11.2017 – 7 A 17.12, juris Rn. 29, sowie Beschl. v. 28.03.2020 – 4 VR 5.19, juris Rn. 23; Beschl. v. 07.01.2020 – 4 B 74.17, juris Rn. 8; BVerwG, Urt. v. 28.11.2017 – 7 A 3/17, NVwZ-Beilage 2018, 19 Rn. 29; Urt. v. 28.11.2017 – 7 A 17/12, BVerwGE 161, 17 Rn. 29; Urt. v. 19.12.2017 – 7 A 6/17, NVwZ-Beilage 2018, 10 Rn. 19; Beschl. v. 07.01.2020 – 4 B 74/17, juris Rn. 8; OVG RP, Urt. v. 11.10.2018 – 1 A 10581/16, juris Rn. 77; OVG NRW, Urt. v. 05.10.2020 – 8 A 894/17, ZNER 2020, 558, 562; VGH BW, Beschl. v. 29.01.2019 – 10 S 1919.17, EnWZ 2019, 131 Rn. 12; Beschl. v. 07.01.2020 – 4 B 74/17, juris Rn. 9; Beschl. v. 26.03.2020 – 3 B 24/19, NVwZ 2020, 1199 Rn. 9.

121 BVerwG, Urt. v. 28.11.2017 – 7 A 17.12, juris; kritisch *Seibert* NVwZ 2019, 337, 340.

§ 24 Abs. 1 ein vom Gesetzgeber angeordneter Verfahrensschritt ist, der der Öffentlichkeitsbeteiligung im Verfahren nachfolgt, können Fehler in diesem Zusammenhang zwar kaum das Anliegen einer Öffentlichkeitsbeteiligung vor der Entscheidung über den Zulassungsantrag betreffen. Allerdings bezieht sich die Beteiligung der Öffentlichkeit nicht nur auf die Möglichkeit, öffentlich ausgelegte Unterlagen einzusehen, dazu Einwendungen zu erheben und ggfls. auch diese erörtern zu können. Vielmehr muss die zusammenfassende Darstellung als Teil der Entscheidungsbegründung nach § 26 Abs. 1 b mit veröffentlicht werden. Dies dient der Transparenz, dem effektiven Rechtsschutz und auch der (nachfolgenden) Beteiligung der Öffentlichkeit. Das spricht dafür, ein vollständiges Fehlen der zusammenfassenden Darstellung und den damit verbundenen Verstoß gegen § 24 Abs. 1 weiterhin als Verfahrensfehler und nicht (lediglich) als inhaltlich/methodischen Mangel einzuordnen.

Inhaltliche Mängel der zusammenfassenden Darstellung, etwa das Übersehen einzelner Umwelt- **98**
folgen, die Verschleierung einzeln Umweltbeeinträchtigungen oder ihre Bagatellisierung, kann unter Berücksichtigung der Bedeutung dieser Mängel im Einzelfall, entweder als ein lediglich inhaltlich/methodischer Mangel und damit nicht als Verfahrensfehler oder aber weiterhin als Verfahrensfehler einzuordnen sein. Welche Konsequenzen sich daraus ergeben, dass eine zusammenfassende Darstellung der Umweltauswirkungen fehlt oder fehlerhaft erarbeitet worden ist, hängt, wenn ein Verfahrensfehler anzunehmen ist, im Weiteren davon ab, ob es sich dabei um einen absoluten Verfahrensfehler i.S.v. § 4 Abs. 1 Satz 1 UmwRG oder lediglich um einen relativen Verfahrensfehlers i.S.v. § 4 Abs. 1 a UmwRG handelt.

1. Fehlen der zusammenfassenden Darstellung als absoluter Verfahrensmangel

Nach § 4 Abs. 1 Satz 1 Nr. 1 a UmwRG kann die Aufhebung einer Entscheidung über die Zulässig- **99**
keit eines Vorhabens nach § 1 Abs. 1 Satz 1 Nr. 1–2b UmwRG verlangt werden, wenn eine erforderliche Umweltverträglichkeitsprüfung weder durchgeführt noch nachgeholt worden ist. Fraglich ist, ob das vollständige Fehlen einer zusammenfassenden Darstellung einen derart schwerwiegenden Mangel darstellt, dass man davon ausgehen muss, dass eine Umweltverträglichkeitsprüfung gar nicht durchgeführt worden ist. Das ist zu bejahen.[122] Von der Durchführung einer Umweltverträglichkeitsprüfung kann nur gesprochen werden, wenn unverzichtbare Verfahrensschritte, wenn auch möglicherweise fehlerhaft, überhaupt stattgefunden haben. Wird z.B. das UVP-Verfahren ordnungsgemäß mit der Abstimmung des Untersuchungsrahmens eingeleitet, unterbleibt dann jedoch die Beteiligung der Öffentlichkeit vollständig, dann handelt es sich nicht um eine fehlerhafte, sondern um eine vollständig unterbliebene UVP, weil die Beteiligung der Öffentlichkeit zu den Wesensmerkmalen der UVP zählt. Dasselbe gilt für die zusammenfassende Darstellung der Umweltauswirkungen. Sie ist die Grundlage für die Bewertung der Umweltfolgen und damit auch für die Berücksichtigung der Umweltfolgen bei der Zulassungsentscheidung. Fehlt es vollständig an einer zusammenfassenden Darstellung, was jedenfalls in der Vergangenheit durchaus vorgekommen ist, dann handelt es sich auch insoweit nicht um eine fehlerhafte, sondern um eine fehlende und insoweit auch regelmäßig nicht ohne Aufhebung der Genehmigungsentscheidung heilbare UVP. Dasselbe gilt, wenn die zusammenfassende Darstellung, was ebenfalls, wenn auch zunehmend selten, vorkommt, lediglich aus einem Satz oder wenigen nichtssagenden Sätzen besteht.

Das VG Hamburg führt dazu aus, eine Umweltverträglichkeitsprüfung, die nicht durch eine **100**
zusammenfassende Darstellung und Bewertung der Umweltauswirkungen abgeschlossen, d.h. nicht vollständig zu Ende geführt wird, sei als eine Nicht-Durchführung i.S.v. § 4 Abs. 1 Satz 1 Nr. 1 a UmwRG zu bewerten. Der Anwendung dieser Vorschrift stehe nicht die Gesetzessystematik unter dem Gesichtspunkt entgegen, dass mit § 4 Abs. 1 Satz 1 Nr. 3 UmwRG ein Auffangtatbestand für

122 Zustimmend *Wulfhorst*, in: Landmann/Rohmer, Umweltrecht, Stand: 4/2022, § 24 UVPG Rn. 42; siehe auch VG Hamburg, Beschl. v. 15.06.2016 – 7 E 1486/16 ZUR 2016, 497 (500); VG Osnabrück, Urt. v. 04.11.2015 – 3 A 88/14, NuR 2016, 217 (218 f.); a.A. *Kümper*, in: Schink/Reidt/Mitschang, UVPG/UmwRG, § 24 UVPG Rn. 3.

sonstige absolute Verfahrensfehler geschaffen worden sei. Dieser Auffangtatbestand widerspreche einem weiten Verständnis des gesetzlichen Tatbestandes in Nr. 1 der Vorschrift nicht, für welche Sachverhalte anzunehmen sei, dass eine erforderliche Umweltverträglichkeitsprüfung im Sinne der Norm nicht durchgeführt worden sei; eben dieses weite Begriffsverständnis sei bereits in Satz 2 des Absatzes 1 von § 4 UmwRG angelegt. Die Verfahrensschritte der zusammenfassenden Darstellung und der Bewertung der Umweltauswirkungen seien keine bloßen, für die Vollendung der gesetzeskonformen Umweltverträglichkeitsprüfung unerheblichen »Formalien«. Die auf der zusammenfassenden Darstellung beruhende Bewertung und Berücksichtigung der Umweltauswirkungen sei das eigentliche Kernstück bzw. Sinn und Zweck der Umweltverträglichkeitsprüfung. Vor diesem Hintergrund sei das Fehlen einer zusammenfassenden Darstellung als ein mit dem Fehlen einer Umweltverträglichkeitsprüfung gleichzusetzender Fehler anzusehen. Fehle es an der zusammenfassenden Darstellung und der Bewertung der Umweltauswirkungen eines Vorhabens, könnten diese bei der Entscheidung über die Zulässigkeit des Vorhabens nicht hinreichend berücksichtigt werden.[123]

101 Der Gesetzgeber unterscheidet allerdings zwischen einer unterbliebenen Umweltverträglichkeitsprüfung und einer fehlenden Öffentlichkeitsbeteiligung. Nach dieser Systematik ist eine Umweltverträglichkeitsprüfung ohne Öffentlichkeitsbeteiligung eine mit einem schweren Fehler behaftete Umweltverträglichkeitsprüfung. Fraglich ist jedoch, ob diese Systematik den Vorgaben der UVP-RL entspricht. Bedeutsam ist diese Frage, weil eine Umweltverträglichkeitsprüfung ohne zusammenfassende Darstellung, wenn man davon ausgeht, dass es sich dabei lediglich um eine fehlerhafte, nicht jedoch um eine unterbliebene Umweltverträglichkeitsprüfung handelt, nur dann einen Anspruch auf Aufhebung der Zulassungsentscheidung nach § 4 Abs. 1 Nr. 3 UmwRG hergibt, wenn dadurch der betroffenen Öffentlichkeit die Möglichkeit der gesetzlich vorgesehenen Beteiligung am Entscheidungsprozess genommen worden ist. Davon kann bei dem Fehlen einer zusammenfassenden Darstellung nicht ausgegangen werden, so dass dieser Mangel nur als relativer Verfahrensfehler i.S.v. § 4 Abs. 1 a UmwRG angesehen werden könnte, wenn man nicht die Beteiligung der Öffentlichkeit durch Bekanntmachung der zusammenfassenden Darstellung nach § 26 Abs. 1 b einbezieht. Eine fehlende oder völlig unzureichende zusammenfassende Darstellung führt nicht zu der Transparenz, die zur Einbeziehung der Öffentlichkeit und zur Sicherung eines effektiven Rechtsschutzes mit der Veröffentlichung der zusammenfassenden Darstellung als Teil der Entscheidungsbegründung erreicht werden soll.

102 Teilt man die Auffassung, dass eine fehlende zusammenfassende Darstellung einen absoluten Verfahrensmangel darstellt, dann können nicht nur Umweltverbände, sondern auch materiell-rechtlich betroffene Individualkläger eine Aufhebung der Zulassungsentscheidung verlangen, wenn und soweit dieser Mangel nicht geheilt worden ist.[124] Bei absoluten Verfahrensfehlern gem. § 4 Abs. 1 Satz 1 Nr. 1 und Nr. 2 UmwRG besteht ein Anspruch auf Aufhebung, ohne dass es noch darauf ankäme, ob die verletzten Verfahrensvorschriften der Gewährleistung eines materiellen subjektiven Rechts dienen und ob die Fehler die Sachentscheidung beeinflusst haben können. Es gilt ein objektiver Kontrollmaßstab, bei dem es nicht erforderlich ist, dass sich der Verfahrensverstoß auf eine materiellrechtliche Position des Klägers ausgewirkt haben kann.[125] Allerdings kann das Gericht gem. § 4 Abs. 1 b Satz 3 UmwRG auf Antrag anordnen, dass die Verhandlung bis zur Heilung von Verfahrensfehlern i.S.v. § 4 Abs. 1 und 1 a UmwRG ausgesetzt wird, soweit dies im Sinne der Verfahrenskonzentration sachdienlich ist. Voraussetzung dafür ist allerdings, dass man tatsächlich von einer Heilbarkeit in einem ergänzenden Verfahren ausgeht.

---

123 VG Hamburg, Beschl. v. 15.06.2016 – 7 E 1486/16, juris Rn. 60; zustimmend *Schlacke,* in: Gärditz, VwGO, 2018, § 4 UmwRG Rn. 56.

124 Siehe dazu OVG NRW, Urt. v. 11.12.2017 – 8 A 926/16, juris.

125 OVG Lüneburg, Beschl. v. 11.06.2021 – 4 ME 267/20, juris Rn. 10; BVerwG, Urt. v. 27.09.2018 – 7 C 24.16, juris Rn. 36 u. Urt. v. 22.10.2015 – 7 C 15.13, juris Rn. 22 m.w.N.; *Fellenberg/Schiller,* in: Landmann/Rohmer, Umweltrecht, § 4 UmwRG Rn. 63.

2. Fehlerhafte zusammenfassende Darstellung als relativer Verfahrensfehler

103 Liegt hingegen lediglich eine (nicht grob) fehlerhafte zusammenfassende Darstellung vor, weil entweder bestimmte Mindestinhalte i.S.v. § 24 Abs. 1 Satz 1 fehlen, weil sie behördliche Stellungnahmen oder Äußerungen der betroffenen Öffentlichkeit unberücksichtigt lässt oder auf einem unzureichenden UVP beruht oder weil es an der Einbeziehung eigener Ermittlungen fehlt, dann handelt es sich möglicherweise lediglich um einen methodisch/inhaltlichen Mangel und damit nicht um einen Verfahrensfehler. Die fehlende Betrachtung eines einzelnen Schutzguts im Sinne von § 2 Abs. 1 Nr. 4 ist in diesem Sinne ein inhaltlicher Fehler der Umweltuntersuchung und kein Verfahrensfehler, wenn die Gutachten die nach § 16 Abs. 5 Satz 3 Nr. 2 erforderliche Anstoßwirkung entfalten.[126] Entfaltet sie die Anstoßwirkung nicht, handelt es sich, je nach Gewichtung und Bedeutung für die Transparenz der Entscheidung und des Entscheidungsverfahrens durch die Veröffentlichung der zusammenfassenden Darstellung, um einen relativen Verfahrensfehler i.S.v. § 4 Abs. 1 a UmwRG. Dieser Mangel führt gem. § 4 Abs. 1 b Satz 1 UmwRG nur dann zur Aufhebung der Zulassungsentscheidung, wenn der Mangel nicht durch eine Entscheidungsergänzung oder ein ergänzendes Verfahren behoben werden kann. Außerdem ist § 46 VwVfG anzuwenden. Lässt sich durch das Gericht nicht aufklären, ob die mangelhafte zusammenfassende Darstellung die Zulassungsentscheidung beeinflusst hat, wird nach § 4 Abs. 1a Satz 2 UmwRG eine Beeinflussung vermutet. Dass ein Verfahrensfehler bei Durchführung der Umweltverträglichkeitsprüfung die Entscheidung in der Sache nicht beeinflusst hat, darf ein Gericht nur annehmen, wenn es, ohne dem Kläger die Beweislast aufzuerlegen, anhand der vom Vorhabenträger oder der Planfeststellungsbehörde vorgelegten Beweise, der Akten und Planunterlagen und der sonst erkennbaren oder naheliegenden Umstände feststellt, dass die angegriffene Entscheidung ohne den Verfahrensfehler nicht anders ausgefallen wäre.[127] Eine völlig irreführende zusammenfassende Darstellung, welche die Umweltfolgen des Vorhabens grob bagatellisiert oder verschleiert, kann aber auch als absoluter Verfahrensfehler eingeordnet werden.

104 Aus § 4 Abs. 1 Satz 1 UmwRG ergibt sich nicht unmittelbar, ob der Erfolg einer Anfechtungsklage bei der Rüge eines relativen Verfahrensfehlers zusätzlich noch die Verletzung einer drittschützenden Norm voraussetzt. Für Verbandsklagen ist dies nach § 2 Abs. 4 Nr. 1 UmwRG nicht relevant. Denn Verbandsklagen sind nach dieser Vorschrift begründet, soweit die Zulassungsentscheidung gegen Rechtsvorschriften verstößt, die für diese Entscheidung von Bedeutung sind. Es kommt für die Verbandsklagen insoweit nicht darauf an, ob es sich um eine drittschützende Vorschrift handelt. Umweltverbände können grundsätzlich alle Verletzungen von Rechtsnormen rügen, die für die angegriffene Entscheidung von Bedeutung sind. Lediglich für die Entscheidungen nach § 1 Abs. 1 Satz 1 Nr. 2a–6 UmwRG muss ein Umweltbezug bestehen. Geht man davon aus, dass § 4 Abs. 1 a Satz 1 UmwRG nicht als speziellere Regelung § 113 Abs. 1 VwGO verdrängt, dann setzt der Aufhebungsanspruch eines Individualklägers weiterhin voraus, dass die verletzte Verfahrensnorm nach ihrem Schutzzweck drittschützend ist.[128]

105 Auf den ersten Blick scheint die Annahme eines drittschützenden Zwecks des § 24 nicht naheliegend, weil die zusammenfassende Darstellung erst nach bzw. auch aufgrund der eigentlichen Öffentlichkeitsbeteiligung im Sinne der §§ 18–22 erarbeitet wird. Die Öffentlichkeitsbeteiligung bis zur Entscheidung über den Zulassungsantrag wird insoweit durch eine unzureichende zusammenfassende Darstellung auf den ersten Blick jedenfalls nicht beeinträchtigt. Allerdings schmälert eine fehlerhafte zusammenfassende Darstellung auch die Wirkmächtigkeit der Äußerungen der betroffenen Öffentlichkeit nach den §§ 21 und 56. Werden diese Äußerungen in der zusammenfassenden Darstellung weggelassen oder entstellt, dann können sie bei der begründeten Bewertung der Umweltauswirkungen

126 BVerwG, Beschl. v. 02.03.2023 – 4 B 16/22, juris Rn. 21; BVerwG, Urt. v. 28.11.2017 – 7 A 17.12, BVerwGE 161, 17 Rn. 29; BVerwG, Urt. v. 07.10.2021 – 4 A 9.19, UPR 2022, 98; BVerwG, Beschl. v. 26.03.2020 – 3 B 24.19, NVwZ 2020, 1199.

127 BVerwG, Beschl. v. 02.03.2023 – 4 B 16/22, juris Rn. 19; BVerwG, Beschl. v. 12.12.2019 – 5 B 15.19, juris Rn. 11.

128 Siehe dazu *Keller* NVwZ 2017, 1080, 1083; *Schlacke* UPR 2016, 478, 486.

möglicherweise nicht hinreichend berücksichtigt werden. Hinzu kommt, dass die Aufnahme der zusammenfassenden Darstellung in die Begründung des Zulassungsbescheids und die Bekanntmachung dieses Bescheids und seine öffentliche Auslegung ausweislich der Gesetzesbegründung auch den Interessen der Öffentlichkeit dienen soll. Sie soll sich vergewissern können, ob und inwieweit die Umweltauswirkungen zutreffend beschrieben, bewertet und berücksichtigt worden sind. Nicht zuletzt auf der Grundlage der zusammenfassenden Darstellung in der Entscheidungsbegründung soll die betroffene Öffentlichkeit entscheiden können, ob ein Rechtsmittel gegen die Zulassungsentscheidung sinnvoll sein könnte. Das spricht dafür, dass die Verpflichtung des § 24 Abs. 1, eine dem Gesetz entsprechende zusammenfassende Darstellung zu erarbeiten, nicht nur dem öffentlichen Interesse, sondern auch dem Interesse der von dem Vorhaben betroffenen Nachbarschaft dient.[129] Teilt man diese Ansicht nicht, dann führen relative Verfahrensfehler bei der Verpflichtung zur zusammenfassenden Darstellung nicht zu einem Aufhebungsanspruch eines vom Vorhaben Betroffenen Dritten.[130]

II. Heilbarkeit des Mangels

106 Sowohl die zusammenfassende Darstellung i.S.v. § 24 als auch die darauf aufbauende Bewertung der Umweltauswirkungen nach § 25 können ihre Funktion als vorbereitende Verfahrensschritte grundsätzlich nicht mehr erfüllen, wenn die Zulassungsentscheidung bereits getroffen worden ist. Deshalb ist die Heilbarkeit einer unterbliebenen oder völlig unzureichenden zusammenfassenden Darstellung nach Erlass des Zulassungsbescheids fragwürdig. Das gilt jedenfalls dann, wenn es nicht der Durchführung eines Widerspruchsverfahrens bedarf. Im Widerspruchsverfahren ist die Heilung deshalb unproblematisch, weil die Zulassungsentscheidung ihre endgültige Fassung erst mit dem Widerspruchsbescheid findet.[131] Eine Heilung des Verfahrensmangels einer unzureichenden oder fehlenden zusammenfassenden Darstellung kann grundsätzlich nur erfolgreich sein, wenn auf der Grundlage einer ordnungsgemäß nachgeholten zusammenfassenden Darstellung eine Neubewertung der Umweltauswirkungen und eine Berücksichtigung dieser neuen Bewertung in der Zulassungsentscheidung stattfindet.

107 Das VG Osnabrück hält die Nachholung der zusammenfassenden Darstellung im gerichtlichen Verfahren nicht mehr für möglich. Denn eine nachträglich erstellte zusammenfassende Darstellung erfülle nicht mehr den vom UVPG geforderten Zweck. Die zusammenfassende Darstellung diene der Ermittlung des anschließend zu bewertenden Materials und sei damit notwendige Voraussetzung für die Erstellung einer fehlerfreien Umweltverträglichkeitsprüfung. Die Umweltverträglichkeitsprüfung solle gewährleisten, dass die Umweltauswirkungen, die von einem Vorhaben ausgehen können, frühzeitig ermittelt, beschrieben und bewertet werden. Hierdurch soll eine auf die Umweltbelange beschränkte Vorabprüfung unter Ausschluss der sonstigen Belange, die sich für oder gegen das Vorhaben ins Feld führen lassen, erfolgen. Auch das Gemeinschaftsrecht verlange, die Umweltverträglichkeit von Projekten, bei denen u.a. aufgrund ihrer Art, ihrer Größe oder ihres Standorts mit erheblichen Auswirkungen auf die Umwelt zu rechnen ist, vor Erteilung der Genehmigung zu prüfen.[132]

108 Von der Frage, ob der Mangel einer fehlenden Umweltverträglichkeitsprüfung im Laufe eines gerichtlichen Verfahrens durch die Nachholung der UVP geheilt und damit die gerichtliche Aufhebung der angefochtenen Zulassungsentscheidung vermieden werden kann, ist die weitere Frage zu unterscheiden, ob ein Vorhaben, das auf der Grundlage einer rechtswidrigen Zulassung ohne Durchführung der erforderlichen Umweltverträglichkeitsprüfung realisiert worden ist, durch eine nach-

---

129 Zustimmend *Wulfhorst*, in: Landmann/Rohmer, Umweltrecht, Stand: 4/2022, § 24 UVPG Rn. 44.

130 Siehe dazu *Kümper*, in: Schink/Reidt/Mitschang, UVPG/UmwRG, § 24 UVPG Rn. 20.

131 OVG Hamburg, Beschl. v. 24.08.2016 – 2 Bs 113/16, juris Rn. 29.

132 VG Osnabrück, Urt. v. 04.11.2015 – 3 A 88/14, juris Rn. 77; so auch VG Hamburg, Beschl. v. 15.06.2016 – 7 E 1486/16, juris Rn. 59 ff.; siehe auch OVG NRW, Beschl. v. 08.02.2018 – 8 B 1630/17, ZUR 2018, 374; *Schlacke*, in: Gärditz, VwGO, § 4 UmwRG Rn. 58.

träglich erteilte Genehmigung mit Umweltverträglichkeitsprüfung legalisiert werden kann. Zutreffend wird angenommen, dass eine solche nachträgliche Legalisierung möglich ist. Es bestehen insoweit keine durchgreifenden Rechtmäßigkeitsbedenken dagegen, dass das geprüfte Vorhaben vor Durchführung der UVP bereits auf Grundlage vorangegangener, mittlerweile aufgehobener Genehmigungen, die ohne vorherige Durchführung einer UVP erteilt wurden, errichtet und in Betrieb genommen worden war, so dass in der Sache die im früheren Genehmigungsverfahren fehlende UVP nachgeholt und das Vorhaben durch die neuen Genehmigungsbescheide gleichsam nachträglich legalisiert worden ist.[133] Der EuGH macht aber darauf aufmerksam, dass eine nachträgliche Legalisierung nicht zu einer Fehlerperpetuierung und insoweit zu einer Umgehung des Unionsrechts führen dürfe und die hierzu durchgeführte ergänzende Prüfung deshalb nicht nur künftige Umweltauswirkungen der Anlage, sondern auch solche berücksichtigen müsse, die seit ihrer Errichtung bereits eingetreten seien.[134] Soweit in der Rechtsprechung Bedenken gegen eine Nachholung einer erforderlichen UVP und eine Aussetzung des gerichtlichen Verfahrens zum Zwecke der Nachholung geäußert werden und eine solche Vorgehensweise »in der Regel im gerichtlichen Verfahren nicht« bzw. nur bei Vorliegen besonderer Umstände, für denkbar erachtet wird,[135] betrifft dies die Nachholung im gerichtlichen Verfahren, das bezüglich der ohne vorherige UVP ergangenen behördlichen Entscheidung geführt wird, nicht jedoch Genehmigungsbescheide, die erst nach Durchführung einer UVP ergangen sind.[136]

Nach der Rechtsprechung des EuGH darf ein Vorhabenträger, für dessen Vorhaben die erforderliche Umweltverträglichkeitsprüfung nicht durchgeführt worden ist, das Vorhaben nicht realisieren.[137] Aufgrund des unionsrechtlichen Grundsatzes der loyalen Zusammenarbeit sind die Mitgliedstaaten jedoch gleichzeitig verpflichtet, die rechtswidrigen Folgen eines Verstoßes gegen Gemeinschaftsrecht zu beheben. Es sei daher Aufgabe der zuständigen Behörden eines Mitgliedstaats, im Rahmen ihrer Zuständigkeiten alle erforderlichen allgemeinen oder besonderen Maßnahmen zu treffen, damit die Projekte im Hinblick darauf überprüft werden, ob bei ihnen erhebliche Auswirkungen auf die Umwelt zu besorgen seien, und damit sie bejahendenfalls auf diese Auswirkungen hin untersucht würden. In diesem Zusammenhang sei es Sache der nationalen Gerichte festzustellen, ob nach nationalem Recht die Möglichkeit besteht, eine bereits erteilte Genehmigung zurückzunehmen oder jedenfalls auszusetzen, um dieses Projekt einer Prüfung gem. den Anforderungen der UVP-RL zu unterziehen.[138] Das Unionsrecht stehe aber nationalen Vorschriften nicht entgegen, die in bestimmten Fällen die Legalisierung unionsrechtswidriger Vorgänge oder Handlungen zuließen. Eine solche Möglichkeit zur Legalisierung dürfe jedoch nur eingeräumt werden, wenn sie den Betroffenen keine Gelegenheit böte, das Unionsrecht zu umgehen oder nicht anzuwenden, und in diesem Sinne die Ausnahme bleibe. Wenn für ein Projekt die erforderliche UVP nicht durchgeführt worden sei, erfordere das Unionsrecht, dass die Mitgliedstaaten die rechtswidrigen Folgen dieses Versäumnisses behöben; es verbiete aber nicht, dass nach dem Bau und der Inbetriebnahme der betreffenden Anlage zu ihrer Legalisierung eine UVP durchgeführt werde, sofern die diese Legalisierung gestattenden nationalen Vorschriften den Betreffenden nicht die Gelegenheit böten, das Unionsrecht zu umgehen oder nicht anzuwenden, und die zur Legalisierung durchgeführte Prüfung nicht nur die künftigen 109

133 OVG Lüneburg, Beschl. v. 21.12.2020 – 12 ME 140/20, juris Rn. 34; EuGH, Urt. v. 28.02.2018 – C-117/17; Urt. v. 26.07.2017 – C-196/16 u.a., juris; BVerwG, Urt. v. 24.05.2018 – 4 C 4.17, juris Rn. 39; VG Arnsberg, Urt. v. 17.10.2017 – 4 K 2130/16, juris Rn. 148 ff.; OVG NRW, Beschl. v. 08.02.2018 – 8 B 1620/17, ZUR 2018, 374.

134 EuGH, Urt. v. 28.02.2018 – C-117/17, juris Rn. 30; OVG Lüneburg, Beschl. v. 21.12.2020 – 12 ME 140/20, juris Rn. 34.

135 BVerwG, Urt. v. 20.08.2008 – 4 C 11.07, juris Rn. 26; OVG NRW, Beschl. v. 30.08.2017 – 8 B 493/16, ZUR 2018, 374.

136 VG Arnsberg, Urt. v. 17.10.2017 – 4 K 2130/16, juris Rn. 148 ff.; siehe auch OVG NRW, Urt. v. 20.12.2018 – 8 A 2971/17, BauR 2019, 1598.

137 EuGH, Urt. v. 03.07.2008 – Rs. C-215/06, juris Rn. 51 ff.

138 EuGH, Urt. v. 01.07.2004 – Rs. C-201/02, juris Rn. 65 ff.

Umweltauswirkungen dieser Anlage umfasst, sondern auch die seit deren Errichtung eingetretenen Umweltauswirkungen berücksichtigt.[139]

110 Wie sich insbesondere aus der Rechtsprechung des EuGH ergibt, ist mithin eine nachträgliche UVP nach Errichtung der Anlagen unionsrechtlich grundsätzlich zulässig.[140]

111 Der Mangel einer fehlerhaften Umweltverträglichkeitsprüfung oder einer fehlerhaften Umweltverträglichkeitsvorprüfung bewirkt jedoch die Nichtvollziehbarkeit der Genehmigung. Es ist nicht zulässig, die Zulassung mit Blick auf eine zukünftig mögliche, aber noch nicht bewirkte Heilung dieses Mangels für vollziehbar zu erklären oder einen solchen Fehler im Verfahren nach § 80 Abs. 5 VwGO für unbeachtlich zu erklären.[141] Wenn wegen eines solchen Verfahrensfehlers gerichtlich die aufschiebende Wirkung der Klage wiederhergestellt worden ist, kann der Vorhabenträger von der Genehmigung daher erst wieder Gebrauch machen, wenn das Gericht in einem Verfahren nach § 80 Abs. 7 VwGO geprüft hat, ob dieser ursprüngliche Verfahrensfehler im ergänzenden Verfahren geheilt wurde.[142]

§ 25 Begründete Bewertung der Umweltauswirkungen und Berücksichtigung des Ergebnisses bei der Entscheidung

(1) [1]Auf der Grundlage der zusammenfassenden Darstellung bewertet die zuständige Behörde die Umweltauswirkungen des Vorhabens im Hinblick auf eine wirksame Umweltvorsorge im Sinne des § 3 nach Maßgabe der geltenden Gesetze. [2]Die Bewertung ist zu begründen.

(2) Bei der Entscheidung über die Zulässigkeit des Vorhabens berücksichtigt die zuständige Behörde die begründete Bewertung nach dem in Absatz 1 bestimmten Maßstab.

(3) Bei der Entscheidung über die Zulassung des Vorhabens müssen die zusammenfassende Darstellung und die begründete Bewertung nach Einschätzung der zuständigen Behörde hinreichend aktuell sein.

Übersicht Rdn.

139 EuGH, Urt. v. 26.07.2017 – Rs. C-196/16, juris.

140 VG Arnsberg, Urt. v. 17.10.2017 – 4 K 2130/16, juris Rn. 160; OVG NRW, Urt. v. 20.12.2018 – 8 A 2971/17, BauR 2019, 1598: »Die Vorschriften des UVPG ermöglichen eine den unionsrechtlichen Anforderungen genügende UVP auch dann, wenn diese ausnahmsweise nach Ausführung des Vorhabens durchgeführt wird. Insbesondere kann auf ihrer Grundlage dem Erfordernis Rechnung getragen werden, die seit Vorhabenausführung eingetretenen Umweltauswirkungen zu berücksichtigen.«.

141 OVG Lüneburg, Beschl. v. 21.12.2020 – 12 ME 140/20, juris Rn. 35; OVG Lüneburg, Beschl. v. 31.05.2018 – 12 ME 64/18, juris Rn. 23 und v. 15.06.2018 – 12 ME 85/18, juris Rn. 12.

142 OVG Lüneburg, Beschl. v. 21.12.2020 – 12 ME 140/20, juris Rn. 35; BVerwG, Urt. v. 24.05.2018 – 4 C 4/17, juris Rn. 42.

A. Allgemeines

1 § 25 gilt als zentrale Vorschrift der Umweltverträglichkeitsprüfung. Der Gesetzgeber bestimmt mit ihr, wie die festgestellten Umweltauswirkungen zu bewerten und wie die Bewertung in der Entscheidung über den Zulassungsantrag zu berücksichtigen ist. Zuständig für die Bewertung und Berücksichtigung des Bewertungsergebnisses ist die Behörde, die über den Zulassungsantrag entscheidet. Das gilt auch bei parallelen Zulassungsverfahren, in denen gem. § 31 Abs. 4 eine gemeinsame Gesamtbewertung der zuständigen Behörden vorzunehmen ist. § 25 ist insoweit das Scharnier zwischen dem UVP-Recht und dem materiellem Umweltzulassungsrecht.[1] Die Vorschrift beruht auf Art. 3 und 8 UVP-RL und unterscheidet zwischen der Bewertung der Umweltauswirkungen, mit der die UVP im engeren Sinne abschließt, und der Berücksichtigung des Bewertungsergebnisses, die untrennbarer Bestandteil der Zulassungsentscheidung ist.

I. Gesetzesbegründung der Bundesregierung

2 Die Vorschrift übernimmt weitgehend Bestimmungen des früheren § 12. Die Gesetzesbegründung der Bundesregierung weist darauf hin, dass die UVP-Änderungsrichtlinie den mit diesem Begriff umschriebenen Vorgang als »**begründete Schlussfolgerung**« bezeichnet.[2] Nach der Begriffsdefinition des Art. 1 Abs. 2 g der geänderten UVP-RL handele es sich um einen eigenständigen Verfahrensschritt der Umweltverträglichkeitsprüfung. Zugleich werde in Art. 1 Abs. 2 g Nr. iv der geänderten UVP-RL klargestellt, dass bei der begründeten Schlussfolgerung die Ergebnisse der im Rahmen von früheren Verfahrensschritten durchgeführten Prüfungen zu berücksichtigen seien und dass die Behörde gegebenenfalls ergänzende eigene Prüfungen vorzunehmen habe. Da die Wesensmerkmale der Bewertung der Umweltauswirkungen im nationalen Recht nicht neu seien, solle der bisherige Begriff beibehalten werden. Zugleich soll den mit der UVP-Änderungsrichtlinie verbundenen Konkretisierungen Rechnung getragen werden. Die Eigenständigkeit dieses Verfahrensschrittes werde nunmehr dadurch betont, dass die Bewertung anders als im geltenden Recht nicht mehr in ein und demselben Satz zusammen mit der Berücksichtigung der Bewertung bei der Zulassungsentscheidung

1 *Beckmann*, in: Stüer/Beckmann, Handbuch des Bau- und Fachplanungsrechts, Rn. 4465; *Peters/Balla/Hesselbarth,* UVPG, 2019, § 25 Rn. 1.

2 Gesetzesbegründung der BReg BT-Drs. 18/11499, S. 94.

geregelt wird, sondern in einem eigenen Absatz 1. Die Bewertung habe nach Satz 1, im Hinblick auf eine wirksame Umweltvorsorge nach Maßgabe der geltenden Gesetze zu erfolgen. Satz 2 stelle zur Umsetzung der Anforderungen nach Art. 1 Abs. 2 g Nr. iv, Art. 5 Abs. 1 Satz 2, Abs. 3 c und Art. 8 a Abs. 1 a der geänderten UVP-RL klar, dass die Bewertung zu begründen sei.[3]

3 Nach Absatz 2 sei die begründete Bewertung bei der Entscheidung über die Zulässigkeit des Vorhabens zu berücksichtigen. Art. 8 der geänderten UVP-Richtlinie verwende in diesem Zusammenhang die Formulierung »gebührend zu berücksichtigen«. Eine inhaltliche Änderung sei damit für das deutsche Recht nicht verbunden, da nach deutschem Rechtsverständnis mit dem Begriff »Berücksichtigen« schon immer verbunden gewesen sei, dass die Behörde das Ergebnis der UVP nicht lediglich zur Kenntnis zu nehme, sondern sich bei der Entscheidungsfindung mit ihm substanziell auseinander zu setzen habe.

4 Zudem stelle die Regelung klar, dass die Berücksichtigung ebenso wie die Bewertung im Hinblick auf eine wirksame Umweltvorsorge nach Maßgabe der geltenden Gesetze erfolge. Von Bedeutung seien dabei die fachrechtlichen Zulassungsvoraussetzungen, die – zum Teil auch nur in allgemeiner Form – Vorgaben zum Schutz der in § 2 Abs. 1 genannten Schutzgüter enthielten. Das UVPG enthalte keine eigenständigen, von den fachrechtlichen Zulassungsvoraussetzungen unabhängigen materiell-rechtlichen Vorgaben für die Entscheidung über die Zulassung des Vorhabens. Fachrechtliche Versagungsgründe würden durch das Wort »berücksichtigen« keineswegs relativiert bzw. zu Abwägungsgesichtspunkten reduziert. Ergebe z.B. die Bewertung der Umweltauswirkungen nach Absatz 1, dass das Vorhaben zu erheblichen Beeinträchtigungen eines FFH-Gebiets in seinen für die Erhaltungsziele oder den Schutzzweck maßgeblichen Bestandteilen führen könne, sei es nach § 34 Abs. 2 BNatSchG unzulässig; die »Berücksichtigung« dieses Ergebnisses bedeute, dass die beantragte Zulassung abgelehnt werden müsse, soweit nicht zuvor eine Ausnahmegenehmigung nach § 34 Abs. 3 BNatSchG erteilt worden sei.

5 Absatz 3 diene der Umsetzung von Art. 8 a Abs. 6 Satz 1 der geänderten UVP-RL. Danach dürfe das Vorhaben nur zugelassen werden, wenn die zusammenfassende Darstellung und die begründete Bewertung nach Einschätzung der zuständigen Behörde noch hinreichend aktuell seien. Die zusammenfassende Darstellung und die begründete Bewertung seien dann nicht mehr hinreichend aktuell, wenn sich die tatsächlichen oder rechtlichen Umstände zwischenzeitlich so verändert hätten, dass diese Unterlagen für die Zulassungsentscheidung keine tragfähige Entscheidungsgrundlage mehr böten. Für die in Art. 8 a Abs. 6 Satz 2 der geänderten UVP-RL vorgesehene Möglichkeit, für die Gültigkeit der begründeten Schlussfolgerung eine feste Frist festzulegen, werde für das deutsche Recht kein Bedarf gesehen. Die Aktualität der begründeten Bewertung sei hier regelmäßig schon dadurch gewährleistet, dass die UVP nach § 4 unselbstständiger Teil des Zulassungsverfahrens sei. Auch, soweit in der UVP »Kredit« von früheren Umweltprüfungen genommen werde, wäre eine starre Gültigkeitsfrist wegen der Unterschiedlichkeit der Vorhaben und der Gegebenheiten im Einzelfall nicht sachgerecht.

II. Verfahrensablauf der Entscheidung

6 Die im Zusammenhang mit § 25 voneinander zu unterscheidenden Verfahrensschritte sind
(1.) die **Beschreibung** der Umweltauswirkungen, d.h. die nach § 24 vorzunehmende zusammenfassende Darstellung,
(2.) die **Bewertung** der Umweltauswirkungen des Vorhabens auf dieser Grundlage nach § 25 Abs. 1,
(3.) die **Berücksichtigung** dieser begründeten Bewertung im Rahmen der Zulassungsentscheidung nach § 25 Abs. 2,
(4.) der **Erlass des Bescheids** über die Zulassung oder Ablehnung des Vorhabens mit einem bestimmten Mindestinhalt gem. § 26 und
(5.) die **Bekanntmachung** der Entscheidung und die Auslegung des Bescheids nach § 27.

3 Gesetzesbegründung der BReg BT-Drs. 18/11499, S. 94.

Schließlich sieht der Gesetzgeber eine **Überwachung** der Einhaltung der umweltbezogenen Bestimmungen des Zulassungsbescheids vor (§ 28). Der Entscheidung vorgelagert ist die **Ermittlung** der relevanten Umweltauswirkungen. Schon bei der allgemeinen Vorprüfung im Einzelfall, ob eine UVP erforderlich ist, sind die erheblichen nachteiligen Umweltauswirkungen zu prüfen, die nach § 25 zu berücksichtigen wären.

III. Materiell-rechtlicher Gehalt des UVPG

§ 25 zählt zu den Bestimmungen des UVPG, die einen materiell-rechtlichen Gehalt aufweisen, weil 7
die Bestimmung die Maßstäbe anspricht, die für die Bewertung der Umweltauswirkungen und auch für die Berücksichtigung des Bewertungsergebnisses anzulegen sind.[4] Durch das UVPG und die UVP-RL werden die materiell-rechtlichen Zulassungsvoraussetzungen für UVP-pflichtige Vorhaben jedoch nicht verändert. Materiell-rechtlicher Gehalt bedeutet insoweit insbesondere nicht eine Verschärfung oder Veränderung von Zulassungsvoraussetzungen.[5] Die Berücksichtigungspflicht des § 25 Abs. 2 berechtigt nicht dazu, in gebundene Zulassungsentscheidungen, namentlich in immissionsschutzrechtliche Genehmigungen oder bergrechtliche Betriebsplanzulassungen, Elemente eines Versagungsermessens zu integrieren.[6] Daran hat sich durch das Gesetz zur Modernisierung des Rechts der Umweltverträglichkeitsprüfung – wie ausdrücklich in der Gesetzesbegründung bestätigt wird – im Jahr 2017 nichts geändert. Von einem materiell-rechtlichen Gehalt lässt sich insoweit nur sprechen, als § 25 nicht nur Anforderungen an das Verwaltungsverfahren, sondern an die Zulassungsentscheidung selbst richtet, indem auf die Entscheidungsmaßstäbe der geltenden Gesetze im Hinblick auf eine wirksame Umweltvorsorge hingewiesen und in § 25 Abs. 2 eine Berücksichtigung der begründeten Bewertung nach dem Entscheidungsmaßstab des § 25 Abs. 1 verlangt wird. Die Diskussion um den sogenannten materiell-rechtlichen Gehalt des UVPG erinnert insoweit an die vergleichbare Fragestellung, ob es sich bei den Anforderungen an den Abwägungsvorgang einer planerischen Entscheidung um Verfahrensanforderungen oder um materiell-rechtliche Anforderungen handelt. Abwägungsvorgang und Abwägungsergebnis betreffen die materielle Planungsentscheidung, nicht das Planungsverfahren, das dieser Entscheidung vorangeht. Dementsprechend ist es rechtsdogmatisch verfehlt, Mängel des Abwägungsvorgangs als Verfahrensfehler einzuordnen.[7] Und lediglich in diesem Sinne hat auch das UVPG einen materiell-rechtlichen Gehalt, weil es über die Regelungen zum Verfahren hinaus auch Anforderungen an die eigentliche Entscheidungsfindung formuliert. Insoweit liegt grundsätzlich auch kein Verfahrensfehler i.S.v. § 4 Abs. 1 a UmwRG, sondern ein materieller Fehler vor, wenn sich z.B. die Behörde unzureichend mit einem Gesundheitsrisiko durch von der Tierhaltungsanlage ausgehende Bioaerosole für die im Umfeld der Anlage wohnenden Menschen befasst hat und deshalb nur fraglich ist, ob die von ihr nach § 12 UVPG a.F. vorgenommene Bewertung der Umweltauswirkungen des Vorhabens zutrifft.[8] Es bleibt jedoch dabei, dass das UVPG die materiell-rechtlichen Zulassungsvoraussetzungen für die UVP-pflichtigen Vorhaben nicht ändert.

Neben § 25 finden sich weitere materiell-rechtliche Ansätze im vorgenannten Sinne auch in § 2 8
Abs. 1 und 2 (Definition der Schutzgüter, auf die sich die Beschreibung der Umweltauswirkungen bezieht, und der Umweltauswirkungen), § 3 (Grundsätze für Umweltprüfungen), § 15 (Unterrichtung über den Untersuchungsrahmen), § 16 (Inhalt und Umfang des UVP-Berichts) und § 24

4 *Beckmann*, in: Stüer/Beckmann, Handbuch des Bau- und Fachplanungsrechts, 2025, Rn. 4465; *Breuer/Gärditz* Öffentliches und privates Wasserrecht, 4. Aufl. 2017, Rn. 1224; *Kahl/Gärditz* Umweltrecht, § 4 Rn. 110; *Kümper*, in: Schink/Reidt/Mitschang, UVPG/UmwRG, § 25 UVPG Rn. 16.

5 BVerwG, Urt. v. 27.03.2025 – 7 A 3.24, juris Rn. 53; siehe dazu *Beckmann* NuR 2025, 725 ff.; *Beckmann* AbfallR 2025, 220 ff.; *Schiller* UPR 2025, 361; BVerwG, Beschl. v. 02.03.2023 – 4 B 16.22, juris Rn. 13; OVG Lüneburg, Urt. v. 14.12.2023 – 1 KN 45/21, juris Rn. 29; Beschl. v. 08.12.2018 – 12 ME 25/18, ZUR 2018, 480 (481); *Kment/Weininger* DVBl 2023, 377 (380).

6 *Kahl/Gärditz*, Umweltrecht, § 4 Rn. 111.

7 *Beckmann* BauR 2016, 1417 (1420).

8 OVG SA, Urt. v. 06.07.2016 – 2 L 84/14, juris Rn. 187.

(zusammenfassende Darstellung der Umweltauswirkungen). Nicht zuletzt stellt sich die Frage, ob die sich aus der UVP-RL ergebende Pflicht, im Rahmen der Umweltprüfung auch **globale Umweltfolgen** des Vorhabens bzw. der Planung zu prüfen und zu berücksichtigen, eine nicht nur verfahrensbezogene, sondern darüberhinausgehende, materiell-rechtliche Anforderung ergibt. Das BVerwG erläutert zwar, dass nach § 3 Satz 2 Umweltprüfungen einer wirksamen Umweltvorsorge nur nach Maßgabe der geltenden Gesetze dienen. Daraus ergebe sich, dass sich die materiellen Prüfmaßstäbe für Umweltprüfungen ausschließlich aus den fachrechtlichen Vorschriften ergeben würden.[9] Folgerichtig fordere § 16 Abs. 3 im UVP-Bericht auch nur diejenigen Angaben, die für das Vorhaben von Bedeutung seien, und sehe § 16 Abs. 4 nur vor, dass sich Inhalt und Umfang des UVP-Berichts nach den Rechtsvorschriften bestimmten, die für die Zulassungsentscheidung maßgebend seien. Globale Klimafolgen, die nach den §§ 5, 6 BImSchG nicht zu prüfen seien, könnten deshalb auch bei der Umweltprüfung keine Rolle spielen. Daran ändere auch § 13 KSG nichts.[10] Bedenklich an dieser Sichtweise ist, dass es damit die Mitgliedstaaten der EU durch die Gestaltung des Zulassungstatbestands der UVP-pflichtigen Vorhaben in der Hand haben, der sich aus EU-RL ergebenden Pflicht zur Erstreckung der Umweltprüfung auch auf globale Klimafolgen aus dem Weg zu gehen. Berechtigt ist es daher, in Fällen, in denen der gesetzliche Zulassungstatbestand einer gebundenen Kontrollerlaubnis eine Berücksichtigung globaler Klimafolgen nicht ermöglicht, die Frage nach der Unionsrechtskonformität des Zulassungstatbestands aufzuwerfen, d.h. nicht die von der UVP-RL geforderte Prüfung globaler Klimafolgen abzulehnen, sondern entweder im Wege einer Gesetzesänderung oder durch eine unionsrechtskonforme Auslegung den Zulassungstatbestand unionsrechtskonform auszugestalten. Auch insoweit hat die UVP-RL einen materiell-rechtlichen Gehalt. Das entspricht früheren Bemühungen des Gesetzgebers, zur Umsetzung eines medienübergreifenden/integrativen Ansatzes der des EU-Rechts außerhalb des UVPG in einzelnen Umweltfachgesetzen die Zulassungsvoraussetzungen für die Aufnahme eines integrativen Prüfungsansatzes zu öffnen, um dem Vorwurf zu entgehen, dass gebundene Kontrollerlaubnisse und insbesondere die immissionsschutzrechtliche Genehmigung für die Umsetzung der EU-Anforderungen an die Umweltprüfung ungeeignet seien.[11]

IV. Entscheidungsmaßstäbe der UVP

9 Die Anforderungen der UVP an die Bewertung und Berücksichtigung ihrer Ergebnisse zählten in der Vergangenheit zu ihren schwierigsten und umstrittensten Problemkreisen. Zentrale Fragen des Bewertens und Berücksichtigens waren mit dem Inkrafttreten des UVPG nicht beantwortet worden.[12] Schon seit langem hat allerdings die Rechtsprechung verschiedentlich Klarheit gebracht, so dass manche der rechtsdogmatisch aufgeladenen Diskussionen der Vergangenheit zunehmend allenfalls akademischer Natur sind. In der Rechtsprechungspraxis spielen sie jedenfalls keine Rolle. Zu den umstrittenen Problemkreisen zählte unter anderem die Frage, ob bei der Bewertung nur Rechtsmaßstäbe oder auch außerrechtliche Maßstäbe Anwendung finden können, ob die Bewertungsmaßstäbe ihrerseits bei ihrer Aufstellung mit externen Belangen abgewogen sein dürfen und ob und inwieweit die UVP eine Gesamtbewertung aller Umweltauswirkungen fordert. Aus Gründen der Praktikabilität und der Rechtssicherheit hat der Gesetzgeber davon abgesehen, die materiell-rechtlichen Anforderungen an die Vorhabenzulassung durch das UVPG zu ändern. Zur Umsetzung des integrativen Ansatzes der IVU-RL sind allerdings außerhalb des UVPG in den einzelnen Umweltfachgesetzen die Zulassungsvoraussetzungen für die Aufnahme eines integrativen Prüfungsansatzes geöffnet worden.

---

9 BVerwG, Urt. v. 27.03.2025 – 7 A 3.24, juris Rn. 53 unter Verweis auf BT-Drs. 18/11499 S. 76.

10 BVerwG, Urt. v. 27.03.2025 – 7 A 3.24, juris Rn. 54; BVerwG, Beschl. v. 02.03.2023 – 4 B 16.22, juris Rn. 13.

11 Näher dazu *Beckmann*, in: FS Erbguth, S. 444.

12 Siehe dazu *Beckmann*, in: FS Erbguth, S. 444 ff.

Hin- und hergerissen zwischen dem Wunsch, die einfachgesetzlichen Anforderungen an die Zulassung von Vorhaben aus Gründen der Rechtssicherheit und der Praktikabilität nicht ändern zu müssen, und der Befürchtung, die Fachgesetze könnten aufgrund ihrer traditionell eindimensionalen Ausrichtung auf bestimmte Umweltbelange nicht in der Lage sein, eine medienübergreifende Ermittlung, Beschreibung und Bewertung der Umweltauswirkungen zu ermöglichen, hat der Gesetzgeber in § 25 (vormals § 12) mit dem Verweis einerseits auf eine wirksame Umweltvorsorge im Sinne des § 3 Satz 2 und andererseits mit der Maßgabe der geltenden Gesetze einen für den Rechtsanwender schwer zu durchschauenden Gegensatz in das Gesetz aufgenommen. In der Rechtsanwendung hat sich jedoch der Verweis auf die geltenden Gesetze durchgesetzt, eine Uminterpretation dieser gesetzlichen Zulassungsvoraussetzungen für UVP-pflichtige Vorhaben mit dem Hinweis auf das Gebot der Umweltvorsorge hat zu Recht nicht stattgefunden. 10

Der integrative und medienübergreifende Ansatz der UVP wird letztlich nicht über § 25 umgesetzt. 11 Vielmehr hat der Gesetzgeber durch Änderungen in einzelnen Umweltfachgesetzen dafür Sorge getragen, dass die materiell-rechtlichen Zulassungstatbestände hinreichend offen sind für eine medienübergreifende, integrative Prüfung der Umweltverträglichkeit. So wurde der integrative Ansatz durch die Festschreibung des Ziels eines hohen Schutzniveaus für die Umwelt insgesamt in der Zweckbestimmung des § 1 BImSchG und in den Grundpflichten des § 5 Abs. 1 BImSchG verankert. Des Weiteren wurden die Vorgaben für generelle Anforderungen an die genehmigungspflichtigen Anlagen geändert. Dabei geht es um die Festlegung von Grenzwerten und um die Bestimmung des Standes der Technik in den einzelnen Rechtsbereichen. Dessen Definition wurde erweitert (vgl. §§ 3 Abs. 6 BImSchG, 3 Nr. 11 WHG, 3 Abs. 28 KrWG). Ausgedehnt wurden die Verordnungsermächtigungen in den §§ 7 BImSchG, 43 KrWG sowie die Ermächtigung zum Erlass von Verwaltungsvorschriften in § 48 BImSchG. Der Gesetzgeber setzt insoweit zur Umsetzung des integrativen und medienübergreifenden Ansatzes auf eine Öffnung des materiellen Umweltrechts in den einzelnen Fachgesetzen. Nur sofern das jeweilige Fachrecht einen Integrationsansatz bietet, der auch die Wechselwirkungen zwischen den Schutzgütern berücksichtigt, gelangt der integrative Ansatz des UVPG hierüber zur Anwendung.

V. Vorgaben der UVP-RL

Der Bewertungsvorgang ist als ein Wesensgehalt der UVP bereits in Art. 3 Abs. 1 UVP-RL beschrieben. 12 Allerdings definiert die Richtlinie den Bewertungsbegriff nicht. Nach Art. 3 Abs. 1 UVP-RL sind im Rahmen der UVP die unmittelbaren und die mittelbaren Auswirkungen eines Projektes auf die Umwelt in geeigneter Weise nach Maßgabe eines jeden Einzelfalles zu identifizieren, zu beschreiben und zu bewerten. Während die Identifizierung und Beschreibung der Auswirkungen der Erfüllung der ersten Hauptaufgabe der UVP, nämlich der Sammlung und Auswertung von Informationen dient, soll das Bewerten der Umweltauswirkungen eine inhaltliche Verarbeitung der eingeholten Informationen ermöglichen. Bei der Bewertung geht es unter anderem um die Beantwortung der Frage, ob festgestellte oder prognostizierte Umweltauswirkungen vernachlässigbar, wesentlich oder erheblich sind. Da man eine Bewertung nur mit Hilfe von Bewertungsmaßstäben vornehmen kann, enthält die Richtlinie insoweit mit dem Bewertungsgebot eine materielle Vorgabe. Allerdings liefert die Richtlinie die für die Bewertung notwendigen Maßstäbe nicht selbst. In Art. 3 UVP-RL schreibt die Richtlinie lediglich vor, dass sich die Bewertung der Umweltauswirkungen auf bestimmte Umweltfaktoren (Bevölkerung und menschliche Gesundheit, biologische Vielfalt, Fläche, Boden, Wasser, Luft und Klima, Sachgüter, kulturelles Erbe und Landschaft) sowie auf die Wechselwirkungen zwischen den genannten Faktoren zu erstrecken hat. Außerdem sieht Art. 3 UVP-RL lediglich vor, dass die Bewertung »in geeigneter Weise« erfolgen soll.

Die Richtlinie schreibt auch nicht die Verwendung rein **ökologischer Standards** bei der Bewertung 13 vor. Insoweit ist zwischen den Prüfungsmaßstäben und dem Prüfungsgegenstand deutlich zu unterscheiden. Der Gegenstand der UVP ist zwar beschränkt auf die voraussichtlichen Umweltfolgen des Projekts. Es ist somit im Rahmen der UVP nicht zu bewerten, ob das Vorhaben zu einer erheblichen Beeinträchtigung sozialer, wirtschaftlicher, regionalpolitischer oder sonstiger Belange führt. Allerdings soll sich die Umweltverträglichkeitsprüfung auf sämtliche unmittelbare und mittelbare Auswirkungen auf weitgespannte, über einen Umweltbegriff im engeren Sinne hinausreichende Faktoren beziehen. Das gilt insbesondere für unmittelbare oder mittelbare Auswirkungen auf die **Bevölkerung** und für unmittelbare und mittelbare Auswirkungen auf das **kulturelle Erbe**. Mit der Beschränkung der Umweltverträglichkeitsprüfung auf die Folgen des Vorhabens für die Umwelt in diesem weit verstandenen Sinne ist jedoch nicht zugleich gesagt, dass die verwendeten Beurteilungsmaßstäbe nicht in Abwägung mit anderen, umweltexternen Belangen zustande gekommen sein dürfen.[13]

14 Die Berücksichtigung des Bewertungsergebnisses ist durch Art. 8 UVP-RL vorgegeben. Danach sind die Ergebnisse der Konsultationen und die gem. Art. 5 bis 7 UVP-RL eingeholten Angaben beim Genehmigungsverfahren »gebührend« zu berücksichtigen.

15 Im Sinne des Art. 8 UVP-RL bedeutet »Berücksichtigen«, dass die Erkenntnisse aus der UVP im nationalen Recht auf Projektzulassungstatbestände treffen müssen, die es rechtlich gewährleisten, dass in der Zulassungsentscheidung eine inhaltliche Auseinandersetzung mit ihnen geführt werden kann. Die UVP-RL verlangt nur, dass die Zulassungsbehörde das Ergebnis der UVP in ihre Erwägungen einbezieht; sie gibt jedoch nicht vor, welche konkreten Folgerungen sie im Einzelfall daraus zu ziehen hat. Folgt man der Rechtsprechung des BVerwG, wonach der Klimabegriff des BImSchG eine Berücksichtigung globaler Klimafolgen, die nach der UVP-RL auch Gegenstand der UVP sein sollen, nicht ermöglicht,[14] dann bleibt diese Anforderung des Art. 8 UVP-RL unerfüllt.

16 § 25 Abs. 2 bestimmt, dass die zuständige Behörde bei ihrer Entscheidung über die Zulässigkeit des Vorhabens die begründete Bewertung der Umweltauswirkungen des Vorhabens berücksichtigt. Damit nimmt der Gesetzgeber den Wortlaut des Art. 8 der geänderten UVP-RL auf. Art. 8 der geänderten UVP-RL verlangt, dass die Ergebnisse der Konsultationen und die eingeholten Angaben »**gebührend**« zu berücksichtigen sind. Der deutsche Gesetzgeber geht zutreffend davon aus, dass sich daraus keine inhaltliche Änderung für das deutsche Recht ergibt, weil durch das geltende Recht sichergestellt ist, dass eine gebührende Berücksichtigung der Bewertung der Umweltauswirkungen bei der Entscheidung über die Zulassung stattfindet, indem die Ergebnisse der Umweltverträglichkeitsprüfung sowohl bei der Auslegung und Anwendung der Zulassungsvoraussetzungen als auch im Rahmen von Ermessensentscheidungen und planerischen Abwägungen zu beachten bzw. zu berücksichtigen sind. Er hat deshalb zu Recht darauf verzichtet, die zuständige Behörde ausdrücklich auf eine »gebührende« Berücksichtigung der begründeten Bewertung zu verpflichten. Soweit aus der Verpflichtung des Art. 8 UVP-RL zu einer gebührenden Berücksichtigung der Ergebnisse bei der Zulassungsentscheidung die eventuelle Notwendigkeit einer unionsrechtskonformen Auslegung des Zulassungstatbestands abgeleitet wird,[15] kann sich dies auf das materielle Unionsumweltrecht beziehen. Das Erfordernis einer unterschiedlichen Auslegung der materiellen Zulassungsvoraussetzungen für UVP-pflichtige und nicht UVP-pflichtige Vorhaben ergibt sich daraus grundsätzlich nicht. Die umweltbezogenen Anforderungen, die bei der Beurteilung der Erheblichkeit zugrunde zu legen sind, sind den einschlägigen Fachgesetzen, untergesetzlichen Regelwerken (z.B. Rechtsverordnungen wie die 13., 17. oder 39. BImSchV, Abwasserverordnung, Oberflächengewässerverordnung, Grundwasserverordnung, Verwaltungsvorschriften wie TA Luft und TA Lärm oder Runderlassen von Ministerien), dem einschlägigen Unionsrecht sowie Fachplänen und gesamträumlichen Planungen (z.B. Maßnahmenprogramme [§ 82 WHG], Bewirtschaftungspläne [§ 83 WHG], Bauleitpläne, Regionalpläne) zu entnehmen. Soweit dort keine speziellen Festlegungen (z.B. in Form von Grenzwerten oder Umweltqualitätsnormen) getroffen seien, müssten die Umweltanforderungen durch Auslegung allgemeiner fachrechtlicher Vorgaben und Rechtsbegriffe ermittelt werden.

---

13 So zu Recht auch Nr. 25.1.2 UVPVwV 2025.

14 BVerwG, Urt. v. 27.03.2025 – 7 A 3.24, juris Rn. 53; kritisch dazu *Beckmann* AbfallR 2025, 210; *Beckmann* NuR 2025, 725 ff.

15 Nr. 25.2 UVPVwV 2025.

17 Im deutschen Planungsrecht wird herkömmlich zwischen einer Berücksichtigungs- und einer Beachtenspflicht von rechtlichen Vorgaben unterschieden. So sind nach § 4 Abs. 1 Satz 1 ROG bei raumbedeutsamen Planungen und Maßnahmen öffentlicher Stellen Ziele der Raumordnung (zwingend) zu beachten, während Grundsätze und sonstige Erfordernisse der Raumordnung in Abwägungs- oder Ermessensentscheidungen lediglich zu berücksichtigen und in diesem Sinne nicht zwingend zu beachten, sondern im Rahmen einer Abwägung auch überwindbar sind.[16] In der Gesetzesbegründung wird darauf hingewiesen, dass sich aus der Berücksichtigungspflicht i.S.v. § 25 Abs. 2 keine Relativierung von verbindlich zu beachtenden, fachrechtlich zwingenden Versagungsgründen ergibt. Die gesetzlichen Zulassungsvoraussetzungen für das UVP-pflichtige Vorhaben werden nicht relativiert oder gar zu Abwägungsgesichtspunkten reduziert.[17]

18 Ab und an wird auch die Auffassung vertreten, aus Art. 8 UVP-RL ergebe sich die Notwendigkeit der Berücksichtigung von **Alternativlösungen**. Weiterhin wird aus Art. 8 UVP-RL eine Verpflichtung zur Berücksichtigung von **Gegenmaßnahmen** abgeleitet, mit denen nachteilige Auswirkungen so weit wie möglich ausgeglichen werden sollen.[18] Dem zuletzt genannten Anliegen wird dadurch Rechnung getragen, dass die zusammenfassende Darstellung, auf deren Grundlage die Umweltauswirkungen bewertet und berücksichtigt werden, sich auch auf Vermeidungs-, Verminderungs-, Ausgleichs- und Ersatzmaßnahmen erstreckt. Eine Berücksichtigung von Alternativen verlangt die Richtlinie auch in ihrer geänderten Fassung hingegen nicht, so dass sich die Pflicht zu einer solchen **Alternativenprüfung** nicht aus dem UVPG, jedoch aus dem Fachplanungsrecht oder den einzelnen Umweltfachgesetzen ergeben kann.[19] Dies gilt für planfeststellungsbedürftige Vorhaben, aber auch, wenn auch eingeschränkt, für immissionsschutzrechtlich genehmigungsbedürftige Vorhaben, bei denen eine Alternativenprüfung zwar nicht im Rahmen einer planerischen Abwägung stattfinden kann, bei denen aber immerhin im Rahmen von Vorsorgevorgaben eine Optimierung der Anlage und demgemäß alternative Ausgestaltungen der geplanten Anlage (einschließlich einer Verschiebung auf dem Betriebsgrundstück) in Betracht zu ziehen sind. Dies bezieht sich einerseits auf **technische Verfahrensalternativen**, die in § 4 e Abs. 3 der 9. BImSchV ausdrücklich angesprochen werden, zudem auch auf **stoffliche und organisatorische Verfahrensalternativen.**[20] Nicht geboten ist allerdings eine sich auf die Anlagenart oder auf die Errichtung einer Anlage an einem anderen Standort erstreckende Alternativenprüfung bei immissionsschutzrechtlich genehmigten Vorhaben.

19 § 16 Abs. 1 Satz 1 Nr. 6 verlangt von dem Vorhabenträger, dass er in seinem **UVP-Bericht** auch die **vernünftigen Alternativen** beschreibt, die für das Vorhaben unter seine spezifischen Merkmale relevant und **von ihm geprüft** worden sind. Außerdem hat er die wesentlichen Gründe für die von ihm getroffene Wahl unter Berücksichtigung der jeweiligen Umweltauswirkungen anzugeben. Bei der **Linienbestimmung** sind nach § 47 Abs. 1 Satz 2 alle ernsthaft in Betracht kommenden **Trassenvarianten** einzubeziehen. Das Bundesumweltministerium erläutert in Nr. 16.1.5 UVPVwV 2025, Umweltauswirkungen von Vorhabenalternativen, z.B. technischen Varianten oder Trassenvarianten, seien zu ermitteln und darzustellen, soweit solche Alternativen im Zulassungsverfahren zu prüfen gewesen oder untersucht worden seien. Umfang und Detailtiefe richteten sich dabei nach den Anforderungen des Fachrechts. Vernünftige Alternativen, die für das Vorhaben und seine spezifischen Merkmale relevant und vom Vorhabenträger geprüft worden seien, müssten beschrieben werden,

16 Zu den unterschiedlichen Bindungswirkungen der Erfordernisse der Raumordnung siehe *Beckmann*, in: Stüer/Beckmann, Handbuch des Bau- und Fachplanungsrechts, Rn. 524 ff.

17 Gesetzesbegründung der BReg BT-Drs. 18/11499, S. 94.

18 *Püchel* UVP S. 95 f.; a.A. *Jarass,* BImSchG, § 6 Rn. 47; *Schink* NVwZ 2017, 337 (343); *Beckmann* NuR 2003, 720.

19 *Beckmann*, in: Stüer/Beckmann, Handbuch des Bau- und Fachplanungsrechts, 2025, Rn. 6071; BVerwG, Urt. v. 27.10.2000 – 4 A 18/99, BVerwGE 112, 140 (150); Beschl. v. 09.04.2008 – 7 B 2/08, NVwZ 2008, 789; *Jarass,* BImSchG, § 6 Rn. 47; zum Erfordernis einer Alternativenprüfung im Rahmen von Abwägungsentscheidungen nach Maßgabe von § 15 Abs. 5 BNatSchG VGH BW, Beschl. v. 22.04.2025 – 14 S 125/25, juris Rn. 47.

20 *Jarass,* BImSchG, § 6 Rn. 47; *Schink* NVwZ 2017, 337 (343).

und zwar auch dann, wenn sie bereits in einem frühen Stadium verworfen worden seien[21]; außerdem müssten auch die wesentlichen Gründe für die getroffene Wahl unter Berücksichtigung der Umweltauswirkungen angegeben werden (§ 16 Abs. 1 Satz 1 Nr. 6). Es seien nur Angaben zu den Alternativen vorzulegen, die der Vorhabenträger geprüft habe. Ob und gegebenenfalls welche Alternativen der Vorhabenträger prüfen müsse, ergebe sich aus dem Fachrecht, z.B. aus § 15 Abs. 1, § 34 Abs. 3 Nr. 2 und § 45 Abs. 7 Satz 2 BNatSchG sowie die für Planfeststellungsverfahren geltenden Grundsätze (Abwägungsgebot). Im Rahmen der fachplanerischen Abwägung könne auch das Berücksichtigungsgebot des § 13 Abs. 1 KSG ein Abwägungsbelang im Rahmen der Alternativenprüfung sein. Aus den genannten fachrechtlichen Anforderungen sowie dem gegebenenfalls einzusetzenden naturwissenschaftlichen und – soweit erforderlich – ingenieurtechnischen Sachverstand sowie dem **Grundsatz der Verhältnismäßigkeit** ergäben sich die Maßstäbe, nach denen zu beurteilen sei, ob eine Alternative »vernünftig« sei. Nach Anlage 4 Nr. 2 UVPG seien nur die Alternativen zur prüfen, die für das Vorhaben und seine Merkmale relevant seien. Demnach müsse der Vorhabenträger für die Prüfung von Alternativen keinen unangemessen hohen Aufwand leisten. Als Alternativlösungen kämen nur solche Lösungen in Betracht, die die Identität des geplanten Vorhabens unberührt ließen. Vernünftig seien solche Alternativen, die zur Erreichung der Vorhabenziele mit zumutbarem Aufwand umgesetzt werden könnten und (insbesondere aus umwelt- bzw. genehmigungsrechtlicher Sicht sowie mit Blick auf die Grundstücksverfügbarkeit) ernsthaft in Betracht kämen. Dies bedeute, dass die maßgeblichen fachplanerischen Aspekte und Ziele mit den Alternativen erreicht werden könnten, d.h., es handele sich um gleichwertige Alternativen. Auch könne der Vorhabenträger im Rahmen der Alternativenprüfung nicht auf andere Flächen oder Standorte, auf denen das Vorhaben weder tatsächlich noch zivil- oder öffentlich-rechtlich in absehbarer Zeit realisierbar wäre, verwiesen werden. Eine solche Realisierbarkeit sei z.B. nicht gegeben, wenn ein zivilrechtlicher Zugriff des Vorhabenträgers auf das Grundstück nicht möglich und der Erwerb derartiger Rechte unzumutbar sei oder wenn bauplanungsrechtliche Belange dem Vorhaben entgegenstünden. Der Vorhabenträger habe eine Beschreibung der von ihm geprüften vernünftigen Alternativen vorzulegen und dabei die wesentlichen Gründe für die getroffene Wahl anzugeben. Bei der Erläuterung, weshalb dem gewählten Vorhaben der Vorzug vor den betrachteten Alternativen gegeben werde, sei auf die jeweiligen Umweltauswirkungen einzugehen. Erforderlich sei somit eine vergleichende Darstellung der Umweltauswirkungen, die bei dem gewählten Vorhaben und den geprüften Alternativen auftreten könnten. Sofern eine Alternative bereits auf Grundlage einer **Grobanalyse** unter Umweltgesichtspunkten erkennbar wesentlich nachteilig sei, seien eingehendere Untersuchungen nicht erforderlich.[22]

VI. Anwendungsbereich

20 § 25 ist unanwendbar, soweit Spezialvorschriften vorrangig sind. § 25 gilt z.B. nicht für die UVP bei der **Aufstellung von Bebauungsplänen.**[23] Nach § 50 Abs. 1 bestimmt sich der Umfang der Prüfung der Umweltauswirkungen in diesen Fällen nach den für die Aufstellung, die Änderung oder die Ergänzung des Bauleitplans anzuwendenden Vorschriften. Nach § 2 Abs. 4 Satz 1 BauGB wird für die Belange des Umweltschutzes eine Umweltprüfung durchgeführt, in der die voraussichtlich erheblichen Umweltauswirkungen ermittelt und in einem Umweltbericht beschrieben und bewertet werden.[24] Das Ergebnis der Umweltprüfung ist nach § 2 Abs. 4 Satz 4 BauGB in der Abwägung zu berücksichtigen. Wird eine Umweltprüfung für das Plangebiet oder für Teile davon in einem Raumordnungs-, Flächennutzungs- oder Bebauungsplanverfahren durchgeführt, soll die Umweltprüfung in einem zeitlich nachfolgend oder gleichzeitig durchgeführten Bauleitplanverfahren auf zusätzliche oder andere erhebliche Umweltauswirkungen beschränkt werden (§ 2 Abs. 4 Satz 5 BauGB). Wird die Umweltverträglichkeitsprüfung in einem Aufstellungsverfahren für einen Bebauungsplan und in einem nachfolgenden Zulassungsverfahren durchgeführt, soll die Umweltverträglichkeitsprüfung

21 Nr. 16.1.5 UVPVV 2025 unter Verweis auf EuGH, Urt. v. 07.11.2018, C-461/17 – Holohan, Rn. 69.
22 Nr. 16.1.5 UVPVwV 2025.
23 Dazu *Hyckel* ZfBR 2016, 335 ff.
24 Siehe dazu *Arndt* BauR 2025, 717.

im nachfolgenden Zulassungsverfahren nach § 50 Abs. 3 auf zusätzliche oder andere erhebliche Umweltauswirkungen des Vorhabens beschränkt werden. Vorprüfungspflichtige Bebauungspläne gelten wegen § 50 Abs. 1 stets auch als UVP-pflichtig.[25] Nach § 50 Abs. 1 Satz 1 wird die Umweltverträglichkeitsprüfung einschließlich der Vorprüfung des Einzelfalls bei Bebauungsplänen im Sinne von § 2 Abs. 6 Nr. 3 als Umweltprüfung nach den Vorschriften des Baugesetzbuchs durchgeführt. Gemäß § 50 Abs. 1 Satz 2 entfällt eine nach dem UVPG eigentlich vorgeschriebene Vorprüfung des Einzelfalls, wenn für den aufzustellenden Bebauungsplan eine Umweltprüfung nach dem BauGB durchgeführt wird. Inhaltlich wird eine UVP-Vorprüfung nicht durch § 50 Abs. 3 direkt auf zusätzliche oder andere erhebliche Umweltauswirkungen des Vorhabens beschränkt; die im Bauleitplanverfahren bei Erstellung des Umweltberichts gewonnenen Erkenntnisse bezieht die Behörde aber in die Vorprüfung ein (§ 7 Abs. 5 Satz 2).[26] Einer eigenständigen (überschlägigen) Prüfung, die sich nicht in einem Verweis auf die Erkenntnisse aus der bereits durchgeführten Umweltprüfung erschöpfen kann, bedürfen in der Regel nur die Umweltauswirkungen des Vorhabens, die auf Planebene bereits erkennbar, aber zulässigerweise auf die Zulassungsebene verschoben wurden, sowie diejenigen, die erst auf der Zulassungsebene erkennbar sind.[27]

Ob und inwieweit die UVP und insbesondere die Bewertung und Berücksichtigung der dabei fest- 21
gestellten Umweltauswirkungen nach § 25 in einem Zulassungsverfahren insoweit entlastet wird, als solche Umweltauswirkungen bereits Gegenstand der Umweltprüfung in einem Bebauungsplanverfahren hätten sein müssen, tatsächlich aber nicht Gegenstand waren bzw. nicht ordnungsgemäß abgearbeitet worden sind, ist fraglich.[28] Der VGH BW ist der Ansicht, dass die UVP des Zulassungsverfahrens nur insoweit entlastet wird, als Umweltauswirkungen tatsächlich auch Gegenstand der Prüfung waren. Der Sinn und Zweck des § 50 Abs. 3 liege darin, Doppelprüfungen zu vermeiden. Ein weitergehender Zweck der ausschließlichen Zuweisung bestimmter Prüfungsinhalte zu bestimmten Ebenen eines vertikal ausdifferenzierten Entscheidungsfindungsprozesses lasse sich der Regelung nicht entnehmen.[29]

§ 51 sieht vor, dass bei **bergbaulichen Vorhaben**, die in der Anlage 1 des UVPG aufgeführt sind 22
und dem Bergrecht unterliegen, die Umweltverträglichkeitsprüfung und Überwachung des Vorhabens nach den Vorschriften des BBergG durchgeführt wird. Teil 2 Abschnitt 2 und 3 i.V.m. Anl. 4 findet nach § 51 Satz 2 nur Anwendung, soweit das Bundesberggesetz dies anordnet. § 57a Abs. 1 Satz 3 BBergG ordnet in diesem Sinne unter anderem auch die Anwendung des § 25 an.[30]

Für immissionsschutzrechtlich genehmigungs- und UVP-pflichtige Vorhaben bestimmt sich das 23
UVP-Verfahren nach § 10 Abs. 10 Satz 3 BImSchG und den Bestimmungen der 9. BImSchV. Die Vorgaben der 9. BImSchV entsprechen den Anforderungen des UVPG i.S.d. § 1 Abs. 4 Satz 1, so dass gem. § 1 Abs. 2 Satz 3 der 9. BImSchV allein die Bestimmungen der 9. BImSchV maßgeblich sind.[31] Für das **immissionsschutzrechtliche Genehmigungsverfahren** sah der Entwurf der Ersten

25 BVerwG, Urt. v. 24.04.2024 – 4 CN 2/23, BVerwGE 182, 200= juris Rn. 40; Beschl. v. 14.03.2017 – 4 CN 3.16; juris Rn. 13; *Arndt* BauR 2025, 717.

26 OVG Lüneburg, Beschl. v. 02.10.2024 – 1 ME 71/24, juris Rn. 10; Urt. v. 26.02.2020 – 12 LB 157/18, juris; *Tepperwien*, in: Schink/Reidt/Mitschang, UVPG/UmwRG, § 7 UVPG Rn. 11; siehe auch OVG SH, Beschl. v. 08.11.2021 – 5 LA 6/19, juris Rn. 10.

27 OVG Lüneburg, Beschl. v. 02.10.2024 – 1 ME 71/24, juris Rn. 10.

28 VGH BW, Beschl. v. 23.02.2021 – 10 S 1327/20, juris Rn. 18; OVG Lüneburg, Beschl. v. 26.02.2020 – 12 LB 157/18, juris Rn. 62; OVG RP, Beschl. v. 10.01.2020 – 8 B 11880/19, juris Rn. 21 f.

29 VGH BW, Beschl. v. 23.02.2021 – 10 S 1327/20, juris Rn. 19.

30 Zur UVP im Bergrecht siehe ausführlicher *von Weschpfennig*, Strukturen des Bergrechts, 2022, 300 ff.; *von Weschpfennig* EuRUP 2016, 182 ff.; *Beckmann*, in: Stüer/Beckmann, Handbuch des Bau- und Fachplanungsrechts, Rn. 7420; *Beckmann*, in: Frenz, BBergG, § 57a Rn. 1 ff.; *Wittmann*, in: Landmann/Rohmer, Umweltrecht, Stand: 4/2022, § 51UVPG Rn. 1 ff.; *Dammert/Brückner* ZUR 2023, 30.

31 *Jarass*, BImSchG, § 10 Rn. 16; BVerwG, Urt. v. 28.09.2016 – 7 C 1/15, NVwZ-RR 2017, 229; VGH BW, Beschl. v. 29.01.2019 – 10 S 1991/17, NuR 2019, 419; OVG RP, Beschl. v. 17.10.2017 – 8 B 11345/17, juris Rn. 8; *Kerkmann/Martin* I+E 2017, 39 f.

Verordnung zur Änderung der 9. BImSchV der Bundesregierung vor, dass nach § 20 Abs. 1b Satz 1 der 9. BImSchV die Genehmigungsbehörde möglichst innerhalb eines Monats nach Erarbeitung der zusammenfassenden Darstellung auf deren Grundlage und nach den für ihre Entscheidung maßgeblichen Rechts- und Verwaltungsvorschriften die Auswirkungen des Vorhabens auf die in § 1a 9. BImSchV genannten Schutzgüter bewertet. Der Bundesrat stimmte dem Verordnungsentwurf nur mit Maßgaben zu. Unter anderem forderte er eine Streichung der Monatsfrist. Zur Begründung verwies der Bundesrat darauf, dass es sich bei der im Verordnungsentwurf enthaltenen Frist für die Erarbeitung der Bewertung der Auswirkungen um eine Anforderung handele, die europarechtlich nicht durch die UVP-Änderungsrichtlinie gefordert werde. Außerdem handele es sich bei der Frist lediglich um eine bloße Ordnungsvorschrift, sodass deren Nichtbeachtung keine Folgen für die Rechtmäßigkeit der Genehmigung begründe. Die Frist laufe daher ins Leere, zumal die Bewertung der Auswirkungen des Vorhabens auf die Umweltschutzgüter in der Praxis ohnehin erst im Genehmigungsbescheid erfolge. Schließlich sei zu berücksichtigen, dass mit einer Formulierung »möglichst innerhalb eines Monats« der Genehmigungsbehörde keine zwingende Frist vorgegeben werde, sondern vielmehr ein weiterer zeitlicher Spielraum für die Erarbeitung der Bewertung eingeräumt werde. Dies unterstreiche, dass damit in der Praxis ohnehin keine Beschleunigung des Verfahrens erreicht werden und die vorgesehene Frist somit grundsätzlich entbehrlich sei.[32] Der Verordnungsgeber hat deshalb in der in Kraft getretenen Verordnung vom 08.12.2017 auf die Monatsfrist verzichtet.[33]

24 Die Genehmigungsbehörde hat die vorgenommene Bewertung nach § 20 Abs. 1 b Satz 4 der 9. BImSchV bei der Entscheidung über den Antrag nach Maßgabe der hierfür geltenden Vorschriften zu berücksichtigen. Auf dieser Grundlage können bei immissionsschutzrechtlich genehmigungsbedürftigen Anlagen die Bewertung der Umweltauswirkungen und ihre Berücksichtigung bei der Zulassungsentscheidung in § 25 entsprechender Weise stattfinden. Dabei ist allerdings zu berücksichtigen, dass der Hinweis in § 25 Abs. 1 »im Hinblick auf eine wirksame Umweltvorsorge« hier fehlt. Das führt jedoch nicht zu einem Bewertungsdefizit, weil der genannte Hinweis auch für andere Vorhaben nichts daran ändert, dass für die Bewertung der Umweltauswirkungen und ihre Berücksichtigung bei der Entscheidung über die Zulässigkeit des Vorhabens die Zulassungsvoraussetzungen des jeweiligen Fachrechts maßgeblich sind.[34]

25 § 25 Abs. 1 verweist zur Benennung der Bewertungsmaßstäbe auf die »geltenden Gesetze«. Davon abweichend nennen § 9 Abs. 1 b Satz 1 der 9. BImSchV und § 14 Abs. 2 Satz 1 AtVfV die »maßgeblichen Rechts- und Verwaltungsvorschriften.« Ein relevanter Unterschied ergibt sich daraus nicht. Verwaltungsvorschriften sind grundsätzlich nur für die Behörden, nicht hingegen für Anlagenbetreiber und Gerichte verbindlich. Die behördeninterne Maßgeblichkeit von Verwaltungsvorschriften ergibt sich auch ohne entsprechenden Verweis in § 25 Abs. 1 aus dem administrativen Weisungsrecht vorgesetzter Behörden.[35]

---

32 Beschluss des Bundesrats v. 22.09.2017, BR-Drs. 268/17, S. 8; siehe dazu *Kümper*, in: Schink/Reidt/Mitschang, UVPG/UmwRG, § 25 UVPG Rn. 5.

33 Zur Beschleunigung immissionsschutzrechtlicher Genehmigungsverfahren siehe *Burgi* NVwZ 2022, 1321; *Uibeleisen/Götz* NVwZ 2024, 1121; *Agatz* ZUR 2023, 463; zur Planungs- und Genehmigungsbeschleunigung *Thyssen/Roth* NVwZ 2025, 884 und *Leidinger/Merfeld* DÖV 2025, 713; zur Beschleunigung von Verfahren durch Genehmigungsfiktionen *Beckmann* EuRUP 2025, 85; *Beckmann* DVBl. 2025, 325; *Ritter* VBlBW 2025, 1; zur Beschleunigung der Genehmigungsverfahren durch Projektmanager, *Schrader* DÖV 2025, 133; zur Beschleunigungswirkung des § 20 Abs. 2 S. 2 der 9. BImSchV, wonach ein Antrag abgelehnt werden soll, wenn der Antragsteller einer Aufforderung zur Ergänzung der Unterlagen nicht innerhalb einer ihm gesetzten Frist nicht nachgekommen ist, siehe OVG BB, Urt. v. 30.09.2025 – 7 A 15/25, juris Rn. 13 ff.; zu neuen Sonderregelungen zur Beschleunigung von Genehmigungsverfahren bei Vorhaben nach der Richtlinie (EU) 2018/2001 zur Förderung der Nutzung von Energie aus erneuerbaren Quellen siehe den in der Fassung vom 15.08.2025 geltenden § 10a BImSchG.

34 *Kümper*, in: Schink/Reidt/Mitschang, UVPG/UmwRG, § 25 UVPG Rn. 5.

35 Auch dazu *Kümper*, in: Schink/Reidt/Mitschang, UVPG/UmwRG, § 25 UVPG Rn. 9 ff.

Anwendbar ist § 25 dagegen bei der Erteilung eines **Vorbescheids** oder einer **Teilgenehmigung** nach § 29, bei der Zulassung eines Vorhabens durch **mehrere Behörden** i.S.v. § 31 und auch bei der **Linienbestimmung** nach § 16 Abs. 1 FStrG und § 13 Abs. 1 WaStrG und der Genehmigung von **Flugplätzen** nach § 6 Abs. 1 LuftVG. § 47 Abs. 1 sieht dazu vor, dass bei diesen Vorhaben die Umweltverträglichkeit nach dem jeweiligen Planungsstand geprüft wird. Die Prüfung der Umweltverträglichkeit sind bei der Linienbestimmung alle ernsthaft in Betracht kommenden Trassenvarianten einzubeziehen. Bei Vorbescheiden für **Windenergieanlagen** gilt die Sonderregelung des § 9 Abs. 1a Satz 4 BImSchG. Abweichend von § 29 Abs. 1 Satz 1 findet danach eine vorläufige Umweltverträglichkeitsprüfung im Hinblick auf die Umweltauswirkungen des Gesamtvorhabens für die Erteilung des Vorbescheides nicht statt.[36] 26

§ 49 Satz 1 bestimmt, dass in der **Raumverträglichkeitsprüfung** die Prüfung der Umweltauswirkungen nur nach Maßgabe des ROG erfolgt. Die Umweltverträglichkeitsprüfung im nachfolgenden behördlichen Verfahren, das der Zulassungsentscheidung dient, umfasst nach § 49 Satz 2 eine vertiefte Prüfung der in der Raumverträglichkeitsprüfung nur überschlägig geprüften Umweltauswirkungen.[37] 27

VII. Behördenzuständigkeit

Zuständig für die Bewertung der Umweltauswirkungen und für die Berücksichtigung des Bewertungsergebnisses ist die jeweilige Zulassungsbehörde und nicht der Projektträger.[38] Es reicht insoweit nicht aus, dass die zuständige Behörde keine eigene Bewertung vornimmt und stattdessen ausschließlich auf die Bewertung des Vorhabenträgers verweist. Ausreichend kann es jedoch sein, wenn sich die zuständige Behörde auf der Grundlage einer eigenständigen Würdigung die Bewertung des Vorhabenträgers bzw. dessen Gutachter zu eigen macht.[39] Die von einer Verwaltungsbehörde bestellten Gutachter sind nicht anders als die entsprechend sachkundigen eigenen Bediensteten einer mit besonderem Sachverstand ausgestatteten technischen Fachbehörde bzw. Fachabteilung als objektiv urteilende Gehilfen der das öffentliche Interesse verfolgenden Verwaltungsbehörde und nicht als parteiische Sachverständige anzusehen.[40] Bedarf ein Vorhaben der Zulassung durch mehrere Behörden, dann bestimmen die Länder nach § 31 Abs. 1 eine **federführende Behörde**, die nach § 31 Abs. 2 bestimmte Mindestaufgaben zu übernehmen hat. Unter anderem erarbeitet die federführende Behörde die zusammenfassende Darstellung nach § 24, die Grundlage der Bewertung der Umweltauswirkungen ist.[41] 28

Wird über die Zulässigkeit eines Vorhabens im Rahmen mehrerer Verfahren entschieden, so wird von der federführenden Behörde nach § 26 Abs. 1 Nr. 3 eine **gemeinsame zusammenfassende Darstellung** für das gesamte Vorhaben erstellt. Auf der Grundlage dieser gemeinsamen zusammenfassenden Darstellung nehmen die Zulassungsbehörden dann eine **Gesamtbewertung der Umweltauswirkungen** des Vorhabens vor und berücksichtigen gem. § 25 Abs. 2 die Gesamtbewertung bei ihren Zulassungsentscheidungen. Die federführende Behörde hat nach § 31 Abs. 4 Satz 3 das Zusammenwirken der Zulassungsbehörden bei der Gesamtbewertung sicherzustellen. 29

---

36 Siehe dazu *Baars* NVwZ 2025, 389; *Enders*, in: BeckOK Umweltrecht, Stand: 2025, § 9 BImSchG Rn. 12 zur bis zur Neuregelung ergangenen Rechtsprechung.

37 Dazu *Beckmann*, in: Stüer/Beckmann, Handbuch des Bau- und Fachplanungsrechts, Rn. 4549; zum Verzicht auf die Durchführung einer UVP bei der Raumverträglichkeitsprüfung *Kment* EuRUP 2024, 38; siehe auch *Appel/Stark*, Umweltschutz im Bauplanungs- und Raumordnungsrecht, in: Koch/Hofmann/Reese, Handbuch Umweltrecht, 2024, 44; *Schmitz* ZfBR 2023, 221 (222).

38 *Peters/Balla/Hesselbarth*, UVPG, § 25 Rn. 6.

39 BVerwG, Beschl. v. 15.03.2021 – 4 B 14/20, juris Rn. 6.

40 OVG Lüneburg, Beschl. v. 07.05.2024 – 7 M 81/23, juris Rn. 31; BVerwG, Beschl. v. 26.06.2020 – 7 BN 3.19, juris Rn. 5; VG Stade, Beschl. v. 29.04.2024 – 2 B 175/24, BeckRS 2024, 9735, Rn. 107.

41 Siehe dazu *Dix*, in: Landmann/Rohmer, Umweltrecht, Stand: 122/2020, § 31 UVPG Rn. 29 ff.

30 Können sich die Zulassungsbehörden nicht auf eine Gesamtbewertung einigen, kann die federführende Behörde die **Aufsichtsbehörde** unterrichten, um auf diesem Wege eine einvernehmliche Gesamtbewertung durch die Zulassungsbehörden herbeizuführen.

B. Begründete Bewertung (Absatz 1)

31 Die UVP dient der Entscheidungsvorbereitung. Sie liefert Beurteilungsgrundlagen für die Prüfung des Vorhabens am Maßstab der materiell-rechtlichen Anforderungen des jeweiligen Fachrechts. Dementsprechend soll auch die Bewertung der Umweltauswirkungen nach § 25 Abs. 1 dazu dienen, die Berücksichtigung des Ergebnisses der UVP in der das Zulassungsverfahren abschließenden Entscheidung nach § 25 Abs. 2 vorzubereiten. Die begründete Bewertung der Umweltauswirkungen nach § 25 Abs. 1 ist somit das eigentliche Kernstück der UVP.[42] Weder die UVP-RL noch das UVPG verschärfen oder verändern die materiellen Zulassungsvoraussetzungen. Allerdings schreibt die UVP-RL vor, dass die Zulassungstatbestände der UVP-pflichtigen Vorhaben für eine Berücksichtigung der Ergebnisse der UVP, die auch globale Klimafolgen des Vorhabens einbezieht, offen sein müssen.[43] Die Bewertung ist projektbezogen. Zu prüfen sind nur die konkreten Auswirkungen des beantragten Vorhabens auf die Umwelt, nicht dagegen allgemeine ökologische Fragestellungen außerhalb dieses Zusammenhangs.[44] Die UVP ist auch im Unionsrecht auf die Zulassungsentscheidung bezogen, eine Beschreibung von Umweltauswirkungen um ihrer selbst willen fordert die UVP-RL.[45] Art. 3 der Änderungsrichtlinie fordert eine Bewertung nach Maßgabe jedes Einzelfalls. Das bedeutet allerdings nicht, dass für jeden Einzelfall eigene Bewertungsmaßstäbe gebildet werden müssten.

32 Ebenso wie die zusammenfassende Darstellung i.S.v. § 24 sich von der Bewertung der Umweltauswirkungen nach § 25 Abs. 1 unterscheidet, lässt sich auch die Bewertung der Umweltauswirkungen von der eigentlichen Zulassungsentscheidung im Verfahrensablauf der Entscheidung unterscheiden. Allerdings muss der Bescheid über die Zulassung oder die Ablehnung des Vorhabens nach § 26 Abs. 1 Nr. 3 b und c nicht nur die zusammenfassende Darstellung gem. § 24, sondern auch die begründete Bewertung gem. § 25 Abs. 1 enthalten. Hinzu kommt eine Erläuterung, wie die begründete Bewertung, insbesondere die Angaben des UVP-Berichts, die behördlichen Stellungnahmen nach § 17 Abs. 2 und § 55 Abs. 4 sowie die Äußerungen der Öffentlichkeit nach den §§ 21 und 56, in der Zulassungsentscheidung berücksichtigt wurden oder wie ihnen anderweitig Rechnung getragen wurde. Mit dem Gesetz zur Modernisierung des Rechts der Umweltverträglichkeitsprüfung sind insoweit zwar nicht die Anforderungen an die Bewertung und Berücksichtigung der Umweltauswirkungen gestiegen; es haben sich jedoch die Anforderungen an die **Dokumentation des Entscheidungsablaufs** in der Bescheidbegründung erhöht. Die Bewertung der Umweltauswirkungen ist, bevor sie dann in die Gesamtbewertung einfließt, exklusiv und explizit in der Bescheidbegründung darzustellen.

33 Entsprechend den Vorgaben der UVP-RL hat der Gesetzgeber auch in § 25 zwischen der Abschätzung möglicher Umweltfolgen des Vorhabens und deren Bewertung, d.h. zwischen der Risikoabschätzung und der Risikobewertung unterschieden. Art und Umfang möglicher Umweltfolgen und deren Eintrittswahrscheinlichkeit sind Gegenstand des Ermittlungsvorgangs und der Beschreibung (Risikoabschätzung) und damit Gegenstand der zusammenfassenden Darstellung i.S.v. § 24. Demgegenüber ist die subjektive Einstufung der ermittelten und beschriebenen Umweltfolgen, also die Einschätzung der Erheblichkeit i.S.v. Aussagen zur Vernachlässigbarkeit, zur Tolerierbarkeit etc., Gegenstand des Bewertens. Das **Bewertungsergebnis** besteht somit nicht in einer Aussage über Art, Ausmaß und Eintrittswahrscheinlichkeit von Umwelt- oder von Gesundheitsbeeinträchtigungen. Die letztere Aussage wäre vielmehr Gegenstand einer Wirkungsprognose und damit Gegenstand der Ermittlung und Beschreibung der Umweltauswirkungen im Rahmen der zusammenfassenden Darstellung. Die

42 *Peters/Balla/Hesselbarth,* UVPG, 2019, § 25 Rn. 1.
43 Siehe dazu *Beckmann* AbfallR 2025, 210 (220).
44 *Jarass,* BImSchG, § 10 Rn. 118.
45 BVerwG, Beschl. v. 18.02.2021 – 4 B 25/20, juris Rn. 18.

Abgrenzung ist im Einzelfall zugegebenermaßen schwierig. Die Bewertung nach § 25 Abs. 1 entscheidet auch nicht über eine Zulässigkeit oder Unzulässigkeit des Vorhabens. Vielmehr wird die Bewertung bei der Entscheidung über den Zulassungsantrag berücksichtigt.[46]

I. Bewertungsmaßstäbe

Die zuständige Behörde bewertet, ob die ermittelten Umweltauswirkungen erheblich sind. Dabei ist nach Maßgabe des einschlägigen Fachrechts zu beurteilen, ob und inwieweit die Umweltauswirkungen im Hinblick auf eine wirksame Umweltvorsorge zu vernachlässigen oder hinzunehmen sind (unerhebliche Umweltauswirkungen) oder nicht ohne weiteres oder gar nicht hinzunehmen sind (erhebliche Umweltauswirkungen).[47] Was erheblich ist, bestimmt sich nach dem jeweiligen materiellen Zulassungsrecht.[48] Entscheidend hierfür ist, ob sich aus dem einschlägigen Zulassungsrecht ergibt, dass die Zulassung des Vorhabens wegen der Umweltfolgen abgelehnt werden muss oder im Rahmen des ggfls. bestehenden Ermessens versagt werden kann oder die Zulassung des Vorhabens – abweichend vom Zulassungsantrag des Vorhabenträgers – von der Durchführung bestimmter zusätzlicher Vermeidungs-, Verminderungs-, oder Ausgleichs- oder Ersatzmaßnahmen zugunsten eines in § 2 Abs. 1 genannten Schutzgutes abhängig gemacht werden kann[49] oder dass es sonstiger Nebenbestimmungen zur Zulassungsentscheidung bedarf. Nach der Rechtsprechung löst allerdings nicht jeder abwägungserhebliche Umweltbelang die Pflicht zur Durchführung einer Umweltverträglichkeitsprüfung aus. Das stünde im Widerspruch zur Konzeption des UVPG, weil praktisch nie auszuschließen sei, dass ein Vorhaben abwägungserhebliche Umweltauswirkungen habe. Dementsprechend genüge es für die Annahme erheblicher Umweltauswirkungen und einer daraus abzuleitenden UVP-Pflicht auch nicht, wenn die Umweltauswirkungen allenfalls zu einer Ergänzung der Planung um weitere Schutzauflagen auf der Grundlage strikten Rechts führen könnten. Es bedürfe bereits in der Vorprüfung einer Gewichtung der abwägungserheblichen Belange unter Berücksichtigung der vorhaben- und standortbezogenen Kriterien; stehe nach einer diese Maßstäbe berücksichtigenden Vorausschau im Zeitpunkt der Vorprüfung fest, dass ein abwägungserheblicher Umweltbelang keinen Einfluss auf das Ergebnis der Planungsentscheidung haben könne, sei eine Umweltverträglichkeitsprüfung nicht erforderlich.[50] Zum Ergebnis der Planungsentscheidung gehören allerdings nicht nur die Entscheidung über das »Ob« des Vorhabens und die Abwägung etwaiger Ausführungsvarianten, sondern auch die Entscheidung über Nebenbestimmungen zum Schutz der Umwelt im Rahmen der Abwägung.[51] 34

Zu den Bewertungsmaßstäben, die bei der UVP anzulegen sind, wurde in der Vergangenheit die Ansicht vertreten, bei der Bewertung dürften nur rechtliche Maßstäbe eine Rolle spielen;[52] bei ihnen müsse es sich zugleich um rein umweltinterne Maßstäbe handeln.[53] Diese Forderungen sind widersprüchlich; sie lassen sich nicht gleichzeitig erfüllen. Die für möglich gehaltene Reduktion der Normen zu rein umweltbezogenen Bewertungszwecken, die bei der Berücksichtigung der Bewertung wieder beseitigt werden sollen, um dann auch umweltexternen Belangen ihren Platz einzuräumen, ist abzulehnen, denn sie basiert auf der unzutreffenden Vorstellung, als könnten umweltrechtliche Bestimmungen in unterschiedlichen Funktionen mit einem unterschiedlichen Inhalt Geltung beanspruchen. 35

---

46 *Jarass,* BImSchG, § 10 Rn. 118.

47 Nr. 25.1.1 UVPVwV 2025: näher dazu auch *Balla/Sangenstedt* ZUR 2023, 476 (480).

48 OVG Lüneburg, Urt. v. 14.12.2023 – 1 KN 45/21, juris Rn. 29; Beschl. v. 11.10.2021 – 1 ME 110/21, juris Rn. 23 m.w.N.

49 Nr. 25.1.1 UVPVwV 2025; siehe auch VGH BW, Urt. v. 25.04.2024 – 8 S 1738/22, juris Rn. 54.

50 VGH BW, Urt. v. 25.04.2024 – 8 S 1738/22, juris Rn. 54.

51 VGH BW, Urt. v. 25.04.2024 – 8 S 1738/22, juris Rn. 54; BVerwG, Urt. v. 18.06.2020 – 3 C 3.19, BVerwGE 168, 287= juris Rn. 29 f., Urt. v. 18.06.2020 – 3 C 2.19, UPR 2021, 94 = juris Rn. 35.

52 *Würtenberger* ZUR 2009, 171 (174); *Erbguth* ZUR 2014, 515 (523).

53 *Schink/Erbguth* DVBl 1991, 313; *Hoppe/Püchel* DVBl 1988, 1, 2; a.A. schon damals *Beckmann* DVBl 1993, 1335 ff.

1. Rechtliche Bewertungsmaßstäbe

36 Rechtliche Maßstäbe, d.h. Gesetze, Rechtsverordnungen, Satzungen etc., können nicht umweltintern, d.h. unter Außerachtlassung von umweltexternen Belangen aufgestellt werden. Beim Erlass von Gesetzen, Rechtsverordnungen und auch von Verwaltungsvorschriften bedarf es denknotwendig und stets einer rechtspolitischen Abwägung des Gesetzgebers auch mit anderen Belangen. Die rechtlichen Maßstäbe sind insoweit regelmäßig ein mit Rechtsverbindlichkeit ausgestatteter politischer Kompromiss.[54] Dem Gesetz- und Verordnungsgeber steht insoweit grundsätzlich stets ein weites Ermessen zu, soweit er nicht seinerseits an höherrangiges Verfassungs- oder Unionsrecht gebunden ist. Eine solche Abwägung mit anderen Belangen muss der Gesetz- und Verordnungsgeber nicht zuletzt wegen des verfassungsrechtlich verankerten und damit auch ihn bindenden Verhältnismäßigkeitsgrundsatzes vornehmen. Den insoweit vom Gesetz- und Verordnungsgeber verbindlich abgewogenen rechtlichen Bewertungsmaßstäben kommt im Übrigen eine größere demokratische Legitimation zu.[55] Die Auffassung, Rechtsvorschriften, die allein oder im Wesentlichen außerökologische Aspekte erfassen, hätten bei der Bewertung unberücksichtigt zu bleiben, ist daher genauso unzutreffend, wie die Ansicht, Vorschriften, die neben ökologischen Aspekten auch andere Gesichtspunkte berücksichtigten, seien als Maßstab für die Bewertung außer Acht zu lassen.[56]

37 Bei der notwendigen Abwägung des Gesetz- bzw. Verordnungsgebers mag es geboten sein, den ökologischen Belangen ein besonderes Gewicht beizumessen. Das BVerfG hat in seinem Klimabeschluss vom 24.03.2021 mit Blick auf den Klimawandel dazu ausgeführt, dass der Umwelt- und Klimaschutz auch unter Beachtung des Staatsziels zum Umweltschutz des Art. 20a GG keinen unbedingten **Vorrang** gegenüber anderen Belangen genießt, sondern im Konfliktfall in einen Ausgleich mit anderen Verfassungsrechtsgütern und Verfassungsprinzipien zu bringen ist. Allerdings nehme das relative Gewicht des Klimaschutzgebots mit zunehmender Unausweichlichkeit des Klimawandels und seinen negativen Folgen weiter zu.[57] Ob auf der Grundlage des im Februar 2025 von der EU verkündeten **Clean Industrial Deal** der notwendigen Stärkung der Wettbewerbsfähigkeit der EU ein größeres Gewicht beizumessen ist, ob dies ohne Abstriche beim Klimaschutz möglich sein wird und ob schließlich die Rechtsprechung des BVerfG solchen letztlich unionsrechtlich veranlassten Abstrichen am Klimaschutz aus verfassungsrechtlichen Gründen Einhalt gebieten könnte, bleibt abzuwarten.[58] Frenz erläutert dazu, die stärkere Ausrichtung auf die Wettbewerbsfähigkeit und die industriellen Bedürfnisse betreffe auch den Vollzug. Wirtschaftliche Belange erhielten ein deutlich stärkeres Gewicht. Praktisch wirke sich dies in Abwägungsentscheidungen aus, wenn es darum gehe, ob Richtlinienvorgaben für den Klimaschutz im Einzelfall durchzusetzen seien.[59]

38 Ohnehin ist auf der Bewertungsebene kein »**ökologisches Optimum**« gefordert. In diesem Zusammenhang wurde die Forderung nach einer UVP bei der Standardsetzung erhoben.[60] Eine solche Forderung ist allerdings nicht mit der Forderung nach rein ökologischen Standards gleichzusetzen. Soweit bei einer Aufstellung von Rechtsvorschriften eine über die jeweiligen Umweltbelange hinausgehende Abwägung mit anderen Belangen erforderlich ist, könnten umweltinterne Maßstäbe, die mit solchen

---

54 *Mayen* NVwZ 1996, 318 (323).

55 *Hoppe/Appold* DVBl 1991, 1221 (1225).

56 A.A. *Dietlein,* in: Landmann/Rohmer, Umweltrecht, Stand: 1/2023, § 10 BImSchG Rn. 239; siehe auch *Jarass,* BImSchG, § 10 Rn. 119.

57 BVerfG, Beschl. v. 24.03.2021 – 1 BvR 2656/18 u.a., NJW 2021, 1723; dazu *Schink*, in: Frenz, Klimaschutzrecht, 2015, § 13 KSG Rn. 17; *Schlacke*, in: Kreuter-Kirchhoff/Schlacke, Klimaschutzrecht, § 13 Rn. 29; *Beckmann*, in: Stüer/Beckmann, Handbuch des Bau- und Fachplanungsrechts, Rn. 472; *Beckmann* UPR 2021, 241; *Berkemann* DÖV 2021, 701; *Frenz* DVBl. 2021, 810; *Burgi* NVwZ 2021, 1401; siehe auch BVerfG, Nichtannahmebeschl. v. 18.01.2022 – 1 BvR 1565/21 u.a., juris; BVerwG, Beschl. v. 30.10.2024 – 7 B 9.24, juris Rn. 8 und Rn. 36 ff.; VGH BW, Urt. v. 28.04.2025 – 10 S 1455/23, juris Rn. 118; *Posser* DVBl. 2025, 821 (827).

58 Siehe dazu *Frenz* EuR 2025, 386 ff.; *Frenz* DVBl. 2025, 153.

59 *Frenz* DVBl. 2025, 153 (156).

60 *Hoppe/Püchel* DVBl 1988, 1(2); *Bohne* ZfB 1989, 93 (118); *Steinberg* DVBl 1990, 1369 (1372).

außerökologischen Belangen nicht abgewogen sind, nicht verbindlich die Zulassung von Vorhaben regeln. Sie könnten insoweit allenfalls speziell für die UVP aufgestellte Bewertungsmaßstäbe bilden, die unterhalb der fachgesetzlich geregelten Zulassungsvoraussetzungen eigenständig Maßstäbe für die Bewertung wären. Abgesehen davon, dass eine derartige Maßstabsbildung viel zu aufwändig wäre, wäre es auch im Sinne einer effektiven UVP nicht sinnvoll, ein solches sekundäres Bewertungssystem einzuführen. Es würde nämlich zur Konsequenz haben, dass die Bewertungsmaßstäbe im Rahmen der UVP für die Zulassungsentscheidung letztlich keinen maßgeblichen Einfluss haben könnten, weil die Zulassungsentscheidung von anderen Zulassungsvoraussetzungen abhängig zu machen wäre. Dem Sinn und Zweck der UVP, Einfluss auf die Zulassungsentscheidung auszuüben, würde damit gerade nicht Rechnung getragen. Zu bedenken ist auch, dass Gegenstand der UVP zwar ausschließlich die zu erwartenden Umweltfolgen des Vorhabens sind. Damit ist jedoch nicht zugleich vorgegeben, dass die Bewertungsmaßstäbe ihrerseits ökologieintern gebildet sein müssen.

Etwas anderes gilt für **Pläne und Programme**, für die nach den §§ 35–37 eine Verpflichtung zur 39
Durchführung einer strategischen Umweltprüfung besteht und die ihrerseits Bewertungsmaßstäbe bei der Zulassung von UVP-pflichtigen Vorhaben sein können. Die SUP ist nach § 33 unselbstständiger Teil behördlicher Verfahren zur Aufstellung oder Änderung von Plänen und Programmen. Soweit diese Pläne und Programme einen verbindlichen Rahmen für Entscheidungen über die Zulässigkeit von Vorhaben setzen, sind sie für die Entscheidung über die Zulassung Bewertungsmaßstäbe, die ihrerseits Gegenstand einer Umweltprüfung i.S.v. § 2 Abs. 10 sein müssen.

Fraglich ist, ob sich das Bewerten i.S.v. § 25 Abs. 1 auf die schlichte Anwendung und Auslegung 40
umweltrelevanter Zulassungsvoraussetzungen beschränkt. Nachdem der Gesetzgeber durch das Gesetz zur Modernisierung des Rechts der Umweltverträglichkeitsprüfung vom 20.07.2017 zur Betonung der Eigenständigkeit des Verfahrensschrittes die Bewertung der Umweltfolgen anders als im bisherigen Recht nicht mehr in ein und demselben Satz zusammen mit der Berücksichtigung der Bewertung bei der Zulassungsentscheidung, sondern in einem eigenen Absatz 1 regelt und in der Gesetzesbegründung darauf hinweist, dass die Bewertung nach § 25 Abs. 1 Satz 1 im Hinblick auf eine wirksame Umweltvorsorge nach Maßgabe der geltenden Gesetze zu erfolgen habe, spricht dies dafür, dass Bewertungsmaßstäbe letztlich nur die geltenden Gesetze sein sollen.

Richtig daran ist, dass bei der Bewertung rechtliche Maßstäbe zu berücksichtigen bzw. zu beachten 41
sind; sie sind am Ende maßgeblich für die Berücksichtigung des Ergebnisses der begründeten Bewertung bei der Entscheidung über die Zulassung oder Ablehnung des Vorhabens und bilden deshalb auch den Rechtsrahmen für die Bewertung der Umweltauswirkungen. Allerdings beschränkt sich der Vorgang des Bewertens der Umweltauswirkungen nicht auf eine abstrakte Anwendung von Rechtsregeln, d.h. auf eine Subsumtion unter die jeweiligen Zulassungsvoraussetzungen für das Vorhaben. Diese Zulassungsvoraussetzungen bilden aber den verbindlichen Rahmen, innerhalb dessen sich die Bewertung zu vollziehen hat.

Die Bewertung dient der Entscheidungsvorbereitung. Sie leistet insoweit Hilfestellung für die Aus- 42
füllung von Wertungsfreiräumen der zuständigen Behörde bei der Ausübung ihres Ermessens, bei ihrer planerischen Gestaltungsfreiheit, aber auch bei der Anwendung unbestimmter Rechtsbegriffe. Bewertungsmaßstäbe sind insoweit der eigentlichen Rechtsanwendung regelmäßig vorgelagert. Rechtliche Maßstäbe können die Bewertung nur dann lenken, wenn sie auch Aussagen zu dem zu bewertenden Sachverhalt treffen. Im Einzelfall wird die Bewertung erleichtert, soweit unbestimmte Rechtsbegriffe durch (verbindliche) Umweltstandards konkretisiert werden. In diesen werden Schutzwürdigkeits- und Gefährdungsprofile festgelegt, die eine Bewertung der Schutzbedürftigkeit der betroffenen Belange und ihrer Gefährdung ermöglichen. Schreibt z.B. die DepV für den Untergrund einer Deponie eine bestimmte Undurchlässigkeit vor, dann kann und muss selbstverständlich auch bei der Bewertung im Rahmen der UVP auf die so verbindlich festgelegten Durchlässigkeitswerte abgestellt werden. Zu prüfen bleibt bei der Bewertung allerdings, ob ausnahmsweise im konkreten Einzelfall, soweit die Verordnung dies ermöglicht, durch technische Vorkehrungen von den Mindestanforderungen abgewichen werden kann oder ob trotz der Einhaltung dieser Mindestanforderungen die geologische Eignung in Frage gestellt werden muss.

43 Bei der Bewertung der betroffenen Naturschutzbelange können die naturschutzrechtliche **Eingriffsregelung** und die FFH-Verträglichkeitsprüfung eine erhebliche Rolle spielen. Je intensiver der Eingriff in Natur und Landschaft oder in die Schutz- und Erhaltungsziele besonderer Schutzgebiete ist, umso höher ist das Gewicht, mit dem die betroffenen Naturschutzbelange in die Bewertung eingehen. Eingriffsregelung und FFH-Verträglichkeitsprüfung beinhalten materielle Bewertungsmaßstäbe, die bei der Bewertung und danach auch bei der Berücksichtigung des Bewertungsergebnisses zu beachten sind.[61] § 15 Abs. 2 Satz 1 BNatSchG verpflichtet den Verursacher unvermeidbarer Beeinträchtigungen von Natur und Landschaft, diese auszugleichen oder zu ersetzen. Ausgeglichen ist eine Beeinträchtigung nach § 15 Abs. 2 Satz 2 BNatSchG, wenn und sobald die beeinträchtigten Funktionen des Naturhaushalts in gleichartiger Weise wiederhergestellt sind und das Landschaftsbild landschaftsgerecht wiederhergestellt oder neugestaltet ist. Ersetzt ist eine Beeinträchtigung nach § 15 Abs. 2 Satz 3 BNatSchG, wenn und sobald die beeinträchtigten Funktionen des Naturhaushalts in dem betroffenen Naturraum in gleichwertiger Weise hergestellt sind und das Landschaftsbild landschaftsgerecht neu gestaltet ist.[62] Handelt es sich bei einem Eingriff um ein Vorhaben, das UVP-pflichtig ist, muss das Verfahren, in dem Entscheidungen nach § 15 Abs. 1 bis 5 BNatSchG getroffen werden, nach § 17 Abs. 10 BNatSchG den Anforderungen des UVPG entsprechen.

44 Rechtliche Bewertungsmaßstäbe zur naturschutzrechtlichen Eingriffsregelung liefert beispielsweise die Verordnung über die Vermeidung und die Kompensation von Eingriffen in Natur und Landschaft im Zuständigkeitsbereich der Bundesverwaltung (**Bundeskompensationsverordnung** – BKompV).[63] Die Verordnung findet allerdings nur Anwendung, soweit die Vorschriften des BNatSchG ausschließlich durch die Bundesverwaltung ausgeführt werden. Die Verordnung bestimmt insbesondere das Nähere zur Vermeidung von Beeinträchtigungen von Natur und Landschaft nach § 15 Abs. 1 Satz 1 BNatSchG, zu Inhalt, Art und Umfang von Ausgleichs- und Ersatzmaßnahmen nach § 15 Abs. 2 d BNatSchG sowie zur Höhe der Ersatzzahlung nach § 15 Abs. 6 BNatSchG. § 4 BKompV regelt z.B. Grundsätze der Bewertung des vorhandenen Zustands und der zu erwartenden unvermeidbaren Beeinträchtigungen, § 5 BKompV bestimmt Anforderungen an eine Grundbewertung des Schutzguts Biotope, § 6 BKompV enthält Vorgaben zur Bewertung weiterer Schutzgüter.[64]

45 Schreibt eine **Schutzgebietsverordnung** vor, dass bestimmte Vorhaben innerhalb bestimmter Schutzzonen nicht errichtet und betrieben werden können, dann ist die Verordnung selbstverständlich als Bewertungsmaßstab bei der UVP zu verwenden. Es wäre wenig sinnvoll, im Rahmen des Bewertungsvorgangs langwierige, kostenträchtige und komplizierte Bewertungsverfahren zu entwickeln oder anzuwenden, wenn aufgrund einer klaren rechtlichen Vorgabe die Durchführbarkeit eines Vorhabens am beabsichtigten Standort ausscheidet.

2. Außerrechtliche Bewertungsmaßstäbe

46 Soweit jedoch die anzuwendenden Rechtsmaßstäbe keine konkrete Aussage zur Umweltverträglichkeit bzw. zur Zulassungsfähigkeit des beabsichtigten Projekts treffen, müssen außerrechtliche Bewertungsmaßstäbe bei der UVP zu Hilfe genommen werden.[65] Das BVerwG erläutert z.B., für

61 Näher dazu *Gellermann*, in: Landmann/Rohmer, Umweltrecht, § 17 BNatSchG Rn. 28.

62 Zur Unterscheidung von Ausgleichs- und Ersatzmaßnahmen bei Beeinträchtigungen des Landschaftsbildes durch Windenergieanlagen BVerwG, Urt. v. 12.09.2024 – 7 C 3/23, juris Rn. 12 ff.

63 Näher dazu *Lütkes/Mengel*, in: Lütkes/Ewer, BNatSchG, § 15 Rn. 8a ff.; *Proelß*, in: Koch/Hofmann/Reese, Handbuch Umweltrecht, § 7 Rn. 63.

64 Verfassungsrechtliche Fragen zur landesrechtlichen Abweichung von der BKompV erörtert *Faßbender* NuR 2020, 649.

65 VGH BW, Urt. v. 28.04.2025 – 10 S 1455/23, juris Rn. 60; Urt. v. 05.10.2022 – 10 S 1485/21, juris Rn. 70; Urt. v. 30.06.2022 – 10 S 848/21, juris Rn. 111; VGH Kassel, Beschl. v. 31.03.2022 – 3 B 214/21.T, juris Rn. 37; BVerwG, Urt. v. 12.06.2019 – 9 A 2.18, BeckRS 2019, 20641, Rn. 64; BVerwG, Beschl. v. 15.07.2020 – 9 B 5.20, BeckRS 2020, 20357, Rn. 18; *Peters/Balla/Hesselbarth*, UVPG, § 25

die Erfassung und Bewertung vorhabenbedingter Einwirkungen auf Vogelarten fehle es an gesetzlichen Vorgaben oder einer untergesetzlichen Maßstabsbildung. Die Planfeststellungsbehörde müsse daher auf außerrechtliche naturschutzfachliche Maßgaben zurückgreifen, zu denen vor allem **Fachkonventionen** und **Leitfäden** gehörten. Die Gerichte hätten zu prüfen, ob diese den aktuell besten wissenschaftlichen Erkenntnisstand widerspiegeln. Fehlten vereinheitlichende Vorgaben (wie Fachkonventionen und Leitfäden), müsse das Gericht ggf. auch überprüfen, ob vorliegende Untersuchungen sowohl in ihrem methodischen Vorgehen als auch in ihrer Ermittlungstiefe ausreichten, um die Behörde in die Lage zu versetzen, die Voraussetzungen der artenschutzrechtlichen Verbotstatbestände sachgerecht zu prüfen.[66] Dem mag man entgegengehalten, wissenschaftlichen oder fachlichen Bewertungsmaßstäben würde die politische Legitimation für die Beantwortung der Frage fehlen, welches Maß an Umwelteinwirkungen hinzunehmen sei. Diese Entscheidung soll aber auch nicht fachlicher oder wissenschaftlicher Erörterung überlassen bleiben. Vielmehr dienen diese Bewertungsmaßstäbe dazu, die im Rahmen der rechtlichen Bewertung vorzunehmende Entscheidung tatsächlich vornehmen zu können. Ausgangspunkt und insofern maßgeblich bleiben die rechtlichen Bewertungsmaßstäbe. Dies steht nicht im Zweifel. Um diesen rechtlichen Rahmen inhaltlich auszufüllen, bedarf es aber der fachlichen und wissenschaftlichen Bewertungen. Ihnen kommt nicht die Funktion zu, die Entscheidung darüber zu fällen, welches Maß an Umwelteinwirkungen hinzunehmen ist. Diese Entscheidung obliegt der Genehmigungsbehörde im Zulassungs- oder Genehmigungsverfahren. Die Ausfüllung unbestimmter Rechtsbegriffe, wie etwa des Allgemeinwohlbegriffs, des Begriffs der Erheblichkeit oder des Begriffs der Zumutbarkeit, des Standes der Technik oder die Ausgleichbarkeit von Umweltschäden ist nur mit Hilfe von außerrechtlichen Maßstäben möglich. Die Bewertung nach § 25 hat deshalb gerade dort ihren Sinn, wo vorhandene Umweltgesetze zu unbestimmt sind, um ohne den Zwischenschritt einer außerrechtlichen Bewertung aussagekräftig zu sein und wo es an konkretisierenden untergesetzlichen Rechtsmaßstäben fehlt.[67]

Die Anwendung eines gesetzlichen Tatbestands setzt stets dreierlei voraus, nämlich erstens die Aus- 47
legung des gesetzlichen Tatbestands mit Hilfe juristischer Auslegungsregeln, zweitens die Feststellung des entscheidungserheblichen Sachverhalts auf der Grundlage des im Verwaltungsverfahren nach § 24 VwVfG und im Verwaltungsprozess nach § 86 VwGO geltenden Untersuchungsgrundsatzes und drittens schließlich die Subsumtion des so festgestellten Sachverhalts unter die Voraussetzungen des ordnungsgemäß ausgelegten gesetzlichen Tatbestands.[68] Außerrechtliche Bewertungsmaßstäbe, insbesondere Fachkonventionen dienen auf der zweiten Ebene der Feststellung des entscheidungserheblichen Sachverhalts.

Wird in der zusammenfassenden Darstellung festgehalten, dass die Verwirklichung eines Vorhabens 48
z.B. zu einer Flächenversiegelung in einem bestimmten Umfang, zur Vernichtung von Lebensräumen geschützter Arten oder zu einer Waldinanspruchnahme führt, dann bedarf es im Rahmen der Bewertung konkreter Aussagen, ob diese Folgen gegen zwingende Verbote verstoßen, welche Bedeutung der Flächenversiegelung im Einzelfall beizumessen ist, welche Bedeutung der Verlust der besonders geschützten Arten im konkreten Fall zukommt, ob den geschützten Arten Ausweichräume zur Verfügung gestellt werden können oder welche Qualität der in Anspruch zu nehmende Wald aufgrund der vorhandenen Baumarten und seiner Altersstruktur aus ökologischer Sicht hat. Daneben kommt grundsätzlich auch der Klimawandel als berücksichtigungsfähiger Belang in Betracht. Die Ausfüllung der derartige Sachverhalte regelnden unbestimmten Rechtsbegriffe lässt sich rechts-

Rn. 611; a.A. *Dietlein,* in: Landmann/Rohmer, Umweltrecht, Stand: 1/2023, § 10 BImSchG Rn. 239; *Jarass,* BImSchG, § 10 Rn. 119; *Weiss,* in: Appel/Ohms/Saurer, BImSchG, Rn. 238.

66 BVerwG, Beschl. v. 15.07.2020 – 9 B 5.20, BeckRS 2020, 20357, Rn. 18.

67 *Beckmann* DVBl 1993, 1335 ff.; *Gassner* UPR 1993, 241 (242); zur Rechtsprechung zu Einschätzungsprärogativen und Beurteilungsspielräumen im Naturschutzrecht *Bick/Wulfert,* in: Frenz/Müggenborg, BNatSchG, vor § 44 Rn. 1 ff.; *Heugel,* in: Lütges/Ewer, BNatSchG, § 45b Rn. 9 ff.; VGH BW, Urt. v. 28.04.2025 – 10 S 1455/23, juris Rn. 60; VGH BW, Urt. v. 05.10.2022 – 10 S 1485/21, juris Rn. 70; VGH BW, Urt. v. 30.06.2022 – 10 S 848/21, juris Rn. 111.

68 *Schübel-Pfister* in Eyermann, VwGO, § 114 Rn. 56.

theoretisch und abstrakt zwar als reine Gesetzesanwendung beschreiben. Praktisch setzt die Konkretisierung dieser Begriffe eine Anwendung außerrechtlicher Bewertungsmaßstäbe voraus.

49 Bewertungsmaßstäbe, die nicht als Rechtsvorschriften förmlich aufgestellt worden sind, haben insoweit die Funktion, als **Auslegungshilfe** oder als **Maßstäbe der Ermessensausübung** zu dienen. Zu Recht hat der Rat von Sachverständigen für Umweltfragen schon vor langer Zeit darauf hingewiesen, dass die Bewertung der Umweltauswirkungen ein Verfahren sei, in dem Aussagen über den Grad der Wahrscheinlichkeit von Veränderungen der Umwelt aufgrund eines Vorhabens und über die Schädlichkeit dieser möglichen Veränderungen gemacht würden, indem also eine Abschätzung des mit einem Vorhaben vorhandenen Umweltrisikos hinsichtlich der Eintrittswahrscheinlichkeit, hinsichtlich Art und Umfang erfolge.[69] Die Bewertung sei insoweit primär aufgrund naturwissenschaftlich-medizinischer Kriterien vorzunehmen. Der Rat von Sachverständigen für Umweltfragen hat außerdem bereits im Umweltgutachten 1987 darauf hingewiesen, dass es sich dabei nicht nur um eine rein wissenschaftliche Feststellung, sondern eben auch um eine wertende, letztlich politische Entscheidung handele, insofern als der Bewertung Annahmen über die Schutzwürdigkeit der Umwelt (Schutzwürdigkeitsprofile) und über typische Gefahren von Eingriffen, Nutzungsweisen und Schadstoffemissionen (Gefährdungsprofile) zugrunde lägen.[70] Das BVerfG mahnt, zwar folge aus der Garantie effektiven Rechtsschutzes grundsätzlich die Pflicht der Gerichte, die angefochtenen Verwaltungsakte in rechtlicher und tatsächlicher Hinsicht vollständig nachzuprüfen. Auch wenn die gesetzliche Regelung außerrechtliche fachliche Beurteilungen erfordere, überprüfe das Gericht die behördliche Entscheidung grundsätzlich vollständig auf ihre Rechtmäßigkeit. Dies gelte auch dann, wenn die gesetzliche Regelung außerrechtliche fachliche Beurteilungen erfordere. Wenn unterhalb der gesetzlichen Vorgabe keine normativen Konkretisierungen für die fachliche Beurteilung solcher gesetzlicher Tatbestandsmerkmale bestünden, müssten sich Behörde und Gericht zur fachlichen Aufklärung dieser Merkmale unmittelbar der Erkenntnisse der Fachwissenschaft und -praxis bedienen.[71]

50 Wer das Bewerten als eine reine Gesetzessubsumtion begreift, vermag zudem die Phasen des Bewertens und des Berücksichtigens kaum sinnvoll voneinander zu trennen. Bei gesetzesgebundenen Zulassungen sind beide Phasen dann im Wesentlichen deckungsgleich. Eine eindeutige Trennung zwischen umweltbezogenen Zulassungsvoraussetzungen, die allein Gegenstand des Bewertens sein sollen, und sonstigen Zulassungsvoraussetzungen lässt sich nicht vornehmen, weil vor allem die Allgemeinwohlklauseln, die als Zulassungsvoraussetzung in fast allen Umweltgesetzen Verwendung finden, nicht auf Umweltbelange beschränkt sind.[72]

51 Die Bedeutung außerrechtlicher Maßstäbe und Kriterien bei der Gesetzesauslegung war von der Rechtsprechung in der Vergangenheit lange insbesondere im Zusammenhang mit der Anerkennung einer **naturschutzfachlichen Einschätzungsprärogative** anerkannt.[73] Die gerichtliche Kontrolle sei auf die Frage beschränkt, ob die Einschätzung der Zulassungsbehörde im konkreten Einzelfall naturschutzfachlich vertretbar sei und nicht auf einem unzulänglichen oder gar ungeeigneten Bewertungsverfahren beruhe. Die Einschätzungsprärogative wurde damit begründet, dass es bei der Gesetzesauslegung auf außerrechtliche Maßstäbe und Kriterien ankommt und dass es mangels entsprechender **Fachkonventionen** für die Gerichte an besseren Erkenntnismöglichkeiten fehlt, die es rechtfertigen

---

69 Rat von Sachverständigen für Umweltfragen DVBl 1988, 21 (26).
70 Rat von Sachverständigen für Umweltfragen DVBl 1988, 21 (26).
71 BVerfG, Nichtannahmebeschluss v. 05.03.2025 – 1 BvR 1786/22, juris Rn. 10.
72 *Jarass* NuR 1991, 201 (207).
73 BVerwG, Urt. v. 03.11.2020 – 9 A 12.19, juris Rn. 259; BayVGH, Urt. v. 19.12.2023 – 8 A 19.40024, juris Rn. 70; Urt. v. 17.05.2018 – 8 A 17.40016, juris Rn. 86; BVerwG, Beschl. v. 17.09.2015 – 2 A 9.14, juris Rn. 26; BVerwG, Urt. v. 09.02.1017 – 7 A 2/15, BVerwGE 158, 1; siehe dazu *Beckmann*, in: Stüer/Beckmann, Handbuch des Bau- und Fachplanungsrechts, Rn. 3892; *Beckmann*, Funktionswandel des Verwaltungsprozesses, S. 103 ff.

könnten, ihre Wertung an die Stelle derjenigen der Fachbehörde zu setzen.[74] Eine solche Erkenntnis spricht in erster Linie dafür, auf der Grundlage entsprechender Ermächtigungen des Gesetzgebers untergesetzlich in einem förmlichen Verfahren solche Konventionen verbindlich festzulegen. Fehlt es jedoch daran, kann eine solche Begründung für einen Beurteilungsspielraum auch auf andere naturwissenschaftlich/technische Sachverhalte übertragen werden. Zur Bestimmung der Signifikanz des Tötungsrisikos beim besonderen Artenschutz erläutert das BVerwG z.B., wenn es keine normativen Vorgaben gebe, sei es zulässig, sich fachwissenschaftlichen Erkenntnissen anzuschließen, auch wenn diese noch nicht den Stand einer Fachkonvention erreicht hätten.[75] Ein entscheidendes Kriterium kann sein, dass staatliche Gerichte nicht über eine Sachkompetenz verfügen, bestimmte technisch-wissenschaftliche oder aber auch politisch-prognostische Fragen anders oder besser als die Exekutive zu beurteilen. Wenn deren Einschätzungen einer Beweiserhebung, etwa durch Einholung eines Sachverständigengutachtens, nicht zugänglich sind, dann spricht dies für die Einräumung eines Beurteilungsspielraums bzw. einer Einschätzungsprärogative.[76] Zutreffend hat das BVerwG darauf hingewiesen, dass die Funktionsgrenzen der Verwaltungsgerichtsbarkeit überschritten wären, wollte man den Verwaltungsgerichten in einer Situation, in der es entscheidungserheblich auf die Entscheidung einer wissenschaftliche Streitfrage ankommt, zu der in der Fachwissenschaft unterschiedliche, jedoch jeweils vertretbare Auffassungen vorgetragen werden, abverlangen, sich in dem Wissenschaftsstreit auf die eine oder andere Seite zu schlagen. Es sei weder Aufgabe der Verwaltungsgerichte, wissenschaftliche Streitfrage zu entscheiden, noch eine solche Entscheidung durch die Erteilung von Forschungsaufträgen zu ermöglichen oder zu fördern.[77]

Es wird allerdings auch eine »zum Teil verheerende Wirkung offener methodischer und fachlicher Fragen in der Praxis« beklagt.[78] Das BVerfG ist der Begründung einer Einschätzungsprärogative durch die Verwaltungsrechtsprechung nicht gefolgt, gleichwohl hat es im Ergebnis die von der Verwaltungsrechtsprechung anerkannten Kontrollrestriktionen in diesem Zusammenhang anerkannt.[79] Nach dem **Rotmilan-Beschluss des** BVerfG kann eine Einschränkung der gerichtlichen Kontrolle mit der Rechtsschutzgarantie des Art. 19 Abs. 4 Satz 1 GG vereinbar sein, wenn die Anwendung eines Gesetzes die Klärung tatsächlicher naturschutzfachlicher Feststellungen verlangt, zu denen es weder eine hinreichende untergesetzliche Konkretisierung noch in Fachkreisen und Wissenschaft allgemein anerkannte Maßstäbe und Methoden gibt. In solchen Fällen stoße das Verwaltungsgericht an Grenzen, weil es ihm dann objektiv unmöglich sei, den Sachverhalt vollständig aufzuklären und sich davon zu überzeugen, ob die Behördenentscheidung richtig oder falsch sei. Die Grenzen der gerichtlichen Kontrolle ergäben sich nicht daraus, dass der Verwaltung eine Einschätzungsprärogative eingeräumt wäre, sondern rührten schlicht daher, dass sich die naturschutzfachliche Richtigkeit des Ergebnisses der Verwaltungsentscheidung objektiv nicht abschließend beurteilen lasse. Die Kontrolle sei aber weitestmöglich noch durchzuführen; das Gericht müsse insbesondere die Plausibilität der behördlichen Entscheidung prüfen.[80] Wenn in solchen Fällen eine gerichtliche Vollprüfung nicht 52

74 Zur Heranziehung naturschutzfachlicher Empfehlungen und Fachkonventionen auch OVG BB, Beschl. v. 02.04.2025 – 7 S 3/24, juris Rn. 46; VGH BW, Urt. v. 17.07.2024 – 10 S 1396/23, juris Rn. 34; Urt. v. 11.12.2023 – 10 S 1914/22, juris Rn. 70; VGH München, Urt. v. 11.04.2025 – 22 A 24.40015, juris Rn. 52.

75 BVerwG, Urt. v. 31.03.2023 – 4 A 10.21 juris, Rn. 123; OVG MV, Urt. v. 26.06.2024 – 5 K 341/21, juris Rn. 59 ff.

76 BVerwG, Beschl. v. 17.09.2015 – 2 A 9.14, juris Rn. 26; siehe auch OVG NRW, Urt. v. 24.8.2023 – 22 A 793/22, BeckRS 2023, 25196.

77 BVerwG, Urt. v. 07.04.16 – 4 C 1.15, juris Rn. 24; Urt. v. 27.06.13 – 4 C 1.12, BVerwGE 147, 118 Rn. 15.

78 *Fellenberg* NVwZ 2019, 177 (185); *Bick/Wulfert* in Frenz/Müggenborg, BNatSchG, vor § 44 Rn. 8 ff., 35 ff.

79 Siehe dazu *Bick/Wulfert,* in: Frenz/Müggenborg, BNatSchG, vor § 44 Rn. 8 ff.

80 BVerfG, Beschl. v. 23.10.2018 – 1 BvR 2523/13, 1 BvR 595/14, DVBl 2019, 42 (52) m. Anm. *Helmes* NJW 2019, 141; *Muckel* NuR 2019, 33; *Eichberger* NVwZ 2019, 1560; *Dolde* NVwZ 2019, 1567; *Sow* DÖV 2019, 317; *Gassner* DVBl. 2019, 13760; *Stüer* DVBl. 2019, 47; *Erbguth* DVBl. 2020, 1050;

möglich ist, weil sich die Richtigkeit der Verwaltungsentscheidung objektiv nicht abschließend beurteilen lässt, dann stellt sich allerdings genauso berechtigt die Frage, auf welcher Basis angesichts eines solchen Erkenntnisvakuums Gutachter und Anwälte einen Vorhabenträger zur Rechtmäßigkeit und Genehmigungsfähigkeit seines Vorhabens beraten sollen.[81] In einem Rechtsstaat dürfte immer dann, wenn die Anwendung eines Gesetzes, wie vom BVerfG im Rotmilan-Beschluss angenommen, die Klärung tatsächlicher Feststellungen verlangt, zu denen es weder eine hinreichende untergesetzliche Konkretisierung noch in Fachkreisen und Wissenschaft allgemein anerkannte Maßstäbe und Methoden gibt, die entscheidende Frage nicht lauten, ob die gerichtliche Kontrolle der Behördenentscheidung, die offenbar auch auf Erkenntnisdefiziten aufbauen muss, auf eine Plausibilitätsprüfung zurückgenommen werden darf. Zu fragen wäre vielmehr, mit welcher Rechtfertigung der Gesetzgeber einen Gesetzesbefolgungsanspruch etwa bei einem naturschutzrechtlichen Verbotsgesetz erhebt, wenn doch die Anwendung des Gesetzes tatsächliche Feststellungen erfordert, die objektiv schlicht nicht oder jedenfalls noch nicht getroffen werden können. Insoweit ist die Begründung des BVerfG für eine Kontrollrestriktion nicht überzeugend, zumal der hohe Begründungsaufwand vermutlich in der verwaltungsgerichtlichen Praxis keine allzu großen Änderungen bewirken dürfte. Die Verwaltungsgerichte sehen sich bei ihrer Annahme, der zuständigen Behörde stehe eine naturschutzrechtliche Einschätzungsprärogative zu, durch das BVerfG nicht widerlegt, auch wenn das BVerwG klargestellt hat, dass es an der Rechtsfigur einer naturschutzfachlichen Einschätzungsprärogative mit Blick auf den Rotmilan-Beschluss des BVerfG nicht festhält.[82]

53 Unabhängig von der dogmatischen Herleitung einer gerichtlichen Kontrollrestriktion stellt sich die Frage nach der rechtsstaatlichen Rechtfertigung eines naturschutzrechtlichen Verbotstatbestands, zu dem die notwendigen Sachverhaltsfeststellungen nicht getroffen werden können, nicht nur an den Gesetzgeber selbst, sondern auch an eine Rechtsprechung, die auf der Grundlage ihrer Auslegung des Verbotstatbestands überhaupt erst in die Situation gerät, nach Tatsachenfeststellungen zu forschen, die nach dem Stand der wissenschaftlichen Erkenntnis schlicht nicht beizubringen sind. Das betrifft gerade die im Rotmilan-Beschluss verfassungsrechtlich überprüfte Verwaltungsrechtsprechung, wonach naturschutzfachliche Einschätzungen insofern erforderlich sind, als das Tötungsverbot des § 44 Abs. 1 Nr. 1 BNatSchG erst eingreift, wenn sich durch das Vorhaben das Kollisionsrisiko für die geschützten Tiere »signifikant erhöht«.[83] Die Rechtsprechung hat dazu ein Kriterium der Signifikanz entwickelt, das danach vom Gesetzgeber in § 44 Abs. 5 Satz 2 Nr. 1 BNatSchG übernommen wurde und wonach das Verbot erst gilt, wenn ein Kollisionsrisiko signifikant erhöht ist. Die Gerichte hatten allerdings dazu bemerkt, dass sie selbst nicht der Lage seien, den Sachverhalt einer signifikanten Erhöhung tatsächlich auch anhand vorhandener und beschaffbarer Erkenntnisse festzustellen, um daraufhin der Behörde eine Einschätzungsprärogative zuzugestehen, obwohl diese doch angesichts des beklagten Erkenntnisdefizits genauso wenig in der Lage ist, den Sachverhalt für das von der Rechtsprechung entwickelte Kriterium hinreichend aufzuklären. Die Diskussion über eine solche Art verwaltungsgerichtlicher Kontrollrestriktion kann nicht ausschließlich bipolar mit Blick auf das Verhältnis zwischen Exekutive und Judikative geführt werden. Das zentrale Argument des BVerfG für die Zurücknahme der gerichtlichen Kontrolldichte besteht in seiner Annahme, dass die gerichtliche Entscheidung angesichts der sowohl für die Behörde als auch für das Gericht bestehenden naturschutzfachlichen Erkenntnisdefizite keinen Anlass für die Vermutung bietet, sie könne richtiger als die Behördenentscheidung sein. Da die Richtigkeitsgewähr des Ergebnisses bei der Gerichts-

Schröder EuRUP 2019, 91; *Beckmann* DVBl 2019, 1172, 1178; zur fehlenden Dogmatik richterlicher Plausibilitätsmaßstäben siehe *Beckmann,* in: FS Seibert, S. 13.

81 *Beckmann* DVBl 2019, 1172 (1174); *Fellenberg* NVwZ 2019, 177(184); *Jacob/Lau* NVwZ 2015, 241 (247).

82 *Bick/Wulfert*, in: Frenz/Müggenborg, BNatSchG, vor § 44 Rn. 30; BVerwG, Urt. v. 04.06.2020 – 7 A 1/18, juris Rn. 70; *Fellenberg* NVwZ 2019, 177 (184).

83 Siehe dazu BVerwG, Urt. v. 12.03.2008 – 9 A 3.06, juris Rn. 219. Diese Rechtsprechung hat der Gesetzgeber im Jahre 2017 in § 44 Abs. 5 Satz 2 Nr. 1 BNatSchG nachvollzogen; siehe dazu BT-Drs. 18/11939, S. 17; *Eichberger* NVwZ 2019. 1560.

entscheidung nicht größer sein soll als bei der Behördenentscheidung, soll nach Art. 19 Abs. 4 Satz 1 GG zu gewährender Rechtsschutz nicht geboten sein.[84] Dass jedoch weder Gericht noch die Behörde angesichts der beklagten Erkenntnisdefizite eine hinreichende Richtigkeitsgewähr für ihre Entscheidung bieten können, wird bei einer solchen Argumentation zulasten derjenigen ausgeblendet, die von einem behördlichen Verbot oder von der Ablehnung einer Zulassung nachteilig betroffen werden. Zutreffend wird deshalb eingewandt, dass vom BVerfG beschriebene Erkenntnisdefizit sei allenfalls eine faktische, objektive Grenze der Rechtsanwendung schlechthin, die alle an Recht und Gesetz gebundenen Staatsorgane und natürlich auch sonstige Pflichtadressaten gesetzlicher Regelungen gleichermaßen trifft.[85] Die Debatte kann deshalb nicht nur um die Abgrenzung von Kompetenzen der Staatsgewalten geführt werden; sie muss vielmehr bedenken, dass Umweltrechtsstreitigkeiten nicht immer, aber doch zumeist mehrpolig zwischen staatlichen Behörden, Drittbetroffenen und Vorhabenträgern geführt werden. Wenn es im Sinne der Ausführungen des BVerfG für die Gerichte objektiv unmöglich ist, sich davon zu überzeugen, ob die Behördenentscheidung richtig oder falsch ist, dann ist auch für einen Vorhabenträger nicht erkennbar, ob sein Vorhaben rechtmäßig ist oder nicht. Die unterstellte Unmöglichkeit, den entscheidungsrelevanten Sachverhalt angesichts struktureller Erkenntnisdefizite hinreichend aufzuklären, ist insoweit rechtsstaatlich nicht akzeptabel und mit ihr eine Kontrollrestriktion nicht zu rechtfertigen. Zu Recht wird eingewandt, wenn weder der Behörde noch dem Gericht eine belastbare Einschätzung der Signifikanz des Tötungsrisikos möglich sei, dann sei die materielle Rechtmäßigkeit des Gesetzes zweifelhaft.[86] Wenn es tatsächlich so ist, dass es unterschiedliche Positionen geben kann, die mangels hinreichender naturschutzfachlicher Erkenntnis jeweils nicht als falsch oder richtig eingeordnet werden können, dann spricht dies keineswegs für eine Einschätzungsprärogative der Behörde oder eine andere Art der Kontrollrestriktion.[87]

Wichtig ist deshalb die Mahnung des BVerfG an den Gesetzgeber: Auch wenn die eingeschränkte 54
gerichtliche Kontrolle noch mit Art. 19 Abs. 4 Satz 1 GG vereinbar sei, könne eine gesetzliche Regelung, welche auf ungeklärte naturschutzfachliche Zusammenhänge verweise, mit Blick auf die Grundrechte und den aus dem Demokratie- und Rechtsstaatsprinzip abgeleiteten Wesentlichkeitsgrundsatz verfassungsrechtlich zweifelhaft sein. In grundrechtsrelevanten Bereichen dürfe der Gesetzgeber der Rechtsanwendung nicht ohne weitere Maßgaben auf Dauer Entscheidungen in einem fachwissenschaftlichen »Erkenntnisvakuum« übertragen, das weder die Verwaltung noch Gerichte selbst ausfüllen könnten. Der Gesetzgeber könne, je nach Grundrechtsbetroffenheit, zwar kurzfristig noch darauf vertrauen, dass sich fachliche Wissenslücken durch Erkenntnisfortschritte in Fachkreisen und Wissenschaft schließen. Längerfristig dürfe der Gesetzgeber dem jedoch nicht tatenlos zusehen, weil er sich so seiner Entscheidungsverantwortung entziehe, privatem Fachwissen ungesteuert weitreichenden Einfluss auf staatliche Entscheidungen eröffne und eine einheitliche Rechtsanwendung nicht gewährleistet sei. Der Gesetzgeber müsse dann, sofern die fachlichen Zusammenhänge weiter ungeklärt seien, für eine zumindest untergesetzliche Maßstabsbildung z.B. durch Einsetzung fachkundiger Gremien zur Festlegung einheitlicher Maßstäbe und Methoden sorgen oder wenigstens genauere Regeln für die behördliche Entscheidung zwischen mehreren vertretbaren Auffassungen vorgeben.[88] Die Mahnung des BVerfG ist, abgesehen z.B. von der BKompV, bislang noch weitgehend ungehört geblieben. Immerhin hat der Gesetzgeber für den Bereich der Windenergienutzung an Land der Aufforderung des BVerfG im Rotmilan-Beschluss folgend im Jahr 2022 durch § 45b BNatSchG bundeseinheitliche Konkretisierungen für die artenschutzfachliche Prüfung mit Blick

84 Siehe dazu *Kahl,* in: FS Seibert, 2020, 167 (177).
85 *Sachs* DVBl 2020, 311 (314).
86 *Kahl,* in: FS Seibert, 167 (179); *Kahl/Burs* DVBl. 2016, 1157 (1160).
87 So zu Recht *Sachs* DVBl 2020, 311 (314); siehe auch *Gassner* DVBl 2019, 1370; *Reinhardt* NVwZ 2019, 198.
88 Dazu auch *Heugel*, in: Lütges/Ewer, BNatSchG, § 45b Rn. 6; zu den Konsequenzen, die es hätte, wenn der Gesetzgeber über den vom BVerfG zugestandenen Zeitraum hinaus untätig bleibt, siehe *Dolde* NVwZ 2019, 1567 (1568 f.).

auf das Kollisionsrisiko von Brutvögeln eingeführt.[89] Ob diese Regelungen dem EU-Recht entsprechen, ist umstritten.[90]

55 Fraglich bleibt zudem, mit welcher Begründung ein auch nur vorübergehendes Erkenntnisvakuum zu rechtfertigen ist, warum also Vorhabenträger und andere Gesetzesadressaten einschließlich ihrer anwaltlichen Berater auch nur vorübergehend mit Regelungen konfrontiert werden dürfen, deren Beachtung angesichts dieses sog. Erkenntnisvakuums auch von ihnen gar nicht sichergestellt werden kann.[91] Lässt sich ein entscheidungsrelevanter Sachverhalt tatsächlich angesichts von Erkenntnisdefiziten objektiv nicht feststellen, dann ist entweder die Norm unanwendbar oder aber eine **Beweislastentscheidung** notwendig. Ob mit der vom BVerfG eingeführten rechtsdogmatischen Figur des strukturellen tatsächlichen Erkenntnisdefizits eine Lösung dieser Fälle nach Beweislastregeln ausscheidet, ist allerdings umstritten.[92] Einer solchen Beweislastlösung wird ein »doppeltes Misstrauen« entgegengehalten, gegenüber der Verwaltungsgerichtsbarkeit, die sich nur selten an Beweislastregeln orientiere, und gegenüber dem Gesetzgeber, der im Zivilrecht zwar häufig mit dem Blick auf eine Beweislast bestimme, im besonderen Verwaltungsrecht und insbesondere im Naturschutzrecht eine solche Orientierung jedoch vermissen lasse.[93] Dazu wird erwidert, eine Lösung nach Beweislastregeln sei zwar nicht ausgeschlossen. Die materielle Beweislast, die auch im Verwaltungsprozess trotz des Amtsermittlungsgrundsatzes eine wichtige Rolle spiele, stelle sich aber erst, wenn eine entscheidungserhebliche Tatsache nicht geklärt werden könne. Soweit die Verwaltungsbehörde in den Fällen eines strukturellen tatsächlichen Erkenntnisdefizits zu einer vertretbaren Antwort auf eine Tatsachenfrage gelange, sei die Frage, wenn man den der Behörde eingeräumten Erkenntnisspielraum ernst nehmen würde, geklärt. Für eine Beweislastentscheidung bestehe dann keine Notwendigkeit. Könne sich die Behörde hingegen nicht davon überzeugen, dass einer bestimmten Auffassung zu einer Tatsachenfrage zu folgen sei, bleibe, wenn das Gericht dies genauso sehe, die Tatsachenfrage ungeklärt und insoweit stelle sich dann eine Frage der materiellen Beweislast.[94]

56 Dass Fragen der materiellen Beweislast in Fällen, in denen es tatsächlich ein naturschutzfachliches Erkenntnisdefizit gibt, keine Rolle spielen sollen, leuchtet nicht ein. Wenn tatsächlich angesichts solcher Erkenntnisdefizite keine Möglichkeit besteht, die für die Anwendung der Vorschrift relevante Sachverhaltsfrage aufzuklären, dann ist diese Tatsache eben nicht erweislich, dann kann es letztlich nur eine Antwort nach Regeln der materiellen Beweislast geben. Es reicht insoweit nicht aus, Gesetzgebung und Rechtsprechung zu misstrauen, weil diese sich im besonderen Verwaltungsrecht nicht hinreichend an Beweislastregeln orientieren.[95] Insoweit überzeugt aber auch die Auffassung nicht, dass bei entsprechender Einräumung eines Erkenntnisspielraums für die Behörde kein Raum mehr für eine Beweislastentscheidung sei. Was sollte einen solchen Erkenntnisspielraum der Behörde rechtfertigen, wenn die Grundannahme stimmt, dass es ein Erkenntnisdefizit gibt, dass also der entscheidungserhebliche Sachverhalt gar nicht aufklärbar ist? Wenn es dieses Erkenntnisdefizit gibt, trifft es nicht nur das Gericht, sondern auch die Behörde und den Vorhabenträger. Zudem bleibt die Frage, ob der Gesetzgeber verbindliche Vorgaben machen kann, deren Beachtung naturwissenschaftliche Erkenntnisse voraussetzt, an denen es schlichtweg mangelt.

---

89 Siehe dazu *Heugel*, in: Lütges/Ewer, BNatSchG, § 45b Rn. 1 ff.; *Schütte/Gerbig*, in: Schlacke, BNatSchG, § 44 BNatSchG Rn. 55c; zu § 45b BNatSchG siehe OVG Lüneburg, Urt. v. 30.05.2025 – 12 KS 55/24, juris; OVG NRW, Urt. v. 20.08.2024 – 1 C 10923/22.=VG, juris Rn. 34 ff.

90 *Heugel*, in: Lütges/Ewer, BNatSchG, § 45b Rn. 10; OVG NRW, Urt. v. 29.11.2022 – 22 A 1184/18, juris Rn. 170; OVG BB, Beschl. v. 27.03.2024 – OVG 7 S 2/24; juris Rn. 12; verneinend *Gellermann* NuR 2022, 589 (591); *Schlacke/Wentzien/Römling* NVwZ 2022, 1577 (1583).

91 Kritisch dazu mit Recht *Kahl*, in: FS Seibert, 167 (179).

92 Verneinend *Külpmann* EuRUP 2020, 317 (324); a.A. *Eichberger* NVwZ 2019, 1560 (1565).

93 *Külpmann* DVBl 2019, 140 (144); zur Kritik an der verbreiteten Praxis von Tatsachenermittlungen der Verwaltungsgerichte außerhalb förmlicher Beweisverfahren *Beckmann* DVBl. 2019, 1172 (1178); *Berkemann* DÖV 2020, 516.

94 *Eichberger* NVwZ 2019, 1560 (1565).

95 *Sachs* DVBl. 2020, 311 (316).

Das BVerwG erläutert dazu, die Verteilung der materiellen Beweislast richte sich nach dem materiellen Recht, das im Einzelfall auszulegen sei. Wenn dem jeweils anzuwendenden Rechtssatz dazu nichts zu entnehmen sei, gelte in der Regel der Grundsatz, dass jeder Beteiligte die Beweislast für das Vorhandensein aller Voraussetzungen der ihm günstigen Rechtsnormen trage. Unter Umständen könne ferner von Bedeutung sein, dass bestimmte Vorgänge derart in die Sphäre einer Partei fallen, dass die andere Partei vor unzumutbaren Beweisschwierigkeiten stehen würde, wenn sie für diese Vorgänge die Beweislast trüge.[96] Im Allgemeinen könne davon ausgegangen werden, dass die materielle Beweislast für die Erfüllung der Genehmigungsvoraussetzungen beim Vorhabenträger und – nachgelagert – bei der Behörde liege. Zudem verweise das materielle Recht speziell die Erhebung und Dokumentation von Umweltbelangen in die Verantwortungsbereiche des Vorhabenträgers und wiederum nachgelagert der Behörde. Gemäß § 16 Abs. 1 Satz 1 Nrn. 2, 6 habe der Vorhabenträger den UVP-Bericht unter anderem mit einer Beschreibung der Umwelt und ihrer Bestandteile im Einwirkungsbereich sowie der zu erwartenden erheblichen Umweltauswirkungen des Vorhabens zu erstellen; daran anschließend sei es Sache der Behörde, die Umweltauswirkungen des Vorhabens zusammenfassend darzustellen (§ 24 UVPG). Sei die Beschreibung bzw. deren Dokumentation unzureichend, gehe dies zu ihren Lasten.[97] 57

Der Verweis des BVerfG in seinem Rotmilan-Beschluss auf eine verbleibende **Plausibilitätskontrolle** der Gerichte ist im Übrigen kaum ernstlich geeignet, das rechtsstaatliche Defizit zu verringern,[98] das sich daraus ergibt, dass weder die Behörde noch das zuständige Gericht und dementsprechend auch nicht die eigentlichen Adressaten der gesetzlichen Regelung in der Lage sind, den zur Anwendung einer Rechtsvorschrift zu ermittelnden Sachverhalt angesichts struktureller Erkenntnisdefizite aufzuklären. Eine überzeugende Dogmatik der richterlichen Plausibilitätskontrolle ist im Übrigen nicht ersichtlich. Die richterliche Einordnung eines Sachvortrags der Behörde als plausibel oder unplausibel, gibt zumeist eher Anlass für die Nachfrage, ob damit lediglich eine weitere Aufklärung des Sachverhalts mit Mitteln einer förmlichen Beweiserhebung vermieden werden soll, ob damit nur eine zu kurz geratene Rechts- oder Sachprüfung gerechtfertigt werden soll oder ob sich ein Gericht vielleicht nur vorzeitig einer umfassenden Kontrolle entziehen möchte.[99] Das Ergebnis einer gerichtlichen Plausibilitätskontrolle ist mangels konkreter Maßstäbe, die dabei gelten sollen, zumeist unabsehbar und rechtsstaatlich kaum weniger problematisch, weil die Parteien eines Verwaltungsprozesses einen Anspruch darauf haben, zu erfahren, was Recht ist, nicht was überwiegend wahrscheinlich oder plausibel ist. 58

Die Notwendigkeit der vom BVerfG angemahnten Normenkonkretisierung geht deutlich über den vom BVerfG angesprochenen Fall ungeklärter naturschutzfachlicher Zusammenhänge hinaus. Denn ähnliche Erkenntnisdefizite gibt es auch in anderen naturwissenschaftlich-technischen Zusammenhängen, die bei der UVP eine Rolle spielen.[100] Berechtigt ist deshalb der Vorwurf, dass Legislative und Exekutive ihrem Regelungsauftrag nicht immer hinreichend nachkommen und damit Gerichte veranlassen, verbleibende Regelungsdefizite insbesondere zur Umsetzung des Unionsrechts durch nur schwer prognostizierbare, gerichtliche Normergänzungen oder -konkretisierungen auszugleichen. Die Mahnung »Normkonkretisierung tut not!« ist berechtigt.[101] Inwieweit eine solche Normkonkretisierung aber untergesetzlich zulässig ist, ob und inwieweit bei wesentlichen Entscheidungen der Gesetzesvorbehalt greift, ob normenkonkretisierende Verwaltungsvorschriften verfassungsrecht- 59

96 BVerwG, Urt. v. 20.06.2024 – 11 A 3.23, NVwZ 2025, 675 (679).
97 BVerwG, Urt. v. 20.06.2024 – 11 A 3.23, NVwZ 2025, 675 (679).
98 A.A. *Eichberger* NVwZ 2019, 1560 (1565).
99 Zum Verdacht des »eines vorzeitigen in die Büsche Schlagens« *Külpmann* DVBl. 2019, 140 (144); ausführlicher dazu *Beckmann,* in: FS Seibert, 13 ff.; *Beckmann* Plausibilitätsmaßstäbe rechtsstaatlicher Kontrollverfahren, Rechtstheorie 2022, 249 ff.
100 *Eichberger* NVwZ 2019, 1560; siehe auch *Kment* EuRUP 2020, 317.
101 *Dolde* NVwZ 2019, 1567; *Beckmann* Funktionswandel, N 79, N 91 ff.

lich und auch unionsrechtlich ausreichend legitimieren können,[102] sind weitere Fragen, die sich nicht zuletzt auch nach dem Klima-Beschluss des BVerfG vom 24.03.2021 neu stellen können.

60 So richtig es sein mag, dass die Rechtsprechung mit ihren Leitsätzen zur Auslegung und Konkretisierung unbestimmter Rechtsbegriffe beiträgt, so fraglich bleibt es, ob es dann, wenn es in erster Linie auf außerrechtliche, wissenschaftlich-technische Maßstäbe ankommt, tatsächlich Aufgabe der Gerichte ist, im Falle des Fehlens solcher Maßstäbe diese selbst zu formulieren und zu entwickeln. Bejahte man diese Frage, müsste man die weitere Frage beantworten, mit welchem Recht die Gerichte eine Fachkompetenz angesichts der ausschließlich juristischen Ausbildung der Richter für sich reklamieren können, solche fehlenden wissenschaftlich-technischen Maßstäbe zu entwickeln. Die Grenzziehung zwischen Freiheit und Bindung obliegt der Gesetzgebung. Die Gerichte sollen messen, nicht aber die Grundlagen und Maßstäbe ihres Messens selbst entwickeln.[103]

61 Die Anerkennung eines Beurteilungsspielraums bzw. einer Einschätzungsprärogative in Fällen, in denen es auf außerrechtliche Maßstäbe und Kriterien ankommt und in denen es mangels entsprechender Fachkonventionen für die Gerichte an besseren Erkenntnismöglichkeiten fehlt, scheitert nicht an dem Argument, dass bei der Zulassung eines Vorhabens der Antragsteller mit Hilfe seiner Antragsunterlagen den Nachweis führen muss, dass die Zulassungsvoraussetzungen vorliegen und dass, wenn ihm dieser Nachweis angesichts eines wissenschaftlichen Meinungsstreits nicht gelingt, die Zulassung verweigert werden muss. Die Anerkennung eines Beurteilungsspielraums in einem solchen Fall bedeutet nicht, dass die Genehmigungsbehörde nicht entscheiden könnte, ob die Zulassungsvoraussetzungen vorliegen. Vielmehr wird damit lediglich anerkannt, dass dem Verwaltungsgericht im Vergleich zu der Fachbehörde keine besseren Erkenntnismöglichkeiten zur Verfügung stehen, die es legitimieren könnte, die behördliche Entscheidung durch eine eigene Wertung in diesem Zusammenhang zu beanstanden oder aufzuheben.

62 Die Bedeutung von außerrechtlichen Fachkonventionen bei der Auslegung und Anwendung von gesetzlichen Zulassungsvoraussetzungen ist besonders für den Bereich des Artenschutzes anerkannt.[104] Es wird darauf hingewiesen, dass viele der im **Artenschutz** maßgeblichen rechtlichen Fragestellungen ökologische Bewertungen und Einschätzungen voraussetzen, für die nähere normkonkretisierende und damit rechtlich verbindliche Maßstäbe fehlen. Anders als in anderen Bereichen des Umweltrechts, wie etwa dem BImSchG mit seinen zahlreichen Durchführungsverordnungen und weiteren Verwaltungsvorschriften (TA Luft, TA Lärm), habe der Normgeber im Bereich des Artenschutzes bislang weder selbst noch durch Einschaltung und Beauftragung fachkundiger Gremien Vorgaben für den Rechtsanwender aufgestellt. Dieser sei daher auf außerrechtliche Erkenntnisse der ökologischen Wissenschaft und Praxis für die Bewertung und letztlich für die Auslegung der Vorschriften angewiesen.[105]

63 Der naturschutzfachliche Beurteilungsspielraum bezieht sich sowohl auf die Erfassung des Bestands der geschützten Arten als auch die Bewertung der Risiken, denen Tiere dieser Arten bei einer Realisierung des zur Genehmigung stehenden Vorhabens ausgesetzt sind.[106] Die gerichtliche Kontrolldichte ist insoweit zwar zurückgenommen. Die Verwaltungsgerichte haben jedoch zu überprüfen, ob die artenschutzrechtlichen Untersuchungen sowohl in ihrem methodischen Vorgehen als auch

102 Kritisch dazu *Kment* EuRUP 2020, 317 (327).

103 *Papier* DÖV 1986, 621 f.

104 OVG BB, Beschl. v. 02.04.2025 – 7 S 3/24, juris Rn. 46; VGH BW, Urt. v. 17.07.2024 – 10 S 1396/23, juris Rn. 34; Urt. v. 11.12.2023 – 10 S 1914/22, juris Rn. 70; VGH München, Urt. v. 11.04.2025 – 22 A 24.40015, juris Rn. 52; *Kment* NuR 2020, 361; *Lau* NuR 2021, 28; *Berkemann* DVBl 2021, 1045.

105 *Bick/Wulfert*, in: Frenz/Müggenborg, BNatSchG, vor § 44 Rn. 8 ff.; *Bick/Wulfert* NVwZ 2017, 346; *Bick* NuR 2016, 73 ff.; *Storost* UPR 2015, 47.

106 BVerwG, Urt. v. 27.06.2013 – 4 C 1.12, BVerwGE 147, 118 Rn. 14; VGH München, Beschl. v. 27.11.2017 – 22 CS 17.1574, juris Rn. 37 ff.

in ihrer Ermittlungstiefe ausgereicht haben, um die Behörde in die Lage zu versetzen, die Voraussetzungen der artenschutzrechtlichen Verbotstatbestände sachgerecht zu überprüfen.[107]

Nichts anderes gilt auch für den naturschutzrechtlichen **Gebietsschutz**. Auch dort sind die Rechtsanwender auf Fachkonvention angewiesen, solange es an verbindlichen, normkonkretisierenden Maßstäben fehlt. Darüber hinaus müssen außerrechtliche Fachkonventionen, soweit vorhanden und angesichts fehlender normkonkretisierender Regelungen für unbestimmte Rechtsbegriffe des Zulassungsrechts auch bei der Bewertung nach § 25 Abs. 1 berücksichtigt werden.[108] 64

Maßgebend für die Rechtmäßigkeit einer Genehmigung ist bei Anfechtungsklagen Dritter die Sach- und Rechtslage im Zeitpunkt der Genehmigungserteilung. Dies gilt aber nur für Rechtsnormen und Sachverhaltsfeststellungen, nicht unbedingt auch für neue naturschutzfachliche Erkenntnisse und neue Fachkonventionen. Fraglich ist deshalb, welche Konsequenzen sich aus der Veränderung naturschutzfachlicher Erkenntnisse oder der Fortschreibung dazu gebildeter Fachkonventionen in laufenden Verfahren ergeben. Liegen im Zeitpunkt der gerichtlichen Entscheidung neue naturschutzfachliche Erkenntnisse oder Fachkonventionen vor, werden diese vom Gericht berücksichtigt, auch wenn sie zum Zeitpunkt der Erteilung der angefochtenen Zulassung noch nicht bekannt waren und dementsprechend auch nicht bedacht werden konnten. Allerdings hat der VGH München für die fachliche Einschätzung, ob der Betrieb einer Windenergieanlage für eine Tierart voraussichtlich ein signifikant erhöhtes Tötungsrisiko verursachen wird, auf einen bei Erteilung der Genehmigung maßgebenden Erlass abgestellt.[109] Demgegenüber hat der VGH Kassel entschieden, dass Änderungen fachlicher Erkenntnisse keine bei der Genehmigungsanfechtung durch Dritte irrelevante nachträgliche Verschärfung der Sach- und Rechtslage, sondern nur eine spätere Erkenntnis zur unveränderten Sachlage seien und deshalb auch von Gerichten noch berücksichtigt werden müssten.[110] 65

II. Erforderlichkeit einer Gesamtbewertung

Die UVP setzt eine Gesamtbewertung aller Umweltauswirkungen einschließlich ihrer Wechselwirkungen voraus. Dies ergibt sich aus § 31 Abs. 4. Die Gesamtbewertung der Umweltauswirkungen darf deshalb nicht segmentiert und unterschiedlichen Behörden zugewiesen werden. Dies gilt gerade auch dann, wenn für das Projekt verschiedene Zulassungen notwendig sind. In diesem Fall müssen deshalb nach § 31 Abs. 4 Satz 2 die Zulassungsbehörden eine gemeinsame Gesamtbewertung erarbeiten. Dementsprechend genügt es nicht, dass jede Zulassungsbehörde sich darauf beschränkt, für ihren Bereich eine Teilbewertung der Umweltfolgen des beabsichtigten Projekts vorzunehmen. 66

Das Erfordernis einer Gesamtbewertung bedeutet allerdings nicht, dass die UVP mit der Feststellung der »Umweltverträglichkeit« oder der »Umweltunverträglichkeit« des Vorhabens abzuschließen hätte. Im Sinne einer Gesamtbewertung sind die Vor- und Nachteile des Projekts aus der Sicht des Umweltschutzes mit Blick auf die Zulassungsvoraussetzungen abzuwägen und zu gewichten. Eine Gesamtbewertung in diesem Sinne setzt allerdings weder eine quantitative noch eine qualitative Saldierung der Umweltauswirkungen voraus. 67

Eine quantitative Saldierung scheidet bereits deshalb aus, weil es an **Verrechnungseinheiten** fehlt, mit deren Hilfe Umweltbelastungen unterschiedlicher Medien aufgerechnet bzw. kongruent gemacht werden könnten.[111] Solche Verrechnungseinheiten sind aber auch nicht zu erwarten, da sie abstrakt anhand bestimmter Zahlenwerte Gewichtungen zwischen den betroffenen Medien (etwa Verschmutzung des Grundwassers und Verschmutzung der Atemluft) vornehmen müssten. Vereinzelt 68

107 BVerwG, Urt. v. 27.06.2013 – 4 C 1.12, BVerwGE 147, 118 Rn. 14; Urt. v. 21.11.2013 – 4 C 40.11, NVwZ 2014, 524; SaarlOVG, Beschl. v. 05.09.2017 – 2 A 316/16, juris Rn. 27; VGH München, Beschl. v. 27.11.2017 – 22 CS 17.1574, juris Rn. 37 ff.

108 BVerwG, Urt. v. 20.6.2024 – 11 A 3.23, juris Rn. 179.

109 VGH München, Beschl. v. 02.06.2020 – 22 CS 20.841, BeckRS 2020, 14616.

110 VGH Kassel, Beschl. v. 14.01.2021 – 9 B 2223/20, BeckRS 2020, 38848.

111 *Feldmann* UPR 1991, 127 (139); *Gassner* UPR 1990, 361 (363).

wurde in der Vergangenheit allerdings eine qualitative Saldierung der Umweltfolgen erwartet.[112] Zur Begründung wurde dazu vorgetragen, UVP-RL und UVPG forderten eine qualitative Gesamtbewertung, die Beziehungen herstelle und abwäge. Gefordert wird eine über eine bloße Addition der Umweltauswirkungen hinausgehende umweltinterne Abwägung von Belangen im Sinne eines verhältnismäßigen Ausgleichs zwischen den betroffenen Umweltbelangen. Im Falle des Konfligierens von Umweltbelangen müsse ein Ausgleich zwischen diesen Belangen unter Berücksichtigung ihrer Wechselwirkungen geschaffen werden. Auf diese umweltinterne Abwägung könnten die allgemein anerkannten Grundsätze rechtsstaatlicher Abwägungen und damit der Abwägungsfehlerlehre, wie sie z.B. im Planungsrecht beachtlich sei, angewendet werden.[113] Als Ergebnis einer solchen Abwägung könnte die Gesamtbewertung dann mit dem einheitlichen Urteil einer »Umweltverträglichkeit« oder »Umweltunverträglichkeit« abgeschlossen werden.

69 Ein solches qualitatives Gesamtergebnis als Abschluss einer umweltinternen Abwägung ist nicht erforderlich. Eine solche Abwägung im Rahmen des Bewertens würde nämlich das Entscheidungsverfahren erheblich verkomplizieren. Neben der umweltinternen Abwägung müsste dann nämlich regelmäßig im Rahmen der Zulassungsentscheidung eine weitere, umfassendere Abwägung erfolgen. Bei Anwendung der Abwägungsfehlerlehre auf diesen umweltinternen Abwägungsvorgang wären zudem nicht nur weitere Schleusen gerichtlicher Anfechtungsmöglichkeiten geöffnet; es bestünde vielmehr auch die Gefahr, dass sich die UVP als Verfahren innerhalb des Zulassungsverfahrens verselbstständigen würde. Das aber ist vom Gesetzgeber gerade nicht gewollt. Eine Gesamtbetrachtung der konfligierenden Umweltbelange wird überdies dadurch erschwert, dass, sofern mehrere Behörden beteiligt sind, sie regelmäßig nicht dazu in der Lage sein werden, eine Gesamtbetrachtung vorzunehmen, die über die jeweils in ihrem Zuständigkeitsbereich liegenden Umweltbelange hinausgehen und alle Umweltbelange gemeinsam in den Blick nehmen.[114] Insoweit ist allerdings zu bedenken, dass § 31 Abs. 4 Satz 2 eine Gesamtbewertung der Umweltauswirkungen des Vorhabens durch die Zulassungsbehörden auch in parallelen Verfahren ausdrücklich vorsieht und der federführenden Behörde nach § 31 Abs. 4 Satz 3 dabei die Aufgabe zukommt, das Zusammenwirken der Behörden sicherzustellen. Es muss insoweit zwischen einer Gesamtbewertung und einem qualitativen Gesamtergebnis unterschieden werden. Eine Gesamtbewertung der Umweltfolgen ist notwendig und das insbesondere auch dann, wenn über die Zulässigkeit des Vorhabens in mehreren Genehmigungsverfahren entschieden werden muss. Davon zu unterscheiden ist ein qualitatives Gesamtergebnis im Sinne einer umweltinternen Abwägung der betroffenen Umweltbelange. Eine solche umweltinterne Abwägung ist nicht geboten.

70 Sie wäre auch aus Sicht der Umweltbelange und vor dem Hintergrund des Sinns und Zwecks der UVP nicht sinnvoll. Soweit die UVP einschließlich der Bewertung keine endgültige Entscheidung außerhalb des Zulassungsverfahrens trifft, gibt es gar keinen Grund für eine abschließende umweltinterne Abwägung. Für die Funktion der Entscheidungsvorbereitung im Sinne einer Verbesserung der Wissensbasis bezüglich der betroffenen Umweltbelange wäre es sogar wenig dienlich, wenn die Bewertung mit einem Gesamtergebnis abschlösse und damit die Komplexität der betroffenen Umweltbelange eher verschleiern würde. Da die abwägende Saldierung von Umweltauswirkungen untereinander und auch mit anderen Belangen Aufgabe der Zulassungsentscheidung ist, kann man im Gegenteil aus der UVP-RL und dem UVPG ein internes Abwägungsverbot ableiten.[115]

71 Ausreichend ist es insoweit, die medienübergreifende Bewertung mit verbal beschreibenden, qualifizierenden Argumenten zu begründen. Erforderlich ist somit zwar mehr als ein bloßes Aneinanderreihen einzelner Umweltbelastungen. Notwendig ist eine zusammenfassende Bewertung der Umweltbeeinträchtigungen unter Berücksichtigung der Wechselwirkungen. Zu einem abschließenden

112 *Winter* NuR 1989, 197 (203); *Rat von Sachverständigen für Umweltfragen* DVBl 1988, 21 (27); *Peters* NuR 1990, 103; *Steinberg* DVBl 1990, 1169.

113 *Bartlsperger* DVBl 1987, 1 (4).

114 *Knill/Winkler* VerwArch 98 (2007), 1 (24).

115 *Hoppe/Appold* DVBl 1991, 1221 (1223); *Hoppe/Püchel* DVBl 1988, 1 (2).

Gesamtergebnis im Sinne einer qualitativen Saldierung bzw. im Sinne einer abschließenden Tenorierung »umweltverträglich« oder »umweltunverträglich« führt die Bewertung im Rahmen der UVP allerdings nicht.

III. Abwägung mit umweltexternen Belangen

Die Einführung der UVP sollte unter anderem der Erfahrung Rechnung tragen, dass zwar auch nach den bis dahin geltenden Umweltgesetzen eine Berücksichtigung von Umweltbelangen erforderlich war, dass aber bei der konkreten Zulassungsentscheidung in der Vergangenheit allzu häufig Fachbelange, die für die Verwirklichung des jeweiligen Vorhabens sprachen, in der Abwägung gegenüber den betroffenen Umweltbelangen durchsetzungsfähiger waren. Mit der Einführung der UVP sollte deshalb unter anderem erreicht werden, dass vor der Entscheidung über die Zulässigkeit des Vorhabens zunächst eingehend Rechenschaft über seine Folgen für die Umwelt abgelegt wird.[116] Die UVP-RL gewährleistet eine auf die Umweltauswirkungen zentrierte Vorabprüfung unter Ausschluss der sonstigen Belange, die sich für oder gegen das Vorhaben ins Feld führen lassen. Sie ermöglicht es, die Umweltbelange in gebündelter Form herauszuarbeiten, und trägt dazu bei, eine solide Informationsbasis zu schaffen, da verhindert wird, »dass diese Belange in einer aufgespaltenen Betrachtungsweise nicht mit dem Gewicht zur Geltung kommen, das ihnen in Wahrheit bei einer Gesamtschau gebührt.« Das setzt voraus, dass nicht vorzeitig vor der abschließenden Bewertung der Umweltfolgen bereits eine Abwägung mit den für die Zulassung des Vorhabens sprechenden öffentlichen oder privaten Belangen stattfindet. Eine Abwägung ökologischer Belange mit anderen Belangen bereits im Rahmen der Bewertung widerspricht somit dem Zweck der UVP, weil die UVP eine eigenständige, exklusive Darstellung und isolierte Bewertung der Umweltauswirkungen ermöglichen soll. Außer Betracht bleiben für die Bewertung nicht umweltbezogene Anforderungen der Fachgesetze (z.B. Belange der öffentlichen Sicherheit oder Ordnung) und die Abwägung umweltbezogener Belange mit anderen Belangen (z.B. Verbesserung der Verkehrsverhältnisse, Schaffung oder Erhaltung von Arbeitsplätzen).[117] 72

Beschränkt sich eine im Zuge der Umweltverträglichkeitsprüfung gefertigte Umweltverträglichkeitsstudie nicht darauf, Auswirkungen der geprüften Alternativtrassen auf die Umwelt zu beschreiben und umweltfachlich zu bewerten, sondern nimmt sie die materiell-rechtliche Abwägungsentscheidung mit dem Ausspruch der Empfehlung in gewissem Grad vorweg, so ist die Planfeststellungsbehörde nach der Rechtsprechung des BVerwG dadurch nicht gehindert, mit eigenständigen, dem Abwägungsgebot standhaltenden Erwägungen die Trassenwahl zu treffen, ohne eine Wiederholung der Umweltverträglichkeitsprüfung veranlassen zu müssen.[118] Ganz unproblematisch ist diese Rechtsprechung nicht, wenn und soweit nicht sichergestellt ist, dass zunächst eine rein umweltinterne Bewertung stattfindet und eine vorzeitige Abwägung mit umweltexternen Belangen unterbleibt. 73

IV. Bewerten von Alternativen

1. Keine Notwendigkeit der Alternativenprüfung nach dem UVPG

Nach früher verbreiteter Ansicht verlangt die UVP auch eine Bewertung von Alternativen zu dem beantragten Vorhaben.[119] Begründet wird die Notwendigkeit einer Alternativenprüfung mit dem medienübergreifenden, integrativen Ansatz der UVP. Erst bei der Gegenüberstellung verschiedener Alternativen sei eine gesamthafte und übergreifende Beurteilung der Umweltauswirkungen eines Vorhabens möglich. Außerdem sei ein zwingender Alternativenvergleich unter dem Aspekt des best- 74

116 *Beckmann* DVBl 1991, 358.

117 BVerwG, Urt. v. 17.12.2013 – 4 A 1/13, NVwZ 2014, 669; *Jarass,* BImSchG, § 10 Rn. 118.

118 BVerwG, Beschl. v. 12.12.2007 – 9 B 2.07, juris Rn. 11; VG Minden, Urt. v. 07.12.2017 – 9 K 170/15, juris Rn. 73.

119 *Erbguth* NVwZ 1992, 209 (219); *Soell/Dirnberger* NVwZ 1990, 705 (710 f.); *Hoppe/Püchel* DVBl 1988, 1 (6).

möglichen Umweltschutzes als auch des Verhältnismäßigkeitsgrundsatzes vorzugswürdig. Dabei lassen sich **Standortalternativen** und **Konzeptalternativen** unterscheiden. Weitergehend wird gefordert, auch die sog. **Null-Variante**, d.h. den Verzicht auf das Projekt, zu prüfen.

75 Das UVPG schreibt eine solche Alternativenprüfung durch den Projektträger bzw. durch die Zulassungsbehörde jedoch nicht vor.[120] Die Prüfung nach § 25 ist eine strikt projektbezogene Untersuchung. Vorhabenträger und Planfeststellungsbehörde sind rechtlich befugt, die UVP auf diejenige Variante zu beschränken, die nach dem aktuellen Planungstand ernstlich in Betracht kommt.

76 Zwar muss nach § 16 Abs. 1 Satz 1 Nr. 6 der UVP-Bericht des Vorhabenträgers eine Beschreibung der vernünftigen Alternativen enthalten, die für das Vorhaben und seine spezifischen Merkmale relevant und vom Vorhabenträger geprüft worden sind, und die Angabe der wesentlichen Gründe für die getroffene Wahl unter Berücksichtigung der jeweiligen Umweltauswirkungen. Daraus ergibt sich jedoch keine Pflicht des Vorhabenträgers, Alternativen für sein Projekt zu prüfen. Vielmehr trifft den Vorhabenträger lediglich die Pflicht, die von ihm (freiwillig) untersuchten Projektalternativen auch der zuständigen Behörde vorzulegen.[121] Die Pflicht zur Durchführung einer UVP beinhaltet auch keine Pflicht zu einer Alternativenprüfung im Rahmen eines Änderungsgenehmigungsverfahrens.[122] Nach § 4e Abs. 1 Nr. 6 der 9. BImSchV hat der Vorhabenträger im UVP-Bericht nur die von ihm geprüften vernünftigen Ausführungsalternativen zum Änderungsvorhaben zu beschreiben und die wesentlichen Gründe für die getroffene Wahl unter Berücksichtigung der jeweiligen Auswirkungen auf die in § 1a der 9. BImSchV genannten Schutzgüter zu benennen. Nach § 20 Abs. 1a und 1b der 9. BImSchV umfasst die zusammenfassende Darstellung und Bewertung, die die Genehmigungsbehörde im Rahmen der Änderungsgenehmigung anzufertigen hat, nur die Auswirkungen des Änderungsvorhabens, nicht von Alternativen.[123]

77 Teilweise wird die Erforderlichkeit von Alternativenprüfungen im Rahmen der UVP allerdings auch unmittelbar aus entsprechenden Anforderungen der UVP-RL abgeleitet.[124] Wortlaut und Entstehungsgeschichte der Richtlinie sprechen jedoch nicht für die Annahme, ein Alternativenvergleich sei nach Unionsrecht notwendiger Bestandteil der UVP. Anh. IV Nr. 2 UVP-RL sieht eine Beschreibung des Projekts vor, die sich auch auf die durch den Projektträger untersuchten vernünftigen Alternativen (z.B. in Bezug auf Projektdesign, Technologie, Standort, Größe und Umfang), die für das vorgeschlagene Projekt und seine spezifischen Merkmale relevant sind, und auf eine Angabe der wesentlichen Auswahlgründe im Hinblick auf die ausgewählte Variante einschließlich eines Vergleichs der Umweltauswirkungen erstreckt. Demgegenüber sah der ursprüngliche Richtlinienvorschlag der Kommission im entsprechenden Zusammenhang mit der »Beschreibung des vorgeschlagenen Vorhabens und ggf. der vernünftigerweise möglich erscheinenden Alternativen hinsichtlich des Standortes und des Entwurfs des Vorhabens« eine erheblich weitergehende Regelung vor, die sich jedoch gegenüber den Bedenken einiger Mitgliedstaaten gerade nicht durchsetzen konnte. Vergleicht man den geltenden Richtlinientext mit dem ursprünglich von der Kommission vorgeschlagenen Entwurf, so wird deutlich, dass unter der Geltung der Richtlinie vom Vorhaben-

---

120 BVerwG, Urt. v. 27.10.00 – 4 A 18.99, BVerwGE 112, 140 (150); Beschl. v. 09.04.08 – 7 B 2.08, NVwZ 2008, 789; OVG NRW, Urt. v. 15.05.15 – 11 D 12/12.AK, juris Rn. 15 ff.; siehe auch *Jarass*, BImSchG, § 6 Rn. 47; *Agatz* ZUR 2023, 463 (466); *Schiller* UPR 2016, 457 (459); *Feldt/Schumacher* NuR 2015, 391; siehe zur Alternativenprüfung im Energieleitungsbau *Kment* DÖV 2016, 1762; *Leidinger* NuR 2016, 585; *Leidinger* DVBl 2014, 683; *Schiller* UPR 2016, 457.

121 Siehe auch EuGH, Urt. v. 07.11.2018 – Rs. C-461/17, NVwZ 2019, 281; OVG NRW, Urt. v. 11.09.2018 – 20 D 79/17.AK, juris Rn. 155 ff.; *Balla/Sangenstedt* ZUR 2023, 476 (479).

122 *Reidt/Schiller*, in: Landmann/Rohmer, Umweltrecht, Stand: 3/2024, § 16 BImSchG Rn. 123.

123 *Reidt/Schiller*, in: Landmann/Rohmer, Umweltrecht, Stand: 3/2024, § 16 BImSchG Rn. 123; zur Prüfung von Alternativen bei der strategischen Umweltprüfung *Beckmann*, in: Stüer/Beckmann, Handbuch des Bau- und Fachplanungsrechts, 2025, Rn. 620; *Beckmann* DVBl. 2022, 809; *Ziekow*, in: Ziekow, Handbuch zum Fachplanungsrecht, § 6 Rn. 41 ff.

124 *Erbguth* NVwZ 1992, 209 (219); siehe dazu im Einzelnen *Hoppe/Appold/Haneklaus* DVBl 1992, 1203 (1209 f.).

träger nur solche Projektalternativen darzustellen sind, die er aus eigenem Antrieb ggf. erwogen hat. Daran hat sich auch durch die UVP-Änderungsrichtlinie nichts geändert.[125]

Von der Verpflichtung des Vorhabenträgers zur Alternativenprüfung zu trennen ist die Frage, ob die Zulassungsbehörde Standort- bzw. Projektalternativen zu prüfen hat. Die Verpflichtung der Behörde zur Berücksichtigung von Alternativen wird zumeist damit begründet, dass die UVP dazu dienen solle, nachteilige Auswirkungen eines Projektes auf die Umwelt so klein wie möglich zu halten. Dies sei aber nur dann möglich, wenn auch Alternativen geprüft würden. Als Ausprägung des umweltrechtlichen Vorsorgeprinzips erfordere die UVP auch die Bewertung von Informationen über die jeweils günstigste Lösungsmöglichkeit zur Vermeidung von Belastungen der Umwelt durch das Projekt. Welches die günstigsten Lösungsmöglichkeiten seien, die konkret in die Prüfung einzubeziehen seien, lasse sich weitgehend nur nach den Gegebenheiten des Einzelfalles beantworten. Eine Schranke liege nur in der Einbeziehung unsinniger Alternativen; vernünftige, objektiv mögliche Lösungen müssten auch einbezogen werden. 78

So berechtigt der Wunsch unter Berücksichtigung des Umweltvorsorgeaspekts nach einer möglichst umfassenden Alternativenbewertung im Rahmen der UVP auch sein mag, so sehr besteht allerdings auch die Notwendigkeit, hinsichtlich der Alternativenprüfung auf die Grundstrukturen des Genehmigungsrechts Rücksicht zu nehmen. Weder den Betroffenen noch der Umwelt ist damit gedient, einerseits unter dem Gesichtspunkt der Umweltvorsorge eine umfassende Alternativenprüfung zu verlangen, andererseits aber festzustellen, dass das Planfeststellungsrecht nur bedingt, das Recht der Kontrollerlaubnis überhaupt nicht geeignet ist, solche Alternativenprüfungen zu ermöglichen. Bereits der finanzielle und technische Aufwand schließen es aus, allen objektiv vernünftigen Alternativen zu dem beantragten Projekt nachzugehen. 79

Für **Produktionsalternativen** kommt hinzu, dass Produktionsziele oder die Wahl der Anlagentechnik, soweit sie nicht ausnahmsweise wegen ihrer besonderen Gefährlichkeit mit ordnungsrechtlichen Instrumenten einzuschränken sind, grundsätzlich Sache des jeweiligen Vorhabenträgers bzw. seiner unternehmerischen Entscheidung sind. 80

2. Alternativenprüfung auf Grundlage des Fachrechts

Im Rahmen der UVP sind deshalb nur solche Alternativen zu bewerten, die auch nach dem jeweiligen Fachrecht in die Prüfung einzubeziehen sind. Umweltauswirkungen sind für Vorhaben- oder Trassenvarianten insoweit nur darzustellen, soweit diese nach Fachrecht zu prüfen sind. Lässt das jeweilige Fachrecht einen Alternativenvergleich nicht zu, bedarf es eines solchen auch nicht im Rahmen der UVP. Das jeweilige Fachrecht kann auch zu der Prüfung verpflichten, ob in der Abwägung unüberwindliche Belange zu einem Verzicht auf das Vorhaben zwingen (sog. »**Null-Variante**«). 81

Der Umstand, dass ein Alternativenvergleich die Bewertung der Umweltverträglichkeit erleichtern könnte und der Verzicht hierauf die Gewinnung von Maßstäben für die Bewertung der UVP erschweren würde, belegt nicht, dass das geltende Recht entsprechende Pflichten begründet. Die Notwendigkeit der Bewertung von Standortalternativen ergibt sich somit allein aus dem Fachplanungsrecht oder dem Umweltrecht. Dem immissionsschutzrechtlichen Genehmigungsverfahren oder auch dem bergrechtlichen Betriebsplanzulassungsverfahren ist eine solche Alternativenprüfung grundsätzlich fremd.[126] 82

Im Rahmen von **Vorsorgevorgaben** kann die zuständige Behörde jedoch eine Optimierung von Anlagen verlangen und insoweit auch eine alternative Ausgestaltung von technischen Verfahrensabläufen fordern. **Technische, stoffliche und organisatorische Verfahrensalternativen** gehören inso- 83

125 Zweifelnd insoweit *Schiller* UPR 2016, 457 (459).

126 BVerwG, Beschl. v. 09.04.08 – 7 B 2.08, NVwZ 2008, 789; *Schink* NVwZ 2017, 337 (343); *Beckmann* NuR 2003, 720; *Jarass,* BImSchG, § 6 Rn. 44; *von Weschpfennig* EuRUP 2016, 182 ff.

weit zum Prüfungsumfang der immissionsschutzrechtlichen Zulassung.[127] Zutreffend wird allerdings darauf hingewiesen, dass die Standortauswahl auch für immissionsschutzrechtlich genehmigungsbedürftige Vorhaben nicht im Belieben des Vorhabenträgers steht, sondern dass die Zulässigkeit von industriellen, immissionsschutzrechtlich genehmigungsbedürftigen Vorhaben weitgehend durch die Raumplanung und die Bauleitplanung gesteuert wird.[128] Bei der Aufstellung solcher Pläne findet im Rahmen der planerischen Abwägung auch eine Alternativenprüfung statt. Welche Anforderungen sich aus Vorsorge- und Minimierungsgeboten mit Blick auf die Berücksichtigung von Alternativen ergeben, muss im Übrigen für den jeweiligen Einzelfall anhand der dafür einschlägigen Regelwerke beurteilt werden. So sind z.B. nach § 4 Abs. 2 Satz 1 der 26. BImSchV bei Errichtung und wesentlicher Änderung von Niederfrequenzanlagen sowie Gleichstromanlagen die Möglichkeiten auszuschöpfen, die von der jeweiligen Anlage ausgehenden elektrischen, magnetischen und elektromagnetischen Felder nach dem Stand der Technik zu minimieren. Dieses Gebot fordert aber nach Ansicht des BVerwG nicht die Ausschöpfung des technisch-wissenschaftlich möglichen Minimierungspotentials, sondern eine »**risikoproportionale Emissionsbegrenzung** im Rahmen des Standes der Technik« und damit ein »vernünftiges Optimum«.[129] Dieses Minimierungsgebot verlange nach Nr. 3.1 der 26. BImSchV keine Alternativenprüfung, wie z.B. eine alternative Trassenführung oder eine Entscheidung zwischen Erdkabel statt Freileitung oder zu Standortalternativen.[130]

84 Eine **naturschutzrechtliche Pflicht zur Alternativenprüfung** kann sich für unterschiedlichste Vorhaben, auch für immissionsschutzrechtliche genehmigungsbedürftige Projekte, aus § 34 Abs. 3 Nr. 2 BNatSchG ergeben. Grundsätzlich ist ein Projekt, das zu Beeinträchtigungen eines in § 34 Abs. 1 BNatSchG genannten Natura 2000-Gebiets in seinen für die Erhaltungsziele oder den Schutzzweck maßgeblichen Bestandteilen führen kann, gem. § 34 Abs. 2 BNatSchG unzulässig. Abweichend von diesem Verbot kann jedoch das Projekt ausnahmsweise unter bestimmten Voraussetzungen nach § 34 Abs. 3 BNatSchG zugelassen werden. Zu diesen Voraussetzungen zählt, dass es **zumutbare Alternativen**, die den mit dem Projekt verfolgten Zweck an anderer Stelle ohne oder mit geringeren Beeinträchtigungen erreichen, nicht gibt.[131] Eine in Betracht zu ziehende Alternative zur Durchführung eines Plans oder Projekts in einem FFH-Gebiet ist nicht vorhanden ist, wenn sich diese Alternative nur mit einem unverhältnismäßigen Kostenaufwand verwirklichen ließe. Für die **artenschutzrechtliche Alternativenprüfung** i.S.v. § 45 Abs. 7 Satz 2 BNatSchG gilt Entsprechendes,[132] wobei es immer nur um Standortalternativen innerhalb eines bestimmten Gebiets oder Suchraums gehen kann.[133] Auch die naturschutzrechtliche **Eingriffsregelung** kann aufgrund des Vermeidungsgebots nach § 15 Abs. 1 BNatSchG eine Alternativenprüfung erforderlich machen.[134] Das Vermeidungsgebot gilt aber auch nur innerhalb des geplanten Vorhabens; Vermeidungsmaßnahmen,

---

127 *Schink* NVwZ 2017, 337(343); *Jarass*, BImSchG, § 6 Rn. 47; *Schiller* UPR 2016, 457 (459).

128 *Schink* NVwZ 2017, 337 (343).

129 BVerwG, Beschl. v. 27.07.2020 – 4 VR 7/19, 4 VR 3/20, juris Rn. 44; BVerwG, Urt. v. 14.03.2018 – 4 A 5.17, BVerwGE 161, 263 Rn. 49.

130 BVerwG, Beschl. v. 27.07.2020 – 4 VR 7/19, 4 VR 3/20, juris Rn. 45.

131 Dazu VGH BW, Beschl. v. 03.09.2025- 14 S 566/25, juris Rn. 36 ff.; *Möckel*, in: Schlacke, BNatSchG, § 34 Rn. 160; *Frenz* NuR 2015, 683.

132 *Schütte/Gerbig*, in: Schlacke BNatSchG, § 45 Rn. 38; *Lau*, in: Frenz/Müggenborg, BNatSchG, § 45b Rn. 17; OVG Lüneburg, Beschl. v. 24.11.2020 – 4 ME 199/20, juris Rn. 31; BVerwG, Urt. v. 27.01.2000 – 4 C 2.99, BVerwGE 110, 302; Urt. v. 17.01.2007 – 9 A 20.05, BVerwGE 128, 1.

133 OVG Lüneburg, Urt. v. 25.10.2018 – 12 LB 118/16, juris Rn. 233; OVG Münster, Beschl. v. 12.03.2021 – 7 B 8/21, juris Rn. 37; *Lau*, in: Schlacke, BNatSchG, § 45b Rn. 19; *Beckmann*, in: Stüer/Beckmann, Handbuch des Bau- und Fachplanungsrechts, Rn. 626; für die Alternativenprüfung der Regionalplanung erläutert das BVerwG, ziele eine beabsichtigte Änderung des Regionalplans auf ein Vorhaben, dessen Verwirklichung bedeutende umweltrechtliche Konfliktlagen mit sich bringen könne, dann könne Anlass bestehen, den Untersuchungsraum der Alternativenprüfung über den Geltungsbereich des Regionalplans hinaus zu erstrecken, BVerwG, Urt. v. 07.12.2023 – 4 CN 6/22, NVwZ 2024, 917= juris Rn. 42; siehe dazu auch *Beckmann* DVBl 2022, 809.

134 *Kerkmann/Schröter*, in: Schlacke, BNatSchG, § 15 Rn. 6.

die zu einem anderen Vorhaben führen, werden nicht verlangt.[135] Beeinträchtigungen sind nach § 15 Abs. 1 Satz 2 BNatSchG nur vermeidbar, wenn zumutbare Alternativen, den mit dem Eingriff verfolgten Zweck am gleichen Ort ohne oder mit geringeren Beeinträchtigungen von Natur und Landschaft zu erreichen, gegeben sind.[136] Eine Befreiung von Geboten und Verboten des BNatSchG, etwa auch vom Vermeidungsgebot der Eingriffsregelung, ist nach § 67 Abs. 1 Satz 1 BNatSchG nicht erforderlich, wenn alternative Lösungen erkennbar sind, die ohne unzumutbaren Aufwand oder langfristige Untersuchungen eine Realisierung der Interessen auch ohne Befreiung ermöglichen.[137]

Auch im Rahmen des **Artenschutzes** ist für die Erteilung von Ausnahmen von den Verboten für besonders geschützte und bestimmte andere Tier- und Pflanzenarten des § 44 BNatSchG ist nach § 45 Abs. 7 Satz 2 BNatSchG eine Alternativenprüfung erforderlich.[138] Eine Ausnahme darf danach nur zugelassen werden, wenn es keine zumutbaren Alternativen gibt. Lassen sich die Planungsziele an einem nach dem Schutzkonzept der Habitatrichtlinie günstigeren Standort oder mit einem geringeren Eingriff verwirklichen, so muss der Vorhabenträger von dieser Möglichkeit Gebrauch machen, wenn er eine Ausnahme von den genannten Verboten benötigt. Allerdings kann von einer Alternative nicht mehr die Rede sein, wenn sie auf ein anderes Projekt hinausläuft, weil die vom Vorhabenträger zulässigerweise verfolgten Ziele nicht verwirklicht werden können.[139] Wenn eine Verkehrstrasse auch außerhalb der betroffenen FFH-Gebiete artenschutzrechtliche Konflikte auslöst, ist für eine artenschutzrechtliche Ausnahme eine von der habitatrechtlichen Prüfung gesonderte Alternativenprüfung erforderlich.[140] 85

In der **Raumverträglichkeitsprüfung** erfolgt nach § 49 Satz 1 die Prüfung der Umweltauswirkungen nur nach Maßgabe des ROG. Die UVP im nachfolgenden behördlichen Verfahren, das der Zulassungsentscheidung dient, umfasst nach § 49 Satz 2 eine vertiefte Prüfung der in der Raumverträglichkeitsprüfung nur überschlägig geprüften Umweltauswirkungen.[141] Die nach Landesrecht zuständige Raumordnungsbehörde prüft nach Maßgabe des § 15 Abs. 1 Satz 1 ROG in einer Raumverträglichkeitsprüfung die Raumverträglichkeit raumbedeutsamer Planungen und Maßnahmen im Sinne von § 1 ROV. Gegenstand der Raumverträglichkeitsprüfung sind nach § 15 Abs. 1 Satz 2 ROG die Prüfung der raumbedeutsamen Auswirkungen der Planung oder Maßnahme unter überörtlichen Gesichtspunkten, insbesondere die Übereinstimmung mit den Erfordernissen der Raumordnung und die Abstimmung mit anderen raumbedeutsamen Planungen und Maßnahmen, und die Prüfung der ernsthaft in Betracht kommenden Standort- oder Trassenalternativen.[142] 86

3. Rechtsprechung zur Alternativenprüfung

In der Rechtsprechung spielt die Forderung nach der Berücksichtigung von Standortalternativen in **Planfeststellungsverfahren** eine erhebliche Rolle.[143] Nach der ständigen Rechtsprechung des Bundesverwaltungsgerichts sind ernsthaft in Betracht kommende Alternativlösungen bei der Zusammen- 87

135 *Beckmann,* in: Stüer/Beckmann, Handbuch des Bau- und Fachplanungsrechts, Rn. 628.

136 Näher dazu *Guckelberger*, in: Frenz/Müggenborg, BNatSchG, § 15 Rn. 27; VGH BW, Urt. v. 24.04.2023 – 3S 983/21, juris Rn. 53.

137 VG Halle, Beschl. v. 10.01.2025 – 4 B 296/24, juris Rn. 155; OVG BB, Beschl. v. 10.02.2020 – OVG 11 S 6/20, juris Rn. 13.

138 Siehe dazu OVG Lüneburg, Beschl. v. 09.07.2024 – 4 ME 125/24, ZUR 2025, 44 = juris Rn. 15.

139 BVerwG, Beschl. v. 03.06.2010 – 4 B 54.09, NVwZ 2010, 1289 Rn. 9; *Möckel,* in: Schlacke, BNatSchG, § 34 Rn. 165; *Bick/Wulfert* NVwZ 2017, 346 (350); siehe auch *Lau* NVwZ 2017, 830 (823 ff.).

140 BVerwG, Urt. v. 23.04.2014 – 9 A 25.12, BVerwGE 149, 289.

141 *Appel/Stark*, in: Koch/Hofmann/Reese, Handbuch Umweltrecht, § 15 Rn. 41.

142 Näher dazu *Beckmann*, in: Stüer/Beckmann, Handbuch des Bau- und Fachplanungsrechts, Rn. 766.

143 Zusammenfassend zur Rechtsprechung BVerwG, Urt. v. 12.06.2024 – 11 A 13/23, UPR 2025, 20 = juris Rn. 73; zur Entbehrlichkeit einer Alternativenprüfung bei der Zulassung eines bergrechtlichen Hauptbetriebsplans OVG NRW, Beschl. v. 28.01.2025 – 21 B 11/25.AK, juris Rn. 32; zu den unionsrechtlichen Vorgaben für die Alternativenprüfung siehe *Schiller* UPR 2016, 457.

stellung des Abwägungsmaterials zu berücksichtigen und mit der ihnen zukommenden Bedeutung in die vergleichende Prüfung der von den möglichen Alternativen jeweils berührten öffentlichen und privaten Belange einzustellen.[144] Als Alternative sind nur solche Planungen anzusehen, die nicht die Identität des Vorhabens berühren und insoweit nicht auf ein anderes Projekt hinauslaufen, weil damit die vom Vorhabenträger in zulässiger Weise verfolgten Planungsziele nicht verwirklicht werden können.[145] Bei der Planfeststellung eines im Bedarfsplan als Ausbauvorhaben ausgewiesenen Straßenbauvorhabens sind aber auch solche planerischen Alternativen in die Prüfung einzubeziehen, die als Streckenneubau zu qualifizieren wären. Die Ausweisung einer Strecke als Ausbaustrecke im Bedarfsplan rechtfertigt nach der Rechtsprechung des BVerwG keine Verkürzung der Alternativenprüfung.[146] Das Gericht kann das Planungsermessen insoweit nur in Grenzen überprüfen, die überschritten sind, wenn der Behörde bei der Auswahl infolge einer fehlerhaften Ermittlung, Bewertung oder Gewichtung einzelner Belange ein rechtserheblicher Fehler unterlaufen ist oder wenn sich unter Berücksichtigung aller abwägungserheblichen Belange eine andere als die gewählte Variante eindeutig als die bessere hätte aufdrängen müssen. Letzteres ist nicht bereits dann anzunehmen, wenn für eine andere planerische Lösung einleuchtende Gründe angeführt werden können. Die Grenze der planerischen Gestaltungsfreiheit bei der Auswahl zwischen verschiedenen Varianten ist erst dann überschritten, wenn eine alternative Variante sich unter Berücksichtigung aller abwägungserheblichen Belange eindeutig als die bessere, weil öffentliche und private Belange insgesamt schonendere darstellen würde.[147] Die Planfeststellungsbehörde muss den Sachverhalt allerdings nur soweit klären, wie dies für eine sachgerechte Entscheidung und eine zweckmäßige Gestaltung des Verfahrens erforderlich ist. Bei einer Trassenprüfung ist ihr ein gestuftes Vorgehen gestattet, bei dem sich die Anforderungen an den Umfang der Sachverhaltsermittlung und -bewertung jeweils nach dem erreichten Planungsstand und den bereits gewonnenen Erkenntnissen richten.[148] Mit der Durchführung eines Planfeststellungsbeschlusses in einem vorgelagerten Planabschnitt dürfen aber nicht zwangsläufig unumkehrbare Belastungen in Form einer planerischen Vorfestlegung für Drittbetroffene einhergehen. Eine Planung, die sich in einer späteren Phase der Planrealisierung als verfehlt erweist, darf nicht allein deshalb fortgesetzt werden, weil sie aus den vorangegangenen, bestandskräftig bereits planfestgestellten Teilabschnitten entwickelt wurde. Die Planung muss sich jederzeit auch an möglichen Planungsalternativen messen lassen.[149] Die Aufspaltung in Abschnitte darf daher nicht dazu führen, dass die Frage einer besser geeigneten Alternative gar nicht oder allenfalls im Rahmen des auf das vorangehende Teilstück beschränkten Planfeststellungsverfahrens aufgeworfen werden kann.[150] Die Planfeststellungsbehörde darf bei der Alternativenprüfung eine Variante nicht von vornherein mit dem Argument ausblenden, hierfür fehle es an einem Antrag der Vorhabenträgerin.[151]

---

144 OVG NRW, Beschl. v. 29.12.2021 – 20 B 1690/21, juris Rn. 73; BayVGH, Urt. v. 15.03.2021 – 8 A 18.40041, juris Rn. 54; BVerwG, Urt. v. 12.04.2018 – 3 A 10.15, NVwZ 2018, 1799; BVerwG, Urt. v. 18.03.2009 – 9 A 39.07, BVerwGE 133, 239 Rn. 131; VGH München, Beschl. v. 14.06.2017 – 8 ZB 16.955, juris Rn. 16; zur Alternativenprüfung bei der Festsetzung eines Wasserschutzgebiets siehe BVerwG, Beschl. v. 22.10.2021 – 7 BN 1/20, juris Rn. 11; zur Alternativenprüfung beim vorhabenbezogenen Bebauungsplan OVG NRW, Urt. v. 26.08.2021 – 10 D 40/15.NE, ZUR 2021, 689.

145 BVerwG, Urt. v. 12.06.2024 – 11 A 13/23, UPR 2025, 20 = juris Rn. 73; BayVGH, Urt. v. 15.03.2021 – 8 A 18.40041, juris Rn. 54; BVerwG, Urt. v. 12.04.2018 – 3 A 10.15, NVwZ 2018, 1799, Rn. 54; BVerwG, Urt. v. 17.01.2007 – 9 A 20.05, juris Rn. 143; Urt. v. 22.06.2015 – 4 B 61.14, juris Rn. 17.

146 BVerwG, Urt. v. 15.10.2020 – 7 A 9/19, juris Rn. 106.

147 OVG NRW, Beschl. v. 29.12.2021 – 20 B 1690/21, juris Rn. 75; BVerwG, Urt. v. 12.04.2018 – 3 A 10.15, NVwZ 2018, 1799.

148 BVerwG, Urt. v. 18.03.2009 – 9 A 39.07, BVerwGE 133, 239 Rn. 131; VGH München, Beschl. v. 14.06.2017 – 8 ZB 16.955, juris Rn. 16; *Wysk*, in: Kopp/Ramsauer, VwVfG, § 72 Rn. 52; § 73 Rn. 123.

149 BVerfG, Beschl. v. 20.05.2021 – 1 BvR 224/21, juris Rn. 2; BVerwG, Urt. v. 28.04.2016 – 9 A 9/15, BVerwGE 155, 91, Rn. 178.

150 BVerwG, Urt. v. 28.04.2016 – 9 A 9/15, BVerwGE 155, 91–129, Rn. 178.

151 BVerwG, Urt. v. 12.06.2024 – 11 A 13/23, UPR 2025, 20 = juris Rn. 80.

Bestehen keine rechtlich zwingenden Vorgaben, ist die Auswahl unter verschiedenen **Trassenvarianten** eine fachplanerische Abwägungsentscheidung. Eine Einschränkung der Untersuchungstiefe einer Alternativenprüfung aus Gründen der Verfahrensbeschleunigung ermöglichen z.B. § 43 Abs. 3 Satz 2 und § 43 Abs. 3b Satz 1 EnWG. § 43 Abs. 3 Satz 2 EnWG bestimmt, dass soweit bei einem Vorhaben i.S. des § 43 Abs. 1 Satz 1 Nrn. 1 bis 4 EnWG eine Änderung oder Erweiterung einer Leitung i.S.v. § 3 Nr. 1 NABEG Übertragungsnetz, ein **Ersatzneubau** i.S.d. § 3 Nr. 4 NABEG Übertragungsnetz oder ein **Parallelneubau** i.S.d. § 3 Nr. 5 NABEG Übertragungsnetz beantragt wird, eine Prüfung in Frage kommender Alternativen für den beabsichtigten Verlauf der Trasse auf den Raum in und unmittelbar neben der Bestandstrasse beschränkt ist. Eine Prüfung außerhalb dieses Raumes ist nur aus zwingenden Gründen durchzuführen. 88

Die nach Landesrecht zuständige Behörde ist danach zu einer detaillierten Prüfung von Alternativen nur verpflichtet, wenn es sich um Ausführungsvarianten handelt, die sich nach den in dem jeweiligen Stadium des Planungsprozesses angestellten Sachverhaltsermittlungen auf Grund einer überschlägigen Prüfung der insoweit abwägungsrelevanten Belange nach § 43 Abs. 3 Satz 1 und Abs. 3a EnWG als eindeutig vorzugswürdig erweisen könnten.[152] Der Gesetzgeber nimmt an, dass der Verzicht auf ein materiell optimales Abwägungsergebnis zugunsten der Beschleunigung des Verfahrens hingenommen werden kann, weil Beeinträchtigungen durch Hochspannungsfreileitungen – im Vergleich etwa zu Anlagen der Verkehrsinfrastruktur – eher überschaubar sind. Die Gesetzesbegründung erläutert, dass auch der **Beschleunigungszweck** dem Grundrechtsschutz dient, weil die rechtzeitige Erreichung nationaler Klimaschutzziele die grundrechtsgeschützte Freiheit nachfolgender Generationen sichert.[153] 89

Die Wahl einer Trassenvariante ist rechtsfehlerhaft, wenn eine andere als die gewählte Linienführung sich unter Berücksichtigung aller abwägungserheblichen Belange eindeutig als die bessere, weil öffentliche und private Belange insgesamt schonendere Alternative darstellen würde, wenn sich mit anderen Worten diese Lösung der Behörde hätte aufdrängen müssen. Darüber hinaus ist die Auswahlentscheidung auch dann fehlerhaft, wenn der Planungsbehörde infolge einer fehlerhaften Ermittlung, Bewertung und Gewichtung einzelner Belange ein rechtserheblicher Fehler unterlaufen ist.[154] Bei mehreren in Betracht kommenden Trassenvarianten müssen nicht für alle Varianten so detaillierte Entwürfe ausgearbeitet werden, dass sie Grundlage eines Planfeststellungsverfahrens sein können. Ausreichend ist vielmehr, dass die Pläne so ausgearbeitet sind, dass der mit den örtlichen Verhältnissen und den Besonderheiten der jeweiligen Trasse vertraute Betrachter die Vor- und Nachteile der verschiedenen Alternativen beurteilen kann.[155] Die Planfeststellungsbehörde ist nicht verpflichtet, sämtlichen theoretisch möglichen Ausgestaltungen der Trasse von sich aus nachzugehen. Es reicht aus, wenn neben der zur Planfeststellung beantragten Trasse noch diejenigen Trassen untersucht werden, die sich entweder aufgrund der örtlichen Verhältnisse von selbst anbieten oder aber im Planfeststellungsverfahren vorgeschlagen worden sind und ernsthaft in Betracht kommen. Eine Planungsalternative, die der Planfeststellungsbehörde aufgrund der gewonnenen Erkenntnisse aus einem durchgeführten Raumordnungsverfahren bzw. einer Raumverträglichkeitsprüfung bereits nach einer **Grobanalyse** als weniger geeignet erscheint, darf bereits in einem frühen Verfahrensstadium ausgeschieden werden. Dies gilt vor allem für Fragen, die in der Regel erst auf der Grundlage einer **Detailplanung** geklärt werden können.[156] Eine gleichermaßen tiefgehende Prüfung aller 90

152 Siehe dazu *Wendt/Uffelmann* NVwZ 2024, 961 (963) und die Gesetzesbegründung, BT-Drs. 20/9187, S. 157.

153 Kritisch dazu *Wendt/Uffelmann* NVwZ 2024, 961 (963).

154 BVerwG, Urt. v. 11.09.2024 – 11 A 22/23, juris Rn. 34; dazu auch *Wendt/Uffelmann* NVwZ 2024, 961.

155 Nr. 25.1.1 UVPVwV 2024, BR-Drs. 616/24.

156 OVG NRW, Urt. v. 11.09.2018 – 20 D 79/17.AK, juris Rn. 299; BVerwG, Urt. v. 06.04.2017 – 4 A 2.16 u.a., DVBl. 2017, 1039; Urt. v. 03.05.2013 – 9 A 16.12, NVwZ 2013, 1209; BVerwG, Urt. v. 18.03.2009 – 9 A 39.07, BVerwGE 133, 239 Rn. 139; VGH München, Beschl. v. 14.06.2017 – 8 ZB 16.955, juris Rn. 16.

in Betracht kommenden Alternativen ist dagegen grundsätzlich nicht geboten.[157] Die jeweilige Untersuchungstiefe hängt auch vom Grad der Beeinträchtigung öffentlicher und privater Belange ab. Je schwerwiegender die Beeinträchtigung anderer Belange ist, umso weitgehender sind die Anforderungen an die Alternativenprüfung.[158] Zum **Leitungsbau** erläutert das BVerwG, die Platzierung einzelner Masten einer Höchstspannungsfreileitung unterliege grundsätzlich den Maßstäben für die gerichtliche Überprüfung der Auswahl unter verschiedenen Trassenvarianten. Angesichts der Vielzahl bei einem Leitungsvorhaben festzulegender Maststandorte und der davon jeweils betroffenen Belange bedürfe es einer näheren Darlegung der Abwägungsentscheidung für einen einzelnen Maststandort jedoch nur im Falle dazu substanziiert erhobener Kritik.[159]

91 Die eigentliche **Trassenentscheidung** einer Verkehrsplanung ist als Abwägungsergebnis nicht bereits dann fehlerhaft, wenn eine andere als die von der Planungsbehörde bevorzugte Trassenführung ebenfalls mit guten Gründen vertretbar gewesen wäre. Ihre Grenzen findet die planerische Gestaltungsfreiheit nach ständiger Rechtsprechung des Bundesverwaltungsgerichts vielmehr erst dann, wenn eine andere Alternative sich unter Berücksichtigung aller abwägungserheblichen Belange eindeutig und offensichtlich als die bessere, weil öffentliche und private Belange insgesamt schonendere Alternative darstellen würde. Erforderlich ist mithin, dass sich diese Lösung der Behörde hätte aufdrängen müssen.[160] Es ist nicht Aufgabe des Gerichts, durch eigene Ermittlungen ersatzweise zu planen und sich hierbei gar von Erwägungen einer »besseren« Planung leiten zu lassen. Die Grenzen der planerischen Gestaltungsfreiheit sind bei der Auswahl zwischen verschiedenen Trassenvarianten erst dann überschritten, wenn eine andere als die gewählte Linienführung sich unter Berücksichtigung aller abwägungserheblichen Belange eindeutig als die bessere, weil öffentliche und private Belange insgesamt schonendere darstellen würde, wenn sich mit anderen Worten diese Lösung der Behörde hätte aufdrängen müssen oder wenn der Planungsbehörde infolge einer fehlerhaften Ermittlung, Bewertung oder Gewichtung einzelner Belange ein rechtserheblicher Fehler unterlaufen ist. Ernsthaft in Betracht kommende Trassenalternativen müssen allerdings untersucht und im Verhältnis zueinander gewichtet werden; die Bevorzugung einer bestimmten Lösung darf nicht auf einer Bewertung beruhen, die zur objektiven Gewichtigkeit der von den möglichen Alternativen betroffenen Belange außer Verhältnis steht.[161] Auch wenn der Prüfung örtlicher Alternativen im Falle der Notwendigkeit einer Inanspruchnahme von Fremdeigentum eine besondere Bedeutung zukommt, ist sie nach der Rechtsprechung des BVerwG bei einer abfallrechtlichen Planfeststellung nicht von vornherein entbehrlich, wenn das Vorhaben auf dem eigenen Grundstück des Vorhabenträgers verwirklicht werden soll. Die Alternativenprüfung sei als Bestandteil einer umfassenden Abwägung zugleich auf andere private und öffentliche Belange bezogen und folglich auch dann geboten, wenn insoweit kein zwingender Versagungsgrund vorliege. Welche Ermittlungsbemühungen gefordert und welche Alternativen in den Blick zu nehmen seien, richte sich nach den Umständen des Einzelfalls.[162]

157 VGH München, Beschl. v. 14.06.2017 – 8 ZB 16.955, juris Rn. 16; BVerwG, Urt. v. 14.11.2002 – 4 A 15.02, BVerwGE 117, 149 (160).

158 VGH München, Beschl. v. 14.06.2017 – 8 ZB 16.955, juris Rn. 16; BVerwG, Urt. v. 14.11.2002 – 4 A 15.02, BVerwGE 117, 149 (160); siehe auch *Schiller* UPR 2016, 457, 459; *Ziekow* Handbuch des Fachplanungsrechts, § 6 Rn. 41 ff.

159 BVerwG, Urt. v. 26.04.2023 – 4 VR 6.22, BeckRS 2023, 19165 Rn. 23; BVerwG Urt. v. 13.03.2024 – 11 A 6.23, NVwZ 2024, 1508 und dazu *Römling* NVwZ 2024, 1511.

160 BVerwG, Urt. v. 06.04.2017 – 4 A 2.16, 4 A 3.16, 4 A 4.16, 4 A 5.16, 4 A 6.16, juris Rn. 63; Urt. v. 18.03.2009 – 9 A 39.07, BVerwGE 133, 239 Rn. 131; Urt. v. 28.01.2009 – 7 B 45.08, NVwZ 2009, 521; VGH München, Beschl. v. 14.06.2017 – 8 ZB 16.955, juris Rn. 16; Urt. v. 04.04.2017 – 8 B 16.43, juris Rn. 32.

161 BVerwG, Urt. v. 06.04.2017 – 4 A 2.16, 4 A 3.16, 4 A 4.16, 4 A 5.16, 4 A 6.16, juris Rn. 63.

162 BVerwG, Beschl. v. 12.07.2018 – 7 B 15/17, juris Rn. 17; OVG Nds., Urt. v. 04.07.2017 – 7 KS 7/15, juris Rn. 241, 246; *Franßen* AbfallR 2020, 302.

Im Bereich der **abfallrechtlichen Planfeststellung** hat das BVerwG wiederholt den Zusammenhang zwischen **Standortalternativenprüfung** und Inanspruchnahme privaten Grundstückseigentums hervorgehoben. Die Tatsache, dass eine geplante Entsorgungsanlage nur unter Inanspruchnahme von Grundstücken, die dem Vorhabenträger nicht gehören, errichtet werden könne, sei ein bestimmender Faktor für die von der Planfeststellungsbehörde vorzunehmende Einzelfallprüfung. Von Bedeutung sei unter anderem, ob und ggf. welche fachbezogenen Gründe gerade für den gewählten Standort im Unterschied zu den in Betracht kommenden Alternativstandorten sprächen. Je gewichtiger etwaige standortspezifische Vorzüge seien (z.B. Bodenbeschaffenheit, Entwässerungsmöglichkeiten, verkehrsmäßige Anbindung, günstige Immissionssituation, geringe Beeinträchtigung von Natur und Landschaft), desto eher könne das private Eigentum zurückgedrängt werden. 92

Ähnliches gilt im Übrigen auch dann, wenn eine öffentliche Abfallentsorgungsanlage, etwa eine Müllverbrennungsanlage, immissionsschutzrechtlich genehmigt werden soll und für die Inanspruchnahme von Grundstücken eine Enteignung erforderlich wird. In einem solchen Fall stellt sich die Frage nach weniger beeinträchtigenden Alternativen zwar nicht im immissionsschutzrechtlichen Genehmigungsverfahren, jedoch im **Enteignungsverfahren**, wenn und soweit dafür Fremdeigentum in Anspruch genommen werden soll.[163] 93

Das Ergebnis einer vergleichenden Bewertung von Standortalternativen durch einen Sachverständigen ist für den Planungsträger bei der Standortwahl selbst dann nicht bindend, wenn er der grundlegenden Eignungsbeurteilung und dem dabei verwendeten Bewertungsschema des Sachverständigen folgt. Eine Standortwahl wird nicht allein deswegen fehlerhaft, weil sich bei der Feinprüfung des gewählten Standortes herausstellt, dass Merkmale, die zu seiner Wahl geführt haben, überbewertet worden sind. 94

4. Prüfraster der Alternativenprüfung

Die Rechtsprechung lässt sich zu folgenden Grundsätzen zusammenfassen: 95

- ernsthaft sich anbietende Alternativen müssen auch ernsthaft in Betracht gezogen und erwogen werden;
- im Abwägungsergebnis darf die Bevorzugung einer bestimmten Lösung nicht auf einer Bewertung beruhen, die zur objektiven Gewichtigkeit, der von den möglichen Alternativen betroffenen Belange außer Verhältnis steht;
- die Grenzen der Rechtmäßigkeit der getroffenen Planungsentscheidung sind dann überschritten, wenn sich ein anderer, von der Planfeststellungsbehörde erwogener Standort nach dem Ergebnis der Alternativenprüfung als eindeutig besser geeignet erweist;
- die Grenzen der planerischen Gestaltungsfreiheit sind hingegen dann nicht überschritten, wenn man über den am besten geeigneten Standort – unter Beachtung des Abwägungsgebotes – so oder auch anders denken kann. Es begründet noch keinen Rechtsfehler, dass über die Geeignetheit anderer Standorte unterschiedliche Auffassungen möglich sind.

Ganz überwiegend wird aus der Rechtsprechung keine Pflicht zu einer **flächendeckenden Standortsuche** abgeleitet. Das Planfeststellungsverfahren ist für eine solche flächendeckende Standortsuche grundsätzlich ungeeignet. Standortalternativenprüfungen müssen deshalb im Sinne einer flächendeckenden Standortsuche Gegenstand einer vorgelagerten Planung sein. Fehlende Planungen führten insoweit nicht zu einer grundsätzlichen Aufgabenverschiebung dergestalt, dass nunmehr im Rahmen der Planfeststellung, die dem vorgelagerten Planungsträger gesetzlich überantwortete umfassende Alternativenprüfung durchzuführen sei.[164] 96

163 *Beckmann* DVBl 1994, 236 ff.

164 *Hoppe/Beckmann* DÖV 1990, 769; *Beckmann* DVBl 1994, 236 (237 ff.); *Beckmann* DVBl 2022, 809; *Bender/Pfaff* DVBl 1992, 181 ff.; *Erbguth* NVwZ 1992, 209 ff.; für private Vorhabenträger bei der abfallrechtlichen Planfeststellung siehe auch OVG Lüneburg, Urt. v. 04.07.2017 – 7 KS 7/15, juris

97 Da die Berücksichtigung von Standortalternativen Teil der planerischen Abwägung ist, hängt auch die Frage nach dem Zeitpunkt der Alternativenprüfung davon ab, zu welchem Zeitpunkt die Planfeststellungsbehörde ihre planerische Abwägung vornehmen muss. Grundsätzlich ist der entscheidende Zeitpunkt für die Frage der Rechtmäßigkeit der Planungsentscheidung der Zeitpunkt der letzten Verwaltungsentscheidung. Da gegenüber dem Planfeststellungsbeschluss Widerspruch nicht zulässig ist (vgl. § 72 Abs. 1 i.V.m. § 70 VwVfG), ist maßgeblich insoweit der Zeitpunkt des Erlasses des Planfeststellungsbeschlusses. Die Berücksichtigung von Standortalternativen muss demnach in dem Planfeststellungsbeschluss erfolgen. Bei der Abwägungsentscheidung können auch Standortuntersuchungen Berücksichtigung finden, die bereits vor Beginn des Planfeststellungsverfahrens erstellt worden sind. Etwas anderes kann jedoch gelten, wenn angesichts des Zeitablaufs zu befürchten wäre, dass sich die maßgebliche Sach- oder Rechtslage seit Durchführung des Standortsuchverfahrens so wesentlich geändert hätte, dass die Ergebnisse dieses Suchverfahrens vor dem Hintergrund der geänderten Sach- oder Rechtslage keine Verwendung bei der planerischen Abwägung mehr finden könnten.

98 Bei der Entscheidung der Planfeststellungsbehörde ist auch der **zeitliche Ablauf** der Entscheidungsfindung gebührend zu berücksichtigen. Stellt sich nach einem langen Planfeststellungsverfahren heraus, dass die Entscheidung des Vorhabenträgers für eine bestimmte Standortalternative von der Planfeststellungsbehörde nicht geteilt wird, weil sich ihr aufgrund anderer oder neuerer Erkenntnisse ein anderer Standort als vorzugswürdig darstellt, kann sie gleichwohl die Standortentscheidung des Vorhabenträgers bestätigen, wenn der Wechsel zum neuen Standort mit neuen Planfeststellungsverfahren aufgrund der zeitlichen Verzögerung zu Entsorgungsengpässen oder anderen erheblichen Nachteilen führen würde. Beschränkt sich eine im Zuge der UVP gefertigte Umweltverträglichkeitsstudie nicht darauf, Auswirkungen der geprüften Alternativtrassen auf die Umwelt zu beschreiben und umweltfachlich zu bewerten, sondern nimmt sie mit rechtlich anfechtbaren Erwägungen die materiell-rechtliche Abwägungsentscheidung vorweg, so ist die Planfeststellungsbehörde dadurch nicht gehindert, mit eigenständigen, dem Abwägungsgebot standhaltenden Erwägungen die Trassenwahl zu treffen, ohne eine Wiederholung der Umweltverträglichkeitsprüfung veranlassen zu müssen.[165]

99 Die Prüfung von Alternativen gilt im Übrigen als zentrales Element der plan- und programmbezogenen Umweltprüfung nach § 33 und ohnehin des planerischen Abwägungsgebots. Auf der späteren Ebene der Vorhabenzulassung kommt eine Alternativenprüfung zumeist eher zu spät; im Sinne einer effektiven Umweltvorsorge ist es deshalb notwendig, Alternativen bereits in einem möglichst frühen Planungsstadium zu ermitteln, zu bewerten und zu berücksichtigen.[166] Die Notwendigkeit einer Berücksichtigung von naheliegenden oder sich aufdrängenden Planungsalternativen ergibt sich aus dem für alle staatlichen Planungen geltenden Abwägungsgebot, das wiederum aus dem Rechtsstaatsprinzip des Art. 20 Abs. 1 GG und dem daraus entwickelten Grundsatz der Verhältnismäßigkeit abgeleitet wird.[167] § 8 Abs. 1 ROG verpflichtet die für den Raumordnungsplan zuständige Stelle, eine Umweltprüfung durchzuführen, in der die voraussichtlichen erheblichen Umweltauswirkungen zu ermitteln und in einem Umweltbericht frühzeitig zu beschreiben und zu bewerten sind, wobei der Umweltbericht die Angaben nach der Anlage 1 zum ROG enthalten muss. Der Umweltbericht nach § 8 Abs. 1 ROG muss nach Nr. 2 d) der Anlage 1 zum ROG eine Beschreibung und Bewertung der Umweltauswirkungen enthalten, die in der Umweltprüfung nach § 8 Abs. 1 ROG ermittelt wurden, mit Angaben auch zu den in Betracht kommenden anderweitigen Planungsmöglichkeiten, wobei jedoch die Ziele und der räumliche Geltungsbereich des Raumordnungsplans

Rn. 241, wonach einem privaten Vorhabenträger mit nur beschränkt zur Verfügung stehenden Flächen eine unbegrenzte Standortsuche nicht abverlangt werden kann.

165 BVerwG, Beschl. v. 12.12.07 – 9 U 2.07, juris Rn. 11.

166 *Beckmann*, in: Stüer/Beckmann, Handbuch des Bau- und Fachplanungsrechts, Rn. 620; *Beckmann* DVBl 2022, 809; *Ziekow*, in: Ziekow, Handbuch zum Fachplanungsrecht, § 6 Rn. 41 ff.

167 OVG Schleswig, Beschl. v. 13.01.2022 – 2 B 10006/21, juris Rn. 30.

zu berücksichtigen sind. Und schließlich fordert § 40 Abs. 1 Satz 2, dass bei der Erstellung eines Umweltberichts für die strategische Umweltprüfung die voraussichtlichen erheblichen Umweltauswirkungen der Durchführung des Plans oder Programms sowie vernünftiger Alternativen ermittelt, beschrieben und bewertet werden. Anderweitige Planungsmöglichkeiten bzw. vernünftige Alternativen sind insoweit nach § 8 Abs. 1 ROG muss nach Nr. 2 d) der Anlage 1 zum ROG und nach § 40 Abs. 1 Satz 2 zu bedenken, als auch mit ihrer Hilfe die zuvor ordnungsgemäß aufgestellten Planungsziele befördert werden können. Für die Alternativenprüfung muss unterschieden werden zwischen der Frage, inwieweit Planungsalternativen zur Erreichung oder Beförderung eines vom Planungsträger formulierten Planungsziels zu ermitteln, zu beschreiben und zu bewerten sind, und der weiteren Frage, ob schon bei der Formulierung eines Planungsziels Planungsalternativen berücksichtigt werden müssen.[168] Die nach § 40 Abs. 1 Satz 1 geforderten Angaben zu vernünftigen Alternativen bzw. die nach § 8 ROG i.V.m. Nr. 2 d) der Anlage 1 zum ROG notwendigen Angaben des Umweltberichts zu in Betracht kommenden anderweitigen Planungsmöglichkeiten beziehen sich ausschließlich auf die Realisierung der vom Planungsträger verfolgten Planungsziele. Bei der aber schon für die Formulierung von Planungszielen und in der Folge für die Festlegung von Zielen der Raumordnung notwendigen Abwägung können nach § 7 Abs. 2 Satz 1 ROG in Grenzen Planungsalternativen auch schon bei der bei der Formulierung von Zielen der Raumordnung, insbesondere bei der Festlegung von Vorranggebieten, zu berücksichtigen sein.[169] Planungsziele dürfen auch nicht (künstlich) mit der Absicht verengt werden, eine ansonsten notwendig werdende Ermittlung, Beschreibung und Bewertung von Planungsalternativen zu unterlassen.

V. Begründung (Abs. 1 Satz 2)

§ 25 Abs. 1 Satz 2 stellt klar, dass die Bewertung der Umweltauswirkungen zu begründen ist. Damit wird Art. 1 Abs. 2 g iv, Art. 5 Abs. 1 Satz 2, Abs. 3 c und Art. 8 a Abs. 1 a der geänderten UVP-RL umgesetzt. Eine praxisrelevante Änderung der Rechtslage ergibt sich daraus nicht. Denn unabhängig davon sind schon nach § 39 Abs. 1 Satz 1 VwVfG Verwaltungsakte mit einer Begründung zu versehen, in der nach § 39 Abs. 1 Satz 2 VwVfG die wesentlichen tatsächlichen und rechtlichen Gründe mitzuteilen sind, die die Behörde zu ihrer Entscheidung bewogen haben. Dazu gehört bei Vorhaben, für die eine Umweltverträglichkeitsprüfung durchgeführt wird, auch die Bewertung der durch das Vorhaben verursachten Umweltfolgen. 100

C. Berücksichtigen (Absatz 2)

I. Allgemeines

Berücksichtigen i.S.d. § 25 Abs. 2 bedeutet, dass die zuständige Behörde das Bewertungsergebnis nicht einfach nur zur Kenntnis nehmen darf, sondern sich inhaltlich mit dem Bewertungsergebnis auseinandersetzen muss.[170] Da die Berücksichtigung erst bei der Entscheidung über die Zulässigkeit des beantragten Vorhabens stattfindet, gehört sie nicht mehr zur eigentlichen UVP. Die UVP schließt mit der Bewertung ab. Die Berücksichtigung des Bewertungsergebnisses kann je nach den Umständen des Einzelfalls und nach den jeweils anzuwendenden Rechtsvorschriften dazu führen, dass das Vorhaben zugelassen wird, obwohl es nachteilige Auswirkungen auf die Umwelt haben wird, weil andere für die Entscheidung rechtlich oder tatsächlich bedeutsame Gesichtspunkte überwiegen oder vorgehen. Inwieweit sich das Bewertungsergebnis bei der Zulassungsentscheidung auswirkt, ist insoweit eine Frage des jeweiligen Einzelfalls. Das Bewertungsergebnis kann nicht nur zur Genehmigungsunfähigkeit des Vorhabens, sondern auch zu seiner Veränderung oder zu Nebenbestimmungen und Schutzauflagen in der Zulassungsentscheidung führen. Der Verfahrensschritt der Berücksichtigung erlangt vor allem dadurch seine Bedeutung, dass hier die nicht umweltbezogenen Zulassungsvoraus- 101

---

168 *Beckmann*, in: Stüer/Beckmann, Handbuch des Bau- und Fachplanungsrechts, 2025, n. 621; *Beckmann* DVBl 2022, 809 (810).

169 *Beckmann* DVBl 2022, 809 (810).

170 *Dietlein* in Landmann/Rohmer, Umweltrecht, Stand: 9/2021, § 10 Rn. 240.

setzungen eines Vorhabens einbezogen und auch andere, allgemeine Belange berücksichtigt werden. Bei planerischen Abwägungsentscheidungen und bei Ermessensentscheidungen, zum Teil auch bei einer nachvollziehenden Abwägung zur Auslegung unbestimmter Rechtsbegriffe müssen sich die betroffenen Umweltbelange, gut aufbereitet durch den Umweltbericht des Vorhabenträgers, die zusammenfassende Darstellung der zuständigen Behörde und die begründete Bewertung durch die zuständige Behörde gegen andere, auch gegenläufige Belange behaupten.

1. Kein Vorrang der Umweltbelange

102 Grundsätzlich kommt auch nach Durchführung einer UVP den Umweltbelangen bei der Zulassungsentscheidung kein abstrakter Vorrang gegenüber anderen durch die Zulassungsentscheidung betroffenen privaten oder öffentlichen Belangen zu. Durch die UVP sollen die betroffenen Umweltbelange nicht zusätzlich in ihrer Bedeutung verstärkt werden. Eine solche abstrakte Vorrangstellung der Umweltbelange wäre mit dem Verhältnismäßigkeitsgrundsatz, auf dem letztlich die Abwägung unterschiedlicher Belange in staatlichen Abwägungsprozessen beruht, unvereinbar.[171] Sie ergibt sich auch nicht aus Art. 20a GG und zwar weder für den Klimaschutz noch für den Umweltschutz allgemein.[172]

103 Für den Klimaschutz hat das BVerfG in seinem Klima-Beschluss v. 24.03.2021 aber keinen Zweifel daran gelassen, dass dessen relatives Gewicht mit zunehmender Dringlichkeit von Klimaschutz- und Klimaanpassungsmaßnahmen steigt.[173] Schon § 13 Abs. 1 Satz 1 KSG verlangt, dass sämtliche Träger öffentlicher Aufgaben bei ihren Planungen und Entscheidungen den Zweck des KSG und die zu seiner Erfüllung festgelegten Ziele zu berücksichtigen haben. Im Wesentlichen unbestritten löst § 13 Abs. 1 KSG zwar keine strikte Beachtenspflicht aus und führt auch nicht zu einem (absoluten) Vorrang des Klimaschutzes oder zu einem klimaschutzbezogenen Optimierungsgebot. Klimaschutzbelange können daher bei der planerischen Abwägung zugunsten anderer Belange auch zurückgestellt werden.[174] § 13 KSG kann allerdings gleichwohl die Planungspraxis erheblich beeinflussen.[175]

104 Das BVerfG nimmt in seinem Klimabeschluss v. 24.03.2021 zwar unmittelbar nur den Bundesgesetzgeber in die Pflicht. Art. 20a GG richtet sich jedoch ausdrücklich auch an die vollziehende Gewalt und damit auch an Planungsbehörden. Das BVerwG hat demgegenüber angenommen, weder aus Art. 20a GG noch aus dem Pariser Klimaabkommen vom 12.12.2015 könne eine Pflicht zur Prüfung der Klimarelevanz eines Vorhabens folgen könne. Art. 20a GG richte sich nämlich in ers-

---

171 BVerwG, Urt. v. 21.03.1996 – 4 C 19.94, NVwZ 1996, 1016; *Bohne* ZfB 1989, 93 (112).

172 BVerfG, Beschl. v. 24.03.2021 – 1 BvR 2656/18 u.a., juris Rn. 198; BVerwG, Urt. v. 04.05.2022 – 9 A 7/21, NVwZ 2022, 1549; *Beckmann* UPR 2021, 241 (249); *Posser* DVBl. 2025, 821 (827); *Sauthoff* KlimR 2022, 11; *Kümper,* in: Schink/Reidt/Mitschang, UVPG/UmwRG, § 25 Rn. 24.

173 In diesem Sinne auch BayVerfGH, Entsch. v. 05.02.2025 – Vf. 7-VII 23, juris Rn. 69; *Widmann*, Prozeduraler Klimaschutz, 190 f.; *Franke/Prall/Verheyen*, Klimaschutzrecht, in: Koch/Hofmann/Reese, Handbuch des Umweltrechts, § 11 Rn. 171; zu einigen Bedenken mit Blick auf zukünftige Konsequenzen mit Blick auf den auf Stärkung der Wettbewerbsfähigkeit der europäischen Industrie angelegen Clean Industrial Deal siehe *Frenz* DVBl 2925, 153 ff.; *Frenz* NuR 2025, 318.

174 *Wickel* ZUR 2021, 332 (337); *Schlacke* EurUP 2020, 338 (343 f.); *Kment* NVwZ 2020, 1537 (1544); *Sauthoff* KlimR 2022, 11 (12); zunehmend wird allerdings dafür plädiert, aus § 13 KSG ein Optimierungsgebot abzuleiten: siehe dazu *Sangenstedt*, NVwZ 2025, 142 (144); *Beckmann,* in: Landmann/Rohmer, Umweltrecht, Stand: 9/2024, KSG Vorb. Rn. 62; *Schlacke* Dokumentation zur 44. Wissenschaftlichen Fachtagung der Gesellschaft für Umweltrecht e.V., 2023, S. 47 Rn. 39; *Heß/Peters/Schöneberger/Verheyen* NVwZ 2023, 113 (119); *Siegel* DÖV 2023, 329 (333); a.A. allerdings weiterhin BVerwG, Urt. v. 19.02.2025 – 9 A 9.23, juris Rn. 222; OVG Lüneburg, Urt. v. 02.10.2024 – 1 KN 34/23, juris Rn. 62.

175 *Wickel* ZUR 2021, 332 (337); *Scharlau/Swieykowski-Trzaska/Keimeyer/Kleinski/Sina* NVwZ 2020, 1 (6); *Schlacke*, EurUP 2020, 338 (343); *Verheyen/Schayani* ZUR 2020, 412, leiten aus § 13 KSG eine Pflicht zur »Klimaverträglichkeitsprüfung« ab; siehe auch *Schink* NuR 2021, 1; *Uechtritz/Ruttloff* NVwZ 2022, 9 (10); dazu auch Nr. 25.1.1 UVPVwV 2025.

ter Linie an den Gesetzgeber, der seiner verfassungsrechtlichen Pflicht zum Klimaschutz mit Erlass des KSG aber bereits nachgekommen sei.[176] Das Klimaschutzgebot des Art. 20a GG bindet allerdings alle staatlichen Gewalten, neben dem Gesetzgeber auch die Verwaltung und die Gerichte, sicher auch bei der Auslegung unbestimmter Rechtsbegriffe des Zulassungsrechts.[177] Nach dem Beschluss des BVerfG vom 24.03.2021 konkretisiert die in § 1 Satz 3 KSG zugrunde gelegte Temperaturmaßgabe die sich aus Art. 20a GG ergebende Klimaschutzverpflichtung, die damit Verfassungsrang erhält.[178] Die vom BVerfG anerkannte Notwendigkeit, alsbald Klimaneutralität zu realisieren, erfordert erhebliche Anstrengungen auf allen staatlichen Ebenen. Die verfassungsrechtliche Aufwertung des Ziels einer Klimaneutralität erhöht die Durchsetzungsfähigkeit des Klimaschutzes im Rahmen der Abwägung konfligierender Belange.[179]

Die UVP-RL verlangt eine Ermittlung und Bewertung der Folgen nicht nur für das standortbezogene Klima eines Vorhabens, sondern der Folgen für das **globale Klima**.[180] Nach Ansicht des BVerwG konnte zwar bei Umweltprüfungen, die vor dem Inkrafttreten des UVPG-Modernisierungsgesetzes am 16.05.2017 eingeleitet wurden, der Begriff des Klimas gemäß § 2 Abs. 1 Satz 2 Nr. 2 UVPG a.F. noch eng im Sinne eines standortbezogenen lokalen Klimas verstanden werden. Das EU-Recht habe für diesen Zeitraum noch keine großräumigere Betrachtung des Klimas verlangt. Die spätere Erweiterung des Klimabegriffs im deutschen Recht beruhe gerade auf der Veränderung der maßgeblichen EU-Richtlinien[181] An dieser Rechtsprechung des BVerwG zur Beschränkung der Umweltprüfung auf die standortbezogenen, lokalen Klimafolgen auf der Grundlage der alten UVP-Richtlinie kann mit Blick auf die verfassungsrechtliche Verpflichtung aller staatlichen Einrichtungen aus Art. 20a GG, möglichst bald zur Klimaneutralität zu gelangen, nach dem Klima-Beschluss des BVerfG vom 24.03.2021 nicht festgehalten werden. Denn die Notwendigkeit, die globalen Klimafolgen eines Vorhabens zu ermitteln, zu bewerten und zu berücksichtigen, mag sich für das Verfahrenserfordernis des Umweltberichts bzw. des UVP-Berichts aus der UVP-RL ergeben; für eine ordnungsgemäße (planerische) Abwägung sind jedoch unabhängig davon das Staatsziel des Art. 20a GG und die sich daraus ableitenden Klimaschutzerfordernisse entscheidend. Zutreffend wird insoweit dazu bemerkt, die in der Vergangenheit im Hinblick auf die konkrete Ausgestaltung von Planungsnormen geführte Diskussion, ob der globale Klimaschutz ein zu berücksichtigender Abwägungsbelang sei, habe sich mit dem Klimaschutz-Beschluss des BVerfG endgültig erledigt.[182] 105

Die Verpflichtung zur Ermittlung und Bewertung der Klimafolgen entfällt auch nicht allein wegen durchaus möglicher wissenschaftlich/technischer Schwierigkeiten einer solchen Ermittlung und Bewertung. Besteht wissenschaftliche Ungewissheit über umweltrelevante Ursachenzusammenhänge, setzt Art. 20a GG nach der Rechtsprechung des BVerfG Entscheidungen des Gesetzgebers Grenzen und erlegt ihm auch in Verantwortung für künftige Generationen, eine besondere Sorgfaltspflicht auf.[183] Ausdruck dieser besonderen Sorgfaltspflicht ist es nach Ansicht des BVerfG, dass der Gesetzgeber bereits belastbare Hinweise auf die Möglichkeit gravierender oder irreversibler Beeinträchtigungen – jeweils in Ansehung ihrer Belastbarkeit – berücksichtigen muss. Was insoweit verfassungsrechtlich für den Gesetzgeber gilt, muss angesichts der auch für die vollziehende Gewalt geltenden Verpflichtung des Art. 20a GG auch für Zulassungsbehörden UVP-pflichtiger Vorhaben 106

176 BVerwG, Urt. v. 04.05.2022 – 9 A 7/21, BVerwGE 176, 94, Rn. 164 f.

177 *Britz* NdsVBl. 2023, 65 (68); *Muffler* KlimR 2023, 240; *Kling* ZUR 2024, 141 (149); *Christ* NVwZ 2023, 1193 (1197).

178 BVerfG, Beschl. v. 24.03.2021 – 1 BvR 2656/18, BVerfGE 157, 30, juris Rn. 213.

179 *Uechtritz/Ruttloff* NVwZ 2022, 9 (13); *Riese/Schneider* UPR 2021, 445.

180 BVerwG, Urt. v. 04.05.2022 – 9 A 7/21, juris Rn. 64; *Beckmann* NuR 2025, 725 ff.; *Beckmann* AbfallR 2025, 210 (220); *Klinski*, in: BeckOK Klimarecht, § 13 KSG Rn. 54.

181 BVerwG, Urt. v. 24.02.2021 – 9 A 8.20 u.a., juris Rn. 34 ff.; BVerwG, Urt. v. 11.07.2019 – 9 A 13.18, juris Rn. 21 ff.; BVerwG, Beschl. v. 22.06.2015 – 4 B 59.14, juris Rn. 42.

182 *Uechtritz/Ruttloff* NVwZ 2022, 9 (12).

183 BVerfG, Beschl. v. 24.03.2021 – 1 BvR 2656/18, BVerfGE 157, 30, juris Rn. 229; *Epiney*, in: v. Mangoldt/Klein/Starck, GG, Art. 20a Rn. 71 *Murswiek*, in: Sachs, GG, Art. 20a Rn. 55.

gelten. Auch sie müssen sich angesichts eines sich krisenhaft entwickelnden Klimawandels mit besonderer Sorgfalt um eine Ermittlung und Bewertung von Klimafolgen geplanter Vorhaben bemühen. Unvermeidbare Prognoseunsicherheiten sind insoweit hinzunehmen, aber kein Grund eine Klimafolgenabschätzung ganz zu unterlassen.

107 Dem lässt sich auch nicht überzeugend entgegenhalten, die globalen Klimafolgen eines Einzelvorhabens seien, gemessen an den weltweiten oder auch nur bundesweiten Jahresemissionsmengen so gering, dass es sich nicht um erhebliche globale Klimafolgen handeln könnte..[184]. Gegen diesen »**Fundamentaleinwand**« spricht, dass bei der nach der Neufassung des UVPG zwingenden Berücksichtigung von globalen Klimafolgen bei einem Einzelvorhaben nahezu denknotwendig der Einzelbeitrag immer nur sehr gering sein kann. Es ist allerdings gerade die Summe dieser Einzelbeiträge, die das weltweite Problem ausmacht. Hinzu kommt, dass die Ermittlung und Bewertung von Klimafolgen nicht zwingend eine Ablehnung des Vorhabens rechtfertigen soll, sondern auch die Möglichkeit geben kann, über klimaschonendere Alternativen abzuwägen oder klimaschützende Auflagen oder Nebenbestimmungen in Erwägung zu ziehen. Auch insoweit ist die Summe dieser Bemühungen und nicht eine vorhabenbezogene Einzelmaßnahme für den weltweiten Klimaschutz entscheidend.[185] Die ordnungsgemäße und hinreichende Ermittlung und Bewertung globaler Klimafolgen dürfte zukünftig zu einem zentralen Problem der begründeten Bewertung i.S.v. § 25 Abs. 1 geraten.

108 Aus § 13 Abs. 1 Satz 1 KSG ergibt sich eine Verpflichtung, nationale Klimaschutzziele, die sich aus § 3 Abs. 1, Abs. 2 KSG ergeben, zu berücksichtigen. Mit der Novelle des KSG haben sich allerdings die Systematik und die Bedeutung der im KSG festgelegten Emissionsmengen verändert.[186] Die Erfüllung der Klimaschutzziele setzt Kenntnis der Behörde über die von dem Vorhaben verursachten Treibhausgasemissionen voraus. Die zuständige Behörde muss deshalb zu erwartende Menge an Treibhausgasen, die voraussichtlich von dem Vorhaben emittiert werden, ermitteln.[187] Die Ermittlungspflicht wird durch den Grundsatz der Verhältnismäßigkeit begrenzt; Schätzungen sind grundsätzlich erst dann zulässig, wenn der Ermittlungsaufwand unzumutbar wäre.[188]

109 Der Gesetzgeber ist in der Lage, auf den Abwägungsprozess und auf die Notwendigkeit einer Berücksichtigung von Umweltfolgen durch gesetzliche Vorgaben einzuwirken. Auch wenn die UVP in diesem Sinne nicht zu einem rechtlichen Vorrang der betroffenen Umweltbelange vor anderen öffentlichen oder privaten Belangen führt, wird ihnen über die umfassende Ermittlung und Bewertung der mit dem beabsichtigten Vorhaben verbundenen Folgen faktisch gleichwohl zu einem besonderen Gewicht verholfen. Dies wird besonders deutlich bei den – unabhängig von einer entsprechenden Rechtsverpflichtung – für zahlreiche UVP-pflichtige Vorhaben durchgeführten Standortsuchverfahren. Diese Standortsuchverfahren beschränken sich regelmäßig auf einen Standortvergleich unter ökologischen Gesichtspunkten. Flächendeckende Standortsuchprogramme zum Schutze anderer öffentlicher oder privater Belange finden zumeist nicht statt. Der aus einem Standortsuchverfahren als ökologisch bestens geeignet hervorgegangene Standort wird sich deshalb in aller Regel gegenüber anderen Standorten, die etwa aus der Sicht der betroffenen Landwirtschaft oder der gewerblichen Wirtschaft geeigneter wären, durchsetzen.

---

184 A.A. OVG NRW, Beschl. v. 29.12.2021 – 20 B 1690/21, juris.

185 BVerfG, Beschl. v. 23.03.2022 – 1 BvR 1187/17, juris Rn. 143; OVG Greifswald, Urt. v. 14.05.2025 – 5 K 525/23 OVG, juris Rn. 89; *Britz* NVwZ 2022, 825 (830); siehe auch *Hille* UPR 2024, 327; *Franke/Prall/Verhyen*, Klimaschutzrecht, in: Koch/Hofmann/Reese, Handbuch des Umweltrechts, § 11 Rn. 171; *Heß/Peters/Schönberger/Verheyen* NVwZ 2023, 113 (121).

186 Näher dazu *Wiedmann* NwZ 2024, 876; *Stäsche* ZfU 2024, 299; *Fellenberg/Römling*, in: Siegel/Troidl, Straßenrecht, § 5 Rn. 58.

187 BVerwG, Urt. v. 22.06.2023 – 7 V 3.23, juris Rn. 39; OVG Greifswald, Urt. v. 14.05.2025 – 5 K 525/23, juris Rn. 60 ff.; *Fellenberg/Römling*, in: Siegel/Troidl, Straßenrecht, § 5 Rn. 60.

188 BVerwG, Urt. v. 22.06.2023 – 7 V 3.23, juris Rn. 39; *Fellenberg/Römling*, in: Siegel/Troidl, Straßenrecht, § 5 Rn. 60.

2. § 25 als Auslegungsregel

Nach § 25 Abs. 2 berücksichtigt die zuständige Behörde bei der Entscheidung über die Zulässigkeit des Vorhabens die begründete Bewertung nach dem in § 25 Abs. 1 bestimmten Maßstab, d.h. im Hinblick auf eine wirksame Umweltvorsorge i.S.d. § 3 nach Maßgabe der geltenden Gesetze. Durch diese Bestimmung sollen die gesetzlichen Entscheidungsgrundlagen in ihrer jeweiligen Ausgestaltung nicht verändert werden. Der Gesetzeswortlaut ist insoweit allerdings nach wie vor nicht eindeutig. 110

Soweit die Berücksichtigung nach Maßgabe der geltenden Gesetze zu erfolgen hat, bleiben die gesetzlichen Entscheidungsgrundlagen für die Zulassung unverändert. Geht man davon aus, dass die Bewertung der Umweltauswirkungen sich auf eine Anwendung der umweltbezogenen Zulassungsvoraussetzungen beschränkt, liegt mit dem Bewertungsergebnis bei gebundenen Entscheidungen auch das Entscheidungsergebnis fest. Allerdings deutet der Hinweis auf die wirksame Umweltvorsorge i.S.v. § 3 Satz 2 darauf hin, dass die gesetzlichen Entscheidungsgrundlagen möglicherweise doch nicht unverändert bleiben können, zumindest aber – was im Ergebnis auf das Gleiche hinausliefe – UVP-konform auszulegen sein sollen. Das betrifft z.B. die Berücksichtigung globaler Klimafolgen bei gebundenen Zulassungen, wie vor allem der immissionsschutzrechtlichen Genehmigung.[189] 111

a) »Nach Maßgabe der geltenden Gesetze«

Indem der Gesetzgeber eine Berücksichtigung der Ergebnisse der UVP nach Maßgabe der geltenden Gesetze vorschreibt, stellt er klar, dass es auch bei der Durchführung der UVP bei den fachgesetzlichen Zulassungstatbeständen bleiben soll, nach denen allein die Zulässigkeit des jeweiligen Vorhabens sich zu entscheiden hat. Entsprechendes ist in § 20 Abs. 1 b Satz 1 der 9. BImSchV geregelt (»nach den für die Entscheidung maßgeblichen Rechts- und Verwaltungsvorschriften«). Die Frage, welche Konsequenzen sich aus der begründeten Bewertung der Umweltauswirkungen für die Entscheidung über den Zulassungsantrag ergeben, richtet sich insoweit ausschließlich nach dem materiellen Zulassungsrecht.[190] 112

Nach der Begründung des Gesetzesentwurfes sollen mit den »geltenden Gesetzen« nur die formellen Gesetze zu verstehen sein.[191] Die zur Risikobewertung heranzuziehenden formellen Gesetze liefern nach der Gesetzesbegründung aufgrund der zahlreichen unbestimmten Gesetzesbegriffe die notwendigen Bewertungsmaßstäbe für alle Umweltauswirkungen i.S.d. § 2 Abs. 2 Satz 1. Soweit die unbestimmten Gesetzesbegriffe durch Rechtsverordnung oder durch Verwaltungsvorschriften konkretisiert seien, müsse die Behörde diese ebenfalls zur Bewertung heranziehen. Die Berücksichtigung nach Maßgabe der geltenden Gesetze stellt damit sicher, dass auch bei der Durchführung der UVP am Rechtscharakter gebundener Zulassungsentscheidungen festgehalten werden kann, wenn und soweit die gesetzlichen Zulassungsvoraussetzungen eine nach der UVP-RL geforderte Umweltverträglichkeitsprüfung auch ermöglicht. Bei den Kontrollerlaubnissen, auf deren Erteilung der Antragsteller bei Vorliegen der Zulassungsvoraussetzungen einen Anspruch hat, können die Ergebnisse der UVP eben nur nach Maßgabe der gesetzlichen Zulassungsvoraussetzungen berücksichtigt werden. 113

Mit dem Verweis auf die geltenden Gesetze als Berücksichtigungsmaßstab unterstellt der Gesetzgeber zugleich, dass die Zulassungsvoraussetzungen der UVP-pflichtigen Vorhaben eine Berücksichtigung der Ergebnisse der UVP auch ermöglichen. Dies wurde allerdings von weiten Teilen der Rechtslehre in der Vergangenheit in Frage gestellt.[192] Bezweifelt wurde vor allem, ob das geltende deutsche Zulassungsrecht dem medienübergreifenden Prüfungsansatz der UVP genügend Rechnung 114

189 Näher dazu *Beckmann* AbfallR 2025, 210 (215 ff.); *Beckmann* NuR 2025, 725 ff.

190 BVerwG, Urt. v. 27.03.2025 – 7 A 3.24, juris Rn. 54; *Beckmann* NuR 2025, 725 ff.; VGH BW, Beschl. v. 23.02.2021 – 10 S 1327/20, juris Rn. 18; BVerwG, Urt. v. 25.06.2014 – 9 A 1.13, BVerwGE 150, 92; VGH BW, Beschl. v. 06.07.2015 – 8 S 534/15, juris Rn. 69.

191 Gesetzesbegründung BT-Drs. 11/3919, S. 27.

192 *Bunge,* Umweltverträglichkeitsprüfung, S. 35 f.; *Hoppe/Püchel* DVBl 1988, 1 (7 f.); *Wahl* DVBl 1988, 86 (88); *Winter* NuR 1989, 197 (203); *Hoffmann-Riem* DVBl 1994, 605 ff.

trägt. Mit seinem Urteil vom 27.03.2025 zur immissionsschutzrechtlichen Genehmigung für LNG-Terminal stellt das BVerwG dies wiederum für die gebotene Berücksichtigung globaler Klimafolgen im Rahmen der UVP wegen eines nach seiner Einschätzung auf lokale Klimafolgen begrenzten Klimabegriff des § 1 BImSchG in Frage.

115 Die Antwort auf die Frage, ob eine medienübergreifende Prüfung der voraussichtlichen Umweltfolgen nach dem materiellen Zulassungsrecht möglich ist, muss allerdings nach allgemeiner Auffassung differenziert ausfallen: Während das mit Konzentrationswirkung und planerischer Gestaltungsfreiheit ausgestattete Planfeststellungsverfahren als bestens geeignet für eine medienübergreifende Berücksichtigung von Umweltfolgen angesehen wird, werden bei Ermessensentscheidungen und mehr noch bei gebundenen Kontrollerlaubnissen Zweifel an der Berücksichtigungsfähigkeit geäußert.[193] Die Frage, ob und in welcher Weise die Ergebnisse der UVP bei der Anlagenzulassung berücksichtigungsfähig sind, kann allerdings nicht generell, sondern nur anhand der jeweils für die Anlagenzulassung maßgebenden Vorschriften beantwortet werden.

116 Auch der Gesetzgeber hat angesichts der bereits vor Inkrafttreten des Gesetzes geäußerten Zweifel an der Berücksichtigungsfähigkeit fachgesetzlicher Zulassungstatbestände mit der Klausel »Im Hinblick auf eine wirksame Umweltvorsorge i.S.d. §§ 1, 2 Abs. 1 Satz 2 und Satz 4« den Versuch unternommen, die fachgesetzlichen Zulassungstatbestände i.S.d. gebotenen medienübergreifenden UVP zu erweitern. Im Zusammenhang mit der Umsetzung der IVU-RL durch das Artikelgesetz 2001 sind fachgesetzlichen Zulassungstatbestände noch einmal zur Ermöglichung einer integrativen und medienübergreifenden Prüfung geöffnet worden.

b) »Im Hinblick auf eine wirksame Umweltvorsorge«

117 Mit dem Verweis auf eine wirksame Umweltvorsorge i.S.d. § 3 Satz 2 könnten insoweit die materiellen Maßstäbe für die Bewertung und für die Berücksichtigung – im Gegensatz zur in der Entwurfsbegründung niedergelegten gesetzgeberischen Absicht – verändert worden sein. Im Bericht des Umweltausschusses vom 07.11.1989 zum Gesetzesentwurf der Bundesregierung wurde darauf hingewiesen, unbestimmte Rechtsbegriffe wie »schädlich«, »nachteilig« oder »gemeinwohlbeeinträchtigend« bekämen durch das UVPG einen neuen Gehalt, weil der integrative, medienübergreifende Ansatz des UVPG bei der Anwendung und Auslegung des Gesetzes einzufließen habe. UVP-pflichtige Vorhaben wären deshalb unter Berücksichtigung des gesamthaften Ansatzes der UVP nunmehr ggf. anders zu beurteilen als nach bisherigem Recht.[194]

118 Dazu wurde in der Vergangenheit die Auffassung vertreten, um eine medienübergreifende Bewertung zu gewährleisten, verlange § 25 Abs. 2 (bzw. die Vorgängerregelung des § 12 UVPG a.F.), die Fachgesetze so auszulegen und anzuwenden, dass alle in § 2 Abs. 1 genannten Güter insgesamt bestmöglich geschützt würden. »Bestmöglicher Schutz« in diesem Sinne heiße, einen am Verhältnismäßigkeitsgrundsatz ausgerichteten Ausgleich zwischen den betroffenen Umweltgütern herzustellen. Der Schutz eines Umweltgutes dürfe nicht durch die Inanspruchnahme eines anderen Umweltgutes erreicht werden, die gegen das Übermaßverbot verstoße.[195]

119 Mit § 12 i.V.m. §§ 1, 2 Abs. 2 und Satz 4 UVPG a.F. sei eine gesetzliche Auslegungsregel eingeführt worden, um der politischen Vorgabe, für die Umsetzung der Richtlinie keine materiellen gesetzlichen Zulassungsvoraussetzungen »im Wortlaut« zu ändern, Rechnung tragen zu können. Deshalb habe man mit Hilfe des UVPG nicht die Vorschrift selbst, sondern »nur« die Auslegung ändern wollen. Die Auslegung und Anwendung des Fachrechts wird nach dieser Auffassung dabei so gesteuert, dass alle Umweltgüter bestmöglich im Sinne eines medienübergreifenden Ausgleichs aller Umweltbelange geschützt werden. Die rechtliche Funktion des § 12 i.V.m. §§ 1, 2 Abs. 1 Satz 2 und Satz 4

193 *Kahl/Gärditz,* Umweltrecht, § 4 Rn. 111; siehe dazu auch *Kümper,* in: Schink/Reidt/Mitschang, UVPG/UmwRG, § 25 UVPG Rn. 20 ff.; *Wysk,* in: Kopp/Ramsauer, VwVfG, § 63 Rn. 66.
194 BT-Drs. 11/5532, S. 31.
195 *Bohne* ZAU 1990, 341 (345).

UVPG a.F. als gesetzliche Auslegungsregel werde durch die §§ 3, 4 UVPG a.F. sichergestellt. § 3 UVPG a.F. begründe die UVP-Pflicht für ein Vorhaben, § 4 UVPG a.F. sichere die Bewertung der Umweltauswirkungen nach dem allgemeinen Schutzzweck der §§ 1, 2 Abs. 1 Satz 2 und Satz 4 UVPG a.F.[196]

Die Vorstellung, § 25 Abs. 2 (bzw. die Vorgängerregelung § 12 UVPG a.F.) könne zu einem für alle Fachgesetze verbindlichen Auslegungs- und Ermessensgrundsatz geraten sein, der einen bestmöglichen Umweltschutz sicherstelle, ist abzulehnen. Unverständlich ist bereits die Auffassung, man könne eine Vorschrift unverändert lassen, indem man über norminterpretierende Verwaltungsvorschriften »lediglich« die Auslegung verändere. In den jeweiligen Zulassungsverfahren ist nicht ein abstrakter, im Einzelnen gar nicht definierbarer und allein am Verhältnismäßigkeitsgrundsatz orientierter bestmöglicher Schutz der Umwelt, sondern das Maß an Umweltschutz zu beachten, dass unter den Gesichtspunkten der Gefahrenabwehr und der Umweltvorsorge in den jeweils maßgeblichen Zulassungsvoraussetzungen für das jeweilige Vorhaben vom Gesetzgeber verlangt wird. § 25 Abs. 2 ist kein Instrument, mit dessen Hilfe die UVP diese gesetzlichen Zulassungsschranken im Sinne eines bestmöglichen Umweltschutzes handstreichartig und ohne entsprechende Gesetzesänderung verändern könnten. Ein derartiges Optimierungsgebot wäre mit der rechtsstaatlich gebotenen Klarheit und Bestimmtheit von Vorschriften, die zudem, zumindest soweit von ihnen private Antragsteller betroffen werden, grundrechtsbeeinträchtigend sein können, nicht vereinbar. Die Erwähnung der wirksamen Umweltvorsorge in § 25 Abs. 1, auf die § 25 Abs. 2 verweist, bietet insoweit keine hinreichende Grundlage für die Ableitung allgemeingültiger Bewertungsmaßstäbe. Zu Recht ist in diesem Zusammenhang auch auf die rechtssystematische Ungereimtheit hingewiesen worden, dass bei einem Verständnis des § 12 UVPG a.F. als Auslegungs- und Ermessensgrundsatz die jeweiligen Zulassungsvoraussetzungen des Fachrechts eine unterschiedliche Bedeutung erhielten, je nachdem, ob es sich bei dem beantragten Vorhaben um ein UVP-pflichtiges Projekt handele oder nicht.[197] 120

Auch der Versuch, mit Hilfe des Verhältnismäßigkeitsgrundsatzes im Bereich gebundener Zulassungsentscheidungen eine »optimale Umweltvorsorge« in dem Sinne zu schaffen, dass der Schutz eines Umweltgutes nicht durch die Inanspruchnahme anderer Umweltgüter in einer Weise erreicht werden dürfe, die gegen das Übermaßverbot verstoße, überzeugt nicht. Der **Verhältnismäßigkeitsgrundsatz** ersetzt nämlich gerade im Bereich gebundener Kontrollerlaubnisse keinesfalls abschließend formulierte Zulassungsvoraussetzungen des Gesetzgebers. Im Übrigen ist der Verhältnismäßigkeitsgrundsatz vornehmlich ein Schutzgrundsatz zu Gunsten des Bürgers vor einem Übermaß staatlicher Eingriffe.[198] Ein allgemeiner Optimierungsgrundsatz zu Gunsten des Umweltschutzes lässt sich aus dem Verhältnismäßigkeitsprinzip nicht ableiten. Auch Art. 20a GG und § 13 KSG geben weder einen absoluten noch auch nur einen relativen Vorrang gegenüber anderen Zielen her.[199] 121

Die Vorstellung, über § 25 Abs. 2 bzw. über § 12 UVPG a.F. ließen sich materielle Zulassungsvoraussetzungen im Sinne eines optimalen Umweltschutzes verändern, ist deshalb abzulehnen.[200] Die Bedeutung der UVP dürfte in diesem Zusammenhang eher in einer verbesserten und leistungsfähigeren Anwendung der geltenden materiellen Standards als in ihrer Änderung zu sehen sein. 122

196 *Bohne* ZAU 1990, 341 (345); *Feldmann* UPR 1991, 127 (130); ähnlich *Peters* NuR 1990, 103 (105).

197 *Schink* NuR 1998, 173 (176).

198 *Schink* DVBl 1989, 1182 (1184).

199 BVerfG, Beschl. v. 24.03.2021 – 1 BvR 2656/18 u.a., BVerfGE 157, 30 = juris Rn. 198; BVerwG, Urt. v. 04.05.2022 – 9 A 7/21, NVwZ 2022, 1549 = juris Rn. 86; *Murswiek*, in: Sachs, GG, Art. 20a Rn. 55; *Posser* DVBl. 2025, 821 (827); *Gärditz*, Art. 20a GG, in: Landmann/Rohmer, Umweltrecht, Rn. 52; a.A. *Schlacke/Römling* DVBl 2021, 144.

200 *Beckmann* DVBl 1991, 358 (361); *Kahl/Gärditz* Umweltrecht, § 4 Rn. 110; OVG Lüneburg, Beschl. v. 28.05.2018 – 12 ME 25/18, ZUR 2018, 480, 481; a.A. *Wysk*, in: Kopp/Ramsauer, VwVfG, § 63 Rn. 66, der von der »Notwendigkeit einer unionsrechtlichen Überlagerung des Fachrechts« spricht, »um die Effektivität der UVP zu gewährleisten.«

Soweit ersichtlich wird auch von der Rechtsprechung nicht angenommen, dass die Zulassungsvoraussetzungen der Fachgesetze unterschiedlich danach auszulegen sind, ob es sich um ein UVP-pflichtiges Vorhaben oder um ein Vorhaben handelt, für das eine Umweltverträglichkeitsprüfung nicht erforderlich ist.

123 Auch Überlegungen, im Rahmen der Bewertung zu prüfen, wie nahe die Belastung an die Vorgaben der einschlägigen Rechts- und Verwaltungsvorschriften heranreiche; würden sie fast erreicht, könne bei der Berücksichtigung geprüft werden, ob nicht im Rahmen unbestimmter Rechtsbegriffe, die in höherrangigen Vorschriften enthalten seien, mehr verlangt werden könne als das, was in den konkreten, in niederrangigen Vorschriften enthaltenen Umweltstandards vorgeschrieben werde, sind insoweit nicht überzeugend.

II. Berücksichtigung der Umweltauswirkungen in einzelnen Zulassungsverfahren

124 Im deutschen Anlagenzulassungsrecht lassen sich grundsätzlich drei Typen von Zulassungsentscheidungen unterscheiden, zwischen denen allerdings zahlreiche Mischformen existieren.[201]

125 Auf der einen Seite stehen die Planfeststellungsentscheidungen, die nach umfassender Abwägung aller von dem Vorhaben betroffenen öffentlichen und privaten Belange ergehen. Im Gegensatz dazu stehen Kontrollerlaubnisse, auf deren Erteilung bei Vorliegen der gesetzlichen Zulassungsvoraussetzungen der Antragsteller einen grundrechtlich verbürgten Anspruch hat. Zwischen diesen beiden Zulassungstypen stehen Zulassungsentscheidungen, deren Erlass in einem der zuständigen Behörde unterschiedlich weit eingeräumten Ermessen liegt.[202]

1. Berücksichtigung der Umweltauswirkungen im Planfeststellungsverfahren

126 Nach wohl allgemeiner Auffassung gelten die Planfeststellungsverfahren als besonders geeignet für eine Berücksichtigung medienübergreifender Ergebnisse der UVP.[203] Die Geeignetheit des Planfeststellungsverfahrens für die UVP soll einerseits aus der mit dem Planfeststellungsverfahren stets verbundenen Konzentrationswirkung und andererseits aus dem der Planfeststellungsbehörde nach überwiegender Auffassung regelmäßig eingeräumten Planungsermessen folgen.

127 Die **Konzentrationswirkung** unterscheidet das Planfeststellungsverfahren allerdings nicht in rechtsgrundsätzlicher Weise von anderen förmlichen Genehmigungsverfahren, für die der Gesetzgeber zumindest teilweise ebenfalls eine solche Konzentrationswirkung – wie z.B. in § 13 BImSchG für die immissionsschutzrechtliche Genehmigung – vorsieht. Für das Planfeststellungsverfahren ist sie gleichwohl typisch, weil sie – anders als in sonstigen Zulassungsverfahren – für das Planfeststellungsverfahren vom Gesetzgeber stets angeordnet und damit zu seinen Wesensmerkmalen gerechnet wird.

128 Die Konzentrationswirkung führt nicht nur zu einem einheitlichen Zulassungsverfahren, das weitere Zulassungsverfahren bzw. weitere Zulassungsbescheide für das beabsichtigte Vorhaben (weitgehend) ersetzt. Nach der Rechtsprechung des BVerwG löst die Konzentrationswirkung außerdem eine Bindung der Planfeststellungsbehörde an alle für das beabsichtigte Vorhaben einschlägigen materiellrechtlichen Vorschriften anderer Fachgesetze aus.[204] Die Planfeststellungsbehörde kann insoweit in weitem Umfange bei der Anwendung fachgesetzlicher Zulassungsvoraussetzungen die mit dem Vorhaben voraussichtlich verbundenen Umweltfolgen berücksichtigen. Probleme, wie sie teilweise für

---

201 *Beckmann* DÖV 1987, 944; *Beckmann,* Planfeststellung zwischen Zulassungsverfahren und Planung, in: Erbguth (Hrsg.), Tagungsband Hoppe-Symposium, 2011.

202 Siehe dazu *Beckmann* EuRUP 2025, 85 (94 f.); *Kahl/Gärditz,* Umweltrecht, § 4 Rn. 69 ff.; *Hoppe/Beckmann/Kauch,* Umweltrecht, § 8 Rn. 23 ff.

203 *Kümper,* in: Schink/Reidt/Mitschang, UVPG/UmwRG, § 25 UVPG Rn. 21.

204 BVerwG, Urt. v. 16.03.2006 – 4 A 1075/04, juris Rn. 448; BVerwG, Urt. v. 09.11.1984 – 7 C 15.83, BVerwGE 70, 242; Urt. v. 23.03.1985 – 4 C 73.82, BVerwGE 71, 163 (164); *Kupfer,* in: Schoch/Schneider, Verwaltungsrecht, § 75 VwVfG, Rn. 31; *Neumann/Külpmann,* in: Stelkens/Bonk/Sachs, VwVfG, § 75 Rn. 16.

die Aufteilung des Prüfungsstoffes der UVP bei parallelen Genehmigungsverfahren gesehen werden, treten insoweit im Planfeststellungsverfahren im Grundsatz nicht auf. Aus der Bindung der Planfeststellungsbehörde an alle für das beabsichtigte Vorhaben einschlägigen materiell-rechtlichen Vorschriften anderer Fachgesetze folgt allerdings zugleich, dass Berücksichtigungsdefizite, wie sie aufgrund der einmedialen Ausrichtung einzelner Fachgesetze teilweise befürchtet werden, auch im Planfeststellungsverfahren nicht überwunden werden könnten, wenn diese Befürchtungen berechtigt wären.

Außerdem wird darauf hingewiesen, wegen des § 19 Abs. 1, Abs. 3 WHG, der in den Planfeststellungsverfahren die Entscheidung über Gewässerbenutzungen dem Planfeststellungsbeschluss entziehe und einer gesonderten wasserrechtlichen Entscheidung vorbehalte, treffe die Planfeststellungsbehörde zwar auch diese wasserrechtliche Entscheidung. Sie sei hierbei jedoch gem. § 19 Abs. 3 WHG materiell-rechtlich an das Einvernehmen der Wasserbehörden gebunden. Erst § 25 bzw. §§ 3, 4, 12 UVPG a.F. gewährleisten nach dieser Ansicht, dass sich planungsrechtliche und wasserrechtliche Bewertungen an gemeinsamen Schutzzwecken orientieren. Die bezogen auf wasserrechtliche Entscheidungen fehlende Konzentrationswirkung des Planfeststellungsverfahrens hindert die Planfeststellungsbehörde allerdings nicht daran, bei ihrer Entscheidung auch wasserwirtschaftliche Belange zumindest im Rahmen ihres Planungsermessens zu berücksichtigen. Auch das gebotene Einvernehmen mit der Wasserbehörde spricht nicht für ein Berücksichtigungsdefizit im Planfeststellungsverfahren hinsichtlich der wasserwirtschaftlichen Belange, weil auch angesichts des gebotenen Einvernehmens für die ordnungsgemäße Berücksichtigung der wasserwirtschaftlichen Folgen im Rahmen des Planfeststellungsbeschlusses die Planfeststellungsbehörde verantwortlich bleibt. 129

Die Herstellung des Einvernehmens ist insoweit ein rein behördeninterner Vorgang. Im Übrigen müsste dieser Meinungsstreit nur dann vertieft werden, wenn man davon auszugehen hätte, dass die UVP in parallelen Zulassungsverfahren nicht ordnungsgemäß durchgeführt werden könnte. Davon kann jedoch keine Rede sein. Der Gesetzgeber hat die Umweltverträglichkeitsprüfung bei der Zulassung eines Vorhabens durch mehrere Behörden in § 31 ausführlich geregelt. 130

Neben der Konzentrationswirkung gilt als weiterer wesentlicher Grund für die besondere Eignung des Planfeststellungsverfahrens für die UVP der nach ganz überwiegender Ansicht der Planfeststellungsbehörde stets eingeräumte planerische Gestaltungsfreiraum. Nach der Rechtsprechung des BVerwG ist »Planung ohne planerische Gestaltungsfreiheit ein Widerspruch in sich.«[205] Staatliche Planungsentscheidungen sind nach dieser Rechtsprechung dadurch gekennzeichnet, »dass der planenden Behörde durch ein Gesetz die Befugnis übertragen wird, für ein bestimmtes Vorhaben, das dem Wohl der Allgemeinheit dient, private und öffentliche Belange in einem Akt planender Gestaltung durch Abwägung zum Ausgleich zu bringen«.[206] 131

Bei einer in diesem Sinne umfassenden Abwägung kann die Planfeststellungsbehörde die voraussichtlichen Umweltfolgen des beabsichtigten Vorhabens einschließlich der Wechselwirkungen in vollem Umfange berücksichtigen. 132

In dieser Abstraktheit gilt diese Aussage allerdings wohl nur für Planfeststellungsverfahren, bei denen angesichts eines staatlichen Planungsträgers und einer gesetzlich nur wenig determinierten Planfeststellungsentscheidung davon ausgegangen werden kann, dass es sich um eine (echte) Planungsentscheidung handelt. Dies kann z.B. für die Planfeststellungsverfahren für Infrastrukturmaßnahmen öffentlicher Planungsträger, etwa des Straßenbaus, des Wasserstraßenbaus oder im Bereich der Eisenbahnplanfeststellung angenommen werden. Das ursprünglich sehr offene, gesetzlich weitgehend ungeregelte Abwägungsprogramm staatlicher Planungsentscheidungen wird vom Gesetzgeber aber 133

205 BVerwG, Urt. v. 10.02.1978 – 4 C 25.75, BVerwGE 55, 200, 225; Urt. v. 07.07.1978 – 4 C 79.76, BVerwGE 56, 110, 116; *Wolff/Humberg*, in: Sodann/Ziekow, VwGO, § 114 Rn. 213 ff.; *Neumann/Külpmann*, in: Stelkens/Bonk/Sachs, VwVfG, § 74 Rn. 29; *Lieber*, in: Mann/Sennekamp/Uechtritz, VwVfG, § 74 Rn. 31.

206 BVerwG, Beschl. v. 17.12.1985 – 4 B 214.85, NVwZ 1986, 640 (641).

zunehmend eingeschränkt.[207] Durch eine Verrechtlichung von Planungsentscheidungen, z.B. durch Bestimmungen des Naturschutzrechts, des Immissionsschutzrechts, des Störfallrechts und des Wasserrechts, wird die Bedeutung des planerischen Abwägungsgebots und die Notwendigkeit, die Offenheit des Entscheidungsprogramms durch eine Abwägungsfehlerlehre zu kompensieren, spürbar geringer. Diese Verrechtlichung führt tendenziell zu einer Einebnung der Unterschiede zwischen Planungsermessen und herkömmlichem Verwaltungsermessen, die sich auch strukturell durch eine Annäherung des Fehlerfolgensystems aufeinander zu entwickeln.[208] Hinzu kommt, dass für zahlreiche planfeststellungsbedürftige Vorhaben privater Vorhabenträger Zulassungsvoraussetzungen für die Planfeststellung geregelt worden sind, die den planerischen Gestaltungsfreiraum erheblich verengen, so dass auch in diesen Bereichen, z.B. bei der Planfeststellung nach dem KrWG, dem WHG, dem AtG und dem UVPG die Bedeutung des Abwägungsgebots eher geringer ist.[209]

134 Auch die Rechtsprechung hat ihren Teil zur inhaltlichen Einschränkung oder – vorsichtiger ausgedrückt – Konkretisierung der planerischen Gestaltungsfreiheit durch Anforderungen an die Planrechtfertigung, die Entwicklung zentraler Planungsgrundsätze, wie dem Gebot der Konfliktbewältigung und dem Gebot der Rücksichtnahme sowie durch die dogmatische Figur sog. Optimierungsgebote beigetragen,[210] wobei allerdings häufig unbestimmte Rechtsbegriffe durch kaum weniger offen formulierte Anforderungen konkretisiert werden sollen. Das gilt z.B. für die Vorgabe, dass eine Planrechtfertigung für ein Vorhaben vorliegt, wenn es gemessen an den Zielen des Gesetzes »vernünftigerweise geboten« ist oder für die Maßgabe, es sei an Belangen einzustellen, was »nach Lage der Dinge« eingestellt werden müsse.

135 Andere Planfeststellungsverfahren übernehmen dagegen für private Vorhabenträger die Funktion einer Anlagengenehmigung. Zu diesen zählen etwa der privatnützige Gewässerausbau, die bergrechtlichen und die abfallrechtlichen Planfeststellungsverfahren zugunsten privater Vorhabenträger. Bei diesen Planfeststellungsverfahren ist durchaus zweifelhaft bzw., was z.B. die bergrechtliche Planfeststellung angeht, sogar auszuschließen, ob bzw. dass die Planfeststellungsbehörde eine staatliche Planungsentscheidung zu treffen hat, die einer raumplanerischen Entscheidung vergleichbar wäre. Letztlich ist es Sache des an die Verfassung und insbesondere an die Grundrechte der Vorhabenträger gebundenen Gesetzgebers, dem planerischen Ermessen der zuständigen Behörde gesetzliche Grenzen zu setzen.

136 Bei der bergrechtlichen Planfeststellung hat der Gesetzgeber der zuständigen Bergbehörde ein solches Planungsermessen nicht eingeräumt; er hat es vielmehr bei dem Anspruch des Antragstellers auf Zulassung des Betriebsplanes bzw. der Planfeststellung belassen, wenn die entsprechenden gesetzlichen Zulassungsvoraussetzungen vorliegen.[211]

---

207 *Beckmann*, in: Erbguth/Kluth (Hrsg.), Planungsrecht in der gerichtlichen Kontrolle, 2012, S. 122, 144; *Beckmann* BauR 2016, 1417 (1419); *Beckmann*, in: Stüer/Beckmann, Handbuch des Bau- und Fachplanungsrechts, 2025, Rn. 5497 ff.

208 *Schübel-Pfister*, in: Eyermann, VwGO, 2022, 114 Rn. 33; siehe auch *Sauthoff* zur nachvollziehenden Abwägung als dogmatischen Begriff, in: FS Ramsauer, 2023, S. 115 ff. *Ramsauer*, in: Kopp/Ramsauer, VwVfG, 2025, § 40 Rn. 149 ff.

209 Bei der bergrechtlichen Planfeststellung besteht sogar überhaupt kein planerischer Gestaltungsfreiraum siehe BVerwG, Beschl. v. 06.06.2012 – 7 B 68.11, juris Rn. 6. Gleiches gilt für die atomrechtliche Planfeststellung siehe BVerwG, Beschl. v. 26.03.2007 – 7 B 74/06, NVwZ 2007, 837; BVerfG, Beschl. v. 10.11.2009 – 1 BvR 1178/07, NVwZ 2010, 114; *Kämper*, in: BeckOK VwVfG, 2022, § 72 Rn. 6.

210 BVerwG, Beschl. v. 07.07.2004 – 4 BN 16.04, ZfBR 2005, 71; dazu *Stüer*, Bauleitplanung, in: Hoppenberg/de Witt, Handbuch des öffentlichen Baurechts, 2021, Rn. 1215; *Berkemann*, in: Erbguth/Kluth (Hrsg.), Planungsrecht in der gerichtlichen Kontrolle, Berlin 2012, S. 15 ff.

211 BVerwG, Beschl. v. 06.06.2014 – 4 C 3.13, juris Rn. 25; *Beckmann* DVBl 2023, 449 (455); *Beckmann* DVBl 1992, 741 (748); *von Weschpfennig*, Strukturen des Bergrechts, 2022, 201; zur bergrechtlichen Betriebsplanzulassung als Kontrollerlaubnis siehe auch *Beckmann*, in: Stüer/Beckmann, Handbuch des Bau- und Fachplanungsrechts, Rn. 7293.

Auch für das abfallrechtliche Planfeststellungsverfahren hat das BVerwG die Frage, ob der Antragsteller bei Übereinstimmung seines Vorhabens mit dem Abfallentsorgungsplan und bei Fehlen gesetzlicher Versagungsgründe einen Anspruch auf Zulassung der Anlage hat, in einem früheren, aber vereinzelt gebliebenen Beschluss ausdrücklich offen gelassen.[212] Allerdings geht die überwiegende Auffassung weiterhin davon aus, dass die Grundsätze zur planerischen Gestaltungsfreiheit auch auf Planfeststellungsbeschlüsse des Kreislaufwirtschaftsrechts Anwendung finden können.[213] Dieses verbleibende Planungsermessen ist allerdings weitgehend eingeschränkt, wenn, wie etwa in § 35 KrWG oder in § 68 Abs. 3 WHG, schon die Zulassungsvoraussetzungen sehr weit gefasst sind. Der Planfeststellungsbeschluss darf nach § 35 Abs. 2 KrWG z.B. nur erlassen, die Plangenehmigung darf nach § 35 Abs. 3 KrWG nur erteilt werden, wenn sichergestellt ist, dass das **Wohl der Allgemeinheit** durch das Vorhaben nicht beeinträchtigt wird. Erst wenn diese Voraussetzung erfüllt ist, eröffnet sich der Ermessensspielraum der zuständigen Behörde für eine Zulassung oder Versagung eines Deponievorhabens.[214] Hinzu kommt, dass die Erteilungsvoraussetzungen für einen Planfeststellungsbeschluss in § 36 KrWG nicht abschließend bestimmt sind. Weitere Anforderungen können sich aus anderen öffentlich-rechtlichen Vorschriften, insbesondere solchen des Umweltrechts ergeben.[215] Für Abfalldeponien oder auch für planfeststellungsbedürftige Gewässerausbauten stellt sich unter anderem die Frage, ob eine Berücksichtigung von Klimafolgen bereits zur Prüfung der Zulassungsvoraussetzungen, insbesondere zur Feststellung der Allgemeinwohlverträglichkeit des Vorhabens oder erst, wie zumeist angenommen, im Rahmen des planerischen Abwägungsgebots erforderlich ist.[216] 137

Bei der Berücksichtigung der Bewertung der Umweltauswirkungen des Vorhabens hat sich die Planfeststellungsbehörde an der Prüfungsreihenfolge zu orientieren, die nach der Rechtsprechung des BVerwG bei der planerischen Gestaltungsfreiheit zu beachten ist. Danach ergeben sich die rechtlichen Schranken in materieller Hinsicht aus dem Erfordernis einer vor Art. 14 GG standhaltenden Planrechtfertigung, aus Planungsleitsätzen sowie aus den Anforderungen des den Abwägungsvorgang und das Abwägungsergebnis steuernden Abwägungsgebots.[217] 138

a) Planrechtfertigung

Gestützt auf die Rechtsprechung des BVerwG war es lange Zeit unstreitig, dass ein Planvorhaben seine Rechtfertigung nicht schon in sich selbst trägt, sondern im Hinblick auf die von ihm ausgehenden Einwirkungen auf Rechte Dritter für die jeweils konkreten Planungsmaßnahmen rechtfertigungsbedürftig sei. Die Planrechtfertigung gilt als ungeschriebenes Erfordernis jeder Fachplanung und als Ausprägung der Verhältnismäßigkeit staatlichen Handelns, das mit Eingriffen in private Rechte verbunden ist. Sie besteht, wenn für das Vorhaben gemessen an den Zielsetzungen des jeweiligen Fachplanungsgesetzes ein Bedarf besteht und das Vorhaben gemessen daran erforderlich ist.[218] 139

---

212 BVerwG, Beschl. v. 20.12.1988 – 7 NB 2.88, DVBl 1989, 512 (514).

213 *Fellenberg/Schiller,* in: Jarass/Petersen, KrWG, § 36 Rn. 12; *Versteyl,* in: Schmehl/Klement, KrWG, 2019, § 36 Rn. 32; *Mann,* in: Versteyl/Mann/Schomerus, KrWG, 2019, § 36 Rn. 5.

214 Beckmann, in: Stüer/Beckmann, Handbuch des Bau- und Fachplanungsrechts, Rn. 8134; Beckmann, in: Landmann/Rohmer, Umweltrecht, Stand: 1/2023, § 36 KrWG Rn. 67: »Wenn bei der Prüfung der Allgemeinwohlverträglichkeit i.S.v. § 36 I Nr. 1a KrWG eine Übereinstimmung mit dem Allgemeinwohl festgestellt wird, kann im Rahmen des Abwägungsgebots eigentlich nichts anderes herauskommen.« Siehe auch *Beckmann,* Planfeststellung zwischen Zulassungsverfahren und Planung. Steht die Zukunft der Planfeststellung auf dem Spiel?, in: Erbguth, Planungsrecht in der gerichtlichen Kontrolle, S. 123 f. (133); *Versteyl,* in: Schmehl/Klement, KrWG, § 36 Rn. 39; *Fellenberg/Schiller,* in: Jarass/Petersen, KrWG, § 36 Rn. 82.

215 *Frenz,* in: Ziekow, Handbuch des Fachplanungsrechts, S. 682.

216 Näher dazu *Beckmann* AbfallR 2025, 220 ff.

217 BVerwG, Urt. v. 20.08.1982 – 4 C 81.79, NJW 1983, 296 (297).

218 BVerwG, Beschl. v. 12.07.2017 – 9 B 49.16, juris Rn. 4; OVG NRW, Urt. v. 03.02.2022 – 20 D 122/20.AK, juris Rn. 66; OVG NRW, Urt. v. 03.09.2021 – 11 D 77/19. AK, juris Rn. 45; BVerwG,

140 Nach der Rechtsprechung ist die Tatsache, dass ein Vorhaben nur unter Inanspruchnahme von Grundstücken, die dem Träger des Vorhabens nicht gehören, errichtet werden kann, ein bestimmender Faktor für die von der Planfeststellungsbehörde vorzunehmende Einzelfallprüfung.[219] Bei dem Prüfschritt der Einhaltung des Abwägungsgebotes stellt sich die entscheidende Frage, ob die mit dem Vorhaben verfolgten Gemeinwohlinteressen so gewichtig sind, dass der Träger des Vorhabens auf das konkret betroffene fremde Eigentum soll zugreifen dürfen, anstatt die Anlage auf eigenem oder freihändig zu erwerbenden Grund und Boden zu verwirklichen. Das hängt zum einen davon ab, wie gewichtig die durch das Vorhaben zu erfüllende Aufgabe der umweltgerechten Abfallentsorgung ist, ein Gesichtspunkt, der besonders bei privaten Trägern sorgfältiger Prüfung bedarf. Zum anderen ist von Bedeutung, ob und gegebenenfalls welche fachbezogenen Gründe gerade für den gewählten Standort im Unterschied zu in Betracht kommenden Alternativstandorten sprechen. Im Sinne dieser Rechtsprechung setzt die Planrechtfertigung nicht voraus, dass das Vorhaben unumgänglich notwendig ist. Gerechtfertigt ist es vielmehr bereits dann, wenn es »vernünftigerweise geboten« ist.[220]

141 Bei der Planrechtfertigung handelt es sich um eine praktisch nur bei groben und einigermaßen offensichtlichen Missgriffen wirksame **Schranke der Planungshoheit**.[221] Einer Planung, die zu verwirklichen nicht beabsichtigt oder die objektiv nicht realisierungsfähig ist, fehlt es an der notwendigen Planrechtfertigung. Es darf daher im Zeitpunkt der Planfeststellung nicht ausgeschlossen sein, dass das planfestgestellte Vorhaben auch verwirklicht werden wird. Die Realisierung eines Vorhabens kann auch an dem Fehlen der erforderlichen Finanzmittel scheitern. Die Planung eines Vorhabens, dessen Finanzierung ausgeschlossen ist, ist verfrüht und damit unzulässig; ihr fehlt ebenfalls die Planrechtfertigung, weil sie nicht vernünftigerweise geboten ist.[222]

142 Die Bewertung der Umweltfolgen des beabsichtigten Vorhabens dürfte im Rahmen der zu prüfenden Planrechtfertigung regelmäßig kaum Berücksichtigung finden. Die Planrechtfertigung ist vor allem deshalb und insoweit erforderlich, als von einer Planung Auswirkungen auf Rechte Dritter ausgehen können.[223] Das konkrete Planungsvorhaben muss, wenn es sich denn über Rechte Dritter hinwegsetzen will, unter Ausrichtung auf die generellen Planungsziele, das heißt auf die Planungsaufgabe des jeweiligen Fachplanungsgesetzes objektiv erforderlich sein.[224] Erforderlichkeit des Vorhabens bedeutet, dass es vernünftigerweise geboten ist. Die Planrechtfertigung dient deshalb in erster Linie einer **Vorabkontrolle**, bei der offensichtlich untaugliche Ziel-Mittel-Relationen oder Verstöße gegen höherrangiges Recht oder gegen höherrangige Ziele zu einem Rechtsfehler führen. Zu prüfen ist im Rahmen der Planrechtfertigung, ob das Vorhaben anderen Zwecken dient als den durch die Fachplanungsgesetze vorgesehenen (**Mangel der Zielkonformität**).

143 Daneben dient die Planrechtfertigung dem verfassungsrechtlichen **Eigentumsschutz**. Im Rahmen der Planrechtfertigung ist deshalb zu prüfen, ob die für das Vorhaben streitenden öffentlichen Belange

---

Urt. v. 26.04.2007 – 4 C 12.05, juris Rn. 45; *Beckmann*, in: Stüer/Beckmann, Handbuch des Bau- und Fachplanungsrechts, Rn. 7293.

219 OVG Lüneburg, Urt. v. 04.07.2017 – 7 KS 7/15, juris Rn. 246.

220 BVerwG, Urt. v. 20.04.2005 – 4 C 18.03, BVerwGE 123, 261 (277); Urt. v. 16.03.2006 – 4 A 1075.04, BVerwGE 125, 116, Rn. 179 f., 182 ff.; Urt. v. 14.02.1975 – IV C 21.74, BVerwGE 48, 56 (69); *Hoppe/Schlarmann/Buchner/Deutsch*, Rechtsschutz, Rn. 847 ff.

221 BVerwG, Beschl. v. 22.06.2023 – 7 VR 3.23, NVwZ 2023, 1657; VGH München, Urt. v. 22.01.2024 – 8 A 22.40040, juris Rn. 44; Urt. v. 24.09.2021 – 8 A 19.40006, juris Rn. 29; BVerwG, Urt. v. 11.07.2001 – 11 C 14.00, BVerwGE 114, 364, juris Rn. 32; Beschl. v. 04.09.2018 – 9 B 24.17, juris Rn. 3; *Beckmann*, in: Stüer/Beckmann, Handbuch des Bau- und Fachplanungsrechts, Rn. 8123.

222 BVerwG, Urt. v. 20.05.1999 – 4 A 12/98, juris Rn. 44; *Wysk*, in: Kopp/Ramsauer, VwVfG, § 73 Rn. 46.

223 OVG Lüneburg, Urt. v. 31.07.2018 – 7 K 17/16, juris Rn. 202; BVerwG, Urt. v. 16.03.2006 – 4 A 1001.04, juris; OVG Lüneburg, Urt. v. 22.04.2016 – 7 KS 27/15, juris; OVG RP, Urt. v. 13.04.2016 – 8 C 10674/15, juris.

224 BVerwG, Urt. v. 22.03.1985 – 4 C 15.83, DVBl 1985, 900 (901); BVerwG, Urt. v. 06.12.1985 – 4 C 59.82, DVBl 1986, 416; BVerwG, Urt. v. 05.12.1986 – 4 C 13.85, UPR 1987, 343 (350).

generell geeignet sind, eine Enteignung zu rechtfertigen.[225] Das gilt allerdings nur für Planungsentscheidungen, bei denen für das Vorhaben privates Grundeigentum notfalls im Enteignungsverfahren in Anspruch genommen werden soll.

144 Angesichts dieses eingeschränkten Prüfungszwecks der Planrechtfertigung können die Ergebnisse der UVP in dieser Stufe der Planprüfung nur dann eine Rolle spielen, wenn bei der Verfolgung der generellen Planungsziele die Vermeidung von Umweltbeeinträchtigungen eine relevante Rolle spielt. So mag z.B. bei der aus Gründen des Lärmschutzes bzw. der Vermeidung von Luftverunreinigungen geplanten Ortsumgehung der Vergleich zwischen den Umweltfolgen dieser Ortsumgehung, etwa durch den Flächenverbrauch, mit den Verbesserungen des Lärmschutzes und des Immissionsschutzes bereits im Rahmen der Planrechtfertigung erheblich sein. Nach der Rechtsprechung des BVerwG ist nämlich eine Planung auch dann nicht gerechtfertigt, wenn sich ihr Unterbleiben als ebenso sinnvoll oder zweckmäßig erweist.[226] Gerade für einen insoweit notwendigen Vergleich mögen die Ergebnisse der UVP von Bedeutung sein. Es wird deshalb zu Recht die Ansicht vertreten, Belange des Lärmschutzes könnten bei Verkehrsinfrastrukturprojekten schon auf der Ebene der Planrechtfertigung beachtlich sein mit der Folge, dass sich die darauf bezogene Ermittlung, Beschreibung und Bewertung der UVP bereits im Rahmen der Prüfung der Planrechtfertigung auswirke.[227]

145 Im Rahmen der Planrechtfertigung mag es im Einzelfall auch auf die **Dimensionierung** des Vorhabens und die damit verbundenen Umweltfolgen ankommen.[228] So kann für die Größe und Kapazität einer Abfalldeponie das prognostizierte Abfallaufkommen entscheidend sein. Auch insoweit sind die Ergebnisse der UVP bei der Prüfung der Planrechtfertigung berücksichtigungsfähig. In aller Regel jedoch betrifft die Frage der zutreffenden Dimensionierung eines Vorhabens nicht die Planrechtfertigung, sondern die Abwägung.[229]

146 Da bei der Planrechtfertigung die für die Zulassung des Vorhabens maßgeblichen Gründe entscheidend sind, finden regelmäßig nur die Bewertungsergebnisse der UVP in dieser Prüfungsphase Berücksichtigung, die für das Vorhaben sprechen können. Gegenläufige Belange können allerdings die Einschätzung rechtfertigen, dass das Vorhaben vernünftigerweise nicht geboten ist.

b) Planungsleitsätze

147 Nach der Rechtsprechung des BVerwG enthalten diejenigen gesetzlichen Vorschriften einen Planungsleitsatz, die bei der öffentlichen Planung strikte Beachtung verlangen und deswegen nicht durch die planerische Abwägung überwunden werden können.[230] Mit dieser Definition kommt dem Begriff der Planungsleitsätze lediglich klassifikatorische Bedeutung zu, da damit nur die Selbstverständlichkeit zum Ausdruck gebracht wird, dass auch Planungsentscheidungen wie andere Entscheidungen von zwingenden gesetzlichen Vorschriften nicht abweichen dürfen.[231] Es wird deshalb empfohlen, auf diesem Begriff zu verzichten.[232]

---

225 BVerwG, Urt. v. 22.03.1985 – 4 C 15.83, DVBl 1985, 900 (901); *Steinberg* NVwZ 1986, 812 ff.; *Beckmann* UPR 2023, 121 (127).

226 BVerwG, Urt. v. 03.05.1988 – 4 C 26.84, NVwZ 1989, 149.

227 *Hoppe* UVP, 39 (93); *Püchel,* UVP, S. 158 ff.

228 VGH München, Urt. v. 14.11.2024 – 1 N 22.1110, juris Rn. 21.

229 OVG Hamburg, Beschl. v. 30.04.2024 – 1 Es 4/24.P, juris Rn. 54; OVG Lüneburg, Urt. v. 04.12.2023 – 7 LB 19/21, juris Rn. 62; BVerwG, Urt. v. 05.12.1986 – 4 C 13/85, BVerwGE 75, 214 = juris Rn. 124; Urt. v. 30.05.1984 – 4 C 58.81, BVerwGE 69, 256 = juris Rn. 50.

230 BVerwG, Urt. v. 22.03.1985 – 4 C 73.82, DVBl 1985, 899; kritisch dazu *Wahl* NVwZ 1990, 426 (435); *Steinberg* DVBl 1992, 1501 f.; *ders.* NVwZ 1986, 812 ff.; *Wysk,* in: Kopp/Ramsauer, VwVfG, 2021, § 73 Rn. 60.

231 So zu Recht *Erbguth/Schink,* UVPG, § 12 Rn. 65, *Paetow,* FS Sendler, 425 (431); *Wahl* NVwZ 1990, 426 (435); *Steinberg* DVBl 1992, 1501 (1502).

232 *Wysk,* in: Kopp/Ramsauer, VwVfG, 2021, § 73 Rn. 67; zu den Begriffen ausführlicher *Ziekow,* in: Ziekow, Handbuch des Fachplanungsrechts, § 6 Rn. 28 ff.

148 Bei der Überprüfung von Planfeststellungsbeschlüssen kommt den Planungsleitsätzen insoweit kaum mehr die Bedeutung einer eigenständigen und regelmäßigen Prüfung zu. Soweit es sich bei den Planungsleitsätzen um umweltrelevante Zulassungsvoraussetzungen handelt, spielen sie natürlich auch im Rahmen der UVP eine Rolle. Bei der Auslegung dieser Planungsleitsätze werden die Ergebnisse der UVP berücksichtigt. Führen die Ergebnisse der UVP bei der Auslegung des Planungsleitsatzes zur Unvereinbarkeit des Vorhabens mit diesem, so folgt aus der Berücksichtigung der Ergebnisse der UVP die Ablehnung des Vorhabens. Das Berücksichtigungsgebot des § 13 Abs. 1 Satz 1 KSG, der Gesetzeszweck des KSG und die zu seiner Erfüllung festgelegten Ziele, auf die sich das Berücksichtigungsgebot bezieht, sind keine Planungsleitsätze im vorgenannten Sinne. Sie gehen vielmehr grundsätzlich als Belange in die planerische Abwägung ein, mit der dann zu entscheiden ist, ob und inwieweit sie sich gegen konkurrierende Faktoren durchsetzen.[233]

149 Da der Erlass einer Planfeststellung und die Erteilung einer Plangenehmigungen im Ermessen bzw. in einem für Planfeststellungen grundsätzlich geltenden Planungsermessen der zuständigen Behörde stehen,[234] ist die Geltung des § 13 KSG für Planfeststellungen und Plangenehmigungen grundsätzlich unbestritten.[235] Begrenzt wird das Planungsermessen der zuständigen Behörde allerdings durch Zulassungsvoraussetzungen, z.B. für Abfalldeponien nach § 36 Abs. 1 KrWG oder gem. § 68 Abs. 2 WHG für den planfeststellungsbedürftigen Gewässerausbau, die für den Planfeststellungsbeschluss und die Plangenehmigung in gleichem Umfang gelten. Der Planfeststellungsbeschluss darf nach § 35 Abs. 2 KrWG nur erlassen, die Plangenehmigung darf nach § 35 Abs. 3 KrWG unter anderem nur erteilt werden, wenn sichergestellt ist, dass das Wohl der Allgemeinheit durch das Vorhaben nicht beeinträchtigt wird. Für den Gewässerausbau gilt nach § 68 Abs. 3 Nr. 1 WHG nichts anderes (siehe auch § 66 Abs. 1 Satz 1 Nr. 1 UVPG für bestimmte Leitungsanlagen). Erst wenn diese Voraussetzung erfüllt ist, eröffnet sich der Ermessensspielraum der zuständigen Behörde für eine Zulassung oder Versagung des planfeststellungsbedürftigen Vorhabens.[236] Fraglich ist deshalb, ob und inwieweit eine Berücksichtigung globaler Klimafolgen schon bei der Prüfung der Zulassungsvoraussetzungen, insbesondere der Allgemeinwohlverträglichkeit eines planfeststellungsbedürftigen Vorhabens, oder erst bei Ausübung des nach Feststellung des Vorliegens der Zulassungsvoraussetzungen noch verbleibenden Ermessens geboten ist.[237] Bei der Auslegung des Allgemeinwohlbegriffs in den §§ 36 Abs. 1 KrWG, 68 Abs. 2 WHG und § 66 Abs. 1 Satz 1 Nr. 1 UVPG kann § 13 KSG herangezogen werden. Unabhängig von § 13 KSG kann im Übrigen schon die Staatszielbestimmung des Art. 20a GG eine Auslegung des Allgemeinwohlbegriffs fordern, die nachteilige Folgen des

---

233 *Sangenstedt* NVwZ 20235, 142 (143).

234 Siehe dazu *Beckmann*, in: Landmann/Rohmer, Umweltrecht, Stand: 1/2023, § 35 Rn. 52; ausführlich dazu *Ziekow*, in: Ziekow, Handbuch des Fachplanungsrechts, 2024, S. 174 ff.

235 Siehe z.B. *Schink*, in: Frenz, Klimaschutzrecht, § 13 KSG Rn. 14 ff.; *Schlacke*, in: Kreuter-Kirchhof/Schlacke, Klimaschutzrecht, § 12 Rn. 14 ff.; *Fellenberg*, in: Fellenberg/Guckelberger, Klimaschutzrecht, § 13 KSG Rn. 10; *Franke/Verheyen*, § 11 Klimaschutzrecht, in: Koch/Hofmann/Reese, Handbuch Umweltrecht, Rn. 169.

236 *Czychowski/Reinhardt*, WHG, § 68 Rn. 22; *Kümper*, in: Schink/Fellenberg, WHG, 68 Rn. 51; *Beckmann*, in: Stüer/Beckmann, Handbuch des Bau- und Fachplanungsrechts, Rn. 8134; *Beckmann*, in: Landmann/Rohmer, Umweltrecht, Stand: 1/2023, § 36 KrWG Rn. 67: »Wenn bei der Prüfung der Allgemeinwohlverträglichkeit i.S.v. § 36 I Nr. 1a KrWG eine Übereinstimmung mit dem Allgemeinwohl festgestellt wird, kann im Rahmen des Abwägungsgebots eigentlich nichts anderes herauskommen.«; siehe auch *Beckmann*, Planfeststellung zwischen Zulassungsverfahren und Planung. Steht die Zukunft der Planfeststellung auf dem Spiel?, in: Erbguth, Planungsrecht in der gerichtlichen Kontrolle, S. 123 f. (133); *Versteyl*, in: Schmehl/Klement, KrWG, § 36 Rn. 39; *Fellenberg/Schiller*, in: Jarass/Petersen, KrWG, § 36 Rn. 82.

237 Siehe dazu *Beckmann* AbfallR 2025, 210; OVG Greifswald, Urt. v. 14.05.2025 – 5 K 525/23, juris Rn. 78; *Müller/Gutt* AbfallR 2025, 258; *Vetter* AbfallR 2024, 298 (299); *Dolde/Vetter* AbfallR 2024, 80 (85 f.); OVG Lüneburg, Beschl. v. 07.05.2024 – 7 M 83/23, UPR 2024, 859, die m.E. zu Unrecht eine Berücksichtigung globaler Klimafolgen nur im Rahmen des Abwägungsgebots in Betracht ziehen.

Deponievorhabens für das globale Klima und dementsprechend die Ziele des KSG einbezieht.[238] Zutreffend ist nämlich der Hinweis, dass der Schutzauftrag des Art. 20a GG nicht allein den Gesetzgeber verpflichtet, dem Klimawandel mehr Aufmerksamkeit zu schenken, sondern auch den Entscheidungsspielraum der Verwaltung begrenzt, klimaschützende Maßnahmen zu ergreifen oder von ihnen abzusehen.[239]

Auf eine Klärung der Frage, ob und inwieweit nachteilige Folgen eines planfeststellungsbedürftigen Vorhabens für das Klima schon bei der Prüfung einer Allgemeinwohlbeeinträchtigung im Rahmen der Zulassungsvoraussetzungen einzubeziehen sind, kann nicht mit einem Verweis auf die Möglichkeit verzichtet werden, § 13 KSG im Rahmen der verbleibenden Ermessensausübung anwenden zu können. Denn wenn globale Klimafolgen eine Beeinträchtigung des Allgemeinwohls befürchten lassen, dann darf das Vorhaben nicht zugelassen werden. Es eröffnet sich dann überhaupt kein Ermessensspielraum, bei dessen Ausübung § 13 KSG Anwendung finden könnte. Außerdem gelten bei der gerichtlichen Anfechtung von Planfeststellungen und Plangenehmigungen für die Zulassungsvoraussetzungen und für die Ermessensausübung unterschiedliche gerichtliche Prüfungsmaßstäbe. Bei der gerichtlichen Überprüfung, ob die Zulassungsvoraussetzungen, etwa die der §§ 36 Abs. 1 KrWG, 68 Abs. 2 WHG und 66 Abs. 1 Satz 1 Nr. 1 UVPG vorliegen, ist grundsätzlich und abgesehen von möglichen Beurteilungsspielräumen und Einschätzungsprärogativen von einer gerichtlichen Vollkontrolle auszugehen. Das hat zur Konsequenz, dass die zur Prüfung der Allgemeinwohlverträglichkeit erforderliche (»nachvollziehende«) Abwägung der zuständigen Behörde voll gerichtlich überprüft und letztlich im Ergebnis durch eine eigene Abwägung des Gerichts ersetzt werden kann, während eine Berücksichtigung globaler Klimafolgen auf der Grundlage des § 13 KSG im Rahmen des Planungsermessens bzw. Ermessens lediglich nach den Grundsätzen der für die planerische Abwägung von den Gerichten entwickelten Abwägungsfehlerlehre bzw. nach den Maßstäben des § 114 VwGO zu prüfen ist. Eine hinreichende Berücksichtigung globaler Klimafolgen eines planfeststellungsbedürftigen Vorhabens darf deshalb nicht vorschnell nur an den Kriterien der für das planerische Abwägungsgebot geltenden Abwägungsfehlerlehre gemessen werden, ohne sich mit der Frage auseinanderzusetzen, ob eine Berücksichtigung der Klimafolgen nicht bereits bei der Prüfung der Zulassungsvoraussetzungen zu erfolgen hätte, was zu einem anderen Prüfungsumfang, nämlich zu einer gerichtlichen Vollprüfung führen würde.[240] 150

Soweit zur Prüfung der Allgemeinwohlverträglichkeit des Vorhabens die für und gegen das Vorhaben sprechenden Belange abgewogen werden müssen, kommt es nach h.M. bereits zur Feststellung der Zulassungsvoraussetzungen und nicht erst bei Betätigung des Planungsermessens zur Gegenüberstellung planungsrelevanter und gegenläufiger Belange im Rahmen einer »nachvollziehenden« Abwägung.[241] Die insoweit notwendige Abwägung der Behörde ist allerdings, anders als eine planerische Abwägung, grundsätzlich uneingeschränkt gerichtlich nachprüfbar.[242] Das Wohl der Allgemeinheit ist ein unbestimmter, auslegungsbedürftiger Rechtsbegriff; die Allgemeinwohlverträg- 151

238 A.A. *Schiller* UPR 2025 (Heft 10), der meint, »die Tatsache, dass das Berücksichtigungsgebot des § 13 BImSchG bei gebundenen Entscheidungen keine Rolle spiele, dürfte nicht von vornherein verfassungsrechtlich bedenklich sein.«.

239 BVerfG, Beschl. v. 24.03.2021 – 1 BvR 2656/18, 1 BvR 78/20, 1 BvR 96/20, 1 BvR 288/20, NVwZ 2021, 951; *Sangenstedt* NVwZ 2025, 142 (150); *Kling* ZUR 2024, 141 (146); *Siegel* DÖV 2023, 329 (333); *Posser* DVBl. 2025, 821 (823).

240 *Beckmann* AbfallR 2025, 210; siehe dazu aber auch OVG Lüneburg, Beschl. v. 07.05.2024 – 7 M 83/23, UPR 2024, 859.

241 *Beckmann*, in: Landmann/Rohmer, Umweltrecht, Stand: 1/2023, § 36 KrWG Rn. 17; *Kümper*, in: Schink/Fellenberg, WHG, § 68 Rn. 51; OVG Magdeburg, Beschl. v. 18.05.2015 – 2 M 33/15, NVwZ-RR 2015, 809 (813); OVG RP, Urt. v. 12.02.2009 – 1 A 10722/08, juris Rn. 171, 173; VGH BW, Urt. v. 23.09.2013 – 3 S 284/11, juris Rn. 125.

242 BVerwG, Urt. v. 22.10.2015 – 7 C 15.13, NVwZ 2016, 308; BayVGH Urt. v. 15.03.2021 – 8 A 18.40041, BeckRS 2021, 6122 Rn. 49; BayVGH, Beschl. v. 15.12.2021 – 8 ZB 21.668, juris Rn. 20; *Beckmann*, in: Landmann/Rohmer, Umweltrecht, Stand: 1/2023, § 36 KrWG Rn. 17.

lichkeit eines Vorhabens muss im jeweiligen Einzelfall unter Berücksichtigung der konkreten Umstände festgestellt werden.[243] Eine ordnungsgemäße Abwägung zur Feststellung der Allgemeinwohlverträglichkeit setzt voraus, dass die Planfeststellungsbehörde den maßgebenden Sachverhalt ermittelt, insbesondere also auch untersucht, ob und in welchem Ausmaß Allgemeinwohlbelange durch die Errichtung oder den Betrieb der Anlage beeinträchtigt werden.[244] Es wäre angesichts der zunehmenden Bedeutung negativer Folgen des Klimawandels nicht nachvollziehbar, solche eines Deponievorhabens bei der Prüfung der Allgemeinwohlverträglichkeit auszublenden.

152 Regelmäßig ist eine Allgemeinwohlunverträglichkeit zwar bereits dann anzunehmen, wenn im Einzelfall ein einzelnes der aufgelisteten Schutzgüter beeinträchtigt wird. Rechtsvorschriften, die Beeinträchtigungen des Gemeinwohls untersagen, sind grundsätzlich so zu verstehen, dass bereits jedes entgegenstehende öffentliche Einzelinteresse die negative Rechtsfolge auslöst, eine Kompensation mit gleichzeitig geförderten öffentlichen Interessen also im Regelfall nicht möglich ist. Ausnahmsweise kann eine Allgemeinwohlklausel jedoch die Berücksichtigung positiv und negativ beeinflusster öffentlicher Interessen im Sinne einer Kompensation voraussetzen.[245] In diesem Sinne kann eine Bilanzierung öffentlicher und privater Interessen notwendig sein.

c) Abwägungsgebot

153 Schließlich sind die betroffenen öffentlichen und privaten Belange auf der dritten Planungsebene gegeneinander und untereinander gerecht abzuwägen. Das Abwägungsgebot verlangt bekanntlich, dass eine Abwägung überhaupt stattfindet und in die Abwägung alle Belange eingestellt werden, die nach Lage der Dinge in sie eingestellt werden müssen, weder die Bedeutung der betroffenen öffentlichen und privaten Belange verkannt noch der Ausgleich zwischen ihnen in einer Weise vorgenommen wird, die zur objektiven Gewichtigkeit einzelner Belange außer Verhältnis steht. Unter Beachtung dieser Grundsätze kann die Planungsbehörde sich bei der Kollision verschiedener Belange für die Bevorzugung des einen und damit notwendig für die Zurückstellung eines anderen entscheiden. Die Anforderungen des Abwägungsgebots richten sich nach h.M. grundsätzlich sowohl nach dem **Abwägungsvorgang** als auch nach dem **Abwägungsergebnis**.[246]

154 Der von der Planfeststellungsbehörde durchzuführende Abwägungsvorgang beginnt mit der Zusammenstellung des Abwägungsmaterials, wird fortgesetzt mit einer Gewichtung der einzelnen Belange und endet mit der eigentlichen Abwägung, bei der entschieden werden muss, welche Belange vorgezogen und welche zurückgestellt werden sollen.

155 Der Gesetzgeber kann die Gewichtung einzelner Belange im Rahmen der planerischen Abwägung durch gesetzliche Vorgaben lenken.[247] Zumeist bleiben die gesetzlichen Gewichtungsvorgaben allerdings vage; für die planerische Abwägung wird auf die konkreten Umstände des jeweiligen Einzelfalles verwiesen. Dazu dienen insbesondere **Optimierungsgebote**, mit denen der Gesetzgeber eine

243 VGH BW, Beschl. v. 14.11.2011 – 8 S 1281/11, BeckRS 2011, 56026.

244 BVerwG, Urt. v. 21.02.1992 – 7 C 11/91, NVwZ 1993, 366 (367).

245 *Beckmann*, in: Landmann/Rohmer, Umweltrecht, Stand: 1/2023, § 36 KrWG Rn. 17; *Hoppe/Beckmann/Kauch*, Umweltrecht, § 28 Rn. 31; *Beckmann* DÖV 1987, 944 (951); BVerwG, Urt. v. 09.11.1984, NWZ 1985, 414.

246 BVerwG, Urt. v. 07.10.2021 – 4 A 9/19, juris Rn. 56 f.; *Beckmann*, in: Stüer/Beckmann, Handbuch des Bau- und Fachplanungsrechts, Rn. 8143; *Neumann/Külpmann*, in: Stelkens/Bonk/Sachs, VwVfG, § 74 Rn. 55; *Lieber, in:* Mann/Sennekamp/Uechtritz, VwVfG, § 74 Rn. 53; BVerwG, Urt. v. 05.07.1974 – IV C 50.72, BVerwGE 45, 309 (313); BVerwG, Urt. v. 14.02.1975 – IV C 21.74, BVerwGE 48, 56 ff.; siehe dazu auch *Erbguth* UPR 2010, 281; *Beckmann* BauR 2016, 1417; *Beckmann,* Planfeststellung zwischen Zulassungsverfahren und Planung, S. 135 (145); *Berkemann* ZUR 2016, 323.

247 BVerwG, Beschl. v. 21.08.1990 – 4 B 104/90, NVwZ 1991, 69; *Beckmann*, in: Stüer/Beckmann, Handbuch des Bau- und Fachplanungsrechts, Rn. 8131, 8148.

möglichst weitgehende Beachtung bestimmter Belange verlangt.[248] Diese Optimierungsgebote verschieben die Argumentationslast zugunsten eines hervorgehobenen Belanges. Allerdings sind derartige Optimierungsgebote im Einzelfall im hohen Maße konkretisierungsbedürftig. Als Optimierungsgebote in diesem Sinne gelten z.B. § 50 BImSchG (Trennung unverträglicher Nutzungen), die Bodenschutzklausel des § 1 a Abs. 2 BauGB oder § 2 Abs. 1 BNatSchG. Umstritten ist, ob das Gebot, Eingriffe in Natur und Landschaft möglichst zu vermeiden, als Optimierungsgebot oder als zwingendes Recht im Sinne eines Planungsleitsatzes anzusehen ist.[249]

Für die einzelnen Phasen des Abwägungsvorganges, d.h. für die Zusammenstellung des Abwägungsmaterials, für die Bewertung und Gewichtung der betroffenen Umweltbelange und für die eigentliche Abwägung, spielen die Ergebnisse der UVP eine große Rolle. 156

Nach der Rechtsprechung des BVerwG ist die Verpflichtung der Planfeststellungsbehörde zur **Zusammenstellung des Abwägungsmaterials** begrenzt auf solche Umstände, die für die Behörde als entscheidungsbeachtlich erkennbar sind. Das ist der Fall, wenn sich die Abwägungsbeachtlichkeit entweder aufdrängt oder wenn ein Planbetroffener Umstände im Zuge einer Bürgerbeteiligung oder auf andere Weise rechtzeitig in das Planverfahren einbringt. Nach der Rechtsprechung braucht die Planfeststellungsbehörde nicht zu berücksichtigen, was sie nicht sieht und was sie nach den Umständen auch nicht zu sehen braucht.[250] Fraglich könnte sein, ob dies auch im Rahmen der Umweltverträglichkeitsprüfung gelten kann, weil mit der UVP eine möglichst vollständige Prüfung der Umweltfolgen des Vorhabens beabsichtigt ist. Mit der bloßen Ermittlung solcher Umweltbeeinträchtigungen, die sich als abwägungsbeachtlich aufdrängen, könnte es die Planfeststellungsbehörde angesichts dessen mit Blick auf die UVP nicht bewenden lassen. Richtig daran ist, dass die UVP in der Tat darauf abzielt, die voraussichtlichen Umweltfolgen des Projekts möglichst umfassend zu ermitteln, zu bewerten und bei der Entscheidung zu berücksichtigen. Die UVP soll insoweit gewährleisten, dass keine gewichtigen Beeinträchtigungen ökologischer Belange unberücksichtigt bleiben. Die Ermittlung der Umweltauswirkungen des Vorhabens dient im Rahmen des Planfeststellungsverfahrens somit in besonderer Weise der Zusammenstellung des Abwägungsmaterials. Allerdings sind im Ermittlungsvorgang der Planfeststellungsbehörde weitergehende Belange zu berücksichtigen, die über die im Rahmen der UVP zu ermittelnden Umweltbelange weit hinausgehen. So gilt z.B. das durch ein Vorhaben betroffene private Eigentum in hervorragender Weise als abwägungsbeachtlicher Belang.[251] Soweit die Rechtsprechung die Verpflichtung der Planfeststellungsbehörde zur Zusammenstellung des Abwägungsmaterials auf solche Umstände begrenzt, die für die Behörde als entscheidungsbeachtlich erkennbar sind, soll der Grundsatz der umfassenden Ermittlung aller betroffenen Belange nicht aufgegeben werden. Vielmehr sollen Grenzen der Untersuchungs- und Ermittlungspflicht aufgezeigt werden, die schon aus verfahrensökonomischen Gründen auch bei UVP-pflichtigen Vor- 157

248 Zur Ablehnung eines Optimierungsgebots für die Berücksichtigung von Klimaschutzbelangen BVerwG, Urt. v. 19.02.2025 – 9 A 9.23, juris Rn. 222; Urt. v. 04.05.2022 – 9 A 7/21, juris, Rn. 185; *Kling* ZUR 2024, 141 (146); *Schlacke* EurUP 2020, 338 (344); *Schink* NuR 2021, 1 (5); *Fellenberg*, in: Fellenberg/Guckelberger, Klimaschutzrecht, § 13 KSG Rn. 26; *Uechtritz/Ruttloff* NVwZ 2022, 9 (11); *Wickel* ZUR 2021, 332 (337); *Guckelberger* KlimR 2022, 294 (297); eher zu § 13 KSG als Optimierungsgebot neigend *Sangenstedt* NVwZ 2025, 142 (144); *Guckelberger* KlimR 2022, 294 (297); *Beckmann*, in: Stüer/Beckmann, Handbuch des Bau- und Fachplanungsrechts, Rn. 5349; *Beckmann*, in: Landmann/Rohmer, Umweltrecht, 105. EL Sept 2024, KSG Vorb. Rn. 62; *Heß/Peters/Schöneberger/Verheyen* NVwZ 2023, 113 (119); *Kling* ZUR 2024, 141 (148 f.); *Siegel* DÖV 2023, 329 (333).

249 So zu Recht *Lütkes*, in: Lütges/Ewer, BNatSchG, § 15 Rn. 5; *Guckelberger*, in: Frenz/Müggenborg, BNatSchG, § 15 Rn. 27 ff.; *Kerkmann/Schröter*, in: Schlacke, BNatSchG, § 15 Rn. 6; BVerwG, Urt. v. 07.03.1997 – 4 C 10.96, BVerwGE 104, 144 (146 f.).

250 BVerwG, Beschl. v. 09.11.1979 – 4 N 1.78 u.a., BVerwGE 59, 87 (102); BVerwG, Beschl. v. 07.12.1989 – 7 B 98.88, DVBl 1989, 510 (511); BGH, Urt. v. 26.01.1989 – III ZR 194/87, NJW 1989, 976.

251 Näher zum Eigentumsschutz und zur enteignungsrechtlichen Vorwirkung der Planfeststellung *Beckmann* UPR 2023, 121; zu Wertminderungen von Grundstücken als abwägungsrelevanter Belang im Planfeststellungsverfahren *Beckmann* BauR 2021, 768.

haben beachtet werden müssen. Auch bei diesen Vorhaben sollte es deshalb bei der zitierten Rechtsprechung des BVerwG bleiben. Unberücksichtigt bleiben können deshalb auch im Rahmen der UVP Umweltfolgen, die offensichtlich geringfügig sind oder aber deren Eintritt ausgesprochen unwahrscheinlich ist. Die Ermittlungspflichten sind insoweit allerdings umso weitergehender, je schwerwiegender sich die Betroffenheit darstellt.[252]

158 Die Zusammenstellung des Abwägungsmaterials setzt insoweit nicht zuletzt **Prognosen** über die künftige Entwicklung, im Zusammenhang mit der UVP also hinsichtlich der voraussichtlichen Umweltfolgen voraus.[253]

159 Das Abwägungsgebot fordert nicht nur eine Zusammenstellung des Abwägungsmaterials, sondern auch die Bewertung der durch das Vorhaben betroffenen Belange. Bei der **Bewertung der Gewichtigkeit betroffener Belange** können gesetzliche Vorgaben eine Rolle spielen. Insoweit können insbesondere Berücksichtigungs- oder Optimierungsgebote beachtlich sein. Im Kern fehlt es jedoch für die Bewertung der Gewichtigkeit betroffener Belange an festen Maßstäben. Die (subjektive) Gewichtung der betroffenen Belange ist im Planfeststellungsverfahren gerade ein zentraler Punkt des der Planfeststellungsbehörde eingeräumten Planungsermessens. Erst wenn die Bewertung der Planfeststellungsbehörde zu einer »objektiven« Gewichtung des betroffenen Belangs außer Verhältnis gerät, soll dies nach der Rechtsprechung zur Rechtswidrigkeit der Planungsentscheidung führen. Zu Recht wird insoweit darauf hingewiesen, dass es bei der planerischen Abwägung auf die Umstände des Einzelfalles ankommt. Für sie ist deshalb die im Rahmen der UVP zu leistende Bewertung nach Maßgabe der jeweils geltenden Fachgesetzlichkeit und der Erfahrungssätze entscheidend. Die UVP dient insoweit auch dazu, zu erkennen, was nach Lage der Dinge, also situationsgebunden zum Abwägungsmaterial zählt. Die Gewichtung von Belangen im Bereich der UVP kann insoweit durch die Bewertung i.S.d. § 25 Abs. 1, die ebenfalls durch gesetzliche Vorgaben gelenkt, im Kern aber genauso wenig ein reiner Vorgang der Subsumtion unter umweltrelevante Zulassungsvoraussetzungen ist, beeinflusst werden.

160 Auf der Grundlage des zusammengestellten Materials und der gewichteten Belange muss schließlich im Rahmen der planerischen Abwägung ein **Ausgleich zwischen den betroffenen Belangen** in einer Weise gewonnen werden, der zur objektiven Gewichtigkeit dieser Belange im Verhältnis steht.[254] Im Rahmen der Abwägung ist insoweit zu entscheiden, ob die ermittelten und bewerteten Umweltfolgen Vorrang haben sollen vor den für das Vorhaben sprechenden Belangen und damit zu einer Unzulässigkeit des Vorhabens führen sollen, oder ob sie gegenüber diesen Belangen zurückgestellt werden sollen mit der Folge, dass trotz der zu erwartenden Umweltfolgen das Projekt zugelassen werden kann. Im Rahmen der planerischen Abwägung kann nicht zuletzt entschieden werden, ob angesichts der zu erwartenden Umweltauswirkungen Schutzvorkehrungen oder Ausgleichsmaßnahmen notwendig werden. Mit welchem (objektiven) Gewicht, Klimabelange in die Abwägung einzubringen sind, ist noch nicht abschließend geklärt und letztlich auch eine Frage der Abwägung im Einzelfall.

2. Berücksichtigung der Umweltauswirkungen bei Kontrollerlaubnissen

161 Kontrollerlaubnisse sind Zulassungsentscheidungen, auf deren Erteilung der Antragsteller einen grundrechtlichen Anspruch hat, wenn die gesetzlichen Zulassungsvoraussetzungen vorliegen.[255]

---

252 In diesem Sinne auch *Wulfhorst*, in: Landmann/Rohmer, Umweltrecht, Stand: 4/2022, § 25 UVPG Rn. 46.

253 Zu behördlichen Prognoseentscheidungen OVG NRW, Beschl. v. 23.11.2023 – 2 B 677/23.NE, juris Rn. 52; OVG NRW Beschl. v. 13.12.2021 – 2 B 1481/21.NE, juris Rn. 46 f.; *Beckmann*, in: Stüer/Beckmann, Handbuch des Bau- und Fachplanungsrechts, Rn. 2477.

254 *Beckmann*, in: Stüer/Beckmann, Handbuch des Bau- und Fachplanungsrechts, Rn. 8150; BVerwG, Urt. v. 05.12.1986 – 4 C 13.85, NVwZ 1987, 578.

255 *Kümper*, in: Schink/Reidt/Mitschang, UVPG/UmwRG, § 25 UVPG Rn. 22; *Wulfhorst*, in: Landmann/Rohmer, Umweltrecht, Stand: 4/2022, § 25 UVPG Rn. 48; zur Dogmatik der Erlaubnisarten *Hoppe/Beckmann/Kauch*, Umweltrecht, § 28 Rn. 9; *Kloepfer*, Umweltrecht, § 5 Rn. 208.

Formell heben sie ein Verbot, das Vorhaben ohne Erlaubnis durchzuführen, auf; materiell gewähren sie dem Antragsteller allerdings nur das, was ihm grundrechtlich ohnehin zusteht. Zu den Kontrollerlaubnissen in diesem Sinne zählen z.B. Baugenehmigungen, bergrechtliche Betriebsplanzulassungen, atomrechtliche Planfeststellungen und vor allem die immissionsschutzrechtlichen Genehmigungen, mit deren Hilfe eine besonders große Zahl der UVP-pflichtigen Vorhaben zugelassen werden.[256]

Gegen die Möglichkeit, bei der Erteilung einer Kontrollerlaubnis die Ergebnisse der UVP angemessen berücksichtigen zu können, wurde in der Vergangenheit ein ganzer Kanon von Bedenken vorgetragen: Bezweifelt wurde vor allem, ob die Wechselwirkungen zwischen einzelnen Umweltmedien, die im Rahmen der UVP zu bewerten sind, angemessen berücksichtigt werden können, weil es in den Fachgesetzen an einer entsprechenden Öffnung für diese Wechselwirkungen fehle. Vermisst wurden außerdem Kompensationsmöglichkeiten zwischen den verschiedenen Umweltbelangen. Bei den Kontrollerlaubnissen handele es sich nicht um planerische Entscheidungen. Solche Entscheidungen seien nach der Rechtsprechung des BVerwG dadurch gekennzeichnet, dass der planenden Behörde durch ein Gesetz die Befugnis übertragen werde, für ein bestimmtes Vorhaben, das dem Wohl der Allgemeinheit diene, private und öffentliche Belange in einer Art planender Gestaltung durch Ablegung zum Ausgleich zu bringen und erforderlichenfalls auch zu überwinden.[257] Der Plancharakter von Erlaubnistatbeständen hinge davon ab, dass auf der Ebene der öffentlichen Belange tatsächlich ein Konflikt auszutragen sei. Nur dann bestehe Bedarf und Anlass für eine planerische Abwägung. Stünden den öffentlichen Belangen hingegen allein die privaten Interessen des Antragstellers gegenüber, finde eine planerische Abwägung mit dem Ziel eines Ausgleichs konfligierender öffentlicher Belange überhaupt nicht statt. Dies sei stets der Fall, wenn es um die Zulassung eines rein privatnützigen Vorhabens gehe, bei dem allenfalls eine mit der planerisch-gestaltenden Abwägung nicht identische (nachvollziehende) Abwägung ohne Kompensationsmöglichkeiten für entstehende öffentliche Belange stattfinde.[258] Die fehlenden Kompensationsmöglichkeiten könnten Verbesserungen der Umweltsituation verhindern, wenn Nachteile, die mit dem Vorhaben für bestimmte Umweltmedien vorhanden seien, durch Verbesserungen für andere Umweltmedien mehr als aufgefangen würden. Weil jeder entgegenstehende öffentliche Belang das privatnützige Vorhaben zu Fall bringen könne, könne eine neue, möglicherweise weniger emittierende Anlage, die insgesamt zu einer Verbesserung der Umweltsituation führe, nicht zugelassen werden. Dies sei mit der von der UVP angestrebten Verbesserung der Umweltsituation unvereinbar. Die UVP sei angesichts dessen im Bereich gebundener Kontrollerlaubnisse weniger durchsetzungsfähig als im Bereich von Panfeststellungsverfahren. Mangels eines diese Differenzierung rechtfertigenden Grundes sei dieses gleichheitswidrig und damit auch verfassungswidrig. Bedenken hinsichtlich der Berücksichtigungsfähigkeit der UVP bei Kontrollerlaubnissen sollen sich außerdem daraus ergeben, dass für Kontrollerlaubnisse ein Vergleich von Standort- bzw. Produktionsalternativen fremd sei. Ein solcher Alternativenvergleich sei nur bei planerischen Entscheidungen möglich, die eine Kompensation, das heißt ein Voran- oder Zurückstellen einzelner Belange oder einen Ausgleich dieser Belange ermöglichten.[259] 162

256 Zur atomrechtlichen Planfeststellung siehe BVerwG, Beschl. v. 26.03.2007 – 7 B 74/06, NVwZ 2007, 837; BVerfG, Beschl. v. 10.11.2009 – 1 BvR 1178/07, NVwZ 2010, 114; zur bergrechtlichen Planfeststellung siehe *Beckmann* DVBl. 2023, 449 (455); *von Weschpfennig*, Strukturen des Bergrechts, S. 298 ff.; *von Weschpfennig* EuRUP 2016, 182; *Beckmann*, in: Frenz, BBergG, § 57a Rn. 1 ff.; *Wittmann*, in: Landmann/Rohmer, Umweltrecht, § 51 UVPG Rn. 1; *Beckmann/Wittmann* DVBl 2021, 137.

257 Siehe dazu den Überblick von *Wasielewski*, in: Führ, BImSchG, § 6 Rn. 55; *Gärditz*, in: Appel/Ohms/Saurer, BImSchG, § 6 Rn. 45; *Erbguth/Schink*, UVPG, § 12 UVPG a.F. Rn. 37 unter Verweis auf BVerwG, Urt. v. 11.04.1986 – 4 C 51.83, BVerwGE 74, 124 (133); BVerwG, Urt. v. 20.08.1982 – 4 C 81.79, BVerwGE 66, 133 (135); v. 17.12.1985 – 4 B 214.85, NVwZ 1986, 640; Beschl. v. 20.12.1988 – 7 NB 2.88, NVwZ 1989, 458.

258 *Erbguth/Schink*, UVPG, § 12 UVPG a.F. Rn. 37 unter Verweis auf BVerwG, Beschl. v. 16.06.1988 – 4 B 102.88, NVwZ 1988, 1020; Beschl. v. 07.09.1988 – 4 N 1.87, DVBl 1988, 1167.

259 Siehe dazu auch *Erbguth* ZUR 2014, 515.

163 Für das immissionsschutzrechtliche Genehmigungsverfahren richteten sich weitere Bedenken gegen eine fehlende Harmonisierung des Vorhabenbegriffs der UVP und des Anlagenbegriffs des BImSchG, der hinter dem Projektbegriff der UVP-RL zurückbleibe. Die Schutzrichtung des BImSchG sei einseitig auf eine Reinhaltung der Luft ausgerichtet und damit für die Einbeziehung von Wechselwirkungen zwischen den verschiedenen Umweltmedien nur bedingt offen, wegen der eingeschränkten materiellen Konzentrationswirkung des § 13 BImSchG ließen sich entsprechende Defizite auch nicht über § 6 Nr. 2 BImSchG unter Verweis auf sonstige öffentlich-rechtliche Vorschriften leugnen.

164 Trotz der genannten Bedenken ist nach mittlerweile weitgehend unbestrittener Ansicht eine Berücksichtigung der Ergebnisse der UVP auch bei Kontrollerlaubnissen möglich.[260] Die Rechtsprechung hat Klagen gegen Kontrollerlaubnisse mit einem entsprechenden Einwand nicht zum Erfolg verholfen.

a) Berücksichtigung von Wechselwirkungen

165 Geht man davon aus, dass § 25 Abs. 2 nicht zu einer UVP-konformen Uminterpretation fachgesetzlicher Zulassungstatbestände ermächtigt, dann kommt es hinsichtlich der gebotenen Berücksichtigung von Wechselwirkungen auf die Auslegung der jeweils einschlägigen Zulassungsvoraussetzungen an. Es drängt sich allerdings der Eindruck auf, als würde die in der Vergangenheit geführte Diskussion praxisfern, zu weit losgelöst vom jeweiligen Fachrecht geführt.

166 Für das Immissionsschutzrecht sei darauf eingegangen. Die immissionsschutzrechtliche Genehmigung ist nach § 6 BImSchG zu erteilen, wenn die dort im Einzelnen aufgeführten Zulassungsvoraussetzungen erfüllt sind. Dazu zählt unter anderem die Beachtung der sich aus § 5 Abs. 1 BImSchG und aus anderen öffentlich-rechtlichen Vorschriften ergebenden Pflichten. Nach § 5 Abs. 1 Nr. 1 BImSchG sind genehmigungsbedürftige Anlagen so zu errichten und zu betreiben, dass schädliche Umwelteinwirkungen und sonstige Gefahren, erhebliche Nachteile und erhebliche Belästigungen für die Allgemeinheit und die Nachbarschaft nicht hervorgerufen werden können. Mit der Neufassung des § 5 Abs. 1 BImSchG durch das Artikelgesetz 2001 wurde ausdrücklich auf das Ziel der Gewährleistung eines hohen Schutzniveaus für die Umwelt insgesamt hingewiesen. § 5 Abs. 1 Nr. 1 2. Alt. BImSchG bezieht nach seinem Wortlaut insoweit ausdrücklich auch sonstige Gefahren, erhebliche Nachteile und Beeinträchtigungen ein. Dementsprechend gewährleistet das BImSchG nicht nur einen Schutz vor schädlichen Umwelteinwirkungen durch Immissionen, sondern auch vor sonstigen Gefahren, erheblichen Nachteilen oder Belästigungen. Der Gesetzgeber hatte zudem in einem ersten Schritt bereits mit der Novellierung des BImSchG zum 11.05.1990 in § 1 BImSchG den Schutzzweck des Gesetzes erweitert. Er erfasst seitdem nicht nur den Schutz und die Vorsorge vor schädlichen Umwelteinwirkungen, sondern, soweit es sich um genehmigungsbedürftige Anlagen handelt, auch den Schutz vor Gefahren, erheblichen Nachteilen und erheblichen Belästigungen, die auf andere Weise herbeigeführt werden können. Durch die ausdrückliche Aufnahme des Bodens, des Wassers, der Atmosphäre und der Kulturgüter in den Schutzgüterkreis des § 1 BImSchG hat der Gesetzgeber zudem verdeutlicht, dass der Schutz des Menschen und seiner gesamten Umwelt Zweck des BImSchG ist. Nach § 3 Abs. 2 BImSchG in der seit dem 03.07.2024 geltenden Fassung sind Immissionen auf Menschen, Wild- und Nutztiere und Pflanzen, den Boden, das Wasser, die Atmosphäre, das Klima sowie Kultur- und sonstige Sachgüter einwirkende Luftverunreinigungen, Geräusche, Erschütterungen, Licht, Wärme, Strahlen und ähnliche Umwelteinwirkungen. Damit werden auch das Klimafolgen in den Begriff der schädlichen Umwelteinwirkungen einbezogen. Zweck des BImSchG ist es nach § 1 Abs. 1 BImSchG in der seit dem 03.07.2024 geltenden Fassung, Menschen, Wild- und Nutztiere und Pflanzen, den Boden, das Wasser, die Atmosphäre, das Klima sowie Kultur- und sonstige Sachgüter vor schädlichen Umwelteinwirkungen zu schützen und

260 Zustimmend *Kümper,* in: Schink/Reidt/Mitschang, UVPG/UmwRG, § 25 UVPG Rn. 22; *Wulfhorst,* in: Landmann/Rohmer, Umweltrecht, Stand: 4/2022, § 25 Rn. 48; *Gärditz,* in: Appel/Ohms/Saurer, BImSchG, § 6 Rn. 45; *Jarass,* BImSchG, § 6 Rn. 39; *Enders,* in: BeckOK Umweltrecht, Stand: 1/2025, § Rn. 27; kritisch *Erbguth* ZUR 2014, 515 (520).

dem Entstehen schädlicher Umwelteinwirkungen vorzubeugen. Damit ist auch der medienübergreifende Charakter des BImSchG durch den Gesetzgeber selbst zum Ausdruck gebracht worden, sodass das Gesetz nach seinem materiell-rechtlichen Schutzumfang dem Prüfungsrahmen der UVP entspricht. Hinzu kommt, dass die Zweckbestimmung des § 1 BImSchG mit dem Artikelgesetz durch einen gesonderten Abs. 2 in der Weise ausgedehnt worden ist, dass das Gesetz bei genehmigungsbedürftigen Anlagen auch der integrierten Vermeidung und Verminderung schädlicher Umwelteinwirkungen durch Emissionen in Luft, Wasser und Boden unter Einbeziehung der Abfallwirtschaft dient, um ein hohes Schutzniveau für die Umwelt insgesamt zu erreichen. Dem entspricht es, dass durch die Neufassung des Begriffes des Standes der Technik als Konsequenz der notwendigen Umsetzung der IVU-RL auch der Emissions- und der Immissionsbegriff medienübergreifend ausgestaltet worden sind.[261]

Außerdem findet über § 6 Abs. 1 Nr. 2 BImSchG das übrige öffentlich-rechtliche Zulassungsrecht, 167
soweit es für das jeweilige Vorhaben einschlägig ist, bei der Prüfung Eingang, sodass auch insoweit Wechselwirkungen für die Auslegung dieser Vorschriften berücksichtigt werden können. Zu den über § 6 Abs. 1 Nr. 2 BImSchG erfassten Regelungsbereichen zählen z.B. das Bauplanungsrecht, das Naturschutzrecht, das Wasserrecht und das Bodenschutzrecht.

Der Fähigkeit der zuständigen Behörde, im Rahmen des immissionsschutzrechtlichen Genehmigungs- 168
verfahrens medienübergreifende Wechselwirkungen umfassend berücksichtigen zu können, könnte entgegengehalten werden, § 5 Abs. 1 Nr. 1 BImSchG ermögliche zwar eine umfassende Abwehr von Umweltgefahren, die auch durch das UVPG gebotene Umweltvorsorge könne unter dem Aspekt medienübergreifender Wechselwirkungen jedoch nicht verlangt werden, weil § 5 Abs. 1 Nr. 2 BImSchG hinsichtlich der Vorsorge auf den Bereich der Immissionen beschränkt bleibe. Diesen Zweifeln ist jedoch die Rechtsprechung und Rechtslehre entgegengehalten worden, wonach der Begriff der Erheblichkeit i.S.d. § 5 Abs. 1 Nr. 1 BImSchG mit dem Begriff der Zumutbarkeit gleichgesetzt worden ist. Angesichts dieser Auffassung sei zu fragen, ob nicht jede Anlage, bei deren Errichtung und Betrieb die vernünftigen und verhältnismäßigen Vorsorgemaßnahmen nicht getroffen würden, für die Allgemeinheit und die Nachbarschaft überhaupt zumutbar und damit nicht erheblich nachteilig seien.

b) Kompensationsmöglichkeiten

Eine Berücksichtigung der Ergebnisse der UVP scheitert bei Kontrollerlaubnissen auch nicht an 169
fehlenden Kompensationsmöglichkeiten bei der Auslegung unbestimmter Rechtsbegriffe. Auch bei der Anwendung unbestimmter Rechtsbegriffe bedarf es nämlich durchaus einer Abwägung, die eine Kompensation, d.h. ein Zurückstellen bestimmter öffentlicher Belange zugunsten anderer Belange ermöglicht. Nachvollziehende Abwägungen ermöglichen zwar keine schöpferisch-gestaltende Regelung. Gleichwohl kann auch für die Auslegung unbestimmter Rechtsbegriffe eine am Einzelfall orientierte Abwägung konkurrierender Belange typisch sein.

c) Berücksichtigung von Alternativen

Die ganz überwiegende Auffassung hält eine Alternativenprüfung im Verfahren zur Erteilung einer 170
Kontrollerlaubnis grundsätzlich nicht für möglich, weil im Recht der gebundenen Anlagenzulassung ein solcher Alternativenvergleich fremd sei. Zutreffend wird allerdings auch darauf hingewiesen, dass die Standortauswahl auch für immissionsschutzrechtlich genehmigungsbedürftige Vorhaben nicht im Belieben des Vorhabenträgers steht, sondern dass die Zulässigkeit von industriellen, immissionsschutzrechtlich genehmigungsbedürftigen Vorhaben weitgehend durch die Raumplanung

261 Siehe dazu *Jarass*, BImSchG, § 1 Rn. 14; *Führ*, in: Führ, BImSchG, § 1 Rn. 113; *Reimer*, in: Appel/Ohms/Saurer, BImSchG, § 1 Rn. 26, *Eifert*, Umweltschutzrecht, in: Schoch/Eifert, Besonderes Verwaltungsrecht, Kap. 5 Rn. 68 zum integrierten Umweltschutz des BImSchG.

und die Bauleitplanung gesteuert wird.[262] Für immissionsschutzrechtlich genehmigungsbedürftige Vorhaben, bei denen eine Alternativenprüfung zwar nicht im Rahmen einer planerischen Abwägung stattfinden kann, sind außerdem im Rahmen von Vorsorgevorgaben eine Optimierung der Anlage und demgem. alternative Ausgestaltungen der geplanten Anlage (einschließlich einer Verschiebung auf dem Betriebsgrundstück) in Betracht zu ziehen. Dies bezieht sich einerseits auf **technische Verfahrensalternativen**, die in § 4 e Abs. 3 der 9. BImSchV ausdrücklich angesprochen werden, zudem auch auf **stoffliche und organisatorische Verfahrensalternativen.**[263] Nicht geboten ist aber eine sich auf die Anlageart oder auf die Errichtung einer Anlage an einem anderen Standort erstreckende Alternativenprüfung bei immissionsschutzrechtlich genehmigten Vorhaben. Alternativenprüfungen kommen bei immissionsschutzrechtlich genehmigungsbedürftigen Anlagen auch dann in Betracht, wenn es für die Realisierung des Vorhabens einer Befreiung, sei es naturschutzrechtlicher oder wasserrechtlicher Art, bedarf. Gem. § 52 Abs. 1 Satz 2 Alt. 2 WHG kann die zuständige Behörde z.B. von Verboten, Beschränkungen sowie Duldungs- und Handlungspflichten nach § 52 Abs. 1 Satz 1 WHG in Wasserschutzgebieten eine Befreiung erteilen, wenn überwiegende Gründe des Wohls der Allgemeinheit dies erfordern. Das setzt eine Prüfung von Alternativen unter Abwägung zwischen Schutzzielen der Wasserschutzgebietsverordnung und den für das Vorhaben streitenden Allgemeinwohlinteressen voraus, die letztlich aus dem Verhältnismäßigkeitsgrundsatz folgt. Es handelt es sich dabei nicht um eine fachplanerische, sondern um eine zweidimensionale Abwägung zwischen Schutzzielen der Wasserschutzgebietsverordnung und entgegenstehenden Allgemeinwohlbelangen.[264]

171 Teilt man die hier vertretene Ansicht, dass eine solche Alternativenprüfung unter dem Gesichtspunkt einer optimalen Umweltvorsorge wünschenswert sein mag, aber weder vom UVPG noch von der UVP-RL jedoch gefordert wird, dann ergeben sich hinsichtlich der Berücksichtigung der Ergebnisse der UVP bei den Kontrollerlaubnissen insoweit keine weiteren Probleme.

172 Teilt man die hier vertretene Ansicht nicht, dann bleibt zu prüfen, inwieweit zumindest Standortalternativen im vorgelagerten Verfahren geprüft werden können. Dazu bieten sich die Raumverträglichkeitsprüfung und daneben die Aufstellung von Bauleitplänen an.

173 Das frühere Raumordnungsverfahren bzw. die heutige Raumverträglichkeitsprüfung wird zwar allgemein für einen Standortvergleich für geeignet gehalten. Der Standortvergleich ist in diesen Verfahren allerdings nur dann möglich, wenn der private Antragsteller hinreichend detaillierte Projektunterlagen für mehrere Standorte vorlegt. Verpflichtet werden können private Vorhabenträger dazu jedoch nicht. Hinzu kommt, dass nach § 49 Satz 1 in der Raumverträglichkeitsprüfung die Prüfung der Umweltauswirkungen nur nach Maßgabe des ROG erfolgt. Das bedeutet, dass ein Standortvergleich in der Raumverträglichkeitsprüfung sich auf Erfordernisse der Raumordnung beschränkt. Die nach Landesrecht zuständige Raumordnungsbehörde prüft gem. § 15 Abs. 1 Satz 1 ROG in einem besonderen Verfahren die Raumverträglichkeit raumbedeutsamer Planungen und Maßnahmen. Gegenstand der Raumverträglichkeitsprüfung sind unter anderem nach § 15 Abs. 1 Satz 2 Nr. 2 ROG auch ernsthaft in Betracht kommende Standort- oder Trassenalternativen mit Blick auf die Erfordernisse der Raumordnung, Die Umweltverträglichkeitsprüfung im nachfolgenden behördlichen Verfahren, das der Zulassungsentscheidung dient, umfasst nach § 49 Satz 2 eine vertiefte Prüfung der in der Raumverträglichkeitsprüfung nur überschlägig geprüften Umweltauswirkungen.[265]

174 Für die Standortauswahl immissionsschutzrechtlich genehmigungsbedürftiger Anlagen kommt auch der Bauleitplanung eine Bedeutung zumindest für die Vorhaben zu, die nur in Industriegebieten

262 *Schink* NVwZ 2017, 337 (343).

263 *Jarass*, BImSchG, § 6 Rn. 44; *Schink* NVwZ 2017, 337 (343).

264 VGH München, Urt. v. 04.07.2024 – 22 A 23.40049, juris Rn. 122; *Hünnekens*, in: Landmann/Rohmer, Umweltrecht, Stand: 2020, § 52 WHG Rn. 39; *Schwind*, in: Berendes/Frenz/Müggenborg, WHG, § 52 Rn. 26.

265 Näher dazu *Kment* EuRUP 2024, 38 ff.; *Beckmann*, in: Stüer/Beckmann, Handbuch des Bau- und Fachplanungsrechts, Rn. 766; *Schmitz/Lehrian* ZfBR 2023, 221.

verwirklicht werden können. Soweit bei der Ausweisung solcher Industriegebiete eine umfassende planerische Abwägung stattzufinden hat, können auch Alternativen für die auszuweisenden Flächen berücksichtigt werden. Allerdings ist der Alternativenvergleich im Planaufstellungsverfahren eingeschränkt. Einerseits kann im Rahmen des Planaufstellungsverfahrens grundsätzlich nicht abschließend entschieden werden, welche Vorhaben im Plangebiet ansiedeln werden. Die Prüfung bzw. die Prognose der zu erwartenden Umweltauswirkungen muss deshalb abstrakt und losgelöst von Einzelvorhaben vorgenommen werden, soweit nicht ein vorhabenbezogener Bebauungsplan aufgestellt wird. Im Übrigen kann der Alternativenvergleich in der Bauleitplanung sich immer nur auf das jeweilige Gemeindegebiet beziehen, für das die planaufstellende Gemeinde Planungskompetenz besitzt. Dasselbe gilt auch für die Raumordnungsplanung. Zur Änderung eines Regionalplans hat das OVG NRW erläutert, dass eine unter Umweltgesichtspunkten angezeigte Ermittlung räumlicher Planungsalternativen nicht auf den Geltungsbereich des zu ändernden Regionalplans beschränkt werden darf, wenn es sich bei dem Plangebiet nur um einen Teil des Zuständigkeitsbereichs des Planungsträgers handelt. Angezeigt sei vielmehr die Ermittlung und Bewertung anderweitiger Planungsmöglichkeiten im gesamten Zuständigkeitsbereich des Planungsträgers.[266]

d) Berücksichtigung von Klimafolgen im immissionsschutzrechtlichen Genehmigungsverfahren

175 Klimafolgen eines Vorhabens sind auch bei der UVP für eine immissionsschutzrechtlich genehmigungsbedürftige Anlage zu prüfen. In welcher Weise diese Folgen dort berücksichtigt werden können, ist jedoch umstritten.[267] Zum Teil wird angenommen, § 13 Abs. 1 Satz 1 KSG könne bei der gebundenen Kontrollerlaubnis einer immissionsschutzrechtlichen Genehmigung über § 6 Abs. 1 Nr. 2 BImSchG als entgegenstehende »andere öffentlich-rechtliche« Vorschrift zur Anwendung kommen.[268] Nach anderer Ansicht kann § 13 Abs. 1 Satz 1 KSG bei Kontrollerlaubnissen nicht hinreichend Berücksichtigung finden, so dass die als Anspruch ausgestaltete Rechtsgrundlage immissionsschutzrechtlicher Genehmigungen durch eine Ermessenszuweisung zu ersetzen sei.[269] Die Voraussetzungen der BImSchG-Genehmigung sind abschließend in den §§ 5, 6 BImSchG geregelt. Das UVPG verändert diese Genehmigungsvoraussetzungen nicht. Die Ergebnisse der UVP zu den Klimafolgen des Vorhabens können nur über die Genehmigungsvoraussetzungen der §§ 5, 6 BImSchG berücksichtigt werden. Für Anlagen, die dem TEHG unterliegen, sieht § 5 Abs. 2 Satz 1 BImSchG vor, dass Anforderungen zur Begrenzung der Emission von Treibhausgasen nur zulässig sind, um sicherzustellen, dass im Einwirkungsbereich der Anlage keine schädlichen Umwelteinwirkungen entstehen. Zur Erfüllung der Pflicht zur effizienten Verwendung von Energie in Bezug auf Kohlendioxidemissionen dürfen keine Anforderungen gestellt werden, die über das TEHG hinausgehen (§ 5 Abs. 2 Satz 3 BImSchG). Daher wird bei vom TEHG erfassten Anlagen der globale Klimaschutz durch das spezielle Klimaschutzrecht des TEHG geregelt und nicht durch das allgemeine Immissionsschutzrecht des BImSchG. Lediglich der Schutz vor schädlichen Umwelteinwirkungen im unmittelbaren Einwirkungsbereich der betreffenden Anlage bleibt noch möglicher Regelungsgegenstand des allgemeinen Immissionsschutzrechts des BImSchG. Soweit das TEHG nicht eingreift, ist nach einer

266 OVG NRW, Urt. v. 26.08.2021 – 10 D 106/14.NE, juris Rn. 110, 132; siehe auch *Kment* DVBl 2008, 364 (367).

267 Siehe dazu BVerwG, Urt. v. 27.03.2025 – 7 A 3.24, juris Rn. 53 f.; *Beckmann* AbfallR 2025, 210 (215 ff.); *Beckmann* NuR 2025, 725 ff.; *Beckmann*, in: Stüer/Beckmann, Handbuch des Bau- und Planungsrechts, Rn. 4362; *Schiller* UPR 2025, 361 ff.; *Kling* ZUR 2024, 141; *Erbguth* UPR 2023, 241; *Verheyen* u.a., NVwZ 2023, 113 (114); zur Berücksichtigung von Klimafolgen in der Fachplanung *Sangenstedt* NVwZ 2025, 142.

268 *Verheyen* u.a., NVwZ 2023, 113 (114); zum Verhältnis von Umweltprüfungen nach dem UVPG und § 13 KSG auch *Klinski*, BeckOK Klimarecht, § 13 KSG Rn. 54 ff., der auf unterschiedliche Funktionen hinweist, wonach Umweltprüfungen nach dem UVPG Verfahrensbestandteile sind, während § 13 KSG Anforderungen an die materielle Berücksichtigung des Klimabelangs festlegt.

269 *Erbguth* UPR 2023, 241 (245).

Ansicht der Anwendungsbereich des BImSchG anlagenbezogen auszulegen. Da der Beitrag einer Anlage zu globalen Klimaveränderungen zu unbestimmt sei, falle das globale Klima nicht unter die Schutzzwecke des BImSchG. Die Gegenauffassung verweist auf § 5 Abs. 2 BImSchG und die §§ 37a ff. BImSchG, die jeweils auf den globalen Klimaschutz Bezug nehmen. § 5 Abs. 2 BImSchG legt aus dieser Sicht den Umkehrschluss nahe, dass für Anlagen, die nicht dem Emissionshandel unterliegen, der globale Klimaschutz in den Anwendungsbereich des BImSchG fällt. Zweck des BImSchG ist es in der seit dem 03.07.2024 geltenden Fassung des § 1 Abs. 1 BImSchG, Menschen, Wild- und Nutztiere und Pflanzen, den Boden, das Wasser, die Atmosphäre, das Klima sowie Kultur- und sonstige Sachgüter vor schädlichen Umwelteinwirkungen zu schützen und dem Entstehen schädlicher Umwelteinwirkungen vorzubeugen. Genehmigungsbedürftige Anlagen sind nach § 5 Abs. 1 BImSchG so zu errichten und zu betreiben, dass zur Gewährleistung eines hohen Schutzniveaus für die Umwelt insgesamt 1. schädliche Umwelteinwirkungen und sonstige Gefahren, erhebliche Nachteile und erhebliche Belästigungen für die Allgemeinheit und die Nachbarschaft nicht hervorgerufen werden können; 2. Vorsorge gegen schädliche Umwelteinwirkungen und sonstige Gefahren, erhebliche Nachteile und erhebliche Belästigungen getroffen wird, insbesondere durch die dem Stand der Technik entsprechenden Maßnahmen. Schädliche Umwelteinwirkungen sind nach § 3 Abs. 1 BImSchG Immissionen, die nach Art, Ausmaß oder Dauer geeignet sind, Gefahren, erhebliche Nachteile oder erhebliche Belästigungen für die Allgemeinheit oder die Nachbarschaft herbeizuführen. Immissionen sind nach § 3 Abs. 2 BImSchG in der seit dem 03.07.2024 geltenden Fassung, auf Menschen, Wild- und Nutztiere und Pflanzen, den Boden, das Wasser, die Atmosphäre, das Klima sowie Kultur- und sonstige Sachgüter einwirkende Luftverunreinigungen, Geräusche, Erschütterungen, Licht, Wärme, Strahlen und ähnliche Umwelteinwirkungen. Maßgeblich sind nur die Auswirkungen, die von dem Vorhaben selbst herrühren. Nur diese sind genehmigungsrelevant. Nicht zu berücksichtigen sind Auswirkungen anderer umweltbeeinträchtigender Maßnahmen, die zum Klimawandel durch Emission von Treibhausgasen beitragen. Solche anderweitigen Ursachen des Klimawandels sind weder dem in Rede stehenden Vorhaben, dessen Planung und Durchführung eine grundrechtlich geschützte Freiheitsbetätigung des Vorhabenträgers darstellt, noch der staatlichen Zulassung desselben zuzurechnen.

176 Nr. 7.1.5 UVPVwV 2024 weist darauf hin, dass zu den Kriterien der Vorprüfung nach Anlage 3 Nr. 1.6 UVPG auch die für das Vorhaben relevanten Risiken von Störfällen, Unfällen und Katastrophen gehören, die wissenschaftlichen Erkenntnissen zufolge durch den Klimawandel bedingt seien. Derartige klimawandelbeeinflusste Naturgefahren und damit einhergehende mögliche Umweltauswirkungen des Vorhabens würden bei der Vorprüfung durch methodisches Vorgehen überschlägig ermittelt. Ob es unionsrechtskonform wäre, wenn eine Berücksichtigung globaler Umweltfolgen bei der UVP für immissionsschutzrechtliche Genehmigungen mit dem Argument unterbliebe, der Zulassungstatbestand gebe dafür bei Anlagen, die in den Anwendungsbereich des TEHG fielen, keinen Anlass, ist zweifelhaft. Ein Zulassungstatbestand des BImSchG, der die von der UVP-RL geforderte Berücksichtigung globaler Klimafolgen von vorneherein nicht ermöglicht, wäre vorbehaltlich der Möglichkeiten einer unionsrechtskonformen Auslegung vielmehr unionsrechtswidrig. Denn auch bei der Errichtung und dem Betrieb von Anlagen im Bereich des TEHG können klimaschädliche Emissionen anfallen, die nicht in den Anwendungsbereich des TEHG fallen, so z.B. bei den Errichtungsmaßnahmen und An- und Abfahrten zur Anlage. Unterfällt ein Vorhaben der UVP-Pflicht, so ist grundsätzlich im Rahmen der Umweltverträglichkeitsprüfung mit den dort vorgegebenen Verfahrensschritten auch eine Klimafolgenprüfung durchzuführen, wobei das klimaschutzrechtliche Berücksichtigungsgebot die Umweltverträglichkeitsprüfung materiell anreichert.[270]

177 Von der Frage, ob und inwieweit auch globale Folgen eines immissionsschutzrechtlich genehmigungsbedürftigen Vorhabens bei der Entscheidung über einen Genehmigungsantrag auf der Grundlage der Genehmigungsvoraussetzungen und der unionsrechtlichen Verpflichtung genehmigt werden können und müssen, ist die weitere Frage nach der Anwendbarkeit des § 13 KSG auf gebundene

270 *Kling* ZUR 2024, 141 (142); *Erbguth* UPR 2023, 241, 242; a.A. *Verheyen* u.a. NVwZ 2023, 113, 117.

Kontrollerlaubnisse und insbesondere auf immissionsschutzrechtliche Genehmigungen zu unterscheiden. Grundsätzlich erfasst das Berücksichtigungsgebot in § 13 Abs. 1 KSG alle klimarelevanten Verwaltungsentscheidungen, bei denen ein Entscheidungs- oder Auslegungsspielraum besteht, d.h. planerische Abwägungsentscheidungen und klimaschutzrelevante Ermessensentscheidungen. Aber auch für die Auslegung unbestimmter Rechtsbegriffe ist § 13 Abs. 1 Satz 1 KSG relevant. Die Gesetzesbegründung verweist dazu beispielhaft auf unbestimmte Begriffe wie das »öffentliche Interesse« oder das »Wohl der Allgemeinheit« in den Genehmigungsvoraussetzungen.[271] Zur immissionsschutzrechtlichen Genehmigung führt der VGH München allerdings aus, § 13 Abs. 1 Satz 1 KSG sei nicht anwendbar, weil es an einem von der Norm vorausgesetzten aufgrund gesetzlicher Regelungen bestehenden Entscheidungsspielraum der Verwaltung fehle. Dieser Entscheidungsspielraum könne ein Abwägungs-, Beurteilungs- oder Ermessensspielraum sein. Einen solchen Spielraum würden jedoch weder die immissionsschutzrechtliche Genehmigung noch die im zu entscheidenden Fall nach § 13 BImSchG konzentrierte Abgrabungsgenehmigung noch die ebenfalls konzentrierte Rodungserlaubnis aufweisen.[272] Nach Rechtsprechung und Literatur sei § 13 KSG auf immissionsschutzrechtliche Genehmigungen nicht anzuwenden, da es sich dabei um gebundene Entscheidungen handele und ein entsprechender Entscheidungsspielraum nicht bestehe.[273] Das Berücksichtigungsgebot des § 13 Abs. 1 Satz 1 KSG begründet nach der Rechtsprechung des BVerwG keine neuen Handlungs- und Entscheidungsspielräume, sondern setzt das Bestehen derartiger Spielräume aufgrund gesetzlicher Regelungen voraus.[274]

Hält man § 13 Abs. 1 Satz 1 KSG für anwendbar, bedeutet dies nach der Rechtsprechung keine 178
gesteigerte Beachtenspflicht, die Vorschrift ist auch nicht im Sinne eines Optimierungsgebots zu verstehen; ein Vorrang des Klimaschutzgebots gegenüber anderen Belangen lässt sich weder aus Art. 20a GG noch aus § 13 KSG ableiten.[275] Aus Art. 20a GG und dem Pariser Abkommen soll unmittelbar keine Pflicht zur Prüfung der Klimarelevanz eines Vorhabens folgen. Soweit in Art. 20a GG eine verfassungsrechtliche Pflicht des Staates zum Klimaschutz bestehe, handele es sich um eine Pflicht des Gesetzgebers, dem dieser mit dem Klimaschutzgesetz nachgekommen sei. Ähnliches gelte für das Pariser Abkommen, das nicht vorhabenbezogen, sondern durch den Gesetzgeber im Rahmen einer ganzheitlichen Verkehrs- und Klimaschutzpolitik zu operationalisieren sei.[276]

Das BVerwG erläutert zum Erfordernis, globale Klimafolgen eines immissionsschutzrechtlich 179
genehmigungsbedürftigen Vorhabens zu berücksichtigen, nach § 5 Abs. 1 Nr. 1 BImSchG seien genehmigungsbedürftige Anlagen so zu errichten und zu betreiben, dass zur Gewährleistung eines hohen Schutzniveaus für die Umwelt insgesamt schädliche Umwelteinwirkungen und sonstige Gefahren, erhebliche Nachteile und erhebliche Belästigungen für die Allgemeinheit und die Nachbarschaft nicht hervorgerufen werden könnten. Schutzgüter des Immissionsschutzrechts seien nach § 1 Abs. 1 BImSchG in der seit dem 09.07.2024 geltenden Fassung unter anderem die Atmosphäre und das Klima. In der zuvor geltenden Fassung des BImSchG sei insoweit zwar ausdrücklich nur die Atmosphäre erfasst gewesen, zu der jedoch bereits das Klima im Sinne des – gegebenenfalls von

271 *Franke/Verheyen,* in: Koch/Hofmann/Reese, Handbuch Umweltrecht, § 11 Klimaschutzrecht, Rn. 169 unter Verweis auf BT-Drs. 19/14337, 36; *Heß/Peters/Schönberger/Verheyen* NVwZ 2023, 113 (114 f.).

272 VGH München Beschl. v. 16.12.2024 – 22 CS 24.1314, juris Rn. 59 unter Verweis auf BT-Drs. 19/14337 S. 36; BVerwG, Urt. v. 04.05.2022 – 9 A 7.21, juris Rn. 61 f.; Urt. v. 02.06.2023 – 7 A 9.22, juris Rn. 43; Urt. v. 25.01.2024 – 7 A 4.23, juris Rn. 53; *Fellenberg,* in: Fellenberg/Guckelberger, Klimaschutzrecht, § 13 KSG Rn. 16.

273 VGH München, Beschl. v. 16.12.2024 – 22 CS 24.1314, juris Rn. 60 unter Verweis auf BVerwG, Urt. v. 22.06.2023 – 7 A 9.22, juris Rn. 36; Urt. v. 25.01.2024 – 7 A 4.23, juris Rn. 53; VGH Mannheim, Urt. v. 25.04.2024 – 8 S 1738/22, BeckRS 2024, 15574; *Fellenberg,* in: Fellenberg/Guckelberger, Klimaschutzrecht, § 13 KSG Rn. 18; *Schink,* in: Frenz, Klimaschutzrecht, 2022, 13 KSG Rn. 16.

274 BVerwG, Urt. v. 22.06.2023 – 7 A 9.22, ZUR 2024, 95 (97).

275 BVerwG, Urt. v. 04.05.2022 – 9 A 7/21, NVwZ 2022, 1549 (1550); *Kling* ZUR 2024, 141 (146).

276 BVerwG, Urt. v. 09.07.2022 – 2 A 4/21, BVerwGE 176, 94 Rn. 164 f., *Korbmacher* NVwZ 2023, 945 (947); *Kling* ZUR 2024, 141 (146).

einer Anlage beeinflussten – kleinräumigen Klimas, nicht jedoch der globalen Klimaverhältnisse, gezählt worden sei. Der Gesetzesbegründung zur Ergänzung des § 1 Abs. 1 BImSchG lasse sich nicht entnehmen, dass mit der Aufnahme des Begriffs »Klima« eine materielle Rechtsänderung verbunden sein sollte. Vielmehr sei von einer ausdrücklichen Klarstellung des schon bestehenden Schutzzwecks die Rede. Einer Prüfung der Auswirkungen eines nach § 6 Abs. 1 Nr. 1 i.V.m. § 5 Abs. 1 Nr. 1 BImSchG immissionsschutzrechtlich genehmigungsbedürftigen Vorhabens auf das globale Klima bedürfe es deshalb nicht. Auswirkungen eines genehmigungsbedürftigen Vorhabens auf das globale Klima seien auch nicht im Rahmen der UVP zu ermitteln. Nach § 3 Satz 2 UVPG dienten Umweltprüfungen einer wirksamen Umweltvorsorge nach Maßgabe der geltenden Gesetze. Schon diese Formulierung verdeutliche, dass sich die materiellen Prüfmaßstäbe für Umweltprüfungen aus den fachrechtlichen Vorschriften ergäben. Folgerichtig fordere § 16 Abs. 3 im UVP-Bericht (nur) diejenigen Angaben, die für das Vorhaben von Bedeutung seien und sehe § 16 Abs. 4 vor, dass sich Inhalt und Umfang des UVP-Berichts nach den Rechtsvorschriften bestimmten, die für die Zulassungsentscheidung maßgebend seien. Daraus folge, dass mögliche Auswirkungen auf ein Schutzgut, die nach dem materiellen Fachrecht auf das Ergebnis einer Zulassungsentscheidung keinen Einfluss haben könnten, nicht erheblich seien. Aus dem Berücksichtigungsgebot des § 13 Abs. 1 Satz 1 KSG lasse sich nichts Anderes ableiten. Die Pflicht Träger öffentlicher Aufgaben, bei ihren Planungen und Entscheidungen den Zweck des KSG und die zu seiner Erfüllung festgelegten Ziele zu berücksichtigen, könne nur bei Planungs- und Ermessensentscheidungen greifen. Nur diese beließen den Trägern öffentlicher Aufgaben einen Entscheidungsspielraum, innerhalb dessen die vorgeschriebene Berücksichtigung stattfinden könne. Die immissionsschutzrechtliche Genehmigung sei gemäß § 6 Abs. 1 BImSchG aber eine gebundene Entscheidung.

180 Ob diese Rechtsprechung des BVerwG überzeugt, ist fraglich.[277] Das gilt sowohl für die Annahme des Gerichts, der Gesetzgeber habe es mit der ausdrücklichen Aufnahme des Klimabegriffs in den Schutzzweck des § 1 Abs. 1 BImSchG bei einer Berücksichtigung lediglich des lokalen Kleinklimas belassen wollen, als auch für die weitere Auffassung des Gerichts, die von der UVP-RL geforderte Berücksichtigung globaler Klimafolgen sei im immissionsschutzrechtlichen Genehmigungsverfahren entbehrlich, weil die Zulassungsvoraussetzungen der §§ 5, 6 BImSchG eine solche Berücksichtigung nicht erforderten. Folgte man dieser Sichtweise des BVerwG, hätten es die Mitgliedstaaten der EU durch die Gestaltung des Zulassungstatbestands der UVP-pflichtigen Vorhaben in der Hand, sich der nach der UVP-RL bestehenden Pflicht zur Erstreckung der Umweltprüfung auf globale Klimafolgen des Vorhabens zu entziehen. Würde der gesetzliche Zulassungstatbestand eines UVP-pflichtigen Vorhabens, wie vom BVerwG angenommen, eine Berücksichtigung globaler Klimafolgen nicht ermöglichen, wäre diese gleichwohl nicht entbehrlich; vielmehr würde sich die Frage nach der Unionsrechtskonformität des immissionsschutzrechtlichen Genehmigungstatbestands stellen. Nicht die von der UVP-RL geforderte Prüfung globaler Klimafolgen dürfte unterbleiben; stattdessen müssten entweder die gesetzlichen Genehmigungsvoraussetzungen im Wege einer Gesetzesänderung unionsrechtskonform ausgestaltet oder ausgelegt werden. Das letztere wäre ohne weiteres möglich und entspräche im Übrigen auch früheren Bemühungen des Gesetzgebers, zur Umsetzung eines medienübergreifenden/integrativen Ansatzes des europäischen UVP-Rechts den Zulassungstatbestand des BImSchG zu öffnen, um dadurch dem Vorwurf zu entgehen, dass gebundene Kontrollerlaubnisse und insbesondere die immissionsschutzrechtliche Genehmigung und die bergrechtliche Betriebsplanzulassung für die Umsetzung der EU-Anforderungen an die Umweltprüfung ungeeignet seien.[278] Schließlich ist auch die Ansicht des BVerwG, § 13 BImSchG sei im immissionsschutzrechtlichen Genehmigungsverfahren unanwendbar, aus den schon genannten Gründen hinterfragungsbedürftig, hat doch das BVerwG selbst erläutert, dass das Berücksichtigungsgebot des § 13 KSG bei allen Planungen und Entscheidungen zum Tragen kommt, soweit im Rahmen gesetzlicher Vorgaben Entscheidungsspielräume bestünden, insbesondere, soweit die zugrunde liegenden Vorschriften bestimmte

277 *Beckmann* AbfallR 2025, 210 (215 ff.).
278 Näher dazu *Beckmann*, in: FS Erbguth, 441 (444).

Entscheidungen vom Vorliegen öffentlicher Interessen oder vom Wohl der Allgemeinheit abhängig machten, wenn sie den zuständigen Stellen Planungsaufgaben geben »oder« Abwägungs-, Beurteilungs- und Ermessensspielräume zuweisen würden.[279] Das Berücksichtigungsgebot gelte, so das BVerwG im Urteil vom 04.05.2022, umfassend für jede nicht gesetzesgebundene Tätigkeit der öffentlichen Verwaltung, die klimarelevante Auswirkungen haben könne, und erstrecke sich als materiell-rechtliche Vorgabe des Bundesrechts auf sämtliche Bereiche, für die dem Bund eine Gesetzgebungskompetenz zustehe, in denen es also um den Vollzug von materiellem Bundesrecht gehe Es begründe selbst keine neuen Handlungs- oder Entscheidungsspielräume, sondern setze das Bestehen derartiger Spielräume aufgrund anderer gesetzlicher Regelungen voraus. Überall dort, wo materielles Bundesrecht auslegungsbedürftige Rechtsbegriffe verwende »oder« Planungs-, Beurteilungs- oder Ermessensspielräume konstituiere, seien nunmehr der Zweck und die Ziele des KSG als (mit-)entscheidungserhebliche Gesichtspunkte in die Erwägungen einzustellen.[280] Dass auch der immissionsschutzrechtliche Zulassungstatbestand der §§ 5, 6 BImSchG auslegungsbedürftige Rechtsbegriffe enthält, lässt sich nicht ernstlich bestreiten. Deshalb ist es widersprüchlich, das Berücksichtigungsgebot des § 13 KSG bei der Auslegung und Anwendung der Zulassungsvoraussetzungen der immissionsschutzrechtlichen Genehmigung mit dem kurzen Hinweis abzutun, in der Rechtsprechung des BVerwG sei geklärt, dass die Pflicht der Träger öffentlicher Aufgaben, bei ihren Planungen und Entscheidungen den Zweck des KSG und die zu seiner Erfüllung festgelegten Ziele zu berücksichtigen, nur bei Planungs- und Ermessensentscheidungen greifen könne. Nur diese beließen den Trägern öffentlicher Aufgaben einen Entscheidungsspielraum, innerhalb dessen die vorgeschriebene Berücksichtigung stattfinden könne.[281] Im Übrigen gewinnt das im Klimaschutzgebot des Art 20a GG enthaltene Ziel der Herstellung von Klimaneutralität bei fortschreitendem Klimawandel und zunehmenden Klimawandelfolgen bekanntlich in allen Abwägungsentscheidungen des Staates weiter an relativem Gewicht. Das betrifft m.E. auch nachvollziehende Abwägungen zur Auslegung unbestimmter Rechtsbegriffe.[282] Versteht man, wie das BVerwG,[283] das Berücksichtigungsgebot des § KSG als »Ausfluss und Konkretisierung der aus Art. 20a GG folgenden staatlichen Verpflichtung zum Klimaschutz einschließlich des Ziels der Herstellung von Klimaneutralität«, dann liegt dessen Berücksichtigung auch bei nachvollziehenden Abwägungen zur Auslegung unbestimmter Rechtsbegriffe sehr nahe.

e) Berücksichtigung der Ergebnisse der UVP bei Ermessensentscheidungen

Geht man davon aus, dass bei der Erteilung von Kontrollerlaubnissen die Ergebnisse der UVP angemessen berücksichtigt werden können, dann dürfte auch hinsichtlich der Zulassung von Vorhaben, bei denen die Zulassungsentscheidung im Ermessen der zuständigen Behörde steht, hinsichtlich ihrer Fähigkeit, die Ergebnisse der UVP zu berücksichtigen, keine Bedenken bestehen.[284] 181

Bei Ermessensentscheidungen ist die Bewertung einerseits auf der Tatbestandsebene bei der Auslegung der Zulassungsvoraussetzungen und andererseits bei der Ermessensbetätigung selbst zu berücksichtigen. Erweist sich nach den Bewertungsergebnissen der UVP, dass eine umweltbezogene 182

279 BVerwG, Urt. v. 04.05.2022 – 9 A 7/21, NVwZ 2022, 1549 unter Verweis auf BT-Drs. 19/14337, 36.

280 BVerwG, Urt. v. 04.05.2022 – 9 A 7/21, NVwZ 2022, 1549; *Klinski/Scharlau/v. Swieykowski-Trzaska/Keimeyer/Sina* NVwZ 2020, 1 (6); *Schink* NuR 2021, 1 (3) und *Schink*, in: Frenz, Klimaschutzrecht, § 13 KSG Rn. 18.

281 BVerwG, Urt. v. 27.03.2025 – 7 A 3.2, juris Rn. 53 unter Verweis auf BVerwG, Urt. v. 04.05.2022 – 9 A 7.21, NVwZ 2022, 1549 (1556), Rn. 62, wo doch ausdrücklich wiederum unter Verweis auf die Gesetzesbegründung von der Anwendung des Berücksichtigungsgebots des § 13 KSG bei der Auslegung auslegungsbedürftiger Rechtsbegriffe die Rede ist.

282 *Beckmann*, Einführung in das Klimaschutzrecht, in: Landmann/Rohmer, Stand: 6/2023, Rn. 141; BVerfG, Beschl. v. 24.03.2021 – 1 BvR 2656/18, juris Rn. 198; BVerfG, Beschl. v. 15.12.2022 – 1 BvR 2146/22, juris Rn. 3.

283 BVerwG, Urt. v. 22.06.2023 – 7 A 9/22, juris Rn. 43; dazu auch *Kling* ZUR 2024, 141 (148).

284 *Kümper*, in: Schink/Reidt/Mitschang, UVPG/UmwRG, § 25 UVPG Rn. 23.

Zulassungsvoraussetzung für das Vorhaben nicht erfüllt ist, dann muss die Zulassung versagt werden, ohne dass es noch auf eine Ermessensbetätigung ankäme. Sind demgegenüber alle Zulassungsvoraussetzungen erfüllt, steht die beantragte Zulassung des Vorhabens im pflichtgemäßen Ermessen der zuständigen Behörde, die bei der Betätigung ihres Ermessens die Bewertungsergebnisse der UVP berücksichtigen muss.

183 Vereinzelt wurde allerdings bestritten, dass die Ergebnisse der UVP im Rahmen von Ermessensentscheidungen angemessen berücksichtigt werden können. Dazu wurde die Ansicht vertreten, das Ermessen sei gem. § 40 VwVfG entsprechend dem Zweck der gesetzlichen Ermächtigung auszuüben.[285] Es komme deshalb bei Ermessensentscheidungen auf den jeweiligen Gesetzeszweck des Fachgesetzes an, dessen traditionell einmedialer Ausrichtung den medienübergreifenden Charakter der UVP – ähnlich wie bei Kontrollerlaubnissen – entgegenstehen könne.

184 Dem ist jedoch zu Recht entgegengehalten worden, dass die einschlägigen Fachgesetze häufig zumindest mittelbar auch andere Umweltmedien in ihren Schutzbereich einbeziehen.[286] Im Übrigen seien als Zweck der Ermächtigung nicht nur die Zielrichtungen des isoliert betrachteten Genehmigungstatbestandes zu verstehen, sondern alle der Gesamtheit der Gesetze des vorhandenen Rechts für die in Frage stehende Entscheidung zu entnehmenden Zwecke. In diesem Sinne sei das der zuständigen Behörde eingeräumte Ermessen nicht nur einmedial auf das jeweilige Fachgesetz ausgerichtet. Vielmehr könnten auch mehrmediale Wechselwirkungen, die bei der UVP zu bewerten wären, in der Ermessensentscheidung berücksichtigt werden.[287]

f) Art und Weis der Berücksichtigung globaler Klimafolgen bei der UVP

185 Nach § 13 Abs. 1 Satz 1 KSG muss die Bedeutung, die den Klimaauswirkungen eines Vorhabens bzw. einer Planung in der Abwägung mit anderen Belangen beizumessen ist, im Verhältnis zum Zweck und zu den Klimaschutzzielen des KSG bestimmt werden.[288] Dazu muss zunächst die Menge der Treibhausgase prognostiziert werden, die bei einer Umsetzung des Vorhabens bzw. Plans voraussichtlich freigesetzt wird. Danach ist zu bewerten, welches Gewicht den zu erwartenden Emissionen mit Blick auf Zweck und Ziele des KSG zukommt. Schließlich müssen die bewerteten Klimafolgen gegenläufigen Belangen gegenübergestellt und geprüft werden, welchen Belangen ein größeres Gewicht beizumessen ist, ob und inwieweit insbesondere der Schutz des Klimas Vorrang genießt.[289] Zum Teil wird für diese Art der Berücksichtigung eine spezielle Klimafolgenprüfung gefordert, wenn diese Prüfung nicht ohnehin im Rahmen der Umweltprüfung stattfindet.[290]

D. Hinreichende Aktualität (Absatz 3)

186 Bei der Entscheidung über die Zulassung des Vorhabens müssen die zusammenfassende Darstellung und die begründete Bewertung gem. § 25 Abs. 3 nach Einschätzung der zuständigen Behörde hinreichend aktuell sein.

187 Abs. 3 dient der Umsetzung von Artikel 8 a Abs. 6 Satz 1 der geänderten UVP-Richtlinie. Die zusammenfassende Darstellung und begründete Bewertung sind dann nicht mehr hinreichend aktuell, wenn sich die tatsächlichen oder rechtlichen Umstände zwischenzeitlich so verändert haben, dass diese Unterlagen für die Zulassungsentscheidung keine tragfähige Entscheidungsgrundlage

285 *Steinberg* DVBl 1988, 995 (999).
286 *Erbguth/Schink*, UVPG, § 12 UVPG a.F. Rn. 53.
287 *Soell/Dirnberger* NVwZ 1990, 705 (708).
288 *Sangenstedt* NVwZ 2025, 142 (145).
289 *Sangenstedt* NVwZ 2025, 142 (144).
290 *Kling* ZUR 2024, 141; *Schlacke* EurUP 2020, 338 (343); *Heß/Peters/Schöneberger/Verheyen* NVwZ 2023, 113 (116 ff.); *Kment* NVwZ 2020, 1537 (1544); *Schink* NuR 2021, 1 (4); *Sangenstedt* NVwZ 2025, 142 (144).

bieten.[291] Für die in Art. 8 a Abs. 6 Satz 2 der geänderten UVP-Richtlinie vorgesehene Möglichkeit, für die Gültigkeit der begründeten Schlussfolgerung eine feste Frist festzulegen, sah der Gesetzgeber für das deutsche Recht keinen Bedarf. Die Aktualität der begründeten Bewertung sei hier regelmäßig schon dadurch gewährleistet, dass die UVP nach § 4 unselbstständiger Teil des Zulassungsverfahrens sei. Auch soweit in der UVP Kredit von früheren Umweltprüfungen genommen werden, wäre – so die Gesetzesbegründung – eine starre Gültigkeitsfrist wegen der Unterschiedlichkeit der Vorhaben und der Gegebenheiten im Einzelfall nicht sachgerecht.[292]

Dass die Umweltverträglichkeitsprüfung, insbesondere die zusammenfassende Darstellung der Umweltauswirkungen, auf hinreichend aktuellen Daten und Erhebungen beruhen muss, galt auch schon vor der Neuregelung des UVP-Modernisierungsgesetzes 2017, auch wenn ausdrückliche Vorgaben zur Aktualität der Datengrundlage sich weder aus der UVP-Richtlinie noch aus dem UVPG ergaben.[293] Denn eine Bewertung der Umweltauswirkungen, die sich an nicht mehr geltenden rechtlichen Maßstäben orientiert, ist nicht geeignet, bei der Entscheidung über den Antrag nach Maßgabe der hierfür geltenden Vorschriften berücksichtigt zu werden.[294] Die zusammenfassende Darstellung und die begründete Bewertung sind hinreichend aktuell, wenn keine Anhaltspunkte dafür bestehen, dass sich die tatsächlichen oder rechtlichen Umstände zwischenzeitlich so verändert haben, dass diese Unterlagen für die Zulassungsentscheidung keine tragfähige Entscheidungsgrundlage mehr bieten.[295] Sehr viel Erkenntnisgewinn lässt sich aus diesem Hinweis allerdings nicht gewinnen. Das BVerwG meint, wann ein Datenbestand noch hinreichend aktuell sei, sei eine Frage des Einzelfalls. Als Leitlinie für die Praxis möge es im Ansatz sinnvoll sein, die Tauglichkeit der Datengrundlage an einer zeitlichen – in der Regel fünfjährigen – Grenze auszurichten.[296] 188

Im Schrifttum wurde dazu vertreten, Datenbestände seien in der Regel dann hinreichend aktuell, wenn die Erhebungen im Gelände nicht länger als fünf Jahre zurücklägen und nach Durchführung der Geländearbeiten keine erheblichen Veränderungen des Standortes oder der anthropogenen Einflüsse eingetreten seien.[297] Das BVerwG merkte dazu an, als Leitlinie für die Praxis möge es im Ansatz sinnvoll sein, die Tauglichkeit der Datengrundlage an einer zeitlichen Grenze auszurichten. Eine solche Grenze könne aber nur einen allgemeinen Anhalt bieten. Sie ändere nichts daran, dass die Aktualität der Datengrundlage nach Maßgabe praktischer Vernunft unter Berücksichtigung der jeweiligen Einzelfallumstände zu beurteilen sei. So könne insbesondere bei einem großflächigen Untersuchungsgebiet die Aktualisierung von Datenbeständen in einem Teilgebiet auch Rückschlüsse auf die Verlässlichkeit älterer Daten für ein anderes Teilgebiet zulassen; eine fortlaufende Aktualisierung aller Bestandsdaten könne nicht verlangt werden.[298] 189

Aus der Formulierung »nach Einschätzung der zuständigen Behörde« ergibt sich eine vom Gesetzgeber eingeräumte **Einschätzungsprärogative** für die Behörde, die gerichtlich nicht voll überprüft werden kann. Anders als § 25 Abs. 3 fordert § 20 Abs. 1 b der 9. BImSchV nicht, dass bei der Entscheidung über die Vorhabenzulassung die zusammenfassende Darstellung und die begründete Bewertung nach Einschätzung der Zulassungsbehörde noch hinreichend aktuell sein müssen. Da 190

291 Gesetzesbegründung, BT-Drs. 18/11499, S. 96; *Dietlein,* in: Landmann/Rohmer, Umweltrecht, Stand: 9/2021, § 10 BImSchG Rn. 237.

292 Gesetzesbegründung, BT-Drs. 18/11499, S. 96.

293 BVerwG, Urt. v. 09.02.2017 – 7 A 2.15, juris Rn. 149; OVG Lüneburg, Urt. v. 24.10.2019 – 12 KS 127/17, juris Rn. 151.

294 OVG Lüneburg, Urt. v. 24.10.2019 – 12 KS 127/17, juris Rn. 151.

295 Nr. 25. 3 UVPVwV 2024, BR-Drs. 616/24.

296 BVerwG, Urt. v. 20.6.2024 – 11 A 3.23, NVwZ 2025, 675 (678) zum Biotopschutz; Urt. v. 09.02.2017 – 7 A 2/15, BVerwGE 158, 1 = juris Rn. 149 f.; Urt. v. 04.06.2020 – 7 A 1.18, DVBl 2021, 451 = juris Rn. 38.

297 *Gaßner/Winkelbrandt/Bernotat,* UVP und Strategische Umweltprüfung, 2010, S. 172 Rn. 97 und S. 187 Rn. 112.

298 BVerwG, Urt. v. 09.02.2017 – 7 A 2.15, juris Rn. 149; siehe auch OVG NRW, Beschl. v. 29.11.2017 – 8 B 663/17, juris Rn. 18.

Art. 8 a Abs. 6 Satz 1 UVP-Änderungs-RL 2014 die hinreichende Aktualität fordert, muss sie bei richtlinienkonformer Auslegung auch für die UVP im immissionsschutzrechtlichen Genehmigungsverfahren gelten.[299] Auch ältere Unterlagen bleiben verwertbar, solange sie die Verhältnisse hinreichend aussagekräftig beschreiben, was von der Behörde zu überprüfen ist.[300] Ob und in welchem Umfang neu kartiert werden muss, hängt von den Ergebnissen dieser Überprüfung ab.[301]

E. Rechtsfolgen einer Verletzung

191 Auch § 25 richtet sich mit seiner Verpflichtung an die zuständige Behörde. Sie wird zu einer begründeten Bewertung der Umweltauswirkungen und zu einer Berücksichtigung des Ergebnisses bei der Entscheidung verpflichtet. Missachtet die zuständige Behörde ihre Pflichten aus § 25, verhindert § 44 a VwGO einen Rechtsbehelf des Vorhabenträgers gegen eine insoweit unzureichende behördliche Verfahrenshandlung.

192 Ob das Fehlen einer begründeten Bewertung der Umweltfolgen ein Verfahrensfehler i.S.v. § 4 Abs. 1 Satz 1 Nr. 3 UmwRG ist, ist angesichts der Unterscheidung der Rechtsprechung zwischen Verfahrensfehlern und methodisch/inhaltlichen Mängeln bei der Durchführung eines Verfahrensschritts unklar geworden.[302] Dazu wird unter anderem vertreten, das Fehlen einer begründeten Bewertung der Umweltfolgen sei zwar ein Verfahrensfehler; die UVP habe mit einem solchen Mangel aber noch nicht zwingend ihren Zweck verfehlt, so dass es von den Umständen des Einzelfalls abhänge, ob ein absoluter Verfahrensfehler vorliege.[303] Für die Rechtsfolgen einer Missachtung des § 25 Abs. 1 ist jedoch im ersten Schritt entscheidend, ob und inwieweit es sich dabei überhaupt um einen Verfahrensfehler i.S.v. § 4 UmwRG handelt,[304] ehe dann in einem zweiten Schritt geprüft werden kann, ob ein ggf. vorliegender Verfahrensfehler so schwer wiegt, dass er als absoluter Verfahrensmangel eingeordnet werden muss.

193 Die Umweltverträglichkeitsprüfung vollzieht sich nach der Rechtsprechung in verschiedenen Verfahrensschritten, die ordnungsgemäß durchgeführt werden müssen. Von den einzelnen Verfahrensschritten und ihrer Durchführung zu unterscheiden sind die Anforderungen an ihre inhaltliche Ausgestaltung. Diese werden von den materiell-rechtlichen Maßstäben der im jeweiligen Einzelfall einschlägigen Fachgesetze geprägt, für deren Prüfung die Umweltverträglichkeits(vor)prüfung durch Zusammenstellung und Aufbereitung des umweltbezogenen Tatsachenmaterials den Rahmen und die Grundlage bildet. Auch der durch materiell-rechtliche Vorgaben gesteuerte Prozess der Willens- und Entscheidungsbildung ist nicht Teil des Verfahrensgangs.[305] Das BVerwG ist der Auffassung,

299 *Kümper,* in: Schink/Reidt/Mitschang, UVPG/UmwRG, § 25 UVPG Rn. 5 mit Verweis auf BVerwG, Urt. v. 28.11.2017 – 7 A 17.12, juris Rn. 32.

300 BVerwG, Urt. v. 29.06.2017 3 A 1/16, juris Rn. 124; *Wysk,* in: Kopp/Ramsauer, VwVfG, § 63 Rn. 67.

301 BVerwG, Urt. v. 23.04.2014 – 9 A 25.12, juris Rn. 63, 68, 91; Urt. v. 28.04.2016 – 9 A 9.15, juris Rn. 149.

302 Zur Kritik daran *Seibert* NVwZ 2019, 337 (340).

303 *Fellenberg/Schiller,* in: Landmann/Rohmer, Umweltrecht, Stand: 9/2021, § 4 UmwRG Rn. 43; *Kümper,* in: Schink/Reidt/Mitschang, UVPG/UmwRG, § 24 UVPG Rn. 21; a.A. *Storost* UPR 2018, 52 (53); offen gelassen von OVG Hamburg, Beschl. v. 24.08.2016 – 2 Bs 113/16, ZUR 2017, 113 (115) zu § 11 UVPG a.F.

304 Siehe dazu BVerwG, Urt. v. 28.11.2017 – 7 A 3/17, juris Rn. 29; Urt. v. 28.11.2017 – 7 A 17/12, BVerwGE 161, 17 Rn. 29; Urt. v. 19.12.2017 – 7 A 6/17, juris Rn. 19; Beschl. v. 07.01.2020 – 4 B 74/17, juris Rn. 8; OVG RP, Urt. v. 11.10.2018 – 1 A 10581/16, juris Rn. 77; OVG NRW, Urt. v. 05.10.2020 – 8 A 894/17, ZNER 2020, 558, 562; VGH BW, Beschl. v. 29.01.2019 – 10 S 1919.17, EnWZ 2019, 131 Rn. 12; Beschl. v. 07.01.2020 – 4 B 74/17, juris Rn. 9; Beschl. v. 26.03.2020 – 3 B 24/19, NVwZ 2020, 1199 Rn. 9; OVG NRW, Urt. v. 01.03.2021 – 8 A 1183/18, juris Rn. 106.

305 OVG NRW, Urt. v. 01.03.2021 – 8 A 1183/18, juris Rn 96; OVG Sachsen Beschl. v. 18.03.2019 – 4 B 397/18, juris Rn. 17; BVerwG, Urt. v. 19.12.2017 – 7 A 6.17, juris Rn. 19, 22; Urt. v. 28.11.2017 – 7 A 17.12, juris Rn. 29, sowie Beschl. v. 28.03.2020 – 4 VR 5.19, juris Rn. 23, und vom 07.01.2020 – 4 B 74.17, juris Rn. 8.

dass inhaltliche und methodische Mängel der UVP keine Verfahrensfehler sind und deshalb nicht von § 4 Abs. 1 Nr. 3 UmwRG erfasst werden. Dies soll z.B. für Mängel von eingeholten Fachgutachten gelten, die insoweit zu den materiell-rechtlichen Fehlern zählen.[306] Zu der Frage, ob im Rahmen der UVP neben betriebsbedingten Auswirkungen auch unfall- oder störfallbedingte Auswirkungen des Vorhabens zu betrachten und zu bewerten gewesen wären, meint das BVerwG, auch das betreffe nicht den Verfahrensgang als solchen, sondern beurteile sich nach fachlichen Gesichtspunkten unter maßgeblicher Berücksichtigung der einschlägigen Vorschriften des Fachrechts. Das Unterlassen einer gegebenenfalls gebotenen Betrachtung von Unfällen oder Störfällen sei daher jedenfalls grundsätzlich ein inhaltlicher Mangel der UVP. Ein Verfahrensfehler käme allenfalls in Betracht, wenn der Mangel so schwer wiegen würde, dass das zentrale gesetzgeberische Anliegen einer frühzeitigen und effektiven Öffentlichkeitsbeteiligung grundsätzlich in Frage gestellt wäre.[307]

Danach muss schon zur Beantwortung der Frage, ob unzureichende Bewertungen von Umweltfolgen einen Verfahrensfehler oder einen Inhaltsmangel darstellen, berücksichtigt werden, ob der festgestellte Mangel das gesetzgeberische Anliegen einer frühzeitigen und effektiven Öffentlichkeitsbeteiligung in Frage stellt. Da die begründete Bewertung der Umweltauswirkungen und die Berücksichtigung dieser Bewertung vom Gesetzgeber in § 25 angeordnete Verfahrensschritte sind, die der Öffentlichkeitsbeteiligung nachfolgen, können Fehler in diesem Zusammenhang zwar kaum das Anliegen einer frühzeitigen Öffentlichkeitsbeteiligung betreffen. Immerhin bezieht sich die Beteiligung der Öffentlichkeit aber nicht nur auf die Möglichkeit, öffentlich ausgelegte Unterlagen einzusehen, dazu Einwendungen zu erheben und ggfls. auch diese erörtern zu können. Es ist deshalb nicht auszuschließen, dass unter Berücksichtigung der Umstände des jeweiligen Einzelfalls auch einzelne Mängel der begründeten Bewertung einen Verfahrensfehler darstellen. Grundsätzlich gilt jedoch, dass einzelne Mängel der begründeten Bewertung Anforderungen an die inhaltliche Ausgestaltung betreffen, die nicht den Verfahrensablauf als solchen und damit keinen Verfahrensfehler – auch nicht i.S.d. § 4 Abs. 1 Satz 1 Nr. 3 UmwRG – betreffen.[308] 194

Unterbleibt eine begründete Bewertung der Umweltfolgen nach § 25 Abs. 1 vollständig, dann dürfte der Verstoß gegen § 25 Abs. 1 jedoch ein Verfahrensfehler sein; ist die begründete Bewertung hingegen fehlerhaft, weil die Umweltfolgen unzutreffend oder unzureichend bewertet worden sind oder die Begründung der Bewertung mangelhaft ist, dann könnte es sich insoweit um einen inhaltlich/methodischen Mangel handeln, der, vorbehaltlich seiner Bedeutung für die Öffentlichkeitsbeteiligung, nach der Rechtsprechung kein Verfahrensfehler i.S.v. § 4 UmwRG ist. 195

Unterbleibt eine Berücksichtigung der begründeten Bewertung bei der Entscheidung über den Zulassungsantrag vollständig, dann dürfte der Verstoß gegen § 25 Abs. 2 wiederum als Verfahrensfehler und nicht (nur) als Inhaltsmangel einzuordnen sein, der bei einer gebundenen Kontrollerlaubnis, anders als bei Ermessens- oder Planungsentscheidungen, folgenlos bleiben könnte, wenn das Unterlassen der Berücksichtigung dieser Bewertung für das Ergebnis der Entscheidung nicht ergebnisrelevant gewesen ist. 196

I. Beachtlichkeit des Verfahrensfehlers

Welche Konsequenzen sich daraus ergeben, dass eine begründete Bewertung der Umweltauswirkungen fehlt oder fehlerhaft erarbeitet worden ist bzw. dass das Ergebnis der begründeten Bewertung bei der Entscheidung über die Zulässigkeit des Vorhabens nicht oder nur unzureichend berücksichtigt worden ist, hängt davon ab, ob ein solcher Mangel, wenn es sich dabei überhaupt um einen Ver- 197

306 BVerwG, Urt. v. 28.11.2017 – 7 A 17.12, juris; kritisch dazu *Seibert* NVwZ 2019, 337 (340), der eine »inhaltliche Entkernung der UVP« durch diese Rechtsprechung befürchtet.

307 BVerwG, Beschl. v. 07.01.2020 – 4 B 74/17, juris Rn. 9; BVerwG, Urt. v. 28.11.2017 – 7 A 17.12, BVerwGE 161, 17 Rn. 31.

308 OVG NRW, Urt. v. 01.03.2021 – 8 A 1183/18, juris Rn. 117.

fahrensfehler handelt, ein absoluter Verfahrensfehler i.S.v. § 4 Abs. 1 Satz 1 UmwRG oder lediglich ein relativer Verfahrensfehler i.S.v. § 4 Abs. 1 a UmwRG ist.

1. Fehlerhafte Bewertung und Berücksichtigung als absoluter Verfahrensmangel

198 Nach § 4 Abs. 1 Satz 1 Nr. 1 a UmwRG kann die Aufhebung einer Entscheidung über die Zulässigkeit eines Vorhabens nach § 1 Abs. 1 Satz 1 Nr. 1–2b UmwRG verlangt werden, wenn eine erforderliche Umweltverträglichkeitsprüfung weder durchgeführt noch nachgeholt worden ist. Fraglich ist, ob das Fehlen einer begründeten Bewertung der Umweltauswirkungen bzw. eine mangelnde Berücksichtigung des Ergebnisses der Bewertung bei der Entscheidung über die Zulässigkeit des Vorhabens einen derart schwerwiegenden Mangel darstellt, dass man davon ausgehen muss, dass eine Umweltverträglichkeitsprüfung gar nicht durchgeführt worden ist. Das ist zu bejahen, wenn es tatsächlich an einer begründeten Bewertung der Umweltauswirkungen vollständig fehlt bzw. wenn das Ergebnis dieser Bewertung bei der Entscheidung über die Zulässigkeit des Vorhabens vollständig ausgeblendet worden ist.

199 Von der Durchführung einer Umweltverträglichkeitsprüfung kann nur gesprochen werden, wenn bestimmte Verfahrensschritte, wenn auch möglicherweise fehlerhaft, überhaupt stattgefunden haben. Fehlt es an einer begründeten Bewertung der Umweltauswirkungen, dann mangelt es an einem Ergebnis der Umweltverträglichkeitsprüfung. Das für die Umweltverträglichkeitsprüfung durchgeführte Verfahren verfehlt in einem solchen Fall sein Ziel, nämlich für eine angemessene Berücksichtigung der Umweltfolgen des Vorhabens bei der Entscheidung über die Zulassung zu sorgen.

200 Das VG Hamburg führt zutreffend dazu aus, eine Umweltverträglichkeitsprüfung, die nicht durch eine zusammenfassende Darstellung und durch eine Bewertung der Umweltauswirkungen abgeschlossen, d.h. nicht zu Ende geführt wird, sei als eine Nicht-Durchführung i.S.v. § 4 Abs. 1 Satz 1 Nr. 1 a UmwRG zu bewerten. Nichts anderes gilt, wenn es zwar eine begründete Bewertung der Umweltauswirkungen gibt, wenn jedoch diese begründete Bewertung bei der Entscheidung über die Zulässigkeit des Vorhabens vollständig unberücksichtigt geblieben ist.

201 Die auf der zusammenfassenden Darstellung beruhende Bewertung und Berücksichtigung der Umweltauswirkungen sind das eigentliche Kernstück bzw. Sinn und Zweck der Umweltverträglichkeitsprüfung. Vor diesem Hintergrund sind das komplette Fehlen einer begründeten Bewertung der Umweltauswirkungen und eine unterbliebene Berücksichtigung der begründeten Bewertung der Umweltauswirkungen bei der Zulassungsentscheidung als mit dem Fehlen einer Umweltverträglichkeitsprüfung gleichzusetzende Fehler anzusehen.[309]

202 Der Gesetzgeber unterscheidet in § 4 Abs. 1 UmwRG zwischen einer unterbliebenen Umweltverträglichkeitsprüfung und einer fehlenden Öffentlichkeitsbeteiligung. Nach dieser Systematik ist eine Umweltverträglichkeitsprüfung ohne Öffentlichkeitsbeteiligung eine mit einem schweren Fehler behaftete Umweltverträglichkeitsprüfung. Fraglich ist allerdings, ob diese Systematik den Vorgaben der UVP-Richtlinie entspricht. Bedeutsam ist diese Frage, weil eine Umweltverträglichkeitsprüfung ohne begründete Bewertung der Umweltauswirkungen und/oder ohne Berücksichtigung der begründeten Bewertung bei der Zulassungsentscheidung, wenn man davon ausgeht, dass es sich dabei lediglich um eine fehlerhafte, nicht jedoch um eine unterbliebene Umweltverträglichkeitsprüfung handelt, nur dann einen Anspruch auf Aufhebung der Zulassungsentscheidung nach § 4 Abs. 1 Nr. 3 UmwRG hergibt, wenn dadurch der betroffenen Öffentlichkeit die Möglichkeit der gesetzlich vorgesehenen Beteiligung am Entscheidungsprozess genommen worden ist. Davon kann bei dem Fehlen der begründeten Bewertung der Umweltauswirkungen und/oder der Berücksichtigung der begründeten Bewertung der Umweltauswirkungen bei der Zulassungsentscheidung nicht ohne Weiteres ausgegangen werden, weil diese Mängel erst nach der Öffentlichkeitsbeteiligung im

309 VG Hamburg, Beschl. v. 15.06.2016 – 7 E 1486/16, juris Rn. 60; zustimmend *Schlacke,* in: Gärditz, VwGO, § 4 UmwRG Rn. 34.

Zulassungsverfahren auftreten können, so dass dieser Mangel nur als relativer Verfahrensfehler i.S.v. § 4 Abs. 1 a UmwRG angesehen werden könnte.

Teilt man die Auffassung, dass eine fehlende begründete Bewertung der Umweltauswirkungen und eine unterlassene Berücksichtigung der begründeten Bewertung der Umweltauswirkungen, bei der Zulassungsentscheidung absolute Verfahrensmängel sind, dann können nicht nur Umweltverbände, sondern auch materiell-rechtlich betroffene Individualkläger eine Aufhebung der Zulassungsentscheidung verlangen, wenn und soweit diese Mangel nicht geheilt worden sind. 203

Allerdings kann das Gericht gem. § 4 Abs. 1 b Satz 3 UmwRG auf Antrag anordnen, dass die Verhandlung bis zur Heilung von Verfahrensfehlern i.S.v. § 4 Abs. 1 und 1 a UmwRG ausgesetzt wird, soweit dies im Sinne der Verfahrenskonzentration sachdienlich ist. Voraussetzung dafür ist allerdings, dass man tatsächlich von einer Heilbarkeit in einem ergänzenden Verfahren ausgeht. Eine Aussetzung des gerichtlichen Verfahrens nach § 4 Abs. 1 b Satz 3 UmwRG ist allerdings auch dann zweifelhaft, wenn man die in Rede stehenden Mängel nicht als Verfahrensfehler, sondern als materielle Mängel der Zulassungsentscheidung ansieht. Dies liegt jedenfalls für die fehlende Berücksichtigung der begründeten Bewertung der Umweltauswirkungen bei der Zulassungsentscheidung nicht fern. Geht man von einem materiell-rechtlichen Mangel aus, stellt sich die Frage, ob § 4 Abs. 1 b Satz 3 UmwRG auf einem solchen Mangel anwendbar ist, weil sich die Vorschrift nach ihrem Wortlaut jedenfalls nur auf die Heilung von Verfahrensfehlern bezieht. Ob eine entsprechende Anwendung auf materielle Mängel möglich ist, ist zweifelhaft; es könnte insoweit an einer planwidrigen Regelungslücke fehlen. 204

2. Fehlerhafte Bewertung und Berücksichtigung als relativer Verfahrensfehler

Ist die begründete Bewertung der Umweltauswirkungen nicht unterblieben, sondern lediglich unzureichend, weil sie z.B. die Ergebnisse der zusammenfassenden Darstellung nicht vollständig berücksichtigt, dann handelt es sich entweder nur um einen inhaltlich/methodischen Mangel, oder, wenn im Einzelfall dieser Mangel schwerwiegend und für die Öffentlichkeitsbeteiligung relevant ist, um einen relativen Verfahrensfehler i.S.v. § 4 Abs. 1 a UmwRG. Dieser Mangel führt gem. § 4 Abs. 1 b Satz 1 UmwRG nur dann zur Aufhebung der Zulassungsentscheidung, wenn der Mangel nicht durch eine Entscheidungsergänzung oder ein ergänzendes Verfahren behoben werden kann. Außerdem ist § 46 VwVfG anzuwenden. Lässt sich durch das Gericht nicht aufklären, ob die mangelhafte Bewertung der Umweltauswirkungen die Zulassungsentscheidung beeinflusst hat, wird nach § 4 Abs. 1 a Satz 2 UmwRG eine Beeinflussung vermutet. Nichts anderes gilt für die unzureichende Berücksichtigung der begründeten Bewertung der Umweltauswirkungen bei der Zulassungsentscheidung. Auch dabei handelt es sich – im Gegensatz zu dem vollständigen Fehlen einer solchen Berücksichtigung – entweder um einen lediglich inhaltlich/methodischen und damit materiell-rechtlichen Mangel, oder im Einzelfall unter Berücksichtigung seiner Bedeutung für die Öffentlichkeitsbeteiligung im Nachgang durch die Bekanntmachung der Entscheidung um einen relativen Verfahrensfehler, der nur dann zur Aufhebung der Zulassungsentscheidung führt, wenn dieser Mangel nicht durch eine Entscheidungsergänzung oder durch ein ergänzendes Verfahren behoben werden kann. 205

Aus § 4 Abs. 1 Satz 1 UmwRG ergibt sich nicht unmittelbar, ob der Erfolg einer Anfechtungsklage bei der Rüge eines relativen Verfahrensfehlers zusätzlich noch die Verletzung einer drittschützenden Norm voraussetzt. Für Verbandsklagen ist dies nach § 2 Abs. 4 Nr. 1 UmwRG nicht relevant. Denn Verbandsklagen sind nach dieser Vorschrift begründet, soweit die Zulassungsentscheidung gegen Rechtsvorschriften verstößt, die für diese Entscheidung von Bedeutung sind. Es kommt für die Verbandsklagen insoweit nicht darauf an, ob es sich um eine drittschützende Vorschrift handelt. Umweltverbände können grundsätzlich alle Verletzungen von Rechtsnormen rügen, die für die angegriffene Entscheidung von Bedeutung sind. Lediglich für die Entscheidungen nach § 1 Abs. 1 Satz 1 Nr. 2a–6 UmwRG muss ein Umweltbezug bestehen. Geht man davon aus, dass § 4 Abs. 1 a Satz 1 UmwRG nicht als speziellere Regelung § 113 Abs. 1 VwGO verdrängt, dann setzt der Aufhebungsanspruch 206 eines Individualklägers weiterhin voraus, dass die verletzte Verfahrensnorm nach ihrem Schutzzweck drittschützend ist.[310]

207 Auf den ersten Blick ist auch die Annahme eines drittschützenden Zwecks des § 25 – genau wie bei § 24 – nicht naheliegend, weil die die begründete Bewertung der Umweltauswirkungen und deren Berücksichtigung in der Zulassungsentscheidung erst nach bzw. auch aufgrund der eigentlichen Öffentlichkeitsbeteiligung im Sinne der §§ 18–22 stattfindet. Die Öffentlichkeitsbeteiligung wird insoweit durch eine unzureichende Bewertung und Berücksichtigung auf den ersten Blick jedenfalls nicht beeinträchtigt. Allerdings kann eine Öffentlichkeitsbeteiligung ihren Sinn und Zweck kaum erfüllen, wenn z.B. die vorgetragenen Bedenken gegen das Vorhaben bei der begründeten Bewertung der Umweltauswirkungen unberücksichtigt bleiben oder die – vermittelt über die zusammenfassende Darstellung – mittelbar auch auf die Öffentlichkeitsbeteiligung gestützte Bewertung der Umweltauswirkungen nur unzureichend bei der Zulassungsentscheidung unberücksichtigt bleibt. Hinzu kommt, dass die begründete Bewertung gem. § 26 Abs. 1 Nr. 3 c in den Zulassungsbescheid werden muss. Die Aufnahme in die Begründung des Zulassungsbescheids und die Bekanntmachung dieses Bescheids und seine öffentliche Auslegung sollen ausweislich der Gesetzesbegründung auch den Interessen der Öffentlichkeit dienen. Die Öffentlichkeit soll sich vergewissern können, ob und inwieweit die Umweltauswirkungen zutreffend beschrieben, bewertet und berücksichtigt worden sind. Nicht zuletzt auf der Grundlage der zusammenfassenden Darstellung und der darauf gestützten begründeten Bewertung der Umweltauswirkungen in der Entscheidungsbegründung soll die betroffene Öffentlichkeit entscheiden können, ob ein Rechtsmittel gegen die Zulassungsentscheidung sinnvoll sein könnte. Das spricht dafür, dass die Verpflichtung des § 25, die Umweltauswirkungen zu bewerten und das Ergebnis dieser Bewertung bei der Zulassungsentscheidung zu berücksichtigen, nicht nur dem öffentlichen Interesse, sondern auch dem Interesse der von dem Vorhaben betroffenen Nachbarschaft dient.

208 Drittschützend können unabhängig davon die materiellen Bewertungsmaßstäbe sein, auf die § 25 Abs. 1 Satz 1 verweist. Werden diese materiell-rechtlichen, drittschützenden Vorschriften missachtet, kann sich daraus ein Anspruch des Drittbetroffenen auf Aufhebung der Zulassungsentscheidung ergeben.

II. Heilbarkeit des Mangels

209 Nach § 4 Abs. 1 Satz 1 UmwRG kann die Aufhebung einer Zulassung nur verlangt werden, wenn 1. eine erforderliche Umweltverträglichkeitsprüfung oder eine erforderliche Vorprüfung weder durchgeführt noch nachgeholt worden ist, 2. eine erforderliche Öffentlichkeitsbeteiligung i.S.v. § 18 oder i.S.v. § 10 BImSchG weder durchgeführt noch nachgeholt worden ist oder 3. ein anderer Verfahrensfehler vorliegt, der a) nicht geheilt worden ist, b) nach seiner Art und Schwere mit den in den Nrn. 1 und 2 genannten Fällen vergleichbar ist und c) der betroffenen Öffentlichkeit die Möglichkeit der gesetzlich vorgesehenen Beteiligung am Entscheidungsprozess genommen hat. Der Gesetzgeber lässt insoweit eine Nachholung unterbliebener Verfahrensschritte bzw. eine Heilung von Verfahrensfehlern ausdrücklich zu. Das Nachholen einer nicht oder nicht ordnungsgemäß durchgeführten bzw. nicht nachvollziehbar begründeten UVP bzw. Vorprüfung verstößt nicht gegen EU-Recht.[311] Auf eine Vorlagefrage hat der EuGH[312] Nach § 4 Abs. 1, 1 b Satz 1 und 2 Nr. 2 UmwRG i.V.m. § 75 Abs. 1a VwVfG führen Verfahrensmängel grundsätzlich nicht zur Planaufhebung, sondern lediglich zur Feststellung der Rechtswidrigkeit und Nichtvollziehbarkeit des Plans mit der Folge der Möglichkeit

310 Siehe dazu *Keller* NVwZ 2017, 1080 (1083); *Schlacke* UPR 2016, 478 (486); OVG NRW, Urt. v. 11.12.2017 – 8 A 928/16, juris Rn. 41.

311 OVG Hamburg, Beschl. v. 07.06.2018 – 1 Bs 248/17, juris Rn. 34; EuGH, Urt. v. 26.07.2017 – C-196/16 und C-197/16, DVBl. 2017, 1365.

312 EuGH, Urt. v. 26.07.2017, C-196/16 und C-197/16, juris Rn. 43.

der Durchführung eines ergänzenden Verfahrens.[313] Auf Antrag kann das Gericht gem. § 4 Abs. 1b Satz 3 UmwRG anordnen, dass die Verhandlung bis zur Heilung von Verfahrensfehlern ausgesetzt wird, soweit dies im Sinne der Verfahrenskonzentration sachdienlich ist. § 4 Abs. 1 b Satz 3 UmwRG lässt sich nicht entnehmen, dass ein Fehler erst gerichtlich beanstandet werden muss, bevor ein Verfahren zur Fehlerheilung durchgeführt werden kann. Das ergänzende Verfahren kann deshalb von der Behörde selbst zur Heilung festgestellter Defizite eingesetzt werden.[314] § 4 Abs. 1 b Satz 3 UmwRG verbietet es nicht, das gerichtliche Verfahren auszusetzen, wenn im Rahmen des ergänzenden Verfahrens zur Nachholung von unterbliebenen Verfahrensschritten auch materielle Fehler geheilt werden sollen.[315] Voraussetzung einer Aussetzung des Verfahrens nach § 4 Abs. 1 b Satz 3 UmwRG ist, dass die Fehlerbehebung nicht von vornherein ausgeschlossen ist. Außerdem muss die konkrete Möglichkeit bestehen, dass sich der Verfahrensfehler in absehbarer Zeit beseitigen lässt und dass keine unheilbaren materiellen Fehler vorliegen.[316] Eine Fehlerheilung durch ein ergänzendes Verfahren oder durch Abänderung des Zulassungsbescheids kommt insoweit auch in Betracht, wenn und soweit, Fehler bei der Bewertung und Berücksichtigung nach § 25 als materielle Mängel und nicht als Verfahrensfehler eingeordnet werden.

Die nach § 25 Abs. 1 gebotene Bewertung der Umweltauswirkungen und die nach § 25 Abs. 2 erforderliche Berücksichtigung der begründeten Bewertung der Umweltauswirkungen bei der Zulassungsentscheidung nach § 25 können ihre Funktion als vorbereitende Verfahrensschritte grundsätzlich nicht mehr erfüllen, wenn die Zulassungsentscheidung bereits getroffen worden ist. Deshalb ist die Heilbarkeit einer unterbliebenen oder völlig unzureichenden Bewertung der Umweltauswirkungen und unterbliebenen oder völlig unzureichenden Berücksichtigung der Umweltauswirkungen nach Erlass des Zulassungsbescheids zweifelhaft. Das gilt jedenfalls dann, wenn es nicht der Durchführung eines Widerspruchsverfahrens bedarf. Im Widerspruchsverfahren ist die Heilung deshalb unproblematisch, weil die Zulassungsentscheidung ihre endgültige Fassung erst mit dem Widerspruchsbescheid findet.[317] Eine Heilung des Mangels einer unzureichenden oder fehlenden Bewertung der Umweltauswirkungen und/oder der hinreichenden Berücksichtigung dieser Bewertung bei der Zulassungsentscheidung kann grundsätzlich nur erfolgreich sein, wenn auf der Grundlage einer ordnungsgemäßen Neubewertung der Umweltauswirkungen eine hinreichende Berücksichtigung dieser neuen Bewertung in der Zulassungsentscheidung stattfindet. Unproblematisch ist eine solche nachträgliche Heilung nicht, wenn und soweit sie nur noch dazu dienen kann, eine bereits erteilte Zulassung im Nachhinein noch zu rechtfertigen. Die Umweltverträglichkeitsprüfung soll nämlich gewährleisten, dass die Umweltauswirkungen, die von einem Vorhaben ausgehen können, frühzeitig ermittelt, beschrieben und bewertet werden. Hierdurch soll eine auf die Umweltbelange beschränkte **Vorabprüfung** unter Ausschluss der sonstigen Belange, die sich für oder gegen das Vorhaben ins Feld führen lassen, erfolgen. Auch das Gemeinschaftsrecht verlangt, die Umweltverträglichkeit von Projekten, bei denen u.a. aufgrund ihrer Art, ihrer Größe oder ihres Standorts mit erheblichen Auswirkungen auf die Umwelt zu rechnen ist, vor Erteilung der Genehmigung zu prüfen.[318] 210

Von der Frage, ob der Mangel einer fehlenden Umweltverträglichkeitsprüfung im Laufe eines gerichtlichen Verfahrens durch die Nachholung der UVP geheilt werden und damit die gerichtliche Auf- 211

313 BVerwG, Beschl. v. 08.11.2021 – 9 A 9/21, juris Rn. 7; Urt. v. 08.01.2014 – 9 A 4.13, BVerwGE 149, 31 Rn. 27, Urt. v. 24.05.2018 – 4 C 4.17, BVerwGE 162, 114 Rn. 35; Urt. v. 27.09.2018 – 7 C 24.16, UPR 2019, 183 Rn. 26, 38.

314 BVerwG, Beschl. v. 08.11.2021 – 9 A 9/21, juris Rn. 8; Urt. v. 12.03.2008 – 9 A 3.06, BVerwGE 130, 299 Rn. 31; Beschl. v. 08.05.2018 – 9 A 12.17, DVBl 2018, 1232 Rn. 6.

315 BVerwG, Beschl. v. 08.11.2021 – 9 A 9/21, juris Rn. 4; Beschl. v. 08.05.2018 – 9 A 12.17, DVBl 2018, 1232 Rn. 5.

316 OVG SA, Beschl. v. 18.09.2019 – 2 O 59/19, juris Rn. 8.

317 OVG Hamburg, Beschl. v. 24.08.2016 – 2 Bs 113/16, juris Rn. 29.

318 VG Osnabrück, Urt. v. 04.11.2015 – 3 A 88/14, juris Rn. 77; so auch VG Hamburg, Beschl. v. 15.06.2016 – 7 E 1486/16, juris Rn. 59 ff.

hebung der angefochtenen Zulassungsentscheidung vermieden werden kann, ist die weitere Frage zu unterscheiden, ob ein Vorhaben, das auf der Grundlage einer rechtswidrigen Zulassung ohne Durchführung der erforderlichen Umweltverträglichkeitsprüfung realisiert worden ist, durch eine nachträglich erteilte Genehmigung mit Umweltverträglichkeitsprüfung legalisiert werden kann. Zutreffend wird angenommen, dass eine solche nachträgliche Legalisierung möglich ist. Es bestehen insoweit keine durchgreifenden Rechtmäßigkeitsbedenken dagegen, dass das geprüfte Vorhaben vor Durchführung der UVP bereits auf Grundlage vorangegangener, mittlerweile aufgehobener Genehmigungen, die ohne vorherige Durchführung einer UVP erteilt wurden, errichtet und in Betrieb genommen worden war, so dass in der Sache die im früheren Genehmigungsverfahren fehlende UVP nachgeholt und das Vorhaben durch die neuen Genehmigungsbescheide gleichsam nachträglich legalisiert worden ist.[319] Soweit in der Rechtsprechung Bedenken gegen eine Nachholung einer erforderlichen UVP und eine Aussetzung des gerichtlichen Verfahrens zum Zwecke der Nachholung geäußert werden und eine solche Vorgehensweise »in der Regel im gerichtlichen Verfahren nicht« bzw. nur bei Vorliegen besonderer Umstände, für denkbar erachtet wird,[320] betrifft dies die Nachholung im gerichtlichen Verfahren, das bezüglich der ohne vorherige UVP ergangenen behördlichen Entscheidung geführt wird, nicht jedoch Genehmigungsbescheide, die erst nach Durchführung einer UVP ergangen sind.[321]

212 Nach der Rechtsprechung des EuGH darf ein Vorhabenträger, für dessen Vorhaben die erforderliche Umweltverträglichkeitsprüfung nicht durchgeführt worden ist, das Vorhaben nicht realisieren.[322] Aufgrund des unionsrechtlichen Grundsatzes der loyalen Zusammenarbeit sind die Mitgliedstaaten jedoch gleichzeitig verpflichtet, die rechtswidrigen Folgen eines Verstoßes gegen Gemeinschaftsrecht zu beheben. Es sei daher Aufgabe der zuständigen Behörden eines Mitgliedstaats, im Rahmen ihrer Zuständigkeiten alle erforderlichen allgemeinen oder besonderen Maßnahmen zu treffen, damit die Projekte im Hinblick darauf überprüft werden, ob bei ihnen erhebliche Auswirkungen auf die Umwelt zu besorgen seien, und damit sie bejahendenfalls auf diese Auswirkungen hin untersucht würden. In diesem Zusammenhang sei es Sache der nationalen Gerichte festzustellen, ob nach nationalem Recht die Möglichkeit besteht, eine bereits erteilte Genehmigung zurückzunehmen oder jedenfalls auszusetzen, um dieses Projekt einer Prüfung gem. den Anforderungen der UVP-Richtlinie zu unterziehen.[323] Das Unionsrecht stehe aber nationalen Vorschriften nicht entgegen, die in bestimmten Fällen die Legalisierung unionsrechtswidriger Vorgänge oder Handlungen zuließen. Eine solche Möglichkeit zur Legalisierung dürfe jedoch nur eingeräumt werden, wenn sie den Betroffenen keine Gelegenheit böte, das Unionsrecht zu umgehen oder nicht anzuwenden, und in diesem Sinne die Ausnahme bleibe. Wenn für ein Projekt die erforderliche UVP nicht durchgeführt worden sei, erfordere das Unionsrecht, dass die Mitgliedstaaten die rechtswidrigen Folgen dieses Versäumnisses behöben; es verbiete aber nicht, dass nach dem Bau und der Inbetriebnahme der betreffenden Anlage zu ihrer Legalisierung eine UVP durchgeführt werde, sofern die diese Legalisierung gestattenden nationalen Vorschriften den Betreffenden nicht die Gelegenheit böten, das Unionsrecht zu umgehen oder nicht anzuwenden, und die zur Legalisierung durchgeführte Prüfung nicht nur die künftigen Umweltauswirkungen dieser Anlage umfasst, sondern auch die seit deren Errichtung eingetretenen Umweltauswirkungen berücksichtigt.[324]

213 Wie sich insbesondere aus der letztgenannten, aktuellen Spruchpraxis des EuGH ergibt, ist mithin eine nachträgliche UVP nach Errichtung der Anlagen unionsrechtlich grundsätzlich zulässig.[325] In

319 VG Arnsberg, Urt. v. 17.10.2017 – 4 K 2130/16, juris Rn. 148 ff.

320 BVerwG, Urt. v. 20.08.2008 – 4 C 11.07, juris Rn. 26; OVG NRW, Beschl. v. 30.08.2017 – 8 B 493/16, juris.

321 VG Arnsberg, Urt. v. 17.10.2017 – 4 K 2130/16, juris Rn. 148 ff.

322 EuGH, Urt. v. 03.07.2008 – Rs. C-215/06, juris Rn. 51 ff.

323 EuGH, Urt. v. 01.07.2004 – Rs. C-201/02, juris Rn. 65 ff.

324 EuGH, Urt. v. 26.07.2017 – Rs. C-196/16, juris.

325 VG Arnsberg, Urt. v. 17.10.2017 – 4 K 2130/16, juris Rn. 160.

dem Verfahren zur Heilung eines gerichtlich festgestellten Verfahrensfehlers durch Nachholung der versäumten Umweltprüfung eröffnet sich der materielle Prüfungsrahmen der Genehmigungsbehörde, den diese bei Entscheidung über den Zulassungsantrag zu prüfen hatte, nicht vollständig neu. Mit einer Beschränkung des verwaltungsgerichtlichen Urteils auf die Feststellung der Nichtvollziehbarkeit zwischen den Beteiligten steht verbindlich fest, dass die Entscheidung im Übrigen nicht an Fehlern leidet.[326] Die im ergänzenden Verfahren vorzunehmende Prüfung führt grds. nicht dazu, den unbeanstandeten Teil der Zulassung erneut gerichtlich zu überprüfen.[327] Etwas anderes kann gelten, wenn und soweit der Zweck der UVP dies gebietet. Dieser besteht darin, sämtliche betroffenen Umweltbelange umfassend zu ermitteln, zu bewerten und bei der Entscheidung zu berücksichtigen. Die Nachholung der UVP in einem ergänzenden Verfahren muss insoweit auch sämtliche neu gewonnenen Erkenntnisse dazu in die Entscheidung einzubeziehen.[328] Das kann im Einzelfall dazu führen, dass weitere Mängel, die vom Gericht unbeanstandet geblieben sind, im ergänzenden Verfahren neu oder wiederholt gerügt werden können, soweit diese Mängel im Zusammenhang mit der unzureichenden Umweltverträglichkeitsprüfung stehen.

§ 26 Inhalt des Bescheids über die Zulassung oder Ablehnung des Vorhabens

(1) Der Bescheid zur Zulassung des Vorhabens muss zumindest die folgenden Angaben enthalten:
1. die umweltbezogenen Nebenbestimmungen, sofern sie mit der Zulassungsentscheidung verbunden sind,
2. eine Beschreibung der vorgesehenen Überwachungsmaßnahmen nach § 28 oder nach entsprechenden bundes- oder landesrechtlichen Vorschriften sowie
3. eine Begründung, aus der die wesentlichen tatsächlichen und rechtlichen Gründe hervorgehen, die die Behörde zu ihrer Entscheidung bewogen haben; hierzu gehören
   a) Angaben über das Verfahren zur Beteiligung der Öffentlichkeit,
   b) die zusammenfassende Darstellung gemäß § 24,
   c) die begründete Bewertung gemäß § 25 Absatz 1 und
   d) eine Erläuterung, wie die begründete Bewertung, insbesondere die Angaben des UVP-Berichts, die behördlichen Stellungnahmen nach § 17 Absatz 2 und § 55 Absatz 4 sowie die Äußerungen der Öffentlichkeit nach den §§ 21 und 56, in der Zulassungsentscheidung berücksichtigt wurden oder wie ihnen anderweitig Rechnung getragen wurde.

(2) Wird das Vorhaben nicht zugelassen, müssen im Bescheid die dafür wesentlichen Gründe erläutert werden.

(3) Im Übrigen richtet sich der Inhalt des Bescheids nach den einschlägigen fachrechtlichen Vorschriften.

Übersicht Rdn.

326 OVG Lüneburg, Beschl. v. 23.02.2021 – 1 LA 160/19, juris Rn. 14; *Fellenberg/Schiller*, in: Landmann/Rohmer, Umweltrecht, § 4 UmwRG Rn. 91 m.w.N.
327 *Seibert* NVwZ 2018, 97 (102); BVerwG, Beschl. v. 20.03.2018 – 9 B 43.16, juris Rn. 65 m.w.N.
328 OVG Lüneburg, Beschl. v. 23.02.2021 – 1 LA 160/19, juris Rn. 14; *Külpmann* NVwZ 2020, 1143 (1138).

A. Einführung

1 § 26 ist durch das Gesetz zur Modernisierung des Rechts der Umweltverträglichkeitsprüfung 2017 in das UVPG aufgenommen worden. Die Vorschrift dient der Umsetzung von Art. 8a der geänderten UVP-RL. Sie enthält Regelungen über den Inhalt der Zulassungsentscheidung. Damit sollte die schon zuvor bestehende Pflicht zur Berücksichtigung der Ergebnisse der UVP bei der Entscheidung über das Vorhaben nach Art. 8 der Richtlinie 2011/92/EU konkretisiert werden. Die Vorschrift hat Bedeutung für die **Transparenz** der UVP und für den **Rechtsschutz** und steht in einem engen sachlichen Zusammenhang zu § 27, der die Bekanntmachung und Auslegung des Bescheids regelt.[1] Absatz 1 bestimmt die **Mindestinhalte des Zulassungsbescheids**, Absatz 2 die Verpflichtung, einen **Ablehnungsbescheid** zu begründen. § 26 enthält keine wesentlichen Neuerungen für das deutsche Recht, weil entsprechende Begründungspflichten schon nach § 39 Abs. 1 VwVfG gelten.[2] § 26 beschränkt sich auf verfahrensrechtliche Mindestanforderungen an die Bescheidformulierung; materielle Pflichten zur Berücksichtigung der begründeten Bewertung der Umweltauswirkungen enthält § 25 Abs. 2.[3] Weitergehende, sich aus dem jeweiligen Fachrecht ergebende Anforderungen werden durch § 26 nicht ausgeschlossen, auch im Hinblick auf Anforderungen, die sich nicht auf die Umweltauswirkungen des Vorhabens beziehen (siehe § 26 Abs. 3).[4]

2 Während frühere Fassungen der UVP-RL die Ausgestaltung der Zulassungsentscheidung den Mitgliedstaaten überließen, hat der Richtliniengeber hierzu mittlerweile einige Vorgaben gemacht.[5] So wird in Art. 8a Abs. 1 a der geänderten UVP-RL festgelegt, dass die begründete Schlussfolgerung in die Entscheidung über die Erteilung der Zulassung aufzunehmen ist. Die Einbeziehung von Elementen der UVP in die Zulassungsentscheidung war im deutschen Recht auch bislang schon möglich. So konnte schon nach dem früheren § 11 Satz 4 UVPG a.F. die zusammenfassende Darstellung in die Begründung über die Zulässigkeit des Vorhabens aufgenommen werden. § 21 Abs. 1 Nr. 5 der 9. BImSchV sieht dazu vor, dass die zusammenfassende Darstellung und die Bewertung in die Begründung des Genehmigungsbescheids aufzunehmen sind.

B. Mindestangaben (Abs. 1)

3 Absatz 1 gibt eine Reihe von Mindestangaben vor, die der Bescheid über die Zulassung oder Ablehnung des Vorhabens zwingend enthalten muss. Dabei handelt es sich um formelle Anforderungen an den Bescheid und nicht um materielle Voraussetzungen der Zulassung.[6]

I. Umweltbezogene Nebenbestimmungen (Abs. 1 Nr. 1)

4 Nach § 26 Abs. 1 Nr. 1 muss der Bescheid die umweltbezogenen Nebenbestimmungen enthalten, sofern sie mit der Zulassungsentscheidung verbunden sind. Diese Vorschrift dient der formalen Umsetzung von Art. 8a Abs. 1 b der geänderten UVP-RL, wonach etwaige Umweltauflagen, die mit der Entscheidung verbunden sind, in die Entscheidung über die Erteilung der Genehmigung

1 *Kümper*, in: Schink/Reidt/Mitschang, UVPG/UmwRG, § 26 UVPG Rn. 1.
2 *Beckmann*, in: Stüer/Beckmann, Handbuch des Bau- und Fachplanungsrechts, Rn. 4484; *Dix*, in: Landmann/Rohmer, Umweltrecht, Stand: 8/2025, § 26 UVPG Rn. 3.
3 *Sangenstedt* ZUR 2014, 526 (534); *Kümper*, in: Schink/Reidt/Mitschang, UVPG/UmwRG, § 26 UVPG Rn. 2.
4 Nr. 26.1 UVPVwV 2025.
5 Siehe dazu die Gesetzesbegründung der BReg BT-Drs. 18/11499, S. 95; *Sangenstedt* ZUR 2014, 526. 534.
6 *Dix*, in: Landmann/Rohmer, Umweltrecht, Stand: 8/2025, § 26 UVPG Rn. 2.

aufgenommen werden müssen. Zum Begriff der Nebenbestimmungen kann nach der Gesetzesbegründung auf § 36 VwVfG Bezug genommen werden.[7] Allerdings wird der Begriff der Nebenbestimmungen in § 36 VwVfG selbst nicht definiert; vielmehr enthält § 36 Abs. 2 VwVfG lediglich Legaldefinitionen der wichtigsten Arten von Nebenbestimmungen.[8] Nebenbestimmungen sind unselbstständige zusätzliche Anordnungen, die von einem Verwaltungsakt (Hauptregelung) abhängen oder zum Bestand des Verwaltungsakts selbst gehören, mit der Wirkung, dass die in dem Verwaltungsakt getroffene Regelung hinter der begehrten Regelung zurückbleibt.[9] Nebenbestimmungen haben verschiedene Funktionen, die sich aus Vorschriften wie den §§ 36 VwVfG, 12 BImSchG ableiten lassen. Bei Zulassungsentscheidungen, deren Erteilung der Antragsteller bei Vorliegen der Zulassungsvoraussetzungen beanspruchen kann, dürfen Nebenbestimmungen nach § 36 Abs. 1 Alt. 2 VwVfG nur zu dem Zweck eingesetzt werden, die Erfüllung der gesetzlichen Voraussetzungen zu sichern. Steht die Zulassung hingegen im Ermessen, können Nebenbestimmungen auch zur Verfolgung legitimer Zwecke im Rahmen dieses Ermessens dienen.[10]

Nebenbestimmungen sind abzugrenzen von **Inhaltsbestimmungen** bzw. modifizierenden Auflagen des Verwaltungsakts sowie von ergänzenden **Hinweisen** und **Erläuterungen**, mit denen der Verwaltungsakt zusätzlich versehen bzw. begründet wird. 5

Bei der Abgrenzung zwischen einer Nebenbestimmung und einer Inhaltsbestimmung kommt es auf den Erklärungswert des Genehmigungsbescheids an, wie er sich bei objektiver Betrachtung aus der Sicht des Empfängers darstellt. Für die Einordnung einer Regelung als Nebenbestimmung eines Genehmigungsbescheids ist maßgebend, ob die im Bescheid getroffene Regelung unmittelbar der Festlegung des Genehmigungsgegenstands dient, also das zugelassene Handeln des Betreibers räumlich und sachlich bestimmt und damit den Gegenstand der Genehmigung festlegt. Ist das der Fall, handelt es sich um eine Inhaltsbestimmung.[11] Demgegenüber regelt die als Nebenbestimmung formulierte Auflage zusätzliche Handlungs- oder Unterlassungspflichten, die zwar der Erfüllung der Genehmigungsvoraussetzungen dienen, aber zur Genehmigung hinzutreten und keine unmittelbare Wirkung für Bestand und Geltung der Genehmigung haben.[12] 6

Zu den behördlichen Regelungen, die den eigentlichen Gegenstand der Genehmigung betreffen und damit unabhängig von ihrer sprachlichen Bezeichnung als Inhaltsbestimmungen anzusehen sind, gehören Bestimmungen der Genehmigung zur Anlagenkapazität, zum Standort der Anlage und zu den Emissionsbegrenzungen. Zusätzlich werden Regelungen als Inhaltsbestimmungen angesehen, wenn sie für die Erfüllung und Sicherstellung der Genehmigungsvoraussetzungen als wesentlich anzusehen sind.[13] 7

---

7 Gesetzesbegründung der BReg BT-Drs. 18/11499, S. 95; zustimmend *Kümper*, in: Schink/Reidt/Mitschang, UVPG/UmwRG, § 26 UVPG Rn. 6.

8 *Barczak/Weiß*, in: Sennekamp/Mann/Uechtritz, VwVfG, § 36 Rn. 15.

9 *Ramsauer*, in: Kopp/Ramsauer, VwVfG, § 36 Rn. 8; *Henneke*, in: Knack/Henneke, VwVfG, § 36 Rn. 8; *Barczak/Weiß*, in: Sennekamp/Mann/Uechtritz, VwVfG, § 36 Rn. 15.

10 *Peters/Balla/Hesselbarth*, UVPG, § 26 Rn. 10.

11 Zur Abgrenzung von Inhalts- und Nebenbestimmungen siehe OVG NRW, Urt. v. 01.10.2024 – 4 A 357/21, juris, Rn. 35 f. m.w.N.; BVerwG, Beschl. v. 31.01.2019 – 8 B 10.18, juris, Rn. 5; BVerwG, Beschl. v. 23.01.2018 – 8 B 28.17, juris, Rn. 7; BVerwG, Urt. v. 22.11.2018 – 7 C 9.17, juris, Rn. 23; OVG NRW, Urt. v. 16.04.2018 – 4 A 589/17, juris, Rn. 24; *Barczak/Weiß*, in: Sennekamp/Mann/Uechtritz, VwVfG, § 36 Rn. 52 ff.; *Ramsauer*, in: Kopp/Ramsauer, VwVfG, Rn. 9; *Jarass*, BImSchG, § 12 Rn. 6 ff.; *Wasielewski*, in: Führ, BImSchG, § 12 Rn. 16.

12 *Ramsauer*, in: Kopp/Ramsauer, VwVfG, Rn. 72; OVG Magdeburg, Beschl. v. 10.02.2015 –1 EO 356/14, juris Rn. 41.

13 OVG NRW, Urt. v. 10.12.1999 – 21 A 3481/96, NVwZ-RR 2000, 671; Nds. OVG, Urt. v. 14.03.2013 – 12 LC 153/111, NVwZ-RR 2013, 597; *Dix*, in: Landmann/Rohmer, Umweltrecht, Stand: 8/2025, § 26 UVPG Rn. 2.

8 Im Zusammenhang mit der Auslegung des § 26 Abs. 1 Nr. 1 bedarf es keiner weiteren Bemühung um die Abgrenzung der Nebenbestimmung zur Inhaltsbestimmung. Denn auch wenn § 26 Abs. 1 Nr. 1 nur die Beifügung der umweltbezogenen Nebenbestimmungen verlangt, ist selbstverständlich, dass auch sämtliche Inhaltsbestimmungen in den Genehmigungsbescheid gehören.[14]

9 Um Nebenbestimmungen handelt es sich auch nicht bei den in Genehmigungsbescheiden regelmäßig anzutreffenden **Hinweisen** der Genehmigungsbehörde. Hinweise, die sich auf gesetzliche Vorschriften und unmittelbar kraft Gesetzes geltende Rechtsfolgen beziehen, haben keinen Regelungsgehalt im Sinne von § 35 Satz 1 VwVfG.[15] Das unterscheidet sie von Nebenbestimmungen, die zum regelnden Teil eines Verwaltungsakts zählen. Eine Verpflichtung zur Aufnahme von Hinweisen in den Genehmigungsbescheid ergibt sich aus § 26 Abs. 1 Nr. 1 nicht.[16] Hinweise in Genehmigungsbescheiden können aber dazu dienen, die allgemeine Beratungs- und Auskunftspflicht, die nach § 25 Abs. 1 VwVfG besteht, zu erfüllen.[17] Die Aufnahme von Hinweisen zur über den Regelungsgehalt des Genehmigungsbescheids hinaus geltenden Rechtslage kann aus Sicht der Genehmigungsbehörde unabhängig von einer rechtlichen Verpflichtung zur Erteilung solcher Hinweise sinnvoll sein, um den Genehmigungsinhaber über die ihn zusätzlich treffenden Rechte und Pflichten aufzuklären. Die Beachtung solcher Hinweise erleichtert nicht zuletzt die behördliche Anlagenüberwachung.

10 Zwar ist es nachvollziehbar, dass sich § 26 Abs. 1 Nr. 1 angesichts des auf die UVP bezogenen Gegenstands des UVPG auch hinsichtlich des Inhalts des Bescheids über die Zulassung oder Ablehnung des Vorhabens auf umweltbezogene Nebenbestimmungen bezieht. Gleichwohl stellt sich die Frage nach dem Sinn einer solchen Regelung. Denn es ist im deutschen Recht nicht zweifelhaft, dass sämtliche Nebenbestimmungen zu einem Verwaltungsakt, seien sie umweltbezogen oder nicht, in den Genehmigungsbescheid aufgenommen werden müssen. Sämtliche Nebenbestimmungen eines Verwaltungsakts sind Bestandteile dieses Verwaltungsakts, die von dessen Hauptregelung abhängen und mit dieser Hauptregelung aufgrund einer einheitlichen Behördenentscheidung erlassen werden.[18] Dementsprechend ist die Regelung eigentlich überflüssig; sie dient offenbar der Dokumentation, dass die UVP-Änderungsrichtlinie vollständig umgesetzt ist.

11 Die Notwendigkeit, einer Genehmigung bestimmte Nebenbestimmungen beizufügen, ergab sich unionsrechtlich bereits aus Art. 14 IE-RL für die dieser Richtlinie unterfallenden Anlagen. Nach Art. 14 Abs. 1. Unterabs. 1 IE-RL in der seit 2024 geltenden Fassung sorgen die Mitgliedstaaten dafür, dass die Genehmigung alle Maßnahmen umfasst, die zur Erfüllung der in Art. 11 und 18 IE-RL genannten Genehmigungsvoraussetzungen notwendig sind. Zu diesem Zweck sorgen die Mitgliedstaaten dafür, dass Genehmigungen erst nach Konsultation aller Behörden, die für die Einhaltung der Umweltvorschriften der Union, einschließlich der Umweltqualitätsnormen, verantwortlich sind, erteilt werden. Auch das war immer schon eine Selbstverständlichkeit im deutschen Umweltrecht. Art. 14a IE-RL 2024 bestimmt, dass die Mitgliedstaaten vom Betreiber der Anlage die Erstellung und Umsetzung eines **Umweltmanagementsystems** verlangen. Das Umweltmanagementsystem soll sich unter anderem auf die ergriffenen Maßnahmen zur Erreichung der Umweltziele und zur Vermeidung von Risiken für die menschliche Gesundheit oder die Umwelt, einschließlich gegebenenfalls erforderlicher Abhilfe- und Vorsorgemaßnahmen erstrecken.

---

14 Zustimmend *Kümper*, in: Schink/Reidt/Mitschang, UVPG/UmwRG, § 26 UVPG Rn. 6; *Dix*, in: Landmann/Rohmer, Umweltrecht, Stand: 8/2025, § 26 UVPG Rn. 20.

15 OVG NRW, Urt. v. 01.10.2024 – 4 A 357/21, juris Rn. 37; BVerwG, Urt. v. 07.02.1985 – 3 C 33.83, BVerwGE 71, 48 = juris, Rn. 23; *Barczak/Weiß*, in: Sennekamp/Mann/Uechtritz, VwVfG, § 36 Rn. 50.

16 *Kümper*, in: Schink/Reidt/Mitschang, UVPG/UmwRG, § 26 UVPG Rn. 6.

17 Siehe dazu OVG Saarland, Beschl. v. 31.01.2022 – 1 A 282/20, juris Rn. 29; BVerwG, Urt. v. 10.11.2016 – 8 C 11/15, juris Rn. 24.

18 *Beckmann*, in: Stüer/Beckmann, Handbuch des Bau- und Fachplanungsrechts, Rn. 4484; *U. Stelkens*, in: Stelkens/Bonk/Sachs, VwVfG, § 36 Rn. 19; *Tegethoff* Nebenbestimmungen in umweltrechtlichen Zulassungsentscheidungen, 2001, S. 23 ff., 30 ff.

II. Beschreibung der Überwachungsmaßnahmen (Abs. 1 Nr. 2)

§ 26 Abs. 1 Nr. 2 schreibt vor, dass der Bescheid zur Zulassung des Vorhabens auch eine Beschreibung der vorgesehenen Überwachungsmaßnahmen nach § 28 oder nach entsprechenden bundes- oder landesrechtlichen Vorschriften enthalten muss. § 28 unterscheidet zwischen den **behördlichen Überwachungsmaßnahmen** und den **Eigenüberwachungsmaßnahmen** des Vorhabenträgers, die diesem von der zuständigen Behörde nach § 28 Abs. 1 Satz 3 aufgegeben werden können.[19] Die Art der zu überwachenden Parameter und die Dauer der Überwachung sollen der Art, dem Standort und dem Umfang des Vorhabens sowie dem Ausmaß seiner Umweltauswirkungen angemessen sein.[20] 12

1. Behördliche Überwachungsmaßnahmen

Die Beschreibung der behördlichen Überwachungsmaßnahmen dürfte zum begründenden, nicht jedoch zum regelnden Teil des Bescheids gehören.[21] Denkbar ist es auch, die Beschreibung von Überwachungsmaßnahmen als **Hinweise** zu formulieren.[22] Da der Gesetzgeber nur eine Beschreibung fordert, berechtigt und verpflichtet § 26 die Zulassungsbehörde nicht dazu, bestimmte Überwachungsmaßnahmen in der Genehmigung bereits anzuordnen.[23] § 26 enthält keine Ermächtigungsgrundlage für die Anordnung bestimmter Überwachungsmaßnahmen.[24] Soweit bundes- oder landesrechtliche Regelungen keine Überwachungsmaßnahmen vorsehen, ergreift die zuständige Behörde nach § 28 Abs. 1 Satz 1 die geeigneten Überwachungsmaßnahmen, um die Einhaltung der umweltbezogenen Bestimmungen des Zulassungsbescheids nach § 26 zu überprüfen. Das gilt nach § 28 Abs. 1 Satz 2 insbesondere für die im Zulassungsbescheid festgelegten Merkmale des Vorhabens und des Standorts sowie für die Maßnahmen, mit denen erhebliche nachteilige Umweltauswirkungen ausgeschlossen, vermindert oder ausgeglichen werden sollen, und für die Ersatzmaßnahmen bei Eingriffen in Natur und Landschaft. 13

Die Beschreibung der behördlichen Überwachungsmaßnahmen im Genehmigungsbescheid muss nicht abschließend und auch nicht vollständig sein. Der Adressat des Bescheids kann sich dementsprechend auch nicht darauf verlassen, dass die Behörde im späteren Vollzug nicht zu einer Überwachungsmaßnahme greift, die in dem Zulassungsbescheid noch nicht beschrieben worden ist. Umgekehrt ist die Behörde nicht deshalb zur Ergreifung der Überwachungsmaßnahme verpflichtet, weil diese in dem Genehmigungsbescheid beschrieben worden ist. Die Verpflichtung zur Überwachung und zum Umfang der Überwachung ergibt sich aus den bundesrechtlichen und landesrechtlichen Regelungen und lediglich ergänzend aus § 28, nicht aber aus der Beschreibung im Genehmigungsbescheid.[25] 14

Regelungscharakter erhält die Beschreibung einer vorgesehenen Überwachungsmaßnahme in dem Genehmigungsbescheid dann, wenn der Genehmigungsinhaber zur Duldung solcher Überwachungsmaßnahmen bereits mit dem Genehmigungsbescheid verpflichtet wird. Dies gilt insbesondere für **Vor-Ort-Besichtigungen**. Diese sind, wenn sie von dem Anlagenbetreiber gestattet werden, lediglich schlicht-hoheitliches Verwaltungshandeln.[26] Des Erlasses eines Verwaltungsaktes bedarf es insoweit nicht. Gestattet der Anlagenbetreiber den Zutritt dagegen nicht, z.B. weil er ihn angesichts einer fehlenden Vorankündigung oder angesichts des Termins außerhalb normaler Betriebszeiten für unverhältnismäßig hält, dann kann die zuständige Überwachungsbehörde die Gestattungspflicht 15

---

19 *Kümper*, in: Schink/Reidt/Mitschang, UVPG/UmwRG, § 26 UVPG Rn. 8.

20 Nr. 26.1 UVPVwV 2025.

21 Zustimmend Dix, in: Landmann/Rohmer, Umweltrecht, Stand: 8/2025, § 26 UVPG Rn. 24.

22 *Peters/Balla/Hesselbarth,* UVPG, 2019, § 26 Rn. 16; *Kümper*, in: Schink/Reidt/Mitschang, UVPG/UmwRG, § 26 UVPG Rn. 8.

23 *Peters/Balla/Hesselbarth,* UVPG, 2019, § 26 Rn. 16.

24 Zustimmend *Dix*, in: Landmann/Rohmer, Umweltrecht, Stand: 8/2025, § 26 UVPG Rn. 26.

25 Zustimmend *Dix*, in: Landmann/Rohmer, Umweltrecht, Stand: 8/2025, § 26 UVPG Rn. 23.

26 Dazu BVerwG, Urt. v. 09.11.2022 – 7 C 1.22, NVwZ 2023, 435 = juris Rn. 24; *Beckmann*, in: Stüer/Beckmann, Handbuch des Bau- und Fachplanungsrechts, Rn. 5085.

des Anlagenbetreibers grundsätzlich ordnungsrechtlich durchsetzen. Das setzt allerdings den Erlass eines entsprechenden Verwaltungsakts voraus. Demgegenüber vertritt das OVG NRW die Ansicht, erst dann, wenn der flichtige Behördenmitarbeiter den Zutritt und die Besichtigung aktiv verweigere, indem er z.B. ein Hausverbot ausspricht, Tore oder Türen nicht öffnet oder den Zutritt anderweitig verwehrt, bedürfe es eines die gesetzliche Duldungspflicht des § 52 Abs. 2 Satz 1 Var. 1 BImSchG konkretisierenden Verwaltungsakts, der entweder unmittelbar auf § 52 Abs. 2 Satz 1 BImSchG als Befugnisnorm oder auf § 52 Abs. 1 Satz 2 BImSchG gestützt werden könne.[27]

16 Ein solcher Verwaltungsakt kann schriftlich, aber auch mündlich sogar noch vor Ort erlassen werden. Er wird allerdings gem. § 43 Abs. 1 Satz VwVfG erst dann wirksam, wenn er dem Anlagenbetreiber nach § 41 Abs. 1 Satz 1 VwVfG ordnungsgemäß bekannt gegeben worden ist. Ist ein Bevollmächtigter bestellt, so kann ihm die Ordnungsverfügung nach § 41 Abs. 1 Satz 2 VwVfG bekannt gegeben werden. Grundsätzlich muss deshalb im Falle einer Verweigerung des Zutritts zu dem Anlagengrundstück bei einer unangekündigten Vor-Ort-Besichtigung zur Durchsetzung der Gestattungspflicht zunächst eine Ordnungsverfügung ergehen, die an den bevollmächtigten Geschäftsführer des Anlagenbetreibers bekannt zu geben ist. Ein mündlicher Verwaltungsakt ist nach § 37 Abs. 2 S. 2 VwVfG schriftlich oder elektronisch zu bestätigen, wenn hieran ein berechtigtes Interesse besteht und der Betroffene dies unverzüglich verlangt. Die Regelung betrifft zwar unmittelbar nur mündlich ergangene Verwaltungsakte, gilt aber entsprechend für solche, die z.B. fernmündlich, durch Nachricht auf Anrufbeantworter, durch Zeichen oder konkludentes Verhalten ergangene Verwaltungsakte.[28] Der **schriftlichen Bestätigung** kommt insoweit nach § 37 Abs. 2 Satz 2 VwVfG kein eigener Regelungscharakter zu.[29] Nur in besonderen Ausnahmefällen kann **Verwaltungszwang** ohne vorausgehenden Verwaltungsakt angewendet werden, nämlich dann, wenn das zur Abwehr einer gegenwärtigen Gefahr notwendig ist und die Vollzugsbehörde dabei innerhalb ihrer Befugnisse handelt (vgl. z.B. § 55 Abs. 2 VwVG NRW). Eine **gegenwärtige Gefahr** im Sinne des § 55 Abs. 2 VwVG NRW liegt bei einer Sachlage vor, bei der die Einwirkung des schädigenden Ereignisses schon begonnen hat oder bei der diese Einwirkung unmittelbar oder in allernächster Zeit mit sehr hoher Wahrscheinlichkeit bevorsteht, so dass keine Zeit mehr bleibt, eine Ordnungsverfügung, sei sie auch nur mündlich, zu erlassen. Das ist im Zusammenhang mit einer unangemeldeten, gleichwohl aber von der Behörde vorbereiteten und zeitlich geplanten Umweltinspektion kaum jemals anzunehmen. Die Behördenvertreter sind insoweit regelmäßig nicht berechtigt, das Anlagengrundstück ohne vorherigen Erlass einer entsprechenden Ordnungsverfügung zu betreten, wenn ihnen der Zutritt nicht vom Anlagenbetreiber freiwillig gestattet worden ist.

17 **Unangekündigte Kontrollen** sind nach der Rechtsprechung des BVerwG regelmäßig verhältnismäßig. Entgegenstehende, von atypischen Einzelfällen unabhängige allgemein schutzwürdige Interessen der Eigentümer und Betreiber von Anlagen, die für eine mindestens regelmäßige vorherige Ankündigung des Zutrittsbegehrens streiten können, haben gegenüber dem öffentlichen Interesse an einer möglichst effektiven Anlagenüberwachung kein höheres Gewicht. Eine unzumutbare Belastung der Eigentümer und Betreiber durch (auch) nicht angekündigte Vor-Ort-Kontrollen ist nach Ansicht des BVerwG grundsätzlich und vorbehaltlich der jeweiligen Umstände des Einzelfalls nicht anzunehmen.[30] Eine übermäßige, durch den Kontrollzweck nicht gerechtfertigte Störung der Betriebsabläufe kann und muss regelmäßig durch die konkrete Gestaltung der Kontrolle vermieden werden.

18 Eine Verpflichtung zur Duldung bestimmter Überwachungsmaßnahmen kann sich auch bereits aus dem Genehmigungsbescheid ergeben. Bei dem in Genehmigungsbescheiden durchaus üblichen Verweis auf Überwachungsmaßnahmen nach § 52 BImSchG handelt es sich jedoch zumeist nur

---

27 OVG NRW, Urt. v. 30.11.2021 – 8 A 513/19, juris Rn. 55.

28 *Tegethoff*, in: Kopp/Ramsauer, VwVfG, § 37 Rn. 22.

29 OVG NRW, Beschl. v. 10.02.2025 – 2 A 46/24, juris Rn. 12.

30 BVerwG, Urt. v. 09.11.2022 – 7 C 1/22, NVwZ 2023, 435; BVerwG, Urt. v. 07.04.2022 – 3 C 8.21, NVwZ-RR 2022, 670 Rn. 17.

um die Wiederholung der gesetzlichen Regelung und damit letztlich nur um einen noch nicht verbindlichen Hinweis auf die bestehende Rechtslage.

Wer eine rechtmäßige Überwachungsmaßnahme der zuständigen Behörde abweichend von § 52 Abs. 2 Satz 1 BImSchG nicht duldet, begeht nach § 62 Abs. 2 Nr. 4 BImSchG eine Ordnungswidrigkeit. 19

2. Eigenüberwachungsmaßnahmen des Vorhabenträgers

Nach § 28 Abs. 1 Satz 3 kann die zuständige Behörde dem Vorhabenträger Überwachungsmaß- 20
nahmen nach § 28 Abs. 1 Sätze 1 und 2 aufgeben. Vor allem im BImSchG hat der Gesetzgeber verschiedene Ermächtigungsgrundlagen vorgesehen, die der zuständigen Behörde das Recht geben, von dem Betreiber einer genehmigungsbedürftigen Anlage Maßnahmen der Eigenüberwachung zu verlangen. So kann die zuständige Behörde nach § 26 Satz 1 BImSchG anordnen, dass der Betreiber einer genehmigungsbedürftigen Anlage Art und Ausmaß der von der Anlage ausgehenden Emissionen sowie die Immissionen im Einwirkungsbereich der Anlage durch eine von der zuständigen Behörde eines Landes bekannt gegebenen Stelle ermitteln lässt, wenn zu befürchten ist, dass durch die Anlage schädliche Umwelteinwirkungen hervorgerufen werden. Die zuständige Behörde ist nach § 26 Satz 2 BImSchG befugt, Einzelheiten über Art und Umfang der **Ermittlungen** sowie über die Vorlage der Ermittlungsergebnisse vorzuschreiben.

Nach § 27 Abs. 1 Satz 1 BImSchG ist der Betreiber einer immissionsschutzrechtlich genehmigungs- 21
bedürftigen Anlage verpflichtet, der zuständigen Behörde innerhalb einer von ihr zu setzenden Frist oder in einer Rechtsverordnung nach § 27 Abs. 4 BImSchG festgesetzten Zeitpunkt eine **Emissionserklärung** über Art, Menge, räumliche und zeitliche Verteilung der Luftverunreinigungen abzugeben. Außerdem kann die zuständige Behörde nach § 28 erstmalige und wiederkehrende Messungen bei genehmigungsbedürftigen Anlagen verlangen. Zur Anordnung kontinuierlicher Messungen und zur Anordnung sicherheitstechnischer Prüfungen ermächtigen die §§ 29, 29 a BImSchG.

Eine Ermächtigungsgrundlage zur Anordnung von Maßnahmen der Eigenüberwachung enthält z.B. 22
auch § 50 Abs. 5 WHG. Nach § 50 Abs. 5 Satz 1 WHG können Träger der öffentlichen Wasserversorgung durch Rechtsverordnung der Landesregierung oder durch Entscheidung der zuständigen Behörde verpflichtet werden, auf ihre Kosten die Beschaffenheit des für Zwecke der öffentlichen **Wasserversorgung** gewonnenen oder gewinnbaren Wassers zu untersuchen oder durch eine von ihr bestimmte Stelle untersuchen zu lassen. Gemäß § 50 Abs. 5 Satz 2 WHG können insbesondere Art, Umfang und Häufigkeit der Untersuchungen sowie die Übermittlung der Untersuchungsergebnisse näher geregelt werden. Die Landesregierung kann die Ermächtigung nach § 50 Abs. 5 Satz 1 WHG durch Rechtsverordnung auf andere Landesbehörden übertragen (§ 50 Abs. 5 Satz 3 WHG).

III. Maßgebliche Entscheidungsgründe (Abs. 1 Nr. 3)

Nach § 26 Abs. 1 Nr. 3 muss der Bescheid über die Zulassung eine Begründung enthalten, aus der 23
die wesentlichen tatsächlichen und rechtlichen Gründe hervorgehen, die die Behörde zu ihrer Entscheidung bewogen haben. Diese Vorgabe entspricht inhaltlich § 39 Abs. 1 Satz 2 VwVfG. Allerdings enthält § 39 Abs. 2 VwVfG verschiedene Fälle, in denen eine Begründung entbehrlich ist. Diese Ausnahmen von der Begründungspflicht dürften im Geltungsbereich des § 26 Abs. 1 Nr. 3 nicht maßgeblich sein.[31] Die wesentlichen tatsächlichen und rechtlichen Gründe, die die Behörde zu ihrer Entscheidung bewegen, ergeben sich ausweislich der Erläuterungen der UVPVwV 2025 aus den jeweiligen Zulassungsvoraussetzungen. Nach § 26 Abs. 1 Nr. 3, 2. HS gehören zu den Mindestinhalten der Begründung des Zulassungsbescheids (a) Angaben über das Verfahren zur Beteiligung der Öffentlichkeit, (b) die zusammenfassende Darstellung gemäß § 24, (c) die begründete

31 Zustimmend *Kümper*, in: Schink/Reidt/Mitschang, UVPG/UmwRG, § 26 UVPG Rn. 9; *Dix*, in: Landmann/Rohmer, Umweltrecht, Stand: 8/2025, § 26 UVPG Rn. 9.

Bewertung gemäß § 25 Abs. 1 und (d) eine Erläuterung, wie die begründete Bewertung, insbesondere die Angaben des UVP-Berichts, die behördlichen Stellungnahmen nach § 17 Abs. 2 und § 55 Abs. 4 sowie die Äußerungen der Öffentlichkeit nach den §§ 21 und 56, in der Zulassungsentscheidung berücksichtigt wurden oder wie ihnen anderweitig Rechnung getragen wurde.

1. Angaben über das Verfahren zur Beteiligung der Öffentlichkeit

24 § 26 Abs. 1 Nr. 3 a verlangt, dass im Rahmen der Entscheidungsbegründung auch Angaben über das Verfahren zur Beteiligung der Öffentlichkeit gemacht werden. Solche Angaben erleichtern es der Öffentlichkeit und auch den Gerichten, zu überprüfen, ob und inwieweit die durchgeführte Öffentlichkeitsbeteiligung den gesetzlichen Anforderungen entspricht.

25 Die Bedeutung eines ordnungsgemäßen Verfahrens zur Beteiligung der Öffentlichkeit für den Umweltrechtsschutz ergibt sich unter anderem auch aus § 4 UmwRG. Nach § 4 Abs. 1 Satz 1 Nr. 2 UmwRG kann die Aufhebung einer Entscheidung über die Zulässigkeit eines Vorhabens nach § 1 Abs. 1 Satz 1 Nr. 1 bis 2 b UmwRG verlangt werden, wenn eine erforderliche Öffentlichkeitsbeteiligung im Sinne von § 18 oder im Sinne von § 10 BImSchG durchgeführt noch nachgeholt worden ist oder ein anderer Verfahrensfehler vorliegt, der nicht geheilt worden ist, nach seiner Art und Schwere mit den in den § 4 Abs. 1 Satz 1 Nrn. 1 und 2 UmwRG genannten Fällen vergleichbar ist und der betroffenen Öffentlichkeit die Möglichkeit der gesetzlich vorgesehenen Beteiligung am Entscheidungsprozess genommen hat; zur Beteiligung am Entscheidungsprozess gehört auch der Zugang zu den Unterlagen, die zur Einsicht für die Öffentlichkeit auszulegen sind.

26 Nach § 18 Abs. 1 Satz 1 beteiligt die zuständige Behörde die Öffentlichkeit zu den Umweltauswirkungen des Vorhabens. Gem. § 18 Abs. 1 Satz 2 wird der betroffenen Öffentlichkeit im Rahmen der Beteiligung Gelegenheit zur Äußerung gegeben. Das Beteiligungsverfahren muss den Anforderungen des § 73 Abs. 3 Satz 1 und Abs. 5 bis Abs. 7 VwVfG entsprechen. Nach § 73 Abs. 3 Satz 1 VwVfG haben die Gemeinden den Plan innerhalb von 3 Wochen nach Zugang für die Dauer eines Monats zur Einsicht auszulegen. § 73 Abs. 5 regelt die ortsübliche Bekanntmachung der öffentlichen Auslegung. § 73 Abs. 6 und 7 VwVfG regeln die Verfahrensanforderungen an die Erörterung der Einwendungen, insbesondere an den Erörterungstermin. In der Begründung des Bescheids zur Zulassung des Vorhabens muss angegeben werden, wo und in welcher Zeit der Plan bzw. der Antragsunterlagen ausgelegt worden sind, wie diese Auslegung zuvor ortsüblich bekannt gemacht worden ist und wie der Erörterungstermin ortsüblich bekannt gemacht und wo und wie er durchgeführt worden ist.

27 Da der Gesetzgeber in den §§ 18, § 19 zwischen der Beteiligung und der Unterrichtung der Öffentlichkeit unterscheidet, stellt sich die Frage, ob die Angaben über das Verfahren zur Beteiligung der Öffentlichkeit sich auch auf den in § 19 geregelten Verfahrensablauf zu erstrecken haben. Die Unterrichtung der Öffentlichkeit nach § 19 ist materiell-inhaltlich Teil der Öffentlichkeitsbeteiligung; deshalb sollten die Angaben in der Entscheidungsbegründung sich auch auf diesen Verfahrensschritt erstrecken. Die **Anstoßfunktion** einer Auslegungsbekanntmachung gilt als unerlässliches Wesensmerkmal einer jeden Bekanntmachung; sie hat daher in einer Weise zu erfolgen, die geeignet ist, das Informations- und Beteiligungsinteresse der Bürger zu wecken, die an der beabsichtigten Planung interessiert oder von ihr betroffen sind.[32] Das BVerwG erläuterte schon 1978, Bekanntmachungen hätten Adressaten, und was sie wenigstens erreichen müssten, sei, diesen Adressaten bewusst zu machen, dass sie Betroffene dessen seien, was bekanntgemacht werde. In diesem Sinne sei bei jeder Bekanntmachung unerlässlich, dass sie zumindest »anstoße«.[33] Nur bei entsprechenden Angaben in der Auslegungsbekanntmachung wird auch der Verpflichtung der UVP-RL hinreichend Rechnung getragen, wonach den Behörden und der Öffentlichkeit innerhalb ausreichend bemessener

32 VGH München, Urt. v. 11.07.2025 – 15 N 23.1630, juris Rn. 29; Urt. v. 02.05.2024 – 9 N 22.465, juris Rn. 40.

33 BVerwG, Urt. v. 26.05.1978 – 4 C 9/77, juris Rn. 24.

Fristen »frühzeitig und effektiv« Gelegenheit gegeben werden muss, Stellung zu nehmen. Dementsprechend sollte die Entscheidungsbegründung auch über den Inhalt der Unterrichtung der Öffentlichkeit und über die Unterlagen berichten, die nach § 19 Abs. 2 zur Einsicht für die Öffentlichkeit ausgelegt worden sind.

Soweit weitere Informationen, die für die Zulassungsentscheidung von Bedeutung sein können und die der zuständigen Behörde erst nach Beginn des Beteiligungsverfahrens vorliegen, der Öffentlichkeit nach den Bestimmungen des Bundes und der Länder über den Zugang zu Umweltinformationen zugänglich gemacht worden sind (§ 19 Abs. 2), sollte auch darüber in der Entscheidungsbegründung berichtet werden. 28

Nach § 21 Abs. 1 kann sich die betroffene Öffentlichkeit im Rahmen der Beteiligung schriftlich oder zur Niederschrift bei der zuständigen Behörde äußern. § 21 Abs. 2 sieht vor, dass die Äußerungsfrist einen Monat nach Ablauf der Frist für die Auslegung der Unterlagen endet. Mit der Zulassungsentscheidung wird auch über die erhobenen Einwendungen entschieden. Insoweit bedarf es auch eines Berichts über die erhobenen Einwendungen. 29

Ändert der Vorhabenträger im Laufe des Verfahrens seine Unterlagen, die nach § 19 Abs. 2 auszulegen sind, so ist gem. § 22 Abs. 1 Satz 1 eine erneute Beteiligung der Öffentlichkeit erforderlich. Sie ist jedoch auf die **Änderung** zu beschränken. Hierauf weist die zuständige Behörde in der Bekanntmachung hin (§ 22 Abs. 1 Sätze 2 und 3). Die Äußerungsfrist nach § 21 Abs. 2 und 3 kann nach § 22 Abs. 1 S. 2 angemessen verkürzt werden. Hat eine erneute Beteiligung der Öffentlichkeit bei Änderungen im Laufe des Verfahrens stattgefunden, muss auch darüber in der Entscheidungsbegründung berichtet werden. 30

Schließlich sind auch Angaben notwendig, wenn **geheimhaltungsbedürftige Unterlagen** bei der Auslegung zurückgehalten worden sind und stattdessen von dem Vorhabenträger eine Inhaltsdarstellung vorgelegt worden ist, die den Inhalt der geheim gehaltenen Unterlagen ohne Preisgabe des Geheimnisses beschreibt. § 23 Abs. 3 sieht vor, dass geheimhaltungsbedürftige Unterlagen bei der Auslegung durch die Inhaltsdarstellung zu ersetzen sind. Dementsprechend muss in der Entscheidungsbegründung auf die Zurückhaltung von Unterlagen und den Austausch durch eine Inhaltsbeschreibung eingegangen werden. 31

2. Zusammenfassende Darstellung gemäß § 24

§ 26 Abs. 1 Nr. 3 b bestimmt, dass auch die zusammenfassende Darstellung gem. § 24 Teil der Entscheidungsbegründung ist. Die zusammenfassende Darstellung galt in der Vergangenheit als ein einheitliches, behördeninternes Schriftstück. Als behördeninternes Arbeitsmittel war sie grundsätzlich nicht zur eigenständigen Veröffentlichung gedacht und stellte insoweit auch kein isoliert anfechtbares Dokument dar. Dies wurde schon vor langer Zeit teilweise mit der Begründung bedauert, ein eigenständiges UVP-Dokument würde eine Bewertung und Berücksichtigung der Ergebnisse verbessern sowie die gerichtliche Kontrolle erleichtern.[34] Eine Veröffentlichung der zusammenfassenden Darstellung wurde außerdem für wünschenswert gehalten, weil sie es ermöglichen könne, das behördliche Vorgehen nachzuprüfen, wodurch die Transparenz und die Akzeptanz der Entscheidung gefördert würden. § 11 Satz 4 UVPG a.F. sah vor, dass die zusammenfassende Darstellung in der Begründung der Entscheidung über die Zulässigkeit des Vorhabens erfolgen konnte. Das Bundesumweltministerium empfahl, die zusammenfassende Darstellung gemeinsam mit der Bewertung der Umweltauswirkungen zu erarbeiten. 32

Mit der Novellierung des Gesetzes 2017 wurde klargestellt, dass die zusammenfassende Darstellung Teil der Entscheidungsbegründung ist. Nach § 24 Abs. 1 erarbeitet die zuständige Behörde eine zusammenfassende Darstellung der Umweltauswirkungen des Vorhabens, der Merkmale des Vorhabens und des Standorts, mit denen erhebliche nachteilige Umweltauswirkungen ausgeschlossen, 33

34 *Soell/Dirnberger* NVwZ 1990, 705 (707); *Steinberg* DÖV 1992, 321 (128).

vermindert oder ausgeglichen werden sollen, und der Maßnahmen, mit denen erhebliche nachteilige Umweltauswirkungen ausgeschlossen, vermindert oder ausgeglichen werden sollen, sowie der Ersatzmaßnahmen bei Eingriffen in Natur und Landschaft. Grundlage der zusammenfassenden Darstellung sind der UVP-Bericht, die behördlichen Stellungnahmen nach 17 Abs. 2 und § 55 Abs. 4 sowie die Äußerungen der betroffenen Öffentlichkeit nach den §§ 21 und 56. Die Ergebnisse eigener Ermittlungen sind bei der Erarbeitung der zusammenfassenden Darstellung einzubeziehen (§ 24 Abs. 1 Sätze 2 und 3).

34 Die zusammenfassende Darstellung soll möglichst innerhalb eines Monats nach dem Abschluss der Erörterung im Beteiligungsverfahren erarbeitet werden. Da innerhalb eines Monats nach Abschluss der Erörterung regelmäßig noch nicht mit dem Erlass des Zulassungsbescheids zu rechnen ist, muss die zusammenfassende Darstellung, die anschließend Teil der Entscheidungsbegründung wird, vorab bereits und insoweit noch entscheidungsvorbereitend erarbeitet werden.[35]

3. Begründete Bewertung gemäß § 25

35 Nach § 25 Abs. 1 Satz 1 bewertet die zuständige Behörde auf der Grundlage der zusammenfassenden Darstellung die Umweltauswirkungen des Vorhabens im Hinblick auf eine wirksame Umweltvorsorge im Sinne des § 3 nach Maßgabe der geltenden Gesetze. Die Bewertung ist nach § 25 Abs. 1 Satz 2 zu begründen. Diese Begründung ist gem. § 26 Abs. 1 Nr. 3 c ebenfalls Teil des Zulassungsbescheids.

4. Erläuterung der Berücksichtigung

36 Nicht zuletzt muss in die Entscheidungsbegründung eine Erläuterung aufgenommen werden, wie die begründete Bewertung, insbesondere die Angaben des UVP-Berichts, die behördlichen Stellungnahmen sowie die Äußerung der Öffentlichkeit in der Zulassungsentscheidung berücksichtigt wurden oder wie ihnen anderweitig Rechnung getragen wurde. Anderweitig kann der begründeten Bewertung außerhalb der Zulassung Rechnung getragen werden, indem Maßnahmen z.B. im Rahmen grenzüberschreitender Konsultationen oder im Rahmen eines Mediationsverfahrens vereinbart werden.[36]

C. Ablehnungsgründe (Abs. 2)

37 Wird das Vorhaben nicht zugelassen, müssen nach § 26 Abs. 2 im Ablehnungsbescheid die dafür wesentlichen Gründe erläutert werden. Dass auch ein Ablehnungsbescheid begründet werden muss, ergibt sich bereits aus § 39 Abs. 1 Satz 1 VwVfG.[37] In der Begründung sind nach § 39 Abs. 1 Satz 2 VwVfG die wesentlichen tatsächlichen und rechtlichen Gründe mitzuteilen, die die Behörde zu ihrer Entscheidung bewogen haben. Dass dies auch für einen Ablehnungsbescheid gilt, ist an sich selbstverständlich, weil der Antragsteller ein Recht darauf hat, zu erfahren, welche Gründe die Zulassungsbehörde zu einer Ablehnung des von ihm beantragten Vorhabens bewogen haben. Nur so kann der Antragsteller abschätzen, ob und inwieweit ein Rechtsmittel gegen die Ablehnungsentscheidung Aussicht auf Erfolg hat.[38] Auch für die gerichtliche Kontrolle ist eine Begründung der Ablehnungsentscheidung Voraussetzung eines effektiven Rechtsschutzes. Steht die Ablehnung des Vorhabens im Ermessen der zuständigen Behörde, muss nach § 39 Abs. 1 Satz 3 VwVfG in der

---

35 Zustimmend *Kümper*, in: Schink/Reidt/Mitschang, UVPG/UmwRG, § 26 UVPG Rn. 13; *Dix*, in: Landmann/Rohmer, Umweltrecht, Stand: 8/2025, § 26 UVPG Rn. 36, 41.

36 *Kümper*, in: Schink/Reidt/Mitschang, UVPG/UmwRG, § 26 UVPG Rn. 15 mit Verweis auf die Gesetzesbegründung BT-Drs. 18/11499, 95.

37 Nr. 26.2 UVPVwV 2025.

38 Zustimmend *Kümper*, in: Schink/Reidt/Mitschang, UVPG/UmwRG, § 26 UVPG Rn. 16.

Begründung auch erkennbar werden, welche Gesichtspunkte für die Behörde bei der Ausübung ihres Ermessens maßgeblich waren.[39]

D. Verweis auf Fachrecht (Abs. 3)

Nach § 26 Abs. 3 richtet sich der Inhalt des Bescheids im Übrigen nach den einschlägigen fachrechtlichen Vorschriften. In der Gesetzesbegründung heißt es zur Erläuterung dieser Regelung, mit ihr solle klargestellt werden, dass sich der Inhalt des Bescheids über die Zulässigkeit oder Ablehnung des Vorhabens weiterhin nach den fachrechtlichen Vorschriften richtet. Damit werde insbesondere klargestellt, dass sich die materiellen Maßstäbe für die Entscheidung über die Zulässigkeit des Vorhabens nach den jeweiligen einschlägigen fachrechtlichen Bestimmungen nicht aus dem UVPG ergeben.[40] Für die Erkenntnis, dass § 26 als Bestimmung über den Inhalt des Bescheids keiner materiellen Maßstäbe für die Umweltverträglichkeitsprüfung enthält, hätte es dieses Absatzes nicht bedurft. Auch die darüberhinausgehende Erkenntnis, dass die Umweltverträglichkeitsprüfung die Zulassungsvoraussetzungen für das jeweilige Vorhaben nicht abändert, hätte kaum des Abs. 3 bedurft.[41] Allerdings verdeutlicht die Gesetzesbegründung den Sinn und Zweck der Regelung, indem sie darauf abhebt, dass mit der Regelung insbesondere klargestellt werden soll, dass die materiellen Maßstäbe des einschlägigen Fachrechts unverändert bleiben.. Er liegt in dem Hinweis, dass sich verfahrensrechtliche Anforderungen an die inhaltliche Ausgestaltung des Bescheids weitergehend nach den einschlägigen fachrechtlichen Vorschriften richtet. 38

Dezidierte, über § 26 Abs. 3 weit hinausgehende Anforderungen an den Inhalt des Genehmigungsbescheids macht z.B. § 21 der 9. BImSchV. Der **immissionsschutzrechtliche Genehmigungsbescheid** muss danach enthalten: die Angabe des Namens und des Wohnsitzes oder des Sitzes des Antragstellers, die Angabe, dass eine Genehmigung, eine Teilgenehmigung oder eine Änderungsgenehmigung erteilt wird, und die Angabe der Rechtsgrundlage, die genaue Bezeichnung des Gegenstandes der Genehmigung einschließlich des Standortes der Anlage sowie den Bericht über den Ausgangszustand, die Festlegung der erforderlichen Emissionsbegrenzungen einschließlich der Begründung für die Festlegung weniger strenger Emissionsbegrenzungen nach § 7 Abs. 1 b Satz 1 Nr. 2, § 12 Abs. 1 b oder § 48 Abs. 1 b Satz 1 Nr. 2 BImSchG, die Nebenbestimmungen zur Genehmigung, die Begründung, aus der die wesentlichen tatsächlichen und rechtlichen Gründe, die die Behörde zu ihrer Entscheidung bewogen haben, und die Behandlung der Einwendungen hervorgehen sollen; bei UVP-pflichtigen Anlagen ist die zusammenfassende Darstellung nach § 20 Abs. 1 a sowie die Bewertung nach § 20 Abs. 1 b in die Begründung aufzunehmen. Zur Umsetzung der Novelle der IE-RL soll das BImSchG um einen § 12a ergänzt werden, in dem zusätzliche Nebenbestimmungen für Anlagen im Anwendungsbereich der IE-RL vorgesehen werden sollen. 39

Hinzukommen müssen bei dem immissionsschutzrechtlichen Genehmigungsbescheid Angaben über das Verfahren zur Beteiligung der Öffentlichkeit und eine Rechtsbehelfsbelehrung. Nach § 21 Abs. 2 der 9. BImSchV soll der Genehmigungsbescheid den Hinweis enthalten, dass der Genehmigungsbescheid unbeschadet der behördlichen Entscheidungen ergeht, die nach § 13 BImSchG nicht von der Genehmigung eingeschlossen werden. Besondere Anforderungen richtet § 21 Abs. 2 a der 9. BImSchV an den immissionsschutzrechtlichen Genehmigungsbescheid für Anlagen nach der IE-RL. 40

Außer den nach § 21 Abs. 1 der 9. BImSchV erforderlichen Angaben muss der Genehmigungsbescheid für Anlagen, auf die die Verordnung über die Verbrennung und die Mitverbrennung von Abfällen anzuwenden ist, nach § 21 Abs. 3 der 9. BImSchV noch weitere ergänzende Angaben enthalten. Ähnliche Vorgaben für den Inhalt des Genehmigungsbescheids ergeben sich aus § 16 AtVfV für atomrechtliche Genehmigungen. 41

39 Zustimmend *Dix*, in: Landmann/Rohmer, Umweltrecht, Stand: 8/2025, § 26 UVPG Rn. 42.
40 BT-Drs. 18/11499, S. 96; siehe dazu *Kümper*, in: Schink/Reidt/Mitschang, UVPG/UmwRG, § 26 UVPG Rn. 17.
41 *Beckmann*, in: Stüer/Beckmann, Handbuch des Bau- und Fachplanungsrechts, Rn. 4484.

42 Anforderungen an den Inhalt des Zulassungsbescheids enthält zum Beispiel auch § 74 Abs. 2 VwVfG für den **Planfeststellungsbeschluss.** Nach § 74 Abs. 2 Satz 1 VwVfG entscheidet die Planfeststellungsbehörde über die Einwendungen, über die bei der Erörterung vor der Anhörungsbehörde keine Einigung erzielt worden ist. Eine förmliche Entscheidung über jede einzelne Einwendung im Tenor des Beschlusses ist zwar nicht erforderlich. Ausreichend ist es, wenn im Tenor des Planfeststellungsbeschlusses auf die Gründe verwiesen wird. Aus dem Bescheidtenor muss aber hervorgehen, dass über die Einwendungen entschieden wurde. In der Begründung des Beschlusses muss dargelegt werden, welche Einwendungen als unzulässig behandelt worden sind, welchen Einwendungen ganz oder teilweise Rechnung getragen worden ist und welche zurückgewiesen wurden.[42] Nach § 74 Abs. 2 Satz 2 VwVfG hat die Planfeststellungsbehörde dem Träger des Vorhabens im Planfeststellungsbeschluss **Vorkehrungen** oder die Errichtung und Unterhaltung von Anlagen aufzuerlegen die zum Wohl der Allgemeinheit oder zur Vermeidung nachteiliger Wirkungen auf Rechte anderer erforderlich sind. Der Begriff der »Vorkehrungen und Anlagen« in § 74 Abs. 2 Satz 2 VwVfG wird weit verstanden. Von dem Begriff soll alles umfasst sein, was in Form aktiver oder passiver Schutzmaßnahmen geeignet ist, Beeinträchtigungen oder nachteilige Wirkungen auf Rechte Dritter zu vermeiden oder zu mindern. Anerkannt ist, dass die Definition nicht nur technisch-reale Maßnahmen erfasst, sondern auch beispielsweise betriebliche oder organisatorische Regelungen sowie die Verpflichtung zur Durchführung wiederkehrender Handlungen.[43] Sind solche Vorkehrungen oder Anlagen untunlich oder mit dem Vorhaben unvereinbar, so hat der Betroffene nach § 74 Abs. 2 Satz 3 VwVfG Anspruch auf **angemessene Entschädigung** in Geld. Bei dieser Regelung handelt es sich nicht nur um eine Anspruchsgrundlage für die Entschädigung, sondern auch um eine Verfahrensvorschrift, die Regelungen über die Entschädigung im Planfeststellungsbeschluss selbst verlangt.[44] Ein Planfeststellungsbeschluss ist abwägungsfehlerhaft, wenn die Planfeststellungsbehörde dem Vorhabenträger zwar aufgibt, zur Ermittlung von Schadstoffbelastungen ein Bodenmonitoring durchzuführen, jedoch keinen Entscheidungsvorbehalt nach § 74 Abs 3 VwVfG in den Beschluss aufnimmt, auf dessen Grundlage nachträglich Vorkehrungen angeordnet werden können. Ein solcher Fehler kann durch Planergänzung behoben werden.[45]

43 Soweit eine abschließende Entscheidung noch nicht möglich ist, ist diese nach § 74 Abs. 3 VwVfG im Planfeststellungsbeschluss vorzubehalten; dem Träger des Vorhabens ist dabei aufzugeben, noch fehlende oder von der Planfeststellungsbehörde bestimmte Unterlagen rechtzeitig vorzulegen. Ein solcher **Vorbehalt** ist in den Tenor des Planfeststellungsbeschlusses aufzunehmen.[46] § 74 Abs. 3 VwVfG enthält eine Ausnahme vom Grundsatz der Einheitlichkeit der Planfeststellung. Die Vorschrift ermächtigt die Planfeststellungsbehörde, von einer abschließenden Entscheidung abzusehen und die Entscheidung über noch nicht beschiedene Teile auf einen späteren Zeitpunkt zu verschieben. Es handelt sich allerdings nicht nur um eine Ermächtigungsgrundlage, sondern auch um eine Verpflichtung an die Planfeststellungsbehörde, unter den genannten Voraussetzungen einen Vorbehalt im Planverstellungsbeschluss auszusprechen.

E. Fehlerfolgen

44 Enthalten die Bescheide nicht die in § 26 Abs. 1 und 2 vorgesehenen Mindestangaben, sind sie zwar rechtswidrig, nicht aber nichtig.[47] Aus der Rechtswidrigkeit folgt nicht zwingend die Aufhebbarkeit nach § 113 Abs. 1 S. 1 VwGO. Diese bestimmt sich nach § 4 Abs. 1a und 1b UmwRG. Genügt

42 *Lieber,* in: Mann/Sennekamp/Uechtritz, VwVfG, § 74 Rn. 123.

43 *Neumann/Külpmann,* in: Stelkens/Bonk/Sachs, VwVfG, § 74 Rn. 169; *Lieber,* in: *Mann/Sennekamp/Uechtritz,* VwVfG, 2025, § 74 Rn. 144.

44 *Lieber,* in: Mann/Sennekamp/Uechtritz, VwVfG, 2025, § 74 Rn. 217; zum Anspruch auf Schutzvorkehrungen BVerwG, Urt. v. 25.05.2023 – 7 A 7/22, juris Rn. 75 ff.

45 OVG Magdeburg, Urt. v. 13.06.2024 – 1 K 76/22, juris Rn. 186.

46 *Wysk,* in: Kopp/Ramsauer, VwVfG, § 74 Rn. 179; *Lieber,* in: Mann/Sennekamp/Uechtritz, VwVfG, § 74 Rn. 306.

47 *Kümper,* in: Schink/Reidt/Mitschang, UVPG/UmwRG, § 26 UVPG Rn. 19.

eine ablehnende Entscheidung nicht den Begründungsanforderungen des § 26 Abs. 2, folgt daraus noch kein Anspruch des Antragstellers auf die Zulassung nach § 113 Abs. 5 S. 1 VwGO; eine Verpflichtungsklage kann trotz Begründungsfehlers unbegründet sein.[48]

§ 27 Bekanntmachung der Entscheidung und Auslegung des Bescheids

(1) [1]Die zuständige Behörde hat in entsprechender Anwendung des § 74 Absatz 5 Satz 2 des Verwaltungsverfahrensgesetzes die Entscheidung zur Zulassung oder Ablehnung des Vorhabens öffentlich bekannt zu machen sowie in entsprechender Anwendung des § 74 Absatz 4 Satz 2 des Verwaltungsverfahrensgesetzes den Bescheid zur Einsicht auszulegen. [2] § 20 gilt hierfür entsprechend. [3]Soweit der Bescheid geheimhaltungsbedürftige Angaben im Sinne von § 23 Absatz 2 enthält, sind die entsprechenden Stellen unkenntlich zu machen.

(2) Abweichend von Absatz 1 Satz 1 kann in einem Verfahren nach § 18 Absatz 2 die Öffentlichkeit in einem geeigneten Publikationsorgan über das Ergebnis des Verfahrens unterrichtet werden und das Ergebnis des Verfahrens mit Begründung und einer Information über Rechtsbehelfe kann entsprechend dem in § 19 Absatz 2 Satz 2 geregelten Verfahren öffentlich ausgelegt werden.

Übersicht

A. Einführung

Die Vorschrift regelt in Abs. 1 Satz 1 die Bekanntmachung der Entscheidung zur Zulassung oder Ablehnung des Vorhabens und die Auslegung des Zulassungs- bzw. Ablehnungsbescheids. Sie dient der Umsetzung von Art. 9 Abs. 1 der geänderten UVP-RL. Die Bekanntmachung der Behördenentscheidung ist ein eigenständiger Verfahrensschritt. Jedoch besteht ein inhaltlicher Zusammenhang zur Offentlichkeitsbeteiligung und zur Zugänglichmachung des Bescheids: Der Öffentlichkeit soll die Möglichkeit eröffnet werden, nachzuverfolgen, zu welchen Erkenntnissen die UVP geführt hat und wie diese Erkenntnisse bei der Genehmigungsentscheidung berücksichtigt worden sind. Insbesondere soll die Öffentlichkeit erkennen können, wie mit ihren Äußerungen umgegangen wurde. Hierdurch wird – so die Gesetzesbegründung der Bundesregierung – die mit der Bekanntmachung des Vorhabens und der Veröffentlichung von Unterlagen nach § 19 Abs. 2 und § 20 geschaffene Transparenz der Umweltverträglichkeitsprüfung fortgeführt und komplettiert.[1] § 27 Abs. 1 Satz 2 verweist zur Veröffentlichung der Bekanntmachung und des Zulassungs- oder Ablehnungsbescheids im Internet auf § 20.[2] § 27 Abs. 1 Satz 3 sieht die Unkenntlichmachung geheimhaltungsbedürftiger Daten vor. 1

Die in § 27 geregelte Bekanntmachung hat daneben aber vor allem Bedeutung für den Rechtsschutz gegen die Zulassungsentscheidung. Satz 1 entspricht dem früheren § 9 Abs. 2 Satz 2 UVPG a.F. 2

48 *Kümper*, in: Schink/Reidt/Mitschang, UVPG/UmwRG, § 26 UVPG Rn. 19.

1 Gesetzesbegründung, BT-Drs. 18/11499, S. 96; *Kümper*, in: Schink/Reidt/Mitschang, UVPG/UmwRG, § 27 UVPG Rn. 2; *Peters/Balla/Hesselbarth*, UVPG, § 27 Rn. 1.

2 Näher dazu *Gieseke* ZUR 2022, 350 und die auf § 20 Abs. 4 gestützte Verordnung über zentrale Internetportale des Bundes und der Länder im Rahmen der Umweltverträglichkeitsprüfung (UVPPortV) v. 11.11.2020, BGBl. I, 2428.

und ordnet eine entsprechende Anwendung von § 20 an. Danach sind auch die Bekanntmachung der Zulassungsentscheidung sowie der Bescheid auf dem einschlägigen zentralen **Internetportal** zu veröffentlichen. Dadurch sollen zugleich Anforderungen des Art. 7 Abs. 1, Abs. 2 f und g der Richtlinie 2003/4/EG des Europäischen Parlaments und des Rates vom 28. Januar 2003 über den Zugang der Öffentlichkeit zu Umweltinformationen und zur Aufhebung der Richtlinie 90/313/EWG des Rates umgesetzt werden.[3]

3 Mit Satz 3 soll nach der Gesetzesbegründung gewährleistet werden, dass der Schutz von **Geschäfts- und Betriebsgeheimnissen** nicht nur für die Unterlagen gilt, die Gegenstand der Öffentlichkeitsbeteiligung sind, sondern auch für den Zulassungsbescheid. Damit wird eine Regelung, die schon nach § 10 Abs. 8a Satz 2 BImSchG für immissionsschutzrechtliche Genehmigungsbescheide gilt, auch auf andere Rechtsbereiche im Anwendungsbereich des UVPG übertragen.[4] Abweichend von Abs. 1 Satz 1 kann nach Abs. 2 in einem Verfahren nach § 18 Abs. 2 die Öffentlichkeit in einem geeigneten Publikationsorgan über das Ergebnis des Verfahrens unterrichtet werden und das Ergebnis des Verfahrens mit Begründung und einer Information über Rechtsbehelfe kann entsprechend dem in § 19 Abs. 2 Satz 2 geregelten Verfahren öffentlich ausgelegt werden.§ 27 findet nach § 1 Abs. 4 Satz 1 nur Anwendung, soweit Rechtsvorschriften des Bundes oder der Länder die Umweltverträglichkeitsprüfung nicht näher bestimmen oder die wesentlichen Anforderungen des UVPG nicht beachten. Rechtsvorschriften mit weitergehenden Anforderungen bleiben nach § 1 Abs. 4 Satz 2 unberührt. In diesem Sinne enthalten § 1 Abs. 2 Satz 3, § 21 a Abs. 2 der 9. BImSchV i.V.m. § 10 Abs. 7 und Abs. 8 Satz 1 bis Satz 3, Abs. 8 a Satz 1 Nr. 1, Satz 2 BImSchG und § 2 a Abs. 1 Satz 2, § 7 Abs. 4 Satz 3 AtG i.V.m. § 15 Abs. 3 und 4, § 17 AtVfV speziellere Regelungen, so dass sie bei entsprechendem UVPG-Niveau zur Anwendung kommen. § 50 Abs. 1 schließt für die Umweltprüfung der Bauleitplanung eine Bekanntmachung nach dem UVPG ebenfalls aus, diese richtet sich für den Bebauungsplan nach den §§ 10, 10 a BauGB. Für die UVP im bergrechtlichen Planfeststellungsverfahren wird durch den Verweis in § 57 a Abs. 1 Satz 4 BBergG auf § 27 dessen Anwendbarkeit eröffnet.[5]

B. Bekanntmachung und Auslegung (Abs. 1 Satz 1)

4 Die zuständige Behörde hat in entsprechender Anwendung des § 74 Abs. 5 Satz 2 VwVfG die Entscheidung zur Zulassung oder Ablehnung des Vorhabens öffentlich bekannt zu machen sowie in entsprechender Anwendung des § 74 Abs. 4 Satz 2 VwVfG den Bescheid zur Einsicht auszulegen.

5 Die öffentliche Bekanntmachung der Entscheidung zur Zulassung oder Ablehnung des Vorhabens tritt neben die Bekanntgabe des Bescheids an den Vorhabenträger bzw. Antragsteller, an diejenigen, über deren Einwendungen entschieden worden ist, und an die Vereinigungen, über deren Stellungnahme entschieden worden ist. Diesen Beteiligten ist nach § 74 Abs. 4 Satz 1 VwVfG der Planfeststellungsbeschluss zuzustellen. § 10 Abs. 7 Satz 1 BImSchG sieht ebenfalls eine Zustellung an den Antragsteller und an die Einwender vor. Die Zustellung des Genehmigungsbescheids an die Einwender kann gem. § 18 Abs. 8 Satz 1 BImSchG durch öffentliche Bekanntmachung ersetzt werden. § 10 Abs. 7 Satz 2 BImSchG schreibt vor, dass der Genehmigungsbescheid, soweit die Zustellung nicht nach § 10 Abs. 8 BImSchG erfolgt, öffentlich bekanntzumachen ist. Die öffentliche Bekanntmachung wird nach 10 Abs. 8 Satz 2 BImSchG dadurch bewirkt, dass der verfügende Teil des Bescheids und die Rechtsbehelfsbelehrung in entsprechender Anwendung des § 10 Abs. 3 Satz 1 BImSchG bekannt gemacht werden.

3 Kritisch zu den deutschen Umsetzungsregeln *Sangenstedt* ZUR 2023, 579: »kein großer Wurf, sondern eher durchwachsen ausgefallen«; siehe auch *Gieseke* ZUR 2022, 350; *Lohrum/Scharpf* UPR 2021, 413.

4 Zu Geschäfts- und Betriebsgeheimnissen bei Internetveröffentlichungen in umweltrechtlichen Verfahren *Ruf* ZUR 2023, 162.

5 *Peters/Balla/Hesselbarth,* UVPG, § 27 Rn. 3.

I. Bekanntmachung des Bescheids

Die öffentliche Bekanntmachung des Zulassungsbescheids bewirkt, dass dieser Bescheid auch gegenüber denjenigen wirksam und bestandskräftig, d.h. unanfechtbar, werden kann, die gegen die Zulassung keine Einwendungen erhoben haben und denen insoweit auch der Zulassungsbescheid nicht zugestellt wird. Nach § 43 Abs. 1 Satz 1 VwVfG wird ein Verwaltungsakt gegenüber demjenigen, für den er bestimmt ist oder der von ihm betroffen wird, in dem Zeitpunkt wirksam, zu dem er ihm bekannt gegeben wird. Nach § 41 Abs. 3 Satz 1 VwVfG darf ein Verwaltungsakt öffentlich bekannt gegeben werden, wenn dies durch Rechtsvorschrift vorgesehen ist. Bei § 27 Abs. 1 Satz 1 handelt es sich um eine Vorschrift in diesem Sinne. 6

1. Bekanntmachung der Zulassung

Nach § 74 Abs. 5 Satz 2 VwVfG wird die öffentliche Bekanntmachung dadurch bewirkt, dass der verfügende Teil des Planfeststellungsbeschlusses, die Rechtsbehelfsbelehrung und ein Hinweis auf die Auslegung nach § 74 Abs. 4 Satz 2 VwVfG im amtlichen Veröffentlichungsblatt der zuständigen Behörde und außerdem in örtlichen Tageszeitungen bekannt gemacht werden, die in dem Bereich verbreitet sind, in dem sich das Vorhaben voraussichtlich auswirken wird; auf Auflagen ist hinzuweisen. Zuständig für die öffentliche Bekanntmachung ist die Zulassungsbehörde. 7

Der verfügende Teil eines Planfeststellungsbeschlusses bzw. einer Zulassungsentscheidung besteht grundsätzlich aus dem **Bescheidtenor** sowie den **Inhalts-** und **Nebenbestimmungen**. Allerdings soll es nicht erforderlich sein, stets sämtliche mit dem Planfeststellungsbeschluss bzw. mit dem Genehmigungsbescheid getroffene Verfügungen im vorgenannten Sinne vollständig und umfassend wörtlich in der Bekanntmachung wiederzugeben. Vielmehr soll es ausreichen, wenn das zugelassene Vorhaben mit seinen wesentlichen Maßnahmen und den hierzu getroffenen Regelungen inhaltlich so umschrieben wird, dass die möglicherweise in ihren Rechten Betroffenen die Möglichkeit ihrer Betroffenheit erkennen können und veranlasst werden, gegebenenfalls weitere Informationen einzuholen.[6] Maßgeblich für die Wirksamkeit einer öffentlichen Bekanntmachung ist insoweit, ob diese die mit ihr bezweckte **Anstoßwirkung** erreicht und die potentiell Betroffenen dazu veranlasst, sich weitergehend zu informieren.[7] Für die Anstoßfunktion ist es ausreichend, wenn die Bekanntmachung in einer Tageszeitung vom übrigen Inhalt der Zeitung klar abgegrenzt und damit als solche erkennbar ist. Irrelevant ist dagegen, in welchem Teil einer örtlichen Tageszeitung die Bekanntmachung abgedruckt ist, weil nach allgemeiner Lebenserfahrung im Kreis der Leserschaft einer Zeitung kein einheitliches Vorstellungsbild existiert, an welcher Stelle einer Zeitung eine öffentliche Bekanntmachung zu erwarten ist, und dementsprechend keine Notwendigkeit besteht, zur Erzielung der erforderlichen Anstoßwirkung die Bekanntmachung (nicht) in einem bestimmten Teil der Zeitung zu platzieren. 8

§ 27 Abs. 1 Satz 1 verlangt eine **öffentliche Bekanntmachung** der Entscheidung, nicht jedoch deren ortsübliche Bekanntmachung. Bei einer ortsüblichen Bekanntmachung werden nur Ort und Zeit der Auslegung des Genehmigungsbescheids bekannt gemacht. Bei der öffentlichen Bekanntmachung muss darüber hinaus das Vorhaben mit seinen wesentlichen Maßnahmen und den hierzu getroffenen Regelungen inhaltlich so bezeichnet werden, dass die möglicherweise in ihren Rechten Betroffenen die Möglichkeit ihrer Betroffenheit erkennen können und veranlasst werden, weitere Informationen einzuholen.[8] 9

---

6 *Lieber*, in: *Mann/Sennekamp/Uechtritz*, VwVfG, § 74 Rn. 365; *Neumann/Külpmann*, in: Stelkens/Bonk/Sachs, VwVfG, § 74 Rn. 217.

7 BVerwG, Urt. v. 31.07.2013 – 4 A 50000.10 u.a., NVwZ 2013, 284; OVG NRW, Urt. v. 19.04.2013 – 20 D 8/12.AK, juris Rn. 30; *Kümper*, in: Schink/Reidt/Mitschang, UVPG/UmwRG, § 27 UVPG, Rn. 3; *Lieber*, in: *Mann/Sennekamp/Uechtritz*, VwVfG, § 74 Rn. 349, 365; *Beckmann* UPR 2025, 457.

8 BVerwG, Urt. v. 31.07.2012 – 4 A 5000.10 u.a., NVwZ 2013, 284; *Kümper*, in: Schink/Reidt/Mitschang, UVPG/UmwRG, § 27 UVPG Rn. 2.

10 Nach der öffentlichen Bekanntmachung des Zulassungsbescheids kann dieser von den Betroffenen und von denjenigen, die Einwendungen erhoben haben, innerhalb der Rechtsbehelfsfrist angefochten werden. Es liegt im Ermessen der Planfeststellungsbehörde, auch im Fall einer öffentlichen Bekanntmachung des Planfeststellungsbeschlusses einzelnen Betroffenen eine Ausfertigung des Planfeststellungsbeschlusses gemäß § 74 Abs. 4 VwVfG individuell zuzustellen. Das hat zur Konsequenz, dass die Klagefrist bereits zum Zeitpunkt der individuellen Zustellung zu laufen beginnt.[9] Das Gebot effektiven Rechtsschutzes gemäß Art. 19 Abs. 4 GG erfordert jedoch nach der Rechtsprechung des BVerwG in diesem Fall, dass der Wille, eine Ausfertigung nicht nur zum Zwecke der Auslegung im Rahmen der öffentlichen Bekanntmachung, sondern auch individuell zuzustellen, eindeutig erkennbar ist.[10]

2. Bekanntmachung des Ablehnungsbescheids

11 Ein Ablehnungsbescheid ist ebenfalls im amtlichen Veröffentlichungsblatt der zuständigen Behörde und außerdem in den örtlichen Tageszeitungen bekannt zu machen, die in dem Bereich verbreitet sind, in dem sich das Vorhaben auswirken würde, wenn es denn realisiert wird. Das ist auch bei der Ablehnung der Zulassung noch nicht ausgeschlossen, weil der Vorhabenträger als Adressat des Ablehnungsbescheids gegen die Ablehnung klagen kann.

II. Auslegung des Bescheids

12 Nach § 27 Abs. 1 Satz 1 ist der Bescheid zur Zulassung oder Ablehnung des Vorhabens in entsprechender Anwendung des § 74 Abs. 4 Satz 2 VwVfG zur Einsicht auszulegen. Nach § 74 Abs. 4 Satz 2 VwVfG ist eine Ausfertigung des Beschlusses mit einer Rechtsbehelfsbelehrung und einer Ausfertigung des festgestellten Plans in den Gemeinden zwei Wochen zur Einsicht auszulegen; der Ort und die Zeit der Auslegung sind ortsüblich bekannt zu machen. Dementsprechend muss auch der Ablehnungsbescheid mit der Rechtsbehelfsbelehrung und einer Ausfertigung des abgelehnten Plans bzw. der Antragsunterlagen des abgelehnten Vorhabens ausgelegt werden. Mit der öffentlichen Auslegung des Zulassungsbescheids soll sichergestellt werden, dass die Zulassung auch gegenüber Betroffenen wirksam wird und unanfechtbar werden kann, die im Verfahren keine Einwendungen erhoben haben. Auszulegen ist der gesamte Bescheid mit Begründung und Rechtsbehelfsbelehrung, d.h. anders als bei der öffentlichen Bekanntmachung nicht nur der verfügende Teil. Angesichts des Wegfalls der materiellen Präklusion kommt der öffentlichen Bekanntmachung insoweit eine noch höhere Bedeutung zu. Ein zeitlicher Vorlauf zwischen Bekanntmachung und Auslegung ist nicht erforderlich, so dass die Auslegung schon am Tage der Bekanntmachung beginnen kann.[11] Die Anforderungen des § 74 Abs. 5 Satz 2 VwVfG sind durch den Verweis in § 27 bei der Bekanntgabe von Entscheidungen über die Zulassung UVP-pflichtiger Vorhaben als »Mindeststandard« zu beachten.[12] Es würde, so der VGH Mannheim, der vom Gesetzgeber für besonders bedeutsame Vorhaben ausdrücklich angeordneten Formenstrenge widersprechen, wenn die zuständige Behörde sich anstelle der in § 74 Abs. 5 Satz 2 VwVfG vorgesehenen Form der Bekanntmachung nach ihrem Ermessen anderer Bekanntmachungsformen bedienen könnte; ob sich die mit einer öffentlichen Bekanntmachung bezweckte Anstoßfunktion im Einzelfall mit anderen Formen der Bekanntgabe vielleicht sogar besser als auf dem in § 74 Abs. 5 Satz 2 VwVfG vorgeschriebenen Weg erzielen ließe, sei insoweit ohne Belang.[13]

9 BVerwG, Urt. v. 27.04.2017 – 9 A 31/15, juris Rn. 10.

10 BVerwG, Urt. v. 27.04.2017 – 9 A 31/15, juris Rn. 10.

11 *Kümper,* in: Schink/Reidt/Mitschang, UVPG/UmwRG, § 27 UVPG Rn. 3; *Neumann/Külpmann,* in: Stelkens/Bonk/Sachs, VwVfG, § 74 Rn. 211.

12 VGH Mannheim, Beschl. v. 17.12.2019 – 10 S 566/19, juris Rn. 7; VG Freiburg, Beschl. v. 15.02.2019 – 10 K 536/19, juris Rn. 11.

13 VGH Mannheim, Beschl. v. 17.12.2019 – 10 S 566/19, juris Rn. 7.

Mit dem Ende der Auslegungsfrist gilt gem. § 74 Abs. 5 Satz 3 VwVfG der Planfeststellungsbeschluss gegenüber den Betroffenen und denjenigen, die Einwendungen erhoben haben, als zugestellt, wenn hierauf in der Bekanntmachung hingewiesen worden ist. 13

C. Zugänglichmachung auf zentralen Internetportalen

§ 27 Abs. 1 Satz 2 erklärt § 20 für entsprechend anwendbar. Nach § 20 Abs. 1 Satz 1 richten Bund und Länder für die Zugänglichmachung des Inhalts der Bekanntmachung nach § 19 Abs. 1 und der nach § 19 Abs. 2 auszulegenden Unterlagen im Internet zentrale Internetportale ein. Die zuständige Behörde macht den Inhalt der Bekanntmachung nach § 19 Abs. 1 und die in § 19 Abs. 2 Satz 1 Nrn. 1 und 2 genannten Unterlagen über das einschlägige zentrale Internetportal zugänglich. Maßgeblich ist der Inhalt der ausgelegten Unterlagen.[14] Nach § 4 Abs. 1 UVPPortalV stellt die im Sinne des § 20 Abs. 2 S. 1 zuständige Behörde sicher, dass die Daten über das zentrale Internetportal in einer solchen Art und Weise zugänglich gemacht werden und zugänglich bleiben, dass sie von den Nutzern des zentralen Internetportals gespeichert und ausgedruckt werden können. § 23 bleibt unberührt. Die portalbetreibende Behörde stellt nach § 4 Abs. 2 UVPPortalV durch einen entsprechenden Aufbau und Betrieb des zentralen Internetportals nach Maßgabe des § 3 Abs. 1 UVPPortalV sicher, dass die im Sinne des § 20 Abs. 2 S. 1 zuständige Behörde ihre Verpflichtung nach § 4 Abs. 1 UVPPortalV erfüllen kann. Der Bescheid zur Zulassung oder Ablehnung des Vorhabens nach § 27 ist nach § 5 Abs. 2 UVPPortalV bis zum Ablauf der jeweiligen Rechtsbehelfsfrist gemäß § 70 oder § 74 Abs. 1 Satz 2 und Abs. 2 VwGO auf dem zentralen Internetportal zugänglich zu halten. Dazu muss in dem Fall, dass die Bekanntgabe gegenüber mehreren Beteiligten zu unterschiedlichen Zeitpunkten erfolgt, sichergestellt werden, dass für das Ende der Zugänglichkeit im UVP-Portal auf die letzte Bekanntgabe und damit auch auf den Ablauf der letzten Rechtsbehelfsfrist abgestellt wird. Stellt sich nachträglich heraus, dass die Rechtsbehelfsbelehrung fehlerhaft ist oder ganz unterblieben ist, mit der Folge, dass nach § 70 Abs. 2 VwGO in Verbindung mit § 58 Abs. 2 VwGO die verlängerte Rechtsbehelfsfrist von einem Jahr gilt, ist der Bescheid erneut im UVP-Portal zugänglich zu machen. Die Dauer der Zugänglichkeit im UVP-Portal ist der dann geänderten Rechtsbehelfsfrist anzupassen.[15] 14

D. Geheimhaltung

Soweit der Bescheid geheimhaltungsbedürftige Angaben im Sinne von § 23 Abs. 2 enthält, sind die entsprechenden Stellen nach § 27 Abs. 1 S. 3 unkenntlich zu machen. § 23 Abs. 2 verweist hinsichtlich der geheimhaltungsbedürftigen Informationen auf § 23 Abs. 1. Nach § 23 Abs. 1 Satz 1 bleiben die Rechtsvorschriften über Geheimhaltung und Datenschutz sowie über die Rechte am geistigen Eigentum unberührt. Nach § 23 Abs. 1 Satz 2 sind insbesondere Urkunden, Akten und elektronische Dokumente geheim zu halten, wenn das Bekanntwerden ihres Inhalts dem Wohl des Bundes oder eines Landes Nachteile bereiten würde oder wenn die Vorgänge nach einem Gesetz oder ihrem Wesen nach geheim gehalten werden müssen. 15

Mit Abs. 1 Satz 3 soll nach der Gesetzesbegründung gewährleistet werden, dass der Schutz von **Geschäfts- und Betriebsgeheimnissen** nicht nur für die Unterlagen gilt, die Gegenstand der Öffentlichkeitsbeteiligung sind, sondern auch für den Zulassungsbescheid selbst. Damit soll ausweislich der Gesetzesbegründung eine Regelung, die schon nach dem bisherigen § 10 Abs. 8a Satz 2 BImSchG für immissionsschutzrechtliche Genehmigungsbescheide von Anlagen nach der IE-RL gilt, auch auf andere Rechtsbereiche im Anwendungsbereich des UVPG übertragen werden.[16] 16

14 Siehe dazu *Gieseke* ZUR 2022, 350; zu Möglichkeiten und Grenzen einer verstärkten Digitalisierung der Öffentlichkeitsbeteiligung in Verfahren mit UVP siehe *Sangenstedt* ZUR 2023, 579.

15 Nr. 27 UVPVwV 2025.

16 Gesetzesbegründung BT-Drs. 18/11499, S. 96; *Kümper,* in: Schink/Reidt/Mitschang, UVPG/UmwRG, § 27 UVPG Rn. 6.

17 § 23 Abs. 2 Satz 1 schreibt vor, dass, soweit die nach § 19 Abs. 2 zur Einsicht für die Öffentlichkeit auszulegenden Unterlagen Informationen der in Absatz 1 genannten Art enthalten, der Vorhabenträger diese Informationen kennzeichnet und zusätzlich eine Darstellung vorlegt, die den Inhalt der Unterlagen ohne Preisgabe des Geheimnisses beschreibt. Die Inhaltsdarstellung muss nach § 23 Abs. 2 Satz 2 so ausführlich sein, dass Dritten die Beurteilung ermöglicht wird, ob und in welchem Umfang sie von den Umweltauswirkungen des Vorhabens betroffen sein können. Fraglich ist, ob diese Regelung auch für die Bekanntmachung des Genehmigungsbescheids gilt.

E. Ausnahmen für Verfahren nach § 18 Abs. 2

18 Abweichend von § 27 Abs. 1 Satz 1 kann nach § 27 Abs. 2 in einem vorgelagerten Verfahren oder in einem Planfeststellungsverfahren über einen Wege- und Gewässerplan mit landschaftspflegerischem Begleitplan nach § 41 FlurbG i.S.v. § 18 Abs. 2 die Öffentlichkeit in einem geeigneten Publikationsorgan über das Ergebnis des Verfahrens unterrichtet werden und das Ergebnis des Verfahrens mit Begründung und einer Information über Rechtsbehelfe kann entsprechend dem in § 19 Abs. 2 Satz 2 geregelten Verfahren öffentlich ausgelegt werden. Außerdem kann in diesen Fällen das Ergebnis des Verfahrens mit Begründung und einer Information über Rechtsbehelfe entsprechend dem in § 19 Abs. 2 Satz 2 geregelten Verfahren öffentlich ausgelegt werden. Damit sollen Verfahrenserleichterungen bei der Bekanntgabe des Verfahrensergebnisses und bei dessen öffentlicher Auslegung ermöglicht werden.[17] § 27 Abs. 2 betrifft neben Planfeststellungsverfahren über einen Wege- und Gewässerplan mit landschaftspflegerischem Begleitplan nach § 41 FlurbG vorgelagerte Verfahren. Dazu gehören nach § 2 Abs. 6 Nr. 2 Linienbestimmungsverfahren im Verkehrsplanungsrecht und die Genehmigung von Flugplätzen nach § 47 Abs. 1 und die Raumverträglichkeitsprüfung nach § 49.[18] Nach § 27 Abs. 2 steht der zuständigen Behörde Ermessen zu, abweichend von Abs. 1 Satz 1 von einer öffentlichen Bekanntmachung i.S.d. § 74 Abs. 5 Satz 2 VwVfG abzusehen und stattdessen die Öffentlichkeit in einem geeigneten Publikationsorgan über das Ergebnis des Verfahrens zu unterrichten. Ein für die Unterrichtung der Öffentlichkeit **geeignetes Publikationsorgan** ist das zentrale Internetportale nach § 20, jedenfalls mit Blick auf die vorgelagerten Entscheidungen, die nicht selbständig angefochten werden können und bei denen insoweit keine Bestandskraft eintreten kann.[19] Für selbständig anfechtbare, vorgelagerte Entscheidungen wird empfohlen, über die Unterrichtung im Internet hinaus über amtliche Veröffentlichungsblatt und ggf. die örtlichen Tageszeitungen sicherzustellen, dass möglichst alle Betroffenen ihre Rechtsschutzmöglichkeiten wahrnehmen können.[20]

19 Nach § 27 Abs. 2 kann die zuständige Behörde außerdem abweichend von 27 Abs. 1 Satz 1 i.V.m. § 74 Abs. 4 Satz 2 VwVfG das Ergebnis des Verfahrens mit Begründung und einer Information über Rechtsbehelfe entsprechend dem in § 19 Abs. 2 Satz 2 geregelten Verfahren öffentlich auslegen. Ihr steht auch insoweit **Ermessen** zu. Mit dem Verweis auf § 19 Abs. 2 Satz 2 bestimmt der Gesetzgeber, dass die öffentliche Auslegung bei der Genehmigungsbehörde oder bei einer geeigneten Stelle in der Nähe des Standortes des Vorhabens genügt und nicht eine Auslegung in ggfls., mehreren Gemeinden erforderlich ist.[21] § 27 Abs. 2 ermöglicht über § 19 Abs. 2 Satz 2 ein Abweichen von den Auslegungsmodalitäten in Abs. 1 Satz 1 i.V.m. § 74 Abs. 4 Satz 2 VwVfG in örtlicher Hinsicht. Nicht jedoch in zeitlicher Hinsicht. Insoweit gilt hinsichtlich der Auslegungsfrist die Zweiwochenfrist des § 74 Abs. 4 Satz 2 VwVfG und nicht die Monatsfrist nach § 19 Abs. 2 Satz 2 und § 18 Abs. 1 Satz 4 i.V.m. § 73 Abs. 3 Satz 1 VwVfG.[22]

---

17 *Kümper,* in: Schink/Reidt/Mitschang, UVPG/UmwRG, § 27 UVPG Rn. 6b.
18 *Kümper,* in: Schink/Reidt/Mitschang, UVPG/UmwRG, § 27 UVPG Rn. 6b.
19 *Kümper,* in: Schink/Reidt/Mitschang, UVPG/UmwRG, § 27 UVPG Rn. 6c.
20 *Kümper,* in: Schink/Reidt/Mitschang, UVPG/UmwRG, § 27 UVPG Rn. 6c.
21 *Kümper,* in: Schink/Reidt/Mitschang, UVPG/UmwRG, § 27 UVPG Rn. 6d.
22 *Kümper,* in: Schink/Reidt/Mitschang, UVPG/UmwRG, § 27 UVPG Rn. 6d.

§ 28 Überwachung

(1) [1]Soweit bundes- oder landesrechtliche Regelungen keine Überwachungsmaßnahmen vorsehen, ergreift die zuständige Behörde die geeigneten Überwachungsmaßnahmen, um die Einhaltung der umweltbezogenen Bestimmungen des Zulassungsbescheids nach § 26 zu überprüfen. [2]Dies gilt insbesondere für
1. die im Zulassungsbescheid festgelegten Merkmale des Vorhabens und des Standorts sowie
2. die Maßnahmen, mit denen erhebliche nachteilige Umweltauswirkungen ausgeschlossen, vermindert oder ausgeglichen werden sollen, und die Ersatzmaßnahmen bei Eingriffen in Natur und Landschaft.

[3]Die zuständige Behörde kann dem Vorhabenträger Überwachungsmaßnahmen nach den Sätzen 1 und 2 aufgeben.

(2) [1]Soweit bundes- oder landesrechtliche Regelungen keine entsprechenden Überwachungsmaßnahmen vorsehen, ergreift die zuständige Behörde geeignete Maßnahmen zur Überwachung erheblicher nachteiliger Umweltauswirkungen, wenn die Auswirkungen des Vorhabens schwer vorhersehbar oder die Wirksamkeit von Maßnahmen, mit denen erhebliche Umweltauswirkungen ausgeschlossen, vermindert oder ausgeglichen werden sollen, oder die Wirksamkeit von Ersatzmaßnahmen unsicher sind. [2]Die zuständige Behörde kann dem Vorhabenträger Überwachungsmaßnahmen nach Satz 1 aufgeben.

Übersicht

A. Einführung

§ 28 setzt Art. 8a Abs. 4 der geänderten UVP-RL um. Soweit nicht bereits durch andere bundes- oder landesrechtliche Vorschriften vorgesehen, ergreift die zuständige Behörde nach Abs. 1 Satz 1 geeignete Überwachungsmaßnahmen, um die Einhaltung der umweltbezogenen Bestimmungen des Zulassungsbescheids nach § 26 zu überprüfen. Welche Behörde für die Durchführung der Überwachungsmaßnahmen zuständig ist, ergibt sich aus § 28 nicht. Die Zulassungsbehörde kann im Genehmigungsbescheid Überwachungsmaßnahmen vorsehen und diese ggfls. auch durchführen bzw. deren Durchführung, soweit sie dem Genehmigungsinhaber auferlegt werden, kontrollieren. Die Länder können abweichende Zuständigkeiten regeln und spezielle Überwachungsbehörden mit der Aufgabe betrauen.[1] Art und Maß der Überwachungsmaßnahmen ergeben sich nicht aus dem UVPG, sondern aus den fachrechtlichen Bestimmungen des Bundes und der Länder. Der nach 1

1 *Peters/Balla/Hesselbarth*, UVPG, 2019, § 28 Rn. 9.

Satz 1 bestehende Vorrang anderen Bundes- und Landesrechts gilt nach der Gesetzesbegründung sowohl im Hinblick auf Vorschriften zur behördlichen Überwachung als auch für die Eigenüberwachung.

2 § 28 findet insoweit und auch nach § 1 Abs. 4 Satz 1 nur Anwendung, soweit Rechtsvorschriften des Bundes oder der Länder die Umweltverträglichkeitsprüfung nicht näher bestimmen oder die wesentlichen Anforderungen des UVPG nicht beachten. Spezielle Vorschriften zur Überwachung enthält z.B. die 9. BImSchV für immissionsschutzrechtlich genehmigungsbedürftige Anlagen. Soweit diese Vorschriften hinter den Anforderungen des § 28 zurückbleiben, bleibt § 28 nach den Maßgaben des § 1 Abs. 4 Satz 1 auch bei immissionsschutzrechtlichen Genehmigungsverfahren anwendbar. Für bergrechtlich planfeststellungsbedürftige Vorhaben enthält § 69 Abs. 1a BBergG eine vorrangige, allerdings inhaltlich auch nicht weiterreichende Regelung.[2] Eine spezielle Überwachungsregelung zu den Umweltauswirkungen, die aufgrund der Durchführung von Bauleitplänen eintreten, enthält § 4c BauGB für die Gemeinden.[3] Da die Überwachungspflicht nach § 4c BauGB erst nach Wirksamkeit des Bauleitplans entsteht, führt ein Verstoß gegen § 4c BauGB nicht zur Unwirksamkeit des Plans.[4] Die Überwachung kann gem. § 11 BauGB auf einen Dritten übertragen werden.[5] Eine Überwachung der Umweltauswirkungen nach § 4c BauGB muss nicht erfolgen, wenn ausnahmsweise keine UVP-Pflicht besteht, da es auch dann an einer ausreichenden Informationsgrundlage fehlt. Der Gemeinde ist es in diesen Fällen unbenommen, freiwillig das Monitoring gem. § 4c BauGB durchzuführen. § 4c BauGB verlangt weder eine umfassende Vollzugskontrolle noch eine permanente Umweltprüfung von Bauleitplänen.[6] Zweck ist auch nicht, die Umweltprüfung nachzuvollziehen. Vielmehr geht es um die Überprüfung der Ergebnisse der Umweltprüfung nach Vollzug des Bauleitplans..

3 § 28 dient dazu, **Vollzugsdefizite** zu vermeiden, die sich daraus ergeben, dass umweltbezogene Regelungen der Zulassungsentscheidung nicht hinreichend beachtet werden oder dass nachteilige Umweltauswirkungen nicht in dem gebotenen Maß ausgeschlossen, vermindert oder ausgeglichen werden.[7] Insoweit enden die Pflichten aus dem UVPG nicht mit dem Erlass des begehrten Zulassungsbescheids, sondern werden mit einer **Monitoring-Pflicht** für Behörden und ggfls. auch für Anlagenbetreiber fortgesetzt.[8]

4 Als Beispiele vorrangiger Überwachungsvorschriften nennt die Gesetzesbegründung die §§ 27 bis 29 a, 31, 52, 52 a, 58 a und 53 BImSchG, § 61 WHG, § 43 KrWG, §§ 9, 14, 15 Industriekläranlagen-Zulassungs- und Überwachungsverordnung sowie § 3 Abs. 2, § 17 Abs. 7 und 8 BNatSchG. Doppelgleisigkeiten bei der Überwachung sollen vermieden werden (vgl. Art. 8 a Abs. 4 Unterabs. 3 der geänderten UVP-RL).[9]

5 Zu überwachen sind nach Satz 2 insbesondere die Wirksamkeit bestimmter Eigenschaften des Vorhabens und des Standorts sowie die Maßnahmen, mit denen erhebliche nachteilige Umweltauswirkungen ausgeschlossen, vermindert, ausgeglichen oder ersetzt werden sollen. Merkmale und Maßnahmen, mit denen Umweltauswirkungen ausgeschlossen werden, schließen dabei sowohl die Vermeidung als auch die Verhinderung von Umweltauswirkungen im Sinne der UVP-Änderungs-

---

2 Siehe dazu *Beckmann,* in: Frenz, BBergG, 2019, § 69 Rn. 24 ff.; *Keienburg/Wiesendahl,* in: Kühne/von Hammerstein u.a., BBergG, § 69 Rn. 7a; *Piens,* in: Piens/Schulte/Graf Vitzthum, BBergG, § 69 Rn. 32a.

3 Siehe dazu *Schink* UPR 2018, 248; *Battis,* in: Battis/Krautzberger/Löhr, BauGB, § 4c Rn. 1 ff.

4 *Battis,* in: Battis/Krautzberger/Löhr, BauGB, § 4c Rn. 2; *Kröninger,* in: Kröninger/Aschke/Jeronim, BauGB, § 4c Rn. 4.

5 *Battis,* in: Battis/Krautzberger/Löhr, BauGB, § 4c Rn. 2; zum Zweck der Überwachung nach § 4c BauGB und zum europarechtlichen Hintergrund *Schink/Wahlhäuser,* BeckOK BauGB, Stand: 1/2024, § 4c Rn. 1 ff.

6 *Schink/Wahlhäuser,* BeckOK BauGB, 2025, § 4c Rn. 1; *Schink* UPR 2018, 248 (250).

7 Siehe dazu *Beckmann,* in: Stüer/Beckmann, Handbuch des Bau- und Fachplanungsrechts, Rn. 7789.

8 *Peters/Balla/Hesselbarth,* UVPG, 2019, Rn. 1.

9 BT-Drs. 18/11499, 96; *Reidt/Augustin,* in: Schink/Reidt/Mitschang, UVPG/UmwRG, § 28 UVPG Rn. 5.

richtlinie ein. Entsprechende Angaben sind nach § 16 Abs. 1 Satz 1 Nr. 4 i.V.m. Nr. 7 der Anl. 4 des UVPG in den UVP-Bericht aufzunehmen.[10]

Absatz 2 trifft eine spezielle Regelung für die Vorhaben, die nach dem Ergebnis der begründeten Bewertung nach § 25 Abs. 1 erhebliche nachteilige Umweltauswirkungen haben können und bei denen gleichwohl die Zulassung erteilt wird. In den Fällen, in denen die Auswirkungen des Vorhabens schwer prognostizierbar sind oder die Wirksamkeit von Maßnahmen im Sinne des Abs. 1 Satz 2 unsicher ist, müssen diese erheblichen nachteiligen Umweltauswirkungen in geeigneter Weise überwacht werden (vgl. Art. 8a Abs. 4 Unterabs. 1 letzter Halbsatz der geänderten UVP-RL sowie Erwägungsgrund 35 der UVP-Änderungsrichtlinie). Nach Satz 2 können einzelne Überwachungsmaßnahmen, soweit angemessen, auch dem Vorhabenträger übertragen werden. 6

§ 28 steht in einem engen inhaltlichen Zusammenhang mit der Überwachungsvorschrift des § 45 für die erheblichen Umweltauswirkungen, die sich aus der Durchführung eines Plans oder eines Programms ergeben, und zu § 68, der die Überwachungsmaßnahmen mit Blick auf die Einhaltung der umweltbezogenen Bestimmungen einer Plangenehmigung und eines Planfeststellungsbeschlusses regelt. Eine Verpflichtung der Genehmigungsbehörde, die von ihr vorgesehenen Überwachungsmaßnahmen nach § 28 oder nach entsprechenden bundes- oder landesrechtlichen Vorschriften bereits im Genehmigungsbescheid zu beschreiben, enthält § 26 Abs. 1 Nr. 2. 7

B. Behördliche Überwachungsmaßnahmen (Abs. 1 Satz 1 und 2)

Nach Nr. 35 der Erwägungsgründe der geänderten UVP-RL erwartet der Richtliniengeber, dass die Mitgliedstaaten dafür sorgen, dass **Verminderungs- und Ausgleichsmaßnahmen** umgesetzt werden und angemessene Verfahren für die Überwachung der sich aus dem Bau und dem Betrieb des Projekts ergebenden erheblichen nachteiligen Auswirkungen auf die Umwelt festgelegt werden, unter anderem, um unvorhergesehene erhebliche nachteilige Auswirkungen festzustellen, damit angemessene Abhilfemaßnahmen eingeleitet werden können. Diese Überwachung soll sich allerdings nicht mit Überwachungspflichten aufgrund von Unionsgesetzgebung außerhalb der UVP-RL und einzelstaatlicher Gesetzgebung überschneiden oder zu diesen hinzukommen. Art. 8 a Abs. 4 Satz 1 der geänderten UVP-RL sieht vor, dass die Mitgliedstaaten im Einklang mit den Anforderungen gemäß Art. 8a Abs. 1 b der geänderten UVP-RL sicherstellen, dass die Aspekte des Projekts und/oder die Maßnahmen, mit denen erhebliche nachteilige Auswirkungen auf die Umwelt vermieden, verhindert, verringert und soweit möglich ausgeglichen werden sollen, vom Projektträger auch umgesetzt werden. Die Mitgliedstaaten sind nach Art. 8 a Abs. 4 Satz 2 der geänderten UVP-RL verpflichtet, Verfahrensüberwachungen erheblicher nachteiliger Auswirkungen auf die Umwelt festzulegen. Die Art der zu überwachenden Parameter und die Dauer der Überwachung müssen nach Art. 8 a Abs. 4 Satz 3 der geänderten UVP-RL der Art, dem Standort und dem Umfang des Projekts sowie dem Ausmaß seiner Auswirkungen auf die Umwelt angemessen sein. Geeignete Überwachungsmechanismen, die aufgrund anderer Unionsgesetzgebung als der UVP-RL und nationaler Gesetzgebung bestehen, können nach Art. 8 a Abs. 4 Satz 4 der geänderten UVP-RL angewandt werden, um Doppelgleisigkeiten bei der Überwachung zu vermeiden. 8

I. Vorrang spezieller Überwachungsvorschriften

Als Aufgabenzuweisung für die behördliche Überwachung von UVP-pflichtigen Vorhaben dürfte § 28 allenfalls in seltenen Ausnahmefällen zum Einsatz kommen. Denn die für die Zulassung von UVP-pflichtigen Vorhaben einschlägigen Fachgesetze des Bundes und der Länder sehen nicht nur gesetzliche Zulassungstatbestände vor; sie berechtigen die zuständigen Überwachungsbehörden vielmehr auch zu überwachen, ob die Anlagen genehmigungs- und gesetzeskonform errichtet und betrieben werden und ob insbesondere zur Anpassung an den Stand der Technik im Sinne einer hinreichenden Umweltvorsorge Nachbesserungen erforderlich sind, die durch nachträgliche 9

10 *Peters/Balla/Hesselbarth,* UVPG, 2019, § 28 Rn. 1.

Anordnungen oder Auflagen oder gesondert ergehende Ordnungsverfügungen zu verlangen und durchzusetzen sind. § 52 Abs. 1 S. 2 BImSchG schreibt z.B. vor, dass die zuständigen Behörden immissionsschutzrechtliche Genehmigungen regelmäßig zu überprüfen und soweit erforderlich durch nachträgliche Anordnungen nach § 17 BImSchG auf den neuesten Stand zu bringen haben. Eine Überprüfung wird nach § 52 Abs. 1 S. 3 BImSchG in jedem Fall vorgenommen, wenn 1. Anhaltspunkte dafür bestehen, dass der Schutz der Nachbarschaft und der Allgemeinheit nicht ausreichend ist und deshalb die in der Genehmigung festgelegten Begrenzungen der Emissionen überprüft oder neu festgesetzt werden müssen, 2. wesentliche Veränderungen des Standes der Technik eine erhebliche Verminderung der Emissionen ermöglichen, 3. eine Verbesserung der Betriebssicherheit erforderlich ist, insbesondere durch die Anwendung anderer Techniken, oder 4. neue umweltrechtliche Vorschriften dies fordern.

10 Zu berücksichtigen ist dabei, dass die UVP-RL von den Mitgliedstaaten nicht nur erwartet, dass der Gesetzgeber den zuständigen Behörden die Aufgabe einer entsprechenden Überwachung zuweist und sie darüber hinaus zur Durchführung von Überwachungsmaßnahmen ermächtigt, soweit mit den beabsichtigten Überwachungsmaßnahmen in Rechte Dritter eingegriffen wird. Vielmehr sind die Mitgliedstaaten verpflichtet, der Art, dem Standort und dem Umfang des Projekts sowie dem Ausmaß möglicher Umweltauswirkungen angemessene Überwachungsmaßnahmen tatsächlich auch durchzuführen.

1. Subsidiäre Aufgabenzuweisung

11 § 28 ist eine subsidiäre Aufgabenzuweisung an die nach Bundes- oder Landesrecht zuständige Behörde. Sie berechtigt und verpflichtet die zuständigen Behörden zur Durchführung von Überwachungsmaßnahmen dort, wo entsprechende Berechtigungen und Verpflichtungen nicht bereits auf der Grundlage anderer bundes- oder landesrechtlicher Regelungen bestehen. Allerdings schreibt der Gesetzgeber den zuständigen Behörden nicht vor, in welcher Art und Weise und in welchem zeitlichen Rhythmus die Überwachungsmaßnahmen stattzufinden haben.[11] Der Gesetzgeber beschränkt sich vielmehr darauf, gemessen an dem Ziel der Überwachung geeignete Maßnahmen von den Behörden zu verlangen. Ziel der Überwachung ist die behördliche Prüfung, ob die umweltbezogenen Bestimmungen des Zulassungsbescheids nach § 26 eingehalten werden. Die von der Behörde durchgeführten Überwachungsmaßnahmen müssen geeignet sein, eine solche Überprüfung sicherzustellen.

12 Im Sinne des auch hier geltenden **Verhältnismäßigkeitsgrundsatzes** müssen sie natürlich auch erforderlich sein. Erforderlich ist eine Überwachungsmaßnahme nur dann, wenn kein milderes und gleich effektives Mittel zur Überprüfung der Einhaltung der umweltbezogenen Bestimmungen des Zulassungsbescheids zur Verfügung steht.[12] Schließlich müssen die Überwachungsmaßnahmen auch verhältnismäßig im engeren Sinne, d.h. angemessen sein. Eine Überwachungsmaßnahme darf insoweit nicht zu einem Nachteil führen, der zu dem erstrebten Erfolg erkennbar außer Verhältnis steht. Bei der Frage der **Angemessenheit** dürfte es in erster Linie die Art und Weise den Umfang einer Überwachungsmaßnahme, nicht jedoch um die Zulässigkeit und das Gebotensein einer Überwachung an sich gehen. Beispielhaft sind diese Kriterien der Verhältnismäßigkeit in § 15 OBG NRW geregelt. Von mehreren möglichen und geeigneten Maßnahmen haben die Ordnungsbehörden danach diejenige zu treffen, die die einzelne Person und die Allgemeinheit voraussichtlich am wenigsten beeinträchtigt. Eine Maßnahme darf nicht zu einem Nachteil führen, der zu dem erstrebten Erfolg erkennbar außer Verhältnis steht. Eine Maßnahme ist nur solange zulässig, bis ihr Zweck

11 *Reidt/Augustin*, in: Schink/Reidt/Mitschang, UVPG/UmwRG, § 28 UVPG, Rn. 7; weitreichende Neuregelungen auch zur Überwachung von Anlagen im Anwendungsbereich der IE-RL sind zur Umsetzung dieser Novelle bis Mitte 2026 erforderlich.

12 VG Düsseldorf, Urt. v. 28.03.2017 – 14 K 6945/16, juris Rn. 22.

erreicht ist oder sich zeigt, dass er nicht erreicht werden kann.[13] Eine rechtmäßige Ermessensentscheidung und insbesondere auch die Wahrung des Grundsatzes der Verhältnismäßigkeit bei einer behördlichen Überwachungsmaßnahme setzen in der Regel voraus, dass die Behörde den entscheidungserheblichen Sachverhalt zutreffend und vollständig ermittelt und in ihre Erwägungen eingestellt hat.[14]

2. Keine Ermächtigungsgrundlage zum Eingriff in Rechte Dritter

§ 28 ist lediglich eine Aufgabenzuweisung und keine Ermächtigungsgrundlage zum Eingriff in 13
Rechte Dritter. Insoweit ähnelt die Vorschrift in ihrer Funktion § 52 Abs. 1 BImSchG und § 47 KrWG, Vorschriften, die nach überwiegender Auffassung ebenfalls lediglich die Aufgaben der Überwachungsbehörden umschreiben, während § 52 Abs. 2, 3 und 6 BImSchG Befugnisnormen sind, die zu einem Eingriff in Rechte Dritter ermächtigen.[15] Soweit also zur Überwachung einer Anlage ein Betriebsgrundstück betreten werden soll, Unterlagen herausverlangt oder sogar Hilfsmittel, etwa Treibstoffe oder Antriebsaggregate des Anlagenbetreibers benötigt werden, muss auf entsprechende Ermächtigungsgrundlagen des Fachrechts zurückgegriffen werden.[16] Zur Umsetzung der Novelle der IE-RL bis Mitte 2026 sollen in einem neuen § 52a die für IE-Anlagen geltenden Überwachungsregelungen gebündelt und speziell bestimmt werden.

Zur effektiven Durchführung der Überwachung verpflichtet § 52 Abs. 2 Satz 1 BImSchG Eigen- 14
tümer und Betreiber von Anlagen sowie die Eigentümer und Besitzer von Grundstücken, auf denen solche Anlagen betrieben werden, den Angehörigen der zuständigen Behörde und deren Beauftragten Zutritt zu den Grundstücken zu gestatten. Mit der Verpflichtung, den Zutritt zu gestatten, wird unmittelbar kraft Gesetzes eine **Duldungspflicht** für die genannten Personen begründet, einer ausdrücklichen oder konkludenten Zustimmung des Verpflichteten zum Betreten bedarf es nach Ansicht des BVerwG nicht.[17] Daraus folgt nicht nur eine passive Pflicht, das Betreten zu dulden; vielmehr sollen unter Umständen auch aktive **Mitwirkungshandlungen** des Verpflichteten erforderlich werden, indem z.B. verschlossene Türen geöffnet oder andere dem Zugang entgegenstehende Hindernisse beseitigt werden.[18] Die Durchführung von Überwachungsmaßnahmen bedarf grundsätzlich gegenüber den Betroffenen keines Verwaltungsakts. Es handelt sich vielmehr regelmäßig um **schlicht hoheitliches Tätigwerden**. Akzeptiert der Betroffene die Durchführung der Überwachungsmaßnahme nicht, muss allerdings die Duldungspflicht durch einen Verwaltungsakt konkretisiert werden, der mit Mitteln des Verwaltungszwangs durchgesetzt werden kann. Das OVG NRW meint dazu, ein passives Hinnehmen des Betretens des Anlagengrundstücks schließe es nicht aus, dass der Pflichtige hiermit nicht einverstanden sei, sich aber in Kenntnis seiner Duldungspflicht entscheide, an einer **Vor-Ort-Inspektion** mitzuwirken. Erst wenn der Pflichtige Behördenmitarbeitern den Zutritt und die Besichtigung verweigere, indem er z.B. ein Hausverbot ausspreche, Tore oder Türen nicht öffne oder den Zutritt anderweitig verwehre, bedürfe es eines die gesetzliche Duldungspflicht des § 52

13 Näher dazu *Worms/Gusy/Kugelmann*, in: Möstl/Kugelmann, Polizei- und Ordnungsrecht NRW, § 15 OBG Rn. 1 ff.

14 VG Hamburg, Beschl. v. 22.01.2025 – 12 E 3972/24, juris Rn. 47; *Wolff/Humberg*, in: Sodan/Ziekow, VwGO, § 114 Rn. 189 ff.

15 BVerwG, Urt. v. 25.08.1999 – 8 C 12.98, juris Rn. 38; *Jarass*, BImSchG, § 52 Rn. 5; *Betenstedt/Grandjot/Waskow* ZUR 2013, 402, wonach auch § 52 Abs. 1 Satz 2 BImSchG eine reine Aufgabenzuweisung und keine Befugnisnorm ist; zu § 47 KrWG siehe *Beckmann*, in: Landmann/Rohmer, Umweltrecht, § 47 KrWG Rn. 2.

16 Siehe dazu OVG NRW, Urt. v. 30.11.2021 – 8 A 513/19, juris.

17 BVerwG, Urt. v. 09.11.2022 – 7 C 1/22, juris Rn. 14; *Lechelt*, in: Führ, GK-BImSchG, Rn. 46.

18 OVG NRW, Urt. v. 30.11.2021 – 8 A 513/19, juris Rn. 50; OVG NRW, Beschl. v. 04.06.2021 – 8 B 165/21, juris 13 f.; *Kenyeressy*, in: Appel/Ohms/Saurer, BImSchG, 2021, 52 Rn. 74; *Lechelt*, in: Führ, GK-BImSchG, § 52 Rn. 46; *Hansmann/Röckinghausen*, in: Landmann/Rohmer, Umweltrecht, Stand: 2014, § 52 BImSchG Rn. 63.

Abs. 2 Satz 1 BImSchG konkretisierenden Verwaltungsakts.[19] Ermächtigungsgrundlage für derartige **Maßnahmen des Verwaltungszwangs** ist keinesfalls § 28 Abs. 1, sondern die jeweils einschlägige Ermächtigungsgrundlage des Fachrechts.

15 Nach jeder Vor-Ort-Besichtigung einer Anlage erstellt die zuständige Behörde einen **Bericht** mit den relevanten Feststellungen über die Einhaltung der Genehmigungsanforderungen und der Nebenbestimmungen nach § 12 BImSchG sowie mit **Schlussfolgerungen**, ob weitere Maßnahmen notwendig sind. Der Bericht ist dem Betreiber innerhalb von zwei Monaten nach der Vor-Ort-Besichtigung durch die zuständige Behörde zu übermitteln und ist der Öffentlichkeit nach den Vorschriften des Umweltinformationsrechts innerhalb von vier Monaten nach der Vor-Ort-Besichtigung zugänglich zu machen (§ 52a Abs. 5 BImSchG). Die **Veröffentlichung** eines Inspektionsberichts gemäß § 52a Abs. 5 Satz 3 BImSchG erfordert die Richtigkeit der darin enthaltenen wettbewerbsrelevanten Information.[20]

16 Nach § 52 Abs. 2 Satz 1 sind Eigentümer und Anlagenbetreiber auch verpflichtet, die **Unterlagen** vorzulegen, die zur Erfüllung der behördlichen Überwachungsaufgaben erforderlich sind. Bei den genannten Unterlagen kann es nur um bereits existierende Unterlagen gehen; § 52 Abs. 2 BImSchG ermächtigt nicht zum Erlass einer Ordnungsverfügung, eine Anlage gemäß § 67 Abs. 2 BImSchG anzuzeigen und die dazu erforderlichen Unterlagen vorzulegen.[21]

17 Nach der Rechtsprechung des BVerfG greifen behördliche Betretungs- und Besichtigungsrechte nicht in das Grundrecht des Art. 13 Abs. 1 GG ein, wenn eine besondere gesetzliche Vorschrift zum Betreten der Räume, die nicht auch Wohnzwecken dienen, ermächtigt, die Besichtigungen und Prüfungen einem erlaubten Zweck dienen und für dessen Erreichung erforderlich sind, das Gesetz den Zweck des Betretens, den Gegenstand und den Umfang der zugelassenen Besichtigung und Prüfung deutlich erkennen lässt und das Betreten der Räume und die Vornahme der Besichtigung und Prüfung nur in den Zeiten ermöglicht wird, zu denen die Räume normalerweise für die jeweilige geschäftliche oder betriebliche Nutzung zur Verfügung stehen.[22] In § 52 Abs. 2 BImSchG fehlt, bezogen auf das Betreten der Grundstücke, eine Begrenzung auf die übliche Geschäfts- oder Betriebszeit. Im Hinblick darauf soll der Anwendungsbereich des Betretungsrechts durch eine entsprechende Ergänzung im Zusammenhang mit der Umsetzung der IE-Novelle zu Mitte 2026 klargestellt werden.

18 Gegen Maßnahmen der Überwachung kann der Adressat dieser Maßnahmen verwaltungsgerichtlichen **Rechtsschutz** nachsuchen. Handelt es sich bei der Maßnahme um einen Verwaltungsakt, kommt eine Anfechtungsklage in Betracht. Handelt es sich um schlichthoheitliches Tätigwerden, z.B. durch eine **Vor-Ort-Besichtigung** seiner Anlage, kann eine Unterlassungsklage oder im Nachgang auch eine auf die Feststellung der Rechtswidrigkeit der Überwachungsmaßnahme gerichtete Feststellungsklage zulässig sein, wenn u.a. das erforderliche Feststellungsinteresse vorliegt. Regelmäßig haben Dritte keinen Anspruch auf ein Tätigwerden der zuständigen Behörde im Rahmen der Überwachung. § 28 Abs. 1 räumt ein solches subjektiv-öffentliches Recht einem Drittbetroffenen nicht ein. Die Überwachung steht allein im öffentlichen Interesse und führt auch nicht bei Verletzungen der **Amtspflichten** in diesem Zusammenhang zu Schadensersatzansprüchen Dritter gem.

---

19 OVG NRW, Urt. v. 30.11.2021 – 8 A 513/19, juris Rn. 55; BVerwG, Urt. v. 25.08.1999 – 8 C 12.98, juris Rn. 39; *Jarass*, BImSchG, § 52 Rn. 59; *Schwertner*, in: Giesberts/Reinhardt, BeckOK Umweltrecht, Stand: 1/2015, § 52 BImSchG Rn. 27; Rechtsfragen zur Umweltinspektion erörtern *Raad/Volkhausen* UWP 2023, 125.

20 OVG Saarland, Beschl. v. 06.11.2024 – 2 B 85/24, juris Rn. 37; zum Umweltinspektionsbericht im Sinne von § 52a Abs. 1 BImSchG, *Beckmann* I+E 2015, 58; OVG NRW, Beschl. v. 25.01.2023 – 8 B 922/22, juris, Rn. 16; Beschl. v. 28.08.2020 – 8 B 1564/19, juris, Rn. 12 ff.

21 OVG NRW, Beschl. v. 11.10.2024 – 8 B 576/24, juris Rn. 31; VGH München, Beschl. v. 05.02.2002 – 22 ZS 01.3182, juris Rn. 16; *Kenyeressy*, in: Appel/Ohms/Saurer, BImSchG, § 52 Rn. 80.

22 BVerfG, Beschl. v. 13.10.1971 – 1 BvR 280/66, BVerfGE 32, 54; Kammerbeschluss v. 15.03.2007 – 1 BvR 2138/05juris Rn. 27.

§ 839 BGB i.V.m. Art. 34 GG.[23] Nachbarbeschwerden können allerdings Überwachungsmaßnahmen auslösen oder sogar erzwingen. Nach § 52 Abs. 1 Satz 4 BImSchG wird eine Überprüfung im Sinne von § 52 Abs. 1 Satz 2 BImSchG in jedem Fall vorgenommen, wenn Anhaltspunkte dafür bestehen, dass der **Schutz der Nachbarschaft** nicht ausreichend ist und deshalb die in der Genehmigung festgelegten Begrenzungen der Emissionen überprüft oder neu festgesetzt werden müssen. Bei IE-Anlagen, für die nach § 52 a Abs. 2 Satz 1 BImSchG in einem Überwachungsprogramm die Zeiträume anzugeben sind, in denen Vor-Ort-Besichtigungen stattfinden müssen, können **Nachbarbeschwerden** Anlass bieten, die Zeitintervalle zwischen den Ortsbesichtigungen zu verkürzen. § 52 a Abs. 2 Satz 2 BImSchG sieht vor, dass sich die Frage, in welchem zeitlichen Abstand Anlagen vor Ort besichtigt werden müssen, nach den mit der Anlage verbundenen **Umweltrisiken** beantwortet. Dabei sollen möglich und tatsächliche Auswirkungen der betreffenden Anlage auf die menschliche Gesundheit und auf die Umwelt sowie die bisherige Einhaltung der Genehmigungsanforderungen nach § 6 Abs. 1 Nr. 1 BImSchG und den Nebenbestimmungen nach § 12 BImSchG berücksichtigt werden. Stellt sich auf der Grundlage von Nachbarbeschwerden heraus, dass Umweltgefahren verursacht werden oder dass Genehmigungsanforderungen nicht eingehalten werden, wird die behördliche Überwachung insoweit verschärft.

Der Anwendungsbereich des UmwRG erstreckt sich nach § 1 Abs. 1 Satz 1 Nr. 6 UmwRG auch 19
auf Verwaltungsakte über Überwachungs- oder Aufsichtsmaßnahmen zur Umsetzung oder Durchführung von Entscheidungen nach § 1 Abs. 1 Satz 1 Nrn. 1 bis 5 UmwRG, die der Einhaltung umweltbezogener Rechtsvorschriften des Bundesrechts, des Landesrechts oder unmittelbar geltender Rechtsakte der Europäischen Union dienen. Das UmwRG findet auch Anwendung, wenn entgegen geltenden Rechtsvorschriften keine Entscheidung nach § 1 Abs. 1 Satz 1 UmwRG getroffen worden ist. Anerkannte Verbände i.S.v. § 3 UmwRG können nach § 2 Abs. 1 Satz 2 UmwRG auch gegen das Unterlassen einer aufsichtsbehördlichen Verfügung gerichtlich vorgehen.[24]

Mit § 1 Abs. 1 Satz 1 Nr. 6 UmwRG sollen nach der Gesetzesbegründung der Bundesregierung 20
Vorgaben eines Beschlusses des Compliance Committees der Konvention sowie von Artikel 9 Abs. 3 AK umgesetzt werden, wonach auch bei der Anwendung umweltbezogener Bestimmungen durch Behörden oder Private eine gerichtliche Überprüfungsmöglichkeit eröffnet werden muss. Da nach den Ergebnissen eines durchgeführten Compliance-Verfahrens gegen Deutschland direkte zivilrechtliche Rechtsbehelfe gegen Private für eine völkerrechtskonforme Umsetzung dieser Vorgabe von Art. 9 Abs. 3 AK nicht ausreichend sind, muss eine verwaltungsrechtliche Rechtsbehelfsmöglichkeit eröffnet werden. Nach dem traditionellen Verständnis des deutschen Verwaltungsrechts, an dem der Gesetzgeber ausdrücklich festhalten wollte, kommen daher Rechtsbehelfe gegen eine Behörde in Betracht, die zu einer Überwachung oder zu einer sonstigen aufsichtlichen Maßnahme veranlasst werden soll, damit ein umweltrechtskonformer Zustand sichergestellt bzw. sofern notwendig erreicht werden kann. Der Begriff der Überwachungs- und Aufsichtsmaßnahme ist weit auszulegen und erfasst ein breites Spektrum an Tätigkeiten.[25] Er lässt sich – so der VGH München – als Umschreibung

23 Im Zusammenhang mit der Umsetzung der Novelle der IE-RL soll allerdings bis Mitte 2026 eine neu **Schadensersatzregelung** in das BImSchG und in anderen Gesetzen, z.B. auch in das KrWG, aufgenommen werden. § 65 Abs. 1 des dazu in der Anhörung vorgelegten Referentenentwurfs eines Umsetzungsgesetzes sieht dazu vor, dass wenn der Betreiber einer Anlage nach der IE-RL gegen § 5 Abs. 1 Nr. 1 und 2, Abs. 3–5 BImSchG verstößt und dadurch die Gesundheit eines anderen verletzt wird, der Betreiber verpflichtet ist, dem Verletzten den daraus entstehenden Schaden zu ersetzen. Nach § 65 Abs. 2 des Gesetzesentwurfs soll, wenn eine Person, deren Handeln einer zuständigen Behörde zuzurechnen ist, vorsätzlich oder fahrlässig gegen § 47 BImSchG oder gegen Regelungen einer nach § 48a BImSchG erlassenen Rechtsverordnung verstößt und dadurch die Gesundheit eines anderen verletzt wird, der Verwaltungsträger der Behörde verpflichtet sein, dem Verletzten den daraus entstehenden Schaden zu ersetzen.

24 VGH München, Urt. v. 18.06.2024 – 22 A 20.40009, juris Rn. 56.

25 VGH München, Urt. v. 18.06.2024 – 22 A 20.40009, juris Rn 57; BVerwG, Urt. v. 06.10.2022 – 7 C 5/21, NuR 2023, 256 = juris Rn. 15; BVerwG, Urt. v. 23.06.2020 – 9 A 22.19, BVerwGE 168 (368

von Maßnahmen des Gesetzesvollzugs verstehen, die im Zusammenhang mit einer Zulassungsentscheidung stehen. Davon sind auch Anordnungen gegenüber dem Vorhabenträger erfasst. Nur die weite Auslegung wird dem Zweck der Norm gerecht, den gerichtlichen Rechtsschutz im Zusammenhang mit der Anwendung umweltbezogener Rechtsvorschriften zu erweitern. Ausreichend ist es, dass die Maßnahmen der Durchsetzung und Umsetzung der in § 1 Abs. 1 Satz 1 Nr. 1–5 UmwRG aufgezählten Entscheidungen dienen, es sich also um keine selbstständige, von einer Vorhabenzulassung unabhängige Überwachungsmaßnahme handelt.[26]

21 Eine ausdrückliche Erwähnung der Privaten im Gesetzestext war nach der Gesetzesbegründung entbehrlich, weil behördliche Überwachungs- und Aufsichtsmaßnahmen stets staatliche Eingriffe im Verhältnis zu Bürgerinnen und Bürgern bzw. juristischen Personen darstellen und im Rahmen eines Verwaltungsverfahrens im Sinne von § 9 VwVfG stattfinden. Betroffene von diesen behördlichen Überwachungs- und Aufsichtsmaßnahmen können daher natürliche oder juristische Personen im Sinne von § 11 VwVfG sein. § 1 Abs. 1 Satz 1 Nr. 6 UmwRG knüpft aus Gründen der Bestimmtheit am Begriff des Verwaltungsakts im Sinne des § 35 VwVfG an. Danach muss Gegenstand des Rechtsbehelfs stets ein Handeln oder Unterlassen der Behörde in Form eines Verwaltungsaktes und daher mit Außenwirkung sein. Behördeninterne Maßnahmen (z.B. Weisungen im Rahmen der Bundesauftragsverwaltung) werden von der Neuregelung nicht erfasst. Inhaltlich bezieht sie sich auf Überwachungs- und Aufsichtsmaßnahmen, die der Durchsetzung von umweltbezogenen Rechtsvorschriften bei der Umsetzung bzw. der Durchführung von Entscheidungen im Sinne des § 1 Abs. 1 Satz 1 Nrn. 1 bis 5 des UmwRG dienen.[27]

22 Ob sich aus der Notwendigkeit einer praktischen Wirksamkeit von Richtlinien der EU sowie aus deren Zielsetzungen ein Anspruch von betroffenen Bürgern ergibt, einen Verstoß gegen umweltschützende Vorschriften des Unionsrechts im Zusammenhang mit dem Unterlassen einer Aufsichtsmaßnahme rügen zu können, unabhängig davon, ob sie dem Schutz des Menschen und der Natur dienen, ist zweifelhaft. Aus dem Urteil des EuGH vom 08.11.2016 (»Slowakischer Braunbär II«) wird abgeleitet, dass nicht nur Umweltverbände, sondern auch unmittelbar betroffene Einzelne jeden Verstoß gegen umweltschützende Vorschrift rügen können.[28] Das OVG NRW ist hingegen der Ansicht, aus der Rechtsprechung des EuGH ergebe sich nicht, dass einzelne Bürger auf Einhaltung der Bestimmungen einer Richtlinie (hier der FFH-RL) klagen könnten. Der EuGH habe ausgeführt, die praktische Wirksamkeit der FFH-RL sowie ihre Zielsetzung verlangten, dass »die Bürger« sich vor Gericht auf sie berufen und die nationalen Gerichte sie als Bestandteil des Unionsrechts berücksichtigen können, um insbesondere zu prüfen, ob die Behörde, die einen Plan oder ein Projekt genehmigt hat, ihre Verpflichtungen aus Art. 6 Abs. 3 der Richtlinie beachtet habe. Diese Vorschrift sehe aber nicht zwingend vor, dass der einzelne Bürger dies gerichtlich geltend machen könne. Vielmehr reiche es aus, wenn Umwelt-/Naturschutzverbände über diese Möglichkeit bzw. entsprechende Klagerechte verfügten. Denn der EuGH habe ausgeführt, es wäre mit der verbindlichen Wirkung einer Richtlinie nach Art. 288 AEUV unvereinbar, »grundsätzlich auszuschließen«, dass sich betroffene Personen auf die durch eine Richtlinie auferlegte Verpflichtung berufen könnten. Ein solcher grundsätzlicher Ausschluss läge aber nur dann vor, wenn auch Umweltvereinigungen keine Möglichkeit der gerichtlichen Überprüfung behördlicher Genehmigungsentscheidungen nach Maßgabe der Richtlinienvorschriften hätten.[29]

Rn. 17); Urt. v. 29.04.2021 – 4 C 2.19, NVwZ 2021, 1630 Rn. 22; *Beckmann*, in: Stüer/Beckmann, Handbuch des Bau- und Fachplanungsrechts, Rn. 8758.

26 VGH München, Urt. v. 18.06.2024 – 22 A 20.40009, juris Rn 57; BVerwG, Urt. v. 29.04.2021 – 4 C 2.19, juris Rn. 56; *Fellenberg/Schiller*, in: Landmann/Rohmer, § 1 UmwRG Rn. 121.

27 Gesetzesbegründung der BReg, BT-Drs. 422/16, S. 30 ff.

28 EuGH, Urt. v. 8.11.2016 – Rs. C-243/15, ZUR 2017, 86; Urteilsanmerkung von *Klinger* ZUR 2017, 90.

29 OVG NRW, Beschl. v. 19.10.2017 – 8 B 1113/17, juris Rn. 19; siehe auch VGH BW, Urt. v. 14.12.2022 – 10 S 4004/20, juris; OVG BB, Urt. v. 17.10.2023 – OVG 9 B 5.15, juris Rn. 144; *Ipsen*, in: Appel/Ohms/Sauerer, BImSchG, § 25 Rn. 38; zur Klage einer Umweltvereinigung auf ein atomaufsichtsrecht-

II. Geeignete Überwachungsmaßnahmen

23 Überwachung bedeutet grundsätzlich das Sammeln, Aufbereiten und Auswerten von Informationen über den jeweiligen Anlagenbetrieb.[30] Was geeignete Überwachungsmaßnahmen sind, muss die zuständige Behörde im Einzelfall entscheiden. Maßgeblicher Zeitpunkt dafür ist die Erteilung der Zulassung. Denn die Überwachungsmaßnahmen sind gem. § 26 Abs. 1 Nr. 2 im Bescheid zu benennen. Aus gegebenem Anlass können Überwachungsmaßnahmen durch nachträgliche Anordnungen an aktuelle Entwicklungen und Erkenntnisse angepasst werden.[31] Art und Umfang der in Betracht kommenden Überwachungsmaßnahmen sind in § 28 Abs. 1 nicht geregelt. Soweit sich dazu keine konkreten Anforderungen aus dem jeweiligen Fachrecht ergeben, steht die Auswahl geeigneter Überwachungsmaßnahmen im Ermessen der zuständigen Behörde.[32]

1. Ermessen

24 Grundsätzlich kann die zuständige Behörde im Rahmen ihres Ermessens entscheiden, welchen Anlagenbetreiber sie in welchem zeitlichen Abstand mit welchen Überwachungsmaßnahmen überprüft.[33] Die Entscheidungskriterien für den Umfang der Überwachung müssen allerdings sachgerecht bzw. ermessensfehlerfrei sein. Anlass für eine Überwachungsmaßnahme dürfte sich einerseits aus einem Verdacht auf eine Missachtung der umweltbezogenen Regelungen des Genehmigungsbescheids ergeben, der sich auf Anzeigen aus der Nachbarschaft oder aber auch als Ergebnis einer früheren Prüfung ergeben kann. Auch eine besondere Gefahrenlage, etwa der Umgang mit gefährlichen Stoffen oder gefährlichen Abfällen, kann eine strengere Überwachung erforderlich machen. Behördliche Überwachungsmaßnahmen und Eigenüberwachungsmaßnahmen, die dem Anlagenbetreiber auferlegt werden, müssen dem Grundsatz der **Verhältnismäßigkeit** genügen.[34] Ihre Ausübung muss im Hinblick auf den betreffenden behördlichen Zweck geeignet sein. Für den Betroffenen darf kein milderes, aber gleich geeignetes Mittel ersichtlich sein. Die Überwachungsmaßnahmen müssen sich auf das zur Aufklärung notwendige Maß beschränken. Und schließlich dürfen der verfolgte Zweck und die Schwere der Belastung nicht in einem Missverhältnis stehen.[35]

25 Die Überwachung nach § 28 setzt allerdings keinen Verstoß bzw. den Verdacht eines Verstoßes gegen gesetzliche Pflichten voraus. Sie ist ganz im Gegenteil grundsätzlich kontinuierlich und ohne spezifische Verdachtslagen durchzuführen. Sie kann sich auf regelmäßig wiederkehrende Maßnahmen, aber auch auf **Stichproben** beziehen.

26 Das **Ermessen**, ob und gegebenenfalls zu welchem Zeitpunkt eine behördliche Überwachungsmaßnahme durchgeführt wird, wird vom Gesetzgeber verschiedentlich eingeschränkt. So müssen die zuständigen Behörden nach § 52 Abs. 1 Satz 3 BImSchG Genehmigungen im Sinne des § 4 BImSchG regelmäßig überprüfen und soweit erforderlich durch nachträgliche Anordnungen nach § 17 BImSchG auf den neuesten Stand bringen. Eine Überprüfung, ob die Vorschriften des BImSchG und der auf sie gestützten Rechtsverordnungen durchgeführt und eingehalten werden, muss nach § 52 Abs. 1 Satz 4 BImSchG in jedem Fall vorgenommen werden, wenn Anhaltspunkte dafür bestehen, dass der Schutz der Nachbarschaft und der Allgemeinheit nicht ausreichend ist und deshalb die in der Genehmigung festgelegten Begrenzungen der Emissionen überprüft oder neu fest-

liches Einschreiten VGH München, Urt. v. 18.06.2024 – 22 A 20.40009, juris; VGH München, Urt. v. 29.04.2024 – 22 A 22.40018, juris.

30 *Jarass,* BImSchG, § 52 Rn. 8.

31 *Peters/Balla/Hesselbarth,* UVPG, § 28 Rn. 6.

32 *Reidt/Augustin,* in: Schink/Reidt/Mitschang, UVPG/UmwRG, § 28 UVPG Rn. 7, meinen, die in Betracht kommenden Maßnahmen ergäben sich »aus der Natur der Sache«.

33 Zum behördlichen Ermessen bei Ausübung der Überwachungsbefugnisse siehe *Jarass,* BImSchG, § 52 Rn. 8 f., 57, § 17 Rn. 59 f.; bei der bis Mitte 2026 erforderlichen Umsetzung der Novelle der IE-RL wird das behördliche Ermessen dazu für IE-Anlagen weiter eingeschränkt.

34 *Peters/Balla/Hesselbarth,* UVPG, § 28 Rn. 9.

35 *Jarass,* BImSchG, § 52 Rn. 56.

gesetzt werden müssen, wenn wesentliche Veränderung des Standes der Technik eine erhebliche Verminderung der Emissionen ermöglichen, wenn eine Verbesserung der Betriebssicherheit erforderlich ist, insbesondere durch die Anwendung anderer Techniken oder wenn neue umweltrechtlicher Vorschriften dies fordern.

27 Bei Anlagen nach der IE-RL ist gem. § 52 Abs. 1 Satz 5 BImSchG innerhalb von 4 Jahren nach der Veröffentlichung von BVT-Schlussfolgerungen zur Haupttätigkeit eine Überprüfung und gegebenenfalls Aktualisierung der Genehmigung vorzunehmen und sicherzustellen, dass die betreffende Anlage die Genehmigungsanforderungen nach § 6 Abs. 1 Nr. 1 BImSchG und der Nebenbestimmungen nach § 12 BImSchG einhält. Im Zusammenhang mit der Umsetzung der IE-RL-Novelle bis Mitte 2026 werden die Prüfungszeiträume verändert.

28 § 52 Abs. 1 a BImSchG verpflichtet die zuständige Behörde, im Falle des § 31 Abs. 1 Satz 3 BImSchG mindestens jährlich die Ergebnisse der Emissionsüberwachung zu bewerten, um sicherzustellen, dass die Emissionen unter normalen Betriebsbedingungen die in den **BVT-Schlussfolgerungen** festgelegten Emissionsbandbreiten nicht überschreiten. Allgemeiner formuliert müssen behördliche Überwachungsmaßnahmen bzw. Eigenüberwachungsmaßnahmen so rechtzeitig durchgeführt werden, dass als Konsequenz der Überwachungsergebnisse auch effektiv Abhilfe geschaffen werden kann. Aus dem UVPG ergeben sich allerdings keine konkreten Pflichten, abhängig von den Überwachungsergebnissen bestimmte Abhilfemaßnahmen zu ergreifen. Die Anforderungen dafür stellt das jeweils einschlägige Fachrecht sowohl in verfahrensrechtlicher Hinsicht (z.B. mit Blick auf den Erlass nachträglicher Anordnungen) als auch hinsichtlich des materiellen Rechts, etwa dem Immissionsschutzrecht, dem Wasserrecht oder dem Kreislaufwirtschaftsrecht. Erste Überwachungsmaßnahmen können schon in der Errichtungs- und Bauphase geboten sein, weitere werden zum Zeitpunkt der Inbetriebnahme und später für den laufenden Betrieb notwendig.

29 Zur Durchführung der Überwachung stellen die zuständigen Behörden nach § 52 Abs. 1 b Satz 1 BImSchG zur Überwachung von Anlagen nach der IE-RL **Überwachungspläne** und **Überwachungsprogramme** gemäß § 52 a BImSchG auf. In den Überwachungsprogrammen muss gemäß § 52 a Abs. 2 Satz 1 BImSchG auch der Zeitraum angegeben werden, indem Vor-Ort-Besichtigungen stattfinden müssen. In welchem zeitlichen Abstand Anlagen vor Ort besichtigt werden müssen, richtet sich nach einer systematischen Beurteilung der mit der Anlage verbundenen Umweltrisiken, die beispielhaft und nicht abschließend nach den in § 52 a Abs. 2 Satz 2 BImSchG genannten Kriterien stattfinden muss.[36]

30 Für die in den Anwendungsbereich IE-RL fallenden Anlagen sind damit relativ strenge Vorgaben für die regelmäßig wiederkehrenden Überwachungsmaßnahmen vom Gesetzgeber im BImSchG geregelt. Vergleichbare Regelungen gibt es auch für die in den Anwendungsbereich dieser Richtlinie fallenden Anlagen, die nach den Vorschriften anderer Fachgesetze genehmigt und überwacht werden. Unionsrechtliche Vorgaben zur Überwachung wurden neben § 52 a BImSchG auch in § 47 KrWG, in den §§ 12, 13, 21 a, 22, 22 a DepV und in § 9 IZÜV umgesetzt. Auch § 16 der Störfall-Verordnung (12. BImSchV) sieht eine spezielle Überwachung für Betriebsbereiche und die darin vorhandenen Anlagen vor. **Umweltinspektionen** werden deshalb sinnvollerweise häufig von den zuständigen Behörden medienübergreifend geplant und durchgeführt. Dadurch lassen sich unterschiedliche, auf einzelne Umweltmedien ausgerichtete Überwachungsaktivitäten im Sinne einer effektiven Überwachung, aber auch zur Vermeidung unnötiger Betriebsstörungen zusammenfassen.

31 Im Rahmen ihres Ermessens können die zuständigen Behörden entscheiden, ob die Überwachungsmaßnahmen als Regel-, Anlass- und Programmüberwachung durchgeführt werden.[37] Die **Regelüberwachung** ist nach dem zitierten Erlass eine geplante, sich wiederholende und systematische Kontrolle der Vorschriften und Genehmigungen sowie der Auswirkungen der kontrollierten Anlagen

36 Dazu OVG NRW, Urt. v. 30.11.2021 – 8 A 513/19, juris.

37 Siehe dazu z.B. den Erlass des Umweltministeriums NRW »Risikobasierte Planung und Durchführung von medienübergreifenden Umweltinspektionen« (Mai 2015).

auf die Umwelt, um die Wirksamkeit bereits erteilter Genehmigungen, Erlaubnisse oder Zulassungen zu beurteilen und festzustellen, ob Verbesserungen oder sonstige Änderungen der geltenden Anforderungen notwendig sind. Die **Anlassüberwachung** wird nach dem zitierten Erlass durch besondere Umstände zeitnah ausgelöst, z.B. im Fall von Beschwerden, umweltrelevanten Unfällen, Zwischenfällen und Bekanntwerden der Nichteinhaltung von Vorschriften. Die **Programmüberwachung** ist nach diesem Erlass eine geplante Schwerpunktüberwachung. Sie kann sich auf Stoffe, Branchen und Anlagen beziehen. Umweltinspektionen im Rahmen der Regelüberwachung sollen nach zutreffender Ansicht des Umweltministeriums NRW nach Möglichkeit medienübergreifend geplant und durchgeführt werden. Aus diesem Grunde empfiehlt das Ministerium, an der gemeinsamen Planung alle für die Überwachung der jeweiligen Umweltmedien, des Immissionsschutzes, der Abfallentsorgung, der Abfallströme, des Umgangs mit wassergefährdenden Stoffen, der Abwasserbeseitigung und des Bodenschutzes zuständigen Behörden bzw. Dienststellen an der Terminplanung zu beteiligen. Jedoch müssen nicht alle Überwachungsmaßnahmen, die unter anderem in Form von Ortsterminen durchgeführt werden, zwingend medienübergreifende Umweltinspektionen bzw. Vor-Ort-Besichtigungen im Sinne der IE-Richtlinie mit den entsprechenden Inhalten und Dokumentationspflichten sein. Dies gilt z.B. für Anlassüberwachungen, die aufgrund von Beschwerden durchgeführt werden und sich nur auf den Beschwerdegegenstand beschränken.

Bei der systematischen Planung von Umweltinspektionen sind die in Rechtsvorschriften vorgesehenen 32
Überwachungsintervalle (Abstände zwischen zwei Vor-Ort-Besichtigungen) zu beachten. Für die Anlagen im Anwendungsbereich der IE-RL sind je nach festgestellter Umweltrelevanz (Risikostufe) Fristen von einem Jahr bis drei Jahren vorgesehen. Soweit bei der Überwachung ein schwerwiegender Mangel festgestellt wird, soll innerhalb einer angemessenen Frist eine weitere Vor-Ort-Besichtigung durchgeführt werden. Bei IE-Anlagen beträgt diese Frist maximal sechs Monate.[38]

Unangemeldete Vor-Ort-Besichtigungen werden durchgeführt, wenn ein konkreter Anlass besteht. 33
Dies können neben aktuellen oder wiederkehrenden (Nachbarschafts-)Beschwerden oder Hinweisen auf schwerwiegende Umweltverstöße auch Auffälligkeiten im Rahmen der analytischen Überwachung (z.B. Abwasseruntersuchungen, Hinweise auf Boden- und Grundwasserverunreinigungen in der Nachbarschaft) oder elektronischen Nachweisführung (Abfallentsorgung) sein. Auch dienen unangemeldete Kontrollen mitunter zur Überprüfung der ordnungsgemäßen Mängelbeseitigung im Nachgang zu ursprünglich angekündigten Inspektionen. Unangemeldete Kontrollen bergen nach Ansicht des Umweltministeriums NRW zwar das Risiko, dass zum Zeitpunkt der Vor-Ort-Besichtigung das Betriebsgelände bzw. bestimmte Anlagen nicht zugänglich oder aber verantwortliche bzw. auskunftsfähige Personen nicht vor Ort sind. Allerdings ermöglicht eine unangemeldete behördliche Inaugenscheinnahme des Betriebsgrundstücks und der Einrichtungen einen wirklichkeitsgetreuen Einblick in die Betriebsführung und den Anlagenzustand. Darauf deutet die merklich erhöhte Mängelquote bei unangemeldet durchgeführten Inspektionen hin.

Vor dem Hintergrund, dass die gesetzliche Regelung des § 52 Abs. 2 Satz 1 BImSchG keine 34
besonderen Tatbestandsvoraussetzungen für die Überwachung von Anlagen aufstellt, ist der **Grundsatz der Verhältnismäßigkeit** von besonderer Bedeutung. Die Angehörigen und Beauftragten der Überwachungsbehörde haben auf die berechtigten Belange der Betroffenen Rücksicht zu nehmen.[39] Dies führt dazu, dass eine dem Zutritt und der Prüfung vorgeschaltete Ankündigung grundsätzlich erforderlich ist. Etwas anderes gilt nur dann, wenn sie den Zweck des Zutritts- und Prüfungsrechts vereiteln würde.[40]

---

38 Erlass des Umweltministeriums NRW »Risikobasierte Planung und Durchführung von medienübergreifenden Umweltinspektionen« (Mai 2015).

39 *Hansmann/Röckinghausen*, in: Landmann/Rohmer, Umweltrecht, Stand: 9/2016, § 52 BImSchG Rn. 68.

40 VG Düsseldorf, Urt. v. 21.02.2017 – 3 K 3004/15, juris Rn. 20; Gerichtsbescheid vom 21.04.2016 – 3 K 3886/15; *Kenyeressy*, in: Appel/Ohms/Saurer, BImSchG, § 52 Rn. 58; *Jarass*, BImSchG, § 52 Rn. 46; *Lechelt*, in: Führ, GK-BImSchG, § 52 Rn. 48, jeweils m.w.N.

2. Keine Beschränkung auf die im Zulassungsbescheid vorgesehenen Maßnahmen

35 § 26 Abs. 1 Nr. 2 schreibt vor, dass der Bescheid zur Zulassung des Vorhabens auch eine Beschreibung der vorgesehenen Überwachungsmaßnahmen nach § 28 oder nach entsprechenden bundes- oder landesrechtlichen Vorschriften enthalten muss. Die **Beschreibung der Überwachungsmaßnahmen** gehört zum begründenden, nicht jedoch zum regelnden Teil des Zulassungsbescheids. Ggfls. können auch entsprechende Hinweise gegeben werden. Die Beschreibung der Überwachungsmaßnahmen im Zulassungsbescheid muss nicht abschließend und auch nicht vollständig sein. Der Adressat des Bescheids kann sich dementsprechend auch nicht darauf verlassen, dass die Behörde im späteren Vollzug nicht auch zu einer Überwachungsmaßnahme greift, die in dem Zulassungsbescheid nicht beschrieben worden ist. Umgekehrt ist die Behörde nicht deshalb zur Ergreifung einer bestimmten Überwachungsmaßnahme verpflichtet, weil diese in dem Genehmigungsbescheid beschrieben worden ist.

III. Berechtigte Personen

36 Zur Überwachung berechtigt sind die Mitarbeiter und Bediensteten der zuständigen Behörde. Sie kann sich der Hilfe Dritter bedienen, etwa im Wege der **Amtshilfe** durch Mitarbeiter oder Bedienstete anderer Behörden oder von beauftragten Sachverständigen, Bediensteten des TÜV, Ingenieurbüros etc., soweit das jeweilige Landesrecht die zu beauftragenden Stellen nicht einschränkt. Zwar fehlt im Vergleich zu § 52 Abs. 1 Satz 2 BImSchG eine ausdrückliche Regelung, dass bei der Durchführung von Überwachungsmaßnahmen auch **Beauftragte** eingesetzt werden dürfen. Mit dieser Regelung sollte klargestellt werden, dass die Vollzugsaufgaben im Zusammenhang mit der Überwachung nach wie vor bei den Verwaltungsbehörden liegen, dass sich die Vollzugsbehörden aber bei der Erledigung ihrer eigenen Überwachungsaufgaben Beauftragter bedienen dürfen. Zugleich sollte damit verdeutlicht werden, dass die Beauftragten nicht als Beliehene mit eigenen übertragenen Hoheitsbefugnissen, sondern lediglich als Verwaltungshelfer der Behörde tätig werden.[41] Dass sich die Behörden auch ohne eine solche ausdrückliche Regelung zum Einsatz Beauftragter deren Hilfe bedienen darf, ergibt sich bereits aus § 26 Abs. 1 Satz 2 Nr. 2 VwVfG.

37 Die Beauftragung im Rahmen der Amtshilfe darf aber nicht dazu missbraucht werden, durch das hierdurch einzuräumende Betretungsrecht der Behörde Sachkenntnisse zu verschaffen, die sie anderweitig nicht erlangt hätte.[42] § 52 Abs. 2 Satz 1 BImSchG erlaubt z.B. auch nicht die Einrichtung dauerhafter Messstellen; sie erlaubt zudem keine kontinuierliche (fortwährende) Überwachung einer genehmigungsbedürftigen Anlage und dient nicht allgemeinen (pausenlosen) Ausforschungszwecken.[43]

38 Bedient sich die zuständige Behörde bei der Überwachung eines privaten Verwaltungshelfers, ist dieser grundsätzlich nicht zum Erlass eines Verwaltungsakts berechtigt. Dazu bedarf es einer Übertragung hoheitlicher Rechte im Wege einer **Beleihung.** Nach der Rechtsprechung des BVerwG schließt der **Funktionsvorbehalt** für Beamte des Art. 33 Abs. 4 GG es nicht aus, auf gesetzlicher Grundlage die behördliche Überwachung auf eine juristische Person des Privatrechts zu übertragen.[44] Allerdings hat das BVerfG darauf hingewiesen, dass Abweichungen vom Grundsatz des Funktionsvorbehalts der Rechtfertigung durch einen spezifischen, dem Sinn der Ausnahmemöglichkeit entsprechenden Ausnahmegrund bedürfen.[45] Dazu ist eine Abwägung der Vor- und Nachteile einer

41 *Betenstedt/Grandjot/Waskow* ZUR 2013, 395 (402).

42 *Beckmann,* in: Landmann/Rohmer, Umweltrecht, § 47 KrWG Rn. 42.

43 VG Düsseldorf, Beschl. v. 05.02.2014 – 3 L 132/14, juris Rn. 17; *Jarass*, BImSchG, § 52 Rn. 35 f. und 44 f.; *Spindler*, in: Feldhaus, BImSchG, § 52 Rn. 56; BayVGH, Beschl. v. 31.07.07 – 22 ZB 07.554, juris; zur fehlenden Kompetenz einer Behörde, einem Anlagenbetreiber die fortwährende Überwachung seiner Anlage durch einen externen privaten Gutachter aufzuerlegen, VG München, Urt. v. 04.03.2008 – M 1 K 07.3594, juris; VG Düsseldorf Beschl. v. 15.10.2013 – 3 L 1570/13, juris.

44 BVerwG, Beschl. v. 29.09.2005 – 7 BN 2.05, juris.

45 BVerfG, Urt. v. 18.01.2012 – 2 BvR 133/10, BVerfGE 130, 76.

Aufgabenübertragung vorzunehmen, bei der das Prinzip der Erfüllung hoheitlicher Aufgaben durch Beamte als verfassungsrechtliche Grundentscheidung einzubringen ist. Die Anforderungen an die Rechtfertigung der Abweichung vom Regelfall sind umso höher, je größer die mit der Abweichung von der Regel verbundenen Nachteile für die öffentlichen Belange und die Betroffenen sind.[46] Ob und inwieweit insoweit eine Übertragung von Überwachungsaufgaben auf juristische Personen des Privatrechts zulässig ist, kann nur im jeweils konkreten Fall geprüft und entschieden werden.

IV. Umweltbezogene Bestimmungen des Zulassungsbescheids

Überwachungsmaßnahmen nach § 28 Abs. 1 beziehen sich auf die Einhaltung der umweltbezogenen Bestimmungen des Zulassungsbescheids.[47] Zulassungsentscheidungen sind nach § 2 Abs. 6 die Bewilligung, die Erlaubnis, die Genehmigung, der Planfeststellungsbeschluss und sonstige behördliche Entscheidungen über die Zulässigkeit von Vorhaben, die in einem Verwaltungsverfahren getroffen werden, einschließlich des Vorbescheids, der Teilgenehmigung und anderer Teilzulassungen, mit Ausnahme von Anzeigeverfahren. § 28 sieht – anders als z.B. § 52 Abs. 1 Satz 3 BImSchG – nicht vor, dass Zulassungsbescheide regelmäßig daraufhin zu überprüfen sind, ob sie den gesetzlichen Anforderungen noch entsprechen und ob sie dementsprechend durch nachträgliche Anordnungen auf den neuesten Stand zu bringen sind. 39

1. Regelungsgehalt des Zulassungsbescheids

Fraglich ist, was die umweltbezogenen Bestimmungen des Zulassungsbescheids im Sinne von § 28 Abs. 1 sind. Genehmigungen, Erlaubnisse, Bewilligungen, etc. bestehen aus einem regelnden Teil, der sich aus dem **Tenor** und den **Nebenbestimmungen** des Bescheids zusammensetzt. Hinzu kommen häufig rechtlich nicht verbindliche Hinweise und eine Begründung, die sich nach § 39 Abs. 1 Satz 2 VwVfG auf alle wesentlichen tatsächlichen und rechtlichen Gründe zu erstrecken hat, die die Behörde zu ihrer Entscheidung bewogen haben. Soweit die Erteilung der Zulassungen im **Ermessen** steht, muss die Begründung nach § 39 Abs. 1 Satz 3 VwVfG auch die Gesichtspunkte erkennen lassen, von denen die Behörde bei der Ausübung ihres Ermessens ausgegangen ist. Für UVP-pflichtige Vorhaben schreibt § 26 ergänzend vor, dass der Bescheid die umweltbezogenen Nebenbestimmungen enthalten muss, sofern sie mit der Zulassungsentscheidung verbunden sind, eine Beschreibung der vorgesehenen Überwachungsmaßnahmen nach § 28 oder nach entsprechenden Bundes- oder landesrechtlichen Vorschriften sowie eine Begründung, aus der die wesentlichen tatsächlichen und rechtlichen Gründe hervorgehen, die Behörde zu ihrer Entscheidung bewogen haben. 40

Zu den umweltbezogenen Bestimmungen des Zulassungsbescheids gehört in erster Linie der **Bescheidtenor**, aus dem sich ergibt, welches Vorhaben in welchem Umfang zugelassen worden ist. Bei der behördlichen Überwachung kommt es insoweit darauf an, festzustellen, ob das Vorhaben entsprechend diesem Bescheidtenor errichtet und betrieben oder ob etwas davon Abweichendes realisiert wird. Dazu gehören letztlich auch die **Antragsunterlagen**, die durch den Zulassungsbescheid genehmigt werden. Das zugelassene Vorhaben lässt sich ohne die genehmigten Antragsunterlagen nicht vollständig erfassen. Dementsprechend enthält der Zulassungsbescheid in aller Regel auch eine Auflistung der genehmigten Antragsunterlagen. Soweit diese Antragsunterlagen sich auf eine Beschreibung umweltbezogener Merkmale des Standortes und der Ausführung des Vorhabens erstrecken, sind sie ebenfalls Gegenstand der behördlichen Überwachung nach § 28 Abs. 1. 41

Zu den umweltbezogenen Bestimmungen der Zulassung gehören außerdem sämtliche **umweltbezogenen Nebenbestimmungen**. Umweltbezogen sind Nebenbestimmungen, die dazu dienen, nachteilige Umweltauswirkungen des Vorhabens zu vermeiden oder zu verringern oder aber für die Umwelt vorteilhafte Effekte zu erzielen. Umweltauswirkungen im Sinne des UVPG sind gemäß § 2 Abs. 2 Satz 1 unmittelbare und mittelbare Auswirkungen eines Vorhabens oder der Durchführung 42

---

46 BVerwG, Beschl. v. 29.09.2005 – 7 BN 2.05, NVwZ 2006, 829.

47 Siehe dazu *Reidt/Augustin*, in: Schink/Reidt/Mitschang, UVPG/UmwRG, § 28 UVPG Rn. 6.

eines Plans oder Programms auf die Umweltschutzgüter. Dies schließt nach § 2 Abs. 2 Satz 2 ausdrücklich auch solche Auswirkungen des Vorhabens ein, die aufgrund von dessen Anfälligkeit für **schwere Unfälle** oder **Katastrophen** zu erwarten sind, soweit diese schweren Unfälle oder Katastrophen für das Vorhaben relevant sind. Schutzgüter, auf die sich umweltbezogenen Nebenbestimmungen beziehen, sind nach § 2 Abs. 1 Menschen, insbesondere die menschliche Gesundheit, Tiere, Pflanzen und die biologische Vielfalt, Fläche, Boden, Wasser, Luft, Klima und Landschaft, kulturelles Erbe und sonstige Sachgüter sowie die Wechselwirkung zwischen den vorgenannten Schutzgütern.

43 Bei den umweltbezogenen Nebenbestimmungen kann es sich um Befristungen, Bedingungen oder Auflagen im Sinne von § 36 Abs. 2 VwVfG handeln. Eine **Befristung** ist nach § 36 Abs. 2 Nr. 1 VwVfG eine Bestimmung, nach der eine Vergünstigung oder Belastung zu einem bestimmten Zeitpunkt beginnt, endet oder für einen bestimmten Zeitraum gilt; eine **Bedingung** ist nach § 36 Abs. 2 Nr. 2 VwVfG eine Bestimmung, nach der der Eintritt oder der Wegfall einer Vergünstigung oder einer Belastung von dem ungewissen Eintritt eines zukünftigen Ereignisses abhängt; eine **Auflage** ist gem. § 36 Abs. 2 Nr. 3 VwVfG eine Bestimmung, durch die dem Begünstigten ein Tun, Dulden oder Unterlassen vorgeschrieben wird. Auflagen in Genehmigungsbescheiden, Planfeststellungsbeschlüssen oder Plangenehmigungsbescheiden sehen regelmäßig Nebenpflichten zum Betrieb einer Anlage vor, deren Beachtung von der Aufsichtsbehörde selbstständig erzwungen werden kann.[48]

44 Die Ermächtigungsgrundlage für Bedingungen und Auflagen zur immissionsschutzrechtlichen Genehmigung enthält § 12 Abs. 1 S. 1 BImSchG. Für den Fall, dass eine Verwaltungsvorschrift nach § 48 BImSchG für die jeweilige Anlagenart keine Anforderungen vorsieht, ist nach § 12 Abs. 1a BImSchG bei der Festlegung von Emissionsbegrenzungen für Anlagen nach der IE-RL in der Genehmigung sicherzustellen, dass die Emissionen unter normalen Betriebsbedingungen die in den BVT-Schlussfolgerungen genannten Emissionsbandbreiten nicht überschreiten. Bei all diesen Nebenbestimmungen handelt es sich umweltbezogene Nebenbestimmungen im vorgenannten Sinne. Eine gesonderte Ermächtigungsgrundlage für Nebenbestimmungen zu Genehmigungen für Anlagen im Anwendungsbereich der IE-RL soll zukünftig ein neuer § 12a BImSchGE bestimmen.

45 Von einer Auflage zu unterscheiden sind **Inhaltsbestimmungen**, die der Zulassung keine zusätzliche Pflicht hinzufügen, sondern den Genehmigungsgegenstand begrenzen und konkretisieren.[49] Auch auf die Einhaltung solcher Inhaltsbestimmungen erstreckt sich die Überwachungspflicht. Die Abgrenzung zwischen Inhaltsbestimmungen und Auflagen kann im Einzelfall schwierig sein. Maßgeblich soll der Erklärungsgehalt des Zulassungsbescheids sein. Eine Auflage liegt nur vor, wenn die Einhaltung der Bestimmung Bestand und Wirksamkeit der Zulassung nicht berühren soll.[50]

2. Erforderlichkeit nachträglicher Anordnungen

46 § 52 Abs. 1 Satz 2 BImSchG verpflichtet die zuständige Behörde dazu, gegebenenfalls mit Hilfe von nachträglichen Anordnungen die Zulassung auf den neuesten Stand zu bringen. Eine Überprüfung der Genehmigung mit Blick auf ihre Gesetzeskonformität soll nach § 52 Abs. 1 Satz 4 BImSchG in jedem Fall stattfinden, wenn Anhaltspunkte dafür bestehen, dass der Schutz der Nachbarschaft und der Allgemeinheit nicht ausreichend ist und deshalb die in der Genehmigung festgelegten Begrenzungen der Emissionen überprüft und neu festgesetzt werden müssen, wenn wesentliche Veränderungen des Standes der Technik eine erhebliche Verminderung der Emissionen ermöglichen, wenn eine Verbesserung der Betriebssicherheit erforderlich ist, insbesondere durch die Anwendung

48 *Jarass,* BImSchG, § 12 Rn. 9.

49 Zur Abgrenzung VGH BW, Urt. v. 19.03.2025 – 10 S 1411/23, juris Rn. 26; BVerwG, Urt. v. 19.12.2023 – 7 C 4.22, juris Rn. 23.; VGH BW, Urt. v. 17.07.2024 – 10 S 1396/23, juris Rn. 19; OVG Sachsen-Anhalt, Urt. v. 12.12.2024 – 2 K 7/24, juris Rn. 53; OVG Berlin-Brandenburg, Beschl. v. 19.05.2021 – OVG 11 S 26/20, juris Rn. 37 ff.; *Jarass,* BImSchG, § 12 Rn. 10.

50 VGH Kassel, Beschl. v. 10.04.2014 – 9 B 2156/13, juris Rn. 53; zur Abgrenzung zwischen einer Inhaltsbestimmung und einer selbstständig anfechtbaren Auflage in einem immissionsschutzrechtlichen Genehmigungsbescheid siehe auch OVG NRW, Urt. v. 10.12.1999 – 21 A 3481/96, NVwZ-RR 2000, 671.

anderer Techniken, oder wenn neue umweltrechtliche Vorschriften dies fordern. Auch wenn § 28 eine dahingehende Überwachung nicht zwingend vorschreibt, kann die zuständige Behörde grundsätzlich jederzeit überprüfen, ob und inwieweit es Anlass gibt, Zulassungsentscheidung im Sinne von § 2 Abs. 6 durch nachträgliche Anordnungen an eine veränderte Sach- und Rechtslage anzupassen.

3. Modifizierung von Zulassungsentscheidungen durch Rechtsverordnung

Nach der Rechtsprechung des BVerwG können – abhängig von der Auslegung nach dem Wortlaut, den Normmaterialien und dem Regelungszweck – Verordnungen und selbstständig auch Gesetze Pflichten des Inhabers einer Zulassungsentscheidung unmittelbar gestalten. Solche Verordnungen oder Gesetze können unmittelbar auf die Rechtsposition der Betreiber bereits zugelassener Anlagen einwirken, die den Anforderungen der Verordnungen noch nicht genügen; ein Widerruf oder eine nachträgliche Anordnung sind zur Durchsetzung der Anforderungen einer nach Erlass des Zulassungsbescheids ergehenden Verordnung nicht unbedingt erforderlich. Das Verhältnis solcher Verordnungen zu bestandskräftigen Zulassungsbescheiden ist damit nach Auffassung des BVerwG im Sinne eines unmittelbar wirkenden, die Zulassungsentscheidungen modifizierenden Vorrangs der Verordnungen geregelt.[51] Ausgehend von einer in diesem Sinne den Zulassungsbescheid modifizierenden Wirkung einer Rechtsänderung muss sich die behördliche Überwachung auch auf die Einhaltung dieser zusätzlichen Anforderungen erstrecken. 47

4. Merkmale des Vorhabens und des Standorts

Für UVP-pflichtige Vorhaben schreibt § 28 Abs. 1 Satz 2 vor, dass sich die behördliche Überwachung *insbesondere* auf die im Zulassungsbescheid festgelegten Merkmale des Vorhabens und des Standorts, auf die Maßnahmen, mit denen erhebliche nachteilige Umweltauswirkungen ausgeschlossen, vermindert oder ausgeglichen werden sollen, sowie auf die Ersatzmaßnahmen bei Eingriffen in Natur und Landschaft erstreckt. 48

Aus der Verwendung des Begriffs »insbesondere« ergibt sich, dass sich der Prüfungsgegenstand für die UVP-pflichtigen Vorhaben grundsätzlich nicht von den Vorhaben unterscheidet, die keiner Umweltverträglichkeitsprüfung bedürfen. Denn es handelt sich bei den in § 28 Abs. 1 Satz 2 genannten Kriterien lediglich um eine beispielhafte Auflistung, die alle übrigen Prüfungsgegenstände mit Blick auf umweltbezogene Bestimmungen des Zulassungsbescheids nicht ausschließen oder einschranken. Umgekehrt bedeutet die Regelung in § 28 Abs. 1 Satz 2 auch nicht, dass für die Überwachung von Vorhaben, bei deren Zulassung keine Umweltverträglichkeitsprüfung notwendig war, auf eine Überwachung hinsichtlich der vorgesehenen Maßnahmen, mit denen erhebliche nachteilige Umweltauswirkungen ausgeschlossen, vermindert oder ausgeglichen werden sollen, sowie hinsichtlich der Ersatzmaßnahmen bei Eingriffen in Natur und Landschaft verzichtet werden sollte oder könnte. Insoweit handelt es sich bei der Regelung in § 28 Abs. 1 Satz 2 letztlich nur um einen Merkposten für die zuständige Behörde, worauf sie insbesondere ihr Augenmerk bei der Überwachung der Anlage richten soll. 49

5. Merkmale des Vorhabens und des Standorts

Die behördliche Überwachung hat sich nach § 28 Abs. 1 Satz 2 Nr. 1 auf die im Zulassungsbescheid festgelegten Merkmale des Vorhabens und des Standorts zu beziehen. Angaben dazu enthält die zusammenfassende Darstellung nach § 24 Abs. 1 Satz 1 Nr. 2, die wiederum in den Genehmigungs- 50

---

51 BVerwG, Beschl. v. 03.06.2004 – 7 B 14.04, juris Rn. 4; siehe dazu auch *Uffelmann*, Bestandsschutz im Konflikt mit dem Naturschutz, 2024; *Cho*, Relativierung des Bestandsschutzes durch Einflüsse des europäischen Umweltrechts, 2023; zu Legalisierungswirkungen und Bestandsschutz immissionsschutzrechtlicher Genehmigungen und ihrer Bedeutung für das Umweltschadensrecht, *Beckmann* EuRUP 2020, 238.

bescheid nach § 24 Abs. 1 Nr. 3 b aufzunehmen ist. Entsprechende Angaben dazu muss der Vorhabenträger gemäß § 16 Abs. 1 Satz 1 Nr. 3 bereits im UVP-Bericht machen. Schon im Rahmen des Verfahrens zur Unterrichtung über den Untersuchungsrahmen hat der Vorhabenträger nach § 15 Abs. 2 der zuständigen Behörde geeignete Unterlagen zu den Merkmalen des Vorhabens, einschließlich seiner Größe oder Leistung, und des Standorts vorzulegen. Gegenstand der behördlichen Überwachung sind diese Merkmale des Vorhabens und des Standorts aber nur, wenn sie auch durch umweltbezogene Bestimmungen des Zulassungsbescheids des Zulassungsbescheids festgelegt worden sind. Das dürfte allein dadurch, dass sie in der in der Begründung des Genehmigungsbescheids enthaltenen zusammenfassenden Darstellung aufgeführt werden, nicht der Fall sein.

6. Umweltschutzmaßnahmen

51 Die zuständige Behörde ist außerdem verpflichtet, die Überwachung auch auf die Maßnahmen zu erstrecken, mit denen erhebliche nachteilige Umweltauswirkungen vermieden, vermindert oder ausgeglichen werden, einschließlich der Ersatzmaßnahmen bei nicht ausgleichbaren, aber vorrangigen Eingriffen in Natur und Landschaft. Die zuständige Behörde prüft dazu, ob die im Genehmigungsbescheid dazu vorgesehenen Maßnahmen innerhalb der dafür vorgesehenen Fristen in dem gebotenen Umfang auch umgesetzt werden. Stellt sie fest, dass die Maßnahmen nicht oder abweichend von der Genehmigung durchgeführt worden sind, muss sie für deren Umsetzung Sorge tragen und die entsprechenden Regelungen des Genehmigungsbescheids durchsetzen. Dazu stellen die Fachgesetze die erforderlichen Ermächtigungsgrundlagen bereit.

52 Kommt z.B. der Betreiber einer immissionsschutzrechtlich genehmigungsbedürftigen Anlage einer Auflage, einer vollziehbaren nachträglichen Anordnung oder einer abschließend bestimmten Pflicht aus einer Rechtsverordnung nach § 7 BImSchG nicht nach und betreffen die Auflage, die Anordnung oder die Pflicht die Beschaffenheit oder den Betrieb der Anlage, so kann die zuständige Behörde den Betrieb nach § 20 Abs. 1 Satz 1 BImSchG ganz oder teilweise bis zur Erfüllung der Auflage, der Anordnung oder der Pflichten aus der Rechtsverordnung nach § 7 BImSchG untersagen. Die zuständige Behörde hat den Betrieb ganz oder teilweise nach § 20 Abs. 1 Satz 1 BImSchG zu untersagen, wenn ein Verstoß gegen die Auflage, Anordnung oder Pflicht eine unmittelbare Gefährdung der menschlichen Gesundheit verursacht oder eine unmittelbare erhebliche Gefährdung der Umwelt darstellt.

53 Nach § 52 Abs. 1 a Satz 1 BImSchG hat die zuständige Behörde die Inbetriebnahme oder Weiterführung einer genehmigungsbedürftigen Anlage, die Betriebsbereich oder Bestandteil eines Betriebsbereichs ist und gewerblichen Zwecken dient oder im Rahmen wirtschaftlicher Unternehmungen Verwendung findet, ganz oder teilweise zu untersagen, solange und soweit die von dem Betreiber getroffenen Maßnahmen zur Verhütung schwerer Unfälle im Sinne des Art. 3 Nr. 13 der Richtlinie 2012/18 EU oder zur Begrenzung der Auswirkungen derartiger Unfälle eindeutig unzureichend sind.

54 Nach § 20 Abs. 2 Satz 1 BImSchG soll die zuständige Behörde anordnen, dass eine Anlage, die ohne die erforderliche Genehmigung errichtet, betrieben oder wesentlich geändert wird, stillzulegen oder zu beseitigen ist. Sie hat gem. § 20 Abs. 2 Satz 2 BImSchG die Beseitigung anzuordnen, wenn die Allgemeinheit oder die Nachbarschaft nicht auf andere Weise ausreichend geschützt werden kann.

55 Stellt die zuständige Behörde bei ihrer Überwachung fest, dass die im Genehmigungsbescheid vorgesehenen Umweltschutzmaßnahmen nicht ausreichend sind, um das Vorliegen der Voraussetzungen für die Genehmigungsfähigkeit des Vorhabens sicherzustellen, muss sie prüfen, ob eine **nachträgliche Anordnung** geboten ist.[52]

---

52 Siehe auch VGH BW, Beschl. v. 10.06.2025 – 5 S 385/25, juris, wonach z.B. § 13 KSG nicht nur beim Erlass eines Planfeststellungsbeschlusses zu berücksichtigen ist, sondern im Rahmen des nach § 49 VwVfG eröffneten Ermessens auch bei der Entscheidung über dessen Widerruf berücksichtigungsfähig sein kann.

C. Verpflichtung zu Maßnahmen der Eigenüberwachung (Abs. 1 Satz 3)

Die zuständige Behörde kann dem Vorhabenträger nach § 28 Abs. 1 Satz 3 auch aufgeben, selbst Überwachungsmaßnahmen nach § 28 Abs. 1 Satz 1 und 2 durchzuführen. Dazu kommt es z.B. in Betracht, den Vorhabenträger bzw. Genehmigungsinhaber zu verpflichten, bestimmte **Emissionsmessungen** selber vorzunehmen oder vornehmen zu lassen.[53] Ein bestimmter Umfang der Eigenüberwachung bzw. der innerbetrieblichen Überwachung ist bereits in verschiedenen Fachgesetzen vom Gesetzgeber vorgegeben. Die staatliche Überwachung wird insoweit regelmäßig ohnehin schon durch eine betriebliche Überwachung ergänzt. Eine Verpflichtung zur Eigenüberwachung kann eine Verpflichtung zur Information der Behörde zu den Ergebnissen dieser Eigenüberwachung einschließen.[54] 56

Im BImSchG sieht der Gesetzgeber eine Betreiberpflicht zur Eigenüberwachung in differenzierter Weise vor. So sehen die §§ 26, 28 und 29 BImSchG die Befugnis der zuständigen Behörde vor, den Betreiber Emissionen und Immissionen durch externe Stellen ermitteln zu lassen; nach § 27 BImSchG kann der Betreiber zu einer **Emissionserklärung** verpflichtet werden, wobei er Angaben über die Art, Menge, räumliche und zeitliche Verteilung von Luftverunreinigungen sowie deren Austrittsbedingungen zu machen hat; nach § 29 a BImSchG kann der Betreiber verpflichtet werden, einen von der zuständigen Behörde bekannt gegebenen **Sachverständigen** mit bestimmten sicherheitstechnischen Prüfungen zu beauftragen; nach § 52 a BImSchG bestehen **Mitteilungspflichten** zur Organisation des Betriebs einer genehmigungsbedürftigen Anlage; nach § 53 und § 58 a BImSchG i.V.m. der 5. BImSchV haben Betreiber genehmigungsbedürftiger Anlagen unter bestimmten Voraussetzungen die Pflicht, **Immissionsschutz- und Störfallbeauftragte** zu bestellen, die gegenüber dem *Betreiber* u.a. auch betriebsinterne Kontrollfunktion haben. Der Gesetzgeber regelt dabei auch, dass in bestimmten Fällen Ermittlungen durch den Immissionsschutzbeauftragten des Betriebs anstelle eines externen privaten Sachverständigen durchgeführt werden dürfen (§ 28 Satz 2 BImSchG). Er trifft abgestufte Regelungen dahingehend, dass für bestimmte Anlagen nicht generell **Immissionsschutzbeauftragte** zu bestellen sind (§ 53 BImSchG, Anh. I zur 5. BImSchV). 57

Daneben finden sich in den aufgrund von § 7 BImSchG erlassenen Rechtsverordnungen weitere Regelungen zur Eigenüberwachung durch bestimmte Messungen. § 7 Abs. 1 Nrn. 3 und 4 BImSchG ermächtigen die Bundesregierung u.a., dass die Betreiber von Anlagen Messungen von Emissionen und Immissionen vorzunehmen haben oder vornehmen lassen müssen und bestimmte sicherheitstechnische Prüfungen sowie bestimmte Prüfungen von sicherheitstechnischen Unterlagen durch einen Sachverständigen nach § 29 a BImSchG vornehmen lassen müssen. Darauf gestützte Regelungen finden sich beispielsweise in §§ 14, 15 und 17 a der 1. BImSchV, §§ 11 und 12 der 2. BImSchV, § 3 der 11. BImSchV, §§ 13 ff. der 13. BImSchV, § 9 ff., insbesondere § 13 der 17. BImSchV, §§ 8 und 9 der 20. BImSchV, §§ 5 und 6 der 21. BImSchV, § 5 Satz 3 der 26. BImSchV, §§ 7 ff. der 27. BImSchV, §§ 8 ff. der 30. BImSchV, §§ 5 und 6 der 31. BImSchV. 58

Eine immissionsschutzrechtliche Nebenbestimmung, die dem Anlagenbetreiber eine Eigenüberwachung durch turnusmäßige Überprüfung des laufenden Betriebs anhand sämtlicher rechtlicher Anforderungen durch einen externen privaten Sachverständigen auferlegt, ist rechtswidrig.[55] 59

Auch in anderen Umweltfachgesetzen sind Ermächtigungen der zuständigen Behörden zur Anordnung von Eigenüberwachungsmaßnahmen vorgesehen. Durch Entscheidung der zuständigen Behörde können z.B. Träger der öffentlichen **Wasserversorgung** verpflichtet werden, auf ihre Kosten die Beschaffenheit des für die Zwecke der öffentlichen Wasserversorgung gewonnenen oder gewinnbaren Wassers zu untersuchen oder durch eine von ihr bestimmte Stelle untersuchen zu lassen. Ins- 60

53 Siehe dazu *Scheidler* GewArch 2021, 66.
54 *Reidt/Augustin*, in: Schink/Reidt/Mitschang, UVPG, 2018, § 28 Rn. 8.
55 VGH München, Urt. v. 19.02.2009 – 22 BV 08.1164, juris.

besondere können Art, Umfang und Häufigkeit der Untersuchungen sowie die Übermittlung des Untersuchungsergebnisses näher geregelt werden (§ 50 Abs. 5 Sätze 1 und 2 WHG).[56]

61 Zur Umsetzung der neu in die IE-RL aufgenommenen Pflicht zur Einführung eines **Umweltmanagementsystems** mit dem Ziel einer kontinuierlichen Verbesserung der Umweltleistung soll nach einem Referentenentwurf eines entsprechenden, bis Mitte 2026 in Kraft zu setzenden Umsetzungsgesetzes in § 58e BImSchGE die Pflicht für Betreiber von Anlagen nach der IE-RL aufgenommen werden, ein Umweltmanagementsystem dauerhaft einzurichten. Die Pflicht soll in einer Verordnung über die Umsetzung von Managementvorgaben und Umweltleistungswerten in Industrieanlagen – IE-Managementverordnung (45. BImSchV) konkretisiert werden. Dort sollen Anforderungen an den Inhalt des Umweltmanagementsystems geregelt werden. Dieses soll u.a. ein Chemikalienverzeichnis und einen Transformationsplan enthalten, in welchem die Maßnahmen beschrieben werden sollen, die der Betreiber im Zeitraum 2030–2045 in der Anlage ergreifen wird, um zu einer nachhaltigen, schadstofffreien, kreislauforientierten, ressourceneffizienten und klimaneutralen Wirtschaft bis 2045 beizutragen. Darüber hinaus sollen in einer IE-Managementverordnung in Umsetzung von BVT-Schlussfolgerungen Umweltleistungsgrenzwerte sowie Orientierungswerte für die Umweltleistung festgelegt werden. Maßgebliche Inhalte aus dem Umweltmanagementsystem sollen der Öffentlichkeit zugänglich zu machen sein.

D. Überwachung von umweltbelastenden Vorhaben (Abs. 2)

62 Absatz 2 ist nach der Gesetzesbegründung eine spezielle Regelung für Vorhaben, die nach dem Ergebnis der begründeten Bewertung nach § 25 Abs. 1 erhebliche nachteilige Umweltauswirkungen haben können und bei denen gleichwohl die Zulassung erteilt wird. Die Notwendigkeit der Überwachung erstreckt sich auch auf erhebliche nachteilige Umweltauswirkungen, die zwar noch nicht in der zusammenfassenden Darstellung gem. § 24 beschrieben und auch nicht nach § 25 Abs. 1 bewertet worden sind, weil sie nicht zu erwarten waren, sondern auch auf solche Umweltauswirkungen, die sich erst nach genehmigter Errichtung und Inbetriebnahme erweisen.[57] Ob Vorhaben, die erheblich nachteiligen Umweltauswirkungen haben können, überhaupt zugelassen werden können, ist eine Frage, die sich gem. § 25 Abs. 1 nach Maßgabe der geltenden Gesetze beantwortet. In aller Regel dürfte ein solches Vorhaben von vornherein nicht zulassungsfähig sein, weil die Genehmigungsvoraussetzungen den Eintritt erheblich nachteiliger Umweltauswirkungen ausschließen. Denkbar ist es allerdings, dass z.B. bei planfeststellungsbedürftigen Vorhaben dort, wo keine zwingenden **Planungsleitsätze** zum Schutz der Umwelt zu beachten sind, im Rahmen einer planerischen Abwägung erheblich nachteilige Umweltauswirkungen angesichts überwiegender für das Vorhaben sprechender Belange zugelassen werden.

63 Auch die **naturschutzrechtliche Eingriffsregelung** lässt erhebliche Umweltauswirkungen unter bestimmten Voraussetzungen zu. Ein Eingriff in Natur und Landschaft darf gem. § 15 Abs. 5 Satz 1 BNatSchG nicht zugelassen oder durchgeführt werden, wenn die Beeinträchtigungen nicht zu vermeiden oder nicht in angemessener Frist auszugleichen oder zu ersetzen sind und die Belange des Naturschutzes und der Landschaftspflege bei der Abwägung aller Anforderungen an Natur und Landschaft anderen Belangen im Range vorgehen. Müssen die Belange des Naturschutzes hingegen zurückstehen, können die Umweltbeeinträchtigungen grundsätzlich hingenommen werden.

64 In den Fällen, in denen die Auswirkungen des Vorhabens schwer prognostizierbar sind oder die Wirksamkeit von Maßnahmen im Sinne des Abs. 1 Satz 2 unsicher ist, müssen diese erheblichen

---

56 VG Gera, Urt. v. 30.03.2017 – 5 K 1339/16 Ge, juris Rn. 36; siehe z.B. § 39 Infektionsschutzgesetz, wonach der Unternehmer oder sonstige Inhaber einer Wassergewinnungs- oder Wasserversorgungsanlage oder eines Schwimm- oder Badebeckens verpflichtet ist, die ihm auf Grund von Rechtsverordnungen nach § 38 Abs. 1 oder 2 IfSG obliegenden Wasseruntersuchungen auf eigene Kosten durchzuführen oder durchführen zu lassen.

57 *Peters/Balla/Hesselbarth,* UVPG, § 28 Rn. 5.

nachteiligen Umweltauswirkungen in geeigneter Weise überwacht werden (vgl. Art. 8a Abs. 4 Unterabs. 1 letzter Halbsatz der geänderten UVP-RL sowie Erwägungsgrund 35 der UVP-Änderungsrichtlinie). Sind die Auswirkungen eines Vorhabens nicht hinreichend zu prognostizieren, steht regelmäßig die Genehmigungsfähigkeit eines Vorhabens in Frage. Dasselbe gilt, wenn die Wirksamkeit von Umweltschutzmaßnahmen unsicher ist. Die nach § 28 Abs. 2 Satz 1 vorgesehene Überwachung macht daher nur dort Sinn, wo zwar Schwierigkeiten bestehen, die Umweltauswirkungen des Vorhabens oder die Wirksamkeit angeordneter Umweltschutzmaßnahmen zu prognostizieren, wo aber für den Fall, dass die nicht völlig auszuschließenden Umweltauswirkungen wider Erwarten eintreten oder die Wirksamkeit von Umweltschutzmaßnahmen ausbleibt, mit einem geänderten Anlagenbetrieb oder mit anderen Umweltschutzmaßnahmen reagiert werden kann oder aber die nicht erwarteten, gleichwohl aber eintretenden Auswirkungen wieder beseitigt werden können. Ergebnis einer entsprechenden Überwachung kann bei Unvermeidbarkeit der erheblich nachteiligen, bei der Erteilung der Genehmigung nicht absehbaren Umweltauswirkungen im worst case auch die Stilllegung des Anlagenbetriebs sein. Die Überwachung kann auch dazu dienen, die Wirksamkeit von Maßnahmen, mit denen erhebliche Umweltauswirkungen ausgeschlossen, vermindert oder kompensiert werden, zu überprüfen, um, wenn die prognostizierte Wirkung dieser Maßnahmen ausbleibt, mit veränderten oder verschärften Maßnahmen zu reagieren. Mit der Überwachung kann insoweit auf Prognoseunsicherheiten reagiert werden, die mit Blick auf den Eintritt nachteiliger Umweltauswirkungen des Vorhabens oder hinsichtlich der Wirksamkeit vorgesehener Vermeidungs-, Verminderungs- oder Kompensationsmaßnahmen bestehen.[58]

Abs. 2 Satz 2 berechtigt zur Verpflichtung zur Durchführung von Überwachungsmaßnahmen nur mit Blick auf die Umweltfolgen des Vorhabens des Genehmigungsinhabers. Eine allgemeine Umweltüberwachung oder die Überwachung der Umweltauswirkungen Vorhaben verschiedener Vorhabenträger erlaubt § 28 Abs. 2 Satz 2 selbst dann nicht, wenn ein Vorhaben kumulativ mit anderen Vorhaben ursächlich für erhebliche nachteilige Umweltauswirkungen sein kann.[59]

Abschnitt 3 Teilzulassungen, Zulassung eines Vorhabens durch mehrere Behörden, verbundene Prüfverfahren

§ 29 Umweltverträglichkeitsprüfung bei Teilzulassungen

(1) [1]In Verfahren zur Vorbereitung eines Vorbescheids und zur Erteilung einer ersten Teilgenehmigung oder einer sonstigen ersten Teilzulassung hat sich die Umweltverträglichkeitsprüfung vorläufig auf die nach dem jeweiligen Planungsstand erkennbaren Umweltauswirkungen des Gesamtvorhabens zu erstrecken und abschließend auf die Umweltauswirkungen, die Gegenstand der Teilzulassung sind. [2]Dem jeweiligen Umfang der Umweltverträglichkeitsprüfung ist bei der Unterrichtung über den Untersuchungsrahmen und beim UVP-Bericht Rechnung zu tragen.

(2) [1]Bei weiteren Teilzulassungen soll die Umweltverträglichkeitsprüfung auf zusätzliche erhebliche oder andere erhebliche Umweltauswirkungen des Vorhabens beschränkt werden. [2]Absatz 1 gilt entsprechend.

Übersicht

58 Peters/Balla/Hesselbarth, UVPG, 2019, § 28 Rn. 4.

59 *Reidt/Augustin*, in: Schink/Reidt/Mitschang, UVPG, § 28 Rn. 10.

A. Allgemeines

I. Regelungsgegenstand und allgemeine Bedeutung

1 Planung, Prüfung und Entscheidung von und über Großvorhaben werfen eine Fülle von Fragen auf. Zur praktischen Bewältigung hat das öffentlich-rechtliche Gestattungsrecht neben der horizontalen Aufspaltung durch Parallelzulassungen nach den verschiedenen Fachgesetzen[1] eine **Aufteilung** auch **der** jeweiligen **fachgesetzlichen Genehmigung**, und zwar in Vorbescheid und Teilgenehmigung(en) entwickelt.[2] Es wird hier von »vertikaler« Stufung des Genehmigungsverfahrens gesprochen.[3] Das Bedürfnis nach solchermaßen abschnittsweiser Zulassung ist groß. So finden sich etwa bei Kraftwerken zahlreiche Teilgenehmigungen.[4] Diese zeitlich hintereinander geschaltete Verfahrensweise und die Unterbringung der UVP in ihr sind Gegenstand des § 29.

2 § 29 Abs. 1 Satz 1 statuiert in seinem unmittelbaren Aussagegehalt die **Pflicht**, bei zeitlich aufgeteilten Verfahren schon von Beginn an, nämlich im Rahmen der Verfahren zur Vorbescheids- und ersten Teilgenehmigungserteilung, eine UVP durchzuführen.[5] Hierdurch sollen der Umwelt nicht verträgliche Vorfestlegungen vermieden werden. UVP-pflichtige Vorhaben werden damit so früh wie möglich, allerdings auf der Zulassungsebene, einer UVP unterzogen.

3 Hinter § 29 Abs. 1 Satz 1 verbirgt sich damit die ebenso wichtige Aussage, dass die UVP auch in gestuften Zulassungsverfahren **möglich** ist. Damit sind dem Projektträger ein **Recht** und der Behörde die gesetzliche Grundlage zur UVP in solchen Teilverfahren gegeben.[6] Das ist die Konsequenz der grundlegenden Entscheidung zur Verfahrensintegration der UVP (§ 4). Diese grundsätzliche Entscheidung musste der Gesetzgeber dahin konkretisieren, in **welchen** bestehenden Verfahren die UVP durchzuführen ist, weil hiervon der Anwendungsbereich und das Wesen der UVP abhängen und

1 S. dazu § 31.
2 Grundsätzlich dazu s. *Selmer,* Vorbescheid und Teilgenehmigung.
3 *Dohle* NVwZ 1989, 697 (702).
4 *Beckmann* DÖV 1987, 944 (950) m.w.N., spricht von bis zu 40 bei konventionellen Kraftwerken.
5 »... dürfen nur erteilt werden, wenn ...«.
6 Zur Rechtsnatur der Ermessensentscheidung und der Voraussetzung des berechtigten Interesses an einem Vorbescheid und einer Teilgenehmigung s.u. Rdn. 20–28.

geprägt werden. Durch § 29 werden also die fachgesetzlichen Verfahrensinstitute Vorbescheid und Teilgenehmigung als UVP-tauglich anerkannt.

In § 31 hat der Gesetzgeber die Aufteilung der UVP in parallele Zulassungen durch Schaffung »der federführenden Behörde« zu überwinden versucht. § 29 Abs. 1 Satz 2 sieht als Lösung vor, dass sich die UVP auch bei Vorbescheid und Teilgenehmigung auf das »**Gesamtvorhaben** zu erstrecken hat«. Die Gesamtprüfung soll allerdings »vorläufig« und gem. dem »jeweiligen Planungsstand« erfolgen. Damit wird es nötig, die vorläufige (restliche) Gesamtprüfung und die abschließende Teilprüfung abzugrenzen. Dazu müssen zunächst die in den Fachgesetzen verankerten und in Rechtsprechung und Schrifttum hierzu entwickelten Institute des Vorbescheids und der Teilgenehmigung im Hinblick auf ihre Rechtsnatur, insbesondere ihre inhaltliche Reichweite, in Erinnerung gerufen werden (s.u. Rdn. 20–36). 4

Im Anschluss daran kann die »**Implementierung« der UVP** in Vorbescheids- und Teilgenehmigungsverfahren behandelt werden. § 29 macht zwar den gebotenen Umfang der UVP abhängig von der den Vorbescheid und die Teilgenehmigung kennzeichnenden Rechtsnatur, insbesondere ihren zwei bestehenden Bestandteilen aus vorläufiger Gesamtprüfung und abschließender Teilprüfung. Es können sich aber Präferenzen oder gar Beschränkungen z.B. zugunsten bzw. zu Lasten der in Rechtsprechung und Schrifttum entwickelten Vorbescheidstypen für die Träger UVP-pflichtiger Vorhaben ergeben. 5

Die Prüfung der Gesamtauswirkungen ist an die Erkenntnismöglichkeiten, die sich aus dem jeweiligen Planungsstand ergeben, gekoppelt (§ 29 Abs. 1 Satz 2). Hierzu ist der Begriff der **Vorläufigkeit** zu klären. Es geht um Umfang und Intensität der Kontrolle, insbesondere darum, ob Evidenz ausreicht. Kontrolle und daraus folgende Umweltverträglichkeitsprognose werden entscheidend vom Scoping (§ 15) und den Unterlagen des Projektträgers (§ 16) geprägt. § 29 Abs. 1 Satz 3 sieht ausdrücklich nur für diese beiden Verfahrensschritte eine gem. der Vorläufigkeit eingeschränkte Verfahrensweise vor. Es fragt sich, inwieweit aber nicht auch die übrigen Verfahrensschritte von der Vorläufigkeit bestimmt werden (s.u. Rdn. 53–55). 6

§ 29 Abs. 2 sieht vor, dass nach Durchführung einer UVP im Verfahren zur Erteilung eines Vorbescheides und einer ersten Teilgenehmigung in ggf. **weiteren** folgenden **Teilgenehmigungen** eine UVP auf zusätzliche oder andere erhebliche Umwelteinwirkungen des Vorhabens beschränkt werden »soll«. Hier ist insbesondere klärungsbedürftig, welchen Spielraum die Behörde für eine weitere UVP hat, wenn sich keine zusätzlichen oder andere bedeutsame Umweltauswirkungen mehr zeigen. 7

II. Gesetzesgeschichte

1. UVP-Richtlinie und Rechtsprechung des EuGH

Die UVP-RL regelt die Frage, ob und wie die UVP in Verfahren zur Erteilung eines Vorbescheides und von Teilgenehmigungen durchzuführen ist, nicht ausdrücklich, schließt Teilentscheidungen aber auch nicht aus.[7] Sie gibt hierzu nur Prinzipielles vor. Daran hat auch die UVP-Änderungsrichtlinie 2014/52/EU nichts geändert. Nach dem zweiten Erwägungsgrund und nach Art. 2 Abs. 1 der UVP-RL sollen bei allen Planungs- und Entscheidungsprozessen die Auswirkungen auf die Umwelt so früh wie möglich berücksichtigt werden.[8] Zudem sieht Art. 2 Abs. 2 der UVP-RL vor, dass die UVP in den Mitgliedstaaten im Rahmen der bestehenden Verfahren zur Genehmigung der Projekte oder im Rahmen anderer Verfahren, die den Zielen der UVP-RL entsprechen, durchgeführt wird. Art. 2 Abs. 3 der UVP-Richtlinie sieht zudem koordinierte und/oder gemeinsame Verfahren vor (vgl. dazu § 32). 8

---

7 *Seibert* NVwZ 2013, 1040 (1043).
8 ABlEG Nr. 175 v. 05.07.1985, S. 40.

9 Der EuGH hat darüber hinaus aus dem **Genehmigungsbegriff** des Art. 1 Abs. 2 der UVP-RL Maßstäbe für die Durchführung der UVP in gestuften Genehmigungsverfahren entwickelt. Genehmigung ist nach der Richtlinie eine Entscheidung, die dem Projektträger das Recht zur Durchführung des Projekts verleiht. Wird dieses Recht erst durch mehrere Teilentscheidungen begründet, bilden die Teilentscheidungen gemeinsam die Genehmigung. Da der EuGH in der Gesamtheit aller Teilentscheidungen die Genehmigung erblickt und da die UVP vor Erteilung der Genehmigung durchzuführen ist (Art. 2 Abs. 1 UVP-RL), muss die UVP grundsätzlich vor der ersten Teilentscheidung in Bezug auf die Umweltauswirkungen des gesamten Projekts durchgeführt werden. Sieht das nationale Recht ein mehrstufiges Genehmigungsverfahren vor, in dem zunächst eine »Grundsatzentscheidung«[9] ergeht und sodann eine »Durchführungsentscheidung« getroffen wird, sind die Umweltauswirkungen des Projekts nach der Entscheidung des EuGH in der Rechtssache *Wells* im Verfahren zum Erlass der Grundsatzentscheidung zu ermitteln und zu prüfen.[10] Nur dann, wenn diese Auswirkungen erst im Verfahren zum Erlass der Durchführungsentscheidung oder einer weiteren Teilentscheidung ermittelt werden können, kann ihre Prüfung diesem späteren Verfahrensschritt vorbehalten bleiben.[11] Wie der EuGH entschieden hat, muss diese spätere Prüfung »umfassenden Charakter« haben, damit sie all jene Aspekte des Projekts einbezieht, die noch nicht geprüft worden sind oder die eine erneute Prüfung erfordern.[12] Nur so ist gewährleistet, dass die Umweltauswirkungen des Projekts trotz Aufspaltung des Genehmigungsverfahrens in verschiedene Verfahrensschritte möglichst frühzeitig in ihrer Gesamtheit identifiziert, bewertet und beschrieben werden.[13]

10 Die Regelung des § 29 trägt diesen Vorgaben Rechnung.[14] Abs. 1 sieht eine möglichst umfassende Prüfung der Umweltauswirkungen vor Erlass der ersten Teilentscheidung vor, Abs. 2 regelt die abschließende Prüfung der nach Abs. 1 nicht berücksichtigten Umweltauswirkungen vor Erlass späterer Teilentscheidungen.

2. Innerstaatliche Entstehung

11 Die Regelung des § 13 Abs. 1 a.F. war zwischen Bundesregierung, Bundesrat und Bundestag unbestritten.[15] Aus der Begründung der Bundesregierung zu § 13 Abs. 1 a.F.[16] gehen außer dem Hinweis auf das Frühzeitigkeitsgebot lediglich als beispielhafte Nennung für Vorbescheid und Teilgenehmigung die Regelungen des BImSchG (§§ 9, 8) und des Atomrechts hervor. Zum Spannungsverhältnis zwischen dem umfassenden Prüfgebot des UVPG und dessen Einbindung in gestufte Verfahren findet sich nichts. Dagegen war § 13 Abs. 2 a.F. zwischen Bundesregierung und Bundesrat umstritten. Der Entwurf der Bundesregierung gab der zuständigen Behörde die Möglichkeit, bei weiteren Teilzulassungen die UVP auf zusätzliche oder andere Umweltauswirkungen des Vorhabens zu beschränken.[17] Der Behörde war damit das Ermessen eingeräumt, in weiteren Teilzulassungen auch dann eine UVP durchzuführen, wenn sich keine zusätzlichen oder anderen möglichen Umwelt-

---

9 Der EuGH versteht hierunter eine bindende erste Teilentscheidung wie z.B. ein Vorbescheid oder eine Teilgenehmigung.

10 EuGH, Urt. v. 07.01.2004 – C-201/02, NVwZ 2004, 593 (596) Rn. 52; ebenso EuGH, Urt. v. 04.05.2006 – C-508/03, NVwZ 2006, 803 (805) Rn. 104; EuGH, Urt. v. 04.05.2006 – C-290/03, NVwZ 2006, 806 (807) Rn. 47; OVG NRW, Urt. v. 12.06.2012 – 8 D 38/08.AK, juris Rn. 293 ff.; OVG Lüneburg, Urt. v. 08.05.2012 – 12 KS 5/10, NuR 2013, 132 (136).

11 EuGH, Urt. v. 07.01.2004 – C-201/02, NVwZ 2004, 593 (596) Rn. 52; EuGH, Urt. v. 04.05.2006 – C-508/03, NVwZ 2006, 803 (805) Rn. 104; EuGH, Urt. v. 04.05.2006 – C-290/03, NVwZ 2006, 806 (807) Rn. 47.

12 So wörtlich EuGH, Urt. v. 04.05.2006 – C-290/03, NVwZ 2006, 806 (807) Rn. 48.

13 Siehe zu diesem Erfordernis *Storm/Bunge,* HdUVP, § 13 Rn. 7.

14 *Dix*, in: Landmann/Rohmer, Umweltrecht, § 29 UVPG Rn. 19 und 21; Storm/*Bunge,* HdUVP, § 13 Rn. 7.

15 BR-Stellungnahme, BT-Drs. 11/3919, S. 42.

16 Begr. RegEntw., BT-Drs. 11/3919, S. 28.

17 »... kann...«; RegEntw. BT-Drs. 11/3919, S. 6.

auswirkungen zeigten. Lediglich das verfassungsrechtlich begründete und damit nur in extremen Fällen greifende Verhältnismäßigkeitsgebot hätte hier eine Grenze gesetzt.

Der Bundesrat schlug in seiner Stellungnahme zum Regierungsentwurf vor, die Behörde strikt auf die Beschränkung der UVP bei zusätzlichen oder anderen Umweltauswirkungen zu verpflichten.[18] Er begründete dies damit, dass nur so die auch von der Bundesregierung angestrebte Vermeidung von Doppelprüfungen erreicht werde. Die Gegenäußerung der Bundesregierung,[19] die Beschlussempfehlung des Ausschusses für Umwelt, Naturschutz und Reaktorsicherheit[20] und die schließlich in Kraft getretene Fassung des § 13 Abs. 2 a.F. sahen ein »**Soll**« vor. Der BT-Ausschuss begründete die Ablehnung der strikten Bindung (»Ist«) damit, dass so »für Ausnahmefälle das Verwaltungsermessen zu einer flexiblen Verfahrensgestaltung erhalten« bleibe.[21] 12

Durch das UVP-Modernisierungsgesetz wurde der bisherige § 13 in leicht veränderter Form zu § 29. Die bisherige Verpflichtung zur Durchführung einer UVP in § 13 Abs. 1 Satz 1 a.F. konnte wegen der Neufassung der Legaldefinition in § 2 Abs. 6 Nr. 1 entfallen. Eine inhaltliche Änderung ist damit nach der Gesetzesbegründung nicht verbunden.[22] Die Gesetzesbegründung führt weiter aus, Gegenstand der UVP beim Vorbescheid und der ersten Teilzulassung seien nicht lediglich die Umweltauswirkungen des zur Entscheidung anstehenden Teilvorhabens, die abschließend zu prüfen seien, sondern auch die nach dem jeweiligen Planungsstand erkennbaren Umweltauswirkungen des Gesamtvorhabens, die lediglich vorläufig zu prüfen seien.[23] 13

III. Anwendungsbereich der Vorschrift

1. Vorbescheid, Teilgenehmigung und entsprechende Teilzulassungen

Abs. 1 ist anwendbar in allen UVP-pflichtigen Verfahren auf Erteilung eines Vorbescheids, einer ersten Teilgenehmigung oder einer entsprechenden ersten Teilzulassung (s.u. Rdn. 20–36). Abs. 2 regelt die UVP bei weiteren Teilgenehmigungen und Teilzulassungen. Der Anwendungsbereich der Vorschrift erfasst damit alle Fälle, in denen über die Zulässigkeit eines Vorhabens[24] nicht im Rahmen einer einheitlichen Genehmigung (Vollgenehmigung) entschieden werden soll, sondern durch verschiedene Entscheidungen, die jeweils einzelne Teile oder rechtlich relevante Aspekte des Vorhabens abschließend regeln. 14

Im **Planfeststellungsverfahren** kommen wegen des einheitlichen, konzentrierten Verfahrens Teilzulassungen grundsätzlich nicht in Betracht. § 29 gilt deshalb für planfeststellungsbedürftige Vorhaben nicht,[25] es sei denn, ausnahmsweise ist die Aufteilung der Planfeststellung in verschiedene, selbstständige Verfahrensabschnitte zulässig.[26] Das ist z.B. bei der abschnittsweisen Zulassung von Gewässerausbauten gem. § 69 Abs. 1 WHG der Fall.[27] Dagegen werden die einzelnen Abschnitte 15

18 »... ist...«; BT-Drs. 11/3919, S. 42.
19 BT-Drs. 11/3919, S. 52.
20 BT-Drs. 11/5532, S. 11.
21 BT-Drs. 11/553, S. 38.
22 BR-Drs. 164/17, S. 111.
23 BR-Drs. 164/17, S. 111.
24 Vgl. OVG Berlin, Beschl. v. 23.09.2021 – OVG 11 S 119/20, juris Rn. 9: keine analoge Anwendung auf mehrere Vorhaben.
25 Vgl. *Dix*, in: Landmann/Rohmer, Umweltrecht, § 29 UVPG Rn. 23; Storm/*Bunge*, HdUVP, § 13 Rn. 15.
26 *Peters/Balla/Hesselbarth*, UVPG, § 29 Rn. 4.
27 *Czychowski/Reinhardt*, WHG, § 69 Rn. 5; mehrere »Abschnitte« können bei hinreichender Selbstständigkeit aber auch separate Vorhaben sein: BVerwG, Urt. v. 11.08.2016 – 7 A 1.15, BVerwGE 156, 20 Rn. 35 – »Weservertiefung«.

bei der abschnittsweisen Planfeststellung von Fernstraßen[28] oder Energieleitungen[29] als selbstständige Vorhaben angesehen, sodass über sie nicht im Rahmen einer *Teil*zulassung entschieden wird und § 29 keine Anwendung findet.[30]

16 Auch auf **Änderungsgenehmigungen** findet § 29 keine Anwendung. Sie dienen der vollständigen, nicht teilweisen Genehmigung eines Vorhabens (in geänderter Gestalt) und sind daher keine Teil-, sondern Vollgenehmigungen. Die Umweltverträglichkeitsprüfung richtet sich hier nach den allgemeinen für Genehmigungen geltenden Vorschriften, sowie nach den speziellen Regelungen wie z.B. § 1 Abs. 2 der 9. BImSchV. **Nachträgliche Anordnungen** sind von § 29 nicht erfasst, weil es sich nicht um Zulassungen handelt.[31]

2. Vorrang anderer Rechtsvorschriften

17 Der Anwendungsbereich des § 29 ist nicht eröffnet, wenn über die Zulässigkeit eines Vorhabens zwar in einem gestuften Verfahren entschieden wird, für die **vorgelagerten Stufen** aber nach im UVPG eine speziellere Regelung besteht. Das ist nach § 47 der Fall bei den Linienbestimmungen nach §§ 16 FStrG, 13 WaStrG und bei dem vorgelagerten Verfahren nach § 6 LuftVG. Sie sind daher von § 29 nicht erfasst.

18 Der praktisch bedeutsamste Anwendungsbereich von Vorbescheiden und Teilzulassungen besteht in den **immissionsschutzrechtlichen** und in der Vergangenheit auch in den atomrechtlichen Verfahren zum Erlass eines Vorbescheides[32] und von Teilgenehmigungen.[33] Diese fachgesetzlichen Verfahren hebt die Gesetzesbegründung hervor.[34] Sie werden auch im Folgenden beispielhaft erwähnt. Die UVP richtet sich in diesen Verfahren jedoch in erster Linie nach den speziellen Regelungen der 9. BImSchV und der AtVfV, die § 29 vorgehen.[35]

19 Für die UVP von **bergbaulichen Vorhaben** gilt § 29 nicht (§ 51). Die UVP wird hier nach den Vorschriften des Bundesberggesetzes durchgeführt.[36]

B. Vorbescheid, Teilgenehmigung und sonstige Teilzulassungen

I. Gemeinsamkeiten der einzelnen Teilentscheidungen

1. Abschließende Entscheidung über einen Ausschnitt und vorläufige Gesamtbeurteilung des Vorhabens

20 Vorbescheid und Teilgenehmigung ist gemeinsam, dass sie über einen Ausschnitt des geplanten Vorhabens eine abschließende Entscheidung treffen.[37] Daneben enthalten sie zumindest im Atom-[38]

---

28 BVerwG, Urt. v. 28.04.2016 – 9 A 9.15, BVerwGE 155, 91 Rn. 43; BVerwG, Urt. v. 08.01.2014 – 9 A 4.13, BVerwGE 149, 31 Rn. 18.

29 BVerwG, Urt. v. 14.06.2017 – 4 A 11.16, 4 A 11.16, DVBl 2017, 1491 Rn. 31; BVerwG, Urt. v. 15.12.2016 – 4 A 4.15, BVerwGE 157, 73 Rn. 26.

30 BVerwG, Urt. v. 28.04.2016 – 9 A 9.15, BVerwGE 155, 91 Rn. 43; OVG Koblenz, Urt. v. 01.07.2015 – 8 C 10494/14, DVBl 2015, 1194 Rn. 63; *von Landwüst*, in: Schink/Reidt/Mitschang, UVPG/UmwRG, § 29 UVPG Rn. 5; *Dix*, in: Landmann/Rohmer, Umweltrecht, § 29 UVPG Rn. 24; *Storm/Bunge*, HdUVP, § 13 Rn. 54 ff.; *Külpmann* DVBl 2018, 974 (979); a.A. *Gassner* UVPG, § 13 Rn. 11.

31 Vgl. BVerwG, Urt. v. 28.09.2016 – 7 C 1.15, NuR 2017, 397 Rn. 29.

32 §§ 9 BImSchG, 23 der 9. BImSchV, 7a AtG, 19 AtVfV.

33 §§ 8 BImSchG, 22 der 9. BImSchV, 7b AtG, 18 AtVfV.

34 S. oben Rdn. 11.

35 Vgl. *Peters/Balla/Hesselbarth*, UVPG, § 29 Rn. 8 f.; *Storm/Bunge*, HdUVP, § 13 Rn. 11.

36 *Dix*, in: Landmann/Rohmer, Umweltrecht, § 29 UVPG Rn. 11.

37 Siehe z.B. zum Vorbescheid nach § 9 BImSchG BVerwG, Urt. v. 30.06.2004 – 4 C 9/03, NVwZ 2004, 1235 (1236).

38 BVerwG, Urt. v. 19.12.1985 – 7 C 65/82, BVerwGE 72, 300 (307); BVerwG, Urt. v. 11.03.1993 – 7 C 4/92, BVerwGE 92, 185 (190).

und Immissionsschutzrecht[39] ein **positives vorläufiges Gesamturteil** über die Auswirkungen des Vorhabens. Aus diesem Grund ist ein Großteil des Prüfstoffes des Gesamtvorhabens bereits im Vorbescheid und/oder in der ersten Teilgenehmigung zu bewältigen. Trotz der Vorläufigkeit liegt auch in dem Gesamturteil eine sachliche und rechtsverbindliche Regelung.[40]

Fraglich ist, welche Anforderungen an Umfang und Tiefe der vorläufigen Gesamtbeurteilung zu stellen sind. § 8 Satz 1 Nr. 3 BImSchG regelt, dass der Genehmigung des Gesamtvorhabens »keine von vornherein unüberwindlichen Hindernisse« entgegenstehen dürfen.[41] Damit bleiben die Anforderungen an die vorläufige Gesamtprüfung deutlich hinter denen der abschließenden Teilprüfung zurück. Der Wortlaut des § 8 BImSchG zeigt sogar in Richtung einer bloßen Evidenzkontrolle.[42] Dem Interesse des Vorhabenträgers an der Verfahrensaufspaltung entspricht diese Betrachtung. 21

Allerdings geht nach Rechtsprechung und Schrifttum der Zweck der vorläufigen Gesamtprüfung hierüber hinaus. Die abschließende Teilentscheidung bindet die weiteren Prüfungen und Entscheidungen, sodass Bandbreiten für insbesondere Detaillierungsgrad und Informationsdichte der Unterlagen in der vorläufigen Gesamtprüfung gefunden werden müssen. Bei der vorläufigen Gesamtprüfung geht es um die abschnittsweise Bewältigung eines bestimmten Vorhabens. Eine solche Teilentscheidung lässt sich nicht bewältigen, ohne dass die gesamte Anlage in den Blick genommen wird. Die einzelnen Teile einer Anlage sind einander zugeordnet, und die jeweiligen Teilfunktionen können nur durch ein Gesamtverständnis deutlich werden. So kann etwa über das Fundament einer Anlage in einer Teilgenehmigung nicht ohne die später darauf vorgesehenen Gebäude, Maschinen, deren Verhalten im Betrieb usw. entschieden werden. Eine Teilentscheidung bedarf stets einer **hinreichenden Klarheit über das Gesamtprojekt.**[43] Die vorläufige Gesamtbeurteilung stellt also die notwendige Verklammerung zwischen Teil- und Vollgenehmigung dar. Es sind deshalb hinreichend aussagekräftige Unterlagen für die Prüfung nötig. Sie müssen ein aussagekräftiges Urteil über die erkennbaren Gesamtauswirkungen ermöglichen (§ 22 Abs. 1, 3 der 9. BImSchV).[44] Andererseits unterscheidet sich der Prüfaufwand, insbesondere der Detaillierungsgrad von Unterlagen für eine abschließende Teilprüfung und für eine Vollgenehmigung. Eine hohe Wahrscheinlichkeit ist deshalb für die Prognose nicht zu fordern.[45] Die abschließende Prüfung wird in Anbetracht der komplexen, insbesondere wirkungswissenschaftlichen Zusammenhänge regelmäßig nicht über eine hohe Wahrscheinlichkeit im Aussagegehalt hinausreichen. 22

Die vorläufige Gesamtprüfung muss sich noch deutlich von der abschließenden Teilentscheidung abgrenzen.[46] Ausreichend, aber auch notwendig, sind Größenordnungen wie die Angabe von Rohstoffeinsatzmengen, Emissionsfrachten, Beschreibung von Produktions- und Umweltschutzrückhaltetechniken. Auch die Stellung der Anlage dürfte regelmäßig im Hinblick auf die Nachbarschaft bedeutsam sein. Es geht also um technische und räumliche Bandbreiten. Innerhalb dieser Bandbreiten kann offen sein, wie die Anlage errichtet wird, weil die genaue Festlegung sich etwa erst aus den verwendeten Baumaterialien ergeben kann. Die Bandbreite muss den **»worst case«** enthalten. 23

---

39 BVerwG, Urt. v. 19.12.1985 – 7 C 65/82, BVerwGE 72, 300 (307); *Jarass*, BImSchG, § 8 Rn. 9 und § 9 Rn. 11 m.w.N.

40 *Büdenbender/Mutschler*, Bindungs- und Präklusionswirkung von Teilentscheidungen, S. 79 (80).

41 Siehe hierzu BVerwG, Urt. v. 11.07.2001 – 11 C 14/00, NVwZ 2002, 350 (351).

42 Was ist schon von vornherein unüberwindlich?

43 BVerwG, Urt. v. 19.12.1985 – 7 C 65/82, BVerwGE 72, 300 (307) zu einer atomrechtlichen Teilgenehmigung.

44 *Gassner*, UVPG, § 13 Rn. 14.

45 *Storm/Bunge*, HdUVP, § 13 Rn. 21 »hinreichende« Wahrscheinlichkeit und *Gassner*, UVPG, § 13 Rn. 14: »ausreichende« Wahrscheinlichkeit.

46 Auch die Prüfung der nach § 13 BImSchG von der Konzentration ausgenommenen, nach § 6 Nr. 2 BImSchG zu beachtenden Belange hat eine Art Vorläufigkeit, es sei denn, die Behörde setzt das Verfahren insoweit aus. Die Prüfung nach § 6 Nr. 2 BImSchG hat allerdings keine Bindungswirkung.

24 Vorläufig bedeutet nicht »oberflächlich« oder »kursorisch«.[47] Die Behörde muss aber auch die ihr nach dem Planungsstand erkennbaren Umweltauswirkungen und Wirkungszusammenhänge nicht in jedem Detail untersuchen und nachverfolgen, sondern kann sich mit einer mittleren Linie begnügen. Sie wird die Prüfungstiefe insbesondere dort verringern können, wo erkennbare Umweltauswirkungen dem für die Teilentscheidung erforderlichen positiven Gesamturteil nicht entgegen stehen werden.

2. Festlegung des Verfahrensgegenstandes

25 Vorbescheid und Teilgenehmigung ergehen nur auf **Antrag**. Mit seinem Antrag legt der Träger des Vorhabens den Gegenstand von Vorbescheid und Teilgenehmigung fest.[48] Solche Teilentscheidungen können auch dann begehrt und erlassen werden, wenn das jeweilige Fachrecht sie nicht ausdrücklich vorsieht.[49] Voraussetzung ist jedoch, dass diese Verfahrensgestaltung zweckmäßig ist (§ 10 VwVfG). Die Entscheidung, ob für das Vorhaben schrittweise Teilgenehmigungen ergehen oder erst nach vollständiger Prüfung aller Voraussetzungen eine Vollgenehmigung erteilt wird, liegt dann im **Ermessen der Behörde**. Nach § 8 Satz 1 BImSchG soll bei Vorliegen der Voraussetzungen eine Teilgenehmigung erteilt werden.[50] An dem in § 8 Satz 1 Nr. 1 BImSchG vorausgesetzten berechtigten Interesse fehlt es, wenn die begehrte Aufspaltung der Vollgenehmigung keine sachgemäßen Teilprüfungen gewährleistet. Das ist etwa der Fall, wenn die Zahl der beantragten Teilgenehmigungen so groß ist, dass Sachzusammenhänge willkürlich zerschnitten werden.[51] Für Vorhaben, die der UVP unterworfen sind, können spezifische Einschränkungen für eine Abschnittsbildung hieraus folgen (s.u. Rdn. 37–59).

3. Bindungswirkung und Präklusion

26 Vorbescheid und Teilgenehmigung haben **Bindungswirkung** für die Zulassungsbehörde. Sie darf Einwendungen objektiv-rechtlich nicht erneut in späteren Teilzulassungsverfahren aufgreifen und berücksichtigen. Die Gründe liegen in der Verfahrensökonomie und im Interesse des Anlagenbetreibers. Die Bindungswirkung des abschließend entscheidenden Teils wird nicht aufgehoben durch eine spätere Änderung der Sachlage, z.B. neue wirkungswissenschaftliche Erkenntnisse oder technische Fortentwicklungen. Dasselbe gilt auch für eine Veränderung der Rechtslage, z.B. Verschärfung einer Genehmigungsvoraussetzung. Derartige Veränderungen können eine einmal getroffene, rechtsverbindliche Entscheidung grundsätzlich nicht nachträglich aufheben, da ihnen der Vertrauensgrundsatz entgegensteht.[52]

27 Die Bindung entsteht in dem Umfang, in dem über die Genehmigungsvoraussetzungen zu entscheiden war. Sie umfasst daher auch das vorläufige Gesamturteil. Allerdings folgt aus der Natur der Vorläufigkeit, dass Änderungen der Sach- oder Rechtslage beachtlich bleiben (siehe z.B. § 8 Satz 2 BImSchG). Bereits detailliertere Unterlagen in nachfolgenden Teilzulassungsverfahren können die Sach- und Rechtslage im neuen Licht erscheinen lassen und zu einer Änderung des vorläufigen

47 *Storm/Bunge*, HdUVP, § 13 Rn. 21; *Peters/Balla/Hesselbarth*, UVPG, § 29 Rn. 6; *Gassner*, UVPG, § 13 Rn. 14.
48 BVerwG, Urt. v. 11.07.2001 – 11 C 14/00, NVwZ 2002, 350 (351, 353).
49 Siehe *Storm/Bunge*, HdUVP, § 13 Rn. 14 zum Wasserrecht.
50 Dazu *Czajka/Peschau*, in: Feldhaus, BImSchG, § 8 Rn. 26.
51 Vgl. *Dietlein*, in: Landmann/Rohmer, Umweltrecht, § 8 BImSchG Rn. 23.
52 BVerwG, Urt. v. 11.01.1985 – 7 C 74/82, BVerwGE 70, 365 (372); *Selmer*, Vorbescheid und Teilgenehmigung, S. 35–37.

Gesamturteils führen.[53] Durch Vorbehalte darf die Behörde ihre Bindung nur verhindern, wenn sie bestimmt und nicht zu allgemein gehalten sind.[54]

Ist eine Teilgenehmigung oder ein Vorbescheid erteilt worden, können gem. § 11 BImSchG nach Eintritt ihrer Unanfechtbarkeit im weiteren Verfahren zur Genehmigung der Errichtung und des Betriebs der Anlage Einwendungen nicht mehr auf Grund von Tatsachen erhoben werden, die im vorhergehenden Verfahren fristgerecht vorgebracht worden sind oder nach den ausgelegten Unterlagen hätten vorgebracht werden können (formelle Präklusion). 28

II. Vorbescheid

Der Vorbescheid behandelt vorab und für die spätere Genehmigung bindend einzelne Genehmigungsanforderungen,[55] gewährt jedoch kein Recht zur (teilweisen) Durchführung des Vorhabens. Durch seine nur feststellende Natur unterscheidet er sich von Teil- und Vollgenehmigungen. Sie erzeugen gestattende Rechtswirkung für Bau und/oder Betrieb der Anlage.[56] Die Teilgenehmigung gliedert den Prüfstoff »faktisch-real«, der Vorbescheid hingegen lediglich »rechtlich-ideell«. 29

In Genehmigungspraxis, Rechtsprechung und Schrifttum haben sich drei Arten von Vorbescheiden herausgebildet.[57] Im Regelfall betrifft der **Vorbescheid eine einzige oder einige Genehmigungsvoraussetzung(en)**. Beispielsweise wird hierzu die Voraussetzung gezählt, ob im Sinne von §§ 6, 5 Abs. 1 Nr. 1 BImSchG sichergestellt ist, dass durch den Betrieb der Anlage keine schädlichen Umwelteinwirkungen hervorgerufen werden können.[58] Der **Standortvorbescheid**[59] betrifft jedenfalls die bauplanungsrechtliche Zulässigkeit (im Immissionsschutzrecht über § 6 Nr. 2 BImSchG). Die positive Feststellung über das Vorliegen der Voraussetzungen der §§ 30 ff. BauGB bedeutet allerdings noch nicht, dass die Anlage an diesem Standort gebaut werden darf. Hinzu kommt nach zutreffender Ansicht zum Standortvorbescheid zumindest auch die oben aufgeworfene Frage, ob durch Bau und Betrieb der Anlage keine schädlichen Umwelteinwirkungen gem. § 5 Abs. 1 Nr. 1 BImSchG hervorgerufen werden können.[60] Der dritte Typ ist ein umfassender Vorbescheid. Beim **Konzeptvorbescheid**[61] liegt so gut wie keine Beschränkung auf einzelne Genehmigungsvoraussetzungen vor, auch nicht auf die »standortbezogenen« der Anlage. Lediglich die Prüfung solcher Umstände unterbleibt, die erwartungsgemäß der Genehmigungserteilung nicht entgegenstehen. Das sind etwa Fragen der Baustatik, der Konstruktion und der Anordnung der Maschinen. Allerdings sind solche Fragen dann nicht mehr »rein« technischer Natur, sondern von genehmigungsrechtlicher Bedeutung, wenn hiervon Art und Ausmaß der Immissionen beachtlich abhängen.

III. Teilgenehmigung

Rechtsnatur und Zweck der Teilgenehmigung ergeben sich aus dem oben Ausgeführten. Im Unterschied zum Vorbescheid ist sie eine Vollgenehmigung, allerdings beschränkt auf einen Teil des Vorhabens.[62] Die Gestattung kann die völlige Errichtung der Anlage ohne Betrieb zum Gegenstand 30

53 Siehe zur insoweit eingeschränkten Bindungswirkung BVerwG, Urt. v. 11.03.1993 – 7 C 4/92, BVerwGE 92, 185 (190, 191); BVerwG, Urt. v. 21.08.1996 – 11 C 9.95, BVerwGE 101, 347 (355); BVerwG, Urt. v. 25.10.2000 – 11 C 1/00, NVwZ 2001, 567 (568); *Sellner/Reidt/Ohms,* Immissionsschutzrecht, S. 197 f.; *Breuer,* Bindungswirkung, S. 249.

54 *Selmer,* Vorbescheid und Teilgenehmigung, S. 31, 32.

55 BVerwG, Urt. v. 30.06.2004 – 4 C 9.03, BVerwGE 121, 182 (189).

56 *Jarass,* BImSchG, § 9 Rn. 1 m.w.N. für das Immissionsschutzrecht.

57 Vgl. *Dietlein,* in: Landmann/Rohmer, Umweltrecht, § 9 BImSchG Rn. 16 bis 25.

58 *Peschau,* in: Feldhaus, BImSchG § 9 Rn. 8.

59 Dazu BVerwG, Urt. v. 19.12.1985 – 7 C 65/82, NVwZ 1986, 208.

60 *Peschau,* in: Feldhaus, BImSchG, § 9 Rn. 8.

61 BVerwG, Urt. v. 11.01.1985 – 7 C 74/82, BVerwGE 70, 365 (372); BVerwG, Urt. v. 11.03.1993 – 7 C 4/92, BVerwGE 92, 185 (188) zum Atomrecht.

62 BVerwG Beschl. v. 17.12.2002 – 7 B 119.02, NVwZ 2003, 750, 751; *Jarass,* BImSchG, § 8 Rn. 2.

haben oder die teilweise Errichtung, z.B. Bodenaushub und ein erster Gebäudekomplex mit oder ohne Betrieb. Schließlich kann auch allein die Teilbetriebsgenehmigung Inhalt einer Teilgenehmigung sein.

IV. Sonstige Teilzulassungen

31 § 29 erfasst neben den Teilgenehmigungen auch sonstige Teilzulassungen. Hierbei handelt es sich um eine Auffangkategorie, die sicherstellt, dass alle Teilzulassungen erfasst sind, die nach dem Genehmigungsbegriff der UVP-RL zu berücksichtigen sind.

32 Nach der Rechtsprechung des EuGH unterfallen dem Genehmigungsbegriff des Art. 1 Abs. 2 UVP-RL alle Teilentscheidungen innerhalb eines gestuften Genehmigungsverfahrens, durch das der Projektträger insgesamt das **Recht zur Durchführung des Projekts** erhält.[63] In Zweifelsfällen, in denen der Begriff der Teilgenehmigung nach deutschem Verständnis enger ist als der europäische Genehmigungsbegriff, ermöglicht die Erweiterung auf sonstige Teilzulassungen eine **unionsrechtskonforme Anwendung** der Vorschrift.[64] Als Teilzulassung müssen daher alle Teilentscheidungen angesehen werden, die, ohne den Begriff des Vorbescheids oder der Teilgenehmigung zu erfüllen, darauf gerichtet sind oder dazu beitragen, dass der Vorhabenträger in einem gestuften Verfahren das Recht zur Durchführung des Vorhabens erhält.[65] Das Recht zur Durchführung des Vorhabens wird in einem mehrstufigen Entscheidungsprozess durch jede Teilentscheidung (mit-) begründet, die für den betreffenden Ausschnitt des Vorhabens die Genehmigungsfrage rechtlich abschließend beantwortet. Für das Vorliegen einer »sonstigen Teilzulassung« reicht es somit nicht aus, dass die Entscheidung ein Recht zur Durchführung des Vorhabens gewährt.[66] Das ist nur eine der beiden Voraussetzungen einer Teilzulassung. Hinzukommen muss, dass die Zulassung **in einem gestuften Verfahren abschließend für einen Teil des Gesamtvorhabens** erteilt wird.

33 Umstritten ist die Einordnung der **Zulassung des vorzeitigen Beginns** (vgl. z.B. § 17 WHG, § 8a BImSchG, § 37 KrWG, § 57b BBergG). Die Zulassung des vorzeitigen Beginns ist zwar kein Vorbescheid und keine Teilgenehmigung. Sie gewährt dem Vorhabenträger aber ein inhaltlich beschränktes, vorläufiges Recht zur Durchführung des Projekts.[67] Es handelt sich daher um eine Zulassungsentscheidung im Sinne von § 2 Abs. 6 Nr. 1.[68] Diese bedarf aber keiner eigenständigen UVP.[69] Die Zulassung des vorzeitigen Beginns ist keine Teilzulassung, sondern eine vorläufige Vorabregelung im Rahmen einer abschließenden Teil- oder Vollgenehmigung.[70] Wie oben dargestellt wurde, ist für eine Teilzulassung kennzeichnend, dass die Zulassung in einem gestuften Verfahren ergeht und abschließend einen Teil des Gesamtvorhabens genehmigt. Bei der Entscheidung über die erste Teilzulassung sind Anträge für weitere Teilzulassungen möglicherweise noch nicht gestellt.

---

63 EuGH, Urt. v. 07.01.2004 – C-201/02, NVwZ 2004, 593 (596), Rn. 52 – »Wells«; EuGH, Urt. v. 04.05.2006 – C-508/03, NVwZ 2006, 803 (805) Rn. 104; EuGH, Urt. v. 04.05.2006 – C-290/03, NVwZ 2006, 806 (807) Rn. 47.

64 Vgl. *Dix*, in: Landmann/Rohmer, Umweltrecht, § 29 UVPG Rn. 34.

65 Vgl. *Dix*, in: Landmann/Rohmer, Umweltrecht, § 29 UVPG Rn. 37.

66 Vgl. auch *Guckelberger*, in: BeckOK Umweltrecht, § 17 WHG Rn. 4.

67 BVerwG, Beschl. v. 30.04.1991 – 7 C 35/90, NVwZ 1991, 994 (995); OVG Berlin-Brandenburg, Beschl. v. 20.02.2020 – OVG 11 S 8/20, juris Rn. 8; OVG Koblenz, Beschl. v. 04.03.2016 – 8 B 10233/16, juris Rn. 5; VGH Mannheim, Beschl. v. 17.11.2009 – 10 S 1851/09, juris Rn. 10; *Dix*, in: Landmann/Rohmer, Umweltrecht, § 29 UVPG Rn. 38; *Guckelberger*, in: BeckOK Umweltrecht, § 17 WHG Rn. 4 ff.; *Knopp/Müller*, in: Sieder/Zeitler/Dahme/Knopp, WHG AbwAG, § 17 WHG Rn. 37.

68 OVG Berlin-Brandenburg, Beschl. v. 20.02.2020 – OVG 11 S 8/20, juris Rn. 8; OVG Koblenz, Beschl. v. 04.03.2016 – 8 B 10233/16, juris Rn. 5; offen gelassen von VGH Mannheim, Beschl. v. 17.11.2009 – 10 S 1851/09, juris Rn. 9 f.

69 A.A. *Knopp/Müller*, in: Sieder/Zeitler/Dahme/Knopp, WHG AbwAG, § 17 WHG Rn. 37 f.; *Schmid*, in Berendes/Frenz/Müggenborg, WHG, § 17 Rn. 17 f.

70 Vgl. BVerwG, Beschl. v. 30.04.1991 – 7 C 35/90, NVwZ 1991, 994 (995); *Ochtendung*, Die Zulassung des vorzeitigen Beginns im Umweltrecht, S. 180.

Nach dem Grundsatz, dass die Umweltauswirkungen möglichst frühzeitig zu ermitteln sind,[71] soll bei einer solchen Verfahrensgestaltung nicht die letzte abschließende Teilentscheidungen abgewartet, sondern umgekehrt die UVP bereits bei der ersten Teilentscheidung durchgeführt werden. Die Zulassung des vorzeitigen Beginns ist hiermit nicht vergleichbar. Sie wird in einem laufenden Genehmigungsverfahren ausgesprochen, in dem eine UVP durchgeführt wird. Auch wenn es sich bei der Zulassung des vorzeitigen Beginns um einen selbstständigen Verwaltungsakt handelt, ist sie in das reguläre Genehmigungsverfahren integriert[72] und nimmt inhaltlich auf die dort durchgeführte UVP Bezug. Sie kann nur erteilt werden, wenn in diesem Genehmigungsverfahren mit einer Entscheidung zugunsten des Vorhabenträgers gerechnet werden kann (vgl. § 17 Abs. 1 Nr. 1 WHG, § 8 a Abs. 1 Nr. 1 BImSchG, § 37 Abs. 1 Satz 1 Nr. 1 KrWG, § 57 b Abs. 1 Nr. 1 BBergG). Das setzt auch eine positive Prognose der Umweltverträglichkeit voraus, womit dem Postulat der Frühzeitigkeit der UVP Rechnung getragen ist[73] und eine eigenständige, parallele UVP im Verfahren der Zulassung des vorzeitigen Beginns keinen zusätzlichen Nutzen für das Schutzziel des UVPG erbringen würde.[74] Während ein Vorhaben bei Teilzulassungen sequenziell und abschließend genehmigt wird, erfolgt die Zulassung des vorzeitigen Beginns parallel und vorläufig im Vorgriff auf die zu erteilende Genehmigung. Es handelt sich um eine Interimsentscheidung, die einzelne Regelungen der Genehmigung bereits vor deren abschließender Erteilung in Kraft setzt. Sie regelt Modalitäten der Hauptgenehmigung und bedarf deshalb über die UVP der Hauptgenehmigung hinaus keiner weiteren UVP. Maßgeblich sind die Vorschriften über die UVP der Hauptgenehmigung. § 29 findet auf die Zulassung des vorzeitigen Beginns keine Anwendung.[75] Entsprechendes gilt für die **Zulassung des vorzeitigen Baubeginns** gemäß § 67a UVPG und § 44c EnWG und die **vorläufige Anordnung** gemäß § 18 Abs. 2 AEG, § 17 Abs. 2 FStrG, § 28 Abs. 3a PBefG, § 71 WindSeeG und § 14 Abs. 2 WaStrG.

Diese Grundsätze gelten entsprechend, wenn zu einer Hauptgenehmigung, bei deren Erteilung die Umweltverträglichkeit abschließend geprüft wird, keine (wie bei der Zulassung des vorzeitigen Beginns) vorgelagerte, sondern eine nachgelagerte Entscheidung erlassen wird. Das ist z.B. der Fall bei **Zulassung eines bergrechtlichen Hauptbetriebsplans nach einem Rahmenbetriebsplan**. Die Zulassung des Hauptbetriebsplans ist in dieser Konstellation keine Teilzulassung gemäß § 29,[76] der allerdings auf bergbauliche Vorhaben keine Anwendung findet (§ 51). 34

Eine Anordnung zur **Duldung von Vorarbeiten** (vgl. z.B. § 17 AEG, § 44 EnWG, § 16a FStrG) ist ebenfalls keine »sonstige Teilzulassung«, weil die Betroffenen hiermit nur zur Duldung von Vorbereitungsarbeiten verpflichtet werden und der Vorhabenträger kein Recht zur Durchführung des Projekts erhält. 35

Auch die **Verbindlicherklärung eines Sanierungsplans** nach dem BBodSchG wird nicht als Teilzulassung angesehen.[77] 36

---

71 Siehe hierzu *Dix*, in: Landmann/Rohmer, Umweltrecht, § 29 UVPG Rn. 4 und 17; *von Landwüst*, in: Schink/Reidt/Mitschang, UVPG/UmwRG, § 29 UVPG Rn. 2.

72 Vgl. *Mann*, in: Landmann/Rohmer, Umweltrecht, § 8a BImSchG Rn. 24.

73 Vgl. *Dix*, in: Landmann/Rohmer, Umweltrecht, § 29 UVPG Rn. 39; *von Landwüst*, in: Schink/Reidt/Mitschang, UVPG/UmwRG, § 29 UVPG Rn. 4.

74 *Mann*, in: Landmann/Rohmer, Umweltrecht, § 8a BImSchG Rn. 56.

75 BVerwG, Beschl. v. 30.04.1991 – 7 C 35/90, NVwZ 1991, 994 (995); *Dix*, in: Landmann/Rohmer, Umweltrecht, § 29 UVPG Rn. 39; *von Landwüst*, in: Schink/Reidt/Mitschang, UVPG/UmwRG, § 29 UVPG Rn. 4; *Pape*, in: Landmann/Rohmer, Umweltrecht, § 17 WHG Rn. 41; Mann, in: Landmann/Rohmer, Umweltrecht, § 8a BImSchG Rn. 56; a.A. *Knopp/Müller*, in: Sieder/Zeitler/Dahme/Knopp, WHG AbwAG, § 17 WHG Rn. 38; *Schmid*, in Berendes/Frenz/Müggenborg, WHG, § 17 Rn. 17 f.; *Enders*, in: BeckOK, § 8a BImSchG Rn. 7; *Storm/Bunge,* HdUVP, § 2 Rn. 105, § 13 Rn. 59; *Gassner,* UVPG, § 13 Rn. 9; *Ochtendung*, Die Zulassung des vorzeitigen Beginns im Umweltrecht, S. 182.

76 Vgl. VGH Kassel, Urt. v. 17.02.2021 – 2 A 1800/16, juris Rn. 38.

77 VGH Mannheim, Urt. v. 14.07.2021 – 10 S 141/20, juris Rn. 60.

C. Die UVP bei Vorbescheid und erster Teilgenehmigung (Abs. 1)

I. Allgemeines

1. Beschränkung der UVP auf den Verfahrensgegenstand

37 Tatsächlich und rechtlich liegt das zentrale Problem der UVP im Vorbescheids- und Teilgenehmigungsverfahren in der **Stoffabschichtung.** Bei Großvorhaben ist zunächst zu bedenken, dass sie vor der Genehmigung bereits in vorgelagerten Planungsverfahren, insbesondere in Raumordnungsverfahren und bei der Aufstellung von Regional- und Bebauungsplänen vorgeprüft sein können und die Ergebnisse von der Zulassungsbehörde zu berücksichtigen sind. Das gilt auch für Umweltprüfungen in diesen Verfahren. Der Prüfstoff auf der nachfolgenden Zulassungsebene richtet sich nach dem Verfahrensgegenstand und den Genehmigungsvoraussetzungen. In gestuften Genehmigungsverfahren muss innerhalb der Zulassungsebene eine weitere Abschichtung des Prüfstoffes zwischen den verschiedenen Teilentscheidungen erfolgen. Die UVP muss somit auf den **eingeschränkten Umfang der Teilentscheidung** beschränkt werden, zu der auch die vorläufige Gesamtbeurteilung gehört.[78]

2. Durchführung der UVP in Bezug auf den abschließenden Entscheidungsteil

38 Soweit Vorbescheid und Teilgenehmigungen abschließend über einen Ausschnitt des Vorhabens entscheiden, ergeben sich für die Durchführung der UVP gegenüber der UVP vor Erteilung einer Vollgenehmigung keine nennenswerten Unterschiede, wenn auch die Bestimmung des der Prüfung von Umweltauswirkungen zugrunde zu legenden Vorhabens beim Vorbescheid Schwierigkeiten bereiten kann (dazu unten Rdn. 43–52).

3. Durchführung der UVP in Bezug auf die vorläufige Gesamtbeurteilung

39 Die vorläufige Gesamtbeurteilung greift über den abschließenden Entscheidungsteil hinaus, sie erstreckt sich gerade nicht nur auf den zur Entscheidung gestellten Ausschnitt, sondern auf das gesamte Vorhaben. In gleicher Weise wie die Gesamtbeurteilung hat auch die Umweltprüfung insoweit nur vorläufigen Charakter. Nach § 29 Abs. 1 Satz 1 erstreckt sie sich **vorläufig** auf die **nach dem jeweiligen Planungsstand erkennbaren Umweltauswirkungen** des Gesamtvorhabens.

40 Eine Begrenzung des Prüfungsstoffs ergibt sich hier weniger aus der Vorläufigkeit der Untersuchung, als vielmehr aus der **Begrenzung auf den derzeitigen Planungsstand** und aus dem **Prüfungsmaßstab der vorläufigen Gesamtbeurteilung.** Umweltauswirkungen, die erst auf der Grundlage späterer Detailplanungen sachgerecht beurteilt werden können, können auf der vorhergehenden Stufe außer Betracht bleiben. Soweit Umweltauswirkungen geprüft werden können, kann sich die Prüfung auf ein grobmaschigeres Raster beschränken, soweit dies für die vorläufige Gesamtbeurteilung ausreicht. Wie weit das Prüfprogramm reicht, kann nur im Einzelfall festgelegt werden, und zwar möglichst bereits im Untersuchungsrahmen gemäß § 15 Abs. 1 Satz 1 (§ 29 Abs. 1 Satz 2).

4. Bedeutung von Bindungswirkung und Präklusion für die UVP

41 Die **Bindungswirkung** von Teilentscheidungen ist für die UVP in zweifacher Hinsicht von Bedeutung. Einerseits ist die UVP wegen dieser Bindungswirkung bereits vor Erteilung der ersten Teilentscheidung gemeinschaftsrechtlich geboten.[79] Andererseits führt die Bindungswirkung vorangehender Entscheidungen zu einer Begrenzung des Prüfungsstoffs der folgenden oder abschließenden Teilentscheidungen. Dies bewirkt auch eine Begrenzung der Teil-Umweltverträglichkeitsprüfungen – soweit sie nötig bleiben – vor solchen weiteren Entscheidungen. Wurde die UVP für einen Ausschnitt des Vorhabens bereits abschließend durchgeführt, führen auch neue wissenschaftliche und technische Fortschritte nicht mehr zu einer erneuten UVP. Das gilt auch für eine Änderung des Genehmigungs-

---

78 *Peters/Balla/Hesselbarth,* UVPG, § 29 Rn. 6; *von Landwüst,* in: Schink/Reidt/Mitschang, UVPG/UmwRG, § 29 UVPG Rn. 6.

79 *Dohle* NVwZ 1989, 697 (702) und oben Rdn. 35.

verfahrensrechts. Eine nachträgliche, extensivere Ausgestaltung z.B. der Behörden- oder Öffentlichkeitsbeteiligung würde eine abgeschlossene Prüfung nicht wieder eröffnen. Allerdings sind neue Umweltauswirkungen, die sich erst bei späteren Teilentscheidungen zeigen, in der UVP zu berücksichtigen.[80]

Die **formelle Präklusion** (vgl. z.B. § 11 BImSchG) hat für die UVP wie auch für die materielle Rechtmäßigkeit der behördlichen Entscheidung keine besondere Bedeutung. Weil die formelle Präklusion die Befassung der Gerichte mit Einwendungen gegen die Umweltverträglichkeitsprüfung nicht ausschließt, ergibt sich hieraus keine praktisch relevante Abschichtungsmöglichkeit. 42

II. UVP im Vorbescheidsverfahren

1. UVP im Vorbescheid über einzelne Genehmigungsvoraussetzungen

Der Antragsteller bestimmt die Fragen, die in einem Vorbescheid vorweg beantwortet werden sollen. Voraussetzung ist allerdings, dass der Gegenstand abschließend beurteilt werden kann.[81] Der Grund hierfür ist, dass die Behörde an ihre (positive) Entscheidung über die einzelne Genehmigungsvoraussetzung im weiteren Genehmigungsverfahren gebunden ist. Besteht eine solche Bindung, können Ergebnisse späterer Umweltprüfungen nicht mehr (bei dieser Genehmigungsvoraussetzung) berücksichtigt werden. 43

Schwierigkeiten können sich ergeben, wenn der Vorbescheid nur auf einen sehr engen Ausschnitt des Vorhabens beschränkt ist. Denn es gilt dann festzustellen, welche Umweltauswirkungen sich für den zur Prüfung gestellten engen Ausschnitt des Vorhabens ergeben können. Da Gegenstand des Vorbescheids einzelne Genehmigungsvoraussetzungen, also Rechtsfragen sind, muss die UVP bei den tatsächlichen Merkmalen des Vorhabens ansetzen, die hinter der gestellten Rechtsfrage stehen. Es ist daher nicht nur zu fragen, welche Umweltauswirkungen das geschilderte Vorhaben haben könnte, sondern auch, ob solche Auswirkungen für die durch Vorbescheid zu beantwortende Rechtsfrage relevant sein können. Die Abschichtung zwischen den im Vorbescheid abschließend zu prüfenden Umweltauswirkungen erfolgt somit nach der **rechtlichen Relevanz** im Rahmen des mit dem Antrag auf Vorbescheid festgelegten Prüfungsprogramms. Welche Umweltauswirkungen für den Gegenstand des Vorbescheids relevant sind, kann allerdings erst ermittelt werden, wenn die Behörde sich einen Eindruck davon verschafft hat, mit welchen Umweltauswirkungen des Vorhabens überhaupt zu rechnen ist. Daher erscheint es aus Sicht einer möglichst effektiven UVP geboten, den **Prüfungsrahmen zunächst weit aufzuziehen** und mit der vorläufigen Gesamtbeurteilung der Genehmigungsfähigkeit wie auch der Umweltauswirkungen des gesamten Vorhabens zu beginnen, um dann erst in einer zweiten Stufe den Fokus der UVP auf die für die Erteilung des Vorbescheids relevanten Umweltauswirkungen zu verengen.[82] 44

Je weiter die Fragestellung ist, je mehr der Prüfungsgegenstand des Vorbescheids also an jenen der Vollgenehmigung heranreicht, desto geringer ist die Bedeutung der vorläufigen Gesamtbeurteilung und desto einfacher fällt die Bestimmung des Prüfungsrahmens für die UVP. 45

So handelt es sich beispielsweise bei der Genehmigungsvoraussetzung, wonach sichergestellt sein muss, dass **keine schädlichen Umwelteinwirkungen** durch die Anlage hervorgerufen werden können (§§ 6, 5 Abs. 1 Nr. 1 BImSchG), nur um eine »einzelne« Genehmigungsvoraussetzung. Der entsprechende Vorbescheid würde aber feststellen, dass sämtliche durch das Vorhaben möglicherweise verursachten Immissionen, ebenso wie »sonstige Gefahren«, mit hoher Wahrscheinlichkeit auszuschließen sind. Selbst wenn man hieraus nur den Schutz vor Luftverunreinigungen betrachtet, ergibt sich eine beachtliche Breite des Prüf- und Entscheidungsstoffes. Die Einhaltung von Immissions- 46

80 EuGH, Urt. v. 04.05.2006 – C-508/03, NVwZ 2006, 803 (805) Rn. 103 ff.; EuGH, Urt. v. 04.05.2006 – C-290/03, NVwZ 2006, 806 (807) Rn. 48.
81 *Jarass*, BImSchG, § 9 Rn. 5.
82 Zustimmend *Dix*, in: Landmann/Rohmer, Umweltrecht, § 29 UVPG Rn. 45.

werten[83] ist in der Regel nur durch bestimmte Maßnahmen der Rauchgasableitung und -reinigung möglich. Entsprechende Brennstoffauswahl und räumliche Anordnung der Anlage reichen in aller Regel in der dicht besiedelten Bundesrepublik nicht. Bei diesen emissions- und damit immissionsbegrenzenden Schutzmaßnahmen fallen Reststoffe an, die je nach Reinigungsverfahren und Weiterverwendungszweck Wirkungen unmittelbar auf das Wasser und den Boden erzeugen können. Mittelbar wirken sie gegebenenfalls über diese Umweltmedien auf die Schutzgüter Mensch, Tier, Pflanze, Sachen, Kulturgüter und Klima (§ 1) ein. § 5 Abs. 1 Nr. 1 BImSchG fordert zudem den Schutz vor anderen Immissionsarten wie etwa Lärm und Erschütterungen. Schließlich muss auch der Schutz vor »sonstigen Gefahren« (außer Immissionen) gewährleistet werden. Damit sind Verunreinigungen von Gewässern einschließlich dem Grundwasser durch Flüssigkeitsabgabe und Bodenkontaminationen gemeint. Es fällt auch die Verbreitung von Krankheiten durch Tiere wie Ratten, Fliegen und die Freisetzung von Stoffen jeglicher Art hierunter.[84] Zu den »sonstigen« Gefahren gehören auch Störungen des Normalbetriebs. Das Beispiel zeigt also, dass auch eine »einzelne« Genehmigungsvoraussetzung wie die des § 5 Abs. 1 Nr. 1 BImSchG bereits einen beachtlichen medienübergreifenden Schutz- und Prüfansatz enthalten kann. Damit ist eine entsprechend umfassende UVP nötig, die aber die Schwierigkeiten bei der Abgrenzung zwischen dem vorläufigen und dem endgültigen Teil der UVP nicht beseitigt.

2. UVP im Konzeptvorbescheid

47 Je nach Art und Umfang der zur Prüfung gestellten Genehmigungsvoraussetzung können bereits im Vorbescheidsverfahren alle oder die wesentlichen umweltrelevanten Merkmale des Vorhabens angesprochen sein, sodass sich die UVP kaum von jener unterscheidet, die vor Erteilung der Vollgenehmigung durchzuführen ist. Das ist regelmäßig beim Konzeptvorbescheid der Fall.

48 Der **Konzeptvorbescheid** ist ein umfassender Vorbescheid, in dem die grundsätzlichen die Genehmigungsfähigkeit betreffenden Fragen entschieden werden. Ausgespart bleiben dagegen Details und Randfragen, die der Genehmigungsfähigkeit regelmäßig nicht entgegen stehen. Zu prüfen ist im Beispiel einer immissionsschutzrechtlich genehmigungsbedürftigen Anlage dann nicht nur § 5 Abs. 1 Nr. 1 BImSchG (siehe Rdn. 46), sondern auch § 5 Abs. 1 Nr. 2 BImSchG. Nicht nur die nach § 5 Abs. 1 Nr. 1 BImSchG nötige Immissionsbegrenzung hängt regelmäßig von Art und Ausmaß der Emissionsbegrenzungstechnik ab, sondern darüber hinaus ist aus Gründen der gefahrenunabhängigen **Vorsorge** stets Emissionsbegrenzung nach dem Stand der Technik durchzuführen. Über belegte Kausalbeziehungen hinaus bezweckt der Vorsorgegrundsatz, mögliche Wirkungen auch da zu vermeiden, wo Wirkungsschwellen wissenschaftlich durch Immissionswerte (noch) nicht festgelegt werden können. Das gilt zum Beispiel für kanzerogene Stoffe. Auch besonders empfindliche Schutzgüter sollen vorsorglich und im Rahmen der Verhältnismäßigkeit geschützt werden. Das Vorsorgeprinzip ist also eine notwendige Ergänzung zum Schutzprinzip, sodass grundsätzlich nur eine gemeinsame Prüfung aus der Sicht einer effektiven UVP erfolgen sollte.

49 Auch die **naturschutzrechtlichen Fragen** stehen häufig in engem Prüf- und Entscheidungszusammenhang mit Immissionsschutzfragen. Die Errichtung einer immissionsschutzrechtlich zu genehmigenden Anlage kann eine FFH-Verträglichkeitsprüfung gem. § 34 Abs. 1 BNatSchG erfordern, artenschutzrechtliche Verbotstatbestände gemäß § 44 Abs. 1 BNatSchG erfüllen oder ein Eingriff i.S.v. § 14 Abs. 1 BNatSchG sein.[85] Fragen des Eingriffsinteresses, eines Ausgleichs oder Ersatzes des Schutzes von Natur- und Landschaftsschutzgebieten, wildlebender Tiere und Pflanzen sind zu prüfen. Diese Fragen sind allerdings nicht spezifischer Ausfluss des UVPG, sondern bereits möglicher Gegenstand

83 Vgl. § 48 Nr. 1 BImSchG i.V.m. Nr. 2.3 TA Luft.

84 Für Abfall und Abwasser geht § 5 Abs. 1 Nr. 3 BImSchG insoweit dem Tatbestandsmerkmal »sonstige Gefahr« des § 5 Abs. 1 Nr. 1 BImSchG als Spezialregelung vor.

85 *Jarass*, BImSchG, § 6 Rn. 29 ff.

einer jeden Genehmigung.[86] Schon unabhängig vom UVPG besteht auch ein enger verfahrensrechtlicher Zusammenhang zwischen Immissionsschutz und Eingriffen in Natur und Landschaft.

Zu den Fragen der **Abwassereinleitung**[87] und der **Störfallvorsorge**[88] ist zwar auch der Zusammenhang tatsächlich und rechtlich gegeben. Gegen eine abschließende Prüfung aller störfallbedingten Umweltauswirkungen im Vorbescheid spricht aber, dass die Sicherheitsanalyse und die zusätzlich erforderlichen Gutachten zur Störfallvorsorge regelmäßig stark in die technischen Einzelheiten gehen. Dem Grundsatzcharakter des Konzeptvorbescheides entspricht es eher, auf technische Einzelheiten zu verzichten. Für die Fragen des Gewässerschutzes vor Abwässern gilt dies schon wegen der fehlenden Konzentrationswirkung. Die Frage der grundsätzlichen Beherrschbarkeit technischer Systeme hängt davon ab, ob sie positiv beurteilt werden kann, ohne die Ausgestaltung der Aggregate im Einzelnen zu prüfen. Dies dürfte von den jeweils im Spiel befindlichen Techniken, Stoffen, Schutzgütern usw. abhängen. Nur bei hinreichenden Erfahrungswerten über die Auswirkungen im Störfall kann auf eine detaillierte Behandlung verzichtet werden. 50

Auch die **Abfallpflicht** des § 5 Abs. 1 Nr. 3 BImSchG kann in einem Konzeptvorbescheid vorläufig begrenzt geprüft werden, wenn die anlagentechnische Vermeidung von Reststoffen detaillierte technische Unterlagen erfordert, die für eine grundsätzliche positive Bewertung nicht erforderlich sind. Das gilt ebenso für die Verwertungsmöglichkeiten und die Entsorgung der Abfälle und deren Umweltauswirkungen. Grundsätzlich dürften dies abgrenzbare Fragenkomplexe sein. 51

Der auf eine Genehmigungsvoraussetzung beschränkte **Standortvorbescheid** bleibt aus Sicht der UVP hinter dem Konzeptvorbescheid zurück. Der vorläufig zu behandelnde Stoff ist größer als beim Konzeptvorbescheid, und die UVP-Pflicht ist daher mit den oben Rdn. 43–46 beschriebenen Nachteilen belastet. 52

III. UVP im Verfahren zur Erteilung der ersten Teilgenehmigung und sonstigen Teilzulassung

Die in § 29 Abs. 1 vorgenommene, vorrangige Regelung der **ersten Teilgenehmigung** gegenüber weiteren Teilgenehmigungen in Abs. 2 verdeutlicht, dass jede erste Teilgenehmigung wegen ihrer beschriebenen rechtlichen (s.o. Rdn. 26 f.) und regelmäßig auch faktischen **Bindungswirkung** durch Schaffung vollendeter Tatsachen Gefahren für die Umwelt in sich birgt. Sie können nur vermieden werden, wenn bereits in der ersten Teilgenehmigung eine UVP stattfindet. 53

Anders als der Vorbescheid betrifft die Teilgenehmigung einen räumlich oder funktional (z.B. Betrieb) abgrenzbaren Teil des Vorhabens. Ihr Gegenstand ist daher in der Regel besser fassbar als beim Vorbescheid. Daher bereitet die UVP – genauer: die Begrenzung der UVP auf den Gegenstand der Teilentscheidung – hier weniger Schwierigkeiten. 54

Der **abschließende Teil der UVP** muss auch bei der Teilgenehmigung soweit reichen wie mit Bindungswirkung über die Genehmigungsvoraussetzungen des Vorhabens entschieden wird. Soweit keine Bindungswirkung besteht, ist die Umweltverträglichkeit des Vorhabens im Rahmen dessen **vorläufiger Gesamtbeurteilung** vorläufig zu prüfen. Werden mehrere Teilgenehmigungen erlassen, nimmt mit jeder Teilgenehmigung der Bereich der vorläufigen Prüfung immer mehr ab. 55

IV. Begrenzung der UVP im Untersuchungsrahmen und im UVP-Bericht (Abs. 1 Satz 2)

§ 29 Abs. 1 Satz 1 begrenzt die UVP für Vorbescheid und Teilgenehmigung in der Weise, dass sie für den begrenzten Gegenstand dieser Entscheidungen abschließend, in Bezug auf die Umweltaus- 56

86 *Rupp,* Die Bewältigung der UVP durch den Projektträger, Elektrizitätswirtschaft 1992, S. 797.

87 Sie ist materiell-rechtlich über § 6 Nr. 2 BImSchG beachtlich, bedarf gem. § 13 BImSchG aber einer eigenen Erlaubnis nach den Vorschriften des WHG, ist also nicht Regelungsgegenstand, sondern Genehmigungsvoraussetzung, *Scheidler,* in: Feldhaus, BImSchG, § 6 Rn. 38.

88 Sie ist eine »sonstige« Gefahr i.S.v. § 5 Abs. 1 Nr. 1 BImSchG, vgl. *Jarass,* BImSchG, § 5 Rn. 27.

wirkungen des Gesamtvorhabens aber nur vorläufig und in Bezug auf die nach dem jeweiligen Planungsstand erkennbaren Umweltauswirkungen durchzuführen ist (s.o. Rdn. 37 ff.).

57 Satz 2 regelt die **verfahrensrechtlichen Konsequenzen dieser Begrenzung.** Danach ist dem begrenzten Umfang der UVP durch die verfahrensführende Behörde bei der Unterrichtung über den Untersuchungsrahmen (§ 15) und durch den Projektträger im UVP-Bericht (§ 16) Rechnung zu tragen. Die Behörde soll also im abschließenden Prüfungsteil keine Abstriche machen, im vorläufigen Prüfungsteil aber nur diejenigen Unterlagen anfordern, die für eine vorläufige Prüfung entsprechend dem jeweiligen Planungsstand notwendig sind.

58 Die anderen Verfahrensschritte werden in § 29 Abs. 1 Satz 2 nicht genannt. Daraus wird zum Teil der Schluss gezogen, dass die Behördenbeteiligung, die Öffentlichkeitsbeteiligung, die Gesamtdarstellung und die Bewertung der Umweltauswirkungen »uneingeschränkt« durchzuführen sind.[89]

59 Dies ist missverständlich. § 29 Abs. 1 Satz 2 knüpft seine Regelung einer beschränkten UVP an den in § 29 Abs. 1 Satz 1 beschriebenen Umfang der UVP bei Vorbescheid und Teilgenehmigung. Die UVP unterliegt den Einschränkungen, die sich aus dem eingeschränkten Prüfungsgegenstand des Vorbescheids oder Teilungsgenehmigungsverfahrens ergeben.[90] Richtig ist, dass die inhaltlich gem. § 29 Abs. 1 Satz 2 begrenzte UVP verfahrensrechtlich nicht noch weiteren Begrenzungen unterworfen ist. Die **Öffentlichkeitsbeteiligung** kann daher für den nur vorläufigen Entscheidungsteil nicht verkürzt oder gegenüber der regulären UVP anderweitig eingeschränkt werden. Es gibt keine »vorläufige« Öffentlichkeitsbeteiligung. Als Verfahrensschritt ist sie »uneingeschränkt« durchzuführen. Dies ändert aber nichts daran, dass der Öffentlichkeit selbstverständlich nur diejenigen Unterlagen vorgelegt werden, die der gegenständlichen Begrenzung des Prüfstoffes entsprechen. Die Begrenzung des Prüfstoffes kann auch zu einer entsprechend begrenzten **Behördenbeteiligung** führen. Da nur die nach dem jeweiligen Planungsstand erkennbaren Auswirkungen des Gesamtvorhabens zu prüfen sind, kann die Zahl der zu beteiligenden Behörden gegenüber der abschließenden Prüfung geringer sein, wenn bestimmte Auswirkungen bei einer frühen Teilentscheidung noch nicht erkennbar sind und damit der Aufgabenbereich einer Behörde nicht betroffen scheint. Entsprechendes gilt für die **Gesamtdarstellung** und ihre **Bewertung.**

Das Verfahren der UVP ist somit in der Weise »uneingeschränkt« durchzuführen, wie dies für eine UVP in dem beschriebenen, begrenzten Umfang nötig ist.

D. Weitere Teilzulassungen (Abs. 2)

I. Allgemeine Bedeutung des Abs. 2

60 Die Behandlung weiterer Teilzulassungen durch den Gesetzgeber in abgesetzter Weise, also in einem eigenen Abs. 2, macht bereits gesetzestechnisch den Willen sichtbar, die weiteren Teilzulassungen anders als den Vorbescheid und die erste Teilzulassung im Hinblick auf eine UVP zu regeln. Inhaltlich wird der Unterschied zu Abs. 1 darin deutlich, dass dort die strikte Verpflichtung zur UVP bei Vorbescheid und erster Teilzulassung statuiert ist,[91] während Abs. 2 eher umgekehrt die Beschränkung der UVP bei weiteren Teilzulassungen bezweckt, und zwar auf zusätzliche oder andere erhebliche Umweltauswirkungen des Vorhabens.[92] Während sich Abs. 1 also um die Absicherung der Interessen von vornehmlich Allgemeinheit und Nachbarschaft durch obligatorische UVP sorgt, ist der objektive Regelungszweck des Abs. 2 auf die primär im Interesse des Vorhabenträgers zu beachtenden

89 So *Erbguth/Schink,* UVPG, § 13 Rn. 12.

90 Ebenso *Peters/Balla/Hesselbarth,* UVPG, § 29 Rn. 6; *Dix,* in: Landmann/Rohmer, Umweltrecht, § 29 Rn. 47.

91 »... dürfen nur nach Durchführung einer UVP...«.

92 »... soll beschränkt werden...«.

Ziele der Verfahrensbeschleunigung und der Verfahrensvereinfachung gerichtet.[93] Es sollen durch Abs. 2 mehrfache Prüfungen in den weiteren Teilzulassungsverfahren vermieden werden.[94]

Aus dem Wortlaut ergibt sich nicht eindeutig, ob eine **weitere Teilzulassung** nur die zweite und jede weitere Teilgenehmigung bzw. sonstige Teilzulassung ist, oder auch eine erste Teilgenehmigung oder sogar eine normale Genehmigung, die nach einem Vorbescheid ergeht. § 29 Abs. 1 und § 30 Abs. 1 kann man entnehmen, dass der Gesetzgeber den Begriff der »Teilzulassung« als Oberbegriff für zumindest Vorbescheid und Teilgenehmigung verwendet. Sinn und Zweck des § 29 Abs. 2 ist die Vermeidung von Mehrfachprüfungen in gestuften Verfahren. Dies rechtfertigt es, auch eine nach Erteilung eines Vorbescheids ergehende Teilgenehmigung § 29 Abs. 2 zu unterwerfen.[95] Ist auf der Ebene des Vorbescheids bereits die erforderliche UVP durchgeführt worden, so besteht nach Auffassung des OVG Lüneburg regelmäßig kein Erkenntnisinteresse daran, diese Prüfung im Verfahren zur Erteilung der (ersten) Teilgenehmigung zu wiederholen, wenn der konkrete Antrag auf Erteilung der Teilgenehmigung und die danach zugelassenen Maßnahmen keine Fragen aufwerfen, die Anlass geben könnten, die UVP auf bisher nicht betrachtete, zusätzliche oder andere erhebliche Umweltauswirkungen des Vorhabens zu erstrecken.[96] Der eigentliche Grund für die Gleichstellung von Vorbescheid und Teilgenehmigung liegt aber weniger darin, ob im konkreten Fall noch ein Erkenntnisinteresse besteht, sondern vielmehr in dem Umstand, dass durch Vorbescheid und Teilgenehmigung bereits in einem gewissen Umfang abschließend über einzelne Fragen oder Teile des Vorhabens entschieden ist, sodass in anschließenden weiteren Genehmigungsverfahren keine vollständige Prüfung und demgemäß auch keine vollständige UVP mehr erfolgen muss. Vor diesem Hintergrund ist es folgerichtig, wenn § 29 Abs. 2 nicht nur in der Konstellation von Vorbescheid und erster Teilgenehmigung Anwendung findet, sondern auch in der Konstellation von Vorbescheid und Genehmigung. Auch die nach Erlass eines (bestandskräftigen) Vorbescheids ergehende normale Genehmigung ist eine Teilentscheidung, weil durch den Vorbescheid über einzelne Fragen bereits vorab entschieden ist. Daher kann auch eine nach Vorliegen eines bestandskräftigen Vorbescheids ergehende Genehmigung als »weitere Teilzulassung« i.S.v. § 29 Abs. 2 verstanden werden.[97] 61

II. Beschränkung der UVP

Die Vorschrift hebt den beschränkten Prüfungsgegenstand weiterer Teilentscheidungen hervor. Die UVP ist in den vertikalen Verfahrensstufungen von Vorbescheid und Teilgenehmigung(en) in der Weise vorzunehmen, dass eine verbindliche Stoffabschichtung und Entscheidung erfolgt. Die Bindungswirkung vorangegangener Teilentscheidungen lässt es nicht zu, dass über denselben Regelungsgegenstand erneut entschieden wird (s.o. Rdn. 41). 62

Die Bindungswirkung schließt zwar eine abweichende Beurteilung beispielsweise einer bereits im Vorbescheid entschiedenen Frage aus. Sie steht aber einer nochmaligen Prüfung von Umweltauswirkungen nicht entgegen.[98] Eine solche Mehrfachprüfung ist zwar aus verfahrensökonomischen Gründen in aller Regel nicht wünschenswert. Daher schreibt Abs. 2 vor, dass vor weiteren Teilzulassungen nur noch zusätzliche erhebliche oder andere erhebliche Umweltauswirkungen geprüft werden sollen. Kommen solche erheblichen Umweltauswirkungen nicht in Betracht, kann die Behörde 63

93 *von Landwüst*, in: Schink/Reidt/Mitschang, UVPG/UmwRG, § 29 UVPG Rn. 8.

94 So bereits die Begründung zum Entwurf der Bundesregierung, S. 28; *Weber/Hellmann* NJW 1990, 1625 (1631); *Erbguth/Schink*, UVPG, § 13 Rn. 17.

95 OVG Lüneburg, Urt. v. 08.05.2012 – 12 KS 5/10, NuR 2013, 132 (136).

96 So OVG Lüneburg, Urt. v. 08.05.2012 – 12 KS 5/10, NuR 2013, 132 (136).

97 Ebenso *Dix*, in: Landmann/Rohmer, Umweltrecht, § 29 UVPG, Rn. 48.

98 Die Bindungswirkung verhindert auch keine Verwertung der neu gewonnenen Erkenntnisse. Diese können für die Beurteilung der bisher nicht oder nur im Rahmen der vorläufigen Gesamtbeurteilung entschiedenen Fragen genutzt werden. Außerdem lässt das Gesetz z.B. über nachträgliche Anordnungen oder die Rücknahme einer Teilentscheidung teilweise auch eine Durchbrechung der Bindungswirkung zu.

das Ergebnis auch des bisher nur vorläufigen Teils der UVP übernehmen.[99] Das Gesetz lässt mit dieser »Soll«-Vorschrift jedoch ausnahmsweise auch die Wiederholung oder Ergänzung bereits durchgeführter Prüfungen zu.[100] Ein solcher Fall kann vorliegen, wenn sich nachträglich herausstellt, dass die bisher vorgenommenen Prüfungen an schwerwiegenden Mängeln leiden.[101] Würde die Behörde auf einer derart defizitären Prüfung aufbauen, könnte die UVP auf das Gesamtvorhaben bezogen nicht die Ziele erfüllen, die das Gesetz und die UVP-RL ihr zuschreiben. In diesem Sinne hat der EuGH es für geboten angesehen, dass die UVP für die zweite Teilentscheidung »all jene Aspekte des Projekts einbezieht, die noch nicht geprüft worden sind bzw. die eine erneute Prüfung erfordern«.[102] Erfordern Sachverhalte (ausnahmsweise) eine **erneute Prüfung**, steht § 29 Abs. 2 nicht entgegen. Eine solche Auslegung der Vorschrift respektiert nicht nur ihre Entstehungsgeschichte[103] und ihren Wortlaut,[104] sondern ist nach der Entscheidung des EuGH auch unionsrechtlich geboten.[105]

III. Entsprechende Anwendung von Abs. 1

64 Für die UVP bei weiteren Teilzulassungen gilt § 29 Abs. 1 entsprechend (vgl. § 29 Abs. 2 Satz 2). Soweit eine weitere Teilzulassung überhaupt einer UVP bedarf, ist auch diese UVP jeweils abschließend für diesen Teil und vorläufig für das Gesamtvorhaben durchzuführen.[106] Die vorläufige Gesamtbeurteilung verliert mit weiteren Teilzulassungen aber zwangsläufig immer mehr an Bedeutung.

65 Auch die verfahrensrechtlichen Einschränkungen des § 29 Abs. 1 Satz 2 (s.o. Rdn. 56–59) gelten entsprechend.[107] Für die **Öffentlichkeitsbeteiligung** enthält § 30 eine besondere Regelung. Auf die dortige Kommentierung wird verwiesen.

§ 30 Erneute Öffentlichkeitsbeteiligung bei Teilzulassungen

(1) [1]Ist für ein Vorhaben bereits eine Teilzulassung nach § 29 erteilt worden, so ist im Verfahren zur Erteilung der Zulassung oder weiterer Teilzulassungen eine erneute Beteiligung der Öffentlichkeit erforderlich. [2]Sie ist jedoch auf den Gegenstand der weiteren Teilzulassung zu beschränken. [3]Hierauf weist die zuständige Behörde in der Bekanntmachung hin.

(2) [1]Die zuständige Behörde kann von einer erneuten Beteiligung der Öffentlichkeit absehen, soweit zusätzliche erhebliche oder andere erhebliche Umweltauswirkungen nicht zu besorgen sind. [2]Dies ist insbesondere dann der Fall, wenn solche Umweltauswirkungen durch die vom Vorhabenträger vorgesehenen Vorkehrungen ausgeschlossen werden.

Übersicht

99 *Storm/Bunge,* HdUVP, § 13 Rn. 38.

100 Ebenso *Dix*, in: Landmann/Rohmer, Umweltrecht, § 29 UVPG Rn. 50; *Storm/Bunge,* HdUVP, § 13 Rn. 39; *Gassner,* UVPG, § 13 Rn. 19; a.A. *Weber/Hellmann* NJW 1990, 1625 (1631).

101 Nr. 29.2 UVPVwV.

102 So ausdrücklich EuGH, Urt. v. 04.05.2006 – C-290/03, NVwZ 2006, 806 (807) Rn. 48.

103 Siehe oben Rdn. 12.

104 Hierauf weisen zurecht *Storm/Bunge,* HdUVP, § 13 Rn. 39 hin.

105 Zustimmend *Dix*, in: Landmann/Rohmer, Umweltrecht, § 29 UVPG Rn. 50; vgl. auch *von Landwüst*, in: Schink/Reidt/Mitschang, UVPG/UmwRG, § 29 UVPG Rn. 8.

106 *Peters/Balla/Hesselbarth,* UVPG, § 29 Rn. 7; *Dix*, in: Landmann/Rohmer, Umweltrecht, § 29 UVPG Rn. 54.

107 *Dix*, in: Landmann/Rohmer, Umweltrecht, § 29 UVPG Rn. 55.

A. Allgemeines

I. Regelungsgegenstand und allgemeine Bedeutung

Für Fälle, in denen bereits eine Teilzulassung erteilt wurde, bestimmt § 30 in Anlehnung an § 22, unter welchen Voraussetzungen von der Durchführung einer erneuten Öffentlichkeitsbeteiligung abgesehen werden kann. 1

II. Gesetzesgeschichte

§ 30 wurde durch das UVP-Modernisierungsgesetz neu in das UVPG eingefügt. Die Gesetzesbegründung führt aus, § 30 Abs. 2 eröffne unter bestimmten Voraussetzungen in Verfahren, in denen bereits eine erste Teilzulassung erlassen wurde, die Möglichkeit zum Verzicht auf die Durchführung einer erneuten Öffentlichkeitsbeteiligung. Den zuständigen Behörden und dem Vorhabenträger bleibe in einem solchen Fall die Mitwirkung an einem Erörterungstermin nach § 18 Abs. 1 Satz 4 in Verbindung mit § 73 Abs. 6 Satz 1 VwVfG erspart.[1] 2

Die Vorschrift regele die erneute Öffentlichkeitsbeteiligung in den Fällen, in denen bereits ein Vorbescheid oder eine Teilzulassung nach § 29 vorausgegangen sei. Entsprechend der Regelung in § 22 komme auch hier eine Öffentlichkeitsbeteiligung nur bei Auswirkungen in Betracht, die noch nicht Gegenstand der Öffentlichkeitsbeteiligung im vorherigen Genehmigungsverfahren gewesen seien. Im Übrigen stehe es im Ermessen der Genehmigungsbehörde, ob sie von einer erneuten Öffentlichkeitsbeteiligung absehe oder nicht. Dementsprechend bestimme Abs. 2 Satz 1, dass eine weitere Öffentlichkeitsbeteiligung im gestuften Verfahren nur erforderlich sei, wenn zusätzliche oder andere erhebliche Umweltauswirkungen zu besorgen seien. Abs. 2 Satz 2 ermögliche der Genehmigungsbehörde, von Erleichterungen Gebrauch zu machen, die mit denen des § 22 Abs. 1 Satz 2 und Abs. 2 vergleichbar seien.[2] 3

B. Beschränkte Öffentlichkeitsbeteiligung (Abs. 1)

I. Erforderlichkeit einer erneuten Öffentlichkeitsbeteiligung

1. Vorliegen einer Teilzulassung

Wenn für ein UVP-pflichtiges Vorhaben mehrere Teilzulassungen im Sinne von § 29 erteilt werden sollen, wird die erforderliche UVP nach § 3 Satz 2 unter Beteiligung der Öffentlichkeit durchgeführt. Vor Erteilung der ersten Teilzulassung wird die Öffentlichkeit gemäß §§ 18 ff. beteiligt. § 30 betrifft nicht das Verfahren zur Erteilung der ersten Teilzulassung, sondern weitere Zulassungsentscheidungen, die zur Zulassung des Vorhabens erforderlich sind. § 30 Abs. 1 Satz 1 stellt den Grundsatz auf, dass eine Öffentlichkeitsbeteiligung auch in diesen weiteren Verfahren erforderlich ist. Abweichungen von diesem Grundsatz regelt § 30 Abs. 2 (s. Rdn. 12). § 30 ist somit nur anwendbar, wenn bereits eine Teilzulassung i.S.v. § 29 erteilt worden ist.[3] Ein Fall des § 30 liegt nicht vor, wenn eine Zulassungs- 4

1 BR-Drs. 164/17, S. 77, 80.
2 BR-Drs. 164/17, S. 111.
3 *Peters/Balla/Hesselbarth*, UVPG, § 30 Rn. 2; *Dix*, in: Landmann/Rohmer, Umweltrecht, § 30 UVPG Rn. 5.

entscheidung vorliegt, die keine Teilzulassung darstellt, und wenn diese Zulassungsentscheidung ersetzt, geändert oder ergänzt werden soll.

2. Zulassung nach Vorbescheid

5 Nach § 30 Abs. 1 Satz 1 Alt. 1 ist eine Öffentlichkeitsbeteiligung vorgeschrieben, wenn nach einer Teilzulassung die »Zulassung« erteilt wird. Dies betrifft den Fall, dass zunächst ein Vorbescheid und anschließend die Vollgenehmigung oder sonstige abschließende Zulassung erteilt wird.

3. Weitere Teilzulassung nach Teilzulassung

6 Nach § 30 Abs. 1 Satz 1 Alt. 2 muss eine Öffentlichkeitsbeteiligung auch dann stattfinden, wenn nach einer Teilzulassung eine zweite oder weitere Teilzulassung erteilt werden soll. Dies betrifft in erster Linie Teilgenehmigungen.

4. Erste Teilzulassung nach Vorbescheid

7 Ebenso wie für die UVP (s. § 29 Rdn. 61) stellt sich auch für die Öffentlichkeitsbeteiligung die Frage, ob eine »weitere Teilzulassung« nur die zweite und jede weitere Teilgenehmigung bzw. sonstige Teilzulassung ist, oder auch eine erste Teilgenehmigung bzw. sonstige Teilzulassung, die nach einem Vorbescheid ergeht. Der Sinn und Zweck des § 30 ist mit jenem des § 29 Abs. 2 vergleichbar. Beide Vorschriften bezwecken eine Abschichtung in gestuften Verwaltungsverfahren. Während § 29 Abs. 2 der Vermeidung von Mehrfachprüfungen dient, will § 30 den Aufwand einer mehrfachen Erörterung identischer Genehmigungsinhalte vermeiden.[4] Dieser Zweck rechtfertigt es, § 30 ebenso wie § 29 Abs. 2 auch dann anzuwenden, wenn auf einen Vorbescheid hin eine Teilgenehmigung oder sonstige Teilzulassung erteilt wird.[5]

II. Beschränkung auf den Gegenstand der weiteren Teilzulassung

8 Nach § 30 Abs. 1 Satz 2 ist die Öffentlichkeitsbeteiligung in den Fällen des Satzes 1 auf den Gegenstand »der weiteren Teilzulassung« zu beschränken. Das wird man nicht so verstehen können, dass eine Beschränkung ausscheidet, wenn nach einem Vorbescheid die Genehmigung erteilt werden soll, und somit nur dann in Betracht kommt, wenn es in dem Verfahren um eine Teilzulassung geht. Wie Satz 1 zeigt, ist § 30 auf beide Konstellationen anwendbar und es besteht kein Anhaltspunkt dafür, dass der Gesetzgeber die auch beim Vorbescheid sinnvolle Abschichtung und Beschränkung der Öffentlichkeitsbeteiligung ausschließen wollte. Nach Sinn und Zweck der Vorschrift kann es keinen Unterschied machen, ob nach Erteilung des Vorbescheids zunächst eine Teilgenehmigung oder gleich die abschließende Genehmigung erteilt wird.[6] Satz 2 ist deshalb so zu lesen, dass die Öffentlichkeitsbeteiligung auf den Gegenstand »der Zulassung oder weiteren Teilzulassung« zu beschränken ist.[7]

9 Der Gegenstand der Zulassung oder weiteren Teilzulassung wird durch den Antrag des Vorhabenträgers und durch den Umfang der Bindungswirkung der bereits erteilten Teilzulassung(en) bestimmt. Soweit über einzelne Fragen oder Teile des Vorhabens bereits durch eine Teilzulassung bindend entschieden ist, sind diese Fragen nicht mehr Prüfungsstoff der anschließenden Zulassung oder weiteren Teilzulassung. Gegenstand des Verfahrens und der Öffentlichkeitsbeteiligung sind dann nur noch die Sach- und Rechtsfragen, über die noch nicht bindend entschieden ist und die noch nicht

4 So BR-Drs. 164/17, S. 77, 80.
5 Siehe § 29 Rdn. 61 und OVG Lüneburg, Urt. v. 08.05.2012 – 12 KS 5/10, NuR 2013, 132 (136).
6 Siehe § 29 Rdn. 61.
7 *Dix*, in: Landmann/Rohmer, Umweltrecht, § 30 UVPG Rn. 12; *Peters/Balla/Hesselbarth*, UVPG, § 30 Rn. 2.

Gegenstand der Öffentlichkeitsbeteiligung im vorherigen Genehmigungsverfahren waren.[8] Mit Blick auf die UVP ist die Beschränkung zu beachten, die sich aus § 29 Abs. 2 ergibt. Danach soll die UVP bei weiteren Teilzulassungen auf zusätzliche erhebliche oder andere erhebliche Umweltauswirkungen des Vorhabens beschränkt und gemäß § 29 Abs. 1 durchgeführt werden. Die Beschränkungen, die sich daraus ergeben, begrenzen auch den Gegenstand der Öffentlichkeitsbeteiligung gemäß § 30 Abs. 1 Satz 2.[9]

Nach § 30 Abs. 1 Satz 3 muss die zuständige Behörde auf den beschränkten Gegenstand der Öffentlichkeitsbeteiligung in der Bekanntmachung der Öffentlichkeitsbeteiligung hinweisen. Die Vorschrift ist § 22 Abs. 1 Satz 3 nachgebildet. 10

III. Durchführung der Öffentlichkeitsbeteiligung

Die Durchführung der gegenständlich beschränkten Öffentlichkeitsbeteiligung regelt § 30 nicht. Insoweit gelten die allgemeinen Bestimmungen über die Öffentlichkeitsbeteiligung in §§ 18 ff. 11

C. Absehen von erneuter Öffentlichkeitsbeteiligung (Abs. 2)

Die zuständige Behörde kann gemäß § 30 Abs. 2 Satz 1 von der erneuten Beteiligung der Öffentlichkeit absehen, soweit zusätzliche erhebliche oder andere erhebliche Umweltauswirkungen nicht zu besorgen sind. Die Regelung ähnelt § 22 Abs. 2, ist aber anders als diese keine »Soll«-Vorschrift, sondern eine »Kann«-Vorschrift. Außerdem kann nach § 30 Abs. 2 Satz 1 von der Öffentlichkeitsbeteiligung nicht nur abgesehen werden, »wenn«, sondern »soweit« zusätzliche oder andere Umweltauswirkungen nicht zu besorgen sind, wobei allerdings unklar ist, ob sich hieraus mit Blick auf die bereits durch § 30 Abs. 1 Satz 2 bewirkte Begrenzung praktische Unterschiede ergeben. 12

I. Voraussetzungen

Das Absehen von erneuter Öffentlichkeitsbeteiligung setzt voraus, dass keine zusätzlichen erheblichen und anderen erheblichen Umweltauswirkungen zu besorgen sind. Umweltauswirkungen sind insbesondere dann nicht zu besorgen, wenn der Vorhabenträger Schutzvorkehrungen oder Vermeidungsmaßnahmen vorgesehen hat, die den Eintritt solcher Umweltauswirkungen verhindern (§ 30 Abs. 2 Satz 2). Der Gesetzgeber orientiert sich mit dieser Regelung am Vorbild des § 22 Abs. 2.[10] Hierzu kann deshalb auf die Kommentierung zu § 22 verwiesen werden. 13

Nach § 30 Abs. 2 Satz 1 relevante »zusätzliche« oder »andere« Umweltauswirkungen liegen vor, soweit Umweltauswirkungen in Betracht kommen, über die in der erteilten Teilzulassung noch nicht abschließend entschieden wurde und die im jetzigen Verfahren der weiteren Teilzulassung entscheidungserheblich sind. Das ist insbesondere der Fall, wenn bislang nur eine vorläufige Prüfung erfolgt ist (§ 29 Abs. 1 Satz 1) und wenn sich aufgrund neuer tatsächlicher Erkenntnisse oder neuer rechtlicher Anforderungen ergänzender Prüfungsbedarf ergeben hat.[11] 14

Ein Verzicht auf eine weitere Öffentlichkeitsbeteiligung kommt nur in Betracht, soweit nach § 29 Abs. 2 keine weitere UVP erforderlich ist. Wenn im Rahmen des § 29 Abs. 2 zusätzliche erhebliche 15

8 Zu Letzterem BR-Drs. 164/17, S. 111; ebenso *Dix*, in: Landmann/Rohmer, Umweltrecht, § 30 UVPG Rn. 12.

9 *Dix*, in: Landmann/Rohmer, Umweltrecht, § 30 UVPG Rn. 13.

10 BR-Drs. 164/17, S. 111; § 22 geht auf § 9 Abs. 1 Satz 4 UVPG a.F. zurück, wonach eine erneute Öffentlichkeitsbeteiligung voraussetzte, dass »zusätzliche oder andere Umweltauswirkungen zu besorgen sind«. Siehe hierzu BVerwG, Urt. v. 10.11.2016 – 9 A 18.15, BVerwGE 156, 215 Rn. 25 f.

11 Vgl. für den Fall der Nachreichung eines wasserwirtschaftlichen Fachbeitrags im Planfeststellungsverfahren BVerwG, Urt. v. 10.11.2016 – 9 A 18.15, BVerwGE 156, 215 Rn. 27; BVerwG, Urt. v. 28.04.2016 – 9 A 9.15, BVerwGE 155, 91 Rn. 34; hierzu auch BR-Drs. 164/17, S. 105 (zu § 22).

oder andere erhebliche Umweltauswirkungen erwartet werden, sind solche auch i.S.v. § 30 Abs. 2 zu besorgen.[12]

II. Ermessensentscheidung

16 Nach § 30 Abs. 2 Satz 1 »kann« die zuständige Behörde von der erneuten Öffentlichkeitsbeteiligung absehen. Die Entscheidung darüber, ob und inwieweit (»soweit«) von der Öffentlichkeitsbeteiligung abgesehen wird, steht somit im Ermessen der zuständigen Behörde.[13] Der auf Vermeidung einer überflüssigen doppelten Öffentlichkeitsbeteiligung gerichtete Zweck des § 30 führt nicht zu einer Ermessensbindung im Sinne des Absehens. Wäre dies gewollt gewesen, hätte der Gesetzgeber § 30 Abs. 2 wie § 22 Abs. 2 als »Soll«-Vorschrift ausgestaltet. Gleichwohl wird es regelmäßig sachgerecht sein, von der Öffentlichkeitsbeteiligung abzusehen, wenn für das Verfahren relevante Umweltauswirkungen nicht zu erwarten sind. Darüber hinaus können im Rahmen der Ermessensentscheidung auch weitere Gesichtspunkte berücksichtigt werden, beispielsweise ein besonderes öffentliches oder privates Interesse an der baldigen Durchführung des Vorhabens.[14] Im Übrigen ist zu beachten, dass das UVPG die Öffentlichkeitsbeteiligung lediglich aus Umweltsicht regelt. Wenn nach anderen Rechtsvorschriften eine Öffentlichkeitsbeteiligung zwingend durchzuführen ist, kann hiervon nicht gemäß § 30 Abs. 2 abgesehen werden.[15]

§ 31 Zulassung eines Vorhabens durch mehrere Behörden; federführende Behörde

(1) Bedarf ein Vorhaben der Zulassung durch mehrere Landesbehörden, so bestimmen die Länder eine federführende Behörde.

(2) [1]Die federführende Behörde ist zumindest für folgende Aufgaben zuständig:
1. die Feststellung der UVP-Pflicht (§ 5),
2. die Unterrichtung über den Untersuchungsrahmen (§ 15),
3. die Erarbeitung der zusammenfassenden Darstellung (§ 24),
4. die Benachrichtigung eines anderen Staates (§ 54),
5. die grenzüberschreitende Behördenbeteiligung (§ 55 Absatz 1 bis 4 und 6) und
6. die grenzüberschreitende Öffentlichkeitsbeteiligung (§ 56).

[2]Die Länder können der federführenden Behörde weitere verfahrensrechtliche Zuständigkeiten übertragen. [3]Die federführende Behörde nimmt ihre Aufgaben im Zusammenwirken zumindest mit denjenigen Zulassungsbehörden und mit derjenigen für Naturschutz und Landschaftspflege zuständigen Behörde wahr, deren Aufgabenbereich durch das Vorhaben berührt wird. [4]Sie erfüllt diese Aufgaben nach den Verfahrensvorschriften, die für die Umweltverträglichkeitsprüfung in dem von ihr durchzuführenden Zulassungsverfahren gelten.

(3) [1]Bedarf ein Vorhaben einer Genehmigung nach dem Atomgesetz sowie einer Zulassung durch eine oder mehrere weitere Behörden und ist eine der zuständigen Behörden eine Bundesbehörde, so ist die atomrechtliche Genehmigungsbehörde federführende Behörde. [2]Sie ist neben den in Absatz 2 Satz 1 genannten Aufgaben auch für die Beteiligung der Öffentlichkeit (§§ 18 und 19) zuständig.

(4) [1]Wird über die Zulässigkeit eines Vorhabens im Rahmen mehrerer Verfahren entschieden, so wird eine gemeinsame zusammenfassende Darstellung nach § 24 für das gesamte Vorhaben erstellt. [2]Auf der Grundlage der zusammenfassenden Darstellung nehmen die Zulassungsbehörden eine

---

12 *Dix*, in: Landmann/Rohmer, Umweltrecht, § 30 UVPG Rn. 16.

13 *Dix*, in: Landmann/Rohmer, Umweltrecht, § 30 UVPG Rn. 18; *von Landwüst*, in: Schink/Reidt/Mitschang, UVPG/UmwRG, § 30 UVPG Rn. 4; *Peters/Balla/Hesselbarth*, UVPG, § 30 Rn. 4.

14 *Dix*, in: Landmann/Rohmer, Umweltrecht, § 30 UVPG Rn. 18.

15 Vgl. BR-Drs. 164/17, S. 105 (zu § 22); ebenso *Dix*, in: Landmann/Rohmer, Umweltrecht, § 30 UVPG Rn. 6.

Gesamtbewertung der Umweltauswirkungen des Vorhabens vor und berücksichtigen nach § 25 Absatz 2 die Gesamtbewertung bei den Zulassungsentscheidungen. [3]Die federführende Behörde stellt das Zusammenwirken der Zulassungsbehörden sicher.

Übersicht

A. Allgemeines

I. Regelungsgegenstand und allgemeine Bedeutung

1 Für große, raumgreifende Vorhaben ist häufig eine Reihe von öffentlich-rechtlichen Gestattungsakten erforderlich; es können mehrere Dutzend sein.[1] In jeder einzelnen Zulassung wird ein bestimmter Teil der mit dem Vorhaben verbundenen Probleme abgearbeitet. Die partielle Verarbeitung kann darin bestehen, dass die Auswirkungen des Gesamtvorhabens nur im Hinblick auf einige Umweltgüter geprüft werden und/oder dass die Zulassung sich lediglich auf einen Teil des Gesamtvorhabens beschränkt, weil der jeweilige fachgesetzliche Anlagenbegriff enger ist als das Gesamtvorhaben. Ein tatsächlich als Einheit bestehender Lebenssachverhalt, ein wirtschaftliches Vorhaben wird also in parallel durchzuführenden Verwaltungsverfahren mit jeweils spezifischen verfahrensrechtlichen und materiell-rechtlichen Anforderungen geprüft und in mehreren behördlichen Gestattungsakten zugelassen (**Parallelzulassungen**).

2 Der Streit über Konzentration oder Aufspaltung wurde neu entfacht, als die UVP über die USA und die EU das deutsche Recht erreichte. Deren medienübergreifendes Prüfpostulat verpflichtete den deutschen Gesetzgeber zur Schaffung einer Genehmigungsstruktur, die verhinderte, dass Genehmigungen erteilt wurden, die nicht die Auswirkungen des Vorhabens auf sämtliche Medien berücksichtigt hatten. Der medienübergreifende Ansatz der UVP musste in eine irgendwie geartete materiell-rechtliche Berücksichtigungsfähigkeit gebracht werden. Der Gesetzgeber musste also erneut darüber nachdenken, wie Bau und Betrieb einer Anlage auf ihre Umweltauswirkungen zu prüfen

1 *Jarass* NuR 1991, 201 (292).

und zuzulassen seien und ob parallele Verwaltungsverfahren hierzu geeignet erscheinen.[2] Es ging also erneut um die Bewältigung der Verfahrenshäufung in Form »horizontaler Auffächerung«.[3]

3 Das Ergebnis der Überlegungen war die Umsetzung der UVP-RL durch § 14 i.V.m. §§ 1, 2 a.F. Mit der Entscheidung für eine unselbstständige UVP im Sinne des Integrationsprinzips gemäß §§ 1 Nr. 2, 2 Abs. 1 a.F. löste der Gesetzgeber das dogmatische Problem des Verhältnisses paralleler Anlagengenehmigungen zueinander konservativ, d.h. Parallelgenehmigungen wurden weiterhin zugelassen. Dem medienübergreifenden Prüfpostulat trug er aber dadurch Rechnung, dass er in § 14 a.F. eine besondere Zuständigkeitsregelung bei Parallelverfahren vorsah, und zwar durch Einführung des **Instituts der federführenden Behörde**. Mit ihr wurde der Versuch unternommen, einerseits die überlieferte Genehmigungsstruktur in Deutschland zu bewahren, andererseits den Erfordernissen der UVP Rechnung zu tragen.

4 Eine neue Anregung, über die Konzentration paralleler Verfahren nachzudenken, erhielt der deutsche Gesetzgeber durch die UVP-Änderungsrichtlinie und insbesondere die IVU-Richtlinie (2008/1/EG). Art. 7 der IVU-Richtlinie verpflichtete die Mitgliedstaaten, »für eine vollständige Koordinierung des Genehmigungsverfahrens« zu sorgen, wenn bei diesem Verfahren mehrere zuständige Behörden mitwirkten. Bei der Umsetzung dieser Richtlinien hielt der deutsche Gesetzgeber an dem Konzept des § 14 a.F. fest.

II. Gesetzesgeschichte

1. Vorgaben des Unionsrechts

5 Nach Art. 2 Abs. 1 UVP-RL sind die Mitgliedstaaten lediglich verpflichtet, »die erforderlichen Maßnahmen« zu treffen, damit vor der Zulassung eines Projektes die UVP durchgeführt werden kann. Abs. 2 sieht ausdrücklich vor, dass die UVP »in den Mitgliedstaaten im Rahmen der bestehenden Verfahren zur Genehmigung der Projekte« durchgeführt werden kann oder, »falls solche nicht bestehen, im Rahmen anderer Verfahren oder Verfahren, die einzuführen sind, um den Zielen dieser Richtlinie zu entsprechen«. Schon aus dem Wortlaut dieser Vorschrift folgt, dass eine UVP nicht notwendig in einem einzigen Genehmigungs- oder Zulassungsverfahren durchgeführt werden muss, sondern diese auch in einer Mehrzahl von Verfahren möglich ist.[4] Die UVP-RL fordert auch nicht, dass für diese Verfahren dieselbe Behörde zuständig ist. Zuständig sind nach Art. 1 Abs. 2 lit. f UVP-RL die Behörden, die von den Mitgliedstaaten für die Durchführung der sich aus der UVP-RL ergebenden Aufgaben bestimmt werden. Wie der EuGH entschieden hat, können die Mitgliedstaaten im Rahmen der ihnen so belassenen Freiheit zur Bestimmung der zuständigen Stellen beschließen, die Erteilung der Genehmigung mehreren Stellen zuzuweisen.[5] Die Mitgliedstaaten sind frei, die Verfahrensregeln und die Bedingungen für die Genehmigungserteilung festzulegen, solange »die vollständige Beachtung der in der Richtlinie festgelegten Ziele gewährleistet« ist.[6]

6 Mit diesen Vorgaben steht das UVPG im Einklang, da es nicht über die zulässige Festlegung von Verfahrensregelungen hinausgeht. Die gebotene vollständige Beachtung der in der UVP-RL festgelegten Ziele wird in Fällen, in denen ein Vorhaben im Sinne des UVP-Rechts der Zulassung durch mehrere Landesbehörden bedarf, durch § 31 UVPG gewährleistet, der zu diesem Zweck eine feder-

---

2 Zur grundlegenden Problematik von Parallelverfahren s. *Gaentzsch* NJW 1986, 2787 ff.; *Breuer,* Gutachten B für den 59. DJT 1992, S. B 45 ff.; *Jarass,* Konkurrenz, Konzentration und Bindungswirkung von Genehmigungen; *Landel,* UVP in parallelen Zulassungsverfahren, S. 114 ff.; *Berger* VerwArch 2009 (100), 342; *Erbguth/Schubert* VerwArch 2010 (101), 437.

3 *Dohle* NVwZ 1989, 697 (702).

4 BVerwG, Urt. v. 19.02.2015 – 7 C 11.12, BVerwGE 151, 213 Rn. 29; *Dix,* in: Landmann/Rohmer, Umweltrecht, § 31 UVPG Rn. 10; *von Landwüst,* in: Schink/Reidt/Mitschang, UVPG/UmwRG, § 31 UVPG Rn. 4.

5 EuGH, Urt. v. 03.03.2011 – C-50/09, Rn. 72 – »Kommission/Irland«.

6 EuGH, Urt. v. 03.03.2011 – C-50/09, Rn. 74 f. – »Kommission/Irland«.

führende Behörde und die zusammenfassende Darstellung und Gesamtbewertung aller Umweltauswirkungen vorschreibt.[7]

Die UVP-Änderungsrichtlinie 2014/52/EU hat hieran nichts geändert. Im Gegenteil macht der durch die Änderungsrichtlinie eingefügte neue Art. 2 Abs. 3 UVP-RL deutlich, dass den Mitgliedstaaten bei der verfahrensrechtlichen Ausgestaltung der erforderlichen Umweltprüfungen ein erheblicher Spielraum eingeräumt ist (s. dazu auch die §§ 32, 46). Wenn eine Natura 2000-Verträglichkeitsprüfung erforderlich ist, muss ein Projekt nach Art. 2 Abs. 3 UVP-RL in einem koordinierten und/oder gemeinsamen Verfahren zugelassen werden. Erfordert andere Unionsgesetzgebung neben der UVP eine Umweltprüfung, können die Mitgliedstaaten koordinierte und/oder gemeinsame Verfahren vorsehen. Im Rahmen eines solchen koordinierten Verfahrens sollen die Mitgliedstaaten die verschiedenen aufgrund der einschlägigen Unionsgesetzgebung vorgeschriebenen Umweltprüfungen koordinieren, indem sie zu diesem Zweck eine Behörde benennen; insgesamt soll eine einzige Prüfung der Umweltauswirkungen erreicht werden. Das Konzept der federführenden Behörde in § 31 mit der Möglichkeit verbundener Prüfverfahren gemäß § 32 entspricht diesen Vorgaben. Die Kommission hat entsprechend dem Auftrag in Art. 2 Abs. 3 UVP-RL entsprechende Leitlinien für koordinierte oder gemeinsame Verfahren im Anwendungsbereich der FFH-Richtlinie, der Vogelschutzrichtlinie, der Wasserrahmenrichtlinie und der Richtlinie über Industrieemissionen veröffentlicht.[8] 7

Der Gesetzgeber war somit nicht verpflichtet, ein einheitliches Genehmigungsverfahren und die Installation einer einzigen zuständigen Behörde vorzuschreiben.[9] 8

2. Innerstaatliche Entstehung

Abgesehen von einer lediglich redaktionellen Änderung in Abs. 2 des § 14 a.F. durch den Bundestag hatte sich der Entwurf der Bundesregierung[10] bereits zum ursprünglichen § 14 durchgesetzt. Der Bundesrat[11] hatte eine andere Fassung des Abs. 1 empfohlen. Danach sollte geregelt werden, dass für Vorhaben mit mehreren Zulassungen nur *eine* UVP durchgeführt werde. In ihrer Gegenäußerung lehnte die Bundesregierung diese vom Bundesrat als »Klarstellung« bezeichnete Fassung mit der Begründung ab, der Vorschlag des Bundesrats könne als Kompetenzregelung dahin missverstanden werden, dass die federführende Behörde bei Parallelverfahren die UVP selbstständig, und zwar einschließlich der Bewertung, durchführe.[12] 9

Danach gab es zwischen Bundesregierung und Bundesrat über die Einführung einer federführenden Behörde im Grundsatz keinen Streit. Allerdings ist anzunehmen, dass der Gegenvorschlag des Bundesrats nicht lediglich »klarstellende« Bedeutung hatte, sondern hinter ihm eine unterschiedliche Vorstellung über die Reichweite der von der federführenden Behörde wahrzunehmenden Kompetenzen stand. 10

Der Umweltrechtsausschuss des Deutschen Anwaltvereins hatte im Gesetzgebungsverfahren gefordert, dass die federführende Behörde außer für die Aufgaben nach §§ 5 und 11 a.F. zumindest auch für die Gesamtbewertung nach § 12 a.F. zuständig sein sollte. Dies würde die UVP in praktischer und zeitlicher Hinsicht im Rahmen des Gesamtzulassungsverfahrens erleichtern, und widersprechende Bewertungen der parallel zuständigen Zulassungsbehörden würden vermieden. Zudem empfahl der 11

7 BVerwG, Urt. v. 19.02.2015 – 7 C 11.12, BVerwGE 151, 213 Rn. 29; ebenso *Gassner,* UVPG, § 14 Rn. 7; *Landel,* UVP in parallelen Zulassungsverfahren, S. 243; a.A. *Erbguth/Schubert* VerwArch 2010 (101), 437 (452); zweifelnd *Bunge/Storm,* in: HdUVP, § 14 Rn. 10; vgl. hierzu auch OVG NRW, Urt. v. 15.03.2011 – 20 A 2147/09, juris Rn. 118 ff.

8 *Kommission,* Leitlinien zu Art. 2 Abs. 3 UVP-RL, ABlEU C 273 v. 27.07.2016; s. auch § 32 Rdn. 2.

9 Zutreffend *Di Fabio* NVwZ 1998, 329 (330); anders aber *Steinberg/Koepfer* DVBl 1997, 973 (975).

10 BT-Drs. 11/3919, S. 28, 29.

11 BT-Drs. 11/3919, S. 42.

12 BT-Drs. 11/3919, S. 52.

Anwaltsverein, die federführende Behörde durch die Länder aus dem Kreis der Zulassungsbehörden zu bestimmen, und zwar aus Gründen der Verwaltungsvereinfachung und größerer Praxisnähe.[13]

12 Die zum Teil im Schrifttum und in den Arbeiten zu einem Umweltgesetzbuch gemachte Empfehlung nach Schaffung einer Zulassungsstruktur, in der über alle Aspekte durch eine einzige Genehmigung entschieden würde,[14] wurden weder durch die Bundesregierung, noch den Bundestag oder den Bundesrat aufgegriffen.

13 Der durch das UVP-Modernisierungsgesetz geschaffene § 31 entspricht weitgehend dem bisherigen § 14. Neu ist, dass die Befugnis der Länder, der federführenden Behörde nach Abs. 2 Satz 2 weitere Zuständigkeiten zu übertragen, nicht mehr auf die Aufgaben im Zusammenhang mit der Erstellung von UVP-Unterlagen, der Beteiligung anderer Behörden und der Beteiligung der Öffentlichkeit begrenzt ist. Vielmehr sollen künftig auch andere Aufgaben wie z.B. die Erstellung der begründeten Bewertung nach § 25 Abs. 1 der federführenden Behörde übertragen werden können.[15] Die Gesetzesbegründung meint, dadurch werde eine effizientere Verfahrensgestaltung ermöglicht, wenn für ein Vorhaben mehrere Zulassungsentscheidungen erforderlich sind. Dies komme insbesondere auch dem Vorhabenträger zugute. Beispielsweise könne sich der Personalaufwand des Vorhabenträgers dadurch verringern, dass Besprechungen und fachliche Diskussionen der zuständigen Behörden mit dem Vorhabenträger durch die federführende Behörde besser koordiniert und dass so unnötige Doppelungen bei der Durchführung von Sitzungen mit sich überschneidenden Inhalten vermieden würden.[16] Eine ähnliche Entlastung erhofft sich die Gesetzesbegründung auch für die beteiligten Behörden.[17]

III. Rechtspolitische Bewertung der Regelung in § 31

14 Soweit aus Anlass der Einführung der UVP eine **umfängliche Verfahrenskonzentration** gefordert wurde und wird, wird dies mit den Nachteilen paralleler Genehmigungen begründet. Insbesondere ermöglichten sie eine »Salamitaktik«, mit der die Umweltbelastung eines Vorhabens in zahlreiche gerade noch akzeptable Portionen aufgeteilt werde. Zudem wird auf »gravierende Rechtsschutzprobleme« hingewiesen dergestalt, dass der Antragsteller und Drittbetroffene bei Rechtsmitteln stets genauestens darauf zu achten hätten, ob ihr Anliegen zum Prüfungsgegenstand der betroffenen Genehmigung gehöre. Schließlich könnten, weil die Prüfung der Umweltauswirkungen nicht in *einem* Verfahren erfolge, die Umweltprobleme einer Anlage von einem Umweltmedium in ein anderes verlagert werden. Wegen des Postulats der UVP-RL nach medienübergreifender und alle Wechselbeziehungen berücksichtigender Prüfung werde das System der parallelen Zulassungen der UVP-RL nicht gerecht.[18] Zudem wird die Umsetzung des integrativen Ansatzes bei gebundenen Genehmigungen als problematisch angesehen.[19] Aus dieser Sicht, Parallelverfahren seien grundsätzlich eine unzulängliche Entscheidungsstruktur zur Umsetzung einer wirksamen UVP, sind auch die Vorschläge zu einem Umweltgesetzbuch mit seiner Leitvorstellung einer Vorhabengenehmigung zu verstehen.[20]

---

13 *Dohle* NVwZ 1989, 697 (703).

14 Am weitestgehenden *Steinberg/Koepfer* DVBl 1997, 973 (975, 976), die es für »erforderlich« halten, dass ein einheitlicher Genehmigungstatbestand, eine einzige für die Zulassungsentscheidung zuständige Behörde und eine einheitliche Regelung des Verwaltungsverfahrens geschaffen würden; *Gallas*, in: H.-W. Rengeling, Sechste Osnabrücker Gespräche zum deutschen und europäischen Umweltrecht, Köln 1999, S. 17 ff.

15 BR-Drs. 164/17, S. 112.

16 BR-Drs. 164/17, S. 77.

17 BR-Drs. 164/17, S. 80.

18 *Jarass* NuR 1991, 201 (202); ebenso *Erbguth/Schink,* UVPG, § 14, Rn. 13; *Gassner* UPR 1990, 361 (362) m.w.N.

19 *Erbguth/Schink,* UVPG, § 12 Rn. 35 ff.; *Scheidler* WiVerw 2008, 3 (48).

20 §§ 80 UGB-KomE Begründung S. 595 ff.

Die Bundesregierung und ihr folgend auch Bundestag und Bundesrat sind diesen Bedenken nicht dadurch gefolgt, dass sie die federführende Behörde als Institut abgeschafft und durch eine einheitliche Genehmigung und ein einziges Verfahren ersetzt hätten. Sie haben die Stellung der federführenden Behörde durch Anreicherung ihrer Zuständigkeiten gestärkt. Hiergegen ist wenig einzuwenden. Es ist zwar richtig, dass die Vorstellung einer medienübergreifenden Prüfung die Reaktion des Umweltrechts auf naturwissenschaftliche Erkenntnisse über die Umwelt als Wirkungsgefüge mit vielfältigen Vernetzungen ist.[21] Das Umweltrecht hat sich aber als Reaktion auf die naturwissenschaftlichen Erkenntnismöglichkeiten in Fachgesetzen und Fachbehörden aufgespaltet entwickelt. Das mag man als Zersplitterung beklagten, führt zugleich aber zu einer wünschenswerten Spezialisierung. 15

Vor einer vorschnellen Verurteilung der in § 14 a.F. und jetzt in § 31 gefundenen Lösung sollte bedacht werden, dass sowohl eine zum Teil erhoffte einheitliche Vorhabengenehmigung als auch beibehaltene Parallelgenehmigungen in sehr ähnlicher Weise mit zwei Problemen stets kämpfen müssen. Zunächst geht es immer um eine fachspezifische Beurteilung und damit auch um Fachbehörden, auf deren Beteiligung auch bei einheitlichen Verfahren nicht verzichtet werden kann. In einem zweiten Schritt ist dann stets dafür zu sorgen, dass die fachspezifischen Kenntnisse und Sichtweisen koordiniert werden. Dies kann auch durch eine federführende Behörde mit ausreichenden Zuständigkeiten erfolgen. 16

Das Postulat der vollständigen Koordinierung des Genehmigungsverfahrens bedeutet im Hinblick auf die immissionsschutzrechtliche Zulassung (§§ 10 Abs. 5, 13 BImSchG), dass alle Umweltauswirkungen einschließlich der Auswirkungen des Vorhabens auf Gewässer umfassend geprüft werden müssen, womit insbesondere auch die Öffentlichkeitsbeteiligung einheitlich erfolgen muss. Hierfür reicht es nicht, dass die Landeswassergesetze für die Erteilung der wasserrechtlichen Erlaubnis eine Öffentlichkeitsbeteiligung vorsehen. Zwei aufeinander folgende Verfahren mit Öffentlichkeitsbeteiligung sind nur dann richtlinienkonform, wenn eine dem integrativen Ansatz entsprechende und das jeweilige Fachgebiet übergreifende Öffentlichkeitsbeteiligung (und spätere Sachentscheidung) durch eine verfahrensrechtliche Verklammerung sichergestellt ist.[22] 17

IV. Allgemeine Funktion der federführenden Behörde

Die federführende Behörde hat **keine Sachentscheidungskompetenz**.[23] Die Länder können aber bestimmen, dass eine der beteiligten Zulassungsbehörden federführende Behörde ist. Nach der Begründung der Bundesregierung zu § 14 a.F. ist die federführende Behörde die »ablauforganisatorische Konsequenz« aus dem medienübergreifenden Gebot einerseits und dem System der Parallelzulassungen andererseits.[24] Die generelle Funktion der federführenden Behörde ist damit allerdings nicht hinreichend beschrieben. Sie hat **unterschiedliche Aufgaben**. Sie sind organisatorischer, methodischer und inhaltlicher Natur. 18

Es ist zutreffend, dass die Aufgaben der federführenden Behörde in erster Linie **organisatorischer/verfahrensmäßiger** Art sind, und zwar unterschiedlich je nach dem Verfahrensschritt, an dem sie beteiligt ist. § 31 regelt »Koordinationspflichten«.[25] Das sind hauptsächlich technische Aufgaben des Verfahrensmanagements,[26] des Organisierens von Verfahrensabläufen, insbesondere auch mit den Zielen der Vereinfachung und der Beschleunigung der Vorgänge. Die federführende Behörde ist zentraler Ansprechpartner des Vorhabenträgers.[27] 19

---

21 UGB-KomE S. 599, 600.

22 *Dolde* NVwZ 1997, 313 (317).

23 *Dix*, in: Landmann/Rohmer, Umweltrecht, § 31 UVPG Rn. 28; *von Landwüst*, in: Schink/Reidt/Mitschang, UVPG/UmwRG, § 31 UVPG Rn. 2.

24 Amtl. Begr. S. 28.

25 *Rebentisch* NVwZ 1992, 926 (927).

26 So auch *Dix*, in: Landmann/Rohmer, Umweltrecht, § 31 UVPG Rn. 27.

27 *von Landwüst*, in: Schink/Reidt/Mitschang, UVPG/UmwRG, § 31 UVPG Rn. 7.

20 Das Institut einer federführenden Behörde steht dann auch für das weitergehende Ziel einer »verbesserten **Methodik der Entscheidungsfindung**«.[28] Die federführende Behörde soll im Ansatz systematischer und im Ergebnis vollständiger als die parallel arbeitenden Fachbehörden herausarbeiten, wo es Auswirkungen des Vorhabens geben könnte, die nicht einfach in ein Ressort fallen oder die, isoliert betrachtet, zwar unbedeutend, in der Summe aber bedeutend sein könnten. Sie hat insbesondere mitzuhelfen, dass mediale Verdrängungen aufgedeckt werden, soweit dies nicht bereits ausreichend durch die Fachbehörden geschieht.

21 Aus der »hübschen« Metapher[29] wird immer dann eine effektive federführende Behörde, wenn wirklich eine Führung durch diese Behörde stattfindet. Organisation und Methodik sind zwar eigenständige, abgrenzbare Bereiche und Aufgaben. Jede verfahrensbezogene Arbeit ergibt aber nur Sinn, wenn sie an die materiell-rechtlichen Ziele gekoppelt bleibt, weil jedes Verfahren allein deren Durchsetzung dient. Die Einbindung der federführenden Behörde in die UVP bedeutet damit **Einbindung in das materielle Recht**. Dies wird besonders deutlich bei der Zuständigkeit der Feststellung der UVP-Pflicht nach § 5 (s.u. Rdn. 36).

22 Die UVP birgt praktisch die große Gefahr des Ausuferns der Darstellung und Bewertung der Fakten. »Aus der unübersehbaren Fülle, dem ständigen Fluss des tatsächlich Geschehenen nimmt der Sachverhalt im Rechtssinne als Aussage stets eine Auswahl vor; bereits diese Auswahl trifft der Beurteiler (die federführende Behörde) im Hinblick auf die mögliche rechtliche Bedeutsamkeit der einzelnen Fakten. Der Sachverhalt als Aussage ist also dem Beurteiler nicht von vornherein »gegeben«, sondern er muss von ihm im Hinblick auf die ihm bekanntgewordenen Fakten einerseits, deren mögliche rechtliche Bedeutung andererseits, erst gebildet werden.«[30] Die Zuständigkeit der federführenden Behörde bei der Gesamtdarstellung und ihre Mitwirkung bei der Bewertung (§§ 24, 25, 31 Abs. 4) setzen also hinreichende materiell-rechtliche Kompetenz voraus, also Kenntnis der Schutzgüter und rechtsbegrifflichen Zulassungsvoraussetzungen der einschlägigen Fachgesetze.

23 Allerdings muss auch die Anwendungsbreite der Schutznormen erkannt und durch Auslegung zugunsten der Umweltverträglichkeit genutzt werden.[31] Die ordnungsgemäße Wahrnehmung der fachübergreifenden Aufgabe der federführenden Behörde setzt fachliche Kompetenz voraus. Das Institut soll substanzielle Vorteile bringen gegenüber lediglich aufgesplitteten Zuständigkeiten. Fachbezogene Behördenzuständigkeiten führen leicht zu verengtem Ressortdenken oder entwickeln sogar Ressortegoismus. Die Fachbehörde ist bestrebt, für das von ihr betreute Umweltmedium die »optimale« Lösung zu erreichen. Dabei wird häufig zu wenig erkannt oder zumindest berücksichtigt, dass dieses Streben die Probleme lediglich in einen anderen, nicht so stark normativ und organisatorisch abgesicherten Umweltbereich verlagert. Die Reduzierung dieser Verdrängung durch die Einrichtung einer federführenden Behörde dient also sowohl der Allgemeinheit als auch dem Antragsteller. Die federführende Behörde soll dann auch dazu führen, überzogene Vorsorgeentscheidungen von Fachbehörden in der Vorbereitungsphase zu verhindern.

V. Speziellere Regelungen

24 Gem. § 1 Abs. 4 kommt § 31 insoweit keine Bedeutung zu, als in den Verfahrensordnungen des Fachrechts eine hinter § 31 nicht zurückbleibende Regelung der federführenden Behörde erfolgt ist. Die 9. BImSchV und die atomrechtliche Verfahrensordnung (AtVfV) ersetzen § 31 nicht, sondern ergänzen ihn lediglich.[32] § 57a Abs. 1 Satz 4 BBergG erklärt § 31 für anwendbar. Spezielle

28 *Vallendar* UPR 1992, 212 (215).

29 *Vallendar* UPR 1992, 214.

30 *Larenz,* Methodenlehre der Rechtswissenschaft, 4. Aufl., S. 262.

31 Zur Reichweite der Berücksichtigungsfähigkeit der Fachgesetze s. § 25.

32 *Dix,* in: Landmann/Rohmer, Umweltrecht, § 31 UVPG Rn. 9; *Peters/Balla/Hesselbarth,* UVPG, § 31 Rn. 10 f.

Verfahrensvorschriften, die § 31 ausschließen, gelten aber für Raumordnungsverfahren (§ 43), Verkehrswegeplanungen (§ 47) und Bauleitplanverfahren (§ 50).

B. Bestimmung einer federführenden Behörde bei Zulassung eines Vorhabens durch mehrere Landesbehörden (Abs. 1)

I. Zulassung eines Vorhabens durch mehrere Landesbehörden

1. Mehrere Zulassungen für ein Vorhaben

Der Anwendungsbereich des § 31 ist nur eröffnet und die nach Landesrecht bestimmte (s. Rdn. 32–34) 25 federführende Behörde ist nur zuständig, wenn ein UVP-pflichtiges Vorhaben der Zulassung durch mehrere Landesbehörden bedarf. Was unter einem **Vorhaben** zu verstehen ist, regelt § 2 Abs. 4 i.V.m. der Anlage 1. Der Begriff der **Zulassung** entspricht der in § 2 Abs. 6 definierten Zulassungsentscheidung und dem Genehmigungsbegriff der UVP-RL, nach dem als Genehmigung auch eine Entscheidung mehrerer zuständiger Behörden anzusehen ist, auf Grund derer der Vorhabenträger das Recht zur Durchführung des Projekts erhält (Art. 1 Abs. 2 UVP-RL). Hieraus folgt allerdings nicht, dass über ein Vorhaben stets im Rahmen einer einheitlichen Genehmigung entschieden werden müsste.[33] Für die Zulassung eines Vorhabens im Sinne des UVPG können mehrere Genehmigungen (Parallelzulassungen) erforderlich sein.[34] Ob dies der Fall ist, richtet sich nicht nach dem UVPG, sondern nach den Regelungen des jeweiligen Fachrechts, die die gegenständliche und rechtliche Reichweite der dort jeweils vorgesehenen Genehmigung festlegen.[35]

Soweit über ein Vorhaben in **einem einheitlichen Planfeststellungsverfahren** oder sonstigen Ver- 26 fahren mit Konzentrationswirkung entschieden wird und daneben keine zusätzliche Gestattung erforderlich ist, greift § 31 bereits deshalb nicht ein, weil für die Zulassung des Vorhabens nur eine Entscheidung einer Behörde ergeht.

Nicht selten stellt sich allerdings auch bei großen planfeststellungsbedürftigen Vorhaben das Prob- 27 lem der Parallelzulassungen. Erfasst der gesetzliche Planfeststellungstatbestand nur einen **Teil des Vorhabens**, entfaltet die Planfeststellung auch nur insoweit Konzentrationswirkung.[36] Dies kann dazu führen, dass für die Realisierung eines Großprojektes mehrere Zulassungen erforderlich sind. Beispielsweise ist der Bau eines **Hafens** für die Binnenschifffahrt ein UVP-pflichtiges Vorhaben gem. §§ 6, 7 i.V.m. Nr. 13.9 der Anlage 1. Planfeststellungsfähig ist nach §§ 68 Abs. 1, 67 Abs. 2 WHG aber nur der Gewässerausbau, der gegenständlich auf das Hafenbecken und das befestigte Ufer begrenzt ist.[37] Für die landseitigen Hafenanlagen können weitere Zulassungen erforderlich sein (vgl. auch § 70a Abs. 3 WHG), die in die UVP einzubeziehen sind. Das hat die federführende Behörde zu koordinieren. Anders verhält es sich aber, wenn sich das Vorhaben im Sinne der Anlage 1 UVPG und der fachrechtliche Zulassungstatbestsand decken und lediglich das wirtschaftliche Gesamtvorhaben des Vorhabenträgers weiter reicht. Wird beispielsweise ein Gewässer verlegt, um Raum für eine Bebauung zu schaffen, dann liegen zwei Vorhaben vor. Der Anwendungsbereich des § 31 UVPG ist in einem solchen Fall nicht eröffnet.[38]

---

33 So jedoch *Erbguth/Schubert* VerwArch 2010 (101), 437 (451 f.).

34 *Dix*, in: Landmann/Rohmer, Umweltrecht, § 31 UVPG Rn. 18.

35 BVerwG, Urt. v. 19.02.2015 – 7 C 11.12, BVerwGE 151, 213 Rn. 27 ff.; OVG NRW, Urt. v. 15.03.2011 – 20 A 2147/09, juris Rn. 117; *Landel* UVP in parallelen Zulassungsverfahren, S. 123; a.A. *Erbguth/Schubert* VerwArch 2010 (101), 437 (451).

36 *Dix*, in: Landmann/Rohmer, Umweltrecht, § 31 UVPG Rn. 19; *von Landwüst*, in: Schink/Reidt/Mitschang, UVPG/UmwRG, § 31 UVPG Rn. 3.

37 BVerwG, Urt. v. 19.02.2015 – 7 C 11.12, BVerwGE 151, 213 Rn. 18 ff.; OVG NRW, Urt. v. 15.03.2011 – 20 A 2147/09, juris Rn. 98 ff.; s. hierzu *Stüer* DVBl 2015, 492.

38 Abzulehnen ist es, wenn Nr. 31 UVPVwV zusätzlich auf einen zeitlichen Zusammenhang abstellt. Ein solcher Zusammenhang spielt nur für die Frage der Kumulation (§ 10 Abs. 4) eine Rolle.

28 Bei der **abschnittsweisen Planfeststellung** linienförmiger Vorhaben wie z.B. Fernstraßen[39] oder Energieleitungen[40] sieht die Rechtsprechung die einzelnen Abschnitte als selbstständige Vorhaben an, sodass die Planfeststellungsbeschlüsse für die einzelnen Abschnitte jeweils ein eigenständiges Vorhaben betreffen[41] und § 31 keine Anwendung findet.[42] Für das Wasserrecht hat das BVerwG entscheiden, dass auch mehrere Abschnitte eines Gewässerausbaus bei hinreichender Selbstständigkeit separate Vorhaben sind.[43] Fehlt es an der geforderten Selbstständigkeit, kann jedoch eine abschnittsweise Zulassung eines Vorhabens gem. § 69 Abs. 1 WHG vorliegen[44] und eine Anwendung des § 31 in Betracht kommen.

29 Die **immissionsschutzrechtliche Genehmigung** hat ähnlich wie die Planfeststellung weitreichende Konzentrationswirkung, von der allerdings die in § 13 BImSchG genannten Entscheidungen ausgenommen sind. Die Konzentrationswirkung erfasst insbesondere nicht wasserrechtliche Erlaubnisse und Bewilligungen nach §§ 8, 10 WHG.[45] Ein Fall des § 31 liegt deshalb vor, wenn für ein UVP-pflichtiges Vorhaben wie beispielsweise ein **Kohlekraftwerk** sowohl eine immissionsschutzrechtliche Genehmigung, als auch eine wasserrechtliche Erlaubnis (z.B. zur Entnahme und Einleitung von Wasser) eingeholt werden muss. § 31 ist dagegen nicht einschlägig, wenn eine solche Anlage bereits immissionsschutzrechtlich genehmigt ist und lediglich eine befristete wasserrechtliche Erlaubnis erneuert werden muss, ohne dass in diesem Zusammenhang Änderungen vorgenommen werden sollen, die einer immissionsschutzrechtlichen Änderungsgenehmigung bedürften. Gegenstand eines solchen **isolierten wasserrechtlichen Verfahrens** ist allein die Gewässerbenutzung. Deren Zulassung bedarf keiner weiteren (immissionsschutzrechtlichen) Zulassung und keiner UVP. § 31 ist daher nicht anwendbar.[46]

2. Zuständigkeit mehrerer Landesbehörden

30 § 31 ist nicht anwendbar, wenn für die Zulassung eines Vorhabens zwar mehrere Entscheidungen erforderlich sind, **für alle Entscheidungen aber dieselbe Behörde zuständig** ist. Der Anwendungsbereich des § 31 ist nur eröffnet, wenn für die Zulassung eines Vorhabens mehrere Zulassungsentscheidungen i.S.v. § 2 Abs. 6 (u.U. auch mehrere Planfeststellungen) erforderlich sind und für diese Entscheidungen **mehrere Landesbehörden zuständig** sind. Maßgeblich ist somit weder die Rechtsnatur der Zulassungsentscheidung (Genehmigung oder Planfeststellung), noch die Zahl der erforderlichen Entscheidungen und Zulassungsverfahren, sondern allein die Zahl der zuständigen Behörden. § 31 greift daher nicht stets bei **parallelen Zulassungsverfahren**, sondern nur bei **paralleler Zuständigkeit** mehrerer Behörden in mehreren Verfahren.[47]

31 Eine Zulassung durch mehrere Behörden liegt nicht vor, wenn andere Behörden **verwaltungsintern beteiligt** werden müssen, nach außen aber nur eine Entscheidung durch eine Behörde ergeht.[48] Das gilt auch dann, wenn die für die Entscheidung über die Zulassung zuständige Behörde an ein Ein-

---

39 BVerwG, Urt. v. 28.04.2016 – 9 A 9.15, BVerwGE 155, 91 Rn. 43; Urt. v. 08.01.2014 – 9 A 4.13, BVerwGE 149, 31 Rn. 18.

40 BVerwG, Urt. v. 14.06.2017 – 4 A 11.16, 4 A 11.16, DVBl 2017, 1491 Rn. 31; Urt. v. 15.12.2016 – 4 A 4.15, BVerwGE 157, 73 Rn. 26.

41 Sie sind deshalb auch keine Teilzulassungen i.S.v. § 29, vgl. § 29 Rdn. 15.

42 BVerwG, Urt. v. 28.04.2016 – 9 A 9.15, BVerwGE 155, 91 Rn. 51; *Dix*, in: Landmann/Rohmer, Umweltrecht, § 31 UVPG Rn. 20; *Külpmann* DVBl 2018, 974 (979).

43 BVerwG, Urt. v. 11.08.2016 – 7 A 1.15, BVerwGE 156, 20 Rn. 35 – »Weservertiefung«.

44 *Czychowski/Reinhardt*, WHG, § 69 Rn. 5.

45 BVerwG, Urt. v. 22.03.1985 – 4 C 73.82, BVerwGE 71, 163 (164).

46 VGH Kassel, Urt. v. 14.07.2015 – 9 C 217/13.T, juris Rn. 60 – »Kraftwerk Staudinger«; vgl. hierzu BVerwG, Urt. v. 02.11.2017 – 7 C 26.15, juris.

47 So auch Nr. 31 UVPVwV.

48 *Storm/Bunge*, in: HdUVP, § 14 Rn. 14; unklar *Gassner*, UVPG, § 14 Rn. 14.

vernehmen oder eine Zustimmung der zu beteiligenden Behörden gebunden ist.[49] Denn unabhängig von solchen Bindungen ergeht nur eine Zulassungsentscheidung. Ein Koordinierungsbedarf über mehrere Verfahren hinweg besteht nicht.

II. Bestimmung der federführenden Behörde durch die Länder

1. Bundesrechtliche Vorgaben

Die grundsätzliche Zuständigkeit der Länder für den Vollzug des Bundesrechts als eigene Angelegenheit (Art. 83 GG) schließt die Befugnis des Bundes zur Regelung der Behördeneinrichtung und/oder des Verwaltungsverfahrens nicht aus, solange die Länder nichts Abweichendes regeln oder wenn ein **besonderes Bedürfnis nach bundeseinheitlicher Regelung** besteht und der Bundesrat zugestimmt hat (Art. 84 Abs. 1 GG). Diese Anforderungen sind erfüllt.[50] Dies gilt auch, wenn man die obligatorische Einrichtung der federführenden Behörde nicht nur als eine Verfahrensfrage, sondern auch als Einrichtung einer Behörde versteht, weil hierzu die Erweiterung des Aufgabenkreises einer bestehenden Behörde gerechnet werden kann. 32

Im Hinblick auf die übrigen Verfahrensschritte und die Bestimmung darüber, welche Behörden für welche UVP-pflichtigen Anlagen bei deren Zulassung federführende Behörde werden, ist den Ländern in § 31 gemäß der Grundsatzregel des Art. 83 GG Entscheidungsfreiheit geblieben. 33

2. Festlegung der federführenden Behörde

Zum Teil legt das Bundesrecht den Ländern bereits nahe, welche Behörde als federführende Behörde benannt werden sollte.[51] Im Übrigen üben die Länder[52] weitgehend ihr Bestimmungsrecht dahingehend aus, dass die Behörde federführend ist, die für das Verfahren zuständig ist, das den Schwerpunkt der Zulassungsentscheidung für das Vorhaben bildet. In Zweifelsfällen soll die zuständige oberste Landesbehörde entscheiden. Die Abgrenzung folgt ähnlichen Maßstäben wie bei § 78 Abs. 2 VwVfG.[53] 34

C. Zuständigkeiten der federführenden Behörde (Abs. 2)

Die Zuständigkeit der federführenden Behörde ist für die in Abs. 2 Satz 1 genannten Verfahrensschritte verbindlich geschaffen. In der amtlichen Begründung zum ursprünglichen UVPG hieß es, dass die Verfahrensschritte des Scoping und der Darstellung der Umweltauswirkungen die »strategischen Eckpunkte« der UVP seien.[54] Hinzugekommen sind die Feststellung der UVP-Pflicht und die grenzüberschreitende Beteiligung der Behörden und der Öffentlichkeit. Zudem besteht nach Abs. 4 eine – eingeschränkte – Zuständigkeit bei der Bewertung der Umweltauswirkungen. 35

I. Feststellung der UVP-Pflicht (Abs. 2 Satz 1 Nr. 1)

Die federführende Behörde stellt gemäß § 5 fest, ob nach den §§ 6 bis 14 für das Vorhaben eine Verpflichtung zur Durchführung einer UVP besteht.[55] Die Feststellung der UVP-Pflicht enthält bereits eine materiell-rechtliche Entscheidungskomponente. Das gilt insbesondere, soweit eine **Vorprüfung** vorgeschrieben ist (§ 7), weil über mögliche nachteilige Auswirkungen nur anhand des jeweiligen Fachrechts befunden werden kann. Zu bedenken bleibt allerdings, dass es sich hierbei 36

---

49 *Dix*, in: Landmann/Rohmer, Umweltrecht, § 31 UVPG Rn. 21; a.A. »unter Umständen« *Storm/Bunge*, in: HdUVP, § 14 Rn. 14.

50 Siehe auch *Dix*, in: Landmann/Rohmer, Umweltrecht, § 31 UVPG Rn. 15.

51 Vgl. § 2a Abs. 4 Satz 1 der 9. BImSchV. Eine bindende Vorgabe für die Länder ist damit aber nicht verbunden, vgl. *Dix*, in: Landmann/Rohmer, Umweltrecht, § 31 UVPG Rn. 16.

52 Vgl. *Landel*, UVP in parallelen Zulassungsverfahren, S. 127 ff.

53 Schwerpunktprinzip, vgl. *Schink*, in: Knack/Henneke, VwVfG, § 78 Rn. 26 f.

54 BT-Drs. 11/3919, S. 28.

55 *Dix*, in: Landmann/Rohmer, Umweltrecht, § 31 UVPG Rn. 30; *Enders/Krings* DVBl 2001, 1242 (1244 f.).

lediglich um eine überschlägige Vorausschau mit begrenzter Prüfungstiefe handelt und dass die federführende Behörde keine Sachentscheidungskompetenz hat (s. Rdn. 18). Aus diesem Grund ist bei der Feststellung der UVP-Pflicht ein besonders enges Zusammenwirken mit den fachgesetzlich zuständigen Behörden erforderlich.

II. Unterrichtung über den Untersuchungsrahmen (Abs. 2 Satz 1 Nr. 2)

37 Nach § 31 Abs. 2 Satz 1 Nr. 2 ist die federführende Behörde für »die Unterrichtung über den Untersuchungsrahmen (§ 15)« zuständig. Damit ist nicht etwa nur der eigentliche Akt der Unterrichtung gemeint, also die Mitteilung des Ergebnisses des Scoping-Verfahrens, sondern das gesamte Scoping-Verfahren wie es in § 15 geregelt ist. Das ergibt sich daraus, dass § 31 Abs. 2 Satz 1 Nr. 2 allgemein auf § 15 und auf die Überschrift dieses Paragrafen Bezug nimmt.

38 Die federführende Behörde unterrichtet und berät den Vorhabenträger nach § 15 Abs. 1 Satz 1 entsprechend dem Planungsstand des Vorhabens frühzeitig über Inhalt, Umfang und Detailtiefe der Angaben, die der Vorhabenträger voraussichtlich in den UVP-Bericht aufnehmen muss (sog. Scoping). Sie legt damit den **Untersuchungsrahmen** fest. Die Unterrichtung und Beratung kann sich auch auf weitere Gesichtspunkte des Verfahrens, insbesondere auf dessen **zeitlichen Ablauf**, auf die zu beteiligenden **Behörden** oder auf die Einholung von **Sachverständigengutachten** erstrecken (§ 15 Abs. 1 Satz 2). Die den Vorhabenträgern auferlegte Pflicht zur Datenbeibringung erfasst nach dem UVPG ggf. auch die Pflicht zur Vorlegung der Immissionsprognose. Es kann wegen nahegelegener Wohnbebauung ein Lärmschutzgutachten erforderlich werden. Gutachten sind oft auch im Hinblick auf geschützte Arten, geschützte Lebensräume oder Auswirkungen auf Gewässer erforderlich. Dies sind Unterlagen über mögliche Auswirkungen des Vorhabens, die zweckmäßigerweise nur nach Vorabstimmung mit der federführenden Behörde in Auftrag gegeben werden sollten.[56] Verfügt die federführende Behörde über Informationen, die für die Erarbeitung des UVP-Berichts zweckdienlich sind, so stellt sie diese Informationen dem Vorhabenträger zur Verfügung (§ 15 Abs. 1 Satz 3).

39 Die rahmensetzende Beratung durch die federführende Behörde ist auch **nach Beginn des Verfahrens** möglich, und zwar auch noch und nach Festlegung des Untersuchungsrahmens (§ 15 Abs. 5). Hier dürfte die Aufgabe der federführenden Behörde darin bestehen, unterschiedliche Auffassungen zwischen Vorhabenträger und zuständiger Behörde über Art und Ausmaß der beizubringenden Unterlagen auszuräumen, indem sie die beizubringenden Unterlagen auf »erhebliche« Fragen konzentriert. Das bedeutet einerseits, dem Vorhabenträger die aus den Fachgesetzen erkennbare Bedeutung von Schutzzielen zu verdeutlichen. Andererseits hat sie aber auch der Gefahr möglicherweise ausufernder Vorstellungen über die Beibringungspflicht auf Seiten der jeweiligen Fachbehörden entgegenzuwirken. Diese Gefahr ist der UVP von vornherein immanent, und zwar insbesondere da, wo keine »harten« Standards über Gefahrenschwellen als antizipierte Sachverständigengutachten existieren, also etwa im Naturschutzbereich.

40 Auch die in § 15 Abs. 3 vorgesehene Verpflichtung, dem Vorhabenträger und den nach § 17 zu beteiligenden Behörden Gelegenheit zu einer Besprechung über Inhalt und Umfang der Unterlagen zu geben (sog. **Scoping-Termin**), gibt in besonderer Weise der federführenden Behörde die Möglichkeit, medien- und fachübergreifend die für die Zulassung notwendigen Untersuchungen und beizubringenden Unterlagen zu bestimmen. Die Kernfrage nach der Erheblichkeit kann bei der übergreifenden Sicht zu mehr oder zu weniger Unterlagen führen, als dies bei isolierter fachlicher Betrachtung der Fall wäre. Die federführende Behörde wirkt auch in den Fällen des § 15 Abs. 4 auf eine Beschränkung der UVP auf zusätzliche erhebliche oder andere erhebliche Umweltauswirkungen hin.

56 *Vallendar* UPR 1992, 216.

III. Zusammenfassende Darstellung (Abs. 2 Satz 1 Nr. 3)

Nach § 31 Abs. 4 Satz 1 ist bei parallelen Zulassungen eine **gemeinsame zusammenfassende Darstellung** nach § 24 für das gesamte Vorhaben (alle Parallelzulassungen) zu erstellen. Die Erarbeitung dieser zusammenfassenden Darstellung obliegt der federführenden Behörde. Der Inhalt der zusammenfassenden Darstellung muss § 24 Abs. 1 entsprechen. Zum Inhalt gehören auch Vermeidungs-, Verminderungs-, Ausgleichs- und Ersatzmaßnahmen. § 24 Abs. 1 stellt dies ausdrücklich fest. Dies ist sachgerecht, weil zur Darstellung auch die risikomindernden Möglichkeiten, insbesondere die geplanten Maßnahmen gehören. 41

Die **Information** der federführenden Behörde und damit intern der Inhalt der Darstellung sind für den Verfahrensschritt nach § 24 wesentlich. Die zusammenfassende Darstellung wird überhaupt nur möglich, wenn die federführende Behörde durch die mit dem Vorhaben befassten jeweiligen Zulassungsbehörden umfassend informiert wird. Das bedeutet, dass der federführenden Behörde die in § 24 Satz 2 genannten Unterlagen und Informationen zur Verfügung gestellt werden müssen. Dazu zählen der UVP-Bericht, behördliche Stellungnahmen nach § 17 Abs. 2 und § 55 Abs. 4, die Äußerungen der betroffenen Öffentlichkeit nach den §§ 21 und 56 und die Ergebnisse eigener Ermittlungen der Zulassungsbehörden. 42

Die federführende Behörde sollte beim Erarbeiten der zusammenfassenden Darstellung wie folgt vorgehen: Aufgrund der Ermittlungsergebnisse der Fachbehörden und der sonstigen Informationen wird die federführende Behörde zunächst den Entwurf einer zusammenfassenden Darstellung fertigen. Sie wird dann den Beteiligten, zumindest den Zulassungsbehörden und der Naturschutzbehörde, diesen Entwurf zur Stellungnahme schicken. Die Stellungnahme ist nicht formgebunden, kann also auch im Rahmen einer gemeinsamen Besprechung abgegeben werden. Die Bitte um Stellungnahme sollte mit einer Frist verbunden werden.[57] Dabei ist zu berücksichtigen, dass gem. § 24 Abs. 2 die zusammenfassende Darstellung **möglichst innerhalb eines Monats** nach Abschluss der Erörterung im Beteiligungsverfahren fertiggestellt sein sollte.[58] Die federführende Behörde fertigt dann die endgültige zusammenfassende Darstellung. Ist bei bestimmten darzustellenden Umweltauswirkungen keine Übereinstimmung herzustellen, entspricht es der Kompetenzzuweisung des § 31, dass die federführende Behörde den Streit entscheidet.[59] 43

Der Rechtscharakter der zusammenfassenden Darstellung als Teil der insgesamt unselbstständigen UVP ist für sich betrachtet eine verwaltungsinterne Maßnahme. Gegenüber dem Vorhabenträger, den Einwendern oder sonstigen Dritten zielt sie zwar nicht auf die Herbeiführung irgendwelcher Rechtsfolgen, hat also keine Außenwirkung. Sie wird aber zwingend in die **Begründung** der Genehmigungsentscheidung aufgenommen (§ 26 Abs. 1 Nr. 3 lit. b).[60] Bei parallelen Zulassungsverfahren gilt dies allerdings nur bezüglich der Zulassung, die Anknüpfungspunkt für die UVP-Pflicht des Vorhabens ist (§ 5). In der Begründung der übrigen Zulassungen genügt die Aufnahme der hierfür jeweils bedeutsamen Teile der Gesamtdarstellung.[61] 44

Das Gesetz schreibt keine Form für die behördeninterne Gesamtdarstellung vor. Bei parallelen Zulassungsverfahren sollte die von der federführenden Behörde zu erstellende Gesamtdarstellung in einem abschließenden, gesonderten Dokument niedergelegt werden;[62] andernfalls wären die not- 45

57 Nr. 24.0.4 UVPVwV.

58 Ähnlich auch § 20 Abs. 1a Satz 2 der 9. BImSchV.

59 *Dix*, in: Landmann/Rohmer, Umweltrecht, § 31 UVPG Rn. 32; *von Landwüst*, in: Schink/Reidt/Mitschang, UVPG/UmwRG, § 31 UVPG Rn. 11.

60 So auch § 21 Abs. 1a Nr. 2 lit. a) der 9. BImSchV.

61 *Erbguth/Schink*, UVPG, § 11, Rn. 10; nach *Rebentisch* NVwZ 1992, 926 (931, 932) soll bei einem Auseinanderfallen von immissionsschutzrechtlicher Behörde und federführender Behörde die zusammenfassende Darstellung nicht als Begründungselement der BImSchG-Genehmigung in Betracht kommen.

62 Vgl. BT-Drs. 11/3919, S. 26; *Jarass* NuR 1991, 202 (206); *Vallendar* UPR 1992, 216.

wendigen weiteren behördlichen Abstimmungen, insbesondere die anschließende Gesamtbewertung, kaum durchzuführen.

IV. Zuständigkeiten bei grenzüberschreitenden Umweltverträglichkeitsprüfungen (Abs. 2 Satz 1 Nr. 4 bis 6)

46 Bei Parallelverfahren ist die federführende Behörde für die Benachrichtigung eines anderen Staates (§ 54), für die grenzüberschreitende Behördenbeteiligung (§ 55 Abs. 1 bis 4 und 6) und für die grenzüberschreitende Öffentlichkeitsbeteiligung (§ 56) zuständig. Die federführende Behörde ist für diese Aufgabe vollumfänglich zuständig.[63] Lediglich die nach § 55 Abs. 5 möglichen Konsultationen zwischen den beteiligten Staaten bleiben den obersten Bundes- und Landesbehörden vorbehalten.

V. Übertragung weiterer Zuständigkeiten durch die Länder (Abs. 2 Satz 2)

47 Nach der ausdrücklichen Regelung in § 31 Abs. 2 Satz 2 können die Länder der federführenden Behörde weitere **verfahrensrechtliche Zuständigkeiten** übertragen. Die Beschränkung auf »verfahrensrechtliche« Zuständigkeiten macht deutlich, dass die nur koordinierende Funktion der federführenden Behörde (s. Rdn. 18 ff.) erhalten werden muss. Das hindert die Länder allerdings nicht daran, in Fällen paralleler Zulassungen nur eine Behörde für zuständig erklären, womit § 31 unanwendbar ist.[64] Eine Übertragung weiterer Zuständigkeiten kommt insbesondere in Betracht in Bezug auf den UVP-Bericht (§ 16)[65] und die **Behörden- und Öffentlichkeitsbeteiligung** bei Vorhaben ohne Auslandsbezug (§§ 17, 18).

VI. Wahrnehmung der Zuständigkeiten (Abs. 2 Satz 3 und 4)

48 Die federführende Behörde muss eng mit den am Ende selbstständig entscheidenden Fachbehörden und mit der Naturschutzbehörde zusammenzuarbeiten (§ 31 Abs. 2 Satz 3).

49 Nach § 31 Abs. 2 Satz 4 erfüllt die federführende Behörde ihre Aufgaben nach den **Verfahrensvorschriften**, die für die UVP in dem von ihr durchzuführenden Zulassungsverfahren gelten. Die durch das UVP-Modernisierungsgesetz eingefügte Vorschrift geht auf einen Änderungsvorschlag des Bundesrats zurück. Der Bundesrat brachte zur Begründung vor, bei den parallel durchzuführenden Verwaltungsverfahren kämen ggf. auf Grund speziellen Fachrechts unterschiedliche Vorschriften bei der Durchführung einzelner Aufgaben im Rahmen der UVP als unselbstständiger Teil der Verwaltungsverfahren zur Anwendung. Die Ergänzung diene der Vermeidung von Rechtsunsicherheiten und Vollzugsproblemen bei voneinander abweichenden Vorschriften. Die Erfüllung der UVP-Aufgaben, die der federführenden Behörde oblägen, solle sich einheitlich nach den von der federführenden Behörde für diese Aufgaben in ihrem Zulassungsverfahren anzuwendenden Verfahrensvorschriften, mit denen die Anforderungen der UVP erfüllt werden, richten.[66] Die Bundesregierung stimmte der Änderung in modifizierter Form zu und führte dazu aus, bei der Anpassung handele sich um eine lediglich redaktionelle Änderung zur Verdeutlichung des Regelungsanliegens.[67]

50 Satz 4 setzt voraus, dass die federführende Behörde zugleich **Zulassungsbehörde** ist. Das wird von § 31 Abs. 1 jedoch nicht gefordert. Der denkbare, in der Praxis aber wohl kaum relevante Fall, dass die Länder eine federführende Behörde bestimmen, die nicht zugleich als Zulassungsbehörde für eines der parallelen Zulassungsverfahren zuständig ist, wird von Satz 4 nicht erfasst. Für diesen Fall

---

63 *Dix*, in: Landmann/Rohmer, Umweltrecht, § 31 UVPG Rn. 33.

64 *Dix*, in: Landmann/Rohmer, Umweltrecht, § 31 UVPG Rn. 35.

65 Vgl. *Dix*, in: Landmann/Rohmer, Umweltrecht, § 31 UVPG Rn. 35; *Landel*, UVP in parallelen Zulassungsverfahren, S. 131 ff.

66 BR-Drs. 164/17 (Beschluss), S. 20.

67 BT-Drs. 18/11948, S. 24; BT-Drs. 18/12994, S. 19.

fehlt eine ausdrückliche Regelung über das von der federführenden Behörde anzuwendende Verfahrensrecht.[68]

D. Federführende Behörde bei atomrechtlichen Genehmigungen (Abs. 3)

Nach § 31 Abs. 1 gelten die Regelungen über die federführende Behörde grundsätzlich nur im Verhältnis von Landesbehörden untereinander. Eine Ausnahme von diesem Grundsatz enthält § 31 Abs. 3. Hierdurch wird die atomrechtliche Genehmigungsbehörde als federführende Behörde bestimmt, wenn eine der zuständigen Behörden eine Bundesbehörde ist.[69] 51

Die atomrechtliche Genehmigungsbehörde hat nach § 31 Abs. 3 Satz 4 als federführende Behörde weitergehende Zuständigkeiten als die federführende Behörde nach § 31 Abs. 1 und 2. Sie hat die in Abs. 2 Satz 1 genannten Aufgaben und ist darüber hinaus auch für die Beteiligung der Öffentlichkeit (§§ 18, 19) zuständig. 52

E. Zusammenfassende Darstellung und Gesamtbewertung (Abs. 4)

Der Regelungsgehalt des Abs. 4 entspricht nach der Gesetzesbegründung § 2 Abs. 1 Satz 4 a.F. Die Vorschrift stellt klar, dass der **medienübergreifende und integrative Charakter der UVP** auch dann gilt, wenn über die Zulässigkeit eines Vorhabens in mehreren Verfahren entschieden wird.[70] Aus diesem Grund ist bei parallelen Zulassungen eine gemeinsame zusammenfassende Darstellung nach § 24 für das gesamte Vorhaben (alle Parallelzulassungen) zu erstellen, die Zulassungsbehörden nehmen auf dieser Grundlage eine koordinierte Gesamtbewertung vor und berücksichtigen diese bei den einzelnen Zulassungsentscheidungen. 53

Der federführenden Behörde obliegt die Erarbeitung der gemeinsamen zusammenfassenden Darstellung nach § 24 (§ 31 Abs. 2 Nr. 3). Die **Gesamtbewertung** der Umweltauswirkungen des Vorhabens haben die **Zulassungsbehörden** vorzunehmen. Die Gesamtbewertung entspricht der begründeten Bewertung gemäß § 25 Abs. 1. Die federführende Behörde muss gemäß § 31 Abs. 4 Satz 3 das »Zusammenwirken« der Zulassungsbehörden sicherstellen. Es genügt somit nicht, dass jede Zulassungsbehörde nur »ihren Teil« bewertet. 54

Welche Anforderungen im Einzelnen an das **Zusammenwirken** zu stellen sind und welche Maßnahmen die federführende Behörde zur Erfüllung ihres Sicherstellungsauftrags ergreifen muss, ergibt sich aus dem Gesetz nicht. Dem medienübergreifenden Postulat wird verfahrensrechtlich nicht durch eine Zuständigkeitszuweisung an die federführende Behörde Rechnung getragen. Sie hat lediglich eine Koordinierungsaufgabe,[71] nämlich die **Organisation der Gesamtbewertung**. Sie leitet das Verfahren ein, indem sie von den Zulassungsbehörden eine Stellungnahme erbittet. Sie sorgt für den sachgerechten Fortgang, ggf. durch Setzen von Fristen, und sie stellt schließlich den ordnungsgemäßen Abschluss des Verfahrens sicher.[72] Dabei entscheidet sie darüber, ob z.B. das Verfahren schriftlich erfolgen soll und welche Behördenbesprechungen notwendig sind. Die federführende Behörde kann aber – anders als bei der Gesamtdarstellung nach § 24 – bei Meinungsverschiedenheiten zwischen den Zulassungsbehörden über die Bewertung nicht streitentscheidend tätig werden. Dazu fehlt ihr die Zuständigkeit. Hier muss die gemeinsame vorgesetzte Stelle angerufen werden. Deren Entscheidung kann allerdings durch einen Einigungsvorschlag der federführenden Behörde vorbereitet werden.[73] 55

68 So auch *Dix*, in: Landmann/Rohmer, Umweltrecht, § 31 UVPG Rn. 39.
69 S. zu § 14 Abs. 1 Satz 4 und 5 a.F. *Feldmann* DVBl 2001, 589 (599).
70 BR-Drs. 164/17, S. 112.
71 *Dix*, in: Landmann/Rohmer, Umweltrecht, § 31 UVPG Rn. 46; *Peters/Balla/Hesselbarth*, UVPG, § 31 Rn. 9; *Jarass* NuR 1991, 202 (203, 206).
72 *Gassner*, UVPG, § 14 Rn. 15.
73 *Gassner*, UVPG, § 14 Rn. 17.

56 Die Beschränkung der Befugnis der federführenden Behörde, lediglich auf ein Zusammenwirken der Zulassungsbehörden hinzuarbeiten bzw. dies sicherzustellen, wird im Schrifttum überwiegend kritisiert.[74] Die gesetzliche Regelung wird insbesondere verfahrensökonomisch begründet. Das gesamte Zulassungsverfahren für das Projekt werde hierdurch erleichtert. Zudem würden widersprechende Bewertungen der parallelen, zur Bewertung weiterhin zuständigen Zulassungsbehörden vermieden.

57 Tatsächlich dürfte sich diese Forderung allerdings in der Praxis zum Teil »von selbst« dadurch erfüllen, dass die rechtlich gebotene saubere Trennung zwischen der von der federführenden Behörde vorzunehmende Gesamtdarstellung einerseits (§ 24) und der Bewertung der Umweltauswirkungen andererseits (§ 25) häufig schwierig ist – ähnlich wie die Unterscheidung zwischen Bewertung und Berücksichtigung.

58 Zu bedenken ist nämlich, was zur zusammenfassenden Darstellung gehört. Nach der Gesetzesbegründung reicht nicht das »Hintereinander-Abheften« der Unterlagen des Vorhabenträgers, der behördlichen Stellungnahmen und sonstiger Schriftstücke einschließlich der Erörterungsprotokolle.[75] Es ist eine »Aufbereitung« nötig, eine »Gesamtabschätzung« der Umweltauswirkungen, des »Umweltrisikos«. Das soll zwar neutral erfolgen. Aber bereits der Begriff der Abschätzung impliziert Wertmaßstäbe, ohne die kein Schätzen möglich ist. Das gilt auch für den Risikobegriff. Die Darstellung von riskantem Verhalten, also von Handeln mit möglichen Nachteilen, ist ohne den Maßstab von Schutzgütern nicht möglich. Zu bedenken ist zudem, dass die Behörden durchweg nicht mit unstreitigen Sachverhalten konfrontiert sind. Es stellt sich für sie dann die Frage, welche Angaben die größte Schlüssigkeit für sich haben. Es kommen jeweils die des Vorhabenträgers, der Einwender, der Behörden oder sonstiger Stellen in Betracht. Hierbei kommt die federführende Behörde kaum um eine Bewertung herum.[76]

59 Für die Form der Gesamtbewertung gilt dasselbe wie für die Gesamtdarstellung nach § 25. Die Gesamtbewertung bei Parallelverfahren ist gesondert zu dokumentieren.[77] Andernfalls ist eine Berücksichtigung durch die jeweiligen Zulassungsbehörden bei der Entscheidung nicht möglich.

§ 32 Verbundene Prüfverfahren

[1]Für ein Vorhaben, das einzeln oder im Zusammenwirken mit anderen Vorhaben, Projekten oder Plänen geeignet ist, ein Natura 2000-Gebiet erheblich zu beeinträchtigen, wird die Verträglichkeitsprüfung nach § 34 Absatz 1 des Bundesnaturschutzgesetzes im Verfahren zur Zulassungsentscheidung des Vorhabens vorgenommen. [2]Die Umweltverträglichkeitsprüfung kann mit der Prüfung nach Satz 1 und mit anderen Prüfungen zur Ermittlung oder Bewertung von Umweltauswirkungen verbunden werden.

Übersicht

74 Z.B. *Weber/Hellmann* NJW 1990, 1631; *Dohle* NVwZ 1989, 697 (703); *Kloepfer/Rehbinder/Schmidt-Aßmann/Kunig* UGB AT Entwurf 1990, S. 235; *Jarass* NuR 1991, 202 (203); *Steinberg* DVBl 1988, 995 (999, 1000).

75 BT-Drs. 11/3919, S. 26.

76 *Vallendar* UPR 1992, 216.

77 *Jarass* NuR 1991, 201 (206).

A. Allgemeines

I. Regelungsgegenstand und allgemeine Bedeutung

Die Regelung bestimmt, dass eine erforderliche Natura 2000-Verträglichkeitsprüfung im Zulassungsverfahren für ein UVP-pflichtiges Vorhaben durchgeführt werden muss und dass die UVP mit dieser Verträglichkeitsprüfung und mit anderen Umweltprüfungen verbunden werden kann. 1

II. Gesetzesgeschichte

1. UVP-Änderungsrichtlinie 2014/52/EU

Die Europäische Kommission legte am 26.10.2012 den Vorschlag für eine Richtlinie zur Änderung der UVP-RL vor.[1] Art. 2 Abs. 3 UVP-RL sollte nach Art. 1 Abs. 2 der Änderungsrichtlinie folgende Fassung erhalten: 2

(3) Für Projekte, bei denen die Verpflichtung zur Durchführung einer Umweltverträglichkeitsprüfung sowohl aufgrund dieser Richtlinie als auch aufgrund anderer EU-Rechtsvorschriften besteht, werden koordinierte oder gemeinsame Verfahren durchgeführt, die die Anforderungen der einschlägigen EU-Rechtsvorschriften erfüllen.

Im Rahmen des koordinierten Verfahrens koordiniert die zuständige Behörde die verschiedenen aufgrund des einschlägigen EU-Rechts vorgeschriebenen und von mehreren Behörden erstellten Einzelbewertungen unbeschadet anders lautender Bestimmungen anderer einschlägiger Rechtsvorschriften der EU.

Im Rahmen des gemeinsamen Verfahrens erstellt die zuständige Behörde unbeschadet anders lautender Bestimmungen anderer einschlägiger Rechtsvorschriften der EU eine Umweltverträglichkeitsprüfung, in die sie die Bewertungen einer oder mehrerer Behörden einbezieht.

Die Mitgliedstaaten benennen eine Behörde, die dafür zuständig ist, das Genehmigungsverfahren für die einzelnen Projekte zu erleichtern.

Zur Begründung führte die Kommission aus, es solle eine zentrale UVP-Anlaufstelle geschaffen werden, die die Koordinierung bzw. Integration von Bewertungsverfahren im Rahmen der UVP-Richtlinie und anderer EU-Rechtsvorschriften erlaube.[2] 3

Der Ausschuss der Regionen verlangte in seiner Stellungnahme vom 30.05.2013, dass koordinierte oder gemeinsame Verfahren fakultativ und nicht verbindlich sein müssten. Der Ausschuss erhob Bedenken gegen die Einrichtung einer zentralen UVP-Anlaufstelle und stellte fest, diese könne jedenfalls auch die für die Projektgenehmigung zuständige Behörde sein.[3] Das Europäische Parlament beschloss am 09.10.2013 Abänderungen mit ähnlicher Zielrichtung.[4] Im weiteren Rechtsetzungsprozess wurde ein Kompromiss gefunden. Nach der in die Richtlinie aufgenommenen Endfassung des Art. 2 Abs. 3 Unterabs. 1 UVP-RL müssen die Mitgliedstaaten sicherstellen, dass »gegebenenfalls koordinierte und/oder gemeinsame Verfahren« durchgeführt werden, wenn für Pro- 4

1 COM(2012) 628 final.
2 COM(2012) 628 final, S. 5.
3 ABlEU 2013 C 218, S. 42 (44).
4 ABlEU 2016 C 181, S. 170 (190).

jekte eine Prüfung der Umweltauswirkungen sowohl nach der UVP-RL als auch nach der FFH-Richtlinie 92/43/EWG und/oder der Vogelschutzrichtlinie 2009/147/EG erforderlich ist. Ist zusätzlich zu einer UVP eine Umweltprüfung nach anderem Unionsrecht erforderlich, können die Mitgliedstaaten gemäß Art. 2 Abs. 3 Unterabs. 2 UVP-RL koordinierte und/oder gemeinsame Verfahren vorsehen.

2. UVP-Modernisierungsgesetz

5 § 32 wurde durch das UVP-Modernisierungsgesetz neu in das UVPG aufgenommen (vgl. auch die Parallelregelung in § 46). Nach der Gesetzesbegründung stellt Satz 1 der Vorschrift klar, dass eine nach § 34 Abs. 1 BNatSchG erforderliche Natura-2000 Verträglichkeitsprüfung in dem Zulassungsverfahren durchgeführt wird, dessen unselbstständiger Teil die UVP ist (§ 4). Diese und andere umweltfachliche Prüfungen könnten mit der UVP verbunden werden. Auf diese Weise würden unnötige Doppelprüfungen vermieden. Insbesondere könne auch die Doppelung diesbezüglicher Antragsunterlagen vermieden werden.[5] Die materielle Selbstständigkeit der jeweiligen fachrechtliche Anforderungen bleibe davon unberührt.[6]

B. Verbindung mit der Natura 2000-Verträglichkeitsprüfung

6 Nach § 34 Abs. 1 BNatSchG ist zu prüfen, ob ein Projekt mit den Erhaltungszielen eines FFH-Gebiets oder eines Europäischen Vogelschutzgebiets vereinbar ist. Während sich der Anwendungsbereich dieser Natura 2000-Verträglichkeitsprüfung und der UVP deckt, unterscheiden sich die **Zwecke beider Prüfungen**. Während die UVP »nur« sicherstellen soll, dass Umweltbelange bei der Zulassung eines Vorhabens vollständig berücksichtigt werden, geht es bei der naturschutzrechtlichen Verträglichkeitsprüfung darum, das europäische Schutzgebietsnetz Natura 2000 vor Beeinträchtigungen zu schützen. Aus diesen unterschiedlichen Zwecken ergeben sich verschiedene Prüfungsinhalte und Prüfungsanforderungen, die jeweils beachtet werden müssen, aber einer gemeinsamen Prüfung nicht im Wege stehen.[7] Dabei ist zu beachten, dass die Verträglichkeitsprüfung nach § 34 Abs. 1 BNatSchG, auch wenn sie in verfahrensrechtlicher Hinsicht sehr detailarm ausgestattet ist, Besonderheiten aufweist. So ist es unter Umständen erforderlich, eine Stellungnahme der Kommission einzuholen (§ 34 Abs. 4 Satz 2 BNatSchG). Weiterhin sind die strengen Rechtsfolgen der Natura 2000-Verträglichkeitsprüfung bei der Entscheidung über das Vorhaben zu beachten, die weit über das bloße Erfordernis des »Berücksichtigens« der Ergebnisse der UVP hinausgehen.[8]

7 § 32 Satz 1 ändert an diesen **materiell-rechtlichen und verfahrensrechtlichen Unterschieden** nichts,[9] sondern schreibt nur vor, dass die Natura 2000-Verträglichkeitsprüfung in dem Zulassungsverfahren vorgenommen wird, in dem auch die UVP durchzuführen ist. Dies trägt der Vorgabe des Art. 2 Abs. 3 Unterabs. 1 UVP-RL Rechnung, wonach koordinierte und/oder gemeinsame Verfahren für die Natura 2000-Verträglichkeitsprüfung und die UVP mit dem Ziel vorzusehen sind, dass die Umweltauswirkungen gesamthaft durch eine Behörde überprüft werden.[10] Hierfür hätte es allerdings keiner besonderen Regelung bedurft. Denn die für die Zulassungsentscheidung zuständige Behörde

---

5 BR-Drs. 164/17, S. 66, 77, 80.

6 BR-Drs. 164/17, S. 66.

7 Vgl. zur SUP *Bunge*, in: Hendler/Marburger/Reinhardt/Schröder, Die Strategische Umweltprüfung, S. 191 (206); *Peters/Balla/Hesselbarth*, UVPG, § 32 Rn. 4; *Sydow* DVBl 2006, 65 (70).

8 Vgl. zur SUP *Bunge*, in: Hendler/Marburger/Reinhardt/Schröder, Die Strategische Umweltprüfung, S. 191 (209).

9 BR-Drs. 164/17, S. 112; *Kommission*, Leitlinien zu Art. 2 Abs. 3 UVP-RL, ABlEU C 273 v. 27.07.2016, S. 2.

10 *Kommission*, Leitlinien zu Art. 2 Abs. 3 UVP-RL, ABlEU C 273 v. 27.07.2016, S. 2 f.

prüft ohnehin umfassend die Rechtmäßigkeit der beantragten Zulassung, wozu auch die FFH-Verträglichkeit im Sinne von § 34 BNatSchG gehört.[11]

Über die verfahrensrechtliche Verbindung der Natura 2000-Verträglichkeitsprüfung mit dem Zulassungsverfahren hinaus ergeben sich aus § 32 Satz 1 **keine weitergehenden Anforderungen** an die Natura 2000-Verträglichkeitsprüfung. Insbesondere besteht nach § 32 Satz 1 keine Pflicht, die Natura 2000-Verträglichkeitsprüfung in die UVP und in den UVP-Bericht **zu integrieren** oder eine über die Berücksichtigung des Ergebnisses beider Prüfungen hinausgehende inhaltliche Verbindung[12] vorzunehmen. Das ergibt sich aus § 32 Satz 2, wonach die UVP mit der Natura 2000-Verträglichkeitsprüfung verbunden werden »kann«, also nicht verbunden werden muss.[13] Auch Art. 2 Abs. 3 Unterabs. 1 UVP-RL fordert nicht mehr als die Durchführung beider Prüfungen durch dieselbe Behörde in zwei koordinierten oder in einem gemeinsamen Verfahren. In den Leitlinien der Kommission wird den Mitgliedstaaten bei Durchführung des gemeinsamen Verfahrens die Erstellung eines einzigen integrierten Umweltberichts lediglich empfohlen.[14] Weitergehende Anforderungen ergeben sich allerdings aus § 16 Abs. 1 Satz 2 i.V.m. Anlage 4 Nr. 9.[15] Danach muss der **UVP-Bericht** Angaben zu den Auswirkungen des Vorhabens auf die Erhaltungsziele des Natura 2000-Gebiets enthalten, die in einem gesonderten Abschnitt beschrieben werden sollen. Hiervon abgesehen stellen sich in Bezug auf die inhaltliche Verbindung bei der Natura 2000-Verträglichkeitsprüfung keine grundsätzlich anderen Fragen als bei anderen Umweltprüfungen, sodass ergänzend auf die Kommentierung unter C. III. verwiesen werden kann. 8

C. Verbindung mit anderen Umweltprüfungen

I. Inhaltliche und verfahrensbezogene Verbindung

Die UVP ist nach § 4 ein **unselbstständiger Teil** behördlicher Zulassungsverfahren. Sie wird damit nicht in einem eigenständigen, förmlichen Verfahren durchgeführt. Vielmehr ist sie in das Zulassungsverfahren integriert. 9

§ 32 geht noch einen Schritt weiter und erlaubt eine Verbindung der UVP mit Umweltprüfungen in anderen Verfahren. Die Vorschrift ermöglicht – im Gegensatz zu der in § 15 Abs. 4 angesprochenen vertikalen Abschichtung – eine **horizontale Verknüpfung verschiedener parallel laufender Umweltprüfungen**. Nähere Regelungen zu Art und Umfang der »Verbindung« enthält das Gesetz nicht. Das Unionsrecht erlaubt zur Straffung der UVP ein **gemeinsames oder koordiniertes Verfahren.**[16] Damit steht die nähere Ausgestaltung grundsätzlich im Ermessen der zuständigen Behörde (§ 10 VwVfG).[17] Denkbar ist eine nur punktuelle Verknüpfung in Bezug auf einen gemeinsamen Ausschnitt der Prüfungen, auf ein bestimmtes Umweltmedium oder bestimmte Schutzgüter. Das Gesetz erlaubt aber auch eine umfassende Verbindung mehrerer Umweltprüfungen, ja sogar eine **integrierte UVP** für mehrere parallele Planungen.[18] 10

11 *Dix*, in: Landmann/Rohmer, Umweltrecht, § 32 UVPG Rn. 7; *Peters/Balla/Hesselbarth*, UVPG, § 32 Rn. 3 f.

12 Nach BR-Drs. 164/17, S. 137 aber weitergehend § 52 Abs. 2a Satz 2 BBergG, wonach die Verträglichkeitsprüfung »zusammen« mit der UVP im Planfeststellungsverfahren durchzuführen ist.

13 Ebenso *von Landwüst*, in: Schink/Reidt/Mitschang, UVPG/UmwRG, § 32 UVPG Rn. 4; a.A. *Dix*, in: Landmann/Rohmer, Umweltrecht, § 32 UVPG Rn. 9.

14 *Kommission*, Leitlinien zu Art. 2 Abs. 3 UVP-RL, ABlEU C 273 v. 27.07.2016, S. 3.

15 Der Gesetzgeber will damit die Prüfung erleichtern und die Doppelung identischer Angaben vermeiden, vgl. BR-Drs. 164/17, S. 135.

16 *Kommission*, Leitlinien zu Art. 2 Abs. 3 UVP-RL, ABlEU C 273 v. 27.07.2016, S. 2.

17 *Ritgen*, in: Knack/Henneke, VwVfG, § 10 Rn. 27; vgl. *Gassner*, UVPG, § 14n Rn. 3.

18 So auch *Dix*, in: Landmann/Rohmer, Umweltrecht, § 32 UVPG Rn. 13; a.A. nach früherer Rechtslage BVerwG, Urt. v. 11.08.2016 – 7 A 1.15, BVerwGE 156, 20 Rn. 37: drei UVP für drei Abschnitte der Weservertiefung erforderlich.

11 Die parallelen Umweltprüfungen können nicht nur inhaltlich, sondern auch im Hinblick auf das Verfahren miteinander verknüpft werden.[19] Somit ist es zulässig, einzelne oder alle **Verfahrensschritte** der parallelen Umweltprüfungen **gemeinsam durchzuführen.**[20] Wie § 16 Abs. 8 verdeutlicht, kann der Vorhabenträger z.B. bei parallelen oder verbundenen Zulassungsverfahren einen gemeinsamen UVP-Bericht vorlegen.

12 Die in der verbundenen Umweltprüfung gewonnenen Umweltdaten und Erkenntnisse können in allen verbundenen Verfahren verwendet werden. Dies ist zwangsläufige Konsequenz des § 32. Noch weiter geht § 16 Abs. 6, wonach vorhandene Ergebnisse anderer rechtlich vorgeschriebenen Prüfungen in den UVP-Bericht einzubeziehen sind.

II. Unterschiedliche Anforderungen der verbundenen Umweltprüfungen

13 Die Verbindung ändert nichts daran, dass für jedes verbundene Verfahren die jeweils geltenden **fachgesetzlichen Anforderungen** an die Umweltprüfung und das Verfahren eingehalten werden müssen.[21] Gelten für die verbundenen Verfahren unterschiedlich strenge Anforderungen, müssen die gemeinsam durchgeführten Verfahrensschritte somit den jeweils strengsten Anforderungen genügen.[22] Das Ergebnis der gemeinsamen Umweltprüfung muss die jeweils unterschiedlichen Anforderungen der parallelen Verfahren und ihre Einhaltung deutlich machen.[23]

III. Parallele Umweltprüfungen

14 Eine gemeinsame Durchführung von Umweltprüfungen oder zumindest eine punktuelle Verknüpfung erfordert eine gewisse **Parallelität der Verfahren**. Eine Verbindung im eigentlichen Sinne liegt nur vor, wenn zeitgleich mehrere Verfahren betrieben werden, wenn auch möglicherweise in einem unterschiedlichen Verfahrensstadium. Ist ein Verfahren bereits abgeschlossen, geht es nicht mehr um eine Verbindung von Verfahren, sondern um die Übernahme von Ergebnissen aus einem abgeschlossenen Verfahren (siehe § 16 Abs. 6) und die Berücksichtigung von Vorbelastungen.[24]

Eine Verbindung paralleler Umweltprüfungen kommt insbesondere in Betracht, wenn zur Zulassung eines Vorhabens verschiedene Umweltprüfungen erforderlich sind (Rdn. 15), wenn mehrere UVP-pflichtige Vorhaben zugelassen werden sollen (Rdn. 16), sowie in allen anderen Fällen, in denen neben einer UVP eine andere Umweltprüfung stattfindet (Rdn. 17).

1. Verschiedene Umweltprüfungen bei der Zulassung eines Vorhabens

15 Das UVPG sieht für die Zulassung eines UVP-pflichtigen Vorhabens die Durchführung *einer* UVP vor. Parallele Prüfungen kommen daher nur in Betracht, wenn das Fachrecht ein spezielles weiteres Prüfverfahren vorschreibt. Ein Beispiel einer solchen weiteren Prüfung ist die **Natura 2000-Verträglichkeitsprüfung** gem. § 34 Abs. 1 BNatSchG. Sie wird durch § 32 Satz 1 verfahrensrechtlich mit dem Zulassungsverfahren verknüpft und kann nach Satz 2 mit der UVP verbunden werden (s.o. Rdn. 6). Weitere Prüfungen zur Ermittlung und Bewertung von Umweltauswirkungen im Sinne von § 32 Satz 2 sind z.B. die **Ausnahmeprüfung nach § 31 WHG,**[25] die **spezielle artenschutzrechtliche Prüfung** (saP) gem. §§ 44, 45 BNatSchG und die Prüfung der Verträglichkeit mit den **Wiederherstellungszielen** der Verordnung (EU) 2024/1991 vom 24.06.2024 über die Wiederherstellung der Natur.

---

19 Vgl. zur SUP *Peters/Balla/Hesselbarth,* UVPG, § 32 Rn. 4.
20 Vgl. zur SUP BT-Drs. 15/3441, S. 36.
21 *Dix*, in: Landmann/Rohmer, Umweltrecht, § 32 UVPG Rn. 14.
22 Vgl. zur SUP *Gassner,* UVPG, § 14n Rn. 2 und 6.
23 Vgl. BVerwG, Urt. v. 11.08.2016 – 7 A 1.15, BVerwGE 156, 20 Rn. 37.
24 Vgl. Nr. 31 UVPVwV.
25 BR-Drs. 164/17, S. 112; Nr. 32 UVPVwV; *Peters/Balla/Hesselbarth,* UVPG, § 32 Rn. 4.

2. Gemeinsame UVP für mehrere Vorhaben

Umweltprüfungen in mehreren Verfahren liegen auch vor, wenn mehrere Vorhaben zugelassen werden sollen, die jeweils UVP-pflichtig sind. In diesem Fall ist für jedes Vorhaben eine UVP durchzuführen.[26] Soweit dies zweckmäßig und sinnvoll erscheint, können die verschiedenen Umweltprüfungen gem. § 32 miteinander verbunden und als **gemeinsame UVP** durchgeführt werden. Eine solche gemeinsame UVP bietet sich allerdings nur an, wenn die verschiedenen Vorhaben erhebliche »Schnittmengen«[27] aufweisen, also in räumlicher und funktionaler Hinsicht einen ähnlichen Zweck verfolgen, sodass auch ähnliche Umweltauswirkungen in Rede stehen. Dies kommt vor allem in Betracht bei gleichartigen, kumulierenden Vorhaben (vgl. auch § 16 Abs. 8), beispielsweise bei der Zulassung mehrerer Windkraftanlagen in räumlicher Nähe oder bei mehreren Abschnitten eines linienförmigen Vorhabens.[28] Treffen mehrere selbständige Vorhaben, für deren Durchführung Planfeststellungsverfahren vorgeschrieben sind, derart zusammen, dass für diese Vorhaben nur eine einheitliche Entscheidung möglich ist, so findet nach § 78 Abs. 1 VwVfG nur ein Planfeststellungsverfahren statt. In derartigen Fällen folgt bereits aus § 78 Abs. 2 Satz 1 VwVfG, dass nur eine UVP durchzuführen ist,[29] sodass es auf § 32 nicht ankommt. 16

3. Verknüpfung der UVP mit einer Strategischen Umweltprüfung

Erfolgen Planung und Zulassung eines Vorhabens in engem zeitlichen Zusammenhang, kommt auch eine Verknüpfung der im Rahmen der Planung durchzuführenden **Strategischen Umweltprüfung** mit der im Rahmen der Vorhabenzulassung notwendigen UVP in Betracht. Hierbei sind allerdings die unterschiedlichen Anforderungen insbesondere an den **Detaillierungsgrad** der Umweltprüfung bei Plänen zu beachten.[30] Diese werden in der Regel dazu führen, dass das Prüfungsraster der für den Plan durchgeführten Strategischen Umweltprüfung für die Vorhabenzulassung zu grob ist. 17

Teil 3 Strategische Umweltprüfung

Abschnitt 1 Voraussetzungen für eine Strategische Umweltprüfung

§ 33 Strategische Umweltprüfung

Die Strategische Umweltprüfung (SUP) ist unselbständiger Teil behördlicher Verfahren zur Aufstellung oder Änderung von Plänen und Programmen.

Übersicht

26 Vgl. Nr. 31 UVPVwV.
27 Vgl. zur SUP *Peters/Balla/Hesselbarth*, UVPG, § 32 Rn. 4.
28 *Dix*, in: Landmann/Rohmer, Umweltrecht, § 32 UVPG Rn. 13; a.A. nach früherer Rechtslage BVerwG, Urt. v. 11.08.2016 – 7 A 1.15, BVerwGE 156, 20 Rn. 37: drei UVP für drei Abschnitte der Weservertiefung erforderlich.
29 BVerwG, Urt. v. 03.11.2020 – 9 A 9/19, BVerwGE 170, 210 Rn. 31 – Feste Fehmarnbeltquerung.
30 Vgl. *Gassner*, UVPG, § 14n Rn. 5.

A. Allgemeines zur Strategischen Umweltprüfung

I. Regelungszweck des § 33

1 § 33 bestimmt, dass die Strategische Umweltprüfung (SUP) ein unselbstständiger Teil behördlicher Verfahren zur Aufstellung oder Änderung von Plänen und Programmen ist. Die SUP ist ein Verfahrensinstrument des Planungsrechts, durch das positive und negative Umweltauswirkungen von bestimmten Plänen und Programmen berücksichtigt werden sollen.[1] Mit der UVPG-Novelle 2017[2] hat sich der Standort der Begriffsbestimmung und Normierung der SUP von § 2 Abs. 4 Satz 1 a.F. (»Begriffsbestimmungen«) zu einer eigenständigen Vorschrift in § 33 (»Strategische Umweltprüfung«) verschoben. Der materielle Inhalt der Norm blieb dadurch unverändert. Lediglich der konkretisierende Zusatz im 2. HS bezüglich Plänen und Programmen wurde nach § 2 Abs. 7 verlagert, der nun Pläne und Programme begriffsmäßig definiert.

2 § 33 entspricht damit in seiner funktionalen Bedeutung der Vorschrift des § 4 zur vorhabenbezogenen Umweltverträglichkeitsprüfung (UVP) (vgl. hierzu § 4 Rdn. 1).[3] Beide Normen fungieren als vor die Klammer gezogene Regelung für die Definition und Anwendung der jeweiligen Umweltprüfung, § 4 öffnet den Weg zur UVP, § 33 den zur SUP. Dies dient sowohl der Übersichtlichkeit als auch einem besseren Gesetzesverständnis.

3 Die SUP ist gemäß § 33 unselbstständiger Teil behördlicher Planungs- und Programmaufstellungsverfahren und kommt dann zur Anwendung, wenn nach Teil 3 Abschnitt 1 eine SUP-Pflicht besteht.[4] Das bedeutet zunächst, dass die SUP in das jeweilige behördliche Verfahren integriert ist. Die nach dem UVPG erforderlichen Verfahrensschritte werden im Rahmen der jeweiligen Verfahren zur Aufstellung oder Änderung der Pläne und Programme durchgeführt. Es sind dabei die jeweiligen Verfahrensregeln maßgebend, die für das Trägerverfahren gelten. Bleiben diese Vorschriften hinter denen des UVPG zurück, sind die Regelungen des UVPG ergänzend heranzuziehen. Dies betrifft vor allem die §§ 34 bis 46.[5]

1 Stüer/Beckmann, Handbuch des Bau- und Fachplanungsrechts, Rn. 4542; *Mann*, in: Landmann/Rohmer, Umweltrecht, 108. EL August 2025, § 33 UVPG Rn. 1 ff.; so schon zuvor *Gärditz*, in: Landmann/Rohmer, Umweltrecht, 90. EL Juni 2019 zur Vorgängerregelung, vor § 14a UVPG Rn. 8.

2 Gesetz zur Modernisierung des Rechts der Umweltverträglichkeitsprüfung v. 20.07.2017 BGBl. 2017 I, S. 2808.

3 *Schink*, in: Schink/Reidt/Mitschang, UVPG/UmwRG, § 33 UVPG Rn. 1; vgl. BT-Drs. 18/11499, S. 98.

4 Vgl. BT-Drs. 18/11499, S. 98.

5 Stüer/Beckmann, Handbuch des Bau- und Fachplanungsrechts, Rn. 4541.

II. Zielsetzung der SUP

Die SUP als **Verfahrensinstrument des Planungsrechts** soll gewährleisten, dass alle Umweltauswirkungen berücksichtigt sind, die bei der Aufstellung, Änderung und Annahme von bestimmten Plänen und Programmen auftreten. Erfasst werden Pläne und Programme, die voraussichtlich erhebliche Umweltauswirkungen (siehe Rdn. 23) sowie eine rahmensetzende Wirkung für künftige, regelmäßig vorhabenbezogene Zulassungsentscheidungen haben.[6] Der Prüfungsgegenstand der SUP ist mithin einem frühen und im Verhältnis zur UVP im Sinne der §§ 5 ff. zeitlich vorgelagerten Planungsstadium zugeordnet. Mit der SUP sollen Lücken im vorsorgeorientierten Umweltrecht geschlossen werden, die sich aufgrund der zuvor bestehenden Begrenzung der Umweltverträglichkeitsprüfung auf konkrete Projekte und dem daraus folgenden späten Einsetzen der Prüfung ergaben.[7] 4

Die mit der SUP verfolgte Einbeziehung eines breiteren Spektrums von Faktoren bei der Entscheidungsfindung soll zu nachhaltigeren und wirksameren Lösungen bei der planerischen Berücksichtigung von Umweltbelangen führen.[8] Entscheidender Faktor ist dabei der zeitlich frühestmögliche Ansatz in einem regelmäßig mehrstufigen Planungsprozess, der schließlich in der Zulassungsentscheidung in Bezug auf ein konkretes Projekt seinen Endpunkt findet. So können Interessenkonflikte bereits zu Beginn der Planung ausgeräumt werden, ohne dass Konflikte in den weiteren Planungsprozess hineingetragen werden, in dem sie sich unter Umständen nicht mehr oder nur noch unter Schwierigkeiten lösen lassen.[9] Die SUP ist in der Folge als **Ausprägung des umweltrechtlichen Vorsorgeprinzips** zu qualifizieren.[10] 5

Die SUP hat erhebliches Chancenpotenzial. Richtig verstanden kann sie insbesondere Treiberin für eine zukunftsorientierte Standortentwicklung auf kommunaler Ebene sein.[11] Voraussetzung dafür ist, dass so früh wie möglich die umweltbezogenen Rahmenbedingungen am jeweiligen Standort bzw. für Wirtschaftsräume untersucht werden und daraus ein entsprechendes Investitionsprofil entwickelt wird.[12] So wird eine sichere Datenbasis geschaffen, auf deren Grundlage Interessenten und Investoren erkennen können, ob das von ihnen anvisierte Vorhaben an diesem oder vorzugsweise an einem anderen Standort zu realisieren ist. Zugleich kann das zur Vermeidung kostenintensiver Fehlplanungen und zur Stärkung des Wettbewerbs der Regionen beitragen.[13] Aufgrund der inhärenten Öffentlichkeitsbeteiligung bietet sich die Chance, frühzeitig auch für Akzeptanz in der Öffentlichkeit zu werben. 6

6 Siehe BT-Drs. 15/3441, S. 12; zur Entstehungsgeschichte und ihren völkerrechtlichen Bezügen vgl. *Durner*, in: Landmann/Rohmer, Umweltrecht, 108. EL August 2025, 1. Umweltvölkerrecht, Rn. 90 ff.; so schon zuvor *Gärditz*, in: Landmann/Rohmer, Umweltrecht, 90. EL Juni 2019 zur Vorgängerregelung, vor § 14a UVPG Rn. 2–4.

7 Siehe EU-Kommission, Umsetzung der Richtlinie 2001/42/EG (Leitfaden), Vorwort, 1. Absatz; *Schink* NVwZ 2005, 615.

8 Siehe BT-Drs. 15/3441, S. 12; zu den seit Inkrafttreten der Richtlinie 2001/42/EG »gemischten« Erfahrungen mit der SUP in den EU-Mitgliedstaaten vgl. im Einzelnen den Bericht der EU-Kommission v. 14.09.2009, KOM(2009) 469; endgültig dazu hat der Ausschuss der Regionen am 15.04.2010 Stellung genommen (vgl. ABl. C 232/41 v. 27.08.2010).

9 *Schink*, in: Schink/Reidt/Mitschang, UVPG/UmwRG, § 33 UVPG Rn. 1; *Mann*, in Landmann/Rohmer, Umweltrecht, 108. EL August 2025§ 33 UVPG Rn. 1 ff.; so schon zuvor *Gärditz*, in: Landmann/Rohmer, Umweltrecht, 90. EL Juni 2019 zur Vorgängerregelung, vor § 14a UVPG Rn. 9.

10 *Schomerus/Busse* NordÖR 2005, 398 (399); zum Vorsorgeprinzip siehe auch Einl. Rdn. 8.

11 *Albrecht*, in: Sinner/Gassner/Hartlik/Albrecht, SUP – 1. Teil, Einleitung.

12 *Albrecht*, in: Sinner/Gassner/Hartlik/Albrecht, SUP – 1. Teil, Einleitung.

13 *Albrecht*, in: Sinner/Gassner/Hartlik/Albrecht, SUP – 1. Teil, Einleitung.

B. Globaler Kontext und Gesetzesgeschichte

I. Einfluss des Umweltvölkerrechts auf die SUP

7 Auf völkerrechtlicher Ebene existiert mit der Espoo-Konvention der UNECE[14] ein regulativer Rahmen, um die Durchführung von Umweltverträglichkeitsprüfungen bei grenzüberschreitenden Umweltauswirkungen zu vereinheitlichen.[15] Der Konvention gehören 45 Vertragsparteien an, darunter auch die Bundesrepublik Deutschland und die Europäische Union.[16] Die Konvention soll behördliche Entscheidungsträger im Hinblick auf Umweltauswirkungen sensibilisieren.[17] Allerdings beschränkt sich der regulatorische Rahmen der Konvention auf bestimmte Tätigkeiten (Art. 2 Abs. 1 und 3 i.V.m. Anh. I Espoo-Konvention), so dass keine breite Wirkung entfaltet wird. Allenfalls Art. 2 Abs. 7 Satz 2 Espoo-Konvention deutet einen breiteren regulatorischen Rahmen an, wenn er den Vertragsparteien auferlegt, dass sich diese darum »bemühen« sollen, »die Grundsätze der Umweltverträglichkeitsprüfung in geeignetem Umfang auf Politiken, Pläne und Programme anzuwenden«.[18] Gleichwohl ist diese Vorgabe sehr abstrakt, so dass sich hieraus keine konkrete rechtliche Bindung ergibt.[19] Die unmittelbare Anwendbarkeit der Espoo-Konvention wird dadurch geschmälert, dass ihre Anforderungen bereits in der UVP-Richtlinie (siehe Rdn. 11) berücksichtigt werden.[20]

8 Im Rahmen des SEA-Protokolls zur Espoo-Konvention der UNECE[21] wurde auch eine SUP-Pflicht für grenzüberschreitende Pläne und Programme installiert. Nach Art. 4 des SEA-Protokolls haben die beteiligten Länder sicherzustellen, dass eine SUP für Pläne und Programme mit grenzüberschreitendem Charakter durchgeführt wird, wenn erhebliche Umweltauswirkungen oder erhebliche Auswirkungen auf die Gesundheit zu befürchten sind. Das Protokoll nennt verschiedene Instrumente, für die SUP, u.a. das Screening (Art. 5), das Scoping-Verfahren (Art. 6), den Umweltbericht (Art. 7), die Öffentlichkeitsbeteiligung (Art. 8)[22] und die Behördenkonsultation (Art. 9). Erreichen die grenzüberschreitenden Umweltauswirkungen ein erhebliches Maß an Beeinträchtigung, sind die Behörden und die Öffentlichkeit des jeweiligen Mitgliedstaates entsprechend zu beteiligen (Art. 10). Das SEA-Protokoll wurde als Bundesgesetz verabschiedet und auch als Sekundärrecht übernommen.[23] Dessen praktische Relevanz ist jedoch ausweislich der Begründung des Bundesgesetzes, dass das deutsche Recht durch die Umsetzung europäischer Richtlinien und einhergehender Änderungen bereits entsprechend angepasst wurde, nur gering.[24]

---

14 Übereinkommen v. 25.02.1991 über die Umweltverträglichkeitsprüfung im grenzüberschreitenden Rahmen, zuletzt geändert durch die Beschlüsse der zweiten Konferenz der Parteien v. 27.02.2001, BGBl. II 2002, S. 1406.

15 *Durner*, in: Landmann/Rohmer, Umweltrecht, 108. EL August 2025, 1. Umweltvölkerrecht,Rn. 90; so schon zuvor *Gärditz*, in: Landmann/Rohmer, Umweltrecht, 90. EL Juni 2019 zur Vorgängerregelung, vor § 14a UVPG Rn. 1, m.w.N.

16 Eine Liste aller Parteien ist zu finden unter: https://treaties.un.org/Pages/showDetails.aspx?objid=080000028002887c&clang=_en (zuletzt abgerufen am 02.02.2026).

17 *Durner*, in: Landmann/Rohmer, Umweltrecht, 108. EL August 2025, 1. Umweltvölkerrecht, Rn. 90; so schon zuvor *Gärditz*, in: Landmann/Rohmer, Umweltrecht, 90. EL Juni 2019 zur Vorgängerregelung, vor § 14a UVPG Rn. 2.

18 *Durner*, in: Landmann/Rohmer, Umweltrecht, 108. EL August 2025, 1. Umweltvölkerrecht, Rn. 90; so schon zuvor *Gärditz*, in: Landmann/Rohmer, Umweltrecht, 90. EL Juni 2019 zur Vorgängerregelung, vor § 14a UVPG Rn. 1.

19 *Durner*, in: Landmann/Rohmer, Umweltrecht, 108. EL August 2025, 1. Umweltvölkerrecht, Rn. 90; so schon zuvor *Gärditz*, in: Landmann/Rohmer, Umweltrecht, 90. EL Juni 2019 *zur Vorgängerregelung*, vor § 14a UVPG Rn. 2.

20 EuGH, Urt. v. 29.07.2019 – Rs. C 411/17 Rn. 161, EuGH DVBl 2020, 108 (122) m. Anm. *Frenz*.

21 Protokoll über die strategische Umweltprüfung zum Übereinkommen über die Umweltverträglichkeitsprüfung v. 21.05.2003, ABl. L 308/35.

22 Vgl. hierzu *Beckmann* UPR 2025, 457.

23 BGBl. 2006 I, S. 497; Abl. L 308/33 v. 20.10.2010.

24 BT-Drs. 16/341, S. 6.

Auch andere Internationale Organisationen widmen sich Fragen der SUP. Darunter ist die OECD[25] hervorzuheben, deren Mitglied Deutschland ist, indem sie Leitlinien zur SUP publiziert.[26] Gleichwohl entfalten diese Leitlinien keinerlei unmittelbare Bindungswirkung, sondern sind als bloße Empfehlungen zu verstehen. Hierdurch möchte die OECD ein Bewusstsein dafür schaffen, wie die SUP zum Wohle nachhaltiger Entwicklung beitragen kann, wenn sie den Leitlinien entsprechend ausgestaltet und durchgeführt wird.[27] Insofern trägt die OECD unmittelbar durch ihre Empfehlungen zur Diskussion hinsichtlich der SUP und damit mittelbar zu ihrer Entwicklung auf globaler Ebene bei. 9

II. Europarechtliche Vorgaben zur SUP

Die Europäische Union strebt gemäß Art. 191 AEUV[28] ein hohes Umweltschutzniveau an. Damit korrespondiert der Ausgangspunkt des europäischen Umweltrechts in der Querschnittsklausel Art. 11 AEUV, der die Festlegung und Durchführung der Unionspolitiken und -maßnahmen den Erfordernissen des Umweltschutzes unterstellt. Prozedural bedeutet dies, dass die verantwortlichen (Dienst-)Stellen die Erfordernisse des Umweltschutzes tatsächlich sowie frühzeitig in ihre Planung und Umsetzung einbeziehen müssen.[29] Materieller Gegenstand dieser Vorgabe sind die in Art. 191 Abs. 1 und 2 AEUV enthaltenen umweltpolitischen Ziele und Schutzmaßnahmen.[30] Abstrakt lässt sich damit aus Art. 11 AEUV das Gebot ableiten, bei der Planung und Durchführung von Maßnahmen Umweltbelange im Verhältnis zu gegenläufigen Interessen ausreichend zu berücksichtigen und zu würdigen.[31] Gebunden sind die mit dem Vollzug des Unionsrechts betrauten Stellen.[32] Dies sind neben den Unionsorganen – insbesondere der Europäischen Kommission – auch die Mitgliedstaaten selbst.[33] Um den Erfordernissen des Umweltschutzes in hinreichendem Maße zu begegnen, empfahlen von der Kommission in Auftrag gegebene Studien,[34] die Einführung der UVP auf Projektebene als Instrument. 10

Der europäische Gesetzgeber hat seinen Mitgliedstaaten durch die UVP-Richtlinie 1985[35] verbindlich vorgegeben, die darin enthaltenen Vorschriften über die UVP in nationales Recht umzusetzen.[36] Dem folgend hatte der europäische Gesetzgeber die vorstehende Richtlinie durch die Änderungs- 11

25 The Organisation for Economic Co-operation and Development – Organisation für wirtschaftliche Zusammenarbeit und Entwicklung hat derzeit 38 Mitgliedstaaten, https://www.oecd.org/about/members-and-partners/(zuletzt abgerufen am 02.02.2026).

26 OECD, Applying Strategic Environmental Assessment – Good Practice Guidance For Development Co-Operation, 2006, unter: https://doi.org/10.1787/9789264026582-en (zuletzt abgerufen am 02.02.2026).

27 OECD, Applying Strategic Environmental Assessment – Good Practice Guidance For Development Co-Operation, 2006, 3, 17 ff. unter: https://doi.org/10.1787/9789264026582-en (zuletzt abgerufen am 02.02.2026).

28 V. 25.03.1957 (BGBl. II 1957, S. 766 ber. S. 1678 und 1958 II S. 64), geändert und umbenannt in »Vertrag über die Arbeitsweise der Europäischen Union« durch den Vertrag von Lissabon v. 13.12.2007, ABl. 2007 Nr. C 306/1; konsolidierte und berichtigte Fassung ABl. 2016 Nr. C 202/53.

29 *Calliess*, in: Calliess/Ruffert, EUV/AEUV, Art. 11 AEUV Rn. 15.

30 *Calliess*, in: Calliess/Ruffert, EUV/AEUV, Art. 11 AEUV Rn. 6, 20.

31 *Calliess*, in: Calliess/Ruffert, EUV/AEUV, Art. 11 AEUV Rn. 7, 24.

32 *Calliess*, in: Calliess/Ruffert, EUV/AEUV, Art. 11 AEUV Rn. 12.

33 *Calliess*, in: Calliess/Ruffert, EUV/AEUV, Art. 11 AEUV Rn. 9, 12.

34 *Guckelberger/Gard* EurUP 2016, 168 Fn. 4, dort *Lee/Wood*, Environmental Impact Assessment of Projects in EEC Countries, Journal of Environmental Management 1978, 57 ff.

35 Richtlinie 85/337/EWG des Rates v. 27.06.1985 über die Umweltverträglichkeitsprüfung bei bestimmten öffentlichen und privaten Projekten, ABl. EG L 175/40.

36 *Sangenstedt* ZUR 2014, 526 (526).

richtlinien 97/11/EG[37], 2003/35/EG[38] sowie 2009/31/EG[39] ergänzt. Um das Verfahren der UVP übersichtlicher und klarer zu gestalten, fasste die UVP-Richtlinie[40] die zuvor zur UVP ergangenen Richtlinien zu einem einheitlichen Richtlinientext zusammen, ohne daran inhaltlich Änderungen vorzunehmen.[41]

12 Die Einführung der SUP folgte im Jahr 2001 und beruhte auf der SUP-RL[42], womit der europäische Gesetzgeber auf die deutliche Kritik der Kommission reagierte.[43] In ihrem Bericht von 1993 beanstandete die Kommission, dass durch die UVP Umweltbelange erst auf Ebene des Projekts einbezogen werden und damit viele wichtige planerische Entscheidungen unumkehrbar vorweggenommen sind.[44] Neben der Bestimmung ihrer Zielsetzung und Regelungen zu ihrer Umsetzung, bestimmt die SUP-RL im Wesentlichen die von der SUP erfassten Pläne und Programme, gibt die die Voraussetzungen für das Bestehen einer SUP-Pflicht vor und regelt die einzelnen Verfahrensschritte ihrer Durchführung. Für das Verständnis der europarechtlichen Vorgaben sind insbesondere die Art. 2 und Art. 3 SUP-RL entscheidend. Danach ist die SUP-RL eher eine »Verfahrensrichtlinie«, die durch festgelegte Schritte Entscheidungsträgern dabei helfen soll, aufgrund objektiver Informationen unter Beteiligung der Öffentlichkeit und der zuständigen Behörden eine ausgewogene Entscheidung zu treffen.[45]

13 Angesichts zahlreicher technischer sowie politischer Veränderungen, aber auch neuen ökologischen Herausforderungen seit Erlass der UVP-RL 1985, bestand ein hoher Anpassungsbedarf.[46] Mit der UVP-Änderungsrichtlinie 2014/52/EU[47] sollte dem begegnet werden. Das Konzept der UVP wurde hierdurch nicht vollkommen neu gefasst, sondern durch punktuelle Veränderungen ergänzt und neu strukturiert.[48] Bedeutende Änderungen betrafen insbesondere das koordinierte und gemeinsame Umweltprüfverfahren, die Vorprüfung, die Schutzgüter, das Scoping, den Umweltbericht, die Öffentlichkeitsbeteiligung, das Verhältnis der UVP zur Zulassungsentscheidung sowie die Vermeidung von Interessenkonflikten und Sanktionsanordnungen.[49]

14 Im Gegensatz zur UVP besteht die SUP-RL bislang in ihrer Ursprungsfassung unverändert fort. Gleichwohl ergaben sich durch die UVP-Änderungsrichtlinie 2014/52/EU auch in Bezug zur SUP Änderungen, die vornehmlich darauf gerichtet sind, beide Umweltprüfungen an sinnvollen Stellen einander

---

37 Richtlinie 97/11/EG des Rates v. 03.03.1997 zur Änderung der Richtlinie 85/337/EWG über die Umweltverträglichkeitsprüfung bei bestimmten öffentlichen und privaten Projekten, ABl. EG L 73/5.

38 Richtlinie 2003/35/EG des Europäischen Parlaments und des Rates v. 26.05.2003 über die Beteiligung der Öffentlichkeit bei der Ausarbeitung bestimmter umweltbezogener Pläne und Programme und zur Änderung der Richtlinien 85/337/EWG und 96/61/EG des Rates in Bezug auf die Öffentlichkeitsbeteiligung und den Zugang zu Gerichten, ABl. L 156/17.

39 Richtlinie 2009/31/EG des Europäischen Parlaments und des Rates v. 23.04.2009 über die geologische Speicherung von Kohlendioxid und zur Änderung der Richtlinie 85/337/EWG des Rates sowie der Richtlinien 2000/60/EG, 2001/80/EG, 2004/35/EG, 2006/12/EG und 2008/1/EG des Europäischen Parlaments und des Rates sowie der Verordnung (EG) Nr. 1013/2006, ABl. L 140/11.

40 Richtlinie 2011/92/EU des Europäischen Parlaments und des Rates v. 13.12.2011 über die Umweltverträglichkeitsprüfung bei bestimmten öffentlichen und privaten Projekten, ABl. L 26/1.

41 *Sangenstedt* ZUR 2014, 526 (526).

42 Richtlinie 2001/42/EG des Europäischen Parlaments und des Rates v. 27.06.2001 über die Prüfung der Umweltauswirkungen bestimmter Pläne und Programme ABl. EG L 197/30; siehe auch Einl. Rdn. 36 ff.

43 *Guckelberger/Gard* EurUP 2016, 168.

44 *Guckelberger/Gard* EurUP 2016, 168 Fn. 11, dort KOM (93) 28 endgültig, S. 59 f.

45 Bericht der EU-Kommission v. 15.05.2017, KOM(2017) 234 endgültig, S. 2.

46 *Sangenstedt* ZUR 2014, 526 (526).

47 Richtlinie 2014/52/EU des Europäischen Parlaments und des Rates v. 16.04.2014 zur Änderung der Richtlinie 2011/92/EU über die Umweltverträglichkeitsprüfung bei bestimmten öffentlichen und privaten Projekten, ABl. L 124/1.

48 *Sangenstedt* ZUR 2014, 526 (526).

49 Vgl. im Einzelnen *Sangenstedt* ZUR 2014, 526 (528–535).

anzugleichen. Dies betrifft zum einen die Durchführung koordinierter und/oder gemeinsamer Verfahren gemäß Art. 1 Nr. 2 UVP-Änderungsrichtlinie 2014/52/EU.[50] Den Mitgliedstaaten wird unverbindlich eingeräumt, für solche Verfahren, die einer SUP- und UVP-Pflicht unterliegen, beide Umweltprüfungen einer einzelnen Stelle zuzuweisen und damit insgesamt das Verfahren zu konzentrieren.[51]

In Deutschland ist eine solche Verfahrenskonzentration bereits hinlänglich bekannt. So verknüpft § 2 Abs. 4 BauGB nach geltendem Recht die UVP und die SUP in einem Verfahren. Weiterhin passt Art. 1 Nr. 3 UVP-Änderungsrichtlinie 2014/52/EU die für die UVP maßgeblichen Schutzgüter an die SUP an, indem nunmehr die Formulierung »Bevölkerung und menschliche Gesundheit« aus Anh. I Buchstabe f. SUP-RL übernommen wird statt wie bislang der Begriff »Mensch«. Dass die UVP-Änderungsrichtlinie 2014/52/EU von »biologische[r] Vielfalt« anstelle von »Fauna und Flora« spricht, abweichend von der SUP-RL, bedeutet materiell keinen Unterschied.[52] Dadurch soll lediglich die Terminologie des Übereinkommens v. 05.06.1992 über die biologische Vielfalt[53] übernommen werden, welche Flora und Fauna mitumfasst.[54] Schließlich sieht Art. 1 Nr. 5 UVP-Änderungsrichtlinie 2014/52/EU für Projektträger vor, dass diese nach Durchführung der UVP einen Bericht erstellen und vorlegen müssen, was auch schon im Rahmen einer SUP gemäß Art. 5 SUP-RL galt.

Die Kommission startete 2010 einen öffentlichen Konsultationsprozess, um die bisherigen Erfahrungen mit der SUP und Vorschläge für Änderungen der Richtlinie zu erheben. Aus den zuvor veröffentlichten Berichten der Kommission[55] und des Ausschusses der Regionen ergab sich in Summe ein »gemischtes« Bild. Einerseits wurde darauf verwiesen, man müsse vor der Überarbeitung der SUP-RL noch mehr Erfahrungen sammeln; anderseits wurden bereits konkrete Kritikpunkte benannt, die z.B. Unschärfen im Hinblick auf den Anwendungsbereich (Art. 3 Abs. 2 lit. a) i.V.m. Abs. 3 SUP-RL, die Forderung nach einer genauen Definition der in den Umweltbericht (Art. 5 u. Anh. I SUP-RL) aufzunehmenden Informationen und der »vernünftigen Alternativen« (Art. 5 Abs. 1 SUP) betreffen. In ihrem zweiten Bericht von 2017[56] fasst die Kommission zusammen, welche weiteren Erfahrungen mit der SUP hinsichtlich der SUP-RL zwischen 2007 und 2014 gemacht wurden.[57] Diese Ergebnisse sollen genutzt werden, um die Effizienz und Leistungsfähigkeit der SUP-RL zu überprüfen.[58] Der Bericht weist in seinen Schlussfolgerungen darauf hin, dass die Richtlinie in den Mitgliedstaaten nicht einheitlich umgesetzt wurde, insbesondere hinsichtlich der Qualität und Verfügbarkeit von Information gebe es »Schwierigkeiten«.[59] Außerdem bestünden nach wie vor hinsichtlich einiger Schlüsselbegriffe, unter anderem zum Terminus »vernünftige Alternativen«, erhebliche Unsicherheiten.[60] Mithilfe von Leitfäden sollen diese Unsicherheiten[61] beseitigt werden, so etwa durch den Leitfaden der Kommission zur Integration des Klimawandels und Biodiversität in die SUP[62] von 2013 oder den Leitfaden der portugiesischen Umweltbehörde zur besseren Anwendung 15

50 *Sangenstedt* ZUR 2014, 526 (528).
51 *Sangenstedt* ZUR 2014, 526 (528).
52 *Sangenstedt* ZUR 2014, 526 (530).
53 BGBl. I 1993, S. 1741.
54 *Sangenstedt* ZUR 2014, 526 (530).
55 Vgl. Bericht der EU-Kommission v. 14.09.2009, KOM(2009) 469 endgültig; Stellungnahme des Ausschusses der Regionen v. 15.04.2010, ABl. EU C 232/41 v. 27.08.2010.
56 Bericht der EU-Kommission v. 15.05.2017, KOM(2017) 234 endgültig.
57 Bericht der EU-Kommission v. 15.05.2017, KOM(2017) 234 endgültig, S. 2.
58 Bericht der EU-Kommission v. 15.05.2017, KOM(2017) 234 endgültig, S. 2.
59 Bericht der EU-Kommission v. 15.05.2017, KOM(2017) 234 endgültig, S. 11.
60 Bericht der EU-Kommission v. 15.05.2017, KOM(2017) 234 endgültig, S. 11.
61 Bericht der EU-Kommission v. 15.05.2017, KOM(2017) 234 endgültig, S. 11.
62 European Commission, Guidance on Integrating Climate Change and Biodiversity into Strategic Environmental Assessment, Brussel 2013, unter: https://doi.org/10.2779/11869 (zuletzt abgerufen am 02.02.2026). Die SUP-RL zählt lediglich Klimafaktoren im Anh. I lit. f auf, was die Kommission in dem Leitfaden unter anderem als einen Verweis auf den Klimawandel wertet (S. 15).

der SUP[63] von 2012.[64] Ferner gibt die Kommission (nunmehr in vierter Auflage) eine Zusammenstellung der Rechtsprechung des EuGH zur UVP- und SUP-RL als Hilfestellung für den Rechtsanwender heraus.[65]

1. Pläne und Programme nach Art. 2 lit. a) SUP-RL

16 Was unter **Plänen und Programmen i.S.d. SUP** zu verstehen ist, ist im Ausgangspunkt der in Art. 2 lit. a) SUP-RL enthaltenen Begriffsbestimmung zu entnehmen. Das Begriffspaar erfasst demgemäß Pläne und Programme, die von einer Behörde auf nationaler, regionaler oder lokaler Ebene ausgearbeitet und/oder angenommen werden oder die von einer Behörde für die Annahme durch das Parlament oder die Regierung im Wege eines Gesetzgebungsverfahrens ausgearbeitet und die aufgrund von Rechts- und Verwaltungsvorschriften erstellt werden müssen (näher dazu Rdn. 40 ff. und § 2 Rdn. 19 ff.). Der EuGH hat in seiner Rechtsprechung das Begriffspaar Pläne und Programme dahingehend konkretisiert, dass er es »auf jeden Rechtsakt bezieht, der dadurch, dass er die in dem betreffenden Bereich anwendbaren Regeln und Verfahren zur Kontrolle festlegt, eine signifikante Gesamtheit von Kriterien und Modalitäten für die Genehmigung und Durchführung eines oder mehrerer Projekte aufstellt, die voraussichtlich erhebliche Umweltauswirkungen haben«.[66] Art. 2 lit. a) stellt des Weiteren – wenn auch sprachlich und systematisch wenig geglückt – klar, dass auch die Änderung entsprechender Pläne und Programme die Vorgaben der Begriffsbestimmung erfüllt.

2. Voraussetzungen der SUP-Pflicht nach Art. 3 SUP-RL

17 Die Voraussetzungen der SUP-Pflicht sind dem in Art. 3 SUP-RL geregelten Geltungsbereich der Richtlinie zu entnehmen. Art. 3 SUP-RL soll – nach dem Verständnis des Richtliniengebers – eine Begrenzung des Erfordernisses der SUP bewirken. An die weite Begriffsbestimmung des Art. 2 lit. a) SUP-RL anknüpfend ergibt sich aus Art. 3 SUP-RL, welche Pläne und Programme, die die Voraussetzungen des Art. 2 lit. a) aufweisen, einer SUP zu unterziehen sind.[67] Hierbei können bereits die zwei Grundarten der **obligatorischen SUP-Pflicht** (siehe hierzu Rdn. 36 sowie zu den weiteren Einzelheiten obligatorischer SUP-Pflichten die Einzelerläuterungen zu § 35 Rdn. 4 ff., § 36 Rdn. 1, 7, § 37 Rdn. 4, Anlage 5 Rdn. 2, 4, 11 ff., 21 ff. und Anlage 6 Rdn. 4) einerseits und der **konditionalen SUP-Pflicht** (siehe hierzu Rdn. 36 sowie zu den weiteren Einzelheiten konditionaler SUP-Pflichten siehe die Einzelerläuterungen zu § 35 Rdn. 13 ff., § 37 Rdn. 1, 4, 6, Anlage 5 Rdn. 1 ff., 38 ff. und Anlage 6 Rdn. 4) andererseits unterschieden werden, die auch die Umsetzung im Rahmen des UVPG strukturieren. So bestimmt Art. 3 Abs. 2 SUP-RL diejenigen Pläne und Programme, denen seitens des Richtliniengebers – das Vorliegen weiterer Merk-

63 Portuguese Environment Agency and Redes Energéticas Nacionais, Strategic Environmental Assessment Better Practice Guide – Methodological guidance for strategic thinking in SEA, Lisbon 2012, unter: soiws-2015–03-SEA-Guidance-en.pdf (zuletzt abgerufen am 02.02.2026).

64 Das BVerwG hat in seinem Urteil v. 27.03.2025 – 7 A 3.24, ZUR 2025, 552 (553) entschieden, dass globale Klimafolgen im Rahmen einer immissionsschutzrechtlichen Genehmigung nicht zu prüfen seien. Ob diese Rechtsauffassung indes einer unionsrechtlichen Nachprüfung Stand hält, ist zumindest offen. Die SUP knüpft an den Klimabegriff in § 2 UVPG an (vgl. § 2 UVPG Rdn. 11 f., 53 f.). Relevant ist dies für den Umweltbericht und die Gesamtabwägung im Rahmen von § 43 Abs. 2. Entscheidend sind das jeweilige Trägerverfahren und der Einzelfall (vgl. § 40 UVPG Rdn. 91 ff.; § 43 UVPG Rdn. 14 ff.). Die SUP-RL zählt lediglich Klimafaktoren auf, konkretisiert durch den Leitfaden der Kommission 2013 (siehe Rdn. 15). Trotz des Hinweises im Leitfaden auf die Unverbindlichkeit (S. 3) kann diesem Relevanz für die Auslegung im Einzelfall zukommen. Ausführlich zu der Thematik: *Beckmann* NuR 2025, 725; *ders.* AbfallR 2025, 210. Siehe auch: *Sangenstedt* NVwZ 2025, 142 (144, 145); *Kling* ZUR 2024, 141 (142, 143).

65 EU-Kommission, Environmental assessments of plans, programmes and projects – Rulings of the Court of Justice of the European Union, 4. Aufl. 2020, unter: https://doi.org/10.2779/88827 (zuletzt abgerufen am 02.02.2026).

66 Vgl. EuGH, Urt. v. 22.02.2022 – Rs. C-300/20, Rn. 60; siehe auch EuGH, Urt. v. 25.06.2020 – Rs. C-24/19, Rn. 67 u.a.

67 EU-Kommission, Umsetzung der Richtlinie 2001/42/EG (Leitfaden), Nr. 3.17; Dazu: *Decker* EurUP 2024, 99 (103 f.); *Hendler* NuR 2003, 2.

male vorausgesetzt – solche Umweltauswirkungen beigemessen werden, dass für sie zwingend eine Umweltprüfung durchzuführen ist.[68] Die SUP ist nach den Vorgaben der Richtlinie somit auch im Rahmen der nationalen Umsetzung als zwingend oder anders gewendet »obligatorisch« auszugestalten.[69] Art. 3 Abs. 3 und Abs. 4 SUP-RL bestimmen demgegenüber diejenigen Pläne und Programme, bei denen die Durchführung der SUP von weiteren Voraussetzungen abhängig gemacht und somit konditional ausgestaltet werden kann.[70] Die Richtlinie gibt den Mitgliedstaaten für diese Pläne und Programme i.S.d. Art. 3 Abs. 3 und Abs. 4 SUP-RL auf, zu bestimmen, ob die Pläne und Programme voraussichtlich erhebliche Umweltauswirkungen haben. Die diesbezügliche Gestaltungsfreiheit der Mitgliedstaaten findet jedoch in Art. 3 Abs. 5 SUP-RL ihre Grenzen. Danach können die Mitgliedstaaten die Bestimmung entweder durch Einzelfallprüfung oder durch Festlegung von Arten von Plänen und Programmen oder durch eine Kombination dieser beiden Ansätze vornehmen. In jedem Fall müssen sie dabei die Kriterien des Anh. II der SUP-RL berücksichtigen, um sicherzustellen, dass sämtliche Pläne und Programme, die voraussichtlich erhebliche Umweltauswirkungen haben, von der SUP-RL erfasst werden.

Gleichwohl bleibt zu berücksichtigen, dass die SUP-RL lediglich einen Mindestrahmen hinsichtlich **18**
der SUP-Pflicht legt.[71] Dadurch bleibt es den Mitgliedstaaten unbenommen, durch nationales Recht solche Pläne und Programme einer SUP-Pflicht zu unterwerfen, die nicht durch die SUP-RL erfasst sind.[72] In zeitlicher Hinsicht erfasst die SUP-Richtlinie die nach der Umsetzungsfrist 21.07.2004 des Art. 13 Abs. SUP-RL aufgestellte Pläne und Programme.[73] Darüber hinaus besteht keine Konkurrenz gegenüber der Öffentlichkeitsbeteiligungsrichtlinie,[74] da Pläne und Programme nach der

68 Aus der Zuordnung zu Art. 3 Abs. 2 SUP-RL kann jedoch nicht geschlossen werden, dass entsprechende Pläne und Programme »umweltgefährdend« sind, da sowohl positive als auch negative Umweltauswirkungen im Rahmen der SUP zu berücksichtigen sind (abweichend jedoch *Durner* NuR 2010, 452 [456]; Stüer/Beckmann, Handbuch des Bau- und Fachplanungsrechts, Rn. 1555).

69 Erfasst werden zum einen Pläne und Programme, die den Sachbereichen Landwirtschaft, Forstwirtschaft, Fischerei, Energie, Industrie, Verkehr, Abfallwirtschaft, Wasserwirtschaft, Telekommunikation, Fremdenverkehr, Raumordnung oder Bodennutzung ausgearbeitet werden und durch die der Rahmen für die künftige Genehmigung der in den Anhängen I und II der UVP-RL 1985 aufgeführten Projekte gesetzt wird. Zum anderen gibt die SUP-RL die Durchführung für Pläne und Programme obligatorisch vor, bei denen angesichts ihrer voraussichtlichen Auswirkungen auf Gebiete eine Prüfung nach Art. 6 oder 7 der Richtlinie 92/43/EWG (ABl. EG L 206/7 – »FFH-Richtlinie«) für erforderlich erachtet wird.

70 Erfasst werden Pläne und Programme im Sinne des Art. 3 Abs. 2 SUP-RL, die die Nutzung kleiner Gebiete auf lokaler Ebene festlegen oder an denen lediglich geringfügige Änderungen vorgenommen werden sollen. Diese bedürften nur dann der Durchführung einer SUP, wenn die Mitgliedstaaten bestimmen, dass sie voraussichtlich erhebliche Umweltauswirkungen haben. Die Mitgliedstaaten befinden nach Maßgabe des Art. 3 Abs. 4 SUP-RL des Weiteren auch darüber, ob nicht unter Art. 3 Abs. 2 SUP-RL fallende Pläne und Programme, durch die der Rahmen für die künftige Genehmigung von Projekten gesetzt wird, voraussichtlich erhebliche Umweltauswirkungen haben.

71 *Epiney*, in: Landmann/Rohmer, Umweltrecht, 108. EL August 2025, Art. 191 AEUV, Rn. 3 und Art. 192 AEUV, Rn. 1–3; so schon zuvor *Gärditz*, in: Landmann/Rohmer, Umweltrecht, 90. EL Juni 2019 zur Vorgängerregelung, vor § 14a UVPG Rn. 5.

72 *Epiney*, in: Landmann/Rohmer, Umweltrecht, 108. EL August 2025, Art. 191 AEUV, Rn. 3 und Art. 192 AEUV, Rn. 1–3; so schon zuvor *Gärditz*, in: Landmann/Rohmer, Umweltrecht, 90. EL Juni 2019 zur Vorgängerregelung, vor § 14a UVPG Rn. 5.

73 *Epiney*, in: Landmann/Rohmer, Umweltrecht, 108. EL August 2025, Art. 191 AEUV, Rn. 3 und Art. 192 AEUV, Rn. 1–3; so schon zuvor *Gärditz*, in: Landmann/Rohmer, Umweltrecht, 90. EL Juni 2019 zur Vorgängerregelung, vor § 14a UVPG Rn. 5.

74 Richtlinie 2003/35/EG des Europäischen Parlaments und des Rates v. 26.05.2003 über die Beteiligung der Öffentlichkeit bei der Ausarbeitung bestimmter umweltbezogener Pläne und Programme und zur Änderung der Richtlinien 85/337/EWG und 96/61/EG des Rates in Bezug auf die Öffentlichkeitsbeteiligung und den Zugang zu Gerichten, ABl. L 156/17, zuletzt geändert durch Richtlinie (EU) 2016/2284 des Europäischen Parlaments und des Rates v. 14.12.2016 über die Reduktion der nationalen Emissionen bestimmter Luftschadstoffe, zur Änderung der Richtlinie 2003/35/EG und zur Aufhebung der Richtlinie 2001/81/EG, ABl. L 344/1.

SUP-Richtlinie vom Anwendungsbereich der Öffentlichkeitsbeteiligungsrichtlinie ausgenommen sind. Die SUP-Richtlinie sieht bereits ihrerseits eine entsprechende Öffentlichkeitsbeteiligung vor.[75]

3. Verfahrensschritte der SUP nach der SUP-RL

19 Neben diesen systematischen Grundentscheidungen zum Prüfungsgegenstand der SUP und den Voraussetzungen der SUP-Pflicht gliedert die SUP-RL die vorzunehmende Umweltprüfung in verschiedene Verfahrensschritte. Die wesentlichen **Verfahrensschritte** sind:[76]

- Feststellung der Notwendigkeit einer SUP gemäß Art. 3 Abs. 2 oder Art. 3 Abs. 3 bis 7 SUP-RL;
- Festlegung des Untersuchungsrahmens und Bestimmung der in den Umweltbericht aufzunehmenden Informationen (Scoping) nach Art. 5 Abs. 4 SUP-RL;
- Erstellung des Umweltberichts nach Art. 5 Abs. 1 bis 3 SUP-RL;
- Konsultationen (Behörden- und Öffentlichkeitsbeteiligung, grenzüberschreitende Beteiligung) nach Art. 6 und 7 SUP-RL;
- Berücksichtigung des Umweltberichts und der Ergebnisse durchgeführter Konsultationen bei der weiteren Entscheidungsfindung nach Art. 8 SUP-RL;
- Bekanntgabe der Entscheidung nach Art. 9 SUP-RL;
- Überwachung (Monitoring) nach Art. 10 SUP-RL.

Für die näheren Einzelheiten der konkreten Verfahrensschritte im Rahmen der Umsetzung des UVPG wird auf die ausführlichen Erläuterungen zu §§ 30 ff. verwiesen.

III. Innerstaatliche Umsetzung und UVPG Novelle 2017

20 Die ursprünglichen **Richtlinienvorgaben der SUP-RL** hat der Bundesgesetzgeber auf nationaler Ebene einerseits durch das Europarechtsanpassungsgesetz Bau (EAG BAU)[77] und andererseits durch das SUPG von 2005[78] umgesetzt.[79] Während das **EAG Bau** die SUP für die Bauleit- und Raumordnungsplanung im Zusammenhang mit bestimmten fachgesetzlichen Planungsregelungen normiert, die den allgemeinen Vorschriften des UVPG gemäß § 38 vorgehen, finden sich die Regelungen über die SUP für das Fachplanungsrecht im Übrigen im Rahmen des **SUPG**, konkret in den §§ 34 ff.[80]

21 Aufgrund der Sachnähe zwischen SUP und UVP hat sich der Bundesgesetzgeber für eine Integration der SUP in das UVPG entschieden,[81] d.h. aus guten Gründen wurden andere, denkbare Umsetzungslösungen im Ergebnis nicht weiterverfolgt.[82] Dennoch führt dies dazu, dass Regelungen zur SUP in verschiedenen Gesetzen verstreut sind und so eine Fragmentierung und Verkomplizierung

75 *Gärditz*, in: Landmann/Rohmer, Umweltrecht, 90. EL Juni 2019 zur Vorgängerregelung, vor § 14a UVPG Rn. 7.

76 BT-Drs. 15/3441, S. 12 f.; *Schmidt/Rütz/Bier* DVBl 2002, 357 (359); *Ginzky* UPR 2002, 47 (50 ff.).

77 Gesetz zur Anpassung des Baugesetzbuches an EU-Richtlinien v. 24.06.2004, BGBl. I. 2004, S. 1359.

78 Gesetz zur Einführung einer strategischen Umweltprüfung und zur Umsetzung der Richtlinie 2001/42/EG (SUPG) v. 25.06.2005, BGBl. I 2005, S. 1746.

79 BT-Drs. 15/3441, S. 12; *Erbguth* NuR 2004, 91; *Finkelnburg* NVwZ 2004, 897; *Krautzberger* UPR 2004, 401; *Schrödter* NordÖR 2004, 317; *Steinkemper* VBlBW 2004, 401; *Wagner/Engel* BayVBl. 2005, 33; *Hendler* NVwZ 2005, 977 (978); *Sydow* DVBl 2006, 65 (66); Stüer/Beckmann, Handbuch des Bau- und Fachplanungsrechts, Rn. 4535.

80 Dem Bund kam im Umweltrecht vor der Föderalismusreform 2006 in bestimmten Bereichen nur eine Rahmengesetzgebungskompetenz zu, lediglich soweit die in Art. 73 Nr. 6, 6a GG a.F. genannten Verkehrsbereiche betroffen waren, hatte er die ausschließliche Gesetzgebungskompetenz (vgl. BT-Drs. 15/3441, S. 14 ff.).

81 BT-Drs. 15/3441, S. 13.

82 So auch *Hendler* NVwZ 2005, 977 (978); Zu den ebenfalls diskutierten Umsetzungslösungen siehe etwa *Schmidt/Rütz/Bier* DVBl 2002, 357 (360 ff.).

des anspruchsvollen Regelungskonzeptes festzustellen ist (siehe Rdn. 27 ff.).[83] Dies ist die Konsequenz der Subsidiarität des UVPG gegenüber dem Fachplanungsrecht in Bezug zur SUP, die nach der UVPG-Novelle 2017 fortbesteht (siehe bereits Rdn. 1 ff., 31 ff.).

Im Rahmen der 2017 erfolgten Novellierung des UVPG ergeben sich einige Änderungen, die auch für die SUP von Bedeutung sind.[84] Zum einen sind dies entsprechende Änderungen im allgemeinen Teil des UVPG, die sowohl für die UVP als auch für die SUP Geltung beanspruchen. Die Gesetzesnovelle 2017 soll die in ihr enthaltenen Vorschriften »insgesamt vereinfachen, harmonisieren und anwenderfreundlich ausgestalten […] ohne dabei qualitative Abstriche von den Anforderungen vorzunehmen«.[85] Insbesondere sollen bestehende Rechtsunsicherheiten beseitigt und dadurch die Verfahren nach dem UVPG beschleunigt werden.[86] Dieses Bestreben ist grundsätzlich zu begrüßen, schließlich hängt die Attraktivität des Investitionsstandorts Deutschland auch von realistischen rechtlichen Anforderungen und überschaubaren sowie planbaren Rahmenbedingungen ab. 22

Trotzdem bleibt nach Umsetzung der Novelle 2017 zu konstatieren, dass diese dem selbst gesetzten Maßstab nur eingeschränkt gerecht wird.[87] Im Bemühen, unionsrechtliche Vorgaben in nationales Recht umzusetzen, wurde auf den ersten Blick der Relevanzmaßstab für Vorhaben in Deutschland nachteilig von »erheblichen Umweltauswirkungen« zu bloßen »Umweltauswirkungen« – so § 2 Abs. 2 – verschoben.[88] Die Lektüre des Wortlauts vermittelt somit den Eindruck, dass nun von einem weiteren Relevanzmaßstab auszugehen sei. Dem steht jedoch der Wortlaut des Art. 3 Abs. 1 UVP-RL klar entgegen, der sich auf »die unmittelbaren und mittelbaren **erheblichen** Auswirkungen« bezieht.[89] Der europäische Richtliniengeber hat somit an der bislang (auch in Deutschland) bestehenden Rechtslage festgehalten.[90] Dass auch der deutsche Gesetzgeber keine Änderung der bisherigen Rechtslage herbeiführen wollte, etwa im Wege einer überschießenden Richtlinienumsetzung, geht eindeutig aus der Begründung des Gesetzesentwurfs hervor. Dort heißt es, dass die Vorschriften hinsichtlich Umweltauswirkungen vor und nach der Novelle 2017 übereinstimmen.[91] Indem § 3 und zahlreiche weitere UVPG-Vorschriften von **erheblichen** Umweltauswirkungen eines Vorhabens auf die Schutzgüter ausgehen, wird deutlich, dass es sich im Rahmen des § 2 Abs. 2 um einen redaktionellen Fehler handeln muss. Zurückzuführen ist dieser Fehler auf die Vorgabe des Europäischen Richtliniengebers in Art. 3 Abs. 2 UVP-RL, dass für bestimmte Projekte die Wahrscheinlichkeit für das Eintreten des Risikos schwerer Unfälle und Katastrophen berücksichtigt werden soll, welches den Projekten anhafte. Erwägungsgrund 15 der UVP-RL konkretisiert, dass damit nur bestimmte und diejenigen Projekte gemeint sind, die aufgrund ihrer Anfälligkeit besonderer Vorsorgemaßnahmen bedürfen (hierzu mehr unter § 2 Rdn. 81). Somit bleibt es grundsätzlich beim alten Maßstab der erheblichen Umweltauswirkungen. Dies hat der deutsche Gesetzgeber auch so in der Begründung zum Gesetzesentwurf zutreffend erkannt und klargestellt.[92] Es ist daher inkonsequent und verwirrend, wenn § 2 Abs. 2 pauschal den Begriff Umweltauswirkungen verwendet. Dies ist besonders misslich, da andere Vorschriften auf diesen Begriff als Anknüpfungspunkt abstellen (z.B. stellt § 2 Abs. 11, Definition des Einwirkungsbereichs, auf den Begriff Umweltauswirkungen 23

83 *Gärditz*, in: Landmann/Rohmer, Umweltrecht, 90. EL Juni 2019 zur Vorgängerregelung, vor § 14a UVPG Rn. 15.
84 Zur UVPG-Novelle 2017 siehe ferner: *Leidinger/Stickel* UPR 2019, 327.
85 BT-Drs. 18/11499, S. 1; *Leidinger*, Stellungnahme zu BT-Drs. 18/11499 v. 13.03.2017, Ausschussdrucksache 18(16)543-E, S. 3.
86 *Leidinger*, Stellungnahme zu BT-Drs. 18/11499 v. 13.03.2017, Ausschussdrucksache 18(16)543-E, S. 3.
87 *Leidinger*, Stellungnahme zu BT-Drs. 18/11499 v. 13.03.2017, Ausschussdrucksache 18(16)543-E, S. 3.
88 *Leidinger*, Stellungnahme zu BT-Drs. 18/11499 v. 13.03.2017, Ausschussdrucksache 18(16)543-E, S. 9.
89 *Leidinger*, Stellungnahme zu BT-Drs. 18/11499 v. 13.03.2017, Ausschussdrucksache 18(16)543-E, S. 9.
90 Vgl. Erwägungsgrund 7 UVP-RL und *Leidinger* in der 4. Aufl. zu § 14a UVPG Rn. 1.
91 BT-Drs. 18/11499, S. 74.
92 BT-Drs. 18/11499, S. 74 f.

ab).[93] Gleichwohl wird in § 2 Abs. 2 der Begriff »erheblich« hineinzulesen sein, um der UVP-RL und dem in der Gesetzesbegründung zugrunde gelegten Willen des Gesetzgebers zu entsprechen.

24 Obwohl die UVPG-Novelle 2017 in weiten Teilen das gesetzgeberische Ziel »die Regelungen zur Umweltverträglichkeitsprüfung insgesamt zu vereinfachen […] und anwenderfreundlicher auszugestalten«[94] erreicht hat oder diesem zumindest näherkommt,[95] wurde das bestehende Regelwerk stellenweise verkompliziert. Beispielsweise fanden detaillierte Regelungen zu Windfarmen systemwidrig in § 2 Abs. 5 Eingang, obwohl diese systematisch naheliegender in Anlage 1 eingefügt gehört hätten.[96]

25 Weitere Änderungen betreffen die in § 2 geregelten Schutzgüter, die in § 2 Abs. 1 Nr. 3 um das Schutzgut »Fläche« erweitert wurde. Die Aufnahme dient der gestiegenen Bedeutung dieses Schutzgutes. Bislang war der »Flächenverbrauch« über das Schutzgut »Boden« abgedeckt. Durch eine selbstständige Erwähnung wird die eigenständige Bedeutung dieses Schutzgutes hervorgehoben. Diese herausgehobene Stellung ist im Rahmen der Durchführung einer SUP zukünftig zu berücksichtigen.

26 Eine weitere Änderung findet sich in der Begriffsbestimmung der Pläne und Programme in § 2. Was Pläne und Programme sind und für welche Pläne und Programme damit eine SUP-Pflicht besteht, bestimmt nunmehr § 2 Abs. 7 i.V.m. § 33. Die im Zuge der Novellierung neu geschaffenen § 2 Abs. 7 und § 33 ersetzen damit § 2 Abs. 4 und 5 a.F. Nach dem neuen Abs. 7 sind solche Pläne und Programme einer SUP zugänglich, die bundesrechtlich oder durch Rechtsakte der Europäische Union vorgesehen werden und entweder erstens von einer Behörde ausgearbeitet und angenommen werden, zweitens von einer Behörde zur Annahme durch eine Regierung oder im Wege eines Gesetzgebungsverfahrens ausgearbeitet werden oder drittens von einem Dritten zur Annahme durch eine Behörde ausgearbeitet werden. Die Definition der Pläne und Programme erfolgt nun einheitlich für die SUP und die UVP. § 33 enthält keine weitergehenden Anforderungen an die Pläne und Programme einer SUP, wie dies noch in § 2 Abs. 4 a.F. der Fall war. Insoweit schafft die Neuregelung mehr Übersichtlichkeit und Einheitlichkeit.

C. Die SUP im systematischen Kontext des UVPG und der Raumordnungs- und Bauleitplanung

I. Die SUP und die Systematik des UVPG

27 Die Integration der SUP in das UVPG durch das SUPG von 2005 hat zu einer Reihe von Änderungen innerhalb des Gesetzes geführt. Aufgrund der Orientierung des Gesetzgebers an den Regelungen der vorgefundenen UVP blieben jedoch die Grundstrukturen weitgehend erhalten und wurden lediglich für die Zwecke der SUP fortgeschrieben. An dieser Grundsystematik hat sich auch durch die UVPG-Novelle 2017 nichts Wesentliches geändert.

28 Der Gesetzgeber hat die Regelungen der SUP den Regelungen der UVP nachgebildet, so dass der Rechtsanwender eine in weiten Teilen **spiegelbildliche Systematik** der Prüfungen vorfindet.[97] Zur Arbeitserleichterung und für den Einstieg in die Systematik der SUP sei beispielhaft auf die folgenden Parallelitäten hingewiesen:
- § 34 Feststellung der SUP-Pflicht – § 5 Feststellung der UVP-Pflicht;
- § 35 Abs. 1 Nr. 1 i.V.m. Anl. 5 Nr. 1 SUP-Pflicht aufgrund Enummerierung in Anl. 5 Nr. 1 – § 6 UVP-Pflicht aufgrund Enummerierung in Anl. 1 Spalte 1.

93 *Leidinger*, Stellungnahme zu BT-Drs. 18/11499 v. 13.03.2017, Ausschussdrucksache 18(16)543-E, S. 9.
94 BT-Drs. 18/11499, S. 1.
95 *Leidinger/Stickel* UPR 2019, 327 (333).
96 *Kment*, Stellungnahme zu BT-Drs. 18/11499 v. 13.03.2017, Ausschussdrucksache 18(16)543-A, S. 2.
97 So auch: *Ramsauer* NVwZ 2004, 1041 (1044).

Die SUP weist jedoch auch eine Reihe von **Besonderheiten** gegenüber der UVP auf.[98] Hervorzuheben ist insofern die in § 40 Abs. 1 verankerte Pflicht der Behörde, nicht nur die voraussichtlichen erheblichen Umweltauswirkungen im Rahmen der SUP zu betrachten, sondern darüber hinaus **»vernünftige Alternativen«** zu ermitteln, zu beschreiben und zu bewerten.[99] In Betracht kommen hier u.a. Standortalternativen, Trassenalternativen oder Konzeptalternativen. § 40 Abs. 1 knüpft damit an Art. 5 Abs. 1 SUP-Richtlinie an, in der eine Alternativenprüfung zur Pflicht erhoben wird, soweit unter Berücksichtigung der Ziele und des geographischen Anwendungsbereichs des Plans oder des Programms realisierbare Alternativen zur Verfügung stehen.[100] Hinsichtlich der Alternativenprüfung haben sich die Vorschriften zur UVP in § 16 Abs. 1 Nr. 6 den Vorgaben zur SUP in § 40 Abs. 1 angenähert. 29

Eine weitere Besonderheit ist die in § 45 (siehe § 45 Rdn. 14 ff.) vorgeschriebene **Überwachung** der erheblichen Umweltauswirkungen, die sich aus der Durchführung des Plans oder Programms ergeben. § 45 macht deutlich, dass dies (auch) darauf abzielt, **unvorhergesehene nachteilige Auswirkungen** frühzeitig zu ermitteln und geeignete Gegenmaßnahmen ergreifen zu können.[101] 30

II. Verhältnis der §§ 33 ff. zur Raumordnungs- und Bauleitplanung

Die in den §§ 33 ff. enthaltenen Vorgaben zur SUP stehen in einem komplizierten Verhältnis zur Raumordnungs- und Bauleitplanung.[102] Grundsätzlich sind die §§ 33 ff. auch auf die Raumordnungs- und Bauleitplanung anwendbar, was sich aus § 1 Abs. 1 Nr. 2 i.V.m. Nr. 1.5, 1.6 und 1.8 der Anlage 5 ergibt. 31

Für Bauleitpläne bestimmt § 50 Abs. 2 jedoch, dass sich die Umweltprüfung ausschließlich nach den Vorschriften des BauGB richtet.[103] Dort bestimmt § 2 Abs. 4 BauGB, dass für die Belange des Umweltschutzes eine Umweltprüfung durchzuführen ist, deren Ergebnis in einem in der Abwägung zu berücksichtigenden Umweltbericht beschrieben und bewertet wird.[104] Lediglich zusätzliche oder erhebliche Umweltauswirkungen sind in einem zeitlich nachfolgend oder gleichzeitig durchgeführten Bauleitplanverfahren zu ermitteln, so § 2 Abs. 4 Satz 5 BauGB, sofern bereits eine Umweltprüfung für das Plangebiet oder für Teile davon in einem Raumordnungs-, Flächennutzungs- oder Bebauungsplanverfahren durchgeführt worden ist. Landschaftspläne sowie sonstige Pläne, insbesondere des Wasser-, Abfall- und Immissionsschutzrechts, sind entsprechend § 2 Abs. 4 Satz 6 BauGB in der Umweltprüfung heranzuziehen.[105] Darüber hinaus enthalten die § 13 Abs. 3, § 13 a Abs. 1 Satz 2 Nr. 2, Abs. 3 BauGB weitere SUP Regelungen für das vereinfachte Aufstellungsverfahren und für Bebauungspläne der Innenentwicklung.[106] 32

98 *Peters/Balla/Hesselbarth*, UVPG, Einleitung Rn. 28.
99 Siehe im Einzelnen § 40 Rdn. 21 ff.
100 Dazu näher bei: *Uebbing*, Umweltprüfung bei Raumordnungsplänen, 2004, S. 173; *Balla* NuR 2006, 485 (490).
101 Siehe im Einzelnen § 45 Rdn. 15.
102 *Gärditz*, in: Landmann/Rohmer, Umweltrecht, 90. EL Juni 2019 zur Vorgängerregelung, vor § 14a UVPG Rn. 15.
103 Dazu: *Arndt* BauR 2025, 717 (724).
104 Dazu: *Koch/Hendler*, Baurecht, Raumordnungs- und Landesplanungsrecht, § 15 Rn. 17.
105 Stüer/Beckmann, Handbuch des Bau- und Fachplanungsrechts, Rn. 1723; *Gärditz*, in: Landmann/Rohmer, Umweltrecht, 90. EL Juni 2019 zur Vorgängerregelung, vor § 14a UVPG Rn. 18.
106 *Mann*, in: Landmann/Rohmer, Umweltrecht, 108. EL August 2025, § 50 Rn. 1; so schon zuvor *Gärditz*, in: Landmann/Rohmer, Umweltrecht, 90. EL Juni 2019 zur Vorgängerregelung, vor § 14a UVPG Rn. 17 m.w.N.

33 Gleiches gilt im Rahmen der Raumordnungsplanung. Auch hier gehen die Regelungen des ROG denen des UVPG vor, was § 48 ausdrücklich konstatiert.[107] Gemäß § 8 ROG ist bei der Aufstellung von Raumordnungsplänen nach § 13 ROG eine Umweltprüfung durchzuführen, deren Ergebnisse in einem Umweltbericht frühzeitig zu beschreiben und bewerten sind. Daraus folgt, dass die Umweltprüfung sowohl bei der Aufstellung der landesweiten Raumordnungspläne (§ 13 Abs. 1 Satz 1 Nr. 1 ROG) als auch bei der Aufstellung der Regionalpläne (§ 13 Abs. 1 Satz 1 Nr. 2 ROG) durchzuführen ist.[108] Der Umweltbericht ist nach § 7 Abs. 2 Satz 2 ROG bei der Abwägung der öffentlichen und privaten Belange nach § 7 Abs. 2 Satz 1 ROG einzubeziehen. Auch im Rahmen der Raumplanung sind lediglich zusätzliche oder andere erhebliche Umweltauswirkungen zu ermitteln, so § 8 Abs. 3 Satz 1 ROG, wenn in anderen das Plangebiet ganz oder teilweise umfassenden Plänen oder Programmen bereits eine Umweltprüfung durchgeführt wurde. Gemäß § 8 Abs. 5 Satz 1 ROG wird das Bundesministerium für Wohnen, Stadtentwicklung und Bauwesen dazu ermächtigt, im Einvernehmen mit dem Bundesministerium für Umwelt, Naturschutz, Nukleare Sicherheit und Verbraucherschutz mit Zustimmung des Bundesrates durch Verordnung Vorgaben zur Berücksichtigung von artenschutzrechtlichen Belangen im Rahmen der Umweltprüfung bei der Aufstellung von Raumordnungsplänen zu erlassen.[109] Gemäß Abs. 5 Satz 2 sind bei damit zusammenhängenden Fragen zur Windenergie an Land die Vorgaben im Einvernehmen mit dem Bundesministerium für Wirtschaft und Klimaschutz zu erlassen.

34 Gleichwohl stehen die in §§ 33 ff. getroffenen Regelungen zur SUP den Spezialgesetzen nicht bedeutungslos gegenüber, sondern sie konkretisieren die Rechtsvorschriften des Bundes und der Länder hinsichtlich der SUP, wo diese unbestimmt und lückenhaft sind.[110] Aus der systematischen Stellung des § 50 Abs. 2 folgt, dass bauplanungsrechtliche Verfahren »den Zielen und Grundsätzen des UVPG verpflichtet bleiben«.[111] Gestützt wird dies durch § 38, wonach die Mindeststandards der §§ 39 ff. auch im Rahmen des BauGB und des ROG einzuhalten sind, während die §§ 33 ff. konkretisierend heranzuziehen sind.[112] Dies liegt vor allem daran, dass die Bestimmungen der Raumordnungs- und Bauleitplanung eine geringere Regelungsdichte bezüglich der SUP aufweisen.[113] Sollten spezialgesetzliche Regelungen den Anforderungen des UVPG hinsichtlich der SUP nicht entsprechen, finden nach § 38 Satz 1 die Vorschriften der §§ 38–46 Anwendung. Hingegen bleiben nach § 38 Satz 2 weitergehende Rechtsvorschriften davon unberührt.

D. Grundstrukturen und verfahrensrechtliche Anforderungen der SUP nach dem UVPG

35 Durch die gesetzestechnische Untergliederung des maßgeblichen Teils 3 in zwei Abschnitte erhalten die Bestimmungen über die SUP eine übersichtliche Struktur. Die in Teil 3 Abschnitt 1 enthaltenen Bestimmungen (§§ 33 bis 37) regeln dabei eine »Vorstufe der eigentlichen SUP«, nämlich die **materiellen Voraussetzungen,** unter denen die SUP stattfindet einschließlich der behördlichen Feststellung, ob eine Pflicht zur Durchführung besteht. Die **formellen Verfahrensschritte** der SUP selbst sind sodann in Teil 3 Abschnitt 2 (§§ 38 bis 46 und §§ 60 bis 64) geregelt. Als Arbeitshilfe für die Praxis ist im Auftrag des Umweltbundesamtes ein Leitfaden zur SUP erstellt worden, der die materiel-

---

107 BT-Drs. 15/2250, S. 89; BT-Drs. 16/10292, S. 31; *Mann*, in: Landmann/Rohmer, Umweltrecht, 108. EL August 2025, § 48 Rn. 1; so schon zuvor *Gärditz*, in: Landmann/Rohmer, Umweltrecht, 90. EL Juni 2019 zur Vorgängerregelung, vor § 14 a UVPG Rn. 20.

108 Dazu: *Scheidler* NVwZ 2010, 19 (21).

109 BGBl. 2022 I Nr. 28, 1353; BT-Drs. 20/2355, S. 35.

110 *Schink*, in: Schink/Reidt/Mitschang, UVPG/UmwRG, § 33 UVPG Rn. 1; *Gärditz*, in: Landmann/Rohmer, Umweltrecht, 90. EL Juni 2019 zur Vorgängerregelung, vor § 14a UVPG Rn. 21, m.w.N.

111 *Gassner*, UVPG, § 17 Rn. 12.

112 *Sinner/Gassner*, in: Sinner/Gassner/Hartlik/Albrecht, SUP – 2. Teil, 2.4.

113 *Gärditz*, in: Landmann/Rohmer, Umweltrecht, 90. EL Juni 2019 zur Vorgängerregelung, vor § 14 a UVPG Rn. 21.

len und formellen Inhalte der SUP im Interesse eines einheitlichen Verständnisses und zur Gewährleistung einheitlicher Qualitätsstandards bei der Durchführung einer SUP darlegt.[114]

I. Obligatorische und konditionale SUP-Pflichten

Hinsichtlich der Frage, ob eine SUP durchzuführen ist, unterscheiden die §§ 35 bis 37 zwischen Plänen und Programmen, die einer unbedingten SUP-Pflicht unterliegen (obligatorische SUP), und solchen Plänen und Programmen, die nur unter weiteren Bedingungen einer Umweltprüfungspflicht unterliegen, so dass es hinsichtlich dieser einer besonderen vorherigen Untersuchung bedarf (konditionale SUP). Von dieser Unterscheidung hängt in der Folge das Prüfprogramm des Rechtsanwenders mit Blick auf die im Rahmen der »Vorstufe der eigentlichen SUP« zu treffende Feststellung der SUP-Pflicht nach § 34 ab (zu den weiteren Einzelheiten obligatorischer und konditionaler SUP-Pflichten siehe die Einzelerläuterungen zu § 35, § 36 und § 37). Nach der SUP-Richtlinie kommt es dabei nicht darauf an, ob die fraglichen Pläne und Programme eine nachteilige oder eine vorteilhafte Auswirkung auf die Umwelt haben können. Entscheidend ist nur, dass es sich um erhebliche Umweltauswirkungen handelt. 36

II. Rechtsnatur und Verfahrensschritte der SUP

Die SUP ist als **Verfahrensinstrument** ausgestaltet, das das jeweilige fachplanungsrechtliche Verfahren ergänzt und um die eigenen Anforderungen anreichert.[115] Ist die SUP-Pflicht gemäß § 34 festgestellt worden, sind die folgenden Verfahrensschritte im Rahmen der Fachplanung zu beachten:[116] 37

- Frühzeitige Festlegung des Untersuchungsrahmens sowie Konkretisierung der für den Umweltbericht benötigten Angaben (»Scoping«), § 39;
- Erstellung eines Umweltberichts, in dem die voraussichtlichen erheblichen Umweltauswirkungen sowie vernünftige Alternativen ermittelt, beschrieben und bewertet werden, und der den gesetzlichen Mindestinhalt aufweist, § 40;
- Durchführung einer Behörden- und Öffentlichkeitsbeteiligung, §§ 41 bis 42 und §§ 60 bis 64;
- Überprüfung der Darstellungen und Bewertungen des Umweltberichts unter Berücksichtigung der übermittelten Stellungnahmen und Äußerungen sowie Berücksichtigung des Ergebnisses im weiteren Verfahren zur Aufstellung oder Änderung des Plans oder Programms, § 43;
- Öffentliche Bekanntgabe der Entscheidung über die Annahme des Plans oder Programms unter Auslegung bestimmter Informationen gemäß § 44;
- Behördliche Überwachung erheblicher Umweltauswirkungen, die bei der Durchführung des Plans oder Programms auftreten können.

Vor dem Hintergrund dieses umfangreichen Verfahrensprogramms ist auf die in § 46 geregelte Möglichkeit hinzuweisen, die SUP mit anderen Prüfungen, die sich ebenfalls mit der Ermittlung und Bewertung von Umweltauswirkungen befassen, zu verbinden.[117] Durch die Zusammenlegung von Prüfungsschritten sollen insbesondere Doppelprüfungen vermieden und die Planungspraxis vereinfacht werden.[118] 38

114 Vgl. »Leitfaden zur Strategischen Umweltprüfung« (Stand März 2010), download unter: https://www.bundesumweltministerium.de/download/leitfaeden-zu-uvp-und-sup (zuletzt abgerufen am 02.02.2026).

115 Siehe zur Integration der SUP in fachplanerische Trägerverfahren die Erläuterungen zu § 46 Rdn. 9 ff. sowie *Sydow* DVBl 2006, 65 (69 ff.); *Schink* NVwZ 2005, 615 (616); siehe auch *Uechtritz* in Gesellschaft für Umweltrecht e.V. (Hrsg.) Tagungsband 35, S. 169 (179 ff.).

116 Anschaulich dazu der Leitfaden zur SUP, S. 3 ff.; vgl. auch BT-Drs. 15/3441, S. 13 f.; Stüer/Beckmann, Handbuch des Bau- und Fachplanungsrechts, Rn. 4509, 4537 ff.

117 Siehe hierzu die Erläuterungen zu § 46 Rdn. 8 ff.

118 BT-Drs. 15/3441, S. 36; so auch die Vorgabe des Art. 4 Abs. 3 SUP-RL.

E. Pläne und Programme i.S.d. SUP

39 **Prüfungsgegenstand** der in Teil 3 des UVPG geregelten SUP sind »Pläne und Programme«. Was unter Plänen und Programmen im Einzelfall zu verstehen ist, ist indes nicht abstrakt definiert, sondern ergibt sich erst aus einer systematischen Zusammenschau verschiedener Vorschriften: Zunächst eröffnet die **weite Begriffsbestimmung** des § 2 Abs. 7 und der diese **eingrenzende Anwendungsbereich** in § 1 Abs. 1 den potenziellen Kreis der in Betracht zu ziehenden »Pläne und Programme«. Welche dies im konkreten Einzelfall sind, ergibt sich aber erst unter Berücksichtigung der jeweils einschlägigen materiellen Prüftatbestände in den §§ 35 bis 37 sowie unter Beachtung der Vorgaben aus Anl. 5 zum UVPG.

40 Begrifflich bestimmt § 2 Abs. 7 Satz 1 – in einer ersten formellen Annäherung – solche Pläne und Programme als relevant i.S.d. UVPG, die bundesrechtlich oder durch Rechtsakte der Europäischen Union vorgesehen sind (ausführlich § 2 Rdn. 119 ff.). Außerdem sind nur behördliche Pläne und Programme durch § 2 Abs. 7 Satz 1 erfasst, also solche Pläne, deren Ausarbeitung oder Annahme durch eine Behörde erfolgt (ausführlich § 2 Rdn. 122). Damit ist einerseits konstitutives Merkmal, dass eine Behörde beteiligt ist. Andererseits muss diese in bestimmter Art und Weise tätig werden, nämlich bei der Ausarbeitung oder Annahme des in Rede stehenden Plans oder Programms. § 2 Abs. 7 Satz 2 erfüllt demgegenüber eine negative Abgrenzungsfunktion, indem er Pläne und Programme aus den Bereichen Verteidigung und Katastrophenschutz sowie Finanz- und Haushaltspläne bereits aus dem generellen Anwendungsbereich des UVPG ausnimmt (ausführlich § 2 Rdn. 128 ff.).

41 In Folge der UVPG-Novelle 2017 ergaben sich hinsichtlich der vorhergehenden Vorschrift einige Änderungen. Zunächst wurde die Art und Weise begrenzt, in der Behörden tätig werden müssen. Statt von »Ausarbeitung, Annahme oder Änderung«, spricht die neue Vorschrift lediglich von Ausarbeitung und Annahme. Zudem wurde die Aufstellungspflicht gestrichen, wonach in der alten Fassung die Behörde zu den oben genannten Tätigkeiten aufgrund von Rechts- und Verwaltungsvorschriften verpflichtet gewesen sein musste. Demgegenüber konkretisiert die neue Vorschrift Pläne und Programme i.S.d. UVPG durch drei eingefügte Fallgruppen, nämlich solche, die erstens von einer Behörde ausgearbeitet und angenommen werden, zweitens von einer Behörde zur Annahme durch eine Regierung oder im Wege eines Gesetzgebungsverfahrens ausgearbeitet werden oder drittens von einem Dritten zur Annahme durch eine Behörde ausgearbeitet werden (ausführlich § 2 Rdn. 118 ff.).

Die erste Fallgruppe ist zurückzuführen auf die Rechtsprechung des Europäischen Gerichtshofs v. 22.03.2012, Rs. C-567/10 – Inter-Environment Bruxelles. Hiernach sind neben den Plänen und Programmen, die einer Aufstellungspflicht unterliegen, auch solche SUP-tauglich, deren Aufstellung im Ermessen der Behörde steht.

Der zweiten Fallgruppe unterfallen regelmäßig Bedarfspläne nach einem Verkehrsbaugesetz des Bundes (vgl. Nr. 1.1 Anlage 5) und Bundesbedarfspläne nach § 12 e EnWG (vgl. Nr. 1.10 Anlage 5). Abstrakt-generelle Regelungen, also Gesetze, Normen und Verwaltungsvorschriften hingegen weisen in der Regel nicht die Eigenschaften eines Plans oder Programms auf.

Nach § 33 UVPG bezieht sich die SUP auf die »Aufstellung oder Änderung« von Plänen und Programmen. Der EuGH hat allerdings entschieden, dass nach der SUP-RL auch die Aufhebung von Plänen und Programmen eine SUP-Pflicht auslösen kann.[119] Maßgebliches Kriterium ist, ob die Planaufhebung erhebliche Umweltauswirkungen erwarten lässt.

42 Von der so normierten Begriffsbestimmung ausgehend soll das Spektrum der Pläne und Programme, die aufgrund der tatbestandlich weiten Regelung in § 2 Abs. 7 generell erfasst sind, durch die **materiellen Einschränkungen** des gesetzlichen Anwendungsbereichs in § 1 Abs. 1 normativ wieder ein-

119 EuGH, Urt. v. 22.03.2012 – Rs. C-567/10 Rn. 43; *Schink*, in: Schink/Reidt/Mitschang, UVPG/UmwRG, § 33 UVPG Rn. 6.

gegrenzt werden. Hiernach fallen nur die in Anlage 5 aufgeführten Pläne und Programme, die sonstigen Pläne und Programme nach §§ 35 bis 37 sowie die nach den §§ 58 und 59 und bei SUP-pflichtigen Plänen und Programmen eines anderen Staates nach den §§ 62 und 63 in den Anwendungsbereich des UVPG.

Endgültige Kontur erhält die Definition von Plänen und Programmen i.S.d. UVPG mithin erst durch die in den Umweltprüfungstatbeständen der §§ 35–37 enthaltenen weiteren materiellen Voraussetzungen. So setzt die SUP-Pflicht des § 37 voraus, dass Pläne und Programme eine rahmensetzende Wirkung hinsichtlich der Zulassungsentscheidung näher definierter Vorhaben entfalten und voraussichtlich erhebliche Umweltauswirkungen haben. Dies gilt unabhängig davon, ob das Vorliegen dieser Voraussetzungen unwiderleglich vermutet wird oder vom Rechtsanwender durch eine gesonderte Prüfung festgestellt werden muss (siehe hierzu § 35 Rdn. 11, 17 f., 25, 31 f., 33 ff., 38 ff.). § 36 fordert demgegenüber lediglich, dass Pläne oder Programme in Rede stehen, die einer Verträglichkeitsprüfung § 36 Satz 1 Nr. 2 BNatSchG unterliegen (siehe hierzu § 36 Rdn. 5 ff.). 43

Als Plan oder Programm betitelte staatliche Handlungen sind daher nicht zwangsläufig Pläne oder Programme i.S.d. UVPG. So sind bloße verwaltungslenkende Handlungsdirektiven ohne Außenwirkung und ohne konkrete Rechtsfolgen, wie etwa das Aktionsprogramm Klimaschutz 2020[120] oder Forstwirtschaftspläne, nicht geeignet eine SUP-Pflicht auszulösen.[121] Das Aktionsprogramm Klimaschutz 2020 ist eine bloße politische Absichtserklärung ohne rechtliche Bindungswirkung[122] und auch Forstwirtschaftspläne enthalten keine Festlegungen mit Bedeutung für spätere Zulassungsentscheidungen oder sonstige behördliche Entscheidungen. Sie stellen reine Verwaltungsinterna dar (siehe auch § 35 Rdn. 27). 44

F. Rechtsschutz gegen Verstöße der §§ 33 ff. und sonstige Folgen der Verstöße

I. Rechtsschutzmöglichkeiten

Grundsätzlich treten Streitigkeiten, die Fragen der SUP berühren, im Kontext öffentlich-rechtlicher Verfahren auf, so dass regelmäßig der Verwaltungsrechtsweg nach § 40 Abs. 1 Verwaltungsgerichtsordnung eröffnet und folglich die Verwaltungsgerichtsordnung anwendbar ist.[123] Streitigkeiten mit besonderem Bezug zu Umweltangelegenheiten werden ergänzt[124] durch Vorschriften des Umwelt-Rechtsbehelfsgesetzes (UmwRG).[125] § 1 Abs. 1 Satz 1 Nr. 4 UmwRG, welcher zeitnah geändert wird,[126] bestimmt, dass dieses auf Rechtsbehelfe gegen Entscheidungen über die Annahme von Plä- 45

120 Bundesministerium für Umwelt, Naturschutz, Bau und Reaktorsicherheit, Aktionsprogramm Klimaschutz 2020 – Kabinettsbeschluss vom 03.12.2014, unter: https://www.bmuv.de/fileadmin/Daten_BMU/Download_PDF/Aktionsprogramm_Klimaschutz/aktionsprogramm_klimaschutz_2020_broschuere_bf.pdf (zuletzt abgerufen am 02.02.2026).

121 VG Berlin Urt. v. 31.10.2019 – 10 K 412.18, Rn. 53 = ZUR 2020, 160 (162); OVG Bautzen Beschl. v. 09.06.2020 – 4 B 126/19 Rn. 56 = ZUR 2020, 612 (614).

122 *Oexle/Lammers*, NVwZ 2020, 1723 (1724 f.).

123 Vgl. *Peters/Balla/Hesselbarth*, UVPG, Einl. Rn. 62 f.

124 *Fellenberg/Schille*, in: Landmann/Rohmer, Umweltrecht, 108. EL August 2025, UmwRG Vorbemerkung, Rn. 3 f.

125 Gesetz über ergänzende Vorschriften zu Rechtsbehelfen in Umweltangelegenheiten nach der EG-Richtlinie 2003/35/EG v. 15.12.2006 in der Fassung der Bekanntmachung v. 23.08.2017 BGBl. I 2017, S. 3290, zuletzt geändert durch Art. 8 des Gesetzes zur Änderung des Umweltschadensgesetzes, des Umweltinformationsgesetzes und weiterer umweltrechtlicher Vorschriften v. 25.02.2021 BGBl. I 2021, S. 306.

126 Der Referentenentwurf zum »Gesetz zur Änderung des Umwelt-Rechtsbehelfsgesetzes und weiterer umweltrechtlicher Vorschriften (2025)« sieht diverse Änderungen vor: In § 1-RefEntw. soll u.a. ein Absatz 1a mit Bezug zu SUP-pflichtigen Plänen und Programmen (Abs. 1a Nr. 2a) ergänzt werden (S. 4–7). Der Deutsche Anwaltverein (DAV) kritisierte u.a., die Ergänzungen seien unvollständig sowie veraltet (S. 3–6 der DAV-Stellungnahme Nr.: 32/2024; S. 2 ff. der DAV-Stellungnahme Nr.: 45/2025 zum Referentenentwurf eines Gesetzes zur Änderung des Umwelt-Rechtsbehelfsgesetzes und weiterer

nen und Programmen im Sinne von § 2 Abs. 7 anzuwenden ist. Gleiches gilt hiernach auch für landesrechtliche Vorschriften, für die nach Anlage 5 oder landesrechtlichen Vorschriften eine Pflicht zur Durchführung einer SUP bestehen kann. Ausgenommen hiervon sind Pläne und Programme, über deren Annahme durch formelles Gesetz entschieden wird. Bei Rechtsbehelfen nach § 1 Abs. 1 Satz 1 Nr. 4 UmwRG ist gemäß § 7 Abs. 2 Satz 1 UmwRG das jeweilige Oberverwaltungsgericht sachlich zuständig.[127]

46 Gleichwohl ist die SUP als unselbstständiger Teil behördlicher Verfahren zur Aufstellung oder Änderung von Plänen und Programmen zu charakterisieren (vgl. hierzu bereits Rdn. 1 ff.). Somit ist sie wesentlicher formeller Bestandteil dieser Verfahren, mithin entfalten die Vorschriften der §§ 33 ff. keine selbstständige materielle Rechtswirkung.[128] Damit lässt sich anhand der Schutznormtheorie aus den SUP Vorschriften kein subjektives Recht ableiten, was bedeutet, dass Kläger nicht klagebefugt im Sinne des § 42 Abs. 2 Verwaltungsgerichtsordnung sind, soweit sie sich auf Verstöße gegen die §§ 33 ff. berufen.[129] Rechtsschutz ist mithin nur gegen die Entscheidungen zur Annahme von Plänen oder Programmen selbst eröffnet und geboten.[130] Die Einhaltung der Vorgaben zur SUP nach §§ 33 ff. werden dann inzident überprüft.[131]

II. Sonstige Folgen bei Verstößen gegen die §§ 33 ff.

47 Behördliche Verfahren sind so auszugestalten, dass die SUP verfahrensfehlerfrei, also innerhalb des Rahmens der §§ 33 ff. durchgeführt wird. Wie sich Fehler auswirken, hängt davon ab, welche Handlungsform der Aufstellung von Plänen und Programmen zugrunde liegt. Denkbar sind Verwaltungsakte, Gesetze, Satzungen und Rechtsverordnungen.[132]

1. Verwaltungsakte

48 Leiden Verwaltungsakte nach § 35 Verwaltungsverfahrensgesetz an einem Fehler, so ist dies grundsätzlich unbeachtlich und der Akt bleibt gegenüber seinem Adressaten wirksam, so § 43 Abs. 1, 2 Verwaltungsverfahrensgesetz, es sei denn, der Fehler führt zur Nichtigkeit des Verwaltungsaktes (§ 43 Abs. 3 Verwaltungsverfahrensgesetz) oder er wird zurückgenommen, widerrufen, anderweitig aufgehoben oder durch Zeitablauf oder auf andere Weise erledigt (§ 43 Abs. 2 Verwaltungsverfahrensgesetz).

---

umweltrechtlicher Vorschriften). Ferner schlug der DAV vor, den beibehaltenen § 2 Abs. 4 S. 2 UmwRG zu streichen, um Beschränkungen des Rechtsschutzes zu vermeiden, was auch der Rechtsprechungspraxis entspreche (S. 6 f. der DAV-Stellungnahme Nr.: 32/2024). Download des Referentenentwurfs und der DAV-Stellungnahme Nr.: 45/2025 unter: https://www.bundesumweltministerium.de/gesetz/gesetzesentwurf-zur-aenderung-des-umwelt-rechtsbehelfsgesetzes-und-weiterer-umweltrechtlicher-vorschriften-1(zuletzt abgerufen am 02.02.2026). Die Stellungnahme Nr.: 32/2024 findet sich unter: https://anwaltverein.de/newsroom/sn-32–24-refe-aenderung-des-umwelt-rechtsbehelfsgesetzes (zuletzt abgerufen am 02.02.2026).

127 OVG Nordrhein-Westfalen BauR 2019, 819 (822 f.).

128 Vgl. *Schink*, in: Schink/Reidt/Mitschang, UVPG/UmwRG, § 33 UVPG Rn. 4 f.; *Gärditz*, in: Landmann/Rohmer, Umweltrecht, 90. EL Juni 2019 zur Vorgängerregelung, vor § 14a UVPG Rn. 26; *Posser*, in: Kment, § 12c EnWG Rn. 40.

129 Vgl. *Stüer* DVBL 2014, 425 (426); *Gärditz*, in: Landmann/Rohmer, Umweltrecht, 90. EL Juni 2019 zur Vorgängerregelung, vor § 14 a UVPG Rn. 26.

130 *Leidinger*, in: Posser/Faßbender, Praxishandbuch Netzausbau und Netzplanung, 2013, S. 121.

131 *Posser*, in: Kment, § 12c EnWG Rn. 40; kritisch hierzu *Gärditz*, in: Landmann/Rohmer, Umweltrecht, 90. EL Juni 2019 zur Vorgängerregelung, vor § 14a UVPG Rn. 22 ff.; Das VG Aachen hat in einem Vorabentscheidungsersuchen an den EuGH angedeutet, dass ein unionsrechtliches Klagerecht die isolierte Anfechtung einer Vorprüfung der UVP ermöglichen könnte (Beschl. v. 28.07.2025 – 3 K 2522/20, NVwZ 2025, 1640).

132 Vgl. *Kahl*/*Gärditz*, in: Umweltrecht, § 4 Rn. 115; *Gärditz*, in: Landmann/Rohmer, Umweltrecht, 90. EL Juni 2019 zur Vorgängerregelung, vor § 14a UVPG Rn. 30.

Ein Verwaltungsakt ist nach § 44 Verwaltungsverfahrensgesetz nichtig, soweit er an einem besonders schwerwiegenden Fehler leidet und dies bei verständiger Würdigung aller in Betracht kommenden Umstände offensichtlich ist. Ein besonders schwerwiegender Fehler liegt vor, wenn dieser in seiner Schwere und Bedeutung unter keinen Umständen mit der Rechtsordnung vereinbar ist.[133] Der Fehler muss in einem solchen Maße gegen verfassungstragende Prinzipien verstoßen, dass dieser Zustand schlechthin unerträglich ist und Nichtigkeit des Verwaltungsaktes die einzig konsequente Folge ist.[134] Die besondere Schwere des Fehlers allein vermag noch nicht die Nichtigkeit herbeizuführen, dieser muss auch offensichtlich sein. Die Offensichtlichkeit bezieht sich einerseits auf die Schwere, aber auch das Vorliegen des Fehlers, wobei der Maßstab des »aufmerksamen und verständigen Staatsbürger[s] als Durchschnittsbetrachter« gilt.[135] 49

Sonstige Fehler, die keine Nichtigkeit zur Folge haben, können gegebenenfalls geheilt werden, indem der betreffende Verfahrensfehler korrigiert wird. Im laufenden Verwaltungsverfahren wird dies ohne weiteres möglich sein.[136] Nach Abschluss des Verwaltungsverfahrens und nach Klageerhebung besagt § 45 Abs. 2 Verwaltungsverfahrensgesetz, dass solche Fehler bis zum Abschluss der letzten Tatsacheninstanz eines verwaltungsgerichtlichen Verfahrens behoben werden können. Gleichwohl ist eine Heilung ausgeschlossen, sobald die nachgeholte Verfahrenshandlung ihren Zweck nicht mehr erfüllen kann.[137] Dem wohnt der Grundgedanke der dienenden Funktion des Verfahrensrechts inne, wonach das Verfahrensrecht »zum Erlass materiell rechtmäßiger und zweckmäßiger Verwaltungsakte beitragen solle«.[138] 50

Bezogen auf die SUP bedeutet dies, dass diese keinen Selbstzweck erfüllt, sondern bei der Aufstellung von Plänen und Programmen in einem frühen planerischen Stadium darauf hinwirken soll, dass sämtliche Umweltauswirkungen erfasst und in der Entscheidung berücksichtigt werden. Eine Heilung von Verfahrensverstößen der §§ 33 ff. ist danach jedenfalls dann ausgeschlossen, sollte durch den Fehler der Zweck einer SUP nicht mehr erreicht werden können.

Dadurch, dass die §§ 33 ff. mittelbares Unionsrecht darstellen und die SUP-RL umsetzen sollen, sind diese Bestimmungen auch im Lichte des Unionsrechts zu deuten. Durch die europaweite Umsetzung der Richtlinie soll ein flächendeckender, einheitlicher Standard von behördlichen Verwaltungsverfahren hinsichtlich der Aufstellung von Plänen und Programmen gesetzt werden, die Umweltangelegenheiten betreffen. Somit kommt diesem Zweck vorrangige Bedeutung zu, der bei Heilung von Fehlern der §§ 33 ff. nach Verfahrensschluss nicht mehr verwirklicht werden kann.[139] Somit ist nach Art. 4 Abs. 3 AEUV im Wege der effektiven Durchsetzung des Unionsrechts (effet utile) der § 45 Abs. 2 Verwaltungsverfahrensgesetz nicht anzuwenden oder zumindest darauf zu begrenzen, dass bis zum Abschluss des Verwaltungsverfahrens die entsprechenden Verfahrensfehler nachgeholt werden können, aber nicht darüber hinaus.[140]

---

133 *Sachs*, in: Stelkens/Bonk/Sachs, VwVfG, § 44 Rn. 103; *Müller*, in: Huck/Müller, Verwaltungsverfahrensgesetz, § 44 Rn. 6; *Schemmer*, BeckOK Verwaltungsverfahrensgesetz, 68. Edition Stand: 01.10.2025, § 44 Rn. 12.

134 *Sachs*, in: Stelkens/Bonk/Sachs, VwVfG, § 44 Rn. 104; *Müller*, in: Huck/Müller, Verwaltungsverfahrensgesetz, § 44 Rn. 6; *Schemmer*, BeckOK Verwaltungsverfahrensgesetz, 68. Edition Stand: 01.10.2025, § 44 Rn. 12.

135 *Sachs*, in: Stelkens/Bonk/Sachs, VwVfG, § 44 Rn. 123, 126 (Zitat); *Müller*, in: Huck/Müller, Verwaltungsverfahrensgesetz, § 44 Rn. 8; *Schemmer*, BeckOK Verwaltungsverfahrensgesetz, 68. Edition Stand: 01.10.2025, § 44 Rn. 14, 17.

136 Vgl. Kahl/Gärditz, in: Umweltrecht, § 4 Rn. 115; *Gärditz*, in: Landmann/Rohmer, Umweltrecht, 90. EL Juni 2019 zur Vorgängerregelung, vor § 14a UVPG Rn. 36.

137 *Schemmer*, BeckOK Verwaltungsverfahrensgesetz, 68. Edition Stand: 01.10.2025, § 45 Rn. 4.

138 *Schemmer*, BeckOK Verwaltungsverfahrensgesetz, 68. Edition Stand: 01.10.2025, § 45 Rn. 5, dort unter Bezugnahme auf BVerfGE 105, 48 (60 f.) = NVwZ 2002, 1101.

139 Vgl. *Gärditz*, in: Landmann/Rohmer, Umweltrecht, 90. EL Juni 2019 zur Vorgängerregelung, vor § 14a UVPG Rn. 37.

140 *Kotzur*, in: v. Münch/Kunig, GG, Art. 20 GG, Rn. 153.

2. Satzungen und Rechtsverordnungen

51 Satzungen und Rechtsverordnungen sind untergesetzliche Normen, die somit normhierarchisch unterhalb des UVPG liegen.[141] Verstöße durch Satzungen und Rechtsverordnungen gegen die §§ 33 ff. haben damit unweigerlich die Rechtswidrigkeit und grundsätzlich die Nichtigkeit des Rechtsakts zur Folge.[142] Diese Fehler können durch gesetzliche Anordnung geheilt werden, etwa § 214 BauGB oder § 11 ROG. Landesgesetzgeber haben nicht die notwendige Gesetzgebungskompetenz, Heilungsvorschriften für Verstöße gegen Bundesgesetze zu erlassen.[143] Heilung bis zum Abschluss des Verwaltungsverfahrens sollte grundsätzlich möglich sein, wobei hier auch der Zweck der SUP zu berücksichtigen ist (vgl. Rdn. 50). Im Wege der effektiven Durchsetzung des Unionsrechts ist die Heilung nach Abschluss des Verwaltungsverfahrens ausgeschlossen (siehe Rdn. 50).[144] Wird eine SUP freiwillig durchgeführt, führen dabei unterlaufene Verfahrensfehler hingegen nicht zur Rechtswidrigkeit einer Satzung.[145]

3. Gesetze

52 Durch Bundesgesetze aufgestellte Pläne und Programme stehen auf gleicher Normebene mit dem UVPG, so dass Verstöße gegen die §§ 33 ff. nicht zur Unwirksamkeit der durch Bundesgesetz aufgestellten Pläne und Programme führen. Mögliche Konflikte sind über die allgemeinen Kollisionsregeln zu lösen, wonach der Konflikt zugunsten des jüngeren (lex posterior) bzw. spezielleren (lex specialis) durch Bundesgesetz aufgestellten Plans oder Programms zu entscheiden ist.[146] Gleichwohl kann die aufgrund des UVPG bestehende Pflicht, eine SUP vor Annahme eines Plans oder Programms durch Bundesgesetz dazu führen, dass dieses unangewendet bleibt.[147] Denn dem Unionsrecht und den dieses umsetzenden Rechtsakten kommt Anwendungsvorrang zu. Hier setzen die §§ 33 ff. die SUP-RL um, so dass kollidierende nationale Normen nicht anzuwenden sind.[148] Folglich müssten solch kollidierende Pläne oder Programme unangewendet bleiben.[149] Hinsichtlich durch Landesgesetz aufgestellte Pläne und Programme ergibt sich kein anderes Ergebnis. Entweder sind diese bereits verfassungswidrig wegen Verstoßes gegen verfahrensrechtliche Vorgaben des Bundesrechts oder das Landesgesetz muss aufgrund des Anwendungsvorrangs des Unionsrechts unangewendet bleiben.[150]

---

141 Vgl. *Gärditz*, in: Landmann/Rohmer, Umweltrecht, 90. EL Juni 2019 zur Vorgängerregelung, vor § 14a UVPG Rn. 44.

142 Vgl. *Gärditz*, in: Landmann/Rohmer, Umweltrecht, 90. EL Juni 2019 zur Vorgängerregelung, vor § 14a UVPG Rn. 44.

143 Vgl. *Gärditz*, in: Landmann/Rohmer, Umweltrecht, 90. EL Juni 2019 zur Vorgängerregelung, vor § 14a UVPG Rn. 45.

144 Vgl. *Gärditz*, in: Landmann/Rohmer, Umweltrecht, 90. EL Juni 2019 zur Vorgängerregelung, vor § 14a UVPG Rn. 45.

145 VGH Baden-Württemberg Urt. v. 06.07.2021 – 3 S 2103/19, Rn. 79 f.

146 Vgl. *Gärditz*, in: Landmann/Rohmer, Umweltrecht, 90. EL Juni 2019 zur Vorgängerregelung, vor § 14a UVPG Rn. 47.

147 Vgl. *Gärditz*, in: Landmann/Rohmer, Umweltrecht, 90. EL Juni 2019 zur Vorgängerregelung, vor § 14a UVPG Rn. 49.

148 Vgl. *Gärditz*, in: Landmann/Rohmer, Umweltrecht, 90. EL Juni 2019 zur Vorgängerregelung, vor § 14a UVPG Rn. 47 ff., dort insbesondere EuGH, Urt. v. 22.10.1998, Rs. C-10/97.

149 Vgl. *Gärditz*, in: Landmann/Rohmer, Umweltrecht, 90. EL Juni 2019 zur Vorgängerregelung, vor § 14a UVPG Rn. 49.

150 Vgl. *Gärditz*, in: Landmann/Rohmer, Umweltrecht, 90. EL Juni 2019 zur Vorgängerregelung, vor § 14a UVPG Rn. 51.

§ 34 Feststellung der SUP-Pflicht

(1) Die zuständige Behörde stellt frühzeitig fest, ob nach den §§ 35 bis 37 eine Verpflichtung zur Durchführung einer Strategischen Umweltprüfung (SUP-Pflicht) besteht.

(2) [1]Die Feststellung der SUP-Pflicht ist, sofern eine Vorprüfung des Einzelfalls nach § 35 Absatz 2 oder § 37 vorgenommen worden ist, der Öffentlichkeit nach den Bestimmungen des Bundes und der Länder über den Zugang zu Umweltinformationen zugänglich zu machen; soll eine Strategische Umweltprüfung unterbleiben, ist dies einschließlich der dafür wesentlichen Gründe bekannt zu geben. [2]Die Feststellung ist nicht selbständig anfechtbar.

Übersicht

A. Feststellung der SUP-Pflicht nach § 34

Die Regelung des § 34 wendet sich an die zuständige Behörde und fordert von dieser die frühzeitige 1
Feststellung, ob nach den §§ 35 bis 37 eine Verpflichtung zur Durchführung einer strategischen Umweltprüfung besteht.[1] Je nach dem Ergebnis dieser Feststellung unterscheidet Abs. 2 über die Einbindung der Öffentlichkeit. Es handelt sich um eine Regelung der verfahrensbezogenen Einzelheiten der behördlichen Feststellung. § 34 ist § 5 nachgebildet.[2] § 34 setzt die Vorgaben des Art. 3 Abs. 5 und 7 der SUP-Richtlinie (SUP-RL)[3] um. Die Pflicht zur Durchführung einer SUP ergibt sich zudem aus Art. 5 SUP-Protokoll zur Espoo-Konvention der UNECE.[4]

B. Erfasste Pläne und Programme

Von § 34 werden Pläne und Programme erfasst, über deren SUP-Pflicht nach den §§ 34 bis 37 zu 2
entscheiden ist. Hierzu gehören systematisch auch Bauleitpläne. Die Verweisung des § 50 Abs. 2 und die eigenständige Regelung ihrer Umweltprüfung im BauGB (vgl. § 2 Abs. 4 BauGB) nehmen diese nicht aus dem Anwendungsbereich des § 34 heraus,[5] sondern wiederholen lediglich die Regelungen der SUP im rechtlichen Umfeld des BauGB (siehe zum Verhältnis der SUP zur Raumordnungs- und Bauleitplanung § 33 Rdn. 31 ff.). Ebenfalls gehören Pläne im Bereich Wasserhaushalt und Raumordnung in den Anwendungsbereich der Norm, nachdem dem Bund für diese Bereiche durch die Föderalismusreform 2006 die konkurrierende Gesetzgebungskompetenz eingeräumt worden ist[6] und er von dieser Kompetenz durch Neuerlass des Wasserhaushaltsgesetzes[7] und des Raum-

1 § 34 entspricht von seinem Regelungsgehalt § 14a a.F. Diese Vorgängerregelung wurde mit Wirkung zum 29.07.2017 durch Artikel 1 des Gesetzes zur Modernisierung des Rechts der Umweltverträglichkeitsprüfung vom 20.07.2017 (BGBl. I 2017, S. 2819) durch § 34 UVPG abgelöst. Vgl. auch *Kahl/Gärditz*, in: Umweltrecht, § 4 Rn. 119.

2 BT-Drs. 15/3441, S. 26.

3 Richtlinie 2001/42/EG des Europäischen Parlaments und des Rates v. 27.06.2001 über die Prüfung der Umweltauswirkungen bestimmter Pläne und Programme ABl. EG L 197/30.

4 Protokoll über die strategische Umweltprüfung zum Übereinkommen über die Umweltverträglichkeitsprüfung v. 21.05.2003, ABl. L 308/35, S. 37.

5 *Kloepfer*, Umweltrecht, § 5 Rn. 704; *Peters/Balla/Hesselbarth*, UVPG, § 34 Rn. 2; *Appel/Stark*, in: Koch/Hoffmann/Reese, Umweltrecht, § 15 Rn. 131; a.A. *Schink*, in: Schink/Reidt/Mitschang, UVPG/UmwRG, § 34 UVPG Rn. 4.

6 BGBl. I 2006 S. 2034; *Ipsen* NJW 2006, 2801 ff.; siehe § 74 Rdn. 11 ff.

7 Gesetz zur Neuregelung des Wasserrechts v. 31.07.2009, BGBl. I 2009, S. 2585.

ordnungsgesetzes[8] Gebrauch gemacht hat. Die insoweit zuvor bestehende Regelungsmöglichkeit der Länder zur Feststellung der Umweltprüfungspflicht in § 14 o (alt) ist ersatzlos entfallen.[9] Für Raumordnungspläne gilt – entsprechend den Vorgaben für die Bauleitplanung in § 50 Abs. 2 – gemäß § 48 die Maßgabe, dass das SUP-Verfahren entsprechend den Vorschriften des Raumordnungsgesetzes durchgeführt wird (siehe zum Verhältnis der SUP zur Raumordnungs- und Bauleitplanung § 33 Rdn. 31 ff.). Die Vorschriften der §§ 34 ff. können gleichwohl zur Konkretisierung herangezogen werden.[10]

C. Behördliche Feststellung

3 Die zuständige Behörde stellt die SUP-Pflicht gemäß § 34 frühzeitig fest. Die Feststellung beinhaltet die Entscheidung der Behörde, die Umweltprüfung im Verfahren der Aufstellung oder Änderung eines Plans oder Programms durchzuführen. Das Planungsverfahren wird in der Folge durch die gesetzlich definierten Verfahrensschritte der Umweltprüfung **angereichert** (siehe § 33 Rdn. 37 f.).

4 Die **Zuständigkeit** liegt regelmäßig bei derjenigen Behörde, die für das in Rede stehende Planungsverfahren zuständig ist. Das Fachrecht kann nähere Regelungen treffen.[11]

5 Die gesetzliche Anforderung einer frühzeitigen Feststellung ordnet die Befassung mit der SUP-Pflicht einem **frühen Verfahrensstadium** zu. Die Umweltprüfung reichert das Planungsverfahren auf allen Stufen der Durchführung an und »begleitet« dieses im gesetzlich erstrebten Idealfall von Anfang bis Ende. Die Feststellung der SUP-Pflicht und mithin die Verfahrensanreicherung müssen so frühzeitig erfolgen, dass finale Planungsentscheidungen weder bereits getroffen noch weitgehend präjudiziert sind.[12] Dadurch wird insbesondere der Beschleunigung des Verfahrens Rechnung getragen.

Konkret kommen folgende Zeitpunkte für die Feststellung der SUP-Pflicht in Betracht:
- in den Fällen des § 35 Abs. 1 Nr. 1 (siehe § 35 Rdn. 4 ff.) zu Beginn des Verfahrens;
- in Fällen des § 35 Abs. 1 Nr. 2 und Abs. 2 (siehe § 35 Rdn. 13 ff.) nach Abschluss der Vorprüfung;
- in den Fällen des § 36 (siehe § 36 Rdn. 1 ff.) nach Feststellung der Erforderlichkeit einer FFH-Verträglichkeitsprüfung gem. § 36 Satz 1 Nr. 2 BNatSchG.[13]

D. Öffentlichkeitsbeteiligung

6 Nach Maßgabe des Abs. 2 Satz 1, der der Umsetzung des Art. 3 Abs. 7 SUP-RL dient, unterscheidet sich die Form der Öffentlichkeitsbeteiligung danach, ob eine Umweltprüfung durchgeführt werden soll oder nicht. Wird aufgrund einer Vorprüfung des Einzelfalls in den Fällen des § 34 Abs. 2 oder § 37 eine Umweltprüfung vorgenommen, so ist diese Feststellung der Behörde gegenüber der Öffentlichkeit nach den Bestimmungen des Bundes und der Länder über den Zugang zu Umweltinformationen (Umweltinformationsgesetz [UIG])[14] **zugänglich zu machen.** Ob die Behörde diese

---

8 Gesetz zur Neufassung des Raumordnungsgesetzes und zur Änderung anderer Vorschriften v. 22.12.2008, BGBl. I 2008, S. 2986.

9 § 14o wurde aufgehoben durch Art. 2 Nr. 3 des Gesetzes v. 31.07.2009, BGBl. I 2009, S. 2585, mit Wirkung zum 01.03.2010; vgl. zur zuvor bestehenden Rahmengesetzgebungskompetenz des Bundes *Hendler* NVwZ 2005, 977 (981).

10 Stüer/Beckmann, Handbuch des Bau- und Fachplanungsrechts, Rn. 4541; *Schink*, in: Schink/Reidt/Mitschang, UVPG/UmwRG, § 33 UVPG Rn. 4, 5.

11 Vgl. BT-Drs. 15/3441, S. 13; *Peters/Balla/Hesselbarth,* UVPG, § 34 Rn. 4.

12 So auch *Peters/Balla/Hesselbarth,* UVPG, § 34 Rn. 5; *Fellenberg/Schiller*, in: Landmann/Rohmer, Umweltrecht, 108. EL August 2025, § 4 UmwRG, Rn. 26 ff.; So schon zuvor *Gärditz*, in: Landmann/Rohmer, Umweltrecht, 90. EL Juni 2019 zur Vorgängerregelung, § 14a UVPG Rn. 5.

13 *Schink*, in: Schink/Reidt/Mitschang, UVPG/UmwRG, § 34 UVPG Rn. 6.

14 Umweltinformationsgesetz in der Fassung der Bekanntmachung v. 27.10.2014 BGBl. I 2014, S. 1643, zuletzt geändert durch Artikel 2 des Gesetzes zur Änderung des Umweltschadensgesetzes, des Umweltinformationsgesetzes und weiterer umweltrechtlicher Vorschriften v. 25.02.2021 BGBl. I 2021, S. 306.

bejahende Feststellung der Öffentlichkeit aktiv oder nur auf Antrag zugänglich macht, richtet sich nach den Bestimmungen des UIG.[15]

Gelangt die Behörde demgegenüber nach einer Vorprüfung im Einzelfall zu der Entscheidung, dass eine Umweltprüfung unterbleiben soll, so muss sie dies einschließlich der wesentlichen Feststellungsgründe ebenfalls bekannt geben.[16] Erforderlich ist eine **aktive Bekanntgabe**, die in einer von der Öffentlichkeit effektiv wahrnehmbaren Weise erfolgen muss.[17] Dazu sollen, soweit vorhanden, elektronische Kommunikationsmittel verwendet werden.[18] Daneben kann die Veröffentlichung auch in Amtsblättern und örtlichen Tageszeitungen erfolgen. Informationsrechtliche Stellen des Bundes können zur Bekanntgabe entsprechender Informationen insbesondere das zentrale UVP-Portal des Bundes[19] nutzen.[20] Die **Dokumentationspflicht** des § 35 Abs. 4 Satz 4 dient vor allem auch der Vorbereitung dieser Bekanntgabe (siehe § 35 Rdn. 72 f.). 7

Es ist noch nicht abschließend geklärt, welche Folgen die unterbliebene Bekanntgabe hat. Unstreitig ist, dass eine fehlende Öffentlichkeitsbeteiligung einen Verfahrensfehler i.S.d. § 4 Abs. 4 Satz 1 Nr. 2, Abs. 1 Satz 1 Nr. 3 Umwelt-Rechtsbehelfsgesetz (UmwRG) darstellen kann.[21] Vor dem Hintergrund des europarechtlichen Ziels, die Beteiligungsrechte der Öffentlichkeit zu schützen, dürfte zwischen den Feststellungen nach Abs. 2 Satz 1 zu differenzieren sein.[22] Ist eine SUP durchgeführt worden, wiegt die fehlende Bekanntmachung der SUP-Pflicht nicht schwer i.S.d. § 4 Abs. 1 Satz 1 Nr. 3 lit. b) UmwRG, da die Öffentlichkeitsbeteiligung als Verfahrensanforderung im Rahmen der SUP durchgeführt worden ist (zum Verfahren siehe § 42 Rdn. 17 ff.).[23] Ist hingegen die Bekanntgabe der Entscheidung, keine SUP durchzuführen, unterblieben, dürfte ein schwerer Fehler im Sinne des § 4 Abs. 1 Satz 1 Nr. 3 lit. b) UmwRG vorliegen. Denn in einem solchen Fall hat die Öffentlichkeit keine Möglichkeit auf ihre Beteiligung im Verfahren hinzuwirken und die Feststellungsentscheidung bezüglich der fehlenden SUP-Pflicht überprüfen zu lassen.[24] 8

E. Unselbstständige Verfahrenshandlung

Die Feststellung nach Abs. 1 hat den Charakter einer unselbstständigen Verfahrenshandlung (§ 33) und ist gemäß § 34 Abs. 2 Satz 2 in Übereinstimmung mit § 44 a Satz 1 Verwaltungsgerichtsordnung **nicht selbstständig anfechtbar**.[25] Hierauf sollte im Rahmen der Veröffentlichung einer Feststellung über das Unterbleiben einer Umweltprüfung hingewiesen werden.[26] 9

Der im Juli 2025 vorgestellte BMUNK-Referentenentwurf eines »Gesetzes zur Änderung des Umwelt-Rechtsbehelfsgesetzes und weiterer umweltrechtlicher Vorschriften (2025)« sieht in Artikel 3 diverse Änderungen des UIG vor (S. 15). Download unter: https://www.bundesumweltministerium.de/gesetz/gesetzesentwurf-zur-aenderung-des-umwelt-rechtsbehelfsgesetzes-und-weiterer-umweltrechtlicher-vorschriften (zuletzt abgerufen am 02.02.2026).

15 Vgl. BT-Drs. 15/3441, S. 26.

16 *Hendler* NVwZ 2005, 977 (981).

17 BT-Drs. 15/3441, S. 26; so auch BUA-Leitfaden zur Strategischen Umweltprüfung (Stand März 2010), S. 8, download unter: https://www.bundesumweltministerium.de/download/leitfaeden-zu-uvp-und-sup (zuletzt abgerufen am 02.02.2026).

18 § 10 Abs. 3 Satz 2 UIG; so auch: *Peters/Balla/Hesselbarth*, UVPG, § 34 Rn. 7.

19 Abrufbar ist diese unter: Startseite | UVP-Portal des Bundes (zuletzt abgerufen am 02.02.2026).

20 BT-Drs. 19/24230, S. 19.

21 Vgl. EuGH, Urt. v. 07.11.2013 – Rs. C-72/12, Rn. 54 = EuGH, DVBl 2013, 1597 (1601) m. Anm. *Stüer*.

22 So auch *Schink*, in: Schink/Reidt/Mitschang, UVPG/UmwRG, § 34 UVPG Rn. 13.

23 *Schink*, in: Schink/Reidt/Mitschang, UVPG/UmwRG, § 34 UVPG Rn. 13.

24 *Schink*, in: Schink/Reidt/Mitschang, UVPG/UmwRG, § 34 UVPG Rn. 13.

25 BT-Drs. 15/3441, S. 26; dies entspricht der Regelung des § 3 a für die Feststellung der UVP-Pflicht, vgl. die Erläuterungen zu § 5 Rdn. 23; siehe auch *Schink*, in: Schink/Reidt/Mitschang, UVPG/UmwRG, § 34 UVPG Rn. 5; *Schomerus/Busse* NordÖR 2005, 398 (402); *Gassner*, UVPG, § 2 Rn. 6.

26 *Peters/Balla/Hesselbarth*, UVPG, § 34 Rn. 7.

10 Eine selbstständige Angreifbarkeit ergibt sich auch nicht aufgrund des Gesetzes über die ergänzenden Vorschriften zu Rechtsbehelfen in Umweltangelegenheiten nach der EG-Richtlinie 2003/25/EG (Umwelt-Rechtsbehelfsgesetz) v. 07.12.2006,[27] da die Feststellung des § 34 bereits nicht von dessen Anwendungsbereich erfasst wird (siehe § 1 Umwelt-Rechtbehelfsgesetzes) (siehe zu Rechtsschutzmöglichkeiten § 33 Rdn. 45 ff.).

F. Abänderlichkeit der Feststellung

11 Die Feststellung der Behörde hat keinen unabänderlichen Charakter, sondern kann im Verlauf des Aufstellungs- oder Änderungsverfahrens eines Plans oder Programms noch korrigiert werden. Dies gilt unabhängig davon, ob mit der Feststellung die Durchführung einer Umweltprüfung bejaht oder verneint worden ist.[28] Stellt sich im weiteren Verlauf der Aufstellung oder Änderung eines Plans oder Programms heraus, dass abweichend von der getroffenen Feststellung voraussichtlich erhebliche Umweltauswirkungen zu erwarten sind, so ist das Verfahren nunmehr – unter Umständen auch hinsichtlich bereits abgeschlossener Verfahrensschritte – um die Anforderungen der Umweltprüfung anzureichern. Erlangt die Behörde im Rahmen einer Umweltprüfung Erkenntnisse, die ihre anfängliche Einschätzung, der Plan oder das Programm habe voraussichtlich erhebliche Umweltauswirkungen, sicher widerlegen, so kann sie die Umweltprüfung verkürzen. Erforderlich dürfte jedoch weiterhin der formelle Abschluss der Umweltprüfung durch die Erstellung des Umweltberichts sein.[29] Dafür sprechen insbesondere die Kernfunktion des Umweltberichts innerhalb der SUP (siehe § 40 Rdn. 5) sowie die enge Verzahnung zwischen der Festlegung des Untersuchungsrahmens (Scoping) und dem Umweltbericht.[30]

12 Nicht erforderlich ist demgegenüber die (nachträgliche) Durchführung einer SUP, sofern im Rahmen eines späteren vorhabenbezogenen Zulassungsverfahrens Erkenntnisse gewonnen werden, gemäß derer ein zu Grunde gelegter Plan oder ein Programm – entgegen vormaliger Einschätzung – voraussichtlich erhebliche Umweltauswirkungen hat.[31] Dies ergibt sich daraus, dass eine SUP-Pflicht nach Maßgabe des § 1 Nr. 2 lit. b) sowie des Art. 2 lit. a) SUP-RL lediglich für die Aufstellung und Änderung von Plänen und Programmen besteht. Eine Revision bestehender Pläne oder Programme ist nicht vorgeschrieben. Zwar ist es der Behörde unbenommen, die in einem vorhabenbezogenen Zulassungsverfahren erkannte SUP-Relevanz zum Anlass einer Plan- oder Programmänderung einschließlich einer SUP zu nehmen. Eine Pflicht zur Durchführung besteht jedoch nicht. Die Anknüpfung an eine »nachzuholende« SUP aus einem Zulassungsverfahren heraus verkennt zudem die konzeptionelle Trennung zwischen dem Aufstellungs- oder Änderungsverfahren eines rahmensetzenden Plans oder Programms und der durch dessen Rahmen vorgeprägten Zulassungsentscheidung. Würde der Plan oder das Programm anlässlich einer »nachzuholenden« SUP wieder aufgeschnürt, wäre auch dem Vorhaben die bestehende Planungsgrundlage entzogen. Planungskonflikte, die auf nunmehr erkannten Umweltauswirkungen beruhen, sind daher im Rahmen des Zulassungsverfahrens – etwa durch vorhabenbezogene Auflagen – zu lösen.

---

27 Gesetz über ergänzende Vorschriften zu Rechtsbehelfen in Umweltangelegenheiten nach der EG-Richtlinie 2003/35/EG v. 15.12.2006 in der Fassung der Bekanntmachung v. 23.08.2017 BGBl. I 2017, S. 3290, zuletzt geändert durch Art. 8 des Gesetzes zur Änderung des Umweltschadensgesetzes, des Umweltinformationsgesetzes und weiterer umweltrechtlicher Vorschriften v. 25.02.2021 BGBl. I 2021, S. 306.

28 Siehe *Peters/Balla/Hesselbarth*, UVPG, § 34 Rn. 9.

29 A.A. *Schink*, in: Schink/Reidt/Mitschang, UVPG/UmwRG, § 34 UVPG Rn. 8, der einen Verzicht auf die SUP für möglich hält.

30 Vgl. BT-Drs. 15/3441, S. 32.

31 A.A. wohl *Peters/Balla/Hesselbarth*, UVPG, § 34 Rn. 9.

§ 35 SUP-Pflicht in bestimmten Plan- oder Programmbereichen und im Einzelfall

(1) Eine Strategische Umweltprüfung ist durchzuführen bei Plänen und Programmen, die
1. in der Anlage 5 Nummer 1 aufgeführt sind oder
2. in der Anlage 5 Nummer 2 aufgeführt sind und für Entscheidungen über die Zulässigkeit von in der Anlage 1 aufgeführten Vorhaben oder von Vorhaben, die nach Landesrecht einer Umweltverträglichkeitsprüfung oder Vorprüfung des Einzelfalls bedürfen, einen Rahmen setzen.

(2) [1]Bei nicht unter Absatz 1 fallenden Plänen und Programmen ist eine Strategische Umweltprüfung nur dann durchzuführen, wenn sie für die Entscheidung über die Zulässigkeit von in der Anlage 1 aufgeführten oder anderen Vorhaben einen Rahmen setzen und nach einer Vorprüfung im Einzelfall im Sinne von Absatz 4 voraussichtlich erhebliche Umweltauswirkungen haben. [2] § 34 Absatz 4 und § 35 Absatz 6 des Baugesetzbuchs bleiben unberührt.

(3) Pläne und Programme setzen einen Rahmen für die Entscheidung über die Zulässigkeit von Vorhaben, wenn sie Festlegungen mit Bedeutung für spätere Zulassungsentscheidungen, insbesondere zum Bedarf, zur Größe, zum Standort, zur Beschaffenheit, zu Betriebsbedingungen von Vorhaben oder zur Inanspruchnahme von Ressourcen, enthalten.

(4) [1]Hängt die Durchführung einer Strategischen Umweltprüfung von einer Vorprüfung des Einzelfalls ab, hat die zuständige Behörde aufgrund einer überschlägigen Prüfung unter Berücksichtigung der in Anlage 6 aufgeführten Kriterien einzuschätzen, ob der Plan oder das Programm voraussichtlich erhebliche Umweltauswirkungen hat, die im weiteren Aufstellungsverfahren nach § 43 Absatz 2 zu berücksichtigen wären. [2]Bei der Vorprüfung nach Satz 1 ist zu berücksichtigen, inwieweit Umweltauswirkungen durch Vermeidungs- und Verminderungsmaßnahmen offensichtlich ausgeschlossen werden. [3]Die in § 41 genannten Behörden sind bei der Vorprüfung nach Satz 1 zu beteiligen. [4]Die Durchführung und das Ergebnis der Vorprüfung sind zu dokumentieren.

Übersicht

A. Allgemeines

1 § 35 enthält – neben §§ 36 und 37 – die zentrale Vorschrift zur Bestimmung derjenigen Pläne und Programme, die einer Umweltprüfungspflicht unterworfen sind.[1] Durch die offene Formulierung der Tatbestände sichert § 35 die Vereinbarkeit der §§ 34 ff. mit dem Unionsrecht. Während Abs. 1 Nr. 1 i.V.m. Anl. 5 Nr. 1 bestimmte rahmensetzende Pläne und Programme einer unbedingten Umweltprüfungspflicht unterordnet (**obligatorische SUP**)[2] (**siehe § 33** Rdn. 36, **§ 36** Rdn. 1), betreffen Abs. 1 Nr. 2 i.V.m. Anl. 5 Nr. 2 und Abs. 2 Pläne und Programme, die nur unter weiteren Bedingungen einer Umweltprüfungspflicht unterliegen, so dass es hinsichtlich dieser einer besonderen vorherigen Untersuchung bedarf (**konditionale SUP**) (**siehe § 33** Rdn. 36, **§ 37** Rdn. 1). So ist im Rahmen des Abs. 1 Nr. 2 i.V.m. Anl. 5 Nr. 2 gesondert zu prüfen, ob der in Rede stehende Plan oder das Programm einen Rahmen für näher bestimmte Vorhaben setzt. Demgegenüber ist bei Abs. 2 neben der Untersuchung der Rahmensetzung eine Vorprüfung nach Maßgabe des Abs. 4 erforderlich, ob von dem Plan oder Programm voraussichtlich erhebliche Umweltauswirkungen ausgehen.

B. Pläne und Programme als Prüfungsgegenstand des § 35

2 **Prüfungsgegenstand** für die anhand des § 35 zu beantwortende Frage, ob eine SUP-Pflicht besteht, sind »Pläne und Programme«. § 35 definiert diese nicht selbst, sondern setzt ihr Vorliegen regelungstechnisch voraus. Welche Pläne und Programme dies im Einzelfall sind, ergibt sich indes erst unter Berücksichtigung einer systematischen Zusammenschau der Vorgaben der **weiten Begriffsbestimmung** in § 2 Abs. 7 und des **eingrenzenden Anwendungsbereiches** gemäß § 1 einerseits und der Vorgaben des § 35 i.V.m. Anl. 5 andererseits (siehe § 2 Rdn. 115 ff.; § 33 Rdn. 39 ff.).

3 In materieller Hinsicht ergeben sich die folgenden gemeinsamen Anforderungen an Pläne und Programme i.S.d. § 35:
- Vorliegen der Begriffsmerkmale des § 2 Abs. 7,[3]
- rahmensetzende Wirkung für Vorhaben,[4]
- voraussichtlich erhebliche Umweltauswirkungen.[5]

Der Rechtsanwender muss indes nicht in jedem Fall alle Voraussetzungen im Einzelnen prüfen, da ihr Vorliegen in Abhängigkeit des jeweils einschlägigen Tatbestandes kraft Gesetzes unwiderleglich vermutet wird.[6] Pläne und Programme, die in der Anl. 5 aufgeführt sind, erfüllen regelmäßig die Begriffsmerkmale des § 2 Abs. 7 und haben zudem voraussichtlich erhebliche Umweltauswirkungen. Demgegenüber sind die angesprochenen Voraussetzungen im Rahmen des Abs. 2 sämtlich zu über-

---

1 § 14b UVPG a.F. wurde mit Wirkung zum 29.07.2017 durch Artikel 1 des Gesetzes zur Modernisierung des Rechts der Umweltverträglichkeitsprüfung vom 20.07.2017 (BGBl. I 2017, S. 2819) durch die geltende Fassung des § 35 UVPG abgelöst.

2 Einen weiteren Fall der obligatorischen SUP enthält § 36. Danach sind Pläne und Programme, die einer Verträglichkeitsprüfung nach § 36 Satz 1 Nr. 2 BNatSchG unterliegen, zwingend einer Umweltprüfung zu unterziehen. Siehe auch die Erläuterungen zu § 37 Rdn. 4 ff.

3 Ausführlich zu diesen § 2 Rdn. 115 ff. und § 33 Rdn. 32 ff.

4 Siehe hierzu Rdn. 11, 17 f., 31.

5 Siehe hierzu Rdn. 12, 20, 32.

6 *Schink*, in: Schink/Reidt/Mitschang, UVPG/UmwRG, § 35 UVPG Rn. 6; siehe zum jeweiligen Prüfprogramm Rdn. 4, 17, 21 und § 33 Rdn. 29.

prüfen. Während Abs. 1 Nr. 1 mithin lediglich den Abgleich mit der enumerativen Aufzählung in Anl. 5 erfordert, wirft Abs. 2 in der Praxis einen deutlich erhöhten Prüfungsaufwand zur Feststellung der SUP-Pflicht auf.[7]

C. Bereichsabhängige obligatorische SUP (Abs. 1 Nr. 1)

Nach Maßgabe des § 35 Abs. 1 Nr. 1 sind Pläne und Programme, die in der Anl. 5 Nr. 1 aufgeführt 4
sind, einer SUP zu unterziehen. In allen diesen Fällen handelt es sich um eine **bereichsabhängige obligatorische SUP**. Abs. 1 Nr. 1 erfordert in der Rechtsanwendung lediglich einen Abgleich des in Rede stehenden Plans oder Programms mit den Vorgaben der Anl. 5 Nr. 1. Kann eine Zuordnung zu den Plänen und Programmen des Anl. 5 Nr. 1 vorgenommen werden, kommt es auf die jeweiligen Einzelheiten des konkreten Plans oder Programms nicht an. Weitere (Vor-)Prüfungen sind nicht erforderlich.

I. Vorgaben der SUP-RL

Die Vorschrift des Abs. 1 Nr. 1 setzt gemeinsam mit Nr. 2 die Vorgaben des Art. 3 Abs. 2 lit. a) 5
SUP-Richtlinie (SUP-RL)[8] um.[9] Danach wird eine Umweltprüfung bei allen Plänen und Programmen vorgenommen, die in einem der näher bestimmten Sektoren ausgearbeitet wurden und einen Rahmen für die künftige Genehmigung der in den Anhängen I und II der UVP-RL 1985 aufgeführten Projekte setzen. Die Richtlinienvorschrift stellt damit **zwei kumulative Anforderungen** an Pläne und Programme: Zum einen müssen Pläne und Programme aus den Sektoren des Art. 3 Abs. 2 lit. a) SUP-RL stammen. Zum anderen müssen sie einen Rahmen für die näher bezeichneten Projekte setzen. Beiden Anforderungen ist mit den Regelungen in § 2 Abs. 7 und § 1 Abs. 1 entsprochen worden.

Im Rahmen eines Vorabentscheidungsverfahrens hat der EuGH die zwei genannten Anforderungen 6
des Art. 3 Abs. 2 lit. a) SUP-RL an Pläne und Programme näher bestimmt.[10] Zum einen hat er die Frage beantwortet, ob für die »Ausarbeitung« in einem der in Art. 3 Abs. 2 lit. a) SUP-RL genannten Bereiche eine ziel- und zweckgerichtete Ausrichtung auf einen oder mehrerer dieser Bereiche erforderlich ist. Zum anderen wurden die Anforderungen an die Rahmensetzung von Plänen und Programmen konkretisiert. Entscheidungserheblich waren diese Fragen im Rahmen des Erlasses einer naturschutzrechtlich veranlassten Schutzverordnung, für die nach deutschem Recht weder die Entscheidung über die Durchführung einer SUP noch einer entsprechenden Vorprüfung erforderlich ist. Die Annahme einer unionsrechtlichen Pflicht zur SUP oder Vorprüfung hätte das in Deutschland erreichte Schutzniveau für Natur und Landschaft erheblich senken können, da dann eine Vielzahl von Schutzgebietsausweisungen verfahrensfehlerhaft und letztlich nichtig wären.[11]

Der EuGH legt das Merkmal der »Ausarbeitung« weit aus: Demzufolge reicht es für die »Ausarbeitung« in einem der in Art. 3 Abs. 2 lit. a) SUP-RL genannten Bereiche aus, wenn der Plan oder

---

7 Zu diesen gemeinsamen materiellen Anforderungen tritt die Eröffnung des gesetzlichen Anwendungsbereichs gemäß § 1 Abs. 1 als rein formales Kriterium hinzu. Aufgrund der Rückbezüglichkeit des § 1 Abs. 1 Nr. 2 und 3 auf die Anl. 5 und die SUP-Pflicht nach den §§ 35 bis 37 sind dem Anwendungsbereich keine weiterführenden materiellen Vorgaben zu entnehmen. In der Rechtsanwendung spielt § 1 Abs. 1 daher – jedenfalls aus prüfungstechnischer Sicht – keine Rolle. Seine Bedeutung findet § 1 Abs. 1 neben der formalen Eröffnung des Anwendungsbereiches des Gesetzes in den Vorgaben für die gesetzgeberische Ausgestaltung der SUP.

8 Richtlinie 2001/42/EG des Europäischen Parlaments und des Rates v. 27.06.2001 über die Prüfung der Umweltauswirkungen bestimmter Pläne und Programme ABl. EG L 197/30.

9 BT-Drs. 15/3441, S. 26.

10 EuGH, Urt. v. 22.02.2022 – Rs. C-300/20.

11 BVerwG, EuGH-Vorlage v. 04.05.2020, 4 CN 4/18, Rn. 16; vgl. auch Schlussanträge des Generalanwalts Sánchez-Bordona v. 03.03.2020 in der Rechtssache C-24/19, Rn. 111 ff.

das Programm einen dieser Bereiche »betrifft«.[12] Dafür muss der Plan oder das Programm nicht darauf zielen, einen Referenzrahmen gerade für diese Sachbereiche festzulegen. Vielmehr reicht es aus, wenn sich Regelungen im Plan oder Programm auf die Bereiche des Art. 3 Abs. 2 lit. a) SUP-RL auswirken. Das ist auch dann der Fall, wenn der Plan oder das Programm für einen anderen, nicht von der Richtlinienvorschrift erfassten Bereich ausgearbeitet wurde, sich aber gleichzeitig auf die Bereiche des Art. 3 Abs. 2 lit. a) SUP-RL auswirkt. Für das zweite Erfordernis – die rahmensetzende Wirkung – ist hingegen ein konkreter Projektbezug des Plans oder Programms erforderlich (siehe näher hierzu Rdn. 36). Der EuGH ist mit dieser Auslegung den Schlussanträgen des Generalanwalts gefolgt.[13]

II. Plan- und Programmmerkmale gemäß § 2 Abs. 7

7 Abs. 1 Nr. 1 setzt – ebenso wie die weiteren Umweltprüfungstatbestände – voraus, dass es sich um Pläne und Programme handelt, die den **Begriffsmerkmalen des § 2 Abs. 7** entsprechen. Das heißt, es muss sich um Pläne und Programme handeln, die bundesrechtlich oder durch Rechtsakte der Europäischen Union vorgesehen sind und die zusätzlich unter eine der Alternativen der Nr. 1 bis 3 des Abs. 7 fallen. Kennzeichnend für den Begriff der Pläne ist allgemein die planerische Gestaltungsfreiheit.[14] Wegen der rechtlichen Gleichbehandlung von Plänen und Programmen gilt, für Programme ähnliches, es wird jedoch weitestgehend auf eine eigenständige Definition verzichtet.[15] Ausgenommen sind dabei Pläne und Programme, die ausschließlich der Verteidigung oder der Bewältigung von Katastrophenfällen dienen, sowie Finanz- und Haushaltspläne und -programme. Die Erfüllung dieser Voraussetzungen **unterstellt** der Gesetzgeber für die von Abs. 1 Nr. 1 erfassten Pläne und Programme bereits durch die Aufnahme in die Anl. 5. Umstritten war in diesem Zusammenhang im Gesetzgebungsverfahren die Aufnahme des Bundesverkehrswegeplans einschließlich der Bedarfspläne in Nr. 1.1 der Anl. 5. Stein des Anstoßes war und ist die Aufstellungspflicht, die von Kritikern der Aufnahme bestritten wird (siehe hierzu Anl. 5 Rdn. 6).

III. Bereichszugehörigkeit

8 Die Umweltprüfung nach Abs. 1 Nr. 1 ist i.V.m. Anl. 5 Nr. 1 **bereichsabhängig** ausgestaltet.

9 Die Pläne und Programme der Anl. 5 Nr. 1 gehören sämtlich einem oder mehreren Sachbereichen des § 1 Abs. 1 an. Dieser wiederum greift unmittelbar die Sektoren des Art. 3 Abs. 2 lit. a) SUP-RL auf und setzt diese Vorgaben insoweit in nationales Recht um. Einer gesonderten Prüfung der Bereichszugehörigkeit des jeweils in Rede stehenden Plans oder Programms durch den Rechtsanwender bedarf es nicht.[16]

IV. Obligatorische Durchführung

10 Die SUP ist des Weiteren **obligatorisch** für alle Pläne und Programme der Gruppennummer 1 der Anl. 5 durchzuführen, d.h. sie ist für diese unbedingt und zwingend vorgeschrieben.[17] Abs. 1 Nr. 1 stellt **keine weiteren Voraussetzungen** auf, von deren Vorliegen die Durchführung der Umwelt-

---

12 EuGH, Urt. v. 22.02.2022 – Rs. C-300/20, Rn. 49 ff.; vgl. auch EuGH, Urt. v. 25.06.2020 – Rs. C-24/19, Rn. 66.

13 Schlussanträge des Generalanwalts Sánchez-Bordona v. 16.09.2021 in der Rechtssache C-300/20.

14 Siehe hierzu § 2 Rdn. 116.

15 *Schink*, in: Schink/Reidt/Mitschang, UVPG/UmwRG, § 35 UVPG Rn. 8.

16 BT-Drs. 15/3441, S. 26 f.; Stüer/Beckmann, Handbuch des Bau- und Fachplanungsrechts, Rn. 4574; *Fellenberg/Schiller*, in: Landmann/Rohmer, Umweltrecht, 108. EL August 2025, § 35 Rn. 1; so schon zuvor *Gärditz*, in: Landmann/Rohmer, Umweltrecht, 90. EL Juni 2019 zur Vorgängerregelung, § 14b UVPG Rn. 24.

17 BT-Drs. 15/3441, S. 26; *Hendler* NVwZ 2005, 977 (979); *Balla/Peters* ZUR 2006, 179 (179); vgl. auch *Erbguth/Schubert* ZUR 2005, 524 (526), die abweichend auch die Fälle des damaligen § 14 b Abs. 1 Nr. 2, nun § 35 Abs. 1 Nr. 2, der obligatorischen SUP zuordnen (siehe Rdn. 17).

prüfung abhängt. Dies entspricht dem Wortlaut der Richtlinienvorschrift in Art. 3 Abs. 2 lit. a) SUP-RL. Dort heißt es, die Umweltprüfung *»wird vorgenommen«* ohne dass weitere, sich nicht aus der Begriffsbestimmung oder dem Anwendungsbereich ergebende Voraussetzungen erfüllt sein müssen.

V. Rahmensetzung

Das Richtlinienerfordernis der Rahmensetzung wird in Abs. 1 Nr. 1 für die Pläne und Programme 11 der Anl. 5 Nr. 1 **unwiderleglich vermutet** (siehe zum Erfordernis der Rahmensetzung Rdn. 33 ff.).[18] Die erfassten Pläne und Programme setzen regelmäßig einen Rahmen für UVP-pflichtige Vorhaben des Bundes- oder Landesrechts, ohne dass es – anders als im Fall des Abs. 1 Nr. 2 – einer gesonderten Prüfung der Rahmensetzung durch den Rechtsanwender bedarf.[19] Die Prüfung der Rahmensetzung wurde im Gesetzgebungsverfahren vorweggenommen und das Vorliegen des Rahmensetzungserfordernisses durch die Zuordnung zu Abs. 1 Nr. 1 und die Aufnahme unter der Gruppennummer 1 der Anl. 5 bereits bejaht. Klarstellend sei unter systematischen Gesichtspunkten darauf hingewiesen, dass auch die Pläne und Programme des Abs. 1 Nr. 1 i.V.m. Anl. 5 Nr. 1 rahmensetzende Wirkung entfalten müssen. Dies gilt ungeachtet des Umstandes, dass Abs. 1 Nr. 1 das Erfordernis der Rahmensetzung nicht erwähnt und lediglich auf die Anl. 5 Nr. 1 verweist. Irreführend ist in diesem Zusammenhang auch die überschreibende Bezeichnung zu Ziffer 2. der Anl. 5 zum UVPG, »Strategische Umweltprüfung bei Rahmensetzung nach § 35 Abs. 1 Nr. 2«. In einem Umkehrschluss scheint sie den Verzicht auf das Erfordernis der Rahmensetzung für die Fälle des Abs. 1 Nr. 1 i.V.m. Anl. 5 Nr. 1 nahe zu legen. Eine solche Sichtweise stünde indes im Widerspruch zu den europarechtlichen Vorgaben des Art. 3 Abs. 2 lit. a) SUP-RL, der ausdrücklich die Rahmensetzung für künftige Zulassungsentscheidungen fordert und in Abs. 1 entsprechend umgesetzt wurde. Systematisch handelt es sich bei Abs. 1 Nr. 1 i.V.m. Anl. 5 Nr. 1 – wie einleitend bereits angemerkt – um eine unwiderlegliche Vermutung der Rahmensetzung für die Pläne und Programme des Abs. 1 Nr. 1 i.V.m. Anl. 5 Nr. 1.[20] Lediglich die gesonderte Prüfung der Rahmensetzung ist entbehrlich. Eine im Einzelfall abweichende Beurteilung durch den Rechtsanwender ist damit unerheblich.

VI. Erhebliche Umweltauswirkungen

Für Pläne und Programme, die Abs. 1 Nr. 1 i.V.m. Anl. 5 Nr. 1 zugeordnet sind, unterstellt das 12 Gesetz, dass sie voraussichtlich erhebliche Umweltauswirkungen haben (siehe zum Begriff der erheblichen Umweltauswirkungen Rdn. 53 ff. und § 33 Rdn. 23). Einer gesonderten Vorprüfung hinsichtlich erheblicher Umweltauswirkungen bedarf es – anders als bei Abs. 2[21] – nicht. Dies entspricht Art. 3 Abs. 2 SUP-RL, der den Mitgliedstaaten in seinem Anwendungsbereich **kein Umsetzungsermessen** hinsichtlich der Voraussichtlichkeit erheblicher Umweltauswirkungen einräumt, sondern diese ebenfalls unterstellt.[22]

D. Bereichsabhängige konditionale SUP (Abs. 1 Nr. 2)

Nach Maßgabe des Abs. 1 Nr. 2 sind Pläne und Programme, die in der Anl. 5 Nr. 2 aufgeführt sind, 13 einer SUP zu unterziehen, wenn sie – nach ihrem konkreten Inhalt – für Entscheidungen über die Zulässigkeit näher bestimmter Vorhaben einen Rahmen setzen.

18 *Hendler* NVwZ 2005, 977 (980); siehe auch BT-Drs. 15/3441, S. 26 f., 41 f.
19 BT-Drs. 15/3441, S. 26 f., 41 f.
20 *Hendler* NVwZ 2005, 977 (980).
21 Siehe hierzu Rdn. 32.
22 EU-Kommission, Umsetzung der Richtlinie 2001/42/EG (Leitfaden), Nr. 3.21, unter: https://ec.europa.eu/environment/archives/eia/pdf/030923_sea_guidance_de.pdf (zuletzt abgerufen am 02.02.2026).

I. Vorgaben der SUP-RL

14 Abs. 1 Nr. 2 i.V.m. Anl. 3 Nr. 2 setzt – gemeinsam mit Abs. 1 Nr. 1 – die Vorgaben des Art. 3 Abs. 2 lit. a) SUP-RL um. Für die näheren Einzelheiten wird auf die Erläuterungen zu Abs. 1 Nr. 1 verwiesen (vgl. dort unter Rdn. 5 f.).

II. Plan- und Programmmerkmale gemäß § 2 Abs. 7

15 Eine gesonderte Prüfung der Begriffsmerkmale des § 2 Abs. 7 ist für die von Abs. 1 Nr. 2 erfassten Pläne und Programme nicht erforderlich. Das Vorliegen der Begriffsmerkmale unterstellt der Gesetzgeber bereits durch die erfolgte Aufnahme in die Anl. 5.

III. Bereichszugehörigkeit

16 Eine gesonderte Prüfung der Bereichszugehörigkeit ist bei Plänen und Programmen, die unter Abs. 1 Nr. 2 i.V.m. Anl. 5 Nr. 2 fallen – ebenso wie im Falle des Abs. 1 Nr. 1 – nicht erforderlich. Die Pläne und Programme der Anl. 5 Nr. 2 sind jeweils einem oder mehreren Sachbereichen des § 1 Abs. 1 zugeordnet.[23] Die Bereichszugehörigkeit wird von der Regelung in Anl. 5 Nr. 2 **gesetzestechnisch vorausgesetzt.**[24]

IV. Konditionale Durchführung bei Rahmensetzung

17 Die Umweltprüfung des Abs. 1 Nr. 2 ist unter die Bedingung der Rahmensetzung gestellt. Es handelt sich daher nicht um eine Fallgruppe der unbedingten oder auch obligatorischen SUP, sondern der konditionalen SUP.[25] Das **konditionale Element** der Rahmensetzung wird anders als bei Abs. 1 Nr. 1 i.V.m. Anl. 5 Nr. 1 nicht unwiderleglich vermutet, sondern muss erst durch eine gesonderte Prüfung positiv festgestellt werden.[26] Gegenstand dieser Prüfung ist die Frage, ob die konkret in Rede stehenden Pläne und Programme einen Rahmen für Vorhaben setzen, die einer UVP- oder Vorprüfungspflicht nach Maßgabe des Bundesrechts (dort Anl. 1) oder des Landesrechts unterliegen.[27] Die Prüfung erfolgt nach Maßgabe des Abs. 3 (siehe zum Erfordernis der Rahmensetzung Rdn. 33 ff.).[28] Die SUP-Pflicht von Plänen und Programmen i.S.d. Abs. 1 Nr. 2 konkretisiert sich in der Folge erst im Zusammenspiel mit dem jeweiligen Plan- oder Programminhalt. Sie tritt nicht bereits kraft einer gesetzlichen Zuordnung nach dem Typus des Plans oder Programms ein, wie dies für die unbedingte, obligatorische SUP charakteristisch ist. Auch die amtliche Begründung zum UVPG ist hier zumindest sprachlich unpräzise, wenn ohne Unterscheidung zwischen Abs. 1 Nr. 1 und Abs. 1 Nr. 2 von einer unbedingten Umweltprüfung gesprochen wird[29] und sodann ausdrücklich auf die einzelnen Bedingungen im Rahmen des Abs. 1 Nr. 2 eingegangen wird.[30] Die Bezeichnung der »obligatorischen« SUP wird zudem lediglich in Anl. 5 Nr. 1 und mithin für die Pläne des Abs. 1 Nr. 1 verwendet. Auf die Gruppennummer 2 der Anl. 5 und mithin die Fälle des Abs. 1 Nr. 2 wird die Bezeichnung nicht ausgedehnt. Diese sind stattdessen unter der Bezeichnung »SUP bei Rahmensetzung« erfasst.[31] In diesem Zusammenhang sei klarstellend darauf hingewiesen, dass der Bezeichnung

---

23 BT-Drs. 15/3441, S. 26 f., 42.
24 BT-Drs. 15/3441, S. 42.
25 Wie hier *Hendler* NVwZ 2005, 977 (979); »Leitfaden zur Strategischen Umweltprüfung« (in der weiteren Kommentierung: Leitfaden zur SUP) (Stand März 2010), S. 5, download unter: https://www.bundesumweltministerium.de/download/leitfaeden-zu-uvp-und-sup (zuletzt abgerufen am 02.02.2026); a.A. *Erbguth/Schubert* ZUR 2005, 524 (526).
26 *Hendler* NVwZ 2005, 977 (980).
27 *Hendler* NVwZ 2005, 977 (979).
28 BT-Drs. 15/3441, S. 27, 41 f.
29 BT-Drs. 15/3441, S. 26, vorletzter Abs.
30 Vgl. BT-Drs. 15/3441, S. 26 f., 29.
31 Diese Bezeichnung verwendet auch Stüer/Beckmann, Handbuch des Bau- und Fachplanungsrechts, Rn. 4592.

»SUP bei Rahmensetzung« mit ihrer Fokussierung auf die Rahmensetzung keine Eignung für eine inhaltliche Unterscheidung der Umweltprüfungen zukommt, da die Rahmensetzung bei Umweltprüfungen nach Abs. 1 Nr. 1 und nach Abs. 2 gleichermaßen wesensbildendes Merkmal der SUP-Pflicht ist. Deutlich wird indes, dass die SUP eben nur »bei Rahmensetzung« durchzuführen ist. Gerade darin zeigt sich die Konditionalität der SUP nach Abs. 1 Nr. 1.

V. Von der Rahmensetzung erfasste Vorhaben

Die Rahmensetzung von Plänen und Programmen muss sich im Falle des Abs. 1 Nr. 2 auf **Entscheidungen über die Zulässigkeit folgender Vorhaben** beziehen: 18

- Vorhaben, die in Anl. 1 aufgeführt werden;
- Vorhaben, die nach Landesrecht einer Umweltverträglichkeitsprüfung bedürfen;
- Vorhaben, die nach Landesrecht einer UVP-Vorprüfung des Einzelfalls bedürfen.

Die erste Vorhabengruppe erfasst solche Vorhaben, bei denen die UVP-Pflicht nach Maßgabe der bundesgesetzlichen Regelung des UVPG zu beurteilen ist. Hierzu gehören aufgrund der Regelungstechnik der Anl. 1 i.V.m. §§ 6, 7, 9 bis 13 zum einen Vorhaben, die unmittelbar UVP-pflichtig sind, und zum anderen Vorhaben, die einer allgemeinen UVP-Vorprüfung des Einzelfalls oder einer standortbezogenen UVP-Vorprüfung des Einzelfalls bedürfen. Die beiden weiteren Vorhabengruppen spiegeln diese Konstellationen für das Landesrecht wider. In der Zusammenschau der Vorhabengruppen kann daher festgehalten werden, dass sich die konditionale SUP des Abs. 1 Nr. 2 auf UVP-pflichtige und UVP-vorprüfungsbedürftige Vorhaben, ungeachtet ihrer Verortung im Bundes- oder Landesrecht, bezieht.

Im Falle UVP-vorprüfungsbedürftiger Vorhaben liegt die SUP-Pflicht eines rahmensetzenden Plans oder Programms bereits aufgrund des Bestehens der UVP-Vorprüfungspflicht vor. Allein dies löst bereits die Umweltprüfungspflicht aus. Demgegenüber kommt es nicht darauf an, ob die UVP-Vorprüfung des Vorhabens eine UVP-Pflicht nach sich ziehen würde.[32] 19

VI. Erhebliche Umweltauswirkungen

Eine gesonderte (Vor)Prüfung dahingehend, ob ein in Rede stehender Plan oder ein Programm voraussichtlich erhebliche Umweltauswirkungen hat, ist im Rahmen des Abs. 1 Nr. 2 i.V.m. Anl. 5 Nr. 2 – ebenso wie bei Abs. 1 Nr. 1 i.V.m. Anl. 5 Nr. 2 – nicht vorgesehen und auch nicht erforderlich. Auf die Erläuterungen zu Abs. 1 Nr. 1 ist entsprechend zu verweisen (vgl. Rdn. 12). 20

E. Vorprüfungsabhängige konditionale SUP (Abs. 2)

Nach Maßgabe des Abs. 2 sind Pläne und Programme, die nicht bereits nach Abs. 1 einer SUP zu unterziehen sind, SUP-pflichtig, wenn sie einen **Rahmen** für näher zu bestimmende Vorhaben setzen und eine Vorprüfung des Einzelfalls (sog. »Screening«) nach Abs. 4 ergibt, dass der Plan oder das Programm erhebliche Umweltauswirkungen haben kann.[33] Die SUP-Pflicht ist damit zum einen von der **Bejahung der Rahmensetzung** und zum anderen vom **Ergebnis der Vorprüfung** des Einzelfalls hinsichtlich voraussichtlich eintretender, erheblicher Umweltauswirkungen abhängig.[34] Die Anwendung des Abs. 2 dürfte damit für den Rechtsanwender die größten Schwierigkeiten bieten.[35] Bei der Aufstellung zukünftiger Pläne und Programme muss er entscheiden, ob für diese eine SUP durchzuführen ist. Im Mittelpunkt dieses Entscheidungsprozesses wird dabei regelmäßig die Frage nach der Eröffnung des Anwendungsbereiches des Abs. 2 stehen, sofern es sich um Pläne und Programme handelt, die nicht in der Anl. 5 genannt sind (zum Anwendungsbereich sogleich unter Rdn. 23). Des Weiteren muss der Rechtsanwender das Erfordernis der Rahmensetzung prüfen (siehe 21

32 *Erbguth/Schubert* ZUR 2005, 524 (527).
33 Vgl. auch *Hendler* NVwZ 2005, 977 (980); BT-Drs. 15/3441, S. 29.
34 *Albrecht*, in: Sinner/Gassner/Hartlik/Albrecht, SUP – Teil 1, 2.4.1.2; *Hendler* NVwZ 2005, 977 (980).
35 Vgl. zur praktischen Vorgehensweise den Leitfaden zur SUP, S. 6 f.

Rdn. 33 ff.) und die Vorprüfung des Einzelfalls nach Maßgabe des Abs. 4 durchführen (siehe Rdn. 49 ff.). Voraus geht die Prüfung, ob es sich überhaupt um Pläne und Programme gemäß § 2 Abs. 7 handelt.

Nach Abs. 2 Satz 2 bleiben die Vorschriften des § 34 Abs. 4 und § 35 Abs. 6 BauGB unberührt. Hier geht es um Innenbereichs- und Außenbereichssatzungen. Der Gesetzgeber ging in diesem Zusammenhang davon aus, dass solche Satzungen keinen Rahmen für UVP-pflichtige Vorhaben setzen. Auch genüge das BauGB, um hier Umweltauswirkungen einzudämmen.[36]

I. Vorgaben der SUP-RL

22 Abs. 2 Satz 1 dient der Umsetzung des Art. 3 Abs. 4 SUP-RL.[37] Die Richtlinienvorschrift sieht vor, dass die Mitgliedstaaten darüber befinden müssen, ob nicht unter Art. 3 Abs. 2 fallende Pläne und Programme, durch die ein Rahmen für die künftige Genehmigung von Projekten gesetzt wird, voraussichtlich erhebliche Umweltauswirkungen haben. Eine SUP ist mithin nicht schon deshalb entbehrlich, weil Pläne oder Programme in Rede stehen, die nicht unter Art. 3 Abs. 2 SUP-RL fallen. Es obliegt mithin den Mitgliedstaaten, darüber zu befinden, ob entsprechende rahmensetzende Pläne und Programme voraussichtlich erhebliche Umweltauswirkungen haben.[38] Die Mitgliedstaaten müssen ferner sicherstellen, dass sämtliche Pläne und Programme, die voraussichtlich erhebliche Umweltauswirkungen haben, von der SUP-RL erfasst werden. Die mitgliedstaatliche Entscheidung im Rahmen der Umsetzung der Vorgaben wird durch die Kriterien des Art. 3 Abs. 5 gelenkt. Danach kann die Bestimmung entsprechender Pläne und Programme durch Einzelfallprüfung, die Festlegung von Plan- und Programmarten sowie eine Kombination aus den vorstehenden Varianten erfolgen. Der Bundesgesetzgeber hat sich mit der Umsetzung in Abs. 2 für eine Beurteilung anhand einer Vorprüfung des Einzelfalls entschieden und diese in Abs. 4 näher ausgestaltet (zur Vorprüfung des Einzelfalls siehe Rdn. 49 ff.).

II. Anwendungsbereich

23 Der Gesetzgeber ist in Bezug auf den Anwendungsbereich des Abs. 2 davon ausgegangen, dass keine bundesrechtlich vorgesehenen Pläne oder Programme bestehen, die ihm unterfallen.[39] Ungeachtet dieser Einschätzung lässt sich der Anwendungsbereich des Abs. 2 wie folgt beschreiben.

24 Der Anwendungsbereich des Abs. 2 wird zunächst maßgeblich durch die **Negativabgrenzung zu Abs. 1** definiert. Danach erfasst Abs. 2 nur solche Pläne und Programme, die keiner SUP-Pflicht nach Maßgabe des Abs. 1 unterliegen. Dies sind zunächst Pläne und Programme, die nicht in der Anl. 5 genannt werden. Für diese kommt eine SUP-Pflicht nach Abs. 1 schon nicht in Betracht, da Abs. 1 sowohl in Nr. 1 als auch in Nr. 2 auf Pläne und Programme der Anl. 5 verweist. Ohne weitere Prüfung fallen damit Pläne und Programme unter Abs. 2, die keinem der Sachbereiche des § 3 Abs. 1a Satz 1 zuzuordnen sind, da sämtliche in der Anl. 5 aufgeführten Pläne und Programme einem oder mehreren Sachbereichen des § 1 Abs. 1 angehören (siehe zum fehlenden Erfordernis der Bereichszugehörigkeit Rdn. 28).

25 Des Weiteren erfasst Abs. 2 Pläne und Programme, die in Anl. 5 Nr. 2 genannt werden, sofern sich die **rahmensetzende Wirkung** der konkret in Rede stehenden Pläne und Programme **auf andere Vorhaben** bezieht, die nicht in Anl. 1 aufgeführt sind und nicht nach Landesrecht einer UVP oder einer UVP-Vorprüfung des Einzelfalls unterliegen.[40] Andernfalls wären die Voraussetzungen des

36 BT-Drs. 15/3441, S. 29; *Gärditz*, in: Landmann/Rohmer, Umweltrecht, 90. EL Juni 2019 zur Vorgängerregelung, § 14b Rn. 43.

37 BT-Drs. 15/3441, S. 29.

38 *Hendler*, BMU-Rechtsgutachten, S. 55 f.

39 BT-Drs. 15/3441, S. 29.

40 Vgl. die Beispiele im Leitfaden zur SUP, S. 6: rahmensetzende Wirkung für Vorhaben ohne UVP-Pflicht bzw. UVP-Vorprüfungspflicht (gem. damaligen § 14 b Abs. 2 a.F., nunmehr § 35 Abs. 2):

Abs. 1 Nr. 2 erfüllt, so dass für Abs. 2 kein Raum mehr bliebe. Stehen demgegenüber Pläne und Programme in Rede, die der Anl. 5 Nr. 1 angehören, so bleibt die Anwendung des Abs. 2 verschlossen, da Abs. 1 Nr. 1 keine weiteren Voraussetzungen neben der Auflistung in Anl. 5 Nr. 1 aufstellt. Dort genannte Pläne und Programme fallen damit ausnahmslos unter Abs. 1.[41]

III. Plan- und Programmmerkmale gemäß § 2 Abs. 7

Abs. 2 setzt – ebenso wie die weiteren Umweltprüfungstatbestände – voraus, dass es sich um Pläne und Programme handelt, die den **Begriffsmerkmalen des § 2 Abs. 7** entsprechen. Das heißt, es muss sich um Pläne und Programme handeln, die bundesrechtlich vorgesehen sind und zu deren Ausarbeitung, Annahme oder Änderung eine Behörde durch Rechts- oder Verwaltungsvorschriften verpflichtet ist. Anders als in den Fällen des Abs. 1 Nr. 1 und Nr. 2 liegt keine gesetzgeberische Wertung hinsichtlich des Vorliegens dieser Begriffsmerkmale vor (siehe zu den Fällen des Abs. 1 oben Rdn. 7, 15). Eine Prüfung der Frage, ob Pläne und Programme i.S.d. § 2 Abs. 7 vorliegen, ist daher im **Anwendungsbereich des Abs. 2** erforderlich (zu den Begriffsmerkmalen siehe § 33 Rdn. 35 f., § 2 Rdn. 122 ff.).[42] 26

Nicht unter den Begriff der Pläne und Programme i.S.d. § 2 Abs. 7 Nrn. 1 bis 3 fallen bloß verwaltungslenkende Handlungsdirektiven ohne Außenwirkung und ohne konkrete Rechtsfolgen (siehe auch § 33 Rdn. 44). Dies sind beispielsweise das Aktionsprogramm Klimaschutz 2020[43] oder Forstwirtschaftspläne. Ein Forstwirtschaftsplan entfaltet keinerlei Außenwirkung. Er dient lediglich zur Planung von Pflanzungen, Durchforstungen, Maßnahmen zur Verbesserung der Schutz- und Erholungsleistungen etc. und stellt eine Prognose der erforderlichen Einnahmen und Ausgaben auf. Auch das Aktionsprogramm Klimaschutz 2020 ist eine bloß politische Absichtserklärung ohne rechtliche Bindungswirkung.[44] Es handelt sich auch nicht um ein Klimaschutzprogramm i.S.d. § 9 Bundes-Klimaschutzgesetztes (KSG),[45] für das nach § 35 Abs. 1 Nr. 2 i.V.m. Anl. 5 Nr. 2.13 eine bereichsabhängige konditionale SUP-Pflicht besteht (siehe Anlage 5 Rdn. 58). Denn das Aktionsprogramm Klimaschutz 2020, welches bereits 2014 beschlossen wurde, unterfällt nicht dem Anwendungsbereich des Bundes-Klimaschutzgesetzes, das erst im Jahr 2019 erlassen wurde. Hinsichtlich der Sofortprogramme nach § 8 KSG, die nur im Ausnahmefall bei Überschreitung von Jahresemissionsmengen aufzustellen sind, ist die Durchführung einer SUP nach Abs. 2 zu prüfen.[46] 27

– Festlegung von betrieblichen Einschränkungen für Anlagen zum Warmwalzen von Stahl mit einer Produktionsleistung von weniger als 2 Tonnen je Tag (Vorhaben liegt unterhalb der Schwellenwerte der Anlage 1 Nr. 3.7 UVPG und bedarf nach der 4. BImSchV einer Genehmigung), z.B. in einem Luftreinhalteplan.

– Festlegung von betrieblichen Einschränkungen für Anlagen zur Herstellung von Holzspanplatten (Vorhaben ist nicht in der Anlage 1 UVPG aufgeführt und bedarf nach der 4. BImSchV einer Genehmigung), z.B. in einem Luftreinhalteplan.

41 Einige typische Anwendungsfälle des Abs. 2 bei: *Gärditz*, in: Landmann/Rohmer, Umweltrecht, 90. EL Juni 2019 zur Vorgängerreglung, § 14b Rn. 55 ff.

42 Ob man diese Frage prüfungstechnisch – wie hier – in § 35 Abs. 2 oder – gewissermaßen vorgeschaltet – im Anwendungsbereich des Gesetzes nach § 1 Abs. 1 verorten möchte, bleibt – nicht zuletzt aufgrund der Rückbezüglichkeit des § 1 Abs. 1 Nr. 3 auf die §§ 35 bis 37 – für die Erforderlichkeit der Prüfung und deren Ergebnis ohne Unterschied.

43 Bundesministerium für Umwelt, Naturschutz, Bau und Reaktorsicherheit, Aktionsprogramm Klimaschutz 2020 – Kabinettsbeschluss vom 03.12.2014, unter: https://www.bmuv.de/fileadmin/Daten_BMU/Download_PDF/Aktionsprogramm_Klimaschutz/aktionsprogramm_klimaschutz_2020_broschuere_bf.pdf (zuletzt abgerufen am 02.02.2026).

44 VG Berlin, Urt. v. 31.10.2019 – 10 K 412.18 Rn. 58 f. = ZUR 2020, 160 (162); *Oexle/Lammers* NVwZ 2020, 1723 (1724 f.).

45 Bundes Klimaschutzgesetz in der Fassung v. 12.12.2019, BGBl. I 2019, S. 2513.

46 BT-Drs. 19/14337, S. 42; siehe auch Fußnotenverweis in: *Franzius* EnWZ 2019 435 (436).

IV. Bereichszugehörigkeit

28 Im Rahmen des Abs. 2 ist es **nicht erforderlich**, dass die in Rede stehenden Pläne und Programme den Sachbereichen des § 1 Abs. 1 angehören. Dies ergibt sich aus dem Umstand, dass § 1 Abs. 1 Nr. 3 den Anwendungsbereich des UVPG hinsichtlich der Umweltprüfung für sonstige Pläne und Programme nicht selbst abschließend definiert, sondern danach eröffnet, ob gemäß §§ 35 bis 37 eine SUP durchzuführen ist. Mangels einer Bezugnahme auf bestimmte Sachbereiche kommt es somit auf eine Bereichszugehörigkeit nicht an. Diese Regelungssystematik wird durch Art. 3 Abs. 4 und Abs. 5 SUP-RL bedingt, der darauf gerichtet ist, sämtliche rahmensetzende Pläne und Programme, die voraussichtlich erhebliche Umweltauswirkungen haben, einer SUP unterzuordnen. Auch dort wird nicht auf bestimmte Sachbereiche abgestellt.

V. Konditionale Durchführung

29 Die Umweltprüfung nach Abs. 2 gehört zur Fallgruppe der konditionalen SUP. Sie enthält **zwei konditionale Elemente**: Zum einen hängt sie von der Bejahung der Rahmensetzung und zum anderen vom Ergebnis der Vorprüfung des Einzelfalls hinsichtlich voraussichtlich eintretender, erheblicher Umweltauswirkungen ab.[47]

30 Wer die Umweltprüfung nach Abs. 2 z.T. als »fakultative«[48] oder »sonstige fakultative«[49] SUP bezeichnet, verkennt, dass die Umweltprüfung hier nicht – wie dies die Wortbedeutung des Fakultativen nahelegt – in die Beurteilungskompetenz der Behörde gestellt ist. Auch die Vorprüfung des Einzelfalls – die im Rahmen des Abs. 2 vorzunehmen ist – hat anhand gesetzlicher Kriterien zu erfolgen und ist damit nicht »frei«. Auch der von der EU-Kommission herausgegebene Leitfaden zur Umsetzung der SUP-RL kennt keine »fakultative« SUP. Er unterscheidet lediglich zwischen obligatorischer und bedingter (also konditionaler) SUP.[50] Vor diesem Hintergrund ist eine sprachliche Differenzierung, die neben der obligatorischen und der konditionalen SUP eine dritte Kategorie (fakultativ) definieren will, irreführend und zudem nicht von den normativen Vorgaben gedeckt.

VI. Rahmensetzung

31 Auch im Anwendungsbereich des Abs. 2 kommt es darauf an, ob die in Rede stehenden Pläne und Programme für künftige Entscheidungen über die Zulässigkeit von Vorhaben einen Rahmen setzen (vgl. zum Erfordernis der Rahmensetzung Rdn. 33 ff.). Die **Rahmensetzung ist** jedoch – anders als bei Abs. 1 Nr. 1 – in einer gesonderten Prüfung durch den Rechtsanwender **festzustellen**. Nur bejahendenfalls liegen Pläne oder Programme vor, die einer Umweltprüfung nach Abs. 2 zu unterziehen sind. Die Rahmensetzung muss sich auf Entscheidungen über die Zulässigkeit von Vorhaben nach Anl. 1 oder auf andere Vorhaben beziehen.

VII. Erhebliche Umweltauswirkungen

32 Die SUP-Pflicht hängt im Rahmen des Abs. 2 ferner vom Ergebnis einer Vorprüfung im Einzelfall i.S.d. Abs. 4 ab. Gegenstand dieser Prüfung ist die Frage, ob die in Rede stehenden Pläne oder Programme voraussichtlich erhebliche Umweltauswirkungen haben (vgl. zu den Einzelheiten der Vorprüfung im Einzelfall und zum Begriff der erheblichen Umweltauswirkungen Rdn. 49 ff. und § 33 Rdn. 23.).

---

47 So *Hendler* NVwZ 2005, 977 (980).
48 So *Balla/Peters* ZUR 2006, 179 (179).
49 Stüer/Beckmann, Handbuch des Bau- und Fachplanungsrechts, Rn. 4575.
50 EU-Kommission, Umsetzung der Richtlinie 2001/42/EG (Leitfaden) S. 61.

F. Begriff der Rahmensetzung (Abs. 3)

Nach Maßgabe des Abs. 3 kommt Plänen und Programmen eine rahmensetzende Wirkung zu, wenn sie Festlegungen mit Bedeutung für spätere Zulassungsentscheidungen, insbesondere zum Bedarf, zur Größe, zum Standort, zur Beschaffenheit, zu Betriebsbedingungen von Vorhaben oder zur Inanspruchnahme von Ressourcen, enthalten. 33

I. Vorgaben der SUP-RL

Das Rahmensetzungserfordernis geht auf die Formulierung des Art. 3 Abs. 2 lit. a) SUP-RL zurück. 34
Darin wird auf Pläne und Programme Bezug genommen, »durch die der Rahmen für die künftige Genehmigung der in den Anhängen I und II der UVP-RL 1985 aufgeführten Projekte gesetzt wird«. Eine nähere Konkretisierung der Rahmensetzung enthält die Richtlinienvorschrift indes nicht. Dies überrascht umso mehr, als das Verständnis dieses Begriffs entscheidend für die Richtlinienauslegung ist. Zwar sind die in Abs. 3 aufgezählten Merkmale etwaiger späterer Vorhaben auch in Anh. II SUP-RL aufgeführt. Dort werden sie jedoch nicht zur Definition der Rahmensetzung, sondern zur Beschreibung von Kriterien für die Bestimmung der voraussichtlichen Erheblichkeit von Umweltauswirkungen i.S.d. Art. 3 Abs. 5 SUP-RL herangezogen.[51] Die Definition der Rahmensetzung des UVPG (Abs. 3) ist daher eine Besonderheit der nationalen Richtlinienumsetzung.[52]

Auch der Kommissionsleitfaden bleibt zum europarechtlichen Verständnis der Rahmensetzung recht 35
vage. Die Formulierung bedeute – so die EU-Kommission –, dass der Plan oder das Programm **Kriterien oder Voraussetzungen** beinhalte, die die Grundlage bilden, auf der die Genehmigungsbehörde über einen Genehmigungsantrag entscheidet.[53] Entsprechende Kriterien können – nach Auffassung der EU-Kommission – z.B. die Art der Tätigkeiten oder Projekte einschränken, die für ein bestimmtes Gebiet genehmigt werden. Denkbar sind ferner Voraussetzungen, die der Antragsteller erfüllen muss, damit die Genehmigung erteilt wird. Hervorzuheben sind auch solche Kriterien, die auf die Erhaltung bestimmter Merkmale eines Gebietes abzielen. Die EU-Kommission nennt hierzu beispielhaft die Festlegung einer gemischten Flächennutzung, durch die die wirtschaftliche Dynamik des Gebiets gefördert wird.[54] Enthalten Pläne oder Programme Festlegungen dieser (oder ähnlicher) Art, so schränken sie die möglichen Vorhaben ein und definieren diese zugleich. Dieses Verständnis ist auch der Auslegung des Tatbestandsmerkmals der Rahmensetzung zu Grunde zu legen.

Inzwischen hat der EuGH das Merkmal der Rahmensetzung bei einer Auslegung der Art. 3 Abs. 2 36
lit. a) und Art. 3 Abs. 4 SUP-RL konkretisiert (vgl. Rdn. 6).[55] Da der Plan oder das Programm eine signifikante Gesamtheit von Kriterien und Modalitäten für die Genehmigung und Durchführung eines oder mehrerer Projekte aufstellen muss (siehe hierzu § 33 Rdn. 16), reicht die Aufstellung allgemeiner Verbotstatbestände und Erlaubnispflichten für eine rahmensetzende Wirkung nicht aus. Vielmehr müssen hinreichend detaillierte Regelungen über den Inhalt, die Ausarbeitung und die Durchführung der Projekte getroffen werden. Insoweit ist ein konkreter Projektbezug des Plans oder Programms erforderlich. Infolge der kongruenten Auslegung des Rahmensetzungserfordernisses in Art. 3 Abs. 2 lit. a) sowie Art. 3 Abs. 4 SUP-RL, gilt dieser Maßstab sowohl für Pläne und Programme i.S.d. § 35 Abs. 1 als auch i.S.d. Abs. 2. Der EuGH ist damit den Schlussanträgen des Generalanwalts gefolgt.[56]

---

51 Vgl. dazu: *Decker* EurUP 2024, 99 (106).
52 Siehe auch *Erbguth/Schubert* ZUR 2005, 524 (526).
53 EU-Kommission, Umsetzung der Richtlinie 2001/42/EG (Leitfaden) Nr. 3.23 f.
54 EU-Kommission, Umsetzung der Richtlinie 2001/42/EG (Leitfaden) Nr. 3.23 f.
55 EuGH, Urt. v. 22.02.2022 – Rs. C-300/20, Rn. 60 ff.
56 Schlussanträge des Generalanwalts Sánchez-Bordona v. 16.09.2021 in der Rechtssache C-300/20, Rn. 102, 107 f.

II. Anwendungsbereich

37 Abs. 3 ist auf Pläne und Programme im Sinne von Abs. 1 und 2 sowie des § 37 anwendbar.

III. Setzen eines Rahmens

38 Pläne oder Programme setzen einen Rahmen i.S.d. Abs. 3, wenn sie **spezifische inhaltliche Festlegungen** enthalten, die eine **konkrete Bedeutung für spätere Zulassungsentscheidungen** haben. Den Inhalt entsprechender Festlegungen beschreibt Abs. 3 durch die Bezugnahme auf eine Reihe vorhabenbezogener Merkmale. Beispielhaft werden der Bedarf, die Größe, der Standort, die Beschaffenheit, die Betriebsbedingungen und die Inanspruchnahme von Ressourcen genannt.[57] Ein gewisser Einfluss auf diese Merkmale reicht allerdings nicht aus. Vielmehr müssen die Pläne und Programme genaue Kriterien oder Modalitäten vorsehen, von denen die späteren Zulassungsentscheidungen abhängig sind.[58] Weist der in Rede stehende Plan oder das Programm Festlegungen dieser Art auf, wird dadurch die **Rahmensetzung** des Plans oder Programms **indiziert**.[59]

39 Abs. 3 setzt die **Rechtsverbindlichkeit des gesetzten Rahmens** voraus.[60] Denn nur dann kann er auf die Entscheidung über die Zulässigkeit von Vorhaben einwirken und für diese normative Bedeutung haben. Die Voraussetzung der Rechtsverbindlichkeit – und damit der Bedeutung – erfüllen inhaltliche Festlegungen bereits dann, wenn sie **abwägungs- oder ermessensrelevant** sind.[61] Nicht erforderlich ist hingegen, dass die Inhalte zu beachten sind. Planinhalte indes, die sich auf bereits zugelassene Vorhaben beziehen, können nicht rahmensetzend sein.[62]

40 Vor dem Hintergrund des weiten und nicht eingeschränkten Begriffs der Rahmensetzung in der Richtlinie ist ein Begriffsverständnis, das lediglich solche Inhalte, die in späteren Zulassungsentscheidungen strikt zu beachten sind, als rahmensetzend begreift, nicht haltbar.[63] Davon ging auch bereits der Gesetzentwurf aus, dessen Formulierung darauf abstellte, dass die genannten Festlegungen bei der späteren Zulassungsentscheidung zu berücksichtigen seien.[64] An diesem Begriffsverständnis ändert auch die endgültig festgeschriebene Gesetzesformulierung »mit Bedeutung für« nichts. Dieses Auslegungsergebnis wird auch durch die Zielsetzung der Umweltprüfung, also den Sinn und Zweck der Regelung unterstützt. Diese trägt dem Umstand Rechnung, dass die herkömmliche Umweltverträglichkeitsprüfung im vorhabenbezogenen Genehmigungsprozess häufig zu spät einsetzt. Zu diesem Zeitpunkt sind wichtige Vorentscheidungen im Rahmen von höherstufigen Plänen und Programmen in der Regel schon getroffen. So werden Standortfragen oder solche des Trassenverlaufs bereits frühzeitig präjudiziert. Die SUP-Pflicht setzt dementsprechend bereits bei diesen im Vorfeld zu treffenden Entscheidungen an und ermöglicht eine frühzeitige Alternativenprüfung und vorgreifende ökologische Untersuchung.[65] Für die Beurteilung erheblicher Umweltauswirkungen ist es schließlich unerheblich, ob diese eintreten, weil Festlegungen in Plänen oder Programmen bei der Vorhabengenehmigung berücksichtigt oder beachtet worden sind. In beiden Fällen wäre eine Alternativenbetrachtung auf Plan- oder Programmebene nicht mehr möglich.

---

57 Der beispielhafte Charakter der Aufzählung ergibt sich bereits aus der einleitenden Wendung »insbesondere …«.

58 Vgl. EuGH, Urt. v. 22.02.2022 – Rs. C-300/20, Rn. 65.

59 BT-Drs. 15/3441, S. 29.

60 *Hendler,* BMU-Rechtsgutachten, S. 49.

61 *Peters/Balla/Hesselbarth,* UVPG, § 35 Rn. 9; *Gärditz,* in: Landmann/Rohmer, Umweltrecht, 90. EL Juni 2019 zur Vorgängerregelung, § 14 b Rn. 44; *Sangenstedt,* Naturschutz und Landschaftsplanung, 2006, S. 165 (167); das betont auch der BUA-Leitfaden zur SUP, 5.

62 BUA-Leitfaden zur SUP, S. 5.

63 *Erbguth/Schubert* ZUR 2005 524 (526); *Kahl/Schmidtchen* EurUP 2013, 186 (192).

64 BT-Drs. 15/3441, S. 5.

65 *Hendler,* BMU-Rechtsgutachten, S. 41.

IV. »Negativplanungen«

Einen Rahmen für die Entscheidung über die Zulassung von Vorhaben können auch »Negativplanungen« setzen.[66] Nach der amtlichen Gesetzesbegründung sind darunter Festlegungen in Plänen oder Programmen zu verstehen, die für näher bezeichnete Gebiete die Verwirklichung von bestimmten Vorhaben ausschließen, indem sie für die betreffenden Gebiete eine spezifische Nutzung vorschreiben oder gewisse Nutzungen verbieten. Als Beispiele sind Pläne und Programme zur Festlegung von Gebieten zu nennen, in denen Steinbrüche, Windfarmen oder Abfallbeseitigungsanlagen unzulässig sind.[67] Negativplanungen können dabei insbesondere **Verdrängungs- und Verlagerungseffekte** hervorrufen, die erhebliche Auswirkungen auf Schutzgüter im Sinne des § 2 Abs. 1 haben können.[68] In diesem Rahmen ist zu beachten, dass die Novellierung des UVPG von 2017 auch eine Erweiterung der Schutzgüter des § 2 Abs. 1 zur Folge hatte. In dessen Nr. 3 wurde die Fläche als Schutzgut ergänzt. 41

V. Indizierende Festlegungen des Abs. 3

Ausgehend von der grundlegenden Annahme, dass Pläne oder Programme einen Rahmen setzen, wenn sie Festlegungen mit Bedeutung für spätere Zulassungsentscheidungen enthalten, werden in Abs. 3 eine Reihe von Festlegungen beispielhaft aufgezählt, denen der Gesetzgeber eine entsprechende **Indizwirkung** zuschreibt.[69] So wird die Rahmensetzung insbesondere durch Festlegungen zum Bedarf, zur Größe, zum Standort, zur Beschaffenheit, zu Betriebsbedingungen von Vorhaben oder zur Inanspruchnahme von Ressourcen indiziert. Die genannten Kriterien bestimmen in weiten Teilen die Realisierungsmöglichkeiten eines Vorhabens. 42

So kommt der **rechtsverbindlichen planerischen Vorgabe**, ob und ggf. wann ein Bedarf für ein bestimmtes Vorhaben besteht, unmittelbare Wirkung für die Zulassungsentscheidung zu. Zur Verdeutlichung sei etwa auf die Festlegungen des Bundesverkehrswegeplans und der Bedarfspläne zum Bedarf und zur Dringlichkeit der einzelnen Verkehrswegeausbauprojekte hingewiesen.[70] 43

Festlegungen zur Größe zulässiger Vorhaben können sich zunächst und offenkundig auf ihre Flächenausdehnung beziehen. Ferner können Schwellenwerte etwa zu Produktionsleistungen dieser Festlegungskategorie zugeordnet werden. 44

Eine besondere Bedeutung kommt **Festlegungen hinsichtlich des Standortes** von Vorhaben zu. Neben der Beantwortung, ob ein konkretes Vorhaben oder eine Vorhabenart an einem bestimmten Ort des Plan- oder Programmgebietes zulässig ist, sind Standortvorgaben im Rahmen der SUP insbesondere bei der Beurteilung und Abwägung möglicher Verlagerungseffekte von Umweltauswirkungen zu berücksichtigen.[71] 45

Festlegungen zur Beschaffenheit sind regelmäßig auf bestimmte (qualitative) Eigenschaften eines Vorhabens bezogen. Als Beispiele sind etwa Anforderungen an die Bepflanzung im Rahmen der Flächenrekultivierung zu nennen, die als Maßnahmen zur Feinstaubreduzierung in Luftreinhalteplänen gemäß § 47 Abs. 1 BImSchG enthalten sein können.[72] 46

Als **Festlegungen zu Betriebsbedingungen** sind etwa zeitliche oder produktionsmengenbezogene Betriebsbeschränkungen oder auch Begrenzungen von Luftschadstoffen in Luftreinhalteplänen gemäß § 47 Abs. 1 BImSchG zu nennen. 47

---

66 BT-Drs. 15/3441, S. 30; *Peters/Balla/Hesselbarth*, UVPG, § 35 Rn. 10.
67 Zu weiteren Einzelheiten siehe *Hendler*, BMU-Rechtsgutachten, S. 42 ff.
68 BT-Drs. 15/3441, S. 30; *Peters/Balla/Hesselbarth*, UVPG, § 35 Rn. 10.
69 *Peters/Balla/Hesselbarth*, UVPG, § 35 Rn. 9; *Kahl/Gärditz*, in: Umweltrecht, § 4 Rn. 114; *Schink*, in: Schink/Reidt/Mitschang, UVPG/UmwRG, § 35 UVPG, Rn. 1.
70 *Peters/Balla/Hesselbarth*, UVPG, § 35 Rn. 11.
71 Siehe Rdn. 53.
72 *Wickel*, in: Führ, GK-BImSchG, § 47 Rn. 135 f.

48 Gegenstand von **Festlegungen zur Inanspruchnahme von Ressourcen** kann z.B. die Vorgabe sein, in Kraftwerken des Plan- oder Programmgebietes nur bestimmte fossile Brennstoffe einzusetzen.

G. Durchführung der Vorprüfung im Einzelfall (Abs. 4)

49 Ist eine Vorprüfung des Einzelfalls im Sinne des Abs. 4 vorgeschrieben, so hat die zuständige Behörde aufgrund einer **überschlägigen Prüfung** und unter Berücksichtigung der in Anl. 6 aufgeführten Kriterien einzuschätzen, ob der Plan oder das Programm **voraussichtlich erhebliche Umweltauswirkungen** hat, die im weiteren Aufstellungsverfahren nach § 43 Abs. 2 zu berücksichtigen wären, Abs. 4 Satz 1. Die Regelung des Abs. 4 enthält damit eine Erläuterung des Begriffes der Vorprüfung des Einzelfalls bezogen auf die Umweltprüfung.[73]

I. Vorgaben der SUP-RL

50 Abs. 4 geht auf die Regelungen des Art. 3 Abs. 5, 6 SUP-RL zurück. Nach Maßgabe des Art. 3 Abs. 5 SUP-RL stand es den Mitgliedstaaten frei, zu bestimmen, auf welche Weise sie die Beurteilung des Vorliegens voraussichtlich erheblicher Umweltauswirkungen für Pläne oder Programme im Sinne der Abs. 3 und 4 SUP-RL vornehmen wollen. Als **Wahlmöglichkeiten** stellte der Richtliniengeber die Einführung von Einzelfallprüfungen, die Festlegung von Arten von Plänen und Programmen oder eine Kombination dieser beiden Ansätze zur Verfügung. Maßgebliches Anliegen des Art. 3 Abs. 5 Satz 2 SUP-RL war es zudem sicherzustellen, dass Pläne und Programme – ungeachtet des jeweiligen Beurteilungsverfahrens – ausnahmslos vom Anwendungsbereich erfasst werden, sofern sie voraussichtlich erhebliche Umweltauswirkungen haben. Zu diesem Zweck gab der Richtliniengeber den Mitgliedstaaten auf, in jedem Fall – d.h. unabhängig vom gewählten Verfahren – die einschlägigen Kriterien des Anh. II SUP-RL zu berücksichtigen. Der EuGH folgt dieser strikten Auffassung.[74] Ergänzend legt Art. 3 Abs. 6 SUP-RL die Konsultation näher bestimmter Behörden fest (siehe Rdn. 70).

II. Umsetzung in innerstaatliches Recht

51 Zur Umsetzung dieser europarechtlichen Vorgaben hat der Gesetzgeber die Einzelfallprüfung des Abs. 4 in das UVPG aufgenommen. Abs. 4 ist dabei § 3 c Satz 1 a.F. nachgebildet.[75] Der Ansatz der **Einzelfallprüfung** führt in der Praxis dazu, dass – sofern der Anwendungsbereich des Abs. 4 eröffnet ist – bei der Erstellung eines Plans oder Programms anhand seines konkreten Inhaltes zu untersuchen ist, ob erhebliche Umweltauswirkungen zu erwarten sind und damit eine Umweltprüfungspflicht besteht. Vorteil dieser einzelfallbezogenen Wertung ist es, dass die Erheblichkeitsschwelle der Umweltauswirkungen präziser beschrieben werden kann, als dies der Ansatz einer abstrakten Bestimmung von Plänen und Programmen ihrer Art nach gewährleisten kann.[76]

III. Anwendungsbereich

52 Der Anwendungsbereich des Abs. 4 ist immer dann eröffnet, sofern auf die dort geregelte Vorprüfung des Einzelfalls verwiesen wird. Gesetzessystematischer Hauptanwendungsfall ist damit die vorprüfungsabhängige konditionale SUP im Sinne des Abs. 2. Über § 37 Satz 1 werden ferner die Fälle der obligatorischen und der bereichsabhängigen konditionalen SUP-Pflicht nach § 35 Abs. 1 Nr. 2 und der gebietsbezogenen obligatorischen SUP-Pflicht nach § 36 in den Anwendungsbereich einbezogen, sofern die in § 37 Abs. 1 geregelten Ausnahmen von der SUP-Pflicht (geringfügige Ände-

73 Klarstellend sei darauf hingewiesen, dass es sich bei der Vorprüfung im Sinne des Abs. 4 um eine Untersuchung in Bezug auf Pläne und Programme handelt. Davon abzugrenzen ist die vorhabenbezogene Vorprüfung im Sinne der herkömmlichen Umweltverträglichkeitsprüfung gemäß § 7 Abs. 1 und 2.

74 EuGH, Urt. v. 21.12.2016 – Rs. C-444/15, Rn. 54 m.w.N.

75 BT-Drs. 15/3441, S. 30.

76 *Hendler*, BMU-Rechtsgutachten, S. 133.

rung, Nutzung kleiner Gebiete auf lokaler Ebene) eingreifen.[77] Klarstellend sei darauf hingewiesen, dass eine Vorprüfung des Einzelfalls dann nicht erforderlich ist, wenn die SUP stattdessen direkt durchgeführt wird.[78] Der Sinn und Zweck der Vorprüfung, die Entscheidung über die Erforderlichkeit der Durchführung einer SUP zu strukturieren, kann dann nicht mehr erfüllt werden.

IV. Erfasste Umweltauswirkungen

1. Positive und negative Umweltauswirkungen

Abs. 4 erfasst sowohl positive als auch negative Umweltauswirkungen. Der Prüfungsgegenstand 53
weicht damit von § 3 c Satz 1 und 2 a.F. ab, der explizit von »nachteiligen« Umweltauswirkungen sprach.[79] Diese maßgeblich andere Grundentscheidung geht auf Art. 3 Abs. 1 SUP-RL (siehe auch Art. 3 Abs. 5 SUP-RL) zurück. Auch spricht Anh. I lit. f. der SUP-RL von positiven und negativen Auswirkungen. Dies steht einer Beschränkung lediglich auf negative Auswirkungen ebenfalls entgegen. Der ursprüngliche Richtlinienvorschlag sah indes noch eine Beschränkung auf »erhebliche negative Umweltauswirkungen« vor.[80] Diese wurde jedoch im gemeinsamen Standpunkt des Rates v. 30.03.2000 fallen gelassen.[81] Die **umfassende Anwendung auf sämtliche Umweltauswirkungen** führt dazu, dass die Umweltprüfungspflicht nicht mit dem Argument verneint werden kann, die in Rede stehenden Pläne und Programme zielten auf ökologische Verbesserungen ab und hätten ausschließlich oder zumindest überwiegend günstige Umweltauswirkungen. Dies trägt der vielfach bestehenden **Ambivalenz der Umweltauswirkungen** von Plänen und Programmen Rechnung. Ökologisch vorteilhafte Pläne und Programme legen jeweils auch Grenzen fest. Der intendierte Umweltschutz gilt mithin nur für ein bestimmtes Gebiet. Während innerhalb des beschriebenen Gebietes ein bestimmter Umweltstandard einzuhalten ist, werden diese Standards für Gebiete jenseits der beschriebenen Grenze nicht vorgeschrieben. Damit geht jede ökologisch vorteilhafte Planung (potenziell) mit einer Vorteilsbegrenzung, sprich einem Nachteil für außerhalb liegende Gebiete einher. Die strategische Umweltprüfung kann hier wertvolle Anhaltspunkte liefern und bereits auf einer sehr frühen Planungsstufe eine weitgehende Gesamtbetrachtung ermöglichen.[82] Durch Abs. 4 werden somit auch Landschafts- oder Luftreinhaltepläne einer SUP-Pflicht unterzogen, da auch sie z.B. räumliche Wirkungsverlagerungen hervorrufen können.[83] Vor dem Hintergrund der oftmals komplexen Wirkzusammenhänge und der Überschlägigkeit der erforderlichen Einschätzung im Rahmen der Vorprüfung wäre es zudem kaum möglich, bei Plänen, die vorwiegend positive Umweltauswirkungen haben oder auf diese ausgerichtet sind, mit letzter Sicherheit negative Nebeneffekte auszuschließen.[84] Der **umfassende Ansatz verbietet** naturgemäß eine **Saldierung** positiver und negativer Umweltauswirkungen. Selbst wenn man im Rahmen einer Saldierung zu dem Ergebnis käme, dass sich positive und negative Umweltauswirkungen aufheben, so erfordert die Vornahme und Feststellung dieser Saldierung die Durchführung einer Umweltprüfung.[85]

77 *Balla/Peters* ZUR 2006, 179 (180).
78 So wohl auch *Hendler*, BMU-Rechtsgutachten, S. 133 f.
79 § 7 Abs. 1 und 2 spricht nunmehr von »erheblich nachteiligen Umweltauswirkungen«.
80 ABl. EG C129/14 v. 25.04.1997, dort Art. 4 Abs. 3, 4.
81 ABl. EG C137/11 v. 16.05.2000, dort Art. 3 Abs. 1 und Abs. 5. Die Änderung geht zurück auf den Bericht des Ausschusses für Umweltfragen, Volksgesundheit und Verbraucherschutz v. 25.06.1998, A4–0245/98, dort unter Änderungsantrag 19 und Abschnitt B12. Sie wurde mit der legislativen Entschließung des Europäischen Parlaments, ABl. C 341/18, Änderung 19, angenommen.
82 Vgl. *Hendler*, BMU-Rechtsgutachten, S. 32.
83 Vgl. *Balla/Peters* ZUR 2006, 179 (181); *Gärditz* DVBl 2010, 214.
84 Vgl. *Balla/Peters* ZUR 2006, 179 (181).
85 *Balla/Peters* ZUR 2006, 179 (181).

2. Erheblichkeit der Umweltauswirkungen

54 Eine Umweltprüfung in Bezug auf positive und negative Umweltauswirkungen ist nur dann durchzuführen, wenn diese die **Erheblichkeitsschwelle** überschreiten. Während der Gesetzgeber die Frage nach der voraussichtlichen Erheblichkeit von Umweltauswirkungen in den Fällen der Anl. 5 i.V.m. Abs. 1 Nr. 1 und Nr. 2 gesetzestechnisch bereits bejaht hat, ist der Rechtsanwender im Rahmen der Vorprüfung des Einzelfalls gemäß Abs. 4 gefordert, diese Beurteilung selbst vorzunehmen. Der Erheblichkeitsmaßstab der SUP-Vorprüfung ist dabei mit demjenigen der gegebenenfalls nachfolgenden SUP identisch.[86] Dies ergibt sich aus der einschränkenden Bezugnahme des Abs. 4 auf die im weiteren Aufstellungsverfahren nach § 43 Abs. 2 zu berücksichtigenden Umweltauswirkungen.[87] Die SUP-Vorprüfung bezieht sich mithin ausschließlich auf solche Umweltauswirkungen, die auch bei der abschließenden Bewertung im Rahmen der SUP heranzuziehen und mithin i.S.d. SUP erheblich sind.

55 Die **Beurteilung der Erheblichkeit** wird dadurch erschwert, dass weder das UVPG noch die SUP-RL hierzu einen allgemeinen, abstrakten Maßstab definieren. Allgemein festgehalten werden kann indes, dass mit dem Erheblichkeitsmerkmal einerseits **ökologische Bagatellfälle** von der Umweltprüfungspflicht freigestellt werden sollen und andererseits **Einwirkungen von erhöhter Tragweite oder Schwere** im Fokus dieser Prüfung stehen sollen.[88] Soweit also eine Beeinflussung der geschützten Umweltgüter von einigem Gewicht oder einiger Dauer gegeben ist, ist die Erheblichkeitsschwelle regelmäßig überschritten. Anders gewendet bedeutet dies für den Rechtsanwender, dass die Erheblichkeit – jedenfalls im Zweifel – bereits dann zu bejahen ist, wenn nicht eindeutig ein Bagatellfall vorliegt.

56 Konkrete inhaltliche Konturen erhält der Erheblichkeitsmaßstab der SUP-Vorprüfung letztlich erst im Zusammenspiel mit dem jeweils einschlägigen Fachrecht.[89] Das Fachrecht enthält die jeweiligen **materiellen Abwägungsbelange**, die einen inhaltlichen Bezugspunkt für die Bestimmung der Erheblichkeit im Rahmen der SUP-Vorprüfung im Einzelfall abgeben. Es kommt mithin darauf an, ob die voraussichtlichen Umweltauswirkungen in Ansehung der Vorgaben des einschlägigen Fachrechts als erheblich oder nicht erheblich zu charakterisieren sind.[90]

57 **Nicht zielführend** ist indes die Heranziehung des **Verhältnismäßigkeitsgebots** zur Bestimmung der Erheblichkeit.[91] Die Relation zwischen möglicherweise entstehenden Verwaltungsaufwand einerseits und voraussichtlichen Auswirkungen auf zu schützende Umweltgüter andererseits ist in keiner Weise geeignet, den materiellen Anforderungen des Gesetzes gerecht zu werden: Hier wird in tatsächlicher Hinsicht verkannt, dass die Beeinträchtigung von Umweltgütern völlig unabhängig vom Aufwand ihrer prüftechnischen Erfassung und Bewertung eintreten kann. Solche Beeinträchtigungen wirken sich »absolut«, nicht aber in Relation zu einem befürchteten Verwaltungsaufwand auf die Umwelt aus. Es kommt daher auch nicht auf die Frage an, ob die voraussichtlichen Umweltauswirkungen die Durchführung einer Umweltprüfung im Einzelfall rechtfertigen.[92] Die Rechtfertigung der Umweltprüfung ergibt sich vielmehr aus der – vorgefundenen oder festzustellenden – Erheblichkeit der Umweltauswirkungen. Aspekte der Verhältnismäßigkeit hat der Gesetzgeber überdies bereits

86 Wie hier *Gassner,* UVPG, § 14b Rn. 34; a.A. *Peters/Balla/Hesselbarth,* UVPG, § 35 Rn. 22 ff.

87 *Gassner,* UVPG, § 14b Rn. 34.

88 *Hendler,* BMU-Rechtsgutachten, S. 131; *Balla/Peters* ZUR 2006, 179 (181).

89 Siehe in diesem Sinne auch *Gassner,* UVPG, § 14 b Rn. 34.

90 Siehe *Schink,* in: Senator für Bau, Umwelt und Verkehr, Bremen (Hrsg.) Die Vorprüfung in der Umweltverträglichkeitsprüfung, 2004, S. 20 f., hinsichtlich der Erheblichkeit der Umweltauswirkungen im Rahmen der UVP.

91 Wie hier *Gassner,* UVPG, § 14 b Rn. 34; a.A. *Peters/Balla/Hesselbarth,* UVPG, § 35 Rn. 32.

92 A.A. *Peters/Balla/Hesselbarth,* UVPG, § 35 Rn. 32.

dadurch berücksichtigt, dass er durch das Abstellen auf erhebliche Umweltauswirkungen Bagatellfälle von der SUP-Pflicht ausgeschlossen hat.[93]

Maßgebend bleiben mithin materiell-rechtliche Kriterien für die Bestimmung der Erheblichkeit,[94] 58 wobei neben der Orientierung, die sich durch die fachgesetzlichen Belange ergeben kann, vor allem durch die **Kriterien der Anl.** 6 eine **Richtschnur** für die konkrete Bestimmung der Erheblichkeit im Einzelfall aufgezeigt wird.

3. Berücksichtigung im weiteren Aufstellungsverfahren

Die Vorprüfung des Einzelfalls ist zudem dadurch näher konturiert, dass in die Einschätzung ledig- 59 lich solche erheblichen Umweltauswirkungen einzubeziehen sind, die **im weiteren Aufstellungsverfahren nach § 43 Abs. 2 zu berücksichtigen wären** (vgl. hierzu die Erläuterungen zu § 43 Rdn. 14 ff.). Die Eingrenzung auf diesen Kreis der Umweltauswirkungen führt zu einem Gleichlauf zwischen den Umweltauswirkungen, die im Rahmen der Vorprüfung zu berücksichtigen sind, und denjenigen, die in der Strategischen Umweltprüfung selbst zu berücksichtigen sind. Der **Prüfungsgegenstand** der Vorprüfung ist mithin kein anderer, sondern wird lediglich hinsichtlich der Prüfungstiefe und des Beurteilungsmaßstabes, insbesondere durch die erforderliche Berücksichtigung der Kriterien der **Anl.** 6, näher geregelt und strukturiert.

V. Beurteilungsmaßstab

1. Überschlägigkeit der Prüfung

Als Beurteilungsmaßstab ordnet Abs. 4 eine überschlägige Prüfung an. In dieser gilt es **abzuschätzen,** 60 ob der Plan oder das Programm voraussichtlich erhebliche Umweltauswirkungen haben kann. Auszugehen ist dabei grundsätzlich von dem jeweils vorhandenen Datenbestand des Planungsträgers oder anderer Stellen.[95] Nicht erforderlich ist es, mit einer in Einzelheiten gehenden Untersuchung das Vorliegen erheblicher Umweltauswirkungen abschießend festzustellen.[96] Der Sachverhalt muss daher nur soweit aufgeklärt werden, wie dies für eine eindeutige Beurteilung der Erheblichkeit der Umweltauswirkungen erforderlich ist.[97] Nicht erforderlich sind fachlich aufbereitete Untersuchungen, etwa in Gestalt von Sachverständigengutachten.[98] Je eindeutiger und zahlreicher Kriterien der Anl. 6 erfüllt sind, desto eher kann von erheblichen Umweltauswirkungen ausgegangen werden.[99] Ist aber bereits aufgrund gewichtiger Auswirkungen im Hinblick auf ein einziges Kriterium der **Anl.** 6 (siehe zu diesen näher Rdn. 66 f. und die Erläuterungen zu **Anl.** 6 Rdn. 1 ff., 8 ff.) von erheblichen Umweltauswirkungen auszugehen, kann auch dieses eine Kriterium die SUP-Pflicht begründen. In einem solchen Ausnahmefall kann dann das Prüfverfahren der Vorprüfung verkürzt und von der grundsätzlich vorgesehenen (vollständigen) Prüfung aller Kriterien der **Anl.** 6 abgesehen werden (siehe zur grundsätzlichen Prüfungsanordnung Rdn. 68).[100] Der Maßstab der Überschlägigkeit trägt dem

93 So auch *Schink,* in: Senator für Bau, Umwelt und Verkehr, Bremen (Hrsg.) Die Vorprüfung in der Umweltverträglichkeitsprüfung, 2004, S. 20 f., hinsichtlich der Unerheblichkeit von Verhältnismäßigkeits- und Zumutbarkeitsgesichtspunkten bei der Beurteilung der Erheblichkeit im Rahmen der UVP nach § 3c a.F., nun §§ 7, 9–13.

94 *Gassner,* UVPG, § 14 b Rn. 34.

95 BUA-Leitfaden zur SUP, S. 7: reicht dieser Datenbestand nicht aus, d.h. sind schon für die Vorprüfung zusätzliche Datenerhebungen erforderlich, deutet dies eher auf die Erforderlichkeit der SUP hin.

96 BT-Drs. 15/3441, S. 30.

97 *Balla/Peters* ZUR 2006, 179 (182).

98 Eine durch Sachverständige untermauerte Einschätzung fordert auch die EU-Kommission im Ergebnis nicht, sondern weist lediglich darauf hin, dass eine eingehendere Prüfung durch geeignete Experten Klarheit schaffen kann und schätzt ihre Heranziehung als hilfreich ein, vgl. EU-Kommission, Umsetzung der Richtlinie 2001/42/EG (Leitfaden), Nr. 3.45, 3.46.

99 BUA-Leitfaden zur SUP, S. 7.

100 EU-Kommission, Umsetzung der Richtlinie 2001/42/EG (Leitfaden) Nr. 3.48.

Umstand zutreffend Rechnung, dass die Vorprüfung aufgrund des frühen Verfahrensstadiums regelmäßig auf eine wenig detaillierte Sachverhaltskenntnis trifft. Sie wird häufig noch mit zahlreichen Unsicherheiten behaftet sein und durch eine unzureichende Datenlage erschwert.[101] Vor diesem Hintergrund geht auch die EU-Kommission in ihrem Leitfaden davon aus, dass »eine **grobe Schätzung der Auswirkungen** in jedem Fall möglich sein« dürfte.[102] An die überschlägige Vorprüfung können und dürfen daher keine zu strengen Anforderungen gestellt werden. Die abschließende (weitere) Aufklärung und Einschätzung, ob voraussichtlich erhebliche Umweltauswirkungen tatsächlich zu erwarten sind, ist erst im Rahmen der Umweltprüfung selbst zu leisten.

2. Voraussichtlichkeit der Umweltauswirkungen

61 Der im Rahmen des Abs. 4 anzulegende Prognosemaßstab wird dadurch definiert, dass der Plan oder das Programm voraussichtlich erhebliche Umweltauswirkungen haben wird. Die Voraussichtlichkeit bezieht sich dabei auf die **Eintrittswahrscheinlichkeit** und ist zudem in **Relation zu den prognostizierten Umweltauswirkungen** zu setzen. An die Eintrittswahrscheinlichkeit sind umso geringere Anforderungen zu stellen, je weitreichender und dauerhafter die in Rede stehenden Umweltauswirkungen sind.[103] Die Voraussichtlichkeit der Umweltauswirkungen kann daher – auch angesichts der fehlenden gesetzlichen Trennschärfe zwischen den Merkmalen der Voraussichtlichkeit und der Erheblichkeit[104] – nicht losgelöst definiert werden, sondern ist anhand einer Gesamtschau der genannten Gesichtspunkte im jeweiligen Einzelfall zu bewerten.

62 So wird man die Voraussichtlichkeit u.a. dann bejahen können, wenn schwere und andauernde Umweltauswirkungen in Rede stehen, auch wenn sich ihr Eintritt nur entfernt abzeichnet, aber eben dennoch »vorauszusehen« ist. Entsprechend kann die Voraussichtlichkeit gegeben sein, wenn Umweltauswirkungen in Rede stehen, die nur knapp die Erheblichkeitsschwelle überschreiten, sich ihr Eintritt aber eindeutig abzeichnet und sie somit klar vorauszusehen sind.

Aufgrund der dargelegten Überschneidungen und Wechselwirkungen von Eintrittswahrscheinlichkeit, Dauer und Umfang der Umweltauswirkungen ist es abstrakt nicht möglich, das Merkmal der Voraussichtlichkeit anhand eines fest umschriebenen Prognosemaßstabes zu bestimmen.[105]

---

101 EU-Kommission, Umsetzung der Richtlinie 2001/42/EG (Leitfaden) Nr. 3.57; vgl. in diesem Sinne auch *Peters/Balla/Hesselbarth,* UVPG, § 35 Rn. 17, die von einer »Entscheidung unter Unsicherheit« sprechen.

102 EU-Kommission, Umsetzung der Richtlinie 2001/42/EG (Leitfaden) Nr. 3.57.

103 *Hendler,* BMU-Rechtsgutachten, S. 132; restriktiver insoweit der Leitfaden zur SUP, S. 7: »Eine Aussage zur Eintrittswahrscheinlichkeit erheblicher Umweltauswirkungen kann in der Regel nicht geleistet werden«.

104 Die amtliche Gesetzesbegründung verhält sich zum Merkmal der Voraussichtlichkeit nicht, sondern verweist – ohne nähere Differenzierung – darauf, dass die Behörde bei der Vorprüfung lediglich überschlägig abzuschätzen habe, ob der Plan oder das Programm erhebliche positive oder negative Umweltauswirkungen haben kann, BT-Drs. 15/3441, S. 30. Dieser Aussage, die in ihrem Kern auf die Überschlägigkeit der Vorprüfung gemünzt ist, ist für die Voraussichtlichkeit nichts zu entnehmen.

105 Ein fester Wahrscheinlichkeitsmaßstab ist letztlich auch den Anmerkungen der EU-Kommission in Umsetzung der Richtlinie 2001/42/EG (Leitfaden) Nr. 3.50 nicht zu entnehmen. So stellt die deutsche Textfassung zwar darauf ab, die Verwendung des Worts »voraussichtlich« besage, dass die Umweltauswirkungen berücksichtigt werden sollen, die mit »hoher« Wahrscheinlichkeit eintreten werden. Ein Vergleich mit der englischen Textfassung der gleichen Passage zeigt jedoch deutlich, dass nicht ein bestimmter Wahrscheinlichkeitsmaßstab im Sinne des Begriffsverständnisses bundesdeutscher Rechtsanwendung gemeint ist. Dort heißt es: »The use of the word »likely« suggests that the environmental effects to be considered are those which can be expected with a reasonable degree of probability«. Der dort geforderte »vernünftige Grad an Wahrscheinlichkeit« kann nicht zwangsläufig mit einer »hohen Wahrscheinlichkeit« gleichgesetzt werden. Die Divergenz zeigt vielmehr, dass ein einheitliches Begriffsverständnis nicht besteht. Die Definition der erforderlichen Wahrscheinlichkeit kann und muss im Ergebnis auch an den Zielen der SUP orientieren und der Unterschiedlichkeit der Umweltauswirkungen Rechnung tragen.

So ist es z.B. nicht zielführend, die Voraussichtlichkeit dann bejahen zu wollen, wenn die »begründete Möglichkeit« besteht, dass erhebliche Umweltauswirkungen eintreten werden.[106] Diese – nur auf den ersten Blick – griffige Formel wirft in Wirklichkeit mehr Abgrenzungsfragen auf als sie zu lösen vermag. Dies wird deutlich, wenn zur Konkretisierung dieser Formel ausgeführt wird, es sei zum einen »das Vorliegen einer hinreichenden Wahrscheinlichkeit nicht erforderlich« und zum anderen würden »entfernt liegende Möglichkeiten« den Maßstab der Voraussichtlichkeit nicht erfüllen.[107] Damit würden schwerste, indes nur sehr unwahrscheinliche Umweltauswirkungen nicht zur Durchführung einer Umweltprüfung führen, obwohl gerade in diesen Fällen eine möglichst früh ansetzende planerische Vorsorge angezeigt ist. Die vorausschauende und vorbeugende Zielsetzung der Umweltprüfung wäre hier letztlich konterkariert. 63

Die Subsumtion unter die Formel »der begründeten Möglichkeit« setzt damit in jedem Einzelfall zunächst voraus, dass im Wege einer vergleichenden Sicht in Bezug auf andere Konstellationen ein Maßstab für die Erheblichkeit jeweils erst neu definiert wird. Von einer allgemeingültigen Definition des Merkmals der Voraussichtlichkeit und einer praktischen Hilfe für die Rechtsanwendung kann daher in Wirklichkeit keine Rede sein.[108] 64

3. Berücksichtigung der Kriterien der Anl. 6

Die Kriterien, die von der Behörde bei der Vorprüfung des Einzelfalles im Rahmen der SUP zu berücksichtigen sind, sind gemäß Abs. 4 Satz 1 der **Anl.** 6 zu entnehmen (siehe im Einzelnen die Erläuterungen zu **Anl.** 6).[109] 65

a) Die Kriterien

Die **Anl.** 6 unterscheidet nach Merkmalen des Plans oder Programms einerseits und Merkmalen der möglichen Auswirkungen und der voraussichtlich betroffenen Gebiete andererseits. Diese Merkmale werden jeweils durch eine Reihe von Kriterien näher bestimmt. Beispiele für die merkmalsausfüllenden Kriterien sind das Ausmaß der Rahmensetzung, der Beeinflussung anderer Pläne und Programme, die Wahrscheinlichkeit, Dauer, Häufigkeit, Umkehrbarkeit der Auswirkungen oder die Bedeutung und Sensibilität des voraussichtlich betroffenen Gebiets (zu den Kriterien im Einzelnen siehe die Erläuterungen zu **Anl.** 6 Rdn. 8 ff.). Die Kriterien der **Anl.** 6 helfen – ebenso wie diejenigen der **Anl.** 3 – im Rahmen der vorzunehmenden überschlägigen Prüfung die Besonderheiten des Einzelfalls zu erfassen und auf dieser Grundlage die Erheblichkeit der voraussichtlichen Umweltauswirkungen zu beurteilen,[110] mithin die Vorprüfung zu strukturieren und zu vereinfachen. 66

Die Auflistung der Kriterien in **Anl.** 4 ist **nicht abschließend** (siehe auch die Erläuterungen zu **Anl.** 6 Rdn. 3). Den aufgeführten Kriterien ist des Weiteren **keine Rangfolge** beigemessen. Die individuelle Bedeutung der Kriterien hängt vielmehr vom jeweiligen Einzelfall ab.[111] Ebenso wenig ist den Kriterien selbst ein Maßstab mitgegeben, anhand dessen abstrakt beurteilt werden könnte, ab wann ein vorgefundener Sachverhalt unter Berücksichtigung eines Kriteriums die Wahrscheinlichkeit 67

---

106 So *Peters/Balla/Hesselbarth,* UVPG, § 35 Rn. 17, wohl unter Bezugnahme auf die Formulierung »reasonable degree of probability« in der englischen Textfassung des Leitfadens der EU-Kommission, Umsetzung der Richtlinie 2001/42/EG (Leitfaden) Nr. 3.50.

107 *Peters/Balla/Hesselbarth,* UVPG, § 35 Rn. 17.

108 Dies ist auch *Gassner,* UVPG, § 14 b Rn. 33 entgegenzuhalten, der – unter Ablehnung des Wahrscheinlichkeitsmaßstabs – hervorhebt, die Vorprüfung sei nach dem Möglichkeitsmaßstab durchzuführen, ohne diesen indes näher zu definieren.

109 Die Anl. 6 ist – ebenso wie Anl. 5 – im Rahmen der Umsetzung der SUP-RL in das UVPG aufgenommen worden – ursprünglich Anlagen 4 und 3 – und setzt den Anh. II der SUP-RL um.

110 Eine weitergehende Funktion oder Bindungswirkung lässt sich den Kriterien der Anl. 6 auch nicht durch die irreführende Bezeichnung als »gesetzlich vorgesehene Auslegungsregeln bzw. Definitionselemente«, *Balla/Peters* ZUR 2006, 179 (182) beimessen.

111 EU-Kommission, Umsetzung der Richtlinie 2001/42/EG (Leitfaden) Nr. 3.48.

erheblicher Umweltauswirkungen erfüllt. Es kann indes davon ausgegangen werden, dass die Wahrscheinlichkeit erheblicher Umweltauswirkungen umso größer ist, je mehr Kriterien angesichts des konkreten Einzelfalls – bereits für sich genommen oder in Wechselwirkung mit anderen – für das Vorliegen von Umweltauswirkungen sprechen.[112] Andererseits ist nicht auszuschließen, dass bereits das Vorliegen gewichtiger Auswirkungen in Bezug auf ein einziges Kriterium die Durchführung einer Umweltprüfung erfordert.[113]

b) Berücksichtigung

68 Abs. 4 fordert, dass die Einschätzung hinsichtlich der Umweltauswirkungen unter Berücksichtigung der Kriterien der **Anl.** 6 erfolgt. Die Behörde ist damit gehalten, sich inhaltlich mit den Kriterien – in ihrer konkreten Anwendung auf den jeweiligen Plan oder das Programm – auseinanderzusetzen.[114] Grundsätzlich sind dabei sämtliche Kriterien der **Anl.** 6 in Erwägung zu ziehen und der Plan oder das Programm in ihrem Lichte zu betrachten. Ist indes aufgrund gewichtiger Auswirkungen im Hinblick auf ein einzelnes Kriterium der **Anl.** 6 sicher von erheblichen Umweltauswirkungen auszugehen, kann ausnahmsweise das Prüfverfahren der Vorprüfung verkürzt und von einer (vollständigen) Prüfung aller weiteren Kriterien der **Anl.** 6 abgesehen werden.[115] In einem zweiten Schritt müssen die als relevant erkannten Kriterien individuell auf den Plan oder das Programm angewendet werden.[116] In einem abschließenden Schritt sind die Erkenntnisse hinsichtlich der als relevant erkannten Kriterien mit dem ihnen zukommenden Gewicht in den behördlichen Beurteilungsvorgang einzustellen.

4. Vermeidungs- und Verminderungsmaßnahmen

69 Gemäß Abs. 4 Satz 2 ist bei der Vorprüfung zu berücksichtigen, inwieweit Umweltauswirkungen durch Vermeidungs- und Verminderungsmaßnahmen **offensichtlich ausgeschlossen** werden. Liegen diese Voraussetzungen vor, so kann sich die Vorprüfung auf die verbleibenden Umweltauswirkungen konzentrieren. Ausgeschlossene Umweltauswirkungen müssen bei der behördlichen Einschätzung nicht mehr berücksichtigt werden. Abs. 4 Satz 2 bezieht sich seinem Sinn und Zweck nach nur auf negative Umweltauswirkungen.[117] Entsprechendes gilt im Falle von Verminderungsmaßnahmen im Umfang der Reduzierung. Offensichtlich ist der Ausschluss von Umweltauswirkungen aber nur dann, wenn ohne nähere Prüfung keinerlei Zweifel an der Ausschlusswirkung bestehen.[118] Insoweit ist ein strenger Maßstab anzustellen.[119] Erforderlich ist eine **rechtliche Absicherung** der Vermeidungs- und Verminderungsmaßnahmen bereits in der Aufstellungs- und SUP-Phase des Plans oder Programms, d.h. es kommen vor allem solche Vermeidungs- und Verminderungsmaßnahmen in Betracht, die bereits im Plan oder Programm verankert werden oder die einer nachfolgenden Kontrolle der Durchführung unterliegen.[120]

---

112 *Albrecht,* in: Sinner/Gassner/Hartlik/Albrecht, SUP – 1. Teil, 2.4.1.3.
113 Vgl. EU-Kommission, Umsetzung der Richtlinie 2001/42/EG (Leitfaden) Nr. 3.48.
114 Vgl. BT-Drs. 11/3919, S. 27.
115 EU-Kommission, Umsetzung der Richtlinie 2001/42/EG (Leitfaden) Nr. 3.48; Leitfaden zur SUP, S. 7.
116 Diese Lesart wird durch die Auffassung der EU-Kommission hinsichtlich der Kriterien des Anh. II SUP-RL untermauert, die uneingeschränkt auch für die Umsetzung im Rahmen des UVPG heranzuziehen ist. Vgl. EU-Kommission, Umsetzung der Richtlinie 2001/42/EG (Leitfaden) Nr. 3.48, sowie den Wortlaut der englischen Fassung des Leitfadens: »The wording of the Directive implies that the whole set of Annex II criteria first needs to be considered so that the relevant ones can then be applied.«.
117 *Gärditz,* in: Landmann/Rohmer, Umweltrecht, 90. EL Juni 2019 zur Vorgängerregelung, § 14b Rn. 52.
118 *Peters/Balla/Hesselbarth,* UVPG, § 35 Rn. 33.
119 So auch der Leitfaden zur SUP, S. 7.
120 Leitfaden zur SUP, S. 7.

VI. Behördenbeteiligung

Die in § 41 genannten Behörden sind nach Maßgabe des Abs. 4 Satz 3 bei der Vorprüfung des Einzelfalls zu beteiligen. Hierdurch soll – in Umsetzung von Art. 3 Abs. 6 SUP-RL – sichergestellt werden, dass die Vorprüfung unter **Einbeziehung aller fachlich relevanten Aspekte** erfolgt.[121] Die Art und Weise der Beteiligung bestimmt Abs. 4 Satz 4 indes nicht. Die Verweisung auf § 41 bezieht sich lediglich auf die dort als Adressaten benannten Behörden. Es handelt sich nicht um eine Verweisung hinsichtlich des einzuhaltenden Beteiligungsverfahrens i.S.d. § 41. Das nach Abs. 4 Satz 3 in der Vorprüfung durchzuführende Beteiligungsverfahren kann daher von der Behörde nach sachgerechten Aspekten frei bestimmt werden.[122] In Betracht kommen ein schriftliches Verfahren (auch unter Verwendung elektronischer Datenwege wie E-Mail und Internet) oder auch eine mündliche Erörterung.[123] In Anlehnung an § 41 erscheint es zweckmäßig, den Plan- oder Programmentwurf vorbereitend an die zu beteiligenden Behörden zu übermitteln, um diesen Gelegenheit zur Meinungsbildung und anschließenden Stellungnahme zu geben. 70

Die Beteiligung anerkannter Verbände oder der Öffentlichkeit ist zulässig, sie ist aber nicht vorgeschrieben.[124] Sie ist rein fakultativ. 71

VII. Dokumentationspflicht

Gemäß Abs. 4 Satz 4 sind die **Durchführung und das Ergebnis der Vorprüfung** zu dokumentieren. Abs. 4 Satz 4 ist – wie die Parallelvorschrift des § 15 Abs. 3 Satz 4 – durch das Gesetz über die Öffentlichkeitsbeteiligung in Umweltangelegenheiten nach der EG-Richtlinie 2003/35/EG (Öffentlichkeitsbeteiligungsgesetz) v. 09.12.2006[125] neu in das UVPG aufgenommen worden. Für § 15 Abs. 3 Satz 4 ist die Aufnahme unmittelbar vor dem Hintergrund des Urteils des EuGH v. 10.06.2004 in der Rechtssache Kommission gegen Italien zu sehen.[126] Darin hatte das Gericht in Bezug auf die vorhabenbezogene UVP gefordert, dass »eine Entscheidung der zuständigen Behörde, nach der ein Projekt aufgrund seiner Merkmale keiner Umweltverträglichkeitsprüfung unterzogen zu werden braucht, alle Angaben enthalten muss, die erforderlich sind, um kontrollieren zu können, dass sie auf eine angemessene, den Anforderungen der UVP-RL 1985 entsprechende Vorprüfung gestützt ist.«[127] Diesen Grundsatz hat der Gesetzgeber aufgrund des engen Sachzusammenhangs zwischen der UVP-RL und der SUP-RL auch für die SUP-Vorprüfung als wesentlich angesehen und in Abs. 4 Satz 4 festgeschrieben.[128] Für die Verwaltungspraxis dürften sich aus der ergänzenden gesetzlichen Regelung keine Unterschiede zur bisherigen Vorgehensweise ergeben, da die jetzt vorgeschriebene Dokumentation bereits der geltenden deutschen Vollzugspraxis entspricht. Abs. 4 Satz 4 dient daher lediglich der **Klarstellung**.[129] Die Dokumentationspflicht bezieht sich somit auf Prüfungsumfang, Prüfschritte, Prüfverfahren sowie die Gründe für das Ergebnis der SUP-Vorprüfung.[130] 72

Die Dokumentationspflicht besteht **unabhängig vom Ergebnis der Vorprüfung**, so dass die Dokumentation gleichermaßen im Falle der Durchführung als auch im Falle der Nichtdurchführung der SUP zu erfolgen hat.[131] Diese Maßgabe, die für die UVP-Vorprüfung des § 15 Abs. 3 Satz 4 aus- 73

---

121 BT-Drs. 15/3441, S. 30.
122 *Peters/Balla/Hesselbarth*, UVPG, § 35 Rn. 35.
123 *Peters/Balla/Hesselbarth*, UVPG, § 35 Rn. 35.
124 *Schink*, in: Schink/Reidt/Mitschang, UVPG/UmwRG, § 35 UVPG Rn. 19.
125 BGBl. I 2006, S. 2819 (2820).
126 BR-Drs. 551/06, S. 44.
127 EuGH, Urt. v. 10.06.2004, Rs C-87/02, Kommission gegen Italien, Anm. 49.
128 BR-Drs. 551/06, S. 52.
129 BR-Drs. 551/06, S. 52.
130 *Schink*, in: Schink/Reidt/Mitschang, UVPG/UmwRG, § 35 UVPG Rn. 20.
131 Siehe BR-Drs. 551/06, S. 44 zu § 3 c Satz 6.

drücklichen Eingang in die amtliche Gesetzesbegründung gefunden hat,[132] gilt aufgrund des Gleichklangs beider Regelungen auch für Abs. 4 Satz 4.[133] Ungeachtet dessen dient die Dokumentation der Vorprüfung insbesondere auch der **Vorbereitung der Bekanntgabe der wesentlichen Gründe** nach § 34 Abs. 2 Satz 1, 2. HS, wenn nach dem Ergebnis der Vorprüfung eine SUP unterbleiben soll (siehe auch § 34 Rdn. 7).

§ 36 SUP-Pflicht aufgrund einer Verträglichkeitsprüfung

Eine Strategische Umweltprüfung ist durchzuführen bei Plänen und Programmen, die einer Verträglichkeitsprüfung nach § 36 Satz 1 Nummer 2 des Bundesnaturschutzgesetzes unterliegen.

Übersicht

A. Allgemeines

1 § 36[1] ordnet eine **gebietsbezogene**[2] **obligatorische SUP** an.[3] Die Umweltprüfung ist zwingend durchzuführen, sofern Pläne und Programme in Rede stehen, die einer Verträglichkeitsprüfung nach § 36 Satz 1 Nr. 2 BNatSchG[4] unterliegen, also möglicherweise erhebliche Auswirkungen auf Gebiete mit gemeinschaftlicher Bedeutung (Natura 2000-Gebiete) oder europäische Vogelschutzgebiete haben.

2 § 36 dient der Umsetzung von Art. 3 Abs. 2 lit. b) SUP-Richtlinie (SUP-RL).[5] Dieser gibt vor, dass bei allen Plänen und Programmen – vorbehaltlich des Art. 3 Abs. 3 SUP-RL – eine Umweltprüfung vorgenommen wird, bei denen angesichts ihrer voraussichtlichen Auswirkungen auf Gebiete eine Prüfung nach Art. 6, 7 der FFH-Richtlinie[6] für erforderlich erachtet wird. Das Prüfungserfordernis der Art. 6, 7 FFH-Richtlinie, das auch auf Pläne bezogen ist, ist aktuell in § 36 BNatSchG[7] enthalten, auf dessen Satz 1 Nr. 2 der § 36 in der geltenden Fassung Bezug nimmt.

---

132 Damals noch § 3 c Satz 6 BR-Drs. 551/06, S. 44.

133 Siehe BR-Drs. 551/06, S. 44, 52.

1 § 14c UVPG a.F. wurde mit Wirkung zum 29.07.2017 durch Artikel 1 des Gesetzes zur Modernisierung des Rechts der Umweltverträglichkeitsprüfung vom 20.07.2017 (BGBl. I 2017, S. 2819) durch § 36 UVPG abgelöst. Vgl. auch *Mann*, in: Landmann/Rohmer, Umweltrecht, 108. EL August 2025, § 36 Rn. 1.

2 So auch *Hendler*, BMU-Rechtsgutachten S. 128.

3 Für die Qualifizierung als obligatorische SUP siehe auch *Hendler* NVwZ 2005, 977 (979); *Erbguth/Schubert* ZUR 2005, 524 (527); hinsichtlich der Richtlinienvorgabe ebenso *Ginzky* UPR 2002, 47 (48); *Hendler*, BMU-Rechtsgutachten, S. 51.

4 BGBl. I 2009, S. 2542, zuletzt geändert durch das zweite Gesetz zur Änderung des Bundesnaturschutzgesetzes v. 04.03.2020, BGBl. I 2020, S. 440.

5 Richtlinie 2001/42/EG des Europäischen Parlaments und des Rates v. 27.06.2001 über die Prüfung der Umweltauswirkungen bestimmter Pläne und Programme ABl. EG L 197/30; BT-Drs. 15/3441, S. 30.

6 Richtlinie 92/43/EWG des Rates v. 21.05.1992 zur Erhaltung der natürlichen Lebensräume sowie der wildlebenden Tiere und Pflanzen, ABl. EG L 206/7, geändert durch Richtlinie 2006/105/EG des Rates v. 20.11.2006, ABl. EG L 363/368.

7 BGBl. I 2009, S. 2557.

B. Erfasste Pläne und Programme

Die von § 36 erfassten **Pläne und Programme** müssen zwei Anforderungen erfüllen: Zunächst muss es sich um Pläne und Programme i.S.d. Begriffsbestimmung des § 2 Abs. 7 handeln, die darüber hinaus dem Anwendungsbereich von § 36 Satz 1 Nr. 2 BNatSchG unterfallen (Vgl. § 2 Rdn. 115 ff.).[8] 3

I. Begriffsmerkmale des § 2 Abs. 7

Pläne und Programme müssen im Rahmen des § 36 die grundlegenden **Begriffsmerkmale** nach Maßgabe des § 2 Abs. 7 erfüllen.[9] In der Folge werden nicht alle Pläne nach dem BNatSchG von § 36 erfasst.[10] Nicht erforderlich ist, dass der in Rede stehende Plan oder das Programm einen Vorhabenbezug aufweist.[11] Dies ergibt sich daraus, dass § 36 hinsichtlich der erfassten Pläne und Programme **keine eigenständige Begriffsbestimmung** oder Eingrenzung enthält und sich die Pläne und Programme mithin ausschließlich nach § 2 Abs. 7 definieren. Ein **Vorhabenbezug** ist dort **nicht als Begriffsmerkmal vorgesehen**. Auch die **Zuordnung zu den Sachbereichen** des § 1 Abs. 1 Nr. 2 i.V.m. Anlage 5) ist aus den gleichen Gründen **unerheblich.**[12] Ebenso wenig enthält die umgesetzte Richtlinienvorschrift des Art. 3 Abs. 2 lit. b) SUP-RL unter Berücksichtigung des begriffsbestimmenden Art. 2 lit. b) SUP-RL einen Bezug auf die Sachbereiche oder auf zukünftige Projekte, so dass der SUP-RL kein entsprechendes Erfordernis zu entnehmen ist.[13] Die hier relevanten Pläne und Programme müssen ferner **keine rahmensetzende Wirkung** haben.[14] Dies ergibt sich aus dem Fehlen des Rahmensetzungserfordernisses in § 36 und Art. 3 Abs. 2 lit. b) SUP-RL (anders: § 35 Abs. 1, 2 und Art. 3 Abs. 2 lit. a), siehe § 35 Rdn. 11, 39 f., 31). 4

II. Plan- und Programmmerkmale nach Maßgabe des § 36 Satz 1 Nr. 2 BNatSchG

Pläne und Programme gem. § 36 sind darüber hinaus nur solche, die dem **Anwendungsbereich von § 36 Satz 1 Nr. 2 BNatSchG** unterfallen. Es muss sich um Pläne und Programme handeln, »die bei behördlichen Entscheidungen zu beachten und zu berücksichtigen sind«. Es kommt also darauf an, ob ein Plan oder Programm eine verbindliche Regelung für behördliche Entscheidungen enthält oder zumindest bei Ermessensentscheidungen zu berücksichtigen ist.[15] In diesen Fällen ist in entsprechender Anwendung des § 34 Abs. 1 bis 5 BNatSchG eine Verträglichkeitsprüfung durchzuführen. Nicht erfasst sind aufgrund des eindeutigen Wortlauts die in § 36 Satz 1 Nr. 1 BNatSchG genannten Linienbestimmungen sowie die in § 36 Satz 2 BNatSchG angeführten Raumordnungspläne, Bauleitpläne und Satzungen.[16] 5

1. Erfordernis einer Verträglichkeitsprüfung

Nach Maßgabe des § 36 ist die Umweltprüfung bei Plänen und Programmen durchzuführen, die einer **Verträglichkeitsprüfung nach § 36 Satz 1 Nr. 2 BNatSchG**[17] unterliegen. Damit ist eine im 6

---

8 Stüer/Beckmann, Handbuch des Bau- und Fachplanungsrechts, Rn. 4555; *Kahl/Gärditz*, in: Umweltrecht, § 4 Rn. 114; *Peters/Balla/Hesselbarth*, UVPG, § 36 Rn. 3.

9 BT-Drs. 15/3441, S. 30.

10 BT-Drs. 15/3441, S. 30; Stüer/Beckmann, Handbuch des Bau- und Fachplanungsrechts, *Rn. 4594.*

11 *Hendler* NuR 2003, 2 (9).

12 *Schink*, in: Schink/Reidt/Mitschang, UVPG/UmwRG, § 36 UVPG Rn. 1; *Schink* NVwZ 2005, 615 (619); *Hendler* NuR 2003, 2 (9).

13 So auch *Hendler* NuR 2003, 2 (9) hinsichtlich des fehlenden Erfordernisses eines Projektbezuges.

14 *Schink*, in: Schink/Reidt/Mitschang, UVPG/UmwRG, § 36 UVPG Rn. 4.

15 *Schink*, in: Schink/Reidt/Mitschang, UVPG/UmwRG, § 36 UVPG Rn. 4.

16 Die nicht differenzierende Bezugnahme in der amtlichen Begründung ist nach Maßgabe des Gesetzeswortlautes des § 36 unzutreffend, BT-Drs. 15/3441, S. 30; ebenso unzutreffend *Schomerus/Busse* NordÖR 2005, 398 (401); *Sydow* DVBl 2006, 65 (69).

17 Stüer/Beckmann, Handbuch des Bau- und Fachplanungsrechts, Rn. 4555, 4594 ff.; *Möckel*, in: GK-BNatSchG, § 36 Rn. 6 ff.

jeweiligen Einzelfall bestehende konkrete Pflicht zur Durchführung einer Verträglichkeitsprüfung gefordert. Die bloße Berührtheit eines Gebietes von gemeinschaftlicher Bedeutung (Natura 2000-Gebiet) oder eines europäischen Vogelschutzgebietes füllt die Anwendungsvoraussetzungen des § 36 indes nicht aus.[18] Zu fragen ist vielmehr danach, ob von Plänen oder Programmen einzeln oder im Zusammenwirken mit anderen Plänen und Programmen **erhebliche Beeinträchtigungen** für potenzielle Natura 2000- oder Vogelschutzgebiete ausgehen können. Das ist der Fall, wenn der Schutzzweck des jeweiligen Gebiets insgesamt erheblich oder dauerhaft »beeinträchtigt« wäre.[19] Ob diese Voraussetzungen erfüllt sind und ob in der Folge der Plan oder das Programm einer Verträglichkeitsprüfung nach dem BNatSchG unterliegt, ist daher vorab nach Maßgabe einer Natura 2000-Vorprüfung gemäß § 34 BNatSchG zu prüfen.[20] Dies entspricht der Auffassung der EU-Kommission, die in ihrem Leitfaden zur Umsetzung der SUP-RL ausführt: »**Wird festgestellt,**[21] dass ein Plan gem. Art. 6 Abs. 3 der Richtlinie 92/43/EWG erhebliche Umweltauswirkungen auf ein bestimmtes Gebiet oder bestimmte Gebiete haben kann, hat dies die Anwendung der SUP-Richtlinie entsprechend diesem Absatz[22] zur Folge.«[23] Die EU-Kommission erkennt mithin die **Notwendigkeit einer fallbezogenen Feststellung** an. Der darauf entfallende Prüfungsaufwand wird sich in der Rechtsanwendung als verhältnismäßig gering darstellen. Bei der materiellen Prüfung ist darauf abzustellen, ob Beeinträchtigungen geschützter Gebiete von vornherein ausgeschlossen werden können.[24] Hiervon wird nur in seltenen und entsprechend offenkundigen Fallkonstellationen ausgegangen werden können. In den meisten Fällen ist lediglich noch zu prüfen, ob die Beeinträchtigungen, die von den in Rede stehenden Plänen und Programmen ausgehen können, erheblich sind. Ist dies der Fall, ist eine Verträglichkeitsprüfung nach dem BNatSchG durchzuführen und der Plan oder das Programm – neben der naturschutzrechtlichen Verträglichkeitsprüfung – gem. § 36 einer strategischen Umweltprüfung zu unterziehen (siehe zum Verhältnis der Verträglichkeits- und der Umweltprüfung zueinander Rdn. 9).[25]

7 Ungeachtet der vorgeschalteten Frage nach der Unterworfenheit eines Plans oder Programms unter die Verträglichkeitsprüfung, ist die Umweltprüfung des § 36 der Fallgruppe der **obligatorischen SUP** zuzuordnen.[26] Es handelt sich nicht um eine Bedingung auf der Voraussetzungsseite der Umweltprüfung, sondern um eine Anforderung, die im Vorfeld der Regelungen zur SUP angesiedelt ist. Die SUP findet die Pflicht zur Durchführung einer Verträglichkeitsprüfung gleichsam im Rahmen der Eröffnung ihres Anwendungsbereiches vor. Ob die Verträglichkeitsprüfung durchzuführen ist, bestimmt sich nach den hierfür geltenden Vorschriften.

---

18 *Hendler,* BMU-Rechtsgutachten S. 128.

19 *Hendler,* BMU-Rechtsgutachten S. 128; Stüer/Beckmann, Handbuch des Bau- und Fachplanungsrechts, *Rn. 4594.*

20 Stüer/Beckmann, Handbuch des Bau- und Fachplanungsrechts, Rn. 4596; *Hendler,* BMU-Rechtsgutachten S. 128 ff.; *Peters/Balla/Hesselbarth,* UVPG, § 36 Rn. 4 in Bezug auf die bisherige Fassung des § 36 UVPG, der auf § 35 Satz 1 Nr. 2 BNatSchG in der bis zum 01.03.2010 geltenden Fassung verwies; Vgl. den Leitfaden zur Strategischen Umweltprüfung (in der weiteren Kommentierung: BUA-Leitfaden zur SUP) (Stand März 2010), S. 4, download unter: https://www.bundesumweltministerium.de/download/leitfaeden-zu-uvp-und-sup (zuletzt abgerufen am 02.02.2026).

21 Hervorhebung durch den Verfasser.

22 Anmerkung des Verfassers: Art. 3 Abs. 2 SUP-RL.

23 EU-Kommission, Umsetzung der Richtlinie 2001/42/EG (Leitfaden) Nr. 3.32.

24 *Peters/Balla/Hesselbarth,* UVPG, § 36 Rn. 4.

25 Siehe auch die ausführliche Erläuterung bei *Hendler,* BMU-Rechtsgutachten, S. 128 ff.

26 So auch *Hendler* NVwZ 2005, 977 (979); *Erbguth/Schubert* ZUR 2005, 524 (527); *Hendler,* BMU-Rechtsgutachten, S. 50; so wohl auch *Ginzky* UPR 2002, 47 (48), der hinsichtlich Art. 3 Abs. 2 SUP-RL von einer zwingenden Plan-UVP-Pflicht ausgeht; Leitfaden zur SUP, S. 4; a.A. *Peters/Balla/Hesselbarth,* UVPG, § 36 Rn. 1.

2. Potenzielle Natura 2000-Gebiete und faktische Vogelschutzgebiete

Aus § 36 ergibt sich weder eine SUP-Pflicht für nicht in die EU-Gemeinschaftsliste eingetragene Gebiete gemeinschaftlicher Bedeutung (potenzielle Natura 2000-Gebiete) noch für nicht gemeldete europäische Vogelschutzgebiete (faktische Vogelschutzgebiete).[27] Unter beiden Schutzregimen sind aufgrund der fehlenden Eintragung oder Meldung die gesetzlichen **Voraussetzungen** für die Durchführung einer Verträglichkeitsprüfung nach Bundesnaturschutzgesetz **nicht erfüllt**. Ihr Schutz wird nach der Rechtsprechung des BVerwG auch nicht über eine entsprechende Anwendung der Verträglichkeitsprüfung gewährleistet. Hinsichtlich der potenziellen Natura 2000-Gebiete werden **lediglich vorgezogene Verhaltenspflichten** herangezogen, die Ziele der FFH-Richtlinie nicht zu unterlaufen und daraus resultierende Pflichten nicht unmöglich zu machen.[28] Für europäische Vogelschutzgebiete wird das erforderliche Schutzniveau über das **unbedingte Veränderungs- und Planungsverbot** des Art. 4 Abs. 4 der Vogelschutzrichtlinie[29] gewährleistet.[30] Für beide Gebietsgruppen besteht mithin keine Pflicht zur Durchführung einer Verträglichkeitsprüfung, so dass § 36 nicht aufgrund gesetzlicher Anordnung zur Anwendung kommt. Erscheint es der Behörde im konkreten Fall dennoch ratsam, eine SUP hinsichtlich eines potenziellen Natura 2000-Gebietes oder eines faktischen Vogelschutzgebietes durchzuführen, ist ihr dies – als Herrin des Verfahrens – unbenommen.[31] 8

C. Verhältnis von Umweltprüfung und Verträglichkeitsprüfung

Bei der Umweltprüfung nach § 36 und der Verträglichkeitsprüfung nach § 36 Satz 1 Nr. 2 BNatSchG handelt es sich – auch im Falle ihres Zusammentreffens – um jeweils **eigenständige Prüfungen**, die nebeneinander treten.[32] Nach der gesetzestechnischen Systematik sind sie grundsätzlich voneinander unabhängig und nach den jeweils geltenden materiellen gesetzlichen Anforderungen durchzuführen.[33] Verfahrensrechtlich können sie, um Mehrfachprüfungen zu vermeiden, indes gem. § 46 Satz 2 in einem verbundenen Verfahren durchgeführt werden (zu den näheren Einzelheiten siehe auch § 46 Rdn. 9 ff.).[34] Ein solches **gemeinsames Verfahren** muss dann die Anforderungen beider Prüfungen erfüllen und darf nicht dazu führen, dass rechtlich notwendige Anforderungen der einzelnen Prüfungen unterbleiben.[35] Dies bezieht sich sowohl auf die verfahrensrechtlichen als auch auf alle materiellen Anforderungen.[36] Die **Anforderungen** beider Prüfungen gelten mithin **kumulativ**.[37] Aufgrund 9

27 Näher hierzu *Battis,* in: Battis/Krautzberger/Löhr, § 1a, Rn. 34; *Schink* NVwZ 2005, 615 (619); *Schink,* in: Schink/Reidt/Mitschang, UVPG/UmwRG, § 36 UVPG Rn. 9; *Peters/Balla/Hesselbarth*, UVPG, § 36 Rn. 5.

28 BVerwG NVwZ 2001, 673.

29 Richtlinie 79/409/EWG des Rates v. 02.04.1979 über die Erhaltung der wildlebenden Vogelarten, ABl. EG L 103/1.

30 EuGH NVwZ 2001, 549 (550 Rn. 48 ff.); *Erbguth* NuR 2000, 130 (135).

31 Siehe auch *Peters/Balla/Hesselbarth*, UVPG, § 36 Rn. 5, die die Empfehlung aussprechen, die Vorschrift des § 36 vorsorglich auch auf potenzielle FFH-Gebiete (Natura 2000-Gebiete) und faktische Vogelschutzgebiete anzuwenden.

32 *Sydow* DVBl 2006, 65 (69); *Gärditz,* in: Landmann/Rohmer, Umweltrecht, 90. EL Juni 2019 zur Vorgängerregelung, § 14c Rn. 1.

33 *Erbguth/Schubert* ZUR 2005, 524 (527).

34 BT-Drs. 15/3441, S. 36; siehe auch EU-Kommission, Umsetzung der Richtlinie 2001/42/EG (Leitfaden) Nr. 9.13, wonach auch die Einführung einer gesetzlich geregelten, integrierten Prüfung möglich gewesen wäre; *Sydow* DVBl 2006, 65 (69).

35 BT-Drs. 15/3441, S. 36; siehe auch EU-Kommission, Umsetzung der Richtlinie 2001/42/EG (Leitfaden), Nr. 3.32, 9.19; ausdrücklich *Sydow* DVBl 2006, 65 (69) hinsichtlich der Verfahrensanforderungen des § 34 BNatSchG.

36 *Peters/Balla/Hesselbarth*, UVPG, § 46 Rn. 10.

37 EU-Kommission, Umsetzung der Richtlinie 2001/42/EG (Leitfaden), Nr. 9.13, hinsichtlich der Anforderungen verschiedener EU-Richtlinien.

des breiteren Spektrums der Umweltprüfung[38] erscheint es dabei sinnvoll, ein gemeinsames Verfahren unter der Federführung der Umweltprüfung durchzuführen und die Verträglichkeitsprüfung in deren einzelne Verfahrensschritte zu integrieren.[39] Ergänzend sei darauf hingewiesen, dass auch eine weitere Kombination mit umweltbezogenen Prüfungen möglich ist.[40]

10 Materiell-rechtlich kommen der Verträglichkeitsprüfung weitreichende Wirkungen zu. Ergibt die Verträglichkeitsprüfung, dass ein Plan oder ein Programm nachteilige Auswirkungen auf ein Gebiet von gemeinschaftlicher Bedeutung (Natura 2000-Gebiet) oder ein europäisches Vogelschutzgebiet hat, so darf die Behörde diesen Plan oder das Programm nicht annehmen.[41] Dieser in § 34 Abs. 2 BNatSchG niedergelegte Grundsatz beansprucht aufgrund der Verweisung des § 36 auf § 36 Satz 1 BNatSchG, der seinerseits ausdrücklich auf § 34 Abs. 2 BNatSchG verweist, auch für das Ergebnis der Umweltprüfung von Plänen und Programmen nach dem UVPG Beachtung. Eine abweichende Beurteilung ist nur möglich, wenn im Rahmen der Verträglichkeitsprüfung einer der Ausnahmetatbestände des § 34 Abs. 3 i.V.m. Abs. 4, 5 BNatSchG greift. Eine Ausnahmemöglichkeit räumt § 34 Abs. 3 BNatSchG – in entsprechender Anwendung auf Pläne oder Programme i.S.d. SUP – damit nur dann ein, wenn die in Rede stehenden Pläne oder Programme aus zwingenden Gründen des überwiegenden öffentlichen Interesses (einschließlich Gründe sozialer oder wirtschaftlicher Art), notwendig sind und zumutbare Alternativen, den verfolgten Zweck an anderer Stelle oder mit geringeren Beeinträchtigungen zu erreichen, nicht gegeben sind. In § 34 Abs. 4 und 5 BNatSchG sind für weitere, näher bestimmte Fälle zusätzliche Anforderungen an das Bestehen der genannten Ausnahmetatbestände geregelt. An die Durchführung der SUP und insbesondere an die dortige Alternativenprüfung sind demnach hohe Anforderungen zu stellen.

11 Eine gerichtliche Überprüfung kann sowohl bei einem Verstoß gegen die Pflicht zur Umweltprüfung nach § 36 als auch bei der Verträglichkeitsprüfung nach § 36 Satz 1 Nr. 2 BNatSchG lediglich von Umweltverbänden als Sachwalter der Umwelt kraft ihres Verbandsklagerechts nach § 1 Abs. 1 Satz 1 Nr. 4 Umwelt-Rechtsbehelfsgesetz erreicht werden. Rechtsbehelfe von Privatklägern scheitern hingegen bei beiden Regelungsbereichen an der fehlenden Klagebefugnis nach § 42 Abs. 2 Verwaltungsgerichtsordnung. Weder §§ 33 ff. (vgl. § 33 Rdn. 46) noch §§ 31 ff. BNatSchG (Natura 2000-Vorschriften) verleihen privaten Klägern Drittschutz im Sinne der Schutznormtheorie. Das ist durch die Rechtsprechung des BVerwG geklärt und zuletzt 2021 durch das Gericht nochmal bestätigt worden,[42] d.h. das Gericht hält an seiner bisherigen Rechtsprechung[43] ausdrücklich fest.[44] Vor diesem Hintergrund haben »Verzögerungsprozesse« durch Klagen Privater keine Aussicht auf Erfolg.

§ 37 Ausnahmen von der SUP-Pflicht

[1]Werden Pläne und Programme nach § 35 Absatz 1 und § 36 nur geringfügig geändert oder legen sie die Nutzung kleiner Gebiete auf lokaler Ebene fest, so ist eine Strategische Umweltprüfung nur dann durchzuführen, wenn eine Vorprüfung des Einzelfalls im Sinne von § 35 Absatz 4 ergibt, dass der Plan oder das Programm voraussichtlich erhebliche Umweltauswirkungen hat. [2]Die §§ 13 und 13a des Baugesetzbuchs sowie § 8 Absatz 2 des Raumordnungsgesetzes bleiben unberührt.

38 In diesem Sinne auch *Gassner,* UVPG, § 14 c Rn. 10.

39 Hinweise zu gemeinsamen Verfahrensschritten gibt EU-Kommission, Umsetzung der Richtlinie 2001/42/EG (Leitfaden), Nr. 9.19 ff.; *Peters/Balla/Hesselbarth,* UVPG, § 46 Rn. 6.

40 EU-Kommission, Umsetzung der Richtlinie 2001/42/EG (Leitfaden), Nr. 9.19 ff.; siehe auch *Sydow* DVBl 2006, 65 (69 ff.).

41 EU-Kommission, Umsetzung der Richtlinie 2001/42/EG (Leitfaden), Nr. 9.20; Stüer/Beckmann, Handbuch des Bau- und Fachplanungsrechts, Rn. 4555.

42 BVerwG Urt. v. 17.02.2021 – 7 C-3.20; siehe hierzu *Leidinger* UPR 2022, 86 ff.

43 BVerwG Urt. v. 26.04.2007 – 4 C-12.05.

44 Zur Rechtsprechung des BVerwG zum fehlenden Drittschutz von FFH-Bestimmungen unter Berücksichtigung auch der unionsrechtlichen Bezüge vgl. vertiefend *Leidinger* UPR 2022, 86 ff.

Übersicht

A. Allgemeines

1 § 37[1] regelt **unmittelbar geltende Ausnahmen** von der Pflicht zur Durchführung einer SUP, indem er die SUP-Pflicht von einer Vorprüfung des Einzelfalls i.S.d. § 35 Abs. 4 abhängig macht.[2] Es handelt sich um eine **vorprüfungsabhängige konditionale SUP**.[3] Als Fallgruppen werden die **geringfügige Änderung** von Plänen und Programmen i.S.d. § 35 Abs. 1 und § 36 – mit Ausnahme von Bauleit- und Raumordnungsplänen (Satz 2) – sowie die **Festlegung der Nutzung von kleinen Gebieten auf lokaler Ebene** erfasst. Hintergrund ist die Annahme, dass diese Pläne und Programme oder entsprechende Änderungen häufig nur begrenzte Auswirkungen auf die Umwelt haben.[4] § 37 trägt somit der Verfahrensökonomie Rechnung.[5] § 37 ist aufgrund der im Wege der Föderalismusreform bedingten Kompetenzänderungen im Bereich Wasserhaushalt und Raumordnung neu gefasst worden.[6] Den Ländern stehen insoweit keine Regelungskompetenzen mehr zu, nachdem der Bund von der ihm zustehenden konkurrierenden Gesetzgebungskompetenz in diesen Bereichen Gebrauch gemacht hat. Die zuvor durch § 14 d Abs. 2 (a.F.) für die Länder eröffneten Regelungsmöglichkeiten in Bezug auf die Voraussetzungen, unter denen eine SUP für Pläne und Programme im Bereich Wasserhaushalt und Raumordnung durchzuführen sind, sind entfallen.[7]

2 Mit der Vorschrift des § 37 wird Art. 3 Abs. 5 SUP-RL umgesetzt und eine Regelung für die in Art. 3 Abs. 3 SUP-RL vorgesehenen **Ausnahmefallgruppen** getroffen.[8] Danach bedürfen Pläne und Programme, die unter Art. 3 Abs. 2 SUP-RL fallen und die Nutzung kleiner Gebiete auf lokaler Ebene regeln oder geringfügige Plan- oder Programmänderungen beinhalten nur dann einer Umweltprüfung, wenn die Mitgliedstaaten bestimmen, dass sie voraussichtlich erhebliche Umweltauswirkungen haben.[9]

3 Das **Verfahren der Bestimmung** ist den Mitgliedstaaten nach Maßgabe des Art. 3 Abs. 5 SUP-RL freigestellt.[10] Der Richtliniengeber bietet hierzu die Einführung von Einzelfallprüfungen, eine Festlegung nach Plan- oder Programmarten oder eine Kombination aus beiden Ansätzen an (siehe hierzu näher § 35 Rdn. 50 f.). Der Bundesgesetzgeber hat sich für die Ausgestaltung als Ausnahme und die Einführung einer Vorprüfung des Einzelfalls entschieden.

---

1 § 14d UVPG a.F. wurde mit Wirkung zum 29.07.2017 durch Artikel 1 des Gesetzes zur Modernisierung des Rechts der Umweltverträglichkeitsprüfung vom 20.07.2017 (BGBl. I 2017, S. 2819) durch § 37 UVPG abgelöst. Vgl. auch *Mann*, in Landmann/Rohmer, Umweltrecht, 108. EL August 2025, § 37 Rn. 1.

2 BT-Drs. 15/3441, S. 30; *Hendler* NVwZ 2005, 977 (980).

3 Siehe *Hendler* NuR 2003, 2 (9); *Hendler*, BMU-Rechtsgutachten, S. 52 hinsichtlich des Art. 3 Abs. 3 Richtlinie 2001/42/EG des Europäischen Parlaments und des Rates v. 27.06.2001 über die Prüfung der Umweltauswirkungen bestimmter Pläne und Programme ABl. EG L 197/30 (SUP-RL).

4 BT-Drs. 15/3441, S. 30.

5 *Schink*, in: Schink/Reidt/Mitschang, UVPG/UmwRG, § 37 UVPG Rn. 1.

6 BGBl. I 2010, S. 94.

7 Vgl. insoweit die Kommentierung zur 3. Auflage, § 14b Abs. 2 a.F. (Landesrechtliche SUP-Pflicht), Rn. 13 ff.

8 Siehe auch BT-Drs. 15/3441, S. 30, die nur auf die Umsetzung des Art. 3 Abs. 5 abhebt. Dies ist nicht ganz treffend, da § 37 ebenso die von Art. 3 Abs. 3, 4 SUP-RL vorgegebenen Fallgruppen umsetzt.

9 Der Wortlaut der Fallgruppen wurde unverändert in die nationale Umsetzungsvorschrift übernommen, so dass das Verständnis des Richtliniengebers europarechtskonform zur Auslegung heranzuziehen ist, hierzu EU-Kommission, Umsetzung der Richtlinie 2001/42/EG (Leitfaden) Nr. 3.33 ff.

10 *Decker* EurUP 2024, 99 (106).

B. Erfasste Pläne und Programme

4 Die Ausnahmeregelung des § 37 Satz 1 erfasst zunächst Pläne und Programme i.S.d. § 35 Abs. 1, also solche, die nach Maßgabe des § 35 Abs. 1 Nr. 1 obligatorisch einer SUP zu unterziehen sind (siehe § 35 Rdn. 4 ff.) und solche, die gem. § 35 Abs. 1 Nr. 2 der bereichsabhängigen konditionalen SUP zugeordnet sind (siehe § 35 Rdn. 13 ff.). Ferner werden Pläne und Programme erfasst, bei denen die Durchführung einer SUP gem. § 36 aufgrund einer Verträglichkeitsprüfung obligatorisch ist (Fälle des § 36 Satz 1 Nr. 2 BNatSchG).[11] In diesen Fällen ist die Durchführung einer SUP – abweichend vom Normalfall – von einer Vorprüfung im Einzelfall abhängig. Sofern Satz 1 einschlägig ist, handelt es sich mithin um eine vorprüfungsabhängige konditionale SUP.

5 **Ausgeschlossen** ist die Anwendung des § 37 für **Bauleitpläne und Raumordnungspläne**. Insofern existieren speziellere Regelungen in den Fachgesetzen, d.h. nach Maßgabe des Satzes 2 bleiben die §§ 13 und 13a BauGB und § 8 Abs. 2 ROG unberührt.[12] Neben diesen spezielleren Regelungen für das vereinfachte bauplanungsrechtliche Verfahren (§ 13 BauGB), die Aufstellung von **Bebauungsplänen der Innenentwicklung** (§ 13 a BauGB)[13] und **Raumordnungsplänen** (§ 8 Abs. 2 ROG) ist für die Anwendung von § 37 kein Raum mehr.[14] Die Fachgesetze enthalten insoweit gesonderte Regelungen (vgl. § 13 Abs. 3 und § 13 a Abs. 2 Nr. 1 i.V.m. § 2 Abs. 4 BauGB; § 8 Abs. 2 ROG i.V.m. Anlage 2 zum ROG). Für Bauleitpläne enthält § 50 Abs. 2 eine ähnliche Vorrangregelung zugunsten der Bestimmungen des Baugesetzbuchs.[15]

6 Nach dem Wortlaut des Satzes 1 werden ferner Pläne und Programme i.S.d. § 35 Abs. 2, die der vorprüfungsabhängigen konditionalen SUP-Pflicht unterfallen, nicht von § 37 erfasst. Denn diese sind bereits nach den allgemeinen Bestimmungen **regelmäßig vorprüfungspflichtig** (siehe hierzu näher § 35 Rdn. 29 ff.).[16] Dabei bleibt es auch für den Fall, dass solche Pläne und Programme nur geringfügig geändert werden oder sie die Nutzung von kleinen Gebieten auf lokaler Ebene festlegen. Ausnahmen oder Befreiungen sind also nicht vorgesehen. § 37 Satz 1 geht insoweit auf die Vorgaben aus Art. 3 Abs. 3 SUP-RL zurück. Dieser ist nicht für Pläne und Programme i.S.d. Art. 3 Abs. 4 SUP-RL, also solche, die nicht unter Art. 3 Abs. 2 SUP-RL fallen, heranzuziehen.[17] Für diese sonstigen Pläne und Programme können die Mitgliedstaaten, unabhängig von den weiteren Voraussetzungen der geringfügigen Änderung und der Festlegung der Nutzung für kleine Gebiete auf lokaler Ebene, die Bestimmung im Hinblick auf voraussichtlich erhebliche Umweltauswirkungen gem. Art. 3 Abs. 5 vornehmen. Der Bundesgesetzgeber hat davon im Rahmen des § 35 Abs. 2 Gebrauch gemacht und die SUP-Pflicht an die Durchführung einer Vorprüfung im Einzelfall geknüpft. Die Behörde kann in Fällen des § 37 erst dann von der SUP absehen, wenn eine Vorprüfung des Einzelfalls ergibt, dass keine erheblichen Umweltauswirkungen zu erwarten sind.[18]

C. Geringfügige Änderungen

7 Geringfügige Plan- oder Programmänderungen sind gem. der Ausnahmevorschrift des Satzes 1, 1. Alternative umweltprüfungspflichtig, wenn eine Vorprüfung des Einzelfalls nach § 35 Abs. 4 ergibt, dass sie voraussichtlich erhebliche Umweltauswirkungen haben.[19] Maßgeblich ist die **Gering-**

11 *Kahl/Gärditz*, in: Umweltrecht, § 4 Rn. 114.
12 *Schink*, in: Schink/Reidt/Mitschang, UVPG/UmwRG, § 37 UVPG Rn. 3.
13 § 13 a BauGB wurde durch Art. 1 Nr. 8 des Gesetzes zur Erleichterung von Planungsvorhaben für die Innenentwicklung der Städte v. 21.12.2006 (BGBl. I, S. 3317) in das BauGB eingefügt; ausführlich dazu Schrödter, ZfBR 2010, S. 332 ff.
14 Stüer/Beckmann, Handbuch des Bau- und Fachplanungsrechts, Rn. 4598.
15 Dazu: *Arndt* BauR 2025, 717 (724).
16 So auch *Gassner*, UVPG, § 14 d Rn. 4; *Schink*, in: Schink/Reidt/Mitschang, UVPG/UmwRG, § 37 UVPG Rn. 2.
17 *Hendler*, BMU-Rechtsgutachten, S. 54, 55.
18 *Peters/Balla/Hesselbarth*, UVPG, § 37 Rn. 3.
19 *Kahl/Gärditz*, in: Umweltrecht, § 4 Rn. 118.

fügigkeit der Änderungen, da andere als geringfügige Änderungen von Plänen und Programmen nach den gleichen Grundsätzen wie die Aufstellung zu behandeln sind.[20] Damit wird klargestellt, dass auch bei geringfügigen Änderungen – im Rahmen einer Vorprüfung – geprüft werden muss, ob diese voraussichtlich erhebliche Umweltauswirkungen haben.[21] Geringfügige Änderungen sind nicht pauschal von der SUP-Pflicht freigestellt, sondern werden vielmehr über die Vorprüfung im Einzelfall dem Prüfungsregime der SUP zugeordnet.[22] Das Einschätzungserfordernis wird mithin auch auf Änderungen, die nur geringfügig sind, ausgeweitet, so dass der Blick der Umweltprüfung sämtliche Änderungen von Plänen und Programmen erfasst.

Bezugspunkt der Geringfügigkeit sind die Änderungen des Plans oder Programms, nicht die Umwelt- 8
auswirkungen.[23] Dies zeigt sich daran, dass auch geringfügige Änderungen gem. der Vorschrift erhebliche Umweltauswirkungen haben können. Die Geringfügigkeit ist daher nicht mit einer Unerheblichkeit der Umweltauswirkungen gleichzusetzen.[24] Die Wechselwirkungen zwischen dem Umfang der Änderung und erheblichen Umweltauswirkungen sind zudem nur anhand des jeweiligen Einzelfalls zu beurteilen.[25] Eine allgemeingültige Definition »geringfügiger Änderungen« lässt sich aufgrund der Vielzahl der möglicherweise betroffenen Pläne und Programme nicht aufstellen.[26] So kann eine Änderung einerseits so geringfügig sein, dass sie voraussichtlich keine erheblichen Umweltauswirkungen hat, und andererseits kann sie unabhängig von ihrem Umfang erhebliche Umweltauswirkungen haben.[27] Vor diesem Hintergrund erweist sich auch eine Änderung nicht zwangsläufig als geringfügig, wenn sie die Grundzüge des Plans oder Programms nicht berührt.[28]

D. Nutzung kleiner Gebiete auf lokaler Ebene

§ 37 Satz 1, 2. Alternative ordnet die Durchführung einer Vorprüfung im Einzelfall an, sofern in 9
einem Plan oder Programm die Nutzung kleiner Gebiete auf lokaler Ebene festgelegt wird.[29] Der Anwendungsbereich dieser Regelung ist aufgrund der Einschränkungen auf kleine Gebiete und deren Belegenheit auf lokaler Ebene nur in wenigen Fallkonstellationen eröffnet.[30]

I. Lokale Ebene

Das Tatbestandsmerkmal der »lokalen Ebene« ist dahingehend zu verstehen, dass damit Pläne und 10
Programme der Gemeinden im Fokus stehen sollen.[31] Der Formulierung wohnt – auch unter Berücksichtigung der weiteren Einschränkung eines kleinen Gebietes – eine klare Abgrenzung gegenüber

20 Früher § 1 Nr. 2b) und § 2 Abs. 5 a.F. (BGBl. I 2005, S. 1746); siehe auch *Hendler*, BMU-Rechtsgutachten, S. 54 hinsichtlich Art. 3 Abs. 3 SUP-RL.

21 EU-Kommission, Umsetzung der Richtlinie 2001/42/EG (Leitfaden) Nr. 3.36.

22 Insofern ist auch die amtliche Überschrift des § 37 »Ausnahmen von der SUP-Pflicht« nicht hinreichend präzise.

23 Siehe auch Stüer/Beckmann, Handbuch des Bau- und Fachplanungsrechts, Rn. 4598.

24 *Schink*, in: Schink/Reidt/Mitschang, UVPG/UmwRG, § 37 UVPG Rn. 4; *Peters/Balla/Hesselbarth*, UVPG, § 37 Rn. 3.

25 Als Beispiel für »Geringfügigkeit« nennt der BUA-Leitfaden zur Strategischen Umweltprüfung, (Stand März 2010), S. 6: Änderung in Hochwasserschutzplänen aufgrund kleinräumiger Verschiebung des Deiches. Download unter: https://www.bundesumweltministerium.de/download/leitfaeden-zu-uvp-und-sup (zuletzt abgerufen am 02.02.2026).

26 Die EU-Kommission geht gar davon aus, dass eine solche allgemeine Definition wahrscheinlich nicht von Nutzen wäre, EU-Kommission, Umsetzung der Richtlinie 2001/42/EG (Leitfaden) Nr. 3.36.

27 EU-Kommission, Umsetzung der Richtlinie 2001/42/EG (Leitfaden) Nr. 3.36.

28 So auch *Albrecht*, in: Sinner/Gassner/Hartlik/Albrecht, SUP – Teil 1, 2.4.1.5; *Schink* NVwZ 2005, 615 (619); a.A. *Hendler*, BMU-Rechtsgutachten, S. 54.

29 Stüer/Beckmann, Handbuch des Bau- und Fachplanungsrechts, Rn. 4598; *Kahl/Gärditz*, in: Umweltrecht, § 4 Rn. 118.

30 *Hendler*, BMU-Rechtsgutachten, S. 52.

31 So auch *Hendler*, BMU-Rechtsgutachten, S. 52.

einer regionalen und einer nationalen Planungsebene inne.[32] Es geht mithin um **Planungen auf kommunaler Ebene.**[33]

II. Kleine Gebiete

11 Der Begriff der »kleinen Gebiete« wird zum einen durch die **lokale Ebene**, auf die er sich bezieht, und zum anderen durch die **Größe des betroffenen Gebietes** definiert. In erster Linie werden mithin von Satz 1, 2. Alternative gemeindliche Teilgebiete erfasst.[34] Diese befinden sich regelmäßig auf dem Gebiet einer Gemeinde, umfassen aber nicht deren gesamtes Gebiet. Der EuGH hat im Rahmen einer Auslegung des Art. 3 Abs. 3 Alt. 1 SUP-RL das Tatbestandsmerkmal »kleine Gebiete auf lokaler Ebene« dahingehend konkretisiert, dass der Plan oder das Programm:
- von einer lokalen Behörde im Gegensatz zu einer regionalen oder nationalen Behörde ausgearbeitet und/oder erlassen worden sein muss, und
- das fragliche Gebiet innerhalb des räumlichen Zuständigkeitsgebiets der lokalen Behörde im Verhältnis zu diesem Zuständigkeitsgebiet nur eine geringe Größe aufweisen darf.[35]

Diese zwei Voraussetzungen müssen kumulativ erfüllt sein. Für die Bestimmung eines kleinen Gebietes ist demnach ein rein quantitativer Maßstab im Sinne der Fläche des Gebietes entscheidend, ungeachtet der Auswirkungen auf die Umwelt.[36] Keine Aussage wurde jedoch zu der konkreten Bestimmung der zulässigen Größe getroffen. Insbesondere hat der EuGH offen gelassen, wie groß der Flächenanteil im Verhältnis zur Gesamtgröße des Gebietes der lokalen Behörde sein darf.[37] Damit ist er dem Vorschlag der Generalanwältin, die einen Richtwert von 5 % der Fläche des Zuständigkeitsgebietes der jeweiligen lokalen Verwaltungsebene anführte, nicht gefolgt.[38] Gleichwohl kann der Richtwert von 5 % als unionsrechtskonform angesehen werden, wohingegen eine Fläche von 15 % wohl die zulässige Obergrenze bildet.[39] Die unionsrechtlich zulässige Obergrenze vermag letztlich aber nur der EuGH selbst bestimmen. Da sich der Unionsgesetzgeber auf den Rahmen der räumlichen Zuständigkeit der jeweiligen lokalen Behörde beziehen wollte,[40] kann sich ein »kleines Gebiet« nicht über Gemarkungsteile zweier oder mehrerer Gemeinden erstrecken. Zudem können flächendeckende Pläne oder Programme einer großflächigen Gemeinde (z.B. einer Großstadt) nicht als kleine Gebiete subsumiert werden.[41] In diesen Fällen werden – unter Berücksichtigung des Kriteriums der räumlichen Ausdehnung der Auswirkungen gem. Nr. 2.4 der Anl. 6 – regelmäßig erhebliche Umweltauswirkungen anzunehmen sein. Dementsprechend hat dann eine Vorprüfung stattzufinden. Um ein Plan oder Programm zur Nutzung kleiner Gebiete handelt es sich indes regelmäßig dann, wenn kleinflächig in Annäherung an eine Vorhabenzulassung Regelungen über die gebietliche Nutzung getroffen werden.[42]

E. Vorprüfung des Einzelfalls

12 Liegen die Voraussetzungen des Satzes 1 vor, »**reduzieren**« sich die gem. § 35 Abs. 1 und § 36 bestehenden Umweltprüfungspflichten zur Vorprüfungspflicht des Einzelfalls nach Maßgabe des

32 EU-Kommission, Umsetzung der Richtlinie 2001/42/EG (Leitfaden) Nr. 3.34.
33 *Erbguth/Schubert* ZUR 2005, 524 (527).
34 *Schink* NVwZ 2005, 615 (619).
35 EuGH, Urt. v. 21.12.2016 – Rs. C-444/15, Rn. 74.
36 EuGH, Urt. v. 21.12.2016 – Rs. C-444/15, Rn. 72.
37 *Mayer* NuR 2017, 687 (691).
38 Schlussanträge Generalanwältin Kokott v. 08.09.2016, Rs. C-444/15, Rn. 68.
39 So auch *Mayer* NuR 2017, 687 (692) sowie *Schink*, in: Schink/Reidt/Mitschang, UVPG/UmwRG, § 37 UVPG Rn. 6a.
40 EuGH, Urt. v. 21.12.2016 – Rs. C-444/15, Rn. 73.
41 *Hendler* NuR 2003, 2 (10); *Gärditz*, in: Landmann/Rohmer, Umweltrecht, 90. EL Juni 2019 zur Vorgängerregelung, § 14d Rn. 4.
42 *Schink*, in: Schink/Reidt/Mitschang, UVPG/UmwRG, § 37 UVPG Rn. 5 m.w.N.

§ 35 Abs. 4 (zu den näheren Einzelheiten siehe § 35 Rdn. 49 ff.).[43] Das Ergebnis der Vorprüfung ist gem. § 34 Abs. 2 der Öffentlichkeit **zugänglich zu machen** (im Falle der Durchführung einer SUP) oder **bekannt zu geben** (im Falle des Unterbleibens einer SUP).[44] Da es sich um eine rein verfahrensrechtliche Vorprüfung handelt, ist sie – wie die Vorprüfung nach § 33 – gemäß § 44 a VwGO nicht selbstständig anfechtbar.[45]

Abschnitt 2 Verfahrensschritte der Strategischen Umweltprüfung

§ 38 Vorrang anderer Rechtsvorschriften bei der SUP

[1]Unbeschadet des § 52 finden die Vorschriften dieses Abschnitts Anwendung, soweit Rechtsvorschriften des Bundes und der Länder die Strategische Umweltprüfung nicht näher bestimmen oder in ihren Anforderungen diesem Gesetz nicht entsprechen. [2]Rechtsvorschriften mit weitergehenden Anforderungen bleiben unberührt.

Übersicht

A. Allgemeines

1 Der heterogene Charakter der von der SUP-Richtlinie erfassten Pläne und Programme führt im Zusammenspiel mit der Verteilung der Gesetzgebungskompetenzen zwischen Bund und Ländern dazu, dass neben dem UVPG weitere fachspezifische Regelungswerke Vorgaben für eine SUP von Plänen und Programmen enthalten bzw. zukünftig aufweisen werden. Die **Beziehung dieser einzelnen Gesetzeswerke zueinander** ist nicht zwangsläufig eindeutig. Des damit angesprochenen Fragenkreises nimmt sich § 38 UVPG an und bestimmt, welche Vorschriften bei der Beurteilung SUP-pflichtiger Pläne und Programme zur Anwendung kommen.[1]

2 § 38 UVPG wurde durch das Gesetz zur Modernisierung des Rechts der Umweltverträglichkeitsprüfung vom 20. Juli 2017[2] neu eingefügt und entspricht inhaltlich – bis auf eine notwendige numerische Anpassung – dem § 14e UVPG a.F.[3] Die Regelung ist vom Gesetzgeber **in Anlehnung an § 1 Abs. 4 UVPG** (§ 4 UVPG a.F.) **verfasst** worden und weist im Vergleich zu ihrem Pendant nur geringe Abweichungen auf. Aufgrund der offensichtlichen Parallelen zwischen den beiden Vorschriften – § 1 Abs. 4 UVPG bezieht sich auf Vorhaben und § 38 UVPG auf Pläne und Programme – können viele Erkenntnisse von § 1 Abs. 4 UVPG auf § 38 UVPG übertragen werden.[4]

B. Anwendungsbereich

3 Der Anwendungsbereich des § 38 UVPG erstreckt sich – abgesehen von eng umgrenzten Ausnahmen – grundsätzlich auf **alle Pläne und Programme**. Eine **Besonderheit** gilt für *Bauleitpläne*, die nicht von § 38 UVPG erfasst werden. Gem. § 50 Abs. 2 UVPG gelten für diese die speziellen

---

43 Stüer/Beckmann, Handbuch des Bau- und Fachplanungsrechts, Rn. 4598.
44 *Erbguth/Schubert* ZUR 2005, 524 (527).
45 *Gärditz,* in: Landmann/Rohmer, Umweltrecht, 90. EL Juni 2019 zur Vorgängerregelung, § 14d Rn. 6; siehe zu Rechtsschutzmöglichkeiten § 33 Rdn. 45 ff.
1 *Schomerus/Busse* NordÖR 2005, 398 (400); *Sangenstedt* UVP-report 2005, 12 (14).
2 BGBl. I, S. 2808.
3 *Mann,* in: Landmann/Rohmer, Umweltrecht, § 38 UVPG Rn. 1.
4 Siehe insoweit § 1 Rdn. 18 ff.

Vorschriften des Baugesetzbuchs,[5] die allerdings dem Anforderungsniveau des UVPG entsprechen.[6] Dasselbe gilt für die Vorschriften des Raumordnungsgesetzes, die nach § 48 Satz 1 UVPG für Raumordnungspläne anzuwenden sind.[7] Ähnlich verhält es sich gem. § 53 Abs. 3 UVPG bei den Verkehrswegeplanungen auf Bundesebene einschließlich der Bedarfspläne nach einem Verkehrswegeausbaugesetz des Bundes. Hier ist es dem Bundesministerium für Digitales und Verkehr[8] erlaubt, im Einvernehmen mit dem Bundesministerium für Umwelt, Naturschutz, nukleare Sicherheit und Verbraucherschutz[9] durch Rechtsverordnung ohne Zustimmung des Bundesrates einzelne Verfahrensbestimmungen abweichend von den Anordnungen des UVPG zu regeln. Sofern von den Vorgaben des UVPG abgewichen wird, müssen jedoch die Anforderungen der SUP-RL entsprechend berücksichtigt werden.[10]

4 § 38 UVPG enthält sich zudem einer Anordnung für einzelne Pläne und Programme, die bislang der im Zuge der Föderalismusreform weggefallenen **Rahmengesetzgebung** unterfielen und thematisch der **Landschaftspflege** zuzuordnen sind.[11] Für diese Pläne und Programme sieht § 52 UVPG an die Länder gerichtete Regelungsaufträge vor, die Verfahren der SUP eigenständig auszugestalten.[12] Die danach erlassenen landesrechtlichen Verfahrensvorgaben werden von § 38 UVPG nicht tangiert.[13] Das von § 52 UVPG geforderte Landesrecht muss allerdings den Anforderungen des Unionsrechts entsprechen, welches auch den Landesgesetzgeber bindet.[14]

C. Subsidiarität und Auslegungsfunktion

5 Die wesentliche Aufgabe des § 38 UVPG liegt darin begründet, die **Mindestanforderungen** an die richtlinienkonforme Durchführung der SUP im Einflussbereich des Bundes sicherzustellen und so trotz mitunter notwendiger fachspezifischer Differenzierungen im Kern **gleichartige Regelungsmaßstäbe** festzulegen:[15] In Anlehnung an die »Schwesterbestimmung« des § 1 Abs. 4 UVPG haben gem. § 38 Satz 1 UVPG die Vorschriften des zweiten Abschnitts (§§ 39 bis 46 UVPG) Vorrang gegenüber fachspezifischen Rechtsvorschriften zur SUP, sofern die fachgesetzlichen Anforderungen hinter

---

5 Siehe hierzu die Kommentierung zu § 50 UVPG sowie zu den Neuregelungen des Baugesetzbuchs *Stollmann* NuR 2003, 586; *Dolde* NVwZ 2003, 297; *Finkelnburg* NVwZ 2004, 897. Zur Rechtslage zum BauGB 2007 siehe *Krautzberger* UPR 2007, 170; *Battis/Krautzberger/Löhr* NVwZ 2007, 121.

6 *Schink,* in: ders./Reidt/Mitschang, UVPG/UmwRG, § 38 UVPG Rn. 2; *Sangenstedt* UVP-report 2005, 12 (15).

7 OVG Berlin-Brandenburg, Urt. v. 23.05.2019 – OVG 2 A 4.19, juris – Rn. 59; *Peters/Balla/Hesselbarth,* UPVG, § 38 Rn. 3.

8 Ab der 21. Legislaturperiode im Mai 2025 nur noch das Bundesministerium für Verkehr. Für den Politikbereich des Digitalen wurde ein neues Bundesministerium für Digitales und Staatsmodernisierung gegründet.

9 Ab der 21. Legislaturperiode im Mai 2025 das Bundesministerium für Umwelt, Klimaschutz, Naturschutz und nukleare Sicherheit.

10 Siehe die Gesetzesbegr. v. 29.06.2004, BT-Drs. 15/3441, S. 39; a.A. *Gassner,* UVPG, § 14e Rn. 3, der auch in diesem Fall die subsidiäre Geltung des UVPG annimmt.

11 *Schomerus/Busse* NordÖR 2005, 398 (400); *Hendler* NVwZ 2005, 977 (979); *Peters/Balla/Hesselbarth,* UVPG, § 38 Rn. 3.

12 Gesetzesbegr. v. 29.06.2004, BT-Drs. 15/3441, S. 31; *Schink,* in: ders./Reidt/Mitschang, UVPG/UmwRG, § 38 UVPGRn. 2.

13 Für Pläne und Programme aus den Bereichen Raumordnung und Wasserhaushalt gilt dieses Spezifikum nicht mehr. Der Bundesgesetzgeber hat mit Art. 2 des Gesetzes zur Neuregelung des Wasserrechts v. 31.07.2009 (BGBl. I, S. 2585) den § 14e UVPG a.F. entsprechend modifiziert. Die Gewährleistung der Strategischen Umweltprüfung erfolgt jetzt durch die Stammgesetze selbst. Vgl. dazu etwa *Weiland* UVP-report 2009, 39 (40).

14 EuGH, Urt. v. 28.02.1991 – C-131/88, Slg. 1991, I-825 = NVwZ 1991, 973 Rn. 71; *Jarass* NVwZ 2000, 1089 (1095); *Kment* NVwZ 2005, 886 (890).

15 *Diekmann* AbfallR 2009, 133 (135); *Hendler* NVwZ 2005, 977 (979); *Schomerus/Busse* NordÖR 2005, 398 (400); *Sangenstedt* UVP-report 2005, 12 (14); *Peters/Balla/Hesselbarth,* UVPG, § 38 Rn. 6.

denen des Stammgesetzes zurückbleiben oder fachgesetzlich gar keine Ausführungen zur SUP getroffen wurden. Sind die Fachgesetze näher ausgestaltet oder ordnen sie weitergehende Anforderungen an, tritt das UVPG zurück; das Fachrecht bleibt dann gem. § 38 Satz 2 UVPG vom UVPG unberührt. Letzteres lässt sich etwa im Recht des Netzausbaus bei länderübergreifenden oder grenzüberschreitenden Höchstspannungsleitungen und Anbindungsleitungen von den Offshore-Windpark-Umspannwerken i.S.d. § 2 Abs. 1 NABEG auffinden. Dort gehen bei der Aufstellung der SUP-pflichtigen Bundesfachplanung (vgl. Nr. 1.11 der Anlage 5 zum UVPG) die Vorgaben zur verbindlichen Beteiligung der Öffentlichkeit in einer Antragskonferenz nach § 7 Abs. 1 Satz 1 NABEG über das Anforderungsprofil des UVPG hinaus.[16] § 39 Abs. 4 Satz 3 UVPG stellt die Beteiligung der Öffentlichkeit lediglich in das Ermessen der zuständigen Behörde (»können«).[17]

Die dargestellte[18] **Subsidiarität** des UVPG erklärt sich aus der größeren Sachnähe fachspezifischer Vorschriften und überkommener Strukturen des nationalen Rechts.[19] Sie führt dazu, dass in jeder potenziellen Überschneidungssituation zwischen UVPG und Fachgesetz zu überprüfen ist, ob die fachgesetzliche Vorschrift Regelungen zur SUP enthält und – sofern ersteres der Fall ist – das fachgesetzliche Prüfungsniveau den bundesrechtlichen Mindestanforderungen entspricht.[20] Als Resultat eines solchen Vergleichs kann durchaus das gesamte UVPG hinter den fachgesetzlichen Regelungen zurücktreten. Ein gesonderter Verweis auf die Regelungen des UVPG ist dann nicht mehr nötig.[21] Denkbar ist es aber auch, dass die fachgesetzlichen Vorschriften nur **partiell** das UVPG zu **verdrängen** vermögen, da sie nicht in allen Bereichen dem Niveau der §§ 39 bis 46 UVPG entsprechen. In diesem Fall erlangt das UVPG insofern Relevanz, als es punktuell die fachgesetzlichen Lücken schließt.[22] Auch hier liefert das NABEG Anschauungsmaterial, weil es partiell hinter dem Niveau des UVPG zurückbleibt: Dies gilt etwa für die Mindestfrist des § 41 Satz 2 UVPG,[23] die sich im NABEG, insbesondere in § 9 NABEG, so nicht findet.[24] § 41 Satz 2 UVPG ist daher auch im Umfeld des NABEG anzuwenden.[25] 6

Das notwendige Abgleichen der fachgesetzlichen Vorschriften mit dem UVPG führt zwangsläufig dazu, dass in Zweifelsfällen, in denen nicht deutlich erkennbar ist, ob das Fachgesetz den Mindestanforderungen des Stammgesetzes entspricht, die Regelungen des UVPG zu einem **Auslegungsmaßstab** erstarken.[26] Denn um die Wahrung des erforderlichen Prüfungsniveaus sicherzustellen, wird man nicht umhinkommen, die fraglichen Regelungen der Fachgesetze in Anlehnung an das UVPG auszulegen, um sie dem UVPG-typischen Standard anzugleichen.[27] Auf diese Weise leistet § 38 UVPG schließlich auch einen Beitrag zur Harmonisierung des Umweltrechts in Bezug auf den Umgang mit umweltrelevanten Plänen und Programmen.[28] 7

16 *Schink,* in: ders./Reidt/Mitschang, UVPG/UmwRG, § 38 UVPG Rn. 1.
17 Siehe § 39 Rdn. 51.
18 Siehe die obige Darstellung unter Rdn. 5.
19 So zu § 4 a.F. *Erbguth/Schink* UVPG, § 4 Rn. 2; siehe auch § 1 Rdn. 26.
20 *Peters/Balla/Hesselbarth,* UVPG, § 38 Rn. 6; siehe auch § 1 Rdn. 27. Feststellend, dass die speziellen Regelungen aus dem ROG in der Fassung v. 01.11.2018 den Mindestanforderungen des UVPG entsprechen: SächsOVG, Urt. v. 23.11.2023 – 1 C 75/21, SächsVBl. 2024, 118 (121 f.).
21 SächsOVG, Urt. v. 23.11.2023 – 1 C 75/21, SächsVBl. 118 (122).
22 So zu § 4 a.F. *Erbguth* Verw 24 (1991) 283 (298 f.); *Peters,* UVP-Richtlinie, S. 43; sowie § 1 Rdn. 29; zum LPlG NRW: OVG NRW, Urt. v. 21.03.2024 – 11 D 133/20.NE, juris Rn. 181.
23 Siehe hierzu § 41 Rdn. 27 f.
24 § 9 NABEG begründet eine Höchstdauer von 3 Monaten, jedoch keine Mindestfrist; siehe hierzu auch § 41 Rdn. 29.
25 *Peters/Balla/Hesselbarth,* UVPG, § 38 Rn. 7.
26 *Schink,* in: ders./Reidt/Mitschang, UVPG/UmwRG, § 38 UVPG Rn. 1; *Peters/Balla/Hesselbarth,* UVPG, § 38 Rn. 6; *Sangenstedt* UVP-report 2005, 12 (14 f.); vgl. auch § 1 Rdn. 27.
27 *Sangenstedt* UVP-report 2005, 12 (14 f.).
28 *Peters/Balla/Hesselbarth,* UVPG, § 38 Rn. 1; in diesem Sinne auch *Bohne,* in: Tettinger (Hrsg.), UVP, S. 13 (22) im Hinblick auf § 4 UVPG. Kritisch dazu *Soell/Dirnberger* NVwZ 1990, 705 (706).

§ 39 Festlegung des Untersuchungsrahmens

(1) Die für die Strategische Umweltprüfung zuständige Behörde legt den Untersuchungsrahmen der Strategischen Umweltprüfung einschließlich des Umfangs und Detaillierungsgrads der in den Umweltbericht nach § 40 aufzunehmenden Angaben fest.

(2) [1]Der Untersuchungsrahmen einschließlich des Umfangs und Detaillierungsgrads der in den Umweltbericht aufzunehmenden Angaben bestimmen sich unter Berücksichtigung von § 33 in Verbindung mit § 2 Absatz 1 nach den Rechtsvorschriften, die für die Entscheidung über die Ausarbeitung, Annahme oder Änderung des Plans oder Programms maßgebend sind. [2]Der Umweltbericht enthält die Angaben, die mit zumutbarem Aufwand ermittelt werden können, und berücksichtigt dabei den gegenwärtigen Wissensstand und der Behörde bekannte Äußerungen der Öffentlichkeit, allgemein anerkannte Prüfungsmethoden, Inhalt und Detaillierungsgrad des Plans oder Programms sowie dessen Stellung im Entscheidungsprozess.

(3) [1]Sind Pläne und Programme Bestandteil eines mehrstufigen Planungs- und Zulassungsprozesses, soll zur Vermeidung von Mehrfachprüfungen bei der Festlegung des Untersuchungsrahmens bestimmt werden, auf welcher der Stufen dieses Prozesses bestimmte Umweltauswirkungen schwerpunktmäßig geprüft werden sollen. [2]Dabei sind Art und Umfang der Umweltauswirkungen, fachliche Erfordernisse sowie Inhalt und Entscheidungsgegenstand des Plans oder Programms zu berücksichtigen. [3]Bei nachfolgenden Plänen und Programmen sowie bei der nachfolgenden Zulassung von Vorhaben, für die der Plan oder das Programm einen Rahmen setzt, soll sich die Umweltprüfung auf zusätzliche oder andere erhebliche Umweltauswirkungen sowie auf erforderliche Aktualisierungen und Vertiefungen beschränken.

(4) [1]Die Behörden, deren umwelt- und gesundheitsbezogener Aufgabenbereich durch den Plan oder das Programm berührt wird, werden bei der Festlegung des Untersuchungsrahmens der Strategischen Umweltprüfung sowie des Umfangs und Detaillierungsgrads der in den Umweltbericht aufzunehmenden Angaben beteiligt. [2]Die zuständige Behörde gibt auf der Grundlage geeigneter Informationen den zu beteiligenden Behörden Gelegenheit zu einer Besprechung oder zur Stellungnahme über die nach Absatz 1 zu treffenden Festlegungen. [3]Sachverständige, betroffene Gemeinden, nach § 60 Absatz 1 zu beteiligende Behörden, nach § 3 des Umwelt-Rechtsbehelfsgesetzes anerkannte Umweltvereinigungen sowie sonstige Dritte können hinzugezogen werden. [4]Verfügen die zu beteiligenden Behörden über Informationen, die für den Umweltbericht zweckdienlich sind, übermitteln sie diese der zuständigen Behörde.

Übersicht

A. Allgemeines

I. Regelungsgegenstand

1 Die Erfahrungen mit dem vorhabenbezogenen Scoping (§ 15 UVPG) haben gezeigt, dass eine **frühzeitige Abstimmung von Verfahrensschritten** die Durchführung der Umweltprüfung in der Praxis erheblich erleichtern und beschleunigen kann.[1] Diese positiven Effekte wollte man sich mit der Einführung des § 14f UVPG a.F., der Vorgängerregelung des § 39 UVPG,[2] auch in der plan- und programmbezogenen SUP zu Nutze machen.[3] Das Scoping, begrifflich aus dem Englischen kommend (**scope**), steht für die Festlegung eines »Umfangs« bzw. eines »Ausmaßes«, einer »Reichweite« oder eines »Spielraums«. Es gilt, einen Rahmen zu definieren, der die **weitere Prüfung frühzeitig und einzelfallbezogen eingrenzt** und sie damit (auch) zielbezogen mit Blick auf die für den Umweltbericht (§ 40 UVPG) benötigten Angaben ausrichtet. Zweckmäßigerweise bildet das Scoping deshalb den **ersten Verfahrensschritt** der Umweltprüfung.

2 **Im Einzelnen** ist gem. § 39 Abs. 1 UVPG angeordnet, dass die für die SUP zuständige Behörde den Untersuchungsrahmen der SUP einschließlich des Umfangs und Detaillierungsgrads der in den Umweltbericht nach § 40 UVPG aufzunehmenden Angaben festlegt. Maßstab dieser Beurteilung sind gem. § 39 Abs. 2 Satz 1 UVPG die Rechtsvorschriften betreffend die Entscheidung über die Ausarbeitung, Annahme oder Änderung des Plans oder Programms; folglich die spezifischen Vorschriften des jeweiligen Fachrechts. Präzisierend kommt gem. § 39 Abs. 2 Satz 2 UVPG hinzu, dass nur solche Angaben gefordert sind, die mit zumutbarem Aufwand ermittelt werden können, wobei der gegenwärtige Stand der Wissenschaft, der Behörde bekannte Äußerungen der Öffentlichkeit, allgemein anerkannte Prüfmethoden, Inhalt und Detaillierungsgrad des Plans oder Programms sowie dessen Stellung im Entscheidungsprozess zu berücksichtigen sind. Außerdem sollen bei der Festlegung des Untersuchungsrahmens gem. § 39 Abs. 3 UVPG Doppel- und Mehrfachprüfungen möglichst vermieden werden. Zu diesem Zweck soll für den Fall, dass Pläne und Programme Bestandteile eines mehrstufigen Planungs- und Zulassungsprozesses sind, austariert werden, auf welcher Stufe bestimmte Umweltauswirkungen zu prüfen sind (Satz 1). Dabei sind Art und Umfang der Umweltauswirkungen, fachliche Erfordernisse, aber auch Inhalt und Entscheidungsgegenstand des Plans oder Programms zu berücksichtigen (Satz 2). So entsteht Potenzial für Synergieeffekte, von denen bei der Erstellung nachfolgender Pläne und Programme sowie bei der anschließenden Zulassung von Vorhaben profitiert werden kann. Vorgesehen ist, dass sich die Umweltprüfung in diesen Verfahren auf zusätzliche oder andere erhebliche Umweltauswirkungen sowie erforderliche Aktualisierungen und Vertiefungen beschränkt und die Prüfung im Übrigen den höherstufigeren Ebenen

---

1 Siehe § 15 Rdn. 1; vgl. II. 15.0.1 der UVPVwV.

2 § 39 UVPG wurde durch das Gesetz zur Modernisierung des Rechts der Umweltverträglichkeitsprüfung vom 20.07.2017 (BGBl. I, S. 2808) neu eingefügt und entspricht inhaltlich – bis auf eine notwendige numerische Anpassung – dem § 14f UVPG a.F.

3 *Sydow* DVBl 2006, 65 (72); *Sangenstedt*, in: Erbguth (Hrsg.), SUP, S. 77 (93 f.); *Huggins/Dietrich* ZUR 2024, 526 (528).

überlässt (Satz 3). Letztlich ist das Scoping kein nach außen hin vollständig abgeschirmtes Verfahren. Gem. § 39 Abs. 4 UVPG findet eine (unionsrechtlich geforderte[4]) Behördenbeteiligung statt; zusätzlich können aber auch Sachverständige, betroffene Gemeinden, anerkannte Umweltvereinigungen und/oder sonstige Dritte hinzugezogen werden.

II. Zweck und Bedeutung

3 Dem **unselbstständigen internen Verfahren**[5] nach § 39 UVPG kommt nach einhelliger Meinung eine ganz entscheidende Bedeutung im Rahmen der Strategischen Umweltprüfung zu.[6] Es definiert den Untersuchungsrahmen für die nachfolgende SUP und verteilt die notwendigen Prüfungsschritte auf die einzelnen Planungs- bzw. Zulassungsebenen. Auf diese Weise bietet es die Möglichkeit, den Schwierigkeiten entgegenzusteuern, die mit der Umweltprüfung von Plänen und Programmen auf vorgelagerter Ebene verbunden sind. Eine möglicherweise recht aufwendige **Prüfung kann frühzeitig und einzelfallbezogen systematisiert und somit effektiv und effizient durchgeführt werden**.[7] Dies erfordert gleichzeitig aber auch eine besondere Sorgfalt: Das Scoping dient als Grundlage für die Vergabe und Ausrichtung der fachlichen Gutachten und die Koordination der behördlichen Untersuchungen.[8] Teile bzw. Inhalte eines Plans oder Programms, die dabei aus dem Untersuchungsrahmen herausgenommen werden, fallen später zumeist nicht mehr ins Gewicht.

4 Im Gegensatz zum Verfahren nach § 15 UVPG schafft das Scoping i.S.d. § 39 UVPG keinen Rahmen für eine bipolare Interaktion zwischen der zuständigen Behörde und einem Vorhabenträger. Der letztgenannte Akteur ist zu diesem frühen Zeitpunkt zumeist noch gar nicht in Erscheinung getreten.[9] Ebenso fehlt es hier an einem privaten Planungsträger. Gemäß der Legaldefinition des § 2 Abs. 7 Satz 1 UVPG fallen nämlich nur solche Pläne und Programme in den Anwendungsbereich des UVPG, die von einer Behörde ausgearbeitet und angenommen werden (Nr. 1), von einer Behörde zur Annahme durch eine Regierung oder im Wege eines Gesetzgebungsverfahrens ausgearbeitet werden (Nr. 2) oder von einem Dritten zur Annahme durch eine Behörde ausgearbeitet werden (Nr. 3). Die Zuständigkeit[10] bzw. die Verantwortlichkeit[11] für die Aufstellung bzw. Änderung des Plans oder Programms liegt somit **allein in behördlicher Hand**, ebenso wie die Verantwortung für die Durchführung der SUP.[12] Aus diesem Grund greift auch keine auf dem »Verursacherprinzip« beruhende Pflicht eines Vorhabenträgers, notwendige Informationen zur Abwicklung der Umweltprüfung beschaffen zu müssen.[13] Es ist vielmehr die zuständige Behörde, die als Planungsträger (§ 2 Abs. 7 Satz 1 Nr. 1 UVPG), vorbereitend agierende Verwaltungseinheit (§ 2 Abs. 7 Satz 1 Nr. 2 UVPG) oder als Auftraggeber der Planung (§ 2 Abs. 7 Satz 1 Nr. 3 UVPG) selbst die umweltrelevanten Fakten ermitteln muss oder hierzu Dritte beauftragt. Aus diesem Grund weist das Scoping

---

4 Siehe Art. 5 Abs. 4 SUP-RL.

5 *Uechtritz*, in: GfU (Hrsg.), Umweltprüfung, S. 169 (189); *Guckelberger* EurUP 2016, 168 (175); *Schlacke*, in: Kahl, Nachhaltigkeit durch Organisation und Verfahren, 2016, S. 335 (343).

6 *Schink*, in: ders./Reidt/Mitschang, UVPG/UmwRG, § 39 UVPG Rn. 3; *Hendler* NVwZ 2005, 977 (981); *Grotefels*, in: Mitschang (Hrsg.), Umweltprüfverfahren, S. 19 (27); *Ginzky* UPR 2002, 47 (51); *Scheidler* ZUR 2006, 239 (242).

7 *Schink*, in: ders./Reidt/Mitschang, UVPG/UmwRG, § 39 UVPG Rn. 1; *Peters/Balla/Hesselbarth*, UVPG, § 39 Rn. 3; *Kment* UPR 2007, 85 (86); *Jacoby*, in: Spannowsky/Krämer (Hrsg.), Plan-UP-Richtlinie, S. 85 (89 f.); *Sangenstedt* UVP-report 2005, 12 (18); *Uebbing*, Umweltprüfung, S. 258; *Schink* NuR 2005, 143 (144); *Sydow* DVBl 2006, 65 (72); *Grotefels* NWVBl 2007, 41 (44); vgl. II. 15.0.1 der UVPVwV.

8 *Ginzky* UPR 2002, 47 (51).

9 *Uebbing*, Umweltprüfung, S. 258.

10 Dies betrifft die Fälle des § 2 Abs. 7 Satz 1 Nr. 1 und 2 UVPG.

11 Auch bei einer Erarbeitung eines Planwerks oder Programms durch eine außerbehördliche Stelle (§ 2 Abs. 7 Satz 1 Nr. 3 UVPG) verbleibt die Verantwortung für den Plan oder das Programm bei der zuständigen Behörde, die das Werk annimmt.

12 *Jacoby* SUP, S. 172. Siehe hierzu im Detail § 2 UVPG Rdn. 122 ff.

13 Siehe dazu § 16 Rdn. 2.

im Rahmen des § 39 UVPG **nicht** den Charakter einer Hilfestellung für einen Vorhabenträger auf. Es gibt keinen Vorhabenträger, der berechtigterweise Klarheit über Gegenstand, Umfang und Methode der Umweltprüfung sowie die dementsprechend von ihm vorzulegenden Unterlagen begehren könnte.[14] Vom Scoping kann die Behörde allerdings dahingehend profitieren, dass sie ihrerseits **externen Sachverstand in den Entscheidungsprozess einbindet**. Die Beteiligung von in ihrem Aufgabenbereich betroffenen Behörden (§ 41 UVPG) und das Hinzuziehen von Sachverständigen, betroffenen Gemeinden, nach § 60 Abs. 1 UVPG zu beteiligenden Behörden, nach § 3 UmwRG anerkannten Umweltvereinigungen sowie sonstigen Dritten bieten gem. § 39 Abs. 4 Satz 3 UVPG hierzu den Rahmen. Dabei kann das Zusammentreffen zugleich genutzt werden, um die **Akzeptanz der Entscheidung** in der Öffentlichkeit zu verbessern.[15]

III. Gesetzesgeschichte

Das in § 39 UVPG verankerte Scoping hat seinen unionsrechtlichen Ursprung in der SUP-RL, wird 5
dort aber – anders als in der nationalen Vorschrift – eher stiefmütterlich behandelt.[16] Die Regelung zum Scopingverfahren findet sich versteckt in **Art. 5 Abs. 4 SUP-RL**, der systematisch den Vorschriften des Umweltberichts zugeordnet ist und rechtstechnisch als Beteiligungsregelung verfasst wurde. Nichtsdestotrotz umschreibt die europäische Richtlinienvorgabe einen eigenständigen Verfahrensbestandteil der SUP,[17] der im Jahr 2005 durch **Art. 1 des Gesetzes zur Einführung der Strategischen Umweltprüfung und zur Umsetzung der Richtlinie 2001/42/EG**[18] Eingang in das UVPG gefunden hat. Seine derzeitige Gestalt entspricht überwiegend dem ersten Gesetzentwurf.[19] Lediglich Absatz 2 wurde im Gesetzgebungsverfahren auf einen Vorschlag des Bundesrates hin geändert.[20] Die übrigen Kritikpunkte des Bundesrates zu den Konkretisierungen des Untersuchungsrahmens (Absatz 2 Satz 2) und den Beteiligungsvorschriften (Absatz 4) wies der Bundestag zurück.[21] Im Rahmen einer weiteren Änderungsphase wurden durch Art. 6 des Gesetzes zur Umsetzung der Richtlinie über Industrieemissionen vom 08.04.2013[22] die Beteiligungsvorgaben des Absatzes 4 nochmals präzisiert. Eine materielle Änderung war hiermit jedoch nicht verbunden.[23] Seine letzte Modifikation erfuhr das Scoping durch das Gesetz zur Modernisierung des Rechts der Umweltverträglichkeitsprüfung vom 20.07.2017.[24] Diese Neugestaltung des UVPG hatte die Verschiebung der Regelung des § 14f UVPG a.F. in den neu geschaffenen § 39 UVPG zur Folge. Inhaltlich änderten sich der Wortlaut und die Anforderungen an das Scoping allerdings kaum. Vielmehr wurde in der neuen Norm lediglich eine numerische Anpassung der Verweise auf andere Vorschriften vorgenommen, welche wegen weiterer systematischer Umstellungen des Änderungsgesetzes notwendig war.[25]

14 Siehe zu diesen Funktionen des Scopings im Rahmen des § 15 UVPG die Kommentierung zu § 15 Rdn. 3.

15 *Schink* NuR 2005, 143 (145); *Ziekow* NuR 2002, 701 (703); *Guckelberger*, in: Seok/Ziekow (Hrsg.), Die Einbeziehung Privater in die Erfüllung öffentlicher Aufgaben, S. 111 (118); *Kment*, Grenzüberschreitendes Verwaltungshandeln, S. 558; *Danwitz* NVwZ 2004, 272 (273).

16 *Sangenstedt*, in: Hendler u.a. (Hrsg.), Strategische Umweltprüfung, S. 37 (47).

17 *Uebbing*, Umweltprüfung, S. 256; *Jacoby*, SUP, S. 170; *Otto*, UVP, S. 104.

18 BGBl. I, S. 1746.

19 Gesetzesbegr. v. 29.06.2004, BT-Drs. 15/3441, S. 6.

20 Unzutreffend *Gassner*, UVPG, § 14f Rn. 1.

21 Siehe hierzu und dem Vorstehenden die Stellungnahme des Bundesrates v. 15.10.2004, BT-Drs. 15/4119, S. 9 f. und die Gegenäußerung der Bundesregierung v. 17.11.2004, BT-Drs. 15/4236 S. 4 f.

22 BGBl. I, S. 734.

23 Beschlussempfehlung und Bericht v. 07.11.2012, BT-Drs. 17/11394, S. 46.

24 BGBl. I, S. 2808.

25 Gesetzesbegr. v. 13.03.2017, BT-Drs. 18/11499, S. 98 f.

IV. Anwendungsbereich der Vorschrift

6 Der Anwendungsbereich der Vorschrift ist negativ zu bestimmen. Grundsätzlich gilt die Pflicht zur Festlegung des Untersuchungsrahmens für alle Pläne und Programme, die gem. §§ 35 ff. UVPG einer SUP-Pflicht unterliegen. Nicht erfasst sind jedoch Bauleitpläne.[26] Hinsichtlich dieser wird § 39 UVPG nach Maßgabe des § 50 Abs. 2 UVPG vollständig verdrängt. Im Bereich der **Landschaftsplanung** obliegt es gem. § 52 UVPG den Ländern, die Erforderlichkeit und Durchführung der SUP durch ergänzende Rechtsvorschriften zu regeln.[27] Das von § 52 UVPG geforderte Landesrecht muss hierbei den Anforderungen des Unionsrechts entsprechen, welches auch den Landesgesetzgeber bindet.[28] Besonderheiten gelten gem. § 53 Abs. 3 Nr. 1 UVPG auch für **Verkehrswegeplanungen auf Bundesebene** einschließlich der **Bedarfspläne nach einem Verkehrswegeausbaugesetz des Bundes**. Hier ist es dem Bundesministerium für Digitales und Verkehr[29] erlaubt, im Einvernehmen mit dem Bundesministerium für Umwelt, Naturschutz, nukleare Sicherheit und Verbraucherschutz[30] durch Rechtsverordnung ohne Zustimmung des Bundesrates die Einzelheiten des Verfahrens zur Feststellung des Untersuchungsrahmens nach § 39 UVPG im Hinblick auf die Besonderheiten der Verkehrswegeplanung zu regeln. Schließlich besteht im Rahmen der planerischen Ausweisung von Trassenkorridoren, die den Ausbau von Elektrizitätsnetzen vorbereiten sollen, eine Sonderregelung nach **§ 7 NABEG**.[31] Gem. § 7 Abs. 4 NABEG legt die Bundesnetzagentur den Untersuchungsrahmen für die Bundesfachplanung fest und bestimmt zudem die vom Vorhabenträger einzureichenden Unterlagen.[32] Eine Besonderheit dieses Vorgehens besteht darin, dass die Bundesnetzagentur bei ihrer Entscheidung die Ergebnisse einer Antragskonferenz zugrunde legt, die zuvor gem. § 7 Abs. 2 Satz 3 NABEG unter Beteiligung der Öffentlichkeit[33] abgehalten wird.[34] Im vereinfachten Verfahren nach § 11 NABEG ist eine solche Antragskonferenz gem. § 7 Abs. 6 NABEG nicht erforderlich.[35] An dieser Konferenz sind unter anderem die Träger öffentlicher Belange zu beteiligen.[36] Private Unternehmen, denen keine Funktion der Daseinsvorsorge übertragen wurde, zählen in diesem Zusammenhang nicht dazu.[37]

7 Allgemein gilt aber: Sofern von den Vorgaben des § 39 UVPG abgewichen wird, müssen die Anforderungen der SUP-RL entsprechend berücksichtigt werden.[38] Im Übrigen ist es dem Bund und den Ländern gem. § 38 Satz 2 UVPG unbenommen, in Fachgesetzen das Scopingverfahren ausdrücklich (auch abweichend) zu regeln. Fallen die Anforderungen an das Verfahren allerdings

---

26 Zum Scoping nach dem BauGB siehe *Battis*, in: ders./Krautzberger/Löhr, BauGB, § 2 Rn. 9; *Uechtritz*, in: GfU (Hrsg.), Umweltprüfung, S. 169 (188 ff.); *Schrödter*, in: Erbguth (Hrsg.), SUP, S. 49 (54 f.).

27 *Schink*, in: ders./Reidt/Mitschang, UVPG/UmwRG, § 39 UVPG Rn. 5.

28 EuGH, Urt. v. 28.02.1991 – C-131/88, Slg. 1991, I-825 = NVwZ 1991, 973 Rn. 71; *Kment* NVwZ 2005, 886 (890); *Jarass* NVwZ 2000, 1089 (1095).

29 Ab der 21. Legislaturperiode im Mai 2025 nur noch das Bundesministerium für Verkehr. Für den Politikbereich des Digitalen wurde ein neues Bundesministerium für Digitales und Staatsmodernisierung gegründet.

30 Ab der 21. Legislaturperiode im Mai 2025 das Bundesministerium für Umwelt, Klimaschutz, Naturschutz und nukleare Sicherheit.

31 Vgl. zum NABEG auch *Kment* RdE 2011, 341 ff.

32 *Durinke*, in: Theobald/Kühling, Energierecht, § 7 NABEG Rn. 9; *de Witt*, in: Theobald/Kühling, Energierecht, § 5 NABEG Rn. 42; *Kümper* DÖV 2016, 929 (935); *Ruge/Kohls* ZUR 2016, 23 (24); *Kment* NVwZ 2015, 616 (619).

33 Gleichwohl ist das Verfahren nach § 7 NABEG keine Öffentlichkeitsbeteiligung; vgl. *Kümper* DÖV 2016, 929 (935); *Kment* NVwZ 2015, 616 (623); *Moench/Ruttloff* NVwZ 2011, 1040 (1042).

34 *Kümper* DÖV 2016, 929 (931); *Kment* NVwZ 2015, 616 (619); krit. zur Antragskonferenz in der jetzigen Form: *Appel* EnWZ 2021, 435.

35 *Peters/Balla/Hesselbarth*, UVPG, § 39 Rn. 28.

36 Zu den Teilnehmern der Antragskonferenz: *Keienburg*, in: Theobald/Kühling, Energierecht, § 20 NABEG Rn. 11 ff.

37 BVerwG, Urt. v. 11.10.2017 – 9 A 14/16, BVerwGE 160, 78 Rn. 13.

38 Siehe die Gesetzesbegr. v. 29.06.2004, BT-Drs. 15/3441, S. 39.

unter das Niveau des § 39 UVPG zurück, kommt § 39 UVPG als Auffangvorschrift gem. § 38 Satz 1 UVPG zur Anwendung.[39]

V. Verhältnis zu anderen Vorschriften des UVPG

Das Scoping nach § 39 UVPG ist den weiteren obligatorischen Verfahrensschritten der SUP voran- 8
gestellt, darf deren **Inhalte aber nicht vorwegnehmen**. Dies gilt mit Blick auf die Beteiligungsregeln der §§ 41 ff. UVPG ebenso wie bezogen auf die einzelnen Verfahrensschritte des **Ermittelns, Beschreibens** und **Bewertens** i.S.d. § 40 UVPG.[40] Die Beteiligung nach § 39 Abs. 4 UVPG soll weder zu einer vorgezogenen Behörden- oder Öffentlichkeitsbeteiligung führen noch einer ersten Begutachtung des Plans oder Programms im Hinblick auf seine Umweltauswirkungen oder hinsichtlich anderer Rechtmäßigkeitsvoraussetzungen dienen. Der Informationsaustausch hat lediglich eine Hilfsfunktion im Hinblick auf die nach § 40 UVPG von der zuständigen Behörde geforderten Angaben.[41] Während § 40 UVPG die Aufgabe der zuständigen Behörde umschreibt, die voraussichtlichen Umweltauswirkungen der Durchführung des Plans oder Programms sowie vernünftiger Alternativen zu ermitteln, zu beschreiben und zu bewerten, um sie anschließend in einen Umweltbericht einfließen zu lassen, dient § 39 UVPG allein der Vorbereitung dieses Verfahrensschritts.[42]

VI. Zuständige Behörde

Die **zuständige Behörde** i.S.d. § 39 UVPG ist diejenige Behörde, die nach dem jeweiligen Fach- 9
gesetz mit der Durchführung des Verfahrens zur Aufstellung oder Änderung des SUP-pflichtigen Plans oder Programms beauftragt ist.[43] Diese Zuordnung ist grundsätzlich eindeutig und ausschließlich. Das Phänomen der »federführenden Behörde« i.S.d. § 31 UVPG tritt hier nicht auf, da die Aufstellung oder Änderung von Plänen oder Programmen keine den Parallelzulassungen verwandte Problematik hervorbringt.[44]

B. Bestimmung des Untersuchungsrahmens (Absatz 1 und 2)

I. Erfordernis, Zeitpunkt und Form des Scopings

Gem. § 39 Abs. 1 UVPG legt die für die SUP zuständige Behörde den Untersuchungsrahmen ein- 10
schließlich Umfang und Detaillierungsgrad der in den Umweltbericht nach § 40 UVPG aufzunehmenden Angaben fest. Angeordnet ist damit – im Gegensatz zu § 15 UVPG – ein **obligatorischer Verfahrensschritt**, der einer Erstellung des Umweltberichts gem. § 40 UVPG zwingend vorangeht.[45] Die Behörde hat zu entscheiden, welchen Untersuchungsrahmen sie bei der SUP zieht und welche Umweltfakten sie im Hinblick auf den konkreten Fall glaubt, ermitteln zu müssen.[46] Vorbereitung, Planung und Informationsbeschaffung liegen somit allein in ihrem **Verantwortungsbereich**.[47]

---

39 Siehe § 38 Rdn. 5 ff.

40 Gleichwohl kommt es im Rahmen des § 39 UVPG durchaus zu einer ersten Filterung der Analyse. Siehe allgemein zu diesem Phänomen *Hoffmann-Riem* AöR 119 (1994) 590 (612).

41 *Uebbing*, Umweltprüfung, S. 258; *Hendler* NVwZ 2005, 977 (981); *Erbguth/Schubert* ZUR 2005, 524 (528).

42 *Gassner*, UVPG, § 14f Rn. 8. Für diesen Befund spricht auch die Anordnung des § 39 Abs. 2 Satz 2 UVPG, die eine Aussage über die Angaben des Umweltberichts trifft, damit aber zugleich den Untersuchungsrahmen des Scopings einzugrenzen sucht.

43 *Schomerus/Busse* NordÖR 2005, 398 (402).

44 Siehe dazu § 31 Rdn. 18 ff.

45 *Peters/Balla/Hesselbarth*, UVPG, § 39 Rn. 3; *Jacoby*, in: Spannowsky/Krämer (Hrsg.), Plan-UP-Richtlinie, S. 85 (89); *Schink*, in: ders./Reidt/Mitschang, UVPG/UmwRG, § 39 UVPG Rn. 4.

46 *Mann* DVBl 2023, 897 (899).

47 *Schink*, in: ders./Reidt/Mitschang, UVPG/UmwRG, § 39 UVPG Rn. 6; *Jacoby* SUP, S. 172.

11 In der **chronologischen Abfolge** der Strategischen Umweltprüfung steht das Scoping an erster Stelle. Es markiert den Beginn des Prüfverfahrens und sollte möglichst **frühzeitig** veranschlagt werden.[48] Auf diese Weise wird eine Ausgangsbasis geschaffen, um die nachfolgenden Prüfungsschritte effektiv und effizient vorzubereiten. So können von Anfang an zweckdienliche Informationen und sachdienliche Beiträge von anderen zu beteiligenden Behörden, Sachverständigen, betroffenen Gemeinden, anerkannten Umweltvereinigungen sowie sonstigen Dritten verwertet werden, um nicht durch eine möglicherweise zu enge, fachbezogene Sicht der zuständigen Behörde den Untersuchungsrahmen schon zu Beginn zu eng zu ziehen. An dieser Reihenfolge ändert auch die Neuregelung des § 12c Abs. 2a Satz 1 EnWG speziell im Netzausbau nichts, wonach die Aufstellung eines Präferenzraums noch vor den Beginn der SUP gezogen wird, weil für die Aufstellung des Präferenzraums selbst wohl auch eine SUP durchzuführen sein dürfte.[49] Die Durchführung des Scopings sollte außerdem **entscheidungsorientiert**[50] und nach den Maßstäben der Verhältnismäßigkeit **konzentriert** erfolgen.[51] Dabei hat es sich bewährt, die Beteiligung nicht durch einen bloßen Schriftverkehr formal abzuhandeln, sondern eine **mündliche Interaktion** insbesondere mit anderen Behörden zu suchen, die im umweltrelevanten Bereich tätig sind. Denn im Rahmen einer Diskussion lassen sich häufig die Eckpunkte des Untersuchungsrahmens leichter bestimmen.[52]

12 Das Scoping sollte im Übrigen als ein **statischer Verfahrensschritt** angesehen werden, obschon einige das Scoping, bedingt durch die schrittweise auftretenden Informationszuwächse, als ein planbegleitendes Verfahrenselement interpretieren und seine wiederholte Durchführung fordern, um so den Untersuchungsrahmen situationsbedingt partiell zu erweitern, zu vertiefen oder zu reduzieren.[53] Gegen das planbegleitende Verständnis spricht jedoch die **verfahrensrechtliche Eigenständigkeit** des Scopings. Diese bedingt, dass eine wiederholte Durchführung des Scopings zumindest auch eine (unnötigerweise) wiederholte Beteiligung der fachlich betroffenen Behörden zwingend erfordern würde, obschon deren Sachverstand bereits zu einem früheren Zeitpunkt in die Entscheidung über die Konturen des Untersuchungsrahmens eingeflossen ist und im weiteren Verlauf des Prüfungsprozesses gem. §§ 41 und 60 UVPG erneut zum Tragen kommt.[54] Des Weiteren darf das Scoping nicht mit der Umweltprüfung selbst verwechselt werden. Das Scoping dient der ersten Koordinierung und Ausrichtung des anschließenden Planungsprozesses, in dessen Ablauf ein Zuwachs an neuen Daten und die Verbreiterung der Informationsbasis typisch und gerade bezweckt sind.[55] Mit anderen Worten: Die Veränderung des Informationsradius ist ein Wesenselement der SUP, begründet aber nicht jeweils die Erforderlichkeit eines neuen Scopings.[56] Zielführender dürfte es deshalb sein, nach der Durchführung des Scopings diesen Verfahrensschritt als beendet anzusehen und aktuelle umweltrelevante Informationen direkt in die SUP einfließen zu lassen, um die SUP (und damit auch den Untersuchungsrahmen[57]) jeweils den neuen Anforderungen anzupassen.[58]

48 *Schink,* in: ders./Reidt/Mitschang, UVPG/UmwRG, § 39 UVPG Rn. 6.
49 *Kment/Maurer* RdE 2023, 1 (5, 7), mit dem Hinweis, dass eine entsprechende Regelung noch nicht existiert, allerdings das Unionsrecht dazu verpflichtet, eine entsprechende Vorgabe zu schaffen.
50 *Schink* NuR 2005, 143 (145).
51 *Uebbing,* Umweltprüfung, S. 259 f.
52 *Mitschang* BauR 2005, 334 (339).
53 So *Jacoby,* SUP, S. 473; *Koch,* in: Pfaff-Schley (Hrsg.), UVP, S. 46 (57).
54 *Uebbing,* Umweltprüfung, S. 259.
55 Siehe auch *Müller,* UVP von Gesetzentwürfen, S. 140.
56 *Schink,* in: ders./Reidt/Mitschang, UVPG/UmwRG, § 39 UVPG Rn. 6.
57 Siehe dazu Rdn. 54.
58 *Uebbing,* Umweltprüfung, S. 259.

II. Prüfungsspektrum

1. Allgemeines

Das Scoping sollte nicht dazu genutzt werden, um eine allgemeine Umweltdiskussion zu führen. 13
Die SUP, deren Vorbereitung das Scoping dient, ist **keine Umweltprüfung ins Blaue hinein.**[59] Sie orientiert sich strikt an den umweltrelevanten Festsetzungen der Pläne und Programme und versucht zum einen die relevanten Umweltaspekte gem. § 2 Abs. 1 UVPG einzugrenzen sowie zum anderen diejenigen Planelemente zu ermitteln, die einen möglichen Umweltbezug aufweisen (vgl. § 39 Abs. 2 Satz 1 UVPG). Die Festlegung des Untersuchungsrahmens erfolgt gem. § 39 Abs. 2 Satz 2 UVPG stets mit Blick auf den **engen Bezug** des Scopings **zum Umweltbericht** (vgl. § 40 Abs. 1 und 2 UVPG).[60] Denn mit der Festlegung des Untersuchungsrahmens wird auch der inhaltliche Umfang des Umweltberichts vorbestimmt.[61] Umgekehrt müssen Informationen, die der Umweltbericht der Art nach nicht behandelt, nicht erhoben werden, da sie ohne Relevanz bleiben werden.[62] Des Weiteren spielen viele **allgemeine Prinzipien** der SUP bei der Wahl des Untersuchungsrahmens eine Rolle. Zu nennen sind einerseits das in § 3 UVPG angelegte Vorsorgeprinzip und andererseits der integrative, medienübergreifende Ansatz des Gesetzes, der sich auch in der Darlegungsart des maßstabbildenden Umweltberichts ausdrückt (§ 40 UVPG) sowie in § 39 Abs. 2 Satz 1 UVPG mit dem Verweis auf die §§ 33, 2 Abs. 1 UVPG Anklang gefunden hat. Beide Prinzipien bewirken, dass der **Untersuchungsrahmen im Zweifel eher weit als eng gefasst werden sollte.** Mit dieser Vorgehensweise dürfte zugleich dem Umstand Rechnung getragen werden können, dass im Gegensatz zur UVP die Bezugsobjekte der SUP gerade Pläne und Programme sind. Ihre Aufstellung oder Änderung basiert auf planerischen Entscheidungen, denen in den hier relevanten Fällen eine **planerische Gestaltungsfreiheit** wesensimmanent ist.[63] Anders als bei projektbezogenen Untersuchungsgegenständen, lassen sich die endgültigen Konturen der Pläne und Programme somit nur schwer im Vorhinein erfassen. Auch dieses Phänomen spricht für einen tendenziell eher breiter angelegten Untersuchungsrahmen.

2. Umfang und Detaillierungsgrad

a) Fachgesetzliche Akzessorietät

Umfang und Detaillierungsgrad der in den Umweltbericht aufzunehmenden Angaben bestimmen 14
sich gem. § 39 Abs. 2 Satz 1 UVPG nach den Rechtsvorschriften, die für die Entscheidung über die Ausarbeitung, Annahme oder Änderung des Plans oder Programms maßgebend sind, mithin nach den einschlägigen **fachgesetzlichen Planungsvorschriften.**[64] Der Gesetzgeber entspricht mit dieser Regelung der systematischen Stellung des UVPG im gesamtstaatlichen Planungs- und Zulassungsrecht. Denn die SUP wie auch die UVP sind gem. §§ 4 und 33 UVPG keine selbstständigen Verwaltungsverfahren mit abschließender Sachentscheidung, sondern lediglich unselbst-

59 *Schink* NuR 2005, 143 (145).

60 Näheres hierzu siehe unter Rdn. 20.

61 *Calliess*, in: Hendler u.a. (Hrsg.), Strategische Umweltprüfung, S. 153 (167).

62 *Mitschang* BauR 2005, 334 (339).

63 BVerwG, Urt. v. 12.12.1969 – IV C 105.66, BVerwGE 34, 301 (304); Urt. v. 07.07.1978 – 4 C 79.76, BVerwGE 56, 110 (116); Urt. v. 17.09.2003 – 4 C 14.01, BVerwGE 119, 25 (28); *Kment* ZUR 2016, 331 (332); *Kment/Maurer* RdE 2023, 1 (5); *Hoppe* DVBl 2003, 679; *Kment,* Öffentliches Baurecht, § 4 Rn. 24; *Erbguth* UPR 2010, 281 (282); *Kment* ZUR 2016, 331 (332); krit. *Durner*, Konflikte räumlicher Planung, 2005, S. 305 ff.

64 *Huggins/Dietrich* ZUR 2024, 526 (528); *Runge/Schomerus* ZUR 2007, 410 (412); *Erbguth/Schubert* ZUR 2005, 524 (527); *Schomerus/Busse* NordÖR 2005, 398 (402); *Schink,* in: ders./Reidt/Mitschang, UVPG/UmwRG, § 39 UVPG Rn. 7; *Näckel*, Umweltprüfung, S. 230; siehe aber *Erbguth* ZUR 2014, 515 (517, 520 f.); zum Fachrecht der Netzplanung *Kment/Maurer* RdE 2023, 1 (5); vgl. II. 16.4.1 der UVPVwV.

ständige Teile eines behördlichen Trägerverfahrens.[65] Deshalb können sie einzig **fachgesetzakzessorisch** fungieren. Für die Festlegung des Untersuchungsrahmens bedeutet dies, dass nur solche umweltrelevanten Daten und Fakten ermittelt werden müssen, die nach Maßgabe des jeweiligen Fachrechts für die Entscheidung über die Plan- oder Programmaufstellung bzw. -änderung selbst bedeutsam sind.[66] Dieser schon aus allgemeinen verfahrensrechtlichen Grundsätzen abzuleitende Erheblichkeitszusammenhang zwischen Rechtmäßigkeitsanforderungen und Ermittlungsumfang bzw. -tiefe findet auch in § 40 Abs. 1 UVPG sein Pendant. Dort ist der notwendige Inhalt des Umweltberichts auf die »erheblichen« Umweltauswirkungen begrenzt.[67]

b) Maßstabsbestimmende Faktoren

15 Faktoren, die maßgeblichen Einfluss auf die Bestimmung des Untersuchungsrahmens haben können, sind das **Plangebiet** bzw. das durch ein Programm in Bezug genommene Terrain, dessen **Umgebung** und schließlich auch die **Art der Plan- oder Programminhalte.**[68] So wird eine Umweltprüfung in ökologisch sensiblen Gebieten anders zu konzipieren sein als eine Umweltprüfung, die eine Fläche mit Vorbelastungen betrifft, die unmittelbar an ein Industriegebiet anschließt. Ebenso kann die **Art des betroffenen Plans oder Programms** die Detailschärfe variieren lassen. Weist der Plan beispielsweise einen starken Projektbezug auf, ist die Detaildichte sicherlich höher als bei Planwerken mit allgemein-übergreifender Steuerungsfunktion.[69]

c) Beschränkung auf umweltrelevante Planinhalte

16 Nicht alle Pläne oder Programme weisen hinsichtlich ihres gesamten Inhalts Umweltrelevanz auf. Die **Qualität der Inhalte kann deutlich variieren.** Häufig setzen einzelne Teile weder einen Rahmen für UVP-pflichtige Projekte noch tangieren sie FFH- oder Vogelschutzgebiete. Andere Aspekte wiederum sind unter Umweltgesichtspunkten sehr »sensibel«. In der Praxis stellt sich deshalb in vielen Fällen die Frage, welche Inhalte eines Plans oder Programms einer SUP zu unterziehen sind und somit in den Untersuchungsrahmen des Scopings fallen.

17 Nach allgemeiner Auffassung erstreckt sich die SUP zunächst auf diejenigen **Plan- und Programminhalte, die die SUP-Pflichtigkeit des in Rede stehenden Plans oder Programms auslösen.**[70] Diese Festsetzungen sind stets von Bedeutung für die Umweltprüfung. Hinzu kommen weitere Plan- oder Programminhalte, die erst **in Verbindung mit den erstgenannten Festsetzungen** erhebliche nachteilige Umweltauswirkungen haben können.[71] Sie verstärken, modifizieren oder minimieren zumeist die in dem untersuchten Plan oder Programm angelegte Umweltrelevanz. Darüber hinaus sollte die Untersuchung auch **Konzepte und allgemeine Leitlinien** aus dem normativen Teil eines Plans oder Programms erfassen.[72] Denn gerade bei hochstufigen Plänen spielen mitunter Konzeptionen und Konzeptalternativen eine größere Rolle als einzelne, singulär stehende Festsetzungen. Eine Beschränkung allein auf Festsetzungen, die Rahmen bildend sind für UVP-pflichtige Projekte oder Auswirkungen auf FFH- und Vogelschutzgebiete haben, greift zu kurz.[73] Eine derartige Eingrenzung

---

65 *Guckelberger* EurUP 2016, 168 (175); *Schlacke*, in: Kahl, Nachhaltigkeit durch Organisation und Verfahren, 2016, S. 335 (343); speziell zur UVP BVerwG, Beschl. v. 17.02.1997 – 4 VP 17/96, NuR 1998, 305 (308); *Hoppenberg/Elgeti* NuR 2005, 625 (626).

66 Für die UVP siehe § 16 Rdn. 14.

67 *Peters/Balla/Hesselbarth,* UVPG, § 39 Rn. 5.

68 *Uechtritz,* in: GfU (Hrsg.), Umweltprüfung, S. 169 (189); ähnlich *Näckel,* Umweltprüfung, S. 230.

69 *Uechtritz,* in: GfU (Hrsg.), Umweltprüfung, S. 169 (189 f.).

70 *Porger*, in: Kistenmacher (Hrsg.), Praxisuntersuchung, S. 79 (87); *Schink* NuR 2005, 143 (144 f.); *Ginzky* UPR 2002, 47 (49); *Lell/Sangenstedt* UVP-report 2001, 123 (125).

71 *Peters/Balla/Hesselbarth,* UVPG, § 39 Rn. 12; *Uebbing,* Umweltprüfung, S. 263 ff.

72 *Schink* NuR 2005, 143 (145); *Porger*, in: Kistenmacher (Hrsg.), Praxisuntersuchung, S. 79 (87 f.).

73 *Schink* NuR 2005, 143 (145); *Uebbing,* Umweltprüfung, S. 264 f.; *Ginzky* UPR 2002, 47 (49); *Lell/Sangenstedt* UVP-report 2001, 123 (125); a.A. *Jacoby* UVP-report 2001, 134 (136); *Weick,* in: Spannowsky/Krämer (Hrsg.), Aktuelle Änderungen, S. 73 (76).

würde die Lückenschließungsfunktion der SUP übersehen, also die Funktion, Defizite der auf Projekte ausgerichteten UVP ausgleichen zu wollen.[74] Zugleich würde in systematisch unzulässiger Weise die Weite des inhaltlichen Untersuchungsrahmens direkt von den Vorschriften zum Anwendungsbereich abgeleitet.[75] Diesem Befund widerspricht es nicht, dass ein weiter gefasster Untersuchungsrahmen mitunter auch Plan- oder Programminhalte einschließt, die ein sehr abstraktes Niveau aufweisen und – anders als konkret gebietsbezogene Festsetzungen etwa – einer Umweltprüfung nur schwer zu unterziehen sind.[76] Denn diesem Problem kann zumeist mit dem Instrument der **Abschichtung** (§ 39 Abs. 3 UVPG) begegnet werden. Letztere bietet die Chance und gleichsam die Pflicht,[77] nur solche umweltrelevanten Fakten zu ermitteln, die auf der jeweiligen Planungsstufe erheblich sind.[78] Auf der Ebene der übergeordneten Pläne, die weitaus mehr abstrakte und allgemeiner gefasste Festlegungen enthalten, werden deshalb geringere Anforderungen an die Untersuchungstiefe gestellt als bei niedrigstufigeren Planwerken. Ist selbst bei dieser Maßgabe – aufgrund des hohen Abstraktionsgrads – eine Aussage zu den Umweltauswirkungen nicht möglich, kann eine solche auch nicht verlangt werden.[79] Die Überprüfung muss gegebenenfalls der nachfolgenden Planungsebene überlassen bleiben.[80]

Obwohl der Untersuchungsradius grundsätzlich weit gezogen werden sollte, ist die **Einbeziehung aller Planinhalte oder Programmteile in die SUP nicht gefordert**. Dafür spricht bereits die Zweckbestimmung des UVPG (vgl. § 3 UVPG) sowie die Ausrichtung der SUP-RL. Beide dienen dem vorsorgeorientierten Umweltschutz.[81] Plan- oder Programminhalte ohne jede Umweltrelevanz spielen somit von vornherein keine Rolle; eine Überprüfung dieser Inhalte wäre stets unverhältnismäßig,[82] weil nicht erforderlich. 18

Nach der Konzeption des UVPG **unterscheidet die Umweltprüfung nicht zwischen positiven und negativen Umweltauswirkungen.** Im Gesetzestext finden sich keine Anhaltspunkte für eine derartige Differenzierung.[83] Deshalb sollte der festzulegende Untersuchungsrahmen nicht einseitig auf negative Umweltauswirkungen begrenzt werden.[84] Ein solches Vorgehen findet zusätzlich **Rückhalt im Unionsrecht:** Die für das Scoping maßgebliche Vorschrift des Art. 5 SUP-RL verhält sich lediglich zu »Auswirkungen« auf die Umwelt. Im Gegensatz dazu sind im Rahmen des Art. 10 SUP-RL (Monitoring) ausdrücklich nur »negative« Auswirkungen zu ermitteln.[85] Systematisch kann aus diesem Unterschied der beiden Normen geschlossen werden, dass die für den Umweltbericht und das 19

74 *Lell/Sangenstedt* UVP-report 2001, 123 (125).
75 *Uebbing,* Umweltprüfung, S. 264.
76 So aber *Eberle* RuR 1988, 172 (173); *Porger,* in: Kistenmacher (Hrsg.), Praxisuntersuchung, S. 79 (87). Hierzu ist auch anzumerken, dass im SUP-Kontext die Umweltprüfung *grundsätzlich* auf einer abstrakten Ebene abläuft; siehe *Platzer-Schneider,* in: Hendler u.a. (Hrsg.), Strategische Umweltprüfung, S. 15 (23).
77 Allerdings besteht hier nur eine Soll-Regelung. Siehe dazu Rdn. 36.
78 *Sangenstedt,* in: Ziekow (Hrsg.), Planung 2000, S. 27 (40); *Lell/Sangenstedt* UVP-report 2001, 123 (125); *Steinberg* DVBl 2010, 137 (146); *Ginzky* UPR 2002, 47 (49).
79 *Uebbing,* Umweltprüfung, S. 265.
80 *Peters/Balla/Hesselbarth,* UVPG, § 39 Rn. 12.
81 Siehe bereits unter Einl. Rdn. 8; § 3 Rdn. 41 ff.
82 Das Verhältnismäßigkeitsgebot ist auch ein Grundsatz des Unionsrechts; siehe EuGH, Urt. v. 19.06.1980 – Verb. Rs. 41, 121 und 796/79, Slg. 1980, 1979 Rn. 21; Urt. v. 27.06.1990 – C-118/89, Slg. 1990, I-2637 Rn. 12; Urt. v. 21.01.1992 – C-319/90, Slg. 1992, I-203 Rn. 12; Urt. v. 13.03.2019 – C-128/17, ECLI:EU:C:2019:194 Rn. 94 ff.; BVerwG, Urt. v. 27.01.2000 – 4 C 2.99, BVerwGE 100, 302 (310 f.).
83 *Schink,* in: ders./Reidt/Mitschang, UVPG/UmwRG, § 39 UVPG Rn. 9.
84 *Hendler* NuR 2003, 2 (3); *Sangenstedt,* in: Reiter (Hrsg.), Neue Wege in der UVP, S. 235 (242); *Sangenstedt,* in: Erbguth (Hrsg.), SUP, S. 77 (90); *Uebbing,* Umweltprüfung, S. 58 f.; *Uechtritz,* in: GfU (Hrsg.), Umweltprüfung, S. 169 (216); a.A. *Weick,* in: Spannowsky/Krämer (Hrsg.), Aktuelle Änderungen, S. 73 (76); *Jacoby* UVP-report 2001, 134 (135).
85 Entgegen dem Wortlaut wird gleichwohl eine Überwachung der positiven Umweltauswirkungen begrüßt, siehe etwa *Bovet/Hanusch* DVBl 2006, 1345 (1345, 1348).

Scoping erheblichen Auswirkungen sowohl negative als auch positive sind. Dafür spricht schließlich auch, dass der in Anh. I lit. f SUP-RL benutzte Begriff der »Umweltauswirkungen« entsprechend der dort zu findenden Fußnote die positiven Auswirkungen ausdrücklich mit einschließt.

3. Gesetzliche Determinanten

20 Mit der Vorschrift des § 39 Abs. 2 Satz 2 UVPG hat der Gesetzgeber Art. 5 Abs. 2 SUP-RL umgesetzt.[86] § 39 Abs. 2 Satz 2 UVPG hält Vorgaben bereit, mit denen Umfang und Detaillierungsgrad des Untersuchungsrahmens näher determiniert werden. Dabei stört es nicht, dass der Wortlaut der Vorschrift von den Angaben des »Umweltberichts« spricht, nicht aber von dem im Rahmen des Scopings zu bestimmenden Untersuchungsrahmen. Obschon die **systematische Stellung** der Norm missglückt scheint – eine Aufnahme der Anordnungen in § 40 UVPG hätte nähergelegen –, verdeutlicht sie doch eindrucksvoll die **enge Verknüpfung** zwischen dem Umweltbericht und dem Handlungsauftrag des Scopings. Denn die Qualitätsbestimmung der Angaben des Umweltberichts wirkt sich direkt auf das vorbereitende Scoping aus.[87] Im Einzelnen ist angeordnet, dass der Umweltbericht nur solche Angaben aufweisen soll, die mit zumutbarem Aufwand ermittelt werden können. Dabei zu berücksichtigen sind der gegenwärtige Wissensstand und der Behörde bekannte Äußerungen der Öffentlichkeit, allgemein anerkannte Prüfmethoden, Inhalt und Detaillierungsgrad des Plans oder Programms sowie dessen Stellung im Entscheidungsprozess.

a) Zumutbarer Aufwand

21 Mit dem Kriterium des zumutbaren Aufwands stellt der Gesetzgeber Umfang und Detaillierungsgrad des Untersuchungsrahmens unter den Vorbehalt der Verhältnismäßigkeit oder konkreter unter den Vorbehalt der **Angemessenheit**.[88] Dieses auch als Übermaßverbot, Proportionalität oder (eben) Zumutbarkeit bekannte Element[89] der klassischen dreistufigen Verhältnismäßigkeitsprüfung ist unionsrechtlich anerkannt.[90] Es verlangt grundsätzlich eine Gesamtabwägung, in die – bezogen auf das Scoping – verfolgter Zweck und Belastungen einer Prüfungsmaßnahme eingestellt und in ein ausgewogenes Verhältnis gebracht werden.[91] Die vorzunehmende Gewichtung ist stets **einzelfallbezogen** und nicht schematisch abzuhandeln. Sie hat sich daran zu orientieren, welchen voraussichtlichen Nutzen eine bestimmte Prüfung von Umweltbelangen im Rahmen der SUP haben wird und welche nachteiligen Folgen damit verbunden sind. Dabei fallen nicht nur die Bedeutung und die Sensibilität der betroffenen Schutzgüter ins Gewicht, sondern auch die Schwere, Qualität und Nachhaltigkeit der prognostizierten Umweltbeeinträchtigungen.[92] Weitere Faktoren sind die Größe und der Umfang der in Rede stehenden Planwerke sowie der finanzielle, zeitliche und Sachmittel bindende Ermittlungsaufwand, wobei die individuelle Leistungsfähigkeit der zuständigen Behörde ohne Bedeutung ist.[93] Insgesamt muss sichergestellt werden, dass der ermittelte Datenumfang eine sach-

---

86 Gesetzesbegr. v. 29.06.2004, BT-Drs. 15/3441, S. 31.

87 Siehe bereits Rdn. 13.

88 *Schomerus/Busse* NordÖR 2005, 398 (402); *Peters/Balla/Hesselbarth,* UVPG, § 39 Rn. 7; *Uebbing,* Umweltprüfung, S. 127; *Kment* AöR 130 (2005) 570 (594 f.); *ders.* UPR 2007, 85 (86); *Bunge/Nesemann*, in: HdUVP, 0507, S. 43; *Huggins/Dietrich* ZUR 2024, 526 (527).

89 *Schulze-Fielitz*, in: Dreier (Hrsg.), GG, Art. 20 (Rechtsstaat) Rn. 184.

90 EuGH, Urt. v. 19.06.1980 – Verb. Rs. 41, 121 und 796/79, Slg. 1980, 1979 Rn. 21; Urt. v. 27.06.1990 – C-118/89, Slg. 1990, I-2637 Rn. 12; Urt. v. 21.01.1992 – C-319/90, Slg. 1992, I-203 Rn. 12; BVerwG, Urt. v. 27.01.2000 – 4 C 2.99, BVerwGE 110, 302 (310 f.); *Calliess,* in: ders./Ruffert (Hrsg.), EUV/AEUV, Art. 5 EUV Rn. 44 f.; *Gassner,* UVPG, § 14f Rn. 15.

91 Siehe allgemein: BVerfG, Urt. v. 15.01.2002 – 1 BvR 1783/99, BVerfGE 104, 337 (349); Beschl. v. 17.10.1990 – 1 BvR 283/85, BVerfGE 83, 1 (19); *Jarass,* in: ders./Pieroth, GG, Art. 20 Rn. 120.

92 *Peters/Balla/Hesselbarth,* UVPG, § 39 Rn. 7; *Schink,* in: ders./Reidt/Mitschang, UVPG/UmwRG, § 39 UVPG Rn. 12; *Huggins/Dietrich* ZUR 2024, 526 (528).

93 Siehe auch § 16 Rdn. 17; ebenso *Peters/Balla/Hesselbarth,* UVPG, § 39 Rn. 7.

gerechte Entscheidungsfindung ermöglicht, die Ergebnisse der SUP also letztlich eine **verlässliche Beurteilungsgrundlage** bei der planerischen Entscheidung über die Annahme des Plans oder Programms (§ 44 UVPG) bilden.[94] Dabei dürfte die Grenze der Zumutbarkeit erst dann überschritten sein, wenn zwischen dem Untersuchungsaufwand und dem Nutzen ein Missverhältnis entsteht.[95] Nach dieser Grundprämisse sind Art und Umfang der Prüfungsschritte zu bestimmen sowie Prüfungsmethoden und zeitlicher Rahmen der Untersuchung festzulegen.

b) Gegenwärtiger Wissensstand und allgemein anerkannte Prüfmethoden

22 Die Merkmale des »gegenwärtigen Wissenstandes« und der »allgemein anerkannten Prüfungsmethoden« stehen rechtstechnisch betrachtet *nicht neben* dem Element des »zumutbaren Aufwandes«, sondern sind **Bestandteil seiner Konkretisierung.** Sie erläutern, unter welchen Umständen eine Ermittlung von Angaben unter dem Gesichtspunkt des gegenwärtigen Wissensstandes oder allgemein anerkannter Prüfmethoden noch oder nicht mehr zumutbaren Aufwand erfordert. Dafür spricht der eindeutige Wortlaut des § 39 Abs. 2 Satz 2 UVPG (»dabei«).[96]

23 Inhaltlich umschreibt der »**gegenwärtige Wissensstand**« den **Stand der in Fachkreisen geführten Diskussion**,[97] meint jedoch mehr als lediglich der »allgemeine Wissensstand«.[98] Er geht weiter als die herrschenden Ansichten, die sich überwiegend durchgesetzt haben, schließt die Berücksichtigung von Mindermeinungen in der wissenschaftlichen Auseinandersetzung über bestimmte naturwissenschaftliche Prozesse oder Kausalzusammenhänge mit ein[99] und ist durch besondere Aktualität gekennzeichnet. Er verlangt, sich neuen Erkenntnissen zu öffnen und diese in die Überlegungen zur Bestimmung des Untersuchungsrahmens mit einfließen zu lassen. Die Berücksichtigung rein spekulativer Theorien ist jedoch nicht gemeint, nur gesicherte Erkenntnisse unterfallen dem Wissensbegriff.[100]

24 Unter »**allgemein anerkannten Prüfmethoden**« sind grundsätzlich diejenigen Methoden zu verstehen, die sich in der Praxis bereits durchgesetzt haben, mithin solche, die in der Praxis die **herrschende Auffassung** bilden;[101] wobei in begründeten Ausnahmefällen auch Abweichungen möglich sind. Zu beachten ist jedoch, dass die nationale Gesetzesfassung des § 39 UVPG hinter den Anforderungen der europäischen SUP-RL zurückgeblieben ist. In Art. 5 Abs. 2 SUP-RL wird die Grenze der Zumutbarkeit durch die »aktuellen Prüfmethoden« beschrieben und nicht durch die von § 39 Abs. 2 Satz 2 UVPG gewählten »allgemein anerkannten Prüfmethoden«. Das Kriterium der »**aktuellen Prüfmethoden**« ist anspruchsvoller als die »allgemein anerkannten Prüfmethoden«.[102] Es fordert mehr als die Verfolgung allgemein anerkannter Techniken, der Maßstab des Gebotenen wird vielmehr an die Front der Entwicklung verlagert. **Europarechtskonform** ist § 39 UVPG somit dahingehend zu verstehen, dass alle **verfügbaren** Techniken einzusetzen sind, die dem höchsten Entwicklungsstand entsprechen.[103] Damit verlieren die Ausführungen des BVerwG zur UVP, die allge-

94 BVerwG, Urt. v. 21.03.1996 – 4 C 19.94, BVerwGE 100, 370 (377); vgl. auch BVerwG, Beschl. v. 21.02.1997 – 4 B 177.96, UPR 1997, 295.
95 *Kment* NVwZ 2016, 1762 (1766); *ders.* NVwZ 2015, 616 (624); *ders.* DVBl 2008, 364 (366); *Ruge* RdE 2016, 105 (109); *Wulfhorst* NVwZ 2011, 1099 (1102).
96 Ähnliches gilt im Rahmen des § 16 UVPG. Siehe dazu § 16 Rdn. 15.
97 *Peters/Balla/Hesselbarth,* UVPG, § 39 Rn. 8.
98 *Gassner,* UVPG, § 14f Rn. 11.
99 *Schink,* in: ders./Reidt/Mitschang, UVPG/UmwRG, § 39 UVPG Rn. 12.
100 Vgl. BVerwG, Urt. v. 21.06.2001 – 7 C 21.00, BVerwGE 114, 342 (346); siehe auch *Gassner,* UVPG, § 14f Rn. 13.
101 *Peters/Balla/Hesselbarth,* UVPG, § 39 Rn. 8.
102 Vgl. BVerfG, Beschl. v. 08.08.1978 – 2 BvL 8/77, BVerfGE 49, 89 (135 f.); *Jarass,* BImSchG, § 3 Rn. 115; *Uebbing,* Umweltprüfung, S. 126.
103 So auch *Knauff* EnWZ 2019, 51 (57); *Gassner,* UVPG, § 14f Rn. 12; a.A. *Pietzcker/Fiedler* DVBl 2002, 929 (935).

mein auch für die Auslegung des § 39 UVPG herangezogen werden können,[104] allerdings keinesfalls ihre Gültigkeit. Aus diesem Grund ist die SUP ebenso wie die UVP »kein ›Suchverfahren‹, in dem alle nur erdenklichen Auswirkungen eines Vorhabens auf Umweltgüter und deren Wertigkeit bis in alle Einzelheiten und feinsten Verästelungen zu untersuchen wären und gar Antworten auf in der Wissenschaft bisher noch ungeklärte Fragen gefunden werden müssten«.[105] Auch legt weiterhin die Tatsache, dass der Unionsgesetzgeber die Pflicht und den rechtlichen Rahmen für die Durchführung einer UVP bzw. SUP geschaffen hat, nicht schon den Grundstein für eine verbesserte Methodik der Ermittlung und der Bewertung von Umweltauswirkungen. Die Einsicht in das Wirkungsgefüge zwischen den einzelnen Umweltfaktoren hängt weiterhin vom Stand der Erkenntnis und der Erkenntnismöglichkeiten ab.[106] Sind diese derzeit noch lückenhaft und werden sie bei realistischer Betrachtung zumindest auf absehbare Zeit lückenhaft bleiben, kann auch die SUP dieses Defizit nicht überwinden. Die zuständige Behörde hat aber dafür Sorge zu tragen, dass die Verfahren, die im konkreten Fall zur Erreichung des Untersuchungszwecks qualitativ und quantitativ geeignet erscheinen, nicht ungenutzt bleiben.[107]

c) Äußerungen der Öffentlichkeit

25 Soweit zum Zeitpunkt der Durchführung des Scopings schon Äußerungen der Öffentlichkeit vorliegen und der Behörde bekannt sind, finden diese gem. § 39 Abs. 2 Satz 2 UVPG bei der Festlegung des Untersuchungsrahmens Berücksichtigung. Mit dieser Anordnung möchte der Gesetzgeber seiner Verpflichtung aus Art. 6 i.V.m. Art. 7 Abs. 2 lit. c SEA-Protokoll[108] gerecht werden.[109] Die Berücksichtigungsanordnung **statuiert keine Pflicht** der Behörde eine Öffentlichkeitsbeteiligung durchzuführen, oder die Öffentlichkeit etwa im Wege einer öffentlichen Bekanntmachung über die Absicht zu informieren, einen Plan oder ein Programm aufstellen bzw. ändern zu wollen.[110] Es sollen auch keine Ermittlungen in diese Richtung eingeleitet werden.[111] Es wird niemand animiert, sondern nur aufgegriffen, was bereits an Äußerungen der Öffentlichkeit vorhanden ist. Der **Öffentlichkeitsbegriff** ist gem. § 2 Abs. 8 UVPG sehr weit – beinahe konturenlos – gefasst. Es sind einzelne und mehrere natürliche oder juristische Personen sowie deren Vereinigungen gemeint. Schwerpunktmäßig sind aber nur Hinweise von informierten Umwelt- und Naturschutzverbänden zu erwarten, sollte ein Plan oder Programm nicht aufgrund außergewöhnlicher Umstände schon im Vorfeld eine besondere Aufmerksamkeit der breiten Öffentlichkeit auf sich ziehen.

---

104 *Krautzberger*, in: Mitschang (Hrsg.), Umweltprüfverfahren, S. 41 (47); *Peters/Balla/Hesselbarth,* UVPG, § 39 Rn. 9; *Uechtritz,* in: GfU (Hrsg.), Umweltprüfung, S. 169 (190); *Uebbing,* Umweltprüfung, S. 126.

105 BVerwG, Urt. v. 21.03.1996 – 4 C 19.94, BVerwGE 100, 370 (377); OVG Münster, Urt. v. 17.02.2011 – 2 D 36/09, Rn. 109, juris; *Reese* ZUR 2015, 16 (24); siehe auch § 16 Rdn. 15.

106 Zu den Grenzen der wissenschaftlichen Erkenntnismöglichkeiten *Huggins/Dietrich* ZUR 2024, 526 (528).

107 Zu diesem und dem Voranstehenden BVerwG, Urt. v. 25.01.1996 – 4 C 5.96, BVerwGE 100, 238 (248).

108 UN-ECE-Protokoll v. 21.05.2003 über die SUP zum Übereinkommen v. 25.02.1991 über die UVP im grenzüberschreitenden Raum (Espoo-Konvention); siehe hierzu auch *Kment* Grenzüberschreitendes Verwaltungshandeln, S. 300 ff.; *Feldmann*, in: Hendler u.a. (Hrsg.), Strategische Umweltprüfung, S. 27 (29 ff.).

109 Gesetzesbegr. v. 29.06.2004, BT-Drs. 15/3441, S. 31.

110 *Peters/Balla/Hesselbarth,* UVPG, § 39 Rn. 10; *Schink,* in: ders./Reidt/Mitschang, UVPG/UmwRG, § 39 UVPG Rn. 13.

111 Nach dem Wortlaut des § 39 Abs. 2 Satz 2 UVPG sind nur der Behörde »bekannte« Äußerungen beachtlich.

d) Inhalt, Detaillierungsgrad und Stellung im Entscheidungsprozess

Mit dem Hinweis auf den Inhalt und Detaillierungsgrad des Plans oder Programms sowie dessen Stellung im Entscheidungsprozess trägt der Gesetzgeber dem Umstand Rechnung, dass sich die SUP auf Pläne und Programme unterschiedlicher Planungs- und damit auch Konkretisierungsstufen bezieht.[112] Sie hebt damit ausdrücklich hervor, dass die Festlegung des Untersuchungsrahmens – neben den vielen anderen bislang behandelten Faktoren – auch auf den **Abstraktions- bzw. Konkretisierungsgrad der planerischen Festlegungen** Rücksicht zu nehmen hat, etwa dahingehend, dass mit steigender Genauigkeit der Planinhalte regelmäßig auch die Untersuchungstiefe zunehmen sollte. Damit ist aber zugleich auch eine andere Thematik angesprochen, nämlich die nach dem angemessenen Prüfungsort innerhalb eines mehrstufigen Entscheidungsprozesses. Der Verweis auf die Stellung des Plans oder Programms im Entscheidungsprozess deutet somit bereits auf die **Vermeidung von Mehrfachprüfungen** hin[113] und leitet nahtlos auf den nachfolgenden § 39 Abs. 3 UVPG über.[114] 26

4. Methoden

Die zuständige Behörde ist angehalten aufzuführen, mit welchen Methoden, d.h. mit welchen naturwissenschaftlichen oder technischen Verfahren, sie die voraussichtlichen Umweltauswirkungen ermitteln, beschreiben und bewerten möchte.[115] Dabei geht es vor allem um Mess-, Erhebungs- oder Prognoseverfahren, mit denen der Ist-Zustand der Umwelt bestimmt oder die Umweltfolgen des Plans bzw. Programms abgeschätzt werden sollen.[116] Für die Beschreibung der zu erwartenden erheblichen Umweltauswirkungen und für die Darstellung der Umwelt können nur die **allgemein anerkannten Prüfungsmethoden** herangezogen werden (§ 39 Abs. 2 Satz 2 UVPG).[117] 27

5. Sonstige erhebliche Punkte

Da das Scoping der konzeptionellen Vorbereitung der geforderten SUP dient, ist es auch der Ort, um sonstige für die Umweltprüfung erhebliche Punkte abzustimmen. Gegenstand solcher Überlegungen können etwa der erforderliche **Zeitrahmen** einzelner Untersuchungen oder der Erstellung des Umweltberichts sein. Es kann aber auch darum gehen, den **Umfang eigener Ermittlungen** der Behörde, die **Auswahl von Gutachtern** oder die **Beschaffung von Informationen aus fremden Datensammlungen** zu erörtern. 28

III. Durchführung des Scopings

1. Sachliche und räumliche Bestimmung des Untersuchungsrahmens

Der Gesetzgeber regelt in § 39 Abs. 3 und Abs. 4 UVPG, wie bei der Festlegung des Untersuchungsrahmens verfahrenstechnisch vorzugehen ist.[118] Zu den Methoden, mit Hilfe derer festgelegt werden soll, welche Schutzgüter zum Gegenstand des Untersuchungsrahmens gemacht werden sollen, schweigt er allerdings. Grundsätzlich dürfte die zuständige Behörde die Aufgabe haben, eine »**abstrakte Auswirkungsanalyse**« des Plans oder des Programms vorzunehmen. Sie hat also im Rahmen einer Prognose festzustellen, was typische Folgen des Planinhalts sein könnten.[119] Hierbei ist es ihr erlaubt, beispielsweise Pläne und Programme als Orientierungspunkte heranzuziehen, selbst wenn 29

112 *Peters/Balla/Hesselbarth,* UVPG, § 39 Rn. 11.
113 *Erbguth/Schubert* ZUR 2005, 524 (527).
114 Siehe hierzu nachfolgend Rdn. 35 ff.
115 *Peters/Balla/Hesselbarth,* UVPG, § 39 Rn. 14; *Uebbing,* Umweltprüfung, S. 258; *Jacoby,* in: Kistenmacher (Hrsg.), Praxisuntersuchung, S. 130 (139).
116 Vgl. zum Begriff der »gegenwärtigen Prüfmethoden« II. 16.5 der UVPVwV.
117 Für eine Weiterentwicklung der Prognosemethoden plädiert *Koch* UVP-report 2007, 245 (246).
118 Siehe hierzu Rdn. 35 ff.
119 Vertiefend zu Prognosen: *Hofmann,* Abwägung im Recht, S. 206 ff.

diese in einem anderen Kontext stehen. Weisen diese ähnlichen Pläne auf typische Auswirkungen für bestimmte Schutzgüter hin, kann dies ein Indiz sein, dass auch der hier zu untersuchende Plan solche Auswirkungen mit sich bringt. Beim Netzausbau zieht die Bundesnetzagentur beispielsweise in Betracht, dass von hoch aufgeständerten Stromleitungen im Freileitungsbau typischerweise Auswirkungen auf Menschen, Tiere, Pflanzen, Boden, Wasser, Klima und Luft, Landschaft und Kulturelles Erbe ausgehen können.[120]

30 Der Untersuchungsrahmen muss in sachlicher und räumlicher Hinsicht bestimmt werden.[121] Bei der sachlichen Bestimmung des Untersuchungsrahmens stehen Fragen zum Detaillierungsgrad der zu untersuchenden Umweltauswirkungen und die Festlegung der Prüfungsschritte auf den einzelnen Ebenen des mehrstufigen Planungs- und Zulassungsprozesses im Vordergrund.[122] Bei der räumlichen Bestimmung ist zunächst zu erkennen, dass sich der Untersuchungsraum räumlich auf den geografischen Anwendungsbereich des Umweltberichts beschränken muss.[123] Des Weiteren haben sich besondere Methoden für die Bestimmung des Untersuchungsraums herausgebildet, wenn der Plan oder das Programm in einem linienförmigen Vorhaben enden soll.[124] Dabei orientiert sich die Länge des Untersuchungsraums an dem geplanten Start- und Endpunkt des Vorhabens.[125] Die Breite des Untersuchungsraums wird dann abhängig zur Länge bestimmt, da die Wahrscheinlichkeit für Abweichungen in die Breite durch die Länge des Vorhabens bedingt ist.[126] Im Bereich der Netzplanung normiert der Gesetzgeber hierfür eine spezielle Vorgehensweise: So soll seit der Einführung des § 12c Abs. 2 EnWG ein zuvor ermittelter Präferenzraum dem geografischen Untersuchungsraum zu Grunde gelegt werden.[127] Bei dem Präferenzraum wiederum handelt es sich um einen circa fünf bis zehn Kilometer breiten »mäandrierenden Gebietsstreifen«, »aus dem inselförmige Bereiche mit erwartbar höherer Konfliktlage ausgenommen sein können.«[128]

2. Alternativenprüfung

31 Zur Bestimmung des Untersuchungsrahmens können auch bereits **Alternativenprüfungen** geboten sein.[129] Zwar ist die Notwendigkeit der Berücksichtigung von Alternativen bei der Festlegung von Umfang und Detaillierungsgrad der in den Umweltbericht aufzunehmenden Angaben in § 39 UVPG nicht ausdrücklich angeordnet. Dieses Erfordernis ergibt sich jedoch mittelbar aus der Funktion des Scopings, welches der Vorbereitung und Erstellung des Umweltberichts dient.[130] Der Umweltbericht muss vernünftige Alternativen ausweisen (§ 40 Abs. 1 Satz 2 UVPG), die nachfolgend zum Gegenstand der Behördenbeteiligung (§ 41 UVPG) und Öffentlichkeitsbeteiligung (§ 42 UVPG) gemacht

120 *Bundesnetzagentur*, Bedarfsermittlung 2023–2037/2045, Umweltbericht Teil I-III, Strategische Umweltprüfung auf Grundlage, des 2. Entwurfs des NEP Strom, S. 46 f., 70 ff.; zu den typischen Auswirkungen von Abfalldeponien im Rahmen der SUP zur Standortsuche bei der Abfallwirtschaftsplanung: *Sander* AbfallR 2023, 68 (72).

121 *Posser*, in Kment, EnWG, § 12c Rn. 25; *Kment/Maurer* RdE 2023, 1 (5).

122 *Schink*, in: ders./Reidt/Mitschang, UVPG/UmwRG, § 39 UVPG Rn. 6 ff.

123 Vgl. hierzu § 40 Rdn. 26 ff.

124 Überblicksartig speziell zu den unterschiedlichen Vorgehensweisen der BNetzA im Rahmen der Netzplanung *Kment/Maurer* RdE 2023, 1 (5).

125 Dabei wird zudem eine gewisse Verlängerung in den rückwärtigen Raum mit einberechnet, um mögliche Veränderungen hinsichtlich der Start- und Endpunkte zu berücksichtigen, vgl. *Bundesnetzagentur*, Umweltbericht, Bedarfsermittlung 2021–2035, S. 62 f., Umweltbericht, Bedarfsermittlung 2019–2030, S. 76 ff.

126 *Bundesnetzagentur*, Umweltbericht, Bedarfsermittlung 2019–2030, S. 76 ff.; *Kment/Maurer* RdE 2023, 1 (5).

127 Gesetzesbegr. v. 02.05.2022, BT-Drs. 20/1599, S. 53; dazu auch *Kment/Maurer* RdE 2023, 1 (5).

128 Gesetzesbegr. v. 02.05.2022, BT-Drs. 20/1599, S. 53; siehe auch *Kment/Maurer* RdE 2023, 1 (5); *Mann* DVBl 2023, 897 (899).

129 *Jacoby*, in: Spannowsky/Krämer (Hrsg.), Plan-UP-Richtlinie, S. 85 (89); *Schink*, in: ders./Reidt/Mitschang, UVPG/UmwRG, § 39 UVPG Rn. 10; *Schiller* EurUP 2013, 178 (183).

130 Siehe bereits Rdn. 8.

werden, in die abschließende Bewertung und Berücksichtigung einfließen (§ 43 UVPG) sowie letztlich auch als Grundlage für die Entscheidung über die Annahme des Plans oder Programms fungieren (§ 44 UVPG).

Inhaltlich kann dabei eine Untersuchung von Gesamtplanalternativen, Standortalternativen und technischen Verfahrensalternativen geboten sein.[131] Welche Alternativen einzubeziehen sind, hängt maßgeblich vom Konkretisierungsgrad und der Zielsetzung der Planung sowie vom letztendlich zu realisierenden Vorhaben ab.[132] Bei der Bedarfsplanung von Energieleitungen dürften beispielsweise die technischen Verfahrensalternativen und Systemalternativen am relevantesten sein.[133] So ergeben sich beispielsweise bei der Netzplanung typischerweise unterschiedliche Umweltauswirkungen, je nachdem, ob die Trasse als Freileitung oder als Erdkabel geplant wird.[134] Aber auch wenn es keine solchen technischen Alternativen gibt, ist an eine Alternativenprüfung zu denken. So sind bei hochstufigen räumlichen Planungen wie beispielsweise der Regional- oder Flächennutzungsplanung speziell Standortalternativen hinsichtlich des Gesamtplans zu prüfen.[135] 32

Der **Ermittlungsaufwand** von Planungsalternativen orientiert sich grundsätzlich an der Prüfungstiefe, die sich einzelfallabhängig[136] nach Maßgabe der Abwägungserheblichkeit und dem Gewicht der zu erwartenden Umweltauswirkungen bestimmt.[137] Zudem entscheiden die Unterschiede in den prognostizierten Auswirkungen der Alternativen, die sich aus einem Vergleich der einzelnen Varianten ergeben. Erscheinen einzelne Alternativen unter Umweltaspekten »attraktiver«, ist ihnen intensiver nachzugehen als solchen Varianten, die den Vorsorgestandard lediglich halten oder sogar unterschreiten. Folglich muss nicht jeder Alternative dieselbe Aufmerksamkeit geschenkt werden, gilt es doch nur, »vernünftige« Alternativen zu finden, die später im Rahmen der Öffentlichkeitsbeteiligung oder der Entscheidungsfindung tatsächlich eine Rolle spielen können.[138] 33

Bei der Suche nach Alternativen ist des Weiteren darauf zu achten, ob alternative Plan- oder Programmkonzeptionen bereits auf einer höheren Planungsebene behandelt wurden.[139] Angesprochen ist damit der in § 39 Abs. 3 UVPG angelegte Synergieeffekt von **Abschichtungen** innerhalb der Prüfungsebenen. Sind von anderer Stelle die wesentlichen Alternativen ermittelt, beschrieben und bewertet worden und sind diese Prüfungsergebnisse insbesondere noch aktuell und ausreichend detailliert,[140] kann die Alternativenprüfung entscheidend reduziert bzw. sogar ganz von ihr abgesehen werden. 34

C. Vermeidung von Mehrfachprüfungen (Absatz 3)

I. Bedürfnis nach Abschichtung

Grundsätzlich erfordert jede Umweltprüfung, sei sie plan- bzw. programm- oder aber projektbezogen, eine behördliche Entscheidung über Umweltauswirkungen. Die Untersuchung dieser Auswirkungen erfolgt im Rahmen eines in sich geschlossenen Verfahrens, um dadurch einen einheitlichen Bezugspunkt (das geographisch betroffene Gebiet), einen vergleichbaren Zeithorizont und einen bezogen 35

131 *Hofmann,* Abwägung im Recht, S. 196 ff.
132 *Schink* UPR 2022, 206 (209).
133 *Schink* UPR 2022, 206 (209).
134 *Bundesnetzagentur,* Bedarfsermittlung 2023–2037/2045, Umweltbericht Teil I-III, Strategische Umweltprüfung auf Grundlage, des 2. Entwurfs des NEP Strom, S. 47.
135 *Schink* UPR 2022, 206 (209).
136 Für die Alternativenprüfung nach dem NABEG: *Kment* NVwZ 2015, 616 (622).
137 *Spannowsky,* in: Mitschang (Hrsg.), Umweltprüfverfahren, S. 89 (94); *Calliess/Dross* ZUR 2013, 76 (77); *Schiller* UPR 2016, 457 (462).
138 Siehe hierzu auch § 40 Rdn. 23.
139 *Spannowsky,* in: Mitschang (Hrsg.), Umweltprüfverfahren, S. 89 (95).
140 *Uechtritz,* in: GfU (Hrsg.), Umweltprüfung, S. 169 (178); *Peters/Balla/Hesselbarth,* UVPG, § 39 Rn. 20; *Gassner,* UVPG, § 14f Rn. 28.

auf die Bedürfnisse der Entscheidung abgestimmten Untersuchungsumfang mit zweckmäßiger Detaildichte zu gewährleisten.[141] Führen mehrere Entscheidungen, die im Rahmen eines mehrstufigen Planungs- oder Zulassungsprozesses getroffen werden, jeweils für sich eine solche Umweltprüfung vollständig durch, besteht die **Gefahr von Mehrfachprüfungen.**[142] Aus Gründen der Verfahrensökonomie bietet es sich deshalb an, die Möglichkeit zu schaffen, Prüfungsschritte auf einzelnen Ebenen zu bündeln und für die übrigen Ebenen nutzbar zu machen.[143] So kann der **Prüfungsablauf insgesamt beschleunigt und entlastet** werden.[144] Es kann darüber hinaus sogar der **Anreiz** geschaffen werden, sachlich und geographisch sich überschneidende bzw. sich aufeinander beziehende **Planungen zeitlich und inhaltlich abgestimmt durchzuführen**, um Synergieeffekte noch stärker zu nutzen.[145] Gesetzgeberisches Instrument der beschriebenen Verfahrensökonomisierung ist die Abschichtung, die in § 39 Abs. 3 UVPG ihre scoping-spezifische Ausprägung gefunden hat, sich aber generell über das gesamte Planungs- und Zulassungsrecht verteilt finden lässt.[146] **Unionsrechtlich** wird sie von Art. 4 Abs. 3 und Art. 5 Abs. 2 SUP-RL gefordert.[147]

II. Durchführung der Abschichtung

1. Schwerpunktsetzung

36 Gem. § 39 Abs. 3 Satz 1 UVPG »**soll**« zur Vermeidung von Doppelprüfungen bei der Festlegung des Untersuchungsrahmens bestimmt werden, auf welcher Stufe innerhalb eines mehrstufigen Planungs- oder Zulassungsprozesses bestimmte Umweltauswirkungen schwerpunktmäßig geprüft werden sollen (sog. **Schwerpunktsetzung** bzw. Schwerpunktbildung).[148] Die Verpflichtung bindet die zuständige Behörde lediglich für den Regelfall und lässt Ausnahmen in atypischen Situationen zu.[149] Inhaltlich ordnet sie an, die **Umweltprüfung auf derjenigen Entscheidungsebene zu konzentrieren, auf der sie am sachgerechtesten durchgeführt werden kann.**[150] Hochstufige Planungsebenen sind danach möglichst von Detailprüfungen freizuhalten und niedrigstufige Ebenen nicht mit Prüfung übergreifender Umweltauswirkungen zu »überfordern«.[151] Dieser Gedanke der Abschichtung und Schwerpunktsetzung wird mittlerweile auch in Fachgesetzen, die spezielle Regelungen zur SUP treffen, immer häufiger aufgegriffen. Exemplarisch sei auf § 5 Abs. 3 Satz 5 WindSeeG verwiesen. In Anlehnung an § 39 Abs. 3 UVPG sieht dieser vor, dass zur Vermeidung von Mehrfachprüfungen

---

141 *Bunge*, in: Eberle/Jacoby (Hrsg.), Umweltprüfung für Regionalpläne, S. 20 (22).

142 *Kment*, Öffentliches Baurecht, § 5 Rn. 31; *Krautzberger/Kment*, in: Ernst/Zinkahn/Bielenberg/Krautzberger, BauGB, § 2 Rn. 536; *Schink*, in: ders./Reidt/Mitschang, UVPG/UmwRG, § 39 UVPG Rn. 15; *Beckmann* ZUR 2014, 541 (544); *Guckelberger* EurUP 2016, 168 (175).

143 *Sangenstedt*, in: Erbguth (Hrsg.), SUP, S. 77 (94); *Wemdzio* UPR 2009, 132 (134); *Sydow* DVBl 2006, 65 (71); *Grotefels* NWVBl 2007, 41 (44 f.). Vgl. auch *Schwarz*, Umweltprüfung in gestuften Planungsverfahren; vgl. II. 15.4 der UVPVwV.

144 *Schink*, in: GfU (Hrsg.), Umweltprüfung, S. 93 (139 f.); *Guckelberger* EurUP 2016, 168 (175); *Sauthoff* ZUR 2006, 15 (18); *Spannowsky*, in: ders./Krämer (Hrsg.), Plan-UP-Richtlinie, S. 51 (69 ff.); *Schiller* EurUP 2013, 178 (183); siehe auch Gesetzesbegr. v. 29.06.2004, BT-Drs. 15/3441, S. 31.

145 *Peters/Balla/Hesselbarth*, UVPG, § 39 Rn. 16.

146 §§ 16 Abs. 3, 47 Abs. 3, 49 Abs. 2 UVPG; § 8 Abs. 3 ROG. Einem ähnlichen Prinzip folgen §§ 40 Abs. 4, 45 Abs. 5, 46 Satz 2, 53 Abs. 1 UVPG.

147 *Kment*, Öffentliches Baurecht, § 5 Rn. 31.

148 *Schink*, in: ders./Reidt/Mitschang, UVPG/UmwRG, § 39 UVPG Rn. 16; *Beckmann* BauR 2023, 1595 (1607) zum Verhältnis von § 39 Abs. 3 Satz 1 zu Satz 2 UVPG.

149 OVG Münster, Urt. v. 07.12.2000 – 7a D 60/99.NE, DVBl 2001, 657 (660); *Kment*, Rechtschutz, S. 97; *Maurer/Waldhoff*, Allgemeines Verwaltungsrecht, § 7 Rn. 11.

150 *Schink*, in: ders./Reidt/Mitschang, UVPG/UmwRG, § 39 UVPG Rn. 16; vgl. auch *Rojahn* NVwZ 2011, 654 (655). Für die Abschichtungsmöglichkeiten bei der immissionsschutzrechtlichen Genehmigung von Windkraftanlagen vgl. *Peters/Frey* KommJur 2014, 441 (442 ff.); *Frey* BauR 2014, 920 (920 ff.).

151 *Bunge/Nesemann*, in: HdUVP, 0507, S. 52 f.; *Wemdzio* UPR 2009, 132 (134); *Schink*, in: ders./Reidt/Mitschang, UVPG/UmwRG, § 39 UVPG Rn. 16; *Sydow* DVBl 2006, 65 (71).

bei der Festlegung des Untersuchungsrahmens im Rahmen der Strategischen Umweltprüfung für den Flächenentwicklungsplan zu bestimmen ist, auf welcher Stufe des mehrstufigen Planungs- und Zulassungsprozesses für Windenergieanlagen auf See und Offshore-Anbindungsleitungen bestimmte Umweltauswirkungen im Schwerpunkt zu prüfen sind.[152]

Zur konkreten Bestimmung der jeweiligen Stufe liefert **§ 39 Abs. 3 Satz 2 UVPG** Kriterien, die bei 37 der Auswahl der Ebenen zu berücksichtigen sind. Dies sind: Art und Umfang der Umweltauswirkungen,[153] fachliche Erfordernisse sowie Inhalt und Entscheidungsgegenstand des Plans oder Programms.[154] Die Kriterien können jedoch – in dem hier angesprochenen, rechtlich kaum näher konkretisierbaren Bereich – nicht mehr als **Hilfskriterien** sein, die den weiten Ermessensspielraum der zuständigen Behörde lediglich unwesentlich einschränken.[155]

Will die zuständige Behörde die Umweltprüfung der nachfolgenden Prüfungsebene überlassen, also 38 **nach unten »abschichten«**, müssen die Voraussetzungen für eine **planerische Zurückhaltung**[156] vorliegen; mithin muss die Umweltprüfung auf der nachfolgenden Ebene sachgerechter durchgeführt werden können als auf der verweisenden Ebene.[157] Dies setzt voraus, dass trotz des veränderten Ebenencharakters der unteren Stufe von der Abschichtung tangierte Gesichtspunkte nachfolgend tatsächlich erfasst werden können und dort auch Entscheidungsrelevanz aufweisen.[158] Im Verhältnis von Raumordnungsplanung und Bauleitplanung scheidet deshalb eine Abschichtung nach unten aus, wenn die Umweltauswirkungen einen sog. »Zielkern« betreffen, also eine Zielaussage, die abschließend verbindlich ist und durch die Bauleitplanung nicht näher konkretisiert werden kann.[159] Demgegenüber ermöglichen ein konkretisierungsbedürftiger Zielrahmen oder Festlegungen mit Grundsatzqualität eine nachgelagerte Problembewältigung durch die Bauleitplanung. Damit eröffnet sich Raum für eine vertikale Abschichtung nach unten.[160]

2. Wirkung der Abschichtung

Die **Auswirkungen** der Abschichtung für die nachfolgenden Planungs- und Zulassungsebenen 39 bestimmt **§ 39 Abs. 3 Satz 3 UVPG**. Danach soll sich bei nachfolgenden Planungs- und Zulassungsebenen die Umweltprüfung auf zusätzliche oder andere erhebliche Umweltauswirkungen sowie erforderliche Aktualisierungen und Vertiefungen beschränken.[161] So sollen unnötige Doppel-

---

152 Siehe dazu auch *Schütte/Langstädtler* ZUR 2024, 3 (7).

153 Kritisch hierzu *Sydow* DVBl 2006, 65 (72).

154 *Peters/Balla/Hesselbarth,* UVPG, § 39 Rn. 18; *Schink,* in: ders./Reidt/Mitschang, UVPG/UmwRG, § 39 UVPGRn. 16; *Beckmann* BauR 2024, 1595 (1607).

155 *Bunge,* in: Eberle/Jacoby (Hrsg.), Umweltprüfung für Regionalpläne, S. 20 (26); *Gassner,* UVPG, § 14f Rn. 33; a.A. wohl *Sydow* DVBl 2006, 65 (72).

156 Planerische Zurückhaltung ist auch in anderen Bereichen des Planungsrechts gefordert und steht in engem Zusammenhang mit dem entgegenwirkenden Prinzip der Konfliktbewältigung. Siehe zum Bauplanungsrecht etwa BVerwG, Beschl. v. 07.03.2007 – 4 BN 1.07, NVwZ 2007, 825 Rn. 18; Beschl. v. 16.03.2010 – 4 BN 66.09, NVwZ 2010, 1246 Rn. 37; Urt. v. 12.09.2013 – 4 C 8.12, BVerwGE 147, 379 Rn. 17, 20; Beschl. v. 10.04.2014 – 4 BN 49.13, ZfBR 2014, 495 Rn. 5; Urt. v. 07.05.2014 – 4 CN 5/13, NVwZ 2014, 1170 Rn. 25; *Battis,* in: ders./Krautzberger/Löhr, BauGB, § 1 Rn. 118 ff.; *Kment,* Öffentliches Baurecht, § 4 Rn. 73.

157 *Sydow* DVBl 2006, 65 (71).

158 BVerwG, Urt. v. 12.09.2013 – 4 C 8.12, BVerwGE 147, 379 Rn. 17; Urt. v. 07.05.2014 – 4 CN 5/13, NVwZ 2014, 1170 Rn. 25; OVG Münster, Urt. v. 03.09.2009 – 10 D 121/07, DVBl 2009, 1385 (1388 f.); *Kment,* in: Jarass/Kment, BauGB, § 1 Rn. 89.

159 So OVG Münster, Urt. v. 21.03.2024 – 11 D 133/20.NE, juris Rn. 296 für Festlegungen von Bereichen für die Sicherung und den Abbau oberflächennaher Bodenschätze (BSAB) in einem Regionalplan, weil Festlegungen mit Zielqualität nach § 3 Abs. 1 Nr. 2 ROG abschließend abgewogen sein müssen; dieser Rspr. zustimmend *Beckmann* BauR 2024, 1595 (1607 f.).

160 *Schmidt-Eichsteadt* BauR 2023, 1052 (1055).

161 *Schink,* in: ders./Reidt/Mitschang, UVPG/UmwRG, § 39 UVPG Rn. 17.

prüfungen vermieden und so der gewünschte Synergieeffekt erzielt werden.[162] Wird »nach unten abgeschichtet«, entstehen keine Bindungswirkungen für die nachfolgende Behörde, da von »oben« lediglich die (abstrakte) Pflicht zur Umweltprüfung nach »unten« durchgereicht wird. Dort (unten) obliegt es allein der für diese nachfolgende Ebene zuständigen Behörde zu entscheiden, ob und wie sie der überlassenen Pflicht zur Umweltprüfung nachkommen will.

40 § 39 Abs. 3 Satz 3 UVPG verdeutlicht außerdem, welche **Einschränkungen** die Abschichtungswirkung hinnehmen muss. Sie kann nur so weit reichen, wie auch inhaltlich vergleichbare Fragen behandelt wurden bzw. planerische **Schnittmengen** bestanden; anderenfalls wäre eine Mehrfachprüfung gar nicht zu befürchten gewesen.[163] Des Weiteren darf sich das Planungsumfeld nicht grundlegend verändert haben oder seit der letzten Umweltprüfung zu viel Zeit verstrichen sein.[164] Nur soweit die Erkenntnisse aus der vorangegangenen (höherstufigen) Planung noch **aktuell** sind, dürfen sie weiterhin Verwendung finden.[165] Schließlich weist § 39 Abs. 3 Satz 3 UVPG noch darauf hin, dass in den vollen Genuss der Abschichtungswirkung nur solche Entscheidungsebenen kommen können, deren Prüfungstiefe nicht von höherer Konkretisierungsdichte ist als die der vorangegangenen Umweltprüfung. Ist dies doch der Fall, sind notwendige **Vertiefungen** der Umweltprüfung vorzunehmen. Und schließlich muss auf der jeweils nachfolgenden Ebene überprüft werden, ob die Untersuchungen und Ergebnisse der vorausgegangenen Entscheidungsstufen Anlass zur Sorge geben, dass dort die **rechtlichen Anforderungen** nicht **eingehalten** wurden.[166] Ein blindes Vertrauen auf übermittelte Ergebnisse ist nicht sachgerecht.

41 In der **Praxis relativieren die aufgezeigten Einschränkungen der Abschichtungswirkung**[167] spürbar den gewünschten **Synergieeffekt.**[168] Hochstufige Pläne beispielsweise sind grundsätzlich pauschaler und gröber gefasst als die nachfolgenden Planungs- und Zulassungsebenen.[169] Dies bedingt bereits die Funktion des höherstufigen Plans, der seiner Natur nach auf Konkretisierung angelegt ist. Auf der hochstufigen Ebene werden deshalb überwiegend nur Grundsatzentscheidungen getroffen, an deren Abstraktionsniveau die Umweltprüfung ausgerichtet ist. Nachfolgende Ebenen bestechen demgegenüber durch eine notwendig stärker ausgeprägte Differenzierung und Konkretisierung und verlangen somit nach einer Umweltprüfung, die ihren Bedürfnissen angepasst ist. Mithin bedarf es häufig einer Vertiefung und auch der Selektion des vorgefundenen Materials.[170] Darüber hinaus liegen zwischen den Planungen auf der höherstufigen Ebene und den nachfolgenden Planungs- bzw. Zulassungsentscheidungen zumeist größere Zeitabstände, so dass viele Erkenntnisse der »Vorgänger« veraltet und unbrauchbar geworden sind.[171]

42 Die **Abschichtungswirkung erfasst ausschließlich den Prüfungsumfang und die Detailtiefe** einer SUP oder UVP.[172] Das Erfordernis einer insgesamt formell vollständig durchzuführenden Prüfung

162 *Wemdzio* UPR 2009, 132 (134); *Guckelberger* EurUP 2016, 168 (175).

163 *Bunzel*, in: Eberle/Jacoby (Hrsg.), Umweltprüfung für Regionalpläne, S. 27 (31); *Uebbing*, Umweltprüfung, S. 269; *Schwarz* NuR 2011, 545 (549).

164 *Grotefels*, in: Mitschang (Hrsg.), Umweltprüfverfahren, S. 19 (29); *Busse* KommJur 2004, 245 (250); *Bunzel*, in: Eberle/Jacoby (Hrsg.), Umweltprüfung für Regionalpläne, S. 27 (31 f.).

165 *Kment*, Öffentliches Baurecht, § 5 Rn. 31; *ders.* NVwZ 2015, 616 (625); *Beckmann* ZUR 2014, 541 (545).

166 *Beckmann* ZUR 2014, 541 (545).

167 Siehe hierzu Rdn. 40.

168 Siehe auch *Führ/Dopfer/Bizer* ZUR 2009, 59 (62), die auf Durchführungsmängel bei der Abschichtung in der Praxis hinweisen. Zurückhaltend auch *Beckmann* ZUR 2014, 541 (545).

169 *Schink*, in: ders./Reidt/Mitschang, UVPG/UmwRG, § 39 UVPG Rn. 17.

170 *Peters/Balla/Hesselbarth*, UVPG, § 39 Rn. 20; *Bunge*, in: Eberle/Jacoby (Hrsg.), Umweltprüfung für Regionalpläne, S. 20 (24).

171 *Bunge*, in: Eberle/Jacoby (Hrsg.), Umweltprüfung für Regionalpläne, S. 20 (24).

172 *Grotefels* NWVBl 2007, 41 (45); *Schink*, in: ders./Reidt/Mitschang, UVPG/UmwRG, § 39 UVPG Rn. 17.

lässt sie unberührt.[173] Demnach sind ungeachtet etwaiger Abschichtungswirkungen **auf jeder Prüfungsebene alle verfahrensrechtlichen Anforderungen der SUP einzuhalten.**[174] Dies ergibt sich bereits aus dem Unionsrecht selbst: Für die Abschichtung innerhalb verschiedener Planungsebenen sieht Art. 4 Abs. 3 SUP-RL vor, dass die Prüfung **gemäß der vorliegenden Richtlinie** auf verschiedenen Stufen der Hierarchie durchgeführt wird.[175] Und für das Verhältnis zur UVP lassen gem. Art. 11 Abs. 1 SUP-RL die Vorschriften zur Abschichtung ausdrücklich die Verpflichtungen der UVP-RL unberührt.[176] Vertreter der **Öffentlichkeit** haben daher mit **keinen rechtlichen Nachteilen** durch die Abschichtung zu rechnen. Ihre Verfahrensrechte werden durch die Abschichtung nicht beschnitten.[177] Es kann allerdings ein großes Maß an Aufmerksamkeit gefordert sein, um die Behandlung bestimmter Umweltauswirkungen nicht zu versäumen, die auf höherer Ebene abgearbeitet und in späteren Verfahren nicht mehr aufgegriffen werden.[178]

III. Vertikale Abschichtung

Prinzipiell zulässig dürfte – trotz fehlender gesetzlicher Bestimmungen – auch eine sog. »**Abschichtung** 43
von unten nach oben« sein,[179] selbst wenn sie systematisch betrachtet keine »Abschichtung« im eigentlichen Sinne darstellt, sondern eine unter Art. 5 Abs. 3 SUP-RL fallende »verfügbare relevante Information«.[180] Gemeint sind damit die Fälle, in denen bereits auf einer niedrigeren Planungsstufe oder auf Ebene von Projektzulassungen Umweltprüfungen vorgenommen wurden, die nunmehr für die Planung höherer Ebenen herangezogen werden.[181] Hiergegen ist nichts einzuwenden. Schließlich spricht nichts dagegen, auf einer höherstufigen Ebene von Untersuchungsergebnissen zu profitieren, die bereits auf einer niedrigen Stufe ermittelt wurden; vorausgesetzt, die Untersuchungsergebnisse sind verwertbar.

IV. Horizontale Abschichtung

Unter dem Begriff der **horizontalen Abschichtung** wird in der Literatur auch im Rahmen des § 39 44
Abs. 3 UVPG die Zusammenfassung mehrerer unionsrechtlich vorgesehener Verfahren, die sich mit der Prüfung von Umweltauswirkungen auseinandersetzen, diskutiert.[182] Diese prinzipiell zulässige Verknüpfung von Prüfungen,[183] etwa nach der Wasserrahmenrichtlinie oder von FFH-Verträglichkeiten mit der Umweltprüfung nach dem UVPG, sind jedoch methodisch betrachtet **§ 46 Satz 2 UVPG zuzuordnen** und setzen insbesondere eine zeitlich weitgehend parallele Durchführung voraus.[184]

173 *Peters/Balla/Hesselbarth,* UVPG, § 39 Rn. 22; *Grotefels,* in: Mitschang (Hrsg.), Umweltprüfverfahren, S. 19 (30); *Bunge,* in: Eberle/Jacoby (Hrsg.), Umweltprüfung für Regionalpläne, S. 20 (23); *Schink* NuR 2005, 143 (144); *Jacoby,* SUP, S. 189 f.

174 *Guckelberger* EurUP 2016, 168 (175); *Schink* NuR 2005, 143 (144).

175 *Uebbing,* Umweltprüfung, S. 271.

176 *Schink* NuR 2005, 143 (144).

177 *Kment/Pleiner,* Abschnittsbildung, S. 66; *Kment,* Öffentliches Baurecht, § 5 Rn. 31. Siehe aber auch *Erbguth* NVwZ 2005, 241.

178 Diese Auswirkungen der Abschichtung sind nicht neu. Gerade im Planungsrecht, das aus dem Zusammenspiel mehrerer Planungsebenen lebt (siehe *Kment,* Rechtsschutz, S. 149 f.), sind solche Folgen der Abschichtung durchaus üblich.

179 *Grotefels,* in: Mitschang (Hrsg.), Umweltprüfverfahren, S. 19 (30); *Schwarz* NuR 2011, 545 (550); *Spannowsky,* in: Spannowsky/Krämer (Hrsg.), Plan-UP-Richtlinie, S. 51 (70); *Schink* UPR 2004, 81 (92); *Sydow* DVBl 2006, 65 (71).

180 *Uebbing,* Umweltprüfung, S. 270; *Uechtritz,* in: GfU (Hrsg.), Umweltprüfung, S. 169 (218).

181 *Krautzberger/Kment,* in: Ernst/Zinkahn/Bielenberg/Krautzberger, BauGB, § 2 Rn. 535: Heranziehen aktueller Umweltprüfungen aus Bebauungsplänen für die Neuaufstellung eines Flächennutzungsplans.

182 *Schink* NuR 2005, 143 (144); nicht eindeutig *Schomerus/Busse* NordÖR 2005, 398 (403).

183 Gefahren zeigt *Sangenstedt,* in: Hendler u.a. (Hrsg.), Strategische Umweltprüfung, S. 37 (48 f.) auf.

184 Siehe zu den Einzelheiten § 46 Rdn. 8 ff.

D. Behördenbeteiligung und Hinzuziehen weiterer Akteure (Absatz 4)

45 § 39 Abs. 4 UVPG befasst sich mit der Beteiligung von Behörden und dem Hinzuziehen von Sachverständigen, betroffenen Gemeinden, bestimmten sonstigen Behörden, anerkannten Umweltvereinigungen und Dritten im Rahmen des Scopings. Die Regelung ist **§ 15 Abs. 3 UVPG nachgebildet** und weist deshalb viele Parallelen zu ihrer »Schwestervorschrift« auf. Erkenntnisse, die zu § 15 Abs. 3 UVPG erlangt wurden, können somit bei der Sinnerfassung und Auslegung des § 39 Abs. 4 UVPG verwertet werden.[185] § 39 Abs. 4 UVPG verfolgt den **Zweck**, durch eine frühzeitige Behördenbeteiligung und optionale Einbindung von Sachverständigen, betroffenen Gemeinden, nach § 60 Abs. 1 UVPG zu beteiligenden Behörden, nach § 3 UmwRG anerkannten Umweltvereinigungen und Dritten in den Scopingprozess **rechtzeitig Sachverstand zu mobilisieren** und zu generieren. Auf diese Weise sollen Ermittlungsfehler und ein unnötiger Ermittlungsaufwand bei der Zusammenstellung des umweltrelevanten Datenmaterials vermieden werden. Nebenprodukt dieses Vorgehens ist ein **Beschleunigungseffekt**. Das Verfahren wird gestrafft, da Anregungen frühzeitig in den Ermittlungsprozess einfließen und nicht erst nach der später formell durchzuführenden Beteiligung berücksichtigt werden können.[186]

I. Behördenbeteiligung (Satz 1 und 2)

46 Die Vorschrift hat ihren **Ursprung in Art. 5 Abs. 4 SUP-RL**, der eine Konsultation der zu beteiligenden Behörden fordert.[187] **Telos** dieser Richtlinienbestimmung ist die Sicherstellung einer notwendigen »Unabhängigkeit« bei der Festlegung des Untersuchungsrahmens;[188] Ausgestaltung und Durchführung des Verfahrens hat man den Mitgliedstaaten gleichwohl nicht vorgeschrieben. Die Bundesrepublik Deutschland hat die unionsrechtliche Umsetzungsverpflichtung zum Anlass genommen, neben der SUP-RL auch ihrer Verpflichtung aus **Art. 6 Abs. 2 SEA-Protokoll** nachzukommen.[189] Demgemäß wurde die in § 39 Abs. 4 Satz 1 UVPG zwingend vorgeschriebene Beteiligung sowohl auf Behörden mit umweltbezogenem als auch mit gesundheitsbezogenem Aufgabenbereich erstreckt. Die Beteiligungspflicht wird ausgelöst, sofern durch den Plan oder das Programm der beschriebene Aufgabenbereich berührt wird.

47 Diese **Umsetzung** ist in zweierlei Hinsicht **missglückt**. Zum einen führt die mit »guter Absicht« vorgenommene Erweiterung des Behördenkreises auf Behörden mit **gesundheitsbezogenem Aufgabenbereich** in der Sache zu keiner substanziellen Erweiterung der Informationsbasis, da die SUP auf umweltrelevante Auswirkungen von Plänen und Programmen ausgerichtet ist (vgl. § 3 UVPG). So könnten allenfalls umweltbezogene Gesundheitsbelange i.S.d. Schutzguts der menschlichen Gesundheit gem. § 2 Abs. 1 Nr. 1 UVPG in den gesundheitsbezogenen Aufgabenbereich i.S.d. § 39 Abs. 4 Satz 1 UVPG fallen. Da man diese Schutzgüter jedoch gleichzeitig auch dem umweltbezogenen Aufgabenbereich zuordnen kann, erweist sich die Regelung als **überflüssig**.[190] Zum Zweiten fordert der nationale Gesetzestext die (positive) Feststellung eines **Berührtseins** des Aufgabenbereichs. Unionsrechtlich wird demgegenüber allein an den Aufgabenbereich angeknüpft und eine **potenzielle Betroffenheit** als ausreichend erachtet.[191] Unionsrechtskonform angewandt, dürfte somit bereits die **Möglichkeit**, in einem umweltrelevanten Aufgabenbereich betroffen bzw. berührt zu sein, die

---

185 Siehe hierzu § 15 Rdn. 22 f.

186 *Krautzberger*, in: Spannowsky/Krämer (Hrsg.), Plan-UP-Richtlinie, S. 77 (80); *Grotefels*, in: Mitschang (Hrsg.), Umweltprüfverfahren, S. 19 (28); *Uechtritz*, in: GfU (Hrsg.), Umweltprüfung, S. 169 (189).

187 *Schink*, in: ders./Reidt/Mitschang, UVPG/UmwRG, § 39 UVPG Rn. 19.

188 Begr. des Richtlinienvorschlags v. 25.03.1997, ABl EG Nr. C 129 S. 14, unter 5.5.

189 Gesetzesbegr. v. 29.06.2004, BT-Drs. 15/3441, S. 32; *Schink*, in: ders./Reidt/Mitschang, UVPG/UmwRG, § 39 UVPG Rn. 19.

190 So bereits die Kritik des Bundesrates v. 15.10.2004, BT-Drs. 15/4119, S. 9 f.; ebenso *Erbguth/Schubert* ZUR 2005, 524 (528).

191 *Schink*, in: ders./Reidt/Mitschang, UVPG/UmwRG, § 39 UVPG Rn. 20.

Beteiligungspflicht auslösen.[192] Die Beteiligung wird deshalb in der Regel Gemeinden erfassen, deren Gemeindegebiet betroffen ist. Hinzu kommen umweltbezogene (und gesundheitsbezogene) Fachbehörden, deren räumlicher Zuständigkeitsbereich in das Planungsgebiet fällt oder sonst durch den Plan oder das Programm voraussichtlich betroffen wäre, sowie Behörden nachfolgender Planungs- und Zulassungsebenen, sofern mehrstufige oder Rahmen setzende Planungswerke zur Untersuchung anstehen.[193]

Gem. **§ 39 Abs. 4 Satz 2 UVPG** gibt die zuständige Behörde auf der Grundlage geeigneter Informationen den zu beteiligenden Behörden (§ 41 UVPG) Gelegenheit zu einer Besprechung oder zur Stellungnahme.[194] Demnach sind die zu beteiligenden Behörden zunächst als Vorbereitung auf den eigentlichen Beteiligungsakt in den Stand zu versetzen, den **Beratungsgegenstand erfassen und bewerten zu können.**[195] Die Beteiligung selbst kann in der **Form** der Einholung einer schriftlichen Stellungnahme oder mündlich, dabei themenorientiert und auch in wechselnder Besetzung an verschiedenen Verhandlungsterminen, erfolgen; wobei sich in der Praxis eine mündliche Diskussion mit anschließender schriftlicher Stellungnahme bewährt hat.[196] Im Übrigen sollte die Beteiligung **einfach, zweckmäßig und zügig** abgewickelt werden.[197] 48

Auch im Rahmen der Öffentlichkeitsbeteiligung sind **Spezialregelungen** in unterschiedlichen Fachgesetzen zu beachten. Speziell im Recht des Netzausbaus sehen die Vorschriften in § 7 NABEG einige Besonderheiten für die Öffentlichkeitsbeteiligung bei der SUP im Rahmen der Bundesfachplanung vor. Daneben sind keine zusätzlichen unionsrechtlichen Anforderungen zu erfüllen. Insbesondere wird durch die TEN-E-Verordnung[198] keine zusätzliche Öffentlichkeitsbeteiligung vorgeschrieben.[199] 49

II. Hinzuziehen von Sachverständigen, betroffenen Gemeinden, nach § 60 Abs. 1 UVPG zu beteiligenden Behörden, anerkannten Umweltvereinigungen und Dritten (Satz 3 und 4)

Unionsrechtlich ist im Rahmen des Scopings weder eine Öffentlichkeitsbeteiligung noch eine Beteiligung von Betroffenen, Umweltverbänden oder Sachverständigen vorgesehen. Der nationale Gesetzgeber hat sich gleichwohl dazu entschlossen, der zuständigen Behörde mit § 39 Abs. 4 Satz 3 UVPG die **Option** zu eröffnen, **externen Sachverstand von Sachverständigen, betroffenen Gemeinden, nach § 60 Abs. 1 zu beteiligenden Behörden, nach § 3 UmwRG anerkannten Umweltvereinigungen oder Dritten hinzuzuziehen.**[200] Dazu mögen ihn sicherlich auch die guten Erfahrungen mit der Parallelvorschrift des § 15 UVPG bewogen haben, wie auch die Möglichkeit durch eine Einbeziehung von Außenstehenden die **Akzeptanz der Entscheidung** in der Öffentlichkeit zu verbessern.[201] 50

Die Einbindung von **Sachverständigen** kann ein probates Mittel sein, wenn schon zu diesem Zeitpunkt feststeht, dass die Behörde nicht umhinkommen wird, ohne Unterstützung von Sachverständigen (etwa spezialisierten Planungsbüros) den gewünschten Plan bzw. das gewünschte Programm 51

---

192 *Pietzcker/Fiedler* DVBl 2002, 929 (934); *Erbguth/Schubert* ZUR 2005, 524 (528).

193 Siehe hierzu ausführlich § 41 Rdn. 13 ff.

194 Entsprechend zur Festlegung des Untersuchungsrahmens bei der UVP II. 15.3.1 und II. 15.3.3 der UVPVwV.

195 *Schink*, in: ders./Reidt/Mitschang, UVPG/UmwRG, § 39 UVPG Rn. 21.

196 *Mitschang* BauR 2005, 334 (339); *Schrödter* LKV 2006, 251 (251) plädiert demgegenüber für eine regelmäßig schriftlich abzufassende Stellungnahme.

197 Vgl. II. 15.3.3 der UVPVwV; *Peters/Balla/Hesselbarth*, UVPG, § 39 Rn. 25.

198 Verordnung (EU) Nr. 869/2022 v. 30.05.2022 (ABl. EU L 152/45) (TEN-E-VO n.F.).

199 *Leidinger* DVBl 2022, 1535 (1536 f.).

200 *Calliess*, in: Hendler u.a. (Hrsg.), Strategische Umweltprüfung, S. 153 (168); *Uechtritz*, in: GfU (Hrsg.), Umweltprüfung, S. 169 (189); *Ginzky* UPR 2002, 47 (51); kritisch hierzu *Kläne*, Strategische Umweltprüfung (SUP) in der Bauleitplanung, S. 231 f.; vgl. II. 15.3.2 der UVPVwV.

201 *Peters/Balla/Hesselbarth*, UVPG, § 39 Rn. 26; *Schink* NuR 2005, 143 (145).

aufstellen oder ändern zu können.[202] Auch die Hinzuziehung von **anerkannten Umweltvereinigungen** kann in dem frühen Stadium des Scopings ein sinnvolles Mittel darstellen. Ihre ausdrückliche Erwähnung zeigt die gesteigerte Bedeutung der Umweltvereinigungen in den Planungs- und Programmaufstellungsprozessen. Gleichwohl war diese Hervorhebung gesetzestechnisch nicht zwingend erforderlich; so wurden Natur- und Umweltschutzverbände auch bislang schon unter dem Terminus der »Dritten« in das Scoping einbezogen. Das Bemühen um eine Aufwertung des Scopings hat den Gesetzgeber zudem dazu veranlasst, **betroffene Gemeinden** als weitere hinzuzuziehende Akteure in § 39 Abs. 4 Satz 3 UVPG aufzugreifen.[203] Die Nennung in § 39 Abs. 4 Satz 3 UVPG geht jedoch nicht konform mit der Anordnung des § 39 Abs. 4 Satz 1, 2 UVPG[204] und dürfte betroffene Gemeinden verfahrensrechtlich schwächen, wenn man diese nunmehr (ausschließlich) dem § 39 Abs. 4 Satz 3 UVPG zuordnet und somit nur optional – nach einer positiven Ermessensausübung durch die zuständige Behörde – in das Verfahren einbezieht. Da eine solche Abwertung der Verfahrensstellung von betroffenen Gemeinden gesetzgeberisch nicht intendiert war, sind betroffene Gemeinden (weiterhin) auf Grundlage des § 39 Abs. 4 Satz 1, 2 UVPG stets im Verfahren zu beteiligen. Als **Dritte** i.S.d. § 39 Abs. 4 Satz 3 UVPG kommen insbesondere Bürgerinitiativen in Betracht. Betroffene Privatpersonen sind dagegen weniger gemeint,[205] da die Beteiligung Dritter am Scoping keine Rechtsschutzfunktion zu erfüllen hat, sondern ausschließlich der sachgerechten Bestimmung des voraussichtlichen Untersuchungsrahmens dient. Es besteht daher auch kein Anspruch auf Hinzuziehung. Das Scoping sollte folglich nicht mit einer vorgezogenen, partiellen Öffentlichkeitsbeteiligung verwechselt werden,[206] und zwar schon deshalb nicht, weil in Ermangelung förmlicher Beteiligungsregeln (Bekanntmachung, Auslegung etc.) keine Chancengleichheit im Hinblick auf die Zulassung zum Scoping besteht und die Hinzuziehung ausgesuchter Privatpersonen zumindest den Eindruck erwecken könnte, dass deren Interessen gegenüber den Belangen nicht hinzugezogener Dritter besondere Beachtung finden. Ungeachtet dessen sollte in das Scopingverfahren gleichwohl jeder Verband, jede sonstige Stelle, Einrichtung oder Privatperson Einlass finden, von der in angemessener Zeit ein sachlicher Beitrag zur Bestimmung des voraussichtlichen Untersuchungsrahmens erwartet werden kann.[207] An die Form der Hinzuziehung sind die gleichen Anforderungen zu stellen wie an die Behördenbeteiligung.[208]

52 Über die durch § 39 Abs. 4 Satz 3 UVPG geschaffene Möglichkeit, bei der Festlegung des Untersuchungsrahmens externen Sachverstand hinzuzuziehen, dürfte auch der Weg für den Einsatz neuer Technologien – wie **Künstlicher Intelligenz** – frei gemacht worden sein. Diese Technologien könnten analog zur Hinzuziehung von Sachverständigen im Rahmen einer »Digitalen Verwaltungshilfe«[209] bei der Umweltprüfung zu einem effektiven Umwelt- und Ressourcenschutz beitragen.[210] Allerdings wird durch die zu bildende Analogie über § 39 Abs. 4 Satz 3 UVPG lediglich der einfachgesetzliche Rahmen für eine Zuhilfenahme solcher Technologien geschaffen. Für eine umfassende Anwendung von Künstlicher Intelligenz im Verwaltungsverfahren und insbesondere bei Umweltprüfungen stellen sich verfassungsrechtliche und europarechtliche Herausforderungen, die es stets zu beachten gilt.[211]

---

202 *Schink,* in: ders./Reidt/Mitschang, UVPG/UmwRG, § 39 UVPG Rn. 23.
203 Vgl. die Beschlussempfehlung v. 07.11.2012, BT-Drs. 17/11394, S. 46.
204 Siehe hierzu Rdn. 47.
205 Zum Begriff des »Dritten« siehe auch *Schink* NuR 2005, 143 (145) sowie die Gesetzesbegr. v. 29.06.2004, BT-Drs. 15/3441, S. 32.
206 So zu Recht *Schoeneberg,* UVP, Rn. 108; vgl. II.15.3.1 der UVPVwV.
207 *Peters/Balla/Hesselbarth,* UVPG, § 39 Rn. 26 und § 15 Rn. 15; *Bunge,* in: HdUVP, 0600, § 5 Rn. 24.
208 Siehe hierzu bereits Rdn. 48.
209 Den Begriff prägend: *Krönke* DV 2023, 31 (33 ff.).
210 Zum Einsatz von Quantencomputern in der Umweltprüfung *Hilz* ZdiW 2023, 266 (272).
211 Vgl. *Kment/Maurer* RdE 2023, 1 (7); ausführlich zu den verfassungsrechtlichen Herausforderungen für den Einsatz von Künstlicher Intelligenz in der Verwaltung *Kment/Borchert* KIR 2025, 9 (10 ff.); speziell zum Umfang der Einsatzmöglichkeiten von Künstlicher Intelligenz in der Bauleitplanung *Kment/Buck* DVBl 2025, 989 (994 ff.).

E. Festgelegter Untersuchungsrahmen

I. Inhalt des Untersuchungsrahmens

Die Festlegung des Untersuchungsrahmens schließt das Scopingverfahren ab und trifft Aussagen über Umfang und Detaillierungsgrad der in den Umweltbericht aufzunehmenden Angaben (§ 39 Abs. 1 UVPG). Da das Scoping der Vorbereitung des Umweltberichts dient,[212] darf sich die Festlegung des Untersuchungsrahmens inhaltlich nicht darauf beschränken, die Anforderungen des § 40 UVPG abstrakt-generell zu umschreiben oder die Mindestangaben des § 40 Abs. 2 UVPG einzig wiederzugeben. Sie muss vielmehr **möglichst konkrete, auf den Plan oder das Programm bezogene Aussagen treffen.**[213] Zum einen sollte dargestellt werden, in welchen Bereichen Untersuchungsbedarf besteht. Zum anderen sollte aber auch aufgezeigt werden, in welchen Bereichen auf vorhandenes Material zurückgegriffen werden kann. Zudem ist die Stellung des Plans oder Programms im Entscheidungsprozess möglichst genau zu beschreiben. Unter Abschichtungsgesichtspunkten ist darzulegen, welche umweltrelevanten Entscheidungen bereits auf einer übergeordneten Ebene gefällt wurden und deshalb keiner erneuten Prüfung bedürfen, und welche Untersuchungen nachfolgenden Planungsstufen überlassen werden können. Weitere Gesichtspunkte, die aufgegriffen werden sollten, sind: eine Umschreibung der Untersuchungsräume, sofern nicht alle Planinhalte umweltrelevant sind; eine Darstellung der wesentlichen Auswirkungen dieser Planinhalte; die Nennung möglicher Alternativen; eine Erläuterung verwendeter und anzuwendender Untersuchungsmethoden und ähnliches, sowie Hinweise auf mögliche Überwachungsmaßnahmen. 53

II. Rechtsqualität, Maßgeblichkeit des Planungsstands

Die Festlegung des Untersuchungsrahmens ist **kein Verwaltungsakt,**[214] sondern ein unselbstständiger, wegen der Regelung des § 44a VwGO **nicht gesondert anfechtbarer Verfahrensrealakt,**[215] dem mangels Adressaten die Außenwirkung fehlt.[216] Anders als im Rahmen des § 15 UVPG, wo sich ein Vorhabenträger an die Behörde wendet,[217] dient das Scoping allein der Orientierung der zuständigen Behörde selbst. Es gibt neben ihr keine schutzbedürftigen Dritten. Sie allein ist **Herrin des Verfahrens**, legt den Untersuchungsrahmen autonom fest und korrigiert ihre Ausrichtung gegebenenfalls in Abhängigkeit von neu im Rahmen des Planungsprozesses hinzukommenden Informationen.[218] Auch wenn das Scoping abgeschlossen ist und deshalb nicht wiederholt werden muss,[219] bleibt der Untersuchungsrahmen (also das Ergebnis des Scopings) gleichwohl **für weitere Erkenntnisse offen**, die sich erst mit zunehmender Planungsdichte und fortschreitendem Ermittlungsstand vor allem im Hinblick auf die nach Auslegung der Pläne und Programme abgegebenen Stellungnahmen und Äußerungen von Behörden und Öffentlichkeit zu einem endgültigen Bild über die erforderlichen Untersuchungen der Umweltauswirkungen des Plans oder Programms zusammensetzen.[220] Eine verbindliche, abschließende Festlegung des Untersuchungsrahmens schon nach der Durchführung eines Scopingtermins liefe letztlich auch Gefahr, die Anforderungen des UVPG an die umfassende Ermittlung der Umweltauswirkungen zu unterlaufen und Beteiligungsrechte Dritter im eigentlichen Verwaltungsverfahren zu verletzen. 54

212 Siehe hierzu bereits oben Rdn. 8.

213 *Peters/Balla/Hesselbarth,* UVPG, § 39 Rn. 14.

214 *Schink,* in: ders./Reidt/Mitschang, UVPG/UmwRG, § 39 UVPG Rn. 14.

215 *Gassner,* UVPG, § 14f Rn. 33 f.; siehe ergänzend zu § 15 UVPG *Reidt/Augustin,* in: Schink/Reidt/Mitschang, UVPG/UmwRG, § 15 UVPG Rn. 32; *Beckmann,* in: Landmann/Rohmer, Umweltrecht, § 15 UVPG Rn. 33; siehe auch § 15 Rdn. 28.

216 *Ramsauer,* in: Kopp/Ramsauer, VwVfG, § 35 Rn. 109 ff.; *Stuhlfauth,* in: Obermayer/Funke-Kaiser, VwVfG, § 35 Rn. 104 ff.

217 Siehe § 15 Rdn. 3.

218 *Peters/Balla/Hesselbarth,* UVPG, § 39 Rn. 3; *Gassner,* UVPG, § 14f Rn. 5, 20.

219 Siehe hierzu oben Rdn. 12.

220 Siehe bereits Rdn. 12.

F. Übermittlungspflichten der zu beteiligenden Behörden

55 Verfügen die zu beteiligenden Behörden (§ 41 UVPG) über Informationen, die für den Umweltbericht zweckdienlich sind, so sind sie gem. § 39 Abs. 4 Satz 4 UVPG dazu **verpflichtet**, diese an die zuständige Behörde – auch ohne deren explizite Beantragung[221] – **zu übermitteln.**[222] Der Gesetzgeber erhofft sich auf diese Weise eine Verbesserung der Informationsermittlung und Sicherstellung einer ausreichenden Qualität des Umweltberichts, wie sie von Art. 12 Abs. 2 SUP-RL gefordert wird.[223] Es handelt sich um eine besondere Ausprägung der Amtshilfe.[224] Die Informationspflicht der Behörden erstreckt sich ausschließlich auf zweckmäßige Informationen, die ihnen selbst zur Verfügung stehen (etwa Karten- und Datenmaterial, Pläne, Gutachten oder vorhandene Monitoringaktivitäten).[225] Eine eigenverantwortlich geführte Ermittlung im Hinblick auf die SUP-relevanten Umweltauswirkungen des Plans oder Programms anzustellen und Gutachten oder ähnliches Material von dritter Seite zu beschaffen, ist dagegen nicht Sache der zu beteiligenden Behörden. Hierfür fehlt ihnen bereits die erforderliche Zuständigkeit. Besitzen sie aber Kenntnisse darüber, wo notwendige Informationen abgefragt werden können, haben sie die zuständige Behörde darauf hinzuweisen.

§ 40 Umweltbericht

(1) [1]Die zuständige Behörde erstellt frühzeitig einen Umweltbericht. [2]Dabei werden die voraussichtlichen erheblichen Umweltauswirkungen der Durchführung des Plans oder Programms sowie vernünftiger Alternativen ermittelt, beschrieben und bewertet.

(2) [1]Der Umweltbericht nach Absatz 1 muss nach Maßgabe des § 39 folgende Angaben enthalten:

1. **Kurzdarstellung des Inhalts und der wichtigsten Ziele des Plans oder Programms sowie der Beziehung zu anderen relevanten Plänen und Programmen,**
2. **Darstellung der für den Plan oder das Programm geltenden Ziele des Umweltschutzes sowie der Art, wie diese Ziele und sonstige Umwelterwägungen bei der Ausarbeitung des Plans oder des Programms berücksichtigt wurden,**
3. **Darstellung der Merkmale der Umwelt, des derzeitigen Umweltzustands sowie dessen voraussichtliche Entwicklung bei Nichtdurchführung des Plans oder des Programms,**
4. **Angabe der derzeitigen für den Plan oder das Programm bedeutsamen Umweltprobleme, insbesondere der Probleme, die sich auf ökologisch empfindliche Gebiete nach Nummer 2.6 der Anlage 6 beziehen,**
5. **Beschreibung der voraussichtlichen erheblichen Auswirkungen auf die Umwelt nach § 3 in Verbindung mit § 2 Absatz 1 und 2,**
6. **Darstellung der Maßnahmen, die geplant sind, um erhebliche nachteilige Umweltauswirkungen aufgrund der Durchführung des Plans oder des Programms zu verhindern, zu verringern und soweit wie möglich auszugleichen,**
7. **Hinweise auf Schwierigkeiten, die bei der Zusammenstellung der Angaben aufgetreten sind, zum Beispiel technische Lücken oder fehlende Kenntnisse,**
8. **Kurzdarstellung der Gründe für die Wahl der geprüften Alternativen sowie eine Beschreibung, wie die Umweltprüfung durchgeführt wurde,**
9. **Darstellung der geplanten Überwachungsmaßnahmen gemäß § 45.**

[2]Die Angaben nach Satz 1 sollen entsprechend der Art des Plans oder Programms Dritten die Beurteilung ermöglichen, ob und in welchem Umfang sie von den Umweltauswirkungen des Plans

221 *Schink,* in: ders./Reidt/Mitschang, UmwRG/UVPG, § 39 UVPG Rn. 24.
222 Vgl. II. 15.1.4 der UVPVwV.
223 Gesetzesbegr. v. 29.06.2004, BT-Drs. 15/3441, S. 32.
224 *Schink,* in: ders./Reidt/Mitschang, UmwRG/UVPG, § 39 UVPG Rn. 24.
225 *Peters/Balla/Hesselbarth,* UVPG, § 39 Rn. 27.

oder Programms betroffen werden können. [3]Eine allgemein verständliche, nichttechnische Zusammenfassung der Angaben nach diesem Absatz ist dem Umweltbericht beizufügen.

(3) Die zuständige Behörde bewertet vorläufig im Umweltbericht die Umweltauswirkungen des Plans oder Programms im Hinblick auf eine wirksame Umweltvorsorge im Sinne der § 3 in Verbindung mit § 2 Absatz 1 und 2 nach Maßgabe der geltenden Gesetze.

(4) Angaben, die der zuständigen Behörde aus anderen Verfahren oder Tätigkeiten vorliegen, können in den Umweltbericht aufgenommen werden, wenn sie für den vorgesehenen Zweck geeignet und hinreichend aktuell sind.

Übersicht Rdn.

A. Allgemeines

I. Regelungsgegenstand

1 Die Erstellung des Umweltberichts schließt sich unmittelbar an das Scoping, die Festlegung des Untersuchungsrahmens nach § 39 UVPG, an. Die zuständige Behörde ist gem. § 40 Abs. 1 UVPG dazu aufgerufen, nach Maßgabe des zuvor definierten Untersuchungsrahmens die voraussichtlichen erheblichen Umweltauswirkungen der Durchführung des Plans oder Programms sowie vernünftige Alternativen zu **ermitteln**, zu **beschreiben** und schließlich zu **bewerten**.[1] Die **Dokumentation** dieser Arbeitsschritte leistet der frühzeitig zu erstellende Umweltbericht.

2 Inhaltlich muss der Umweltbericht bestimmte **Mindestangaben** aufweisen, die in § 40 Abs. 2 Satz 1 UVPG aufgeführt sind. Dies sind unter anderem:[2] eine Kurzdarstellung des Inhalts und der wichtigsten Ziele des Plans oder Programms (Nr. 1); eine Darstellung der für den Plan oder das Programm geltenden Ziele des Umweltschutzes (Nr. 2); eine Darstellung der Merkmale der Umwelt und des derzeitigen Umweltzustands (Nr. 3); Angaben zu den derzeitigen für den Plan oder das Programm bedeutsamen Umweltproblemen (Nr. 4); eine Beschreibung der voraussichtlichen erheblichen Auswirkungen auf die Umwelt (Nr. 5); eine Darstellung der Maßnahmen, die geplant sind, um erhebliche nachteilige Umweltauswirkungen zu verhindern, zu verringern und soweit wie möglich auszugleichen (Nr. 6); Hinweise auf Schwierigkeiten, die bei der Zusammenstellung der Angaben aufgetreten sind (Nr. 7); eine Kurzdarstellung der Gründe für die Wahl der geprüften Alternativen und eine Beschreibung der Durchführung der Umweltprüfung (Nr. 8) sowie eine Darstellung der geplanten Überwachungsmaßnahmen nach § 45 UVPG (Nr. 9). Dieser umschriebene Inhalt des Umweltberichts soll nicht nur für die mit der Plan- oder Programmaufstellung bzw. -änderung befassten Behörden, sondern auch für Außenstehende **verständlich** sein, um so eine wirksame Beteiligung der Öffentlichkeit zu ermöglichen. Aus diesem Grund ist gem. § 40 Abs. 2 Satz 2 UVPG ausdrücklich gefordert, dass Dritten die Beurteilung möglich sein muss, ob und in welchem Umfang sie von den Umweltauswirkungen betroffen werden. Insofern erweist es sich als zweckdienlich, dass dem Umweltbericht gem. § 40 Abs. 2 Satz 3 UVPG eine allgemein verständliche, nichttechnische **Zusammenfassung** der Angaben beizufügen ist.

3 § 40 Abs. 3 UVPG widmet sich der Bewertung der Umweltauswirkungen des Plans oder Programms (vgl. auch § 40 Abs. 1 Satz 2 UVPG) und konkretisiert sie dahingehend, dass zunächst nur eine **vorläufige Bewertung** gefordert ist, die im Hinblick auf eine wirksame Umweltvorsorge i.S.d. § 3 UVPG i.V.m. § 2 Abs. 1 und 2 UVPG nach Maßgabe der geltenden Gesetze abgegeben wird. Die Vorläufigkeit der Bewertung erklärt sich aus dem Zusammenspiel mit § 43 UVPG. Letzterer erlaubt, die Darstellungen und Bewertungen des Umweltberichts nach Abschluss der Konsultationen sowie der Beteiligungen von Öffentlichkeit und Behörden zu überprüfen und ggf. zu korrigieren (vgl. § 43 Abs. 1 UVPG). §§ 40 und 43 UVPG ergeben somit zusammen eine abgeschlossene Bewertung.[3]

4 Schließlich ist es der zuständigen Behörde gem. § 40 Abs. 4 UVPG aus Gründen der Verfahrensökonomie erlaubt, **Angaben** in den Umweltbericht mit aufzunehmen, die **aus anderen Verfahren oder Tätigkeiten** vorliegen. Voraussetzung ist lediglich, dass die Angaben für den vorgesehenen Zweck geeignet und hinreichend aktuell sind.

---

1 Vgl. VGH München, Urt. v. 15.03.2021 – 8 A 18.40041, juris Rn. 54; *Kment*, in: Jarass/Kment, BauGB, § 2 Rn. 14.

2 Die Inhalte sind in verkürzter Form wiedergegeben.

3 *Erbguth/Schubert* ZUR 2005, 524 (528).

II. Zweck und Bedeutung des Umweltberichts

Der Umweltbericht wird mit gutem Grund als das wichtigste Element der SUP bezeichnet.[4] Er präsentiert sich als ein Verfahrenselement mit ausgeprägt multifunktionaler Bedeutung.[5] Zum einen dient er als zentrales Dokument, in dem alle wesentlichen umweltrelevanten Daten, Fakten und Argumente konzentriert dokumentiert werden und mit dem auch die tatsächliche Durchführung der Umweltprüfung nachgewiesen werden kann (**Dokumentationsfunktion**). In dieser Form fördert er auch die spätere Entscheidungsfindung bezüglich der Annahme des Plans oder Programms (**Entscheidungsgrundlage**).[6] Zum anderen versorgt er die zu beteiligenden Behörden und Vertreter der Öffentlichkeit mit ausreichenden Informationen, die gem. §§ 41, 42, 55 und 56 UVPG Grundlage der weiteren Beteiligung sind (**Informationsfunktion**), und gewährleistet damit zugleich die Transparenz der Entscheidungsfindung (**Transparenzfunktion**[7]). Darüber hinaus liefert er durch eine verständliche und prägnante Darstellung der (auch für betroffene Dritte nachvollziehbaren) wesentlichen umweltrelevanten Fakten (§ 40 Abs. 2 Satz 2 und 3 UVPG) häufig überhaupt den Anstoß, die Chancen der Beteiligung effektiv wahrzunehmen (**Anstoßfunktion**[8]). Entgegen der unionsrechtlichen Konzeption fungiert der Umweltbericht dabei nicht nur als ein »Eingangsbericht«[9], der keiner Fortschreibung im Zuge der Konsultationsverfahren bedarf, sondern operiert nach Maßgabe des nationalen Modells als **fortschreibungsbedürftiges Dokument**, das gem. § 43 Abs. 1 UVPG zu überprüfen und ggf. auch zu modifizieren ist.[10] Nach seiner Überprüfung dient der Umweltbericht sodann als Grundlage für die Annahme bzw. Ablehnung des Plans oder Programms (vgl. § 43 Abs. 2 UVPG).[11] Man kann deshalb von einer »**Doppelnatur**« des Umweltberichts sprechen, die sich aus seiner Funktion als »Eingangsbericht« und seiner Funktion als »Endbericht«, der die Ergebnisse nach Durchführung der Konsultationsverfahren enthält, speist.[12] 5

III. Gesetzesgeschichte und europäische Vorgaben

§ 40 UVPG ist die Nachfolgeregelung zu § 14g UVPG a.F. Die ursprüngliche Regelung zählt wie die übrigen Regelungen zur SUP auch zu den Vorschriften des UVPG, die im Zuge der Erweiterung der Umweltprüfung auf Pläne und Programme durch **Art. 1 des Gesetzes zur Einführung der Strategischen Umweltprüfung und zur Umsetzung der Richtlinie 2001/42/EG**[13] am 29.06.2006 Eingang in das UVPG gefunden haben. Im Gesetzgebungsverfahren spielte § 14g UVPG a.F. eine verhältnismäßig kleine Rolle. Der Bundesrat kritisierte lediglich die Formulierung des Abs. 1 Satz 2 der Entwurfsfassung (»vernünftiger Alternativen«), verfolgte diesen Punkt jedoch im Anschluss an die zurückweisende Stellungnahme der Bundesregierung nicht mehr weiter.[14] Im Rahmen der letzten großen UVPG-Novelle durch das **Gesetz zur Modernisierung des Rechts der Umweltverträg-** 6

4 *Scheidler* ZUR 2006, 239 (242); *ders.* NuR 2005, 628 (632); *Schomerus/Busse* NordÖR 2005, 398 (403); *Calliess*, in: Hendler u.a. (Hrsg.), Strategische Umweltprüfung, S. 153 (168); *Schink* NuR 2005, 143 (145). *Faßbender* ZUR 2018, 323 bezeichnet die Alternativenprüfung als »Herz der SUP«.

5 *Spannowsky*, in: ders./Krämer (Hrsg.), BauGB-Novelle 2004, S. 39 (47).

6 Vgl. II. 16.0.1 der UVPVwV.

7 Siehe hierzu auch Erwägungsgrund (15) der SUP-RL.

8 *Peters/Balla/Hesselbarth*, UVPG, § 40 Rn. 4. Siehe hierzu auch BVerwG, Urt. v. 05.12.1986 – 4 C 13.85, BVerwGE 75, 214 (224 ff.); BayVGH, Beschl. v. 31.01.2022 – 13a NE 21.2474, juris Rn. 32.

9 Begriff nach *Schmidt-Eichstaedt*, in: Hendler u.a. (Hrsg.), Strategische Umweltprüfung, S. 81 (87).

10 *Peters/Balla/Hesselbarth*, UVPG, § 40 Rn. 4; *Schink*, in: ders./Mitschang/Reidt, UVPG/UmwRG, § 40 UVPG Rn. 1; *Gassner*, UVPG, § 14g Rn. 2; kritisch hierzu *Schmidt-Eichstaedt*, in: Hendler u.a. (Hrsg.), Strategische Umweltprüfung, S. 81 (87 ff.).

11 *Calliess*, in: Hendler u.a. (Hrsg.), Strategische Umweltprüfung, S. 153 (168).

12 Für die Bauleitplanung *Uechtritz*, in: GfU (Hrsg.), Umweltprüfung, S. 169 (187).

13 BGBl. I, S. 1746.

14 Siehe hierzu die Stellungnahme des Bundesrates v. 15.10.2004, BT-Drs. 15/4119, S. 10 und die Gegenäußerung der Bundesregierung v. 17.11.2004, BT-Drs. 15/4236 S. 5.

lichkeitsprüfung vom 20.07.2017[15] erfolgte dann die Verschiebung der Vorschrift des § 14g UVPG a.F. in den neu geschaffenen § 40 UVPG. Dabei blieben jedoch der Wortlaut und der Inhalt der Regelung weitestgehend gleich. Vielmehr wurde mit der Verschiebung lediglich die Systematik der Nummerierung angepasst.[16] Der aktuelle Gesetzestext in § 40 UVPG entspricht somit – abgesehen von minimalen Korrekturen – der ursprünglichen Gesetzesfassung gem. § 14g UVPG a.F.[17]

7 Anstoß für die Einführung des § 14g UVPG a.F. (jetzt § 40 UVPG) gab die unionsrechtliche Bestimmung des **Art. 5 SUP-RL.**[18] In Abs. 1 verlangt die europäische Richtlinie die Erstellung eines Umweltberichts, der die voraussichtlichen erheblichen Auswirkungen, die die Durchführung des Plans oder Programms auf die Umwelt hat, sowie die vernünftigen Alternativen, die die Ziele und den geographischen Anwendungsbereich des Plans oder Programms berücksichtigen, ermittelt, beschreibt und bewertet. Die Informationen, die zu diesem Zweck vorzulegen sind, definiert Anh. I der Richtlinie. Zu ihrer Gewinnung erlaubt Art. 5 Abs. 3 SUP-RL, alle verfügbaren relevanten Informationen über die Umweltauswirkungen der Pläne und Programme heranzuziehen, die auf anderen Ebenen des Entscheidungsprozesses oder aufgrund anderer Rechtsvorschriften der Union gesammelt wurden. Zur weiteren Konkretisierung des Untersuchungsrahmens definiert Art. 5 SUP-RL zusätzlich Grenzen der Ermittlungspflicht. Diese in Art. 5 Abs. 2 SUP-RL aufgeführten Begrenzungskriterien hat der nationale Gesetzgeber zwar rechts-technisch nicht in § 14g UVPG a.F. (jetzt § 40 UVPG) aufgenommen, sondern in § 14f UVPG a.F. (jetzt § 39 UVPG) einfließen lassen, sie wirken sich gleichwohl weiterhin auf § 40 UVPG aus.[19]

IV. Anwendungsbereich

8 Der Anwendungsbereich der Vorschrift erschließt sich im Ausschlussverfahren. Grundsätzlich ist ein Umweltbericht für alle Pläne und Programme zu erstellen, die gem. §§ 35 ff. UVPG SUP-pflichtig sind. Nicht erfasst sind gem. § 50 Abs. 2 UVPG **Bauleitpläne;**[20] hier genießen die Vorschriften des BauGB Anwendungsvorrang. § 40 UVPG wird vollständig durch § 2a BauGB verdrängt.[21] Im Bereich der **Landschaftsplanung** obliegt es gem. § 52 UVPG den Ländern, die Erforderlichkeit und Durchführung der SUP durch ergänzende Rechtsvorschriften zu regeln. Das von § 52 UVPG geforderte Landesrecht muss hierbei den Anforderungen des Unionsrechts entsprechen, welches auch den Landesgesetzgeber bindet.[22] Besonderheiten gelten gem. § 53 Abs. 3 Nr. 2 UVPG auch für **Verkehrswegeplanungen auf Bundesebene** einschließlich der **Bedarfspläne nach einem Verkehrswegeausbaugesetz des Bundes**. Hier ist es dem Bundesministerium für Digitales und Verkehr[23] erlaubt, im Einvernehmen mit dem Bundesministerium für Umwelt, Naturschutz, nukleare Sicher-

15 BGBl. I, S. 2808.

16 Gesetzesbegr. v. 13.03.2017, BT-Drs. 18/11499, S. 99.

17 Vom 29.06.2004, BT-Drs. 15/3441, S. 6 f.

18 *Kenyeressy* UPR 2013, 139 (141).

19 Siehe hierzu im Einzelnen Rdn. 18.

20 Zum Umweltbericht nach dem BauGB siehe *Söfker*, in: Ernst/Zinkahn/Bielenberg/Krautzberger, BauGB, § 2a Rn. 27 ff.; *Battis*, in: ders./Krautzberger/Löhr, BauGB, § 2 Rn. 13 ff., § 2a Rn. 3 ff.; *Kment*, in: Jarass/Kment, BauGB, § 2a Rn. 3; *Weyrauch* UPR 2018, 81; *Uechtritz* BauR 2005, 1859 (1866 ff.); *Schrödter*, in: Erbguth (Hrsg.), SUP, S. 49 (56 ff.).

21 OVG Koblenz, Urt. v. 18.10.2006 – 1 C 10244/06, BauR 2007, 332 (344); *Kment*, in: Jarass/Kment, BauGB, § 2 Rn. 12; *Battis/Krautzberger/Löhr* NJW 2004, 2553 (2554); *Beckmann* DVBl 2022, 809 (812).

22 EuGH, Urt. v. 28.02.1991 – C-131/88, NVwZ 1991, 973 Rn. 71; *Jarass* NVwZ 2000, 1089 (1095); *Schroeder*, in: Streinz (Hrsg.), EUV/AEUV, Art. 288 AEUV Rn. 58; *Kment* NVwZ 2005, 886 (890); *Beckmann* DVBl 2022, 809 (812).

23 Ab der 21. Legislaturperiode im Mai 2025 nur noch das Bundesministerium für Verkehr. Für den Politikbereich des Digitalen wurde ein neues Bundesministerium für Digitales und Staatsmodernisierung gegründet.

heit und Verbraucherschutz[24] durch Rechtsverordnung ohne Zustimmung des Bundesrates das Verfahren der Erarbeitung sowie Inhalt und Ausgestaltung des Umweltberichts nach § 40 UVPG im Hinblick auf die Besonderheiten der Verkehrswegeplanung zu regeln.[25] Schließlich sind Sonderregelungen des Netzausbaubeschleunigungsgesetzes für die planerische Ausweisung von Trassenkorridoren zu beachten. So sieht etwa **§ 8 Satz 1 NABEG** vor, dass der Übertragungsnetzbetreiber (Vorhabenträger) die für die Bundesfachplanung erforderlichen Unterlagen bereitzustellen hat.[26] Allgemein gilt aber: Sofern von den Vorgaben des § 40 UVPG abgewichen wird, müssen die Anforderungen der SUP-RL entsprechend berücksichtigt werden;[27] dies gilt auch für Sonderregelungen, die Teilaspekte des § 40 UVPG nachhaltig tangieren, wie etwa der Einfluss des § 5 Abs. 5 NABEG auf die Alternativenprüfung.[28] So ist es dem Bund und den Ländern gem. § 38 Satz 2 UVPG zwar unbenommen, in Fachgesetzen ausdrücklich eine (auch abweichende) Regelung zum Umweltbericht zu treffen. Fallen die Anforderungen an Verfahren, Inhalt und Ausgestaltung des Umweltberichts allerdings unter das Niveau des § 40 UVPG, kommt § 40 UVPG als Auffangvorschrift gem. § 38 Satz 1 UVPG zur Anwendung.[29]

V. Zuständige Behörde

Zuständige Behörde i.S.d. § 40 Abs. 1 Satz 1 UVPG ist diejenige Behörde, die nach dem jeweiligen Fachgesetz mit der Durchführung des Verfahrens zur Aufstellung oder Änderung des SUP-pflichtigen Plans oder Programms beauftragt ist.[30] Diese Zuordnung ist grundsätzlich eindeutig und ausschließlich. Eine »federführende Behörde« i.S.d. § 31 UVPG tritt hier nicht in Erscheinung, da die Aufstellung oder Änderung von Plänen oder Programmen keine den Parallelzulassungen verwandte Problematik hervorbringt.[31] 9

B. Frühzeitige Erstellung des Umweltberichts (Abs. 1 Satz 1)

§ 40 Abs. 1 Satz 1 UVPG verpflichtet die zuständige Behörde, den Umweltbericht **frühzeitig** zu erstellen. Angesprochen sind damit im Wesentlichen zwei Aspekte: zum einen **das Verfahren** zur Aufstellung des Umweltberichts und zum anderen der **Zeitpunkt seiner Fertigstellung.**[32] Hinsichtlich des **Verfahrens** muss gewährleistet sein, dass ausreichend Zeit zur Verfügung steht zum Ermitteln, Beschreiben und (vorläufigen) Bewerten der Umweltauswirkungen und Alternativen. Hinsichtlich des **Zeitpunkts der Fertigstellung** des Umweltberichts sind die unterschiedlichen Funktionen[33] des Umweltberichts zu beachten. Um Informations- und Anstoßfunktion haben zu können, muss der Umweltbericht vor der Durchführung der Beteiligungsverfahren nach §§ 41, 42, 55 und 56 UVPG vorliegen.[34] Einen **früheren** Zeitpunkt verlangen seine weiteren Einsatzfelder aber nicht. Auch die Funktion des Umweltberichts, als Entscheidungsgrundlage für die Frage nach der Annahme des Plans oder Programms zu dienen (§ 43 Abs. 2 UVPG), erfordert rechtlich keine frühere Fertigstellung. Zweckmäßigerweise wird jedoch die Erarbeitung des Plans oder Programms an den Erkennt- 10

---

24 Ab der 21. Legislaturperiode im Mai 2025 das Bundesministerium für Umwelt, Klimaschutz, Naturschutz und nukleare Sicherheit.

25 Siehe hierzu § 53 Rdn. 29 ff.; die Zuständigkeit des Ministeriums und die zu beteiligende Behörde in § 53 Abs. 3 UVPG wurden zuletzt durch Art. 1 des G. v. 22.12.2023 (BGBl. 2023 I Nr. 409) geändert.

26 Vgl. zum NABEG auch *Kment* RdE 2011, 341 ff.; *ders.* NVwZ 2015, 616 (619, 623); *Schink*, in: ders./Versteyl/Dippel, NABEG, § 8 Rn. 5.

27 Siehe die Gesetzesbegr. v. 29.06.2004, BT-Drs. 15/3441, S. 39.

28 Vgl. dazu *Kment* NVwZ 2016, 1762.

29 Siehe § 38 Rdn. 5 ff.

30 *Peters/Balla/Hesselbarth*, UVPG, § 40 Rn. 3; *Schomerus/Busse* NordÖR 2005, 398 (402).

31 Siehe dazu § 31 Rdn. 1 ff.

32 Siehe § 3 Rdn. 49 f.

33 Siehe oben Rdn. 5.

34 *Guckelberger* EurUP 2016, 168 (175); *Schlacke*, in: Kahl, Nachhaltigkeit durch Organisation und Verfahren, 2016, S. 335 (343).

nissen des Umweltberichts ausgerichtet, um die Annahme des Plans oder Programms nicht unnötig zu gefährden. Daher bietet es sich an, Umweltbericht und Plan bzw. Programm aufeinander abgestimmt zu entwickeln, um eine möglichst frühzeitige Berücksichtigung der Erkenntnisse des Umweltberichts in der Erarbeitungsphase der Pläne und Programme gewährleisten zu können.[35]

C. Basisauftrag: Ermitteln – Beschreiben – Bewerten (Abs. 1 Satz 2)

11 § 40 Abs. 1 Satz 2 UVPG enthält den grundlegenden **Basisauftrag** an die zuständige Behörde. Letztere wird aufgefordert, die voraussichtlichen erheblichen Umweltauswirkungen der Durchführung des Plans oder Programms sowie vernünftiger Alternativen zu ermitteln, zu beschreiben und zu bewerten.[36] Die verschiedenen Verfahrensschritte **bauen funktional aufeinander auf** und bilden somit zwingend eine **chronologische Abfolge**. Denn was nicht ermittelt ist, kann nicht beschrieben werden, und was nicht beschrieben ist, kann nicht bewertet werden. In ihrer Abstraktheit nebeneinandergestellt haben die drei Verfahrenselemente noch einen geringen Aussagegehalt. Erst durch die nachfolgenden Absätze des § 40 UVPG gewinnen sie an Kontur.

12 Die **Ermittlung** beschreibt einen **Prozess des Suchens und Identifizierens.**[37] Die erforderlichen Daten werden gesammelt und zusammengestellt. Dabei erstreckt sich die Ermittlungspflicht grundsätzlich nicht auf jedes noch so marginale Faktum. Erleichterungen ergeben sich zumeist aus Erheblichkeits- oder Zumutbarkeitsschwellen, vorliegend aus der Fokussierung auf **voraussichtliche erhebliche** Umweltauswirkungen und **vernünftige** Alternativen sowie aus § 40 Abs. 2 UVPG, der den Ermittlungsumfang konkretisiert und die Vorgaben des § 39 UVPG zum Maßstab erklärt.[38] Erleichterungen können aber auch durch eine Regelung wie § 40 Abs. 4 UVPG erzielt werden, der den faktischen Ermittlungsaufwand verringert.[39] Im Zusammenspiel mit diesen Konkretisierungen wird das Ermitteln mitunter zugleich zu einer **Prognoseentscheidung.**[40] Die zuständige Behörde muss beispielsweise (grob) einschätzen, welche Eintrittswahrscheinlichkeit eine ins Auge gefasste Umweltbeeinträchtigung aufweisen könnte oder welche Arten von Gesundheitsgefahren drohen.

13 Das **Beschreiben** beinhaltet einen rein **deskriptiven Vorgang**, der die Ermittlungsergebnisse schriftlich dokumentiert.[41] Da der Umweltbericht die notwendigen Informationen für die Beteiligungsverfahren liefert und zudem dazu beiträgt, für eine ausreichende Transparenz der Entscheidungsfindung zu sorgen, muss der beschreibende Teil des Umweltberichts **wertneutral** sein.[42] Werturteile über einzelne Umweltauswirkungen (als »schädlich«, »gefährlich«, »gemeinwohlbeeinträchtigend«, »negativ« etc.) werden erst im nächsten Schritt, der Bewertung, gefällt.[43] Auch die Beschreibung erfolgt nicht uferlos. Sie orientiert sich vorrangig an den ermittelten Daten und erfüllt die Mindestanforderungen des § 40 Abs. 2 UVPG.

14 Das Verfahren nach § 40 UVPG endet mit einer (vorläufigen) **Bewertung** der ermittelten und beschriebenen Umweltauswirkungen und Alternativen. So lapidar dieser Begriff klingt, so viel Sprengkraft liegt in diesem bedeutsamen Teilabschnitt der SUP, da noch viele Detailfragen ungeklärt sind.[44] Als gesichert kann jedoch angesehen werden, dass die Bewertung der Entscheidungsvorbereitung

---

35 *Peters/Balla/Hesselbarth,* UVPG, § 40 Rn. 4; *EU-Kommission (GD Umwelt)* Umsetzung, Rn. 5.7; vgl. für die Bauleitplanung *Mitschang,* FS Püttner, S. 277 (296).

36 Vgl. auch VGH München, Urt. v. 15.03.2021 – 8 A 18.40041, juris Rn. 54; beispielhaft für die Abfallwirtschaftsplanung, *Sander* AbfallR 2024, 68 (72).

37 *Kment,* in: Jarass/Kment, BauGB, § 2 Rn. 15; *Krautzberger/Kment,* in: Ernst/Zinkahn/Bielenberg/Krautzberger, BauGB, § 2 Rn. 388; *Uebbing,* Umweltprüfung, S. 114 f.

38 Siehe dazu die nachfolgenden Darstellungen unter Rdn. 16.

39 Siehe hierzu Rdn. 93.

40 Siehe § 3 Rdn. 19.

41 *Krautzberger/Kment,* in: Ernst/Zinkahn/Bielenberg/Krautzberger, BauGB, § 2 Rn. 389.

42 *Schink,* in: ders./Reidt/Mitschang, UVPG/UmwRG, § 40 UVPG Rn. 9; *Schoeneberg,* UVP, Rn. 142.

43 *Kment,* in: Jarass/Kment, BauGB, § 2 Rn. 17. Ähnlich für die UVP II. 16.1.4.1 der UVPVwV.

44 *Schmidt-Preuß* DVBl 1995, 485 (485 ff.); siehe auch § 25 Rdn. 9.

dient, indem sie eine **Beurteilungsgrundlage** für die Entscheidung über die Annahme des Plans oder Programms liefert. Gegenstand des Bewertens ist das **Einschätzen, Abschätzen und Gewichten von Umweltauswirkungen und Alternativen.**[45] Es geht darum, das ermittelte und beschriebene Datenmaterial subjektiv einzustufen und zu überprüfen, etwa dahingehend, ob einzelne Umweltauswirkungen entscheidungserheblich sind oder eher vernachlässigt werden können.[46] Man kann insofern auch von einer **Risikobewertung** sprechen.[47] Die Anforderungen an die Bewertung im Rahmen des § 40 UVPG werden durch Abs. 3 näher konkretisiert. Er verdeutlicht nicht nur die **Vorläufigkeit** der Bewertung, sondern gibt auch erste Hinweise, welche Bewertungsmaßstäbe bei der SUP anzulegen sind.[48]

D. Inhalt des Umweltberichts

I. Allgemeines

Der Umweltbericht dient als Dokument, in dem die voraussichtlichen erheblichen Umweltauswirkungen des Plans sowie vernünftige Alternativen, die zuvor ermittelt wurden, beschrieben und bewertet werden. Dabei verdeutlicht bereits der Begriff der »**Voraussichtlichkeit**«, dass es sich bei der durchzuführenden Ermittlung um Prognosen handelt. In den Umweltbericht fließen also nur solche Umweltauswirkungen ein, die zum Zeitpunkt seiner Erstellung überhaupt ermittelt werden können und deren Eintritt bei einer Plan- bzw. Programmverwirklichung mit einer gewissen Wahrscheinlichkeit behaftet ist.[49] Mit der Begrenzung auf »**erhebliche**« Umweltauswirkungen sollen solche Umweltauswirkungen ausgefiltert werden, die nur geringfügig ins Gewicht fallen und daher unbeachtet bleiben dürfen. Mit diesen Vorgaben greift der Gesetzgeber Grundsätze der nationalen Abwägungsdogmatik auf und generiert sie für die SUP.[50] 15

Im Übrigen wirkt sich die **enge Verzahnung zwischen Scoping (§ 39 UVPG) und Umweltbericht** konkretisierend auf den Inhalt des Umweltberichts aus. Beide Verfahrensschritte (Scoping und Umweltbericht) sind in engem Bezug aufeinander konzipiert.[51] Gem. § 39 Abs. 1 UVPG legt die zuständige Behörde den Untersuchungsrahmen der SUP einschließlich des Umfangs und des Detaillierungsgrades der in den Umweltbericht nach § 40 UVPG aufzunehmenden Angaben fest, und als Pendant dazu enthält der Umweltbericht gem. § 40 Abs. 2 UVPG bestimmte Mindestangaben nach Maßgabe des § 39 UVPG. Dies bedeutet, dass die Festlegung des Untersuchungsrahmens direkt in die Erstellung des Umweltberichts überleitet und ihn vorbereitet. Um dabei effizient zu sein, verlangt dieses aufeinander abgestimmte Verfahren, dass die **Rahmensetzung des Scopings unmittelbare Auswirkungen auf den Umweltbericht hat.** D.h., dass sich die zuständige Behörde bei der Erstellung des Umweltberichts an dem vorgegebenen Untersuchungsrahmen ausrichtet und Umfang wie auch Detaillierungsgrad auf diese Vorgaben abstimmt.[52] 16

Das beschriebene Wirkungsgefüge des Umweltberichts lässt erkennen, welche **grundlegende Bedeutung** die Festlegung des Untersuchungsrahmens für die Erstellung des Umweltberichts und somit für die gesamte SUP hat. Die aufgezeigten Bindungen sind jedoch nicht grenzenlos. Die 17

---

45 *Schink*, in: ders./Reidt/Mitschang, UVPG/UmwRG, § 40 UVPGRn. 10; *Uebbing*, Umweltprüfung, S. 130.

46 *Peters/Balla/Hesselbarth*, UVPG, § 40 Rn. 28; *Bunge/Nesemann*, in: HdUVP, 0507, S. 41.

47 Siehe auch § 25 Rdn. 33.

48 Siehe hierzu eingehender Rdn. 76 ff.

49 Zu wissenschaftlichen Prognosestandards (im Kontext der Bedarfsplanung): *Möckel* VerwArch 2017, 439 (450 ff.).

50 Siehe hierzu auch BVerwG, Beschl. v. 09.11.1979 – 4 N 1.78 u.a., BVerwGE 59, 87 (102 ff.); Urt. v. 20.04.2005 – 4 C 18.03, BVerwGE 123, 261 (275); *Kment* BauR 2005, 1257 (1258 f.); *Kment*, in: Jarass/Kment, BauGB, § 1 Rn. 79; *Hoppe/Bönker*, in: ders./ders./Grotefels, Öffentliches Baurecht, § 7 Rn. 50 ff.

51 Siehe hierzu § 39 Rdn. 8.

52 Gesetzesbegr. v. 29.06.2004, BT-Drs. 15/3441, S. 32.

Grundprämisse, dass der Umweltbericht sich an dem nach § 39 UVPG festgelegten Untersuchungsrahmen auszurichten hat, muss auch **Ausnahmen** zulassen. Wird nämlich im weiteren Untersuchungs- und Planungsprozess neues Faktenwissen gewonnen, das die SUP in eine andere Richtung lenkt und eine Änderung des Untersuchungsrahmens sachlich erfordert, ist dem neu aufgetretenen Untersuchungsbedarf nachzugehen.[53] Der im Scoping festgelegte Untersuchungsrahmen verliert in diesem Fall seine Aktualität und damit an Bedeutung.

18 Daneben hat der Hinweis des § 40 Abs. 2 UVPG auf die Regelung des § 39 UVPG ebenfalls Auswirkungen auf den Inhalt des Umweltberichts. Er verdeutlicht, dass die im Rahmen des § 39 UVPG zur Bestimmung des Untersuchungsrahmens herangezogenen Grundsätze auch für den Umweltbericht gelten.[54] Dies sind vorrangig die systematisch unvorteilhaft platzierten[55] gesetzlichen **Determinanten des § 39 Abs. 2 Satz 2 UVPG.** Darunter fallen aber auch allgemeine Grundsätze wie die **fachgesetzliche Akzessorietät** der SUP (ausgedrückt etwa in § 39 Abs. 2 Satz 1 UVPG) oder die **Folgen der Abschichtung**[56] (§ 39 Abs. 3 UVPG). Danach enthält der Umweltbericht nur solche Angaben, (1) die nach den Rechtsvorschriften, die für die Entscheidung über die Ausarbeitung, Annahme oder Änderung des Plans oder Programms maßgebend sind, erforderlich sind, (2) die mit zumutbarem Aufwand ermittelt werden können,[57] wobei (3) der gegenwärtige Wissensstand und die aktuellen Prüfmethoden zu berücksichtigen sind, (4) die der Behörde aufgrund von Äußerungen der Öffentlichkeit bekannt sind und (5) die dem Inhalt und Detaillierungsgrad des Plans oder Programms[58] sowie seiner Stellung im Entscheidungsprozess entsprechen.[59]

II. Alternativenprüfung

1. Allgemeines

19 Die **obligatorische Prüfung** von Alternativen ist ein wesentliches Element der plan- und programmbezogenen SUP.[60] Auf der Ebene der typischerweise nachgelagerten Projektzulassung (im Rahmen der UVP) kommt ein solcher Verfahrensschritt meist zu spät, da zu diesem Zeitpunkt die Prüfung von alternativen Standorten oder Planungskonzeptionen bereits regelmäßig abgeschlossen ist.[61] Um eine effektive Umweltvorsorge zu betreiben, ist es deshalb notwendig, zu einem **möglichst frühen Planungsstadium** Alternativen zu untersuchen und die gewonnenen Erkenntnisse in den Entwicklungsprozess einfließen zu lassen.[62] § 40 Abs. 1 Satz 2 UVPG dient diesem Ziel und verpflichtet die zuständige Behörde, im Rahmen der SUP vernünftige Alternativen zu ermitteln, zu beschreiben und zu bewerten. Zudem sollen gem. § 40 Abs. 2 Satz 1 Nr. 8 UVPG die Gründe für die Wahl der geprüften Alternativen in den Umweltbericht aufgenommen und die Durchführung der Prüfung beschrieben werden.[63]

---

53 *Peters/Balla/Hesselbarth,* UVPG, § 40 Rn. 11.

54 *Hendler* NVwZ 2005, 977 (981); *Schink* NuR 2005, 143 (146); *Calliess,* in: Hendler u.a. (Hrsg.), Strategische Umweltprüfung, S. 153 (170); *Näckel,* Umweltprüfung, S. 230; *Gassner,* UVPG, § 14g Rn. 5.

55 Siehe § 39 Rdn. 20.

56 Siehe § 39 Rdn. 35 ff. Dazu auch *Kment,* in: Jarass/Kment, BauGB, § 2 Rn. 23 ff.

57 *Hendler* NVwZ 2005, 977 (981); vgl. *Kment,* in: Jarass/Kment, BauGB, § 2 Rn. 16.

58 *Grotefels,* in: Mitschang (Hrsg.), Umweltprüfverfahren, S. 19 (26).

59 Siehe hierzu ausführlich § 39 Rdn. 14, 20 ff.

60 Sie ist auch wesentlicher Bestandteil der Abwägung im abfallrechtlichen Planfeststellungsverfahren: OVG Lüneburg, Urt v. 04.07.2017 – 7 KS 7/15, juris Ls. 3; Urt. v. 31.07.2018 – 7 KS 17/16, juris Rn. 439; zur artenschutzrechtlichen Alternativenprüfung: *Bick/Wulfert* NVwZ 2017, 346 (350 f.); zur Alternativenprüfung bei Erdkabel-Pilotverfahren: *Füßer/Gresse* NVwZ 2021, 1094 (1094 ff.); die Alternativenprüfung sogar als Hauptargument für die Einführung einer SUP ansehend *Beckmann* DVBl. 2022, 809 (812).

61 *Schrödter* RaumPlanung 2000, 27 (29); *Otto,* UVP, S. 109; ähnlich KOM (96) 511 endg. S. 4.

62 *Uebbing,* Umweltprüfung, S. 164.

63 Siehe hierzu nachfolgend Rdn. 67 ff.

2. Europäische Vorgaben und die Pflicht zur Alternativenprüfung

Die originäre Pflicht zur Alternativenprüfung im Rahmen der SUP ist unionsrechtlich vorgesehen.[64] 20
Art. 5 Abs. 1 Satz 1 SUP-RL schreibt vor, dass ein Umweltbericht zu erstellen ist, in dem vernünftige Alternativen, die die Ziele und den geographischen Anwendungsbereich des Plans oder Programms berücksichtigen, ermittelt, beschrieben und bewertet werden. Zusätzlich verlangt **Art. 5 Abs. 1 Satz 2 SUP-RL i.V.m. lit. h des Anh. I der SUP-RL** eine Kurzdarstellung der Gründe für die Wahl der Alternativen im Umweltbericht. Damit geht die SUP weiter als die Parallelvorschrift der UVP, die nur eine Darlegung der (freiwillig) geprüften anderweitigen Lösungsmöglichkeiten verlangt (Art. 5 Abs. 1 lit. d UVP-RL). Hätte sich der europäische Normgeber im Rahmen der SUP auf eine der UVP angepasste Darstellungspflicht beschränken wollen, hätte er sich mit der Anordnung des Art. 5 Abs. 1 Satz 2 SUP-RL i.V.m. lit. h des Anh. I der SUP-RL begnügen können.[65] Die erweiterte Verpflichtung des Art. 5 Abs. 1 Satz 1 SUP-RL weist aber einen anderen Weg.

3. Gegenstand der Alternativenprüfung

a) »Vernünftigkeit« der Alternative

Gem. § 40 Abs. 1 Satz 2 UVPG ist die zuständige Behörde dazu verpflichtet, **vernünftige** Alter- 21
nativen zu ermitteln, zu beschreiben und zu bewerten, wobei das Adjektiv »vernünftig« den Hinweis auf das (auch unionsrechtlich anerkannte[66]) Verhältnismäßigkeitsgebot in sich trägt.[67] Die »Vernünftigkeit« der Alternativen ist somit im Sinne einer **Zumutbarkeitsgrenze** zu verstehen, bei der Untersuchungsaufwand und Nutzen nicht in einem Missverhältnis zueinander stehen dürfen.[68]

Die Begrenzung des Prüfungsumfangs auf zumutbare bzw. verhältnismäßige Alternativen rückt die 22
SUP-bezogene Alternativenprüfung **vordergründig** sehr dicht heran an die im deutschen Planungsrecht seit eh und je bestehende Pflicht, Planungsvarianten in die Abwägungsentscheidung einzustellen.[69] Teilweise wird deshalb auch die Schlussfolgerung gezogen, zur Interpretation des § 40 Abs. 1 Satz 2 UVPG seien die **bislang in der Rechtsprechung zu diesem Themenkomplex entwickelten Maßstäbe heranzuziehen,**[70] oder es sei gar die SUP-bezogene Alternativenprüfung als bereits im Abwägungsgebot verankert anzusehen.[71] Diesen Varianten folgend wären nur solche

---

64 *Ginzky* UPR 2002, 47 (51); *Schink* NuR 2005, 143 (146); *Schink* UPR 2022, 206 (207); *Otto,* UVP, S. 109; *Calliess,* in: Hendler u.a. (Hrsg.), Strategische Umweltprüfung, S. 153 (169); *Uechtritz,* in: GfU (Hrsg.), Umweltprüfung, S. 169 (194); *Grotefels,* in: Mitschang (Hrsg.), Umweltprüfverfahren, S. 19 (27).

65 *Uebbing,* Umweltprüfung, S. 165; *Kment* DVBl 2008, 364 (364).

66 EuGH, Urt. v. 19.06.1980 – Verb. Rs. 41, 121 und 796/79, Slg. 1980, 1979 Rn. 21; Urt. v. 27.06.1990 – C-118/89, Slg. 1990, I-2637 Rn. 12; Urt. v. 21.01.1992 – C-319/90, Slg. 1992, I-203 Rn. 12; Urt. v. 13.03.2019 – C-128/17, ECLI:EU:C:2019:194 Rn. 94 ff.; BVerwG, Urt. v. 27.01.2000 – 4 C 2.99, BVerwGE 110, 302 (310 f.); Urt. v. 17.01.2007 – 9 A 20/05, BVerwGE 128, 1 Rn. 129; *Calliess,* in: ders./Ruffert (Hrsg.), EUV/AEUV, Art. 5 EUV Rn. 44; *Gassner,* UVPG, § 14f Rn. 15.

67 *Sangenstedt,* in: Reiter (Hrsg.), Neue Wege in der UVP, S. 235 (248); *Kment* AöR 130 (2005) 570 (594 f.); *Calliess/Dross* ZUR 2013, 76 (77); vgl. OVG Münster, Urt. v. 26.08.2021 – 10 D 40/15.NE, ZUR 2021, 689 (691); *Kment/Maurer* RdE 2023, 1 (5); *Schink* UPR 2022, 206 (209).

68 *Spannowsky* UPR 2005, 401 (404 f.); *Uebbing,* Umweltprüfung, S. 166; *Herrmann,* in: Ziekow (Hrsg.), Aktuelle Fragen, S. 331 (339); *Kment* NVwZ 2016, 1762 (1766); *Beckmann* DVBl 2022, 809 (814); *Kment/Maurer* RdE 2023, 1 (5); vgl. II. 16.1.5 der UVPVwV.

69 Siehe dazu etwa *Schlarmann,* Alternativenprüfung, S. 89 ff.; *Kment* DVBl 2008, 364; *Kment,* Öffentliches Baurecht, § 4 Rn. 54; *Just,* Ermittlung und Einstellung von Belangen bei der planerischen Abwägung, S. 148; *Spannowsky* UPR 2005, 401 (401 ff.); *Schrödter* LKV 2008, 109 (111).

70 *Peters/Balla/Hesselbarth,* UVPG, § 40 Rn. 6; *Sauthoff* ZUR 2006, 15 (19); *Otto,* UVP, S. 109; *Gassner,* UVPG, § 14g Rn. 22.

71 BVerwG, Urt. v. 04.06.2020 – 7 A 1/18, NuR 2020, 709 Rn. 75; *Wagner* RuR 2000, 477 (486).

Alternativen zu ermitteln, zu beschreiben und zu bewerten, die sich ernsthaft »aufdrängen«[72] bzw. »ernsthaft in Betracht kommen(...)«[73].[74]

23 Die Ableitung der Kriterien für eine »vernünftige« Alternativenprüfung i.S.d. SUP anhand des bekannten Instrumentariums der nationalen planerischen Alternativenprüfung übersieht jedoch die **qualitativen Unterschiede** beider Rechtsinstitute.[75] Die bekannte nationale planerische Pflicht zur Alternativenprüfung ist ein Element der Abwägungsentscheidung und wird maßgeblich aus dem Abwägungsgebot hergeleitet.[76] Unterlaufen hier Fehler, bestimmen sich die Folgen nach den zum Abwägungsgebot entwickelten Prinzipien, ob die Planungsentscheidung mangelhaft ist.[77] Der Kreis der zu erhebenden Alternativen wird daher maßgeblich in Abhängigkeit **von ihrer Einflussnahme auf das Abwägungsergebnis bestimmt** und meist restriktiv definiert.[78] Demgegenüber unterstellen weder das UVPG noch die SUP-RL die umweltrelevanten Belange einem vergleichbaren Abwägungsvorbehalt. Hier liegt die primäre Zielrichtung vielmehr auf einer *umfassenden Informationsbeschaffung*,[79] also einer **verfahrensrechtlichen Stärkung** der Umweltbelange.[80] Dies entspricht der **europäischen Sichtweise vom Zusammenspiel zwischen Verwaltungsverfahren und Verwaltungsentscheidung**. Das ordnungsgemäß durchgeführte Verfahren wird europarechtlich zum Garant eines möglichst »richtigen« Ergebnisses erhoben, es wird aber nicht vom Entscheidungsergebnis her auf die Ausgestaltung des Verfahrens geschlossen.[81] Entsprechend dieser veränderten Blickrichtung nimmt die SUP materiell auch keinen (direkten) Einfluss auf Entscheidungsergebnisse.[82] Aus diesem Unterschied rechtfertigt sich ein abweichendes Anforderungsprofil an die Verhältnismäßigkeit der Alternativenprüfung nach dem europarechtlich geprägten UVPG, das grundsätzlich nach **strengeren Maßstäben** verlangt, um der verfahrensrechtlichen Betonung gerecht zu werden.[83] Erst dann, wenn

---

72 BVerwG, Urt. v. 30.05.1984 – 4 C 58.81, BVerwGE 69, 256 (273); Beschl. v. 14.05.1996 – 7 NB 3.95, BVerwGE 101, 166 (174); Urt. v. 26.02.1999 – 4 A 47.96, NVwZ 2000, 560; Urt. v. 15.12.2016 – 4 A 4/15, BVerwGE 157, 73 Rn. 32.

73 BVerwG, Urt. v. 14.11.2002 – 4 A 15.02, BVerwGE 117, 149 (160); Urt. v. 15.05.2003 – 4 CN 9.01, NVwZ 2003, 1263 (1267); Urt. v. 09.02.2005 – 9 A 80.03, NVwZ-RR 2005, 453 (454); Urt. v. 22.11.2016 – 9 A 25.15, NVwZ 2017, 627 Rn. 38 ff.; Urt. v. 15.12.2016 – 4 A 4/15, BVerwGE 157, 73 Rn. 32; Urt. v. 11.07.2019 – 9 A 14.18, NVwZ 2020, 719 Rn. 78; Urt. v. 02.07.2020 – 9 A 19/19, BVerwGE 169, 94 Rn. 75; OVG Magdeburg, Urt. v. 05.12.2018 – 2 K 108/16, NVwZ-RR 2019, 451 Rn. 55; VGH München, Urt v. 29.11.2019 – 8 A 18.40003, juris – Rn. 147; Urt. v. 15.03.2021 – 8 A 18.40041, juris Rn. 55.

74 Dazu auch *Faßbender* ZUR 2018, 323 (328).

75 So auch *Beckmann* DVBl 2022, 809 (814).

76 BVerwG, Beschl. v. 20.12.1988 – 7 NB 2.88, BVerwGE 81, 128 (136); Urt. v. 15.12.2016 – 4 A 4/15, BVerwGE 157, 73 Rn. 32; *Spannowsky* UPR 2005, 401 (401 f.); *Hoppe/Bönker*, in: ders./ders./Grotefels, Öffentliches Baurecht, § 7 Rn. 47 f.; *Schlarmann,* Alternativenprüfung, S. 70 ff.; *Kment,* Öffentliches Baurecht, § 4 Rn. 54.

77 *Kment* DVBl 2008, 364 (365); *Halama* NVwZ 2001, 506 (511).

78 Siehe *Herrmann*, in: Ziekow (Hrsg.), Aktuelle Fragen, S. 331 (336 f.).

79 Vgl. auch *Kment* NVwZ 2016, 1762 (1766).

80 *Kment* NVwZ 2015, 616 (624); *Calliess/Dross* ZUR 2013, 76 (77).

81 *Kment,* Nationale Unbeachtlichkeits-, Heilungs- und Präklusionsvorschriften und Europäisches Recht, S. 35 ff. und 100 f.; *Kahl* VerwArch 95 (2004) 1; vgl. hierzu auch *Lee* EurUP 2017, 62 (64).

82 *Schink* NVwZ 2005, 615 (616); *Scheidler* NVwZ 2005, 863 (864); *Paluch/Werk* NuR 2014, 400 (400); *Beckmann* ZUR 2014, 541 (544). Weitergehend *Erbguth* ZUR 2014, 515 (520).

83 *Däuper/Bosch/Ringwald* ZUR 2013, 329 (333); *Franzius* GewArch 2012, 225 (232); *Kment* NVwZ 2015, 616 (624); *Wulfhorst* NVwZ 2011, 1099 (1101 f.). Vgl. ähnlich zur FFH-Verträglichkeitsprüfung BVerwG, Urt. v. 12.03.2008 – 9 A 3.06, BVerwGE 130, 299 Rn. 166 ff.; Urt. v. 17.03.2002 – 4 A 28.01, BVerwGE 116, 254 (267); Urt. v. 27.01.2000 – 4 C 2.99, BVerwGE 110, 302 (310) unter Bezugnahme auf EuGH, Urt. v. 27.06.1990 – C-118/89, Slg. 1990, I-2653 Rn. 12 und Urt. v. 21.01.1992 – C-319.90, Slg. 1992, I-214 Rn. 12. Zwar dient die FFH-Verträglichkeitsprüfung einem anderen Zweck als jene der SUP, jedoch spricht grundsätzlich nichts gegen eine Anwendung einheitlicher Grundsätze, da nach Art. 3 Abs. 2b SUP-RL zukünftig bei jeder FFH-Verträglichkeitsprüfung auch eine Umweltprüfung gefordert

ein Missverhältnis zwischen Untersuchungsaufwand und Nutzen entsteht, dürfte danach die Grenze der Zumutbarkeit überschritten sein.[84] Damit schließt die Pflicht zur Prüfung von Alternativen sicherlich nicht unrealistische Varianten ein;[85] sie darf im Gegensatz dazu aber auch nicht bei nur »naheliegenden Alternativen« aufhören.[86] Sie muss vielmehr **alle Alternativen erfassen, die nicht offensichtlich – ohne vernünftige Zweifel – fernliegen.**[87] Dies schließt die Erörterung von Pro-forma-Alternativen bzw. »Scheinalternativen« aus, die von vornherein keine Lösungsmöglichkeit darstellen.[88] Eine allein auf die umweltfreundlichste Alternative ausgerichtete Prüfung ist allerdings auch nicht gefordert.[89] Vielmehr erfolgt die Auswahl unter Berücksichtigung aller betroffener – also auch wirtschaftlicher – Belange.[90] Läuft eine Variante auf ein anderes Projekt hinaus, handelt es sich nicht mehr um eine Alternative.[91]

Bei der Suche nach vernünftigen Alternativen dürfen neben den umweltrelevanten Faktoren die **Rahmenbedingungen** des Plans oder Programms nicht aus den Augen verloren werden.[92] Alternativen auf der Planungs- oder Programmebene, die zwangsläufig nachfolgende Projekte auf der Zulassungsebene mit exorbitanten Kosten belasten und damit ihre Verwirklichung ausschließen, 24

---

ist; *Uebbing*, Umweltprüfung, S. 168; *Schmidt*, in: Eberle/Jacoby (Hrsg.), Umweltprüfung für Regionalpläne, S. 56 (60); verallgemeinernd auch *Spannowsky* UPR 2005, 401 (405). Letzterer spricht sich auch für eine Verschärfung der Anforderungen aus, ebenso wie *Ginzky* UPR 2002, 47 (51); *Uebbing*, Umweltprüfung, S. 175; *Bunge/Nesemann*, in: HdUVP, 0507, S. 39. Vor einer Vermischung der Verfahren warnend *Sangenstedt*, in: Hendler u.a. (Hrsg.), Strategische Umweltprüfung, S. 37 (48).

84 *Wulfhorst* NVwZ 2011, 1099 (1102); *Kment* NVwZ 2015, 616 (624); *Däuper/Bosch/Ringwald* ZUR 2013, 329 (333); *Franzius* GewArch 2012, 225 (232); *Calliess/Dross* ZUR 2013, 76 (78); *Ruge* RdE 2016, 105 (109). Vgl. zur FFH-Verträglichkeitsprüfung BVerwG, Urt. v. 17.03.2002 – 4 A 28.01, BVerwGE 116, 254 (267); Urt. v. 27.01.2000 – 4 C 2.99, BVerwGE 110, 302 (310), so auch *Spannowsky* UPR 2005, 401 (405).

85 Allg. Auffassung BVerwG, Beschl. v. 17.01.1992 – 7 B 69.91, NuR 1992, 377 (377 f.); Beschl. v. 26.06.1992 – 4 B 1–11.92, VBlBW 1992, 458 (461); *Uebbing*, Umweltprüfung, S. 174; *Schink* NuR 2005, 143 (146); *Calliess*, in: Hendler u.a. (Hrsg.) Strategische Umweltprüfung, S. 153 (169). Ähnlich *Platzer-Schneider*, in: Hendler u.a. (Hrsg.), Strategische Umweltprüfung, S. 15 (22), die unter vernünftigen Alternativen »tatsächlich machbare Alternativen« versteht.

86 *Balla/Borkenhagen/Günnewig* ZUR 2019, 323 (330); *Kment* AöR 130 (2005) 570 (594 f.) unter Aufgabe der dort geschilderten Auffassung zur Alternativenprüfung; *Calliess*, in: Hendler u.a. (Hrsg.), Strategische Umweltprüfung, S. 153 (169); *Schink* NuR 2005, 143 (146). Die engen Voraussetzungen des nationalen planerischen Gebots zur Alternativenprüfung lockert auch BVerwG, Urt. v. 14.11.2002 – 4 A 15.02, BVerwGE 117, 149 (160) auf: »Die jeweilige Untersuchungstiefe hängt vor allem vom Grad der Beeinträchtigung (…) ab. (…) Das gilt auch für Alternativen, die sich nicht ›auf den ersten Blick‹ anbieten oder aufdrängen.« Siehe dazu auch *Herrmann*, in: Ziekow (Hrsg.), Aktuelle Fragen, S. 331 (333).

87 *Kment* DVBl 2008, 364 (366); *ders./Maurer* RdE 2023, 1 (5). Ähnlich Schlussantrag der Generalanwältin *Kokott* v. 27.10.2005 in der Rs. C-209/04 (Kommission/Österreich) Rn. 72. Der EuGH konnte in der Sache nicht über die Fragen der Alternativenprüfung entscheiden, da das europäische Recht in diesem Fall nicht zur Anwendung kam; vgl. EuGH, Urt. v. 23.03.2006 – C-209/04. Siehe hierzu auch *Sobotta* ZUR 2006, 353 (359). Einen weiten Ansatz verfolgen auch *Runge/Schomerus* ZUR 2007, 410 (412).

88 *Schink* NuR 2005, 143 (146); *Ginzky* UPR 2002, 47 (50); *Schink* UPR 2022, 206 (208); *Calliess*, in: Erbguth (Hrsg.), SUP, S. 21 (39).

89 *Spannowsky* UPR 2000, 201 (208); *Grotefels*, in: Mitschang (Hrsg.), Umweltprüfverfahren, S. 19 (27); *Schink* NuR 2005, 143 (146); *Schink* UPR 2022, 206 (212).

90 *Wulfhorst* NVwZ 2011, 1099; *Kment/Maurer* RdE 2023, 1 (5).

91 BVerwG, Urt. v. 17.01.2007 – 9 A 20/05, BVerwGE 128, 1 Rn. 143; Beschl. v. 24.04.2009 – 9 B 10/09, NVwZ 2009, 986 (986 f.); Urt. v. 22.06.2015 – 4 B 61/14, juris Rn. 17; Urt. v. 15.12.2016 – 4 A 4/15, BVerwGE 157, 73 Rn. 32. Für die artenschutzrechtliche Alternativenprüfung: *Bick/Wulfert* NVwZ 2017, 346 (350). Für die fachplanungsrechtliche Abwägung: VGH München, Urt. v. 15.03.2021 – 8 A 18.40041, juris Rn. 54.

92 *Grotefels*, in: Mitschang (Hrsg.), Umweltprüfverfahren, S. 19 (27); *Kment* DVBl 2008, 364 (366).

sind nicht vernünftig i.S.d. § 40 Abs. 1 Satz 2 UVPG.[93] Auch müssen Alternativen ausscheiden, die aufgrund zivilrechtlicher Eigentumsverhältnisse keine Verwirklichungschance haben, denen öffentlich-rechtliche Gründe entgegenstehen oder durch die FFH-Schutzgebiete ohne hinreichend gewichtige Gründe beeinträchtigt würden.[94] Andererseits rechtfertigt die Ausweisung einer Strecke als Ausbaustrecke im Bedarfsplan keine Verkürzung der Alternativenprüfung.[95] Zu den einzubeziehenden Alternativen gehören auch solche, die im Laufe des Verfahrens von Dritten vorgeschlagen werden.[96] Dies bedeutet aber nicht, dass solchen von Dritten unterbreiteten Alterativen uneingeschränkt nachzugehen ist; vielmehr müssen sich auch solche Alternativen am Maßstab der Vernünftigkeit messen lassen.[97]

b) Planzielkonformität

25 Die Alternativenprüfung ist gegenständlich an die Zielsetzung des Plans gebunden. D.h., dass nur solche Alternativen als vernünftig in Betracht gezogen werden können, die das angestrebte **Planungskonzept** – unter dem Vorbehalt gewisser Abstriche – **verwirklichen können** und dem Planungsziel des Planungsträgers nicht völlig entgegenlaufen.[98] So bringt es Art. 5 Abs. 1 SUP-RL zum Ausdruck, der eine Prüfung vernünftiger Alternativen verlangt, »die die Ziele (…) des Plans oder Programms berücksichtigen«.[99] Es geht also nicht um Alternativen für den gesamten Plan, sondern um Varianten für einzelne planerische Festsetzungen bzw. die in Rede stehende Ausführungsart.[100]

c) Berücksichtigung des geographischen Anwendungsbereichs

26 Bei der Suche nach vernünftigen Alternativen darf sich die zuständige Behörde nach herrschender Meinung **räumlich** auf ihr **Planungsgebiet** beschränken.[101] Zwar gibt der Wortlaut des § 40 Abs. 1 Satz 2 UVPG hierzu keine Veranlassung, gleichwohl gelangen die Vertreter der herrschenden Ansicht unter Rückgriff auf die Richtlinienvorgaben zu diesem Befund. Hier werde in Art. 5 Abs. 1 Satz 1 SUP-RL vom »geographischen Anwendungsbereich des Plans oder Programms« gesprochen und mit dieser Begrifflichkeit die räumliche Erstreckung der Alternativenprüfung entsprechend begrenzt.[102]

---

93 *Kment* DVBl 2008, 364 (366); *Schink* UPR 2022, 206 (208).

94 *Kment* DVBl 2008, 364 (366); *Schink* UPR 2022, 206 (208); *Uebbing,* Umweltprüfung, S. 167 f.; *Sangenstedt,* in: Reiter (Hrsg.), Neue Wege in der UVP, S. 235 (248); vgl. II.16.1.5 der UVPVwV; Siehe auch *Spannowsky* UPR 2005, 401 (407); hinsichtlich zivilrechtlicher Eigentumsverhältnisse differenzierender wohl *Beckmann* DVBl 2022, 809 (815 f.); OVG Lüneburg, Urt. v. 04.07.2017 – 7 KS 7/15, juris Rn. 246, wonach eine *noch* fehlende Flächenverfügbarkeit an anderen Standorten nicht per se ein unüberwindbares Zulassungshindernis darstellt.

95 BVerwG, Urt. v. 15.10.2020 – 7 A 9/19, NVwZ 2021, 1145 Rn. 106; *Antweiler/Liebschwager,* NVwZ 2021, 849 (850).

96 BVerwG, Urt. v. 12.12.1996 – 4 C 29/94, BVerwGE 102, 331 (342); Beschl. v. 24.04.2009 – 9 B 10/09, NVwZ 2009, 986 (986).

97 *Schink* UPR 2022, 206 (209).

98 *Spannowsky* UPR 2005, 401 (405); *Faßbender* ZUR 2018, 323 (328); *Schink* UPR 2022, 206 (209); *Herrmann,* in: Ziekow (Hrsg.), Aktuelle Fragen, S. 331 (339); *Schlarmann,* Alternativenprüfung, S. 90; vgl. *Balla/Borkenhagen* UVP-report 2/2019, 82 (88); kritisch hierzu *Weyrauch* BauR 2011, 446 (451); *Schiller* UPR 2016, 457 (462).

99 *Reidt* UPR 2022, 81 (84); ausführlich hierzu *Beckmann* DVBl 2022, 809 (816 f.).

100 *Schink* NuR 2005, 143 (146); *Jacoby* UVP-report 2001, 28 (32); *Grotefels,* in: Mitschang (Hrsg.), Umweltprüfverfahren, S. 19 (27).

101 *Schink,* in: ders./Reidt/Mitschang, UVPG/UmwRG, § 40 UVPG Rn. 13; *Peters/Balla/Hesselbarth,* UVPG, § 40 Rn. 7; *Pietzcker/Fiedler* DVBl 2002, 929 (935); *Schink* UPR 2022, 206 (210); *Beckmann* DVBl 2022, 809 (818); *Uebbing,* Umweltprüfung, S. 168 f.; *Uechtritz,* in: GfU (Hrsg.), Umweltprüfung, S. 169 (194); *Näckel* Umweltprüfung, S. 229; *Calliess,* in: Erbguth (Hrsg.), SUP, S. 21 (39).

102 *Uechtritz,* in: GfU (Hrsg.), Umweltprüfung, S. 169 (194).

Ähnlich sieht es auch die Arbeitshilfe der Kommission zur Umsetzung der Richtlinie 2001/42/EG, die von einer Prüfung der Alternativen **innerhalb** des Planungsgebiets spricht.[103]

Demgegenüber lässt der Wortlaut des UVPG – wie bereits angedeutet –[104] nicht zwangsweise eine derartige räumliche Zuspitzung des Untersuchungsradius zu. Die im Übrigen fast wörtliche Umsetzung der SUP-RL in § 40 UVPG weicht in diesem Punkt erkennbar von der europäischen Vorgabe ab und übernimmt die von vielen erkannte Begrenzung nicht ins nationale Recht. Die damit einhergehende Erweiterung des räumlichen Prüfungsumfangs mag europarechtlich nicht erforderlich gewesen sein – wie ein Blick auf Art. 5 Abs. 1 Satz 1 SUP-RL offenzulegen **scheint**. Daraus umgekehrt die Grenzziehungen des europäischen Rechts in die nationale Rechtsordnung hineinzulesen, ist jedoch keineswegs ein zwingender Schluss. Einer engen Interpretation der Norm widerspricht zudem ihre historische Auslegung. In der Gesetzesbegründung heißt es: »In Betracht kommen nur Alternativen, die mit zumutbarem Aufwand ermittelt werden können, wobei auch der geographische Anwendungsbereich der Planung **sowie der räumliche Zuständigkeitsbereich der Planungsbehörden** zu berücksichtigen ist.«[105] Der Gesetzgeber definiert somit den Untersuchungsbereich nicht ausschließlich mit Hilfe des geographischen Anwendungsbereichs der Planung, sondern erweitert ihn auch auf den **Zuständigkeitsbereich der Planungsbehörden**.[106] Diese Sichtweise entspricht schließlich auch dem Sinn und Zweck des UVPG.[107] Eine effektive Umweltvorsorge kann die Hinzuziehung von Alternativen nicht allein auf das Planungsgebiet beschränken. Denn bereits die konkrete Definition des Planungsgebiets kann Ausdruck einer bestimmten Planungskonzeption sein, die sich möglicherweise schon vom Ansatz her bestimmten Alternativen verschließt; einmal ganz abgesehen vom Umgehungspotenzial, das in der »geschickten« Festlegung des Planungsgebiets liegen kann. 27

Bei der Suche nach Alternativen sollte deshalb – räumlich betrachtet – das **Planungsgebiet als Ausgangspunkt der Untersuchung** dienen, das den Untersuchungsradius nicht verbindlich festlegt,[108] von dem aus der **Ermittlungsumfang jedoch mit zunehmender Entfernung abnimmt.**[109] Grenze des Untersuchungsgebiets ist sodann der Zuständigkeitsbereich der Behörde.[110] Dabei *begrenzt* der Zuständigkeitsbereich der Behörde den Untersuchungsraum, *bestimmt* ihn aber nicht. Anderenfalls würde das Tatbestandsmerkmal »vernünftig« nicht hinreichend in Rechnung gestellt, leitet es doch innerhalb des maximalen Suchraums die Prüfung mit an und bezieht auch die Ziele der Planung[111] mit ein.[112] Außerhalb ihres Zuständigkeitsbereichs kann eine Behörde planungsrechtliche Leitvorstellungen und Grundsätze nicht verwirklichen, auch weil es ihr dort an der notwendigen Expertise 28

103 *EU-Kommission (GD Umwelt)* Umsetzung, Rn. 5.12.

104 Siehe Rdn. 26.

105 Gesetzesbegr. v. 29.06.2004, BT-Drs. 15/3441, S. 32.

106 OVG Münster, Urt. v. 26.08.2021 – 10 D 40/15.NE, ZUR 2021, 689 (692); *Schink,* in: ders./Reidt/Mitschang, UVPG/UmwRG, § 40 UVPG Rn. 13; *Kment* DVBl 2008, 364 (367); *Beckmann* DVBl 2022, 809 (819). Undeutlich in diesem Punkt *Uebbing,* Umweltprüfung, S. 169.

107 Siehe dazu § 3 Rdn. 41 ff.

108 Ähnlich *Jacoby,* in: Eberle/Jacoby (Hrsg.), Umweltprüfung von Regionalplänen, S. 1 (13), der die Alternativen »in der Regel« innerhalb des Planungsgebiets suchen will. Ähnlich *Reidt* UPR 2022, 81 (84).

109 Zur räumlichen Weite einer Alternativenprüfung im Rahmen der immissionsschutzrechtlichen Genehmigung der Errichtung von Windenergieanlagen vgl. VG Wiesbaden, Urt. v. 24.07.2020 – 4 K 2962/16.WI, juris Rn. 131.

110 VerfGH RhPf, Urt. v. 11.07.2005 – VGH N 25/04, NVwZ 2006, 206 (210); *Faßbender* ZUR 2018, 323 (328); *Louis/Wolf* NuR 2002, 455 (458); *Möstl* DVBl 2002, 726 (729 f.); *Halama* NVwZ 2001, 506 (511).

111 Siehe dazu oben Rn. 24.

112 VG Wiesbaden, Urt. v. 24.07.2020 – 4 K 2962/16.WI, juris Rn. 131; *Reidt* UPR 2022, 81 (84); a.A. wohl OVG Münster, Urt. v. 26.08.2021 – 10 D 40/15.NE, ZUR 2021, 689 (692 f.).

fehlt, um Alternativen planerisch zu gestalten.[113] Die sich dort eröffnenden Alternativen würden außerdem nicht die Ziele des Plans oder Programms berücksichtigen.[114]

29 Dieses Verständnis der Vorschrift begreift den geographischen Anwendungsbereich der Planung als ein wichtiges Faktum, um den zumutbaren Aufwand der Untersuchung zu bestimmen,[115] und räumt ihm die Bedeutung ein, die selbst europarechtlich in ihm gesehen werden kann. Es ist ein **wichtiges zu berücksichtigendes**[116] Faktum, nicht aber eine zwingende Vorgabe. Außerdem fördert diese Interpretation den Gleichlauf zwischen der europäisch geforderten Alternativenprüfung und der ohnehin nach nationalem Recht bestehenden Pflicht zur Berücksichtigung von Alternativen als Ausdruck der Gestaltungsfreiheit und des rechtsstaatlichen Abwägungsgebots.[117] Letztere sieht nämlich auch im Plangebiet keine räumliche Grenze.

30 Zu berücksichtigen bleibt schließlich noch, dass es einen Unterschied macht, ob die SUP durch eine Neuplanung bzw. Neuaufstellung eines Programms ausgelöst wird oder aber durch eine **Änderung eines bestehenden Planwerks bzw. Programms.** Im letztgenannten Fall gewinnt die planerische Zielvorstellung besonderes Gewicht.[118] Da sich die anvisierte Änderung in das bestehende Planungs- bzw. Programmgefüge einbinden lassen muss, kann es mitunter zulässig sein, den Suchraum für Alternativen sogar auf Teile des Plangebiets zu verengen, um unzumutbare Prüfungen von Alternativen zu vermeiden, die sich offensichtlich nicht in das Konzept der bestehenden Planung (Ziele der Planung) bzw. des bestehenden Programms einfügen lassen.

d) Alternativenarten

31 Die plan- und programmbezogene Alternativenprüfung dürfte sich schwerpunktmäßig auf **Konzeptalternativen** und **gebietsbezogene Standortalternativen** reduzieren und anlagenspezifische Alternativen (Verfahrensalternativen und Standortalternativen[119]) bis auf seltene Ausnahmefälle aussparen.[120] Konzeptalternativen beziehen sich auf die gestalterischen Möglichkeiten zur Umsetzung des durch die Planung verfolgten Ziels.[121] Sie berücksichtigen den verfügbaren Raum und operieren in (gewisser) Abhängigkeit von der flächenbezogenen Ausdehnung des Planungsgebiets.[122] Daneben bilden die gebietsbezogenen Standortalternativen ein Kernelement der Alternativenprüfung im Rahmen des § 40 Abs. 1 Satz 2 UVPG, da durch die zur Prüfung gestellten Pläne und Programme häufig standortrelevante Entwicklungsentscheidungen getroffen werden, die Umweltauswirkungen nach sich ziehen.[123] Alternativen hinsichtlich konkreter Trassenverläufe können auf dieser Planungsebene hingegen noch nicht gegenübergestellt werden, weil solche konkreten Trassenverläufe zu diesem Zeitpunkt nicht feststehen. Dies findet vielmehr erst später im Rahmen der Alternativenprüfung bei der Planfeststellung statt.[124]

---

113 *Faßbender* ZUR 2018, 323 (329).

114 Siehe dazu bereits Rdn. 26; vgl. ergänzend VerfGH RhPf, Urt. v. 11.07.2005 – VGH N 25/04, NVwZ 2006, 206 (210); *Louis/Wolf* NuR 2002, 455 (458); *Möstl* DVBl 2002, 726 (729 f.); *Halama* NVwZ 2001, 506 (511).

115 Ähnlich Gesetzesbegr. v. 29.06.2004, BT-Drs. 15/3441, S. 32 (»wobei«).

116 Planungsrechtlich kommt der Berücksichtigungspflicht regelmäßig eine geringere Bindungswirkung zu als eine Beachtenspflicht; vgl. dazu etwa *Kment*, Rechtsschutz, S. 159.

117 Siehe dazu Rdn. 23.

118 *Peters/Balla/Hesselbarth,* UVPG, § 40 Rn. 7.

119 *Sauthoff* ZUR 2006, 15 (19); *Calliess/Dross* ZUR 2013, 76 (78); *Schink* EurUP 2015, 148 (151) spricht von räumlichen und Technikalternativen.

120 *Uebbing,* Umweltprüfung, S. 170; *Spannowsky* UPR 2005, 401 (405); *Otto* UVP, S. 110; Speziell zur SUP im Bereich der Netzplanung *Kment/Maurer* RdE 2023, 1 (5 f.).

121 *Groß* NVwZ 2001, 513 (514); *Köck* ZUR 2016, 579 (582).

122 *Spannowsky* UPR 2005, 401 (406).

123 *Spannowsky* UPR 2005, 401 (406); *Kment* DVBl 2008, 364 (367 f.).

124 *Kment/Maurer* RdE 2023, 1 (6).

Ob die **Null-Alternative** in die Alternativenprüfung einzustellen ist, ist eine Frage des Einzelfalls.[125] Sie ist als obligatorischer Bestandteil der SUP in jedem Fall gem. § 40 Abs. 2 Satz 1 Nr. 3 UVPG darzustellen und dient als status-quo-Prognose in erster Linie zur Begründung des Planungserfordernisses,[126] da sie den Vergleich ermöglicht, welche Umweltauswirkungen mit und ohne Plan- bzw. Programmdurchführung zu erwarten wären. In die Alternativenprüfung nach § 40 Abs. 1 Satz 2 UVPG fließt sie nur ein, wenn sie »vernünftig« ist, also die Ziele und den geographischen Anwendungsbereich des Plans oder Programms berücksichtigt.[127] Da die Null-Alternative in der Regel nicht mit den Zielen der Planung in Einklang stehen wird, dürfte sie in der überwiegenden Zahl der Fälle von § 40 Abs. 1 Satz 2 UVPG nicht eingefordert werden.[128] 32

4. Durchführung der Alternativenprüfung

a) Zweistufige Durchführung des Prüfungsverfahrens

Die Durchführung der Alternativenprüfung ist nach der Konzeption des § 40 UVPG **zweistufig aufgebaut**[129], wobei die einzelnen Stufen wiederum **in kleinere Schritte** unterteilt werden können. Gem. § 40 Abs. 1 S. 2 UVPG sind die voraussichtlichen erheblichen Umweltauswirkungen vernünftiger Alternativen zu ermitteln, zu beschreiben und zu bewerten. In der ersten Stufe sind somit zunächst vernünftige Alternativen zu ermitteln. Nachdem diese ermittelt wurden, sind in der zweiten Stufe die voraussichtlichen erheblichen Umweltauswirkungen, die von ihnen ausgehen, zu ermitteln, zu beschreiben und zu bewerten.[130] Die beiden übergeordneten Stufen beinhalten somit in sich jeweils wiederum noch weitere kleinere Einzelschritte, wobei die erste Stufe zweischrittig und die zweite Stufe dreischrittig aufgebaut ist. Die **erste Stufe** beginnt im ersten Schritt mit der Ermittlung der vernünftigen Alternativen, also jenen Lösungsvarianten, die nicht offensichtlich – ohne vernünftige Zweifel – fern liegen.[131] Die so getroffene Auswahlentscheidung ist in einem zweiten Schritt – der Beschreibung – gem. § 40 Abs. 2 Satz 1 Nr. 8 UVPG wertungsneutral zu begründen.[132] Nachdem die vernünftigen Alternativen ausgewählt wurden, schließt sich die zweite Stufe an. In der **zweiten Stufe** sind in einem ersten Schritt die voraussichtlichen erheblichen Umweltauswirkungen jeder ausgewählten Alternative zu ermitteln.[133] In einem zweiten Schritt sind diese Umweltauswirkungen dann wertungsneutral zu beschreiben.[134] Im dritten Schritt, der Bewertungsphase, gilt es sodann die ermittelten vernünftigen Alternativen objektiv hinsichtlich ihrer Umweltauswirkungen zu bewerten, um eine vergleichende Darstellung zu ermöglichen.[135] Dabei ist gem. § 40 Abs. 3 UVPG zunächst nur eine vorläufige Bewertung vorzunehmen, welche später – im Rahmen der abschließenden Bewertung gem. § 43 Abs. 1 UVPG – überprüft wird.[136] All diese Verfahrensschritte sind in die Dokumentation des Umweltberichts aufzunehmen. 33

125 *Balla/Borkenhagen/Günnewig* ZUR 2019, 323 (327); *Uebbing,* Umweltprüfung, S. 170 f.

126 *Jacoby,* SUP, S. 197; *Schink* NuR 2005, 143 (146); *Lüdeke/Köppel* UVP-report 2010, 109 (113 f.).

127 *Uebbing,* Umweltprüfung, S. 170 f.; *Kment* DVBl 2008, 364 (368); *Schink* EurUP 2015, 148 (151).

128 *Peters/Balla/Hesselbarth,* UVPG, § 40 Rn. 9; *Spannowsky* UPR 2005, 401 (405); *Pietzcker/Fiedler* DVBl 2002, 929 (935); *Schink* EurUP 2015, 148 (151); *Schink* UPR 2022, 206 (209); a.A. *Grotefels,* in: Mitschang (Hrsg.), Umweltprüfverfahren, S. 19 (27); *Schink* NuR 2005 143 (146); siehe hierzu auch *Franzius* GewArch 2015, 225 (232).

129 *Peters/Balla/Hesselbarth,* UVPG, § 40 Rn. 8, 23; *Schink* UPR 2022, 206 (208).

130 *Kistner,* Alternativenprüfungen im Netzausbaurecht, S. 17.

131 *Ginzky* UPR 2002, 47 (51); *Calliess,* in: Erbguth (Hrsg.), SUP, S. 21 (39); *Schiller* UPR 2016, 457 (462).

132 Siehe näher zur Dokumentation Rdn. 67 ff. Vgl. auch die Gesetzesbegr. v. 29.06.2004, BT-Drs. 15/3441, S. 32.

133 Vgl. Rdn. 12.

134 Vgl. Rdn. 13.

135 Vgl. Rdn. 14; von einem Vergleich der Alternativen sprechend: *Calliess,* in: Hendler u.a. (Hrsg.), Strategische Umweltprüfung, S. 153 (169); *Schink* NuR 2005, 143 (146); *Schink,* UPR 2022, 206 (208).

136 Siehe ausführlich zur Bewertung bei Rdn. 78.

b) Erste Stufe: Ermittlung vernünftiger Alternativen

aa) Ermittlungsaufwand und Prüftiefe

34 Welche Alternativen zu Beginn **im ersten Schritt**[137] als vernünftig anzusehen sind, beurteilt sich bereits maßgeblich nach ihren Umweltauswirkungen, welche anhand von Prognosen zu ermitteln sind. Ermittlungsaufwand und Prüfungstiefe im Rahmen des ersten Schritts bestimmen sich grundsätzlich nach den **Umständen des Einzelfalls.**[138] Sie sind zumeist im Verlaufe des Scopingprozesses festgelegt worden und bedürfen nur dann einer Modifikation, wenn sich auf der Grundlage der Prüfungsergebnisse im Verlauf der Umweltprüfung ein Korrekturbedürfnis des Untersuchungsrahmens ergibt.[139]

35 Als Grundregel gilt, dass sich der **Ermittlungsaufwand** von Planungsalternativen grundsätzlich an der Prüfungstiefe orientiert, die sich nach Maßgabe der Abwägungserheblichkeit und dem Gewicht der zu erwartenden Umweltauswirkungen bestimmt.[140] Zudem entscheiden die Unterschiede in den prognostizierten Auswirkungen der Alternativen, die sich aus einem Vergleich der einzelnen Varianten ergeben. Erscheinen einzelne Alternativen unter Umweltaspekten »attraktiver«, ist ihnen intensiver nachzugehen als solchen Varianten, die den Vorsorgestandard lediglich halten oder sogar unterschreiten.[141] Mit anderen Worten: Sobald sich einzelne Alternativen unter Umweltaspekten als immer »attraktiver« darstellen, werden andere Alternativen im Gegenzug weniger »vernünftig«.[142] Folglich muss nicht jeder Alternative dieselbe Aufmerksamkeit geschenkt werden, gilt es doch nur, »vernünftige« Alternativen zu finden, die später im Rahmen der Öffentlichkeitsbeteiligung oder der Entscheidungsfindung tatsächlich eine Rolle spielen können.[143] Kommen Alternativen jedoch ernsthaft in Betracht, ist ihnen so weit nachzugehen, bis erkennbar ist, ob sie eindeutig vorzugswürdig sind oder nicht.[144] Letztlich steigt die Bedeutung der Alternativenprüfung und mit ihr die Anforderungen an die Untersuchung, wenn das Plangebiet und der Maßstab der Planung größer werden.[145] Denn der erhöhte Abstraktionsgrad schafft Raum für eine größere Zahl planerischer Variationsmöglichkeiten.

bb) Synergieeffekte durch Abschichtung

36 Bei der Suche nach Alternativen ist des Weiteren darauf zu achten, ob alternative Plan- oder Programmkonzeptionen bereits auf einer höheren Planungsebene behandelt wurden.[146] Angesprochen ist damit der in § 39 Abs. 3 UVPG angelegte Synergieeffekt von **Abschichtungen** innerhalb der Prüfungsebenen.[147] Sind von anderer Stelle die wesentlichen Alternativen ermittelt, beschrieben und bewertet worden und sind diese Prüfungsergebnisse insbesondere noch aktuell und ausreichend

---

137 Vgl. Rdn. 34.

138 *Kment* NVwZ 2015, 616 (622); *ders.* NVwZ 2016, 1762 (1767); *Schink* UPR 2022, 206 (211); *Beckmann* DVBl 2022, 809 (815).

139 Siehe hierzu auch § 39 Rdn. 53 ff.

140 *Spannowsky*, in: Mitschang (Hrsg.) Umweltprüfverfahren, S. 89 (94); *Schiller* UPR 2016, 457 (462).

141 BVerwG, Urt. v. 14.11.2002 – 4 A 15.02, BVerwGE 117, 149 (160); Urt. v. 09.06.2004 – 9 A 11/03, NVwZ 2004, 1486 (1491 f.); Urt. v. 14.03.2018 – 4 A 5/17, BVerwGE 161, 263 Rn. 109; *Gassner* UVPG, § 14g Rn. 24; *Leidinger* DVBl 2014, 683 (690); *Schink* I+E 2014, 203 (210 f.); *Kment* NVwZ 2015, 616 (622); *Calliess/Dross* ZUR 2013, 76 (77); *Schiller* UPR 2016, 457 (462); *Lau* UPR 2021, 10.

142 *Schink* UPR 2022, 206 (211).

143 *Kment* NVwZ 2016, 1762 (1766).

144 Ähnlich BVerwG, Urt. v. 14.11.2002 – 4 A 15.02, BVerwGE 117, 149 (160) für die Alternativenprüfung nach § 17 Abs. 1 Satz 2 FStrG a.F. Siehe auch BVerwG, Beschl. v. 29.11.1995 – 11 VR 15.95, NVwZ 1997, 165 (167); *Kment* NVwZ 2015, 616 (622).

145 *Grotefels*, in: Mitschang (Hrsg.), Umweltprüfverfahren, S. 19 (27); *Spannowsky* UPR 2005, 401 (406).

146 *Spannowsky*, in: Mitschang (Hrsg.), Umweltprüfverfahren, S. 89 (95).

147 Siehe hierzu ausführlicher § 39 Rdn. 35 ff.

detailliert,[148] kann die Alternativenprüfung entscheidend reduziert bzw. sogar ganz von ihr abgesehen werden.[149] Stehen alle vernünftigen Alternativen fest, werden diese abschließend gem. § 40 Abs. 2 S. 1 Nr. 8 UVPG beschrieben.

c) Zweite Stufe: Ermitteln, beschreiben und bewerten der voraussichtlich erheblichen Umweltauswirkungen

In der **zweiten Stufe** werden die voraussichtlichen erheblichen Umweltauswirkungen der ausgewählten Alternativen ermittelt, beschrieben und bewertet. Dies ergibt sich aus dem Wortlaut des § 40 Abs. 1 Satz 2 UVPG, welcher fordert, dass »die voraussichtlichen erheblichen Umweltauswirkungen [...] vernünftiger Alternativen ermittelt, beschrieben und bewertet« werden. Der Wortlaut fordert hingegen **nicht**, dass die »vernünftigen« Alternativen selbst ermittelt, beschrieben und bewertet werden. Wie diese Ermittlung, Beschreibung und Bewertung der voraussichtlich erheblichen Umweltauswirkungen stattfinden, wurde bereits oben erläutert.[150] 37

d) Festhalten des Ergebnisses im Umweltbericht

Die eben dargestellten Verfahrensschritte sind, sobald sie abgeschlossen sind, in den Umweltbericht aufzunehmen, damit sie zur Dokumentation festgehalten werden. Der Umweltbericht enthält allerdings **keine Rechtfertigung** für die anvisierte Planung und verteidigt sie auch nicht im Vergleich zu anderweitigen im Rahmen der Alternativenprüfung ermittelten Planungsalternativen. Denn der Umweltbericht dient lediglich der Vorbereitung der anschließenden Entscheidung über die Annahme des Plans oder Programms und erzeugt insofern eine Beurteilungsgrundlage, in der Planungsalternativen und Ausgangsplanung in ein Verhältnis zueinander gesetzt werden.[151] 38

e) Spezialfall: Präferenzräume

Im Bereich der Netzplanung wurde mit dem Gesetz vom 24.06.2022 (BGBl. I, S. 1214) das neue Instrument des Präferenzraums geschaffen. Gem. § 12c Abs. 2 EnWG sollen im Zuge der Bedarfsermittlung Präferenzräume ermittelt werden, die dann dem Umweltbericht als Untersuchungsraum zugrunde gelegt werden.[152] Durch die Zugrundelegung der Präferenzräume als Untersuchungsräume ergibt sich hinsichtlich der Alternativenprüfung im Rahmen der SUP keine Änderung in der Vorgehensweise.[153] Es wird lediglich der für alle in Betracht kommenden alternativen Netzverknüpfungspunkte zu bildende Untersuchungsraum auf andere Art und Weise ermittelt.[154] Zu beachten ist jedoch, dass bei der Ermittlung des Präferenzraums selbst eine SUP inklusive einer Alternativenprüfung durchzuführen ist, weil hierdurch für die Entscheidung über die Zulässigkeit eines UVP-pflichtigen Vorhabens bereits ein Rahmen gesetzt wird.[155] Eine entsprechende gesetzliche Regelung, die eine solche SUP-Pflicht für die Ermittlung von Präferenzräumen vorsieht, wurde allerdings bislang noch nicht eingeführt. 39

148 *Krautzberger/Kment,* in: Ernst/Zinkahn/Bielenberg/Krautzberger, BauGB, § 2 Rn. 538; *Peters/Balla/Hesselbarth,* UVPG, § 39 Rn. 20; *Uechtritz,* in: GfU (Hrsg.), Umweltprüfung, S. 169 (178); *Gassner,* UVPG, § 14f Rn. 28.

149 *Mitschang* BauR 2005, 334 (343); *Spannowsky* UPR 2005, 401 (406); *Schink* UPR 2022, 206 (211); *Beckmann* BauR 2023, 1595 (1608).

150 Rdn. 11 ff.

151 *Spannowsky* UPR 2005, 401 (407).

152 Gesetzesbegr. v. 02.05.2022, BT-Drs. 20/1599, S. 53; *Kment/Maurer* RdE 2023, 1 (5).

153 *Kment/Maurer* RdE 2023, 1 (6).

154 Vgl. § 39 Rdn. 30; *Kment/Maurer* RdE 2023, 1 (6).

155 Vgl. § 35 Abs. 2 Satz 1 UVPG bzw. Art. 3 Abs. 2 lit. a) SUP-RL; *Kment/Maurer* RdE 2023, 1 (7).

5. Auswirkungen der Alternativenprüfung auf die Entscheidung über die Annahme des Plans oder Programms

40 Die Alternativenprüfung liefert eine **Beurteilungsgrundlage** für die nachfolgende Entscheidung über die Annahme des Plans oder Programms. Sie beschränkt sich auf eine **umweltinterne Betrachtung** der Alternativen, ist also einzig auf die Berücksichtigung von Umweltbelangen abgestimmt.[156] Als vorbereitendes Verfahrenselement wird im Rahmen der Alternativenprüfung keine Abwägungsentscheidung zwischen einzelnen Varianten getroffen.[157] Dies ergibt sich bereits aus dem Umstand, dass grundsätzlich gleichgewichtige private und öffentliche Belange anderer Themenfelder, etwa sozialer oder wirtschaftlicher Art, in die Bewertungsphase der Alternativenprüfung keinen Einzug finden.

III. Mindestangaben des Umweltberichts (Abs. 2 Satz 1)

41 Die notwendigen Inhalte (**Mindestinhalte**[158]) des Umweltberichts, welche durch Anh. I der SUP-RL vorgeschrieben sind, werden in § 40 Abs. 2 Satz 1 Nr. 1 bis 9 UVPG aufgelistet. Der Gesetzestext orientiert sich dabei strikt an der unionsrechtlichen Vorgabe.[159]

1. Kurzdarstellung des Plans oder Programms (Nr. 1)

42 Um eine erste Spezifizierung des in Rede stehenden Plans oder Programms zu gewährleisten und Dritten einen Überblick über den Gegenstand der Umweltprüfung zu geben, hat der Umweltbericht gem. § 40 Abs. 2 Satz 1 Nr. 1 UVPG eine Kurzdarstellung zu enthalten, die den **Inhalt** und die **wichtigsten Ziele** des Plans zum Gegenstand hat, wobei sich die wichtigsten Ziele nicht nur auf umweltrelevante Ziele beschränken, sondern auch andere Sachmaterien betreffen.[160] Zusätzlich sind **Beziehungen zu anderen relevanten Plänen und Programmen** aufzunehmen, um Wechselwirkungen aufzuzeigen, die sich im Rahmen von mehrstufigen Planungs- und Zulassungsprozessen sowie parallel durchgeführten Planungen ergeben können. Dabei zählen zu den bedeutsamsten Wechselwirkungen, die in diesem Zusammenhang auftreten können, Abschichtungswirkungen (§ 39 Abs. 3 UVPG) oder Synergieeffekte durch die Aufteilung von SUP-pflichtigen Inhalten auf unterschiedliche Pläne bzw. Programme (§ 46 UVPG).[161] Beziehen sich Pläne oder Programme auf konkrete umweltrelevante **Projekte**, dürften nach dem **Sinn und Zweck** der Vorschrift auch diese in kurzer Form in die Darstellung aufzunehmen sein.[162]

2. Ziele des Umweltschutzes (Nr. 2)

43 § 40 Abs. 2 Satz 1 Nr. 2 UVPG richtet an die zuständige Behörde **zwei Anforderungen**, die sie separat in den Umweltbericht aufzunehmen hat. Zum einen sind die für den Plan oder das Programm geltenden Ziele des Umweltschutzes darzustellen; zum anderen soll die Art, wie diese Ziele und sonstigen Umwelterwägungen bei der Ausarbeitung des Plans oder Programms berücksichtigt wurden, beschrieben werden.

---

156 Siehe hierzu Rdn. 79.

157 *Spannowsky* UPR 2005, 401 (407).

158 *Schomerus/Busse* NordÖR 2005, 398 (403); *Schink,* in: ders./Reidt/Mitschang, UVPG/UmwRG, § 40 UVPG Rn. 16; *Uebbing* Umweltprüfung, S. 128; *Otto* UVP, S. 106 f.

159 *Schink,* in: ders./Reidt/Mitschang, UVPG/UmwRG, § 40 UVPG Rn. 16. Anders noch die Rechtslage zur Zeit des UVPG 2005. Damals wich § 14g Abs. 2 Satz 1 Nr. 8 UVPG von der Richtlinie ab; vgl. *Erbguth/Schubert* ZUR 2005, 524 (528).

160 *Peters/Balla/Hesselbarth,* UVPG, § 40 Rn. 13; *Bunge/Nesemann,* in: HdUVP, 0507, S. 45.

161 *Peters/Balla/Hesselbarth,* UVPG, § 40 Rn. 13; *Schink,* in: ders./Reidt/Mitschang, UVPG/UmwRG, § 40 UVPG Rn. 19.

162 *Gassner,* UVPG, § 14g Rn. 7.

a) Darstellung der geltenden Ziele

Zu Anfang ist zu klären, welche Ziele in der SUP zu berücksichtigen sind. Diese können sich aus formellen Gesetzen, Rechtsverordnungen, Satzungen, Verwaltungsvorschriften oder auch aus anderen Planungen und Programmen ergeben. Welche **Ziele des Umweltschutzes**[163] in der konkreten Prüfungssituation in den Umweltbericht aufzunehmen sind, orientiert sich an den **Umständen des Einzelfalls**, insbesondere an den individuellen Festlegungen des Plans oder Programms. Da die Ermittlung der Umweltschutzziele dazu beitragen soll, die nachfolgende Planung möglichst an den relevanten Zielen auszurichten, und des Weiteren auch als Maßstab für den Bewertungsprozess dient, müssen die auszuwählenden Ziele als erste Voraussetzung auf die für den Plan oder das Programm **relevanten Schutzgüter** i.S.d. § 2 Abs. 1 UVPG ausgerichtet sein und eine Sicherung oder Verbesserung des Zustands der Umwelt anstreben.[164] Zweitens sind nur solche Umwelt(qualitäts-)ziele heranzuziehen, die für den Plan oder das Programm **sachlich von Relevanz** sind, wobei die fachgesetzliche Akzessorietät der Planwerke im Blick zu behalten ist. Und schließlich drittens müssen die fraglichen Zielvorgaben für den Plan oder das Programm gelten, also zumindest bei der Entscheidung über den Plan- oder Programmentwurf zu **berücksichtigen** sein.[165] 44

Potenzielle Umwelt(qualitäts-)ziele sind an vielen Stellen vorzufinden; sie müssen **grundsätzlich nicht extra entwickelt** werden.[166] Sie können über den nationalen Rechtskreis hinaus sogar aus internationalen Verträgen oder aus europäischen Vorgaben gespeist werden, wobei im Fall der **Umsetzung in nationales Recht** die nationale Regelung vorrangig heranzuziehen ist.[167] Ziele können sich auf unterschiedlichen Gesetzesebenen zeigen und auch Planwerken entspringen. Rechtstechnisch sind die Umwelt(qualitäts-)ziele sowohl in formellen Gesetzen und Rechtsverordnungen als auch in Satzungen, Verwaltungsvorschriften und Planungen bzw. Programmen vorzufinden.[168] Sie können sich aber auch aus anderen Vorgaben ergeben, wie etwa der Nachhaltigkeitsstrategie der Bundesregierung.[169] Dieser Umstand unterstreicht, dass Zielvorgaben nicht notwendigerweise mit einer strikten Beachtenspflicht versehen sein müssen, sondern auch dann Bedeutung erlangen können, wenn sie lediglich zu **berücksichtigen** sind.[170] Qualitativ müssen die Umwelt(qualitäts-)ziele **nicht ausschließlich umwelt- oder nachhaltigkeitsbezogen** sein.[171] 45

Häufig sind Zielvorgaben in ein **Mehrebenensystem** eingebunden, auf deren höchster Stufe umweltrelevante Leitbilder oder Leitlinien stehen, die wegen ihres hohen Abstraktionsgrades zumeist einer Konkretisierung bzw. Ergänzung bedürfen. Es ist aber nicht ausgeschlossen, dass selbst auf einer sehr hohen Anordnungsebene ausgesprochen konkrete Elemente auszumachen sind, wie die europäischen Luftqualitätsziele mit präzisen Grenzwerten verdeutlichen.[172] 46

Bei der Fülle der potenziellen Umwelt(qualitäts-)ziele sollte sich die Auswahl der relevanten Vorgaben möglichst am Umfang und der Detailtiefe des Plans oder Programms orientieren.[173] Nur ein 47

163 Zu Umweltschutzzielen allgemein siehe *Hoppe/Beckmann/Kauch*, Umweltrecht, § 1 Rn. 63 ff.; *Kloepfer*, Umweltrecht, § 5 Rn. 505 ff., § 12 Rn. 119 ff.

164 *Peters/Balla/Hesselbarth*, UVPG, § 40 Rn. 14; *Bunge/Nesemann*, in: HdUVP, 0507, S. 45.

165 *Sommer* UVP-report 2003, 82 (83).

166 Dazu *Schink* NuR 2005, 143 (146).

167 *Bunge/Nesemann*, in: HdUVP, 0507, S. 46. Vgl. *Schink*, in: ders./Reidt/Mitschang, UVPG/UmwRG, § 40 UVPG Rn. 20.

168 *Gassner*, UVPG, § 14g Rn. 9; *Uechtritz*, in: GfU (Hrsg.), Umweltprüfung, S. 169 (192).

169 Gesetzesbegr. v. 29.06.2004, BT-Drs. 15/3441, S. 32. Aktuelle Nachhaltigkeitsstrategie der Bundesregierung: Deutsche Nachhaltigkeitsstrategie – Weiterentwicklung 2025 v. 18.02.2025, BT-Drs. 20/14980, abrufbar unter: https://dserver.bundestag.de/btd/20/149/2014980.pdf.

170 *Peters/Balla/Hesselbarth*, UVPG, § 40 Rn. 14; *Sommer* UVP-report 2003, 82 (83).

171 *Schink* NuR 2005, 143 (146); *Grotefels*, in: Mitschang (Hrsg.), Umweltprüfverfahren, S. 19 (26); siehe dazu auch *Peters/Surburg* VR 2004, 9 (13).

172 *Koch/Kahle* NVwZ 2006, 1006 (1007).

173 *Peters/Balla/Hesselbarth*, UVPG, § 40 Rn. 14.

ebenenspezifisches Vorgehen ermöglicht es, sachgerecht die Umwelt(qualitäts-)ziele zu ermitteln, die für den konkreten Plan bzw. das konkrete Programm bestimmend sind.[174] Der Gedanke des § 39 Abs. 3 UVPG dürfte insofern weiterführend sein.

b) Beschreibung der Zielberücksichtigung

48 § 40 Abs. 2 Satz 1 Nr. 2 UVPG verlangt außerdem, dass der Umweltbericht eine Aussage dazu trifft, in welcher **Art die relevanten Ziele des Umweltschutzes und sonstige Umwelterwägungen bei der Ausarbeitung des Plans oder Programms berücksichtigt** wurden. Dabei sind auch Vermeidungs- und Kompensationsmaßnahmen aufzunehmen.[175] Die geforderte Darstellung dient der **Transparenz.**[176] Sie soll verdeutlichen, nach welchem Verfahren die einzelnen Ziele in den Erarbeitungsprozess des Plans oder Programms eingeflossen sind und welche Bedeutung ihnen dabei zugemessen wurde. Qualitativ handelt es sich bei der geforderten Darstellung somit um ein **Begründungselement** der Entscheidung, das zeitlich betrachtet erst nach der vorläufigen Bewertung der Umweltauswirkungen des Plans oder Programms gem. § 40 Abs. 3 UVPG geliefert werden kann. Die zeitliche Abfolge ergibt sich daraus, dass die zuständige Behörde zunächst eine Bewertung der Umweltauswirkungen des Plans bzw. Programms vornehmen muss, um sich auf dieser Grundlage mit den Plan- bzw. Programmfestlegungen auseinanderzusetzen und sich daran anschließend mit der Berücksichtigung der Umwelt(qualitäts-)ziele und sonstigen Umwelterwägungen bei der Ausarbeitung der Plan- bzw. Programmaussagen zu befassen.[177] Schwierigkeiten zieht der dargestellte zeitliche Ablauf jedoch nicht nach sich, da die von § 40 Abs. 2 Satz 1 Nr. 2 UVPG geforderte Darstellung ebenso wie die Bewertung nach § 40 Abs. 3 UVPG unter dem **Vorbehalt der Vorläufigkeit** steht.[178] Dies ermöglicht es ihr, funktional den weiteren Planungsprozess – etwa im Rahmen der Beteiligungsphasen – anzuregen und als dynamisches, den »Planungsprozess begleitendes **Optimierungsinstrument**«[179] eine bestmögliche Entscheidung über die Annahme des Plans vorzubereiten.

3. Umweltdaten (Nr. 3)

49 Einen weiteren Teil des Umweltberichts nimmt gem. § 40 Abs. 2 Satz 1 Nr. 3 UVPG auch eine Darstellung der Merkmale der Umwelt, des derzeitigen Umweltzustandes sowie dessen voraussichtliche Entwicklung bei Nichtdurchführung des Plans oder Programms ein. Die Kenntnis des aktuellen Umweltzustandes ist von zentraler Bedeutung. Sie stellt den Ausgangspunkt und die **wesentliche Grundlage der Umweltprüfung** dar, um Auswirkungen der Plan- oder Programmverwirklichung auf die Umwelt überhaupt prognostizieren zu können.[180] Ihre Funktion als Referenzgröße gebietet es, bei der Ermittlung des Ist-Zustandes den **Darstellungsrahmen räumlich** nicht auf das Plan- bzw. Programmgebiet zu beschränken, sondern gegenständlich an den Grenzen der voraussichtlichen Umweltauswirkungen des Planwerks auszurichten.[181] Die **Darstellungsart** der Merkmale der Umwelt sollte sich an den Schutzgütern des § 2 Abs. 1 UVPG orientieren, um einen Gleichlauf mit der an diesen Schutzgütern ausgerichteten und durch die hier in Frage stehende Norm vorbereiteten Beschreibung nach § 40 Abs. 2 Satz 1 Nr. 5 UVPG herzustellen.[182] Dabei dürfen die Daten mit Hilfe von bestehenden Karten, Kartierungen, digitalen geometrischen Daten oder existierenden Plänen zusammengetragen werden, um sie ggf. durch eigene Erhebungen zu ergänzen.[183] **Maßgeb-**

---

174 Gesetzesbegr. v. 29.06.2004, BT-Drs. 15/3441, S. 32.
175 *Schink,* in: ders./Reidt/Mitschang, UVPG/UmwRG, § 40 UVPG Rn. 21.
176 *Peters/Balla/Hesselbarth,* UVPG, § 40 Rn. 15.
177 *Bunge/Nesemann,* in: HdUVP, 0507, S. 46.
178 Siehe hierzu Rdn. 78.
179 *Peters/Balla/Hesselbarth,* UVPG, § 40 Rn. 15.
180 *Bunge/Nesemann,* in: HdUVP, 0507, S. 46; vgl. II. 16.1.2 der UVPVwV.
181 *Peters/Balla/Hesselbarth,* UVPG, § 40 Rn. 17. Ähnlich auch Nr. 2 lit. a der Anlage 1 zu § 2 Abs. 4 BauGB und §§ 2a und 4c BauGB.
182 *Peters/Balla/Hesselbarth,* UVPG, § 40 Rn. 17.
183 *Gassner,* UVPG, § 14g Rn. 12.

licher Zeitpunkt für die Beschreibung des derzeitigen Umweltzustandes ist in Anlehnung an Ziffer II. 16.1.4.3 der UVPVwV[184] der *aktuelle* Ist-Zustand. Es kommt somit nicht auf den in der Zukunft liegenden Zustand zum Zeitpunkt der Planaufstellung an, sondern der Zustand zum **Zeitpunkt der Aufstellung des Umweltberichts** ist maßgeblich. Weitergehende Ermittlungen sind nur dann geboten, wenn wirtschaftliche, verkehrliche, technische oder sonstige Entwicklungen zu erwarten sind, die zu einer erheblichen Veränderung des Ist-Zustands führen können.[185] Die Detailtiefe, die anzulegen ist, richtet sich nach der Konkretheit der jeweiligen Planung.[186]

Im Rahmen des § 40 Abs. 2 Satz 1 Nr. 3 UVPG haben sich die zuständigen Behörden neben der Beschreibung des Ist-Zustands auch mit der sog. **Null-Alternative** bzw. Null-Variante auseinanderzusetzen.[187] Danach ist zu untersuchen, welche positiven oder negativen Entwicklungen der Umweltzustand während des Prognosezeitraums durchläuft, sofern von einer Planverwirklichung bzw. Umsetzung des Programms abgesehen wird.[188] D.h., dass die Weiterentwicklung des Status quo für den Fall zu beschreiben ist, dass der Plan nicht ausgeführt wird. Dies schließt nicht nur eine Prognose ein, die voraussichtliche Umweltveränderungen von der Warte des nicht umgesetzten Plans oder Programms aus betrachtet, sondern auch mögliche Umweltbelastungen erfasst, die in dem Gebiet bereits vorherrschen und durch ein Unterlassen der Planung eventuell sogar weiter Raum greifen können.[189] Anschauliche Beispiele sind Planungen von Straßenführungen. Sie können nämlich im Regelfall nur zu einer Verkehrsverlagerung führen, nicht aber eine Umweltbelastung durch Straßenverkehr völlig aufheben. Hier wird sich die Null-Alternative verstärkt auf die zu erwartenden Umweltbelastungen durch ein Beibehalten des vorgefundenen Straßensystems konzentrieren. 50

Die Beschreibung der Null-Alternative dient in erster Linie der **Begründung des Planerfordernisses**, indem sie einen Referenzzustand umschreibt.[190] Sie bildet den prognosemethodisch notwendigen Vergleichsfall, der später bei der Entscheidung über die Annahme des Plans oder Programms von Bedeutung ist,[191] ist selbst aber keine eigenständige Plan- oder Programmvariante.[192] Nur in den seltensten Fällen ist sie zu den realistischen Alternativen zu zählen.[193] 51

4. Bedeutsame Umweltprobleme (Nr. 4)

§ 40 Abs. 2 Satz 1 Nr. 4 UVPG fordert eine **umweltbezogene Problemanalyse**. Danach sind die derzeitigen für den Plan oder das Programm bedeutsamen Umweltprobleme anzugeben, wobei auf die Probleme der ökologisch empfindlichen Gebiete nach Nummer 2.6 der Anlage 6 zum UVPG, die wiederum auf Nummer 2.3 der Anlage 3 zum UVPG verweist, besonderer Wert gelegt werden soll. Im Wesentlichen bezieht sich Nummer 2.3 der Anlage 3 zum UVPG dabei auf die durch das BNatSchG und das WHG unter Schutz gestellten Gebiete mit ihren spezifischen Schutzstandards sowie auf weitere Gebiete, denen durch die Raumordnung und den Denkmalschutz besondere Bedeutung zukommt. 52

»Für den Plan oder das Programm bedeutsame Umweltprobleme« meint **Vorbelastungen**, die sich zum Zeitpunkt der Planung bereits innerhalb des Planungsgebiets oder sonstiger durch den Plan 53

184 Allgemeine Verwaltungsvorschrift zur Ausführung des Gesetzes über die Umweltverträglichkeitsprüfung vom 14.04.2025.
185 Vgl. II. 16.1.4.2 der UVPVwV; *Peters/Balla/Hesselbarth,* UVPG, § 40 Rn. 17.
186 *Schink,* in: ders./Reidt/Mitschang, UVPG/UmwRG, § 40 UVPG Rn. 22.
187 *Schink* UPR 2022, 206 (209).
188 *Peters/Balla/Hesselbarth,* UVPG, § 40 Rn. 17; *Schink,* in: ders./Reidt/Mitschang, UVPG/UmwRG, § 40 UVPG Rn. 23; vgl. II. 16.1.2 und II. 16.1.4.3 der UVPVwV.
189 *Uechtritz,* in: GfU (Hrsg.), Umweltprüfung, S. 169 (193); vgl. auch *Schrödter* LKV 2006, 251 (253).
190 *Jacoby,* SUP, S. 197; *Balla/Borkenhagen/Günnewig* ZUR 2019, 323 (327).
191 *Bunge/Nesemann,* in: HdUVP, 0507, S. 46.
192 Es ist streng zu den Ausführungen zur Alternativenprüfung (Rdn. 32) abzugrenzen; vgl. auch *Peters/Balla/Hesselbarth,* UVPG, § 40 Rn. 17.
193 Siehe hierzu bereits die obigen Ausführungen unter Rdn. 32.

oder das Programm betroffener Gebiete feststellen lassen und die Anlass für bestimmte Planinhalte bzw. Planvorhaben geben können; wie z.B. lärmbelastete Wohngebiete, die nach einer Umgehungsstraße verlangen.[194] Hinzu kommen zukünftig **zu erwartende Belastungen**, die bereits in aufgestellten Plänen und Programmen angelegt sind und die möglicherweise auch kumulativ wirken können.[195] Demgegenüber werden von § 40 Abs. 2 Satz 1 Nr. 4 UVPG Auswirkungen, die **infolge der Verwirklichung** des Plans oder Programms auftreten könnten, **nicht** erfasst. Dieser Bereich unterliegt der Regelung des § 40 Abs. 2 Satz 1 Nr. 5 UVPG.[196]

54 Der umschriebene Anwendungsbereich der Vorschrift verdeutlicht, dass es zu **inhaltlichen Überschneidungen mit den von § 40 Abs. 2 Satz 1 Nr. 3 UVPG geforderten Angaben** kommen kann,[197] da sich beide Normen mit der Umweltsituation in dem betroffenen »Auswirkungsraum« des Plans bzw. Programms befassen. Wegen dieses inhaltlichen Konnexes dürfte es zweckmäßig sein, die von Nummer 3 und 4 des § 40 Abs. 2 Satz 1 UVPG geforderten Angaben gemeinsam im Umweltbericht zu behandeln, um Wiederholungen zu vermeiden.[198] Separat darzustellen ist allerdings der wertende Teil des § 40 Abs. 2 Satz 1 Nr. 4 UVPG, der sich in Nummer 3 des § 40 Abs. 2 Satz 1 UVPG nicht finden lässt. Rechtlich verankert wird der **Auftrag zur Bewertung** der vorgefundenen Umweltsituation durch den Terminus »Problem«.[199] Ihm soll ein wertendes Moment innewohnen.[200]

5. Voraussichtliche erhebliche Auswirkungen auf die Umwelt (Nr. 5)

a) Umweltauswirkungen

55 Für die in § 3 UVPG i.V.m. § 2 Abs. 1, 2 UVPG aufgeführten Umweltfaktoren – Mensch, insbesondere die menschliche Gesundheit, Tiere, Pflanzen und biologische Vielfalt, Fläche, Boden, Wasser, Luft, Klima und Landschaft, kulturelles Erbe und sonstige Sachgüter[201] – sind gem. § 40 Abs. 2 Satz 1 Nr. 5 UVPG die voraussichtlichen erheblichen Umweltauswirkungen des Plans oder Programms zu beschreiben. Dabei ist ein **medienübergreifender Prüfungsansatz** zu wählen, der auch **Wechselwirkungen** zwischen den einzelnen Faktoren mit umfasst.[202] Umweltauswirkungen im Sinne der Norm sind sowohl unmittelbare als auch mittelbare Auswirkungen der Umsetzung des Plans oder Programms, zu denen entsprechend der Fußnote zu Anh. I lit. f der SUP-RL sekundäre, kumulative, synergetische, kurz-, mittel- und langfristige, ständige und vorübergehende, positive und negative Auswirkungen gehören. Dabei werden auch solche Auswirkungen des Vorhabens mit eingeschlossen, die aufgrund von dessen Anfälligkeit für schwere Unfälle oder Katastrophen zu erwarten sind, soweit diese schweren Unfälle oder Katastrophen für das Vorhaben relevant sind. **Kumulative Auswirkungen** beschreiben Effekte, die sich aus der Summation von Stoffen aus unter-

---

194 *EU-Kommission* Umsetzung, Rn. 5.21; *Jacoby,* SUP, S. 199; *Balla* NuR 2006, 485 (487).

195 *Peters/Balla/Hesselbarth,* UVPG, § 40 Rn. 18; *Schink,* in: ders./Reidt/Mitschang, UVPG/UmwRG, § 40 UVPG Rn. 24; zu den kumulativen Umweltwirkungen siehe *Siedentop,* in: Eberle/Jacoby (Hrsg.), Umweltprüfung für Regionalpläne, S. 45; *Heiland u.a.* UVP-report 2006, 122.

196 Siehe hierzu Rdn. 55.

197 *Peters/Balla/Hesselbarth,* UVPG, § 40 Rn. 18. Siehe hierzu auch Rdn. 49.

198 *Bunge/Nesemann,* in: HdUVP, 0507, S. 46 f.; *Peters/Balla/Hesselbarth,* UVPG, § 40 Rn. 18; angedeutet bei *Jacoby,* SUP, S. 200.

199 *Bunge/Nesemann,* in: HdUVP, 0507, S. 47; *Peters/Balla/Hesselbarth,* UVPG, § 40 Rn. 18; *Balla* NuR 2006, 485 (487).

200 Gesetzesbegr. v. 29.06.2004, BT-Drs. 15/3441, S. 32.

201 Die Aufzählung der genannten Schutzgüter ist nicht abschließend. Dies gilt sogar für die umfangreichere Aufzählung der europäischen Richtlinienbestimmung in Anh. I lit. f der SUP-RL; siehe dazu *Uebbing,* Umweltprüfung, S. 117. Unabhängig davon dürften sich alle auftretenden Umweltauswirkungen einem Schutzgut zurechnen lassen; *Peters/Balla/Hesselbarth,* UVPG, § 40 Rn. 19; speziell zu den Auswirkungen auf das Klima als Gegenstand des Umweltberichts *Ruttloff/Wagner/Wagner* BB 2022, 516 (518); hierzu ebenfalls *Uechtritz* DVBl 2022, 1241 (1245).

202 *Calliess,* in: Hendler u.a. (Hrsg.), Strategische Umweltprüfung, S. 153 (170); *Schink* NuR 2005, 143 (146).

schiedlichen Quellen ergeben. **Synergetische Auswirkungen** definieren sich als Faktoren, die sich gegenseitig fördern bzw. in additiver oder potenzierender Weise ergänzen.[203] Beispiele hierfür können Chemikalienreaktionen in Böden und Gewässern sein. Zu den angesprochenen Auswirkungen gehören außerdem **Verlagerungseffekte**, wie sie beispielsweise beim Einsatz von Klär- oder Filtersystemen auftreten, die zunächst zu einem Entlastungseffekt führen, deren Entsorgung jedoch mit bedacht werden muss.[204] Schließlich widerspricht es weder dem Gesetzestext des UVPG noch seiner Systematik, die in der SUP-RL ausdrücklich genannten **positiven Umweltauswirkungen** mit in den Umweltbericht aufzunehmen.[205] Demnach sollten auch Ausweisungen in Plänen und Programmen, die auf den Schutz der Umwelt abzielen (wie Gebiete für Freiraumnutzungen, für den Gewässerschutz oder Erholungsgebiete), positiv vermerkt werden.[206] Die beschriebenen Anforderungen verdeutlichen die Komplexität des medienübergreifenden Ansatzes, der mit seinem umfassenden Charakter letztlich zu einer **ökosystemaren Betrachtung** führt.[207]

b) Zu prüfende Planinhalte

Bereits im Zusammenhang mit § 39 UVPG[208] – der durch seine Rahmensetzung unmittelbare Aus- 56
wirkungen auf den Umweltbericht hat – wurde dargestellt, dass **nicht alle Planinhalte oder Programmteile einer SUP zu unterziehen sind**, da die Zweckbestimmung des UVPG (vgl. § 3 Satz 2 UVPG) sowie die Ausrichtung der SUP-RL, die beide dem vorsorgeorientierten Umweltschutz dienen,[209] keine Überprüfung von Plan- oder Programminhalten ohne jede Umweltrelevanz fordern. Diese Feststellung trifft auch für § 40 Abs. 2 Satz 1 Nr. 5 UVPG zu, sodass nur solche Plan- und Programminhalte, die die SUP-Pflichtigkeit des in Rede stehenden Plans oder Programms auslösen, auf ihre Umweltauswirkungen zu untersuchen sind.[210] Hinzu kommen weitere Plan- oder Programminhalte, die erst in Verbindung mit den erstgenannten Festsetzungen erhebliche nachteilige Umweltauswirkungen haben können,[211] sowie umweltrelevante Konzepte und allgemeine Leitlinien aus dem normativen Teil eines Plans oder Programms.[212] Voraussetzung jeder Überprüfung ist allerdings, dass die fragliche Plan- oder Programmaussage **hinreichend konkret** ist, um aus ihr Umweltauswirkungen ableiten zu können. Ist dies nicht gewährleistet, muss ihre Überprüfung gegebenenfalls der nachfolgenden Planungsebene überlassen bleiben.[213]

c) Voraussichtlichkeit

Es entspricht dem über § 40 Abs. 2 UVPG i.V.m. § 39 Abs. 2 Satz 2 UVPG auch im Rahmen des 57
§ 40 Abs. 2 Satz 1 Nr. 5 UVPG zu beachtenden Gebot der Verhältnismäßigkeit,[214] dass der Umweltbericht nicht alle im Entferntesten denkbaren Auswirkungen aufnehmen muss. Es sind – entsprechend der gesetzlichen Anordnung – vielmehr nur die voraussichtlichen erheblichen Umweltauswirkungen

203 *Heiland u.a.* UVP-report 2006, 122 (123 f.); siehe auch § 2 Rdn. 70.
204 *Näckel,* Umweltprüfung, S. 145.
205 Siehe hierzu ausführlich § 39 Rdn. 19; vgl. II. 16.1.4 der UVPVwV.
206 *Balla* NuR 2006, 485 (488); *Hendler* NuR 2003, 2 (3); *Sangenstedt,* in: Reiter (Hrsg.), Neue Wege in der UVP, S. 235 (242); *Grotefels,* in: Mitschang (Hrsg.), Umweltprüfverfahren, S. 19 (25); *Uechtritz,* in: GfU (Hrsg.), Umweltprüfung, S. 169 (216); a.A. *Weick,* in: Spannowsky/Krämer (Hrsg.), Aktuelle Änderungen, S. 73 (76).
207 *Kloepfer,* Umweltrecht, § 5 Rn. 507; *Uebbing,* Umweltprüfung, S. 124; *Schink* NuR 2005, 143 (146).
208 Siehe § 39 Rdn. 16 ff.
209 Siehe bereits § 3 Rdn. 41 ff.
210 *Porger,* in: Kistenmacher (Hrsg.), Praxisuntersuchung, S. 79 (87); *Schink* NuR 2005, 143 (144 f.); *Ginzky* UPR 2002, 47 (49); *Lell/Sangenstedt* UVP-report 2001, 124 (125).
211 *Balla* NuR 2006, 485 (488); *Uebbing,* Umweltprüfung, S. 263 ff.
212 *Schink* NuR 2005, 143 (145); *Porger,* in: Kistenmacher (Hrsg.), Praxisuntersuchung, S. 79 (87 f.).
213 *Balla* NuR 2006, 485 (488); *Jacoby,* SUP, S. 201.
214 Vgl. zum Umfang der Ermittlung von Alternativen: *Kistner,* Alternativenprüfung im Netzausbaurecht, S. 17; Spannowsky UPR 2005, 401 (404 f.).

zu ermitteln und zu beschreiben. Dabei verdeutlicht bereits der Begriff der »**Voraussichtlichkeit**«, dass es sich bei den durchzuführenden Ermittlungen um Prognosen handelt.[215] In den Umweltbericht fließen also nur solche Umweltauswirkungen ein, die zum Zeitpunkt seiner Erstellung überhaupt ermittelt werden können und deren Eintritt bei einer Plan- bzw. Programmverwirklichung mit einer gewissen Wahrscheinlichkeit behaftet ist.[216] Welcher **Maßstab an die Wahrscheinlichkeit** zu legen ist, wird durch § 40 UVPG allerdings nicht definiert. Der im Fachrecht geläufige Prognosemaßstab der »hinreichenden Wahrscheinlichkeit«[217] dürfte insofern als erste Orientierung dienen können, jedoch im Ergebnis zu strenge Anforderungen an die Wahrscheinlichkeit stellen, da er die Untersuchungspflicht zu stark verkümmern lassen würde.[218] Dafür spricht der Umstand, dass die SUP-pflichtigen Pläne oder Programme mitunter auf einer den konkreten Projekten weit vorgelagerten planerischen Ebene agieren.[219] In diesem frühen Stadium sind Umweltauswirkungen häufig noch nicht mit der gleichen Präzision zu ermitteln, wie dies auf der Projektebene der Fall ist. Damit der Umfang der Untersuchungspflicht nicht zu stark eingeschränkt wird, muss man die Wahrscheinlichkeitsprognose für das Auslösen der Untersuchungspflicht vielmehr ausdehnen und auch eine **niedrige Wahrscheinlichkeit** des Eintritts von Umweltauswirkungen für eine Untersuchungspflicht ausreichen lassen.[220] Hierfür spricht auch der in § 3 UVPG verankerte Zweck des Gesetzes (Vorsorgeorientierung), der es nahelegt, im Zweifel den Kreis der potenziellen Auswirkungen auf Schutzgüter weiter zu ziehen. Letztlich wird die Frage der Vorhersehbarkeit der Umweltauswirkung jedoch eine **Einzelfallentscheidung** bleiben, die nicht schematisch beantwortet werden kann.[221] In Anlehnung an § 39 Abs. 2 Satz 2 UVPG, der hier über § 40 Abs. 2 UVPG Wirkung entfaltet, wird dabei der Bedeutung und Sensibilität der betroffenen Schutzgüter sowie der Schwere, Qualität und Nachhaltigkeit der prognostizierten Umweltbeeinträchtigungen besonderes Gewicht zukommen.[222]

d) Erheblichkeit

58 Mit der Begrenzung auf »**erhebliche**« Umweltauswirkungen sollen solche Umweltauswirkungen ausgefiltert werden, die nur geringfügig ins Gewicht fallen und daher unbeachtet bleiben dürfen.[223] Die Frage nach der Erheblichkeit einzelner Umweltauswirkungen ist also eng mit ihrer späteren Einflussnahme auf die Entscheidung über die Annahme des Plans oder Programms nach § 44 UVPG verknüpft.[224] Dies hat zur Folge, dass in jedem Fall **Auswirkungen auf die Umwelt, die offensichtlich keine Rolle für die planerische Entscheidung (des Trägerverfahrens) spielen, keinen Eingang in den Umweltbericht finden sollten.**[225] Beschrieben ist damit zugleich auch die äußere Grenze der

---

215 *Hoppe/Bönker*, in: ders./ders./Grotefels, Öffentliches Baurecht, § 7 Rn. 50 ff.; *Peters/Balla/Hesselbarth,* UVPG, § 40 Rn. 19; *Kment*, in: Jarass/Kment, BauGB, § 1 Rn. 82; *Kment*, Öffentliches Baurecht, § 4 Rn. 56; *Söfker*, in: Ernst/Zinkahn/Bielenberg/Krautzberger, BauGB, § 1 Rn. 190.

216 *Schink*, in: ders./Reidt/Mitschang, UVPG/UmwRG, § 40 UVPG Rn. 25; *Uebbing,* Umweltprüfung, S. 124.

217 BVerwG, Urt. v. 17.02.1978 – 1 C 102.76, BVerwGE 55, 250 (254); Beschl. v. 18.05.2016 – 7 B 23/15, juris Rn. 32; *Jarass,* BImSchG, § 3 Rn. 44 ff.

218 Vgl. *Peters/Balla/Hesselbarth,* UVPG, § 40 Rn. 19; *Schink,* in: ders./Reidt/Mitschang, UVPG/UmwRG, § 40 UVPG Rn. 25.

219 *Balla* NuR 2006, 485 (488).

220 *Peters/Balla/Hesselbarth,* UVPG, § 40 Rn. 19; *Schink,* in: ders./Reidt/Mitschang, UVPG/UmwRG, § 40 UVPG Rn. 25; vgl. II. 16.1.4 der UVPVwV; weiter noch *Bunge/Nesemann*, in: HdUVP, 0507, S. 47 f., die »Anhaltspunkte« für den Eintritt einer Umweltauswirkung genügen lassen wollen.

221 Ähnlich für das Bauplanungsrecht *Hoppe/Bönker*, in: ders./ders./Grotefels, Öffentliches Baurecht, § 7 Rn. 61 ff.

222 Siehe hierzu § 39 Rdn. 20 sowie *Gassner,* UVPG, § 14g Rn. 15 f.

223 *Peters/Balla/Hesselbarth,* UVPG, § 40 Rn. 19.

224 Vgl. II. 16.1.4.1 der UVPVwV.

225 *Schink,* in: ders./Reidt/Mitschang, UVPG/-UmwRG, § 40 UVPG Rn. 25; *Bunge/Nesemann,* in: HdUVP, 0507, S. 47.

Ermittlungspflicht, die sich aus der **fachgesetzlichen Akzessorietät** der SUP ergibt und in § 40 Abs. 2 UVPG i.V.m. § 39 Abs. 2 Satz 1 UVPG (exemplarisch und hier bedeutsam) zum Ausdruck kommt.[226]

Ausgehend von dieser Bewertungsgrundlage ist die Beurteilung dessen, was für die planerische Entscheidung erheblich ist, stets eine Wertungsfrage und **einzelfallabhängig**. Ebenso wie bei der Problematik der Vorhersehbarkeit sollte dabei das **Kriterium der Erheblichkeit eher großzügig interpretiert werden**, um dem Vorsorgeprinzip des UVPG (vgl. § 3 Satz 2 UVPG) wie auch der vorgelagerten Stellung der Pläne und Programme im gesamten Gestaltungs- und Verwirklichungsprozess von Planung und letztlicher Projektumsetzung gerecht zu werden.[227] Um Lücken in der Zusammenstellung des Materials zu vermeiden, dürfte es daher sachgerecht sein, jede Umweltauswirkung in den Umweltbericht aufzunehmen, die in **irgendeiner Form** für die Entscheidung über die Annahme des Plans oder Programms von Bedeutung sein könnte, unabhängig davon, ob sie letztlich wirklich Einfluss auf die Entscheidung genommen hat.[228] Denn Belange, die in diesem frühen Stadium durch das Prüfungsraster fallen, können nachträglich kaum noch ins Verfahren zurückkehren. 59

Schließlich ist noch darauf hinzuweisen, dass die Beurteilung der Erheblichkeit einzelner Umweltauswirkungen nicht isoliert, sondern immer auch im Hinblick auf kumulative und synergetische Effekte zu erfolgen hat. Die jeweilige Umweltauswirkung fließt – so gesehen – stets in eine Bilanz der zu erwartenden **Gesamtbelastungen**, so dass mehrere möglicherweise für sich betrachtet unerhebliche Umweltauswirkungen in der Summe erheblich sein können. 60

e) Methoden

Gem. § 40 Abs. 2 UVPG i.V.m. § 39 Abs. 2 Satz 2 UVPG sind bei der Ermittlung und Beschreibung der voraussichtlichen erheblichen Auswirkungen auf die Umwelt – europarechtskonform ausgelegt – die »**aktuellen Prüfmethoden**« anzuwenden.[229] D.h., dass alle **verfügbaren** Techniken eingesetzt werden sollen, die dem höchsten Entwicklungsstand entsprechen.[230] 61

6. Verhinderung, Verringerung und Ausgleich von nachteiligen Umweltauswirkungen (Nr. 6)

Die Darstellung der Maßnahmen, die geplant sind, um erhebliche nachteilige Umweltauswirkungen aufgrund der Durchführung des Plans oder Programms zu vermeiden, zu vermindern oder soweit möglich auszugleichen, dient dazu, die erheblichen Beeinträchtigungen und Risiken des Plans oder Programms für die Umwelt herauszufiltern und durch ihre **Dokumentation** offenzulegen.[231] Gleichzeitig verpflichtet sie den Plangeber, die vorgesehenen Vermeidungs-, Verminderungs- und Ausgleichsmaßnahmen im Umweltbericht explizit festzuschreiben, um insofern **Transparenz** herzustellen. 62

§ 40 Abs. 2 Satz 1 Nr. 6 UVPG greift auf die im nationalen Planungsrecht materiell-rechtlich bestehenden Planungsgrundsätze der Trennung unverträglicher Nutzungen, den Grundsatz der Konfliktvermeidung und auf weitere aus dem allgemeinen Abwägungsgebot fließende Grundsätze zurück, die letztlich im Verhältnismäßigkeitsgrundsatz und dem Rechtsstaatsgebot fußen.[232] So sieht 63

---

226 Siehe hierzu bereits Rdn. 18.

227 *Peters/Balla/Hesselbarth,* UVPG, § 40 Rn. 19; *Bunge/Nesemann*, in: HdUVP, S. 47.

228 *Bunge/Nesemann*, in: HdUVP, 0507, S. 47.

229 Vgl. *Schink,* in: ders./Reidt/Mitschang, UVPG/UmwRG, § 40 UVPG Rn. 25.

230 Siehe hierzu im Einzelnen § 39 Rdn. 24; vgl. auch eine Aufzählung zu den gegenwärtigen Prüfmethoden bei der UVP II. 16.5 der UVPVwV.

231 Vgl. II. 16.1.3 der UVPVwV.

232 *Peters/Balla/Hesselbarth,* UVPG, § 40 Rn. 20; *Kment,* Öffentliches Baurecht, § 4 Rn. 73; *Hoppe/Bönker*, in: ders./ders./Grotefels, Öffentliches Baurecht, § 7 Rn. 99 ff.; *Battis*, in: ders./Krautzberger/Löhr, BauGB, § 1 Rn. 115; *Söfker*, in: Ernst/Zinkahn/Bielenberg/Krautzberger, BauGB, § 1 Rn. 215 ff.; *Bunge/Nesemann*, in: HdUVP, S. 48.

§ 40 Abs. 2 Satz 1 Nr. 6 UVPG vor, dass insbesondere im Blick auf die Umweltfolgen Alternativen zu ermitteln und für die Entscheidung zu berücksichtigen sind.[233] Die Vorschrift selbst **begründet aber keine Pflicht zu Verhinderungs-, Verringerungs- oder Ausgleichsmaßnahmen.**[234] Sie ist – wie das gesamte UVPG – allein verfahrensrechtlicher Natur und kann deshalb nur verfahrensrechtlich diejenigen Maßnahmen begleiten, die in den einschlägigen Vorschriften des maßgeblichen Trägerverfahrens vorgesehen sind.[235] Zudem fehlt es § 40 Abs. 2 Satz 1 Nr. 6 UVPG bereits nach seinem Wortlaut an der erforderlichen Verbindlichkeit, um Vermeidungs-, Verringerungs- oder Ausgleichspflichten auslösen zu können, da nur solche Maßnahmen aufgeführt werden müssen, »die geplant sind«. Damit ist die zuständige Stelle lediglich angehalten, offenzulegen, welche Maßnahmen sie vorsehen *will*, **ohne ihr ein bestimmtes Anforderungsprofil vorzuschreiben, welche Maßnahmen sie vorzusehen habe.** Der Spielraum der planenden Behörde ist damit mit Blick auf das UVPG denkbar groß, was letztlich auch den Stellen- und Informationswert der Vorschrift relativiert. Denn der Betrachter kann dem Umweltbericht nicht entnehmen, welche Vermeidungs-, Verminderungs- oder Ausgleichsmaßnahmen möglicherweise (eigentlich) ergriffen werden müssten.

64 Ungünstig erscheint zudem die Wahl des Begriffes der »**Maßnahme**«. Dieser an die **naturschutzrechtliche Eingriffsregelung angelehnte Begriff** darf nicht mit den im Naturschutzrecht diskutierten Ausgleichs- oder Ersatzmaßnahmen gleichgesetzt werden,[236] denn die Planungsebene kann überwiegend nur Flächen oder Standorte für Vermeidungs- oder Kompensationsmaßnahmen festsetzen, selten aber die diesbezüglichen spezifischen Maßnahmen regeln.[237] Sofern Vermeidungs-, Verminderungs- und Ausgleichsmaßnahmen vorgesehen sind, können diese zum **integralen Bestandteil der Planung** gemacht werden. Denkbar ist es aber auch, **Maßnahmenempfehlungen** vorzusehen, die sich an nachfolgende Planungsstufen oder die Zulassungsebene richten.[238] Ziehen die vorgesehenen Maßnahmen negative Umweltauswirkungen nach sich, sollten diese im Umweltbericht Erwähnung finden, um eine zutreffende Beurteilung der Situation zu ermöglichen.[239]

7. Auftretende Schwierigkeiten (Nr. 7)

65 Bei der Zusammenstellung der Angaben, die in den Umweltbericht aufzunehmen sind, ergeben sich – im Hinblick auf die jeweiligen Besonderheiten der Sachmaterie, teilweise fehlende Bewertungsmaßstäbe für die SUP, die Komplexität der Umweltfaktoren und ihr Zusammenwirken, die Variationsvielfalt möglicher Umweltauswirkungen, die unterschiedlichen Beurteilungs- und Bewertungsmethoden und die mitunter frühen Planungsstadien mit ihrem notwendigerweise erhöhten Abstraktionsgrad – nicht selten Schwierigkeiten, auch aufgrund technischer Lücken und fehlender Kenntnisse. Auf diese Schwierigkeiten muss gem. § 40 Abs. 2 Satz 1 Nr. 7 UVPG im Umweltbericht hingewiesen werden, um Dritten die **Beurteilung der Qualität** und **Zuverlässigkeit** der im Umweltbericht aufgeführten Fakten zu ermöglichen und auf diese Weise für Transparenz zu sorgen.[240] Ggf. kann der Hinweis sogar Behörden oder sachkundige Vertreter der Öffentlichkeit animieren, im

233 *Köck* ZUR 2023, 643 (647).

234 *Balla* NuR 2006, 485 (489); *Schink,* in: ders./Reidt/Mitschang, UVPG/UmwRG, § 40 UVPG Rn. 26; *Peters/Balla/Hesselbarth,* UVPG, § 40 Rn. 21.

235 Trotz seiner verfahrensrechtlichen Natur wirkt es sich – wie potenziell jedes Verfahrensrecht – auf das materielle Ergebnis aus; vgl. dazu auch *Paluch/Werk* NuR 2014, 400 (400); *Beckmann* ZUR 2014, 541 (544). Weitergehend *Erbguth* ZUR 2014, 515 (520).

236 Siehe dazu *Kloepfer,* Umweltrecht, § 12 Rn. 211 ff.; *Schlacke,* Umweltrecht, § 10 Rn. 34 f.

237 *Jacoby,* SUP, S. 202; *Gassner,* UVPG, § 14g Rn. 18. Planwerke auf unteren Ebenen – wie etwa der Bebauungsplan – können konkrete Einzelmaßnahmen enthalten, die nicht flächenbezogen sind. Vgl. dazu *Wagner*, in: Ernst/Zinkahn/Bielenberg/Krautzberger, BauGB, § 1a Rn. 115.

238 *Peters/Balla/Hesselbarth,* UVPG, § 40 Rn. 20; *Schink,* in: ders./Reidt/Mitschang, UVPG/-UmwRG, § 40 UVPG Rn. 26.

239 *EU-Kommission (GD Umwelt)* Umsetzung, Rn. 5.27; *Peters/Balla/Hesselbarth,* UVPG, § 40 Rn. 20.

240 *Peters/Balla/Hesselbarth,* UVPG, § 40 Rn. 22; *Bunge/Nesemann,* in: HdUVP, S. 48; *Jacoby,* SUP, S. 204.

Rahmen der Beteiligung Anregungen zur Schließung der dokumentierten Lücke zu liefern.[241] Dazu sollten die bestehenden **Schwachstellen angemessen**, d.h. nachvollziehbar und für Dritte verständlich, **dargestellt** werden.[242]

Die Darstellung umfasst die **wesentlichen Kenntnislücken** und **besonderen Prognosedefizite**. Eines Hinweises auf allgemeine Unsicherheiten, die jeder Prognose bzw. Einschätzung im Grunde wesensimmanent sind, bedarf es nicht.[243] Welche Lücken in der Zusammenstellung der Angaben zum Umweltbericht hingenommen werden dürfen, bestimmt sich allein nach den Kriterien des **§ 39 Abs. 2 Satz 2 UVPG,** insbesondere nach dem gegenwärtigen Wissensstand und den aktuellen Prüfmethoden.[244] Treten ausgeprägte Lücken auf, können sie in den meisten Fällen durch geeignete Überwachungsmaßnahmen nach § 45 UVPG abgemildert werden.[245] 66

8. Geprüfte Alternativen (Nr. 8)

Die Anordnung des § 40 Abs. 2 Satz 1 Nr. 8 UVPG ist Teil der obligatorisch vorgesehenen Alternativenprüfung im Rahmen der plan- und programmbezogenen SUP.[246] Die Alternativenprüfung folgt dabei einem **zweistufig aufgebauten Prüfungsablauf.**[247] Innerhalb der zwei Stufen kann jedoch wiederum zwischen einzelnen Schritten unterschieden werden, die den Ablauf der Alternativenprüfung noch besser strukturieren. So beginnt die Alternativenprüfung nach der Konzeption des § 40 UVPG innerhalb ihrer ersten Stufe mit der Ermittlung und Beschreibung vernünftiger Alternativen, also jenen Lösungsvarianten, die nicht offensichtlich – ohne vernünftige Zweifel – fernliegen.[248] Die so getroffene Auswahlentscheidung ist außerdem gem. **§ 40 Abs. 2 Satz 1 Nr. 8 UVPG** zu begründen. Nachdem die vernünftigen Alternativen ausgewählt wurden, schließt sich die zweite Stufe an: Gem. § 40 Abs. 1 Satz 2 UVPG sind die voraussichtlichen erheblichen Umweltauswirkungen jeder ausgewählten Alternative – in einem Dreischritt – zu ermitteln, zu beschreiben und zu bewerten.[249] Dies ermöglicht eine vergleichende Darstellung der Alternativen und ihrer Umweltauswirkungen.[250] 67

Die Kurzdarstellung der Gründe für die Wahl der geprüften Alternativen gem. § 40 Abs. 2 Satz 1 Nr. 8 UVPG dient der **Transparenz** der Alternativenprüfung.[251] Abwägungsfehler in diesem Bereich sollen damit leichter greifbar sein.[252] 68

Die Präsentation der Auswahlentscheidung darf sich auf eine Kurzdarstellung beschränken. Es ist nicht notwendig, alle Details vollständig aufzuführen. § 40 Abs. 2 Satz 1 Nr. 8 UVPG verlangt lediglich, die **wesentlichen und ausschlaggebenden Gründe** für die Auswahlentscheidung darzulegen.[253] Diese verminderten Anforderungen an den Darstellungsumfang verringern allerdings nicht die Anforderungen, die an die **Darstellungsklarheit** zu stellen sind. Sowohl die Auswahlentscheidung als auch die Methodenbeschreibung müssen für Dritte nachvollziehbar und verständlich sein. 69

241 *Krautzberger/Kment*, in: Ernst/Zinkahn/Bielenberg/Krautzberger, BauGB, § 2 Rn. 478.
242 *Gassner*, UVPG, § 14g Rn. 21.
243 *Balla* NuR 2006, 485 (489).
244 Siehe hierzu § 39 Rdn. 22 ff.
245 *Peters/Balla/Hesselbarth*, UVPG, § 40 Rn. 22; *Gassner*, UVPG, § 14g Rn. 20.
246 Zur Alternativenprüfung siehe Rdn. 19 ff.
247 *Calliess*, in: Hendler u.a. (Hrsg.), Strategische Umweltprüfung, S. 153 (169); *Peters/Balla/Hesselbarth*, UVPG, § 40 Rn. 23; *Schink* NuR 2005, 143 (146); siehe hierzu bereits Rdn. 34.
248 Siehe bereits Rdn. 23.
249 Siehe hierzu ausführlich Rdn. 11.
250 Siehe hierzu ebenfalls bereits Rdn. 34.
251 *Peters/Balla/Hesselbarth*, UVPG, § 40 Rn. 23; *Gassner*, UVPG, § 14g Rn. 22.
252 *Spannowsky* UPR 2005, 401 (404).
253 *Balla* NuR 2006, 485 (490); vgl. II. 16.1.5 der UVPVwV.

70 Die **Gründe**, die für die Wahl bestimmter Alternativen angeführt werden dürfen, müssen sich **qualitativ nicht auf den Umweltbereich beschränken.**[254] Die Alternativenprüfung sucht nicht nach der umweltfreundlichsten Lösung und darf zudem nicht außerhalb des Umweltsektors liegende Rahmenbedingungen außer Acht lassen.[255] Somit dürfte das Spektrum der Auswahlgründe regelmäßig breit sein.

9. Überwachungsmaßnahmen (Nr. 9)

71 Gem. § 40 Abs. 2 Satz 1 Nr. 9 UVPG gehört zu den Mindestangaben des Umweltberichts eine Darstellung der geplanten Überwachungsmaßnahmen. Die Vorschrift ist eine **wichtige Ergänzung zu § 45 UVPG**, der das Instrument des Monitorings im Rahmen der SUP regelt.[256] Die Aufnahme eines Monitoring-Konzepts in den Umweltbericht ist sachlich geboten und zweckmäßig. Denn Basis jeder Monitoring-Konzeption sind die Angaben zum Umweltzustand (§ 40 Abs. 2 Satz 1 Nr. 3 UVPG), die Erkenntnisse zu den Umweltauswirkungen des Plans oder Programms (§ 40 Abs. 2 Satz 1 Nr. 5 UVPG) sowie das Wissen um die Verhinderungs-, Verringerungs- und Ausgleichsmaßnahmen (§ 40 Abs. 2 Satz 1 Nr. 6 UVPG) wie auch um technische Lücken, fehlende Kenntnisse und Prognoseunsicherheiten (§ 40 Abs. 2 Satz 1 Nr. 7 UVPG).[257] Alle diese Faktoren beeinflussen die Erarbeitung der Überwachungsmaßnahmen, da sie das Potenzial für unvorhergesehene Umweltauswirkungen bilden. Somit bietet es sich an, in direktem Zusammenhang mit der Gewinnung dieser Daten die Aufmerksamkeit schon **frühzeitig** – neben der Plan- oder Programmentwicklung – auf die adäquaten Überwachungsmaßnahmen zu richten. Dies liefert nämlich nicht nur die Chance, zu einer in sich **geschlossenen Gesamtkonzeption** von Planung und Überwachung zu gelangen, sondern ermöglicht es auch, die positiven Optimierungseffekte der Behörden- und Öffentlichkeitsbeteiligung für das Monitoring zu nutzen.[258]

72 Die Darstellungsart sollte im Rahmen des § 40 Abs. 2 Satz 1 Nr. 9 UVPG deutlich und klar gewählt werden.[259] Nur wenn die Ausführungen für Dritte hinreichend verständlich sind, kann der Umweltbericht in diesem Bereich als sinnvolle Grundlage der Beteiligung dienen. Inhaltlich sollte deshalb **jede geplante Maßnahme konkret beschrieben werden.** Dazu zählt auch, die Grundlage ihrer Wahl darzulegen und mögliche Bezugspunkte aufzuzeigen, also zu erläutern, auf welche Umweltauswirkung, Prognoseunsicherheit o. Ä. sich die konkrete Überwachungsmaßnahme bezieht. Ebenso aufzunehmen sind Angaben zu den Behörden, die für die Durchführung der Monitoring-Maßnahme zuständig sind, wie auch die Eckdaten der örtlichen und zeitlichen Durchführung der Maßnahme einschließlich möglicher Wiederholungsintervalle.[260] Letztlich sollte eine Überwachungsmaßnahme zudem mit einer **kurzen Begründung** versehen werden, um möglicherweise bestehende Unsicherheiten, warum diese Maßnahme gewählt wurde, auszuräumen.

IV. Beurteilungsmöglichkeit von Drittbetroffenen (Abs. 2 Satz 2)

73 Um Außenstehende für die Umweltauswirkungen eines Projekts zu interessieren und einen zusätzlichen Anreiz für eine Beteiligung in dem jeweiligen Umweltprüfverfahren zu erzeugen (**Anstoßfunktion**), ist es notwendig, Drittbetroffenen die **Auswirkungen** des in Rede stehenden Plans oder Programms zu **verdeutlichen** und die **individuelle Betroffenheit herauszustellen.**[261] Zwar ist es nicht

254 *Peters/Balla/Hesselbarth,* UVPG, § 40 Rn. 23; *Schink,* in: ders./Reidt/Mitschang, UVGP/UmwRG, § 40 UVPG Rn. 28.
255 Siehe ausführlich Rdn. 23 f.
256 Siehe ausführlich zum Monitoring die Kommentierung zu § 45 UVPG.
257 Ähnlich *Peters/Balla/Hesselbarth,* UVPG, § 40 Rn. 24.
258 *Krautzberger/Kment,* in: Ernst/Zinkahn/Bielenberg/Krautzberger, BauGB, § 2 Rn. 479.
259 *Peters/Balla/Hesselbarth,* UVPG, § 40 Rn. 25; *Schink,* in: ders./Reidt/Mitschang, UVPG/UmwRG, § 40 UVPG Rn. 29.
260 *Peters/Balla/Hesselbarth,* UVPG, § 40 Rn. 25.
261 *Schink,* in: ders./Reidt/Mitschang, UVPG/UmwRG, § 40 UVPG Rn. 30.

möglich, auf jeden Einzelnen separat einzugehen. Erforderlich ist es aber – und so schreibt es auch § 40 Abs. 2 Satz 2 UVPG vor –, die Voraussetzungen zu schaffen, um Dritten die Beurteilung zu ermöglichen, ob und in welchem Umfang sie von den Umweltauswirkungen des Plans oder Programms betroffen werden können.[262] Denn nur wer erkennen kann, welche Dimension eine Planung hat und welche Bedeutung sie für ihn individuell besitzt, kann auch angemessen auf die konkrete Situation reagieren. § 40 Abs. 2 Satz 2 UVPG verfolgt somit ausweislich das Ziel, die **Beteiligung** im Rahmen der SUP zu **fördern**,[263] wobei »**Dritte**« i.S.d. Vorschrift einzig Vertreter der Öffentlichkeit sind, da nur diese von einer Planung »betroffen« sein können.[264]

Die Anordnung des § 40 Abs. 2 Satz 2 UVPG stellt Anforderungen sowohl an den **Umfang** der Angaben i.S.d. Satz 1 als auch an ihre **Darstellungsart**. Damit Vertreter der Öffentlichkeit die Qualität ihrer Betroffenheit ermitteln können, müssen insbesondere die räumliche Erstreckung, die Art und die Intensität der zu erwartenden Umweltauswirkungen sowie vernünftige Alternativen ermittelt werden, wobei der Detaillierungsgrad der Angaben der Art des Plans oder Programms entsprechen sollte.[265] Die Anforderungen an den Ermittlungs*umfang* werden daher mit steigender Konkretisierungsdichte des Plans zunehmen. Die *Darstellungsart* muss so gewählt werden, dass sie auch Laien – mit vertretbarem eigenem Aufwand – die Erschließung der dargelegten Fakten erlaubt.[266] Ist das Datenmaterial zu fachspezifisch, sollte zur Vereinfachung die Anfertigung von angemessenen (ggf. separaten) Karten, Tabellen oder Grafiken erwogen werden, um die »Hürden« des Informationszugangs möglichst niedrig zu halten. Es ist allerdings nicht erforderlich, die Angaben des Umweltberichts grundsätzlich nichttechnisch und allgemein verständlich zu präsentieren. Wie ein systematischer Vergleich mit § 40 Abs. 2 Satz 3 UVPG zeigt, gelten diese strengeren Anforderungen lediglich für die Zusammenfassung der Angaben.[267] 74

V. Allgemein verständliche, nichttechnische Zusammenfassung (Abs. 2 Satz 3)

Gem. § 40 Abs. 2 Satz 3 UVPG ist die zuständige Behörde angehalten, dem Umweltbericht eine allgemein verständliche, nichttechnische Zusammenfassung beizufügen.[268] Dies bedeutet, dass sie die ermittelten Ergebnisse **adressatengerecht** in einer verbal verständlichen Form in sich geschlossen **darstellt** und die Unterlagen nicht nur als Aktenordner, Karten, Pläne usw. in den Umweltbericht einstellt.[269] Die Zusammenfassung sollte zudem gehaltvoll und aussagekräftig sein.[270] Zu diesem Zweck sind die **wesentlichen Ergebnisse des Umweltberichts**, zu denen insbesondere die Kerninhalte der in § 40 Abs. 2 Satz 1 UVPG aufgeführten Mindestinhalte zählen (Umweltauswirkungen, Alternativen usw.), in die Zusammenfassung aufzunehmen.[271] Erfüllt die gewünschte Zusammenfassung diese Anforderungen, kann sie anderen Behörden, aber auch der Öffentlichkeit als effizientes Instrument zur Vorbereitung auf die Verfahrensbeteiligung dienen und den Entscheidungsträgern in der abschließenden Entscheidung über die Annahme des Plans den Zugang zu den entscheidungserheblichen Daten erleichtern.[272] Aus diesem Grund muss sie auch zeitlich vor der Entscheidung 75

262 *Peters/Balla/Hesselbarth,* UVPG, § 40 Rn. 26; *Schink,* in: ders./Reidt/Mitschang, UVGP/UmwRG, § 40 UVPG Rn. 30.
263 *Peters/Balla/Hesselbarth,* UVPG, § 40 Rn. 26.
264 Der Terminus der »Betroffenheit« spielt bei der Definition des Öffentlichkeitsbegriffs eine zentrale Rolle, siehe § 2 Abs. 9 UVPG.
265 *Peters/Balla/Hesselbarth,* UVPG, § 40 Rn. 26.
266 *Peters/Balla/Hesselbarth,* UVPG, § 40 Rn. 26.
267 Siehe zu den Einzelheiten der allgemein verständlichen, nichttechnischen Zusammenfassung Rdn. 75.
268 *Schink,* in: ders./Reidt/Mitschang, UVPG/UmwRG, § 40 UVPG Rn. 31.
269 *Uechtritz,* in: GfU (Hrsg.), Umweltprüfung, S. 169 (195 f.); vgl. auch BVerwG, Beschl. v. 10.10.2006 – B 9 27.05, UPR 2007, 33 (34).
270 *Gassner,* UVPG, § 14g Rn. 26. Vgl. auch OVG Hamburg, Beschl. v. 24.08.2016 – 2 Bs 113/16, ZUR 2017, 113 (115).
271 *Peters/Balla/Hesselbarth,* UVPG, § 40 Rn. 27.
272 *Peters/Balla/Hesselbarth,* UVPG, § 40 Rn. 27; vgl. II. 16.1.6 der UVPVwV.

über den Plan oder das Programm erstellt werden.[273] Die Zusammenfassung darf nicht mit der zusammenfassenden Erklärung verwechselt werden, die gem. § 44 Abs. 2 Nr. 2 UVPG chronologisch *nach* der Entscheidung über den Plan oder das Programm ausgelegt wird.[274] Der Umfang der Zusammenfassung sollte mit der Komplexität und dem Umfang des Umweltberichts korrelieren.[275]

E. Vorläufige Bewertung der Umweltauswirkungen (Abs. 3)

76 § 40 Abs. 3 UVPG dient der **Konkretisierung des Bewertungsauftrags** des § 40 Abs. 1 Satz 2 Var. 3 UVPG. Gefordert ist eine vorläufige Bewertung der Umweltauswirkungen, die sich an einer wirksamen Umweltvorsorge i.S.d. § 3 UVPG i.V.m. § 2 Abs. 1 und 2 UVPG orientiert und nach Maßgabe der geltenden Gesetze erfolgt. Aufgrund ihrer systematischen Stellung in Abs. 3 fließt die vorläufige Bewertung nicht in die allgemein verständliche, nichttechnische Zusammenfassung i.S.d. § 40 Abs. 2 Satz 3 UVPG ein.[276] Sie **steht** vielmehr **für sich selbst** und ist explizit vorzunehmen.

77 Strukturell entspricht die in § 40 UVPG angeordnete Bewertung im Wesentlichen der Bewertung nach § 25 UVPG, zu der es im Rahmen der UVP kommt.[277] **Erkenntnisse zu § 25 UVPG** können deshalb auch für das Verständnis der hier zu behandelnden Vorschrift herangezogen werden.[278]

I. Vorläufigkeit der Bewertung

78 Die von § 40 Abs. 3 UVPG geforderte Bewertung weist die Besonderheit auf, dass sie *vorläufig* erfolgt und später – im Rahmen der abschließenden Bewertung (§ 43 Abs. 1 UVPG) – überprüft wird.[279] Der Begriff der **Vorläufigkeit** ist somit Ausdruck der **systematischen Verzahnung** der Regelungen des § 40 Abs. 3 UVPG und § 43 Abs. 1 UVPG, die beide zusammen die abgeschlossene Bewertung ergeben.[280] Dieses zweistufige Modell entspricht zwar weder dem europäischen Ansatz in Art. 5 SUP-RL noch der Vorgehensweise im Rahmen der UVP, die beide nur einen Bewertungsschritt vorsehen. Die **Aufteilung der Bewertung in zwei Phasen** ist aber gleichwohl **der Sache nach nicht zu beanstanden**: Die vorläufige Bewertung bleibt nicht hinter den Vorgaben des europäischen Rechts zurück, vielmehr geht sie sogar noch darüber hinaus. Sie erfüllt alle Anforderungen, die an eine umfassende Bewertung gestellt werden – die vorläufige Bewertung ist somit auch eine **vollwertige Bewertung** – und schafft zusätzlich im Zusammenspiel mit § 43 Abs. 1 UVPG die Möglichkeit, auf neue Entwicklungen einzugehen.

II. Umweltbezogene Bewertung

79 Im Rahmen des § 40 UVPG ist eine ausschließlich **umweltbezogene Betrachtung** notwendig, die eine Bewertung von wirtschaftlichen oder sozialen Auswirkungen ausschließt.[281] Dies rechtfertigt zum einen sowohl § 40 Abs. 3 UVPG als auch die europäische Vorgabe des Art. 5 Abs. 1 SUP-RL, die ausdrücklich von »Umweltauswirkungen« bzw. »Auswirkungen […] auf die Umwelt« sprechen. Zum anderen hat die Bewertung im Hinblick auf eine wirksame **Umweltvorsorge** i.S.d. § 3 i.V.m.

---

273 Vgl. OVG Hamburg, Beschl. v. 24.08.2016 – 2 Bs 113/16, ZUR 2017, 113 (115) zu § 24 UVPG (§ 11 UVPG a.F.).

274 Die zusammenfassende Erklärung wird deshalb auch als »Abschlussdokument« bezeichnet. Siehe *Ginzky* UPR 2002, 47 (52); *Calliess*, in: Hendler u.a. (Hrsg.), Strategische Umweltprüfung, S. 153 (176). Kritisch zur zusammenfassenden Erklärung *Finkelnburg* NVwZ 2004, 897 (900 f.).

275 *Peters/Balla/Hesselbarth,* UVPG, § 40 Rn. 27.

276 *Gassner,* UVPG, § 14g Rn. 28.

277 Gesetzesbegr. v. 29.06.2004, BT-Drs. 15/3441, S. 33.

278 Siehe hierzu § 25 Rdn. 31 ff.

279 Vgl. *Schink,* in: ders./Reidt/Mitschang, UVPG/UmwRG, § 40 UVPG Rn. 32.

280 *Erbguth/Schubert* ZUR 2005, 524 (528).

281 *Näckel,* Umweltprüfung, S. 232; *Ziekow* UPR 1999, 287 (290); Gesetzesbegr. v. 29.06.2004, BT-Drs. 15/3441, S. 33.

§ 2 Abs. 1 und 2 UVPG zu erfolgen.[282] § 40 Abs. 3 UVPG ist somit auf Umweltauswirkungen fokussiert und bedingt so eine rein ökologische Ausrichtung dieses Verfahrensschritts.[283] Ein wichtiger Gesichtspunkt für die umweltbezogene Ausrichtung ist hierbei auch der mit der SUP verfolgte **Zweck.** Die SUP dient dazu, vor der Entscheidung über einen bestimmten Plan oder ein bestimmtes Programm den Umweltbelangen Gehör zu verschaffen und deutlich auf voraussichtliche Umweltauswirkungen hinzuweisen. Dieses am Prinzip der Umweltvorsorge ausgerichtete Vorgehen verlangt, dass nicht vorzeitig vor der abschließenden Entscheidung über die Annahme des Plans oder Programms umweltexterne Belange in den Bewertungsprozess einfließen und diesen (negativ) beeinflussen. Lediglich eine auf Umweltbelange reduzierte Bewertung (**umweltinterne Bewertung**) schafft die Möglichkeit, schädliche Auswirkungen der Planung für sich genommen zu präsentieren, ohne dass die Gefahr besteht, die Aussagekraft der Darstellung durch eine Gegenüberstellung anderer Belange zu verwässern.[284] Deshalb dürften umweltexterne Belange erst im Rahmen der abschließenden Entscheidung über die Annahme oder Ablehnung des Plans oder Programms[285] Einlass in den Entscheidungsprozess finden.

III. Plan- bzw. Programmbezug

Die SUP ist ein Verfahrenselement, das der **Entscheidungsvorbereitung** über die Annahme oder Ablehnung des Plans bzw. Programms dient. Sie liefert Beurteilungsgrundlagen, um die Planung am Maßstab der materiell-rechtlichen Vorgaben des Fachrechts zu überprüfen; eigene materielle Vorgaben für die Entscheidung liefert sie nicht.[286] Dementsprechend verfolgt auch die Bewertung der Umweltauswirkungen das Ziel, die Berücksichtigung der Ergebnisse der SUP für die das Plan- bzw. Programmaufstellungsverfahren abschließende Entscheidung vorzubereiten. Dabei ist die Bewertung stets **plan- bzw. programmbezogen**. Sie erfasst nur solche Umweltauswirkungen, die zu den betroffenen Planungswerken in Bezug stehen und für das Fachrecht von Bedeutung sein können. Da diese letztgenannten Prinzipien auch für die bisherigen Verfahrensschritte gelten (Scoping; Ermittlung und Beschreibung der Umweltauswirkungen),[287] besteht zumeist nur ein geringes Bedürfnis nach einer Filterung des vorgefundenen Materials. 80

IV. Bewertungsmaßstäbe

Eine Bewertung erfordert stets Kriterien, die es erlauben, die zu beurteilenden Informationen und Daten in ein bestimmtes Verhältnis zu setzen, um so ihre Bedeutung abschätzen zu können. Diese Kriterien nennt man auch **Bewertungsmaßstäbe.**[288] Die SUP-RL selbst liefert keine Bewertungsmaßstäbe oder andere Orientierungshilfen, nach welcher Maßgabe die Bewertung im Rahmen der SUP durchzuführen ist;[289] nur national lassen sich **Anhaltspunkte** erkennen, welche Bedingungen gesetzliche Umweltanforderungen erfüllen müssen, um Bewertungsmaßstäbe zu sein.[290] Der nationale Gesetzgeber hat sich dazu entschieden, bei der SUP dieselbe Strategie zu verfolgen, wie sie bereits die Bewertung im Rahmen der UVP prägt. Danach ist die Bewertung – angelehnt an § 25 UVPG – im Hinblick auf eine wirksame Umweltvorsorge i.S.d. § 3 UVPG i.V.m. § 2 Abs. 1 und 81

282 *Kment* DVBl 2008, 364 (369).
283 *Otto*, UVP, S. 115.
284 *Uebbing*, Umweltprüfung, S. 130 f.
285 Damit ist die planerische Gesamtabwägung gemeint. Auch im Rahmen der abschließenden Bewertung gem. § 43 Abs. 1 UVPG ist die Bewertung auf umweltinterne Belange zu beschränken, vgl. § 43 Rdn. 14.
286 *Jacoby*, in: Spannowsky/Krämer, Plan-UP-Richtlinie, S. 85 (90); *Pietzcker/Fiedler* DVBl 2002, 929 (935); *Grotefels* NWVBl 2007, 41 (47).
287 Siehe hierzu § 39 Rdn. 14 ff.
288 Siehe dazu ausführlich *Jarass* NJW 1987, 1225; *Feldhaus* UPR 1982, 137.
289 *Uebbing*, Umweltprüfung, S. 131; *Hamann* ZfBR 2006, 537 (542).
290 *Balla*, Bewertung, S. 209 ff.

2 UVPG nach Maßgabe der geltenden Gesetze durchzuführen.[291] Maßstäbe für die Bewertung können sich national aus formellen und materiellen **Gesetzen** ergeben.[292] Aber auch **untergesetzliche Regelungswerke**, wie Verwaltungsvorschriften[293] und **außerrechtliche Festlegungen und Standards**, wie Rote Listen oder Biotopkartierungen,[294] können als Bewertungsmaßstäbe zu berücksichtigen sein.

1. Bewertung nach Maßgabe der geltenden Gesetze

82 § 40 Abs. 3 UVPG verlangt, dass sich die Bewertung der Umweltauswirkungen nach Maßgabe der geltenden Gesetze vollzieht. Damit sind zunächst einmal all diejenigen gesetzlichen Umweltanforderungen gemeint, die in der Rechtsform des **Gesetzes**, der **Rechtsverordnung** oder der **Satzung** erlassen wurden,[295] wobei für Pläne und Programme besonders die fachgesetzlichen umweltbezogenen **Ziel- und Grundsatznormen** von Bedeutung sind, die auf eine Konkretisierung des Plans oder Programms abzielen.[296] Daneben sind umweltorientierte **Planungsleitsätze** und **Optimierungsgebote** der Fachgesetze zu nennen, die als Bewertungsmaßstäbe für die SUP in Betracht kommen.[297]

83 Fehlen gesetzliche Bewertungsstandards oder sind sie nur unzureichend vorhanden, darf auf **untergesetzliche Regelungswerke** zurückgegriffen werden, um die vorhandenen Maßstabslücken zu schließen.[298] Hierzu zählen auch lediglich intern wirkende **Verwaltungsvorschriften.**[299] Dabei ist jedoch zu beachten, dass bei der Anwendung von untergesetzlichen Bewertungsstandards stets von den gesetzlichen Bewertungsmaßstäben auszugehen ist. Letztere liefern als Determinanten den äußeren Rahmen, der »**rahmenkonform**« **auszufüllen** ist.[300] Kommen bei diesem Verfeinerungsprozess unterschiedliche Bewertungsstandards in Betracht, hat sich die Auswahl am Verbindlichkeitsgrad der Alternativen zu orientieren. Zudem sind Maßstäbe vorzuziehen, die über eine gesteigerte sachliche oder räumliche Konkretisierung verfügen.[301]

84 Bei der Berücksichtigung **untergesetzlicher Bewertungsstandards** darf nicht ihr **eingeschränkter Verbindlichkeitsgrad** außer Acht gelassen werden. Die Bindungswirkung von Verwaltungsvorschriften etwa ist der Bindungswirkung von Rechtsvorschriften maximal angenähert; mitunter haben sie aber auch nur Indizwirkung.[302] Selbst ihre Festlegung durch ein pluralistisch besetztes Gremium ebenso wie ein sie auszeichnendes hohes Maß an Sachkompetenz vermögen nicht, eine Gleichstellung mit Rechtsvorschriften herzustellen.[303]

85 Darüber hinaus wird es zur Ausfüllung von Wertungsfreiräumen zukünftig wohl unumgänglich sein, zunehmend auch **außerrechtliche Maßstäbe und Standards** – wie Rote Listen oder Biotop-Kartierungen[304] – heranzuziehen.[305] Diesen Prozess beschleunigt der Umstand, dass bislang kaum

291 Siehe zu § 25 UVPG bereits § 25 Rdn. 31 ff.
292 Vgl. Rdn. 82.
293 Vgl. Rdn. 83 f.
294 Vgl. Rdn. 85.
295 *Uebbing,* Umweltprüfung, S. 133 ff.; *Otto,* UVP, S. 115; vgl. II. 16.4.1 der UVPVwV.
296 Hierunter fallen etwa § 1 BNatSchG oder § 6 WHG. Siehe *Peters* VR 2006, 401 (406); *Peters/Balla/Hesselbarth,* UVPG, § 40 Rn. 29; zu Landschaftsplänen siehe *Schoeneberg* UPR 1991, 210 (213).
297 *Peters/Balla/Hesselbarth,* UVPG, § 40 Rn. 29. Siehe hierzu ergänzend *Hösch* UPR 2006, 411 (417); vgl. auch *Stratmann u.a.* UVP-report 2006, 229 (230 ff.).
298 *Uebbing,* Umweltprüfung, S. 135; *Peters/Balla/Hesselbarth,* UVPG, § 40 Rn. 29.
299 Speziell für die UVP beispielsweise die Allgemeine Verwaltungsvorschrift zur Ausführung des Gesetzes über die Umweltverträglichkeitsprüfung vom 14.04.2025 (UVPVwV).
300 Ähnlich *Beckmann* DVBl 1993, 1335 (1337); *Schoeneberg,* UVP, Rn. 146.
301 *Peters/Balla/Hesselbarth,* UVPG, § 40 Rn. 29.
302 *Jarass* NJW 1987, 1225 (1230).
303 *Jarass* NJW 1987, 1225 (1230).
304 Siehe hierzu ausführlich *Gassner/Winkelbrandt,* UVP, VI Rn. 76 ff.
305 *Klöpfer,* Umweltrecht § 5 Rn. 674; *Beckmann* DVBl 1993, 1335 (1336); *Schmidt* DÖV 1994, 749 (755).

Bewertungskriterien für Pläne und Programme entwickelt wurden,[306] und die vorhandenen sekundären Maßstäbe mit technisch-naturwissenschaftlichem Gehalt (TA-Luft, TA-Lärm) überwiegend vorhabenbezogen konzipiert sind. Sofern auf **rein private Standards** zurückgegriffen werden soll, kommt ihnen grundsätzlich nur eine **Indizwirkung** zu.[307] Für den Fall, dass durch eine Rechts- oder Verwaltungsvorschrift auf die privaten Standards verwiesen wird (sog. Rezeptionsentscheidung), können sie jedoch am Rang des auf sie verweisenden Rechts teilhaben.[308]

Verlieren Verwaltungsvorschriften, außerrechtliche Maßstäbe oder private Standards ihre **Aktualität** – z.B. durch neue wissenschaftliche Erkenntnisse –, dürfen sie als Bewertungsmaßstab nicht mehr herangezogen werden;[309] selbst das Zugeständnis einer Indizwirkung ist problematisch.[310] 86

2. Ökologische Ausrichtung der Bewertungsmaßstäbe

Aus der Verpflichtung, eine umweltinterne Bewertung durchzuführen, wird z.T. abgeleitet, dass sich diese Bewertung ausschließlich an **umweltinternen Bewertungsmaßstäben** zu orientieren habe.[311] Eine Heranziehung anderer Standards sei nicht zulässig, sondern Gegenstand der Entscheidung über den Plan oder das Programm. Sofern Maßstäbe sowohl umweltinterne als auch umweltexterne Belange in sich vereinen, sollen sie ggf. durch eine teleologische Reduktion auf den umweltbezogenen Gehalt reduziert und in modifizierter Form als Maßstab herangezogen werden können.[312] 87

Eine derartig rigide Selektion der Bewertungsmaßstäbe überspannt das Anforderungsprofil der SUP-RL und des UVPG. Beiden Regelungswerken lässt sich nämlich **keine Beschränkung auf rein ökologisch gebildete Bewertungsmaßstäbe** entnehmen.[313] Die geforderte umweltinterne Bewertung bezieht sich allein auf das **Bewertungsobjekt**, mithin die Umweltauswirkungen; SUP-RL und UVPG treffen jedoch keine konkrete Aussage zur Qualität der Bewertungsmittel. Auch aus der Funktion des Umweltberichts, eine effektive Umweltvorsorge sicherzustellen, lässt sich kein anderes Ergebnis herleiten. Erst wenn der mit der SUP-RL verfolgte Zweck praktisch unmöglich gemacht oder übermäßig erschwert würde – also gegen das europäische Effektivitätsgebot verstoßen würde – würde das Europarecht eine veränderte Vorgehensweise fordern.[314] Diese Grenze dürfte jedoch durch die Verwendung von Bewertungsstandards, in die neben ökologischen auch andere Belange eingeflossen sind, nicht zwangsläufig überschritten sein. Eine Intervention verlangen nur solche Bewertungs- 88

---

306 *Gather*, in: Reiter (Hrsg.), Neue Wege in der UVP, S. 255 (272); *Uebbing*, Umweltprüfung, S. 135; ähnlich *Gassner* UPR 1993, 241 (242).

307 *Steinberg* DVBl 1990, 1369 (1373); *Jarass* NJW 1989, 1225 (1231); ähnlich BVerwG, Urt. v. 22.05.1987 – 4 C 33–35.83, BVerwGE 77, 285 (291).

308 Die Bezugnahme entbindet jedoch nicht von den Anforderungen der rechtsstaatlichen Publizität; siehe insofern zu DIN-Vorschriften OVG Münster, Beschl. v. 09.05.2006 – 15 A 4247/03, NWVBl 2006, 461; siehe auch VGH Kassel, Urt. v. 28.11.2007 – 6 UE 497/06, ZUR 2008, 263 zu dynamischen Verweisungen auf anerkannte Regeln der Technik.

309 BVerwG, Beschl. v. 17.02.1978 – 1 C 102.76, BVerwGE 55, 250 (258); OVG Lüneburg, Beschl. v. 28.02.1985 – 7 B 64/84, DVBl 1985, 1322 (1323); *Marburger*, Gutachten zum 56. DJT, C 92.

310 *Uebbing*, Umweltprüfung, S. 136.

311 *Peters/Balla/Hesselbarth*, UVPG, § 40 Rn. 30; *Schink*, in: ders./Mitschang/Reidt, UVPG/UmwRG, § 43 UVPG Rn. 4; *Peters*, UVP-Richtlinie, S. 58 ff.; *Erbguth* ZUR 2014, 515 (523).

312 *Peters/Balla/Hesselbarth*, UVPG, § 40 Rn. 30.

313 *Uebbing*, Umweltprüfung, S. 138; *Bohne*, in: Tettinger (Hrsg.), UVP bei Projekten des Bergbaus und der Energiewirtschaft, S. 13 (40, 43 f.).

314 Zum Effektivitätsgebot siehe EuGH, Urt. v. 27.02.1980 – 68/79, Slg. 1980, 501 Rn. 25; Urt. v. 06.12.1994 – C-410/92, Slg. 1994, I-5483 Rn. 23; Urt. v. 15.09.1998 – C-260/96, Slg. 1998, I-4997 Rn. 20; Urt. v. 09.02.1999 – C-343/96, Slg. 1999, I-579 Rn. 27; Urt. v. 11.09.2003 – C-13/01, Slg. 2003, I-8679 Rn. 49; Urt. v. 02.10.2003 – C-147/01, Slg. 2003, I-11365 Rn. 104; ausführlich dazu auch *Kment*, Nationale Unbeachtlichkeits-, Heilungs- und Präklusionsvorschriften, S. 44 ff.; *Kadelbach*, Allgemeines Verwaltungsrecht unter europäischem Einfluß, S. 115 ff.

maßstäbe, die zu einer Verfälschung der umweltinternen Ausrichtung der Bewertung führen.[315] Eine solche Gefahr ist gebannt, soweit die Erstellung der Bewertungsstandards **zumindest einer ökologischen Zwecksetzung dient.** Berücksichtigen die fraglichen Standards allerdings ausschließlich oder vorrangig außerökologische Aspekte, kommt ihre Verwendung nicht in Betracht.[316]

89 Des Weiteren dürfte mit diesem Anforderungsprofil an Bewertungsmaßstäbe unter dem Gesichtspunkt der **Sachgerechtigkeit** ein tragfähiges Ergebnis gefunden sein. Der Umweltbericht dient ganz wesentlich der Entscheidungsvorbereitung über die Annahme des Plans oder Programms.[317] Einer effektiven Umweltvorsorge kann deshalb nur daran gelegen sein, Bewertungsergebnisse hervorzubringen und über den Umweltbericht in das Entscheidungsverfahren zu transportieren, die dort überhaupt **Gehör finden** können. Werden jedoch ausschließlich umweltinterne Bewertungsmaßstäbe zur Beurteilung der Umweltauswirkungen angelegt, sind die ermittelten Ergebnisse selten mit den vielschichtigen, verschiedenste Interessen vereinigenden Annahmekriterien der Entscheidung in Übereinstimmung zu bringen.[318] Letztere bilden sich schließlich aus einer Zusammenschau unterschiedlichster Interessen und Belange und basieren daher zumeist auf einem Kompromiss.[319] Die Berücksichtigung anderer Belange ist auch verfassungsrechtlich gefordert, um nicht in Widerspruch zum Verhältnismäßigkeitsgebot zu geraten.[320] Deshalb erscheint eine Öffnung der Bewertungsmaßstäbe für außerökologische Belange – in einem angemessenen Rahmen – zielführend, da sie die Durchsetzungskraft der Umweltbelange in der Entscheidungsphase letztlich erhöht. Dabei besteht auch nicht die Gefahr, dass die umweltrelevanten Belange mit reduziertem Gehalt in die Entscheidung eingebracht werden, weil sie in doppelter Hinsicht, und zwar auf der Bewertungs- und Entscheidungsstufe, einer Abwägung unterzogen worden wären. Diese Kritik verkennt den Charakter der Bewertungsebene, die gerade keine Abwägungsebene ist und deshalb auch **keine qualitativen Saldierungen i.S.v. internen Abwägungsentscheidungen** erlaubt.[321] Die Abwägungsentscheidung ist vielmehr der Entscheidungsebene vorbehalten.

3. Vorsorgeorientierung

90 Entsprechend der gesetzlichen Anordnung des § 40 Abs. 3 UVPG hat die Bewertung im Hinblick auf eine wirksame Vorsorge i.S.d. § 3 UVPG i.V.m. § 2 Abs. 1 und 2 UVPG zu erfolgen.[322] Diese – in Anlehnung an § 25 UVPG[323] – in die Vorschrift des § 40 Abs. 3 UVPG übernommene Formulierung dürfte als ein Richtsatz bzw. als ein **Auslegungsgrundsatz** verstanden werden können, der den Rechtsanwender dazu anhält, Wertungsspielräume, planerische Gestaltungsfreiheiten und unbestimmte Rechtsbegriffe möglichst vorsorgeorientiert auszufüllen.[324] Seine Gestaltungskraft bleibt jedoch gering; insbesondere werden materiell-rechtliche Bewertungsmaßstäbe geltender Fachgesetze nicht verschärft.[325]

V. Notwendige Gesamtbewertung

91 Die umweltbezogene Bewertung, wie sie bei der Durchführung der SUP verlangt wird, fügt sich in den **medienübergreifenden, integrativen** Prüfungsansatz der SUP ein.[326] Sie erstreckt sich nicht nur

---

315 *Uebbing,* Umweltprüfung, S. 138.
316 Vgl. *Jarass,* BImSchG, § 10 Rn. 119 für die UVP.
317 Siehe Rdn. 5.
318 *Otto,* UVP, S. 117; *Uebbing,* Umweltprüfung, S. 138 f.
319 *Mayen* NVwZ 1996, 319 (323); *Bönker*, Umweltstandards, S. 183.
320 *Bohne,* in: Tettinger (Hrsg.), UVP bei Projekten des Bergbaus und der Energiewirtschaft, S. 13 (40, 43 f.); *Schmidt-Preuß* DVBl 1995, 485 ff.; *Beckmann* DVBl 1993, 1335 (1335 f.).
321 Siehe hierzu Rdn. 14, 79 u. 92.
322 *Erbguth* ZUR 2014, 515 (516).
323 Gesetzesbegr. v. 29.06.2004, BT-Drs. 15/3441, S. 33.
324 *Peters/Balla/Hesselbarth,* UVPG, § 40 Rn. 31.
325 BVerwG, Beschl. v. 10.10.2006 – 9 B 27/05, NVwZ 2007, 84 (86); *Beckmann* ZUR 2014, 541 (543).
326 *Schink,* in: ders./Reidt/Mitschang, UVPG/UmwRG, § 40 UVPG Rn. 33.

auf einzelne Umweltmedien – dieser monomediale Ansatz wäre defizitär –, sondern schließt die Wechselwirkungen innerhalb der einzelnen Schutzgüter ebenso ein wie die Auswirkungen auf die Umwelt als Ganzes.[327] Wie § 3 UVPG i.V.m. § 2 Abs. 1 und 2 UVPG zu entnehmen ist, geht es also nicht nur darum, einzelne Umweltfaktoren zu ermitteln, zu beschreiben und zu bewerten, sondern eine **Gesamtbetrachtung des Ökosystems Umwelt** vorzunehmen, die auch Kumulationen von Vor- und Zusatzbelastungen sowie synergetische Reaktionen berücksichtigt.[328]

Die Notwendigkeit, eine Gesamtbewertung durchzuführen, darf nicht dahingehend missverstanden werden, dass die Bewertungsphase mit einem abschließenden Urteil i.S.v. »umweltverträglich« bzw. »umweltunverträglich« abzuschließen hätte. Die Vor- und Nachteile des Plans bzw. Programms sind vielmehr mit Blick auf die Umweltvorsorge abzuwägen und zu gewichten.[329] Quantitative oder qualitative Saldierungen der Umweltauswirkungen sind dabei nicht gefordert.[330] Eine **quantitative Saldierung** scheitert bereits am Fehlen geeigneter Maßstäbe und Einheiten, mit deren Hilfe die Umweltbelastungen rechnerisch fassbar gemacht werden könnten, um sie gegeneinander aufzurechnen.[331] **Qualitative Saldierungen** i.S.e. verhältnismäßigen Ausgleichs zwischen ermittelten Umweltbelangen sind theoretisch durchführbar und werden durchaus auch als Unterstützung für die nachfolgende Entscheidung über die Annahme des Plans oder Programms angesehen.[332] Ihre **Zulässigkeit unterliegt** jedoch einigen **Zweifeln.**[333] Die SUP etabliert nämlich kein eigenes autonomes Entscheidungsverfahren, sondern bereitet als fachgesetzakzessorischen Verfahrensschritt lediglich die fachgesetzliche Entscheidung über die Annahme des Plans oder Programms vor.[334] Die SUP für sich ist demnach »unvollständig« und von einem Trägerverfahren abhängig. Dieser Struktur würde es widersprechen, eine qualitative Saldierung zuzulassen, mit der die Gefahr verbunden wäre, ein eigenständiges Entscheidungsverfahren neben der fachgesetzlichen Entscheidung einzuführen. Denn eine qualitative Saldierung hätte die Gestalt einer umweltinternen Abwägungsentscheidung, die mit einem einheitlichen Urteil enden würde. Aus diesem Grund lässt sich aus der Natur der SUP ein **internes Abwägungsverbot** herleiten, das sich nicht mit einer qualitativen Saldierung vereinbaren lässt.[335] Dieser Befund entspricht im Übrigen den Funktionen des Umweltberichts. Der Umweltbericht sorgt für Transparenz, informiert die zu beteiligenden Gruppen (Behörden und Öffentlichkeit) über die möglichen Umweltauswirkungen des Plans oder Programms und besitzt schließlich auch Anstoßfunktion für eine rege Beteiligung.[336] Insofern setzt er eine umfassende und möglichst unverfälschte Darstellung der Umweltauswirkungen einschließlich ihrer Bewertung voraus. Die Bewertung darf somit – trotz ihrer unterstützenden Wirkung für die Einschätzung der Wertigkeiten der beschriebenen Umweltauswirkungen – nicht den **Eindruck einer scheinbaren**, tatsächlich aber nicht vorhandenen **Simplizität** der Situation vermitteln.[337] Diesen Vorwurf muss sich eine qualitative Saldierung jedoch machen lassen, da sie gerade darauf angelegt ist, in einem »Aufrechnungsprozess« gegenläufige Posi- 92

327 Der medienübergreifende Ansatz verbietet es nicht, Bewertungsmaßstäbe aus Fachgesetzen heranzuziehen, die nur auf den Schutz eines Umweltmediums ausgerichtet sind. In den meisten Fällen liefern auch die einseitig medial ausgerichteten Fachgesetze genügend Spielraum, um eventuell auftretende Wechselwirkungen zwischen unterschiedlichen Umweltgütern in die Bewertung einfließen zu lassen. Siehe hierzu auch *Hamann* ZfBR 2006, 537 (540 f.).

328 BVerwG, Beschl. v. 25.11.1996 – 4 C 5.99, BVerwGE 100, 238 (245); *Erbguth* ZUR 2014, 515 (523); vgl. II. 16.1.4.2 der UVPVwV.

329 *Schink,* in: ders./Reidt/Mitschang, UVPG/UmwRG, § 40 UVPG Rn. 33.

330 BVerwG, Urt. v. 08.06.1995 – 4 C 4.94, BVerwGE 98, 339 (363 ff.).

331 Vgl. II. 25.1.4 der UVPVwV.

332 BVerwG, Urt. v. 08.06.1995 – 4 C 4.94, BVerwGE 98, 339 (363 ff.); *Peters/Balla/Hesselbarth,* UVPG, § 40 Rn. 32.

333 Ähnlich § 25 Rdn. 69 f.

334 Siehe Einl. Rdn. 64 ff.; speziell zur UVP: BVerwG, Beschl. v. 17.02.1997 – 4 VP 17.96, NuR 1998, 305 (308); *Hoppenberg/Elgeti* NuR 2005, 625 (626).

335 Siehe § 25 Rdn. 70.

336 Siehe Rdn. 5.

337 A.A. *Bönker,* Umweltstandards, S. 191, der eine Reduktion der Komplexität für förderlich erachtet.

tionen abzugleichen, um sie in der weiteren Betrachtung fallen lassen zu können. Führt man sich zusätzlich vor Augen, dass § 40 Abs. 3 UVPG in einem frühen Verfahrensstadium lediglich eine **vorläufige** Bewertung fordert,[338] die folglich »korrekturoffen« ist, sollte bewusst auf eine möglichst **große Darstellungsbreite** geachtet werden, um nicht für förderliche Eingaben anderer Behörden oder der Öffentlichkeit den Weg versperrt zu haben und Optimierungspotenzial ungenutzt zu lassen.

F. Angaben aus anderen Verfahren oder Tätigkeiten (Abs. 4)

93 § 40 Abs. 4 UVPG erlaubt es, Angaben, die der zuständigen Behörde aus anderen Verfahren oder Tätigkeiten vorliegen, in den Umweltbericht aufzunehmen, vorausgesetzt, die Angaben sind für den vorgesehenen Zweck geeignet und hinreichend aktuell.[339] Das **Telos** der Vorschrift entspricht dem Regelungsziel der Anordnungen zur Abschichtung von Umweltprüfungen (§ 39 Abs. 3 UVPG). Ebenso wie § 39 Abs. 3 UVPG soll auch § 40 Abs. 4 UVPG der **Vermeidung von unnötiger Mehrarbeit** dienen.[340] Denn Daten, die bereits an anderer Stelle gewonnen wurden, sollen nicht nochmals erhoben werden müssen.

94 Inhaltlich bezieht sich die Vorschrift auf alle Erkenntnisse, die der zuständigen Behörde in **ihrem Verantwortungsbereich** bekannt geworden sind.[341] Dabei sind mit »**anderen Verfahren**« sowohl verwaltungsbehördliche Zulassungsverfahren als auch Planungsverfahren gemeint.[342]

95 Begrenzend wirken bei der Zusammenstellung bereits vorliegender Angaben die Vorgaben des **Datenschutzes** und der **Geheimhaltung** (vgl. § 23 UVPG).[343] Obwohl ihre Geltung systematisch betrachtet allein im Rahmen der UVP vorgeschrieben ist, erstrecken sich ihre Anordnungen auch auf die SUP. Hierfür besteht ein Bedürfnis, da § 40 Abs. 4 UVPG auch die Verwertung von Angaben aus Zulassungsverfahren erlaubt und (gerade) dadurch einen Kontakt zu möglichen, sensiblen Daten herstellt. Darüber hinaus muss die zuständige Behörde prüfen, ob Angaben, die sie verwerten möchte, **für den vorgesehenen Zweck geeignet** und **hinreichend aktuell** sind. Es sollen also nur solche Daten in den Umweltbericht aufgenommen werden, denen tatsächlich ein Aussagewert zukommt und die nicht veraltet sind. Die Überprüfung der Eignung und Aktualität der Aussagen kann nur **im Einzelfall** erfolgen und hat sich an der konkreten SUP zu orientieren.[344] Dabei ist hinsichtlich des Kriteriums der Aktualität besonders auf die Veränderungsdynamik der einzelnen Umweltfaktoren zu achten.[345] So können sich im Regelfall Werte zur Luft- und Wasserqualität schneller ändern als Erkenntnisse zur Bodenbeschaffenheit.[346] Zudem fließen die Weiterentwicklung des gegenwärtigen Wissensstandes und der aktuellen Prüfmethoden mit in diesen Sondierungsprozess ein.[347] Unzweckmäßig erscheint es, Zeiträume abstrakt festzulegen oder aus anderen Rechtsbereichen abzuleiten (z.B. aus § 75 Abs. 4 VwVfG), um an sie die **Vermutungen** der Aktualität bzw. Veralterung der Angaben zu knüpfen.[348] Derartige Vermutungen besitzen einen sehr begrenzten Aussagewert, da sie keinen direkten Bezug zur tatsächlichen Veränderung und Weiterentwicklung der konkret betroffenen

338 Siehe Rdn. 78.

339 *Schink,* in: ders./Reidt/Mitschang, UVPG/UmwRG, § 40 UVPG Rn. 35.

340 Gesetzesbegr. v. 29.06.2004, BT-Drs. 15/3441, S. 33; *Schink,* in: ders./Reidt/Mitschang, UVPG/UmwRG, § 40 UVPG Rn. 35.

341 *Gassner,* UVPG, § 14g Rn. 30.

342 Gesetzesbegr. v. 29.06.2004, BT-Drs. 15/3441, S. 33.

343 Ebenso *Gassner,* UVPG, § 14g Rn. 30; *Schink* UPR 2022, 206 (211).

344 *Peters/Balla/Hesselbarth,* UVPG, § 40 Rn. 34; zur Bedeutung einer hinreichend aktuellen Datengrundlage für die SUP und deren Anforderungen: *Ritzler,* jurisPR-UmwR 10/2023 Anm. 5 (D.); HessVGH, Beschl. v. 30.06.2023 – 9 B 2279/21.T, juris Rn. 49.

345 *Peters/Balla/Hesselbarth,* UVPG, § 40 Rn. 34; *Schink,* in: ders./Reidt/Mitschang, UVPG/UmwRG, § 40 UVPG Rn. 35.

346 *Peters/Balla/Hesselbarth,* UVPG, § 40 Rn. 34.

347 Siehe hierzu § 39 Rdn. 22 ff.

348 *Schink* UPR 2022, 206 (211); für feste Zeiträume aber *Peters/Balla/Hesselbarth,* UVPG, § 40 Rn. 34.

Umweltfaktoren aufweisen. Somit führen sie den Rechtsanwender tendenziell in die Irre und versperren den Blick auf die notwendige, individuell am Einzelfall auszurichtende Prüfung.

G. Formale Gestaltung des Umweltberichts

I. Strukturierung und Abfassung des Umweltberichts

Die Verpflichtung der zuständigen Behörde zur »Erstellung« eines Umweltberichts verdeutlicht, dass 96 sich der Umweltbericht nicht in einer bloßen Aneinanderreihung der ermittelten Daten, Fakten, Unterlagen und Gutachten erschöpfen darf. Die zuständige Behörde ist vielmehr dazu aufgerufen, die ihr vorliegenden Informationen **systematisch aufzuarbeiten** und zu **strukturieren**. Dabei kann sie sich zweckmäßigerweise an den Vorgaben des § 40 Abs. 2 Satz 1 UVPG orientieren. Eine Verpflichtung, die Gliederung des Umweltberichts exakt an der Struktur des § 40 Abs. 2 Satz 1 UVPG auszurichten, besteht allerdings nicht.[349] Die gewählten Gliederungsebenen sollten möglichst zur **Übersichtlichkeit** des Umweltberichts beitragen. So bietet es sich insbesondere an, im Rahmen der Beschreibung des Umweltzustands weitergehende Differenzierungen nach Schutzgütern und Umweltparametern vorzunehmen und auch die Bewertungselemente schutzgutorientiert aufzubauen. Sofern Umweltauswirkungen *beschrieben* werden, ist zusätzlich auf eine **wertneutrale Abfassung** des Umweltberichts zu achten, da wertende Ausführungen erst bei der Bewertung (vgl. § 40 Abs. 1 Satz 2 i.V.m. Abs. 3 UVPG) vorgesehen sind.

II. Geschlossenheit des Berichts

Der erstellte Umweltbericht muss ein in sich **abgeschlossenes Ganzes** bilden. Dies kann zum einen 97 dadurch verwirklicht werden, dass der Umweltbericht als **eigenständiges Dokument** verfasst wird. Zulässig ist es aber auch, den Umweltbericht in die Plan- oder Programmbegründung zu integrieren, wie dies beispielsweise gem. § 2a Satz 3 BauGB im Baurecht praktiziert wird.[350] Erfolgt eine Integration, muss der Umweltbericht einen **gesonderten Teil der Begründung** bilden,[351] um sicherzustellen, dass sein Zweck nicht gefährdet wird. Der Umweltbericht strebt eine vollständige Darstellung aller in Betracht kommenden umweltrelevanten Gesichtspunkte an. Deshalb dürfen seine umweltrelevanten Aufzeichnungen nicht mit anderen Darlegungen der Plan- oder Programmbegründung vermischt oder verbunden werden, um ihren Aussagegehalt nicht zu verschleiern oder zu relativieren.

§ 41 Beteiligung anderer Behörden

[1]Die zuständige Behörde übermittelt den Behörden, deren umwelt- und gesundheitsbezogener Aufgabenbereich durch den Plan oder das Programm berührt wird, den Entwurf des Plans oder Programms sowie den Umweltbericht und holt die Stellungnahmen dieser Behörden ein. [2]Die zuständige Behörde setzt für die Abgabe der Stellungnahmen eine angemessene Frist von mindestens einem Monat.

Übersicht

349 *Peters/Balla/Hesselbarth*, UVPG, § 40 Rn. 35; EU-Kommission (GD Umwelt), Umsetzung, Rn. 5.4.

350 Siehe *Söfker*, in: Ernst/Zinkahn/Bielenberg/Krautzberger, BauGB, § 2a Rn. 30; *Kment*, in: Jarass/Kment, BauGB, § 2a Rn. 3.

351 *Kment*, in: Jarass/Kment, BauGB, § 2a Rn. 3; *Battis*, in: ders./Krautzberger/Löhr, BauGB, § 2a Rn. 4; *Pietzcker/Fiedler* DVBl 2002, 929 (935); ähnlich *Schmidt-Eichstaedt* BauR 2002, 405 (406); *Gassner* DVBl 2007, 1403 (1403) zu § 2a BauGB; sowie *Faßbender*, in: Kment, ROG, § 8 Rn. 117; *Spannowsky*, in: ders./Runkel/Goppel, ROG, § 8 Rn. 68; *Grotefels* NWVBl 2007, 41 (45) und *Kment* NVwZ 2005, 886 (887) zum Raumordnungsrecht.

A. Allgemeines

1 Der mit dem SUPG 2005 geschaffene § 41, zuvor § 14h a.F., regelt für das Aufstellungs- oder Änderungsverfahren von Plänen und Programmen die **Beteiligung der anderen Behörden durch die zuständige Behörde**. Er steht in engem Zusammenhang mit § 60, welcher die grenzüberschreitende Behördenbeteiligung bei inländischen Plänen und Programmen regelt, sowie mit § 44, der die Bekanntmachung der Annahme des Plans oder Programms und der damit verbundenen wesentlichen Informationen anordnet. § 41 beschränkt sich angesichts der unterschiedlichen Formen von Plänen und Programmen auf einen **Mindeststandard**, der bei jeder SUP-pflichtigen Planung einzuhalten ist. Bedeutung erlangt die Vorschrift dort, wo bislang im Planungsverfahren keine oder gemessen an der SUP-RL nur eine unzureichende Behördenbeteiligung vorgesehen ist. Die Regelung hat zudem den Anstoß dazu gegeben, fachgesetzliche Beteiligungsregeln zugunsten berührter Behörden einzuführen. Wo daher das Fachrecht mittlerweile eigene Beteiligungsvorschriften auf Programm- und Planebene vorsieht, hat § 41 keine eigenständige Funktion mehr.[1] Die Begrifflichkeiten des § 41 entsprechen denen des § 17, der die Behördenbeteiligung in den Zulassungsverfahren regelt. Vertiefend kann daher auf die dortigen Ausführungen zum Behördenbegriff Bezug genommen werden.

I. Regelungsgegenstand

2 § 41 Satz 1 schreibt ein **zweigestuftes Beteiligungsverfahren** der Behördenbeteiligung vor: Zunächst hat eine **Unterrichtung** der von dem Plan oder Programm in ihrem umwelt- und gesundheitsbezogenen Aufgabenbereich berührten Behörden zu erfolgen. Dies erfordert, ihnen den Plan- oder Programmentwurf sowie den Entwurf des Umweltberichts zu übermitteln. Anschließend hat die zuständige Behörde die förmlichen **Stellungnahmen** der Behörden einzuholen. Gemäß Satz 2 ist den berührten Behörden für die Abgabe ihrer Stellungnahmen eine angemessene Frist von mindestens einem Monat zu setzen.

II. Zweck und Bedeutung der Vorschrift

3 Die Beteiligung anderer Behörden durch die (für die Durchführung des Verfahrens) zuständige Behörde nach § 41 ist ein wichtiges Element der SUP. Neben der Erstellung des Umweltberichts nach § 40 und der Beteiligung der Öffentlichkeit nach § 42 ist die Behördenbeteiligung der wesentliche Bestandteil des in § 3 Satz 1 vorgeschriebenen »**Ermittelns**« der Auswirkungen der Durchführung eines Plans oder Programms auf die Umweltschutzgüter. Die Behördenbeteiligung soll die Bewertung der Umweltauswirkungen des Plans oder Programms auf einer **gesicherten Informationsgrundlage** ermöglichen. Darüber hinaus hat sie nach deutschem Rechtsverständnis die Funktion, den durch die Bündelungswirkung des Plans oder Programms bedingten Verlust von Kompetenzen der Fachbehörden durch Beteiligungsrechte auszugleichen. Die Stellungnahmen der zu beteiligenden Behörden dienen insoweit als Hilfe bei der Überprüfung des Umweltberichts und werden dort gemäß

1 Siehe hierzu unten Rdn. 10 sowie zur Bundesfachplanung Rdn. 29.

§ 43 im Rahmen der Bewertung der Umweltauswirkungen des Plans oder Programms durch die zuständige Behörde berücksichtigt.

III. Gesetzesgeschichte

Eine flächendeckend gesetzlich geregelte Behördenbeteiligung bei der Aufstellung oder Änderung von Plänen oder Programmen gab es im deutschen Recht früher nicht. Insbesondere entsprechende Regelungen der Verwaltungsverfahrensgesetze galten für sie nicht (vgl. § 9 VwVfG). Wohl aber wurden einzelne Pläne wie bspw. Bauleitpläne, die Zulassungsentscheidungen vorbereiten, immer schon fachgesetzlich einer Pflicht zur Beteiligung von in ihrem Aufgabenbereich berührten Behörden unterworfen. Und auch für höherstufige Programme und Pläne existierten oft interne Beteiligungspflichten, etwa im Rahmen von Geschäftsordnungen oder Verwaltungsabkommen. Das SUPG 2005 hat damit für Pläne und Programme, die einer SUP-Pflicht unterliegen, durch die gemeinsamen Regeln zur Behördenbeteiligung – gemeinschaftsrechtlich veranlasst – einen Beitrag zur **Rechtsvereinheitlichung** geleistet. 4

1. SUP-Richtlinie 2001

Den entscheidenden Schritt zur Einbeziehung von Plänen und Programmen in das Behördenbeteiligungsverfahren der UP gab die SUP-RL (2001/42/EG) aus dem Jahr 2001 vor. Bereits die vorangestellten Erwägungsgründe in Nr. 15 verdeutlichen das Anliegen, durch Beteiligungsmöglichkeiten zu transparenten Entscheidungen beizutragen und die Vollständigkeit und Zuverlässigkeit der für die Prüfung bereitgestellten Informationen zu gewährleisten. Daher ist es europarechtlich notwendig, die in ihrem umweltbezogenen Aufgabenbereich betroffenen Behörden während der Prüfung von Plänen oder Programmen zu konsultieren und angemessene Fristen festzulegen, die genügend Zeit für Konsultationen einschließlich der Abgabe von Stellungnahmen lassen. 5

Art. 6 SUP-RL (der zugleich parallel die Öffentlichkeitsbeteiligung regelt) beschreibt anschließend in seinen Absätzen 1 bis 3 detailliert das erforderliche Verfahren der Konsultationen der berührten Behörden durch die zuständige Behörde: 6
- Nach Absatz 1 sind der **Entwurf des Plans oder Programms** und der erstellte **Umweltbericht** den in Absatz 3 genannten Behörden zugänglich zu machen.
- Nach Absatz 2 ist den Behörden nach Absatz 3 innerhalb ausreichend bemessener Fristen **frühzeitig** und effektiv Gelegenheit zu geben, vor der Annahme des Plans oder Programms oder seiner Einbringung in das Gesetzgebungsverfahren zum Entwurf des Plans oder Programms sowie zum begleitenden Umweltbericht Stellung zu nehmen.
- Gemäß Absatz 3 **bestimmen die Mitgliedstaaten die zu konsultierenden Behörden**, die in ihrem umweltbezogenen Aufgabenbereich von den durch die Durchführung des Plans oder Programms verursachten Umweltauswirkungen betroffen sein könnten.

Darüber hinaus legt Art. 6 Abs. 5 SUP-RL fest, dass die Einzelheiten der Information und Konsultation der Behörden von den Mitgliedstaaten festgelegt werden.

2. Innerstaatliche Entstehung

Abgesehen von der Umbenennung von § 14h a.F. in § 41 im Jahr 2017 wurde die Vorschrift seit ihrem Inkrafttreten im Jahr 2005 im Wortlaut nicht verändert. 7

a) SUPG 2005

Schon der Regierungsentwurf des SUPG 2005 hatte § 14h a.F. in der jetzt vorliegenden Form vorgeschlagen;[2] Änderungen sind seitdem nicht erfolgt. Zwar hatte der Bundesrat im Gesetzgebungs- 8

---

2 BT-Drs. 15/4119, S. 5 i.V.m. BT-Drs. 15/3441, S. 7.

verfahren angeregt, verbindliche **Höchstfristen** einzuführen, um die Verfahrensdauer zu begrenzen.[3] Dem ist der Bundestag auf Vorschlag der Bundesregierung bewusst **nicht** gefolgt, um bei großräumigen und komplexen Planungsverfahren den Behörden die notwendigen **Spielräume** zu belassen.[4]

b) Umwelt-Rechtsbehelfsgesetz-Novelle und UVPG-Novelle 2017

9 Nachdem der **EuGH** 2015 Teile des Umwelt-Rechtsbehelfsgesetzes für unvereinbar mit der UVP-RL erklärt hatte,[5] sah sich der deutsche Gesetzgeber zu einer **Revision seines Rechtsschutzsystems in Bezug auf die UVP** gezwungen. Gleichzeitig bestand aber auch die Notwendigkeit, die **Vorgaben der UVP-Änderungs-RL** aus dem Jahr 2014 umzusetzen. Im **Jahr 2017** erfolgte zunächst, als Bestandteil der Umwelt-Rechtsbehelfsgesetz-Novelle 2017, eine kleine Novelle des UVPG, die § 14h a.F. indes nicht veränderte.[6] Kurz danach folgte die umfassende UVPG-Änderungsnovelle.[7] Diese benannte § 14h a.F. nun in § 41 um, beließ die Regelung zur Behördenbeteiligung bei der Aufstellung von Programmen und Plänen ansonsten aber unverändert.

IV. Anwendungsbereich der Vorschrift

10 § 41 Satz 1 verpflichtet die zuständige Behörde bei SUP-pflichtigen Verfahren für Pläne oder Programme zur Behördenbeteiligung auf der Grundlage u.a. des Umweltberichts und garantiert insoweit einen Mindeststandard (vgl. § 38).[8] Zudem gibt Satz 2 eine Mindestfrist von einem Monat zur Abgabe von Stellungnahmen vor. Ist eine Behördenbeteiligung im Rahmen eines Planverfahrens nicht geregelt, entfaltet § 41 in vollem Umfang Geltung. Soweit einzelne der UP-pflichtigen Plan- und Programmaufstellungsverfahren zwar eine Behördenbeteiligung vorsehen, diese sich aber nicht gezielt auf den mit dem UVPG in § 40 eingeführten **Umweltbericht** erstrecken, kommt § 41 insoweit **konstitutiv** zur Anwendung. Darüber hinaus ist in allen Verfahren die **Mindestfrist von einem Monat** zu beachten, sofern bundesgesetzlich nicht etwas anderes hierzu geregelt ist. Welche Programm- und Planaufstellungsverfahren von § 41 erfasst werden, ist der Anlage 5 des UVPG zu entnehmen. Eigenständige Regelungen zur Behördenbeteiligung treffen bspw. § 9 ROG für Raumordnungsplanungen,[9] § 4 BauGB für Bauleitplanungen[10] und § 9 NABEG für Bundesfachplanungen[11]. Soweit Geschäftsordnungen oder Verwaltungsabkommen die Beteiligungsverfahren zwischen Behörden im Innenverhältnis konkretisieren und Einvernehmenserfordernisse festlegen, bleiben die Vorgaben von § 41 in jedem Fall zu beachten.

B. Beteiligung anderer Behörden durch die zuständige Behörde

11 Die Begrifflichkeiten von § 41 entsprechen denen von § 17, der die Behördenbeteiligung im Rahmen der Zulassungsverfahren regelt. § 41 unterscheidet zwischen der **zuständigen Behörde**, die für die Durchführung und damit für die Verfahrensleitung der Plan- bzw. Programmaufstellungs- oder -änderungsverfahren einschließlich der unselbstständigen SUP verantwortlich ist, und den von ihr **zu beteiligenden Behörden**, die zur Planung oder zum Programm fachliche Stellungnahmen aus ihrem Aufgabenbereich abgeben sollen.

---

3 Stellungnahme des Bundesrates, BT-Drs. 15/4119, S. 10 (zu Nr. 16).
4 Gegenäußerung der BReg, BT-Drs. 15/4236, S. 5 (zu Nr. 16).
5 EuGH, Urt. v. 15.10.2015 – C-137/14, DVBl 2015, 1514 ff. (m. Anm. *Stüer*).
6 BGBl. I, S. 1298.
7 BGBl. I, S. 2808.
8 Siehe hierzu § 38 Rdn. 5 ff.
9 Vgl. dazu auch § 48 UVPG.
10 Vgl. dazu auch § 50 Abs. 2 UVPG.
11 Dazu unten Rdn. 29.

I. Zuständige Behörde

Die zuständige Behörde i.S.v. § 41 ist diejenige Behörde, die nach dem jeweiligen Fachgesetz mit der Durchführung des Plan- oder Programmverfahrens und damit mit der Verfahrensleitung und nach dem UVPG zusätzlich mit der Durchführung der UP beauftragt ist. Das UVPG greift hier den Behördenbegriff des § 1 Abs. 4 VwVfG auf. **Nach § 1 Abs. 4 VwVfG ist eine Behörde »jede Stelle, die Aufgaben der öffentlichen Verwaltung wahrnimmt«.** Dieser verfahrensrechtliche, funktionale Behördenbegriff des Verwaltungsverfahrensgesetzes erfasst die Behörden des Bundes, der Länder und der Gemeinden, daneben auch Behörden von Körperschaften, Anstalten und Stiftungen des öffentlichen Rechts. Schließlich werden Einzelpersonen und juristische Personen des Privatrechts erfasst, sofern sie als Beliehene vom Staat mit der Wahrnehmung öffentlich-rechtlicher Aufgaben betraut worden sind.[12] In der Regel sind die Länder für die Ausgestaltung der Verwaltungsverfahren verantwortlich, d.h. auch die konkrete Zuweisung der Zuständigkeit erfolgt durch die Landesgesetzgeber. 12

II. Zu beteiligende Behörden

Die nach § 41 zu beteiligenden Behörden haben die **Pflicht**, die zuständige, das Verfahren leitende Behörde bei der Plan- bzw. Programmaufstellung oder -änderung **durch fachliche Stellungnahmen zu informieren** und zu unterstützen. Im Gegensatz zur verfahrensleitenden Behörde sind sie für den Plan oder das Programm nicht eigenständig verantwortlich und daher nur **auf Aufforderung** durch die verfahrensleitende Behörde und – soweit sie fachlich berührt sind – **zur Abgabe von Stellungnahmen berechtigt**. Stellungnahmen von Stellen, die nicht den Behörden i.S.d. § 41 zugerechnet werden, und Stellungnahmen von Behörden, die inhaltlich über den gesetzlich zugewiesenen Zuständigkeitsbereich hinausgehen, können nicht als Gegenstand der förmlichen Behördenbeteiligung verwertet werden.[13] 13

Eine Verpflichtung zur Behördenbeteiligung aufgrund des UVPG kann aus systematischen Gründen allerdings nur so weit gehen wie der **Regelungsansatz des UVPG** insgesamt. Voraussetzung für die Beteiligung anderer Behörden durch die zuständige verfahrensleitende Behörde ist daher, dass diese in ihrem **umwelt- und gesundheitsbezogenen Aufgabenbereich** durch den auf seine Umweltauswirkungen zu prüfenden Plan oder das Programm berührt werden. Da nicht alle Pläne und Programme von vornherein einer eigenständig durch ein Fachgesetz geregelten Behördenbeteiligung unterliegen, kommt dieser gesetzessystematisch notwendigen Begrenzung des Kreises der einzubeziehenden Behörden – anders als bei der projektbezogenen UVP, wo durchgängig auch fachgesetzliche Beteiligungsverfahren geregelt sind – rechtliche Relevanz zu.[14] Beschränkungen des so beschriebenen Gegenstandes der Behördenbeteiligung können sich des Weiteren aus den fachlichen Grenzen des Plans oder Programms und aus seiner kompetenziellen Einordnung in die Planungshierarchie ergeben. 14

Eine weitere Einschränkung für die Behördenbeteiligung nach § 41 ergibt sich aus dem ungeschriebenen Erfordernis, dass es sich bei der Aufgabenwahrnehmung der Behörden um die **Wahrnehmung öffentlich-rechtlicher Aufgaben** handeln muss. Fiskalische Interessen oder eine nur örtliche Betroffenheit aufgrund der Lage eines Dienstgebäudes im Plangebiet reichen für eine Beteiligungsbefugnis nicht aus. Nach dem Wortlaut sind nicht nur die in ihrem umweltbezogenen, sondern die in ihrem umwelt- und **gesundheits**bezogenen Aufgabenbereich durch den Plan oder das Programm berührten 15

12 *Schink*, in: ders./Reidt/Mitschang, UVPG/UmwRG, § 41 UVPG Rn. 3.

13 Erhält umgekehrt aber die verfahrensleitende Behörde Hinweise zum Vorhaben außerhalb der förmlichen Behördenbeteiligung, kann sie diese nach entsprechender Überprüfung als Gegenstand eigener Erkenntnisse in den Verfahrensablauf einführen.

14 Eine praktische Frage ist es aber, ob es bei einer nach § 41 durchzuführenden Behördenbeteiligung bei der Aufstellung von einzelnen Programmen und Plänen sinnvoll und überhaupt möglich ist, den Kreis der Behörden ausschließlich auf den Regelungsbereich des UVPG zu begrenzen.

Behörden zu beteiligen. Diese Ergänzung beruht auf Art. 9 Abs. 1 des SEA-Protokolls[15] und geht konform mit dem geänderten § 2 Abs. 1, der in den Schutzgütern seit 2005 die menschliche Gesundheit in Nr. 1 besonders herausstreicht. Hieraus ergibt sich aber keine Veränderung des zu beteiligenden Behördenkreises, weil sich die Erwähnung der menschlichen Gesundheit nur als punktuelle Konkretisierung der Schutzgüter, nicht aber als materielle Erweiterung erweist. Schließlich sind auch beliehene Stellen einzubeziehen, sofern sich die Beleihung auf die Wahrnehmung der im UVPG geregelten Umweltbelange bezieht.

16 Unter Berücksichtigung dieser systematischen Begrenzungen ist dann das jeweilige **Fachgesetz maßgeblich** für die Entscheidung der verfahrensleitenden Behörde, ob eine andere Behörde durch den Plan oder das Programm in ihrem umwelt- und gesundheitsbezogenen Aufgabenbereich berührt wird. Dient dieses seinem **Schutzbereich** nach (auch) einem der in § 2 Abs. 1 genannten **Umweltbelange**, kann die zur Durchführung oder Umsetzung dieses Gesetzes zuständige Behörde in ihren umwelt- und gesundheitsbezogenen Belangen berührt sein. Weiter ist dann zu prüfen, ob die erwarteten Auswirkungen des beabsichtigten Vorhabens auch den **räumlichen Zuständigkeitsbereich** der Behörde berühren. Dieser gilt schon dann als berührt, wenn durch das Vorhaben erst künftige Tätigkeiten beeinträchtigt würden (z.B. bei Ausschluss einer beabsichtigten Nutzung einer Fläche für eigene fachliche Aufgaben). In Zweifelsfällen sollte von der zuständigen Behörde ein großzügiger Maßstab bei der Beteiligung der anderen Behörden angelegt werden.

17 Die **Beteiligung** einer anderen Behörde ist unabhängig von einem konkreten Berührtsein **geboten,** wenn ihre Beteiligung **durch das jeweilige Fachgesetz angeordnet ist.**[16] Zudem existieren auf Landesebene Listen, in denen der verfahrensleitenden Behörde ein fester Kreis von zu beteiligenden Behörden pauschal vorgegeben wird. Diese Listen entfalten die Wirkung von »Checklisten«. Der verfahrensleitenden Behörde ist es erlaubt, nicht alle dort genannten Stellen in die Behördenbeteiligung einzubeziehen, wenn eine Berührtheit im Einzelfall nicht gegeben ist.[17]

18 Eine Beteiligung von **anerkannten Naturschutzvereinigungen** ist dagegen **nicht** vorgesehen; diese werden nicht den Behörden i.S.d. § 1 Abs. 4 VwVfG, sondern nach § 2 Abs. 8 der Öffentlichkeit zugerechnet.[18] Zwar gewährt ihnen § 63 BNatSchG diverse Mitwirkungsrechte, die ein Verständnis als **Verwaltungshelfer für den Naturschutz**[19] nahelegen. Hieraus folgt aber keine Pflicht, anerkannte Naturschutzbehörden mit Behörden gleichzustellen, zumal mittlerweile hinreichende Beteiligungsrechte gesetzlich geregelt sind.[20]

C. Einholung der Stellungnahmen

19 Die allgemeine Grundlage für die Einholung von behördlichen Stellungnahmen in einem Verwaltungsverfahren gemäß § 9 VwVfG[21] bildet der **Untersuchungsgrundsatz nach § 24 VwVfG,** der die verfahrensleitende Behörde zur Ermittlung des Sachverhalts von Amts wegen verpflichtet. Die Behörde hat sich daher stets zu bemühen, den wahren Sachverhalt zu erforschen. Damit ist sie auf die Hilfe anderer Behörden und deren Sachverstand angewiesen. Diese geben im Rahmen ihrer Zuständigkeit Stellungnahmen zu der beabsichtigten Planung oder dem Programm ab und ergänzen so die Ermittlungen. § 41 greift diesen allgemeinen Grundsatz des deutschen Verwaltungsrechts auf und gibt ihn für die SUP-pflichtigen Planungs- und Programmverfahren vor.

---

15 Vgl. BT-Drs. 15/4119, S. 5 i.V.m. BT-Drs. 15/3441, S. 33; das SEA-Protokoll vom 21.05.2003 ist abgedruckt in BGBl. I 2006, S. 497 (498 ff.).

16 Zum Einvernehmen und Benehmen *Jarass* DVBl 1997, 795 (797).

17 Ein begründeter Verzicht auf die Beteiligung einer in einer derartigen Liste enthaltenen Fachbehörde stellt daher keinen Rechtsfehler dar.

18 *Schink*, in: ders./Reidt/Mitschang, UVPG/UmwRG, § 41 UVPG Rn. 5.

19 Zur Vorgängerregelung BVerwG, Urt. v. 12.12.1996 – 4 C 19/95, NVwZ 1997, 905 (906) und Urt. v. 12.11.1997 – 11 A 49/96, NVwZ 1998, 395 (396).

20 A.A. noch die Vorauflage (*Wagner*).

21 Vgl. oben Rdn. 4.

Die zuständige Behörde holt nach § 41 Satz 1 von den zu beteiligenden Behörden deren Stellungnahmen zum beabsichtigten Plan oder Programm und zu dessen möglichen Auswirkungen auf die Umwelt ein. Das Verfahren gliedert sich in die **Übermittlung des Entwurfs des Plans oder Programms** sowie des **Umweltberichts** durch die zuständige Behörde an die berührten Behörden sowie die nachfolgende Einholung ihrer Stellungnahmen und lehnt sich an § 73 Abs. 3a VwVfG an.[22] Dies sind nach dem Wortlaut zwei Schritte (»und«), sie können aber aus Zweckmäßigkeitsgründen zu einem Schritt zusammengefasst werden, sofern dadurch die zu beteiligenden Behörden nicht in ihrem Recht auf eine sachgerechte Stellungnahme beeinträchtigt werden. Daher enthält Satz 2 eine **Beteiligungsfrist von mindestens einem Monat**. Trifft das Fachrecht keine darüberhinausgehenden Sonderregelungen und fehlen auch ergänzende oder konkretisierende Verwaltungsvorschriften oder Erlasse der Länder, steht der verfahrensleitenden Behörde die Organisation des Beteiligungsverfahrens im Übrigen frei. 20

I. Übermittlung der Unterlagen

§ 41 Satz 1 schreibt der zuständigen Behörde zu Beginn des Beteiligungsverfahrens zunächst eine Übermittlung der Unterlagen vor. Die in § 17 gesondert vorgesehene vorgezogene Unterrichtung bereits vor der eigentlichen Übermittlung der Unterlagen wird für das Verfahren der Aufstellung oder Änderung von Plänen oder Programmen nicht gefordert, ist aber auch nicht ausgeschlossen. Von der verfahrensleitenden Behörde sind daher zunächst die **Plan- oder Programmunterlagen** mit einem erläuternden Begleitschreiben gleichzeitig an alle zu beteiligenden Behörden mit der **Aufforderung zur Abgabe von Stellungnahmen** zu leiten. Aus Art. 6 Abs. 2 SUP-RL lässt sich entnehmen, dass die Übermittlung der Unterlagen **frühzeitig** zu erfolgen hat, nämlich dann, wenn der Plan oder das Programm noch offen für Änderungen ist. 21

Gegenstand der Unterlagen sind nach § 41 Satz 1 der Entwurf des Plans oder Programms und der Umweltbericht nach § 40. Die Übermittlung des Plan- oder Programmentwurfs soll den zu beteiligenden Behörden einen Überblick über den zum Zeitpunkt ihrer Beteiligung erreichten Verfahrensstand und die Ziele des Plans oder Programms, die Übermittlung des Umweltberichts darüber hinaus die besondere Sichtweise auf die voraussichtlichen erheblichen Auswirkungen der Durchführung des Plans oder Programms auf die Umwelt vermitteln. Eine zielgerichtete **Beschränkung des Gegenstands der zugeleiteten Unterlagen auf den jeweiligen Aufgabenbereich** der zu beteiligenden Behörde ist mit der durch § 41 Satz 1 ausgesprochenen Verpflichtung, den Entwurf sowie gerade auch den Umweltbericht (in seiner Gesamtheit) zu übermitteln, **nicht zulässig.** 22

Zur Strukturierung des Beteiligungsverfahrens und zur Beschleunigung der Abgabe der Stellungnahmen wird es oftmals aber hilfreich sein, die zu beteiligenden Behörden im Begleitschreiben auf mögliche **Schwerpunkte ihrer jeweiligen fachlichen Betroffenheit hinzuweisen**. Dem Begleitschreiben können darüber hinaus weitere Informationen zur Planung oder zum Programm wie z.B. Stellungnahmen, Gutachten und Zwischenergebnisse aus höherstufigen oder parallelen Verfahren beigefügt werden. Zweckmäßigerweise ist im Begleitschreiben auch darauf hinzuweisen, dass sich die Stellungnahmen auf den konkreten Verfahrensabschnitt beschränken sollen und insbesondere Stellungnahmen zu Prüfaufträgen der nachfolgenden Zulassungsverfahren nicht geboten sind. 23

22 Entwurfsbegründung zum SUPG, BT-Drs. 15/4119, S. 5 i.V.m. BT-Drs. 15/3441, S. 33. § 73 Abs. 3a VwVfG sieht nunmehr vor: »(3a) Die Behörden nach Absatz 2 haben ihre Stellungnahme innerhalb einer von der Anhörungsbehörde zu setzenden Frist abzugeben, die drei Monate nicht überschreiten darf. Stellungnahmen, die nach Ablauf der Frist nach Satz 1 eingehen, sind zu berücksichtigen, wenn der Planfeststellungsbehörde die vorgebrachten Belange bekannt sind oder hätten bekannt sein müssen oder für die Rechtmäßigkeit der Entscheidung von Bedeutung sind; im Übrigen können sie berücksichtigt werden.«

II. Inhalt und Form der abzugebenden Stellungnahmen

24 Auf der Grundlage der zugeleiteten Unterlagen und ggf. weiterer Informationen geben die beteiligten Behörden ihre Stellungnahmen zu dem beabsichtigten Plan oder Programm ab. Der **Inhalt der Stellungnahmen** ist auf den jeweiligen **Aufgabenbereich der Behörde zu beschränken.**[23] Weiterführende Hinweise auf Auswirkungen auf andere Aufgabenbereiche und Überschneidungen oder Wechselwirkungen können aber im Einzelfall durchaus wichtig für eine Gesamtbeurteilung sein und dürfen daher ebenfalls mitgeteilt werden. Derartige Hinweise und Informationen, die nicht den eigenen Aufgabenbereich betreffen, sollten im Rahmen der Stellungnahme zur Vermeidung von Kompetenzkonflikten deutlich kenntlich gemacht werden. Den anderen Behörden sollte jeweils ein **Abdruck** der eigenen Stellungnahme an die verfahrensleitende Behörde übersendet werden, damit diese die Gelegenheit erhalten, bei Bedarf ihre Stellungnahmen im Hinblick auf mögliche zusätzliche Konfliktbereiche und Wechselwirkungen nachträglich zu ergänzen.

25 Die **Stellungnahmen** sind in der Regel **schriftlich** (bzw. mittlerweile im Regelfall per E-Mail) durch den Behördenleiter oder eine vertretungsberechtigte Person abzugeben. Vorbehalte hinsichtlich einzelner Punkte oder nur vorläufige Stellungnahmen sind zu kennzeichnen. Im Rahmen eines von der verfahrensleitenden Behörde anberaumten Anhörungstermins können Stellungnahmen auch zu Protokoll gegeben werden. Weitere Einzelheiten regelt das Fachrecht oder werden von der verfahrensleitenden Behörde aufgrund der ihr vom Gesetzgeber zugewiesenen Verfahrensherrschaft im konkreten Fall verbindlich festgelegt.

III. Wirkung der Stellungnahmen

26 Die Wirkung einzelner Stellungnahmen der zu beteiligenden Behörden für die verfahrensleitende Behörde ist auf der Plan- und Programmebene regelmäßig fachgesetzlich nicht geregelt. Anders als bei der Vorhabenzulassung, bei denen im Einzelfall durchaus derartige gesetzlich geregelte (Vorweg-) Bindungen vorkommen können,[24] kommt den Stellungnahmen anderer Behörden auf der Planungs- und Programmebene damit nur die **Wirkung von Fachbeiträgen** zu, die das Material für die Bewertung der Umweltauswirkungen ergänzen. Eine Grenze für diese Entscheidungsfreiheit im Rahmen der Würdigung der behördlichen Stellungnahmen ist allerdings dort erreicht, wo die fachliche Stellungnahme einer zu beteiligenden Behörde auf eine materielle Bindung der verfahrensleitenden Behörde hinweist, die sich aus den von ihr zu beachtenden einschlägigen Gesetzen ergibt.

IV. Stellungnahmefristen

27 § 41 Satz 2 sieht eine **Mindestfrist von einem Monat** für die Beteiligung der anderen Behörden vor. Es handelt sich um eine Mindestfrist, weil angesichts der Verschiedenartigkeit und unterschiedlichen Komplexität von Programmen und Plänen auch deutlich längere Abstimmungsfristen zur Aufarbeitung der betroffenen fachlichen Belange durch die zu beteiligenden Behörden erforderlich sein können. Auch die Entwurfsbegründung zu § 41 Satz 2 geht daher davon aus, dass bei der Fristsetzung durch die verfahrensleitende Behörde der jeweilige Inhalt und Umfang der Unterlagen zu berücksichtigen ist.[25]

28 Anders als in § 73 Abs. 3a Satz 2 VwVfG[26] ist für den Fall der verspäteten Abgabe einer behördlichen Stellungnahme eine **Präklusion nicht** vorgesehen. So können später eingehende Stellungnahmen ausnahmsweise dann noch Eingang finden, wenn dies den weiteren Abstimmungsprozess

---

23 *Schink*, in: ders./Reidt/Mitschang, UVPG/UmwRG, § 41 UVPG Rn. 8.

24 Siehe § 17 Rdn. 38.

25 BT-Drs. 15/4119, S. 5 i.V.m. BT-Drs. 15/3441, S. 33. Siehe auch *Peters/Balla/Hesselbarth*, UVPG, § 41 Rn. 5, die für die Beurteilung der Angemessenheit auf Umfang und Inhalt, Komplexität, Art und Qualität der Auswirkungen des Programms oder Plans, aber auch das mögliche Interesse der Allgemeinheit an einem zügigen Verfahren abstellen.

26 Auch hier wurde die Präklusion mittlerweile gelockert.

des Plans oder des Programms nicht hemmt. Ohnehin gilt der in allen Präklusionsregeln allgemein verankerte Grundsatz der Berücksichtigungspflicht, wenn die verspätet vorgebrachten Belange der Behörde bereits bekannt waren oder ihr hätten bekannt sein müssen oder für die Rechtmäßigkeit der Entscheidung von Bedeutung sind.

D. Behördenbeteiligung bei der Bundesfachplanung

Für die Bundesfachplanung von Höchstspannungsleitungen nach den §§ 4 bis 17 NABEG ist gem. 29
§ 5 Abs. 7 NABEG eine Strategische Umweltprüfung nach dem UVPG durchzuführen, die damit den Mindestanforderungen des UVPG an eine SUP unterliegt. Jedoch sieht das NABEG vorrangige und zum Teil auch konkretisierende Sonderregeln zum Verfahren der SUP nach dem UVPG vor: Für die Behördenbeteiligung durch die Bundesnetzagentur verlangt § 9 Abs. 1 NABEG zunächst, dass diese spätestens zwei Wochen nach Vorlage der vollständigen Unterlagen des Vorhabenträgers zu beteiligen ist; im Übrigen nimmt Absatz 1 auf § 41 Bezug. Allerdings erweitert § 9 Abs. 2 NABEG den Kreis der zu Beteiligenden, indem auf die »Träger öffentlicher Belange« und nicht nur auf Behörden abgestellt wird.[27] Nach Absatz 2 Satz 1 ist die Beteiligungsmöglichkeit der Träger öffentlicher Belange auf eine von der Bundesnetzagentur im Einzelfall vorzugebenden **Höchstfrist** von maximal drei Monaten begrenzt. Satz 4 weist zudem auf die Möglichkeit des Ausschlusses der Berücksichtigung verspäteter behördlicher Stellungnahmen nach Ablauf dieser Frist hin, »es sei denn, die vorgebrachten Belange sind für die Rechtmäßigkeit der Bundesfachplanung von Bedeutung«. Diese **Präklusionsregelung** lehnt sich wiederum an § 73 Abs. 3a VwVfG an.[28]

§ 42 Beteiligung der Öffentlichkeit

(1) Für die Öffentlichkeitsbeteiligung gelten § 18 Absatz 1 sowie die §§ 19, 21 Absatz 1 und § 22 entsprechend, soweit nachfolgend nichts anderes bestimmt wird.

(2) [1]Der Entwurf des Plans oder Programms, der Umweltbericht sowie weitere Unterlagen, deren Einbeziehung die zuständige Behörde für zweckmäßig hält, werden frühzeitig für eine angemessene Dauer von mindestens einem Monat öffentlich ausgelegt. [2]Auslegungsorte sind unter Berücksichtigung von Art und Inhalt des Plans oder Programms von der zuständigen Behörde so festzulegen, dass eine wirksame Beteiligung der betroffenen Öffentlichkeit gewährleistet ist.

(3) [1]Die betroffene Öffentlichkeit kann sich zu dem Entwurf des Plans oder Programms und zu dem Umweltbericht äußern. [2]Die zuständige Behörde bestimmt für die Äußerung eine angemessene Frist von mindestens einem Monat nach Ende der Auslegungsfrist. [3]Mit Ablauf der Äußerungsfrist sind alle Äußerungen ausgeschlossen, die nicht auf besonderen privatrechtlichen Titeln beruhen. [4]Hierauf ist in der Bekanntmachung der Auslegung oder bei der Bekanntgabe der Äußerungsfrist hinzuweisen. [5]Ein Erörterungstermin ist durchzuführen, soweit Rechtsvorschriften des Bundes dies für bestimmte Pläne und Programme vorsehen.

Übersicht Rdn.

27 Dazu *von Weschpfennig*, in: Klement/Müller-Terpitz, Energierecht, § 9 NABEG Rn. 4 m.w.N.
28 Vgl. die Entwurfsbegründung zum NABEG, BT-Drs. 17/6073, S. 25.

A. Allgemeines

1 Der mit dem SUPG 2005 geschaffene § 42, zuvor § 14i a.F., regelt die **Beteiligung der Öffentlichkeit** bei der Aufstellung oder Änderung von Plänen oder Programmen als einen durch § 3 Satz 2 besonders hervorgehobenen, **unverzichtbaren Verfahrensbestandteil** der SUP.[1] Die Beteiligung der Öffentlichkeit muss sich auf die Umweltauswirkungen des zu prüfenden Plans oder Programms erstrecken, kann aber nach Maßgabe des Fachrechts auch darüber hinaus reichen.[2] Solch umfassende Öffentlichkeitsbeteiligungen waren im deutschen Recht ein Novum; Plan- und Programmverfahren waren – im Gegensatz zu den von § 18 erfassten Zulassungsverfahren – nämlich zuvor meist nicht Gegenstand einer Öffentlichkeitsbeteiligung.[3]

2 Durch die Einführung der Pflicht zur Öffentlichkeitsbeteiligung bei Aufstellung oder Änderung von Plänen und Programmen wird eine seit 1998 bestehende Vorgabe aus Art. 7 des internationalen Aarhus-Übereinkommens[4] aufgegriffen, welches zunächst 2001 von der SUP-RL und danach 2003 von der Öffentlichkeitsbeteiligungs-RL nochmals konkreter in Gemeinschaftsrecht umgesetzt wurde. Die Verpflichtung zur Beteiligung der Öffentlichkeit beruht auf dem **Konzept der »informierten Öffentlichkeit«**, welches die Bürger im Vorfeld von Entscheidungen umfassend einbinden möchte.

3 Eine **Definition** des Begriffes der Öffentlichkeit enthält § 2 Abs. 8, danach sind **Öffentlichkeit** im Sinne dieses Gesetzes »**einzelne oder mehrere natürliche oder juristische Personen sowie deren Vereinigungen**«. Der in § 42 verwendete Begriff der Beteiligung der Öffentlichkeit erfasst sowohl, bei Plänen eher der Ausnahmefall, eine mündliche Anhörung in Form einer Erörterung, als auch, als Regelfall, eine Beteiligung in Form der Gelegenheit zu schriftlichen Äußerungen. Das Verfahren nach § 42 steht in engem Zusammenhang mit § 61, welcher die grenzüberschreitende Öffentlichkeitsbeteiligung bei den Verfahren für Pläne und Programme regelt, sowie mit § 44, der die Bekanntmachung der Annahme des Plans oder Programms und der damit verbundenen wesentlichen Informationen anordnet. § 42 beschränkt sich angesichts der unterschiedlichen Formen von Plänen und Programmen auf einen **Mindeststandard**, der bei jeder SUP-pflichtigen Planung einzuhalten ist.[5]

I. Regelungsgegenstand

4 § 42 Abs. 1 verweist auf die **entsprechende Geltung von § 18 Abs. 1 sowie von §§ 19, 21 Abs. 1 und § 22**, welche die Öffentlichkeitsbeteiligung im Rahmen einer UVP im Zulassungsverfahren für Vorhaben regeln. Die Öffentlichkeitsbeteiligungsvorschriften für die UVP erlangen über diese Verweisung damit Geltung auch für Pläne und Programme mit erheblichen Umweltauswirkungen, soweit nachfolgend in den Absätzen 2 und 3 nicht speziellere Regelungen getroffen sind, die den Besonderheiten von Plänen und Programmen Rechnung tragen. Jedoch normieren die Vorschriften für das Zulassungsverfahren ebenfalls nur – wenn auch wesentliche – Grundzüge der Beteiligung

1 *Hendler* NVwZ 2005, 977 (982): »Die Öffentlichkeitsbeteiligung stellt ein Kernstück der SUP dar.«.
2 Vgl. unten Rdn. 31.
3 Näher *Ekardt/Pöhlmann* ThürVBl 2005, 252 (255).
4 BGBl. I 2006, S. 1251 (1252 ff.).
5 Siehe hierzu unten Rdn. 17 sowie zur Bundesfachplanung Rdn. 37 f.

der Öffentlichkeit bei UVP-pflichtigen Vorhaben. Ansonsten verweist § 18 Abs. 1 Satz 4 seinerseits auf die **Anforderungen des § 73 Abs. 3 Satz 1 und 2 und Abs. 5 bis 7 VwVfG.** Erst in der Zusammenschau von § 42, §§ 18 Abs. 1, 19, 21 Abs. 1 und 22 mit dem VwVfG erschließt sich daher letztlich das Beteiligungsverfahren für die Öffentlichkeit bei der Aufstellung von Plänen und Programmen.

§ 42 Abs. 2 regelt einzelne Besonderheiten des Verfahrens der Auslegung der Entwürfe der Pläne oder Programme und der Bekanntgabe weiterer Informationen. Nach Satz 1 sind nicht nur der **Entwurf des Plans oder Programms**, sondern auch der **Umweltbericht** sowie weitere Unterlagen, deren Einbeziehung die zuständige Behörde für zweckmäßig hält, frühzeitig und für die Dauer von mindestens einem Monat öffentlich auszulegen. Satz 2 gibt der zuständigen Behörde auf, den **Auslegungsort** unter Berücksichtigung von Art und Inhalt der Planung so festzulegen, dass sich die vom Plan oder Programm betroffene Öffentlichkeit **wirksam beteiligen** kann. 5

§ 42 Abs. 3 trifft Regelungen zum Verfahren der Äußerung durch die betroffene Öffentlichkeit, die sich nach Satz 1 auf den Entwurf des Plans oder Programms sowie auf den Umweltbericht erstrecken kann. Nach Satz 2 ist eine angemessene **Frist von mindestens einem Monat** vorzusehen. Satz 3 regelt den Einwendungsausschluss nach Fristablauf, Satz 4 die entsprechende Hinweispflicht hierauf. Ob zusätzlich neben der Möglichkeit der Abgabe von schriftlichen Äußerungen ein mündlicher Erörterungstermin durchzuführen ist, überlässt Satz 5 schließlich der Anordnung durch Rechtsvorschriften des Bundes für bestimmte Pläne und Programme. 6

II. Zweck und Bedeutung der Vorschrift

Die Beteiligung der Öffentlichkeit soll dazu beitragen, die mutmaßlichen **Umweltauswirkungen eines Plans oder Programms so früh und umfassend wie möglich** zu erkennen. Neben der Erstellung des Umweltberichts nach § 40 und der Beteiligung der von dem Vorhaben berührten Behörden nach § 41 ist die Beteiligung der Öffentlichkeit nach § 42 wesentlicher Bestandteil des Verfahrensschrittes der »Ermittlung« der Auswirkungen des Plans oder Programms auf die Umwelt. Die Äußerungen der Öffentlichkeit gehen damit als Information in den weiteren Ablauf des Verfahrens ein. Zugleich gewährt die Beteiligung der Öffentlichkeit den von dem Plan oder Programm möglicherweise betroffenen Bürgern vorgelagerten **individuellen Rechtsschutz** durch eine Beteiligung bereits im Verfahren. Schließlich sollen die Partizipationsmöglichkeiten der Bürger die **Akzeptanz** des Plans oder Programms erhöhen und damit zur Vermeidung von Rechtsstreitigkeiten beitragen.[6] 7

III. Gesetzesgeschichte

Die Regelungen zur Öffentlichkeitsbeteiligung im Allgemeinen und zu ihrer Geltung bei Verfahren zur Aufstellung oder Änderung von Plänen und Programmen im Besonderen haben sich über Jahre in vielen kleinen Schritten im internationalen und nationalen Bereich entwickelt. Ausgangspunkt der Entwicklung war Art. 7 i.V.m. Art. 6 Abs. 4 der Aarhus-Konvention, welche die Öffentlichkeitsbeteiligung bei Aufstellung von Plänen und Programmen zu einem Zeitpunkt vorsieht, zu dem alle Optionen noch offen sind und eine effektive Öffentlichkeitsbeteiligung stattfinden kann. 8

1. Vorgaben der SUP-Richtlinie und der Öffentlichkeitsbeteiligungs-Richtlinie

Art. 7 der Aarhus-Konvention wurde zunächst von Art. 6 **SUP-RL** aus dem Jahr 2001 aufgegriffen und dann durch Art. 2 **Öffentlichkeitsbeteiligungs-RL** aus dem Jahr 2003 konkretisiert. Bei juristischen Auslegungsfragen, ob das deutsche Recht den Anforderungen des Gemeinschaftsrechts genügt, ist auch auf die Zielsetzung der Aarhus-Konvention zurückzugreifen. Damit wird das Abkommen, unabhängig von einer gesonderten nationalen Umsetzung in den einzelnen Mitgliedstaaten, letzt- 9

6 Zu den vielfältigen Aufgaben der Beteiligung der Öffentlichkeit auch *Wickrath* Bürgerbeteiligung, S. 12 ff., die zwischen Emanzipations-, Kontroll-, Rechtsschutz-, Integrations-, Legitimations- und Rationalisierungsfunktion unterscheidet.

lich zum Bestandteil des Gemeinschaftsrechts und maßgeblich für die dortigen Verfahren der Öffentlichkeitsbeteiligung.

a) **SUP-Richtlinie 2001**

10 Die SUP-RL (2001/42/EG) aus dem Jahr 2001 weist in ihrem Erwägungsgrund Nr. 15 darauf hin, dass es notwendig ist, die Öffentlichkeit während der Prüfung von Plänen und Programmen zu konsultieren und angemessene Fristen festzulegen, die genügend Zeit für Konsultationen, einschließlich der Abgabe von Stellungnahmen, lassen. In Nr. 17 wird gefordert, dass die Stellungnahmen der Öffentlichkeit bei der Ausarbeitung des Plans oder Programms und vor dessen Annahme oder Einbringung in das Gesetzgebungsverfahren Berücksichtigung finden.

11 In Art. 6 Abs. 1 der SUP-RL ist vorgeschrieben, dass der Entwurf des Plans oder Programms und der Umweltbericht der Öffentlichkeit zugänglich gemacht werden. Nach Absatz 2 ist der **Öffentlichkeit** innerhalb ausreichend bemessener Fristen **frühzeitig und effektiv Gelegenheit zu geben, … Stellung zu nehmen**. Nach Absatz 4 können die Mitgliedstaaten bestimmen, was unter »Öffentlichkeit« zu verstehen ist; dabei sind Nichtregierungsorganisationen zu erfassen. Nach Absatz 5 sind die Einzelheiten der Information und Konsultation der Behörden und der Öffentlichkeit von den Mitgliedstaaten festzulegen.

b) **Öffentlichkeitsbeteiligungs-Richtlinie 2003**

12 Angesichts der von der SUP-Richtlinie offen gelassenen Punkte nahm die Öffentlichkeitsbeteiligungs-RL (2003/35/EG) aus dem Jahr 2003 in ihrem zentralen Art. 2 wesentliche Konkretisierungen zur Öffentlichkeitsbeteiligung bei der Ausarbeitung bestimmter umweltbezogener Pläne und Programme vor. Insbesondere Art. 2 Abs. 2 gibt vor, dass die Mitgliedstaaten sicherzustellen haben, dass die **Öffentlichkeit** durch **öffentliche Bekanntmachung** oder auf anderem geeigneten Wege, wie durch elektronische Medien, über Vorschläge für Pläne oder Programme unterrichtet wird (lit. a) und die Öffentlichkeit dann das Recht hat, dazu Stellung zu nehmen und Meinungen zu äußern, wenn alle Optionen noch offen sind und bevor Entscheidungen getroffen werden (lit. b). Das Ergebnis der Öffentlichkeitsbeteiligung ist nach Art. 2 Abs. 2 bei der **Entscheidung** über die Programme und Pläne angemessen zu berücksichtigen (lit. c), was wiederum näher konkretisierten **Unterrichtungspflichten** unterliegt (lit. d).

2. **Innerstaatliche Entstehung**

13 Die 2005 geschaffene Vorschrift des § 14i a.F. wurde mehrfach geändert. § 14i a.F. setzte in seiner vom **SUPG** im Jahr 2005 geschaffenen Ursprungsfassung zunächst nur Art. 6 der SUP-RL um, nachträglich wurde er durch das **Öffentlichkeitsbeteiligungsgesetz** aus dem Jahr 2006 erweitert, welches seinerseits Art. 2 der Öffentlichkeitsbeteiligungs-RL aufgriff. Nachdem das Umwelt-Rechtsbehelfsgesetz aufgrund eines Urteils des EuGH geändert werden musste, kam es 2017 zu weiteren Ergänzungen durch Anordnung einer Präklusion.

a) **SUPG 2005**

14 Der deutsche Gesetzgeber bemühte sich bei der Umsetzung der **gemeinschaftsrechtlichen Vorgaben** vorrangig darum, diesen **inhaltlich** zu genügen, und bedauerlicherweise nur nachrangig darum, eine aus sich selbst heraus für den Anwender verständliche Regelung zu schaffen. Der Gesetzentwurf der Bundesregierung zum SUPG[7] lehnte sich deshalb bewusst eng an die Vorgaben der SUP-RL an, versuchte zugleich aber eine **einheitliche Ausgestaltung** mit der nach § 9 a.F. geforderten Beteiligung der Öffentlichkeit bei den UVP-pflichtigen Zulassungsverfahren zu wahren und schließlich auch noch den Bogen zum Verwaltungsverfahrensgesetz und der dort geregelten Öffentlichkeitsbeteiligung

7 BT-Drs. 15/4119, S. 5 i.V.m. BT-Drs. 15/3441.

für Planfeststellungsverfahren als einzuhaltenden **Mindeststandard** zu schlagen. Aus diesem Grunde erfolgte der »Verweis auf den Verweis« von § 14i a.F. auf zunächst § 9 Abs. 1 a.F. und von dort auf § 73 Abs. 3, 4 bis 7 VwVfG a.F.[8] Der Gesetzgeber übernahm den Entwurf der Bundesregierung zu § 14i a.F. im Jahr 2005 unverändert.[9] Ein ergänzender Vorschlag des Bundesrates zur zeitlichen Befristung der Verfahren[10] wurde unter Hinweis auf die (zu) unterschiedlichen Arten von Plänen und Programmen abgelehnt.[11]

b) Öffentlichkeitsbeteiligungsgesetz 2006

Eine Überarbeitung von § 14i a.F. erfolgte bereits kurze Zeit später durch das Öffentlichkeitsbeteiligungsgesetz aus dem Jahr 2006,[12] um die durch die Öffentlichkeitsbeteiligungs-RL konkretisierten Anforderungen umzusetzen. Hierzu wurde in § 14i a.F. der Verweis auch auf die eingefügten Absätze 1a und 1b des § 9 a.F. ausgedehnt, um die Vorgaben der Öffentlichkeitsbeteiligungs-RL in den UVP-pflichtigen Zulassungsverfahren aufzugreifen.[13] Die Absätze 1a und 1b des § 9 a.F. sahen in Anlehnung an die Öffentlichkeitsbeteiligungs-RL eine **umfangreiche Unterrichtungspflicht der Öffentlichkeit** durch die zuständige Behörde über das konkrete Verfahren, die Auslegungsmodalitäten sowie die auszulegenden Unterlagen vor. Diese Anforderungen gelten, nunmehr in neuer Nummerierung, über die Verweisungskette daher auch für Plan- und Programmverfahren. 15

c) Umwelt-Rechtsbehelfsgesetz-Novelle und UVPG-Novelle 2017

Nachdem der **EuGH** 2015 Teile des Umwelt-Rechtsbehelfsgesetzes für unvereinbar mit der UVP-RL erklärt hatte,[14] sah sich der deutsche Gesetzgeber zu einer **Revision seines Rechtsschutzsystems in Bezug auf die UVP** gezwungen. Gleichzeitig bestand die Notwendigkeit, die **Vorgaben der UVP-Änderungs-RL** aus dem Jahr 2014 umzusetzen. Im **Jahr 2017** erfolgte zunächst, als Bestandteil der Umwelt-Rechtsbehelfsgesetz-Novelle 2017, eine kleine Novelle des UVPG.[15] In diesem Zusammenhang wurden in § 14i Abs. 2 a.F. zwei zusätzliche Sätze 3 und 4 eingefügt, welche eine materielle Präklusion neu regelten.[16] Kurz danach folgte die umfassende UVPG-Änderungsnovelle.[17] Diese benannte § 14i a.F. in § 42 um. Zudem wurden die Verweise auf die Öffentlichkeitsvorschriften des UVPG für Zulassungsverfahren an die neue Nummerierung angepasst sowie eine Klarstellung zur Äußerungsfrist ergänzt.[18] Mit dem Gesetz zur Änderung des Umweltschadensgesetzes, des Umweltinformationsgesetzes und weiterer umweltrechtlicher Vorschriften aus dem Jahre 2021[19] behob der Gesetzgeber ein Redaktionsversehen und ergänzte Abs. 1 um einen Verweis auf § 21 Abs. 1.[20] 16

IV. Anwendungsbereich der Vorschrift

§ 42 setzt einen Mindeststandard (vgl. § 38),[21] indem er die zuständige Behörde bei UP-pflichtigen Verfahren für Pläne oder Programme zu einer Öffentlichkeitsbeteiligung auf der Grundlage des 17

8 Vgl. BT-Drs. 15/4119, S. 5 i.V.m. BT-Drs. 15/3441, S. 33.
9 BGBl. I, S. 1746 (1750).
10 Stellungnahme des Bundesrates, BT-Drs. 15/4119, S. 10 (zu Nr. 16).
11 Gegenäußerung der BReg, BT-Drs. 15/4236, S. 5 (zu Nr. 16); vgl. auch § 41 Rdn. 8.
12 BGBl. I, S. 2819.
13 Vgl. die Entwurfsbegründung, BT-Drs. 16/2494, S. 24 f., wo auf den engen Sachzusammenhang zwischen UVP- und SUP-RL hingewiesen wird und auch auf die erforderliche Vergleichbarkeit im Hinblick auf mögliche Abschichtungen zwischen den verschiedenen Ebenen der Umweltprüfungen.
14 EuGH, Urt. v. 15.10.2015 – C-137.14, DVBl 2015, 1514 ff. (m. Anm. *Stüer*).
15 BGBl. I, S. 1298.
16 Vgl. dazu die Entwurfsbegründung, BT-Drs. 18/9526, S. 48 i.V.m. S. 43.
17 BGBl. I, S. 2808.
18 Entwurfsbegründung, BT-Drs. 18/11499, S. 99.
19 BGBl. I, S. 306.
20 Entwurfsbegründung, BT-Drs. 19/24230, S. 22.
21 Siehe hierzu § 38 Rdn. 5 ff.

Umweltberichts verpflichtet; zusätzlich gibt er eine Mindestfrist von einem Monat für die Auslegung der Planunterlagen und für Äußerungen der Bürger vor. Ist im Rahmen eines Planverfahrens eine Öffentlichkeitsbeteiligung daher gar nicht geregelt, kommt § 42 umfassend zur Geltung. Sofern einzelne der SUP-pflichtigen Plan- und Programmaufstellungsverfahren zwar eine Öffentlichkeitsbeteiligung vorsehen, diese aber nicht gezielt auf den in § 40 geregelten **Umweltbericht** erstrecken, kommt § 42 insoweit zur Anwendung. Schließlich ist in allen Verfahren die **Mindestfrist von einem Monat** zu beachten, sofern bundesgesetzlich bewusst nicht etwas anderes geregelt ist. Welche Programm- und Planaufstellungsverfahren im Einzelnen von § 42 erfasst werden, ist der Anlage 5 des UVPG zu entnehmen. Eigenständige bundesrechtliche Regelungen zur Öffentlichkeitsbeteiligung treffen § 9 ROG für Raumordnungsplanungen,[22] § 3 BauGB für Bauleitplanungen[23] und § 9 NABEG für Bundesfachplanungen[24].

B. Öffentlichkeitsbeteiligung für Pläne und Programme

18 Unter Öffentlichkeit versteht das UVPG gem. § 2 Abs. 8 einzelne oder mehrere natürliche oder juristische Personen sowie deren Vereinigungen. Die Beteiligung der Öffentlichkeit, wie sie in § 18 Abs. 1 in ihrem Ablauf grundsätzlich geregelt ist und auf den § 42 Abs. 1 Bezug nimmt, vollzieht sich bei allen Planungs- und Zulassungsverfahren nach gemeinschaftsrechtlichem Verständnis in folgenden Phasen:[25]

- Information über die anstehende Entscheidung,
- Zugänglichmachung von Unterlagen in der Anfangsphase,
- Ermöglichung der Abgabe von Stellungnahmen,
- Berücksichtigung der Ergebnisse der Öffentlichkeitsbeteiligung in der behördlichen Entscheidung,
- Information über die ergangene Behördenentscheidung,
- Zugänglichmachung von Unterlagen und Informationen in der Abschlussphase.

19 Einzelne **Besonderheiten für Pläne und Programme** sind darüber hinaus in § 42 Abs. 2 und 3 geregelt. Diese Abweichungen für die Plan- und Programmverfahren sind dem räumlich oftmals erheblich weiteren Geltungsbereich und dem noch nicht so konkreten Betroffenheitsgrad für die Bürger geschuldet.

20 Der von § 2 Abs. 8 und § 18 Abs. 1 Satz 1 und auch von § 42 Abs. 1 verwendete (allgemeine) Öffentlichkeitsbegriff gilt für die beiden **ersten Schritte** der Information in Form der öffentlichen Bekanntmachung und der Zugänglichmachung von Unterlagen in Form der Auslegung; hier sind **alle Bürger und Vereinigungen ohne Einschränkung Adressaten**. Diese auf alle denkbaren Adressaten ausgerichtete allgemeine Beteiligung **verengt** sich nach § 18 Abs. 1 Satz 2 und auch § 42 Abs. 3 aber **auf die betroffene Öffentlichkeit**, sobald es um die **weiteren beiden Schritte** der konkreten Abgabe von Stellungnahmen, ggf. auch der Teilnahme am Erörterungstermin, sowie um die Berücksichtigung der Ergebnisse in der behördlichen Entscheidung geht. Nach § 2 Abs. 9 sind unter betroffener Öffentlichkeit (nur noch) diejenigen Personen zu verstehen, deren Belange durch einen Plan oder ein Programm berührt werden. Die Abgabe von Äußerungen und die Teilnahme am Erörterungstermin steht damit nur den durch den Plan oder das Programm in ihren Belangen Berührten zu. Gem. § 18 Abs. 1 Satz 4 muss das Beteiligungsverfahren in diesen skizzierten Schritten den Anforderungen des § 73 Abs. 3 Satz 1 und 2 und Abs. 5 bis 7 VwVfG entsprechen.[26] Die abschließende Information über die ergangene Behördenentscheidung und die Zugänglichmachung von Unterlagen und Informationen in der Abschlussphase als die **beiden letzten Schritte** richten

22 Vgl. dazu auch § 48 UVPG.

23 Vgl. dazu auch § 50 Abs. 2 UVPG.

24 Dazu unten Rdn. 37 f.

25 Zum Verständnis der Öffentlichkeitsbeteiligung in unterschiedlichen Richtlinien des Gemeinschaftsrechts und den Phasen der Beteiligung grundlegend *Hendler/Wu* DVBl 2014, 78 ff.

26 Zur Verweisungskette siehe oben Rdn. 4.

sich nicht mehr nach § 42 Abs. 1 i.V.m. § 18 Abs. 1 i.V.m. § 73 VwVfG, sondern nach § 44; sie betreffen wiederum die **allgemeine Öffentlichkeit** im Sinne von § 2 Abs. 8.

Nach § 2 Abs. 9 zählen zur betroffenen Öffentlichkeit aber auch die Vereinigungen, deren satzungsgemäßer Aufgabenbereich berührt wird, darunter auch Vereinigungen zur Förderung des Umweltschutzes, also die nach § 3 Umwelt-Rechtsbehelfsgesetz **anerkannten Umwelt- und Naturschutzvereinigungen**. Diesen steht daher ebenfalls ein Äußerungsrecht im Rahmen der Öffentlichkeitsbeteiligung zu, sofern sie nicht bereits nach § 63 Abs. 2 Nrn. 2 oder 3 BNatSchG zu beteiligen sind.[27] § 18 Abs. 1 Satz 3 stellt dies klar, indem die nach dem Umwelt-Rechtsbehelfsgesetz anerkannten Vereinigungen die zuständige Behörde in einer dem Umweltschutz dienenden Weise unterstützen sollen. Und in der Praxis sind es gerade diese **Vereinigungen**, die sich **intensiv** über die Verfahren der Öffentlichkeitsbeteiligung an der Aufstellung der Programme und Pläne und dort ihre Expertise, aber auch vielfältige Kritik **einbringen**, während sich die einzelnen Bürger angesichts des relativ hohen Abstraktionsniveaus dieser Pläne zumeist auf die nachfolgenden Zulassungsstufen eines dann erst konkret werdenden Vorhabens konzentrieren. 21

I. Bekanntmachung (Absatz 1 i.V.m. § 19 Abs. 1)

Das Verfahren der Beteiligung der Öffentlichkeit bei der Aufstellung oder Änderung von Plänen oder Programmen, die Auswirkungen auf die Umwelt haben können, beginnt mit deren Bekanntmachung. Die Bekanntmachung dient der ersten Information der Öffentlichkeit, dass durch eine Planung oder ein Programm künftig möglicherweise Einfluss auf ihre Umwelt genommen wird,[28] und ist in § 73 Abs. 5 VwVfG[29] grundsätzlich geregelt. Trotz der grundsätzlichen Geltung der Bekanntmachungsvorschriften des VwVfG für Pläne und Programme sind hier jeweils Besonderheiten gegenüber dem Zulassungsverfahren zu beachten, die sich aus dem höheren Abstraktionsgrad und dem weiteren räumlichen Geltungsbereich von Plänen und Programmen ergeben. Dies beginnt mit der von § 73 Abs. 5 Satz 1 VwVfG vorgesehenen **Ortsüblichkeit** der Bekanntmachung, die bei Plänen und Programmen bislang kaum geregelt wurde. Sie muss sich entweder aus dem Fach- oder hilfsweise aus dem Landesrecht ergeben. Eine Bekanntmachung über das **Internet** ist daher die zu empfehlende Bekanntmachungsform und lässt sich (jedenfalls) aus Art. 2 Abs. 2 der Öffentlichkeitsbeteiligungs-RL herleiten. 22

Der für die Verfahren der Plan- und Programm-UP neben dem VwVfG gem. Verweis in § 42 Abs. 1 entsprechend anzuwendende § 19 Abs. 1 verlangt für die **Bekanntmachung** (als Bestandteil der Unterrichtung der Öffentlichkeit) zunächst, dass die Öffentlichkeit **zu Beginn** des Beteiligungsverfahrens über bestimmte **Mindestinhalte** unterrichtet wird. Hierzu gehören unter Berücksichtigung der Besonderheiten für Pläne und Programme: 23

- die Entscheidung über die Einleitung des Plan- oder Programmaufstellungs- oder -änderungsverfahrens, ggf. der förmliche Aufstellungs- oder Änderungsbeschluss (entsprechend § 19 Abs. 1 Nr. 1),
- die Feststellung der SUP-Pflicht des Plans oder Programms sowie erforderlichenfalls die Feststellung über die Durchführung einer grenzüberschreitenden Beteiligung (entsprechend § 19 Abs. 1 Nr. 2),
- die für das Verfahren und für die Beschlussfassung über den Plan oder das Programm jeweils zuständigen Behörden, bei denen weitere relevante Informationen erhältlich sind und bei denen innerhalb einer festgelegten Frist Äußerungen oder Fragen eingereicht werden können (entsprechend § 19 Abs. 1 Nr. 3),
- die Art einer möglichen Entscheidung oder eines Beschlusses über den Plan oder das Programm (entsprechend § 19 Abs. 1 Nr. 4),
- die Angabe, dass ein Umweltbericht vorgelegt wurde (entsprechend § 19 Abs. 1 Nr. 5),

27 Vgl. dazu auch § 41 Rdn. 18.
28 *Grotefels/Uebbing* NuR 2003, 460 (465): »Anstoßfunktion«.
29 Zur Anwendbarkeit siehe oben Rdn. 4 und 20.

- die Bezeichnung der den Plan oder das Programm betreffenden Berichte und Empfehlungen, die der zuständigen Behörde zu Beginn des Beteiligungsverfahrens vorliegen (entsprechend § 19 Abs. 1 Nr. 6),
- die Angabe, wo und in welchem Zeitraum die Unterlagen nach den Nrn. 5 und 6 zur Einsicht ausgelegt werden (entsprechend § 19 Abs. 1 Nr. 7), sowie
- weitere Einzelheiten des Verfahrens der Beteiligung der Öffentlichkeit (entsprechend § 19 Abs. 1 Nr. 8).

24 Den weiteren Inhalt einer Bekanntmachung regelt § 73 Abs. 5 Satz 2 VwVfG. Danach ist in der Bekanntmachung insbesondere darauf hinzuweisen, dass die Einwendungen innerhalb der Einwendungsfrist vorzubringen sind.[30] Auch ist darauf hinzuweisen, dass die vorgesehene Zustellung der Entscheidung über die Einwendungen bei mehr als 50 erforderlichen Zustellungen durch eine weitere öffentliche Bekanntmachung ersetzt werden kann. Nicht ortsansässige Personen, deren Aufenthalt bekannt ist oder sich innerhalb angemessener Frist ermitteln lässt, sollen zudem gem. § 73 Abs. 5 Satz 3 VwVfG auf Veranlassung der Anhörungsbehörde von der Auslegung benachrichtigt werden.

II. Auslegung (Absatz 2 i.V.m. § 19 Abs. 2)

25 Der nächste Schritt im Verfahren der Beteiligung der Öffentlichkeit ist die Auslegung der Unterlagen. Die Auslegung dient der detaillierten **Unterrichtung der Öffentlichkeit über den Gegenstand** der beabsichtigten Planung oder des Programms, auf dessen Grundlage sich die Betroffenen dann ihrerseits äußern können und sollen. Die Auslegung der Unterlagen ist allgemein und kurz in dem durch § 18 Abs. 1 Satz 4 in Bezug genommenen § 73 Abs. 3 Satz 1 und 2 VwVfG geregelt, zudem enthält § 42 Abs. 2 vorrangige Verfahrensregeln, die es daher zunächst zu betrachten gilt. Punktuell ist schließlich eine Konkretisierung der auszulegenden Unterlagen durch den entsprechend anzuwendenden § 19 Abs. 2 erfolgt.

1. Auslegungsverfahren

26 Nach § 42 Abs. 2 Satz 1 werden der Entwurf des Plans oder Programms, der Umweltbericht sowie weitere Unterlagen, deren Einbeziehung die zuständige Behörde für zweckmäßig hält, frühzeitig für eine angemessene **Dauer von mindestens einem Monat öffentlich ausgelegt**. Angesichts der Vielfalt von Plänen und Programmen beschränkt sich die Anordnung bewusst auf die Festlegung von Mindeststandards für das Auslegungsverfahren, nämlich auf eine Mindestdauer der Auslegung der Unterlagen von einem Monat und auf deren öffentliche Zugänglichkeit. **Verzichtet wird** demgegenüber – anders als in dem insoweit hier nicht anwendbaren § 73 Abs. 3 Satz 1 VwVfG (Frist von einem Monat) **auf Höchstfristen**. Diese können aber durchaus jeweils fachgesetzlich oder auch landesgesetzlich angeordnet werden. Ansonsten muss die zuständige Behörde hierzu im Rahmen der Bekanntmachung eine Festlegung im Einzelfall treffen.

27 Die **öffentlichen Auslegungsorte** sind nach § 42 Abs. 2 Satz 2 unter Berücksichtigung von Art und Inhalt des Plans oder Programms von der **zuständigen Behörde** so festzulegen, dass eine wirksame Beteiligung der betroffenen Öffentlichkeit gewährleistet ist. Auch hier verzichtet das UVPG auf die Vorgabe bestimmter Orte, sondern überlässt dies den Fach- oder Landesgesetzen bzw. bei Unterlassen der Regelung der zuständigen Behörde im Einzelfall. Aufgrund einer systematisch nicht ganz gelungenen Verweisungskette müssen die Dokumente seit dem 01.01.2024 wohl zuvörderst im **Internet** zugänglich gemacht werden: Der entsprechend anwendbare § 18 Abs. 1 Satz 4 verweist seitdem neben § 73 Abs. 3 Satz 1 auch auf den neuen § 73 Abs. 3 Satz 2 VwVfG, der wiederum

30 Da diese in Bezug genommenen Bekanntmachungsgrundsätze vorrangig auf die Zulassungsverfahren zugeschnitten sind, gilt dies natürlich nur, wenn in gleicher Weise auch für die Stellungnahmen zu den Plänen und Programmen durch das einschlägige Fach- oder Landesrecht Ausschlussfristen angeordnet sind.

»eine andere Zugangsmöglichkeit nach § 27b Absatz 1 Satz 1 Nummer 2« VwVfG in Bezug nimmt.[31] § 27b Abs. 1 Satz 1 Nr. 2 VwVfG verpflichtet zur Auslegung »auf mindestens eine andere Weise«, während Nr. 1 – insoweit bindend für die Auslegung nach § 73 Abs. 3 Satz 1 VwVfG – die Auslegung »auf einer Internetseite der für die Auslegung zuständigen Behörde oder ihres Verwaltungsträgers« verlangt. Diese für das Verwaltungsverfahren nach § 9 VwVfG bindende doppelte Auslegungspflicht dürfte aufgrund des Verweises in § 42 Abs. 1 auf § 18 Abs. 1 wohl nunmehr auch im Rahmen der Beteiligung nach § 42 gelten, da die Besonderheiten bei der Aufstellung oder Änderung von Plänen und Programmen nichts anderes erfordern und § 42 insoweit auch keine abweichenden Regelungen trifft. Die nach wie vor notwendigen Auslegungsorte können – wie in § 73 Abs. 3 Satz 1 VwVfG für die Planfeststellungsverfahren allgemein festgelegt – bei räumlich begrenzten Plänen oder Programmen durchaus ebenfalls die Gemeinden und ggf. zusätzlich noch die Kreise sein. Bei bundesweit geltenden Plänen bietet sich eine Veröffentlichung der geforderten Unterlagen im **Bundesanzeiger** und bei regional wirksamen Plänen eine Veröffentlichung in einem von Landesbehörden genutzten entsprechenden amtlichen Veröffentlichungsblatt an. Zudem sollte Auslegungsort grundsätzlich aber auch die Stelle sein, die den Plan aufstellt.[32]

Das Verfahren der Auslegung im Übrigen regelt das VwVfG. Als spätesten Zeitpunkt der Auslegung 28 setzt § 73 Abs. 3 Satz 1 VwVfG drei Wochen nach Zugang des Plans fest. Auf das Verfahren von Plänen und Programmen übertragen ist hier von einer **Drei-Wochenfrist** im Anschluss an die Entscheidung über die Einleitung des Plan- oder Programmaufstellungs- oder -änderungsverfahrens, ggf. den förmlichen Aufstellungs- oder Änderungsbeschluss auszugehen. Angesichts der Informationsfunktion der Öffentlichkeitsbeteiligung ist zu einem Beginn der Auslegung parallel zur Beteiligung der Behörden oder kurz danach zu raten, damit die durch die Öffentlichkeit erlangten Informationen gleichzeitig in den Planungsprozess einfließen können. Insgesamt wird damit auch dem Erfordernis des § 42 Abs. 2 Satz 1 Rechnung getragen, wonach die Auslegung frühzeitig zu erfolgen hat.

2. Auslegungsgegenstand

§ 19 Abs. 2 Satz 1 regelt zwar grundsätzlich den Gegenstand der Auslegung, wird hier aber zunächst 29 durch den **spezielleren § 42 Abs. 2 Satz 1** weitgehend **verdrängt**. Gefordert sind danach die Auslegung

- des Entwurfs des Plans oder Programms,
- des Umweltberichts sowie
- weiterer Unterlagen, deren Einbeziehung die zuständige Behörde für zweckmäßig hält.

Aus § 19 Abs. 2 Satz 1 Nr. 2 ist zu entnehmen, dass der Behörde vorliegende entscheidungserhebliche Berichte und Empfehlungen zusätzlich von ihr auszulegen sind. Vorsorglich weist der ergänzend anzuwendende § 19 Abs. 3 darauf hin, dass auch weitere Informationen, die für die Annahme des Plans oder Programms von Bedeutung sein können, und die der Behörde erst nach Beginn des Verfahrens vorliegen, der Öffentlichkeit nach den Bestimmungen des Bundes und der Länder über den Zugang zu Umweltinformationen zugänglich zu machen sind.

Beschränkungen des so beschriebenen Gegenstandes der Auslegung können sich allerdings aus den 30 **fachlichen Grenzen** des Plans oder Programms und aus seiner **kompetenziellen Einordnung** in die Planungshierarchie ergeben. So braucht in der Auslegung nicht auf in anderen, d.h. parallelen oder nachfolgenden Verfahren zu prüfende (Umwelt-)Belange eingegangen zu werden. Auf eine solch etwaige Beschränkung des Beteiligungsgegenstandes sollte in den Auslegungsunterlagen hingewiesen werden, um die Betroffenen auf den insoweit maßgeblichen Gegenstand der Öffentlichkeitsbe-

31 Die Änderungen erfolgten durch das Fünfte Gesetz zur Änderung verwaltungsverfahrensrechtlicher Vorschriften sowie zur Änderung des Sechsten Buches Sozialgesetzbuchs (5. VwVfÄndG), BGBl. I 2023, Nr. 344.

32 *Grotefels/Uebbing* NuR 2003, 460 (465 f.) daher für Raumordnungspläne in Nordrhein-Westfalen zusätzlich die Bezirksregierung vorschlagend.

teiligung zu lenken. Schließlich können – weitergehend als bei der Behördenbeteiligung – auch der **Geheimnis- und Datenschutz** wegen schützenswerter Interessen Dritter eine zusätzliche Beschränkung der Unterlagen erfordern. Eine Erweiterung kann umgekehrt vor dem Hintergrund des medienübergreifenden Ansatzes der SUP dann geboten sein, wenn nur so eine sachgerechte Stellungnahme zu den zu untersuchenden Wechselwirkungen der Umweltauswirkungen des Plans oder Programms möglich erscheint.

III. Gelegenheit zur Äußerung (Absatz 3 Satz 1 bis 4)

31 § 42 Abs. 3 Satz 1 eröffnet die Möglichkeit von Äußerungen durch die betroffene Öffentlichkeit. Die betroffene Öffentlichkeit erhält damit Gelegenheit, ihre möglicherweise durch den Plan oder das Programm **berührten Rechte** gegenüber der zuständigen Behörde **geltend zu machen**. Zugleich sollen ihre Äußerungen den der Entscheidung zugrunde zu legenden **Sachverhalt vervollständigen**, sie tragen damit zur gebotenen **Fortschreibung des Umweltberichts** bei. Äußerungsbefugt ist die in § 2 Abs. 9 legaldefinierte **betroffene** Öffentlichkeit. Ausgeschlossen sind damit Personen und Vereinigungen, deren Belange durch den Plan oder das Programm nicht berührt werden.[33] Äußern sie sich dennoch, darf die zuständige Behörde diese Äußerungen als für die Entscheidung nicht maßgeblich verwerfen. Auch Äußerungen, die sich nicht auf mögliche Umweltauswirkungen des Plans oder Programms oder den Umweltbericht erstrecken, dürfen als unmaßgeblich bewertet werden – sofern sich die Öffentlichkeitsbeteiligung ausschließlich aus dem UVPG herleitet, sie also gerade nicht auch fachgesetzlich angeordnet ist. Unabhängig davon ist die zuständige Behörde nach dem über das Verwaltungsverfahren (dort § 24 VwVfG) hinausgreifenden **Amtsermittlungsgrundsatz** aber zu einer vollständigen Sachverhaltsermittlung verpflichtet, sodass sie gut beraten ist, auch weitergehende Hinweise aus der Öffentlichkeitsbeteiligung aufzunehmen. Seit dem 2021 ergänzten Verweis in Abs. 1 auch auf § 21 Abs. 1 ist klar, dass sich die betroffene Öffentlichkeit im Rahmen der Beteiligung lediglich schriftlich oder zur Niederschrift bei der zuständigen Behörde äußern kann. Nach Maßgabe des § 3a VwVfG kann die Schriftform durch die elektronische Form ersetzt werden; eine einfache E-Mail oder mündliche Äußerungen genügen allerdings nicht (mehr).[34]

32 Die **Äußerungsfrist** für die betroffene Öffentlichkeit ist nach § 42 Abs. 3 Satz 2 von der zuständigen Behörde festzusetzen und beträgt **mindestens einen Monat nach Ende der Auslegungsfrist**. Die Bezugnahme auf das Ende der Auslegungsfrist wurde 2017 durch die Umwelt-Rechtsbehelfsgesetz-Novelle ergänzt um klarzustellen, dass die Äußerungsfrist nicht identisch mit der Auslegungsfrist ist.[35] So kann sich jeder, dessen Belange berührt werden, nach der Auslegung über eine von ihm beabsichtigte Äußerung Gedanken machen, muss sich aber auch zeitnah über mögliche Bedenken klar werden und zu einer abschließenden Stellungnahme entscheiden.[36] Fachgesetzliche oder landesgesetzliche Regelungen können ergänzend die Obergrenzen der Anhörungsfrist festsetzen, ansonsten ist hierzu die zuständige Behörde im Rahmen der Bekanntmachung befugt. Verkürzungen gegenüber der Mindestvorgabe des UVPG von einem Monat sind hingegen ausschließlich aufgrund zeitlich später in Kraft getretener fachgesetzlicher Regelungen des Bundes möglich. Soweit die Voraussetzungen vorliegen, kann bei Versäumung der Äußerungsfrist entsprechend § 32 VwVfG **Wiedereinsetzung in den vorigen Stand** gewährt werden.

33 § 42 Abs. 3 Satz 3 und 4 wurden – nahezu wortgleich mit § 73 Abs. 4 Satz 3 und 4 VwVfG[37] – nachträglich durch die Umwelt-Rechtsbehelfsgesetz-Novelle 2017 eingeführt.[38] Der damit vom

---

33 Vgl. aber *Hendler* NVwZ 2005, 977 (982), der davon ausgeht, dass in der Praxis eine »Popularpartizipation« die Regel werden wird; ebenso für Raumordnungspläne *Grotefels/Uebbing* NuR 2003, 460 (464).

34 Anders noch zur alten Rechtslage *Schink*, in: Schink/Reidt/Mitschang, UVPG/UmwRG § 42 UVPG Rn. 14.

35 Entwurfsbegründung, BT-Drs. 18/11499, S. 99.

36 *Schink*, in: Knack/Henneke, VwVfG, § 73 Rn. 110.

37 Siehe aber § 7 Abs. 4 UmwRG zur Nichtanwendbarkeit bei Zulassungsentscheidungen.

38 Oben Rdn. 16.

Gesetzgeber angeordnete Einwendungsausschluss in Form der **materiellen Präklusion nach Abschluss der Äußerungsfrist** soll der Verfahrensbeschleunigung dienen und wird flankiert von § 7 Abs. 3 UmwRG. Auf die Ausschlusswirkung einer solchen Fristversäumung ist gem. Satz 4 entweder in der Bekanntmachung der Auslegung oder bei der Bekanntgabe der Äußerungsfrist hinzuweisen. Während die sich auch auf spätere verwaltungsgerichtliche Verfahren erstreckende materielle Präklusion bei Zulassungsverfahren unionsrechtswidrig ist,[39] ist die diesbezügliche Rechtsprechung nicht auf Pläne und Programme übertragbar.[40]

Der von § 42 Abs. 1 in Bezug genommene § 22 regelt schließlich das Erfordernis einer **nochmaligen** 34
Beteiligung der Öffentlichkeit, wenn der Plan- oder Programmentwurf oder der Umweltbericht im **laufenden Verfahren geändert** werden. Gem. § 22 Abs. 1 Satz 1 ist eine erneute Beteiligung der Öffentlichkeit bei Änderungen im Laufe des Verfahrens erforderlich, die gem. Satz 3 indes auf die Änderungen zu beschränken ist. § 22 Abs. 1 Satz 2 ermöglicht die angemessene Verkürzung der Äußerungsfrist. Gem. § 22 Abs. 2 Satz 1 soll von einer erneuten Beteiligung der Öffentlichkeit abgesehen werden, wenn durch die Änderung der Planung keine zusätzlichen erheblichen oder andere erheblichen Umweltauswirkungen zu besorgen sind. Nicht zur Anwendung kommt die Vorschrift dagegen bei Änderungen des Plans oder Programms erst nach Abschluss des Verfahrens, für welche das jeweilige Fachrecht oder bei Fehlen einer Regelung in analoger Anwendung § 76 VwVfG maßgeblich ist. Ob eine Änderung der Unterlagen zusätzliche oder andere erhebliche Auswirkungen auf die Umwelt hat, ist durch die zuständige Behörde nach pflichtgemäßem Ermessen festzustellen. Die nochmalige Anhörung der Öffentlichkeit erscheint insbesondere dann geboten, wenn erst durch die neuen Unterlagen der **Anstoß zu zusätzlichen Erkenntnissen** über die Planung und deren zusätzlichen oder anderen erheblichen Umweltauswirkungen gegeben wird, die sich die Behörde nicht auf andere Weise verschaffen kann.[41] Eine Beschränkung der Anhörung auf erkennbar zusätzlich Betroffene oder ausschließlich auf die vorgesehenen Änderungen erscheint im Interesse einer Verfahrensbeschleunigung zulässig. Denkbar ist, dass die Behörde vorsorglich nicht von der ihr an sich eingeräumten Verzichtsmöglichkeit Gebrauch macht, dafür aber mit verkürzten Fristen eine nochmalige Anhörung durchführt. Zu beachten ist des Weiteren in analoger Anwendung die Regelung in § 73 Abs. 8 Satz 2 VwVfG, die darauf hinweist, dass der geänderte Plan auch in einer anderen Gemeinde auszulegen ist, sofern sich die Änderung erstmalig oder stärker auf deren Gebiet auswirkt. Unterbleibt eine gebotene erneute Öffentlichkeitsbeteiligung oder ist sie derart mängelbehaftet, dass deren Funktionsfähigkeit beeinträchtigt wird, so hat dies Folgen für die Rechtmäßigkeit bzw. Rechtswirksamkeit des Plans oder Programms.[42]

IV. Besonderer Erörterungstermin (Absatz 3 Satz 5)

Der Erörterungstermin wird einerseits als Kern der Öffentlichkeitsbeteiligung im Zulassungsver- 35
fahren angesehen, weil er die unmittelbare Kommunikation zwischen Behörden und Bürgern ermöglichen und zu einer Konsensfindung beitragen soll. Andererseits ist er nach § 18 Abs. 2 für die vorgelagerten Verfahren nicht gefordert, weil hier die Betroffenheit der Öffentlichkeit wegen des vorbereitenden Charakters der Verfahren und ihrer fehlenden Verbindlichkeit noch nicht so greifbar ist. Folgerichtig ordnet auch § 42 Abs. 3 Satz 5 für die regelmäßig noch abstrakteren Pläne und Programme an, dass ein **Erörterungstermin** (allein dann) durchzuführen ist, soweit **Rechtsvorschriften des Bundes** dies für bestimmte (zumeist für den Bürger bereits konkret werdende) Pläne und Programme vorsehen. Da es sich um zusätzliche Verfahrensanforderungen handelt, wäre eine

39 Näher § 21 Rdn. 28 ff.

40 Näher § 7 UmwRG Rdn. 14 ff.

41 *Steinberg/Müller* UPR 2007, 1 (5); näher Bay. VGH, Beschl. v. 31.01.2022 – 13a NE 21.2474, DVBl 2022, 914 (919), dazu in der Subsumtion abweichend OVG LSA, Beschl. v. 26.10.2023 – 2 K 9/22, juris, Rn. 116; § 22 Rdn. 19 ff.

42 Bay. VGH, Beschl. v. 31.01.2022 – 13a NE 21.2474, DVBl 2022, 914 (919 f.) zur Teilunwirksamkeit einer Rechtsnorm; vgl. daran anschließend die Entscheidung in der Hauptsache Bay. VGH, Urt. v. 22.02.2024 – 13a N 21.183, juris, Rn. 35 f., sowie die Parallelentscheidungen vom selben Tage.

gesonderte Anordnung nach dem ausdrücklichen Willen des Bundesgesetzgebers durch Landesrecht nicht zulässig, ebenso wenig könnte auch die zuständige Behörde einen »freiwilligen« Erörterungstermin gegen den Willen der am Verfahren beteiligten Behörden anordnen. Allerdings ist in diesem Zusammenhang auf die Möglichkeit von **Dialogverfahren** mit den in ihren Interessen berührten Vereinigungen, ggf. unter Anleitung eines externen Moderators (als Verwaltungshelfer für die zuständige Behörde) hinzuweisen, wenn sich aufgrund der besonderen Bedeutung oder Brisanz des Plans oder Programms ein besonderer Gesprächsbedarf herausstellen sollte.

36 Einzelheiten zur Vorbereitung und Durchführung eines Erörterungstermins sind im jeweiligen Bundesrecht wie bspw. in § 3 Abs. 1 Satz 1 BauGB für die **Bauleitplanverfahren** geregelt; hiervon kann nur unter den in Satz 2 geregelten unwesentlichen Fällen abgesehen werden. Auch die **Bundesfachplanung für Höchstspannungsleitungen** sieht in § 10 NABEG – vorbehaltlich dort normierter Ausnahmen – die Durchführung eines Erörterungstermins vor, auf den allerdings auch verzichtet werden kann.

C. Öffentlichkeitsbeteiligung bei der Bundesfachplanung

37 Für die Bundesfachplanung von Höchstspannungsleitungen nach den §§ 4 bis 17 NABEG ist gem. § 5 Abs. 7 NABEG eine Strategische Umweltprüfung nach dem UVPG durchzuführen, die damit den Mindestanforderungen des UVPG an eine SUP unterliegt. Jedoch sieht das NABEG zum Teil konkretisierende Sonderregeln zum Verfahren der SUP nach dem UVPG vor: Für die Öffentlichkeitsbeteiligung durch die Bundesnetzagentur, die zwei Wochen nach Zugang der vollständigen Unterlagen zu erfolgen hat, verweist § 9 Abs. 3 Satz 1 NABEG indes zunächst auf die Geltung von § 42, der allerdings vielfach konkretisiert und modifiziert wird. Die Unterlagen werden nach § 9 Abs. 3 Satz 2 NABEG für die Dauer von einem Monat auf der **Internetseite der Bundesnetzagentur** veröffentlicht, wobei nach Satz 3 auf Verlangen eines Beteiligten eine leicht zu erreichende Zugangsmöglichkeit zur Verfügung gestellt wird – in der Regel mittels Übersendung eines gängigen elektronischen Speichermediums, auf dem die auszulegenden Unterlagen gespeichert sind. Satz 4 und 5 regeln die Bekanntmachung der Auslegung auf der Internetseite der Bundesnetzagentur und in örtlichen Tageszeitungen, den Zeitpunkt (spätestens eine Woche vor Beginn der Auslegung) sowie die verpflichtenden Angaben, darunter dem Planungsstand entsprechende Angaben über den Verlauf der Trassenkorridore und den Vorhabenträger.

38 **Einwendungsberechtigt** ist nach § 9 Abs. 4 Satz 1 NABEG **jede Person**, einschließlich der **Vereinigungen**; eine Beschränkung auf die betroffene Öffentlichkeit erfolgt nicht.[43] Die Äußerung hat innerhalb von einem Monat nach Ablauf der Veröffentlichungsfrist schriftlich oder elektronisch bei der Bundesnetzagentur zu erfolgen und sich auf den beabsichtigten Trassenkorridor zu beziehen und zu beschränken. Gem. Abs. 4 Satz 2 gilt die Präklusionsregelung des Abs. 2 Satz 4 (der fehlerhafte Verweis auf Abs. 2 Satz 3 ist einem Redaktionsversehen geschuldet[44]); verfristete Stellungnahmen werden daher nicht mehr berücksichtigt, »es sei denn, die vorgebrachten Belange sind für die Rechtmäßigkeit der Bundesfachplanung von Bedeutung.« Abweichend vom UVPG sieht § 10 NABEG zumindest im Grundsatz einen Erörterungstermin vor.[45] Zur Flankierung von § 15 Abs. 3 NABEG, der ein Rechtsbehelfsverfahren gegen die Entscheidung der Bundesfachplanung ausschließt, weist § 9 Abs. 4 Satz 3 NABEG darauf hin, dass **Rechtsansprüche** durch die Einbeziehung der Öffentlichkeit **nicht begründet** werden.

---

43 *von Weschpfennig*, in: Klement/Müller-Terpitz, Energierecht, § 9 NABEG Rn. 10.
44 *von Weschpfennig*, in: Klement/Müller-Terpitz, Energierecht, § 9 NABEG Rn. 11.
45 Vgl. aber oben Rdn. 36.

§ 43 Abschließende Bewertung und Berücksichtigung

(1) [1]Nach Abschluss der Behörden- und Öffentlichkeitsbeteiligung überprüft die zuständige Behörde die Darstellungen und Bewertungen des Umweltberichts unter Berücksichtigung der ihr nach den §§ 41, 42, 60 Absatz 1 und § 61 Absatz 1 übermittelten Stellungnahmen und Äußerungen. [2]Bei der Überprüfung gelten die in § 40 Absatz 3 bestimmten Maßstäbe.

(2) Das Ergebnis der Überprüfung nach Absatz 1 ist im Verfahren zur Aufstellung oder Änderung des Plans oder Programms zu berücksichtigen.

Übersicht

A. Einführung

I. Regelungsgegenstand

1 § 43 entspricht inhaltlich der Vorgängervorschrift des § 14 k UVPG a.F. und übernimmt für die strategische Umweltprüfung (SUP) die Regelungsfunktion, die § 25 für die UVP hat. Allerdings bedarf es für die SUP keiner zusammenfassenden Darstellung; sie kann dementsprechend auch nicht Grundlage einer Bewertung durch die zuständige Behörde sein. Bei der SUP beschränkt sich die zuständige Behörde auf eine Überprüfung der Darstellungen und Bewertungen des Umweltberichts unter Berücksichtigung der ihr dazu übermittelten Stellungnahmen und Äußerungen. Das in § 43 Abs. 1 vorgesehene Überprüfungsverfahren ist in der SUP-RL nicht geregelt. Nach Art. 8 SUP-RL sind allerdings bei der Entscheidung neben dem Umweltbericht auch die Ergebnisse der Behörden- und Öffentlichkeitsbeteiligung zu berücksichtigen. Der Umweltbericht muss deshalb vor der Planungsentscheidung daraufhin überprüft werden, ob er mit Blick auf die Ergebnisse der Öffentlichkeits- und Behördenbeteiligung noch zutreffend ist.[1]

2 Nach § 40 Abs. 1 Satz 1 erstellt die zuständige Behörde im Rahmen der SUP frühzeitig einen **Umweltbericht**. In diesem Umweltbericht werden nach § 40 Abs. 1 Satz 2 die voraussichtlichen erheblichen Umweltauswirkungen der Durchführung des Plans oder Programms sowie vernünftiger Alternativen ermittelt, beschrieben und bewertet. Der Umweltbericht ist nach § 41 Satz 1 den Behörden, deren umwelt- und gesundheitsbezogener Aufgabenbereich durch den Plan oder das Programm berührt wird, gemeinsam mit dem Entwurf des Plans oder Programms von der zuständigen Behörde zu übermitteln; die zuständige Behörde holt dazu die Stellungnahmen dieser Behörden ein und setzt für die Abgabe dieser Stellungnahmen eine angemessene Frist von mindestens einem Monat.

3 Zur Beteiligung der Öffentlichkeit werden der Entwurf des Plans oder Programms, der Umweltbericht sowie weitere Unterlagen, deren Einbeziehung die zuständige Behörde für zweckmäßig hält, nach § 42 Abs. 2 Satz 1 frühzeitig für eine angemessene Dauer von mindestens einem Monat öffentlich ausgelegt. Die **Auslegungsorte** sind unter Berücksichtigung von Art und Inhalt des Plans oder Programms von der zuständigen Behörde so festzulegen, dass eine wirksame Beteiligung der betroffenen Öffentlichkeit gewährleistet ist (§ 42 Abs. 2 Satz 2).

4 Der Umweltbericht hat die Funktion, der Öffentlichkeit sowie den zuständigen Behörden eine möglichst effektive Beteiligung an der SUP zu ermöglichen. **Frühzeitig** i.S.d. § 40 Abs. 1 Satz 1 bedeutet,

1 *Schink*, in: Schink/Reidt/Mitschang, UVPG/UmwRG, § 43 UVPG Rn. 1; *Schink* NuR 2005, 143 (148).

dass der Umweltbericht jedenfalls vor der Beteiligung der Behörden und der Öffentlichkeit zu erstellen ist. Nach § 40 Abs. 3 bewertet die zuständige Behörde im Umweltbericht die Umweltauswirkungen des Plans oder Programms im Hinblick auf eine wirksame Umweltvorsorge i.S.d. § 3 i.V.m. § 2 Abs. 1 und 2 nach Maßgabe der geltenden Gesetze lediglich vorläufig. Nach Abschluss der Behörden- und Öffentlichkeitsbeteiligung wird nach § 43 Abs. 1 Satz 1 diese vorläufige Bewertung der zuständigen Behörde im Umweltbericht auf der Grundlage der ihr nach den §§ 41, 42, 60 Abs. 1 und § 61 Abs. 1 übermittelten Stellungnahmen und Äußerungen überprüft. Damit werden zugleich die Umweltauswirkungen abschließend bewertet.

5 Bei der Überprüfung gelten nach § 43 Abs. 1 Satz 2 wiederum die in § 40 Abs. 3 bestimmten **Maßstäbe.** Die zuständige Behörde bewertet danach die Umweltauswirkungen des Plans oder Programms im Hinblick auf eine **wirksame Umweltvorsorge** i.S.d. § 3 i.V.m. § 2 Abs. 1 und 2 nach **Maßgabe der geltenden Gesetze.** Das Ergebnis der Überprüfung nach Abs. 1 ist im Verfahren zur Aufstellung oder Änderung des Plans oder Programms zu berücksichtigen. Insoweit regelt § 43 mit der abschließenden Bewertung des Umweltberichts und der Berücksichtigung zwei Verfahrensschritte.[2]

II. Anwendungsbereich

6 Der Anwendungsbereich des § 43 bezieht sich grundsätzlich auf Pläne und Programme, die nach §§ 35–37 einer SUP zu unterziehen sind. Allerdings gibt es **Ausnahmen**: So erstreckt sich der Anwendungsbereich des § 43 nicht auf die Aufstellung, Änderung oder Ergänzung eines Bauleitplans, für den eine Verpflichtung zur Durchführung einer SUP besteht. Nach § 50 Abs. 2 wird für die SUP-pflichtige **Bauleitplanung** eine Umweltprüfung einschließlich der Überwachung nach den Vorschriften des Baugesetzbuches durchgeführt.

7 Besteht für die Aufstellung eines **Raumordnungsplans** nach dem UVPG eine Verpflichtung zur Durchführung einer SUP, wird hierfür gem. § 48 Satz 1 eine Umweltprüfung einschließlich der Überwachung nach den Vorschriften des Raumordnungsgesetzes durchgeführt. Nach § 8 Abs. 1 S. 1 ROG ist bei der Aufstellung von Raumordnungsplänen von der für den Raumordnungsplan zuständigen Stelle eine Umweltprüfung durchzuführen, in der die voraussichtlichen erheblichen Umweltauswirkungen des Raumordnungsplans zu ermitteln und in einem Umweltbericht frühzeitig zu beschreiben und zu bewerten sind.[3] Da § 13 Abs. 1 ROG den Ländern einen landesweiten Raumordnungsplan und Raumordnungspläne für die Teilräume der Länder vorschreibt, bedarf es einer zweistufigen Umweltprüfung. Keine Anwendung findet § 8 ROG allerdings auf den Sonderfall von Raumordnungsplänen im Sinne von § 17 Abs. 3 S. 1 ROG, mit denen für die räumliche Entwicklung des Bundesgebiets einzelne Grundsätze der Raumordnung nach § 2 Abs. 2 ROG durch Grundsätze konkretisiert werden (§ 17 Abs. 5 S. 1 ROG). Eine Einschränkung für den Anwendungsbereich des § 43 ergibt sich auch bei **Landschaftsplanungen** aus § 52. Danach richten sich die Erforderlichkeit und die Durchführung einer SUP nach Landesrecht. Das gilt allerdings nicht für die grenzüberschreitende Beteiligung i.S.v. §§ 60, 61. Die von den Ländern zu erlassenden Rechtsvorschriften zum SUP-Verfahren müssen den Anforderungen der §§ 39 ff. entsprechen. Insoweit bleibt für die Landschaftsplanung auch die Regelung des § 43 beachtlich.

B. Überprüfung des Umweltberichts (Abs. 1)

8 § 43 sieht für die SUP zwei Verfahrensschritte vor, nämlich eine abschließende Überprüfung der Darstellungen und Bewertungen des Umweltberichts einerseits (Absatz 1) und eine Berücksichtigung der Überprüfung im Verfahren der Aufstellung oder Änderung des Plans oder Programms anderer-

---

2 *Wulfhorst,* in: Landmann/Rohmer, Umweltrecht, Stand: 4/2022, § 43 UVPG, Rn. 1.

3 Dazu *Beckmann*, in: Stüer/Beckmann, Handbuch des Bau- und Fachplanungsrechts, Rn. 664; im Einzelnen dazu auch *Schmidt-Eichstaedt* BauR 2023, 1052; *Spannowsky*, in: Bielenberg/Runkel/Spannowsky, § 8 Rn. 1 ff.; *Kümper* ZfBR 2022, 541; *Faßbender,* in: Kment, ROG, § 9 Rn. 1 ff.; *Schrödter* LKV 2008, 109; *Uechtritz* ZUR 2006, 9; *Grotefels* NWVBL 2007, 41.

seits (Absatz 2). Während bei der projektbezogenen UVP unter anderem auf der Grundlage des UVP-Berichts des Vorhabenträgers eine zusammenfassende Darstellung von der zuständigen Behörde erarbeitet wird (§ 24), die wiederum als Basis der begründeten Bewertung dient (§ 25 Abs. 1), wird bei der SUP eine Beschreibung und Bewertung der relevanten Sachverhalte zusammen in einem Umweltbericht gemäß § 40 UVPG verfasst, dessen Bewertungen und Darstellungen nach Abschluss der Behörden- und Öffentlichkeitsbeteiligung nach Maßgabe von § 43 durch die zuständige Behörde überprüft und der erforderlichenfalls geändert oder ergänzt werden kann.[4] Nach Abs. 1 Satz 1 überprüft die zuständige Behörde die Darstellungen und Bewertungen des Umweltberichts. Dass die Überschrift des § 43 eine »abschließende« Bewertung und Berücksichtigung als Gegenstand der Bestimmung bezeichnet, soll darauf hinweisen, dass eine abschließende Bewertung notwendig ist, weil der Umweltbericht gem. § 40 Abs. 3 nur eine vorläufige Bewertung der Umweltauswirkung des Plans oder Programms enthält.[5] Welche **Darstellungen** der Umweltbericht enthalten muss, ergibt sich aus § 40 Abs. 1 Satz 2 und Abs. 2 Abs. 2 Satz 1. Welche **Bewertungen** der Umweltbericht zu enthalten hat, bestimmt § 40 Abs. 3.

I. Verfahren

Zur Überprüfung des Umweltberichts ist die zuständige Behörde nach Abschluss der Behörden- und Öffentlichkeitsbeteiligung verpflichtet. Abgeschlossen ist die Behörden- und Öffentlichkeitsbeteiligung, wenn die von der zuständigen Behörde für die Abgabe der Stellungnahmen der zu beteiligenden anderen Behörden sowie die Frist zur Äußerung für die betroffene Öffentlichkeit nach den §§ 41 Satz 1 und 42 Abs. 3 Satz 2 abgelaufen ist. Ist nach § 42 Abs. 3 Satz 5 ein **Erörterungstermin** auf der Grundlage von Rechtsvorschriften des Bundes für bestimmte Pläne und Programme durchzuführen, dann ist die Behörden- und Öffentlichkeitsbeteiligung i.S.d. § 43 Abs. 1 Satz 1 erst mit der Beendigung auch dieses Erörterungstermins abgeschlossen.[6] Entsprechendes gilt im Fall der grenzüberschreitenden Behörden- und Öffentlichkeitsbeteiligung nach § 61 Abs. 1 Satz 2. Bei der Überprüfung der Darstellungen und Bewertungen des Umweltberichts sind die übermittelten Stellungnahmen und Äußerungen zu berücksichtigen. Entscheidend für die Überprüfung des Umweltberichts ist insoweit nicht die Sach- und Rechtslage im Zeitpunkt der Erstellung dieses Umweltberichts. Vielmehr müssen die später der zuständigen Behörde zugegangenen Stellungnahmen und Äußerungen im Rahmen der Behörden- und Öffentlichkeitsbeteiligung ebenfalls noch berücksichtigt werden. Die SUP ist mit der Überprüfung des Umweltberichts abgeschlossen.[7] 9

II. Prüfergebnis

Die Überprüfung der Darstellungen und Bewertung des Umweltberichts führt zu einem **Prüfergebnis,** das den Umweltbericht mit seinen Darstellungen und seinen vorläufigen Bewertungen bestätigen kann. Aus der vorläufigen Bewertung i.S.d. § 40 Abs. 3 wird insoweit eine **endgültige Bewertung.** Es kann allerdings aber auch eine Überarbeitung der Darstellungen bzw. eine Änderung der Bewertungen erforderlich werden. Der Gesetzgeber bestimmt nicht, in welcher Art und Weise das Ergebnis der Überprüfung zu dokumentieren ist. Der Sache nach handelt es sich nicht nur um eine **Fortschreibung des Umweltberichts.** Eine formelle Fortschreibungspflicht für den Umweltbericht besteht nicht.[8] Vielmehr handelt es sich bei der Abschlussbewertung um ein vom Umweltbericht funktional und inhaltlich zu unterscheidendes, eigenständiges Dokument. Mit der Notwendigkeit, das Ergebnis der Überprüfung nach § 43 Abs. 1 im Verfahren zur Aufstellung oder Änderung des Plans oder Programms zu berücksichtigen (§ 43 Abs. 2), ergibt sich die Erforderlichkeit einer schrift- 10

4 *Peters/Balla/Hesselbarth,* UVPG, § 43 Rn. 1.
5 *Schink,* in: Schink/Reidt/Mitschang, UVPG/UmwRG, § 43 UVPG Rn. 1.
6 *Wulfhorst,* in: Landmann/Rohmer, Umweltrecht, Stand: 2/2022, § 43 UVPG Rn. 12.
7 *Wulfhorst,* in: Landmann/Rohmer, Umweltrecht, Stand: 4/2022, § 43 UVPG Rn. 14.
8 *Peters/Balla/Hesselbarth,* UVPG, 2019, § 43 Rn. 4.

lichen Dokumentation.[9] Denn nur wenn das Ergebnis der Überprüfung auch schriftlich vorliegt, kann es im Verfahren zur Aufstellung oder Änderung des Plans oder Programms angemessen berücksichtigt werden. Im Übrigen ist die Überprüfung eng eingebunden in das Verfahren, deren einzelne Verfahrensschritte jeweils die Schriftform verlangen. Dies spricht ebenfalls dafür, die Überprüfung schriftlich abzufassen.[10] Soweit bleibt es letztlich der zuständigen Behörde vorbehalten, sich entweder für eine Fortschreibung des Umweltberichts oder aber auch für die ergänzende Darstellung der Ergebnisse der Überprüfung in einem eigenständigen Dokument zu entscheiden.[11] In der Begründung des Gesetzesentwurfes der Vorgängerregelung des § 14 k a.F. durch die Bundesregierung heißt es dazu, soweit nach dem Ergebnis der Überprüfung aufgrund neuer Erkenntnisse dazu Anlass bestehe, seien die im Umweltbericht getroffenen Annahmen zu aktualisieren, zu korrigieren oder zu ergänzen. Die Erarbeitung eines neuen Umweltberichts sei dafür nicht erforderlich. Die Überprüfung nach § 43 Abs. 1 trete vielmehr als eigenständiger Bewertungsschritt neben den Umweltbericht und ergänze diesen. Soweit kein Anlass für Änderungen bestehe, führe die Überprüfung zur Bestätigung des Umweltberichts.[12] Sofern sich die Behörde dazu entschließt, den Umweltbericht zu ändern, zu korrigieren oder zu ergänzen, muss sie dies aus den vorgenannten Gründen im Umweltbericht deutlich machen.[13] Andernfalls wäre die Selbstständigkeit dieses Verfahrensschritts nicht hinreichend dokumentiert.

11 Maßgeblich für das weitere Verfahren, insbesondere für die Planungsentscheidung zur Aufstellung oder Änderung eines Plans oder Programms ist der fortgeschriebene Umweltbericht oder aber der Umweltbericht einschließlich des Ergebnisses seiner Überprüfung.

12 Soweit die Überprüfung der Darstellungen und Bewertungen des Umweltberichts eine Berücksichtigung der ermittelten Stellungnahmen anderer Behörden bzw. der Äußerungen der betroffenen Öffentlichkeit voraussetzt, bedarf es einer **inhaltlichen Auseinandersetzung** mit diesen Stellungnahmen bzw. Äußerungen. Diese ist in der zusammenfassenden Erklärung gem. § 44 Abs. 2 Nr. 2 zu dokumentieren.[14] Findet ein **Erörterungstermin** statt, weil in Rechtsvorschriften des Bundes ein solcher für bestimmte Pläne und Programme vorgesehen ist (§ 42 Abs. 3 Satz 4), sind natürlich auch die Erkenntnisse aus dieser Erörterung zu berücksichtigen.[15] Dasselbe gilt für Erkenntnisse, die von der zuständigen Behörde im Rahmen des Untersuchungsgrundsatzes durch **eigene Recherchen** oder aus behördlich vorhandenen oder einsehbaren Informationsquellen gewonnen werden. Die zuständige Behörde muss in der Dokumentation des Ergebnisses der Überprüfung begründen, warum sie den Stellungnahmen der beteiligten Behörden folgt oder nicht folgt bzw. warum sie sich den Äußerungen der betroffenen Öffentlichkeit anschließt oder nicht anschließen kann.

III. Erneute Auslegung bei Änderung des Umweltberichts?

13 Kommt die Überprüfung der Darstellungen und Bewertungen des Umweltberichts zu dem Ergebnis, dass dieser fortgeschrieben, ergänzt oder geändert werden muss, stellt sich die Frage, ob eine erneute Auslegung des Plan- bzw. Programmentwurfs und/oder des fortgeschriebenen, ergänzten oder geänderten Umweltberichts erforderlich ist. Dazu wurde zu den Vorgängerregelungen die Auffassung vertreten, aus § 14 i Abs. 1 i.V.m. § 9 Abs. 1 Satz 4 a.F. UVPG ergebe sich die Pflicht zu einer erneuten Beteiligung der Öffentlichkeit, wenn der Umweltbericht im laufenden Verfahren

---

9 Zustimmend *Schink,* in: Schink/Reidt/Mitschang, UVPG/UmwRG, § 43 UVPG Rn. 7.

10 *Wulfhorst,* in: Landmann/Rohmer, Umweltrecht, Stand: 4/2022, § 43 UVPG Rn. 15; *Schink,* in: Schink/Reidt/Mitschang, UVPG/UmwRG, § 43 UVPG Rn. 17; a.A. *Erbguth/Schubert* ZUR 2005, 524 (529), die eine Überarbeitung des Umweltberichts für erforderlich halten.

11 *Wulfhorst,* in: Landmann/Rohmer, Umweltrecht, § 43 UVPG, Stand: 4/2022, Rn. 16.

12 Amtl. Begründung, BT-Drs. 15/3441, S. 34.

13 *Wulfhorst,* in: Landmann/Rohmer, Umweltrecht, Stand: 4/2022, § 43 UVPG Rn. 16; Leitfaden zur Strategischen Umweltprüfung des Umweltbundesamts, 2010, S. 44.

14 *Schink* NuR 2005, 143 (148); *Schink,* in: Schink/Reidt/Mitschang, UVPG/UmwRG, § 43 UVPG Rn. 12.

15 *Schink,* in: Schink/Reidt/Mitschang, UVPG/UmwRG, § 43 UVPG Rn. 5.

geändert werde.[16] In einem solchen Fall könne von einer erneuten Anhörung (nur dann) abgesehen werden, wenn keine zusätzlichen oder anderen erheblichen Auswirkungen auf die Umwelt zu besorgen seien.[17] Für diese Ansicht könnte sprechen, dass der Umweltbericht öffentlich auszulegen ist (§ 42 Abs. 2 Satz 1) und die betroffene Öffentlichkeit sich nach § 42 Abs. 3 Satz 1 gerade auch zu dem Umweltbericht äußern kann. Bei einer Änderung des Umweltberichts könnte insoweit Anlass für eine erneute Beteiligung entstehen. Gegen die Notwendigkeit einer erneuten Öffentlichkeitsbeteiligung spricht allerdings, dass der Umweltbericht nach § 40 Abs. 3 lediglich eine vorläufige Bewertung der Umweltauswirkungen durch die zuständige Behörde enthält. Die Vorläufigkeit der Bewertung ist Konsequenz der Verpflichtung der zuständigen Behörde zur frühzeitigen Erstellung des Umweltberichts (§ 40 Abs. 1 Satz 1). Die Darstellungen und Bewertungen des Umweltberichts sollen nach § 43 Abs. 1 Satz 1 auf der Grundlage der Erkenntnisse aus der Behörden- und Öffentlichkeitsbeteiligung überprüft werden und – nicht zwingend – gegebenenfalls zu einer Änderung des Umweltberichts führen. Die Öffentlichkeitsbeteiligung ist insoweit von vornherein so angelegt, dass sie zu dem Planentwurf und daneben lediglich (auch) zu den vorläufigen Bewertungen der zuständigen Behörde angehört werden soll. Würde man davon ausgehen, dass eine Änderung des Umweltberichts unter Berücksichtigung der Öffentlichkeitsbeteiligung stets eine erneute Öffentlichkeitsbeteiligung erfordert, würde ein vom Gesetz nicht vorgesehener Kreislauf der Beteiligungen in Gang gesetzt. Hinzu kommt, dass die zuständige Behörde nicht verpflichtet ist, die Überprüfung der Darstellungen und Bewertungen des Umweltberichts nach § 43 Abs. 1 Satz 1 zum Anlass für eine Änderung des Umweltberichts zu nehmen. Das hätte bei Annahme einer erneuten Auslegungspflicht im Falle der Fortschreibung oder Änderung des Umweltberichts zur Konsequenz, dass die zuständige Behörde ein Wahlrecht hinsichtlich der Öffentlichkeitsbeteiligung erhielte. Schreibt sie den Umweltbericht fort, müsste sie die Öffentlichkeit erneut beteiligen. Erfolgte die abschließende Bewertung der Umweltauswirkungen außerhalb des Umweltberichts, wäre eine erneute Öffentlichkeitsbeteiligung nicht erforderlich. Sachlich wäre eine solche Differenzierung nicht gerechtfertigt. Schließlich ist auch der Verweis auf § 9 Abs. 1 Satz 4 UVPG a.F. in diesem Zusammenhang nicht zwingend. Denn diese Vorschrift bezog sich ausdrücklich nur auf Unterlagen des Vorhabenträgers, die dieser im Laufe des Verfahrens ändert. Darum handelt es sich jedoch bei dem Umweltbericht gerade nicht. Überwiegendes spricht deshalb gegen eine Pflicht zu einer erneuten öffentlichen Auslegung des geänderten oder fortgeschriebenen Umweltberichts.[18] Ob und inwieweit eine erneute Auslegung von Planunterlagen erforderlich wird, ergibt sich im Übrigen aus den für den Plan und das Programm maßgeblichen Bestimmungen des jeweiligen Fachgesetzes.[19] So sehen § 4 a Abs. 3 Satz 1 BauGB und § 10 Abs. 1 Satz 4 ROG eine erneute Auslegung vor, wenn der Plan selbst geändert wird. Nach § 10 Abs. 1 Satz 4 ROG kann die Einholung der Stellungnahmen auf die von der Änderung betroffene Öffentlichkeit sowie die in ihren Belangen berührten öffentlichen Stellen beschränkt werden, wenn durch die Änderung des Planentwurfs die Grundzüge der Planung nicht berührt werden. Im Umkehrschluss ist andernfalls jedenfalls eine erneute Auslegung nicht erforderlich.[20] Auch Unionsrecht verpflichtet nicht dazu, die Gelegenheit, sich zum Entwurf eines Umweltberichts zu äußern, mehrfach einzuräumen.[21]

---

16 Leitfaden zur Strategischen Umweltprüfung des Umweltbundesamts, 2010, S. 43.

17 *Hendler* NVwZ 2005, 977 (982).

18 In diesem Sinne auch *Wulfhorst,* in: Landmann/Rohmer, Umweltrecht, Stand: 4/2022, § 43 UVPG a.F. Rn. 17; a.A. *Schink,* in: Schink/Reidt/Mitschang, UVPG/UmwRG, § 43 UVPG Rn. 9; Leitfaden zur Strategischen Umweltprüfung des Umweltbundesamts, 2010, S. 43.

19 *Peters/Balla/Hesselbarth,* UVPG, 2019, § 43 Rn. 4; zur Öffentlichkeitsbeteiligung nach §§ 42, 43 UVPG auch VGH München, Urt. v. 22.02.2024 – 13a N 21.183, juris Rn. 36.

20 Siehe dazu VGH BW, Urt. v. 14.05.2025 – 5 S 1824/23, juris Rn. 28; BVerwG, Urt. v. 08.03.2017 – 4 CN 1.16, juris Rn. 14 f.

21 OVG Münster, Urt. v. 31.10.2024 – 10 D 279/21.NE, juris Rn. 50; BVerwG, Urt. v. 08.03.2017 – 4 CN 1.16, juris Rn. 19.

IV. Maßstäbe der Überprüfung

14 Bei der Überprüfung nach § 43 Abs. 1 Satz 1 gelten nach § 43 Abs. 1 Satz 2 die in § 40 Abs. 3 bestimmten Maßstäbe. Die Bewertung nach § 40 Abs. 3 entspricht im Wesentlichen der Bewertung, die die Behörde bei der UVP nach § 25 abzugeben hat. Allerdings ist die Bewertung nach § 40 Abs. 3 lediglich vorläufig; erst die Überprüfung dieser vorläufigen Bewertung nach § 43 Abs. 1 Satz 1 entspricht insoweit der nach § 25 vorzunehmenden Bewertung. Diese hat sich auf die Umweltauswirkungen des Plans oder Programms zu beziehen bzw. zu beschränken.[22] Sie wird vorgenommen im Hinblick auf eine wirksame Umweltvorsorge im Sinne des § 3 und 2 Abs. 1 und 2. Maßgeblich sind die jeweils einschlägigen Gesetze. In der Gesetzesbegründung zu § 14 g Abs. 3 a.F. heißt es dazu, notwendig sei eine ausschließlich umweltbezogene Betrachtung. Grundlage seien dabei auch die für den Plan oder das Programm einschlägigen Umweltanforderungen des Fachrechts. Soweit das Fachrecht offene und ausfüllungsbedürftige Vorgaben enthalte, seien diese im Sinne des Ziels der wirksamen Umweltvorsorge auszulegen. Die Abwägung mit anderen Belangen sei nicht Teil dieser Bewertung. Sie finde vielmehr erst bei der Berücksichtigung der Ergebnisse der Umweltprüfung nach § 14 k Abs. 2 (= § 43 Abs. 2) im weiteren Verfahren zur Aufstellung oder Änderung des Plans oder Programms statt.[23]

15 Mit dem Verweis auf die Maßstäbe des § 40 Abs. 3, die sich an den Entscheidungsmaßstäben des § 25 orientieren, werden Probleme und Rechtsfragen, die sich bei der Aufstellung des § 25 stellen, auch auf den Bereich der SUP übertragen. Insoweit kann auf die Kommentierung des § 25 verwiesen werden.

C. Berücksichtigung im Planverfahren (Abs. 2)

16 Von der Überprüfung der Darstellungen und Bewertungen des Umweltberichts nach Abs. 1 ist die Berücksichtigung des Ergebnisses der Überprüfung im weiteren Planverfahren zu unterscheiden. Das Ergebnis der Überprüfung geht im Rahmen der planerischen Entscheidung in eine **Gesamtabwägung** mit anderen Belangen ein, z.B. solchen der Wirtschaft, der Verteidigung oder des Verkehrs. Erst im Rahmen einer solchen planerischen Gesamtabwägung entscheidet sich, ob und in welchem Umfang den Umweltbelangen bei der Planentscheidung Rechnung zu tragen ist. Soweit den Umweltbelangen, wie sie im Ergebnis der Überprüfung der Darstellungen und Bewertungen des Umweltberichts zum Ausdruck kommen, Belange entgegenstehen, die diese Umweltbelange überwiegen, müssen die Umweltbelange ganz oder teilweise zurückstehen.[24] Daraus wird die Trennung der beiden Verfahrensschritte »Überprüfung« und »Berücksichtigung« deutlich, da bei der Überprüfung eine solche Gesamtabwägung unzulässig ist.[25] Mit der Verwendung des Begriffs »berücksichtigen« stellt der Gesetzgeber – ebenso wie in § 25 – klar, dass bei der Planungsentscheidung nicht stets die Alternative vorzugswürdig ist, die nach dem Ergebnis der abschließenden Umweltbewertung mit den geringsten Umweltauswirkungen verbunden ist. Ob und inwieweit den Umweltbelangen bei der Entscheidung über die Annahme des Plans oder Programms Rechnung zu tragen ist, bestimmt sich vornehmlich nach den Vorschriften des Fachplanungsrechts.[26] Allerdings hat die zuständige Behörde bei Annahme des Plans oder Programms nach § 42 Abs. 2 bestimmte Informationen zur Einsicht auszulegen. Dazu gehören der angenommene Plan oder das angenommene Programm und eine zusammenfassende Erklärung, wie Umwelterwägungen in den Plan und in das Programm einbezogen wurden, wie der Umweltbericht nach § 40 sowie die Stellungnahme und Äußerungen nach §§ 41, 42 und 60 Abs. 1 sowie § 61 Abs. 1 berücksichtigt wurden und aus welchen Gründen der angenommene Plan oder das angenommene Programm nach Abwägung mit den geprüften Alternativen gewählt wurde.

---

22 *Schink,* in: Schink/Reidt/Mitschang, UVPG/UmwRG, § 43 UVPG Rn. 4; *Schink* NuR 2005, 143 (148) Rn. 11.

23 Siehe dazu die Gesetzesbegründung der BReg BT-Drs. 15/3441, S. 33.

24 Gesetzesbegründung der BReg, BT-Drs. 15/3441, S. 34.

25 *Wulfhorst,* in: Landmann/Rohmer, Umweltrecht, Stand: 4/2022, § 43 UVPG Rn. 21.

26 Zur Berücksichtigung von Klimafolgen bei der straßenrechtlichen Planfeststellung siehe z.B. *Fellenberg/Römling,* Klimaschutzrecht, in: Siegel/Troidl, Straßenrecht, § 5 Rn. 50 ff.

Nach § 25 Abs. 1 bewertet die zuständige Behörde die Umweltauswirkungen des Vorhabens und berücksichtigt diese Bewertung nach § 25 Abs. 2 bei der Entscheidung über die Zulässigkeit des Vorhabens im Hinblick auf eine wirksame Umweltvorsorge i.S.d. § 3 nach Maßgabe der geltenden Gesetze. Demgegenüber fordert § 43 Abs. 2 für den Bereich der SUP lediglich, dass das Ergebnis der Überprüfung im Verfahren zur Aufstellung oder Änderung des Plans oder Programms zu berücksichtigen ist. Dass sich eine solche Berücksichtigung an den geltenden Gesetzen zu orientieren hat, ergibt sich aus diesen gesetzlichen Regelungen selbst. Im Übrigen aber verpflichtet der Gesetzgeber nicht zu einer Berücksichtigung im Hinblick auf eine wirksame Umweltvorsorge. Es ist deshalb fraglich, ob das Berücksichtigungsgebot des § 43 Abs. 2 inhaltlich dem Berücksichtigungsgebot des § 25 Abs. 2 für die UVP entspricht.[27] Gegen einen substanziellen Unterschied bei der Berücksichtigung nach § 43 Abs. 2 im Vergleich zu § 25 Abs. 2 lässt sich anführen, dass § 40 Abs. 3 bei der vorläufigen Bewertung wiederum auf die wirksame Umweltvorsorge abstellt. Dem lässt sich allerdings entgegenhalten, dass sich der Verweis auf § 40 Abs. 3 nur in § 43 Abs. 1, nicht aber in § 43 Abs. 2 findet. Hinzu kommt, dass dem Verweis auf eine wirksame Umweltvorsorge in § 25 Abs. 1 und 2 zumindest teilweise die Funktion einer gesetzlichen Auslegungsregel zugemessen wird.[28] Einer solchen gesetzlichen Auslegungsregel bedarf es im Zusammenhang mit der Berücksichtigung des Ergebnisses der Überprüfung im Sinne von § 43 Abs. 2 bei der Aufstellung oder Änderung eines Plans nicht, weil es insoweit ausschließlich um eine planerische Abwägung geht, bei der ganz unabhängig von einem solchen Verweis auf die wirksame Umweltvorsorge die abschließende Bewertung und Berücksichtigung der SUP mit dem gebührenden Gewicht einzustellen ist. Insoweit dürfte dem Problem praktisch keine allzu große Bedeutung beizumessen sein.[29] **17**

Zwar ist die Planungsbehörde nicht an das Ergebnis der SUP gebunden. Sie muss sich jedoch mit diesem Ergebnis im Rahmen ihrer planerischen Berücksichtigung sachlich auseinandersetzen. Inwieweit die Ergebnisse der SUP eine darüberhinausgehende Beachtenspflicht auslösen, ergibt sich nicht aus dem UVPG, sondern aus den einschlägigen Bestimmungen des Umweltrechts, die bei der Bewertung des Umweltberichts bzw. bei der Überprüfung dieser Bewertung maßgeblich sind. Entscheidend ist insoweit, ob die entsprechenden Regelungen verbindliche Rechtssätze im Sinne eines Planungsleitsatzes enthalten, ob sie Optimierungsgebote darstellen oder ihrerseits nur eine Berücksichtigungspflicht vorgeben. Aus den Vorschriften zur SUP ergibt sich nicht, dass den Umweltbelangen bei der planerischen Entscheidung ein abstrakt-genereller Vorrang eingeräumt sein soll.[30] Ob das Berücksichtigungsgebot des § 43 Abs. 2 als Optimierungsgebot oder als ein Gewichtungsvorrang für Umweltbelange einzustufen ist, bleibt umstritten.[31] Auch aus Art. 20a GG ergibt sich weder für den Umweltschutz allgemein noch für den Klimaschutz im Besonderen ein absoluter Vorrang gegenüber anderen Belangen; im Konfliktfall müssen die Umweltbelange in einen Ausgleich mit anderen Verfassungsrechtsgütern und Verfassungsprinzipien gebracht werden. Dabei nimmt das relative Gewicht des Klimaschutzgebots in der Abwägung bei fortschreitendem Klimawandel weiter zu. Nichts anderes gilt für den Umweltschutz allgemein. Auch sein relatives Gewicht wächst mit **18**

---

27 So *Peters/Balla/Hesselbarth,* UVPG, § 43 Rn. 5; *Wulfhorst,* in: Landmann/Rohmer, Umweltrecht, Stand: 4/2022, §43 UVPG Rn. 22.

28 S. z.B. *Feldmann* UPR 1991, 127 (130); *Peters* NuR 1990, 103, 105; *Bohne* ZAU 1990, 341 (345).

29 So zutreffend *Wulfhorst,* in: Landmann/Rohmer, Umweltrecht, Stand: 4/2022, § 43 UVPG Rn. 22.

30 *Beckmann,* in: Stüer/Beckmann, Handbuch des Bau- und Fachplanungsrechts, Rn. 8146; *Peters/Balla/Hesselbarth,* UVPG, § 43 Rn. 6; *Schink,* in: Schink/Reidt/Mitschang, UVPG/UmwRG, § 43 UVPG Rn. 11; *Hendler* NVwZ 2005, 977 (983); *Schink* NuR 2005, 143 (148).

31 *Hendler* NVwZ 2005, 977 (983); *Peters/Balla/Hesselbarth,* UVPG, 2019, § 43 Rn. 6; zur Bauleitplanung siehe OVG Berlin-Brandenburg, Beschl. v. 25.01.2022 – OVG 10 S 17/21, juris Rn. 48; *Dirnberger,* in: Jäde/Dirnberger, BauGB, § 1a Rn. 33; a.A. unter Verweis auf § 13 Abs. 2 KSG *Schlacke/Römling* DVBl. 2021, 144 (150): Klimaschutz als Optimierungsgebot bei Planfeststellungsbeschlüssen; siehe auch *Sangenstedt* NVwZ 2025, 142 (144); *Guckelberger* KlimR 2022, 294 (297); *Kling* ZfU 2024, 141 (148); *Siegel* DÖV 2023, 329 (333).

der Zunahme von Umweltbeeinträchtigungen.[32] Allerdings kann auch das Gewicht gegenläufiger Belange, wie etwa der einer erforderlichen **Stärkung der Wettbewerbsfähigkeit** der europäischen und deutschen Wirtschaft, wie er etwa durch den Clean Industrial Deal der EU zum Ausdruck kommt, steigen.[33]

19 Ebenso wie die UVP kann die SUP zu einer faktischen Bedeutungserhöhung der Umweltbelange in der Planungsentscheidung führen,[34] weil sich aus den streng formalisierten Prüf-, Bewertungs- und Berücksichtigungsanforderungen des UVPG eine in aller Regel systematischere und umfassendere Einbeziehung der Umweltbelange im Vergleich zu anderen Belangen in die Planungsentscheidung ergeben wird. Die verbesserte Aufarbeitung der betroffenen Umweltbelange führt zum erhöhten Rechtfertigungsdruck für die Planungsbehörde, wenn sie sich über diese Umweltbelange hinwegsetzen und anderen, gegenläufigen Belangen den Vorzug geben möchte.

§ 44 Bekanntgabe der Entscheidung über die Annahme oder Ablehnung des Plans oder Programms

(1) [1]Die Annahme eines Plans oder Programms ist öffentlich bekannt zu machen. [2]Die Ablehnung eines Plans oder Programms kann öffentlich bekannt gemacht werden.

(2) Bei Annahme des Plans oder Programms sind folgende Informationen zur Einsicht auszulegen:
1. **der angenommene Plan oder das angenommene Programm,**
2. **eine zusammenfassende Erklärung, wie Umwelterwägungen in den Plan oder das Programm einbezogen wurden, wie der Umweltbericht nach § 40 sowie die Stellungnahmen und Äußerungen nach den §§ 41, 42, 60 Absatz 1 und § 61 Absatz 1 berücksichtigt wurden und aus welchen Gründen der angenommene Plan oder das angenommene Programm nach Abwägung mit den geprüften Alternativen gewählt wurde,**
3. **eine Aufstellung der Überwachungsmaßnahmen nach § 45 sowie**
4. **eine Rechtsbehelfsbelehrung, soweit über die Annahme des Plans oder Programms nicht durch Gesetz entschieden wird.**

Übersicht Rdn.

32 BVerfG, Beschl. v. 24.03.2021 – 1 BvR 2656/18, BVerfGE 157, 30, juris Rn. 198; *Beckmann,* in: Stüer/Beckmann, Handbuch des Bau- und Fachplanungsrechts, Rn. 8147; *Posser* DVBl. 2025, 821 (827); *Beckmann* UPR 2021, 241; VGH Mannheim, Urt. v. 06.07.2021 – 3 S 2103/19, BeckRS 2021, 33854, Rn. 167 ff.; *Uechtritz/Ruthoff* NVwZ 2022, 9 (12); *Wickel* ZUR 2021, 332 (337); *Schlacke* EurUP 2020, 338 (343 f.); *Kment* NVwZ 2020, 1537 (1544); *Sauthoff* KlimR 2022, 11 (12). 12 zur Bauleitplanung siehe OVG Berlin-Brandenburg, Beschl. v. 25.01.2022 – OVG 10 S 17/21, juris Rn. 48; *Dirnberger,* in: Jäde/Dirnberger, BauGB, § 1a Rn. 33; a.A. unter Verweis auf § 13 Abs. 2 KSG *Schlacke/Römling* DVBl. 2021, 144 (150): Klimaschutz als Optimierungsgebot bei Planfeststellungsbeschlüssen; siehe auch *Sangenstedt* NVwZ 2025, 142 (144); *Guckelberger,* KlimR 2022, 294 (297); *Kling* ZfU 2024, 141 (148); *Siegel* DÖV 2023, 329 (333).

33 Dazu *Frenz* DVBl 2025, 153; *Frenz* NuR 2025, 318; *Frenz* EuR 2025, 386.

34 *Peters/Balla/Hesselbarth,* UVPG, § 43 Rn. 6; *Schink* NuR 2005, 143 (148).

A. Allgemeines

Der mit dem SUPG 2005 geschaffene § 44, zuvor § 14l a.F., regelt die Bekanntgabe der Entscheidung über die Annahme des Plans oder Programms (mit den voraussichtlichen erheblichen Umweltauswirkungen) sowie die Auslegung zentraler Elemente der UP und setzt insoweit einheitliche **Mindeststandards.**[1] Er greift annähernd wortgleich Art. 9 der SUP-RL über die Bekanntgabe der Entscheidung auf. Waren Bekanntmachungsvorschriften im deutschen Recht **bislang** ein mitgeregelter **Annex** der Vorschriften über die Beteiligung der Öffentlichkeit, erhalten sie nun eigenständige Bedeutung. Der Entwurfsbegründung ist zu entnehmen, dass mit der Bekanntgabe der Entscheidung und der Auslegung näher bestimmter Mindestinhalte der SUP den beteiligten Behörden und der Öffentlichkeit vermittelt werden soll, »dass und wie sich die zuständige Behörde bei der Aufstellung oder Änderung des Plans oder Programms mit den unterschiedlichen Umweltaspekten auseinandergesetzt und diese bei der Planung berücksichtigt hat«.[2] 1

I. Regelungsgegenstand

§ 44 Abs. 1 enthält den **Grundsatz** der öffentlichen Bekanntmachung der Entscheidung über den Plan oder das Programm. Maßgeblich ist Satz 1, wonach die Annahme des Plans oder Programms notwendigerweise öffentlich bekannt zu machen ist. Im Falle der Ablehnung eines Plans oder Programms sieht Satz 2 die Bekanntmachung hingegen in Form einer »Kann-Regelung« und damit **freiwillig** vor. 2

§ 44 Abs. 2 konkretisiert den **Inhalt** der Bekanntmachung, nämlich die Auslegung des angenommenen Plans oder Programms (Nr. 1), eine gesonderte zusammenfassende Erklärung darüber, wie Umwelterwägungen einbezogen wurden, wie der Umweltbericht nach § 40 und die Stellungnahmen aufgrund der Beteiligungen der in- und ausländischen Behörden und der Öffentlichkeit nach den §§ 41, 42, 60 Abs. 1 und § 61 Abs. 1 berücksichtigt wurden und aus welchen Gründen der Plan oder das Programm nach Abwägung mit geprüften Alternativen gewählt wurde (Nr. 2), eine Aufstellung der Überwachungsmaßnahmen, die nach § 45 vorgeschrieben sind (Nr. 3), sowie schließlich eine Rechtsbehelfsbelehrung (Nr. 4). 3

II. Zweck und Bedeutung der Vorschrift

Die Bekanntgabe der Entscheidung über die Annahme des Plans oder Programms schließt die SUP ab und ist zugleich Schlusspunkt des Plan- bzw. Programmverfahrens an sich. Über das integrierte SUP-Verfahren und dessen besondere Anforderungen zur Bekanntgabe der Entscheidung wird der formale Abschluss des gesamten Planungsprozesses bewirkt. Durch Gemeinschaftsrecht wird so ein Instrument im deutschen Recht etabliert, welches der **Publizität**, **Transparenz** und **(Selbst-)Kontrolle** der behördlichen Entscheidung dient und die **Legitimation** des Plans oder Programms stärken soll.[3] Damit kommt der mit der SUP- und der Öffentlichkeitsbeteiligungs-RL verfolgte Ansatz, durch besondere Verfahrensanforderungen zu besseren Entscheidungen beizutragen, auch hier zur Geltung.[4] 4

III. Gesetzesgeschichte

Bereits mit der UVP-RL wurde der Einbeziehung der Öffentlichkeit eine überragende Bedeutung für den Schutz der Umwelt beigemessen. SUP-RL und Öffentlichkeitsbeteiligungs-RL haben diesen Ansatz weiterentwickelt und auch der abschließenden Bekanntgabe der Entscheidung und Auslegung weiterer wesentlicher Elemente der SUP einen entsprechenden Stellenwert eingeräumt. Der deut- 5

1 Siehe hierzu unten Rdn. 11 sowie zur Bundesfachplanung Rdn. 20.
2 BT-Drs. 15/4119, S. 5 i.V.m. BT-Drs. 15/3441, S. 35.
3 Entwurfsbegründung zum SUPG, BT-Drs. 15/4119, S. 5 i.V.m. BT-Drs. 15/3441, S. 35.
4 Ausführlich *Dolde* NVwZ 2006, 857 (861).

sche Gesetzgeber hat sich bei der Umsetzung darum bemüht, die Vorgaben nahezu wortgleich aufzugreifen, um ein Umsetzungsdefizit zu vermeiden.

1. Vorgaben der SUP-Richtlinie 2001

6 Die SUP-RL (2001/42/EG) aus dem Jahr 2001 sieht bereits in den Erwägungsgründen unter Nr. 18 die Anforderung an die Mitgliedstaaten vor, »dass die betroffenen Behörden und die Öffentlichkeit von der Annahme eines Plans oder Programms in Kenntnis gesetzt und ihnen relevante Informationen zugänglich gemacht werden«. Maßgeblich ist der **Wortlaut von Art. 9 Abs. 1 SUP-RL.** Danach stellen die Mitgliedstaaten sicher, dass nach der Annahme eines Plans oder Programms dies den beteiligten Behörden, der Öffentlichkeit und auch den beteiligten Nachbarstaaten bekannt gegeben und Folgendes zugänglich gemacht wird:

»a) der angenommene Plan oder das Programm;

b) eine zusammenfassende Erklärung, wie die Umwelterwägungen… einbezogen wurden, wie der… Umweltbericht, die… Stellungnahmen und… Konsultationen… berücksichtigt wurden und aus welchen Gründen der angenommene Plan oder das angenommene Programm, nach Abwägung mit den geprüften vernünftigen Alternativen, gewählt wurde; und

c) die Maßnahmen, die zur Überwachung… beschlossen wurden.«

Die Einzelheiten der Unterrichtung sind nach Art. 9 Abs. 2 SUP-RL demgegenüber durch die Mitgliedstaaten festzulegen.

7 Die zeitlich nachfolgende Öffentlichkeitsbeteiligungs-RL (2003/35/EG) aus dem Jahr 2003 bekräftigt die Vorgabe des Art. 9 der SUP-RL nochmals in allgemeinerer Form (Art. 2 Abs. 2 lit. d): »… die zuständige Behörde… sich bemüht, die Öffentlichkeit über die getroffenen Entscheidungen und die Gründe und Erwägungen… zu unterrichten…«. Sie konkretisiert die SUP-RL aber nicht weiter inhaltlich, sodass für die innerstaatliche Umsetzung in Deutschland die SUP-RL alleiniger Maßstab geblieben ist.

2. Innerstaatliche Entstehung

8 Die zunächst seit 2005 unangetastete Vorschrift des § 14l a.F. wurde im Jahr 2017 zweimal geändert. So wurde das Erfordernis der Bekanntgabe der Rechtsbelehrung in Abs. 2 Nr. 4 angefügt; danach wurde die Vorschrift in § 44 umbenannt und zugleich auch ihre Überschrift ergänzt.

a) SUPG 2005

9 Der Gesetzgeber des SUPG 2005 hat den Entwurf der Bundesregierung zu § 14l a.F.,[5] der sich eng am Wortlaut von Art 9 SUP-RL anlehnte, weitgehend unverändert übernommen[6] und vom Bundesrat vorgeschlagene Änderungen[7] nicht aufgegriffen.[8] Da die Öffentlichkeitsbeteiligungs-RL die SUP-RL an dieser Stelle nicht weiter konkretisiert, hat auch das Öffentlichkeitsbeteiligungsgesetz 2006[9] zu keiner Veränderung von § 14l a.F. geführt.

5 BT-Drs. 15/4119, S. 5 i.V.m. BT-Drs. 15/3441, S. 7.
6 BGBl. I, S. 1746 (1751). Abs. 1 Satz 2 wurde auf die Beschlussempfehlung im Vermittlungsausschuss hinzugefügt, BT-Drs. 15/5479, S. 2.
7 Stellungnahme des Bundesrates, BT-Drs. 15/4119, S. 10 f. (zu Nr. 21).
8 Gegenäußerung der BReg zur Stellungnahme des Bundesrates, BT-Drs. 15/4236, S. 5 (zu Nr. 21).
9 BGBl. I, S. 2819.

b) Umwelt-Rechtsbehelfsgesetz-Novelle und UVPG-Novelle 2017

10 Nachdem der **EuGH** 2015 Teile des Umwelt-Rechtsbehelfsgesetzes für unvereinbar mit der UVP-RL erklärt hatte,[10] sah sich der deutsche Gesetzgeber zu einer **Revision seines Rechtsschutzsystems in Bezug auf die UVP** gezwungen. Gleichzeitig bestand die Notwendigkeit, die **Vorgaben der UVP-Änderungs-RL** aus dem Jahr 2014 umzusetzen. Im **Jahr 2017** erfolgte zunächst, als Bestandteil der Umwelt-Rechtsbehelfsgesetz-Novelle 2017, eine kleine Novelle des UVPG.[11] In diesem Zusammenhang wurde an § 14l Abs. 2 a.F. eine zusätzliche Nr. 4 angefügt, und zwar mit dem Gebot zur Bekanntgabe einer Rechtsbehelfsbelehrung als notwendige Folgeänderung zur Aufnahme von Plänen und Programmen in den Anwendungsbereich des Umwelt-Rechtsbehelfsgesetzes.[12] Kurz danach folgte die umfassende UVPG-Änderungsnovelle.[13] Diese benannte § 14l a.F. in § 44 um und ergänzte die Überschrift um das Wort »Ablehnung« mit der Erläuterung, dass die Vorschrift auch eine Regelung zur Bekanntmachung im Falle der Ablehnung des Plans oder Programms treffe. Zudem wurden die Verweise auf andere Vorschriften des UVPG an die neue Nummerierung angepasst.[14]

IV. Anwendungsbereich der Vorschrift

11 § 44 gibt für alle Planungsverfahren als Mindeststandard (vgl. § 38)[15] eine Verpflichtung zur öffentlichen Bekanntmachung der Entscheidung über die Annahme des Plans vor, um so den **gemeinschaftsrechtlichen Vorgaben** zu entsprechen. Welche Programm- und Planaufstellungsverfahren von § 44 erfasst werden, ist der Anlage 5 des UVPG zu entnehmen. Eigenständige Regelungen zur Bekanntmachung treffen bspw. § 10 ROG für Raumordnungsplanungen,[16] §§ 6 und 6a BauGB für den Flächennutzungsplan, §§ 10 und 10a BauGB für den Bebauungsplan[17] sowie § 13 NABEG für Bundesfachplanungen[18]. Bestandteil dieser Regelungen ist jeweils auch eine Bekanntmachung durch Veröffentlichung des Plans im **Internet**.

B. Öffentliche Bekanntmachung (Abs. 1)

12 § 44 setzt die in Art. 9 SUP-RL vorgesehene Verpflichtung um, nach Abschluss des Planungs- oder Programmaufstellungs- oder -änderungsverfahrens die beteiligten Behörden und die Öffentlichkeit über den (positiven oder negativen) Ausgang des Verfahrens und seine Inhalte zu unterrichten. Hierzu ist ein zweistufiges Verfahren vorgesehen: Die Annahme oder ggf. auch die Ablehnung und damit der **Tenor der Entscheidung** ist gem. Abs. 1 mit dem Ziel größtmöglicher Publizität **öffentlich bekannt zu machen**; darüber hinaus sind gem. Abs. 2 weitere Informationen **zur Einsicht** an einem bestimmten Ort **auszulegen.** Vorbild und Maßstab für § 44 ist § 74 Abs. 5 VwVfG. Allerdings könnte das jeweilige Fachgesetz im Bund oder Land durchaus eine individuelle Benachrichtigung mit Zustellungserfordernis an die einzelnen Einwender vorsehen. Bei auch für das UVPG typischen Massenverfahren soll nach der Vorstellung des Bundesgesetzgebers aber eine öffentliche Bekanntmachung ausreichen.[19]

13 § 44 Abs. 1 unterscheidet zwischen der Annahme des Plans oder Programms und seiner Ablehnung. Nach Satz 1 ist die **Annahme** eines Plans oder Programms öffentlich bekannt zu machen; die zuständige Behörde hat hier **keinen Ermessensspielraum**. Der Bekanntmachung einer positiven Entscheidung kommt damit vorrangig Publizitätsfunktion zu, um den Betroffenen rechtzeitigen

10 EuGH, Urt. v. 15.10.2015 – C-137/14, DVBl 2015, 1514 ff. (m. Anm. *Stüer).*
11 BGBl. I, S. 1298.
12 Entwurfsbegründung, BT-Drs. 18/9526, S. 48 f.
13 BGBl. I, S. 2808.
14 Entwurfsbegründung, BT-Drs. 18/11499, S. 100.
15 Siehe hierzu § 38 Rdn. 5 ff.
16 Vgl. dazu auch § 48 UVPG.
17 Vgl. dazu auch § 50 Abs. 2 UVPG.
18 Dazu unten Rdn. 20.
19 Vgl. z.B. für Planfeststellungsverfahren § 74 Abs. 5 Satz 1 und § 69 Abs. 3 Satz 2 VwVfG.

Rechtsschutz zu ermöglichen. Demgegenüber »kann« nach Satz 2 die Ablehnung eines Plans oder Programms öffentlich bekannt gemacht werden; die zuständige Behörde ist daher frei, ob sie die Öffentlichkeit und die beteiligten Behörden informiert. Einer solch freiwilligen Bekanntmachung kommt Transparenzfunktion zu.[20]

14 Die öffentliche Bekanntmachung kann in entsprechender Anwendung von § 74 Abs. 5 Satz 2 VwVfG[21] zunächst dadurch bewirkt werden, dass der Annahme- oder ggf. auch Ablehnungsbeschluss und ein Hinweis auf die Auslegung im **amtlichen Veröffentlichungsblatt** der für den Plan oder das Programm zuständigen Behörde erfolgt. Bei regionalen oder örtlichen Planungen sollte die Entscheidung außerdem in den Tageszeitungen bekannt gemacht werden, die in dem Bereich verbreitet sind, in dem der Plan oder das Programm sich voraussichtlich auswirken werden. Für überregionale Pläne oder Programme empfehlen sich des Weiteren ein Landesanzeiger oder ggf. mehrere regionale Amtsblätter. Sofern es sich um bundesweite Pläne oder Programme handelt, sollte eine Bekanntmachung im **Bundesanzeiger** erfolgen. Unterstützend, nicht aber allein, kann auch eine parallele Veröffentlichung im **Internet** erfolgen.[22] Wird über den Plan oder das Programm in Form einer Rechtsnorm – beispielsweise durch Rechtsverordnung – entschieden, genügt als öffentliche Bekanntmachung die Bekanntmachung im hierfür vorgesehenen Verkündungsorgan, etwa dem **Bundesgesetzblatt.**[23] Auch der Zeitraum und die Tageszeiten der Auslegung und ein Hinweis auf die im Einzelfall ausgelegten Informationen sollten im Interesse der Bürger bekanntgemacht werden.[24] Adressat der Bekanntmachung ist nämlich in erster Linie die (allgemeine) Öffentlichkeit im Sinne des § 2 Abs. 8, weil es auf eine konkrete Betroffenheit bei der abschließenden Information über das Ergebnis der Planung nicht ankommt.[25] Darüber hinaus richtet sich die Bekanntmachung zum Zweck der Selbstkontrolle auch an die beteiligten Behörden, die aber nach gängiger Verwaltungspraxis regelmäßig zugleich schriftlich durch die zuständige Behörde über den Verfahrensabschluss zu informieren sind. Bei der Bekanntmachung von Rechtsnormen im vorgesehenen Verkündungsorgan genügt mangels ausdrücklicher Vorgaben ein Hinweis auf die Auslegung auf den Internetseiten beispielsweise des sachlich zuständigen Bundesministeriums.[26]

C. Auslegung der Informationen (Abs. 2)

15 Die umfassende Auslegungspflicht nach § 44 Abs. 2 ist auf den Fall der Annahme des Plans oder Programms begrenzt. »Bei Annahme« ist in diesem Sinne konditional und nicht temporal zu verstehen, sodass eine Auslegung nicht zwangsläufig zeitgleich mit der Annahme erfolgen muss.[27] Bei einer Ablehnung ist sie – unabhängig von einer nach Abs. 1 Satz 2 möglichen freiwilligen Bekanntmachung – nicht erforderlich und, weil für den Bürger nicht mehr von Interesse, wohl auch praktisch nicht sinnvoll. In entsprechender Anwendung von § 74 Abs. 4 Satz 2 VwVfG sind die auszulegenden **Informationen** üblicherweise **in den Gemeinden zwei Wochen zur Einsicht auszulegen,**

20 *Hendler* NVwZ 2005, 977 (983).

21 Ebenso OVG LSA, Beschl. v. 26.10.2023 – 2 K 9/22, juris, Rn. 123.

22 An die Vorauflage (*Wagner*) anschließend OVG LSA, Beschl. v. 26.10.2023 – 2 K 9/22, juris, Rn. 123. Die Bundesregierung weist noch 2004 in ihrer Gegenäußerung zur Stellungnahme des Bundesrates zum SUPG in BT-Drs. 15/4236, S. 5 (zu Nr. 21), daraufhin, dass eine ausschließliche Veröffentlichung und Bekanntmachung im Internet angesichts der noch nicht flächendeckenden Verbreitung das Internet nicht als ausreichend eingeschätzt wird. Dem entspricht auch heute noch die Zweigleisigkeit, wie sie etwa in § 27b Abs. 1 VwVfG zum Ausdruck kommt.

23 OVG LSA, Beschl. v. 26.10.2023 – 2 K 9/22, juris, Rn. 123.

24 Vgl. OVG LSA, Beschl. v. 26.10.2023 – 2 K 9/22, juris, Rn. 127, das eine grundsätzliche Hinweispflicht wohl annimmt, unter Verweis auf fehlende Regelungen aber nur geringe Anforderungen stellt.

25 Entwurfsbegründung zum SUPG, BT-Drs. 15/4119, S. 5 i.V.m. BT-Drs. 15/3441, S. 34.

26 OVG LSA, Beschl. v. 26.10.2023 – 2 K 9/22, juris, Rn. 127.

27 OVG LSA, Beschl. v. 26.10.2023 – 2 K 9/22, juris, Rn. 123 für eine Annahme in Form einer Rechtsverordnung; akzeptiert wurde eine Auslegung drei Monate später; dagegen *Schink*, in: ders./Reidt/Mitschang, UVPG/UmwRG, § 44 UVPG Rn. 7.

auf deren Gebiet sich der Plan oder das Programm auswirken kann. Eine längere Frist und ein anderer Auslegungsort können von der zuständigen Behörde gewählt werden, wenn dies Art oder Umfang des Plans oder Programms nahelegen.

Zunächst unterliegen gem. Abs. 2 Nr. 1 der angenommene Plan oder das angenommene Programm der Auslegungspflicht. Hierbei wird es sich um eine **Ausfertigung des Plans oder Programms** handeln. Offengelassen ist, ob zum Plan oder Programm auch die jeweilige Begründung gehört; auch die Entwurfsbegründung gibt hier keine Anhaltspunkte. Ein Rückgriff auf das BauGB zeigt aber, dass dort eine Veröffentlichung sowohl der Pläne an sich als auch gesondert deren Begründungen angeordnet ist (vgl. § 6 Abs. 5 Satz 3 und § 10 Abs. 3 Satz 2 BauGB). Hieraus lässt sich im Umkehrschluss entnehmen, dass eine Veröffentlichung der gesamten Begründung zumindest nach dem UVPG nicht verlangt werden kann. 16

Diese Publizitätsfunktion übernimmt nach § 44 Abs. 2 Nr. 2 stattdessen die auszulegende **zusammenfassende Erklärung.** Die zusammenfassende Erklärung ist damit eine »vereinfachende Begründung für Laien«.[28] Sie ist nicht Bestandteil des Umweltberichts, sondern dessen Ergänzung,[29] und soll Auskunft darüber geben, wie **Umwelterwägungen** in den Plan oder das Programm einbezogen wurden, wie der Umweltbericht nach § 40 sowie die Stellungnahmen und Äußerungen nach den §§ 41 und 42 sowie 60 Abs. 1 und 61 Abs. 1 berücksichtigt wurden und aus **welchen Gründen** der angenommene Plan oder das angenommene Programm nach Abwägung mit den geprüften Alternativen gewählt wurde. Die Erklärung muss daher einerseits in den für die Abwägung wesentlichen Punkten auch Angaben über die zu erwartenden Auswirkungen der geplanten Nutzungen auf die Umwelt enthalten. Diese sollten daher zuvor bereits im Umweltbericht entsprechend aufbereitet worden sein. »Erläuterungsbedarf besteht insbesondere dann, wenn der Plan oder das Programm Festlegungen enthält, die mit erheblichen nachteiligen Umweltauswirkungen verbunden sind, gleichzeitig aber weniger umweltbelastende Alternativen verworfen wurden.«[30] Andererseits sollte sie die möglichen Auswirkungen komprimiert und für Laien verständlich darlegen. Auch hat die zusammenfassende Erklärung **Auskunft über das Beteiligungsverfahren** der Behörden und der Öffentlichkeit und die dort abgegebenen wesentlichen Stellungnahmen zu geben sowie darüber zu informieren, wie diese sowie der Umweltbericht (und auch mit welchem Stellenwert) Eingang in den Entscheidungsprozess gefunden haben. Wesentliche Funktion der zusammenfassenden Erklärung ist es damit, die im Plan oder Programm getroffenen Darstellungen bzw. Entscheidungen mit Auswirkungen auf die Umwelt öffentlich zu legitimieren. 17

Nach § 44 Abs. 2 Nr. 3 bedarf es zudem einer **Aufstellung der Überwachungsmaßnahmen** nach § 45. Mit dieser Übersicht soll den Beteiligten verdeutlicht werden, dass mit der Annahme des Plans oder Programms keine auf Dauer festgeschriebenen Tatsachen mit möglicherweise nicht vorausgesehenen negativen Auswirkungen auf die Umwelt geschaffen werden sollen, sondern im Bedarfsfall weiterhin Korrekturmöglichkeiten gegeben sind. Zugleich hat die Veröffentlichung aber auch eine Kontrollfunktion gegenüber der planenden Verwaltung, weil sie auch nach der Auslegung jederzeit damit rechnen muss, dass Dritte sich nach dem Stand der Überwachungsmaßnahmen erkundigen und diese ggf. einfordern werden. 18

Nach § 44 Abs. 2 Nr. 4 ist schließlich im Rahmen der Bekanntmachung eine **Rechtsbehelfsbelehrung** zu veröffentlichen, soweit über die Annahme des Plans oder Programms nicht durch Gesetz entschieden wird. Die Rechtsbehelfsbelehrung soll es ermöglichen, die Rechte zur Überprüfung der Programme und Pläne nach dem Umwelt-Rechtsbehelfsgesetz wahrnehmen zu können. In der Bekanntmachung ist insbesondere Auskunft darüber zu geben, ob eine verwaltungsgerichtliche Klage oder ob ein Normenkontrollantrag der statthafte Rechtsbehelf ist.[31] 19

28 *Peters/Balla/Hesselbarth*, UVPG, § 44 Rn. 9 f. sprechen von »Lotsenfunktion«.
29 *Peters/Balla/Hesselbarth*, UVPG, § 44 Rn. 10.
30 Entwurfsbegründung zum SUPG, BT-Drs. 15/4119, S. 5 i.V.m. BT-Drs. 15/3441, S. 35.
31 Entwurfsbegründung zum Umwelt-Rechtsbehelfsgesetz Novelle 2017, BT-Drs. 18/9526, S. 48 f.

D. Bekanntmachung der Entscheidung bei der Bundesfachplanung

20 Für die Bundesfachplanung von Höchstspannungsleitungen nach den §§ 4 bis 17 NABEG ist gem. § 5 Abs. 7 NABEG eine Strategische Umweltprüfung nach dem UVPG durchzuführen, die damit den Mindestanforderungen des UVPG an eine SUP unterliegt. Jedoch sieht das NABEG vorrangige und zum Teil auch konkretisierende Sonderregeln zum Verfahren der SUP nach dem UVPG vor: Für die Bekanntgabe und Veröffentlichung der Entscheidung der Bundesfachplanung verlangt § 13 Abs. 1 NABEG eine schriftliche oder elektronische Übermittlung an die Beteiligten sowie nach Abs. 2 Satz 1 eine sechswöchige Auslegung und Veröffentlichung der Entscheidung im Internet, wobei nach Satz 2 auf Verlangen eines Beteiligten eine leicht zu erreichende Zugangsmöglichkeit zur Verfügung gestellt wird – in der Regel mittels Übersendung eines gängigen elektronischen Speichermediums, auf dem die veröffentlichte Entscheidung gespeichert ist. Die Bundesnetzagentur macht die Veröffentlichung nach Satz 3 mindestens eine Woche vorher in örtlichen Tageszeitungen, die in dem Gebiet verbreitet sind, auf das sich das Vorhaben voraussichtlich auswirken wird, und auf der Internetseite der Bundesnetzagentur bekannt. Die aus Sicht von § 44 Abs. 2 notwendigen Inhalte der Bekanntmachung werden durch den Verweis in § 13 Abs. 1 NABEG auf § 12 Abs. 2 Satz 1 Nr. 2 NABEG erfasst, der auf die Bewertung sowie eine zusammenfassende Erklärung der Umweltauswirkungen gem. §§ 43 und 44 UVPG des in den Bundesnetzplan aufzunehmenden Trassenkorridors Bezug nimmt. Gem. § 12 Abs. 2 Satz 2 NABEG ist auch die **Begründung Bestandteil der Entscheidung** und damit auszulegen und zugleich im Internet zu veröffentlichen.

§ 45 Überwachung

(1) [1]Die erheblichen Umweltauswirkungen, die sich aus der Durchführung des Plans oder Programms ergeben, sind zu überwachen, um insbesondere frühzeitig unvorhergesehene nachteilige Auswirkungen zu ermitteln und geeignete Abhilfemaßnahmen ergreifen zu können. [2]Die erforderlichen Überwachungsmaßnahmen sind mit der Annahme des Plans oder Programms auf der Grundlage der Angaben im Umweltbericht festzulegen.

(2) Soweit Rechtsvorschriften des Bundes oder der Länder keine abweichende Zuständigkeit regeln, obliegt die Überwachung der für die Strategische Umweltprüfung zuständigen Behörde.

(3) Andere Behörden haben der nach Absatz 2 zuständigen Behörde auf Verlangen alle Umweltinformationen zur Verfügung zu stellen, die zur Wahrnehmung der Aufgaben nach Absatz 1 erforderlich sind.

(4) Die Ergebnisse der Überwachung sind der Öffentlichkeit nach den Vorschriften des Bundes und der Länder über den Zugang zu Umweltinformationen sowie den in § 41 genannten Behörden zugänglich zu machen und bei einer erneuten Aufstellung oder einer Änderung des Plans oder Programms zu berücksichtigen.

(5) [1]Zur Erfüllung der Anforderungen nach Absatz 1 können bestehende Überwachungsmechanismen, Daten- und Informationsquellen genutzt werden. [2] § 40 Absatz 4 gilt entsprechend.

Übersicht

A. Allgemeines

I. Regelungsgegenstand und allgemeine Bedeutung

Die durch das UVP-Modernisierungsgesetz inhaltlich nicht veränderte Vorschrift setzt Art. 10 der 1
SUP-RL um. Abs. 4 dient darüber hinaus der Umsetzung von Art. 12 Abs. 2 des SEA-Protokolls.[1] § 45 ergänzt die Vorschriften über die Umweltprüfung in der Weise, dass die Umweltauswirkungen eines Planes oder Programms nicht nur vor dessen Annahme oder Beschluss geprüft, sondern auch im anschließenden Planvollzug beobachtet und überwacht werden (sogenanntes Monitoring). Hier-

1 UN-ECE Protokoll über die Strategische Umweltprüfung vom 21.05.2003 zum Übereinkommen über die Umweltverträglichkeitsprüfung im grenzüberschreitenden Rahmen. Da das Protokoll in erster Linie Pflichten der Vertragsstaaten regelt, wurde es durch die Zustimmung des Bundestags im Vertragsgesetz vom 03.06.2006 (BGBl. II, S. 497) nicht in unmittelbar geltendes nationales Recht transformiert, vgl. BVerfG, Beschl. v. 09.12.1970 – 1 BvL 7/66, BVerfGE 29, 348 (360). Es bedurfte daher einer Umsetzung im UVPG.

durch soll festgestellt werden, ob der Plan oder das Programm die erwarteten oder andere Umweltauswirkungen hat. Im letzteren Falle sollen diese Erkenntnisse eine Nachsteuerung und eine Korrektur unerwünschter Umweltauswirkungen oder defizitärer Planungen ermöglichen. Hinsichtlich der konkreten Durchführung der Überwachung räumt die SUP-RL den Mitgliedstaaten und § 45 den zuständigen Behörden einen weiten Gestaltungsspielraum ein.[2] Ähnliche, wenn auch weniger ausführliche Vorschriften enthalten für die Bauleitplanung § 4c BauGB und für den Bereich der Raumordnung § 8 Abs. 4 ROG.

2 § 45 begründet eine Überwachungspflicht der zuständigen Behörde, ist aber keine Ermächtigungsgrundlage für Grundrechtseingriffe, die im Rahmen der Überwachung notwendig werden können. Nach § 70 Nr. 6 kann die Bundesregierung Verwaltungsvorschriften erlassen, die die Überwachung nach § 45 regeln. Die UVPVwV äußert sich aber zu § 45 nicht.

II. Gesetzesgeschichte

1. SUP-Richtlinie

3 Im Richtlinienvorschlag der Kommission[3] war eine Regelung zur Überwachung der Umweltauswirkungen von Plänen und Programmen noch nicht enthalten. Die heutige Regelung in Art. 10 SUP-RL geht zurück auf einen Änderungsvorschlag des Europäischen Parlaments,[4] der folgende Regelung vorsah:

»Die Mitgliedstaaten sind verantwortlich für die Überwachung der Durchführung der Umweltschutzmaßnahmen im Rahmen der Pläne und Programme, die unter diese Richtlinie fallen. Sie legen geeignete Kontrollverfahren fest, um die Wirksamkeit der Maßnahmen, mit denen die Umweltauswirkungen ausgeglichen werden sollen, zu überprüfen.«

4 Die Kommission übernahm in ihrem geänderten Vorschlag vom 22.02.1999 den vom Europäischen Parlament vorgeschlagenen Art. 10a jedoch nicht.[5] Die Forderung des Europäischen Parlaments wurde auch im gemeinsamen Standpunkt des Rates vom 30.03.2000 nicht berücksichtigt, der ebenfalls keine Regelung der Überwachung von Umweltauswirkungen vorsah.[6]

5 Das Europäische Parlament bekräftigte seine Forderung in einer legislativen Entschließung zu dem gemeinsamen Standpunkt des Rates vom 06.09.2000 und brachte die ursprünglich als Art. 10a vorgeschlagene Regelung inhaltsgleich als Art. 9a erneut ein.[7] Die Kommission nahm hierzu am 16.10.2000 Stellung. Sie akzeptierte den Vorschlag des Europäischen Parlaments im Grundsatz, schlug aber folgende geänderte Formulierung vor:

»Die Mitgliedstaaten legen geeignete Verfahren zur Überwachung der Umweltauswirkungen der Durchführung der Pläne oder Programme und der Wirksamkeit der Maßnahmen zur Verhinderung, Minderung oder zum möglichst vollständigen Ausgleich erheblicher negativer Auswirkungen auf die Umwelt und sämtlicher gegebenenfalls erforderlicher Ausgleichsmaßnahmen fest.«[8]

6 Am 16.01. und 08.02.2001 fanden informelle Verhandlungen zwischen der Delegation des Parlaments für den Vermittlungsausschuss und dem Rat statt, bei denen für einzelne Streitpunkte eine

---

2 *Bunge* UVP-report 2005, 124.
3 ABlEG Nr. C 129 v. 25.04.1997, S. 14; siehe zur Entstehungsgeschichte auch *Röder,* in: DIfU, Monitoring und Bauleitplanung, S. 11 ff.
4 ABlEG Nr. C 341 v. 09.11.1998, S. 18, 26; das Parlament ist hierbei dem Vorschlag im Bericht des Berichterstatters Gahrton über den Richtlinienvorschlag der Kommission vom 25.06.1998 (EP/226408) gefolgt.
5 ABlEG C 83 v. 25.03.1999, S. 13 ff.
6 ABlEG C 137 v. 16.05.2000, S. 11 ff.
7 ABlEG C 135 v. 07.05.2001, S. 155, 157.
8 Stellungnahme der Kommission vom 16.10.2000, KOM(2000) 636, S. 4.

Lösung gefunden wurde, jedoch noch nicht für die Regelung der Überwachung.[9] Ein Kompromiss wurde schließlich am 13./14.03.2001 erarbeitet und vom Rat mit Schreiben vom 21.03.2001 akzeptiert. Der Kompromiss entspricht nahezu wörtlich dem SEA-Protokoll[10] und lässt somit das Bemühen erkennen, das SEA-Protokoll durch die SUP-RL in Gemeinschaftsrecht umzusetzen. Das Europäische Parlament folgte dem Beschlussvorschlag des Vermittlungsausschusses und nahm den so geänderten Richtlinienentwurf am 31.05.2001 an.

2. Innerstaatliche Entstehung

Der Entwurf des SUPG wurde am 29.06.2004 in den Deutschen Bundestag[11] und am 13.08.2004 inhaltsgleich in den Bundesrat[12] eingebracht. Er enthielt als § 14m eine dem heutigen § 45 entsprechende Vorschrift.[13] Abs. 4 wurde im Gesetzgebungsverfahren um einen Halbsatz (»und bei einer erneuten Aufstellung oder einer Änderung des Plans oder Programms zu berücksichtigen«) ergänzt. Diese Ergänzung beruhte auf Änderungsvorschlägen des Ausschusses für Umwelt, Naturschutz und Reaktorsicherheit. Der Ausschuss führte zur Begründung aus, die Behörden sollten »im Sinne eines ständigen Lernprozesses« die im Rahmen des Monitoring gewonnenen Informationen bei der Überarbeitung ihrer Planung verstärkt einbeziehen. So könnten Fehlplanungen vermieden, Verwaltungskosten gespart und ein Beitrag zur Entbürokratisierung geleistet werden.[14] 7

Durch das UVP-Modernisierungsgesetz wurde die Vorschrift ohne inhaltliche Änderung an die neue Nummerierung angepasst. 8

III. Anwendungsbereich

1. Beschränkung auf Pläne und Programme

Eine Verpflichtung zur Überwachung in Bezug auf erhebliche Umweltauswirkungen besteht im Rahmen des § 45 nur bei Plänen und Programmen, für die eine Strategische Umweltprüfung nach §§ 33 ff. vorgeschrieben ist. Dies ergibt sich nicht nur aus der systematischen Stellung der Vorschrift im dritten Teil des UVPG (Strategische Umweltprüfung), sondern auch aus § 45 Abs. 1 Satz 1, wonach (nur) erhebliche Umweltauswirkungen, die sich aus der Durchführung des Plans oder Programms ergeben, zu überwachen sind. 9

Die Überwachung UVP-pflichtiger Vorhaben regelt der durch das UVP-Modernisierungsgesetz neu eingefügte § 28. 10

2. Spezielle Regelungen für bestimmte Pläne und Programme

§ 45 findet keine Anwendung auf Raumordnungspläne (§ 48) und auf Bauleitpläne (§ 50 Abs. 2). Für Bundesfernstraßen ermächtigt § 53 Abs. 3 Nr. 5 zum Erlass besonderer Bestimmungen über die Form, den Zeitpunkt und die Berücksichtigung von Ergebnissen der Überwachung. Dies erlaubt eine bereichsspezifische Konkretisierung der Überwachungsverpflichtung, schließt aber die Anwendung des § 45 nicht aus.[15] 11

9 Bericht der Berichterstatterin Schörling v. 21.05.2001, EP/287587, S. 7.
10 UN-ECE Protokoll über die Strategische Umweltprüfung vom 21.05.2003 zum Übereinkommen über die Umweltverträglichkeitsprüfung im grenzüberschreitenden Rahmen; siehe hierzu auch BT-Drs. 16/341.
11 BT-Drs. 15/3441.
12 BR-Drs. 588/04.
13 Vgl. dazu BT-Drs. 15/3441, S. 35 f.
14 BT-Drs. 15/4540, S. 6.
15 Dies gilt erst recht für die Regelung der »Grundsätze für die Überwachung« in allgemeinen Verwaltungsvorschriften, zu der § 70 Nr. 6 ermächtigt.

3. Beschränkung in zeitlicher Hinsicht

12 Eine Verpflichtung zur Überwachung besteht weiterhin nur für solche Pläne und Programme, für die die Übergangsvorschrift des § 74 Abs. 8 und 9 die Geltung des Teils 3 des UVPG anordnet. Die Verpflichtung erstreckt sich somit auf alle Pläne und Programme, deren erster förmlicher Vorbereitungsakt nach dem 20.07.2004 erfolgt ist oder die nach dem 20.07.2006 angenommen oder in ein Gesetzgebungsverfahren eingebracht wurden. Für alle anderen Pläne und Programme gilt § 45 nicht.

13 Praktische Probleme könnten möglicherweise Pläne und Programme bereiten, deren erster förmlicher Vorbereitungsakt nach dem 20.07.2004 erfolgt ist. Diese Planungen sind gemäß § 74 Abs. 8 Satz 2 nach den Vorschriften des UVPG zu Ende zu führen. Sie müssen die Vorschriften über die Strategische Umweltprüfung somit nicht in vollem Umfang beachten, sondern nur für diejenigen Verfahrensschritte, die am 30.06.2005 noch nicht abgeschlossen waren. Dies kann dazu führen, dass für solche Pläne ein Umweltbericht entbehrlich ist, die erforderlichen Überwachungsmaßnahmen nicht festgelegt wurden und die angeordnete Überwachungspflicht nur mit Schwierigkeiten erfüllt werden kann.

B. Überwachung

I. Ziele der Überwachung

14 Nach dem sprachlich missglückten Abs. 1 Satz 1 sind die erheblichen Umweltauswirkungen, die sich aus der Durchführung des Plans oder Programms ergeben, zu überwachen. Aufgrund des Wortlauts könnte man annehmen, dass es dem Gesetz in erster Linie um die fortwährende Beobachtung bereits festgestellter Umweltauswirkungen geht. Gemeint ist aber, dass überwacht und geprüft werden soll, ob und welche erheblichen Umweltauswirkungen sich bei der Durchführung des Plans oder Programms ergeben. Die Überwachung erfolgt insoweit mit ähnlicher Zielrichtung wie die Umweltprüfung. Es geht jedoch nicht um eine zweite Umweltprüfung in der Realisierungsphase,[16] sondern um eine Überprüfung der Ergebnisse der Umweltprüfung auf der Grundlage der mit der Durchführung des Plans oder Programms veränderten Sachlage.[17] Die in Abs. 1 Satz 1 formulierten Zielvorgaben, wonach insbesondere auch unvorhergesehene erhebliche Umweltauswirkungen ermittelt und Abhilfemaßnahmen ermöglicht werden sollen, machen diesen funktionalen Zusammenhang zwischen Umweltprüfung und Überwachung deutlich.

15 Die Umweltprüfung ist nicht nur eine Bestandsaufnahme von Umweltbelangen, sondern ist durch prognostische Elemente gekennzeichnet. Sichere Aussagen dazu, ob und vor allem in welchem Umfang ein Plan oder Programm Auswirkungen auf die Umwelt haben wird, sind in vielen Fällen nicht möglich.[18] Die Umweltprüfung ergibt auch bei gründlicher Ermittlung und Bewertung von Umweltbelangen oft nur ein Wahrscheinlichkeitsurteil, und zwar nicht zuletzt auch deshalb, weil Art und Weise der Umweltauswirkungen von der konkreten Planverwirklichung abhängen, die je nach Plan oder Programm mehr oder weniger deutlich vorgezeichnet ist. Daher besteht immer die Möglichkeit oder das Risiko, dass sich die Dinge anders entwickeln als erwartet. Die Überwachung soll hierzu Erkenntnisse liefern. Die zuständige Behörde soll den Planvollzug daraufhin überwachen, ob sich die Umweltauswirkungen des Plans in der Praxis so darstellen wie dies im Planungsprozess

16 *Roder*, in: Hendler u.a., Die Strategische Umweltprüfung, S. 225 (230) und *ders.*, in: DIfU, Monitoring und Bauleitplanung, S. 11 (14).

17 *Roder*, in: Hendler u.a., Die Strategische Umweltprüfung, S. 225 (229): »ex-post Kontrolle der im Rahmen der Umweltprüfung aufgestellten Prognosen«; ähnlich der offenbar von *Roder* als Mitglied der Arbeitsgruppe beeinflusste Interpretationsleitfaden der EU-Kommission »Umsetzung der Richtlinie 2001/42/EG des Europäischen Parlaments und des Rates über die Prüfung der Umweltauswirkungen bestimmter Pläne und Programme«, http://ec.europa.eu/environment/archives/eia/pdf/030923_sea_guidance_de.pdf (zuletzt abgerufen am 14.09.2025), Ziff. 8.4, S. 50.

18 Vgl. *Gassner*, UVPG, § 14m Rn. 5.

angenommen worden ist. Die Behörde soll hierdurch in die Lage versetzt werden, im Falle einer Abweichung Abhilfemaßnahmen, insbesondere Schutzmaßnahmen zu ergreifen oder den Plan oder das Programm an die aktuellen Verhältnisse anzupassen.[19]

II. Gegenstand der Überwachung

1. Bezug zur Umweltprüfung

Der Gegenstand der Überwachung ergibt sich aus den zuvor dargestellten Zielen. Sie dient der Überprüfung, ob sich die **Umwelt plangemäß entwickelt**. Hierzu muss geprüft werden, ob sich in der Realität die im Umweltbericht prognostizierten erheblichen Umweltauswirkungen ergeben haben oder ob die Durchführung des Plans oder Programms andere Umweltauswirkungen zur Folge hat oder noch haben wird.[20] Es erfolgt somit eine Überprüfung des Ergebnisses und vor allem der Prognosen der ursprünglichen Umweltprüfung vor dem Hintergrund der aufgrund der (teilweisen) Durchführung des Plans oder Programms veränderten Sachlage. Die Überwachung soll bezogen auf bestimmte repräsentative Umweltparameter die aktuell erkennbaren erheblichen Umweltauswirkungen ermitteln, diese mit dem Ergebnis der Umweltprüfung vergleichen und auf diese Weise Abweichungen vom plangemäßen Verlauf feststellen und hieraus resultierenden Handlungsbedarf aufzeigen. 16

2. Erhebliche Umweltauswirkungen

Die Überwachung kann sich ebenso wie der Umweltbericht (§ 40 Abs. 2 Nr. 5) auf erhebliche Umweltauswirkungen beschränken. Wann Umweltauswirkungen erheblich sind, sagt das UVPG nicht. Auch die SUP-RL definiert die **Erheblichkeitsschwelle** nicht. Sie muss deshalb vor dem Hintergrund der Ziele und Schutzzwecke des Gesetzes und der Richtlinie ermittelt werden. 17

Die Festlegung einer Erheblichkeitsschwelle ermöglicht eine Abschichtung und eine Eingrenzung des Untersuchungsmaterials in der Umweltprüfung wie bei der Nachkontrolle. Die für die Umweltprüfung und Überwachung zuständige Behörde soll nicht jede geringfügige Umweltauswirkung berücksichtigen müssen. Sie kann sich vielmehr auf Auswirkungen einer gewissen Intensität und Schwere konzentrieren.[21] Dabei kommt es nicht auf die Art und abstrakte Schutzwürdigkeit der betroffenen Schutzgüter oder ihre Überwindbarkeit in der Abwägung an.[22] Vielmehr ist maßgeblich, ab welchem Grad Umweltauswirkungen überhaupt bei der Entscheidung über den Plan oder das Programm zu berücksichtigen sind. Erheblich sind somit alle Umweltauswirkungen, die im Rahmen der Beschlussfassung über den Plan oder das Programm von Bedeutung sind, sei es, dass bestimmte Grenzwerte überschritten sind und gesetzliche Verbotsnormen greifen, sei es, dass sie mit einigem Gewicht in die Abwägung einzustellen sind. 18

Hierfür spricht die funktionale Verknüpfung von Überwachung und Umweltprüfung. Die Umweltprüfung dient der Ermittlung der für die Planung relevanten Umweltbelange. Die ermittelten Belange werden nach § 40 Abs. 3 im Umweltbericht vorläufig bewertet. Im Rahmen dieser Bewertung ist unter anderem auch festzustellen, ob die ermittelten Belange und die voraussichtlichen Auswirkungen der Planung erheblich und daher im Umweltbericht aufzuführen sind (§ 40 Abs. 2 Nr. 5). Hierdurch werden Auswirkungen, die lediglich geringfügig sind, ausgeschieden. Die festgestellten erheblichen Umweltauswirkungen bilden das notwendige Abwägungsmaterial. Sie sind in die Abwägung einzustellen und für die weitere Entscheidung relevant.[23] Die Überwachung ist auf die getroffene 19

19 S. hierzu die Gesetzesbegründung, BT-Drs. 15/3441, S. 35.

20 *Schink*, in: Schink/Reidt/Mitschang, UVPG/UmwRG, § 45 UVPG Rn. 3.

21 *Peters/Balla/Hesselbarth,* UVPG, § 45 Rn. 6.

22 So aber *Stüer/Sailer* BauR 2004, 1392 (1398); hiergegen *Halama*, in: Berkemann/Halama, Erstkommentierung zum BauGB 2004, § 4c Rn. 25; *Uechtritz* BauR 2005, 1859 (1875).

23 S. allgemein zur Abwägungsbeachtlichkeit und zur Ausscheidung objektiv geringwertiger oder nicht schutzwürdiger Belange BVerwG, Beschl. v. 09.11.1979 – 4 N 1.78 u.a., BVerwGE 59, 87 (103).

planerische Entscheidung bezogen und bewegt sich im Rahmen dessen, was für die überwachte Entscheidung erheblich ist. Sie soll im Falle von unvorhergesehenen nachteiligen Auswirkungen Hinweise geben für Abhilfemaßnahmen. Sie bereitet deshalb unter Umständen auch künftige Planungen vor. Auch dort sind aber nur solche Umweltauswirkungen von Belang, die abwägungsbeachtlich oder kraft besonderer gesetzlicher Vorschriften zu berücksichtigen sind. Erheblich sind somit alle Umweltauswirkungen, die für die bereits getroffene Planungsentscheidung oder für künftige Änderungen dieser Planung **Entscheidungsrelevanz** haben können.[24]

3. Positive und negative, vorhergesehene und unvorhergesehene Umweltauswirkungen

20 Auch wenn bei der Überwachung in erster Linie festgestellt werden soll, ob der Plan oder das Programm nachteiligere Umweltauswirkungen hat als in der Umweltprüfung angenommen wurde, ist die Überwachung nicht auf die Feststellung negativer Umweltauswirkungen beschränkt. Bei der Überwachung sind vielmehr alle erheblichen Umweltauswirkungen in den Blick zu nehmen, ohne Rücksicht darauf, ob sie positiv oder negativ, vorhergesehen oder unvorhergesehen (s. Rdn. 32–34) sind.[25]

21 Bei **Umweltschutzplänen** oder -programmen (z.B. Luftreinhalteplänen[26]), die gerade auf eine positive Veränderung der Umwelt abzielen, stellt sich die Überwachung damit als eine Art Erfolgskontrolle dar.[27]

4. Grenzüberschreitende Umweltauswirkungen

22 Auch grenzüberschreitende Umweltauswirkungen können Gegenstand der Überwachung sein.[28] Da im Ausland keine Staatsgewalt ausgeübt werden kann, wird die Überwachung hier aber nicht über eine Bewertung der von den Behörden des Nachbarstaates gegebenenfalls mitgeteilten Umweltdaten hinausgehen.

5. Umweltauswirkungen aus der Durchführung des Plans oder Programms

23 Neben der Erheblichkeit bringt der Bezug zur Durchführung des Plans oder Programms eine weitere Einschränkung des Gegenstands der Überwachung. Der Überwachung unterliegen nur diejenigen erheblichen Umweltauswirkungen, die sich aus der Durchführung des Plans oder Programms ergeben. Dies erfordert einen **Kausalzusammenhang**. Die Umweltauswirkungen müssen sich gerade aus der Durchführung ergeben. Die Kausalkette muss allerdings noch nicht abgeschlossen sein. Auch erhebliche Umweltauswirkungen, deren Ursache bereits gesetzt wurde (z.B. durch Veränderung eines natürlichen Lebensraums), die sich jedoch erst im Laufe einiger Zeit einstellen (z.B. Auswirkungen auf den Bestand heimischer Arten), unterliegen der Überwachung. Auch bedarf es keiner Unmittelbarkeit in dem Sinne, dass die Umweltauswirkungen unmittelbar durch den Plan oder das Programm ausgelöst werden. Selbst wenn der Plan noch der Konkretisierung auf einer niedrigeren Planungsebene bedarf oder noch ein Zulassungsverfahren durchgeführt wird, liegt hierin eine Durchführung des Plans und sind die hierdurch letztlich ausgelösten Umweltauswirkungen auf den Plan zurückzuführen.[29]

---

24 Vgl. auch *Gassner*, UVPG, § 14m Rn. 6.

25 *Halama, in:* Berkemann/Halama, Erstkommentierungen zum BauGB 2004, § 4c BauGB Rn. 25; *Peters/Balla/Hesselbarth*, UVPG, § 45 Rn. 4; enger *Gassner*, UVPG, § 14m Rn. 8 f.

26 Zur SUP bei Luftreinhalteplänen *Scheidler* ZUR 2006, 239.

27 *Bunge* UVP-report 2005, 124, 126.

28 S. *Roder, in: Hendler* u.a., Die Strategische Umweltprüfung, S. 225 (238); *Stüer/Sailer* BauR 2004, 1392 (1395).

29 Bedarf es noch einer konkretisierenden Planung auf einer niedrigeren Planungsebene, kann die Überwachung aber im Wege der Abschichtung begrenzt und auf die nächste Planungsebene verlagert werden. Vgl. zum Flächennutzungsplan *Mitschang* BauR 2005, 334 (340); *Rautenberg* NVwZ 2005, 1009 (1011); *Uechtritz* BauR 2005, 1859 (1877).

24 Fraglich ist, wie Umweltauswirkungen zu behandeln sind, die sich aus **Planabweichungen**[30] ergeben. **Abweichungen** von den Vorgaben eines Plans kommen in der **Praxis** in vielerlei Hinsicht in Betracht. Die Abweichung kann rechtlich zugelassen sein. Hiervon zu unterscheiden sind rein faktische, rechtlich nicht zugelassene Abweichungen, so etwa wenn plan- und rechtswidrige Vorhaben verwirklicht oder im Plan vorgeschriebene Ausgleichs- und Minderungsmaßnahmen nicht durchgeführt werden.

25 Ein **enges Verständnis** der »Durchführung des Plans« könnte zu der Schlussfolgerung führen, dass im Falle von Planabweichungen der Plan partiell nicht durchgeführt werde, mithin durch die Abweichung bewirkte Umweltauswirkungen nicht auf die Durchführung des Plans zurückzuführen seien. Diese Auffassung wird im Kern von *Roder* vertreten, der allerdings für den Bereich der Bauleitplanung bei durch Befreiung zugelassenen Abweichungen noch eine Durchführung des Plans annimmt.[31] Denkbar wäre auch eine noch **weitere Auslegung**, die unter der Durchführung des Plans nicht die plankonforme Entwicklung, sondern den tatsächlichen Vollzug im Anwendungsbereich des Plans versteht.[32]

26 Für ein weites Verständnis spricht zunächst, dass der Gesetzeswortlaut nicht auf die Anwendung des Plans oder die Plankonformität seiner Auswirkungen abstellt. Durchführung meint primär einen **tatsächlichen Vorgang.** Durchgeführt wird der Plan, wenn er durch konkrete Aktivitäten verwirklicht wird, wenn er tatsächlich mit Leben erfüllt wird, wenn sich Lebenssachverhalte ergeben, die unter den Plan fallen.[33] Hierfür spielt keine Rolle, ob der Plan in jeder Hinsicht eingehalten wird.

27 Weiter lässt sich gegen eine allein auf plankonformes Verhalten bezogene Auslegung einwenden, dass eine Überwachung, die planwidrige Umweltauswirkungen gänzlich ausblendet, Sinn und Zweck des § 45 verfehlt. Das zeigt sich vor allem bei den Vorkehrungen zur **Minderung oder zum Ausgleich erheblicher Umweltauswirkungen.** Ein Bedarf zur Nachsteuerung ergibt sich hier gerade auch dann, wenn zwar der Plan wie vorgesehen vollzogen wurde und die insoweit prognostizierten Umweltauswirkungen zur Folge hatte, diese Auswirkungen aber nicht wie angenommen gemindert oder ausgeglichen wurden. Fehlt es an dem vorgesehenen Ausgleich, liegen auch ohne Prognosefehler nachteiligere Umweltauswirkungen vor als angenommen. Da der vorgesehene Ausgleich Gegenstand der Planung und der Abwägung ist, muss sich die Überwachung auch auf die Wirksamkeit, der die Minderung oder den Ausgleich von Umweltauswirkungen bezweckenden Planaussagen erstrecken.[34]

28 Besteht die Planabweichung allerdings darin, dass die eigentlichen Planaussagen oder Inhalte des Programms nicht beachtet werden, sind hiermit verbundene Auswirkungen nicht Gegenstand der Überwachung des Plans oder Programms. Selbst wenn man die planwidrige Zulassung eines Vorhabens (oder Konkretisierung eines Plans auf der nächsten Planungsebene) nach dem Wortsinn noch als »Durchführung« verstehen könnte, stünde einer Einbeziehung aller Vollzugsdefizite der Sinn und Zweck und der eingeschränkte Anwendungsbereich des § 45 entgegen. § 45 bezweckt keine generelle Vollzugskontrolle.[35] Wären alle Vollzugsdefizite Gegenstand der Überwachung, führte dies im Ergebnis nicht nur zu einer Überwachung der SUP-pflichtigen Pläne und Programme, son-

30 Für Abweichungen von *Programmen* gelten die folgenden Erläuterungen entsprechend.

31 *Roder, in: DIfU*, Monitoring und Bauleitplanung, S. 11 (16); ähnlich *Bunge* UVP-report 2005, 124 (126).

32 Eine Einbeziehung auch des Vollzugs befürwortet *Balla* UVP-report 2005, 131 (132) und *Peters/Balla/Hesselbarth,* UVPG, § 45 Rn. 5, allerdings unter Hinweis darauf, dass hierzu keine rechtliche Verpflichtung besteht.

33 Ähnlich Interpretationsleitfaden der EU-Kommission (Fn. 18), Ziff. 8.9, S. 51: »Realisierung der im Plan oder Programm vorgesehenen Projekte«.

34 *Halama, in:* Berkemann/Halama, Erstkommentierung zum BauGB 2004, § 4c Rn. 29; *Bunge* UVP-report 2005, 124 (126); *Balla* UVP-report 2005, 131 (132); *Roder, in: DIfU*, Monitoring und Bauleitplanung, S. 11 (15).

35 *von Zahn* UVP-report 2005, 50 (51); *Roder, in: DIfU*, Monitoring und Bauleitplanung, S. 11 (16); *Uechtritz* BauR 2005, 1859 (1875 f.).

dern aller auf der Grundlage des Plans oder Programms durchgeführten Planungen und Vorhaben – sogar solcher, die noch nicht einmal dem Anwendungsbereich des UVPG unterfallen. Dies widerspräche dem Willen des Gesetzgebers, der gerade keine allgemeine Umweltüberwachung einführen wollte und die Überwachungsverpflichtung gemäß § 45 ausdrücklich auf SUP-pflichtige Pläne und Programme beschränkt und für Vorhaben in § 28 eine eigenständige Regelung getroffen hat.

III. Vorhergesehene und unvorhergesehene Umweltauswirkungen

1. Festgelegte Überwachungsmaßnahmen

29 Im Rahmen der Überwachung soll in erster Linie überprüft werden, ob die im Zuge der Umweltprüfung ermittelten voraussichtlichen erheblichen Umweltauswirkungen bei der Durchführung des Plans oder Programms tatsächlich eingetreten sind. Die Überwachung hat daher bei den erheblichen Umweltauswirkungen anzusetzen, die im Rahmen der Umweltprüfung festgestellt, im Umweltbericht dargestellt und in die Abwägung eingestellt wurden. Zur Unterscheidung von den im Gesetz hervorgehobenen unvorhergesehenen Auswirkungen kann man insoweit von vorhergesehenen Umweltauswirkungen sprechen. Die **erforderlichen Überwachungsmaßnahmen** für diese im Rahmen der Planung berücksichtigten erheblichen Umweltauswirkungen sind nach Abs. 1 Satz 2 mit der Annahme des Plans oder Programms festzulegen (s.u. Rdn. 36–39). Die spätere Überwachung richtet sich dann nach dem so festgelegten **Überwachungskonzept**.

30 Die für die Überwachung zuständige Behörde soll sich ihrer künftigen Überwachungsverpflichtung allerdings nicht dadurch entledigen können, dass sie kein oder ein nur sehr **rudimentäres Überwachungskonzept** festlegt. Das festgelegte Überwachungskonzept kann somit kein Maßstab sein, wenn es ersichtlich defizitär ist.

31 Ergeben sich die erforderlichen Überwachungsmaßnahmen nicht mit hinreichender Deutlichkeit aus dem festgelegten Überwachungskonzept, sind sie so zu definieren, dass sie den Zweck der Überwachung erfüllen. Da diese in erster Linie Abweichungen gegenüber den bei der Planung getroffenen Annahmen feststellen soll, wird sich die Überwachung vor allem mit den **Prognosen** zu beschäftigen haben, die in der Umweltprüfung mit den größten Unsicherheiten behaftet waren.[36]

2. Unvorhergesehene Umweltauswirkungen

32 Das Gesetz weist darauf hin, dass bei der Überwachung ein besonderes Augenmerk auf **unvorhergesehene nachteilige Auswirkungen** gelegt werden soll. Hierzu zählen alle erheblichen Umweltauswirkungen, die im Rahmen der Planung überhaupt nicht erkannt oder zwar erkannt, aber im Umweltbericht oder bei der abschließenden Bewertung nach § 43 als unerheblich bewertet worden sind.[37] Gleichbedeutend ist es, wenn als unvorhergesehen alle Umweltauswirkungen bezeichnet werden, die nach Art, Intensität und Umfang nicht Gegenstand der Abwägung waren.[38]

33 Da das Überwachungskonzept auf dem Kenntnisstand zur Zeit der Planung beruht, kann und muss es unvorhergesehene Umweltauswirkungen nicht berücksichtigen. Insoweit bedarf es daher unter Umständen weitergehender Maßnahmen als sie im Überwachungskonzept festgelegt wurden. Das

---

36 Siehe hierzu auch *Uechtritz* BauR 2005, 1859 (1875); *Halama, in:* Berkemann/Halama, Erstkommentierung zum BauGB 2004, § 4c Rn. 27; SUP-Leitfaden des Umweltbundesamts (https://www.umweltbundesamt.de/publikationen/leitfaden-zur-strategischen-umweltpruefung-sup, zuletzt abgerufen am 14.09.2025), S. 46.

37 Tendenziell enger, in Bezug auf die Behandlung unerkannter Umweltauswirkungen aber unklar *Roder, in: DIfU*, Monitoring und Bauleitplanung, S. 11 (14); *ders.* in Hendler u.a., Die Strategische Umweltprüfung, S. 225 (230); vgl. auch Interpretationsleitfaden der EU-Kommission (Fn. 18), Ziff. 8.6 und 8.12, S. 50 f.

38 *Halama, in:* Berkemann/Halama, Erstkommentierung zum BauGB 2004, § 4c Rn. 26; *Uechtritz* BauR 2005, 1859 (1875); ebenso wohl *Gassner,* UVPG, § 14m Rn. 9.

festgelegte Überwachungskonzept verpflichtet die Behörde zwar zur Durchführung der vorgesehenen Überwachungsmaßnahmen, es begrenzt die Überwachungsverpflichtung jedoch nicht.[39]

Die Behörde darf sich folglich nicht damit begnügen, nur die festgelegten Überwachungsmaßnahmen »abzuarbeiten«. Sie soll gerade auch solche Umweltauswirkungen feststellen, die zwar im Rahmen der Planaufstellung nicht als erheblich angesehen wurden, die sich im Zeitpunkt der Überwachung aber als erheblich darstellen.[40] 34

3. Umfang der Ermittlungspflicht in Bezug auf unvorhergesehene erhebliche Umweltauswirkungen

Die Einbeziehung unvorhergesehener Umweltauswirkungen wirft die Frage auf, **welche Ermittlungen** die für die Überwachung zuständige Behörde anstellen muss, um unvorhergesehene erhebliche Umweltauswirkungen feststellen zu können. Insoweit ist zunächst die Feststellung wichtig, dass das Gesetz keine »Umweltprüfung in Permanenz«[41] vorschreibt. Die zur Überwachung verpflichtete Behörde muss keine fortlaufende Umweltbestandsaufnahme oder Umweltbeobachtung durchführen. Sie muss auch nicht ohne konkrete Anhaltspunkte nach bisher unerkannten Umweltauswirkungen forschen.[42] Will man nicht die Ermittlungspflichten überspannen, wird man die Behörde nur dann als zur Untersuchung bisher unbekannter erheblicher Umweltauswirkungen verpflichtet ansehen können, wenn sie von solchen Auswirkungen positive Kenntnis erhält (z.B. aus der eigenen Verwaltungspraxis, durch Eingaben von Bürgern oder auf Grund von Informationen anderer Fachbehörden) oder wenn es sich der Behörde aufdrängt, dass bisher nicht berücksichtigte Umweltbelange mehr als unerheblich betroffen sein können. Die planende Stelle muss somit nicht allen möglichen Hinweisen nachgehen, sie darf andererseits aber auch nicht bewusst die Augen vor erheblichen Umweltauswirkungen verschließen und ist bei klaren Anzeichen verpflichtet, diesen nachzugehen und möglicherweise ihr Überwachungskonzept entsprechend zu ergänzen. 35

IV. Festlegung der erforderlichen Überwachungsmaßnahmen

1. Notwendigkeit eines Überwachungskonzepts

Nach Abs. 1 Satz 2 sind die erforderlichen Überwachungsmaßnahmen mit der Annahme des Plans oder Programms auf der Grundlage der Angaben im Umweltbericht festzulegen. Die Vorschrift verdeutlicht den engen Zusammenhang zwischen Umweltprüfung und Überwachung, zwischen Prognose und Nachkontrolle. In der Umweltprüfung zeigt sich, inwiefern erhebliche Umweltauswirkungen zu erwarten sind und wo auf Grund der vorhandenen Datenlage, der Offenheit der Planung oder aus anderen Gründen Fehleinschätzungen drohen und damit Nachkontrollen besonders wünschenswert sind. Die Umweltprüfung führt somit zu einem doppelten Ergebnis. Sie ergibt nicht nur die voraussichtlichen erheblichen Umweltauswirkungen des Plans oder Programms, sondern auch die Schwachstellen und neuralgischen Punkte dieser Bewertung. Sie zeigt damit auch auf, in welcher Hinsicht der Plan oder das Programm überhaupt **überwachungsbedürftig** ist. 36

Hieraus sind die erforderlichen Überwachungsmaßnahmen abzuleiten. Dies wird man so verstehen müssen, dass die planende Stelle ein **vollständiges Überwachungskonzept** aufstellen muss, sich also 37

39 *Halama,* in: Berkemann/Halama, Erstkommentierung zum BauGB 2004, § 4c Rn. 16.

40 *Peters/Balla/Hesselbarth,* UVPG, § 45 Rn. 6.

41 So zu § 4c BauGB *Uechtritz* BauR 2005, 1859 (1876); ähnlich *Halama,* in: Berkemann/Halama, Erstkommentierungen zum BauGB 2004, § 4c Rn. 12.

42 Auch wenn für die Auslegung der SUP-Richtlinie nicht unmittelbar relevant, kann doch im Ergebnis der vom BVerwG im Zusammenhang mit der Zusammenstellung des notwendigen Abwägungsmaterials geprägte Satz »Was die planende Stelle nicht sieht und auch nicht zu sehen braucht, kann von ihr bei der Abwägung nicht berücksichtigt werden und braucht von ihr auch nicht berücksichtigt zu werden« (BVerwG, Beschl. v. 09.11.1979 – 4 N 1.78 u.a., BVerwGE 59, 87, 103) auch für die Bestimmung des Überwachungsgegenstandes gelten.

nicht mit einer beispielhaften Nennung einzelner Überwachungsmaßnahmen begnügen darf. Die zuständige Behörde muss bestimmen, in welchem Umfang und in welcher Art und Weise nach dem Ergebnis der Umweltprüfung eine Überwachung des Plans oder Programms stattfinden soll.

2. Zeitpunkt der Festlegung

38 Abs. 1 Satz 2 schreibt vor, dass die erforderlichen Überwachungsmaßnahmen »mit der Annahme des Plans oder Programms« festzulegen sind. Das ist sachgerecht. Denn es liegt nahe, nicht nur die voraussichtlichen erheblichen Umweltauswirkungen im Umweltbericht darzustellen (§ 40 Abs. 1), sondern zugleich auch den konkret erkannten Überwachungsbedarf festzuhalten und die sich hieraus ergebenden Überwachungsmaßnahmen festzulegen. Grundlage dieser Festlegung sind die Angaben im Umweltbericht, also das Ergebnis der Umweltprüfung.

3. Form der Festlegung

39 Wo und in welcher Weise die erforderlichen Überwachungsmaßnahmen festzulegen sind, sagt das Gesetz nicht. Da die Maßnahmen nur »mit« der Annahme des Plans und nicht »in« dem Plan festzulegen sind, müssen sie nicht Bestandteil des Plans, sondern nur im Zeitpunkt der Annahme des Plans festgelegt sein. Auch eine Aufnahme in den Umweltbericht fordert das Gesetz nicht. Zwar sind nach § 40 Abs. 2 Satz 1 Nr. 9 die geplanten Überwachungsmaßnahmen in den Umweltbericht aufzunehmen. Das Gesetz spricht hier jedoch nur von **geplanten** Maßnahmen, meint also entsprechend dem sonstigen Entwurfsstand der Planung nur den **Entwurf eines Überwachungskonzepts**. Ebenso wie der Planentwurf bedarf auch dieses Konzept der endgültigen Annahme, nämlich der **Festlegung** im Sinne des Abs. 1 Satz 2. Diese Festlegung bedarf als lediglich verwaltungsinterner, auf Selbstbindung gerichteter Akt keiner besonderen Form. Sie kann als Teil des Plans, als Teil des Umweltberichts oder auch als selbstständiger Beschluss erfolgen.[43]

V. Durchführung der Überwachung

1. Verfahrensrechtliche Ausgestaltung

40 Weder die SUP-RL noch das UVPG regeln die verfahrensrechtliche Ausgestaltung des Überwachungsverfahrens. Damit ist das Verfahren zweckmäßig und so zu gestalten, dass die mit der Überwachung verbundenen Ziele möglichst effektiv erreicht werden. Dies schließt insbesondere eine Verbindung mit anderen Überwachungsverfahren (z.B. für andere Pläne und Programme) nicht aus.[44] Ebenso kann die Überwachung mit einer Umweltprüfung zusammenfallen, wenn eine solche für eine Fortschreibung des Plans oder Programms notwendig wird.[45]

2. Zeitpunkt und Häufigkeit der Überwachung

41 Da sich die Überwachungsverpflichtung auf erhebliche Umweltauswirkungen bezieht, die sich aus der Durchführung des Plans oder Programms ergeben, kommt eine Überwachung frühestens in dem Zeitpunkt in Betracht, in dem auf Grund einer tatsächlichen (teilweisen) Durchführung mit entsprechenden Umweltauswirkungen zu rechnen ist.[46] Weitere Vorgaben in zeitlicher Hinsicht enthält § 45 nicht. Ein solches Prüfungsraster sollte aber Teil des Überwachungskonzepts sein.

---

43 Vgl. auch *Roder*, in: DIfU, Monitoring und Bauleitplanung, S. 11 (21); a.A. *Schink*, in: Schink/Reidt/Mitschang, UVPG/UmwRG, § 45 UVPG Rn. 7: Form, in der der Plan oder das Programm verabschiedet wird.

44 *Roder*, in: Hendler u.a., Die Strategische Umweltprüfung, S. 225 (232).

45 *Roder*, in: Hendler u.a., Die Strategische Umweltprüfung, S. 225 (236); Interpretationsleitfaden der EU-Kommission (Fn. 18), Ziff. 8.5, S. 50.

46 SUP-Leitfaden des Umweltbundesamts (Fn. 36), S. 48; *Peters/Balla/Hesselbarth*, UVPG, § 45 Rn. 17.

In welchem Zeitabstand oder auf Grund welcher konkreter Ereignisse Überwachungsmaßnahmen erforderlich sind, lässt sich nur im Einzelfall entscheiden. Sofern ein Plan oder Programm in klar definierten oder erkennbaren Abschnitten verwirklicht wird, bietet es sich an, nach jedem Teilabschnitt die hierdurch bewirkten erheblichen Umweltauswirkungen festzustellen. Denkbar wäre auch eine wiederkehrende Überprüfung in regelmäßigen Zeitabständen. Dabei werden die Zeitabstände desto kürzer sein müssen, je schneller der Plan oder das Programm durchgeführt werden und je größer die Umweltauswirkungen sind.[47] Eine nur einmalige Überwachung dürfte dagegen den Intentionen des Gesetzes nicht entsprechen,[48] es sei denn, sie ist im Einzelfall geeignet, alle sich aus der Durchführung des Plans oder Programms ergebenden Umweltauswirkungen frühzeitig zu beurteilen. 42

Das Gesetz betont die **Frühzeitigkeit** der Überwachung. Die Überwachung sollte deshalb nicht erst dann einsetzen, wenn Umweltauswirkungen nachteiliger Art tatsächlich eingetreten sind.[49] Auch die durch die Planverwirklichung in Gang gesetzte Kausalkette kann bereits der Überwachung unterliegen, um erkannte negative Auswirkungen abzumildern und weitere Beeinträchtigungen von Umweltgütern zu verhindern oder als wirkungslos erkannte Umweltschutzprogramme frühzeitig nachzubessern. Der SUP-Leitfaden des Umweltbundesamts bezeichnet die Überwachung als eine Art »Frühwarnsystem«.[50] 43

3. Untersuchungstiefe

Welchen Aufwand die für die Überwachung zuständige Behörde treiben muss, lässt sich nicht pauschal festlegen. Die Art und Weise der Überwachung, also die **konkret erforderlichen Überwachungsmaßnahmen** sollten bereits im Überwachungskonzept festgelegt sein. In diesem Fall ist die planende Stelle verpflichtet, die Überwachung entsprechend diesem Konzept durchzuführen. Ergeben sich unvorhergesehene erhebliche Umweltauswirkungen oder zeigt sich in der Praxis, dass die zunächst vorgesehenen Überwachungsmaßnahmen untauglich sind und dass es geeignetere Maßnahmen gibt, ist eine Abweichung vom Überwachungskonzept nicht nur zulässig, sondern auch geboten. Inhalt und Ausmaß der Überwachung ergeben sich weniger aus den formalen Festlegungen des Überwachungskonzepts als vielmehr aus den mit der Überwachung verfolgten Zielen. Die zuständige Behörde hat deshalb diejenigen Überwachungsmaßnahmen zu wählen, die zur Kontrolle der Umweltauswirkungen eines Plans oder Programms effektiv und erforderlich sind. 44

Dies kann im Einzelfall auch zu einer **Verringerung der Überwachungsanforderungen** gegenüber dem Überwachungskonzept führen, wenn sich beispielsweise herausstellt, dass die Umweltauswirkungen auch in einfacherer und kostengünstigerer Weise kontrolliert werden können als im Überwachungskonzept vorgesehen ist. Dies ist z.B. der Fall, wenn die planende Stelle ursprünglich selbst Umweltdaten erheben wollte, später aber feststellt, dass sie auch auf vorhandene Daten und Überwachungsergebnisse anderer Behörden zurückgreifen kann. Die Überwachung ist kein Selbstzweck. Sie kann sich auf diejenigen Maßnahmen beschränken, die den geringsten Aufwand verursachen, aber zur Erreichung der Ziele der Überwachung noch geeignet sind. 45

Eine weitere Konkretisierung der Anforderungen an die Überwachung ergibt sich aus der **funktionalen Verknüpfung von Umweltprüfung und Überwachung**. Die Anforderungen an Überwachungsmaßnahmen können nicht über jene an die Umweltprüfung hinausgehen,[51] sondern werden in aller Regel deutlich hinter jenen zurückbleiben. Überwachungsmaßnahmen müssen somit keinen wei- 46

47 *Bunge* UVP-report 2005, 124 (129); vgl. *Schink*, in: Schink/Reidt/Mitschang, UVPG/UmwRG, § 45 UVPG Rn. 9.
48 *Bunge* UVP-report 2005, 124 (129); vgl. auch *Roder*, in: Hendler u.a., Die Strategische Umweltprüfung, S. 225 (235).
49 *Gassner*, UVPG, § 14m Rn. 11.
50 SUP-Leitfaden des Umweltbundesamts (Fn. 36), S. 46.
51 *Roder*, in: Hendler u.a., Die Strategische Umweltprüfung, S. 225 (234).

teren Untersuchungsrahmen haben und keinen größeren Umfang oder höheren Detaillierungsgrad als die im Rahmen der Umweltprüfung vorgenommenen Untersuchungsmaßnahmen. Alle Beschränkungen, die das Gesetz für die Umweltprüfung vorhält, gelten erst recht auch für die Überwachung. Sie bezieht sich wie die Umweltprüfung nur auf Tatsachen, die mit **zumutbarem Aufwand** ermittelt werden können, und sie berücksichtigt den **gegenwärtigen Wissensstand** der Behörde, bekannte Äußerungen der Öffentlichkeit, allgemein anerkannte Prüfungsmethoden, Inhalt und Detaillierungsgrad des Plans oder Programms sowie dessen Stellung im Entscheidungsprozess (vgl. § 39 Abs. 2 Satz 2). Die Genauigkeit hängt damit insbesondere auch von der Planungsebene ab.[52]

47 Ebenso wie die Umweltprüfung lässt sich auch das Monitoring bei Planungen auf verschiedenen Planungsebenen in der Weise **abschichten**, dass auf nachfolgenden Planungsebenen nur noch diejenigen Umweltauswirkungen betrachtet werden, die nicht bereits der Überwachung auf einer höheren Ebene unterliegen (vgl. § 39 Abs. 3).[53]

48 Soweit im Rahmen der Überwachung Umweltuntersuchungen erforderlich sind, kann die zuständige Behörde diese bei entsprechender Sachkenntnis (unter Anwendung allgemein anerkannter Prüfungsmethoden) selbst durchführen. Dabei muss die Überwachung nicht direkt an den Umweltauswirkungen ansetzen (also nach einer Veränderung der Umweltmedien forschen), sondern kann auch **indirekt** über die Beobachtung aussagefähiger Belastungsfaktoren erfolgen (z.B. bedarf es keiner Immissionsmessungen, wenn geeignete Emissionsdaten vorliegen).[54] Zur Organisation und praktischen Durchführung der Überwachung sei auf die weiterführende Literatur verwiesen.[55]

49 Soweit andere Behörden Untersuchungen durchführen, können die Untersuchungsergebnisse im Rahmen der Überwachung verwendet werden (s.u. Rdn. 59 ff.). Bereits vorhandene Datenquellen können genutzt werden (s.u. Rdn. 83 ff.).

VI. Ergebnisse der Überwachung

50 Die Überwachung soll Erkenntnisse dazu liefern, ob und welche erheblichen Umweltauswirkungen sich aus der Durchführung des Plans oder Programms ergeben. Zusätzlich soll festgestellt werden, ob sich auf Grund der Überwachungsergebnisse ein Handlungsbedarf ergibt, insbesondere bei unerwartet nachteiligen Auswirkungen Abhilfe zu schaffen ist. Die Behörde muss deshalb die gewonnenen Umweltdaten entsprechend **auswerten und bewerten**.[56] Auch wenn hierfür keine besondere Form und auch keine ausdrückliche Verpflichtung[57] vorgeschrieben ist, sollten periodisch wiederkehrende oder auf Grund bestimmter Ereignisse durchgeführte Überwachungsmaßnahmen durch einen **Überwachungsbericht**[58] abgeschlossen werden, in welchem die erheblichen Umweltauswirkungen, die Abweichungen gegenüber den der Planung zugrunde gelegten Annahmen und die Haltung der Behörde zur Notwendigkeit von Abhilfemaßnahmen dokumentiert werden sollten. Dieser Überwachungsbericht kann dann der Öffentlichkeit gemäß Abs. 4 zur Verfügung gestellt werden.

---

52 *Bunge* UVP-report 2005, 124 (127).

53 *Bunge* UVP-report 2005, 124 (127); *Balla* UVP-report 2005, 131 (133); *Peters/Balla/Hesselbarth,* UVPG, § 45 Rn. 7.

54 *Roder,* in: Hendler u.a., Die Strategische Umweltprüfung, S. 225 (231); *Peters/Balla/Hesselbarth,* UVPG, § 45 Rn. 8 ff.

55 S. insbesondere *Roder,* in: Hendler u.a., Die Strategische Umweltprüfung, S. 225 (239 ff.); Interpretationsleitfaden der EU-Kommission (Fn. 18), Anh. I, S. 63 ff.; SUP-Leitfaden des Umweltbundesamts (Fn. 36), S. 46 ff.; *Gassner/Winkelbrandt/Bernotat,* UVP, S. 385 ff.

56 *Roder,* in: Hendler u.a., Die Strategische Umweltprüfung, S. 225 (233); *Schink,* in: Schink/Reidt/Mitschang, UVPG/UmwRG, § 45 UVPG Rn. 10.

57 *Schink,* in: Schink/Reidt/Mitschang, UVPG/UmwRG, § 45 UVPG Rn. 10.

58 Vgl. *Halama,* in: Berkemann/Halama, Erstkommentierungen zum BauGB 2004, § 4c BauGB Rn. 30.

VII. Überwachungspflicht und Abhilfemaßnahmen

§ 45 normiert eine rechtliche **Pflicht** zur Überwachung. Über Abs. 1 Satz 2 und im Wege der behördlichen Selbstbindung entfaltet auch das festgelegte Überwachungskonzept rechtliche Bindungen. Die Einhaltung dieser Pflichten kann durch die jeweils zuständige Aufsichtsbehörde überprüft und durchgesetzt werden. 51

Subjektive Rechte Dritter, insbesondere der Planbetroffenen, werden durch § 45 nicht begründet. 52
Auch die SUP-Richtlinie sieht solche Rechte nicht vor.[59] Somit besteht – jedenfalls auf der Grundlage dieser Vorschriften – kein Anspruch auf Durchführung von Überwachungsmaßnahmen.[60] Dies schließt indes nicht aus, dass entsprechende Rechte durch andere Rechtsvorschriften oder unmittelbar durch den Plan oder das Programm begründet werden. Sofern der Plan oder das Programm mit seinen konkreten Aussagen dem Schutz eines hinreichend konkretisierten Personenkreises dient und zur Sicherstellung dieses Schutzes und aus Gründen der Nachhaltigkeit auch entsprechend individualisierte Überwachungsmaßnahmen vorsieht, begründet die Festlegung entsprechender Maßnahmen im Zusammenhang mit dem Plan subjektive öffentliche Rechte der hierdurch geschützten Personen. Bei den der Strategischen Umweltprüfung unterliegenden Plänen und Programmen dürfte es aber regelmäßig an der nach der Schutznormtheorie erforderlichen Individualisierung oder dem hierfür nötigen Konkretisierungsgrad der Planung fehlen.

Stellt die für die Überwachung zuständige Behörde unvorhergesehene nachteilige Umweltaus- 53
wirkungen fest, kann sie oder die nach Maßgabe des jeweiligen Fachrechts hierfür zuständige und befugte Behörde geeignete Abhilfemaßnahmen ergreifen (vgl. Abs. 1 Satz 1 2. HS). Eine **Pflicht zur Abhilfe besteht dagegen nicht.**[61] Da auch Art. 10 SUP-RL keine Abhilfe gebietet, kann eine solche Pflicht auch nicht mit der Notwendigkeit einer effektiven Umsetzung des Europarechts begründet werden.[62] Je nach dem Ausmaß der festgestellten Umweltauswirkungen kann sich eine entsprechende Verpflichtung aus Vorschriften des Fachrechts ergeben, so z.B., wenn ein Anspruch auf nachträgliche Schutzvorkehrungen besteht. Drohen Gesundheitsgefahren oder andere schlechterdings unzumutbare Nachteile für grundrechtlich geschützte Rechtsgüter, kann im Ausnahmefall auch eine Planänderung zur Vermeidung einer Grundrechtsbeeinträchtigung geboten sein.[63]

VIII. Berücksichtigung der Ergebnisse der Überwachung bei einer erneuten Aufstellung oder einer Änderung des Plans oder Programms (§ 45 Abs. 4)

Die Überwachung ist kein Selbstzweck. Sie soll im Interesse eines wirksamen Umweltschutzes Kor- 54
rekturen und ein Nachsteuern ermöglichen, wenn sich bei der Durchführung eines Plans oder Programms andere als die vorhergesehenen Umweltauswirkungen ergeben. Die Überwachung ist somit einerseits Nachkontrolle, andererseits aber auch Vorbereitung künftiger Planänderungen oder -ergänzungen. Demgemäß ist es nur selbstverständlich, dass das Gesetz die Ergebnisse der Über-

59 Teilweise wird jedoch erwogen, ob sich aus dem effet-utile-Gedanken subjektive Rechte auf ein effektives Monitoring ableiten lassen, so z.B. *Stüer/Sailer* BauR 2004, 1392 (1400).

60 Ebenso *Peters/Balla/Hesselbarth,* UVPG, § 45 Rn. 27.

61 *Roder,* in: Hendler u.a., Die Strategische Umweltprüfung, S. 225 (233); *Uechtritz BauR 2005, 1859* (1878); *Rautenberg* NVwZ 2005, 1009 (1012); *Schink*, in: Schink/Reidt/Mitschang, UVPG/UmwRG, § 45 UVPG Rn. 12; *Peters/Balla/Hesselbarth,* UVPG, § 45 Rn. 27; unpräzise (»nicht unbedingt«) der Interpretationsleitfaden der EU-Kommission (Fn. 18), Ziff. 8.13, S. 51; widersprüchlich *Stüer/Sailer* BauR 2004, 1392, die eine Pflicht zur Abhilfe zunächst anklingen lassen (S. 1396, 1397), dann auf Ausnahmefälle beschränken (S. 1399), aber sogleich wieder in Gestalt eines Gebots zur effektiven Umsetzung des Europarechts (S. 1400) postulieren.

62 Abzulehnen daher *Stüer/Sailer* BauR 2004, 1392 (1400 f.), die mit dieser Begründung sogar eine Einschränkung bestandskräftiger Zulassungsentscheidungen fordern.

63 Hierzu *Stüer/Sailer* BauR 2004, 1392 (1399), deren weitergehende Auffassung, Entsprechendes gelte auch für umweltrechtliche Belange, jedoch nicht geteilt werden kann; wie hier auch *Peters/Balla/Hesselbarth,* UVPG, § 45 Rn. 27.

wachung in künftigen Planungsverfahren berücksichtigt haben will. **Berücksichtigen**[64] bedeutet wie allgemein, dass die im Zuge der Überwachung gewonnenen Umweltinformationen in einen künftigen Planungsprozess eingeführt und dort zum Gegenstand der Abwägung gemacht werden müssen, sofern sie für eine derartige Planung überhaupt relevant sein können (insbesondere innerhalb des Untersuchungsrahmens einer künftigen Umweltprüfung liegen).[65] Die Ergebnisse der Überwachung gehören dann zum »gegenwärtigen Wissensstand« und sind daher bei künftigen Planungen gemäß § 39 Abs. 2 Satz 2 in den Umweltbericht aufzunehmen.

55 Die Pflicht zur Berücksichtigung der Ergebnisse der Überwachung obliegt der **für die Strategische Umweltprüfung zuständigen Behörde** auch dann, wenn abweichend von Abs. 2 eine andere Behörde für die Überwachung zuständig ist. Die für die Überwachung zuständige Behörde hat der für die Strategische Umweltprüfung zuständigen Behörde die Ergebnisse der Umweltprüfung gem. Abs. 4 1. HS zugänglich zu machen.

C. Zuständigkeit

56 Für die Überwachung ist nach Abs. 2 diejenige Behörde zuständig, die auch die **Strategische Umweltprüfung** durchführt. Dies ist sinnvoll, da die Überwachung auf den Ergebnissen der Umweltprüfung aufbaut, im Regelfall gemäß den Vorgaben im Umweltbericht durchgeführt wird und Material liefert, das bei einer Planänderung wiederum Eingang in die Umweltprüfung finden soll. Liegt dieser Prozess in der Hand einer Behörde, ist im Allgemeinen am ehesten gesichert, dass Umweltprüfung und Überwachung problemlos ineinandergreifen und Informationen nicht verloren gehen.

57 Das UVPG knüpft die Zuständigkeit für die Überwachung indes nicht zwingend an jene für die Durchführung der Strategischen Umweltprüfung. Sowohl der Bund wie auch die Länder können im Rahmen ihrer jeweiligen Gesetzgebungskompetenz **abweichende Regelungen** treffen. Solche Regelungen kommen beispielsweise in Betracht, wenn eine von der Planungsbehörde unabhängige Kontrollinstanz eingeführt oder eine einheitliche Überwachung bestimmter Plan- oder Programmarten gewährleistet werden soll.[66]

58 Gemeinschaftsrechtlich bestehen hiergegen keine Bedenken. Art. 10 Abs. 1 SUP-RL schreibt weder eine Trennung zwischen Planungsträger und Überwachungsbehörde noch eine einheitliche Zuständigkeit vor.[67]

D. Informationsbeschaffung bei anderen Behörden

I. Informationsverschaffungsanspruch und Amtshilfe

59 Nach Abs. 3 sind andere Behörden verpflichtet, die für die Überwachung zuständige Behörde in der Weise bei der Wahrnehmung ihrer Aufgaben zu unterstützen, dass sie ihr alle Umweltinformationen zur Verfügung stellen, die für die Überwachung erforderlich sind. Die für die Überwachung zuständige Behörde soll sich auf diese Weise die **Kenntnisse und Fähigkeiten der Fachbehörden** zunutze machen können. Hierdurch soll vermieden werden, dass unnötige und kostspielige Untersuchungen vorgenommen werden.[68] Die Regelung des Abs. 3 wird ergänzt durch die denselben Zwecken dienende Bestimmung des Abs. 5, wonach bestehende Überwachungsmechanismen, Daten und Informationsquellen genutzt werden können. Anders als Abs. 5 begründet Abs. 3 jedoch einen Anspruch der für

64 Siehe auch § 53 Abs. 3 Nr. 5, wonach das Bundesministerium für Verkehr und digitale Infrastruktur ermächtigt ist, besondere Bestimmungen über die Berücksichtigung von Ergebnissen der Überwachung bei Verkehrswegeplanungen auf Bundesebene zu erlassen.

65 Vgl. *Bunge* UVP-report 2005, 124 (125); *Roder,* in: Hendler u.a., Die Strategische Umweltprüfung, S. 225 (233).

66 So die Gesetzesbegründung, BT-Drs. 15/3441, S. 35.

67 *Halama,* in: Erstkommentierungen zum BauGB 2004, § 4c Rn. 8.

68 *Schink*, in: Schink/Reidt/Mitschang, UVPG/UmwRG, § 45 UVPG Rn. 4.

die Überwachung zuständigen Behörde auf Überlassung von Umweltinformationen durch andere Behörden.

60 Die Informationsverschaffung durch andere Behörden wird als **Amtshilfe** verstanden.[69] Diese Qualifizierung ist insoweit nahe liegend, als gerade die Informationsübermittlung zwischen Behörden einen klassischen Fall der Amtshilfe gemäß §§ 4 ff. VwVfG darstellt. Amtshilfe liegt allerdings nach § 4 Abs. 2 Nr. 2 VwVfG nicht vor, wenn die Hilfeleistung in Handlungen besteht, die der ersuchten Behörde als eigene Aufgabe obliegen. Um eigene Aufgaben handelt es sich, wenn die ersuchte Behörde aufgrund eines Gesetzes selbst zu dem in Frage stehenden Verwaltungshandeln verpflichtet ist.[70] Von einer Verpflichtung, die einer Behörde als eigene Aufgabe obliegt, ist jedoch **eine gesetzlich geregelte Verpflichtung zur Amtshilfe** zu unterscheiden. Gehört eine bestimmte gesetzlich angeordnete Hilfeleistung nicht zum eigentlichen Aufgabenbereich einer Behörde, sondern wird sie lediglich als verlängerter Arm einer anderen Behörde tätig, so wird sie nicht in Ausübung eigener Aufgaben tätig, sondern erbringt eine gesetzlich besonders geregelte Amtshilfe. Das ist beispielsweise der Fall, wenn Gemeinden im Rahmen eines Planfeststellungsverfahrens einen Plan öffentlich auslegen.[71] Nicht anders ist der vorliegende Fall zu behandeln, dass eine Behörde kraft gesetzlicher Anordnung zur Übermittlung von Informationen verpflichtet ist, die sie zwar im Rahmen ihrer eigenen Aufgaben erhoben hat oder verwenden kann, mit deren Übermittlung aber keine eigene Aufgabe erfüllt wird. Somit ist die Informationsverschaffung durch andere Behörden Amtshilfe im Sinne der §§ 4 ff. VwVfG. Die allgemeinen Bestimmungen der Amtshilfe können bei der Anwendung des Abs. 3 ergänzend herangezogen werden. Insbesondere gelten die allgemeinen Grenzen der Amtshilfe (s. Rdn. 62–65).

II. Verpflichteter des Informationsverschaffungsanspruchs

61 Der Anspruch richtet sich gegen »andere Behörden«. Mangels anderweitiger Regelung ist davon auszugehen, dass das UVPG hiermit den **Behördenbegriff** des § 1 Abs. 4 VwVfG übernimmt. Der Anspruch richtet sich somit gegen jede Stelle, die Aufgaben der öffentlichen Verwaltung wahrnimmt, und zwar unabhängig davon, ob es sich um eine Bundes- oder Landesbehörde handelt.

III. Reichweite und Grenzen des Informationsverschaffungsanspruchs

1. Erforderlichkeit

62 Die für die Überwachung zuständige Behörde hat nur Anspruch auf solche Umweltinformationen, die **für die Überwachung erforderlich** sind. Welche Informationen erforderlich sind, richtet sich in erster Linie nach Art und Umfang der geplanten und festgelegten Überwachungsmaßnahmen und damit nach dem Überwachungskonzept der Behörde. Im Zweifel muss die anfordernde Behörde belegen, dass die gewünschten Umweltinformationen für die Durchführung der Überwachung notwendig sind. Sie kann nicht pauschal und in großem Umfang Umweltinformationen anfordern, wenn nur sehr punktuelle und auf einzelne Umweltparameter bezogene Überwachungsmaßnahmen vorgesehen sind. Andererseits dürfen die Nachweispflichten der anfordernden Behörde auch nicht überspannt werden. Der Umfang der zur Verfügung zu stellenden Informationen muss sich stets danach richten, was für eine möglichst einfache und effektive Überwachung nötig ist.

63 Die ersuchte Behörde kann die Information auch dann verweigern, wenn eine **andere Behörde** dies wesentlich einfacher oder mit wesentlich geringerem Aufwand bewerkstelligen kann (§ 5 Abs. 3 Nr. 1 VwVfG).

---

69 *Halama*, in: Erstkommentierung zum BauGB 2004, § 4c Rn. 44 (zu § 4 Abs. 3 BauGB); *Gassner*, UVPG, § 14m Rn. 20; *Peters/Balla/Hesselbarth*, UVPG, § 45 Rn. 20.

70 *Schliesky*, in: Knack/Henneke, VwVfG, § 4 Rn. 23; *Kopp/Ramsauer*, VwVfG, § 4 Rn. 26.

71 OVG Koblenz, Urt. v. 28.09.1977 – 7 A 68/76, DÖV 1978, 377.

2. Unverhältnismäßigkeit

64 Bei umfangreichen Überwachungsmaßnahmen und dementsprechend großem Informationsbedarf der für die Überwachung zuständigen Behörde kann die ersuchte Behörde die für die Überwachung erforderlichen Umweltinformationen auch dann verweigern, wenn die Zusammenstellung oder Übermittlung dieser Informationen einen **unverhältnismäßig großen Aufwand** mit sich bringt (§ 5 Abs. 3 Nr. 2 VwVfG). Im Rahmen der hierbei zu treffenden **Ermessensentscheidung** muss sie jedoch den ihr entstehenden Aufwand mit dem Informationsbedürfnis der ersuchenden Behörde abwägen. Sie wird dann vorrangig nach Möglichkeiten suchen müssen, die erbetenen Informationen in anderer Form zur Verfügung zu stellen. Beispielsweise kann die Anforderung digitaler Daten unverhältnismäßig sein, wenn eine aufwändige Digitalisierung erforderlich wäre, die Überlassung in Papierform vorhandener Unterlagen aber zumutbar sein. Müssten in großer Zahl Kopien hergestellt werden und könnte die ersuchte Behörde dies nicht leisten, könnte der ersuchenden Behörde als milderes Mittel gegenüber der Ablehnung auch die Einsichtnahme in vorhandene Unterlagen angeboten werden.

3. Sonstige Grenzen der Amtshilfe

65 Die weiteren in § 5 VwVfG enthaltenen Ausschlussgründe dürften in Bezug auf die Übermittlung von Umweltinformationen keine praktische Relevanz haben. So ist kaum vorstellbar, dass durch die Informationsübermittlung **Belange des Bundes oder eines Landes** erheblich beeinträchtigt werden (vgl. § 5 Abs. 2 Satz 1 Nr. 2 VwVfG). Sofern nicht ein unverhältnismäßiger Aufwand vorliegt, wird die Informationsübermittlung regelmäßig auch nicht die **Erfüllung der eigenen Aufgaben** der ersuchten Behörde ernstlich gefährden (vgl. § 5 Abs. 3 Nr. 3 VwVfG). Schließlich sind auch **rechtliche Gründe** nicht ersichtlich, die der Informationsübermittlung entgegenstehen könnten (vgl. § 5 Abs. 2 Satz 1 Nr. 1 und Satz 2 VwVfG). Der Grundsatz der Amtsverschwiegenheit und der Geheimnisschutz gemäß § 30 VwVfG stehen der Übermittlung nicht entgegen. Denn zum einen unterliegt auch die für die Überwachung zuständige Behörde diesen Vorschriften und zum anderen besteht nach Abs. 3 gerade eine rechtliche Verpflichtung zur Überlassung der Umweltinformationen. Die Überlassung erfolgt somit nicht unbefugt im Sinne des § 30 VwVfG.[72]

IV. Anspruch auf Informationsermittlung

66 Der Anspruch auf Informationsverschaffung ist (anders als nach der Vorschrift des § 4 Abs. 3 BauGB) dem Wortlaut nach nicht begrenzt auf Umweltinformationen, die bei der ersuchten Behörde **vorliegen**. Dem Wortlaut nach könnte die ersuchte Behörde somit auch verpflichtet sein, bei ihr aktuell **nicht vorhandene** Umweltinformationen zu erheben, zu ermitteln und dann der für die Überwachung zuständigen Behörde zu übermitteln. Das Gesetz schließt einen solchen Anspruch auf **Informationsermittlung** nicht aus. Ein solches Ersuchen widerspräche auch nicht dem Wesen der Amtshilfe, die auch für den Fall vorgesehen ist, dass die ersuchende Behörde benötigte Informationen selbst nicht ermitteln kann (siehe § 5 Abs. 1 Nr. 3 VwVfG).

67 Erkennt man somit grundsätzlich einen Anspruch auf Informationsermittlung an, werden die Grenzen der Amtshilfeverpflichtung jedoch früher erreicht sein als bei der Übermittlung vorhandener Umweltinformationen. Zur Erhebung von Umweltinformationen kann die ersuchte Behörde nur verpflichtet sein, wenn dies in ihre **Zuständigkeit** fällt und sie zur Erhebung der Informationen **rechtlich befugt** ist (§ 5 Abs. 2 Satz 1 Nr. 1 VwVfG). An der Befugnis kann es beispielsweise fehlen, wenn Grundwasseruntersuchungen vorzunehmen sind, die ersuchte Behörde aber nicht berechtigt ist, die hierfür in Betracht kommenden Grundstücke zu betreten. Weiterhin wird nur diejenige Behörde zur Ermittlung von Umweltinformationen verpflichtet sein, die die gewünschten Untersuchungen auch tatsächlich leisten kann. Anfragen zu Schadstoffkonzentrationen in einem Gewässer

72 *Schliesky*, in: Knack/Henneke, VwVfG, § 5 Rn. 38.

können z.B. an die für die Gewässeraufsicht zuständige Behörde gerichtet werden, nicht aber an die Gemeinde, in deren Gebiet das Gewässer liegt.

V. Durchsetzung des Informationsverschaffungsanspruchs

In Streitfällen gilt § 5 Abs. 5 VwVfG. Besitzen beide Behörden eine gemeinsame fachliche **Aufsichtsbehörde**, entscheidet diese. Die Aufsichtsbehörde kann ihre Rechtsauffassung notfalls mit aufsichtsrechtlichen Mitteln durchsetzen. Dies dürfte in der Praxis weitere Streitigkeiten ausschließen. Besitzen die Behörden keine gemeinsame fachliche Aufsichtsbehörde, entscheidet nach § 5 Abs. 5 Satz 2 VwVfG die für die ersuchte Behörde fachlich zuständige Aufsichtsbehörde. Hält diese die Einwände der ersuchten Behörde für begründet, bleibt also das aufsichtsbehördliche Verfahren für die ersuchende Behörde ohne Erfolg, kann diese ihren Informationsverschaffungsanspruch gerichtlich durchsetzen. Da die Ablehnung des Amtshilfeersuchens in der Regel kein Verwaltungsakt ist,[73] kann die für die Überwachung zuständige Behörde die angeforderten Umweltinformationen im Wege der **allgemeinen Leistungsklage** vor den Verwaltungsgerichten einklagen. Wurde das aufsichtsbehördliche Verfahren nach § 5 Abs. 5 Satz 2 VwVfG nicht durchgeführt, ist die Leistungsklage wegen fehlenden Rechtsschutzbedürfnisses unzulässig.[74] 68

VI. Kosten der Informationsverschaffung

Die zur Übermittlung von Umweltinformationen verpflichtete Behörde kann hierfür keine Verwaltungsgebühr berechnen (§ 8 Abs. 1 Satz 1 VwVfG). Sie ist jedoch berechtigt, der anfordernden Behörde die ihr entstandenen Auslagen in Rechnung stellen, wenn diese im Einzelfall 35,00 EUR übersteigen; dies gilt jedoch nicht, wenn beide Behörden demselben Rechtsträger angehören (§ 8 Abs. 1 Satz 2 und 3 VwVfG). 69

E. Information der Öffentlichkeit und anderer Behörden über die Ergebnisse der Überwachung

Nach Abs. 4 sind die Ergebnisse der Überwachung der Öffentlichkeit und den beteiligten Behörden zugänglich zu machen und bei einer erneuten Aufstellung oder einer Änderung des Plans oder Programms zu berücksichtigen.[75] 70

I. Information der Öffentlichkeit

1. Information nach den Vorschriften des Bundes oder der Länder über den Zugang zu Umweltinformationen

Der Zugang zu Umweltinformationen ist für Bundesbehörden im Umweltinformationsgesetz (UIG) geregelt. Das Informationsfreiheitsgesetz des Bundes (IFG)[76] findet kraft der in § 1 Abs. 3 IFG angeordneten Subsidiarität dagegen keine Anwendung.[77] Das Recht auf Zugang zu Umweltinformationen in den Ländern ist uneinheitlich. Während in manchen Bundesländern weitreichende Informationsfreiheitsgesetze bestehen, existieren in anderen Ländern nur beschränkte Informationszugangsrechte.[78] Das bedeutet jedoch nicht, dass Abs. 4 in Ländern ohne entsprechende Regelungen leer liefe. Da die Umweltinformations-Richtlinie der EG[79] auch in den Bundesländern umzusetzen 71

73 *Schliesky*, in: Knack/Henneke, VwVfG, § 5 Rn. 70; *Kopp/Ramsauer* VwVfG, § 5 Rn. 38.
74 *VG Minden*, Urt. v. 21.04.1988 – 2 K 909/86, NWVBl 1988, 385.
75 S. zur Berücksichtigungspflicht oben Rdn. 54.
76 S. hierzu *Kugelmann* NJW 2005, 3609; *Schmitz/Jastrow* NVwZ 2005, 984.
77 *Schmitz/Jastrow* NVwZ 2005, 984, 989.
78 S. die Übersicht bei *Fluck/Fischer/Martini*, Informationsfreiheitsrecht, Teil C.
79 Richtlinie 2003/4/EG des Europäischen Parlaments und des Rates vom 28.01.2003 über den Zugang der Öffentlichkeit zu Umweltinformationen und zur Aufhebung der Richtlinie 90/313/EWG des Rates (ABl Nr. L 41 vom 14.02.2003, S. 26 ff.).

war und mit Aufhebung des alten UIG, das auch für die Länder galt, insoweit ein Umsetzungsdefizit eingetreten ist, gilt die Umweltinformations-Richtlinie in Bundesländern, die über keine ausreichenden Vorschriften über den Zugang zu Umweltinformationen verfügen, unmittelbar.[80]

2. Verhältnis zu den Umweltinformations- und Informationsfreiheitsgesetzen

72 Da Abs. 4 zumindest für die Information der Öffentlichkeit in vollem Umfang auf die Umweltinformations- und Informationsfreiheitsgesetze des Bundes und der Länder verweist, ist fraglich, ob die Vorschrift – jedenfalls in Bezug auf die Öffentlichkeit – überhaupt eine eigenständige Verpflichtung zur Informationsgewährung und dieser korrespondierend einen eigenständigen Anspruch auf Zugang zu den Ergebnissen der Überwachung regelt. Ein solcher eigenständiger Anspruch könnte zwar rechtlich neben den anderweitig geregelten Informationszugangsrechten stehen. So bestimmt beispielsweise § 3 Abs. 1 Satz 2 UIG, dass andere Ansprüche auf Zugang zu Informationen unberührt bleiben. Der pauschale Verweis auf die Umweltinformationsvorschriften in anderen Gesetzen spricht aber wohl dafür, dass der Gesetzgeber in Abs. 4 **keine zusätzlichen Ansprüche** der Öffentlichkeit regeln wollte (und lediglich in Bezug auf deren Ausgestaltung im Sinne einer Rechtsfolgenverweisung auf andere Gesetze verweisen wollte). Stattdessen werden die Umweltinformationsvorschriften in anderen Gesetzen dem Grunde nach (Rechtsgrundverweisung) für anwendbar erklärt.[81] Hierfür spricht nicht zuletzt, dass kaum angenommen werden kann, dass der Bundesgesetzgeber auch für dem Landesrecht unterliegende Umweltinformationen eigenständige Umweltinformationsansprüche in Abs. 4 regeln wollte.

3. Die zur Information verpflichtete Behörde

73 Verpflichtet ist in erster Linie die **für die Überwachung zuständige Behörde**. Diese führt die Überwachung durch oder ist jedenfalls für ihre Durchführung verantwortlich. Sie muss deshalb auch die Ergebnisse der Überwachung feststellen. Bei ihr liegen die Informationen vor, die im Zuge der Überwachung gewonnen wurden und die nach Abs. 4 der Öffentlichkeit und den beteiligten Behörden zugänglich gemacht werden sollen.

74 Da Abs. 4 für die Öffentlichkeit vollständig auf die Vorschriften des Bundes und der Länder über den Zugang zu Umweltinformationen verweist, richtet sich die Frage, welche **weiteren Stellen** zur Informationsgewährung verpflichtet sind, nach diesen Vorschriften. Sie enthalten keine Beschränkung in dem Sinne, dass lediglich die Behörde, die in einem von ihr geführten Überwachungsverfahren Umweltinformationen gewonnen hat, zu deren Überlassung verpflichtet wäre. Für den Anspruch auf Zugang zu Umweltinformationen ist nicht entscheidend, wie und von wem solche Informationen gewonnen wurden, sondern dass sie bei einer informationspflichtigen Stelle vorliegen (vgl. § 3 Abs. 1 Satz 1 UIG). Da die Definition der informationspflichtigen Stellen denkbar weit ist (siehe z.B. § 2 Abs. 1 UIG), ist nach den Umweltinformations- und Informationsfreiheitsgesetzen von jeder Stelle der öffentlichen Verwaltung[82] Zugang zu Umweltinformationen zu gewähren. Damit ist auch nach Abs. 4 jede dieser informationspflichtigen Stellen verpflichtet, der Öffentlichkeit Zugang zu den bei ihr vorliegenden Ergebnissen der Überwachung zu gewähren.

---

80 VGH Kassel, Beschl. v. 04.01.2006 – 12 Q 2828/05, NuR 2006, 239; VG Stuttgart, Beschl. v. 12.12.2005 – 16 K 379/05, NuR 2006, 194.

81 Die Regelung ist damit (in Bezug auf die Öffentlichkeit) überflüssig. Sie dient allenfalls der Klarstellung, dass die Ergebnisse der Überwachung (Umwelt-) Informationen im Sinne der Umweltinformations- und Informationsfreiheitsgesetze sind.

82 Einschließlich privater Personen, die unter der Kontrolle einer Stelle der öffentlichen Verwaltung stehen (vgl. § 2 Abs. 1 Nr. 2 UIG).

II. Information anderer Behörden

Abs. 4 sieht vor, dass die Ergebnisse der Überwachung nicht nur der Öffentlichkeit, sondern auch den in § 41 genannten Behörden zugänglich zu machen sind. **Informationsberechtigt** sind daher diejenigen Behörden, deren umwelt- und gesundheitsbezogener Aufgabenbereich durch den Plan oder das Programm berührt wird. Ob dies der Fall ist, richtet sich nach den Verhältnissen und Erkenntnissen in dem Zeitpunkt, in dem die zur Information verpflichtete Behörde über die Informationsgewährung entscheidet. Der Kreis der berechtigten Behörden wird sich in der Praxis zwar meist mit jenem der während der Aufstellung des Plans oder Programms beteiligten Behörden decken. Ergibt sich aber während der Durchführung des Plans oder Programms – möglicherweise als Ergebnis der Überwachung –, dass der Plan oder das Programm unvorhergesehene Auswirkungen hat und führen diese Auswirkungen nun dazu, dass auch der Aufgabenbereich einer bisher nicht beteiligten Behörde berührt wird, ist auch dieser Behörde Zugang zu den Ergebnissen der Überwachung zu gewähren. 75

Für die Information der in ihrem Aufgabenbereich berührten Behörden verweist das Gesetz nicht auf die Regelungen in den Umweltinformations- und Informationsfreiheitsgesetzen. Zumindest insoweit regelt Abs. 4 daher eine **eigenständige Informationsverpflichtung** und einen Anspruch auf Informationsgewährung. Es fragt sich, ob der dem Wortlaut nach weite Kreis der **zur Information verpflichteten Stellen** eingeschränkt ist, etwa um aus Gründen der Verwaltungsökonomie die Informationsgewährung bei der für die Überwachung zuständigen Stelle zu konzentrieren. Für ein solches enges Verständnis der Vorschrift spricht, dass sonst jede informationsberechtigte Behörde nach Erhalt der Informationen ihrerseits informationspflichtig würde. Die Pflicht zur Informationsgewährung würde hierdurch ohne Not vervielfacht und auf Behörden erstreckt, die lediglich am Ergebnis der Überwachung ein Interesse haben, für die Überwachung selbst aber nicht zuständig sind. Möglichen Einwänden, dass solche Folgen im Interesse eines möglichst unbeschränkten Informationsflusses hinzunehmen seien, ist entgegenzuhalten, dass davon auszugehen ist, dass die für die Überwachung zuständige Behörde auch ihre Verpflichtung zur Informationsgewährung erfüllen wird oder hierzu notfalls von ihrer Aufsichtsbehörde angewiesen wird. Zur Information der in ihrem Aufgabenbereich berührten Behörden ist daher nur die für die Überwachung zuständige Behörde verpflichtet. 76

III. Ergebnisse der Überwachung

Der Pflicht zur Informationsgewährung unterliegen die *Ergebnisse* der Überwachung (s. auch oben Rdn. 50). Der Plural macht deutlich, dass sich die Information nicht auf die Beantwortung einer einzelnen Frage, etwa auf die Mitteilung, dass im Zuge der Überwachung keine unvorhergesehenen Umweltauswirkungen festgestellt wurden, beschränken darf. Auch eine kurz gefasste Zusammenfassung der wesentlichen Erkenntnisse, die aus der Überwachung gewonnen wurden, genügt nicht. Denn nach dem Wortlaut müssen alle Ergebnisse und nicht lediglich die **wesentlichen** Ergebnisse zugänglich gemacht werden. Die Pflicht zur Informationsgewährung erstreckt sich andererseits aber auch nicht auf den gesamten Akteninhalt und unter Umständen auch nicht auf alle im Zuge der Überwachung gesammelten Umweltinformationen. Die Beschränkung der Pflicht zur Informationsgewährung auf die »Ergebnisse« bedeutet, dass über rein vorbereitende Maßnahmen, Erkenntnisse außerhalb des eigentlichen Aufgabenbereichs der Überwachung, aber auch Zwischenergebnisse nicht informiert werden muss, wenn alle Ergebnisse der Überwachung beispielsweise in einem Abschlussbericht, in einem Sachverständigengutachten oder in anderer Weise zusammengefasst sind. Der Pflicht zur Informationsgewährung unterliegen dann nur diese **abschließenden Arbeitsergebnisse.** Soweit sich aus anderen Vorschriften eine weitergehende Informationsverpflichtung ergibt, steht Abs. 4 dem nicht entgegen. 77

78 Damit die Ergebnisse der Überwachung überhaupt anderen zur Verfügung gestellt werden können, müssen sie von der für die Überwachung zuständigen Behörde dokumentiert werden.[83] Aus den Akten der für die Überwachung zuständigen Behörde muss also hervorgehen, zu welchen Ergebnissen die Überwachung geführt hat, welche Feststellungen getroffen wurden und welche Schlussfolgerungen hieraus gezogen wurden. Eine bestimmte Form oder ein bestimmter Detaillierungsgrad ist nicht vorgeschrieben. Die Behörde ist insbesondere nicht verpflichtet, einen förmlichen Abschlussbericht zu erstellen. Dies kann gleichwohl sinnvoll sein (s. Rdn. 50).

IV. Zugänglich machen

79 Die Ergebnisse der Überwachung sind den Informationsberechtigten zugänglich zu machen.

1. Öffentlichkeit

80 Da sich der Anspruch der Öffentlichkeit auf Informationsgewährung in vollem Umfang nach den Umweltinformations- und Informationsfreiheitsgesetzen richtet, bestimmen diese Vorschriften auch, in welcher Weise die Informationen der Öffentlichkeit zugänglich gemacht werden. Der Zugang kann für den Anwendungsbereich des UIG des Bundes durch Auskunftserteilung, Gewährung von Akteneinsicht oder in sonstiger Weise eröffnet werden (§ 3 Abs. 2 Satz 1 UIG). Die Umweltinformationen werden nur auf Antrag zugänglich gemacht (§ 4 Abs. 1 UIG). Eine von einem Antrag unabhängige Veröffentlichung von Umweltinformationen ist nicht erforderlich,[84] sofern gesetzlich nichts anderes bestimmt ist.[85]

2. Behörden

81 Für die Information der in ihrem Aufgabenbereich berührten Behörden gelten die Vorschriften der Umweltinformations- und Informationsfreiheitsgesetze zwar nicht unmittelbar. Im Ergebnis wird die Behörde hier jedoch entsprechend verfahren. Auch den informationsberechtigten Behörden müssen die Ergebnisse der Überwachung innerhalb angemessener Frist und in möglichst einfacher, den Zugang nicht unnötig behindernder Art und Weise zugänglich gemacht werden.

82 Das Gesetz sagt nicht ausdrücklich, ob den berührten Behörden die Ergebnisse der Überwachung ebenso wie der Öffentlichkeit nur **auf Antrag** zur Verfügung gestellt werden müssen. Für die Behörden greift die Einschränkung der Umweltinformations- und Informationsfreiheitsgesetze, dass nur auf Antrag Zugang zu Umweltinformation gewährt wird, nicht. Anders als bei der Öffentlichkeit bedarf es hier auch keines Antragserfordernisses, um die an einer Information interessierten Personen identifizieren zu können. Denn die in ihrem Aufgabenbereich berührten Behörden sind bereits deshalb interessiert, weil ihre Zuständigkeit betroffen ist. Darüber hinaus dient die Informationsverpflichtung auch der in § 3 genannten wirksamen Umweltvorsorge. Die berührten Behörden können Umweltauswirkungen in ihrem Aufgabenbereich aber nur dann wirksam berücksichtigen, wenn sie hierüber informiert werden. Hierzu muss ihnen zur Kenntnis gebracht werden, dass entsprechende Umweltinformationen vorliegen. Die in ihrem Aufgabenbereich berührten Behörden müssen deshalb nicht nur während der Aufstellung eines Plans oder Programms automatisch beteiligt, sondern auch nach Durchführung von Überwachungsmaßnahmen **automatisch über deren Ergebnisse unterrichtet** werden. Dies bedeutet nicht, dass die für die Überwachung zuständige Behörde jeder einzelnen anderen Behörde umfangreiches Aktenmaterial übersenden müsste. Es genügt, dass andere Behörden über die Durchführung von Überwachungsmaßnahmen unter Angabe des betreffenden Plans oder Programms und der wesentlichen Ergebnisse kurz informiert werden. Wünschen informationsberechtigte Behörden darüber hinaus einen vollständigen Zugang zu den Ergebnissen der Überwachung, ist dieser selbstverständlich zu gewähren.

83 *Peters/Balla/Hesselbarth,* UVPG, § 45 Rn. 21.; SUP-Leitfaden des Umweltbundesamts (Fn. 36), S. 48.
84 *Peters/Balla/Hesselbarth,* UVPG, § 45 Rn. 21.
85 Siehe z.B. § 10 UIG.

F. Nutzung bestehender Überwachungsmechanismen, Daten- und Informationsquellen

I. Ziel der Regelung

Abs. 5 will unnötige Doppelprüfungen und unnötigen Verwaltungs- und Kostenaufwand bei der Durchführung der Überwachung vermeiden. Er regelt über seinen Wortlaut hinaus den allgemeinen Grundsatz, dass die für die Überwachung zuständige Behörde sich bei ihrer Überwachungstätigkeit **auf bereits vorhandene Daten stützen kann**, also nicht stets nur aktuell im Zeitpunkt der Überwachung erhobene Daten verwenden darf. Die Daten und Umweltinformationen müssen jedoch für die Überwachung geeignet sein. Das ist nicht der Fall, wenn der für die Überwachung zuständigen Behörde aufgrund des Alters der vorhandenen Informationen, aufgrund bekannter Veränderungen der Rahmenbedingungen oder aufgrund sonstiger Umstände erkennbar ist, dass das vorhandene Datenmaterial keine zutreffenden Aussagen mehr ermöglicht. 83

II. Bestehende Überwachungsmechanismen

Mit Überwachungsmechanismen sind laufende Datenerhebungen, Messungen, Umweltbeobachtungen oder sonstige regelmäßige Überwachungsmaßnahmen gemeint, die aufgrund gesetzlicher Vorschriften in einem festgelegten Verfahren durchgeführt werden. Der Begriff überschneidet sich mit jenem der »anderen Verfahren«, weshalb ergänzend auf die weiteren Erläuterungen hierzu verwiesen wird (unten Rdn. 87 ff.). Zu den bestehenden Überwachungsmechanismen zählen beispielsweise: 84

- die Überwachung anderer Pläne oder Programme auf derselben oder einer anderen Planungsebene nach § 45,
- die Überwachung der Luftqualität nach § 44 BImSchG,
- die Überprüfung von Geräuschquellen und ihren Auswirkungen in der Lärmminderungsplanung nach §§ 47c, 47d BImSchG,
- die Umweltbeobachtung nach § 6 BNatSchG und entsprechendem Landesrecht,
- das Monitoring nach Art. 11 der Fauna-Flora-Habitat-Richtlinie (92/43/EWG),
- das Monitoring nach der EG-Wasserrahmenrichtlinie (2000/60/EG) gemäß den Bestimmungen des Landeswasserrechts,
- das Monitoring von Altlasten und altlastenverdächtigen Flächen nach dem Bodenschutzrecht der Länder,
- die Raumbeobachtung der Raumordnung und Landesplanung nach dem Landesplanungsrecht.

Die bestehenden Überwachungsmechanismen liefern nur Daten und Ergebnisse; sie ersetzen nicht die Überwachung nach § 45. Denn sie sind gemäß dem jeweils spezifischen Regelungszweck des Gesetzes, in dem sie geregelt sind, mit teils sehr unterschiedlichen Zielen verbunden und betreffen jeweils nur einzelne Umweltmedien und möglicherweise auch nur einen kleinen Ausschnitt des für die Überwachung des Plans oder Programms relevanten Prüfungsgegenstandes.[86] Daten und Ergebnisse aus bestehenden Überwachungsmechanismen können somit lediglich die Ausgangsbasis für die Überwachung nach § 45 bilden. Die für die Überwachung zuständige Behörde muss in eigener Verantwortung prüfen, ob das so beigezogene Material für die Ziele der Überwachung ausreichend ist, ob ergänzende Untersuchungen oder Daten benötigt werden und ob die Ergebnisse noch aktuell sind.[87] 85

III. Bestehende Daten- und Informationsquellen

Außerhalb laufender Mess- oder Überwachungsverfahren kann sich die Behörde selbstverständlich auf die ihr zugänglichen Daten und Datenbanken stützen. Dabei kann es sich um behördeninterne oder -externe Informationsquellen handeln. Wesentlich ist nicht die Art der Informationsquelle, 86

86 Instruktiv erläutert durch *Bunge* UVP-report 2005, 124 (128) am Beispiel des Monitorings nach der Wasserrahmenrichtlinie.

87 *Peters/Balla/Hesselbarth,* UVPG, § 45 Rn. 23.

sondern die Zuverlässigkeit der Information und die Aussagefähigkeit der vorhandenen Daten für die Zwecke der Überwachung.

IV. Übernahme von Ergebnissen aus anderen Verfahren oder Tätigkeiten

87 Der Verweis in Abs. 5 Satz 2 auf § 40 Abs. 4 stellt klar, dass Ergebnisse auch aus Verfahren übernommen werden können, die nicht unmittelbar die Überwachung von Umweltparametern zum Gegenstand haben, sondern z.B. die Zulassung eines Vorhabens. Ergebnisse eines anderen Verfahrens sind z.B. auch die Ergebnisse einer FFH-Verträglichkeitsprüfung.

88 In diesem Sinne erfasst die Vorschrift auch Verfahren wie z.B. die Überwachung nach § 52 BImSchG, die Überwachung von Abfalldeponien nach Abfallrecht und die Überwachung der Gewässereigenschaften nach Wasserrecht. Im Rahmen der Überwachung kann auch auf Daten und Informationen zurückgegriffen werden, die von Anlagenbetreibern im Rahmen eines Verfahrens der Eigenkontrolle übermittelt werden.

89 Für die Überwachung relevante Umweltinformationen können sich auch aus Umweltprüfungen ergeben, die zeitlich nach dem zu überwachenden Plan oder Programm durchgeführt werden, beispielsweise für ein Vorhaben in unmittelbarer Nachbarschaft oder aber für Pläne oder Programme auf einer höheren oder niedrigeren Planungsebene.

§ 46 Verbundene Prüfverfahren

[1]Für einen Plan nach § 35 oder § 36, der einzeln oder im Zusammenwirken mit anderen Vorhaben, Projekten oder Plänen geeignet ist, ein Natura 2000-Gebiet erheblich zu beeinträchtigen, ist die Verträglichkeitsprüfung nach § 34 Absatz 1 des Bundesnaturschutzgesetzes im Verfahren zur Aufstellung oder Änderung des Plans vorzunehmen. [2]Die Strategische Umweltprüfung kann mit der Prüfung nach Satz 1 und mit anderen Prüfungen zur Ermittlung oder Bewertung von Umweltauswirkungen verbunden werden.

Übersicht

A. Allgemeines

I. Regelungsgegenstand und allgemeine Bedeutung

1 Die Vorschrift setzt Art. 11 Abs. 2 SUP-RL in nationales Recht um, geht über die SUP-RL aber insoweit hinaus als sie nicht nur Umweltprüfungen erfasst, die aufgrund gemeinschaftsrechtlicher Vorgaben geboten sind, sondern auch solche, die allein auf Vorschriften des nationalen Rechts beruhen. Die Regelung stellt klar, dass es auf die inhaltliche Übereinstimmung mit den jeweils geltenden (Verfahrens-)Vorschriften für Umweltprüfungen ankommt und nicht auf die verfahrensrechtliche Einkleidung und formale Trennung solcher Prüfungen.

II. Gesetzesgeschichte

Der Richtlinienvorschlag der Kommission[1] enthielt keine dem Art. 11 Abs. 2 SUP-RL entsprechende Regelung. Der heutige Text ist wortgleich mit dem Gemeinsamen Standpunkt des Rates vom 30.03.2000, der »zum Zweck stärkerer Rationalisierung« ein Bedürfnis für eine solche Regelung sah.[2] 2

Bei der Umsetzung in nationales Recht stieß der Entwurf des damaligen § 14n[3] im Gesetzgebungsverfahren nicht auf Widerspruch. Die Gesetzesfassung war identisch mit der Fassung des Gesetzentwurfs. Eine im Gesetzgebungsverfahren vorgeschlagene Ergänzung der Entwurfsfassung um eine Zuständigkeitsregelung für die Strategische Umweltprüfung[4] wurde nicht Gesetz. 3

Durch Art. 1 Nr. 19 UVP-Modernisierungsgesetz wurde der bisherige § 14n a.F. zu § 46 und um einen neuen Satz 1 ergänzt. Hierzu führt die Gesetzesbegründung aus, ähnlich wie bei der Parallelregelung in § 32 bezwecke die Vorschrift eine Stärkung der Wirksamkeit und Effizienz der Umweltprüfung sowie eine Verringerung des damit verbundenen Verwaltungsaufwands (vgl. Erwägungsgrund 37 der Richtlinie 2014/52/EU). Die Vorschrift stelle klar, dass bei Plänen, die einzeln oder im Zusammenwirken mit anderen Vorhaben, Projekten oder Plänen (z.B. Bebauungsplänen) geeignet sind, ein Natura 2000-Gebiet zu beeinträchtigen, die Prüfung nach § 34 BNatSchG im Verfahren zur Annahme oder Ablehnung des Plans vorgenommen werde. Die materiell-rechtliche Eigenständigkeit des § 34 BNatSchG bleibe hiervon unberührt.[5] 4

B. Verbindung mit der Natura 2000-Verträglichkeitsprüfung

Nach § 34 Abs. 1 BNatSchG ist zu prüfen, ob ein Plan mit den Erhaltungszielen eines FFH-Gebiets oder eines Europäischen Vogelschutzgebiets vereinbar ist. Während sich der Anwendungsbereich dieser Natura 2000-Verträglichkeitsprüfung und der Strategischen Umweltprüfung deckt, unterscheiden sich die **Zwecke beider Prüfungen**. Während die Strategische Umweltprüfung »nur« sicherstellen soll, dass Umweltbelange bei der Planung vollständig berücksichtigt werden, geht es bei der naturschutzrechtlichen Verträglichkeitsprüfung darum, das europäische Schutzgebietsnetz Natura 2000 vor Beeinträchtigungen zu schützen. Aus diesen unterschiedlichen Zwecken ergeben sich verschiedene Prüfungsinhalte und Prüfungsanforderungen, die jeweils beachtet werden müssen, aber einer gemeinsamen Prüfung nicht im Wege stehen.[6] Dabei ist zu beachten, dass die Verträglichkeitsprüfung nach § 34 Abs. 1 BNatSchG, auch wenn sie in verfahrensrechtlicher Hinsicht sehr detailarm ausgestattet ist, Besonderheiten aufweist. So ist es unter Umständen erforderlich, eine Stellungnahme der Kommission einzuholen (§ 34 Abs. 4 Satz 2 BNatSchG). Weiterhin sind die strengen Rechtsfolgen der Natura 2000-Verträglichkeitsprüfung bei der Entscheidung über den Plan zu beachten, die weit über das bloße Erfordernis des »Berücksichtigens« der Ergebnisse der Strategischen Umweltprüfung hinausgehen.[7] 5

§ 46 Satz 1 ändert an diesen **materiell-rechtlichen und verfahrensrechtlichen Unterschieden** nichts,[8] 6 sondern schreibt nur vor, dass die Natura 2000-Verträglichkeitsprüfung im Verfahren zur Aufstellung oder Änderung des Plans vorgenommen wird. Hierfür hätte es allerdings keiner besonderen Rege-

1 ABlEG C 129 v. 25.04.1997, S. 14.
2 ABlEG C 137 v. 16.05.2000, S. 11 ff.
3 BT-Drs. 15/3441; BR-Drs. 588/04.
4 Siehe Empfehlungen der Ausschüsse an den Bundesrat, BR-Drs. 588/2/04, sowie Stellungnahme des Bundesrates, BR-Drs. 588/04, S. 15.
5 BR-Drs. 164/17, S. 115.
6 *Bunge*, in: Hendler u.a. (Hrsg.), Die Strategische Umweltprüfung, S. 191 (206); *Peters/Balla/Hesselbarth*, UVPG, § 46 Rn. 6; *Sydow* DVBl 2006, 65 (70).
7 *Bunge*, in: Hendler u.a. (Hrsg.), Die Strategische Umweltprüfung, S. 191 (209).
8 BR-Drs. 164/17, S. 112; vgl. *Kommission*, Leitlinien zu Art. 2 Abs. 3 UVP-RL, ABlEU C 273 v. 27.07.2016, S. 2.

lung bedurft. Denn der Planungsträger prüft ohnehin umfassend die Rechtmäßigkeit der Planung, wozu auch die FFH-Verträglichkeit im Sinne von § 34 BNatSchG gehört.

7 Über die verfahrensrechtliche Verbindung der Natura 2000-Verträglichkeitsprüfung mit dem Planungsverfahren hinaus ergeben sich aus § 46 Satz 1 **keine weitergehenden Anforderungen** an die Natura 2000-Verträglichkeitsprüfung. Insbesondere besteht nach § 46 Satz 1 keine Pflicht, die Natura 2000-Verträglichkeitsprüfung in die Strategische Umweltprüfung und in den Umweltbericht zu integrieren oder eine über die Berücksichtigung des Ergebnisses beider Prüfungen hinausgehende inhaltliche Verbindung vorzunehmen. Das ergibt sich aus § 46 Satz 2, wonach die Strategische Umweltprüfung mit der Natura 2000-Verträglichkeitsprüfung verbunden werden »kann«, also nicht verbunden werden muss. Insgesamt stellen sich in Bezug auf die inhaltliche Verbindung bei der Natura 2000-Verträglichkeitsprüfung keine grundsätzlich anderen Fragen als bei anderen Umweltprüfungen, sodass ergänzend auf die Kommentierung unter III. verwiesen werden kann.

C. Verbindung mit anderen Umweltprüfungen

I. Inhaltliche und verfahrensbezogene Verbindung

8 Die Strategische Umweltprüfung ist nach § 33 ein **unselbstständiger Teil** behördlicher Verfahren zur Aufstellung oder Änderung von Plänen und Programmen. Sie wird damit ebenso wie die UVP nicht in einem eigenständigen, förmlichen Verfahren durchgeführt. Vielmehr ist sie in das jeweilige Verfahren zur Aufstellung des Plans oder Programms integriert.

9 § 46 geht noch einen Schritt weiter und erlaubt eine Verbindung der Strategischen Umweltprüfung mit Umweltprüfungen in anderen Verfahren. Die Vorschrift ermöglicht – im Gegensatz zu der in §§ 39 Abs. 3, 53 Abs. 1 angesprochenen vertikalen Abschichtung – eine **horizontale Verknüpfung verschiedener parallel laufender Umweltprüfungen**. Nähere Regelungen zu Art und Umfang der »Verbindung« enthält das Gesetz nicht. Damit steht die nähere Ausgestaltung grundsätzlich (außer im Fall des § 46 Satz 1) im Ermessen der zuständigen Behörden (§ 10 VwVfG).[9] Denkbar ist eine nur punktuelle Verknüpfung in Bezug auf einen gemeinsamen Ausschnitt der Prüfungen, auf ein bestimmtes Umweltmedium oder bestimmte Schutzgüter. Das Gesetz erlaubt aber auch eine umfassende Verbindung mehrerer Umweltprüfungen, ja sogar eine **integrierte Strategische Umweltprüfung** für mehrere parallele Planungen.[10]

10 Die parallelen Umweltprüfungen können nicht nur inhaltlich, sondern auch im Hinblick auf das Verfahren miteinander verknüpft werden[11]. Somit ist es zulässig, einzelne oder alle **Verfahrensschritte** der parallelen Umweltprüfungen **gemeinsam durchzuführen**.[12]

11 Die in der verbundenen Umweltprüfung gewonnenen Umweltdaten und Erkenntnisse können in allen verbundenen Verfahren verwendet werden. Dies ist zwangsläufige Konsequenz der Regelung in § 46, sodass es insoweit eines Rückgriffs auf § 40 Abs. 4 nicht bedarf.[13] Diese Vorschrift ist aber ergänzend heranzuziehen und verdeutlicht, dass auch Informationen aus nicht verbundenen Verfahren oder – bei nur teilweiser Verknüpfung der Umweltprüfungen – aus nicht verbundenen Verfahrensteilen berücksichtigt werden können.

9 *Ritgen*, in: Knack/Henneke, VwVfG, § 10 Rn. 27; *Gassner*, UVPG, § 14n Rn. 3; *Schink*, in: Schink/Reidt/Mitschang, UVPG/UmwRG, § 46 UVPG Rn. 1.

10 A.A. nach bisheriger Rechtslage für die UVP BVerwG, Urt. v. 11.08.2016 – 7 A 1.15, BVerwGE 156, 20 Rn. 37: drei UVP für drei Abschnitte der Weservertiefung erforderlich.

11 *Peters/Balla/Hesselbarth*, UVPG, § 46 Rn. 4.

12 BT-Drs. 15/3441, S. 36.

13 Anders wohl Peters/Balla/Hesselbarth, UVPG, § 46 Rn. 4.

II. Unterschiedliche Anforderungen der verbundenen Umweltprüfungen

Die Verbindung ändert nichts daran, dass für jedes verbundene Verfahren die jeweils geltenden **fachgesetzlichen Anforderungen** an die Umweltprüfung und das Verfahren eingehalten werden müssen. Gelten für die verbundenen Verfahren unterschiedlich strenge Anforderungen, müssen die gemeinsam durchgeführten Verfahrensschritte somit den jeweils strengsten Anforderungen genügen.[14] Dies muss dokumentiert werden.[15] Das Ergebnis der gemeinsamen Umweltprüfung muss die jeweils unterschiedlichen Anforderungen der parallelen Verfahren und ihre Einhaltung deutlich machen.[16] 12

III. Parallele Umweltprüfungen

Eine gemeinsame Durchführung von Umweltprüfungen oder zumindest eine punktuelle Verknüpfung erfordert eine gewisse **Parallelität der Verfahren**. Eine Verbindung im eigentlichen Sinne liegt nur vor, wenn zeitgleich mehrere Verfahren betrieben werden, wenn auch möglicherweise in einem unterschiedlichen Verfahrensstadium. Ist ein Verfahren bereits abgeschlossen, geht es nicht mehr um eine Verbindung von Verfahren, sondern um die Übernahme von Ergebnissen aus einem abgeschlossenen Verfahren (siehe § 40 Abs. 4). 13

Eine Verbindung paralleler Umweltprüfungen kommt insbesondere in Betracht, wenn im Rahmen einer Planung verschiedene Umweltprüfungen vorgeschrieben sind (Rdn. 14), wenn mehrere Pläne parallel aufgestellt werden (Rdn. 15), sowie in allen anderen Fällen, in denen Umweltprüfungen neben einer Strategischen Umweltprüfung stattfinden (Rdn. 16).

1. Verschiedene Umweltprüfungen im Rahmen der Aufstellung eines Plans

Das UVPG sieht für die Aufstellung eines SUP-pflichtigen Plans die Durchführung *einer* Strategischen Umweltprüfung vor. Parallele Prüfungen kommen daher nur in Betracht, wenn das Fachrecht ein spezielles weiteres Prüfverfahren vorschreibt. Das klassische Beispiel einer solchen weiteren Prüfung ist die **Natura 2000-Verträglichkeitsprüfung** gem. § 34 Abs. 1 BNatSchG.[17] Sie wird durch § 46 Satz 1 verfahrensrechtlich mit dem Planaufstellungsverfahren und mit der dort vorgesehenen Strategischen Umweltprüfung verknüpft. Weitere Prüfungen zur Ermittlung und Bewertung von Umweltauswirkungen im Sinne von § 46 Satz 2 sind z.B. die **Ausnahmeprüfung nach § 31 WHG**, die **spezielle artenschutzrechtliche Prüfung** (saP) gem. §§ 44, 45 BNatSchG und die Prüfung der Verträglichkeit mit den **Wiederherstellungszielen** der Verordnung (EU) 2024/1991 vom 24.06.2024 über die Wiederherstellung der Natur. 14

2. Gemeinsame Durchführung der Strategischen Umweltprüfung mehrerer Pläne

Umweltprüfungen in mehreren Verfahren liegen auch vor, wenn parallel verschiedene Pläne aufgestellt werden, die jeweils SUP-pflichtig sind. In diesem Fall ist für jeden Plan eine Strategische Umweltprüfung durchzuführen. Soweit dies im Hinblick auf den Gegenstand des jeweiligen Plans zweckmäßig und sinnvoll erscheint, können die verschiedenen Strategischen Umweltprüfungen gem. § 46 miteinander verbunden und als **gemeinsame Strategische Umweltprüfung** durchgeführt werden. Eine solche gemeinsame Strategische Umweltprüfung bietet sich allerdings nur an, wenn die verschiedenen Planungen erhebliche »Schnittmengen«[18] aufweisen, also in räumlicher und funktionaler Hinsicht einen ähnlichen Zweck verfolgen, sodass auch ähnliche Umweltauswirkungen in Frage stehen. Dies kann der Fall sein bei Raumordnungsplanungen und Fachplanungen im selben räumlichen Bereich (z.B. Verknüpfung von Regionalplanung und Landschaftsrahmenplanung). Ein 15

14 *Gassner,* UVPG, § 14n Rn. 2 und 6.
15 Hierzu BT-Drs. 15/3441, S. 36.
16 Vgl. zur UVP BVerwG, Urt. v. 11.08.2016 – 7 A 1.15, BVerwGE 156, 20 Rn. 37.
17 BT-Drs. 15/3441, S. 36 unter Hinweis auf den Erwägungsgrund 19 der SUP-RL.
18 *Peters/Balla/Hesselbarth,* UVPG, § 46 Rn. 8.

weiteres Beispiel ist die Verknüpfung der Strategischen Umweltprüfungen eines Luftreinhalteplans nach § 47 Abs. 1 BImSchG und eines Lärmaktionsplans nach § 47d BImSchG.[19]

3. Verknüpfung der Strategischen Umweltprüfung mit einer Umweltverträglichkeitsprüfung

16 Erfolgen Planung und Zulassung eines Vorhabens in engem zeitlichen Zusammenhang, kommt auch eine Verknüpfung der im Rahmen der Planung durchzuführenden Strategischen Umweltprüfung mit einer im Rahmen der Vorhabenzulassung notwendigen **Umweltverträglichkeitsprüfung** in Betracht. Hierbei sind allerdings die unterschiedlichen Anforderungen insbesondere an den **Detaillierungsgrad** der Umweltprüfung bei höherstufigen Plänen zu beachten.[20] Diese können dazu führen, dass das Prüfungsraster der für die Vorhabenzulassung durchgeführten Umweltverträglichkeitsprüfung für den aufzustellenden Plan zu detailliert ist, sodass Ergebnisse nicht unverändert übernommen werden können. Die Verbindung von Planungs- und Vorhabenzulassungsverfahren wird in der Regel nur dort sinnvoll sein, wo die Spezifika des zuzulassenden Vorhabens auf Grund dessen Größe, seiner potenziellen Umweltauswirkungen oder aus anderen Gründen für die übergeordnete Planung von so großer Bedeutung sind, dass sie in die Strategische Umweltprüfung einfließen müssen. In allen anderen Fällen, in denen aus Sicht der Strategischen Umweltprüfung kein Bedarf für eine Verbindung besteht, ist diese nicht notwendig. Dem Ziel, Doppelprüfungen zu vermeiden, kann dann auch durch **Abschichtung**, nämlich Beschränkung der Umweltverträglichkeitsprüfung auf die in der Strategischen Umweltprüfung nicht geprüften Gesichtspunkte Rechnung getragen werden (§ 39 Abs. 3 Satz 3).[21]

Teil 4 Besondere Verfahrensvorschriften für bestimmte Umweltprüfungen

§ 47 Linienbestimmung und Genehmigung von Flugplätzen

(1) [1]Für die Linienbestimmung nach § 16 Absatz 1 des Bundesfernstraßengesetzes und für die Linienbestimmung nach § 13 Absatz 1 des Bundeswasserstraßengesetzes sowie im Verfahren zur Genehmigung von Flugplätzen nach § 6 Absatz 1 des Luftverkehrsgesetzes wird bei Vorhaben die Umweltverträglichkeit nach dem jeweiligen Planungsstand des Vorhabens geprüft. [2]In die Prüfung der Umweltverträglichkeit sind bei der Linienbestimmung alle ernsthaft in Betracht kommenden Trassenvarianten einzubeziehen.

(2) (weggefallen)

(3) Im nachfolgenden Zulassungsverfahren kann die Prüfung der Umweltverträglichkeit auf zusätzliche erhebliche oder andere erhebliche Umweltauswirkungen des Vorhabens beschränkt werden.

(4) Die Linienbestimmung nach § 16 Absatz 1 des Bundesfernstraßengesetzes und die Linienbestimmung nach § 13 Absatz 1 des Bundeswasserstraßengesetzes kann nur im Rahmen des Rechtsbehelfsverfahrens gegen die nachfolgende Zulassungsentscheidung überprüft werden.

Übersicht

19 Siehe hierzu *Peters/Balla/Hesselbarth*, UVPG, § 46 Rn. 8.
20 Hierzu *Gassner*, UVPG, § 14n Rn. 5.
21 Siehe auch *Sydow* DVBl 2006, 65 (73).

A. Allgemeines

Linienbestimmungsverfahren für Bundesfernstraßen und Bundeswasserstraßen sowie in etwas anderer Ausgestaltung auch Genehmigungsverfahren für Flughäfen sind seit Jahrzehnten eingespielte Planungsstufen im komplexen Zulassungsprozess von Verkehrsinfrastrukturvorhaben. Sie bereiten die im Planfeststellungsverfahren zu treffende Entscheidung über den Verlauf bzw. den Standort dieser Vorhaben vor.[1] § 2 Abs. 6 Nr. 2 definiert sie als »Linienbestimmungen und andere Entscheidungen in vorgelagerten Verfahren nach § 47.« Früher wurden sie als interne, für die Öffentlichkeit nicht relevante Verfahrensschritte praktiziert, mit denen ein bestimmter Planungsstand festgeschrieben wurde. Durch die Verankerung einer **verpflichtenden Umweltverträglichkeitsprüfung (UVP)** mit Öffentlichkeitsbeteiligung im Jahr 1990 änderte sich dies, was zu einer **stärkeren Verrechtlichung** führte. Zugleich wurde das **Verhältnis** dieser so genannten »vorgelagerten Verfahren« des Bundesrechts **zu den früheren Raumordnungsverfahren** der Länder (§ 15 ROG a.F. und § 49 UVPG a.F.) regelungsbedürftig, weil auch in diese eine UVP-Pflicht integriert war. Das Verhältnis von Linienbestimmungsverfahren des Bundes und Raumordnungsverfahren der Länder wurde im Zuge der Beschleunigungsdiskussion nach der Wiedervereinigung Anfang der 90er Jahre überaus streitig diskutiert.[2] Das zum 28.09.2023 in Kraft getretene Gesetz zur Änderung des Raumordnungsgesetzes und anderer Vorschriften klärt dieses Verhältnis jedoch insofern auf, als der dadurch t neu gefasste § 49 UVPG in Satz 2 regelt, dass die UVP im Zulassungsverfahren eine vertiefte Prüfung solcher Umweltauswirkungen der Maßnahme umfasst, die im Rahmen der Raumverträglichkeitsprüfung – welche insofern das Raumordnungsverfahren ersetzt – gem. § 15 Abs. 1 Satz 2 Nr. 3 ROG n.F. nur überschlägig berücksichtigt wurden. In die Raumverträglichkeitsprüfung ist dabei keine UVP mehr integriert, was Doppelprüfungen vermeiden und Verfahren beschleunigen soll.[3] 1

Mit seinem Inkrafttreten im Jahr 1990 verlangte das UVPG erstmals die **Durchführung einer UVP in den vorgelagerten Verfahren des Verkehrsplanungsrechts,** die entsprechende Anordnung wurde in § 15 UVPG a.F. getroffen. Das UVPG trägt damit den gemeinschaftsrechtlichen Forderungen der UVP-RL und der SUP-RL nach einer durchgängigen Prüfung der Umweltauswirkungen eines Vorhabens Rechnung. Seit dem Jahr 2017 regelt § 47 Abs. 1 die Durchführung der UVP in den Linienbestimmungsverfahren des Bundes und im luftverkehrsrechtlichen Genehmigungsverfahren. Zu den vorgelagerten Verfahren zählen die nach den Verkehrsplanungsgesetzen vorgesehenen fernstraßen- und wasserstraßenrechtlichen Linienbestimmungsverfahren nach § 16 Abs. 1 FStrG und § 13 Abs. 1 WaStrG. Der Bund legt hier die Linie fest, auf der das Vorhaben später voraussichtlich verlaufen soll. Etwas anders ist das luftverkehrsrechtliche Genehmigungsverfahren für Flugplätze nach § 6 Abs. 1 LuftVG (der aufgrund eines redaktionellen Versehens in Satz 2 noch auf den mittlerweile weggefallenen § 47 Abs. 2 UVPG verweist) konzipiert, hier entscheidet das Land über den

1 Vgl. *Johlen*, in: Hoppenberg/de Witt, Handbuch des öffentlichen Baurechts, Kapitel L Planfeststellungsrecht, Rn. 134, zur Linienbestimmung: »Die Linienbestimmung hat den Charakter einer die endgültige Planung vorbereitenden Grundentscheidung.«.

2 Vgl. *Ronellenfitsch* DVBl 1991, 920 ff.; *Wagner* NVwZ 1992, 232 ff.

3 BGBl. I 2023 Nr. 88; vgl. BT-Drs. 20/4823 Art. 2 Nr. 3 und 4, S. 11; vgl. auch ebd. S. 30 f.

Betrieb des Flughafens, aber im Benehmen mit dem Bund, wenn dessen Interessen berührt sind. Die genannten Verfahren schließen jeweils an die Verkehrswegebedarfsplanung des Bundes sowie eine interne »Voruntersuchung« des zuständigen Vorhabenträgers an und dienen der Vorbereitung der für die Projektzulassung am Ende maßgeblichen Planfeststellungsverfahren. **Verschiedene Planungsvarianten für ein Vorhaben werden durchgespielt und am Ende eine Vorzugsvariante festgelegt**. Die genannten Planungsverfahren werden, da sie sich auf konkrete Vorhaben beziehen, der Ebene der Zulassungsverfahren (und nicht der hochstufigen Ebene der Pläne und Programme) zugeordnet.[4] Diese Zuordnung hätte aber auch anders getroffen werden können, wie die Einstufung der vergleichbaren Bundesfachplanung für Höchstspannungsleitungen als Plan zeigt (vgl. § 12e EWG i.V.m. §§ 4 ff. NABEG). Ebenfalls vorgelagerte Verfahren, aber solche der Länder, sind die von § 15 ROG geregelten Raumverträglichkeitsprüfungen. Damit besteht ein Konkurrenzverhältnis in Bezug auf die Durchführung der UVP, welches durch die vorstehend genannte Novelle des ROG 2023 jedoch hinsichtlich der Vermeidung von Doppelprüfungen dahingehend aufgeklärt wurde, dass die Raumverträglichkeitsprüfung gem. § 15 ROG lediglich eine überschlägige Prüfung der Auswirkungen der gegenständlichen Maßnahme auf die Schutzgüter des § 2 Abs. 1 UVPG beinhaltet und damit ausdrücklich keine UVP nach dem UVPG, was der Verfahrensbeschleunigung dienen soll.[5]

2 Entsprechend stellt der im Rahmen der Novellierung des ROG ebenfalls neu gefasst § 49 UVPG nun in Satz 2 fest, dass eine in den oben genannten Verfahrensarten (i.S.d. § 49 Satz 2 UVPG sind sie nachfolgende behördliche Verfahren, die der Zulassungsentscheidung dienen) erforderliche UVP gerade auch eine vertiefte Prüfung derjenigen Umweltauswirkungen der Maßnahme erfasst, die in der Raumverträglichkeitsprüfung nur überschlägig erfasst wurden.

3 Die Linienbestimmungsverfahren waren ersichtlich Vorbild für die 2011 neu eingeführte **Bundesfachplanung für Höchstspannungsleitungen** in den §§ 4 bis 17 NABEG. Die Bundesfachplanung für diese Vorhaben ersetzt aber – anders als ein Linienbestimmungsverfahren – die Raumverträglichkeitsprüfung in Gänze. Auch hier gab es die eingangs angesprochenen Kontroversen zwischen den Fachverfahren des Bundes und den früheren Raumordnungsverfahren der Länder, und hier hat sich der Bund erstmals durchgesetzt. Eine Besonderheit der Bundesfachplanung ist, dass sie gem. § 2 Abs. 7 UVPG den Regelungen der Strategischen Umweltprüfung unterworfen wird, also nicht – wie beim Linienbestimmungsverfahren – die Regelungen für die vorgelagerten Verfahren i.S.d. § 2 Abs. 6 Nr. 2 zur Anwendung kommen.

I. Regelungsgegenstand

4 § 47 Abs. 1 Satz 1 schreibt die Durchführung einer **UVP** entsprechend dem **jeweiligen Planungsstand** in den Linienbestimmungsverfahren nach § 16 Abs. 1 FStrG und nach § 13 Abs. 1 WaStrG sowie im vorgelagerten Genehmigungsverfahren nach § 6 Abs. 1 LuftVG vor. Zur Verdeutlichung der gemeinschaftsrechtlichen Anforderung an eine **Alternativenprüfung** im Rahmen der UVP wurde in Satz 2 der Zusatz aufgenommen worden, dass bei der Linienbestimmung alle ernsthaft in Betracht kommenden Trassenalternativen einzubeziehen sind. § 47 Abs. 3 ordnet an, dass im **nachfolgenden Zulassungsverfahren** die dort vorzunehmende **UVP** auf die in den vorgelagerten Verfahren noch nicht geprüften, zusätzlichen erheblichen oder anderen erheblichen Umweltauswirkungen **beschränkt** werden kann. Absatz 4 gibt schließlich vor, dass **Rechtsbehelfe** gegen die in den vorgelagerten Verfahren vom Bund getroffenen Vorwegfestlegungen von Trassen in Form der Linienbestimmung erst gegen die nachfolgenden Zulassungsentscheidungen, d.h. gegen die Planfeststellungsbeschlüsse möglich sind. Auch diese Anordnung geht darauf zurück, dass trotz Durchführung einer UVP mit Öffentlichkeitsbeteiligung der interne Charakter des Linienbestimmungsverfahrens erhalten bleiben sollte.

---

4 Zur Einordnung der vorgelagerten Verfahren in den Planungsablauf vgl. *Repkewitz*, VerwArch 1997, 137 (146 ff.), auch BR-Drs. 588/04 v. 13.09.2004, Begründung zum geänderten § 2 Abs. 3 Nr. 2 a.F.

5 Vgl. BT-Drs. 20/4823 v. 07.12.2022 hinsichtlich der Begründung der dortigen Art. 2 Nr. 3 und 4, S. 30 f.

II. Zweck und Bedeutung der Vorschrift

Die nach § 47 angeordnete Durchführung der UVP entweder in einem Linienbestimmungs- bzw. luftverkehrsrechtlichen Genehmigungsverfahren ist aus umweltpolitischer Sicht sinnvoll, obgleich sich die betroffenen Planungen zu Beginn wegen der damit einhergehenden Formalisierung schwertaten. Aufgrund der einschneidenden und insbesondere dauerhaft prägenden Wirkungen einer Verkehrstrasse oder eines Flughafens für die Umgebung bedarf es eines kritischen Blicks aus Sicht der Umwelt. § 47 trägt so dem Anliegen der UVP-RL und der SUP-RL an einer frühzeitigen Prüfung der Umweltauswirkungen eines Vorhabens Rechnung. **Umweltunverträgliche Trassen** und **Standorte** von Verkehrsvorhaben sollen rechtzeitig erkannt und **aus dem weiteren Planungsprozess ausgeschieden** werden. Zugleich können die nachfolgenden Planfeststellungsverfahren um die bereits erfolgten Prüfungsschritte entlastet und damit die Zulassung der Vorhaben insgesamt beschleunigt werden. Die durch das UVPG in § 18 vorgeschriebene Beteiligung der Öffentlichkeit bei diesen bis zum Jahr 1990 noch ausschließlich behördeninternen Verfahren soll zu einer höheren Akzeptanz der Verkehrswegeplanung bei der betroffenen Bevölkerung beitragen. 5

III. Gesetzesgeschichte

Die vom Gesetzgeber angestrebte Integration der UVP in die vorgelagerten Verfahren beruhte auf dem in der UVP-RL aus dem Jahr 1985 verankerten »**Gebot der Frühzeitigkeit**«. Es war ein »programmatischer« Grundsatz, der keine rechtliche, aber politische Wirkung auf die Einführung der UVP im deutschen Recht entfaltete. Da die UVP-RL insoweit aber gerade nicht bindend war, gab es heftige Diskussionen in Deutschland, ob die UVP schon bei den vorgelagerten Verfahren ansetzen sollte. 1990 entschied sich der Gesetzgeber vorausschauend dafür, eine UVP in die vorgelagerten Verfahren zu implementieren. Erst Jahre später, mit der SUP-RL aus dem Jahr 2001, wurde die Umweltprüfung (UP) insgesamt auf alle Pläne und Programme, die einen **Rahmen für UVP-pflichtige Zulassungsentscheidungen** setzen, erstreckt. Die UVP-Änderungs-RL aus dem Jahr 2014 führte zu weiteren Ergänzungen der UVP in den vorgelagerten Verfahren. 6

1. Vorgaben der UVP-Richtlinie und der SUP-Richtlinie

In der Einleitung der UVP-RL war also bereits 1985 die Forderung enthalten, dass bei allen technischen Planungs- und Entscheidungsprozessen die Auswirkungen auf die Umwelt so früh wie möglich berücksichtigt werden müssen.[6] Diese als »**Gebot der Frühzeitigkeit**« bekannt gewordene Forderung leitete sich aus früheren Aktionsprogrammen der EU für den Umweltschutz ab und besagte im Zusammenwirken mit Art. 2 Abs. 1 UVP-RL, dass vor der abschließenden Genehmigung eines Projekts auch dessen Umweltverträglichkeit geprüft und bei der Entscheidung berücksichtigt werden muss. Durch die (frühzeitige) **Prüfung vor der Genehmigung des Projekts** sollten »Umweltbelastungen von vornherein vermieden werden, statt sie erst nachträglich in ihren Auswirkungen zu bekämpfen«.[7] Aus dem »Gebot der Frühzeitigkeit« wurde aber nach überwiegender Meinung nur eine Empfehlung der UVP-RL an den deutschen Gesetzgeber abgeleitet, eine UVP in die vorgelagerten Verfahren zu integrieren.[8] 7

Diese Kontroverse löste sich mit Inkrafttreten der SUP-RL (2001/42/EG) im Jahr 2001 auf, der wiederholt streitigen nationalen Diskussion über eine UVP-Pflicht für vorgelagerte Verfahren wurde die Grundlage entzogen. SUP-RL und UVP-RL sollen im Zusammenwirken in den Mitgliedstaaten sicherstellen, dass von der ersten Rahmensetzung für ein Projekt durch einen Bedarfsplan bis hin zu einer konkreten Zulassungsentscheidung systematische, sich ergänzende Umweltprüfungen und Umweltverträglichkeitsprüfungen stattfinden – sofern es sich um ein Vorhaben handelt, welches 8

---

6 Vgl. die Einleitung der UVP-RL 85/337/EWG, ABl Nr. L 175/40 f.

7 Ebd.

8 Anders und vorausschauend damals bereits *Bartlsperger* DVBl 1987, 1 (9 ff.), und *Viebrock* IUR 1991, 113 (116 f.).

von der UVP-RL erfasst wird.[9] **Vorgelagerte Prüfverfahren** eines von der UVP-RL erfassten Vorhabens unterliegen damit seither zwingend einer **UP- bzw. UVP-Pflicht**. Und auch die Vorgabe der SUP-RL zur frühzeitigen Prüfung von Alternativen entfaltet seither verbindliche Wirkung für die vorgelagerten Verfahren, selbst wenn diese nach der besonderen Systematik des UVPG in Deutschland der konkreten Zulassungsebene zugerechnet werden.[10]

9 Die Änderungsrichtlinie zur UVP-Richtlinie (2014/52/EU) aus dem Jahr 2014 zielt auf die **Modernisierung** des und auf die Beseitigung von Mängeln im **UVP-Verfahren** ab. Die Veränderungen betreffen das Verfahren der UVP, dessen Qualität erhöht (Erwägungsgrund 3) und welches vereinfacht und harmonisiert (Erwägungsgrund 6) werden soll, des Weiteren aber auch die Nutzung der **Internettechnologie** bei der Öffentlichkeitsbeteiligung (Erwägungsgrund 18) sowie schließlich eine engere Verzahnung der Prüfungen aufgrund anderer Umweltrichtlinien wie insbesondere der FFH- und der Vogelschutzrichtlinie, aber auch der Industrieemissionsrichtlinie und der Wasserrahmenrichtlinie (Erwägungsgrund 37).[11] Ein Kernstück der Verfahrensänderungen sind dabei die neu formulierten **Anforderungen** in Art. 5 Abs. 1 i.V.m. dem eingefügten Anh. II.A an den **UVP-Bericht**, welcher vom Vorhabenträger zu Beginn des Verfahrens vorzulegen ist. Diese Änderungen sind auch für die vorgelagerten Verfahren mit UPV relevant.

2. Innerstaatliche Entstehung

10 Der von der Bundesregierung vorgeschlagene Wortlaut des ursprünglichen § 15 UVPG a.F. (heute § 47) blieb im Gesetzgebungsverfahren 1990 weitgehend unverändert. Zwischen Bundestag, Bundesrat und Bundesregierung bestand nach längerer Diskussion am Ende Einigkeit über die **Einbeziehung der vorgelagerten Verfahren** in den Anwendungsbereich des UVPG und hiermit einhergehend einer Einbeziehung der Öffentlichkeit.[12] Dies war eine vorausschauende Entscheidung und ersparte nochmalige Änderungen nach Wirksamwerden der SUP-RL. Um **Doppelprüfungen** sowohl in dem zuvor im Jahr 1989 bundesrahmenrechtlich eingeführten Raumordnungsverfahren der Länder als auch in den vorgelagerten Verfahren des Verkehrsplanungsrechts des Bundes zu **vermeiden**, wurde auf Vorschlag des Bundesrates zusätzlich an Absatz 1 der Satz 2 (später § 47 Abs. 2 a.F.) angefügt, mit der Folge eines Vorrangs des Raumordnungsverfahrens mit UVP.[13] Dieser Dualismus zwischen den vorgelagerten Verfahren des Verkehrsplanungsrechts des Bundes und dem früheren Raumordnungsverfahren der Länder prägte lange die Auslegung von § 47.

11 Zwischenzeitlich vorgenommene Änderungen des UVPG veränderten den Wortlaut von § 15 (heute § 47) nur unwesentlich: Die UVPG-Novelle 2001 führte zu einer redaktionellen Änderung von § 15 Abs. 1 a.F. in Satz 1; Satz 2 wurde durch die SUPG-Novelle 2005 sprachlich angepasst. Mit der SUPG-Novelle wurde an Absatz 1 ein neuer Satz 3 (heute § 47 Abs. 1 Satz 2) angefügt, der die Forderung aus Art. 5 Abs. 1 Satz 1 UVP-RL nach einer Alternativenprüfung aufgriff, welche aber der Linienbestimmung vorher schon immanent war. Das Öffentlichkeitsbeteiligungsgesetz 2006 ersetzte den Begriff der »Einbeziehung« durch den der »Beteiligung«. In § 15 Abs. 5 a.F. wurde der Ausschluss von Rechtsbehelfen angeordnet;[14] eine Anordnung, die zuvor für die vorgelagerten Verfahren in § 9 Abs. 3 Satz 2 a.F. allgemein geregelt war. In Umsetzung der Änderungsrichtlinie zur UVP-Richtlinie 2014/52/EU aus dem Jahr 2014 wurde durch das Gesetz zur Modernisierung des

9 Vgl. den 10 und 19 Erwägungsgrund der SUP-RL 2001/42/EG v. 27.06.2001, ABl 197/39.

10 Im Ergebnis in Analyse der Richtlinien ebenso *Stüer* UPR 2003, 97 (102 f.), der allerdings das Linienbestimmungsverfahren systematisch bereits der Planebene zuordnet (100).

11 Vgl. die Übersichten über den Inhalt der Änderungsrichtlinie bei *Sangenstedt* ZUR 2014, 526 ff.

12 Vgl. den Gesetzentwurf der Bundesregierung, BT-Drs. 11/3919 v. 26.01.1989, Begründung zu § 15, S. 29.

13 Ebd., Stellungnahme des Bundesrates, S. 43 (zu Nr. 47), und Gegenäußerung der Bundesregierung, S. 52.

14 Öffentlichkeitsbeteiligungsgesetz v. 09.12.2006, BGBl. I, S. 2819.

Rechts der Umweltverträglichkeitsprüfung im Jahr 2017[15] § 15 a.F. in § 47 umbenannt und die dort vormals enthaltenen Sonderregelungen zur Öffentlichkeitsbeteiligung (mit der Möglichkeit des Verzichts auf einen Erörterungstermin) in § 18 integriert.

Auch im Verlauf der verschiedenen **Beschleunigungsnovellen im Verkehrsplanungsrecht** wurde § 15 a.F. im Wortlaut nicht verändert. Gleichwohl hat sich im Laufe der Zeit der Charakter der Vorschrift durch diese Novellen wiederholt verändert; die Vorschrift teilt das bewegte Schicksal von § 16 a.F. zum früheren Raumordnungsverfahren mit UVP. Insbesondere durch die Verzichtsmöglichkeit der Länder auf die raumordnerische UVP im Jahr 2005 und die Ermessensregelung aus dem Jahr 2006, von einem Raumordnungsverfahren insgesamt absehen zu können, wurde die Deregulierung übertrieben, was allerdings nur zur Folge hatte, dass anstelle im Raumordnungsverfahren die UVP gem. dem damals geltenden § 15 Abs. 1 Satz 2 (§ 47 Abs. 2 a.F.) in den vorgelagerten Verfahren des Verkehrsplanungsrecht durchzuführen war. Bereits zwei Jahre später im Jahr 2008 kam es dann zur Begrenzung der offenkundig zu großzügigen Absehensregelung von einem Raumordnungsverfahren und später schließlich zur Wiedereinführung der Pflicht zur Durchführung einer raumordnerischen UVP. Diese Verpflichtung zu einer UVP im Raumordnungsverfahren führte von 1990 bis 2023 aufgrund der Vorrangregelung in § 47 Abs. 2 a.F. dazu, dass die UVP in den nachfolgenden Linienbestimmungs- und luftverkehrsrechtlichen Genehmigungsverfahren entbehrlich wurde, wenn zuvor ein Raumordnungsverfahren mit UVP durchgeführt worden war. 12

Mit dem Gesetz zur Änderung des Raumordnungsgesetzes und anderer Vorschriften, das zum 28.09.2023 in Kraft trat, wurde das Verhältnis zwischen den vorgelagerten Verfahren der Länder und den fernstraßen- und wasserstraßenrechtlichen Linienbestimmungsverfahren bzw. luftverkehrsrechtlichen Genehmigungsverfahren auf Bundesebene hinsichtlich der UVP-Pflicht abschließend aufgeklärt. Die in § 15 ROG n.F. geregelten und die Raumordnungsverfahren ersetzenden **Raumverträglichkeitsprüfungen** erfordern gem. § 15 Abs. 1 Nr. 3 ROG n.F. nun eine nur überschlägige Prüfung der Auswirkungen des Vorhabens auf die Schutzgüter des § 2 Abs. 1 UVPG und damit gerade **keine Umweltverträglichkeitsprüfung** mehr, was auch § 49 Satz 1 UVPG n.F. klarstellt.[16] Dies dient der Vermeidung von Doppelprüfungen und der Beschleunigung der Genehmigungsverfahren. Die Raumverträglichkeitsprüfung bereitet damit nicht die Zulassungsentscheidung im Sinne der UVP-Richtlinie vor, sondern stellt lediglich eine »gutachterliche Äußerung der zuständigen Raumordnungsbehörde« dar.[17] Insofern erfolgt in den nachfolgenden behördlichen Verfahren, die der Zulassungsentscheidung dienen, gem. § 49 Satz 2 n.F. nunmehr (auch) eine vertiefte Prüfung derjenigen Umweltauswirkungen, die in der Raumverträglichkeitsprüfung nur überschlägig geprüft wurden, was einen Teil der eigentlichen Umweltverträglichkeitsprüfung im Sinne des UVPG darstellt. Der Regelungsgehalt des § 47 Abs. 2 a.F. wurde insofern modifiziert und in § 49 Satz 2 n.F. verankert, sodass § 47 Abs. 2 nunmehr entfällt. 13

Obgleich die Begründung des Gesetzesentwurfs in Bundestags-Drucksache 20/4823 noch besagt, dass § 49 Satz 2 nur für die »Durchführung der Umweltverträglichkeitsprüfung im Verfahren der *Linienbestimmung* gilt«[18] (Hervorhebungen durch den Autor), gilt dies entsprechend auch für die in § 47 Abs. 1 neben den Verfahren zur Linienbestimmung genannten Verfahren zur Genehmigung von Flugplätzen nach § 6 Abs. 1 des LuftVG. Denn § 49 Satz 2 UVPG unterscheidet nicht zwischen diesen Verfahrensarten und auch § 15 Abs. 1 S. 1 ROG ordnet in Verbindung mit § 1 ROV Raumverträglichkeitsprüfungen sowohl für den Bau von Bundesfernstraßen (§ 1 Nr. 8 ROV) sowie den Ausbau, den Neubau und die Beseitigung der Bundeswasserstraßen (§ 1 ROV Nr. 11) als auch für die Anlage und wesentliche Änderung von Flugplätzen an (§ 1 ROV Nr. 12). 14

15 BGBl. I, S. 2808.
16 BT-Drs. 20/4823 v. 07.12.2022, Art. 2 Nr. 3 und 4, S. 30 f.
17 Ebd., Art. 2 Nr. 4, S. 31.
18 Ebd., Art. 2 Nr. 3, S. 30.

IV. Anwendungsbereich der Vorschrift

15 § 47 Abs. 1 verpflichtet zur UVP in den Linienbestimmungsverfahren nach § 16 FStrG und § 13 WaStrG sowie im Genehmigungsverfahren nach § 6 LuftVG. Die Maßgaben, wann die Durchführung dieser Verfahren (als Trägerverfahren) einer UVP erforderlich ist und welche Bedeutung diese Verfahren für die nachfolgenden Planfeststellungsverfahren haben, liefern demgegenüber die Fachgesetze des Verkehrsplanungsrechts. Hinweise zur Durchführung der vorgelagerten Verfahren des Verkehrsplanungsrechts, die regelmäßig im vom Bundesverkehrsministerium herausgegebenen Verkehrsblatt abgedruckt werden, enthalten zudem ergänzende, verwaltungsintern verbindliche Vorgaben zur Durchführung einer UVP.[19]

B. Verhältnis zu den raumordnerischen Raumverträglichkeitsprüfungen

16 Für den entfallenen Abs. 2 gilt nun § 49 Satz 2. Eine ausführliche Erläuterung des Verhältnisses der Raumverträglichkeitsprüfung gem. § 15 ROG und der UVP i.S.d. § 47 Abs. 1 UVPG erfolgt im Rahmen der Kommentierung zu § 49.

C. Vorgelagerte Verfahren des Verkehrsplanungsrechts mit UVP (Absatz 1)

17 § 47 ist Bestandteil von **Teil 4 des UVPG**, der besondere Verfahrensvorschriften für bestimmte **Umweltprüfungen** regelt. § 47 verlangt in Absatz 1 Satz 1, dass bei Linienbestimmungen des Bundesfernstraßen- und des Bundeswasserstraßengesetzes für Vorhaben sowie im Genehmigungsverfahren für Flughäfen die Umweltverträglichkeit zu prüfen ist. Aus der Bezugnahme auf die Umweltverträglichkeit und im Zusammenwirken mit der Zuordnung dieser Verfahren in § 2 Abs. 6 Nr. 2 zu den vorgelagerten Verfahren (als Bestandteil von Zulassungsentscheidungen) folgt, dass der gesamte **Teil 2 des UVPG** mit den dort geregelten **Vorschriften zur Umweltverträglichkeitsprüfung für Vorhaben** auf diese Verfahrensarten anzuwenden ist. Satz 2 ordnet für die Linienbestimmungen ergänzend an, dass alle ernsthaft in Betracht kommenden Trassenvarianten einzubeziehen sind. Die Absätze 3 und 4 regeln darüberhinausgehende oder die allgemeinen Vorschriften teilweise auch ersetzende Besonderheiten, die sich aus dem Charakter dieser drei Verfahren des Verkehrsplanungsrechts als sogenannte vorgelagerte Verfahren ergeben.

18 Die Aufgabe dieser vorgelagerten Verfahren des Verkehrsplanungsrechts besteht in der planerischen Vorbereitung der für die Zulassung maßgeblichen Planfeststellungsverfahren. Auch in diesen Verfahren können eine frühzeitige Koordination und **Eingrenzung des künftigen Vorhabenverlaufs** bzw. seines **Standorts** erfolgen. § 47 Abs. 1 Satz 1 stellt hierfür auf den **jeweiligen Planungsstand** ab; eine Detailprüfung der Umweltauswirkungen ist in diesem Verfahrensstadium nicht gefordert. Der angefügte Satz 2 stellt klar, dass bei der Linienbestimmung in die Prüfung der Umweltverträglichkeit alle ernsthaft in Betracht kommenden **Trassenvarianten** einzubeziehen sind. Werden die Linienbestimmungsverfahren und das luftverkehrsrechtliche Genehmigungsverfahren in diesem Sinne im Rahmen eines gestuften Planungsprozesses für eine Bundesfernstraße, Bundeswasserstraße oder eines Flughafens für eine UVP genutzt, tragen sie den Forderungen der SUP-RL und UVP-RL nach einer durchgängigen UVP Rechnung.

I. Aufgabe der vorgelagerten Verfahren nach Satz 1 und Zuständigkeit

19 Im Linienbestimmungsverfahren nach § 16 FStrG wird die **Linienführung** einer Bundesfernstraße in Form eines **Korridors** festgelegt. Einerseits wird so der für die Prüfung im Planfeststellungsverfahren zu untersuchende Raum eingegrenzt, andererseits verbleibt aber der Planfeststellungsbehörde noch ausreichend Gestaltungsspielraum im Verfahren nach den §§ 17 ff. FStrG für die Festlegung der konkreten Straßenführung.[20] Vergleichbares gilt für das Linienbestimmungsverfahren bei der

19 Nachweis bei *Leue*, in: Kodal/Krämer, Straßenrecht, Kap. 35 Rn. 15.

20 Zu diesem Korridor von einigen hundert Metern Breite vgl. BVerwG VRS 37, 154 (156). Zum üblichen Maßstab der Planung von 1 zu 25.000 siehe *Leue*, in: Kodal/Krämer, Straßenrecht, Kap. 35 Rn. 3.31.

Wasserstraßenplanung nach § 13 WaStrG, der sich ein Planfeststellungsverfahren nach § 14 WaStrG anschließt, und – bezogen auf einen geeigneten Flughafenstandort – für das luftverkehrsrechtliche Genehmigungsverfahren nach § 6 LuftVG, dem ein Planfeststellungsverfahren nach den §§ 8 ff. LuftVG folgt.[21]

Zuständig für die Linienbestimmungen bei der Fernstraßenplanung ist gem. § 16 Abs. 1 FStrG das Fernstraßen-Bundesamt, welches 2021 gegründet wurde. Zuvor war das Bundesverkehrsministerium hierfür zuständig. Zuständig für die Linienbestimmung bei der Bundeswasserstraßenplanung ist gem. § 13 Abs. 1 WaStrG das Bundesministerium für Digitales und Verkehr, zum Abschluss des Verfahrens legt das Ministerium die Linienführung für das konkrete Vorhaben fest. In der Praxis überlässt das Bundesverkehrsministerium die Planung und später auch die konkrete Durchführung des Baus seinen nachgeordneten Behörden oder den Ländern oder von diesen beauftragten Dritten. So führt das Fernstraßen-Bundesamt die aus Sicht des Bundes besonders wichtige Planung der Bundesautobahnen mit Unterstützung der Autobahn GmbH durch, die Straßenbaubehörden der Länder führen dagegen die Planung der Bundesstraßen (im Auftrag des Bundes) durch. Die Generaldirektion Wasserstraßen und Schifffahrt plant und verwaltet die Wasserstraßen des Bundes. Dabei ist die Entscheidung bei der Fernstraßenplanung im Benehmen mit der Landesplanungsbehörde (vgl. § 16 Abs. 1 Satz 1 FStrG) und bei der Wasserstraßenplanung im Einvernehmen mit der zuständigen Landesbehörde (vgl. § 13 Abs. 1 Satz 1 WaStrG), dies ist die Wasserwirtschaftsbehörde, welche aber ihrerseits die Landesplanungsbehörde zu beteiligen hat, zu treffen. In dieser abschließenden Entscheidungsbefugnis durch den **Bund** gegenüber den Ländern über den voraussichtlichen Verlauf der Trasse der **Bundesfernstraße** bzw. der **Bundeswasserstraße** ist der wesentliche Regelungsgehalt des Verfahrens zu sehen. Die Genehmigung nach § 6 LuftVG für einen **Flughafen** ist demgegenüber unmittelbar durch die jeweils zuständige **Luftfahrtbehörde des Landes** zu erteilen (vgl. §§ 39 Abs. 1, 50 Satz 1, 55 Satz 1 Luftverkehrs-Zulassungsordnung). 20

II. Anwendungsbereich der vorgelagerten Verfahren und Vorprüfung (»screening«)

Ob ein Linienbestimmungsverfahren bzw. luftverkehrsrechtliches Genehmigungsverfahren durchzuführen ist, richtet sich nach dem einschlägigen **Fachgesetz** und ist von der zuständigen Behörde zu entscheiden. Die Pflicht, im Rahmen dieser Verfahren auch eine UVP durchzuführen, folgt aus § 47 Abs. 1 Satz 1. Enthielt die Vorläufervorschrift des § 15 Abs. 1 Satz 1 a.F. einen Verweis auf die in der Anlage 1 des UVPG aufgeführten Vorhaben, ergibt sich die Geltung der Anlage 1 nunmehr ausschließlich aus der Systematik des UVPG. Die unter Nr. 14 der Anlage 1 aufgeführten Verkehrsvorhaben erfassen den Bau von Bundesstraßen (Nr. 14.3 bis 14.6), den Bau von Bundeswasserstraßen (Nr. 14.1 und 2) und den Bau von Flugplätzen (Nr. 14.12). Bei den von der Anlage 1 erfassten Verkehrsvorhaben handelt es sich aufgrund ihrer Größe und möglichen Umweltauswirkungen ganz überwiegend um Vorhaben, die von der Spalte 1 erfasst werden und die daher von vornherein gem. § 6 UVP-pflichtig sind (»Unbedingte UVP-Pflicht bei Neubauvorhaben«). Nur wenn ein Verkehrsvorhaben ausnahmsweise den entsprechenden Größen- oder Leistungswert der Anlage 1 des UVPG unterschreitet und in Spalte 2 aufgeführt ist, sieht § 7 ergänzend eine Vorprüfung vor (»Vorprüfung bei Neubauvorhaben«), die dann zu Beginn des vorgelagerten Verfahrens von der zuständigen Behörde durchzuführen ist. Dies sind bspw. zweistreifige Bundesstraßen, Wasserstraßen für kleine Schiffe oder Flugplätze mit kurzer Start- und Landebahn. Hier wird es daher erforderlich, mit der Entscheidung über die Erforderlichkeit einer Linienbestimmung oder eines Genehmigungsverfahrens nach § 6 LuftVG zugleich über die UVP-Pflicht des Verkehrsvorhabens insgesamt zu entscheiden. Aufgrund der allgemeinen Vorprüfung über die UVP-Pflicht des Vorhabens kann bei diesen kleinen Vorhaben zugleich ermittelt werden, ob ein **Plangenehmigungsverfahren** (dann zwangsläufig ohne 21

21 Zur besonderen Möglichkeit, das Verfahren der luftverkehrsrechtlichen Genehmigung aber erst nach dem Planfeststellungsverfahren einzuleiten, *Giemulla* NVwZ 2003, 643 ff.

UVP) im Anschluss an das vorgelagerte Verfahren folgen darf.[22] Daher sollte auch die für das nachfolgende Planfeststellungs- bzw. -genehmigungsverfahren zuständige Zulassungsbehörde hinzugezogen werden, um eine einheitliche Einschätzung der UVP-Pflicht herbeizuführen. Die §§ 9 ff. treffen zudem besondere Anordnungen für die Vorprüfung bei Änderungsvorhaben und kumulierenden Vorhaben. Hinzuweisen ist darauf, dass der Anwendungsbereich des UVPG sich nicht auf die für einen Flughafen vom Bundesaufsichtamt für Flugsicherung zu treffende Entscheidung über die Flugrouten erstreckt.[23]

22 Die **Regelungen zur Erforderlichkeit** eines **Linienbestimmungsverfahrens** bzw. **luftverkehrsrechtlichen Genehmigungsverfahrens** wurden im Rahmen verschiedener **Novellen der Fachgesetze** und des **UVPG synchronisiert**. Beim Neubau einer Bundesfernstraße ist ein Linienbestimmungsverfahren nach § 16 FStrG stets, bei Änderungen nur dann geboten, wenn diese wesentlich für den Verlauf der Trasse sind.[24] Das Linienbestimmungsverfahren kann allerdings ausnahmsweise entfallen, wenn die Linie bereits durch andere Planungen (z.B. durch einen Regional- oder Flächennutzungsplan mit UP) einvernehmlich mit den betroffenen Behörden und sonstigen Trägern öffentlicher Belange festgelegt ist.[25] Allerdings muss das Fernstraßen-Bundesamt dann der dort festgelegten Linienführung nachträglich formal zustimmen. 1993 wurde zudem der Verzicht auf die Linienbestimmung bei Ortsumgehungen eingeführt (§ 16 Abs. 1 Satz 2 FStrG). Im seltenen Ausnahmefall einer Umgehungsstraße mit überörtlicher Bedeutung bspw. für den Durchgangsverkehr oder Auswirkungen auf sonstige raumbedeutsame Belange kann die Landesplanungsbehörde allerdings die Durchführung einer Raumverträglichkeitsprüfung verlangen.[26] Bei der erstmaligen Planung von Bundeswasserstraßen ist die Linienbestimmung nach § 13 WaStrG zweckmäßig. Für die luftverkehrsrechtliche Genehmigung nach § 6 LuftVG wird dies in § 8 Abs. 6 LuftVG, der ebenfalls 1993 angefügt wurde, klargestellt. Danach ist die Genehmigung nach § 6 nicht Voraussetzung für ein Planfeststellungsverfahren. Auch bei nachträglichen wesentlichen Änderungen eines Flughafens reicht ein Planfeststellungsverfahren aus, an dessen Ergebnis dann später die Genehmigung anzupassen ist. 2001 wurde in § 8 Abs. 5 Satz 3 LuftVG die Verpflichtung eingeführt, dass bereits das Genehmigungsverfahren den Anforderungen des Gesetzes über die UVP genügen muss, wenn ein Flughafen aus der militärischen Trägerschaft entlassen wird und die künftige zivile Nutzung des Flughafens mit baulichen Änderungen oder Erweiterungen verbunden ist.

III. Prüfungsgegenstand der vorgelagerten Verfahren mit UVP

23 Der Prüfungsgegenstand der vorgelagerten Verfahren wird durch die Verkehrsplanungsgesetze nur im Ansatz geregelt, er erschließt sich jedoch aus ihrer Aufgabenstellung sowie ihrer Einordnung in den Planungsprozess. Den vorgelagerten Verfahren kommt die Aufgabe der **Vorbereitung der Planfeststellungsverfahren** zu. Die künftige Linie bzw. der künftige Standort des Vorhabens wird vorgegeben und der in Anspruch zu nehmende Raum damit eingeengt, nicht aber schon parzellenscharf festgelegt. Die Prüfung ist daher eine summarische, grobkörnige Prüfung. In Anlehnung an die bei der Raumverträglichkeitsprüfung gewählte Terminologie kann daher auch hier von einer Prüfung der überörtlich bedeutsamen und großräumigen Auswirkungen der Verkehrsvorhaben gesprochen werden.[27] Allerdings kann der Vorhabenträger den Umfang der Prüfung beeinflussen und durch Vorlage schon konkreter Unterlagen den Prüfungsgegenstand deutlich präzisieren, um so eine größere Planungs- und Investitionssicherheit zu erhalten. Dazu sollte er – in Absprache mit der

22 Durch die Novelle des UVPG im Jahr 2001 wurden die Möglichkeiten der Durchführung eines Plangenehmigungsverfahrens deutlich eingeschränkt, nämlich nur noch dann, wenn von vornherein keine UVP-Pflicht gegeben ist. Allgemein zur Plangenehmigung *Kühling/Herrmann,* Fachplanungsrecht, Rn. 50 ff.

23 BVerwG, Urt. v. 18.12.2014 – 4 C 35.13, Rn. 25, DVBl 2015, 636 (637); hierzu *Rubel* DVBl 2015, 525 (529).

24 Einzelheiten bei *Leue,* in: Kodal/Krämer, Straßenrecht, Kap. 35 Rn. 3.

25 *Leue,* ebd. Rn. 3.31, vgl. zu der dann gebotenen Abstimmung § 16 Abs. 3 Satz 1 und 2 FStrG.

26 Die Entscheidung der Landesplanungsbehörde richtet sich nach den Vorgaben von § 15 ROG.

27 *Friesecke,* Bundeswasserstraßengesetz, § 13 Rn. 6; § 16 Rn. 45.

zuständigen Behörde – auch Alternativvorschläge in die Prüfung einbeziehen. Für die UVP wird durch die Forderung nach einer Prüfung entsprechend »dem jeweiligen Planungsstand des Vorhabens« in § 47 Abs. 1 Satz 1 klargestellt, dass sie in gleicher Weise und Intensität am Umfang der Prüfung teilnimmt.

Vorhabenträger i.S.d. UVPG, der den Behörden die Planungsunterlagen vorlegt, sind bei einer Bundesfernstraße, je nach interner organisatorischer Ausgestaltung der Bundesfernstraßenverwaltung, entweder die von Fernstraßenamt des Bundes beauftragte Autobahn GmbH bzw. die zuständige, vom Bundesverkehrsministerium beauftragte Straßenbaubehörde, ein vom Land beauftragter Straßenbaubetrieb oder auch ein beauftragter Dritter, etwa eine ÖPP-Gesellschaft. Bei der Bundeswasserstraße ist Vorhabenträger das hierfür zuständige Amt der Bundeswasserstraßenverwaltung, insbesondere ein Wasserstraßenneubauamt oder ein Wasserstraßenamt, und beim Flughafen der künftige Betreiber, etwa ein öffentliches Konsortium aus Bund und Land oder auch ein Privater. 24

Nach § 16 Abs. 2 Satz 1 FStrG »sind bei der Bestimmung der Linienführung die von dem Vorhaben berührten öffentlichen Belange einschließlich der Umweltverträglichkeit und des Ergebnisses der Raumverträglichkeitsprüfung im Rahmen der Abwägung zu berücksichtigen«. Zu prüfende Belange im **Linienbestimmungsverfahren bei der Bundesfernstraßenplanung** sind z.B. noch sehr allgemein die mit der Straße beabsichtige Verbesserung des Straßennetzes, konkreter dann die verkehrlich bessere Erschließung einer Region, oder die Ein- oder Anbindung von Regionen an die europäischen oder nationalen Fernverkehrswege. Die öffentlichen Belange schließen gem. dem Wortlaut von § 16 Abs. 2 Satz 1 FStrG die UVP ein, die integraler Bestandteil der Prüfung im Linienbestimmungsverfahren ist. Diese öffentlichen Belange sind gegeneinander sowie mit dem Ergebnis der vorangegangenen Raumverträglichkeitsprüfung abzuwägen. Über den Wortlaut hinaus können neben den öffentlichen Belangen private Interessen bei der Linienbestimmung einbezogen werden, sofern sie auf dieser Planungsstufe bereits erkennbar sind.[28] Konkrete private Belange, insbesondere der Entschädigung für die Inanspruchnahme von Flächen, sind dagegen nicht hier, sondern erst auf der nachfolgenden Ebene des Planfeststellungsverfahrens zu prüfen. Erst dort wird der genaue Trassenverlauf und das Ausmaß der Inanspruchnahme privater Flächen deutlich. 25

Nach § 13 Abs. 1 Satz 2 WaStrG »sind bei der Bestimmung der Linienführung die von dem Vorhaben berührten öffentlichen Belange einschließlich der Umweltverträglichkeit im Rahmen der Abwägung zu berücksichtigen«. Im Gegensatz zur Regelung des straßenverkehrsrechtlichen Linienbestimmungsverfahrens wird das Ergebnis der Raumverträglichkeitsprüfung vom Bundesgesetzgeber bei der **Bundeswasserstraßenplanung** als Belang nicht ausdrücklich erwähnt, es ist aber aufgrund der Planungssystematik und auch aufgrund von § 4 Abs. 1 Satz 1 ROG als ein sonstiges Erfordernis der Raumordnung im Rahmen der Abwägung zu berücksichtigen. Die beschriebenen überörtlichen Verkehrsbelange sowie die integrierte UVP bilden das wesentliche Abwägungsmaterial für die Bestimmung der Linie durch das Bundesverkehrsministerium. 26

Gem. § 6 Abs. 2 Satz 1 LuftVG ist im **luftverkehrsrechtlichen Genehmigungsverfahren** »vor Erteilung der Genehmigung besonders zu prüfen, ob die geplante Maßnahme den Erfordernissen der Raumordnung und Landesplanung entspricht und ob die Erfordernisse des Naturschutzes und der Landschaftspflege sowie des Städtebaus und der Schutz vor Fluglärm angemessen berücksichtigt sind«. Zugleich ist nach § 6 Abs. 1 Satz 2 LuftVG »im Genehmigungsverfahren für Flugplätze [...] die Umweltverträglichkeit zu prüfen.« Damit ist der geplante Standort eines Flughafens, aus einem überörtlichen Blickwinkel, immer auf seine Raum- und städtebauliche Vertretbarkeit sowie auf seine Umweltverträglichkeit im Rahmen einer UVP im luftverkehrsrechtlichen Genehmigungsverfahren zu überprüfen. Der Genehmigung nach § 6 LuftVG kommt in dieser Konstellation daher auch vorbereitende Wirkung für die Planungsentscheidung im Planfeststellungsverfahren zu.[29] Auch bei vorgeschalteter Raumverträglichkeitsprüfung wird diese erweiterte Prüfung indes nicht entbehrlich, 27

28 *Leue*, in: Kodal/Krämer, Straßenrecht, Kap. 35 Rn. 8.1 f.
29 *Giemulla/Rathgeb*, in: Giemulla/Schmid, LuftVG, § 6 Rn. 71, 80 f.

da die Raumverträglichkeitsprüfung gem. § 15 Abs. 1 Satz 2 Nr. 3 ROG gerade keine (vollständige) UVP enthält.

IV. Verfahrensablauf der vorgelagerten Verfahren mit integrierter UVP

28 Weder die §§ 16 FStrG und 13 WaStrG noch § 6 LuftVG treffen rechtliche Anordnungen zum Ablauf der dortigen Linienbestimmungs- bzw. Genehmigungsverfahren. Dies übernimmt daher das UVPG in seinem **Abschnitt 2.** Die dort für die UVP geregelten Verfahrensschritte **prägen** damit den Ablauf ihrer **Trägerverfahren**. Gem. § 15 ist die Vorbereitung der Linienbestimmungsverfahren und des luftverkehrsrechtlichen Genehmigungsverfahrens einschließlich der dort durchzuführenden UVP mit dem »scoping« zu beginnen. Von der zuständigen Behörde werden in Absprache mit dem Vorhabenträger und den sonstigen Beteiligten Inhalt und Umfang der UVP sowie die in die Prüfung einzubeziehenden Vorhabenvarianten festgelegt. Die vom Vorhabenträger vorzulegenden Unterlagen, insbesondere der UVP-Bericht, müssen den Anforderungen des § 16 genügen und für eine Bewertung der zu prüfenden überörtlich bedeutsamen Umweltauswirkungen geeignet sein. Den Unterlagen ist gem. § 16 Abs. 1 Satz 1 Nr. 7 eine allgemein verständliche Zusammenfassung beizufügen.

29 **Informationen** für die UVP liefern die vom Vorhabenträger beizubringenden Unterlagen, die einzuholenden Stellungnahmen der Wasser–, Naturschutz- und sonstigen Umweltfachbehörden aus der nach § 17 gebotenen Behördenbeteiligung sowie die Äußerungen aus der nach § 18 gebotenen Beteiligung der Öffentlichkeit. Auf dieser Grundlage beschreibt und systematisiert die zuständige Behörde die Auswirkungen des Vorhabens auf die in § 2 Abs. 1 genannten Schutzgüter in Form einer **zusammenfassenden Darstellung** gem. § 24. Die ermittelten Auswirkungen sind den verschiedenen Umweltmedien jeweils gesondert zuzuordnen. Die Darstellung im Umweltbericht erfolgt dabei optisch getrennt von den im Rahmen der vorgelagerten Verfahren darüber hinaus zu ermittelnden und beschreibenden Auswirkungen des Vorhabens bspw. auf die Verkehrsentwicklung und Raumstruktur. Bei der Darstellung der Umweltauswirkungen im Rahmen der UVP im nachfolgenden Planfeststellungsverfahren kann auf diese gesonderte Darstellung der überörtlich bedeutsamen Umweltauswirkungen zurückgegriffen werden.

30 Für die **Beteiligung der Öffentlichkeit** enthält § 18 Abs. 2 **Vereinfachungen** gegenüber der Zulassungsebene. Gem. § 18 Abs. 2 Satz 1 kann die zuständige Behörde auf die Durchführung eines Erörterungstermins verzichten und sich auf die Einholung (und Auswertung) schriftlicher Äußerungen beschränken. Gem. § 18 Abs. 2 Satz 2 **kann** des Weiteren auf eine Benachrichtigung nach § 73 Abs. 5 Satz 3 VwVfG **verzichtet** werden, d.h. nicht ortsansässige Betroffene brauchen nicht über die **Auslegung benachrichtigt** werden. Grund für diese Vereinfachungen ist, dass es sich bei den Linienbestimmungsverfahren und auch beim luftverkehrsrechtlichen Genehmigungsverfahren um interne vorgelagerte Verfahren handelt und diesen noch ein umfassendes Planfeststellungsverfahren mit formaler Öffentlichkeitsbeteiligung mit einem Erörterungstermin folgt. Für die betroffene Bevölkerung besteht also später Gelegenheit, sich mit der Zulassungsbehörde auszutauschen.[30]

31 **Materielle Maßstäbe** für die **Bewertung** der überörtlichen Umweltverträglichkeit der Linie bzw. des Standortes des Vorhabens liefern die im Bundesfernstraßengesetz, Bundeswasserstraßengesetz bzw. Luftverkehrsgesetz enthaltenen umweltbezogenen Maßgaben. Daneben sind die in den Landes- und Regionalplänen enthaltenen umweltbezogenen raumordnerischen Ziele sowie die nach dem Bundesnaturschutzgesetz i.V.m. den Landesnaturschutzgesetzen ausgewiesenen Schutzgebiete zwingend zu beachten. Schließlich sind die verbindlichen oder empfehlenden Aussagen der Fachpläne des Wasserhaushalts–, Abfall- und Immissionsschutzrechts als Maßstäbe oder Belange in die Bewertung einzubeziehen. Die Bewertung anhand dieser auf die Umwelt bezogenen Maßstäbe erfolgt zunächst gesondert für jedes der in § 2 Abs. 1 aufgeführten Umweltschutzgüter; in einem zweiten Schritt ist

30 Die Gesetzesbegründung zum UVPG weist daraufhin, dass es europarechtlich zulässig ist, bei vorgelagerten Verfahren auf die Durchführung eines Erörterungstermins zu verzichten, BT-Drs. 18/11499 v. 13.03.2017, S. 91.

danach gem. § 25 eine begründete Bewertung der überörtlichen Umweltverträglichkeit des Vorhabens vorzunehmen. Diese Bewertung stellt die UVP des Vorhabens im Linienbestimmungsverfahren bzw. luftverkehrsrechtlichen Genehmigungsverfahren dar. Eine umweltinterne Bewertung mit einer **Gesamtsaldierung aller Umweltfolgen** etwa im Sinne einer umweltinternen Abwägung ist hingegen abzulehnen. Durch die Saldierung der Umweltauswirkungen würden dem abschließenden Abwägungsvorgang bestimmte umweltbezogene Einzelaspekte, die innerhalb der umweltinternen Saldierung untergehen, entzogen. Aus dieser Überlegung heraus verbietet es sich, die Bewertung mit einem **Gesamtergebnis** »umweltverträglich« bzw. »umweltunverträglich« enden zu lassen. Der integrative Prüfungsansatz des UVPG verlangt zwar mehr als eine bloße Aneinanderreihung der ermittelten und isoliert bewerteten Umweltauswirkungen. Es reicht aber aus, wenn die Umweltauswirkungen zueinander in Beziehung gesetzt und in einer verbal beschreibenden **ökologischen Gesamtbilanz** zusammengefasst werden.[31]

Vor Abschluss der Linienbestimmungsverfahren bzw. des luftverkehrsrechtlichen Genehmigungsverfahrens führt die zuständige Behörde das Ergebnis der UVP mit den ansonsten geprüften und bewerteten Auswirkungen des Vorhabens nach Maßgabe des einschlägigen Fachgesetzes und damit in Form einer **Abwägung** bzw. planerisch geprägten **Ermessensentscheidung** zu einem **Gesamtergebnis** zusammen. Das Ergebnis der **UVP** als ein Zwischenschritt auf dem Weg zur Gesamtbeurteilung der vorgeschlagenen Linie für die Bundesfernstraße, Bundeswasserstraße bzw. des vorgeschlagenen Standorts für den Flughafen wird im Rahmen der **Begründung** der vorgelagerten Entscheidung **gesondert** festgehalten. Die überörtliche UVP kann daher vom nachfolgenden Planfeststellungsverfahren als Baustein übernommen werden. 32

V. Alternativenprüfung im Linienbestimmungsverfahren nach Satz 2

Aufgabe eines Linienbestimmungsverfahren nach den §§ 16 FStrG bzw. 13 WaStrG ist die Bestimmung der geeigneten Linienführung einer Bundesfernstraße oder Bundeswasserstraße zwischen den durch die Bedarfsplanung vorgegebenen Anfangs- und Endpunkten einer beabsichtigten Trasse in Form eines Korridors. § 47 Abs. 1 Satz 2 ordnet ergänzend an, dass in die Prüfung der Umweltverträglichkeit bei der Linienbestimmung alle ernsthaft in Betracht kommenden Trassenvarianten einzubeziehen sind. Damit geben die Linienbestimmungsverfahren den **rechtlichen Rahmen** vor, um **alternative Trassen** aus **Sicht der Umwelt zu vergleichen** und zu **bewerten**. Diese ausdrückliche Anordnung im UVPG bedeutet aber nichts Neues für die Linienbestimmungsverfahren. Linienbestimmungsverfahren wurden von jeher zur Alternativenprüfung genutzt, ohne dass dies aber in § 16 FStrG und § 13 WaStrG besondere Erwähnung gefunden hatte. Denn ihre Aufgabe ist es gerade, verschiedene Trassen zu vergleichen und von vornherein ungeeignete Varianten frühzeitig und ohne vertieften Aufwand aus dem weiteren Planungsprozess auszuscheiden. So wird der für die Prüfung im Planfeststellungsverfahren zu untersuchende Raum auf grundsätzlich geeignete Planungsvarianten eingegrenzt, allerdings muss noch ausreichend Gestaltungsspielraum für die Planfeststellungsbehörde im abschließenden Planfeststellungsverfahren verbleiben.[32] Die Planfeststellungsbehörde ist an die verbindliche Bestimmung der Linie durch das Fernstraßenamt des Bundes bzw. das Bundesverkehrsministerium gebunden. Will sie von dieser Vorgabe aufgrund neuer, erst im Planfeststellungsverfahren gewonnener Erkenntnisse abweichen, muss sie das Bundesverkehrsministerium informieren und eine erneute Entscheidung zur Linienbestimmung einholen.[33] 33

31 Ebenso *Leue*, in: Kodal/Krämer, Straßenrecht, Kap. 35 Rn. 15.1.

32 Hierzu ausführlich *Leue*, ebd. Rn. 8.1, und *Friesecke*, Bundeswasserstraßengesetz, § 13 Rn. 6, beide unter Hinweis auf die ständige Rspr. des BVerwG; auch *Kühling/Herrmann*, Fachplanungsrecht, Rn. 248. Zu diesem Korridor von einigen hundert Metern Breite vgl. auch bereits BVerwG VRS 37, 154 (156). Bestätigend zur Planfeststellungsbehörde das BVerwG NVwZ 2009, 986: »Sie ist befugt, Alternativen, die sich auf Grund einer Grobanalyse als weniger geeignet erweisen, schon in einem frühen Stadium auszuscheiden«.

33 *Leue*, in: Kodal/Krämer, Straßenrecht, Kap. 35 Rn. 19.

34 Diese ureigene Funktion der Linienbestimmungsverfahren wird vom UVPG – auch um die Umsetzung der gemeinschaftsrechtlichen Vorgaben zu dokumentieren – in § 47 Abs. 1 Satz 2 also nochmals hervorgehoben. Damit wird Art. 5 Abs. 1 Satz 1 SUP-RL Rechnung getragen, der für Pläne und Programme, aber zugleich auch für die nach deutschem Recht der Zulassungsebene zugeordneten vorgelagerten Verfahren eine Prüfung vernünftiger Alternativen verlangt. Die Einschätzung, dass der ausdrückliche Verweis auf alle »ernsthaft in Betracht kommenden« Varianten unnötige Zweifel an der Professionalität der Planung und Prüfung von Trassenvarianten erwecke, verkennt die damit erfolgte Eingrenzung des Prüfungsumfangs schlicht unter Verwendung einer auch höchstrichterlich aufgegriffenen Formulierung.[34]

35 § 47 Abs. 1 Satz 2 gilt seinem Wortlaut nach hingegen nicht für das luftverkehrsrechtliche Genehmigungsverfahren. Hier ist davon auszugehen, dass der Bundesgesetzgeber die Alternativenprüfung vorrangig in der Raumverträglichkeitsprüfung (§ 15 Abs. 1 Satz 2 Nr. 2 ROG) ansiedeln wollte, zumal Raumverträglichkeitsprüfung und luftverkehrsrechtliches Genehmigungsverfahren beide in der Zuständigkeit von Landesbehörden liegen und ein eigenes planerisches (Bundes-)Interesse an einer Festlegung des Vorhabenstandortes (anders als bei den Linienbestimmungsverfahren) zumindest im Verfahren nach § 6 LuftVG ausscheidet. Gleichwohl müsste bei einem Verzicht auf eine Raumverträglichkeitsprüfung im Rahmen der gebotenen UVP auch die **Alternativenprüfung** in das Verfahren nach § 6 LuftVG integriert werden, um den beschriebenen **gemeinschaftsrechtlichen Vorgaben** Rechnung zu tragen.

D. Entlastung nachfolgender Zulassungsverfahren (Absatz 3)

36 § 47 Abs. 3 regelt die entlastende Wirkung der UVP in den vorgelagerten Verfahren des Verkehrsplanungsrechts für die nachfolgenden Planfeststellungsverfahren. Hiernach »kann« im nachfolgenden Zulassungsverfahren »die Prüfung der Umweltverträglichkeit auf zusätzliche erhebliche oder andere erhebliche Umweltauswirkungen des Vorhabens beschränkt werden«. Vergleichbare Anordnungen zur **Vermeidung von doppeltem Prüfungsaufwand** treffen auch § 29 Abs. 2 für die Teilzulassung, § 15 Abs. 1 Satz 2 Nr. 3 ROG i.V.m. § 49 Satz 2 UVPG für die Raumverträglichkeitsprüfung und § 50 Abs. 3 für das Bebauungsplanverfahren, in den §§ 29 und 50 allerdings in der Form strengerer »Soll«-Vorschriften.

37 Die Möglichkeit, die UVP im nachfolgenden Zulassungsverfahren zu beschränken, gilt zunächst für ausgeschlossene **Standort- oder Trassenvarianten,** diese sind **im Planfeststellungsverfahren nicht nochmals detailliert** der UVP zu unterziehen. Die UVP kann sich dort auf die konkreten Auswirkungen des Vorhabens im Bereich der linienbestimmten Trasse bzw. des genehmigten Flughafenstandorts konzentrieren und damit auf deren bzw. dessen technische Ausgestaltung. Ganz darf im nachfolgenden Planfeststellungsverfahren aber auf eine nochmalige Prüfung des Vorschlags aus dem vorgelagerten Verfahren nicht verzichtet werden. So verlangt die Rechtsprechung, dass die Abwägung im Planfeststellungsverfahren aus sich heraus verständlich sein muss, sich die Begründung der Trasse also nicht auf eine kritiklose Übernahme des Ergebnisses des Linienbestimmungsverfahrens zurückziehen darf.[35] Ebenfalls können die Verfahrensschritte der UVP wie das »scoping«, die Beteiligung der Behörden und der Öffentlichkeit, die zusammenfassende Darstellung sowie die begründete Bewertung der Umweltauswirkungen des Vorhabens auf die vorgeschlagene Linie bzw. den vorgeschlagenen Flughafenstandort begrenzt werden. Auch der Vorhabenträger kann seinen UVP-Bericht auf die zusätzlichen, im vorausgegangenen Verfahren noch nicht geprüften Umweltauswirkungen des Vorhabens beschränken. Das BVerwG hat hierzu entschieden, dass die Unterlagen einer in einem vorangegangenen Linienbestimmungsverfahren durchgeführten Umweltverträglichkeitsprüfung in einem nachfolgenden Planfeststellungsverfahren nicht erneut auszulegen sind, wenn die Planfest-

34 Vgl. BVerwG, Urt. v. 25.01.1996 – 4 C 5.95, BVerwGE 100, 238 (250); Urt. v. 26.03.1998 – 4 A 7.97, UPR 1998, 382; Beschl. v. 26.06.1992 – 4 B 1–11.92, DVBl 1992, 1435; andere Ansicht *Schladebach*, in: Landmann/Rohmer, Umweltrecht, 105. EL September 2024, § 47 UVPG Rn. 32.

35 BVerwG, NVwZ 1997, 165 (166); *Kühling/Herrmann,* Fachplanungsrecht, Rn. 746.

stellungsbehörde die Prüfung der Umweltverträglichkeit auf zusätzliche oder andere erhebliche Umweltauswirkungen beschränkt.[36] Entscheidet sich die Planfeststellungsbehörde in Absprache mit dem Vorhabenträger für eine solche Beschränkung des Prüfungsgegenstandes im Zulassungsverfahren, greift sie auf die Unterlagen der UVP aus dem vorgelagerten Verfahren zurück und fasst die Vorarbeiten mit der von ihr durchgeführten weiteren Stufe der UVP »zu einer **Gesamtbewertung der Umweltauswirkungen**« des Vorhabens gem. § 31 Abs. 4 zusammen. Im Anschluss an diese Zusammenführung ist die Gesamtbewertung der Umweltauswirkungen des Vorhabens bei der abschließenden Entscheidung über die Zulässigkeit des Vorhabens nach Maßgabe des fachgesetzlich geregelten Planfeststellungsverfahrens i.V.m. den §§ 72 ff. VwVfG im Rahmen der dort notwendigen Abwägung aller Belange zu berücksichtigen.

Eine **nochmalige** Ermittlung, Beschreibung und **Bewertung** auch der bereits im vorgelagerten Verfahren geprüften überörtlichen Umweltauswirkungen kann hingegen dann erforderlich werden, wenn die dort durchgeführte UVP unvollständig ist oder neue Erkenntnisse erst nach Abschluss des vorgelagerten Verfahrens evident wurden. Sofern es fachlich indes geboten scheint, insgesamt von der vorgegebenen Linie abzuweichen, muss die Planfeststellungsbehörde mit der für das vorgelagerte Verfahren zuständigen Behörde Kontakt aufnehmen, damit diese die für sie verbindliche Linienbestimmung aufhebt. 38

E. Ausschluss von unmittelbaren Rechtsbehelfen (Absatz 4)

§ 47 Abs. 4 greift eine durch das Öffentlichkeitsbeteiligungsgesetz erstmals in § 9 Abs. 3 Satz 2 a.F. und später an § 15 Abs. 5 a.F. angefügte Regelung auf, dass die Linienbestimmung nach § 16 Abs. 1 des Bundesfernstraßengesetzes und nach § 13 Abs. 1 des Bundeswasserstraßengesetzes nur im Rahmen des Rechtsbehelfsverfahrens gegen die nachfolgende Zulassungsentscheidung überprüft werden kann. Die Anordnung stellt klar, dass sich durch die integrierte UVP mit Beteiligung der Öffentlichkeit der **verwaltungsinterne Charakter** der Linienbestimmung nicht verändert. Gegenteiligen Auffassungen,[37] die für eine gerichtliche Überprüfung der durch die UVP für die Öffentlichkeitsbeteiligung geöffneten vorgelagerten Verfahren streiten, steht insoweit der eindeutige Wille des Gesetzgebers entgegen.[38] Die Entscheidung im Linienbestimmungsverfahren für eine (»Vorzugs«-)Trasse stellt insoweit eine verwaltungsinterne Vorstufe der Planfeststellung dar,[39] **gegenüber Dritten** soll sie noch **keine bindende Wirkung** entfalten. Rechtsschutz gegen das Ergebnis der Linienbestimmung kann ein Dritter daher erst inzident im Wege der **Anfechtungsklage gegen den Planfeststellungsbeschluss** begehren.[40] Gleiches gilt für eine **Gemeinde**, die sich durch das (vorläufige) Ergebnis eines Linienbestimmungsverfahrens in ihrer Planungshoheit beeinträchtigt sieht. Die Bestimmung der Linie richtet sich jedoch nicht an sie, sondern an den hoheitlichen Vorhabenträger. Im Rahmen ihrer gemeindlichen Planung braucht sie eine Linienbestimmung daher nur als öffentlichen Belang im Rahmen ihrer Abwägung zu berücksichtigen. Allerding ist sie gut beraten, dies auch zu tun, weil eine die Linienbestimmung aufgreifende Planfeststellung gem. § 38 BauGB an eine zwischenzeitlich entgegenstehende Bebauungsplanung nicht gebunden wäre. Im Ergebnis kann also eine Gemeinde gegen die Bestimmung der Linie keine weitergehenden Rechte als ein privater Dritter beanspruchen.[41] 39

Eine vergleichbare Wirkung kommt dem Ergebnis des luftverkehrsrechtlichen Genehmigungsverfahrens nach § 6 LuftVG zu, ohne dass dies in § 47 Abs. 4 angesprochen ist. Auch hier entfaltet die 40

---

36 BVerwG, Urt. v. 10.11.2016 – 9 A 18.15, NVwZ 2017, 1294 (Leitsatz 1).

37 *Beckmann* NVwZ 1991, 427 (439), *Wahl*, FS Sendler, 199 (220), jeweils bezogen auf das frühere Raumordnungsverfahren (§ 15 Abs. 7 ROG a.F.), was aber gem. § 15 Abs. 6 ROG entsprechend für die Raumverträglichkeitsprüfung gilt.

38 Wie hier auch *Steinberg* NuR 1992, 164 (174), *Erbguth* LKV 1993, 145 (146).

39 BVerwGE 62, 342 (344); *Kühling/Herrmann*, Fachplanungsrecht, Rn. 746.

40 BVerwGE 62, 342 (350); *Schladebach*, in: Landmann/Rohmer, Umweltrecht, 105. EL September 2024, § 47 UVPG Rn. 50.

41 Andere Auffassung aber *Wahl* ebd., S. 220, der von einer Verletzung der Planungshoheit ausgeht.

vorgelagerte Genehmigung keine Verbindlichkeit gegenüber den Gemeinden und der Öffentlichkeit und sie kann daher erst inzident mit der Anfechtung des Planfeststellungsbeschlusses überprüft werden.[42] Allerdings kann ein angehender **Flughafenunternehmer** gegen eine ihm nur mit Einschränkungen oder gar nicht erteilte Genehmigung des Flughafenbetriebs **unmittelbar Anfechtungsklage** erheben, weil er von dieser Entscheidung direkt in eigenen Rechten betroffen ist.[43]

§ 48 Raumordnungspläne

Besteht für die Aufstellung eines Raumordnungsplans nach diesem Gesetz die SUP-Pflicht, so wird die Strategische Umweltprüfung einschließlich der Überwachung nach dem Raumordnungsgesetz durchgeführt. Auf einen Raumordnungsplan nach Anlage 5 Nummer 1.5 oder 1.6, der Flächen für die Windenergienutzung oder für den Abbau von Rohstoffen ausweist, ist § 1 Absatz 1 Satz 1 Nummer 4 des Umwelt-Rechtsbehelfsgesetzes nicht anzuwenden.

Übersicht

42 Grundlegend BVerwG DVBl 1978, 845 (853), zur (nicht bestehenden) Klagemöglichkeit von Gemeinden und Gemeindeverbänden. Für den Bürger kann nichts anderes gelten, so auch BVerwG DVBl 1987, 573 (575).

43 Wie hier *Ronellenfitsch* DVBl 1984, 501 (504).

A. Allgemeines

§ 48 kommt Signalfunktion zu, dass Raumordnungspläne einer Strategischen Umweltprüfung zu unterziehen sind. Die Vorschrift hat mit Ausnahme des besonderen Satzes 2 keinen eigenen Regelungsgehalt. Sie verweist auf das Raumordnungsgesetz (ROG), welches in § 8 ROG die Strategische Umweltprüfung (SUP), dort als **Umweltprüfung** (UP) bezeichnet, abschließend regelt. Die umfassende **Regelung der UP im ROG** soll nach der Vorstellung des Gesetzgebers den Blick in das UVPG entbehrlich machen. Allerdings verändert die Integration der UP den Anspruch an die Inhalte der Raumordnungsplanung durchaus, etwa indem die begleitende Erstellung eines Umweltberichts und nach Abschluss der Planung ein Monitoring verlangt wird. Deshalb kann es nicht schaden, sich mit der im UVPG detailliert beschriebenen Herangehensweise an eine UP vertraut zu machen.[1] Die sprachliche Reduzierung im ROG auf den Begriff der »Umweltprüfung« verdeutlicht indes durchaus die damalige Sichtweise des ROG-Gesetzgebers im Jahr 2008, welcher die UP eher als unterstützendes und gerade nicht als strategisches Verfahrenselement in die Raumordnungsplanung integrieren wollte.[2] Die Raumordnungsplanung macht sich durch diesen Verzicht auf einen strategischen Anspruch und den Rückzug auf ihren Koordinierungsauftrag kleiner als sie es aufgrund der ihr zugewiesenen gesamtplanerischen Kompetenz eigentlich müsste. 1

Demgegenüber spricht § 48 in Satz 1 von einer »Strategischen« Umweltprüfung. Und angesichts der erheblichen Auswirkungen des Klimawandels stellt sich auch aus diesem Grund die Frage, ob die damalige zurückhaltende Sichtweise auf die lediglich unterstützende Funktion der »Umweltprüfung« in der Raumordnung den heutigen **Anforderungen an eine strategisch denkende, integrative Gesamtplanung** noch gerecht wird. Indes ist eine Kommentierung des auf seine Signalfunktion beschränkten § 48 nicht der richtige Ort, sich umfassend mit dem nach der hier vertretenen Auffassung gebotenen Paradigmenwechsel bei der Ausgestaltung der räumlichen Planungen auseinanderzusetzen.[3] Jedenfalls sollten sich die Verantwortlichen für die Aufstellung eines Raumordnungsplans die weitreichenden methodischen Ansätze einer SUP bewusst machen und diese aktiv nutzen. Es sollte künftig darum gehen, die Wechselbeziehungen der verschiedenen Umweltmedien untereinander gerade angesichts des Klimawandels genauer zu erfassen und hinsichtlich ihrer komplexen Auswirkungen zu bewerten. Dies bedeutet zunächst, die fachliche Verzahnung mit der Landschaftsplanung und den anderen Fachplanungen, aber auch den Klimaanpassungsprogrammen von Bund und Ländern weiterzuentwickeln.[4] Die Verantwortlichen zur Aufstellung oder Fortschreibung eines Raumordnungsplans sollten ihre Planung daher als die alle derzeitigen, aber auch künftigen Umweltherausforderungen integrierende Planung verstehen und die »Strategische Umweltprüfung« entsprechend nutzen. In der aktuellen Diskussion um die Fortentwicklung der UP in der Raumordnungsplanung ist derzeit eher die gegenteilige Tendenz festzustellen.[5] 2

Die nachfolgende Darstellung beschränkt sich aufgrund des überwiegend deklaratorischen Charakters nicht allein auf die Vorschrift des § 48, sondern sie bezieht in gestraffter Form die Regelung der UP für Raumordnungspläne in § 8 ROG ein. Zu Detailfragen in den Abläufen einer UP können hilfsweise die Erläuterungen der Verfahrensschritte der strategischen Umweltprüfung der §§ 38–46 3

1 Beachte insoweit § 38, der für jede SUP einen Mindeststandard gem. der §§ 39 ff. gewährleistet.

2 Siehe die ROG-Kommentierungen von *Spannowsky* und *Faßbender*, in: Kment, ROG, § 8 Rn. 19 (unter Bezugnahme auf die Evaluation der SUP-RL), die feststellen, dass die UP einen Projektbezug aufweist bzw. der UP kein strategisches Element innewohnt, sondern strategische Entscheidungen eher auf politischer Ebene getroffen werden.

3 Zum Einstieg in die notwendige Diskussion siehe *S. Wagner*, Klimaschutz und Klimaanpassung in der Regionalplanung – Instrumente, Möglichkeiten und Grenzen, in: Mitschang (Hrsg.), Klimaschutz und Klimaanpassung in der Regional- und Bauleitplanung, Berliner Schriften zur Stadt- und Regionalplanung, 2021, Bd. 40, S. 9, 27 f: »Dynamik«, »Problemvielfalt«, »Dezentralität«, »Unsicherheit« und »Langfristigkeit«.

4 *Spannowsky*, in: Spannowsky/Runkel/Goppel, ROG, § 8 Rn. 56 f.

5 Siehe Rdn. 20.

sowie auch die deutlich umfänglichere Kommentierung zu § 50 für die UP in den Bauleitplanverfahren herangezogen werden. Die nachfolgende Darstellung beginnt mit einem allgemeinen Überblick über den Regelungsgegenstand (A. I.), den Zweck und die Bedeutung der Vorschrift (A. II.), die Gesetzesgeschichte (A. III.) und den Anwendungsbereich (A. IV.) Sie wendet sich dann der Zusammenführung von Raumordnungsplanung und UP im ROG (B.) zu, verbunden mit Ausführungen, wie die UP künftig aktiver genutzt werden könnte. Sie erläutert danach die UP für Raumordnungspläne gem. § 48 Satz 1 i.V.m. § 8 ROG (C.) und den Ausschluss von Rechtsbehelfen für bestimmte Raumordnungspläne gem. § 48 Satz 2 (D.). Die Darstellung endet mit den Absehensmöglichkeiten von der UP gem. § 8 Abs. 2 ROG und einer Erläuterung der grundlegenden Entscheidung des BVerwG, in welchen Fällen es beim Zielabweichungsverfahren einer UP bedarf (E.).

I. Regelungsgegenstand

4 § 48 Satz 1 **verweist** für die Aufstellung eines Raumordnungsplans mit UP auf das ROG (angesprochen ist dort **§ 8 ROG**): »Besteht für die Aufstellung eines Raumordnungsplans nach diesem Gesetz die SUP-Pflicht, so wird die Strategische Umweltprüfung einschließlich der Überwachung nach dem Raumordnungsgesetz durchgeführt.« Satz 1 besagt also einerseits, dass auf Raumordnungspläne, die einer SUP-Pflicht unterliegen, die Vorschriften des UVPG keine Anwendung finden. Andererseits bescheinigt Satz 1 der Regelung im ROG zugleich, dass sie den **Anforderungen der SUP-RL entspricht**.

5 Satz 2 **schließt** dagegen konstitutiv **Rechtsbehelfe**, die durch das Umwelt-Rechtsbehelfsgesetz in Umsetzung der Aarhus-Konvention für Umweltvereinigungen für Programme und Pläne neu eröffnet wurden, für zwei **besondere Regelungsinhalte eines Raumordnungsplans** aus: »Auf einen Raumordnungsplan nach Anl. 5 Nr. 1.5 oder 1.6, der Flächen für die Windenergie oder für den Abbau von Rohstoffen ausweist, ist § 1 Abs. 1 Nr. 4 des Umwelt-Rechtsbehelfsgesetzes nicht anzuwenden.« Der von der Rechtsprechung nach und nach zugebilligte Rechtsschutz gegen Flächenausweisungen, die bereits auf der Ebene der Raumordnungsplanung private Dritte binden können, soll dadurch wieder begrenzt werden. Ein Rechtsschutz soll nach Vorstellung des Gesetzgebers also nur einmalig am Ende eines Zulassungsprozesses und nicht bereits vorab auf vorgelagerten Planungsebenen eröffnet werden.

II. Zweck und Bedeutung der Vorschrift

6 Die Durchführung einer SUP (hier nachfolgend und im ROG als UP bezeichnet) in einem Raumordnungsplan ist Bestandteil eines durchgängigen Konzepts von SUP-RL und UVP-RL, Planungsprozesse für Vorhaben um das Verfahren einer Umweltprüfung anzureichern. Die UP auf der Planebene soll dazu beitragen, einen Bereich, der aus Sicht der Umwelt für die Bebauung mit Siedlungs- oder Infrastrukturmaßnahem von vornherein ungeeignet ist, frühzeitig zu erkennen und aus dem weiteren Planungsprozess auszuscheiden. Hierdurch sollen die **Planungs-** und **Zulassungsverfahren** auf nachfolgenden Hierarchiestufen **entlastet** werden.

III. Gesetzesgeschichte

7 Die **Zusammenführung** von Raumordnungsplanung und Strategischer Umweltprüfung wurde im Grunde bereits von der **(UVP-)Richtlinie** über die Umweltverträglichkeitsprüfung bei bestimmten öffentlichen und privaten Projekten (85/337/EWG) im Jahr 1985 vorbestimmt. Dort war in den Erwägungen das so genannte Gebot der Frühzeitigkeit aufgeführt, welches besagte, dass Umweltauswirkungen im Rahmen eines gestuften Planungs- und Zulassungsprozesses so früh wie möglich zu untersuchen sind. Während sich die nationale Diskussion heftig darum drehte, ob Raumordnungsverfahren (in der ROG-Novelle 2023 umbenannt in Raumverträglichkeitsprüfung) und Bauleitplanverfahren einer UVP unterliegen, gab es solche Diskussionen über die Einbeziehung von Raumordnungsplänen in den Anwendungsbereich der projektbezogenen UVP nicht; zu abstrakt und weit entfernt erschienen damals die Inhalte der Pläne für eine vorhabenbezogene UVP. Aber der Blick

auf die Programme und Pläne änderte sich mit der Zeit – denn sie entfalten steuernde Wirkungen für die Zulassungsebene und haben damit möglicherweise erhebliche Auswirkungen auf die Umwelt.

Mit der eigenständigen **SUP-RL** über die Prüfung der Umweltauswirkungen bestimmter Pläne und Programme (2001/42/EG) wurde daher der Anwendungsbereich für integrierte Umweltprüfungen auf die dem Zulassungsprozess von Projekten vorausgehenden Programme und Pläne erweitert. Ergänzt (und zugleich verklammert) wurden UVP- und SUP-Richtlinie durch die **Öffentlichkeitsbeteiligungs-RL** (2003/35/EG) aus dem Jahr 2003, welche wesentliche Aspekte der Öffentlichkeitsbeteiligung bei der Umwelt- bzw. Umweltverträglichkeitsprüfung konkretisierte. Das EAG 2004 und das SUPG 2005 setzten die SUP-RL sowohl für Bauleitplanverfahren und Raumordnungspläne um. Die Neufassung des ROG im Jahr 2008 wurde genutzt, die SUP als UP eigenständig im ROG zu regeln. Es folgten im Jahr 2017 weitere Novellen des ROG und des UVPG, die eher punktuelle Korrekturen und Ergänzungen der UP in der Raumordnungsplanung vornahmen. Insgesamt verlief der Integrations- und Annäherungsprozess von Raumordnungsplanung und UP deutlich harmonischer als auf der Ebene der Bauleitplanung, was damit zu tun hat, dass es eine Vielzahl von Bauleitplänen in Deutschland gibt, hingegen nur relativ wenige Raumordnungspläne. Die vorletzte Novelle des ROG aus dem Jahr 2023 hatte die **Beschleunigung der Verfahren** für diese Pläne sowie die Einführung einer Raumverträglichkeitsprüfung anstelle des bisherigen Raumordnungsverfahrens zum Ziel. Eine deutliche Aufwertung der Raumordnungsplanung erfolgte durch den aus der gebotenen Umsetzung der RED III-RL resultierenden Auftrag der letzten Novelle des ROG im Jahr 2025, künftig **Beschleunigungsgebiete für Windenergieanlagen** auszuweisen. 8

1. Vorgaben der SUP-Richtlinie 2001

Die SUP-RL regelte im Jahr 2001, dass für die der Zulassungsebene vorgelagerten, Rahmen setzenden Planungs- und Programmebenen eine verbindliche SUP-Pflicht geboten ist. Dieses Erfordernis folgt aus Art. 2 und 3 SUP-RL: 9

- Nach Art. 2 lit. a sind Pläne i.S.d. RL solche, »die von einer **Behörde** auf nationaler, **regionaler … Ebene** ausgearbeitet werden … und die aufgrund von Rechts- oder Verwaltungsvorschriften erstellt werden müssen; …«.
- Art. 2 lit. b versteht unter Umweltprüfung »die Ausarbeitung eines Umweltberichts, die Durchführung von Konsultationen, die Berücksichtigung des Umweltberichts und der Ergebnisse der Konsultationen bei der Entscheidungsfindung und die Unterrichtung über die Entscheidung…«.
- Nach Art. 3 Abs. 2 »wird eine **Umweltprüfung bei allen Plänen** … vorgenommen,
- die in den Bereichen … **Raumordnung** … ausgearbeitet werden und durch die der Rahmen für die künftige Genehmigung der in der… Richtlinie 85/337/EWG aufgeführten Projekte gesetzt wird …«.

Zusammen mit der UVP-RL ist damit von der SUP-RL gemeinschaftsrechtlich für alle Planungsstufen von den ersten planerischen Konzepten bis zur abschließenden Zulassungsentscheidung eines Vorhabens mit voraussichtlich erheblichen Auswirkungen auf die Umwelt eine SUP- bzw. UVP-Pflicht vorgegeben.[6] Damit verbunden ist die gebotene Beteiligung der Öffentlichkeit, wie sie sich aus Art. 6 SUP-RL (»Konsultationen«) im Detail ergibt.

2. Innerstaatliche Entstehung

Die Regelung einer UP für Raumordnungspläne begann im Jahr **2004** mit dem EAG. Dort wurde, zunächst im UVPG, erstmalig eine **UP-Pflicht für Raumordnungspläne** festgelegt. Mit Inkrafttreten des SUPG im Jahr 2005 entfiel diese Regelung kurzfristig wieder, Raumordnungspläne waren nun von den allgemeinen Regeln der SUP im UVPG miterfasst. Im Jahr **2008** wurden die **SUP-Rege-** 10

6 *Schink* NVwZ 2005, 615 (616) zum Zusammenwirken von SUP und UVP über die Planungsebenen. Ebenso *Balla/Sangenstedt* ZUR 2023, 476 (485 ff.), aber gleichzeitig verbunden mit Veränderungsvorschlägen, bei der Raumordnung eine Prüfstufe einzusparen.

lungen für die Raumordnungsplanung aber vom UVPG **in das ROG überführt**. In das UVPG wurde zugleich in § 16 a.F. ein deklaratorischer Verweis auf das ROG aufgenommen, die Vorläuferregelung zum hier kommentierten § 48. Die ROG-Novelle 2017 verschob aus systematischen Gründen die Regelung zur UP in der Raumordnungsplanung von § 9 zu § 8 ROG. Nahezu zeitgleich, in zwei aufeinander aufbauenden Novellen des UVPG, wurde der Verweis auf das ROG in einem ersten Schritt um einen Ausschluss des Umwelt-Rechtsbehelfsgesetzes ergänzt und danach in einem zweiten Schritt im UVPG aus systematischen Gründen intern auf § 48 verschoben.

a) EAG Bau 2004 und SUPG 2005

11 Das EAG Bau und das SUPG sollten ursprünglich im Juli 2004 gemeinsam in Kraft treten, um den Umsetzungstermin der SUP-RL einzuhalten. Da sich das SUPG zeitlich erheblich verzögerte, wurde in § 16 Abs. 1 a.F. eine **Übergangsregel für die gebotene UP von Raumordnungsplänen** verankert: »Bei der Aufstellung und Änderung von Raumordnungsplänen ist eine Prüfung der voraussichtlich erheblichen Umweltauswirkungen… durchzuführen (Umweltprüfung)«. Ziel war es, für Raumordnungspläne (wie auch für Bauleitpläne) die SUP-RL fristgerecht umzusetzen. Diese Regelung konnte mit dem Inkrafttreten des SUPG im Jahr 2005 wieder aufgehoben werden. Für Raumordnungspläne galten damals (anders als die schon damals unmittelbar im BauGB geregelten Bauleitpläne) also zunächst die §§ 14a ff. a.F. (und damit das UVPG) unmittelbar.

b) Gesetz zur Neufassung des Raumordnungsgesetzes 2008

12 Aufgrund der Föderalismusreform und dem damit verbundenen Wechsel vom Rahmen- zum konkurrierenden Recht wurde das damalige ROG überarbeitet.[7] Grundlage ist nun Art. 74 Abs. 1 Nr. 31 GG (»die Raumordnung«). Allerdings steht den Ländern aufgrund von Art. 72 Abs. 3 Satz 1 Nr. 4 GG eine Abweichungsbefugnis zu (»können die Länder hiervon durch Gesetz abweichende Regelungen treffen«). Die Neufassung des ROG wurde dazu genutzt, die **UP für Raumordnungspläne** unabhängig vom UVPG in **§ 9 ROG** zu verankern. Demzufolge wurde § 16 ergänzt, indem ein neuer Absatz 4 angefügt wurde, der diesen Vorrang des § 9 ROG vor dem UVPG klarstellte.[8] Das Gesetz zur Neufassung des ROG wurde Ende 2008 verabschiedet und trat in den die Länder betreffenden Teilen am 30.06.2009, ansonsten Ende 2008 in Kraft.[9]

c) Umwelt-Rechtsbehelfsgesetz-Novelle, UVPG-Novelle und ROG-Novelle 2017

13 Nachdem der **EuGH** 2015 in einem Grundsatzurteil Teile des Umwelt-Rechtsbehelfsgesetzes für unvereinbar mit der UVP-RL erklärt hatte (welche wiederum die internationale Aarhus-Konvention umsetzte), er hatte die in Deutschland geltenden Präklusionsregelungen und die Einschränkung der Verbandsklagerechte kritisiert,[10] sah sich der Gesetzgeber zu einer umfassenden **Revision des Rechtsschutzsystems in Bezug auf die UVP** gezwungen. Gleichzeitig bestand aber auch die Notwendigkeit, die **Vorgaben der UVP-Änderungs-RL** aus dem Jahr 2014 umzusetzen, sodass im **Jahr 2017** kurz nacheinander erst eine kleine und dann eine große Novelle des UVPG erfolgten. Zuvor war in 2017 bereits das **ROG umfassend überarbeitet** worden.

14 Die zeitlich etwas frühere ROG-Novelle[11] verschob zunächst die UP-Regelung für Raumordnungspläne von **§ 9 in § 8 ROG**, verbunden mit kleineren sprachlichen Änderungen. Die Novelle des Umwelt-Rechtsbehelfsgesetzes änderte danach punktuell das UVPG;[12] § 16 Abs. 4, der bis dahin

7 Begründung zum Gesetzentwurf der Bundesregierung zum Entwurf eines Gesetzes zur Neufassung des Raumordnungsgesetzes und anderer Vorschriften, BT-Drs. 16/10292 v. 22.09.2008, S. 1; hierzu *Söfker* UPR 2008, 161.

8 Gesetzesbegründung, BT-Drs. 16/10292 v. 22.09.2008, S. 31.

9 Vom 22.12.2008, BGBl. I, S. 2986.

10 EuGH, Urt. v. 15.10.2015 – C-137/14, DVBl 2015, 1514 ff. (m. Anm. *Stüer).*

11 BGBl. I, S. 1245.

12 BGBl. I, S. 1296.

allein auf das ROG und die dort geregelte UP für Raumordnungspläne verwiesen hatte, wurde um einen Satz 2 ergänzt, der die **Anwendung des Umwelt-Rechtsbehelfsgesetzes für bestimmte Raumordnungspläne ausschloss:** »Auf einen Raumordnungsplan nach Anl. 5 Nr. 1.5 oder 1.6, der Flächen für die Windenergie oder für den Abbau von Rohstoffen ausweist, ist § 1 Abs. 1 Nr. 4 des Umwelt-Rechtsbehelfsgesetzes nicht anzuwenden.« Schließlich benannte die umfassendere UVPG-Novelle 2017,[13] indes ohne inhaltliche Änderung, den bisherigen **§ 16 Abs. 4 a.F. in § 48** um und löste die Anordnung zu den Raumordnungsplänen aus dem früheren engen Kontext zum Raumordnungsverfahren heraus.

d) ROG-Novellen 2023 und 2025

Die vorletzte umfassende Novelle des ROG aus dem Jahr 2023 zielte vorrangig auf **Verfahrensbeschleunigungen** ab.[14] Sie enthielt Regelungen zum Zielabweichungsverfahren als Sollverfahren, zur Möglichkeit einer Gebietsausweisung als Vorranggebiet mit Ausschlusswirkung für das übrige Plangebiet, zur digitalen Beteiligung und zur Planerhaltung. Zudem nannte die Novelle das Raumordnungsverfahren in Raumverträglichkeitsprüfung verbunden mit einer Änderung des § 49 um, dies wiederum verbunden mit einer Reduzierung der Anforderung an die UVP in der Raumverträglichkeitsprüfung.[15] Schließlich ermöglichte die Novelle eine Bekanntmachung der Pläne im Internet. 15

Darüber hinaus erfolgte im Jahr 2025 eine punktuelle Ergänzung des ROG, um die RED III-RL umzusetzen.[16] Die Sonderregelung des § 28 Abs. 2–5 ROG sieht vor, dass die Raumordnungsplanung Windenergiegebiete als Beschleunigungsgebiete auszuweisen hat und im Rahmen der dort gebotenen UP zusätzlich die Prüfung von artenschutzrechtlichen Minderungsmaßnahmen erfolgen muss. Wenn es sich auch nur um eine punktuelle Änderung handelt, sind die Auswirkungen auf die Raumordnungsplanung dennoch erheblich. Der Gesetzgeber macht deutlich, dass er die **Gesamtplanung als das entscheidende Instrument** ansieht, die Planung der **erneuerbaren Energien in Deutschland zu forcieren.** 16

IV. Anwendungsbereich der Vorschrift

§ 48 Satz 1 gilt für alle Arten von Raumordnungsplänen.[17] Die Vorschrift verweist auf das ROG und die dortige Regelung der UP für Raumordnungspläne, ihr kommt damit eine **Signalfunktion** gegenüber der Europäischen Kommission (als Hüterin der SUP-Richtlinie) zu, indem sie darlegt, dass die gemeinschaftsrechtlich vorgegebene SUP für Raumordnungspläne in Deutschland im ROG erfolgt. Dort ist die UP-Pflicht für diese Pläne verankert. **Satz 2** entfaltet hingegen **konstitutive Wirkung** nur für bestimmte Raumordnungspläne, die Flächen für die Windenergie oder für den Abbau von Rohstoffen festlegen, indem für diese ein Rechtsbehelfsausschluss angeordnet wird. 17

B. Zusammenführung von Raumordnungsplanung und UP im ROG

Raumordnungspläne sind (ebenso wie Bauleitpläne) so genannte Pläne der **Gesamtplanung.** Über ihre Ziele bzw. Darstellungen und Festsetzungen soll ein abgewogener Ausgleich über die unterschiedlichen Nutzungsansprüche an den Raum herbeigeführt werden (hierzu im Einzelnen § 1 ROG 18

---

13 BGBl. I, S. 2808.

14 BGBl. 2023 I Nr. 88 (Gesetz zur Änderung des Raumordnungsgesetzes und anderer Vorschriften v. 22.03.2023).

15 Vgl. dazu insgesamt die Kommentierung zu § 49.

16 Richtlinie 2023/2413 vom 18.10.2023 zur Änderung der Richtlinie (EU) 2018/2001, der Verordnung (EU) 2018/1999 und der Richtlinie 98/70/EG im Hinblick auf die Förderung von Energie aus erneuerbaren Quellen und zur Aufhebung der Richtlinie (EU) 2015/652 des Rates, ABl. L vom 31.10.2023 ELI.

17 Ausnahme allerdings für Pläne nach § 17 Abs. 3 i.V.m. Abs. 5 Satz 1 ROG, hierzu *Faßbender*, in: Kment, ROG, § 8 Rn. 35 f.

bzw. § 1 BauGB). Ziele der Raumordnung, je nach Landesrecht können sie in unterschiedlicher Trägerschaft auf Landes- und Regionenebene verfasst werden, binden, wiederum mit unterschiedlicher Wirkung, einerseits gem. § 1 Abs. 4 BauGB die kommunale Ebene der Bauleitplanung, aber gem. § 4 ROG ebenso die Fachplanungen und Planfeststellungen. Ziele der Raumordnung können damit **erhebliche Auswirkungen auf die Umwelt** haben. Daher ist es geboten, dass sie den **Vorgaben der SUP-RL** zur Strategischen Umweltprüfung unterliegen. Nach § 35 Abs. 1 Nr. 1 i.V.m. der **Anlage 5 Nr. 1.5 und 1.6** des UVPG sind sie obligatorisch der SUP-Pflicht unterworfen.

19 Die UP von Raumordnungsplänen soll nach herkömmlichem Verständnis dazu beitragen, **Planbereiche**, die für die Bebauung mit Siedlungs- oder Infrastrukturmaßnahmen aus Sicht der Umwelt von **vornherein ungeeignet** erscheinen, frühzeitig zu erkennen und aus dem weiteren Planungsprozess auszuscheiden. Geeignete und weniger geeignete Planvarianten sollen im Rahmen der SUP miteinander verglichen werden; ein Variantenvergleich ist also geboten. Der Umfang dieser Plan-UP beschränkt sich aus systematischen Gründen ebenso wie die Raumordnungspläne selbst auf die Auswirkungen, die auf dieser Planungsebene erkennbar und von Bedeutung sind (§ 7 Abs. 2 Satz 1 ROG). In nachfolgenden Verfahrenszulassungsstufen wie der Linienbestimmung, den diversen Bauleitplanverfahren oder Planfeststellungsverfahren kann im Rahmen der Durchführung der dortigen UP bzw. UVP hierauf zurückgegriffen werden. Ausgesonderte Varianten der Planung brauchen nicht nochmals untersucht zu werden.

20 Dieses Aussondern besonders umweltschädlicher Varianten aus dem weiteren Planungsprozess erscheint indes zu wenig. Die eingangs bereits in Frage gestellte, zurückgenommene Sichtweise der Bedeutung der Integration einer strategischen Prüfung sollte aufgegeben werden. Es liegt auf der Hand, die bei der strategischen Umweltprüfung gewonnenen Erkenntnisse auch dafür zu nutzen, die Planung insgesamt so zu verbessern, dass der Plan den Anforderungen, die gerade der Klimawandel mit sich bringt, gerecht wird. Und selbst dies erscheint angesichts der Herausforderungen wie Dürren, Starkregen und Überflutungen und dem damit einhergehenden Verlusten an Biodiversität, fruchtbaren Böden und natürlichen Wasserspeichern noch sehr zurückhaltend. Wo, wenn nicht in der **räumlichen Gesamtplanung**, können diese auf uns **zukommenden Veränderungen** ermittelt, beschrieben und **bewertet** werden.[18] Hierzu sollte das methodische Instrumentarium der strategischen Umweltprüfung genutzt werden, im engen Austausch mit den Erkenntnissen der Fachplanungen des Naturschutz-, Wasserhaushalts- und Immissionsschutzrechts. Allerdings ist derzeit eine gewisse Reserviertheit der Verantwortlichen für die Raumordnungsplanung zu verspüren, die Umweltprüfung entsprechend strategisch zu nutzen. Eher scheint es ihnen darum zu gehen, den Umfang von Umweltprüfungen zwecks Beschleunigung ihrer Planaufstellungsverfahren zu begrenzen.

21 Der Bundesgesetzgeber hatte zunächst eine allgemeine Umsetzungsregelung für viele Arten von Plänen in den zur Umsetzung der SUP-RL in das UVPG eingefügten §§ 14 a bis 14n a.F. geschaffen und sich ergänzend mit einer knappen Regelung im ROG im ehemaligen § 7 Abs. 5 ROG a.F. begnügt. Mittlerweile hat er sich aber für eine Vollintegration in das Recht der Raumordnung entschieden und eine abschließende **Regelung in § 8 ROG** (einschließlich der beiden Anlagen zum Umweltbericht und zur Vorprüfung) zur Durchführung der Umweltprüfung (UP) bei der Aufstellung von Raumordnungsplänen getroffen. Insgesamt orientiert sich das Regelwerk des ROG an der UP im Bauleitplanverfahren; die Regelung setzt die Vorgaben der SUP-RL damit unabhängig vom UVPG um.[19]

---

18 Vgl. dazu auch *S. Wagner*, Klimaschutz und Klimaanpassung in der Regionalplanung – Instrumente, Möglichkeiten und Grenzen, in: Mitschang (Hrsg.), Klimaschutz und Klimaanpassung in der Regional- und Bauleitplanung, Berliner Schriften zur Stadt- und Regionalplanung, 2021, Bd. 40, S. 9, 27. Kritisch aber *Spannowsky*, in: Spannowsky/Runkel/Goppel, ROG, § 8 Rn. 11, 12, der in der UP keine strategische Planung sieht.

19 *Söfker* UPR 2009, 161, 166.

Ziel des Gesetzgebers bei der eigenständigen Regelung im ROG war es, Berührungsängste der nach Landesrecht zuständigen **Landesplanungsbehörden** abzubauen und die **Akzeptanz** für die UP einschließlich der damit verbundenen, zusätzlichen Verfahrensanforderungen zu erhöhen. Dies betrifft insbesondere die Verpflichtung zur Öffentlichkeitsbeteiligung bei der Aufstellung eines Raumordnungsplans, zu der es ohne die Vorgaben der SUP-RL vermutlich nicht gekommen wäre. Die Regelung der UP im ROG stärkt das mit der SUP-RL und der UVP-RL von der Europäischen Gemeinschaft verfolgte Anliegen einer frühzeitigen Prüfung der Auswirkungen eines Vorhabens über alle Planungsebenen hinweg bis zur abschließenden Zulassungsentscheidung. Eine Verstärkung der Bedeutung der UP bei der Regionalplanung erfolgte jüngst durch die im Rahmen der Umsetzung der RED-III-RL erfolgte Verpflichtung, Beschleunigungsgebiete für Windenergieanlagen auszuweisen. In diesem Zusammenhang wurde geregelt, dass zur Entlastung der nachfolgenden Zulassungsverfahren die Prüfung der Artenschutzbelange im Rahmen der raumordnerischen UP zu erfolgen hat.[20] 22

Das UVPG enthält aber eine Rückfallposition: Um den gemeinschaftsrechtlichen Anforderungen an eine UVP bzw. SUP im deutschen Recht Rechnung zu tragen und eine vollständige Umsetzung beider Richtlinien zu gewährleisten, sichert der § 1 Abs. 4 Satz 1 deren Standard durch einen Rückverweis auf das UVPG wie folgt ab: »Dieses Gesetz findet Anwendung, soweit Rechtsvorschriften des Bundes oder der Länder die Umweltverträglichkeitsprüfung nicht näher bestimmen oder die wesentlichen Anforderungen dieses Gesetzes nicht beachten.« Zum besseren Verständnis der UP bei der Aufstellung von Raumordnungsplänen können deshalb die Allgemeinen Vorschriften des UVPG als Interpretationshilfen hinzugezogen werden. Und auch die nachfolgend aufgeführten Vorschriften des UVPG haben Bedeutung für die UP in der Raumordnungsplanung, indem sie den **Rahmen für die Pflicht zur UP** bei der Aufstellung eines Raumordnungsplans **setzen** bzw. das Beteiligungsverfahren in Bezug auf Nachbarstaaten regeln: 23

- § 35: Festlegung der SUP-pflichtigen Pläne und Programme durch § 35 i.V.m. der Anl. 5, Nr. 1.5 und Nr. 1.6: Raumordnungsplanungen nach § 13 ROG bzw. Raumordnungsplanungen des Bundes nach § 17 Abs. 1 und 2 ROG,
- §§ 60 und 61: Geltung der Vorschriften über die grenzüberschreitende Öffentlichkeitsbeteiligung im Rahmen der Aufstellung von Raumordnungsplänen nach §§ 60 und 61 (über den Verweis in § 9 Abs. 4 Satz 4 ROG).

C. Die UP für Raumordnungspläne gem. § 48 Satz 1 i.V.m. § 8 ROG

§ 48 Satz 1 verweist darauf, dass die Strategische Umweltprüfung für Raumordnungspläne einschließlich der Überwachung nach dem Raumordnungsgesetz durchgeführt wird. Das ROG führt in § 8 Abs. 1 Satz 1 ROG den **Begriff der Umweltprüfung** (UP) bei der Aufstellung von Raumordnungsplänen entsprechend ein: »Bei der Aufstellung von Raumordnungsplänen ist von der für den Raumordnungsplan zuständigen Stelle eine Umweltprüfung durchzuführen, in der die voraussichtlichen erheblichen Umweltauswirkungen des Raumordnungsplans auf [Anmerkung: es folgt die Aufzählung der Schutzgüter des § 2 Abs. 1 UVPG] zu ermitteln und in einem Umweltbericht frühzeitig zu beschreiben und zu bewerten werden sind; der Umweltbericht enthält die Angaben nach der Anlage 1.« Bei diesen Raumordnungsplänen handelt es sich gem. § 13 ROG um landesweite Raumordnungspläne, Regionalpläne und regionale Flächennutzungspläne sowie gem. § 17 Abs. 1 und 2 ROG um Raumordnungspläne des Bundes für die deutsche ausschließliche Wirtschaftszone und für den Gesamtraum. Diese eigenständige Umsetzung der SUP, in der allgemeinen Form einer UP, ist **gemeinschaftsrechtlich nicht zu beanstanden**. Im Rahmen der Begriffsbestimmungen in § 2 Abs. 10 stellt das UVPG zum Begriff der UP klar: »Umweltprüfungen im Sinne dieses Gesetzes sind Umweltverträglichkeitsprüfungen und Strategische Umweltprüfungen.« 24

20 Siehe Rdn. 58 ff.

25 Aus dem Gesagten folgt zugleich, dass die **UVP-Verwaltungsvorschrift keine Anwendung** auf die UP in der Raumordnungsplanung findet.

I. Das Verfahren der UP gem. § 8 Abs. 1 ROG

26 Die **Verfahren** zur **Aufstellung eines Raumordnungsplans** und seine Inhalte werden in den §§ 7 bis 11 ROG geregelt:[21]

- Die notwendigen und möglichen Festlegungen in Raumordnungsplänen ergeben sich aus § 7 ROG,
- die Umweltprüfung für Raumordnungspläne ist in § 8 Abs. 1 ROG und der dazu gehörenden Anlage 1 niedergelegt,
- bei geringfügigen Änderungen der Raumordnungspläne ist die Erforderlichkeit bzw. Entbehrlichkeit der UP mithilfe der Anlage 2 festzustellen,
- die Beteiligung der Öffentlichkeit und der öffentlichen Stellen sowie auch eine ggf. erforderliche grenzüberschreitende Beteiligung folgt aus § 9 ROG,
- die öffentliche Bekanntmachung von Raumordnungsplänen einschließlich der zusammenfassenden Erklärung richtet sich nach § 10 ROG,
- die Planerhaltung beurteilt sich nach § 11 ROG.

Von Bedeutung ist des Weiteren, dass ein landesweiter Raumordnungsplan seinerseits regelmäßig verbindliche planerische Vorgaben für einen Regionalplan enthält, die dieser bei seiner Aufstellung zu beachten und nach § 13 Abs. 2 Satz 1 ROG fortzuentwickeln hat.

1. Die UP als unselbstständiger Verfahrensbestandteil (das »Ermitteln« und »Beschreiben« der Umweltauswirkungen) gem. § 8 Abs. 1 Satz 1 ROG

27 Die eigene Regelung der UP in § 8 Abs. 1 Satz 1 ROG hat an der Grundsatzentscheidung des UVPG, dass die UP ein **unselbstständiger Teil** verwaltungsbehördlicher Verfahren ist, nicht gerüttelt. Im UVPG wird dieses Integrationserfordernis in § 33 festgelegt; diese Vorgabe für die SUP gilt auch für die UP in der Raumordnung. Des Weiteren prägen auch die **Grundsätze für Umweltprüfungen des § 3** das Verfahren der UP im ROG. Dort ist vorgegeben: »Umweltprüfungen umfassen die Ermittlung, Beschreibung und Bewertung der erheblichen Auswirkungen eines Vorhabens oder eines Plans oder Programms auf die Schutzgüter. Sie … werden … unter Beteiligung der Öffentlichkeit durchgeführt.« In der UP im Aufstellungsverfahren für eine Raumordnungsplan sind daher, wie von § 8 Abs. 1 Satz 1 ROG aufgegriffen, zunächst die Verfahrensschritte des **Ermittelns** und des **Beschreibens** der erheblichen Auswirkungen eines Plans auf die Schutzgüter des UVPG, jeweils unter Beteiligung der Öffentlichkeit, zu integrieren. Dem schließt sich das Bewerten der ermittelten und beschriebenen Umweltauswirkungen der Planung im Rahmen der UP an. Das Bewerten ist seinerseits eine notwendige Vorstufe zur Gesamtabwägung aller von der Raumordnungsplanung berührten Belange.

28 Die UP ist damit als »**unselbstständiger Teil**« des Planaufstellungsverfahrens für einen Raumordnungsplan durchzuführen. Die UP in der Raumordnung ist folglich kein abgesetztes, vor, neben oder nach dem Planverfahren ablaufendes Verwaltungsverfahren. Sie muss vielmehr von Beginn an als **integraler Bestandteil der Planaufstellung** verstanden werden. **Träger des UP-Verfahrens** ist die **für den Raumordnungsplan zuständige Stelle**. Mit diesem Verständnis einer Vollintegration erhält die UP im planerischen Abwägungsverfahren dennoch einen eigenen Stellenwert. Die verfahrensrechtliche Bedeutung des § 8 Abs. 1 Satz 1 ROG liegt darin, dass die **UP** mit ihren drei Schritten des Ermittelns, des Beschreibens und des Bewertens als **in sich geschlossene Komponente** des Planverfahrens in Erscheinung treten muss. Für die entsprechende Dokumentation nutzt die für den Raumordnungsplan zuständige Stelle den Umweltbericht. Aus dieser verfahrensmäßigen Hervor-

---

21 Einzelheiten bei *Söfker* UPR 2009, 161, 165.

hebung heraus verbietet es sich, in die Prüfung der Umweltauswirkungen vorab die anderen im Rahmen des Aufstellungsverfahrens zu berücksichtigenden materiellen Belange mit einzubeziehen.

2. Unterrichtung über den Untersuchungsrahmen gem. § 8 Abs. 1 Satz 2 und 3 ROG

Zu Beginn des Planaufstellungsverfahrens ist gem. § 8 Abs. 1 Satz 2 ROG der Untersuchungsrahmen für die UP einschließlich des erforderlichen Umfangs und Detaillierungsgrads des Umweltberichts festzulegen. Die öffentlichen Stellen, deren umwelt- und gesundheitsbezogener Aufgabenbereich von den Umweltauswirkungen des Raumordnungsplans berührt werden kann, sind hierbei zu beteiligen. Die Prüfung der Umweltauswirkungen durch die Behörden hat sich aus systematischen und kompetenziellen Gründen auf die Belange beschränken, die auch Gegenstand der Betrachtung auf dieser Planungsebene sein können und dürfen. Es geht um die **raumbedeutsamen Umweltauswirkungen der Planung**, nicht um Einzelheiten einer örtlichen Planungskonzeption oder gar um technische Details einer konkreten Anlage. Zu erfassen sind indes die gesamten erkennbaren Auswirkungen auf dieser Planungsebene, nicht nur einzelne Planaussagen.[22] Um die Anforderungen aus umweltfachlicher Sicht einerseits nicht zu überziehen, sie andererseits aber auch nicht zu sehr zu reduzieren, nimmt § 8 Abs. 1 Satz 3 ROG eine zusätzliche Konkretisierung vor: Die UP bezieht sich auf das, »was nach gegenwärtigem Wissensstand und **allgemein anerkannten Prüfmethoden** sowie nach Inhalt und Detaillierungsgrad des Raumordnungsplans **angemessenerweise** verlangt werden kann.«[23] Weitere Hinweise zur Konkretisierung des Untersuchungsrahmens gibt § 39 Abs. 2, welcher gem. § 38 ergänzend anzuwenden ist. 29

3. Umweltbericht gem. § 8 Abs. 1 Satz 1 ROG i.V.m. der Anlage 1 zum ROG

Der von § 8 Abs. 1 Satz 1 ROG erwähnte Umweltbericht ist von der für den **Raumordnungsplan zuständigen Stelle** zu erstellen. Sein Inhalt wird durch die Anl. 1 zum ROG vorgegeben; er ist der zentrale Bestandteil der UP. Gem. Anl. 1 Nr. 2 lit. b hat er unter anderem die so genannte Null-Variante (»Prognose … bei Nichtdurchführung der Planung«) und auch anderweitige Planungsvarianten Nr. 2 lit. d (»in Betracht kommenden anderweitigen Planungsmöglichkeiten, …«) zu beschreiben. 30

Der **Umweltbericht** soll sich nach Vorstellung des Gesetzgebers **im Verlauf** des Verfahrens zur Ermittlung der Umweltauswirkungen **fortentwickeln.** Bei der Festlegung des Untersuchungsrahmens wird sein möglicher Inhalt besprochen. Mit Beginn des Aufstellungsverfahrens wird er, als Teil der Begründung, den anderen öffentlichen Stellen und der Öffentlichkeit zur Stellungnahme vorgelegt. Unter Zugrundelegung der Äußerungen der Öffentlichkeit und der Stellungnahmen der Behörden ist er zu ergänzen und zu konkretisieren. Nach und nach werden die ermittelten raumbedeutsamen Umweltauswirkungen immer konkreter beschrieben. Im Bericht selbst erfolgt schließlich die Bewertung der von der Planung möglicherweise ausgelösten erheblichen Umweltauswirkungen; diese Bewertung wird anschließend über den Umweltbericht in den abschließenden Abwägungsvorgang des Raumordnungsplans eingebracht. Bei der Bekanntmachung des Plans ist diesem eine zusammenfassende Erklärung über die Berücksichtigung der im Umweltbericht bewerteten Umweltbelange beizufügen. 31

Die **Struktur** des Umweltberichts und sein **Inhalt** werden durch die **Anlage 1** zum ROG vorbestimmt, er gliedert sich in drei Teile: 32

1. Einleitung mit folgenden Angaben [Anmerkung: hier verkürzt dargestellt:]
   a) Kurzdarstellung des Inhalts und der wichtigsten Ziele des Raumordnungsplans,
   b) Darstellung der Ziele des Umweltschutzes, die für den Raumordnungsplan von Bedeutung sind [Anmerkung: und die sich aus den für Umweltschutz einschlägigen Fachgesetzen und Fachplänen ergeben].

22 Zutreffend *Faßbender*, in: Kment, ROG, § 8 Rn. 57, 73.

23 *Faßbender*, in Kment, ROG, § 8 Rn. 75: »Konkretisierung des Verhältnismäßigkeitsgrundsatzes«.

2. **Beschreibung** und **Bewertung der Umweltauswirkungen**, die in der Umweltprüfung ermittelt wurden:
   a) Bestandsaufnahme des derzeitigen Umweltstandards der beeinflussten Gebiete,
   b) Prognose über die Entwicklung des Umweltzustands bei Durchführung und bei Nichtdurchführung der Planung,
   c) geplante Maßnahmen zur Vermeidung, Verringerung und zum Ausgleich der nachteiligen Auswirkungen und
   d) in Betracht kommende anderweitige Planungsmöglichkeiten, wobei die Ziele und der räumliche Geltungsbereich des Raumordnungsplans zu berücksichtigen sind.
3. folgende zusätzliche Angaben:
   a) Beschreibung der wichtigsten Merkmale der verwendeten technischen Verfahren sowie Schwierigkeiten bei der Zusammenstellung,
   b) Beschreibung der geplanten Maßnahmen zur Überwachung und
   c) **allgemein verständliche Zusammenfassung.**

Damit sind die **Mindestanforderungen** beschrieben, zu denen ein Raumordnungsplan mit UP frühzeitig im Aufstellungsverfahren Auskunft zu geben hat.

33 Mit dieser für den Umweltbericht damit in Grundzügen vorgegebenen Methodik ist das analytische Rüstzeug an die Hand gegeben, den Blick auf die intendierten Wirkungen des Raumordnungsplans zu weiten und zusätzlich auch zu beschreiben und zu bewerten, ob der vorgelegte Plan künftig in der Lage sein wird, für die mit dem Klimawandel einhergehenden Veränderungen planerische Lösungen anzubieten. Mit anderen Worten: Im Umweltbericht sollte nicht nur Auskunft darüber gegeben werden, ob durch die im Plan enthaltenen Ziele eine Verschlechterung der Umweltsituation zu befürchten ist. Sondern die für die Ermittlung, Beschreibung und Bewertung der Umweltauswirkungen der Planung eingesetzten Methoden sollten dazu genutzt werden, auch die durch den Klimawandel drohenden Umweltgefahren mit aufzugreifen, um sie in die Bewertung der Umweltverträglichkeit des Plans mit aufzunehmen. Dies wäre dann der strategische Ansatz, den zumindest § 48 noch hoch hält, wenn dort davon gesprochen wird, dass bei der Aufstellung eines Raumordnungsplans die »**Strategische** Umweltprüfung … durchgeführt« werden soll.

34 Indes ist zugleich darauf zu achten, dass der Umweltbericht nicht mit Inhalten überfrachtet wird, die es für die Einschätzung der Umweltauswirkungen des Raumordnungsplans gar nicht bedarf, weil sie keine Relevanz für die jeweiligen Planaussagen haben. Oft werden aus dem Bedürfnis heraus, keinen Fehler bei der Zusammenstellung des Materials für den Umweltbericht zu begehen, alle in der Anlage 1 aufgelisteten Merkmale mit Textbausteinen abgearbeitet. Damit soll dem Vorwurf eines unvollständigen Umweltberichts entgegengewirkt werden. Für zu beteiligende Öffentlichkeit und die späteren Entscheider über den Gesamtplan bedeutet diese Herangehensweise wiederum, dass es ihnen kaum noch möglich ist, die »Spreu vom Weizen« zu trennen. Was an im Umweltbericht beschriebenen möglichen Umweltauswirkungen hat wirklich Abwägungsrelevanz und was wird nur deshalb aufgeführt, um die Anlage 1 formal abzuarbeiten, spielt aber für die Abwägung keine Rolle? Hier hilft der Hinweis von *Kümper*, die für die Bewertung des Plans nicht relevanten Punkte der Anlage 1 im Umweltbericht einerseits aufzuzählen, sie aber andererseits unmittelbar als **»nicht relevant für die Bewertung der Umweltauswirkungen im konkreten Fall**« zu bezeichnen. An diesen Stellen ist dann nichts weiter im Berichtsentwurf auszuführen.[24] Mit einem in diesem Verständnis um künftige Umweltgefahren erweiterten und um nicht relevante Aspekte aus der Anlage 1 entschlackten Umweltbericht kann die Beteiligung nach § 9 ROG beginnen.

4. Beteiligung der Öffentlichkeit und der öffentlichen Stellen gem. § 9 ROG

35 Die **Ermittlung** der voraussichtlichen erheblichen Umweltauswirkungen des Raumordnungsplans erfolgt in einem zweigestuften Verfahren gem. § 9 Abs. 1 und 2 ROG unter **Beteiligung der**

24 *Kümper* ZfBR 2022, 540 (547).

Öffentlichkeit und der in ihren Belangen durch den Raumordnungsplan berührten öffentlichen Stellen. Vom **Begriff der Öffentlichkeit** werden entsprechend Art. 2 Abs. 1 Öffentlichkeitsbeteiligungs-RL »eine oder mehrere natürliche oder juristische Personen und, in Übereinstimmung mit den innerstaatlichen Rechtsvorschriften oder der innerstaatlichen Praxis, deren Vereinigungen, Organisationen oder Gruppen« erfasst. Art. 2 Abs. 3 der RL ergänzt, dass die Mitgliedstaaten die Kreise der Öffentlichkeit zu ermitteln haben, die »ein Beteiligungsrecht haben; hierzu zählen relevante Nichtregierungsorganisationen, z.B. **Organisationen, die sich für den Umweltschutz** einsetzen, sofern sie alle nach innerstaatlichem Recht geltenden Voraussetzungen erfüllen.« Entsprechende Definitionen enthalten die UVP- und die SUP-RL. Diese Organisationen sind typischerweise auch diejenigen, dies sich maßgeblich im Rahmen der Öffentlichkeitsbeteiligung eines Raumordnungsplans beteiligen, während sich einzelne Bürger aufgrund des relativ hohen Abstraktionsniveaus dieser Pläne zumeist auf nachfolgenden Zulassungsstufen eines dann erst konkret werden Vorhabens beteiligen werden.

Zu den **öffentlichen Stellen** gehören nach der Definition des § 3 Abs. 1 Nr. 5 ROG die Behörden 36
des Bundes und der Länder, kommunale Gebietskörperschaften, bundesunmittelbare und die der Aufsicht eines Landes unterstehenden Körperschaften, Anstalten und Stiftungen des öffentlichen Rechts, die öffentlichen Planungsträger sowie die Körperschaften, Anstalten und Stiftungen des öffentlichen Rechts. Der Begriff der öffentlichen Stellen ist im ROG damit bewusst weit gefasst. Ausdrücklich erwähnter Gegenstand ihrer Beteiligung ist gem. § 9 Abs. 2 Satz 1 ROG (auch) der **Umweltbericht**. Soweit die Durchführung des Plans erhebliche **Umweltauswirkungen** auf einen Nachbarstaat haben kann, ist dieser gem. § 9 Abs. 4 Satz 4 ROG nach den §§ 60 und 61 UVPG zu beteiligen.

In der **ersten Stufe** nach § 9 Abs. 1 Satz 1 ROG geht es um eine **Unterrichtung** von Öffentlichkeit 37
und öffentlichen Stellen über die beabsichtigte Aufstellung des Plans. Nach Satz 2 sollen die öffentlichen Stellen ihrerseits Auskunft über von ihnen beabsichtigte oder bereits eingeleitete Planungen und Maßnahmen und deren zeitliche Abwicklung geben. Des Weiteren sollen sie nach Satz 3 der für den Plan zuständigen Stelle Informationen für die **Ermittlung** und Bewertung des **Abwägungsmaterials** geben. Auf dieser gemeinsamen Grundlage kann der Entwurf des Plans von ihr weiterentwickelt und der Umweltbericht zu den möglichen Umweltauswirkungen der Planung konkretisiert werden. In der **zweiten Stufe** des Beteiligungsverfahrens ist gem. § 9 Abs. 2 Satz 1 ROG der Öffentlichkeit sowie den öffentlichen Stellen **frühzeitig Gelegenheit zur Stellungnahme** zum Entwurf des Raumordnungsplans, zu seiner Begründung und eben zum Umweltbericht zu geben. Der Plan, der Umweltbericht sowie weitere zweckdienliche Unterlagen sind gem. Abs. 2 Satz 2 für die Dauer von mindestens einem Monat öffentlich auszulegen; eine Woche vorher hat gem. Satz 3 die öffentliche Bekanntmachung hierüber zu erfolgen. Gem. Satz 4 sind nach Ablauf der Frist weitere Stellungnahmen ausgeschlossen. Kommt es durch die Beteiligung zu einer Änderung des Planentwurfs und führt dies zu einer erstmaligen oder stärkeren Berührung von Belangen, ist gem. § 9 Abs. 3 Satz 1 ROG der geänderte Teil neu auszulegen. Nach Abs. 3 Satz 2 ist eine Verkürzung der Auslegung und Stellungnahmefrist möglich. Werden dabei die Grundzüge der Planung durch die Änderung nicht berührt, kann zudem nach Satz 3 eine Beschränkung auf die hiervon betroffene Öffentlichkeit erfolgen.

Die ROG-Novelle aus dem Jahr 2023 hat das Beteiligungsverfahren auf ein **digitales Beteiligungs-** 38
verfahren im Internet umgestellt. Die Beteiligung der Öffentlichkeit und der öffentlichen Stellen gem. § 9 Abs. 2 Satz 1 ROG hat daher nach Satz 2 über eine Veröffentlichung im Internet zu erfolgen; dies schließt die dortige Veröffentlichung des Umweltberichts ein. Damit die Öffentlichkeit und die öffentlichen Stellen hiervon zunächst erfahren, bedarf es nach Satz 3 einer öffentlichen Bekanntmachung der Internetseite oder Internetadresse und der beabsichtigten Dauer der Veröffentlichung mindestens eine Woche vorher. Nach Satz 4 Nr. 2 ist in der Bekanntmachung auch darauf hinzuweisen; dass die Stellungnahmen elektronisch übermittelt werden sollen.

5. Bekanntmachung und zusammenfassende Erklärung gem. § 10 ROG

39 Der Raumordnungsplan ist gem. § 10 Abs. 1 ROG bekannt zu machen; mit der Bekanntmachung wird er wirksam. Gem. Abs. 2 Satz 1 ist er mit der Begründung sowie mit einer zusammenfassenden Erklärung und der Aufstellung von Überwachungsmaßnahmen zu den Umweltauswirkungen im Internet zu veröffentlichen. Nach Satz 2 ist eine Einsichtnahme zusätzlich auch an einem oder mehreren Orten zu gewähren. Die **zusammenfassende** Erklärung nach Abs. 3 soll Auskunft darüber geben über die Art und Weise, »**wie die Umweltbelange** und die Ergebnisse der Öffentlichkeits- und Behördenbeteiligung in dem Aufstellungsverfahren **berücksichtigt** wurden… sowie über die im Rahmen der Überwachung der Auswirkungen auf die Umwelt nach § 8 Abs. 4 Satz 1 durchzuführenden Maßnahmen«. Die zusammenfassende Erklärung stellt damit einerseits eine Zusammenfassung des Umweltberichts dar, sie geht aber auch darüber hinaus, weil zusätzlich auf das Beteiligungsverfahren und die Entscheidungsfindung über den Plan einzugehen ist. Damit zielt ihre Erstellung auf **Transparenz und Selbstkontrolle der Entscheidung** über den Plan und letztlich auf dessen Akzeptanz und Legitimation ab. Den öffentlichen Stellen in benachbarten Staaten ist diese Information gem. Abs. 4 zu übermitteln. Nach der Lektüre der zusammenfassenden Erklärung soll ein interessierter Laie einschätzen können, wie sich die Umweltsituation derzeit im Plangebiet darstellt und wie sie sich in den nächsten Jahren entwickeln wird.[25]

6. Planerhaltung gem. § 11 ROG

40 Die Planerhaltungsvorschrift des § 11 ROG dient dazu, geringfügige und oft auch unvermeidbare Fehler im Aufstellungsverfahren nicht auf die Wirksamkeit des Raumordnungsplans durchschlagen zu lassen.[26] Ein gem. § 11 Abs. 4 ROG für die Rechtmäßigkeit des Raumordnungsplans **beachtlicher Mangel** kann jedoch darin liegen, dass der **Umweltbericht in wesentlichen Punkten unvollständig** ist und diese Punkte zudem nicht Bestandteil der zusammenfassenden Erklärung geworden sind.[27] Ebenso liegt ein beachtlicher Mangel vor, wenn zum Raumordnungsplan gar kein Umweltbericht erstellt wurde.

7. Überwachung der Umweltauswirkungen gem. § 8 Abs. 4 ROG

41 Mit dem Wirksamwerden des Plans wird ein sog. **Monitoring** verlangt. Gem. § 8 Abs. 4 Satz 1 ROG sind »die erheblichen Auswirkungen der Durchführung der Raumordnungspläne auf die Umwelt auf Grundlage der in der zusammenfassenden Erklärung nach § 10 Abs. 3 [ROG] genannten Überwachungsmaßnahmen von der in den Landesplanungsgesetzen genannten Stelle zu überwachen, um insbesondere unvorhergesehene nachteilige Auswirkungen frühzeitig zu ermitteln und um in der Lage zu sein, geeignete Maßnahmen zur Abhilfe zu ergreifen.« Hierbei soll sie gem. Satz 2 von den in ihren Belangen berührten Stellen unterstützt werden, sofern diese Erkenntnisse zu unvorhergesehenen nachteiligen Auswirkungen der Durchführung des Raumordnungsplans auf die Umwelt haben. Dabei wird unterstellt, dass die einzelnen Behörden, hier insbesondere die Landesanstalten für Umweltschutz, aufgrund ihrer Verantwortung für einzelne Umweltbelange ohnehin Informationen sammeln (müssen), die sie nunmehr auch der für die Überwachung des Plans verantwortlichen öffentlichen Stelle zur Verfügung stellen sollen. Die Verabschiedung des Raumordnungsplans ist damit nicht mehr der Schlusspunkt des Verfahrens, sondern von den verantwortlichen Behörden wird, vermittelt über die UP, erwartet, dass sie sich mit den Auswirkungen ihres Plans auf die Umwelt auch für den gesamten Zeitraum seiner künftigen Geltung regelmäßig befassen und bei Bedarf Gegen-Maßnahmen ergreifen und in letzter Konsequenz ggf. sogar den Plan anpassen.[28]

25 Ebenso *Spannowsky*, in: Spannowsky/Runkel/Goppel, ROG, § 8 Rn. 74.

26 Zweifelnd an der Vereinbarkeit mit Europarecht *Faßbender*, in: Kment, ROG, § 8 Rn. 179.

27 Ausführlich *Kümper* ZfBR 2022, 540.

28 Zur Reichweite der Überwachungsanforderungen *Spannowsky*, in: Spannowsky/Runkel/Goppel, ROG, § 8 Rn. 78.

II. Die materiellen Maßstäbe der UP

§ 8 Abs. 1 Satz 1 ROG gibt für die UP bei der Aufstellung von Raumordnungsplänen vor, dass die **voraussichtlichen erheblichen Umweltauswirkungen** des Raumordnungsplans auf die dort im Einzelnen aufgezählten **Schutzgüter der UP** zu ermitteln und zu beschreiben, und dann in einem weiteren Schritt, zunächst intern, zu **bewerten** sind. Erst im Anschluss an diese interne Bewertung unterliegt sie – wie die anderen betroffenen und in den Grundsätzen des § 2 ROG aufgeführten Belange auch – der Abwägung aller fachlichen Belange nach § 7 Abs. 2 Satz 1 ROG. 42

Die vom ROG genannten Umweltschutzgüter entsprechen denen des § 2 Abs. 1 UVPG. Die der Bewertung dieser Umweltschutzgüter zugrunde zu legenden materiellen **Maßstäbe** für die UP im Raumordnungsplan wiederum sind dem ROG zu entnehmen: 43
- Für alle Raumordnungspläne gilt der umweltbezogene **Grundsatz** des § 2 Abs. 2 Nr. 6 ROG (ebenso gelten die dieser Vorschrift entsprechenden landesgesetzlichen Grundsätze), welcher detaillierte Hinweise zu den im Rahmen der Raumordnungsplanung zu prüfenden Umweltbelange trifft,
- für Regionalpläne gelten zudem ergänzend die bereits abgewogenen umweltbezogenen **Ziele** der landesweiten Raumordnungspläne.

Die UP nutzt also die materiellen Maßstäbe, die das ROG für die Raumordnungsplanung in ihren Grundsätzen selbst bereithält, um eine Bewertung der Umweltauswirkungen der Planung vorzunehmen. Als weitere Bewertungsmaßstäbe sind die raumbedeutsamen Aussagen der umweltbezogenen **Fachpläne** insbesondere des Naturschutz-, Wasserhaushalts- und Immissionsschutzrechts hinzuzuziehen, des Weiteren die Erhaltungsziele von **nach dem BNatSchG ausgewiesenen Schutzgebieten.**[29] Schließlich kann Maßstab sein, ob durch das geplante Vorhaben ein **nach der Fauna-Flora-Habitat-RL (FFH-RL) ausgewiesenes Gebiet** von gemeinschaftlicher Bedeutung oder ein **europäisches Vogelschutzgebiet** in seinen für die Erhaltungsziele oder den Schutzzweck maßgeblichen Bestandteilen erheblich beeinträchtigt werden kann (§ 7 Abs. 6 ROG); das dabei einzuhaltende Verfahren wird nachfolgend kurz und in der Kommentierung zu § 50 ausführlich beschrieben.[30] Anhaltspunkte für weitere rechtliche Maßstäbe kann – hilfsweise, weil sie eigentlich der Durchführung des »Screenings« dient – auch die Anlage 2 zum ROG geben. 44

Damit die UP dem hier eingeforderten strategischem Anspruch gerecht wird, die Raumordnungsplanung »fit für den Klimawandel« zu machen, darf sich die Nutzung dieser Maßstäbe allerdings nicht auf ein schematisches Abhaken im Sinne eines »wurde geprüft« beschränken. Es bedarf einer langfristigen Gesamtschau unter Auswertung der Erkenntnisse der Fachplanungen und im Dialog mit diesen, wie sich das Plangebiet angesichts des Klimawandels weiter entwickeln wird, welche Risiken sich hieraus für die einzelnen im § 2 Abs. 2 Nr. 6 ROG genannten Umweltbelange ergeben können und wie hierauf planerisch reagiert werden sollte. Hierauf hat die UP Antworten zu geben, welche dann in der Abwägung gem. § 7 Abs. 2 ROG zu berücksichtigen sind.[31] 45

III. Das Ergebnis der UP in der Abwägung gem. § 7 Abs. 2 ROG

§ 7 Abs. 2 ROG führt die im Umweltbericht zusammengefasste UP mit der Gesamtabwägung aller von der Raumordnungsplanung berührten Belange zusammen. **Satz 1** stellt als **Grundsatznorm** auf die **Abwägung** aller von der Planung berührten Belange ab: »Bei der Aufstellung der Raumordnungspläne sind die öffentlichen und privaten Belange … gegeneinander und untereinander abzuwägen.« Zuvor **führt Satz 2 das Ergebnis der UP in diese raumordnerische Abwägung ein:** »Das Ergebnis 46

29 Zur Bedeutung der Landschaftsplanung für die UP siehe *Spannowsky*, in: Spannowsky/Runkel/Goppel, ROG, § 8 Rn. 10, 56 f., und *Faßbender*, in: Kment, ROG, § 8 Rn. 99 sowie zu weiteren Schutzgebieten Rn. 131.

30 Siehe Rdn. 52 f. und § 50 Rdn. 194 ff.

31 *Faßbender*, in: Kment, ROG, § 8 Rn. 139 fordert zurecht eine »Gesamtbetrachtung des Ökosystems.«.

der Umweltprüfung nach § 8 sowie die Stellungnahmen in den Beteiligungsverfahren nach § 9 sind in der Abwägung nach Satz 1 zu berücksichtigen.«

1. Das Ergebnis der UP (das »Bewerten« der Umweltauswirkungen)

47 Das Ergebnis der UP setzt sich aus der Bewertung der verschiedenen Umweltauswirkungen im Umweltbericht zusammen. Die Anlage 1 zum ROG führt in diesem Verständnis aus: »Der **Umweltbericht** nach § 8 Abs. 1 **besteht aus:** ... 2. einer Beschreibung und **Bewertung der Umweltauswirkungen**, die in der Umweltprüfung nach § 8 Abs. 1 ermittelt wurden ...«.

48 Fraglich ist allerdings, ob im Umweltbericht die umweltinterne Bewertung mit einer **Gesamtsaldierung aller Umweltfolgen** etwa im Sinne einer umweltinternen Abwägung unter Anwendung der rechtlichen Anforderungen des rechtsstaatlichen Abwägungsgebotes einhergehen sollte. Eine umweltinterne Saldierung im Umweltbericht ist abzulehnen, denn sie ist mit dem insoweit übergeordneten Abwägungsgebot des § 7 Abs. 2 Satz 1 ROG unvereinbar. Durch die Saldierung der Umweltauswirkungen würden nämlich dem abschließenden eigentlichen Abwägungsvorgang bestimmte umweltbezogene Einzelaspekte, die innerhalb der umweltinternen Saldierung verlorengegangen sind, entzogen. Aus dieser Überlegung heraus verbietet es sich, die Bewertung innerhalb der UP mit einem **Gesamtergebnis** »umweltverträglich« bzw. »umweltunverträglich« enden zu lassen.

2. Die Berücksichtigung der UP in der Abwägung

49 Nicht mehr zum eigentlichen UP-Verfahren gehört die anschließend gebotene Berücksichtigung des Ergebnisses der UP bei der Aufstellung des Plans. § 7 Abs. 2 Satz 2 ROG ordnet hierzu an: »Das **Ergebnis der Umweltprüfung** nach § 8 sowie die Stellungnahmen in den Beteiligungsverfahren nach § 9 sind in der Abwägung nach Satz 1 zu **berücksichtigen.**« § 7 Abs. 2 Satz 1 ROG greift dieses Berücksichtigungsgebot auf, die öffentlichen und privaten Belange – und damit auch die UP –, sind nunmehr, soweit sie auf der jeweiligen Planebene erkennbar und von Bedeutung sind, gegeneinander und untereinander abzuwägen. Innerhalb dieser Abwägung aller Belange muss sich das interne Ergebnis der UP daher durchsetzen, um Außenwirkung für die Planung zu erlangen.

IV. Die Entlastung anderer und die Verbindung mit anderen Verfahren gem. § 8 Abs. 3 ROG

50 Ein wesentliches Prinzip der SUP-RL in Art. 4 Abs. 3 Satz 2 und Art. 5 Abs. 2 ist es, **Mehrfachprüfungen zu vermeiden**. Die in einem vorgelagerten Planungsverfahren ermittelten und beschriebenen Umweltauswirkungen (vorgelagerte Stufe der SUP) sollen einer SUP auf einer nachfolgenden Planungsebene und anschließend auch der UVP der Projektzulassung (nachgelagerte Stufe der UVP) zugutekommen. Weder im ROG noch in § 48 wird dies jedoch ausdrücklich geregelt. Indes lässt sich diese Abschichtungswirkung unmittelbar aus der Planungshierarchie des ROG herleiten. So ist gem. § 13 Abs. 2 Satz 1 ROG der Regionalplan aus dem landesweiten Raumordnungsplan »zu entwickeln«. Beim Übergang vom Regionalplan zur Raumverträglichkeitsprüfung ist gem. § 15 Abs. 1 Satz 2 Nr. 1 ROG die »Übereinstimmung mit den Erfordernissen der Raumordnung« zu prüfen. Und auch nachfolgende Linienbestimmungs- oder Zulassungsverfahren können, vermittelt über die Bindungswirkung der Ziele gem. § 4 ROG, auf die Ergebnisse der UP eines Raumordnungsplans aufbauen; die dort geprüften Punkte brauchen nicht ein weiteres Mal auf unteren Planungsstufen untersucht werden. Und auch Bauleitplanverfahren sind durch § 1 Abs. 4 BauGB an die Zielvorgaben der Raumordnung und damit auch an die Vorgaben einer UP im Raumordnungsplan gebunden (»sind anzupassen«).

51 Hinweise für die **Zusammenführung gleichstufiger SUP- bzw. UVP-Verfahren** finden sich in § 8 Abs. 3 ROG, welcher sich an § 31 Abs. 4 UVPG orientiert. Nach § 8 Abs. 3 Satz 1 ROG soll die UP »bei der Aufstellung eines Raumordnungsplans auf zusätzliche oder andere Umweltauswirkungen beschränkt werden, wenn in anderen das Plangebiet ganz oder teilweise umfassenden Plänen oder Programmen bereits eine Umweltprüfung nach Absatz 1 durchgeführt wurde.« Nach Satz 2 »kann

die Umweltprüfung mit anderen Prüfungen zur Ermittlung oder Bewertung von Umweltauswirkungen verbunden werden.« Die inhaltliche Beschränkungsmöglichkeit des Gegenstands der UP ergibt sich damit aus den Beziehungen des aufzustellenden Raumordnungsplans zu anderen für dieses Gebiet geltenden Plänen oder Programmen des Fachrechts. Im Einzelfall kann die hierzu notwendige Klärung des Verhältnisses unterschiedlicher Planungen zueinander aufwändig sein, weil das Verhältnis vom Raumordnungs- zum Fachplanungsrecht durch die Regelungen auf Bundes- und Landesebene nicht immer eindeutig geregelt wird.[32] Es empfiehlt sich daher ein **Abstimmungsgespräch**, welche Erkenntnisse oder auch Gutachten zu Umweltauswirkungen der Planung bereits vorliegen und kein zweites Mal ermittelt und beschrieben werden müssen.

V. Verträglichkeitsprüfung nach der Fauna-Flora-Habitat-RL gem. § 7 Abs. 6 ROG i.V.m. §§ 34, 36 BNatSchG

Von § 7 Abs. 6 ROG als notwendiger Bestandteil der Aufstellung eines Raumordnungsplans angesprochen wird die gemeinschaftsrechtlich vorgegebene **FFH-Verträglichkeitsprüfung**. Das BNatSchG nimmt seinerseits in § 36 Satz 1 Nr. 2 BNatSchG für die FFH-Verträglichkeitsprüfung auf Pläne Bezug, die bei behördlichen Entscheidungen zu beachten oder zu berücksichtigen sind, hierzu gehören auch Raumordnungspläne. Da die FFH-Verträglichkeitsprüfung in das Verfahren zur Aufstellung des Raumordnungsplans zu integrieren ist, kommt als **Trägerverfahren die UP** in Betracht. § 8 Abs. 3 Satz 2 ROG weist dementsprechend darauf hin, dass die Umweltprüfung mit anderen Prüfungen zur Ermittlung oder Bewertung von Umweltauswirkungen verbunden werden kann. 52

Der **Ablauf einer solchen FFH-Verträglichkeitsprüfung** wird überblicksmäßig in der Kommentierung zu § 50 für das Bauleitplanverfahren skizziert, diese Ausführungen gelten entsprechend für die FFH-Prüfung im Rahmen der Aufstellung eines Raumordnungsplans.[33] Sofern ein Natura 2000-Gebiet in seinen für die Erhaltungsziele oder den Schutzzweck maßgeblichen Bestandteilen erheblich beeinträchtigt werden, kann sich gem. § 34 Abs. 2 BNatSchG aus der FFH-Prüfung **eine Unzulässigkeit der Raumordnungsplanung** ergeben. Will die für den Plan zuständige Stelle diesen dennoch realisieren, kann sie eine **Abweichungsprüfung** nach § 34 Abs. 3 oder 4 BNatSchG anschließen. Können im Plangebiet prioritäre natürliche Lebensraumtypen oder prioritäre Arten betroffen werden, darf die zuständige Stelle im Rahmen der dann gebotenen naturschutzfachlichen Abwägung ausschließlich zwingende Gründe des überwiegenden öffentlichen Interesses im Zusammenhang mit der Gesundheit des Menschen, der öffentlichen Sicherheit einschließlich der Verteidigung und des Schutzes der Zivilbevölkerung, oder den maßgeblich günstigen Auswirkungen des Projekts auf die Umwelt für ihre Planung geltend machen. Ansonsten ist zuvor die Europäische Kommission zu unterrichten; zudem sind gem. § 34 Abs. 5 BNatSchG Kohärenzmaßnahmen zur Sicherung des Zusammenhalts des Netzes »Natura 2000« im Raumordnungsplan vorzusehen und die Kommission über die diesbezüglich getroffenen Maßnahmen ebenfalls zu informieren. 53

D. Besonderheiten bei der Planung von Windenergieanlagen gem. § 48 Satz 2

Die verstärkte und beschleunigte Planung von Windenergieanlagen soll zur Erreichung der Treibhausgasneutralität Deutschlands bis zum Jahr 2045 beitragen, wie es das Bundesklimaschutzgesetz in seinem § 3 Abs. 2 vorgibt. Die Regelung des § 48 Satz 2 ergreift daher Partei im Verhältnis von Treibhausgasneutralität zu Flächen- und Artenschutz, indem es Rechtsbehelfe von Umweltverbänden gegen Windenergieanlagen bereits auf der frühen Ebene der Raumplanung ausschließt. Darüber hinaus sieht eine neue Regelung in § 28 Abs. 2 ROG vor, dass im Rahmen der Ausweisung von Windenergiegebieten durch Raumordnungspläne zugleich oder ergänzend Beschleunigungsgebiete 54

---

32 Vertiefend *Steinberg* DVBl 2010, 137 ff. in Erläuterung des BVerwG, Urt. v. 16.03.2006 zum Flughafen Schönefeld.

33 Siehe § 50 Rdn. 194 ff.

auszuweisen sind, in denen im Rahmen der UP vorab Minderungsmaßnahmen für den Artenschutz zu prüfen sind.

I. Ausschluss von Rechtsbehelfen für bestimmte Raumordnungspläne

55 § 48 Satz 2 ordnet an: »Auf einen Raumordnungsplan nach Anl. 5 Nr. 1.5 oder 1.6, der Flächen für die Windenergie oder für den Abbau von Rohstoffen ausweist, ist § 1 Abs. 1 Nr. 4 des Umwelt-Rechtsbehelfsgesetzes nicht anzuwenden.« Dieser Ausschluss eines Rechtsbehelfs gegen zwei bestimmte Inhalte von Raumordnungsplänen im UVPG (anstatt im eigentlich maßgeblichen ROG) mutet auf den ersten Blick **unsystematisch** an. Der Ausschluss orientiert sich indes an der Regelung des § 47 Abs. 4, der in ähnlicher Weise vorzeitigen Rechtsschutz gegen Linienbestimmungsverfahren ausschließt. Die Gesetzesbegründung[34] verweist (Anmerkung: nicht sehr erhellend) darauf, »dass das System der Raumordnung und Bauleitplanung in Deutschland in der Regel mehrstufig ist. Die Möglichkeit einer unmittelbaren **gerichtlichen Überprüfung der Bauleitpläne** nach § 1 Abs. 1 Satz 1 Nr. 4 UmwRG, die auf Grundlage der in Abs. 4 Satz 2 genannten Raumordnungspläne ergehen, bleibt unberührt.« Weiter erläutert die Begründung: »Darüber hinaus sind **Zulassungsentscheidungen** für Projekte auf Grundlage dieser Pläne in vollem Umfang **gerichtlich überprüfbar**. Im Rahmen eines Rechtsbehelfs gegen die entsprechenden Bauleitpläne sowie gegen Zulassungsentscheidungen auf Projektebene ist dann auch eine **Inzidentüberprüfung** des früheren **Plans** möglich.«

56 Letztlich ging es dem Gesetzgeber darum, einer **Rechtsprechung entgegenzuwirken**, die sich aufmachte, eine gerichtliche Überprüfung von Inhalten von Raumordnungsplänen durch Umweltverbände zu eröffnen. Waren Raumordnungspläne früher beschränkt auf eine großräumige planerische Steuerung, entfalten sie nunmehr, aufgrund bewusster gesetzgeberischer Veränderungen in § 35 Abs. 3 Satz 2 und 3 BauGB i.V.m. § 249 BauGB (und des Verweises in § 27 Abs. 4 ROG wiederum auf diese Vorschrift), punktuell bei Windenergieanlagen und Abbauvorhaben zulassende Wirkung. So gewähren ihre abgewogenen Ziele privaten Dritten mittelbar **Vorrangrechte für diese Anlagen** oder schließen solche aus. Über die angesprochene Raumordnungsklausel entfalten sie anschließend im Rahmen eines Genehmigungsverfahrens nach § 35 BauGB unterstützende oder entgegenstehende Wirkung. Mit dem zunehmenden Ausbau der Windenergie seit einigen Jahren wird daher auch die frühzeitige Überprüfung dieser Pläne für Gegner von Windenergieanlagen interessant.[35]

57 Das an sich auch für Raumordnungspläne (nach Anl. 5 Nr. 1.5 oder 1.6 UVPG) geltende **Umwelt-Rechtsbehelfsgesetz** ist daher aufgrund bewusster gesetzgeberischer Anordnung in § 48 Satz 2 auf solche Raumordnungspläne **nicht anzuwenden**, welche – als Ziele der Raumordnung – Flächen für die Windenergie oder den Abbau von Rohstoffen ausweisen. Rechtsschutz für Umweltverbände soll hier (erst) auf der Ebene der sich anschließenden Bauleitplanverfahren für Windenergieanlagen bzw. im abschließenden Baugenehmigungsverfahren oder gegen einen Planfeststellungsbeschluss nach Wasserhaushaltsgesetz für den Kiesabbau (bzw. einer entsprechenden Genehmigung nach einem Landesabgrabungsgesetz) eröffnet werden.[36]

34 S. 43 der Begründung zur Umwelt-Rechtsbehelfsgesetz-Novelle 2017, BR-Drs. 422/16 v. 12.08.2016, zu § 16 Abs. 4 Satz 2 UVPG a.F. (welcher kurz darauf durch die UVPG-Novelle 2017 in § 48 Satz 2 umbenannt wurde).

35 Vgl. etwa BVerwG, Beschl. v. 15.06.2009 – 4 BN 10.09, NVwZ 2009, 1226 (Rechtsschutz gegen Ziele der Raumordnung noch verneinend), aber BVerwG, Urt. v. 16.04.2015 – 4 CN 6.14, NVwZ 2015, 1540 (Rechtsschutz gegen Ziele bereits bejahend), vgl. zum Fragenkomplex auch *Uechtritz* ZUR 2017, 479, 482.

36 Bestätigend OVG Lüneburg, Beschl. v. 30.01.2024 – 12 KN 61/2, NuR 2024, 279. Kritisch *Erbguth* DVBl 2018, 897, 905: »Die politisch priorisierte Sicherung und Umsetzung von Raumordnungsplänen mit Flächen für Windenergie und Rohstoffgewinnung sollte eben nicht durch Rechtsbehelfe von Umweltverbänden behindert oder in Frage gestellt werden.«, der im Ergebnis daher von einer Völkerrechtswidrigkeit wegen Verstoßes gegen Art 9 Abs. 3 i.V.m. Art 7 Aarhus-Konvention ausgeht.

II. Vorgezogene Prüfung von artenschutzrechtlichen Minderungsmaßnahmen

Im Jahr 2025 erfolgte durch § 28 Abs. 2 bis 5 ROG eine Anreicherung der SUP im Rahmen der planerischen Ausweisung von Windenergieanlagen: Die Regelung wurde in Ergänzung der Vorschriften zur Windenergieplanung in § 28 Abs. 1 ROG (dort wird auf das BauGB und die dortigen Regelungen zur Windenergieplanung verwiesen) geschaffen, um innerhalb der bereits bestehenden, aber auch künftig in neuen Windenergiegebieten die nach europäischem Recht geforderten **Beschleunigungsgebiete** auszuweisen. Das ROG setzt damit die Vorgaben der gemeinschaftsrechtlichen RED III-RL um.[37] Auf die UP insbesondere im Regionalplanverfahren kommt zunächst bei der Windenergieplanung damit eine neue Aufgabe zu, welche sie nochmals anspruchsvoller machen wird. 58

Die Europäische Union verfolgt mit der RED III-RL das Konzept, einerseits die Zulassung erneuerbarer Energien in den Mitgliedstaaten durch frühzeitig mit dem Artenschutz abgewogene planerische Entscheidungen zu beschleunigen, anderseits aber den von der FFH-RL intendierten Schutz seltener Arten dadurch nicht zu unterlaufen. Hierzu schreibt sie zunächst die **Ausklammerung bestimmter nach europäischem Recht geschützter Gebiete** sowie anschließend die **Anreicherung der strategischen Umweltprüfung** in den **übrigen** für erneuerbare Energien vorgesehenen **Gebieten** um die Prüfung artenschutzrechtlicher Fragen vor, allerdings auf einem der Planung angemessenen Prüfniveau. Werden in diesem Verfahren bspw. bestimmte Gebiete für die Windenergie festgelegt und wird dort bereits der Artenschutz im Rahmen der strategischen Umweltprüfung frühzeitig geprüft, bedarf es nach der RED III-RL bei der **nachfolgenden Zulassung** von Anlagen für erneuerbaren Energien innerhalb dieser Gebiete **keiner nochmaligen intensiven Prüfung** dieser Fragen. Die Gebiete, für die diese artenschutzrechtliche Prüfung erfolgt ist, werden in der Terminologie der RED III-RL zu sog. **Beschleunigungsgebieten**. 59

Geregelt ist dies im Detail in **Art. 15c Abs. 1 der RED III-RL** (nachfolgend verkürzt): 60

> *»(1) Bis zum 21. Februar 2026 sorgen die Mitgliedstaaten dafür, dass die zuständigen Behörden einen oder mehrere Pläne verabschieden, mit denen sie als Untergruppe der in Artikel 15b Absatz 1 genannten Gebiete für eine oder mehrere Arten erneuerbarer Energiequellen Beschleunigungsgebiete für erneuerbare Energie ausweisen. Die zuständigen Behörden müssen in diesen Plänen*
>
> *a) ausreichend homogene Land-, Binnengewässer- und Meeresgebiete ausweisen, in denen in Anbetracht der Besonderheiten des ausgewählten Gebiets die Nutzung einer bestimmten Art oder bestimmter Arten erneuerbarer Energie voraussichtlich keine erheblichen Umweltauswirkungen hat, …*
>
> *b) für die Beschleunigungsgebiete für erneuerbare Energie geeignete Regeln für wirksame Minderungsmaßnahmen festlegen, die bei der Errichtung von Anlagen zur Erzeugung erneuerbarer Energie und von Energiespeichern am selben Standort sowie der für den Anschluss solcher Anlagen und Speicher an das Netz erforderlichen Anlagen, zu ergreifen sind, um mögliche negative Umweltauswirkungen zu vermeiden oder, falls dies nicht möglich ist, gegebenenfalls erheblich zu verringern, … .«*

Art. 15c Abs- 2 regelt zum Verfahren, dass diese Prüfung im Rahmen der strategischen Umweltprüfung zu erfolgen hat: *»(2) Die Pläne zur Ausweisung von Beschleunigungsgebieten für erneuerbare Energie werden **vor ihrer Annahme einer Umweltprüfung gemäß der Richtlinie 2001/42/EG des Europäischen Parlaments und des Rates** unterzogen, und, sofern sie voraussichtlich erhebliche Auswirkungen auf Natura-2000-Gebiete haben, der Prüfung gemäß Artikel 6 Abs. 3 der Richtlinie 92/43/EWG.«*

---

37 Richtlinie 2023/2413 vom 18.10.2023 zur Änderung der Richtlinie (EU) 2018/2001, der Verordnung (EU) 2018/1999 und der Richtlinie 98/70/EG im Hinblick auf die Förderung von Energie aus erneuerbaren Quellen und zur Aufhebung der Richtlinie (EU) 2015/652 des Rates, ABl. L vom 31.10.2023 ELI.

61 Das nationale Recht greift mit § 28 Abs. 2 ROG diese gemeinschaftsrechtliche Vorgabe zunächst nur für die **Ausweisung von Windenergiegebieten** auf, weil der Windenergie im Vergleich zu anderen erneuerbaren Energien eine besondere Bedeutung beigemessen wird. Dabei belässt er den planenden Stellen keinen Abwägungsspielraum: Windenergiegebiete sind danach zwingend als Beschleunigungsgebiete auszuweisen; hierbei sind bestimmte Gebietstypen, insbesondere solche, die dem Schutz der FFH-RL unterliegen, allerdings ausgeschlossen. Bei der Darstellung dieser Beschleunigungsgebiete sind gem. der Vorgabe der RED III-RL Regeln für Mindermaßnahmen darzustellen. Hilfestellung gibt die neu geschaffene **Anlage 3 des ROG**; hieraus können die Regeln für Minderungsmaßnahmen abgeleitet werden, auf die dann im nachfolgenden Zulassungsverfahren für die Errichtung und den Betrieb von Windenergieanlagen und ihre Netzanschlüsse zur Entlastung der dortigen Prüfungen zurückgegriffen werden kann. Weitere erneuerbare Energieträger und Speicher erneuerbarer Energien sollen künftig möglicherweise in vergleichbarer Weise erfasst werden.

62 § 28 Abs. 2 i.V.m. Abs. 4 und Abs. 5 Satz 1 ROG sieht als Vorgabe an die planenden Behörden der Länder daher die **zwingende Ausweisung** von Windenergiegebieten zugleich als **Beschleunigungsgebiete** vor, sofern nicht mit Blick auf den Artenschutz zunächst besonders schützenswerte Bereiche ausgeklammert werden (nachfolgend verkürzt):

»(2) Vorranggebiete für Windenergie sind zusätzlich als Beschleunigungsgebiete für die Windenergie an Land auszuweisen, soweit sie nicht in einem der folgenden Gebiete liegen:

1. Natura 2000-Gebiete, Naturschutzgebiete, Nationalparke sowie Kern- und Pflegezonen von Biosphärenreservaten nach dem Bundesnaturschutzgesetz oder

2. Gebiete mit landesweit bedeutenden Vorkommen mindestens einer durch den Ausbau der Windenergie betroffenen europäischen Vogelart … ; diese Gebiete können auf der Grundlage von vorhandenen Daten zu bekannten Artvorkommen oder zu besonders geeigneten Lebensräumen ermittelt werden. …

(3) …

(4) Bei der Ausweisung der Beschleunigungsgebiete sind Regeln für wirksame Minderungsmaßnahmen für die Errichtung und den Betrieb von Anlagen und deren Netzanschluss aufzustellen, um mögliche negative Auswirkungen vorrangiger Vorhaben zu vermeiden oder, falls dies nicht möglich ist, erheblich zu verringern. Auswirkungen nach Satz 1 sind nur Auswirkungen auf

1. Erhaltungsziele nach § 7 Absatz 1 Nummer 9 des Bundesnaturschutzgesetzes,

2. europäische Vogelarten nach § 7 Absatz 2 Nummer 12 des Bundesnaturschutzgesetzes, in Anhang IV der Richtlinie 92/43/EWG aufgeführte Arten oder Arten, die in einer Rechtsverordnung nach § 54 Absatz 1 Nummer 2 des Bundesnaturschutzgesetzes aufgeführt sind,

3. Bewirtschaftungsziele nach § 27 des Wasserhaushaltsgesetzes.

Die Aufstellung von Regeln für Minderungsmaßnahmen kann entsprechend Anlage 3 erfolgen.

(5) Die Ausweisung als Beschleunigungsgebiet und die Aufstellung von Regeln für Minderungsmaßnahmen erfolgen im Rahmen des Planaufstellungsverfahrens zur Festlegung der Vorranggebiete für Windenergie.«

63 Da die Umsetzung der RED III-RL in das deutsche Recht sehr spät erfolgte und viele Windenergieplanungen der Länder bereits fortgeschritten waren, eröffnet § 28 Abs. 5 Satz 2 ROG die Möglichkeit einer **nachträglichen Ausweisung als Beschleunigungsgebiet:**

»Wurden die Planaufstellungsverfahren vor dem 15. August 2025 förmlich eingeleitet, kann die erforderliche Ausweisung von Beschleunigungsgebieten und die Aufstellung von Regeln für Minderungsmaßnahmen ausnahmsweise in einem nachfolgenden, innerhalb von drei Monaten förmlich einzuleitenden separaten Planungsverfahren erfolgen; in diesem Fall sind § 7 Absatz 5, die §§ 8, 9 Absatz 5 und die §§ 10 und 11 für Raumordnungspläne entsprechend anzuwenden.«

Mit dieser Neuerung unterstreicht das Gemeinschaftsrecht die Bedeutung der strategischen Umweltprüfung (und der Raumordnungsplanung insgesamt) mit dem Ziel, die nachfolgenden Verfahren auf der Zulassungsebene zu entschlacken. Damit steht es im **Gegensatz zu den Beschleunigungsbemühungen auf nationaler Ebene**, die eher den Ansatz verfolgen, Planungsverfahren zu streichen oder großzügige Abweichungen von bestehenden Plänen im Zulassungsverfahren zuzulassen.[38] 64

E. Absehen von der UP im Raumordnungsplan

Art. 3 Abs. 3 SUP-RL gestattet es den Mitgliedstaaten, in Bagatellfällen von einer SUP für die von Art. 3 Abs. 2 SUP-RL erfassten Pläne, dies sind auch **Pläne der Raumordnung**, abzusehen. So sollen Pläne und Programme, die die Nutzung kleiner Gebiete auf lokaler Ebene festlegen, sowie **geringfügige Änderungen der Pläne** nur dann einer Umweltprüfung unterliegen, wenn die Mitgliedstaaten bestimmen, dass sie voraussichtlich erhebliche Umweltauswirkungen haben. Nach Abs. 5 bestimmen die Mitgliedstaaten entweder durch eine **Einzelfallprüfung** oder vorweg durch die **Festlegung von Arten von Plänen** oder auch durch eine Kombination dieser beiden Ansätze, ob die Pläne zur Bodennutzung voraussichtlich erhebliche Umweltauswirkungen haben. Bei der Festlegung dieser Bagatellgrenze sind die Kriterien des Anh. II der SUP-RL zugrunde zu legen. Diese erwähnen Merkmale der Pläne und Programme, insbesondere in Bezug »... auf die ... relevanten Umweltprobleme ... und die Merkmale der Auswirkungen und der voraussichtlich betroffenen Gebiete, insbesondere in Bezug auf die Wahrscheinlichkeit, Dauer, Häufigkeit und Umkehrbarkeit der Auswirkungen ...«. 65

Der Gesetzgeber des ROG hat sich mit § 8 Abs. 2 ROG für die Variante der Einzelfallprüfung entschieden. Damit unterscheidet er sich vom Gesetzgeber des BauGB, der sich für im Umfang begrenzte Bebauungspläne im Außenbereich in § 13b BauGB a.F. auf die andere Variante festgelegt hatte, nämlich dass diese Art von Plänen per se keiner Umweltprüfung unterliegen sollen. Dieser Variante folgte indes das BVerwG nicht und erklärte die Norm Mitte 2023 als unvereinbar mit dem Unionsrecht. Im Kern bemängelte das BVerwG, dass erhebliche nachteilige Umweltauswirkungen aufgrund dieser Bebauungspläne für den Außenbereich nicht »a priori« ausgeschlossen werden könnten. § 13b BauGB a.F. wurde daher aufgehoben.[39] Aber auch für den Bereich der Raumordnungsplanung rügte das BVerwG im Herbst 2023 einen **Verstoß gegen die Intentionen der SUP-RL**, indem es feststellte, dass eine Zielabweichung von einem Raumordnungsplan nach § 6 Abs. 2 ROG nur dann zulässig sei, wenn die SUP-RL (unterstellt der Plan würde geändert) keine Umweltprüfung verlangt.[40] Damit zog das BVerwG innerhalb kurzer Zeit zwei deutliche Leitplanken zur Anwendung der der SUP-RL in das deutsche Planungsrecht ein, die es zur Wahrung des Unionsrechts künftig zu beachten gilt. 66

I. Absehen von der UP im Raumordnungsplan gem. § 8 Abs. 2 ROG

§ 8 Abs. 2 ROG macht durch Aufgreifen der Einzelfallprüfung nach Art. 3 Abs. 5 SUP-RL von der Möglichkeit des Absehens von der UP bei geringfügigen Änderungen von Raumordnungsplänen in zulässiger Weise Gebrauch. § 8 Abs. 2 Satz 1 ROG sieht hierfür die **Durchführung eines »Screenings«** vor: »Bei geringfügigen Änderungen von Raumordnungsplänen kann von einer Umweltprüfung abgesehen werden, wenn durch eine überschlägige Prüfung unter Berücksichtigung der in Anlage 2 genannten Kriterien festgestellt wurde, dass sie voraussichtlich keine erheblichen Umweltauswirkungen haben werden« Es bedarf also in jedem Fall einer überschlägigen Prüfung anhand der Kriterien **Anlage 2** zum ROG. Nach Satz 2 ist die gebotene Einzelfallprüfung unter Beteiligung der öffentlichen Stellen, deren umwelt- und gesundheitsbezogener Aufgabenbereich von den Umweltauswirkungen des Raumordnungsplans berührt werden kann, durchzuführen. Stellt sich aufgrund der überschlägigen Prüfung heraus, dass keine erheblichen Umweltauswirkungen des Plans zu erwarten sind, sind diese Erwägungen nach Satz 3 in die Begründung des Plans aufzunehmen, um 67

38 Siehe dazu Rdn. 69.
39 Siehe § 50 Rdn. 228 f.
40 BVerwG, Urt. v. 28.09.2023 – BVerwG 4 C.21, Rn. 21.

so die Gründe für den Verzicht auf die UP transparent zu machen. Sind dagegen auf der Grundlage der überschlägigen Prüfung erhebliche Umweltauswirkungen zu erwarten, ist die vollständige UP im Rahmen der Planaufstellung durchzuführen.

68 Die **Planerhaltungsregelung** des § 11 Abs. 4 Nr. 2 ROG verweist darauf, dass die Vorprüfung des Einzelfalls dann als ordnungsgemäß durchgeführt gilt, »wenn sie entsprechend der Vorgaben von § 8 Abs. 2 ROG durchgeführt worden ist, und ihr Ergebnis nachvollziehbar ist; dabei ist unbeachtlich, wenn einzelne öffentliche Stellen nicht beteiligt worden sind; …«. Leichte Mängel bei der Vorprüfung etwa durch Übersehen einer Behörde schaden also der Wirksamkeit eines ohne UP durchgeführten Plans nicht, wohl aber darüberhinausgehende Mängel: »… anderenfalls besteht ein für die Rechtswirksamkeit des Raumordnungsplans beachtlicher Mangel.«

II. Zielabweichung ohne UP vom Raumordnungsplan gem. § 6 Abs. 2 ROG

69 Das Zielabweichungsverfahren nach § 6 Abs. 2 Satz 1 ROG sollte nach Vorstellung des Gesetzgebers des ROG vermehrt genutzt werden, um eine aufwändige Änderung eines Raumordnungsplans entbehrlich zu machen, wenn vom Plan lediglich an einem bestimmten Punkt abgewichen werden soll. Damit soll der **Planungs- und Zulassungsprozess** für ein raumbedeutsames Vorhaben, dessen Zulassung ansonsten nicht den im Plan enthaltenen Zielen der Raumordnung entspricht, deutlich **verkürzt** werden.[41] Im Rahmen der ROG-Novelle aus dem Jahr 2023, die auf eine Beschleunigung der Verfahren abzielte, wurde die vorherige Kann-Regelung daher in eine Soll-Regelung umgewandelt: »Die zuständige Raumordnungsbehörde soll einem Antrag auf Abweichung von einem Ziel der Raumordnung stattgeben, wenn die Abweichung unter raumordnerischen Gesichtspunkten vertretbar ist und die Grundzüge der Planung nicht berührt werden.« Neben dem allgemeinen Antragsrecht in Satz 2 für öffentliche Stellen, wurde in Satz 3 auch ein Antragsrecht für Personen des Privatrechts eingeführt, um deren Vorhaben es geht. In einem Bericht an den Bundestag auf der Grundlage von Satz 4 erläuterte die Bundesregierung, dass es bei den zuzulassenden Vorhaben auch um großflächige Einzelhandelsbetriebe ging, deren Standorte (an sich) den Zielen der Raumordnung entsprechen müssen.[42]

70 Das **BVerwG** hat diese Soll-Abweichensregelung nach § 6 Abs. 2 Satz 1 ROG (noch in der Vorläuferfassung der alten Kann-Regelung) **in Auslegung der SUP-RL deutlich eingeschränkt**. Danach darf eine derartige Zielabweichung von einem Raumordnungsplan nicht ohne SUP erfolgen, wenn durch die Abweichung vom Plan im Vergleich zu diesem zu zusätzlichen erheblichen Umweltauswirkungen führen kann:[43] »Durch die nach Art. 3 Abs. 5 SUP-Richtlinie gewählten Mechanismen muss gewährleistet sein, dass kein Plan, der voraussichtliche erhebliche Umweltauswirkungen hat, der Umweltprüfung entzogen wird. § 6 Abs. 2 Satz 1 ROG a.F. trägt dem mit dem Tatbestandsmerkmal »Grundzüge der Planung Rechnung«, das materiell-rechtlich eine Einzelfallprüfung im Sinne von Art. 3 Abs. 5 SUP-RL umfasst. Auf diese Weise ist sichergestellt, dass eine Zielabweichung nur dann zugelassen ist, wenn voraussichtliche Umweltauswirkungen ausgeschlossen sind.«

71 Durch diese einengende Auslegung will das BVerwG sicherstellen, dass die zusätzlichen Umweltauswirkungen, die die Zielabweichung möglicherweise eröffnet, nicht unter den Tisch fallen. D.h. dass nach derzeitigem Recht kein Zielabweichungsverfahren durchgeführt werden darf, wenn die Zielabweichung zu erheblichen Umweltauswirkungen führen kann. Um diese Regelungslücke infolge eines Zielabweichungsverfahrens (anstelle eine Planänderungsverfahrens) zu schließen, entwickelt

41 Vgl. die Begründung zum Regierungsentwurf BT-Drs. 20/4823 v. 07.12.2022, S. 22: »Der Koalitionsvertrag … sieht vor …, dass das Zielabweichungsverfahren weiter ausgeweitet werden soll. Mit der Erleichterung des Zielabweichungsverfahrens soll auf aktuelle Entwicklungen besser und schneller reagiert werden können. Mit der Änderung soll auch mehr Transparenz für Vorhabenträger in Bezug auf die Entscheidung über eine Zielabweichung geschaffen werden.«.

42 Vgl. hierzu den nach § 6 Abs. 2 Satz 4 ROG erfolgten Bericht der Bundesregierung an den Bundestag in BT-Drs. 20/14350 vom 19.12.2025.

43 BVerwG, Urt. v. 28.09.2023 – BVerwG 4 C.21, Rn. 28 und 29.

das BVerwG das **Institut des »funktionalen Planbegriffs«**, dem eine Zielabweichung vom Regionalplan unterfallen könne.[44] In der Praxis bedeutet dies, dass im Rahmen des Zielabweichungsverfahren entweder nur eine Abweichung zugunsten eines beantragten Vorhabens zugelassen wird, die keine erheblichen Umweltauswirkungen erwarten lässt:[45] »Bezogen auf dieses Wollen darf der Abweichung vom Planinhalt keine derartige Bedeutung zukommen, dass die dem Plan zugrunde gelegte Planungskonzeption (»Grundgerüst«) in beachtlicher Weise beeinträchtigt wird.« Oder es wird, in **Fortführung der Überlegungen des BVerwG**, in das Zielabweichungsverfahren eine strategische Umweltprüfung (mit Erstellung eines Umweltberichts durch den Vorhabenträger und Durchführung einer Öffentlichkeitsbeteiligung durch die für das Zielabweichungsverfahren zuständige Behörde) zusätzlich integriert, um dem Unionsrecht zu genügen. Die Überlegungen der Verantwortlichen für die Raumordnungsplanung in Bund und Ländern gehen dahin, diesen Ansatz durch eine Ergänzung von § 6 Abs. 2 ROG aufzugreifen. Darüber hinaus soll einer Zielabweichung nach diesen Überlegungen auch dann stattgegeben werden, sofern zeitgleich der zugrundeliegende Raumordnungsplan (inclusive einer dann dort durchzuführenden UP) geändert wird.

§ 49 Umweltverträglichkeitsprüfung bei Vorhaben mit Raumverträglichkeitsprüfung

In der Raumverträglichkeitsprüfung erfolgt die Prüfung der Umweltauswirkungen nur nach Maßgabe des Raumordnungsgesetzes. Die Umweltverträglichkeitsprüfung im nachfolgenden behördlichen Verfahren, das der Zulassungsentscheidung dient, umfasst eine vertiefte Prüfung der in der Raumverträglichkeitsprüfung nur überschlägig geprüften Umweltauswirkungen.

Übersicht

A. Allgemeines

1 § 49 spricht die **Raumverträglichkeitsprüfung** an und beschreibt ihren Zusammenhang zur Umweltverträglichkeitsprüfung. Die Vorschrift regelt aber nicht die UVP in der Raumverträglichkeitsprüfung, sondern sie bezweckt das Gegenteil. Die »Raumverträglichkeitsprüfung« ersetzte Im Jahr 2023 im Zuge der Bemühungen zur **Beschleunigung der Planungsprozesse** das »Raumordnungsverfahren«, sie versteht sich aber in seiner Tradition. Das frühere Raumordnungsverfahren galt über mehr als 40 Jahre als das geeignete Verfahren, die Umweltverträglichkeit eines Standortes oder einer Trasse eines Vorhabens frühzeitig und unter Berücksichtigung von verschiedenen Varianten zu prüfen.

44 BVerwG, Urt. v. 28.09.2023 – 4 C 6.21, Rn. 20.
45 BVerwG, Urt. v. 28.09.2023 – 4 C 6.21, Rn. 25.

Vom BVerwG wurde das frühere **Raumordnungsverfahren** bereits zuvor als ein Verfahren beschrieben, das zur Beurteilung eines einzelnen Vorhabens dienen sollte, »ob es unter Gesichtspunkten der Raumordnung mit anderen Planungen und Maßnahmen abgestimmt ist und ob es mit den Erfordernissen der Raumordnung übereinstimmt«.[1] Das Raumordnungsverfahren wurde in diesem Verständnis in der Aufbauphase der Bundesrepublik in den Ländern zunächst ohne Rechtsgrundlage praktiziert, und es entsprach dem Bedürfnis nach Abstimmung von beabsichtigten Vorhaben mit den langfristigen Erfordernissen der Landesplanung. Später wurde es dann in den jeweiligen Landesplanungsgesetzen und anschließend auch im Raumordnungsgesetz des Bundes verrechtlicht.[2] Die im Jahr 1989 auf Bundesebene damit verbundene **formelle Integration der UVP** in das Raumordnungsverfahren wurde von den Ländern aber immer wieder in Frage gestellt. Am Ende eines langen Prozesses entschied sich der Gesetzgeber im Jahr 2023 schließlich dazu, die von ihm angeordnete **Symbiose zwischen Raumordnungsverfahren und UVP** wieder **aufzugeben** und das Raumordnungsverfahren durch die Raumverträglichkeitsprüfung zu ersetzen. Im maßgeblichen § 15 ROG wurde anstelle des Raumordnungsverfahrens (alt) als dessen Nachfolgeverfahren die **Raumverträglichkeitsprüfung (neu)** etabliert. Anders als das Raumordnungsverfahren erhebt die Raumverträglichkeitsprüfung nicht mehr den Anspruch, eine raumordnerische UVP durchzuführen. Es soll dort eine überschlägige Prüfung der Umweltauswirkungen eines beantragten Vorhabens stattfinden, aber gerade keine raumordnerische UVP mit Umweltbericht und umfassender Erhebung von Umweltdaten mehr.

2 Dieser Paradigmenwechsel nach 42 Jahren hat **Auswirkungen** auf die hier erläuterte **Komplementärvorschrift in § 49.** Beschrieb § 49 bis zum Jahr 2023 in drei Absätzen die Rolle und die Wirkungen einer im Raumordnungsverfahren durchzuführenden UVP, enthält der heutige § 49 allein noch den Verweis auf die Prüfung der Umweltauswirkungen in der Raumverträglichkeitsprüfung nach Maßgabe des Raumordnungsgesetzes (Satz 1). Aber die Vorschrift ordnet zugleich die raumordnerische UVP im Zulassungsverfahren mit einer dort notwendigen vertieften Prüfung der aus Sicht der Raumordnung bedeutsamen Umweltauswirkungen des Vorhabens an (Satz 2). Diese Entflechtung von Raumverträglichkeitsprüfung und UVP und die Verlagerung der raumordnerischen UVP in das nachfolgende Zulassungsverfahren stellt einen **Systembruch in der Systematik** der sich über mehrere Prüfungsstufen verfeinernden Prüfung der Umweltauswirkungen eines Vorhabens dar. Daher wurde sie von Protagonisten der UVP entsprechend kritisiert.[3] Der Gesetzgeber berief sich aber auf die **politisch gewollte Verfahrensbeschleunigung** und die notwendige Bündelung von Prüfschritten.[4] Dieser Beschleunigungsprozess ist noch nicht zu Ende, auch wenn sich dies die Verantwortlichen für die Raumverträglichkeitsprüfung durch die Novelle des ROG im Jahr 2023 anders erhofft hatten. Im Rahmen der Verhandlungen zum Regierungsentwurf zum Infrastruktur-Zukunftsgesetz im Herbst 2025 strebten die Verantwortlichen für den Verkehrssektor eine komplette Streichung der Raumverträglichkeitsprüfung für Verkehrsinfrastrukturvorhaben an. Die Verantwortlichen für den Energiesektor schlossen sich dieser Forderung an. Nur mühsam und nach einem erbitterten Ringen einigte man sich auf einen Kompromiss für den Regierungsentwurf.[5] Wie letztlich die Dis-

1 BVerwG NVwZ 1984, 367 (369) zur Abstimmungs- und zur Feststellungsfunktion des Raumordnungsverfahrens.

2 Zur Geschichte *Goppel*, in: Spannowsky/Runkel/Goppel, ROG, § 15 Rn. 9 ff.

3 *Balla/Sangenstedt* ZUR 2023, S 476 (487): »Allerdings ist die Neuregelung nach Auffassung der Autoren inkonsequent, unnötig kompliziert und mit erheblichen europarechtlichen Risiken verbunden.«.

4 Begründung des Regierungsentwurfs, BT-Drs. 20/4823 v. 07.12.2022, S. 26: »Der Koalitionsvertrag sieht neben der Beschleunigung von Genehmigungsverfahren (…) auch vor, dass Doppelprüfungen vermieden werden sollen ….«.

5 Siehe die Regelung im Regierungsentwurf zu einem neuen § 16 Abs. 2 Satz 3 ROG, BRat-Drs. 780/25 v. 19.12.2025, S. 46 f.: »Für Vorhaben der Bundesfernstraße, der Bundeswasserstraße, Schienenwege des Bundes sowie für Pumpspeicherkraftwerke soll keine Raumverträglichkeitsprüfung durchgeführt werden. Satz 3 gilt nicht, wenn die zuständige Raumordnungsbehörde im Benehmen mit der für Verkehr oder Pumpspeicherkraftwerke zuständigen obersten Landesbehörde innerhalb von vier Wochen nach Anzeige nach § 15 Absatz 4 Satz 2 widerspricht, soweit sie erwartet, dass das Vorhaben zu erheblichen raumbedeutsamen Kon-

kussion um die Zukunft der Raumverträglichkeitsprüfung ausgehen wird, war zum Zeitpunkt der Drucklegung dieser Seiten noch nicht entschieden.

Die nachfolgende Darstellung stellt, anders als die umfängliche Kommentierung des § 49 a.F. in der Vorauflage, die erfolgte Entkoppelung von Raumverträglichkeitsprüfung und UVP deutlich kürzer vor. Die Darstellung des neuen § 49 beginnt mit einem Überblick über den Regelungsgegenstand (A. I.), beschreibt den Zweck und die verbliebene Bedeutung der neuen Vorschrift (A. II.) und geht dann auf die Gesetzesgeschichte (A. III.) und den Anwendungsbereich (A. IV.) ein. Dann wendet sie sich der politisch gewollten Entflechtung von Raumverträglichkeitsprüfung und UVP (B.) und kursorisch den bundesrechtlichen Vorgaben für die Raumverträglichkeitsprüfung nach § 15 ROG zu (C.). Im Schwerpunkt geht sie den Vorgaben des UVPG für die überschlägige raumordnerische Prüfung der Umweltauswirkungen in der Raumverträglichkeitsprüfung nach und verbindet dies angesichts der erwähnten Kritik mit der nicht eindeutig zu beantwortenden Frage, ob diese Entflechtung möglicherweise gegen die UVP-Richtlinie verstößt (D.). Schließlich beantwortet sie die Frage, welche Wirkung der überschlägigen Prüfung von Umweltauswirkungen in der Raumverträglichkeitsprüfung in einem nachfolgenden behördlichen Verfahren zukommt (E.). 3

I. Regelungsgegenstand

§ 49 teilt sich in einen deklaratorischen und einen konstitutiven Teil. **Satz 1** verweist für die Durchführung einer Raumverträglichkeitsprüfung einschließlich der dort zu prüfenden Umweltauswirkungen **deklaratorisch** auf die Maßgaben des Raumordnungsgesetzes: »In der Raumverträglichkeitsprüfung erfolgt die Prüfung der Umweltauswirkungen nur nach Maßgabe des Raumordnungsgesetzes.« Mit dieser Aussage ist indes kein eigener Regelungsgehalt mehr verbunden. **Satz 2** hingegen ordnet **konstitutiv** die Durchführung einer raumordnerischen UVP, allerdings nicht in der Raumverträglichkeitsprüfung selbst, sondern in dem der Raumverträglichkeitsprüfung nachfolgenden behördlichen Zulassungsverfahren an: »Die Umweltverträglichkeitsprüfung im nachfolgenden behördlichen Verfahren, das der Zulassungsentscheidung dient, umfasst eine vertiefte Prüfung der in der Raumverträglichkeitsprüfung nur überschlägig geprüften Umweltauswirkungen.« Diese Anordnung erweitert damit den Prüfungsumfang der Zulassungsebene um die raumbezogenen Umweltauswirkungen, was den eingangs beschriebenen Systembruch der im UVPG eigentlich ebenengerecht ausgestalteten Prüfungen darstellt. 4

II. Zweck und Bedeutung der Vorschrift

Der Verweis in § 49 Satz 1 auf die Prüfung der Umweltauswirkungen nach Maßgabe des Raumordnungsgesetzes baut eine **Brücke zum ROG** und soll verdeutlichen, dass dort und nicht im UVPG nach der Regelungsvorgabe zur Prüfung der Umweltauswirkungen zu suchen ist. Schaut man in den maßgeblichen § 15 Abs. 1 Satz 2 Nr. 3 ROG, findet man die Maßgabe, wie die Umweltauswirkungen des der Raumverträglichkeit unterzogenen Vorhabens zu prüfen sind, nämlich »überschlägig«. Allerdings finden sich dort wiederum **Rückverweisungen** auf die Schutzgüter des § 2 Abs. 1 UVPG und die Kriterien der Anlage 3 zum UVPG. Ganz ohne Hilfestellung aus dem UVPG soll die Raumverträglichkeitsprüfung nach § 15 ROG also auch in Zukunft nicht erfolgen. 5

Rechtliche Bedeutung hat die konstitutive Anordnung in § 49 Satz 2. Sie **erweitert** den **Prüfumfang** der der Raumverträglichkeitsprüfung folgenden behördlichen **Zulassungsverfahren** um eine raum- 6

flikten mit den Erfordernissen der Raumordnung oder mit anderen raumbedeutsamen Planungen und Maßnahmen führen wird.« Siehe auch die Begründung auf S. 165: »Durch die Neuregelung in § 16 Absatz 2 ROG wird sichergestellt, dass für Vorhaben der Bundesfernstraße, der Bundeswasserstraße, für Schienenwege des Bundes und für Pumpspeicherkraftwerke keine Raumverträglichkeitsprüfung durchgeführt werden soll, insbesondere dass die Länder keine abweichenden Regelungen treffen können. Etwas anderes gilt nur, wenn die Raumordnungsbehörde im Benehmen mit der zuständigen obersten Landesbehörde in den Fällen widerspricht, in denen sie infolge des Vorhabens erhebliche raumbedeutsame Konflikte mit den Erfordernissen der Raumordnung oder mit anderen raumbedeutsamen Planungen und Maßnahmen erwartet.«

ordnerische UVP. Sie ordnet dort (und nicht in der Raumverträglichkeitsprüfung) eine vertiefte Prüfung der raumbezogenen Umweltauswirkungen der beantragten Vorhaben an. Da sich die Anordnung, sich vertieft mit den raumbedeutsamen Umweltauswirkungen des Vorhabens auseinanderzusetzen, bislang nicht in den Zulassungsregeln für Vorhaben fand, ist diese Regelung jetzt ergänzend in den jeweiligen behördlichen Verfahren anzuwenden. Eine Auseinandersetzung mit den raumbezogenen Auswirkungen eines Vorhabens wurde zwar schon immer in das umfassende Abwägungsgebot der Planfeststellungsverfahren hineingelesen. Für die gebundenen Genehmigungsverfahren etwa zur Zulassung einer immissionsschutzrechtlichen Anlage ist diese Anordnung einer zusätzlichen Prüfung der raumbezogenen Umweltauswirkungen hingegen neu. Wie damit umzugehen ist, wird am Ende der Kommentierung erläutert.[6]

III. Gesetzesgeschichte

7 § 49 ist also eine komplett neu konzipierte Regelung im UVPG und sie wurde im Zusammenhang mit der ROG-Novelle 2023 im Rahmen eines ergänzenden Art. 2 eingeführt.[7] Sie ersetzt die vormalige Regelung in § 49 a.F., ist aber inhaltlich nicht mit ihr vergleichbar. Während § 49 a.F. die UVP im Raumordnungsverfahren regelte,[8] verfolgt die neue Regelung das Gegenteil, nämlich die raumordnerische UVP aus der Raumverträglichkeitsprüfung herauszunehmen und als zusätzliche Anforderung in das nachfolgende behördliche Zulassungsverfahren zu integrieren. Die Begründung des Regierungsentwurfs führt hierzu aus (nachfolgend gekürzt):[9] »Der Koalitionsvertrag sieht neben der Beschleunigung von Genehmigungsverfahren … auch vor, dass Doppelprüfungen vermieden werden sollen …. Entsprechend soll das bisher in § 15 ROG geregelte Raumordnungsverfahren, welches insbesondere bei Großprojekten dem Zulassungsverfahren vorgelagert ist, durch eine optimierte Prüfung der Raumverträglichkeit ersetzt werden. Die Raumverträglichkeitsprüfung soll unter Berücksichtigung von Umweltbelangen erfolgen, soweit diese auf der vorgelagerten Ebene der Raumverträglichkeitsprüfung nach überschlägiger Prüfung der Auswirkungen des Vorhabens auf die Schutzgüter nach § 2 Absatz 1 UVPG unter Berücksichtigung der in Anlage 3 des UVPG genannten Kriterien erkennbar sind. Hingegen soll es im Verfahren der Raumverträglichkeitsprüfung keine Umweltverträglichkeitsprüfung nach dem UVPG geben. Der Verzicht auf die Umweltverträglichkeitsprüfung dient der Vermeidung von Doppelprüfungen und damit der Verfahrensbeschleunigung. … Da die Umweltauswirkungen des Vorhabens in der Raumverträglichkeitsprüfung nur noch überschlägig geprüft werden, kann dieser Prüfung nicht mehr die volle abschichtende Wirkung zukommen, wie sie bisher in § 49 Absatz 2 für die als Bestandteil des Raumordnungsverfahrens durchgeführte Umweltverträglichkeitsprüfung vorgesehen ist. Daher stellt § 49 Satz 2 klar, dass die Umweltverträglichkeitsprüfung in einem nachfolgenden Zulassungsverfahren, soweit erforderlich, auch eine vertiefte Prüfung der in der Raumverträglichkeitsprüfung nur überschlägig geprüften Umweltauswirkungen umfasst.«

IV. Anwendungsbereich der Vorschrift

8 § 49 gilt für alle Vorhaben, für die nach der **Raumordnungsverordnung (ROV)** zwingend eine Raumverträglichkeitsprüfung durchzuführen ist. Auch die Raumordnungsverordnung wurde im Zuge der Änderung des ROG redaktionell angepasst, um den Wechsel vom Raumordnungsverfahren zur Raumverträglichkeitsprüfung nachzuvollziehen.[10] Der Katalog der in der ROV aufgelisteten Vorhaben entspricht weiterhin dem Katalog der Anlage 1 zum UVPG, mit Ausnahme aber der-

---

6 Siehe nachfolgend Rdn. 36 f.

7 BGBl. 2023 I Nr. 88 (Gesetz zur Änderung des Raumordnungsgesetzes und anderer Vorschriften v. 22.03.2023), dort Art. 2 Nr. 4.

8 Zur wechselvollen Gesetzesgeschichte der Vorläufervorschrift vgl. daher die Kommentierung in der vorherigen Auflage dieses Kommentars.

9 BT-Drs. 20/4823 v. 07.12.2022, S. 30 f.

10 BGBl. 2023 I Nr. 88, dort Art. 12.

jenigen Vorhaben, die als nicht raumbedeutsam anzusehen sind. In der ROV enthalten sind u.a. raumbedeutsame Vorhaben nach dem Bauplanungsrecht, Atomrecht, Abfallrecht und Verkehrsplanungsrecht. Ebenso wie § 49 selbst wurden die **verfahrensrechtlichen Verordnungen zum Immissionsschutzrecht** auf der Grundlage von § 10 Abs. 10 BImSchG, dort § 23a der Verordnung über das Genehmigungsverfahren,[11] und **zum Atomrecht** auf der Grundlage von § 7 Abs. 4 AtG, dort § 19a Atomrechtliche Verfahrensverordnung,[12] geändert. Diese Regelungen betrafen die entlastenden Wirkungen der raumordnerischen UVP für die Vorhaben nach diesen Verfahrensordnungen und regelten die Rechtsfolgen eigenständig und unabhängig von § 49 a.F. Nach neuem Recht gilt nun dort § 49 Satz 2, wonach die raumordnerische UVP im abschließenden Genehmigungsverfahren und nicht mehr in der vorgelagerten Raumverträglichkeitsprüfung durchzuführen ist, auch für diese beiden Verfahren.

B. Entflechtung von Raumverträglichkeitsprüfung und UVP

Was hat den Gesetzgeber nun dazu bewogen, das »Raumordnungsverfahren« in »Raumverträglichkeitsprüfung« umzubenennen und die dort seit 1989 integrierte UVP herauszutrennen? Die bei der Gesetzesgeschichte zitierte Gesetzesbegründung gibt hierzu zwei Hinweise, nämlich die **Beschleunigung von Genehmigungsverfahren** und die **Vermeidung von Doppelprüfungen**. Aber eine Beschleunigung der der Raumverträglichkeitsprüfung nachfolgenden Genehmigungsverfahren infolge der Gesetzesänderung erfolgt ja gerade nicht. Vielmehr besagt § 49 Satz 2 das Gegenteil, nämlich dass die raumordnerische UVP in diesen behördlichen Verfahren vertieft und damit dort sogar umfassender als bisher durchgeführt werden muss. Indes entfällt laut Satz 1 mit dem Verweis auf § 15 ROG die raumordnerische UVP auf der Ebene der Raumverträglichkeitsprüfung. Dies könnte bei wohlmeinender Betrachtung also als die Vermeidung einer doppelten Durchführung der raumordnerischen UVP angesehen werden. Hiergegen kann aber wiederum eingewandt werden, dass nach der Systematik des § 49 a.F. ebenfalls nur eine einmalige raumordnerische UVP durchzuführen war, nämlich im früheren Raumordnungsverfahren und nicht nochmals im Genehmigungsverfahren (vgl. § 49 Abs. 3 a.F.). Eine Vermeidung von Doppelprüfungen ist daher eher nicht anzunehmen. 9

Die Gesetzesbegründung enthält aber nicht die ganze Wahrheit. Denn schaut man einmal genauer hin, liegt der wahre Grund der Entflechtung der beiden Verfahren darin, dass sich Raumordnungsverfahren und UVP entgegen der Erwartung des Gesetzgebers aus dem Jahr 1989 seit langem schon nicht mehr vertragen haben. Das vom Gesetzgeber angestrebte Miteinander von Planern und Umweltprüfern wurde über die Jahre immer schwieriger.[13] In der Praxis wurden für die umstrittenen Großvorhaben die **Umweltverträglichkeitsprüfungen** von den Planungsbehörden an private Büros gegeben oder dem Vorhabenträger auferlegt, und dort wurden sie inhaltlich und zeitlich mehr und mehr **aufgebläht**. Mit umfangreichen Ausführungen zu jedem der in § 2 aufgeführten UVP-Schutzgüter sollten Abwägungsausfälle in den Planbegründungen vermieden werden: Wer Angst davor hat, einen Abwägungsfehler zu begehen, der schreibt vorsorglich lieber ein paar Seiten mehr auf.[14] Überzogene Anforderungen an den Umweltbericht waren indes kaum mit der Vorstellung der Vorhaben- und Projektträger nach Durchführung einer Raumverträglichkeitsprüfung innerhalb von nur sechs Monaten vereinbar. Weil so die Forderungen der Vorhabenträger nach Beschleunigung der Prüfung mit dem Anspruch der Umweltseite an einen immer ausführlicheren Umweltbericht nicht mehr zusammenpassten und am Ende die Raumverträglichkeitsprüfung zu zerreißen drohten, blieb am Ende nur die vom Gesetzgeber nun vollzogene Trennung. Diese Trennung wirft nun aber die **Frage nach der Europarechtskonformität** einer solchen Entflechtung auf, der am Ende dieser Kommen- 10

11 BGBl. 2023 I Nr. 88, dort Art. 10.

12 BGBl. 2023 I Nr. 88, dort Art. 5.

13 Vgl. *J. Wagner*, in: Mitschang (Hrsg), Umweltprüfung und Umweltverträglichkeitsprüfung, Berliner Schriften zur Stadt- und Regionalplanung, Band 43, 2022: »Die Umweltprüfung in der Raumordnung – eine Paartherapie«, S. 41 ff.

14 Ausführlich dazu unter § 50 Rdn. 99 ff.

tierung nachgegangen werden soll.[15] Und sie rief, wie eingangs beschrieben, den Verkehrssektor mit dem Versuch auf den Plan, die Raumverträglichkeitsprüfung ganz abzuschaffen.

11 Der Gesetzgeber des ROG trennte aber nicht nur die Raumverträglichkeitsprüfung von der raumordnerischen UVP, sondern er verfolgte mit der Umbenennung des vormaligen Raumordnungsverfahrens in die Raumverträglichkeitsprüfung auch eine **Veränderung des Charakters** dieses Verfahrens. Aus einem »Verfahren« der Raumordnung wird eine »Prüfung« der Raumverträglichkeit eines Vorhabens. § 15 Abs. 1 Satz 4 ROG beschreibt dies wie folgt: »Die Raumordnungsbehörde übermittelt dem Vorhabenträger das Ergebnis ihrer Prüfung in Form einer gutachterlichen Stellungnahme.« § 15 Abs. 5 Satz 2 ROG ergänzt den Umgang mit diesem Gutachten im Hinblick auf das nachfolgende behördliche Verfahren: »Im Zuge der Antragstellung übermittelt der Vorhabenträger der Zulassungsbehörde … im Falle ihres Vorliegens die gutachterliche Stellungnahme in einem verkehrsüblichen elektronischen Format.« Die Raumverträglichkeitsprüfung wäre damit nicht mehr eine vorgelagerte eigene Ebene eines gestuften Verwaltungsverfahrens, sondern sie würde zu einem behördlichen Gutachten für den Vorhabenträger. Möglicherweise liegt in diesem geänderten Verständnis, wie mit dem Ergebnis der Raumverträglichkeitsprüfung gegenüber dem Vorhabenträger und anschließend im nachfolgenden behördlichen Zulassungsverfahren umzugehen ist, der Schlüssel für die mögliche Europarechtskonformität der vom Gesetzgeber vorgenommenen Entflechtung von Raumverträglichkeitsprüfung und raumordnerischer UVP.

C. Überblick über die Regelungen für die Raumverträglichkeitsprüfung (§ 15 ROG)

12 Die **Raumverträglichkeitsprüfung des § 15 ROG** wurde neu konzipiert und sie **ersetzt** das bisher dort geregelte **Raumordnungsverfahren**. Zugleich sieht es sich aber auch in seiner Tradition, wie die Gesetzesbegründung ausführt:[16] »Daher soll § 15 ROG unter der neuen Überschrift »Raumverträglichkeitsprüfung« in Anlehnung an den geltenden § 15 ROG neu gefasst werden. Die geltende Regelung soll, soweit es der Optimierung der Raumverträglichkeitsprüfung dient, modifiziert werden. Die Grundstruktur der geltenden Regelung soll beibehalten werden.« Während sich der Gegenstand der Prüfung nicht verändert, wurde der Verfahrensablauf umstrukturiert und gestrafft.

I. Gegenstand der Raumverträglichkeitsprüfung

13 § 15 Abs. 1 Satz 1 ROG umschreibt die Raumverträglichkeitsprüfung als ein »besonderes Verfahren«, welches von der zuständigen Raumordnungsbehörde durchgeführt wird, um raumbedeutsame Planungen und Maßnahmen im Sinne von § 1 ROV auf ihre Raumverträglichkeit zu prüfen. § 15 Abs. 1 Satz 2 ROG beschreibt den Gegenstand dieser Prüfung. Nach Satz 2 Nr. 1 geht es zunächst darum, die raumbedeutsamen Auswirkungen der Planung oder Maßnahmen unter überörtlichen Gesichtspunkten zu prüfen; insbesondere werden die Übereinstimmung mit den Erfordernissen der Raumordnung und die Abstimmung mit anderen raumbedeutsamen Planungen und Maßnahmen geprüft. Diese Vorgabe entspricht dem vom BVerwG beschriebenen Feststellungs- und Abstimmungsauftrag des Raumordnungsverfahrens. Die zuständige Raumordnungsbehörde nimmt bei dieser Prüfung der raumbedeutsamen Auswirkungen des Vorhabens eine Prognose vor, wie die Umgebung im Falle der Realisierung des Vorhabens beeinflusst würde. **Maßstab** dieser Prüfung ist die **Raumverträglichkeit** des Vorhabens. Satz 2 Nr. 1 HS 1 legt insoweit begrenzend fest, dass die Auswirkungen der Planung oder Maßnahme unter **überörtlichen Gesichtspunkten** zu prüfen sind. Bei ihrer Prüfung ist die Raumordnungsbehörde also auf die grobkörnigen Vorgaben der Raumordnung beschränkt, gem. Satz 2 Nr. 1 HS 2 sind dies insbesondere die **Erfordernisse der Raumordnung**. Unter den Erfordernissen der Raumordnung werden gem. § 3 Abs. 1 Nr. 1 ROG die Ziele der Raumordnung (verbindliche Festlegungen in Raumordnungsplänen), die Grundsätze der Raumordnung (Aussagen im ROG als Vorgaben für Abwägungsentscheidungen) und sonstige Erfordernisse (u.a. Ergebnisse

15 Siehe Rdn. 35.
16 Begründung des Regierungsentwurfs, BT-Drs. 20/4823 v. 07.12.2022, S. 26.

anderer Raumverträglichkeitsprüfungen) verstanden. Weiterer Maßstab ist gem. Satz 2 Nr. 1 HS 2 die Abstimmung mit **anderen**, bereits vorhandenen oder ebenfalls zeitnah beabsichtigten **raumbedeutsamen Planungen und Maßnahmen.**

Nach Satz 2 Nr. 2 geht es des Weiteren um die Prüfung der **ernsthaft in Betracht kommenden Standort- oder Trassenalternativen.** Während die tatsächliche Eignung des früheren Raumordnungsverfahrens zu einer standortvergleichenden Betrachtung schon immer unbestritten war und die Alternativenprüfung als der **wesentliche Kern** des Verfahrens angesehen wurde, war lange nicht geklärt, ob die Raumordnungsbehörde vom Vorhabenträger auch Unterlagen zu Alternativen verlangen konnte oder ob sie selbst eigene Standortüberlegungen oder auch die sog. Null-Variante in das Verfahren einbringen durfte. Gem. § 15 Abs. 1 Satz 2 Nr. 3 ROG sind nun Gegenstand der Prüfung die »ernsthaft in Betracht kommende Standort- und Trassenalternativen« vor. Der Vorhabenträger legt daher von ihm ausgewählte und vorgeprüfte Standorte bzw. Trassenalternativen der Raumordnungsbehörde vor. Die Raumordnungsbehörde vergleicht diese untereinander und filtert den aus ihrer Sicht am besten geeigneten Standort bzw. die konfliktärmste Trasse heraus. Die zu Beginn der Raumverträglichkeitsprüfung vielfach offene Frage des genauen künftigen Standortes bzw. Trassenverlaufs wird unter Zugrundelegung der Vorstellungen des Vorhabenträgers, der Stellungnahmen der Behörden sowie der Beiträge aus der Öffentlichkeit von ihr »gutachterlich entschieden«. Dabei kann sie auch der sog. **Null-Variante** nachzugehen, d.h. der Frage, ob das Vorhaben aus ihrer Sicht überhaupt sinnvoll erscheint oder insbesondere wegen zu großer Umweltbelastungen nicht realisiert werden sollte. Die Anzahl der von ihr zu prüfenden Varianten sowie die Untersuchungstiefe richten sich nach den tatsächlichen Gegebenheiten im Einzelfall – sowie auch nach der zur Verfügung stehenden Zeit von sechs Monaten. Es ist daher notwendig, dass sie die zu prüfenden Varianten mit dem Vorhabenträger abspricht. Bei Bandinfrastrukturmaßnahmen hat sie zudem über die für die Untersuchung geeigneten Anfangs- und Endpunkte zu befinden und damit eine Abschnittsbildung vorzunehmen. 14

Von besonderem Interesse ist im vorliegenden Zusammenhang schließlich die nach § 15 Abs. 1 Satz 2 Nr. 3 gebotene **Prüfung der Umweltauswirkungen**. Gegenstand der Raumverträglichkeitsprüfung ist die »überschlägige Prüfung der Auswirkungen des Vorhabens auf die Schutzgüter nach § 2 Abs. 1 des Gesetzes über die Umweltverträglichkeitsprüfung unter Berücksichtigung der Kriterien nach Anlage 3 des Gesetzes über die Umweltverträglichkeitsprüfung«. Obwohl § 15 ROG gerade die Entflechtung von der UVP im Verständnis des UVPG vornimmt, finden sich hier als Reminiszenzen an zwei ganz zentrale Elemente des UVPG, nämlich die Schutzgüter nach § 2 Abs. 1 Satz 1 und die Anlage 3, welche die Vorgehensweise bei einer Vorprüfung strukturiert und die entsprechenden Kriterien auflistet. Wie mit den Umweltauswirkungen eines Vorhabens im Rahmen der Raumverträglichkeitsprüfung durch die zuständige Raumordnungsbehörde umzugehen ist und welche Bedeutung dabei diesen und anderen Rückverweisen auf das UVPG zukommt, wird nachfolgend unter D. gesondert dargestellt.[17] 15

II. Verfahrensablauf der Raumverträglichkeitsprüfung

Der Verfahrensablauf der Raumverträglichkeitsprüfung wurde gegenüber dem bisherigen Raumordnungsverfahren umstrukturiert und nochmals gestrafft. Der Verlauf einer Raumverträglichkeitsprüfung und seine Bedeutung für das nachfolgende Zulassungsverfahren wird durch § 15 Abs. 1 Satz 3 bis 5 und die nachfolgenden Absätze 2 bis 6 umfassend und leicht nachvollziehbar beschrieben. Die **Raumverträglichkeitsprüfung** erfolgt nunmehr innerhalb von sechs Monaten als eine **gutachterliche Prüfung** der Raumordnungsbehörde für den Vorhabenträger, der diese auf eigene Initiative für sein Vorhaben beantragen kann. Gelingt die Prüfung innerhalb dieses Zeitraums nicht, kann das nachfolgende Zulassungsverfahren begonnen werden. Erhalten geblieben ist indes die Öffentlichkeitsbeteiligung, die im Jahr 1989 anlässlich der Integration der UVP in das Verfahren erstmalig in 16

17 Siehe Rdn. 26 ff.

das früher informelle Raumordnungsverfahren aufgenommen wurde. Wesentlich in Bezug auf die Prüfung der Umweltauswirkungen des Vorhabens ist die Verlagerung der raumordnerischen UVP Anordnung durch § 15 Abs. 5 Satz 3 ROG auf das nachfolgende Zulassungsverfahren: »Im Zulassungsverfahren soll die Prüfung auf Belange beschränkt werden, die nicht Gegenstand der Raumverträglichkeitsprüfung waren, jedoch bleibt die **Prüfung der Umweltauswirkungen im Rahmen der Umweltverträglichkeitsprüfung** nach dem Gesetz über die Umweltverträglichkeitsprüfung und nach Maßgabe des Fachrechts **im Rahmen des Zulassungsverfahrens unberührt.**« Die entsprechende Anordnung für das Zulassungsverfahren trifft § 49 Satz 2.[18]

17 § 15 Abs. 1 Sätze 3–5 ROG setzen den **äußeren Rahmen** und verdeutlichen, dass die Raumverträglichkeitsprüfung in einer gutachterlichen Stellungnahme an den Vorhabenträger mündet: »Die Raumverträglichkeitsprüfung endet innerhalb einer Frist von sechs Monaten nach Vorliegen der vollständigen Verfahrensunterlagen. Die Raumordnungsbehörde übermittelt dem Vorhabenträger das Ergebnis ihrer Prüfung **in Form einer gutachterlichen Stellungnahme**. Erfolgt keine Übermittlung innerhalb der Frist nach Satz 3, ist das Verfahren der Raumverträglichkeitsprüfung gleichwohl abgeschlossen, und die Zulassungsbehörde kann das Zulassungsverfahren auf Antrag des Vorhabenträgers einleiten; in diesem Fall beteiligt sie die Raumordnungsbehörde im Rahmen der fachrechtlichen Behördenbeteiligung.«

18 § 15 Abs. 2 ROG beschreibt anschließend das **Vorverfahren** zwischen dem Vorhabenträger und der Raumordnungsbehörde und die dafür erforderlichen Abstimmungen, bevor dann die eigentliche Raumverträglichkeitsprüfung innerhalb von sechs Monaten durchzuführen ist. In Bezug auf die Prüfung der Umweltauswirkungen verlangt Abs. 2 Satz 1 HS 2: »… hierzu gehören auch geeignete Angaben entsprechend der Anlage 2 des Gesetzes über die Umweltverträglichkeitsprüfung zu den Merkmalen des Vorhabens und des Standorts sowie zu den möglichen erheblichen Umweltauswirkungen des Vorhabens.«

19 § 15 Abs. 3 ROG regelt die **Öffentlichkeitsbeteiligung**, die sich an den Vorgaben der UVP-RL orientiert und erstmalig 1989 (und anschließend nochmals bestätigend 2017) für das damalige Raumordnungsverfahren eingeführt wurde und jetzt auch für die neue Raumverträglichkeitsprüfung gilt. Abs. 3 Sätze 1 und 2 verlangen: »Die zuständige Raumordnungsbehörde beteiligt die Öffentlichkeit und die in ihren Belangen berührten öffentlichen Stellen. Sie hat die Verfahrensunterlagen für die Dauer von mindestens einem Monat im Internet zu veröffentlichen.«

20 § 15 Abs. 4 ROG gibt dem **Vorhabenträger** die Möglichkeit, zunächst **selbst über die Einleitung der Raumverträglichkeitsprüfung zu entscheiden**. Jedoch kann die Raumordnungsbehörde bei zu erwartenden Raumkonflikten die Prüfung auch von sich aus initiieren. Abs. 4 Sätze 1 und 3 führen aus: »Der Vorhabenträger kann die Durchführung einer Raumverträglichkeitsprüfung bei der zuständigen Raumordnungsbehörde beantragen.« »Die zuständige Raumordnungsbehörde soll die Raumverträglichkeitsprüfung einleiten, wenn sie erwartet, dass das Vorhaben zu raumbedeutsamen Konflikten mit den Erfordernissen der Raumordnung oder mit anderen raumbedeutsamen Planungen und Maßnahmen führen wird.«

21 § 15 Abs. 5 ROG erläutert, wie das Zulassungsverfahren unter Einbeziehung des Ergebnisses der Raumverträglichkeitsprüfung eingeleitet und welch **entlastende Wirkung** das Ergebnis der Raumverträglichkeitsprüfung dort entwickeln soll. Abs. 5 Sätze 2 und 3 empfehlen: »Im Zuge der Antragstellung übermittelt der Vorhabenträger der Zulassungsbehörde die Unterlagen, die Gegenstand der Raumverträglichkeitsprüfung waren, sowie im Falle ihres Vorliegens die gutachterliche Stellungnahme in einem verkehrsüblichen elektronischen Format. Im Zulassungsverfahren soll die **Prüfung auf Belange beschränkt** werden, die nicht Gegenstand der Raumverträglichkeitsprüfung waren, jedoch bleibt die Prüfung der Umweltauswirkungen im Rahmen der Umweltverträglichkeitsprüfung

18 Siehe Rdn. 38 f.

nach dem Gesetz über die Umweltverträglichkeitsprüfung und nach Maßgabe des Fachrechts im Rahmen des Zulassungsverfahrens unberührt.«

§ 15 Abs. 6 und 7 ROG regeln schließlich, dass das Ergebnis der Raumverträglichkeitsprüfung nur im Rahmen des Rechtsbehelfsverfahrens gegen die nachfolgende Zulassungsentscheidung überprüft werden kann, sowie, dass die Länder (und Stadtstaaten) Berlin, Bremen und Hamburg die vorgenannten Regeln nur dann anzuwenden haben, wenn das Landesrecht eine Raumverträglichkeitsprüfung vorsieht 22

III. Wirkungen der Raumverträglichkeitsprüfung

Die mit der Raumverträglichkeitsprüfung angestrebten Wirkungen beschreibt § 15 Abs. 4 Satz 4 ROG: »Die Zulassungsbehörde bezieht die gutachterliche Stellungnahme der zuständigen Raumordnungsbehörde auf der Grundlage des § 4 Abs. 1 Satz 1 in Verbindung mit § 3 Abs. 1 Nr. 4 nach Maßgabe des Fachrechts in ihre Entscheidung ein.« Bei den Wirkungen der Raumverträglichkeitsprüfung ist zwischen dem in § 4 ROG für die verschiedenen Adressaten ausdrücklich geregelten Berücksichtigungsgebot und seiner faktischen »Abschichtungswirkung« der Standortüberprüfung für das nachfolgende Zulassungsverfahren zu unterscheiden. In der fachlichen Terminologie des ROG stellt das Ergebnis einer Raumverträglichkeitsprüfung ein sog. **sonstiges Erfordernis der Raumordnung** i.S.v. § 3 Abs. 1 Nr. 4 ROG dar. Eine eigenständige rechtliche Überprüfung wird daher durch § 15 Abs. 6 ROG ausgeschlossen. 23

Gem. § 4 Abs. 1 Satz 1 Nr. 2 ROG sind bei Entscheidungen öffentlicher Stellen über die Zulässigkeit raumbedeutsamer Planungen und Maßnahmen anderer öffentlicher Stellen diese sog. sonstigen Erfordernisse der Raumordnung in Abwägungs- oder Ermessensentscheidungen **»zu berücksichtigen«**. Gleiches gilt nach § 4 Abs. 1 Satz 2 ROG unmittelbar für Personen des Privatrechts, sofern sie Planungen und Maßnahmen in Wahrnehmung öffentlicher Aufgaben durchführen, sowie nach § 4 Abs. 2 ROG bei ausschließlich privaten Vorhaben nach Maßgabe der jeweiligen Zulassungsvorschriften und nach § 4 Abs. 3 ROG für öffentlich zugängliche Abfallbeseitigungsanlagen. Bei der Genehmigung, der Planfeststellung oder bei sonstigen behördlichen Entscheidungen über die Zulässigkeit eines Vorhabens besteht daher ein sog. Berücksichtigungsgebot zugunsten des Ergebnisses der Raumverträglichkeitsprüfung. Dieses Gebot der Berücksichtigung orientiert sich an den dafür geltenden fachgesetzlichen Vorschriften und verlangt von den Zulassungsbehörden eine **inhaltliche Auseinandersetzung** mit dem Ergebnis der Raumverträglichkeitsprüfung im Rahmen ihrer fachlichen Prüfung. In welchem Umfang diese Auseinandersetzung mit dem Gutachten der Raumverträglichkeitsprüfung oder ggf. auch nur gutachterlichen Teilaussagen zu erfolgen hat, richtet sich nach der rechtlichen Ausgestaltung des jeweiligen fachgesetzlichen Zulassungstatbestandes. 24

Schließt sich der Raumverträglichkeitsprüfung ein fachübergreifendes, auf die **Abwägung** aller für das Vorhaben relevanten Belange angelegtes **Planfeststellungsverfahren** z.B. nach den §§ 31 KrW-/AbfG, 17 FStrG oder 8 LuftVG an, besteht zwischen dem vor- und dem nachgelagerten Verfahren Übereinstimmung in der Breite des Prüfungsspektrums. Damit ist sichergestellt, dass das **Gesamtergebnis der Raumverträglichkeitsprüfung insgesamt** als eigenständiger, gebündelter raumordnerischer Belang in Form einer gutachterlichen Stellungnahme in die abschließende Gesamtabwägung aller von dem Vorhaben berührten Belange des Planfeststellungsverfahrens eingehen kann. Folgen der Raumverträglichkeitsprüfung dagegen **parallel** durchzuführende **Genehmigungsverfahren** wie nach den §§ 4 ff. BImSchG in Verbindung jeweils mit einem Baugenehmigungsverfahren, kann eine Berücksichtigung ihres Ergebnisses nur nach Maßgabe des fachgesetzlichen Zulassungstatbestandes erfolgen. Der jeweilige Prüfungsumfang ist damit fachlich eingegrenzt. Bei der **Ermessensausübung** dürfen daher nur solche in der Raumverträglichkeitsprüfung gutachterlich untersuchten Aspekte herausgegriffen werden, die nach dem fachgesetzlichen Tatbestand von der Genehmigungsbehörde zu prüfen sind. Für ein Genehmigungsverfahren nach den §§ 4 ff. BImSchG folgt hieraus, dass aus dem Gesamtergebnis der Raumverträglichkeitsprüfung nur diejenigen Teilergebnisse Berücksichtigung finden können, die für die Entscheidung nach § 6 BImSchG für den Aspekt der Luftreinhaltung relevant sind. Die baurechtlich relevanten Aussagen ihrer Ergebnisse müssen hingegen 25 im ebenfalls durchzuführenden Baugenehmigungsverfahren, hier insbesondere über die Raumordnungsklausel des § 35 Abs. 3 Satz 2 BauGB zur Geltung gebracht werden, sofern sie nicht bereits in einen vorgelagerten Bebauungsplan mit dort integrierter SUP eingeflossen sind.

D. Überschlägige Prüfung von Umweltauswirkungen in der Raumverträglichkeitsprüfung (§ 49 Satz 1)

26 § 49 Satz 1 verweist auf die Regelung der Raumverträglichkeitsprüfung nach dem ROG: »In der Raumverträglichkeitsprüfung erfolgt die Prüfung der Umweltauswirkungen nur nach Maßgabe des Raumordnungsgesetzes.« Ein derartiger Verweis ist an sich deklaratorisch, also ohne eigenen Regelungsgehalt. Allerdings spricht Satz 1 (anders als seine Überschrift) von der »Prüfung von Umweltauswirkungen« und nicht von einer »Umweltverträglichkeitsprüfung«. Ebenso gibt das wiederholt verwendete Wort »nur« einen Hinweis. Im Raumordnungsgesetz soll gerade **keine UVP in der Raumverträglichkeitsprüfung** (mehr) geregelt werden, sondern bewusst ein »**Weniger**«. Der Wortlaut des § 15 Satz 2 Nr. 3 ROG klärt dies dann auf: »Gegenstand der Raumverträglichkeitsprüfung sind die … 3. **überschlägige Prüfung der Umweltauswirkungen** des Vorhabens auf die Schutzgüter nach § 2 Absatz 1 des Gesetzes über die Umweltverträglichkeitsprüfung unter Berücksichtigung der Kriterien nach Anlage 3 des Gesetzes über die Umweltverträglichkeitsprüfung.« Auch § 49 Satz 2 betätigt dies, indem dort von »in der Raumverträglichkeitsprüfung nur überschlägig geprüften Umweltauswirkungen« gesprochen wird. Auch hier findet sich das Wort »nur«. Was aber sind »**nur** überschlägig geprüfte Umweltauswirkungen« in der Raumverträglichkeitsprüfung? Und wieso verweist § 15 Abs. 1 Satz 2 Nr. 3, obwohl eine UVP doch gerade nicht mehr durchgeführt werden soll, dennoch auf die Schutzgüter nach § 2 Abs. 1 und die Kriterien nach Anlage 3?

I. Überschlägige Prüfung der Umweltauswirkungen

27 Die nur überschlägige Prüfung der Umweltauswirkungen soll Zeit sparen. Die Raumverträglichkeitsprüfung wurde durch § 15 Abs. 1 Satz 3 ROG auf **sechs Monate** begrenzt, und in dieser Zeit hat auch die Prüfung der Umweltauswirkungen des geprüften Vorhabens zu erfolgen. Der Gesetzgeber ging also davon aus, dass eine **vollständige UVP** mit der ihr vom UVPG vorgegebenen Ermittlung, Beschreibung und Bewertung der Umweltauswirkungen in dieser Frist **nicht realistisch** ist Er beschränkt daher seit 2023 den Umfang der Prüfung der Umweltauswirkungen, von denen er annimmt, dass sie die zeitliche Vorgabe für die Raumverträglichkeitsprüfung sprengen würde. Die Begründung zum Regierungsentwurf zu § 15 ROG führt dazu aus:[19] »Die bisherige Praxis des Raumordnungsverfahrens ist bei der Prüfung von Umweltbelangen zum Teil über eine Prüftiefe hinausgegangen, die diesem vorgelagerten Verfahren angemessen gewesen wäre.« Und geht man davon aus, dass innerhalb der sechs Monate auch eine Öffentlichkeitsbeteiligung und eine Beteiligung der öffentlichen Stellen nach § 15 Abs. 3 Satz 1 ROG zu den erhobenen Umweltauswirkungen durchzuführen ist, verbleiben demgegenüber tatsächlich nicht mehr als drei Monate, um diese Erhebungen vorher durchzuführen. Wenn der Umfang durch die zur Verfügung stehende knappe Zeit also bewusst reduziert und die Prüfung nicht mehr vertieft sondern nur noch überschlägig erfolgen soll, wie könnte dabei vorgegangen werden?

28 Die für die Raumverträglichkeitsprüfung zuständige Behörde sollte und muss künftig überwiegend **Rückgriff** bei den Landesumweltämtern und Kreisumwelt- und -naturschutzbehörden **auf bereits vorhandene Daten** bei ihrer überschlägigen Prüfung heranziehen. Sie muss also alles das verwenden, was in den Datenbanken zur Umweltsituation in der jeweiligen Region gespeichert ist, in der das beantragte Vorhaben zugelassen werden soll. Insbesondere die Beauftragung und **Erstellung von neuen Gutachten** zu möglichen Umweltauswirkungen des Vorhabens wird ihr in der Regel **nicht** mehr möglich sein. Eventuell bringt aber der Vorhabenträger bereits auf eigene Initiative und vorsorglich die notwendigen Gutachten der möglichen Auswirkungen seines Vorhabens auf die Umwelt

19 BT-Drs. 20/4823 v. 07.12.2022, S. 26.

bei. Er muss dies aber nicht, wenngleich ihn auch schon bei der überschlägigen Prüfung der möglichen Umweltauswirkungen eine nachfolgend noch näher zu konkretisierende Mitwirkungspflicht trifft.[20] Denn spätestens im nachfolgenden Zulassungsverfahren bedarf es ohnehin eines genaueren Blicks auf die Umweltauswirkungen seines Vorhabens.

II. Rückbezug auf die Schutzgüter und Kriterien des UVPG in der Raumverträglichkeitsprüfung

§ 15 Abs. 1 Satz 2 Nr. 3 ROG fordert die zuständige Raumordnungsbehörde auf, die überschlägige Prüfung der Auswirkungen des Vorhabens auf die Schutzgüter des § 2 Abs. 1 unter Berücksichtigung der Kriterien nach Anlage 3 durchzuführen. Damit nimmt der Gesetzgeber des ROG nun seinerseits **Bezug auf das UVPG** und dessen Kriterien für die **standortbezogene Vorprüfung** eines Vorhabens. Dieser Rückbezug dürfte seinen Grund darin haben, die Raumordnungsbehörde anzuhalten, ihre überschlägige Prüfung der Umweltauswirkungen des beantragten Vorhabens so aufzubauen, dass die Zulassungsbehörde sie im anschließenden Zulassungsverfahren als Anknüpfungspunkt für die von ihr durch § 49 Satz 2 eingeforderte vertiefte UVP nutzen kann. Einerseits ist angesichts des vorgegebenen Zeitrahmens also keine raumordnerische UVP von der Raumordnungsbehörde gefordert, andererseits soll sie ihre überschlägige Prüfung dann aber doch so aufbauen, dass sie der nachfolgenden UVP im Zulassungsverfahren einen ersten Überblick über die Umweltauswirkungen einschließlich möglicher Wechselwirkungen des Vorhabens vermittelt. Die Gesetzesbegründung zu § 49 erklärt den bewussten Verzicht auf die raumordnerische UVP durch die Raumordnungsbehörde folgendermaßen:[21] »Hingegen soll es im Verfahren der Raumverträglichkeitsprüfung keine Umweltverträglichkeitsprüfung nach dem UVPG geben. Der Verzicht auf die Umweltverträglichkeitsprüfung dient der Vermeidung von Doppelprüfungen und damit der Verfahrensbeschleunigung.« 29

Die im Rahmen der überschlägigen raumordnerischen Prüfung der Umweltauswirkungen des Vorhabens zu betrachtenden **Schutzgüter** werden in § 2 Abs. 1 aufgeführt: 30

»Schutzgüter im Sinne dieses Gesetzes sind
1. Menschen, insbesondere die menschliche Gesundheit,
2. Tiere, Pflanzen und die biologische Vielfalt,
3. Fläche, Boden, Wasser, Luft, Klima und Landschaft,
4. kulturelles Erbe und sonstige Sachgüter sowie
5. die Wechselwirkung zwischen den vorgenannten Schutzgütern.«

Die **Kriterien** für die Vorprüfung im Rahmen einer Umweltverträglichkeitsprüfung gemäß Anlage 3 zum UVPG finden sich unter folgenden Überschriften und sollen für die Gliederung der überschlägigen Prüfung der Umweltauswirkungen herangezogen werden:
1. Merkmale der Vorhaben,
2. Standorte der Vorhaben,
3. Art und Merkmale der möglichen Auswirkungen.

Indes handelt es sich bei dieser überschlägigen Prüfung gerade **nicht um eine Vorprüfung** im Sinne des UVPG, welche etwa im Zulassungsverfahren in eine Vollprüfung mündet. Sondern die Bezugnahme in § 15 Abs. 1 Satz 2 Nr. 3 ROG auf die Anlage 3 des UVPG versteht sich eher als eine Hilfestellung des Gesetzgebers für den Aufbau der überschlägigen gutachterlichen Prüfung der raumbedeutsamen Umweltauswirkungen des zu untersuchenden Vorhabens.

Um der Raumordnungsbehörde diese überschlägige Prüfung der Umweltauswirkungen des beantragten Vorhabens zu erleichtern, sollte eine **Vorbereitung durch den Vorhabenträger** erfolgen. Dieses Verständnis der Zusammenarbeit von Raumordnungsbehörde und Vorhabenträger folgt unmittelbar aus § 15 Abs. 3 Satz 1 HS 2 ROG mit dem dortigen weiteren Verweis auf die Anlage 2 31

20 Siehe Rdn. 31.
21 BT-Drs. 20/4823 v. 07.12.2022, S. 31.

zum UVPG: »Der Vorhabenträger legt der zuständigen Raumordnungsbehörde die Verfahrensunterlagen vor, die notwendig sind, um eine Bewertung der raumbedeutsamen Auswirkungen des Vorhabens zu ermöglichen; hierzu gehören auch geeignete Angaben entsprechend der Anlage 2 des Gesetzes über die Umweltverträglichkeitsprüfung zu den Merkmalen des Vorhabens und des Standorts sowie zu den möglichen erheblichen Umweltauswirkungen des Vorhabens.« Die in Bezug genommene Anlage 2 enthält die vom UVPG- und nun auch vom ROG-Gesetzgeber erwarteten Angaben des Vorhabenträgers zur Vorbereitung der Vorprüfung. Im Wesentlichen handelt es sich dabei um **Beschreibungen** des Vorhabens, der betroffenen Schutzgüter und der möglichen erheblichen Auswirkungen des Vorhabens auf diese. Hierin nicht eingeschlossen sind daher umfassende Gutachten, die der Vorhabenträger aber auf eigene Initiative der Raumordnungsbehörde vorlegen kann. Denn wie bereits gesagt: Im Zulassungsverfahren wird es ohnehin um eine umfassende Prüfung der Umweltauswirkungen seines Vorhabens gehen.

III. Vereinbarkeit mit den Vorgaben der SUP-RL und der UVP-RL?

32 In früheren Auflagen dieser Kommentierung wurde die Auffassung vertreten, dass ein Raumordnungsverfahren (also das Vorläuferverfahren der hier erläuterten Raumverträglichkeitsprüfung) ohne eine raumordnerische UVP mit den Vorgaben der SUP-RL und der UVP-RL nicht vereinbar wäre. Hierauf zielt auch die eingangs zitierte Kritik von dritter Seite ab (»… mit erheblichen europarechtlichen Risiken verbunden«).[22] Allerdings hat der Gesetzgeber das vormalige Raumordnungsverfahren an mehreren Stellen deutlich verändert, es mit einem neuen Namen versehen und der neugestalteten **Raumverträglichkeitsprüfung** eine deutlich **zurückgenommene Stellung** im Verfahren der Zulassung eines raumbedeutsamen Vorhabens zugewiesen:

- Anstelle eines behördlichen vorgelagerten »Verfahrens« der Raumordnungsbehörde ist nun eine »Prüfung« geregelt.
- Diese Prüfung erfolgt in der Regel auf Antrag und im Interesse des Vorhabenträgers, wenngleich die Raumordnungsbehörde diese Prüfung kraft der ihr zugewiesenen hoheitlichen Befugnisse im Einzelfall auch vom Vorhabenträger gegen dessen Willen einfordern kann.
- Das Ergebnis der Prüfung wird dem Vorhabenträger in Form eines Gutachtens zugeleitet und mitgeteilt, nicht aber mehr der für das nachfolgende Zulassungsverfahren zuständigen Behörde.
- Das Ergebnis der Prüfung entfaltet keine Bindungswirkung gegenüber der nachfolgenden Zulassungsentscheidung, wenngleich eine fachgesetzliche Berücksichtigungspflicht nach wie vor angeordnet wird.
- Das Ergebnis der Prüfung entfaltet auch keine abschichtende Wirkung gegenüber der im nachfolgenden behördlichen Verfahren durchzuführenden Zulassungsprüfung.

33 Handelt es sich also bei der neu geregelten Raumverträglichkeitsprüfung des § 15 ROG damit also um etwas Neues oder wird hier nur »alter Wein in neuen Schläuchen« angeboten? Dieser Frage soll nachfolgend in Form einer **Betrachtung aus deutscher und europäischer Sicht** nachgegangen werden: Welche Analogien der Raumverträglichkeitsprüfung zu vergleichbaren Fallkonstellationen gibt es im deutschen Recht? Wie stellt sich der Verzicht auf die UVP in der Raumverträglichkeitsprüfung aus europäischer Perspektive dar und droht dadurch im nationalen Recht eine Prüflücke im System der Umweltprüfungen? Zu welcher Sicht man letztlich neigt, scheint mir theoretisch kaum zu entscheiden sein. Während die Rechtsauffassung in den Vorauflagen dieser Kommentierung klar zu begründen war, wird es m.E. nun darauf ankommen, ob sich die neu konzipierte Raumverträglichkeitsprüfung eher als Gutachten zugunsten des Vorhabenträgers entwickelt oder sie in ihren faktischen Wirkungen doch nahe beim bisherigen Raumordnungsverfahren verbleibt.

22 Siehe oben Rdn. 2.

1. Vergleichbare Fallkonstellationen im deutschen Planungs- und Zulassungsrecht

Zu zwei sich ebenfalls neu entwickelnden Umweltpolitikbereichen gibt es nämlich deutliche Parallelen. Dies ist die Verpflichtung der Länder im Wärmeplanungsgesetz, kommunale Wärmepläne aufzustellen. Ein kommunaler Wärmeplan kann bspw. den Vorschlag enthalten, eine Solarthermieanlage an einem bestimmten Punkt im Außenbereich aufzustellen. Der Gesetzgeber hat sich dafür entschieden, einen solchen Wärmeplan keiner SUP zu unterziehen, mit der Begründung, dass der Wärmeplan **keine rechtliche Außenwirkung** entfaltet (§ 23 Abs. 4 WPG). Das Klimaanpassungsgesetz schreibt den Ländern vor, dass künftig kommunale Klimaanpassungskonzepte zu erstellen sind. In einem Klimaanpassungskonzept kann eine Kommune bspw. vorschlagen, ein Regenrückhaltebecken zu bauen. Dennoch verzichtet der Gesetzgeber auch hier auf hier auf die Anordnung einer SUP und empfiehlt den Ländern ausschließlich eine Öffentlichkeitsbeteiligung (§ 12 Abs. 4 KAnpG). Eine vergleichbare Begründung liefert die **mangelnde Rechtsverbindlichkeit** eines solchen Konzepts. Die identische Argumentation verfolgt nun der Gesetzgeber für die Raumverträglichkeitsprüfung: Es handelt ich bei ihr um eine gutachterliche Stellungnahme für den Vorhabenträger – ohne rechtliche Verbindlichkeit (§ 15 Abs. 1 Satz 4 ROG). Ein bedeutsamer Unterschied dieser gutachterlichen Stellungnahme zu einem Wärmeplan und zu einem Klimaanpassungskonzept besteht indes. Wärmeplan und Klimaanpassungskonzept enthalten in der Regel eine Ansammlung vieler unterschiedlicher Maßnahmen und sie gehen bei ihrer Erstellung längst nicht so vorhabenzentriert wie die Raumverträglichkeitsprüfung für ein konkretes Vorhaben vor. 34

Demgegenüber genau gegenteilig hat sich der Bundesgesetzgeber bei der Bundesfachplanung nach dem Netzausbaubeschleunigungsgesetz (§ 15 Abs. 1 Satz 1 NABEG) sowie den Linienbestimmungen des Bundesfernstraßengesetzes § 16 Abs. 1 Satz 1 (BFernStrG) und des Bundeswasserstraßengesetzes (§ 13 Abs. 1 Satz 1 WaStrG) entschieden. Vor Festlegung des Korridors für die geplanten Vorhaben schreibt er die Durchführung einer UVP vor. Nichts anderes als die Bewertung eines solchen Korridors erfolgt aber auch in der Raumverträglichkeitsprüfung. Der einzige Unterschied besteht darin, dass die Bundesfachplanung und die Linienbestimmungen ihrerseits schon **verwaltungsinterne Bindungswirkungen** für die nachfolgenden Planfeststellungsverfahren entfalten. Hieraus folgt schließlich auch der eingangs kurz skizzierte Konflikt zwischen den Verantwortlichen für den Verkehrs- und Energiesektor und für die Raumverträglichkeitsprüfung: Wieso zweimal den Korridor oder Standort prüfen, einmal würde doch reichen? Aber für die Linienbestimmungen ist der Bund zuständig, für die Raumverträglichkeitsprüfungen sind es die Länder. Es geht also um Machtfragen zwischen Bund und Ländern, wer über den Trassenverlauf bzw. Standort entscheiden kann. Der Regierungsentwurf zum Infrastruktur-Zukunftsgesetz versucht diesen Konflikt durch die vorgeschlagene Benehmensregelung zu kitten: »Satz 3 [Der Verzicht auf die Raumverträglichkeitsprüfung] gilt nicht, wenn die zuständige Raumordnungsbehörde im Benehmen mit der für Verkehr oder Pumpspeicherkraftwerke zuständigen obersten Landesbehörde innerhalb von vier Wochen nach Anzeige nach § 15 Absatz 4 Satz 2 widerspricht, soweit sie erwartet, dass das Vorhaben zu erheblichen raumbedeutsamen Konflikten mit den Erfordernissen der Raumordnung oder mit anderen raumbedeutsamen Planungen und Maßnahmen führen wird.«[23] 35

2. Die europäische Perspektive

Ziel der SUP-RL und der UVP-RL ist es, in den Mitgliedstaaten der Union ein **gestuftes System von Umweltprüfungen** von den hochstufigen Planungsebenen bis hin zur konkreten Entscheidung über die Zulassung zu etablieren. Auf all diesen Stufen sollen die Umweltbelange eine eigene Stimme im Chor der vielfältig abzuwägenden Belange erhalten, dokumentiert im jeweiligen Umweltbericht und überprüft durch die Beteiligung der Öffentlichkeit und der Umweltverbände. Beide Gruppen sollen die Möglichkeit erhalten, zu den nach den Vorgaben der Richtlinien ermittelten und beschriebenen Umweltauswirkungen Stellung zu nehmen und ihn zu ergänzen, bevor über den Plan 36

23 Siehe oben Rdn. 2.

bzw. das Vorhaben abschließend entschieden wird. Der Erwägungsgrund 10 der SUP-RL führt aus:[24] »Alle Pläne und Programme, die für eine Reihe von Bereichen ausgearbeitet werden und einen Rahmen für die künftige Genehmigung von Projekten setzen, die in den Anhängen I und II der Richtlinie 85/337/EWG des Rates vom 27. Juni 1985 über die Umweltverträglichkeitsprüfung bei bestimmten öffentlichen und privaten Projekten aufgeführt sind, … sollten grundsätzlich systematischen Umweltprüfungen unterzogen werden.« Der Erwägungsgrund 7 zur UVP-Richtlinie führt aus:[25] »Die Genehmigung für öffentliche und private Projekte, bei denen mit erheblichen Auswirkungen auf die Umwelt zu rechnen ist, sollte erst nach einer Prüfung der möglichen erheblichen Umweltauswirkungen dieser Projekte erteilt werden. Diese Prüfung sollte anhand sachgerechter Angaben des Projektträgers erfolgen, die gegebenenfalls von den Behörden und von der Öffentlichkeit die möglicherweise von dem Projekt betroffen ist, ergänzt werden können.« Aus europäischer Perspektive wäre ein Verzicht auf die Erstellung eines Umweltberichts und die Beteiligung der Öffentlichkeit und der Verbände daher wohl nur dann akzeptabel, wenn dadurch im angestrebten durchgängigen System der Umweltprüfungen **keine Lücken** entstehen würden, die am Ende aufgrund des Fehlens von umwelterheblichen Informationen zu **nachteiligen Entscheidungen für die Umwelt** führen.

37 Ob aber die Gefahr einer solchen Prüflücke durch die vom deutschen Gesetzgeber vorgenommene Verschiebung der raumordnerischen UVP in das Zulassungsverfahren und die Herabstufung des bislang hoheitlichen Raumordnungsverfahren zu einer gutachterlichen Raumverträglichkeitsprüfung im Interesse des Vorhabenträgers führt, kann hier letztlich, zumindest theoretisch, nicht beantwortet werden. M.E. bleibt abzuwarten, wie sich die Raumverträglichkeitsprüfung in der Praxis entwickelt. Nimmt sie sich, wie vom Gesetzgeber vorgesehen, zurück und bindet sie insbesondere die Zulassungsbehörde in ihrer Entscheidungsbefugnis über das Vorhaben deshalb nicht? Oder ist die Entscheidung über den Standort des untersuchten Vorhabens mit dem Ergebnis der Raumverträglichkeitsprüfung bereits so verfestigt, dass später erst im Zulassungsverfahren nach § 49 Satz 2 vertieft ermittelte raumbedeutsame Umweltauswirkungen keine Chance mehr haben, sich durchzusetzen? Im Zweifel gilt hier zunächst »**in dubio pro reo**«. Bis zum Beweis des Gegenteils sollte man daher von einer Europarechtskonformität der Raumverträglichkeitsprüfung ausgehen und dem Gesetzgeber zubilligen, dass er mit der von ihm vorgenommenen Veränderung auch die Anwendungspraxis entsprechend verändert hat.

E. Vertiefte raumordnerische UVP im nachfolgenden behördlichen Verfahren (§ 49 Satz 2)

38 § 49 Satz 2 ist eine Regelung, die versteckt im UVPG und deshalb vermutlich unerwartet, **in allen Zulassungsverfahren** für raumbedeutsame Vorhaben **eine vertiefte Prüfung der raumordnungsrelevanten Umweltauswirkungen** anordnet: »Die Umweltverträglichkeitsprüfung im nachfolgenden behördlichen Verfahren, das der Zulassungsentscheidung dient, umfasst eine vertiefte Prüfung der in der Raumverträglichkeitsprüfung nur überschlägig geprüften Umweltauswirkungen.« Die Gesetzesbegründung bestätigt dieses aus dem Unionsrecht abzuleitenden Erfordernis:[26] »Da die Umweltauswirkungen des Vorhabens in der Raumverträglichkeitsprüfung nur noch überschlägig geprüft werden, kann dieser Prüfung nicht mehr die volle abschichtende Wirkung zukommen, wie sie bisher in § 49 Absatz 2 für die als Bestandteil des Raumordnungsverfahrens durchgeführte Umweltverträglichkeitsprüfung vorgesehen ist. Daher stellt § 49 Satz 2 klar, dass die Umweltverträglichkeitsprüfung in einem nachfolgenden Zulassungsverfahren, soweit erforderlich, auch eine vertiefte Prüfung der in der Raumverträglichkeitsprüfung nur überschlägig geprüften Umweltauswirkungen umfasst.« Dies bedeutet, dass die Zulassungsbehörde nicht nur eine UVP in Bezug auf die Ausgestaltung des beantragten Vorhabens am konkreten Standort durchzuführen hat, sondern sich, nochmals, jetzt aus der Sicht der Umwelt, mit der in der Raumverträglichkeitsprüfung an sich abgeschlossenen

24 SUP-RL 2001/42/EG v. 27.06.2001.
25 UVP-RL 2011/92/EU v. 13.11.2021.
26 BT-Drs. 20/4823 v. 07.12.2022, S. 31.

Standortfrage beschäftigen muss. Damit dies praktisch gelingt, ist es sinnvoll, die Raumordnungsbehörde eng hinzuzuziehen. Dieses Zurückgehen auf die Ebene der Raumordnung ist unumgänglich, um keine Regelungslücke im unionsrechtlich verordneten System der Umwelt- und Umweltverträglichkeitsprüfungen entstehen zu lassen. Wie kann nun aber die durch § 49 Satz 2 angeordnete raumordnerische UVP ergänzend (und diese vor allem noch, wie vom Unionsrecht gefordert, beeinflussend) in die Zulassungsentscheidung substantiell »hineingefummelt« werden?

Hier gelten dieselben Überlegungen wie bei der weiter oben beschriebenen Berücksichtigung der Raumverträglichkeitsprüfung im abschließenden Zulassungsverfahren.[27] Handelt es sich um ein auf die **Abwägung** aller für das Vorhaben relevanten Belange angelegtes **Planfeststellungsverfahren**, kann die raumordnerische UVP dort zusammen mit der Prüfung aller anderen Belange durchgeführt und anschließend in die planerische Abwägungsentscheidung integriert werden. Folgen der Raumverträglichkeitsprüfung dagegen **parallel** durchzuführende **Genehmigungsverfahren**, kann eine Berücksichtigung der raumordnerischen UVP nur nach Maßgabe des fachgesetzlichen Zulassungstatbestandes erfolgen. Der jeweilige Prüfungsumfang bleibt damit fachlich eingegrenzt. Bei der jeweiligen **Ermessensausübung** der Genehmigungsbehörde können von dieser die raumbedeutsamen Umweltauswirkungen aufgegriffen werden, die nach dem fachgesetzlichen Tatbestand von der Genehmigungsbehörde zu prüfen sind. Die baurechtlich relevanten Aussagen der raumordnerischen UVP sind dagegen im ebenfalls durchzuführenden Baugenehmigungsverfahren über die Raumordnungsklausel des § 35 Abs. 3 Satz 2 BauGB einzubringen, sofern sie nicht bereits in einen vorgelagerten Bebauungsplan mit dort integrierter SUP eingeflossen sind. 39

§ 50 Bauleitpläne

(1) [1]Werden Bebauungspläne im Sinne des § 2 Absatz 6 Nummer 3, insbesondere bei Vorhaben nach Anlage 1 Nummer 18.1 bis 18.9, aufgestellt, geändert oder ergänzt, so wird die Umweltverträglichkeitsprüfung einschließlich der Vorprüfung nach den §§ 1 und 2 Absatz 1 und 2 sowie nach den §§ 3 bis 13 im Aufstellungsverfahren als Umweltprüfung sowie die Überwachung nach den Vorschriften des Baugesetzbuchs durchgeführt. [2]Eine nach diesem Gesetz vorgeschriebene Vorprüfung entfällt, wenn für den aufzustellenden Bebauungsplan eine Umweltprüfung nach den Vorschriften des Baugesetzbuchs durchgeführt wird.

(2) Besteht für die Aufstellung, Änderung oder Ergänzung eines Bauleitplans nach diesem Gesetz eine Verpflichtung zur Durchführung einer Strategischen Umweltprüfung, wird hierfür unbeschadet der §§ 13 und 13a des Baugesetzbuchs eine Umweltprüfung einschließlich der Überwachung nach den Vorschriften des Baugesetzbuchs durchgeführt.

(3) Wird die Umweltverträglichkeitsprüfung in einem Aufstellungsverfahren für einen Bebauungsplan und in einem nachfolgenden Zulassungsverfahren durchgeführt, soll die Umweltverträglichkeitsprüfung im nachfolgenden Zulassungsverfahren auf zusätzliche oder andere erhebliche Umweltauswirkungen des Vorhabens beschränkt werden.

Übersicht

27 Siehe oben Rdn. 25.

A. Allgemeines

§ 50, vormals § 17, kommt **Signal- und Auffangfunktion** zu, dass die Mehrzahl an Bauleitplänen einer Umweltprüfung zu unterziehen ist. Bebauungspläne unterhalb einer Bagatellgrenze sind ausgenommen. Die Vorschrift bildet die Brücke zwischen dem UVPG und dem Baugesetzbuch (BauGB). Aber die Integration der Umweltprüfung in die Bauleitplanverfahren war kein Selbstläufer und sie ist es auch heute noch nicht. Die Entstehungsgeschichte, aber auch die für § 50 gewählte, wenig verständliche Regelungstechnik zeigen, wie schwer sich die Baurechtsseite mit der Integration zunächst ab dem Jahr 1990 der UVP in die vorhabenbezogenen Bebauungspläne, später ab dem Jahr 2004 mit der UP in alle Bauleitplanverfahren tat. Als Gemeinde unterhalb der Bagatellgrenze zu bleiben, verbunden mit der Forderung an den deutschen Gesetzgeber, die Bagatellgrenze im Rahmen des unionsrechtlich Zulässigen anzuheben, scheint das Ziel zu sein. Wie ist es dazu gekommen, wo doch die Umweltprüfung die Bauleitplanung besser machen soll? 1

Ab den 90iger Jahren wollte die Umweltseite, angestupst durch das Unionsrecht, bei der Ausgestaltung der kommunalen Pläne mitreden. Zunächst galt daher ab dem Jahr 1990 eine UVP-Pflicht für wenige Bebauungspläne. Ab dem Jahr 2004 regelte das BauGB hingegen eine **bauplanungsrechtliche Umweltprüfung (UP) für alle Arten von Bauleitplanverfahren** (Flächennutzungspläne, Bebauungspläne, Vorhaben- und Erschließungspläne). Die im BauGB umfassend geregelte UP ersetzte damit die nach dem UVPG zuvor vorgesehene Umweltverträglichkeitsprüfung (UVP) für die dort in § 2 Abs. 6 Nr. 3 i.V.m. der Anlage 1 bestimmten Bebauungspläne. Mit dem EAG Bau 2004 beendete der Gesetzgeber also den Streit zwischen Umwelt- und Baurechtsseite über die Geltung der UVP, also das »Ob« der Umweltprüfung bzw. Umweltverträglichkeitsprüfung in Bauleitplanverfahren. Den Anstoß gab die Richtlinie über die Strategische Umweltprüfung (SUP), die für Programme und Pläne der Mitgliedstaaten eine SUP anordnete. Die **Regelung im BauGB** macht den Blick in das UVPG entbehrlich. Die Integration der Umweltprüfungen in das kommunale Bauleitplanverfahren wurde damals als eine gemeinschaftsrechtlich dirigierte Innovation gewürdigt, die das **Signal** zu einer generellen **Modernisierung** des deutschen Planungsrechts aufgrund **europarecht-** 2

licher Einflüsse geben könne.[1] Die Praxis der letzten 20 Jahre zeigt, dass die damalige Vorstellung des Gesetzgebers einer harmonischen Zusammenführung beider Verfahren von den Gemeinden und ihm folgend der spätere Gesetzgeber nicht so positiv aufgegriffen wurde.

3 Aus den ursprünglich schlanken Planungsverfahren in der Wiederaufbauphase Deutschlands wurden über die Jahrzehnte nämlich **immer komplexere Planungsprozesse**, »angedickt« ab 2004 durch umfangreiche, von externen Büros erstellte Umweltberichte. Die Umweltseite mischte sich zum Ärger der Baurechtsseite immer mehr in deren Planungsverfahren ein, und sie verlangte Gutachten und Nachweise, dass die Bauleitplanung umweltverträglich agierte. Diese Einmischung hatte zwar ihren Grund, wie der Abschnitt zur Zusammenführung von Bauleitplanung und Umweltprüfung zeigt. Der Baurechtsgesetzgeber reagierte angesichts der unwilligen Gemeinden aber »genervt« und mit **Ausweichbewegungen**, indem er die Bagatellgrenzen des Unionsrechts »ausknautschte«, bis ihm das Bundesverwaltungsgericht einen Riegel vorschob. Und auch die Länder versuchten zunächst, ihre Baugenehmigungsverfahren von einer Umweltverträglichkeitsprüfung mit Öffentlichkeitsbeteiligung freizuhalten, indem sie den Bund aufforderten, die europäischen Vorgaben abschließend im Bauplanungsrecht umzusetzen.

4 2017 wurde der vormalige § 17 a.F. mit geringen redaktionellen Änderungen in § 50 umbenannt. Der Verbleib dieses § 50 im UVPG stellt, betrachtet aus der Sicht des »Umweltrechts-Gesetzgebers«, eine **Auffangposition** dar – falls der »Baurechts-Gesetzgeber« auf die Idee kommen sollte, die im Baugesetzbuch umfassend geregelte UP für Bauleitplanverfahren substanziell zu verändern. Der damit in § 50 angelegte Spagat (einerseits Vertrauen in die Vollregelung der UP im BauGB, andererseits Misstrauen ob der Verlässlichkeit dieser Regelung) führt zu rechtlichen Redundanzen, die ohne Kenntnis ihrer Entstehungsgeschichte leider nicht zu verstehen sind.[2]

5 Diese Entwicklungen sind noch nicht am Ende, gemeinsam von den Ressorts verabredete Änderungen des UVPG und des BauGB im Jahr 2026 stehen an, freilich immer unter Beobachtung des Bundesverwaltungsgerichts, ob das Unionsrecht eingehalten wird. Am Ende wird eine Umweltprüfung im Bauleitplanverfahren wohl nur funktionieren, wenn sie einerseits sachgerecht über die möglichen Auswirkungen des künftigen Bauleitplans auf die Umwelt Auskunft gibt, denn genau dafür wurde sie eingeführt. Andererseits sollte sie aber, anders als die Umweltseite in der Praxis oft fordert, nicht über das hinausgehen, was der Gesetzgeber vorgibt, nämlich dass die Umweltprüfung das ermittelt und bewertet, »was nach gegenwärtigem Wissensstand und allgemein anerkannten Prüfmethoden sowie nach Inhalt und Detaillierungsgrad des Bauleitplans **angemessenerweise verlangt werden kann**« (vgl. § 2 Abs. 4 Satz 3 BauGB). Die nachfolgende Darstellung behandelt daher das nach wie vor umstrittene »Wie« der UP in der Bauleitplanung auch unter der Fragestellung, wie denn eine angemessene UP aussehen könnte?

6 Die nachfolgende Darstellung beschränkt sich deshalb nicht auf § 50, sondern sie erläutert das **Bauleitplanverfahren mit UP nach dem BauGB**. Sie beginnt mit einem Überblick (A.) über den Regelungsgegenstand (A. I.), den Zweck und die Bedeutung der Vorschrift (A. II.), die Gesetzesgeschichte (A. III.) und den Anwendungsbereich (A. IV.). Dann wendet sie sich der Zusammenführung von Bauleitplanverfahren und UP in der städtebaulichen Planung zu (B.), danach dem Verfahren der UP in der Bauleitplanung (C.). Die Besonderheiten der UP beim Vorhaben- und Erschließungsplan werden vorgestellt (D.). Wie die UP im Bauleitplan die nachfolgenden Verfahren entlasten (E.) und wie die UP als Trägerverfahren für weitere Verfahren nach dem BNatSchG genutzt werden kann, wird erläutert (F.). Abschließend wendet sich die Darstellung dem Überleitungsrecht (G.) und den vom deutschen Gesetzgeber vorgesehenen Absehensmöglichkeiten von einer bauleitplanerischen UP (H.) sowie den daraus resultierenden Erfordernissen einer UVP bzw. UP im Baugenehmigungsverfahren zu (I.).

---

1 *Battis/Krautzberger/Löhr* NJW 2004, 2553.

2 Kritisch zur Formulierung des § 17 daher *Schubert* NuR 2005 369 (375): »überflüssig«, *Schink* UPR 2004, 81 (83): »Auf die Regelung kommt es… eigentlich nicht mehr an«.

I. Regelungsgegenstand

§ 50 regelt die »Bauleitpläne«. Diese Ankündigung führt in die Irre, denn das **UVPG** enthält **keine eigenen Vorgaben** für das Verfahren zur Aufstellung von Bauleitplänen. Bauleitpläne bzw. deren Verfahren und Inhalte regelt allein das BauGB. § 50 Abs. 1 und Abs. 2 verweist lediglich auf das BauGB und die dort geregelte bauleitplanerische UP. Allein Abs. 3 ordnet konstitutiv an, dass die bauleitplanerische UP nachfolgende Zulassungsverfahren entlasten kann. 7

§ 50 Abs. 1 Satz 1 verweist auf die **Bebauungspläne für die in § 2 Abs. 6 Nr. 3 i.V.m. Anlage 1 bestimmten Vorhaben**, hier insbesondere die **Vorhaben** nach Anlage 1 Nr. 18.1–18.9. Er bezieht sich damit auf die **vorhabenbezogenen Bebauungspläne** für solche städtebaulichen **Vorhaben**, die von der **projektbezogenen UVP-RL** im dortigen Anh. wegen ihrer erheblichen Umweltauswirkungen besonders erwähnt werden, so wie sie typischerweise als Vorhaben- und Erschließungsplan gem. § 12 BauGB oder als vorhabenbezogener Bebauungsplan in Verbindung mit einem städtebaulichen Vertrag nach § 11 BauGB durchgeführt werden. Bereits die Vorläufervorschrift zu § 50 hatte in der 1990–2004 geltenden Fassung diese konkreten städtebaulichen Vorhaben wegen ihrer erheblichen Umweltauswirkungen dem UVPG bzw. zumindest einer Vorprüfung unterworfen. Satz 1 weist für diese Vorhaben auf die notwendige Durchführung einer Umweltprüfung (UP) einschließlich der Vorprüfung nach den Vorschriften des BauGB hin. Angeordnet wird durch Satz 1 zwar auch weiterhin eine »Vorprüfung nach den §§ 1 und 2 Abs. 1 und 2 sowie nach den §§ 3-13«. Weil jedoch jeder Bebauungsplan nach dem BauGB einer UP unterliegt (zu den Ausnahmen sogleich), wird die an sich nach dem UVPG gebotene Vorprüfung entbehrlich. Abs. 2 verweist ebenfalls auf »die Aufstellung, Änderung oder Ergänzung eines Bauleitplans«. Damit werden durch Abs. 2 alle über Abs. 1 hinausgehenden Formen von **Flächennutzungs- und Bebauungsplänen** (einschließlich Vorhaben- und Erschließungspläne) angesprochen, für die nach dem UVPG eine Verpflichtung zur Durchführung einer SUP besteht. Aber auch hier erfolgt keine eigenständige Regelung. Denn für diese Planverfahren »wird eine Umweltprüfung einschließlich der Überwachung nach den Vorschriften des Baugesetzbuchs durchgeführt.« D.h. auch bei Angebotsbebauungsplänen und Flächennutzungsplänen **ersetzt die UP nach dem BauGB** die in das UVPG integrierte **Strategische Umweltprüfung (SUP)**. Zudem wird in Abs. 2 auf die §§ 13 und 13a BauGB hingewiesen, die ein Absehen von der UP in den bestimmten Bebauungsplanverfahren ermöglichen. Dies sind die eingangs angesprochenen Bagatellverfahren. 8

II. Zweck und Bedeutung der Vorschrift

Erstmalig im Jahr 1990 griff der deutsche Gesetzgeber also durch die Erstreckung der UVP-Pflicht auf einzelne vorhabenbezogene Bebauungspläne in ein damals fest gefügtes und seit Jahrzehnten bewährtes Verfahren nach dem BauGB, früher Bundesbaugesetz, ein. Das beabsichtige Aufgreifen der UVP-RL blieb nicht widerspruchslos. Die gemeinschaftsrechtliche vorgegebene UVP-Pflicht wurde **als Gefahr für die kommunale Planungshoheit empfunden**. Der offenkundig drohenden Einschränkung des Handlungsrahmens der örtlichen Volksvertretung versuchte der Gesetzgeber in § 17 a.F. zunächst durch eine bewusst behutsame Integration der UVP in einzelne wenige Bebauungsplanverfahren entgegenzuwirken. 9

Mit der im Jahr 2004 vorgenommenen vollständigen Integration der UP, in (annähernd) alle Verfahren der Bauleitplanung griff der Baurechtsgesetzgeber die unionsrechtlichen Vorgaben umfassend auf. Ihm ging es darum, **Rechtseinheitlichkeit** für alle Bauleitplanverfahren bei der Prüfung von Auswirkungen umweltgefährdender Vorhaben auf die einzelnen Umweltfaktoren herzustellen. Die Hoffnung war, durch diese umfassende Einbindung die bis dato restriktive Einstellung der Träger der Bauleitplanung zur UVP und die daraus resultierenden **Defizite bei der Berücksichtigung von Umweltbelangen in der Bauleitplanung zu überwinden**. Die UP sollte dazu beitragen, einen umweltunverträglichen Vorhabenstandort frühzeitig zu erkennen und aus dem weiteren Entscheidungsprozess auszuscheiden. In den Fällen, in denen auch im abschließenden Zulassungsverfahren eine weitere Stufe der UVP durchzuführen ist, sollte zudem die Vorhabenzulassung entlastet und damit beschleunigt werden. Regelungstechnisch ist die Integration der UP in die Bauleitplanung seit 10

20 Jahren damit abgeschlossen, und sie wirft seitdem auch keine grundsätzlich neuen Rechtsfragen mehr auf. Dennoch blieb die UP in der Bauleitplanung ein ständiger Stein des Anstoßes: Zu viel Papier, zu wenig Wirkung.

11 Die Gemeinden fürchten nämlich den damit verbundenen zusätzlichen Aufwand. Dies bewog einerseits den Gesetzgeber dazu, bestimmte Bauleitplanverfahren, bei denen er keine erheblichen Umweltauswirkungen erwartete, nachträglich wieder aus dem Anwendungsbereich der UP wieder herauszunehmen. Aber auch die Gemeinden suchten nach Wegen, in den verbliebenen (überwiegenden) Fällen mit der für sie neuen UP-Pflicht irgendwie umzugehen. Dabei zeigte sich, dass die Intention der UVP-RL und der SUP-RL, die planerische Konzeption aus Umweltsicht intrinsisch zu verbessern, oft nicht aufgegriffen wurde. Viele Gemeinden delegierten die **Durchführung der UP** aufgrund des befürchteten Aufwands nämlich einfach auf **externe Büros**. Die Folge war, dass die als wesentlich für die bauleitplanerische Abwägung nach § 1 Abs. 7 BauGB erachteten Umweltberichte gar nicht von den Gemeinden selbst erstellt wurden. Sondern externe Büros erstellten zunehmend die Umweltberichte. Und um dabei keine Fehler durch Übersehen eines möglichen Prüfpunktes zu machen, fielen diese oft sehr umfangreich und detailliert aus. Bezahlen musste diese Dienstleistung die Gemeinde oder der durch die Planung begünstigte Investor.

III. Gesetzesgeschichte

12 § 50 in seiner schwer verständlichen Form ist also das hybride Produkt einer sich zunächst **im Kreise drehenden nationalen Diskussion** um die Art und Weise der Verankerung einer UVP und jetzt UP in der Bauleitplanung. Mit dem Inkrafttreten des EAG im Jahr 2004 beruhigte sich in Deutschland zunächst die Diskussion. Wie angedeutet wurden aber in den Jahren darauf unterschiedlichste Wege gesucht, den damit verbundenen Aufwand auf ein angemessenes Niveau zurückzuführen. Parallel wurde die UVP auf der Ebene der Gemeinschaft weiterentwickelt; sie sollte nach Vorstellung der Europäischen Kommission griffiger werden, was letztlich aber zu noch mehr Komplexität und nicht wie erhofft zu einer Verringerung der Prüftiefe geführt hat. Die Europäische Kommission kündigte Ende des Jahres 2025 im Rahmen der Vorstellung eines sog. Umwelt-Omnibusses aber Besserung an.[3]

1. Vorgaben der UVP-Richtlinie und der SUP-Richtlinie

13 Die **Zusammenführung** von Bauleitplanung und Umweltverträglichkeitsprüfung wurde von der **UVP-Richtlinie** über die Umweltverträglichkeitsprüfung bei bestimmten öffentlichen und privaten Projekten (85/337/EWG) im Jahr 1985 vorgeprägt. Die Richtlinie wurde 1997 fortgeschrieben und um zahlreiche Projektarten erweitert (97/11/EG). Es folgte im Jahr 2001, nach mehreren Anläufen, die eigenständige **SUP-RL** über die Prüfung der Umweltauswirkungen bestimmter Pläne und Programme (2001/42/EG). Die SUP-RL erweiterte den Anwendungsbereich für integrierte Umweltprüfungen auf die dem Zulassungsprozess von Projekten vorausgehenden Programme und Pläne. Damit wurde den Mitgliedstaaten seitens der Europäischen Union ein **durchgängiges Prüfkonzept für Umweltauswirkungen** von den ersten planerischen Überlegungen bis hin zur abschließenden Zulassungsentscheidung über ein konkretes Vorhaben vorgegeben. Ergänzt (und zugleich verklammert) wurden beide Richtlinien durch die **Öffentlichkeitsbeteiligungs-RL** (2003/35/EG) aus dem Jahr 2003, welche wesentliche Aspekte der Öffentlichkeitsbeteiligung bei der Umwelt- bzw. Umweltverträglichkeitsprüfung konkretisierte. Eine erneute Fortschreibung der UVP-Richtlinie erfolgte im Jahr 2014 durch die **Änderungs-Richtlinie** (2014/52/EU).

3 Pressemitteilung vom 10.12.2025: Förderung eines nachhaltigen Wachstums durch einfachere und intelligentere Umweltvorschriften … Gestraffte Umweltprüfungen für die Erteilung von Genehmigungen (https://ec.europa.eu/commission/presscorner/detail/de/ip_25_2997, letzter Zugriff 31.01.2026).

a) UVP-Richtlinie 1985

Der Erlass der UVP-RL im Jahr 1985 war zunächst auf Zulassungsverfahren für **umweltbeeinträchtigende Vorhaben** ausgerichtet. Sie erfasste dem Wortlaut nach gerade keine Pläne und Programme. Konsequenterweise fehlten deshalb Vorgaben, die eine UVP für städtebauliche Planungen vorsahen. Im Anh. II Nr. 10a, b und Nr. 11a UVP-RL a.F. wurden allerdings die aus einer Vielzahl von Einzelanlagen bestehenden größeren Infrastrukturprojekte (Nr. 10a: Anlage von Industriezonen, Nr. 10b: Städtebauprojekte, Nr. 11a: Feriendörfer, Hotelkomplexe) erwähnt, die nach der Vorgabe des Art. 4 Abs. 2 UVP-RL in ihrer Ursprungsfassung einer besonderen Prüfung der Mitgliedstaaten unterlagen, ob eine UVP erforderlich war. Die Präambel enthielt im Vorgriff auf die später folgende SUP-RL zudem das so genannte **Gebot der Frühzeitigkeit** der Erfassung der Umweltauswirkungen. 14

Diese allerersten, auf der Vorhabenebene angesiedelten Vorgaben der UVP-RL führten in Deutschland bereits zu aufgeregten Diskussionen ob ihrer Geltung und Verbindlichkeit für die im BauGB geregelte Bauleitplanung: Die Bauleitplanung – so vertraten es die »Baurechtler« – sei kein Verfahren zur Zulassung eines Projekts im Sinne der UVP-RL, sondern im Falle des Bebauungsplans ein nicht erfasster »Gesetzgebungsakt« und im Falle des Flächennutzungsplans ein nicht erfasstes Programmverfahren.[4] Die gegenteilige Meinung sah die Notwendigkeit der Umsetzung der gemeinschaftsrechtlichen UVP-Pflicht zumindest für solche Bauleitpläne vor, denen ein konkreter Vorhabenbezug zukam.[5] Darüber hinaus sei das Umsetzungserfordernis einer UVP-Pflicht auch für **zulassungsbeeinflussende Bebauungspläne** aus dem Gebot der Frühzeitigkeit abzuleiten. Von den Protagonisten einer umfassenden UVP-Pflicht gemeint waren diejenigen vorhabenbezogenen Pläne, die über die bauplanungsrechtliche Eignung eines Standortes für UVP-pflichtige Vorhaben verbindlich entscheiden. Eine UVP lediglich im fachgesetzlichen Zulassungsverfahren greife zu kurz. Dem integrativen Anspruch der UVP könne nur durch eine Einbeziehung der planerischen Standorteignungsprüfung genüge getan werden.[6] 15

b) UVP-Änderungsrichtlinie 1997

Die UVP-Änderungsrichtlinie aus dem Jahr 1997 griff diese Auffassung der Umweltseite auf. Sie **erweiterte** den **Kreis der UVP-pflichtigen Städtebau- und bauplanungsrechtlich relevanten Infrastrukturvorhaben** in der Anlage II erheblich. Erfasst wurden unter dem Oberbegriff der 16

Nr. 10 »Infrastrukturprojekte«
a) die Anlage von Industriezonen und
b) Städtebauprojekte, einschließlich der Errichtung von Einkaufszentren und Parkplätzen,

und unter dem Oberbegriff der

Nr. 12 »Fremdenverkehr und Freizeit«
c) Feriendörfer und Hotelkomplexe außerhalb von städtischen Gebieten und zugehörige Einrichtungen,
d) ganzjährig betriebene Campingplätze,
e) Freizeitparks.

Wesentlich war, dass aus der zuvor offenen Formulierung der Ursprungsrichtlinie nunmehr in der Fortschreibung in Art. 4 Abs. 2 eine Verpflichtung der Mitgliedstaaten entwickelt wurde, entweder

4 So Stellungnahme des Deutschen Städtetages zum Entwurf eines UVPG vom 05.05.1988, bei *Hübler/Otto-Zimmermann,* UVP, S. 139, unter 5. In diesem Sinne *Dohle* NVwZ 1989, 697 (701). Deutscher Städtetag, Umweltverträglichkeitsprüfung in der Bauleitplanung, Eildienst Städtetag 1988, 356 (357).

5 Vgl. *SRU* DVBl 1988, 21 (23); *Feldmann/Groth* DVBl 1986, 652 (654); *Schroer,* UVP im Bauplanungsrecht, S. 57 ff.; *ders.* DVBl 1987, 1096 ff.; ebenso *Erbguth* VerwArch 81 (1990) 327 (333 ff.).

6 Vgl. *Schroer* DVBl 1987, 1096 (1097); *SRU* DVBl 1988, 21 (23); auch *Erbguth/Schink,* UVPG, § 2 Rn. 62.

eine Einzelfalluntersuchung und/oder Schwellenwerte oder Kriterien festzulegen, ob die genannten Vorhaben einer UVP-Pflicht unterliegen.

c) **SUP-Richtlinie 2001**

17 Den entscheidenden Schritt zur kompletten Einbeziehung von Plänen aus dem Bereich der Bauleitplanung vollzog die SUP-RL (2001/42/EG) aus dem Jahr 2001. Schon ihre Erwägungsgründe verdeutlichen, dass **alle Pläne**, die einen Rahmen für UVP-pflichtige Projekte im Sinne der UVP-RL setzen, systematischen **Umweltprüfungen unterzogen** werden sollen (Erwägungsgrund 10). Kern der Umweltprüfung soll ein **Umweltbericht** sein, der die in dieser Richtlinie vorgesehenen Angaben enthält und in dem die voraussichtlichen erheblichen Umweltauswirkungen aus der Durchführung des Plans oder Programms und vernünftige Alternativen ermittelt, beschrieben und bewertet werden (Erwägungsgrund 14). Um zu einer transparenten Entscheidungsfindung beizutragen, soll die **Öffentlichkeit** während der Prüfung konsultiert werden (Erwägungsgrund 15).

18 Maßgeblich für die Einbeziehung von Bauleitplänen in die Pflicht zur Durchführung einer UP ist die Zielvorgabe des Art. 1. Hiernach sind **Pläne und Programme, die voraussichtlich erhebliche Umweltauswirkungen haben**, einer **Umweltprüfung** zu unterziehen. Art. 2 SUP-RL konkretisiert den Anwendungsbereich. Erfasst sind solche Pläne und Programme, die von einer Behörde ausgearbeitet und/oder angenommen werden oder die von einer Behörde für die Annahme durch das Parlament oder die Regierung im Wege eines Gesetzgebungsverfahrens ausgearbeitet werden, und schließlich solche, die aufgrund von Rechtsvorschriften erstellt werden müssen. Unter Umweltprüfung versteht die SUP-RL die Ausarbeitung eines Umweltberichts, die Durchführung von Konsultationen, die Berücksichtigung des Umweltberichts und der Ergebnisse der Konsultationen bei der Entscheidungsfindung sowie die Unterrichtung über die Entscheidung. Der Umweltbericht als zentrales Element des Verfahrens hat nach Art. 5 die voraussichtlichen erheblichen Auswirkungen, die die Durchführung des Plans auf die Umwelt hat, sowie vernünftige Alternativen, die die Ziele und den geographischen Anwendungsbereich des Plans oder Programms berücksichtigen, zu enthalten. Welche **Informationen** zu diesem Zweck vorzulegen sind, folgt aus dem **Anh.** der Richtlinie. Nach Art. 6 SUP-RL ist der Umweltbericht den Behörden sowie der Öffentlichkeit zugänglich zu machen, nach Art. 7 auch den betroffenen anderen Mitgliedstaaten der Europäischen Union. Art. 11 weist daraufhin, dass von der SUP-RL die UVP-RL unberührt bleibt, aber auch gemeinsame Verfahren möglich sind, um Mehrfachprüfungen zu vermeiden.

d) **Öffentlichkeitsbeteiligungs-Richtlinie 2003**

19 Ziel der Öffentlichkeitsbeteiligungs-RL (2003/35/EG) aus dem Jahr 2003 war nach Art. 1 die Festlegung von **Bestimmungen zur Öffentlichkeitsbeteiligung** bei der Ausarbeitung bestimmter umweltbezogener **Pläne und Programme** sowie eine **verbesserte Öffentlichkeitsbeteiligung** im Rahmen der **projektbezogenen UVP-RL**. Art. 2 gibt daher in Fortschreibung der SUP-RL vor, dass die Mitgliedstaaten sicher zu stellen haben, dass die Öffentlichkeit durch öffentliche Bekanntmachung über Vorschläge für Pläne oder Programme unterrichtet wird, diese dann das Recht hat, dazu Stellung zu nehmen – wenn alle Optionen noch offen sind und bevor Entscheidungen getroffen sind –, und schließlich, dass das Ergebnis der Öffentlichkeitsbeteiligung bei der Entscheidung über die Programme und Pläne angemessen berücksichtigt und diese hierüber auch unterrichtet wird. In Art. 3 werden Konkretisierungen der UVP-RL vorgenommen, die der von einzelnen Projekten betroffenen Öffentlichkeit größere Einflussnahmemöglichkeiten auf das jeweilige Zulassungsverfahren gewähren sollen.

e) **UVP-Änderungsrichtlinie 2014**

20 Die Änderungsrichtlinie zur UVP-Richtlinie (2014/52/EU) aus dem Jahr 2014 zielte auf die auf die Beseitigung von Mängeln im **UVP-Verfahren** ab, die Prüfung soll griffiger werden. Die Veränderungen betreffen das Verfahren der UVP, dessen Qualität erhöht (Erwägungsgrund 3) und welches vereinfacht und harmonisiert (Erwägungsgrund 6) werden soll, des Weiteren aber auch die

Nutzung der **Internettechnologie** bei der Öffentlichkeitsbeteiligung (Erwägungsgrund 18) sowie schließlich eine engere Verzahnung der Prüfungen aufgrund anderer Umwelt-Richtlinien wie insbesondere der FFH- und der Vogelschutzrichtlinie, aber auch der Industrieemissions-Richtlinie und der Wasserrahmenrichtlinie (Erwägungsgrund 37).[7] Ein Kernstück der Verfahrensänderungen sind die **Anforderungen** in Art. 5 Abs. 1 i.V.m. dem eingefügten Anh. II.A an den **UVP-Bericht**, welcher vom Vorhabenträger zu Beginn des Verfahrens vorzulegen ist.

2. Innerstaatliche Entstehung

Die Integration der UVP in die Bauleitplanung war seit In-Kraft-Treten des UVPG im Jahr 1990 zwischen Baurechts- und Umweltrechtsseite also überaus umstritten; es gab hitzige Positionskämpfe, ein Vor und ein Zurück. Eine **gemeinsame Position** konnte, angestoßen durch die sich weiter entwickelnde Richtlinienrechtsetzung, erst **nach und nach** im Rahmen zahlreicher Novellen des UVPG und des BauGB erreicht werden. 21

a) In-Kraft-Treten UVPG 1990

Die Erkenntnis eines Umsetzungsbedarfs der UVP-RL in Bezug auf standortbezogene Bauleitpläne für UVP-pflichtige Vorhaben mündete in der Diskussion Mitte der achtziger Jahre allerdings gerade nicht in der Forderung, solche Pläne rechtlich in die Pflicht zu nehmen. Sondern die Vertreter aus dem Bauressort verwiesen auf eine bereits erfolgte, zumindest **konkludente Umsetzung der Richtlinie durch das Baugesetzbuch** im Jahr 1986. Tatsächlich verfolgte das damals neu geschaffene BauGB eine Umorientierung des Städtebaurechts, insbesondere im Hinblick auf die Verbesserung der Umweltvorsorge im Rahmen städtebaulicher Planungen und Maßnahmen. Die Integration einer UVP in das Bauleitplanverfahren war damit aber nicht verbunden; so weit wollte man dann doch nicht gehen. 22

Das neue **UVPG wollte** aber **nicht** auf eine Regelung zur **Bauleitplanungs-UVP verzichten**. Die Verknüpfung der in § 2 Abs. 3 Nrn. 3 und 4 UVPG 1990 statuierten Bauleitplan-UVP mit dem Recht der Bauleitplanung des BauGB regelte § 17 UVPG 1990 wie folgt: »Werden Bauleitpläne im Sinne des § 2 Abs. 3 Nrn. 3 und 4 aufgestellt, geändert oder ergänzt, wird die Umweltverträglichkeitsprüfung nach § 2 Abs. 1 Satz 1-3 im Bauleitplanverfahren nach den Vorschriften des BauGB durchgeführt; der Umfang der Prüfung bestimmt sich dabei nach den für die Aufstellung, Änderung oder Ergänzung des Bauleitplans anzuwendenden Vorschriften. § 8 ist entsprechend anzuwenden.« Diese Regelung – so die Gesetzesbegründung[8] – berücksichtige die im Übrigen detaillierten Vorschriften des BauGB, die den Zwecken der UVP gem. § 1 dienen, und stelle dabei klar, dass die Vorschriften des BauGB die des Stammgesetzes – außer §§ 2 und 8 UVPG – ersetzen. Trotz dieser Erläuterungen kam es zu heftig geführten Diskussionen um die Auslegung der Vorschrift. Es war rechtlich nicht klar, ob die Bauleitplanverfahren nicht doch um eine formale UVP anzureichern waren. 23

b) Novelle BauGB 1993

Die Erkenntnis, durch die Fassung der §§ 2 und 17 UVPG 1990 einen **offenen Dissens** verabschiedet zu haben, veranlassten den Gesetzgeber des Investitionserleichterungs- und Wohnbaulandgesetzes 1993, beide Vorschriften nochmals zu novellieren.[9] Mit der Neufassung des § 2 sollte der Anwendungsbereich des UVPG für die Bauleitplanung durch die **Streichung der Flächennutzungspläne** beschränkt werden. Dies war einerseits das Zugeständnis der Umweltseite, dass nur noch solche **Bebauungs-** 24

7 Vgl. die Übersichten über den Inhalt der Änderungsrichtlinie bei *Sangenstedt* ZUR 2014, 526 ff.; in Bezug auf das Bauplanungsrecht *Schink* UPR 2014, 408 ff. sowie das Gutachten von *Battis/Moench/Uechtritz/Mattes/von der Groeben*: Zur Umsetzung der UVP-Änderungsrichtlinie im Baugesetzbuch, März 2015.

8 BT-Drs. 11/3919, S. 17 und 30. § 8 a.F. regelte die grenzüberschreitende Behördenbeteiligung.

9 Vgl. Art. 11 Investitionserleichterungs- und Wohnbaulandgesetz v. 22.04.1993, BGBl. I, S. 466.

pläne einer UVP unterliegen, die bereits **konkret die Zulässigkeit** eines der in der Anlage zu § 3 a.F. genannten Vorhaben begründen (§ 2 Abs. 2 Nr. 3, 1. Alt.), bzw. solche, die Planfeststellungsbeschlüsse für UVP-pflichtige Vorhaben ersetzen (§ 2 Abs. 2 Nr. 3, 2. Alt.).[10]

25 Die so zwischen den Bundesressorts verabredete Änderung des damaligen § 17 sollte unter Zurückweisung eines gegenteiligen Novellierungsvorschlags des Bundesrates, der die Anreicherung einzelner Bebauungsplanverfahren um eine UVP ablehnte,[11] andererseits aber klarstellen, dass **§ 2 Abs. 1 Sätze 1–3 auf diese projektbezogenen Bebauungspläne anwendbar** wird (§ 17 Satz 2 HS 1). Dies war das Zugeständnis der Bauseite. Für diejenigen Bebauungspläne, die die Zulassungsentscheidung nicht ersetzten, sondern ihr vorgelagert sind, sollte gem. Satz 2 HS 2 die Prüfung der Umweltverträglichkeit dabei dem jeweiligen Planungsstand entsprechen, also nicht zu detailliert werden. Der damals neue Satz 3 sollte schließlich **Doppelprüfungen verhindern** und er beschränkte daher die UVP in nachfolgenden Zulassungsverfahren auf zusätzliche oder andere Umweltauswirkungen.[12] Gegen den Widerstand der Länder wurde damit erstmals eine UVP für eine bestimmte Anzahl von Bebauungsplänen gemeinsam von den zuständigen Bundesressorts für Umwelt und Bauen durchgesetzt.

c) Novelle BauGB 1998

26 Eine Überarbeitung dieses erstmaligen Verhältnisses von UVPG und BauGB erfolgte im Rahmen der Novellierung des Baugesetzbuchs aus dem Jahr 1998.[13] Die BauGB-Novelle 1998 übernahm einerseits die 1993 vorgezeichnete Beschränkung der UVP-Pflicht ausschließlich auf vorhabenbezogene Bebauungspläne. Andererseits verdeutlichte sie die von den Umweltressorts vertretene Auffassung, dass die UVP (verfahrensseitig) mehr als nur die herkömmliche bauleitplanerische Abwägung sei, indem sie eine entsprechende Formulierung unmittelbar in das BauGB übernahm. So schrieb § 1a Abs. 2 Nr. 3 BauGB 1998 erstmals vor, dass in der Abwägung nach § 1 Abs. 6 BauGB

> *»auch zu berücksichtigen sind…*
>
> *3. die Bewertung der ermittelten und beschriebenen Auswirkungen eines Vorhabens auf die Umwelt entsprechend dem Planungsstand (Umweltverträglichkeitsprüfung), soweit im Bebauungsplanverfahren die bauplanungsrechtliche Zulässigkeit von bestimmten Vorhaben im Sinne der Anlage zu § 3 des Gesetzes über die Umweltverträglichkeitsprüfung begründet werden soll, …«.*

Die BauGB-Novelle 1998 verfolgte mit dieser Übernahme das Konzept, **alle im Rahmen der bauleitplanerischen Abwägung zu berücksichtigenden Umweltbelange** und damit auch die besonderen Verfahren zur Prüfung der Umweltbelange wie die UVP (§ 1a Abs. 2 Nr. 3 BauGB a.F.) unmittelbar **in das BauGB zu integrieren.**[14]

d) Novellen BauGB und UVPG 2001

27 Die Novellen des BauGB und des UVPG im Jahr 2001 führten das Konzept der Integration der bauleitplanerischen UVP unmittelbar in das Bauplanungsrecht fort.[15] Das Verfahren der UVP wurde erstmals in Einzelheiten im BauGB geregelt. Dessen Verfahrensvorschriften zur Aufstellung von Bebauungsplänen (insbesondere zur Bürger- und Trägerbeteiligung) wurden um zusätzliche Verfahrensanforderungen, die sich unmittelbar aus den Vorgaben der UVP-RL und der UVP-Änderungsrichtlinie ergaben (insbesondere in den §§ 2a und 4a zum Umweltbericht und zur grenzüberschreitenden Beteiligung), ergänzt. Zudem passte sich die Definition der UVP im

10 Ausführlich *Wagner* DVBl 1993, 583 (585).
11 BT-Drs. 12/4808, S. 18.
12 BT-Drs. 12/4808, S. 30.
13 Bau- und Raumordnungsgesetz 1998 v. 18.08.1997, BGBl. I, S. 2081.
14 Zu den Motiven des Gesetzgebers *Wagner* DVBl 1996, 705 (709 f.).
15 *Battis/Krautzberger/Löhr* NVwZ 2001, 961 (962).

Bebauungsplanverfahren in § 1a Abs. 2 Nr. 3 BauGB a.F. an die Änderung in § 2 Abs. 1 Satz 2 a.F. an. Die gemeinschaftsrechtlich geforderte **Erweiterung des Anwendungsbereichs der UVP für Bebauungspläne** wurde demgegenüber im UVPG geregelt; die dortige Anlage 1 übernahm unter den Nrn. 18.1–18.8 die im Anh. II der UVP-Änderungsrichtlinie zusätzlich genannten Städtebau- und Infrastrukturprojekte nahezu wortgleich.

e) Novellen EAG Bau 2004 und SUPG 2005

Die Novelle des BauGB im Jahr 2004 durch das Europarechtsanpassungsgesetz Bau (EAG Bau) und das Gesetz zur Einführung einer Strategischen Umweltprüfung (SUPG) aus dem Jahr 2005 schufen schließlich die Grundlage für die heutige Ausgestaltung der UP in der Bauleitplanung. Das **EAG Bau 2004** griff den **bauplanungsrechtlichen Teil der SUP-RL** vorab auf. Das SUPG aus dem Jahr 2005 nahm in der Anlage 3 (zu § 3 Abs. 1a, der den Anwendungsbereich des UVPG regelt) unter Nr. 1.8 in die Liste der Pläne die Bauleitplanungen nach den §§ 6 und 10 BauGB auf. 28

Der Name »Europarechtsanpassungsgesetz Bau« verdeutlicht, dass sich der deutsche Gesetzgeber durch die Vorgaben der SUP-Richtlinie veranlasst sah, tätig zu werden. Der Entwurf der Bundesregierung,[16] der wesentlich auf einem Vorschlag einer Expertenkommission beruhte,[17] durchlief das Gesetzgebungsverfahren nahezu unverändert. Zur Klarstellung wurden in § 17 Abs. 1 Satz 1 auf Vorschlag des Bundesrates auch die in Nr. 18.9 der Anlage 1 zum UVPG genannten landesrechtlichen Vorhaben aufgegriffen.[18] Der darüber hinaus gehende Vorschlag des Bundesrates, die UP ausschließlich auf die Bauleitplanverfahren zu beschränken und die Länder bei den Baugenehmigungsverfahren aus der Pflicht zu nehmen, wurde dagegen nicht aufgegriffen.[19] In ihrer Gegenäußerung führte die Bundesregierung aus, dass die Länder gehalten seien, »für die nach ihrer Ansicht **UVP-pflichtigen Bauvorhaben Regelungen zu treffen**, die den Anforderungen der Projekt-UVP-RL entsprechen«.[20] Dieser Auffassung schloss sich der Gesetzgeber an. Der **Umweltbericht** als das zentrale Element der Umweltprüfung ist seither als **Regelbestandteil für Bauleitplanverfahren** vorgesehen.[21] 29

f) Novelle BauGB 2007

Erste Erfahrungen mit der umfassenden EAG Bau Novelle 2004 veranlassten den Gesetzgeber aber bereits im Jahr 2007 nachzufassen. Die UP-Pflicht aus dem Jahr 2004 hatte dazu geführt, dass sich der **Verfahrensaufwand** bei Überplanung von Flächen im Innenbereich erheblich erhöht hatte. Da auch andere Mitgliedstaaten der Europäischen Gemeinschaft bei der Umsetzung der SUP-RL eine entsprechende Differenzierung nach Schwellenwerten vorgenommen hatten, **stellte** er **Bebauungspläne für die Innenentwicklung** mit nur relativ kleiner Grundfläche von der **UP-Pflicht frei**. Diese Freistellungsmöglichkeit nach § 13a BauGB (beschleunigtes Verfahren) kommt zur Geltung, wenn sichergestellt ist, dass im anschließenden Zulassungsverfahren nicht UVP-pflichtige Vorhaben auf der Grundlage eines solchen Bebauungsplans zugelassen werden können. Bei Plänen mit größerer Grundfläche ist zunächst abzuschätzen, ob der Bebauungsplan erhebliche Umweltauswirkungen hat. Mit diesen beiden Einschränkungen soll den Vorgaben der SUP-RL Rechnung getragen, die in Art. 3 Abs. 3–5 den Mitgliedstaaten einerseits die Möglichkeit gewährt, Pläne, die die Nutzung kleiner Gebiete auf lokaler Ebene festlegen, von der UP-Pflicht generell auszunehmen (Abs. 3 und 4), sowie anderseits die Einführung einer Einzelfallprüfung für zulässig erachtet, um eine UP-Pflicht für derartige Pläne der lokalen Ebene abzuschätzen (Abs. 5).[22] 30

16 BT-Drs. 15/2250 v. 17.12.2003.
17 Hierzu *Dolde* NVWZ 2003, 297 f.
18 Stellungnahme des Bundesrates, BT-Drs. 15/2250 zu Nr. 51, S. 89.
19 Stellungnahme des Bundesrates ebd. zu Nr. 52, S. 89.
20 Gegenäußerung der BReg ebd. zu Nr. 52, S. 97.
21 *Battis/Krautzberger/Löhr* NJW 2004, 2553 f.
22 Vgl. die Begründung im Regierungsentwurf zur Vereinbarkeit der Freistellung der Bebauungspläne für die Innenentwicklung von den Vorgaben der SUP-RL in BT-Drs. 16/2496 v. 04.09.2006, S. 12 f.

g) Novellen BauGB 2017, 2021, 2023 und 2025 sowie UVPG 2017

31 Die **UVP-Änderungsrichtlinie 2017** wurde in Bezug auf das Bauplanungsrecht durch das Gesetz zur Umsetzung der Änderungs-Richtlinie 2014/52/EU im Städtebaurecht und zur Stärkung des neuen Zusammenlebens in der Stadt umgesetzt.[23] Die Gesetzesbegründung führte aus:[24] »Dieser Gesetzentwurf dient insbesondere zum einen der Anpassung des Städtebaurechts an die Vorgaben der Richtlinie 2014/52/EU des Europäischen Parlaments und des Rates vom 16. April 2014 zur Änderung der Richtlinie 2011/92/EU über die Umweltverträglichkeitsprüfung bei bestimmten öffentlichen und privaten Projekten (ABl. L 124 vom 25.04.2014 S. 1). … Die Änderungen der Richtlinie 2011/92/EU des Europäischen Parlaments und des Rates vom 13. Dezember 2011 über die Umweltverträglichkeitsprüfung bei bestimmten öffentlichen und privaten Projekten (ABl. L 26 vom 28.01.2012, S. 1) betreffen u.a. die zu prüfenden Umweltfaktoren, die Vorprüfung des Einzelfalls, die Öffentlichkeitsbeteiligung und die Erstellung des UVP-Berichts.« Vorbereitet worden war die Novelle durch ein Gutachten,[25] welches konstatiert hatte, dass der Umsetzungsbedarf im BauGB gering sei und sich im Wesentlichen auf eine **terminologische Anpassung** beschränke. Änderungsbedarf ergebe sich insbesondere aufgrund der Anpassung des Anh. IV der Richtlinie, welcher nun **detailliertere Vorgaben** für den **UVP-Bericht** vorsehe. Die sonstige Umsetzung der Änderungsrichtlinie erfolgte durch das Gesetz zur Modernisierung des Rechts der Umweltverträglichkeitsprüfung.[26] Im Rahmen der Umsetzung der Änderungsrichtlinie durch das Gesetz zur Modernisierung des Rechts der Umweltverträglichkeitsprüfung wurde **§ 17** in **§ 50** umbenannt. In der Überschrift wird nunmehr anstelle von »Aufstellung von Bauleitplänen« ausschließlich auf »Bauleitpläne« abgestellt. Die weiteren Änderungen im Gesetzestext des § 50 sind redaktioneller Natur und dienen der Anpassung an die veränderte Terminologie des UVPG.

32 Die Novelle sah mit § 13b BauGB indes eine weitere, an die Ausnahmeregelung des § 13a BauGB anknüpfende, zeitlich bis zum Jahresende 2019 befristete **Ausnahme von der UP-Pflicht für Bebauungspläne** vor. Eine Einbeziehung von **Außenbereichsflächen** in das beschleunigte Verfahren für Bebauungspläne mit einer Grundfläche von weniger als 10.000 qm zum Zwecke der Wohnnutzung sollte so möglich gemacht werden. Dieses Vorgehen war politisch und fachlich umstritten, weil es nicht durch die Änderungs-Richtlinie angestoßen war und erstmalig eine (wenn auch geringere) Beplanung des Außenbereichs von den Anforderungen des Gemeinschaftsrechts freistellte.[27] Begründet wurde die Regelung mit dem Mangel an Wohnraum, gestützt wurde sie (wie zuvor im Jahr 2007 schon § 13a BauGB) auf Art. 3 Abs. 3–5 SUP-RL.[28] Das Baulandmobilisierungsgesetz 2021 verlängerte ihre Geltung um drei Jahre bis zum Jahresende 2022.[29] Das BVerwG erklärte § 13b BauGB jedoch im Sommer 2023 für unvereinbar mit dem Unionsrecht.[30] Daher hob der Bundesgesetzgeber die Vorschrift zum Jahresende 2023 auf.[31]

---

23 Vom 04.05.2017, BGBl. I, S. 1057. Überblick über die Inhalte der Novelle bei *Battis/Mitschang/Reidt* NVwZ 2017, 817 ff.; *Krautzberger/Stüer* DVBl 2018, 7 ff.

24 Regierungsentwurf BT-Drs. 18/10942 v. 23.01.2017, S. 1.

25 *Battis/Moench/Uechtritz/Mattes/von der Groeben*, Zur Umsetzung der UVP-Änderungsrichtlinie im Baugesetzbuch, März 2015, S. 67, 72.

26 Vom 20.07.2017, BGBl. I, S. 2808.

27 Zum Streit um diese Ausnahme von der UP-Pflicht vgl. Beschlussempfehlung und Bericht des Ausschusses für Umwelt, Naturschutz, Bau und Reaktorsicherheit BT-Drs. 18/11439 v. 08.03.2017, S. 17, 19. Siehe zur vielfältigen Kritik unten Rdn. 229.

28 Hierzu *Krautzberger/Stüer* DVBl 2018, 7, 11.

29 Gesetz zur Mobilisierung von Bauland v. 14.06.2021, BGBl 2021 I S. 1802.

30 BVerwG, Urt. v. 18.07.2023 – 4 CN 3.22.

31 Art. 2 des Gesetzes für die Wärmeplanung und zur Dekarbonisierung der Wärmenetze v. 20.12.2023, BGBl 2023 I Nr. 394.

Anschließend, im Jahr 2025, wurde im BauGB zunächst die RED III-RL mit einer ergänzenden Sonderregelung für eine UP bei der Flächennutzungsplanung umgesetzt.[32] Die Sonderregelung des § 249c BauGB sieht vor, dass im Rahmen der UP in der **Flächennutzungsplanung** für Windenergieanlagen zusätzlich die Prüfung von **artenschutzrechtlichen Minderungsmaßnahmen** erfolgen muss. In einer weiteren Novelle im Jahr 2025 wurde eine zweite Sonderregelung in § 246e BauGB geschaffen, umgangssprachlich der sog. »**Bau-Turbo**«. Wohnbauvorhaben können auf dieser Grundlage befristet bis 2030 ohne Bebauungsplan zugelassen werden. Angesichts der Rechtsprechung zu § 13b BauGB wurde angeordnet, dass bei Anwendung des § 246e BauGB im Baugenehmigungsverfahren die Vorgaben der SUP-RL zu beachten und die Vorschriften zur strategischen Umweltprüfung anzuwenden sind. 33

IV. Anwendungsbereich des § 50 und der übrigen Vorschriften des UVPG

§ 50 Abs. 1 dient der Umsetzung der UVP-Richtlinie für bestimmte Bebauungspläne, § 50 Abs. 2 der Umsetzung der SUP-Richtlinie für alle Bauleitpläne. Beide Absätze **verweisen** hinsichtlich der Durchführung der UVP bzw. SUP **auf die Vorschriften des BauGB**, d.h. sie haben keine konstitutive Wirkung: 34

Abs. 1 Satz 1: »… so wird die Umweltverträglichkeitsprüfung … als Umweltprüfung nach den Vorschriften des Baugesetzbuchs durchgeführt.«

Abs. 1 Satz 2: »… Vorprüfung entfällt, wenn … eine Umweltprüfung nach den Vorschriften des Baugesetzbuchs durchgeführt wird.«

Abs. 2: »Besteht … eine Verpflichtung zur Durchführung einer Strategischen Umweltprüfung, wird … eine Umweltprüfung … nach den Vorschriften des Baugesetzbuchs durchgeführt.«

Das BauGB ordnet seinerseits in § 2 Abs. 4 Satz 1 BauGB die Durchführung einer Umweltprüfung (UP) für Bauleitplanverfahren an: »Für die Belange des Umweltschutzes … wird eine Umweltprüfung durchgeführt …«.

Aus diesem Zusammenspiel von § 50 Abs. 1 und 2 mit § 2 Abs. 4 Satz 1 BauGB folgt, das **alle Bauleitplanverfahren** (abgesehen von einzelnen nach Bewertung des Gesetzgebers nicht umweltbeeinträchtigenden Bagatellverfahren) dem **Erfordernis einer UP** nach dem BauGB unterliegen. Es bedarf also für die Annahme UP-Pflicht keiner Unterscheidung, ob ein Bebauungsplan aufgrund seines Vorhabenbezugs der UVP-RL oder ob er als Angebotsplan der SUP-RL unterfällt. **In beiden Konstellationen ist eine UP nach den Vorschriften des Baugesetzbuchs durchzuführen.**[33]

Angesichts dieser Verweisungen auf eine anderes Regelungsregime könnte die Vermutung bestehen, dass die Abs. 1 und 2 des § 50 im System des UVPG keine Bedeutung haben, dass sie nutzlos sind. Dem ist jedoch nicht so, jedenfalls nicht aus der Perspektive des Umweltrechtsgesetzgebers. § 50 Abs. 1 und 2 stellt eine **Auffangposition** des Gesetzgebers des UVPG gegenüber dem Gesetzgeber des BauGB dar, falls dieser, wie zu Beginn der Geschichte der UVP-Richtlinie geschehen, auf die Idee kommen sollte, sich per se von einer UVP bzw. SUP im Bauleitplanverfahren lösen und davon absehen zu wollen. Zudem ordnet § 50 Abs. 1 und 2 für das Bauleitplanverfahren eine Zusammenführung der Anforderungen der UVP-RL und der SUP-RL an. Die bei der UVP vorgesehene **Vorprüfung** wird dadurch **entbehrlich** (Abs. 1 Satz 2). Schließlich kommt der Vorschrift mit Blick auf die Europäische Kommission, die sich als Hüterin der UVP- und der SUP-Richtlinie versteht, eine 35

32 Richtlinie 2023/2413 vom 18.10.2023 zur Änderung der Richtlinie (EU) 2018/2001, der Verordnung (EU) 2018/1999 und der Richtlinie 98/70/EG im Hinblick auf die Förderung von Energie aus erneuerbaren Quellen und zur Aufhebung der Richtlinie (EU) 2015/652 des Rates, ABl. L vom 31.10.2023 ELI.

33 Bedeutsam wird diese Unterscheidung allerdings für die Frage der Anwendbarkeit des Umweltrechtsbehelfsgesetzes, vgl. dazu BVerwG, Urt. v. 24.4.2024 – 4 CN 2.23, Rn. 39.

wichtige **Signalfunktion**. § 50 signalisiert Europa, dass die gemeinschaftsrechtlich vorgegebene UVP bzw. SUP für Bauleitpläne in Deutschland im BauGB geregelt ist.

36 Die Vorschrift des § 50 Abs. 3 wirkt demgegenüber konstitutiv. Sie regelt als Sollvorschrift die **Beschränkung der Umweltverträglichkeitsprüfung (UVP) in einem nachfolgenden Zulassungsverfahren**, sofern zuvor eine UVP, in der Terminologie des BauGB eine UP, in einem Aufstellungsverfahren für einen Bebauungsplan durchgeführt wurde. Zugleich wird dadurch deutlich, dass sich an eine bauleitplanerische UP im Bebauungsplanverfahren im nachfolgenden Zulassungsverfahren ggf. eine **nochmalige UVP** anschließen kann. Abs. 3 sendet daher eine Botschaft an die Länder, ihrerseits in den Baugenehmigungsverfahren für Vorhaben der Anlage 1 Nr. 18.-18.9 eine UVP mit Öffentlichkeitsbeteiligung zu integrieren.

37 Unterliegen damit alle Bauleitplanverfahren einer UP, bedarf es der vom UVPG vorgenommenen Differenzierung zwischen den in § 50 Abs. 1 besonders erwähnten Bebauungsplanverfahren und den von § 50 Abs. 2 allgemein erwähnten sonstigen Bauleitplanverfahren an sich nicht. Die Fortführung dieser Differenzierung geschieht wohl allein deshalb, um gegenüber Europa zu verdeutlichen, dass sowohl **UVP-RL** als auch **SUP-RL für Bauleitpläne im deutschen Recht umgesetzt** sind. Allerdings ist vorsorglich anzumerken, dass diese Zusammenführung von UVP und SUP im Bauleitplanverfahren bald nochmals auf den Prüfstand gestellt und auf Initiative des Städtebauministeriums möglicherweise vom Gesetzgeber aufgegeben werden wird. Die eingangs als Innovation positiv gewürdigte Zusammenführung beider Verfahren zeigt in der Praxis nämlich auch Nachteile, wie oben bereits kurz ausgeführt wurde. So werden die Umweltprüfungen oftmals sehr detailliert und nach dem höheren Standard einer UVP durchgeführt, obwohl im Rahmen der UP eine geringere Detailtiefe durchaus ausreichend wäre.[34] Und falls diese Zusammenführung von UVP und SUP im Bauleitplanverfahren also nach über 20 Jahren aufgegeben werden sollte, wäre es aus Sicht des UVPG-Gesetzgebers gerechtfertigt, an der nachfolgend dargestellten Differenzierung festzuhalten. Dies macht auch die Auffangnorm des § 1 Abs. 4 UVPG nochmals deutlich.

1. Vom UVPG besonders erwähnte Bebauungsplanverfahren gem. § 50 Abs. 1

38 § 50 Abs. 1 Satz 1 bezieht sich auf die Bebauungsplanverfahren, die in § 2 Abs. 6 Nr. 3 definiert sind und hebt hierbei »insbesondere« die Vorhaben der **Anlage 1** Nr. 18.1–18.9 hervor, also die dort im Detail in der Anlage aufgelisteten **Bauvorhaben**. § 2 Abs. 6 Nr. 3 erläutert die Art der Bebauungsplanverfahren nochmals näher: Solche Bebauungspläne, durch die die Zulässigkeit von bestimmten Vorhaben der Anlage 1 begründet werden soll, unterliegen der Pflicht zur UVP. Seine fachliche Entsprechung findet diese Erfassung bestimmter Bauvorhaben zunächst in der Vorschrift des § 12 BauGB, die den vorhabenbezogenen Bebauungsplan in der Form des Vorhaben- und Erschließungsplans regelt. Erfasst sein können aber auch sonstige Bebauungspläne einer Gemeinde im Sinne des § 30 BauGB, wenn sie einen konkreten Bezug zu einem Bauvorhaben aufweisen, welches in Anlage 1 des UVPG aufgeführt ist. Für diese städtebaulichen Vorhaben war zu Beginn, in **Umsetzung der UVP-RL** und als es die SUP-RL noch nicht gab, eine UVP nach dem UVPG angeordnet. Diese UVP wird nun durch die UP nach dem BauGB ersetzt. Des Weiteren erwähnt der von § 50 Abs. 1 Satz 1 in Bezug genommene § 2 Abs. 6 Nr. 3 auch die **planfeststellungsersetzenden Bebauungsplanverfahren.** Hierunter fallen Projekte des Fernstraßen- und des Straßenbahnbaus (Nr. 14.3–14.6 bzw. 14.11 der Anlage 1), für die insbesondere im innerstädtischen Bereich statt der Planfeststellung die Aufstellung eines Bebauungsplans als zulässiges alternatives Planungsverfahren gewählt wird.[35] § 50 Abs. 1 Satz 2 erklärt für all diese Vorhaben die nach den §§ 3–13 an sich vorgesehene **Vorprüfung des Einzelfalls als entbehrlich**. Voraussetzung dafür ist, dass eine UP nach den Vorschriften des BauGB durchgeführt wird.

34 Siehe oben Rdn. 11.
35 Vgl. § 17 Abs. 3 BFStrG bzw. § 28 Abs. 3 PersBefG.

2. Vom UVPG erfasste sonstige Bauleitplanverfahren gem. § 50 Abs. 2

§ 50 Abs. 2 ist die umfassendere Regelung und sie bezieht sich auf alle sonstigen Bauleitplanverfahren. An sich unterlägen diese Planverfahren daher einer SUP nach den §§ 33–46 und folgerichtig werden sie deshalb auch in Anlage 5 (»SUP-pflichtige Pläne und Programme«) aufgeführt (»1.8 Bauleitplanungen nach den §§ 6 und 10 des Baugesetzbuchs«). Durch den Verweis auf die UP nach dem BauGB werden sie durch § 50 Abs. 2 aber von der **Anwendung der Vorschriften des UVPG zur SUP freigestellt**. 39

Das Erfordernis der UP für diese Bauleitplanverfahren ergibt sich damit aus **Vorschriften des BauGB**. Es erfasst zunächst alle Formen von **Bebauungsplänen**, aber auch die ihnen im Planungsprozess vorgelagerten, auf das gesamte Gemeindegebiet bezogenen **Flächennutzungspläne**, schließlich auch **Teilflächennutzungspläne**. Dies ist freilich kompliziert geregelt: § 50 Abs. 2 ordnet für den Fall, dass für die Aufstellung, Änderung oder Ergänzung eines Bauleitplans nach diesem Gesetz eine Verpflichtung zur Durchführung einer Strategischen Umweltprüfung vorgesehen ist, an, dass hierfür eine UP einschließlich der Überwachung nach den Vorschriften des BauGB durchgeführt wird. Dies konkretisierend schreibt § 2 Abs. 4 Satz 1 BauGB für die Aufstellung von Bauleitplänen vor, dass **für die Belange des Umweltschutzes nach § 1 Abs. 6 Nr. 7 und § 1a BauGB eine UP durchzuführen** ist, in der die voraussichtlichen erheblichen Umweltauswirkungen ermittelt und in einem Umweltbericht beschrieben und bewertet werden. § 50 Abs. 2 verweist (»unbeschadet«) zudem auf die Vorschriften der §§ 13 und 13a des Baugesetzbuchs, welche räumliche und befristete Ausnahmen von der UP-Pflicht für bestimmte Bebauungsplanverfahren im BauGB regeln. Ergänzt wird § 50 Abs. 2 durch den entsprechend anzuwendenden Verweis in Abs. 1 Satz 2 auf die Entbehrlichkeit einer Vorprüfung des Einzelfalls. 40

3. Geltung der Vorschriften des UVPG und der Verwaltungsvorschrift

Um den gemeinschaftsrechtlichen Anforderungen an eine UVP bzw. SUP im deutschen Recht Rechnung zu tragen und eine vollständige Umsetzung beider Richtlinien zu gewährleisten, **sichert** schließlich **§ 1 Abs. 4 Satz 1 deren Standard** durch einen Rückverweis auf das UVPG wie folgt ab: »Dieses Gesetz findet Anwendung, soweit Rechtsvorschriften des Bundes oder der Länder die Umweltverträglichkeitsprüfung nicht näher bestimmen oder die wesentlichen Anforderungen dieses Gesetzes nicht beachten.« Mit Übernahme der UP in das BauGB bedurfte es seitens der Gemeinden keines Rückgriffs auf die Vorschriften des UVPG mehr. Indes können zum besseren Verständnis der bauleitplanerischen UP die Allgemeinen Vorschriften des UVPG in den §§ 1–3 durchaus als Interpretationshilfen natürlich immer dann hinzugezogen werden, wenn Zweifelsfragen auftreten. Und ganz ohne Bezugnahmen auf das UVPG wird es trotz des Komplett-Verweises des § 50 auf das BauGB auch künftig nicht gehen. Die nachfolgend aufgeführten Vorschriften des UVPG setzen einen **Rahmen für das Verfahren der UP in der Bauleitplanung** oder unterstützen es: 41

- Festlegung der SUP-pflichtigen Pläne und Programme durch § 35 i.V.m. Anlage 5, Nr. 1.8: Bauleitplanungen nach den §§ 6 und 10 des Baugesetzbuchs,
- Festlegung der UVP-pflichtigen städtebauliche Vorhaben durch § 2 Abs. 6 i.V.m. Anlage 1 Nr. 18.1–18.9 (Verweise hierauf bei den Absehensregelungen in § 13 Abs. 1 Nr. 1 BauGB und § 13a Abs. 1 Satz 4 BauGB sowie § 34 Abs. 5 Satz 1 Nr. 2 BauGB und § 35 Abs. 6 Satz 4 Nr. 2 BauGB),
- Anwendung der §§ 10–12 bei kumulierenden städtebaulichen Vorhaben (im Rahmen der Vorprüfung nach § 13a Abs. 1 Satz 2 Nr. 2 BauGB – jedoch gem. § 13 UVPG nicht für Vorhaben der Anlage 1 Nr. 18.5, 18.7 und 18.8 – Industriezonen und Städtebauprojekte),
- Geltung der Vorschriften über die grenzüberschreitende Öffentlichkeitsbeteiligung im Rahmen der bauleitplanerischen nach §§ 60 und 61 (über den Verweis in § 4a Abs. 5 Satz 2 BauGB).

Nicht zur Anwendung im Bauleitplanverfahren kommt hingegen die **neu erlassene Verwaltungsvorschrift** zum UVPG (UVPVwV). Sie konstatiert selbst, dass Sie keine Bedeutung für die Bauleitplanverfahren entfaltet, weil das Verfahren der Umweltprüfung im Baugesetzbuch und nicht im UVPG geregelt ist (nachfolgend der entsprechende Auszug aus der UVPVwV): 42

»Zu § 50 UVPG Bauleitpläne

Für den Bereich der Bauleitplanung entfalten die Regelungen dieser Verwaltungsvorschrift nur eine sehr begrenzte Aussagekraft. Das Baugesetzbuch verfolgt mit der Integration der SUP-Richtlinie und der UVP-Richtlinie in eine einheitliche Umweltprüfung ein anderes Konzept und hat dafür eine eigenständige und grundsätzlich umfassende Regelung getroffen. Maßgeblich sind in diesem Bereich die Erlasse der Länder, die sich an den Mustereinführungserlassen (MEE) der Fachkommission Städtebau der ARGEBAU orientieren. Umfangreiche Hinweise zum Umweltbericht enthält der am 1. Juli 2004 beschlossene MEE zum EAG Bau 2004; weitere Hinweise enthalten der am 21. März 2007 beschlossene MEE zum BauGB 2007 und der MEE 2017 zum Gesetz zur Umsetzung der Richtlinie 2014/52/EU im Städtebaurecht und zur Stärkung des neuen Zusammenlebens in der Stadt.«

B. Zusammenführung von Bauleitplanverfahren und UP im BauGB

43 Trotz aller hier überwiegend von der Bauseite zusammengetragenen Kritik: Die Einführung zunächst der UVP für die vorhabenbezogenen Bebauungsplanverfahren und die nachfolgende Erweiterung der Umweltprüfung auf alle übrigen Bauleitplanverfahren geschahen ja nicht ohne Grund. Der seit Jahrzehnten anhaltende **Flächenverbrauch** in Deutschland wurde wesentlich durch die gemeindliche Flächennutzungsplanung vorbereitet und die gemeindliche Bebauungsplanung zugelassen, und er gab daher begründeten Anlass, auf die Prüfung der Umweltbelange im Bauleitplanverfahren ein besonderes Augenmerk zu legen. Heutzutage sind es aber nicht allein die negativen Wirkungen, die eine städtebauliche Planung auf ihre Umwelt haben kann. Sondern umgekehrt erfordern auch die Auswirkungen des Klimawandels auf die Bewohner eine sorgfältige Prüfung der Umweltauswirkungen in der Bauleitplanung erfordern. **Umweltgefahren** wie zunehmende Starkregen, Überschwemmungen und langanhaltende Trockenheit gebieten es, sich mit den Umweltbelangen im Rahmen von Bauleitplanverfahren intensiver als vor noch vor Jahren auseinanderzusetzen. Die Bedeutung des Umweltberichts könnte, so die Prognose des Verfassers, angesichts der Klimagefahren künftig deutlich zunehmen.

44 Mit der **UP** wurde daher, unionsrechtlich vorgegeben, ein Verfahren in das BauGB integriert, welches dem **Stellenwert der Umwelt** formal umfassend **Rechnung trägt**. Das Gemeinschaftsrecht stieß auch weitere Neuerungen an wie etwa die **Nutzung des Internets**. Das Verfahrensrecht der Bauleitplanverfahren wurde so durch Aufgreifen der UVP-RL und der SUP-RL im Verlauf mehrerer BauGB-Novellen **angereichert** und **modernisiert**. Damit wurde es für die Gemeinden aber deutlich **aufwändiger** als früher. Denn auch materielle Prüfbelange kamen durch die UVP-Änderungs-RL hinzu, so, wenn auch nicht ganz neu für das Bauleitplanverfahren, aber doch akzentuierter die ausdrückliche Einbeziehung der Belange der **Fläche** und des **Klimas** in die Schutzgüter der UP, im BauGB sind sie nun in § 1 Abs. 6 Nr. 7 lit. a BauGB geregelt. Die Prüfung der Anfälligkeit der geplanten Vorhaben für schwere **Unfälle** und für **Katastrophen** wurde vorgegeben, nun von § 1 Abs. 7 lit. j BauGB angesprochen. Das Unionsrecht war also ein wesentlicher Motor für eine Modernisierung des BauGB, freilich verbunden mit formalen Anforderungen, die wiederum die beschriebenen Ausweich- und Absatzbewegungen anstießen.

I. Vollzugsdefizite des Umweltschutzes in der Bauleitplanung

45 Die mangelnde Berücksichtigung und Durchsetzung von Umweltbelangen, gerade in der Bauleitplanung, wurde in der Vergangenheit schon früh von der Umweltrechtsseite, aber teilweise auch von der Baurechtsseite selbstkritisch konstatiert:[36] Die kommunale Planungshoheit der Kommunen garantiere nicht automatisch umweltgerechte Bauleitplanungen. Der Gesetzgeber reagierte zunächst mit Novellen des Bundesbaugesetzes und später des BauGB Mitte der 80iger Jahre. Er erweiterte

36 Vgl. *Schroer,* UVP im Bauplanungsrecht, S. 119. Zum Vollzugsdefizit in Planungsprozessen schon *Hoppe* VVDStRL 38 (1980) 211 (217, 269).

sukzessive den Katalog derjenigen Belange in § 1 Abs. 6 BauGB, die die einzelnen Umweltschutzgüter zum Gegenstand haben. Trotz dieser **Ökologisierung des Städtebaus** fand sich der **kritische Praxisbefund** dem Grunde nach immer noch bestätigt,[37] denn der durch die Bauleitplanung verursachte Flächenverbrauch hielt unvermindert an, und zwar bis zum heutigen Tag. Wohl war das planungsrechtliche Instrumentarium nun darauf angelegt, mit einer umfassenden Abwägung aller im konkreten Planungsfall betroffenen Bodennutzungsansprüche und deren Umweltfolgen im Rahmen der Bauleitplanung den Anforderungen des Umweltschutzes vorsorgend Rechnung zu tragen. Dennoch konnte trotz der Ausweitung des Belangekatalogs von einer umfassenden »ökologischen Wende« in der Bauleitplanung nicht gesprochen werden.

Denn die **städtebauliche Planung**, insbesondere die Bebauungsplanung, hat zum **Zweck**, die Rechts- 46
grundlage zur Realisierung von Wohn-, Gewerbe-, Industrie- oder sonstigen **Bauprojekten** zu schaffen. Dies gilt erst recht für den in Zusammenarbeit mit einem Investor aufzustellenden Vorhaben- und Erschließungsplan des § 12 BauGB. Umweltbelange stellen sich dieser Zielrichtung entgegen. Wurden sie deshalb nicht schon bewusst als unbequem vernachlässigt, so fehlte es doch häufig an der notwendigen Sensibilität für die mittelbaren Umweltfolgen eines auf zusätzliche Bebauung ausgerichteten Plans innerhalb des »Ökosystems Stadt«.[38] Eine eigene Interessenvertretung für die Bewahrung der Umwelt in der Bauleitplanung fehlte. Gefördert wurde diese Tendenz durch das Fehlen aussagekräftigen Datenmaterials über den Zustand der im Einzelnen betroffenen Umweltfaktoren.[39] Auch mangelte es an der erforderlichen instrumentellen Ausstattung des städtebaulichen Planungsprozesses.[40] Und soweit Umweltbelange erfasst wurden, geschah dies nach etablierter städtebaulicher Planungsmethodik und -praxis zumeist nur eindimensional; d.h. Belastungen wurden isoliert betrachtet, ohne ihre Wirkungen auf andere Medien miterfassend. Eine systematische Ermittlung und Aufbereitung der Auswirkungen der Planung auf die Umwelt waren daher die Ausnahme in den Gemeinden. Ohne ein Verfahren zur Ermittlung und Beschreibung der Umweltauswirkungen **drohten die Umweltbelange im bauleitplanerischen Abwägungsprozess** in der Gegenüberstellung mit den anderen Belangen, wie sie ebenfalls in vielfältiger Weise in § 1 Abs. 6 BauGB aufgeführt sind und deren Interessen oft personifiziert waren, **unterzugehen**. War aber schon das Abwägungsmaterial nicht oder nur lückenhaft vorhanden und auch nicht aufbereitet, so konnte es nicht mit dem ihm gebührenden Gewicht in die bauleitplanerische Gesamtabwägung einer Gemeinde Eingang finden. Potenzielle Zielkonflikte blieben ihr verborgen.[41] Ob eine Bauleitplanung ökologisch vertretbar war, und wenn ja, wie sie im Einzelnen ökologisch auszugestalten war, blieb also dem Engagement und der Durchsetzungsfähigkeit Einzelner überlassen. Eine **umfassende und systematische Darstellung der Umweltbelange**, ein professionelles Verfahrensmanagement aus Sicht der Umwelt, **fehlte** ebenso wie die **fach- und medienübergreifende Bewertung** der voraussichtlichen Umweltauswirkungen der Planungen und Vorhaben im Sinne einer urban-ökologischen Gesamtschau.

II. Integration der UP als Korrekturansatz des BauGB

Diese ökologischen Orientierungslosigkeit in der Stadtplanung wollte der Gesetzgeber – angehalten 47
durch die unionsrechtlichen Vorgaben – entgegentreten, und blieb dabei im Gestrüpp des juristischen Meinungsstreits hängen. Mehrfach war er gezwungen, das Verhältnis von UVPG und BauGB zu überarbeiten. Im Jahr 2004 unter dem Einfluss der SUP-RL entschied er sich schließlich dafür, für alle Arten von Bauleitplänen eine Integration der UP vorzugeben, und zwar unmittelbar im BauGB. Mit dieser Aufnahme in das BauGB hielt die UP, verstanden als ein zwar integriertes, aber

37 Schon früher *Sittel-Czypionka* DÖV 1992, 737 (738).

38 Zu diesem Begriff *Weyel* VerwArch 1989, 245 (246).

39 *Sittel-Czypionka* DÖV 1992, 737 (740) vermerkte damals, dass nur etwa 10 % der Großstädte, die die UVP in der Bauleitplanung generell anwenden, über Umweltinformationssysteme verfügten.

40 *Hahn*, in: Spannowsky/Mitschang, Umweltverträglichkeitsprüfung in der Bauleitplanung, S. 99 (115).

41 *Schroer*, UVP im Bauplanungsrecht, S. 120.

formal besonders **hervorgehobenes Verfahren** zur Ermittlung, Beschreibung und Bewertung von Umweltauswirkungen der Planung erstmals Einzug in die Bauleitplanung der Kommunen. Der dahinterstehende Gedanke war: Die **UP** soll das bis dato fehlende, **rechtlich verbindliche Handwerkszeug** des Städteplaners zur wirkungsvollen **Erfassung öko-systemarer Zusammenhänge im urbanen Bereich** werden. Der Verweis auf und die Vollregelung im BauGB sollen dazu dienen, die wahrgenommenen Berührungsängste der Stadtplaner durch eine Bezugnahme auf ihnen geläufige Vorschriften abzubauen, **ohne** dabei aber die **materiellen Anforderungen** an die Planung, die sich aus dem BauGB selbst, aber auch aus anderen Fachgesetzen herleiten, **zu verändern**. Und die Jahre später erfahrenen trockenen Sommer seit 2018 und die Überschwemmungskatastrophe im Sommer 2021 bestätigten im Nachhinein, dass eine solche Korrektur damals überfällig war.

48 Die Regelung der UP in der Bauleitplanung setzt seit 2004 sowohl die UVP-RL als auch die SUP-RL um. Zentrales Element ist der im Rahmen der Bauleitplanung von Gemeinde bzw. Vorhabenträger zu erstellende **UP-Bericht** sowie die auf seiner Grundlage durchzuführende **Beteiligung der Öffentlichkeit**. Eine von der Gemeinde gut informierte Öffentlichkeit und die Umweltverbände sollen sich ebenfalls für die Interessen der Umwelt stark machen.[42] Ihr Zugang zum Verfahren soll durch ein zentrales **Internetportal** erleichtert werden, die mit der UP einhergehende **Begründungspflicht** zu den Umweltauswirkungen der Planung soll deren Qualität erhöhen. Schließlich soll ein **Monitoring** die Umsetzung notwendiger Schutzmaßnahmen gewährleisten.

III. Schwächen der Umsetzung in der bauleitplanerischen Praxis

49 Die Verantwortlichen für die Aufstellung eines Bauleitplans sollen sich, bevor sie den Plan verabschieden, die methodischen Ansätze der UP also bewusst machen und diese aktiv nutzen, um die komplexen Wechselbeziehungen der Umweltmedien untereinander angesichts des Klimawandels neu zu erfassen und zu bewerten.

Die obige Aufzählung der mit der UP einhergehenden Verfahrensschritte macht aber zugleich deutlich, dass aus ihrer Integration in alle Bauleitplanverfahren ein erheblicher Aufwand für alle kommunalen Planverfahren resultiert. Und es ist nicht von der Hand zu weisen, dass von den Kritikern einer Planung oft versucht wird, durch überzogene Anforderungen an die Erstellung des Umweltberichts die Planungsabsichten der Gemeinde insgesamt zu torpedieren. **Bauleitplanverfahren** mit UP wurden für die Gemeinden **fehleranfälliger**. Wie also könnte mit der erhöhten Komplexität umgegangen werden?

50 Der Baurechtsgesetzgeber sah, als er die UP in das BauGB einführte, durchaus selbst die Gefahr der Überfrachtung der Bauleitplanverfahren. Dem drohenden Formalismus »um des Prinzips willen« wollte er zunächst durch den Hinweis auf die Eigenverantwortlichkeit der Gemeinden für ihre Planung und den eingangs zitierten Gesetzesbefehl zur Angemessenheit der UP vorbeugen. § 2 Abs. 4 Satz 2 BauGB verweist darauf, dass die **Gemeinde** selbst **festlegt**, in welchem **Umfang** und **Detaillierungsgrad** die Ermittlung der Belange des Umweltschutzes für die Abwägung erforderlich ist. In Satz 3 stellt macht er deutlich, dass sich die UP auf das bezieht, was nach gegenwärtigem Wissensstand und allgemein anerkannten Prüfmethoden **angemessenerweise** verlangt werden kann. Zudem eröffnete er mit § 4b BauGB der Gemeinde die Möglichkeit, in komplexen Verfahren einen **Dritten als Verwaltungshelfer** einzuschalten.[43] Dieser kann sie bei der Erstellung des Umweltberichts oder bei der Durchführung der einzelnen Verfahrensschritte der UP wie insbesondere der Beteiligung der Öffentlichkeit unterstützen. Bei verhärteten Konflikten, aber auch schon im Vorfeld der Planung kann die Gemeinde eine **Mediation** initiieren.[44] Schließlich regelte der Gesetzgeber in § 214 Abs. 2a Nr. 1 BauGB a.F., dass bestimmte **Verfahrensfehler** bei der Durchführung der UP per se **unbeacht-**

42 *Schink* UPR 2014, 408 zur Intention der UVP-RL: »Bürger als Kontrollhelfer«.

43 Anders *Reidt* NVwZ 1998, 592, der von einer Beleihung durch § 4b BauGB ausgeht.

44 Zur Möglichkeit der Mediation in der Bauleitplanung *Köster* DVBl 2002, 229 ff., *Battis* DÖV 2011, 340 ff., *Wagner* DVBl 2014, 150 ff.

lich sind. Gerade dieser Versuch, die Fehleranfälligkeit der UP vorab per gesetzlicher Anordnung zu reduzieren und damit den Gemeinden die Angst vor Fehlern bei eigener Erstellung des Umweltberichts zu nehmen, scheiterte jedoch am EuGH. Dieser sah hierin einen **Verstoß gegen das Gemeinschaftsrecht**,[45] weshalb die Regelung mit der Novelle 2017 aufgehoben wurde.

Der Gesetzgeber trat schon wenige Jahre nach Inkrafttreten des EAG 2004 schrittweise den Rückzug von der Integration der UP in alle Bauleitplanverfahren an. Er wollte den Gemeinden die Möglichkeit eröffnen, in aus seiner Sicht einfacher gelagerten Bebauungsplanverfahren von der UP wieder abzusehen. Hierzu nutzte er die **Ausnahmeregelung des Art. 3 Abs. 3 SUP-RL** für Pläne. Zunächst schuf er im Jahr 2007 den § 13a BauGB für Bebauungspläne der Innenentwicklung: Planerische Entwicklungen des Innenbereichs wurden von der UP-Pflicht mit dem Argument freigestellt, dass sie grundsätzlich umweltfreundlicher als die Ausdehnung der Bebauung in den Außenbereich sind. 51

Die **Rechtsprechung** legte diese Befreiungsregelung indes **enger** aus als von der kommunalen Praxis erhofft. Nachdem Kritiker vehement mehr »Beinfreiheit« forderten,[46] zog er im Jahr 2017 mit der umstrittenen Regelung des § 13b BauGB auch kleinere Bebauungsplanverfahren für den Außenbereich in die Freistellung von der UP-Pflicht ein, angesichts eigener Zweifel allerdings befristet für den Zeitraum zunächst bis 2019, schließlich verlängert bis 2022. Berechtigte Zweifel an § 13b BauGB wurden in der Vorauflage auch vom Verfasser dieser Kommentierung geäußert. Auch das Bundesverwaltungsgericht hatte diese und erklärte die Vorschrift des § 13b BauGB schließlich im Sommer 2023 für unionsrechtswidrig.[47] 52

Aber selbst nach dem Eindruck der Europäischen Kommission als der Hüterin der Umweltprüfung wurden in den Mitgliedstaaten tendenziell zu viele UVPs durchgeführt.[48] Ihr korrigierender Ansatz bestand jedoch, anders als Deutschland, nicht darin die Verzichtsmöglichkeiten zu erweitern, sondern in einem Vorschlag zur Ausdehnung des Screening-Verfahrens. Sie scheiterte aber am Widerstand der Mitgliedstaaten, die keine »Mini-UVP« in ihre nationalen Rechtsordnungen integrieren wollten. Ein weiterer Ansatz in der UVP-Änderungs-RL in Art. 5 Abs. 3 war es, den Anwendern bei der Durchführung der komplizierten UP vorzugeben, dass der **UVP-Bericht** von **kompetenten Fachleuten** erstellt wird, und dass die zuständige Behörde über **Personal mit ausreichenden Fachkenntnissen** verfügt. Dies sind Selbstverständlichkeiten, die den mit Personalmangel geschlagenen Gemeinden aber nicht weiterhelfen. Ihren ursprünglich sogar weitergehenden Vorschlägen nach Beauftragung zertifizierter Sachverständiger verweigerten sich wiederum die Mitgliedstaaten. Von der Umsetzung dieser daraufhin abgeschwächten Vorgaben der UVP-Änderungs-RL im BauGB wurde, auf Empfehlung des erwähnten Sachverständigengutachtens in Deutschland ebenfalls abgesehen, weil bereits § 2 Abs. 3 BauGB gebiete, umfassend zu ermitteln:[49] »Dies erfordert schon nach geltendem Recht, dass die planaufstellende Gemeinde entweder selbst hinreichend qualifiziert ist oder bei nicht ausreichender Fachkompetenz die erforderlichen Fachkenntnisse von außen einholt.« 53

Diese unterschiedlichen Strategien und Herangehensweisen der Akteure auf europäischer und nationaler gesetzgeberischer Ebene lassen also erahnen: Trotz erheblicher Bemühungen scheint der Weg noch lang, bis tatsächlich flächendeckend von einer **nachhaltigen Bauleitplanung** gesprochen werden kann.[50] Die UP, so unvollkommen wie sie derzeit ist, stellt hierzu einen wichtigen Schritt dar. 54

45 EuGH, Urt. v. 18.04.2013 – C-463/11, DVBl 2013, 777 (Leitsatz).

46 *Schröer* in der Anmerkung zu BVerwG, Urt. v. 04.11.2015 – 4 CN 9.14, NVwZ 2016, 864, 868.

47 Siehe oben Rdn. 32.

48 Hierzu und zum Nachfolgenden *Sangenstedt* ZUR 2014, 526, 529.

49 Gutachten von *Battis/Moench/Uechtritz/Mattes/von der Groeben*, Zur Umsetzung der UVP-Änderungsrichtlinie im Baugesetzbuch, März 2015, S. 32.

50 So das ehrgeizige Ziel des Bundesgesetzgebers, in Gesetzesbegründung zum EAG, BT-Drs. 15/2250, S. 1: »Die Integration der umweltbezogenen Anforderungen des Gemeinschaftsrechts soll im Bereich der Bauleitplanung mit dem Ziel verbunden werden, die planungsrechtlichen Verfahrensschritte auf

Allerdings ist bei ihrer Umsetzung in der Praxis Augenmaß verlangt, um einer Überforderung der Gemeinden entgegenzuwirken. Es bleibt abzuwarten, wie weit die hier skizzierten, von der Europäischen Kommission in allgemeiner Form für die UVP insgesamt angestoßenen[51] und innerhalb der Bundesregierung derzeit abzustimmenden Änderungen der UP in der Bauleitplanung[52] gehen werden. Angesichts des Zeitpunkts der Drucklegung dieser Seiten konnten diese beiden Initiativen keine detaillierte Berücksichtigung in der nachfolgenden Darstellung mehr finden.

C. Die UP in der Bauleitplanung gem. § 50 Abs. 1 und 2 i.V.m. § 2 Abs. 4 BauGB

55 Das BauGB führt also in § 2 Abs. 4 BauGB den **Begriff der Umweltprüfung** (UP) ein und differenziert, anders als das UVPG in seinen Abschnitten 2 bzw. 3, nicht zwischen einer Umweltverträglichkeitsprüfung (UVP) für Projekte und einer Strategischen Umweltprüfung (SUP) für Programme und Pläne. Für alle Bauleitplanverfahren gilt nach § 2 Abs. 4 Satz 1 BauGB: »Für die Belange des Umweltschutzes nach § 1 Abs. 6 Nr. 7 und § 1a wird eine Umweltprüfung durchgeführt, in der die voraussichtlichen erheblichen Umweltauswirkungen ermittelt werden und in einem Umweltbericht beschrieben und bewertet werden; die Anlage 1 zu diesem Gesetzbuch ist anzuwenden.« Bei diesen Bauleitplanverfahren handelt es sich gem. § 1 Abs. 2 BauGB um Verfahren zum **Flächennutzungsplan** (vorbereitender Bauleitplan) und zum **Bebauungsplan** (verbindlicher Bauleitplan). Besonderheiten im Ablauf der UP können sich indes bei den **Vorhaben- und Erschließungsplänen** (VEP) des § 12 BauGB ergeben, weil hier in den Verfahrensablauf ein privater Vorhabenträger integriert wird. Diese eigenständige Umsetzung von UVP und SUP in der zusammengeführten Form einer UP ist **gemeinschaftsrechtlich nicht zu beanstanden.** Im Rahmen der Begriffsbestimmungen in § 2 Abs. 10 stellt das UVPG hierzu klar: »Umweltprüfungen im Sinne dieses Gesetzes sind Umweltverträglichkeitsprüfungen und Strategische Umweltprüfungen.«

I. Das Verfahren der UP gem. § 2 Abs. 4 Sätze 1–3 BauGB

56 Die Regelung der UP in § 2 Abs. 4 Satz 1 BauGB hat an der Grundsatzentscheidung des UVPG, dass die UP ein **unselbstständiger Teil** verwaltungsbehördlicher Verfahren ist, nicht gerüttelt. Im UVPG wird dieses Integrationserfordernis für die UVP in § 4, für die SUP in § 33, festgelegt; diese Vorgabe gilt auch für die UP in der Bauleitplanung. Des Weiteren prägen auch die **Grundsätze für Umweltprüfungen des § 3** das Verfahren der UP im BauGB. Dort ist vorgegeben: »Umweltprüfungen umfassen die Ermittlung, Beschreibung und Bewertung der erheblichen Auswirkungen eines Vorhabens oder eines Plans oder Programms auf die Schutzgüter. Sie … werden … unter Beteiligung der Öffentlichkeit durchgeführt.« In die bauleitplanerische UP sind daher, wie von § 2 Abs. 4 Satz 1 BauGB aufgegriffen, die Verfahrensschritte des Ermittelns, Beschreibens und Bewertens der erheblichen Auswirkungen eines Vorhabens oder Plans auf die Schutzgüter des UVPG, jeweils unter Beteiligung der Öffentlichkeit, zu integrieren.

57 Diese und weitere Einflussnahmen des Unionsrechts auf die Begrifflichkeiten des BauGB vorausgeschickt, haben sich durch die Integration der UP die **Verfahrensanforderungen des BauGB an ein Bauleitplanverfahren** in ihrer grundsätzlichen Struktur **nicht verändert.** Die UP schafft keine zusätzlichen materiellen Standards, aber sie führt zu einer »verfahrensmäßigen Privilegierung« der Umweltbelange im Ablauf.[53] Diese Verfahrensanforderungen des BauGB an die planenden Gemeinden

---

hohem Umweltschutzniveau zu vereinheitlichen und zu stärken, um eine dem Leitbild der nachhaltigen Stadtentwicklung entsprechende zügige und sichere Planung zu ermöglichen.« Zum Vorschlag einer Nachhaltigkeitsprüfung siehe *Kment*, in: Ernst/Zinkahn/Bielenberg/Krautzberger, BauGB, § 2 Rn. 212 f.

51 Siehe oben Rdn. 12.

52 Siehe oben Rdn. 37.

53 *Otto*, in: Schrödter, Baugesetzbuch, § 2 Rn. 125; *Kment*, in: Ernst/Zinkahn/Bielenberg/Krautzberger, BauGB, § 2 Rn. 396 insoweit begriffsprägend: »Der Unterschied gegenüber dem herkömmlichen Bebauungsverfahren liegt also nicht im Inhalt, sondern in der Form der Darstellung und ihrer verfahrensmäßigen Privilegierung.«.

und die hier erfolgten allgemeinen Einflussnahmen des Unionsrechts werden zunächst dargestellt. Es schließen sich Ausführungen zu den besonderen Anforderungen an das Verfahren einer UP im Bauleitplanverfahren an, welche aber dann entfallen können, wenn auch die bauleitplanerische UP nach den Vorgaben des Gesetzgebers gem. den §§ 13 und 13a BauGB entfallen kann.

1. Die UP als unselbstständiger Verfahrensbestandteil (das »Ermitteln« und »Beschreiben« der Umweltauswirkungen)

Die UP ist damit als »**unselbstständiger Teil**« des Planaufstellungsverfahrens durchzuführen. Auch in der Bauleitplanung ist also die UP kein abgesetztes, vor, neben oder nach dem Planverfahren ablaufendes Verwaltungsverfahren. Sie muss vielmehr von Beginn an als **integraler Bestandteil der Planaufstellung** verstanden werden. **Träger des UP-Verfahrens** ist die **Gemeinde**. Die ihr durch § 2 Abs. 1 Satz 1 BauGB zugewiesene Eigenverantwortlichkeit für die Bauleitplanung bleibt somit auch für die im Verfahren durchzuführende bauleitplanerische UP erhalten.[54] 58

Mit diesem Verständnis einer Vollintegration erhält die UP im planerischen Abwägungsverfahren dennoch einen eigenen Stellenwert. Die verfahrensrechtliche Bedeutung des § 2 Abs. 4 Satz 1 BauGB liegt darin, dass die **UP** mit ihren drei Schritten des Ermittelns, des Beschreibens und des Bewertens als **in sich geschlossene Komponente** des Planverfahrens in Erscheinung treten muss. Aus dieser verfahrensmäßigen Hervorhebung heraus verbietet es sich, in die Prüfung der Umweltauswirkungen vorab die vielen anderen im Rahmen des Bauleitplanverfahrens zu berücksichtigenden materiellen Belange mit einzubeziehen; auf die materiellen Maßstäbe für die UP ist zurückzukommen.[55] 59

2. Anreicherung der allgemeinen Verfahrensvorschriften des BauGB

Die UP in der Bauleitplanung verändert den **herkömmlichen Ablauf des Planverfahrens** also nicht, sondern sie erfolgt gem. § 50 Abs. 1 und 2 nach den **Verfahrensvorschriften des BauGB**. Die das Bauleitplanverfahren prägenden Schritte der Beteiligung der Öffentlichkeit (früher Bürgerbeteiligung) nach § 3 BauGB, die Beteiligung der Behörden (früher Beteiligung der Träger öffentlicher Belange) nach § 4 BauGB und nach § 4a BauGB und die Abstimmung mit benachbarten Gemeinden nach § 2 Abs. 2 BauGB sowie das Erfordernis einer Planbegründung nach § 9 Abs. 8 BauGB einschließlich der hierauf bezogenen Planerhaltungsvorschriften nach §§ 214 und 215 BauGB gelten fort; sie waren immer schon Bestandteile des Verfahrens zur Aufstellung von Bauleitplänen.[56] Der Gesetzgeber hat die Integration der UP indes dazu genutzt, diese allgemeinen Verfahrensnormen anzureichern und durch Anstöße aus dem Unionsrecht fortzuentwickeln. 60

a) Beteiligung der Öffentlichkeit gem. §§ 3, 4a BauGB

Die Beteiligung der Bürger war seit jeher zentraler Bestandteil jedes Bauleitplanverfahrens. Sie ist, jetzt als Beteiligung der Öffentlichkeit bezeichnet, zugleich wesentlicher Bestandteil des **Ermittelns der erheblichen Auswirkungen der Planung auf die Umwelt**. Nach nationalem Verständnis diente die Bürgerbeteiligung im Aufstellungsverfahren eines Bauleitplans vorrangig der (besseren) Information der planaufstellenden Gemeinde, des Weiteren einem bereits im Verfahren einsetzenden Rechtsschutz der Bürger. Durch das Gemeinschaftsrecht kommt der Aspekt dazu, die **Öffentlichkeit auch für die Belange des Umweltschutzes zu mobilisieren**. Dieses erweiterte unionsrechtliche Verständnis prägt zunehmend die Auslegung der Vorschriften des BauGB zur Öffentlichkeitsbeteiligung; es stellt sich jeweils die Frage, ob die Öffentlichkeit durch das Beteiligungsverfahren befähigt wird, 61

54 Das war schon Motiv des Gesetzgebers beim Erlass des BauGB, s. Ausschussbericht, BT-Drs. 10/6166, S. 139.

55 Vgl. unten Rdn. 139.

56 § 1 Abs. 8 BauGB erläutert, dass die Vorschriften über die Aufstellung von Bauleitplänen auch für ihre Änderung, Ergänzung und Aufhebung gelten.

mit Stellungnahmen den Belangen des Umweltschutzes ausreichend Gewicht gegenüber den anderen Belangen zu verschaffen.

62 Nach gemeinschaftsrechtlichem Verständnis werden folgende Phasen der Öffentlichkeitsbeteiligung unterschieden:[57]
- Information über die anstehende Entscheidung,
- Zugänglichmachung von Unterlagen in der Anfangsphase,
- Ermöglichung der Abgabe von Stellungnahmen,
- Berücksichtigung der Ergebnisse der Öffentlichkeitsbeteiligung in der behördlichen Entscheidung,
- Information über die ergangene Behördenentscheidung,
- Zugänglichmachung von Unterlagen und Informationen in der Abschlussphase.

63 Das BauGB greift diese Phasen auf und integriert sie in die zweigestufte Öffentlichkeitsbeteiligung. Sprach das BauGB früher von einer Bürgerbeteiligung, hat § 3 BauGB in Anpassung an die Begrifflichkeiten des europäischen Rechts den Begriff der Beteiligung der Öffentlichkeit übernommen. Umzusetzen waren die entsprechenden Vorgaben der **Öffentlichkeitsbeteiligungs-RL**, deren Vorgaben wiederum maßgeblich durch das internationale Abkommen der **Aarhus-Konvention** beeinflusst waren. § 4a Abs. 1 BauGB stellt deshalb ergänzend klar, dass die Vorschriften über die Öffentlichkeitsbeteiligung der vollständigen Ermittlung und zutreffenden Bewertung der von der Planung berührten Belange und der Information der Öffentlichkeit dienen sollen.

aa) Information über die anstehende Entscheidung

64 Die erste Phase des Verfahrens der Öffentlichkeitsbeteiligung bildet die sog. **frühzeitige oder vorgezogene Beteiligung** nach § 3 Abs. 1 Satz 1 BauGB. In ihr ist die Öffentlichkeit frühzeitig über die allgemeinen Ziele und Zwecke der Planung, sich wesentlich unterscheidende Lösungen und die voraussichtlichen Auswirkungen der Planung zu unterrichten; anschließend ist ihr Gelegenheit zur Äußerung und Erörterung zu geben. Vom **Begriff der Öffentlichkeit** werden entsprechend Art. 2 Abs. 1 Öffentlichkeitsbeteiligungs-RL »eine oder mehrere natürliche oder juristische Personen und, in Übereinstimmung mit den innerstaatlichen Rechtsvorschriften oder der innerstaatlichen Praxis, deren Vereinigungen, Organisationen oder Gruppen« erfasst. Art. 2 Abs. 3 der RL ergänzt, dass die Mitgliedstaaten die Kreise der Öffentlichkeit zu ermitteln haben, die »ein Beteiligungsrecht haben; hierzu zählen relevante Nichtregierungsorganisationen, z.B. Organisationen, die sich für den Umweltschutz einsetzen, sofern sie alle nach innerstaatlichem Recht geltenden Voraussetzungen erfüllen.« Entsprechende Definitionen enthalten die UVP- und die SUP-RL. Da aber schon bislang der Begriff der Bürgerbeteiligung im BauGB weit gefasst war, ergeben sich hierdurch keine Weiterungen gegenüber dem früheren Rechtszustand in Deutschland.[58]

65 Das BauGB überlässt es den Gemeinden, auf welche Art und Weise sie die beiden Verfahrenselemente Unterrichtung bzw. Anhörung und Erörterung im Rahmen der frühzeitigen Öffentlichkeitsbeteiligung im Einzelnen durchführen. Vorgegeben werden allerdings das Merkmal der **Frühzeitigkeit** und der Hinweis auf sich wesentlich unterscheidende Lösungen und damit die Information über **Planungsalternativen.**[59] Mit diesen Vorgaben erfüllt das BauGB zugleich wesentliche gemeinschaftsrechtliche Anforderungen an die UP.

---

57 Zum Verständnis der Öffentlichkeitsbeteiligung in unterschiedlichen Richtlinien des Gemeinschaftsrechts und den Phasen der Beteiligung grundlegend *Hendler* DVBl 2014, 78 ff.

58 Der Begriff des Bürgers in § 3 BauGB war seit jeher nicht auf den Kreis derjenigen beschränkt, die nach dem jeweiligen Kommunalrecht der Länder Bürger der planenden Gemeinde sind, sondern erfasste nach einhelliger Auffassung jedermann, d.h. auch alle in- oder ausländischen natürlichen und juristischen Personen – also immer auch schon Verbände, zur Beteiligung der Naturschutzvereinigungen nach § 3 BauGB bereits BVerwG DVBl 1997, 1123, 1124.

59 *Battis*, in: Battis/Krautzberger/Löhr, BauGB, § 3 Rn. 1.

Den **Zeitpunkt des Beginns der frühzeitigen Öffentlichkeitsbeteiligung** setzt das BauGB nicht fest; die Regelung des § 3 Abs. 1 Satz 3 Nr. 2 BauGB, nach der auf eine Unterrichtung und Erörterung verzichtet werden kann, wenn diese »bereits zuvor auf anderer Grundlage erfolgt sind«, macht deutlich, dass die erste Öffentlichkeitsbeteiligung bereits im informellen Vorfeld der Planung – etwa auf der Basis einer (nicht förmlichen) Rahmenplanung (gem. § 1 Abs. 6 Nr. 11 BauGB) oder Stadt(teil)entwicklungsplanung, aber auch im Rahmen eines allen zugänglichen Workshops oder Stakeholder-Dialogs oder einer »Bürgerwerkstatt« – erfolgen kann. Entscheidend ist, dass sich zu diesem Zeitpunkt die Planung noch nicht so verfestigt hat, dass die Öffentlichkeitsbeteiligung zur Farce wird.[60] Bestätigt wird dies durch die Öffentlichkeitsbeteiligungs-RL, die in Art. 2 Abs. 2 lit. b verlangt, dass »die Öffentlichkeit das Recht hat, Stellung zu nehmen und Meinungen zu äußern, **wenn alle Optionen noch offen stehen** und bevor Entscheidungen über die Pläne und Programme getroffen werden.« Eine frühzeitige Beteiligung, im Einzelfall auch schon vor dem förmlichen Planaufstellungsbeschluss nach § 2 Abs. 1 Satz 2 BauGB, kann dazu genutzt werden, die Umwelterheblichkeit des beabsichtigten Vorhabens mit **Hilfe der Orts- und Detailkenntnisse der Bürger** überhaupt erst zu erkennen und richtig einzuschätzen. Jedoch muss sich die interne Planung aber schon so weit konkretisiert haben, dass eine Unterrichtung und Diskussion über die Ziele, Zwecke, Auswirkungen und Alternativen überhaupt möglich ist.[61] 66

§ 3 Abs. 1 Satz 2 Nr. 1 BauGB lässt allerdings **Ausnahmen von der** Pflicht zur Durchführung einer **frühzeitigen Öffentlichkeitsbeteiligung** für »Bagatellfälle« zu. Zu Recht wird diese Regelung für die UP als unproblematisch angesehen,[62] weil die der UP-Pflicht unterliegenden Pläne gerade keine planerischen Bagatellen regeln. Allerdings wird das Städtebauministerium im Rahmen der beabsichtigten Novellierung des BauGB im Jahr 2026 einen Vorschlag unterbreiten, die frühzeitige Öffentlichkeitsbeteiligung fakultativ und damit in das Ermessen der Gemeinden zu stellen, also nicht mehr verpflichtend vorzusehen. Dann wird es darauf ankommen, eine ggf. nur noch einstufige Öffentlichkeitsbeteiligung so zu gestalten, dass die Stellungnahmen der Öffentlichkeit zu den Auswirkungen der beabsichtigten Planung auf die Umwelt so rechtzeitig aufgegriffen werden können, dass im weiteren Planungsprozess nachteilige Umweltauswirkungen noch vermieden oder reduziert werden können. 67

bb) Zugänglichmachung von Unterlagen in der Anfangsphase

Die nach dem BauGB zweite Stufe der Öffentlichkeitsbeteiligung erfolgt im Verfahren der **öffentlichen Auslegung** nach § 3 Abs. 2 BauGB und beginnt mit deren Vorbereitung. Sie setzt ein, wenn das Planungsverfahren zu beschlussfähigen Planentwürfen nebst Begründung gediehen ist. Die interessierte Öffentlichkeit ist hier angehalten, Stellungnahmen zu dem Planentwurf vorzubringen. Im Gegensatz zur frühzeitigen Öffentlichkeitsbeteiligung ist der Gemeinde die verfahrensmäßige Ausgestaltung der »Auslegung« nicht in ihr Belieben gestellt, sondern aufgrund der umzusetzenden Vorgaben des Gemeinschaftsrechts **streng formalisiert**. Zunächst bedarf es deshalb der ortsüblichen Bekanntmachung von Ort und Dauer der Auslegung gem. § 3 Abs. 2 Satz 2 BauGB einer Woche vor deren Beginn, verbunden mit dem Hinweis, dass Stellungnahmen abgegeben und nicht fristgerecht abgegebene Stellungnahmen bei der Beschlussfassung über den Bauleitplan unberücksichtigt bleiben können. **Umweltvereinigungen** sind gem. § 3 Abs. 3 BauGB bei **Flächennutzungsplanverfahren** auf diese Verfristungsregelung für ihre Einwendungen hinzuweisen.[63] Für die UP bedeutsam und nachfolgend noch zu erläutern ist, dass gem. § 3 Abs. 2 Satz 2 BauGB schon in der Bekanntmachung der Öffentlichkeit die Information zu geben ist, welche Arten umweltbezogener Informationen in der Gemeinde hierzu verfügbar sind. 68

---

60 *Battis*, in: Battis/Krautzberger/Löhr, BauGB, § 3 Rn. 8.

61 *Schroer*, UVP im Bauplanungsrecht, S. 172 m.w.N.

62 *Schroer*, UVP im Bauplanungsrecht, S. 173; *Erbguth/Schink*, UVPG, § 17 Rn. 21.

63 Hierzu der Mustereinführungserlass der Fachkommission Städtebau vom 28.09.2017 zur BauGB-Novelle 2017, S. 14 f.

cc) Ermöglichung der Abgabe von Stellungnahmen

69 Der Entwurf des Bauleitplans ist gem. § 3 Abs. 2 Satz 1 BauGB nach vorheriger Bekanntmachung (von mindestens einer Woche zuvor) für die Dauer eines Monats, mindestens aber 30 Tage und bei Vorliegen eines wichtigen Grundes auch angemessen länger öffentlich auszulegen. Ein wichtiger Verlängerungsgrund kann gegeben sein, werden die Zahl der betroffenen Belange außergewöhnlich groß ist, besonders umfängliche Unterlagen vorliegen oder die Planung aus anderen Gründen besonders komplex ist.[64] Mit dieser Mindest-Auslegungsfrist von 30 Tagen und ihrer Verlängerungsmöglichkeit wird eine entsprechende Vorgabe von Art. 6 Abs. 7 UVP-Änderungsrichtlinie umgesetzt. Im Rahmen der beabsichtigten Novellierung des BauGB im Jahr 2026 soll diese Verlängerungsmöglichkeit möglicherweise begrenzt werden.

70 Im Hinblick auf das integrale UP-Verfahren ist von der öffentlichen Auslegung zu verlangen, dass sie der Bürgerschaft eine **Urteilsbildung über den Grad der Umweltverträglichkeit** oder Umweltunverträglichkeit der vorgelegten Planung erlaubt. D.h. dass eine ggf. erfolgte Umweltverträglichkeitsuntersuchung weitgehend abgeschlossen sein soll und ihre Ergebnisse in der Planentwurfsbegründung mit hinreichender Deutlichkeit in Erscheinung treten müssen. Aus diesem Grund wurde der **Umweltbericht** gem. § 2a BauGB mit der Novelle 2001 eingeführt und mit dem EAG 2004 nochmals stärker in **den Planungsablauf integriert**. In dieser Beteiligungsphase muss es also Ziel sein, einerseits der **Öffentlichkeit die Möglichkeit des Nachvollzugs** der vorliegenden Erkenntnisse über die Umweltfolgen des geplanten Vorhabens zu geben, andererseits aber auch aus der Bürgerschaft ergänzende Hinweise und Anregungen zu vorhandenen oder abzusehenden Umweltauswirkungen des Planprojektes und evtl. Varianten zu erhalten. § 3 Abs. 2 Satz 1 BauGB verpflichtet die Gemeinde aus diesem Grund zusätzlich, die nach ihrer Einschätzung wesentlichen, bereits vorliegenden umweltbezogenen Stellungnahmen der Behörden in die Auslegung mit aufzunehmen.[65] Nicht zu beanstanden ist, wenn die Unterlagen für die Öffentlichkeitsbeteiligung durch einen Auftragnehmer der Gemeinde erstellt wurden, wie sich aus § 4b BauGB ergibt. Allerdings muss die Gemeinde die Unterlagen umfassend geprüft und sich deren Inhalt anschließend zu eigen gemacht haben. Es reicht also gerade nicht aus, wenn die Gemeinde den von einem privaten Büro für sie erstellten Umweltbericht unter dessen Namen veröffentlicht. Sondern es muss für die Öffentlichkeit deutlich werden, dass es sich um den Umweltbericht der Gemeinde zu dem entsprechenden Planverfahren handelt.

dd) Berücksichtigung der Ergebnisse der Öffentlichkeitsbeteiligung in der behördlichen Entscheidung

71 Die Gemeinde ist gem. § 3 Abs. 2 Satz 4 HS 1 BauGB gehalten, sich mit den fristgerecht vorgebrachten **Stellungnahmen prüfend auseinander zu setzen**. Die Stellungnahmen zu den Umweltauswirkungen der Planung hat sie also ihrerseits daraufhin zu überprüfen, ob sie zu einer Revision der bisherigen UP-Erkenntnisse zwingen. Dasselbe gilt im Übrigen auch für nicht umweltbezogene Einwendungen im Rahmen der Öffentlichkeitsbeteiligung, sofern sie mittelbar auch Umweltbelange berühren. Wie sich der Vorgang der Berücksichtigung der Ergebnisse der Öffentlichkeitsbeteiligung im Rahmen der bauleitplanerischen Abwägung im Einzelnen und unter Beachtung des Gemeinschaftsrechts zu vollziehen hat, wird nachfolgend bei den materiellen Anforderungen gesondert dargestellt.

72 Führen Anregungen aus der Öffentlichkeit zu einer **Änderung des Planentwurfs**, ist er gem. § 4a Abs. 3 Satz 1 BauGB erneut auszulegen. Nach Satz 2 kann bestimmt werden, dass die **Stellungnahmen** nur zu den **geänderten oder ergänzten Teilen** abgegeben werden können, worauf dann in der erneuten Bekanntmachung hinzuweisen ist. Auch ist nach Satz 3 eine Verkürzung der Fristen

---

64 Hierzu der Mustereinführungserlass zur BauGB-Novelle 2017, S. 14.

65 *Krautzberger/Stüer* DVBl 2004 914 (919) sehen damit die Gemeinden auf dem Weg zu einer »gläsernen Verwaltung«.

möglich. Werden dabei die Grundzüge der Planung durch die Änderung nicht berührt, kann zudem nach Satz 4 eine weitere **Beschränkung** auf die Änderung und die hiervon **betroffene Öffentlichkeit** erfolgen. Die Umweltrelevanz der geänderten Planung muss aber selbstverständlich aus dem Planentwurf und seiner Begründung einschließlich Umweltbericht offenbar werden und steht damit – ggf. beschränkt auf die Veränderungen – erneut zur öffentlichen Diskussion.

ee) Information über die ergangene Behördenentscheidung

Das Ergebnis der Prüfung der Stellungnahmen ist der Öffentlichkeit gem. § 3 Abs. 2 Satz 4 HS 1 BauGB mitzuteilen. Nach Satz 5 kann bei Massenverfahren, d.h. wenn mehr als 50 Personen Stellungnahmen weitgehend gleichen Inhalts vorgetragen haben, von der individuellen Bekanntgabe zugunsten der Eröffnung von Einsichtsmöglichkeiten in das Ergebnis der Prüfung abgesehen werden. Nach § 4a Abs. 6 BauGB können nicht rechtzeitig abgegebene Stellungnahmen unberücksichtigt bleiben, sofern zuvor auf diese Ausschlussmöglichkeit gem. § 3 Abs. 2 Satz 2 HS 2 BauGB hingewiesen wurde. 73

ff) Zugänglichmachung von Unterlagen und Informationen in der Abschlussphase

Zur Öffentlichkeitsbeteiligung im weiteren Sinne zählen schließlich auch die Fragen der **öffentlichen Bekanntmachung** und **Zugänglichmachung der Entscheidung**, wie sie Art. 9 Abs. 1 UVP-RL vorschreibt. Für die UP im Bebauungsplanverfahren ist das Bekanntmachungs- und Einsichtsrecht in § 10 Abs. 3 BauGB sowie die Pflicht zur Veröffentlichung einer zusammenfassenden Erklärung in § 10a Abs. 1 BauGB geregelt. Der von der Aufsichtsbehörde genehmigte bzw. von der Gemeinde beschlossene Bebauungsplan tritt gem. § 10 Abs. 3 Satz 4 BauGB **durch** seine **Bekanntmachung in Kraft**. Nach In-Kraft-Treten des Bebauungsplans ist die Gemeinde nach § 10 Abs. 3 Satz 2 BauGB insbesondere verpflichtet, den Plan für jedermanns Einsicht bereitzuhalten und auf Verlangen Auskunft über den Inhalt zu geben. Nach § 10a Abs. 1 BauGB ist zudem in Umsetzung der europarechtlichen Vorgaben »eine **zusammenfassende Erklärung** beizufügen über die Art und Weise, wie die **Umweltbelange** und die Ergebnisse der Öffentlichkeits- und Behördenbeteiligung in dem Bebauungsplan berücksichtigt wurden«. Nach § 10 Abs. 2 BauGB soll die zusammenfassende Erklärung ergänzend auch in das Internet eingestellt und über ein zentrales Internetportal des Landes zugänglich gemacht werden. Entsprechendes gilt für den Flächennutzungsplan nach seinem Wirksamwerden durch Bekanntmachung gem. § 6 Abs. 5 Satz 2 BauGB bzw. gem. § 6a BauGB. 74

b) Beteiligung der Behörden gem. §§ 4, 4a und der Gemeinden gem. § 2 Abs. 2 BauGB

Das BauGB sieht eine Beteiligung anderer Behörden am Planaufstellungsverfahren der Gemeinde in § 4 vor. Früher wurde dieser Verfahrensschritt »Beteiligung der Träger öffentlicher Belange« genannt. Ebenso sind die Bauleitpläne benachbarter Gemeinden gem. § 2 Abs. 2 Satz 1 BauGB aufeinander abzustimmen. Beide Verfahrensschritte sind, wie die Beteiligung der Öffentlichkeit, wesentlicher Bestandteil des **Ermittelns der erheblichen Auswirkungen der Planung auf die Umwelt**. 75

Das Verfahren nach § 4 BauGB wurde an mehreren Stellen umgestaltet, um den **gemeinschaftsrechtlichen Vorgaben der SUP-RL** zu genügen. Insbesondere wurde entsprechend der Vorgabe des Art. 6 Abs. 2 (»frühzeitig und effektiv«) eine **vorgezogene Behördenbeteiligung** eingeführt sowie verdeutlicht, dass diese Beteiligung sich gezielt auf die UP erstrecken muss. Zum Teil handelt es sich aber auch nur um sprachliche Anpassungen, da die Behördenbeteiligung bereits umfassend im BauGB geregelt war. Dies gilt für die Umbenennung der früheren »Beteiligung der Träger öffentlicher Belange« in die »Beteiligung der Behörden«, ohne dass sich der Adressatenkreis des Beteiligungsverfahrens der Bauleitplanung verändert hat.[66] Parallelen weist die gestufte Behördenbeteiligung nunmehr zum Verfahren der Öffentlichkeitsbeteiligung nach § 3 BauGB auf, sodass in § 4a BauGB übergreifend bestimmte Grundsätze beider Beteiligungsverfahren zusammengefasst wurden. 76

66 *Krautzberger*, in: Ernst/Zinkahn/Bielenberg/Krautzberger, BauGB, § 4 Rn. 2, 15.

77 Die von der Planung berührten Behörden und sonstigen Träger öffentlicher Belange sind nach § 4 Abs. 1 Satz 1 BauGB in der **ersten Stufe** – entsprechend der vorgezogenen Öffentlichkeitsbeteiligung – **möglichst frühzeitig** bei der Aufstellung von Bauleitplänen zu beteiligen. Grundsätzlich sollte die vorgezogene Behördenbeteiligung recht frühangesetzt werden, möglicherweise sogar vor dem förmlichen Planaufstellungsbeschluss gem. § 2 Abs. 1 BauGB. Voraussetzung ist, dass die Planungsabsichten hinreichend konkretisiert sind. Denn nur dann gewährleistet die Gemeinde, dass die Beteiligten noch effektiv zugunsten der von ihnen vertretenen öffentlichen Belange Einfluss auf die Planung nehmen können. In diesem Fall sollte die frühzeitige Behördenbeteiligung zugleich die Funktion des so genannten »Scopings« wahrnehmen, auf welches noch näher eingegangen wird. Je mehr die Gemeinde den Beteiligungsprozess aktiv selbst gestaltet und strukturiert, desto besser wird es ihr auch gelingen, die UP in das Planverfahren zu integrieren.

78 Wie bei der Öffentlichkeitsbeteiligung stellt die **Offenlegung** des Plans nach § 4 Abs. 2 Satz 1 BauGB auch bei der Behördenbeteiligung die **zweite Mitwirkungsstufe** dar. Diese Beteiligung zum Planentwurf und seiner Begründung schließt sich – so die Anordnung des § 4 Abs. 1 Satz 2 BauGB – unabhängig davon an, ob sich aufgrund der vorgezogenen Behördenbeteiligung schon Änderungen der Planung ergeben haben. Die Gemeinde hat daher die Stellungnahmen der Behörden und sonstigen Träger öffentlicher Belange, deren Aufgabenbereiche durch die Planung berührt werden können, zum Planentwurf und der Begründung einzuholen. Gem. § 3 Abs. 2 Satz 3 BauGB »sollen« diese nach § 4 Abs. 2 BauGB Beteiligten zudem von der Auslegung für die Öffentlichkeit benachrichtigt werden. § 4a Abs. 2 BauGB legt daher im Interesse einer Verfahrensbündelung und Beschleunigung nahe, dass die frühzeitigen Unterrichtungen nach Abs. 1 und die Auslegung bzw. Einholung der Stellungnahmen nach Abs. 2 für **Öffentlichkeit und Behörden jeweils gleichzeitig** durchgeführt werden können. Künftig ist davon auszugehen, dass der Gesetzgeber den Gemeinden eine gleichzeitige Durchführung vorgeben wird.

79 § 4 BauGB umschrieb seit jeher schon die Beteiligungsberechtigten mit Behörden und sonstigen **Trägern öffentlicher Belange**. Zu den sonstigen Trägern öffentlicher Belange gehören etwa die Träger der funktionalen Selbstverwaltung (Industrie- und Handelskammer, Ärztekammer), die Energieversorgungsunternehmen (Stadtwerke GmbH) und sonstige öffentlich-rechtliche Ausgliederungen (etwa im Bereich der Landes-Straßenbauverwaltung und –Forstverwaltung). Bei wörtlicher Auslegung führt diese Formulierung andererseits aber zu einer Beschränkung des beteiligten Kreises auf solche Behörden oder Stellen, denen die Wahrnehmung des betreffenden Belangs als öffentliche Aufgabe zur Erledigung im eigenen Namen und mit Wirkung nach außen zugewiesen ist.[67]

80 Indes könnte sich für die im Planverfahren vorzunehmende UP diese wörtliche Auslegung als problematisch erweisen, wenn hieraus gefolgert würde, dass damit die **sachverständigen Umweltschutzbehörden** begrifflich ausgeschlossen wären. Diese Behörden, insbesondere die für den Umweltschutz zuständigen Landesanstalten, verfolgen meist einen weit über einzelne Umweltgüter hinausgehenden Schutzauftrag, sie haben daher zumeist keine eigenen (nach außen gerichteten) Vollzugsaufgaben, sondern sind gutachtlich und beratend tätig.[68] Ihre Aufgabenstellung ist aber auf die Unterstützung und gerade auch für das noch zu erläuternde Monitoring nach § 4c BauGB wichtig. Ihr Ausschluss von der Mitwirkung bei UP-pflichtigen Bauleitplanungen wäre deshalb nicht sachdienlich, § 4 BauGB ist daher in diesem Punkt weit auszulegen.

81 Inhaltlich, insbesondere nach Art und Umfang der zu übersendenden Unterlagen, stellt die im Hinblick auf die **integrierte UP** vorzunehmende Behördenbeteiligung **höhere Anforderungen** als die in der Bauleitplanung nach § 4 BauGB früher übliche Beteiligung der Träger öffentlicher Belange. So verlangt § 4 Abs. 1 Satz 1 BauGB in Umsetzung von Art. 5 Abs. 4 SUP-RL schon in der vorgezogenen, ersten Beteiligungsphase eine Aufforderung zur Äußerung auch im Hinblick auf den erforderlichen Umfang und Detaillierungsgrad der UP nach § 2 Abs. 4 BauGB. Den in ihren Auf-

67 *Schroer*, UVP im Bauplanungsrecht, S. 146.

68 Vgl. *Krautzberger*, in: Ernst/Zinkahn/Bielenberg/Krautzberger, BauGB, § 4 Rn. 29.

gabenbereichen berührten Behörden ist neben dem Planentwurf mit Begründung daher insbesondere der **Entwurf des Umweltberichts** nach § 2a BauGB zur Verfügung zu stellen, den zunächst die Gemeinde erarbeitet (oder den der Träger des UP-pflichtigen Vorhabens bereits zusammengestellt und der Gemeinde für das Planverfahren vorgelegt) hat. Auch von der Gemeinde eingeholte externe Umweltgutachten sind der Behördenbeteiligung beizufügen.

Die Behörden werden in der zweiten Phase des Auslegungsverfahrens durch § 4 Abs. 2 Satz 2 BauGB 82 zur **Abgabe ihrer Stellungnahmen innerhalb von einem Monat** (in Umsetzung des Gemeinschaftsrechts aber mindestens 30 Tage) verpflichtet; die Gemeinde soll diese Regelfrist bei Vorliegen eines wichtigen Grundes angemessen verlängern. § 4 Abs. 2 Satz 3 HS 1 BauGB veranlasst die Behörden zu einer auf ihren Aufgabenbereich und damit auf ihre fachliche Zuständigkeit bezogene Stellungnahme. Um der Gemeinde eine gesicherte Information über die Auswirkungen der Maßnahmen der unterschiedlichen Träger öffentlicher Belange in ihrem Gebiet zu verschaffen, verpflichtet Satz 3 HS 2 die **Behörden** dazu, **ihrerseits Auskunft** über von ihnen beabsichtigte oder bereits eingeleitete Planungen und sonstige Maßnahmen zu geben. Verfügen sie über wichtige Informationen mit Bedeutung für die Abwägung, sind diese nach Satz 3 ebenfalls der Gemeinde zur Verfügung zu stellen.

Eingeführt mit dem EAG 2004 wurde in § 4 Abs. 3 BauGB schließlich die Pflicht der Behörden, 83 auch **nach Abschluss** des Bauleitplanverfahrens die Gemeinde über ihnen **vorliegende Erkenntnisse** anlässlich der Durchführung der Planung zu **unterrichten**, sofern damit unvorhergesehene **nachteilige Auswirkungen auf die Umwelt** verbunden sind. Diese Verpflichtung soll der Gemeinde die Möglichkeit geben, ihrerseits dem auf der Grundlage des Gemeinschaftsrechts zusätzlich eingeführten Überwachungsauftrag nach § 4c BauGB nachzukommen.

§ 4a BauGB enthält weitere gemeinsame Regelungen für die Verfahren der Öffentlichkeits- und 84 Behördenbeteiligung. § 4a Abs. 1 BauGB verdeutlicht, dass die **Stellungnahmen** (insbesondere der Behörden) der vollständigen Ermittlung und zutreffenden Bewertung der von der Planung berührten Belange dienen. Die hierin enthaltenen Informationen ergänzen das der Gemeinde vorliegende **Abwägungsmaterial.** § 4a Abs. 3 BauGB regelt auch für die Behördenbeteiligung den oben schon beschriebenen Fall einer nachträglichen, im Anschluss an die Beteiligung der Öffentlichkeit und der Behörden beabsichtigte Änderung des Entwurfs des Bauleitplans mit der Möglichkeit einer vereinfachten nochmaligen Beteiligung. § 4a Abs. 6 BauGB enthält schließlich eine § 73 Abs. 3a Satz 2 VwVfG entsprechende Präklusionsregelung im Falle des Verstreichens der Einmonatsfrist für die Abgabe der Stellungnahmen.

Parallel mit der Behördenbeteiligung, oder auch in einem einheitlichen Verfahren, ist ein Bauleit- 85 plan mit den **benachbarten Gemeinden** abzustimmen. Dieser durch § 2 Abs. 2 BauGB gewährte formelle Anspruch auf Abstimmung der Planung gibt einer benachbarten Gemeinde zudem die Möglichkeit einer Gemeindenachbarklage auf gerichtliche Überprüfung der Planung im Wege der Normenkontrolle nach § 47 Abs. 2 VwGO.[69]

Anders als bei Planfeststellungsverfahren erfolgt die Beteiligung der anerkannten **Naturschutzver-** 86 **einigungen** nicht im Zusammenhang mit der Behördenbeteiligung; § 63 Abs. 1 Nrn. 1–4 BNatSchG ist auf Bauleitplanverfahren nicht anwendbar.[70] Und auch § 63 Abs. 2 Nr. 3 BNatSchG kommt regelmäßig nicht zur Anwendung, weil sich die Vorschrift nur auf Planverfahren erstreckt, die ein FFH-Gebiet erheblich beeinträchtigen können, nicht aber auf die übrigen Planverfahren nach dem BauGB. Die Vereinigungen können und müssen sich daher im Rahmen der Öffentlichkeitsbeteiligung nach § 3 BauGB zur Planung äußern.

69 *Battis*, in: Battis/Krautzberger/Löhr, BauGB, § 2 Rn. 24.
70 BVerwG DVBl 1997, 1123, 1124.

c) Planbegründung gem. §§ 5 Abs. 5, 9 Abs. 8 BauGB

87 Der Flächennutzungsplan gem. § 5 Abs. 5 BauGB und der Bebauungsplan gem. § 9 Abs. 8 BauGB bedürfen jeweils einer **Begründung**. Wesentliche Funktion der Begründung ist es, die im Plan getroffenen Darstellungen bzw. Entscheidungen zu rechtfertigen.[71] Die Begründung muss daher in den für die Abwägung wesentlichen Beziehungen auch Angaben über die zu erwartenden wesentlichen Auswirkungen der geplanten Nutzungen enthalten. **Bestandteil dieser Begründung** wird gem. Anordnung in den §§ 5 Abs. 5, 9 Abs. 8 BauGB jeweils auch der nach § 2a BauGB zu erstellende **Umweltbericht**, auf den nachfolgend noch im Detail eingegangen wird.

88 Bereits vor Erlass des UVPG war unstreitig, dass nach dem Gewicht, das das BauGB dem Umweltschutz und der Umweltvorsorge beimisst, den Ausführungen zu den Auswirkungen auf die Umwelt bei wohl fast allen Plänen besondere Bedeutung zukommt. Hierzu dient nunmehr der nach § 2a BauGB vorgeschriebene Umweltbericht, der in die Planbegründung zu integrieren ist. Seiner materiellen Bedeutung entsprechend hat der **Umweltbericht** seinen Standort innerhalb der Planbegründung **optisch getrennt von der Darstellung der übrigen Abwägungsgesichtspunkte**, auf jeden Fall aber vor der eigentlichen Begründung der einzelnen Ergebnisse der planerischen Gesamtabwägung.

d) Nutzung des Internets gem. § 4a Abs. 4 BauGB

89 Als weitere Anforderung kommt auf die Gemeinde hinzu, für die Öffentlichkeit wichtige Informationen zur Planung über das Internet zugänglich machen. Eine durch die Öffentlichkeitsbeteiligungs-RL (dort in Art. 2 Abs. 2a angesprochen) veranlasste Ergänzung des Beteiligungsverfahrens enthielt in § 4a Abs. 4 BauGB a.F. bereits eine entsprechende Option; danach »konnten« ergänzend **elektronische Informationstechnologien** für die Öffentlichkeitsbeteiligung genutzt werden. Die UVP-Änderungs-RL 2014 hat hieraus in Art. 6 Abs. 2 und Abs. 5 UVP-RL eine zwingende Verpflichtung gemacht,[72] die vom Gesetzgeber des BauGB zugleich auf die Behördenbeteiligung erstreckt wurde.

90 § 4a Abs. 4 Satz 1 BauGB in der neuen Fassung gibt den Gemeinden nunmehr vor, dass der Inhalt der Bekanntmachung und die auszulegenden Unterlagen in das **Internet** einzustellen[73] und zugleich über ein **zentrales Internetportal des Landes** der Öffentlichkeit zugänglich zu machen sind. Die damit einhergehende Verpflichtung der Länder, ein zentrales Portal einzurichten, ist gesondert in § 20 Abs. 1 UVPG geregelt. Die elektronische Bereitstellung der Umweltinformationen soll die Hemmschwelle und auch den Aufwand der Öffentlichkeit, sich für eine umweltverträgliche Planung einzusetzen, reduzieren. Um aber die Rechtswirksamkeit des Bauleitplans nicht zu gefährden, ordnet die Planerhaltungsvorschrift des § 214 Abs. 1 Satz 1 Nr. 2lit. e BauGB dann die Unbeachtlichkeit an, wenn zwar die Einstellung in das zentrale Internetportal nicht möglich oder nicht erfolgt ist, wohl aber eine Veröffentlichung der Bekanntmachung und der Unterlagen in einem gemeindeeigenen Portal. Ergänzend »sollen« (nicht müssen) nach Abschluss der Bauleitplanverfahren gem. § 6a Abs. 2 BauGB der wirksame Flächennutzungsplan und gem. § 10a Abs. 2 BauGB der in Kraft getretene Bebauungsplan im Internet eingestellt und über ein zentrales Internetportal des Landes zugänglich gemacht werden.[74]

---

71 Vgl. etwa *Löhr*, in: Battis/Krautzberger/Löhr, BauGB, § 9 Rn. 125.

72 *Sangenstedt* ZUR 2014, 526, 533 führt zu Art. 6 Abs. 2 und 5 aus: »Diese Vorschrift könnte für die Qualität der Öffentlichkeitsbeteiligung ein Quantensprung sein.«.

73 Der Mustereinführungserlass zur BauGB-Novelle 2017, S. 15, erläutert, dass der Verpflichtung zur Einstellung in das Internet genügt ist, wenn die auszulegenden Unterlagen über das Internetportal der Gemeinde für die Öffentlichkeit abrufbar sind.

74 Der Mustereinführungserlass zur BauGB-Novelle 2017, S. 17, verweist darauf, dass diese Regelung nicht obligatorisch ist.

Auch im Rahmen der **Behördenbeteiligung** soll das **Internet** künftig als maßgebliches Medium genutzt werden. § 4 Abs. 4 Satz 2 BauGB ermöglicht es, dass die Stellungnahmen der Behörden und der sonstigen Träger öffentlicher Belange dadurch eingeholt werden, dass diesen Ort und Dauer der öffentlichen Auslegung nach § 3 Abs. 2 BauGB und die Internetadresse, unter der der Inhalt der Bekanntmachung und die Unterlagen eingesehen werden können, mitgeteilt wird; dabei kann auch diese Mitteilung elektronisch per E-Mail erfolgen. 91

e) Planerhaltungsvorschriften gem. §§ 214 und 215 BauGB

Die Planerhaltungsvorschriften der §§ 214 und 215 BauGB dienen dazu, **geringfügige** und oft auch unvermeidbare **Fehler** im Aufstellungsverfahren **nicht** auf die **Wirksamkeit des Bauleitplans durchschlagen** zu lassen. § 214 BauGB enthält daher eine differenzierte Darstellung beachtlicher bzw. unbeachtlicher Fehler, § 215 Abs. 1 BauGB ordnet zudem an, dass auch die nach § 214 BauGB beachtlichen Fehler innerhalb eines Jahres gerügt werden müssen. Die Missachtung zentraler Elemente des Öffentlichkeits- und Behördenbeteiligungsverfahrens nach §§ 3, 4, 4a BauGB, etwa der Auslegung und der grenzüberschreitenden Beteiligung, führt nach der Beachtlichkeitsnorm des § 214 Abs. 1 Satz 1 Nr. 2 HS 1 BauGB indes zur Fehlerhaftigkeit eines Bauleitplans, ebenso die unterlassene Beteiligung mehrerer Behörden.[75] Unbeachtlich ist nach § 214 Abs. 1 Satz 1 Nr. 2 HS 2 BauGB dagegen, wenn einzelne Personen oder Behörden nicht beteiligt worden sind, die entsprechenden Belange jedoch unerheblich waren oder in der Entscheidung berücksichtigt worden sind. Ebenso ohne Bedeutung ist, wenn einzelne Angaben dazu, welche Arten umweltbezogener Informationen verfügbar sind, fehlten. Diese **Planerhaltungsregelungen** sollen zur Rechtssicherheit einer einmal beschlossenen gemeindlichen Planung beitragen, wenn aus der Vielzahl der zu beteiligenden Personen oder Behörden eine Einzelne irrtümlich übersehen wurde. 92

Nachdem das BVerwG die Vorschrift des § 13b BauGB für unionsrechtswidrig erklärte hatte,[76] fügte der Gesetzgeber die **besondere Planerhaltungsvorschrift** des § 215a BauGB an. Nach § 215a Abs. 3 Satz 1 ist eine Planerhaltung für einen nach § 13b BauGB aufgestellten Bebauungsplan nur zulässig, »wenn die Gemeinde auf Grund einer Vorprüfung des Einzelfalls entsprechend § 13 Abs. 1 Satz 2 Nr. 2 zu der Einschätzung gelangt, dass der Bebauungsplan voraussichtlich keine erheblichen Umweltauswirkungen hat.« Kommt die Gemeinde im Rahmen dieser Vorprüfung hingegen zu dem Ergebnis, dass der von ihr nach § 13b BauGB aufgestellte Bebauungsplan erhebliche Umweltauswirkungen hat, muss sie ein neues Planverfahren mit integrierter UP durchführen. 93

Bedenken gegen die **Konformität** dieser Regelungen **mit dem Gemeinschaftsrecht** gab es zu Beginn der Umsetzung der UVP-RL im BauGB im Hinblick auf die Unbeachtlichkeit des Verzichts auf die erste Stufe der Öffentlichkeitsbeteiligung.[77] Jedoch zielt die Verfahrensvorschrift des § 3 BauGB auf eine äußerst umfassende Ermittlung des Sachverhaltes durch die Gemeinde ab. In dieser zweigestuften Form ist dies weder nach der Öffentlichkeitsbeteiligungs-RL noch nach der UVP-RL oder SUP-RL geboten. Insoweit ist es aus Sicht des Gemeinschaftsrechts nicht zu beanstanden, wenn vom deutschen Gesetzgeber ein Verstoß gegen die vorgezogene Öffentlichkeitsbeteiligung nach § 3 Abs. 1 BauGB als rechtlich unbeachtlich eingestuft wird; § 214 Abs. 1 Satz 1 Nr. 2 BauGB stellt allein auf das Verfahren nach § 3 Abs. 2 BauGB ab. Im konkreten Fall muss das von der Gemeinde praktizierte Verfahren der Öffentlichkeitsbeteiligung aber den Mindestanforderungen der genannten Richtlinien entsprechen. Bei **eklatanten Verfahrensverstößen** dürfte vermutlich zugleich ein **materieller Verstoß gegen das Abwägungsgebot** des § 1 Abs. 7 BauGB gegeben sein.[78] 94

75 In diesem Sinne etwa *Schroer*, UVP im Bauplanungsrecht, S. 155 m.w.N.
76 Siehe oben Rdn. 32.
77 Vgl. die überholte Kritik bei *Schroer*, ebd. S. 182 f.; *Erbguth/Schink*, UVPG, § 17 Rn. 23.
78 Ebenso *Gaentzsch* UPR 2001, 287 (292).

3. Besondere Verfahrensvorschriften im BauGB zur Durchführung der UP

95 Die Novellen 2001 und 2004 zur Umsetzung der UVP-Änderungsrichtlinie 1997 bzw. der SUP-RL 2001 haben grundlegende verfahrensrechtliche Änderungen des BauGB mit sich gebracht, um zunächst die UVP bzw. anschließend UP in die vorhabenbezogenen und später in alle Bauleitplanverfahren zu integrieren. Die UP ist nunmehr integraler Bestandteil der Bauleitplanverfahren. Gemeinschaftsrechtlich dirigiert enthält das Bauleitplanverfahren nun besondere Verfahrensvorschriften, die ihm ursprünglich fremd waren. Die UVP-Änderungs-RL 2014 stellte nochmals weitere Anforderungen an das Verfahren der UVP, auch diese wurden mit der BauGB-Novelle 2017 aufgegriffen. Das BauGB hat den Anspruch, sowohl die **SUP** aus auch die **UVP** für die Bauleitplanverfahren vollständig und unabhängig vom UVPG **umzusetzen.** Was aber stellt nun den Markenkern der bauleitplanerischen UP dar, den es zuvor so im BauGB nicht gab?

96 Der Gesetzgeber des BauGB hat diesen eigentlichen Kern der UP in der Absehensregelung des § 13 Abs. 3 Satz 1 BauGB zum vereinfachten Verfahren deutlich beschrieben: »Im vereinfachten Verfahren wird von der Umweltprüfung nach § 2 Abs. 4, von dem Umweltbericht nach § 2a, von der Angabe nach § 3 Abs. 2 Satz 2, welche Arten umweltbezogener Informationen verfügbar sind, sowie von der zusammenfassenden Erklärung nach § 6a Abs. 1 und § 10a Abs. 1 abgesehen, § 4c ist nicht anzuwenden.« Die dort genannten Vorschriften stellen im Umkehrschluss also den **Kernbereich der UP** in der Bauleitplanung dar. Ihrer Bedeutung für das Bauleitplanverfahren soll nachfolgend im Detail nachgegangen werden.

a) Unterrichtung über den Untersuchungsrahmen gem. § 4 Abs. 1 BauGB (»Scoping«)

97 Üblicherweise beginnt eine UVP mit einem »Scoping« zwischen Vorhabenträger und zuständiger Behörde, um sich über den Umfang der Prüfung zu verständigen. In Bauleitplanverfahren (und auch in anderen Planungsverfahren) fehlt es aber regelmäßig an einem Vorhabenträger, mit dem der Umfang der Prüfung abgestimmt werden kann (zu den Besonderheiten beim Vorhaben- und Erschließungsplan nachfolgend). Art. 5 Abs. 4 SUP-RL gibt deshalb vor, dass die (zuständigen) **Behörden** bei der Festlegung des Umfangs und Detaillierungsgrads der in den Umweltbericht aufzunehmenden Informationen zu **konsultieren** sind. Der deutsche Gesetzgeber hat dies aufgegriffen, indem er für die **vorgezogene Behördenbeteiligung** gem. § 4 Abs. 1 Satz 1 BauGB der planenden Gemeinde eine entsprechende Abstimmung mit den zu beteiligenden Behörden vorschreibt. Danach hat die Gemeinde die Behörden und sonstigen Träger öffentlicher Belange frühzeitig über die allgemeinen Zwecke der Planung und Alternativen zu unterrichten und im Hinblick auf den erforderlichen Umfang und Detaillierungsgrad der UP nach § 2 Abs. 4 BauGB **zur Äußerung aufzufordern.**

98 Diese Aufforderung an die Behörden, sich zur UP und deren Umfang und Detaillierungsgrad zu äußern, soll die Gemeinde daher in die Lage versetzen, den von ihr zu erstellenden Umweltbericht thematisch einzugrenzen. Ebenso kann eine gemeinsame Verständigung über den gegenwärtigen Wissensstand und die allgemein anerkannten Prüfmethoden sowie die Angemessenheit von Untersuchungen gem. § 2 Abs. 4 Satz 3 BauGB erfolgen. Des Weiteren kann die Gemeinde sich bereits zu diesem Zeitpunkt auch sachverständigen Rates durch Gutachter versichern. Die von § 4 Abs. 1 Satz 1 BauGB intendierte frühzeitige Verständigung von Gemeinde und Behörden über den voraussichtlichen Inhalt des zu erstellenden Umweltberichts nimmt daher die Funktion des sonst bei der UVP üblichen **»Scopings«** wahr. Das »Scoping« ist also der richtige Zeitpunkt für die Gemeinde, auf eine Begrenzung des Umfangs der UP auf das gebotene Maß hinzuwirken und den Prozess der UP zu strukturieren.

b) Umweltbericht gem. § 2a BauGB i.V.m. der Anlage 1 zum BauGB

99 Der **Umweltbericht** ist in § 2a BauGB geregelt, er ist der **wichtigste Bestandteil der UP.** Er ist von der Gemeinde zu erstellen, ggf. unter Mitwirkung eines von ihr beauftragten Dritten. Während also bei den Zulassungsverfahren der Vorhabenträger den Umweltbericht als Informationsgrundlage für die entscheidungsbefugte Zulassungsbehörde gem. § 16 Abs. 1 UVPG zu erstellen hat, fallen im

Bauleitplanverfahren in Bezug auf den Umweltbericht die Funktion von Vorhabenträger und entscheidungsbefugter Stelle bei der Gemeinde zusammen. Eine Ausnahme gilt hier nur für vorhabenbezogene Bebauungspläne und Vorhaben- und Erschließungspläne, bei der die Gemeinde eng mit einem Investor zusammenarbeitet und dieser den Umweltbericht erstellen kann bzw. zu erstellen hat.[79] Der Inhalt des Umweltberichts wird durch die Anlage 1 zum BauGB vorgegeben. Von § 2 Abs. 4 Satz 1 BauGB wird der Umweltbericht als Bestandteil der UP erwähnt, ebenso wird er in § 4c Satz 2 BauGB als Grundlage für Überwachungsmaßnahmen genannt. Der Umweltbericht wurde durch die BauGB-Novelle 2001, damals begrenzt auf die Bebauungsplanverfahren mit UVP, eingeführt.[80] Das EAG 2004 griff ihn für alle Bauleitplanverfahren mit UP auf und präzisierte seine Anforderungen. Grundlage war die damals neue SUP-RL, welche den Umweltbericht in Art. 5 ebenfalls regelte und in ihrem Anh. I Mindestinhalte vorgibt. Nachfolgend schuf die UVP-Änderungs-RL 2014 in ihrem Anh. IV neue Anforderungen an den Umweltbericht, was zu einer **Ergänzung der Anlage 1** zum BauGB durch die **BauGB-Novelle 2017** führte. Durch diese Neufassung der Anlage 1 zum BauGB wurde der Aufwand der Gemeinden für die UP zweifelsohne erhöht.[81] Diese Weiterentwicklung des Umweltberichts macht aber zugleich die ihm zugedachte Bedeutung als dem wesentlichen Managementelement für die Umweltbelange in der Bauleitplanung deutlich. Dies folgt bereits aus dem Wortlaut, die **Umweltprüfung** und ihr zentrales Element, der Umweltbericht, **sollen strategisch ausgerichtet** sein. Der Umweltbericht soll damit den Belangen der Umwelt im Planungsprozess eine eigene Stimme geben, die sie sonst nicht hätten. Er soll ein (strategisches) **Gegengewicht** zu den Stimmen sein, die von (anderen) Interessenvertretern im Planungsverfahren der Gemeinde vorgetragen werden und er soll damit die Ausgestaltung der **Planung zugunsten der Umwelt beeinflussen**. Insbesondere soll er damit eine Bewertung der Umweltauswirkungen der Planung durch die Gemeinde ermöglichen und zugleich den von der Planung möglicherweise betroffenen Dritten die Gelegenheit geben, ihre Betroffenheit zu erkennen.[82]

Und war der Umweltbericht bislang vorrangig dazu gedacht, die Auswirkungen des Bauleitplans auf **100**
die Schutzgüter des UVPG aufzuzeigen und sollte er damit dem Schutz der Umwelt vor menschlichen Aktivitäten zu dienen, wird er sich künftig auch mit den **Gefahren des Klimawandels** und den hierfür dann notwendigen Schutzmaßnahmen für die Menschen befassen müssen. Gerade der Mensch ist wesentlicher Bestandteil der Schutzgüter des § 2 Abs. 1. Dabei besteht ein Unterschied, ob die Gemeinde ihren Flächennutzungsplan mit einer planerischen Perspektive von 20 Jahren und damit ihr gesamtes Gemeindegebiet weiterentwickeln oder ein Investor eine ganz bestimmte, eingegrenzte Fläche über das Instrument des Vorhaben- und Erschließungsplans für sein ganz konkretes Vorhaben nutzen will.[83] Aber der Anspruch an den Umweltbericht ist, zu differenzieren nach dem jeweiligen Bauleitplanverfahren, durchaus hoch. Die kommunale Bauleitplanung ist eine integrierende Planung und die daran Beteiligten sollten sie unter Einbeziehung der damit einhergehenden Umweltauswirkungen auch so verstehen. Dies bedeutet, dass im Umweltbericht zum Bauleitplan nicht nur die Gegenwart betrachtet wird, sondern hier Gegenwart und Zukunft zusammenkommen sollten.[84] Die hier geäußerte Erwartung an den Umweltbericht birgt natürlich die Gefahr einer

79 Siehe hierzu nachfolgend Rdn. 164 ff.

80 *Runkel* DVBl 2001, 1377 (1386).

81 *Mitschang* UPR 2018, 41, 51.; *Weyrauch* UPR 2018, 81 ff.

82 Vgl. dazu auch § 16 Abs. 5 UVPG.

83 *Schink*, Klimaschutz und Klimaanpassung als Gegenstände der Umweltprüfung in der Bauleitplanung, in: Mitschang (Hrsg.), Klimaschutz und Klimaanpassung in der Regional- und Bauleitplanung, Berliner Schriften zur Stadt- und Regionalplanung, 2021, Bd. 40, S. 299 (302): »Maßgebend sind insbesondere die Art des Bauleitplans, seine Ziele und Inhalte und die zu erwartenden Umweltauswirkungen.«.

84 Grundlegend zum Schutz der künftigen Generationen BVerfG, Beschl. v. 24.3.2021, BvR 2656/18, Ls 4: »Das Grundgesetz verpflichtet unter bestimmten Voraussetzungen zur Sicherung grundrechtsgeschützter Freiheit über die Zeit und zur verhältnismäßigen Verteilung von Freiheitschancen über die Generationen.« In diesem Sinne auch *Kment*, in: Ernst/Zinkahn/Bielenberg/Krautzberger, BauGB, § 2 Rn. 213, dabei aber auf eine Initiative der EU setzend: »Ob eine unionsrechtliche Initiative zur Stärkung des Nachhaltigkeitsprinzips in den Mitgliedstaaten in Zukunft zu erwarten ist, kann selbst bei einem

Überforderung derjenigen, die in der Gemeinde den Umweltbericht zu erstellen haben. Wenn daraus nun aber vorschnell die Konsequenz gezogen würde, den gesamten Prozess der UP aus der Hand zu geben und den Umweltbericht nicht mehr selbst erstellen zu wollen, sondern Prozess und Inhalte der UP komplett an ein externes Büro zu vergeben, wäre dies nicht im Sinne des integrativen Ansatzes der SUP-RL und des UVPG. Wie innerhalb einer Gemeinde mit dieser Problematik, die Steuerung über den Prozess der UP zu behalten, sich aber dennoch von einem Dienstleister dabei unterstützen zu lassen, umgegangen werden könnte, soll nachfolgend skizziert werden.

aa) Bedeutung des Umweltberichts für das Bauleitplanverfahren und Verantwortung der Gemeinde

101 Der Umweltbericht der Gemeinde ist kein eigenständiges Gutachten, welches man in toto einem Externen im Rahmen eines Vergabeverfahrens übertragen kann. Sondern ist er eine Zusammenstellung von Informationen, welche die Gemeinde bei guter Planung ohnehin selbst zusammentragen müsste. *Balla/Sangenstedt* beschreiben dies sehr plastisch:[85] »Überzeugender ist es, wenn sich der UVP-Bericht auf eine komprimierte und übersichtliche Zusammenschau der für das Vorhaben wesentlichen Umweltaspekte beschränkt. Materien, die in Fachgutachten eingehend geprüft und abgearbeitet worden sind, müssen im UVP-Bericht nicht noch einmal in der gleichen Ausführlichkeit und Detailtiefe angesprochen werden.« Städtebauliche Entwicklungskonzepte, insbesondere **Klimaschutz- und Klimaanpassungskonzepte** auf der Grundlage **des § 1 Abs. 6 Nr. 11 BauGB,** aber auch ÖPNV- und andere Mobilitätskonzepte, die die Kommune in den vergangenen Jahren erstellt hat, sollen mit ihren Kernaussagen im Umweltbericht aufgegriffen und mit ihren Zielvorgaben etwa zur Reduktion von Treibhausgasen oder zu Schaffung von Versickerungsflächen in das konkrete Planverfahren einfließen.[86] Neben diesen konzeptionellen Vorarbeiten, ohne die die Gemeinde heutzutage den rechtlichen und gesellschaftlichen Anforderungen an ihre Bauleitplanung gar nicht mehr wird Rechnung tragen könnte, sind im Umweltbericht auch die konzentrierten Erkenntnisse der Fachplanungen aufzugreifen und für die eigene Bauleitplanung nutzbar zu machen. Abgestimmt mit der Wasserwirtschaftsplanung sollten planerische Vorgaben zum Umgang mit dem Klimawandel etwa zur Freihaltung von Flächen zum Schutz vor Versiegelung bzw. zu notwendigen Schutzmaßnahmen wie der Bau von Deichen oder Rückhaltebecken gegen Überschwemmungen im Umweltbericht enthalten sein. Der Umweltbericht trägt also eher komprimiert das geronnene Wissen und die für das Plangebiet bestehenden Strategien der Gemeinde zusammen und zieht daraus Schlussfolgerungen, welche Beeinträchtigungen die beabsichtige Planung verursachen könnte. D.h. er analysiert das Plangebiet und dessen mutmaßliche Entwicklung aus der Perspektive der Umwelt und setzt diese Erkenntnisse in Bezug zu den geltenden materiellen Maßstäben des BauGB. Und bei dieser Prognose wird die Gemeinde künftig auch das Ziel zu verfolgen haben, den nachteiligen Folgen des Klimawandels für die Menschen, insbesondere den künftigen Generationen, vorsorglich Rechnung zu tragen.[87] Diese Aufgabe kann ein externer Dienstleister mangels Verständnis und Kenntnis der vorauslaufenden kommunalen Strategien gar nicht wahrnehmen, er bedarf hier der aktiven Steuerung durch die Gemeinde.

102 Deshalb hat es seinen guten Grund, dass gem. § 2a BauGB der Umweltbericht von der Gemeinde zu erstellen ist; sie hat ihn gem. Satz 1 im Aufstellungsverfahren der Begründung des Plans beizu-

---

erkennbaren Fortschreiten des Klimawandels aktuell nicht beantwortet werden.« In der Zielrichtung unter Bezugnahme auf das Klimaschutzgesetz ebenso *Schink*, ebd., S. 299 (300): »Die zuvor genannten Maßnahmen erfordern häufig bauleitplanerische Maßnahmen. Das gilt vermehrt für die Ausweisung von Flächen für Neubauten, die klimaneutral errichtet werden sollen, für verkehrslenkende Maßnahmen, die eine aus Klimaschutzgründen erforderliche Veränderung von Straßen und Wegen planerisch absichern, aber auch für Gewerbe und Industriegebiete, wo das Ziel der Verringerung von Treibhausgasemissionen verfolgt wird, sowie für die Planung von Standorten für Anlagen erneuerbarer Energien.«.

85 *Balla/Sangenstedt* ZUR 2023, 476 (478).

86 *Schink*, ebd., S. 299 (310). Zur rechtlichen Wirkung dieser Konzepte nachfolgend Rdn. 151.

87 *Schink*, ebd., S. 299 (315).

fügen. Mithilfe des Entwurfs des Umweltberichts soll die Gemeinde **das Verfahren der UP** zur Ermittlung, Beschreibung und letztlich auch Bewertung der voraussichtlichen erheblichen Umweltauswirkungen der Planung **managen.** Satz 2 verdeutlicht das Ziel dieser frühen Begründungspflicht; in der Begründung sind erstens die Ziele, Zwecke und wesentlichen Auswirkungen des Bauleitplans (Satz 2 Nr. 1) und zweitens im Umweltbericht die auf Grund der Umweltprüfung ermittelten und bewerteten Umweltbelange darzulegen (Satz 2 Nr. 2). Satz 3 stellt klar, dass der Umweltbericht einen **gesonderten Teil der Begründung** darstellt.

Wie verträgt sich dies nun aber damit, dass viele Gemeinden die Erstellung des Umweltberichts lieber an einen Dritten »outsourcen«, als ihn selbst zu erstellen? Nach § 4b BauGB ist zwar es möglich, sich bei der Durchführung einzelner Verfahrensschritte des Bauleitplanverfahrens und damit auch bei der Umweltprüfung **durch einen Dritten unterstützen** zu lassen. Dies darf nach dem Verständnis des § 2a Satz 1 und Satz 3 BauGB aber gerade nicht dazu führen, dass die Gemeinde die gewollte Steuerung über den Umweltbericht und seine Inhalte komplett aus der Hand gibt: »Die Gemeinde hat im Aufstellungsverfahren dem Entwurf des Bauleitplans eine Begründung beizufügen.« … »Der Umweltbericht bildet einen gesonderten Teil der Begründung.« Überträgt die Gemeinde also bereits die Konzeption des Umweltberichts einem Dritten, ist es zumindest unabdingbar, dass dieser Auftragnehmer bei allen wichtigen Abstimmungen über den Bauleitplan mit am Tisch sitzt, um die Hinweise anderer Behörden oder aus der Öffentlichkeit zu möglichen Umweltauswirkungen unmittelbar aufzunehmen. Gleichzeitig bedarf es einer **fortlaufenden Abstimmung zwischen Dienstleister und Gemeinde** über den Prozess der Erstellung des Umweltberichts. Im Idealfall diskutiert die Gemeinde die bei der Durchführung der UP anfallenden Schritte und die Zwischenergebnisse deshalb jeweils mit ihm, um damit dem von der SUP-RL verfolgten Zweck, die Umweltauswirkungen der Planung besser bewerten zu können, nicht nur formal, sondern auch inhaltlich zu entsprechen. Denn gerade die Erarbeitung des Umweltberichts soll ja dazu dienen, dass sich die Gemeinde intensiv mit den Umweltauswirkungen ihrer Planung befasst. Nur diese eigene inhaltliche Auseinandersetzung mit den berührten oder beeinträchtigten Umweltbelangen wird sie am Ende auch zu einer sachgerechten Abwägung über die Auswirkungen ihres Bauleitplans auf die Umwelt befähigen. Je mehr sie also dem von ihr beauftragten Dritten freie Hand lässt und je weniger sie sich selbst inhaltlich mit den Umweltauswirkungen ihrer Planung befasst, desto größer wird die **Gefahr von Abwägungsfehlern**. 103

Der **Umweltbericht soll sich** nach Vorstellung des Gesetzgebers im Verlauf des Planungsverfahrens **fortentwickeln.** Im »Scoping« (gem. § 4 Abs. 1 BauGB) wird zunächst über seinen möglichen Inhalt gesprochen. Zu Beginn des Aufstellungsverfahrens ist er als Teil der Begründung von der Gemeinde vorzulegen. Im Fortgang des Bauleitplanverfahrens ist er aufgrund der Äußerungen der Öffentlichkeit (gem. § 3 Abs. 1 und 2 BauGB) und der Stellungnahmen der Behörden (gem. § 4 Abs. 2 BauGB) zu ergänzen und zu konkretisieren. Im Bericht erfolgt schließlich die interne Bewertung der von der Planung möglicherweise ausgelösten erheblichen Umweltauswirkungen (gem. § 2 Abs. 4 Satz 1 BauGB), diese Bewertung wird anschließend in den Abwägungsvorgang des Bauleitplans (gem. § 2 Abs. 4 Satz 4 i.V.m. § 1 Abs. 7 BauGB) eingebracht. Schließlich kommt es zur Veröffentlichung des Umweltberichts als einem gesonderten Teil der Begründung des Plans (gem. §§ 5 Abs. 5 bzw. 10 Abs. 3 Satz 2 i.V.m. § 2a Satz 3 BauGB). 104

Seine **endgültige Fassung** erhält der Umweltbericht damit erst mit der **Genehmigung** des Flächennutzungsplans durch die höhere Verwaltungsbehörde nach § 6 Abs. 1 BauGB bzw. der **Beschlussfassung** der Gemeinde über den Bebauungsplan nach § 10 Abs. 1 BauGB.[88] Umgekehrt informiert bereits der erste Entwurf des Umweltberichts die Öffentlichkeit und die Behörden frühzeitig im Rahmen des Beteiligungsverfahrens über die zu erwartenden Umweltauswirkungen der Planung. Auch kommt ihm für den **Abwägungsprozess** der Gemeinderatsmitglieder und später ggf. für eine **gerichtliche Überprüfung** eine erhebliche, über die herkömmlichen Aussagen zur Umweltsituation 105

88 *Runkel* DVBl 2001, 1377 (1386).

in der Begründung deutlich hinausgehende Bedeutung zu.[89] Der fertige Umweltbericht stellt schließlich die Grundlage für die zusammenfassende Erklärung dar, welche (gem. §§ 6a Abs. 1 bzw. 10a Abs. 1 BauGB) den veröffentlichten Bauleitplänen beizufügen ist. In seiner Endfassung weist er die notwendigen Überwachungsmaßnahmen aus, damit die Gemeinde in der Lage ist, ggf. geeignete Maßnahmen zur Abhilfe zu ergreifen (gem. § 4c Satz 1 HS 1 BauGB), wenn die Umsetzung der Planung negative Auswirkungen auf die Umwelt haben sollte. Ein **fehlerhafter Umweltbericht** führt aufgrund seiner Bedeutung daher zwangsläufig zur **Fehlerhaftigkeit des gesamten Plans.** § 214 Abs. 1 Nr. 2 BauGB ordnet zwar an, dass es unbeachtlich ist, wenn einzelne Angaben dazu, welche Arten umweltbezogener Informationen verfügbar sind, gefehlt haben; dies gilt aber gerade nicht, wenn der Umweltbericht oder wichtige Teile davon fehlen. Bei einer nur nachträglichen Neubewertung von bereits vorhandenen Sachinformationen schadet eine unterlassene erneute Auslegung des Entwurfs des Bebauungsplans indes nicht.[90]

bb) Schranken des Umweltberichts

106 Die UP stellt einen unselbstständigen, integrativen Bestandteil des Bauleitplanverfahrens dar, für sie gelten daher die **inhaltlichen Schranken des BauGB**. Demgemäß hat sich auch der Umweltbericht als ihr zentraler Bestandteil entsprechend zu beschränken. Er hat sich daher auf die Umweltauswirkungen der Planung mit städtebaurechtlicher Relevanz zu beziehen, auch sein Umfang und Detaillierungsgrad sowie auch die mögliche Prüfung von Alternativen haben sich am jeweiligen Bauleitplanverfahren zu orientieren, sie können nicht darüber hinausgehen.

aaa) Städtebaurechtliche Relevanz

107 Die Verpflichtung zur Anwendung der für die Bauleitplanung geltenden Vorschriften stößt zunächst auf den sich aus § 1 Abs. 1 i.V.m. Abs. 5 Satz 1 BauGB ergebenden allgemeinen **Leitbegriff der nachhaltigen städtebaulichen Entwicklung**, mit dem gleichzeitig die grund- und kompetenzrechtliche Beschränkung der Bauleitplanung gem. Art. 74 Abs. 1 Nr. 18 GG auf städtebauliche Gesichtspunkte zum Ausdruck gebracht wird.[91] Es geht im Rahmen jeglicher Bauleitplanung um die bauliche oder sonstige Nutzung der Grundstücke, verbunden mit dem Anspruch, eine nachhaltige städtebauliche Entwicklung zu gewährleisten. Dies hat als wesentliche Konsequenz, dass die **städtebaulich** bedeutsamen oder bodenrechtlich **relevanten Umweltauswirkungen** des zu planenden Vorhabens zu ermitteln sind.[92]. Welche städtebaulichen Gesichtspunkte im Einzelfall in die planerische Abwägung eingestellt werden müssen, lässt sich nach anerkannter Rechtsprechung des BVerwG nicht generalisierend, sondern nur für die jeweilige Planung im Hinblick auf das von ihr **konkret verfolgte Planungsziel** sowie die **im Einzelnen vorgegebene Situation** beantworten.[93]

bbb) Umfang und Detaillierungsgrad

108 Die qualitative Messlatte an den Umweltbericht und seine Bedeutung für den Umgang der Gemeinde wird hier in Bezug auf die neuen Herausforderungen von Klimaschutz und Anpassung an den Klimawandel bewusst hochgelegt.[94] Ausufern im Umfang und Detaillierungsgrad und damit in der Breite sollte der Umweltbericht deshalb aber gerade nicht, ein strategischer Umweltbericht sollte

---

89 *Wulfhorst* UPR 2001, 246 (251).

90 BVerwG, Urt. v. 08.03.2017 – 4 CN 1.16, BVerwGE 158, 182.

91 *Löhr*, in: Battis/Krautzberger/Löhr, BauGB, § 9 Rn. 4a.

92 Zur strikten Ausrichtung der UVP auf Entscheidungserheblichkeit im jeweiligen Verfahren allgemein *Feldmann* UPR 1991, 127 (129).

93 BVerwGE 58, 154 (156).

94 *Kment*, in: Ernst/Zinkahn/Bielenberg/Krautzberger, BauGB, § 2 Rn. 324; und *Otto*, in: Schrödter, Baugesetzbuch, § 2 Rn. 134: »Da mit dem BauGB der Klimaschutz und die Anpassung an den Klimawandel »insbesondere auch in der Stadtentwicklung« zu einem bedeutsamen Grundsatz der Bauleitplanung aufgewertet wurden und in § 1a Abs. 5 zu den ergänzenden Vorschriften des Umweltschutzes gehören,

vielmehr kurz und prägnant sein, wie dies auch § 2 Abs. 4 Satz 2 und 3 BauGB (in Umsetzung von Art. 5 Abs. 2 SUP-RL) bewusst beschreibt: Der »gegenwärtige Wissensstand« und die »allgemein anerkannten Prüfmethoden« sowie »was angemessenerweise verlangt werden kann« sind hier die Schlüsselbegriffe, welche das Gesetz verwendet. In der Praxis ist aber festzustellen, dass die Gemeinden aus Sorge, einen Verfahrensfehler zu begehen, die Erstellung des Umweltberichts eher nicht strategisch angehen, sondern sie mit seiner Erstellung zumeist einen Dritten betrauen, der dann seinerseits wiederum schematisch alle Punkte der Anlage 1 von »vorne bis hinten« durchprüft, unabhängig davon, ob der beabsichtigte Plan ein eher allgemeiner Angebotsplan oder schon ein sehr konkreter projektbezogener Bebauungsplan oder Vorhaben- und Erschließungsplan ist. Dies führt zu Verzögerungen bei der Bauleitplanung und Verärgerung ob des vermeintlich hohen Aufwands einer UP, was wiederum zu der bereits erwähnten restriktiven Einstellung der Träger der Bauleitplanung zu diesem an sich sinnvollen Umweltverfahren führt.

Die gesetzgeberische Intention war eine andere: Nach Vorstellung des Gesetzgebers soll die UP **109** einerseits **alle notwendigen Informationen** für eine sachgerechte bauleitplanerische Abwägung der Umweltbelange mit den übrigen Belangen durch die Gemeinde bereitstellen, und zwar in qualitativ hochwertiger Form. Anderseits ist zu diesem frühen Zeitpunkt der **Aufwand** der Ermittlungen auf das bauleitplanerisch **notwendige Maß zu begrenzen**. Satz 2 stellt deshalb klar, dass die Gemeinde selbst für jeden Bauleitplan festlegt, in welchem Umfang und Detaillierungsgrad die Ermittlung der Belange für die Abwägung erforderlich ist. Hieraus folgt auch, dass eine von ihr zu beteiligende Behörde keine zwingenden Vorgaben zu einem übermäßigen Umfang und Detaillierungsgrad machen kann. Die zu beteiligenden Behörden sollen sich nach § 4 Abs. 1 Satz 1 BauGB (in Umsetzung von Art. 5 Abs. 4 SUP-RL) auf Aufforderung der Gemeinde beratend äußern. § 2 Abs. 4 Satz 3 legt in diesem Sinne ergänzend fest, dass sich die UP (nur) auf das zu beziehen hat, was nach gegenwärtigem Wissensstand und allgemein anerkannten Prüfmethoden sowie nach Inhalt und Detaillierungsgrad des Bauleitplans angemessenerweise verlangt werden kann. Diese für den deutschen Gesetzgeber ungewöhnlich umfangreichen Klarstellungen machen deutlich, dass er einer möglichen Neigung in der **Praxis entgegensteuern** wollte, über das Vehikel der UP zu viele **quantitative Anforderungen** an die Bauleitplanung zu stellen mit der nachteiligen Folge, dass die Gemeinden sich infolge im Einzelfall allein aufgrund überzogener Anforderungen an den Umfang der Planungsunterlagen gezwungen sehen, einen Dritten zur Unterstützung bei der UP einzuschalten.

Die Anforderungen für die Gemeinde an die **Zusammenstellung des Abwägungsmaterials** sind **110** nach gefestigter Rechtsprechung[95] und einheitlicher Auffassung im Schrifttum[96] ebenfalls begrenzt. Die Gemeinde muss den ihr bekannten, durch die Planung betroffenen Gesichtspunkten nachgehen; was sie nicht sieht und was sie nach den gegebenen Umständen auch nicht zu sehen braucht, kann und braucht sie nicht zu berücksichtigen.[97] Diese Begrenzung gilt auch für die in den Abwägungsvorgang integrierte bauleitplanerische UP. Das BVerwG führte hierzu bereits 1996 aus: »Die UVP ist nicht als ein Suchverfahren konzipiert, das dem Zweck dient, Umweltauswirkungen aufzudecken, die sich der Erfassung mit den herkömmlichen Erkenntnismitteln entziehen«.[98] Eine unbegrenzte Ermittlungspflicht »bis in alle Einzelheiten und feinsten Verästelungen« hat die Gemeinde demnach nicht, auch nicht bezüglich der zu erwartenden Umweltauswirkungen.[99] Mit der BauGB-Novelle 1998 wurde diese Begrenzung für die damals UVP-pflichtigen vorhabenbezogenen Bebauungspläne übernommen, damals wurde noch sehr allgemein auf eine Ermittlungspflicht »**entsprechend dem Stand der Planung**« abgestellt. Ausschlaggebend für den Umfang war in diesen Fällen vielfach der

müssen im Umweltbericht auch die Auswirkungen der Planung aus dem Blickwinkel des Klimaschutzes und der Klimaanpassung im Sinne von § 1a Abs. 5 angesprochen werden.«.

95 Grundlegend: BVerwGE 59, 87 (103); ebenso *BGH* NJW 1992, 1953 (1954).

96 Vgl. *Krautzberger*, in: Battis/Krautzberger/Löhr, BauGB, § 1 Rn. 116.

97 BVerwGE 59, 87 (103).

98 BVerwGE 100, 239 (248).

99 So ausdrücklich BVerwGE 100, 370 (377).

Vorhabenträger, da dessen Unterlagen weitestgehend die Grundlage der UP bildeten. Mit der Einführung der UP-Pflicht für alle Bauleitpläne wurde diese Anforderung durch § 2 Abs. 4 BauGB zwar konkretisiert, aber im Umfang nicht ausgeweitet.

111 Hilfestellung für die Gemeinden gibt deshalb der Mustereinführungserlass zum EAG, der orientiert an den Formulierungen des § 2 Abs. 4 BauGB den Gemeinden folgende Gesichtspunkte für die Festlegung des Umfangs der UP aufzeigt:[100]

– Erheblichkeit

Aus der Beschränkung in Satz 1 HS 1 auf die erheblichen Umweltauswirkungen folgt, dass Umweltbelange außer Betracht bleiben können, die von der Planung nur gering betroffen werden. Dies zu entscheiden, obliegt der Gemeinde anhand der Ziele und des Regelungsgehalts des Bauleitplans sowie der konkreten Umweltbedingungen im Plangebiet.

– Voraussehbarkeit

Satz 1 HS 1 stellt des Weiteren auf die voraussichtlichen Umweltauswirkungen der Planung ab. Es gilt also eine Prognose vorzunehmen, die sich nach vernünftigem planerischem Ermessen zu richten hat.

– Abwägungsbeachtlichkeit

Die Gemeinde hat nach Satz 2 den Umfang und Detaillierungsgrad für die Ermittlung der Umweltbelange daran auszurichten, was für die bauleitplanerische Abwägung insgesamt erforderlich sein wird. Dies entspricht dem allgemeinen Grundsatz der Rechtsprechung, nur dasjenige in die Abwägung einzustellen, was nach Lage der Dinge eingestellt werden muss.[101]

– Angemessenheit

Satz 3 stellt klar, dass sich die UP auf das bezieht, was nach gegenwärtigem Wissensstand und allgemein anerkannten Prüfmethoden sowie nach Inhalt und Detaillierungsgrad des Bauleitplans angemessenerweise verlangt werden kann.

– Abschichtung

Satz 5 regelt gesondert auch für die Bauleitplanung die bereits im UVPG an verschiedenen Stellen verankerte Abschichtungswirkung. Diese zielt darauf ab, durch Abstimmung der Planungsträger und Planungsebenen untereinander Mehrfachprüfungen im Rahmen der UP zu vermeiden.

– Umweltfachplanungen

Eine Beschränkung des Prüfungsaufwandes kann schließlich dadurch erreicht werden, dass entsprechend der Vorgabe von Satz 6 auf Bestandsaufnahmen anderer umweltrelevanter Fachplanungen zurückgegriffen wird, anstelle selbst nochmals umfangreiche Erhebungen zu tätigen oder zu beauftragen.

112 Zusammenfassend lässt sich für alle Bauleitplanverfahren feststellen, dass die **UP und mit ihr der Umweltbericht sich auf alle nach dem Stand der Planung** für die Gemeinde zum Zeitpunkt des Aufstellungsbeschlusses nach § 2 Abs. 1 Satz 2 BauGB **erkennbaren, erheblichen und damit abwägungsrelevanten Umweltauswirkungen des Vorhabens** zu beziehen, sich aber unter den Gesichtspunkten der Angemessenheit und der Vermeidung von Mehrfachprüfungen im Umfang zu beschränken hat. Der Umfang der Untersuchungspflicht verhält sich dabei proportional zur Detailschärfe der vorliegenden Unterlagen, sodass die Gemeinde auch über die Ausgestaltung der Unterlagen auf die Intensität der UP im Stadium der Bauleitplanung Einfluss nehmen kann. Als Daumen-

100 Zum Nachfolgenden detailliert der Mustererlass zum EAG 2004, Nr. 2.4.2.5.
101 BVerwGE 34, 301.

regel kann daher die **1/3 Regelung** aus der Begründung des Regierungsentwurfs der BauGB-Novelle zur integrierten Stadtentwicklung herangezogen werden.[102]

Eine zu starke Einengung des Umfangs der planintegrierten UP aufgrund dieser Empfehlungen ist allerdings ausgeschlossen. Ansonsten würde die gesetzgeberische Intention unterlaufen, die Feststellung von Umweltauswirkungen belastender Vorhaben im Planungs- und nachfolgenden verwaltungsbehördlichen Zulassungsverfahren zu gewährleisten, und zwar gerade auch solche Auswirkungen, die nicht bekannt und möglicherweise auch nicht ohne weiteres erkennbar sind. Will die Gemeinde ihrer **Ermittlungspflicht** Genüge tun, kann sie sich daher nicht nur auf vorhandene eigene Erkenntnisse oder solche, die sie aus den förmlichen Beteiligungsverfahren gewonnen hat, beschränken und sich im Übrigen auf Nichtwissen berufen. Sie hat vielmehr unter Berücksichtigung des allgemeinen Kenntnisstandes und der allgemein anerkannten Prüfungsmethoden **alle im Einzelfall geeigneten und rechtlich zulässigen qualitativen und quantitativen Verfahren** heranzuziehen.[103] Hierzu muss sie bei Kenntnislücken ggf. auch ein externes Gutachten einzuholen.[104] Gleichwohl sollte die Einholung von Gutachten auf Ausnahmefälle beschränkt bleiben, etwa wo es sich um bei einem konkret geplanten Vorhaben um eine neue Technologie handelt oder die in Aussicht genommene Fläche als möglicherweise durch den Klimawandel besonders gefährdet erweist. Möglicherweise gibt es auch bereits Gutachten, die den Planungsraum betreffen und die nochmals, sofern sie nicht veraltet sind (in der Regel ist dies nach fünf Jahren der Fall), genutzt werden können. Und die Gemeinde sollte schon im »Scoping« zusammen mit der Umweltbehörde auf die räumliche, zeitliche und inhaltliche Begrenzung des Umfangs eines ausnahmsweise einzuholenden Gutachtens aktiv hinwirken. Im Rahmen der UP besteht daher, selbst wenn dies etwa von Umweltverbänden gefordert werden sollte, **keine grenzenlose Untersuchungspflicht**. Der Informationswert der verwendeten Ermittlungsverfahren muss daher in einem angemessenen Verhältnis zum Aufwand stehen.[105] Was bedeuten diese allgemeinen Ausführungen zum Umfang und Detaillierungsgrad nun für die in der Praxis doch sehr unterschiedlichen Bauleitplanverfahren? 113

Die Anforderungen an den Umweltbericht für einen **Flächennutzungsplan** ergeben sich aus dem räumlichen Umgriff und dem Zeithorizont dieses Plans. Da ein Flächennutzungsplan im Regelfall für das gesamte Gemeindegebiet aufgestellt wird und er eine Geltungsdauer von bis zu 20 Jahren haben soll, muss auch der Umweltbericht die entsprechenden Umweltauswirkungen des Plans betrachten. Wie werden sich die Flächen und ihre Nutzung im Gemeindegebiet in dieser Zeit prognostisch verändern, welche Folgen wird der Klimawandel haben, wo werden sich infolge der Planung und aufgrund des Klimawandels möglicherweise negative Umweltfolgen verstärken? Welche Treibhausgasemissionen werden durch den Flächennutzungsplan angestoßen. Angesichts der mit einer **Prognose** von bis zu 20 Jahren verbundenen Unsicherheiten sollten mögliche Auswirkungen des Klimawandels wie Gefahren von Überschwemmungen und Hitze im Gemeindegebiet skizziert und in Bezug zu den Flächendarstellungen gesetzt, aber noch **nicht bis ins Detail** dargelegt werden. Auch in Bezug auf mögliche zusätzliche Treibhausgasemissionen infolge einer veränderten Flächen- 114

102 Vgl. Bundesrats-Drs. 436/24 v. 06.09.2024, S. 72: »Insbesondere wenn der Bebauungsplan keinen Rahmen für komplexe UVP-pflichtige Vorhaben setzt, dürfte davon auszugehen sein, dass der fachlich notwendige Umfang sich auf ein Drittel der Begründung zum Bauleitplan beschränkt. Der Umweltbericht soll es der Gemeinde erleichtern, die Umweltauswirkungen des Plans einzuschätzen und angemessen in der Abwägung zu berücksichtigen. Der ausufernde Umfang der Umweltberichte kann dieser Funktion in der Praxis schaden.«.

103 Vgl. den Wortlaut von § 2a Abs. 1 Nr. 2 BauGB.

104 Ebenso *Wulfhorst* UPR 2001, 246 (249 f.): »Die UVP darf sich nicht auf solche Umweltauswirkungen beschränken, die sich als abwägungsrelevant aufdrängen, sondern muss die Umweltsituation im Grundsatz umfassend untersuchen und prognostizieren.« A.A. aber *Runkel* DVBl 2001, 1377 (1386), der nach allgemeinen Abwägungsgrundsätzen beim Untersuchungsumfang darauf abstellt, was die Gemeinde kennt oder hätte kennen müssen, und daher in der Regel keine zusätzlichen Untersuchungen für erforderlich hält, um bislang nicht bekannte Umweltauswirkungen zu ermitteln.

105 Vgl. auch Mustereinführungserlass zum EAG, Nr. 4.1.2.2.

nutzung kann es nur um eine Prognose gehen; detaillierte Berechnungen sind hier nicht erforderlich.[106]

115 Ein **angebotsorientierter Bebauungsplan** ist dagegen in seinem räumlichen Umfang deutlich begrenzter, auch der notwendige Prognosezeitraum verkürzt sich daher. Im Idealfall kann der Umweltbericht des Bebauungsplans bereits auf die langfristigen Prognosen aus dem Umweltbericht des Flächennutzungsplans zurückgreifen. Sofern Bebauungspläne dagegen aus einem Flächennutzungsplan entwickelt werden (müssen), der selbst älteren Datums ist und bei dem daher noch keine UP oder diese nur sehr fragmentarisch durchgeführt wurde, darf in räumlicher Hinsicht die Ermittlungspflicht nicht von vornherein auf den Geltungsbereich des Bebauungsplans beschränkt werden. Insofern fehlt es hier noch an einer vorgelagerten UP im Flächennutzungsplan mit entsprechenden Vorleistungen, auf die abschichtend Bezug genommen werden könnte. Mögliche negative Auswirkungen auch auf die nähere Umgebung sind daher in jedem Fall einzubeziehen. Umgekehrt kann gestützt auf diesen Befund aber auch keine großräumige UP für das gesamte Gemeindegebiet verlangt werden, die dem Flächennutzungsplan und seiner Fortschreibung vorbehalten bleiben muss. Ebenso kann der Bebauungsplan und mit ihm die UP im Bebauungsplanverfahren darauf vertrauen, dass bestimmte technische Fragen der Ausführung der konkreten Bauvorhaben erst im sich anschließenden Baugenehmigungsverfahren geklärt werden müssen, welches daher eine UVP einzuschließen hat, sofern für dieses Vorhaben eine eigene UVP-Pflicht besteht. Bei einem **vorhabenbezogenen Bebauungsplan**, der in Zusammenarbeit mit einem Investor aufgestellt wird und bei einem **Vorhaben- und Erschließungsplan** sind die Anforderungen an die Beschreibung der ganz konkreten Umweltauswirkungen dagegen deutlich höher; dafür kann auf die prognostischen Vorgaben des Flächennutzungsplans zu den insgesamt zu erwartenden Umweltauswirkungen im Gemeindegebiet zurückgegriffen werden.[107] Bei den **planfeststellungsersetzenden Bebauungsplänen** hat dagegen eine alle umweltbezogenen Zulässigkeitsvoraussetzungen des Vorhabens einschließende UP stattzufinden, weil der Bebauungsplan hier bereits die abschließende Zulassung des Vorhabens darstellt.[108]

ccc) Prüfung von Alternativen

116 Art. 5 Abs. 1 Satz 1 HS 2 SUP-RL verlangt, dass im Umweltbericht »vernünftige Alternativen, die die Ziele und den geographischen Anwendungsbereich des Plans … berücksichtigen, ermittelt, beschrieben und bewertet« werden.[109] Damit ist eine **Alternativenprüfung** für die bauleitplanerische UP **gemeinschaftsrechtlich vorgegeben.** Dies ist aber keine Neuerung, denn keine andere Form raumbedeutsamer hoheitlicher Planungen und Maßnahmen ist zu einer umfassenden Prüfung von denkbaren Alternativen, insbesondere Standortalternativen, so geeignet wie die gesamtplanerisch angelegte Bauleitplanung, hier insbesondere die Flächennutzungsplanung.[110] Besteht für Alternativenprüfungen in Planfeststellungsverfahren, erst recht in Kontrollerlaubnisverfahren, schon aufgrund ihres konkreten Projektbezugs und ihrer fachlichen Ausrichtung nur ein geringer Spielraum, so bietet der flächenhafte und fachübergreifende Koordinierungsauftrag der städtebaulichen Planung dafür dem Grunde nach optimale Voraussetzungen. Das **Abwägungsgebot** des § 1 Abs. 7 BauGB **zwang** die Gemeinde sogar immer schon, **unterschiedliche planerische Lösungen** in die Überlegungen **einzubeziehen.** Die Pflicht zur Prüfung von Planalternativen ergab sich darüber hinaus aus den ebenfalls als Einzelausprägungen des Abwägungsgebotes bestehenden **Grundsätzen der Verhältnismäßigkeit** und **der Konfliktvermeidung** und **Konfliktbewältigung.**[111] Das Suchen und Finden einer

106 Vgl. BVerwG, Urt. v. 27.03.2025 – 7 A 3.24, Rn. 53.
107 Siehe hierzu nachfolgend Rdn. 164 ff.
108 Mustereinführungserlass zum EAG, Nr. 3b.
109 Ausführlich *Spannowsky*, in: Mitschang, S. 89 ff.
110 Vgl. zur notwendigen Alternativenprüfung in der Bauleitplanung auch *Schink* UPR 2014, 408, 412.
111 Vgl. etwa *Söfker*, in: Ernst/Zinkahn/Bielenberg/Krautzberger, BauGB, § 1 Rn. 179 ff., 202; *Schlarmann* DVBl 1992, 871.

verhältnismäßigen, möglichst konfliktfreien städtebaulichen Lösung ist ohne den Vergleich verschiedener Varianten und deren Konsequenzen nicht denkbar.

Hinweise, wie der Gesetzgeber die von ihm anerkannte Verpflichtung zur Alternativenprüfung verstanden wissen will, enthalten § 3 Abs. 1 Satz 1 BauGB und die Anlage 1 (dort Nr. 2 lit. b): »Die Öffentlichkeit ist möglichst frühzeitig über... sich wesentlich unterscheidende Lösungen... zu unterrichten«; und der Umweltbericht muss »Angaben über die in Betracht kommenden **anderweitigen Planungsmöglichkeiten**« enthalten, »wobei die Ziele und der räumliche Geltungsbereich des Bauleitplans zu berücksichtigen sind«. Damit ist einerseits klargestellt, dass der Gesetzgeber von einer derartigen Prüfung durch die Gemeinde ausgeht, er es ihr andererseits aber überlässt, welche Alternativen sie konkret aufgrund der Gegebenheiten des Einzelfalls **tatsächlich** in die Prüfung einbezieht.[112] Zudem stellt Anlage 1 Nr. 2 lit. a ergänzend zu § 2 Abs. 4 Satz 3 BauGB nochmals klar, dass auch bei der Untersuchung der »Nichtdurchführung der Planung«, also der Untersuchung der so genannten **Null-Variante**, auf einen zumutbaren Aufwand auf der Grundlage der verfügbaren Umweltinformationen und wissenschaftlichen Erkenntnisse abgestellt werden kann. **117**

Was – so der Alternativenvergleich – als »Herzstück der Umweltverträglichkeitsprüfung« bezeichnet wird,[113] ist nach dem Vorstehenden daher als ein wesensimmanenter Bestandteil der dem Abwägungsgebot unterliegenden Bauleitplanung aufzufassen. Die damit dem Grunde nach bestehenden optimalen Voraussetzungen für eine Alternativenprüfung innerhalb einer UP in der Bauleitplanung müssen allerdings in mehrfacher Hinsicht relativiert werden. Die Gestaltungsspielräume für die **Prüfung von Alternativen hängen maßgeblich** von der Art der Planung (also Flächennutzungs- oder Bebauungsplanung), der **Größe des Plangebiets** und oft gerade auch davon ab, ob ein Investor über ein bestimmtes Grundstück verfügt, für welches er die Planungsrechte von der Gemeinde begehrt. Im Gegensatz zur früheren Rechtslage kann eine Alternativenprüfung über den Standort aber nicht mehr einfach durch den schlichten Hinweis ausgeschlossen werden, dass der Vorhabenträger nur über ein bestimmtes Grundstück verfügt und damit andere Standorte von vornherein nicht in die Abwägungsentscheidung einzubeziehen sind. Eine im Rahmen der UP zu untersuchende Alternative wird unter dem Eindruck der SUP-RL hier zumindest immer auch die Null-Variante sein müssen.[114] **118**

In Einzelfällen bei Planungsvorhaben mit überörtlicher Bedeutung kann zudem bereits die **örtliche Beschränkung auf das Gemeindegebiet** als Hindernis für einen echten umfassenden Vergleich alternativer Projektstandorte in den gemeindlichen Bauleitplanverfahren erwähnt werden.[115] Es liegt auf der Hand, dass gerade bei umweltbelastenden Großprojekten ein Gemeindegrenzen überschreitendes Standortsuchverfahren die besseren Chancen für eine umweltverträgliche Planung bietet. Hier bedarf es daher einer gemeindeübergreifenden Standortplanung mit UP, wie sie insbesondere der Raumordnung obliegt. Ansonsten bietet aber die in die Geltung der UP einbezogene **Flächennutzungsplanung ausreichende Gewähr** dafür, dass das **gesamte Gemeindegebiet** in die Suche nach **geeigneten Standorten** einbezogen wird. Künftige Nutzungsanforderungen können auf dieser Planungsebene erfasst und unter Einbeziehung der UP koordiniert werden. Aufgabe der Flächennutzungsplanung mit UP wird es daher sein, die grundlegenden Nutzungszuordnungen im Gemeindegebiet vorzunehmen. Maßgeblich für die Standortauswahl wird folglich die Flächennutzungsplanung: Erst aufgrund des **Ableitungsverhältnisses zwischen Flächennutzungsplan und Bebauungsplan** (§ 8 Abs. 2 BauGB) kann dann die Bebauungsplanung beschränkt auf solche Flächen, die nach den Gebietsausweisungen des Flächennutzungsplans für die Aufnahme des bestimmten Planungsvorhabens geeignet sind, konkretere Alternativen untersuchen.[116] **119**

---

112 Hierauf weist der Mustereinführungserlass der ARGEBAU zum EAG hin, Nr. 4.1.2.2.

113 *Jarass,* UVP bei Industrievorhaben, S. 43.

114 Ebenso *Hoppe* NVwZ 2004, 903 (907).

115 Dazu *Erbguth/Schink,* UVPG, § 12 Rn. 51.

116 Denkbar ist allerdings gem. § 8 Abs. 3 BauGB, dass parallel zur Aufstellung des Bebauungsplans gleichzeitig auch der Flächennutzungsplan geändert wird.

120 Demgegenüber fehlt es der **Bebauungsplanung** an der das gesamte Gemeindegebiet erfassenden Zielsetzung der grundlegenden Verteilung der Raumnutzungen. Ohne diesen flächendeckenden Ansatz ist ein Standortalternativenvergleich damit nur bruchstückhaft denkbar. Für die Alternativenprüfung in der Bebauungsplan-UP bedeuten diese Einschränkungen, dass eine **Prüfung alternativer Projektstandorte im übrigen Gemeindegebiet regelmäßig nicht** mehr in Betracht kommt. Insoweit bedürfte es eines erneuten Aufgreifens der Flächennutzungsplanung. Ihre Möglichkeiten zum Vergleich von **Planungsvarianten** voll zur Geltung bringen kann die **Bebauungsplanung** jedoch **im Bereich des Mikrostandortes** des Projekts, d.h. in der Ausgestaltung des Standortes **en détail**. Von Bedeutung sind hier etwa die Zuordnung einzelner Gebäude zueinander, ihre Stellung auf der Standortfläche, die Planung der Erschließung, die Festsetzung von umweltbezogenen Einrichtungen und Maßnahmen etc. Selbstverständlich verbleibt der Gemeinde immer die Möglichkeit, im Rahmen ihrer Planungshoheit die viel beschworene Null-Variante zu wählen, also auf das Vorhaben gänzlich zu verzichten; sie ist dazu verpflichtet, wenn eine Realisierung des Projekts wegen entgegenstehender privater oder öffentlicher Belange, z.B. solche des Umweltschutzes, in jeder denkbaren Variante ein Verstoß gegen das Abwägungsgebot darstellen würde.

121 Demgegenüber gelten für die **planfeststellungsersetzenden Bebauungspläne** nach § 2 Abs. 6 Nr. 1, 2. Alt. strengere Maßstäbe. Der *Bayerische Verwaltungsgerichtshof* hat darauf hingewiesen, dass – anders als bei punktförmigen Projekten nichtstaatlicher Träger – bei linienbezogenen Vorhaben die Alternativenprüfung in Form der Trassenwahl nach Maßgabe der Umstände des Einzelfalls obligatorisch ist und sogar häufig das Kernstück der zu treffenden Planungsentscheidung darstellt.[117] Für die eine trassenbestimmende Planfeststellung ersetzende Bebauungsplanung trifft das in gleichem Maße zu. Alle auf diesem Wege in die Abwägung einbezogenen alternativen Linienführungen sind demnach auch im Einzelnen auf ihre Umweltrelevanz hin zu überprüfen. Soweit unter den vorgenannten Rahmenbedingungen eine Alternativenprüfung vorzunehmen ist, müssen nach der Rechtsprechung die **Varianten nicht vollständig durchgeplant** werden.[118] Die Gemeinde braucht also nicht etwa für alle in Betracht kommenden Alternativlösungen fertige Bauleitplanentwürfe zu erstellen. Abhängig von den Gegebenheiten des Einzelfalls reicht es aus, wenn die Planvarianten so weit konkretisiert sind, dass die wesentlichen Unterschiede erkennbar werden.[119] Eine entsprechende verbale Darstellung in der Begründung des **einen** Planentwurfs wird dieser generellen Anforderung in der Regel genügen.

cc) Bestandteile des Umweltberichts gem. Anlage 1 zum BauGB

122 Die Bestandteile des Umweltberichts, sein Aufbau und seine Mindestinhalte, werden durch die Anlage 1 zum BauGB vorgegeben. Die Anlage 1 zum BauGB greift ihrerseits Anh. I der SUP-RL, sie enthält aber auf das Bauleitplanverfahren zugeschnittene Begrifflichkeiten.[120] Durch die UVP-Änderungsrichtlinie und den dortigen Anh. IV zum Umweltbericht sind nun weitere Inhalte hinzugekommen.[121] Diese Erweiterung betrifft die

- Konkretisierung der Null-Variante (Verzicht auf die Planung) in Nr. 2 lit. a,
- Betrachtung der Bauphase in Nr. 2 lit. b sublit. aa,
- Art und Menge an Immissionen in Nr. 2 lit. b sublit. cc,

117 BayVGH DVBl 1994, 1198 (1201).
118 BVerwGE 100, 239 (249 f.); BVerwG NVwZ 1988, 351.
119 Ausführlich dazu *Schlarmann* DVBl 1992, 871 (876).
120 Hierzu und zum Folgenden detailliert der Mustereinführungserlass zum EAG 2004, Nr. 4.1.2.2.
121 Zur UVP-Änderungs-RL *Schink* UPR 2014, 408, 416 f.; zu den Änderungen in Anlage 1 zum BauGB ausführlich *Mitschang* UPR 2018, 41, 45 ff.; *Weyrauch* UPR 2018, 81 ff. Die nachfolgende Auflistung der Neuerungen ist dem Mustereinführungserlass zur BauGB-Novelle 2017, S. 18 f. entnommen. Indes weist der Mustereinführungserlass hier auch daraufhin, dass bei einer Angebotsplanung ohne konkreten Vorhabenbezug eine Reihe der infolge der UVP-Richtlinie nunmehr geforderten Angaben entweder von vornherein nicht relevant oder eine Beschreibung konkreter Projektmerkmale nicht möglich sein wird.

- Darstellung der Abfallerzeugung in Nr. 2 lit. b sublit. dd,
- Klimarelevanz des Vorhabens in Nr. 2 lit. b sublit. gg,[122]
- Konkretisierung der unterschiedlichen Auswirkungen in Nr. 2 lit. b Hs. 2,
- Betrachtung von Unfällen und Katastrophen in Nr. 2 lit. e,
- Quellenangabe in Nr. 3 lit. d.

Der Umweltbericht gliedert sich, unter Berücksichtigung dieser Ergänzungen, danach in drei Teile (Anmerkung: hier verkürzt dargestellt): **123**

1. Eine Einleitung mit folgenden Angaben:
   a) Kurzdarstellung des Inhalts und der wichtigsten Ziele des Bauleitplans,
   b) Darstellung der in einschlägigen Fachgesetzen und Fachplänen festgelegten Ziele des Umweltschutzes, die für den Bauleitplan von Bedeutung sind;
2. eine Beschreibung und Bewertung der Umweltauswirkungen, die in der Umweltprüfung nach § 2 Abs. 4 Satz 1 ermittelt wurden; hierzu gehören folgende Angaben:
   a) eine Bestandsaufnahme der einschlägigen Aspekte des derzeitigen Umweltzustands (Basisszenario) einschließlich der Umweltmerkmale der Gebiete, die voraussichtlich erheblich beeinflusst werden, und eine Übersicht über die voraussichtliche Entwicklung des Umweltzustands bei Nichtdurchführung der Planung;
   b) eine Prognose über die Entwicklung des Umweltzustands bei Durchführung der Planung;[123]
   c) eine Beschreibung der geplanten Maßnahmen, mit denen festgestellte erhebliche nachteilige Umweltauswirkungen vermieden, verhindert, verringert oder soweit wie möglich ausgeglichen werden sollen, sowie gegebenenfalls geplante Überwachungsmaßnahmen;
   d) in Betracht kommende anderweitige Planungsmöglichkeiten, wobei die Ziele und der räumliche Geltungsbereich des Bauleitplans zu berücksichtigen sind;
   e) eine Beschreibung der erheblichen nachteiligen Auswirkungen nach § 1 Abs. 6 Nr. 7 lit. j (Anmerkung: Anfälligkeit der Vorhaben für schwere Unfälle oder Katastrophen);
3. zusätzliche Angaben:
   a) eine Beschreibung der wichtigsten Merkmale der verwendeten technischen Verfahren bei der Umweltprüfung;
   b) eine Beschreibung der geplanten Maßnahmen zur Überwachung der erheblichen Auswirkungen der Durchführung des Umweltplans auf die Umwelt;
   c) eine allgemein verständliche Zusammenfassung;
   d) eine Referenzliste der Quellen

Dieser standardisierte Katalog der Anlage 1 gibt damit die **Mindestanforderungen** vor, zu denen in jedem Bauleitplanverfahren mit UP gem. § 2a Satz 1 BauGB bereits im Aufstellungsverfahren und damit frühzeitig im Planungsprozess Auskunft zu geben ist. Die Beschreibung der Umwelt und der erheblichen nachteiligen Auswirkungen auf sie braucht einerseits gem. § 2a Satz 2 BauGB, der auf den **Planungsstand** des Bauleitplanverfahrens abhebt, gerade nur so detailliert und so weitreichend wie die konkrete Planung zu sein. Das bedeutet, dass Ausführungen, wie sie bei einer auf ein konkretes Vorhaben bezogenen UVP gefordert sind, nur dann im Umweltbericht eines Bebauungsplans geboten sind, wenn schon der Bebauungsplan selbst ein ganz konkretes städtebauliches Vorhaben planerisch vorbereiten will.[124] **Ausführungen im Umweltbericht zu noch nicht im Detail durchgeplanten städtebaulichen Vorhaben bedarf es hier noch nicht**. Hier hat die Detailprüfung dann **124**

---

122 Hierzu *Schink*, Klimaschutz und Klimaanpassung als Gegenstände der Umweltprüfung in der Bauleitplanung, in: Mitschang (Hrsg.), Klimaschutz und Klimaanpassung in der Regional- und Bauleitplanung, Berliner Schriften zur Stadt- und Regionalplanung, 2021, Bd. 40, S. 299 (302): »Der in Anlage 1 Nr. b, gg genannte Belang des Klimaschutzes ist stets im Umweltbericht abzuarbeiten. Fehlt dies, handelt es ich um einen beachtlichen Fehler im Verfahren der Planung.«.

123 Zur Prognose *Schink*, ebd., S. 299 (302): »Es ist keine spekulative Zukunftsvision, sondern eine angemessen komplexe Prognose erforderlich, die sich nach vernünftigem planerischem Ermessen richtet.«.

124 Siehe hierzu nachfolgend Rdn. 164 ff. BVerwG, Urt. v. 27.03.2025 – 7 A 3.24, juris Rn. 53.

im Baugenehmigungsverfahren zu erfolgen, insbesondere falls sich beim Bauantrag herausstellt, dass es sich um ein Vorhaben nach Anlage 1 Nr. 18 des UVPG handelt.[125] Die Beschreibung der Umwelt muss andererseits eine in sich **geschlossene Darstellung** sein, um dem Erfordernis von Satz 3, dass der Umweltbericht einen gesonderten Teil der Begründung darstellt, Rechnung zu tragen. Da § 2a BauGB i.V.m. der Anlage 1 dem Umweltbericht eine immer gleiche Form i.S. einer Checkliste der aufzunehmenden Gesichtspunkte vorgibt, ist es ratsam, seine Vorgaben allen Bauleitplanverfahren zugrunde zu legen.[126] Wesentlich und angesichts der vorausgegangenen jahrelangen Diskussionen um das Wesen einer UVP in der Bauleitplanung wichtig ist, dass die Ausführungen zu den einzelnen Umweltauswirkungen, die bisher auf verschiedene Stellen der Begründung verteilt werden konnten, gem. § 2a Satz 3 BauGB in einem Kapitel, eben dem Umweltbericht, zusammenzufassen sind und ihnen eine allgemein verständliche Zusammenfassung anzufügen ist.[127] Mit dieser Strukturierung verbindet der Gesetzgeber zugleich die Erwartung, dass sich die Qualität der Planung verbessert.[128] In Zukunft ist davon auszugehen, dass der Gesetzgeber eine Trennung der Anlagen zum BauGB für den allgemeinen Fall der UP-pflichtigen Bauleitpläne einerseits und den Sonderfall der UVP-pflichtigen projektbezogenen Bebauungspläne andererseits vornehmen wird, um so die deutlich geringeren Anforderungen der Prüftiefe bei UP-pflichtigen Bauleitplänen zu verdeutlichen.

c) Angabe über Arten umweltbezogener Informationen gem. § 3 Abs. 2 Satz 2 BauGB

125 Die nach § 3 Abs. 2 Satz 2 BauGB geforderte Angabe in der Bekanntmachung der Auslegung der Entwürfe der Bauleitpläne, welche Arten umweltbezogener Informationen in der Gemeinde verfügbar sind, setzt **Art. 3 Nr. 4 der Öffentlichkeits-Beteiligungsrichtlinie** um. Diese Angabe stellt einen weiteren wichtigen Bestandteil der Verfahrensanforderungen der UP an die Bauleitplanung dar. Das BVerwG hat sich mit dem Umfang und der Zielrichtung dieser besonderen Informationspflicht gegenüber der Öffentlichkeit deshalb wiederholt intensiv befasst und festgestellt:[129] »§ 3 Abs. 2 Satz 2 BauGB verpflichtet die Gemeinden, die in den vorhandenen Stellungnahmen und Unterlagen behandelten Umweltthemen nach Themenblöcken zusammenzufassen und diese in der Auslegungsbekanntmachung schlagwortartig zu charakterisieren.« Später hat es ergänzt:[130] »Ausführungen in einem Umweltbericht … sind auch dann umweltbezogene Informationen …, wenn der Umweltbericht zu der Einschätzung gelangt, die beabsichtigte Planung wirke sich auf diesen Zustand nicht aus.« Durch die öffentliche Bekanntmachung nach § 3 Abs. 2 Satz 2 intendiert ist daher eine **Anstoßfunktion für die Öffentlichkeit**, sich mit den berührten **Umweltbelangen** im Rahmen des Beteiligungsverfahrens **auseinanderzusetzen.** Dieser Anstoß kann der Gemeinde gelingen, wenn die Bürger von ihr schon in der Bekanntmachung auf die für die sie relevanten Themen hingewiesen werden und ihnen von der Gemeinde nichts vorenthalten wird.[131]

---

125 Zum Erfordernis einer UVP im Baugenehmigungsverfahren in diesen Fällen siehe am Ende Rdn. 232 ff.

126 Mustereinführungserlass zum EAG 2004, Nr. 4.1.1.

127 So *Runkel* DVBl 2001, 1377 (1386) unter Bezugnahme auf BVerwG NVwZ 1999, 989.

128 *Balla/Sangenstedt*, ZUR 2023, 476 (485) regen an, zur Vermeidung von Redundanzen im UVP-Kapitel nicht alle Passagen aus dem umweltrechtlichen Teil der Begründung zu wiederholen und zu doppeln, sondern mit Verweisen zu arbeiten. Letztlich geht es darum, dass die Darstellung der Umweltauswirkungen einerseits aus sich heraus verständlich ist, andererseits aber die Begründung des Bauleitplans nicht mit Worthülsen und Textbausteinen überfrachtet, sondern diese sinnvoll ergänzt. *Kümper*, ZfBR 2022, 540 (547), ergänzt diese Überlegung, indem er empfiehlt, dass zwar auf alle Punkte der Anlage eingegangen werden sollte. Wenn zu einzelnen Punkten, weil sie ersichtlich nicht relevant sind, dagegen nicht inhaltlich eingegangen werden soll, sollten im Umweltbericht jeweils die Gründe für diese Entscheidung dargelegt werden.

129 BVerwG, Urt. v. 18.07.2013 – 4 CN 3.12, NVwZ 2013, 1413.

130 BVerwG, Urt. v. 29.09.2015 – 4 CN 1.15, UPR 2016, 37.

131 Zum Ganzen *Schink* UPR 2016, 241 ff. (mit Nachweisen zur umfangreichen Rechtsprechung).

d) Grenzüberschreitende Beteiligung gem. § 4a Abs. 5 BauGB i.V.m. §§ 60 und 61

Die SUP-RL verlangt in Art. 7 grenzüberschreitende Konsultationen, wenn ein Plan voraussichtlich erhebliche Umweltauswirkungen auf die Umwelt eines Mitgliedstaats haben wird. Für diese Fälle hat das UVPG in den **§§ 60 und 61** eine Beteiligungs- und Abstimmungsregelung für die dortigen Behörden und die dortige Öffentlichkeit bei inländischen Programmen und Plänen getroffen, welche ihrerseits auf die detaillierten Regelungen der §§ 55 ff. für die Zulassungsebene verweisen. Diese detaillierten Regelungen kommen, über eine Bezugnahme im BauGB, auch für das Bauleitplanverfahren **unmittelbar zur Anwendung**. Dieser kurze Exkurs in das UVPG ist, trotz der an sich angestrebten Vollregelung der UP im BauGB, zugleich der Öffentlichkeitsbeteiligungs-RL geschuldet, welche die SUP-RL an dieser Stelle fortgeschrieben hat.[132] 126

Zunächst greift das BauGB allerdings eigenständig in § 4a Abs. 5 Satz 1 BauGB die in einer früheren Fassung des UVPG genannten Grundsätze der Gegenseitigkeit und Gleichwertigkeit der Beteiligung von dortigen Gemeinden und Behörden auf, wenn Bauleitpläne erhebliche Auswirkungen auf Nachbarstaaten haben können. Diese recht pauschale Anordnung greift aber nur, wenn sich die erheblichen Auswirkungen nicht auf die dortige Umwelt erstrecken. Ansonsten aber nimmt § 4 Abs. 5 Satz 2 HS 1 BauGB – in Abweichung von Satz 1 – auf das **UVPG** Bezug, wenn Bauleitplanungen nämlich erhebliche **Umwelt**auswirkungen auf einen anderen Staat haben können. D.h. dass bei erheblichen Umweltauswirkungen der Planung die Öffentlichkeits- und Behördenbeteiligung des Nachbarstaates sich nach den §§ 60 und 61 und nicht nach § 4a Abs. 5 Satz 1 BauGB richtet. Der Verweis auf das UVPG endet dann aber schon bei den Rechtsfolgen nicht rechtzeitig abgegebener Stellungnahmen aus der Öffentlichkeit und der Behörden des Nachbarstaates. Die **Rechtsfolgen** verfristeter Stellungnahmen – so wiederum § 4a Abs. 5 Satz 2 HS 2 BauGB – **orientieren sich am Regime des BauGB** und der dortigen Planerhaltungsregelung des § 214 BauGB. Eine unterbliebene Auslandsbeteiligung in der bauleitplanerischen UP ist nach § 214 Abs. 1 Satz 1 Nr. 2 BauGB beachtlich; es sei denn einzelne Personen, Behörden oder sonstige Träger öffentlicher Belange sind nicht beteiligt worden sind, ihre Belange waren aber unerheblich oder wurden unabhängig davon bereits berücksichtigt. Aus alledem folgt, dass eine **unterlassene Auslandsbeteiligung zur Nichtigkeit** des Bauleitplans führt. Demgemäß stellt § 4a Abs. 5 Satz 3 BauGB abschließend klar, dass auf das Erfordernis einer **grenzüberschreitenden Beteiligung bei der Bekanntmachung** zur Öffentlichkeitsbeteiligung nach § 3 Abs. 2 Satz 2 BauGB hinzuweisen ist. 127

e) Zusammenfassende Erklärung gem. §§ 6a Abs. 1, 10a Abs. 1 BauGB

Die SUP-RL enthält in Art. 9 Abs. 1 eine umfassende Regelung zur öffentlichen Bekanntgabe der Annahme eines Plans, der einer UP unterliegt. Danach stellen die Mitgliedstaaten sicher, dass nach der Annahme eines Plans oder Programms dies den beteiligten Behörden, der **Öffentlichkeit** und auch den beteiligten Nachbarstaaten bekannt gegeben wird und **Folgendes zugänglich** gemacht wird: 128

»a) der angenommene Plan oder das Programm;

b) eine zusammenfassende Erklärung, wie die Umwelterwägungen... einbezogen wurden, wie der... Umweltbericht, die... Stellungnahmen und... Konsultationen... berücksichtigt wurden und aus welchen Gründen der angenommene Plan oder das angenommene Programm, nach Abwägung mit den geprüften vernünftigen Alternativen, gewählt wurde; und

c) die Maßnahmen, die zur Überwachung... beschlossen wurden.«

Die zusammenfassende Erklärung stellt damit einerseits eine Zusammenfassung des Umweltberichts dar, sie geht aber auch darüber hinaus, weil zusätzlich auf das Beteiligungsverfahren und die Ent- 129

132 Vgl. hierzu die Begründungen zur Änderung der damaligen § 8 und § 9a im Regierungsentwurf zum Öffentlichkeitsbeteiligungsgesetz, BR-Drs. 551/06 v. 11.08.2006, zu Nr. 8 (S. 45 f.) und zu Nr. 10 (S. 51).

scheidungsfindung über den Plan einzugehen ist. Damit zielt ihre Erstellung auf **Transparenz und Selbstkontrolle der gemeindlichen Entscheidung** über die Pläne und letztlich auf deren Akzeptanz und Legitimation ab.

130 Diese gemeinschaftsrechtlichen Vorgaben werden vom BauGB für Flächennutzungspläne in § 6a Abs. 1 BauGB und für Bebauungspläne in § 10a Abs. 1 BauGB umgesetzt. Danach werden die Gemeinden verpflichtet, dem Flächennutzungsplan bzw. Bebauungsplan eine zusammenfassende **Erklärung** beizufügen über die Art und Weise, wie die **Umweltbelange** und die Ergebnisse der Öffentlichkeits- und Behördenbeteiligung **in dem Plan berücksichtigt** wurden, und aus welchen Gründen der Plan nach Abwägung mit den geprüften, in Betracht kommenden anderweitigen Planungsmöglichkeiten gewählt wurde. Darüber hinaus sieht § 6 Abs. 5 Satz 3 BauGB – in Aufgreifen der entsprechenden Pflichten der SUP-RL – vor, dass jedermann den Flächennutzungsplan, die Begründung und die zusammenfassende Erklärung einsehen und über deren Inhalt von der Gemeinde Auskunft verlangen kann. In entsprechender Weise sieht § 10 Abs. 3 Satz 2 BauGB für den Bebauungsplan die Bereithaltung seiner Begründung und der zusammenfassenden Erklärung zur Einsicht durch jedermann und zur Auskunft auf Verlangen durch die Gemeinde vor.

131 Nach § 215 Abs. 2 BauGB ist schließlich generell für Flächennutzungspläne und Satzungen (wie Bebauungspläne) **bei Inkraftsetzung** auf die Voraussetzungen für die **Geltendmachung der Verletzung von Vorschriften** sowie auf die Rechtsfolgen **hinzuweisen**. Hiermit wird eine zusätzliche Vorgabe der UVP-RL umgesetzt, wonach gem. Art. 11 Abs. 5 die Mitgliedstaaten sicherstellen, dass der Öffentlichkeit praktische Informationen über den Zugang zu verwaltungsbehördlichen und gerichtlichen Überprüfungsverfahren zugänglich gemacht werden.

f) Überwachung der Umweltauswirkungen gem. § 4c BauGB

132 Die mit dem EAG 2004 getroffene Regelung des § 4c BauGB schreibt den Gemeinden eine Überwachung der erheblichen Umweltauswirkungen vor, die auf Grund der Durchführung ihrer Bauleitpläne eintreten.[133] Diese Verpflichtung wurde vor Einfügung in das BauGB einem Praxistest unterzogen, sie setzt Art. 10 Abs. 1 der SUP-RL um.[134] Aus fachlicher Sicht war eine solche Verpflichtung überfällig, weil die **rechtliche Verantwortung der Gemeinden** bislang – mit Ausnahme der Möglichkeit einzelner nachträglicher städtebaulicher Gebote – mit der Inkraftsetzung des jeweiligen Plans endete und letztlich unmittelbar niemand **für unvorhergesehene negative Folgen für die Umwelt bei der Realisierung der Planung** verantwortlich war. Bei Vorgabe zu detaillierter Anforderungen für ein solches Monitoring hätte aber die Gefahr der finanziellen, möglicherweise auch fachlichen Überforderung kleinerer Gemeinden gedroht, sodass der Gesetzgeber es bewusst bei Rahmen setzenden Anforderungen an die Überwachungspflicht belassen hat – wie im Übrigen auch die SUP-RL selber die Anforderungen an ein Überwachungssystem nicht zu hoch schraubt und in Art. 10 Abs. 2 daher darauf hinweist, dass bestehende Überwachungsmechanismen angewandt werden können, »um Doppelarbeit bei der Überwachung zu vermeiden.«

133 Durch die UVP-Änderungs-RL 2014 ergab sich eine zusätzliche Anforderung an die Überwachung durch die Gemeinde. Art. 8 Abs. 4 sieht vor, dass die Mitgliedstaaten sicherstellen, »dass die Aspekte des Projekts und/oder die Maßnahmen, mit denen erhebliche nachteilige Auswirkungen auf die Umwelt vermieden, verhindert, verringert und soweit möglich ausgeglichen werden sollen, vom Projektträger umgesetzt werden, und legen die Verfahren zur Überwachung erheblicher nachteiliger Auswirkungen auf die Umwelt fest.« Da die Integration der UP den Anspruch erhebt, auch die UVP-RL umzusetzen, wurde mit der BauGB-Novelle 2017 deshalb an § 4c Satz 1 BauGB folgender Halbsatz angefügt: »Gegenstand der Überwachung ist auch die Durchführung von Darstellungen oder Festsetzungen nach § 1a Abs. 3 Satz 2 und von Maßnahmen nach § 1a Abs. 3 Satz 4.« Damit

---

133 Ausführlich dazu *Wagner*, in: Ernst/Zinkahn/Bielenberg/Krautzberger, BauGB, § 4c.

134 DIFU, Bericht Planspiel BauGB-Novelle, S. 21 ff.; auch *Krautzberger* UPR 2004, 401 (406 f.); zum Monitoring bei Plänen *Bunge* UVP-report 2005, 124 ff.

erstreckt sich die Überwachungspflicht des § 4c BauGB seither auch auf **Maßnahmen zum Ausgleich**, die im Rahmen der Anwendung der **naturschutzrechtlichen Eingriffsregelung** von der Gemeinde dargestellt bzw. festgesetzt oder vertraglich vereinbart worden sind. Wie UP und naturschutzrechtliche Eingriffsregelung im Verfahren zu verschränken sind, wird später noch gesondert dargestellt. *Schink* beschreibt diese Frühwarnfunktion des Monitorings der Gemeinde so:[135] »Durch das Monitoring muss sie deshalb in der Lage sein, Erkenntnisse darüber zu gewinnen, ob erhebliche Umweltauswirkungen durch die vorgesehenen Vermeidungs- und Kompensationsmaßnahmen vermieden, vermindert oder ... ausgeglichen werden.« »Darüber hinaus verlangt § 4c BauGB ein Monitoring-Konzept, mit dem unvorhergesehene Umweltauswirkungen des Bauleitplans erkannt werden können.« Das Monitoring-Konzept muss geeignet sein, »die Entwicklung erwarteter Umweltauswirkungen zu beobachten und Feststellungen dazu zu treffen, ob die ihrer Intensität und Qualität über die prognostizierten Umweltauswirkungen hinausgehen, sodass zumindest Überlegungen dazu angestellt werden sollten, insoweit nachzusteuern.«

Somit gilt nach § 4c Satz 1 BauGB die **Verpflichtung**, dass die **Gemeinden** die **erheblichen Umweltauswirkungen**, die auf Grund der Durchführung der Bauleitpläne eintreten, zu **überwachen** haben, um insbesondere unvorhergesehene nachteilige Auswirkungen frühzeitig zu ermitteln und in der Lage zu sein, geeignete Maßnahmen zur Abhilfe zu ergreifen. Satz 2 gibt Hinweise, wie dies zu geschehen hat: Die Gemeinden »nutzen dabei die im **Umweltbericht**... angegebenen Überwachungsmaßnahmen und die **Informationen der Behörden nach § 4 Abs. 3**.« Der Hinweis auf die Behörden korrespondiert mit der in § 4 Abs. 3 BauGB getroffenen Unterrichtungspflicht der Fachbehörden über unvorhergesehene nachteilige Auswirkungen auf die Umwelt auf Grund der Durchführung des Bauleitplans. Dabei wird unterstellt, dass die einzelnen Behörden, hier insbesondere die Landesanstalten für Umweltschutz, aufgrund ihrer Verantwortung für einzelne Umweltbelange ohnehin Informationen sammeln (müssen), die sie nunmehr auch der für die Überwachung jetzt insgesamt verantwortlichen **Gemeinde zur Verfügung stellen** sollen.[136] Die im Umweltbericht zu beschreibenden Überwachungsmaßnahmen sind in der Anlage 1 zum BauGB, dort unter Nr. 3 lit. b festgelegt; sie werden sich jeweils aus der Behördenbeteiligung im Rahmen des Planungsprozesses ergeben (haben). 134

Ob die Gemeinden den der SUP-RL zugrunde liegenden und vom deutschen Gesetzgeber umgesetzten Ansatz, die Verantwortung vom ersten Planungsgedanken bis zur Realisierung der letzten im Plan vorgesehenen Maßnahmen zu übernehmen, in der Praxis ausfüllen können, ist aus zwei Gründen fraglich, muss letztlich aber von ihnen trotz aller praktischen Schwierigkeiten gewährleistet werden: Herkömmlich sind die Gemeinden nicht für den Vollzug der Bauleitplanung verantwortlich gewesen, d.h. die Ihnen nach Art. 28 Abs. 2 GG zugewiesene Planungshoheit korrespondiert nicht mit der Verwaltungszuständigkeit, die nach der grundgesetzlichen Aufgabenverteilung gem. Art. 83 ff. GG bei den Ländern, hier den Baugenehmigungs- und Umweltfachbehörden auf Kreis- und damit der unteren Verwaltungsebene angesiedelt ist. Kreisangehörige **Gemeinden** werden daher deutlich **enger als bisher** mit den **Genehmigungs- und Umweltbehörden ihres Kreises** zusammenarbeiten und vielfach erst **gemeinsame Überwachungssysteme** etablieren müssen. Demgegenüber dürften die kreisfreien Städte aufgrund ihrer doppelten Zuständigkeit für die Planung und für die Gefahrenabwehr vermutlich weniger Abstimmungsaufwand haben. Des Weiteren bedarf die Einführung eines Überwachungssystems gleich welcher Art erheblicher finanzieller und methodischer sowie ggf. auch informationstechnischer **Vorleistungen**, bis es in der Verwaltungspraxis funktioniert. Auch hier dürften gerade kleinere Gemeinden an die Grenzen ihrer Leistungsfähigkeit geraten. 135

Der Gesetzgeber hat diese Problematik gesehen und sich in Ausnutzung der gemeinschaftsrechtlichen Spielräume auf die Vorgabe eines Rahmens für die den Gemeinden auferlegte Planüberwachung beschränkt.[137] Vorhandene Controllingverfahren der Gemeinden sollen daher genutzt und auf die neue Verpflichtung ausgedehnt werden. Zudem hat er auch die **Fachbehörden** in der 136

135 *Schink*, UPR 2018, 248 (250.
136 Vgl. *Schubert* NuR 2005 369 (374).
137 *Schubert* ebd. 374.

Erwartung in die (**Unterrichtungs-)Pflicht** genommen, dass dort, aufgrund ihrer seit jeher bestehenden Verantwortung für die Gefahrenabwehr bereits geeignete Überwachungsinstrumentarien vorhanden sind, die die unvorhergesehenen erheblichen Auswirkungen auf die Umwelt frühzeitig erkennen lassen. Zusätzliche Aufgabe der Gemeinden wird es aber sein, diese vorhandenen, möglicherweise zersplitterten Erkenntnisse der einzelnen Umweltbehörden sinnvoll zusammenzuführen und sie gem. dem **integrativen Ansatz** der bauleitplanerischen UP so zu bewerten, dass geeignete Maßnahmen zur Abhilfe ergriffen werden können. Hierzu sollten sie sich auch der Unterstützung von staatlichen Umweltämtern bedienen.

137 Hinsichtlich der von der Überwachungspflicht erfassten Planungen ist zu differenzieren zwischen der auf das ganze Gemeindegebiet bezogenen Flächennutzungsplanung, großräumiger angelegten Angebotsbebauungsplänen und den auf einzelne Vorhaben bezogenen Bebauungsplänen: Der Zeitpunkt der Überwachung eines **Flächennutzungsplans** ist daher deutlich später als bei einem Bebauungsplan anzusetzen; der mit der BauGB-Novelle 2007 aufgehobene § 5 Abs. 1 Satz 3 BauGB a.F. sprach hier von 15 Jahren und kann hier für die Bemessung des Überwachungszeitraums einen Anhaltspunkt liefern. Auch der **Anlass** muss **gewichtigerer Natur** sein; dies könnte bspw. eine weitgehende **Ausschöpfung der Darstellungen** des Flächennutzungsplans durch aus ihm entwickelte Bebauungspläne sein (vgl. § 8 Abs. 2 BauGB), die in ihrer Gesamtheit zu nicht vorausgesehenen und beabsichtigten Umweltgefährdungen führen können, sowie durch unmittelbar aus ihm abgeleitete Genehmigungen von Vorhaben im Außenbereich, die in der Summe ebenfalls die Umwelt über die Maßen beeinträchtigen (vgl. § 35 Abs. 3 Satz 1 Nr. 3 BauGB). Bei einem **Bebauungsplan** kann bspw. ein vorher festgelegter, in der Planbegründung dokumentierter Zeitablauf von fünf Jahren eine Überwachung initiieren oder ebenfalls ein vorher festgelegter **Ausschöpfungsgrad seiner Festsetzungen.** Gleichfalls kann aber auch ein Antrag oder ein Hinweis einer Umweltbehörde auf drohende erhebliche Umweltauswirkungen auslösendes Moment sein.

138 Die **geeigneten Maßnahmen** zur Abhilfe sind nach § 4c Satz 2 BauGB von den **Gemeinden** zu ergreifen. Sofern die Zuständigkeit für diese Maßnahmen zur Verhinderung oder Beseitigung erheblicher nachteiliger Umweltauswirkungen auf Grund der Bauleitplanung bei den Umwelt- oder Baugenehmigungsbehörden liegt, sind die Gemeinden verpflichtet, diese dort einzufordern und mit zu begleiten. Maßnahmen der Gemeinden können eine Aufhebung oder Veränderung der Planung mit vorhergehender Veränderungssperre (vgl. § 14 BauGB) oder die Zurückstellung von Baugesuchen (vgl. § 15 BauGB), darüber hinaus die ggf. vorgezogene Realisierung von festgesetzten Ausgleichsmaßnahmen, Pflanzgebote nach § 178 BauGB oder die Anordnung städtebaulicher Gebote, insbesondere eines Entsiegelungsgebotes nach § 179 BauGB sein. Dabei ist darauf zu achten, dass den **Bauherren** trotz möglicher nachteiliger Auswirkungen auf die Umwelt auf Grund des Bebauungsplans oder der Baugenehmigung ein **Rechtsanspruch** auf Realisierung ihres Vorhabens zustehen kann, sodass die erwähnten Maßnahmen jeweils auf ihre rechtliche Zulässigkeit zu prüfen und ggf. auch Entschädigungsleistungen zu berücksichtigen sind. Weitere geeignete Maßnahmen könnten von den Umweltbehörden auf Aufforderung durch die Gemeinde ausgesprochen werden.

II. Die materiellen Maßstäbe der UP gem. § 2 Abs. 4 Sätze 1 und 6 BauGB

139 Die Integration der UP in das Bauleitplanverfahren richtet sich entsprechend der Verweise in § 50 Abs. 1 Satz 1 und Abs. 2 unmittelbar nach den Vorschriften des BauGB. Obwohl die UP vorrangig auf die Verbesserung des Verfahrens zur Berücksichtigung der Umweltauswirkungen abzielt, beschreibt der für die UP maßgebliche § 2 Abs. 4 BauGB zunächst den **materiellen Inhalt der UP**, in dem er in Satz 1 auf die **Belange des Umweltschutzes nach § 1 Abs. 6 Nr. 7 BauGB und § 1a BauGB** Bezug nimmt. § 2 Abs. 4 Satz 6 BauGB weist des Weiteren auf **Landschaftspläne oder sonstige Pläne nach § 1 Abs. 6 Nr. 7 lit. g BauGB** hin, deren Bestandsaufnahmen und Bewertungen ebenfalls in der Umweltprüfung heranzuziehen sind. Die UP nutzt also die materiellen Maßstäbe, die das BauGB für die Bauleitplanung bereithält, für die Bewertung der Umweltauswirkungen der Pla-

nung.[138] Die UP hat auch keinen materiellen Vorrang vor anderen Belangen, sondern sie unterliegt – wie die anderen betroffenen Belange auch – der Abwägung aller fachlichen Belange nach § 1 Abs. 7 BauGB.[139] Mit der Integration der UP in die bauleitplanerische Abwägung wird daher dem Regelungsansatz von UVP-RL und der SUP-RL Rechnung getragen, sich auf verfahrensrechtliche Anforderungen im Vorfeld der Sachentscheidung zu beschränken und die materiellen Bewertungsmaßstäbe dem jeweiligen Fachgesetz zu überlassen.[140] Durch die Erwähnung wesentlicher materieller Umweltbelange unmittelbar in den ersten Paragrafen des BauGB soll den Umweltbelangen eine Stimme im Rahmen der bauleitplanerischen Abwägung gegeben werden. Damit dies gelingt, fass die UP diese Belange im Umweltbericht systematisch zusammen.

Mit der Erwähnung in § 2 Abs. 4 Satz 1 und 6 BauGB sind aber noch nicht alle Belange des Umweltschutzes erfasst, die zum Bestandteil des Abwägungsmaterials, wie es § 2 Abs. 3 BauGB vorgibt, und zuvor zum Gegenstand der UP werden. So enthält das BauGB selbst an anderer Stelle, etwa in § 1 Abs. 5 BauGB, **weitere Umweltbelange**. Darüber hinaus gibt es in besonderen **Umweltfachgesetzen Belange**, die gleichfalls im Bauleitplanverfahren Berücksichtigung finden müssen. Diese wurden in den letzten Jahren zunehmend ausdifferenziert und, sofern sie auf den Klimaschutz abzielen, zum Teil mit einem Vorrang versehen, um ihnen in der bauleitplanerischen Abwägung gegenüber anderen Belangen, also auch den übrigen Umweltbelangen, ein besonderes Gewicht zu verschaffen. Es bedarf also eines ganz genauen Blickes auf den jeweiligen Belang und seine gesetzliche Ausgestaltung, ob im BauGB oder in einem Umwelt- oder Klimafachgesetz, um festzustellen, wie mit dem jeweiligen Belang im Rahmen der UP und anschließend in der bauleitplanerischen Abwägung umzugehen ist. Diese doppelte Bewertung bzw. Abwägung zunächst umweltintern in der bauleitplanerischen UP und anschließend in der Abwägung aller Belange nach § 1 Abs. 7 BauGB wird nochmals dadurch erschwert, dass allein schon das BauGB verschiedene Typen an Belangen integriert. Von der Literatur wurden in der Vergangenheit hierzu **verschiedene Begrifflichkeiten** wie »Planungsleitsätze«, »Planungsziele« und »Planungsleitlinien« oder durch die Rechtsprechung auch »Abwägungsdirektiven« geprägt, die es vor oder in der Abwägung durch die Gemeinden zu verarbeiten gilt. Ein **äußerer** Planungsleitsatz, der Umweltrelevanz haben kann, ist etwa das Anpassungsgebot an die (umweltbezogenen) Ziele der Raumordnung gem. § 1 Abs. 4 BauGB, die der Abwägung durch die planende Gemeinde entzogen, also **abwägungsfest** sind. Die vielfältigen **inneren** Planungsziele, Planungsleitlinien oder Abwägungsdirektiven der §§ 1 und 1a BauGB unterliegen ebenso wie die UP gem. § 2 Abs. 4 BauGB dagegen der **Abwägung im Einzelfall**. 140

Ganz ohne eigenen materiellen Gehalt für die bauleitplanerische UP ist zudem auch das UVPG nicht. Mit der eingangs als Rückfall- oder Auffangposition charakterisierten Normierung von Mindestanforderungen, die das BauGB bei Regelung der bauleitplanerischen UP einhalten muss, damit sie den Anforderungen des UVPG Rechnung trägt, setzt **§ 50 auch einen Qualitätsmaßstab** für die UP, der materiell nicht unterschritten werden darf. Das BauGB trägt dem Rechnung, indem es die Schutzgüter des UVPG, die dort in § 2 Abs. 1 festgelegt sind, und auch die Definition der Umweltauswirkungen, die dort in § 2 Abs. 2 definiert sind, eigenständig in § 1 Abs. 6 Nr. 7 lit. a, c, d und i sowie – in Umsetzung der UVP-Änderung-RL (zur Anfälligkeit der zulässigen Vorhaben für schwere Unfälle oder Katastrophen) – auch in lit. j BauGB aufgreift. 141

Das BauGB setzt mit dem Gebot des Verarbeitens all dieser materiellen Maßstäbe vor oder in der Abwägung den materiellen Rahmen für die bauleitplanerische UP. Zusammen mit der Anlage 1, die die Struktur für den Umweltbericht vorgibt, ist damit der materiell-rechtliche und der inhaltliche Rahmen für die bauleitplanerische UP abgesteckt.[141] Wesentlich ist, dass, abgesehen von den äuße- 142

138 *Otto*, in: Schrödter, Baugesetzbuch, § 2 Rn. 125: »keine neuen materiellen Umweltstandards«.

139 Vgl. *Wulfhorst* UPR 2001, 246 (252), *Runkel* DVBl 2001, 1377 (1387), *Kment*, in: Ernst/Zinkahn/Bielenberg/Krautzberger, BauGB, § 2 Rn. 523. Im Detail dazu nachfolgend Rdn. 159 f.

140 BVerwGE 100, 239 (243); *Balla/Sangenstedt* ZUR 2023, 476 (483).

141 Vgl. auch die Übersichten über die Umweltbelange im BauGB bei *Finkelnburg* NVwZ 2004, 897 (899), *Jessel* UPR 2004, 408 ff., und *Kment*, ebd. Rn. 323 ff.

ren Planungsleitsätzen, die **materiellen Vorgaben dem Abwägungsgebot nach § 1 Abs. 7 BauGB** unterliegen. Die materiellen Vorgaben des BauGB beeinflussen damit zunächst den Ermittlungsvorgang, weil sich bereits aus ihnen die wesentlichen Anhaltspunkte für die Gemeinden hinsichtlich des von ihnen zusammenzustellenden und im Umweltbericht zu beschreibenden Abwägungsmaterials ergeben. Darüber hinaus bilden sie – je nach rechtlicher Einordnung – die Maßstäbe für die umweltinterne Bewertung in der UP. Festzustellen bleibt indes auch, dass trotz der weitgehenden Regelung der materiellen Vorgaben für die UP im BauGB die bauleitplanerische Abwägung offen ist für neu zu regelnde Umweltbelange und jüngst auch Klimaschutzbelange. Ergeben können sich diese aus zusätzlichen gemeinschaftsrechtlichen Vorgaben oder auch erweiterten oder neuen Umwelt- und Klimafachgesetzen des Bundesgesetzgebers wie durch das Hochwasserschutzrecht des WHG, das Klimaschutzgesetz sowie das Erneuerbare Energien-Gesetz (EEG) und das Wärmeplanungsgesetz (WPG), die wie die beiden zuletzt genannten Gesetze den von ihnen verfolgten Belangen zwar keinen absoluten Vorrang, aber zumindest ein überragendes öffentliches Interesse im Rahmen der Abwägung zuweisen. Dieses überragende öffentliche Interesse kann sogar dazu führen, dass Anlagen für erneuerbare Energien und zur Wärmeerzeugung, selbst wenn ihre Errichtung und ihr Betrieb andere wichtige Umweltbelange beeinträchtigen können, sich im Rahmen der Abwägung gegenüber diesen etwa dem Landschaftsschutz durchsetzen.[142] Diese **prinzipielle Offenheit der bauleitplanerischen Abwägung** gilt allerdings nicht für landesgesetzliche oder ortsrechtliche Erweiterungen oder Einengungen bspw. in Landesumweltgesetzen bzw. Ortssatzungen, es sei denn, dass sie ihrerseits die erforderliche gemeinschafts- oder bundesrechtliche Legitimation, d.h. Ableitung vorweisen können.

1. Abwägungsfeste Planungsleitsätze

143 **Äußere Grenzen** setzen der Bauleitplanung also zunächst die **Planungsleitsätze**,[143] von denen es einige gibt und die durch eine Abwägung nicht überwunden werden können. Dafür müssen sie aber der Bauleitplanung ausreichend Umsetzungsspielräume und Entwicklungsfreiräume belassen. Das BauGB zählt davon einige selbst auf. Hierzu zählen das Anpassungsgebot an die übergeordnete **Raumordnungsplanung** nach § 1 Abs. 4 BauGB und bezogen auf Bebauungspläne das Entwicklungsgebot aus den Flächennutzungsplänen nach § 8 Abs. 2 Satz 1 BauGB. Des Weiteren gibt es nach § 38 BauGB einen Vorrang der **überörtlichen Fachplanung** vor der Bebauungsplanung sowie das Verbot der Beeinträchtigung von aufgrund der Fauna-Flora-Habitat-RL nach § 32 BNatSchG auszuweisenden **Natura 2000-Schutzgebieten** nach § 1a Abs. 4 i.V.m. §§ 34 und 36 BNatSchG:

- Gem. § 1 Abs. 4 BauGB sind die Bauleitpläne den Zielen der Raumordnung und Landesplanung anzupassen. Bei diesen Zielen handelt es sich gem. § 3 Abs. 1 Nr. 2 ROG um den rechtsverbindlichen Inhalt der Pläne der Landesplanung und Regionalplanung. Sie verlangen von der Gemeinde strikte Beachtung; eine Überwindung ihrer Vorgaben in der Bauleitplanung durch Abwägung zugunsten gegenläufiger Interessen ist nicht möglich. Die Gemeinde hat diese Vorgaben vielmehr aufzunehmen und auf örtlicher Ebene planerisch umzusetzen. Sofern die Ziele der Raumordnung Ausweisungen mit umweltschützender Wirkung enthalten, bilden sie einen verbindlichen Maßstab, an dem Umwelteinwirkungen eines Planvorhabens zu bewerten sind.
- § 38 BauGB zielt auf den Vorrang überörtlicher Fachplanungen vor der Bebauungsplanung der Gemeinden ab, um über das einzelne Gemeindegebiet hinaus auch gegen den Willen von Gemeinden wichtige Infrastrukturvorhaben realisieren zu können.
- Die Erhaltungsziele und der Schutzzweck von nach § 32 BNatSchG ausgewiesenen Natura 2000-Gebieten im Sinne des Bundesnaturschutzgesetzes, die in § 1a Abs. 4 i.V.m. § 1 Abs. 6 Nr. 7 lit. b BauGB erwähnt sind, entfalten ebenso Verbindlichkeit und können ebenfalls nicht der bauleitplanerischen Abwägung unterworfen werden.

144 Aber auch Umweltgesetze enthalten äußere Planungsschranken, die einer Abwägung nicht zugänglich sind. Bei einem weit gefassten Verständnis kann man sie unter die Planungsleitsätze subsumieren;

---

142 Siehe nachfolgend Rdn. 163.

143 Hierzu *Bönker*, in: Hoppe/Bönker/Grotefels, Öffentliches Baurecht, § 7 Rn. 21 f.

jedenfalls haben sie entsprechende Wirkungen. Hierzu gehören zunächst Schutzgebietsausweisungen auf dem Gemeindegebiet, die als Verordnung nach den Umweltgesetzen bspw. als **Naturschutzgebiet** auf der Grundlage des §§ 20 ff. BNatSchG und dem einschlägigen Landesnaturschutzrecht erfolgt sind, oder die **Wasserschutz- und Heilquellenschutzgebiete** nach den §§ 51 und 53 WHG, die in der Normenhierarchie jeweils oberhalb des Satzungsrechts der Gemeinde stehen. Die Vorgaben der Schutzgebietsverordnungen sind nur dann einer Abwägung zugänglich, wenn entweder die Ermächtigungsnorm im Gesetz oder die Schutzgebietsverordnung selbst der planenden Gemeinde diesen Weg eröffnet. Darüber hinaus enthält aber auch bspw. § 77 Abs. 1 Satz 2 WHG die Vorgabe an die planende Gemeinde, dass sie Überschwemmungsgebiete im Sinne des § 76 WHG in ihrer Funktion als Rückhalteflächen zu erhalten hat. Anderenfalls sind von ihr rechtzeitig zum Erhalt des **Hochwasserschutzes** die notwendigen Ausgleichsmaßnahmen zu treffen. Diese Vorgaben zum Schutz der Umwelt kann die Gemeinde im Rahmen der Abwägung nach § 1 Abs. 7 BauGB nicht überwinden.

2. Abwägungsrelevante Belange des Umweltschutzes gem. § 2 Abs. 4 Satz 1 BauGB

Innere Ziele der Abwägung, d.h. der Abwägung zugänglich, sind die generellen **Planungsziele** und 145
konkreten Planungsleitlinien der Bauleitplanung. Sie haben ihren Niederschlag in § 1 Abs. 5 und Abs. 6 BauGB gefunden und sind grundsätzlich gleichgewichtig. Das generelle Planungsziel einer nachhaltigen städtebaulichen Entwicklung in § 1 Abs. 5 Satz 1 BauGB stellt zunächst das übergeordnete Leitbild jeglicher Bauleitplanung dar. Es wird konkretisiert durch das nachfolgende Planungsziel des § 1 Abs. 5 Satz 2 BauGB mit seinen vier Unterzielen
- Sicherung einer menschenwürdigen Umwelt,
- Schutz und Entwicklung der natürlichen Lebensgrundlagen,
- Verantwortung für den Klimaschutz und die Klimaanpassung, sowie
- Erhaltung und Entwicklung der städtebaulichen Gestalt und des Orts- und Landschaftsbildes.

a) Belange des Umweltschutzes nach § 1 Abs. 6 Nr. 7 BauGB

Diesen Planungszielen folgt die umfassende Aufzählung konkreter innerer **Planungsleitlinien** in § 1 146
Abs. 6 BauGB mit dem bereits erwähnten Aufgreifen der Schutzgüter und Umweltauswirkungen aus dem UVPG in § 1 Abs. 6 Nr. 7 lit. a, c, d und i sowie j BauGB. Darüber hinaus enthält die Nr. 7 auch in ihren weiteren Buchstaben Umweltbelange, die an anderer Stelle im BauGB z.T. erneut aufgegriffen werden:
- die Erhaltungsziele und der Schutzzweck der Natura 2000-Gebiete im Sinne des Bundesnaturschutzgesetzes (b),
- die Vermeidung von Emissionen sowie der sachgerechte Umgang mit Abfällen und Abwässern (e),
- die Nutzung erneuerbarer Energien, insbesondere auch im Zusammenhang mit der Wärmeversorgung von Gebäuden, sowie die sparsame und effiziente Nutzung von Energie (f),
- die Erhaltung der bestmöglichen Luftqualität in Gebieten, in denen festgelegte Immissionsgrenzwerte nicht überschritten werden (h).

Bei den aufgezählten Belangen handelt es sich um **unbestimmte Rechtsbegriffe**, die durch Fach- 147
gesetze (auch Verordnungen und Erlasse) des Bundes und/oder der Länder, landesplanerische Vorgaben oder durch Entscheidungen anderer Verwaltungsträger inhaltlich ausgeformt werden und entsprechend auszulegen sind. Die insoweit durch das geltende Recht, die Rechtsprechung und Rechtslehre entstandene Rechtslage gilt auch für die planintegrierte UP.[144] Die Ermittlung der Umweltauswirkungen hat sich demnach gerade auf solche Gesichtspunkte auszurichten, die für die Anwendung dieser fachlichen Vorgaben bedeutsam sind.

144 Hierzu *Söfker*, in: Ernst/Zinkahn/Bielenberg/Krautzberger, BauGB, § 1 Rn. 143.

b) Belange des Umweltschutzes nach § 1a BauGB

148 Ebenfalls abwägungsrelevant ist die die **Bodenschutzklausel** des § 1a Abs. 2 Satz 1 BauGB mit der Aufforderung an die planende Gemeinde, mit Grund und Boden sparsam und schonend umzugehen und Bodenversiegelungen auf das notwendige Maß zu begrenzen. In ihrer rechtlichen Wirkung war sie früher quasi zwischen den äußeren Planungsleitsätzen und den inneren, abwägungsoffenen Planungsleitlinien angesiedelt und wurde als »Optimierungsgebot« verstanden, das zwar ebenfalls der Abwägung zugänglich war, dem aber vom Gesetzgeber im Vergleich zu anderen in den Planungsleitlinien aufgezählten (einfachen) Belangen ein höheres rechtliches Gewicht zuerkannt wurde.[145] Mit dem EAG 2004 hat der Gesetzgeber diesen Belang jedoch gem. § 1a Abs. 2 Satz 3 BauGB ausdrücklich nur noch der Berücksichtigung in der Abwägung unterstellt. Entgegen früherer Auffassung ist daher bei der Bodenschutzklausel nicht mehr von einem Optimierungsgebot auszugehen; in der Diktion des BVerwG handelt es sich um eine **Abwägungsdirektive**, das heißt sie ist gleichrangig mit anderen Belangen.[146]

149 Die Vorschrift des § 1a BauGB integriert neben der bereits angesprochenen Bodenschutzklausel in Abs. 2 zudem die **naturschutzrechtliche Eingriffsregelung** (§ 1a Abs. 3 BauGB) und die **Prüfung nach der Fauna-Flora-Habitat-RL** (§ 1a Abs. 4 BauGB) in das Bauleitplanverfahren. Zusammen mit der Integration der bauleitplanerischen UP werden damit auch alle weiteren Prüfverfahren zugunsten einzelner besonderer Umweltbelange einschließlich ihrer Rechtsfolgen im (Bauleitplan-) Verfahren zusammengefasst, wobei die UP nunmehr aus Umweltsicht das (unselbstständige) Trägerverfahren im Bauleitplanverfahren darstellt, welches diese weiteren Verfahren nach dem BNatSchG integriert. Einzelheiten der Zusammenführung der Verfahren werden nachfolgend noch dargestellt. Hinzugekommen durch die BauGB-Novelle 2011 ist die **Klimaschutzklausel** des § 1a Abs. 5 Satz 1 BauGB, die in Satz 2 bereits selbst klarstellt, dass sie Gegenstand der Abwägung wird.[147] Zur Konkretisierung der Klimaschutzklausel dienen den Gemeinden ihre eigenen Klimaschutz- und Klimaanpassungskonzepte auf der Grundlage des § 1 Abs. 6 Nr. 11 BauGB, die sie in der Abwägung zu berücksichtigen haben.[148]

3. Belange des Umweltschutzes in anderen Gesetzen

150 Über das BauGB hinaus enthalten auch Umweltgesetze materielle Planungsregeln und Gebote, die im Rahmen der UP zu berücksichtigen sind. Bedeutung für den kommunalen Klimaschutz hat das zunächst Berücksichtigungsgebot des **§ 13 Klimaschutzgesetz**, welches für die Träger öffentlicher Aufgaben in Abs. 1 Satz 1 verlangt: »Die Träger öffentlicher Aufgaben haben bei ihren Planungen und Entscheidungen den Zweck dieses Gesetzes und die zu seiner Erfüllung festgelegten Ziele zu berücksichtigen.« Die Minderungsziele sind daher bei der Bauleitplanung zu berücksichtigen.[149] Hierzu gehört des Weiteren die gesetzliche Abstandsregelung des **§ 50 BImSchG,** nach der bei raumbedeutsamen Planungen und Maßnahmen die für eine bestimmte Nutzung vorgesehenen Flächen einander so zuzuordnen sind, dass schädliche Umwelteinwirkungen in der Gestalt von Immissionen

145 Vgl. etwa *Wagner*, in: Ernst/Zinkahn/Bielenberg/Krautzberger, BauGB, § 1a Rn. 53; *Grooterhorst* DVBl 1987, 654 (657).

146 Zur »Abwägungsdirektive« BVerwG, Urt. v. 16.03.2006 – 4 A 1075.04, Rn. 164, BVerwGE 125, 116, 172; erläuternd *Grüner* UPR 2011, 50, 55.

147 Zur Klimaschutzklausel *Stüer/Stüer* DVBl 2011, 1117 (1119), und *Battis/Krautzberger/Mitschang/Reidt/Stüer* NVwZ 2011, 897 (899).

148 Zur Integration von Klimaschutz- und -anpassungskonzepten zunächst in die Umweltprüfung und anschließend in die Abwägung nach § 1 Abs. 7 BauGB *Wagner* UPR 2017, 361 (367).

149 *Schink*, Klimaschutz und Klimaanpassung als Gegenstände der Umweltprüfung in der Bauleitplanung, in: Mitschang (Hrsg.), Klimaschutz und Klimaanpassung in der Regional- und Bauleitplanung, Berliner Schriften zur Stadt- und Regionalplanung, 2021, Bd. 40, S. 299 (308). »Die bestehenden Verpflichtungen des BauGB zur Berücksichtigung des Klimaschutzes werden hierdurch ergänzt und inhaltlich aufgefüllt.«.

auf die ausschließlich oder überwiegend dem Wohnen dienenden Gebiete sowie auf sonstige schutzwürdige Gebiete soweit wie möglich vermieden werden. Diese Anordnung stellt eine **Abwägungsdirektive** dar, d.h. die Gemeinde hat sich im Rahmen der Abwägung der Planung mit dem Belang des Immissionsschutzes im konkreten Einzelfall besonders zu befassen und kann ihn nicht übergehen, ohne dass er aber einen gesetzlich zugewiesenen Vorrang vor anderen Belangen entfaltet.[150] Ebenso wirkt **§ 41 BImSchG** als eine **Abwägungsdirektive**. Er befasst sich mit dem Schutz vor Geräuschen, die vom Betrieb von Straßen, Eisenbahnen und Straßenbahnen ausgehen. Danach ist bei solchen Anlagen sicherzustellen, dass durch diese keine schädlichen Umwelteinwirkungen in Form von Verkehrsgeräuschen hervorgerufen werden können, die nach dem Stand der Technik vermeidbar sind. Diese Anordnung stellt in Verbindung mit der zu seiner Ausführung erlassenen Verkehrslärmschutzverordnung (16. BImSchV) einen wichtigen Maßstab für die Bewertungsphase der UP bei den planfeststellungsersetzenden Bebauungsplänen nach § 2 Abs. 6 Nr. 3 Alt. 2 dar. Ein eher theoretisches Problem scheint sich dann zu stellen, wenn diese rechtlichen Maßstäbe, an denen die Umweltbelange zu messen sind, selbst schon Resultat einer auf Gesetz- oder Verordnungsgeberseite vorab vorgenommenen Abwägung mit anderen Belangen sind. In der Praxis der Abwägung sollten aber auch diese Maßstäbe mit in die umweltinterne Abwägung einbezogen werden.[151]

4. Landschaftspläne und sonstige Pläne gem. § 2 Abs. 4 Satz 6 BauGB

§ 2 Abs. 4 Satz 6 BauGB stellt durch Verweis auf § 1 Abs. 6 Nr. 7 lit. g BauGB schließlich klar, **151**
dass – soweit vorhanden – des Weiteren auch Bestandsaufnahmen und Bewertungen aus **Landschaftsplänen** und sonstigen **Plänen des Wasserhaushalts-, Abfall- und Immissionsschutzrechts** im Rahmen der bauleitplanerischen UP herangezogen werden müssen:

- Die Instrumente der Landschaftsplanung gem. §§ 9–11 BNatSchG (Landschaftsprogramme und Landschaftsrahmenpläne, Landschaftspläne und Grünordnungspläne) enthalten Erfordernisse und Maßnahmen zur Verwirklichung der Ziele des Naturschutzes und der Landschaftspflege, die im Rahmen der Abwägung zu berücksichtigen sind.
- Die nach den §§ 73 ff. WHG zum Hochwasserschutz festgesetzten Risiko-, Überschwemmungs- und Hochwasserentstehungsgebiete enthalten jeweils in den §§ 78, 78b und 78d WHG differenzierte Abwägungsdirektiven für die bauleitplanerische Abwägung, ebenso sind die wasserwirtschaftlichen Maßnahmenprogramme und Bewirtschaftungspläne der Länder nach den §§ 82 und 83 WHG, in denen Erfordernisse zum Schutz und zur Güte der Oberflächengewässer und des Grundwassers enthalten sind, in der Bauleitplanung im Rahmen der Abwägung zu berücksichtigen.[152]
- Auch die Vorgaben der Abfallwirtschaftspläne gem. § 30 KrWG sind im Rahmen der bauleitplanerischen Abwägung zu berücksichtigen.
- Schließlich enthalten auch die Luftreinhaltepläne gem. § 47 BImSchG und die Lärmaktionspläne nach § 47d BImSchG zu berücksichtigende Vorgaben für die Abwägung der Gemeinde im Rahmen der Bauleitplanung.

Mit Hilfe solcher Fachplanungen lassen sich also die Wertigkeit der betroffenen Umweltgüter konkretisieren und damit die Auswirkungen geplanter Vorhaben auf diese Umweltbelange bewerten. In

---

150 Vgl. BVerwG, Urt. v. 16.03.2006 – 4 A 1075.04, Rn. 164, BVerwGE 125, 116, 172.

151 Ebenso *Balla/Sangenstedt* ZUR 2023, 476 (484): »Eine feinsinnige Aufspaltung von Umweltstandards in umweltbezogene und nicht umweltbezogene Komponenten ist im Rahmen eines UVP-Verfahrens praktisch und methodisch nicht leistbar.«

152 Hierzu *Schink*, Klimaschutz und Klimaanpassung als Gegenstände der Umweltprüfung in der Bauleitplanung, in: Mitschang (Hrsg.), Klimaschutz und Klimaanpassung in der Regional- und Bauleitplanung, Berliner Schriften zur Stadt- und Regionalplanung, 2021, Bd. 40, S. 299, 315: »Notwendig ist es auch, die Bedeutung von Starkregenereignissen oder Hochwassergefahren im Umweltbericht zu ermitteln, zu beschreiben und zu bewerten und Gegenmaßnahmen zu entwickeln und in ihrer Wirksamkeit auch gegenüber Alternativen darzustellen. Im Umweltbericht muss die Gemeinde hinsichtlich der Klimaanpassung das Ziel verfolgen, vorsorgeorientiert nachteiligen Folgen entgegenzuwirken.«.

der Zukunft wird es wichtig werden, die Inhalte dieser Planungen so aufzubereiten, dass sie von den Gemeinden in den Umweltberichten unmittelbar aufgegriffen werden können. Dies bedeutet für die Umweltverwaltungen, die fachliche Verzahnung und Anschlussfähigkeit der Landschaftsplanung und der anderen Fachplanungen mit der Bauleitplanung weiterzuentwickeln.

III. Die UP in der Abwägung gem. § 2 Abs. 4 Satz 4 BauGB

152 § 2 Abs. 4 Satz 4 BauGB führt die bis dahin als unselbstständiger Verfahrensbestandteil, im Umweltbericht zusammengefasste UP in die Gesamtabwägung aller von der Bauleitplanung berührten Belange nach § 1 Abs. 7 BauGB ein: »Das Ergebnis der Umweltprüfung ist in der Abwägung zu berücksichtigen.«

1. Das Ergebnis der UP (das »Bewerten« der Umweltauswirkungen)

153 Was aber nun ist das »**Ergebnis der UP**« in der Bauleitplanung, welches in der Abwägung zu berücksichtigen ist? Das BauGB erläutert den Begriff des Ergebnisses der UP nicht. Ein Blick in das UVPG, dort in § 25, zeigt aber, dass es sich bei dem Ergebnis der UP um die Bewertung der zuvor ermittelten und im Umweltbericht beschriebenen voraussichtlichen erheblichen Umweltauswirkungen der Planung handeln muss. Denn dort wird in § 25 Abs. 2 analog zu § 2 Abs. 4 Satz 4 BauGB ausgeführt: »… berücksichtigt die zuständige Behörde die begründete Bewertung …«. Diese Bewertung der Umweltauswirkungen im Umweltbericht ist also das zu berücksichtigende Ergebnis der UP. Die Bewertung aller voraussichtlichen erheblichen Umweltauswirkungen der Planung hat daher im Umweltbericht ihren Niederschlag zu finden, wie § 2 Abs. 4 Satz 1 HS. 1 BauGB darlegt. Auch Anlage 1 führt in diesem Verständnis aus: »Der Umweltbericht … hat folgende Bestandteile: … 2. eine Beschreibung und Bewertung der erheblichen Umweltauswirkungen, die in der Umweltprüfung nach § 2 Abs. 4 Satz 1 ermittelt wurden …«. Die **Bewertung der Umweltauswirkungen**, festgehalten **im Umweltbericht**, ist also das Ergebnis der UP im Bauleitplanverfahren, welches in der Abwägung nach § 1 Abs. 7 BauGB zu berücksichtigen ist.

154 Grundlage der Bewertung der (zuvor im Rahmen des Beteiligungsverfahrens ermittelten) erheblichen Umweltauswirkungen ist zunächst deren Beschreibung im Umweltbericht. **Die Anlage 1** zum BauGB gibt dem **Umweltbericht eine sinnvolle Struktur** vor, wie sie oben bereits beschrieben worden ist. Das Einhalten dieser Systematik bei der Beschreibung und Bewertung der Umweltauswirkungen der Bauleitplanung durch die Gemeinde gibt ihr die **Gewähr**, dass der **Bericht nicht schon aus formalen Gründen angreifbar** wird. Sinnvoll erscheint es auch, im beschreibenden Teil die **materiellen Maßstäbe** für die Bewertung aufzuführen. Sie ergeben sich aus den oben dargelegten materiellen Vorgaben des BauGB für die UP. Schließlich gibt die Anlage 1 Nr. 2 lit. b zum BauGB vor, die Auswirkungen der Planung auf die in § 1 Abs. 6 Nr. 7 BauGB aufgeführten Umweltbelange besonders herauszuarbeiten. Sinnvoll ist es, zunächst die **Auswirkungen auf die einzelnen Umweltmedien** Punkt für Punkt zu beschreiben und erst danach auf das **Wirkungsgefüge und die möglichen Wechselwirkungen** einzugehen. Mit der Beschreibung der Maßstäbe und der Aufführung der Schutzgüter der UP wird zugleich der Übergang zu der in den Umweltbericht aufzunehmenden Bewertung vorbereitet.

155 An diese Beschreibung knüpft der UP-Teilschritt der **Bewertung** an, die im **Umweltbericht** zu **dokumentieren** ist. Der Mustereinführungserlass zum EAG 2004 führt hierzu aus, dass maßgeblich für die Bewertung nach allgemeinen planerischen Grundsätzen insbesondere diejenigen Vorschriften des BauGB sind, die die Berücksichtigung der umweltschützenden Belange in der planerischen Abwägung zum Gegenstand haben.[153] Dieser umweltinterne Bewertungsvorgang lässt sich mühelos in die Dogmatik der bauleitplanerischen Abwägung gem. § 1 Abs. 7 BauGB einordnen, er entspricht dem bauleitplanerischen **Vorgang der Gewichtung**. Bei der Gewichtung in der bauleitplanerischen Abwägung geht es um die Bestimmung des dem Belang nach den tatsächlichen und rechtlichen

153 Mustereinführungserlass zum EAG 2004, Nr. 2.4.3.

Gegebenheiten zukommenden objektiven Gewichts, sowie um das Erkennen der Konsequenzen, die sich bei Bevorzugung oder Zurückstellung einzelner Belange ihm gegenüber ergeben würden. Dabei ist in tatsächlicher Hinsicht das Maß der aktuellen Betroffenheit des jeweiligen Belangs von Bedeutung, während in materieller Hinsicht die aus den Planungszielen und -leitlinien sowie deren fachgesetzlichen Konkretisierungen abzuleitenden Bewertungsmaßstäbe des BauGB heranzuziehen sind.

Diese Gewichtungsregeln gelten auch für den UP-Verfahrensschritt der Bewertung, allerdings unter 156 Berücksichtigung der Geltung des § 2 Abs. 4 Satz 1 HS 1 BauGB mit seinem zunächst internen Bewertungsgebot. Demgegenüber erweist sich der Vorgang der Gewichtung der Planungsbelange im bauleitplanerischen Abwägungsvorgang ohne eine solche UP als eine nach außen nicht besonders in Erscheinung tretende Übergangsphase hin zur eigentlichen Abwägung sämtlicher Belange. Während die Gewichtung der einzelnen Belange hier also bereits ganz im Lichte der Konkurrenzsituation zu den meist konfligierenden übrigen Planungsbelangen erfolgt, ist in der integrierten bauleitplanerischen UP zunächst die **umweltinterne Bewertung der städtebaulich bedeutsamen Umweltfolgen** der beabsichtigten Planung vorzunehmen: Innerhalb der UP verbietet sich die Abwägung mit sonstigen, umweltexternen Belangen und auch nur deren Berücksichtigung. Unter umweltinterner Bewertung ist damit eine Gesamtbewertung sämtlicher Vor- und Nachteile des Plans und des möglicherweise darin enthaltenen Projekts auf der Basis von Einzelbeurteilungen der Betroffenheiten der verschiedenen Umweltgüter einschließlich ihrer Wechselwirkungen zu verstehen. Bei dieser integrierten, sich insbesondere den Wechselwirkungen zuwendenden Betrachtung der Umweltauswirkungen bleiben demzufolge **alle umweltexternen Belange noch ausgeblendet.**[154]

Fraglich ist allerdings, ob die umweltinterne Bewertung mit einer **Gesamtsaldierung aller Umweltfolgen** etwa im Sinne einer umweltinternen Abwägung unter Anwendung der rechtlichen Anforderungen des rechtsstaatlichen Abwägungsgebotes einhergeht.[155] Eine solche ist abzulehnen, denn sie ist mit dem insoweit übergeordneten Abwägungsgebot des § 1 Abs. 7 BauGB unvereinbar. Durch die Saldierung der Umweltauswirkungen würden nämlich dem abschließenden eigentlichen Abwägungsvorgang bestimmte umweltbezogene Einzelaspekte, die innerhalb der umweltinternen Saldierung verlorengegangen sind, entzogen. Diese Belange haben praktisch keine Chance mehr, an dem erst in der abschließenden Abwägung zu leistenden Ausgleich zwischen sämtlichen Belangen teilzunehmen. Auf sie kann deshalb auch im Abwägungsergebnis, d.h. in den einzelnen Planausweisungen – etwa durch die Festsetzung bestimmter Schutzvorkehrungen –, kaum mehr Rücksicht genommen werden. Diese negativen Konsequenzen widersprechen dem gesetzlichen Gebot der Abwägung **aller** planbetroffenen privaten und öffentlichen Belange untereinander und gegeneinander. Aus dieser Überlegung heraus verbietet es sich auch, die Bewertung innerhalb der UP mit einem **Gesamtergebnis** »umweltverträglich« bzw. »umweltunverträglich« enden zu lassen. Der integrative, vom BauGB aufgegriffene Prüfungsansatz des UVPG verlangt zwar mehr als eine bloße Aneinanderreihung der ermittelten und isoliert bewerteten Umweltauswirkungen; es reicht aber aus, wenn die Umweltauswirkungen darüber hinaus zueinander in Beziehung gesetzt und in einer verbal beschreibenden **ökologischen Gesamtbilanz** zusammengefasst werden.[156] 157

Jederzeit zu vergegenwärtigen ist, dass gerade die Qualität des Umweltberichts darüber entscheiden 158 wird, in welchem Umfang sich Umweltbelange im Rahmen der bauleitplanerischen Abwägung gegenüber anderen Belangen behaupten können. Didaktisch verlangt die Bewertung der voraussichtlich erheblichen Umweltauswirkungen der Planung im Umweltbericht daher **größtmögliche Allgemeinverständlichkeit.** Die Gemeinderatsmitglieder sollen am Ende des Verfahrens in die Lage

154 *Wulfhorst* UPR 2001, 246 (251).
155 Ursprünglich dafür, aber mittlerweile überholt *Erbguth/Schink,* UVPG, § 12 Rn. 27 m.w.N.
156 Ebenso gegen eine »Saldierung« und für ein »internes Abwägungsverbot« *Kment,* in: Ernst/Zinkahn/Bielenberg/Krautzberger, BauGB, § 2 Rn. 526.

versetzt werden, ihre Abwägungsentscheidung nach § 1 Abs. 7 BauGB in Kenntnis und Verstehen der Umweltauswirkungen der Planung zu treffen.[157]

2. Die Berücksichtigung der UP in der Abwägung gem. § 1 Abs. 7 BauGB

159 Nicht mehr zum eigentlichen UP-Verfahren gehört die Berücksichtigung der Ergebnisse der UP bei der Aufstellung oder Änderung von Plänen. Nach ihrer Konzeption soll die UP durch eine systematische und integrale Ermittlung, Beschreibung und Bewertung der voraussichtlichen Umweltfolgen vielmehr die **Voraussetzungen** für deren angemessene Berücksichtigung schaffen. Dieses Berücksichtigungsgebot hat seinen Niederschlag in § 2 Abs. 4 Satz 4 BauGB gefunden: Hiernach ist das Ergebnis der UP in der bauleitplanerischen Abwägung zu berücksichtigen. Das Gebot der Abwägung folgt aus der **Grundsatznorm** jeder planerischen Tätigkeit in § 1 Abs. 7 BauGB: »Bei der Aufstellung der Bauleitpläne sind die öffentlichen und privaten Belange gegeneinander und untereinander gerecht abzuwägen.«

160 Die **Berücksichtigung der Ergebnisse der UP** in der Bauleitplanung wird damit **durch das Abwägungsgebot des § 1 Abs. 7 BauGB** gesteuert. Konkreter Anknüpfungspunkt ist hier die letzte Phase innerhalb des Abwägungsvorganges, die eigentliche Abwägung, in der auf der Grundlage des zusammengestellten Materials und der gewichteten Belange ein gerechter Ausgleich der berührten privaten und öffentlichen Belange gefunden werden muss. Es geht dabei um die eigentlich planerische Entscheidung, welche Belange zurückgesetzt und welche vorgezogen werden sollen. Unter Berücksichtigung des Maßstabs der Verhältnismäßigkeit kann sich die Gemeinde in der Kollision zwischen verschiedenen gegenläufigen Belangen für die Bevorzugung des einen und damit notwendig für die Zurückstellung des anderen entscheiden.[158] In diesen Entscheidungsvorgang finden die Ergebnisse der UP als **ein** betroffener Belang Eingang. Hier werden sie erstmals dem Wettstreit mit den übrigen, häufig konträren Belangen ausgesetzt. Dabei kommt ihnen – trotz ihrer durch die formalisierte UP gestärkten Überzeugungskraft – rechtlich **keine herausgehobene Priorität** oder auch nur eine erhöhte Durchsetzungskraft im Sinne einer Optimierung gegenüber anderen Belangen zu.[159] Eine rechtliche Bindung oder Einschränkung der kommunalen Planungshoheit ist durch die UP weder beabsichtigt noch rechtlich möglich.[160]

161 *Krautzberger/Stüer* haben allerdings kurz nach In-Kraft-Treten des EAG unter Bezugnahme auf die Zielsetzung der SUP-RL gefolgert, dass die einfachen Umweltbelange über das in § 2 Abs. 3 und 4 BauGB in die Bauleitplanung integrierte Verfahren der UP und den Begriff der nachhaltigen Entwicklung zu Belangen werden, »die auch in der Abwägung einen **erhöhten Stellenwert** im Sinne eines Optimierungsgebotes erhalten«.[161] Dem ist *Hoppe* unter Berufung auf die Entstehungsgeschichte des EAG entgegengetreten; die **Abwägung** sei »in ihrer **bisherigen Grundstruktur erhalten** geblieben«.[162] Dieser Auffassung ist zu folgen, zumal auch die Begründung des Entwurfs des EAG zur insoweit einschlägigen Regelung des § 2 Abs. 3 BauGB eindeutig ausführt, dass sie inhaltlich »der **bisherigen** sich aus dem Abwägungsgebot ergebenden **Rechtslage**« entspricht.[163] Hätte der Gesetzgeber dagegen, wie von *Krautzberger/Stüer* vermutet, ein Optimierungsgebot verankern wol-

---

157 Der Mustereinführungserlass zum EAG 2004, Nr. 2.4.4, gibt umfangreiche Hinweise zum Aufbau des Umweltberichts.

158 Grundlegend BVerwGE 34, 301 (seither ständige Rechtsprechung).

159 Mustereinführungserlass zum EAG 2004, Nr. 4.2.

160 *Schink*, Klimaschutz und Klimaanpassung als Gegenstände der Umweltprüfung in der Bauleitplanung, in: Mitschang (Hrsg.), Klimaschutz und Klimaanpassung in der Regional- und Bauleitplanung, Berliner Schriften zur Stadt- und Regionalplanung, 2021, Bd. 40, S. 299 (309); *Kment,* in: Ernst/Zinkahn/Bielenberg/Krautzberger, BauGB, § 2 Rn. 523; *Otto*, in: Schrödter, Baugesetzbuch, § 2, Rn. 152.

161 *Krautzberger/Stüer* DVBl 2004, 914 (923 f.). Siehe auch *Schubert* NuR 2005, 369 (370): »dass der Umweltprüfung… zugleich materiell-rechtlicher Gehalt… zukommt«.

162 *Hoppe* NVwZ 2004, 903 (910).

163 Begründung zum EAG 2004, BT-Drs. 15/2250 v. 17.12.2003 zu Nr. 2c (S. 42).

len, hätte er dies wohl in entsprechender Weise im Gesetzestext und auch in der Begründung des Gesetzesentwurfs deutlich gemacht.

Inwieweit die durch die UP aufbereiteten **ökologischen Belange das Ergebnis der städtebaulichen Gesamtabwägung beeinflussen** können, beurteilt sich damit **nach den Umständen des Einzelfalls und den jeweils anzuwendenden Rechtsnormen.**[164] Die Berücksichtigung des Bewertungsergebnisses der UP kann sowohl dazu führen, dass die Planung nicht weiterverfolgt werden kann, weil sie nicht hinnehmbare Umweltbeeinträchtigungen zur Folge hätte, als auch dazu, dass die Planung trotz der zu erwartenden nachteiligen Auswirkungen auf die Stadtökologie dem beabsichtigten Vorhaben wegen seiner Bedeutung für die Stadtentwicklung die planungsrechtliche Zulässigkeit verschafft. Die Berücksichtigung kann schließlich dazu führen, dass die Planung geändert oder etwa zugunsten von Umweltschutzvorkehrungen ergänzt werden muss. Insofern besteht zwar auch keine Verpflichtung, Umweltbeeinträchtigungen planerisch auszugleichen oder sonstige Ersatzmaßnahmen vorzusehen; schon wegen des allgemeinen Gebotes der planerischen Konfliktbewältigung wird es indessen im allgemeinen **nicht zu einem völligen Zurückstellen der UP-Ergebnisse** kommen.[165] Die »Kraft des Faktischen«[166] der Bewertungsergebnisse der UP begründet in jedem Fall eine erhöhte Begründungslast für die Gemeinde, wenn sie das Projekt trotz aufgezeigter Umweltprobleme so (und nicht anders) realisiert wissen will. Diese Rechtfertigung muss in die **Planbegründung** aufgenommen werden.[167] 162

In den vergangenen Jahren wurden indes **einzelne Belange** durch neue Klimafachgesetze **besonders hervorgehoben**. So regelt § 2 Satz 1 EEG für die erneuerbaren Energien, dass die Errichtung und der Betrieb von Anlagen sowie den dazugehörigen Nebenanlagen »im überragenden öffentlichen Interesse« liegen. Nach Satz 2 sollen, bis die Stromerzeugung im Bundesgebiet nahezu treibhausgasneutral ist, »die erneuerbaren Energien als vorrangiger Belang in die jeweils durchzuführenden Schutzgüterabwägungen eingebracht werden.« Ebenso regelt § 2 Abs. 3 Satz 1 WPG, dass die Errichtung und der Betrieb von Anlagen zur Erzeugung von Wärme aus erneuerbaren Energien, die in ein Wärmenetz gespeist wird, von erforderlichen Nebenanlagen sowie von Wärmenetzen »im überragenden öffentlichen Interesse« liegen. Nach Satz 2 sollen diese Anlagen »als vorrangiger Belang in die jeweils durchzuführenden Schutzgüterabwägungen eingebracht werden.« Diese Vorränge nehmen damit Einfluss auf die Abwägung aller Belange nach § 1 Abs. 7 BauGB und sie entwickeln damit gegenüber dem Ergebnis einer UP ein stärkeres Gewicht als bisher. Diese Hervorhebung kann also dazu führen, dass im Rahmen der abschließenden Abwägung des Bauleitplans dem Bau einer Anlage, mit der erneuerbare Energie oder Wärme erzeugt wird, **Vorrang gegenüber dem Ergebnis der UP** eingeräumt wird. 163

D. Besonderheiten beim Vorhaben und Erschließungsplan gem. § 12 BauGB

Der Vorhaben- und Erschließungsplan (VEP) ist ein **vorhabenbezogener Bebauungsplan**, bei welchem dem **Vorhabenträger** bestimmte Rechte und Pflichten im BauGB besonders zugewiesen werden. Gäbe es die oben angesprochene Zusammenführung von UVP und SUP im Rahmen des Bauplanungsrechts nicht,[168] so würden vermutlich viele vorhabenbezogene Bebauungspläne in Anwendung der Anlage 1 Nr. 18 UVPG für Bauvorhaben ab einer bestimmten Größe einer eigenständigen UVP-Pflicht unterliegen.[169] Die im Rahmen des Aufstellungsverfahrens des VEP durchzuführende bauleitplanerische UP entspricht daher auch weitgehend einer projektbezogenen UVP nach dem UVPG. Anders als bei einem Flächennutzungs- und bei einem angebotsorientierten Bebauungsplan fallen hier also die Erstellung des Umweltberichts durch den Vorhabenträger und sein Aufgreifen 164

164 Ebenso NVwZ 2004, 903 (910).
165 Ausführlich *Erbguth/Schink*, UVPG, § 12 Rn. 80 f. zur fachplanerischen Abwägung.
166 So *Gassner* UPR 1993, 241 (244).
167 *Wulfhorst* UPR 2001, 246 (251).
168 Siehe oben Rdn. 34 und 55.
169 Zur Anlage 1 Nr. 18 des UVPG siehe nachfolgend Rdn. 232.

durch die Gemeinde im Abwägungsvorgang auseinander.[170] Eine Vergleichbarkeit besteht hingegen zu einem vorhabenbezogenen Bebauungsplan, bei welchem die Gemeinde eng mit einem Investor zusammenarbeitet und diesem aufgrund einer vertraglichen Vereinbarung die Ausarbeitung des Plans und die Erstellung des dazugehörigen Umweltberichts überlasst. Der VEP als Planungsverfahren wurde schrittweise in das BauGB integriert. § 7 BauGB-MaßnG hatte 1992 die zunächst nur für die DDR nach der Wende eingeführte[171] und nach dem Beitritt gem. § 246a Abs. 1 Satz 1 Nr. 6 BauGB a.F. für die fünf neuen Länder weiter geltende Regelung über den VEP – mit einigen Modifikationen – für das gesamte Bundesgebiet übernommen. Sie diente der vereinfachten und beschleunigten Begründung der planungsrechtlichen Zulässigkeit von Bauvorhaben, wobei die ursprünglich sachliche Einengung auf bestimmte investive Vorhaben zur Sicherung oder Schaffung von Arbeitsplätzen oder zur Deckung eines Wohnbedarfs der Bevölkerung nachträglich entfiel und damit eine Anwendung auf sämtliche Vorhaben i.S.d. § 29 BauGB möglich wurde. Die BauGB-Novelle 1998 hat ihn in überarbeiteter Form als **vorhabenbezogenen Bebauungsplan** in das Dauerrecht überführt, der als besonderer Bebauungsplan nunmehr den Verfahrensregelungen des BauGB unterliegt.

165 Die umfassende Regelung des § 12 Abs. 1 BauGB lässt die **Struktur des VEP** als ein planungsrechtliches Instrumentarium, bestehend aus drei wesentlichen Elementen, erkennen:[172]

- Vorhaben- und Erschließungsplan eines privaten Investors – ausgerichtet auf zumeist ein konkretes Vorhaben –, der mit der Standortgemeinde abzustimmen ist,
- Erlass eines vorhabenbezogenen Bebauungsplans über den Plan des Investors durch die Gemeinde,
- Durchführungsvertrag zwischen Vorhabenträger und Gemeinde zur Sicherung der Umsetzung des Planinhalts.

166 Gegenüber dem herkömmlichen Bebauungsplanverfahren zeichnet sich das Satzungsverfahren beim Vorhaben- und Erschließungsplan gem. § 12 Abs. 2 Satz 1 BauGB durch ein besonderes **Initiativrecht des Investors** sowie durch eine Inanspruchnahme seines Wissens und seines Kapitals aus. Zudem sind gem. § 12 Abs. 3 Satz 2 BauGB einzelne Anforderungen an den Inhalt des vorhabenbezogenen Bebauungsplans weniger förmlich. Seinem Hauptzweck nach, die planungsrechtliche Zulassung von Bauvorhaben herbeizuführen, entspricht der Vorhaben- und Erschließungsplan jedoch dem herkömmlichen Bebauungsplan. Die Rechtsstaatlichkeit dieses neueren Planungsinstruments nach § 12 BauGB, das die Gemeinde nach eigenem Ermessen anstelle eines herkömmlichen Bebauungsplans wählen kann, wird gesichert durch die unmittelbare **Geltung der Vorschriften zum Bebauungsplanverfahren.**

167 Allerdings sind im Hinblick auf die hervorgehobene Stellung des Investors einzelne Besonderheiten zu berücksichtigen; im Gegensatz zum herkömmlichen Bebauungsplanverfahren ist durch den abzuschließenden Durchführungsvertrag nämlich bereits eine Verknüpfung der Bebauungsplanung mit einem konkreten Vorhabenträger gesetzlich vorgegeben, sodass die UP beim Vorhaben- und Erschließungsplan einer **UVP in einem Zulassungsverfahren deutlich angenähert** ist. So eröffnet § 12 Abs. 2 Satz 2 BauGB dem Vorhabenträger, aber auch der Gemeinde (sofern sie es für erforderlich hält), die Möglichkeit eines **Scoping-Termins.** Der Anspruch auf die Durchführung eines »Scopings« dient auch dem Schutz des Vorhabenträgers vor der Erhebung von zu weitreichenden und damit möglicherweise sehr kostenträchtigen Untersuchungen für die UP.[173]

168 Des Weiteren ist in den besonderen Regelungen für den VEP klargestellt, dass der **Umweltbericht** nach § 2a BauGB im Entwurf **vom Vorhabenträger zu erarbeiten**[174] und in die von ihm geforderte Begründung des Vorhaben- und Erschließungsplans zu integrieren ist. So schreibt § 12 Abs. 1 Satz 2

170 Siehe oben Rdn. 115.

171 § 55 Bauplanungs- und Zulassungsverordnung (BauZVO) v. 20.06.1990, GBl DDR I, S. 739.

172 Einzelheiten bei *Schliepkorte,* Vorhaben- und Erschließungsplan.

173 *Schliepkorte,* Vorhaben- und Erschließungsplan, S. 28.

174 *Schliepkorte,* Vorhaben- und Erschließungsplan, S. 28.

BauGB vor, dass die Begründung des Planentwurfs die nach § 2a BauGB erforderlichen Angaben zu enthalten hat. Gem. Satz 3 hat er zudem eine Übersetzung der Angaben (zumindest der Zusammenfassung) vorzulegen, wenn sich dies nach den Vorschriften des UVPG als notwendig erweist.

Der zwischen Gemeinde und Vorhabenträger (vor-)abgestimmte Vorhaben- und Erschließungsplan durchläuft daraufhin mitsamt dem **Umweltbericht** das beschriebene **Beteiligungsverfahren** nach den §§ 3–4a BauGB, bevor er dann als vorhabenbezogener Bebauungsplan von der Gemeinde beschlossen wird. Faktisch ist der im Umweltbericht anzusprechende Vergleich des Vorhabens mit anderen Planungsmöglichkeiten dabei sehr eingeschränkt. Da in materiell-rechtlicher Hinsicht das bauplanerische Abwägungsgebot aber auch beim vorhabenbezogenen Bebauungsplan über einen VEP uneingeschränkt zur Geltung kommt, kann die Gemeinde auf eine Änderung oder Erweiterung des VEP hinwirken. Die **Verantwortung für eine gerechte Abwägung** aller betroffenen Belange einschließlich der Ergebnisse der UP trägt daher allein die **Gemeinde**. Die Abwägung kann deshalb zu dem Ergebnis führen, dass andere **Grundstücksflächen außerhalb des VEP** gem. § 12 Abs. 4 BauGB in die Bebauungsplansatzung einzubeziehen sind. Letzteres dürfte besonders interessant für die Berücksichtigung der Ergebnisse der UP sein, etwa um Festsetzungen für ökologische Kompensationsmaßnahmen aufzunehmen. 169

Der **Durchführungsvertrag**, der erst unmittelbar vor dem Beschluss des Bebauungsplans abzuschließen ist, vorher aber im Entwurf vorliegen und ebenfalls Gegenstand des Beteiligungsverfahren werden sollte, kann zudem **Vorschläge** aus dem Umweltbericht zur **Vermeidung oder Verringerung von nachteiligen Umweltauswirkungen als vertragliche Umsetzungsverpflichtungen** des Vorhabenträgers aufnehmen. Bei der Durchführung des sich anschließenden Genehmigungsverfahrens kommt schließlich die Anordnung des § 50 Abs. 3 zur Geltung, die UVP im nachfolgenden Zulassungsverfahren zu beschränken.[175] 170

E. Entlastung anderer Verfahren

Eine zentrale Vorgabe der SUP-RL ist es, **Mehrfachprüfungen zu vermeiden**. Dieser Grundsatz wird in Art. 4 Abs. 3 Satz 2 und Art. 5 Abs. 2 angesprochen mit der konkreten Aufforderung, dass die Prüfung entsprechend der Programm- und Planhierarchie durchgeführt und hierfür alle verfügbaren relevanten Informationen über die Umweltauswirkungen herangezogen werden, die bereits auf anderen Ebenen gesammelt wurden. Das BauGB greift diesen Ansatz in § 2 Abs. 4 Satz 5 BauGB und das UVPG in § 50 Abs. 3 auf. Beide Regelungen haben die gleiche Zielrichtung; sie sollen die Verfahrensverantwortlichen dazu veranlassen, die in einem **vorgelagerten Planungsverfahren ermittelten und beschriebenen Umweltauswirkungen** (vorgelagerte Stufe der UP) auch der **UVP der Projektzulassung** (nachgelagerte Stufe der UVP) **zugrunde zu legen**. Dort kann dann die nachgelagerte Stufe der UVP flexibel gestaltet werden, je nachdem, in welchem Umfang die UP bereits in dem vorgelagerten Verfahren erfolgt ist. Damit werden mehrere Ziele verfolgt: Zunächst dient die Vermeidung von Mehrfachprüfungen der **Verwaltungsökonomie** und so der Akzeptanz bei den Anwendern für das zusätzlich durchzuführende Prüfverfahren zugunsten der Umweltbelange. Des Weiteren ist damit aber auch – über das gemeinsame Medium UP/UVP – eine **Verzahnung der Planungsebenen** verbunden mit dem Gebot an die Planungsträger und einzelnen Fachbehörden, sich enger abzustimmen, angestrebt, was letztlich wiederum der **besseren Berücksichtigung der Umweltauswirkungen** zugutekommen soll. Der Unterschied zwischen beiden Regelungen besteht darin, dass sich § 2 Abs. 4 Satz 5 BauGB auf das Verhältnis der vorgelagerten Planungsebene (Regional-, Flächennutzungs- oder Bebauungsplanverfahren) zu einem zeitlich nachfolgenden oder gleichzeitig durchgeführten Bauleitplanverfahren bezieht. Demgegenüber bezieht sich § 50 Abs. 3 UVPG auf das Verhältnis des Bebauungsplans zum nachfolgenden Zulassungsverfahren der Genehmigungsebene. Eine europarechtlich angestoßene Neuerung, die ebenfalls auf die Entlastung nachfolgender Zulassungsverfahren abzielt und die sich zunächst auf den Bereich der Ausweisung von Windenergie- 171

175 Vgl. die Begründung in der BauGB-Novelle 2007, BT-Drs. 16/2496 v. 04.09.2006, S. 12.

anlagen beschränkt, stellt § 249c BauGB dar. Hier geht es um Regeln für wirksame Minderungsmaßnahmen für die Errichtung und den Betrieb von Windenergieanlagen und ihrem Netzanschluss im Rahmen der UP. Diese neue Regelung wird nicht hier, sondern im Zusammenhang mit der UP als Trägerverfahren für weitere Verfahren nach dem BNatSchG dargestellt.[176]

I. Entlastung anderer Planungsverfahren gem. § 2 Abs. 4 Satz 5 BauGB

172 Nach § 2 Abs. 4 Satz 5 BauGB **soll**, sofern die UP für das Plangebiet oder Teile davon in einem Raumordnungs-, Flächennutzungs- oder Bebauungsplanverfahren durchgeführt wird, diese in einem zeitlich nachfolgend oder gleichzeitig durchgeführten Bauleitplanverfahren auf zusätzliche oder andere erhebliche Umweltauswirkungen beschränkt werden. Intendiert ist damit ein **Zusammenwirken** der UVP etwa in einem Regionalplan[177] mit der UP in (nachfolgenden) **Bauleitplanverfahren** sowie auch der UP in der **Flächennutzungsplanung** mit der UP in der **Bebauungsplanung**, indem jeweils auf das Teilergebnis der vorgelagerten Planungsebene zurückgegriffen und die eigene Prüfung auf zusätzliche oder andere erhebliche Umweltauswirkungen beschränkt wird. Entsprechend dem allgemeinen Verständnis von Sollvorschriften ist die Gemeinde in der Regel also an das Beschränkungsgebot gebunden, soweit nicht eine nachträglich auftretende atypische Fallkonstellation eine nochmalige Prüfung rechtfertigt. Gemeinsam ist den genannten Planungsverfahren, dass sie alle **räumlichen Aspekte** einbeziehen, sodass der gesamthafte, alle Umweltbelange erfassende Prüfansatz deckungsgleich und damit die Gewähr für eine gegenseitige Verwendbarkeit gegeben ist. Insbesondere das Verhältnis der gemeindeweiten Flächennutzungsplanung zur auf Gemeindeteilbereiche beschränkten Bebauungsplanung erscheint durch das **Entwicklungsgebot** des § 8 Abs. 2 Satz 1 BauGB unproblematisch, weil in einer Hand und eindeutig geregelt; hier kann die UP im Bebauungsplanverfahren auf eine vorangegangene UP im Flächennutzungsplanverfahren aufbauen. Gleichzeitige Bebauungsplanverfahren für unterschiedliche Bereiche des Gemeindegebiets können sich durch **Fernwirkungen** beeinflussen, sodass auch hier eine gegenseitige Nutzung der Erkenntnisse aus den UP sinnvoll sein kann. Im Einzelfall können schließlich auch übergreifende Erkenntnisse zu den Umweltauswirkungen eines früheren Bebauungsplanverfahrens punktuell in ein erst später eingeleitetes Flächennutzungsplanverfahren einfließen.

173 Für diese Planungsverfahren wird durch § 2 Abs. 4 Satz 5 BauGB daher untereinander eine Beschränkung des Umfangs der erforderlichen Ermittlung der Planung unter Berücksichtigung der entsprechenden Ermittlungen in den anderen Planungsstufen ermöglicht.[178] D.h. dass **Umweltauswirkungen** einer Planung, die im Rahmen einer UVP in einem Regionalplan ermittelt wurden, **nicht noch ein weiteres Mal** in einer zeitlich nachfolgenden Flächennutzungs- und/oder Bebauungsplanung erhoben werden sollen. Die nachgeordneten Bauleitplanverfahren sollen vielmehr auf die im **Umweltbericht** des Regionalplans niedergelegten Ergebnisse **zurückgreifen** und mit den selber zusätzlich zu ermittelnden Erkenntnissen zusammengeführt werden.[179] Diese Abschichtungswirkung der UP wirkt in gleicher Weise im Verhältnis vom Flächennutzungsplan zum hieraus zu entwickelnden Bebauungsplan.

II. Entlastung nachfolgender Zulassungsverfahren gem. § 50 Abs. 3

174 Ähnlich regelt § 50 Abs. 3 das Verhältnis der untersten Ebene der Planungshierarchie, nämlich des Bebauungsplans, zu den nachfolgenden, abschließenden Zulassungsverfahren: Wird die UVP in einem Aufstellungsverfahren für einen Bebauungsplan und anschließend eine UVP in einem nachfolgenden Zulassungsverfahren durchgeführt, soll die nachfolgende UVP auf zusätzliche oder andere erhebliche Umweltauswirkungen des Vorhabens beschränkt werden. Die weitere Verwendung der Begrifflichkeit »UVP« für den Bebauungsplan ist hier dem eingangs beschriebenen Auffangcharakter

176 Siehe nachfolgend Rdn. 202.
177 Siehe dazu die Kommentierung zu § 48.
178 Mustereinführungserlass zum EAG 2004, Nr. 2.4.2.4e).
179 Siehe die Kommentierung zu § 48.

des § 50 geschuldet. Allerdings ist damit § 50 Abs. 3 keine konstitutive Verpflichtung zur Durchführung einer UVP im nachfolgenden Zulassungsverfahren zu entnehmen; diese Verpflichtung folgt allein aus dem UVPG i.V.m. der Anlage 1 und den dort aufgeführten Vorhaben. § 50 Abs. 3 ist aber immerhin ein Indiz dafür, dass der Gesetzgeber davon ausgeht, dass auch im Baugenehmigungsverfahren eine nachfolgende, im Umfang beschränkte UVP zu erfolgen hat.[180]

Der in § 50 Abs. 3 verwendete Oberbegriff der Zulassungsverfahren wird in § 2 Abs. 6 Nr. 1 aufgeschlüsselt, er erfasst hier insbesondere die nach dem Bundes-Immissionsschutzgesetz durchzuführenden **Genehmigungsverfahren** für **Vorhaben der Nrn. 1–10 der Anlage 1** des UVPG, weil für diese der planungsrechtlich zulässige Standort regelmäßig im Voraus laufenden Bebauungsplan festzulegen ist. Auch erfasst sind Baugenehmigungsverfahren für die **städtebaulichen Vorhaben nach Nr. 18 der Anlage 1**. Demgegenüber werden die von der Anlage 1 erwähnten Planfeststellungsverfahren vom Regelungsgehalt des § 50 Abs. 3 nicht erfasst, weil diesen kein Bebauungsplanverfahren, sondern andere vorgelagerte Verfahren wie eine Raumverträglichkeitsprüfung und ein ergänzendes Linienbestimmungsverfahren vorgeschaltet sind.[181] 175

Nach § 50 Abs. 3 »soll« die Umweltverträglichkeitsprüfung im nachfolgenden Zulassungsverfahren auf zusätzliche erhebliche oder andere erhebliche Umweltauswirkungen des Vorhabens beschränkt werden. Der gewählte Wortlaut der Vorschrift des § 50 Abs. 3 entspricht damit zwar weitgehend der Formulierung in § 29 Abs. 2 für das Verhältnis von Vorbescheid zu nachfolgenden Teilzulassungen bei **immissionsschutzrechtlichen Vorhaben**. Er darf aber nicht darüber hinwegtäuschen, dass es hier nicht um eine fachliche Abschichtung innerhalb eines Genehmigungsverfahrens, sondern um genuin unterschiedliche Prüfinhalte der UP in der Bebauungsplanung einerseits und der nachfolgenden fachrechtlichen Projektzulassung andererseits geht. Während die Gemeinde bei der in das Bebauungsplanverfahren integrierten UP auf die Untersuchung der städtebaulich bedeutsamen Umweltauswirkungen beschränkt ist, interessiert die Genehmigungsbehörde insbesondere die durch den Betrieb der konkreten Anlage bedingten Umweltbeeinträchtigungen, unabhängig von ihrer Relevanz für die städtebauliche Entwicklung und Ordnung. Vereinfacht ausgedrückt: Die UP in der Bauleitplanung konzentriert sich auf die Prüfung der standortbezogenen Umweltverträglichkeit, die Projektzulassung hat die **betriebsbezogene Umweltverträglichkeit** für immissionsschutzrechtliche Vorhaben zu prüfen. 176

Im Gegensatz dazu dürften die erheblichen Umweltauswirkungen zumindest der **städtebaulichen Vorhaben** im Rahmen der bauleitplanerischen UP des Bebauungsplans bereits weitgehend ermittelt, beschrieben und bewertet werden können und im Rahmen der bauleitplanerischen Abwägung in die Standortentscheidung einfließen.[182] Wesentlich ist aber, dass nicht vorschnell von einer in der Bebauungsplanung vorgenommenen – und deshalb in nachfolgenden Baugenehmigungsverfahren verzichtbaren – Ermittlung und Bewertung bestimmter Umwelteinwirkungen ausgegangen werden kann.[183] Nur wenn im Einzelfall **tatsächlich Deckungsgleichheit der Prüfinhalte** besteht, darf auf die entsprechende Untersuchung in der Projektzulassung verzichtet werden. Der Vorhabenträger braucht dann in diesem Fall seine Unterlagen für das Genehmigungsverfahren nur noch um solche Angaben zu ergänzen, die für die Beurteilung der noch nicht geprüften Umweltauswirkungen zusätzlich erforderlich sind. Es bedarf dann einer Eingangsprüfung im sich anschließenden Baugenehmigungsverfahren, ob hier nochmals eine nachfolgende UVP und in welchem Umfang geboten ist. 177

Die Reduzierung der Prüfinhalte gilt insbesondere hinsichtlich der **Eignung des Vorhabenstandorts.** 178
D.h. ist der Standort durch einen rechtskräftigen Bebauungsplan rechtsverbindlich ausgewiesen, erübrigt sich in der UVP des nachfolgenden Genehmigungsverfahrens ein Vergleich mit alternativen

180 Vgl. hierzu nachfolgend Rdn. 232 f.
181 Siehe die Kommentierungen zu den §§ 47 und 48.
182 Zu den möglichen Ausnahmen aber oben Rdn. 52.
183 Siehe nachfolgend Rdn. 232 ff.

Standorten. Die Genehmigungsbehörde ist dann diesbezüglich auf die Prüfung beschränkt, ob das Vorhaben an dem gewählten Standort nach den fachgesetzlichen Genehmigungsvoraussetzungen zulässig oder etwa aufgrund anlagenbedingter umweltschädlicher Wirkungen unzulässig ist. Die Prüfung der Umweltauswirkungen kann sich damit allein auf die konkreten Auswirkungen des Vorhabens am vom Bebauungsplan vorgesehenen Standort und auf dessen technische Ausgestaltung konzentrieren. Zugleich können die einzelnen Verfahrensschritte der UVP und daher das »Scoping«, die Beteiligung der Behörden, die Beteiligung der Öffentlichkeit, die zusammenfassende Bewertung sowie die Bewertung der Umweltauswirkungen des Vorhabens, entsprechend begrenzt werden. Auch der Vorhabenträger kann seine vorzulegenden Unterlagen auf die zusätzlichen, im vorausgegangenen Bebauungsplanverfahren noch nicht geprüften Umweltauswirkungen des Vorhabens beschränken.[184]

179 Die Beschränkung des UVP-Prüfungsinhalts im nachfolgenden Zulassungsverfahren unterliegt nach der gesetzlichen Formulierung indes einem **Sollensgebot**, es kann also Ausnahmen davon geben. Ein solcher Ausnahmefall wäre etwa dann anzunehmen, wenn Teilaspekte der UP des Bebauungsplans sich als unvollständig erweisen oder die Zulassungsbehörde eine erneute Prüfung aufgrund neuer Erkenntnisse für geboten hält. Angesichts der mit der Doppelprüfung verbundenen nachteiligen Folgen für den Vorhabenträger (zusätzliche finanzielle Aufwendungen, Verfahrensverzögerungen) müssen dem **behördlichen Ermessen** insoweit **enge Grenzen gesetzt** werden. Zudem darf die kompetenzielle Zuständigkeit der Gemeinde für die Schaffung von Baurechten durch eine Korrektur der Bebauungsplan-UP nicht verletzt werden; eine Veränderung oder Ergänzung von umweltschützenden **Festsetzungen** im Bebauungsplan kann daher nicht im Zulassungsverfahren erfolgen, sondern bedarf einer Änderung des Bebauungsplans durch die Gemeinde.

180 Die UP in der Bauleitplanung und die (reduzierte) UVP im nachfolgenden Zulassungsverfahren sind gem. § 31 Abs. 4 von der Zulassungsbehörde in einer **gemeinsamen zusammenfassenden Darstellung** nach § 24 Satz 1 zusammenzuführen. Nach Satz 2 erfolgt dann eine **Gesamtbewertung** der Umweltauswirkungen des Vorhabens. Letztlich geht es also darum, am Ende des gesamten Planungsprozesses für ein potenziell umweltgefährdendes Vorhaben über alle Planungsstufen entsprechend des dortigen Ermittlungsumfangs Erkenntnisse zu den möglichen Umweltauswirkungen des Vorhabens zu erlangen, die dann am Ende zusammengefasst werden können und eine Gesamtbewertung der Umweltverträglichkeit erlauben. Damit ergibt sich aus dieser Vorgehensweise auch die Möglichkeit, in Abstimmung mit der jeweils nachgeordneten Hierarchieebene die Ermittlung bestimmter Umweltauswirkungen dieser zu überlassen, soweit dies fachlich sinnvoll erscheint und nicht der Verschiebung ungelöster Probleme auf eine nachgeordnete Ebene dient.[185]

F. UP als Trägerverfahren für weitere Verfahren nach dem BNatSchG

181 Das Bundesnaturschutzgesetz (BNatSchG) regelt weitere Verfahren, die dem Umweltschutz dienen, und die deshalb zum Bestandteil der UP werden. Sie haben, anders als die verfahrensorientierte UP, jeweils einen besonderen Naturschutzbelang im Fokus und sind hinsichtlich ihrer Rechtsfolgen für die Bauleitplanung materiell eigenständig.[186] Dies sind die **Eingriffs- und Ausgleichsregelung nach dem Bundesnaturschutzgesetz** des § 18 BNatSchG und die **Verträglichkeitsprüfung nach der Fauna-Flora-Habitat-RL (FFH-RL) und der Vogelschutz-RL**,[187] die in den §§ 34 und 36 BNatSchG

---

184 Ausnahmsweise kann auch der Flächennutzungsplan die beschriebene entlastende Wirkung haben, vgl. *Otto*: in Schrödter, Baugesetzbuch, § 2 Rn. 159 unter Verweis auf VG Hamburg, Beschl. v. 3.01.2017 – 9 E 5500/16: »Jedoch ist § 17 Abs. 3 UVPG [Anmerkung: Vorläuferregelung zu § 50 Abs. 3] analog auf Flächennutzungspläne anzuwenden.«.

185 Mustereinführungserlass zum EAG 2004, Nr. 2.4.2.4e).

186 Überblick bei *Krämer*, in: Mitschang, S. 1 ff. Deshalb weist *Otto*, in: Schrödter, Baugesetzbuch, § 2 Rn. 140 einleitend daraufhin: »Die Umweltprüfung nach dem BauGB ist nach Verfahren und Inhalt von der Bewältigung der naturschutzrechtlichen Eingriffsregelung und der Verträglichkeitsprüfung nach § 34 BNatSchG zu trennen.«.

187 Richtlinien 92/43/EWG und 79/409/EWG.

umgesetzt wurden. Die Eingriffs- und Ausgleichsregelung hat den Auftrag, den Verbrauch an Natur und Landschaft zu vermeiden bzw. gering zu halten und ggf. auszugleichen. Die Eingriffs- und Ausgleichsregelung ist in den meisten Bauleitplanverfahren anzuwenden; eine Ausnahme besteht nur bei den Bebauungsplänen der Innenentwicklung nach § 13a BauGB.[188] Die FFH-Verträglichkeitsprüfung soll hingegen besondere, nach gemeinschaftlichem Recht ausgewiesene Natura 2000-Gebiete eines europaweiten Biotopverbundsystems vor Beeinträchtigungen schützen. Sie gilt immer dann, wenn ein nach der FFH-RL geschütztes Gebiet durch ein Bauleitplanverfahren erheblich beeinträchtigt werden kann. Die FFH-RL schützt aber nicht nur Habitate, sondern auch seltene Arten. Eine ebenfalls gemeinschaftsrechtlich angestoßene Neuerung enthält daher § 249c BauGB. Hier geht es um sog. Beschleunigungsgebiete mit **Regeln für wirksame artenschutzrechtliche Minderungsmaßnahmen** für die Errichtung und den Betrieb von Windenergieanlagen und ihrem Netzanschluss, welche im Rahmen der UP zu erarbeiten sind. Da größere Ansammlungen von Windenergieanlagen in der Regel von der Regionalplanung und nur selten durch gemeindliche Flächennutzungspläne geplant werden,[189] dürfte das Verfahren zur Erstellung von Regeln für Minderungsmaßnahmen unter dem Regime des Bauplanungsrechts aber eher die Ausnahme bleiben.

Diese drei Prüfverfahren sind jeweils als **unselbstständige Prüfverfahren** angelegt, d.h. sie werden in § 1a Abs. 3 und 4 BauGB bzw. § 249c BauGB als ergänzende Vorschriften zum Umweltschutz in die bauleitplanerische Prüfung zur Aufstellung von Bauleitplänen bzw. Flächennutzungsplänen integriert. Die Schutzziele der FFH-RL werden in Bezug auf den Habitatschutz zudem als Belange des Umweltschutzes in § 1 Abs. 6 Nr. 7 lit. b BauGB besonders hervorgehoben: »die Erhaltungsziele und der Schutzzweck der Natura 2000-Gebiete im Sinne des Bundesnaturschutzgesetzes.« Im Gegensatz zur UP sind an die jeweilige Prüfung **bestimmte Rechtsfolgen** geknüpft. Da aber der Prüfauftrag der UP umfassender angelegt ist, dient diesen drei Prüfverfahren die UP jeweils als deren Trägerverfahren. Umgekehrt hat aber auch die FFH-Verträglichkeitsprüfung Rückwirkungen auf die Durchführung einer bauleitplanerischen UP. So kann, wie nachfolgend gezeigt wird, gemäß den §§ 13 und 13a BauGB von einer UP dann nicht abgesehen werden, »wenn Anhaltspunkte für eine Beeinträchtigung der in § 1 Abs. 6 Nr. 7 lit. b genannten Schutzgüter bestehen …«. 182

I. Eingriffs- und Ausgleichsregelung gem. § 1a Abs. 3 BauGB i.V.m. § 18 BNatSchG

Eine Konkretisierung im Hinblick auf die Schutzgüter Natur und Landschaft erfährt die UP in der Bauleitplanung durch die Integration der naturschutzrechtlichen Eingriffsregelung in die Bauleitplanung. Die **UP ist Trägerverfahren** für die bauleitplanerische **Eingriffs- und Ausgleichregelung**. § 18 Abs. 1 BNatSchG stellt fest: »Sind auf Grund der Aufstellung, Änderung, Ergänzung oder Aufhebung von Bauleitplänen … Eingriffe in Natur und Landschaft zu erwarten, ist über die Vermeidung, den Ausgleich und den Ersatz nach den Vorschriften des Baugesetzbuches zu entscheiden.« Bereits 1993 hatte der Bundesgesetzgeber mit dem Investitionserleichterungs- und Wohnbaulandgesetz die in der Länderpraxis bis dahin bislang unterschiedlich in die Baugenehmigungsverfahren integrierte naturschutzrechtliche Eingriffsregelung für den Bereich des Bauplanungsrechts in den damaligen §§ 8a-8c BNatSchG a.F. bundesrechtlich abschließend geregelt. Kern dieser Regelungen, die als »**Baurechtskompromiss**« bezeichnet wurden und Grundstein für eine weitgehende Harmonisierung von Umweltschutz- und Baurecht in den folgenden Jahren waren, war § 8a BNatSchG a.F., der die Eingriffsregelung in Flächennutzungsplan und Bebauungsplan vorverlagerte und damit aus dem Baugenehmigungsverfahren herauslöste. Die **Vorverlagerung der Eingriffsregelung in das Bauleitplanverfahren** sollte den Gemeinden mehr Spielraum zum Ausgleich der durch ihre Planung ausgelösten Eingriffe in Natur und Landschaft verschaffen. Um den »Baurechtskompromiss« zu ermöglichen, war ein aufeinander Zugehen der Vertreter des Baurechts durch Anerkennung der Geltung der naturschutzrechtlichen Eingriffsregelung auch für das Bauleitplanverfahren und ein Verzicht der Vertreter des Naturschutzrechts auf eine an sich nach § 8 BNatSchG a.F. geforderte 183

188 Siehe hierzu nachfolgend Rdn. 221 ff.
189 Siehe hierzu die Kommentierung zu § 48.

»Vollkompensation« für einen Eingriff eines Bauleitplans in Natur und Landschaft erforderlich geworden. Zu Beginn führte dies zu erbitterten Streitigkeiten um die Auslegung des § 8a BNatSchG in seiner Ursprungsfassung, ob der Belang »Schutz von Natur und Landschaft« dem **bauleitplanerischen Abwägungsgebot** unterliegt.

184 Das **BVerwG**[190] **beendete** 1997 diesen **Streit um den Umfang der Kompensation**, indem es zur Geltung des Abwägungsgebots für die naturschutzrechtliche Eingriffsregelung in der Bauleitplanung klarstellte, dass »die Belange des Naturschutzes und der Landschaftspflege keinen abstrakten Vorrang vor den in der Bauleitplanung zu berücksichtigenden anderen Belangen haben. Das gilt sowohl für die Vermeidung von Beeinträchtigungen als auch für den Ausgleich unvermeidbarer Beeinträchtigungen oder den Ersatz für nicht ausgleichbare Beeinträchtigungen«. Auch wurde die Annahme eines Optimierungsgebotes vom Gericht abgelehnt. Nach Auffassung des BVerwG muss dies jedoch nicht zur Schwächung der Belange von Naturschutz und Landschaftspflege führen: »Gegenüber anderen öffentlichen, beispielhaft in § 1 Abs. 5 Satz 2 BauGB genannten Belangen haben die Belange des Naturschutzes allerdings eine herausgehobene Bedeutung.... Das Besondere des § 8a Abs. 1 Satz 1 BNatSchG besteht darin, dass die in der Abwägung zu berücksichtigenden Naturschutzbelange über das Integritätsinteresse, falls dieses nicht gewahrt werden kann, auf das Kompensationsinteresse erweitert werden«.

185 Dieses Konzept der Lösung der durch eine Planung verursachten Konflikte mit dem Naturschutz bereits auf der Planungsebene wurde 1998 durch die Novelle des BauGB fortentwickelt; § 8a BauGB a.F. wurde in § 1a Abs. 3 BauGB integriert. Durch eine damit zugleich verbundene **Vergrößerung des Kompensationsraumes** durch räumliche Entkoppelung von Eingriff und Ausgleich und durch eine darüber hinaus zusätzlich ermöglichte zeitliche Entkoppelung sollte die in den Ländern entwickelte Praxis eines sog. »**Öko-Kontos**« aufgegriffen werden.[191] Des Weiteren zielte die Zusammenführung der Eingriffsregelung mit den anderen Huckepack-Verfahren der UVP (jetzt UP) und der Verträglichkeitsprüfung nach der Fauna-Flora-Habitat-RL auf eine Harmonisierung umweltrechtlicher Verfahren ab, soweit sie Bestandteil der bauleitplanerischen Abwägung nach § 1 Abs. 7 BauGB sind. Aufgrund der Verknüpfung mit dem Vollzugsinstrumentarium im BauGB (besondere Darstellungen und Festsetzungen im Flächennutzungs- bzw. Bebauungsplan, Vorkaufsrechte, Umlegung, städtebauliche Verträge) sollte schließlich bei den Gemeinden die Akzeptanz der Verpflichtung zum Ausgleich als Folge der Bauleitplanung erhöht werden.

186 Mit dem EAG 2004 wurde die Vorschrift des **§ 1a BauGB weiterentwickelt**. § 1a Abs. 3 BauGB sieht seitdem folgende Möglichkeiten zum Ausgleich für aufgrund der Bauleitplanung erwartete Eingriffe in Natur und Landschaft vor:

- Ausgleich durch geeignete Darstellungen nach § 5 BauGB als Flächen zum Ausgleich und Festsetzungen nach § 9 als Flächen oder Maßnahmen zum Ausgleich (Satz 2); dabei wird unterstellt, dass der Ausgleich entsprechend der ursprünglichen Konzeption der Eingriffsregelung am Ort des Eingriffs erfolgt;
- Darstellungen und Festsetzungen nach Satz 2 auch an anderer Stelle als am Ort des Eingriffs, soweit dies mit einer geordneten städtebaulichen Entwicklung und den Zielen der Raumordnung sowie des Naturschutzes und der Landschaftspflege vereinbar ist (Satz 3); damit wird die frühere kleinräumige Konzeption der naturschutzrechtlichen Eingriffsregelung zugunsten eines großräumigeren Ausgleichs bspw. durch eine Pool-Lösung an anderer Stelle im Gemeindegebiet oder durch ein gemeindeweites Öko-Konto verlassen;
- vertragliche Vereinbarungen gem. § 11 BauGB (Satz 4, 1. Fall);
- sonstige geeignete Maßnahmen zum Ausgleich auf von der Gemeinde bereit gestellten Flächen (Satz 4, 2. Fall).

190 BVerwG, DVBl 1997, 1112 (1113).
191 Zum Öko-Konto bereits *Mitschang* ZfBR 1995, 240.

Grundsätzlich soll gem. § 135a Abs. 1 BauGB der Ausgleich zwar durch den Vorhabenträger erfolgen. Stehen dem Vorhabenträger aber keine geeigneten Flächen zur Verfügung oder sieht die Gemeinde im Interesse der Verwirklichung einer anderen planerischen Konzeption (Pool-Lösung und/oder Öko-Konto) den Ausgleich an anderer Stelle vor,[192] soll nach § 135a Abs. 2 Satz 1 BauGB die Gemeinde diesen anstelle und auf Kosten des Vorhabenträgers und/oder der Eigentümer der durch die Bauleitplanung begünstigten Grundstücke durchführen und auch die hierfür erforderlichen Flächen bereit stellen. Ein derartiger Ausgleich kann gem. § 9 Abs. 1a Satz 1 BauGB durch einen zweiten, »**Ausgleichsbebauungsplan**« an anderer Stelle im Gemeindegebiet oder durch einen **städtebaulichen Vertrag** nach § 11 Abs. 1 Satz 1 Nr. 2 BauGB[193] auch außerhalb des Gemeindegebiets sichergestellt werden. 187

Die für den Naturschutz negativen Konsequenzen, die der Auffassung des BVerwG entgegengehalten wurden, wurden häufig überzeichnet. Die Einstellung der Eingriffsregelung als anderen Belangen gleichgeordneter öffentlicher Belang in die Abwägung bedeutet nämlich gerade nicht, dass dieselbe damit »materiell auf Null« reduziert würde, oder polemischer ausgedrückt, dass ein regelmäßiges »Wegwägen«[194] der durch die Eingriffsregelung geschützten Belange befürchtet werden müsse. Das Abwägungsgebot des § 1 Abs. 7 BauGB lässt ein »Wegwägen« gerade nicht zu. Der **Gewinn**, den der Baurechtskompromiss dem **Naturschutz** gebracht hat, ist, dass nicht nur – wie durch § 1 Abs. 6 Nr. 7 BauGB gewährleistet – die dort gesondert erwähnten Belange des Naturschutzes und der Landschaftspflege in die Abwägung neben alle übrigen öffentlichen und privaten Belange eingestellt und berücksichtigt werden, sondern dass diese Belange einer **besonderen Aufbereitung** zugeführt werden. Die Gemeinde muss sich im konkreten Planungsfall mit den Einzelgeboten der Eingriffsregelung (Vermeidung, Ausgleich) zwingend und eigenständig auseinandersetzen. Das verlangt einerseits bei der Ermittlung und Bewertung der Belange **mehr Gründlichkeit**, etwa im Hinblick auf die Eingriffsqualität, die Vermeidbarkeit und die Ausgleichbarkeit,[195] andererseits sorgfältigere Arbeit bei der eigentlichen Abwägung, wenn es um die Entscheidung geht, ob und in welcher Weise den Belangen von Naturschutz und Landschaftspflege im Rahmen der planerischen Festsetzungen Rechnung getragen werden soll.[196] So verlangt etwa die Überwindung des Eingriffsvermeidungsgebots eine stärkere Rechtfertigung als die bloße Hinnahme des Eingriffs selbst. Das Ausgleichsgebot verlangt von der planenden Gemeinde, Ausgleichsmaßnahmen in Erwägung zu ziehen und wenn erforderlich, entsprechende Festsetzungen zu treffen. Auch diese Forderung bestand vor der Geltung des § 8a BNatSchG a.F. (jetzt § 18 BNatSchG) in dieser Konsequenz nicht. 188

Der **positive Effekt der Integration der Eingriffsregelung in die bauleitplanerische Abwägung** wirkt sich unter mehreren Aspekten **auf die UP** aus. Während die UP als primär verfahrensrechtliche Regelung keine besonderen Rechtsfolgen vorsieht, zielt die Eingriffsregelung wesentlich darauf ab, für nicht vermeidbare Eingriffe Ausgleichsmaßnahmen zu erzwingen. Dabei erweisen sich als besonders interessant die weitreichenden Möglichkeiten der Kompensation **außerhalb der Eingriffsgrundstücke** und deren Finanzierung durch die Vorhabenträger und/oder Eigentümer der begünstigten Grundstücke. Es lassen sich auf diese Weise Ausgleichsmaßnahmen zusammenfassen und damit – ganz im Sinne des integralen Prüfansatzes der UP – eine **gesamtkonzeptionelle Vorgehensweise** mit tendenziell höherer Umweltverträglichkeit sicherstellen.[197] Möglicherweise wird das Instrument der 189

192 Vgl. zu möglichen gemeindlichen Konzeptionen durch Ausgleich an anderer Stelle im Gemeindegebiet *Wagner/Mitschang* DVBl 1997, 1137, und *Mitschang* NuL 1997, 273.

193 Das BVerwG, DVBl 1997, 1112 (1121), sieht im städtebaulichen Vertrag ebenfalls ein zulässiges Mittel, den Ausgleich auch außerhalb des Gebiets eines Bebauungsplans zu realisieren.

194 Den Begriff wählt *Blume* NVwZ 1993, 941 (942).

195 Vgl. dazu ausführlich *Schink* NuR 1993, 365 (371 f.).

196 Zu den Rechtsfolgen der Eingriffsregelung in der bauleitplanerischen Abwägung *Steinfort* VerwArch 1994, 107 ff.

197 Vgl. *Steinfort* VerwArch 1994, 107 (111). Zu einem umfassenden bauleitplanerischen Kompensationskonzept unter Berücksichtigung auch des Artenschutzes *Mitschang/Wagner* DVBl 2010, 1457 (1463 f.).

Eingriffsregelung in der Bauleitplanung um die Variante einer Ersatzgeldzahlung als ultima ratio erweitert.

190 Ein weiterer Vorteil für die UP wird sich in der Planungspraxis auf der Ebene der Bebauungspläne aus den Anforderungen der Eingriffsregelung an **Größe und Abgrenzung des Plangebiets** ergeben. Die Gemeinde muss besonders darauf achten, dass das Plangebiet so zugeschnitten ist, dass eine Kompensation des Eingriffs nach Flächengröße, Menge und Güte der beeinträchtigten Naturbestände mit ihrem Wirkungsgefüge und ihren Wechselbeziehungen im Naturhaushalt möglich ist.[198] Ein trotz weitergehender Möglichkeiten bewusst kleiner Zuschnitt des Plangebiets zu dem Zweck, Ausgleichs- und Ersatzmaßnahmen unmöglich zu machen, wird regelmäßig einen Abwägungsfehler hervorrufen. Damit werden zugleich Spielräume für eine Alternativenprüfung, zumindest was den Ausgleich angeht, deutlich erhöht. Um dies zu garantieren und **vorzubereiten** bietet sich die **vorgelagerte Flächennutzungsplanung** an, die im Sinne einer vorausschauenden Bewirtschaftung des Gemeindegebiets geeignete Flächen für **potenzielle Ausgleichsmaßnahmen** darstellen kann.

191 Die partiell gleiche Schutzrichtung und gleiche Verortung im Planungsprozess legten für den Gesetzgeber nahe, sie gemeinschaftlich durchzuführen zu lassen, wobei die **Eingriffsregelung** als Konkretisierung des Natur- und Landschaftsschutzbelangs angesichts des weitergehenden, alle Umweltschutzgüter erfassenden Prüfungsumfangs der UP **Bestandteil der UP** werden muss, diese aber zugleich um die besondere Rechtsfolge der Ausgleichspflicht ergänzen kann. Eine solche Verfahrenssystematik liegt auch der Anlage 1 zum BauGB zugrunde: Gem. dortiger Nr. 2 lit. c sind bei der Beschreibung und Bewertung der Umweltauswirkungen geplante Maßnahmen zur Vermeidung, Verhinderung Verringerung und zum Ausgleich der nachteiligen Umweltauswirkungen zu beschreiben und zu erläutern. Diese Angaben gehören damit unmittelbar zu den entscheidungserheblichen Unterlagen für die UP selbst.[199]

192 Andererseits kann die Integration der Eingriffsregelung in die UP im Einzelfall auch dazu führen, dass die Belange von Natur und Landschaft wegen höherer Gewichtigkeit anderer Umweltbelange bereits in der umweltinternen Bewertung innerhalb der UP als nachrangig eingestuft werden[200] und damit mit geringerem Gewicht in die bauleitplanerische Abwägung nach § 1 Abs. 7 BauGB gelangen. Angesichts dieser Gefahr für die Ziele der Eingriffsregelung, die möglicherweise auch den (partiellen) gesetzgeberischen Intentionen zuwiderläuft, wurde verlangt,[201] dass innerhalb der UP die Belange des Naturschutzes und der Landschaftspflege im Sinne der Vorschriften der Eingriffsregelung in sich geschlossen, als eigenständiger Teil eines nach anderen Rechtsvorschriften vorgeschriebenen Verfahrens abgehandelt werden. Diese Auffassung, die offenkundig auf einen umweltinternen Streit über das Verhältnis von UP und Eingriffsregelung zurückging, ist abzulehnen; nur eine **unmittelbare Einbeziehung auch der Natur- und Landschaftsschutzbelange in die UP** wird dem gemeinschaftsrechtlich verbindlichen multimedialen, integrativen Prüfungsanspruch gerecht.

193 Allerdings darf die gemeinsame Durchführung **nicht** dazu verleiten, dass die **Eingriffsregelung** aufgrund des Ergebnisses der umweltinternen Bewertung **der nachfolgenden gesamtplanerischen Abwägung** von vornherein **entzogen** wird. Die bauleitplanerische Abwägung könnte nämlich bspw. aufgrund anderer Schwerpunktsetzung oder auch der Bevorzugung, gänzlich anderer Planungsalternativen, durchaus dazu führen, dass die Eingriffsregelung trotz anders lautender Empfehlungen im Umweltbericht am Ende des Abwägungsprozesses wiederauflebt. Indes machen die hier nach-

---

198 So zutreffend *Blume* NVwZ 1994, 973 (974).

199 Vgl. Mustereinführungserlass zum EAG 2004, Nr. 4.1.2.1, wonach die im Rahmen der naturschutzrechtlichen Eingriffsregelung erforderlichen Aussagen ohne Weiteres in den Umweltbericht integriert werden können, um Doppelungen zu vermeiden.

200 *Heidtmann* NuR 1993, 68 (75), der als Beispiel die Entscheidung über eine ortsnahe oder ortsferne Umgehungsstraße aus dem Gegensatz Lärmbeeinträchtigung der Wohnbevölkerung/Zerschneidungseffekt von freier Landschaft nennt.

201 *Heidtmann* ebd.

gezeichneten Probleme der Koexistenz von UP und Eingriffsregelung deutlich, dass in der Praxis der Bauleitplanung zwei Instrumente zusammentreffen, die ganz unterschiedlichen rechtlichen Ursprungs sind, auf unterschiedlichen methodischen Ansätzen beruhen und zudem beide ursprünglich nicht für die Bauleitplanung geschaffen wurden, sondern dem Grunde nach auf konkreten Vorhabenbezug gerichtet sind. Gleiches gilt für die nachfolgend beschriebene Verträglichkeitsprüfung nach der Fauna-Flora-Habitat-RL.

II. Verträglichkeitsprüfung nach der Fauna-Flora-Habitat-RL gem. § 1a Abs. 4 BauGB i.V.m. §§ 34, 36 BNatSchG

Ein weiteres, neben der Eingriffsregelung in die bauleitplanerische UP zu integrierendes Verfahren ist die Verträglichkeitsprüfung nach der Fauna-Flora-Habitat-RL.[202] Auch hier fungiert die **UP als Trägerverfahren.**[203] Diese sog. **FFH-Verträglichkeitsprüfung** hat ihren Ursprung in Art. 6 Abs. 3 und 4 der Fauna-Flora-Habitat-RL. Sie zielt auf den Schutz von nach der Richtlinie auszuweisenden Habitaten für Tiere und Pflanzen ab. Ihre Wirkung im Rahmen der Bauleitplanung entfaltet sie über die Regelung in § 1a Abs. 4 BauGB. § 1a Abs. 4 regelt das Verfahren aber nicht selbst, sondern nimmt andere Normen im BauGB und BNatSchG in Bezug. Durch die Rechtsprechung gestärkt kommt der Verträglichkeitsprüfung erhebliche Bedeutung im Rahmen von Planungsverfahren zu, insbesondere weil sie zu einem Planungsverbot führen kann.[204] § 1a Abs. 4 BauGB verweist zunächst auf § 1 Abs. 6 Nr. 7 lit. b BauGB und die dort erwähnten **Natura 2000-Gebiete** im Sinne des Bundesnaturschutzgesetzes. Soweit eines dieser Gebiete in seinen für die Erhaltungsziele oder den Schutzzweck maßgeblichen Bestandteilen **durch einen Bauleitplan erheblich beeinträchtigt** werden kann, sind gem. § 1a Abs. 4 BauGB die Vorschriften des BNatSchG über die Zulässigkeit und Durchführung von derartigen Eingriffen einschließlich der Stellungnahme der Kommission anzuwenden (FFH-Verträglichkeitsprüfung). § 1a BauGB bezieht damit das in den §§ 34 und 36 BNatSchG geregelte, seinerseits gemeinschaftsrechtlich vorgegebene Prüfverfahren, die Verträglichkeitsprüfung nach der Fauna-Flora-Habitat-RL, ergänzend (so § 1a Abs. 1 BauGB) in das Verfahren der Aufstellung eines Bauleitplans ein. Die **UP** fungiert hier **als Trägerverfahren** für die unselbstständige Verträglichkeitsprüfung. Gem. § 63 Abs. 2 Nr. 3 BNatSchG sind in einem derartigen Verfahren die anerkannten **Naturschutzvereinigungen** nicht nur im Rahmen der Öffentlichkeitsbeteiligung, sondern auch dadurch zu beteiligen, dass ihnen Gelegenheit zur Stellungnahme und zur Einsicht in die einschlägigen Sachverständigengutachten gegeben wird. 194

Die in § 1 Abs. 6 Nr. 7 lit. b BauGB in Bezug genommenen Gebiete bilden ein **europaweites Biotopverbundsystem** mit dem Namen »Natura 2000«. Zur Bildung des Verbundes sehen die §§ 31 ff. BNatSchG Schutzgebietsausweisungen der Länder vor, die in einem besonderen **Meldeverfahren** vom Bundesumweltministerium der **Europäischen Kommission** zu benennen sind. Bei der Ausweisung und Meldung sind insbesondere der Schutzzweck und die Erhaltungsziele der Gebiete festzulegen. Der Aufbau des Netzes ist in Deutschland nahezu abgeschlossen. Nunmehr geht es um den Schutz dieser Gebiete vor erheblichen Beeinträchtigungen durch konfligierende Vorhaben oder Planungen. Geht die durch Art. 6 Abs. 3 und 4 FFH-RL gebotene Verträglichkeitsprüfung negativ aus, führt dies – zunächst – zu einem Planungsverbot. Allerdings kann dieses Planungsverbot im Rahmen einer besonderen naturschutzfachlichen Abwägung überwunden werden. 195

Die Durchführung der **FFH-Verträglichkeitsprüfung im Bauleitplanverfahren**[205] richtet sich – vermittelt über § 1a Abs. 4 BauGB – nach den §§ 34 und 36 BNatSchG und hat durch die planende Gemeinde zu erfolgen. Während § 34 BNatSchG das eigentliche Prüfverfahren zunächst für Projekte 196

202 Zur Abgrenzung der Verträglichkeitsprüfung von der Eingriffsregelung *Mitschang/Wagner* DVBl 2010, 1257 (1259).

203 Mustereinführungserlass zum EAG 2004, Nr. 2.5, und *Krämer*, in: Mitschang, S. 1, 17.

204 Allgemein zu den Anforderungen der Rechtsprechung an die FFH-Verträglichkeitsprüfung *Storost* DVBl 2009, 673 ff.

205 Zum Nachfolgenden *Mitschang/Wagner* DVBl 2010, 1257 ff.

regelt, erstreckt § 36 BNatSchG die Geltung des Verfahrens dann entsprechend auch auf Bauleitpläne. Zum Prüfverfahren besagt § 34 Abs. 2 BNatSchG: »Ergibt die Prüfung der Verträglichkeit, dass das Projekt zu erheblichen Beeinträchtigungen des Gebiets in seinen für die Erhaltungsziele oder den Schutzzweck maßgeblichen Bestandteilen führen kann, ist es unzulässig.« Erfasst werden über diese Verweisungskette damit Bauleitpläne, die die Erhaltungsziele oder den Schutzzweck maßgeblicher Bestandteile der Gebiete des Biotopverbundsystems deshalb erheblich beeinträchtigen können, weil sie sich **auf die Flächen** des Schutzgebietssystems entweder direkt erstrecken sollen oder weil sie zumindest erhebliche **Auswirkungen** auf die Flächen entfalten können.[206]

197 Ausgangspunkt der durch die Gemeinde vorzunehmenden Prüfung, ob es durch die Planung zu erheblichen Beeinträchtigungen kommen kann, sind gem. § 34 Abs. 1 Satz 1 und Abs. 2 BNatSchG die jeweiligen **Erhaltungsziele** des betroffenen Schutzgebiets sowie sein **Schutzzweck**. Nach der Rechtsprechung ist Kern des Prüfverfahrens die Einholung fachlichen Rats der Wissenschaft bei einer Risikoanalyse, -prognose und -bewertung.[207] Zweifel gehen zulasten der Gemeinde, welche sie aber durch Nachweis eines Risikomanagements ausräumen kann. Grundsätzlich wird jede Beeinträchtigung von Erhaltungszielen als erheblich i.S.v. § 34 Abs. 2 BNatSchG angesehen. Schutzvorkehrungen können aber dazu führen, dass diese Schwelle erst gar nicht überschritten wird. Kommt die nach diesen Grundsätzen durchgeführte FFH-Verträglichkeitsprüfung in einem ersten Schritt zu dem Ergebnis, dass eine erhebliche Beeinträchtigung droht, führt dies zunächst zu dem eingangs erwähnten Planungsverbot.

198 In einem nächsten Schritt zur Überwindung des Planungsverbots bedarf es nun einer **Abweichungsprüfung**, die ihrem Wesen nach eine naturschutzfachliche Abwägung mit öffentlichen Belangen darstellt. Diese Abweichungsprüfung, die im Einzelnen in § 34 Abs. 3 bzw. 4 BNatSchG geregelt ist, unterscheidet zwischen einem einfachen (Abs. 3) und einem in seinen Anforderungen verschärften, qualifizierten Verfahren, sofern prioritäre Lebensraumtypen und Arten beeinträchtigt werden können (Abs. 4). Ggf. ist im qualifizierten Verfahren zusätzlich die Stellungnahme der EU-Kommission einzuholen.

199 Soll als Ergebnis der Abwägung die Planung realisiert werden, hat in einem letzten Schritt eine **Kohärenzprüfung** nach § 34 Abs. 5 BNatSchG zu erfolgen, in deren Ergebnis Ausgleichsmaßnahmen vorzusehen sind, die der Vernetzung und Erhaltung von Funktionen und Austauschbeziehungen im Biotopverbundsystem Natura 2000 dienen.

200 Gem. § 1a Abs. 4 BauGB i.V.m. § 2 Abs. 4 Satz 1 HS 1 BauGB ist die Verträglichkeitsprüfung **im Rahmen der bauleitplanerischen UP** durchzuführen. Die festgelegten Erhaltungsziele und der Schutzzweck der Natura 2000-Gebiete fungieren als rechtlicher Maßstab. Die hohen Anforderungen der Rechtsprechung an die Ermittlung, Beschreibung und Bewertung der Auswirkungen der Planung auf die Schutzgebiete entfalten daher auch für die Durchführung dieser Verfahrensschritte innerhalb der bauleitplanerischen UP Wirkung, sie müssen ihren Niederschlag im Umweltbericht finden. Ebenso muss der Umweltbericht die wesentlichen Elemente der Abweichungsprüfung sowie der Kohärenzprüfung aufzeigen. Es empfiehlt sich daher, dass der **Umweltbericht eine gesonderte Passage** zur Durchführung der im Bauleitplanverfahren gebotenen **FFH-Verträglichkeitsprüfung** enthält.

201 Bauleitplanerische UP, Eingriffsregelung und Verträglichkeitsprüfung nach der Fauna-Flora-Habitat-RL werden daher zur Vermeidung mehrfachen Aufwandes **gemeinschaftlich im Rahmen des bauleitplanerischen Abwägungsverfahrens** durchgeführt. Während die UP als Trägerverfahren aber im Anschluss an die umweltinterne Bewertung keine gesonderten Rechtsfolgen anordnet, fallen Eingriffsregelung und Verträglichkeitsprüfung mit zusätzlichen **Anordnungen von Rechtsfolgen** aus der bekannten Systematik der UP heraus. Dabei unterliegt die **Ausgleichspflicht** für Eingriffe der

206 Zu der Erfassung von Fernwirkungen EuGH, NuR 2006, 166 Rn. 51, 83.
207 BVerwGE 128, 1, LS 8–10.

Bauleitplanung in Natur und Landschaft der **Abwägung nach § 1 Abs. 7 BauGB**, während eine **negative Verträglichkeitsprüfung** in Bezug auf den Schutzzweck und die Erhaltungsziele des europäischen Biotopverbundsystems zu einem unüberwindbaren rechtlichen **Hindernis** für die Bauleitplanung werden kann.

III. Vorgezogene Prüfung von artenschutzrechtlichen Minderungsmaßnahmen gem. § 249c BauGB

Seit dem Jahr 2025 gibt es zudem die Sonderregelung des § 249c BauGB, welche der UP in der Flächennutzungsplanung für Windenergieanlagen zusätzlich die Prüfung von artenschutzrechtlichen Minderungsmaßnahmen zuweist. Die Regelung des § 249c BauGB wurde nachträglich in Ergänzung der Vorschriften zur Windenergieplanung in § 249 BauGB geschaffen, um innerhalb der Windgebiete die nach europäischem Recht auszuweisenden **Beschleunigungsgebiete zu ermöglichen**. Das BauGB setzt damit Vorgaben der gemeinschaftsrechtlichen RED III-RL um.[208] Auf die UP im Flächennutzungsplanverfahren kommt damit bei der Windplanung eine neue Aufgabe zu, welche sie nochmals anspruchsvoller machen wird. 202

Die Europäische Union verfolgt mit der RED III-RL das Konzept, einerseits die Zulassung erneuerbarer Energien in den Mitgliedstaaten durch früh mit dem Artenschutz abgewogene planerische Entscheidungen zu beschleunigen, anderseits aber den von der FFH-RL intendierten **Schutz seltener Arten nicht zu unterlaufen**. Hierzu schreibt sie zunächst die **Ausklammerung bestimmter nach europäischem Recht geschützter Gebiete** sowie anschließend die Anreicherung der strategischen Umweltprüfung in den verbliebenen für erneuerbare Energien nutzbaren Gebieten um die Prüfung artenschutzrechtlicher Fragen vor, allerdings auf einem planerischen Niveau. Werden in diesem Verfahren bestimmte Gebiete als Beschleunigungsgebiete vorgesehen und der Artenschutz im Rahmen der strategischen Umweltprüfung dort frühzeitig geprüft, bedarf es nach der RED III-RL bei der **nachfolgenden Zulassung** von Anlagen für erneuerbare Energien in dieser Gebieten **keiner nochmaligen intensiven Überprüfung** dieser Fragen. 203

Die Gebiete, für die diese artenschutzrechtliche Prüfung erfolgt ist, werden in der Terminologie der RED III-RL zu sog. Beschleunigungsgebieten. Geregelt ist dies im Detail in Art. 15c Abs. 1 der RED III-RL (nachfolgend verkürzt): »(1) Bis zum 21. Februar 2026 sorgen die Mitgliedstaaten dafür, dass die zuständigen Behörden einen oder mehrere Pläne verabschieden, mit denen sie als Untergruppe der in Art. 15b Abs. 1 genannten Gebiete für eine oder mehrere Arten erneuerbarer Energiequellen Beschleunigungsgebiete für erneuerbare Energie ausweisen. Die zuständigen Behörden müssen in diesen Plänen a) ausreichend homogene Land-, Binnengewässer- und Meeresgebiete ausweisen, in denen in Anbetracht der Besonderheiten des ausgewählten Gebiets die Nutzung einer bestimmten Art oder bestimmter Arten erneuerbarer Energie voraussichtlich keine erheblichen Umweltauswirkungen hat ,… b) für die Beschleunigungsgebiete für erneuerbare Energie geeignete Regeln für wirksame Minderungsmaßnahmen festlegen, die bei der Errichtung von Anlagen zur Erzeugung erneuerbarer Energie und von Energiespeichern am selben Standort sowie der für den Anschluss solcher Anlagen und Speicher an das Netz erforderlichen Anlagen, zu ergreifen sind, um mögliche negative Umweltauswirkungen zu vermeiden oder, falls dies nicht möglich ist, gegebenenfalls erheblich zu verringern, … .« Art. 15c Abs. 2 regelt zum Verfahren, dass diese Prüfung im Rahmen der strategischen Umweltprüfung zu erfolgen hat: »(2) Die Pläne zur Ausweisung von Beschleunigungsgebieten für erneuerbare Energie werden **vor ihrer Annahme einer Umweltprüfung gemäß der Richtlinie 2001/42/EG des Europäischen Parlaments und des Rates** unterzogen, und, sofern sie voraussichtlich erhebliche Auswirkungen auf Natura-2000-Gebiete haben, der Prüfung gemäß Art. 6 Abs. 3 der Richtlinie 92/43/EWG.« 204

208 Richtlinie 2023/2413 vom 18. Oktober 2023 zur Änderung der Richtlinie (EU) 2018/2001, der Verordnung (EU) 2018/1999 und der Richtlinie 98/70/EG im Hinblick auf die Förderung von Energie aus erneuerbaren Quellen und zur Aufhebung der Richtlinie (EU) 2015/652 des Rates, ABl. L vom 31.10.2023 ELI.

205 Das nationale Recht greift mit § 249c BauGB diese gemeinschaftsrechtliche Vorgabe zunächst nur für die **Ausweisung von Windenergiegebieten** auf, weil der Windenergie im Vergleich zu anderen erneuerbaren Energien eine besondere Bedeutung beigemessen wird. Dabei belässt er den planenden Stellen keinen Abwägungsspielraum: Windenergiegebiete sind danach zwingend als Beschleunigungsgebiete auszuweisen; hierbei sind bestimmte Gebietstypen, insbesondere solche, die dem Schutz der FFH-RL unterliegen, allerdings ausgeschlossen. Bei der Darstellung dieser Beschleunigungsgebiete sind gem. der Vorgabe der RED III-RL Regeln für Minderungsmaßnahmen darzustellen. Hilfestellung gibt die neu geschaffene **Anlage 3 des BauGB**; hieraus können die Regeln für Minderungsmaßnahmen abgeleitet werden, auf die dann im nachfolgenden Zulassungsverfahren für die Errichtung und den Betrieb von Windenergieanlagen und ihre Netzanschlüsse zur Entlastung der dortigen Prüfungen zurückgegriffen werden kann. Weitere erneuerbare Energieträger und Speicher erneuerbarer Energien sollen künftig möglicherweise in vergleichbarer Weise erfasst werden.

206 § 249c BauGB sieht als Vorgabe an die planenden Kommunen die **zwingende Ausweisung** von Windenergiegebieten zugleich als **Beschleunigungsgebiete** vor, sofern nicht mit Blick auf den Artenschutz besonders schützenswerte Bereiche vorab ausgeklammert werden (nachfolgend verkürzt):

»(1) Werden im Flächennutzungsplan Windenergiegebiete... dargestellt, sind diese vorbehaltlich des Absatzes 2 zugleich als Beschleunigungsgebiete für die Windenergie an Land darzustellen.

(2) Soweit das Windenergiegebiet in einem der folgenden Gebiete liegt, ist die Darstellung als Beschleunigungsgebiet ausgeschlossen:

1. Natura 2000-Gebiete, Naturschutzgebiete, Nationalparke oder Kern- und Pflegezonen von Biosphärenreservaten nach dem Bundesnaturschutzgesetz oder

2. Gebiete mit landesweit bedeutendem Vorkommen mindestens einer durch den Ausbau der Windenergie betroffenen europäischen Vogelart … ; diese Gebiete können auf der Grundlage von vorhandenen Daten zu bekannten Artvorkommen oder zu besonders geeigneten Lebensräumen ermittelt werden. …

(3) Bei der Darstellung der Beschleunigungsgebiete sind geeignete Regeln für wirksame Minderungsmaßnahmen für die Errichtung und den Betrieb von Anlagen und ihrem Netzanschluss darzustellen, um in der Umweltprüfung nach § 2 Abs. 4 ermittelte mögliche negative Umweltauswirkungen zu vermeiden oder, falls dies nicht möglich ist, erheblich zu verringern. …«

207 Mit dieser Neuerung unterstreicht das Gemeinschaftsrecht die Bedeutung der strategischen Umweltprüfung (und der Planung insgesamt) mit dem Ziel, die nachfolgenden Verfahren auf der Zulassungsebene zu entschlacken. Damit steht es offenkundig im **Gegensatz zu den Beschleunigungsbemühungen auf nationaler Ebene**, die den Ansatz verfolgen, Planungsverfahren zu streichen oder großzügige Abweichungen von bestehenden Plänen im Zulassungsverfahren zuzulassen.[209]

G. Überleitungsrecht

208 Das Überleitungsrecht für die UP-Pflicht für neue Bauleitpläne wird durch **Art. 13 SUP-RL** und die dort vorgesehenen **Umsetzungspflichten für die Mitgliedstaaten** gesteuert. Innerstaatlich ist zunächst § 244 Abs. 1–3 BauGB maßgeblich, der sich auf die Umsetzungsverpflichtung der Vorgaben des EAG 2004 zur Integration der UP in die Bauleitplanverfahren bezieht. Für die mit der BauGB-Novelle 2017 vorgenommenen Ergänzungen der UP gilt § 245c Abs. 1 BauGB.

209 Art. 13 Abs. 1 SUP-RL hatte die Mitgliedstaaten zu ihrer Umsetzung bis vor dem 21.07.2004 verpflichtet; der 20.07.2004 war daher auch der Stichtag für die erstmalige Geltung der UP im Bauplanungsrecht. Dies folgt aus Art. 13 Abs. 3 Satz 1 SUP-RL, wonach ab diesem Tag für all die Programme und Pläne die Verpflichtung zur UP aus Art. 4 Abs. 1 der RL entstand, deren erster

209 Siehe dazu nachfolgend Rdn. 236 ff.

förmlicher Vorbereitungsakt erst danach eintrat. Art. 13 Abs. 3 Satz 2 SUP-RL sah eine weitere Frist von 24 Monaten bis zum 21.06.2006 vor, nach deren Überschreiten auch Programme und Pläne, die noch vor dem 21.04.2004 förmlich eingeleitet worden waren, der UP-Pflicht der RL unterlagen. D.h. umgekehrt, dass nur solche Programme und Pläne **nicht der UP-Pflicht** unterlagen, die bereits vor dem 21.07.2004 förmlich eingeleitet und auch **vor dem 21.07.2006 abgeschlossen** waren.

Diesen **gemeinschaftsrechtlichen Vorgaben entspricht § 244 Abs. 1–3 BauGB.** Daher waren gem. Abs. 1 Bauleitplanverfahren, die nach dem 20.06.2004 förmlich eingeleitet worden sind oder die erst nach dem 20.07 2006 abgeschlossen wurden, nach den Vorschriften des BauGB und damit mit bauleitplanerischer UP durchzuführen. 210

Nach Abs. 2 Satz 1 waren allerdings sog. **vorhabenbezogene Bebauungsplanverfahren**, die schon in der Zeit vor dem 14.03.1999 bis zum 20.07.2004 förmlich eingeleitet und auch noch vor dem 20.07.2006 abgeschlossen worden waren, ohne Verpflichtung zur bauleitplanerischer UP durchzuführen, sondern gem. den **früheren Vorschriften zur UVP**. Ggf. war daher damals zunächst eine Vorprüfung des Einzelfalls durchzuführen, um festzustellen, ob eine UVP-Pflicht für den Bebauungsplan vorlag. Allerdings stand es den Gemeinden nach Satz 2 frei, im laufenden Verfahren auf das neue Recht mit UP umzuschwenken. 211

§ 244 Abs. 3 BauGB regelt schließlich die Geltung der besonderen Anforderungen an die Gemeinde zur **Überwachung** der erheblichen Umweltauswirkungen der Planung nach § 4c BauGB sowie die diese Überwachungspflicht ergänzende nachträgliche Informationspflicht der beteiligten Behörden nach § 4 Abs. 3 BauGB. Diese Pflichten treten nur dann ein, wenn auch **bereits die Bauleitplanverfahren mit integrierter UP** durchgeführt worden sind. 212

§ 245c Abs. 1 BauGB gibt vor, dass Bauleitplanverfahren, die förmlich vor dem 13.05.2017 eingeleitet worden sind, nur dann nach davor geltenden Rechtsvorschriften, also **ohne die Ergänzungen an die UP durch die BauGB-Novelle 2017**, abgeschlossen werden dürfen, wenn die Beteiligung der Behörden und der sonstigen Träger öffentlicher Belange nach § 4 Abs. 1 Satz 1 oder nach sonstigen Vorschriften dieses Gesetzes vor dem 16.05.2017 eingeleitet worden ist.[210] 213

H. Absehen von der bauleitplanerischen UP

Eingangs wurde dargelegt, dass die Integration der UP durch das EAG in alle Bauleitplanverfahren im Jahr 2004 als gemeinschaftsrechtlich dirigierte Innovation gewürdigt wurde, um die Bauleitplanung in Deutschland um bislang vernachlässigte Umweltaspekte anzureichern. Aufgrund der ebenfalls dargelegten Kritik sah sich der **Gesetzgeber** des Baugesetzbuchs aber offenbar gezwungen, von der **Ausnahmeregelung des Art. 3 Abs. 3 SUP-RL** für Pläne zunehmend **Gebrauch** zu machen, bis ihm im Jahr 2023 das BVerwG mit Bezugnahme auf das Gemeinschaftsrecht für zu weitgehende Ausnahmeregelungen einen Riegel vorschob. Die Ausnahmevorschrift eröffnet für die Mitgliedstaaten zwar die Möglichkeit, in Bagatellfällen von einer UP für die von Art. 3 Abs. 2 SUP-RL erfassten Pläne, dies sind auch **Pläne der Bodennutzung** und damit Bauleitplanverfahren, abzusehen. So sollen Pläne und Programme, die die **Nutzung kleiner Gebiete auf lokaler Ebene** festlegen, sowie geringfügige Änderungen der Pläne nur dann einer Umweltprüfung unterliegen, wenn die Mitgliedstaaten bestimmen, dass sie voraussichtlich erhebliche Umweltauswirkungen haben. Nach Abs. 5 bestimmen die Mitgliedstaaten entweder durch Einzelfallprüfung oder durch Festlegung von Arten von Plänen oder durch eine Kombination dieser beiden Ansätze, ob die Pläne zur Bodennutzung voraussichtlich erhebliche Umweltauswirkungen haben. Bei der Festlegung dieser Bagatellgrenze sind aber die Kriterien des Anh. II der SUP-RL zugrunde zu legen. Diese erwähnen Merkmale der Pläne und Programme, insbesondere in Bezug »... auf die ... relevanten Umweltprobleme ... und die Merkmale der Auswirkungen und der voraussichtlich betroffenen Gebiete, insbesondere in Bezug auf die Wahrscheinlichkeit, Dauer, Häufigkeit und Umkehrbarkeit der Auswirkungen ...«. 214

210 Vgl. hierzu den Mustereinführungserlass zur BauGB-Novelle 2017, S. 21.

215 Die Befreiungen von der UP-Pflicht durch den Gesetzgeber erfolgten sukzessive. 2004 mit dem EAG waren zunächst Änderungen von Bauleitplänen und einfache baurechtsbegründende Satzungsverfahren nach § 34 Abs. 4 BauGB und § 35 Abs. 6 BauGB aus dem Anwendungsbereich der bauleitplanerischen UP ausgenommen worden. Auch das **vereinfachte Verfahren des § 13 BauGB** wurde damals neu und gemeinschaftsrechtskonform ausgerichtet. Mit der Novelle 2007 wurde zusätzlich auch für Bebauungspläne der Innenentwicklung in **§ 13a BauGB das beschleunigte Verfahren** eingeführt. Mit einem weniger formalen Verfahren zur Innenentwicklung sollte dem fortschreitenden Flächenverbrauch im Außenbereich in Deutschland entgegengewirkt werden. Dieses beschleunigte Verfahren etablierte sich bei den Gemeinden schnell als Regelverfahren für Innenbereichsbebauungspläne, so dass es im Jahr 2013 zu einer Überprüfung durch den EuGH kam. Dieser beanstandete die mit dem Schutz des Außenbereichs begründete rechtspolitische Befreiung der Bebauungspläne der Innenentwicklung von der UP-Pflicht nicht. Er erklärte jedoch die damit einhergehende Fehlerfolgenregelung des deutschen Gesetzgebers mit dem Gemeinschaftsrecht für unvereinbar:[211] »…, dass er einer nationalen Regelung entgegensteht, nach der ein Verstoß … für die Rechtswirksamkeit dieses Plans unbeachtlich ist.« Dann begrenzte jedoch das BVerwG im Jahr 2015 die Anwendbarkeit des Bebauungsplans der Innenentwicklung,[212] indem es eine großzügige planerische, von der Literatur argumentativ allerdings auch flankierte Praxis[213] der Einbeziehung von Außenbereichsflächen untersagte, »die jenseits der äußeren Grenzen eines Siedlungsbereichs liegen.«

216 Kurze Zeit später im Jahr 2016 legte der EuGH Art. 3 Abs. 3 SUP-RL scheinbar großzügig wie folgt aus:[214] »Der Plan oder das Programm ist von einer lokalen Behörde im Gegensatz zu einer regionalen oder nationalen Behörde ausgearbeitet und/oder erlassen worden, und das fragliche Gebiet innerhalb des räumlichen Zuständigkeitsgebiets der lokalen Behörde weist **im Verhältnis zu diesem Zuständigkeitsgebiet nur eine geringe Größe** auf.« In diesem Zusammenhang beanstandete der EuGH die Freistellung einer Außenbereichsfläche von 40 ha von der UP-Pflicht durch den italienischen Staat nicht. Dies bewog wiederum den deutschen Gesetzgeber im Jahr 2017 dazu, die vom BVerwG zuvor untersagte Einbeziehung von jenseits des Siedlungsbereichs angrenzenden Außenbereichsflächen per gesetzlicher Ausnahmeregelung zeitlich befristet mit **§ 13b BauGB** in das **beschleunigte Verfahren** des § 13a BauGB aufzunehmen. Anlass und Begründung war ein gestiegener Bedarf an Wohnraum. Die von der UP-Pflicht befreite Außenbereichsfläche wurde auf 10.000 qm Grundfläche begrenzt. Das BVerwG erklärte die Vorschrift des § 13b BauGB in einem Urteil aus dem Jahr 2023 mit Bezugnahme auf Art. 3 Abs. 1 und 5 SUP-RL aber als mit dem Unionsrecht unvereinbar.[215] Dies war für den Gesetzgeber misslich, weil zahlreiche Kommunen gestützt auf diese Vorschrift Bebauungsplanverfahren für den Außenbereich ohne UP durchgeführt hatten und der Gesetzgeber sich nun gezwungen sah, § 13b BauGB aufzuheben sowie eine unionsrechtskonforme Heilungsvorschrift in § 215a BauGB einzufügen. Es ging darum, zumindest solche Bebauungspläne nach § 13b BauGB zu heilen, die ersichtlich keine erhebliche Umweltauswirkungen erwarten ließen.

217 Die aktuellen Befreiungstatbestände von der UP sind zudem durch mehrfache Verweise und Bezugnahmen eng ineinander verwoben. Sie knüpfen an unterschiedliche Arten von Plänen und Satzungsverfahren an und sie gelten unterschiedlich für Änderungen und Ergänzungen sowohl von Flächennutzungsplänen als auch von Bebauungsplänen oder nur für die Aufstellung von Bebauungsplänen, in einem Sonderfall auch nur für die Aufhebung eines Vorhaben- und Erschließungsplans. Diese Regelungen sind damit schwer zu fassen, vielleicht auch, um von der Vielzahl der Bagatellregelungen abzulenken. Es lassen sich jedoch wesentliche **Merkmale** herausfiltern, die Voraussetzung für ein

211 EuGH, Urt. v. 18.04.2013 – C 463/11, DVBl 2013, 777 (Leitsatz).
212 BVerwG, Urt. v. 04.11.2015 – 4 CN 9.14, NVwZ 2016, 864 (Leitsatz).
213 *Schröer* in der Anmerkung zu BVerwG, Urt. v. 04.11.2015 – 4 CN 9.14, NVwZ 2016, 864, 868 m.w.N.
214 EuGH, Urt. v. 21.12.2016 – C-444/15, DVBl 2017, 836 (Leitsatz).
215 BVerwG, Urt. v. 18.07.2023 – 4 CN 3.22 (Leitsatz).

Absehen von der UP sind und mit denen der Gesetzgeber eine **konforme Anwendung des Unionsrechts** gewährleisten will:
- Für Pläne und Satzungen, welche die Zulässigkeiten von Vorhaben vorbereiten oder begründen, die einer Pflicht zur Durchführung einer Umweltverträglichkeitsprüfung der Anlage 1 zum Gesetz über die Umweltverträglichkeitsprüfung oder nach Landesrecht unterliegen, besteht ausnahmslos die UP-Pflicht nach § 2 Abs. 4 BauGB.
- Ebenso unterliegen Pläne und Satzungen einer UP-Pflicht nach § 2 Abs. 4 BauGB, bei denen Anhaltspunkte für eine Beeinträchtigung der in § 1 Abs. 6 Nr. 7b BauGB genannten Schutzgüter, also insbesondere der Natura 2000-Gebiete, bestehen.
- Zudem unterliegen Pläne und Satzungen einer UP-Pflicht nach § 2 Abs. 4 BauGB, bei denen Anhaltspunkte dafür bestehen, dass bei der Planung Pflichten zur Vermeidung oder Begrenzung der Auswirkungen von schweren Unfällen nach § 50 Satz 1 BImSchG zu beachten sind.
- Schließlich sind gem. § 214 Abs. 1 Satz 1 Nr. 2 Fehler bei der Anwendung der Vorschriften über die Öffentlichkeits- und Behördenbeteiligung beachtlich.

I. Vereinfachte Bauleitplanverfahren (§ 13 BauGB) und Satzungsverfahren (§ 34 Abs. 4 und § 35 Abs. 6 BauGB)

Für die **Änderung oder Ergänzung** eines **Bauleitplans** (also Flächennutzungs- und Bebauungsplan) 218
erlaubt § 13 BauGB den Gemeinden ein sog. »vereinfachtes« Verfahren, sofern hierdurch **nicht die Grundzüge der Planung berührt** werden. Der deutsche Gesetzgeber nimmt für dieses einfache Verfahren die **Befreiungsmöglichkeit** des **Art. 3 Abs. 3 SUP-RL** in der von Art. 3 Abs. 5 UVP-RL vorgegebenen Alternative »durch Festlegung von Arten von Plänen« in Anspruch und trifft unter Anwendung von Anh. II SUP-RL die Annahme, dass derartige Änderungen oder Ergänzungen eines Bebauungsplans dann keine erheblichen Umweltauswirkungen haben, wenn die Grundzüge der Planung nicht berührt werden.[216] Im Einzelfall dürfen daher weder Vorhaben erfasst werden, für die eine UVP-Pflicht nach Anlage 1 des UVPG oder nach Landesrecht besteht, noch dürfen Anhaltspunkte dafür bestehen, dass durch die Planung eine Beeinträchtigung der in § 1 Abs. 6 Nr. 7 lit. b BauGB genannten Schutzgüter (der Natura 2000-Gebiete) gegeben sein kann oder Pflichten zur Vermeidung oder Begrenzung der Auswirkungen von schweren Unfällen nach § 50 Satz 1 BImSchG bestehen. Diese Ausnahmeregelung wird erweitert auf die **Aufstellung** eines **Bebauungsplans**, wenn durch ihn der **Zulässigkeitsmaßstab nach § 34 BauGB** nicht verändert wird oder er nur Festsetzungen nach § 9 Abs. 2a BauGB enthält. Der Gesetzgeber sieht aufgrund der § 34 BauGB (mit dessen bereits baurechtsbegründenden Wirkung) lediglich ergänzenden Pläne keine Anhaltspunkte, dass sie voraussichtlich zusätzliche erhebliche Umweltauswirkungen im Sinne der SUP-RL haben werden.

Abs. 2 erlaubt in diesen Fällen ein **Absehen** von der ersten Phase der **frühzeitigen Öffentlichkeitsbeteiligung** nach § 3 Abs. 1 BauGB und auch von der Auslegung nach § 3 Abs. 2 BauGB – alternativ ist der betroffenen Öffentlichkeit Gelegenheit zur Stellungnahme zu geben. Gleiches gilt für die Behördenbeteiligung, bei der ebenfalls auf die erste Phase verzichtet werden und in der zweiten Phase anstelle der förmlichen Beteiligung nach § 4 Abs. 2 BauGB eine Gelegenheit zur Stellungnahme ausreichend sein kann. Abs. 3 stellt für diese Verfahrensart ergänzend klar, dass von der **UP**, dem **Umweltbericht** und weiteren Hinweisen auf umweltbezogene Informationen **abgesehen** werden darf, wenn hierauf im Beteiligungsverfahren hingewiesen wird. Eine Entwertung der Öffentlichkeits- und Behördenbeteiligung der UP erfolgt nicht, weil allein geringfügige Änderungen, also solche, die die planerische Grundkonzeption nicht tangieren, den Verzicht auf die förmliche, zweigestufte Beteiligung ermöglichen. 219

Das BauGB kennt neben den Bebauungsplanverfahren auch einfache **baurechtsbegründende Satzungsverfahren**. Auch für den Erlass dieser Satzungen wird von der von Art. 3 Abs. 5 UVP-RL 220

216 Ebenso, wenn auch grundsätzlich kritisch *Schubert* NuR 2005, 369 (372).

vorgegebenen Alternative »durch Festlegung von Arten von Plänen« Gebrauch gemacht. Im Einzelnen handelt es sich um die Entwicklungssatzung des § 34 Abs. 4 Satz 1 Nr. 2 BauGB und um die Ergänzungssatzung nach Nr. 3 BauGB sowie um die Außenbereichssatzung nach § 35 Abs. 6 Satz 4 BauGB. Während die beiden Satzungen nach § 34 Abs. 4 BauGB Baurechte begründen, erleichtert die Satzung nach § 35 Abs. 6 BauGB die Erteilung einer Baugenehmigung im Außenbereich. Wesentliche Voraussetzung ist, dass die Satzungen mit einer geordneten städtebaulichen Entwicklung vereinbar sind. Diesen Satzungen ist nach § 34 Abs. 5 Satz 1 Nr. 2 und 3 BauGB bzw. 35 Abs. 6 Satz 4 Nr. 2 und 3 BauGB gemeinsam, dass sie unter identischen Verfahrensvoraussetzungen, die auch für das vereinfachte Verfahren in § 13 Abs. 1 Nr. 1 und 2 BauGB festgelegt sind, erlassen werden dürfen. Dies wird jeweils durch eine direkte Bezugnahme auf die in § 13 Abs. 2 BauGB gesondert geregelten vereinfachten Beteiligungsvorschriften deutlich.

II. Beschleunigte Bebauungsplanverfahren zur Innenentwicklung (§ 13a BauGB)

221 Um die bauliche Tätigkeit vom Außenbereich in den Innenbereich umzusteuern, schuf der Gesetzgeber in Ergänzung zum »vereinfachten« Verfahren des § 13 BauGB zusätzlich das »beschleunigte« Verfahren nach § 13a BauGB. Für die **Aufstellung von Bebauungsplänen** zur Innenentwicklung, die einen bestimmten Umfang nicht überschreiten bzw. im Rahmen einer Vorprüfung keine erheblichen Umweltauswirkungen erwarten lassen, entfällt nach **§ 13a BauGB** die UP-Pflicht ebenfalls.[217] Für das Absehen von der UP nimmt er der **Befreiungsmöglichkeit** des **Art. 3 Abs. 3 SUP-RL** in den beiden durch Art. 3 Abs. 5 UVP-RL eröffneten Alternativen sowohl »durch Festlegung von Arten von Plänen« als bei der erweiterten Variante zusätzlich auch in Kombination mit einer »Einzelfallprüfung« in Anspruch. Rechtspolitischer Ansatz ist der Schutz des Außenbereichs, der durch die Umsteuerung der kommunalen Planung auf die Innenentwicklung erreicht werden soll. Bezogen auf den Einzelfall besteht des Weiteren die Vermutung, dass negative Umweltauswirkungen bei der Nutzung kleinerer Flächen zur Innenentwicklung aufgrund der ohnehin bestehenden Vorbelastungen und Vorprägungen kaum bzw. nur in geringem Umfang zu erwarten sind.[218] EuGH und BVerwG tragen diesen Ansatz des deutschen Gesetzgebers, vorrangig den Innenbereich für eine weitere Bebauung zu nutzen und dafür die Kommunen von der Durchführung einer UP zu befreien, in ihren bisherigen Urteilen mit.[219] Bei Unterschreiten einer Fläche von bis zu 20.000 qm Grundfläche (»kleiner Plan« der Innenentwicklung)[220] geht der Gesetzgeber daher davon aus, dass erhebliche Umweltauswirkungen per se nicht eintreten. Bei größeren Grundflächen zwischen 20.000 und bis zu 70.000 qm (»großer Plan« der Innenentwicklung) ist dagegen durch eine überschlägige Prüfung (»Vorprüfung des Einzelfalls«) unter Berücksichtigung der **Anlage 2 des BauGB** von der Gemeinde abzuschätzen, dass der Bebauungsplan voraussichtlich keine erheblichen Umweltauswirkungen hat. Die Vereinbarkeit mit den weiteren Vorgaben der UVP-RL und SUP-RL soll zudem dadurch gewährleistet werden, dass das beschleunigte Verfahren gem. § 13a Abs. 1 Satz 4 BauGB nur zur planungsrechtlichen Zulassung von Vorhaben eingesetzt werden darf, die keiner UVP-Pflicht nach dem UVPG oder Landesrecht unterliegen.

222 Voraussetzung für die Befreiung von der UP-Pflicht ist nach § 13a Abs. 1 Satz 1 BauGB zunächst, dass es sich um einen Bebauungsplan der Innenentwicklung handelt. Der Gesetzgeber versteht hierunter in Anknüpfung an die Definition in § 1a Abs. 2 Satz 1 BauGB einen Plan für die **Wiedernutzbarmachung von Flächen**, die **Nachverdichtung** oder andere Maßnahmen der Innenentwicklung. Derartige Flächen befinden sich entweder im bislang unbeplanten Innenbereich nach § 34 BauGB oder in einem bereits durch einen Bebauungsplan nach § 30 BauGB beplanten und entsprechend bebauten, nun aber erneut zu gestaltenden Bereich. Die Gesetzesbegründung nennt hier unter

---

217 *Krautzberger/Stüer* DVBl 2007, 160 ff., zu den wesentlichen Inhalten dieses Verfahrens.

218 Hierzu *Krautzberger* DVBl 2014, 270 (271, 272).

219 Mittelbar bestätigend zuletzt im Urteil zu § 13b BauGB das BVerwG, Urt. v. 18.07.2023 – 4 CN 3.22, Rdn. 19.

220 *Külpmann* ZUR 2022, 81 (83).

Bezugnahme auf § 1 Abs. 6 Nr. 4 BauGB beispielhaft die Erhaltung, Erneuerung, Fortentwicklung, Anpassung und den Umbau vorhandener Ortsteile, des Weiteren aber auch **brachgefallene Flächen** innerhalb des Siedlungsbereichs, die baulich neu genutzt werden sollen.[221] Wichtig ist, dass die Planung den Siedlungsbereich nicht in den Außenbereich erweitert,[222] hierbei sind die tatsächlichen Verhältnisse und nicht das Verständnis der Planung maßgeblich.[223]

Des Weiteren dürfen gem. § 13a Abs. 1 Satz 2 BauGB die oben erwähnten Grenzwerte von unter 20.000 qm (Nr. 1) bzw. bis weniger als 70.000 qm festgesetzter Grundfläche (Nr. 2) nicht erreicht werden. Bei der Berechnung des Grenzwertes nach Nr. 1 von unter **20.000 qm** sind zudem Grundflächen aus anderen Bebauungsplänen, die in einem engen sachlichen, räumlichen und zeitlichen Zusammenhang aufgestellt werden, einzubeziehen; hierdurch soll eine Umgehung der UP-Pflicht durch Aufstellung mehrerer kleiner Pläne, die an sich eine Einheit bilden, vermieden werden. Diese Vorgabe knüpft an die entsprechende Regelung des UVPG zu den kumulierenden Vorhaben an.[224] § 13a Abs. 1 Satz 3 BauGB weist ergänzend daraufhin, dass für den Fall des Verzichts auf die Festsetzung einer Grundfläche bei der Flächenberechnung auf die voraussichtlich zu versiegelnde Fläche abzustellen ist. 223

In den Fällen der Nr. 2, also bei einer **Grundfläche zwischen 20.000 bis weniger als 70.000 qm**, ist das beschleunigte Verfahren hingegen nur anwendbar, wenn eine zwingend durchzuführende **Vorprüfung im Einzelfall** durch die verantwortliche Gemeinde ergibt, dass der Bebauungsplan voraussichtlich keine erheblichen Umweltauswirkungen haben wird, die nach § 2 Abs. 4 Satz 4 BauGB in der bauleitplanerischen Abwägung zu berücksichtigen wären. Für diese **überschlägige Prüfung** sind die in der (an das BauGB angefügten) Anlage 2 niedergelegten Kriterien zu berücksichtigen, die sich ihrerseits eng an der entsprechenden Anlage des UVPG orientiert. Bei der baurechtlichen Vorprüfung im Einzelfall nach § 13a Abs. 1 Satz 2 Nr. 2 BauGB sind von der Gemeinde gem. HS 2 die Behörden und sonstigen Träger öffentlicher Belange, deren Aufgabenbereich durch die Planung berührt werden können, zu beteiligen, um so eine auf Verwaltungsseite abgestimmte Meinungsbildung zu den möglicherweise eintretenden erheblichen Umweltauswirkungen zu erreichen. Gegenstand der gemeindlichen Vorprüfung nach § 13a Abs. 1 Satz 2 Nr. 2 BauGB sind nach der Anlage 2 zum BauGB dort aufgeführte Kriterien zu möglichen Merkmalen des Bebauungsplans und seiner möglichen Auswirkungen auf die voraussichtlich betroffenen Gebiete. Bei der Bewertung im Rahmen der Vorprüfung, ob der Bebauungsplan voraussichtlich keine erheblichen Umweltauswirkungen haben wird, dürfte der Gemeinde eine Einschätzungsprärogative zustehen. Hierfür spricht die Formulierung in der Planerhaltungsvorschrift des § 214 Abs. 2a Nr. 4 BauGB, wonach das »Ergebnis nachvollziehbar« sein muss. Künftig werden möglicherweise die beiden Schwellenwerte des § 13a Abs. 1 Satz 2 BauGB auf 30.000 qm bzw. 100.000 qm Grundfläche angehoben werden. 224

Der letztmögliche Zeitpunkt der Vorprüfung im Rahmen des beschleunigten Verfahrens wird durch § 13a Abs. 3 Satz 3 BauGB bestimmt. Hiernach hat die für die Öffentlichkeitsbeteiligung erforderliche öffentliche Bekanntmachung des Planentwurfs nach Abschluss der Vorprüfung des Einzelfalls zu erfolgen. Dies bedeutet, dass zeitlich **vor dem Verzicht auf die vorgezogene Öffentlichkeitsbeteiligung** nach § 3 Abs. 1 BauGB und der Beschränkung der betroffenen Öffentlichkeit auf die Gelegenheit zur Stellungnahme nach § 13 Abs. 2 Nr. 2 BauGB (über die Verweisung in § 13a Abs. 2 Nr. 1 BauGB auf das vereinfachte Verfahren) bzw. alternativ der Bekanntmachung der Offenlage des Bebauungsplanentwurfs nach § 3 Abs. 2 BauGB von der verantwortlichen Gemeinde entschieden sein muss, **ob eine UP im Bebauungsplanverfahren erfolgt** oder nicht. 225

221 BT-Drs. 16/2496 v. 04.09.2006, S. 12. Beispiele bei *Krautzberger* DVBl 2014, 270 (271 ff.).
222 BVerwG, Urt. v. 04.11.2015 – 4 CN 9.14 (Rn. 23 f.), erläuternd *Külpmann* ZUR 2022, 81 (83).
223 BVerwG, Urt. v. 25.06.2020 -4 CN 5.18 (Leitsatz 1).
224 Hierzu schon früher *Runkel* DVBl 2001, 1377 (1382).

226 Ist das beschleunigte Verfahren aufgrund der des Unterschreitens des Schwellenwerts bzw. der Vorprüfung zulässig, kann in Anwendung von § 13a Abs. 2 Nr. 1 BauGB und dem dortigen Verweis auf § 13 Abs. 3 Satz 1 BauGB »... **von der Umweltprüfung** nach § 2 Abs. 4, von dem Umweltbericht nach § 2a und von der Angabe nach § 3 Abs. 2 Satz 2, welche Arten umweltbezogener Informationen verfügbar sind, sowie von der zusammenfassenden Erklärung... **abgesehen**...«, d.h. von der bauleitplanerischen UP insgesamt abgesehen werden. Damit gehen **weitere** in § 13a Abs. 2 BauGB geregelte **Beschleunigungsmöglichkeiten** einher, wie u.a. die:
- Möglichkeit des Verzichts auf die vorgezogene Bürgerbeteiligung,
- Möglichkeit des Verzichts auf das Entwicklungsgebot des Bebauungsplans aus dem Flächennutzungsplan,
- Nichtanwendung der naturschutzrechtlichen Eingriffsregelung (durch Bezugnahme auf § 1a Abs. 3 Satz 5 BauGB).

227 Gem. § 13a Abs. 3 BauGB muss die Gemeinde in der öffentlichen Bekanntmachung die **Öffentlichkeit** darüber **informieren**, dass das Bebauungsplanverfahren ohne Durchführung der UP erfolgt, und im Falle der Vorprüfung auch die wesentlichen Gründe für den **Verzicht auf die UP** darlegen. § 13a Abs. 4 BauGB erklärt diese Verfahrenserleichterungen zudem ausdrücklich auch für Änderungen und Ergänzungen von Bebauungsplänen zur Innenentwicklung für entsprechend anwendbar; im Umkehrschluss sind sie daher für die Aufhebung ausgeschlossen.

III. Bebauungsplanverfahren zur Einbeziehung von Außenbereichsflächen in das beschleunigte Verfahren (§ 13b BauGB – aufgehoben)

228 Angesichts der Verknappung von Wohnraum in Deutschland hatte der Gesetzgeber mit der Erstreckung des beschleunigten Bebauungsplanverfahrens auf den Außenbereich reagiert. Für die **Aufstellung von Bebauungsplänen** zur Einbeziehung von bestimmten **Außenbereichsflächen in das beschleunigte Verfahren** entfiel daher seit der BauGB-Novelle 2017 gem. § 13b Satz 1 BauGB, zunächst befristet bis Ende 2019, die UP-Pflicht. Das Baulandmobilisierungsgesetz 2021 verlängerte die Geltung des § 13b BauGB um drei Jahre bis zum Jahresende 2022. Die Regelung und ihre Verlängerung waren politisch umstritten, es galt Wohnraumbedarf und Flächenverbrauch gegeneinander abzuwägen.[225] Besondere Voraussetzungen für das Absehen von der UP diese Bebauungsplanverfahren sollten sein, dass
- die Zulässigkeit von Wohnnutzungen begründet werden soll,
- der Umfang der bebaubaren Grundfläche im Außenbereich auf weniger als 10.000 qm begrenzt wird und
- die zu bebauende Fläche an bereits im Zusammenhang bebaute Ortsteile anschließt.[226]

Schon früh wurden **rechtliche Zweifel** ob der Vereinbarkeit dieser Erstreckung des § 13a BauGB durch § 13b BauGB auch auf kleinere Außenbereichsflächen geäußert, u.a. auch in der Vorauflage dieser Kommentierung.[227]

---

225 Gesetz zur Mobilisierung von Bauland v. 14.06.2021, BGBl 2021 I S. 1802. In der Koalitionsvereinbarung 2021 ist nunmehr festgehalten, S. 93: »Wir werden das Nachhaltigkeitsziel der Bundesrepublik beim Flächenverbrauch mit konkreten Maßnahmen hinterlegen. Die Regelung des § 13b BauGB wird nicht verlängert.«.

226 Hinweis zur Entstehungsgeschichte bei *Krautzberger/Stüer* DVBl 2018, 7 (11); und Anmerkung zu EuGH, Urt. v. 21.12.2016 – C- 444/15, DVBl 2017, 836 8 (37).

227 Auszug aus der Vorauflage: »Indes stellt § 13b BauGB, anders als § 13a BauGB (mit dem erklärten Vorrang der Innenentwicklung als qualitativem, die Umwelt bewahrenden Motiv) allein auf eine quantitative Bagatellgrenze einer bebaubaren Fläche von 10.000 qm Grundfläche ab. Motiv, auf die UP zu verzichten, ist also der akute Wohnraumbedarf in Deutschland – um damit unausgesprochen eine Entlastung der Gemeinden bei dringlichen, im Umfang kleineren Planungen herbeizuführen. Aus Art. 3 Abs. 3 SUP-RL lässt sich diese nationale Absehensregelung so jedenfalls nicht herleiten; die Systematik der SUP-RL geht von Bagatellfällen aus, die keine erheblichen Umweltauswirkungen haben, nicht aber von Erwägungen wie dringlichen Wohnraumbedarf.« Wie hier auch *Grotefels* UPR 2018, 321 (328)

Das BVerwG hat diese Regelung am 18.07.2023 gekippt:[228] Sein Leitsatz lautete: »§ 13b BauGB ist mit Art. 3 Abs. 1 und 5 der Richtlinie 2001/42/EG über die Prüfung der Umweltauswirkungen bestimmter Pläne und Programme (SUP-Richtlinie) unvereinbar.« Das BVerwG begründete seine Rechtsauffassung im Weiteren wie folgt (und diese hier gekürzten Ausführungen werden künftig die Auslegung der Anwendung der SUP-RL im Bauplanungsrecht maßgeblich beeinflussen): 229

- Rn. 12: »1. Der Bebauungsplan durfte nicht ohne Umweltprüfung (§ 2 Abs. 4 BauGB) und Umweltbericht (§ 2a Satz 2 Nr. 2 BauGB) erlassen werden. Die Vorschriften über das beschleunigte Verfahren nach § 13b Satz 1 i.V.m. § 13a BauGB tragen dieses Vorgehen nicht. § 13b BauGB ist unionsrechtswidrig und deswegen nicht anwendbar, weil er die Überplanung von Außenbereichsflächen auf der Grundlage einer unzulässigen Typisierung ohne Umweltprüfung zulässt.«
- Rn. 13: »Nach § 13b Satz 1 BauGB … gilt § 13a BauGB bis zum Ablauf des 31.12.2022 entsprechend für Bebauungspläne mit einer Grundfläche im Sinne des § 13a Abs. 1 Satz 2 BauGB von weniger als 10.000 qm, durch die die Zulässigkeit von Wohnnutzungen auf Flächen begründet wird, die sich an im Zusammenhang bebaute Ortsteile anschließen. Durch den Verweis auf § 13a BauGB kann das nach dieser Vorschrift auf Flächen im Siedlungsbereich beschränkte beschleunigte Verfahren … für die Überplanung von bestimmten Außenbereichsflächen nutzbar gemacht werden. Damit ist u.a. eine Umweltprüfung (§ 2 Abs. 4 BauGB) nicht erforderlich (§ 13a Abs. 2 Nr. 1 i.V.m. § 13 Abs. 3 Satz 1 BauGB), womit auch die Pflicht zur Erstellung eines Umweltberichts entfällt.«:
- Rn. 14: »Diese Regelung wird den Anforderungen der Richtlinie 2001/42/EG des Europäischen Parlaments und des Rates vom 27. Juni 2001 über die Prüfung der Umweltauswirkungen bestimmter Pläne und Programme (ABl. L 197 S. 30) – SUP-Richtlinie – nicht gerecht.«
- Rn. 15: »a) Die SUP-Richtlinie verfolgt gemäß Art. 1 das Ziel, im Hinblick auf die Förderung einer nachhaltigen Entwicklung ein hohes Umweltschutzniveau sicherzustellen und dazu beizutragen, dass Umwelterwägungen bei der Ausarbeitung und Annahme von Plänen und Programmen einbezogen werden. Zu diesem Zweck bestimmt Art. 3 Abs. 1 SUP-Richtlinie, dass die unter Art. 3 Abs. 2-4 SUP-Richtlinie fallenden Pläne und Programme, die voraussichtlich erhebliche Umweltauswirkungen haben, einer Umweltprüfung nach Art. 4-9 SUP-Richtlinie unterzogen werden. Während … , ist gemäß dem Vorbehalt nach Art. 3 Abs. 3 SUP-Richtlinie eine Umweltprüfung bei Plänen und Programmen der vorgenannten Art, die lediglich die Nutzung kleiner Gebiete auf lokaler Ebene festlegen oder nur geringfügige Änderungen vorsehen, nur dann erforderlich, wenn die Mitgliedstaaten bestimmen, dass sie voraussichtlich erhebliche Umweltauswirkungen haben. … Sowohl bei Plänen und Programmen nach Art. 3 Abs. 3 …

unter Bezugnahme auf EuGH, Urt. v. 21.10.2016 – C 444/15: »Ob die geringfügig auflockernde EuGH-Rechtsprechung … auf § 13b BauGB übertragbar ist, erscheint auf Anhieb zweifelhaft, …« Ebenso argumentierten *Kment*, in: Ernst/Zinkahn/Bielenberg/Krautzberger, Baugesetzbuch, § 2 Rn. 353: »Das Unterlassen einer Umweltprüfung bei Bebauungsplänen nach § 13b BauGB unterliegt somit einem gewissen unionsrechtlich bedingten Unwirksamkeitsrisiko.« und *Mayer*, ZfBR 2019, 9 (13): »Erwägt eine Gemeinde die Aufstellung eines Bebauungsplans im beschleunigten Verfahren nach § 13b BauGB, muss sie diese Rechtsanwendungsschwierigkeiten und die damit verbundenen Rechtmäßigkeits- bzw. Wirksamkeitsrisiken in Bezug auf ihre Bebauungsplanung berücksichtigen.«. Gegenteilige Auffassung aber noch VGH München, Beschl. v. 9.05.2018 – 2 NE 17.2528, NuR 2019, 421: »Ls. 1: § 13b BauGB verstößt nicht gegen Art. 3 der Richtlinie 2001/42/EG vom 27.6.2001 über die Prüfung der Umweltauswirkungen bestimmter Programme und Pläne (Plan-UP-RL).« und Ls. 2: Art. 3 III Plan-UP-RL erlaubt im Zusammenhang mit Abs. 5 den Mitgliedstaaten abstrakt-generell festzulegen, dass bestimmte Pläne ohne Umweltprüfung nach § 2 IV BauGB erlassen werden können, wenn es sich um die Nutzung kleinerer Gebiete auf lokaler Ebene handelt. Eine solche abstrakte Regelung ist zulässig, weil es denkbar ist, dass eine besondere Art von Plan, die bestimmte qualitative Voraussetzungen erfüllt, a priori voraussichtlich keine erheblichen Umweltauswirkungen hat, da die Voraussetzungen zu gewährleisten vermögen, dass ein solcher Plan den einschlägigen Kriterien des Anh. II der Richtlinie entspricht.; dem folgend auch VGH Mannheim, Beschl. v. 14.04.2020 – 3 S 6/20, NuR 2021, 129.

228 BVerwG, Urt. v. 18.07.2023 – 4 CN 3.22 (Leitsatz).

SUP-Richtlinie haben die Mitgliedstaaten diese Entscheidung gemäß Art. 3 Abs. 5 Satz 1 SUP-Richtlinie entweder durch Einzelfallprüfung oder durch Festlegung von Arten von Plänen und Programmen oder durch eine Kombination dieser beiden Ansätze zu treffen. Sie müssen in jedem Fall die einschlägigen Kriterien des Anh. II berücksichtigen, um sicherzustellen, dass Pläne und Programme, die voraussichtlich erhebliche Umweltauswirkungen haben, von der Richtlinie erfasst werden (Art. 3 Abs. 5 Satz 2 SUP-Richtlinie).«

- Rn. 16: »Bei der Umsetzung dieser Vorgaben ist den Mitgliedstaaten ein Ermessensspielraum eingeräumt. Dieses Ermessen ist jedoch eingeschränkt. In der Sache müssen die Mitgliedstaaten sicherstellen, dass sämtliche Pläne und Programme, die voraussichtlich erhebliche Umweltauswirkungen haben, einer Umweltprüfung unterzogen werden .... Während demnach die Erreichung des in Art. 3 Abs. 1 SUP-Richtlinie normierten Ziels strikt vorgegeben ist, können die Mitgliedstaaten bei den Modalitäten, mit denen dieses Ziel erreicht werden soll, eine Auswahl unter den in der Richtlinie aufgezählten Varianten – Einzelfallprüfung, Artfestlegung oder Kombination von beiden – treffen. Wenn durch die in Art. 3 Abs. 5 SUP-Richtlinie genannten Mechanismen gewährleistet sein soll, dass kein Plan, der voraussichtlich erhebliche Umweltauswirkungen hat, der Umweltprüfung entzogen wird ..., sind für die Artfestlegung strenge Maßstäbe zu beachten. Diese sind nur dann gewahrt, wenn angesichts der nach Maßgabe der einschlägigen Kriterien nach Art. 3 Abs. 5 Satz 2 SUP-Richtlinie i.V.m. Anh. II der Richtlinie für die Art des Plans geltenden qualitativen Voraussetzungen davon auszugehen ist, dass erhebliche Umweltauswirkungen »a priori«, d.h. von vornherein, nicht eintreten werden ... . Bei der Artfestlegung muss danach durch die – weite und umfassende – Umschreibung der Voraussetzungen gewährleistet sein, dass für jeden möglichen Einzelfall erhebliche Umweltauswirkungen durch den Plan ausgeschlossen sind .... Eine Artfestlegung, mit der das Ziel des Art. 3 Abs. 1 SUP-Richtlinie lediglich im Wege einer typisierenden bzw. pauschalierenden Betrachtungsweise, d. h. im Allgemeinen und regelhaft, aber zugleich verbunden mit der Hinnahme von Ausnahmen, erreicht wird, ist unzulänglich.« ...
- Rn. 18: »b) Der Gesetzgeber hat sich ... dafür entschieden, gemäß Art. 3 Abs. 5 Satz 1 Alt. 2 SUP-Richtlinie bestimmte Arten von Plänen festzulegen. Diese sind – neben dem zeitlichen Anwendungsbereich der Vorschrift, der für die Beurteilung von Umweltauswirkungen von vornherein unbeachtlich ist – durch eine quantitative (Grundflächenbegrenzung) und zwei qualitative (Beschränkung auf Wohnnutzung sowie Anschluss der überplanten, im Außenbereich gelegenen Fläche an im Zusammenhang bebaute Ortsteile) Voraussetzungen gekennzeichnet. Das ist jedoch unzureichend. Denn bei den so umschriebenen Plänen können erhebliche Umweltauswirkungen nicht in jedem Fall – und im Übrigen, soweit ersichtlich, auch nicht in der Regel – ausgeschlossen werden. Der von § 13b BauGB ermöglichte Zugriff auf Außenbereichsflächen schließt auch bei einer flächenmäßig begrenzten Wohnbebauung in der Nachbarschaft zu einem im Zusammenhang bebauten Ortsteil nicht aus, dass mittels des beschleunigten Verfahrens Bebauungspläne erlassen werden können, die voraussichtlich erhebliche Umweltauswirkungen haben werden. Das gilt schon wegen der ganz unterschiedlichen bisherigen Nutzung der potenziell betroffenen Flächen und der Bandbreite ihrer ökologischen Wertigkeit (vgl. Anh. II der SUP-Richtlinie Nr. 1 Spiegelstrich 1, 3 und 4). So können etwa Wiesenflächen in ihren unterschiedlichen Erscheinungsformen (z. B. Feuchtwiese, Magerwiese) Lebensraum für zahlreiche Tier- und Pflanzenarten bieten und somit zur Artenvielfalt beitragen. Davon ist auch bei Streuobstwiesen und bei bewaldeten Flächen auszugehen, selbst wenn diese keinem besonderen naturschutzrechtlichen Schutzregime (vgl. § 20 Abs. 2 BNatSchG) unterliegen. Der Umstand, dass sich die überplanbaren Außenbereichsflächen an einen bebauten Ortsteil anschließen müssen, führt auf kein anderes Ergebnis. Das folgt schon daraus, dass die bereits vorhandene Bebauung nichts über die umweltrelevanten Eigenschaften der sich anschließenden Außenbereichsflächen aussagt. Auf eine vermeintliche Prägung durch die benachbarte Bebauung und einen damit einhergehenden Verlust der Schutzwürdigkeit kann nicht abgestellt werden. Zudem können gerade besonders schützenswerte Flächen im Außenbereich die Grenze für eine Siedlungstätigkeit markieren.«

Diese Aussagen des BVerwG sind klar und sie besagen, dass der **Gesetzgeber**, hätte er die Möglichkeit eines Verzichts auf die UP bei einer beabsichtigten **Inanspruchnahme von Flächen im Außenbereich** den Gemeinden eröffnen wollen, diesen eine **vorgeschaltete Einzelfallprüfung vorschreiben müssen**, ob durch den Bebauungsplan nach § 13b BauGB erhebliche Umweltbeeinträchtigungen ausgelöst werden können. Wäre dies im Einzelfall von ihnen bejaht worden, wäre als Folge aufgrund der Vorgaben der SUP-RL die Anwendung des § 13b BauGB durch den bundesdeutschen Gesetzgeber auszuschließen gewesen. 230

Was folgt daraus nun für die Bebauungspläne, die auf der Grundlage von § 13b BauGB erlassen wurden und welche Konsequenzen hat der Gesetzgeber daraus gezogen?[229] Der Gesetzgeber reagierte mit der **Heilungsvorschrift des § 215a BauGB**, die die Feststellung des BVerwG zur Unionsrechtswidrigkeit der Vorschrift des § 13b BauGB einerseits aufgriff, die aber zugleich all den Gemeinden, die einen solchen Außenbereichsbebauungsplan erlassen hatten oder gerade in einem Aufstellungsverfahren waren, Hilfestellung geben sollte. Zeitgleich mit der Schaffung von § 215a BauGB wurde die Regelung des 13b BauGB aufgehoben.[230] Zunächst konnte aus § 215a Abs. 4 BauGB für zum Zeitpunkt des Urteils des BVerwG bereits abgeschlossene Bebauungsplanverfahren hergeleitet werden, dass auf diese die Planerhaltungsvorschriften der §§ 214 und 215 BauGB angewendet werden konnten. Dies bedeutet insbesondere, dass ein abgeschlossener Bebauungsplan nach § 13b BauGB, sofern er nicht binnen der Jahresfrist des § 215 Abs. 1 Satz 1 BauGB gegenüber der Gemeinde schriftlich als fehlerhaft gerügt worden war, nach Auffassung des Gesetzgebers als wirksam anzusehen ist. Ebenso ist gem. § 215a Abs. 4 BauGB von einer Wirksamkeit von solchen Bebauungsplänen nach § 13b BauGB auszugehen, die zwar zum Zeitpunkt des Urteils des BVerwG noch nicht abgeschlossen oder deren Fehlerhaftigkeit gerügt worden war, auf die aber die Abs. 1–3 des § 215a BauGB Anwendung finden. Diese Möglichkeit einer Heilung wurde allerdings in Anerkennung der Feststellung des BVerwG nur dann angeboten, wenn von dem entsprechenden Bebauungsplan **keine erheblichen Umweltauswirkungen zu erwarten** waren: 231

- Nach § 215a Abs. 1 BauGB konnten noch laufende Bebauungsplanverfahren nach § 13b BauGB, die vor Ablauf des 31.12.2022 förmlich eingeleitet wurden, nach Maßgabe des Abs. 3 im beschleunigten Verfahren in entsprechender Anwendung des § 13a BauGB abgeschlossen werden, wenn der Satzungsbeschluss nach § 10 Abs. 1 bis zum Ablauf des 31.12.2024 gefasst wurde.
- Nach § 215a Abs. 2 BauGB konnten auch bereits fertig gestellte Bebauungspläne, die im Verfahren nach § 13b BauGB aufgestellt wurden, durch ein ergänzendes Verfahren gemäß § 214 Abs. 4 in Verbindung mit der entsprechenden Anwendung des beschleunigten Verfahrens nach § 13a BauGB in Kraft gesetzt werden. Hierbei handelte es sich um Pläne, bei denen entweder die Jahresfrist des § 215 Abs. 1 Satz 1 BauGB mit Erlass des Urteils des BVerwG noch nicht abgelaufen war oder deren Fehlerhaftigkeit schriftlich gegenüber der Gemeinde gerügt worden war (so dass die Jahresfrist nicht galt). Der entsprechende Satzungsbeschluss war bis zum Ablauf des 31.12.2024 zu fassen.
- Nach § 215a Abs. 3 BauGB war allerdings jeweils zwingende Voraussetzung für die Anwendung dieser Heilungsmöglichkeiten durch Anwendung des § 13a BauGB, »wenn die Gemeinde auf Grund einer Vorprüfung des Einzelfalls entsprechend § 13a Abs. 1 Satz 2 Nr. 2 zu der Einschätzung gelangt, dass der Bebauungsplan voraussichtlich keine erheblichen Umweltauswirkungen hat, die nach § 2 Abs. 4 Satz 4 in der Abwägung zu berücksichtigen wären oder die als Beeinträchtigungen des Landschaftsbildes oder der Leistungs- und Funktionsfähigkeit des Naturhaushalts entsprechend § 1a Abs. 3 auszugleichen wären.« Es bedurfte also einer Vorprüfung des Einzelfalls durch die Gemeinde in Abstimmung mit den dafür zuständigen Fachbehörden, und nur wenn diese zu der Einschätzung gelangte, dass die Inanspruchnahme der Außenbereichsflä-

229 Zu den Rechtsfolgen des Urteils des BVerwG zu § 13b BauGB (allerdings noch vor Erlass von § 215a BauGB) für die betroffenen Bauleitpläne, aber auch auf ihrer Grundlage ergangenen Baubescheide vgl. *Kukk* ZfBR 2023, 735 ff.

230 § 13b BauGB aufgehoben durch Art. 3 G. v. 20.12.2023, BGBl. 2023 I Nr. 394.

chen keine erheblichen Umweltauswirkungen erwarten ließen, war eine **Heilung des fehlerhaften Bebauungsplanverfahrens möglich.**

Anderenfalls musste ein **komplettes neues Bebauungsplanverfahren** einschließlich einer ggf. erforderlichen Änderung des Flächennutzungsplanverfahrens durchgeführt werden.

I. UVP und UP im Baugenehmigungsverfahren

232 Die **Anlage 1** führt in Nr. 18 diejenigen **städtebaulichen Vorhaben** auf, für die eine zusätzliche UVP-Pflicht im Bebauungsplanverfahren oder, falls ein solches nicht vorgesehen ist, im Baugenehmigungsverfahren besteht bzw. aufgrund einer Vorprüfung eintreten kann. Entsprechende Vorgaben der UVP-RL werden damit vom UVPG aufgegriffen.[231] Nach Inkrafttreten des UVPG war zunächst allerdings **unklar**, ob ein solch zweigestuftes Verfahren der UP bzw. UVP überhaupt erforderlich oder nicht eine einmalige UP im Bebauungsplanverfahren ausreichend ist, den Vorgaben der UVP-RL zu genügen. Die für die Umsetzung der UVP-RL im Baugenehmigungsverfahren zuständigen Länder sahen die Erstreckung des UVPG auf Bebauungspläne als ausreichend an, um die von der UVP-RL genannten Bauvorhaben auf ihre Umweltverträglichkeit zu überprüfen.[232] Ihre einfach strukturierten **Baugenehmigungsverfahren sollten** von der mit einer UVP einhergehenden Öffentlichkeitsbeteiligung **freigehalten** werden. Ausgangspunkt ihrer Argumentation war die naturschutzrechtliche Eingriffs- und Ausgleichsregelung, wo das BauGB und BNatSchG durch den »Baurechtskompromiss« die Baugenehmigungsverfahren von einer nochmaligen Prüfpflicht freigestellt hatten.[233] Der Bund legte sich zunächst nicht fest, weil er Zweifel hatte, ob bei einer Umsetzung ausschließlich im Bauleitplanverfahren nicht im Einzelfall doch **Lücken bei der Umsetzung der UVP-RL** auftreten könnten. Im Gesetzgebungsverfahren 2001 regelte er dann aber auf Wunsch der Länder in § 17 Satz 2 a.F., dass »bei Vorhaben nach den Nrn. 18.1-18.8 der Anlage 1 die UVP einschließlich der Vorprüfung des Einzelfalls **nur** im Aufstellungsverfahren durchgeführt« wird. Gewichtige Stimmen aus der Richterschaft und in der Literatur wiesen aber bald darauf hin, dass es durchaus Konstellationen bei der Zulassung von UVP-pflichtigen Vorhaben geben könne, in denen im Bebauungsplanverfahren nicht alle umweltrelevanten Aspekte eines Vorhabens im Sinne der UVP-RL erfasst würden.[234] Aus dem Zusammenwirken von SUP- und UVP-RL lasse sich ein gemeinschaftsrechtlich gewolltes, **durchgängig für alle Planungsstufen** geltendes Konzept einer Strategischen Umwelt- bzw. Umweltverträglichkeitsprüfung vor Zulassung eines konkreten Vorhabens begründen.[235]

233 Auf die nachträgliche Erkenntnis einer möglichen **Regelungslücke im UVPG** reagierte der Bund vorsichtig. Er ließ § 17 Satz 2 a.F. wieder entfallen und sprach sich im Rahmen des Gesetzgebungsverfahrens zum EAG 2004 – angesichts der Kompetenzverteilung zwischen Bund und Ländern zur Regelung der Verwaltungsverfahren bewusst sehr zurückhaltend – für entsprechende UVP-Regelungen in den Bauordnungen der Länder aus.[236] Auch die damalige Anordnung in § 50 Abs. 3 der Entlastung der UVP im Zulassungsverfahren durch eine vorher durchgeführte UP um Bebauungs-

---

231 § 50 Abs. 1 Satz 1 i.V.m. § 2 Abs. 6 Nr. 3 ordnet für diese Vorhaben eine UVP-Pflicht für Bebauungsplanverfahren an, die jedoch im Wege eines Verweises durch die Durchführung der UP im Bebauungsplanverfahren abgedeckt wird.

232 In diesem Sinne *Schubert* NuR 2005, 369 (372): »von Gemeinschaftsrechts wegen nicht geboten«.

233 Siehe oben Rdn. 193 ff.

234 Erstmals *Gaentzsch* UPR 2001, 287 (289 f.); *Rühl* UPR 2002, 129 (131); *Schink* UPR 2004, 81 (91), und *Krautzberger/Stüer* DVBl 2004, 914 (922).

235 Vgl. hierzu *Schink* NVwZ 2005, 615 (616).

236 BT-Drs. 15/2250 Gegenäußerung der BReg zum anderslautenden Vorschlag des Bundesrats zu Nr. 52: »Bei der Genehmigung von Projekten nach den Nrn. 18.1-18.8 der Anl. 1 zum UVPG ist im Zulassungsverfahren grundsätzlich keine weitere Prüfung der Umweltauswirkungen erforderlich, da sich die Umweltauswirkungen dieser Vorhaben im Wesentlichen aus der Standortfrage ergeben und damit bereits auf der Ebene des Bebauungsplans auf der Basis des Umweltberichts geprüft worden sind. Etwas anderes wird nur in seltenen Fällen gegeben sein, wenn etwa zwischen der Umweltverträglichkeitsprüfung

plan verdeutlichte die Sichtweise des Bundes, dass er eine Verpflichtung zur Regelung einer **UVP-Pflicht durch die Länder** für die Bauvorhaben der Anlage 1 Nr. 18.1–18.8 für geboten hielt. Hieraus resultiert zugleich das Erfordernis, in diesen Fällen zusätzlich eine **Öffentlichkeitsbeteiligung** in das Baugenehmigungsverfahren zu integrieren. Dieser Auffassung ist zu folgen: Da aufgrund der unterschiedlichen Konstellationen von Bebauungsplanverfahren nicht uneingeschränkt sichergestellt werden kann, dass die dortige UP abschließend alle Umweltauswirkungen zumindest eines in Anlage 1 des UVPG aufgeführten städtebaulichen Vorhabens erfasst, bedarf es auch der Möglichkeit einer UVP für diese Vorhaben im sich anschließenden Baugenehmigungsverfahren.[237] Dies ist daher durch Regelungen in den Landesbauordnungen der Länder oder auch in Landesgesetzen zur UVP zu gewährleisten.

Und nachdem seit 2025 im BauGB mit der **Experimentierklausel des § 246e BauGB** den Bau- 234
genehmigungsbehörden befristet bis 2030 die Möglichkeit eröffnet wird, **Vorhaben** für den Wohnungsbau im Innen- und angrenzenden Außenbereich mit Zustimmung der Gemeinden **ohne ein vorheriges Bebauungsplanverfahren** zuzulassen, gilt diese Forderung nach einer UVP mit Öffentlichkeitsbeteiligung im Baugenehmigungsverfahren natürlich umso mehr.[238] Ebenso hat der Gesetzgeber die Möglichkeiten der Befreiung vom Bebauungsplan in § 31 Abs. 3 BauGB und die Zulassung von Wohnbauvorhaben nach § 34 Abs. 3b BauGB mit Zustimmung der Gemeinde erheblich erweitert, so dass sich auch hier die Frage nach einer UVP im Baugenehmigungsverfahren stellt.

I. Bebauungsplanverfahren vor dem Baugenehmigungsverfahren

Wie oben ausgeführt wurde, ist nach der Zusammenführung von SUP und UVP im Bebauungs- 235
planverfahren eine besondere Prüfung der Anlage 1 Nr. 18, ob es nach dieser einer UVP bedarf, nicht erforderlich.[239] Angesichts der möglichen Trennung von UP und UVP bei der Bauleitplanung wird sich diese Feststellung überholen,[240] sie trifft derzeit aber noch zu. Bedeutung kommt dieser Differenzierung deshalb derzeit allein bei der Frage nach den Rechtsschutzmöglichkeiten zu, weil das Umweltrechtsbehelfsgesetz zwischen SUP und UVP unterscheidet.[241] Sofern vor dem Baugenehmigungsverfahren also eine UP in einem Bebauungsplanverfahren durchgeführt wurde, ist den Ländern zuzugestehen, dass der Umfang einer weiteren UVP im Baugenehmigungsverfahren auch für die Vorhaben der Anlage 1 Nr. 18.1–18.8 (und auch in den Fällen des Landesrecht der Nr. 18.9) vermutlich nur sehr gering ausfällt oder im Einzelfall der Bedarf für eine weitere Prüfung gar nicht steht. Diese zurückgenommene Sichtweise wird bestätigt durch Rechtsprechung des EuGHs zur Vermeidung von Wiederholungen identischer Prüfungen im Rahmen von SUP und UVP auf verschiedenen Ebenen.[242] Dennoch wären die Länder gut beraten, wenn sie für Vorhaben der Anlage 1 Nr. 18.1–18.8, für die ein **Baugenehmigungsverfahren** durchzuführen ist, vorsorglich eine **UVP-Pflicht landesrechtlich vorschreiben**. Sofern dies nicht geschehen ist, gäbe es als **Anknüpfungspunkt** gemäß des früheren Vorschlags von *Gaentzsch* zumindest noch die Vorschrift des **§ 15 Abs. 1 Satz 2**

---

im Bebauungsplanverfahren und dem Zulassungsverfahren ein längerer Zeitraum liegt, in dem sich die für die Umweltprüfung maßgeblichen Umstände geändert haben.«.

237 Aufgegriffen von OVG Lüneburg, Urt. v. 20.07.2021 – 4KN 257/18, NuR 2021, 834 (835). Ebenso *Otto*, in: Schrödter, Baugesetzbuch, § 2 Rn. 160.

238 Gesetz zur Beschleunigung des Wohnungsbaus und zur Wohnraumsicherung, BGBl. 2025 I Nr. 257 v. 29.10.2025; nachfolgend Rdn. 236.

239 Siehe oben Rdn. 34 und 55.

240 Siehe oben Rdn. 37.

241 Siehe BVerwG, Urt. v. 24.04.2024 – 4 CN 2.23, Rn. 39.

242 EuGH, Urt. v. 12.06.2019 – C-43/18, Rn. 73: »Zu diesem Zweck ist … ein Rechtsakt ausgeschlossen, der sich in eine Hierarchie von Rechtsakten einfügt, die selbst Gegenstand einer Umweltverträglichkeitsprüfung waren und von denen davon ausgegangen werden darf, dass die Interessen, die die SUP-Richtlinie schützen soll, hinreichend berücksichtigt worden sind«.

BauNVO, um eine UVP im Einzelfall in ein Baugenehmigungsverfahren zu implementieren:[243] »Sie sind auch unzulässig, wenn von ihnen Belästigungen oder Störungen ausgehen können, … die unzumutbar sind, …«. Hierzu bedürfte es der Erarbeitung eines Umweltberichts durch den Investor und einer von der Baugenehmigungsbehörde durchgeführten Öffentlichkeitsbeteiligung, bevor sie über das Bauvorhaben entscheidet.

II. Kein Bebauungsplanverfahren vor dem Baugenehmigungsverfahren

236 Ganz anders stellt sich die UVP-Pflicht für ein städtebauliches Vorhaben im Baugenehmigungsverfahren hingegen dar, wenn zuvor kein Bebauungsplanverfahren mit UP durchgeführt wurde. Im Herbst 2025 erfolgten drei weitreichende Änderungen im BauGB, deren Auswirkungen auf das Erfordernis einer UVP im Baugenehmigungsverfahren hier skizziert werden.[244] Der Kern der Regelungen ist, dass es künftig für den Wohnungsbau deutlich weniger Bebauungsplanverfahren geben soll und zur Beschleunigung des Wohnungsbaus die **Prüfungen von der Planebene auf die Genehmigungsebene verlagert** werden. Dies führt zwar zu mehr Aufwand bei den Baugenehmigungsbehörden, die sich nun zusätzlich mit umweltrechtlichen Fragen befassen müssen, die ansonsten von den Gemeinden im Bebauungsplanverfahren zu klären waren. Dafür entfällt aber die Planungsebene Bebauungsplan, was zu einer Beschleunigung des Wohnungsbaus beitragen soll. Zielsetzung der Verkürzung des Zulassungsprozesses war es nämlich nicht, die bei der Planung an sich unionsrechtlich gebotenen Umweltprüfungen nach der SUP-RL bzw. der UVP-RL und die nach nationalem Recht damit verknüpften materiellen naturschutzrechtlichen Ausgleichspflichten zu unterlaufen. Der Bundesgesetzgeber knüpft als den Verzicht auf den Bebauungsplan daher daran an, dass die Durchführung der umweltschützenden Verfahren ersatzweise in den nach Landesrecht durchzuführenden Genehmigungsverfahren erfolgt. Damit wäre nach dem Verständnis des UVPG an sich die Durchführung einer vorhabenbezogenen UVP in diesen Genehmigungsverfahren einschlägig. Jedoch hatte das BVerwG kurz zuvor im Zusammenhang mit der Überprüfung einer raumordnerischen Fragestellung das Rechtsinstitut des »**funktionalen Planbegriffs**« entwickelt.[245] Der Baurechtsgesetzgeber entschied sich daher dafür, diese Rechtsprechung aufzugreifen und die aus seiner Sicht nachzuholende Prüfung der Umweltauswirkungen im Baugenehmigungsverfahren an der SUP-RL und nicht an der UVP-RL auszurichten, sofern eine UP im nunmehr nicht geforderten Bebauungsplan an sich hätte durchgeführt werden müssen. Die ergänzenden Ausführungen zu den im Fall erheblicher Eingriffe in Natur und Landschaft notwendigen Ausgleichsmaßnahmen orientieren sich am sog. Baurechtskompromiss, der seinen Niederschlag in § 18 BNatSchG und § 1a Abs. 3 BauGB gefunden hat.[246] Mit der Durchführung einer SUP im Genehmigungsverfahren zwingend verbunden ist eine Öffentlichkeitsbeteiligung, die entweder von der Gemeinde oder von der Baugenehmigungsbehörde durchgeführt werden kann. Da Aufgaben von den Gemeinden auf die Baugenehmigungsbehörden verlagert werden, bedarf es in jedem Fall einer engen Abstimmung zwischen beiden Ebenen. Die nachfolgenden **Überlegungen sind vorläufig**, weil mit diesen experimentellen Änderungen im BauGB noch keine praktischen Erfahrungen gemacht wurden.[247] Sie unterscheiden zwischen Wohnbauvorhaben, die im Innenbereich nach den neuen §§ 31 Abs. 3, 34 Abs. 3b und 246e BauGB bzw. im Außenbereich nach § 246e BauGB zugelassen werden sollen.

243 *Gaentzsch* UPR 2001, 287 (289 f.).

244 Gesetz zur Beschleunigung des Wohnungsbaus und zur Wohnraumsicherung, BGBl. 2025 I Nr. 257 v. 29.10.2025.

245 BVerwG, Urt. v. 28.09.2023 – 4 C 6.21, Rn. 28 unter Bezugnahme auf die Rechtsprechung des EuGHs: »… muss gewährleistet sein, dass kein Plan, der voraussichtlich erhebliche Umweltauswirkungen haben wird, der Umweltprüfung entzogen wird.«.

246 Siehe oben Rdn. 183 ff.

247 Vgl. im Detail *Blechschmidt/Forschbach/Meurers/Wagner* UPR 2025, 471 (476 ff.).

1. Umweltprüfung im Innenbereich

Nach § 31 Abs. 3 Satz 1 BauGB kann zugunsten des Wohnungsbaus in mehreren vergleichbaren Fällen von den Festsetzungen des Bebauungsplans befreit werden. Voraussetzung nach Satz 1 ist: »wenn die Befreiung auch unter Würdigung nachbarlicher Interessen mit den öffentlichen Belangen vereinbar ist.« Satz 2 nimmt Bezug auf die Umweltprüfung im BauGB: »Die Befreiung nach Satz 1 ist mit öffentlichen Belangen insbesondere dann nicht vereinbar, wenn sie aufgrund einer überschlägigen Prüfung voraussichtlich zusätzliche erhebliche Umweltauswirkungen hat.« Die Baugenehmigungsbehörde hat daher eine **Vorprüfung** durchzuführen; für die Prüfung können die **Kriterien der Anlage 2** als Hilfsmittel dienen. Diese Vorprüfung kann sie auf die konkret beantragten Vorhaben beschränken. Lassen die beantragten Vorhaben im Vergleich zum zugrunde liegenden Bebauungsplan zusätzliche erheblichen Umweltauswirkungen erwarten, darf die Baugenehmigungsbehörde die Wohnbauvorhaben nicht zulassen, hier greift die Rechtsprechung zum »funktionalen Planbegriff«. Sind zusätzliche Umweltauswirkungen zu erwarten, bedarf es eines Änderungsverfahrens des Bebauungsplans mit einer dort durchzuführenden UP mit Öffentlichkeitsbeteiligung. Sind hingegen **keine zusätzlichen erheblichen Umweltauswirkungen** zu erwarten, kann die Baugenehmigungsbehörde eine Befreiung vom Bebauungsplan auch in mehreren vergleichbaren Fällen zulassen. 237

Nach § 34 Abs. 3b BauGB kann von der Baugenehmigungsbehörde »mit Zustimmung der Gemeinde im Einzelfall oder in mehreren vergleichbaren Fällen vom Erfordernis des Einfügens in die nähere Umgebung abgewichen werden, wenn das Vorhaben der Errichtung eines Wohngebäudes dient und auch unter Würdigung nachbarlicher Interessen mit öffentlichen Belangen vereinbar ist.« Die neue Vorschrift macht daher ein Bebauungsplanverfahren nach § 13a BauGB entbehrlich. Eine **Auslegungshilfe**, ob und ab wann eine **Vorprüfung bzw. eine Umweltprüfung im Baugenehmigungsverfahren** durchgeführt werden sollte, geben gleichwohl die beiden **Schwellenwertregelungen in § 13a BauGB**; sie wurden von EuGH und BVerwG bislang mitgetragen.[248] Bis zu einem Schwellenwert von 20.000 qm Grundfläche bedarf es bei Aufstellung eines Bebauungsplans keiner Vorprüfung und auch keiner naturschutzrechtlichen Ausgleichspflicht. Bis zu einem Schwellenwert von 70.000 qm Grundfläche bedarf es einer Vorprüfung nach Anlage 2 (vgl. § 13a Abs. 1 Satz 2 Nr. 2 BauGB) und eines naturschutzrechtlichen Ausgleichs, und darüber hinaus in jedem Fall einer UP und eines Ausgleichs. Aus dem Vergleich mit § 13a Abs. 1 Satz 2 BauGB und in Anwendung der Rechtsprechung zum »funktionalen Planbegriff« ist daher herzuleiten, dass es ab des Schwellenwerts von 20.000 qm Grundfläche im Baugenehmigungsverfahren nach § 34 Abs. 3b BauGB ebenfalls einer Vorprüfung auf erhebliche Umweltauswirkungen und ab des Schwellenwertes von 70.000 qm Grundfläche in jedem Fall einer UP sowie auch jeweils eines angemessenen Ausgleichs bedarf, der allerdings im Innenbereich nicht der »Vollkompensation« entsprechen muss. 238

Für Wohnbauvorhaben im beplanten Innenbereich, die auf der Grundlage des neuen, bis zum Jahr 2030 befristeten § 246e BauGB im Baugenehmigungsverfahren abweichend von einem Bebauungsplan zugelassen werden können, kommt die Rechtsprechung des BVerwG zum funktionalen Planbegriff unmittelbar zur Anwendung. § 246e Abs. 1 Satz 2 BauGB in der Fassung des Regierungsentwurfs sah zunächst vor: »Eine Abweichung von Bauleitplänen ist insbesondere dann nicht mit öffentlichen Belangen vereinbar, wenn sie aufgrund einer überschlägigen Prüfung voraussichtlich zusätzliche erhebliche Umweltauswirkungen hat.«[249] Damit wären alle Vorhaben mit zusätzlichen erheblichen Umweltauswirkungen aus dem Anwendungsbereich der Vorschrift herausgefallen. Im parlamentarischen Verfahren wurde § 246e Abs. 1 Satz 2 BauGB aufgrund einer Empfehlung aus der Sachverständigenanhörung daher wie folgt geändert: »Hat eine Abweichung für Vorhaben im Außenbereich oder eine Abweichung von Bebauungsplänen nach überschlägiger Prüfung voraussichtlich zusätzliche erhebliche Umweltauswirkungen, ist eine Strategische Umweltprüfung nach den §§ 38-46 des Gesetzes über die Umweltverträglichkeitsprüfung durchzuführen.«[250] Wie in den 239

248 Siehe oben Rdn. 215, 221.
249 BT-Drs. 21/781 neu v. 07.07.2025, S. 8.
250 Vgl. den Ausschussbericht, BT-Drs. 21/2108 v. 08.10.2025.

zuvor beschriebenen Konstellationen dürfte hier aufgrund des Umkehrschlusses aus § 13a Abs. 2 Nr. 4 BauGB ab Erreichen des Schwellenwertes von 20.000 qm Grundfläche auch eine Ausgleichspflicht analog § 1a Abs. 3 BauGB bestehen.

240 Bestätigt werden diese Auslegungen zur Geltung des Unionsrechts bei der Zulassung von Vorhaben im Innenbereich durch die folgende Anordnung in § 246e Abs. 1 Satz 3 BauGB: »Bei Vorhaben nach den Nrn. 18.7 und 18.8 der Anlage 1 zum Gesetz über die Umweltverträglichkeitsprüfung bleibt die Verpflichtung zur Durchführung einer Umweltverträglichkeitsprüfung oder einer allgemeinen Vorprüfung des Einzelfalls unberührt.« Für die in der **Anlage 1** aufgeführten **städtebaulichen Vorhaben** wird daher direkt auf die **Geltung des UVPG** Bezug genommen, welches im Baugenehmigungsverfahren Geltung entfaltet. Nach der Anlage 1 des UVPG gilt als unterer Eingangsschwellenwert für die dort erfassten städtebaulichen Vorhaben eine Grundfläche von 20.000 qm. Ein Wertungswiderspruch ergibt sich indes hinsichtlich des dort geregelten oberen Schwellenwertes, der nach dem UVPG erst bei 100.000 qm liegt. Hier wird empfohlen, auf den im Bauplanungsrecht anerkannten Schwellenwert von 70.000 qm Grundfläche aus § 13a Abs. 1 Satz 2 Nr. 2 BauGB abzustellen, um auf der sicheren Seite zu sein. Die für die jeweilige Prüfung oder Vorprüfung erforderlichen Unterlagen sind der Baugenehmigungsbehörde gemäß § 16 Abs. 1 Satz 1 UVPG vom Vorhabenträger vorzulegen.

2. Umweltprüfung im Außenbereich

241 Strenger stellt sich die Anwendung des Unionsrechts für **Wohnbauvorhaben** dar, die nach der Sonderregelung des § 246e BauGB im **Außenbereich** zugelassen werden sollen. Hier gilt der soeben zitierte § 246e Abs. 1 Satz 3 BauGB: Es bedarf in jedem Fall einer Vorprüfung nach Anlage 3 des UVPG bzw. einer umfänglichen UVP im Baugenehmigungsverfahren, sobald die jeweiligen Schwellenwerte der Anlage 1 erreicht werden. Aufgrund der offenkundigen Parallelen zur früheren Regelung des § 13b BauGB stellte sich für den Gesetzgeber aber die Frage, ob es nicht auch unterhalb des unteren Schwellenwertes zumindest einer Vorprüfung oder überschlägigen Prüfung der möglichen Umweltauswirkungen bedarf. Das BVerwG hatte bei seiner Prüfung des § 13b BauGB nämlich ausgeführt, dass es eine pauschale Freistellung von der Prüfung von Umweltauswirkungen bereits von Flächen bis zu 10.000 qm für unvereinbar mit dem Unionsrecht und eine Einzelfallprüfung der Umweltauswirkungen aller geplanten Vorhaben im Außenbereich für erforderlich halte. Dieser Auffassung folgt nun der Gesetzgeber. In der zitierten Regelung des § 246e Abs. 1 Satz 2 BauGB wird deshalb festgelegt, dass, falls nach **überschlägiger Prüfung** voraussichtlich **zusätzliche erhebliche Umweltauswirkungen** zu erwarten sind, eine **Strategische Umweltprüfung** durchzuführen ist. § 246e Abs. 3 Satz 2 BauGB stellt mit dem Verweis auf § 18 Abs. 2 Satz 2 BNatSchG »für Vorhaben im Außenbereich nach § 35 des Baugesetzbuches« ergänzend klar, dass »die Geltung der §§ 14-17« und damit die Anwendung der naturschutzrechtlichen Eingriffsregelung »unberührt« bleibt, was bei einer Genehmigung im Außenbereich eine »Vollkompensation« bedingt.

§ 51 Bergrechtliche Verfahren

[1]Bei bergbaulichen Vorhaben, die in der Anlage 1 aufgeführt sind und dem Bergrecht unterliegen, werden die Umweltverträglichkeitsprüfung und die Überwachung des Vorhabens nach den Vorschriften des Bundesberggesetzes durchgeführt. [2]Teil 2 Abschnitt 2 und 3 in Verbindung mit Anlage 4 findet nur Anwendung, soweit das Bundesberggesetz dies anordnet.

Übersicht

A. Gesetzesbegründung

1 Bei bergbaulichen Vorhaben, die in der Anlage 1 aufgeführt sind und dem Bergrecht unterliegen, werden nach § 51 Satz 1 die UVP und die Überwachung des Vorhabens nach den Vorschriften des BBergG durchgeführt. Teil 2 Abschnitt 2 und 3 (§§ 15–32) in Verbindung mit Anlage 4 findet nach § 51 Satz 2 nur Anwendung, soweit das BBergG dies anordnet. Im Hinblick auf die Feststellung der Voraussetzungen der UVP-Pflicht bleiben die Vorschriften des Teils 2 Abschnitt 1 des UVPG in Verbindung mit den Regelungen der UVP-V Bergbau maßgeblich. Für die Durchführung der UVP wird in Satz 2 die Anwendung der Vorschriften über die Verfahrensschritte des UVPG nicht generell ausgeschlossen. Vielmehr sollen insbesondere die Regelungen zur grenzüberschreitenden UVP, die umfassend in Teil 5 des UVPG geregelt sind, unmittelbar gelten. Auch die weiteren verfahrensrechtlichen Vorschriften, die in Teil 2 Abschnitt 2 und 3 in Verbindung mit Anlage 4 des UVPG enthalten sind, gelten bei bergrechtlichen Verfahren, soweit das BBergG dies anordnet. Dies betrifft insbesondere die §§ 15–27 sowie § 31, deren Geltung in § 57a Abs. 1 BBergG angeordnet und durch einzelne Regelungen im BBergG ergänzt wird. **Besonderheiten** gelten für Vorhaben zur Aufsuchung und Gewinnung von Geothermie, zur Errichtung und zum Betrieb von Wärmepumpen und Wärmespeicheranlagen sowie zum Ausbau von Wärmeleitungen. Für diese Vorhaben schafft das zum 23.12.2025 in Kraft getretene **Gesetz zur Beschleunigung des Ausbaus von Geothermieanlagen, Wärmepumpen und Wärmespeichern** sowie zur Änderung weiterer rechtlicher Rahmenbedingungen für den klimaneutralen Ausbau der Wärmeversorgung einen einheitlichen Rechtsrahmen zur Beschleunigung der Zulassungsverfahren für diese Vorhaben, die aufgrund ihrer Bedeutung für eine klimaneutrale Wärmeversorgung als Belang mit überragendem öffentlichem

Interesse eingestuft werden. Das **GeOBG** sieht vor, die Beschleunigung der Zulassungsverfahren für Geothermieanlagen, Wärmepumpen und Wärmespeicher zentral in dem GeOBG als Stammgesetz zu regeln und durch spezifische Änderungen insbesondere im WHG, in der VwGO, im UVPG und im BBergG zu regeln.

B. Einführung

2 Aufsuchungs- und Gewinnungsbetriebe des Bergbaus unterliegen nach § 51 BBergG einer **Betriebsplanpflicht.** Der Vorhabenträger muss Betriebspläne für die Errichtung und Führung des jeweils vorgesehenen Betriebs aufstellen und deren Zulassung bei der zuständigen Bergbehörde beantragen.[1] Die Einreichung eines Betriebsplans bei der zuständigen Behörde ist rechtlich als Antrag des Unternehmens auf behördliche Zulassung der geplanten Tätigkeit und Einrichtungen durch Verwaltungsakt anzusehen.[2] Nach § 51 Satz 1 werden bei bergbaulichen Vorhaben, die in der Anlage 1 des UVPG aufgeführt sind und dem Bergrecht unterliegen, die UVP und die Überwachung des Vorhabens nach den Vorschriften des BBergG durchgeführt. Die §§ 15–32 i.V.m. Anlage 4 (Angaben des UVP-Berichts für die UVP) des UVPG finden nach § 51 Satz 2 nur Anwendung, soweit das BBergG dies anordnet. Nach § 52 Abs. 2a Satz 1 BBergG ist die Aufstellung eines Rahmenbetriebsplanes zu verlangen und für dessen Zulassung ein Planfeststellungsverfahren nach Maßgabe der §§ 57a und 57b BBergG durchzuführen, wenn ein Vorhaben gem. der Verordnung nach § 57c BBergG in Verbindung mit den §§ 4–14 einer UVP bedarf. Insoweit gelten die §§ 4–14 auch für bergbauliche Vorhaben.[3] Nach § 57a Abs. 1 Satz 5 BBergG sind die §§ 15–27 sowie § 31 für das bergrechtliche Planfeststellungsverfahren mit UVP anwendbar. Bergbauliche Vorhaben können auch Gegenstand SUP-pflichtiger Raumordnungspläne sein.[4] Anlage 3 des UVPG führt zwar keine SUP-pflichtigen Pläne und Programme an, die bergbauliche Vorhaben zum Gegenstand haben. Für Braunkohletagebaue sehen die Bundesländer NRW und Brandenburg jedoch Raumordnungspläne mit strategischen Umweltprüfungen vor (siehe § 27 Abs. 1 LPlG NRW für Braunkohlenpläne und die in Anlage 2 des BbgUVPG aufgeführte, SUP-pflichtige Braunkohlen- und Sanierungsplanung).[5] Für das Verfahren zur grenzüberschreitenden Umweltverträglichkeitsprüfung sind nach § 57a Abs. 6 die §§ 54–63 anzuwenden. Für die Zulassung von Betriebsplänen für **Vorhaben im Zusammenhang mit der Gewinnung von Erdwärme nach dem BBergG**, für bei der Förderung von Erdwärme gewonnene weitere Bodenschätze sowie für Vorhaben zur Errichtung und zum Betrieb eines Untergrundspeichers zur Speicherung von Wasserstoff, Wasserstoffgemischen oder von Wärme nach § 4 Abs. 9 Satz 2 sind nach dem seit dem 23.12.2025 geltenden § 57e Abs. 1 BBergG die speziellen Vorschriften des § 57e Abs. 2 bis 7 BBergG anzuwenden.

3 Nach § 1 Abs. 4 findet das UVPG darüber hinaus auch dann Anwendung, wenn und soweit Rechtsvorschriften des Bundes oder der Länder die Prüfung der Umweltverträglichkeit nicht näher bestimmen oder die wesentlichen Anforderungen des UVPG nicht beachten. Man könnte zwar

1 Siehe dazu *Beckmann*, in: Stüer/Beckmann, Handbuch des Bau- und Fachplanungsrechts, Rn. 7292; *Leidinger/Franken* NVwZ 2024, 365 (361); *von Weschpfennig*, Strukturen des Bergrechts, S. 80; für Vorhaben zur Gewinnung oder Aufbereitung vor Ort im industriellen Maßstab der Erze Bauxit, Blei, Chrom, Eisen, Gold, Kobalt, Kupfer, Lithium, Mangan, Nickel, Palladium, Platin, Wolfram, Zink und Zinn, gelten nach Umsetzung der **Novelle der IE-RL** Sonderregelungen, insbesondere besondere Maßgaben zu den §§ 48 Abs. 2 und 55 BBergG und in der Allgemeinen Bundesbergverordnung zur Erfüllung der Anforderungen an den Stand der Technik.

2 *Beckmann*, in: Stüer/Beckmann, Handbuch des Bau- und Fachplanungsrechts, Rn. 7292; OVG BB, Beschl. v. 29.07.2016 – OVG 11 N 137.12, juris Rn. 18.

3 A.A. HessVGH, Urt. v. 17.02.2021 – 2 A 698/16, juris Rn. 47 ohne nähere Begründung.

4 *Wittmann*, in: Landmann/Rohmer, Umweltrecht, § 51 UVPG Rn. 12; siehe auch *Schink*, in: Schink/Reidt/Mitschang, UVPG/UmwRG, § 38 Rn. 1; *Gärditz*, in: Landmann/Rohmer, Umweltrecht, § 14e UVPG Rn. 1; *Peters/Balla/Hesselbarth*, UVPG, § 38 Rn. 4.

5 Zum Braunkohlenplanverfahren in NRW siehe *von Hammerstein*, in: Kühne/von Hammerstein u.a., BBergG, § 52 Rn. 77; *Keienburg*, Die Öffentlichkeitsbeteiligung im Bergrecht, S. 258 ff.

bezweifeln, ob in Fällen, in denen Bestimmungen des BBergG zur UVP hinter den Anforderungen des UVPG zurückbleiben, über § 1 Abs. 4 die entsprechenden Vorschriften des UVPG angesichts des § 51 Satz 1 angewendet werden können oder ob insoweit § 51 dem § 1 Abs. 4 vorgeht und abschließend auf die Bestimmungen des BBergG zur UVP verweist.[6] Zutreffend wird jedoch darauf hingewiesen, dass bei richtlinienkonformer Auslegung § 1 Abs. 4 durch § 51 nicht verdrängt wird, wenn Regelungen des BBergG Anforderungen des UVPG, die ihrerseits UVP-Unionsrecht umsetzen, verfehlen.[7]

Für den Fall, dass ein Vorhaben einer Zulassung durch **mehrere Landesbehörden** bedarf, enthält das BBergG keine ausdrücklichen Regelungen. In solchen Fällen ist grundsätzlich § 31 anzuwenden. Nach § 31 Abs. 1 haben bei Vorhaben, die der Zulassung durch mehrere Landesbehörden bedürfen, die Länder eine **federführende Behörde** zu bestimmen, die zumindest für die in § 31 Abs. 2 aufgelisteten Aufgaben zuständig ist und denen die Länder weitere verfahrensrechtliche Zuständigkeiten übertragen können. 4

Nach § 31 Abs. 2 ist die federführende Behörde zumindest zuständig für die 5
- Feststellung der UVP-Pflicht (§ 5),
- Unterrichtung über den Untersuchungsrahmen (§ 15),
- Erarbeitung der zusammenfassenden Darstellung (§ 24),
- Benachrichtigung eines anderen Staates (§ 54),
- grenzüberschreitende Behördenbeteiligung (§ 55)
- und für die grenzüberschreitende Öffentlichkeitsbeteiligung (§ 56).

Zu berücksichtigen ist allerdings, dass auch der bergrechtliche Planfeststellungsbeschluss nach den §§ 75 Abs. 1 Satz 1 VwVfG, 57 Abs. 4a Satz 1 BBergG **Konzentrationswirkung** hat.[8] Von dieser Konzentrationswirkung sind grundsätzlich alle für das bergbauliche Vorhaben einschließlich notwendiger Folgemaßnahmen erforderlichen öffentlich-rechtlichen Zulassungsentscheidungen erfasst. Konzentriert werden z.B. baurechtliche, immissionsschutzrechtliche, denkmalrechtliche und forstrechtliche Zulassungen sowie ggf. erforderliche Befreiungs- und Ausnahmeentscheidungen (z.B. nach dem Naturschutzrecht). Der Planfeststellungsbeschluss erstreckt sich auch auf eine wasserrechtliche Planfeststellung soweit das planfeststellungsbedürftige Bergbauvorhaben einen Gewässerausbau nach § 68 WHG einbezieht. Dementsprechend bedarf es regelmäßig keiner Zulassung durch mehrere Landesbehörden. Das gilt auch mit Blick auf möglicherweise wasserrechtlich erlaubnispflichtige Benutzungstatbestände im Sinne von § 9 WHG. Wurden wasserrechtliche Fragen in einem gesonderten Erlaubnisverfahren einer abschließenden Entscheidung zugeführt, gehören diese regelmäßig nicht mehr zum Prüfungsprogramm eines zuzulassenden oder zugelassenen Betriebsplans.[9] **Wasserrechtliche Erlaubnisse** werden zwar durch die bergrechtliche Planfeststellung nicht ersetzt; sie müssen deshalb zusätzlich erteilt werden. Allerdings entscheidet nach § 19 Abs. 1 WHG die Planfeststellungsbehörde über die Erteilung der Erlaubnis, so dass auch insoweit keine Zulassung durch mehrere Landesbehörden erforderlich ist. Sieht ein bergrechtlicher Betriebsplan die Benutzung von Gewässern vor, so entscheidet nach § 19 Abs. 2 WHG die Bergbehörde über die Erteilung der 6

6 Siehe dazu *Wittmann,* in: Landmann/Rohmer, Umweltrecht, § 51 UVPG Rn. 7 ff.

7 *Wittmann,* in: Landmann/Rohmer, Umweltrecht, § 51 UVPG Rn. 8.

8 *Frenz,* in: Ziekow, Fachplanungsrecht, Rn. 41; der Zulassung des Hauptbetriebsplans kommt keine Konzentrationswirkung zu. Sie ist deswegen auch nicht von der Einholung weiterer, für die Gewinnungstätigkeit erforderlicher Erlaubnisse und Genehmigungen befreit. Deswegen kann sie das Abbauvorhaben hinsichtlich dieser weiteren erforderlichen Zulassungen auch nicht freigeben: OVG BB, Beschl. v. 05.05.2022 – OVG 11 S 7/22, KlimR 2022, 222; auch die Zulassung des fakultativen Rahmenbetriebsplans hat keine Konzentrationswirkung: OVG Sachsen, Beschl. v. 17.03.2016 – 3 B 31/16, juris Rn. 4; *Beckmann,* in: Stüer/Beckmann, Handbuch des Bau- und Fachplanungsrechts, Rn. 7314.

9 VG Cottbus, Urt. v. 24.01.2025 – 3 K 162/23, juris Rn. 39; zu wasserrechtlichen Rahmenbedingungen des Tonbergbaus *Baranski* UPR 2025, 51.

Erlaubnis.[10] Die parallele Erteilung der wasserrechtlichen Erlaubnis durch die Planfeststellungsbehörde kann mit dem Planfeststellungsbeschluss in einem Bescheid gefasst werden. Schon aus dem Wortlaut des § 19 Abs. 1 WHG ergibt sich nach der Rechtsprechung des BVerwG, dass sich die Zuständigkeit der planfeststellenden Bergbehörde für wasserrechtliche Erlaubnisse auf sämtliche mit dem planfestzustellenden Vorhaben verbundene Benutzungen eines Gewässers bezieht. Sie beschränkt sich, so das BVerwG, nicht auf bestimmte Benutzungen, aufgrund derer eine UVP für das Vorhaben durchzuführen ist.[11] Die Regelung knüpfe an das gesamte Vorhaben an, wenn mit ihm Gewässerbenutzungen verbunden seien, und übertrage die Zuständigkeit für alle diesbezüglichen wasserrechtlichen Erlaubnisse der für das Planfeststellungsverfahren zuständigen Behörde. Das bergrechtliche Planfeststellungsverfahren für einen UVP-pflichtigen, obligatorischen Rahmenbetriebsplan befasse sich seinerseits mit dem – wesentlich von dem Antrag des Bergbauunternehmens bestimmten – Gesamtvorhaben. Auch aus Sinn und Zweck der UVP-RL folge, dass ein Vorhaben für die Beurteilung der Umweltauswirkungen als Ganzes in den Blick genommen und Gegenstand des Verfahrens sein solle, wenn es einer Prüfung seiner Umweltverträglichkeit bedürfe. Deshalb sei ein obligatorischer Rahmenbetriebsplan nur für ein Bergbauvorhaben als Ganzes (**Gesamtvorhaben**) aufzustellen und in einem Planfeststellungsverfahren mit eingeschlossener UVP zuzulassen. Einem Planfeststellungsverfahren mit eingeschlossener UVP seien hingegen nicht gegenständlich oder zeitlich begrenzte Teilabschnitte eines Bergbauvorhabens unterworfen.[12]

7 Eine Ausnahme von der Konzentrationswirkung bestimmt § 57b Abs. 3 Satz 3 BBergG für planfeststellungspflichtige **Folgemaßnahmen**. Sind für Folgemaßnahmen nach anderen Vorschriften Planfeststellungen vorgesehen, so ist insoweit das Verfahren nach den anderen Vorschriften durchzuführen. In einer solchen Situation bedarf das Vorhaben einschließlich seiner Folgemaßnahmen einer Zulassung durch mehrere Landesbehörden. Für Vorhaben einschließlich notwendiger Folgemaßnahmen, die wegen ihrer räumlichen Ausdehnung oder zeitlichen Erstreckung in selbständigen Abschnitten oder Stufen durchgeführt werden, kann der Rahmenbetriebsplan nach § 52 Abs. 2a Satz 1 BBergG entsprechend den Abschnitten oder Stufen zugelassen werden, es sei denn, dass dadurch die erforderliche Einbeziehung der erheblichen Auswirkungen des gesamten Vorhabens auf die Umwelt ganz oder teilweise unmöglich wird (§ 52 Abs. 2b Satz 1 BBergG). Die Entscheidung, den Rahmenbetriebsplan gestuft oder abschnittsweise aufzustellen, liegt beim Unternehmen, das für die Aufstellung des Rahmenbetriebsplans verantwortlich ist.[13] Die Möglichkeit einer **Abschnitts- oder Stufenbildung** dient dazu, durch eine räumliche oder zeitliche Aufteilung die Zulassung des Rahmenbetriebsplans zu erleichtern und damit sowohl den Interessen des Unternehmers als auch der zuständigen Behörde, der die abschnittsweise oder gestufte Zulassung eines Rahmenbetriebsplans erheblich leichter fällt, wenn der räumlich umfassende, technisch komplexe und zeitlich lang gestreckte Verfahrensgegenstand aufgeteilt werden kann.[14] Unzulässig ist eine Abschnittsbildung nach § 52 Abs. 2b Satz 1 BBergG, wenn dadurch die erforderlichen Einbeziehungen der erheblichen Auswirkungen des gesamten Vorhabens auf die Umwelt ganz oder teilweise unmöglich werden. Mit dieser Regelung soll verhindert werden, dass bei der UVP der übergreifende und gesamthafte Ansatz dieser Prüfung aus dem Blick gerät. Ein Vorhaben, dass einer UVP bedarf, soll nur zugelassen werden, wenn in Kenntnis sämtlicher Umweltauswirkungen bestätigt werden kann, dass die gesetzlichen Zulassungsvoraussetzungen vorliegen.

---

10 BVerwG, Beschl. v. 04.07.2024 – 10 B 31.23, BeckRS 2024, 21177, Rn. 6; *Leidinger/Franken* NVwZ 2024, 365 (361).

11 BVerwG, Beschl. v. 04.07.2024 – 10 B 31.23, BeckRS 2024, 21177, Rn. 7.

12 BVerwG, Beschl. v. 04.07.2024 – 10 B 31.23, BeckRS 2024, 21177, Rn. 7; Beschl. v. 21.11.2005 – 7 B 26.05, ZfB 2006, 27 Rn. 16; *Piens*, in: Piens/Schulte/Graf Vitzthum, BBergG, § 52 Rn. 147.

13 OVG Saarland, Urt. v. 19.03.2025 – 2 C 152/24, juris Rn. 59.

14 *Beckmann*, in: Frenz, BBergG, § 52 Rn. 90; OVG Saarland, Urt. v. 19.03.2025 – 2 C 152/24, juris Rn. 59.

Nach § 52 Abs. 2a Satz 1 BBergG ist die **Aufstellung eines Rahmenbetriebsplans** zu verlangen und für dessen Zulassung ein **Planfeststellungsverfahren** nach Maßgabe der §§ 57a und 57b BBergG durchzuführen, wenn ein Vorhaben gem. der Verordnung nach § 57c BBergG i.V.m. den Vorschriften der §§ 4–14 einer UVP bedarf. Nach § 52 Abs. 2c BBergG muss ein Rahmenbetriebsplan auch für **wesentliche Änderungen** eines UVP-pflichtigen Vorhabens verlangt und zu dessen Zulassung ein Planfeststellungsverfahren durchgeführt werden.[15] 8

Mit der Einführung der UVP im Bergbau kam der Gesetzgeber seiner Umsetzungsverpflichtung aus der UVP-RL nach.[16] Die entscheidende Rolle bei der Umsetzung spielen weiterhin die geänderten oder mit der Bergrechtsnovelle 1990 ursprünglich eingefügten und zuletzt durch das Gesetz zur Modernisierung des Rechts der Umweltverträglichkeitsprüfung 2017 geänderten Vorschriften des BBergG, namentlich § 52 Abs. 2–2c BBergG, und § 57a–57c BBergG, sowie die auf der Grundlage des § 57c BBergG ergangene Verordnung über die UVP bergbaulicher Vorhaben (UVP-V Bergbau).[17] 9

Mit diesen Regelungen sollte dem bergrechtlichen Betriebsplanzulassungsverfahren herkömmlicher Art ein dem Bergbau bis dahin fremdes »fachplanerisches Zulassungsverfahren« an die Seite gestellt werden.[18] Die Entscheidung des Gesetzgebers für die Verankerung der UVP in einem bergrechtlichen Planfeststellungsverfahren sollte vor allem der Erkenntnis Rechnung tragen, dass bergbauliche Vorhaben raum- und umweltbedeutsame Auswirkungen entfalten, deren Komplexität nur in einem formalisierten, auf den Ausgleich unterschiedlicher Interessen und Belange ausgerichteten Entscheidungsprozess unter Beteiligung der Öffentlichkeit bewältigt werden kann. In dieser Hinsicht unterscheiden sich bergbauliche Vorhaben nicht von anderen raumbeanspruchenden Großvorhaben, für die sich die Planfeststellung als Zulassungsverfahren bewährt hat. 10

Die Bezeichnung des Zulassungsverfahrens als Planfeststellungsverfahren, obwohl der zuständigen Behörde kein Ermessen und schon gar nicht das Recht zu einer planerischen Abwägung eingeräumt wird, ist allerdings unbefriedigend, weil die bergrechtliche Planfeststellung zwar hinsichtlich des Verfahrens, nicht jedoch hinsichtlich des Entscheidungsprogramms der Planfeststellungsbehörde mit der Planfeststellung des Fachplanungsrechts vergleichbar ist.[19] Der bergrechtliche Rahmenbetriebsplan wird im Unterschied zu sonstigen Planfeststellungsbeschlüssen nicht aufgrund einer fachplanerischen Abwägungsentscheidung zugelassen.[20] 11

Nicht unproblematisch ist außerdem die Entscheidung des Gesetzgebers, das Verfahren für die Zulassung des Rahmenbetriebsplans als Trägerverfahren für die UVP einzusetzen. Denn der Rahmenbetriebsplan wird für einen längeren Zeitraum aufgestellt und zu einem Zeitpunkt zugelassen, zu dem jedenfalls bei untertägigen Betrieben detaillierte Erkenntnisse über Umweltauswirkungen des 12

---

15 Zur UVP für Bergwerke siehe *Dammert/Brückner* ZUR 2023, 30; *Beckmann*, in: Stüer/Beckmann, Handbuch des Bau- und Fachplanungsrechts, Rn. 7318; *von Weschpfennig*, Strukturen des Bergrechts, S. 298 ff.

16 Zur Entstehungsgeschichte und zu unionsrechtlichen Vorgaben siehe *von Weschpfennig*, Strukturen des Bergrechts, S. 298 ff.; *Wittmann*, in: Landmann/Rohmer, Umweltrecht, § 51 UVPG Rn. 3 ff.; zu Möglichkeiten der Flexibilisierung des Systems bergrechtlicher Zulassungen *Beckmann/Wittmann* DVBl 2021 137.

17 Weitere erhebliche Änderungen des BBergG sind im Zusammenhang mit der Umsetzung der Novelle der IE-RL zu erwarten, die bis Mitte 2026 erforderlich ist. Die novellierte IE-RL schließt erstmalig bestimmte bergbauliche Tätigkeiten in ihren Geltungsbereich ein. Das noch geltende BBergG genügt nicht vollständig den Anforderungen der novellierten IE-RL an die Gewinnung und Aufbereitung bestimmter Bodenschätze. Deshalb soll mit einem neuen § 57f BBergGE und teilweise auch – wo es ohne eine Dopplung des Zulassungsverfahrens möglich ist – durch Verweise auf bestehende, vor allem materiellrechtliche, nationale Normen des Immissionsschutzes ein adäquater Regelungsrahmen neu geschaffen werden. Geplant sind besondere Maßgaben für die Zulassung von Betriebsplänen von Vorhaben, die dem Geltungsbereich der IE-RL unterliegen.

18 Umfassend hierzu *Niermann,* Betriebsplan und Planfeststellung im Bergrecht.

19 *Frenz*, in: Ziekow, Fachplanungsrecht, § 21, Rn. 43; *Frenz,* Bergrecht und nachhaltige Entwicklung, S. 82; *Kühne* DVBl 2006, 662 (664 f.).

20 BVerwG, Urt. v. 30.03.2017 – 7 C 17.15, juris Rn. 37.

Vorhabens an der Oberfläche noch nicht oder jedenfalls nicht vollständig vorliegen.[21] Soweit die These von den »besonderen **Sachgesetzlichkeiten des Bergbaus**« Abstriche an dem Umfang der Umweltprüfung rechtfertigen soll, sollte diese aufgegeben oder zumindest einschränkend interpretiert werden.[22] Bei einem Vergleich mit den Anforderungen an eine umfassende UVP-Pflicht für eine Nassauskiesung nach § 68WHG ist es kaum plausibel, warum ein bergrechtlich zuzulassender Tagebau demgegenüber nur eine inhaltlich eingeschränkte UVP erfordert, nämlich eine zwar frühzeitige, an die Zulassung eines Rahmenbetriebsplans anknüpfende, aber mit Blick auf den lediglich rahmensetzenden Charakter einer solchen Rahmenbetriebsplanung nur überschlägigen und auf späteren Verfahrensstufen, insbesondere bei der Zulassung der den Abbau freigebenden Hauptbetriebsplanzulassung, nicht mehr ergänzten UVP. Besondere Sachgesetzlichkeiten des Bergbaus mögen, wenn überhaupt, für den noch verbleibenden untertägigen Bergwerksbetrieb gelten, bei Tagebauen ist eine darauf gestützte Differenzierung zwischen bergrechtlich zulassungsbedürftigen und wasserrechtlich oder abgrabungsrechtlich zuzulassenden Gewinnungsbetrieben mit Blick auf eine UVP kaum plausibel.[23] Bei der Verabschiedung des Gesetzes zur Modernisierung des Rechts der Umweltverträglichkeitsprüfung im Jahr 2017 hat der Gesetzgeber an dieser grundsätzlichen Systematik jedoch festgehalten. Ob ausnahmsweise auch für die **Zulassung eines Hauptbetriebsplans** oder eines Abschlussbetriebsplans eine UVP erforderlich werden kann, war umstritten.[24] Nach der Rechtsprechung des BVerwG kann auch die Zulassung eines Hauptbetriebsplans UVP-pflichtig sein. Nicht bestehen soll eine UVP- oder Vorprüfungspflicht bei der Zulassung eines Hauptbetriebsplanes, wenn die beanspruchte Abbaufläche bereits Gegenstand eines planfestgestellten obligatorischen Rahmenbetriebsplans war.[25] Bei einer UVP-Pflicht für die Zulassung von Hauptbetriebsplänen ist zu bedenken, dass nach § 52 Abs. 1 Satz 1 BBergG Hauptbetriebspläne für die Errichtung und Führung eines Betriebes für einen zwei Jahre nicht überschreitenden Zeitraum aufzustellen sind. Nach § 52 Abs. 1 Satz 3 BBergG in der seit dem 23.12.2025 geltenden Fassung soll die zuständige Behörde zwar abweichend davon eine längere Befristung von mindestens vier und höchstens acht Jahren zulassen, wenn ihr eine Kontrolle des Betriebes auch bei einer längeren Laufzeit möglich ist. Für den Aufwand einer UVP sind aber auch das noch unpraktikabel kurze Geltungsdauern.

13 Die Vorschriften über die Durchführung einer UVP waren nach der früheren Rechtsprechung zum Bergrecht nicht drittschützend.[26] Nach § 2 Abs. 1 UmwRG können anerkannte **Umweltverbände** jedoch, ohne eine Verletzung in eigenen Rechten geltend machen zu müssen, **Rechtsbehelfe** nach

---

21 Siehe OVG NRW, Urt. v. 20.08.2009 – 11 A 456.06, juris Rn. 39; BVerwG, Urt. v. 12.12.2006 – 7 C 1.06, BVerwGE 127, 259 zu den Anforderungen an die einzureichenden Unterlagen, die sich aus dem eingeschränkten Prüfungsumfang der bergrechtlichen Planfeststellung ergeben.

22 *Beckmann*, in: Stüer/Beckmann, Handbuch des Bau- und Fachplanungsrechts, Rn. 7320; *Beckmann* DVBl. 2023, 449 (452); verständnisvoller gegenüber diesen sogenannten besonderen Sachgesetzlichkeiten des Bergbaus ist allerdings *von Weschpfennig*, Strukturen des Bergrechts, 5 ff.

23 *Beckmann*, in: Stüer/Beckmann, Handbuch des Bau- und Fachplanungsrechts, Rn. 7320; *Beckmann* DVBl. 2023, 449 (452).

24 Verneinend VG Darmstadt, Beschl. v. 26.11.2015 – 7 L 1775/15.DA, juris Rn. 18 ff.; BVerwG, NVwZ 2002, 1237; siehe aber auch OVG Lüneburg, Beschl. v. 21.10.2008 -7 ME 170/07, NuR 2009, 58; Beschl. v. 24.09.2013 – 7 LA 21/10 juris; OVG Koblenz, Beschl. v. 06.02.2013 – 1 B 11266/12, UPR 2013, 233.

25 BVerwG, Urt. v. 06.10.2022 – 7 C 5/21, juris Rn. 14; VGH Kassel, Urt. v. 17.02.2021 – 2 A 1800/16, juris Rn. 38; VG Köln, Beschl. v. 20.10.2023 – 14 L 1604/23, juris Rn. 23; VG Neustadt, Urt. v. 13.03.2024 – 5 K 564/23, juris Rn. 53.

26 VG Lüneburg, Beschl. v. 14.04.2011 – 2 B 12/11, juris Rn. 60 ff.; OVG Lüneburg, Beschl. v. 21.10.2008 – 7 ME 170/07, NuR 2009, 58; OVG Saarland Beschl. v. 22.11.2007 – 2 B 18107, ZfB 2008, 270; OVG NRW, Urt. v. 02.03.2006 – 11 A 1752/04, juris; OVG NRW, Urt. v. 27.10.2005 – 11 A 1751/04, ZfB 2006, 32; so bislang allg. zum UVP-Recht auch BVerwG, Urt. v. 08.06.1995 – 4 C 4.94, BVerwGE 98, 339 (361); BVerwG, Beschl. v. 05.11.2002 – 9 VR 14.02, NVwZ 2003, 207; OVG NRW, Beschl. v. 07.04.2004 – 22 B 1288/03, NVwZ-RR 2004, 408; OVG Lüneburg, Beschl. v. 07.01.2004 – 22 B 1288/03, NVwZ-RR 2004, 408; s.a. *Scheidler* NVwZ 2005, 863 ff.

Maßgabe der VwGO auch gegen bergrechtliche Planfeststellungsbeschlüsse einlegen, wenn die Vereinigung geltend macht, dass der Planfeststellungsbeschluss oder dessen Unterlassen Rechtsvorschriften, die für die Entscheidung von Bedeutung sein können, widerspricht. Weitere Voraussetzung für den Erfolg einer Umweltverbandsklage ist nach § 2 Abs. 1 Nr. 2 UmwRG, dass der Umweltverband geltend macht, in seinem satzungsgemäßen Aufgabenbereich der Förderung der Ziele des Umweltschutzes durch den bergrechtlichen Planfeststellungsbeschluss oder dessen Unterlassen berührt zu sein.[27] Dementsprechend sind die Klagemöglichkeiten von Umweltverbänden zwar nicht mehr auf die Rüge der Verletzung von Vorschriften, die dem Umweltschutz dienen, beschränkt. Mit der Einschränkung, dass der satzungsgemäße Aufgabenbereich der Förderung der Ziele des Umweltschutzes durch die Entscheidung oder deren Unterlassung berührt sein muss, wird aber sichergestellt, dass nicht jeglicher Rechtsverstoß von den Umweltverbänden gerügt werden kann.

Die Aufhebung eines bergrechtlichen Planfeststellungsbeschlusses kann auch von materiell-rechtlich 14
betroffenen **privaten Klägern** nach § 4 Abs. 1 Satz 1 UmwRG verlangt werden, wenn eine erforderliche UVP oder eine erforderliche Vorprüfung des Einzelfalls zur Feststellung der UVP-Pflichtigkeit weder durchgeführt noch nachgeholt worden ist, wenn eine erforderliche Öffentlichkeitsbeteiligung im Sinne von § 18 weder durchgeführt noch nachgeholt worden ist oder ein anderer Verfahrensfehler vorliegt, der nicht geheilt worden ist, nach seiner Art und Schwere mit den in den Nummern 1 und 2 genannten Fällen vergleichbar ist und der betroffenen Öffentlichkeit die Möglichkeit der gesetzlich vorgesehenen Beteiligung am Entscheidungsprozess genommen hat.

C. UVP-Pflichtige Vorhaben des Bergbaus

Der Kreis der UVP-pflichtigen Vorhaben des Bergbaus ergibt sich aus § 1 UVP-V-Bergbau. § 1 15
Satz 1 Nr. 1–8a und Nr. 10 UVP-V-Bergbau listen dazu einen umfangreichen Katalog betriebsplanpflichtiger Vorhaben auf. Hinzu kommen nach § 1 Satz 1 Nr. 9 UVP-V-Bergbau sonstige betriebsplanpflichtige Vorhaben einschließlich der zur Durchführung bergbaulicher Vorhaben erforderlichen betriebsplanpflichtigen Maßnahmen, soweit diese Vorhaben oder Maßnahmen als solche nach Maßgabe der Anlage 1 des UVPG der Umweltverträglichkeitsprüfung bedürfen und ihrer Art oder Gruppe nach nicht unter die Nr. 1–8 des § 1 Satz 1 UVP-V-Bergbau fallen.[28]

Aus der Anlage 1 des UVPG ergeben sich verschiedene Anknüpfungspunkte für eine UVP-Pflicht 16
bergbaulicher Vorhaben. Nach Nr. 15.1 des Anh. zum UVPG sind bergbauliche Vorhaben, einschließlich der zu ihrer Durchführung erforderlichen betriebsplanpflichtigen Maßnahmen der Anlage nur nach Maßgabe der aufgrund § 57c Nr. 1 erlassenen Rechtsverordnung UVP-pflichtig. Eine UVP-Pflicht ergibt sich nach Nr. 15.2 der Anlage 1 des UVPG für die Errichtung, den Betrieb und die Stilllegung von Kohlendioxidspeichern. Daneben enthält insbesondere auch Nr. 1 der Anlage 1 zum UVPG bergbauliche Vorhaben, die über § 1 Satz 1 Nr. 9 UVP-V-Bergbau UVP-pflichtig sein können, die allerdings nicht vollständig von dem Katalog des § 1 der UVP-V Bergbau erfasst werden. Die UVP-Pflichtigkeit der bergbaulichen Anlagen nach Nr. 15.1 Anlage 1 bemisst sich ausschließlich nach der UVP-V Bergbau. Bergbauliche Vorhaben, die nicht in der UVP-V Bergbau aufgelistet sind, sind auch nicht UVP-pflichtig.[29] § 1 UVP-V Bergbau knüpft an das jeweils konkrete Vorhaben unabhängig davon an, welcher Betriebsplan für das Vorhaben zuzulassen ist.[30]

---

27 OVG NRW, Beschl. v. 28.01.2025 – 21 B 11/25.AK, juris Rn. 5; zur Verbandsklage ausführlicher *Lau*, Verbandsklage, in: Hoppenberg/de Witt, Handbuch des öffentlichen Baurechts, Kap VIII, Stand: 6/2025.

28 Ausführlicher zum Verhältnis der Anlage 1 des UVPG zu § 1 UVP-V Bergbau *Wittmann*, in: Landmann/Rohmer, Umweltrecht, § 51 UVPG Rn. 15 ff.

29 Siehe z.B. für die nicht UVP-pflichtige Erkundung der Eignung eines Salzstocks für Zwecke eines Endlagers für radioaktive Stoffe VG Lüneburg, Beschl. v. 14.04.2011 – 2 B 12/11, juris Rn. 68.

30 OVG Lüneburg, Beschl. v. 21.10.2008 – 7 ME 170/07, juris Rn. 32; zur Erforderlichkeit einer UVP im Zusammenhang mit der Stilllegung eines bergbaulichen Vorhabens *Beckmann* Rechtliche Rahmenbedingungen der Abschlussbetriebsplanung, in: Kühne/Ehricke (Hrsg.), Bergrecht zwischen Tradition und Moderne, S. 174, 184 ff.

I. § 1 UVP-V-Bergbau

17 § 1 UVP-V Bergbau unterscheidet nach verschiedenen betriebsplanpflichtigen Vorhaben, für die Schwellenwerte oder andere Kriterien festgelegt werden. Zu den UVP-pflichtigen Vorhaben zählen – bei Vorliegen im Einzelnen bestimmter Kriterien oder bei Überschreitung festgelegter Schwellenwerte – die Gewinnung von Bodenschätzen (Steinkohle, Braunkohle, bituminösen Gesteinen, Erzen und sonstigen nicht energetischen Bodenschätzen) einschließlich der hierzu erforderlichen Betriebsanlagen und Betriebseinrichtungen im Tiefbau und im Tagebau (Nr. 1), die Gewinnung von Erdöl und Erdgas zu gewerblichen Zwecken (Nr. 2), die Aufsuchung und Gewinnung von Erdöl und Erdgas durch Aufbrechen von Gestein unter hydraulischem Druck, einschließlich der zugehörigen Tiefbohrungen einschließlich wissenschaftlicher Erprobungsmaßnahmen (Nr. 2 a), die Aufsuchung von Erdöl und Erdgas durch Explorationsbohrungen und Gewinnung von Erdöl und Erdgas mit Errichtung und Betrieb von Förderplattformen im Bereich der Küstengewässer und das Festlandsockels (Nr. 2 b), die Entsorgung oder Beseitigung einschließlich Versenkbohrungen, der bei der Aufsuchung und Gewinnung von Erdgas und Erdöl aus der Lagerstätte nach über Tage geförderten Flüssigkeiten geogenen Ursprungs (Lagerstättenwasser), soweit ihre Umweltauswirkungen nicht bereits im Rahmen von Vorhaben nach den Nr. 2, 2a, 2b geprüft wurden (Nr. 2c), Halden mit einem Flächenbedarf von 10 ha oder mehr (Nr. 3), Schlammlagerplätze und Klärteiche mit einem Flächenbedarf von 5 ha oder mehr (Nr. 4), Abfallentsorgungseinrichtungen der Kategorie A gem. Anh. III der Richtlinie 2006/21/EG des Europäischen Parlaments und des Rates vom 15.03.2006 über die Bewirtschaftung von Abfällen aus der mineralgewinnenden Industrie und zur Änderung der Richtlinie 2004/35/EG (Nr. 4a), der Bau von Bahnstrecken für Gruben- und Grubenanschlussbahnen mit den dazugehörigen Betriebsanlagen aufgrund einer allgemeinen Vorprüfung des Einzelfalls (Nr. 5), Wassertransportleitungen zum Fortleiten von Wässern aus der Tagebauentwässerung oder Leitungen zum Fortleiten von salzhaltigen Wässern aus der Gewinnung und Aufbereitung von Kali- und Steinsalz einschließlich solcher aus Kalihalden, die den Bereich des Betriebsgeländes überschreiten, mit einer Länge von 25km oder mehr außerhalb des Betriebsgeländes aufgrund einer allgemeinen Vorprüfung des Einzelfalls sowie mit einer Länge von 2 km bis weniger als 25 km außerhalb des Betriebsgeländes aufgrund einer standortbezogenen Vorprüfung des Einzelfalls (Nr. 6), Untergrundspeicher für Erdgas mit einem Fassungsvermögen von 1.000.000.000 m^3 oder mehr aufgrund einer allgemeinen Vorprüfung des Einzelfalls oder mit einem Fassungsvermögen von 100.000.000 m^3 bis weniger als 1.000.000.000 m^3 aufgrund einer standortbezogenen Vorprüfung des Einzelfalls sowie Untergrundspeicher für Erdöl, petrochemische oder chemische Erzeugnisse mit einem Fassungsvermögen von 200.000 t oder mehr, oder 50.000 t bis weniger als 200.000 t aufgrund einer allgemeinen Vorprüfung des Einzelfalls oder mit einem Fassungsvermögen von 10.000 t bis weniger als 50.000 t aufgrund einer standortbezogenen Vorprüfung des Einzelfalls (Nr. 6), die Errichtung und der Betrieb einer Anlage zur Sicherstellung oder Endlagerung radioaktiver Stoffe im Sinne von § 126 Abs. 3 (Nr. 7), Tiefbohrungen ab 1000 m Teufe zur Gewinnung von Erdwärme in Naturschutzgebieten nach § 23 BNatSchG oder in Natura-2000-Gebieten nach § 7 Abs. 1 Nr. 8 BNatSchG (Nr. 8) sowie Tiefbohrungen zu Aufsuchung und Gewinnung von Erdwärme mit Aufbrechen von Gestein unter hydraulischen Druck, es sei denn, es werden keine wassergefährdenden Gemische eingesetzt und das Vorhaben liegt nicht in einer Erdbebenzone 1–3 nach DIN EN 1998 Teil 1, Ausgabe Januar 2011, sonstige betriebsplanpflichtige Vorhaben einschließlich der zur Durchführung bergbaulicher Vorhaben erforderlichen betriebsplanpflichtigen Maßnahmen, soweit diese Vorhaben oder Maßnahmen als solche nach Maßgabe der Anl. 1 (Liste »UVP-pflichtige Vorhaben«) zum UVPG der Umweltverträglichkeitsprüfung bedürfen und ihrer Art oder Gruppe nach nicht unter die Nr. 1–8 fallen (Nr. 9) sowie schließlich nicht von den Nr. 1–9 erfasste Tiefbohrungen ab 1000 m Teufe zur Gewinnung von Bodenschätzen aufgrund einer allgemeinen Vorprüfung des Einzelfalls oder zu Aufsuchung von Bodenschätzen aufgrund einer standortbezogenen Vorprüfung des Einzelfalls.[31]

---

31 Zur UVP-Pflicht bzw. Vorprüfungspflicht für Tiefengeothermiebohrungen *Leidinger/Franken* NVwZ 2024, 367 (361).

Bei Vorprüfungen nach § 1 Satz 1 Nr. 2 b und Nr. 10 sind auch Erdbebenzonen 1–3 nach DIN EN 1998 Teil 1, Ausgabe Januar 2011 zu berücksichtigen.

Für § 1 Nr. 1 b) dd) UVPV-Bergbau (Tagebau mit einer Größe der beanspruchten Abbaufläche von mehr als 10 ha bis weniger als 25 ha auf Grund einer allgemeinen Vorprüfung nach den Vorschriften des Teils 2 Abschnitt 1 des UVPG) hat der VGH München entschieden, dass es bei einem Erweiterungsvorhaben für die Prüfung des Schwellenwertes einer UVP-Vorprüfung auf die Abbaufläche des Gesamtvorhabens und nicht nur auf die Erweiterungsfläche ankommt und zwar auch dann, wenn Teile des Gesamtvorhabens nach Durchführung der in einem Abschlussbetriebsplan dafür vorgesehenen Abschlussmaßnahmen aus der Bergaufsicht nach § 69 Abs. 2 BBergG entlassen sind.[32] Der Beschluss des VGH München trifft rechtsgrundsätzliche Aussagen zur Feststellung der UVP-Vorprüfungspflicht, die über den Bereich der bergbaulichen Vorhaben hinaus von Bedeutung sind, weil auch die Betriebsbereiche anderer Vorhaben sich auf bereits stillgelegte Teilflächen beziehen können.[33] Zur Begründung führt der VGH München aus, die Notwendigkeit auf das Gesamtvorhaben abzustellen, folge aus dem bergrechtlichen Vorhabenbegriff. Nach dem Wortlaut könne der Vorhabenbegriff, der § 1 Satz 1 Nr. 1 lit. b) dd) UVP-V Bergbau zugrunde liege, zwar an sich sowohl auf das Gesamtvorhaben, als auch auf einzelne gegenständlich oder zeitlich begrenzte Teilabschnitte bezogen sein. Es sei aber zu berücksichtigen, dass in der Verordnung von der Größe der (vom Vorhaben) »beanspruchten Abbaufläche« die Rede sei und nicht von der »aktuellen« oder der »aktuell beanspruchten« Fläche. Der Vorhabenbegriff zwinge von seinem Wortlaut her somit keineswegs dazu, allein auf den aktuellen Umfang der Abbaufläche abzustellen. Entstehungsgeschichte sowie Sinn und Zweck der einschlägigen bergrechtlichen Bestimmungen sprächen für ein weites Verständnis im Sinne eines Gesamtvorhabens.[34] Ziel des Gesetzgebers sei es, die gesamten Auswirkungen auf die Umwelt zu erfassen sowie zu bewerten, nicht nur einzelne Teilaspekte, was es erfordere, das Vorhaben als Ganzes in den Blick zu nehmen. Nur dieses Verständnis entspreche dem Sinn und Zweck der UVP-RL. Andernfalls bestünde die Gefahr, einer Umgehung der UVP-Pflicht bzw. der Verpflichtung zur Vorprüfung des Einzelfalls. Nach der Rechtsprechung des EuGH sollten auch zeitlich versetzte Verwirklichungen von Teilprojekten erfasst werden. Auch die Systematik des BBergG spreche für diese Auslegung. § 52 Abs. 2a und Abs. 2b BBergG sähen nur ausnahmsweise und unter besonderen Voraussetzungen vor, eine UVP in mehreren Schritten vorzunehmen. Auch daraus sei zu schließen, dass mit Vorhaben im Grundsatz das Gesamtvorhaben gemeint sei.[35] Es spiele auch keine Rolle, ob eine Abbaufläche bereits aus der Bergaufsicht entlassen worden sei. Die Frage, ob alle Teilflächen noch dem gefahrenabwehrrechtlichen Sonderregime der Bergaufsicht unterstellt werden müssten, sei von der hier maßgeblichen Fragestellung zu trennen, welche Flächen bei der Ermittlung der aus umweltrechtlicher Sicht festgelegten Schwellenwerte in § 1 Satz 1 Nr. 1 lit. b) dd) UVP-V Bergbau einzubeziehen seien, nach denen sich die Pflicht zur Durchführung einer UVP und einer allgemeinen Vorprüfung des Einzelfalls nach dem UVP-Gesetz richte. Maßgeblich für das Ende der Bergaufsicht sei § 69 Abs. 2 BBergG. Danach ende diese nach der Durchführung des Abschlussbetriebsplans oder entsprechender Anordnungen der zuständigen Behörde zu dem Zeitpunkt, in dem nach allgemeiner Erfahrung nicht mehr damit zu rechnen sei, dass durch den Betrieb Gefahren für Leben und Gesundheit Dritter, für andere Bergbaubetriebe und für Lagerstätten, deren Schutz im öffentlichen Interesse liege, oder gemeinschädliche Einwirkungen eintreten würden. Rechtsfolge sei die Änderung des anwendbaren Rechts sowie der Behördenzuständigkeit. Ziel der Berg- 18

32 VGH München, Beschl. v. 27.03.2019 – 8 CS 18.2398, juris Rn. 35; kritisch *Wittmann*, in: Landmann/Rohmer, Umweltrecht, 2022, § 51 UVPG Rn. 19.

33 Siehe dazu *Neumann*, in: juris PR-UmwR 6/2019, Anm. 3.

34 VGH München, Beschl. v. 27.03.2019 – 8 CS 18.2398, juris Rn. 35 unter Verweis auf BVerwG, Beschl. v. 21.11.2015 – 7 B 26.05, juris Rn. 15.

35 VGH München, Beschl. v. 27.03.2019 – 8 CS 18.2398, juris Rn. 35 unter Verweis auf BVerwG, Urt. v. 12.6.2002 – 7 C 2.02, NVwZ 2002, 1237; OVG NRW, Urt. v. 17.12.2004 – 21 A 102/00, NuR 2005, 416.

aufsicht sei es, die Erfüllung der Betriebsplanpflichten des Bergbaubetreibenden durch die Fachbehörde zu kontrollieren. Mit dem Abschlussbetriebsplan treffe das Bergamt aufgrund seiner speziellen Kenntnisse eine Prognoseentscheidung über die Gefährlichkeit des stillzulegenden Bergwerks bzw. der stillzulegenden Teile und über die Notwendigkeit, Maßnahmen zur ordnungsgemäßen Abwicklung des Betriebs treffen zu können. Die Behörde zeige damit lediglich, dass sie im Weg einer Prognose davon ausgehe, dass eine gesteigerte Gefahr, die eine gesonderte bergrechtliche Überwachung bisher erforderlich gemacht habe, nicht mehr vorliege. Aufgrund dieser im Wesentlichen sicherheitsrechtlichen Ausrichtung der Bergaufsicht könne nicht davon ausgegangen werden, dass der Vorhabenbegriff des § 52 Abs. 2a BBergG durch die Entlassung einzelner Abbauflächen modifiziert werde. Dem VGH München wird mit Recht entgegengehalten, bereits aus der Bergaufsicht entlassenen Flächen unterlägen keiner Betriebsplanpflicht mehr und könnten daher auch nicht Teil eines betriebsplanpflichtigen Vorhabens sein, für das die UVP-Pflicht nach § 51 und nach § 52 Abs. 2a BBergG, § 1 UVP-V Bergbau bestehen könne. Insoweit diene auch das Begriffsverständnis des VGH München nicht der Sicherstellung der umfassenden Betrachtung der Umweltauswirkungen und der Verhinderung einer »Salamitaktik«. Denn hinsichtlich der aus der Bergaufsicht entlassenen Flächen sei der Abschlussbetriebsplan vollständig abgearbeitet, so dass von dem Betrieb insoweit keine regelungsbedürftigen Umweltauswirkungen mehr ausgehen würden. Deshalb sei es nicht plausibel, die aus der Bergaufsicht entlassenen Flächen mit der Begründung in die Berechnung des Schwellenwertes einzubeziehen, dass die gesamten Auswirkungen des Vorhabens auf die Umwelt erfasst und bewertet werden müssten. Tatsächlich könnten in der UVP, wenn sie denn für das Erweiterungsvorhaben durchgeführt wird, gar keine Umweltauswirkungen der längst eingestellten Abbau- und Rekultivierungshandlungen auf den aus der Bergaufsicht entlassenen Flächen mehr erfasst und bewertet werden.[36] Die Kritik ist berechtigt; ihr ist nichts hinzuzufügen.

19 Der VGH Kassel erläutert, dass sich die Frage, ob ein Änderungsvorhaben eine UVP-Pflicht für das gesamte Vorhaben auslöst, nicht allein nach den dadurch insgesamt bedingten Umweltauswirkungen richtet, sondern vom Inhalt bisheriger Zulassungsentscheidungen abhängig ist. Bereits Zugelassenes bedürfe keiner erneuten Zulassung. Dem stehe auch nicht entgegen, dass einzelne Rekultivierungsaufgaben des bereits genehmigten Vorhabens noch nicht durchgeführt worden seien. Für solche noch nicht abgeschlossenen Rekultivierungen bedürfe es nämlich keiner erneuten UVP, da sie Gegenstand der vorangegangenen Planfeststellungsbeschlüsse gewesen seien. Das sei selbst dann nicht anders zu beurteilen, wenn hieraus weitere Umweltauswirkungen resultieren sollten, die in den dort zugrundeliegenden Umweltverträglichkeitsuntersuchungen (noch) nicht berücksichtigt werden konnten. Noch fortbestehende Umweltauswirkungen des Grundvorhabens seien bei der Betrachtung der Umweltauswirkungen eines Erweiterungsvorhabens nur als Vorbelastungen zu berücksichtigen. Dies entspreche auch höchstrichterlicher Rechtsprechung. Das BVerwG habe dazu ausgeführt, dass ein Vorhaben für die Beurteilung der Umweltauswirkungen zwar als Ganzes in den Blick genommen und als Ganzes Gegenstand des Verfahrens sein solle, wenn es einer Prüfung seiner Umweltverträglichkeit bedürfe, da bei allen technischen Planungen und Entscheidungen die Auswirkungen auf die Umwelt so früh wie möglich berücksichtigt werden sollten. Dem widerspreche es aber, wenn die bloße Fortführung bereits teilweise durchgeführter Vorhaben im Nachhinein einer Umweltverträglichkeitsprüfung und einem Planfeststellungsverfahren unterworfen würde.[37] **Teilabschnitte eines Tagebaus** bedürfen demnach auch dann keiner (erstmaligen) Planfeststellung mit eingeschlossener UVP, wenn sie Teil eines Gesamtvorhabens sind, das vor Inkrafttreten der UVP-RL zwar nicht genehmigt, wohl aber tatsächlich begonnen und bereits teilweise ausgeführt worden war. Der fakultative Rahmenbetriebsplan stellt zwar ein behördliches, die bergbaulichen Maßnahmen begleitendes Kontrollinstrument dar, das der Bergbehörde ermöglicht, die längerfristige Entwicklung

36 *Wittmann,* in: Landmann/Rohmer, Umweltrecht, 2022, § 51 Rn. 19; *Neumann,* in: juris PR-UmwR 6/2019, Anm. 3.

37 VGH Kassel, Urt. v. 17.02.2021 – 2 A 698/16, juris Rn. 56 ff. unter Verweis auf BVerwG, Beschl. v. 21.11.2005 – 7 B 26.05, juris Rn. 15.

des Betriebs zu überblicken und dafür einen Rahmen abzustecken. Es umfasst aber nicht die nachträgliche förmliche Genehmigung eines bereits teilweise durchgeführten Vorhabens.

II. Bergbauliche Vorhaben nach Nr. 1 der Anlage 1 zum UVPG

20 Im Kapitel Nr. 1 (Wärmeerzeugung, Bergbau und Energie) listet die Anlage 1 des UVPG die Errichtung und den Betrieb von Anlagen zur Erzeugung von Strom, Dampf, Warmwasser, Prozesswärme oder erhitztem Abgas, von Verbrennungsmotoranlagen sowie von Anlagen zum Brikettieren von Braun- oder Steinkohle, zur Trockendestillation von Steinkohle oder Braunkohle (z.B. Kokerei, Gaswerk, Schwelerei), zur Vergasung oder Verflüssigung von Kohle oder bituminösen Schiefer, zur Abscheidung von Kohlendioxid zu dauerhaften Speicherung auf.

21 Ob ein Vorhaben, das unter Nr. 1 der Anlage zum UVPG aufgelistet ist, ein bergrechtlich betriebsplanpflichtiges Vorhaben ist, für das nach § 1 Nr. 9 der UVP-V Bergbau eine Umweltverträglichkeitsprüfung durchzuführen ist, hängt davon ab, ob es sich bei dieser Anlage um eine Einrichtung handelt, die überwiegend einer der in § 2 Abs. 1 Nr. 1 BBergG bezeichneten Tätigkeiten (Aufsuchen, Gewinnen und Aufbereiten von bergfreien und grundeigenen Bodenschätzen) dient bzw. zu dienen bestimmt ist (§ 2 Abs. 1 Nr. 3 BBergG).[38]

22 Der **Begriff des Dienens** ist nach dem Sinn und Zweck der Vorschrift, den Bergbaubetrieb als **ökonomisch-technische Funktionseinheit** umfassend dem Sonderregime des Bergrechts zu unterwerfen, funktional auszulegen.[39] Zwischen dem Zweck der Einrichtung und der Bergbautätigkeit muss ein unmittelbares Zuordnungs- und Abhängigkeitsverhältnis bestehen. Eine lediglich mittelbare Nutzenrelation zum bergbaulichen Betrieb reicht ebenso wenig aus wie ein bloßes – gewissermaßen zufälliges – Zusammenfallen der Einrichtung bei Gelegenheit der Bergbautätigkeit.[40] § 2 Abs. 1 Nr. 3 BBergG verlangt mit dem Merkmal »überwiegend« ein qualifiziertes Dienen. Bei objektiver Betrachtung muss aus der Sicht eines vernünftigen Dritten der Schwerpunkt der unternehmerischen Entscheidung für die Einrichtung gerade auf dem Interesse an der funktionalen Anhängigkeit mit der Bergbautätigkeit liegen, diesem muss objektiv ein höheres Gewicht zukommen als den anderen mit dem Betrieb der Einrichtung noch verfolgten unternehmerischen Zwecken. Erforderlich ist eine die Umstände des Einzelfalls einbeziehende, umfassende Gesamtbewertung der mit dem Betrieb der Einrichtung objektiv verfolgten Zwecke, insbesondere unter Berücksichtigung des Grades der Integration der dienenden Einrichtung in den Bergbaubetrieb und der betrieblichen und wirtschaftlichen Bedeutung der konkreten bergbaubezogenen Funktion oder Leistung im Verhältnis zu ihren anderen Zwecken. Ist eine Einrichtung für den Ablauf des Bergbaubetriebs unverzichtbar, kann also die bergbauliche Tätigkeit bei einem Ausfall der Einrichtung nicht mehr durchgeführt werden, und ist der selbstständige Betrieb der Einrichtung unabhängig von der Bergbautätigkeit wirtschaftlich nicht sinnvoll, wird eine Einrichtung regelmäßig unter § 2 Abs. 1 Nr. 3 BBergG fallen.

23 Ein überwiegendes Dienen ist dagegen regelmäßig dann nicht mehr gegeben, wenn **bergbaufremde Zwecke** dominieren. Eine Einrichtung, die Energie erzeugt, dient dann nicht mehr überwiegend dem Bergbau, wenn sie deutlich überdimensioniert ist, also die Energieerzeugung als eigenständige Einnahmequelle in den Vordergrund rückt und der Zusammenhang mit dem bergbaulichen Betrieb hierdurch wirtschaftlich völlig in den Hintergrund tritt. Eine rein quantitative Betrachtung soll dafür allerdings nicht ausreichen, weil sich die Funktion einer dienenden Einrichtung oft mangels geeigneter Parameter einer Quantifizierung entzieht. Erbringt die Einrichtung für den Bergbaubetrieb eine der Quantifizierung zugängliche Leistung, kann die Größe des dienenden Anteils der

---

38 Zur UVP-Pflicht von Maßnahmen der Einstellung der Grubenwasserhaltung nach Beendigung der Steinkohlegewinnung siehe *Jordan/Welssing* ZfB 2017, 231 ff.

39 OVG NRW, Urt. v. 20.05.2015 – 8 A 2662/11, juris Rn. 40 ff.; *Graf Vitzthum/Piens*, in: Piens/Schulte/Graf Vitzthum, Bundesberggesetz, § 2 Rn. 51.

40 *Graf Vitzthum/Piens*, in: Piens/Schulte/Graf Vitzthum, Bundesberggesetz, § 2 Rn. 51.

Leistung zwar einen gewichtigen Anhalt für das Maß des Dienens bieten.[41] So kann eine Energieerzeugungsanlage, die mehr als 50 % der erzeugten Energie bergbaulichen Tätigkeiten zuführt, als Einrichtung im Sinne des § 2 Abs. 1 Nr. 3 BBergG zu qualifizieren sein. Der Umstand, dass der dem Bergbau dienende Anteil an der Gesamtleistung rechnerisch kleiner ist als der anderen Zwecken zukommende Anteil, rechtfertigt für sich gesehen jedoch nicht zwingend den Schluss, die Anlage sei überdimensioniert und diene nicht überwiegend dem Bergbau. Auch bei dieser Sachlage bleibt maßgeblich, auf welchem dieser Anteile der Schwerpunkt des objektiv vernünftigen unternehmerischen Interesses liegt.

24 Die in Nr. 1 der Anlage zum UVPG aufgeführten Anlagen, die in § 1 UVP-V Bergbau nicht erwähnt sind, sind gleichwohl »bergbauliche Anlagen«; ebenso wie Kraftwerke, Heizkraftwerke und Heizwerke, die in der Anl. 1 unter Nr. 1 aufgelistet sind, wenn es sich um Einrichtungen i.S.d. § 2 Abs. 1 Nr. 3 oder um Kraftwerke i.S.v. § 173 Abs. 2 handelt.

25 § 52 Abs. 2a BBergG bestimmt für den Fall, dass ein Vorhaben einer UVP bedarf, dass die Aufstellung eines **Rahmenbetriebsplans** zu verlangen ist, der in einem Planfeststellungsverfahren zuzulassen ist. § 57a Abs. 2 BBergG, der die Durchführung des Planfeststellungsverfahrens regelt, nennt nur den Rahmenbetriebsplan. Daraus wird zum Teil gefolgert, dass für die Zulassung eines Hauptbetriebsplans eine UVP nicht erforderlich sein kann.[42] Allerdings hat das OVG Lüneburg in einem Beschluss vom 21.10.2008[43] aus dem Umstand, dass die UVP-V Bergbau nicht nach der Genehmigungsform des Vorhabens unterscheidet, sondern nach Art und Inhalt des zu genehmigenden Vorgangs, den Schluss gezogen, dass auch bei der Zulassung eines Abschlussbetriebsplans eine UVP erforderlich sein kann. In einem weiteren Beschluss vom 24.09.2013 hat das OVG Lüneburg an dieser Rechtsprechung zwar festgehalten, aber zugleich auch betont, dass im Ausgangspunkt zunächst davon auszugehen sei, dass bei den bergbaulichen Vorhaben Trägerverfahren für die UVP grundsätzlich das Planfeststellungsverfahren sei.[44] Nach neuerer Rechtsprechung ist es aber nicht auszuschließen, dass es auch für die Zulassung eines Hauptbetriebsplans einer UVP bedarf. Allerdings besteht eine UVP- oder Vorprüfungspflicht bei der Zulassung eines Hauptbetriebsplans nicht, wenn die beanspruchte Abbaufläche bereits Gegenstand eines planfestgestellten obligatorischen Rahmenbetriebsplans war.[45]

III. Wesentliche Änderungen bergbaulicher Vorhaben

26 Für die Frage, ob die Änderung eines bergbaulichen Vorhabens UVP-pflichtig ist, ist einerseits § 52 Abs. 2c BBergG maßgeblich; zum anderen ist aber auch § 9 zu beachten.[46] § 52 Abs. 2a Satz 1 BBergG verweist für die Frage, ob eine UVP-Pflicht besteht, auf die Vorschriften des Teils 2 Abschnitt 1 des UVPG und damit auch auf § 9, der die Notwendigkeit einer UVP bei der Änderung von Vorhaben regelt. Anders als die Vorgängervorschrift (§ 3e Abs. 1 UVPG) stellt die Neuregelung nicht darauf ab, ob für das zu ändernde Vorhaben eine UVP-Pflicht besteht. Vielmehr wird darauf abgehoben, ob für das zu ändernde Vorhaben eine UVP durchgeführt worden ist. Damit soll es den Behörden erspart bleiben, »komplizierte retrospektive Prüfungen« darüber anzustellen, ob das zu ändernde Vorhaben nach heutigem Recht UVP-pflichtig wäre. Entscheidend soll vielmehr

41 OVG NRW, Urt. v. 20.05.2015 – 8 A 2662/11, juris Rn. 40 ff.; OVG NRW, Beschl. v. 26.08.2004 – 21 B 370/04, ZfB 2004, 220.

42 VG Darmstadt Beschl. v. 26.11.2015 – 7 L 1775/15.DA, juris Rn. 21.

43 OVG Lüneburg, Beschl. v. 21.10.2008 – 7 ME 170/07, NuR 2009, 58.

44 OVG Lüneburg, Beschl. v. 24.09.2013 – 7 LA 21/10, juris Rn. 3; das OVG NRW erläutert, es bedürfe nach § 52 Abs. 2a Satz 1 BBergG zwingend eines Rahmenbetriebsplans, wenn für das Vorhaben eine UVP durchgeführt werden müsste, Beschl. v. 28.01.2025 – 21 B 11/25.AK, juris Rn. 19.

45 BVerwG, Urt. v. 06.10.2022 – 7 C 5/21, juris; VGH Kassel, Urt. v. 17.02.2021 – 2 A 1800/16, juris Rn. 38; VG Köln, Beschl. v. 20.10.2023 – 14 L 1604/23, juris Rn. 23; VG Neustadt, Urt. v. 13.03.2024 – 5 K 564/23.NW, juris Rn. 53.

46 *Beckmann.* in: Frenz, Bundesberggesetz, § 52 Rn. 104.

sein, ob die Zulassung des bestehenden Vorhabens seinerzeit tatsächlich mit Umweltverträglichkeitsprüfung erfolgt ist oder nicht. § 9 Abs. 1 bestimmt die UVP-Pflicht bei der Änderung von Vorhaben, die mit einer UVP zugelassen worden sind. § 9 Abs. 1 Satz 1 schreibt für das Änderungsvorhaben in diesen Fällen die Durchführung einer UVP vor, wenn die Änderung selbst den in Anlage 1 angegebenen Größen- oder Leistungswert für die unbedingte UVP-Pflicht erreicht oder überschreitet. § 9 Abs. 1 Satz 1 Nr. 2 gilt für andere Änderungen bestehender, mit UVP zugelassener Vorhaben. In diesen Fällen ist eine allgemeine Vorprüfung durchzuführen. § 9 Abs. 2 und 3 bestimmt die UVP-Pflicht bei der Änderung von Vorhaben, die ohne UVP zugelassen worden sind und bei denen auch nicht für eine frühere Änderung eine UVP durchgeführt wurde.

Eine Änderung des bergbaulichen Vorhabens im Sinne von § 52 Abs. 2c BBergG liegt vor, wenn 27
die Anlage bzw. die Betriebsweise in einer Weise verändert werden soll, die nicht mehr dem geltenden Planfeststellungsbeschluss entspricht. Was eine wesentliche Änderung im Sinne dieser Regelung ist, ergibt sich unmittelbar aus dem Gesetz nicht. Wesentlich dürfte eine Änderung grundsätzlich dann sein, wenn die bei der Zulassung eines obligatorischen Rahmenbetriebsplans zu berücksichtigenden Belange oder Rechte in einer entscheidungsrelevanten Weise durch die beabsichtigte Änderung betroffen werden. Diese durch die Änderung betroffenen Belange oder Rechte müssen sich, was im ersten Schritt die Prüfung einer wesentlichen Änderung angeht, nicht unbedingt auf Umweltauswirkungen der Änderung beziehen. Um nicht vorschnell wegen einer Abweichung von dem zugelassenen Rahmenbetriebsplan ein Änderungsverfahren führen zu müssen, wird empfohlen, schon bei der Aufstellung des Rahmenbetriebsplans für eine hinreichende Flexibilität mit Blick auf einen absehbaren Änderungsbedarf zu sorgen.

Bei der Prüfung der Wesentlichkeit einer Änderung ist zu berücksichtigen, dass eine dynamische, 28
der Lagerstätte folgende Betriebsweise des Bergbaus bereits nach dem geplanten Ablauf ständige Anpassungen und Korrekturen erfordern kann. Die Betriebsplanung muss sich deshalb bei untertägigen Gewinnungsbetrieben den erst mit fortschreitendem Abbau erkennbaren Gegebenheiten der Geologie anpassen. Derartige, durch die anfängliche Unkenntnis der Gebirgs- und Lagerstättenverhältnisse bedingte Änderungen der Abbauplanung sind nicht zwingend als wesentliche Änderung eines Vorhabens einzuordnen.

Die Planfeststellungspflichtigkeit des Änderungsvorhabens setzte in der Vergangenheit zusätzlich 29
noch voraus, dass das Änderungsvorhaben als Solches erhebliche nachteilige Auswirkungen auf die Umwelt haben konnte. Diese zusätzliche Voraussetzung ist durch das Gesetz zur Modernisierung des Rechts der Umweltverträglichkeitsprüfung gestrichen worden. Sie ist angesichts der Geltung des § 9 auch für bergbauliche Vorhaben auch nicht erforderlich. Angesichts der durch den Verweis in § 52 Abs. 2a BBergG bestimmten Geltung des § 9 kommt es auch auf die Frage, ob sich die Anforderungen des § 52 Abs. 2c BBergG »wesentliche Änderungen« von denen des § 9 Abs. 1 unterscheiden, nicht an.[47] Die nach § 52 Abs. 2c BBergG maßgebliche Schwelle der Wesentlichkeit der Änderung markiert materiell ohnehin keinen qualitativen Unterschied zur UVP-Pflicht bei Änderungsvorhaben nach § 9 Abs. 1 Satz 1 Nr. 2. Wenn eine allgemeine Vorprüfung ergibt, dass die Änderung zusätzliche erhebliche nachteilige oder andere erhebliche nachteilige Umweltauswirkungen hervorrufen kann, dann handelt es sich auch um eine wesentliche Änderung im Sinne von § 52 Abs. 2c BBergG.[48]

Umstritten ist, ob neben § 52 Abs. 2c BBergG eine Anwendung von § 76 VwVG in Betracht 30
kommt.[49] Bei **unwesentlichen Änderungen** sind § 76 Abs. 2, Abs. 3 VwVfG bzw. die entsprechenden

47 Siehe dazu *Wittmann*, in: Landmann/Rohmer, Umweltrecht, § 51 Rn. 39.

48 *Wittmann*, in: Landmann/Rohmer, Umweltrecht, § 51 Rn. 39.

49 Bejahend *Bohne* ZfB 1989, 93 (121); *Niermann*, Betriebsplan und Planfeststellung im Bergrecht, S. 255; ablehnend *Keienburg*, Die Öffentlichkeitsbeteiligung im Bergrecht, S. 210 f.; *von Hammerstein*, in: Kühne/von Mäßenhausen u.a., Bundesberggesetz, § 52 Rn. 87.

landesrechtlichen Vorschriften anwendbar.[50] Nach § 76 Abs. 2 VwVfG kann die Planfeststellungsbehörde bei Planänderungen von unwesentlicher Bedeutung von einem neuen Planfeststellungsverfahren absehen, wenn die Belange anderer nicht berührt werden oder wenn die Betroffenen der Änderung zugestimmt haben. Führt die Planfeststellungsbehörde in den Fällen des § 76 Abs. 2 VwVfG oder in anderen Fällen einer Planänderung von unwesentlicher Bedeutung ein Planfeststellungsverfahren durch, so bedarf es gem. § 76 Abs. 3 VwVfG keines Anhörungsverfahrens und keiner öffentlichen Bekanntgabe des Planfeststellungsbeschlusses.

D. Planfeststellungsverfahren

31 Nach § 57a Abs. 1 Satz 1 BBergG tritt das nach § 52 Abs. 2a BBergG durchzuführende Planfeststellungsverfahren an die Stelle des Verfahrens nach den §§ 54, 56 Abs. 1. BBergG.

I. Behördenzuständigkeit

32 Gem. § 57a Abs. 1 Satz 2 BBergG ist **Anhörungsbehörde** und **Planfeststellungsbehörde** die für die Zulassung von Betriebsplänen zuständige Behörde. Mit dieser Zusammenfassung der Funktionen der Anhörungsbehörde und der Planfeststellungsbehörde weicht der Gesetzgeber für das bergrechtliche Planfeststellungsverfahren von der in § 73 VwVfG vorgesehenen funktionellen Trennung dieser Behördenzuständigkeiten ab. Die Trennung zwischen den Aufgaben einer Anhörungsbehörde und einer Planfeststellungsbehörde soll der Planfeststellungsbehörde eine größere Distanz und Neutralität gegenüber dem Vorhaben und seinem Träger verschaffen. Rechtsstaatliche Bedenken gegen eine Zusammenfassung beider Funktionen bestehen allerdings nicht.[51] Nach der Rechtsprechung ist es mit dem rechtsstaatlichen Gebot fairer Verfahrensgestaltung sogar vereinbar, die Aufgaben eines Vorhabenträgers sowie der Anhörungs- und Planfeststellungsbehörde innerhalb derselben Behörde wahrzunehmen.[52] Nach § 142 Satz 1 BBergG bestimmen die Landesregierungen oder die von ihnen bestimmten Stellen die für die Ausführung des BBergG zuständigen Behörden, soweit nicht Bundesbehörden zuständig sind.

33 Einer **Vermeidung von Interessenkonflikten** dient auch § 72. Danach ist in den Fällen, in denen die zuständige Behörde bei der UVP zugleich Vorhabenträger ist, die Unabhängigkeit des Behörden Handelns bei der Wahrnehmung der Aufgaben nach dem UVPG durch geeignete **organisatorische Maßnahmen** sicherzustellen, insbesondere durch eine angemessene funktionale Trennung. Bei den bergbaulichen Vorhaben handelt es sich – jedenfalls in aller Regel – um private Vorhaben, so dass der in § 72 bedachte Kollisionsfall, der vor allem für die Planung öffentlicher Infrastrukturvorhaben zu bedenken sein dürfte, hier keine Rolle spielt.

II. Ablauf des Planfeststellungsverfahrens

34 Für das bergrechtliche Planfeststellungsverfahren galten bis zum Inkrafttreten des Gesetzes zur Modernisierung des Rechts der Umweltverträglichkeitsprüfung im Jahr 2017 grundsätzlich die Verwaltungsverfahrensgesetze der Länder, ergänzt durch die besonderen Vorschriften des BBergG. Auf der Grundlage des 2017 neu gefassten § 57a Abs. 1 Satz 4 BBergG richtet sich das Planfeststellungsverfahren in erster Linie nach den §§ 15–27 sowie weiterhin nach speziellen Zusatzregeln des BBergG, die einzelne Aspekte der allgemeineren Regelungen des UVPG für bergbauliche Vorhaben weiter konkretisieren. Soweit das BBergG und das UVPG keine Regelungen treffen, gelten aber gem. § 5

50 Gesetzesbegründung der BReg, BT-Drs. 18/11499, S. 114.

51 *Neumann/Külpmann*, in: Stelkens/Bonk/Sachs, VwVfG § 73 Rn. 4; *Lieber*, in: Sennekamp/Mann/Uechtritz, VwVfG, § 73 Rn. 34; BVerwG, Urt. v. 24.11.2011 – 9 A 23.10, NVwZ 2012, 557; BVerwG, Urt. v. 22.01.2004 – 4 A 32.02, BVerwGE 120, 87 (99); *Keienburg/Wiesendahl*, in: Kühne/von Hammerstein u.a., BBergG, § 57a Rn. 2.

52 BVerwG, Urt. v. 24.11.2011 – 9 A 23.10, NVwZ 2012, 557 Rn. 20; *Lieber*, in: Sennekamp/Mann/Uechtritz, VwVfG, § 73 Rn. 30.

BBergG nach wie vor ergänzend die Regelungen der Verwaltungsverfahrensgesetze der Länder. In Einzelfällen kann die Bestimmung des geltenden Verfahrensrechts Schwierigkeiten machen. Grundsätzlich ist zunächst zu prüfen, ob das BBergG spezielle Verfahrensvorschriften enthält. Fehlt es daran, muss geprüft werden, ob andere Verfahrensbestimmungen des Bundes zu beachten sind, z.B. solche des UVPG. Ist dies nicht der Fall, gilt grundsätzlich das VwVfG des jeweiligen Bundeslandes. Sollte dies – in einem seltenen Ausnahmefall – keine Regelung enthalten, ist das VwVfG des Bundes heranzuziehen.[53]

Nach § 73 Abs. 1 Satz 1 VwVfG beginnt das eigentliche Planfeststellungsverfahren damit, dass der Vorhabenträger den Plan zur Durchführung des Anhörungsverfahrens bei der zuständigen Behörde einreicht. Woraus der Plan besteht, ist in § 73 Abs. 1 S. 2 VwVfG verallgemeinernd beschrieben.[54] Diesem Beginn des Planfeststellungsverfahrens im engeren Sinne gehen jedoch bei bergbaulichen Vorhaben regelmäßig zwei Verfahrensschritte voraus. 35

1. Behördliches Verlangen

Vor Beginn des bergrechtlichen Planfeststellungsverfahrens verlangt die zuständige Behörde die Aufstellung eines Rahmenbetriebsplans. Ein obligatorischer Rahmenbetriebsplan, der Gegenstand einer UVP einschließlich einer Öffentlichkeitsbeteiligung ist, wird nach § 52 Abs. 2a Satz 1 BBergG auf Verlangen der zuständigen Behörde aufgestellt. Der **Verlangensbescheid** ist ein Verwaltungsakt, mit dem die Behörde feststellt, dass das Vorhaben UVP-pflichtig ist und dass über Betriebspläne zur Realisierung des Vorhabens erst entschieden werden kann, wenn zuvor ein obligatorischer Rahmenbetriebsplan zugelassen worden ist.[55] Der Unternehmer ist aber nicht verpflichtet, ein solches behördliches Verlangen abzuwarten und kann stattdessen auch ohne ein solches behördliches Verlangen einen obligatorischen Rahmenbetriebsplan bei der zuständigen Behörde mit dem Antrag, diesen Rahmenbetriebsplan zuzulassen, einreichen.[56] 36

2. Abstimmung des Untersuchungsrahmens

Die Beratung und Unterrichtung zum Untersuchungsrahmen richtet sich nach dem UVPG. § 57a Abs. 1 Satz 3 BBergG verweist insoweit auf § 15.[57] Die Erörterung mit dem Unternehmer dient dessen Unterrichtung zur Abstimmung des Untersuchungsrahmens der Umweltverträglichkeitsprüfung und insbesondere der Klärung der voraussichtlichen Reichweite der Untersuchung der Umweltauswirkungen des Vorhabens. Sie bietet dem Unternehmer eine Hilfestellung bei der Vorbereitung und Zusammenstellung der für das Vorhaben erforderlichen Unterlagen. 37

Nach § 15 Abs. 1 Satz 1 unterrichtet und berät die zuständige Behörde auf Antrag des Vorhabenträgers oder wenn sie dies für zweckmäßig hält, den Vorhabenträger entsprechend dem Planungsstand des Vorhabens frühzeitig über Inhalt, Umfang und Detailtiefe der Angaben, die der Vorhabenträger voraussichtlich in den UVP-Bericht aufnehmen muss (**Untersuchungsrahmen**). Die Unterrichtung und Beratung können sich nach § 15 Abs. 1 Satz 2 auf weitere Gesichtspunkte des Verfahrens, insbesondere auf dessen zeitlichen Ablauf, auf die zu beteiligenden Behörden oder auf die Einholung von Sachverständigengutachten erstrecken. Mit dieser Bestimmung wird die all- 38

53 *Zimmer*, in: Frenz, Bundesberggesetz, § 5 Rn. 6; das Bundeskabinett hat im Dezember 2025 den Entwurf eines Infrastrukur-Zukunftsgesetzes beschlossen, der erhebliche Änderungen des Planfeststellungsrechts des VwVfG des Bundes vorsieht.

54 *Lieber*, in: Sennekamp/Mann/Uechtritz, VwVfG, § 73 Rn. 37.

55 *Beckmann,* in: Frenz, Bundesberggesetz, 20190, § 52 Rn. 70; *von Hammerstein*, in:Kühne/von Mäßenhausen u.a., Bundesberggesetz, § 52 Rn. 60.

56 *Beckmann,* in: Frenz, Bundesberggesetz, § 52 Rn. 71; BVerwG, Urt. v. 02.11.1995 – 4 C 14.94, BVerwGE 100, 1, 10 f.; *Keienburg/Wiesendahl*, in: Kühne/von Hammerstein u.a., BBergG, § 57a Rn. 4; *Keienburg* NVwZ 2013, 1123.

57 *Beckmann,* in: Frenz, Bundesberggesetz, § 52 Rn. 77.

gemeine **Beratungspflicht** der Behörde, die sich schon aus § 25 VwVfG ergibt, konkretisiert.[58] Die Behörde erörtert nach § 25 Abs. 2 S. 1 VwVfG, soweit erforderlich, bereits vor Stellung eines Antrags mit dem zukünftigen Antragsteller, welche Nachweise und Unterlagen von ihm zu erbringen sind und in welcher Weise das Verfahren beschleunigt werden kann. Soweit es der Verfahrensbeschleunigung dient, soll sie nach § 25 Abs. 2 S. 2 VwVfG dem Antragsteller nach Eingang des Antrags unverzüglich Auskunft über die voraussichtliche Verfahrensdauer und die Vollständigkeit der Antragsunterlagen geben.[59] Ziel dieser Beratung ist es, den Vorhabenträger im Interesse einer zügigen und effizienten Verfahrensgestaltung bei der Erstellung des UVP-Berichts zu unterstützen und damit dazu beizutragen, dass späterer **Nachbesserungsbedarf** nach § 16 Abs. 7 Satz 2 möglichst vermieden werden kann. Verfügen die zuständige Behörde oder die zu beteiligenden Behörden über Informationen, die für die Erarbeitung des UVP-Berichts zweckdienlich sind, so stellen sie diese Informationen dem Vorhabenträger nach § 15 Abs. 1 Satz 3 zur Verfügung.[60]

39 Nach der Neufassung dieser Regelung durch das Gesetz zur Modernisierung des Rechts der Umweltverträglichkeitsprüfung 2017 steht die Weitergabe relevanter, bei der Behörde vorhandener Informationen nicht im Ermessen der Behörde. Sie ist vielmehr verpflichtet, diese Informationen an den Vorhabenträger weiterzugeben. Damit soll erreicht werden, dass der Vorhabenträger keine unnötigen eigenen Ermittlungen anstellen muss. Die Gesetzesbegründung weist darauf hin, dass die Pflicht der Behörde zur Weitergabe von Informationen an den Vorhabenträger hohe Bedeutung insbesondere in den Fällen der **Kumulation** nach den §§ 10–12 hat. Denn damit der Vorhabenträger eines kumulierenden Vorhabens die Umweltauswirkungen eines anderen kumulierenden Vorhabens in seinem UVP-Bericht berücksichtigen kann, muss die Behörde die entsprechenden Informationen zur Verfügung stellen, soweit sie bei ihr vorliegen.[61]

40 Voraussetzung für eine möglichst verlässliche Aussage der Behörde zu dem Untersuchungsrahmen sind geeignete Unterlagen über das Vorhaben, die der Unternehmer der Behörde zur Vorbereitung des **Scoping-Termins** zur Verfügung stellt. Natürlich müssen diese Unterlagen noch keine Detailangaben enthalten, die erst bei den einzureichenden Planunterlagen verlangt werden.[62] Das Ergebnis dieser Abstimmung des Untersuchungsrahmens ist nicht verbindlich. Die Behörde kann im weiteren Verlauf des Planfeststellungsverfahrens weitere Unterlagen oder Untersuchungen nachfordern.

41 Nach § 15 Abs. 5 berät die zuständige Behörde den Vorhabenträger auch nach der Unterrichtung über den Untersuchungsrahmen, soweit dies für eine zügige und sachgerechte Durchführung des Verfahrens zweckmäßig ist.

3. Einreichung eines Rahmenbetriebsplans

42 Der Rahmenbetriebsplan muss gem. § 57a Abs. 2 Satz 1 BBergG den Anforderungen genügen, die sich aus den Voraussetzungen für die Durchführung des Planfeststellungsverfahrens unter Berücksichtigung der Antragserfordernisse für die vom Planfeststellungsbeschluss eingeschlossenen behördlichen Entscheidungen ergeben. Der Rahmenbetriebsplan muss gem. § 57a Abs. 2 Satz 2 BBergG alle für die Umweltverträglichkeitsprüfung bedeutsamen Angaben in der Form eines Berichts zu den voraussichtlichen Umweltauswirkungen des Vorhabens (**UVP-Bericht**) nach Maßgabe des § 16 und der Rechtsverordnung nach § 57c BBergG enthalten. Der Unternehmer hat dem Rahmenbetriebsplan einen zur Auslegung geeigneten Plan beizufügen (§ 57a Abs. 2 Satz 3 BBergG).

---

58 *Beckmann*, in: Stüer/Beckmann, Handbuch des Bau- und Fachplanungsrechts, Rn. 4429: im Einzelnen zu dieser Beratungspflicht nach § 25 VwVfG *Lier/Engel/Pfau*, in: Sennekamp/Mann/Uechtritz, VwVfG, § 25 Rn. 19 ff.

59 Zur Antragsberatung nach § 25 Abs. 2 VwVfG *Lier/Engel/Pfau*, in: Sennekamp/Mann/Uechtritz, VwVfG, § 25 Rn. 38 ff.

60 *Beckmann*, in: Frenz, Bundesberggesetz, § 52 Rn. 78.

61 Gesetzesbegründung der BReg BT-Drs. 18/11499, S. 86.

62 *Piens*, in: Piens/Schulte/Graf Vitzthum, BBergG, § 57a Rn. 12.

Die **Mindestangaben,** die der UVP-Bericht zu enthalten hat, sind in § 16 Abs. 1 Satz 1 im Einzelnen aufgelistet. Danach muss der UVP-Bericht zumindest folgende Angaben enthalten: 43

1. eine Beschreibung des Vorhabens mit Angaben zum Standort, zur Art, zum Umfang und zur Ausgestaltung, zur Größe und zu anderen wesentlichen Merkmale des Vorhabens,
2. eine Beschreibung der Umwelt und ihrer Bestandteile im Einwirkungsbereich des Vorhabens,
3. eine Beschreibung der Merkmale des Vorhabens und des Standortes, mit denen das Auftreten erheblicher nachteiliger Umweltauswirkungen des Vorhabens ausgeschlossen, vermindert oder ausgeglichen werden soll,
4. eine Beschreibung der geplanten Maßnahmen, mit denen das Auftreten erheblicher nachteiliger Umweltauswirkungen des Vorhabens ausgeschlossen, vermindert oder ausgeglichen werden soll, sowie eine Beschreibung geplanter Ersatzmaßnahmen,
5. eine Beschreibung der zu erwartenden erheblichen Umweltauswirkungen des Vorhabens,
6. eine Beschreibung der vernünftigen Alternativen, die für das Vorhaben und seine spezifischen Merkmale relevant und vom Vorhabenträger geprüft worden sind, und die Angabe der wesentlichen Gründe für die getroffene Wahl unter Berücksichtigung der jeweiligen Umweltauswirkungen sowie
7. eine allgemein verständliche, nichttechnische Zusammenfassung des UVP-Berichts.

Auch **globale Klimafolgen** bergbaulicher Vorhaben müssen nach § 13 KSG bei der Entscheidung über die Zulassung eines Betriebsplans berücksichtigt und dementsprechend auch im UVP-Bericht beschrieben werden. Überall dort, wo der Gesetzgeber eine Abwägung öffentlicher Interessen erwartet, sei es auf der Tatbestandsseite der Zulassungsvoraussetzungen oder im Rahmen eines Verwaltungs- oder Planungsermessens, kann und muss ggfls. eine Berücksichtigung der globalen Klimafolgen nach § 13 KSG stattfinden, wenn und soweit der vom Gesetzgeber für die Abwägung gesetzte Rahmen eine Berücksichtigung von Klimafolgen ermöglicht bzw. fordert. Soweit das Abwägungsgebot letztlich eine einfachgesetzliche Konkretisierung des aus dem Rechtsstaatsgebot abgeleiteten Grundsatzes der Verhältnismäßigkeit ist, kommt insbesondere auch bei der Prüfung der Angemessenheit einer behördlichen Maßnahme oder einer Inhalts- und Nebenbestimmung der Zulassung ebenfalls eine Berücksichtigung von Klimafolgen in Betracht, auch wenn die Anwendung des Verhältnismäßigkeitsgrundsatzes den Beteiligten nicht freisteht und dessen Beachtung gerichtlich überprüft werden kann. Dass die bergrechtlichen Betriebsplanzulassungen keine Ermessens- oder Planungsentscheidungen sind, ändert daran entgegen der Rechtsprechung des BVerwG nichts.[63] 44

In der Gesetzesbegründung wird zur **Alternativenprüfung** darauf hingewiesen, dass weiterhin nur Angaben zu den Alternativen vorzulegen sind, die der Vorhabenträger auch geprüft hat.[64] Ob und gegebenenfalls welche Alternativen der Vorhabenträger prüfen muss, richtet sich wie bisher nach den einschlägigen genehmigungsrechtlichen Bestimmungen. Da es sich bei der bergrechtlichen Planfeststellung um eine Kontrollerlaubnis handelt, ergibt sich eine weitergehende Notwendigkeit zur Alternativenprüfung nicht aus dem für die Fachplanung geltenden planerischen Abwägungsgebot.[65] Allerdings kann sich die Notwendigkeit einer Alternativenprüfung z.B. dann ergeben, wenn die Prüfung der **FFH-Verträglichkeit** ergibt, dass das bergbauliche Vorhaben zu erheblichen Beeinträchtigungen eines FFH-Gebiets führt und gleichwohl auf der Grundlage des § 34 Abs. 3 BNatSchG zugelassen werden soll. In einem solchen Fall muss geprüft werden, ob zumutbare Alternativen, den mit dem Projekt verfolgten Zweck an anderer Stelle ohne oder mit geringeren Beeinträchtigungen zu erreichen, nicht gegeben sind. Auch bei der Zulassung einer Ausnahme von den Verboten des 45

63 Näher dazu *Beckmann* AbfallR 2025, 220 ff.; *Beckmann* NuR 2025, 725 ff.

64 Gesetzesbegründung der BReg BT-Drs. 18/11499, S. 88; *Keienburg/Wiesendahl*, in: Kühne/von Hammerstein u.a., BBergG, § 57a Rn. 11.

65 *Wittmann*, in: Landmann/Rohmer, Umweltrecht, § 51 Rn. 47; VG Oldenburg, Urt. v. 19. 6. 2008 – 5 A 4956/06, ZfB 2008, 296 (302) unter Verweis auf BVerwG, Beschl. v. 18. 11. 2006 – 9 VR 5.06, juris Rn. 11.

besonderen Artenschutzes im Sinne von § 44 BNatSchG kommt es gem. § 45 Abs. 7 Satz 2 BNatSchG darauf an, ob zumutbare Alternativen vorhanden sind.

46 Ist das bergbauliche Vorhaben geeignet, allein oder im Zusammenwirken mit anderen Vorhaben, Projekten oder Plänen ein **Natura 2000-Gebiet** erheblich zu beeinträchtigen, muss der UVP-Bericht gem. § 16 Abs. 1 Satz 2 Angaben zu den Auswirkungen des Vorhabens auf die Erhaltungsziele dieses Gebiets enthalten. Bei einem Vorhaben, das einzeln oder im Zusammenwirken mit anderen Vorhaben, Projekten oder Plänen geeignet ist, ein Natura 2000-Gebiet erheblich zu beeinträchtigen, wird die Verträglichkeitsprüfung nach § 34 Abs. 1 BNatSchG zusammen mit der UVP im Planfeststellungsverfahren vorgenommen (§ 52 Abs. 2a Satz 2 BBergG).

47 Der **UVP-Bericht** ist nach § 16 Abs. 2 so rechtzeitig vorzulegen, dass er mit den übrigen Unterlagen ausgelegt werden kann. Es ist dementsprechend nicht erforderlich, dass der Träger des Vorhabens die entscheidungserheblichen Unterlagen über die Umweltauswirkungen seines Vorhabens der zuständigen Behörde bereits zu Beginn des Verfahrens vorlegt. Das Verfahren beginnt mit der Einreichung des obligatorischen Rahmenbetriebsplans, dem dabei noch nicht sämtliche UVP-Unterlagen beigefügt sein müssen. § 15 sieht ausdrücklich die Möglichkeit vor, erst nach Eröffnung des Zulassungsverfahrens ein **Scoping** durchzuführen, in dem die Behörde den Unternehmer über Inhalt, Umfang und Detailtiefe der Angaben unterrichtet, die in den UVP-Bericht aufzunehmen sind. In der Gesetzesbegründung wird darauf hingewiesen, dass zwischen der Einreichung des Zulassungsantrags, mit der das Verfahren eröffnet wird, und der Vorlage des UVP-Berichts ein beträchtlicher Zeitraum liegen kann. Deshalb bestimmt § 16 Abs. 2, dass der UVP-Bericht so rechtzeitig vorzulegen ist, dass er zusammen mit den übrigen Unterlagen ausgelegt werden kann.[66]

48 Nach § 16 Abs. 3 muss der UVP-Bericht auch die in Anlage 4 des UVPG genannten weiteren Angaben enthalten, soweit diese Angaben für das Vorhaben von Bedeutung sind.

49 Inhalt und Umfang des UVP-Berichts richten sich gem. § 16 Abs. 4 nach dem gem. § 15 abgestimmten **Untersuchungsrahmen** sowie nach den Rechtsvorschriften, die für die bergrechtliche Planfeststellung maßgeblich sind. Der UVP-Bericht muss gem. § 16 Abs. 5 Satz 1 den **gegenwärtigen Wissensstand** und **gegenwärtige Prüfmethoden** berücksichtigen. Er muss die Angaben enthalten, die der Vorhabenträger mit zumutbarem Aufwand ermitteln kann (§ 16 Abs. 5 Satz 2). Die Angaben müssen ausreichend sein, um der zuständigen Behörde eine begründete Bewertung der Umweltauswirkungen des Vorhabens zu ermöglichen und dritten die Beurteilung zu ermöglichen, ob und in welchem Umfang sie von den Umweltauswirkungen des Vorhabens betroffen sein können (§ 16 Abs. 5 Satz 3). Zur **Vermeidung von Mehrfachprüfungen** hat der Vorhabenträger gem. § 16 Abs. 6 die vorhandenen Ergebnisse anderer rechtlich vorgeschriebenen Prüfungen in den UVP-Bericht einzubeziehen. Der Vorhabenträger muss gem. § 16 Abs. 7 Satz 1 durch geeignete Maßnahmen sicherstellen, dass der UVP-Bericht den Anforderungen nach § 16 Abs. 1–6 entspricht. Die zuständige Behörde soll gem. § 16 Abs. 7 Satz 2 Nachbesserungen verlangen, soweit der Bericht den Anforderungen nicht entspricht.

50 Ergänzend zu § 16 Abs. 1 sieht § 2 UVP V-Bergbau zusätzliche Angaben vor für Vorhaben der **Fracking-Technologie** nach § 1 Nr. 2a (Aufsuchung und Gewinnung von Erdöl und Erdgas durch Aufbrechen von Gestein unter hydraulischem Druck, einschließlich der zugehörigen Tiefbohrungen einschließlich wissenschaftlicher Erprobungsmaßnahmen), Nr. 2c (Entsorgung oder Beseitigung, einschließlich Versenkbohrungen, der bei der Aufsuchung und Gewinnung von Erdgas und Erdöl aus der Lagerstätte nach über Tage geförderten Flüssigkeiten geogenen Ursprungs [Lagerstättenwasser], soweit ihre Umweltauswirkungen nicht bereits im Rahmen von Vorhaben nach den Nummern 2, 2a oder 2b geprüft wurden) und Nr. 8a (Tiefbohrungen zur Aufsuchung und Gewinnung von Erdwärme mit Aufbrechen von Gestein unter hydraulischem Druck, es sei denn, es werden keine wassergefährdenden Gemische eingesetzt und das Vorhaben liegt nicht in einer Erdbebenzone

66 Gesetzesbegründung der BReg BT-Drs. 18/11499, S. 88.

1 bis 3 nach DIN EN 1998 Teil 1, Ausgabe Januar 2011).[67] Bei diesen Vorhaben muss der UVP-Bericht noch folgende Angaben enthalten:

1. Angaben über die Identität aller Stoffe, die eingesetzt, wiederverwendet, entsorgt oder beseitigt werden sollen, über ihre voraussichtliche Menge und über ihren Anteil in Gemischen sowie
2. Angaben über die Beschaffenheit des Grundwassers, oberirdischer Gewässer, des Bodens und der Gesteine im möglichen Einwirkungsbereich der Vorhaben, wobei die zuständige Behörde festzulegen hat, welche Untersuchungen im Einzelnen erforderlich sind.

Der Unternehmer hat dem Rahmenbetriebsplan nicht nur einen UVP-Bericht, sondern zusätzlich einen zur Auslegung geeigneten Plan beizufügen. Eine UVP-Pflicht für Tiefbohrungen zur Aufsuchung und Gewinnung von Erdöl und Erdgas durch Aufbrechen von Gestein unter hydraulischem Druck, einschließlich wissenschaftlicher Erprobungsmaßnahmen, bestimmt § 1 Nr. 2a UVP-V Bergbau. Mit dem sog. Fracking-Gesetz[68] wird zur Vermeidung von Risiken für das Grundwasser und die Trinkwasserversorgung, die mit Tiefbohrungen und dem Einsatz der Fracking-Technologie verbunden sind, der Einsatz von Fracking-Verfahren im WHG weitgehend verboten.[69] Die Expertenkommission Fracking hat zuletzt zum 30.06.2021 einen Bericht zum aktuellen Stand der Wissenschaft und Technik bei der Gewinnung von Kohlenwasserstoffen aus unkonventionellen Lagerstätten vorgelegt. 51

4. Behördenbeteiligung

Für die Einbeziehung von Behörden und Öffentlichkeit in das Planfeststellungsverfahren gelten die §§ 17 ff. und ergänzend § 73 VwVfG. Verfügen die beteiligten Behörden zu den vom Antragsteller zu machenden Angaben über zweckdienliche Informationen, so unterrichten sie nach § 57a Abs. 3 Satz 1 BBergG den Unternehmer und stellen ihm die Informationen auf Verlangen zur Verfügung. Das gilt nach § 57a Abs. 3 Satz 2 BBergG insbesondere für Informationen einer vorausgegangenen Raumverträglichkeitsprüfung; die dafür zuständige Behörde hat die Unterlagen aus dieser Prüfung, die für die UVP von Bedeutung sein können, der zuständigen Behörde zur Verfügung zu stellen.[70] 52

Nach § 17 Abs. 1 unterrichtet die Planfeststellungsbehörde die Behörden, deren umweltbezogener Aufgabenbereich durch das Vorhaben berührt wird, einschließlich der von dem Vorhaben betroffenen Gemeinden und Landkreise sowie der sonstigen im Landesrecht vorgesehenen Gebietskörperschaften, über das Vorhaben und übermittelt Ihnen dazu den UVP-Bericht. Gem. § 17 Abs. 2 Satz 1 holt die zuständige Behörde die Stellungnahmen der von ihr unterrichteten Behörden ein. Für die Stellungnahmen gilt § 73 Abs. 3a VwVfG gem. § 17 Abs. 2 Satz 2 entsprechend. 53

Die Behördenbeteiligung beschränkt sich allerdings nicht auf Behörden mit einem umweltbezogenen Aufgabenbereich. § 73 Abs. 2 VwVfG schreibt über § 17 Abs. 1 hinaus auch eine Beteiligung der Behörden vor, deren nicht umweltbezogener Aufgabenbereich durch das Vorhaben berührt wird. Dazu fordert die zuständige Behörde innerhalb eines Monats nach Zugang des vollständigen Plans die Behörden, deren Aufgabenbereich durch das Vorhaben berührt wird, zur Stellungnahme auf. 54

67 Zu einem landesplanerischen Ausschluss von Fracking-Vorhaben siehe OVG MV, Urt. v. 18.08.2020 – 3 K 66/17, juris; dazu auch *Kment* NWVBl 2017, 1; zur UVP-Pflicht beim Fracking *Langer* ZUR 2017, 16; *Dünchheim* DVBl 2017, 1390; *Frenz* NVwZ 2016, 1042.

68 Gesetz zur Änderung wasser- und naturschutzrechtlicher Vorschriften zur Untersagung und zur Risikominimierung bei den Verfahren der Fracking-Technologie v. 04.08.2016, BGBl 2016 Teil I, S. 1972.

69 Siehe dazu *Wiesendahl*, in: Schink/Fellenberg, WHG, 2021, § 13a Rn. 1 ff.; *Czychowski/Reinhardt*, WHG, 2023, § 13a Rn. 1 ff.

70 Näher dazu *Keienburg/Wiesendahl*, in: Kühne/von Hammerstein u.a., BBergG, § 57a Rn. 13; nach dem Gesetzesentwurf eines Infrastruktur-Zukunftsgesetzes der Bundesregierung mit Stand von Dezember 2025 soll die Behördenbeteiligung zukünftig gesondert in einem § 73a VwVfG geregelt werden. Für die Anwendung der §§ 73 ff. VwVfG sollen zudem neue Regelungen in den §§ 27a, 27b VwVfG von besonderer Bedeutung werden, die über § 72 Abs. 1 VwVfG anzuwenden sind und als allgemeine Vorschriften weitergehende Regelungen zur Digitalisierung treffen sollen.

Die Behörden haben nach § 73 Abs. 3a Satz 1 VwVfG ihre Stellungnahme innerhalb einer angemessen festzusetzenden Frist abzugeben, die drei Monate nicht überschreiten darf. Zwar heißt es in § 73 Abs. 3a Satz 2 VwVfG, nach dem Erörterungstermin eingehende Stellungnahmen würden nicht mehr berücksichtigt, es sei denn, die vorgebrachten Belange seien der Planfeststellungsbehörde bereits bekannt oder hätten ihr bekannt sein müssen oder sie seien für die Rechtmäßigkeit der Entscheidung von Bedeutung. Mit der zuletzt genannten Einschränkung (Bedeutung für die Rechtmäßigkeit der Entscheidung) ist die praktische Relevanz der Regelung gering. Denn es gibt selbstverständlich bei der Entscheidung über die Zulassung eines obligatorischen Rahmenbetriebsplans ohnehin keine Notwendigkeit, behördliche Stellungnahmen zu berücksichtigen, die für die Rechtmäßigkeit der Zulassungsentscheidung bedeutungslos sind.

55 Die Stellungnahmen der Behörden zu dem Plan sind gem. § 73 Abs. 6 Satz 1 VwVfG in einem **Erörterungstermin** zu erörtern.

5. Beteiligung der Gemeinden

56 Da nach § 57a Abs. 1 Satz 1 BBergG das Planfeststellungsverfahren an die Stelle des normalen Betriebsplanzulassungsverfahrens tritt, gilt auch die Beteiligungsvorschrift des § 54 Abs. 2 Satz 1 BBergG nicht. Das führt im Ergebnis jedoch zu keiner relevanten Änderung, weil die Gemeinden auch nach den Vorschriften des VwVfG zu den Behörden zählen, die zu beteiligen sind. Soweit sich die Gemeinden nicht als Behörde im übertragenen Wirkungskreis staatlicher Aufgabenwahrnehmung (etwa als Denkmalschutz- oder Straßenbehörde), sondern als Standortgemeinden zur Wahrung ihres Selbstverwaltungsrechts, insbesondere ihrer Planungshoheit, beteiligen wollen, müssen sie entsprechende **Einwendungen** im Rahmen der Öffentlichkeitsbeteiligung erheben. Aus der jeweiligen Stellungnahme der Gemeinde muss sich dabei ergeben, ob es sich um eine Stellungnahme im Rahmen der Behördenbeteiligung oder um ein fristwahrendes Einwendungsschreiben zur Wahrung ihres Selbstverwaltungsrechts handeln soll. Das Letztere setzt die Unterzeichnung durch eine nach dem Gemeinderecht zur Vertretung der **Gemeinde** berechtigte Person voraus.[71] Eine Gemeinde kann sich gegen einen Planfeststellungsbeschluss auf ihr Selbstverwaltungsrecht nach Art. 28 Abs. 2 Satz 1 GG, insbesondere auf ihre Planungshoheit und auf ihr zivilrechtliches Eigentum, berufen. Daraus folgt jedoch kein Anspruch auf Vollüberprüfung des Planfeststellungsbeschlusses.[72] Auch eine **enteignungsrechtliche Vorwirkung** führt nicht zu dem sich aus Art. 14 Abs. 3 Satz 1 GG ergebenden Anspruch auf eine solche Vollprüfung, weil Gemeinden nicht grundrechtsfähig sind. Sie sind auch keine Sachwalter von Rechten Dritter oder des Gemeinwohls.[73] Die Selbstverwaltungsgarantie der Gemeinden nach Art 28 Abs 2 Satz 1 GG erstreckt sich auf den Schutz der Planungshoheit, die Funktionsfähigkeit kommunaler Einrichtungen und das Selbstgestaltungsrecht der Gemeinde. Eine Verletzung des Selbstverwaltungsrechts mit Bezug auf den Betrieb kommunaler Einrichtungen kommt in Betracht, wenn solche Einrichtungen durch das Vorhaben in ihrer Funktionsfähigkeit erheblich beeinträchtigt werden.[74] Aus dem Selbstgestaltungsrecht erwachsen einer Gemeinde Abwehransprüche allenfalls dann, wenn die Gemeinde durch Maßnahmen betroffen wird, die das Ortsbild entscheidend prägen und hierdurch nachhaltig auf das Gemeindegebiet und die Entwicklung der Gemeinde einwirken.[75]

57 Die ursprünglich in § 57a Abs. 1 Satz 3 BBergG in der Fassung des Regierungsentwurfs vorgesehene Regelung, die den Gemeinden das **Einvernehmenserfordernis** des § 36 BauGB auch im Falle der

71 OVG NRW, Beschl. v. 29.08.2005 – 11 A 4823/03, juris Rn. 7 ff.; BVerwG, Urt. v. 28.09.2016 – 7 C 18.15, juris.

72 BVerwG, Urt. v. 12.06.2024 – 11 A 13/23, BVerwGE 183, 1 = juris Rn. 18.

73 BVerwG, Urt. v. 06.09.2018 – 3 A 11.15, juris Rn. 17; OVG SA, Urt. v. 27.06.2019 – 1 K 126/17, juris Rn. 74; OVG Saarland, Urt. v. 19.03.2025 – 2 C 152/24, juris Rn. 42.

74 OVG Saarland, Urt. v. 19.03.2025 – 2 C 152/24, juris Rn. 42 ff. zu einer Klage gegen einen Planfeststellungsbeschluss für die Zulassung des Grubenwasseranstiegs nach Einstellung des Gewinnungsbetriebs.

75 BVerwG, Beschl. v. 06.06.2024 – 7 VR 4/24, juris Rn. 8.

bergrechtlichen Planfeststellung gesichert hätte, wurde auf Empfehlung des Wirtschaftsausschusses gestrichen,[76] so dass sich die rechtliche Stellung der Gemeinden auf ein schlichtes Anhörungsrecht beschränkt.

Das Einvernehmen mit der Gemeinde ist nach § 36 Abs. 1 Satz 2 BauGB nicht erforderlich für 58 Vorhaben der in § 29 Abs. 1 BauGB bezeichneten Art, die der Bergaufsicht unterliegen. Das gilt auch für die Zulassung vorzeitigen Beginns. Nach der Rechtsprechung bezieht sich § 36 Abs. 2 Satz 2, 2. HS BauGB jedoch nicht auf alle Verfahren, die in den Anwendungsbereich der Bergaufsicht fallen. Vielmehr soll sich der Anwendungsbereich des Ausnahmetatbestands ausschließlich auf bergrechtliche Zulassungsverfahren (Betriebsplanzulassungen) erstrecken, in denen auch über die Vereinbarkeit des jeweiligen Vorhabens mit den §§ 31, 33 und 35 BauGB entschieden wird. Soweit für die Zulassung bergbaulicher Vorhaben eine immissionsschutzrechtliche Genehmigung erforderlich ist, soll es bei der Notwendigkeit des Einvernehmens gem. § 36 Abs. 2 Satz 2, 1. HS BauGB bleiben.[77]

6. Vorhaben im Bereich des Festlandsockels

Bei Vorhaben im Bereich des Festlandsockels tritt gem. § 57a Abs. 1 Satz 3 bei der Anwendung der 59 Vorschriften der Verwaltungsverfahrensgesetze über das Planfeststellungsverfahren an die Stelle der Gemeinde die zuständige Behörde. Als Bereich, in dem sich das Vorhaben voraussichtlich auswirken wird, gilt der Sitz dieser Behörde.

7. Öffentlichkeitsbeteiligung

Nach § 18 Abs. 1 Satz 1 beteiligt die zuständige Behörde die Öffentlichkeit zu den Umweltaus- 60 wirkungen des Vorhabens. Der betroffenen Öffentlichkeit wird im Rahmen der Beteiligung Gelegenheit zur Äußerung gegeben (§ 18 Abs. 1 Satz 2). Dabei sollen gem. § 18 Abs. 1 Satz 3 nach dem UmwRG anerkannte Vereinigungen die zuständige Behörde in einer dem Umweltschutz dienenden Weise unterstützen. Diese Sollensverpflichtung der Umweltverbände steht in einem inneren Zusammenhang zu der **Missbrauchsregelung** des § 5 UmwRG. Danach können Einwendungen, die eine Person oder eine Umweltvereinigung erstmals im Rechtsbehelfsverfahren erhebt, unberücksichtigt bleiben, wenn die erstmalige Geltendmachung im Rechtsbehelfsverfahren missbräuchlich oder unredlich ist. Missbräuchlich oder unredlich kann es unter Berücksichtigung der jeweiligen Umstände des Einzelfalls sein, trotz der Obliegenheit zur Unterstützung der zuständigen Behörde in einer dem Umweltschutz dienenden Weise Einwendungen der Behorde vorzuenthalten oder gar zu erklären, dass solche Einwendungen nicht erhoben werden sollen. Ob und inwieweit der von § 5 UmwRG geregelten unzulässigen Rechtsausübung eine subjektive Komponente im Sinne einer unredlichen Absicht innewohnen muss, hat das OVG NRW zunächst offengelassen.[78] Die Nichtbeteiligung am Anhörungsverfahren lässt aber ohne Hinzutreten weiterer Umstände jedenfalls nicht den Schluss zu, dass die erstmalige Geltendmachung von Einwendungen im gerichtlichen Verfahren missbräuchlich oder unredlich i.S.d. § 5 UmwRG ist.[79]

Das Beteiligungsverfahren muss nach § 18 Abs. 1 Satz 4 den Anforderungen des § 73 Abs. 1 Satz 1, 61 Abs. 5–7 VwVfG genügen. Zur Umsetzung der UVP-Änderungsrichtlinie sind bei der Ausgestaltung

76 Vgl. BT-Drs. 11/5601, S. 16; dazu auch *Keienburg* Öffentlichkeitsbeteiligung, S. 149 f.

77 OVG NRW, Urt. v. 20.05.2015 – 8 A 2662/11, ZfB 2015, 99; BVerwG, Urt. v. 28.09.2016 – 7 C 18.15, juris; a.A. *Beckmann* BauR 2015, 1757.

78 OVG NRW, Urt. v. 04.09.2017 – 11 D 14/14.AK, juris Rn. 159; bejahend *Schlacke* NVwZ 2017, 805 (910).

79 OVG NRW, Urt. v. 03.09.2021 – 11 D 79/19.AK, juris Rn. 24, 28; BVerwG, Urt. v. 29.06.2017 – 3 A 1.16, juris Rn. 2; OVG Hamburg, Beschl. v. 15.08.2018 – 1 Es 1/18.P, juris Rn. 47; nach einem Gesetzesentwurf der Bundesregierung zur Änderung des UmwRG und weiterer Vorschriften mit Stand vom 12.01.2026 soll § 5 UmwRG durch eine »vorsichtige Konturierung des Missbrauchstatbestands« konkretisiert werden.

der **Öffentlichkeitsbeteiligung** im Zusammenhang mit der Modernisierung des Rechts der Umweltverträglichkeitsprüfung eine verstärkte **Nutzung elektronischer Medien** und die Einführung von zentralen **Internetportalen** vorgesehen worden.

a) Ortsübliche Bekanntmachung

62 Das Verfahren beginnt damit, dass der Träger des Vorhabens den Plan nach § 73 Abs. 1 Satz 1 VwVfG der Anhörungsbehörde zur Durchführung des Anhörungsverfahrens einreicht und die Gemeinden, in denen der Plan auszulegen ist, die Auslegung vorher nach § 73 Abs. 5 Satz 1 VwVfG ortsüblich bekannt machen. In der Bekanntmachung muss darauf hingewiesen werden, wo und in welchem Zeitraum der Plan zur Einsicht ausgelegt ist, dass etwaige Einwendungen bei den in der Bekanntmachung zu bezeichnenden Stellen innerhalb der Einwendungsfrist vorzubringen sind, dass bei Ausbleiben eines Beteiligten in dem Erörterungstermin auch ohne ihn verhandelt werden kann und dass die Personen, die Einwendungen erhoben haben, von dem Erörterungstermin auch durch öffentliche Bekanntmachung benachrichtigt werden können und dass schließlich die Zustellung der Entscheidung über die Einwendungen durch öffentliche Bekanntmachung ersetzt werden kann, wenn mehr als 50 Benachrichtigungen oder Zustellungen vorzunehmen sind.

63 Nach § 19 Abs. 1 unterrichtet die zuständige Behörde bei der Bekanntmachung zu Beginn des Beteiligungsverfahrens die Öffentlichkeit

- über den Antrag auf Zulassungsentscheidung oder über eine sonstige Handlung des Vorhabenträgers zur Einleitung eines Verfahrens, in dem die Umweltverträglichkeit geprüft wird,
- über die Feststellung der UVP-Pflicht des Vorhabens nach § 5 sowie, falls erforderlich, über die Durchführung einer grenzüberschreitenden Beteiligung nach den §§ 54–56,
- über die für das Verfahren und für die Zulassungsentscheidung jeweils zuständigen Behörden, bei denen weitere relevante Informationen erhältlich sind und bei denen Äußerungen oder Fragen eingereicht werden können, sowie über die festgelegten Fristen zur Übermittlung dieser Äußerungen oder Fragen,
- über die Art einer möglichen Zulassungsentscheidung,
- darüber, dass ein UVP-Bericht vorgelegt wurde,
- über die Bezeichnung der das Vorhaben betreffenden entscheidungserheblichen Berichte und Empfehlungen, die der zuständigen Behörde zum Zeitpunkt des Beginns des Beteiligungsverfahrens vorliegen,
- darüber, wo und in welchem Zeitraum die Unterlagen nach § 19 Abs. 1 Nr. 5 und 6 zur Einsicht ausgelegt werden, sowie
- über weitere Einzelheiten des Verfahrens der Beteiligung der Öffentlichkeit.

b) Auszulegende Unterlagen

64 § 19 Abs. 2 schreibt vor, welche Unterlagen im Rahmen des Beteiligungsverfahrens zumindest zur Einsicht für die Öffentlichkeit ausgelegt werden müssen. Dazu gehören der UVP-Bericht und die das Vorhaben betreffenden entscheidungserheblichen Berichte und Empfehlungen, die der zuständigen Behörde zum Zeitpunkt des Beginns des Beteiligungsverfahrens vorgelegen haben. Weitere Informationen, die für die Zulassungsentscheidung von Bedeutung sein können und die der zuständigen Behörde erst nach Beginn des Beteiligungsverfahrens vorliegen, sind der Öffentlichkeit nach den Bestimmungen des Bundes und der Länder über den Zugang zu Umweltinformationen zugänglich zu machen.

c) Zentrale Internetportale

65 Für die Zugänglichmachung des Inhalts der Bekanntmachung nach § 19 Abs. 1 und der nach § 19 Abs. 2 auszulegenden Unterlagen im Internet richten Bund und Länder gem. § 20 Abs. 1 Satz 1 zentrale Internetportale ein, auf denen die Bekanntmachung und die nach § 19 Abs. 2 auszulegenden Unterlagen zugänglich zu machen sind. Über die nach § 20 Abs. 1 Satz 1 einzurichtenden Zentralen Internetportale der Länder werden auch die nach dem Baugesetzbuch in das Internet einzu-

stellenden Informationen und Unterlagen zugänglich gemacht. Nach § 20 Abs. 1 Satz 2 erfolgt die Zugänglichmachung bei Vorhaben, die von einer Behörde des Bundes zugelassen werden, im Zentralportal des Bundes. Ist eine Landesbehörde zuständig, werden die Informationen über das Zentralportal des Landes zugänglich gemacht. Für den Aufbau und den Betrieb des Zentralen Internetportals des Bundes ist nach § 20 Abs. 1 Satz 3 das Umweltbundesamt zuständig. Es gilt aufgrund seiner Fachkunde im Bereich der Umweltverträglichkeitsprüfung für die Wahrnehmung dieser Aufgabe als besonders qualifiziert.[80]

d) Einwendungen

Gem. § 21 Abs. 1 kann sich die betroffene Öffentlichkeit im Rahmen der Beteiligung schriftlich oder zur Niederschrift bei der zuständigen Behörde äußern. Die Äußerungsfrist endet gem. § 21 Abs. 2 einen Monat nach Ablauf der Frist für die Auslegung der Unterlagen. Die in § 73 Abs. 4 Satz 1 VwVfG vorgesehene Frist, wonach jeder, dessen Belange durch das Vorhaben berührt werden, bis zwei Wochen nach Ablauf der Auslegungsfrist Einwendungen gegen den Plan erheben kann, gilt wegen des Vorrangs des § 21 Abs. 2 im bergrechtlichen Planfeststellungsverfahren nicht.[81] Bei Vorhaben, für die Unterlagen in erheblichem Umfang eingereicht worden sind, kann die zuständige Behörde eine längere Äußerungsfrist festlegen (§ 21 Abs. 3 Satz 1). Die Äußerungsfrist darf die nach § 73 Abs. 3a Satz 1 VwVfG zu setzende Frist gem. § 21 Abs. 3 Satz 2 nicht überschreiten. Die Äußerungsfrist gilt gem. § 20 Abs. 5 auch für solche Einwendungen, die sich nicht auf die Umweltauswirkungen des Vorhabens beziehen. 66

Mit Ablauf der Äußerungsfrist sind für das Planfeststellungsverfahren – nicht für ein eventuell nachfolgendes Gerichtsverfahren – alle Äußerungen, die nicht auf besonderen privatrechtlichen Titeln beruhen, ausgeschlossen (§ 21 Abs. 4 Satz 1).[82] Hierauf weist die zuständige Behörde gem. § 21 Abs. 4 Satz 2 in der Bekanntmachung der Auslegung oder bei der Bekanntgabe der Äußerungsfrist hin. Der Ausschluss nicht fristgerecht erhobener Einwendungen für das Planfeststellungsverfahren führt dazu, dass die Einwendungen in einem Erörterungstermin nicht erörtert werden müssen, nicht jedoch dazu, dass die Planfeststellungsbehörde sie bei ihrer Entscheidung unberücksichtigt lassen könnte. Denn soweit es sich lediglich um eine **Verfahrenspräklusion** und nicht um eine **materielle Präklusion** für ein sich anschließendes Gerichtsverfahren handelt, muss die Planfeststellungsbehörde damit rechnen, dass der Gegenstand der Einwendungen auch im Rahmen eines nachfolgenden Gerichtsverfahrens thematisiert werden kann. Es wäre deshalb ein Fehler, eine berechtigte Einwendung wegen einer Verfristung unbeachtet zu lassen, wenn und soweit es an einem materiellen Einwendungsausschluss fehlt. Die im Anwendungsbereich der UVP-RL ausgeschlossene materielle Präklusion gilt nicht nur für umweltrelevante, sondern für sämtliche Einwendungen.[83] 67

Von der Präklusion nach § 21 Abs. 4 Satz 1 zu unterscheiden ist der Umfang der Konzentrationswirkung des § 57a Abs. 5 BBergG. Danach erstrecken sich hinsichtlich der vom Vorhaben berührten Belange Dritter und der Aufgabenbereiche Beteiligter im Sinne des § 54 Abs. 2 BBergG die Rechtswirkungen der Planfeststellung auch auf die Zulassung und Verlängerung der zur Durchführung des Rahmenbetriebsplans erforderlichen Haupt-, Sonder- und Abschlussbetriebspläne, soweit über die sich darauf beziehenden Einwendungen entschieden worden ist oder bei rechtzeitiger Geltendmachung hätte entschieden werden können. § 57a Abs. 5 BBergG führt nicht zu einer materiellen Präklusion von Einwendungen, die im bergrechtlichen Planfeststellungsverfahren nicht oder verspätet erhoben worden sind. Solche Einwendungen können angesichts der Unvereinbarkeit einer materiellen Präklusion mit der UVP-RL auch im gerichtlichen Verfahren noch vorgetragen werden. Bei § 57a Abs. 5 BBergG handelt es sich um eine Regelung zur vertikalen Verfahrensstufung. § 57a 68

80 Gesetzesbegründung der BReg, BT-Drs. 18/11499, S. 91.

81 *Keienburg/Wiesendahl*, in: Kühne/von Hammerstein u.a., BBergG, § 57a Rn. 24.

82 *Keienburg/Wiesendahl*, in: Kühne/von Hammerstein u.a., BBergG, § 57a Rn. 25.

83 BVerwG, Urt. v. 30.03.2017 – 7 C 17/15, ZfB 2017, 107 (111); *Keienburg/Wiesendahl*, in: Kühne/von Hammerstein u.a., BBergG, § 57a Rn. 25.

Abs. 5 BBergG führt dazu, dass der Erlass des Planfeststellungsbeschlusses verhindert, dass Verfahrensgegenstände, über die im Planfeststellungsverfahren entschieden worden ist, und zu denen Einwendungen erhoben worden sind bzw. hätten erhoben werden können, nicht mehr zum Gegenstand nachfolgender Rechtsstreitigkeiten gegen die spätere Zulassung von Hauptbetriebsplänen, Sonderbetriebsplänen und Abschlussbetriebsplänen auf der Grundlage des durch die Planfeststellung zugelassenen Rahmenbetriebsplans gemacht werden können. Die damit verbundene Ausschlusswirkung ist Folge der Regelungswirkung und ggfls. auch der Unanfechtbarkeit des Planfeststellungsbeschlusses, nicht aber eine materielle Präklusion verspäteter oder nicht erhobener Einwendungen im Planfeststellungsverfahren, die nach der Rechtsprechung des EuGH unionsrechtswidrig ist.

69 Das OVG Sachsen ist hingegen der Ansicht, § 57a Abs. 5 BBergG bestimme nicht nur die Konzentrationswirkung der bergrechtlichen Planfeststellung abweichend von § 75 Abs. 1 VwVfG, sondern sei weitergehend eine Vorschrift zur betriebsplanübergreifenden materiellen Präklusion im gestuften Zulassungsverfahren nach dem BBergG.[84] Nach der Vorstellung des Gesetzgebers sollten Einwendungen, die gegen das Vorhaben geltend gemacht werden, nur einmal, und zwar im Rahmen des Planfeststellungsverfahrens geprüft und abschließend behandelt werden. Dies bedeute nicht den Ausschluss möglicher Einwendungen, sondern begründe nur die Notwendigkeit, alle Einwendungen, die gegen das im Rahmenbetriebsplan beschriebene Vorhaben geltend gemacht werden könnten, bereits im Rahmen des Planfeststellungsverfahrens geltend zu machen. Mit diesem Regelungsgehalt unterscheide sich § 57a Abs. 5 BBergG deutlich von der in § 73 Abs. 4 Satz 3 VwVfG geregelten materiellen Präklusion, deren Unvereinbarkeit mit Art. 11 Abs. 1 Abs. 1 UVP-RL das BVerwG in Anschluss an die Rechtsprechung des EuGH bestätigt habe.[85] Ob Art. 11 UVP-RL so auszulegen sei, dass er auch eine nationale Regelung mit dem umschriebenen Inhalt des § 57a Abs. 5 BBergG ausschließe, sei insbesondere deshalb klärungsbedürftig, weil der Einwendungsausschluss im gestuften bergrechtlichen Zulassungsverfahren zu einer Beschränkung jener Gründe führe, die ein Kläger mit einem Rechtsbehelf gegen eine der Richtlinie unterfallende bergrechtliche Vorhabenzulassung geltend machen könne.

70 Im Ergebnis dürfte die Ansicht des OVG Sachsen, dass § 57a Abs. 5 BBergG nicht gegen die UVP-RL verstößt, zutreffend sein. Das kann sich, ggf. bei unionsrechtskonformer Auslegung, allerdings nur aus der Regelungswirkung des Planfeststellungsbeschlusses ergeben. Alles das, was Gegenstand dieser Regelung ist und damit im Falle der Unanfechtbarkeit auch nicht mehr angreifbar ist, kann nicht mehr erfolgversprechend zur Begründung von Anfechtungsklagen gegen nachfolgende Betriebsplanzulassungen herangezogen werden. Soweit allerdings Einwendungen Auswirkungen betreffen, über die der Planfeststellung nicht entschieden hat, kommt auch kein Einwendungsausschluss in Betracht.

71 Zu den **Einwendungen** zählt jede Art von Bedenken, die gegen das Vorhaben aus der Sicht der Nachbarschaft oder der Allgemeinheit erhoben werden können. Einwendungen sind sachliches, auf die Verhinderung oder Änderung des beantragten Vorhabens abzielendes Gegenvorbringen. Einwendungen müssen so konkret sein, dass die Planfeststellungsbehörde erkennen kann, in welcher Weise sie bestimmte Belange einer näheren Betrachtung unterziehen soll. Die Anforderungen an Umfang und Detaillierung der Einwendung eines Planbetroffenen richten sich nach der Konkretheit der ausgelegten Planunterlagen. Im Anwendungsbereich der UVP-RL und der IE-RL sind materielle Einwendungsausschlüsse, die dazu führen, dass eine nicht oder nicht fristgerechte Einwendung im Rechtsmittelverfahren nicht mehr berücksichtigt wird, nicht zulässig. Eine formelle Präklusion, die dazu führt, dass eine nicht fristgerechte Einwendung im Planfeststellungsverfahren

84 SächsOVG, Urt. v. 17.08.2018 – 1 A 320/17, juris Rn. 97 unter Verweis auf SächsOVG, Beschl. v. 18.05.1998 – 1 S 766/97, ZfB 1998, 204; siehe auch *Keienburg/Wiesendahl,* in: Kühne/von Mäßenhausen u.a., BBergG, § 57a Rn. 26.

85 SächsOVG, Urt. v. 17.08.2018 – 1 A 320/17, juris Rn. 97 unter Verweis auf BVerwG, Urt. v. 30.03.2017 – 7 C 17.15, juris Rn. 20; EuGH, Urt. v. 15.10.2015 – C-137/14, juris Rn. 75 ff.

nicht erörtert und im Planfeststellungsbescheid auch nicht förmlich beschieden wird, ist hingegen weiterhin zulässig.

e) Erörterungstermin

Nach Ablauf der Einwendungsfrist sind gem. § 73 Abs. 6 Satz 1 VwVfG die rechtzeitig erhobenen Einwendungen gegen den Plan und die Stellungnahmen der Behörden zu dem Plan mit dem Träger des Vorhabens, den Behörden, den Betroffenen sowie den Personen, die Einwendungen erhoben haben, zu erörtern. Der Erörterungstermin ist mindestens eine Woche vorher ortsüblich bekannt zu machen. Die Behörden, der Träger des Vorhabens und diejenigen, die Einwendungen erhoben haben, sind von dem Erörterungstermin zu benachrichtigen (§ 73 Abs. 6 Sätze 1–3 VwVfG). 72

f) Erneute Beteiligung

Ändert der Vorhabenträger im Laufe des Verfahrens die Unterlagen, die nach § 19 Abs. 2 auszulegen sind, so ist gem. § 22 Abs. 1 Satz 1 eine erneute Beteiligung der Öffentlichkeit erforderlich. Sie ist jedoch auf die Änderungen zu beschränken. Hierauf weist die zuständige Behörde in der Bekanntmachung hin (§ 22 Abs. 1 Sätze 2 und 3). Daraus folgt, dass für die von der Änderung nicht berührten Teile des Vorhabens sich aus der Vorschrift keine erneute Möglichkeit zur Erhebung von Einwendungen ergibt.[86] Die Pflicht zu einer erneuten Öffentlichkeitsbeteiligung setzt keine Änderung des Vorhabens voraus. Es reicht vielmehr aus, dass die zuvor ausgelegten Unterlagen einen wesentlichen Fehler oder erhebliche Lücken bei der Darstellung der Umweltauswirkungen aufweisen und daher in einem wesentlichen Teil ergänzt oder korrigiert werden müssen.[87] Dies soll nach der Gesetzesbegründung dann der Fall sein, wenn eine nach Gegenstand, Systematik und Ermittlungstiefe neue oder über die bisherigen Untersuchungen wesentlich hinausgehende Prüfung der Umweltbetroffenheiten stattfindet, die ihren Niederschlag in einer neuen entscheidungserheblichen Unterlage über die Umweltauswirkungen des Vorhabens findet.[88] 73

Die zuständige Behörde kann von einer erneuten Beteiligung der Öffentlichkeit gem. § 22 Abs. 2 Satz 1 absehen, wenn zusätzliche erhebliche oder andere erhebliche Umweltauswirkungen nicht zu besorgen sind. Fachrechtliche Regelungen, wonach eine erneute Öffentlichkeitsbeteiligung auch dann erforderlich ist, wenn durch die Änderung nachteilige Auswirkungen auf Dritte zu erwarten sind (z.B. § 8 Abs. 2 Satz 1 der 9. BImSchV), bleiben aber unberührt.[89] Dies ist nach § 22 Abs. 2 Satz 2 insbesondere dann der Fall, wenn solche Umweltauswirkungen durch die vom Vorhabenträger vorgesehenen Vorkehrungen ausgeschlossen werden. 74

g) Geheimhaltung, Datenschutz und Urheberrecht

Nach § 23 Abs. 1 Satz 1 bleiben die Rechtsvorschriften über die Geheimhaltung und den Datenschutz sowie über das Urheberrecht unberührt. Insbesondere sind Urkunden, Akten und elektronische Dokumente geheim zu halten, wenn das Bekanntwerden ihres Inhalts dem Wohl des Bundes oder eines Landes Nachteile bereiten würde oder wenn die Vorgänge nach einem Gesetz oder ihrem Wesen nach geheim gehalten werden müssen. Soweit die nach § 19 Abs. 2 zur Einsicht für die Öffentlichkeit auszulegenden Unterlagen Informationen der in § 23 Abs. 1 genannten Art enthalten, kennzeichnet der Vorhabenträger diese Informationen und legt zusätzlich eine Darstellung vor, die den Inhalt der Unterlagen ohne Preisgabe des Geheimnisses beschreibt. Die **Inhaltsdarstellung** muss so ausführlich sein, dass Dritten die Beurteilung ermöglicht wird, ob und in welchem Umfang sie von den Umweltauswirkungen des Vorhabens betroffen sein können (§ 23 Abs. 2). Geheimhaltungs- 75

86 Gesetzesbegründung der BReg BT-Drs. 18/11499, S. 91.
87 Gesetzesbegründung der BReg BT-Drs. 18/11499, S. 91.
88 Gesetzesbegründung der BReg BT-Drs. 18/11499, S. 91 unter Verweis auf BVerwG, Urt. v. 28.04.2016 – 9 A 9.15, die juris Rn. 32 ff.
89 Gesetzesbegründung der BReg BT-Drs. 18/11499, S. 91.

bedürftige Unterlagen sind nach § 23 Abs. 3 bei der Auslegung durch die Inhaltsdarstellung zu ersetzen.

76 Um einen Verfahrensfehler bei der Öffentlichkeitsbeteiligung zu vermeiden, sollten der Vorhabenträger und die zuständige Behörde sich über die Berechtigung des Grunds der Geheimhaltung sorgfältig vergewissern.

h) Grenzüberschreitende UVP

77 Wenn ein bergbauliches Vorhaben, für das eine UVP-Pflicht besteht, erhebliche **grenzüberschreitende Umweltauswirkungen** haben kann, ist eine grenzüberschreitende Umweltverträglichkeitsprüfung erforderlich. Die Anforderungen an ein solches Verfahren sind in Teil 5 des UVPG geregelt. Die speziellere Regelung des § 3 UVP-V-Bergbau ist im Zuge der Modernisierung des Rechts der Umweltverträglichkeitsprüfung im Jahr 2017 aufgehoben worden. Wenn ein bergbauliches Vorhaben, für das eine UVP-Pflicht besteht, erhebliche Umweltauswirkungen in einem **Nachbarland** haben kann, benachrichtigt die zuständige deutsche Behörde nach § 54 Abs. 1 Satz 1 die von dem Nachbarstaat benannte Behörde durch Übersendung geeigneter Unterlagen über das Vorhaben. Wenn der Nachbarstaat keine Behörde benannt hat, wird gem. § 54 Abs. 1 Satz 2 die oberste für Umweltangelegenheiten zuständige Behörde des Nachbarstaats benachrichtigt. Die deutsche Behörde bittet dann die Behörde des Nachbarstaats um Mitteilung innerhalb einer angemessenen Frist, ob eine Beteiligung erwünscht wird. Wird dies bejaht, findet eine grenzüberschreitende Behörden- und Öffentlichkeitsbeteiligung nach Maßgabe der §§ 55–57 statt (§ 54 Abs. 5). Wenn das bergbauliche Vorhaben zwar grenzüberschreitende Umweltauswirkungen haben kann, der andere Staat jedoch eine Beteiligung nicht wünscht, kann sich die Öffentlichkeit des Nachbarstaats an dem inländischen Beteiligungsverfahren nach Maßgabe der §§ 18–22 beteiligen.

III. Zusammenfassende Darstellung

78 Zu den Vorschriften des UVPG, auf die § 57a Abs. 1 Satz 4 BBergG verweist, zählt auch § 24. Dementsprechend konnte auf eine ausdrückliche Verpflichtung zur Erarbeitung einer zusammenfassenden Darstellung der Umweltauswirkungen im BBergG – wie sie zuvor in § 57a Abs. 4 Satz 2 BBergG geregelt war – bei der Verabschiedung des Gesetzes zur Modernisierung des Rechts der Umweltverträglichkeitsprüfung im Jahr 2017 verzichtet werden. Die Vorgängervorschrift enthielt keine weiteren Vorgaben für die zusammenfassende Darstellung. Allerdings galt auch zuvor bereits, dass die Anforderungen des UVPG an die Erarbeitung einer zusammenfassenden Darstellung entsprechend heranzuziehen waren, weil diese zusammenfassende Darstellung ihre Funktion als Grundlage der Bewertung und Berücksichtigung der Umweltauswirkungen eines Vorhabens dann erfüllen kann, wenn sie alle wesentlichen Angaben enthält, auf die es im Rahmen der Bewertung der Umweltauswirkungen ankommt. § 24 übernimmt einen Teil der Vorgängerregelung des § 11 UVPG a.F. Die Sätze 4 und 5 des bisherigen § 11 sind durch die neuen Anforderungen nach § 26 Abs. 1 Nr. 3 b und d ersetzt worden. § 24 enthält zur Umsetzung der UVP-Änderungsrichtlinie einige inhaltliche Änderungen im Vergleich zum bisherigen Recht.

79 Nach § 24 Abs. 1 Satz 1 erarbeitet die zuständige Behörde eine zusammenfassende Darstellung der Umweltauswirkungen des Vorhabens, der Merkmale des Vorhabens und des Standorts, mit denen erhebliche nachteilige Umweltauswirkungen ausgeschlossen, vermindert oder ausgeglichen werden sollen, sowie der Maßnahmen, mit denen erhebliche nachteilige Umweltauswirkungen ausgeschlossen, vermindert oder ausgeglichen werden sollen, sowie der Ersatzmaßnahmen bei Eingriffen in Natur und Landschaft. Die Erarbeitung der zusammenfassenden Darstellung erfolgt nach § 24 Abs. 1 Satz 2 auf der Grundlage des UVP-Berichts, der behördlichen Stellungnahmen nach den §§ 17 Abs. 2 und 55 Abs. 4 sowie der Äußerungen der betroffenen Öffentlichkeit nach den §§ 21 und 56. Die Ergebnisse eigener Ermittlungen sind einzubeziehen. In der zusammenfassenden Darstellung ist nach § 24 Abs. 2 jeweils anzugeben, ob die Information aus dem UVP-Bericht, einer behördlichen Stellungnahme oder aus Äußerungen der Öffentlichkeit stand. Die zusammenfassende Dar-

stellung ist nach § 24 Abs. 3 möglichst innerhalb eines Monats nach dem Abschluss der Erörterung im Beteiligungsverfahren zu erarbeiten.

In der Gesetzesbegründung wird darauf hingewiesen, dass die UVP-Änderungsrichtlinie an die zusammenfassende Darstellung neue Anforderungen stellt, weil sie weitere Verfahrensschritte der UVP vorbereiten soll. Vorbereitet wird mit der zusammenfassenden Darstellung danach z.B. die **begründete Schlussfolgerung** nach Art. 1 Abs. 2g iv der geänderten UVP-RL sowie der Inhalt der Entscheidung nach Art. 8a Abs. 1b der geänderten UVP-RL.[90] Nach der zuletzt genannten Richtlinienbestimmung sind in die Entscheidung über die Zulässigkeit des Vorhabens unter anderem die Aspekte des Projekts aufzunehmen, mit denen erhebliche nachteilige Auswirkungen auf die Umwelt vermieden, vermindert oder verringert oder soweit möglich ausgeglichen werden sollen. Deshalb müssen die entsprechenden Merkmale in der zusammenfassenden Darstellung beschrieben werden. Zusätzlich sind in die zusammenfassende Darstellung auch die etwaigen Maßnahmen aufzunehmen, mit denen erhebliche nachteilige Auswirkungen ausgeschlossen, vermindert oder ausgeglichen werden sollen sowie die etwaigen Ersatzmaßnahmen in Natur und Landschaft. 80

Nach Art. 9 Abs. 1b der geänderten UVP-RL hat die zuständige Behörde sicherzustellen, dass der Öffentlichkeit eine Zusammenfassung der Ergebnisse der Anhörungen, sowie der mit dem UVP-Bericht, der Durchführung der Behördenbeteiligung nach Art. 8 der geänderten Richtlinie und gegebenenfalls der grenzüberschreitenden Behörden- und Öffentlichkeitsbeteiligung erhaltenen Informationen zugänglich gemacht wird. Der Gesetzgeber setzt diese Anforderungen dadurch um, dass die zusammenfassende Darstellung nach § 26 Abs. 1 Nr. 3 in die Begründung des Bescheids über die Zulässigkeit des Vorhabens aufgenommen wird, der nach § 27 Satz 1 zur Einsicht auszulegen ist. Zur Vorbereitung dieser öffentlichen Auslegung ist in der zusammenfassenden Darstellung gem. § 24 Abs. 2 auch anzugeben, ob die Informationen jeweils aus dem UVP-Bericht, einer behördlichen Stellungnahme oder aus Äußerungen der Öffentlichkeit stammen. Eine Individualisierung ist insbesondere bei Äußerungen der Öffentlichkeit nicht erforderlich.[91] 81

Fehlt es an einer zusammenfassenden Darstellung der Umweltauswirkungen, dann handelt es sich nicht nur um eine fehlerhafte UVP. Vielmehr ist davon auszugehen, dass eine UVP gar nicht stattgefunden hat, weil die zusammenfassende Darstellung der Umweltauswirkungen zentrale Grundlage für die Bewertung der Umweltauswirkungen und die Berücksichtigung bei der Zulassungsentscheidung ist.[92] 82

IV. Bewertung und Berücksichtigung der Umweltauswirkungen

Die Bewertung der Umweltauswirkungen eines Vorhabens und ihre Berücksichtigung in der bergrechtlichen Planfeststellungsentscheidung sind im BBergG nicht speziell geregelt. Auf der Grundlage des Verweises in § 57a Abs. 1 Satz 4 BBergG ist hinsichtlich der Bewertung der Umweltauswirkungen und der Berücksichtigung des Ergebnisses bei der Entscheidung § 25 zu beachten. 83

1. Bewertung der Umweltauswirkungen

Nach § 25 Abs. 1 bewertet die zuständige Behörde die Umweltauswirkungen des Vorhabens auf der Grundlage einer zusammenfassenden Darstellung und im Hinblick auf eine wirksame Umweltvorsorge im Sinne des § 3 nach Maßgabe der geltenden Gesetze. 84

§ 25 entspricht im Wesentlichen der Vorgängervorschrift des § 12 UVPG a.F. Die Bewertung der Umweltauswirkungen war immer schon ein zentrales Element der UVP. Diese Bewertung bezeichnet die UVP-Änderungsrichtlinie als »begründete Schlussfolgerung«. 85

90 Gesetzesbegründung, BT-Drs. 18/11 499, S. 92.
91 Gesetzesbegründung BT-Drs. 18/11 499, S. 92.
92 VG Hamburg, Beschl. v. 15.06.2016 – 7 E 1486/16, juris Rn. 59.

86 Nach Art. 1 Abs. 2g der geänderten UVP-RL handelt es sich bei der **begründeten Schlussfolgerung** um einen eigenständigen Verfahrensschritt der UVP. Art. 1 Abs. 2g iv der geänderten UVP-RL sieht vor, dass bei der begründeten Schlussfolgerung die Ergebnisse der im Rahmen von früheren Verfahrensvorschriften durchgeführten Prüfungen zu berücksichtigen sind und dass die Behörde gegebenenfalls ergänzende eigene Prüfungen vorzunehmen hat. In der Gesetzesbegründung wird darauf hingewiesen, dass die Wesensmerkmale der Bewertung der Umweltauswirkungen durch die Änderungen der UVP-RL nicht verändert worden sind, so dass im deutschen Recht die bisherige Begrifflichkeit beibehalten werden kann. Die **Eigenständigkeit des Verfahrensschrittes** der Bewertung wird allerdings dadurch im deutschen Recht klargestellt, dass die Bewertung anders als früher nicht mehr in einem Satz zusammen mit der Berücksichtigung der Bewertung bei der Zulassungsentscheidung geregelt wird, sondern Gegenstand eines eigenständigen Abs. 1 ist.

87 Unverändert gilt, dass die Bewertung **im Hinblick auf eine wirksame Umweltvorsorge nach Maßgabe der geltenden Gesetze** stattzufinden hat. Die Zwiespältigkeit dieser Anforderung, einerseits die Umweltauswirkungen nach Maßgabe der geltenden Gesetze zu bewerten, andererseits aber eine wirksame Umweltvorsorge dabei zu berücksichtigen, bleibt insoweit erhalten. Dass die geltenden Gesetze bei der Bewertung der Umweltauswirkungen im Hinblick auf eine wirksame Umweltvorsorge zu prüfen sind und als Maßstab der Bewertung gelten, führt nicht dazu, dass die materiell-rechtlichen Anforderungen bei der UVP strenger als bei entsprechenden Prüfungen von Vorhaben ohne UVP sind. Die materiell-rechtlichen Maßstäbe werden durch die UVP insoweit nach wie vor nicht verändert. Die Bundesregierung weist in der Begründung des Gesetzes ausdrücklich darauf hin, dass maßgeblich die **fachrechtlichen Zulassungsvoraussetzungen** sind und dass das UVPG insoweit keine eigenständigen, von diesen fachgesetzlichen Zulassungsvoraussetzungen unabhängigen materiell-rechtlichen Vorgaben für die Entscheidung über die Zulassung des Vorhabens enthält. Weder werden diese fachrechtlichen Zulassungsvoraussetzungen bzw. Versagungsgründe durch den Begriff »berücksichtigen« im Vergleich zu einer Beachtenspflicht relativiert, noch werden die Anforderungen durch den Verweis auf die Notwendigkeit einer wirksamen Umweltvorsorge verschärft.[93] Zu bedenken ist allerdings, dass sich aus der UVP-RL ein materiell-rechtlicher Prüfungsmaßstab daraus ergibt, dass bei der Umweltprüfung auch **globale Klimafolgen** des Vorhabens zu prüfen sind. Der Zulassungstatbestand des UVP-pflichtigen Vorhabens muss dementsprechend so ausgestalten sein oder unionsrechtskonform ausgelegt werden, dass bei der Entscheidung über die Zulassung auch solche globalen Klimafolgen berücksichtigt werden können.[94]

88 Klargestellt wird in § 25 Abs. 1 Satz 2, dass die Bewertung der Umweltauswirkungen zu begründen ist. Es reicht insoweit nicht aus, als Ergebnis des Bewertungsvorgangs zu festzustellen, dass das Vorhaben mit sämtlichen Zulassungsvoraussetzungen übereinstimmt. Vielmehr bedarf es einer **begründeten Subsumtion** unter diese Zulassungsvoraussetzungen.

2. Berücksichtigung der Umweltauswirkungen

89 Nach § 25 Abs. 2 berücksichtigt die zuständige Behörde die begründete Bewertung der Umweltauswirkungen nach dem in § 25 Abs. 1 bestimmten Maßstab bei der Entscheidung über die Zulässigkeit des Vorhabens. Soweit Art. 8 der geänderten UVP-RL in diesem Zusammenhang eine »gebührende« Berücksichtigung verlangt, ergibt sich daraus keine inhaltliche Änderung zum bis zum Jahre 2017 geltenden Recht. Notwendig ist es, dass die Behörde das Ergebnis der Bewertung nicht lediglich zur Kenntnis nimmt, sondern sich bei der Entscheidung über die Zulassung des Vorhabens damit substanziell auseinandersetzt.[95]

---

93 Gesetzesbegründung der BReg BT-Drs. 18/11499, S. 93; BVerwG, Urt. v. 27.03.2025 – 7 A 3,24, juris Rn. 53; Beschl. v. 02.03.2023 – 4 B 16.22, juris Rn. 13 m.w.N.

94 BVerwG, Urt. v. 24.02.2021 – 9 A 8.20, NVwZ 2021, 1846; *Beckmann* AbfallR 2025, 220 ff.; *Beckmann* NuR 2025, 725 ff.; *Bauer*, in: Beckmann/Kment, UVPG/UmwRG, § 2 Rn. 53.

95 Gesetzesbegründung der BReg BT-Drs. 18/11499, S. 93.

§ 25 Abs. 3 verlangt, dass die zusammenfassende Darstellung und die begründete Bewertung bei der Entscheidung über die Zulassung des Vorhabens nach Einschätzung der zuständigen Behörde hinreichend aktuell sein müssen. An einer hinreichenden **Aktualität** fehlt es, wenn sich nach Verfassung des UVP-Berichts die tatsächlichen oder rechtlichen Umstände zwischenzeitlich so verändert haben, dass der Bericht bzw. die Gutachten und Untersuchungen, auf denen er aufbaut, keine tragfähige Entscheidungsgrundlage für die Zulassungsentscheidung mehr bilden können.[96] In der Gesetzesbegründung wird darauf hingewiesen, dass die Bundesregierung für den Art. 8a Abs. 6 Satz 2 der geänderten UVP-RL vorgesehene Möglichkeit, für die Gültigkeit der begründeten Schlussfolgerung eine feste Frist festzulegen, kein Bedarf gesehen wird. Die Aktualität der begründeten Bewertung sei regelmäßig schon dadurch gewährleistet, dass die UVP nach § 4 unselbstständiger Teil des Zulassungsverfahrens sei. Auch soweit in der Umweltverträglichkeitsprüfung Kredit von früheren Umweltprüfungen angenommen werde, wäre – so die Bundesregierung – eine starre Gültigkeitsfrist wegen der Unterschiedlichkeit der Vorhaben und der Gegebenheiten im Einzelfall nicht sachgerecht.[97] 90

Fraglich ist, welche Konsequenzen sich aus § 25 Abs. 3 ergeben, wenn das Planfeststellungsverfahren sehr viel Zeit in Anspruch nimmt, wenn z.B. eine Heilung von Verfahrensfehlern durch ein ergänzendes Verfahren notwendig oder wenn die Planfeststellungsbehörde gerichtlich durch ein Bescheidungsurteil verpflichtet wird, unter Berücksichtigung der Rechtserfassung des Gerichts erneut über den Planungsauftrag zu entscheiden. Die zusammenfassende Darstellung und eine begründete Bewertung der Umweltauswirkungen auf der Grundlage einer solchen zusammenfassenden Darstellung mögen sich noch in überschaubaren Zeiträumen für ein Planergänzungsverfahren aktualisieren lassen. Zu prüfen ist aber jeweils, ob die Antragsunterlagen, die Untersuchungen und Bestandserfassungen vor Ort, die ihrerseits Grundlage der zusammenfassenden Darstellung der Umweltauswirkungen sind, noch hinreichend aktuell sind. Es könnte gerade deshalb zukünftig zu einem wichtigeren Problem werden, weil § 7 Abs. 5 Satz 1 UmwRG neben der Heilung von Verfahrensfehlern ausdrücklich auch ein ergänzendes Verfahren zur Behebung einer Verletzung materieller Rechtsvorschriften vorsieht. Eine solche Verletzung materieller Vorschriften führt nach dieser Vorschrift nur dann zur Aufhebung der Entscheidung nach § 1 Abs. 1 Satz 1 Nr. 1–2 b oder 5 UmwRG, wenn sie nicht durch Entscheidung Ergänzung oder ein ergänzendes Verfahren behoben werden kann. Bei solchen Entscheidungsergänzungen bzw. ergänzenden Verfahren nach einem Planfeststellungsbeschluss, der seinerseits bereits erst nach längerem Planfeststellungsverfahren verfasst worden ist, kann der zeitliche Abstand zur Fertigstellung der Gutachten und Bestandserfassungen vor Ort beträchtlich sein. Allerdings kommt es für die Frage der hinreichenden Aktualität im Sinne von § 24 Abs. 3 nicht allein und allein ausschlaggebend auf das Alter der Antragsunterlagen, sondern darauf an, ob sich seit deren Verfassung entweder die tatsächliche Situation vor Ort oder aber die rechtlichen Rahmenbedingungen sich entscheidungserheblich verändert haben. 91

Die Zulassung des Rahmenbetriebsplans ist, auch soweit über sie gem. § 52 Abs. 2a BBergG durch Planfeststellung zu entscheiden ist, eine gebundene Entscheidung ohne planerischen Gestaltungsspielraum der Planfeststellungsbehörde.[98] Da es sich bei der bergrechtlichen Planfeststellung insoweit um eine gebundene **Kontrollerlaubnis** handelt, kann die Bewertung nur im Rahmen der Auslegung der Zulassungsvoraussetzungen der §§ 55 Abs. 1, 48 Abs. 2 BBergG berücksichtigt werden. Nach § 52 Abs. 2a Satz 3 BBergG können Anforderungen eines vorsorgenden Umweltschutzes, die bei der UVP zu berücksichtigen sind und die nicht Gegenstand der Zulassungsvoraussetzungen des § 55 BBergG sind, öffentliche Interessen im Sinne von § 48 Abs. 2 BBergG sein. Bei der Prüfung, 92

96 Gesetzesbegründung der BReg BT-Drs. 18/11499, S. 93.

97 Gesetzesbegründung der BReg BT-Drs. 18/11499, S. 93.

98 *Beckmann*, in: Stüer/Beckmann, Handbuch des Bau- und Fachplanungsrechts, Rn. 7293; *Beckmann* DVBl. 2023, 449 (452); OVG Saarlouis, Urt. v. 20.06.2023 – 2 C 251/21, BeckRS 2023, 17124, Rn. 87; BVerwG, Urt. v. 15.12.2006 -C 1.06, juris Rn. 28; HessVGH, Urt. v. 17.02.2021 – 2 A 698/16, juris Rn. 100.

ob eine Beschränkung oder Untersagung zu erfolgen hat, sind gem. § 48 BBergG bei raumbedeutsamen Vorhaben Ziele der Raumordnung, die auch dem Umweltschutz dienen können, zu beachten.

93 Geht man davon aus, dass es sich – wie bereits erläutert – bei der Bewertung und der Berücksichtigung der Umweltauswirkungen um zwei getrennte Vorgänge mit jeweils unterschiedlicher Funktion handelt, dann führt dies zu der Erkenntnis, dass der Bewertungsvorgang – soll er sich von der schlichten Subsumtion unter Zulassungsvoraussetzungen des jeweiligen Fachrechts unterscheiden – auch anhand anderer, zusätzlicher Kriterien zu erfolgen hat als die allein durch das Zulassungsrecht gesteuerte Berücksichtigung der Bewertungsergebnisse. Während sich die Berücksichtigung der Ergebnisse einer UVP also ausschließlich am Maßstab der materiell-rechtlichen Anforderungen in den einschlägigen Fachgesetzen zu vollziehen hat, sprechen überzeugende Gründe dafür, dass die Bewertung der Umweltauswirkungen eines Vorhabens ein jedenfalls auch an außerrechtlichen Maßstäben ausgerichtetes Verfahren ist, in dem auf der Grundlage naturwissenschaftlicher Erkenntnisse eine letztlich politisch-wertende Entscheidung über die Relevanz eines zuvor abgeschätzten Umweltrisikos getroffen wird.[99]

V. Inhalt des Bescheids über die Zulassung oder Ablehnung des Vorhabens

94 § 57a Abs. 1 Satz 4 BBergG verweist hinsichtlich des Inhalts des Bescheids über die Zulassung oder Ablehnung des bergbaulichen Vorhabens auf § 26. Nach dieser Vorschrift muss der bergrechtliche Planfeststellungsbeschluss bestimmte **Mindestangaben** enthalten. Dazu gehören die **umweltbezogenen Nebenbestimmungen**, die mit der Zulassungsentscheidung verbunden sind. Außerdem muss der Planfeststellungsbeschluss **eine Beschreibung der vorgesehenen Überwachungsmaßnahmen** nach § 28 oder nach entsprechenden bundes- oder landesrechtlichen Vorschriften enthalten. Soweit ausdrückliche Bestimmungen zur Überwachung bestehen – wie z.B. im Immissionsschutzrecht – kann hierauf Bezug genommen werden. Die Art der zu überwachenden Parameter und die Dauer der Überwachung sollen der Art, dem Standort und dem Umfang des Vorhabens sowie dem Ausmaß seiner Umweltauswirkungen angemessen sein.[100] Schließlich müssen die **wesentlichen tatsächlichen und rechtlichen Gründe** genannt werden, die die Planfeststellungsbehörde zu ihrer Entscheidung bewogen haben.[101] Dabei sind nicht nur einzelne Vorhabenteile isoliert zu betrachten; vielmehr ist die gesamte, planfeststellungsbedürftige Maßnahme in den Blick zu nehmen.[102] Dazu gehören nach 26 Abs. 1 Nr. 3 Angaben über das Verfahren zur Beteiligung der Öffentlichkeit, die zusammenfassende Darstellung gem. 24, die begründete Bewertung gem. § 25 Abs. 1 und eine Erläuterung, wie die begründete Bewertung, insbesondere die Angaben des UVP-Berichts, die behördlichen Stellungnahmen nach § 17 Abs. 2 und nach § 55 Abs. 4 sowie die Äußerungen der Öffentlichkeit nach den §§ 21 und 56, im Planfeststellungsbeschluss berücksichtigt wurden oder wie ihnen anderweitig Rechnung getragen wurde.

95 Auch wenn diese Anforderungen an die Entscheidungsbegründung im UVPG im Jahre 2017 neu geregelt worden sind, haben sich die Rechtslage und die Praxis in Deutschland dadurch nicht wesentlich verändert. Denn eine Begründung des Bescheids war nach § 39 Abs. 1 VwVfG ohnehin erforderlich. Die zusammenfassende Darstellung der Umweltauswirkungen konnte auch früher schon in die Entscheidungsbegründung aufgenommen werden. Angaben über die Durchführung der Öffentlichkeitsbeteiligung wurden schon bislang in aller Regel in die Entscheidungsbegründung aufgenommen, teilweise waren solche Angaben auch rechtlich verpflichtend vorgegeben (siehe z.B. § 21 Abs. 1 Nr. 6 der 9.BImSchV). Dies gilt auch für die zusammenfassende Darstellung (§ 21 Abs. 1 Nr. 5 i.V.m. § 20 Abs. 1a der 9. BImSchV). Soweit in dem Bescheid auch erläutert werden muss, wie die begründete Bewertung der Umweltauswirkungen in der Zulassungsentscheidung berücksichtigt wurde, muss auf die Angaben des UVP-Berichts, die behördlichen Stellungnahmen und Äußerun-

99 *Rat von Sachverständigen für Umweltfragen* DVBl 1988, 21, 26; *Beckmann* DVBl 1993, 1335 ff.
100 Gesetzesbegründung der BReg, BT-Drs. 18/11499, S. 94.
101 VGH München, Urt. v. 22.01.2024 – 8 A 22.40038, juris Rn. 41.
102 VGH München, Urt. v. 22.01.2024 – 8 A 22.40038, juris Rn. 51.

gen der Öffentlichkeit eingegangen werden. In der Gesetzesbegründung wird darauf hingewiesen, dass neben einer Berücksichtigung in der Zulassungsentscheidung auch ein »anderweitiges Rechnung tragen« in Betracht kommt. Dabei könne es sich z.B. um Maßnahmen handeln, die im Rahmen grenzüberschreitender Konsultationen mit einem Nachbarstaat oder im Rahmen eines Mediationsverfahrens vereinbart würden. Soweit diese Maßnahmen nicht Gegenstand des Genehmigungsverfahrens seien, sei auf diesen Umstand in der Begründung hinzuweisen.[103]

Wird das bergbauliche Vorhaben nicht zugelassen und dementsprechend der bergrechtliche Planfeststellungsbeschluss nicht erteilt, müssen in dem **Ablehnungsbescheid** die dafür **wesentlichen Gründe** gem. § 26 Abs. 2 erläutert werden. 96

VI. Bekanntmachung der Entscheidung und Auslegung des Bescheids

Nach § 27 Satz 1 hat die zuständige Behörde in entsprechender Anwendung des § 74 Abs. 5 Satz 2 VwVfG die Entscheidung zur Zulassung oder Ablehnung des Vorhabens öffentlich bekanntzumachen sowie in entsprechender Anwendung des § 74 Abs. 4 Satz 2 VwVfG den Bescheid zur Einsicht auszulegen. § 20 (Zentrale Internetportale) gilt gem. § 27 Satz 2 entsprechend. Soweit der Bescheid geheimhaltungsbedürftige Angaben im Sinne von § 23 Abs. 2 enthält, sind die entsprechenden Stellen gem. § 27 Satz 3 unkenntlich zu machen. 97

VII. Voraussetzungen der bergrechtlichen Planfeststellung

Das Planfeststellungsverfahren wird durch die Planfeststellung des vom Unternehmer zur Zulassung gestellten Rahmenbetriebsplans oder dessen Ablehnung abgeschlossen. Die zuständige Behörde hat bei ihrer Entscheidung, mit der sie das Planfeststellungsverfahren abschließt, grundsätzlich dieselben Zulassungsvoraussetzungen zu prüfen, die sich aus den §§ 55, 48 Abs. 2 Satz 1 BBergG auch für alle anderen Betriebsplanarten ergeben. Anforderungen eines vorsorgenden Umweltschutzes, die sich bei der UVP ergeben und über die Zulassungsvoraussetzungen des § 55 BBergG sowie der auf das Vorhaben anwendbaren Vorschriften in anderen Gesetzen hinausgehen, sind gem. § 52 Abs. 2a Satz 3 BBergG öffentliche Interessen im Sinne des § 48 Abs. 2 BBergG. Da es nicht sinnvoll ist, den Betriebsplan nach § 55 Abs. 1 BBergG uneingeschränkt zuzulassen, um dann die Aufsuchung oder Gewinnung zu beschränken, erweitert § 48 Abs. 2 Satz 1 BBergG bereits das Prüfprogramm für die Zulassung des Betriebsplans.[104] Dies bedeutet allerdings nicht, dass über § 48 Abs. 2 BBergG die Zulassungsvoraussetzungen des § 55 BBergG verschärft werden. Denn § 48 Abs. 2 Satz 1 BBergG kommt als Zulassungsvoraussetzung für die bergrechtliche Planfeststellung – genauso wie für andere Betriebspläne – nur außerhalb des Regelungsgegenstands des § 55 BBergG ergänzend in Betracht. Es handelt sich also nicht um ein Einfallstor zur administrativen Verschärfung gesetzlich speziell bereits in den Zulassungsvoraussetzungen des § 55 BBergG geregelter Belange. § 48 Abs. 2 Satz 1 BBergG ermöglicht es auch nicht, spezialgesetzliche Anforderungen, z.B. des Wasserrechts oder des Bodenschutzrechts, die bei der Zulassung des obligatorischen Rahmenbetriebsplans über § 48 Abs. 2 Satz 1 BBergG zu prüfen sind, zu verschärfen.[105] 98

Die Entscheidung über die Planfeststellung ist gem. § 57a Abs. 4 Satz 1 BBergG hinsichtlich der eingeschlossenen Entscheidungen nach den hierfür jeweils geltenden Bestimmungen zu treffen 99

103 Gesetzesbegründung der BReg BT-Drs. 18/11499, S. 94 f.

104 OVG Bautzen, Urt. v. 20.06.2023 – 4 A 171/11, juris Rn. 34; BVerwG, Beschl. v. 05.07.2016 – 7 B 43.15, juris Rn. 15; OVG Bautzen, Urt. v. 17.08.2018 – 1 A 320/17, juris Rn. 83; HessVGH, Urt. v. 07.07.2015 – 2 A 177/15, juris Rn. 32; *von Weschpfennig*, Grundstrukturen des Bergrechts, S. 200; *Frenz*, Bergrecht, in: Ziekow, Handbuch des Fachplanungsrechts, § 21 Rn. 36.

105 *von Hammerstein*, in: Kühne/von Mäßenhausen, BBergG, § 52 Rn. 70; § 48 Abs. 2 Satz 1 BBergG ist auch im Rahmen des § 56 Abs. 1 Satz 2 BBergG heranzuziehen, erweitert die Befugnisse der Bergbehörde im Betriebsplanzulassungsverfahren und begründet nicht nur eine eigenständige, dem Betriebsplan neben- und nachgeordnete Anordnungsbefugnis der Bergbehörde, sondern ergänzt § 55 Abs. 1 BBergG, siehe dazu BVerwG, Urt. v. 22.11.2018 – 7 C 9/17, juris Rn. 14.

(**Konzentrationswirkung**). Die Bergbehörde ist mithin auch an die materiellen Anforderungen derjenigen Bestimmungen gebunden, die für die Entscheidung im jeweils ersetzten Verfahren maßgeblich gewesen wären (formelle Konzentration). Darüber hinaus sind bei der Planfeststellungsentscheidung die Ergebnisse der UVP zu berücksichtigen.

100 § 55 Abs. 1 BBergG räumt dem Unternehmer einen **Rechtsanspruch** auf die Planfeststellung ein, wenn die in § 55 Abs. 1 BBergG genannten Zulassungsvoraussetzungen erfüllt sind und überwiegende öffentliche Interessen im Sinne von § 48 Abs. 2 Satz 1 BBergG dem Vorhaben nicht entgegenstehen. Mit dieser Bestimmung sind die materiellen Zulassungsvoraussetzungen des herkömmlichen Betriebsplanverfahrens ausgedehnt worden.[106]

101 § 48 Abs. 2 Satz 1 BBergG stellt einen Auffangtatbestand dar. Nach dieser Vorschrift sind Belange zu prüfen und abzuarbeiten, die nicht bereits im Rahmen von § 55 BBergG oder in Verfahren geprüft werden, die mangels einer Konzentrationswirkung der Zulassungsentscheidung nach anderen öffentlich-rechtlichen Vorschriften erforderlich sind. Über die Vorschrift finden die Schutzgüter des § 2 Abs. 1 Satz 2 als entscheidungserhebliche Belange Eingang in das materielle Entscheidungsprogramm der bergrechtlichen Zulassung von Rahmenbetriebsplänen neuer Art. Dies soll den medienübergreifenden Ansatz der UVP sichern. Bedeutung hat diese Bestimmung jedoch nur, soweit es um Belange geht, die noch nicht in anderen zu beachtenden Vorschriften ihren Niederschlag gefunden haben. Die Vorschrift ist – wie erwähnt – kein Einfallstor für die Verschärfung solcher Anforderungen, die bereits anderweitig gesetzlich geregelt worden sind.[107] Allerdings setzt § 48 Abs. 2 Satz 1 BBergG nicht voraus, dass die überwiegenden öffentlichen Interessen in öffentlich-rechtlichen Verbotsnormen konkretisiert worden sind.[108]

102 Fraglich ist, ob und inwieweit (**globale**) **Klimafolgen** bei der bergrechtlichen Planfeststellung zu berücksichtigen sind. Ausgehend von der Rechtsprechung des BVerwG, dass sich die materiellen Prüfmaßstäbe für Umweltprüfungen ausschließlich aus den fachrechtlichen Vorschriften ergeben, dass dementsprechend Auswirkungen auf ein Schutzgut, die nach dem materiellen Fachrecht auf das Ergebnis einer Zulassungsentscheidung keinen Einfluss haben können, für die Umweltprüfung nicht erheblich sind, stellt sich die Frage, ob die Zulassungsvoraussetzungen der §§ 48, 55 BBergG die Prüfung auch globaler Klimafolgen eines bergrechtlich planfeststellungsbedürftigen Vorhabens ermöglichen bzw. erfordern. Nimmt man an, dass § 13 KSG nur bei Zulassungsentscheidungen zur Anwendung kommen kann, die einen Planungs- oder Ermessensspielraum einräumen,[109] dann scheidet die Einbeziehung dieser Berücksichtigungspflicht bei der Umweltprüfung im bergrechtlichen Planfeststellungsverfahren aus, weil es sich bei der bergrechtlichen Planfeststellung unbestritten um eine Kontrollerlaubnis ohne Ermessen bzw. Planungsermessen der zuständigen Bergbehörde handelt.[110] Selbst wenn aber § 13 KSG bei der Umweltprüfung im bergrechtlichen Planfeststellungsverfahren nicht zur Anwendung kommen könnte, müssten globale Klimafolgen eines bergbaulichen Vorhabens möglicherweise über § 48 Abs. 2 BBergG Gegenstand der Umweltprüfung werden. Nach § 48 Abs. 2 S. 1 BBergG kann die für die Zulassung von Betriebsplänen zuständige Behörde, unbeschadet anderer öffentlich-rechtlicher Vorschriften, eine Aufsuchung oder eine Gewinnung beschränken oder untersagen, soweit ihr überwiegende öffentliche Interessen entgegenstehen. Zu den dort genannten überwiegende öffentliche Interessen können auch Klimabelange gehören.[111]

---

106 BVerwG, Urt. v. 04.07.1986 – 4 C 31/84, BVerwGE 74, 315.

107 *Kühne* UPR 1989, 326, 328.

108 OVG Lüneburg, Urt. v. 17.07.2008 – 7 LC 53/05, ZfB 2008, 257 (265 f.).

109 BVerwG, Urt. v. 27.03.2025 – 7 A 3.24, juris Rn. 53; Beschl. v. 02.03.2023 – 4 B 16.22, juris Rn. 13 m.w.N.

110 *Beckmann*, in: Stüer/Beckmann, Handbuch des Bau- und Fachplanungsrechts, 2025, Rn. 7293; *Beckmann* DVBl. 2023, 449 (452); OVG Saarlouis, Urt. v. 20.06.2023 – 2 C 251/21, BeckRS 2023, 17124, Rn. 87.

111 *Kappes*, in: Kühne/von Hammerstein, BBergG, 2023, Anh. § 48 Rn. 207 ff.

§ 48 Abs. 2 BBergG gilt als eine § 55 BBergG ergänzende Zulassungsvoraussetzung.[112] Ob § 48 Abs. 2 Satz 1 BBergG eine planerische Abwägung ermöglicht oder einen Beurteilungsspielraum oder lediglich eine nachvollziehende Abwägung bei der Auslegung dieser Vorschrift einräumt[113] und ob gegebenenfalls § 13 KSG nicht doch auch bei der lediglich nachvollziehenden Abwägung berücksichtigt werden kann oder ob bei einer solchen nachvollziehenden Abwägung sich Klimafolgen des Vorhabens nicht ganz unabhängig von § 13 KSG nicht zuletzt gestützt auf Art. 20a GG als überwiegende öffentliche Interessen erweisen können, die eine Untersagung oder jedenfalls eine Beschränkung des Vorhabens ermöglichen können, ist noch nicht abschließend geklärt. Die wachsende Bedeutung, die dem Klimabelang angesichts der zunehmenden Klimafolgen zukommt, spricht auch dafür, dass sich aus § 48 Abs. 2 Satz 1 BBergG mit Blick auf die Klimafolgen eines bergbaulichen Vorhabens überwiegende öffentliche Interessen ergeben können, die eine Beschränkung oder sogar Untersagung des Vorhabens rechtfertigen könnten.

VIII. Bergrechtliche Planfeststellung als Kontrollerlaubnis

Bei der Planfeststellung eines bergbaulichen Vorhabens handelt es sich um keine planerische Gestaltungsfreiheit vermittelnde Planungsentscheidung.[114] Die Entscheidung der Bergbehörde bleibt vielmehr gebundene Kontrollerlaubnis.[115] Ob nämlich ein Planfeststellungsverfahren tatsächlich eine Abwägungsermächtigung erhält oder nicht, richtet sich nach dem bei der Planfeststellung zu beachtenden materiellen Recht. Die Ausgestaltung eines bestimmten Zulassungsverfahrens als Planfeststellungsverfahren reicht für sich betrachtet nicht aus, um eine Planungskompetenz anzunehmen.[116] Es kommt für die Beantwortung der Frage nach dem Charakter der bergrechtlichen Planfeststellungsentscheidung daher allein darauf an, ob die Vorschriften des Bundesberggesetzes die materiellen Bestimmungen um eine Planungskompetenz vermittelnde Ermächtigungsnorm angereichert haben. Dies ist nicht der Fall. Auch § 52 Abs. 2a Satz 3 BBergG ermächtigt lediglich zu einem abwägenden Interessenausgleich unterschiedlicher Belange, nicht jedoch zu der für die Annahme von Abwägungsspielräumen darüber hinaus erforderlichen Befugnis, planerisch-schöpferisch tätig zu werden. Die Zulassungsentscheidung der Bergbehörde ist eine **zweidimensionale Entscheidung**, die hinsichtlich des zur Zulassung gestellten Gegenstandes in ein »Ja« oder »Nein« einmünden muss und nicht etwa zu einer eigenständig entwickelten Alternativplanung führen darf. Der Unternehmer hat dementsprechend einen Anspruch auf Zulassung des obligatorischen Rahmenbetriebsplans, wenn die gesetzlichen Voraussetzungen dafür vorliegen. 103

Es bedarf deshalb – anders als bei anderen Planfeststellungen – auch **keiner Planrechtfertigung.**[117] 104
Soweit eine solche Planrechtfertigung bei Planfeststellungsbeschlüssen unter anderem wegen einer

112 *Von Weschpfennig*, Grundstrukturen des Bergrechts, S. 200; *Frenz*, Bergrecht, in: Ziekow, Handbuch des Fachplanungsrechts, § 21 Rn. 36.

113 Näher dazu *von Weschpfennig*, Grundstrukturen des Bergrechts, S. 239.

114 *Beckmann*, in: Stüer/Beckmann, Handbuch des Bau- und Fachplanungsrechts, Rn. 7293; *Frenz*, in: Ziekow, Fachplanungsrecht, § 21 Rn. 43; HessVGH, Urt. v. 17.02.2021 – 2 A 698/16, juris Rn. 100; BVerwG, Urt. v. 30.03.2017 – 7 C 17.15, juris Rn. 37; BVerwG, Urt. v. 15.12.2006 – 7 C 1/06, NVwZ 2007, 700; siehe auch *von Weschpfennig*, Strukturen des Bergrechts, S. 40.

115 BVerwG, Urt. v. 14.04.2005 – 7 C 26.03, NVwZ 2005, 954 (955); OVG NRW, Urt. v. 02.03.2006 – 11 A 1752/04, juris.

116 *Beckmann* DÖV 1987, 944 (948); *Beckmann* BauR 2016, 1417 (1419).

117 Grundsätzlich bedarf ansonsten jede Fachplanung einer Planrechtfertigung, die gegeben ist, wenn das Vorhaben vernünftigerweise geboten ist, siehe OVG Hamburg Urt. v. 12.05.2021 – 1 Bf 492/19, juris Rn. 90; BVerwG, Beschl. v. 12.07.2017 – 9 B 49.16, juris Rn. 4; OVG Münster, Urt. v. 03.02.2022 – 20 D 122/20.AK, juris Rn. 66; VGH München, Urt. v. 15.03.2021 – 8 A 18.40041, juris Rn. 45; die von der Rechtsprechung entwickelten Grundsätze zur Einschränkung der Klagemöglichkeiten von Eigentümern sog. **Sperrgrundstücke** finden auch bei einer Klage gegen eine bergrechtliche Grundabtretung (§§ 77 ff. BBergG) Anwendung: OVG Münster, Beschl. v. 27.07.2023 – 21 A 2175/22, juris Rn. 29, 41.

enteignungsrechtlichen Vorwirkung erforderlich ist, müssen die Voraussetzungen für eine Enteignung, die zur Realisierung des Vorhabens erforderlich wird, im Planfeststellungsverfahren geprüft werden.[118] Die Zulassung des obligatorischen Rahmenbetriebsplans hat jedoch keine enteignungsrechtliche Vorwirkung, da es im BBergG an einer entsprechenden gesetzlichen Anordnung fehlt.[119] Dementsprechend müssen die Voraussetzungen nach den Vorschriften des BBergG im Grundabtretungsverfahren geprüft werden.[120] Bei großflächigen und auch zeitlich weiterreichenden Vorhaben kann es allerdings geboten sein, Prüfungsgegenstände einer Planrechtfertigung im Sinne eines vernünftigerweise geboten sein nicht erst im Grundabtretungsverfahren, sondern bereits im Betriebsplanzulassungsverfahren zu prüfen.[121] Die Unzulässigkeit eines bergbaulichen Vorhabens kann von einem Betroffenen zwar grundsätzlich nicht auf § 55 Abs. 1 BBergG gestützt werden, da diese Vorschrift keine nachbarrechtliche Schutzwirkung entfaltet. Etwas anderes gilt für § 48 Abs. 2 BBergG. Diese Vorschrift entfaltet zugunsten des Grundstückseigentümers eine drittschützende Wirkung. Insoweit widerspricht ein Tagebauvorhaben dem öffentlichen Interesse, wenn bereits bei der Zulassung des Rahmenbetriebsplans erkennbar ist, dass die Verwirklichung des Vorhabens daran scheitern muss, dass die dafür erforderliche Inanspruchnahme des Eigentums privater Dritter nicht durch Belange des Allgemeinwohls gerechtfertigt ist. Der mit der Zulassung des Rahmenbetriebsplans verbundene Eingriff in das Eigentum der Grundstückseigentümer ist daher nur gerechtfertigt, wenn die Voraussetzungen einer Enteignung für den Tagebau jedenfalls dem Grunde nach erfüllt sind. Nicht geboten ist indessen, dass sämtliche Anforderungen an eine rechtmäßige Enteignung im Einzelfall vorliegen, denn die Zulassung des Rahmenbetriebsplans ist noch keine Enteignung.[122] Im Stadium der Zulassung eines Rahmenbetriebsplans dient ein Vorhaben nach der **Grundabtretungsprognose** nicht dem Wohl der Allgemeinheit im Sinne des Art. 14 Abs. 3 Satz 1 GG, wenn die Gesamtabwägung dem Grunde nach ergibt, dass die durch das Vorhaben beeinträchtigten öffentlichen und privaten Belange die für das Vorhaben sprechenden Gemeinwohlgründe überwiegen. In diesem Fall muss der Eigentümer die Enteignung nicht hinnehmen.[123]

105 Einschränkende **Nebenbestimmungen** können dem Planfeststellungsbeschluss nach § 36 Abs. 1 VwVfG beigefügt werden, wenn sie dazu dienen, die Erfüllung der gesetzlichen Voraussetzungen für die Erteilung des Planfeststellungsbeschlusses aus den §§ 55, 48 BBergG oder der Voraussetzungen der durch die Planfeststellung ersetzten Entscheidungen zu sichern (siehe auch § 26 Abs. 1 Nr. 1, wonach die umweltbezogenen Nebenbestimmungen, sofern sie mit der Zulassungsentscheidung verbunden sind, in den Zulassungsbescheid aufzunehmen sind). Soweit es sich bei den im Wege der Konzentrationswirkung ersetzten Entscheidungen um **Ermessensentscheidungen** handelt, kann die Planfeststellungsbehörde den Planfeststellungsbeschluss im Rahmen der Ausübung des Ermessens mit weiteren Nebenbestimmungen versehen.

118 Zur enteignungsrechtlichen Vorwirkung der Planfeststellung *Beckmann* UPR 2023, 121.

119 OVG Bautzen, Urt. v. 20.06.2023 – 4 A 171/11, juris Rn. 51; BVerwG, Beschl. v. 29.09. 2008 – 7 B 20.08, ZfB 2009, 43; BVerfG, Urt. v. 17.12.2013 – 1 BvR 3139/08, juris Rn. 272; *Wittmann,* in: Landmann/Rohmer, Umweltrecht, § 51 Rn. 35.

120 Zu Rechtsfragen der Grundabtretung und Besitzeinweisung nach dem BBergG *Masing/Beck* NuR 2024, 224; zur Mitgewinnung bergfreier Bodenschätze beim Abbau von Grundeigentümerbodenschätzen *Beckmann* ZfB 2024, 225.

121 BVerfG, Urt. v. 17.12.2013 – 1 BvR 3139/08 u.a., BVerfGE 134, 242 Rn. 184.

122 VG Aachen, Urt. v. 03.11.2016 – 6 K 369/15, juris Rn. 113.

123 BVerfG, Urt. v. 17.12.2013 – 1 BvR 3139/08, 1 BvR 3386/08, juris Rn. 188 f. und Rn. 280; VG Köln, Urt. v. 12.03.2019 – 14 K 4496/18, juris Rn. 118; VG Freiburg, Urt. v. 05.11.2020 – 10 K 2788/19, juris Rn. 53, 60.

IX. Rechtswirkungen der Planfeststellung

Die bergrechtliche Planfeststellung lässt den obligatorischen Rahmenbetriebsplan zu. Sie berechtigt jedoch nicht zur Durchführung des Vorhabens.[124] Insoweit bleiben unverändert Zulassungen für Haupt- und ggf. Sonderbetriebspläne notwendig, um mit den bergbaulichen Tätigkeiten beginnen zu können.[125] Von der **Gestattungswirkung** zu unterscheiden ist die Bindungswirkung, die sich aus dem Planfeststellungsbeschluss für nachfolgende Betriebsplanzulassungen nach § 57a Abs. 5 BBergG ergibt. Soweit der Planfeststellungsbeschluss im Rahmen der Konzentrationswirkung andere behördliche Zulassungen ersetzt, kommt ihm insoweit allerdings Gestattungswirkung zu.[126] 106

Nach § 75 Abs. 1 Satz 2 VwVfG werden alle öffentlich-rechtlichen Beziehungen zwischen dem Träger des Vorhabens und den durch den Planbetroffenen rechtsgestaltend geregelt. Diese **Gestaltungswirkung** des Planfeststellungsbeschlusses wird durch § 57a Abs. 4 Satz 2, 1. HS BBergG eingeschränkt. Denn das Verhältnis zwischen dem Unternehmer und den durch den Betrieb Betroffenen wird spezieller durch die bergrechtlichen Vorschriften über die Grundabtretung (§§ 77 ff. BBergG), über Baubeschränkungen (§§ 107 ff. BBergG), über Anpassung und Sicherung (§§ 110 ff. BBergG) und über Bergschäden (§§ 114 ff. BBergG) sowie durch § 124 BBergG hinsichtlich des Verhältnisses zwischen dem Bergbau und Verkehrsträgern geregelt. 107

Dem bergrechtlichen Planfeststellungsbeschluss kommt nach § 75 Abs. 1 Satz 1 VwVfG **Konzentrationswirkung** zu. Die Planfeststellungsbehörde ist für die Zulassung des obligatorischen Rahmenbetriebsplans einschließlich der konzentrierten Entscheidungen zuständig. Die Konzentrationswirkung führt zu einer einheitlichen Zuständigkeit, zu einem einheitlichen Verfahren und auch zu einer einheitlichen Entscheidung. Sie verdrängt jedoch nicht die materiell-rechtlichen Zulassungsvoraussetzungen der ersetzten Entscheidungen. § 57a Abs. 4 Satz 1 BBergG sieht vor, dass die Entscheidung über die Planfeststellung hinsichtlich der eingeschlossenen Entscheidungen nach Maßgabe der hierfür geltenden Vorschriften zu treffen ist. Für diese aufgrund der Konzentrationswirkung des Planfeststellungsbeschlusses nicht mehr erforderlichen Entscheidungen sind inhaltlich die materiell-rechtlichen Vorschriften der jeweils einschlägigen Gesetze maßgeblich.[127] Die Konzentrationswirkung bezieht sich z.B. auf baurechtliche, immissionsschutzrechtliche, denkmalschutzrechtliche Genehmigungen, auf naturschutzrechtliche Befreiungen und Ausnahmen und auch auf die Abweichung von Zielen der Raumordnung, nicht jedoch auf **Einvernehmenserfordernisse.**[128] Die Zulassung des Rahmenbetriebsplanes erfordert auch eine **artenschutzrechtliche Vollprüfung** im Planfeststellungsbeschluss. Hierzu gehört auch die Anordnung aktueller Bestandserhebungen und möglicher Anpassungen der Maßnahmen im Rahmen nachfolgender Betriebspläne.[129] Hinsichtlich der vom Vorhaben berührten Belange Dritter und der Aufgabenbereiche Beteiligter im Sinne des § 54 Abs. 2 BBergG erstrecken sich die Rechtswirkungen der Planfeststellung nach § 57a Abs. 5 BBergG auch auf die Zulassung und Verlängerung der zur Durchführung des Rahmenbetriebsplanes erforderlichen Haupt-, Sonder- und Abschlussbetriebspläne, soweit über die sich darauf beziehenden Einwendungen entschieden worden ist oder bei rechtzeitiger Geltendmachung hätte entschieden 108

124 OVG NRW, Beschl. v. 28.01.2025 – 21 B 11/25.AK, juris Rn. 17; BVerwG, Urt. v. 06.10.2022 – 7 C 5.21, juris, Rn. 12.

125 Zur Gestattungswirkung der Zulassung des Hauptbetriebsplans siehe BVerwG, Urt. v. 06.10.2022 – 7 C 5.21, juris, Rn. 12; OVG NRW, Beschl. v. 28.01.2025 – 21 B 11/25.AK, juris Rn. 15; Urt. v. 18.11.2015 – 11 A 3048/11, juris Rn. 220; *Keienburg/Wiesendahl*, in: Kühne/von Mäßenhausen u.a., BBergG, § 57a Rn. 34; *Beckmann*, in: Frenz, BBergG, § 57a Rn. 69 ff.; *von Weschpfennig*, Strukturen des Bergrechts, S. 315.

126 Ausführlicher zu den Rechtswirkungen des Planfeststellungsbeschlusses *Beckmann*, in: Stüer/Beckmann, Handbuch des Bau- und Fachplanungsrechts, Rn. 8019.

127 OVG Magdeburg, Beschl. v. 20.03.2023 – 2 L 7/20.Z, ZfB 2023, 209 =juris Rn. 37.

128 OVG NRW, Urt. v. 30.09.2014 – 8 A 460/13, DVBl 2015, 309; *Keienburg/Wiesendahl*, in: Kühne/von Mäßenhausen u.a., BBergG, § 57a Rn. 45.

129 BVerwG, Urt. v. 06.10.2022 – 7 C 4/21, ZfB 2023, 108 = juris Rn. 15.

werden können. Es handelt sich um die Regelung einer vertikalen Konzentration für das gestufte Betriebsplanverfahren des BBergG und nicht um eine unionsrechtswidrige materielle Präklusionsregelung.[130]

109 Die Planfeststellung des Rahmenbetriebsplans umfasst die Feststellung der Zulässigkeit des Vorhabens für alle von ihm umfassten öffentlichen Belange. Die Konzentrationswirkung erstreckt sich grundsätzlich auch auf **notwendige Folgemaßnahmen** des bergbaulichen Vorhabens. Das sind solche Maßnahmen, die aufgrund des bergbaulichen Vorhabens an anderen Anlagen erforderlich werden, um deren Funktionsfähigkeit nicht zu beeinträchtigen. Das BVerwG definiert den Begriff folgendermaßen: Als notwendige Folgemaßnahme i.S.d. § 75 Abs. 1 Satz 1 VwVfG ist eine Maßnahme anzusehen, die für eine angemessene Entscheidung über die durch die anlassgebende Maßnahme aufgeworfenen Konflikte erforderlich ist; dabei darf sie nicht wesentlich über Anschluss und Anpassung hinausgehen und unterliegt insoweit räumlichen und sachlichen Beschränkungen. Eine Folgemaßnahme ist abzugrenzen von anderen Anlagen, die ein umfassendes Planungskonzept benötigen.[131] Allerdings erstreckt sich die Konzentrationswirkung nicht auf die Zulassung eventuell notwendiger Folgemaßnahmen, für die andere Fachgesetze eine Planfeststellung vorsehen (§ 57b Abs. 3 Satz 3 BBergG).[132] Insoweit ist die nach § 75 Abs. 1 Satz 1 HS 2 VwVfG bestehende **Konzentrationswirkung** begrenzt, um die Entscheidung über planfeststellungsbedürftige Folgemaßnahmen bei den zuständigen Fachbehörden zu belassen.[133]

110 Eine weitere Einschränkung der Konzentrationswirkung ergibt sich gem. § 57b Abs. 3 Satz 2 BBergG gegenüber dem **atomrechtlichen Planfeststellungsverfahren** nach § 9b AtG. Folgemaßnahmen des bergbaulichen Vorhabens, die nach § 57b Abs. 3 Satz 3 BBergG in einem eigenen Planfeststellungsverfahren planfestzustellen sind, dürfen bei der Zulassung des Rahmenbetriebsplans für das Abbauvorhaben nicht völlig ausgeblendet werden. Vielmehr müsste bereits die bergrechtliche Planfeststellung abgelehnt werden, wenn bei der Entscheidung über die Zulassung des Rahmenbetriebsplans schon erkennbar wäre, dass Auswirkungen des bergbaulichen Vorhabens nicht hinreichend durch notwendige Folgemaßnahmen verhindert werden können. Das BVerwG hat deshalb gefordert, dass die Bergbehörde ungeachtet der Zuständigkeit anderer Fachbehörden für die Planfeststellung von Folgemaßnahmen vor Zulassung des Rahmenbetriebsplans die »Machbarkeit« auch der Folgemaßnahmen prüft.[134]

111 Wird für ein Vorhaben, mit dem die **Benutzung eines Gewässers** verbunden ist, ein Planfeststellungsverfahren durchgeführt, so entscheidet nach § 19 Abs. 1 WHG die Planfeststellungsbehörde über die Erteilung der Erlaubnis oder der Bewilligung. Sieht ein bergrechtlicher Betriebsplan die Benutzung von Gewässern vor, so entscheidet die Bergbehörde nach § 19 Abs. 2 WHG über die Erteilung der Erlaubnis. Die Konzentrationswirkung des bergrechtlichen Planfeststellungsbeschlusses ersetzt insoweit nicht die wasserrechtliche Erlaubnis. Vielmehr wird lediglich die Zuständigkeit für die Entscheidung über den wasserrechtlichen Erlaubnisantrag bei der Bergbehörde konzentriert. Sind mit dem Gesamtvorhaben, für das der bergrechtliche Rahmenbetriebsplan aufzustellen ist, mehrere Gewässerbenutzungen verbunden, ist die Bergbehörde nach § 19 Abs. 1 WHG für die Entscheidung über deren Erlaubnis unabhängig davon zuständig, welche konkreten Benutzungstatbestände die Verpflichtung zur Durchführung einer Umweltverträglichkeitsprüfung für den Rahmenbetriebsplan nach sich ziehen.[135]

---

130 Siehe aber auch SächsOVG, Urt. v. 17.08.2018 – 1 A 320/17, juris Rn. 98.

131 BVerwG, Urt. v. 24.08.2023 – 7 A 1.22, NVwZ 2024, 680; siehe auch *Kment* NVwZ 2023, 123; *Beckmann*, in: Stüer/Beckmann, Handbuch des Bau- und Fachplanungsrechts, Rn. 7978.

132 BVerwG, Urt. v. 15.12.2006 – 7 C 6.06, NVwZ 2007, 704; OVG NRW, Urt. v. 27.10.2005 – 11 A 1751/04, ZfB 2006, 32; *Beckmann,* Rechtsschutz gegen Hochwasserrisiken, S. 197, 225.

133 OVG NRW, Urt. v. 27.10.2005 – 11 A 1751/04, ZfB 2006, 32.

134 BVerwG, Urt. v. 15. 12. 2006 – 7 C 6.06, ZfB 2006, 315; *Wittmann,* in: Landmann/Rohmer, Umweltrecht, § 51 Rn. 36.

135 BVerwG, Beschl. v. 04.07.2024 – 10 B 31/23, ZfB 2024, 253 = juris Rn. 8.

Schwierigkeiten bereitet schließlich die Frage, ob die bergrechtliche Planfeststellung nur eine eingeschränkte Konzentrationswirkung gegenüber parallelen Entscheidungen nach anderen Gesetzen entfaltet, weil sie nur den unter dem Vorbehalt weiterer Einzelbetriebspläne stehenden Rahmenbetriebsplan zum Gegenstand hat. Aus der vertikalen Stufung des Betriebsplanverfahrens könnte gefolgert werden, dass auch ungeachtet einer vorangegangenen Planfeststellung eines Rahmenbetriebsplans bei weiter fortschreitendem Betrieb neben den erforderlichen Haupt- und Sonderbetriebsplänen jeweils weitere Zulassungsentscheidungen nach den im Einzelnen berührten Fachgesetzen erforderlich sind, obschon die Planfeststellung an sich mit Konzentrationswirkung ausgestattet ist.[136] Die Antwort auf die damit angesprochene Reichweite einer »vertikalen« Konzentrationswirkung der bergrechtlichen Planfeststellung hängt davon ab, welches materielle Entscheidungsprogramm auch anderer Fachgesetze im konkret planfestgestellten Rahmenbetriebsplan tatsächlich abgearbeitet worden ist. Je dichter die Aussagen und Inhalte des zur Zulassung gestellten Rahmenbetriebsplans, desto weitreichender fällt die Konzentrationswirkung der Planfeststellung aus. Die Regelungen des BBergG verlangen jedenfalls wegen des Anspruchs, alle möglichen Umweltauswirkungen des Vorhabens bereits auf der Ebene des Rahmenbetriebsplans einer umfassenden und abschließenden Betrachtung zu unterziehen, eine gegenüber fakultativen Rahmenbetriebsplänen beträchtliche **Untersuchungs- und Prüftiefe**, die dann auch ermöglicht, in diesem Umfang gleichzeitig über die in anderen Fachgesetzen geregelten Belange mitzuentscheiden. Idealiter, also nach der gesetzlichen Konzeption, ist daher die Konzentrationswirkung der bergrechtlichen Planfeststellung hoch;[137] damit ist freilich nicht beantwortet, ob auch realiter in jedem Einzelfall eine solche Verdichtung des Rahmenbetriebsplans möglich ist, dass über alle öffentlichen Belange entschieden werden könnte, die von dem Vorhaben im Laufe seiner Entwicklung tatsächlich berührt werden. Die Konzentrationswirkung dürfte daher in der Tat unter dem für den Bergbau typischen Vorbehalt später hinzutretender Erkenntnisse stehen und sich allein auf das Entscheidungsprogramm erstrecken, das im frühen Zeitpunkt der Aufstellung des Rahmenbetriebsplans absehbar zu bewältigen ist. Die durch die UVP geforderte Untersuchungstiefe kann dafürsprechen, den Zeitrahmen des obligatorischen Rahmenbetriebsplans auf einen überschaubaren Zeitraum zu verkürzen. Die Zulassung eines Rahmenbetriebsplans enthält die Feststellung, dass das Gesamtvorhaben zulassungsfähig ist und nicht aus überwiegenden öffentlichen Interessen untersagt oder eingeschränkt werden darf. Diese Feststellung ist der Bestandskraft fähig. Dementsprechend kann bei der Zulassung der Hauptbetriebspläne die grundsätzliche Zulassungsfähigkeit des Gesamtvorhabens – vorbehaltlich einer Änderung der tatsächlichen Verhältnisse – nicht erneut in Frage gestellt werden. In diesem Umfang erzeugt die Rahmenbetriebsplanzulassung eine Bindungswirkung für nachfolgende Haupt- und Sonderbetriebsplanzulassungen.[138] 112

Der bergrechtliche Planfeststellungsbeschluss hat keine **enteignungsrechtliche Vorwirkung**, weil es für eine solche enteignungsrechtliche Vorwirkung keine ausdrückliche gesetzliche Regelung im Bundesberggesetz gibt.[139] Die Inanspruchnahme fremden Eigentums für ein bergbauliches Vorhaben setzt eine **Grundabtretung** voraus.[140] Die Grundsätze zur Einschränkung der Klagemöglichkeiten von Eigentümern sog. **Sperrgrundstücke** finden auch bei einer Klage gegen eine bergrechtliche 113

136 So *Rausch,* Umwelt- und Planungsrecht beim Bergbau, S. 240.

137 Vgl. auch *Gaentzsch,* in: FS Sendler S. 403 (417).

138 BVerwG, Urt. v. 06.10.2022 – 7 C 4.21 –, juris, Rn. 12; OVG NRW, Beschl. v. 28.01.2025 – 21 B 11/25.AK, juris, Rn. 17.

139 BVerwG, Beschl. v. 29.09.2008 – 7 B 20.08, ZfB 2009, 43; BVerwG, Beschl. v. 20.10.2008 – 7 B 21.08, ZfB 2009, 248; *Beckmann,* in: Stüer/Beckmann, Handbuch des Bau- und Fachplanungsrechts, Rn. 8026; *Beckmann* UPR 2023, 121.

140 Zur Bedeutung der bergrechtlichen Planfeststellung für die Grundabtretung BVerfG, Urt. v. 17.12.2013 – 1 BvR 3139/08, 1 BvR 3386/08, ZfB 2014, 49; BVerwG Beschl. v. 29.06.2006 – 7 C 11.05, ZfB 2006, 156; zur Grundabtretung siehe auch *Beckmann,* in: Stüer/Beckmann, Handbuch des Bau- und Fachplanungsrechts, Rn. 7283; *Uhlenbrock* ZfB 2024, 1.

Grundabtretung Anwendung.[141] Ein bergbauliches Vorhaben widerspricht dem öffentlichen Interesse i.S.d. § 48 Abs. 2 BBergG und ist damit nicht zulassungsfähig, wenn bereits bei der Zulassung des Rahmenbetriebsplans erkennbar ist, dass die Verwirklichung des Vorhabens daran scheitern muss, dass die dafür erforderliche Inanspruchnahme des Eigentums privater Dritter nicht durch Belange des Allgemeinwohls gerechtfertigt ist. In diesem Sinne ist eine (positive) **Grundabtretungsprognose** für die Zulassung eines Rahmenbetriebsplans erforderlich.[142] Die Inanspruchnahme eines fremden Gewinnungsrechts ist im Wege einer **Zulegung** möglich, bei der es sich um eine Enteignung im Sinne des Art. 14 Abs. 3 GG handelt.[143] Einfachgesetzlich ist über die bergrechtlichen Vorschriften über die Zulegung auch das nicht grundrechtlich geschützte Eigentum von Gemeinden und anderen juristischen Person des öffentlichen Rechts gesichert.[144]

X. Außerkrafttreten des Planfeststellungsbeschlusses

114 Nach § 75 Abs. 4 Satz 1 VwVfG tritt ein Planfeststellungsbeschluss außer Kraft, wenn nicht innerhalb von 5 Jahren nach Unanfechtbarkeit des Beschlusses mit der Durchführung begonnen worden ist. Als Beginn der Durchführung des Plans gilt jede erstmals, nach außen erkennbare Tätigkeit von mehr als nur geringfügiger Bedeutung zur plangemäßen Verwirklichung des Vorhabens (§ 75 Abs. 4 Satz 2 VwVfG). Nach § 75 Abs. 4 Satz 1 VwVfG steht auch ein Beginn der Plandurchführung vor Eintritt der Unanfechtbarkeit des Planfeststellungsbeschlusses dessen Außerkrafttreten entgegen.[145] Das BVerwG erläutert dazu, dies gelte nicht nur, wenn Rechtsbehelfe kraft Gesetzes keine aufschiebende Wirkung hätten, sondern auch, wenn die sofortige Vollziehung nach § 80 Abs. 2 Satz 1 Nr. 4 VwGO angeordnet worden sei. § 77 Satz 1 VwVfG, nach dem die Planfeststellungsbehörde den Planfeststellungsbeschluss aufzuheben habe, wenn ein Vorhaben, mit dessen Durchführung begonnen worden ist, endgültig aufgegeben worden sei, unterscheide dementsprechend nicht danach, ob der Durchführungsbeginn vor oder nach Eintritt der Unanfechtbarkeit erfolgt sei. Dies unterstreiche, dass auch ein Beginn der Plandurchführung vor Eintritt der Unanfechtbarkeit das Außerkrafttreten des Planfeststellungsbeschlusses nach § 75 Abs. 4 Satz 1 VwVfG verhindere. Denn andernfalls bedürfte es seiner Aufhebung nach § 77 Satz 1 VwVfG nicht mehr.[146]

115 Nach der hierzu vor allem im Straßenrecht ergangenen Rechtsprechung ist der Begriff des Beginns der Durchführung des Plans in Einklang mit dem Zweck der gesetzlichen Befristung von Planfeststellungsbeschlüssen auszulegen, Vorratsplanungen ohne erkennbaren Realisierungsgrad sind zu unterbinden.[147] Die Norm dient der Rechtsklarheit für die von der Planfeststellung betroffenen Personen und Behörden. Sie sollen nicht auf unbegrenzte Zeit im Unklaren darüber gelassen werden, ob der Plan tatsächlich ausgeführt wird, zumal der Planfeststellungsbeschluss sich schon mit seinem Erlass mittelbar auf die Nutzung und Verwertung betroffener Grundstücke auswirken kann.

141 *Beckmann*, in: Stüer/Beckmann, Handbuch des Bau- und Fachplanungsrechts, Rn. 7288.

142 OVG Magdeburg, Beschl. v. 20.03.2023 – 2 L 7/20.Z, ZfB 2023, 209 = Juris Rn. 2; BVerfG, Urt. v. 17.12.2013 – 1 BvR 3139/08, 1 BvR 3386/08, juris Rn. 310; BVerwG, Urt. v. 29.06.2006 – 7 C 11.05, juris Rn. 19.

143 BVerwG, Beschl. v. 28.06.2019 – 7 B 22/18, juris Rn. 7; BVerwG, Urt. v. 20.11.2008 – 7 C 10.08, ZfB 2009, 46; *Beckmann/Wittmann* ZfB 2009, 32 ff.; *Beckmann* ZfB 2024, 225 ff.

144 Bergrechtliche Bewilligungen sind hingegen nicht geeignet sind, die Rechtsstellung von Gemeinden zu beeinträchtigen; Gemeinden haben daher keine Klagebefugnis gegen entsprechende Bewilligungen, VG SH, Urt. v. 15.10.2015 – 6 A 94/15, juris Rn. 28; näher dazu *Wörheide,* Die Bergbauberechtigungen nach dem BBergG, 232.

145 BVerwG, Urt. v. 07.12.2023 – 9 C 1/23, juris Rn. 20; die Bundesregierung plant ausweislich ihres Gesetzesentwurfs für ein Infrastruktur-Zukunftsgesetz mit Stand 12/2025 eine Neuregelung, wonach das Außerkrafttreten des Plans eintreten soll, wenn mit der Durchführung des Plans nicht innerhalb von zehn Jahren nach Eintritt der Unanfechtbarkeit begonnen wird.

146 BVerwG, Urt. v. 07.12.2023 – 9 C 1/23, juris Rn. 23.

147 Siehe dazu auch *Beckmann*, in: Stüer/Beckmann, Handbuch des Bau- und Fachplanungsrechts, 2025, Rn. 8448.

Deshalb bestimmt die Norm, dass als Beginn der Durchführung des Plans jede erstmals nach außen erkennbare Tätigkeit von mehr als nur geringfügiger Bedeutung für die planmäßige Verwirklichung des Vorhabens gilt. Demgemäß kommen als Maßnahmen, die ein Außerkrafttreten von Planfeststellungsbeschlüssen verhindern können, nur solche in Betracht, bei denen nach Art, Umfang und Zielrichtung deutlich erkennbar zum Ausdruck kommt, dass das Vorhaben in überschaubarem Zeitraum verwirklicht werden soll. Das schließt rein verwaltungsinterne Vorbereitungsmaßnahmen ebenso aus wie symbolische Akte, die nur dem Zweck dienen, den Ablauf der Frist zu hindern. Auch lassen nur Maßnahmen, die nicht mehr ohne Weiteres rückgängig gemacht werden können und für die Verwirklichung des Plans von Bedeutung sind, den Schluss zu, dass das Vorhaben nunmehr ernsthaft ins Werk gesetzt werden soll.[148]

Auch wenn in §§ 52, 57a BBergG nicht ausdrücklich auf § 75 Abs. 4 VwVfG Bezug genommen wird, ist die Vorschrift anwendbar.[149] Die Vorschrift ergänzt insoweit die jeweiligen Fachplanungsvorschriften, welche keine eigenständige Regelung enthalten.[150] Jedoch gelten die im Fachplanungsrecht entwickelten Maßstäbe der Rechtsprechung im Bergrecht nicht uneingeschränkt. Bergbauliche Vorhaben werden in einem gestuften Verfahren zugelassen. Die Zulassung des Rahmenbetriebsplans setzt einen verbindlichen Rahmen für die nachfolgenden Haupt- und Sonderbetriebspläne, die erst den konkreten Abbau zulassen. Dieser eingeschränkte Gegenstand der bergrechtlichen Planfeststellung hat nach Auffassung des VG Leipzig auch bestimmende Bedeutung für die Frage der Umsetzung des Vorhabens, da anders als beispielsweise im Straßenrecht für die Umsetzung des planfestgestellten bergbaulichen Vorhabens zwingend eine weitere, das Vorhaben konkretisierende behördliche Entscheidung in Form der Zulassung eines Hauptbetriebsplans zur Gewinnung der Rohstoffe erforderlich ist und insoweit durch die Planfeststellung auch keine umfassende Konzentrationswirkung nach § 75 Abs. 1 VwVfG eintritt. Ein nach außen erkennbares Verhalten ist in bergrechtlichen Zulassungsverfahren demgemäß nicht zwingend erforderlich. Es genügt vielmehr, dass der Vorhabenträger die Ernsthaftigkeit seiner Umsetzungsbemühungen durch Vorantreiben des gestuften bergrechtlichen Zulassungsverfahrens hat erkennbar werden lassen.[151] 116

Wird ein Vorhaben endgültig aufgegeben, hat die Planfeststellungsbehörde den Planfeststellungsbeschluss nach § 77 Satz 1 VwVfG aufzuheben.[152] Dies gilt auch, wenn mit der Durchführung des Vorhabens bereits begonnen worden ist. In diesem Fall sind in dem Aufhebungsbeschluss dem Träger des Vorhabens die Wiederherstellung des früheren Zustandes oder geeignete andere Maßnahmen aufzuerlegen, soweit dies zum Wohl der Allgemeinheit oder zur Vermeidung nachteiliger Wirkungen auf Rechte anderer erforderlich ist. Bei der Frage, ob ein Planfeststellungsbeschluss nach § 77 VwVfG wegen endgültiger Aufgabe des Vorhabens aufzuheben ist, hat die Behörde kein Ermessen. Die gebundene Entscheidung ist der vollen gerichtlichen Kontrolle zugänglich. Von der Aufhebung des Beschlusses ist die Enteignungsbehörde, soweit sie in das Verfahren einbezogen wurde, zu unterrichten.[153] 117

E. Anforderungen an den Rahmenbetriebsplan

Nach § 52 Abs. 2 Nr. 1 BBergG kann die zuständige Behörde von dem Unternehmer verlangen, dass für einen bestimmten längeren, nach den jeweiligen Umständen bemessenen Zeitraum Rahmenbetriebspläne aufgestellt werden, die allgemeine Angaben über das beabsichtigte Vorhaben, dessen 118

148 VG Leipzig, Urt. v. 01.03.2017 – 1 K 1142/16, juris Rn. 46; OVG NW, Urt. v. 27.06.2014 – 16 D 31/13 AK, juris Rn. 50.

149 VG Leipzig, Urt. v. 01.03.2017 – 1 K 1142/16, juris Rn. 46; *Keienburg/Wiesendahl*, in: Kühne/von Mäßenhausen u.a., BBergG, § 57a, Rn. 61.

150 *Neumann/Külpmann*, in: Stelkens/Bonk/Sachs, VwVfG, § 75 Rn. 93.

151 VG Leipzig, Urt. v. 01.03.2017 – 1 K 1142/16, juris Rn. 46.

152 Zum Begriff der endgültigen Aufgabe des Vorhabens *Deutsch*, in: Sennekamp/Mann/Uechtritz, VwVfG, § 77 Rn. 17 ff.; *Wysk*, in: Kopp/Ramsauer, VwVfG, § 77 Rn. 3a.

153 Zur Geltungsdauer und Verlängerung von Planungsentscheidungen *Hermanns* DVBl 2023, 71.

technische Durchführung und voraussichtlichen zeitlichen Ablauf enthalten müssen. Rahmenbetriebspläne sollen bergbauliche Vorhaben in einen größeren zeitlichen Zusammenhang stellen, um die längerfristige Entwicklung des Betriebes überprüfen zu können.[154] Eine **unbefristete Zulassung** des fakultativen Rahmenbetriebsplans ist nicht zulässig; der Zeitraum für einen zugelassenen fakultativen Rahmenbetriebsplan ist zumeist mehr als fünf Jahre und weniger als dreißig Jahre.[155] Für Vorhaben einschließlich notwendiger **Folgemaßnahmen**, die wegen ihrer räumlichen Ausdehnung oder zeitlichen Erstreckung in selbständigen Abschnitten oder Stufen durchgeführt werden, kann der Rahmenbetriebsplan nach § 52 Abs. 2b Satz 1 BBergG entsprechend den Abschnitten oder Stufen aufgestellt und zugelassen werden, es sei denn, dass dadurch die erforderliche Einbeziehung der erheblichen Auswirkungen des gesamten Vorhabens auf die Umwelt ganz oder teilweise unmöglich wird. Das gilt auch für obligatorische Rahmenbetriebspläne, die grundsätzlich für das Gesamtvorhaben unbefristet aufgestellt und zugelassen werden müssen.[156]

I. Voraussetzungen des Planfeststellungsverfahrens

119 Der Rahmenbetriebsplan, den der Unternehmer vorlegen muss, hat nach § 57a Abs. 2 Satz 1 BBergG auch den Anforderungen zu entsprechen, die sich aus den Voraussetzungen für die Durchführung des Planfeststellungsverfahrens unter Berücksichtigung der Antragserfordernisse für die vom Planfeststellungsbeschluss eingeschlossenen behördlichen Entscheidungen ergeben. Die Anforderungen an den Rahmenbetriebsplan, die sich aus den Voraussetzungen für die Durchführung des Planfeststellungsverfahrens ergeben, leiten sich aus der Funktion ab, die dem Plan nebst seinen Unterlagen für das Planfeststellungsverfahren zukommt. Der Rahmenbetriebsplan muss der Planfeststellungsbehörde eine **Gesamtbeurteilung des Vorhabens** und seiner Auswirkungen ermöglichen. Dementsprechend müssen sich aus dem Rahmenbetriebsplan und den beizufügenden Unterlagen sämtliche Informationen ergeben, die zur Entscheidung der Frage, ob die Zulassungsvoraussetzungen für den Rahmenbetriebsplan vorliegen, von der Behörde benötigt werden. Der **obligatorische Rahmenbetriebsplan** bezieht sich auf das Gesamtvorhaben und kann – anders als der fakultative Rahmenbetriebsplan – nicht auf einen bestimmten Zeitrahmen oder auf einen räumlichen Teilbereich des Vorhabens beschränkt werden. Das jeweilige betriebsplanpflichtige Vorhaben bezieht sich auf die Errichtung und die Führung eines Betriebes. Nach der Rechtsprechung bedarf es für die Zulassung eines Rahmenbetriebsplans einer **Grundabtretungsprognose**, wenn zur Realisierung des Vorhabens Fremdeigentum in Anspruch genommen werden muss. Die Grundabtretungsprognose muss grundsätzlich am Ende des Verfahrens der Zulassung des Rahmenbetriebsplans, jedenfalls aber nach erfolgter UVP, erstellt werden.[157]

120 Fraglich ist, ob bei der Aufstellung eines obligatorischen Rahmenbetriebsplans, der sich auf das Gesamtvorhaben erstrecken soll, auch bereits Fragen der **Wiedernutzbarmachung** oder weiterer, bei der späteren Einstellung des Bergwerksbetriebs zu berücksichtigende Spätfolgen zu bedenken und dementsprechend auch in den Antragsunterlagen darzustellen sind. Nach § 2 Abs. 1 Nr. 2 BBergG gilt das BBergG auch für das Wiedernutzbarmachen der Oberfläche während und nach der Aufsuchung, Gewinnung und Aufbereitung von Bodenschätzen. Demnach ist über § 51 Abs. 1 Satz 2 BBergG grundsätzlich auch die Wiedernutzbarmachung betriebsplanpflichtig. Über das Kriterium der Betriebsplanpflicht kann demnach auch die spätere Wiedernutzbarmachung der Erdoberfläche

154 *Beckmann*, in: Stüer/Beckmann, Handbuch des Bau- und Fachplanungsrechts, Rn. 7312; *von Hammerstein*, in: Kühne/von Hammerstein u.a., BBergG, § 52 Rn. 28, 32; *Kremer/Neuhaus gen. Wever*, Bergrecht, Rn. 169.

155 *von Hammerstein*, in: Kühne/von Hammerstein u.a., BBergG, § 52 Rn. 35; *Beckmann* DVBl. 2021, 137 (140).

156 *von Hammerstein*, in: Kühne/von Hammerstein u.a., BBergG, § 52 Rn. 72.

157 OVG Magdeburg, Beschl. v. 20.03.2023 – 2 L 7/20, juris Rn. 22; VGH Mannheim, Urt. v. 15.07.2022 – 6 S 4216/20, ZfB 2022, 210; VG Freiburg, Urt. v. 05.11.2020 – 10 K 2788/19, juris Rn. 53; BVerfG, Urt. v. 17.12.2013 – 1 BvR 3139/08, 1 BvR 3386/08, juris Rn. 214, 318; BVerwG, Urt. v. 29.06.2006 – 7 C 11.05, juris Rn. 19.

der UVP-Pflicht unterliegen, wenn ein Vorhaben als solches die Kriterien des § 1 UVPV-Bergbau erfüllt.[158] Dem lässt sich entgegenhalten, dass sich obligatorische Rahmenbetriebspläne auf die Phase der Errichtung und der Führung eines Betriebes und dementsprechend gerade nicht auf die Einstellungsphase beziehen, die Gegenstand eines Abschlussbetriebsplans ist.[159] Aber auch hier gilt es zu berücksichtigen, dass die UVP, wenn ihr unionsrechtliche Zweifel erspart werden sollen, das UVP-pflichtige Vorhaben insgesamt in den Blick nehmen muss und dementsprechend nicht von vornherein defizitär angelegt sein darf. Das spricht dafür, dass sich der Rahmenbetriebsplan für ein UVP-pflichtiges Tagebauvorhaben auch mit den Auswirkungen der späteren Wiedernutzbarmachung auf die Umwelt befassen und die Umweltverträglichkeitsprüfung auf die vorgesehenen Maßnahmen der Wiedernutzbarmachung erstrecken muss.[160] Das BVerwG hat zur Wiedernutzbarmachung eines Tontagebaus entschieden, dass das Verfüllen eines Tagebaues mit dazu geeigneten Abfällen nicht UVP-pflichtig sei, da die Wiedernutzbarmachung der Oberfläche kein betriebsplanpflichtiges Vorhaben sei, das einer UVP bedürfe. Der Sinn und Zweck der UVP bestehe darin, die Auswirkungen eines Vorhabens auf die Umwelt vor Beginn dieses Vorhabens zu überprüfen. Die Wiedernutzbarmachung der Oberfläche sei insoweit nicht als neuer Eingriff bzw. eigenständiges Vorhaben zu werten, sondern lediglich eine Maßnahme, die die Folgen des hinsichtlich seiner Umweltauswirkungen zu untersuchenden Eingriffs, also des Abbaus begrenzen oder vermindern solle.[161] Zu diesem Urteil des BVerwG wird allerdings erläutert, es sei nur im konkreten zeitlichen Kontext zu verstehen, da zum Entscheidungszeitpunkt § 1 UVPV-Bergbau noch nicht um die Öffnungsklausel der Nr. 9 ergänzt gewesen sei. Nach heutiger Rechtslage sei davon auszugehen, dass die Wiedernutzbarmachung von § 1 Nr. 1–8 UVP-V-Bergbau nicht erfasst werde, da die dort genannten Tatbestände jeweils Gewinnungsvorhaben bzw. die Errichtung und den Betrieb bergbaulicher Anlagen zum Gegenstand hätten. Eine UVP-Pflicht für eine in der Abschlussphase vorgesehene Maßnahme könne aber bestehen, wenn diese nach § 1 Nr. 9 UVPV-Bergbau UVP-pflichtig sei, so z.B., wenn der Abschlussbetriebsplan eine Gewässerbenutzung vorsehe, die nach Nr. 13 der Anlage 1 zum UVPG UVP-pflichtig sei. Dann komme trotz des Wortlauts des § 52 Abs. 2a BBergG, der nach seiner Überschrift nur für die »Errichtung und Führung des Betriebs« gelte, als Trägerverfahren für die UVP eine bergrechtliche Planfeststellung nach § 52 Abs. 2a BBergG auch für die Phase des Abschlussbetriebsplans in Betracht.[162]

Die Angaben müssen nicht nur eine vorläufige Prüfung der Zulassungsfähigkeit des Vorhabens unter bergrechtlichen Gesichtspunkten ermöglichen, weil eine abschließende Prüfung nicht auf der Ebene des Rahmenbetriebsplans, sondern erst bei der Entscheidung über die Zulassung nachfolgende Haupt- und Sonderbetriebspläne stattfindet.[163] Hinsichtlich des Vorliegens der gesetzlichen Voraussetzungen für die Zulassung des Rahmenbetriebsplans nach den §§ 55, 48 BBergG bedarf es einer abschließenden, nicht nur einer vorläufigen Prüfung. Allerdings erfolgt diese **abschließende Prüfung der Zulassungsvoraussetzungen** anhand allgemeiner Angaben über das beabsichtigte Vorhaben, dessen technische Durchführung und voraussichtlichen zeitlichen Ablauf. Die Bejahung der Zulassungsvoraussetzungen für den Rahmenbetriebsplan bedeutet dementsprechend nicht, dass dieselben gesetzlichen Zulassungsvoraussetzungen später auch für den Hauptbetriebsplan oder für spezielle Sonderbetriebspläne bestätigt werden müssen. 121

Wie konkret und detailgenau die Angaben für den Rahmenbetriebsplan sein müssen, bestimmt sich nach der Zulassungswirkung des Rahmenbetriebsplans. Er setzt einen verbindlichen Rahmen für 122

158 *Wittmann,* in: Landmann/Rohmer, Umweltrecht, § 51 UVPG Rn. 26; OVG Lüneburg, Beschl. v. 21. 10. 2008 – 7 ME 170/07, juris Rn. 31, 32.

159 So *Keienburg/Wiesendahl,* in: Kühne/von Mäßenhausen u.a., BBergG, § 57a Rn. 7.

160 *Beckmann* DÖV 2010, 512 (516); *Wittmann,* in: Landmann/Rohmer, Umweltrecht, § 51 UVPG Rn. 26.

161 BVerwG, Urt. v. 14.04.2005 – 7 C 26.03, ZfB 2005, 156 (162).

162 *Wittmann,* in: Landmann/Rohmer Umweltrecht, § 51 UVPG, Stand: 4/2022, Rn. 27; *von Hammerstein,* in: Kühne/von Mäßenhausen u.a., BBergG, § 53 Rn. 44.

163 In diesem Sinne *Keienburg/Wiesendahl,* in: Kühne/von Mäßenhausen u.a., BBergG, § 57a Rn. 6.

die nachfolgenden Hauptbetriebspläne und Sonderbetriebspläne, die erst den konkreten Abbau zulassen.[164] Um den Sinn und Zweck einer UVP nicht zu gefährden, sollte sich der **Detaillierungsgrad** der Angaben zum Rahmenbetriebsplan an dem orientieren, was im Zeitpunkt der Aufstellung des Rahmenbetriebsplans bereits geleistet, d.h. untersucht und aufbereitet werden kann.[165]

123 Der von dem Unternehmer eingereichte Rahmenbetriebsplan muss außerdem ausreichend sein, um den zu beteiligenden Behörden eine hinreichende Beurteilung der Auswirkungen des Vorhabens in dem Aufgabenbereich, für den diese Fachbehörden zuständig sind, zu ermöglichen. Nicht zuletzt muss der eingereichte Rahmenbetriebsplan nebst seinen Anlagen geeignet sein, den Zweck der öffentlichen Auslegung zu genügen, nämlich die Öffentlichkeit über das beabsichtigte Vorhaben, über seinen Anlass, seine Größe und seine voraussichtlichen Auswirkungen so genau zu informieren, dass den potenziell betroffenen ein hinreichender Anstoß gegeben wird, eine mögliche Betroffenheit in eigenen Rechten oder Belangen prüfen und erkennen zu können.[166]

II. Antragserfordernisse eingeschlossener Entscheidungen

124 § 57a Abs. 2 Satz 1 BBergG verlangt von dem Unternehmer außerdem, alle Unterlagen zu beschaffen und mit dem obligatorischen Rahmenbetriebsplan vorzulegen, die er zur ordnungsgemäßen Antragstellung in jenen Verfahren zusammenstellen und einreichen müsste, die wegen der Konzentrationswirkung von der bergrechtlichen Planfeststellungsentscheidung ersetzt werden. Damit ist sichergestellt, dass die Bergbehörde über sämtliche Entscheidungsgrundlagen verfügt, die sie zur Prüfung der materiellen Voraussetzungen der »fachfremden« Zulassungen benötigt, über die sie im Planfeststellungsbeschluss mitentscheidet.

125 Soweit der bergrechtliche Planfeststellungsbeschluss auf der Grundlage seiner **Konzentrationswirkung** andere Zulassungsentscheidungen ersetzt, muss die Planfeststellungsbehörde die Zulassungsvoraussetzungen dieser ersetzten Entscheidungen vollständig und abschließend prüfen. Die Entscheidung über die Planfeststellung ist nach § 57a Abs. 4 Satz 1 BBergG hinsichtlich der eingeschlossenen Entscheidungen nach Maßgabe der hierfür geltenden Vorschriften zu treffen. Auf den Rahmencharakter des Rahmenbetriebsplans, der planfestgestellt wird, kommt es insoweit nicht an.[167] Einschränkungen des Prüfungsumfangs können sich allerdings daraus ergeben, dass die vom Planfeststellungsbeschluss ersetzten Zulassungsentscheidungen gestuft im Wege eines Vorbescheides oder einer Teilgenehmigung ergehen dürfen. Der Planfeststellungsbeschluss kann sich dementsprechend auch auf einen **Vorbescheid** oder eine **Teilgenehmigung** beschränken und dementsprechend gem. § 57b Abs. 2 BBergG den Prüfungsumfang einschränken.

126 Nicht zuletzt kann die Planfeststellungsbehörde nach § 74 Abs. 3 VwVfG sich zu bestimmten Fragen einer abschließenden Entscheidung vorbehalten, soweit eine solche abschließende Entscheidung noch nicht möglich ist.[168] Lassen sich im Zeitpunkt des Planfeststellungsbeschlusses nachteilige Wirkungen weder mit der für eine Anordnung nach § 74 Abs. 2 Sätze 2 und 3 VwVfG hinreichenden Zuverlässigkeit voraussagen noch dem Bereich nicht voraussehbarer Wirkungen nach § 75 Abs. 2 Sätze 2 bis 4 VwVfG zuordnen, kann gemäß § 74 Abs. 3 VwVfG die Frage eines Ausgleichs einer späteren abschließenden Prüfung und Entscheidung vorbehalten bleiben. Diese Voraussetzungen liegen vor, wenn sich aufgrund besonderer Anhaltspunkte die konkrete Möglichkeit abzeichnet, dass

164 BVerwG, Urt. v. 15.12.2006 – 7 C 6.16, juris Rn. 18.

165 So auch *Wittmann,* in: Landmann/Rohmer, Umweltrecht, § 51 UVPG, Stand: 4/2022, Rn. 42.

166 *Wysk,* in: Kopp/Ramsauer, VwVfG, §73 Rn. 45a; *Neumann/Külpmann,* in: Stelkens/Bonk/Sachs, VwVfG, § 73 Rn. 18; *Lieber,* in: Sennekamp/Mann/Uechtritz, VwVwfG, § 73 Rn. 38, 111; *Keienburg/Wiesendahl,* in: Kühne/von Hammerstein u.a., BBergG, § 57a Rn. 14.

167 So zutreffend *Keienburg/Wiesendahl,* in: Kühne/von Mäßenhausen u.a., BBergG, § 57a Rn. 8; näher zum Entscheidungsvorbehalt nach § 74 Abs. 3 VwVfG *Lieber,* in: Sennekamp/Mann/Uechtritz, VwVfG, § 74 Rn. 271 ff.

168 VG Darmstadt, Urt. v. 22.12.2015 – 7 K 1452/13.DA, juris Rn. 225; OVG Berlin-Brandenburg, Beschl. v. 17.08.2010 – 11 N 10/08, ZfB 2011, 20.

nachteilige Wirkungen in absehbarer Zeit eintreten werden, ihr Ausmaß sich jedoch noch nicht abschätzen lässt.[169] Liegen die Voraussetzungen für den **Entscheidungsvorbehalt** vor, erstreckt sich die gerichtliche Überprüfung des Planfeststellungsbeschlusses nicht auf die vorbehaltenen Fragen. Diese können erst nach Ergehen des den Entscheidungsvorbehalt umsetzenden Ergänzungsplanfeststellungsbeschlusses gerichtlich überprüft werden. Dementsprechend verringert sich aber nicht nur der Prüfungsumfang, sondern auch der Umfang der vorzulegenden Antragsunterlagen. Da der Rahmenbetriebsplan ohnehin bestimmte Details den nachfolgenden Haupt- und Sonderbetriebsplänen überlassen darf, kann sich der ausdrückliche Entscheidungsvorbehalt nach § 74 Abs. 3 VwVfG in erster Linie auf außerbergrechtliche Aspekte erstrecken.[170]

III. Angaben für die Umweltverträglichkeitsprüfung

Der Rahmenbetriebsplan muss nach § 57a Abs. 2 Satz 2 BBergG alle für die UVP bedeutsamen Angaben in der Form eines Berichts zu den voraussichtlichen Umweltauswirkungen des Vorhabens (**UVP-Bericht**) nach Maßgabe des § 16 und der Rechtsverordnung nach § 57c BBergG enthalten. 127

Wie konkret und detailgenau diese Angaben sein müssen, hängt davon ab, welche Anforderungen an den Inhalt eines zulassungsfähigen Rahmenbetriebsplans zu stellen sind. Der Rahmenbetriebsplan setzt einen verbindlichen Rahmen für die nachfolgenden Hauptbetriebspläne und Sonderbetriebspläne, die den Abbau zulassen. Der insoweit eingeschränkte Gegenstand der bergrechtlichen Planfeststellung für die Zulassung eines Rahmenbetriebsplans bestimmt den Umfang der Unterlagen, die vom Unternehmer beizubringen und der Öffentlichkeit zugänglich zu machen sind.[171] Mit Blick darauf, dass die UVP für bergbauliche Vorhaben nicht gestuft wird, dass also auf der späteren Ebene der Zulassung von Haupt- und Sonderbetriebsplänen keine ergänzende UVP mehr stattfindet, sollten jedoch die Unterlagen in einer Untersuchungstiefe vom Unternehmer beigebracht und der Öffentlichkeit zugänglich gemacht werden, die die sich an dem orientiert, was in dieser Phase der Aufstellung des Rahmenbetriebsplans schon ermittelt und untersucht werden kann.[172] 128

IV. Beizufügender Plan

Nach § 57a Abs. 2 Satz 3 BBergG hat der Unternehmer dem Rahmenbetriebsplan einen zur Auslegung geeigneten Plan beizufügen. Der Gesetzgeber unterscheidet zwischen dem Rahmenbetriebsplan und einem zur Auslegung geeigneten Plan, den der Unternehmer dem Rahmenbetriebsplan beizufügen hat. Der Rahmenbetriebsplan kann sich aus einer Vielzahl von Unterlagen und Plänen zusammensetzen, aus denen sich insgesamt die erforderlichen Angaben über das beabsichtigte Vorhaben, dessen technische Durchführung und dessen voraussichtlichen zeitlichen Ablauf ergeben. Der dem Rahmenbetriebsplan beizufügende Plan soll offenbar die für eine Öffentlichkeitsbeteiligung notwendige Eignung, das Vorhaben, seinen Anlass und die vom Vorhaben betroffenen Grundstücke und Anlagen im Sinne der gebotenen **Anstoßfunktion** der öffentlichen Auslegung zu erläutern, besitzen.[173] Die interessierte Öffentlichkeit muss unabhängig von der subjektiven Einschätzung der Behörde bzw. des Planungsträgers darüber unterrichtet werden, welche umweltbezogenen Themen 129

169 OVG Magdeburg, Urt. v. 13.06.2024 – 2 K 76/22, juris Rn. 186.

170 *Keienburg/Wiesendahl,* in: Kühne/von Mäßenhausen u.a., BBergG, § 57a Rn. 46.

171 BVerwG, Urt. v. 15.12.2006 – 7 C 6.06, NVwZ 2007, 704.

172 Siehe dazu *Beckmann* ZUR 2014, 541 (545).

173 Keienburg/Wiesendahl in: Kühne/von Mäßenhausen u.a., BBergG, § 57a Rn. 14; zur Bedeutung der Anstoßfunktion für die Öffentlichkeitsbeteiligung BVerwG, Urt. v. 26.05.1978 – C 9.77, juris Rn. 24; BVerwG, Beschl. v. 27.06.2025 – 9 B 54.24, juris Rn. 8 ff.; VGH BW, Urt. v. 28.04.2025 – 10 S 1455/23, juris Rn. 39; VG Freiburg, Beschl. v. 05.01.2026 – 6 K 5723/25, juris Rn. 44; *Bönker*, in: Hoppe/Bönker/Grotefels, Öffentliches Baurecht, § 5 Rn. 323; *Beckmann* UPR 2025, 457 ff.

im Planaufstellungsverfahren eine Rolle spielen. Nur so kann die Bekanntmachung ihre Anstoßfunktion uneingeschränkt erfüllen.[174]

130 Allerdings bedeutet dies nicht, dass es im Sinne einer hinreichenden **Öffentlichkeitsbeteiligung** ausreichen würde, diesen Plan nebst der ebenfalls geforderten allgemeinverständlichen Zusammenfassung der beizubringenden Angaben öffentlich auszulegen. § 19 Abs. 2 schreibt vor, welche Unterlagen im Rahmen des Beteiligungsverfahrens zumindest zur Einsicht für die Öffentlichkeit ausgelegt werden müssen. Dazu gehören der **UVP-Bericht** und die das Vorhaben betreffenden **entscheidungserheblichen Berichte und Empfehlungen**, die der zuständigen Behörde zum Zeitpunkt des Beginns des Beteiligungsverfahrens vorgelegen haben. Weitere Informationen, die für die Zulassungsentscheidung von Bedeutung sein können und die der zuständigen Behörde erst nach Beginn des Beteiligungsverfahrens vorliegen, sind der Öffentlichkeit nach den Bestimmungen des Bundes und der Länder über den **Zugang zu Umweltinformationen** zugänglich zu machen. Der vom Gesetzgeber in § 57a Abs. 2 Satz 3 BBergG geforderte Plan, der dem Rahmenbetriebsplan beizufügen ist, ist dementsprechend zusätzlich zu den nach § 19 Abs. 2 notwendigen Unterlagen erforderlich.

F. Informationspflichten der beteiligten Behörden

131 Verfügen die beteiligten Behörden zu den nach § 57a Abs. 2 Sätze 2 und 3 BBergG zu machenden Angaben über **zweckdienliche Informationen**, so unterrichten sie den Unternehmer und stellen ihm die Informationen auf Verlangen zur Verfügung (§ 57a Abs. 3 Satz 1 BBergG). Der Gesetzgeber unterscheidet in diesem Zusammenhang zwischen einer Unterrichtungspflicht der beteiligten Behörden und ihrer Verpflichtung, zweckdienliche Informationen zur Verfügung zu stellen.

I. Unterrichtungspflicht der beteiligten Behörden

132 Verfügen die beteiligten Behörden zu den nach § 57a Abs. 2 Satz 2 und 3 BBergG zu machenden Angaben über zweckdienliche Informationen, so unterrichten sie nach § 57a Abs. 3 Satz 1 BBergG den Unternehmer und stellen ihm die Informationen auf Verlangen zur Verfügung. Das gilt nach § 57a Abs. 3 Satz 2 BBergG insbesondere für Informationen aus einer vorausgegangenen Raumverträglichkeitsprüfung; die dafür zuständige Behörde hat die Unterlagen aus diesem Verfahren, die für die Umweltverträglichkeitsprüfung von Bedeutung sein können, der zuständigen Behörde zur Verfügung zu stellen. Der Unternehmer kann sich wegen zweckdienlicher Informationen, die er bei den beteiligten Behörden vermutet, selbst unmittelbar an die entsprechenden Behörden wenden. Diese haben dann zu prüfen, ob sie über Informationen (Gutachten, Karten, Statistiken, sonstige Unterlagen) verfügen, die für die Durchführung der UVP für das in Rede stehende Vorhaben zweckdienlich sind. Allerdings besteht die Verpflichtung der beteiligten Behörden nicht erst dann, wenn sich der Unternehmer bei ihnen nach solchen zweckdienlichen Informationen erkundigt. Vielmehr müssen die beteiligten Behörden unabhängig von einem solchen Ersuchen prüfen, ob sie über zweckdienliche Informationen verfügen und den Unternehmer auf das Vorhandensein solcher Informationen aufmerksam machen. Es bleibt dem Unternehmer vorbehalten, dann zu entscheiden, ob er von den beteiligten Behörden verlangt, ihm die vorhandenen Informationen auch zur Verfügung zu stellen. Möglicherweise ist er darauf nicht angewiesen, weil er über entsprechende Informationen bereits aus anderen Quellen verfügt.

133 Der **Informationsanspruch** des Unternehmers besteht gegenüber allen am Verfahren beteiligten Behörden; er beschränkt sich dementsprechend nicht auf die Planfeststellungsbehörde selbst.

134 Selbstverständlich wird auch dieser Informationsanspruch gegenüber den beteiligten Behörden durch die Verpflichtung, **Betriebs- und Geschäftsgeheimnisse** zu wahren sowie den **personenbezogenen**

174 VGH München, Beschl. v. 18.06.2010 – 1 NE 09.3166, juris Rn 16; BVerwG, Beschl. v. 17.09.2008 – 4 BN 22/08, NJW 1985, 1570.

Datenschutz zu beachten, begrenzt, auch wenn dies in § 57a Abs. 3 Satz 1 BBergG nicht ausdrücklich geregelt ist.

II. Informationen aus einer Raumverträglichkeitsprüfung

Die Informationspflicht gilt nach § 57a Abs. 3 Satz 2 BBergG insbesondere für Informationen aus einer vorausgegangenen **Raumverträglichkeitsprüfung**. In der Raumverträglichkeitsprüfung erfolgt nach § 49 Satz 1 die Prüfung der Umweltauswirkungen allerdings nur nach Maßgabe des ROG. Die UVP im nachfolgenden behördlichen Verfahren, das der Zulassungsentscheidung dient, umfasst nach § 49 Satz 2 eine vertiefte Prüfung der in der Raumverträglichkeitsprüfung nur überschlägig geprüften Umweltauswirkungen. Gegenstand der Raumverträglichkeitsprüfung sind nach § 15 Abs. 1 Satz 2 ROG die Prüfung der raumbedeutsamen Auswirkungen der Planung oder Maßnahme unter überörtlichen Gesichtspunkten, insbesondere die Übereinstimmung mit den Erfordernissen der Raumordnung und die Abstimmung mit anderen raumbedeutsamen Planungen und Maßnahmen, die Prüfung der ernsthaft in Betracht kommenden Standort- oder Trassenalternativen und die überschlägige Prüfung der Auswirkungen des Vorhabens auf die Umwelt unter Berücksichtigung der Kriterien nach Anlage 3 des UVPG.[175] Die für die Raumverträglichkeitsprüfung zuständige Behörde hat die Unterlagen aus diesem Verfahren, die für die UVP von Bedeutung sein können, der nach § 57a Abs. 1 Satz 2 BBergG zuständigen Behörde zur Verfügung zu stellen. Die Raumordnungsbehörde hat aber nicht nur der Planfeststellungsbehörde die bei ihr aus der Raumverträglichkeitsprüfung relevanten Unterlagen zur Verfügung zu stellen; auch für sie gilt die Verpflichtung des § 57a Abs. 3 Satz 1 BBergG zur Unterrichtung des Unternehmers, über die bei ihr vorhandenen zweckdienlichen Informationen, soweit diesem die Informationen nicht bereits bekannt sind. Der Unternehmer ist insoweit nicht darauf angewiesen, dass er über zweckdienliche Informationen aus der Raumverträglichkeitsprüfung mittelbar von der Planfeststellungsbehörde unterrichtet wird und dass ihm diese Informationen vermittelt über die Planfeststellungsbehörde auf Verlangen zur Verfügung gestellt werden. Vielmehr darf er erwarten, dass ihn die für die Raumverträglichkeitsprüfung zuständige Behörde unmittelbar über das Vorhandensein solcher Informationen unterrichtet. Diese Unterrichtung kann die für die Raumverträglichkeitsprüfung zuständige Behörde mit dem Hinweis verbinden, dass sie die entsprechenden Unterlagen der Planfeststellungsbehörde überlassen hat. 135

Die UVP im nachfolgenden behördlichen Verfahren, das der Zulassungsentscheidung dient, umfasst nach § 49 Satz 2 eine vertiefte Prüfung der in der Raumverträglichkeitsprüfung nur überschlägig geprüften Umweltauswirkungen. Von der Durchführung einer Raumverträglichkeitsprüfung soll nach § 16 Abs. 2 Satz 1 ROG bei solchen Planungen und Maßnahmen abgesehen werden, für die sichergestellt ist, dass ihre Raumverträglichkeit anderweitig geprüft wird. Die Landesregierungen können nach § 16 Abs. 2 Satz 1 ROG durch Rechtsverordnung regeln, welche Fälle die Durchführung einer Raumverträglichkeitsprüfung erübrigen. 136

G. Entscheidung über die Planfeststellung

§ 57a Abs. 4 BBergG bestimmt einerseits die Prüfungsmaßstäbe für die Entscheidung über die Planfeststellung hinsichtlich eingeschlossener Entscheidungen und andererseits das Verhältnis zwischen Unternehmer und Betroffenen und den Schutz von Belangen Dritter. 137

I. Eingeschlossene Entscheidungen

Die Entscheidung über die Planfeststellung ist nach § 57a Abs. 4 Satz 1 BBergG hinsichtlich der eingeschlossenen Entscheidungen nach Maßgabe der hierfür geltenden Vorschriften zu treffen. Die 138

175 Näher dazu *Beckmann*, in: Stüer/Beckmann, Handbuch des Bau- und Fachplanungsrechts, Rn. 748 ff.; zur Neuausrichtung der Raumverträglichkeitsprüfung im Raumordnungsgesetz und zu ihrem Verhältnis zur Umweltverträglichkeitsprüfung siehe auch *Kment* EuRUP 2024, 38; *Schmitz/Lehrian* ZfBR 2023, 221; *Kümper* DVBl. 2023, 1126; *Spannowsky* ZfBR 2023, 540.

Beachtlichkeit der für die eingeschlossenen Entscheidungen maßgeblichen materiell-rechtlichen Zulassungsvoraussetzungen ist Konsequenz einer eingeschränkten **Konzentrationswirkung** des bergrechtlichen Planfeststellungsbeschlusses. Dieser führt zwar zu einer Konzentration der Zuständigkeit und des Verfahrens, nicht jedoch zu einem Verzicht auf die Beachtung sämtlicher materieller-rechtlicher Voraussetzungen für die von dem bergrechtlichen Planfeststellungsbeschluss eingeschlossenen Zulassungsentscheidungen. Das ist für die bergrechtliche Planfeststellung, bei der es sich um eine Kontrollerlaubnis handelt, auf deren Erteilung der Unternehmer Anspruch hat, wenn die Voraussetzungen vorliegen, an sich selbstverständlich. Bei klassischen Planfeststellungen, die der Planfeststellungsbehörde einen planerischen Abwägungsspielraum einräumen, könnte sich eher die Frage stellen, ob bestimmte Anforderungen einzelner Zulassungen, die von der Konzentrationswirkung erfasst werden, im Rahmen einer umfassenden Abwägung zurückgestellt werden können. Eine solche materielle Konzentrationswirkung wird aber auch bei Planfeststellungsentscheidungen mit planerischer Abwägung abgelehnt. Dementsprechend ist es auch konsequent, dass nach § 57a Abs. 4 Satz 1 BBergG sämtliche Zulassungsvoraussetzungen der eingeschlossenen Genehmigungen mitgeprüft werden müssen. Das Prüfungserfordernis erstreckt sich auch auf Ermessensspielräume, die der zuständigen Behörde bei der Erteilung solcher eingeschlossenen Genehmigungen eingeräumt ist.

II. Verhältnis zwischen Unternehmer und Betroffenen

139 Nach § 57a Abs. 4 Satz 2 BBergG bestimmen sich das Verhältnis zwischen Unternehmer und Betroffenen und der Schutz von Belangen Dritter im Sinne des Bergrechts nach den dafür geltenden Vorschriften des BBergG. Mit dieser Vorschrift werden die Rechtswirkungen des bergrechtlichen Planfeststellungsbeschlusses eingeschränkt. Nach § 75 Abs. 1 Satz 1 VwVfG wird durch die Planfeststellung die Zulässigkeit des Vorhabens einschließlich der notwendigen Folgemaßnahmen an anderen Anlagen im Hinblick auf alle von ihm berührten öffentlichen Belange festgestellt. Durch die Planfeststellung werden nach § 75 Abs. 1 Satz 2 VwVfG alle öffentlich-rechtlichen Beziehungen zwischen dem Träger des Vorhabens und den durch den Plan Betroffenen rechtsgestaltend geregelt.

140 Ist der Planfeststellungsbeschluss unanfechtbar geworden, sind Ansprüche auf Unterlassung des Vorhabens, auf Beseitigung oder Änderung der Anlagen oder auf Unterlassung ihrer Benutzung ausgeschlossen. Einen einheitlichen Zeitpunkt, zu dem ein Planfeststellungsbeschluss unanfechtbar wird, gibt es nicht. Die Unanfechtbarkeit und damit die Bestandskraft des Planfeststellungsbeschlusses tritt jeweils dann ein, wenn der Adressat des Planfeststellungsbeschlusses und Drittbetroffene gegen den Planfeststellungsbeschluss keine Rechtsmittel mehr einlegen können. Das hängt von der Art und Weise seiner Bekanntmachung und von der jeweils beigefügten Rechtsmittelbelehrung ab. Die Unanfechtbarkeit kann insoweit zu unterschiedlichen Zeitpunkten eintreten.

141 Treten nicht voraussehbare Wirkungen des Vorhabens oder der dem festgestellten Plan entsprechenden Anlagen auf das Recht eines anderen erst nach Unanfechtbarkeit des Plans auf, so kann der Betroffene **Vorkehrungen oder die Errichtung und Unterhaltung von Anlagen** verlangen, welche die nachteiligen Wirkungen ausschließen (§ 75 Abs. 2 Satz 2 VwVfG). Sie sind dem Träger des Vorhabens durch Beschluss der Planfeststellungsbehörde nach § 75 Abs. 2 Satz 3 VwVfG aufzuerlegen. Sind solche Vorkehrungen oder Anlagen untunlich oder mit dem Vorhaben unvereinbar, richtet sich der Anspruch nach § 75 Abs. 2 Satz 4 VwVfG auf angemessene Entschädigung in Geld.[176]

142 Die Gesetzesbegründung stellt dazu klar, dass die besonderen Regelungen des BBergG für das Verhältnis zwischen Unternehmer und anderen Personen dem allgemeinen Verwaltungsverfahrensrecht vorgehen sollen. Dies gelte insbesondere für die Vorschriften über die Grundabtretung (§§ 77 ff. BBergG), über Baubeschränkungen (§§ 107 ff. BBergG), über die Anpassung (§§ 110 ff. BBergG) und über Bergschäden (§§ 114 ff. BBergG) einschließlich der Regelung über das Verhältnis zwischen Bergbau und Verkehrsträgern. Damit solle vermieden werden, dass das komplexe bergrechtliche

176 Näher dazu *Wysk*, in: Kopp/Ramsauer, VwVfG, § 75 Rn. 40 ff.

Instrumentarium, das einen **besonders gearteten Interessenausgleich** zwischen Unternehmer, Grundeigentümern und sonstigen Dritten in einem ausgewogenen System vorsehe, nicht aus dem Gleichgewicht gebracht und zugunsten oder zu Lasten einer Seite verändert werde. So müssten beispielsweise die Vorschriften über die Grundabtretung den planfeststellungsverfahrensrechtlichen Vorschriften vorgehen, um sicherzustellen, dass die Inanspruchnahme von Grundstücken weiterhin der eigenständigen und eingehenden berggesetzlichen Prüfung unterliege. Auch die Regelung des Verhältnisses zwischen Bergbau und Grundeigentum, das durch genau festgelegte Duldungspflichten des Grundeigentümers sowie umgekehrt durch weitreichende Ersatzpflichten des Unternehmers gekennzeichnet sei, dürfe nicht dadurch in Frage gestellt würden, dass Eingriffsmöglichkeiten der Behörde z. B. durch die Möglichkeit geschaffen würden, nach § 74 Abs. 2 Satz 2 VwVfG bzw. den entsprechenden Vorschriften in den Verwaltungsverfahrensgesetzen der Länder dem Träger des Vorhabens Vorkehrungen zur Vermeidung nachteiliger Wirkungen auf Rechte anderer aufzuerlegen, während das Bergrecht den Interessenkonflikt anderweitig abschließend und insbesondere nicht einseitig zu Lasten einer Seite löse.[177]

H. Rechtswirkungen der Planfeststellung

§ 57a Abs. 5 BBergG bestimmt das Verhältnis zwischen dem planfestgestellten Rahmenbetriebsplan und den für die Durchführung des Vorhabens noch erforderlichen Hauptbetriebsplänen, Sonderbetriebsplänen und sonstigen Betriebsplänen. Die Vorschrift ist allerdings unklar formuliert.[178] 143

I. Beschränkung von Einwendungen

Nach § 57a Abs. 5 Satz 1 HS 1 BBergG erstrecken sich die Rechtswirkungen der Planfeststellung hinsichtlich der vom Vorhaben berührten Belange Dritter und der Aufgabenbereiche Beteiligter im Sinne von § 54 Abs. 2 BBergG auch auf die Zulassung und Verlängerung der zur Durchführung des Rahmenbetriebsplans erforderlichen Haupt-, Sonder- und Abschlussbetriebspläne, soweit über die sich darauf beziehenden Einwendungen entschieden worden ist oder bei rechtzeitiger Geltendmachung hätte entschieden werden können. 144

Die Vorschrift geht davon aus, dass einerseits die Zulässigkeit des einzelnen Vorhabens im Planfeststellungsverfahren im Hinblick auf alle davon berührten und relevanten Belange, d.h. umfassend geprüft und festgestellt wird, dass andererseits aber formeller bergrechtlicher Gegenstand dieses Verfahrens »nur« die Zulassung des Rahmenbetriebsplans, nicht dagegen auch die Zulassung der übrigen Betriebspläne für dasselbe Vorhaben ist. Auf diese Weise soll die Beweglichkeit des den dynamischen lagerstättenbezogenen bergbaulichen Betriebsbedingungen in besonderem Maße Rechnung tragenden Betriebsplanverfahrens in vollem Umfang erhalten bleiben, zugleich aber sichergestellt werden, dass Einwendungen, die gegen das Vorhaben geltend gemacht werden oder geltend gemacht werden könnten, nur einmal, und zwar im Rahmen des Planfeststellungsverfahrens geprüft und abschließend behandelt werden. 145

Die Regelung im ersten Halbsatz bedeutet also nicht etwa einen Ausschluss von möglichen Einwendungen, sondern nur die Notwendigkeit, dass alle Einwendungen, die gegen das im Rahmenbetriebsplan beschriebene Vorhaben geltend gemacht werden können, im Rahmen des Planfeststellungsverfahrens auch geltend gemacht werden müssen.[179] Insoweit bestehen gegen diese Regelung auch keine unionsrechtlichen Bedenken. Es handelt sich um einen Fall der abschichtenden Verfahrensstufung. 146

Problematisch könnte der Einwendungsausschluss allerdings insoweit sein, als die UVP nicht ihrerseits gestuft ist. Beziehen sich spätere Klagen gegen eine nachfolgende Betriebsplanzulassung darauf, dass bestimmte Umweltauswirkungen nicht hinreichend berücksichtigt worden sind, weil sie auf 147

177 BT-Drs. 11/4015, S. 12.
178 Siehe dazu OVG Bautzen, Urt. v. 17.08.2018 – 1 A 320/19, juris Rn. 98.
179 BT-Drs. 11/4015, S. 12.

der Ebene des obligatorischen Rahmenbetriebsplans mangels entsprechender Erkenntnisse noch gar nicht berücksichtigt werden konnten, könnte die nicht weiter gestufte UVP für das Gesamtvorhaben defizitär sein. Dementsprechend dürfte es auch zweifelhaft sein, ob es an der Klagebefugnis eines Umweltverbandes gegen spätere Betriebsplanzulassungen schon wegen der Präklusionswirkung des § 57a Abs. 5 Satz 1 fehlt.[180]

II. Einschränkung von Untersagungen nach § 48 Abs. 2 BBergG

148 § 48 Abs. 2 Satz 1 BBergG ermächtigt die zuständige Behörde in bestimmten Fällen, eine Aufsuchung oder eine Gewinnung von Bodenschätzen zu beschränken oder zu untersagen, soweit ihr überwiegende öffentliche Interessen entgegenstehen. Nach § 57a Abs. 5 2. HS BBergG sind solche Untersagungsentscheidungen durch einen bergrechtlichen Planfeststellungsbeschluss grundsätzlich ausgeschlossen. Der Gesetzgeber stellt mit dieser Regelung klar, dass nach der umfassenden Prüfung des § 48 Abs. 2 BBergG im Rahmen eines Planfeststellungsverfahrens für eine weitere Behördenentscheidung nach § 48 Abs. 2 BBergG außerhalb dieses Verfahrens, aber bezogen auf dasselbe Vorhaben, grundsätzlich kein Raum mehr ist. Dementsprechend kann das planfestgestellte Vorhaben nicht gestützt auf § 48 Abs. 2 untersagt werden, da die Anforderungen, die sich aus § 48 Abs. 2 BBergG für das Vorhaben ergeben, bereits im Planfeststellungsverfahren geprüft worden sind.

149 Der Gesetzgeber macht davon allerdings eine Ausnahme für die in § 48 Abs. 2 Satz 2 BBergG genannten Fälle. Gegenstand des § 48 Abs. 2 Satz 2 BBergG sind öffentliche Interessen, die im Sinne der Rechtsprechung des BVerwG zugleich den Schutz von Rechten Dritter umfassen. Soweit also zum Schutz von Rechten Dritter nachträglich nach Erlass des Planfeststellungsbeschlusses noch eine Untersagung oder Beschränkung der Aufsuchung oder Gewinnung notwendig wird, kann sie auch nach Erlass des Planfeststellungsbeschlusses noch angeordnet werden. § 57a Abs. 5 2. HS BBergG berechtigt die zuständige Behörde mit Blick auf eine grundsätzlich umfassende Prüfung vor Erlass des bergrechtlichen Planfeststellungsbeschlusses zu einer nachträglichen Beschränkung oder Untersagung des planfestgestellten Vorhabens mit der Begründung, ihr stünden überwiegende öffentliche Interessen entgegen, nur noch zum Schutz der Rechte Dritter, nicht jedoch ausschließlich öffentlicher Interessen.

150 Damit wird zur Gewährleistung des gebotenen **Grundeigentumsschutzes** sichergestellt, dass bei **schweren Bergschäden** eines Grundstückseigentümers Beschränkungen und Untersagungen auch nach Bestandskraft des Planfeststellungsbeschlusses zulässig bleiben. Der Grundstückseigentümer muss sich mit Blick auf solche nachträglichen Beschränkungen oder Untersagungen auch nicht vorhalten lassen, er habe seine Betroffenheit nicht im Wege von Einwendungen im Planfeststellungsverfahren zu erkennen gegeben.[181] Als schwere Bergschäden können solche Schäden bezeichnet werden, die einer Substanzzerstörung gleichkommen, also sogenannte **Totalschäden**.[182]

151 Bezogen auf die UVP bestehen allerdings Zweifel, ob § 48 Abs. 2 BBergG eine hinreichende Berücksichtigung der Umweltfolgen tatsächlich ermöglicht. Nach der Rechtsprechung des Bundesverwaltungsgerichts sollen zu den öffentlichen Interessen im Sinne von § 48 Abs. 2 BBergG im Einzelfall auch Belange des Grundeigentümers zählen können, wenn und soweit ihm schwerwiegenden Bergschäden drohen. Bei kleinen und mittleren Bergschäden, d.h. solchen, die das Eigentum nicht in seinem sachlichen Substrat bedrohen, sollen die Eigentumsbelange aber nicht im Rahmen der überwiegenden öffentlichen Interessen des § 48 Abs. 2 BBergG berücksichtigt werden.[183] Dies mag mit Blick auf den Grundrechtsschutz ausreichen; soweit Eigentumsbetroffenheiten auch im Rahmen der UVP eine Rolle spielen können, ist allerdings zweifelhaft, ob kleine und mittlere Bergschäden ausgeblendet werden können. Zu rechtfertigen ist dieses Ausblenden kleinerer und mittlerer Schä-

180 In diesem Sinne *Piens*, in: Piens/Schulte/Graf Vitzthum, BBergG, § 57a Rn. 46.
181 *Piens*, in: Piens/Schulte/Graf Vitzthum, BBergG, 2020, § 57a Rn. 55.
182 OVG Saarland, Urt. v, 19.03.2025 – 2 C 148/24, juris Rn. 60.
183 BVerwG, Urt. v. 16.03.1989 – 4 C 36.85, DVBl 1989, 663.

den am Grundeigentum mit dem Verweis darauf, dass die UVP die materiellen-rechtlichen Zulassungsvoraussetzungen nicht ändert. Da kleine und mittlere Schäden am Grundeigentum über das zivilrechtliche Bergschadensrecht abgewickelt werden und kein Grund sind, die Zulassung des Betriebsplans zu versagen, kann es auch bei der UVP auf solche kleinen und mittleren Schäden nicht ankommen. Ob allerdings eine solche Einschränkung der gesetzlichen Zulassungsvoraussetzungen, die bewirkt, dass kleine und auch mittlere Umweltschäden bei der Entscheidung über die Zulässigkeit des Vorhabens nicht berücksichtigt werden können, mit dem Unionsrecht vereinbar sind, mag man bezweifeln.

I. Grenzüberschreitende Umweltverträglichkeitsprüfung

Für das Verfahren zur grenzüberschreitenden UVP sind gem. § 57a Abs. 6 BBergG die Vorschriften des Teils 5 des Gesetzes über die Umweltverträglichkeitsprüfung anzuwenden. Die diesbezüglichen bisherigen bergrechtlichen Regelungen sind damit entfallen. 152

Die Anforderungen an eine grenzüberschreitende Umweltprüfung sind in Teil 5 des UVPG im Zusammenhang mit der Modernisierung des Rechts der Umweltverträglichkeitsprüfung im Jahre 2017 zusammengefasst worden. Geregelt wird dort sowohl die grenzüberschreitende UVP als auch die grenzüberschreitende strategische Umweltprüfung. Zur grenzüberschreitenden UVP wird eine Verpflichtung zur Benachrichtigung des Nachbarstaats, die grenzüberschreitende Behördenbeteiligung und die grenzüberschreitende Öffentlichkeitsbeteiligung bei inländischen und ausländischen Vorhaben geregelt. 153

§ 52 Landschaftsplanungen

Bei Landschaftsplanungen richten sich die Erforderlichkeit und die Durchführung einer Strategischen Umweltprüfung nach Landesrecht.

Übersicht Rdn.

A. Allgemeines

I. Regelungsgegenstand

§ 52 ist durch das **UVPG-Modernisierungsgesetz 2017**[1] lediglich hinsichtlich seiner Nummerierung und seiner Überschrift angepasst worden. Inhaltlich entspricht die Vorschrift der Vorgänger- 1

1 Gesetz zur Modernisierung des Rechts der Umweltverträglichkeitsprüfung vom 20.07.2017, BGBl. I, S. 2808.

regelung des § 19a[2]. § 19a wiederum wurde in seiner ursprünglichen Fassung durch das SUPG[3] in das UVPG eingefügt[4]. Während § 19a (2005) selbst verbindlich vorgab, dass bei der Aufstellung oder Änderung von Landschaftsplanungen nach den §§ 15 und 16 BNatSchG a.F. eine Strategische Umweltprüfung (SUP) nach Maßgabe der Anforderungen der §§ 14f ff. a.F. UVPG durchzuführen sei und den Ländern in diesem Rahmen lediglich die Regelungskompetenz für den Erlass von Durchführungsvorschriften überließ, bestimmte § 19a (2009) in seiner durch das BNatSchG-Neuregelungsgesetz[5] geänderten Fassung, dass sich sowohl die Erforderlichkeit einer SUP bei Landschaftsplanungen als auch ihre Durchführung nach Landesrecht richten.[6]

2 Der Regelungsgegenstand des § 52 und seine systematische Stellung im Gesetz sind durch die Novellen 2009 und 2017 unverändert geblieben. Wie die übrigen Vorschriften des 4. Teils des UVPG betrifft auch § 52 eine spezielle Verfahrensart bzw., wie die Überschrift des 4. Teils nunmehr formuliert, »besondere Verfahrensvorschriften für eine bestimmte Umweltprüfung«. Die Landschaftsplanung hat einen besonderen Charakter als **schutzgutübergreifende, integrative Umweltschutzplanung.** Sie hatte schon vor dem Erlass des § 19a (2005) eine **doppelte Funktion:**[7] Einerseits die medienübergreifende Untersuchung und Bewertung der betroffenen Schutzgüter für ihren eigenen Planungsgegenstand, andererseits die Bereitstellung dieser Ergebnisse als Inhalte der Landschaftsplanung, die im Interesse einer verstärkten Beachtung ökosystemischer und struktureller Verflechtungen[8] in anderen Planungen und Verwaltungsverfahren zu berücksichtigen sind.

3 Als medienübergreifende Umweltplanung weist die Landschaftsplanung vielfältige Parallelen zur SUP auf.[9] Aufgrund dieses Charakters der Landschaftsplanung gestaltete § 19a (2005) die SUP richtigerweise als **integralen Bestandteil** dieses Planungsverfahrens aus.[10]

II. Europarechtliche Vorgaben

1. SUP-Richtlinie

4 Die SUP-Richtlinie (Plan-UP-Richtlinie)[11], die Anlass für die Änderung des UVPG durch das SUPG war, enthält keinen konkreten Katalog der von ihr erfassten **Pläne und Programme.** Art. 2 der Richtlinie definiert abstrakt den Begriff der »Pläne und Programme«, die nach Maßgabe des Art. 3 einer Umweltprüfung zu unterziehen sind. Eine gewisse Konkretisierung solcher Pläne und Programme, die uneingeschränkt SUP-pflichtig sind, enthält Art. 3 Abs. 2 SUP-RL. Eine ausdrückliche Erwähnung der Landschaftsplanung findet sich dort indes nicht. Zurückzugreifen ist somit auf die abstrakten Kriterien der Richtlinie. Gem. Art. 2 SUP-RL fallen nur solche »Pläne und Programme« in den Anwendungsbereich der Richtlinie, die von einer Behörde auf nationaler, regionaler oder lokaler Ebene ausgearbeitet und/oder angenommen werden oder die von einer Behörde für die Annahme durch das Parlament oder die Regierung im Wege eines Gesetzgebungsverfahrens ausgearbeitet werden und die aufgrund von **Rechts- oder Verwaltungsvorschriften** erstellt werden müssen. Gem. Art. 3 Abs. 2 SUP-RL sind solche Pläne und Programme obligatorisch SUP-pflichtig, die aus den

2 Im Folgenden »§ 19a (2009)«.

3 Gesetz zur Einführung einer Strategischen Umweltprüfung und zur Umsetzung der Richtlinie 2001/42/EG (SUPG) vom 25.06.2005, BGBl. I, S. 1746.

4 Im Folgenden »§ 19a (2005)«.

5 Gesetz zur Neuregelung des Rechts des Naturschutzes und der Landschaftspflege vom 29.07.2009, BGBl. I, S. 2542.

6 Zum Gesetzgebungsverfahren und der Genese dieser erheblichen Reduzierung des Regelungsgehalts ausführlich die Kommentierung zu § 19a in der 4. Auflage, Rn. 9 ff.

7 *Appel*, in: Frenz/Müggenborg, BNatSchG, § 8 Rn. 6 ff.

8 *Gassner*, in: Gassner/Bendomir-Kahlo/Schmidt-Räntsch, BNatSchG § 14 Rn. 17.

9 So ausdrücklich die amtliche Begründung des SUPG, BT-Drs. 15/3441, S. 38.

10 Vgl. zu § 19a (2005) *Sydow* DVBl 2006, 65 (70).

11 Richtlinie 2001/42/EG des Europäischen Parlaments und des Rates vom 27.06.2001 über die Prüfung der Umweltauswirkungen bestimmter Pläne und Programme, ABl EG L 197 vom 21.07.2001, S. 30.

Bereichen Landwirtschaft, Forstwirtschaft, Fischerei, Energie, Industrie, Verkehr, Abfallwirtschaft, Wasserwirtschaft, Telekommunikation, Fremdenverkehr, Raumordnung oder Bodennutzung herrühren, jedoch nur dann, wenn sie einen **Rahmen** für künftige Genehmigungen von Projekten **setzen**, die in den Anhängen I und II der UVP-Richtlinie genannt sind. Unabhängig davon sind alle behördlichen Pläne und Programme zwingend SUP-pflichtig, zu deren Aufstellung die Behörden verpflichtet sind und die einer FFH-Verträglichkeitsprüfung bedürfen. Darüber hinaus haben die Mitgliedstaaten zu prüfen, ob nicht weitere Pläne und Programme, zu deren Aufstellung ihre Behörden verpflichtet sind und die nicht unter Art. 3 Abs. 2 SUP-RL fallen, wegen ihrer voraussichtlichen Umweltauswirkungen einer SUP zu unterziehen sind, vgl. Art. 3 Abs. 4 SUP-RL.[12]

Ob diese abstrakten Voraussetzungen eine obligatorische SUP-Pflicht für Landschaftspläne nach deutschem Recht erfordern, wurde im Vorfeld und während des Gesetzgebungsverfahrens des SUPG sehr kontrovers diskutiert[13] und ist bis heute nicht abschließend geklärt, zumal eine Fortsetzung der wissenschaftlichen Auseinandersetzung mit dieser Frage im Zuge der BNatSchG- und UVPG-Novellen ausblieb. Umstritten war bereits die Frage, ob die Richtlinie überhaupt eine SUP für »Umweltschutzplanungen« fordere. Teilweise wurde vertreten, der Begriff der **»erheblichen Umweltauswirkungen«** in Art. 1 SUP-RL beschränke sich entsprechend dem europarechtlichen UVP-Gebot nur auf **nachteilige** Umweltauswirkungen.[14] In diesem Sinne lehnte auch der Bundesrat im Gesetzgebungsverfahren zur Neuregelung des BNatSchG eine SUP-Pflicht für Landschaftsplanungen ab, da diese »lediglich positive Umweltauswirkungen« hätten.[15] Nach anderer Ansicht ist darauf abzustellen, dass die Richtlinie in Anh. I betreffend die Inhalte des Umweltberichtes alle voraussichtlichen Umweltauswirkungen, »einschließlich sekundärer, kumulativer, synergetischer, kurz-, mittel- und langfristiger, ständiger und vorübergehender, **positiver und negativer** Auswirkungen« (Hervorhebung nicht im Original) erfasst wissen wolle.[16] Dabei wird zu Recht darauf hingewiesen, dass auch **»Schutzplanungen«** wie Landschaftspläne hinsichtlich ihrer Umweltauswirkungen ambivalenten Charakter haben und grundsätzlich auch beeinträchtigende Nebenwirkungen, etwa in Form räumlicher Wirkungsverlagerungen, hervorrufen können.[17] Dem[18] entspricht das in § 2 Abs. 3 BNatSchG normierte **Abwägungsgebot** hinsichtlich der Ziele des Naturschutzes und der Landschaftspflege, welche gem. § 8 BNatSchG im Rahmen der Landschaftsplanung zu konkretisieren sind. Diese aufgabeninterne und aufgabenexterne Abwägung gem. § 2 Abs. 3 BNatSchG[19] impliziert notwendigerweise die Möglichkeit, bestimmte Naturschutzbelange zugunsten anderer zurückzustellen. Auch die Landschaftsplanung entfaltet somit keineswegs zwingend und ausschließlich positive Umweltauswirkungen. 5

Darüber hinaus ist es bis heute nicht eindeutig oder unstreitig, ob Landschaftspläne im Sinne des Art. 3 Abs. 2a bzw. Art. 3 Abs. 4 SUP-RL einen **»Rahmen setzen«** für die künftige Genehmigung von Projekten, welche voraussichtlich erhebliche Umweltauswirkungen haben, so dass europarechtlich eine obligatorische, zumindest aber eine fakultative SUP-Pflicht besteht. Dies wird zum Teil, jedenfalls bei einer engen Begriffsauslegung, mit dem Argument verneint, dass die Landschaftsplanung in ihren Aufgaben und Inhalten auf den Schutz, die Pflege, die Entwicklung und Wieder- 6

12 Zu den Vorgaben der Richtlinie und den Regelungsbedarf im deutschen Recht auch *von Haaren u.a.* Strategische Umweltprüfung und Landschaftsplanung (2004) S. 18 ff.

13 Dazu *von Haaren u.a.* Strategische Umweltprüfung und Landschaftsplanung S. 29 ff., speziell zur Landschaftsplanung S. 37 ff.; *Gassner,* UVPG § 19a Rn. 2 ff.; *Louis* UPR 2006, 285.

14 So *Louis* UPR 2006, 285.

15 BR-Drs. 278/09, S. 4; kritisch dazu *Gärditz,* in: Landmann/Rohmer, Umweltrecht, Stand: 65 EL April 2012 § 19a UVPG Rn. 1; vgl. ferner die Kommentierung zu § 19a in der 4. Auflage, Rn. 9 ff.

16 *Hendler* NuR 2003, 2 (3 f.); *ders.* NVwZ 2005, 977 (979); *Sangenstedt* UVP-report 2005, 12 (16); *Schink* NVwZ 2005, 615 (623); *Gassner,* UVPG, § 19a Rn. 5.

17 Vgl. zu dieser Frage auf der Ebene einer Landschaftsschutzgebietsausweisung Nds. OVG, Vorlagebeschl. v. 04.07.2023 – 4 KN 204/20, juris; *Frenz/Müggenborg* UPR 2023, 281.

18 *Sangenstedt* UVP-report 2005, 12 (16); *Peters/Balla/Hesselbarth,* UVPG, § 52 Rn. 3.

19 *Lütkes,* in: Lütkes/Ewer, BNatSchG, § 2 Rn. 10; *Hendrischke,* in: Frenz/Müggenborg, BNatSchG, § 2 Rn. 32 ff.

herstellung von Natur und Landschaft ausgerichtet sei und daher keine rahmensetzenden Planfestlegungen enthalten dürfe, die eine Angebotsplanung für UVP-pflichtige Projekte darstellen.[20] Demgegenüber wird die rahmensetzende Wirkung der Landschaftsplanung im Sinne der SUP-Richtlinie mit dem Argument bejaht, dass die Inhalte der Landschaftsplanung gem. § 9 Abs. 5 BNatSchG in anderen Planungen und Verwaltungsverfahren zu berücksichtigen seien und daher auch Landschaftspläne einen Rahmen für UVP-pflichtige Vorhaben setzten.[21] Letzterer Auffassung, die sich wohl durchgesetzt hat, ist zuzustimmen, weil unter der rahmensetzenden Wirkung von Plänen und Programmen nach der SUP-Richtlinie richtigerweise nicht nur solche Vorgaben zu verstehen sind, die eine zwingende rechtliche Bindungswirkung entfalten, sondern auch solche, die lediglich zu berücksichtigen und damit **abwägungsrelevant** sind.[22] Dies gilt namentlich in Fachplanungsverfahren, die unmittelbar auf die Genehmigung UVP-pflichtiger Vorhaben gerichtet sind.

7 Vor diesem Hintergrund ist eine **SUP-Pflicht** gem. Art. 3 Abs. 4 i.V.m. Abs. 5 SUP-RL **für Landschaftsplanungen zu bejahen.** Dementsprechend bestimmte § 14b Abs. 1 Nr. 1 i.V.m. Anlage 3 Nr. 1 (Ziffer 1.9) UVPG (2005) zu Recht, dass Landschaftsplanungen gem. §§ 15 und 16 BNatSchG (2005) **obligatorisch** einer SUP zu unterziehen sind. Neben der Frage der SUP-Pflicht bestimmt die SUP-Richtlinie auch den Mindeststandard hinsichtlich des Verfahrens und der Inhalte der SUP. Dabei werden jedoch wiederum keine spezifischen Vorgaben für die Landschaftsplanung gemacht.

2. UVP-Änderungsrichtlinie

8 Die **UVP-Änderungsrichtlinie**[23] hatte keinen Änderungsbedarf für § 19a (2009) zur Folge, sodass § 52 inhaltlich unverändert bleiben konnte. Die SUP ist kein unmittelbarer Gegenstand der UVP-Änderungsrichtlinie und auch die Änderungen der allgemeinen Vorschriften über die SUP im 3. Teil des UVPG 2017 beschränkten sich weitestgehend auf redaktionelle Anpassungen.[24] Demzufolge ergeben sich aus der UVP-Änderungsrichtlinie auch keine unmittelbaren Konsequenzen für die landesgesetzlichen Regelungen zur Erforderlichkeit und Umsetzung der SUP bei Landschaftsplanungen.

III. Gesetzgebungskompetenz

9 Für die Landschaftsplanung hatte der Bund zum Zeitpunkt des Erlasses des SUPG und damit des § 19a (2005) gem. Art. 75 Abs. 1 Satz 1 Nr. 3 GG a.F. lediglich eine Rahmengesetzgebungskompetenz. Die Erforderlichkeit einer bundeseinheitlichen Regelung gem. Art. 75 Abs. 1 Satz 1, 72 Abs. 2 GG a.F. wurde damit begründet, dass durch Landschaftsplanungen vielfach vorgelagerte Entscheidungen über die Zulässigkeit von infrastrukturellen und wirtschaftlichen Großprojekten getroffen werden, die typischerweise überörtliche und überregionale Umweltauswirkungen haben.[25] Mit der **Föderalismusreform I**[26] und der Begründung eines neuen Kompetenztitels für die Materie

20 *von Haaren u.a.*, Strategische Umweltprüfung und Landschaftsplanung, S. 39 ff.

21 So die Gesetzesbegründung des SUPG, BT-Drs. 15–3441, S. 43; zustimmend *Schink* NVwZ 2005, 615 (623); *Gassner,* UVPG, § 19a Rn. 3, 5; *Gassner/Heugel,* Das neue Naturschutzrecht Rn. 212; *Gärditz,* in: Landmann/Rohmer, Umweltrecht, Stand: 65. EL April 2012, § 19a UVPG Rn. 2 f.

22 So die überwiegende Auffassung; vgl. *Spannowsky* UPR 2000, 204; *Hendler* NUR 2003; *Schink* NVwZ 2005, 615 (618); *Peters/Balla/Hesselbarth,* UVPG, § 52 Rn. 3; *Zeissler,* in: Schink/Reidt/Mitschang, UVPG/UmwRG, § 52 UVPG Rn. 3; anders dürfte die Frage der Rahmensetzung und damit der SUP-Pflicht bei naturschutzrechtlichen Schutzverordnungen zu sehen sein; vgl. BVerwG, Beschl. v. 04.05.2020 – 4 CN 4.18, ZuR 2020, 494.

23 Richtlinie 2014/52/EU des Europäischen Parlaments und des Rates zur Änderung der Richtlinie 2011/92/EU über die Umweltverträglichkeitsprüfung bei bestimmten öffentlichen und privaten Projekten, ABl. 2014, L 124.

24 Zu der hier nicht relevanten Änderung der Legaldefinition der Pläne und Programme in § 2 Abs. 7 UVPG 2017 vgl. die Kommentierung zu § 2 Rdn. 115.

25 BT-Drs. 15/3441, S. 19.

26 Gesetz zur Änderung des Grundgesetzes vom 28.08.2006, BGBl. I, S. 2034.

des Naturschutzes und der Landschaftspflege in Art. 74 Abs. 1 Nr. 29 GG n.F. erlangte der Bund auch dafür die **konkurrierende Gesetzgebungskompetenz**, allerdings relativiert durch die Abweichungsrechte der Länder gem. Art. 72 Abs. 3 Satz 1 Nr. 2 GG n.F.[27] Auf diesen Kompetenztitel stützte sich auch das BNatSchG-Neuregelungsgesetz, im Rahmen dessen § 19a (2009) erlassen wurde. Gleiches gilt für den aktuellen § 52.

IV. Gesetzesgeschichte

Im Gesetzgebungsverfahren zur **BNatSchG-Novelle 2009** setzte sich der Bundesrat im Hinblick auf die Frage der Notwendigkeit einer SUP für Landschaftsplanungen gegenüber dem Entwurf der Bundesregierung für einen § 9 Abs. 6 BNatSchG durch. Anstelle einer dort vorgesehenen bundesrechtlichen Normierung materieller Anforderungen an die SUP bei der Landschaftsplanung wurde § 19a (2009) mit dem schlichten Verweis auf das Landesrecht erlassen.[28] Dabei blieb es auch im Zuge der **UVPG-Novelle 2017**, durch die die Vorschrift lediglich hinsichtlich ihrer Nummerierung und ihrer Überschrift redaktionell an die übrigen Vorschriften des 4. Teils angepasst wurde[29]. Bemerkenswert ist dabei, dass der Dissens hinsichtlich der Frage, ob eine SUP-Pflicht für Landschaftsplanungen europarechtlich geboten und darüber hinaus sinnvoll ist, weder bei den damaligen Beratungen zum SUPG noch in den Gesetzgebungsverfahren zur BNatSchG-Novelle 2009 und zum UVPG-Modernisierungsgesetz 2017 ernsthaft diskutiert und entschieden worden ist. Nach der hier vertretenen Auffassung[30] muss indes eine obligatorische **SUP-Pflicht** für Landschaftsplanungen angenommen werden. Indem der Bundesgesetzgeber die Entscheidungskompetenz auch über das »Ob« einer SUP bei der Landschaftsplanung und damit die Verantwortung für eine hinsichtlich der SUP-Richtlinie europarechtskonforme Gesetzgebung den Bundesländern überlässt, bereitet er den Boden für eine Rechtszersplitterung, die mit § 19a (2005) schon überwunden war und die sich im Hinblick auf das Gebot einer konsistenten Umsetzung des Gemeinschaftsrechts auch unter Föderalismusgesichtspunkten kaum rechtfertigen lässt.[31] 10

B. Maßgeblichkeit des Landesrechts für strategische Umweltprüfungen bei Landschaftsplanungen

I. Landschaftsplanungen

§ 52 betrifft die SUP »**bei Landschaftsplanungen**«. Auch ohne den in § 19a (2005) noch enthaltenen Verweis auf die entsprechenden Regelungen im BNatSchG (§§ 15, 16 BNatSchG a.F.), besteht kein Zweifel, dass mit den Landschaftsplanungen i.S.d. § 52 die in §§ 10, 11 BNatSchG geregelten Pläne gemeint sind, mithin **Landschaftsprogramme** und **Landschaftsrahmenpläne** sowie **Landschaftspläne** und **Grünordnungspläne**. 11

Gem. § 10 Abs. 1 BNatSchG werden die überörtlichen konkretisierten Ziele, Erfordernisse und Maßnahmen des Naturschutzes und der Landschaftspflege für den Bereich eines Landes im (fakultativen) **Landschaftsprogramm** oder für Teile des Landes in (obligatorischen) **Landschaftsrahmenplänen** dargestellt. Gem. § 11 Abs. 1 BNatSchG werden die für die örtliche Ebene konkretisierten Ziele, Erfordernisse und Maßnahmen des Naturschutzes und der Landschaftspflege auf der Grundlage der Landschaftsrahmenpläne für die Gebiete der Gemeinden in (im Rahmen der Erforderlichkeit obligatorischen) **Landschaftsplänen**, für Teile eines Gemeindegebietes in (fakultativen) **Grünordnungsplänen** dargestellt. Das BNatSchG strukturiert die Landschaftsplanung somit **vierstufig**[32] 12

27 Zur Gesetzgebungskompetenz für Naturschutz und Landschaftspflege umfassend *Lütkes*, in: Lütkes/Ewer, BNatSchG, Einl. Rn. 16 ff.

28 Vgl. dazu die Kommentierung zu § 19a in der 4. Auflage, Rn. 9 ff.

29 Vgl. dazu die Gesetzesbegründung BT-Drs. 18/11499, S. 102.

30 Vgl. oben Rdn. 4 ff.

31 Kritisch auch *Gellermann* NVwZ 2010 73, 75; zustimmend dagegen *Appel*, in: Frenz/Müggenborg, BNatSchG, § 9 Rn. 91.

32 *Mengel*, in: Lütkes/Ewer, BNatSchG, § 11 Rn. 13 zur Einführung einer vierten Planungsebene.

und unterscheidet zwischen der überörtlichen und der örtlichen Ebene. Nur in den Stadtstaaten kann gem. § 11 Abs. 5 BNatSchG auf die dritte und vierte Planungsebene verzichtet werden.[33] Das bis dahin unabhängig von der jeweiligen Planungsebene geltende **Flächendeckungsprinzip** wurde durch die BNatSchG-Novelle 2009 modifiziert und gilt nun uneingeschränkt nur für die Landschaftsrahmenplanung. Die örtliche Landschaftsplanung ist gem. § 11 Abs. 2 Satz 1 BNatSchG nur noch aufzustellen, »sobald und soweit« dies im Hinblick auf Erfordernisse und Maßnahmen i.S.d. § 9 Abs. 3 Satz 1 Nr. 4 BNatSchG erforderlich ist.[34]

13 Im Hinblick auf die Idee der horizontalen und vertikalen Abschichtung der Prüfung von Umweltbelangen bzw. der entsprechenden Verzahnung der SUP mit anderen umweltbezogenen Prüfverfahren[35] kommt dem **Verhältnis der Landschaftsplanung zu anderen raumbezogenen Planungen** auf der jeweiligen Planungsebene besondere Bedeutung zu. Im Hinblick auf die Landschaftsplanung ist dabei zwischen der überörtlichen und der örtlichen Ebene zu unterscheiden.

14 Die **überörtliche Landschaftsplanung** durch Landschaftsprogramme und Landschaftsrahmenpläne gem. § 10 BNatSchG ist auf der Planungsebene der Raumordnung angesiedelt. § 10 Abs. 3 BNatSchG bestimmt, dass die konkretisierten Ziele, Erfordernisse und Maßnahmen des Naturschutzes und der Landschaftspflege, soweit sie raumbedeutsam sind, in der Abwägung nach § 7 Abs. 2 ROG zu berücksichtigen sind. Nähere Regelungen zum Verhältnis von Landschaftsprogrammen und Landschaftsrahmenplänen zu Raumordnungsplänen trifft das BNatSchG aber nicht, sondern überlässt dies gem. § 10 Abs. 5 dem Landesrecht. Daraus folgt insbesondere, dass es weiterhin den Ländern überlassen bleibt, das Verhältnis zwischen raumbezogener Gesamtplanung und der Fachplanung von Naturschutz und Landschaftspflege in Form der Primärintegration oder der Sekundärintegration auszugestalten.[36] Nach dem Modell der **Sekundärintegration** werden die Ziele des Naturschutzes und der Landschaftspflege zunächst in einem eigenständigen Planwerk konkretisiert und in einem zweiten Schritt nach Abwägung mit anderen raumbedeutsamen Planungen und Maßnahmen in die Raumordnungspläne aufgenommen. Dieses Modell ist in den meisten Flächenstaaten umgesetzt worden. Demgegenüber erfolgt bei dem Modell der **Primärintegration** die Aufstellung des Landschaftsprogramms und des Landschaftsrahmenplans von vornherein als Teil der entsprechenden Raumordnungspläne. Dabei ist zu beachten, dass die abweichungsfesten inhaltlichen Vorgaben für die Landschaftsplanung in den §§ 8 und 9 BNatSchG, insbesondere der Katalog der Soll-Inhalte nach § 9 Abs. 3 Satz 1 und die Berücksichtigungs- und Begründungspflicht in § 9 Abs. 5, die Erarbeitung eines eigenständigen landschaftsplanerischen Konzeptes oder Fachbeitrages verlangen.[37] Nach dem durch das 3. NatSchÄndG vom 18.08.2021[38] eingeführten § 10 Abs. 5 Satz 1 BNatSchG sind die landschaftsplanerischen Inhalte **eigenständig** zu erarbeiten und darzustellen. Die schließt das Modell der Primärintegration – wie bisher – nicht prinzipiell aus, sondern stellt lediglich genauere Anforderungen an die konkrete Ausgestaltung dieses Modells.[39] Die insofern bereits in der Praxis verbreitete »Hybridform«[40] der Primärintegration mit einem vorbereitenden, fachlich geprägten Beitrag zur raumordnerischen Landschaftsplanung wurde somit schließlich bundesgesetzlich aufgegriffen.[41]

33 *A. Schumacher/J. Schumacher*, in: Schumacher/Fischer-Hüftle, BNatSchG, § 11 Rn. 23.
34 Dazu *Gellermann* NVwZ 2010 73, 75.
35 *Sydow* DVBl 2006, 65; *von Haaren u.a.*, Strategische Umweltprüfung und Landschaftsplanung, S. 63 ff., insbes. S. 79 ff.
36 *Berghoff/Steg* NuR 2010, 17, 22; ausführlich dazu *Mengel*, in: Lütkes/Ewer, BNatSchG, § 10 Rn. 11 ff.; *Appel*, in: Frenz/Müggenborg, BNatSchG, § 10 Rn. 31 ff.
37 *Mengel*, in: Lütkes/Ewer, BNatSchG, § 10 Rn. 14; *A. Schumacher/J. Schumacher*, in: Schumacher/Fischer-Hüftle, BNatSchG, § 10 Rn. 33.
38 Gesetz zum Schutz der Insektenvielfalt in Deutschland und zur Änderung weiterer Vorschriften, BGBl. I, S. 3908.
39 BT-Drs. 19/28182 Art. 1 Nr. 4, S. 22.
40 *Huggins/Zimmermann* DVBl 2022, 20 (23).
41 *Mengel*, in: Lütkes/Ewer, BNatSchG, § 10 Rn. 16.

Die Landschaftsplanung bietet sich in besonderer Weise dazu an, die SUP vollständig zu integrieren. Es ist allerdings zu beachten, dass der Landschaftsplan ein konzeptionelles Entwicklungsinstrument ist, während die SUP ein Prüfinstrument darstellt. Daher kann **Integration der** SUP weder ein Ersetzen der Landschaftsplanung durch die SUP noch ein »Aufsaugen« der SUP durch die Landschaftsplanung sein.[42] Wird die überörtliche Landschaftsplanung durch eine vollintegrierte SUP optimiert, kann sie wiederum im Sinne einer **horizontalen Abschichtung bzw. Verzahnung** die Verfahren zur Aufstellung oder Änderung von Raumordnungsplänen, für die die SUP ebenfalls obligatorisch gefordert ist, unterstützen. Auch die Umweltprüfung der Raumplanung verlangt konkrete Bestandsbeschreibungen und -bewertungen sowie konkretisierte Zielvorgaben des Naturschutzes, namentlich für die Schutzgüter Boden, Wasser, Klima/Luft, Arten, Biotope, Biodiversität und Landschaften. Diese können durch die Landschaftsplanung beigebracht werden. Dabei liegt eine horizontale Abschichtung bzw. Verzahnung bei der primär integrierten Landschaftsplanung – unbeschadet der Notwendigkeit eines eigenen Fachbeitrages – besonders nah. Sie ist jedoch auch bei der Landschaftsplanung in Gestalt der Sekundärintegration möglich. Im Interesse einer weitergehenden Effektivierung der Verfahren (Mehrfachnutzung erhobener Daten) ist dabei stets die Einbeziehung weiterer Umweltprüfungen, namentlich der Eingriffsregelung gem. §§ 14 ff. BNatSchG und der FFH-Verträglichkeitsprüfung nach §§ 34, 36 BNatSchG, geboten. 15

Auch auf der Ebene der **örtlichen Landschaftsplanung** nach § 11 BNatSchG, welche auf der Planungsstufe der Bauleitplanung angesiedelt ist und gem. § 11 Abs. 7 BNatSchG – vergleichbar mit § 10 Abs. 4 BNatSchG – nach Maßgabe des Landesrechts im Verhältnis zur Bauleitplanung ebenfalls in unterschiedlichen Integrationsmodellen umgesetzt wird,[43] bietet sich über die gem. § 9 Abs. 5 BNatSchG, §§ 1 Abs. 6 Nr. 7 g), § 2 Abs. 4 Satz 6 BauGB rechtlich gebotene Berücksichtigung der Inhalte von Landschaftsplänen hinaus eine **inhaltliche und verfahrensmäßige Verzahnung** der Umweltprüfungen im Rahmen der Landschafts- und der Bauleitplanung an, insbesondere bei der Aufstellung oder Änderung von Flächennutzungsplänen.[44] 16

Da nach der hier vertretenen Auffassung die SUP für alle Ebenen der grundsätzlich vierstufigen Landschaftsplanung erforderlich ist, ergibt sich neben der aufgezeigten Möglichkeit der **horizontalen Verzahnung** auch die Chance, wenn nicht gar die Notwendigkeit, der **vertikalen Abschichtung.** So ist gerade auch die SUP in der Landschaftsplanung ein Anwendungsfall für das Abschichtungsgebot des § 39 Abs. 3 UVPG.[45] 17

II. Erforderlichkeit und Durchführung

In seiner durch das BNatSchG-Neuregelungsgesetz geänderten Fassung bestimmt § 19a (2009), dass sich sowohl die Frage der Erforderlichkeit (»Ob«) als auch die nach der inhaltlichen und verfahrensmäßigen Durchführung (»Wie«) der SUP nach Landesrecht richten. Ersteres begegnet erheblichen Bedenken, da von einer gemeinschaftsrechtlich geforderten obligatorischen **SUP-Pflicht** auszugehen ist und das Gebot einer einheitlichen und konsistenten Umsetzung des EG-Umweltrechts ein tragender Grund für die Föderalismusreform 2006 und die BNatSchG-Novelle 2009 war. Insofern stellte sich die Fassung des § 19a (2009), dem § 52 unverändert entspricht, als ein Rückschritt gegenüber der Altfassung des § 19a (2005) dar.[46] 18

42 *Hoppenstedt,* UVP-Kongress 2006 (Vortragsmanuskript).
43 *Mengel,* in: Lütkes/Ewer, BNatSchG, § 11 Rn. 20.
44 *Louis* UPR 2006, 285 (288); *Bönsel* LKV 2002, 218.
45 *Von Haaren u.a.,* Strategische Umweltprüfung und Landschaftsplanung, S. 79 ff.; *Sydow* DVBl 2006, 65 (71 ff.).
46 Siehe bereits oben Rdn. 10.

III. Maßgeblichkeit des Landesrechts

1. Regelungskompetenz und -verantwortung des Landesgesetzgebers

19 Der Verweis des § 52 bedeutet, dass der Bundesgesetzgeber in der Frage der SUP bei Landschaftsplanungen gerade keine »erschöpfende« Vollregelung[47] getroffen hat, die nach Art. 72 Abs. 1 GG eine Sperrwirkung im Verhältnis zum Landesgesetzgeber entfalten würde. Auch die Möglichkeit zur abweichenden Gesetzgebung gem. Art. 72 Abs. 3 Nr. 2 GG ist vorliegend ohne Bedeutung. Vielmehr hat der Landesgesetzgeber nunmehr die uneingeschränkte Kompetenz und Verantwortung das »Ob« und das »Wie« der SUP bei Landschaftsplanungen zu regeln.[48]

20 Eine wesentliche **rechtliche Bindung** im Hinblick auf beide Fragen besteht allerdings durch das EU-Recht, namentlich die **SUP-Richtlinie.** Auf die Verantwortung der Bundesländer, ihre bestehenden und zukünftigen gesetzgeberischen Entscheidungen im Einklang mit den verbindlichen Vorgaben des EU-Rechts zu treffen, wurde im Gesetzgebungsverfahren zum BNatSchG-Neuregelungsgesetz 2009 ausdrücklich hingewiesen.[49] Wie oben dargelegt wurde, ergibt eine Auslegung der Richtlinie, dass auch Landschaftsplanungen obligatorisch SUP-pflichtig sind. Ein vollständiger Verzicht auf die gesetzliche Anordnung der SUP bei der Landschaftsplanung, und sei es auch lediglich über die Regelung der SUP-Pflicht für Raumordnungspläne, die sich im Fall der Primärintegration auch auf die Landschaftsplanung als integriertem Teil des Raumordnungsplanes erstreckt,[50] wäre danach europarechtswidrig.[51] Auf Art. 104a Abs. 6 Satz 1 GG muss in diesem Zusammenhang hingewiesen werden.

21 Die Bindung an die vorrangige SUP-Richtlinie erfasst allerdings über die Frage der Erforderlichkeit der SUP bei Landschaftsplanungen hinaus auch die ihre Durchführung. Von der unmittelbaren Anwendungspflicht der §§ 39 ff. nimmt § 38 die SUP bei der Landschaftsplanung aus. Die Regelungen können aber als Normierung eines verfahrensrechtlichen **Mindeststandards** jedenfalls zur Orientierung herangezogen werden.[52]

2. Anforderungen an Durchführungsregelungen der Länder

22 Schon nach § 19a Abs. 1 Satz 2 (2005) war es nicht geboten, dass die Länder ein eigenständiges SUP-Verfahren im Rahmen der Landschaftsplanung schafften, sondern dass die bestehenden – zum Teil sehr heterogenen – **Verfahrensregelungen** in den Ländern lediglich um fehlende Elemente und Verfahrensschritte aus der SUP ergänzt werden sollten.[53] Die entsprechend ergänzten Verfahrensregelungen der Länder mussten dem in den §§ 14 f bis 14 i und 14 k bis 14 n UVPG a.F. definierten Standard entsprechen.[54] Regelungsspielräume eröffneten sich den Ländern in erster Linie hinsichtlich der konkreten Ausgestaltung der einzelnen Elemente und Verfahrensschritte der SUP, beispielsweise hinsichtlich der Form der Bekanntmachung im Rahmen der Öffentlichkeitsbeteiligung oder betreffend konkreter Überwachungsregelungen. Es bietet sich im Hinblick auf die Vorgaben

---

47 Vgl. *Degenhart,* in: Sachs, GG, Art. 72 Rn. 25.

48 So auch *Gärditz,* in: Landmann/Rohmer, Umweltrecht, Stand: 65. EL April 2012, § 19a UVPG Rn. 8; *Zeissler,* in: Schink/Reidt/Mitschang, UVPG/UmwRG, § 52 UVPG Rn. 7 f.

49 BT-Drs. 16/13430, S. 18; vgl. auch den Gesetzentwurf zur Änderung des Nds. Gesetzes über die Umweltverträglichkeitsprüfung, LT-Drs 16/1901, S. 3, 6, in der richtigerweise festgestellt wird, dass den Ländern unter EU-rechtlichen Gesichtspunkten insofern kein Abweichungsspielraum bliebe.

50 *A. Schumacher/J. Schumacher,* in: Schumacher/Fischer-Hüftle, BNatSchG, § 9 Rn. 1.

51 Vgl. zur unmittelbaren Anwendbarkeit der SUP-Richtlinie *Hendler* NVwZ 2005, 977, 984; ebenso *Zeissler,* in: Schink/Reidt/Mitschang, UVPG/UmwRG, § 52 UVPG Rn. 9.

52 So auch *Gärditz* in: Landmann/Rohmer Umweltrecht, Stand: 65. EL April 2012, § 19a UVPG Rn. 10; vgl. § 9 Abs. 1 LNatSchG NRW, nach dem das Verfahren der SUP bei der Landschaftsplanung den §§ 14a ff. UVPG (a.F.) entsprechen muss.

53 So ausdrücklich die Gesetzesbegründung des SUPG, BT-Drs. 15/3441, S. 39; ebenso *Peters/Balla/Hesselbarth,* UVPG, § 52 Rn. 5.

54 *Zeissler,* in: Schink/Reidt/Mitschang, UVPG/UmwRG, § 52 UVPG Rn. 10.

der SUP-Richtlinie an, dass sich die Länder auch unter der Geltung des § 52 bei der Ausgestaltung ihrer Verfahrensregelungen an den §§ 39 ff. orientieren:[55]

a) Scoping-Verfahren

Die Festlegung des Untersuchungsrahmens gem. § 39 steht am Anfang der SUP, auch bei Landschaftsplanungen. Durch das Scoping-Verfahren wird der **Untersuchungsrahmen** sowohl hinsichtlich des Prüfungsspektrums als auch hinsichtlich des Detaillierungsgrades der Untersuchungen im Hinblick auf die in den Umweltbericht aufzunehmenden Angaben festgelegt. In der Verwaltungspraxis beinhaltet es die **Vorabstimmung** des Planungsträgers über den Bearbeitungsumfang und die Schwerpunkte der Umweltprüfung mit den betroffenen Umweltbehörden, Verbänden und anderen Einrichtungen. Im Interesse einer möglichst weitgehenden horizontalen Verzahnung ist bereits auf dieser Verfahrensstufe die Informationsbeschaffung über andere Pläne oder Programme der gleichen Planungsebene, insbesondere über Fachplanungen, anzustreben. Wie oben[56] bereits dargelegt, kommt auch der Möglichkeit bzw. dem Gebot der **vertikalen Abschichtung** gerade bei der grundsätzlich vierstufig angelegten Landschaftsplanung besondere Bedeutung zu, die in § 39 Abs. 3 ausdrücklich als Soll-Bestimmung verankert ist.[57] Als raumbezogene, flächendeckende und schutzgutübergreifende Umweltplanung ist die Landschaftsplanung besonders dafür geeignet, aber auch im Interesse einer Effektivierung und Vollzugsfähigkeit darauf angewiesen, dass die Prüfung der Umweltaspekte ebenenspezifisch abgeschichtet wird, sodass eine Schwerpunktsetzung und Konzentration auf die jeweils planerheblichen Aspekte ermöglicht wird.[58] Auch dafür ist im Scoping-Verfahren die Grundlage zu legen. 23

b) Plan-/Programmentwurf und -begründung/Umweltbericht

Zu den auch bei der Landschaftsplanung notwendigen Elementen der SUP gehört die frühzeitige Erstellung eines **Umweltberichts** gem. § 40. Nach der Vorstellung des Gesetzgebers des SUPG, gegen die mit Blick auf die SUP-Richtlinie keine Bedenken bestehen, bedarf die SUP in der Landschaftsplanung indes keines formal selbstständigen und als solchen bezeichneten Umweltberichts; vielmehr soll der Landschaftsplan **seinen eigenen Umweltbericht** darstellen.[59] Allerdings muss der Entwurf bzw. die Begründung des Landschaftsplans formal und inhaltlich die Anforderungen an einen Umweltbericht im Sinne des § 40 erfüllen, d.h. die Angaben nach § 40 Abs. 2 in einer geschlossenen und nachvollziehbaren Darstellung enthalten und in dieser Form zum Gegenstand der **Behörden- und Öffentlichkeitsbeteiligung** werden.[60] Die zentralen Inhalte des in dieser Weise in der Begründung des Plan-/Programmentwurfes bzw. dessen Begründung integrierten Umweltberichtes sind (orientiert an Anh. I der SUP-RL) die folgenden: 24

- Kurzfassung der Inhalte und Ziele des Plans/Programms sowie der Beziehung zu anderen Plänen: 25
  Die **Zieldarstellung** ist selbstverständlicher Inhalt der Landschaftsplanung. Das oben erwähnte Gebot der horizontalen Verzahnung drückt sich hier in der Notwendigkeit aus, das Verhältnis des Landschaftsplans zu anderen Plänen zu beschreiben.
- Darstellung der relevanten Aspekte des derzeitigen Umweltzustands und dessen voraussichtliche 26
  Entwicklung bei Nichtdurchführung des Plans: Die dadurch geforderte **Bestandsaufnahme** sowie

---

55 Vgl. zur Umsetzung der SUP in der Landschaftsplanung auch die zum Teil umfassenden Darstellungen und praktischen Hinweise in *von Haaren u.a.* UVP-report 2000, 44 ff.; *Scholles u.a.* UVP-report 2003, 76 ff.; *Heidtmann* UVP-report, Sonderheft 2002, 79 ff. (speziell zur Landschaftsplanung in NRW); *von Haaren u.a.*, Strategische Umweltprüfung und Landschaftsplanung, S. 780 ff.; ferner *Schink* NUR 2005, 143 ff.

56 Siehe oben Rdn. 15, 17.

57 Zur Vorgängerregelung *Gassner*, UVPG, § 19a Rn. 21.

58 *Schink* NUR 2005, 143 (144) m.w.N.

59 BR-Drs. 588/04, S. 94; *Louis* UPR 2006, 285 (286).

60 So im Ergebnis zur Vorgängerregelung auch *Gassner*, UVPG, § 19a Rn. 12, der allerdings die Erstellung eines gesonderten Dokuments für erforderlich hält.

die Status-quo-Prognose (**Null-Variante**, Prognosenullfall) entspricht der Darstellung und Bewertung des aktuellen Zustands von Natur und Landschaft bzw. der Prognose der Entwicklung dieses Zustandes gem. § 9 Abs. 3 Nr. 1 und 3 BNatSchG.

27 – Darstellung der Umweltmerkmale der Gebiete, die voraussichtlich erheblich beeinflusst werden: Ergänzung der Bestandsaufnahme des aktuellen Umweltzustandes gem. § 9 Abs. 3 Nr. 1 und 3 BNatSchG im Hinblick auf **besondere Empfindlichkeiten.**

28 – Darlegung sämtlicher derzeitiger für den Plan oder das Programm relevanter Umweltprobleme, insbesondere solcher, die sich auf Gebiete mit einer speziellen Umweltrelevanz beziehen: Ergänzung der Bestandsaufnahme gem. § 9 Abs. 3 Nr. 1 und 3 BNatSchG im Hinblick auf **Vorbelastungen.**

29 – Darstellung der festgelegten Ziele des Umweltschutzes, die für den Plan von Bedeutung sind, und der Art, wie diese bei der Ausarbeitung des Plans berücksichtigt wurden: Die Darstellung der für den Plan bedeutsamen **Umweltziele** wird weitgehend deckungsgleich mit der Konkretisierung der Ziele und Grundsätze des Naturschutzes und der Landschaftspflege gem. § 9 Abs. 3 Nr. 2 BNatSchG sein, kann jedoch durchaus darüber hinaus gehen.

30 – Darstellung der voraussichtlichen erheblichen **Umweltauswirkungen** auf die Schutzgüter nach Anh. I lit. f SUP-RL und Wechselwirkungen zwischen diesen: Sowohl die positiven als auch die negativen Auswirkungen der Planausweisungen einschließlich kumulativer Wirkungen sind zu beschreiben. Auch dieses Element des Umweltberichtes ist in der Landschaftsplanung auf der Grundlage des § 9 Abs. 3 Nr. 3 BNatSchG bekannt.

31 – Darstellung der Maßnahmen, die geplant sind, um erhebliche negative Umweltauswirkungen zu verhindern, zu verringern oder auszugleichen: Dabei geht es um die Festlegung von Vermeidungs-, **Verminderungs- und Kompensationsmaßnahmen.** Dies entspricht der Festlegung der Erfordernisse und Maßnahmen gem. § 9 Abs. 3 Nr. 4 BNatSchG.

32 – Kurzdarstellung der Gründe für die Wahl der (gem. Art. 5 Abs. 1 SUP-RL) geprüften **Alternativen** einschließlich etwaiger Schwierigkeiten bei der Zusammenstellung von Informationen. Zu beachten ist, dass nur »vernünftige«, also »ernsthaft in Betracht kommende«[61] Alternativen zu berücksichtigen sind, die die Ziele und den geografischen Anwendungsbereich des Plans bzw. Programms berücksichtigen. Soweit die Landschaftsplanung gesetzliche Pflichtaufgabe ist, scheidet eine **Null-Variante** – bezogen auf den Plan insgesamt – von vorneherein aus.

33 – Beschreibung der geplanten Überwachungsmaßnahmen: Dabei sollen Maßnahmen zur **Überwachung** der erheblichen Auswirkung des Plans auf die Umwelt formuliert werden, um frühzeitig Abhilfemaßnahmen für unvorhergesehene negative Auswirkungen einleiten zu können. Im Bereich der Landschaftsplanung kann insoweit auf die Instrumente der **Umweltbeobachtung** gem. § 6 BNatSchG und die Fortschreibung der Landschaftsplanungen gem. § 9 Abs. 4 Satz 1 BNatSchG zurückgegriffen werden.

34 – Allgemeinverständliche, nichttechnische **Zusammenfassung**: Dieses Element des Umweltberichts dürfte wiederum keine substanzielle Neuerung in der Landschaftsplanung darstellen.

c) Behörden- und Öffentlichkeitsbeteiligung

35 Die Verfahrensregelungen der Länder sollten auch insoweit dem Mindeststandard des UVPG in den §§ 41, 42, genügen. Der Entwurf des Plans bzw. Programms und der Umweltbericht sind den durch den Plan oder das Programm berührten **Behörden** mit einer Stellungnahmefrist zu übermitteln. Die **Öffentlichkeitsbeteiligung** besteht in der **öffentlichen Auslegung** für die Dauer von mindestens einem Monat, sowie in der Einräumung der Möglichkeit der betroffenen Öffentlichkeit, sich zu dem Planentwurf und dem Umweltbericht zu äußern. Im Hinblick auf die bei der Landschaftsplanung anzustrebende Vollintegration des Umweltberichtes in den Landschaftsplan bzw. das -programm wird Gegenstand der Behörden- und Öffentlichkeitsbeteiligung nur der Plan-/Programm-

61 BVerwG, Urt. v. 25.01.1996 – 4 C 5.95, BVerwGE 100, 238 (250); Urt. v. 26.03.1998 – 4 A 7.97, UPR 1998, 382; Beschl. v. 26.06.1992 – 4 B 1–11.92, DVBl 1992, 1435.

entwurf samt Begründung sowie eventueller ergänzender Unterlagen sein, nicht jedoch ein gesonderter Umweltbericht. Dementsprechend wird auch kein spezifisches »SUP-Beteiligungsverfahren« durchgeführt werden, sondern die regulären Verfahren zur Öffentlichkeitsbeteiligung bei der Landschaftsplanung werden weitergeführt und ggf. ergänzt werden. Soweit die Landschaftsplanung dem Modell der Primärintegration folgt,[62] erfolgt die SUP und damit auch die Behörden- und Öffentlichkeitsbeteiligung im Rahmen des Verfahrens zur Aufstellung bzw. Änderung des jeweiligen Raumordnungs- bzw. Bauleitplanes.

d) Abschließende Bewertung und Berücksichtigung

Die Darstellungen und Bewertungen des Plan-/Programmentwurfes resp. des Umweltberichtes sind 36
nach Abschluss des Beteiligungsverfahrens gem. § 43 zu überprüfen; das Ergebnis der **Überprüfung** ist bei der abschließenden Entscheidung über den Landschaftsplan/-programm zu berücksichtigen.

e) Bekanntgabe der Entscheidung

Der letztlich beschlossene Landschaftsplan bzw. das Landschaftsprogramm ist gem. § 44 einschließ- 37
lich einer zusammenfassenden Erklärung und einer Aufstellung der Überwachungsmaßnahmen nach § 45 **öffentlich bekannt** zu machen.

f) Überwachungsmaßnahmen

Gem. § 45 sind die erheblichen Umweltauswirkungen, die sich aus der Durchführung des Plans oder 38
Programms ergeben, zu überwachen, um frühzeitig unvorhergesehene nachteilige Auswirkungen zu ermitteln und geeignete Abhilfemaßnahmen ergreifen zu können. Dieses **Plancontrolling** ist im deutschen Planungsrecht und der Planungspraxis insgesamt bislang kaum etabliert, so auch nicht im Bereich der Landschaftsplanung. Wie oben bereits erwähnt, stellt die rahmenrechtliche Vorschrift über die **Umweltbeobachtung** in § 6 BNatSchG indes schon ein geeignetes Instrument für eine fortlaufende Überwachung der Umweltauswirkungen zur Verfügung. Ggf. erforderliche Anpassungen des Landschaftsplans können im Rahmen der **Fortschreibung** gem. § 9 Abs. 4 Satz 1 BNatSchG erfolgen.

C. Landesrechtliche Umsetzung

Der Prozess der Anpassung des Landesrechts an die durch das BNatSchG-Neuregelungsgesetz 2009 39
geänderte Bundesrechtslage ist weitgehend abgeschlossen. Die noch vor einigen Jahren festzustellende Heterogenität hat deutlich abgenommen. Die überwiegende Zahl der Bundesländer hat sich dazu entschlossen ihre Landschaftsplanung nach dem Modell der **Sekundärintegration** zu gestalten. Demzufolge bestehen in insgesamt 11 Bundesländern spezielle Vorschriften über die Anordnung und Durchführung der SUP bei der Landschaftsplanung. Dabei findet man zum Teil spezielle Vorschriften in den Landesnaturschutzgesetzen, so in Hamburg (§ 5 HmbNatSchAG), Bremen (§ 6 BremNatG), Berlin (§ 10 NatSchG Bln), Nordrhein-Westfalen (§ 9 LNatSchG NRW), Thüringen (§ 3 Abs. 3 ThürNatG, § 2 Abs. 2 Nr. 1 i.V.m. Anl. 2 Nr. 1.2 ThürUVPG.) und dem Saarland (§ 15 Abs. 2 Satz 2 SNG). Teilweise wird die Pflicht zur SUP bei der Landschaftsplanung und ihre Durchführung im Landes-UVP-Gesetz geregelt, so in Baden-Württemberg (§ 17 Abs. 1 Nr. 1 UVwG B-W i.V.m. Anl. 3 Nr. 1.3 und 1.4), Mecklenburg-Vorpommern (§ 12 Abs. 3 Nr. 1 LUVPG M-V i.V.m. Anl. 4 Nr. 1.3), Niedersachsen (§ 2 Abs. 1 und 2 NUVPG i.V.m. Anl. 2 Nr. 1), Sachsen (§ 4 Abs. 1 SächsUVPG i.V.m. Anl. 2 Nr. 1 lit. d) und Schleswig-Holstein (§ 3 Abs. 2 Nr. 1 LUVPG S-H i.V.m. Anl. 2 Nr. 1.1). In Brandenburg wird die SUP-Pflicht bei der Landschaftsplanung zwar nicht mehr ausdrücklich negiert,[63] allerdings findet sich auch noch immer keine ausdrückliche Regelung

62 Siehe oben Rdn. 14.

63 Bei der Novelle des BbgUVPG vom 29.11.2010 wurde die bis dahin bestehende Pflicht zu einer formalen SUP für Landschaftsplanungen noch ausdrücklich mit dem Hinweis darauf gestrichen, dass diese nicht der Zielsetzung der SUP-Richtlinie entspreche, vgl. LT-Drs 5/1653.

der SUP-Pflicht für Landschaftsplanungen im dortigen Landesrecht (vgl. § 4 Abs. 1 BbgUVPG i.V.m. Anl. 2). In § 4 Abs. 5 BbgNatSchAG wurde lediglich die Pflicht zur Öffentlichkeitsbeteiligung ergänzt. Dies genügt im Hinblick auf die SUP-Richtlinie dem Regelungsauftrag des § 52 nicht.[64] Dies gilt erst recht für die Situation in Sachsen-Anhalt, wo weder das Landes-UVP-Gesetz noch das Landesnaturschutzgesetz Regelungen zur SUP bei der Landschaftsplanung enthalten bzw. wo die Anwendung der Regelungen zur SUP in den §§ 33–46 des Bundes-UVPG sogar ausdrücklich ausgeschlossen wurde (vgl. § 2 UVPG-LSA).

Die Länder Bayern (Art. 4 BayNatSchG), Rheinland-Pfalz (§ 5 LNatSchG RP) und Hessen (§ 6 Abs. 1 und 2 HAGBNatSchG) verfolgen das Modell der **Primärintegration**. Konsequenterweise finden sich in den Landesgesetzen mit Ausnahme der Verweise in § 6 Abs. 1 Satz 2 und Abs. 2 Satz 2 HAGBNatSchG keine speziellen Regelungen zur SUP bei der Landschaftsplanung. Da diese in die Raumordnungs- bzw. Bauleitplanung integriert ist, erstreckt sich die obligatorische SUP für die Raumordnungspläne und Bauleitpläne auch auf die davon umfassten Landschaftspläne.

§ 53 Verkehrswegeplanungen auf Bundesebene

(1) Bei Bedarfsplänen nach Nummer 1.1 der Anlage 5 ist eine Strategische Umweltprüfung nur für solche erheblichen Umweltauswirkungen erforderlich, die nicht bereits Gegenstand einer Strategischen Umweltprüfung im Verfahren zur Aufstellung oder Änderung von anderen Plänen und Programmen nach Nummer 1.1 der Anlage 5 waren.

(2) [1]Bei der Verkehrswegeplanung auf Bundesebene nach Nummer 1.1 der Anlage 5 werden bei der Erstellung des Umweltberichts in Betracht kommende vernünftige Alternativen, die die Ziele und den geographischen Anwendungsbereich des Plans oder Programms berücksichtigen, insbesondere alternative Verkehrsnetze und alternative Verkehrsträger ermittelt, beschrieben und bewertet. [2]Auf die Verkehrswegeplanung auf Bundesebene ist § 1 Absatz 1 Satz 1 Nummer 4 des Umwelt-Rechtsbehelfsgesetzes nicht anzuwenden.

(3) Das Bundesministerium für Digitales und Verkehr wird ermächtigt, im Einvernehmen mit dem Bundesministerium für Umwelt, Naturschutz, nukleare Sicherheit und Verbraucherschutz durch Rechtsverordnung ohne Zustimmung des Bundesrates für das Verfahren der Durchführung der Strategischen Umweltprüfung bei Plänen und Programmen nach Nummer 1.1 der Anlage 5 besondere Bestimmungen zur praktikablen und effizienten Durchführung zu erlassen über
1. **die Einzelheiten des Verfahrens zur Festlegung des Untersuchungsrahmens nach § 39 im Hinblick auf Besonderheiten der Verkehrswegeplanung,**
2. **das Verfahren der Erarbeitung und über Inhalt und Ausgestaltung des Umweltberichts nach § 40 im Hinblick auf Besonderheiten der Verkehrswegeplanung,**
3. **die Einzelheiten der Beteiligung von Behörden und der Öffentlichkeit nach den §§ 41, 42, 60 und 61, unter Berücksichtigung der Verwendungsmöglichkeiten von elektronischen Kommunikationsmitteln,**
4. **die Form der Bekanntgabe der Entscheidung nach § 44, unter Berücksichtigung der Verwendungsmöglichkeiten von elektronischen Kommunikationsmitteln,**
5. **die Form, den Zeitpunkt und die Berücksichtigung von Ergebnissen der Überwachung nach § 45.**

(4) Das Bundesministerium für Digitales und Verkehr wird ferner ermächtigt, im Einvernehmen mit dem Bundesministerium für Umwelt, Naturschutz, nukleare Sicherheit und Verbraucherschutz durch Rechtsverordnung mit Zustimmung des Bundesrates zu bestimmen, dass die Länder zur Anmeldung von Verkehrsprojekten für Pläne und Programme nach Nummer 1.1 der Anlage 5 bestimmte vorbereitende Prüfungen vorzunehmen und deren Ergebnisse oder sonstigen Angaben beizubringen haben, die für die Durchführung der Strategischen Umweltprüfung notwendig sind.

64 Vgl. oben Rdn. 20.

Übersicht

A. Allgemeines

I. Regelungsgegenstand/Überblick

§ 53 ist durch das **UVPG-Modernisierungsgesetz 2017**[1] lediglich hinsichtlich seiner Nummerierung und seiner Überschrift angepasst worden. Inhaltlich entspricht die Vorschrift der Vorgängerregelung des § 19b. 19b wiederum wurde durch das SUPG[2] in das UVPG eingefügt[3]. Wie die übrigen Vorschriften des 4. Teils des UVPG stellt § 53 eine Sonderregelung zur Art und Weise der Strategischen Umweltprüfung (SUP) in einem speziellen Anwendungsbereich, hier der Verkehrswegeplanung auf Bundesebene, dar. Die Vorschrift ist insoweit **lex specialis** zu den allgemeinen Regelungen des UVPG, soweit ihre Bestimmungen von diesen abweichen.[4] Der Regelungsgegenstand des § 53 zeichnet sich im Gesamtsystem der raumbezogenen Planung des Bundes und der Länder vor allem durch seine **Hochstufigkeit** oder auch Politik- bzw. Parlamentsnähe[5] aus. Aufgrund dieses besonderen Charakters der Verkehrswegeplanung des Bundes waren Konkretisierungen bzw. Modifizierungen 1
- der allgemeinen Abschichtungsregel des § 39 Abs. 3 hinsichtlich der Bundesverkehrswegeplanungen untereinander (§ 53 Abs. 1),
- des Gebotes der Alternativenprüfung in § 40 Abs. 1 und 2 Satz 1 Nr. 8, namentlich zu Ziel, geografischem Anwendungsbereich und verkehrsträgerübergreifendem Ansatz (§ 53 Abs. 2 Satz 1),
- der Rechtsschutzmöglichkeiten gemäß § 1 Abs. 1 Satz 1 Nr. 4 UmwRG (§ 53 Abs. 2 Satz 2)[6]
- der Verfahrensregelungen der §§ 39 bis 46 (§ 53 Abs. 3) sowie
- zur Aufteilung des Prüfungsprogramms zwischen Bund und Ländern (§ 53 Abs. 4)

geboten.[7]

1 Gesetz zur Modernisierung des Rechts der Umweltverträglichkeitsprüfung vom 20.07.2017, BGBl. I, S. 2808 in der Fassung des Berichtigungsgesetzes vom 12.04.2018, BGBl. I, S. 472.

2 Gesetz zur Einfügung einer Strategischen Umweltprüfung und zur Umsetzung der Richtlinie 2001/42/EG (SUPG) vom 25.06.2005, BGBl. I, S. 1746.

3 Im Folgenden »§ 19b (2005)«.

4 BT-Drs. 15/3441, S. 39; *Gärditz*, in: Landmann/Rohmer, Umweltrecht, Stand: 65. EL April 2012, § 19b UVPG Rn. 1; *Zeissler*, in: Schink/Reidt/Mitschang, UVPG/UmwRG, § 53 UVPG Rn. 2.

5 So *Gassner*, UVPG, § 19b Rn. 2.

6 Vgl. das Gesetz zur Änderung des Umwelt-Rechtsbehelfsgesetzes vom 20.07.2017, BGBl. I, S. 2808; zur Begründung für den Ausschluss der erweiterten Rechtsschutzmöglichkeiten hinsichtlich des Bundesverkehrswegeplans aufgrund »der vorbereitenden und politischen Bedeutung des Bundesverkehrswegeplans«, BT-Drs. 18/9526, S. 49; siehe unten Rdn. 28.

7 *Peters/Balla/Hesselbarth*, UVPG, § 53 Rn. 1.

2 Unabhängig von der Frage, ob bzw. inwieweit die SUP-Richtlinie die Normierung einer obligatorischen SUP-Pflicht für Verkehrswegeplanungen auf Bundesebene zwingend erfordert,[8] wird eine »**hochzonige**« **SUP** überwiegend als sinnvoll angesehen bzw. gefordert.[9] So kommt der generelle Sinn und Zweck der SUP –, nämlich eine Umweltprüfung in den der Vorhabenzulassung/Projektgenehmigung vorgelagerten Planungsverfahren durchzuführen, wenn wichtige Vorentscheidungen, insbesondere hinsichtlich der Art des Vorhabens sowie des Standorts oder Trassenverlaufs, noch nicht gefallen sind, wirksame Alternativenprüfungen noch möglich sind und auch projektübergreifende kumulative Umweltauswirkungen noch geprüft werden können – bei der Verkehrswegeplanung des Bundes besonders zum Tragen. Hier kann eine frühzeitige SUP ihre Wirkung grundsätzlich besonders gut entfalten.[10] Der Vorteil einer solchen hochzonigen SUP stellt jedoch zugleich besondere Anforderungen an die **Operationalisierung.** Dies betrifft insbesondere das Gebot der Abschichtung und der Koordination des Prüfungsprogramms sowohl zwischen den Verkehrswegeplanungen des Bundes als auch zwischen denen von Bund und Ländern, ferner eine sinnvolle Gestaltung des Verfahrensrechts. Diesem Konkretisierungs- und Anpassungsbedarf im Hinblick auf die Besonderheiten der Verkehrswegeplanung auf Bundesebene sollen die Regelungen des § 53 Rechnung tragen.

3 Bis 2005 bestand eine Pflicht zur Umweltverträglichkeitsprüfung für Bundesverkehrswege nach den jeweiligen Fachgesetzen und dem UVPG im Rahmen der Linienbestimmung (vgl. § 15 UVPG a.F.), des Raumordnungsverfahrens sowie der Planfeststellung.[11] Eine Umweltprüfung, die den Anforderungen der UVP-Richtlinie bzw. dem UVPG genügte, fand auf den darüber gelagerten Planungsebenen, namentlich auf der Ebene des Bundesverkehrswegeplans, nicht statt. Allerdings erfolgte bei der Aufstellung des Bundesverkehrswegeplans 2003 eine **Umweltrisikoeinschätzung (URE)**[12] einschließlich einer **FFH-Verträglichkeitseinschätzung** (FFH-VE). Ziel dieser URE war es, im Sinne eines »Früherkennungssystems« ökologisch problematische Projekte frühzeitig als solche zu identifizieren. Dazu wurde das Umweltrisiko der Vorhaben aller Verkehrsträger beurteilt und mittels einer Skala von 1 (sehr geringes Umweltrisiko) bis 5 (sehr hohes Umweltrisiko) eingestuft. Ergänzt wurde diese Einstufung durch die Ergebnisse der FFH-VE, die in einer dreiteiligen Skala aufbereitet wurden. Die Ergebnisse dieser Einschätzungen haben für die Aufnahme der Projekte in den Bundesverkehrswegeplan insbesondere dadurch Entscheidungsrelevanz erlangt, dass Projekte, die mit einem sehr hohen Umweltrisiko (URE = 5) oder unvermeidbaren erheblichen Beeinträchtigungen von Natura 2000-Gebieten (FFH-VE = 3) verbunden sind und deren Konflikte auf dieser Planungsebene nicht ausgeräumt werden konnten, als Vorhaben »mit besonderem naturschutzfachlichen Planungsauftrag« markiert wurden.[13] Die Sinnhaftigkeit einer auf der Ebene des Bundesverkehrswegeplans durchgeführten Umweltfolgenabschätzung wurde im Bundesverkehrswegeplan 2003 wie folgt umschrieben: *»Eine frühzeitige Einschätzung umwelt- und naturschutzfachlicher Konflikte bereits auf der Generalplanungsebene des BVWP leistet einen wichtigen Beitrag, die verfahrensmäßigen Risiken eines Projektes zu minimieren.«*[14]

4 Diese Funktion dürfte nunmehr auch die SUP erfüllen, die allerdings im Hinblick auf die in § 53 Abs. 2 näher definierten Prüfinhalte deutlich darüber hinausgeht. Bei der Aufstellung des Bundesverkehrswegeplans 2030, der vom Bundeskabinett am 03.08.2016 beschlossen wurde und den Plan

8 Dazu unten Rdn. 6 ff.

9 *Sauthoff* ZUR 2006, 15 (16); *Hendler* NVwZ 2005, 977; *Schink* NVwZ 2005, 615 (616); vgl. auch *Hänel/Stark,* UVP-report 2003, 226; *Köppel u.a.* Anforderungen der SUP-Richtlinie, S. 81 ff.; insbesondere im Hinblick auf die Alternativenprüfung und die Beteiligung der Öffentlichkeit *Wulfhorst* DVBl 2012, 466 ff.; *Franzius* GewArch 2012, 225 f.; *Feldt/Schumacher* NuR 2015, 391 (392).

10 Zum Gebot der Frühzeitigkeit vgl. auch *Winkler,* Einl. Rdn. 8; *Dienes,* § 1.

11 *Sauthoff* ZUR 2006, 15 (16).; vgl. auch *Lambrecht* UVP-report, Sonderheft März 2003, 141 (143).

12 Dazu *Günnewig/Hoppensted,* NuL 2001, 358 ff.

13 Bundesministerium für Verkehr, Bau- und Wohnungswesen (Hrsg.), Bundesverkehrswegeplan 2003, S. 19 f.

14 Bundesministerium für Verkehr, Bau- und Wohnungswesen (Hrsg.), Bundesverkehrswegeplan 2003, S. 15.

2003 ablöste, wurde erstmals eine SUP und eine mehrstufige Öffentlichkeitsbeteiligung durchgeführt.[15]

II. Europarechtliche Vorgaben

1. SUP-Richtlinie

Die SUP-Richtlinie,[16] die Anlass für die Änderung des UVPG durch das SUPG war, regelt ihren Anwendungsbereich nicht durch einen konkreten Katalog der von ihr erfassten Pläne und Programme, sondern durch überwiegend abstrakte Kriterien. Gem. Art. 2 lit. a SUP-RL ist die Richtlinie auf solche **Pläne und Programme** anwendbar, die von einer Behörde auf nationaler, regionaler oder lokaler Ebene ausgearbeitet und/oder angenommen werden oder die von einer Behörde für die Annahme durch das Parlament oder die Regierung im Wege eines Gesetzgebungsverfahrens ausgearbeitet werden und die aufgrund von **Rechts- oder Verwaltungsvorschriften** erstellt werden müssen. Gem. Art. 3 Abs. 2 lit. a SUP-RL sind solche Pläne und Programme obligatorisch SUP-pflichtig, die unter anderem aus dem Bereich **Verkehr** herrühren und durch die der Rahmen für die künftige Genehmigung von Projekten gesetzt wird, die in den Anhängen I und II der UVP-Richtlinie genannt sind. 5

Im Vorfeld des Gesetzgebungsverfahrens des SUPG und währenddessen war umstritten, ob aufgrund dieser abstrakten Vorgaben eine obligatorische SUP-Pflicht für die Verkehrswegeplanungen des Bundes europarechtlich zwingend geboten war.[17] So wurde und wird im Hinblick auf den **Bundesverkehrswegeplan** bezweifelt, ob diesem überhaupt die erforderliche rahmensetzende Wirkung zukommt. Zwar stelle der Bundesverkehrswegeplan **faktisch** eine wichtige Vorentscheidung für die Realisierung von Straßen dar, insbesondere indem er die Projektfinanzierung regelt, entfalte indes keine förmlichen Bindungen für nachfolgende Planungsentscheidungen.[18] Nach anderer Auffassung entfalte der Bundesverkehrswegeplan, der an der Spitze der Planhierarchie auf dem Sachgebiet der Verkehrsplanung steht, durchaus Bindungswirkungen bei der Ausarbeitung des Bedarfsplans. Da eine fehlerfreie Abwägung auf der Ebene der Planfeststellung ohne vorherige Nennung des Verkehrsweges im Bundesverkehrswegeplan in der Regel nicht möglich sei, habe dieser rahmensetzende Wirkung. Auch der Tatbestand des Art. 2 lit. a, 2. Spiegelstrich SUP-RL sei erfüllt, da der Bundesverkehrswegeplan regelmäßig eine Fortschreibungsklausel enthalte, die die Verbindlichkeit einer Verwaltungsvorschrift habe.[19] Die rechtliche Verpflichtung zu seiner Aufstellung ergebe sich quasi mittelbar dadurch, dass ohne die planerische Koordination des vernetzten Verkehrswegeausbaus auf Bundesebene die konkreten Planfeststellungen nach §§ 17 ff. FStrG, §§ 18 ff. AEG oder §§ 14 ff. WaStrG nicht möglich seien.[20] Tatsächlich wird man eine solche mittelbare Pflicht zur Aufstellung eines Bundesverkehrswegeplans bzw. seine Abwägungsrelevanz für nachgelagerte Planungsentscheidungen wohl mit der von der SUP-Richtlinie vorausgesetzten Aufstellungspflicht »aufgrund von Rechts- und Verwaltungsvorschriften« gleichsetzen können. Da in diesem Sinne auch an sich unverbindliche oder nur innenrechtlich bindende Pläne i.S.d. SUP-Richtlinie »erstellt werden müs- 6

15 Dazu unten Rdn. 32.

16 Richtlinie 2001/42/EG des Europäischen Parlaments und des Rates vom 27.06.2001 über die Prüfung der Umweltauswirkungen bestimmter Pläne und Programme, ABl. EG L 197 vom 21.07.2001, S. 30.

17 Vgl. dazu auch *Leidinger* Anl. 5 Rn. 6.

18 *Stüer* UPR 2003, 97 (99); *Schink* NVwZ 2005, 615 (623); siehe auch unten Rdn. 13.

19 *Hendler* UVP-report 2003, 57 f.; *ders.* EurUP 2004, 85 (88 ff.); *Lambrecht* NuR 2002, 265 (275 f.); *Köppel u.a.*, Anforderungen der SUP-Richtlinie, S. 183 f.; *Leidinger,* Anl. 5 Rdn. 6; *Gärditz,* in: Landmann/Rohmer, Umweltrecht, Stand: 65. EL April 2012, § 19b UVPG Rn. 11 ff.

20 *Gärditz,* in: Landmann/Rohmer, Umweltrecht, Stand: 65. EL April 2012, § 19b UVPG Rn. 12; *Wulfhorst* DVBl 2012, 466 (467).

sen« und einen Rahmen setzen können, ist die SUP-Pflicht des Bundesverkehrswegeplans auch europarechtlich gegeben.[21] Dies ist inzwischen auch höchstrichterlich geklärt.[22]

7 Gleiches gilt im Hinblick auf die **Bedarfspläne**, deren rahmensetzende Wirkung unstreitig ist. Das Erfordernis der Aufstellung aufgrund von Rechts- und Verwaltungsvorschriften gem. Art. 2 lit. a, 2. Spiegelstrich SUP-RL wurde kontrovers diskutiert.[23] Nach einer Entscheidung des EuGH[24] ist diese Regelung der SUP-RL aber erweiternd dahingehend auszulegen, dass die bloße Regelung des Erlasses eines Plans in nationalen Rechts- und Verwaltungsvorschriften ausreicht, um eine Pflicht zur Erstellung i.S.d. SUP-RL zu bejahen, auch wenn der Erlass selbst im Ermessen der Behörde steht. Dies ist bei Bedarfsplänen, die als Anlagen zum Fernstraßen-, Bundeswasserstraßen- bzw. Bundesschienenwegeausbaugesetz, d.h. in einem förmlichen Verfahren, erlassen werden, der Fall.[25] Zudem gilt auch hier, dass die Bedarfsplanung im Hinblick auf die Planrechtfertigung und die Abwägung nachfolgender Planfeststellungen ebenfalls unverzichtbar und ihre Aufstellung dadurch – zumindest mittelbar – rechtlich geboten ist.[26]

Der Gesetzgeber hat eine rahmensetzende Wirkung für UVP-pflichtige Verkehrsvorhaben bejaht und die obligatorische SUP-Pflicht gem. dem ehemaligen § 14b Abs. 1 Nr. 1 i.V.m. Anlage 3 Nr. 1 (Ziff. 1.1) – jetzt **§ 35 Abs. 1 Nr. 1 i.V.m. Anlage 5 Nr. 1.1** – festgelegt. In der Begründung des Gesetzentwurfes heißt es dazu, dass aus dem Bundesverkehrswegeplan als höchststufigem Plan innerhalb der Hierarchie der Verkehrsplanung die Bedarfspläne hervorgingen, welche ihrerseits Vorgaben für die Linienbestimmung und das anschließende Zulassungsverfahren auf Projektebene enthielten.[27] Ob der Gesetzgeber damit eine »1+1-Umsetzung« der SUP-Richtlinie vorgenommen hat,[28] kann dahinstehen. Sie ist jedenfalls als sinnvoll anzusehen. Auch das BVerwG hat die SUP-Pflicht für die Bedarfspläne mittlerweile ausdrücklich bestätigt.[29]

2. UVP-Änderungsrichtlinie

8 Die **UVP-Änderungsrichtlinie**[30] hatte keinen Änderungsbedarf für § 19b (2005) zur Folge, so dass § 53 inhaltlich unverändert bleiben konnte. Die SUP ist kein unmittelbarer Gegenstand der UVP-Änderungsrichtlinie und auch die Änderungen der allgemeinen Vorschriften über die SUP im 3. Teil des UVPG 2017 beschränkten sich weitestgehend auf redaktionelle Anpassungen.[31]

III. Gesetzgebungskompetenz

9 Für die Verkehrswegeplanung des Bundes steht diesem hinsichtlich der Regelung betreffend die Bundesschienenwege die **ausschließliche Gesetzgebungskompetenz** nach Art. 71, 73 Nr. 6a GG

21 Anders noch die Kommentierung zu § 19b in der 4. Auflage, Rn. 6; zur fehlenden europarechtlichen Pflicht den Bundesverkehrswegeplan und die Bedarfspläne einer FFH-Verträglichkeitsprüfung zu unterziehen vgl. *Beckmann/Hünnekens* DVBl 2002, 1508; *Stüer* NVwZ 2002, 1164; *Lambrecht* NuR 2002, 265.

22 BVerwG, Urt. v. 11.07.2019 – 9 A 13/18, juris Rn. 49.

23 Vgl. *Hendler* EurUP 2004, 85 (89) einerseits und *Stüer* UPR 2003, 97 (100); *Ginzky* UPR 2002, 47 (48); *Schink* NVwZ 2005, 615 (623) sowie die Kommentierung zu § 19b in der 4. Auflage, Rn. 6, andererseits.

24 EuGH, Urt. v. 22.03.2012 – Rs. C-567/10.

25 So auch ausdrücklich die Begründung des UVP-Modernisierungsgesetzes, BT-Drs. 18/11499, S. 76.

26 *Gärditz,* in: Landmann/Rohmer, Umweltrecht, Stand: 65. EL April 2012, § 19b UVPG Rn. 12.

27 BT-Drs. 15/3441, S. 42.

28 Vgl. *Springe,* in: Kodal, Straßenrecht, Kap. 33 Rn. 55.

29 BVerwG, Urt. v. 11.07.2019 – 9 A 13/18, juris Rn. 49.

30 Richtlinie 2014/52/EU des Europäischen Parlaments und des Rates zur Änderung der Richtlinie 2011/92/EU über die Umweltverträglichkeitsprüfung bei bestimmten öffentlichen und privaten Projekten, ABl. 2014, L 124.

31 Zu der Änderung der Legaldefinition der Pläne und Programme in § 2 Abs. 7 UVPG 2017 vgl. *Appold* § 2 Rn. 122 ff.

und im Übrigen die **konkurrierende Gesetzgebungskompetenz** gem. Art. 72, 74 Abs. 1 Nr. 21, 22, 23 GG zu.[32] Die Erforderlichkeit der Wahrnehmung der konkurrierenden Gesetzgebungskompetenz gem. Art. 72 Abs. 2 GG wurde nachvollziehbar mit der Wahrung der Rechts- und Wirtschaftseinheit im **gesamtstaatlichen Interesse** begründet, da zum einen Entscheidungen über die Zulässigkeit infrastruktureller Vorhaben getroffen würden, die vielfach überregionale Umweltauswirkungen hätten, und zum anderen Wettbewerbsverzerrungen durch unterschiedliche landesrechtliche Regelungen verhindert werden sollten.[33] Nach der Föderalismusreform I[34] gilt die Erforderlichkeitsklausel des Art. 72 Abs. 2 GG für die hier relevanten Titel des konkurrierenden Gesetzgebung allerdings nur noch auf dem Gebiet des Art. 74 Abs. 1 Nr. 22 GG.[35]

IV. Gesetzesgeschichte

Im Gesetzgebungsverfahren des SUPG war die Einfügung des § 19b (2005) in das UVPG sehr umstritten. Die Länder vertraten im Bundesrat die Auffassung, dass der Bundesgesetzgeber mit § 19b (2005) über die 1:1-Umsetzung der SUP-RL hinausgehe, forderten dessen Streichung[36] und riefen schließlich den **Vermittlungsausschuss** an.[37] Der Vorschlag des Vermittlungsausschusses behielt § 19b (2005) jedoch bei. Im Gegenzug sollte den Ländern eine größere Handlungsfreiheit im Bereich der Raumordnungsverfahren belassen werden.[38] Der Bundesrat stimmte diesem Vorschlag in seiner Sitzung vom 27.05.2005 zu.[39] 10

Änderungen der offiziellen Bezeichnungen des Bundesverkehrsministeriums und des Bundesumweltministeriums waren 2006 und 2015 Gegenstand **redaktioneller Änderungen** des § 19b (2005).[40]

Durch Gesetz vom 20.07.2017[41] wurde § 19b Abs. 2 UVPG (2005) – jetzt § 53 Abs. 2 – um einen Satz 2 ergänzt und dadurch die Nichtanwendbarkeit des § 1 Abs. 1 Satz 1 Nr. 4 UmwRG, durch den der Geltungsbereich des Umwelt-Rechtsbehelfsgesetzes u.a. auf SUP-pflichtige Pläne und Programme erweitert wurde, für die Verkehrswegeplanung des Bundes normiert.

2023 erfolgte schließlich eine weitere redaktionelle Änderung der Abs. 3 und 4 aufgrund der geänderten offiziellen Bezeichnung des Bundesverkehrsministeriums.[42]

V. Anwendungsbereich

Der Geltungsbereich des § 53 ist in der amtlichen Überschrift sowie in Abs. 2 allgemein mit »**Verkehrswegeplanung auf Bundesebene**« bezeichnet. Ausweislich der Gesetzesbegründung zum SUPG[43] wurde damit bewusst ein **offener Begriff** verwendet, um auch künftigen Entwicklungen und neuen 11

32 So auch die Gesetzesbegründung des SUPG, BT-Drs. 15/3441, S. 14; durch das G zur Änderung des Grundgesetzes vom 28.08.2006, BGBl. I, S. 2034, hat sich insoweit keine Änderung ergeben.

33 BT-Drs. 15/3441, S. 15, 16; kritisch im Hinblick auf die Begründung der Erforderlichkeit aufgrund der Wahrung der Wirtschaftseinheit: *Lindemann,* in: Die Strategische Umweltprüfung als neues Instrument des Umweltrechts, S. 61 (69).

34 Gesetz zur Änderung des Grundgesetzes vom 28.08.2006, BGBl. I, S. 2034.

35 Dazu *Pieroth,* in: Jarass/Pieroth, GG, Art. 72 Rn. 15.

36 BR-Drs. 588/2/04, S 28 f.; BR-Drs. 588/04, S. 18 f.; BR-Drs. 52/1/05, S. 13 f. Zu den Gründen, aus denen die SUP-Pflicht abgelehnt wurde, s.o. Rdn. 6.

37 BR-Drs. 52/05, S. 11 f.

38 BR-Plenarprotokoll 811, 2010.

39 BR-Drs. 356/05(B).

40 Gesetz vom 31.10.2006, BGBl. I, S. 2415; Verordnung vom 31.08.2015, BGBl. I, S. 1474.

41 Gesetz zur Anpassung des Umwelt-Rechtsbehelfsgesetzes und anderer Vorschriften an europa- und völkerrechtliche Vorgaben vom 20.07.2017, BGBl. I, S. 2808.

42 Gesetz zur Beschleunigung von Genehmigungsverfahren im Verkehrsbereich und zur Umsetzung der Richtlinie (EU) 2021/1187 über die Straffung von Maßnahmen zur rascheren Verwirklichung des transeuropäischen Verkehrsnetzes vom 22.12.2023, BGBl. I, S. 409.

43 BT-Drs. 15/3441, S. 42.

Instrumenten auf diesem Gebiet Rechnung tragen zu können.[44] Grundsätzlich erfasst der Begriff der Verkehrswegeplanung schon heute ein breites Spektrum von auch verkehrsträgerübergreifenden Plänen und Programmen auf Bundesebene, die Grundlage für Neu- und Ausbauvorhaben im Verkehrssektor sind. Neben dem **Bundesverkehrswegeplan** und den **Bedarfsplänen** können jedoch grundsätzlich auch **Anti-Stau-Programme, Straßenausbaupläne, Ausbaupläne für Bundesschienenwege** und **straßen- und schienenwegerechtliche Fünfjahrespläne** unter diesen Begriff subsumiert werden. Für den Anwendungsbereich des § 53 ist jedoch als einschränkendes Kriterium der Tatbestand des § 2 Abs. 7 Satz 1 zu berücksichtigen.[45] Es muss sich danach um bundesrechtlich vorgesehene Pläne und Programme handeln, die 1. von einer Behörde ausgearbeitet und angenommen werden, 2. von einer Behörde zur Annahme durch eine Regierung oder im Wege eines Gesetzgebungsverfahrens ausgearbeitet werden oder 3. von einem Dritten zur Annahme durch eine Behörde ausgearbeitet werden.[46]

1. Bundesverkehrswegeplan

12 Der Bundesverkehrswegeplan ist ein **Administrativplan** in Form eines Beschlusses der Bundesregierung. Er hat die übergreifende Bundesverkehrswegeplanung zum Gegenstand, deren Ziel der ausgewogene Ausbau der Bundesverkehrswege, mithin der Schienenwege, der Bundesfernstraßen, der Bundeswasserstraßen und des Flugverkehrs ist.[47] Der Bundesverkehrswegeplan wird als **Investitionsrahmenplan** für einen bestimmten Zeitraum (in der Regel 10 bis 15 Jahre) mit gutachterlicher Unterstützung auf der Basis von Projektvorschlägen von der Bundesregierung (Bundesverkehrsministerium) erarbeitet und vom Bundeskabinett beschlossen.[48] Rechtsvorschriften, die eine Aufstellungspflicht begründen, das Aufstellungsverfahren regeln oder den rechtlichen Charakter bzw. die Rechtsverbindlichkeit des Bundesverkehrswegeplans bestimmen, existieren nicht.[49] Allerdings besteht eine langjährige ministerielle Verwaltungspraxis der regelmäßigen Überprüfung und Fortschreibung des Bundesverkehrswegeplans, die auch in den Plänen selbst zum Ausdruck kommt.[50]

13 Nach der Rechtsprechung des Bundesverfassungsgerichts[51] ist der Bundesverkehrswegeplan eine verkehrspolitische und verkehrsträgerübergreifende Leitentscheidung auf einer der individuellen Betroffenheit weit vorgelagerten Ebene. Er entfaltet **keine unmittelbare rechtliche Bindung** für

---

44 Siehe z.B. *Köppel u.a.,* Anforderungen der SUP-Richtlinie, S. 156 ff. u. 200 ff., die einen »*Bundesverkehrsentwicklungsplan*« vorschlagen, oder *SRU,* Sondergutachten Umwelt und Straßenverkehr, S. 197, 210, der eine »*Bundesverkehrsnetzplanung*« vorschlägt; *Zeissler,* in: Schink/Reidt/Mitschang, UVPG/UmwRG, § 53 UVPG Rn. 5.

45 Vgl. zur Vorgängerregelung in § 2 Abs. 5 UVPG a.F. *Sauthoff* ZuR 2006, 15 (16); a.A. *Gärditz,* in: Landmann/Rohmer, Umweltrecht, Stand: 65. EL April 2012, § 19b UVPG Rn. 18, der von einer obligatorischen SUP für »sämtliche« von § 19b (2005) erfassten Verkehrswegeplanungen ausgeht, jedoch nicht erklärt, welche dies angesichts des auch von ihm angenommenen offenen Begriffs der »Verkehrswegeplanungen des Bundes« denn im Einzelnen sind; vgl. etwa unten Rdn. 16 betr. nicht SUP-pflichtiger Planungen im Verkehrsbereich.

46 Ausweislich der Gesetzesbegründung, BT-Drs. 18/11499, dient die Neuregelung der Legaldefinition in § 2 Abs. 7 der Umsetzung der EuGH-Rechtsprechung (Urt. v. 22.03.2012 – Rs. C-567/10) und der Klarstellung durch Bildung von Fallgruppen. Sie stellt eine Erweiterung des Anwendungsbereiches gegenüber § 2 Abs. 5 UVPG a.F. dar.

47 *Vetterl,* Die Planungsakte des Gesetzgebers und der Regierung beim Ausbau der Bundesfernstraßen, S. 25 ff.; *Klößner,* Straßenplanung und Umweltverträglichkeitsprüfung, S. 49.

48 Bundesministerium für Verkehr, Bau- und Wohnungswesen (Hrsg.), Bundesverkehrswegeplan 2003, S. 3; Bundesministerium für Verkehr und digitale Infrastruktur (Hrsg.), Bundesverkehrswegeplan 2030, S. 7 f.

49 *Hendler* UVP-report 2003, 750; *Sauthoff* ZuR 2006, 15 (16).

50 Bundesministerium für Verkehr, Bau- und Wohnungswesen (Hrsg.), Bundesverkehrswegeplan 2003, S. 4; Bundesministerium für Verkehr und digitale Infrastruktur (Hrsg.), Bundesverkehrswegeplan 2030, S. 7.

51 BVerfG, Beschl. v. 08.02.1998 – 1 BvR 650/97, NVwZ 1998, 1060 (1061) u.a.

nachfolgende Verfahrensstufen einschließlich der Bedarfsplanfestlegung. Insbesondere erfolgt keine verbindliche Linienfestlegung. Der Bundesverkehrswegeplan beinhaltet zugleich den Entwurf für die Änderung des **Fernstraßenausbaugesetzes, des Bundeswasserstraßenausbaugesetzes** und des **Schienenwegeausbaugesetzes.** Aufgrund dieser integrierten Erarbeitung werden die in diesen Gesetzen enthaltenen Bedarfspläne nach dem politischen Willen der Bundesregierung durch den Bundesverkehrswegeplan zwar **faktisch**, nicht jedoch im rechtlich-verbindlichen Sinne beeinflusst.[52] Ob der Bundesverkehrswegeplan wegen dessen inhaltlicher Vorleistung für die Ausbaugesetze als Verwaltungsvorschrift mit innerbehördlicher Bindungswirkung gegenüber der Ministerialverwaltung zu qualifizieren ist,[53] erscheint zweifelhaft. Unabhängig von der Frage einer europarechtlichen SUP-Pflicht für den Bundesverkehrswegeplan[54] erfüllt er jedenfalls die – erweiterte – Definition des Plans i.S.d. UVPG gemäß § 2 Abs. 7 Satz 1 Nr. 2, da er von einer Behörde (Bundesverkehrsministerium) zur Annahme durch eine Regierung (Bundeskabinett) ausgearbeitet wird. Insoweit konsequent hat der Bundesgesetzgeber die SUP für den Bundesverkehrswegeplan gem. § 35 Abs. 1 Nr. 1 i.V.m. Anlage 5 Nr. 1.1 als obligatorisch festgelegt.

2. Bedarfspläne

Die aktuellen Bedarfspläne finden ihre Rechtsgrundlagen im Fernstraßenausbaugesetz[55], Bundes- 14
wasserstraßenausbaugesetz[56] und Bundesschienenwegeausbaugesetz[57]. Sie sind Anlagen, d.h. Bestandteile der o. g. Gesetze und damit **Legislativpläne.** Die Bedarfspläne beinhalten die Darstellung des Bestandes, des vordringlichen und des weiteren Bedarfs des jeweiligen Verkehrsträgers. Damit ist die politische Entscheidung verbunden, ob ein nach Netzverknüpfung und Richtquerschnitt beschriebenes (Straßen-)Bauprogramm planerisch weiter zu verfolgen ist. Die Aufstellung des Bedarfsplans ist Aufgabenplanung und damit Vorstufe der vorbereitenden Objektplanung. Die nachfolgenden Planungsstufen sind die Linienbestimmung, z.B. gem. § 16 FStrG, und anschließend die Planfeststellung, z.B. gem. §§ 17 ff. FStrG, §§ 72 ff. VwVfG.[58] Entscheidend ist, dass durch den Bedarfsplan mit dem Rechtscharakter eines förmlichen Parlamentsgesetzes zwar keine unmittelbare Projektzulassung verbunden ist; allerdings wird durch die Aufnahme eines Projektes in den Bedarfsplan die Bedarfsfeststellung und damit die **Planrechtfertigung** für die Linienbestimmung und für die Planfeststellung verbindlich festgestellt.[59] Ebenso erfolgt die verbindliche Bedarfsfeststellung für die Linienbestimmung nach § 13 Abs. 1 BWaStrG. Für die Bedarfsplanfestlegungen zu den Bundes-

---

52 Zur politischen Bindung der Ausbauplanung an den Bundesverkehrswegeplan *Ossenbühl*, in: Bartlsperger/Blümel/Schroeter (Hrsg.), Ein Vierteljahrhundert Straßenrechtsgesetzgebung, S. 302; *Vetterl*, Die Planungsakte des Gesetzgebers und der Regierung beim Ausbau der Bundesfernstraßen, S. 277; *Klößner*, Straßenplanung und Umweltverträglichkeitsprüfung, S. 50; wie hier auch *Wulfhorst* DVBl 2012, 466 (467).

53 So aber *Hendler*, BMU-Rechtsgutachten 2002, S. 88; *Gärditz*, in: Landmann/Rohmer, Umweltrecht, Stand: 65. EL April 2012, § 19b UVPG Rn. 2.

54 Dazu oben Rdn. 6.

55 Gesetz über den Ausbau der Bundesfernstraßen (Fernstraßenausbaugesetz – FStrAbG) vom 30.06.1971, BGBl. I, S. 873, neu gefasst durch Bekanntmachung vom 20.01.2005, BGBl. I, S. 201, zuletzt geändert durch Gesetz vom 22.12.2023, BGBl. I Nr. 409.

56 Bundeswasserstraßengesetz (WaStrAbG), Art. 1 des Gesetzes über den Ausbau der Bundeswasserstraßen und zur Änderung des Bundeswasserstraßengesetzes vom 23.12.2016, BGBl. I, S. 3224.

57 Gesetz über den Ausbau der Schienenwege des Bundes (Bundesschienenwegeausbaugesetz – BSWAG) vom 15.11.1993, BGBl. I, S. 1874, geändert durch Art. 6 Abs. 135 des Gesetzes zur Neuordnung des Eisenbahnwesens vom 27.12.1993, BGBl. I, S. 2378, zuletzt geändert durch das 4. Gesetz zur Änderung des Bundesschienenwegeausbaugesetzes vom 03.07.2024, BGBl. I Nr. 224.

58 *Springe*, in: Kodal, Straßenrecht, Kapitel 33 Rn. 14; *Beckmann/Hünnekens* DVBl 2002, 1508 (1512); *Sauthoff* ZuR 2006, 15 (16 f.).

59 Statt vieler BVerwG, Urt. v. 19.05.1998 – 4 A 9.97, NuR 1998, 544 (546); *Beckmann/Hünnekens* DVBl 2002, 1508 (1513); *Stüer* UPR 2003, 97 (99); *Gärditz*, in: Landmann/Rohmer, Umweltrecht, Stand: 65. EL April 2012, § 19b UVPG Rn. 3 jeweils m.w.N.

schienenwegen schließlich gilt nach dem BSWAG (§ 1 Abs. 2 BSWAG bzgl. § 18 Abs. 1 AEG) hinsichtlich der Bedarfsfestlegung und somit der Planrechtfertigung der Vorhaben Entsprechendes. Die planerischen Bindungswirkungen des BSWAG sind aufgrund der nur beschreibenden Darstellungen im Vergleich zum FStrAbG allerdings schwächer ausgeprägt.[60]

15 Die Bedarfspläne werden also auf der Grundlage des Bundesverkehrswegeplans durch den Gesetzgeber aufgestellt und setzen damit auch einen rechtlich relevanten Rahmen für nachfolgende Planungs- und Verwaltungsentscheidungen. Sie werden von einer Behörde zur Annahme im Wege des Gesetzgebungsverfahrens ausgearbeitet und erfüllen damit die Legaldefinition des § 2 Abs. 7 Satz 1 Nr. 2.[61] Auch sie wurden durch den Bundesgesetzgeber der obligatorischen SUP-Pflicht unterworfen. Wie sich zudem deutlich aus § 53 Abs. 1 ergibt, liegen sie somit im Anwendungsbereich dieser Vorschrift.

3. Straßenbaupläne, Ausbaupläne für Bundesschienenwege, straßen- und schienenwegerechtliche Fünf-Jahres-Pläne

16 Gem. Art. 3 Abs. 1 StrFinG regeln die Straßenbaupläne die Verwendung der Straßenbaumittel und sind jeweils als Anlage zum Bundeshaushaltsplan aufzustellen. Sie stellen damit einen **Finanz- oder Haushaltsplan** im Sinne des Art. 3 Abs. 8, 2. Spiegelstrich SUP-RL, § 2 Abs. 7 Satz 2 UVPG dar und sind somit nicht SUP-pflichtig. Gleiches gilt für die in § 5 BSWAG geregelten Ausbaupläne für die Bundesschienenwege.[62] In gleicher Weise gem. Art. 3 Abs. 8, 2. Spiegelstrich SUP-RL, § 2 Abs. 7 Satz 2 UVPG nicht SUP-pflichtig sind die Fünfjahrespläne, die durch das Bundesverkehrsministerium gem. § 5 Abs. 1 Satz 1 FStrAbG und § 5 BSWAG zur Regelung der Verwirklichung der Bauvorhaben der Bedarfspläne zwecks Steuerung der in dem betreffenden Zeitraum verfügbaren Haushaltsmittel aufzustellen sind und damit den Rahmen bzw. die Grundlage für die Aufstellung der Straßenbaupläne sowie der Ausbaupläne für die Bundesschienenwege bilden.[63] Die vorgenannten Finanz- bzw. Haushaltspläne aus dem Bereich der Verkehrswegeplanung des Bundes fallen somit nicht in den Anwendungsbereich des § 53.

4. Linienbestimmungen

17 Die Linienbestimmung für Verkehrswege gem. § 16 Abs. 1 FStrG und § 13 Abs. 1 WaStrG, die der Planfeststellung vorgelagert ist, beinhaltet die nähere Festlegung des Anfangs- und des Endpunktes sowie des grundsätzlichen Verlaufs der Trasse des Verkehrsweges im Maßstab 1:25.000. Sie wird durch den Bundesminister für Verkehr im Benehmen mit den Landesplanungsbehörden der beteiligten Länder bestimmt. Regelmäßig geht der Linienbestimmung die Durchführung einer Raumverträglichkeitsprüfung voraus. Nach der Rechtsprechung des Bundesverwaltungsgerichts stellt die Linienbestimmung eine behördeninterne Maßnahme ohne Rechtswirkung nach außen dar.[64] Auch wenn sie somit keine Verwaltungsaktqualität hat, entfaltet sie **Bindungswirkung** für die nachfolgende Planfeststellung.[65]

18 Die Frage einer obligatorischen SUP-Pflicht für Linienbestimmungen ist streitig. Soweit sie abgelehnt wird,[66] wird dies mit der Rechtsprechung des Bundesverwaltungsgerichts, dass die Linienbestimmung keine Rechtmäßigkeitsvoraussetzung der Planfeststellung ist,[67] begründet. Nach anderer Auffassung

60 *Lambrecht* NuR 2002, 265 (267).

61 Vgl. die ausdrückliche Nennung der Bedarfspläne als Beispiel für den (erweiterten) Anwendungsbereich gem. § 2 Abs. 7 UVPG in der Gesetzesbegründung, BT-Drs. 18/11499, S. 76.

62 *Hendler* EurUP 2004, 85 (86).

63 *Hendler* EurUP 2004, 85 (86).

64 BVerwG, Urt. v. 26.06.1981 – 4 C 5.78, BVerwGE 62, 342.

65 BVerwG, Urt. v. 18.06.1995 – 4 C 4.94, NVwZ 1996, 381; Urt. v. 10.04.1997 – 4 C 5.96, BVerwGE 104, 236; *Springe,* in: Kodal, Straßenrecht, Kapitel 34 Rn. 34; *Sauthoff* ZuR 2006, 15 (18).

66 So *Friesecke,* Wasserstraßengesetz, § 13 Rn. 2; *Sauthoff* ZuR 2005, 15 (18).

67 BVerwG, Beschl. v. 15.05.1996 – 11 VR 3.96, DVBl 1996, 925.

folgt aus Art. 2 lit. a, 2. Spiegelstrich und Art. 3 Abs. 2 lit. a SUP-RL die obligatorische SUP-Pflicht auch für Linienbestimmungen, da sie aufgrund einer Rechtsvorschrift erstellt werden müssen und den Rahmen für künftige Genehmigungen setzen.[68] Letzterer Auffassung ist zuzustimmen. Linienbestimmungen, die unstreitig aufgrund von Rechts- oder Verwaltungsvorschriften zu erstellen sind, setzen einen Rahmen für künftige Verwaltungsentscheidungen im Sinne des Art. 3 Abs. 2 lit. a SUP-RL. Die **Rahmensetzung** im Sinne dieser Vorschrift ist gerade nicht gleichzusetzen mit der Vorhabenzulassung selbst oder deren unmittelbaren Rechtmäßigkeitsvoraussetzungen. Die SUP-Richtlinie will gerade die der Genehmigungs- bzw. Projektebene vorgelagerte Rahmensetzungs- bzw. Planungsebene erfassen. Zu dieser zählt im Hinblick auf die verwaltungsinterne Bindungswirkung auch die Linienbestimmung.

Der Gesetzgeber hat indes die schon im ursprünglichen UVPG normierte UVP-Pflicht für Linienbestimmungen (§ 15 Abs. 1 Satz 1 UVPG a.F.) beibehalten und in den § 47 UVPG n.F. überführt. Die Umweltverträglichkeit ist nach dem jeweiligen Planungsstand des Vorhabens zu prüfen. Dabei sind alle ernsthaft in Betracht kommenden Trassenvarianten einzubeziehen. Daraus wird deutlich, dass der Gesetzgeber ungeachtet der obligatorischen SUP-Pflicht nach Maßgabe der SUP-Richtlinie für die Linienbestimmungen ausschließlich die Durchführung einer UVP gem. § 47 UVPG anordnen will. Daraus ist zu schließen, dass die Linienbestimmung nach dem Willen des Gesetzgebers auch nicht in den Anwendungsbereich des § 53 fällt.[69] 19

Insgesamt ist festzustellen, dass sich der Anwendungsbereich des § 53 weiterhin noch auf den **Bundesverkehrswegeplan** und die **Bedarfspläne** beschränkt. Andere Planungsinstrumente oder Programme der Verkehrswegeplanung des Bundes können künftig indes durchaus hinzukommen. 20

B. Abschichtungsregelung zwischen den Verkehrswegeplanungen des Bundes, § 53 Abs. 1

§ 53 Abs. 1 ist Ausdruck des allgemeinen Gebotes der Vermeidung unnötiger Doppelprüfungen gem. § 39 Abs. 3.[70] Begreift man die Bedarfspläne als Bestandteil einer **hierarchischen Verkehrswegeplanung** auf Bundesebene, an deren Spitze der Bundesverkehrswegeplan als höchststufiger Plan steht,[71] so ist § 53 Abs. 1 dahingehend zu interpretieren, dass eine SUP bei Bedarfsplänen nur hinsichtlich solcher erheblicher Umweltauswirkungen erforderlich ist, die nicht bereits Gegenstand der SUP im Verfahren zur Aufstellung oder Änderung des Bundesverkehrswegeplans waren.[72] Andere, den Bedarfsplänen im Sinne der Planungshierarchie vorgelagerte SUP-pflichtige Pläne bestehen derzeit nicht. Damit verlagert sich die SUP bei Verkehrswegeplanungen auf Bundesebene faktisch größtenteils auf die Erstellung bzw. Fortentwicklung des **Bundesverkehrswegeplans.** 21

Es entsprach auch der früheren Verwaltungspraxis, eine Umweltfolgenabschätzung bei der großräumigen Planung von Verkehrsprojekten im Rahmen des Bundesverkehrswegeplans und nicht auf der Ebene der Bedarfspläne durchzuführen, bei dem Bundesverkehrswegeplan 2003 mittels des Instruments der **Umweltrisikoeinschätzung**. Gegenstand der SUP ist dabei der Bundesverkehrswegeplan als Ganzes, nicht die in ihm enthaltenen einzelnen Projekte.[73] Durch § 53 Abs. 1 kann die Bedarfsplanung weitgehend von der SUP entlastet werden.[74] Auf dieser Ebene ist eine SUP nur

68 *Hendler*, in Ziekow (Hrsg.): Aktuelle Probleme des Fachplanungs- und Raumordnungsrechts, 2004, S. 281 f.; *Stüer* UPR 2003, 97 (100).

69 A.A. für die Linienbestimmung von Bundeswasserstraßen *Gärditz*, in: Landmann/Rohmer, Umweltrecht, Stand: 65. EL April 2012, § 19b UVPG Rn. 7.

70 Vgl. zur Vorgängerregelung BT-Drs. 15/3441, S. 39; *Peters/Balla/Hesselbarth*, UVPG, § 53 Rn. 3.

71 So die damalige Gesetzesbegründung, BT-Drs. 15/3441, S. 42; *Gassner*, UVPG, § 19b Rn. 12.

72 Ebenso BVerwG, Urt. v. 11.07.2019 – 9 A 13/18, juris Rn. 64 f. m. Anm. *Dieterich*, jurisPR-BVerwG 9/2020; *Peters/Balla/Hesselbarth*, UVPG, § 53 Rn. 3 f.; *Zeissler*, in: Schink/Reidt/Mitschang, UVPG/UmwRG, § 53 UVPG Rn. 8.

73 Ähnlich *Springe*, in: Kodal, Straßenrecht, Kap. 33 Rn. 61; *Gärditz*, in: Landmann/Rohmer, Umweltrecht, Stand: 65. EL April 2012, § 19b UVPG Rn. 20.

74 *Peters/Balla/Hesselbarth*, UVPG, § 53 Rn. 4.

dann erforderlich, wenn der Bedarfsplan wesentlich von den Festlegungen des Bundesverkehrswegeplans abweicht oder wenn die SUP für den Bundesverkehrswegeplan nicht alle auf dieser Planungsebene notwendigerweise zu prüfenden Umweltauswirkungen einbezogen hat.[75] Ungeachtet dieser Intention des Gesetzgebers hätte bei einer Anpassung der Bedarfspläne, die auf dem Bundesverkehrswegeplan 2003 aufbauten, indes eine uneingeschränkte SUP durchgeführt werden müssen, weil die URE des Bundesverkehrswegeplans 2003 den Anforderungen der SUP-Richtlinie nicht genügte. Insbesondere erfolgte nur unzureichend eine, gerade auf der Ebene des Bundesverkehrswegeplans mögliche und sinnvolle, verkehrsträgerübergreifende Alternativenprüfung.[76]

Durch die Aufstellung des Bundesverkehrswegeplans 2030 haben sich die vorstehenden Überlegungen erledigt. Bei seiner Erarbeitung ist erstmals eine umfassende SUP einschließlich einer mehrstufigen Öffentlichkeitsbeteiligung und einer verkehrsträgerübergreifenden Alternativenprüfung erfolgt.[77]

22 Unabhängig von § 53 Abs. 1, der die Abschichtung letztlich auf das Verhältnis zwischen Bundesverkehrswegeplan und Bedarfsplänen reduziert, ist das Abschichtungsgebot des § 39 Abs. 3 auch in der weiteren **Planungshierarchie** der Bundesverkehrswegeplanung umzusetzen.[78] Dies gilt zum einen im Hinblick auf künftige SUP-pflichtige Planungsinstrumente. Es gilt indes auch im Hinblick auf die europarechtlich gebotene SUP bei der **Linienbestimmung.** Gerade die Möglichkeit und Notwendigkeit der Abschichtung steht der Anwendung einer geografisch und funktional eingeschränkten bzw. konzentrierten SUP in der Linienbestimmung nicht entgegen.[79] Es entspricht dem Regelungsgehalt der SUP-Richtlinie, in einem gestuften und koordinierten System der SUP und Projekt-UVP alle Planungs- und Zulassungsstufen vom Bundesverkehrswegeplan über die Bedarfspläne und die Linienbestimmungen einzubeziehen und sodann im konkreten Zulassungsverfahren fortzusetzen und abzuschließen.[80]

C. Alternativenprüfung, § 53 Abs. 2 Satz 1

23 § 53 Abs. 2 konkretisiert das bereits in § 40 Abs. 1 und Abs. 2 Satz 1 Nr. 8 normierte Gebot der Alternativenprüfung im Rahmen der SUP im Hinblick auf die Verkehrswegeplanungen des Bundes.

I. Beschränkung der Alternativenprüfung

24 Entsprechend Art. 5 Abs. 1 SUP-RL beschränkt die Regelung das Gebot der Alternativenprüfung auf solche **»vernünftigen« Alternativen**, die die Ziele und den geografischen Anwendungsbereich des Plans oder Programms berücksichtigen. Die Formulierung entspricht Ziff. 2 lit. d in der Anlage 1 zum BauGB. Im Hinblick auf die schon in Art. 5 Abs. 1 SUP-RL normierte Einschränkung der Alternativenprüfung dürfte die dahingehende Regelung in § 53 nur deklaratorisch und ungeachtet des Wortlauts des § 40 Abs. 1 und Abs. 2 Satz 1 Nr. 8 auch auf die SUP anderer Pläne und Programme übertragbar sein.[81] Mit »vernünftigen« Alternativen sind solche gemeint, die im Sinne der Rechtsprechung des Bundesverwaltungsgerichts[82] »ernsthaft in Betracht kommen«, womit sich die

---

75 Ebenso BVerwG, Urt. v. 11.07.2019 – 9 A 13/18, juris Rn. 64 f. m. Anm. *Dieterich*, jurisPR-BVerwG 9/2020; *Peters/Balla/Hesselbarth*, UVPG, § 53 Rn. 3 f.; *Sauthoff* ZuR 2006, 15 (18 f.); *Köppel u.a.*, Anforderungen der SUP-Richtlinie, S. 31 ff., 190, 203; *Springe,* in: Kodal, Straßenrecht, Kap. 33 Rn. 55.

76 *Sauthoff* ZuR 2006, 15 (18) m.w.N.; vgl. BVerwG, Urt. v. 11.07.2019 – 9 A 13/18, juris Rn. 51 ff.

77 Näher dazu unten Rdn. 32.

78 So auch *Gärditz,* in: Landmann/Rohmer, Umweltrecht, Stand: 65. EL April 2012, § 19b UVPG Rn. 21, der zu Recht auf die letztlich wohl geringe praktische Bedeutung des Abschichtungsgebots angesichts des hohen Abstraktionsgrades der Bundesverkehrswegeplanung hinweist.

79 So aber *Sauthoff* ZuR 2006, 15 (19).

80 *Stüer* UPR 2003, 97 (102 f.).

81 *Peters/Balla/Hesselbarth*, UVPG, § 53 Rn. 5; vgl. zu den Anforderungen und Begrenzungen der Alternativenprüfung auch *Kment,* § 40.

82 BVerwG, Urt. v. 25.01.1996 – 4 C 5.95, BVerwGE 100, 238 (250); Urt. v. 26.03.1998 – 4 A 7.97, UPR 1998, 382; BVerwG, Beschl. v. 26.06.1992 – 4 B 1–11.92, DVBl 1992, 1435.

Problematik auf die jeweilige Definition des Ziels des Plans oder Programms verlagert.[83] Dabei ist einerseits ein **Beurteilungsspielraum** der Verwaltung anzuerkennen, andererseits dem Gebot einer effektiven Umsetzung des Art. 5 Abs. 1 SUP-RL Rechnung zu tragen.[84] Ob letzteres zur Folge haben muss, dass die Argumentationslast umgekehrt wird und nur Planungsvarianten, die eindeutig unvernünftig sind, ausscheiden dürfen,[85] erscheint nicht nur im Hinblick auf den Wortlaut der Richtlinie und des Gesetzes zweifelhaft.

II. Verkehrsnetz- und verkehrsträgerübergreifende Alternativenprüfung

Neben der (deklaratorischen) Beschränkung der Alternativenprüfung auf die Ziele und den geografischen Anwendungsbereich des Plans oder Programms enthält § 53 auf der anderen Seite aber auch die ausdrückliche Erstreckung dieser Prüfungspflicht auf alternative Verkehrsnetze und alternative Verkehrsträger, welche ebenfalls ermittelt, beschrieben und bewertet werden müssen. Darin kommt die ausdrückliche Intention des Gesetzgebers zum Ausdruck, die SUP bei der Verkehrswegeplanung auf Bundesebene von der **Projektebene** auf die **Netz- und Konzeptebene** vorzuverlagern. Es soll gerade nicht (nur) um die Prüfung kleinräumiger Trassenalternativen im Rahmen eines aus allein verkehrs-, wirtschafts- oder haushaltspolitischen Erwägungen bereits festgelegten Verkehrsnetzes bzw. Verkehrsträgersystems gehen. Bei der SUP für bundesweite Verkehrswegeplanungen sollen vielmehr auch Fragen **alternativer Verkehrsträger, intermodaler Verkehrsverlagerungen** und **netzbezogener Umweltauswirkungen** auf dem Prüfungsprogramm stehen, soweit dies nach dem Ziel und geografischen Anwendungsbereich des Plans oder Programms angezeigt ist.[86] So scheidet etwa eine verkehrsträgerübergreifende Alternativenprüfung im Rahmen der SUP eines Bedarfsplans aus, der sich ausdrücklich auf den Verkehrsträger Straße oder Schiene bezieht.[87] Die Alternativenprüfung für den Bedarfsplan eines Verkehrsträgers würde sich demgegenüber auf das Netz dieses Verkehrsträgers und die dabei zu berücksichtigenden Vorhabentypen, insbesondere Neu- und Ausbauvorhaben konzentrieren, wobei durch den Gesetzgeber nachzuweisen ist, dass die dabei zu erbringende verkehrswirtschaftliche Leistung nur durch diesen und nicht durch andere Verkehrsträger erbracht werden kann.[88] 25

Das Gebot, bei der Alternativenprüfung verkehrsnetz- und verkehrsträgerübergreifende Alternativen zu berücksichtigen, gilt somit vor allem im Hinblick auf den Bundesverkehrswegeplan. Eine verkehrsnetz- und verkehrsträgerübergreifende Alternativenprüfung hat dabei zu fragen, ob innerhalb des Planungsraums zur Erreichung des Planungsziels 26

- alle Möglichkeiten der **Vermeidung** umweltbelastenden Verkehrs ausgeschöpft sind,
- Möglichkeiten der **Verkehrsverlagerung** auf weniger umweltbelastende (Klimaschutz!) Verkehrsträger und -systeme einschließlich der Möglichkeiten von Kombinationsmodellen (z. B. Straße/Schiene) bestehen,
- **Standort- bzw. Trassenalternativen** bestehen,
- **technische Alternativen** bei der Projektausführung zur Verringerung der Umweltbelastungen (z.B. Straßenführung in Tunnel- oder Brückenlage) in Betracht kommen,
- auf eine Verkehrswegeplanung ggf. vollständig verzichtet werden muss (**Null-Variante**).[89]

Die Möglichkeit einer verkehrsnetz- und verkehrsträgerübergreifenden Alternativenprüfung wird sich typischerweise innerhalb der Planungshierarchie der Verkehrswegeplanungen des Bundes, vom 27

83 *Sauthoff* ZuR 2006, 15 (19).

84 *Gärditz,* in: Landmann/Rohmer Umweltrecht, Stand: 65. EL April 2012, § 19b UVPG Rn. 23.

85 So *Gärditz,* in: Landmann/Rohmer, Umweltrecht, UVPG, Stand: 65. EL April 2012, § 19b Rn. 23.

86 *Peters/Balla/Hesselbarth,* UVPG, § 53 Rn. 6 f.; *Gärditz,* in: Landmann/Rohmer, Umweltrecht, Stand: 65. EL April 2012, § 19b UVPG Rn. 24; *Wulfhorst* DVBl 2012, 466 (469).

87 *Peters/Balla/Hesselbarth,* UVPG, § 53 Rn. 7.

88 *Lambrecht,* UVP-report, Sonderheft März 2003, 141 (152).

89 *Sauthoff* ZuR 2006, 15 (19); *Peters/Balla/Hesselbarth,* UVPG, § 19b Rn. 6; *Wulfhorst* DVBl 2012, 466 (470 f.).

Bundesverkehrswegeplan beginnend, auf den nachfolgenden Planungsstufen schrittweise reduzieren bzw. auf bestimmte Elemente konzentrieren. Dies entspricht dem Modell der **vertikalen Abschichtung** des Prüfungsstoffes. Der Schwerpunkt einer systemübergreifenden bzw. auf das Verkehrswegekonzept bezogenen Alternativenprüfung liegt daher – trotz eines entsprechend gröberen Prüfungsmaßstabes – auf der Ebene des Bundesverkehrswegeplans. Dies schließt nicht aus, dass auf späteren Planungsstufen bei stärkerer räumlicher Eingrenzung und höherem Detaillierungsgrad der Prüfung auch Verkehrsträgeralternativen noch in Betracht gezogen werden (müssen), etwa der Ausbau des öffentlichen Nah- und Regionalverkehrs als möglicher Alternative zu einer Straßenplanung.

Bei der Aufstellung des **Bundesverkehrswegeplans 2030** wurde diesen Erfordernissen Rechnung getragen. Ausweislich des Umweltberichts zum Bundesverkehrswegeplan[90] wurden die Umweltwirkungen möglicher Verkehrsprojekte sowohl auf der Projektebene als auch auf der Netzebene untersucht. Dabei wurden auf der Netzebene alternative Investitionsszenarien auf der Basis strategischer Priorisierungen (Priorität Verkehrsleistung, Priorität verfügbare Haushaltsmittel, Priorität Nachhaltigkeitsstrategie) betrachtet und bewertet. Erstmals wurde auch der Verkehrsträger Schifffahrt und das Bundeswasserstraßennetz einbezogen, was bei der zurückliegenden Bundesverkehrswegeplanung noch nicht der Fall war.[91] Das Bundesverwaltungsgericht hat die Vereinbarkeit des Bundesverkehrswegeplans (BVWP) 2030 mit den Anforderungen der SUP-Richtlinie mittlerweile ausdrücklich bestätigt.[92] Insbesondere die Alternativenprüfung sei nicht zu beanstanden. Dies gelte auch, soweit 40 % der Vorhaben als »feststehend« in den Plan aufgenommen wurden. Alternativen zu der Gesamtplanung des BVWP ließen sich auch dann ermitteln, wenn ein nicht unerheblicher Teil der Vorhaben als feststehend behandelt würde. Zudem verlange Art. 5 Abs. 1 Satz 1 SUP-RL nur die Ermittlung und Bewertung vernünftiger Alternativen, zu denen solche nicht gehörten, durch die laufende und fest disponierte Vorhaben wieder in Frage gestellt würden, die sich bereits im Bau befänden oder in Kürze begonnen würden, für die im Rahmen einer öffentlich-privaten Partnerschaft bereits ein Konzessionsvertrag bestehe oder in Kürze bestehen werde oder die Streckenabschnitte beträfen, die wie Lückenschlüsse für die Netzwirkung unverzichtbar seien. Solche Vorhaben dürften vielmehr als vernünftigerweise geboten in den BVWP eingestellt werden. Das Bundesverwaltungsgericht hat auch ausdrücklich bestätigt, dass der Umweltbericht des BVWP 2030 auf Projekt- und Netzebene verkehrsträgerinterne und verkehrsträgerübergreifenden Alternativen ermittelt und bewertet hat.[93]

D. Ausschluss von Rechtsbehelfen, § 53 Abs. 2 Satz 2

28 Wie oben bereits dargelegt, wurde durch das Gesetz zur Anpassung des Umwelt-Rechtsbehelfsgesetzes und anderer Vorschriften an europa- und völkerrechtliche Vorgaben vom 20.07.2017[94] zwar einerseits der Geltungsbereich des Umwelt-Rechtsbehelfsgesetzes u.a. auf SUP-pflichtige Pläne und Programme durch Ergänzung des § 1 Abs. 1 UmwRG um die Nr. 4 erweitert, andererseits aber durch Anfügung des Satzes 2 in § 19b Abs. 2 UVPG (2005) – jetzt § 53 Abs. 2 Satz 2 – zugleich die Nichtanwendbarkeit des § 1 Abs. 1 Satz 1 Nr. 4 UmwRG für die Verkehrswegeplanung des Bundes normiert. Dieser Ausschluss der erweiterten Rechtsschutzmöglichkeiten insbesondere für den Bundesverkehrswegeplan wurde damit begründet, dass dies »der vorbereitenden und politischen Bedeutung des Bundesverkehrswegeplans« und der vollen gerichtlichen Überprüfbarkeit späterer Projekt-

90 Bundesministerium für Verkehr und digitale Infrastruktur (Hrsg.), Strategische Umweltprüfung zum Bundesverkehrswegeplan 2030, Umweltbericht, bearbeitet durch ARGE Bosch Baader GFP, März 2016.

91 Kritisch dazu *Gärditz,* in: Landmann/Rohmer, Umweltrecht, Stand: 65. EL April 2012, § 19b UVPG Rn. 24.

92 BVerwG, Urt. v. 11.07.2019 – 9 A 13/18, juris Rn. 57 ff. m. Anm. *Dieterich* juris-PR-BVerwG 9/2020.

93 BVerwG, Urt. v. 11.07.2019 – 9 A 13/18.

94 BGBl. I, S. 2808.

Zulassungsentscheidungen entspreche.[95] Ein Rechtsschutzdefizit ist insoweit zu verneinen.[96] Die Verortung der Regelung in § 53 Abs. 2 ist rechtssystematisch allerdings nicht plausibel.

E. Konkretisierende Verfahrensregelungen durch Rechtsverordnung, § 53 Abs. 3

Der Gesetzgeber hat mit der Normierung einer obligatorischen SUP-Pflicht für die Verkehrswegeplanungen auf Bundesebene, namentlich den Bundesverkehrswegeplan und die Bedarfspläne, und dem Gebot, dabei auch verkehrsnetz- und verkehrsträgerübergreifende Alternativen zu prüfen, eine **komplexe Planungsaufgabe** formuliert. Durch die Verordnungsermächtigung in § 53 Abs. 3 sollen im Interesse einer effektiven Umsetzung dieser Anforderungen an künftige Verkehrswegeplanungen **Verfahrenserleichterungen** ermöglicht werden.[97] Bemerkenswert ist insoweit die Formulierung »zur praktikablen und effizienten Durchführung« im Gesetzestext. Auch dadurch soll der Besonderheit der hochstufigen SUP im Rahmen der Bundesverkehrswegeplanung Rechnung getragen werden. 29

Die untergesetzlichen Regelungen sollen von den Vorgaben des UVPG abweichen dürfen, müssen jedoch mindestens den Anforderungen der SUP-Richtlinie entsprechen.[98] Dies ist insoweit konsequent, als der Gesetzgeber von einer europarechtlich obligatorischen und nicht lediglich fakultativen SUP-Pflicht für den Bundesverkehrswegeplan und die Bedarfspläne ausgeht.[99] Die Rechtsverordnung, zu der das Bundesministerium für Digitales und Verkehr ermächtigt wird und für die im Interesse einer fachlichen Ausgewogenheit das Einvernehmen mit dem Bundesministerium für Umwelt, Naturschutz, nukleare Sicherheit und Verbraucherschutz, nicht jedoch die Zustimmung des Bundesrates erforderlich ist, ermöglicht **abweichende Verfahrensregelungen** zu bestimmten, in § 53 Abs. 3 enumerativ genannten Verfahrenselementen der SUP. Im Einzelnen sind dies Folgende:[100] 30

- **Scopingverfahren**, § 39: Regelung der Einzelheiten des Verfahrens im Hinblick auf die Besonderheiten der Verkehrswegeplanung (Vermeidung von Mehrfachprüfungen; Schaffung sinnvoller Organisations- und Beteiligungsregelungen); 31
- **Umweltbericht**, § 40: Regelungen zur Erarbeitung und über Inhalt und Ausgestaltung im Hinblick auf die Besonderheiten der Verkehrswegeplanung (z. B. prozessbegleitende Erstellung, Prüftiefe, Beurteilungsgrundlagen);
- **Behörden- und Öffentlichkeitsbeteiligung**, §§ 41, 42, 60 und 61: Regelung der Einzelheiten des Beteiligungsverfahrens, insbesondere unter Berücksichtigung der Verwendungsmöglichkeiten von elektronischen Kommunikationsmitteln (insbes. Nutzung des Internets im Hinblick auf den räumlichen Geltungsanspruch des Bundesverkehrswegeplans); evtl. mehrstufige Öffentlichkeitsbeteiligung;
- **Entscheidungsbekanntmachung**, § 44: Regelungen zur Form der Bekanntgabe, ebenfalls unter Berücksichtigung der Verwendungsmöglichkeiten von elektronischen Kommunikationsmitteln (vgl. auch § 10 Abs. 3 und 4 UIG);[101]
- **Überwachung**, § 45: Regelungen über die Form, den Zeitpunkt und die Berücksichtigung von Ergebnissen (plan- oder projektbezogenes Monitoring).

Der Erlass einer auf § 53 Abs. 3 gestützten Rechtsverordnung ist derzeit nicht vorgesehen. Die Ermächtigung wurde zunächst vorsorglich in das Gesetz aufgenommen.

95 BT-Drs. 18/9526, S. 49.
96 Im Ergebnis so auch *Zeissler*, in: Schink/Reidt/Mitschang, UVPG/UmwRG, § 53 UVPG Rn. 12 ff.
97 So auch die Gesetzesbegründung des SUPG, BT-Drs. 15/3441, S. 39.
98 *Gärditz*, in: Landmann/Rohmer, Umweltrecht, Stand: 65. EL April 2012, § 19b UVPG Rn. 26; *Peters/Balla/Hesselbarth*, UVPG, § 53 Rn. 8; *Zeissler*, in: Schink/Reidt/Mitschang, UVPG/UmwRG, § 53 UVPG Rn. 10.
99 *Gassner*, UVPG, § 19b Rn. 16.
100 Im Einzelnen dazu: *Köppel u.a.*, Anforderungen der SUP-Richtlinie, S. 90 ff.; ferner die Gesetzesbegründung in BT-Drs. 15/3441, S. 39 f.; *Peters/Balla*, in: Peters/Balla/Hesselbarth, UVPG, § 53 Rn. 9; *Springe*, in: Kodal, Straßenrecht, Kap. 33 Rn. 56 ff.
101 *Gassner*, UVPG, § 19b Rn. 18.

32 Bei der Aufstellung des Bundesverkehrswegeplans 2030 wurde erstmals eine SUP durchgeführt und die vorgenannten Verfahrensschritte abgearbeitet.[102] Die Vereinbarkeit des BVWP 2030 mit der SUP-Richtlinie wurde durch das Bundesverwaltungsgericht ausdrücklich bestätigt.[103]

- **Scopingverfahren** (Feststellung des Untersuchungsrahmens einschließlich Umfang und Detaillierungsgrad des Umweltberichts mit Behördenbeteiligung) – erfolgte parallel zur Erarbeitung der Grundkonzeption des BVWP, 2012/2013;
- **Erarbeitung des Umweltberichts** – erfolgte parallel zur Erarbeitung des BVWP-Entwurfs samt Begründung, 2013 bis 2016;
- **Behörden- und Öffentlichkeitsbeteiligung** – erfolgte durch Auslegung des BVWP-Entwurfs samt Umweltbericht an Auslegungsorten in den Bundesländern sowie im Internet über ein Projektinformationssystem PRINS), 21.03. bis 02.05.2016;
- **Überprüfung des Umweltberichts** unter Berücksichtigung der Stellungnahmen aus der Behörden- und Öffentlichkeitsbeteiligung – erfolgte in Vorbereitung des Kabinettsbeschlusses über die Annahme des BVWP unter Berücksichtigung der Ergebnisse der Überprüfung des Umweltberichts, 03.08.2016;
- **Bekanntgabe der Entscheidung** (Auslegung des BVWP samt zusammenfassender Erklärung zum Umweltbericht) – erfolgte gemeinsam mit der Bekanntmachung der Entscheidung über die Annahme des BVWP, August 2016;
- **Überwachung** – erfolgte mit der Bedarfsplanüberprüfung, deren Bericht im November 2024 erschienen ist.[104]

F. Vorprüfungen durch die Länder, § 53 Abs. 4

33 Durch Rechtsverordnung, die allerdings der Zustimmung des Bundesrates und des Einvernehmens mit dem Bundesministerium für Umwelt, Naturschutz, nukleare Sicherheit und Verbraucherschutz bedarf, kann das Bundesministerium für Digitales und Verkehr gem. § 53 Abs. 4 bestimmen, dass die Länder zur Anmeldung von Verkehrsprojekten für Verkehrswegeplanungen auf Bundesebene bestimmte **vorbereitende Prüfungen** vorzunehmen und deren Ergebnisse oder sonstige Angaben beizubringen haben, die für die Durchführung der SUP auf Bundesebene notwendig sind. Nach der Begründung des SUPG[105] soll im Interesse eines kooperativen Zusammenwirkens von Bund und Ländern bei der Vorbereitung der Verkehrswegeplanung auf Bundesebene für diese eine ausreichende und harmonisierte Informationsgrundlage geschaffen werden. Dadurch soll dem Umstand Rechnung getragen werden, dass der Ermittlungs- und Prüfungsaufwand im Hinblick auf diese von den Ländern beizubringenden »**Module**« sinnvollerweise der projektnäheren Ebene zugeordnet wird, ohne dass dadurch die Verantwortung des Bundes für die Gesamtaufstellung des Plans und die Gesamtbewertung der Umweltauswirkungen in Frage gestellt würde.[106] Diese Vorprüfungen auf Landesebene sind demgemäß als Teilprüfungen im Sinne des § 31 Abs. 4 zu qualifizieren, welche in die Gesamtbewertung durch den Bund eingehen.[107]

34 Derartige abschichtbare Module der SUP, die von den Ländern beizubringen sind, können sich sowohl auf bestimmte **Prüfungsinhalte** als auch auf bestimmte **Verfahrensschritte** der Öffentlich-

102 Vgl. Bundesministerium für Verkehr und digitale Infrastruktur (Hrsg.), Bundesverkehrswegeplan 2030, S. 8 f.; Bundesministerium für Verkehr und digitale Infrastruktur (Hrsg.), Strategische Umweltprüfung zum Bundesverkehrswegeplan 2030, Umweltbericht, bearbeitet durch ARGE Bosch Baader GFP, März 2016, S. 3 (Übersicht über die Verfahrensschritte der SUP zum BVWP); Bundesministerium für Verkehr und digitale Infrastruktur (Hrsg.) Bericht zur Behörden- und Öffentlichkeitsbeteiligung des BVWP 2030.

103 BVerwG, Urt. v. 11.07.2019 – 9 A 13/18, juris Rn. 57 ff. m. Anm. *Dieterich* juris-PR-BVerwG 9/2020.

104 Vgl. Bundesministerium für Digitales und Verkehr (Hrsg.), Bericht zur Überprüfung der Bedarfspläne (BPÜ) für die Verkehrsträger Schiene, Straße und Wasserstraße, November 2024, S. 1.

105 BT-Drs. 15/3441, S. 40.

106 Zustimmend *Peters/Balla/Hesselbarth*, UVPG, § 53 Rn. 10.

107 Zur früheren Rechtslage *Gassner*, UVPG, § 19b Rn. 22.

keits- und Behördenbeteiligung beziehen, insbesondere wenn sie sich auf räumlich abgrenzbare Ausschnitte der Bundesverkehrswegeplanung beziehen. Die den Ländern damit bei der Projektanmeldung zukommende »Bringschuld«[108] hinsichtlich notwendiger umweltrelevanter Informationen ist mit der des Vorhabenträgers auf der Projektebene gem. § 15 Abs. 2 vergleichbar. Eine **bundeseinheitliche Regelung** der Inhalte, der Prüfungskriterien und des Verfahrens derartiger SUP-Vorprüfungen durch die Länder ist unverzichtbar, um eine Vergleichbarkeit der Prüfungsergebnisse und eine gleichmäßige Informationsgrundlage sicherzustellen.[109] Der Erlass einer auf § 53 Abs. 4 gestützten Rechtsverordnung ist derzeit indes nicht vorgesehen. Auch diese Ermächtigung wurde zunächst nur vorsorglich in das Gesetz aufgenommen.

Teil 5 Grenzüberschreitende Umweltprüfungen

Abschnitt 1 Grenzüberschreitende Umweltverträglichkeitsprüfung

§ 54 Benachrichtigung eines anderen Staates

(1) [1]Wenn ein Vorhaben, für das eine UVP-Pflicht besteht, erhebliche grenzüberschreitende Umweltauswirkungen haben kann, benachrichtigt die zuständige deutsche Behörde frühzeitig die von dem anderen Staat benannte Behörde durch Übersendung geeigneter Unterlagen über das Vorhaben. [2]Wenn der andere Staat keine Behörde benannt hat, so wird die oberste für Umweltangelegenheiten zuständige Behörde des anderen Staates benachrichtigt.

(2) Absatz 1 gilt entsprechend, wenn ein anderer Staat um Benachrichtigung ersucht.

(3) Die Benachrichtigung und die geeigneten Unterlagen sind in deutscher Sprache und in einer Amtssprache des anderen Staates zu übermitteln.

(4) Die zuständige deutsche Behörde bittet die von dem anderen Staat benannte Behörde um Mitteilung innerhalb einer angemessenen Frist, ob eine Beteiligung erwünscht wird.

(5) Teilt der andere Staat mit, dass eine Beteiligung gewünscht wird, so findet eine grenzüberschreitende Behörden- und Öffentlichkeitsbeteiligung nach Maßgabe der §§ 55 bis 57 statt.

(6) Wenn ein Vorhaben, für das die UVP-Pflicht besteht, grenzüberschreitende Umweltauswirkungen haben kann und der andere Staat eine Beteiligung nicht wünscht, kann sich die betroffene Öffentlichkeit des anderen Staates am inländischen Beteiligungsverfahren nach Maßgabe der §§ 18 bis 22 beteiligen.

Übersicht

108 *Gassner,* UVPG, § 19b Rn. 21, 24.

109 *Gassner,* UVPG, § 19b Rn. 20; *Peters/Balla/Hesselbarth,* UVPG, § 53 Rn. 10.

A. Allgemeines

1 §§ 54–64 regeln die grenzüberschreitenden Umweltprüfungen; §§ 54–59 die grenzüberschreitende Umweltverträglichkeitsprüfung und §§ 60–63 die grenzüberschreitende Strategische Umweltprüfung (siehe hierzu § 60 Rdn. 1 ff.). Die grenzüberschreitende Beteiligung bei Umweltverträglichkeitsprüfungen war bereits in der ursprünglichen Fassung des UVPG aus dem Jahr 1990 enthalten, allerdings auf die ausländischen Behörden beschränkt. Eine zusätzliche Beteiligungsverpflichtung auch der ausländischen Öffentlichkeit wurde erst später im Rahmen der Novelle des UVPG im Jahr 2001 durch § 9a UVPG a.F. eingeführt; ebenso wie durch § 9b UVPG a.F. in umgekehrter Richtung eine Unterstützung deutscher Behörden und der Öffentlichkeit bei der Zulassung von Vorhaben im Ausland geregelt wurde. Die §§ 8, 9a und 9b UVPG a.F. sahen seitdem eine **umfassende gegenseitige Beteiligung von Behörden und Bürgern der Bundesrepublik Deutschland und von anderen Staaten** im Zusammenhang mit der Zulassung von Vorhaben vor, die erhebliche Umweltauswirkungen über die Grenzen hinaus haben konnten.

I. Regelungsgegenstand

2 § 54 verpflichtet die für die Durchführung der UVP zuständige Behörde, bei mehreren zuständigen Behörden die federführende Behörde, zur **Benachrichtigung** der Behörden anderer Staaten, bei denen ein Vorhaben erhebliche grenzüberschreitende Umweltauswirkungen haben kann. Die Benachrichtigung muss dabei frühzeitig erfolgen. Die Behörden der anderen Staaten haben dann die Möglichkeit innerhalb einer angemessenen Frist, ihren Beteiligungswunsch zu äußern.

II. Zweck und Bedeutung der Vorschrift

3 § 54 ergänzt in Verbindung mit § 55 die für die innerstaatliche Behördenbeteiligung maßgebliche Regelung des § 17 für solche UVP-pflichtigen Vorhaben, die **über die Grenze hinaus** erhebliche **Auswirkungen auf die Umwelt** von **anderen Staaten** haben können. Eine anfängliche Benachrichtigung soll den anderen Staat von dem im deutschen Gebiet beabsichtigten Vorhaben zunächst in Kenntnis setzen. Die sich anschließende Möglichkeit der Beteiligung durch Abgabe von Stellungnahmen ausländischer Behörden soll die **Informations- und Entscheidungsgrundlage** der für die UVP zuständigen deutschen Behörde verbessern, das gegenseitige **Vertrauen** zwischen den benachbarten europäischen Staaten stärken und dazu beitragen, Konflikte über das beabsichtigte Vorhaben erst gar nicht entstehen zu lassen.[1]

III. Gesetzesgeschichte

4 Eine gesetzlich geregelte grenzüberschreitende Behördenbeteiligung gab es im deutschen Recht vor In-Kraft-Treten des UVPG nicht. Mit der Umsetzung der entsprechenden Vorgaben der UVP-RL 1985 in das UVPG im Jahr 1990 betrat der deutsche Gesetzgeber daher Neuland. Dementsprechend war das Gesetzgebungsverfahren – auch angesichts der offenen Vorgaben des ursprünglichen Art. 7 der UVP-RL 1985 – von Unsicherheiten geprägt. Jedoch sah das kurze Zeit später im Jahr 1991 beschlossene, europaweite Espoo-Konvention[2] bereits erheblich konkretere Maßgaben für die grenzüberschreitende Umweltverträglichkeitsprüfung vor, die auch die Europäische Kommission veranlasst haben, Art. 7 UVP-RL wiederholt zu überarbeiten. Der mit der Novelle des UVPG im Jahr 2001 deutlich präziser, damit aber auch sprachlich »sperriger« gefasste § 8 UVPG a.F. und die zusätzlichen §§ 9a und 9b UVPG a.F. sind das Resultat dieses Annäherungsprozesses, der auf eine **enge Zusammenarbeit** der Umweltbehörden unter Beteiligung der betroffenen Bürger **innerhalb von Europa** abzielt. Das Öffentlichkeitsbeteiligungsgesetz 2006 nahm keine grundlegende Änderung mehr vor, sondern beschränkte sich in Umsetzung der Öffentlichkeitsbeteiligungs-RL aus dem Jahr 2003 auf die

1 *Hofer* UVP-report 1992, 70 ff.
2 Übereinkommen vom 25.02.1991 über die Umweltverträglichkeitsprüfung im grenzüberschreitenden Rahmen; BGBl. II, S. 1407 ff. Siehe dazu ausführlich *Rietzler*, in: HdUVP, 1905 Rn. 1 ff.

Erweiterung der Informationspflichten gegenüber den ausländischen Behörden und einige Modifizierungen hinsichtlich der Öffentlichkeitsbeteiligung. Eine umfassende Überarbeitung erfolgte im Rahmen der Umsetzung der **UVP-Änderungsrichtlinie 2014/52/EU** durch das UVP-Modernisierungsgesetz.

1. Vorgaben des Espoo-Übereinkommens

Das Espoo-Übereinkommen von 1991 regelt die grenzüberschreitende Umweltverträglichkeitsprüfung (Behörden- und Öffentlichkeitsbeteiligung) bei bestimmten in Anh. I des Übereinkommens aufgeführten Tätigkeiten. **Kernelemente** des grenzüberschreitenden Verfahrens sind in Art. 3–6 des Übereinkommens geregelt.[3] Art. 3 des Übereinkommens regelt die Benachrichtigung eines anderen Staates bei Durchführung eines Projekts mit voraussichtlichen grenzüberschreitenden Umweltauswirkungen. Der Benachrichtigung sind Informationen beizufügen, anhand derer der andere Staat über seine Betroffenheit entscheiden kann. Der andere Staat hat dem Staat, auf dessen Gebiet das Projekt durchgeführt werden soll (sog. Ursprungsstaat), mitzuteilen, ob er an dem grenzüberschreitenden Verfahren teilnehmen möchte. Soweit keine Benachrichtigung erfolgt, ein anderer Staat aber der Auffassung ist, dass eine grenzüberschreitende UVP durchzuführen ist, kann der andere Staat nach Art. 3 Abs. 7 des Übereinkommens eine Benachrichtigung einfordern. Soweit keine Einigung über ein grenzüberschreitendes Verfahren erzielt werden kann, enthält das Übereinkommen in Anh. IV ein Untersuchungsverfahren, wonach eine Kommission die Frage, ob erhebliche nachteilige grenzüberschreitende Auswirkungen durch das geplante Projekt hervorgerufen werden können, untersucht. Art. 4 enthält Vorgaben zur UVP-Dokumentation und zur Stellungnahmemöglichkeit von Behörden und Öffentlichkeit des anderen Staates. Art. 5 enthält Vorhaben zu Konsultationen, insbesondere über den möglichen Inhalt und Zeitrahmen derselben. Art. 6 regelt Vorgaben zur endgültigen Entscheidung, insbesondere zur Übermittlung der Genehmigung samt Begründung an den anderen Staat. Daneben enthält das Espoo-Übereinkommen insbesondere noch Regelung zur möglichen Überwachung nach Errichtung und Betrieb des Vorhabens (Art. 7) sowie Regelungen organisatorischer Art (Art. 11 ff.). 5

Bislang wurde das **Espoo-Übereinkommen zweimal geändert**. Die erste Änderung vom 27.02.2001[4] enthielt eine Klarstellung hinsichtlich der Definition der Öffentlichkeit sowie Änderungen im Hinblick auf den Beitritt zum Übereinkommen. Sie ist am 26.08.2014 in Kraft getreten. Die zweite Änderung vom 04.06.2004[5] ist am 23.10.2017 durch die Ratifizierung Dänemarks in Kraft getreten. Sie enthält insbesondere eine Erweiterung des Anwendungsbereichs durch die Anpassung des Anh. I an den entsprechenden Anh. I der UVP-Richtlinie. Daneben wurde in Art. 2 ein neuer Abs. 11 eingefügt, wonach die Vertragsstaaten eine Beteiligung möglicher betroffener Staaten bereits im Rahmen des »Scopings« vorsehen sollen. Darüber hinaus wurde mit Art. 14bis die ausdrückliche vertragliche Verankerung des Implementation Committee geschaffen. 6

Für die **Durchsetzung** der Anforderungen des Espoo-Übereinkommens in der Praxis ist das **Implementation Committee** relevant.[6] Dieses Gremium entscheidet über Beschwerden, mit denen Verstöße gegen die Vorschriften des Übereinkommens geltend gemacht werden.[7] Beschwerden können dabei nur von den Vertragsstaaten eingelegt werden und nicht von Einzelpersonen.[8] Da Vertragsstaat die Bundesrepublik Deutschland ist und wegen der sich aus Art. 32 GG ergebenden Kompetenz 7

3 Siehe dazu *Rietzler/von Gayling-Westphal* EurUP 2017, 11 (12).
4 BGBl. II, S. 1435 f.
5 Gesetz zur Zweiten Änderung des Übereinkommens vom 25.02.1991 über die Umweltverträglichkeitsprüfung im grenzüberschreitenden Rahmen (Zweites Espoo-Vertragsgesetz) vom 17. März 2006 (BGBl. II, S. 224).
6 Siehe dazu ausführlich *Rietzler*, in: HdUVP, 1905 Rn. 70 ff.
7 Vgl. *Rietzler/von Gayling-Westphal* EurUP 2017, 11 (13).
8 Vgl. Artikel 5 Structure and functions of the Implementation Committee and procedures of compliance; Decision III/2.

des Bundes für die auswärtigen Beziehungen, **kann nur der Bund entsprechende Beschwerden rechtlich wirksam einlegen**, nicht aber ein Land oder eine Kommune. Beschwerden von Einzelpersonen kann das Gremium aber zum Anlass nehmen, eine Überprüfung von »Amts wegen« (Committee initiative) zu unternehmen;[9] soweit ein Land oder eine Kommune eine Beschwerde beim Implementation Committee einlegt, kann diese als Anregung für eine »Committee initiative« aufgefasst werden.[10] Stellt das Implementation Committee einen Verstoß gegen das Übereinkommen fest, kann es den Vertragsstaat auffordern, bestimmte Maßnahmen zur Abstellung des Verstoßes und damit zur (Wieder-)Herstellung eines vertragsgerechten Zustandes zu ergreifen. Soweit diesen Maßnahmen nicht nachgekommen wird, können weitere Maßnahmen getroffen werden bis hin zum Ausschluss des Vertragsstaates aus dem Übereinkommen. Materielle Sanktionen wie die Verhängung von Zwangs- oder Bußgeldern können nicht festgelegt werden. Die vom Implementation Committee getroffenen **Beschlüsse müssen von der Vertragsstaatenkonferenz angenommen werden**; die Vertragsstaatenkonferenz kann von den Feststellungen oder vorgeschlagenen Maßnahmen auch abweichen.

2. Vorgaben der UVP-Richtlinie

8 Anknüpfungspunkte für eine grenzüberschreitende Behördenbeteiligung waren bereits nach der Ursprungsfassung des Art. 7 Satz 1 UVP-RL 1985, dass ein Mitgliedstaat entweder feststellte, dass ein Vorhaben auf seinem Hoheitsgebiet **erhebliche Auswirkungen auf die Umwelt eines anderen Mitgliedstaates** haben konnte, oder dass ein möglicherweise betroffener Mitgliedstaat seinerseits aus diesem Grund einen entsprechenden **Antrag auf Beteiligung** seiner Behörden stellte. In beiden Fällen hatte der Mitgliedstaat, in dessen Hoheitsgebiet die Durchführung des Projekts vorgeschlagen wurde, dem anderen Mitgliedstaat die nach Art. 5 UVP-RL 1985 vom Vorhabenträger eingeholten Informationen mitzuteilen. Diese **Unterrichtung** hatte zum gleichen Zeitpunkt zu erfolgen, zu dem sie auch gegenüber den inländischen Beteiligten erfolgte. Nach Art. 7 Satz 2 UVP-RL 1985 dienten diese Informationen als Grundlage für notwendige **Konsultationen** beider Staaten, welche sich dann auf der Basis von Gegenseitigkeit und Gleichwertigkeit zu vollziehen hatten.

9 Die Richtlinie zur Änderung der UVP-RL aus dem Jahr 1997[11] erweiterte diese noch knappen Vorgaben erheblich; in den Erwägungsgründen 12 und 13 wurde ausgeführt, dass es ratsam sei, die Bestimmungen über die UVP im grenzüberschreitenden Rahmen auszubauen, um den Entwicklungen auf internationaler Ebene Rechnung zu tragen. Die Erwägungsgründe wiesen des Weiteren auf die notwendige Umsetzung des Espoo-Übereinkommens auch im Gebiet der EU hin. Eine weitere Ergänzung der UVP-RL erfolgte durch Art. 3 Öffentlichkeitsbeteiligungs-RL aus dem Jahr 2003.[12]

10 Im Einzelnen sah die geänderte **UVP-RL** im zentralen **Art. 7 Abs. 1–3** folgende grundlegende Verpflichtungen vor:

- Stellt ein Mitgliedstaat fest, dass ein Projekt erhebliche Auswirkungen auf die Umwelt eines anderen Mitgliedstaates haben könnte, oder stellt ein Mitgliedstaat einen entsprechenden Antrag, so sind diesem gemäß Abs. 1 spätestens zum Zeitpunkt der Öffentlichkeitsbeteiligung ebenfalls eine Beschreibung des Projekts und Angaben über die Art der möglichen Entscheidung zu über-

9 Vgl. Artikel 6 Structure and functions of the Implementation Committee and procedures of compliance; Decision III/2.

10 Offen bleibt insoweit, ob und ggf. wie der dadurch erfolgte Verstoß gegen Art. 32 GG sanktioniert werden kann.

11 RL 97/11/EG des Rates v. 03.03.1997 zur Änderung der RL 85/337/EWG über die Umweltverträglichkeitsprüfung bei bestimmten öffentlichen und privaten Projekten (ABl Nr. L 73, S. 5).

12 RL 2003/35/EG des Europäischen Parlaments und des Rates über die Beteiligung der Öffentlichkeit bei der Ausarbeitung bestimmter umweltbezogener Pläne und Programme und zur Änderung der RL 85/337/EWG und 96/61/EG des Rates in Bezug auf die Öffentlichkeitsbeteiligung und den Zugang zu Gerichten v. 26.05.2003 (ABl Nr. L 156, S. 17).

mitteln und dieser innerhalb angemessener Frist zu einer Mitteilung aufzufordern, ob er an dem umweltbezogenen Entscheidungsverfahren teilnehmen will.
- Beabsichtigt der betroffene Mitgliedstaat eine Teilnahme am umweltbezogenen Entscheidungsverfahren, erhält er nach Abs. 2 die Unterlagen des Projektträgers, sowie weitere relevante Informationen und den Genehmigungsantrag.
- Die beteiligten Mitgliedstaaten haben dann gemäß Abs. 3 ihrerseits dafür zu sorgen, dass die erhaltenen Angaben innerhalb einer angemessenen Frist den Behörden und der betroffenen Öffentlichkeit zur Verfügung gestellt werden und diese die Möglichkeit haben, der für die Durchführung der UVP zuständigen Behörde des Mitgliedstaates, in dem das Projekt durchgeführt wird, vor dessen Genehmigung innerhalb einer angemessenen Frist ihre Stellungnahme zuzuleiten.

Darüber hinaus legt **Art. 7 Abs.** 4 die Möglichkeit von Konsultationen der beteiligten Mitglied- 11
staaten innerhalb eines angemessenen Zeitrahmens fest, die u.a. die Maßnahmen zur Verringerung oder Vermeidung der grenzüberschreitenden Umweltauswirkungen zum Gegenstand haben sollen. **Abs. 5** gibt den Mitgliedstaaten zudem die Möglichkeit, Einzelheiten durch die beteiligten Mitgliedstaaten festzulegen.

Hinsichtlich des weiteren Verfahrensgangs schreibt Art. 8 vor, dass die nach Art. 7 (im Beteiligungs- 12
verfahren) eingeholten Angaben beim Genehmigungsverfahren zu berücksichtigen sind; die Vorschriften über die grenzüberschreitende Behördenbeteiligung vermitteln insoweit dem anderen Staat kein Recht auf umfassende inhaltliche Prüfung der UVP oder UVP-Vorprüfung[13]. Nach Art. 9 Abs. 2 ist der andere Mitgliedstaat, der nach Art. 7 unterrichtet worden ist, schließlich auch vom Ergebnis und wesentlichen Inhalt der abschließenden (Zulassungs-)Entscheidung zu unterrichten. Dazu ist es erforderlich, dass diese Informationen in hinreichend genauer und den besonderen Bedürfnissen der Adressaten angepasster Form vorgelegt werden.[14] Der andere Mitgliedstaat hat dann sicher zu stellen, dass diese Informationen der betroffenen Öffentlichkeit in seinem eigenen Hoheitsgebiet in geeigneter Weise zugänglich gemacht werden.

Mit der **UVP-Änderungsrichtlinie 2014/85/EU** wurden Art. 7 Abs. 4 und 5 sowie die Art. 8 und 13
9 geändert. Art. 7 Abs. 4 wurde um einen neuen Unterabsatz 2 ergänzt, wonach Konsultationen auch durch ein geeignetes gemeinsames Gremium durchgeführt werden können. In Art. 7 Abs. 5 wurde der Zeitrahmen für die Konsultationen im Hinblick auf die nunmehr vorgesehenen Fristen des Art. 6 Abs. 5–7 ergänzt. Nach Art. 8 sind nunmehr ausdrücklich die Konsultationsergebnisse zu berücksichtigen. Art. 9 Abs. 1 enthält ebenfalls ausdrücklich einen Hinweis auf die im Rahmen der grenzüberschreitenden Verfahren eingegangenen Stellungnahmen, über die bei Annahme einer Entscheidung zu informieren ist.

3. Innerstaatliche Entstehung

Die §§ 54 ff. befinden sich seit **1990** in unterschiedlicher Ausprägung im UVPG. § 8 des ursprüng- 14
lichen UVPG aus dem Jahr 1990[15] regelte lediglich die Behördenbeteiligung bei deutschen Vorhaben, die grenzüberschreitende Umweltauswirkungen haben konnten. In dieser ursprünglichen Fassung wurde die grenzüberschreitende Behördenbeteiligung bei Nicht-EU-Mitgliedstaaten nur unter den Voraussetzungen der Grundsätze von Gegenseitigkeit und Gleichwertigkeit durchgeführt. **2001** erfolgte die erste große Änderung der grenzüberschreitenden Vorschriften.[16] In § 8 UVPG a.F. wurden mit der Novelle der Ablauf des Verfahrens zur Beteiligung der Behörden des anderen Staates präzisiert und die Bedeutung und der Ablauf sich anschließender Konsultationen deutlicher

13 OVG Münster, Beschl. v. 06.05.2025 – 8 B 58/25.
14 Schlussanträge des Generalanwalts Pikamäe v. 03.02.2022 – C-121/21, Rn. 171.
15 BGBl. I, S. 205.
16 Gesetz zur Umsetzung der UVP-Änderungsrichtlinie, der IVU-Richtlinie und weiterer EG-Richtlinien zum Umweltschutz vom 27.07.2001, BGBl. I, S. 1950.

herausgearbeitet. Eingefügt wurde zur Umsetzung von Art. 9 Abs. 2 der 1997 geänderten UVP-RL nunmehr Abs. 3, der die Information der Behörden des anderen Staates nach Abschluss des Zulassungsverfahrens regelte und – über die Richtlinie hinausgehend und in Anerkennung einer verbreiteten Praxis – die Möglichkeit einer Übersetzung der Zulässigkeitsentscheidung ausdrücklich ansprach. Neu eingefügt wurden auch die §§ 9a und 9b UVPG a.F. Mit § 9a UVPG a.F. wurde eine grenzüberschreitende Öffentlichkeitsbeteiligung bei inländischen Vorhaben eingeführt. Darüberhinausgehend wurde der Anspruch gegenüber dem Vorhabenträger eingeführt, eine Übersetzung der zusammenfassenden Darstellung sowie weiterer Angaben zum Vorhaben zu verlangen. § 9b UVPG a.F. wurde eingefügt, um in Anlehnung an die (nicht aber in Umsetzung der) Vorgaben von Art. 7 der UVP-RL und des Espoo-Übereinkommens eine grenzüberschreitende Beteiligung zugunsten der deutschen Behörden und Öffentlichkeit bei Vorhaben in Nachbarstaaten zu unterstützen. Eine weitere größere Änderung der grenzüberschreitenden Vorschriften erfolgte durch das Öffentlichkeitsbeteiligungsgesetz[17] von **2006**. In § 8 UVPG a.F. wurden zusätzliche Informationspflichten bei der Bekanntmachung des Vorhabens und der Hinweis auf die notwendige Rechtsbehelfsbelehrung eingefügt. In § 9a UVPG a.F. erfolgten nur noch punktuelle Präzisierungen zur Erleichterung der Wahrnehmung der Beteiligungsrechte und des Rechtsschutzes für ausländische Bürger. In 2013 erfolgte durch das Gesetz zur Förderung der elektronischen Verwaltung sowie zur Änderung weiterer Vorschriften[18] in § 9a Abs. 1 UVPG a.F. eine wichtige Ergänzung, wonach die elektronische Übermittlung von Stellungnahmen der ausländischen Öffentlichkeit abweichend von § 3a Abs. 2 VwVfG zulässig sein konnte.

15 Mit dem UVP-Modernisierungsgesetz wurden **2017** die Vorschriften über die grenzüberschreitenden Umweltprüfungen umfassend überarbeitet.[19] Neben der Zusammenführung in einem eigenen Teil des Gesetzes und der Einführung einer neuen, klareren Regelungsstruktur[20], wurden die Vorschriften im Lichte zwischenzeitlicher Vollzugserfahrungen überarbeitet und ergänzt.[21] Zusätzlich wurden auch die Regelungen zur Übersetzung von Unterlagen aufgenommen. Im Gesetzgebungsverfahren haben die Regelungen keine Rolle gespielt; der Gesetzentwurf der Bundesregierung wurde in Teil 5 vollständig übernommen. Es gab insoweit lediglich eine Empfehlung des Wirtschafts- und Wohnungsausschuss des Bundesrates hinsichtlich der Übersetzungspflichten,[22] der der Bundesrat allerdings nicht gefolgt ist.[23]

IV. Anwendungsbereich der Vorschrift

16 §§ 54 ff. kommen in nahezu **allen Zulassungsverfahren** (Planfeststellungs- und Genehmigungsverfahren) und auch in den **vorgelagerten Verfahren** zur Geltung, soweit nicht Regelungen des Fachrechts mit weitergehenden Anforderungen die Vorschrift verdrängen (vgl. § 1 Abs. 4). Bei den Vorschriften zur grenzüberschreitenden Umweltverträglichkeitsprüfung handelt es sich um **wesentliche Anforderungen im Sinne des § 1 Abs. 4 Satz 1**, so dass bundes- oder landesrechtliche Regelungen nicht nach unten abweichen dürfen.[24] Wesentlich sind diese Vorschriften bereits deshalb, da sie jeweils zur Umsetzung von europäischem und internationalem Recht dienen. Aber selbst, wenn es keine europäischen oder internationalen Vorgaben geben würde, wären diese Vorschriften »wesentlich« im Sinne des § 1 Abs. 4 Satz 1, da es sich bei der Behörden- und Öffentlichkeitsbeteiligung um Kernelemente der UVP handelt. Ohne diese Beteiligungsmöglichkeiten könnte die UVP ihre Funktion der wirksamen Umweltvorsorge nur schwer erfüllen.

17 BGBl. I, S. 2819.
18 BGBl. I, S. 2749.
19 Siehe hierzu *Grandjot* DVBl 2018, 161 ff.
20 Die Vollzugsfreundlichkeit der neuen Regelungen bestätigend *Rietzler* UVP-report 2019, 91 (92).
21 Vgl. Begründung der BReg in BR-Drs. 164/17, S. 118.
22 BR-Drs. 164/1/17, S. 37 – Empfehlung Nummer 42.
23 BR-Drs. 164/17 (B).
24 Ebenso *Hofmann*, in: Landmann/Rohmer, Umweltrecht, § 54 UVPG Rn. 2.

Mit dem UVP-Modernisierungsgesetz wurden bislang geltende spezialgesetzliche Vorschriften vereinheitlicht. Für das immissionsschutzrechtliche Genehmigungsverfahren verweist § 11a Abs. 2 der 9. BImSchV nunmehr auf Abschnitt 1 und 3 des Teils 5 des UVPG; die bislang geltende Sonderregelung wurde abgeschafft. Kurze Zeit später wurde die Regelung durch Art. 1 der Ersten Verordnung zur Änderung der Verordnung über das Genehmigungsverfahren – 9. BImSchV vom 08.12.2017[25] wieder durch spezialgesetzliche Regelungen ergänzt. Gleiches gilt für das atomrechtliche Genehmigungsverfahren, dessen Sonderregelung ebenfalls abgeschafft wurde und das in § 7a AtVfV nunmehr auch auf Abschnitt 1 und 3 des Teils 5 des UVPG verweist. Für das bergrechtliche Planfeststellungsverfahren verweist § 51 auf das Bundesberggesetz. Für grenzüberschreitende Umweltprüfungen verweist § 57a Abs. 6 BBergG wiederum auf Teil 5 des UVPG; grenzüberschreitende Umweltprüfungen sind daher nach dem UVPG durchzuführen. § 3 der UVP-V Bergbau, der bislang die grenzüberschreitende Behördenbeteiligung eigenständig regelte, wurde aufgehoben. Im Raumordnungsverfahren ist zunächst vorrangig § 15 Abs. 3 Satz 9 ROG anzuwenden, der allerdings nur sehr allgemein auf die Grundsätze der Gegenseitigkeit und Gleichwertigkeit Bezug nimmt und im Übrigen die weitere Konkretisierung den Landesplanungsgesetzen überlässt. 17

V. Geltung von Verwaltungsvorschriften

Die **Allgemeine Verwaltungsvorschrift zur Ausführung des Gesetzes über die Umweltverträglichkeitsprüfung** (UVPVwV) vom 18.04.2025[26] enthält in den Ziffern 54–64 weitergehende Vorgaben zur grenzüberschreitenden Umweltverträglichkeitsprüfung Auch wenn § 70 die §§ 54 ff. nicht adressiert, hat insoweit die in Art. 84 Abs. 2 GG enthaltene Ermächtigung zum Erlass von entsprechenden Verwaltungsvorschriften ausgereicht. 18

B. Benachrichtigung von Behörden aus einem anderen Staat (Abs. 1)

§ 54 Abs. 1 bezieht die Behörden eines anderen Staates ein, wenn ein in Deutschland beabsichtigtes Vorhaben erhebliche grenzüberschreitende Umweltauswirkungen (vgl. § 2 Rdn. 83) haben kann. Die **Behörden des Nachbarstaates**, die durch die Umweltauswirkungen eines beabsichtigten Vorhabens in ihrer fachlichen Zuständigkeit betroffen sein können, sind daher am **Verfahren nach § 17 zu beteiligen**. Zunächst verpflichtet Satz 1 die zuständige Behörde, bei mehreren zuständigen Behörden die federführende Behörde (vgl. § 31 Rdn. 25 ff. sowie § 133 BBergG), zu einer frühzeitigen Unterrichtung (als erster Phase dieses grenzüberschreitenden Beteiligungsverfahrens) einer zu diesem Zweck von dem anderen Staat benannten »zuständigen Behörde« und damit einer **zentralen Anlaufstelle** im anderen Staat. Diese kann ihrerseits weitere und damit die fachlich betroffenen Behörden ihres Staates einschalten. Hilfsweise sieht Satz 2 die Unterrichtung der dortigen obersten für Umweltangelegenheiten zuständigen Behörde vor. Diese ist meist zugleich die sogenannte Espoo-Kontaktstelle;[27] an die Espoo-Kontaktstellen kann daher die Benachrichtigung immer rechtswirksam übermittelt werden. 19

Materielle Voraussetzung für eine grenzüberschreitende Unterrichtung und Behördenbeteiligung ist nach § 54 Abs. 1 Satz 1 zunächst die **Möglichkeit**, dass ein in der Bundesrepublik Deutschland **beabsichtigtes Vorhaben**, welches dem Anwendungsbereich des UVPG unterliegt, über die Grenze hinaus Auswirkungen auf die in § 2 Abs. 1 genannten Schutzgüter in einem anderen Staat haben kann. Bei den von Satz 1 angesprochenen anderen Staaten wird es sich, weil Umweltauswirkungen über mehrere Grenzen hinaus kaum noch nachweisbar sein dürften,[28] regelmäßig um einen oder 20

---

25 BGBl. I S. 3882.

26 BAnz AT 29.04.2025 B8.

27 Übersicht über die aktuellen Espoo-Kontaktstellen: http://www.unece.org/environment-policy/environmental-assessment/points-contact-regarding-notification.html (zuletzt abgerufen am 25.01.2026).

28 Weiter insoweit UNECE Guidance on the Practical Application of the Espoo Convention, 2006, S. 11, wonach auch Projekte, die zu Luft- oder Wasserbelastungen führen, weiträumige Auswirkungen haben können; ebenso *Rietzler*, in: HdUVP, 1905 Rn. 31.

auch mehrere unmittelbar angrenzende Nachbarstaaten handeln. Eine Ausnahme liegt insoweit bei Vorhaben der Kernenergie nach Nummer 11 der Anlage 1 vor.[29] Gleiches gilt für Rohrleitungsanlagen nach Nummer 19 der Anlage 1, die in der Ost- oder Nordsee verlegt werden. Bei solchen Vorhaben kann im Einzelfall die Benachrichtigung eines Staates angezeigt sein, der nicht unmittelbar an Deutschland angrenzt. Gleiches gilt für Projekte, die eine mögliche Gefährdung wandernder Arten zur Folge haben können.[30] Voraussetzung ist weiter, dass die **Auswirkungen** eines in der Bundesrepublik Deutschland zuzulassenden Vorhabens zugleich **erheblich** sind. Ob diese Erheblichkeitsschwelle durch das Vorhaben im anderen Staat überschritten werden kann, **entscheidet die verfahrensleitende Behörde** aufgrund eigenen Ermessens anhand der vom Vorhabenträger nach § 16 vorgelegten Unterlagen insbesondere unter Würdigung des beantragten Standortes.[31] Die Einschätzung für die Erheblichkeit richtet sich nach den Normen des deutschen Rechts.[32] Dabei ist allerdings wegen der völkerrechtlichen Verpflichtungen grundsätzlich ein großzügiger Maßstab anzulegen.[33] Um von vornherein bei grenznahen Projekten Streit über die Frage des Gebotenseins einer Unterrichtung auszuschließen, können ergänzende bi- oder multilaterale Vereinbarungen zwischen den Staaten sinnvoll sein, die generell eine Unterrichtungspflicht der zuständigen deutschen Behörde gegenüber der zuständigen Behörde eines Nachbarstaates vorsehen, wenn UVP-pflichtige Vorhaben **innerhalb eines bestimmten Abstands von der Grenze** verwirklicht werden sollen.[34] Eine entsprechende Regelung enthält zum Beispiel die Deutsch-Niederländische Vereinbarung[35] unter II.7. (vgl. § 64 Rdn. 3).[36]

21 Die Benachrichtigung durch die zuständige deutsche Behörde hat **frühzeitig** zu erfolgen; damit soll auch gewährleistet werden, dass der betroffene Staat genügend Zeit hat, um eingehend zu prüfen, ob er sich am UVP-Verfahren beteiligen möchte.[37] Die zuständige deutsche Behörde hat damit spätestens zu Beginn des Zulassungsverfahrens oder – bei Vorliegen entsprechender Informationen – schon bereits im Vorfeld der Antragstellung diejenige Behörde zu unterrichten, die zu diesem Zweck vom anderen Staat benannt worden ist. § 54 Abs. 1 enthält keine Vorgaben über die Form der Benachrichtigung, insbesondere ist die Schriftform nicht ausdrücklich geregelt. Immer ausreichend ist daher die schriftliche Benachrichtigung. Diese kann bzw. sollte[38] – etwa zum Zwecke der Verfahrensbeschleunigung – zusätzlich auf elektronischem Weg erfolgen. Die Benachrichtigung auf rein

29 Zu Laufzeitverlängerungen von Kernkraftwerken siehe EuGH, Urt. v. 29.07.2019 – C 411/17, insb. Rn. 79 und 93 – dazu *Frenz* DVBl 2020, 122 (123); *Beckmann* UPR 2019, 121 ff.; speziell zum Espoo-Übereinkommen *Rietzler*, in: HdUVP, 1905 Rn. 28 sowie der auf der Vertragsstaatenkonferenz 2020 verabschiedete UNECE Guidance on the applicability of the Convention to the lifetime extension of nuclear power plants.

30 UNECE Guidance on the Practical Application of the Espoo Convention, 2006, S. 11; *Rietzler*, in: HdUVP, 1905 Rn. 31.

31 So die Begründung zum Regierungsentwurf, BT-Drs. 11/3919, S. 24.

32 Ziff. 54.1 der UVPVwV vom 14.04.2025.

33 *Rietzler* UVP-report 2019, 91 (92) unter Hinweis auf Entscheidungen des Implementation Committee sowie der Vertragsstaatenkonferenz. Ebenso *Hofmann*, in: Landmann/Rohmer, Umweltrecht, § 54 UVPG Rn. 8; *Peters/Balla/Hesselbarth*, UVPG, § 54 Rn. 3, die darauf hinweisen, dass so Schwierigkeiten im weiteren Zulassungsverfahren vermieden werden können. Im Ergebnis so auch der Hinweis in Ziff. 54.1. der UVPVwV vom 14.04.2025: »sollte regelmäßig von einer Erheblichkeit ausgegangen werden«.

34 Hierzu *Lindemann* UVP-report 1992, 73 ff.

35 Gemeinsame Erklärung über die Zusammenarbeit bei der Durchführung grenzüberschreitender Umweltverträglichkeitsprüfungen sowie grenzüberschreitender Strategischer Umweltprüfungen im deutsch-niederländischen Grenzbereich zwischen dem Ministerium für Infrastruktur und Umwelt der Niederlande und dem Bundesministerium für Umwelt, Naturschutz, Bau und Reaktorsicherheit der Bundesrepublik Deutschland vom 28.05.2013.

36 Zur Nichtanwendbarkeit bei der UVP-Vorprüfung siehe VG Düsseldorf, Beschl. v. 15.04.2020 – 28 L 3274/19, juris Rn. 89.

37 *Rietzler* UVP-report 2019, 91 (92).

38 Ziff. 54.1 der UVPVwV vom 14.04.2025.

elektronischem Weg ist mangels anderer Vorgaben in § 54 auch ausreichend.[39] Insbesondere vor dem Hintergrund, dass die Kommunikation mit anderen Staaten mittlerweile in der Regel auf elektronischem Weg verläuft. Gegebenenfalls vorhandene bi- oder multilaterale Vereinbarungen können zur Form abweichende Regelungen enthalten.

Die frühzeitige Unterrichtung nach Satz 1 hat auf der **Grundlage geeigneter Unterlagen** zu erfolgen. Geeignet sind die Unterlagen dann, wenn die Behörde des anderen Staates anhand dieser Unterlagen erkennen kann, ob und wie sie möglicherweise von dem geplanten Vorhaben durch grenzüberschreitende Umweltauswirkungen betroffen sein kann. Zu den geeigneten Unterlagen gehören insbesondere eine Beschreibung des Vorhabens, die verfügbaren Angaben über dessen mögliche grenzüberschreitenden Umweltauswirkungen sowie Angaben über die Art der möglichen Entscheidung.[40] Mit der Benachrichtigung sollten der Behörde des anderen Staates auch Informationen über den aktuellen Stand und den geplanten Ablauf des Zulassungsverfahrens zur Verfügung gestellt werden[41], um das weitere Verfahren zu strukturieren und zu erleichtern. 22

C. Ersuchen um Benachrichtigung (Abs. 2)

Nach Abs. 2 hat eine Benachrichtigung entsprechend Abs. 1 zu erfolgen, wenn ein anderer Staat um eine solche ersucht. Der **andere Staat** hat insoweit einen **Anspruch** auf Benachrichtigung und damit im Ergebnis **auf Durchführung einer grenzüberschreitenden UVP**. Das Ersuchen des anderen Staates bedarf keiner Begründung.[42] Dies gilt auch dann, wenn nach Einschätzung der deutschen zuständigen Behörde erhebliche grenzüberschreitende Umweltauswirkungen durch das Vorhaben nicht hervorgerufen werden können.[43] Dieser Anspruch folgt aus Art. 7 Abs. 2 der UVP-RL, der dies für die Mitgliedstaaten der Europäischen Union entsprechend regelt.[44] Das Espoo-Übereinkommen sieht einen solchen Anspruch in Art. 3 Abs. 7 hingegen nicht vor. 23

D. Übersetzungspflicht (Abs. 3)

Abs. 3 enthält eine neue Regelung zu Übersetzungspflichten, die 2017 mit dem UVP-Modernisierungsgesetz eingeführt wurde. Die Übersetzungspflichten dienen der Umsetzung von Vorgaben des Espoo-Übereinkommens sowie der UVP-RL. Nach Art. 2 Abs. 6 des Espoo-Übereinkommens hat der Ursprungsstaat sicherzustellen, dass die Öffentlichkeitsbeteiligung im betroffenen Vertragsstaat der eigenen Öffentlichkeitsbeteiligung entspricht. Nach Art. 7 Abs. 5 der UVP-RL muss die Öffentlichkeit des betroffenen Mitgliedstaates die Möglichkeit erhalten, sich effektiv an der Umweltverträglichkeitsprüfung zu beteiligen. Beides gilt dann auch für die Behördenbeteiligung, da Behörden und Öffentlichkeit des anderen Staates insoweit nicht unterschiedlich behandelt werden können.[45] Die aus diesen Regelungen sich ergebenden Übersetzungspflichten wurden mit § 54 Abs. 3 umgesetzt. Soweit in dem betroffenen Staat **mehrere Amtssprachen** bestehen, reicht nach Abs. 3 die Übersetzung in eine Amtssprache aus. Die zuständige deutsche Behörde hat bei der Wahl der Amtssprache in die übersetzt werden soll, zu berücksichtigen, welche Amtssprache in dem möglicherweise 24

---

39 Ebenso *Rietzler* UVP-report 2019, 91 (93); *Peters/Balla/Hesselbarth,* UVPG, § 54 Rn. 4; *Hofmann*, in: Landmann/Rohmer, Umweltrecht, § 54 UVPG Rn. 12.

40 Ziff. 54.1 der UVPVwV vom 14.04.2025; so bereits die Begründung der BReg in BR-Drs. 164/17, S. 118.

41 So nun auch Ziff. 54.1 der UVPVwV vom 14.04.2025.

42 S. jetzt auch Ziff. 54.2 der UVPVwV vom 14.04.2025.

43 So nun auch Ziff. 54.2 der UVPVwV vom 14.04.2025; a.A. *Hofmann*, in: Landmann/Rohmer, Umweltrecht, § 54 UVPG Rn. 9: in Ausnahmefällen Zurückweisung möglich, wenn Bezug zu möglichen Umweltauswirkungen ausgeschlossen werden kann.

44 Ebenso *Beckmann* UPR 2019, 121 (130).

45 So im Ergebnis auch die Begründung der BReg, BR-Drs. 164/17, S. 118; a.A. insoweit Ziff. 54.3 der UVPVwV vom 14.04.2025, die wohl nicht von einer Übersetzungspflicht bei der Behördenbeteiligung ausgeht, aber eine solche zur Vermeidung von Verfahrensverzögerungen empfiehlt.

betroffenen Gebiet des anderen Staates überwiegend gesprochen wird.[46] Dies folgt aus den o.a. Vorgaben des Espoo-Übereinkommens und der UVP-RL zur gleichwertigen Beteiligung.

E. Fristsetzung (Abs. 4)

25 Gegenstand der Unterrichtung durch die zuständige deutsche Behörde soll nach Abs. 4 eine Fristsetzung mit der Bitte um Mitteilung sein, ob seitens des anderen Staates im Anschluss an die Benachrichtigung eine förmliche Beteiligung erwünscht wird. Die Frist muss angemessen sein. Zur Frage der Angemessenheit der Frist, hat sich das Implementation Committee des Espoo-Übereinkommens bislang nicht geäußert. Vor dem Hintergrund der mittlerweile überwiegenden elektronischen Kommunikation auch zwischen den jeweiligen innerstaatlichen Behörden, ist bei einfach gelagerten Fällen eine Frist von **drei Wochen in der Regel angemessen.**[47] Soweit die geeigneten Unterlagen nach Abs. 1 einen erheblichen Umfang haben, sollte die Frist entsprechend verlängert werden. Dabei ist auch zu berücksichtigen, welche Frist der betroffene Staat in einem umgekehrten Fall den deutschen Behörden regelmäßig einräumt.[48] Bei der Festlegung der Frist ist auch zu berücksichtigen, dass je kürzer die Frist nach Abs. 4 ist, die zuständige Behörde des anderen Staates je eher eine Beteiligung wünschen wird, um ausreichend Zeit für die Feststellung der Betroffenheit zu gewinnen. Eine längere Frist nach Abs. 4 kann also auch dazu führen, dass das Verfahren insgesamt beschleunigt wird, wenn die zuständige Behörde des anderen Staates auf Grund dieser längeren Frist mit Sicherheit eine Betroffenheit ausschließen kann und auf eine weitere Beteiligung verzichtet. Gegebenenfalls vorhandene bi- oder multilaterale Vereinbarungen können zur Fristsetzung Abweichendes regeln. So regelt etwa die Deutsch-Polnische Vereinbarung über Umweltprüfungen[49] in Art. 3 Abs. 4, dass die betroffene Vertragspartei spätestens innerhalb von 30 Tagen nach dem Eingang der Benachrichtigung ihren Beteiligungswunsch mitzuteilen hat.

26 Zusammen mit der Fristsetzung empfiehlt sich gegenüber der zuständigen Behörde des anderen Staates auch die Frage, ob sie die nach § 55 Abs. 2 möglichen Konsultationen in Erwägung zieht oder angesichts drohender inhaltlicher Konflikte sogar für erforderlich hält.

F. Weiteres Verfahren (Abs. 5 und 6)

27 Die neu eingefügten Abs. 5 und 6 beschreiben das weitere Verfahren: Teilt der andere Staat mit, dass eine Beteiligung erwünscht ist, wird eine grenzüberschreitende Behörden- und Öffentlichkeitsbeteiligung nach den §§ 55–57 durchgeführt. Für die Mitteilung gibt es keine Formvorschriften; zur Fristwahrung genügt die Mitteilung auf elektronischem Wege.[50] Wird hingegen keine Beteiligung gewünscht kann der betroffene Staat dies ausdrücklich mitteilen oder die Frist nach Absatz 4 verstreichen lassen. Bleibt eine Antwort aus, soll sich der Ursprungsstaat zunächst noch einmal nach dem Eingang der Benachrichtigung erkundigen, bevor er das Ausbleiben einer Antwort als Nichtbeteiligungsabsicht interpretieren darf.[51] Diese Auslegung ist mit Blick auf den klaren Wortlaut von Art. 3 Abs. 4 des Übereinkommens (»oder antwortet sie nicht innerhalb der in der Benachrichtigung angegebenen Frist«) kritisch zu sehen. In der Praxis sollte wie folgt verfahren werden: soweit entweder bilaterale Vereinbarungen eine Bestätigung der Benachrichtigung durch den betroffenen Staat

---

46 So jetzt ebenfalls *Hofmann*, in: Landmann/Rohmer, Umweltrecht, § 54 UVPG Rn. 13.

47 S. Ziff. 54.4 der UVPVwV vom 14.04.2025. Nach *Hofmann*, in: Landmann/Rohmer, Umweltrecht, § 54 UVPG Rn. 14 soll die Frist so bemessen werden, dass Verfahrensverzögerungen vermieden werden. In diese Richtung auch *Peters/Balla/Hesselbarth,* UVPG, § 54 Rn. 6.

48 S. Ziff. 54.4 der UVPVwV vom 14.04.2025.

49 Vgl. Gesetz zu der Vereinbarung vom 10.10.2018 zwischen der Regierung der Bundesrepublik Deutschland und der Regierung der Republik Polen über Umweltverträglichkeitsprüfungen und Strategische Umweltprüfungen im grenzüberschreitenden Rahmen vom 04.07.2019, BGBl. II, S. 671.

50 *Rietzler* UVP-report 2019, 91 (93) unter Verweis auf das Implementation Committee.

51 So die Auffassung des Implementation Committee sowie der Vertragsstaatenkonferenz – Nachweise bei *Rietzler* UVP-report 2019, 91 (93).

vorsehen wie in Art. 3 Abs. 4 Satz 1 der Deutsch-Polnischen Vereinbarung über Umweltprüfungen[52] oder der Erhalt der Benachrichtigung nach Absatz 3 anderweitig nachgewiesen werden kann (z.B. durch eine elektronische Eingangs- oder Lesebestätigung), erübrigt sich bei Ausbleiben einer Antwort nach Ablauf der Frist eine erneute Nachfrage durch die zuständige deutsche Behörde. In anderen Fällen sollte aus Praktikabilitätsgründen und um Verzögerungen im weiteren Zulassungsverfahren zu vermeiden, die durch etwaig durch den anderen Staat angestrengte Verfahren vor dem Implementation Committee entstehen können, eine kurze Nachfrage auf elektronischem Wege erfolgen. Wenn keine Beteiligung gewünscht ist, kann sich die Öffentlichkeit des anderen Staates am inländischen Beteiligungsverfahren nach den §§ 18–22 beteiligen. Der andere Staat kann seine Teilnahme während des laufenden Verfahrens jederzeit ohne Angabe von Gründen beenden. Die Öffentlichkeit des anderen Staates kann sich in diesen Fällen dann nach Abs. 6 am Verfahren beteiligen. Bereits begonnene grenzüberschreitende Öffentlichkeitsbeteiligungen sind nach § 54 Abs. 6 zu Ende zu führen; insbesondere eine Übermittlung des Bescheides nach § 57 kommt dann nicht mehr in Betracht. In diesen Fällen kann die zuständige deutsche Behörde allerdings prüfen, ob eine analoge Anwendung des § 57 im Rahmen der nach § 27 erforderlichen Bekanntmachung und Auslegung in Deutschland sinnvoll ist. D.h. insbesondere, ob eine Übersetzung der grenzüberschreitend relevanten Teile und deren Veröffentlichung sinnvoll ist. Eine Pflicht dazu besteht jedenfalls nicht.

§ 55 Grenzüberschreitende Behördenbeteiligung bei inländischen Vorhaben

(1) Die zuständige deutsche Behörde übermittelt der benannten Behörde des anderen Staates sowie weiteren von dieser angegebenen Behörden, soweit die Angaben nicht in der Benachrichtigung enthalten waren, 1. den Inhalt der Bekanntmachung nach § 19 Absatz 1 und 2. die Unterlagen, die nach § 19 Absatz 2 zur Einsicht für die Öffentlichkeit auszulegen sind.

(2) [1]Folgende Unterlagen sind in deutscher Sprache und in einer Amtssprache des anderen Staates zu übermitteln:
1. **der Inhalt der Bekanntmachung nach § 19 Absatz 1,**
2. **die nichttechnische Zusammenfassung des UVP-Berichts sowie**
3. **die Teile des UVP-Berichts, die es den beteiligten Behörden und der Öffentlichkeit des anderen Staates ermöglichen, die voraussichtlichen erheblichen nachteiligen grenzüberschreitenden Umweltauswirkungen des Vorhabens einzuschätzen und dazu Stellung zu nehmen oder sich zu äußern.**

[2]Die zuständige Behörde kann verlangen, dass ihr der Vorhabenträger eine Übersetzung dieser Angaben in die entsprechende Amtssprache zur Verfügung stellt.

(3) Die zuständige deutsche Behörde unterrichtet die benannte Behörde des anderen Staates sowie weitere von dieser angegebene Behörden über den geplanten zeitlichen Ablauf des Genehmigungsverfahrens.

(4) [1]Die zuständige deutsche Behörde gibt der benannten Behörde des anderen Staates sowie weiteren von dieser angegebenen Behörden mindestens im gleichen Umfang wie den nach § 17 zu beteiligenden Behörden Gelegenheit zur Stellungnahme. [2]Für die Stellungnahmen gilt § 73 Absatz 3a des Verwaltungsverfahrensgesetzes entsprechend.

(5) [1]Soweit erforderlich oder soweit der andere Staat darum ersucht, führen die zuständigen obersten Bundes- und Landesbehörden innerhalb eines vereinbarten, angemessenen Zeitrahmens mit dem anderen Staat Konsultationen durch, insbesondere über die grenzüberschreitenden

52 Gesetz zu der Vereinbarung vom 10. Oktober 2018 zwischen der Regierung der Bundesrepublik Deutschland und der Regierung der Republik Polen über Umweltverträglichkeitsprüfungen und Strategische Umweltprüfungen im grenzüberschreitenden Rahmen vom 04.07.2019, BGBl. II, S. 671.

Umweltauswirkungen des Vorhabens und über die Maßnahmen zu deren Vermeidung oder Verminderung. [2]Die Konsultationen können von einem geeigneten Gremium durchgeführt werden, das aus Vertretern der zuständigen obersten Bundes- und Länderbehörden und aus Vertretern des anderen Staates besteht.

(6) Die zuständige deutsche Behörde übermittelt den beteiligten Behörden des anderen Staates in einer Amtssprache des anderen Staates sonstige für das Verfahren der grenzüberschreitenden Umweltverträglichkeitsprüfung wesentliche Unterlagen, insbesondere Einladungen zum Erörterungstermin und zu Konsultationen.

(7) Die beteiligten Behörden des anderen Staates können ihre Mitteilungen und Stellungnahmen in einer ihrer Amtssprachen übermitteln.

Übersicht

A. Allgemeines

1 § 55 enthält Regelungen zur grenzüberschreitenden Behördenbeteiligung. Neben der Übernahme der Regelungen zu den zu übermittelnden Unterlagen, Verfahren und Konsultationen des § 8 Abs. 1 Satz 3 und 4 sowie Abs. 2 UVPG a.F., wurden mit dem UVP-Modernisierungsgesetz auch neue Regelungen insbesondere zur Übersetzung von zu übermittelnden Unterlagen eingeführt. § 55 enthält damit die erforderlichen Regelungen, um eine grenzüberschreitende Behördenbeteiligung effektiv und strukturiert sicherstellen zu können. Zu Gesetzgebungsgeschichte, Anwendungsbereich und Verwaltungsvorschriften siehe § 54 Rdn. 4–18.

B. Zu übermittelnde Informationen (Abs. 1, 3, 6)

2 Die Abs. 1, 3 und 6 enthalten Vorgaben zu den Informationen bzw. Unterlagen, die die zuständige deutsche Behörde an die Behörden des anderen Staates, der seinen Beteiligungswunsch nach § 54 geäußert hat, übermitteln muss. Neben der Übermittlung an die benannte Behörde des anderen Staates (vgl. § 54 Rdn. 19), muss die Übermittlung auch an weitere Behörden des anderen Staates erfolgen, wenn der andere Staat solche im Rahmen seines Beteiligungswunsches nach § 54 Abs. 5 benannt hat. Nach **Abs. 1** sind der Inhalt der Bekanntmachung nach § 19 Abs. 1 sowie die Unterlagen nach § 19 Abs. 2 zu übermitteln. Soweit diese Unterlagen bereits mit der Benachrichtigung nach § 54 Abs. 1 übermittelt worden sind, ist eine erneute Übermittlung nicht erforderlich. Dies gilt auch im Verhältnis zu den weiteren angegebenen Behörden des anderen Staates. Insoweit hat die benannte Behörde des anderen Staates, die diese Unterlagen mit der Benachrichtigung erhalten hat, dafür zu sorgen, dass die anderen Behörden diese Unterlagen ebenfalls erhalten. Nach **Abs. 3** hat die zuständige deutsche Behörde die Behörden des anderen Staates über den geplanten Ablauf des Genehmigungsverfahrens zu unterrichten. Dies dient der Strukturierung des weiteren Verfahrens. Die Unterrichtung dürfte in der Regel durch Übermittlung eines Ablauf- bzw. Zeitplans erfolgen. Der Wortlaut (»Unterrichtung«) lässt grundsätzlich auch eine mündliche Übermittlung zu. Das dürfte in den meisten Fällen allerdings nicht zweckmäßig sein und vor dem Hintergrund des Espoo-Übereinkommens und der UVP-RL, die eine effektive grenzüberschreitende Behörden- und Öffentlichkeitsbeteiligung fordern, nur in absoluten Einzelfällen zulässig sein. Um Verfahrensfehler und damit spätere gerichtliche Auseinandersetzungen zu vermeiden, sollte die Unterrichtung daher durch Übermittlung eines entsprechenden Dokuments erfolgen. Eine Unterrichtung ist dann nicht erforderlich, wenn die zuständige deutsche Behörde diese Informationen bereits im Rahmen der Benachrichtigung der benannten Behörde des anderen Staates zur Verfügung gestellt hat (siehe § 54 Rdn. 22). Nach **Abs. 6** müssen durch die zuständige deutsche Behörde auch sonstige für das Ver-

fahren der grenzüberschreitenden UVP wesentliche Unterlagen übermittelt werden. Wesentliche Unterlagen sind nach Abs. 6 etwa Einladungen zum Erörterungstermin und zu Konsultationen. Diese Aufzählung ist nicht abschließend. Zu übermitteln sind etwa auch die Listen der Teilnehmer der Konsultationen. Zur Form der Übermittlung, die auch rein elektronisch erfolgen kann,[1] siehe § 54 Rdn. 21.

C. Übersetzungspflichten (Abs. 2, 3, 6)

Mit **Abs. 2** wurde eine ausdrückliche **Übersetzungspflicht** hinsichtlich bestimmter Teile der nach Abs. 1 zu übermittelnden Unterlagen festgelegt. **Abs. 6** enthält eine korrespondierende Übersetzungspflicht für sonstige wesentliche Unterlagen. Diese Übersetzungspflichten sind Folge der Vorgaben des Espoo-Übereinkommens sowie der UVP-RL.[2] Nach Art. 2 Abs. 6 des Espoo-Übereinkommens hat der Ursprungsstaat sicherzustellen, dass die Öffentlichkeitsbeteiligung im betroffenen Vertragsstaat der eigenen Öffentlichkeitsbeteiligung entspricht. Nach Art. 7 Abs. 5 der UVP-RL muss die Öffentlichkeit des betroffenen Mitgliedstaates die Möglichkeit erhalten, sich effektiv an der Umweltverträglichkeitsprüfung zu beteiligen. Beides gilt dann auch für die Behördenbeteiligung, da Behörden und Öffentlichkeit des anderen Staates insoweit nicht unterschiedlich behandelt werden können (vgl. § 54 Rdn. 24). Demgegenüber enthält **Abs. 3** keine ausdrückliche Übersetzungspflicht. Hierbei kann es sich nur um ein Redaktionsversehen handeln, denn es ergibt keinen Sinn, dass gerade die Informationen über den zeitlichen Ablauf des Genehmigungsverfahrens, die für die Planung der Behörden- und Öffentlichkeitsbeteiligung im anderen Staat von großer Bedeutung sind, als einzige Informationen nicht in einer Amtssprache des betroffenen Staates zu übermitteln sind. Eine Übersetzung dieser Informationen entspräche auch den o.a. Vorgaben des Espoo-Übereinkommens und der UVP-RL, denn das Implementation Committee des Espoo-Übereinkommens hat nur Mindestanforderungen hinsichtlich der Übersetzungen festgelegt;[3] weitere Übersetzungspflichten sind daher möglich. Abs. 3 ist vor diesem Hintergrund dahingehend auszulegen, dass auch die dort genannten Informationen in einer Amtssprache des betroffenen Staates zu übermitteln sind.[4] Weitergehende Übersetzungspflichten können auch im Rahmen von bi- oder multilateralen Vereinbarungen geregelt werden (vgl. § 64). Eine Regelung zu Übersetzungen enthält etwa Art. 20 der Deutsch-Polnischen Vereinbarung über Umweltprüfungen.[5] 3

In Abs. 2 Satz 1 Nr. 1 und 2 werden die **zu übersetzenden Unterlagen** konkret benannt. Der Wortlaut des Abs. 2 Satz 1 Nr. 3 lässt der zuständigen Behörde einen gewissen Spielraum bei der Frage, welche Teile des UVP-Berichts zu übersetzen sind. Erforderlich, aber auch ausreichend ist es denjenigen Teil des UVP-Berichts zu übersetzen, der für die Öffentlichkeit des betroffenen Staates relevant ist, also insbesondere die Beschreibung der grenzüberschreitenden Auswirkungen.[6] Zur Verfahrensbeschleunigung ist es sinnvoll, wenn die zuständige Behörde frühzeitig gegenüber dem Vorhabenträger auf einen entsprechenden Abschnitt des UVP-Berichts, der eine Beschreibung der grenzüberschreitenden Auswirkungen (vgl. Anlage 4 Nr. 5) enthält, hinwirkt.[7] Nach Abs. 3 ist die Information über den geplanten zeitlichen Ablauf des Genehmigungsverfahrens zu übersetzen (s. Rdn. 3). Abs. 6 verpflichtet zur Übersetzung sonstiger für das Verfahren der grenzüberschreitenden UVP wesentlicher Unterlagen. Soweit in dem betroffenen Staat **mehrere Amtssprachen** bestehen, 4

1 So auch *Peters/Balla/Hesselbarth,* UVPG, § 55 Rn. 3.

2 Ebenso *Rietzler* UVP-report 2019, 91 (94); *Rietzler*, in: HdUVP, 1905 Rn. 56.

3 Vgl. ECE/IMP.EIA/IC/2010/2, Rn. 35.

4 Ebenso *Hofmann*, in: Landmann/Rohmer, Umweltrecht, § 55 UVPG Rn. 5; restriktiver zu Übersetzungspflichten nach dem Espoo-Übereinkommen wohl BVerwG, Urt. v. 03.11.2020 – 9 A 7.19, juris Rn. 55.

5 Vgl. Gesetz zu der Vereinbarung vom 10.10.2018 zwischen der Regierung der Bundesrepublik Deutschland und der Regierung der Republik Polen über Umweltverträglichkeitsprüfungen und Strategische Umweltprüfungen im grenzüberschreitenden Rahmen vom 04.07.2019, BGBl. II, S. 671.

6 BVerwG, Urt. v. 03.11.2020 – 9 A 7.19, juris Rn. 55; ebenso bereits *Rietzler* NVwZ 2015, 483 (487).

7 So jetzt auch Ziff. 55.2 der Allgemeinen Verwaltungsvorschrift zur Ausführung des Gesetzes über die Umweltverträglichkeitsprüfung vom 14.04.2025 (UVPVwV).

reicht die Übersetzung in eine Amtssprache aus. Die zuständige deutsche Behörde hat[8] bei der Wahl der Amtssprache in die übersetzt werden soll, zu berücksichtigen, welche Amtssprache in dem möglicherweise betroffenen Gebiet des anderen Staates überwiegend gesprochen wird. Dies folgt aus den o.a. Vorgaben des Espoo-Übereinkommens und der UVP-RL zur gleichwertigen Beteiligung.

5 Nach Abs. 2 Satz 2 kann die zuständige deutsche Behörde vom Vorhabenträger eine Übersetzung der in Abs. 2 Satz 1 aufgeführten Unterlagen in die entsprechende Amtssprache verlangen. Die Entscheidung, in welche Amtssprache zu übersetzen ist, liegt daher nach dem Wortlaut der Vorschrift nicht beim Vorhabenträger, sondern bei der zuständigen deutschen Behörde. Mit der **Übersetzungspflicht des Vorhabenträgers** wird zugleich klargestellt, dass dieser auch die Kosten der Übersetzung zu tragen hat. Abs. 3 und Abs. 6 enthalten demgegenüber keine Regelung, wonach der Vorhabenträger zu entsprechenden Übersetzungen verpflichtet werden kann. Dies ist insofern sachgerecht, da es sich bei den dort erfassten Unterlagen jeweils um Unterlagen der Verwaltung handelt, die diese selber erstellt. Die Kosten für diese Übersetzungen sind daher ggf. über die jeweiligen Gebührenordnungen zu realisieren.[9]

D. Stellungnahme der ausländischen Behörde (Abs. 4, 7)

6 Nach **Abs. 4** haben die Behörden des anderen Staates mindestens innerhalb der gleichen Frist wie die nach § 17 zu beteiligenden Behörden Gelegenheit zur Stellungnahme. Durch den Verweis auf § 73 Abs. 3a VwVfG gilt eine nicht zu überschreitende Höchstfrist für die Abgabe von Stellungnahmen von drei Monaten. Stellungnahmen, die nach Ablauf der Frist eingehen, sind danach zu berücksichtigen, wenn der Planfeststellungsbehörde die vorgebrachten Belange bekannt sind oder hätten bekannt sein müssen oder für die Rechtmäßigkeit der Entscheidung von Bedeutung sind;[10] im Übrigen können sie berücksichtigt werden. Ebenso wie Stellungnahmen der deutschen Behörden kommt auch den Stellungnahmen der ausländischen Behörden die Wirkung von Fachbeiträgen zu, die das Material für die zusammenfassende Darstellung nach § 24 und die Bewertung der Umweltverträglichkeit nach § 25 Abs. 1 anreichern.[11] **Abs. 7** wurde mit dem UVP-Modernisierungsgesetz eingeführt und kodifiziert die bisherige Praxis der grenzüberschreitenden Behördenbeteiligung. Danach können die beteiligten Behörden des anderen Staates ihre Mitteilungen und Stellungnahmen in einer ihrer Amtssprachen übermitteln. Dies dient der Gewährleistung einer effektiven Behördenbeteiligung und entspricht auch den Vorgaben des Espoo-Übereinkommens sowie der UVP-RL, die beide keine Pflicht zur Übermittlung von Stellungnahmen in der Sprache des Ursprungsstaates vorsehen[12] sowie der bislang geübten Praxis.[13] Soweit in dem betroffenen Staat mehrere Amtssprachen bestehen, hat die ausländische Behörde die Wahl, in welcher Amtssprache sie ihre Stellungnahme übermittelt. Im Ergebnis kann daher die ausländische Behörde eine andere Amtssprache wählen, als die deutsche zuständige Behörde nach Abs. 2, 3 und 6 gewählt hat.

E. Konsultationen (Abs. 5)

7 Abs. 5 weist auf die zusätzliche Möglichkeit sog. Konsultationen hin. **Konsultationen** zwischen zwei Staaten gehen **qualitativ über die Unterrichtung und Abgabe von Stellungnahmen durch Behörden hinaus**. Sie haben zum Ziel, trotz bereits erfolgter Behördenbeteiligung weiterhin bestehende unterschiedliche Auffassungen beider Staaten zur Zulässigkeit des Vorhabens zu erörtern und eine einvernehmliche Lösung im Verhandlungswege vorzubereiten.[14] Ob und wann von dieser zusätzlichen

8 Einschränkender Ziff. 55.6 UVPVwV vom 14.04.2025 »soll«.
9 Ebenso *Hofmann*, in: Landmann/Rohmer, Umweltrecht, § 55 UVPG Rn. 5.
10 Siehe auch *Peters/Balla/Hesselbarth,* UVPG, § 55 Rn. 4.
11 *Hofmann*, in: Landmann/Rohmer, Umweltrecht, § 55 UVPG Rn. 8.
12 Vgl. Begründung der BReg, BR-Drs. 164/17, S. 120.
13 *Rietzler* NVwZ 2015, 483 (488).
14 Zum Ablauf eines Konsultationsverfahrens im schweizerisch-deutschen Grenzraum vgl. *Hofer* UVP-report 1992, 70 ff.

Möglichkeit der Verhandlungen zwischen zwei Staaten Gebrauch gemacht wird, liegt im **Ermessen der Beteiligten** (»soweit erforderlich«). Ebenso kann auch der andere Staat hierum förmlich ersuchen; in diesen Fällen ist es Praxis, dass Deutschland diesem Ersuchen zustimmt. Seitens der Bundesrepublik Deutschland entscheiden über die Aufnahme von Konsultationen die zuständigen obersten Bundes- und Landesbehörden. Da Konsultationen auch Bedeutung für die auswärtigen Beziehungen Deutschlands im Sinne von Art. 32 GG haben können, kann die zuständige oberste Bundesbehörde diese jederzeit an sich ziehen.[15] Dies gilt selbst dann, wenn für das konkrete Zulassungsverfahren eine Landesbehörde zuständig ist.[16] Grundsätzlich ist daher die zuständige oberste Bundesbehörde immer frühzeitig zu beteiligen.

Abs. 5 enthält eine nicht abschließende Aufzählung von **Gegenständen von Konsultationen.** Gegenstand von Konsultationen können demnach die grenzüberschreitenden Umweltauswirkungen des Vorhabens sowie die Maßnahmen zu deren Vermeidung oder Verminderung sein. Das Espoo-Übereinkommen erwähnt in Art. 5 als weiteren möglichen Gegenstand die Maßnahmen zur späteren Überwachung der Auswirkungen des Vorhabens. Letztlich gibt die Regelung keine Begrenzung des Gegenstands von Konsultationen vor.[17] In der Praxis sind allerdings Unterlagen, die als Verschlusssachen eingestuft sind, im Detail kein Gegenstand von Konsultationen; dies folgt aus der zulässigen Teilnahme von externen Personen (s. Rdn. 9). Solche Unterlagen können etwa bei grenzüberschreitenden Verfahren zu Vorhaben nach Nr. 11 der Anlage 1 (Kernanlagen) im Einzelfall eine Rolle spielen. 8

Angesichts der umfassenden Regelung zur gegenseitigen Beteiligung auf Behördenebene ist es sinnvoll, dass Konsultationen erst **zum Ende eines längeren Beteiligungsprozesses** und ausschließlich dazu genutzt werden, um drohende massive zwischenstaatliche Konflikte über die Zulässigkeit eines Vorhabens auszuräumen. Demzufolge sind Konsultationen von deutscher Seite aus wegen Art. 32 GG auch durch die zuständigen obersten Bundesbehörden, die im Regelfall nicht zugleich für die konkrete Vorhabenzulassung zuständig sind, zu führen. Des Weiteren ist zur Vermeidung diplomatischer Verwicklungen auch das Auswärtige Amt einzuschalten.[18] An den Konsultationen können auch externe **Teilnehmer** teilnehmen, wenn dies den Konsultationen dient. Das können etwa Sachverständige oder der Vorhabenträger sein. Die Teilnahme dieses Personenkreises kann etwa dazu beitragen, dass Missverständnisse über den Sachverhalt ausgeräumt werden können. Über ihre Teilnahme haben die jeweiligen deutschen und ausländischen zuständigen Behörden zu entscheiden. Eine Teilnahme der Öffentlichkeit ist nicht möglich. Dagegen spricht zunächst die systematische Stellung der Regelung: Konsultationen sind im Rahmen der Behördenbeteiligung geregelt. Gegen eine Teilnahme der Öffentlichkeit spricht auch, dass es sich bei Konsultationen um Verhandlungen zwischen Staaten handelt. Auch aus diesem Grund ist eine Teilnahme der Öffentlichkeit nicht angezeigt. 9

Die Übersetzung bzw. Bereitstellung von **Dolmetschern** bei Konsultationen ist im Gesetz nicht ausdrücklich geregelt. Daraus lässt sich allerdings nicht schließen, dass eine solche Übersetzung nicht erforderlich ist. Vielmehr ist das Gegenteil der Fall, denn das Espoo-Übereinkommen und die UVP-RL verlangen beide eine effektive grenzüberschreitende Behörden- und Öffentlichkeitsbeteiligung (vgl. Rdn. 3). Ein Konsultationstermin, dem die Teilnehmer des anderen Staates mangels entsprechender Sprachkenntnis nicht folgen können, widerspricht diesem Ziel eindeutig. 10

Um das Zulassungsverfahren nicht zu verzögern, sollte entsprechend dem (deklaratorischen) Hinweis in Abs. 5 Satz 1 von den beteiligten Stellen darauf geachtet werden, dass sie die Konsultationen innerhalb eines zuvor vereinbarten, angemessenen Zeitrahmens durchführen. Zeigen die Konsulta- 11

15 Auf den jeweiligen Einzelfall abstellend *Hofmann*, in Landmann/Rohmer, UVPG, § 55 Rn. 9; *Peters/Balla/Hesselbarth,* UVPG, § 55 Rn. 5.

16 Vgl. zur umfassenden Kompetenz des Bundes *Nettesheim*, in: Dürig/Herzog/Scholz, GG, Art. 32 Rn. 59.

17 Siehe auch *Rietzler* UVP-report 2019, 91 (94).

18 Vgl. auch § 38 der Gemeinsamen Geschäftsordnung der Bundesregierung.

tionen nach Ablauf des gesetzten Zeitrahmens keinen Erfolg, kann und muss die zuständige Behörde das Zulassungsverfahren fortführen; die im Rahmen der Konsultationen erhobenen **Bedenken** des anderen Staates gegen das Vorhaben sind dann – vergleichbar den Stellungnahmen beteiligter Behörden – im Rahmen der abschließenden Entscheidung zu **berücksichtigen** (vgl. auch Art. 8 der UVP-RL).[19] Aus diesem Grund soll die zuständige deutsche Behörde ein Ergebnisprotokoll über die Konsultationen anfertigen.[20]

12 Der mit dem UVP-Modernisierungsgesetz neu eingefügte Satz 2 dient der Umsetzung von Art. 7 Abs. 4 Unterabs. 2 der UVP-RL. Danach können die Konsultationen von einem bestehenden geeigneten Gremium durchgeführt werden. Die Vorschrift soll den Vollzug erleichtern, da bei erforderlichen Konsultationen zukünftig bereits auf bestehende gemeinsame Gremien zurückgegriffen werden kann und nicht anlässlich des konkreten Vorhabens ein neues Gremium gegründet bzw. eine neue Delegation zusammengestellt werden muss.[21] Die bestehenden Gremien müssen nicht zum Zwecke der grenzüberschreitenden Umweltprüfung eingerichtet worden sein; es reicht aus, dass sie zur Durchführung von Konsultationen geeignet sind.[22] Geeignet dürften grds. alle bilateralen Gremien sein, die sich mit grenzüberschreitenden Vorgängen beschäftigen. Dazu gehören insbesondere solche Gremien, die seitens des Bundesministeriums für Umwelt, Naturschutz, nukleare Sicherheit und Verbraucherschutz sowie seiner nachgeordneten Behörden betreut werden.

§ 56 Grenzüberschreitende Öffentlichkeitsbeteiligung bei inländischen Vorhaben

(1) Bei der grenzüberschreitenden Öffentlichkeitsbeteiligung kann sich die Öffentlichkeit des anderen Staates am Verfahren nach den §§ 18 bis 22 beteiligen.

(2) Die zuständige deutsche Behörde wirkt darauf hin, dass
1. das Vorhaben in dem anderen Staat auf geeignete Weise bekannt gemacht wird und
2. dabei angegeben wird,
   a) wo, in welcher Form und in welchem Zeitraum die Unterlagen nach § 19 Absatz 2 der Öffentlichkeit des anderen Staates zugänglich gemacht werden,
   b) welcher deutschen Behörde in welcher Form und innerhalb welcher Frist die betroffene Öffentlichkeit des anderen Staates Äußerungen übermitteln kann sowie
   c) dass im Verfahren zur Beteiligung der Öffentlichkeit mit Ablauf der festgelegten Frist alle Äußerungen für das Verfahren über die Zulässigkeit des Vorhabens ausgeschlossen sind, die nicht auf besonderen privatrechtlichen Titeln beruhen.

(3) Die zuständige deutsche Behörde kann der betroffenen Öffentlichkeit des anderen Staates die elektronische Übermittlung von Äußerungen auch abweichend von den Voraussetzungen des § 3a Absatz 2 und 3 des Verwaltungsverfahrensgesetzes gestatten, sofern im Verhältnis zum anderen Staat für die elektronische Übermittlung die Voraussetzungen der Grundsätze von Gegenseitigkeit und Gleichwertigkeit erfüllt sind.

(4) Die Öffentlichkeit des anderen Staates kann ihre Äußerungen in einer ihrer Amtssprachen übermitteln.

19 Es besteht insoweit kein Vetorecht des anderen (betroffenen) Staates, *Rietzler* UVP-report 2019, 91 (94); Schlussanträge des Generalanwalts Pikamäe v. 03.02.2022, C-121/21, Rn. 151 – eine Entscheidung des EuGH erfolgte wegen einer gütlichen Einigung nach Art. 147 der Verfahrensordnung des Gerichtshofs nicht, vgl. EuGH, Beschl. v. 04.02.2022 – C-121/21.

20 Ziff. 55.5 UVPVwV vom 14.04.2025.

21 *Grandjot* DVBl 2018, 161 (163).

22 Ziff. 55.5 UVPVwV vom 14.04.2025; s. bereits Begründung des Gesetzentwurfes unter BR-Drs. 164/17, S. 120.

Übersicht

A. Allgemeines

Die Vorschrift regelt die Vorgaben für die grenzüberschreitende Öffentlichkeitsbeteiligung bei inländischen Vorhaben. § 56 ergänzt die für die innerstaatliche Öffentlichkeitsbeteiligung maßgeblichen Regelungen der §§ 18–22 für solche UVP-pflichtigen Vorhaben, die wegen ihres Standorts oder ihrer Art nach über die deutsche Grenze hinaus erhebliche Auswirkungen auf die Umwelt von anderen Staaten haben können. Die **Äußerungen der Bürger des anderen Staates** zu dem Vorhaben werden zum **Bestandteil der Öffentlichkeitsbeteiligung** und damit des Verfahrensschrittes der »Ermittlung« der Auswirkungen des Vorhabens auf die Umwelt. Die Vorschrift soll zur **Akzeptanz des Vorhabens** auch im anderen Staat beitragen. Darüber hinaus gibt sie den deutschen Behörden die Möglichkeit, umfassende **Informationen** über die Auswirkungen des Vorhabens zu erhalten. Die Vorschrift wurde mit dem UVP-Modernisierungsgesetz im Jahr 2017 überarbeitet. Sie übernimmt in Abs. 1–3 den Regelungsgehalt des § 9a Abs. 1 UVPG a.F. Die Verpflichtung der deutschen Behörde, auf eine umfassende öffentliche Bekanntmachung des Vorhabens im anderen Staat hinzuwirken, wurde deutlicher herausgearbeitet.[1] Abs. 4 enthält eine neue Regelung, die die bislang im Rahmen grenzüberschreitender Verfahren angewendete Praxis kodifiziert. Zu Gesetzgebungsgeschichte, Anwendungsbereich und Verwaltungsvorschriften siehe die Ausführungen bei § 54 Rdn. 4–18. 1

B. Beteiligung der Öffentlichkeit aus einem anderen Staat (Abs. 1)

§ 56 stellt dic **Öffentlichkeit aus einem anderen Staat** der **innerstaatlichen Öffentlichkeit gleich**, wenn ein Vorhaben nicht nur in Deutschland, sondern auch in einem anderen, in der Regel benachbarten Staat erhebliche Umweltauswirkungen haben kann. Die Regelung enthält keine weitere Voraussetzung, sondern setzt eine grenzüberschreitende UVP voraus. Die – auf Grund der Formulierung – in Teilen der Literatur demgegenüber § 9a UVPG a.F. wohl zugemessene eigenständige Bedeutung, dass es für die Beteiligung der ausländischen Öffentlichkeit (und der Anwendung des § 9a UVPG a.F. mit entsprechenden Pflichten der deutschen zuständigen Behörde) nicht darauf ankam, ob die ausländische Behörde einen entsprechenden Beteiligungswunsch nach § 8 UVPG a.F. geäußert hatte, sondern lediglich, ob von dem inländischen Vorhaben erhebliche Umweltauswirkungen auf den anderen Staat ausgehen,[2] spielt daher keine Bedeutung mehr.[3] Durch § 54 Abs. 5 ist nunmehr klar geregelt, dass eine grenzüberschreitende Öffentlichkeitsbeteiligung nach § 56 nur dann stattfindet, wenn die zuständige Behörde des anderen Staates einen Beteiligungswunsch geäußert hat. Dies entspricht auch den Vorgaben von Art. 3 Abs. 4 des Espoo-Übereinkommens, welcher ausdrücklich regelt, dass die Vorschriften über die Beteiligung der Öffentlichkeit des anderen Staates keine Anwendung finden, wenn dieser Staat keine Beteiligung wünscht. Das Espoo-Übereinkommen selbst geht daher davon aus, dass die Beteiligung der Öffentlichkeit an die Mitteilung des betroffenen Staates geknüpft ist. 2

---

1 Begründung der BReg, BR-Drs. 164/17, S. 120.

2 Etwa *Bunge*, in: HdUVP, Stand: Dezember 2017, § 9a Rn. 29; in diese Richtung wohl auch *Wagner*, in: Hoppe/Beckmann 4. Auflage 2012, § 9a Rn. 10; *Hofmann*, in: Landmann/Rohmer, Umweltrecht, Stand: Juli 2017, § 9a UVPG Rn. 4.

3 A.A. *Hofmann*, in Landmann/Rohmer, Umweltrecht, § 56 UVPG Rn. 5: Voraussetzung ist lediglich, dass Vorhaben in einem anderen Staat erhebliche Umweltauswirkungen haben kann.

3 Die Beteiligung der Öffentlichkeit des anderen Staates am Verfahren richtet sich nach Abs. 1 nach den §§ 18–22. Die Abs. 2–4 enthalten dazu ergänzende Spezialregelungen hinsichtlich der Bekanntmachung sowie der Äußerungen der ausländischen Öffentlichkeit. Soweit nach § 18 ein Erörterungstermin erforderlich ist, enthält § 56 keine Sonderregelung, insbesondere keine ausdrückliche Pflicht, eine Übersetzung in eine Amtssprache des betroffenen Staates zu gewährleisten. Daraus lässt sich allerdings nicht schließen, dass eine solche Übersetzung nicht erforderlich ist. Vielmehr ist mindestens für den Teil des **Erörterungstermins**, der sich mit grenzüberschreitenden Umweltauswirkungen befasst, eine entsprechende Übersetzung erforderlich. Dies ergibt sich aus dem Espoo-Übereinkommens und der UVP-RL, die beide eine effektive grenzüberschreitende Behörden- und Öffentlichkeitsbeteiligung fordern (vgl. § 54 Rdn. 24). Ein Erörterungstermin, dem die Öffentlichkeit des anderen Staates mangels entsprechender Sprachkenntnis, nicht folgen kann, widerspricht diesem Ziel unzweifelhaft. Dies ergibt sich auch vor dem Hintergrund der in Abs. 4 vorgesehenen Berechtigung der ausländischen Öffentlichkeit, ihre Äußerungen in einer ihrer Amtssprachen abzugeben.[4] Der Erörterungstermin kann insoweit nicht isoliert betrachtet werden, so dass eine entsprechende **Übersetzungspflicht bzw. Pflicht zum Dolmetschen** besteht.[5]

C. Pflichten der deutschen Behörde (Abs. 2)

4 Der zuständigen deutschen Behörde wird durch Abs. 2 eine »Garantenpflicht« für eine Information der im anderen Staat ansässigen Bevölkerung zugewiesen. Sie hat daher dort insbesondere auf eine Bekanntmachung des beabsichtigten Vorhabens in geeigneter Weise hinzuwirken. Unter »Hinwirken« ist nicht nur eine frühzeitige Zuleitung der Unterlagen an die dort zuständige Behörde zu verstehen, sondern ein **aktives Einsetzen** und auch **Versichern**, ob die Bekanntmachung tatsächlich geschieht.[6] Die zuständige deutsche Behörde muss daher in ständigem Kontakt mit der zuständigen Behörde des anderen Staates bleiben, um eine sachgerechte Öffentlichkeitsbeteiligung der Bevölkerung des anderen Staates entsprechend der Qualität im Inland zu gewährleisten.[7]

5 Die **Bekanntmachung** im anderen Staat in geeigneter Weise ist der **Beginn der grenzüberschreitenden Öffentlichkeitsbeteiligung**, auf die die zuständige deutsche Behörde daher nach Nr. 1 hinzuwirken hat. Hinzu treten die zur Wahrnehmung des Rechts unabdingbare Mitteilung, wo, in welcher Form und in welchem Zeitraum die Unterlagen der Öffentlichkeit zugänglich gemacht werden (Nr. 2 lit. a)), welcher Behörde und innerhalb welcher Frist die Äußerungen übermittelt werden können (Nr. 2 lit. b)) sowie der Hinweis auf die Rechtsfolge des Ausschlusses von Äußerungen nach Ablauf der festgelegten Frist im abschließenden Zulassungsverfahren (Nr. 2 lit. c)). Der noch in § 9a Abs. 1 Satz 2 Nr. 4 UVPG a.F. enthaltene Hinweis auf die öffentliche Bekanntmachung der Entscheidung samt Begründung und Rechtsbehelfsbelehrung ist nunmehr in § 57 geregelt.

6 Eine Bekanntmachung in geeigneter Weise im Sinne von **Nr. 1** wird zweckmäßigerweise nach Absprache der beteiligten zuständigen deutschen Behörde mit der zuständigen Behörde des anderen Staates **nach den einschlägigen Rechtsvorschriften** zur Bekanntmachung von Vorhaben in der Öffentlichkeit des anderen Staates erfolgen. Diese Vorgaben sind sowohl den dortigen Bürgern wie den Behörden vertraut und daher am besten geeignet, um das Beteiligungsrecht angemessen ausüben zu können. Lediglich wenn die Vorgaben des anderen Staates zur Bekanntmachung inhaltlich hinter denen der §§ 18 ff. zurückbleiben, sollte die deutsche zuständige Behörde auf eine entsprechende Anwendung dieser Vorschriften hinwirken.

---

4 Die Begründung der BReg stellt insoweit darauf ab, dass die Beteiligungsmöglichkeit nicht durch Sprachbarrieren eingeschränkt werden darf, BR-Drs. 164/17, S. 120.

5 So auch Ziff. 56.1 der der UVPVwV vom 14.04.2025.

6 Zustimmend *Peters/Balla/Hesselbarth,* UVPG, § 56 Rn. 7.

7 *Gantzer* VBlBW 2005, 464 (466) weist unter Bezugnahme auf das Territorialitätsprinzip zu Recht daraufhin, dass es sich aber letztlich der deutschen Hoheitsgewalt entzieht, ob entsprechende Handlungen im Ausland tatsächlich durchgeführt werden.

Nr. 2 lit. a) wurde 2017 durch das UVP-Modernisierungsgesetz eingeführt. Mit der Regelung sollte u.a. die Verpflichtung der deutschen Behörde zum Hinwirken auf eine umfassende öffentliche Bekanntmachung präzisiert werden.[8] Es wird nunmehr ausdrücklich klargestellt, dass in der öffentlichen Bekanntmachung im anderen Staat insbesondere angegeben wird, wo, in welcher Form und in welchem Zeitraum die einschlägigen Unterlagen der Öffentlichkeit des anderen Staates zugänglich gemacht werden. 7

Die Angabe für die betroffenen ausländischen Bürger gemäß **Nr. 2 lit. b)**, bei welcher deutschen Behörde Äußerungen vorgebracht werden können, ist insbesondere dort von Interesse, wo – wie in bestimmten Planfeststellungsverfahren – Anhörungs- und Planfeststellungsbehörde auseinanderfallen oder die Abgabe der Stellungnahmen auch bei den Gemeinden erfolgen kann. Die durch das Öffentlichkeitsbeteiligungsgesetz 2006 erfolgte Bereinigung einer redaktionellen Ungenauigkeit der Novelle 2001, wird durch das UVP-Modernisierungsgesetz, beibehalten. Nach Nr. 2 lit. b) ist weiterhin nur noch die **betroffene Öffentlichkeit** berechtigt, Äußerungen zu übermitteln. Das UVPG passt sich auch hier (für die grenzüberschreitende Öffentlichkeitsbeteiligung) den gängigen Beteiligungsregeln des Planfeststellungsrechts an. Obwohl das **Immissionsschutzrecht** und das **Atomrecht** nunmehr für die grenzüberschreitende Öffentlichkeitsbeteiligung auf die Regelungen des UVPG verweisen, bleiben von dieser Begrenzung auf die betroffene Öffentlichkeit die im Immissionsschutzrecht und Atomrecht geltenden weiterreichenden Beteiligungsmöglichkeiten für »Jedermann« unberührt. Dies folgt zum einen aus dem Wortlaut der jeweiligen Verweisregelung, wonach lediglich »sinngemäß« auf das UVPG verwiesen wird. Zum anderen folgt dies aus den Grundsätzen des Espoo-Übereinkommens (Art. 2 Abs. 6), wonach die Öffentlichkeitsbeteiligung der Bevölkerung des anderen Staates entsprechend der Qualität im Inland zu gewährleisten ist. Eine Beschränkung der Äußerungsmöglichkeit auf die betroffene Öffentlichkeit würde daher zu einer Benachteiligung der ausländischen Öffentlichkeit führen, die vor diesem Hintergrund nicht gerechtfertigt ist. 8

Die Hinweispflicht nach **Nr. 2 lit. c)**, dass im Verfahren über die Zulässigkeit des Vorhabens mit Ablauf der Frist Äußerungen ausgeschlossen sind, die nicht auf besonderen privatrechtlichen Titeln beruhen, ist gerade in denjenigen anderen Staaten von Bedeutung, in denen das Instrument der Präklusion nicht bekannt ist.[9] Der Inhalt der Regelung wurde bereits mit dem Gesetz zur Anpassung des Umwelt-Rechtsbehelfsgesetzes und anderer Vorschriften an europa- und völkerrechtliche Vorgaben vom 29. Mai 2017[10] angepasst, um die Rechtsprechung des EuGH zur materiellen Präklusion[11] umzusetzen. Die Bedeutung dieser Regelung hat sich mit der Abschaffung der materiellen Präklusion erheblich verringert. 9

D. Elektronische Übermittlung von Äußerungen (Abs. 3)

Abs. 3 entspricht § 9a Abs. 1 Satz 3 UVPG a.F., der mit dem Gesetz zur Förderung der elektronischen Verwaltung sowie zur Änderung weiterer Vorschriften vom 25. Juli 2013[12] eingeführt worden ist. Danach kann die zuständige deutsche Behörde unter der Voraussetzung der Grundsätze von Gegenseitigkeit und Gleichwertigkeit die elektronische Übermittlung der Äußerungen der Öffentlichkeit des anderen Staates abweichend von den Voraussetzungen des § 3a Abs. 2 VwVfG zulassen. Voraussetzung für eine Ermessensentscheidung der zuständigen deutschen Behörde ist zunächst eine **Gegenseitigkeit.** Die zuständige Behörde kann die elektronische Übermittlung nur zulassen, wenn im umgekehrten Fall auch die zuständige ausländische Behörde eine elektronische Übermittlung in einem von ihr geführten Verfahren, zulassen würde. Weitere Voraussetzung ist eine **Gleichwertigkeit,** d.h. die Arten der elektronischen Übermittlung müssen gleichwertig sein und es dürfen keine Hürden eingebaut sein. Aus diesem Grund lässt die Regelung eine elektronische Übermittlung aus- 10

8 Vgl. BR-Drs. 164/17, S. 120.
9 Ebenso *Hofmann*, in: Landmann/Rohmer, Umweltrecht, § 56 UVPG Rn. 11.
10 BGBl. I, S. 1298.
11 Siehe *Grandjot*, Der neue § 5 Umwelt-Rechtsbehelfsgesetz, S. 138 m.w.N.
12 BGBl. I, S. 2749.

drücklich abweichend von § 3a Abs. 2 VwVfG zu.[13] Die Bezugnahme des deutschen Gesetzgebers auf die Grundsätze von Gegenseitigkeit und Gleichwertigkeit soll damit im **Grenzraum** zweier Staaten für **gleiche Standards** bei der **Öffentlichkeitsbeteiligung** sorgen, um dem Vorhabenträger nicht zu einem Ausweichen in den benachbarten Staat mit einem dort möglicherweise geringeren Verfahrens- oder Umweltstandard zu veranlassen. Die in Deutschland zuständige Behörde muss sich daher über die Rechtslage (und deren Einhaltung) im benachbarten Staat insbesondere durch Abstimmung mit der dort zuständigen Behörde vergewissern. Die elektronische Übermittlung ist bei grenzüberschreitenden Umweltverträglichkeitsprüfungen mittlerweile Standard[14] und erfüllt damit die Grundsätze von Gegenseitigkeit und Gleichwertigkeit. Bei Vorliegen dieser Grundsätze dürfte vor dem Hintergrund der Zielsetzung des Espoo-Übereinkommens sowie der UVP-RL, eine einfache und effektive Beteiligung der Öffentlichkeit des anderen Staates zu gewährleisten, dass Ermessen der zuständigen deutschen Behörde zur Gestattung der elektronischen Übermittlung nach Abs. 3 daher im Regelfall auf Null reduziert sein.[15]

E. Äußerungen in eigener Amtssprache (Abs. 4)

11 Abs. 4 enthält eine neue Regelung mit klarstellendem Charakter,[16] parallel zur Regelung des § 55 Abs. 7. Danach kann die Öffentlichkeit des anderen Staates ihre Äußerungen in einer ihrer Amtssprachen abgeben. Mit dieser Regelung wird die bisherige Praxis[17] in der grenzüberschreitenden Öffentlichkeitsbeteiligung kodifiziert. Sie dient der Gewährleistung einer effektiven Öffentlichkeitsbeteiligung und entspricht auch den Vorgaben des Espoo-Übereinkommens sowie der UVP-RL, die beide keine Pflicht zur Übermittlung von Stellungnahmen in der Sprache des Ursprungsstaates vorsehen.[18] Soweit in dem betroffenen Staat mehrere Amtssprachen bestehen, hat die Öffentlichkeit des anderen Staates die Wahl, in welcher Amtssprache sie ihre Äußerungen übermittelt. Die Regelung betrifft ihrem Wortlaut nach nur die Äußerungen der Öffentlichkeit des anderen Staates. Da der Begriff der Äußerung nur im Zusammenhang mit der Stellungnahme im Rahmen der Öffentlichkeitsbeteiligung gebraucht wird, erfasst Abs. 4 zunächst nicht den gegebenenfalls durchzuführenden Erörterungstermin. Abs. 4 ist für den Erörterungstermin aber entsprechend anzuwenden, d.h. auch mündliche Beiträge der Öffentlichkeit des anderen Staates dürfen in der jeweiligen Amtssprache erfolgen (vgl. auch Rdn. 3).[19] Die Vorschrift enthält keine Regelung, ob eine Übersetzung der Äußerung der Öffentlichkeit des anderen Staates im Anschluss ins Deutsche zu erfolgen hat und ggf. von wem diese zu bezahlen ist.[20] Eine Übersetzungspflicht dieser Dokumente ergibt sich bereits aus § 23 VwVfG, wobei die dort enthaltene Kostenregelung wegen der in § 56 Abs. 4 vorgesehenen Möglichkeit nicht anzuwenden ist. Da eine ausdrückliche Kostentragungsregelung zu Lasten des Vorhabenträgers fehlt, hat zunächst die Behörde die Übersetzungskosten zu tragen. Sie sind daher ggf. im Anschluss über die jeweiligen Gebührenordnungen zu realisieren.

§ 57 Übermittlung des Bescheids

(1) [1]Die zuständige deutsche Behörde übermittelt der benannten Behörde des anderen Staates sowie denjenigen Behörden des anderen Staates, die Stellungnahmen abgegeben haben, in deut-

13 Vgl. Begründung der BReg, BT-Drs. 17/11473, S. 53.

14 So schon die Begründung der BReg, BT-Drs. 17/11473, S. 53.

15 Zurückhaltender (»bei Ausübung des Ermessens zu berücksichtigen«) Ziff. 56.3 der UVPVwV vom 14.04.2025.

16 BR-Drs. 164/17, S. 120.

17 *Grandjot* DVBl 2018, 161 (162); *Rietzler* NVwZ 2015, 483 (488).

18 Vgl. Begründung der BReg, BR-Drs. 164/17, S. 120. Siehe auch *Rietzler*, in: HdUVP, 1905 Rn. 60.

19 Ebenso *Hofmann*, in: Landmann/Rohmer, Umweltrecht, § 56 UVPG Rn. 13.

20 Darauf zutreffend hinweisend *Hofmann*, in Landmann/Rohmer, Umweltrecht, § 56 UVPG Rn. 13.

scher Sprache den Zulassungsbescheid. ²Zusätzlich übermittelt sie in einer Amtssprache des anderen Staates
1. die Teile des Bescheids, die es den beteiligten Behörden und der Öffentlichkeit des anderen Staates ermöglichen, zu erkennen,
   a) auf welche Art und Weise die voraussichtlichen erheblichen nachteiligen grenzüberschreitenden Umweltauswirkungen des Vorhabens sowie Gesichtspunkte oder Maßnahmen zum Ausschluss, zur Verminderung oder zum Ausgleich solcher Auswirkungen bei der Zulassungsentscheidung berücksichtigt worden sind und
   b) auf welche Art und Weise die Stellungnahmen der Behörden und die Äußerungen der betroffenen Öffentlichkeit des anderen Staates sowie die Ergebnisse der Konsultationen nach § 55 Absatz 5 bei der Zulassungsentscheidung berücksichtigt worden sind sowie
2. die Rechtsbehelfsbelehrung.

(2) Die zuständige deutsche Behörde wirkt darauf hin, dass der betroffenen Öffentlichkeit des anderen Staates
1. die Zulassungsentscheidung auf geeignete Weise bekannt gemacht wird und
2. der Bescheid einschließlich der übersetzten Teile zugänglich gemacht wird.

Übersicht

A. Allgemeines

1 § 57 regelt die Pflichten der zuständigen deutschen Behörde, die nach der Entscheidung über die Zulässigkeit des Vorhabens gelten. Die Regelung übernimmt insoweit die Inhalte des § 8 Abs. 3 sowie des § 9a Abs. 1 Satz 2 Nr. 4 UVPG a.F. Abs. 1 enthält eine Pflicht der zuständigen deutschen Behörde, den Zulassungsbescheid in deutscher Sprache sowie konkret beschriebene Teile des Zulassungsbescheids in einer Amtssprache des anderen Staates an die Behörden des anderen Staates zu übermitteln. Der andere Staat und seine Behörden sollen die Entscheidung daher nachvollziehen und die Möglichkeit erhalten, gegebenenfalls rechtlich gegen sie vorgehen zu können. Dazu ist es erforderlich, dass die Informationen in hinreichend genauer und den Bedürfnissen der Adressaten angepassten Form vorgelegt werden.[1] Nach Abs. 2 soll die zuständige deutsche Behörde darauf hinwirken, dass der betroffenen Öffentlichkeit des anderen Staates die Zulassungsentscheidung auf geeignete Weise bekannt sowie der Bescheid zugänglich gemacht wird. Dies soll dazu beitragen, dass auch ausländische Bürgerinnen und Bürger sowie auch ausländische Umweltvereinigungen Rechtsschutz effektiv wahrnehmen können. Zu Gesetzgebungsgeschichte, Anwendungsbereich und Verwaltungsvorschriften siehe die Ausführungen bei § 54 Rdn. 4–18.

B. Übermittlungspflicht (Abs. 1)

2 **Abs. 1 Satz 1** verpflichtet die zuständige deutsche Behörde, der benannten Behörde des anderen Staates[2] sowie den Behörden des anderen Staates, die Stellungnahmen abgegeben haben, den Zulassungsbescheid in deutscher Sprache zu übermitteln. Im Gegensatz zu § 8 Abs. 3 UVPG a.F., der diese Übermittlungspflicht noch gegenüber allen beteiligten Behörden vorsah, ist nunmehr klargestellt,[3] dass die Übermittlungspflicht nur gegenüber denjenigen Behörden besteht, die auch Stellungnahmen abgegeben haben. Im Ergebnis bedeutet dies, dass nicht alle Behörden, die nach § 55 Abs. 1 beteiligt worden sind über das Ergebnis zu informieren sind, sondern nur diejenigen,

1 Schlussanträge des Generalanwalts Pikamäe v. 03.02.2022 – C-121/21, Rn. 171.
2 Falls keine Behörde benannt wurde, greift § 54 Abs. 1 Satz 2, vgl. *Peters/Balla/Hesselbarth,* UVPG, § 57 Rn. 3.
3 So auch die Begründung der BReg, BR-Drs. 164/17, S. 120.

die sich danach aktiv am Verfahren beteiligt haben. Durch die Verwendung des Begriffs »Zulassungsbescheid« wird außerdem die Verknüpfung mit § 26 hergestellt. Nach der Ziff. 57.1 der UVPVwV vom 14.04.2025 hat die Übermittlung des Bescheids immer zumindest schriftlich zu erfolgen. Ergänzend zur schriftlichen oder elektronischen Übermittlung vgl. § 54 Rdn. 21.

3 **Abs. 1 Satz 2** enthält eine Pflicht zur Übermittlung bestimmter Teile des Bescheids in einer Amtssprache des anderen Staates. Die in § 8 Abs. 3 UVPG a.F. bislang enthaltene Ermessensvorschrift zur Übersetzung von Teilen des Bescheids wird nunmehr zu einer Pflicht für die in Abs. 1 Satz 2 aufgeführten Teile des Bescheids. Diese Übersetzungspflicht ergibt sich aus dem Espoo-Übereinkommen sowie der UVP-RL wegen des Grundsatzes der Gleichwertigkeit der Öffentlichkeitsbeteiligung in Verbindung mit dem Verursacherprinzip.[4] Sie entspricht im Ergebnis der bereits geübten Praxis in grenzüberschreitenden Verfahren.[5] Im Hinblick auf die in Abs. 1 Satz 2 enthaltene Übersetzungspflicht für die dort aufgeführten Teile des Bescheids, bietet es sich an, dass die zuständige deutsche Behörde den Zulassungsbescheid entsprechend gliedert, um den Aufwand bei der Übersetzung möglichst gering zu halten.[6] Zur Auswahl der Amtssprache, in die übersetzt werden soll, siehe § 55 Rdn. 4. Zu den Kosten der Übersetzung siehe § 55 Rdn. 5.

C. Hinwirkenspflicht (Abs. 2)

4 Abs. 2 verpflichtet die deutsche zuständige Behörde darauf hinzuwirken, dass die Zulassungsentscheidung auf geeignete Weise bekannt gemacht und der Bescheid einschließlich der übersetzten Teile zugänglich gemacht wird. Die Regelung enthält damit eine § 56 Abs. 2 entsprechende »Garantenpflicht«; zu deren Reichweite siehe § 56 Rdn. 4. Im Vergleich zur bisherigen Regelung des § 9a Abs. 1 Satz 2 Nr. 4 UVPG a.F. fehlt in Abs. 2 Nr. 2 der ausdrückliche Hinweis auf die Begründung der Entscheidung sowie auf die Rechtsbehelfsbelehrung. Damit ist keine inhaltliche Änderung verbunden, da der Bescheid nach § 26 Abs. 1 Nr. 3 zu begründen ist und zu den zu übersetzenden Teilen nach Abs. 1 Satz 2 auch die Rechtsbehelfsbelehrung gehört. Die ausdrückliche Nennung von Begründung sowie Rechtsbehelfsbelehrung ist damit entbehrlich.[7]

§ 58 Grenzüberschreitende Behördenbeteiligung bei ausländischen Vorhaben

(1) [1]Erhält die zuständige Behörde die Benachrichtigung eines anderen Staates über ein geplantes Vorhaben, für das in dem anderen Staat eine Pflicht zur Durchführung einer Umweltverträglichkeitsprüfung besteht und das erhebliche Umweltauswirkungen in Deutschland haben kann, so ersucht die zuständige deutsche Behörde, soweit entsprechende Angaben der Benachrichtigung nicht bereits beigefügt sind, die zuständige Behörde des anderen Staates um Unterlagen über das Vorhaben, insbesondere um eine Beschreibung des Vorhabens und um Angaben über dessen Umweltauswirkungen in Deutschland. [2]Die zuständige deutsche Behörde soll die zuständige Behörde des anderen Staates ersuchen, ihr in deutscher Sprache die Angaben des § 55 Absatz 2 zu übermitteln.

(2) [1]Auf der Grundlage der erhaltenen Angaben teilt die zuständige Behörde der zuständigen Behörde des anderen Staates mit, ob sie eine Beteiligung am Zulassungsverfahren für erforderlich hält. [2]Benötigt sie hierfür weitere Angaben, so ersucht sie die zuständige Behörde des anderen Staates um weitere Angaben im Sinne des § 16 Absatz 1 und 3 in deutscher Sprache.

(3) [1]Die zuständige Behörde unterrichtet die Behörden, die bei einem inländischen Vorhaben nach § 17 zu beteiligen wären, über das Vorhaben und übermittelt ihnen die Unterlagen und

4 Vgl. Begründung der BReg BR-Drs. 164/17, S. 120.
5 Zu einer »faktischen« Pflicht zur Übersetzung nach der alten Rechtslage siehe bereits *Wagner*, in: Hoppe/Beckmann, UVPG, § 8 Rn. 22.
6 Ebenso *Rietzler* UVP-report 2019, 91 (95).
7 Begründung der BReg, BR-Drs. 164/17, S. 120 f.

Angaben, die ihr vorliegen. [2]Sofern sie nicht die Abgabe einer einheitlichen Stellungnahme für angezeigt hält, weist sie die beteiligten Behörden darauf hin, welcher Behörde des anderen Staates eine Stellungnahme zugeleitet werden kann und welche Frist es für die Stellungnahme gibt.

(4) Erhält die zuständige Behörde auf andere Weise Kenntnis von einem geplanten ausländischen Vorhaben, das erhebliche Umweltauswirkungen in Deutschland haben kann, gelten die Absätze 1 bis 3 entsprechend.

(5) [1]Zuständig ist die Behörde, die für ein gleichartiges Vorhaben in Deutschland zuständig wäre. [2]Sind mehrere Behörden zuständig, so verständigen sie sich unverzüglich auf eine federführende Behörde. [3]Die federführende Behörde nimmt in diesem Fall zumindest die in den Absätzen 1 und 2 genannten Aufgaben der zuständigen deutschen Behörde wahr. [4]Die anderen zuständigen Behörden können der federführenden Behörde im Einvernehmen mit der federführenden Behörde weitere Aufgaben übertragen.

(6) Für Konsultationen mit dem anderen Staat gilt § 55 Absatz 5 entsprechend.

Übersicht

A. Allgemeines

1 § 58 enthält die spiegelbildliche Regelung[1] zu den §§ 54 und 55: Während diese Vorschriften die Beteiligung der ausländischen Behörden bei einem deutschen Vorhaben mit möglichen Umweltauswirkungen auf den anderen Staat regeln, zielt § 58 auf eine **Beteiligung deutscher Behörden bei einem ausländischen Vorhaben** mit möglichen erheblichen Auswirkungen auf die Umwelt in Deutschland ab. § 58 übernimmt den Regelungsgehalt des § 9b Abs. 1 UVPG a.F. und präzisiert bzw. ergänzt diesen insbesondere hinsichtlich der Regelungen zur zuständigen deutschen Behörde (Abs. 5). Die Vorschrift soll die **Voraussetzungen für eine Einflussnahme** der in ihrem Zuständigkeitsbereich berührten deutschen Behörden auf ein in einem anderen Staat zuzulassendes Vorhaben schaffen, wenn dieses **erhebliche Umweltauswirkungen über die Grenze** hinaus auf **deutsches Gebiet** haben kann. Hierzu wird der nach deutschem Recht für ein UVP-Verfahren zuständigen Behörde eine zentrale Funktion im Sinne einer ersten Anlaufstelle zugewiesen. Die Vorschrift regelt damit zwar keinen Bestandteil des deutschen UVP-Verfahrens, sie ist aber eine **sinnvolle Ergänzung** zu den originären Verfahrensvorschriften des UVPG, um eine gegenseitige grenzüberschreitende Beteiligung zwischen zwei Staaten zu ermöglichen. Zu Gesetzgebungsgeschichte, Anwendungsbereich und Verwaltungsvorschriften siehe die Ausführungen bei § 54 Rdn. 4–18.

B. Benachrichtigung durch den anderen Staat (Abs. 1)

2 Nach Abs. 1 knüpft die grenzüberschreitende Behördenbeteiligung daran an, dass ein in einem anderen Staat **geplantes UVP-pflichtiges Vorhaben** erhebliche Umweltauswirkungen über dessen Grenzen hinaus haben kann. In anderen Staaten, welche die UVP-RL umgesetzt haben und in denen daher eine dem § 54 entsprechende Unterrichtungspflicht besteht, kann die deutsche zuständige Behörde zunächst davon ausgehen, dass sie ohne eigene Nachforschungen frühzeitig von der zuständigen Behörde des anderen Staates über ein beabsichtigtes UVP-pflichtiges Vorhaben mit grenzüberschreitenden Umweltauswirkungen benachrichtigt wird. Dieser Benachrichtigung sollten

1 Begründung der Bundesregierung, BR-Drs. 164/17, S. 120 f. *Feldmann* DVBl 2001, 589 (598).

entsprechend der Forderung in Abs. 1 Satz 1 insbesondere eine Beschreibung des Vorhabens und Angaben über dessen grenzüberschreitende Umweltauswirkungen beigefügt sein. Soweit diese Unterlagen der Benachrichtigung nicht bereits beigefügt sind, hat die zuständige deutsche Behörde die Pflicht, diese Unterlagen bei der zuständigen Behörde des anderen Staates einzufordern. Nach Abs. 1 Satz 2 soll die zuständige deutsche Behörde darüber hinaus ersuchen, ihr die **Angaben des § 55 Abs. 2 in deutscher Sprache** zu übermitteln. Es handelt sich um eine »soll«-Regelung, so dass lediglich in atypischen Ausnahmefällen von dieser Pflicht seitens der zuständigen deutschen Behörde abgewichen werden kann.[2] In der Praxis kann dieses Ersuchen bei Verweigerungshaltung der zuständigen Behörde des anderen Staates, die entsprechenden Unterlagen in deutscher Sprache zu übermitteln, durchaus zu Schwierigkeiten führen. Insoweit empfiehlt es sich, auf die Ausführungen des Implementation Committee des Espoo-Übereinkommens zur Übersetzung von Unterlagen aus 2010[3] hinzuweisen, die von der Espoo-Vertragsstaatenkonferenz 2011 bestätigt[4] und in § 55 Abs. 2 abgebildet wurden. Die Einbeziehung der nationalen Espoo-Kontaktstelle (vgl. § 54 Rdn. 19) kann in solchen Fällen ebenfalls hilfreich sein. Insgesamt gilt auch hier die Empfehlung, dass zur Konkretisierung und zur Vermeidung von Streit weitere Einzelheiten dieser ersten Kontaktaufnahme in bilateralen Vereinbarungen geregelt werden sollten, wie dies etwa in Art. 2 und 11 der Deutsch-Polnischen Vereinbarung erfolgt ist.[5]

C. Beteiligung am ausländischen Zulassungsverfahren (Abs. 2)

3 Nach **Abs. 2 Satz 1** teilt die zuständige deutsche Behörde mit, ob sie eine Beteiligung an dem Zulassungsverfahren für erforderlich hält. Diese Mitteilung setzt zunächst voraus, dass die zuständige deutsche Behörde für sich selbst die Entscheidung trifft, ob sie eine formelle Beteiligung weiterer deutscher Behörden entsprechend der Beteiligung der ausländischen Fachbehörden am dortigen Zulassungsverfahren für erforderlich hält. Diese Entscheidung muss die **zuständige deutsche Behörde** auf der Grundlage der ihr zugeleiteten Unterlagen treffen. Sie hat daher in einer ersten **Einschätzung** zu beurteilen, ob die möglichen Auswirkungen des Vorhabens nach seiner Größe sowie aufgrund seines Standortes und seiner technischen Ausgestaltung auf das Gebiet der Bundesrepublik Deutschland erheblich sein werden. Rechtliche Grundlage für diese Einschätzung sind die (formalen) Vorgaben des Espoo-Übereinkommens, der UVP-RL und des UVPG und damit insbesondere die Größen- und Leistungswerte bzw. Prüfwerte der Anhänge bzw. der Anlage 1 sowie möglicherweise die Hinweise des § 7 zur Vorprüfung bzw. der §§ 9 ff. zu Änderungsvorhaben. In Zweifelsfällen sollte sie bereits in diesem frühen Stadium andere deutsche Fachbehörden im Wege der Amtshilfe zu Rate ziehen.[6] Keine Rolle spielt insoweit, ob die **deutsche Öffentlichkeit** ein Interesse daran hat, z.B. aus politischen Gründen oder wegen der Art des Vorhabens, sich am ausländischen Zulassungsverfahren zu beteiligen. Dem folgt die UVPVwV vom 14.04.2025in Ziffer 58.2 nicht. Vielmehr sollen bei der Ermessensentscheidung der zuständigen Behörde auch das Interesse der Öffentlichkeit an einer Beteiligung sowie Gesichtspunkte politischer Opportunität berücksichtigt werden. Dem ist nicht zu folgen. Denn Art. 3 Abs. 3 des Espoo-Übereinkommens sowie Art. 7 Abs. 2 der UVP-RL adressieren beide insoweit allein den Vertragsstaat bzw. Mitgliedstaat. Eine Beteiligung der Öffentlichkeit bei der Frage, ob an einem grenzüberschreitenden Verfahren teilgenommen werden

2 Zu »soll«-Regelungen vgl. BVerwG, Urt. v. 23.11.1966 – VI C 94.63, DVBl 1967, 661; BVerwG, Urt. v. 09.09.2003 – 1 C 6/03, BVerwGE 119, 17, 20 m.w.N.

3 ECE/MP.EIA/IC/2010/2, Rn. 35 abrufbar unter http://www.unece.org/fileadmin/DAM/env/documents/2010/eia/ic/ece.mp.eia.ic.2010.2.e.pdf (zuletzt abgerufen am 06.10.2025).

4 ECE/MP.EIA/15, Decision V/4, Rn. 6 (c) und (f), abrufbar unter http://www.unece.org/sites/default/files/2015–06/V.4_Protocol_ General%20issues%20cmpl.pdf (zuletzt abgerufen am 06.10.2025).

5 Vgl. Gesetz zu der Vereinbarung vom 11.04.2006 zwischen der Regierung der Bundesrepublik Deutschland und der Regierung der Republik Polen über die Durchführung des Übereinkommens vom 25.02.1991 über die Umweltverträglichkeitsprüfung im grenzüberschreitenden Rahmen vom 13.04.2007 (BGBl. II, S. 595).

6 Siehe dazu auch *Bunge*, in: HdUVP, Stand: Dezember 2017, § 9b Rn. 41.

soll, ist in den Regelungen jeweils nicht vorgesehen. Der Öffentlichkeit steht insoweit auch kein Klagerecht auf Verpflichtung der Bundesrepublik Deutschland zur Beteiligung am ausländischen UVP-Verfahren zu.[7]

Ein entsprechender Wunsch der Öffentlichkeit an der Beteiligung des UVP-Verfahrens kann aber zu Pflichten nach der Aarhus-Konvention[8] führen. Die Aarhus-Konvention kann zwar nicht dahingehend ausgelegt werden, dass einen Staat eine Verpflichtung trifft, sich nach dem Espoo-Übereinkommen zu beteiligen, wenn die zuständige Behörde in ihrer Einschätzung dazu gekommen ist, dass eine Beteiligung nicht erforderlich ist. Nach einer Entscheidung der 6. Vertragsstaatenkonferenz der Aarhus-Konvention[9] könnte man aber vertreten, dass selbst wenn keine Beteiligung am ausländischen Zulassungsverfahren nach dem Espoo-Übereinkommen erfolgen soll, zumindest eine Information der deutschen Öffentlichkeit über dieses ausländische Zulassungsverfahren durch die deutsche Behörde auf Grund der Pflichten der Aarhus-Konvention erfolgen muss. Ob eine solche Interpretation allerdings zwingend ist, dürfte fraglich sein. Auf Grund welcher Rechtsgrundlage eine entsprechende Information erfolgen soll, ist ungeklärt. Das UVPG enthält insoweit jedenfalls keine Rechtsgrundlage für eine derartige Information der Öffentlichkeit, da es sich um keine Information im Rahmen des UVP-Verfahrens handelt. 4

Nach **Abs. 2 Satz 2** hat die zuständige Behörde um weitere Angaben i.S.d. § 16 Abs. 1 und 3 in deutscher Sprache zu ersuchen, wenn diese für die Entscheidung, ob eine Teilnahme am ausländischen Zulassungsverfahren erforderlich ist, benötigt werden. Das Ersuchen hinsichtlich der in Abs. 2 Satz 2 genannten Teile des UVP-Berichts erstreckt sich nur auf solche Angaben, die für mögliche grenzüberschreitende Umweltauswirkungen von Bedeutung sein können.[10] Ein Anspruch auf eine Übersetzung dieser Angaben ergibt sich aus den Vorgaben des Espoo-Übereinkommens sowie der UVP-RL, die beide eine gleichwertige Behördenbeteiligung auch im betroffenen Staat fordern (vgl. § 55 Rdn. 3).[11] Auch hier kann bei Schwierigkeiten die Einbeziehung der nationalen Espoo-Kontaktstelle (vgl. § 54 Rdn. 19) hilfreich sein. 5

D. Beteiligung weiterer deutscher Behörden (Abs. 3)

Auf Grundlage der Abstimmung nach Abs. 1 und 2 hat die zuständige deutsche Behörde das Beteiligungsverfahren für die in ihrem Aufgabenbereich berührten weiteren deutschen Behörden im Sinne des § 17 zu koordinieren. Nach **Abs. 3 Satz 1** hat die zuständige Behörde die weiteren Behörden zunächst über das Vorhaben zu unterrichten und die ihr vorliegenden Unterlagen zu übermitteln. In der Regel dürfte diese Unterrichtung und Übermittlung schriftlich oder auf elektronische Weise erfolgen. Der Wortlaut der Regelung lässt es darüber hinaus auch zu, dass dies in einem Anhörungstermin geschieht, in dem die zuständige Behörde die anderen deutschen Behörden über die ihr bislang vorliegenden Kenntnisse über das ausländische Vorhaben und die Verfahrensabsprachen mit der zuständigen ausländischen Behörde informiert.[12] **Abs. 3 Satz 2** enthält weitere Hinweispflichten für die zuständige deutsche Behörde, wenn sie die Abgabe einer einheitlichen Stellungnahme nicht 6

7 So im Ergebnis auch *Wissenschaftliche Dienste des BT*, Klagemöglichkeiten gegen ein Ministerium, WD 3–3000-121/13; *Bunge*, in: HdUVP, Stand: Dezember 2017, § 9b Rn. 73 ff.; Zur Möglichkeit einer Vertragsverletzungsklage nach Art. 259 AEUV und vorläufigem Rechtsschutz siehe EuGH, Beschl. v. 21.05.2021, C-121/21 R.

8 Übereinkommen über den Zugang zu Informationen, die Öffentlichkeitsbeteiligung an Entscheidungsverfahren und den Zugang zu Gerichten in Umweltangelegenheiten vom 25.06.1998 (BGBl. II, S. 1252 ff.).

9 Beschluss VI/8 on general issues of compliance der 6. Vertragsstaatenkonferenz, ECE/MP.PP/2017/CRP.7, Rn. 9; Ausgangsverfahren: ACCC/C/2013/92 – *Hinkley Point C.*

10 Begründung der BReg, BR-Drs. 164/17, S. 121.

11 Kein Durchsetzungsrecht mangels territorialer Hoheit im Ausland nach *Kment* NuR 2012, 321 (323).

12 *Hofmann*, in: Landmann/Rohmer, Umweltrecht, Stand: Juli 2017, § 9b UVPG Rn. 6.

für angezeigt hält.[13] Die Entscheidung über die Abgabe einer einheitlichen deutschen Stellungnahme trifft die zuständige deutsche Behörde. Dabei kann sie sich mit weiteren betroffenen Behörden abstimmen. Zu berücksichtigen ist bei dieser Entscheidung unter anderem, ob ein diesbezüglicher Wunsch der ausländischen Behörde vorliegt oder die vermuteten Auswirkungen des Vorhabens und seiner umweltpolitischen Brisanz. Zu berücksichtigen ist aber auch, dass eine angestrebte einheitliche Stellungnahme seitens der Bundesrepublik Deutschland die Gefahr einer Verfristung durch Zeitablauf in sich bergen kann; ggf. muss die zuständige deutsche Behörde daher von vornherein auf eine ausreichende Frist drängen. Soweit keine einheitliche Stellungnahme abgegeben werden soll, sind mit der Mitteilung nach Abs. 3 Satz 1 auch noch Informationen darüber zu geben, gegenüber welcher Behörde des anderen Staates innerhalb welcher Frist eine Stellungnahme abgegeben werden kann.

E. Kenntniserlangung auf anderem Weg (Abs. 4)

7 Bekommt die deutsche zuständige Behörde hingegen keine oder keine rechtzeitigen Informationen zu einem geplanten ausländischen Vorhaben, und hat sie erste Hinweise daher z.B. erst aus der Presse oder aufgrund von anderen, nicht offiziellen Quellen erhalten, verpflichtet Abs. 4 sie dazu, nunmehr **selbst aktiv zu werden** und gemäß den Abs. 1–3 vorzugehen. Sofern der deutschen Behörde keine zuständige Behörde bekannt ist, muss sie sich in entsprechender Anwendung von § 54 hilfsweise an die oberste für Umweltangelegenheiten zuständige Behörde des anderen Staates oder dessen Espoo-Kontaktstelle wenden (vgl. § 54 Rdn. 19). Im Verhältnis zu anderen Mitgliedstaaten der EU hat die deutsche Behörde bei UVP-pflichtigen ausländischen Vorhaben wegen Art. 7 Abs. 2 der UVP-RL einen Anspruch auf Benachrichtigung (vgl. § 54 Rdn. 23). Gegenüber anderen Staaten besteht insoweit kein Anspruch; es gilt das Verfahren nach Art. 3 Abs. 7 des Espoo-Übereinkommens (vgl. § 54 Rdn. 5). Im Gegensatz zu Abs. 1 gilt Abs. 4 allerdings nicht nur für ein UVP-pflichtiges ausländisches Vorhaben, sondern die Regelung gilt für **jedes »geplante ausländische Vorhaben, das erhebliche Umweltauswirkungen in Deutschland haben kann«**. Damit regelt Abs. 3 auch den Fall eines Vorhabens, dass weder nach der UVP-RL noch dem Espoo-Übereinkommen UVP-pflichtig ist. Die Regelung ist daher Anknüpfungspunkt für das in **Art. 2 Abs. 5 des Espoo-Übereinkommens vorgesehene Verfahren**. Danach können beteiligte Vertragsparteien auf Betreiben einer von Ihnen Gespräche darüber aufnehmen, ob eine nicht in Anh. I zum Espoo-Übereinkommen aufgeführte geplante Tätigkeit voraussichtlich erhebliche nachteilige Auswirkungen haben kann und daher so behandelt werden soll, als sei sie im Anh. I aufgeführt. Im Ergebnis können sich folglich die Vertragsstaaten im konkreten Fall dazu entschließen, eine grenzüberschreitende Umweltverträglichkeitsprüfung auch bei solchen Vorhaben durchzuführen, die weder nach dem Espoo-Übereinkommen oder der UVP-RL einer UVP bedürfen, aber trotzdem grenzüberschreitende erhebliche Umweltauswirkungen haben können. Wegen des Erheblichkeitskriteriums dürfte es sich in der Praxis lediglich um wenige Fallgestaltungen handeln. Bei der Frage, wer für die Aufnahme solcher Gespräche zuständig ist, ist Abs. 4 über den Wortlaut hinaus grundrechtskonform auszulegen: Bei dem Verfahren nach Art. 2 Abs. 5 des Espoo-Übereinkommens handelt es sich um einen völkerrechtlichen Gestaltungsakt in der Form einer Ergänzung des völkerrechtlichen Vertrages, die nur von den Vertragsparteien vorgenommen werden kann. Damit fällt das Verfahren in den **Bereich der auswärtigen Gewalt nach Art. 32 GG,** woraus sich eine **zwingende Zuständigkeit des Bundes** ergibt. Die Initiative zu den Gesprächsaufnahmen kann zwar auch von der zuständigen Behörde nach Abs. 4 kommen, die Entscheidung, ob tatsächlich Gespräche aufgenommen werden, muss aber wegen Art. 32 GG vom Bund getroffen werden. Beim Bund ist für die Entscheidung die oberste Bundesbehörde zuständig, in deren fachliche Zuständigkeit das Vorhaben fällt. Es bietet sich an, auch das Auswärtige Amt einzuschalten (vgl. § 55 Rdn. 9). Sofern der Bund der Aufnahme dieses Verfahrens zustimmt, kann die zuständige Behörde die weiteren Schritte nach Abs. 1–3 übernehmen.

13 Nach *Gassner,* UVPG, § 9b Rn. 14 soll es sich bei der einheitlichen Stellungnahme um den Regelfall handeln.

F. Zuständige Behörde (Abs. 5)

Abs. 5 enthält Regelungen zur zuständigen Behörde. Nach **Abs. 5 Satz 1** ist diejenige Behörde zuständig, die für ein gleichartiges Vorhaben in Deutschland zuständig wäre. Bei einer industriellen Anlage, die im Ausland gebaut werden soll, ist dies daher die nach dem jeweiligen Landes-Immissionsschutzgesetz (bzw. Landesorganisationsgesetz) zuständige Behörde, bei einem Bauleitplanverfahren gem. BauGB die angrenzende Gemeinde. Bei negativen Zuständigkeitskonflikten sollte die oberste für Umweltangelegenheiten zuständige Behörde eine Festlegung der zuständigen Behörde treffen. 8

Abs. 5 Satz 2–4 enthalten neue Regelungen, die 2017 durch das UVP-Modernisierungsgesetz eingeführt worden sind. Sie regeln den Fall, in dem **mehrere deutsche Behörden zuständig** sind. Liegt diese Voraussetzung vor, so haben sich die Behörden unverzüglich auf eine federführende Behörde zu verständigen, die im Außenverhältnis zum anderen Staat ausschließlich für die Aufgaben nach Abs. 1 (u.a. Ersuchen um Unterlagen über das Vorhaben) und Abs. 2 (u.a. Mitteilung, ob Teilnahme am grenzüberschreitenden Verfahren erfolgt) zuständig ist. Weitere Aufgaben können der federführenden Behörde übertragen werden. Die Regelung soll Schwierigkeiten, die sich in der Praxis ergeben haben (u.a. Verwirrung bei ausländischen Staaten über die zuständige deutsche Behörde), zukünftig vermeiden.[14] Der **Anwendungsbereich** der Regelung erfasst **sowohl Bundes- als auch Landesbehörden.**[15] Ausweislich der Begründung[16] sollen Satz 2–4 zwar lediglich für Landesbehörden gelten: Sei zuständige Behörde im Sinne von Abs. 1 eine Bundesbehörde, finde Satz 2–4 keine Anwendung; ggf. komme § 31 Abs. 3 in Betracht. Der Wortlaut des § 58 Abs. 5 unterscheidet allerdings nicht zwischen Bundes- und Landesbehörden.[17] Auch in der Praxis sind grundsätzlich Fälle denkbar, in denen sowohl eine Bundes- als auch eine Landesbehörde für ein Vorhaben zuständig sind.[18] Für eine Anwendung auch bei Beteiligung von Bundesbehörden sprechen ebenfalls Sinn und Zweck der Regelung, wonach im Außenverhältnis zum anderen Staat lediglich eine Behörde federführend tätig werden soll. Auf welche **Art und Weise die Verständigung** auf eine federführende Behörde erfolgen soll, regelt die Vorschrift nicht. In der Praxis dürfte eine Verständigung der einzelnen Länder über entsprechende bestehende Gremien und Arbeitsgruppen der UMK ohne weiteres möglich sein. Die Verständigung kann formlos erfolgen[19], insbesondere per E-Mail. Ob zu den nach Abs. 5 Satz 4 zusätzlich zu übertragenden Aufgaben auch die Bekanntmachung und Zugänglichmachung der Unterlagen für die Öffentlichkeit nach § 59 Abs. 1–4 gehören kann, ist fraglich.[20] Da § 59 Abs. 4 es ausreichen lässt, dass Bekanntmachung und Zugänglichmachung über das UVP-Portal erfolgen und zahlreiche Länder ein gemeinsames UVP-Portal betreiben, kann im Einzelfall diese Aufgabe auch an die federführende Behörde übertragen werden. Denn durch die Veröffentlichung im UVP-Portal wird einerseits sichergestellt, dass die Öffentlichkeit in allen betroffenen Ländern gleichsam erreicht wird, und andererseits wird die federführende Landesbehörde dann auch faktisch nicht im örtlichen Zuständigkeitsbereich der anderen Landesbehörden tätig. 9

G. Konsultationen (Abs. 6)

Für Konsultationen bei der grenzüberschreitenden Behördenbeteiligung bei ausländischen Vorhaben verweist Abs. 6 auf eine entsprechende Anwendung des § 55 Abs. 5. Zu Zuständigkeit und Verfahrensweise siehe § 55 Rdn. 7 ff. 10

14 BR-Drs. 164/17, S. 122; so bereits *Bunge*, in: HdUVP, Stand: Dezember 2017, § 9b Rn. 18.

15 Ebenso im Ergebnis auch *Peters/Balla/Hesselbarth*, UVPG, § 58 Rn. 3.

16 BR-Drs. 164/17, S. 122.

17 Anders noch der Referentenentwurf des Bundesministeriums für Umwelt, Naturschutz, Bau und Reaktorsicherheit vom 22.12.2016; vgl. *Grandjot* DVBl 2018, 161 (163).

18 Vgl. § 133 Abs. 1 Satz 2 BBergG (geteilte Zuständigkeit bei einer Transit-Rohrleitung zwischen dem Bundesamt für Seeschifffahrt und Hydrographie und Landesbehörde).

19 S. auch Ziff. 58.5.2 der UVPVwV vom 14.04.2025.

20 Ablehnend die Begründung der BReg, BR-Drs. 164/17, S. 122.

§ 59 Grenzüberschreitende Öffentlichkeitsbeteiligung bei ausländischen Vorhaben

(1) Auf der Grundlage der von dem anderen Staat zu diesem Zweck übermittelten Unterlagen macht die zuständige deutsche Behörde das Vorhaben in geeigneter Weise in den voraussichtlich betroffenen Gebieten der Öffentlichkeit bekannt.

(2) In der Bekanntmachung weist die zuständige deutsche Behörde darauf hin, welcher Behörde des anderen Staates eine Stellungnahme zugeleitet werden kann und welche Frist es für die Stellungnahme gibt.

(3) Die zuständige Behörde macht die Unterlagen öffentlich zugänglich.

(4) Die Bekanntmachung und die nach Absatz 3 öffentlich zugänglich zu machenden Unterlagen sind zumindest über das zentrale Internetportal zugänglich zu machen.

(5) Die Vorschriften über die öffentliche Bekanntmachung der Entscheidung und die Auslegung des Bescheids nach § 27 gelten entsprechend, soweit Rechtsvorschriften des Bundes oder der Länder für die Form der Bekanntmachung und Zugänglichmachung des Bescheids nicht etwas Abweichendes regeln.

Übersicht

A. Allgemeines

1 § 59 regelt die Beteiligung der deutschen Öffentlichkeit bei einem ausländischen Vorhaben und enthält damit die spiegelbildliche Regelung zu § 56. Inhaltlich entspricht die Regelung weitgehend § 9b Abs. 2 und 3 UVPG a.F. Sie enthält verschiedene Pflichten der zuständigen Behörde, insbesondere die Pflicht, der Öffentlichkeit die erforderlichen Informationen für eine effektive Beteiligung am ausländischen Zulassungsverfahren zur Verfügung zu stellen. Die Vorschrift soll die **Voraussetzungen für eine Einflussnahme** der betroffenen Bürger auf ein in einem anderen Staat zuzulassendes Vorhaben schaffen, wenn dieses **erhebliche Umweltauswirkungen über die Grenze** hinaus auf **deutsches Gebiet** haben kann. § 59 regelt damit zwar keinen Bestandteil des deutschen UVP-Verfahrens. Sie ist aber eine **sinnvolle Ergänzung** zu den originären Verfahrensvorschriften des UVPG, um eine gegenseitige grenzüberschreitende Beteiligung zwischen zwei Nachbarstaaten zu ermöglichen. Zu Gesetzgebungsgeschichte, Anwendungsbereich und Verwaltungsvorschriften siehe die Ausführungen bei § 54 Rdn. 4–18.

B. Pflichten der deutschen zuständigen Behörde (Abs. 1, 3)

2 Abs. 1 und 3 enthalten Pflichten der zuständigen deutschen Behörde hinsichtlich der Einleitung der Öffentlichkeitsbeteiligung. Nach **Abs. 1** hat die zuständige deutsche Behörde das Vorhaben auf Grundlage der zu diesem Zweck übermittelten Unterlagen in geeigneter Weise in den voraussichtlich betroffenen Gebieten bekannt zu machen. Die Art und Weise der Bekanntmachung steht dabei im **Ermessen der Behörde**. Zu berücksichtigen ist dabei die Art des Vorhabens und die im anderen Staat geltenden Vorgaben.[1] Eine weitere Einschränkung enthält Abs. 4, der eine zwingende Bekanntmachung über das zentrale Internetportal vorsieht (vgl. Rdn. 4). Im Vergleich zu § 9b Abs. 2 UVPG a.F. nicht mehr enthalten ist die Einschränkung »soweit eine Öffentlichkeitsbeteiligung nach den Vorschriften des übermittelnden Staates erfolgt oder nach diesem Gesetz durchzuführen wäre«.

1 BR-Drs. 164/17, S. 122.

Diese Formulierung war missverständlich bzw. unklar.[2] Eine inhaltliche Änderung ist durch die Streichung nicht erfolgt. **Abs. 3** verpflichtet die zuständige deutsche Behörde darüber hinaus, die von dem anderen Staat übermittelten Unterlagen (vgl. § 58 Abs. 1 und 2) öffentlich zugänglich zu machen. Wie die Unterlagen öffentlich zugänglich gemacht werden, steht im **Ermessen der Behörde**. Abs. 4 ist insoweit zu beachten.

C. Inhalt der Bekanntmachung (Abs. 2)

Abs. 2 regelt den Inhalt der Bekanntmachung. Danach muss in der Bekanntmachung darauf hingewiesen werden, welcher Behörde des anderen Staates[3] eine Stellungnahme zugeleitet werden kann und welche Frist es für die Abgabe der Stellungnahme gibt. Weitere Pflichten zum Inhalt der Bekanntmachung enthält die Regelung nicht. Zusätzlich sollte in der Bekanntmachung allerdings darauf hingewiesen werden, dass die deutsche Öffentlichkeit ihre **Stellungnahme in deutscher Sprache** abgeben kann.[4] Dieses Recht, das die Regelung des § 56 Abs. 4 spiegelt, ergibt sich aus dem Espoo-Übereinkommen sowie der UVP-RL (vgl. § 56 Rdn. 11). An einer entsprechenden Regelung ist der deutsche Gesetzgeber wegen des Territorialitätsprinzips[5] gehindert; eine Regelung in völkerrechtlichen Vereinbarungen ist diesbezüglich allerdings möglich und sinnvoll.[6] Darüber hinaus kann es sich anbieten, einen Hinweis darauf zu geben, dass die **Einwendungen nach dem Recht des ausländischen Staates behandelt** werden und insoweit nicht die deutschen Regelungen z.B. zum Datenschutz gelten. Insbesondere in skandinavischen Staaten gelten teilweise progressivere Transparenzregelungen hinsichtlich abgegebener Stellungnahmen, die dazu führen, dass die Stellungnahmen vollständig (d.h. mit Namen und Anschrift des Einwenders) im Internet veröffentlicht werden. Um Irritationen im Nachgang zu vermeiden, ist daher von der zuständigen Behörde im Vorfeld zu überlegen, ob entsprechende Hinweise in der Bekanntmachung aufzunehmen sind. Gegebenenfalls hat sie sich über die einschlägigen Bestimmungen des anderen Staates vorab zu informieren. 3

D. Form der Bekanntmachung und der Veröffentlichung von Unterlagen (Abs. 4)

Abs. 4 enthält eine neue Regelung, die 2017 mit dem UVP-Modernisierungsgesetz eingeführt worden ist. Danach sind die Bekanntmachung und die nach Abs. 3 öffentlich zugänglich zu machenden Unterlagen **zumindest über das zentrale Internetportal** (vgl. § 20) zugänglich zu machen (siehe auch § 2 Abs. 1 Nr. 1 lit. c und Nr. 4 UVPPortV). Die Regelung setzt Art. 7 Abs. 4 der UVP-RL um, der durch den Verweis auf Art. 6 Abs. 5–7 der UVP-RL auch in grenzüberschreitenden Verfahren eine Bekanntmachung über das zentrale Internetportal fordert. Zugleich wird damit im Verhältnis zu EU-Mitgliedstaaten festgelegt, dass die Dauer der Auslegung entsprechend Art. 6 Abs. 7 der UVP-RL mindestens 30 Tage beträgt. Die **zuständige deutsche Behörde** hat daher schon im Rahmen des Verfahrens nach § 58 Abs. 1 darauf **hinzuwirken**, dass diese Frist eingehalten werden kann. Einen Anspruch gegen die deutsche zuständige Behörde auf Einhaltung dieser Frist hat die deutsche Öffentlichkeit allerdings nicht, da es sich um kein originär deutsches Verwaltungsverfahren handelt (vgl. Rdn. 1). Soweit die Behörde des anderen Staates eine kürzere Frist setzt, sind Beschwerden dagegen direkt gegen diese Behörde geltend zu machen, gegebenenfalls in einem sich anschließenden Rechtsbehelfsverfahren. 4

2 So zum UVPG a.F. *Hofmann,* in: Landmann/Rohmer, Umweltrecht, Stand: Juli 2017, § 9b UVPG Rn. 9; BR-Drs. 164/17, S. 122.

3 Keine Zuleitung der Stellungnahmen über deutsche Behörde, vgl. *Peters/Balla/Hesselbarth,* UVPG, § 59 Rn. 6.

4 S. auch Ziff. 59.2 der UVPVwV vom 14.04.2025.

5 Vgl. dazu *Kment* NuR 2012, 321 (322) m.w.N.

6 Vgl. etwa Art. 20 der Deutsch-Polnischen Vereinbarung über Umweltprüfungen, siehe § 64 Rdn. 2.

E. Pflichten nach Erlass der Zulassungsentscheidung (Abs. 5)

5 Abs. 5 regelt die Pflichten der zuständigen deutschen Behörde, nachdem das Zulassungsverfahren im anderen Staat abgeschlossen wurde. Danach gelten für die öffentliche Bekanntmachung der Entscheidung und die Auslegung des Bescheids die Vorschriften des § 27 entsprechend, soweit Rechtsvorschriften des Bundes oder der Länder nicht etwas Abweichendes regeln. Somit ist in entsprechender Anwendung § 74 Abs. 5 Satz 2 VwVfG für die Bekanntmachung heranzuziehen sowie § 74 Abs. 4 Satz 2 VwVfG für die Auslegung des Bescheids. Durch den Verweis auf § 20 in § 27 ist zugleich sichergestellt, dass die Bekanntmachung der Entscheidung sowie der Bescheid auf dem zentralen Internetportal zu veröffentlichen sind (siehe auch § 2 Abs. 1 Nr. 1 lit. d und Nr. 5 lit. b UVPPortV). Um die vom Espoo-Übereinkommen und der UVP-RL geforderte effektive und gleichwertige Öffentlichkeitsbeteiligung sicherzustellen,[7] soll die zuständige deutsche Behörde rechtzeitig darauf hinwirken, eine Übersetzung entsprechend § 57 Abs. 1 Satz 2 zu erhalten (vgl. § 57 Rdn. 3).[8]

Abschnitt 2 Grenzüberschreitende Strategische Umweltprüfung

§ 60 Grenzüberschreitende Behördenbeteiligung bei inländischen Plänen und Programmen

(1) [1]Für die grenzüberschreitende Behördenbeteiligung bei Strategischen Umweltprüfungen gelten die Vorschriften über die Benachrichtigung eines anderen Staates nach § 54 und für die grenzüberschreitende Behördenbeteiligung nach § 55 entsprechend. [2]Bei der Benachrichtigung der zuständigen Behörde eines anderen Staates ist ein Exemplar des Plan- oder Programmentwurfs und des Umweltberichts zu übermitteln.

(2) [1]Die zuständige deutsche Behörde übermittelt den beteiligten Behörden des anderen Staates die Benachrichtigung in einer Amtssprache des anderen Staates. [2]Bei der Durchführung der grenzüberschreitenden Behördenbeteiligung übermittelt sie zumindest folgende Unterlagen in der Amtssprache des anderen Staates:

1. **den Inhalt der Bekanntmachung nach § 42 in Verbindung mit § 19 Absatz 1,**
2. **die nichttechnische Zusammenfassung des Umweltberichts sowie**
3. **die Teile des Plan- oder Programmentwurfs und des Umweltberichts, die es den beteiligten Behörden und der Öffentlichkeit des anderen Staates ermöglichen, die voraussichtlichen erheblichen nachteiligen grenzüberschreitenden Umweltauswirkungen des Vorhabens einzuschätzen und dazu Stellung zu nehmen oder sich zu äußern.**

(3) Die zuständige deutsche Behörde setzt eine angemessene Frist, innerhalb derer die zuständige Behörde des anderen Staates Gelegenheit zur Stellungnahme hat.

Übersicht

7 Vgl. Begründung der BReg BR-Drs. 164/17, S. 120.
8 Ebenso bereits zum UVPG a.F. *Bunge*, in: HdUVP, Stand: Dezember 2017, § 9b Rn. 68.

A. Allgemeines

Die §§ 60–63 regeln für das Aufstellungs- und Änderungsverfahren von Plänen und Programmen die grenzüberschreitende Beteiligung für Behörden und Öffentlichkeit in unmittelbarer Anlehnung an die §§ 54–59. Sie wurden 2017 durch das UVP-Modernisierungsgesetz neu strukturiert und gehen auf den mit dem SUPG 2005 geschaffenen § 14j UVPG a.F. zurück. Die Vorschriften setzen das SEA-Protokoll[1] sowie die SUP-RL um. 1

I. Regelungsgegenstand

Die §§ 60–63 übertragen die Anforderungen der §§ 54–59 für das grenzüberschreitende Beteiligungsverfahren bei Vorhaben »entsprechend« auf die Plan- und Programmebene. In § 60 wird daher auf die in §§ 54 und 55 umfassend geregelte **grenzüberschreitende Behördenbeteiligung** im Rahmen einer UVP für Vorhaben verwiesen. Die Regelungen werden aber durch weitere Details für Pläne und Programme konkretisiert, etwa hinsichtlich der Pflichten zur Übersetzung von Unterlagen. § 61 nimmt in gleicher Weise auf die in § 56 für Vorhaben geregelte **grenzüberschreitende Öffentlichkeitsbeteiligung** im Rahmen einer UVP Bezug. Die §§ 62 und 63 nehmen schließlich für **die Beteiligung der deutschen Behörden und Öffentlichkeit** bei **Plänen und Programmen eines anderen Staates** Bezug auf die entsprechenden Regelungen der §§ 58 und 59. 2

II. Zweck und Bedeutung der Vorschrift

Die §§ 60 ff. sollen sicher stellen, dass **Pläne und Programme**, die wegen der Nähe des Plangebiets zur Grenze oder auch wegen ihrer weit reichenden Auswirkungen über diese hinaus erhebliche Auswirkungen auf die **Umwelt von anderen Staaten** haben können, auch von den Behörden und Bürgern der betroffenen Staaten **beeinflusst** werden können. Umgekehrt soll deutschen Behörden und der deutschen Öffentlichkeit die Möglichkeit eingeräumt werden, auf Programme und Pläne anderer Mitgliedstaaten im Rahmen des dortigen Beteiligungsverfahrens Einfluss zu nehmen. 3

III. Gesetzesgeschichte

Eine gesetzlich geregelte grenzüberschreitende Behörden- und Öffentlichkeitsbeteiligung gab es im deutschen Recht vor In-Kraft-Treten des UVPG nicht. Die Entwicklung zur grenzüberschreitenden Beteiligung wurde national eingeleitet durch Schaffung des § 8 UVPG a.F. zur grenzüberschreitenden Behördenbeteiligung im Jahr 1990 und setzte sich daran anschließend international und innerhalb der EU fort. Die grenzüberschreitende Beteiligung für Pläne und Programme erfolgte innerhalb der EU durch die SUP-RL von 2001 mit dem maßgeblichen Art. 7. Auf internationaler Ebene wurde die grenzüberschreitende Beteiligung bei Plänen und Programmen durch das SEA-Protokoll von 2003 festgeschrieben. Die §§ 60–63 sind das innerstaatliche Resultat dieses Entwicklungsprozesses, der auf eine **enge Zusammenarbeit** der Umweltbehörden unter Beteiligung der betroffenen Bürger **innerhalb Europas** abzielt. Sie gehen auf § 14j UVPG a.F. zurück, der für die grenzüberschreitende Beteiligung bei Plänen und Programmen durch das SUPG 2005 eingeführt worden ist. Mit diesen Regelungen gewährleistet der deutsche Gesetzgeber im gesamtstaatlichen Interesse eine grenzüberschreitende Strategische Umweltprüfung und kommt seinen internationalen und europarechtlichen Verpflichtungen zur Zusammenarbeit bei grenzüberschreitenden Umweltauswirkungen nach.[2] 4

1. Vorgaben des SEA-Protokolls

Das SEA-Protokoll von 2003 regelt die Strategische – auch grenzüberschreitende – Umweltprüfung (Behörden- und Öffentlichkeitsbeteiligung) bei bestimmten in Art. 4 des Protokolls aufgeführten Plänen und Programmen. Es ist am 11.07.2010 in Kraft getreten. **Kernelement** des grenzüber- 5

1 Protokoll vom 21.05.2003 über die strategische Umweltprüfung zum Übereinkommen über die Umweltverträglichkeitsprüfung im grenzüberschreitenden Rahmen (BGBl. II, S. 497).

2 Begründung des Regierungsentwurfs BR-Drs. 588/04, S. 41.

schreitenden Verfahrens ist **Art. 10** des Protokolls: Nach Abs. 1 hat ein Staat, auf dessen Hoheitsgebiet ein Plan oder Programm mit voraussichtlich erheblich grenzüberschreitenden Auswirkungen auf die Umwelt verabschiedet werden soll, den betroffenen Staat so früh wie möglich darüber zu informieren. Gleiches gilt, wenn der betroffene Staat um eine solche Benachrichtigung ersucht. Abs. 2 enthält Vorgaben zu den Unterlagen, die der Benachrichtigung zumindest beigefügt werden müssen. Dazu gehören u.a. der Entwurf des Plans oder Programms, der Umweltbericht mit den Informationen zu grenzüberschreitenden Umweltauswirkungen sowie Informationen über das Entscheidungsverfahren. Abs. 3 und 4 enthalten Vorgaben zu Konsultationen sowie zur Behörden- und Öffentlichkeitsbeteiligung. Es wird insbesondere festgelegt, dass Behörden und Öffentlichkeit eine angemessene Frist zur Abgabe von Stellungnahmen eingeräumt werden muss. Auch weitere Vorschriften des SEA-Protokolls enthalten Vorgaben zur grenzüberschreitenden Strategischen Umweltprüfung. So müssen etwa nach Art. 11 bei der Annahme des Plans oder Programms die im Rahmen der grenzüberschreitenden Strategischen Umweltprüfung abgegebenen Stellungnahmen gebührend berücksichtigt werden. Der andere Staat muss auch über die Annahme des Plans oder Programms benachrichtigt werden. Weitere Vorgaben enthalten auch Art. 7 i.V.m. Anh. IV (Umweltbericht) sowie Art. 8 i.V.m. Anh. V (öffentliche Bekanntmachung). Für die **Durchsetzung der Anforderungen** des SEA-Protokolls in der Praxis relevant, ist – wie auch beim Espoo-Übereinkommen – das Implementation Committee (vgl. § 54 Rdn. 7).

2. Vorgaben der SUP-Richtlinie

6 Den entscheidenden Schritt zur Einbeziehung von Plänen und Programmen in das grenzüberschreitende Beteiligungsverfahren der Umweltprüfung hat die SUP-RL aus dem Jahr 2001 vollzogen. Bereits die vorangestellten **Erwägungsgründe** der SUP-RL verdeutlichen in **Nr. 16**, dass die betreffenden Mitgliedstaaten Konsultationen aufnehmen und die betroffenen Behörden und Öffentlichkeit informiert werden und Gelegenheit zur Stellungnahme erhalten sollen, wenn die Durchführung eines Plans oder Programms voraussichtlich erhebliche Auswirkungen auf die Umwelt anderer Mitgliedstaaten hat.

7 **Art. 7** regelt anschließend detailliert das Verfahren der grenzüberschreitenden Konsultationen:

- Nach Abs. 1 ist von einem Mitgliedstaat vor der Annahme eines Plans oder Programms eine Kopie des Entwurfs und des Umweltberichts an den anderen Mitgliedstaat zu übermitteln, wenn bei ihm selbst die Auffassung besteht, dass der Plan oder das Programm erhebliche Auswirkungen auf die Umwelt des anderen Mitgliedstaats haben wird, oder vom anderen Mitgliedstaat ein entsprechender Antrag gestellt wird.
- Abs. 2 gibt dem betroffenen Mitgliedstaat auf, dem planenden Staat mitzuteilen, ob er vor der Annahme des Plans oder Programms Konsultationen wünscht. Diese sind auf die voraussichtlichen grenzüberschreitenden Auswirkungen bei Durchführung des Plans oder Programms und auf die geplanten Maßnahmen zur Verminderung oder Vermeidung der Auswirkungen zu beziehen. Zugleich ist eine Verständigung über die Einbeziehung der Behörden und Öffentlichkeit des betroffenen Staates einschließlich ihrer Unterrichtung und Gelegenheit zur Stellungnahme innerhalb angemessener Frist geboten.
- Nach Abs. 3 ist für die Konsultationen ein angemessener Zeitrahmen zwischen den beiden Mitgliedstaaten zu vereinbaren.

3. Innerstaatliche Entstehung

8 Der Regierungsentwurf des SUPG **2005** hatte die Vorgaben der SUP-RL durch § 14j UVPG a.F. umgesetzt, der inhaltlich weitgehend den jetzigen Regelungen der §§ 60–63 entspricht. Vorschlägen des Bundesrates im Gesetzgebungsverfahren, verbindliche Höchstfristen einzuführen, ist der Bundestag auf Vorschlag der Bundesregierung bewusst nicht gefolgt, um bei großräumigen und komplexen

Planungsverfahren den Behörden die notwendigen Spielräume zu belassen.[3] **2017** wurden die Regelungen durch das UVP-Modernisierungsgesetz neu strukturiert. § 14j UVPG a.F. wurde in mehrere Vorschriften aufgeteilt und um neue Regelungen, insbesondere zu Übersetzungspflichten, ergänzt.

IV. Anwendungsbereich der Vorschrift

§ 60 und § 61 kommen grundsätzlich in **allen Verfahren zur Aufstellung oder Änderung von Plänen und Programmen** zur Geltung, die einer Pflicht zur Strategischen Umweltprüfung unterliegen. Vorrangige Vorschriften des Fachrechts des Bundes gibt es derzeit nicht. Eine Besonderheit gilt aber nach § 4a Abs. 5 Satz 2 BauGB für Bauleitpläne mit erheblichen Auswirkungen auf Nachbarstaaten. So verweist der HS 1 des Satzes 2 auf die Geltung der Vorschriften des UVPG und damit auf § 60 und § 61. Dieser Verweis bezieht sich nach § 4a Abs. 5 Satz 2 HS 2 BauGB aber nicht auf den weiteren Umgang mit den nach den Vorgaben des UVPG einzuholenden Stellungnahmen der Öffentlichkeit und Behörden des anderen Staates. Damit bleibt es im Bauleitplanverfahren bei der Behandlung der eingegangenen Stellungnahmen der Behörden und auch der Öffentlichkeit bei der Geltung der Vorschriften des BauGB und damit bei den dortigen Fristen, Präklusionsregeln und Bekanntmachungs- und Rechtsbehelfsvorschriften für Pläne. § 10 Abs. 2 Satz 2 ROG verweist für die grenzüberschreitende Beteiligung bei Raumordnungsplänen ausdrücklich auf die §§ 60 und 61. 9

V. Geltung von Verwaltungsvorschriften

Die **Allgemeine Verwaltungsvorschrift zur Ausführung des Gesetzes über die Umweltverträglichkeitsprüfung (UVPVwV)** vom 14.04.2025 enthält keine Vorgaben zu grenzüberschreitenden Strategischen Umweltprüfung. Auch wenn § 70 die §§ 60 ff. nicht adressieren, wäre die Bundesregierung nicht am Erlass entsprechender Vorschriften gehindert gewesen, da insoweit die in Art. 84 Abs. 2 GG enthaltene Ermächtigung zum Erlass von entsprechenden Verwaltungsvorschriften ausreicht. 10

B. Benachrichtigung und Verfahren (Abs. 1)

Abs. 1 regelt die Pflicht zur Benachrichtigung und das Verfahren der Behördenbeteiligung. Die Vorschrift verweist auf die entsprechende Anwendung von § 54 und § 55. Die in § 54 für die vorhabenbezogene UVP getroffenen Vorgaben für die Benachrichtigung sowie die in § 55 getroffenen Vorgaben für die grenzüberschreitende Behördenbeteiligung beanspruchen daher nach Abs. 1 Satz 1 in angepasster Form auch für die Strategische Umweltprüfung bei Plänen und Programmen Geltung, sofern nicht die nachfolgenden Satz 2 sowie Abs. 2 und 3 besondere und ergänzende Regeln für einzelne Schritte dieser Behördenbeteiligung aufstellen. Damit kommen folgende **Voraussetzungen und Vorgaben** für eine grenzüberschreitende Behördenbeteiligung bei Plänen und Programmen zur Anwendung:[4] Zunächst muss anzunehmen sein, dass der Plan oder das Programm erhebliche Auswirkungen auf die Umwelt in einem anderen Staat zur Folge haben kann. Gleichgestellt ist ein formales Ersuchen des anderen Staates um Beteiligung aus diesem Grund. Sodann hat die für den Plan oder das Programm zuständige Behörde die entsprechend zuständige Behörde des anderen Staates anhand von geeigneten Unterlagen hierüber zu unterrichten, und um Mitteilung innerhalb angemessener Frist zu bitten, ob eine (weitere) Beteiligung erwünscht wird. Hilfsweise ist die oberste für Umweltangelegenheiten zuständige Behörde des anderen Staates zu unterrichten. Hieran schließt sich die Beteiligung der zuständigen Behörde sowie ggf. weiterer Behörden des anderen Staates entsprechend der Beteiligung der inländischen Behörden an. Diesem Verfahren können bei Nichteinigung Konsultationen entsprechend § 55 Abs. 5 folgen (vgl. § 55 Rdn. 7 ff.). Durch den Verweis auf § 55 Abs. 5 wird der Gegenstand, über den Konsultationen geführt werden können im Vergleich zum SEA-Protokoll und zur SUP-RL erweitert: nach dem Wortlaut des SEA-Protokolls und der SUP-RL ist der Gegenstand der Konsultationen abschließend aufgezählt. § 55 Abs. 5 enthält demgegenüber– in Umsetzung des Espoo-Übereinkommens und der UVP-RL – keine abschließende 11

3 Gegenäußerung der BReg zu der Stellungnahme des BR, BT-Drs. 15/4236, S. 5 (zu Nr. 16).

4 Vgl. auch *Hendler* NVwZ 2005, 977 (982).

Aufzählung. Durch den Verweis auf § 55 Abs. 5 wird damit im deutschen Recht auch bei grenzüberschreitenden Strategischen Umweltprüfungen der **Gegenstand der Konsultationen nicht begrenzt**. Um den Besonderheiten des Plan- oder Programmaufstellungs- bzw. -änderungsverfahrens gegenüber dem in §§ 54 ff. geregelten grenzüberschreitenden Verfahren und auch den weiteren Vorgaben der SUP-RL Rechnung zu tragen, sieht § 60 Abs. 1 Satz 2 ergänzend vor, dass neben dem Entwurf des Plans oder Programms der für die strategische Umweltprüfung geforderte **Umweltbericht** zu übermitteln ist. Der Entwurf des Plans oder Programms sowie der Umweltbericht sind nach Maßgabe des Absatzes 2 zu übersetzen. Die gegenteilige Auffassung[5] überzeugt nicht, denn ohne Übersetzung – und der damit verbundenen Möglichkeit der Einschätzung der jeweiligen Betroffenheit – würde die Übersendung im Rahmen der Benachrichtigung für den anderen Staat keinen Sinn ergeben. Dies kann auch der Verfahrensbeschleunigung dienen, da der andere Staat so frühzeitig feststellen kann, ob er an einem grenzüberschreitenden Verfahren teilnehmen möchte.

C. Übersetzungspflichten (Abs. 2)

12 Abs. 2 enthält eine 2017 durch das UVP-Modernisierungsgesetz eingeführte Regelung zu Übersetzungspflichten der zuständigen deutschen Behörde. Nach Satz 1 hat sie die Benachrichtigung in einer Amtssprache des anderen Staates zu übermitteln. Satz 2 regelt, welche weiteren Unterlagen mindestens noch in der Amtssprache des anderen Staates, in der die Benachrichtigung nach Satz 1 übersetzt worden ist, zu übermitteln sind. Diese Übersetzungspflichten sind nach der Begründung des Regierungsentwurfes Folge der **Vorgaben des SEA-Protokolls**: Danach müssen diejenigen Unterlagen übersetzt werden, die es der Öffentlichkeit und den Behörden ermöglichen zu erkennen, ob und in welcher Art und Weise sie von den möglichen erheblichen grenzüberschreitenden Umweltauswirkungen des Plans oder Programms betroffen sein können.[6] Ein konkreter Anknüpfungspunkt im SEA-Protokoll wird in der Begründung nicht genannt. Diese Übersetzungspflicht lässt sich wohl aus Art. 3 Abs. 7 des SEA-Protokolls herleiten, wonach die Öffentlichkeit die Möglichkeit hat ihre Rechte auszuüben, ohne dabei wegen Staatsangehörigkeit, Volkszugehörigkeit oder Wohnsitz benachteiligt zu werden. Selbst wenn man diese Regelung nicht als Grundlage nehmen würde, lassen sich die Vorgaben zu Übersetzungspflichten der grenzüberschreitenden UVP (vgl. § 55 Rdn. 3 f.) auch auf die grenzüberschreitende SUP übertragen, da für eine unterschiedliche Behandlung der Behörden- und Öffentlichkeitsbeteiligung bei grenzüberschreitender UVP und SUP kein sachlicher Grund ersichtlich ist. Im Übrigen würden ohne diese Übersetzungspflichten in grenzüberschreitenden Verfahren unnötige Barrieren errichtet, die dem Sinn und Zweck einer grenzüberschreitenden Beteiligung widersprechen würden.[7] Soweit in dem betroffenen Staat **mehrere Amtssprachen** bestehen, reicht die Übersetzung in eine Amtssprache aus. Die zuständige deutsche Behörde hat bei der Wahl der Amtssprache, in die übersetzt werden soll, zu berücksichtigen, welche Amtssprache in dem möglicherweise betroffenen Gebiet des anderen Staates überwiegend gesprochen wird.

D. Frist zur Abgabe von Stellungnahmen (Abs. 3)

13 Abs. 3 entspricht der bisherigen Regelung des § 14j Abs. 1 Satz 3 UVPG a.F. Danach hat die zuständige deutsche Behörde eine **angemessene Frist** zu setzen, innerhalb derer die zuständige Behörde des andern Staates Gelegenheit zur Stellungnahme hat. Die Angemessenheit beurteilt sich hier nach der jeweiligen Art des Plans oder Programms. Sofern hierfür nicht nach dem einschlägigen Fachgesetz schon Beteiligungsfristen vorgesehen sind, beurteilt sich dies letztlich danach, wie viel Zeit bei vernünftiger Betrachtung für eine ausländische Behörde erforderlich erscheint, um qualifiziert Stellung nehmen zu können. Eine **Mindestfrist** lässt sich aus **§ 41 Satz 2** ableiten, der bereits für die inländische Behördenbeteiligung verlangt, dass die zuständige Behörde für die Abgabe der Stellungnahmen eine angemessene Frist von mindestens **einem Monat** setzt. Eine **Höchstfrist von**

---

5 *Peters/Balla/Hesselbarth*, UVPG, § 60 Rn. 3.
6 Vgl. die Begründung der BReg, BR-Drs. 164/17, S. 123.
7 *Grandjot* DVBl 2018, 161 (162).

drei Monaten wird durch den Verweis in Abs. 1 auf § 55 Abs. 4, der wiederum auf **§ 73 Abs. 3a VwVfG** verweist, festgelegt. Abs. 3 kann insoweit nicht als abschließende Spezialregelung[8] gesehen werden, die § 55 Abs. 4 verdrängt.[9] Das ergibt sich bereits aus dem klaren Wortlaut sowie der Gesamtsystematik des Abschnitts 2. Hätte der Gesetzgeber die Anwendung von § 55 Abs. 4 ausschließen wollen, hätte er – wie an anderer Stelle geschehen (vgl. § 63 Abs. 1) – nicht auf § 55 insgesamt verwiesen. Darüber hinaus ist es auch bei Plänen und Programmen sachgerecht, eine Höchstfrist vorzusehen, um das Verfahren zu beschleunigen und in angemessener Zeit abschließen zu können. Eine Mindestfrist, aber auch eine Höchstfrist, kann sich auch aus bi- oder multilateralen Verträgen ergeben (vgl. § 64). Eine Höchstfrist enthält etwa Art. 12 Abs. 1 der Deutsch-Polnischen Vereinbarung über Umweltprüfungen.[10]

§ 61 Grenzüberschreitende Öffentlichkeitsbeteiligung bei inländischen Plänen und Programmen

(1) [1]Für die grenzüberschreitende Öffentlichkeitsbeteiligung bei Strategischen Umweltprüfungen gilt § 56 entsprechend. [2]Die in dem anderen Staat betroffene Öffentlichkeit kann sich am Verfahren nach § 42 beteiligen.

(2) [1]Die zuständige deutsche Behörde übermittelt bei der Annahme des Plans oder Programms dem beteiligten anderen Staat die in § 44 Absatz 2 genannten Informationen. [2]Dabei übermittelt sie folgende Informationen auch in einer Amtssprache des anderen Staates:

1. die Entscheidung zur Annahme des Programms,

2. die Teile der zusammenfassenden Erklärung, die es den beteiligten Behörden und der Öffentlichkeit des anderen Staates ermöglichen zu erkennen, auf welche Art und Weise

   a) der Plan oder das Programm die im Umweltbericht dargestellten voraussichtlichen erheblichen nachteiligen grenzüberschreitenden Umweltauswirkungen sowie Maßnahmen zum Ausschluss, zur Verringerung oder zum Ausgleich dieser Auswirkungen berücksichtigt,

   b) die Stellungnahmen der Behörden und die Äußerungen der betroffenen Öffentlichkeit des anderen Staates sowie die Ergebnisse der Konsultationen nach § 60 Absatz 1 in Verbindung mit § 55 Absatz 5 berücksichtigt,

3. eine Rechtsbehelfsbelehrung, soweit über die Annahme des Plans oder Programms nicht durch Gesetz entschieden wird, und

4. sonstige Unterlagen, die für das Verfahren der grenzüberschreitenden Strategischen Umweltprüfung wesentlich sind.

Übersicht

A. Allgemeines

§ 61 regelt die grenzüberschreitende Öffentlichkeitsbeteiligung bei inländischen Plänen und Programmen. Sie ergänzt damit die Regelung des § 60 zur grenzüberschreitenden Behördenbeteiligung. Die Regelung differenziert in Abs. 1 und 2 zwischen dem Verfahren vor und nach Annahme des 1

8 So aber zu § 14j UVPG a.F. *Gärditz*, in: Landmann/Rohmer, Umweltrecht, Stand: Juli 2017, § 14j UVPG Rn. 3; *Gassner*, UVPG, § 14j Rn. 4.

9 A.A. *Peters/Balla/Hesselbarth*, UVPG, § 60 Rn. 4.

10 Vgl. Gesetz zu der Vereinbarung vom 10.10.2018 zwischen der Regierung der Bundesrepublik Deutschland und der Regierung der Republik Polen über Umweltverträglichkeitsprüfungen und Strategische Umweltprüfungen im grenzüberschreitenden Rahmen vom 04.07.2019, BGBl. II, S. 671.

Plans oder Programms. Sie entspricht im Wesentlichen § 14j Abs. 2 UVPG a.F. Zu Zweck und Bedeutung der Vorschrift, Gesetzgebungsgeschichte, Anwendungsbereich und Verwaltungsvorschriften siehe die Ausführungen bei § 60 Rdn. 3–10.

B. Verfahren vor Annahme des Plans oder Programms (Abs. 1)

2 Abs. 1 enthält Vorschriften zum Verfahren vor der Annahme des Plans oder Programms. Er verweist in Satz 1 auf die **entsprechende Anwendung von § 56.** Damit gelten dessen Maßgaben auch für die grenzüberschreitende Öffentlichkeitsbeteiligung bei der Aufstellung oder Änderung von Plänen und Programmen. **Zusätzlich** legt Satz 2 fest, dass sich die in dem anderen Staat ansässige Öffentlichkeit am **Verfahren nach** § 42 beteiligen kann. Dieser, auf den ersten Blick überflüssig erscheinende Verweis, ist erforderlich, da § 42 eine bestimmte, von §§ 18 ff. abweichende Regelung zu den Beteiligungsfristen sowie zur materiellen Präklusion enthält (s. Rdn. 4).

3 Sofern beabsichtigte Pläne oder Programme erhebliche Auswirkungen auf die Umwelt in einem anderen Staat haben können und die zuständige Behörde des anderen Staates eine Beteiligung entsprechend § 60 Abs. 1 i.V.m. § 54 Abs. 5 gewünscht hat, können die dort ansässigen Personen am Verfahren der Öffentlichkeitsbeteiligung teilnehmen, und zwar zunächst unter Berücksichtigung der Maßgaben des § 56. Die **zuständige Behörde** für den Plan oder das Programm hat daher in entsprechender Anwendung von § 56 Abs. 2 darauf **hinzuwirken**, dass der Plan oder das Programm in dem anderen Staat auf geeignete Weise bekannt gemacht wird (Nr. 1), dort zugleich angegeben wird, wo, in welcher Form und welchem Zeitraum die erforderlichen Unterlagen öffentlich zugänglich gemacht werden (Nr. 2 lit. a)), bei welcher deutschen Behörde und innerhalb welcher Frist die ausländische betroffene Öffentlichkeit Äußerungen übermitteln kann (Nr. 2 lit. b)) und dabei darauf hingewiesen wird, dass mit Ablauf der festgelegten Frist alle Äußerungen für das Verfahren über die Zulässigkeit ausgeschlossen sind, die nicht auf besonderen privatrechtlichen Titeln beruhen (Nr. 2 lit. c)); vgl. aber auch Rdn. 4. Zu den Details vgl. § 56 Rdn. 4 ff. Die zuständige deutsche Behörde kann des Weiteren in entsprechender Anwendung des § 56 Abs. 3 die elektronische Übermittlung von Äußerungen abweichend von den Voraussetzungen des § 3a Abs. 2 VwVfG zulassen; zu den Details vgl. § 56 Rdn. 10. Darüber hinaus kann die Öffentlichkeit des anderen Staates in entsprechender Anwendung von § 56 Abs. 4 ihre Äußerungen in einer ihrer Amtssprachen übermitteln (vgl. § 56 Rdn. 11).

4 Satz 2 enthält durch den Verweis auf § 42 weitere Konkretisierungen der Öffentlichkeitsbeteiligung, die teilweise zu einem Abweichen von § 56 führen. Zunächst werden durch den Verweis auf **§ 42 Abs. 2** die Unterlagen weiter konkretisiert, die auszulegen sind. Neben dem Entwurf des Plans oder Programms sind der Umweltbericht sowie weitere geeignete Unterlagen auszulegen; diese liegen wegen § 60 Abs. 2 bereits in einer Amtssprache des anderen Staates übersetzt vor. Zugleich ist hierdurch vorgegeben, dass die **Auslegungsfrist** auch zugunsten der ausländischen Öffentlichkeit **zumindest einen Monat** lang zu sein hat. Aus dem Verweis auf **§ 42 Abs. 3 Satz 5** ergibt sich des Weiteren, dass für die **Möglichkeit zu Äußerungen mindestens ein Monat nach Ende der Auslegungsfrist** zur Verfügung stehen muss und dass ein **Erörterungstermin** durchzuführen ist, soweit dies Rechtsvorschriften des Bundes vorsehen. Wegen des Verweises auf **§ 42 Abs. 3 Satz 3 und 4** ist auch auf die Rechtsfolgen der **materiellen Präklusion** hinzuweisen. Im Gegensatz zur UVP wurde bei der SUP im Rahmen des Gesetzes zur Anpassung des Umwelt-Rechtsbehelfsgesetzes und anderer Vorschriften an europa- und völkerrechtliche Vorgaben vom 29.05.2017[1] die materielle Präklusion für Pläne und Programme eingeführt (vgl. § 42 Rdn. 33). Bei der grenzüberschreitenden Öffentlichkeitsbeteiligung bei inländischen Plänen und Programmen ist daher auf die Rechtsfolgen der verspäteten Abgabe oder Nichtabgabe von Stellungnahmen ausdrücklich hinzuweisen.

1 BGBl. I, S. 1298 ff.

C. Verfahren nach Annahme des Plans oder Programms (Abs. 2)

5 Abs. 2 enthält Vorschriften zum Verfahren nach der Annahme des Plans oder Programms. Danach hat die zuständige deutsche Behörde bei der Annahme des Plans oder Programms dem beteiligten anderen Staat die in § 44 Abs. 2 genannten Informationen zu übermitteln. Satz 2 enthält eine Übersetzungspflicht, die lediglich klarstellenden Charakter hat,[2] und zählt abschließend auf, welche Informationen zusätzlich in einer Amtssprache des anderen Staates zu übermitteln sind. Zu Inhalt und Reichweite der Übersetzungspflicht vgl. § 60 Rdn. 12.

§ 62 Grenzüberschreitende Behördenbeteiligung bei ausländischen Plänen und Programmen

Für die Beteiligung der deutschen Behörden bei Plänen und Programmen eines anderen Staates gelten die Vorschriften für die grenzüberschreitende Behördenbeteiligung bei ausländischen Vorhaben nach § 58 und für die Konsultation mit dem anderen Staat nach § 55 Absatz 5 entsprechend.

Übersicht

A. Allgemeines

1 § 62 regelt die grenzüberschreitende Behördenbeteiligung bei ausländischen Plänen und Programmen. Die Vorschrift orientiert sich an § 14j Abs. 3 UVPG a.F. Inhaltlich verweist sie auf die entsprechende Anwendung von § 58 und § 55 Abs. 5. Damit soll auch bei der Strategischen Umweltprüfung für Pläne und Programme, die von einem anderen Staat aufgestellt oder geändert werden und die voraussichtlich erhebliche grenzüberschreitende Umweltauswirkungen haben können, die **Möglichkeit einer Beteiligung der deutschen Behörden** geschaffen werden. Da nach § 62 keine weiteren Maßgaben für Pläne und Programme vorgesehen sind, gelten § 58 und § 55 Abs. 5 uneingeschränkt. Diese Vorschriften regeln allerdings keinen zwingenden Bestandteil des deutschen UVP-Verfahrens, ergänzen aber die originären Verfahrensvorschriften des UVPG in sinnvoller Weise, um die gegenseitige grenzüberschreitende Beteiligung zwischen zwei Staaten zu ermöglichen. Mit dem Verweis ist angestrebt, im Verhältnis zwischen diesen Staaten eine frühzeitige gegenseitige Abstimmung über Pläne und Programme mit erheblichen Umweltauswirkungen zu installieren. Zu Gesetzgebungsgeschichte, Anwendungsbereich und Verwaltungsvorschriften siehe die Ausführungen bei § 60 Rdn. 4–10.

B. Entsprechende Anwendung von § 58 und § 55 Abs. 5

2 In entsprechender Anwendung von § 58 Abs. 1 ist die zuständige deutsche Behörde daher zunächst dazu verpflichtet, die für die Durchführung einer Strategischen Umweltprüfung in einem anderen Staat zuständige Behörde um Unterlagen (in deutscher Sprache) insbesondere über die Umweltauswirkungen des dort beabsichtigten Plans oder Programms zu ersuchen, soweit die Benachrichtigung durch den anderen Staat entsprechende Unterlagen nicht enthält (vgl. § 58 Rdn. 2). Hält die deutsche zuständige Behörde nach Durchsicht dieser Unterlagen eine förmliche Beteiligung deutscher Behörden am dortigen Aufstellungsverfahren für erforderlich, teilt sie dies der zuständigen Behörde des anderen Staates mit. Ggf. hat sie um weitere Unterlagen zu ersuchen (vgl. § 58 Rdn. 3 f.). Auf

2 So die Begründung der BReg, BR-Drs. 164/17, S. 123. Dies entspricht auch der Praxis in grenzüberschreitenden strategischen Umweltprüfungen. Nach *Peters/Balla/Hesselbarth,* UVPG, § 61 Rn. 4 nicht lediglich klarstellend, sondern zumindest mittelbar der Umsetzung der SUP-Richtlinie sowie des SEA-Protokolls dienend.

dieser Grundlage hat die zuständige deutsche Behörde das Beteiligungsverfahren für die in ihrem Aufgabenbereich berührten weiteren deutschen Behörden i.S.d. § 17 zu koordinieren (vgl. § 58 Rdn. 5). Da § 62 ausdrücklich nicht § 41 in Bezug nimmt, gilt die dort vorgesehene **Mindestfrist** von einem Monat für die Beteiligung weiterer betroffener Behörden nicht. Es bleibt durch den Verweis auf § 58 Abs. 3 i.V.m. § 17 Abs. 2 insoweit bei der **Höchstfristregelung** des § 73 Abs. 3a VwVfG. Weiterhin gilt, dass die zuständige deutsche Behörde auch selbst tätig werden kann, wenn sie auf andere Weise von einem Plan oder Programm Kenntnis erlangt (vgl. § 58 Rdn. 6: da es im SEA-Protokoll keine Art. 2 Abs. 5 des Espoo-Übereinkommens entsprechende Regelung gibt, sind die dazugehörigen Ausführungen insoweit unbeachtlich). Die zuständige deutsche Behörde bei ausländischen Plänen und Programmen ist entsprechend § 58 Abs. 5 zu bestimmen (vgl. § 58 Rdn. 7 f.).

3 Im Hinblick auf die Durchführung von **Konsultationen** wird § 55 Abs. 5 direkt in Bezug genommen, so dass der Verweis in § 58 Abs. 6 auf ebenjene Vorschrift nicht weiter zu beachten ist. Regelungstechnisch soll dies einer erleichterten Anwendung dienen.[1] Rechtlich wäre der direkte Verweis auf § 55 Abs. 5 nicht erforderlich gewesen, um die Regelungen zu Konsultationen auch im Bereich der grenzüberschreitenden Behördenbeteiligung bei ausländischen Plänen und Programmen zur Geltung zu bringen. Zum Inhalt vgl. § 55 Rdn. 7 ff. Durch den Verweis auf § 55 Abs. 5 wird der Gegenstand, über den Konsultationen geführt werden können im Vergleich zum SEA-Protokoll und zur SUP-RL erweitert: nach dem Wortlaut des SEA-Protokolls und der SUP-RL ist der Gegenstand der Konsultationen abschließend. § 55 Abs. 5 demgegenüber enthält – in Umsetzung des Espoo-Übereinkommens und der UVP-RL – keine abschließende Aufzählung. Durch den Verweis auf § 55 Abs. 5 wird damit im deutschen Recht auch bei grenzüberschreitenden Strategischen Umweltprüfungen der Gegenstand der Konsultationen nicht begrenzt. Bei ausländischen Plänen und Programmen ist allerdings zu beachten, dass die deutsche Behörde diesen Anspruch nach § 62 in Verbindung mit § 55 Abs. 5 gegenüber dem anderen Staat im Ergebnis nicht durchsetzen kann, da sich dieser Staat auf das SEA-Protokoll sowie die SUP-RL berufen kann und das deutsche Recht insoweit wegen des Territorialitätsprinzips[2] die ausländische Behörde auch nicht zu einer Erweiterung dieser Vorgaben verpflichten kann. In bi- oder multilateralen Vereinbarungen können allerdings entsprechende weitere Regelungen getroffen werden.[3]

§ 63 Grenzüberschreitende Öffentlichkeitsbeteiligung bei ausländischen Plänen und Programmen

(1) Für die Beteiligung der deutschen Öffentlichkeit bei Plänen und Programmen eines anderen Staates gilt § 59 Absatz 1 bis 3 und 5 entsprechend.

(2) Für die Bekanntgabe der Entscheidung über die Annahme oder Ablehnung des Plans oder Programms und für die Auslegung von Unterlagen im Falle der Annahme gilt § 44 entsprechend.

Übersicht

1 So die Begründung der BReg, BR-Drs. 164/17, S. 124.

2 Siehe dazu *Kment* NuR 2012, 321 (322) m.w.N.

3 In den derzeit existierenden bi- bzw. multilateralen Absprachen bestehen keine solchen Regelungen, vgl. exemplarisch etwa Art. 16 der Deutsch-Polnischen Vereinbarung über Umweltprüfungen (siehe § 64 Rdn. 2), der auf Art. 10 Abs. 3 des SEA-Protokolls verweist.

A. Allgemeines

§ 63 regelt die grenzüberschreitende Öffentlichkeitsbeteiligung bei ausländischen Plänen und Programmen. Die Vorschrift orientiert sich an § 14j Abs. 3 UVPG a.F. Inhaltlich verweist sie für das Verfahren vor Annahme des Plans oder Programms auf die entsprechende Anwendung von § 59 Abs. 1–3. Für das Verfahren nach Annahme eines Plans oder Programms gelten seit 2017 durch das UVP-Modernisierungsgesetz die für inländische Pläne und Programme geltenden Regelungen des § 44 sowie § 59 Abs. 5 entsprechend. Mit § 63 soll auch bei der Strategischen Umweltprüfung für Pläne und Programme, die von einem anderen Staat aufgestellt oder geändert werden und die voraussichtlich erhebliche grenzüberschreitende Umweltauswirkungen haben können, die **Möglichkeit einer Beteiligung der deutschen Öffentlichkeit** geschaffen werden. Die Vorschrift ergänzt die originären Verfahrensvorschriften des UVPG in sinnvoller Weise, um die gegenseitige grenzüberschreitende Beteiligung zwischen diesen Staaten zu ermöglichen. Mit § 63 ist angestrebt, im Verhältnis zwischen zwei Staaten eine frühzeitige gegenseitige Abstimmung über Pläne und Programme mit erheblichen Umweltauswirkungen zu installieren. Zu Gesetzgebungsgeschichte, Anwendungsbereich und Verwaltungsvorschriften siehe die Ausführungen bei § 60 Rdn. 4–10. 1

B. Verfahren vor Annahme des Plans oder Programms (Abs. 1)

Abs. 1 regelt im Wesentlichen das Verfahren zur Beteiligung der Öffentlichkeit vor Annahme des Plans oder Programms. Danach ist **§ 59 Abs. 1–3 entsprechend anzuwenden.** Die zuständige deutsche Behörde hat daher zunächst den Plan oder das Programm in geeigneter Weise der Öffentlichkeit bekannt sowie die übermittelten Unterlagen zugänglich zu machen (vgl. § 59 Rdn. 2). Daneben hat die zuständige deutsche Behörde bestimmte Inhalte in der Bekanntmachung in entsprechender Anwendung des § 59 Abs. 2 zu berücksichtigen (vgl. § 59 Rdn. 3). Ausdrücklich nicht in Bezug genommen wurde § 59 Abs. 4, der die Bekanntmachung und eine Veröffentlichung der Unterlagen zumindest über das zentrale Internetportal vorsieht. Nach der Begründung der BReg[1] soll damit eine 1:1-Umsetzung der europarechtlichen Anforderungen sichergestellt werden[2] und die bisherige Flexibilität der Behörde bei der Bekanntmachung und Auslegung des Plans oder Programms beibehalten werden. Ausgeschlossen wird eine Bekanntmachung und Veröffentlichung der Unterlagen über das Internet damit aber nicht. Es liegt im Ermessen der zuständigen deutschen Behörde, ob die Nutzung des Internets insoweit eine »geeignete Weise« darstellt. 2

C. Verfahren nach Annahme des Plans oder Programms (Abs. 2)

Abs. 2 regelt das Verfahren nach Annahme des Plans oder Programms. Danach ist für die Bekanntgabe der Entscheidung über die Annahme oder Ablehnung des Plans oder Programms und für die Auslegung von Unterlagen im Falle der Annahme **§ 44 entsprechend anzuwenden**. Zu berücksichtigen ist aber zugleich, dass Abs. 1 auch die entsprechende Anwendung des **§ 59 Abs. 5** regelt. Nach § 59 Abs. 5 ist es erforderlich, dass die Bekanntmachung der Entscheidung sowie der Bescheid auf dem **zentralen Internetportal** zu veröffentlichen sind (§ 59 Abs. 5 i.V.m. § 27 Satz 2 i.V.m. § 20), soweit Rechtsvorschriften des Bundes oder der Länder für die Form der Bekanntmachung und Zugänglichmachung des Bescheids nicht etwas Abweichendes regeln. Das Verhältnis von Abs. 1 und Abs. 2 ist daher in sich nicht konsistent, denn es ist nicht ersichtlich, weshalb einerseits die zwingende Nutzung des zentralen Internetportals aus Gründen der »1:1-Umsetzung« explizit ausgeschlossen (Abs. 1), anderseits in einem anderen Verfahrensschritt aber ausdrücklich angeordnet wird (Abs. 2). Vor dem Hintergrund der verstärkten Bestrebungen zur Digitalisierung der Verwaltung ist der Verweis auf § 59 Abs. 5 allerdings zu begrüßen.[3] 3

---

1 BR-Drs. 164/17, S. 124.

2 Kritisch zum »1:1-Ansatz« insoweit *Grandjot* DVBl 2018, 161 (163).

3 Enger *Peters/Balla/Hesselbarth,* UVPG, § 63 Rn. 3, die hier § 59 Abs. 5 nur dann anwenden wollen, wenn der Plan oder das Programm nicht angenommen wird. Die Unterscheidung zwischen Annahme und Ablehnung ist insoweit nicht nachvollziehbar, da § 63 Abs. 2 nicht zwischen Annahme und Ablehnung unterscheidet.

Abschnitt 3 Gemeinsame Vorschriften

§ 64 Völkerrechtliche Verpflichtungen

Weitergehende Regelungen zur Umsetzung völkerrechtlicher Verpflichtungen von Bund und Ländern bleiben unberührt.

Übersicht

A. Allgemeines

1 § 64 gilt für alle grenzüberschreitenden Umweltprüfungen und entspricht dem Wortlaut des § 8 Abs. 4 sowie des § 9a Abs. 3 UVPG a.F., die jeweils von § 9b sowie § 14j UVPG a.F. in Bezug genommen wurden. § 64 nimmt auf (nationale) Regelungen zur Umsetzung von aus dem Völkerrecht möglicherweise resultierenden weitergehenden Verpflichtungen Bezug. Damit ist klargestellt,[1] dass einschlägiges Völkerrecht nur aufgrund einer zuvor erfolgten innerstaatlichen Umsetzung bindende Wirkung über die §§ 54 ff. hinaus entfalten kann. Unterhalb der Gesetzesebene können aber schriftliche Absprachen vorgegebene Standards für eine grenzüberschreitende Behörden- und Öffentlichkeitsbeteiligung konkretisieren; diese sind bei der Auslegung des UVPG entsprechend zu berücksichtigen[2]. Insoweit ist die ständige Rechtsprechung des BVerfG zu berücksichtigen, wonach Gesetze im Einklang mit völkerrechtlichen Verpflichtungen der Bundesrepublik Deutschland auszulegen und anzuwenden sind, selbst dann, wenn sie später erlassen worden sind als ein geltender völkerrechtlicher Vertrag.[3]

B. Konkretisierende bi- oder multinationale Absprachen

2 Derzeit existieren die folgenden bi- bzw. multilaterale Absprachen, die die Vorgaben des Espoo-Übereinkommens bzw. des SEA-Protokolls näher konkretisieren. Die **Deutsch-Polnische Vereinbarung über Umweltprüfungen vom 10.10. 2018,**[4] die am 21.02. 2021 in Kraft getreten ist,[5] hat die Deutsch-Polnische UVP-Vereinbarung vom 11.04.2006[6] abgelöst und enthält konkretisierende Regelungen zur grenzüberschreitenden UVP und SUP zwischen Deutschland und Polen.[7] Mit der Neufassung dieses völkerrechtlichen Vertrages sollen u.a. Anregungen aus der Praxis der grenzüberschreitenden Umweltverträglichkeitsprüfung aufgenommen werden. Gleichzeitig soll das Verfahren der grenzüberschreitenden Beteiligung durch die stärkere Präzisierung und Anpassung einzelner Verfahrensvorschriften an die speziellen administrativen Strukturen und Bedürfnisse der Vertrags-

---

1 Ebenso *Peters/Balla/Hesselbarth*, UVPG, § 64 Rn. 2.

2 S. Ziff. 64 UVPVwV vom 14.04.2025.

3 Vgl. BVerfG, Urt. v. 14.10.2004 – 2 BvR 1481/04, BVerfGE 111, 307, 317 ff. sowie zuletzt BVerfG, Beschl. v. 09.12.2021 – 2 BvR 1789/16, juris Rn. 18 m.w.N.

4 Vgl. Gesetz zu der Vereinbarung vom 10.10.2018 zwischen der Regierung der Bundesrepublik Deutschland und der Regierung der Republik Polen über Umweltverträglichkeitsprüfungen und Strategische Umweltprüfungen im grenzüberschreitenden Rahmen vom 04.07.2019, BGBl. II, S. 671 ff.

5 Vgl. Bekanntmachung über das Inkrafttreten der deutsch-polnischen Vereinbarung über Umweltprüfungen vom 16.03.2021, BGBl. II, S. 306.

6 Vgl. Gesetz zu der Vereinbarung vom 11.04.2006 zwischen der Regierung der Bundesrepublik Deutschland und der Regierung der Republik Polen über die Durchführung des Übereinkommens vom 25.02.1991 über die Umweltverträglichkeitsprüfung im grenzüberschreitenden Rahmen vom 13.04.2007, BGBl. II, S. 595 ff.

7 Siehe zur Deutsch-Polnischen UVP-Vereinbarung *Sander/Adamowicz* UPR 2013, 61 ff.; *Albrecht* EurUP 2006, 256 ff.

partner weiter erleichtert und beschleunigt werden.[8] Ein weiterer wesentlicher Inhalt der Neufassung ist die Aufnahme entsprechender Vorschriften zur grenzüberschreitenden Strategischen Umweltprüfung. Inhaltlich enthält die Vereinbarung u.a. genauere Vorgaben zum Benachrichtigungsverfahren (Art. 3 und 11), zur Öffentlichkeits- und Behördenbeteiligung (Art. 5 und 13 sowie Art. 6 und 14) sowie zu Übersetzungspflichten (Art. 20) enthalten. Darüber hinaus konkretisiert die Vereinbarung auch innerhalb welcher Frist der andere Staat spätestens mitteilen muss, ob eine Beteiligung am Verfahren erwünscht ist (Art. 3 Abs. 4 und Art. 11 Abs. 4). Der Teilnehmerkreis bei Konsultationen wird ebenfalls näher bestimmt (Art. 8 Abs. 4 und Art. 16 Abs. 4). Neu ist auch die Regelung in Artikel 21, wonach Unterlagen, die in elektronischer Fassung vorhanden sind, ebenfalls in dieser Fassung zu übermitteln sind. Die in den Anlagen der Vereinbarung enthaltenen Muster für die Benachrichtigung, die Empfangsbestätigung der Benachrichtigung, die Teilnahmeerklärung, die Übermittlung der UVP-Dokumentation sowie der Fristsetzung für Stellungnahmen sowie für Anmerkungen und Einwände bei der Strategischen Umweltprüfung wurden überarbeitet bzw. neu aufgenommen und sind für einen einheitlichen und effektiven Vollzug hilfreich.

Im **deutsch-niederländischen Grenzbereich** konkretisiert die »**Gemeinsame Erklärung** über die Zusammenarbeit bei der Durchführung grenzüberschreitender Umweltverträglichkeitsprüfungen sowie grenzüberschreitender Strategischer Umweltprüfungen im deutsch-niederländischen Grenzbereich zwischen dem Ministerium für Infrastruktur und Umwelt der Niederlande und dem Bundesministerium für Umwelt, Naturschutz und Reaktorsicherheit der Bundesrepublik Deutschland vom 28.05.**2013**«[9] die Verfahren der grenzüberschreitenden UVP und SUP. Die Gemeinsame Erklärung ist kein völkerrechtlicher Vertrag. Sie enthält unter anderem Regelungen zu regelmäßigen Benachrichtigungen sowie Erläuterungen zu Übersetzungen und zur Kostentragung. Für den Vollzug relevant sind u.a. die Erläuterungen zu den jeweiligen Anlaufstellen im anderen Staat, die im Anhang geregelt sind. 3

Im **Gebiet der Oberrheinkonferenz** konkretisiert der »Leitfaden zur grenzüberschreitenden Beteiligung bei umweltrelevanten Vorhaben« der Deutsch-Französisch-Schweizerischen Oberrheinkonferenz vom 27.09.2024[10] die Verfahren der grenzüberschreitenden UVP. Der aktualisierte Leitfaden gilt nicht für die grenzüberschreitende SUP. Insoweit gilt zunächst der »**Leitfaden zur grenzüberschreitenden Beteiligung** bei umweltrelevanten Vorhaben sowie Plänen und Programmen« der Deutsch-Französisch-Schweizerischen Oberrheinkonferenz vom 09.12.**2016**[11] fort. Da die Schweiz das SEA-Protokoll bislang noch nicht ratifiziert hat und die SUP-RL nicht gilt, besteht hinsichtlich der Regelungen zur grenzüberschreitenden SUP für die Schweiz keine rechtliche Verpflichtung zur Anwendung. Die Schweizer Behörden sind gemäß des Leitfadens aber bereit, sich an Konsultationen zu beteiligen. Die Leitfäden sind kein völkerrechtlicher Vertrag. Sie enthalten u.a. Regelungen zum Anwendungsbereich, zu einzelnen Verfahrensschritten sowie zu den jeweils konkret zuständigen Behörden/Ansprechpartnern.[12] 4

Im Gebiet der Großregion (Frankreich, Belgien, Deutschland [Saarland und Rheinland-Pfalz], Luxemburg) gilt seit März 2021 der Leitfaden zur grenzüberschreitenden Umweltverträglichkeitsprüfung von Vorhaben[13]. Dieser enthält für die grenzüberschreitende UVP insb. Kontaktstellen, Formulare und sonstige Verfahrensregelungen, die die Durchführung grenzüberschreitender Umweltverträglichkeitsprüfungen erleichtern und beschleunigen sollen. 5

8 So die Denkschrift zum Vertragsgesetz, BT-Drs. 19/9509, S. 46.

9 www.bundesumweltministerium.de/DL1048/(zuletzt abgerufen am 06.10.2025).

10 www.oberrheinkonferenz.org/de/umwelt/downloads.html (zuletzt abgerufen am 06.10.2025).

11 https://www.bundesumweltministerium.de/DL1049 (zuletzt abgerufen am 06.10.2025).

12 Zur Vorgängerversion vgl. *Gantzer* VBlBW 2005, 464 (468).

13 Leitfaden zur grenzüberschreitenden Umweltverträglichkeitsprüfung von Vorhaben – Grande Region (in französisch – zuletzt abgerufen am 06.10.2025).

Teil 6 Vorschriften für bestimmte Leitungsanlagen (Anlage 1 Nummer 19)

§ 65 Planfeststellung; Plangenehmigung

(1) Vorhaben, die in der Anlage 1 unter den Nummern 19.3 bis 19.9 aufgeführt sind, sowie die Änderung solcher Vorhaben bedürfen der Planfeststellung durch die zuständige Behörde, sofern dafür nach den §§ 6 bis 14 eine Verpflichtung zur Durchführung einer Umweltverträglichkeitsprüfung besteht.

(2) [1]Sofern keine Verpflichtung zur Durchführung einer Umweltverträglichkeitsprüfung besteht, bedarf das Vorhaben der Plangenehmigung. [2]Die Plangenehmigung entfällt in Fällen von unwesentlicher Bedeutung. [3]Diese liegen vor, wenn die Prüfwerte nach § 7 Absatz 1 und 2 für Größe und Leistung, die die Vorprüfung eröffnen, nicht erreicht werden oder die Voraussetzungen des § 74 Absatz 7 Satz 2 des Verwaltungsverfahrensgesetzes erfüllt sind; die §§ 10 bis 12 gelten entsprechend. [4]Die Sätze 2 und 3 gelten nicht für Errichtung, Betrieb und Änderung von Rohrleitungsanlagen zum Befördern wassergefährdender Stoffe sowie für die Änderung ihres Betriebs, ausgenommen Änderungen von unwesentlicher Bedeutung.

(3) Für Vorhaben, die in der Anlage 1 Nummer 19.7 oder 19.8 aufgeführt sind und die zugleich die Errichtung, den Betrieb oder die Änderung von Wärmeleitungen betreffen, ist anstelle der Absätze 1 und 2 sowie anstelle der §§ 66 bis 69 der § 8 des Geothermie-Beschleunigungsgesetzes vom 22. Dezember 2025 (BGBl. 2025 I Nr. 348, S. 2) anzuwenden.

Übersicht Rdn.

A. Allgemeines

1 § 65 ist mit Wirkung vom 23.12.2025 durch die Einfügung eines Abs. 3 ergänzt worden. Für Vorhaben, die in der Anlage 1 Nr. 19.7 oder 19.8 aufgeführt sind und die zugleich die Errichtung, den Betrieb oder die Änderung von **Wärmeleitungen** betreffen, ist anstelle der Abs. 1 und 2 sowie anstelle der §§ 66–69 der § 8 des Geothermie-Beschleunigungsgesetzes vom 22.12.2025 (BGBl. 2025 I Nr. 348, S. 2) anzuwenden. Das **Geothermie-Beschleunigungsgesetz** (GeoBG) zielt darauf ab, den Ausbau von Geothermieanlagen in Deutschland zu beschleunigen und die Nutzung erneuerbarer Energien zu fördern. Es soll einen Beitrag zur Erreichung der nationalen Klimaschutzziele, zur Versorgungssicherheit und zur Ausschöpfung des vorhandenen geothermischen Potenzials leisten, um die sichere und umweltverträgliche Aufsuchung, Gewinnung und Nutzung treibhausgasneutraler Wärme und Kälte sicherzustellen (§ 1 GeoBG). Im Übrigen entspricht § 65 inhaltlich der Vor-

gängerregelung des § 20 UVPG a.F. Die Errichtung und der Betrieb einer **Rohrleitungsanlage** für den Ferntransport von Öl oder Gas sowie die wesentliche Änderung einer solchen Anlage oder ihres Betriebs, die der Genehmigung nach § 43 EnWG bedürfen, waren auf der Grundlage des § 3 Abs. 1 Satz 1 UVPG a.F. i.V.m. Nr. 16 der Anl. zu § 3 UVPG a.F. einer UVP zu unterziehen. Die UVP-Änderungsrichtlinie sieht über die bisher erfassten Rohrleitungsanlagen hinaus zusätzlich für eine Reihe weiterer Leitungsanlagen sowie für künstliche Wasserspeicher eine UVP Pflicht vor. Zu diesen weiteren Anlagen zählen **Hochspannungsfreileitungen, Gasversorgungsleitungen, sowie künstliche Wasserspeicher, Kohlendioxidleitungen** (Nr. 19.10 der Anl. 1 des UVPG), **Erdkabel** (Nr. 19.11 der Anl. 1 UVPG), **Anbindungsleitungen von LNG-Anlagen an das Fernleitungsnetz** (Nr. 19.12 der Anl. 1 UVPG) und **Bahnstromfernleitungen** (Nr. 19.13 der Anl. 1 UVPG). Planfeststellungsbedürftig sind davon nach § 65 nur die Anlagen nach Nrn. 19.3–19.9. Die Erforderlichkeit einer Planfeststellung oder Plangenehmigung für die hinzu gekommenen UVP-pflichtigen Leitungen ergibt sich aus anderen Fachgesetzen. Planfeststellungsbeschlüsse, die nicht auf einer ausdrücklichen gesetzlichen Ermächtigung beruhen, sind rechtswidrig, allerdings nicht zwingend nichtig und daher grundsätzlich auch der Bestandskraft fähig.[1]

Für diese Leitungsanlagen, Rohrleitungsanlagen und künstlichen Wasserspeicher fehlte es im deutschen Recht in der Vergangenheit teilweise an einem geeigneten **Trägerverfahren** für die UVP. Für die genannten Energieleitungen und Gasleitungen verlangte deshalb z.B. § 11a EnWG ein Planfeststellungsverfahren, das als Trägerverfahren für die UVP diente.[2] Für die Errichtung und den Betrieb sowie die Änderung der unter Nr. 19.3–19.9 Anl. 1 aufgeführten Rohrleitungsanlagen und künstlichen Wasserspeicher sieht § 65 Abs. 1 ein Planfeststellungsverfahren mit UVP vor, soweit für derartige Anlagen eine Verpflichtung zur Durchführung der UVP besteht. Soweit dies nicht der Fall ist, bedürfen die genannten Vorhaben der **Plangenehmigung** nach § 65 Abs. 2 Satz 1. Die Plangenehmigung wiederum entfällt in Fällen von unwesentlicher Bedeutung (§ 65 Abs. 2 Sätze 2–4). Die §§ 65 ff. sind nicht als umfassendes Fachplanungsgesetz konzipiert, sondern beschränken sich im Wesentlichen auf die Einführung eines geeigneten Trägerverfahrens für die UVP und auf das Erreichen eines bestimmten materiellen Schutzstandards (§ 66).[3] Mit dem UVP-Modernisierungsgesetzes 2017 wurden in § 66 Ergänzungen vorgenommen. Außerdem wurden mit § 67a Bestimmungen über die Zulassung des vorzeitigen Beginns und mit § 68 Überwachungspflichten der zuständigen Behörde eingefügt. Gem. § 69 Abs. 1 Nr. 1 Alt. 1 ist die Realisierung eines Vorhabens ohne erforderliche Planfeststellung bußgeldbewehrt; ein Betrieb einer Rohrleitungsanlage zum Befördern wassergefährdender Stoffe ohne die erforderliche Zulassung kann nach § 327 Abs. 2 Nr. 2 StGB strafbar sein. 2

Die §§ 65 und 66 enthalten einheitliche Bestimmungen für das Ergehen des Planfeststellungsbeschlusses und die Erteilung der Plangenehmigung, für den Erlass von **Nebenbestimmungen** sowie für das Planfeststellungs- und Plangenehmigungsverfahren. § 67 verweist für die Durchführung des Planfeststellungsverfahrens und des Plangenehmigungsverfahrens auf die §§ 72–78 VwVfG. Die Bundesregierung wird in § 67 Satz 2 ermächtigt, durch Rechtsverordnung mit Zustimmung des Bundesrats weitere Einzelheiten des Planfeststellungsverfahrens, insbesondere zur Art und Umfang der Antragsunterlagen, zu regeln. Nach § 1 Abs. 3 VwVfG gilt das VwVfG des Bundes für die Ausführung von Bundesrecht durch die Länder nicht, soweit die öffentlich-rechtliche Verwaltungstätigkeit der Behörden landesrechtlich durch ein Verwaltungsverfahrensgesetz geregelt ist. Der Verweis in § 67 Satz 1 bezieht sich unmittelbar allerdings nur auf §§ 72–78 VwVfG und damit nicht auf § 1 Abs. 3 VwVfG. Allerdings ergibt sich aus § 72 Abs. 1 Satz 1 VwVfG, dass auch die übrigen Vorschriften des VwVfG gelten, soweit sich aus ihnen nichts Abweichendes ergibt, so dass es auf 3

1 *Wysk* in Kopp/Ramsauer, VwVfG, § 72 Rn. 5; BVerwG, Urt. v. 19.02.2015 – 7 C 11/12, juris Rn. 19.

2 Dazu *Krieglstein* UPR 2003, 17 ff.

3 OVG NRW, Beschl. v. 24.01.2008 – 20 B 1789/07, NWVBl. 2009, 316 (317); *Hagmann*, in: Landmann/Rohmer, Umweltrecht, Stand: 4/2022, § 65 UVPG Rn. 2; a.A. *Kämper*, in: Bader/Ronellenfitsch VwVfG, § 72 Rn. 23 a.E.

das Verfahrensrecht der Länder ankommen kann, soweit die öffentlich-rechtliche Verwaltungstätigkeit der Behörden landesrechtlich durch ein Verwaltungsverfahrensgesetz geregelt ist.

4 Das Planfeststellungsverfahren dient als Trägerverfahren für die UVP von Leitungsanlagen und künstlichen Wasserspeichern und damit der Umsetzung zwingender Vorgaben der UVP-Änderungsrichtlinie. Nach Anh. I Nr. 16 und 20 sowie Anh. II Nr. 3b und Nr. 10 lit. g), i) und j) der UVP-Änderungsrichtlinie ist über die von der Nr. 16 der bisherigen Anl. zu § 3 UVPG erfassten Rohrleitungsanlagen hinaus zusätzlich für eine Reihe weiterer Leitungsanlagen sowie für künstliche Wasserspeicher die UVP-Pflicht vorzusehen. Diese Anlagen sind mit Ausnahme von Hochspannungsfreileitungen (19.1) und Gasversorgungsleitungen (19.2) in Nr. 19.3–19.9 der Anl. 1 aufgelistet.

5 Durch die zentrale und einheitliche Regelung des erforderlichen Trägerverfahrens für UVP-pflichtige Leitungsanlagen in den §§ 65 ff. soll vermieden werden, dass redundante Regelungen in fachlich berührten Einzelgesetzen (z.B. Wasserhaushaltsgesetz, Produktsicherheitsgesetz) eingefügt oder anderenorts geschaffen werden müssen. Für diese Konzeption spricht aus der Sicht der Bundesregierung des Weiteren, dass sowohl Regelungsanlass als auch Prüfungsgehalt des Planfeststellungsverfahrens mit UVP durch die UVP-Änderungsrichtlinie vorgesehen sind.

6 Gleichwohl hat das UVPG mit diesen Regelungen zum Planfeststellungsverfahren und zum Plangenehmigungsverfahren für die in Rede stehenden Anlagen eine zusätzliche Qualität, weil hinsichtlich der erforderlichen Zulassungsverfahren für die UVP-pflichtigen Vorhaben ansonsten auf das jeweilige Fachgesetz verwiesen wird, wobei allerdings die Überschneidungen zwischen den verfahrensrechtlichen Anforderungen des jeweiligen Fachrechts mit denen des UVPG die Übersicht durchaus erschweren. Nach § 1 Abs. 4 gilt das Prinzip der **Subsidiarität** des UVPG. Gem. § 1 Abs. 4 Satz 1 findet das UVPG Anwendung, soweit Rechtsvorschriften des Bundes oder der Länder die UVP nicht näher bestimmen oder die wesentlichen Anforderungen des UVPG nicht beachten. Rechtsvorschriften mit weitergehenden Anforderungen bleiben hingegen nach § 1 Abs. 4 Satz 2 unberührt. Soweit die §§ 72–78 VwVfG den verfahrensrechtlichen Anforderungen des UVPG entsprechen oder darüber hinausgehen, finden die Bestimmungen des UVPG keine Anwendung. Demnach sind zunächst die Vorschriften des einschlägigen Fachplanungsrechts, weiter die Regelungen des Bundes- oder Landesverwaltungsverfahrensgesetzes und ergänzend die Vorschriften des UVPG anzuwenden.

7 Das UVPG regelt ein Zulassungsverfahren sogar unabhängig davon, ob für die Errichtung, den Betrieb oder die Änderung eines bestimmten Vorhabens eine UVP erforderlich ist oder nicht. Denn für den Fall, dass eine Verpflichtung zur Durchführung einer UVP nicht besteht, bedarf das Vorhaben nach § 65 Abs. 2 Satz 1 einer Plangenehmigung. Damit enthält das Gesetz Vorgaben über ein Zulassungsverfahren unabhängig davon, ob eine UVP im Einzelfall notwendig ist oder nicht. Rechtssystematisch ist die Regelung eines Zulassungserfordernisses im UVPG für Anlagen, die keiner UVP zu unterziehen sind, wenig glücklich, weil es an einem sachlichen Zusammenhang zum Recht der UVP fehlt.[4] Die Aufnahme materiell-rechtlicher Anforderungen für bestimmte Rohrleitungsanlagen im UVPG ist ein **Systembruch** im Rahmen des Umsetzungskonzepts des Gesetzgebers, weil die Regelungen des UVPG ansonsten grundsätzlich verfahrensrechtlicher Natur sind,[5] jedenfalls keine eigenen materiell-rechtlichen Zulassungsvoraussetzungen bestimmen, sondern auf die entsprechenden Bestimmungen der Fachgesetze verweisen (vgl. § 25 Abs. 1). Inhalt und Umfang des UVP-Berichts bestimmen sich deshalb gem. § 16 Abs. 4 Satz 1 nach den Rechtsvorschriften, die für die Zulassungsentscheidung maßgebend sind. Vorzugswürdig wäre es deshalb gewesen, die verfahrensrechtlichen und materiell-rechtlichen Zulassungsvoraussetzungen für Rohrleitungsanlagen

4 Zustimmend *Hagmann*, in: Landmann/Rohmer, Umweltrecht, Stand: 4/2022, § 65 UVPG Rn. 2; *Dippel*, in: Schink/Reidt/Mitschang, UVPG/UmwRG, § 65 UVPG Rn. 3; *Koch/Siebel-Huffmann* NVwZ 2001, 1081 (1087); *Enders/Krings* DVBl 2001, 1242 (1250 f.); a.A. *Feldmann* DVBl 2001, 589 (599).

5 *Enders/Krings* DVBl 2001, 1242 (1251); *Schmidt-Preuß* DVBl 1995, 485 (488); *Schmidt* JZ 1997, 1042 (1044).

in einem eigenständigen Gesetz zu regeln.[6] Denn das ansonsten verfahrensrechtlich ausgestaltete UVPG wird so zumindest in dieser Hinsicht selbst zu einem Fachplanungsgesetz.[7]

Die Planfeststellung nach den §§ 65, 66 hat keine **enteignungsrechtliche Vorwirkung** nach dem UVPG. Eine solche kann sich jedoch aus landesrechtlichen Enteignungsgesetzen auch für nach den §§ 65, 66 planfeststellungsbedürftige Vorhaben ergeben. Die Einräumung einer enteignungsrechtlichen Vorwirkung für nach den §§ 65, 66 planfeststellungsbedürftige Anlagen wird nicht durch vorrangige Vorschriften des Bundes ausgeschlossen. Der Bund hat von seiner Befugnis zur konkurrierenden Gesetzgebung nicht in einer Weise Gebrauch gemacht, die eine entsprechende Regelung in einem Landesgesetz, etwa in einem speziellen Rohrfernleitungsgesetz, ausschließen würde. Die Vorschriften des UVPG über die Planfeststellungsbedürftigkeit von Rohrleitungsvorhaben verhalten sich weder ausdrücklich noch sinngemäß über die Enteignung zugunsten eines derartigen Vorhabens. Der Wille des Bundesgesetzgebers, mit diesen Vorschriften den Sachbereich der Zulassung von Rohrleitungsanlagen umfassend und erschöpfend auch hinsichtlich einer möglichen enteignungsrechtlichen Vorwirkung des Planfeststellungsbeschlusses zu regeln, ist nicht ersichtlich.[8] 8

B. Gesetzgebungskompetenz

Die Gesetzgebungskompetenz des Bundes für die Einführung des Planfeststellungsverfahrens bzw. des Plangenehmigungsverfahrens ergibt sich aus Art. 74 Abs. 1 Nr. 11 GG. Entscheidend für die Zuordnung zum Kompetenztitel »Recht der Wirtschaft« ist nach Auffassung der Bundesregierung, dass von der Regelung nicht nur wirtschaftlich Tätige betroffen sind, sondern dass das wirtschaftliche Wirken selbst spezifisch geregelt wird. Die Errichtung und der Betrieb der in Nr. 19 der Anl. 1 aufgelisteten Leitungen und anderen Anlagen sind spezifisch wirtschaftliche Tätigkeiten, deren Umweltverträglichkeit nach den neuen Regelungen zu prüfen ist. Es geht nach dieser Auffassung nicht in erster Linie um die Bewahrung des Schutzgutes Wasser, sondern um die Umweltverträglichkeit der wirtschaftlichen Betätigung, wodurch auch ein bestimmter Wirtschaftsstandard im Hinblick auf die Umweltverträglichkeit der Anlagen gesetzt wird. Da die Gesetzgebungskompetenz für Verfahrensregelungen der Sachkompetenz folgt, ergibt sich die Gesetzgebungskompetenz des Bundes im Hinblick auf die in den §§ 65, 66 enthaltenen Verfahrensvorschriften nach Auffassung der Bundesregierung ebenfalls aus Art. 74 Abs. 1 Nr. 11 GG. Die in Nr. 19.1 und 19.2 aufgeführten Hochspannungsfreileitungen und Gasversorgungsleitungen sind dem Bereich Energiewirtschaft, die in Nr. 19.3, 19.5 und 19.7 aufgelisteten Rohrleitungsanlagen sind dem Bereich der Industrie zuzuordnen, was sich bereits aus der Anknüpfung an den »Bereich eines Werksgeländes« ergibt. Bei diesen Anlagen handelt es sich um Vorhaben, die von Wirtschaftsunternehmen, d.h. nicht von »jedermann« betrieben werden. 9

Auch im Hinblick auf die Regelung des Zulassungserfordernisses und der UVP-Pflicht für die in den Nr. 19.6, 19.8 und 19.9 aufgeführten Anlagen besteht eine konkurrierende Gesetzgebungskompetenz des Bundes gem. Art. 74 Abs. 1 Nr. 11 GG. Von den in Nr. 19.6 genannten Rohrleitungsanlagen werden insbesondere sog. **Produktpipelines** erfasst, die dem industriellen Bereich zuzuordnen sind. Die Errichtung und der Betrieb der in Nr. 19.8 aufgeführten **Wasserfernleitungen** ist dem Gewerbebereich zuzuordnen. Die von Nr. 19.9 erfassten künstlichen **Wasserspeicher** dienen entweder der Stromerzeugung und sind in diesem Fall der Energiewirtschaft zuzuordnen oder sie sind im Rahmen fabrikmäßiger Produktion von Bedeutung und gehören dann ebenfalls zur Indus- 10

6 *Enders/Krings* DVBl 2001, 1242 (1251).

7 *Kämper,* in: Bader/Ronellenfitsch, VwVfG, § 72 Rn. 23 a.E.

8 BVerfG, Beschl. v. 25.01.2017 – 1 BvR 2297/10, juris Rn. 4; OVG NRW, Beschl. v. 28.08.2014 – 20 A 1923/11, juris Rn. 82; OVG NRW, Beschl. v. 24.01.2008 – 20 B 1789/07, juris Rn. 9, 14 ff.; VGH BW, Beschl. v. 14.11.2011 – 8 S 1281/11, juris Rn. 14; BayVerfGH, Entsch. v. 12.08.2011 – Vf. 74-VI-10, juris Rn. 26; zur enteignungsrechtlichen Vorwirkung von Planfeststellungsbeschlüssen *Wysk,* in: Kopp/Ramsauer, VwVfG, § 75 Rn. 19; *Deutsch,* in: Sennekamp/Mann/Uechtritz, VwVfG, § 75 Rn. 101 ff.; *Huck,* in: Huck/Müller, VwVfG, § 75 Rn. 12; *Beckmann* UPR 2023, 121.

trie. Bei den Anlagen gem. den Nr. 19.6, 19.8 und 19.9 handelt es sich um Vorhaben, die von Wirtschaftsunternehmen oder erwerbswirtschaftlich tätigen Unternehmen der öffentlichen Hand, d.h. nicht von »Jedermann« betrieben werden. Hinsichtlich der in den Nr. 19.6 und 19.9 aufgeführten Anlagen ist ebenfalls nicht auf die Rahmengesetzgebungskompetenz des Bundes gem. Art. 75 Abs. 1 Satz 1 Nr. 4 GG abzustellen, da auch diese Vorhaben keine wasserwirtschaftlichen Vorhaben sind, weil ihr Zweck nicht auf die Wasserwirtschaft gerichtet ist, sondern lediglich auf Produktion und sonstige Nutzung. Im Hinblick auf die Nr. 19.8 und 19.9 kommt hinzu, dass die dort geregelten Wasserfernleitungen bzw. künstlichen Wasserspeicher keine Verbindung mit natürlichen Gewässern aufweisen und dass darüber hinaus auch im Falle eines Auslaufens von Wasser regelmäßig keine Beeinträchtigung des Wasserhaushalts zu besorgen ist. Letzteres gilt auch im Hinblick auf Rohrleitungsanlagen gem. Nr. 19.6.

11 Die genannten Kompetenztitel umfassen die Befugnis des Bundes, die UVP-Pflichtigkeit und die UVP von Vorhaben, die unter die genannten Kompetenztitel fallen, umfassend und damit auch insoweit zu regeln, als ihre Auswirkungen auch Gewässer sowie Natur und Landschaft betreffen.

C. Erforderlichkeit einer Planfeststellung

12 Eine Planfeststellung ist nach § 65 Abs. 1 unter mehreren Voraussetzungen erforderlich: Es muss sich um ein Vorhaben handeln, das in der Anl. 1 unter den Nr. 19.3–19.9 aufgeführt ist. Außerdem muss festgestellt werden, ob die Prüfwerte für Größe oder Leistung, die in den Nummern 19.3–19.9 der Anl. 1 zum UVPG vorgegeben werden, erreicht bzw. überschritten werden. Des Weiteren muss nach den §§ 6–14 eine Verpflichtung zur Durchführung einer UVP bestehen. Handelt es sich um ein Vorhaben im Sinne von Nr. 19.3–19.9, besteht jedoch keine UVP-Pflicht, so kann das Vorhaben im Wege einer **Plangenehmigung** zugelassen werden. Handelt es sich um ein UVP-pflichtiges Leitungsvorhaben nach Nr. 19.1 und 2 sowie Nr. 19.10–19.13 der Anl. 1 des UVPG, dann richtet sich das Erfordernis einer Planfeststellung oder Plangenehmigung nach anderen Bestimmungen. Was ein **Vorhaben** ist, ergibt sich aus § 2 Abs. 4. Nach § 2 Abs. 4 Nr. 1 ist ein Neuvorhaben die Errichtung und der Betrieb einer technischen Anlage, der Bau einer sonstigen Anlage und die Durchführung einer sonstigen in Natur und Landschaft eingreifenden Maßnahme, unter anderem die Errichtung und der Betrieb einer technischen Anlage nach Maßgabe der Anl. 1. Nach § 2 Abs. 4 Nr. 2 fällt auch die Änderung einschließlich der Erweiterung der Lage, der Beschaffenheit oder des Betriebs einer technischen Anlage im Sinne der Anl. 1 unter den Begriff des Vorhabens. Anl. 1 des UVPG enthält eine abschließende Liste der UVP-pflichtigen Vorhaben.[9] Der Vorhabenbegriff des § 2 Abs. 4 knüpft mit Rücksicht auf die Funktion der UVP, die fachplanerische Sachentscheidung durch Ermittlung, Beschreibung und Bewertung des Vorhabens vorzubereiten, an den fachplanerischen Vorhabenbegriff an; grundsätzlich ist nach der Rechtsprechung des BVerwG ein Vorhaben im Sinne des Fachplanungsrechts auch ein Vorhaben i.S.d. UVPG.[10] Auch bei **Komplexvorhaben**, die einer UVP zu unterziehen sind, wird der fachplanungsrechtliche Vorhabenbegriff nicht modifiziert. Danach führen auch mehrere kumulierende Vorhaben nur unter den fachplanungsrechtlichen Voraussetzungen zu einem Gesamtvorhaben.[11]

I. Gelistete Leitungsanlagen und andere Anlagen

13 Kapitel 19 der Anl. 1 des UVPG listet Leitungsvorhaben und künstliche Wasserspeicher auf, die nach Maßgaben einer Umweltverträglichkeitsprüfung bedürfen und zum Teil auch nach dem UVPG

9 BVerwG, Beschl. v. 29.01.2025 – 10 B 6/24, juris Rn. 9; Urt. v. 07.11.2024 – 3 CN 2/23, juris Rn. 17; Urt. v. 25.01.2024 – 7 A 4/23, juris Rn. 19; *Hamacher*, in: Schink/Reidt/Mitschang, UVPG/UmwRG, § 2 UVPG Rn. 46.

10 BVerwG, Beschl. v. 29.01.2025 – 10 B 6/24, juris Rn. 9; Urt. v. 11.08.2016 – 7 A 1.15, BVerwGE 156, 20 Rn. 34.

11 BVerwG, Beschl. v. 29.01.2025 – 10 B 6/24, juris Rn. 9; Urt. v. 19.02.2015 – 7 C 11.12, BVerwGE 151, 213 Rn. 28 f.

planfeststellungs- oder plangenehmigungsbedürftig sind, unabhängig davon, ob und inwieweit sie einer UVP bedürfen. Nr. 19 Anl. 1 listet als UVP-pflichtige Leitungsanlagen und sonstige Anlagen, Hochspannungsfreileitungen i.S.d. EnWG (Nr. 19.1), Gasversorgungsleitungen i.S.d. EnWG (Nr. 19.2), Rohrleitungsanlagen zum Befördern wassergefährdender Stoffe i.S.v. § 66 Abs. 6 Satz 7 (Nr. 19.3), Rohrleitungsanlagen zum Befördern von verflüssigten Gasen (Nr. 19.4), Rohrleitungsanlagen zum Befördern von nichtverflüssigten Gasen(Nr. 19.5), Rohrleitungsanlagen zum Befördern von Stoffen i.S.v. § 3a Chemikaliengesetz (Nr. 19.6), Dampf- oder Wasserpipelines (Nr. 19.7), Wasserfernleitungen (Nr. 19.8), künstliche Wasserspeicher (Nr. 19.9), Kohlendioxidleitungen i.S.d. Kohlendioxid-Speichergesetzes – KSpG (Nr. 19.10) und Erdkabel nach § 2 Abs. 5 Bundesbedarfsplangesetz (Nr. 19.11), Anbindungsleitungen von LNG-Anlagen an das Fernleitungsnetz im Sinne des EnWG, ausgenommen Leitungsanlagen (Nr. 19.12), Bahnstromfernleitungen mit einer Nennspannung von 110 kV bis weniger als 220 kV (Nr. 19.3). Für die erwähnten Hochspannungsfreileitungen und Gasversorgungsleitungen sieht § 43 EnWG ein Planfeststellungsverfahren vor.[12] Die Errichtung, der Betrieb und die wesentliche Änderung von Kohlendioxidleitungen bedürfen der vorherigen Planfeststellung durch die zuständige Behörde nach § 4 KSpG. Auf Antrag des Trägers des Vorhabens können gem. § 43 Abs. 2 Satz 1 EnWG durch Planfeststellung durch die nach Landesrecht zuständige Behörde auch bestimmte Erdkabel zugelassen werden.[13] Nach § 43 Satz 5 EnWG kann für die Errichtung, den Betrieb und die Änderung von Hochspannungsleitungen mit einer Nennspannung von 110 kV, die im Küstenbereich von Nord- und Ostsee verlegt werden sollen, ergänzend zu § 43 Satz 1 Nr. 1 EnWG ein Planfeststellungsverfahren durchgeführt werden. Nach § 2 Abs. 3 EnLAG kann ergänzend zu § 43 Satz 1 Nr. 1 EnWG ein Planfeststellungsverfahren auch für bestimmte Erdkabelvorhaben auf der Höchstspannungsebene durchgeführt werden. Nach § 43 Satz 8 EnWG können darüber hinaus die Errichtung, der Betrieb sowie die Änderung eines Hochspannungserdkabels mit einer Nennspannung von 110 kV planfestgestellt werden. Die Vorschrift steht im Zusammenhang mit § 43h EnWG, wonach ein Hochspannungsvorhaben mit einer Nennspannung von 110 kV oder weniger grundsätzlich als Erdkabel zu realisieren ist. Soweit nach der Anl. 1 für die genannten Vorhaben eine Umweltverträglichkeitsprüfung durchzuführen ist, ist das UVPG anzuwenden. Das Planfeststellungsverfahren der §§ 65 ff. kommt jedoch nur für die in den Nummern 19.3–19.9 der Anl. 1 genannten Vorhaben zur Anwendung. Mit Ausnahme von Nr. 19.9 der Anl. 1 (Wasserspeicher) beziehen sich die anderen, dem Planfeststellungsverfahren nach §§ 65 ff. unterliegenden Vorhaben auf Rohrleitungsanlagen. Neben den Rohrleitungen selbst zählen zu diesen Anlagen alle dem Leitungsbetrieb dienenden Einrichtungen; beispielsweise Pump-, Abzweig-, Übergabe-, Absperr- und Entlassungsstationen sowie Verdichter-, Regel- und Messanlagen (vgl. § 2 Abs. 2 Satz 2 RohrFLtgV).[14]

Auf die Nrn. 19.1 und 19.2 wird in § 65 Abs. 1 nicht verwiesen. Nr. 19.1 der Anl. 1 betrifft die 14
Errichtung und den Betrieb von Hochspannungsfreileitungen. Nr. 19. 2 der Anl. 1 betrifft die Errichtung und den Betrieb einer Gasversorgungsleitung im Sinne des EnWG, ausgenommen Anlagen, die den Bereich eines Werksgeländes nicht überschreiten. Für diese Vorhaben wird das Trägerverfahren durch die §§ 43 ff. EnWG vorgegeben, die ebenfalls eine Pflicht zur Planfeststellung bzw. Plangenehmigung vorsehen. Anfechtungsklagen gegen einen Planfeststellungsbeschluss oder eine Plangenehmigung haben nach § 43e Abs. 1 Satz 1 EnWG keine aufschiebende Wirkung. Der Antrag auf Anordnung der aufschiebenden Wirkung einer Anfechtungsklage gegen einen Planfeststellungsbeschluss oder eine Plangenehmigung nach § 80 Abs. 5 Satz 1 VwGO kann nach § 43e Abs. 1 Satz 2 EnWG nur innerhalb eines Monats nach der Zustellung des Planfeststellungsbeschlusses

12 Siehe dazu *Hermes/Kupfer,* in: Britz/Hellermann/Hermes, EnWG 2023, § 43 Rn. 1 ff.; *Kment,* in: Kment, EnWG, 2024, § 43 Rn. 1 ff.

13 Zur Reichweite der UVP-Pflicht bei abwechselnd frei- und erdverlegten Stromleitungen *Snjka* UPR 2021, 373.

14 Auch zum Vorgenannten *Hagmann,* in: Landmann/Rohmer, Umweltrecht, Stand: 4/2022, § 65 UVPG Rn. 8 ff.

oder der Plangenehmigung gestellt und begründet werden.[15] Die Rohrleitungsanlagen nach Nr. 19.3–19.6 einerseits und nach Nr. 19.7 und 19.8 andererseits lassen sich jeweils zusammenfassen. Die erstgenannte Gruppe betrifft entweder gefährliche Stoffe sowie Gase. Rohrfernleitungsanlagen nach Nr. 19.7 und 19.8 haben hingegen – flüssiges oder gasförmiges (Dampf) – Wasser zum Gegenstand. Nach Nr. 19.3–19.6 liegt ein UVP-pflichtiges Vorhaben regelmäßig vor, wenn die Rohrleitungsanlage länger als 40 km ist und einen Durchmesser von mehr als 800 mm hat (jeweils Nr. X.1). Grundsätzlich sind Rohrleitungsanlagen nach Nr. 19.7 und 19.8 nicht UVP-pflichtig. Die standortbezogene Vorprüfung im Einzelfall stellt nur bei den Nr. 19.7 und 19.8 lediglich auf die Länge der Rohrleitungsanlage ab, während bei den Rohrleitungsanlagen nach Nr. 19.3–19.6 zusätzlich auf den Durchmesser abgestellt wird. Für Vorhaben, die in der Anlage 1 Nummer 19.7 oder 19.8 aufgeführt sind und die zugleich die Errichtung, den Betrieb oder die Änderung von **Wärmeleitungen** betreffen, ist anstelle von § 65 Abs. 1 und 2 sowie anstelle der §§ 66–69 der § 8 des GeoBG anzuwenden.

II. Rohrleitungsanlagen zum Befördern wassergefährdender Stoffe (Nr. 19.3 Anl. 1)

15 Nach § 2 Abs. 19 AwSV sind Rohrleitungen »feste oder flexible Leitungen zum Befördern wassergefährdender Stoffe, einschließlich ihrer Formstücke, Armaturen, Förderaggregate, Flansche und Dichtmittel.« Zu welchem Zweck die wassergefährdenden Stoffe in der Rohrleitung transportiert werden, ist grundsätzlich unerheblich. Gasversorgungsleitungen mit einem Umfang von mehr als 300 mm fallen allerdings unter die Spezialregelungen des Energiewirtschaftsrechts (§ 43 Nr. 2 EnWG i.V.m. Nr. 19.2 der Anl. 1 zum UVPG), die für den Fall der UVP-Pflicht eine Planfeststellung und sonst eine Plangenehmigung anordnen.[16] Nach Nr. 19.3 Anl. 1 zählen zu den UVP-pflichtigen Vorhaben die Errichtung und der Betrieb einer Rohrleitungsanlage zum Befördern wassergefährdender Stoffe i.S.v. § 66 Abs. 6 Satz 7, ausgenommen Rohrleitungsanlagen, die den Bereich eines **Werksgeländes** nicht überschreiten, **Zubehör** einer Anlage zum Lagern solcher Stoffe sind oder **Anlagen verbinden,** die in einem engen räumlichen und betrieblichen Zusammenhang miteinander stehen und kurzräumig durch landgebundene öffentliche Verkehrswege getrennt sind. Für diese Rohrleitungsanlagen gilt § 62 Abs. 1 Satz 2 WHG. Nach § 66 Abs. 6 Satz 7 können in einer Rechtsverordnung auch die Stoffe, die geeignet sind, die Wasserbeschaffenheit nachteilig zu verändern (wassergefährdende Stoffe im Sinne von Nummer 19.3 der Anl. 1 des UVPG), bestimmt werden. Mit dem Erlass der Regelung des § 2 Abs. 1 Satz 2 RohrFLtgV hat der Verordnungsgeber von dieser Befugnis Gebrauch gemacht.[17]

16 Beträgt die Länge einer solchen Anlage mehr als 40 km, dann ist das Vorhaben nach Nr. 19.3.1 in jedem Fall UVP-pflichtig. Bei einer Länge von 2–40 km und einem Durchmesser der Rohrleitung von mehr als 150 mm bedarf es nach Nr. 19.3.2 Anl. 1 einer allgemeinen Vorprüfung des Einzelfalls i.S.v. § 7 Abs. 1 Satz 1. Bei einer Länge von weniger als 2 km und einem Durchmesser der Rohrleitung von mehr als 1,50 mm bedarf es nach Nr. 19.3.3 Anl. 1 einer standortbezogenen Vorprüfung des Einzelfalls i.S.v. § 7 Abs. 1 Satz 2.

17 Wassergefährdende Stoffe sind nach § 62 Abs. 3 WHG feste, flüssige und gasförmige Stoffe, die geeignet sind, dauernd oder in einem nicht nur unerheblichen Ausmaß nachteilige Veränderungen der Wasserbeschaffenheit herbeizuführen. § 23 Abs. 4 Nr. 1 WHG ermächtigt den Verordnungsgeber zur Bestimmung der wassergefährdenden Stoffe und zu ihrer Einstufung entsprechend ihrer Gefährlichkeit. Auf dieser Ermächtigungsgrundlage basiert die Verordnung über Anlagen zum Umgang mit wassergefährdenden Stoffen (VAwS), die eine eigene Definition der wassergefährdenden Stoffe und Bestimmungen zur Einstufung von Stoffen und Gemischen enthält. Für Rohrleitungsanlagen gilt allerdings eine spezielle Regelung. Nach § 66 Abs. 6 Satz 7 können in einer Rechtsverordnung speziell die Stoffe, die geeignet sind, die Wasserbeschaffenheit nachteilig zu verändern,

15 Dazu BVerwG, Beschl. v. 19.02.2025 – 11 VR 18/24, juris Rn. 12.

16 *Sanden,* in: Beck OK Umweltrecht, Stand: 12/2017, § 62 WHG Rn. 20.

17 Näher dazu *Hagmann*, in: Landmann/Rohmer, Umweltrecht, Stand: 4/2022, § 65 UVPG Rn. 9.

bestimmt werden (wassergefährdende Stoffe im Sinne von Nr. 19.3 der Anlage zum UVPG).[18] Die fragliche Rechtsverordnung ist in Gestalt der Rohrfernleitungsverordnung erlassen worden. Die RohrFLtgV regelt abschließend und unabhängig vom WHG, aufgrund welcher Merkmale ein Stoff als wassergefährdend im Sinne des UVPG gilt.

Rohrfernleitungsanlagen im Sinne der RohrFLtgV sind Rohrfernleitungsanlagen, die nach § 65 Abs. 1 oder Abs. 2 einer Planfeststellung oder einer Plangenehmigung bedürfen oder die unter eine der in den Nrn. 19.4–19.6 der Anl. 1 UVPG aufgeführten Leitungsanlagen fallen, ohne die dort angegebenen Größenwerte für die Verpflichtung zur Durchführung einer Vorprüfung des Einzelfalls zu erreichen und die mit einem Überdruck von mehr als 1 Bar betrieben werden. Rohrfernleitungsanlagen im Sinne der RohrFLtgV umfassen neben den Rohrleitungen selbst auch alle dem Leitungsbetrieb dienenden Einrichtungen, insbesondere Pump-, Abzweig-, Übergabe-, Absperr- und Entlastungsstationen sowie Verdichter-, Regel- und Messanlagen. Nach § 2 Abs. 1 Satz 2 RohrFLtgV gelten Stoffe, die unter § 2 Abs. 1 Satz 1 Nr. 1 oder Nr. 3 RohrFLtgV fallen, und Stoffe mit dem Gefahrenmerkmal T, T+ oder C als wassergefährdende Stoffe. Unter § 2 Abs. 1 Satz 1 Nr. 1 RohrFLtgV fallen brennbare Flüssigkeiten mit einem Flammpunkt kleiner als 100 Grad Celsius sowie brennbare Flüssigkeiten, die bei Temperaturen gleich oder oberhalb ihres Flammpunktes befördert werden. Unter § 2 Abs. 1 Satz 1 Nr. 3 RohrFLtgV Stoffe mit den R-Sätzen R 14, R 14/15, R 29, R 50, R 50/53 oder R 51/53. 18

UVP-pflichtig sind Rohrleitungsanlagen nach Nr. 19.3 Anl. 1 nur dann, wenn sie den Bereich eines Werksgeländes überschreiten. Als **Werksgelände** bezeichnet man eine aus einem oder mehreren Grundstücken bestehende, zusammenhängende Fläche, auf dem der Betrieb des Werks stattfindet und das nach außen als ein einheitliches Werk erkennbar ist.[19] Das Werksgelände muss nicht im Eigentum des Anlagenbetreibers stehen; vielmehr reichen auch andere Berechtigungen aus, die dem Unternehmen Besitz am Grundstück einräumen.[20] Nicht entscheidend ist auch, ob auf dem einheitlichen Werksgelände nur Anlagen eines Anlagenbetreibers oder mehrerer Anlagenbetreiber errichtet und betrieben werden.[21] Das gilt insbesondere für einen **Industriepark**, in dem typischerweise Rohrleitungsanlagen verschiedene Betriebe und Anlagen miteinander verbinden, die sich auf einem Werksgelände befinden. Innerhalb eines Werksgeländes **brachliegende Flächen** oder nicht mehr genutzte Einrichtungen unterbrechen das Werksgelände grundsätzlich nicht; **öffentliche Verkehrswege** begrenzen demgegenüber regelmäßig ein Werksgelände.[22] Dasselbe gilt in aller Regel auch für eine Einfriedung oder Einzäunung, mit der ein Werksgelände vor einem unberechtigten Zutritt geschützt wird. 19

Keiner UVP bedarf es außerdem, wenn die Rohrleitungsanlage lediglich **Zubehör** einer Anlage zum Umgang mit wassergefährdenden Stoffen ist. Hinsichtlich des Begriffsverständnisses kann nicht, jedenfalls nicht vollständig auf die Definition des § 97 BGB zurückgegriffen werden, weil danach Zubehör nur bewegliche Sachen sind. Allerdings dürfte die Definition des § 97 Abs. 1 Satz 1 BGB mit dem weiteren Merkmal, dass es sich um eine Sache handelt, die ohne Bestandteil der Hauptsache zu sein, die im wirtschaftlichen Zweck der Hauptsache zu dienen bestimmt ist und zu ihr in einem dieser Bestimmung entsprechenden räumlichen Verhältnis steht, weiterhelfend sein. Einer Rohrleitungsanlage kann in diesem Sinne Zubehör einer Anlage zum Umgang mit wassergefährdenden Stoffen sein, wenn sie dem wirtschaftlichen Zweck dieser Anlage zu dienen bestimmt ist und in einem näheren räumlichen Zusammenhang zu dieser Anlage steht. Unbedenklich dürfte es auch sein, die Zubehöreigenschaft ähnlich zu bestimmen, wie den Begriff der Nebeneinrichtung im Sinne 20

18 OVG NRW, Urt. v. 31.08.2020 – 20 A 1923/11, juris Rn. 135.
19 *Meyer*, in: Landmann/Rohmer, Umweltrecht, Stand: 12/2015, § 62 WHG Rn. 14.
20 *Gößl*, in: Sieder/Zeitler/Dahme/Knopp, WHG, § 62 Rn. 36.
21 *Czychowski/Reinhardt*, WHG, § 62 Rn. 34; *Meyer*, in: Landmann/Rohmer, Umweltrecht, Stand: 12/2015, § 62 WHG Rn. 14.
22 *Meyer*, in: Landmann/Rohmer, Umweltrecht, Stand: 12/2015, § 62 WHG Rn. 14.

von § 1 Abs. 2 Nr. 2 der 4. BImSchV.[23] Nach dieser Vorschrift setzt die Annahme, dass es sich bei einer Anlage um eine neben Einrichtung handelt, voraus, dass die Anlage mit Anlagenteilen und Verfahrensschritten der Hauptanlage in einem räumlichen und betriebstechnischen Zusammenhang steht.

21 Keiner UVP bedarf es, wenn die Rohrleitungsanlage Anlagen verbindet, die in einem engen räumlichen und betrieblichen Zusammenhang stehen und durch landgebundene öffentliche Verkehrswege getrennt sind. Der Begriff der **Verbindungsleitungen** wird in der Begründung des Gesetzesentwurfs zur siebten Änderung des Wasserhaushaltsgesetzes (BT-Drs. 14/7755, S. 17) erläutert. Der Gesetzgeber hat bewusst darauf verzichtet, eine bestimmte Längenbegrenzung einzuführen.[24] Verbindungsleitungen dürften nur der kurzräumigen Verbindung dienen, da andernfalls das Erfordernis einer Einzelfallprüfung nach Nr. 19.3 unterlaufen werden könne.[25] Aus diesem Grund sollten die Verbindungsleitungen entweder kürzer als 2 km sein und einen Durchmesser von weniger als 150 mm aufweisen (vgl. Nr. 19.3.3) oder bei mehr als 2 km Länge – eine Strecke, die bei großen Chemieanlagen durchaus noch als Verbindungsanlage gewertet werden kann – ebenfalls maximal einen Durchmesser von 150 mm aufweisen (vgl. Nr. 19.3.2).

22 Nr. 19.3 mit seiner Auflistung von Rohrleitungsanlagen zum Befördern wassergefährdender Stoffe dient der Umsetzung von Anh. I Nr. 16 und von Anh. II Nr. 10 lit. i) der UVP-Änderungsrichtlinie. Die Schwellenwerte in Nr. 19.3.1 entsprechen den Schwellenwerten im Anh. I Nr. 16 der UVP-Änderungsrichtlinie. Mit den in Nr. 19.3.2 angegebenen Prüfwerten werden für die allgemeine Vorprüfung des Einzelfalls eine ausreichende Menge von Anlagen erfasst, um im Regelfall bei der Umsetzung von Anh. II Nr. 10 lit. i) den Aspekten Art, Größe und Standort von Vorhaben nach Art. 2 Abs. 1 idF in der UVP-Änderungsrichtlinie und nach § 3 Abs. 1 Satz 2 Nr. 1 UVPG n.F. Rechnung zu tragen. Um im Einzelfall auch eine kleinere Anlage zu erfassen, die aufgrund besonderer Standortgegebenheiten zu erheblichen nachteiligen Umweltauswirkungen führen kann, ist in der Nr. 19.3.3 eine standortbezogene Vorprüfung vorgesehen, die unabhängig von der Länge eröffnet wird. Nr. 19.3 entspricht der bisherigen Nr. 16 der Anl. zu § 3 UVPG a.F. Abwasserkanäle sind von dieser Nummer nicht erfasst.

III. Rohrleitungsanlagen zum Befördern von verflüssigten bzw. nicht verflüssigten Gasen (Nr. 19.4 u. 19.5 Anl. 1)

23 Zu den UVP-pflichtigen Vorhaben zählt Nr. 19.4 Anl. 1 die Errichtung und den Betrieb einer Rohrleitungsanlage, soweit sie nicht unter Nr. 19.3 fällt, zum Befördern von **verflüssigten Gasen**, ausgenommen Anlagen, die den Bereich eines Werksgeländes nicht überschreiten. Nach Nr. 19.5 Anl. 1 zählen zu den UVP-pflichtigen Vorhaben auch die Errichtung und der Betrieb einer Rohrleitungsanlage, soweit sie nicht unter Nr. 19.3 oder als Energieanlage i.S.d. EnWG unter Nr. 19.2 fällt, zum Befördern von **nicht verflüssigten Gasen**, ausgenommen Anlagen, die den Bereich eines Werksgeländes nicht überschreiten. Nicht verflüssigte Gase sind Substanzen, die sich in einem gasförmigen Aggregatzustand befinden; verflüssigte Gase sind Substanzen, die durch thermische Einwirkung (Kondensation durch Abkühlung) oder durch die Erhöhung des Drucks in einem flüssigen Aggregatzustand überführt worden sind. Zu den Rohrleitungen nach Nr. 19.4 Anl. 1 zählen z.B. die Pipelines zur Beförderung von CO_2 in unterirdische Anlagen[26] oder die Ostsee- oder North-Stream-Pipeline.[27] Bei Letztgenannter gestaltete sich eine einheitliche Beurteilung der Umweltverträglichkeit

23 *Meyer,* in: Landmann/Rohmer, Umweltrecht, Stand: 12/2015, § 62 WHG Rn. 15.
24 BT-Drs. 14/7755, S. 17 zum gleichlautenden § 19a WHG a.F.
25 BT-Drs. 14/7755, S. 17 zum gleichlautenden § 19a WHG a.F.
26 OVG NRW, Urt. v. 31.08.2020 – 20 A 1923/11, juris Rn. 131; *Much* ZUR 2007, 130 (132); zur Abgrenzung von §§ 43 EnWG zu den §§ 20 ff. UVPG a.F. bezogen auf Gasversorgungsleitungen siehe *Wahlhäuser* UPR 2011, 262 ff.
27 Ausführlich zur Ostsee-Pipeline und den rechtlichen Rahmenbedingungen ihrer Realisierung *Wolf* ZUR 2007, 24 (30); siehe auch OVG BB, Beschl. v. 28.11.2018 – OVG 11 S 59.18, juris.

im Rahmen einer übergreifenden UVP aufgrund unterschiedlicher materieller Ausgestaltung der UVP-RL bei den europäischen Ostseeanrainern schwierig.[28] Verflüssigte und nichtverflüssigte Gase können auch wassergefährdende Stoffe i.S.v. § 66 Abs. 6 Satz 7 i.V.m. § 2 Abs. 1 Satz 2 RohrFLtgV sein. Dazu stellen Nr. 19.4 und Nr. 19.5 klar, dass Nr. 19.3 den Nrn. 19.4 und 19.5 vorgeht. Ist ein verflüssigtes oder nicht verflüssigtes Gas zugleich wassergefährdender Stoff i.S.v. § 66 Abs. 6 Satz 7 i.V.m. § 2 Abs. 1 Satz 2 RohrFLtgV, ist insoweit Nr. 19.3 mit den Prüfwerten für Größe und Leistung vorrangig.[29] Für Rohrleitungen zum Befördern von nicht verflüssigten Gasen bestimmt Nr. 19.5, dass Nr. 19.5 hinter Nr. 19.2 nachrangig ist, wenn die Rohrleitungsanlage als Energieanlage i.S.d. EnWG unter Nr. 19.2 fällt. Für Gasversorgungsleitungen i.S.d. EnWG sind insoweit die in Nr. 19.2 geregelten Größenwerte maßgeblich.[30]

Rohrleitungsanlagen, die nicht unter Nr. 19.3 fallen und zum Befördern von verflüssigten Gasen i.S.d. Nr. 19.4 Anl. 1 dienen, sind stets UVP-pflichtig, wenn sie über eine Länge von mehr als 40 km und einem Durchmesser der Rohrleitung von mehr als 800 mm verfügen (19.4.1). Einer allgemeinen Vorprüfung des Einzelfalls i.S.v. § 7 Abs. 1 Satz 1 bedarf es bei einer Länge von mehr als 40 km und einem Durchmesser der Rohrleitung von 150–800 mm (Nr. 19.4.2). Einer solchen allgemeinen Vorprüfung bedarf es des Weiteren, wenn die Rohrleitungsanlage eine Länge von 2–40 km und einen Durchmesser der Rohrleitung von mehr als 15 mm aufweist. Eine standortbezogene Vorprüfung des Einzelfalls i.S.d. § 7 Abs. 1 Satz 2 ist schließlich durchzuführen, wenn die Rohrleitungsanlage eine Länge von weniger als 2 km und einen Durchmesser der Rohrleitung von mehr als 150 mm aufweist (Nr. 19.4.4). 24

Bei der Errichtung und dem Betrieb einer Rohrleitungsanlage, die nach Nr. 19.5 Anl. 1 der Beförderung von nicht verflüssigten Gasen dient und die nicht unter Nr. 19.3 bzw. 19.2 Anl. 1 fällt, bedarf es stets einer UVP, wenn die Rohrleitungsanlage eine Länge von mehr als 40 km und einen Durchmesser von mehr als 800 mm aufweist (Nr. 19.5.1). Ist die Rohrleitung länger als 40 km, und verfügt sie über einen Durchmesser von 300–800 mm, dann bedarf es nach Nr. 19.5.2 einer allgemeinen Vorprüfung i.S.v. § 7 Abs. 1 Satz 1. Dasselbe gilt für Rohrleitungsanlagen mit einer Länge von 5–40 km und einem Durchmesser der Rohrleitung von mehr als 300 mm (Nr. 19.5.3). Verfügt die Rohrleitung über eine Länge von weniger als 5 km und einem Durchmesser von mehr als 300 mm, dann bedarf es nach Nr. 19.5.4 einer standortbezogenen Vorprüfung des Einzelfalls i.S.v. § 7 Abs. 1 Satz 2. 25

Nr. 19.4 und 19.5 dienen jeweils der Umsetzung von Anh. I Nr. 16 und Anh. II Nr. 10 lit. i) der UVP-Änderungsrichtlinie. Die Schwellenwerte in Nr. 19.4.1 und 19.5.1 entsprechen den Schwellenwerten im Anh. I Nr. 16 der UVP-Änderungsrichtlinie. Mit den in Nr. 19.4.2 und 19.5.2 angegebenen Prüfwerten wird für die allgemeine Vorprüfung des Einzelfalls eine ausreichende Menge von Anlagen erfasst, um im Regelfall bei der Umsetzung von Anh. II Nr. 10 lit. i) den Aspekten Art, Größe und Standort von Vorhaben nach Art. 2 Abs. 1 idF der UVP-Änderungsrichtlinie und nach § 3 Abs. 1 Satz 2 Nr. 1 UVPG n.F. Rechnung zu tragen. Um im Einzelfall auch kleinere Leitungsanlagen zu erfassen, die aufgrund besonderer Standortgegebenheiten zu erheblichen nachteiligen Umweltauswirkungen führen können, ist in Nr. 19.4.3 und 19.5.3 jeweils eine **standortbezogene Vorprüfung** vorgesehen, die unabhängig von der Länge bei einem Durchmesser von mehr als 300 mm erforderlich ist. Ungeachtet dessen, dass die Richtlinie eine Differenzierung zwischen verschiedenen Gasen nicht vornimmt, werden für die Beförderung von verflüssigten Gasen die Prüfwerte entsprechend dem größeren Gefahrenpotenzial niedriger festgesetzt. Diese Differenzierung beruht darauf, dass in einem Schadensfall bei der Freisetzung von verflüssigten Gasen im gleichen Zeitraum größere Stoffmengen auf die Umgebung einwirken können als bei der Freisetzung von nicht verflüssigten Gasen. Soweit es sich um Gasversorgungsleitungen i.S.d. Energiewirtschaftsgesetzes handelt, geht die Regelung in Nr. 19.2 der Regelung in Nr. 19.5 vor. Nach Auffassung von Wahlhäuser handelt es sich 26

28 *Wolf* ZUR 2007, 24 (28).
29 *Hagmann*, in: Landmann/Rohmer, Umweltrecht, Stand: 4/2022, § 65 UVPG Rn. 15.
30 *Hagmann*, in: Landmann/Rohmer, Umweltrecht, Stand: 4/2022, § 65 UVPG Rn. 16.

bei **Erdgasröhrenspeichern** nicht um Gasversorgungsleitungen i.S.v. § 43 EnWG, so dass für solche röhrengebundenen Erdgasspeicher das UVPG das für den Bau und die Inbetriebnahme einschlägige Fachrecht ist.[31] Eine UVP-Pflicht nach § 1 Nr. 6a UVP-V Bergbau für Untergrundspeicher käme nur dann in Betracht, wenn es sich um eine behälterlose Speicherung handeln würde (§ 4 Abs. 9 BBergG). Das ist jedoch bei einem röhrengebundenen Speicher nicht der Fall.

IV. Rohrleitungsanlagen zum Befördern von Stoffen i.S.v. § 3a ChemG (Nr. 19.6 Anl. 1)

27 Unter Nr. 19.6 der Anl. 1 sind die Errichtung und der Betrieb von Rohrleitungsanlagen zum Befördern von Stoffen i.S.v. § 3a ChemG, soweit sie nicht unter Nr. 19.2–19.5 fällt und ausgenommen Abwasserleitungen sowie Anlagen, die den Bereich eines Werksgeländes nicht überschreiten oder Zubehör einer Anlage zum Lagern solcher Stoffe sind, aufgelistet. Nach § 3a Abs. 1 ChemG sind gefährliche Stoffe oder gefährliche Gemische im Sinne des ChemG Stoffe oder Gemische, die die in Anh. I Teil 2 und 3 der Verordnung (EG) Nr. 1272/2008 dargelegten Kriterien für physikalische Gefahren oder Gesundheitsgefahren erfüllen oder umweltgefährlich sind, indem sie a) die in Anh. I Teil 4 und 5 der Verordnung (EG) Nr. 1272/2008 dargelegten Kriterien für Umweltgefahren und weitere Gefahren erfüllen oder b) selbst oder deren Umwandlungsprodukte sonst geeignet sind, die Beschaffenheit des Naturhaushaltes, von Wasser, Boden oder Luft, Klima, Tieren, Pflanzen oder Mikroorganismen derart zu verändern, dass dadurch sofort oder später Gefahren für die Umwelt herbeigeführt werden können. § 3a Abs. 2 ChemG ermächtigt zum Erlass einer Rechtsverordnung zur Festlegung von Gefährlichkeitsmerkmalen, von der mit dem Erlass der **Gefahrstoffverordnung** Gebrauch gemacht worden ist.

28 Bei einer Länge von mehr als 40 km und einem Durchmesser der Rohrleitung von mehr als 800 mm sind diese Anlagen nach Nr. 19.6.1 Anl. 1 stets UVP-pflichtig. Bei einer Länge von mehr als 40 km und einem Durchmesser der Rohrleitung von 300–800 mm sowie bei einer Länge von 5–40 km und einem Durchmesser der Rohrleitung von mehr als 300 mm bedarf es nach Nr. 19.6.2 und 19.6.3 einer allgemeinen Vorprüfung i.S.v. § 7 Abs. 1 Satz 1. Bei einer Länge von weniger als 5 km und einem Durchmesser der Rohrleitung von mehr als 300 mm sieht Nr. 19.6.4 der Anl. 1 eine standortbezogene Vorprüfung des Einzelfalls i.S.v. § 7 Abs. 1 Satz 2 vor.

29 Nr. 19.6 dient der Umsetzung von Anh. I Nr. 16 und Anh. II Nr. 10 lit. i) der UVP-Änderungsrichtlinie. Die Schwellenwerte in Nr. 19.6.1 entsprechen den Schwellenwerten in Anh. I Nr. 16 der UVP-Änderungsrichtlinie. Mit den in Nr. 19.6.2 angegebenen Prüfwerten werden für die allgemeine Vorprüfung des Einzelfalls eine ausreichende Menge von Anlagen erfasst, um im Regelfall bei der Umsetzung von Anh. II Nr. 10 lit. i) den Aspekten Art, Größe und Standort von Vorhaben nach Art. 2 Abs. 1 idF der UVP-Änderungsrichtlinie und nach § 3 Abs. 1 Satz 2 Nr. 1 UVPG n.F. Rechnung zu tragen.

V. Dampf- oder Warmwasserpipelines (Nr. 19.7 Anl. 1), Wasserfernleitungen (Nr. 19.8 Anl. 1)

30 Nach Nr. 19.7 Anl. 1 sind die Errichtung und der Betrieb einer Rohrleitungsanlage zum Befördern von Dampf oder Warmwasser aus einer Anlage nach Nr. 1–10, die den Bereich des Werksgeländes überschreitet (Dampf- oder Warmwasserpipeline) stets einer allgemeinen Vorprüfung im Einzelfall zu unterziehen bei einer Länge von 5 km oder mehr außerhalb des Werksgeländes (Nr. 19.7.1). Mit Dampf ist ausweislich der Systematik und dem Sinnzusammenhang der Norm Wasserdampf gemeint. Denn sofern kein Wasserdampf in der Rohrleitungsanlage transportiert wird, ist Nr. 19.3 oder Nr. 19.5 einschlägig.[32] Der Begriff »**Warmwasser**« wird nicht näher erläutert. Da es darum geht, Umweltauswirkungen zu benennen, muss es sich um Wassertemperaturen handeln, die sich negativ auf die Umwelt auswirken können, falls das Wasser in die Umwelt gelangen sollte. Insofern bestünde

31 *Wahlhäuser* UPR 2011, 262 ff.

32 Auch zum Vorgenannten *Hagmann,* in: Landmann/Rohmer, Umweltrecht, Stand: 4/2022, § 65UVPG Rn. 26.

die Möglichkeit, dass sich die dahinter verbergenden Wassertemperaturen je nach Jahreszeit verschieben. Doch auch ohne eine solche Flexibilität bestehen hier erhebliche Bedenken gegen die Einhaltung des Bestimmtheitsgrundsatzes. Zur Konkretisierung des Begriffs wird zu bedenken gegeben, angesichts des auf die Gewähr einer wirksamen Umweltvorsorge ausgerichteten Gesetzeszwecks könne es nicht darauf ankommen, ob Wasser absichtlich erwärmt werde oder die Erwärmung des Wassers Nebenfolge eines in der Anlage durchgeführten Prozesses sei. In beiden Fällen sei das erwärmte Wasser möglicherweise geeignet, das Wohl der Allgemeinheit zu beeinträchtigten. Aus dem Gesetz könne allerdings kein numerischer Wert angegeben werden.[33]

31 Die Errichtung und der Betrieb einer Rohrleitungsanlage, soweit sie nicht unter Nr. 19.6 fällt, zum Befördern von Wasser, die das Gebiet einer Gemeinde überschreitet (**Wasserfernleitung**) mit einer Länge von 10 km oder mehr ist nach Nr. 19.8.1 einer allgemeinen Vorprüfung des Einzelfalls i.S.v. § 7 Abs. 1 Satz 1 zu unterziehen. Bei einer Länge von 2 km bis weniger als 10 km bedarf es einer standortbezogenen Vorprüfung des Einzelfalls i.S.v. § 7 Abs. 1 Satz 2. Von der Vorschrift werden Leitungen zum Befördern von Trink- oder Brauchwasser, nicht jedoch Abwasserleitungen, erfasst. Wasserleitungen, die sich nicht über eine Gemeindegrenze hinaus erstrecken, sind keine Wasserfernleitungen in diesem Sinne. Bei einer Wasserfernleitungslänge von weniger als 2 km ist nach Anl. 1 Nr. 19.8 UVPG in der Regel keine UVP-Vorprüfung erforderlich. Wird eine bestehende Wasserfernleitung erweitert, kann sich aufgrund der Kumulationsregeln der §§ 11, 12 eine Zulassungspflicht nach § 65 auch dann ergeben, wenn der zusätzliche Leitungsabschnitt nur auf dem Gebiet einer Gemeinde verläuft.

32 Nr. 19.7 und 19.8 dienen der Umsetzung von Anh. II Nr. 3b bzw. Anh. II Nr. 10 lit. j) der UVP-Änderungsrichtlinie. Mit den in Nr. 19.7.1 und 19.8.1 angegebenen Prüfwerten wird für die allgemeine Vorprüfung des Einzelfalls eine ausreichende Menge von Anlagen erfasst, um im Regelfall bei der Umsetzung den Aspekten Art, Größe und Standort von Vorhaben nach Art. 2 Abs. 1 idF der UVP-Änderungsrichtlinie und nach § 3 Abs. 1 Satz 2 Nr. 1 UVPG n.F. Rechnung zu tragen. Um im Einzelfall auch eine kleinere Anlage zu erfassen, die aufgrund besonderer Standortgegebenheiten zu erheblichen nachteiligen Umweltauswirkungen führen kann, ist in Nr. 19.7.2 und 19.8.2 eine standortbezogene Vorprüfung vorgesehen, die unabhängig vom Durchmesser bei einer Länge von weniger als 5 km im Außenbereich bzw. 2–10 km eröffnet wird. Für Vorhaben, die in der Anlage 1 Nummer 19.7 oder 19.8 aufgeführt sind und die zugleich die Errichtung, den Betrieb oder die Änderung von Wärmeleitungen betreffen, ist anstelle der Absätze 1 und 2 sowie anstelle der §§ 66–69 der § 8 des Geothermie-Beschleunigungsgesetzes vom 22. 12.2025 (BGBl. 2025 I Nr. 348, S. 2) anzuwenden. Die Errichtung, der Betrieb sowie die Änderung solcher Wärmeleitungen, bedürfen danach der Planfeststellung durch die nach Landesrecht für Verfahren nach § 43 Abs. 1 Satz 1 Nr. 5 EnWG zuständigen Behörde, sofern nach den §§ 7–14 eine Verpflichtung zur Durchführung einer UVP besteht. Besteht eine solche Verpflichtung nicht, so bedarf das Vorhaben der Plangenehmigung durch diese Behörde. § 65 Abs. 2 Satz 2 bis 4 ist anzuwenden. Auf Antrag des Trägers des Vorhabens kann die zuständige Behörde die Errichtung, den Betrieb sowie die Änderung von Wärmeleitungen durch Planfeststellung zulassen (§ 8 Abs. 1 GeoBG).

33 Von der nach § 66 gegebenen Möglichkeit zum Erlass von Rechtsverordnungen für Fernwärmetransportleitungen zur Festlegung des Standes der Technik für Errichtung und Betrieb, Anpassung vorhandener Anlagen und behördlicher Befugnisse, hat die Bundesregierung bisher keinen Gebrauch gemacht.

VI. Künstliche Wasserspeicher (Nr. 19.9 Anl. 1)

34 Nach § 65 Abs. 1 i.V.m. Nr. 19.9 Anl. 1 bedürfen auch die Errichtung und der Betrieb eines künstlichen Wasserspeichers einer Planfeststellung, wenn eine Verpflichtung zur Durchführung einer Umweltverträglichkeitsprüfung besteht, ansonsten bedarf es nach § 65 Abs. 2 Satz 1 regelmäßig

33 *Hagmann*, in: Landmann/Rohmer, Umweltrecht, Stand: 4/2022, § 65 UVPG § 20 Rn. 24.

einer Plangenehmigung. In Fällen unwesentlicher Bedeutung entfällt die Notwendigkeit einer Plangenehmigung nach § 16 Abs. 2 Satz 2.

35 Der Begriff des künstlichen Wasserspeichers ist im UVPG nicht definiert; er ist insbesondere zum **Gewässerausbau** abzugrenzen, der nach § 68 Abs. 1 WHG planfeststellungsbedürftig ist, und zum **Bau eines Stauwerks** oder einer sonstigen Anlage zur Zurückhaltung oder dauerhaften Speicherung von Wasser, wofür die Durchführung einer Umweltverträglichkeitsprüfung nach Nr. 13.6 Anl. 1 des UVPG erforderlich werden kann.[34] Vorhaben nach Nr. 13 Anl. 1 sind wasserwirtschaftlicher Natur, verbunden mit der Benutzung oder dem Ausbau eines Gewässers. Die in Nr. 19.9 Anl. 1 angesprochenen künstlichen Wasserspeicher stehen hingegen nicht in einer relevanten Verbindung zu einem natürlichen Gewässer; sie sind nicht in den natürlichen Wasserkreislauf eingebunden und insoweit künstliche Wasserspeicher.[35] Die bergrechtlich angeordnete Flutung nach der endgültigen **Einstellung eines Bergwerksbetriebs** im Salzbergbau stellt keine »Errichtung und Betrieb eines künstlichen Wasserspeichers« nach Nr. 19.9 der Anl. 1 dar.[36]

36 Nach Nr. 19.9 Anl. 1 bedürfen die Errichtung und der Betrieb eines künstlichen Wasserspeichers mit 10 Mio. m^3 oder mehr Wasser stets einer UVP (19.9.1). Verfügt der Wasserspeicher über ein Speichervolumen von 2 Mio. m^3 bis weniger als 10 Mio. m^3, bedarf es einer allgemeinen Vorprüfung i.S.v. § 7 Abs. 1 Satz 1, bei einem Speichervolumen von 5.000 m^3 bis weniger als 2 Mio. m^3 ist eine standortbezogene Vorprüfung des Einzelfalls i.S.v. § 3c Abs. 1 Satz 2 erforderlich.

37 Nr. 19.9 dient der Umsetzung von Anh. I Nr. 15 und Anh. II Nr. 10 lit. g) der UVP-Änderungsrichtlinie, die nicht zwischen Gewässerausbauten mit dem Zweck der Wasserspeicherung und der Errichtung künstlicher Wasserspeicher ohne Gewässerausbau unterscheidet. Anl. 1 behandelt in Nr. 13 u.a. den Gewässerausbau i.S.v. § 67 Abs. 2 WHG.[37] Daher ist davon auszugehen, dass Nr. 19 nicht ebenfalls den Gewässerausbau betrifft, sondern sich die dort angesprochenen künstlichen Wasserspeicher vom Gewässerausbau nach § 67 Abs. 2 WHG unterscheiden, wie er in Nr. 13 angesprochen ist. Wassersammlungen, welche nicht über die natürlichen Gewässerfunktionen verfügen, sind keine Gewässerbauten i.S.v. § 67 Abs. 2 WHG.[38] Gewässer i.S.d. WHG sind in den natürlichen Wasserkreislauf eingebunden, weil nur dann mit Hilfe der Instrumente des WHG das Wasser nach Menge und Güte gesteuert werden kann.[39] D.h., dass das Gewässer an den Gewässerfunktionen teilhaben muss. Dies ist der Fall, wenn natürliche Prozesse wie Verdunstung, Versickerung, Auffangen von Regenwasser oder aufsteigendem Grundwasser stattfinden.[40] Vom natürlichen Gewässer getrennt und damit nicht Gewässer i.S.v. Nr. 13 Anl. 1 sind daher u.a. in undurchlässigen Erdbecken, Feuerlösch- oder Zierteichen, Springbrunnen, Pumpspeicherbecken etc.[41] In diesen Fällen ist die Wassermenge nicht oder allenfalls in einem derart geringen Umfang (etwa über die Verdunstung) in den Wasserkreislauf eingebunden, der es nicht rechtfertigt, diese Maßnahme als Gewässerausbau nach § 67 Abs. 2 WHG zu begreifen. In diesen Fällen handelt es sich gegebenenfalls um künstliche Wasserspeicher nach Nr. 19 Anl. 1. Für künstliche Wasserspeicher, ohne Gewässerausbau i.S.d. WHG besteht die UVP-Pflichtigkeit, wenn der Schwellenwert in Nr. 19.9.1 von 10 Mio. m^3 Wasser, der dem Schwellenwert in Anh. I Nr. 15 der UVP-Änderungsrichtlinie ent-

34 *Lau,* in: Schink/Fellenberg, WHG, § 67 Rn. 18.

35 BVerwG, Urt. v. 15.06.2005 – 9 C 8/04, juris Rn. 20; VG Berlin, Beschl. v. 28.02.2014 – 19 L 334/13, juris Rn. 87; *Hagmann,* in: Landmann/Rohmer, Umweltrecht, Stand: 4/2022, § 65 UVPG § 20 Rn. 28.

36 OVG Lüneburg, Beschl. v. 21.10.2008 – 7 ME 170/07, juris Rn. 34; zur UVP-Pflicht beim Fluten eines stillgelegten Bergwerks siehe OVG Saarland, Urt. v. 19.03.2025 – 2 C 152/2, juris Rn. 58.

37 Vgl. die Gesetzesbegründung zur Vorgängerregelung (Nr. 6 der Anlage zu § 3 UVPG a.F.) BT-Drs. 11/3919, S. 37 f., die sich auf § 31 WHG a.F., also die Vorgängerregelung zu § 67 WHG bezieht.

38 *Czychowski/Reinhardt,* WHG, § 67 Rn. 22; *Lau,* in: Schink/Fellenberg, WHG, § 67 Rn. 18.

39 BVerwG, Beschl. v. 16.07.2003 – 7 B 61.03, NuR 2004, 43, 44; BVerwG, Urt. v. 15.06.05 – 9 C 8.04, NuR 2005, 721.

40 BVerwG, Urt. v. 15.06.05 – 9 C 8.04, NuR 2005, 721.

41 *Czychowski/Reinhardt,* WHG, § 2 Rn. 8.

spricht, erreicht oder überschritten wird. Mit dem in Nr. 19.9.2 angegebenen Prüfwert von 2 Mio. m^3 Wasser wird für die allgemeine Vorprüfung des Einzelfalls eine ausreichende Menge von Anlagen erfasst, um im Regelfall bei der Umsetzung von Anh. II Nr. 10 lit. g) den Aspekten Art, Größe und Standort von Vorhaben nach Art. 2 Abs. 1 idF der UVP-Änderungsrichtlinie und nach § 3 Abs. 1 Satz 2 Nr. 1 UVPG n.F. Rechnung zu tragen. Um im Einzelfall – ebenso wie bei Anl. 1 Nr. 19.7 und 19.8 – auch eine kleinere Anlage zu erfassen, die aufgrund besonderer Standortgegebenheiten zu erheblichen nachteiligen Umweltauswirkungen führen kann, ist in der Nr. 19.9.3 eine standortbezogene Vorprüfung vorgesehen, die schon bei einem Prüfwert von 5.000 m^3 Wasser eröffnet wird.

VII. Kohlendioxidleitung (Nr. 19.10 Anl. 1)

Errichtung, Betrieb und wesentliche Änderung von Kohlendioxidleitungen bedürfen nach § 4 Abs. 1 38
Satz 1 Kohlendioxid-Speicherungsgesetz (KSpG) der vorherigen Planfeststellung durch die zuständige Behörde. Diese Leitungen sind nach den Maßgaben der Anl. 1 UVP-pflichtig, nicht jedoch nach § 65 planfeststellungsbedürftig. Für das Planfeststellungsverfahren gelten nach § 4 Abs. 2 Satz 1 KSpG die §§ 72–78 VwVfG nach Maßgabe des § 43a Nrn. 1b-4, des § 43b Nrn. 3–5 und des § 43e EnWG. Nach Nr. 19. 10 Anl. 1 des UVPG bedürfen auch die Errichtung und der Betrieb einer Kohlendioxidleitung im Sinne des Kohlendioxid-Speicherungsgesetzes (KSpG) einer Umweltverträglichkeitsprüfung, wenn sie die im Einzelnen genannten Schwellenwerte überschreiten. Ausgenommen sind Anlagen, die den Bereich eines Werksgeländes nicht überschreiten. Das KSpG dient nach § 1 KSpG der Gewährleistung einer dauerhaften Speicherung von Kohlendioxid in unterirdischen Gesteinsschichten zum Schutz des Menschen und der Umwelt, auch in Verantwortung für künftige Generationen. Kohlendioxidleitungen i.S.d. KSpG sind nach § 3 Nr. 6 KSpG dem Transport des Kohlendioxidstroms zu einem Kohlendioxidspeicher dienende Leitungen einschließlich der erforderlichen Verdichter- und Druckerhöhungsstationen. Bei einer Länge von mehr als 40 km und einem Durchmesser der Rohrleitung von mehr als 800 mm ist eine Umweltverträglichkeitsprüfung nach Nr. 19.10.1 obligatorisch; bei einer Länge von mehr als 40 km und einem Durchmesser der Rohrleitung von 150–800 mm bedarf es nach Nr. 19.10.2 einer allgemeinen Vorprüfung; bei einer Länge von 2–40 km und einem Durchmesser der Rohrleitung von mehr als 150 mm bedarf es nach Nr. 19.10.3 ebenfalls einer allgemeinen Vorprüfung. Bei einer Länge von weniger als 2 km und einem Durchmesser der Rohrleitung von mehr als 150 mm sieht der Gesetzgeber nach Nr. 19.10.4 der Anl. 1 des UVPG eine standortbezogene UVP vor.

VIII. Erdkabel (Nr. 19.11 Anl. 1)

Errichtung und Betrieb eines Erdkabels sind nach den Maßgaben der Nr. 19.11 Anl. 1 UVP-pflich- 39
tig, nicht jedoch nach § 65 planfeststellungsbedürftig. Nach § 3 Abs. 5 BBPlG gelten als Erdkabel alle Erdleitungen einschließlich Kabeltunnel und gasisolierter Rohrleitungen. Das BVerwG erläutert zum Begriff des Erdkabels, es müsse sich nach dem Wortlaut der Legaldefinition um eine Leitung handeln muss, die »in der Erde« liege in dem Sinne, dass sie – unmittelbar oder mittelbar in der gewählten technischen Umhüllung – von Erdboden umgeben sei. Nach dem allgemeinen Sprachgebrauch sei die Erdleitung dadurch gekennzeichnet, dass sie in der Erde, d.h. im Boden unterhalb des allgemeinen umliegenden Geländeniveaus, verlegt sei und bei ihrem Bau darin versenkt werde. Eine Höchstspannungsleitung, die in einem aufzuschüttenden Erdwall verlegt werden solle, sei kein Erdkabel im Sinne von § 3 Abs. 5 BBPlG.[42]

Die Errichtung und der Betrieb sowie die Änderung von Hochspannungsleitungen nach § 2 Abs. 5 40
und 6 des Bundesbedarfsplangesetzes (BBPlG) bedürfen der Planfeststellung durch die nach Landesrecht zuständige Behörde. Außerdem ist nach Nr. 19.11 ist für die Errichtung und den Betrieb eines

42 BVerwG, Urt. v. 20.01.2021 – 4 A 4/19, juris Rn. 28; zur vorzeitigen Besitzeinweisung zur Verlegung eines Erdkabels BVerwG, Beschl. v. 27.08.2025 – 11 VR 8.25, juris.

Erdkabels nach § 2 Abs. 5 BBPlG eine Umweltverträglichkeitsprüfung obligatorisch. Nach § 1 Abs. 1 Satz 1 BBPlG stellt der Gesetzgeber für die in der Anlage zum BBPlG aufgeführten Vorhaben, die der Anpassung, Entwicklung und dem Ausbau der Übertragungsnetze zur Einbindung von Elektrizität aus erneuerbaren Energiequellen, zur Interoperabilität der Elektrizitätsnetze innerhalb der Europäischen Union, zum Anschluss neuer Kraftwerke oder zur Vermeidung struktureller Engpässe im Übertragungsnetz dienen, die energiewirtschaftliche Notwendigkeit und der vordringliche Bedarf zur Gewährleistung eines sicheren und zuverlässigen Netzbetriebs als Bundesbedarfsplan gem. § 12e EnWG fest. Die Realisierung dieser Vorhaben ist nach § 1 Abs. 1 Satz 2 BBPlG aus Gründen eines überragenden öffentlichen Interesses und im Interesse der öffentlichen Sicherheit erforderlich. § 2 Abs. 5 BBPlG bestimmt, dass die im Bundesbedarfsplan mit »E« gekennzeichneten Vorhaben zur Höchstspannungs-Gleichstrom-Übertragung nach Maßgabe des § 3 BBPlG konkreten Höchstspannungsleitungsvorhaben als Erdkabel zu errichten und zu betreiben oder zu ändern.

41 Erdkabelverlegungen haben mit Blick auf die von ihnen ausgehenden Umweltauswirkungen gegenüber Freileitungen erhebliche Vorzüge, insbesondere was die von Freileitungen ausgehenden Landschaftsbildbeeinträchtigungen angeht. Erdkabel bringen aber nicht nur bei Grundstückseigentümern neue Betroffenheiten mit sich, sondern führen auch ihrerseits zu erheblichen Eingriffen in die Natur. Während bei der Errichtung von Freileitungen nur an den Standorten der Masten Tiefbaumaßnahmen erforderlich sind, bedarf es für die Verlegung von Erdkabeln erhebliche großflächigere, linienförmige Bodenbeanspruchungen. Das kann zu dauerhaften Beeinträchtigungen insbesondere für die Bodennutzung führen. Ein störungsfreier Betrieb des Erdkabels macht es erforderlich, dass auf einem Schutzstreifen oberhalb der Erdkabeltrasse weder Gebäude noch tiefwurzelnde Bäume und Sträucher stehen. Außerdem entstehen durch den Stromfluss elektrische und magnetische Felder, für die in der 26. BImSchV Grenzwerte festgelegt sind. Den Umweltauswirkungen der Erdkabelverlegungen der genannten Höchstspannungsleitungen muss im Rahmen einer UVP nachgegangen werden.

42 Um den Einsatz von Erdkabeln auf der Höchstspannungsebene im Übertragungsnetz als Pilotvorhaben zu testen, können nach § 2 Abs. 1 EnLAG bestimmte, im Einzelnen aufgeführte Höchstspannungsleitungen als Erdkabel errichtet und betrieben oder geändert werden. Ob und inwieweit im Rahmen der Umweltverträglichkeitsprüfung bei Vorhaben, die nicht in § 2 Abs. 1 EnLAG genannt sind, die Alternative eines Erdkabels abwägungsrelevant bzw. als zumutbare Alternative im Sinne von § 34 Abs. 3 Nr. 2 BNatSchG zu prüfen ist, ist höchstrichterlich noch nicht geklärt.[43] Das BVerwG führt dazu aus, es dürfte u.a. zu erwägen sein, ob § 2 Abs. 1 und 2 EnLAG das Erdkabel auch als eine vom Vorhabenträger zu wählende Alternative ausschließe, ob – bejahendenfalls – der nationale Gesetzgeber unionsrechtlich befugt gewesen sei, das Erdkabel als zumutbare Alternative für den Gebietsschutz (vgl. § 2 Abs. 2 Nr. 4 EnLAG) auf bestimmte Pilotprojekte zu beschränken, oder etwa der Wahl eines Erdkabels von vornherein entgegenstehe, dass seine Errichtung und sein Betrieb bei der Weiterleitung von Drehstrom auf der Höchstspannungsebene nicht den allgemein anerkannten Regeln der Technik im Sinne von § 49 Abs. 1 Satz 2 EnWG entsprächen. Die Zulässigkeit eines Erdkabeleinsatzes nach § 2 Abs. 1 EnLAG hängt nicht von einem ausdrücklichen Verlangen der Planfeststellungsbehörde im Sinne des § 2 Abs. 2 Satz 1 EnLAG ab.[44] Auch ohne das Verlangen der Behörde steht es allerdings nicht im Belieben des Vorhabenträgers, sich im Anwendungs-

43 BVerwG, Beschl. v. 15.06.2021 – 4 VR 6/20, juris Rn. 16; BVerwG, Beschl. v. 27.07.2020 – 4 VR 7.19 u.a., NVwZ 2021, 723; das BVerwG, Urt. v. 08.01.2025 – 11 A 24/23, juris Rn. 23 erläutert dazu, die energiepolitische Entscheidung, ob Strom grundsätzlich durch Freileitungen oder durch Erdkabel transportiert werde, obliege dem Gesetzgeber. Die gerichtliche Kontrolle habe zu prüfen, ob die Entscheidung des Gesetzgebers offensichtlich und eindeutig unvereinbar mit verfassungsrechtlichen Wertungen sei. Der Erprobungscharakter von Erdkabelabschnitten im Drehstromhöchstspannungsbereich rechtfertige es, die möglicherweise hinter der von Freileitungen zurückbleibende Betriebssicherheit hinzunehmen.

44 BVerwG, Urt. v. 08.01.2025 – 11 A 24/23, juris Rn. 32.

bereich des § 2 Abs. 1 EnLAG für ein Erdkabel zu entscheiden. Eine solche Planung ist nur rechtmäßig, wenn die materiellen Voraussetzungen des § 2 Abs. 2 EnLAG vorliegen.[45]

IX. Anbindungsleitung von LNG-Anlagen (Nr. 19.12 Anl. 1)

Errichtung und Betrieb einer Anbindungsleitung von LNG-Anlagen an das Fernleitungsnetz sind nach den Maßgaben der Nr. 12 Anl. 1 UVPG UVP-pflichtig, nicht jedoch nach § 65 planfeststellungsbedürftig. Im Interesse an einer sicheren und möglichst diversifizierten Gasversorgung soll zunehmend auch verflüssigtes Erdgas genutzt werden, das im Ausland gewonnen und per Schiff nach Deutschland transportiert werden kann.[46] LNG (Liquefied Natural Gas) ist Erdgas, das bei Temperaturen um -162 °C verflüssigt vorliegt. Eine LNG-Anlage speichert LNG und wandelt es bei Bedarf in gasförmiges Erdgas um. Fernleitungsnetzbetreiber müssen nach § 39 Abs. 1 Satz 1 Gasnetzzugangsverordnung (GasNZV) LNG-Anlagen auf Antrag eines Anschlussnehmers an die Fernleitungsnetze anschließen. Der anschlussverpflichtete Fernleitungsnetzbetreiber ist für die Wartung und den Betrieb der für den Netzanschluss erforderlichen Infrastruktur nach § 39c Abs. 1 GasNZV verantwortlich. Die Errichtung und der Betrieb von Anbindungsleitungen von LNG-Anlagen an das Fernleitungsnetz mit einem Durchmesser von mehr als 300 mm bedürfen nach § 43 Abs. 1 Satz 1 Nr. 6 EnWG einer Planfeststellung. Für das Planfeststellungsverfahren sind nach § 43 Abs. 4 EnWG die §§ 72–78 VwVfG nach Maßgabe des EnWG anzuwenden. 43

Nach Nr. 19. 2 der Anl. 1 des UVPG sind die Errichtung und Betrieb einer Anbindungsleitung von LNG-Anlagen an das Fernleitungsnetz im Sinne des EnWG nach folgenden Maßgaben UVP-pflichtig. Von der UVP-Pflicht ausgenommen sind Leitungsanlagen, die den Bereich eines Werksgeländes nicht überschreiten. Eine obligatorische UVP-Pflicht besteht nach Nr. 19.12.1 bei einer Länge der Leitung von mehr als 40 km und einem Durchmesser von mehr als 800 mm. Bei einer Länge von mehr als 40 km und einem Durchmesser von 300–800 mm besteht nach Nr. 19.12.2 der Anl. 1 des UVPG die Notwendigkeit einer allgemeinen Vorprüfung; nach Nr. 19.12.3 muss bei einer Länge von 5–40 km und einem Durchmesser von mehr als 300 mm ebenfalls eine allgemeine Vorprüfung durchgeführt werden. Bei einer Länge von weniger als 5 km und einem Durchmesser von mehr als 300 mm bedarf es nach Nr. 19.12.4 der Anl. 1 des UVPG einer standortbezogenen Vorprüfung. Abweichend von § 1 Abs. 4 hat nach § 4 Abs. 1 Satz 1 LNGG die für die Zulassungsentscheidung zuständige Behörde bei Vorhaben nach § 2 Abs. 1 Nrn. 1, 3, 4 und 5 das UVPG nach Maßgabe von § 4 Abs. 2–5 LNGG nicht anzuwenden, wenn eine **beschleunigte Zulassung** des konkreten Vorhabens geeignet ist, einen relevanten Beitrag zu leisten, um eine **Krise der Gasversorgung** zu bewältigen oder abzuwenden. Wird danach keine UVP durchgeführt, entfallen auch die entsprechenden, in fachrechtlichen Vorschriften geregelten Pflichten der Antragsteller und Aufgaben der Behörden (§ 4 Abs. 2 LNGG). Die weiteren Zulassungsvoraussetzungen nach den fachrechtlichen Vorschriften bleiben nach § 4 Abs. 3 LNGG unberührt, soweit sich nicht aus dem LNGG etwas anderes ergibt.[47] 44

X. Bahnstromfernleitung (Nr. 19.13 Anl. 1)

Errichtung und Betrieb einer Bahnstromfernleitung sind nach den Maßgaben der Nr. 19.13 UVP-pflichtig, nicht jedoch nach § 65 planfeststellungsbedürftig. Betriebsanlagen einer Eisenbahn einschließlich der Bahnfernstromleitungen dürfen nach § 18 Abs. 1 Satz 1 AEG nur gebaut oder geändert werden, wenn der Plan vorher festgestellt ist. Für das Planfeststellungsverfahren gelten nach § 18 Abs. 1 Satz 3 AEG die §§ 72–78 VwVfG nach Maßgabe des AEG. In Planfeststellungsverfahren nach § 18 AEG zum Bau oder zur Änderung von Betriebsanlagen einer Eisenbahn des Bundes ein- 45

45 BVerwG, Urt. v. 08.01.2025 – 11 A 24/23, juris Rn. 35.

46 Siehe zur Verbesserung der Rahmenbedingungen für den Aufbau der LNG-Infrastruktur in Deutschland BR-Drs. 138/19 v. 27.03.2019.

47 Siehe dazu BVerwG, Urt. v. 27.03.2025 – 7 A 3.24, juris Rn. 16; Urt. v. 14.11.2024 – 7 A 8/23, juris Rn. 23; Urt. v. 25.04.2024 – 7 A 9.23, NVwZ-RR 2024, 938.

schließlich der Bahnfernstromleitungen ist nach den Maßgaben des UVPG eine UVP durchzuführen. Anl. 1 zum UVPG listet verschiedene Bahnvorhaben auf, für die eine UVP durchzuführen ist. Nach § 6 Satz 1 i.V.m. Nr. 14.7 der Anl. 1 zum UVPG ist der Bau eines Schienenweges von Eisenbahnen mit den dazugehörenden Betriebsanlagen einschließlich Bahnstromfernleitungen grundsätzlich UVP-pflichtig. Gem. § 7 Abs. 1 i.V.m. Nr. 14.8 der Anl. 1 zum UVPG ist für den Bau einer sonstigen Betriebsanlage von Eisenbahnen vorgesehen, dass die Planfeststellungsbehörde eine allgemeine Vorprüfung durchführt. Nach Nr. 19.13 Anl. 1 des UVPG bedarf es für die Errichtung und den Betrieb einer Bahnstromfernleitung mit einer Nennspannung von 110 kV bis weniger als 220 kV, soweit nicht bereits von Nr. 14.7 der Anl. 1 des UVPG erfasst, einer allgemeinen Vorprüfung, wenn die Leitung eine Länge von 15 km oder mehr aufweist. Bei einer Länge von weniger als 15 km muss eine standortbezogene Vorprüfung durchgeführt werden.

D. Pflicht zur Durchführung einer UVP

46 Die Liste der UVP-pflichtigen Vorhaben nach Nr. 19.3–19.9 unterscheidet zwischen Anlagen, die stets oder die nie (Nr. 19.7 und 19.8) einer UVP bedürfen, für die eine allgemeine Vorprüfung des Einzelfalls i.S.v. § 7 Abs. 1 Satz 1 und für die eine standortbezogene Vorprüfung des Einzelfalls i.S.v. § 7 Abs. 1 Satz 2 notwendig ist. Hinsichtlich der Feststellung der UVP-Pflicht nach den §§ 5 ff. wird auf die Kommentierung zu diesen Vorschriften verwiesen.

E. Erforderlichkeit einer Plangenehmigung

47 Sofern keine Pflicht zur Durchführung einer UVP besteht, bedarf ein Vorhaben i.S.v. Nr. 19.3–19.9 Anl. 1 gem. § 65 Abs. 2 Satz 1 grundsätzlich der Plangenehmigung. Auch diese Plangenehmigung entfaltet gem. § 67 Satz 1 i.V.m. §§ 74 Abs. 6 Satz 2, 75 Abs. 1 VwVfG **Konzentrationswirkung** und tritt damit an die Stelle fachrechtlicher Zulassungserfordernisse. Das Plangenehmigungsverfahren ist nach Auffassung des Bundesgesetzgebers ausreichend, um eine hinreichende Prüfung vor der Zulassung derartiger Anlagen mit geringerer Umweltrelevanz zu gewährleisten.

48 Nach § 65 Abs. 2 Satz 2 entfällt die Erforderlichkeit einer Plangenehmigung in Fällen von **unwesentlicher Bedeutung**. Wann ein Vorhaben oder die Änderung eines Vorhabens unwesentlich i.S.d. § 65 Abs. 2 Satz 2 ist, konkretisiert der Bundesgesetzgeber in § 65 Abs. 2 Satz 3. Danach liegen Fälle von unwesentlicher Bedeutung vor, wenn die Prüfwerte nach § 7 Abs. 1 und 2 für Größe und Leistung, die die Vorprüfung eröffnen, nicht erreicht werden oder die Voraussetzungen von § 74 Abs. 7 Satz 2 VwVfG erfüllt sind. Dies ist der Fall, wenn andere öffentliche Belange nicht berührt sind oder die erforderlichen behördlichen Entscheidungen vorliegen und sie dem Plan nicht entgegenstehen und Rechte anderer nicht beeinflusst werden oder mit den vom Plan Betroffenen entsprechende Vereinbarungen getroffen worden sind. Das Vorliegen dieser Voraussetzungen unterliegt voller verwaltungsgerichtlicher Kontrolle.[48] Ein Verzicht auf eine Plangenehmigung ist nicht möglich für die Errichtung, den Betrieb und die Änderung von Rohrleitungsanlagen zum Befördern wassergefährdender Stoffe sowie für die Änderung ihres Betriebs, ausgenommen Änderungen von unwesentlicher Bedeutung (§ 65 Abs. 2 Satz 4).

49 Entfällt die Erforderlichkeit einer Plangenehmigung, führt dies nicht dazu, dass das Vorhaben auch von anderen Zulassungserfordernissen befreit ist.[49] Es fehlt insoweit an der für die Plangenehmigung bestehenden Konzentrationswirkung.[50] Zu denken ist insoweit insbesondere an eine **Baugenehmigung**. Teilweise erstreckt sich der Anwendungsbereich der Landesbauordnungen allerdings nicht auf den

48 *Wysk*, in: Kopp/Ramsauer, VwVfG, § 74 Rn. 225; nach dem Gesetzesentwurf der Bundesregierung für ein Infrastruktur-Zukunftsgesetz mit Stand von 12/2025 sollen die Voraussetzungen für das Entfallen von Planfeststellung und Plangenehmigung zur besseren Übersicht in einer eigenen Vorschrift (§ 74b VwVfG) inhaltsgleich geregelt werden.

49 *Neumann/Külpmann*, in: Stelkens/Bonk/Sachs, VwVfG, § 74 Rn. 256.

50 *Huck*, in: Huck/Müller, VwVfG, § 74 Rn. 74a; *Wysk*, in: Kopp/Ramsauer, VwVfG, § 74 Rn. 224.

Bau von Rohr(fern)leitungen bzw. der Rohrleitungsanlagen, so dass auch das Erfordernis einer Baugenehmigung entfällt.[51] Rohrleitungsanlagen können außerdem Anlagen im immissionsschutzrechtlichen Sinne sein. Es handelt sich aber insoweit in aller Regel um nicht genehmigungsbedürftige Anlagen, so dass eine zusätzlich immissionsschutzrechtliche Genehmigung nicht erforderlich ist.[52] Nicht zuletzt können naturschutzrechtliche Genehmigungen für Eingriffe in Natur und Landschaft und **naturschutzrechtliche Ausnahmen und Befreiungen** erforderlich werden. Soweit es keiner weiteren Zulassung bedarf, realisiert der Vorhabenträger das Vorhaben auf eigenes Risiko. Ihm fehlt dann gegenüber ordnungsrechtlichen Maßnahmen der Behörden die legalisierende Wirkung eines behördlichen Zulassungsbescheids.[53]

I. Unterschreiten der Prüfwerte für Größe und Leistung

Nach § 65 Abs. 2 Satz 3 ist ein Vorhaben unwesentlich, wenn die Prüfwerte nach § 7 Abs. 1 und 2 für Größe und Leistung, die die Vorprüfung eröffnen, nicht erreicht werden. § 7 Abs. 1 Satz 1 schreibt für den Fall, dass eine **allgemeine Vorprüfung** des Einzelfalls durchzuführen ist, eine UVP vor, wenn das Vorhaben nach Einschätzung der zuständigen Behörde aufgrund überschlägiger Prüfung unter Berücksichtigung der in der Anl. 3 aufgeführten Kriterien erhebliche nachteilige Auswirkungen haben kann, die nach § 25 Abs. 2 zu berücksichtigen wären. Sofern für ein Vorhaben mit geringer Größe oder Leistung eine **standortbezogene Vorprüfung** des Einzelfalls vorgesehen ist, gilt gem. § 7 Abs. 2 Satz 1 Folgendes: Die standortbezogene Vorprüfung wird als überschlägige Prüfung gem. § 7 Abs. 2 Satz 2 in zwei Stufen durchgeführt. In der ersten Stufe prüft die zuständige Behörde gem. § 7 Abs. 2 Satz 3, ob bei dem Neubauvorhaben besondere örtliche Gegebenheiten gemäß den in Anl. 3 Nr. 2.3 aufgeführten Schutzkriterien vorliegen. Ergibt die Prüfung in der ersten Stufe, dass keine besonderen örtlichen Gegebenheiten vorliegen, so besteht keine UVP-Pflicht. Ergibt die Prüfung in der ersten Stufe jedoch, dass besondere örtliche Gegebenheiten vorliegen, prüft die Behörde gem. § 7 Abs. 2 Satz 5 auf der zweiten Stufe unter Berücksichtigung der in Anl. 3 aufgeführten Kriterien, ob das Neubauvorhaben erhebliche nachteilige Umweltauswirkungen haben kann, die die besondere Empfindlichkeit oder die Schutzziele des Gebietes betreffen und nach § 25 Abs. 2 bei der Zulassungsentscheidung zu berücksichtigen wären. Die UVP-Pflicht besteht nach § 7 Abs. 2 Satz 6, wenn das Neuvorhaben nach Einschätzung der zuständigen Behörde solche Umweltauswirkungen haben kann. 50

Bei den Vorprüfungen ist nach § 7 Abs. 5 Satz 3 zu von der zuständigen Behörde berücksichtigen, ob erhebliche nachteilige Umweltauswirkungen durch Merkmale des Vorhabens oder des Standorts oder durch Vorkehrungen des Vorhabenträgers offensichtlich ausgeschlossen werden. Liegen der Behörde Ergebnisse vorgelagerte Umweltprüfung oder anderer rechtlich vorgeschriebene Untersuchungen zu den Umweltauswirkungen des Vorhabens vor, bezieht sie diese Ergebnisse gemäß § 7 Abs. 5 Satz 2 in die Vorprüfung ein. Bei der allgemeinen Vorprüfung kann sie ergänzend berücksichtigen, inwieweit Prüfwerte für Größe oder Leistung, die die allgemeine Vorprüfung eröffnen, überschritten werden. 51

II. § 74 Abs. 7 Satz 2 VwVfG

Um eine eventuelle Rechtsunsicherheit und etwaige aufsichtsbehördliche Maßnahmen zu vermeiden, kann der Vorhabenträger bei der zuständigen Behörde einen **Freistellungsbescheid** beantragen, mit dem die feststellt, dass die Voraussetzungen einer wesentlichen Bedeutung nach § 74 Abs. 7 Satz 2 VwVfG nicht gegeben sind. Weigert sich die Behörde, eine solche Feststellung zu bescheiden, kann diese im Wege einer Verpflichtungsklage eingeklagt werden.[54] Auch **Zusicherungen** nach § 38 VwVfG 52

51 *Wilrich* NVwZ 2003, 787 (789).

52 *Wilrich* NVwZ 2003, 787 (789).

53 *Neumann/Külpmann*, in: Stelkens/Bonk/Sachs, VwVfG, § 74 Rn. 256.

54 *Wysk*, in: Kopp/Ramsauer, VwVfG, § 74 Rn. 231; *Neumann/Külpmann* in: Stelkens/Bonk/Sachs, VwVfG, § 74 Rn. 258; *Huck*, in: Huck/Müller, VwVfG, § 74 Rn. 77a.

sollen ausreichen, wenn sich aus ihnen eindeutig ergibt, dass gegenwärtige oder absehbare Betroffenheiten ausgeglichen werden.[55] Nach dem Gesetzesentwurf der Bundesregierung für ein Infrastruktur-Zukunftsgesetz mit Stand von 12/2025 sollen die Voraussetzungen für das Entfallen von Planfeststellung und Plangenehmigung zur besseren Übersicht in einer eigenen Vorschrift (§ 74b VwVfG) inhaltsgleich geregelt werden.

53 Von unwesentlicher Bedeutung ist ein Vorhaben nur, wenn entweder nur die von dem Vorhaben verfolgten öffentlichen Belange berührt sind oder aber andere öffentliche Belange, die von dem Vorhaben berührt werden, auf der Grundlage anderer behördlicher Entscheidungen geprüft und die Vorhabenverwirklichung auf der Grundlage dieser anderen Behördenentscheidungen bereits akzeptiert worden ist. Außerdem dürfen Rechte anderer nicht beeinflusst werden, es sei denn, die Beeinflussung entspricht Vereinbarungen, die mit den vom Vorhaben Betroffenen bereits wirksam getroffen wurden.

54 Eine Beeinflussung von Rechten Dritter soll bereits im Vorfeld der Verletzung oder Beeinträchtigung von Rechten angesiedelt sein. Der Begriff ist allerdings unscharf, weil ein solches Recht entweder beachtet oder verletzt wird; eine Beeinflussung dieses Rechtes zwischen Beachtung und Verletzung ist nur schwer denkbar. Möglicherweise sollte damit der Fall einer Rechtsgefährdung gemeint sein. Ein Fall von unwesentlicher Bedeutung scheidet danach aus, wenn die Rechte eines Dritten gefährdet werden könnten, insbesondere wenn Streit darüber entstehen könnte, ob die Verwirklichung des Vorhabens Rechte eines Dritten verletzt. Dazu wird zudem vertreten, eine Beeinflussung sei weniger als eine Beeinträchtigung. Rechte anderer würden beeinflusst, wenn sie in einer mehr als nur geringfügigen, abwägungserheblichen Weise negativ berührt würden. Es komme nicht darauf an, ob die nachteiligen Einwirkungen in der Abwägung ohne weiteres hinter für das Vorhaben sprechende Belange zurückgestellt werden könnten oder gar die Schwelle der Unzumutbarkeit überschreiten würden.[56]

55 Ein Absehen von der Plangenehmigung kommt danach gem. § 74 Abs. 7 Satz 2 VwVfG nur in Betracht, wenn ein Konflikt mit entgegenstehenden öffentlichen Belangen oder privaten Rechten ausscheidet. Ein Planfeststellungsverfahren entfällt nach § 74 Abs. 7 Nr. 3 VwVfG nicht, wenn andere Rechtsvorschriften eine Öffentlichkeitsbeteiligung vorschreiben, die den Anforderungen des § 73 Abs. 1 Satz 1 und Abs. 4–7 VwVfG entsprechen muss. In diesen Fällen scheidet eine Plangenehmigung aus. Erfasst werden davon insbesondere alle UVP-pflichtigen Vorhaben. Das Beteiligungsverfahren muss bei der UVP nach § 18 Abs. 1 Satz 4 den Anforderungen des § 73 Abs. 3 Satz 1 und 2 und Abs. 5–7 VwVfG entsprechen.[57]

III. Kumulierende Vorhaben

56 Gem. § 65 Abs. 2 Satz 3 a.E. gelten die §§ 10–12 für kumulierende Vorhaben entsprechend. Kumulierende Vorhaben liegen nach § 10 Abs. 4 Satz 1 vor, wenn mehrere Vorhaben derselben Art von einem oder mehreren Vorhabenträgern durchgeführt werden und in einem engen Zusammenhang stehen. Ein enger Zusammenhang liegt nach § 10 Abs. 4 Satz 2 vor, wenn sich der Einwirkungsbereich der Vorhaben überschreitet und die Vorhaben funktional und wirtschaftlich aufeinander bezogen sind. Technische und sonstige Anlagen müssen zusätzlich mit gemeinsamen betrieblichen oder baulichen Einrichtungen gemäß § 10 Abs. 4 Satz 3 verbunden sein. Voraussetzung hierfür ist, dass sich die Vorhaben durch eine entsprechende technische oder bauliche Beschaffenheit und Betriebsweise sowie durch vergleichbare Umweltauswirkungen auszeichnen und die angegebenen

55 *Neumann/Külpmann*, in: Stelkens/Bonk/Sachs, VwVfG, § 74 Rn. 263; siehe dazu auch *Beckmann*, in: Stüer/Beckmann, Handbuch des öffentlichen Baurechts, Rn. 7974.

56 BVerwG, Urt. v. 11.12.2014 – 3 C 6/13, NJW 2015, 2056; *Neumann/Külpmann*, in: Stelkens/Bonk/Sachs, VwVfG, § 74 Rn. 263.

57 *Wysk*, in: Kopp/Ramsauer, VwVfG, § 74 Rn. 230; *Neumann/Külpmann*, in: Stelkens/Bonk/Sachs, VwVfG, § 74 Rn. 264a.

Größen- oder Leistungswerte addierbar, d.h. in derselben Messeinheit ausgewiesen sind.[58] Zu § 10 Abs. 4 Satz 3 UVPG hat der EuGH allerdings entschieden, dass sich bei der Überprüfung, ob ein Projekt einer UVP unterzogen werden müsse, die einer nationalen Behörde obliegende Verpflichtung, die Auswirkungen auf die Umwelt zu prüfen, die das Projekt zusammen mit anderen haben könnte, nicht allein auf Projekte beschränkt werden könne, die mit gemeinsamen Einrichtungen verbunden seien.[59] Ein enger räumlicher Zusammenhang ist gegeben, wenn die Anlagen auf demselben **Betriebsgelände** liegen. Als Betriebsgelände ist nicht nur die Grundstücksfläche anzusehen, auf der sich die jeweilige Anlage befindet; auch benachbarte Flurstücke sind grundsätzlich geeignet, ein einheitliches Betriebsgelände zu bilden.[60] Nach § 10 Abs. 1 besteht für kumulierende Vorhaben die UVP-Pflicht, wenn die kumulierenden Vorhaben zusammen die maßgeblichen Größen- oder Leistungswerte nach § 6 erreichen oder überschreiten. Bei kumulierenden Vorhaben, die zusammen die Prüfwerte für eine allgemeine Vorprüfung erstmals oder erneut erreichen oder überschreiten, ist nach § 10 Abs. 2 Satz 1 die allgemeine Vorprüfung durchzuführen, für die § 7 Abs. 1 und 3–7 entsprechend gilt (§ 10 Abs. 2). Bei kumulierenden Vorhaben, die zusammen die Prüfwerte für eine standortbezogene Vorprüfung erstmals oder erneut erreichen oder überschreiten, ist nach § 10 Abs. 3 Satz 1 eine standortbezogene Vorprüfung durchzuführen, für die nach § 10 Abs. 3 Satz 2 § 7 Abs. 2–7 entsprechend gilt.

F. Ausnahmen

Für die Errichtung, den Betrieb und die Änderung von Rohrleitungsanlagen zum Befördern wasser- 57
gefährdender Stoffe sowie für die Änderung ihres Betriebs soll das Erfordernis einer Plangenehmigung nach § 65 Abs. 2 Satz 4 grundsätzlich nicht entfallen. Sie müssen deshalb regelmäßig im Wege einer Plangenehmigung zugelassen werden. Dies wiederum soll jedoch dann nicht gelten, wenn es sich um Änderungen des Betriebes einer solchen Rohrleitungsanlage von unwesentlicher Bedeutung handelt. Für diese Änderungen von unwesentlicher Bedeutung einer Rohrleitungsanlage zum Befördern wassergefährdender Stoffe bleibt es damit bei der Grundregelung, dass die Plangenehmigung entfallen kann, wenn die in § 65 Abs. 2 Sätze 2 und 3 genannten Voraussetzungen vorliegen. Die RohrFLtgV regelt abschließend und unabhängig vom WHG, aufgrund welcher Merkmale ein Stoff als wassergefährdend im Sinne des UVPG gilt.

§ 66 Entscheidung; Nebenbestimmungen; Verordnungsermächtigung

(1) [1]Der Planfeststellungsbeschluss darf nur ergehen, wenn

1. **sichergestellt ist, dass das Wohl der Allgemeinheit nicht beeinträchtigt wird, insbesondere**
   a) **Gefahren für die Schutzgüter nicht hervorgerufen werden können und**
   b) **Vorsorge gegen die Beeinträchtigung der Schutzgüter, insbesondere durch bauliche, betriebliche oder organisatorische Maßnahmen entsprechend dem Stand der Technik getroffen wird,**
2. **umweltrechtliche Vorschriften und andere öffentlich-rechtliche Vorschriften dem Vorhaben nicht entgegenstehen,**
3. **Ziele der Raumordnung beachtet und Grundsätze und sonstige Erfordernisse der Raumordnung berücksichtigt sind,**
4. **Belange des Arbeitsschutzes gewahrt sind.**

58 BVerwG, Beschl. v. 29.01.2025 – 10 B 5/24, juris Rn. 10; Urt. v. 25.01.2024 – 7 A 4.23, UPR 2024, 300 Rn. 22 unter Hinweis auf BT-Drs. 18/11499 S. 82 f.

59 EuGH, Beschl. v. 28.03.2023, NuR 2023, 399; zur Unionsrechtswidrigkeit des § 10 Abs. 4 Satz 3 siehe auch OVG NRW, Beschl. v. 04.01.2024 – 2 B 994/23, juris Rn. 34 f.

60 BayVGH, Beschl. v. 21.10.2024 – 22 ZB 23.1143, juris Rn. 13.

[2]Bei Vorhaben im Sinne der Nummer 19.3 der Anlage 1 darf der Planfeststellungsbeschluss darüber hinaus nur erteilt werden, wenn eine nachteilige Veränderung der Wasserbeschaffenheit nicht zu besorgen ist.

(2) [1]Der Planfeststellungsbeschluss kann mit Bedingungen versehen, mit Auflagen verbunden und befristet werden, soweit dies zur Wahrung des Wohls der Allgemeinheit oder zur Erfüllung von öffentlich-rechtlichen Vorschriften, die dem Vorhaben entgegenstehen können, erforderlich ist. [2]Die Aufnahme, Änderung oder Ergänzung von Auflagen über Anforderungen an das Vorhaben ist auch nach dem Ergehen des Planfeststellungsbeschlusses zulässig.

(3) Die Absätze 1 und 2 gelten für die Plangenehmigung entsprechend.

(4) Der Planfeststellungsbeschluss muss zumindest die folgenden Angaben enthalten:

1. die umweltbezogenen Nebenbestimmungen, die mit der Zulassungsentscheidung verbunden sind,
2. eine Beschreibung der vorgesehenen Überwachungsmaßnahmen,
3. eine Begründung, aus der die wesentlichen tatsächlichen und rechtlichen Gründe hervorgehen, die die Behörde zu ihrer Entscheidung bewogen haben; hierzu gehören
   a) Angaben über das Verfahren zur Beteiligung der Öffentlichkeit,
   b) die zusammenfassende Darstellung gemäß § 24,
   c) die begründete Bewertung gemäß § 25 Absatz 1 sowie
   d) eine Erläuterung, wie die begründete Bewertung, insbesondere die Angaben des UVP-Berichts, die behördlichen Stellungnahmen nach § 17 Absatz 2 und § 55 Absatz 4 sowie die Äußerungen der Öffentlichkeit nach den §§ 21 und 56, in der Zulassungsentscheidung berücksichtigt wurden oder wie ihnen anderweitig Rechnung getragen wurde.

(5) Wird das Vorhaben nicht zugelassen, müssen im Bescheid die dafür wesentlichen Gründe erläutert werden.

(6) [1]Die Bundesregierung wird ermächtigt, nach Anhörung der beteiligten Kreise durch Rechtsverordnung mit Zustimmung des Bundesrates Vorschriften zur Erfüllung der Voraussetzungen des Absatzes 1 Satz 1 Nummer 1 zu erlassen über

1. die dem Stand der Technik entsprechenden baulichen, betrieblichen oder organisatorischen Maßnahmen zur Vorsorge gegen die Beeinträchtigung der Schutzgüter,
2. die Pflichten von Vorhabenträgern und Dritten,
   a) Behörden und die Öffentlichkeit zu informieren,
   b) Behörden Unterlagen vorzulegen,
   c) Behörden technische Ermittlungen und Prüfungen zu ermöglichen sowie ihnen dafür Arbeitskräfte und technische Hilfsmittel zur Verfügung zu stellen,

2a. die behördlichen Befugnisse,
   a) technische Ermittlungen und Prüfungen vorzunehmen,
   b) während der Betriebszeit Betriebsräume sowie unmittelbar zugehörige befriedete Betriebsgrundstücke zu betreten,
   c) bei Erforderlichkeit zur Verhütung dringender Gefahren für die öffentliche Sicherheit oder Ordnung Wohnräume und außerhalb der Betriebszeit Betriebsräume sowie unmittelbar zugehörige befriedete Betriebsgrundstücke zu betreten,
   d) jederzeit Anlagen zu betreten sowie Grundstücke, die nicht unmittelbar zugehörige befriedete Betriebsgrundstücke nach den Buchstaben b und c sind,

3. die Überprüfung von Vorhaben durch Sachverständige, Sachverständigenorganisationen und zugelassene Überwachungsstellen sowie über die Anforderungen, die diese Sachverständigen, Sachverständigenorganisationen und zugelassene Überwachungsstellen erfüllen müssen, sowie über das Verfahren ihrer Anerkennung,
4. die Anpassung bestehender Vorhaben an die Anforderungen der geltenden Vorschriften,
5. die Anzeige von Änderungen, die nach § 65 weder einer Planfeststellung noch einer Plangenehmigung bedürfen, an die zuständige Behörde,

6. die Befugnis für behördliche Anordnungen im Einzelfall.

[2]In der Rechtsverordnung können Vorschriften über die Einsetzung technischer Kommissionen getroffen werden. [3]Die Kommissionen sollen die Bundesregierung oder das Bundesministerium für Umwelt, Naturschutz, nukleare Sicherheit und Verbraucherschutz in technischen Fragen beraten. [4]Sie schlagen dem Stand der Technik entsprechende Regeln (technische Regeln) unter Berücksichtigung der für andere Schutzziele vorhandenen Regeln und, soweit dessen Zuständigkeiten berührt sind, in Abstimmung mit der Kommission für Anlagensicherheit nach § 51 a Absatz 1 des Bundes-Immissionsschutzgesetzes vor. [5]In die Kommissionen sind Vertreter der beteiligten Bundesbehörden und Landesbehörden, der Sachverständigen, Sachverständigenorganisationen und zugelassenen Überwachungsstellen, der Wissenschaft sowie der Hersteller und Betreiber von Leitungsanlagen zu berufen. [6]Technische Regeln können vom Bundesministerium für Umwelt, Naturschutz, nukleare Sicherheit und Verbraucherschutz im Bundesanzeiger veröffentlicht werden. [7]In der Rechtsverordnung können auch die Stoffe, die geeignet sind, die Wasserbeschaffenheit nachteilig zu verändern (wassergefährdende Stoffe im Sinne von Nummer 19.3 der Anlage 1), bestimmt werden. [8]Das Grundrecht der Unverletzlichkeit der Wohnung (Artikel 13 des Grundgesetzes) wird durch Satz 1 Nummer 2a Buchstabe c eingeschränkt.

(7) Die Bundesregierung wird ermächtigt, für Rohrleitungsanlagen, die keiner Planfeststellung oder Plangenehmigung bedürfen, nach Anhörung der beteiligten Kreise im Sinne von § 23 Absatz 2 des Wasserhaushaltsgesetzes durch Rechtsverordnung mit Zustimmung des Bundesrates
1. eine Anzeigepflicht vorzuschreiben,
2. Regelungen entsprechend Absatz 4 Satz 1 Nummer 1 bis 4, 6 oder entsprechend Absatz 6 Satz 2 und 7 zu erlassen.

(8) Für Anlagen, die militärischen Zwecken dienen, obliegen dem Bundesministerium der Verteidigung und den von ihm benannten Stellen die Aufgaben des Vollzugs und der Überwachung.

Übersicht

A. Allgemeines

Während § 65 Abs. 1 bestimmt, für welche Vorhaben ein Planfeststellungsverfahren oder eine Plangenehmigung erforderlich ist, regelt § 66 u.a. die materiell-rechtlichen Voraussetzungen, die erfüllt 1 sein müssen, damit ein Planfeststellungsbeschluss bzw. eine Plangenehmigung ergehen kann, die Zulässigkeit von Nebenbestimmungen und die Mindestangaben des Planfeststellungsbeschlusses. Dass der Gesetzgeber in § 66 Abs. 1 materiell-rechtliche Zulassungsvoraussetzungen für die Planfeststellung von Rohrleitungsanlagen und künstlichen Wasserspeichern regelt, ist eine Ausnahme von dem ansonsten für das UVPG geltenden Grundsatz, dass im UVPG zwar verfahrensrechtliche Anforderungen an die Durchführung einer UVP gestellt werden, dass jedoch auf der Grundlage einer zusammenfassenden Darstellung die Umweltauswirkungen im Hinblick auf eine wirksame Umweltvorsorge, aber nach Maßgabe der geltenden Gesetze bewertet und bei der Entscheidung berücksichtigt werden (§ 25). Die gesetzlichen Zulassungsvoraussetzungen des § 66 Abs. 1 sind, anders als das UVPG im Übrigen, Teil des materiellen Fachrechts.

2 Die Zulassung hängt nicht von der persönlichen **Zuverlässigkeit** des Vorhabenträgers ab. Bei der Planfeststellung nach den §§ 65, 66 handelt es sich dementsprechend nicht um eine Personalkonzession.

3 Die Zulassungsvoraussetzungen des § 66 Abs. 1 sind zwingend zur beachten, können daher nicht im Wege einer planerischen Abwägung überwunden werden. Die Erteilung des Planfeststellungsbeschlusses steht im Übrigen aber im planerischen **Ermessen** der Planfeststellungsbehörde,[1] für dessen Ausübung gelten die allgemein nach dem Verwaltungsverfahrensrecht bzw. aus dem Rechtsstaatsprinzip und insbesondere dem Verhältnismäßigkeitsgrundsatz abzuleitenden Anforderungen an die Abwägung der von einem Vorhaben berührten öffentlichen und privaten Belange unter Berücksichtigung der materiell-rechtlichen Anforderungen des Fachrechts.[2] Im Übrigen ist die Ausübung des Ermessens nur eingeschränkt gerichtlich überprüfbar.[3] Angesichts der Reichweite der Zulassungsvoraussetzungen, wonach der Planfeststellungsbeschluss unter anderem nur dann ergehen darf, wenn sichergestellt ist, dass das Wohl der Allgemeinheit nicht beeinträchtigt wird, insbesondere Gefahren für die Schutzgüter nicht hervorgerufen werden können und Vorsorge gegen die Beeinträchtigung der Schutzgüter, insbesondere durch bauliche, betriebliche oder organisatorische Maßnahmen entsprechend dem Stand der Technik getroffen wird, bleibt für die Ausübung von Planungsermessen nur noch wenig Raum.

4 Anders als etwa § 36 Abs. 1 Nr. 4 KrWG für abfallrechtliche Planfeststellungen setzt § 66 nicht voraus, dass keine nachteiligen Wirkungen auf das Recht eines anderen zu erwarten sind. Keine der in § 66 Abs. 1 genannten Zulassungsvoraussetzungen ist damit unmittelbar drittschützend. **Rechte Dritter** können jedoch über umweltrechtliche und andere öffentlich-rechtliche Vorschriften, die gem. § 66 Abs. 1 Nr. 2 nicht entgegenstehen dürfen, geschützt werden, wenn diese Vorschriften zumindest auch dem Schutz Dritter zu dienen bestimmt sind. Im Übrigen sind Rechte und abwägungserhebliche Belange Dritter im Rahmen und nach den Grundsätzen des Abwägungsgebotes zu berücksichtigen.

5 Abs. 2 regelt, mit welchen **Nebenbestimmungen** der Planfeststellungsbeschluss versehen werden kann, und dass die Aufnahme, Änderung oder Ergänzung von Auflagen über Anforderungen an das Vorhaben auch noch nach Ergehen des Planfeststellungsbeschlusses zulässig ist.

6 Abs. 3 bestimmt, dass die Regelungen über die materiell-rechtlichen Zulassungsvoraussetzungen und die Anordnung von Nebenbestimmungen nach Absätzen 1 und 2 für die **Plangenehmigung** entsprechend anzuwenden sind.

---

1 *Beckmann*, in: Stüer/Beckmann, Handbuch des Bau- und Fachplanungsrechts, Rn. 5497; *Wysk*, in: Kopp/Ramsauer, VwVfG, § 72 Rn. 33a.

2 Siehe dazu *Beckmann* BauR 2016, 1417; *Beckmann*, Planfeststellung zwischen Zulassungsverfahren und Planung, S. 122.

3 VG Münster, Urt. v. 20.12.2021 – 10 K 2552/20, juris Rn. 136; OVG NRW, Urt. v. 13.05.2015 – 11 D 7/12.AK, juris Rn. 106; BVerwG, Urt. v. 15.01.2004 – 4 A 11.02, BVerwGE 120, 1, 13.

Abs. 4 regelt die **Mindestangaben** des Planfeststellungsbeschlusses. Abs. 5 schreibt vor, dass bei einer **Ablehnung des Vorhabens** im Bescheid die dafür wesentlichen Gründe erläutert werden müssen. Die Abs. 6 und 7 enthaltene **Verordnungsermächtigungen**; Abs. 8 schließlich schreibt vor, dass für Anlagen, die militärischen Zwecken dienen, dem Bundesministerium der Verteidigung und den von ihm benannten Stellen die Aufgaben des Vollzugs und der Überwachung obliegen. 7

Die rechtlichen Anforderungen des § 66 sind gegenüber den §§ 72 –78 VwVfG als lex specialis vorrangig, die jedoch über den Verweis des § 67 Satz 1 subsidiär anwendbar bleiben.[4] Die Überwachung der umweltbezogenen Bestimmungen des Zulassungsbescheids, einschließlich umweltbezogener Nebenbestimmungen nach § 66 Abs. 2, richtet sich nach § 68. Die zuständige Behörde hat nach § 68 Abs. 1 Satz 1 durch geeignete Maßnahmen zu überwachen, dass Vorhaben, die in Anl. 1 des UVPG unter den Nrn. 19.3–19.9 aufgeführt sind, im Einklang mit den umweltbezogenen Bestimmungen des Zulassungsbescheids nach § 65 durchgeführt werden. Bei UVP-pflichtigen Vorhaben gilt dies nach § 68 Abs. 1 Satz 2 insbesondere für die im Planfeststellungsbescheid festgelegten Merkmale des Vorhabens und des Standorts, für die Maßnahmen, mit denen erhebliche nachteilige Umweltauswirkungen ausgeschlossen, vermindert oder ausgeglichen werden sollen, sowie für die Ersatzmaßnahmen bei Eingriffen in Natur und Landschaft. Vorsätzliche oder fahrlässige Verstöße gegen eine vollziehbare Auflage nach § 66 Abs. 2 oder gegen eine Rechtsverordnung nach § 66 Abs. 6, 7 können bußgeldbewehrt sein.[5] § 66 Abs. 1- 3 entspricht § 21 Abs. 1–3 UVPG aF, § 66 Abs. 6–8 entspricht § 21 Abs. 4–6 UVPG aF. § 66 Abs. 4 und 5 wurden durch das UVP-ModG 2017 zur Umsetzung unionsrechtlicher Vorgaben in das UVPG eingefügt. Für Vorhaben, die in der Anl. 1 Nummer 19.7 oder 19.8 aufgeführt sind und die zugleich die Errichtung, den Betrieb oder die Änderung von **Wärmeleitungen** betreffen, ist anstelle der Abs. 1 und 2 sowie anstelle der §§ 66–69 und dementsprechend auch anstelle des § 66 der § 8 GeoBG anzuwenden. 8

Gegen einen Planfeststellungsbeschluss und eine Plangenehmigung können Drittbetroffene gem. § 42 Abs. 1 Alt. 1 VwGO **Anfechtungsklage** erheben. Wird der Erlass oder die Ergänzung eines Planfeststellungsbeschlusses bzw. einer Plangenehmigung begehrt, kann eine **Verpflichtungsklage** gem. § 42 Abs. 1 Alt. 2 VwGO statthaft sein. Regelmäßig kommt insoweit aber nur ein Anspruch auf fehlerfreie Ausübung des Planungsermessens in Betracht. Widerspruch und Anfechtungsklage gegen Entscheidungen über bestimmte Infrastrukturprojekte sollen nach dem Willen der Bundesregierung ausweislich eines Gesetzesentwurfs mit Stand von 1/2026 keine aufschiebende Wirkung mehr haben. Das Gericht soll nach § 7a dieses Gesetzesentwurfs außerdem den Sachverhalt zukünftig von Amts wegen nur noch erforschen, soweit dies durch ein entsprechendes Vorbringen der Beteiligten oder durch andere konkrete Anhaltspunkte veranlasst ist. Die Klagebefugnis setzt gem. § 42 Abs. 2 VwGO voraus, dass der Kläger möglicherweise durch den Planfeststellungsbeschluss bzw. die Plangenehmigung in einem subjektiv-öffentlichen Recht verletzt ist. Auf eine Verletzung nur objektiven Rechts kann sich der Kläger grundsätzlich nicht berufen. Ein Kläger ist aber auch dann klagebefugt, wenn er geltend machen kann, dass seine abwägungserheblichen Belange nicht oder nur unzureichend berücksichtigt wurden.[6] **Anerkannte Umweltvereinigungen** können unter den Voraussetzungen des § 2 Abs. 1 UmwRG gegen Planfeststellungsbeschlüsse i.S.d. §§ 65, 66 Rechtsbehelfe einlegen; sie müssen dazu keine Verletzung eigener Rechte geltend machen (§ 2 Abs. 1 Satz 1 UmwRG). Ausweislich des bereits erwähnten Gesetzesentwurfs mit Stand von 1/2026 beabsichtigt die Bundesregierung Änderungen zu den Klagemöglichkeiten für anerkannte Umweltvereinigungen in den §§ 2, 3 und 7 UmwRG. Insbesondere sollen anerkannte Umweltvereinigungen mit allen Einwendungen ausgeschlossen sein, die sie in bestimmten Verfahren nicht oder nach den geltenden Rechtsvorschriften nicht rechtzeitig geltend gemacht haben, aber hätten geltend machen können. Die behördliche Entscheidung darüber, ob ein Planfeststellungs- oder Plangenehmigungsverfahren durchzuführen ist, kann nach § 44a Satz 1 VwGO nicht isoliert angegriffen werden. Der **Widerruf** 9

4 *Dippel,* in: Schink/Reidt/Mitschang, UVPG/UmwRG, § 66 UVPG Rn. 2.
5 *Dippel,* in: Schink/Reidt/Mitschang, UVPG/UmwRG, § 66 UVPG Rn. 2.
6 *Dippel,* in: Schink/Reidt/Mitschang, UVPG/UmwRG, § 65 UVPG Rn. 17.

und die **Rücknahme** eines Planfeststellungsbeschlusses und die darin als Minus enthaltene Außervollzugsetzung im vorläufigen Rechtsschutzverfahren stellen Maßnahmen nach § 1 Abs. 1 Satz 1 Nr. 6, Satz 2 UmwRG dar. Die Vorschrift erfasst auch Rechtsbehelfe gegen Verwaltungsakte über Überwachungs- oder Aufsichtsmaßnahmen zur Umsetzung oder Durchführung von Entscheidungen nach § 1 Abs. 1 Nrn. 1–5 UmwRG, die der Einhaltung umweltbezogener Rechtsvorschriften des Bundesrechts, des Landesrechts oder unmittelbar geltender Rechtsakte der europäischen Union dienen. Die nachträgliche Aufhebung einer Zulassungsentscheidung ist die stärkste Form einer Überwachungs- oder Aufsichtsmaßnahme. Umweltvereinigungen können deshalb gegen ein Unterlassen einer solchen Aufhebungsentscheidung klagen und dabei auch eine Missachtung des § 13 KSG rügen, weil die Vorschrift im Rahmen des Aufhebungsermessens zu berücksichtigen ist.[7]

10 In Ausnahmefällen können auch Drittbetroffene nach den §§ 48, 49 VwVfG auch einen **Anspruch auf Rücknahme eines Planfeststellungsbeschlusses** haben.[8] Dieser Anspruch auf Rücknahme eines Planfeststellungsbeschlusses kann allerdings nicht weitergehen als der Aufhebungsanspruch bei fristgerechter Anfechtung des Planfeststellungsbeschlusses. Der in § 75 Abs. 1 a VwVfG zum Ausdruck kommende Grundsatz der Planerhaltung begrenzt auch die Reichweite eines Rücknahmeverlangens. Daher scheidet eine vollständige Rücknahme des Planfeststellungsbeschlusses aus, wenn der Mangel, der seine Rechtswidrigkeit begründet, durch Planergänzung oder durch ein ergänzendes Verfahren behoben werden kann.[9] Es kann daher nur die Außervollzugsetzung des Planfeststellungsbeschlusses zur Ermöglichung eines ergänzenden Verfahrens beansprucht werden.

B. Zulassungsvoraussetzungen (Abs. 1 Satz 1)

11 Gem. § 66 Abs. 1 Satz 1 darf der Planfeststellungsbeschluss nur ergehen, wenn sichergestellt ist, dass das **Wohl der Allgemeinheit** nicht beeinträchtigt wird, insbesondere Gefahren für die Schutzgüter nicht hervorgerufen werden können und Vorsorge gegen die Beeinträchtigung der Schutzgüter, insbesondere durch bauliche, betriebliche oder organisatorische Maßnahmen entsprechend dem Stand der Technik getroffen wird, wenn umweltrechtliche Vorschriften und andere öffentlich-rechtliche Vorschriften dem Vorhaben nicht entgegenstehen, wenn Ziele der Raumordnung beachtet und Grundsätze und sonstige Erfordernisse der Raumordnung berücksichtigt sind und wenn Belange des Arbeitsschutzes gewahrt sind. Liegt eine der in § 66 Abs. 1 genannten Voraussetzungen nicht vor, muss der Planfeststellungsbeschluss bzw. die Plangenehmigung versagt werden. Liegen hingegen sämtliche Zulassungsvoraussetzungen vor, steht die Zulassung des Vorhabens im Ermessen der Planfeststellungsbehörde. Der Vorhabenträger hat einen Anspruch auf Durchführung des Planfeststellungsverfahrens, wenn er vollständige Antragsunterlagen vorlegt, und bei Vorliegen der Zulassungsvoraussetzungen einen Anspruch auf fehlerfreie Ausübung des Planungsermessens.[10]

I. Allgemeinwohlverträglichkeit

12 § 66 Abs. 1 Satz 1 Nr. 1 fordert eine Allgemeinwohlverträglichkeit des Vorhabens. Das Wohl der Allgemeinheit ist ein unbestimmter Rechtsbegriff; die Allgemeinwohlverträglichkeit eines Vorhabens

---

7 VGH BW, Beschl. v. 10.06.2025 – 5 S 385/25, juris Rn. 45; BVerwG, Urt. v. 23.06.2020 – 9 A 22.19, BVerwGE 168, 368, Rn. 17; der Katalog des Anwendungsbereichs in § 1 UmwRG wird entsprechend der Notwendigkeit, die Regelungen zum Zugang zu Rechtsschutz in Umweltangelegenheiten, die im UmwRG umgesetzt werden, an die Anforderungen der AK und entsprechende unionsrechtliche Vorgaben anzupassen, durch eine bevorstehende Änderung des UmwRG erweitert.

8 BVerwG, Urt. v. 23.06.2020 – 9 A 23/19, juris Rn. 24 ff.

9 BVerwG, Urt. v. 23.06.2020 – 9 A 23/19, juris Rn. 27; *Neumann/Külpmann,* in: Stelkens/Bonk/Sachs, VwVfG, § 72 Rn. 117; *Deutsch,* in: Mann/Sennekamp/Uechtritz, VwVfG, § 75 Rn. 189; *Ziekow,* VwVfG, § 72 Rn. 33a.

10 *Dippel,* in: Schink/Reidt/Mitschang, UVPG/UmwRG, § 66 Rn. 5; *Wysk,* in: Kopp/Ramsauer, VwVfG, § 72 Rn. 70.

muss im jeweiligen Einzelfall unter Berücksichtigung der konkreten Umstände festgestellt werden.[11] Von einer solchen Allgemeinwohlverträglichkeit kann nach § 66 Abs. 1 Satz 1 Nr. 1 insbesondere dann nicht ausgegangen werden, wenn **Gefahren** für die in § 2 Abs. 1 genannten Schutzgüter hervorgerufen werden können und wenn keine hinreichende **Vorsorge** gegen die Beeinträchtigung der Schutzgüter, insbesondere durch bauliche, betriebliche oder organisatorische Maßnahmen entsprechend dem **Stand der Technik** getroffen wird. § 66 Abs. 1 Nr. 1 macht damit die Zulassung des Vorhabens in Anlehnung an § 36 Abs. 1 Nr. 1 KrWG davon abhängig, dass Gefahren für die Schutzgüter des UVPG nicht hervorgerufen werden und außerdem Vorsorge gegen Beeinträchtigung dieser Schutzgüter getroffen wird.[12] Das entspricht dem im Umweltrecht allgemein anerkannten Grundsatz der notwendigen Abwehr von Gefahren für Mensch und Umwelt einerseits und einer ansonsten ebenfalls im Umweltrecht bewährten Konkretisierung des umweltrechtlichen Vorsorgeprinzips. Soweit zur Prüfung der Allgemeinwohlverträglichkeit des Vorhabens die für und gegen das Vorhaben sprechenden Belange abgewogen werden, kommt es bereits zur Entscheidung über die Zulassungsvoraussetzungen und nicht erst bei Betätigung des Planungsermessens zur Gegenüberstellung planungsrelevanter und gegenläufiger Belange. Die insoweit notwendige Abwägung der Behörde ist uneingeschränkt gerichtlich nachprüfbar.[13]

Nach der Rechtsprechung des BVerfG folgt aus der Garantie effektiven Rechtsschutzes grundsätzlich die Pflicht der Gerichte, die angefochtenen Verwaltungsakte in rechtlicher und tatsächlicher Hinsicht vollständig nachzuprüfen. Soweit sie bei der Kontrolle behördlicher Planungsentscheidungen über **Prognosen** befinden müssen, ist die gerichtliche Überprüfung ihrem Wesen nach auf die Frage beschränkt, ob der Sachverhalt zutreffend ermittelt und der Prognose eine geeignete Methode zugrunde gelegt worden ist.[14] Dabei ist nach Ansicht des BVerfG eine volle gerichtliche Überprüfung geboten, ob der Sachverhalt zutreffend ermittelt und der Prognose eine geeignete Methode zugrunde gelegt worden ist. Dies setze jedoch nicht zwingend die Kenntnis sämtlicher Tatsachengrundlagen voraus. Insoweit gebiete Art. 19 Abs. 4 GG die Offenlegung von Tatsachen, die ein Sachverständiger seinem Gutachten zugrunde gelegt habe, regelmäßig nur, wenn die Kenntnis der einzelnen tatsächlichen Umstände zur Nachprüfung des Sachverständigengutachtens unentbehrlich sei.[15] 13

1. Gefahrenabwehr

Die Auflistung zur Konkretisierung des Allgemeinwohls in § 66 Abs. 1 Satz 1 Nr. 1 ist, wie sich aus der Verwendung des Begriffs »insbesondere« ergibt, lediglich beispielhaft. Auch andere öffentliche Belange, die nicht zu den Umweltschutzgütern des § 2 Abs. 1 zählen, können daher der Erteilung eines Planfeststellungsbeschlusses entgegenstehen, wenn sie durch das Vorhaben beeinträchtigt werden.[16] Diese sonstigen öffentlichen Belange sind jedoch in aller Regel Schutzgegenstand von einschlägigen öffentlich-rechtlichen Vorschriften, deren Entgegenstehen nach § 66 Abs. 1 Satz 1 Nr. 2 ohnehin zur Versagung der Planfeststellung führt, oder sind als Ziele, Grundsätze und sonstige Erfordernisse der Raumordnung oder Belange des Arbeitsschutzes in § 66 Abs. 1 Satz 1 Nrn. 3 und 4 gesondert aufgelistet. Der Allgemeinwohlbegriff erfasst nur öffentliche Belange. Private Belange können bei der Planfeststellung und der Plangenehmigung erst im Rahmen des Abwägungsgebots 14

11 VGH Mannheim, Beschl. v. 14.11.2011 – 8 S 1281/11, BeckRS 2011, 56026.

12 Zur Allgemeinwohlverträglichkeit nach § 36 Abs. 1 KrWG siehe *Beckmann*, in: Stüer/Beckmann, Handbuch des Bau- und Fachplanungsrechts, Rn. 6697 ff.; zum Allgemeinwohlbegriff des Wasserhaushaltsrecht *Czychowski/Reinhardt*, WHG, § 68 Rn. 24 ff.

13 BVerwG, Urt. v. 22.10.2015 – 7 C 15.13, NVwZ 2016, 308; BayVGH, Urt. v. 15.3.2021 – 8 A 18.40041, BeckRS 2021, 6122 Rn. 49; BayVGH, Beschl. v. 15.12.2021 – 8 ZB 21.668, juris Rn. 20.

14 BVerfG, Beschl. v. 01.06.2021 – 1 BvR 2374/15, juris Rn. 8; siehe auch BVerwG, Urt. v. 26.04.2018 – 3 C 11.16, juris, Rn. 30; OVG NRW. Beschl. v. 01.09.2025 – 13 B 265/25, juris Rn. 40.

15 BVerfG, Beschl. v. 01.06.2021 – 1 BvR 2374/15, juris Rn. 9.

16 *Kümper*, in: Schink/Fellenberg, WHG, § 68 Rn. 49 zu dem inhaltsgleichen Allgemeinwohlbegriff des WHG.

berücksichtigt werden, das aber wiederum nur dann zum Tragen kommt, wenn zwingende Versagungsgründe nicht vorliegen.[17]

15 Soweit § 66 Abs. 1 Satz 1 Nr. 1 voraussetzt, dass »sichergestellt« sein muss, dass das **Wohl der Allgemeinheit** nicht beeinträchtigt wird, verlangt der Gesetzgeber denselben Sicherheitsmaßstab wie in vergleichbaren Zulassungstatbeständen (vgl. z.B. § 6 Abs. 1 Nr. 1 BImSchG oder § 36 Abs. 1 Nr. 1 a KrWG). Allgemeinwohlbeeinträchtigungen müssen danach aller Voraussicht nach ausgeschlossen sein. Dazu wird die Auffassung vertreten, sichergestellt sei eine Allgemeinwohlverträglichkeit eines Vorhabens nur dann, wenn Beeinträchtigungen nach dem »**Maßstab der praktischen Vernunft**« nicht zu erwarten seien.[18] Es ist allerdings zweifelhaft, ob der Maßstab der praktischen Vernunft an dieser Stelle nicht zu hoch ansetzt. Dies gilt jedenfalls dann, wenn man ihn verwendet, um von normalen Risiken zu unterscheidende Restrisiken auszublenden. **Restrisiken** sind solche Risiken, die auch unter Berücksichtigung eines Maßstabs praktischer Vernunft nicht mehr minimiert werden können. Solche Restrisiken sind im atomrechtlichen Genehmigungsverfahren, jedoch nicht in einem Planfeststellungsverfahren für eine konventionelle Rohrleitungsanlage relevant. Ungewissheiten jenseits der Schwelle praktischer Vernunft haben ihre Ursache in den Grenzen des menschlichen Erkenntnisvermögens und sind als unentrinnbare und insofern sozialadäquate Lasten von allen Bürgern zu tragen. Die Schutzpflicht des Gesetzgebers endet regelmäßig dort, wo ein nach Beachtung der einschlägigen gesetzlichen Vorgaben verbleibendes Restrisiko praktisch nicht mehr quantifizierbar ist.[19] Es ist nicht geboten, bei der Planfeststellung von Rohrleitungsanlagen stets bis an die Grenze des menschlichen Erkenntnisvermögens zu gehen. Versteht man den Maßstab der praktischen Vernunft hingegen als eine Relativierung der Prüfungsanforderungen dahingehend, dass sich die Planfeststellungsbehörde nicht stets vollständige Gewissheit darüber verschaffen muss, dass Beeinträchtigungen nicht auftreten werden, sondern es dort, wo dies vertretbar ist, auch bei einer Plausibilitätsprüfung bewenden lassen darf,[20] dann ist gegen die Verwendung eines solchen Maßstabs nichts einzuwenden. Allerdings darf die Planfeststellungsbehörde sich nicht vorschnell mit der Behauptung eines wahrscheinlichen Eintritts der Beeinträchtigungen zufriedengeben; sie muss sich vielmehr im Rahmen des Untersuchungsgrundsatzes nach § 24 VwVfG darum bemühen, eine möglichst sichere Prognose auf der Grundlage des wissenschaftlichen-technischen Erkenntnisstandes und der allgemeinen Lebenserfahrung zur Grundlage ihrer Entscheidung machen. Erst wenn sich auch bei Beachtung aller Anforderungen an eine solche Prognose nicht sicher klären lässt, ob das Wohl der Allgemeinheit durch das Vorhaben gefährdet wird, kann die hohe Wahrscheinlichkeit eines Schadenseintritts genügen.

16 Die Frage, ob das Wohl der Allgemeinheit beeinträchtigt wird oder nicht, lässt sich grundsätzlich nicht eindimensional mit Blick auf jeden einzelnen Allgemeinwohlbelang beantworten. Es bedarf vielmehr einer **Abwägung** der im konkreten Fall positiv wie negativ betroffenen Belange.[21] Geht diese Abwägung zugunsten des mit der Anlage verfolgten Allgemeinwohlbelangs aus, weil die für das Vorhaben sprechenden Allgemeinwohlbelange gewichtiger sind als solche Belange, die von dem Vorhaben nachteilig betroffen werden, dann ist eine Allgemeinwohlverträglichkeit des Vorhabens anzunehmen.[22] Bei dieser Abwägung zur Auslegung des Allgemeinwohlbegriffs handelt es sich nicht um eine Ausübung von Planungsermessen, sondern um einen Fall nachvollziehender Abwägung.[23]

---

17 BayVGH, Beschl. v. 15.12.2021 – 8 ZB 21.668, juris Rn. 21 f.

18 Siehe z.B. *Fellenberg/Schiller,* in: Jarass/Petersen, KrWG, § 36 Rn. 14.

19 BVerwG, Urt. v. 19.04.2012 – 4 CN 3.11, juris Rn. 26.

20 In diese Richtung z.B. OVG Lüneburg, Urt. v. 04.07.2017– 7 KS 7/15, juris Rn. 169; zu gerichtlichen Plausibilitätsprüfungen *Beckmann,* FS Seibert, S. 13 ff.

21 *Kümper,* in: Schink/Fellenberg, WHG, § 68 Rn. 51; OVG SA, Beschl. v. 18.05.2015 – 2 M 33/15, NVwZ-RR 2015, 809 (813); OVG RP, Urt. v. 12.02.2009 – 1 A 10722/08, juris Rn. 171, 173; VGH BW, Urt. v. 23.09.2013 – 3 S 284/11, juris Rn. 125; zustimmend *Hagmann,* in: Landmann/Rohmer, Umweltrecht, Stand: 4/2022, § 66 UVPG Rn. 4.

22 *Fellenberg/Schiller,* in: Jarass/Petersen, KrWG, § 36 Rn. 16.

23 Kritisch zum Begriff der »nachvollziehenden« Abwägung *Sauthoff,* FS Ramsauer 2023, 115 ff.

Insoweit kann man § 66 Abs. 1 Satz 1 Nr. 1 als zwingend zu beachtenden Planungsgleitsatz bezeichnen.[24] Konkretisierungen des Allgemeinwohlbegriffs können sich aus fachgesetzlichen und umweltrechtlichen Anforderungen sowie entsprechenden untergesetzlichen Regelwerken ergeben. Für nach § 65 UVP-pflichtige Rohrfernleitungen ergeben sich Anforderungen aus § 3 Abs. 1 RohrFLtgV. Danach müssen die Anlagen so beschaffen sein und so betrieben werden, dass eine Beeinträchtigung des Wohls der Allgemeinheit vermeiden wird und insbesondere schädliche Einwirkungen auf Menschen und Umwelt nicht zu besorgen sind.[25]

2. Gefahrenvorsorge

Der Planfeststellungsbeschluss darf nur ergehen, wenn Vorsorge gegen die Beeinträchtigung der Schutzgüter, insbesondere durch bauliche, betriebliche oder organisatorische Maßnahmen entsprechend dem Stand der Technik getroffen wird. Der Vorsorgebegriff zielt auf eine Vorverlagerung des Umweltschutzes gegenüber der klassischen Gefahrenabwehr und bezieht sich daher auf die Ermittlung und Behandlung von Risiken, d.h. auf die Möglichkeit von Schadensereignissen, deren Eintritt i.S.d. polizeirechtlichen Gefahrenbegriffs nicht hinreichend wahrscheinlich ist.[26] 17

In den Begriffsbestimmungen des § 2 ist der **Stand der Technik** für den Bereich des UVPG nicht speziell definiert. Für die einzelnen Schutzgüter, gegen deren Beeinträchtigung Vorsorge zu treffen ist, kommt es insoweit auf den Stand der Technik an, der in dem jeweiligen Fachgesetz und seinem entsprechenden Anhang mit den Kriterien für die Bestimmung des Standes der Technik definiert wird. Als Stand der Technik definiert z.B. § 3 Abs. 6 Satz 1 BImSchG den Entwicklungsstand fortschrittlicher Verfahren, Einrichtungen oder Betriebsweisen, der die praktische Eignung einer Maßnahme zur Begrenzung von Emissionen in Luft, Wasser und Boden, zur Gewährleistung der Anlagensicherheit, zur Gewährleistung einer umweltverträglichen Abfallentsorgung oder sonst zur Vermeidung oder Verminderung von Auswirkungen auf die Umwelt zur Erreichung eines allgemein hohen Schutzniveaus für die Umwelt insgesamt gesichert erscheinen lässt. Bei der Bestimmung des Standes der Technik sind unter Berücksichtigung der Verhältnismäßigkeit zwischen Aufwand und Nutzen möglicher Maßnahmen sowie des Grundsatzes der Vorsorge und der Vorbeugung, jeweils bezogen auf Anlagen einer bestimmten Art, bestimmte Kriterien zu berücksichtigen. Dazu zählen der Einsatz abfallarmer Technologien, der Einsatz weniger gefährlicher Stoffe, die Förderung der Rückgewinnung und Wiederverwertung der bei den einzelnen Verfahren erzeugten und verwendeten Stoffe und gegebenenfalls der Abfälle, etc.[27] 18

Für nach § 65 planfeststellungsbedürftige Rohrfernleitungsanlagen gelten gemäß § 3 Abs. 2 Satz 2 RohrFLVO insbesondere die Technischen Regeln, die nach § 9 Abs. 5 RohrFLVO veröffentlicht worden sind, als Stand der Technik.[28] Die sog. TRFL sind nach den Erläuterungen des OVG NRW auf generelle Beachtung angelegt und präzisieren den Stand der Technik. Weder das UVPG noch die Rohrfernleitungsverordnung legten Kriterien fest, die eine handhabbare Bestimmung des Stands der Technik losgelöst von der TRFL ermöglichten, während das Verfahren für das Zustandekommen der TRFL durch § 9 RohrFLVO vorgegeben werde. Von Bedeutung sei insoweit unter anderem, dass ein Ausschuss für Rohrfernleitungen eingerichtet sei, der sich personell aus Mitgliedern der einschlägigen Fachkreise zusammensetze und zu dessen Aufgaben es gehöre, die dem Stand der 19

24 *Wilrich* NVwZ 2003, 787 (788); *Peters* ZfW 2002, 146 (157); *Dippel,* in: Schink/Reidt/Mitschang, UVPG/UmwRG, § 66 Rn. 6.

25 *Peters/Balla/Hesselbarth,* UVPG, § 66 Rn. 4.

26 Zustimmend VG Halle (Saale), Urt. v. 04.06.2025 – 4 A 219/23, juris Rn. 115.

27 Vgl. dazu die Kriterien zur Bestimmung des Standes der Technik, die als Anl. 1 wortgleich sowohl dem WHG als auch dem BImSchG beigefügt sind; siehe auch BVerwG, Beschl. v. 13.01.2021 – 4 B 23/20, juris Rn. 6; BVerwG, Urt. v. 23.07.2015 – 7 C 10.13, BVerwGE 152, 319 Rn. 18.

28 Siehe dazu VG Halle (Saale), Urt. v. 04.06.2025 – 4 A 219/23, juris Rn. 116; OVG NRW, Urt. v. 31.08.2020 – 20 A 1923/11, juris Rn. 387; VGH Mannheim, Beschl. v. 14.11.2011 – 8 S 1281/11, BeckRS 2011, 56026.

Technik entsprechenden Regeln vorzuschlagen. Bei Erlass der Rohrfernleitungsverordnung sei davon abgesehen worden, die allgemeinen Anforderungen an den Stand der Technik näher zu regeln, weil die TRFL zu diesem Zeitpunkt bereits von den betroffenen Fachleuten erarbeitet worden sei und aus der Sicht des Verordnungsgebers den Stand der Technik beschrieben habe.[29] Die TRFL schließen weitere Konkretisierungen des Stands der Technik, insbesondere durch anderweitige Regelwerke, nicht aus. Umgekehrt ist es angesichts er Verbindlichkeit der TRFL nicht ohne Weiteres zulässig, über die TRFL hinausgehende Anforderungen zu verlangen. Die Umsetzung eines strengeren Schutzniveaus muss sich vielmehr auf Sachverhalte beziehen, die sich einer sachgerechten Regelung anhand der Anforderungen der TRFL aufgrund fortgeschrittener Erkenntnisse zu Risiken oder deren Beherrschung, zusätzlicher Risiken oder anderer Besonderheiten bislang entzogen haben bzw. entziehen.[30] Im Übrigen bestimmt die TRFL den Stand der Technik abschließend. Zur Begründung führt das OVG Münster in der zitierten Entscheidung aus, Vorsorge sei auch dann, wenn sie nicht durch allgemeine Standards verbindlich konkretisiert sei, nicht unbegrenzt. Ihre Grenzen ergäben sich aus dem Grundsatz der **Verhältnismäßigkeit**.[31] Aus der **normkonkretisierenden Funktion** der TRFL wird geschlossen, dass eine Rohrfernleitung, die den Anforderungen der TRFL genügt, die Voraussetzungen des § 66 Abs. 1 Nr. 1 erfüllt, und dass danach gleichwohl nicht völlig auszuschließende Gefahren den Anwohnern und der Allgemeinheit als **Restrisiko** im Allgemeinen zugemutet werden können. Dies entbinde die Planfeststellungsbehörde zugleich grundsätzlich von der Verpflichtung, bei der Zulassung einer Rohrfernleitung im Rahmen der von ihr anzustellenden und von den Gerichten nur eingeschränkt überprüfbaren Risikoermittlung und Risikobewertung die Wahrscheinlichkeit eines Schadensfalls und seiner Folgen weitergehend zu untersuchen und zu beurteilen.[32]

20 Nach § 66 Abs. 1 S. 1 Nr. 1a ist eine Berücksichtigung globaler **Klimafolgen** erforderlich, wenn durch das Leitungsvorhaben verursachte Treibhausgasemissionen als Gefahren für die in § 66 genannten Schutzgüter einzuordnen sind. Weitergehend erstreckt § 66 Abs. 1 S. 1 Nr. 1b den Schutz vor Beeinträchtigungen des Allgemeinwohls in den Bereich der Vorsorge, was die Anforderungen an die Wahrscheinlichkeit des Eintritts befürchteter Klimafolgen verringert.[33] Da die Erteilung der Planfeststellungen und Plangenehmigungen im Ermessen bzw. in einem für Planfeststellungen grundsätzlich geltenden Planungsermessen der zuständigen Behörde steht,[34] ist die Geltung des § 13 KSG, wonach alle Träger öffentlicher Aufgaben, den Zweck des KSG und die zu seiner Erfüllung festgelegten Ziele zu berücksichtigen haben, grundsätzlich unbestritten[35] und deshalb auch für Planfeststellungen nach §§ 65, 66 selbstverständlich. Begrenzt wird das Planungsermessen der zuständigen Behörde allerdings durch die Zulassungsvoraussetzungen des § 66 Abs. 1. Der Planfeststellungsbeschluss darf nur erlassen werden, wenn sichergestellt ist, dass das Wohl der Allgemeinheit durch die

29 OVG NRW, Urt. v. 31.08.2020 – 20 A 1923/11, juris Rn. 389 unter Verweis auf BR-Drs. 301/02, S. 77, 101 VG Halle (Saale), Urt. v. 04.06.2025 – 4 A 219/23, juris Rn. 127 zur in Teilen normkonkretisierenden Wirkung der TRFL.

30 OVG NRW, Urt. v. 31.08.2020 – 20 A 1923/11, juris Rn. 298; *Hagmann*, in: Landmann/Rohmer, Umweltrecht, Stand: 4/2022, § 65 UVPG Rn. 9.

31 Zustimmend VG Halle (Saale), Urt. v. 04.06.2025 – 4 A 219/23, juris Rn. 125 unter Verweis auf BVerwG, Urt. v. 23.07.2015 – 7 C 10.13, BVerwGE 152, 319; Beschl. v. 20.12.2011 – 7 B 43.11, Buchholz 445.4 § 58 WHG Nr. 1.

32 VG Halle (Saale), Urt. v. 04.06.2025 – 4 A 219/23, juris Rn. 127; VGH BW, Beschl. v. 14.11.2011, – 8 S 1281/11, juris Rn. 28.

33 *Frenz*, in: Ziekow, Handbuch des Fachplanungsrechts, § 18 Rn. 16; *Beckmann* AbfallR 2025, 210 ff.; *Beckmann* NuR 2025, 725 ff.

34 Siehe dazu *Beckmann*, in: Landmann/Rohmer, Umweltrecht, Stand: 1/2023, § 35 Rn. 52; ausführlich dazu *Ziekow*, in: Ziekow, Handbuch des Fachplanungsrechts, S. 174 ff.

35 Siehe z.B. *Schink*, in: Frenz, Klimaschutzrecht, § 13 KSG Rn. 14 ff.; *Schlacke*, in: Kreuter-Kirchhof/Schlacke, Klimaschutzrecht, § 12 Rn. 14 ff.; *Fellenberg*, in: Fellenberg/Guckelberger, Klimaschutzrecht, § 13 KSG Rn. 10; *Franke/Verheyen*, § 11 Klimaschutzrecht, in: Koch/Hofmann/Reese, Handbuch Umweltrecht, Rn. 169.

Rohrleitungsanlage nicht beeinträchtigt wird. Erst wenn diese Voraussetzung erfüllt ist, eröffnet sich der Ermessensspielraum der zuständigen Behörde für eine Zulassung oder Versagung des Leitungsvorhabens für die zuständige Behörde.[36]

Überall dort, wo der Gesetzgeber eine Abwägung öffentlicher Interessen erwartet, sei es auf der Tatbestandsseite der Zulassungsvoraussetzungen (z.B. hinsichtlich der Allgemeinwohlverträglichkeit eines Vorhabens) oder im Rahmen eines Verwaltungs- oder Planungsermessens, kann und muss ggfls. eine Berücksichtigung der globalen Klimafolgen nach § 13 KSG stattfinden, wenn und soweit der vom Gesetzgeber für die Abwägung gesetzte Rahmen eine Berücksichtigung von Klimafolgen ermöglicht bzw. fordert. Der Unterschied zwischen einer Abwägung auf Ebene der Zulassungsvoraussetzungen zu einer Abwägung im Rahmen des Verwaltungs- oder Planungsermessens besteht darin, dass die Beachtung der Berücksichtigungspflicht des § 13 KSG auf der Tatbestandsseite, soweit kein Beurteilungsspielraum und keine Einschätzungsprärogative bestehen, vollständig gerichtlich überprüft werden kann, während die Ausübung von Planungs- oder Verwaltungsermessen nur auf Abwägungsfehler entsprechend der dazu von der Rechtsprechung entwickelten Abwägungsfehlerlehre kontrolliert werden kann.[37] 21

II. Übereinstimmung mit öffentlich-rechtlichen Vorschriften

§ 66 Abs. 1 Satz 1 Nr. 2 schreibt außerdem vor, dass der Planfeststellungsbeschluss nur ergehen darf, wenn umweltrechtliche und andere öffentlich-rechtliche Vorschriften dem Vorhaben nicht entgegenstehen. Mit der Forderung, dass andere Vorschriften dem Vorhaben nicht entgegenstehen dürfen, verwendet der Gesetzgeber einen vergleichbaren Prüfungsmaßstab wie in § 66 Abs. 1 Satz 1 Nr. 1, wenn dort vorausgesetzt wird, dass sichergestellt ist, dass das Wohl der Allgemeinheit nicht beeinträchtigt wird.[38] Es darf insofern kein ernsthafter Zweifel daran bestehen, dass bei einer Realisierung des Vorhabens auch sämtliche umweltrechtlichen und sonstigen öffentlich-rechtlichen Vorschriften eingehalten werden. Wenn durch Zulassungsentscheidungen, die vom Planfeststellungsbeschluss auf der Grundlage seiner Konzentrationswirkung ersetzt werden, von bestimmten Vorschriften befreit werden kann, dann stehen diese Vorschriften dementsprechend auch der Zulassung nicht entgegen. 22

Der Verweis auf umweltrechtliche und andere öffentlich-rechtliche Vorschriften soll ebenso wie der Verweis auf Ziele, Grundsätze sowie sonstige Erfordernisse der Raumordnung sowie auf Belange des Arbeitsschutzes in § 66 Abs. 1 Satz 1 Nr. 3 und 4 zeigen, dass die §§ 65 ff. kein abschließendes materielles Zulassungsrecht schaffen, sondern im Wesentlichen nur den verfahrensrechtlichen und materiell-rechtlichen Rahmen für die Zulassung von Leitungsanlagen bereitstellen. 23

Warum die umweltrechtlichen Vorschriften neben anderen öffentlich-rechtlichen Vorschriften gesondert genannt werden, bleibt auf den ersten Blick unklar, handelt es sich doch bei den umweltrechtlichen Vorschriften auch um öffentlich-rechtliche Vorschriften. Es ist davon auszugehen, dass lediglich öffentlich-rechtliche Vorschriften des Umweltrechts gemeint sind, weil in § 66 Abs. 1 Satz 1 Nr. 2 ausdrücklich von den »anderen« öffentlich-rechtlichen Vorschriften die Rede ist. Die Vereinbarkeit mit zivilrechtlichen Vorschriften, die dem Schutz der Umwelt dienen, ist damit nicht Zulassungsvoraussetzung.[39] Im Rahmen der planerischen Abwägung können private Rechtspositionen dagegen berücksichtigungsfähig sein[40] Eine nachteilige Beeinflussung des **Verkehrswerts von Grundstücken** stellt allerdings nach der Rechtsprechung auch dann, wenn sie von Veränderungen des 24

36 *Beckmann*, in: Stüer/Beckmann, Handbuch des Bau- und Fachplanungsrechts, Rn. 8134; *Beckmann*, in: Landmann/Rohmer Umweltrecht, Stand: 1/2023, § 36 KrWG Rn. 67; *Versteyl*, in: Schmehl/Klement, KrWG, § 36 Rn. 39; *Fellenberg/Schiller*, in: Jarass/Petersen, KrWG, § 36 Rn. 82.

37 *Beckmann* NuR 2025, 725 ff.; *Beckmann* AbfallR 2025, 220 ff.

38 Siehe dazu *Jarass*, BImSchG, § 6 Rn. 23.

39 BayVGH, Beschl. v. 15.12.2021 – 8 ZB 21.668, juris Rn. 22.

40 BayVGH, Beschl. v. 15.12.2021 – 8 ZB 21.668, juris Rn. 22; BVerwG, Urt. v. 12.07.2018 – 7 B 15.17, juris Rn. 16.

Wohnumfelds ausgeht, für sich genommen keinen eigenständigen Abwägungsbelang dar.[41] Den Betroffenen steht insbesondere kein »Milieuschutz« des Inhalts zu, dass die negative Bewertung der Nähe zu einer Anlage im Grundstücksmarkt und eine damit verbundene Verkehrswertminderung abgewehrt werden kann oder wirtschaftlich ausgeglichen werden muss. Der durch eine solche Anlage hervorgerufene Lagenachteil kann unter dem Gesichtspunkt seiner wirtschaftlichen Auswirkungen abwägungserheblich sein.[42]

Stehen dem Vorhaben private **Rechte Dritter** offensichtlich und zweifelsfrei entgegen, und können diese Rechte auch durch Enteignungsmaßnahmen nicht überwunden werden, kann es im Einzelfall an einem **Sachbescheidungsinteresse** fehlen. Im Übrigen dürfte die gesonderte Erwähnung der umweltrechtlichen Vorschriften lediglich der Hervorhebung dienen, weil der Gesetzgeber davon ausgeht, dass gerade die umweltrechtlichen Bestimmungen für die Zulassung der nach §§ 65 ff. planfeststellungs- bzw. plangenehmigungsbedürftigen Anlagen von besonderer Bedeutung sind.

25 Zu den anderen öffentlich-rechtlichen Vorschriften, die zu beachten sind, zählen insbesondere Regelungen des **Bauplanungsrechts,** des **Naturschutzrechts** und des **Wasserrechts.**

26 Nach § 38 Satz 1 BauGB sind allerdings auf Planfeststellungsverfahren und sonstige Verfahren mit den Rechtswirkungen einer Planfeststellung für Vorhaben von überörtlicher Bedeutung die §§ 29–37 BauGB nicht anzuwenden, wenn die Gemeinde beteiligt und städtebauliche Belange berücksichtigt werden.[43] Regelmäßig werden Rohrleitungsanlagen in diesem Sinne als Vorhaben von überörtlicher Bedeutung privilegiert sein.[44] **Überörtliche Bedeutung** hat ein Vorhaben dann, wenn es aufgrund seiner überörtlichen Bezüge bei typisierender Betrachtungsweise einen gemeindeübergreifenden **Koordinierungsbedarf** hervorruft. Dies setzt nach der Rechtsprechung des BVerwG nicht voraus, dass das Vorhaben als solches das Gebiet von mindestens zwei Gemeinden berührt.[45] Ein Koordinierungsbedarf kann auch bei einem auf das Gebiet nur einer Gemeinde beschränkten Vorhaben vorliegen, wenn dieses in ein übergreifendes Planungsprojekt, insbesondere bei weiträumigen Infrastrukturvorhaben, eingebettet ist Entsprechendes gilt, wenn das örtlich radizierte Vorhaben sich in übergreifende raumbezogene Vorgaben einpassen muss, weil es der Abstimmung mehrerer örtlicher Planungen bedarf. Dies ist etwa dann der Fall, wenn für das Vorhaben eine Raumverträglichkeitsprüfung durchzuführen ist.[46]

27 Die Privilegierung von überörtlich bedeutsamen Rohrleitungsanlagen bedeutet allerdings nicht, dass städtebauliche Belange von der Planfeststellungsbehörde nicht zu berücksichtigen sind. § 38 Satz 1 BGB schreibt im Gegenteil vor, dass städtebauliche Anforderungen, insbesondere wenn sie durch einen Bebauungsplan konkretisiert werden, als wesentliche öffentliche Belange zu berücksichtigen sind und dass dementsprechend auch die Gemeinde vor dem Erlass des Planfeststellungsbeschlusses zu beteiligen ist. § 38 BauGB ist insoweit lediglich ein »Weichmacher«, der die ansonsten zwingend zu beachtenden Bestimmungen des Bauplanungsrechts zur berücksichtigungspflichtigen Abwägungserheblichkeit abschwächt.[47] Die Privilegierung des § 38 BauGB gilt auch dann, wenn die Rohr-

---

41 OVG NRW, Urt. v. 31.08.2020 – 20 A 1923/11, juris Rn. 669; BVerwG, Urt. v. 28.03.2007 – 9 A 17.06, NuR 2007, 488, und v. 04.05.1988 – 4 C 2.85, NVwZ 1989, 151.

42 OVG NRW, Urt. v. 31.08.2020 – 20 A 1923/11, juris Rn. 669; BVerwG, Urt. v. 28.03.2007 – 9 A 17.06, NuR 2007, 488, und v. 04.05.1988 – 4 C 2.85, NVwZ 1989, 151; siehe auch *Beckmann* BauR 2021, 768.

43 Zum Verhältnis der Fachplanung zur bestehenden Bauleitplanung näher *Kümper*, in: Siegel/Troidl, Straßenrecht, § 2 Rn. 289 ff.

44 Zustimmend *Hagmann*, in: Landmann/Rohmer, Umweltrecht, Stand: 4/2022, § 66 UVPG Rn. 10.

45 BVerwG, Urt. v. 30.03.2017 – 7 C 17/15, juris Rn. 37; BVerwG, Beschl. v. 30.06.2004 – 7 B 92.03, juris Rn. 11; OVG Weimar, Beschl. v. 29.02.2024 – 5 EO 574/23, juris Rn. 44 zur Planfeststellung für den Bau einer Hochspannungsleitung; BayVGH, Beschl. v. 02.03.2020 – 22 AS 19.40035, juris Rn. 113.

46 BVerwG, Urt. v. 30.03.2017 – 7 C 17.15, juris Rn. 37.

47 *Reidt,* in: Battis/Krautzberger/Löhr, BauGB, § 38 Rn. 10.

leitungsanlagen nicht aufgrund eines Planfeststellungsbeschlusses, sondern mit einer diese ersetzenden **Plangenehmigung** zugelassen wird.[48]

Bei der Zulassung von Rohrleitungsanlagen können aus dem Bereich des Naturschutzrechts insbesondere die Bestimmungen über die Beeinträchtigungen von FFH- und Vogelschutzgebieten (§§ 31 ff. BNatSchG) und die Eingriffsregelung (§§ 14 ff. BNatSchG) zu beachten sein. Nach einigen Landesgesetzen ist bei planfeststellungsbedürftigen Vorhaben von einem **Eingriff in Natur und Landschaft** auszugehen; in einigen Landesgesetzen wird konkret die Verlegung von Ver- und Entsorgungsleitungen als Eingriff angesehen, teilweise allerdings nur dann, wenn die Leitungen durch den bauplanungsrechtlichen Außenbereich des § 35 BauGB verlegt werden.[49] Folgewirkungen des Leitungsbetriebs sollen keinen Eingriff darstellen.[50] 28

Zu den sonstigen öffentlich-rechtlichen Vorschriften, die dem Vorhaben nicht entgegenstehen dürfen, können z.B. auch Bestimmungen des **Produktsicherheitsrechts** gehören. Verlaufen Rohrleitungsanlagen an oder über öffentliche Straßen, können auch **straßenrechtliche Anforderungen** beachtlich sein. 29

III. Raumordnung

Der Planfeststellungsbeschluss darf nach § 66 Abs. 1 Satz 1 Nr. 3 nur ergehen, wenn Ziele der Raumordnung beachtet und Grundsätze und sonstige Erfordernisse der Raumordnung berücksichtigt sind. 30

Ziele der Raumordnung sind gem. § 3 Abs. 1 Nr. 2 ROG verbindliche Vorgaben in Form von räumlich und sachlich bestimmten oder bestimmbaren, vom Träger der Landes- oder Regionalplanung abschließend abgewogenen textlichen oder zeichnerischen Festlegungen in Raumordnungsplänen zur Entwicklung, Ordnung und Sicherung des Raumes. 31

Grundsätze der Raumordnung sind gem. § 3 Abs. 1 Nr. 3 ROG allgemeine Aussagen zur Entwicklung, Ordnung und Sicherung des Raumes in oder aufgrund von § 2 ROG als Vorgaben für nachfolgende Abwägungs- oder Ermessensentscheidungen. 32

Sonstige Erfordernisse der Raumordnung sind gem. § 3 Abs. 1 Nr. 4 ROG in Aufstellung befindliche Ziele der Raumordnung, Ergebnisse förmlicher landesplanerischer Verfahren wie des Raumordnungsverfahrens und landesplanerische Stellungnahmen. 33

Ziele der Raumordnung sind im Sinne des planungsrechtlichen Sprachgebrauchs strikt bindende Planungsleitsätze, die zwar dem gebundenen Planungsträger Konkretisierungsspielräume innerhalb der Zielsetzung belassen können, die aber nicht durch Abwägung überwunden werden können.[51] Ziele der Raumordnung dienen dazu, Grundsätze der Raumordnung in konkret raumbezogene Festsetzungen für nachfolgende Planungsebenen der Regional- und der Bauleitplanung sowie für Fachplanungen umzusetzen. Nach der Rechtsprechung des BVerwG sind Ziele der Raumordnung der planerischen Abwägung rechtlich vorgelagert. Die sich aus den Zielen der Raumordnung ergebenden Bindungen sind insoweit vor die Klammer des Abwägungsprozesses gezogen. Die Anpassungspflicht lässt keinen Raum für eine Abwägung und für eine Überwindung der verbind- 34

48 *Reidt,* in: Battis/Krautzberger/Löhr, BauGB, § 38 Rn. 8.
49 *Wilrich* NVwZ 2003, 787 (788).
50 OVG Schleswig, Urt. v. 17.04.1998 – 2 K 2/98, NVwZ-RR 2000, 148; *Wilrich* NVwZ 2003, 787 (788).
51 BVerwG Beschl. v. 15.06.2009 – 4 BN 10.09, NVwZ 2009, 1226; BVerwG, Urt. v. 20.01.1984 – 4 C 43.81, BVerwGE 68, 311 (313 f.); dazu *Beckmann,* in: Stüer/Beckmann, Handbuch des Bau- und Fachplanungsrechts, Rn. 477; *Beckmann* EuRUP 2024, 15 ff.; zu tatsächlichen oder auch nur vermeintlichen kategorialen Unterschieden zwischen Zielen und Grundsätzen der Raumordnung Beckmann NWVBL 2024, Sonderheft, 53 ff.

lichen Aussagen von Zielen der Raumordnung im Rahmen der planerischen Abwägung.[52] Die Ziele der Raumordnung sind insoweit anders als die Grundsätze der Raumordnung nicht Maßstäbe, sondern das Ergebnis einer landes- oder regionalplanerischen Abwägung. Die notwendige überörtliche und überfachliche Koordinierung und Gesamtabwägung hat bereits bei der Aufstellung des Ziels der Raumordnung stattgefunden, so dass auf der Grundlage des § 1 Abs. 4 BauGB für die nachfolgende Bauleitplanung eine Anpassungspflicht besteht.[53] Ziele der Raumordnung sind wegen der Beachtenspflicht im Rahmen der Abwägung nicht überwindbar, Grundsätze und sonstige Erfordernisse der Raumordnung müssen dagegen zwar berücksichtigt werden. Sie können jedoch im Rahmen der planerischen Abwägung zugunsten überwiegender anderer Belange zurückgestellt werden. Von den Zielen der Raumordnung können im Raumordnungsplan Ausnahmen festgelegt werden (§ 6 Abs. 1 ROG). Zudem soll von den Zielen der Raumordnung abgewichen werden, wenn die Abweichung unter raumordnerischen Gesichtspunkten vertretbar ist und die Grundzüge der Planung nicht berührt werden (§ 6 Abs. 2 ROG).[54] Zum Planfeststellungsrecht geht die wohl h.M. davon aus, dass die Konzentrationswirkung des Planfeststellungsbeschlusses nach § 75 Abs. 1 Satz 1 VwVfG sich auf die **Zielabweichungsentscheidung** erstreckt.[55]

IV. Belange des Arbeitsschutzes

35 Der Planfeststellungsbeschluss darf gem. § 66 Abs. 1 Satz 1 Nr. 4 schließlich nur dann ergehen, wenn Belange des Arbeitsschutzes gewahrt sind. Die Beachtung der Belange des Arbeitsschutzes setzt einerseits voraus, dass öffentlich-rechtliche Vorschriften, die dem Arbeitsschutz dienen, beachtet werden. Das ergibt sich ohnehin bereits aus § 66 Abs. 1 Satz 1 Nr. 2. Solche **Arbeitsschutzvorschriften** enthalten z.B. die §§ 105 ff. GewO, das Arbeitsschutzgesetz, die Arbeitsstättenverordnung, die Gefahrstoffverordnung, das Sprengstoffgesetz, das Gaststättengesetz, das Jugendarbeitsschutzgesetz und das Mutterschutzgesetz. Die zu beachtenden Belange des Arbeitsschutzes werden andererseits auch durch den Inhalt der von den Unfallversicherungsträgern erlassenen **Unfallverhütungsvorschriften** konkretisiert. Weitere Arbeitsschutzbestimmungen ergeben sich aus der **Betriebssicherheitsverordnung.**[56] Ob die Belange des Arbeitsschutzes gewahrt sind, hat die Planfeststellungsbehörde nach Anhörung der zu beteiligenden Arbeitsschutzbehörden zu entscheiden.

V. Veränderungen der Wasserbeschaffenheit (Abs. 1 Satz 2)

36 Bei Vorhaben im Sinne der Nr. 19.3 der Anl. 1 darf nach § 66 Abs. 1 Satz 2 der Planfeststellungsbeschluss über die allgemeinen Zulassungsvoraussetzungen des § 66 Abs. 1 Satz 1 hinaus nur dann erteilt werden, wenn eine nachteilige Veränderung der Wasserbeschaffenheit nicht zu besorgen ist. Bei den Vorhaben nach Nr. 19.3 der Anl. 1 handelt es sich um die Errichtung und den Betrieb von Rohrleitungsanlagen zum Befördern wassergefährdender Stoffe im Sinne von § 21 Abs. 4 Satz 7,

---

52 BVerwG, Urt. v. 20.08.1992 – 4 NB 20.91, BVerwGE 90, 329 ff.; einschränkend BVerwG, Urt. v. 20.11.2003 – 4 CN 6.03, NuR 2004, 362 (363): »nicht ohne weiteres im Wege der Abwägung überwindbar«.

53 BVerwG, Urt. v. 16.12.2010 – 4 C 8.10, juris Rn. 9.; BVerwG, Urt. v. 18.09.2003 – 4 C 20.02, UPR 2004, 115 f.

54 Näher dazu *Beckmann*, in: Stüer/Beckmann, Handbuch des Bau- und Fachplanungsrechts, Rn. 578; *Beckmann* EuRUP 2024, 15; *Milstein* EuRUP 2024, 28; *Kümper* NVwZ 2024, 347; *Raschke/Roscher* ZfBR 2024, 116; zur Abgrenzung von zulässiger Zielabweichung und notwendiger Planänderung siehe BVerwG, Urt. v. 28.09.2023 – 4 C 6/21, NVwZ 2024, 343; die Sollpflicht zur Zielabweichung des § 6 Abs. 2 ROG kann im Rahmen der Abweichungsbefugnis der Länder im jeweiligen Landesplanungsrecht zu einer freien Ermessensentscheidung abgeändert sein.

55 *Beckmann*, in: Stüer/Beckmann, Handbuch des Bau- und Fachplanungsrechts, Rn. 592; *Schmitz*, in: Bielenberg u.a., Raumordnungs- und Landesplanungsrecht, § 6 Rn. 204 ff.; *Kupfer*, in: Schoch/Schneider, Verwaltungsrecht, § 75 VwVfG Rn. 41; *Wysk*, in: Kopp/Ramsauer, VwVfG, § 75 Rn. 13; a.A. *Goppel*, in: Spannowsky/Runkel/Goppel, ROG, § 6 Rn. 13 f.

56 Dazu *Wilrich* DB 2002, 1553 ff.

ausgenommen Rohrleitungsanlagen, die den Bereich eines Werksgeländes nicht überschreiten, Zubehör einer Anlage zum Umgang mit solchen Stoffen sind, oder Anlagen verbinden, die in engem räumlichen und betrieblichen Zusammenhang miteinander stehen und kurzräumig durch landgebundene öffentliche Verkehrswege getrennt sind.

Den Begriff der nachteiligen Veränderung der Wasserbeschaffenheit hat der Gesetzgeber nicht definiert. **Wasserbeschaffenheit** ist nach § 3 Nr. 9 WHG als die physikalische, chemische oder biologische Beschaffenheit des Wassers eines oberirdischen Gewässers oder Küstengewässers sowie des Grundwassers definiert. **Schädliche Gewässerveränderungen** sind nach § 3 Nr. 10 WHG Veränderungen von Gewässereigenschaften, die das Wohl der Allgemeinheit, insbesondere die öffentliche Wasserversorgung, beeinträchtigen oder die nicht den Anforderungen entsprechen, die sich aus dem WHG, aus auf Grund des WHG erlassenen oder aus sonstigen wasserrechtlichen Vorschriften ergeben. Die nach § 66 Abs. 1 Satz 2 zu vermeidende nachteilige Veränderung der Wasserbeschaffenheit dürfte dem Begriff der schädliche Gewässerveränderungen nach § 3 Nr. 10 WHG inhaltlich nahekommen. Die Begriffswahl des Gesetzgebers im WHG und anderen gewässerschutzrelevanten Bestimmungen ist in diesem Zusammenhang aber nicht durchgängig einheitlich.[57] Gerade zwischen dem Begriff der nachteiligen Veränderung der Wasserbeschaffenheit, wie er auch in § 66 Abs. 1 Satz 2 verwendet wird, und dem Begriff der schädlichen Gewässerveränderung soll ein inhaltlicher Unterschied bestehen.[58] Eine nachteilige Veränderung der Gewässereigenschaften liegt danach vor, wenn ein Vergleich ergibt, dass sich die Wasserqualität gegenüber derjenigen, die ohne die Einwirkung auf das Gewässer bestehen würde, in nicht völlig unbedeutender Weise verschlechtert hat. Schädliche Gewässerveränderungen sind nach § 3 Nr. 10 WHG dagegen Veränderungen von Gewässereigenschaften, die das Wohl der Allgemeinheit, insbesondere die öffentliche Wasserversorgung, beeinträchtigen oder die nicht den Anforderungen entsprechen, die sich aus dem WHG, aus aufgrund des WHG erlassenen oder aus sonstigen wasserrechtlichen Vorschriften ergeben. Allerdings hängt die Zulassungsfähigkeit eines Vorhabens im Sinne der Nr. 19.3 der Anl. 1, anders als eine Erlaubnispflicht nach § 9 Abs. 2 Nr. 2 WHG nicht davon ab, dass die zu besorgenden nachteiligen Veränderungen der Wasserbeschaffenheit von Dauer sind oder ein erhebliches Ausmaß erreichen. 37

Die schädlichen Gewässerveränderungen stellen nach den Vorstellungen des Gesetzgebers einen Oberbegriff dar, der alle Fälle umfasst, in denen das WHG auf eine nachteilige Veränderung der Gewässereigenschaften abstellt.[59] Der Begriff der schädlichen Gewässerveränderungen wird insbesondere in § 12 Abs. 1 Nr. 1 WHG als Grund für die Versagung einer wasserrechtlichen Erlaubnis oder Bewilligung genannt. Nach § 9 Abs. 2 Nr. 2 WHG sind Maßnahmen, die geeignet sind, dauernd oder in einem nicht nur unerheblichen Ausmaß nachteilige Veränderungen der Wasserbeschaffenheit herbeizuführen, als unechte Gewässerbenutzung wasserrechtlich erlaubnispflichtig. Mit dem Auffangtatbestand des § 9 Abs. 2 Nr. 2 WHG bezweckt der Gesetzgeber, im Voraus durch die zuständige Behörde überprüfen zu lassen, ob sich aus Vorhaben, die keine Gewässerbenutzung im eigentlichen Sinne zum Ziel haben, aber ein Gefährdungspotenzial haben, Gefahren für den Wasserhaushalt ergeben können.[60] Zu besorgen ist eine schädliche Gewässerveränderung, wenn ihre 38

57 *Czychowski/Reinhardt,* WHG, § 9 Rn. 83.

58 *Knopp/Müller,* in: Sieder/Zeitler/Dahme/Knopp, WHG, Stand: 7/2021, § 9 Rn. 81; OVG NRW, Beschl. v. 13.04.2006 – 9 B 186/06, BeckRS 2006, 25130; Urt. v. 24.11. 009 – 9 A 1580/08, BeckRS 2010, 45105.

59 *Knopp/Müller,* in: Sieder/Zeitler/Dahme/Knopp, WHG, § 9 Rn. 80 unter Verweis auf BT-Drs. 16/12275, S. 53 f. zu § 3 Nr. 10; *Berendes,* in: Berendes/Frenz/Müggenborg, WHG, § 3 Rn. 35.; *Zeissler,* in: Schink/Fellenberg, WHG, § 3 Rn. 52.

60 BayVGH, Beschl. v. 23. 10. 2019 – 8 ZB 19.1323, RdL 2020, 397 Rn. 10; *Knopp/Müller,* in: Sieder/Zeitler/Dahme/Knopp, WHG, Stand: 7/2021, § 9 Rn. 81.

Möglichkeit nach den gegebenen Umständen und im Rahmen einer sachlich vertretbaren, auf konkreten Feststellungen beruhenden Prognose nicht von der Hand zu weisen ist.[61]

39 Bei nach § 65 i.V.m. Nr. 19.3 der Anl. 1 planfeststellungsbedürftigen Vorhaben dürfte es sich zumeist um wasserrechtlich erlaubnispflichtige, unechte Gewässerbenutzungen i.S.v. § 9 Abs. 2 Nr. 2 WHG handeln. Soweit die nachteiligen Veränderungen sich auf die Wasserbeschaffenheit beziehen, kann auf die Legaldefinition des § 3 Nr. 9 WHG zurückgegriffen werden. Wasserbeschaffenheit ist danach die physikalische, chemische oder biologische Beschaffenheit des Wassers eines oberirdischen Gewässers oder Küstengewässers sowie des Grundwassers.

VI. Kein Anspruch auf Planfeststellung

40 Der Vorhabenträger hat keinen Anspruch auf die von ihm für eine Rohrleitungsanlage beantragte Planfeststellung, sondern nur ein Anspruch auf die fehlerfreie Ausübung des Planungsermessens, wenn die Zulassungsvoraussetzungen erfüllt sind[62] Das **Gebot zügiger Verfahrensdurchführung**, das in § 10 Satz 2 VwVfG für nichtförmliche Verwaltungsverfahren aufgestellt ist, gilt auch im Planfeststellungsrecht, gibt aber keine feste Zeitgrenze dafür vor, welche Verfahrensdauer angemessen ist. Die Angemessenheit variiert vor allem mit der Komplexität eines Vorhabens und den im Einzelfall zu überwindenden Widerständen. Vorrangig sind in jedem Fall die Pflichten zur Optimierung des Vorhabens und zur vollständigen Problembewältigung.[63]

41 Der Planfeststellungsbehörde bleibt ein **Planungsermessen**, das nur in Ausnahmefällen auf Null reduziert ist.[64] Bei der Ausübung des Planungsermessens sind die allgemeinen rechtsstaatlichen Anforderungen des Abwägungsgebots – wie bei anderen Fachplanungsentscheidungen auch – zu beachten.[65]

42 Liegen die Zulassungsvoraussetzungen vor, ist also sichergestellt, dass das Wohl der Allgemeinheit durch das Vorhaben nicht beeinträchtigt wird, dass sämtliche öffentlich-rechtlichen Vorschriften beachtet, Ziele der Raumordnung beachtet, Grundsätze und sonstige Erfordernisse der Raumordnung ordnungsgemäß berücksichtigt und Belange des Arbeitsschutzes gewahrt sind, dann dürfte in aller Regel nur noch wenig Raum für eine abwägungsfehlerfreie Ablehnung des beantragten Vorhabens vorhanden sein.

C. Abwägungsgebot

43 Neben den Zulassungsvoraussetzungen des § 66 Abs. 1 sind weitere allgemeine Anforderungen des Fachplanungsrechts an die gebotene planerische Abwägung zu beachten. Regelmäßig werden dazu die **Planrechtfertigung**, die Einhaltung von **Planungsleitsätzen** sowie das **Abwägungsgebot** genannt, wobei die Übergänge fließend sind, denn im Sinne der Systematik des Planungsrechts dürften die Zulassungsvoraussetzungen des § 32 Abs. 1 Planungsleitsätze sein.[66]

44 Die Planungsentscheidung, die bei der Zulassung einer Rohrleitungsanlage nach § 66 erforderlich ist, unterscheidet sich allerdings durchaus von der hoheitlichen Planung im Rahmen der Bauleitplanung. Denn die Planfeststellungsbehörde verfügt – anders als die kommunale Bauleitplanung –

61 OVG NRW, Urt. v. 5.12.2018 – 20 A 499/16, juris Rn. 72; VG Schleswig, Beschl. v. 16.01.2025 – 6 B 1/25, juris Rn. 69; siehe auch *Czychowski/Reinhardt*, WHG, § 89 Rn. 30.

62 BVerwG, Urt. v. 29.06.2017 – 3 A 1.16, juris Rn. 32; *Wysk*, in: Kopp/Ramsauer, VwVfG, § 72 Rn. 70; *Neumann/Külpmann*, in: Stelkens/Bonk/Sachs, VwVfG, § 74 Rn. 266; VGH München, Urt. v. 30.03.3006 – 22 A 01.40059, BeckRS 2006, 24080.

63 BVerwG, Urt. v. 29.06.2017 – 3 A 1.16, juris Rn. 32.

64 BVerwG, Urt. v. 24.11.1994 – 7 C 25.93, BVerwGE 97, 143, 148; *Wysk*, in: Kopp/Ramsauer, VwVfG, § 72 Rn. 33a.

65 BVerwG, Urt. v. 07.07.1978 – 4 C 79.76, BVerwGE 56, 110 (119); Urt. v. 24.11.1994 – 7 C 25.93, BVerwGE 97, 143 (148).

66 *Wysk*, in: Kopp/Ramsauer, VwVfG, § 72 Rn. 36.

nicht über eine originäre Planungskompetenz. Die Planfeststellungsbehörde ist vielmehr auf die Beurteilung eines Antrags des Vorhabenträgers beschränkt. Sie kann nicht abweichend von den Planungsvorstellungen des Vorhabenträgers ein eigenes Planungskonzept für die Rohrleitungsanlage entwerfen oder eine Rohrleitungsanlage auf einer Trasse planen, für die kein Vorhabenträger einen entsprechenden Antrag einreicht. Dementsprechend kann die Planfeststellungsbehörde dem Vorhabenträger keine bestimmte Trasse und auch keine bestimmte Rohrleitungsanlage aufzwingen. Sie muss sich im Wesentlichen darauf beschränken, das Planungskonzept des Vorhabenträgers zu überprüfen und dieses auf der Grundlage eigener planerischer Überlegungen entweder zuzulassen oder abzulehnen bzw. es durch Nebenbestimmungen einzuschränken, Schutzvorkehrungen vorzusehen und Ausgleichsmaßnahmen zu verlangen. Nach außen und insbesondere gegenüber den Drittbetroffenen übernimmt die Planfeststellungsbehörde allerdings mit ihrer Planfeststellungsentscheidung die Verantwortung für die Planung.

I. Planrechtfertigung

Die Planrechtfertigung gilt nach der Rechtsprechung als ungeschriebenes Erfordernis jeder Fachplanung. Sie ist eine Ausprägung des Prinzips der Verhältnismäßigkeit staatlichen Handelns, das mit Eingriffen in Rechte Dritter verbunden ist. Das Erfordernis ist erfüllt, wenn für das Vorhaben gemessen an den Zielen des jeweiligen Fachplanungsgesetzes ein Bedarf besteht, die geplante Maßnahme unter diesem Blickwinkel also erforderlich ist. Das ist nicht erst bei einer Unausweichlichkeit des Vorhabens der Fall, sondern wenn es vernünftigerweise geboten ist.[67] Im Ergebnis können die Überlegungen, die zur Prüfung der Planrechtfertigung anzustellen sind, zwar auch im Rahmen der planerischen Abwägung im engeren Sinne angestellt werden. Bejaht man das Erfordernis einer Planrechtfertigung, dann muss das Vorhaben als solches objektiv erforderlich, d.h., vernünftigerweise geboten sein und dabei der Zielbestimmung des Abfallgesetzes hinreichender Plausibilität entsprechen.[68] Das Vorliegen einer Planrechtfertigung ist voll gerichtlich überprüfbar.[69] 45

Fraglich ist, ob die Planrechtfertigung nur dann erforderlich ist, wenn für die Durchführung des planfestzustellenden Vorhabens eine Inanspruchnahme der Rechte Dritter notwendig ist. Wegen ihrer **enteignungsrechtlichen Vorwirkung** müssen sich Planfeststellungen grundsätzlich auch im Hinblick auf Art. 14 Abs. 1 GG rechtfertigen.[70] Der Planfeststellung nach den §§ 65, 66 fehlt es mangels gesetzlicher Regelung im UVPG an einer enteignungsrechtlichen Vorwirkung. Eine solche kann sich jedoch aus landesrechtlichen Enteignungsgesetzen auch für nach §§ 65, 66 planfeststellungsbedürftige Vorhaben ergeben.[71] Die Einräumung einer enteignungsrechtlichen Vorwirkung für nach den §§ 65, 66 planfeststellungsbedürftige Anlagen wird nicht durch vorrangige Vorschriften des Bundes ausgeschlossen. Der Bund hat von seiner Befugnis zur konkurrierenden Gesetzgebung nicht in einer Weise Gebrauch gemacht, die eine entsprechende Regelung in einem Landesgesetz, etwa in einem Rohrleitungsgesetz, ausschließen würde. Die Vorschriften des UVPG über die Planfeststellungsbedürftigkeit von Rohrleitungsvorhaben verhalten sich weder ausdrücklich noch sinn- 46

67 BVerwG, Urt. v. 16.03.2006 – 4 A 1001.04, NVwZ 2006, 1055; OVG RP, Urt. v. 13.04.2016 – 8 C 10674/15, juris; OVG Lüneburg, Urt. v. 22.04.2016 – 7 KS 27/15, juris; Urt. v. 04.07.2017 – 7 KS 7/15, juris Rn. 115; *Wysk,* in: Kopp/Ramsauer, VwVfG, § 72 Rn. 41.

68 BayVGH, Beschl. v. 02.03.2020 – 22 AS 19.40035, juris Rn. 102; BVerwG, Urt. v. 9.11.2017 – 3 A 4.15, juris Rn. 34; OVG NRW, Urt. v. 14.02.2012 – 20 D 85/09.AK, juris Rn. 39; BVerwG, Urt. v. 09.11.2006 – 4 A 2001.06, NVwZ 2007, 445.

69 *Wysk,* in: Kopp/Ramsauer, VwVfG, § 72 Rn. 42.

70 BVerwG, Urt. v. 14.02.1975 – IV C 21.74, BVerwGE 48, 56 (59); Urt. v. 07.07.1978 – 4 C 79.76, BVerwGE 56, 110 (119); a.A. OVG NRW, Urt. v. 14.02.2012 – 20 D 85/09.AK, juris Rn. 39.

71 OVG NRW, Beschl. v. 24.01.2008 – 20 B 1789/07, juris Rn. 9; BVerfG, Beschl. v. 25.01.2017 – 1 BvR 2297/10, juris Rn. 4; OVG NRW, Beschl. v. 28.08.2014 – 20 A 1923/11, juris Rn. 82; VGH BW, Beschl. v. 14.11.2011 – 8 S 1281/11, juris Rn. 14; BayVerfGH, Entsch. v. 12.08.2011 – Vf. 74-VI-10, juris Rn. 26; *Beckmann* UPR 2023, 121 ff.; *Beckmann,* in: Stüer/Beckmann, Handbuch des Bau- und Fachplanungsrechts, Rn. 8026 ff.

gemäß über die Enteignung zugunsten eines derartigen Vorhabens. Der Wille des Bundesgesetzgebers, mit diesen Vorschriften den Sachbereich der Zulassung von Rohrleitungsanlagen umfassend und erschöpfend auch hinsichtlich einer möglichen enteignungsrechtlichen Vorwirkung des Planfeststellungsbeschlusses zu regeln, ist nicht ersichtlich.[72] Die Planrechtfertigung ist gleichwohl nach der Rechtsprechung nicht nur dann zu prüfen, wenn die Planung Dritte mit enteignungsrechtlicher Vorwirkung betrifft, sondern auch dann, wenn Dritte durch das Vorhaben als Eigentümer mittelbar, durch Immissionen, betroffen werden.[73]

II. Planungsleitsätze

47 Nach der Rechtsprechung sind Planungsleitsätze die Vorschriften, die bei der Entscheidung über die Zulassung eines Planungsvorhabens zwingend zu beachten sind und damit nicht im Rahmen einer planerischen Abwägung überwunden werden können.[74] Ob eine Vorschrift strikte Beachtung verlangt oder lediglich eine Berücksichtigung im Rahmen der planerischen Abwägung fordert, ist durch Auslegung zu ermitteln. Als Planungsleitsätze in diesem Sinne sind bei der Planfeststellung für Rohrleitungsanlagen insbesondere die Zulassungsvoraussetzungen des § 66 Abs. 1 zu beachten. Daran ändert nichts, dass bei der Auslegung des Allgemeinwohlbegriffs des § 66 Abs. 1 Satz 1 Nr. 1 eine Abwägung zwischen den einzelnen Belangen im Sinne einer Kompensation erforderlich werden kann.

III. Abwägung

48 Schließlich sind die betroffenen öffentlichen und privaten Belange auf der dritten Planungsebene gegeneinander und untereinander gerecht abzuwägen. Das Abwägungsgebot verlangt, dass eine Abwägung überhaupt stattfindet, in die Abwägung alle Belange eingestellt werden, die nach Lage der Dinge in die eingestellt werden müssen, weder die Bedeutung der betroffenen öffentlichen und privaten Belange verkannt noch der Ausgleich zwischen ihnen in einer Weise vorgenommen wird, die zur objektiven Gewichtigkeit einzelner Belange außer Verhältnis steht. Unter Beachtung dieser Grundsätze kann die Planungsbehörde sich bei der Kollision verschiedener Belange für die Bevorzugung des einen und damit notwendig für die Zurückstellung eines anderen entscheiden. Die Anforderungen des Abwägungsgebots richten sich nach herrschender Meinung grundsätzlich sowohl an den Abwägungsvorgang als auch an das Abwägungsergebnis.[75]

49 Der von der Planfeststellungsbehörde durchzuführende **Abwägungsvorgang** beginnt mit der Zusammenstellung des Abwägungsmaterials, wird fortgesetzt mit einer Gewichtung der einzelnen Belange und endet mit der eigentlichen Abwägung, bei der entschieden werden muss, welche Belange vorgezogen und welche zurückgestellt werden sollen. Mängel der Abwägung sind nach § 75 Abs. 1a Satz 1 VwVfG nur erheblich, wenn sie offensichtlich und auf das Abwägungsergebnis von Einfluss gewesen sind.

50 Abwägungsbeachtlich sind nach den konkreten Umständen des Einzelfalls alle betroffenen Belange, die mehr als geringwertig und schutzwürdig sind. Allerdings ist die **Abwägungsbeachtlichkeit von Belangen** aus unterschiedlichen Gründen eingeschränkt. Nach der Rechtsprechung des BVerwG ist die Verpflichtung der Planfeststellungsbehörde zur Zusammenstellung des Abwägungsmaterials begrenzt auf solche Umstände, die für die Behörde als entscheidungsbeachtlich erkennbar sind. Das ist der Fall, wenn sich die Abwägungsbeachtlichkeit entweder aufdrängt oder wenn ein Planbetroffener

---

72 OVG NRW, Beschl. v. 24.01.2008 – 20 B 1789/07, juris Rn. 14 ff.

73 BVerwG, Urt. v. 09.11.2006 – 4 A 2001.06, NVwZ 2007, 445; OVG NRW, Urt. v. 30.04.2010 – 20 D 119/07, juris Rn. 52.

74 BVerwG, Urt. v. 22.03.1985 – 4 C 73.82, BVerwGE 71, 163 (165); *Beckmann*, in: Stüer/Beckmann, Handbuch des Bau- und Fachplanungsrechts, Rn. 8129; *Wysk*, in: Kopp/Ramsauer, VwVfG, § 74 Rn. 60 ff.

75 BVerwG, Urt. v. 07.10.2021 – 4 A 9/19, juris Rn. 56 f.; OVG Berlin-Brandenburg, Urt. v. 12.01.2021 – OVG 10 A 10.13, juris Rn. 111; BVerwG, Urt. v. 05.07.1974 – IV C 50.72, BVerwGE 45, 309 (313); Urt. v. 14.02.1975 – IV C 21.74, BVerwGE 48, 56; im Einzelnen dazu *Beckmann* BauR 2016, 1417.

Umstände im Zuge einer Bürgerbeteiligung oder auf andere Weise rechtzeitig in das Planverfahren einbringt. Nach der Rechtsprechung braucht die Planfeststellungsbehörde nicht zu berücksichtigen, was sie nicht sieht und was sie nach den Umständen auch nicht zu sehen braucht.[76]

Das Abwägungsgebot fordert nicht nur eine **Zusammenstellung des Abwägungsmaterials**, sondern auch die **Bewertung** der durch das Vorhaben betroffenen Belange. Grundsätzlich gibt es keine situationsunabhängigen Vorränge einzelner Belange, insbesondere hat der Umweltschutz keinen abstrakten Vorrang vor anderen betroffenen Belangen. 51

Etwas anderes ergibt sich auch nicht aus Art. 20a GG.[77] Ein abstrakter oder absoluter Vorrang besteht auch nicht für den **Klimaschutz**, dessen relatives Gewicht allerdings mit der zunehmenden Bedrohlichkeit der Klimafolgen des Klimawandels wächst. Schon § 13 Abs. 1 Satz 1 KSG verlangt, dass sämtliche Träger öffentlicher Aufgaben bei ihren Planungen und Entscheidungen den Zweck des KSG und die zu seiner Erfüllung festgelegten Ziele zu berücksichtigen haben. Im Wesentlichen unbestritten löst § 13 Abs. 1 KSG zwar keine strikte Beachtenspflicht aus und führt auch nicht zu einem (absoluten) Vorrang des Klimaschutzes. Klimaschutzbelange können daher bei der planerischen Abwägung zugunsten anderer Belange auch zurückgestellt werden.[78] Der Schutz des Klimas ist nach überwiegender Ansicht auch nicht als **Optimierungsgebot** gesetzlich vorgesehen.[79] Einiges spricht aber dafür, § 13 KSG schon auf Tatbestandsseite zur Auslegung und Anwendung des Allgemeinwohlbegriffs und nicht erst bei der Ausübung des verbleibenden (Rest-)Planungsermessens anzuwenden und zwar möglicherweise doch als Optimierungsgebot, gerade weil und solange es an verbindlichen gesetzlichen oder untergesetzlichen Prüfungsmaßstäben dafür fehlt. Das wird von einer zunehmenden Ansicht in der Literatur zu Recht gefordert, von der Rechtsprechung aber abgelehnt.[80] 52

Der Gesetzgeber kann jedoch die Gewichtung einzelner Belange im Rahmen der planerischen Abwägung durch gesetzliche Vorgaben lenken. Zumeist bleiben die gesetzlichen Gewichtungsvorgaben allerdings vage; für die planerische Abwägung wird auf die konkreten Umstände des jeweiligen Einzelfalles verwiesen. Dazu dienen insbesondere **Optimierungsgebote**, mit denen der Gesetzgeber eine möglichst weitgehende Beachtung bestimmter Belange verlangt. Diese Optimierungsgebote verschieben die Argumentationslast zugunsten eines hervorgehobenen Belanges. Allerdings sind derartige Optimierungsgebote im Einzelfall im hohen Maße konkretisierungsbedürftig. Im Kern fehlt es für die Bewertung der Gewichtigkeit betroffener Belange an festen Maßstäben. Die (subjektive) Gewichtung der betroffenen Belange ist im Planfeststellungsverfahren gerade ein zentraler Punkt des der Planfeststellungsbehörde eingeräumten Planungsermessens. Erst wenn die Bewertung 53

76 BVerwG, Urt. v. 09.11.1979 – 4 N 1.78 u.a., BVerwGE 59, 87 (102); BVerwG, Urt. v. 07.12.1989 – 7 B 95.88, DVBl 1989, 510 (511); BGH, Urt. v. 26.01.1989 – III ZR 194/87, NJW 1989, 977.

77 *Peters/Balla/Hesselbarth,* UVPG, 2019, § 66 Rn. 11.

78 BVerfG, Beschl. v. 24.03.2021 – 1 BvR 2656/18 u.a., juris Rn. 198; VGH Mannheim, Urt. v. 06.07.2021 – 3 S 2103/19, BeckRS 2021, 33854, Rn. 167 ff.; *Uechtritz/Ruthoff* NVwZ 2022, 9 (12); *Wickel* ZUR 2021, 332 (337); *Schlacke* EurUP 2020, 338 (343 f.); *Kment* NVwZ 2020, 1537 (1544); *Sauthoff* KlimR 2022, 11 (12).

79 Für die Bauleitplanung siehe dazu OVG Berlin-Brandenburg, Beschl. v. 25.01.2022 – OVG 10 S 17/21, juris Rn. 48; *Dirnberger,* in: Jäde/Dirnberger, BauGB/BauNVO, § 1a Rn. 33; a.A. unter Verweis auf § 13 Abs. 2 KSG *Schlacke/Römling* DVBl 2021, 144 (150): Klimaschutz als Optimierungsgebot bei Planfeststellungsbeschlüssen; zum Begriff der Optimierungsgebote auch *Beckmann,* in: Stüer/Beckmann, Handbuch des Bau- und Fachplanungsrechts, Rn. 8131 ff.

80 BVerwG, Urt. v. 19.02.2025 – 9 A 9.23, juris Rn. 222; Urt. v. 04.05.2022 – 9 A 7/21, juris Rn. 85 f.; Beschl. v. 22.06.2023 – 7 VR 3.23, juris Rn. 40; OVG Lüneburg, Urt. v. 02.10.2024 – 1 Kn 34/23, juris Rn. 62; siehe aber auch *Sangenstedt* NVwZ 2025, 142 (144); *Guckelberger* KlimR 2022, 294 (297); *Beckmann,* in: Stüer/Beckmann, Handbuch des Bau- und Fachplanungsrechts, Rn. 5349; *Beckmann,* in: Landmann/Rohmer, Umweltrecht, Stand. 9/2024, KSG Vorb. Rn. 62; *Schlacke,* Dokumentation zur 44. Wissenschaftlichen Fachtagung der Gesellschaft für Umweltrecht, S. 47 Rn. 39; *Heß/Peters/Schöneberger/Verheyen* NVwZ 2023, 113 (119); *Kling* ZUR 2024, 141 (148 f.); *Siegel* DÖV 2023, 329 (333).

der Planfeststellungsbehörde zu einer »objektiven« Gewichtung des betroffenen Belangs außer Verhältnis gerät, soll dies nach der Rechtsprechung zur Rechtswidrigkeit der Planungsentscheidung führen. Zu Recht wird insoweit darauf hingewiesen, dass es bei der planerischen Abwägung auf die Umstände des Einzelfalles ankommt. Für sie ist deshalb die im Rahmen der UVP zu leistende begründete Bewertung nach § 25 Abs. 1 nach Maßgabe der jeweils geltenden Fachgesetzlichkeit und der Erfahrungssätze entscheidend. Die UVP dient insoweit auch dazu, zu erkennen, was nach Lage der Dinge, also situationsgebunden zum Abwägungsmaterial zählt. Die Gewichtung von Belangen im Bereich der UVP kann insoweit durch die Bewertung im Sinne des § 25 Abs. 1, die ebenfalls durch gesetzliche Vorgaben gelenkt, im Kern aber genauso wenig ein reiner Vorgang der Subsumtion unter umweltrelevante Zulassungsvoraussetzungen ist, beeinflusst werden.

54 Auf der Grundlage des zusammengestellten Materials und der gewichteten Belange muss schließlich im Rahmen der planerischen Abwägung ein **Ausgleich** zwischen den betroffenen Belangen in einer Weise gewonnen werden, der zur objektiven Gewichtigkeit dieser Belange im Verhältnis steht. Im Rahmen der Abwägung ist insoweit zu entscheiden, ob die ermittelten und bewerteten Umweltfolgen Vorrang haben sollen vor den für das Vorhaben sprechenden Belangen und damit zu einer Unzulässigkeit des Vorhabens führen sollen, oder ob sie gegenüber diesen Belangen zurückgestellt werden sollen, mit der Folge, dass trotz der zu erwartenden Umweltfolgen das Projekt zugelassen werden kann. Im Rahmen der planerischen Abwägung kann nicht zuletzt entschieden werden, ob angesichts der zu erwartenden Umweltauswirkungen Schutzvorkehrungen oder Ausgleichsmaßnahmen notwendig werden.

D. Nebenbestimmungen (Abs. 2)

55 Nach § 66 Abs. 2 Satz 1 kann der Planfeststellungsbeschluss mit Bedingungen versehen, mit Auflagen verbunden und befristet werden, soweit dies zur Wahrung des Wohls der Allgemeinheit oder zur Erfüllung von öffentlich-rechtlichen Vorschriften, die dem Vorhaben entgegenstehen können, erforderlich ist.

56 **Bedingungen** sind Nebenbestimmungen, die eine Begünstigung oder Belastung von dem Eintritt eines zukünftigen Ereignisses abhängig machen (§ 36 Abs. 2 Nr. 2 VwVfG). Eine **Auflage** ist eine Nebenbestimmung, mit der dem Adressaten ein bestimmtes Tun, Dulden oder Unterlassen aufgegeben wird (§ 36 Abs. 2 Nr. 4 VwVfG). Eine **Befristung** ist gem. § 36 Abs. 2 Nr. 1 VwVfG eine Bestimmung, nach der eine Vergünstigung oder Belastung zu einem bestimmten Zeitpunkt beginnt, endet oder für einen bestimmten Zeitraum gilt. Keine Nebenbestimmungen, sondern **Inhaltsbestimmungen** sind solche Regelungen in der Planfeststellung oder Plangenehmigung, die den Inhalt der Anlagenzulassung selbst regeln, die etwa die konkrete technische Ausgestaltung der Leitungsanlage festlegen.[81]

57 Bei der Abgrenzung zwischen einer Nebenbestimmung und einer Inhaltsbestimmung kommt es auf den Erklärungswert des Genehmigungsbescheids an, wie er sich bei objektiver Betrachtung aus der Sicht des Empfängers darstellt. Dabei ist die sprachliche Bezeichnung einer Regelung als Nebenbestimmung allein nicht entscheidend. Maßgebend ist vielmehr, ob die im Bescheid getroffene Regelung unmittelbar der Festlegung des Genehmigungsgegenstands dient, also das zugelassene Handeln des Betreibers räumlich und sachlich bestimmt und damit den Gegenstand der Genehmigung festlegt. Ist das der Fall, handelt es sich um eine **Inhaltsbestimmung**,[82] die integrierender Bestandteil der in der »Hauptbestimmung« der Genehmigung formulierten Rechtsgewährung ist. Demgegenüber regelt die **Auflage** zusätzliche Handlungs- oder Unterlassungspflichten, die zwar der Erfüllung der Genehmigungsvoraussetzungen dienen, aber zur Genehmigung hinzutreten und keine

---

81 Siehe dazu OVG Magdeburg, Beschl. v. 24.04.2023 – 3 M 6/23, BeckRS 2023, 9899 Rn. 6.
82 OVG NRW, Urt. v. 10.12.1999 – 21 A 3481/96, juris Rn. 13 ff.; Nds. OVG Urt. v. 14.03.2013 – 12 LC 153/11, juris Rn. 52.

unmittelbare Wirkung für Bestand und Geltung der Genehmigung haben.[83] Zur Abgrenzung von Auflagen und Inhaltsbestimmungen erläutert das BVerwG, die Auflage im Sinne von § 36 Abs. 2 Nr. 4 VwVfG sei eine Bestimmung, durch die dem Begünstigten ein Tun, Dulden oder Unterlassen vorgeschrieben werde. Die so statuierte Verhaltenspflicht sei mit dem begünstigenden Hauptverwaltungsakt akzessorisch verknüpft und selbstständig durchsetzbar. Demgegenüber sei eine Inhaltsbestimmung ein Element der Hauptregelung, die das genehmigte Tun oder Verhalten entsprechend dem Antrag oder hiervon abweichend festlege und konkretisiere, indem sie die genehmigte Handlung bzw. das Verhalten räumlich und inhaltlich bestimmt und damit die Genehmigung erst ausfülle.[84]

Die Aufnahme von Nebenbestimmungen steht zwar grundsätzlich – wie sich aus der Verwendung des Wortes »kann« ergibt – im **Ermessen** der zuständigen Behörde. Dieses Ermessen ist allerdings begrenzt. Denn einerseits sind solche Nebenbestimmungen nur zulässig, soweit dies zur Wahrung des Wohls der Allgemeinheit oder zur Erfüllung von öffentlich-rechtlichen Vorschriften, die dem Vorhaben entgegenstehen können, erforderlich ist. Sind solche Nebenbestimmungen danach nicht erforderlich, müssen sie grundsätzlich unterbleiben. Umgekehrt kann der Planfeststellungsbeschluss nur ergehen, wenn das Allgemeinwohl gewahrt und die Einhaltung öffentlich-rechtlicher Vorschriften auch gesichert ist, so dass ein Verzicht auf derartige Nebenbestimmungen grundsätzlich ebenfalls nicht in Betracht kommen kann, wenn ihr Erlass zu diesem Zweck erforderlich ist. 58

Zu berücksichtigen ist aber, dass die Erteilung des Planfeststellungsbeschlusses selbst ebenfalls im Ermessen der Planfeststellungsbehörde steht. Kann sie den Erlass des Planfeststellungsbeschlusses ermessensfehlerfrei verweigern, kann sie bei ordnungsgemäßer Ausübung ihres Ermessens unter Wahrung des Verhältnismäßigkeitsgrundsatzes zur Vermeidung einer Ablehnungsentscheidung auch eine Nebenbestimmung vorsehen. Nebenbestimmungen können insoweit auch ein Instrument für den auf der Grundlage einer planerischen Abwägung notwendigen Interessenausgleich sein. 59

Die Aufnahme, Änderung oder Ergänzung von Auflagen über Anforderungen an das Vorhaben ist gem. § 66 Abs. 2 Satz 2 auch nach dem Ergehen des Planfeststellungsbeschlusses zulässig. Das führt zu einer beachtlichen Einschränkung des durch die Planfeststellung vermittelten Bestandsschutzes.[85] Deshalb ist bei Erlass solcher **nachträglichen Auflagen** zum Schutz des Vertrauens der **Verhältnismäßigkeitsgrundsatz** in besonderer Weise zu beachten. Sie müssen geeignet, erforderlich und angemessen sein. Die Regelung über nachträgliche Auflagen dient insbesondere dazu, die Anlagen an sich ändernde Anforderungen, insbesondere auch an einen sich ändernden Stand der Technik anzupassen. Sie können allerdings auch zur nachträglichen Korrektur fehlerhafter Zulassungsentscheidungen genutzt werden. Im Wege einer nachträglichen Auflage können allerdings keine Änderungen der planfestgestellten Anlagen verfügt werden, die nur im Wege einer Änderungsplanfeststellung zugelassen werden können. In einem solchen Fall kann möglicherweise eine **Zielanordnung** verfügt werden, die den Inhaber der Planfeststellung zu einem Änderungsantrag veranlasst.[86] 60

E. Entsprechende Anwendung für die Plangenehmigung (Abs. 3)

§ 66 Abs. 1 regelt die Voraussetzungen einer Zulassung für den Planfeststellungsbeschluss und die Plangenehmigung in gleicher Weise. Denn nach § 66 Abs. 3 gilt § 66 Abs. 1 für die Plangenehmigung entsprechend. Deshalb besteht zwischen der Plangenehmigung und der Planfeststellung für Rohrleitungsanlagen, was die materiell-rechtlichen Anforderungen angeht, kein Unterschied. Die Plan- 61

83 Thüringer OVG, Beschl. v. 10.02.2015 – 1 EO 356/14, juris Rn. 41; zur Abgrenzung von Nebenbestimmungen zu Inhaltsbestimmungen *Ramsauer*, in: Kopp/Ramsauer, VwVfG, 2025, 36 Rn. 9; *Müller*, in: Hueck/Müller, VwVfG, § 36 Rn. 2.

84 BVerwG, Beschl. v. 21.07.2025 – 10 B 19.24, juris Rn. 7.

85 Siehe zum Bestandsschutz *Beckmann* EuRUP 2020, 238; *Uffelmann*, Bestandsschutz im Konflikt mit dem Naturschutz, 2025, passim; *Uffelmann* NVwZ 2024, 961; *Cho*, Relativierung des Bestandsschutzes durch Einflüsse des europäischen Umweltrechts?, 2023, passim.

86 Siehe dazu BVerwG, Urt. v. 21.02.1992 – 7 C 11/91, BVerwGE 90, 42, juris Rn. 14.

genehmigung nach § 65 Abs. 2 Satz 1 ist wie die Planfeststellung nach § 65 Abs. 1 eine **fachplanerische Entscheidung.** Das gilt nicht nur für die Zulassungsvoraussetzungen, sondern nach § 66 Abs. 3 auch für die Möglichkeit, Nebenbestimmungen in den Zulassungsbescheid aufzunehmen und die Möglichkeit, nachträglich Auflagen zu ergänzen.

62 Auch die **Rechtswirkungen** der Plangenehmigung unterscheiden sich grundsätzlich nicht von denen der Planfeststellung. Gem. § 74 Abs. 6 Satz 2 VwVfG hat die Plangenehmigung die Rechtswirkungen der Planfeststellung mit Ausnahme der enteignungsrechtlichen Vorwirkung. Neben der Gestattungswirkung hat auch die Plangenehmigung somit eine Konzentrationswirkung und eine privatrechtsgestaltende Wirkung.

F. Mindestangaben des Planfeststellungsbeschlusses (Abs. 4)

63 § 66 Abs. 4 schreibt bestimmte Mindestangaben für den Planfeststellungsbeschluss vor. Dabei handelt es sich um formale Anforderungen an den Planfeststellungsbeschluss und nicht um dessen materielle Zulassungsvoraussetzungen.[87] Die Bestimmung steht im inhaltlichen Zusammenhang mit § 26, der allgemein den Mindestinhalt des Bescheids über die Zulassung oder Ablehnung des Vorhabens bestimmt. Die Vorschrift dient der Umsetzung von Art. 8a der geänderten UVP-Richtlinie. Sie enthält erstmalig genauere Regelungen über den Inhalt der Zulassungsentscheidung. Damit soll die schon bisher bestehende Pflicht zur Berücksichtigung der Ergebnisse der UVP bei der Entscheidung über das Vorhaben nach Art. 8 der Richtlinie 2011/92/EU konkretisiert werden.

64 Während frühere Fassungen der UVP-RL die Ausgestaltung der Zulassungsentscheidung den Mitgliedstaaten überließen, hat der Richtliniengeber hierzu zwischenzeitlich einige Vorgaben gemacht.[88] So wird in Art. 8a Abs. 1 a der geänderten UVP-RL festgelegt, dass die begründete Schlussfolgerung in die Entscheidung über die Erteilung der Zulassung aufzunehmen ist. Die Einbeziehung von Elementen der UVP in die Zulassungsentscheidung war im deutschen Recht auch bislang schon möglich. Die Vorschrift konkretisiert insoweit die auch vor ihrer Einfügung in das Gesetz im Jahr 2017 bestehende Verpflichtung zur Berücksichtigung der Ergebnisse der Umweltverträglichkeitsprüfung nach Art. 8 der Richtlinie 2011/92/EU. Da es sich bei den nach § 66 Abs. 4 in den Planfeststellungsbeschluss aufzunehmenden Angaben um Mindestangaben handelt, kann die zuständige Behörde weitere Informationen in den Bescheid aufnehmen.[89]

I. Umweltbezogene Nebenbestimmungen (Abs. 4 Nr. 1)

65 Nach Abs. 4 Nr. 1 muss der Planfeststellungsbeschluss die umweltbezogenen Nebenbestimmungen enthalten, sofern sie mit der Zulassungsentscheidung verbunden sind. Diese Vorschrift dient der formalen Umsetzung von Art. 8a Abs. 1 b der geänderten UVP-RL, wonach etwaige Umweltauflagen, die mit der Entscheidung verbunden sind, in die Entscheidung über die Erteilung der Genehmigung aufgenommen werden müssen.

66 Zum Begriff der Nebenbestimmungen kann nach der Gesetzesbegründung auf § 36 VwVfG Bezug genommen werden.[90] Allerdings wird der Begriff der Nebenbestimmungen in § 36 VwVfG selbst nicht definiert; vielmehr enthält § 36 Abs. 2 VwVfG lediglich Legaldefinitionen der wichtigsten Nebenbestimmungen. Nebenbestimmungen sind unselbstständige zusätzliche Anordnungen, die von einem Verwaltungsakt (Hauptregelung) abhängen oder zum Bestand des Verwaltungsakts selbst gehören, mit der Wirkung, dass dem Verwaltungsakt getroffene Regelung hinter der begehrten Regelung zurückbleibt.[91]

---

87 Gesetzesbegründung der BReg, BT-Drs. 18/11499, S. 107; *Dippel,* in: Schink/Reidt/Mitschang, UVPG/UmwRG, § 66 UVPG Rn. 14.

88 Siehe dazu die Gesetzesbegründung der BReg, BT-Drs. 18/11499, S. 95.

89 *Dippel,* in: Schink/Reidt/Mitschang, UVPG/UmwRG, § 66 UVPG Rn. 14.

90 Gesetzesbegründung der BReg, BT-Drs. 18/11499, S. 95.

91 *Henneke,* in: Knack/Henneke, VwVfG, § 36 Rn. 3.

Nebenbestimmungen sind abzugrenzen von **Inhaltsbestimmungen** des Verwaltungsakts sowie von ergänzenden Hinweisen und Erläuterungen, mit denen der Verwaltungsakt zusätzlich versehen bzw. begründet wird. Bei der Abgrenzung zwischen einer Nebenbestimmung im Sinne des und einer Inhaltsbestimmung kommt es auf den Erklärungswert des Planfeststellungsbeschlusses an, wie er sich bei objektiver Betrachtung aus der Sicht des Empfängers darstellt. Für die Einordnung einer Regelung als Nebenbestimmung ist maßgebend, ob die im Bescheid getroffene Regelung unmittelbar der Festlegung des planfestgestellten Gegenstands dient, also das zugelassene Handeln des Betreibers räumlich und sachlich bestimmt und damit den Gegenstand der Planfeststellung. Ist das der Fall, handelt es sich um eine Inhaltsbestimmung.[92] Demgegenüber regelt die als Nebenbestimmung formulierte Auflage zusätzliche Handlungs- oder Unterlassungspflichten, die zwar der Erfüllung der Zulassungsvoraussetzungen dienen, aber zur Zulassung hinzutreten und keine unmittelbare Wirkung für Bestand und Geltung der Zulassung haben.[93] **67**

Im Zusammenhang mit der Auslegung des § 66 Abs. 4 Nr. 1 bedarf es keiner weiteren Bemühung um die Abgrenzung der Nebenbestimmung zur Inhaltsbestimmung. Denn auch wenn § 66 Abs. 4 Nr. 1 nur die Beifügung der umweltbezogenen Nebenbestimmungen verlangt, ist selbstverständlich, dass auch sämtliche Inhaltsbestimmungen in den Planfeststellungsbeschluss gehören. **68**

Um Nebenbestimmungen handelt es sich auch nicht bei den in Planfeststellungsbeschlüssen regelmäßig anzutreffenden Hinweisen der Planfeststellungsbehörde. **Hinweise**, die sich auf gesetzliche Vorschriften und unmittelbar kraft Gesetzes geltende Rechtsfolgen beziehen, haben keinen Regelungsgehalt im Sinne von § 35 Satz 1 VwVfG. Das unterscheidet sie von Nebenbestimmungen, die zum regelnden Teil eines Verwaltungsakts zählen. Eine »Regelung« i.S.v. § 35 VwVfG ist nur anzunehmen, wenn die behördliche Maßnahme auf eine verbindliche Rechtsfolge gerichtet ist, d.h. wenn Rechte des Betroffenen unmittelbar begründet, geändert, aufgehoben, mit bindender Wirkung festgestellt oder verneint werden.[94] Eine Verpflichtung zur Aufnahme von Hinweisen in den Planfeststellungsbeschluss ergibt sich aus § 66 Abs. 4 Nr. 1 nicht. Die Aufnahme von Hinweisen zur über den Regelungsgehalt des Planfeststellungsbeschlusses hinaus geltenden Rechtslage kann aus Sicht der Planfeststellungsbehörde unabhängig von einer rechtlichen Verpflichtung zur Erteilung solcher Hinweise sinnvoll sein, um den Inhaber des Planfeststellungsbeschlusses über die ihn zusätzlich treffenden Rechte und Pflichten aufzuklären. Die Beachtung solcher Hinweise erleichtert nicht zuletzt die behördliche **Überwachung** der planfestgestellten Rohrleitungsanlage. **69**

Zwar ist es nachvollziehbar, dass sich des § 66 Abs. 4 Nr. 1 angesichts des auf die UVP bezogenen Gegenstands des UVPG auch hinsichtlich des Inhalts des Planfeststellungsbeschlusses auf umweltbezogene Nebenbestimmungen bezieht. Gleichwohl stellt sich die Frage nach dem Sinn einer solchen Regelung. Denn es ist im deutschen Recht völlig eindeutig, dass sämtliche Nebenbestimmungen zu einem Verwaltungsakt, seien sie umweltbezogen oder nicht, in den Genehmigungsbescheid aufgenommen werden. Sämtliche Nebenbestimmungen eines Verwaltungsakts sind Bestandteile dieses Verwaltungsakts, die von dessen Hauptregelung abhängen und mit dieser Hauptregelung aufgrund einer einheitlichen Behördenentscheidung erlassen werden.[95] Dementsprechend ist die Regelung eigentlich überflüssig; sie dient offenbar der Dokumentation, dass die UVP-Änderungsrichtlinie vollständig umgesetzt ist. **70**

92 OVG NRW, Urt. v. 10.12.1999 – 21 A 3481/96, NVwZ-RR 2000, 671; Nds. OVG Urt. v. 14.03.2013 –12 LC 153/111, NVwZ-RR 2013, 597; OVG Magdeburg Beschl. v. 10.02.2015 – 1 EO 356/1, juris Rn. 41.

93 OVG Magdeburg, Beschl. v. 10.02.2015 – 1 EO 356/14, juris Rn. 41; näher dazu auch BVerwG, Beschl. v. 21.07.2025 – 10 B 19.24, juris Rn. 7.

94 VG Stuttgart, Beschl. v. 17.09.2021 – 4 K 6174/20, juris Rn. 5; BVerwG, Urt. v. 20.05.1987 – 7 C 83/84, BVerwGE 77, 268, juris Rn. 9; Urt. v. 16.01.2007 – 6 C 15/06, NJW 2007, 1478, juris Rn. 22; Urt. v. 05.11.2009 – 4 C 3/09, BVerwGE 135, 209, juris Rn. 15.

95 *U. Stelkens*, in: Stelkens/Bonk/Sachs, VwVfG, § 36 Rn. 19; *Tegethoff*, Nebenbestimmungen in umweltrechtlichen Zulassungsentscheidungen, S. 23 ff., 30 ff.

II. Beschreibung der Überwachungsmaßnahmen (Abs. 4 Nr. 2)

71 § 66 Abs. 4 Nr. 2 schreibt weiter vor, dass der Beschluss auch eine Beschreibung der vorgesehenen Überwachungsmaßnahmen enthält. Anders als § 26 Abs. 1 Nr. 2 verweist § 66 Abs. 4 Nr. 2 nicht auf die Überwachungsmaßnahmen nach § 28. Diese Vorschrift sieht, soweit Bundes- oder Landesvorschriften keine Überwachungsmaßnahmen regeln, vor, dass die zuständige Behörde geeignete Überwachungsmaßnahmen zur Einhaltung der umweltbezogenen Bestimmung des Zulassungsbescheids ergreift. Auch wenn diese Vorschrift nur für die Einhaltung der umweltbezogenen Bestimmungen des Zulassungsbescheids nach § 26 gilt, dürfte Vergleichbares auch für die Überwachung der umweltbezogenen Bestimmungen eines Planfeststellungsbeschlusses gelten.

72 Die Beschreibung der behördlichen Überwachungsmaßnahmen im Planfeststellungsbeschluss muss nicht abschließend und auch nicht vollständig sein. Der Adressat des Planfeststellungsbeschlusses kann sich dementsprechend auch nicht darauf verlassen, dass die Behörde im späteren Vollzug nicht zu einer Überwachungsmaßnahme greift, die in dem Planfeststellungsbeschluss noch nicht beschrieben worden ist. Umgekehrt ist die Behörde nicht deshalb zur Ergreifung der Überwachungsmaßnahmen verpflichtet, weil diese in dem Planfeststellungsbeschluss beschrieben worden ist.

73 Regelungscharakter erhält die Beschreibung vorgesehener Überwachungsmaßnahmen in dem Planfeststellungsbeschluss dann, wenn der Inhaber des Planfeststellungsbeschlusses zur Duldung solcher Überwachungsmaßnahmen bereits mit dem Planfeststellungsbeschluss verpflichtet wird. Dies gilt insbesondere für **Vor-Ort-Besichtigungen**. Diese sind, wenn sie von dem Vorhabenträger gestattet werden, lediglich schlicht-hoheitliches Verwaltungshandeln. Des Erlasses eines Verwaltungsakts bedarf es insoweit nicht. Gestattet der Anlagenbetreiber den Zutritt dagegen nicht, z.B. weil er ihn angesichts einer fehlenden Vorankündigung oder angesichts des Termins außerhalb normaler Betriebszeiten für unverhältnismäßig hält, dann kann die zuständige Überwachungsbehörde die Gestattungspflicht grundsätzlich ordnungsrechtlich durchsetzen. Das setzt allerdings den Erlass eines entsprechenden Verwaltungsakts voraus.[96] Ein solcher Verwaltungsakt kann schriftlich, aber auch mündlich sogar noch vor Ort erlassen werden. Er wird allerdings gem. § 43 Abs. 1 Satz VwVfG erst dann wirksam, wenn er dem Anlagenbetreiber nach § 41 Abs. 1 Satz 1 VwVfG ordnungsgemäß bekannt gegeben worden ist. Ist ein Bevollmächtigter bestellt, so kann die Bekanntgabe nach § 41 Abs. 1 Satz 2 VwVfG gegenüber dem Bevollmächtigten vorgenommen werden. Grundsätzlich muss deshalb im Falle einer Verweigerung des Zutritts zu dem Anlagengrundstück bei einer unangekündigten Vor-Ort-Besichtigung zur Durchsetzung der Gestattungspflicht zunächst eine Ordnungsverfügung ergehen, die an den bevollmächtigten Geschäftsführer des Anlagenbetreibers bekannt zu geben ist. Nur in besonderen Ausnahmefällen kann Verwaltungszwang ohne vorausgehenden Verwaltungsakt angewendet werden, nämlich wenn das zur Abwehr einer gegenwärtigen Gefahr notwendig ist und die Vollzugsbehörde dabei innerhalb ihrer Befugnisse handelt.

74 Nach Ansicht des OVG NRW hängt das Betretungs- und Besichtigungsrecht der immissionsschutzrechtlich zuständigen Überwachungsbehörde nicht davon ab, dass der Anlagenbetreiber ausdrücklich erklärt, die Kontrolle zu billigen oder mit ihr einverstanden zu sein. Erst wenn der Anlagenbetreiber der Behörde den Zutritt und die Besichtigung verweigert, indem er z.B. ein **Hausverbot** ausspricht, Tore oder Türen nicht öffnet oder den Zutritt anderweitig verwehrt, bedarf es nach Ansicht des OVG NRW eines die gesetzliche **Duldungspflicht** des § 52 Abs. 2 Satz 1 Var. 1 BImSchG konkretisierenden Verwaltungsakts. Die Entscheidung der Überwachungsbehörde, die Durchführung einer Kontrolle im Rahmen der gesetzlich vorgeschriebenen regelmäßigen Anlagenüberwachung dem Anlagenbetreiber nicht vorher anzukündigen, ist nach Auffassung des OVG NRW im Regelfall verhältnismäßig und bedarf nach dem Sinn und Zweck der Kontrolle keiner einzelfallbezogenen und auch keiner schriftlichen Begründung.[97] Die Überwachungsbehörde ist auch dann nicht zu

96 *Jarass,* BImSchG, § 52 Rn. 59.
97 OVG NRW, Urt. v. 30.11.2021 – 8 A 513/19, juris Rn. 54.

einer vorherigen Ankündigung verpflichtet, wenn der Zweck des Zutritts- und Prüfungsrechts dadurch nicht vereitelt wird.[98]

III. Maßgebliche Entscheidungsgründe (Abs. 1 Nr. 3)

Nach § 66 Abs. 4 Nr. 3 muss der Planfeststellungsbeschluss außerdem eine Begründung enthalten, aus der die wesentlichen tatsächlichen und rechtlichen Gründe hervorgehen, die die Behörde zu ihrer Entscheidung bewogen haben. Diese Vorgabe entspricht inhaltlich § 39 Abs. 1 Satz 2 VwVfG. Allerdings enthält § 39 Abs. 2 VwVfG verschiedene Fälle, in denen eine Begründung entbehrlich ist. Diese Ausnahmen von der Begründungspflicht dürften im Geltungsbereich des § 66 Abs. 4 Nr. 3 nicht maßgeblich sein. Das Begründungserfordernis beschränkt sich nicht auf die Ausübung des Abwägungsgebots – dafür ist eine nachvollziehbare Begründung nicht zuletzt mit Blick auf das Gebot des effektiven Rechtsschutzes ohnehin erforderliche –, sondern erstreckt sich auch auf die Bejahung der geprüften Zulassungsvoraussetzungen. 75

1. Angaben über das Verfahren zur Beteiligung der Öffentlichkeit (Abs. 4 Nr. 3 a)

§ 66 Abs. 4 Nr. 3a verlangt weiter, dass im Rahmen der Entscheidungsbegründung auch Angaben über das Verfahren zur Beteiligung der Öffentlichkeit gemacht werden. Solche Angaben erleichtern es der Öffentlichkeit und auch den Gerichten, zu überprüfen, ob und inwieweit die durchgeführte Öffentlichkeitsbeteiligung den gesetzlichen Anforderungen entspricht. In der Gesetzesbegründung wird darauf hingewiesen, dass die Verpflichtung zu Angaben über die Durchführung der Öffentlichkeitsbeteiligung der bisherigen Behördenpraxis in Deutschland entspricht. Die Bestimmung soll sicherstellen, dass mit der Bekanntmachung und Veröffentlichung des Genehmigungsbescheids zugleich die Anforderungen des Art. 9 Abs. 1 b der geänderten UVP-RL erfüllt werden.[99] 76

2. Zusammenfassende Darstellung gemäß § 24 (Abs. 4 Nr. 3 b)

§ 66 Abs. 4 Nr. 3 b sieht darüber hinaus vor, dass auch die zusammenfassende Darstellung gemäß § 24 Teil der Begründung des Planfeststellungsbeschlusses ist. Mit der Verpflichtung zur Aufnahme der zusammenfassenden Darstellung in die Begründung des Planfeststellungsbeschlusses soll sichergestellt werden, dass der Planfeststellungsbeschluss eine Beschreibung der Merkmale des Vorhabens und des Standorts und der Maßnahmen enthält, mit denen erhebliche nachteilige Umweltauswirkungen ausgeschlossen, vermindert, ausgeglichen oder in Form von Ersatzmaßnahmen kompensiert werden sollen. Diese Beschreibung gehört zum Pflichtinhalt der zusammenfassenden Darstellung nach § 24 Abs. 1 Satz 1. Die Bestimmung dient der Umsetzung von Art. 8 a Abs. 1 b der geänderten UVP-RL.[100] 77

Die zusammenfassende Darstellung galt in der Vergangenheit als ein einheitliches, behördeninternes Schriftstück. Als behördeninternes Arbeitsmittel war sie grundsätzlich nicht zur eigenständigen Veröffentlichung gedacht und stellte insoweit auch kein isoliert anfechtbares Dokument dar. Dies wurde schon vor langer Zeit teilweise mit der Begründung bedauert, ein eigenständiges UVP-Dokument würde eine Bewertung und Berücksichtigung der Ergebnisse verbessern sowie die gerichtliche Kontrolle erleichtern.[101] Eine Veröffentlichung der zusammenfassenden Darstellung wurde außerdem für wünschenswert gehalten, weil sie es ermöglichen könne, das behördliche Vorgehen nachzuprüfen, wodurch die Transparenz und die Akzeptanz der Entscheidung gefördert würden. § 11 Satz 4 78

98 BVerwG, Urt. v. 09.11.2022 – 7 C 1/22, juris Rn. 24; OVG NRW, Urt. v. 30.11.2021 – 8 A 513/19, juris Rn. 82; *Jarass*, BImSchG, § 52 Rn. 46; a.A. VG Düsseldorf, Urt. v. 21.02.2017 – 3 K 3004/15, juris Rn. 24 f.; *Kenyeressy*, in: Appel/Ohms/Saurer, BImSchG, § 52 Rn. 58; siehe auch *Lechelt*, in: Führ, GK-BImSchG, § 52 Rn. 45.

99 Gesetzesbegründung der BReg BT-Drs. 18/11499, S. 107.

100 Gesetzesbegründung der BReg BT-Drs. 18/11499, S. 107.

101 *Soell/Dirnberger* NVwZ 1990, 705 (707); *Steinberg* DÖV 1992, 321 (328).

UVPG a.F. sah vor, dass die zusammenfassende Darstellung in der Begründung der Entscheidung über die Zulässigkeit des Vorhabens erfolgen konnte. Das Bundesumweltministerium empfahl, die zusammenfassende Darstellung gemeinsam mit der Bewertung der Umweltauswirkungen zu erarbeiten.

79 Die zusammenfassende Darstellung ist Teil der Entscheidungsbegründung. Nach § 24 Abs. 1 erarbeitet die zuständige Behörde eine zusammenfassende Darstellung der Umweltauswirkungen des Vorhabens, der Merkmale des Vorhabens und des Standorts, mit denen erhebliche nachteilige Umweltauswirkungen ausgeschlossen, vermindert oder ausgeglichen werden sollen, und der Maßnahmen, mit denen erhebliche nachteilige Umweltauswirkungen ausgeschlossen, vermindert oder ausgeglichen werden sollen, sowie der Ersatzmaßnahmen bei Eingriffen in Natur und Landschaft. Grundlage der zusammenfassenden Darstellung sind der UVP-Bericht, die behördlichen Stellungnahmen nach § 17 Abs. 2 und § 75 Satz 4 sowie die Äußerungen der betroffenen Öffentlichkeit nach den §§ 21 und 56. Die Ergebnisse eigener Ermittlungen sind bei der Erarbeitung der zusammenfassenden Darstellung einzubeziehen (§ 24 Abs. 1 Sätze 2 und 3).

80 Die zusammenfassende Darstellung soll möglichst innerhalb eines Monats nach dem Abschluss der Erörterung im Beteiligungsverfahren erarbeitet werden. Da innerhalb eines Monats nach Abschluss der Erörterung regelmäßig noch nicht mit dem Erlass des Zulassungsbescheids zu rechnen ist, muss die zusammenfassende Darstellung, die anschließend Teil der Entscheidungsbegründung wird, möglichst vorab bereits und insoweit noch entscheidungsvorbereitend erarbeitet werden.

3. Begründete Bewertung gemäß § 25 (Abs. 4 Nr. 3 c)

81 Nach § 25 Abs. 1 Satz 1 bewertet die zuständige Behörde auf der Grundlage der zusammenfassenden Darstellung die Umweltauswirkungen des Vorhabens im Hinblick auf eine wirksame Umweltvorsorge im Sinne des § 3 nach Maßgabe der geltenden Gesetze. Die Bewertung ist nach § 25 Abs. 1 Satz 2 zu begründen. Diese Begründung ist gemäß § 66 Abs. 4 Nr. 3 c ebenfalls Teil des Planfeststellungsbeschlusses. Mit der Verpflichtung zur Aufnahme der begründeten Bewertung in die Begründung des Planfeststellungsbeschlusses setzt der Gesetzgeber eine Anforderung des Art. 8a Abs. 1 a der geänderten UVP-RL um.[102]

4. Erläuterung der Berücksichtigung (Abs. 4 Nr. 3 d)

82 Nicht zuletzt muss in die Entscheidungsbegründung eine Erläuterung aufgenommen werden, wie die begründete Bewertung, insbesondere die Angaben des UVP-Berichts, die behördlichen Stellungnahmen sowie die Äußerung der Öffentlichkeit in der Zulassungsentscheidung berücksichtigt wurden oder wie ihnen anderweitig Rechnung getragen wurde. Soweit der Gesetzgeber es ausreichen lässt, dass der begründeten Bewertung nicht in der Zulassungsentscheidung, sondern anderweitig Rechnung getragen wurde, kann es sich dabei z.B. um Maßnahmen handeln, die im Rahmen einer grenzüberschreitenden Konsultation mit einem Nachbarstaat oder im Rahmen des Mediationsverfahrens vereinbart sind. Soweit solche Maßnahmen nicht Gegenstand des Planfeststellungsverfahrens sind, ist auf diesen Umstand in der Begründung des Planfeststellungsbeschlusses hinzuweisen.[103]

G. Begründung des Ablehnungsbescheids (Abs. 5)

83 Wird das beantragte Vorhaben nicht planfestgestellt, müssen nach Abs. 5 im Ablehnungsbescheid die dafür wesentlichen Gründe erläutert werden. Dass auch ein Ablehnungsbescheid begründet werden muss, ergibt sich bereits aus § 39 Abs. 1 Satz 1 VwVfG. In der Begründung sind nach § 39 Abs. 1 Satz 2 VwVfG die wesentlichen tatsächlichen und rechtlichen Gründe mitzuteilen, die die Behörde zu ihrer Entscheidung bewogen haben. Dass dies auch für einen Ablehnungsbescheid gilt, ist an sich selbstverständlich, weil der Antragsteller ein Recht darauf hat, zu erfahren, welche Gründe

---

102 Gesetzesbegründung der BReg, BT-Drs. 18/11499, S. 108.
103 Gesetzesbegründung der BReg, BT-Drs. 18/11499, S. 108.

die Zulassungsbehörde zu einer Ablehnung des von ihm beantragten Vorhabens bewogen haben. Nur so kann der Antragsteller abschätzen, ob und inwieweit ein Rechtsmittel gegen die Ablehnungsentscheidung Aussicht auf Erfolg hat. Auch für die gerichtliche Kontrolle ist eine Begründung der Ablehnungsentscheidung Voraussetzung für einen effektiven Rechtsschutz. Steht die Ablehnung des Vorhabens im Ermessen der zuständigen Behörde, muss nach § 39 Abs. 1 Satz 3 VwVfG in der Begründung auch erkennbar werden, welche Gesichtspunkte für die Behörde bei der Ausübung ihres Ermessens maßgeblich waren.

H. Verordnungsermächtigung (Abs. 6)

Die Bundesregierung wird in § 66 Abs. 6 Satz 1 ermächtigt, nach Anhörung der beteiligten Kreise durch Rechtsverordnung mit Zustimmung des Bundesrates Vorschriften zur Erfüllung der Voraussetzungen des § 66 Abs. 1 Satz 1 Nr. 1 zu erlassen, und zwar über die dem Stand der Technik entsprechenden baulichen, betrieblichen oder organisatorischen Maßnahmen zur Vorsorge gegen die Beeinträchtigung der Schutzgüter, über Informationspflichten des Trägers eines Vorhabens gegenüber Behörden und Öffentlichkeit, über die behördlichen Befugnisse, technische Ermittlungen und Prüfungen vorzunehmen, während der Betriebszeit Betriebsräume sowie unmittelbar zugehörige befriedete Betriebsgrundstücke zu betreten, bei Erforderlichkeit zur Verhütung dringender Gefahren für die öffentliche Sicherheit oder Ordnung Wohnräume und außerhalb der Betriebszeit Betriebsräume sowie unmittelbar zugehörige befriedete Betriebsgrundstücke zu betreten und jederzeit Anlagen zu betreten sowie Grundstücke, die nicht unmittelbar zugehörige befriedete Betriebsgrundstücke sind. 84

Auf der Grundlage dieser Verordnungsermächtigung hat die Bundesregierung die RohrFLtgV erlassen, die für bestimmte Rohrfernleitungsanlagen Bestimmungen i.S.d. § 66 Abs. 6 Satz 1 enthält. Die RohrFLtgV ist zwar noch auf der früheren Ermächtigungsgrundlage des § 21 Abs. 4 UVPG aF erlassen worden. Sie gilt jedoch auch nach der Novelle des UVPG durch das UVP-ModG.[104] Auf der Grundlage des § 9 Abs. 5 RohrFLtgV hat das Bundesministerium für Umwelt, Naturschutz und Reaktorsicherheit die Technische Regel für Rohrfernleitungen (TRFL) veröffentlicht, die eine auch die Gerichte bindende Konkretisierung des § 66 Abs. 1 Satz 1 Nr. 1 enthält.[105] Außerdem hat die Bundesregierung im Jahre 2015 die KWK-Kosten-Nutzen-Vergleich-Verordnung auf § 21 Abs. 4 Satz 1 Nr. 1 UVPG a.F. gestützt. Auch diese ist weiter anwendbar.[106] 85

In der Rechtsverordnung können nach § 66 Abs. 6 Satz 2 Vorschriften über die Einsetzung technischer Kommission getroffen werden. Die **Kommissionen** sollen nach § 66 Abs. 6 Satz 3 die Bundesregierung oder das Bundesministerium für Umwelt, Naturschutz und nukleare Sicherheit in technischen Fragen beraten. Sie schlagen gemäß § 66 Abs. 6 Satz 4 dem Stand der Technik entsprechende Regeln unter Berücksichtigung der für andere Schutzziele vorhandenen Regeln und, soweit dessen Zuständigkeit berührt sind, in Abstimmung mit der Kommission für Anlagensicherheit nach § 51 Abs. 1 a BImSchG vor. 86

Der Verordnungsgeber kann außerdem Vorschriften erlassen über die Überprüfung von Vorhaben durch **Sachverständige**, Sachverständigenorganisationen und zugelassene Überwachungsstellen sowie über die Anforderungen, die diese Sachverständigen, Sachverständigenorganisationen und zugelassenen Überwachungsstellen erfüllen müssen, über die Anpassung bestehender Vorhaben an die Anforderungen der geltenden Vorschriften, die Anzeige von Änderungen, die nach § 65 weder einer 87

104 *Dippel*, in: Schink/Reidt/Mitschang, UVPG/UmwRG, § 66 UVPG Rn. 15.

105 *Dippel*, in: Schink/Reidt/Mitschang, UVPG/UmwRG, § 66 UVPG Rn. 15; OVG NRW, Urt. v. 31.08.2020 – 20 A 1923/11, juris Rn. 161; VGH Mannheim, Beschl. v. 14.11.2011 – 8 S 1281/11, BeckRS 2011, 56026.

106 Siehe dazu die KWK-Kosten-Nutzen-Vergleich-Verordnung vom 28.04.2015 (BGBl. I, S. 670), die durch Art. 3 Abs. 4 der Verordnung vom 06.07.2021 (BGBl. I, S. 2514) geändert worden ist.

Planfeststellung noch einer Plangenehmigung bedürfen, an die zuständige Behörde und schließlich über die Befugnis für behördliche Anordnungen im Einzelfall.

I. Verordnungsermächtigung (Abs. 7)

88 § 66 Abs. 7 ermächtigt die Bundesregierung, für Rohrleitungsanlagen, die keiner Planfeststellung oder Plangenehmigung bedürfen, nach Anhörung der beteiligten Kreise im Sinne von § 23 Abs. 2 WHG durch Rechtsverordnung mit Zustimmung des Bundesrates eine Anzeigepflicht vorzuschreiben und Regelungen entsprechend § 66 Abs. 6 Satz 1 Nr. 1–4, 6 oder entsprechend § 66 Abs. 6 Sätze 2 und 7 zu erlassen.

J. Militärische Anlagen (Abs. 8)

89 Für Anlagen, die militärischen Zwecken dienen, obliegen dem Bundesministerium der Verteidigung und den von ihm benannten Stellen die Aufgabe des Vollzugs und der Überwachung.

§ 67 Verfahren; Verordnungsermächtigung

[1]Für die Durchführung des Planfeststellungsverfahrens und des Plangenehmigungsverfahrens gelten die §§ 72 bis 78 des Verwaltungsverfahrensgesetzes. [2]Die Bundesregierung wird ermächtigt, durch Rechtsverordnung mit Zustimmung des Bundesrates weitere Einzelheiten des Planfeststellungsverfahrens, insbesondere zu Art und Umfang der Antragsunterlagen, zu regeln.

Übersicht

A. Einführung

1 In seinem sechsten Teil (§§ 65–68) enthält das UVPG Bestimmungen über die Erforderlichkeit eines Planfeststellungs- bzw. eines Plangenehmigungsverfahrens für bestimmte Leitungsanlagen und andere Anlagen i.S.v. Anl. 1 Nr. 19 (§ 65). Daneben regelt § 66, unter welchen Voraussetzungen der Planfeststellungsbeschluss ergehen darf und mit welchen Nebenbestimmungen der Planfeststellungsbeschluss bzw. die Plangenehmigung ergehen dürfen. Während § 66 die materiell-rechtlichen Voraussetzungen der Planfeststellung und der Plangenehmigung sowie formelle Anforderungen an Inhalt und Ausgestaltung des Zulassungsbescheids regelt, handelt es sich bei § 67 um eine Verfahrensvorschrift, die sich allerdings darauf beschränkt, auf die einschlägigen Bestimmungen des VwVfG zu verweisen. § 67 sieht vor, dass für die Durchführung des Planfeststellungsverfahrens und des Plangenehmigungsverfahrens die einschlägigen Verfahrensvorschriften des VwVfG gelten. Die Bundesregierung beabsichtigt ausweislich ihres Gesetzesentwurfs für ein Infrastruktur-Zukunftsgesetzes mit Stand von 12/2025 unter anderem eine grundlegende Veränderung des im VwVfG geregelten Planfeststellungsrechts. Die Vorschrift entspricht dem § 22 UVPG a.F. und wurde durch das UVP-ModG im Jahre 2017 systematisch unter einer anderen Nummer im Gesetz beibehalten. Für Vorhaben, die in der Anlage 1 Nr. 19.7 oder 19.8 aufgeführt sind und die zugleich die Errichtung, den Betrieb oder die Änderung von **Wärmeleitungen** betreffen, ist gem. § 65 Abs. 3 anstelle der§ 65 Abs. 1 und 2 sowie anstelle der §§ 66–69 und damit auch anstelle des § 67 der § 8 GeOBG.

Das Planfeststellungsverfahren ist ein einheitliches Verfahren mit zwei Verfahrensabschnitten, dem **Anhörungsverfahren** und der eigentlichen **Planfeststellung.**[1] 2

Nach § 25 Abs. 3 Satz 1 VwVfG wirkt die zuständige Behörde darauf hin, dass der Träger bei der Planung von Vorhaben, die nicht nur unwesentliche Auswirkungen auf die Belange einer größeren Zahl von Dritten haben können, die betroffene Öffentlichkeit frühzeitig über die Ziele des Vorhabens, die Mittel, es zu verwirklichen, und die voraussichtlichen Auswirkungen des Vorhabens unterrichtet (**frühe Öffentlichkeitsbeteiligung**).[2] Durch die frühe Öffentlichkeitsbeteiligung soll ein Vorhaben so rechtzeitig öffentlich bekannt gemacht werden, dass der Vorhabenträger Kritik und Anregungen aus der Bevölkerung, von Trägern öffentlicher Belange und etwaigen sonstigen künftigen Beteiligten noch vor einer förmlichen Antrags- oder Planeinreichung in seiner Planung berücksichtigen kann.[3] Soweit eine frühe Öffentlichkeitsbeteiligung durchgeführt wird, sind die darin gewonnenen Erkenntnisse von der zuständigen Behörde im Rahmen der Amtsermittlung zu berücksichtigen.[4] Eine Verpflichtung des Vorhabenträgers, die Öffentlichkeit frühzeitig zu beteiligen, besteht nicht. 3

Das Anhörungsverfahren ist ein strukturierter Kommunikationsprozess zur Vorbereitung der Behördenentscheidung. Es dient dem öffentlichen Interesse an einer möglichst umfassenden Gewinnung von Erkenntnissen über den maßgeblichen Sachverhalt und damit der Entscheidungsvorbereitung der Planfeststellungsbehörde und soll außerdem diejenigen einbinden, deren Belange durch das Vorhaben berührt sein können. Im Sinne eines Grundrechtsschutzes durch Verfahren ermöglicht das Anhörungsverfahren zugleich einen vorgezogenen Rechtsschutz. Der **Erörterungstermin** dient dazu, die rechtzeitig erhobenen **Einwendungen** und **Stellungnahmen** der Behörden zu erörtern (§ 73 Abs. 6 Satz 1 VwVfG). Teilnahmeberechtigt am Erörterungstermin sind der Träger des Vorhabens, die Behörden, die Betroffenen und die Personen, die Einwendungen erhoben haben, sowie die anerkannten Naturschutzverbände. Ist ein Erörterungstermin gesetzlich vorgesehen, kann er nach § 27c Abs. 1 VwVfG durch eine **Onlinekonsultation** oder mit Einwilligung der zur Teilnahme Berechtigten durch eine **Video- oder Telefonkonferenz** ersetzt werden.[5] Eher mittelbar übernimmt das Anhörungsverfahren auch die Funktion bei der Unterrichtung der Öffentlichkeit. Mit der Einreichung seines Planes legt der Vorhabenträger seine Planungsabsichten offen. Die öffentliche Auslegung der Antragsunterlagen dient der Publizität des Vorhabens durch Information der interessierten Öffentlichkeit. Das Anhörungsverfahren und der Erörterungstermin sind allerdings auf eine Beteiligung der Betroffenen und nicht der Öffentlichkeit insgesamt ausgerichtet. Das Öffentlichkeitsbeteiligungsverfahren insgesamt zielt nicht darauf ab, der Öffentlichkeit ein Projekt, seinen Bedarf und seine Dimensionierung plausibel und den Entscheidungsgang transparent zu machen. Insoweit bedarf das Planfeststellungsverfahren bei umstrittenen Großvorhaben entweder einer Ergänzung oder die Öffentlichkeit muss außerhalb dieses Verfahrens beteiligt werden. 4

I. Verweis auf das Verwaltungsverfahrensgesetz

Eigenständige Regelungen über das Planfeststellungsverfahren und das Plangenehmigungsverfahren sieht das UVPG nicht vor. Es verweist vielmehr in § 67 Satz 1 auf die §§ 72–78 VwVfG. Nach § 1 Abs. 3 VwVfG gilt das VwVfG für die Ausführung von Bundesrecht durch die Länder nicht, soweit 5

1 Zum Überblick über das Planfeststellungsverfahren siehe *Krappel*, in: Ziekow, Handbuch des Fachplanungsrechts, § 1 Rn. 1 ff.; *Huck*, in: Huck/Müller, VwVfG, § 73 Rn. 1 ff.; *Lieber*, in: Sennekamp/Mann/Uechtritz, VwVfG, § 73 Rn. 25 ff.; *Wysk*, in: Kopp/Ramsauer, VwVfG, § 73 Rn. 18 ff.

2 Zur frühen Öffentlichkeitsbeteiligung siehe *Beckmann*, in: Stüer/Beckmann, Handbuch des Bau- und Fachplanungsrechts, Rn. 7839; *Ziekow*, in: Ziekow, Handbuch des Fachplanungsrechts, § 2 Rn. 32; *Schlatmann*, in: Kopp/Ramsauer, VwVfG, § 25 Rn. 27 ff.; *Hilgers* NVwZ 2021, 436; *Wulfhorst* DÖV 2011, 581; *Lier/Engel/Pfau*, in: Sennekamp/Mann/Uechtritz, VwVfG, § 25 Rn. 45 ff.

3 *Kallerhoff/Fellenberg*, in: Stelkens/Bonk/Sachs, VwVfG, § 25 Rn. 65.

4 *Engel/Pfau*, in: Mann/Sennekamp/Uechtritz, VwVfG, § 25 Rn. 48.

5 Siehe dazu *Versteyl/Ehemann* UPR 2024, 452; *Durinke/Elgeti* NVwZ 2024, 112.

die öffentlich-rechtliche Verwaltungstätigkeit der Behörden landesrechtlich durch ein Verwaltungsverfahrensgesetz geregelt ist. Der Verweis in § 67 Satz 1 bezieht sich unmittelbar nur auf §§ 72–78 VwVfG und damit nicht auf § 1 Abs. 3 VwVfG. Allerdings ergibt sich aus § 72 Abs. 1 Satz 1 VwVfG, dass auch die übrigen Vorschriften des VwVfG gelten, soweit sich aus ihnen nichts Abweichendes ergibt, so dass es auf das Verfahrensrecht der Länder ankommen kann, soweit die öffentlich-rechtliche Verwaltungstätigkeit der Behörden landesrechtlich durch ein Verwaltungsverfahrensgesetz geregelt ist.[6]

II. Vergleich der Vorschriften im UVPG und im VwVfG

6 Wegen der Verpflichtung, im Planfeststellungsverfahren eine UVP durchzuführen, sind neben den §§ 72–78 VwVfG auch die Verfahrensbestimmungen des UVPG zu beachten. Dabei gilt nach § 1 Abs. 4 das Prinzip der **Subsidiarität des UVPG**. Gemäß § 1 Abs. 4 Satz 1 findet das UVPG Anwendung, soweit Rechtsvorschriften des Bundes oder der Länder der UVP nicht näher bestimmen oder die wesentlichen Anforderungen des UVPG nicht beachten. Rechtsvorschriften mit weitergehenden Anforderungen bleiben hingegen nach § 1 Abs. 4 Satz 2 unberührt. Diese Regelung entspricht der Vorgängerbestimmung des § 4 UVPG a.F. Soweit die Verfahrensbestimmungen der §§ 72–78 VwVfG den verfahrensrechtlichen Anforderungen des UVPG entsprechen oder darüber hinausgehen, finden die Bestimmungen des UVPG keine Anwendung. Demnach sind zunächst die Vorschriften des einschlägigen Fachplanungsrechts, weiter die Regelungen des Bundes- oder Landesverwaltungsverfahrensgesetzes und erst anschließend die Vorschriften des UVPG anzuwenden.[7] Ob und inwieweit die verfahrensrechtlichen Anforderungen des UVPG mit denen der §§ 72 ff. VwVfG übereinstimmen, kann nur im direkten Vergleich der jeweiligen verfahrensrechtlichen Bestimmungen festgestellt werden.

7 § 67 orientiert sich an der Regelung des § 38 KrWG. Anders als in § 38 Abs. 1 Satz 1 KrWG verweist § 67 Satz 1 jedoch nicht nur für das Planfeststellungsverfahren, sondern auch für das Plangenehmigungsverfahren auf die §§ 72–78 VwVfG. Allerdings sind nach § 74 Abs. 6 Satz 2, 2. HS VwVfG auf die Erteilung einer Plangenehmigung die Vorschriften über das Planfeststellungsverfahren grundsätzlich nicht anzuwenden. Davon ausgenommen sind § 74 Abs. 4 Satz 1 und § 74 Abs. 5 VwVfG, die auf das Plangenehmigungsverfahren entsprechend anzuwenden sind. § 74 Abs. 4 Satz 1 VwVfG schreibt vor, dass der Planfeststellungsbeschluss dem Träger des Vorhabens, denjenigen, über deren Einwendungen entschieden worden ist, und den Vereinigungen über deren Stellungnahmen entschieden worden ist, zuzustellen ist. § 74 Abs. 5 VwVfG ermöglicht eine öffentliche Bekanntmachung, wenn außer an den Träger des Vorhabens mehr als 50 Zustellungen vorzunehmen sind.

8 Im Übrigen können die Verfahrensvorschriften der §§ 72 ff. VwVfG nur angewendet werden, wenn und soweit nicht die Verfahrensbestimmungen des sechsten Teils des UVPG für die einschlägigen Leitungsanlagen selbst speziellere Regelungen vorsehen. Das gilt etwa für die Frage, unter welchen Voraussetzungen anstelle eines Planfeststellungsbeschlusses eine Plangenehmigung erteilt werden kann. Schreiben Rechtsvorschriften eine Öffentlichkeitsbeteiligung vor, die den Anforderungen des § 73 Abs. 3 Satz 1 und Abs. 4–7 VwVfG entsprechen muss, ist ein Plangenehmigungsverfahren nach § 74 Abs. 6 Satz 1 Nr. 3 VwVfG nicht zulässig. Damit scheidet das Plangenehmigungsverfahren für UVP-pflichtige Vorhaben aus.[8] Der Gesetzgeber trägt damit der UVP-RL und der Aarhus-Konvention Rechnung, wonach eine UVP zwingend eine Öffentlichkeitsbeteiligung voraussetzt.[9] Speziellere Regelungen kann dazu wiederum das jeweilige Fachplanungsrecht enthalten mit der

---

6 *Dippel*, in: Schink/Reidt/Mitschang, UVPG/UmwRG, § 67 UVPG Rn. 3; zustimmend auch *Hagmann*, in: Landmann/Rohmer, Umweltrecht, Stand: 4/2022, § 67 UVPG Rn. 3.

7 *Schink*, in: Knack/Henneke, VwVfG, Vor § 72 Rn. 40; *Wysk*, in: Kopp/Ramsauer, VwVfG, § 72 Rn. 58.

8 *Kupfer*, in: Schoch/Schneider, Verwaltungsrecht, Stand: 7/2020, § 74 VwVfG Rn. 162; *Wysk*, in: Kopp/Ramsauer, VwVfG, § 74 Rn. 206 f.

9 *Wysk*, in: Kopp/Ramsauer, VwVfG, § 74 Rn. 207, 214.

Konsequenz, dass ein Plangenehmigungsverfahren ausnahmsweise auch für Vorhaben, die einer UVP bedürfen, in Betracht kommt, wenn das jeweilige Fachrecht dazu eine Öffentlichkeitsbeteiligung für das Plangenehmigungsverfahren vorsieht, die den Anforderungen der UVP-RL genügt. So sieht § 17 Abs. 2 Satz 1 FStrG z.B. vor, dass abweichend von § 74 Abs. 6 Satz 1 Nr. VwVfG für ein Vorhaben, für das nach dem UVPG eine UVP durchzuführen ist, an Stelle eines Planfeststellungsbeschlusses eine Plangenehmigung erteilt werden kann (siehe auch § 18b AEG und § 14b Abs. 2 Satz 1 WaStrG). Die Bundesregierung beabsichtigt ausweislich ihres Gesetzesentwurfs für ein Infrastruktur-Zukunftsgesetzes mit Stand 12/2025 auch im VwVfG vorzusehen, dass für ein Vorhaben, für das nach dem UVPG eine UVP durchzuführen ist, an Stelle eines Planfeststellungsbeschlusses eine Plangenehmigung erteilt werden kann. Zurecht wird allerdings zu bedenken gegeben, dass der verfahrenstechnische Gewinn eines Plangenehmigungsverfahrens mit Öffentlichkeitsbeteiligung gegenüber einem Planfeststellungsverfahren nicht groß sein kann.[10] Als Zeitvorteil wird der mögliche **Wegfall des Erörterungstermins** genannt, der aber auch für Planfeststellungsverfahren bei UVP-pflichtigen Vorhaben unionsrechtlich nicht gefordert ist.[11] Die Anforderungen über die Beteiligung der Öffentlichkeit bestimmen sich in diesen Fällen mit Ausnahme des § 21 Abs. 3 abschließend nach den Vorschriften des UVPG (vgl. § 17b Abs. 1 Nr. 1 Satz 3 FStrG, § 18b Satz 3 AEG, § 14b Abs. 2 Satz 3 WaStrG).

Auch die Frage, wann eine **Plangenehmigung** wegen ihrer unwesentlichen Bedeutung entfallen kann, ist in § 65 abweichend geregelt. § 65 Abs. 2 Satz 2 bestimmt, dass die Plangenehmigung in Fällen unwesentlicher Bedeutung entfällt. **Fälle unwesentlicher Bedeutung** liegen nach § 65 Abs. 2 Satz 3 vor, wenn die Prüfwerte nach § 7 Abs. 1 und 2 für Größe und Leistung, die die Vorprüfung eröffnen, nicht erreicht werden oder die Voraussetzungen des § 74 Abs. 7 Satz 2 VwVfG erfüllt sind; die §§ 10–12 gelten dabei entsprechend. § 65 Abs. 2 Satz 3 verweist insoweit zwar auch auf die Voraussetzungen des § 74 Abs. 7 Satz 2 VwVfG. Geregelt wird darüber hinaus jedoch, dass ein Fall von unwesentlicher Bedeutung auch dann vorliegt, wenn die Prüfwerte nach § 7 Abs. 1 und 2 für Größe und Leistung, welche die Vorprüfung eröffnen, nicht erreicht werden. 9

§ 67 Satz 2 ermächtigt die Bundesregierung, durch **Rechtsverordnung** mit Zustimmung des Bundesrates weitere Einzelheiten des Planfeststellungsverfahrens, insbesondere zu Art und Umfang der Antragsunterlagen, zu regeln. Auch insoweit lehnt sich die Regelung an § 38 Abs. 1 KrWG an. Die Ermächtigung der Bundesregierung bezieht sich allerdings nur auf die Regelung von Einzelheiten des Planfeststellungsverfahrens. Es stellt sich deshalb die Frage, ob es der Bundesregierung verwehrt ist, durch eine solche Rechtsverordnung auf weitere Einzelheiten, insbesondere zu Art und Umfang der Antragsunterlagen, für das Plangenehmigungsverfahren zu regeln, wozu sie – insoweit anders als in § 67 Satz 2 – in § 38 Abs. 1 Satz 2 KrWG für das Planfeststellungsverfahren nach dem KrWG ausdrücklich ermächtigt wird. Sinnvoll ist die Differenzierung jedenfalls nicht. Denn die vermutlich durch die Rechtsverordnungsermächtigung beabsichtigte Vereinheitlichung wird durch eine solche Differenzierung nicht gefördert. Die entsprechende Regelung in § 38 Abs. 1 Satz 2 KrWG sollte einen »Abgleich« zur 9. BImSchV unter Einbeziehung der UVP ermöglichen.[12] Während in § 38 Abs. 1 Satz 2 KrWG die Beschränkung der Verordnungsermächtigung auf Einzelheiten des Planfeststellungsverfahrens nachvollziehbar ist, weil § 38 Abs. 1 Satz 1 KrWG lediglich für das Planfeststellungsverfahren und nicht für das Plangenehmigungsverfahren auf die §§ 72 ff. VwVfG verweist, könnte es sich bei § 67 Satz 2 insoweit um ein Redaktionsversehen handeln, weil § 67 Satz 1 eben nicht nur für die Durchführung des Planfeststellungsverfahrens, sondern auch für das Plangenehmigungsverfahren auf die §§ 72–78 VwVfG verweist. 10

10 *Neumann/Külpmann*, in: Stelkens/Bonk/Sachs, VwVfG, § 74 Rn. 244b.

11 *Wysk*, in: Kopp/Ramsauer, VwVfG, § 74 Rn. 214; siehe auch *Neumann/Külpmann*, in: Stelkens/Bonk/Sachs, VwVfG, § 74 Rn. 244a, 244b; *Kümper*, in: Siegel/Troidl, Straßenrecht, § 2 Rn. 226; *Sauthoff*, in: Ziekow, Handbuch des Fachplanungsrechts, § 11 Rn. 37.

12 BT-Drs. 12/5672, S. 18 (50) zur Vorgängerregelung des § 38 KrWG.

11 Auffällig ist schließlich, dass die in § 38 Abs. 2 KrWG vorgesehene Regelung, wonach **Einwendungen** im Rahmen des Zulassungsverfahrens innerhalb der gesetzlich festgelegten Frist nur schriftlich erhoben werden können, für den Bereich der planfeststellungsbedürftigen Vorhaben nach dem UVPG nicht übernommen worden ist. § 38 Abs. 2 KrWG enthält eine von § 73 Abs. 4 Satz 1 VwVfG abweichende Regelung über die Form der Einwendungen im Zulassungsverfahren. Für den Bereich des UVPG bleibt es insoweit bei dem Regelfall des § 73 Abs. 4 Satz 1 VwVfG. Welchen Sinn solche Differenzierungen zwischen den einzelnen Verfahren machen, bleibt unerfindlich. Für die Praxis hat dies aufgrund der nur sehr wenigen zur Niederschrift eingereichten Einwendungen kaum Bedeutung.[13] § 73 Abs. 2 VwVfG des Gesetzesentwurfs der Bundesregierung für ein Infrastruktur-Zukunftsgesetz mit Stand von 12/2025 sieht vor, dass bei der Planfeststellungsbehörde bis zu sechs Wochen ab der Auslegung des Plans Einwendungen gegen den Plan elektronisch erhoben oder Stellungnahmen elektronisch abgegeben werden können. Stellungnahmen anerkannter Vereinigungen und Einwendungen von Betroffenen sollen zukünftig elektronisch abgegeben werden. Die Regelung, wonach Einwendungen schriftlich oder zur Niederschrift bei der Gemeinde vor Ort vorgebracht werden können, soll zukünftig entfallen. Ist die elektronische Erhebung oder Abgabe im Einzelfall nicht zumutbar, soll die Planfeststellungsbehörde zukünftig nach den Vorstellungen der Bundesregierung auf Verlangen eine andere Weise zur Verfügung stellen.

III. Anwendung des VwVfG

12 Durch den Verweis des § 67 Satz 1 auch auf § 72 VwVfG ist sichergestellt, dass nicht nur die §§ 73–78, sondern auch die übrigen Vorschriften des VwVfG gelten, soweit sich aus ihnen nichts Abweichendes ergibt. Das stellt – wie bereits erwähnt – § 72 Abs. 1 Satz 1 VwVfG sicher. Nach § 72 Abs. 1 Satz 2 VwVfG sind allerdings die §§ 51 und 71a–71e VwVfG nicht anzuwenden.

13 § 29 VwVfG ist nach § 72 Abs. 1 Satz 2 VwVfG mit der Maßgabe anzuwenden, dass **Akteneinsicht** nach pflichtgemäßem Ermessen zu gewähren ist. Die Beschränkung des Akteneinsichtsrechts gem. § 29 VwVfG wird mit der typischerweise hohen Zahl von Beteiligten in einem Planfeststellungsverfahren gerechtfertigt.[14] Zu Recht wird allerdings darauf hingewiesen, dass eine solche Ausnahme vom Akteneinsichtsrecht nur dann verfassungskonform sein kann, wenn man davon ausgehen darf, dass die Verweigerung der Akteneinsicht nur bei Vorliegen schwerwiegender Gründe, die gegen die Gewährung sprechen, ermessensfehlerfrei abgelehnt werden kann. Im Übrigen bleiben besonders geregelte Akteneinsichtsrechte von der Beschränkung wegen des Grundsatzes der Subsidiarität des VwVfG ausgenommen. Dazu zählen etwa Einsichtsrechte anerkannter Naturschutzvereinigungen gem. § 63 Abs. 1 Nr. 3 und 4 BNatSchG und das allgemeine Akteneinsichtsrecht nach § 3 UIG. **Aktenwahrheit** und **Aktenvollständigkeit** sind Voraussetzungen einer hinreichenden Akteneinsichtsmöglichkeit; sie sind unabhängig vom Medium der Aktenführung sicherzustellen.[15] Die Verwaltungsvorschrift zur elektronischen Aktenführung in der Landesverwaltung NRW vom 14.08.2024 schreibt unter anderem vor, dass elektronisch geführte Akten nach den Grundsätzen ordnungsgemäßer Aktenführung zu führen sind. Die Verwaltungsvorschrift enthält dazu mehrere Gebote: Danach muss das Handeln der Verwaltung im Regelfall durch die elektronische Aktenführung dokumentiert werden. Alle wesentlichen Verwaltungshandlungen müssen vollständig und nachvollziehbar abgebildet werden (**Gebot der Aktenmäßigkeit**). Hierzu sind alle entscheidungsrelevanten Unterlagen und Bearbeitungsschritte zu dokumentieren und im Sach- und Zeitzusammenhang abzulegen. Der Stand und die Entwicklung der Vorgangsbearbeitung müssen jederzeit aus den elektronisch geführten Akten nachvollziehbar sein (**Gebot der Vollständigkeit und Nachvollziehbarkeit**), der Inhalt der Akten muss das Verwaltungshandeln korrekt abbilden (Gebot der wahrheitsgemäßen Aktenführung). Zulässige Veränderungen der Akten müssen grundsätzlich so angebracht werden, dass sie erkennbar

13 *Beckmann*, in: Landmann/Rohmer, Umweltrecht, Stand: 6/2023, § 38 KrWG Rn. 70.

14 Vgl. dazu *Neumann/Külpmann*, in: Stelkens/Bonk/Sachs, VwVfG, § 72 Rn. 97 unter Verweis auf die Gesetzesbegründung BT-Drs. 7/910, 87; *Lieber*, in: Mann/Sennekamp/Uechtritz, VwVfG, § 72 Rn. 213.

15 *Berlit* NVwZ 2015, 197; siehe dazu auch *Beckmann* BauR 2025, 1468 ff.

und nachvollziehbar sind (**Gebot der Integrität und Authentizität**). Der Aktenbestand ist entsprechend den Aufbewahrungs- und Dokumentationspflichten langfristig zu sichern. Soweit Rechts- oder Verwaltungsvorschriften keine bestimmten Aufbewahrungsfristen vorsehen, sind diese in der behördlichen Aktenordnung festzulegen (**Gebot der langfristigen Sicherung**).

Nach § 3 Abs. 1 Satz 1 UIG hat jede Person nach Maßgabe des UIG einen Anspruch auf freien 14
Zugang zu Umweltinformationen, über die eine informationspflichtige Stelle im Sinne des § 2 Abs. 1 UIG verfügt, ohne ein rechtliches Interesse darlegen zu müssen. Der Anspruch nach § 3 UIG erstreckt sich auch auf Stellungnahmen des Vorhabenträgers zu erhobenen Einwendungen Dritter sowie auf Stellungnahmen von Fachbehörden im Rahmen ihrer Beteiligung an einem Planfeststellungsverfahren, wenn diese Stellungnahmen geeignet sind, die Entscheidung über die Planfeststellung hinsichtlich der Belange des Umweltschutzes zu beeinflussen,[16] und auf Gutachten, die in einem Anfechtungsverfahren vorgelegt worden sind. Der Anspruch nach dem Umweltinformationsrecht besteht unabhängig davon, ob ein Planfeststellungsverfahren bereits eingeleitet worden ist. Wird ein Informationsanspruch während eines Planfeststellungsverfahrens geltend gemacht, jedoch zu Unrecht nicht oder nicht vollständig erfüllt, hat dies auf die Rechtmäßigkeit eines gleichwohl ergehenden Planfeststellungsbeschlusses keine Auswirkung. Denn für die Rechtmäßigkeit des Planfeststellungsbeschlusses kommt es allein darauf an, ob die Betroffenen ihre Rechte auf Einsicht in Unterlagen wahrnehmen konnten, die ihnen in § 73 VwVfG eingeräumt sind.[17] Die Bundesregierung plant eine Änderung des § 30 VwVfG, die auf die besondere Schutzbedürftigkeit von Geheimnissen der Betreiber kritischer Anlagen (KRITIS) mit wichtiger Bedeutung für das staatliche Gemeinwesen Rücksicht nimmt.

Einer nach § 3 UmwRG vom Bund anerkannten Vereinigung, die nach ihrem satzungsgemäßen 15
Aufgabenbereich im Schwerpunkt die Ziele des Naturschutzes und der Landschaftspflege fördert (anerkannte Naturschutzvereinigung), ist nach § 63 Abs. 1 Nr. 3 und 4 BNatSchG Gelegenheit zur Stellungnahme und zur Einsicht in die einschlägigen Sachverständigengutachten zu geben in Planfeststellungsverfahren, die von Behörden des Bundes oder im Bereich der deutschen ausschließlichen Wirtschaftszone und des Festlandsockels von Behörden der Länder durchgeführt werden, wenn es sich um Vorhaben handelt, die mit Eingriffen in Natur und Landschaft verbunden sind, und bei Plangenehmigungen, die von Behörden des Bundes erlassen werden und an die Stelle einer Planfeststellung im Sinne von § 63 Abs. 1 Nr. 3 BNatSchG treten, wenn eine Öffentlichkeitsbeteiligung vorgesehen ist.[18]

Die Nichtanwendbarkeit des § 51 VwVfG zum **Wiederaufgreifen des Verfahrens** wird mit den 16
Schwierigkeiten gerechtfertigt, die entstehen können, wenn ein Vorhaben, für das der Plan festgestellt worden ist, wieder rückgängig gemacht werden müsste. Der Ausschluss von § 51 VwVfG gilt allerdings nur für Planfeststellungen nach §§ 73 ff. VwVfG, nicht jedoch auch für die Plangenehmigungen.[19]

Die Regelungen über die **Rücknahme** und den **Widerruf** von Verwaltungsakten nach §§ 48, 49 17
VwVfG werden grundsätzlich nicht ausgeschlossen. Allerdings sind die Sonderbestimmungen über die Aufhebung von Planfeststellungsbeschlüssen bei Aufgabe des Vorhabens gem. § 77 VwVfG und

16 *Neumann/Külpmann*, in:Stelkens/Bonk/Sachs, VwVfG, § 72 Rn. 98.

17 *Neumann/Külpmann*, in: Stelkens/Bonk/Sachs, VwVfG, § 72 Rn. 98; BVerwG, Beschl. v. 12.06.2007 – 7 VR 1/07, NVwZ 2007, 1095 (1096).

18 Näher dazu *Heselhaus*, in: Frenz/Müggenborg, BNatSchG, § 63 Rn. 60; *Leppin*, in: Lütges/Ewer, BNatSchG, § 63 Rn. 18.

19 *Lieber*, in: Mann/Sennekamp/Uechtritz, VwVfG, § 72 Rn. 206; BVerwG, Urt. v. 28.04.2016 – 4 A 2/15, BVerwGE 155, 81, juris Rn. 41; BVerwG, Urt. v. 21.05.1997 – 11 C 1.96, BVerwGE 105, 6 (11); Urt. v. 31.07.2012 – 4 A 7001.11 u.a., BVerwGE 144, 44, juris Rn. 23; BVerwG, Urt. v. 28.04.2016 – 4 A 2.15, BVerwGE 155, 81, juris Rn. 26, 31. OVG Koblenz, Urt. v. 22.04.1986 – 6 A 16/85, NJW 1986, 2780.

über Planänderungen gem. § 76 VwVfG zu beachten.[20] Ein grundsätzlich möglicher Anspruch auf Rücknahme eines Planfeststellungsbeschlusses kann nach der Rechtsprechung des BVerwG nicht weitergehen als der Aufhebungsanspruch nach § 113 Abs. 1 Satz 1 VwGO bei fristgerechter Anfechtung.[21] Der in § 75 Abs. 1a VwVfG zum Ausdruck kommende **Grundsatz der Planerhaltung** begrenzt auch die Reichweite eines Rücknahmeverlangens. Daher scheidet eine vollständige Rücknahme des Planfeststellungsbeschlusses aus, wenn der Mangel, der seine Rechtswidrigkeit begründet, durch Planergänzung oder durch ein ergänzendes Verfahren behoben werden kann.[22] Auch ein Widerruf kommt nach Ansicht des BVerwG nach dem Grundsatz der Verhältnismäßigkeit nur als ultima ratio in Betracht, so z.B., wenn Schutzauflagen nach § 75 Abs. 2 Satz 2 VwVfG als Abhilfe nicht ausreichen.[23]

18 Eine anerkannte Umweltvereinigung ist, so das BVerwG, nach dem UmwRG grundsätzlich auch zur Erhebung einer **Klage auf Rücknahme oder Widerruf** eines bestandskräftigen Planfeststellungsbeschlusses befugt. Die Rechtskraft eines Urteils, mit dem die Anfechtungsklage gegen einen Planfeststellungsbeschluss als unbegründet abgewiesen worden ist, steht nach Ansicht des BVerwG einem Anspruch auf Rücknahme dieses Planfeststellungsbeschlusses nicht entgegen. Die Aufrechterhaltung eines umwelt- und unionsrechtswidrigen, aber bestandskräftigen Planfeststellungsbeschlusses führt nicht zwingend zu einem Verstoß gegen Unionsrecht, wenn und soweit die rechtlichen Instrumente des jeweiligen Fachrechts ausreichend sind, um unionsrechtliche Anforderungen zu erfüllen.[24] Eine anerkannte Umweltvereinigung hat aber keinen Anspruch auf Rücknahme einer immissionsschutzrechtlichen Genehmigung trotz formeller und materieller Rechtswidrigkeit der Genehmigung, da die Rücknahme nach § 48 Abs. 1 Satz 1 VwVfG nur im pflichtgemäßen Ermessen der Behörde steht und das Ermessen mangels Anwendbarkeit des § 48 Abs. 2 VwVfG auch nicht eingeschränkt ist.[25] Im Rahmen dieses Ermessens kann auch § 13 KSG berücksichtigt werden.

19 Die Nichtanwendbarkeit von §§ 71a-71e VwVfG wird damit begründet, dass die Beschleunigungsinstrumente nicht mit den verfahrensrechtlichen Vorgaben des Planfeststellungsverfahrens zu vereinbaren wären.[26] Zu berücksichtigen ist allerdings, dass es bei den mit Konzentrationswirkung versehenen Planfeststellungsverfahren des Einsatzes einer einheitlichen Stelle im Sinne der §§ 71a ff. VwVfG nicht bedarf, weil das Planfeststellungsverfahren bereits zu einer Vereinheitlichung führt. Soweit der Planfeststellungsbeschluss zwar nicht eine wasserrechtliche Erlaubnis für die Benutzung eines Gewässers ersetzt, entscheidet nach § 19 Abs. 1 WHG die Planfeststellungsbehörde auch über die Erteilung der Erlaubnis oder der Bewilligung. Auch insoweit gibt es keinen Bedarf für den Einsatz einer einheitlichen Stelle im Sinne der §§ 71a ff. VwVfG. Treffen mehrere selbstständige Vorhaben, für deren Durchführung Planfeststellungsverfahren vorgeschrieben sind, derart zusammen, dass für diese Vorhaben oder für Teile von ihnen nur eine einheitliche Entscheidung möglich ist, und ist mindestens eines der Planfeststellungsverfahren bundesrechtlich geregelt, so findet nach § 78 Abs. 1 VwVfG für diese Vorhaben oder für deren Teile ebenfalls nur ein Planfeststellungsverfahren statt.

---

20 VG Potsdam, Urt. v. 06.02.2025 – 16 K 1623/24, juris Rn. 137; BVerwG, Urt. v. 23.06.2020 – 9 A 22/19, BVerwGE 168, 368, juris Rn. 24; *Lieber*, in: Mann/Sennekamp/Uechtritz, VwVfG, § 72 Rn. 200.

21 BVerwG, Urt. v. 23.06.2020 – 9 A 22/19, BVerwGE 168, 368, juris Rn. 24; BVerwG, Urt. v. 31.07.2012 – 4 A 7001.11 u.a, BVerwGE 144, 44 Rn. 24.

22 BVerwG, Urt. v. 23.06.2020 – 9 A 22/19, BVerwGE 168, 368, juris Rn. 25; *Neumann/Külpmann*, in: Stelkens/Bonk/Sachs, VwVfG, § 72 Rn. 117; *Deutsch*, in: Mann/Sennekamp/Uechtritz, VwVfG, § 75 Rn. 189; *Ziekow*, VwVfG, § 72 Rn. 33a.

23 BVerwG, Urt. v. 23.06.2020 – 9 A 22/19, BVerwGE 168, 368, juris Rn. 25; BVerwG, Beschl. v. 10.10.2003 – 4 B 83.03, NVwZ 2004, 97, 98; Urt. v. 28.04.2016 – 4 A 2.15, BVerwGE 155, 81 Rn. 31.

24 BVerwG, Urt. v. 23.06.2020 – 9 A 22/19, BVerwGE 168, 368, juris Rn. 36, 52 ff.

25 VG Potsdam, Urt. v. 06.02.2025 – 16 K 1623/24, juris Rn. 137.

26 *Wysk*, in: Kopp/Ramsauer, VwVfG, § 72 Rn. 23.

Im Nachfolgenden können die Verfahrensbestimmungen des VwVfG, auf die § 67 Satz 1 verweist, nicht im Einzelnen kommentiert werden.[27] Es soll jedoch ein kurzer Überblick über die Regelungen, die nach § 67 Satz 1 anzuwenden sind, gegeben werden. Am 01.01.2024 ist das Fünfte Gesetz zur Änderung verwaltungsverfahrensrechtlicher Vorschriften sowie zur Änderung des Sechsten Buches Sozialgesetzbuch in Kraft getreten.[28] Mit diesem Gesetz sind Regelungen des PlanSiG in das VwVfG als Dauerrecht integriert worden. Ein Schwerpunkt des PlanSiG lag bei Regelungen zum Planfeststellungsverfahren. Diese Vorschriften des PlanSiG sind zur Vermeidung einer weiteren Aufblähung der Bestimmungen zum Planfeststellungsverfahren und weil sie auch nicht nur dort gelten sollen, gesondert in den § 27a ff. VwVfG als allgemeine Regelungen den weiteren Vorschriften zu Verwaltungsverfahren vorangestellt worden.[29] Sie müssen aber hinsichtlich des Ablaufs des Planfeststellungsverfahrens berücksichtigt werden. Vorgesehen ist in § 27a Abs. 1 Satz 1 VwVfG, dass die Bekanntmachungen auch auf der **Internetseite** der Behörde oder ihres Verwaltungsträgers zugänglich gemacht werden sollen. Die zur Auslegung vorgesehenen Dokumente sollen ebenfalls vor Beginn des Erörterungstermins auf einer Internetseite der für die Auslegung der Dokumente zuständigen Behörde bekannt gemacht werden (§ 27b Abs. 1 VwVfG). Der Erörterungstermin kann nach § 27c VwVfG ersetzt werden durch eine **Onlinekonsultation** und mit Einwilligung der zur Teilnahme Berechtigten auch mittels einer **Video- oder Telefonkonferenz**.[30] 20

B. Ablauf des Planfeststellungsverfahrens

Regelmäßig wird das in den §§ 72 ff. VwVfG geregelte Planfeststellungsverfahren in verschiedene **Abschnitte** gegliedert.[31] In einem ersten Abschnitt, der im VwVfG vorausgesetzt und nicht förmlich geregelt wird, stellt der Vorhabenträger den Plan auf. Diesen reicht er in einem zweiten Abschnitt bei der zuständigen Behörde ein. Mit der Einreichung des Plans beginnt das Anhörungs- und Erörterungsverfahren i.S.v. § 73 VwVfG, das den zweiten Abschnitt des Planfeststellungsverfahrens bildet. Das Verfahren endet schließlich in einer dritten Phase der Entscheidung mit dem Erlass des Planfeststellungsbeschlusses bzw. mit der Ablehnung des Antrages gem. § 74 VwVfG.[32] 21

Diesen einzelnen Stufen des Planfeststellungsverfahrens können auch die Verfahrensschritte der UVP zugeordnet werden. Der Vorbereitungsphase der Planaufstellung werden das Vorprüfungsverfahren der §§ 7 ff., das Scoping-Verfahren gem. § 15 und die Beibringung des UVP-Berichts durch den Vorhabenträger nach § 16 zugerechnet.[33] Zum Anhörungs- und Erörterungsverfahren gehört die Öffentlichkeitsbeteiligung nach den §§ 18–23. Dem Entscheidungsverfahren sind § 24 mit seinen Bestimmungen zur zusammenfassenden Darstellung der Umweltauswirkungen und § 25 mit der Verpflichtung zur begründeten Bewertung der Umweltauswirkungen und zur Berücksichtigung der Umweltauswirkungen, § 26 mit den Anforderungen an den Inhalt des Bescheids über die Zulassung oder Ablehnung des Vorhabens sowie § 27 mit den Anforderungen an die Bekanntmachung der Entscheidung und die Auslegung des Bescheids zuzuordnen. Da das Vorprüfungsverfahren und das 22

---

27 Näher dazu *Beckmann*, in: Stüer/Beckmann, Handbuch des Bau- und Fachplanungsrechts, Rn. 7801 ff.: *Krappel*, in: Ziekow, Handbuch des Fachplanungsrechts, § 1 Rn. 1 ff.; *Kämper*, Planfeststellungsrecht, in: Johlen/Oerder, Handbuch Verwaltungsrecht, Rn. 1 ff.

28 5. VwVfÄndG, BGBl. 2023 I Nr. 344; siehe dazu *Prell/Altmiks* NVwZ 2024, 105; die im Gesetzentwurf der Bundesregierung für ein Infrastruktur-Zukunftsgesetz mit Stand von 12/2025 vorgesehenen Änderungen des VwVfG konnten angesichts des Redaktionsschlusses Ende Oktober 2025 nicht mehr im Detail berücksichtigt werden.

29 *Prell/Altmiks* NVwZ 2024, 105; *Huck*, in: Huck/Müller, VwVfG, § 73 Rn. 1b.

30 *Huck*, in: Huck/Müller, VwVfG, § 73 Rn. 1b; *Prell/Altmiks* NVwZ 2024, 105; *Durinke/Elgeti* NVwZ 2024, 112.

31 *Kümper*, in: Siegel/Troidl, Straßenrecht, § 2 Rn. 224; *Krappel*, in: Ziekow, Handbuch des Fachplanungsrechts, § 2 Rn. 24 ff.

32 Siehe auch *Huck*, in: Huck/Müller, VwVfG, § 73 Rn. 1.

33 Zur Integration der UVP in das Planfeststellungsverfahren auch *Krappel*, in: Ziekow, Handbuch des Fachplanungsrechts, § 2 Rn. 122 ff.; *Lieber*, in: Sennekamp/Mann/Uechtritz, VwVfG, § 73 Rn. 18 ff.

Scoping-Verfahren nicht im VwVfG, sondern ausschließlich im UVPG geregelt sind, kann insoweit auf die Kommentierung zu diesen Vorschriften verwiesen werden.

I. Anhörungsverfahren

23 Gem. § 73 Abs. 1 Satz 1 VwVfG hat der Träger des Vorhabens den Plan der Anhörungsbehörde zur Durchführung des Anhörungsverfahrens – zukünftig nach dem Gesetzentwurf für ein Infrastruktur-Zukunftsgesetz voraussichtlich elektronisch bei der Planfeststellungsbehörde- einzureichen. § 73 geht von einer Unterscheidung zwischen **Anhörungsbehörde** und **Planfeststellungsbehörde** aus. Allerdings können Anhörungsbehörde und Planfeststellungsbehörde auch identisch sein, wenn das im konkreten Fall anwendbare Gesetz oder eine sonstige Rechtsvorschrift die Zuständigkeit entsprechend regelt.[34] Unabhängig davon, dass das Anhörungsverfahren vor allem dazu bestimmt ist, den Betroffenen rechtliches Gehör zu gewähren, dienen die der Anhörungsbehörde zugewiesenen Aufgaben allein dazu, die Entscheidung der Planfeststellungsbehörde vorzubereiten. Angesichts dessen bestehen vom Grundsatz her keine Interessengegensätze zwischen Anhörungs- und Planfeststellungsbehörde, die materiell-rechtlich eine Aufteilung auf zwei verschiedene Behörde erforderlich machen könnten.[35] Das unterscheidet die Aufgabenverteilung im Planfeststellungsverfahren von Neutralitätsnotwendigkeiten in anderem Zusammenhang. So hat die Rechtsprechung wiederholt gefordert, dass eine mangelnde Distanz zwischen der zuständigen Aufsichtsbehörde und der Funktion eines öffentlich-rechtlichen Entsorgungsträgers Anlass zu der Prüfung geben kann, ob rechtsstaatliche Gebote für die Gestaltung eines fairen Verfahrens zur Gewährleistung einer unparteiischen Aufgabenerfüllung oder der wettbewerbsrechtliche Missbrauchstatbestand nach Art. 106 Abs. 1, Art. 102 verletzt werden.[36]

24 Das Rechtsstaatsprinzip und der Grundsatz des fairen Verfahrens schließen grundsätzlich auch eine Identität zwischen **Vorhabenträger** und **Planfeststellungsbehörde** nicht aus, auch wenn eine organisatorische Trennung beider Funktionen, wie sie im Fachplanungsrecht üblich ist, wesentlich dazu beitragen könnte, die Gefahr und den äußeren Anschein zu vermeiden, dass der Planfeststellungsbehörde die notwendige Distanz gegenüber dem Vorhabenträger fehlt.[37] Eine Trennung von Vorhabenträger und Planfeststellungsbehörde durch Zuweisung ihrer Aufgaben an verschiedene Behörden dient der gebotenen verfahrensrechtlichen Distanz der Planfeststellungsbehörde bei ihrer Zulassungsentscheidung. Sie ist aber keine notwendige Voraussetzung für die gebotene Distanz und Unabhängigkeit. Eine Behörde mit Doppelzuständigkeit hat in beiden ihr übertragenen Funktionen dem Gemeinwohl zu dienen, ist an Recht und Gesetz gebunden und untersteht exekutiver Aufsicht. Angesichts dessen ist eine neutrale Aufgabenwahrnehmung durch sie als Planfeststellungsbehörde jedenfalls

---

34 *Wysk*, in: Kopp/Ramsauer, VwVfG, 2025, 73 Rn. 20; *Huck*, in: Huck/Müller, VwVfG, § 73 Rn. 8.; zu den Zuständigkeiten beim Zusammentreffen mehrerer selbständiger Vorhaben siehe *Krappel*, in: Ziekow, Handbuch des Fachplanungsrechts, § 2 Rn. 195.

35 BVerwG, Urt. v. 31.01.2002 – 4 A 15/01, NVwZ 2002, 1103; BVerwG, Urt. v. 22.01.2004 – 4 A 32/02, NVwZ 2004, 722; OVG NRW, Urt. v. 09.04.2013 – 20 D 84/12.AK, juris Rn. 72 m.w.N.; *Schink*, in: Knack/Henneke, VwVfG, § 73 Rn. 18; zur Wahrung der Neutralitätspflicht wird bei möglichen Interessenkonflikten verwaltungsintern eine organisatorische und personelle Trennung der Aufgabenbereiche für sinnvoll oder sogar notwendig gehalten, BVerwG, Urt. v. 11.07.2017 – 7 C 36/15, juris Rn. 18; VGH BW, Beschl. v. 19.06.2018 – 10 S 1449/17, NVwZ-RR 2018, 800 (801) Rn. 13; OVG NRW, Urt. v. 26.01.2016 – 20 A 318/14, NWVBL 2016, 277 (278); Urt. v. 22.02.2018 – 20 A 818/15, juris Rn. 29.

36 BayVGH, Beschl. v. 02.07.2020 – 12 B 16.2412, juris Rn. 18, 34; BVerwG, Urt. v. 11.07.2017 – 7 C 35/15, NVwZ 2018, 1073 Rn. 15; BVerwG, Urt. v. 05.12.1986 – 4 C 13.85, BVerwGE 75, 214 (230); Urt. v. 18.03.2009 – 9 A 39.07, BVerwGE 133, 239 Rn. 24; *Wysk*, in: Kopp/Ramsauer, VwVfG, § 73 Rn. 21.

37 OVG RP, Urt. v. 09.12.2024 – 1 C 10210/23.OVG, juris Rn. 146; BayVGH, Urt. v. 25.10.2021 – 22 B 17.855, juris Rn. 117; BVerwG, Urt. v. 16.06.2016 – 9 A 4.15, juris Rn. 36; Urt. v. 18.03.2009 – 9 A 39.07, juris Rn. 24; OVG Sachsen-Anhalt, Urt. v. 10.10.2013 – 2 K 98/12, juris Rn. 87.

dann in einer, rechtsstaatlichen Anforderungen genügenden Weise gesichert, wenn behördenintern für eine organisatorische und personelle Trennung beider Aufgabenbereiche gesorgt ist.[38] Die Bestimmung der Zuständigkeiten und insbesondere die Entscheidung, ob die Aufgaben der Anhörungsbehörde und der Planfeststellungsbehörde zu trennen sind, ist Aufgabe der Landesgesetzgeber.

Die Anhörungsbehörde kann auf der Grundlage spezieller Regelungen in einzelnen Fachplanungsgesetzes einen Dritten als **Projektmanager** mit der Vorbereitung und Durchführung von Verfahrensschritten, insbesondere 1. der Erstellung von Verfahrensleitplänen unter Bestimmung von Verfahrensabschnitten und Zwischenterminen, 2. der Fristenkontrolle, 3. der Koordinierung von erforderlichen Sachverständigengutachten, 4. dem Entwurf eines Anhörungsberichts, 5. der ersten Auswertung der eingereichten Stellungnahmen, 6. der organisatorischen Vorbereitung eines Erörterungstermins und 7. der Leitung eines Erörterungstermins auf Vorschlag oder mit Zustimmung des Vorhabenträgers beauftragen. § 73 Abs. 9 VwVfG bleibt unberührt. Die Entscheidung über den Planfeststellungsantrag verbleibt bei der zuständigen Behörde.[39] 25

Der einzureichende **Plan** besteht gem. § 73 Abs. 1 Satz VwVfG aus den Zeichnungen und Erläuterungen, die das Vorhaben, seinen Anlass und die von dem Vorhaben betroffenen Grundstücke und Anlagen erkennen lassen. Die Unterlagen müssen inhaltlich so vollständig und klar sein, dass sie den gem. § 73 Abs. 2 VwVfG zu beteiligenden Behörden eine sachgemäße Stellungnahme ermöglichen. Außerdem müssen Dritte erkennen können, inwieweit ihre Belange von der Planung berührt werden und ob sie deshalb im Anhörungsverfahren zur Wahrung ihrer Rechte Einwendungen erheben sollen. Eine für die Beteiligung der Öffentlichkeit hinreichende **Anstoßfunktion** kann die Auslegungsbekanntmachung unabhängig von der konkreten Formulierung der gesetzlichen Regelung dazu nur haben, wenn sie auch Angaben zu möglichen Umweltfolgen der Planung und zu den dazu verfügbaren Umweltinformationen enthält. Nur bei entsprechenden Angaben in der Auslegungsbekanntmachung wird auch der Verpflichtung hinreichend Rechnung getragen, wonach den Behörden und der Öffentlichkeit innerhalb ausreichend bemessener Fristen »frühzeitig und effektiv« Gelegenheit gegeben werden muss, zum Plan und zum begleitenden Umweltbericht Stellung zu nehmen. Über § 73 Abs. 1 Satz 2 VwVfG hinaus sind auch die Anforderungen des § 16 zu beachten. Nach § 16 Abs. 4 Satz 1 bestimmen sich Inhalt und Umfang des **UVP-Berichts** nach den Vorschriften, die für die Entscheidung über die Zulässigkeit des Vorhabens maßgebend sind. Können die möglichen Auswirkungen auf ein Schutzgut nach dem materiellen Fachrecht auf das Ergebnis einer Zulassungsentscheidung keinen Einfluss haben, sind sie nicht erheblich.[40] 26

Genügen die eingereichten Planunterlagen den Anforderungen des § 73 Abs. 1 Satz 2 VwVfG und des § 16 nicht, dann muss die zuständige Behörde den Antragsteller um die **Vervollständigung der Unterlagen** bitten.[41] Die zuständige Behörde hat nach § 16 Abs. 7 Satz 2 **Nachbesserungen des UVP-Berichts** innerhalb einer angemessenen Frist zu verlangen, soweit der Bericht den Anforderungen nicht entspricht. Bleibt der Antrag trotz einer solchen Aufforderung unvollständig, so darf die Plan- 27

---

38 OVG RP, Urt. v. 09.12.2024 – 1 C 10210/23.OVG, juris Rn. 146; BVerwG, Urt. v. 18.03.2009 – 9 A 39/07, juris Rn. 24; Urt. v. 24.11.2011 – 9 A 23/10, juris Rn. 20; Urt. v. 16.06.2016 – 9 A 4/15, juris Rn. 36; kritisch dazu *Huck*, in: Huck/Müller, VwVfG, § 73 Rn. 7; *Wysk*, in: Kopp/Ramsauer, VwVfG, § 73 Rn. 21a; *Ramsauer*, in: Kopp/Ramsauer, VwVfG, § 9 Rn. 10.

39 Siehe dazu *Wysk*, in: Kopp/Ramsauer, VwVfG, § 73 Rn. 21b; Zu Praxisfragen beim Einsatz von Projektmanagern *Riege* EnWZ 2022, 170; zu Ausschreibungspflichten bei der Beauftragung von Rechtsanwälten als Projektmanager in der Planfeststellung *Donhauser/Schröck* VergabeR 2020, 139; *Seegmüller*, in: Ziekow, Handbuch des Fachplanungsrechts, § 12 Rn. 18; zu Grundlagen und Grenzen der Arbeitsmöglichkeiten eines Projektmanagers auch *Ackermann*, FS für Ramsauer 2023, 273 ff.; zur Beschleunigung von immissionsschutzrechtlichen Genehmigungsverfahren durch Projektmanager *Schrader* DÖV 2025, 133; *Leidinger/Merfeld* DÖV 2025, 713.

40 BVerwG, Urt. v. 27.03.2025 – 7 A 3.24, juris Rn. 53; Beschl. v. 02.03.2023 – 4 B 16/22, juris Rn. 13.

41 Dazu näher *Wysk*, in: Kopp/Ramsauer, VwVfG, § 73, Rn. 23, 28; *Lieber*, in: Sennekamp/Mann/Uechtritz, VwVfG, § 73 Rn. 51; *Schink*, in: Knack/*Henneke*, VwVfG, § 73 Rn. 38.

feststellungsbehörde (nicht die Anhörungsbehörde) den Antrag ablehnen. In der Gesetzesbegründung wird darauf hingewiesen, dass die Behörde sicherstellen muss, dass ihr Personal über die erforderliche Fachkompetenz verfügt.[42] Sofern es der Verfahrensbeschleunigung dient, hat der Vorhabenträger nach § 25 Abs. 2 Satz 2 VwVfG einen Anspruch auf eine Mitteilung über die Vollständigkeit der eingereichten Planunterlagen sowie über die voraussichtliche Verfahrensdauer.

28 Sind die vorgelegten Planunterlagen vollständig, hat die Anhörungsbehörde gem. § 73 Abs. 2 VwVfG innerhalb eines Monats nach Zugang des vollständigen Plans die Behörden, deren Aufgabenbereich durch das Vorhaben berührt wird, zur Stellungnahme aufzufordern und zu veranlassen, dass der Plan in den Gemeinden, in denen sich das Vorhaben auswirkt, ausgelegt wird. Die Auslegung des Plans erfolgt nach § 73 Abs. 2 VwVfG i.V.m. § 27b VwVfG sowohl in digitaler als auch in (nur) einer Gemeinde in physischer Form. Der Plan wird daher auf einer Internetseite der für die Auslegung zuständigen Behörde oder ihres Verwaltungsträgers zugänglich gemacht und darüber hinaus in physischer Form. Missachtet die Behörde die Monatsfrist, kann dies eine **Amtspflichtverletzung** gegenüber dem Vorhabenträger sein.[43] Weitere Sanktionen einer solchen Fristversäumung sind nicht vorgesehen.[44] Die zuständige Behörde unterrichtet nach § 17 Abs. 1 dazu die Behörden, deren umweltbezogener Aufgabenbereich durch das Vorhaben berührt wird, einschließlich der von dem Vorhaben betroffenen Gemeinden und Landkreise sowie der sonstigen im Landesrecht vorgesehenen Gebietskörperschaften, über das Vorhaben und übermittelt Ihnen dazu den UVP-Bericht. Da § 17 Abs. 1 keine bestimmte Frist für die Unterrichtung der zu beteiligenden Behörden vorsieht, bleibt diese Regelung hinter § 73 Abs. 2 VwVfG zurück, sodass die Regelung des § 73 Abs. 2 VwVfG vorgeht. Zu berücksichtigen ist allerdings die Erforderlichkeit einer grenzüberschreitenden Behördenbeteiligung nach den §§ 54 ff.

29 Nach § 18 Abs. 1 Satz 1 beteiligt die zuständige Behörde die Öffentlichkeit zu den Umweltauswirkungen des Vorhabens. Der betroffenen Öffentlichkeit wird gemäß bei 18 Abs. 1 Satz 2 im Rahmen der Beteiligung Gelegenheit zur Äußerung gegeben. Dabei sollen nach dem Umwelt-Rechtsbehelfsgesetz anerkannte Vereinigungen die zuständige Behörde in einer dem Umweltschutz dienenden Weise unterstützen.

30 Kommen die Vereinigungen dieser **Obliegenheit** nicht nach, kann dies ein Indiz dafür sein, dass sich die Vereinigung missbräuchlich oder unredlich verhält, wenn sie Einwendungen erst im späteren Gerichtsverfahren vorträgt, die sie bei einer angemessenen Wahrnehmung ihrer dem Umweltschutz dienenden Obliegenheit bereits im Anfechtungsverfahren vorgetragen hätte. Ein solches **missbräuchliches oder unredliches Verhalten** kann dazu führen, dass nach § 5 UmwRG Einwendungen der Umweltvereinigungen im Gerichtsverfahren unberücksichtigt bleiben. Die Nichtbeteiligung am Anhörungsverfahren ist für sich genommen, d.h. ohne das Hinzutreten weiterer Umstände, nicht geeignet, den Vorwurf zu rechtfertigen, dass die erstmalige Geltendmachung von Einwendungen im gerichtlichen Verfahren missbräuchlich oder unredlich i.S.d. § 5 UmwRG ist.[45] Die Bundesregierung plant bei der im Herbst 2025 bevorstehenden Novelle des UmwRG auch § 5 UmwRG zu ändern bzw. zu ergänzen. Die erstmalige Geltendmachung einer Einwendung im Rechtsbehelfsverfahren soll nach einem Referentenentwurf des Änderungsgesetzes missbräuchlich oder unredlich sein, wenn dem Rechtsbehelfsführer die Einwendung bereits im Verwaltungsverfahren

42 Gesetzesbegründung der BReg BT-Drs. 18/11199, S. 89.

43 *Wysk*, in: Kopp/Ramsauer, VwVfG, § 73 Rn. 32; a.A. *Lieber*, in: Sennekamp/Mann/Uechtritz, VwVfG, § 73 Rn. 51 mit dem Hinweis, dass die mit § 73 Abs. 2 VwVfG bezweckte Beschleunigung des Verfahrens nur im öffentlichen Interesse bestehe, was allerdings bei Planfeststellungsverfahren privater Vorhabenträger nicht überzeugend ist.

44 *Schink*, in: Knack/Henneke, VwVfG, § 73 Rn. 40.

45 OVG NRW, Urt. v. 03.09.2021 – 11 D 79/19. AK, juris Rn. 28; BVerwG, Urt. v. 29.06.2017 – 3 A 1.16, juris Rn. 24; siehe auch BVerwG, Urt. v. 25.05.2023 – 7 A 7.22, juris Rn. 25; VGH BW, Urt. v. 11.12.2023 – 10 S 1914/22, juris Rn. 122; BayVGH, Urt. v. 04.08.2022 – 22 A 20.40012, juris Rn. 71.

bekannt war und er sie in vorwerfbarer Weise mit Verzögerungsabsicht erst im Rechtsbehelfsverfahren geltend macht.

Das Beteiligungsverfahren muss nach § 18 Abs. 1 Satz 3 den Anforderungen des § 73 Abs. 2 Satz 1 und § 73 Abs. 5–7 VwVfG entsprechen. Die Gemeinden, in denen sich das Vorhaben auswirkt, haben nach § 73 Abs. 3 Satz 1 VwVfG den Plan innerhalb von drei Wochen nach Zugang für die Dauer eines Monats zur Einsicht auszulegen. Die Gemeinden sind zur Auslegung des Plans auf den Internetseiten und in physischer Hinsicht verpflichtet.[46] Nach § 73 Abs. 3 Satz 2 VwVfG bestimmt die Anhörungsbehörde, in welcher Gemeinden nach § 73 Abs. 2 VwVfG eine klassische Auslegung in den Räumen einer Gemeinde und damit nach § 27b Abs. 1 Nr. 2 zur Verfügung zu stellen ist. Es ist dazu nur noch eine Gemeinde zu bestimmen und auch nur dort müssen die Dokumente und zur Einsicht Betroffener ausgelegt werden. Eine weitere Auslegung des Plans und weiterer Dokumente in anderen Gemeinden ist damit grds. nicht mehr erforderlich.[47] Die Anhörungsbehörde legt nach § 73 Abs. 3 Satz 2 VwVfG auch im Benehmen mit der jeweiligen Gemeinde die anderweitige Zugangsmöglichkeit fest. Die Anforderungen an die **Auslegungsbekanntmachung** bei UVP-pflichtigen Vorhaben sind umstritten. Zum Teil wurde die Angabe einer vollständigen Liste der für die Umweltauswirkungen entscheidungserheblichen Unterlagen verlangt, zum Teil aber nur eine aussagekräftige Aufzählung über diese möglichen Umweltauswirkungen. Nicht ausreichend ist eine Bekanntmachung mit dem Hinweis, dass die entscheidungserheblichen Unterlagen über die Umweltauswirkungen öffentlich ausgelegt werden.[48] Die **Anstoßfunktion** gilt als unerlässliches Wesensmerkmal einer jeden Bekanntmachung; sie hat daher in einer Weise zu erfolgen, die geeignet ist, das Informations- und Beteiligungsinteresse der Bürger zu wecken, die an der beabsichtigten Planung interessiert oder von ihr betroffen sind.[49] Die Anstoßfunktion wird verfehlt, wenn die ausgelegten Unterlagen grob unvollständig sind oder schwerwiegende Fehler enthalten, sodass das zentrale gesetzgeberische Anliegen einer frühzeitigen und effektiven Öffentlichkeitsbeteiligung grundsätzlich in Frage gestellt ist.[50] 31

Nach § 17 Abs. 2 Satz 1 holt die zuständige Behörde die Stellungnahmen der unterrichteten Behörden ein. Für die Stellungnahmen gilt bei 73 Abs. 3a VwVfG entsprechend. Die zu beteiligenden Behörden haben gem. § 73 Abs. 3a VwVfG ihre Stellungnahmen innerhalb einer von der Anhörungsbehörde zu setzenden Frist abzugeben, die drei Monate nicht überschreiten darf. Nach dem Erörterungstermin eingehende Stellungnahmen werden nicht mehr berücksichtigt, es sei denn, die vorgebrachten Belange sind der Planfeststellungsbehörde bereits bekannt oder hätten ihr bekannt sein müssen oder sind für die Rechtmäßigkeit der Entscheidung von Bedeutung. Die damit vorgesehene **Präklusionsregelung** ist allerdings von durchaus zweifelhaftem Wert. Denn grundsätzlich sind alle abwägungserheblichen öffentlichen Belange letztlich für die Rechtmäßigkeit der Entscheidung von Bedeutung. Das hat zur Folge, dass verspätet vorgebrachte Belange nur dann unberücksichtigt bleiben können, wenn sie nicht abwägungsrelevant sind. Dazu bedarf es allerdings einer solchen Präklusionsregelung nicht. 32

Ergibt sich bereits aus den Stellungnahmen der Behörden ein zwingender, durch Nebenbestimmungen nicht behebbarer **Versagungsgrund**, oder werden unvollständige Planunterlagen trotz Aufforderung der Anhörungsbehörde vom Träger des Vorhabens nicht ordnungsgemäß vervollständigt, kann nach 33

46 *Huck*, in: Huck/Müller, VwVfG, § 73 Rn. 50.

47 *Durinke/Elgeti* NVwZ 2024, 112 (116); *Huck*, in Huck/Müller, VwVfG, § 73 Rn. 44c.

48 *Wysk*, in: Kopp/Ramsauer, VwVfG, § 63 Rn. 55; BVerwG, Urt. v. 28.04.2016 – 9 A 9/15, juris Rn. 21; BVerwG, Urt. v. 21.01.2016 – 4 A 5/14, juris Rn. 36.

49 VGH München, Urt. v. 11.07.2025 – 15 N 23.1630, juris Rn. 29; Urt. v. 02.05.2024 – 9 N 22.465, juris Rn. 40.

50 OVG Münster, Urt. v. 12.01.2024 – 8 D 92/22.AK, KommJur 2024, 106 (110); OVG Saarland, Beschl. v. 04.09.2023 – 2 B 70/23, juris Rn. 19; zum Planfeststellungsrecht BVerwG, Urt. v. 28.04.2016 –9 A 9.15, juris Rn. 34; Urt. v. 02.07.2020 – 9 A 19.19, juris Rn. 23; *Happ*, in: Eyermann, VwGO, § 4 UmwRG Rn. 10.

Durchführung des Beteiligungsverfahrens der Planfeststellungsantrag bereits ohne Einleitung des Offenlegungsverfahrens abgelehnt werden. Liegt ein solcher zwingender Versagungsgrund nicht vor, dann bedarf es – wie erwähnt – der **öffentlichen Auslegung** nach § 73 Abs. 3 Satz 1 VwVfG.

34 Die Gemeinden, in denen der Plan auszulegen ist, haben gem. § 73 Abs. 5 Satz 1 VwVfG die Auslegung vorher ortsüblich bekannt zu machen. In der **Bekanntmachung** ist darauf hinzuweisen, wo und in welchem Zeitraum der Plan zur Einsicht ausgelegt ist, dass etwaige Einwendungen bei den in der Bekanntmachung zu bezeichnenden Stellen innerhalb der Einwendungsfrist vorzubringen sind, dass bei Ausbleiben eines Beteiligten in dem Erörterungstermin auch ohne ihn verhandelt werden kann, dass die Personen, die Einwendungen erhoben haben, von dem Erörterungstermin durch öffentliche Bekanntmachung benachrichtigt werden können, und dass die Zustellung der Entscheidung über die Einwendungen durch öffentliche Bekanntmachung ersetzt werden kann, wenn mehr als 50 Benachrichtigungen oder Zustellungen vorzunehmen sind. Nicht ortsansässige Betroffene, deren Person und Aufenthalt bekannt sind oder sich innerhalb angemessener Frist ermitteln lassen, sollen auf Veranlassung der Anhörungsbehörde von der Auslegung mit dem Hinweis nach § 73 Abs. 5 Satz 2 VwVfG benachrichtigt werden. Auszulegen sind grundsätzlich nur die Planunterlagen. Die Stellungnahmen der beteiligten Behörden sowie von der Anhörungsbehörde eingeholte Gutachten müssen nicht offengelegt werden. Die Planauslegung soll Betroffenen und die anerkannten Vereinigungen über das Vorhaben unterrichten. Sie genügt diesem Zweck, wenn sie den Betroffenen und Vereinigungen Anlass für die Prüfung gibt, ob das Vorhaben ihre Belange oder ihre satzungsmäßigen Interessen berührt und ob sie zu deren Wahrung Einwendungen erheben oder eine Stellungnahme abgeben wollen (**Anstoßwirkung**). Die Planauslegung muss geeignet sein, interessierten Bürgern, Gemeinden und anerkannten Vereinigungen eine mögliche Betroffenheit bewusst zu machen, dadurch Interesse an weiterer Information und Beteiligung zu wecken und so eine auf das geplante Vorhaben bezogene Öffentlichkeit herzustellen.[51] Welche Unterlagen hierzu gehören, beurteilt sich nach den Gegebenheiten des Einzelfalls. Unterlagen sind grundsätzlich dann auszulegen, wenn sich erst aus ihnen abwägungserhebliche Auswirkungen auf die Belange potenziell Betroffener oder anerkannter Vereinigungen ergeben; ergänzt hingegen eine Unterlage lediglich eine ausgelegte Planunterlage, muss sie nicht ausgelegt werden.[52]

35 Weitere Einzelheiten zu Bekanntmachung zu Beginn des Beteiligungsverfahrens regelt § 19 Abs. 1. Danach unterrichtet die zuständige Behörde bei der Bekanntmachung zu Beginn des Beteiligungsverfahrens die Öffentlichkeit über den Antrag auf Zulassungsentscheidung oder über eine sonstige Handlung des Vorhabenträgers zur Einleitung eines Verfahrens, in dem die UVP geprüft wird. Außerdem muss die Öffentlichkeit über die Feststellung der UVP-Pflicht des Vorhabens nach § 5, sowie, falls erforderlich, über die Durchführung einer grenzüberschreitenden Beteiligung nach den §§ 54–56 unterrichtet werden. § 19 Abs. 1 Nr. 3 schreibt außerdem vor, dass auch über die für das Verfahren und für die Zulassungsentscheidung jeweils zuständigen Behörden, bei denen weitere relevante Informationen erhältlich sind und bei denen Äußerungen oder Fragen eingereicht werden können, sowie über die festgelegten Fristen zu Ermittlung dieser Äußerungen der Fragen zu unterrichten ist; nach § 19 Abs. 1 Nr. 4–8 muss auch über die Art einer möglichen Zulassungsentscheidung, darüber, dass ein UVP-Bericht vorgelegt worden ist, über die Bezeichnung der das Vorhaben betreffenden entscheidungserheblichen Berichte und Empfehlungen, die der zuständigen Behörde zum Zeitpunkt des Beginns des Beteiligungsverfahrens vorliegen, darüber, wo und in welchem Zeit-

51 *Beckmann*, in: Stüer/Beckmann, Handbuch des Bau- und Fachplanungsrechts, Rn. 6033; OVG Lüneburg, Urt. v. 05.05.2025 – 1 KN 121/22, juris Rn. 25; Urt. v. 02.09.2020 – 7 KS 17/15, juris Rn. 82; *Neumann/Külpmann*, in: Stelkens/Bonk/Sachs, VwVfG, 2023, 73 Rn. 47.

52 *Beckmann*, in: Stüer/Beckmann, Handbuch des Bau- und Fachplanungsrechts, Rn. 6033; VGH Mannheim, Urt. v. 08.11.2022 – 6 S 833/20, juris Rn. 44; BVerwG, Urt. v. 15.10.2020 – 7 A 9/19, NVwZ 2021, 1145; BVerwG, Urt. v. 05.10.2021 – 7 A 13/20, BVerwGE 173, 296; Lieber weist darauf hin, dass der Anhörungsbehörde hinsichtlich der mindestens auszulegenden Unterlagen kein Ermessen zusteht, *Lieber*, in: Sennekamp/Mann/Uechtritz, VwVfG, § 72 Fn. 109.

raum die Unterlagen zur Einsicht ausgelegt werden sowie über weitere Einzelheiten des Verfahrens der Mitteilung der Öffentlichkeit unterrichtet werden.

Im Rahmen des Beteiligungsverfahrens legt die zuständige Behörde nach § 19 Abs. 2 Satz 1 zumindest 36
den UVP-Bericht sowie die das Vorhaben betreffenden entscheidungserheblichen Berichte und Empfehlungen, die der zuständigen Behörde zum Zeitpunkt des Beginns des Beteiligungsverfahrens vorgelegen haben zur Einsicht für die Öffentlichkeit aus. Weitere Informationen, die für die Zulassungsentscheidung von Bedeutung sein können, und die der zuständigen Behörde erst nach Beginn des Beteiligungsverfahrens vorliegen, sind der Öffentlichkeit nach den Bestimmungen des Bundes und der Länder über den Zugang zu Umweltinformationen zugänglich zu machen (§ 19 Abs. 3).

Für die Zugänglichmachung des Inhalts der Bekanntmachung nach bei 19 Abs. 1 und der nach 37
§ 19 Abs. 2 auszulegenden Unterlagen im Internet richten Bund und Ländern nach § 20 Abs. 1 Satz 1 **zentrale Internetportale** ein. Die Zugänglichmachung erfolgt im zentralen Internetportal des Bundes, wenn die Zulassungsbehörde eine Bundesbehörde ist. Für den Aufbau und Betrieb des zentralen Internetportals des Bundes ist das Umweltbundesamt zuständig. Die zuständigen Behörden machen nach § 20 Abs. 2 Satz 1 den Inhalt der Bekanntmachung nach § 19 Abs. 1 und die in § 19 Abs. 2 Satz 1 Nr. 1 und 2 genannten Unterlagen über das einschlägige Zentrale Internetportal zugänglich. Nach § 20 Abs. 1 S. 2 erfolgt die Zugänglichmachung bei Vorhaben, die von einer Behörde des Bundes zugelassen werden, im zentralen Internetportal des Bundes. Ist eine Behörde eines Landes zuständig, erfolgt dementsprechend die Zugänglichmachung im zentralen Internetportal des Landes. Mit der Zugänglichmachung der Bekanntmachung nach § 19 Abs. 1 im jeweiligen UVP-Portal erfolgt demnach zugleich eine Zugänglichmachung über die Internetseite des Verwaltungsträgers der Zulassungsbehörde nach § 27a Abs. 1 Satz 1 VwVfG. Ebenso ist die Zugänglichmachung der Unterlagen nach § 19 Abs. 2 UVPG im jeweiligen UVP-Portal zugleich eine Zugänglichmachung über die Internetseite des Verwaltungsträgers nach § 27b Abs. 1 Satz 1 VwVfG. Eine Zugänglichmachung derselben oder weitergehender Informationen auf anderen Internetseiten von Behörden auf anderer Rechtsgrundlage, zum Beispiel nach § 27b VwVfG oder den entsprechenden Bestimmungen der VwVfG der Länder, wird dadurch nicht ausgeschlossen.[53]

Zweck des UVP-Portals nach § 20 ist es, bestimmte Informationen über UVP-pflichtige Vorhaben 38
einfach zugänglich zu machen und damit die Informationsmöglichkeiten der Bürger zur Information über das Vorhaben und seine Umweltauswirkungen zu verbessern. Damit soll zur Transparenz der UVP und des Zulassungsverfahrens insgesamt beigetragen werden.[54] Die in § 20 Abs. 1 Satz 3 geregelte Aufgabe des Umweltbundesamtes ist von der Aufgabe der zuständigen Behörde nach den §§ 18 und 19 zu unterscheiden. Durch die Zuständigkeit für den Aufbau und Betrieb des zentralen Internetportals werden der dafür zuständigen Behörde nicht zugleich die Aufgaben einer Anhörungsbehörde nach § 73 Abs. 4 VwVfG oder entsprechender fachrechtlicher Vorschriften zugewiesen. Einwendungen sind daher bei der jeweils zuständigen Zulassungs- oder Anhörungsbehörde zu erheben.[55]

Auf der Grundlage des § 20 Abs. 4 hat die Bundesregierung eine Verordnung über Zentrale Inter- 39
netportale des Bundes und der Länder im Rahmen der Umweltverträglichkeitsprüfung erlassen (UVPPortV). Damit soll eine einheitliche Handhabung in den zentralen Internetportalen des Bundes und der Länder erreicht werden. Die Verordnung regelt Mindeststandards für die Art und Weise der Zugänglichmachung der Daten sowie die Dauer der Speicherung dieser Daten. Entsprechende Regelungen sind für immissionsschutzrechtliche und atomrechtliche Genehmigungsverfahren in den dafür geltenden Verfahrensverordnungen implementiert worden.

53 Nr. 20.1 UVPVwV 2025.
54 Nr. 20.1 UVPVwV 2025.
55 Siehe dazu Nr. 20.1 UVPVwV 2025.

40 Nach § 21 Abs. 1 kann sich die betroffene Öffentlichkeit im Rahmen der Beteiligung schriftlich oder zur Niederschrift bei der zuständigen Behörde äußern. Die Äußerungsfrist endet grundsätzlich nach § 21 Abs. 2 einen Monat nach Ablauf der Frist für die Auslegung der Unterlagen. Gem. § 73 Abs. 4 Satz 1 VwVfG kann jeder, dessen Belange durch das Vorhaben berührt werden, bis zwei Wochen nach Ablauf der Auslegungsfrist schriftlich oder zur Niederschrift bei der Anhörungsbehörde oder bei der Gemeinde **Einwendungen** gegen den Plan erheben.[56] Soweit die Frist nach 21 Abs. 2 länger ist als die nach § 73 Abs. 4 Satz 1 VwVfG geht die längere Frist vor. Bei Vorhaben, für die Unterlagen in erheblichem Umfang eingereicht worden sind, kann die zuständige Behörde nach § 21 Abs. 3 Satz 1 längere Äußerungsfristen festlegen. Allerdings darf die Äußerungsfrist gem. § 21 Abs. 3 Satz 2 die nach § 73 Abs. 3a Satz 1 VwVfG zu setzende Frist nicht überschreiten. Die Behörden haben nach § 73 Abs. 3a Satz 1 VwVfG ihre Stellungnahme innerhalb einer von der Anhörungsbehörde zu setzenden Frist abzugeben, die drei Monate nicht überschreiten darf.

41 Zu den Einwendungen zählt jede Art von Bedenken, die gegen das Vorhaben aus der Sicht der Nachbarschaft oder der Allgemeinheit erhoben werden können. Einwendungen sind sachliches, auf die Verhinderung oder Änderung des beantragten Vorhabens abzielendes Gegenvorbringen. Hiervon zu unterscheiden sind Ausführungen zur mangelnden Wahrung von Bestimmungen, die den rechtlichen Rahmen der Planfeststellung abstecken.[57] Ausführungen zur Rechtslage können insoweit auch nicht präkludieren. Einwendungen müssen so konkret sein, dass die Planfeststellungsbehörde erkennen kann, in welcher Weise sie bestimmte Belange einer näheren Betrachtung unterziehen soll.[58] Die Anforderungen an Umfang und Detailliertheit der Einwendung eines Planbetroffenen richten sich nach der Konkretheit der ausgelegten Planunterlagen.[59] Gemeinden, die auch im Rahmen der Behördenbeteiligung Stellung nehmen, müssen, wenn sie sich gegen ein Vorhaben wenden wollen, mit einem gesonderten Schreiben Einwendungen erheben, aus dem sich ergibt, dass es sich bei dem Schreiben nicht nur um eine Behördenstellungnahme, sondern um ein fristwahrendes Einwendungsschreiben zur Wahrung ihres Selbstverwaltungsrechts handelt. Das setzt die Unterzeichnung durch eine nach dem Gemeinderecht zur Vertretung der Gemeinde berechtigten Person voraus.[60]

42 Mit Ablauf der Äußerungsfrist sind für das Verfahren über die Zulässigkeit des Vorhabens alle Äußerungen, die nicht auf besonderen privatrechtlichen Titeln beruhen, ausgeschlossen (§ 21 Abs. 4 Satz 1). Hierauf weist die zuständige Behörde gemäß § 21 Abs. 4 Satz 2 in der Bekanntmachung der Auslegung oder bei der Bekanntgabe der Äußerungsfrist hin. Die Äußerungsfrist gilt auch für solche Einwendungen die sich nicht auf die Umweltauswirkungen des Vorhabens beziehen. Bei diesem Einwendungsausschluss handelt es sich um eine reine **Verfahrenspräklusion**. Sie führt dazu, dass verfristete Einwendungen im Planfeststellungsverfahren nicht mehr erörtert werden müssen. Keineswegs berechtigt die Verfristung einer Einwendung die Planfeststellungsbehörde jedoch dazu, sie unberücksichtigt zu lassen, wenn sie den Inhalt der Einwendung, wenn auch verspätet, bevor der Entscheidung über den Planfeststellungsantrag zur Kenntnis erhält und wenn es sich um eine entscheidungsrelevante Einwendung handelt.

43 Im Rechtsbehelfsverfahren gegen eine Entscheidung nach § 1 Abs. 1 Satz 1 Nr. 1–2b UmwRG findet § 73 Abs. 4 Satz 3–6 VwVfG nach § 7 Abs. 4 UmwRG keine Anwendung. Eine **materielle**

---

56 Dazu im Einzelnen *Beckmann*, in: Stüer/Beckmann, Handbuch des Bau- und Fachplanungsrechts, Rn. 7866 ff.

57 BVerwG, Urt. v. 14.07.2011 – 9 A 14.10, NVwZ 2012, 180, juris Rn. 12; Urt. v. 25.05.2016 – 3 C 2.15, BVerwGE 155, 218, juris Rn. 25; OVG Hamburg, Beschl. v. 15.08.2018 – 1 Es 1/18.P, juris Rn. 47; *Wysk*, in: Kopp/Ramsauer, VwVfG, § 73 Rn. 64.

58 OVG Hamburg, Beschl. v. 08.01.2020 – 2 Bs 183/19, juris Rn. 38; BVerwG, Urt. v. 09.10.2008 – 9 PKH 2.08, NVwZ 2009, 55.

59 BVerwG, Urt. v. 09.07.2008 – 9 A 14.07, NVwZ 2009, 303 (317).

60 *Hagmann*, in: Landmann/Rohmer, Umweltrecht, Stand: 9/21, § 22 UVPG Rn. 12; OVG NRW, Beschl. v. 29.08.2005 – 915/08, UPR 2009, 39.

Präklusion ist bei UVP-pflichtigen Vorhaben nicht mehr zulässig.[61] Im Jahr 2015 hat der EuGH im Rahmen einer Vertragsverletzungsklage der Kommission gegen Deutschland die Unionsrechtswidrigkeit einer materiellen Präklusion festgestellt.[62] Nach Auffassung des EuGH verstößt eine materielle Präklusion gegen die UVP-RL und die IE-RL, soweit die Präklusionsregeln im Anwendungsbereich dieser Richtlinien sowohl bei Verbands- als auch bei Individualklagen die Klagebefugnis und den Umfang der gerichtlichen Prüfung auf Einwendungen beschränken, die bereits innerhalb der Einwendungsfrist im Verwaltungsverfahren vorgebracht worden sind. Als Konsequenz dieser Rechtsprechung des EuGH scheidet eine Anwendung materieller Präklusionsvorschriften aus, wenn sich diese gegen Projekte im Anwendungsbereich der UVP-Richtlinie und/oder der IE-Richtlinie richten. Das ist vom Gesetzgeber bei der letzten Novelle des UmwRG berücksichtigt worden.[63] Eine materielle Präklusion ist auch insoweit mit der UVP-RL unvereinbar, als sie Einwendungen betrifft, die keinen unmittelbaren Umweltbezug aufweisen.[64] Die Wiedereinführung einer materiellen Präklusion für UVP-pflichtige Vorhaben ist nur auf unionsrechtlicher Ebene möglich.[65]

Gemäß § 6 Sätze 1 und 2 UmwRG hat eine Person oder eine Vereinigung innerhalb einer Frist von 44
zehn Wochen ab Klageerhebung die zur Begründung ihrer Klage dienenden Tatsachen und Beweismittel anzugeben; Erklärungen und Beweismittel, die erst nach Ablauf dieser Frist vorgebracht werden, sind grundsätzlich nur zuzulassen, wenn die Verspätung entschuldigt ist (§ 6 Satz 3 UmwRG i.V.m. § 87b Abs. 3 Satz 1 Nr. 2 VwGO). Die Frist des § 6 Satz 1 UmwRG ist, abgesehen von § 6 Satz 4 UmwRG nicht verlängerbar.[66] Nach dem Wegfall der aus dem Verwaltungsverfahren in den Prozess hineinwirkenden materiellen Präklusion soll mit dieser prozessualen Frist verhindert werden, dass in einem späten Stadium des gerichtlichen Verfahrens neuer Tatsachenvortrag erfolgt, auf den die übrigen Beteiligten und das Gericht nicht mehr angemessen reagieren können.[67] Im Verfahren des vorläufigen Rechtsschutzes findet § 6 UmwRG zwar keine unmittelbare Anwendung; über die Prüfung der Erfolgsaussichten der Hauptsache wirkt sich die Regelung aber mittelbar auf das Eilverfahren aus.[68] Die Klagebegründungsfrist des § 6 Satz 1 UmwRG ist nicht auf eine Klage des Vorhabenträgers gegen belastende Nebenbestimmungen anwendbar.[69]

Die Verfahrenspräklusion bezieht sich im Übrigen nur auf solche Einwendungen, die der Betroffene 45
innerhalb der Einwendungsfrist hätte geltend machen können. Bedenken gegen das Vorhaben auf der Grundlage eines Sachverhalts, der dem Einwender erst nach Fristablauf bekannt wird, können auch nachträglich noch vorgetragen werden.

Nach Ablauf der Einwendungsfrist hat die Anhörungsbehörde gem. § 73 Abs. 6 Satz 1 VwVfG die 46
rechtzeitig erhobenen Einwendungen gegen den Plan und die Stellungnahmen der Behörden zu

61 Siehe dazu *Lieber*, in: Sennekamp/Mann/Uechtritz, VwVfG, § 73 Rn. 150, 239; *Eisenbarth* VBLBW 1014, 45; *Schink*, in: Knack/Henneke, VwVfG, § 73 Rn. 122; *Wysk*, in: Kopp/Ramsauer, VwVfG, § 73 Rn. 63a; die Bundesregierung bemüht sich auf europäischer Ebene um eine Aufhebung des Verbots einer materiellen Präklusion.

62 EuGH, Urt. v. 15.10.2015 – Rs. C-137/14, juris.

63 Siehe dazu BVerfG, Beschl. v. 18.09.2017 – 1 BvR 361/12, juris Rn. 13.

64 BVerwG, Urt. v. 30.03.2017 – 7 C 17.15, juris Rn. 20.

65 *Wysk*, in: Kopp/Ramsauer, VwVfG, § 73 Rn. 62b unter Verweis auf EuGH, Urt. v. 14.01.2021 – C-826/18, juris Rn, 31 ff.; a.A. *Durner* UPR 2020, 443.

66 BVerwG, Urt. v. 23.05.2024 – 7 C 1/23, juris Rn. 23; OVG BB, Beschl. v. 27.05.2025 – 11 S 29/22, juris Rn. 15; zu § 6 UmwRG ausführlich *Külpmann* NVwZ 2025, 529; auch § 6 UmwRG soll bei der im Herbst 2025 noch geplanten Novelle des UmwRG ergänzt werden. Das Gericht soll zukünftig im Interesse der Verfahrensbeschleunigung den übrigen Beteiligten mit der Zustellung der Klagebegründung eine angemessene Frist zur Äußerung setzen, wobei diese Frist durch den Vorsitzenden oder den Berichterstatter auf Antrag verlängert werden können soll.

67 OVG NRW, Urt. v. 05.02.2021 – 11 D 13/18. AK, juris Rn. 83; BVerwG, Urt. v. 27.11.2018 – 9 A 8.17, juris Rn. 13 f., 83.

68 OVG BB, Beschl. v. 27.05.2025 – 11 S 29/22, juris Rn. 9.

69 VGH BW, Urt. v. 19.03.2025 – 10 S 1411/23, juris Rn. 29.

dem Plan mit dem Träger des Vorhabens, den Behörden, den Betroffenen sowie den Personen, die Einwendungen erhoben haben, zu erörtern. Der **Erörterungstermin** ist nach § 73 Abs. 6 Satz 2 VwVfG mindestens eine Woche vorher ortsüblich bekannt zu machen. Die Behörden, der Träger des Vorhabens und diejenigen, die Einwendungen erhoben haben, sind nach § 73 Abs. 6 Satz 2 VwVfG von dem Erörterungstermin zu benachrichtigen.

47 Die Erörterung soll innerhalb von drei Monaten nach Ablauf der Einwendungsfrist abgeschlossen werden (§ 73 Abs. 6 Satz 7 VwVfG). In dem Erörterungstermin hat die Anhörungsbehörde die rechtzeitig erhobenen Einwendungen gegen den Plan und die Stellungnahmen der Behörden zu erörtern. Der Erörterungstermin ist nicht öffentlich. Teilnahmeberechtigt sind der Träger des Vorhabens, die im Aufgabenbereich berührten Behörden, die anerkannten Verbände, die Planbetroffenen, und zwar unabhängig davon, ob sie Einwendungen vorgebracht haben, sowie die Personen, die Einwendungen erhoben haben.

48 Soll ein ausgelegter Plan geändert werden und werden dadurch der Aufgabenbereich einer Behörde oder Belange Dritter erstmalig oder stärker als bisher berührt, so ist diesen die Änderung gem. § 73 Abs. 8 Satz 1 VwVfG mitzuteilen und ihnen Gelegenheit zu Stellungnahmen und Einwendungen innerhalb von zwei Wochen zu geben. § 73 Abs. 8 VwVfG bezieht sich auf Planänderungen im anhängigen Planfeststellungsverfahren. Für Planänderung nach der Planfeststellung gilt § 76 VwVfG.[70] Die Öffentlichkeit muss neu beteiligt werden, wenn eine nach Gegenstand, Systematik und Ermittlungstiefe neue oder über die bisherigen Untersuchungen wesentlich hinausgehende Prüfung der Umweltbetroffenheiten stattfindet, die ihren Niederschlag in einer neuen entscheidungserheblichen Unterlage über die Umweltauswirkungen des Vorhabens findet.[71] Wirkt sich die **Änderung** auf das Gebiet einer anderen Gemeinde aus, so ist gem. § 73 Abs. 8 Satz 2 VwVfG der geänderte Plan in dieser Gemeinde auszulegen. Ändert der Vorhabenträger im Laufe des Verfahrens die Unterlagen, die nach § 19 Abs. 2 auszulegen sind, so ist nach § 22 Abs. 1 Satz 1 eine erneute Beteiligung der Öffentlichkeit erforderlich. Diese Öffentlichkeitsbeteiligung ist jedoch nach § 22 Abs. 1 Satz 2 auf die Änderung zu beschränken. Hierauf weist die zuständige Behörde in der Bekanntmachung nach § 22 Abs. 1 Satz 3 hin. Die zuständige Behörde soll nach § 22 Abs. 2 Satz 1 von einer erneuten Beteiligung der Öffentlichkeit absehen, wenn zusätzliche erhebliche oder andere erhebliche Umweltauswirkungen nicht zu besorgen sind. Dies ist § 22 Abs. 2 Satz 3 insbesondere dann der Fall, wenn solche Umweltauswirkungen durch die vom Vorhabenträger vorgesehenen Vorkehrungen ausgeschlossen werden.

49 Das Anhörungsverfahren wird mit einer Stellungnahme der Anhörungsbehörde gem. § 73 Abs. 9 VwVfG abgeschlossen. Die Behörde gibt zum Ergebnis des Anhörungsverfahrens eine Stellungnahme ab und leitet diese möglichst innerhalb eines Monats nach Abschluss der Erörterung mit dem Plan, den Stellungnahmen der Behörden und den nicht erledigten Einwendungen der Planfeststellungsbehörde zu.

50 Außerdem erarbeitet die zuständige Behörde gem. § 24 Abs. 1 Satz 1 eine **zusammenfassende Darstellung** der Umweltauswirkungen des Vorhabens, der Merkmale des Vorhabens und des Standorts, mit denen erhebliche nachteilige Umweltauswirkungen ausgeschlossen, vermindert oder ausgeglichen werden sollen, und der Maßnahmen, mit denen erhebliche nachteilige Umweltauswirkungen ausgeschlossen, vermindert oder ausgeglichen werden sollen, sowie der Ersatzmaßnahmen bei Eingriffen in Natur und Landschaft.

51 Die Erarbeitung dieser zusammenfassenden Darstellung erfolgt nach § 24 Abs. 1 Satz 2 auf der Grundlage des UVP-Berichts, der behördlichen Stellungnahmen nach § 17 Abs. 2 und § 55 Abs. 4

70 *Schink,* in: Knack/Henneke, VwVfG, § 73 Rn. 11.

71 VGH München, Beschl. v. 29.04.2024 – 22 AS 24.40016, juris Rn. 50; BVerwG, Beschl. v. 14.12.2021 – 4 B 10.21, juris Rn. 4 f.; Urt. v. 28.04.2016 – 9 A 9.15, juris Rn. 34; Urt. v. 16.11.2016 – 9 A 18.15, juris Rn. 25.

sowie der Äußerungen der betroffenen Öffentlichkeit nach den §§ 21 und 56 die Ergebnisse eigener Ermittlungen sind nach § 24 Abs. 1 Satz 3 einzubeziehen.

Diese zusammenfassende Darstellung soll möglichst innerhalb eines Monats nach Abschluss der Erörterung im Beteiligungsverfahren erarbeitet werden. Zuständige Behörde ist auch für die zusammenfassende Darstellung der Umweltauswirkungen die Behörde, die für das verwaltungsbehördliche Verfahren zuständig ist, deren unselbstständiger Teil die UVP ist, also die für die Zulassungsentscheidung zuständige Behörde. Fallen im Planfeststellungsverfahren Anhörungsbehörde und Planfeststellungsbehörde auseinander, so ist die Planfeststellungsbehörde zuständig. Dies ergibt sich schon daraus, dass die zusammenfassende Darstellung gemäß § 26 Abs. 1 Nr. 3 b) in die Begründung der Entscheidung über die Zulassung des Vorhabens aufzunehmen ist, für die allein die Planfeststellungsbehörde verantwortlich zeichnet.[72] 52

II. Entscheidungsverfahren

Auf der Grundlage der zusammenfassenden Darstellung bewertet die Planfeststellungsbehörde nach § 25 Abs. 1 Satz 1 die Umweltauswirkungen des Vorhabens im Hinblick auf eine wirksame Umweltvorsorge. Die Bewertung ist nach § 25 Abs. 1 Satz 2 zu begründen. Bei der Entscheidung über die Zulässigkeit des Vorhabens berücksichtigt die Planfeststellungsbehörde nach§ 25 Abs. 2 die begründete Bewertung nach dem in § 25 Abs. 1 bestimmten Maßstab. 53

Erfüllt der vorgelegte Plan die Zulassungsvoraussetzungen des § 66 Abs. 1 nicht, ist der Antrag abzulehnen, soweit nicht durch Nebenbestimmungen eine Zulassung ermöglicht werden kann. Liegen die Zulassungsvoraussetzungen dagegen vor, dann steht der Erlass des Planfeststellungsbeschlusses im Ermessen der zuständigen Behörde. Sieht die Planfeststellungsbehörde bei der Ausübung ihres planerischen Ermessens keine der Zulassung entgegenstehenden Gründe, dann stellt sie gem. § 74 Abs. 1 Satz 1 VwVfG den Plan fest.[73] 54

Im **Planfeststellungsbeschluss** entscheidet die Planfeststellungsbehörde gem. § 74 Abs. 2 Satz 1 VwVfG über Einwendungen, über die bei der Erörterung von der Anhörungsbehörde keine Einigung erzielt worden ist. Der Planfeststellungsbeschluss kann gem. § 66 Abs. 2 Satz 1 mit Bedingungen versehen, mit Auflagen verbunden und befristet werden, soweit dies zur Wahrung des Wohls der Allgemeinheit zur Erfüllung von öffentlich-rechtlichen Vorschriften, die dem Vorhaben entgegenstehen können, erforderlich ist. Die Aufnahme, Änderung oder Ergänzung von Auflagen über Anforderungen an das Vorhaben ist auch nach dem Ergehen des Planfeststellungsbeschlusses gem. § 66 Abs. 2 Satz 2 zulässig. 55

Soweit eine abschließende Entscheidung noch nicht möglich ist, ist diese gem. § 74 Abs. 3 VwVfG im Planfeststellungsbeschluss vorzubehalten. Dem Träger des Vorhabens ist danach im **Planvorbehalt** aufzugeben, noch fehlende oder von der Planfeststellungsbehörde bestimmte Unterlagen rechtzeitig vorzulegen.[74] Ein Planfeststellungsbeschluss ist abwägungsfehlerhaft, wenn die Planfeststellungsbehörde dem Vorhabenträger zwar aufgibt, zur Ermittlung von Schadstoffbelastungen ein Bodenmonitoring durchzuführen, jedoch keinen Entscheidungsvorbehalt nach § 74 Abs. 3 VwVfG in den Beschluss aufnimmt, auf dessen Grundlage nachträglich Vorkehrungen zum Schutz der landwirt- 56

---

72 BVerwG, Urt. v. 05.03.1997 – 11 A 25.95, juris Rn. 104; *Kämper*, in: Bader/Ronellenfitsch, VwVfG, § 73 Rn. 84.

73 Zur planerischen Gestaltungsfreiheit bei der Planfeststellung und zu ihrer gerichtlichen Kontrolle im Einzelnen Beckmann, in Stüer/Beckmann, Handbuch des Bau- und Fachplanungsrechts, Rn. 5505; *Lieber*, in: Sennekamp/Mann/Uechtritz, VwVfG, § 74 Rn. 50 ff.; *Wysk*, in: Kopp/Ramsauer, VwVfG, § 74 Rn. 233 ff.; zum Rechtsschutz im Fachplanungsrecht siehe *Schütz*, in: Ziekow, Handbuch des Fachplanungsrechts, § 8 Rn. 1 ff.

74 Siehe dazu OVG Magdeburg, Urt. v. 13.06.2024 – 2 K 76/22, juris Rn. 186.

schaftlichen Nutzung angeordnet werden können. Ein solcher Fehler kann durch Planergänzung behoben werden.[75]

57 Nach § 26 Abs. 1 muss der Planfeststellungsbeschluss bestimmte **Mindestinhalte** enthalten. Dazu gehören die umweltbezogenen Nebenbestimmungen, sofern sie mit dem Planfeststellungsbeschluss verbunden sind, eine Beschreibung der vorgesehenen Überwachungsmaßnahmen nach § 28 oder nach entsprechenden Bundes- oder landesrechtlichen Vorschriften sowie eine Begründung, aus der die wesentlichen tatsächlichen und rechtlichen Gründe hervorgehen, die die Planfeststellungsbehörde zum Erlass des Planfeststellungsbeschlusses bewogen haben. Dazu gehören nach § 26 Abs. 1 Nr. 3 Angaben über das Verfahren zur Beteiligung der Öffentlichkeit, die zusammenfassende Darstellung gemäß bei 24, die begründete Bewertung gemäß § 25 Abs. 1 und eine Erläuterung, wie die begründete Bewertung, insbesondere die Angaben des UVP-Berichts, die behördlichen Stellungnahmen nach § 17 Abs. 2 und § 55 Abs. 4 sowie die Äußerungen der Öffentlichkeit nach den §§ 21 und 56, in der Zulassungsentscheidung berücksichtigt wurden oder wie ihnen anderweitig Rechnung getragen wurde.

58 Der Planfeststellungsbeschluss ist gem. § 74 Abs. 4 Satz 1 VwVfG dem Träger des Vorhabens, den bekannten Betroffenen und denjenigen, über deren Einwendungen entschieden worden ist, zuzustellen. Eine Ausfertigung des Beschlusses ist mit einer Rechtsbehelfsbelehrung und einer Ausfertigung des festgestellten Plans in den Gemeinden zwei Wochen zur Einsicht auszulegen (§ 74 Abs. 4 Satz 2 VwVfG).

C. Rechtswirkungen der Planfeststellung

59 Die Rechtswirkungen der Planfeststellung ergeben sich aus § 75 VwVfG, der durch § 67 Satz 1 ebenfalls ausdrücklich für anwendbar erklärt wird. Zu den Rechtswirkungen der Planfeststellung zählen die **Gestattungswirkung** (§ 75 Abs. 1 Satz 1, 1. HS VwVfG), die **Konzentrationswirkung** (§ 75 Abs. 1 Satz 1, 2. HS VwVfG), die **Gestaltungswirkung** (§ 75 Abs. 1 Satz 2 VwVfG) und die **Ausschlusswirkung** (§ 75 Abs. 2 Satz 1 VwVfG).[76]

60 Eine mögliche weitere Rechtswirkung der Planfeststellung, die in § 75 VwVfG nicht ausdrücklich erwähnt ist, ist ihre **enteignungsrechtliche Vorwirkung**. Sie hat zur Folge, dass mit der Unanfechtbarkeit eines Planfeststellungsbeschlusses die Zulässigkeit der Enteignung zugunsten des Vorhabenträgers dem Grunde nach feststeht. Die Planfeststellung kann Bindungswirkung für ein nachfolgendes Enteignungsverfahren haben, wenn die entsprechenden Fachplanungsgesetze bzw. die Landesenteignungsgesetze eine enteignungsrechtliche Vorwirkung regeln.[77]

61 Wird der Vorhabenträger von Drittbetroffenen oder von Demonstranten gehindert, von den ihm durch den Planfeststellungsbeschluss erteilten Rechten Gebrauch zu machen, dann kann er gerichtliche Hilfe zur Durchsetzung seiner Rechte aus dem Planfeststellungsbeschluss in Anspruch nehmen. Ist gerichtlicher Rechtsschutz nicht rechtzeitig zu erlangen und würde ohne polizeiliche Hilfe die Verwirklichung des Rechts vereitelt oder wesentlich erschwert, dann obliegt nach den Polizeigesetzen der Länder der Schutz der Rechte des Vorhabenträgers der Polizei. Dass die Durchsetzung von Rechten aus dem Planfeststellungsbeschluss zu den Aufgaben der Polizeibehörden gehören kann, bedeutet allerdings noch nicht, dass die Polizei auch zum Einschreiten verpflichtet wäre. Grundsätzlich steht das polizeiliche Einschreiten im Ermessen der Polizeibehörden. Nur ausnahmsweise verdichtet sich der Anspruch auf ermessensfehlerfreie Entscheidung über das Einschreiten zu einem Anspruch auf ein polizeiliches Tätigwerden. Dem Vorhabenträger steht ein Anspruch auf ermessensfehlerfreie Entscheidung der Behörde hinsichtlich eines Einschreitens gegen rechtswidrige Beeinträchtigungen der

75 OVG Magdeburg, Urt. v. 13.06.2024 – 2 K 76/22, juris Rn. 186.

76 *Beckmann*, in: Stüer/Beckmann, Handbuch des Bau- und Fachplanungsrechts, Rn. 8019 ff.; *Wysk* in Kopp/Ramsauer, VwVfG, § 75 Rn. 8 ff.

77 *Beckmann*, in: Stüer/Beckmann, Handbuch des Bau- und Fachplanungsrechts, Rn. 8026; *Beckmann* UPR 2023, 121; BVerwG, Urt. v. 21.11.2023 – 9 A 11/21, juris.

Vorhabenrealisierung zu. Da der Anspruch eines privaten Vorhabenträgers darauf, von der Genehmigungswirkung seines Planfeststellungsbeschlusses Gebrauch machen zu dürfen, grundrechtlich geschützt ist, kann sich der Anspruch auf ermessensfehlerfreie Entscheidung über das Einschreiten zu einem Anspruch des Vorhabenträgers auf ein polizeiliches Tätigwerden verdichten. Neben dem im Polizeirecht geltenden Opportunitätsprinzip hat die Polizei das im Strafverfahrensrecht geltende Legalitätsprinzip zu beachten, dass sie zur Verfolgung von Straftaten verpflichtet.

I. Gestattungswirkung

Gem. § 75 Abs. 1 Satz 1 VwVfG wird durch die Planfeststellung die Zulässigkeit des Vorhabens einschließlich der notwendigen Folgemaßnahmen an anderen Anlagen im Hinblick auf alle von ihm berührten öffentlichen Belange festgestellt. Zwar wird nach dieser Regelung durch die Planfeststellung die Zulässigkeit des Vorhabens lediglich festgestellt und – jedenfalls was den Wortlaut angeht – nicht auch die Durchführung des Vorhabens gestattet. Gleichwohl ist nach allgemeiner Auffassung davon auszugehen, dass mit dem Planfeststellungsbeschluss auch die Durchführung des Vorhabens genehmigt wird. Diese Gestattungswirkung erstreckt sich allerdings nicht darauf, auch fremdes Eigentum zum Zwecke der Vorhabendurchführung in Anspruch zu nehmen. Dazu bedarf es, wenn eine einvernehmliche Lösung nicht möglich ist, eines Enteignungsverfahrens.[78] 62

Die Planfeststellung berechtigt zur Durchführung des Vorhabens, sie verpflichtet jedoch regelmäßig den Vorhabenträger nicht dazu, das planfestgestellte Vorhaben auch zu verwirklichen. Lediglich in Ausnahmefällen aufgrund fachgesetzlicher Regelung kann mit der Aufnahme eines planfeststellungsbedürftigen Betriebs eine Verpflichtung verbunden sein, die planfestgestellte Anlage auch zu betreiben und in betriebssicherem, in der Planfeststellung festgelegten Bauzustand zu erhalten.[79] Gem. § 75 Abs. 4 VwVfG tritt der Planfeststellungsbeschluss allerdings außer Kraft, wenn mit der Durchführung des Plans nicht innerhalb von fünf Jahren nach Eintritt der Unanfechtbarkeit begonnen wird. 63

II. Konzentrationswirkung

Gem. § 75 Abs. 1 Satz 1, 2. HS VwVfG sind neben der Planfeststellung andere behördliche Entscheidungen, insbesondere öffentlich-rechtliche Genehmigungen, Verleihungen, Erlaubnisse, Bewilligungen, Zustimmungen und Planfeststellungen, nicht erforderlich. § 75 Abs. 1 Satz 1, 2. HS VwVfG befreit nicht nur im Außenverhältnis von sonstigen Zulassungsentscheidungen, sondern ersetzt zugleich auch Mitentscheidungsbefugnisse anderer Behörden, die ansonsten ein Einvernehmen herzustellen oder eine Zustimmung zu erteilen hätten. Sie erstreckt sich auch auf notwendige Ausnahmen oder Befreiungen.[80] 64

Die Konzentrationswirkung des Planfeststellungsbeschlusses ist zunächst eine **Zuständigkeits- und Entscheidungskonzentration**. Das bedeutet, dass die Planfeststellungsbehörde diejenigen Fachbehörden, die für den Erlass ansonsten notwendiger paralleler Genehmigungen zuständig wären oder ihr Einvernehmen zu erteilen hätten, lediglich wie andere von dem Vorhaben berührte Behörden zu beteiligen hat. Die Entscheidung trifft aber allein die für die Planfeststellung zuständige Planfeststellungsbehörde. Des Weiteren führt die Konzentrationswirkung auch zu einer **Verfahrenskonzentration**.[81] Die Planfeststellungsbehörde wendet das Verfahrensrecht an, das für ihr Planfeststellungsverfahren vorgesehen ist. Die Planfeststellungsbehörde entscheidet also nicht in verschiedenen Verfahren, sondern in einem einheitlichen Planfeststellungsverfahren. Demgegenüber besitzt die 65

78 *Beckmann*, in: Stüer/Beckmann, Handbuch des Bau- und Fachplanungsrechts, Rn. 8020.

79 *Kämper*, in: Bader/Ronellenfitsch (Hrsg.), VwVfG, § 75 Rn. 4; BVerwG, Urt. v. 25.10.2007 – 3 C 51.06, NVwZ 2008, 1017.

80 *Beckmann*, in: Stüer/Beckmann, Handbuch des Bau- und Fachplanungsrechts, Rn. 8021; BVerwG, Urt. v. 26.03.1998 – 4 A 7.97, UPR 1998, 382 (383).

81 BVerwG, Urt. v. 14.04.1989 – 4 C 31.88, BVerwGE 82, 17 (22 f.).

Planfeststellung jedoch keine **materielle Konzentrationswirkung**. Es werden deshalb durch die Konzentrationswirkung keine materiell-rechtlichen Anforderungen ersetzt, die für die Erteilung der ersetzten Genehmigungen zu beachten wären. Die materiell-rechtliche Bindung bleibt insoweit trotz der Konzentrationswirkung des Planfeststellungsbeschlusses vollständig erhalten. Mit zu regeln sind nach § 75 Abs. 1 Satz 1 VwVfG die notwendigen **Folgemaßnahmen** der Planfeststellung. Darunter sind alle Regelungen außerhalb der eigentlichen Zulassung des Vorhabens zu verstehen, die für eine angemessene Entscheidung über die durch die Baumaßnahme aufgeworfenen Konflikte erforderlich sind. Das **Gebot der Problembewältigung** kann es allerdings nicht rechtfertigen, andere Planungen mit zu erledigen, obwohl sie ein eigenes umfassendes Planungskonzept erfordern.[82]

III. Gestaltungswirkung

66 Gem. § 75 Abs. 1 Satz 2 VwVfG werden durch die Planfeststellung alle öffentlich-rechtlichen Beziehungen zwischen dem Träger des Vorhabens und den durch den Plan Betroffenen rechtsgestaltend geregelt. Damit steht gegenüber allen Behörden und öffentlich-rechtlichen Körperschaften die Zulässigkeit des Vorhabens fest. Auch die Planbetroffenen können sich bei der Unanfechtbarkeit des Planfeststellungsbeschlusses nicht mehr darauf berufen, dass das planfestgestellte Vorhaben dem öffentlichen Recht widerspricht. Die Gestaltungswirkung der Planfeststellungsentscheidung erstreckt sich allerdings nur auf die öffentlich-rechtlichen Beziehungen. Ob der Träger des Vorhabens auch privatrechtlich auf das Grundstück zugreifen darf, hängt unter anderem davon ab, inwieweit der Planfeststellungsbeschluss enteignungsrechtliche Vorwirkung besitzt oder auf andere Weise die Voraussetzungen für eine Enteignung geschaffen werden können.

IV. Ausschlusswirkung

67 Ist der Planfeststellungsbeschluss unanfechtbar geworden, so sind gem. § 75 Abs. 2 Satz 1 VwVfG Ansprüche auf Unterlassung des Vorhabens, auf Beseitigung oder Änderung der Anlagen oder auf Unterlassung ihrer Benutzung ausgeschlossen.[83] § 75 Abs. 2 Satz 1 VwVfG bewirkt grundsätzlich einen umfassenden Ausschluss zivilrechtlicher Ansprüche einschließlich der Ansprüche auf Geldersatz mit Ausnahme von Ansprüchen auf (echte) Enteignungsentschädigung im Sinne von Art. 14 Abs. 3 GG. Die Ausschlusswirkung erfasst auch unvorhergesehene Auswirkungen des Vorhabens. In diesen Fällen haben die Betroffenen gegebenenfalls Ansprüche auf Schutzvorkehrungen und Entschädigung aus § 75 Abs. 2 Satz 2–5 VwVfG. Die Ausschlusswirkung besteht schließlich selbst dann, wenn der Vorhabenträger die den Nachbar schützenden Planvorgaben nicht einhält.[84] Treten nicht voraussehbare Wirkungen des Vorhabens oder der dem festgestellten Plan entsprechenden Anlagen auf das Recht eines anderen erst nach Unanfechtbarkeit des Planes auf, so kann der Betroffene Vorkehrungen oder die Errichtung und Unterhaltung von Anlagen verlangen, welche die nachteiligen Wirkungen ausschließen. Sie sind dem Träger des Vorhabens durch Beschluss der Planfeststellungsbehörde aufzuerlegen. Sind solche Vorkehrungen oder Anlagen untunlich oder mit dem Vorhaben unvereinbar, so richtet sich der Anspruch auf angemessene Entschädigung in Geld. Werden Vorkehrungen oder Anlagen i.S.d. § 75 Abs. 2 Satz 2 VwVfG notwendig, weil nach Abschluss des Planfeststellungsverfahrens auf einem benachbarten Grundstück Veränderungen eingetreten sind, so hat die hierdurch entstehenden Kosten der Eigentümer des benachbarten Grundstücks zu tragen, es sei denn, dass die Veränderungen durch natürliche Ereignisse oder höhere Gewalt verursacht worden sind.

68 Angesichts dieser Ausschluss- oder Duldungswirkung haben Körperschaften und private Betroffene das Vorhaben nach Eintritt der Bestandskraft zu dulden. Diese **Duldungsverpflichtung** erstreckt sich auch auf den **Rechtsnachfolger** des Grundstückseigentümers, der den Planfeststellungsbeschluss

82 *Beckmann*, in: Stüer/Beckmann, Handbuch des Bau- und Fachplanungsrechts, Rn. 8023.
83 BVerwG, Urt. v. 19.12.2007 – 9 A 22.06, NVwZ 2008, 561.
84 OLG Hamm, Urt. v. 25.06.2024 – I-24 U 55/22, juris Rn. 124.

dann unanfechtbar werden lässt.[85] Auch **privatrechtliche Abwehransprüche** sind angesichts dieser Ausschlusswirkung neben den öffentlich-rechtlichen Abwehransprüchen ausgeschlossen. Das gilt allerdings nicht, wenn der Vorhabenträger zur Durchführung seines Vorhabens Grundstückseigentum Dritter unmittelbar in Anspruch nehmen muss. Eine solche unmittelbare Inanspruchnahme des Eigentums gegen den Willen des Eigentümers ist nur durch Enteignung möglich.[86]

V. Enteignungsrechtliche Vorwirkung

Der Erlass eines Planfeststellungsbeschlusses berechtigt den Inhaber dieses Beschlusses nicht dazu, fremde Grundstücke zu nutzen. Räumt der Grundstückseigentümer dem Vorhabenträger das für die Vorhabenrealisierung notwendige Nutzungsrecht nicht ein, kommt unter Beachtung der dafür gesetzlich geregelten Voraussetzungen eine Enteignung und gegebenenfalls auch eine sofortige Besitzeinweisung in Betracht. Das Planfeststellungsverfahren und das Enteignungsverfahren sind zwei unterschiedliche Verwaltungsverfahren. Allerdings kann die Planfeststellung Bindungswirkungen für ein nachfolgendes Enteignungsverfahren haben, wenn die entsprechenden Fachplanungsgesetze eine enteignungsrechtliche Vorwirkung regeln.[87] Aufgrund der enteignungsrechtlichen Vorwirkung ist der im Planfeststellungsbeschluss festgestellte Plan einem möglichen Enteignungsverfahren zugrunde zu legen und für die Enteignungsbehörde bindend. In dem der Planstellung möglicherweise nachfolgenden Enteignungsverfahren geht es deshalb im Wesentlichen nur noch um die Modalitäten des Erwerbs durch den Vorhabenträger, ob ein freihändiger Erwerb möglich ist, ob ein Tausch gegen Ersatzland in Frage kommt und in welcher Höhe eine Entschädigung zu zahlen ist. 69

Die §§ 65 ff. sehen eine solche enteignungsrechtliche Vorwirkung nicht vor. Die Vorschriften des VwVfG, auf die § 67 für die Durchführung des Planfeststellungsverfahrens verweist, regeln ebenfalls keine enteignungsrechtliche Vorwirkung. 70

Spezielle Landesenteignungsgesetze, z.B. für nach den §§ 65, 66 planfeststellungsbedürftige Rohrleitungsanlagen, sehen jedoch eine enteignungsrechtliche Vorwirkung vor. Die landesrechtliche Einräumung einer enteignungsrechtlichen Vorwirkung für nach den §§ 65, 66 planfeststellungsbedürftige Anlagen wird nicht durch vorrangige Vorschriften des Bundes ausgeschlossen. Der Bund hat von seiner Befugnis zur konkurrierenden Gesetzgebung nicht in einer Weise Gebrauch gemacht, die eine entsprechende Regelung in einem Landesgesetz, etwa in einem Rohrleitungsgesetz, ausschließen würde. Die Vorschriften des UVPG über die Planfeststellungsbedürftigkeit von Rohrleitungsvorhaben verhalten sich weder ausdrücklich noch sinngemäß über die Enteignung zugunsten eines derartigen Vorhabens. Der Wille des Bundesgesetzgebers, mit diesen Vorschriften den Sachbereich der Zulassung von Rohrleitungsanlagen umfassend und erschöpfend auch hinsichtlich einer möglichen enteignungsrechtlichen Vorwirkung des Planfeststellungsbeschlusses zu regeln, ist nicht ersichtlich.[88] Das ändert allerdings nichts daran, dass nachteilige Auswirkungen auf das Eigentum, etwa eine Existenzgefährdung eines landwirtschaftlichen Betriebs zu den Belangen gehört, mit denen sich die Planfeststellungsbehörde im Rahmen der Abwägung der von dem Vorhaben berührten öffent- 71

85 BVerwG, Beschl. v. 09.05.1989 – 7 B 185.88, NVwZ 1989, 967.

86 *Beckmann*, in: Stüer/Beckmann, Handbuch des Bau- und Fachplanungsrechts, Rn. 8025; *Beckmann* UPR 2023, 121; zu den Anforderungen an ein Enteignungsgesetz, das eine Enteignung zugunsten eines privaten Pipeline-Betreibers ermöglichen soll, siehe BVerfG, Beschl. v. 25.01.2017 – 1 BvR 2297/10, juris; Beschl. v. 21.12.2016 – 1 BvL 10/14, juris; siehe auch BVerfG, Beschl. v. 17.12.2013 – 1 BvR 3139/08, BVerfGE 134, 242.

87 VGH Mannheim, Beschl. v. 23.08.2010 – 1 S 975/10, NVwZ-RR 2011, 143 (147); zur enteignungsrechtlichen Vorwirkung siehe auch OVG NRW, Beschl. v. 24.01.2008 – 20 B 1789/07, NWVBL 2009, 316.

88 OVG NRW, Beschl. v. 24.01.2008 – 20 B 1789/07, juris Rn. 9; BVerfG, Beschl. v. 25.01.2017 – 1 BvR 2297/10, juris Rn. 4; OVG NRW, Beschl. v. 28.08.2014 – 20 A 1923/11, juris Rn. 82; VGH BW, Beschl. v. 14.11.2011 – 8 S 1281/11, juris Rn. 14; BayVerfGH, Entsch. v. 12.08.2011 – Vf. 74-VI-10, juris Rn. 26. OVG NRW, Beschl. v. 24.01.2008 – 20 B 1789/07, juris Rn. 14 ff.

lichen und privaten Belange grundsätzlich auseinandersetzen muss. Zeichnet sich eine solche Gefährdung ernsthaft ab, darf die Planfeststellungsbehörde nicht die Augen vor der Tragweite ihrer Entscheidung verschließen.[89] Eine enteignungsrechtliche Vorwirkung enthält auch § 8 Abs. 4 GeOBG für Vorhaben zur Beschleunigung des Ausbaus von **Geothermieanlagen**, Wärmepumpen, Wärmeleitungen und Wärmespeichern, die nicht nach §§ 65 ff., sondern nach § GeOBG zuzulassen sind. Die Entziehung oder die Beschränkung von Grundeigentum oder von Rechten am Grundeigentum im Wege der Enteignung ist bei Planfeststellungs- oder Plangenehmigungsverfahren für diese Vorhaben nach § 8 Abs. 4 S. 1 GeOBG zulässig, soweit dies zur Durchführung eines Vorhabens erforderlich ist, für das der Plan festgestellt oder genehmigt ist. Der festgestellte oder genehmigte Plan nach den aktuell gültigen technischen Regeln ist gem. § 8 Abs. 4 Satz 3 GeOBG dem Enteignungsverfahren zugrunde zu legen und für die Enteignungsbehörde bindend.

VI. Beginn und Dauer der Rechtswirkungen

72 Die Rechtswirkungen eines Planfeststellungsbeschlusses beginnen grundsätzlich sowohl gegenüber dem Vorhabenträger als auch gegenüber den Planbetroffenen in dem Fall seiner Bekanntgabe gem. § 43 Abs. 1 VwVfG. Durch die Einlegung eines Rechtsbehelfs wird die Wirksamkeit des Planfeststellungsbeschlusses hinausgeschoben, soweit die Behörde die sofortige Vollziehung anordnet und das Gericht nicht die aufschiebende Wirkung wiederherstellt.

73 Die Rechtswirkungen des Planfeststellungsbeschlusses enden mit der Aufgabe des Vorhabens. Gem. § 77 Satz 1 VwVfG hat die Planfeststellungsbehörde den Planfeststellungsbeschluss aufzuheben, wenn ein Vorhaben, mit dessen Durchführung begonnen worden ist, endgültig aufgegeben wird. In dem Aufhebungsbeschluss sind dem Träger des Vorhabens die Wiederherstellung des früheren Zustandes oder geeignete andere Maßnahmen aufzuerlegen, soweit dies zum Wohl der Allgemeinheit oder zur Vermeidung nachteiliger Wirkungen auf Rechte anderer erforderlich ist (§ 77 Satz 2 VwVfG). Werden solche Maßnahmen notwendig, weil nach Abschluss des Planfeststellungsverfahrens auf einem benachbarten Grundstück Veränderungen eingetreten sind, so kann gem. § 77 Satz 3 VwVfG der Träger des Vorhabens durch Beschluss der Planfeststellungsbehörde zu geeigneten Vorkehrungen verpflichtet werden; die hierdurch entstehenden Kosten hat jedoch der Eigentümer des benachbarten Grundstücks zu tragen, es sei denn, dass die Veränderungen durch natürliche Ereignisse oder höhere Gewalt verursacht worden sind.

74 Selbstverständlich enden die Rechtswirkungen des Planfeststellungsbeschlusses auch mit seiner gerichtlichen Aufhebung. Erhebliche Mängel bei der Abwägung oder eine Verletzung von Verfahrens- oder Formvorschriften führen allerdings gem. § 75 Abs. 1a Satz 2 VwVfG nur dann zur Aufhebung des Planfeststellungsbeschlusses oder der Plangenehmigung, wenn sie nicht durch Planergänzung oder durch ein ergänzendes Verfahren behoben werden können. Im Übrigen bleiben die Rechtswirkungen erhalten, solange die planfestgestellten Rohrleitungsanlagen bestimmungsgemäß genutzt werden. Enthält der Planfeststellungsbeschluss Anordnungen für die Zeit nach der Nutzung, dann bleiben die Rechtswirkungen selbstverständlich auch nach Einstellung der bestimmungsgemäßen Nutzung erhalten.

D. Planänderungen

75 Bei möglichen Planänderungen ist zu unterscheiden, ob diese vor Fertigstellung des Vorhabens oder erst danach beabsichtigt werden.[90]

76 Bei Änderungen **nach Fertigstellung des Vorhabens** gilt § 65 Abs. 1, wonach auch die Änderungen von planfeststellungsbedürftigen Vorhaben der Planfeststellung durch die zuständige Behörde bedürfen, sofern dafür nach den §§ 6–14 eine Verpflichtung zur Durchführung einer Umwelt-

89 OVG NRW, Beschl. v. 22.11.2017 – 11 A 1308/15, juris Rn. 10.

90 Im Einzelnen dazu *Hoppe/Schlarmann/Buchner/Deutsch* Rechtsschutz Rn. 297 ff.; *Kuschnerus* DVBl 1990, 235 ff.; *Steinberg/Müller* UPR 2007, 1 ff.

verträglichkeitsprüfung besteht. Der die Änderung zulassende Bescheid bildet mit dem ursprünglichen Zulassungsbescheid eine einheitliche Planungsentscheidung.

Für die Planänderung **vor Fertigstellung** eines Vorhabens nach § 65 gilt § 76 VwVfG. Danach bedarf es grundsätzlich eines neuen Planfeststellungsverfahrens, wenn vor der Fertigstellung des Vorhabens der festgestellte Plan geändert werden soll. Bei Planänderungen von unwesentlicher Bedeutung kann die Planfeststellungsbehörde gem. § 76 Abs. 2 VwVfG allerdings von einem neuen Planfeststellungsverfahren absehen, wenn die Belange anderer nicht berührt werden oder wenn die Betroffenen der Änderung zugestimmt haben. Führt die Planfeststellungsbehörde in den Fällen des § 76 Abs. 2 VwVfG oder in anderen Fällen eine Planänderung von unwesentlicher Bedeutung ein Planfeststellungsverfahren durch, so bedarf es gem. § 76 Abs. 3 VwVfG keines Anhörungsverfahrens und keiner öffentlichen Bekanntgabe des Planfeststellungsbeschlusses.[91] wenn der ursprüngliche Planfeststellungsbeschluss bestandskräftig ist, können Drittbetroffene die Änderungsplanfeststellung nur dann erfolgreich gerichtlich anfechten, wenn sie durch den Änderungsplanfeststellungsbeschluss erstmalig oder stärker als bisher getroffen werden.[92] 77

§ 76 VwVfG gilt von der Feststellung des Plans bis zur Fertigstellung des Vorhabens. Vor Feststellung des Plans betrifft eine Änderung den Plan, den der Träger eines Vorhabens nach § 73 Abs. 1 Satz 1 VwVfG bei der Anhörungsbehörde zur Durchführung des Anhörungsverfahrens einzureichen hat. Wurde der zu ändernde Plan im Rahmen des Anhörungsverfahrens noch nicht ausgelegt, ist die Änderung formlos möglich. Sofern der Plan jedoch bereits ausgelegt wurde, richtet sich die Änderung des Plans nach § 73 Abs. 8 VwVfG. Nach § 73 Abs. 8 Satz 1 VwVfG ist es im Fall der Änderung des ausgelegten Plans ausreichend, Behörden, Umweltvereinigungen und Drittbetroffenen, deren Aufgabenbereich bzw. Belange erstmalig oder stärker als bisher berührt werden, die Änderung mitzuteilen und ihnen Gelegenheit zu Stellungnahmen und Einwendungen zu geben. Nach Fertigstellung des Vorhabens ist § 76 VwVfG nicht anwendbar. Änderungen des fertiggestellten Vorhabens richten sich nach den Vorgaben des jeweiligen Fachplanungsgesetzes. Die Fachplanungsgesetze des Bundes unterwerfen nicht nur den Bau des jeweiligen Vorhabens und gegebenenfalls dessen Betrieb, sondern auch die Änderung bzw. die wesentliche Änderung des fertiggestellten Vorhabens dem Erfordernis der Planfeststellung.[93] 78

Dasselbe gilt für Planergänzungen und das ergänzende Verfahren (§ 75 Abs. 1a S. VwVfG). Der Gesetzgeber geht von einer grundsätzlichen Reparaturmöglichkeit eines fehlerhaften Planfeststellungsbeschlusses aus. Das ergänzende Verfahren kann sich daher auf die fehlerhaften Teile beschränken. Nur insoweit ist ein neuer Verfahrensabschnitt durchzuführen. Vor dem Hintergrund dieses allgemeinen Verständnisses sind auch die Regelungen für die Planergänzung und das ergänzende Verfahren im Infrastrukturplanungsvereinfachungsgesetz zu verstehen (§ 18d AEG, § 17d FStrG, § 14d WaStrG, § 2c Magnetschwebebahnplanungsgesetz, § 43d EnWG). Die Planergänzung und das ergänzende Verfahren richten sich in dem jeweils gebotenen Umfang nach den für die Planfeststellung geltenden Vorschriften. Dabei kann auf einen Erörterungstermin verzichtet werden. Die neuen Verfahrensteile sind zugleich unter Anwendung der durch das Infrastrukturplanungsvereinfachungsgesetz eingetretenen Änderungen durchzuführen. Im ergänzenden Verfahren sind nur diejenigen Teile erneut durchzuführen, die im ersten Durchgang fehlerhaft durchgeführt worden sind. Nicht fehlerhafte Teile können weiter bestehen bleiben. Das Vorhaben, bis zu dessen Fertigstellung der festgestellte Plan nach § 17d Satz 1 FStrG i.V.m. § 76 VwVfG geändert werden kann, umfasst auch die planfestgestellten naturschutzrechtlichen Ausgleichs- und Ersatzmaßnahmen. Soweit solche Maßnahmen noch nicht durchgeführt worden sind, kommt eine Planänderung daher auch nach Fertigstellung der planfestgestellten Bundesfernstraße selbst in Betracht. Sie kann sich dann aller- 79

91 BVerwG, Urt. v. 20.10.1989 – 4 C 12.87, BVerwGE 84, 31, 34.

92 BVerwG, Urt. v. 19.12.2007 – 9 A 22.06, NVwZ 2008, 561, 562; siehe auch *Beckmann*, in: Stüer/Beckmann, Handbuch des Bau- und Fachplanungsrechts, Rn. 7949.

93 *Maus* NVwZ 2018, 1087 (1088); *Beckmann*, in: Stüer/Beckmann, Handbuch des Bau- und Fachplanungsrechts, Rn. 7951.

dings nur auf diejenigen planfestgestellten Maßnahmen beziehen, die selbst noch nicht dem Planfeststellungsbeschluss entsprechend ausgeführt sind.[94]

80 Soll ein ausgelegter Plan geändert werden, und werden dadurch die Aufgabenbereiche der Behörde oder Belange Dritter erstmalig oder stärker als bisher berührt, so ist diesen die Änderung mitzuteilen und ihnen Gelegenheit zu Stellungnahmen und Einwendungen innerhalb von zwei Wochen zu geben. Gemäß § 73 Abs. 8 VwVfG ist, wenn ein ausgelegter Plan geändert werden soll und dadurch der Aufgabenbereich einer Behörde oder Belange Dritter erstmalig oder stärker als bisher berührt werden, diesen die Änderung mitzuteilen und ihnen Gelegenheit zu Stellungnahmen und Einwendungen binnen zwei Wochen zu geben. Ein Vorgehen nach dieser Norm ist jedoch nur zulässig, wenn die Änderungen das Gesamtkonzept der Planung nicht berühren und die Identität des Vorhabens wahren. Sie dürfen nicht zu einem Vorhaben führen, das nach Gegenstand, Art, Größe und Betriebsweise im Wesentlichen andersartig ist.[95]

§ 67a Zulassung des vorzeitigen Baubeginns

(1) [1]In einem Planfeststellungs- oder Plangenehmigungsverfahren für ein Vorhaben nach § 65 Absatz 1 in Verbindung mit der Anlage 1 Nummer 19.7 kann die für die Feststellung des Plans oder für die Erteilung der Plangenehmigung zuständige Behörde vorläufig zulassen, dass bereits vor Feststellung des Plans oder der Erteilung der Plangenehmigung in Teilen mit der Errichtung oder Änderung der Rohrleitungsanlage einschließlich der Vorarbeiten begonnen wird, wenn

1. unter Berücksichtigung der Stellungnahmen der Träger öffentlicher Belange einschließlich der Gebietskörperschaften mit einer Entscheidung im Planfeststellungs- oder Plangenehmigungsverfahren zugunsten des Vorhabenträgers gerechnet werden kann,
2. der Vorhabenträger ein berechtigtes oder ein öffentliches Interesse an der Zulassung des vorzeitigen Baubeginns darlegt,
3. der Vorhabenträger nur Maßnahmen durchführt, die reversibel sind,
4. der Vorhabenträger über die für die Maßnahmen notwendigen privaten Rechte verfügt und
5. der Vorhabenträger sich verpflichtet,
   a) alle Schäden zu ersetzen, die bis zur Entscheidung im Planfeststellungs- oder Plangenehmigungsverfahren durch die Maßnahmen verursacht worden sind, und
   b) sofern kein Planfeststellungsbeschluss oder keine Plangenehmigung erfolgt, den früheren Zustand wiederherzustellen.

[2]Ausnahmsweise können irreversible Maßnahmen zugelassen werden, wenn sie nur wirtschaftliche Schäden verursachen und für diese Schäden eine Entschädigung in Geld geleistet wird. [3]Die Zulassung erfolgt auf Antrag des Vorhabenträgers und unter dem Vorbehalt des Widerrufs.

(2) [1]Die für die Feststellung des Plans oder für die Erteilung der Plangenehmigung zuständige Behörde kann die Leistung einer Sicherheit verlangen, soweit dies erforderlich ist, um die Erfüllung der Verpflichtungen des Vorhabenträgers nach Absatz 1 Satz 1 Nummer 5 und Satz 2 zu sichern. [2]Soweit die zugelassenen Maßnahmen durch die Planfeststellung oder Plangenehmigung für unzulässig erklärt sind, ordnet die Behörde gegenüber dem Träger des Vorhabens an, den früheren Zustand wiederherzustellen. [3]Dies gilt auch, wenn der Antrag auf Planfeststellung oder Plangenehmigung zurückgenommen wurde.

(3) Die Entscheidung über die Zulassung des vorzeitigen Baubeginns ist den anliegenden Gemeinden und den Beteiligten zuzustellen.

(4) Widerspruch und Anfechtungsklage gegen die Zulassung des vorzeitigen Baubeginns haben keine aufschiebende Wirkung.

94 BVerwG, Urt. v. 16.05.2018 – 9 A 4/17, NVwZ 2018, 1642.
95 BVerwG, Urt. v. 12.08.2009 – 9 A 64.07, NuR 2010, 276.

Übersicht

A. Allgemeines

I. Entstehungsgeschichte

Die Vorschrift wurde mit Wirkung vom **10.12.2020** durch das Gesetz zur Beschleunigung von Investitionen neu in das UVPG aufgenommen.[1] Eingang in den Gesetzentwurf fand sie (erst) durch einen Änderungsvorschlag des Ausschusses für Verkehr und digitale Infrastruktur.[2] 1

II. Systematik

Innerhalb des UVPG steht § 67a UVPG in systematischem Zusammenhang mit **§ 65 UVPG**. Dieser schreibt vor, dass bestimmte Vorhaben bzw. ihre Änderung (namentlich die der Nrn. 19.3–19.9 der Anlage 1 zum UVPG) der Planfeststellung bzw. einer Plangenehmigung bedürfen.[3] § 67a UVPG ermöglicht für einen Ausschnitt dieser Vorhaben, nämlich bestimmte Rohrleitungsanlagen (Rdn. 5), dass die zuständige Behörde vor Abschluss des Planfeststellungs- bzw. Plangenehmigungsverfahrens die Errichtung oder Änderung der Rohrleitungsanlage – unter bestimmten Voraussetzungen – vorläufig zulassen darf. 2

Die Zulassung des vorzeitigen Baubeginns in § 67a UVPG hat Vorbilder in anderen Gesetzen, die **vergleichbare Vorschriften** enthalten, etwa § 44a EnWG, § 8a BImSchG, § 37 KrWG, § 14 Abs. 2 WaStrG, § 57b Abs. 1 BBergG. Allerdings gibt es im Regelungsgehalt all dieser Vorschriften mitunter erhebliche **Unterschiede**. So enthalten beispielsweise § 8a BImSchG oder § 37 KrWG Regelungen über die »Zulassung (des) vorzeitigen Beginns«. Schon diese amtlichen Überschriften unterscheiden sich von der amtlichen Überschrift von **§ 67a UVPG**, die von der Zulassung des vorzeitigen *Bau*beginns spricht. Auch in der Sache ist § 67a UVPG enger als die verwandten Regelungen in § 8a BImSchG, § 37 KrWG. Diese erfassen jeweils auch die vorzeitige Zulassung von »Maßnahmen, die zur Prüfung der Betriebstüchtigkeit […] erforderlich sind«, ermöglichen also einen Probebetrieb,[4] während § 67a UVPG nur die vorzeitige Errichtung, Änderung und vorzeitige Vorarbeiten 3

1 Art. 4 Gesetz zur Beschleunigung von Investitionen v. 03.12.2020, BGBl. I, 2694. Übergreifend hierzu *Wahlhäuser* UPR 2021, 41 ff.

2 BT-Drs. 19/24040, S. 8, 24 ff.; *Hagmann,* in: Landmann/Rohmer, Umweltrecht, § 67a UVPG, Rn. 2.

3 Näher § 65 Rdn. 1 f., 11 ff., 36 ff.

4 Vgl. *Kahl/Gärditz,* Umweltrecht, § 7 Rn. 80; *Frische,* in: Schmehl/Klement, GK-KrWG, § 37 Rn. 10. Noch weiterreichend ist § 8a Abs. 3 BImSchG, der im Fall der Änderungsgenehmigung sogar eine vorzeitige Zulassung des Betriebs ermöglicht, hierzu *Jarass,* BImSchG, § 8a Rn. 5 f.

(Rdn. 20 ff.) ermöglicht. So wie viele der verwandten Vorschriften ist § 67a UVPG eine Ermessensvorschrift, während etwa § 8a BImSchG eine Soll-Vorschrift ist.

III. Zweck der Regelung

4 Der übergeordnete Zweck der Regelung ist es, den **Ausbau des Fernwärmenetzes** zu **erleichtern**, wohinter auch der Gedanke des **Klimaschutzes** steht, weil Fernwärme – je nachdem, wie sie erzeugt wurde – hierzu einen Beitrag leisten kann.[5] Diese Ziele werden durch die Ermöglichung eines vorzeitigen Baubeginns gefördert, weil die Regelung es ermöglicht, bei komplexen Planfeststellungsverfahren die **Baufreigabe abzuschichten**, hierdurch das **Gesamtverfahren** zu **entlasten** und die Realisierung des Vorhabens zu beschleunigen. Dem Gesetzgeber standen insoweit – ausweislich der Gesetzesbegründung – v.a. Fälle von »engen Bauzeitfenstern (z.B. wegen zu beachtender Brut- oder Vegetationszeiten)«, besonders komplexe Bauabschnitte sowie Fälle von »notwendigen Sonderbauten (z.B. im Zuge einer Flussquerung)« vor Augen.[6]

B. Die Regelung im Einzelnen

I. Tatbestandliche Voraussetzungen der Zulassung des vorzeitigen Baubeginns

1. Vorhaben nach Nr. 19.7 der Anlage 1 zum UVPG

5 Die Zulassung des vorzeitigen Baubeginns kommt **nur** in Planfeststellungs- bzw. Plangenehmigungsverfahren nach § 65 Abs. 1 UVPG in Betracht, die sich auf die Errichtung oder Änderung von **Vorhaben nach Nr. 19.7 der Anlage 1** zum UVPG beziehen, also nur bzgl. der Errichtung oder Änderung einer Rohrleitungsanlage zum Befördern von Dampf oder Warmwasser aus einer Anlage nach den Nrn. 1–10, die den Bereich des Werksgeländes überschreitet (Dampf- oder Warmwasserpipeline), mindestens eine Länge von 5 km außerhalb des Werksgeländes oder eine Länge von weniger als 5 km im Außenbereich hat.[7] Die Beschränkung ergibt sich aus dem klaren Wortlaut. Für andere Vorhaben, die nach § 65 Abs. 1 UVPG einer Planfeststellung bzw. Plangenehmigung bedürfen, nämlich die sonstigen in der Nr. 19 der Anlage 1 zum UVPG aufgeführten Vorhaben (vgl. auch die Überschrift des 6. Teils des UVPG), kommt eine Zulassung des vorzeitigen Baubeginns nicht in Betracht. Auch eine analoge Anwendung der Norm ist mangels planwidriger Regelungslücke nicht möglich.

2. Antrag des Vorhabenträgers

6 Die Zulassung des vorzeitigen Baubeginns ist gem. § 67a Abs. 1 Satz 3 UVPG **antragsgebunden**. Eine ohne Antrag erteilte Zulassung ist rechtswidrig (vgl. § 22 Satz 2 Nr. 2 VwVfG); die Rechtswidrigkeit kann aber durch nachträgliche Antragstellung geheilt werden (§ 45 Abs. 1 Nr. 1 VwVfG).[8]

3. Kumulative Voraussetzungen der Nrn. 1–5

7 Eine Zulassung des vorzeitigen Baubeginns ist nur zulässig, wenn die Voraussetzungen von § 67a Abs. 1 **Satz 1 Nr. 1–5** UVPG **kumulativ** vorliegen. Dies ergibt sich aus dem klaren Wortlaut der Norm, dessen Nr. 4 mit einem »und« endet. In der Gesetzesbegründung wird dies ebenfalls klargestellt.[9]

---

5 Näher BT-Drs. 19/24040, S. 24.

6 BT-Drs. 19/24040, S. 25.

7 Näher hierzu § 65 Rdn. 30.

8 *Schmitz,* in: Stelkens/Bonk/Sachs, VwVfG, § 22 Rn. 24.

9 BT-Drs. 19/24040, S. 24.

a) Überwiegend wahrscheinliche Entscheidung zugunsten des Vorhabenträgers (Nr. 1)

§ 67a Abs. 1 Satz 1 **Nr. 1** UVPG verlangt, dass unter Berücksichtigung der Stellungnahmen der Träger öffentlicher Belange einschließlich der Gebietskörperschaften **mit einer Entscheidung** im Planfeststellungs- oder Plangenehmigungsverfahren **zugunsten des Vorhabenträgers gerechnet werden kann.** Hierfür muss eine Planfeststellungsentscheidung, die den Vorhabenträger begünstigt, **überwiegend wahrscheinlich** sein.[10] Die diesbezügliche Prognose bezieht sich wegen der Konzentrationswirkung der Planfeststellung (§ 67 Satz 1 UVPG, § 75 Abs. 1 VwVfG) auf **alle öffentlich-rechtlichen Vorschriften**, die das Vorhaben einhalten muss, sowie auf die Vorgaben des **§ 66 Abs. 1** UVPG.[11] 8

Die Vorgabe, dass die **Stellungnahmen der Träger öffentlicher Belange einschließlich der Gebietskörperschaften berücksichtigt** werden müssen, ist vor dem Hintergrund des Amtsermittlungsgrundsatzes (§ 24 VwVfG) an sich eine Selbstverständlichkeit. Der eigentliche Regelungsgehalt dieser Voraussetzung liegt deshalb in einer zeitlichen Vorgabe, nämlich darin, dass die **vorzeitige Zulassung erst** erteilt werden darf, **wenn diese Unterlagen vorliegen** (denn erst dann können sie berücksichtigt werden). Dies ist – je nach Vorhaben – zu unterschiedlichen Zeitpunkten der Fall. Sofern das Vorhaben nicht UVP-pflichtig ist, ist gem. § 65 Abs. 2 UVPG nur eine Plangenehmigung nötig;[12] in diesen Fällen liegen die Stellungnahmen vor, wenn gem. § 67 Satz 1 UVPG, § 74 Abs. 6 Satz 1 Nr. 2 VwVfG das Benehmen mit den Trägern öffentlicher Belange hergestellt wurde. Sofern das Vorhaben UVP-pflichtig ist, ist nach § 65 Abs. 1 UVPG ein Planfeststellungsverfahren notwendig; in diesen Fällen darf die vorzeitige Zulassung erst nach **Abschluss des Anhörungsverfahrens** (§ 67 Satz 1 UVPG, § 73 VwVfG) erfolgen.[13] Nach dem Gesetzeswortlaut würde es zwar reichen, wenn die Stellungnahmen »vorliegen«, was bereits während des Anhörungsverfahrens der Fall ist. Da es aber Sinn und Zweck der Vorschrift ist, der Behörde für die vorzeitige Zulassungsentscheidung eine möglichst breite Informationsbasis zu verschaffen, ist der Erörterungstermin abzuwarten. Hiervon geht auch die Gesetzesbegründung aus.[14] Diese zeitliche Vorgabe bringt mit sich, dass auch der **UVP-Bericht** (§ 16 UVPG) aufgrund des Amtsermittlungsgrundsatzes (§ 24 VwVfG) bei der Entscheidung über die vorzeitige Zulassung berücksichtigt werden muss, weil er notwendig vor der Behörden- und Öffentlichkeitsbeteiligung vorliegt (§ 17 Abs. 1, § 19 Abs. 2 Satz 1 Nr. 2 UVPG). Sofern er Angaben zur FFH-Verträglichkeit enthalten muss (§ 16 Abs. 1 Satz 2 UVPG),[15] sind diese selbstverständlich zu berücksichtigen. Auch die Ergebnisse einer FFH-Verträglichkeitsprüfung (§ 34 Abs. 1 BNatSchG) sind im Rahmen der Amtsermittlung zu berücksichtigen.[16] 9

b) Berechtigtes oder öffentliches Interesse (Nr. 2)

Nach § 67a Abs. 1 Satz 1 **Nr. 2** UVPG ist Voraussetzung zudem, dass der Vorhabenträger ein berechtigtes oder öffentliches Interesse an der Zulassung des vorzeitigen Baubeginns darlegt. Die Regelung differenziert mit »berechtigt« und »öffentlich« zwischen Interessen des Vorhabenträgers und Interessen der Allgemeinheit (bzw. Teilen von ihr). Als **berechtigtes Interesse** genügt nach der Gesetzesbegründung »jedes verständige, durch die besondere Sachlage gerechtfertigte Interesse«,[17] was sich mit der Interpretation der Parallelvorschriften (Rdn. 3) deckt.[18] Da hierfür auch das »Inte- 10

10 Vgl. BVerwG, Beschl. v. 22.03.2010 – 7 VR 1/10, Rn. 16, zu § 8a BImSchG; *Ochtendung*, Die Zulassung des vorzeitigen Beginns im Umweltrecht, S. 62 ff., insb. 68 ff.
11 BT-Drs. 19/24040, S. 25.
12 § 65 Rdn. 7, 36.
13 Vgl. *Hohnerlein* NVwZ 2022, 750 (755); a.A. *Dippel*, in: Schink/Reidt/Mitschang, UVPG/UmwRG, § 67a UVPG Rn. 6.
14 Vgl. BT-Drs. 19/24040, S. 25.
15 § 16 Rdn. 30.
16 BT-Drs. 19/24040, S. 25. Vgl. auch § 32 Rdn. 6 ff.
17 BT-Drs. 19/24040, S. 25.
18 Vgl. nur *Jarass*, BImSchG, § 8a Rn. 8.

resse des Betreibers an einer zeitlichen Beschleunigung« ausreichen soll,[19] wird es beinahe immer gegeben sein. Ein **öffentliches Interesse** ist jedes Interesse der Allgemeinheit bzw. jedes Interesse eines abgrenzbaren Teils der Allgemeinheit (etwa der Bewohner eines bestimmten Gebiets).[20] Es muss gerade am vorzeitigen Beginn selbst bestehen, was nach der Gesetzesbegründung jedenfalls der Fall ist, wenn »durch die vorzeitige Maßnahme der Umweltschutz verbessert wird«,[21] wodurch der Umweltschutz als Interesse der Allgemeinheit in Bezug genommen wird. Ein öffentliches Interesse kann aber auch außerhalb des Umweltschutzes bestehen, beispielsweise aus Gründen der Energieversorgungssicherheit, aus wirtschaftspolitischen Gründen etc.[22] Die Vorschrift stellt klar, dass der **Vorhabenträger** die Umstände des geltend gemachten Interesses **darlegen** muss, was auch im Fall eines öffentlichen Interesses gilt. Mit anderen Worten trifft den Vorhabenträger eine Substantiierungspflicht und die Behörde kann sich auf eine »nachvollziehende Amtsermittlung« beschränken.[23]

c) (Grundsätzliche) Reversibilität der Maßnahmen (Nr. 3)

11 Nach § 67a Abs. 1 Satz 1 **Nr. 3** UVPG ist Voraussetzung der Zulassung des vorzeitigen Baubeginns, dass der Vorhabenträger nur **Maßnahmen** durchführt, die **reversibel** sind. Es dürfen also nur solche Errichtungen/Änderungen oder Vorarbeiten zugelassen werden, deren Beeinträchtigungen »sowohl in zeitlicher wie räumlicher Hinsicht eingriffsnah rückgängig zu machen bzw. umkehrbar sind«.[24] Durch diese Voraussetzung soll verhindert werden, dass im Fall des Ausbleibens der endgültigen Zulassungsentscheidung durch die Zulassung des vorzeitigen Baubeginns bleibende Schäden, insbesondere Umweltschäden, verursacht werden. Verlangt wird allerdings nur, dass die beeinträchtigende Wirkung reversibel ist; eine vollständige Rückkehr zum ursprünglichen Zustand wäre ohnehin (fast) nie möglich und sie verlangt das Gesetz auch nicht,[25] sondern eben nur die Rückgängigmachung der Beeinträchtigung. Umstritten ist, ob auch die Rodung von Wald reversibel ist;[26] die Gesetzesbegründung behandelt sie als irreversible Maßnahme, die ausnahmsweise zugelassen werden kann (siehe Rdn. 12).

12 Sofern eine Maßnahme keine Umweltschäden, sondern »nur« wirtschaftliche Schäden nach sich zieht, dürfen **ausnahmsweise auch irreversible Maßnahmen** zugelassen werden (§ 67a Abs. 1 **Satz 2** UVPG). Als Beispiel nennt die Gesetzesbegründung »die Beseitigung von Bäumen innerhalb eines [nur] wirtschaftlich genutzten Waldes (z.B. Fichtenmonokultur)«, mit dem sie auch die praktische Notwendigkeit der Ausnahme begründet, weil Gehölze grundsätzlich nur in den Wintermonaten beschnitten/abgeholzt werden dürften, weshalb bei Planfeststellungsbeschlüssen im Frühling ohne die Möglichkeit einer Zulassung des vorzeitigen Baubeginns erhebliche Wartezeiten entstehen könnten.[27] **Voraussetzung** für die Zulassung irreversibler Maßnahmen ist nach dem Wortlaut der Norm, dass für diese Schäden »eine **Entschädigung in Geld** geleistet wird«. Dies ist allerdings nicht so zu verstehen, dass schon vor der Zulassung bzw. als Voraussetzung für sie eine Entschädigung geleistet werden müsste. Der Wortlaut ließe es zwar noch zu, die tatsächlich erfolgte Leistung der Entschädigung als Zulassungsvoraussetzung anzusehen. Dass gleichwohl für die Entscheidung über die Zulassung des vorzeitigen Baubeginns im Fall des § 67a Abs. 1 Satz 2 UVPG nicht erforderlich ist, dass die Entschädigung bereits geleistet wurde, zeigt der systematische Blick auf § 67a Abs. 2 Satz 1 UVPG. Hiernach kann die zuständige Behörde zur Erfüllung der Pflicht nach § 67a Abs. 1 Satz 2

---

19 BT-Drs. 19/24040, S. 25.

20 Allg. *Wolff*, Verwaltungsrecht I, 6. Aufl. 1965, § 29 III. (S. 133 ff.).

21 BT-Drs. 19/24040, S. 25.

22 *Hagmann*, in: Landmann/Rohmer, Umweltrecht, § 67a UVPG Rn. 9.

23 Vgl. allg. *Schneider*, Nachvollziehende Amtsermittlung bei der Umweltverträglichkeitsprüfung, 1991, hier insb. S. 133 ff.

24 BT-Drs. 19/24040, S. 25.

25 *Hagmann*, in: Landmann/Rohmer, Umweltrecht, § 67a UVPG Rn. 11.

26 Vgl. *Dippel*, in: Schink/Reidt/Mitschang, UVPG/UmwRG, § 67a UVPG Rn. 9; *Kment*, in: ders., EnWG, § 44c Rn. 35.

27 BT-Drs. 19/24040, S. 26.

UVPG eine Sicherheitsleistung verlangen (Rdn. 25), was überflüssig wäre, wenn die Leistung bereits erbracht sein müsste.

d) Vorhabenträger verfügt über die notwendigen privaten Rechte (Nr. 4)

Gem. § 67a Abs. 1 Satz 1 Nr. 4 UVPG ist erforderlich, dass der **Vorhabenträger** über die für die Maßnahme **notwendigen privaten Rechte** verfügt, also insbesondere zivilrechtlich befugt ist, die geplanten Maßnahmen auf dem Grundstück vorzunehmen. Diese Voraussetzung erklärt sich aus dem Ziel, die Vorhabenrealisierung zu beschleunigen. Eine vorzeitige Zulassung soll nur erfolgen, wenn es nach ihr sofort losgehen kann und nicht erst noch privatrechtliche Rechte eingeholt oder geklärt werden müssen. 13

e) Verpflichtungserklärungen, Schäden zu ersetzen bzw. früheren Zustand wiederherzustellen (Nr. 5)

Schließlich verlangt § 67a Abs. 1 Satz 1 **Nr. 5** UVPG **zwei kumulative Verpflichtungserklärungen** des Vorhabenträgers, deren Zweck es ist, mögliche Nachteile der Zulassung des vorzeitigen Baubeginns für Dritte aufzufangen. Der Regelungsgehalt entspricht in der Sache dem des § 37 Abs. 1 Satz 1 Nr. 3 KrWG, untergliedert die beiden erfassten Fälle allerdings anders als dieser regelungstechnisch in zwei eigenständige Buchstaben, was die Übersichtlichkeit der Vorschrift erhöht. 14

Gem. § 67a Abs. 1 Satz 1 Nr. 5 **lit. a** UVPG muss sich der Vorhabenträger verpflichten, **alle Schäden** zu **ersetzen**, die bis zur Entscheidung im Planfeststellungs- oder Plangenehmigungsverfahren durch die Maßnahmen verursacht worden sind. Die Verpflichtungserklärung zum Schadenersatz muss **verschuldensunabhängig** ausgestaltet sein, also eine Gefährdungshaftung begründen, die alle adäquat kausalen Schäden erfasst.[28] Auf den Ausgang des Planfeststellungsverfahrens kommt es, wie ein Vergleich mit lit. b zeigt, nicht an, d.h. auch im Fall der endgültigen Genehmigung durch Planfeststellungsbeschluss bzw. Plangenehmigung ist Schadenersatz zu leisten. Als Begünstigte kommen alle in Betracht, die einen (kausalen) Schaden erleiden. Die Voraussetzung zielt darauf, dass Dritte durch die Zulassung des vorzeitigen Beginns nicht schlechter stehen als ohne sie. Deshalb ist die Vorschrift so weit angelegt und erfasst zwanglos etwa auch den entgangenen Gewinn (§ 252 BGB) von Personen, die wegen der Zulassung des vorzeitigen Baubeginns keine Früchte aus dem Baugrundstück mehr beziehen können.[29] Auf eine privatrechtliche Abrede kommt es insoweit also nicht an, auch wenn solche häufig vorliegen werden. 15

Daneben fordert § 67a Abs. 1 Satz 1 Nr. 5 **lit. b** UVPG, dass der Vorhabenträger sich verpflichtet, den **früheren Zustand wiederherzustellen**, sofern kein Planfeststellungsbeschluss oder keine Plangenehmigung erfolgt. Diese gilt nicht nur für den Fall, dass das Vorhaben insgesamt nicht genehmigt wird, sondern auch für den Fall, dass es anders als ursprünglich beantragt genehmigt wird und deshalb vorzeitig begonnene Errichtungen, Änderungen oder Vorarbeiten rückgängig zu machen sind. Auch diese Verpflichtungserklärung muss **verschuldensunabhängig** ausgestaltet sein.[30] Die Voraussetzung korrespondiert mit der Voraussetzung aus § 67a Abs. 1 Satz 1 Nr. 3 UVPG und soll sicherstellen, dass die Zulassung des vorzeitigen Baubeginns keine bleibenden (Umwelt-)Schäden nach sich zieht. 16

Beide Verpflichtungserklärungen können durch **einseitige Erklärung des Vorhabenträgers gegenüber der Behörde** erfolgen,[31] es ist aber auch möglich, einen **öffentlich-rechtlichen Vertrag** zu schlie- 17

28 Vgl. BT-Drs. 19/24040, S. 25. Sofern es dort heißt, »[d]ie Verpflichtung nach Nummer 5 Buchstabe a ist verschuldensunabhängig«, ist dies freilich ungenau, denn die Nr. 5 begründet selbst keine Verpflichtung zum Schadenersatz, sondern verlangt eine Verpflichtungserklärung (siehe auch Rdn. 17 f.) und diese muss eine verschuldensunabhängige Verpflichtung enthalten.

29 BT-Drs. 19/24040, S. 25.

30 Fn. 28.

31 BT-Drs. 19/24040, S. 25.

ßen. Ob ein solcher öffentlich-rechtlicher Vertrag ein Vertrag zugunsten Dritter ist (§ 62 Satz 2 VwVfG i.V.m. § 328 BGB), aus dem geschädigte Dritte unmittelbar berechtigt werden, ist durch Auslegung im Einzelfall zu ermitteln. Liegt ein echter Vertrag zugunsten Dritter vor, bedeutet dies, dass auch die privaten Dritten ihre Ansprüche selbst vor den Verwaltungsgerichten gelten machen können, was für die Behörde eine Erleichterung bedeuten kann. Entscheidend für die Erfüllung der Voraussetzungen der Nr. 5 ist aber, dass sich der Vorhabenträger gegenüber der Behörde verpflichtet, weshalb eine Verpflichtung gegenüber Privaten allein nicht ausreicht. Die Verpflichtung gegenüber der Behörde ist notwendig, damit sie es in der Hand behält, die Verpflichtung durchzusetzen.

18 Der mögliche Weg der **Durchsetzung** der Verpflichtungen **durch die Behörde** ist in beiden Varianten **unterschiedlich**: Die Verpflichtung aus **lit. a** kann **nur klageweise vor den Verwaltungsgerichten** erfolgen (wobei der Klageantrag auf Leistung an den Geschädigten zu richten ist). Dies liegt daran, dass der Behörde für eine Titulierung der Schadenersatzpflicht die **VA-Befugnis fehlt**. Sofern die Verpflichtungserklärung in Form eines öffentlich-rechtlichen Vertrags abgegeben wurde, entspricht es der h.M., dass die durch ihn eingegangenen Verpflichtungen von der Behörde grundsätzlich nicht einseitig mittels VA durchgesetzt werden können.[32] Der Ausnahmefall der Durchsetzung einer auch anderweitig bestehenden gesetzlichen Verpflichtung liegt vorliegend nicht vor, weil die Nr. 5 die Verpflichtung nicht begründet, sondern nach ihrem klaren Wortlaut eine Verpflichtungserklärung verlangt. Der Ausschluss der Durchsetzbarkeit durch VA muss konsequenterweise auch dann gelten, wenn der Vorhabenträger die Verpflichtung durch »einseitige Erklärung« abgegeben hat, denn auch dies ist eine rechtsgeschäftliche Verpflichtung (die man wohl als öffentlich-rechtliches Schuldversprechen analog § 780 BGB ansehen muss), mittels derer der Behörde (jedenfalls typischerweise) keine VA-Befugnis eingeräumt wird. Hierfür spricht auch, dass die Behörde nach dem Wortlaut von § 67a Abs. 1 Satz 1 Nr. 5 UVPG die Verpflichtung des Vorhabenträgers zum Schadenersatz nicht einseitig begründen kann, weil es dort ausdrücklich heißt, dass »der Vorhabenträger *sich* verpflichtet«. Schließlich wird diese Sicht auch aus einem Umkehrschluss zur Situation in den Fällen des **lit. b** gestützt. Die Verpflichtung zur Wiederherstellung des früheren Zustands kann nämlich einseitig **durch VA** durchgesetzt werden. Dies ist gänzlich unabhängig davon, wie genau die Verpflichtung eingegangen wurde, denn für eine Anordnung der Wiederherstellung des früheren Zustands nach negativem Ausgang des Planfeststellungsverfahrens ist die **VA-Befugnis in § 67a Abs. 2 Satz 2** UVPG enthalten. Diese ausdrückliche VA-Befugnis wird durch rechtsgeschäftliche Abreden über die Verpflichtung nicht gesperrt.

19 Die Durchsetzung der Verpflichtungen wird dadurch erleichtert, dass die **Behörde** zur Sicherstellung der Erfüllung der beiden gem. § 67a Abs. 1 Satz 1 Nr. 5 UVPG geforderten Verpflichtungen eine **Sicherheitsleistung verlangen darf, § 67a Abs. 2 Satz 1 Var. 1 UVPG** (Rdn. 25). Sie dient unabhängig von der Art der Durchsetzung (Rdn. 18) dazu, dass der Schadenersatz- bzw. Wiederherstellungsanspruch nicht an der Insolvenz des Schuldners scheitert.

II. Rechtsfolgen

1. Inhalt und Wirkung der Entscheidung

20 Liegen die Voraussetzungen von § 67a Abs. 1 UVPG vor, kann die Behörde vorläufig zulassen, dass **in Teilen** mit der **Errichtung oder Änderung** der Rohrleitungsanlage einschließlich der Vorarbeiten begonnen wird. Die Zulassung des Baubeginns bezieht sich ausweislich des ausdrücklichen Wortlauts nur auf eine teilweise Zulassung (»in Teilen«), die zudem nur »vorläufig« erfolgen darf (Rdn. 24), d.h. es darf weder die gesamte Errichtung zugelassen werden, noch dürfen Teile der Einrichtung endgültig zugelassen werden.

21 Daneben darf die Behörde **Vorarbeiten** zulassen, wobei sich diese auf die teilweise Errichtung bzw. Änderung beziehen müssen, was sich ebenfalls aus dem Wortlaut ergibt (»einschließlich der Vor-

32 Zur Diskussion *Hilbert*, in: Kahl/Ludwigs, HVwR, Bd. V, § 148 Rn. 23 m.w.N., auch zur Gegenansicht.

arbeiten«). Zu den Vorarbeiten zählen nach der Gesetzesbegründung »z.B. auch naturschutzrechtliche Maßnahmen, insbesondere des europäischen Arten- und Gebietsschutzes (Maßnahmen zur Schadensbegrenzung, vorgezogene Ausgleichsmaßnahmen nach § 44 Abs. 5 BNatSchG sowie Maßnahmen zur Kohärenzsicherung nach § 34 Abs. 5 BNatSchG)«.[33] Die vorzeitige Zulassung des Betriebs, auch nur eines **Probebetriebs**, ist **nicht zulässig** (Rdn. 3).

Die vorläufige (Rdn. 24) Zulassungsentscheidung bezieht sich also nur auf bestimmte Baumaßnahmen (und ihre Vorarbeiten), wie auch die amtliche Überschrift anzeigt. Sie sind im Bescheid näher zu konkretisieren (§ 37 Abs. 1 VwVfG). Hinsichtlich dieser Maßnahmen entfaltet die vorläufige Zulassung **Gestattungswirkung**, d.h. die Vornahme der Maßnahmen ist erlaubt und bedarf insbesondere keiner anderen Genehmigung (etwa einer Baugenehmigung oder einer Genehmigung der Wasserbehörde) mehr.[34] Allerdings liegt in der Zulassungsentscheidung nach § 67a UVPG weder ein Vorbescheid noch eine Teilgenehmigung. Anders als diese[35] entfaltet die vorläufige Zulassung des Baubeginns für die Behörde hinsichtlich der späteren Entscheidung im Planfeststellungs-/Plangenehmigungsverfahren **keine Bindungswirkungen.**[36] Im Rahmen ihrer Regelungswirkung und im Zeitraum ihrer Wirksamkeit bindet die vorzeitige Zulassungsentscheidung die Verwaltung indes sehr wohl, weshalb etwa nach vorzeitiger Zulassung des Baubeginns keine Baueinstellung verfügt werden darf, sofern nicht die vorzeitige Zulassung – ggf. zeitgleich – aufgehoben wird.[37] 22

Die Zulassungsentscheidung wird **unbeschadet privater Rechte Dritter** erteilt.[38] 23

Die Zulassungsentscheidung ist **vorläufig**. Dies ergibt sich aus dem klaren Wortlaut von § 67a Abs. 1 Satz 1 UVPG. Sichergestellt wird die Vorläufigkeit durch § 67a **Abs. 2 Satz 3 Var. 2** UVPG, nach dem die Zulassung unter dem **Vorbehalt des Widerrufs** erfolgt. Es ist umstritten, ob hiermit bereits ein gesetzlicher Widerrufsvorbehalt angeordnet ist.[39] Mit dem Wortlaut sind beide Interpretationen vereinbar; zwingend sind beide nicht. Deswegen sollte die Behörde in jedem Fall den Widerrufsvorbehalt auch als Nebenbestimmung anordnen. Aufgrund eines Widerrufsvorbehalts darf die vorläufige Zulassung gem. § 49 Abs. 2 Satz 1 Nr. 1 VwVfG jederzeit und ohne Entschädigung (vgl. § 49 Abs. 6 VwVfG) widerrufen werden. 24

Gem. § 67a **Abs. 2 Satz 1** UVPG kann die Behörde als Nebenbestimmung der Zulassungsentscheidung von dem Vorhabenträger eine **Sicherheitsleistung** verlangen, durch die die Schadenersatz- und Widerherstellungspflichten nach § 67a Abs. 1 Satz 1 Nr. 5 und Satz 2 UVPG gesichert werden sollen. Als Sicherheitsleistung kommen die in § 232 BGB genannten Möglichkeiten in Betracht, wobei es nach dem Zweck von § 67a Abs. 2 Satz 1 UVPG nicht notwendig ist, die in § 232 Abs. 2 BGB zum Ausdruck kommende Subsidiarität einer Bürgschaft als Sicherungsmittel zu übernehmen; vielmehr ist eine Bürgschaft in jedem Fall ein taugliches Sicherungsmittel. Hiervon geht auch die Gesetzesbegründung aus.[40] Des Weiteren kommt als Sicherungsmittel für den Schadenersatzanspruch der Abschluss einer Haftpflichtversicherung in Betracht.[41] Das Verlangen einer Sicherheitsleistung wird regelmäßig in Form einer Bedingung i.S.d. § 36 Abs. 2 Nr. 3 VwVfG erfolgen, so dass 25

---

33 BT-Drs. 19/24040, S. 24.

34 Vgl. *Beckmann,* in: Landmann/Rohmer, Umweltrecht, § 37 KrWG Rn. 18 f.; *Jarass,* BImSchG, § 8a Rn. 18; *Ochtendung,* Die Zulassung des vorzeitigen Beginns im Umweltrecht, S. 133 ff., 142 ff.; *Brüning* JbUTR 2003, 31 (40).

35 Vgl. zu den Bindungswirkungen von Vorbescheid und Teilgenehmigung *Kahl/Gärditz,* Umweltrecht, § 7 Rn. 86 ff.

36 Vgl. BVerwG NVwZ 1991, 994 (994 f.); *Ochtendung,* Die Zulassung des vorzeitigen Beginns im Umweltrecht, S. 137 ff. (je zu Parallelvorschriften).

37 *Ochtendung,* Die Zulassung des vorzeitigen Beginns im Umweltrecht, S. 137 f.

38 BT-Drs. 19/24040, S. 24.

39 Dafür *Dippel,* in: Schink/Reidt/Mitschang, UVPG/UmwRG, § 67a UVPG Rn. 15; *Hagmann,* in: Landmann/Rohmer, Umweltrecht, § 67a UVPG Rn. 22; dagegen *Kment,* in: ders., EnWG, § 44c Rn. 49.

40 BT-Drs. 19/24040, S. 26.

41 Vgl. *Beckmann,* in: Landmann/Rohmer, Umweltrecht, § 37 KrWG Rn. 59.

vor der Sicherheitsleistung (d.h. dem Bedingungseintritt) mit der vorzeitigen Errichtung/Änderung (und den zugehörigen Vorarbeiten) nicht begonnen werden darf.

26 Neben dem Widerrufsvorbehalt und dem Verlangen einer Sicherheitsleistung sind **weitere Nebenbestimmungen nach Maßgabe von § 36 Abs. 2 VwVfG möglich.**

2. Ermessen der Behörde

27 Die Entscheidung über das **Ob der vorläufigen Zulassung** steht im pflichtgemäßen **Ermessen** der Behörde (§ 67a Abs. 1 Satz 1 UVPG: »kann«). Hierdurch wird der Behörde mehr Spielraum eingeräumt als bei der Parallelvorschrift des § 8a BImSchG, der die Zulassung des vorzeitigen Beginns in das intendierte Ermessen der Behörde (»soll«) stellt.

28 Im Ermessen der Behörde steht zudem, ob sie ausnahmsweise **irreversible Maßnahmen** unter den Voraussetzungen von § 67a Abs. 1 Satz 2 UVPG zulässt (Rdn. 12). Auch das **Verlangen einer Sicherheitsleistung** gem. § 67a Abs. 2 Satz 1 UVPG (Rdn. 25) steht im Ermessen der Behörde. Beides sind **eigenständige Ermessensentscheidungen**, die gesondert begründet werden müssen (§ 39 Abs. 1 Satz 3 VwVfG).

III. Verfahren

29 Die **zuständige Behörde** ist gem. § 67a Abs. 1 Satz 1 UVPG diejenige, die für die Feststellung des Plans bzw. die Erteilung der Plangenehmigung nach § 65 UVPG zuständig ist. Sie bestimmt sich nach **Landesrecht** (Art. 84 Abs. 1 Satz 1 Var. 1 GG).[42]

30 Hinsichtlich der Form bestimmt § 67a **Abs. 3** UVPG, dass die Entscheidung über die Zulassung des vorzeitigen Baubeginns den Beteiligten und den anliegenden Gemeinden **zuzustellen** ist. Die Zustellung erfolgt nach dem jeweils einschlägigen (Landes-)Verwaltungszustellungsgesetz. Weil die Zustellung notwendig mit der Schriftform einhergeht, wird über die Anordnung der Zustellung auch die Notwendigkeit einer **Begründung** nach § 39 Abs. 1 VwVfG ausgelöst.

IV. Rechtsschutz

31 Die Entscheidung über die Zulassung des vorzeitigen Baubeginns ergeht als Verwaltungsakt i.S.d. § 35 Satz 1 VwVfG. **Gegen die Versagung** kann der Vorhabenträger deshalb Rechtsschutz mit dem **Verpflichtungswiderspruch** gem. § 68 Abs. 2, 1 VwGO (sofern er nicht gesetzlich ausgeschlossen ist) und der **Verpflichtungsklage** gem. § 42 Abs. 1 Var. 2 VwGO nachsuchen. Letztere wird wegen des Ermessens der Behörde (Rdn. 27 f.) typischerweise nur als Bescheidungsklage (§ 113 Abs. 5 Satz 2 VwGO) Aussicht auf Erfolg haben.

32 **Gegen die Zulassung** des vorzeitigen Baubeginns können Dritte Rechtsschutz zunächst mit dem **Widerspruch** gem. § 68 Abs. 1 VwGO nachsuchen, sofern er nicht gesetzlich ausgeschlossen ist, wobei der Ausschluss gem. § 67 Satz 1 UVPG, § 74 Abs. 1 Satz 2, § 70 VwVfG bzw. § 74 Abs. 6 Satz 3 VwVfG nur für den Planfeststellungsbeschluss bzw. die Plangenehmigung gilt, was im Umkehrschluss bedeutet, dass sie für die Zulassungsentscheidung über den vorzeitigen Baubeginn *nicht* gelten;[43] ein Ausschluss des Widerspruchsverfahrens kommt deshalb – neben § 68 Abs. 1 Satz 2 Nr. 1 VwGO – vor allem durch Landesrecht in Betracht. In jedem Fall steht Drittbetroffenen aber Rechtsschutz im Wege der **Anfechtungsklage** gem. § 42 Abs. 1 Var. 1 VwGO offen. Insofern ist zu beachten, dass Widerspruch und Anfechtungsklage **keine aufschiebende Wirkung** haben (**§ 67a Abs. 4 UVPG**). Gegen das Entfallen der aufschiebenden Wirkung können betroffene Dritte **vor-**

42 Vgl. etwa § 51 Abs. 4 Satz 1 Nr. 2 der Bayerischen Zuständigkeitsverordnung (ZustV) v. 16.07.2015, GVBl. S. 184; § 3 Abs. 1 Nr. 1 der Saarländischen Verordnung über die Zuständigkeiten und Aufgaben auf dem Gebiet der Umweltverträglichkeitsprüfung v. 30.07.2003, ABl. S. 2146.

43 *Dippel*, in: Schink/Reidt/Mitschang, UVPG/UmwRG, § 65 UVPG Rn. 23.

läufigen Rechtsschutz nachsuchen und gem. § 80a Abs. 3 Satz 2, § 80 Abs. 5 Satz 1 Var. 1 VwGO die Anordnung der aufschiebenden Wirkung beantragen.

Rechtsbehelfe haben nur bei einer **Verletzung in eigenen Rechten** Erfolg (§ 42 Abs. 2, § 113 Abs. 1 Satz 1 VwGO). Insoweit kommen alle subjektiven-öffentlichen Rechte, insb. die Grundrechte (z.B. Art. 2 Abs. 2, Art. 14 GG), in Betracht. Zudem vermittelt § 67a Abs. 1 Satz 1 Nr. 5 lit. a UVPG denjenigen Drittschutz, die durch die vorzeitige Zulassung des Baubeginns möglicherweise Schäden erleiden können, weil die Schadenersatzverpflichtung gerade in ihrem Interesse geschaffen wurde.[44] Die übrigen Zulassungsvoraussetzungen von § 67a Abs. 1 Satz 1 UVPG sind demgegenüber nicht drittschützend.[45] 33

Anerkannte **Vereinigungen** dürfen **ohne eigene Rechtsbetroffenheit** gegen die Zulassung des vorzeitigen Baubeginns **Rechtsbehelfe ergreifen.** Dies folgt zwar **nicht** aus § 2 Abs. 1, **§ 1 Abs. 1 Satz 1 Nr. 1 UmwRG,** weil hierfür eine Zulassungsentscheidung nach § 2 Abs. 6 UVPG notwendig wäre. Die Zulassung des vorzeitigen Baubeginns ist aber nach umstrittener, wenngleich vorzugswürdiger Ansicht keine Zulassungsentscheidung nach § 2 Abs. 6 UVPG,[46] weil sie zum einen nicht den Betrieb zulässt (Rdn. 3, 21) – weshalb auch Rechtsprechung und Literatur zu § 8a BImSchG nicht ohne Weiteres übertragbar sind –, zum anderen keine Bindungswirkung entfaltet (Rdn. 22) und vor allem vollständig reversibel ist (Rdn. 11 f., 14 ff., 24 ff.). Auch unionsrechtlich ist eine Eröffnung der Verbandsklagemöglichkeit nicht gefordert, weil sie in Art. 11 UVP-RL davon abhängig gemacht wird, dass für die (zu überprüfende) Entscheidung die »Bestimmungen dieser Richtlinie über die Öffentlichkeitsbeteiligung gelten«,[47] die Zulassung des vorzeitigen Baubeginns aber keiner eigenständigen Öffentlichkeitsbeteiligung unterfällt, sondern auf die Ergebnisse der Öffentlichkeitsbeteiligung im Planfeststellungs-/Plangenehmigungsverfahren zurückgreift. Dass anerkannte Vereinigungen Rechtsbehelfe gegen die Zulassung des vorzeitigen Baubeginns erheben können, folgt aber aus § 2 Abs. 1, **§ 1 Abs. 1 Satz 1 Nr. 5 UmwRG,** weil die Zulassung des vorzeitigen Baubeginns ein Verwaltungsakt ist, durch den ein Vorhaben (vgl. § 2 Abs. 4 UVPG) unter Anwendung umweltbezogener Rechtsvorschriften zugelassen wird; die Zulassungsentscheidung liegt hier in der Baufreigabe (Rdn. 22). 34

§ 68 Überwachung

(1) [1]Die zuständige Behörde hat durch geeignete Maßnahmen zu überwachen, dass Vorhaben, die in Anlage 1 unter den Nummern 19.3 bis 19.9 aufgeführt sind, im Einklang mit den umweltbezogenen Bestimmungen des Zulassungsbescheids nach § 65 durchgeführt werden. [2]Bei UVP-pflichtigen Vorhaben gilt dies insbesondere für die im Planfeststellungsbescheid festgelegten Merkmale des Vorhabens und des Standorts, für die Maßnahmen, mit denen erhebliche nachteilige Umweltauswirkungen ausgeschlossen, vermindert oder ausgeglichen werden sollen, sowie für die Ersatzmaßnahmen bei Eingriffen in Natur und Landschaft.

(2) Die Überwachung nach Absatz 1 kann dem Vorhabenträger aufgegeben werden, soweit dies nach landesrechtlichen Vorschriften vorgesehen ist.

44 Vgl. *Frische,* in: Schmehl/Klement, GK-KrWG, § 37 Rn. 41.

45 Vgl. *Frische,* in: Schmehl/Klement, GK-KrWG, § 37 Rn. 42; a.A. für das Reversibilitätsgebot: *Hohnerlein* NVwZ 2022, 750 (753, 755) (dort allg. ausgeführt, aber auf § 67a Abs. 1 Satz 1 Nr. 3 UVPG übertragbar); *Kment,* in: ders., EnWG, § 44c Rn. 65.

46 Vgl. *Fellenberg/Schiller,* in: Landmann/Rohmer, Umweltrecht, § 1 UmwRG Rn. 47, zu § 8a BImSchG; a.A. § 1 UmwRG Rn. 33; *Schlacke,* in: Gärditz, VwGO, § 1 UmwRG Rn. 15.

47 Siehe auch *Fellenberg/Schiller,* in: Landmann/Rohmer, Umweltrecht, § 1 UmwRG Rn. 47, zu Art. 25 IE-RL.

Übersicht

A. Einführung

1 § 68 ist ein Beispiel für eine wortlautnahe Umsetzung einer Richtlinienbestimmung, die zumindest in Teilen unverständlich ist. § 68 ermächtigt und verpflichtet die zuständige Behörde, geeignete Maßnahmen zur Überwachung der in Anl. 1 unter den Nrn. 19.3–19.9 aufgeführten Vorhaben zu ergreifen. Die Überwachungsmaßnahmen sollen dafür sorgen, dass bei der Realisierung dieser Vorhaben die umweltbezogenen Bestimmungen der Planfeststellung oder der Plangenehmigung beachtet werden.[1] Ob sich für die behördliche Überwachung aus dieser Vorschrift tatsächlich erhebliche Konsequenzen ergeben, ist fraglich. Die Vorschrift, die sich auf Anforderungen zur Überwachung von Rohrleitungsanlagen und künstliche Wasserspeicher beschränkt, steht inhaltlich im engen Zusammenhang mit § 28, einer Bestimmung, die für alle UVP-pflichtigen Anlagen einen Mindeststandard der Überwachung vorsieht, der zu beachten ist, soweit bundes- oder landesrechtliche Regelungen keine Überwachungsmaßnahmen vorsehen. Ein inhaltlicher Zusammenhang besteht auch zu § 45, wonach erhebliche Umweltauswirkungen, die sich aus der Durchführung eines Plans oder Programms ergeben, zu überwachen sind, um insbesondere frühzeitig unvorhergesehene nachteilige Auswirkungen zu ermitteln und geeignete Abhilfemaßnahmen ergreifen zu können.

2 Die Vorschrift setzt Art. 8a Abs. 4 der geänderten UVP-RL im Hinblick auf Vorhaben um, die in Anl. 1 Nrn. 19.3–19.9 aufgeführt sind. Nach Art. 8a Abs. 4 UVP-RL haben die Mitgliedstaaten sicherzustellen, dass die Aspekte des Projekts und/oder die Maßnahmen, mit denen erhebliche nachteilige Auswirkungen auf die Umwelt vermieden, verhindert, verringert und soweit möglich ausgeglichen werden sollen, vom Projektträger umgesetzt werden. Außerdem verpflichtet die Richtlinie die Mitgliedstaaten, Verfahren zur Überwachung erheblicher nachteiliger Auswirkungen auf die Umwelt festzulegen. Die Art der zu überwachenden Parameter und die Dauer der Überwachung müssen gemäß Art. 8a Abs. 4 Satz 2 UVP-RL der Art, dem Standort und dem Umfang des Projekts sowie dem Ausmaß seiner Auswirkungen auf die Umwelt angemessen sein.[2]

3 Absatz 1 Satz 1 stellt klar, dass durch geeignete Überwachungsmaßnahmen sicherzustellen ist, dass das Vorhaben im Einklang mit den Bestimmungen des Zulassungsbescheids nach § 65 durchgeführt wird. Die Vorschrift gilt sowohl für **Planfeststellungsbeschlüsse** als auch für **Plangenehmigungen**,[3] nicht aber für behördliche Mitteilungen über den Entfall des Planfeststellungs- bzw. Plangenehmigungsverfahrens in Fällen unwesentlicher Bedeutung nach § 65 Abs. 2 Satz 2, weil es sich dabei nicht um Zulassungsentscheidungen handelt.[4] Bei UVP-pflichtigen Vorhaben ist nach Abs. 1 Satz 2 insbesondere die Wirksamkeit bestimmter Merkmale des Vorhabens und des Standorts sowie von Maßnahmen, mit denen erhebliche nachteilige Umweltauswirkungen ausgeschlossen, vermindert, ausgeglichen oder ersetzt werden sollen, zu überwachen. Merkmale und Maßnahmen, mit denen Umweltauswirkungen ausgeschlossen werden, schließen dabei sowohl die Vermeidung als auch die Verhinderung von Umweltauswirkungen im Sinne der UVP-Änderungsrichtlinie ein.

---

1 *Dippel,* in: Schink/Reidt/Mitschang, UVPG/UmwRG, § 68 UVPG Rn. 1.

2 Gesetzesbegründung der BReg, BT-Drs. 18/11499, S. 109.

3 *Peters/Balla/Hesselbarth,* UVPG, § 68 Rn. 2.

4 *Hagmann,* in: Landmann/Rohmer, Umweltrecht, Stand: 4/2022, § 68 UVPG Rn. 11.

Aufgrund des in § 66 Abs. 1 Nr. 1b geregelten **Vorsorgegrundsatzes** dürfen erhebliche nachteilige Umweltauswirkungen beim Betrieb der Rohrleitungsanlagen und künstlichen Wasserspeicher nicht auftreten. Erhebliche nachteilige Umweltauswirkungen, die entgegen den Anforderungen des Planfeststellungsbeschlusses sowie eventuell während der Errichtungsphase eintreten (Erwägungsgrund 35 der UVP-Änderungsrichtlinie 2014/52/EU), werden, soweit es sich um Rohrfernleitungen handelt, nach Abs. 1 sowie nach den Bestimmungen der **Rohrfernleitungsverordnung** und den nach § 9 RohrFLtgV erlassenen **Technischen Regeln für Rohrfernleitungsanlagen** (TRFL) überwacht. Die TRFL gilt als Stand der Technik. Sie ist damit auf generelle Beachtung angelegt und präzisiert den Stand der Technik, und zwar einschließlich der in ihr enthaltenen und ausfüllungsbedürftigen Spielräume nach unten und nach oben.[5] 4

Absatz 2 stellt klar, dass die Überwachung nach Abs. 1 nach landesrechtlichen Vorschriften dem Vorhabenträger aufgegeben werden kann. Die Geltung von Bestimmungen zur Überwachung nach der Rohrfernleitungsverordnung und den Technischen Regeln für Rohrfernleitungsanlagen, die eine Eigenüberwachung vorsehen, bleibt hiervon unberührt. 5

B. Überwachung der Zulassungskonformität des Vorhabens (Abs. 1 Satz 1)

Die zuständige Behörde hat nach § 68 Abs. 1 Satz 1 durch geeignete Maßnahmen zu überwachen, dass Vorhaben, die in Anl. 1 unter den Nummern 19.3–19.9 aufgeführt sind, im Einklang mit den umweltbezogenen Bestimmungen des Zulassungsbescheids nach § 65 durchgeführt werden. Die zuständige Behörde ist danach zur Überwachung verpflichtet; ein Entschließungsermessen steht ihr nicht zu. Hinsichtlich der Art und Weise der Überwachung, d.h. zu der Frage, welche konkreten Überwachungsmaßnahmen ergriffen werden sollen, verfügt die zuständige Behörde über ein **Auswahlermessen**.[6] 6

§ 68 ermächtigt mit Blick auf die umweltbezogenen Regelungen zur Überwachung der zulassungskonformen Realisierung des Vorhabens, nicht jedoch zur Aufhebung rechtswidriger, insbesondere mit dem Umweltrecht unvereinbarer, aber bestandskräftiger Planfeststellungsbeschlüsse oder Plangenehmigungen. Rechtsgrundlage dafür sind die §§ 48, 49 VwVfG. Eine anerkannte Umweltvereinigung kann nach dem UmwRG auch auf Rücknahme oder Widerruf eines bestandskräftigen Planfeststellungsbeschlusses klagen. Die Aufrechterhaltung eines bestandskräftigen, wenngleich rechtswidrigen, insbesondere mit EU-Umweltrecht unvereinbaren Planfeststellungsbeschlusses, führt, für sich genommen, nicht zu einem unionsrechtlich unzulässigen Zustand, wenn die Überwachungsinstrumente des jeweiligen Fachgesetzes ausreichend sind, die unionsrechtlichen Anforderungen durchzusetzen.[7] Bei § 13 KSG handelt es sich um eine umweltbezogene Rechtsvorschrift, die nicht nur beim Erlass eines Planfeststellungsbeschlusses zu berücksichtigen ist, sondern im Rahmen des nach § 49 VwVfG eröffneten Ermessens auch bei der Entscheidung über dessen Widerruf berücksichtigungsfähig sein kann.[8] 7

I. Vorhaben nach Nrn. 19.3–19.9 der Anl. 1

§ 68 regelt keine Anforderungen an die Überwachung der Zulassungskonformität sämtlicher Anlagen, deren Zulassung einer UVP bedarf. Sie beschränkt sich vielmehr auf Überwachungsanforderungen an Vorhaben, die in Anl. 1 unter den Nr. 19.3–19.9 aufgeführt sind.[9] Für andere UVP-pflichtige Vorhaben ergeben sich die Anforderungen an die behördliche Überwachung aus den jeweiligen 8

5 VG Halle (Saale), Urt. v. 04.06.2025 – 4 A 219/23, juris Rn. 116; OVG NRW, Urt. v. 31.08.2020, – 20 A 1923/11, juris Rn. 385.

6 *Dippel,* in: Schink/Reidt/Mitschang, UVPG/UmwRG, § 68 UVPG Rn. 7; *Peters/Balla/Hesselbarth,* UVPG, § 68 Rn. 2; *Hagmann,* in: Landmann/Rohmer, Umweltrecht, Stand: 4/2022, § 68 UVPG Rn. 14.

7 BVerwG, Urt. v. 23.06.2020 – 9 A 22/19, BVerwGE 168, 368, juris Rn. 14, 52 ff.

8 VGH BW, Beschl. v. 10.06.2025 – 5 S 385/25, juris Rn. 48.

9 *Hagmann,* in: Landmann/Rohmer, Umweltrecht, Stand: 4/2022, § 68 UVPG Rn. 9.

Fachgesetzen und, soweit bundes- oder landesrechtliche Regelungen keine Überwachungsmaßnahmen vorsehen, nach § 28.

9 Unter den Nrn. 19.3–19.9 sind zahlreiche **Rohrleitungsanlagen** zum Befördern wassergefährdender Stoffe, von verflüssigten Gasen oder auch von nicht verflüssigten Gasen, zum Befördern von bestimmten Chemikalien, von Dampf oder Warmwasser, **Wasserfernleitungen** und **künstliche Wasserspeicher** aufgelistet. Nach § 2 Abs. 19 AwSV sind Rohrleitungen feste oder flexible Leitungen zum Befördern wassergefährdender Stoffe, einschließlich ihrer Formstücke, Armaturen, Förderaggregate, Flansche und Dichtmittel. Zu welchem Zweck die wassergefährdenden Stoffe in der Rohrleitung transportiert werden, ist grundsätzlich unerheblich. **Wassergefährdende Stoffe** im Sinne des Abschnitts 3 des Kapitels 3 des WHG sind nach § 62 Abs. 3 WHG feste, flüssige und gasförmige Stoffe, die geeignet sind, dauernd oder in einem nicht nur unerheblichen Ausmaß nachteilige Veränderungen der Wasserbeschaffenheit herbeizuführen. § 62 Abs. 4 Nr. 1 WHG ermächtigt den Verordnungsgeber zur Bestimmung der wassergefährdenden Stoffe und ihre Einstufung entsprechend ihrer Gefährlichkeit. Auf dieser Ermächtigungsgrundlage basiert die Verordnung über Anlagen zum Umgang mit wassergefährdenden Stoffen, die eine eigene Definition der wassergefährdenden Stoffe und Bestimmungen zur Einstufung von Stoffen und Gemischen enthält. Für Rohrleitungsanlagen gilt allerdings eine spezielle Regelung.

10 Nach § 66 Abs. 6 Satz 7 können in einer Rechtsverordnung speziell die Stoffe, die geeignet sind, die Wasserbeschaffenheit nachteilig zu verändern, bestimmt werden (wassergefährdende Stoffe im Sinne von Nr. 19.3 der Anl. 1. Die fragliche Rechtsverordnung ist in Gestalt der Rohrfernleitungsverordnung erlassen worden.[10] Die RohrFLtgV regelt für die in ihren Anwendungsbereich nach § 2 RohrFLtgV fallenden Rohrfernleitungen abschließend und unabhängig vom WHG, aufgrund welcher Merkmale ein Stoff als wassergefährdend im Sinne des UVPG gilt.

11 Rohrfernleitungsanlagen im Sinne der RohrFLtgV sind Rohrfernleitungsanlagen, die nach § 65 Abs. 1 oder Absatz 2 einer Planfeststellung oder einer Plangenehmigung bedürfen oder die unter eine der in den Nrn. 19.4–19.6 der Anl. 1 UVPG aufgeführten Leitungsanlagen fallen, ohne die dort angegebenen Größenwerte für die Verpflichtung zur Durchführung einer Vorprüfung des Einzelfalls zu erreichen und die mit einem Überdruck von mehr als 1 Bar betrieben werden. Rohrfernleitungsanlagen im Sinne der RohrFLtgV umfassen neben den Rohrleitungen auch alle dem Leitungsbetrieb dienenden Einrichtungen, insbesondere Pump-, Abzweig-, Übergabe-, Absperr- und Entlastungsstationen sowie Verdichter-, Regel- und Messanlagen. Nach § 2 Abs. 1 Satz 2 RohrFLtgV gelten Stoffe, die unter § 2 Abs. 1 Satz 1 Nr. 1 oder Nr. 3 RohrFLtgV fallen, und Stoffe mit dem Gefahrenmerkmal T, T+ oder C als wassergefährdende Stoffe. Unter § 2 Abs. 1 Satz 1 Nr. 1 RohrFLtgV fallen brennbare Flüssigkeiten mit einem Flammpunkt kleiner als 100 Grad Celsius sowie brennbare Flüssigkeiten, die bei Temperaturen gleich oder oberhalb ihres Flammpunktes befördert werden. Unter § 2 Abs. 1 Satz 1 Nr. 3 RohrFLtgV Stoffe mit den R-Sätzen R 14, R 14/15, R 29, R 50, R 50/53 oder R 51/53.

12 Die TRFL konkretisiert den Stand der Technik. Weder das UVPG noch die Rohrfernleitungsverordnung legen Kriterien fest, die eine Bestimmung des Standes der Technik losgelöst von der TRFL ermöglichen, während das Verfahren für das Zustandekommen der TRFL und damit des Standes der Technik verfahrenstechnisch durch § 9 RohrFLVO bestimmt wird.[11] Zur Bestimmung des Standes der Technik ist ein Ausschuss für Rohrfernleitungen eingerichtet, der sich personell aus Mitgliedern der einschlägigen Fachkreise zusammensetzt und zu dessen Aufgaben es gehört, die dem Stand der Technik entsprechenden Regeln vorzuschlagen. Bei Erlass der Rohrfernleitungsverordnung ist davon abgesehen worden, die allgemeinen Anforderungen an den Stand der Technik näher zu regeln, weil die TRFL zu diesem Zeitpunkt bereits von den betroffenen Fachleuten erarbeitet war und aus der Sicht des Verordnungsgebers den Stand der Technik beschrieb. Das nahm ersichtlich

10 VG Halle (Saale), Urt. v. 04.06.2025 – 4 A 219/23, juris Rn. 116.
11 VG Halle (Saale), Urt. v. 04.06.2025 – 4 A 219/23, juris Rn. 122.

auf die Fachkompetenz Bezug, die in der TRFL ihren Niederschlag gefunden hat. Die TRFL sollte auf der Grundlage der Verordnung lediglich noch öffentlich bekanntgemacht werden und dadurch Verbindlichkeit erlangen. Die Vereinheitlichung der Anforderungen an Rohrfernleitungen durch die Rohrfernleitungsverordnung wurde als sinnvoll betrachtet, weil mit der TRFL ein einheitliches technisches Regelwerk bereits vorhanden war.[12]

Die Überwachungspflicht nach § 68 Abs. 1 Satz 1 bezieht sich nicht nur auf UVP-pflichtige Rohrfernleitungsanlagen. Vielmehr müssen auch solche Anlagen überwacht werden, für deren Zulassung keine UVP durchgeführt wird. Diese Anlagen werden nach § 65 Abs. 2 Satz 1 regelmäßig im Wege einer Plangenehmigung zugelassen.[13] Für die UVP-pflichtigen Vorhaben sieht allerdings § 68 Abs. 1 Satz 2 eine Sonderregelung hinsichtlich der Überwachungsmaßstäbe vor. Die Erstreckung der Überwachungspflicht des § 68 Abs. 1 Satz 1 auf nicht UVP-pflichtige Vorhaben ist rechtssystematisch überraschend, weil das UVPG als Gesetz über die UVP grundsätzlich keine Anforderungen an Vorhaben richtet, die keiner UVP unterzogen werden müssen. Angesichts der ohnehin weitgehend deklaratorischen Wirkung der Bestimmung ist dies aber auch nicht schädlich. 13

II. Umweltbezogene Bestimmungen des Zulassungsbescheids

Die vom Gesetzgeber geforderte Überwachung durch die Behörden beschränkt sich auf die umweltbezogenen Bestimmungen des Zulassungsbescheids. § 68 sieht – anders als z.B. § 52 Abs. 1 Satz 3 BImSchG – nicht vor, dass Planfeststellungsbeschlüsse oder Plangenehmigungen regelmäßig daraufhin zu überprüfen sind, ob sie den gesetzlichen Anforderungen noch entsprechen und ob sie dementsprechend durch nachträgliche Anordnungen auf den neuesten Stand zu bringen sind. 14

1. Regelungsgehalt von Planfeststellungsbeschlüssen und Plangenehmigungen

Fraglich ist, was die umweltbezogenen Bestimmungen des Zulassungsbescheids i.S.v. § 68 sind. Der Planfeststellungsbeschluss und die Plangenehmigung bestehen aus einem regelnden Teil, der sich aus dem Bescheidtenor, den Inhalts- und Nebenbestimmungen sowie eventuellen Vorbehalten i.S.v. § 74 Abs. 3 VwVfG zusammensetzt. Hinzu kommen häufig rechtlich nicht verbindliche Hinweise und eine Begründung, die sich nach § 39 Abs. 1 Satz 2 VwVfG auf alle wesentlichen tatsächlichen und rechtlichen Gründe zu erstrecken hat, die die Behörde zu ihrer Entscheidung bewogen haben (siehe auch die Anforderungen an die Bescheidbegründung in § 66 Abs. 4 Nr. 3). Da es sich sowohl bei dem Planfeststellungsbeschluss als auch bei der Plangenehmigung um eine Ermessensentscheidung handelt, muss die Begründung nach § 39 Abs. 1 Satz 3 VwVfG auch die Gesichtspunkte erkennen lassen, von denen die Behörde bei der Ausübung ihres Ermessens ausgegangen ist. Für UVP-pflichtige Vorhaben schreibt § 26 ergänzend vor, dass der Bescheid die umweltbezogenen Nebenbestimmungen enthalten muss, sofern sie mit der Zulassungsentscheidung verbunden sind, eine Beschreibung der vorgesehenen Überwachungsmaßnahmen nach § 28 oder nach entsprechenden Bundes- oder landesrechtlichen Vorschriften sowie eine Begründung, aus der die wesentlichen tatsächlichen und rechtlichen Gründe hervorgehen, die Behörde zu ihrer Entscheidung bewogen haben. 15

Zu den umweltbezogenen Bestimmungen des Planfeststellungsbeschlusses und der Plangenehmigung gehört in erster Linie der **Bescheidtenor**, aus dem sich ergibt, welches Vorhaben in welchem Umfang zugelassen worden ist. Bei der behördlichen Überwachung kommt es insoweit darauf an, festzustellen, ob das Vorhaben entsprechend diesem Bescheidtenor durchgeführt wird oder ob etwas davon Abweichendes realisiert wird. Dazu gehören letztlich auch die Planfeststellungsunterlagen, die durch den Planfeststellungsbeschluss oder die Plangenehmigung genehmigt werden. Denn das zugelassene Vorhaben lässt sich ohne die Planunterlagen nicht vollständig erfassen. Dementsprechend enthält der Planfeststellungsbeschluss bzw. die Plangenehmigung in aller Regel auch eine Auflistung der 16

12 VG Halle (Saale), Urt. v. 04.06.2025 – 4 A 219/23, juris Rn. 122 unter Verweis auf BR-Drs. 301/02, S. 77, 101.

13 *Dippel,* in: Schink/Reidt/Mitschang, UVPG/UmwRG, § 68 UVPG Rn. 3.

genehmigten und gestempelten Antragsunterlagen. Soweit diese Antragsunterlagen sich auf eine Beschreibung umweltbezogener Merkmale des Standortes und der Ausführung des Vorhabens erstrecken, sind sie ebenfalls Gegenstand der behördlichen Überwachung nach § 68 Abs. 1.

17 Zu den umweltbezogenen Bestimmungen der Zulassung gehören außerdem sämtliche **umweltbezogenen Nebenbestimmungen**. Umweltbezogen sind Nebenbestimmungen, die dazu dienen, nachteilige Umweltauswirkungen des Vorhabens zu vermeiden oder zu verringern oder aber für die Umwelt vorteilhafte Effekte zu erzielen.[14] Umweltauswirkungen im Sinne des UVPG sind gemäß § 2 Abs. 2 Satz 1 unmittelbare und mittelbare Auswirkungen eines Vorhabens oder der Durchführung eines Plans oder Programms auf die Umweltschutzgüter. Dies schließt nach § 2 Abs. 2 Satz 2 ausdrücklich auch solche Auswirkungen des Vorhabens ein, die aufgrund von dessen Anfälligkeit für schwere Unfälle oder Katastrophen zu erwarten sind, soweit diese schweren Unfälle oder Katastrophen für das Vorhaben relevant sind. Schutzgüter, auf die sich umweltbezogenen Nebenbestimmungen beziehen, sind nach § 2 Abs. 1 Menschen, insbesondere die menschliche Gesundheit, Tiere, Pflanzen und die biologische Vielfalt, Fläche, Boden, Wasser, Luft, Klima und Landschaft, kulturelles Erbe und sonstige Sachgüter sowie die Wechselwirkung zwischen den vorgenannten Schutzgütern. § 68 ermächtigt die zuständige Behörde nicht, die Einhaltung anderer als umweltbezogener Bestimmungen der Planfeststellung oder Plangenehmigung zu überwachen. Die Überwachung der Zulassungskonformität im Übrigen findet unabhängig von der nach § 68 vorgeschriebenen Überwachung nach dem jeweils einschlägigen Fachrecht statt (z.B. § 52 BImSchG, § 100 WHG, §§ 47 ff. KrWG).[15]

18 Bei den umweltbezogenen Nebenbestimmungen kann es sich um Befristungen, Bedingungen oder Auflagen im Sinne von § 36 Abs. 2 VwVfG handeln. Eine **Befristung** ist nach § 36 Abs. 2 Nr. 1 VwVfG eine Bestimmung, nach der eine Vergünstigung oder Belastung zu einem bestimmten Zeitpunkt beginnt, endet oder für einen bestimmten Zeitraum gilt; eine **Bedingung** ist nach § 36 Abs. 2 Nr. 2 VwVfG eine Bestimmung, nach der der Eintritt oder der Wegfall einer Vergünstigung oder einer Belastung von dem ungewissen Eintritt eines zukünftigen Ereignisses abhängt; eine **Auflage** ist gem. § 36 Abs. 2 Nr. 3 VwVfG eine Bestimmung, durch die dem Begünstigten ein Tun, Dulden oder Unterlassen vorgeschrieben wird. Auflagen in Genehmigungsbescheiden, Planfeststellungsbeschlüssen oder Plangenehmigungsbescheiden sehen regelmäßig Nebenpflichten zum Betrieb einer Anlage vor, deren Beachtung von der Aufsichtsbehörde selbstständig erzwungen werden kann.[16]

19 Von einer Auflage zu unterscheiden sind **Inhaltsbestimmungen**, die der Zulassung keine zusätzliche Pflicht hinzufügen, sondern den Genehmigungsgegenstand begrenzen und konkretisieren.[17] Als weitere Kriterien für die Abgrenzung zwischen Auflagen und Inhaltsbestimmungen werden ergänzend auch das Gewicht und die Bedeutung der Genehmigungsvoraussetzung genannt, deren Sicherstellung die Einzelbestimmung dienen soll. Regelungen von substanziellem Gewicht sind regelmäßig als Inhaltsbestimmungen einzuordnen.[18] Auch auf die Einhaltung solcher Inhaltsbestimmungen erstreckt sich die Überwachungspflicht. Die Abgrenzung zwischen Inhaltsbestimmungen und Auflagen kann im Einzelfall schwierig sein. Maßgeblich soll der Erklärungsgehalt des Zulassungsbescheids sein.

---

14 *Dippel*, in: Schink/Reidt/Mitschang, UVPG/UmwRG, § 68 UVPG Rn. 4.

15 *Dippel*, in: Schink/Reidt/Mitschang, UVPG/UmwRG, § 68 UVPG Rn. 6.

16 *Jarass*, BImSchG, § 12 Rn. 14.

17 *Jarass*, BImSchG, § 12 Rn. 6; zur Abgrenzung von Nebenbestimmungen und Inhaltsbestimmungen siehe OVG NRW, Urt. v. 01.10.2024 – 4 A 357/21, juris Rn. 35; OVG Magdeburg, Beschl. V. 15.06.2023 – 3 M 14/23, juris Rn. 6 ff.; *Ramsauer*, in: Kopp/Ramsauer, VwVfG, § 36 Rn. 9.

18 OVG SA, Beschl. v. 25.06.2019 – 2 M 42/19, juris Rn. 37; OVG NRW, Urt. v. 10.12.1999 – 21 A 3481/96, juris Rn. 15 ff. m.w.N.; *Mann*, in: Landmann/Rohmer, Umweltrecht, Stand: 1/2014, § 12 BImSchG Rn. 124, 126.

Eine Auflage liegt nur vor, wenn die Einhaltung der Bestimmung Bestand und Wirksamkeit der Zulassung nicht berühren soll.[19]

Die Abgrenzung von Nebenbestimmungen und Inhaltsbestimmungen spielt auch für die Frage einer isolierten Anfechtung eine Rolle. Ob eine Nebenbestimmung isoliert aufgehoben werden kann, hängt davon ab, ob der Verwaltungsakt ohne sie sinnvoll und rechtmäßig bestehen bleiben kann. Dies ist eine Frage der Begründetheit des Anfechtungsbegehrens, sofern eine isolierte Aufhebbarkeit nicht offenkundig von vornherein ausscheidet. Letzteres ist der Fall, wenn die fragliche Bestimmung den Regelungsgehalt des Hauptverwaltungsakts definiert oder modifiziert (Inhaltsbestimmung). Bei der insoweit erforderlichen Auslegung von Verwaltungsakten kommt es in entsprechender Anwendung der §§ 133, 157 BGB nicht auf den wirklichen Willen des Erklärenden, sondern darauf an, wie der Empfänger die Erklärung nach Treu und Glauben unter Berücksichtigung der für ihn erkennbaren Umstände verstehen musste. Wenn eine Einschränkung nach ihrem objektiven Erklärungsgehalt den Inhalt der Hauptregelung näher bestimmt anstatt als gesonderte Leistungsverpflichtung zum Hauptinhalt des Bescheids hinzuzutreten, ist sie eine Inhaltsbestimmung und keine gesondert anfechtbare Nebenbestimmung.[20] 20

Nicht zu den umweltbezogenen Bestimmungen des Zulassungsbescheids, die Gegenstand der Überwachung nach § 68 sein müssen, gehören weitergehend andere Inhalte der Zulassungsentscheidungen wie z.B. Hinweise, Begründungen oder Aussagen in planfestgestellten Fachbeiträgen und Gutachten. Dies gilt selbst dann, wenn anzunehmen ist, dass die jeweilige Aussage ersichtlich eine Grundlage für die im Zulassungsverfahren durchgeführte Konfliktbewältigung darstellt.[21] Einzubeziehen in die Überwachung sind solche Inhalte von Fachbeiträgen und Gutachten, wenn sie zum verbindlichen Gegenstand von Regelungen der Zulassung gemacht werden. 21

2. Erforderlichkeit nachträglicher Anordnungen?

§ 52 Abs. 1 Satz 2 BImSchG verpflichtet die zuständige Behörde dazu, gegebenenfalls mit Hilfe von nachträglichen Anordnungen die Zulassung auf den neuesten Stand zu bringen. Eine Überprüfung der Genehmigung mit Blick auf ihre Gesetzeskonformität soll nach § 52 Abs. 1 Satz 4 BImSchG in jedem Fall stattfinden, wenn Anhaltspunkte dafür bestehen, dass der Schutz der Nachbarschaft und der Allgemeinheit nicht ausreichend ist und deshalb die in der Genehmigung festgelegten Begrenzungen der Emissionen überprüft und neu festgesetzt werden müssen, wenn wesentliche Veränderungen des Standes der Technik eine erhebliche Verminderung der Emissionen ermöglichen, wenn eine Verbesserung der Betriebssicherheit erforderlich ist, insbesondere durch die Anwendung anderer Techniken, oder wenn neue umweltrechtliche Vorschriften dies fordern. Auch wenn § 68 eine dahingehende Überwachung nicht zwingend vorschreibt, kann die zuständige Behörde grundsätzlich jederzeit überprüfen, ob und inwieweit es Anlass gibt, den Planfeststellungsbeschluss durch nachträgliche Anordnungen an eine veränderte Sach- und Rechtslage anzupassen. Für den Erlass nachträglicher Anordnungen bei den planfeststellungs- oder plangenehmigungsbedürftigen Anlagen der Nrn. 19.3–19.9 der Anl. 1 des UVPG ist § 68 allerdings keine taugliche Ermächtigungsgrundlage.[22] Insoweit kommt aber § 66 Abs. 2 Satz 2 in Betracht. Danach ist die Aufnahme, Änderung oder Ergänzung von Auflagen über Anforderungen an das Vorhaben auch nach dem Ergehen des Planfeststellungsbeschlusses zulässig. 22

19 VGH Kassel, Beschl. v. 10.04.2014 – 9 B 2156/1, juris Rn. 53; zur Abgrenzung zwischen einer Inhaltsbestimmung und einer selbstständig anfechtbaren Auflage in einem immissionsschutzrechtlichen Genehmigungsbescheid siehe auch OVG NRW, Urt. v. 10.12.1999 – 21 A 3481/96, NVwZ-RR 2000, 671.

20 OVG NRW, Urt. v. 01.10.2024 – 4 A 357/21, juris Rn. 35.

21 A.A. *Hagmann*, in: Landmann/Rohmer, Umweltrecht, Stand: 4/2022, § 68 UVPG Rn. 12.

22 *Dippel*, in: Schink/Reidt/Mitschang, UVPG/UmwRG, § 68 UVPG Rn. 7.

3. Modifizierung des Planfeststellungsbeschlusses durch Rechtsverordnung

23 Nach der Rechtsprechung des BVerwG können – abhängig von der Auslegung nach dem Wortlaut, den Normmaterialien und dem Regelungszweck – Verordnungen und Gesetze Pflichten des Inhabers einer Planfeststellung unmittelbar gestalten. Solche Verordnungen oder Gesetze können auch unmittelbar auf die Rechtsposition der Betreiber bereits zugelassener Anlagen einwirken, die den Anforderungen der Verordnungen noch nicht genügen; ein Widerruf oder eine nachträgliche Anordnung sind zur Durchsetzung der Anforderungen einer nach Erlass des Planfeststellungsbeschlusses ergehenden Verordnung nicht unbedingt erforderlich. Das Verhältnis solcher Verordnungen zu bestandskräftigen Planfeststellungsbeschlüssen ist damit nach Auffassung des BVerwG im Sinne eines unmittelbar wirkenden, die Zulassungsentscheidungen modifizierenden Vorrangs der Verordnungen geregelt.[23] Ausgehend von einer in diesem Sinne den Planfeststellungsbeschluss modifizierenden Wirkung einer Rechtsänderung muss sich die behördliche Überwachung auch die Einhaltung dieser zusätzlichen Anforderungen erstrecken. Nicht zuletzt hat der EuGH in einem Urteil (Emsvertiefung) vom 14.01.2010 Grundsätze entwickelt, wonach die Bestandskraft eines Planfeststellungsbeschlusses einer nachträglichen Anwendung des FFH-Regimes nicht entgegensteht, wenn dies bei wertender Betrachtung zur Wahrung der Schutzziele der FFH-Richtlinie geboten ist.[24]

III. Geeignete Überwachungsmaßnahmen

24 Für die Überwachung hat die zuständige Behörde geeignete Maßnahmen zu ergreifen. Der Begriff der Überwachungsmaßnahme ist weit zu verstehen.[25] Dies folgt nach Ansicht des BVerwG für den Begriff der Überwachungsmaßnahme i.S.d. § 1 Abs. 1 Satz 1 Nr. 6 UmwRG aus dem Anliegen des Gesetzgebers, die Vorgaben des Art. 9 Abs. 3 AK vollständig ins nationale Recht umzusetzen und zu diesem Zweck die Klage auf behördliches Einschreiten gegenüber Dritten im Interesse der Einhaltung umweltbezogener Rechtsvorschriften zu ermöglichen.[26] Eine Einschränkung erfährt die Ausrichtung mit Blick auf § 1 Abs. 1 Satz 1 Nr. 6 UmwRG und § 68 auf Maßnahmen des Gesetzesvollzuges insoweit, als selbstständige, von einer Vorhabenzulassung unabhängige Überwachungsmaßnahmen nicht erfasst sind.[27]

25 Geeignete Maßnahmen nach § 68 können **Ordnungsverfügungen** sein, mit denen dem Anlagenbetreiber bestimmte Informationen oder eine Duldung behördlicher Überwachungsmaßnahmen abverlangt werden. In Betracht kommen aber auch Überwachungsmaßnahmen in Form schlicht-hoheitlichen Handelns, etwa durch eine **Vor-Ort-Besichtigung**. Das Betretungs- und Besichtigungsrecht hängt nicht von einer ausdrücklichen Zustimmung des Anlagenbetreibers ab. Verweigert er den Behördenmitarbeitern jedoch den Zutritt und die Besichtigung, indem er z.B. ein Hausverbot ausspricht, Tore oder Türen nicht öffnet oder den Zutritt zu seiner Anlage anderweitig verwehrt, bedarf es eines die gesetzliche Duldungspflicht konkretisierenden Verwaltungsakts.[28]

26 Bei der Auswahl der jeweiligen Überwachungsmaßnahme muss unabhängig davon in jedem Fall der Grundsatz der **Verhältnismäßigkeit** beachtet werden. Dass allein die Tatsache, dass ein Vorhaben UVP-pflichtig ist, eingriffsintensivere Überwachungsmaßnahmen, d.h. schwerwiegendere Grundrechtsbeeinträchtigungen rechtfertigt, ist nicht ersichtlich. Der Hinweis, dass mit UVP-pflichtigen

---

23 BVerwG, Beschl. v. 03.06.2004 – 7 B 14.04, juris Rn. 4; zur Beschränkung der Legalisierungswirkung der Zulassung auf die Rechtslage zum Zulassungszeitpunkt *Uffelmann*, Bestandsschutz im Konflikt mit dem Naturschutz, S. 85.

24 EuGH, Urt. v. 14.01.2010 – C-226/08, juris Rn. 39 ff.

25 So zum Begriff der Überwachungs- oder Aufsichtsmaßnahmen i.S.d. § 1 Abs. 1 Satz 1 Nr. 6 UmwRG BVerwG, Urt. v. 29.04.2021 – 4 C 2/19, juris Rn. 22.

26 BVerwG, Urt. v. 29.04.2021 – 4 C 2/19, juris Rn. 22 unter Verweis auf BT-Drs. 18/9526 S. 32, 36 f.; *Schlacke,* in: Gärditz, VwGO, § 1 UmwRG Rn. 56 f.

27 BVerwG, Urt. v. 29.04.2021 – 4 C 2/19, juris Rn. 22; *Fellenberg/Schiller*, in: Landmann/Rohmer, Umweltrecht, Stand: 2/2019, § 1 UmwRG Rn. 121 f.

28 BVerwG, Urt. v. 09.11.2022 – 7 C 1/22, juris; OVG NRW, Urt. v. 30.11.2021, juris Rn. 54.

Vorhaben typischerweise ein größeres Gefährdungspotenzial für die Umwelt verbunden sei, das eine »intensivere Überwachung« rechtfertige, taugt nicht zu einer pauschalierten Absenkung des Grundrechtsschutzes durch den Verhältnismäßigkeitsgrundsatz.[29] Wenn der Gesetzgeber aus Gründen eines höheren Gefährdungspotenzials Anlass für eine strengere Überwachung sieht, die einen intensiveren Grundrechtseingriff rechtfertigen soll, muss er eine entsprechende Ermächtigungsgrundlage bereitstellen, indem er z.B. eine UVP vorsieht oder bestimmte Anforderungen mit Blick auf einen möglichen Störfall stellt oder einen bestimmten **Überwachungsintervall** vorgibt.

Die Entscheidung der Überwachungsbehörde, die Durchführung einer Kontrolle im Rahmen der gesetzlich vorgeschriebenen, regelmäßigen Anlagenüberwachung dem Anlagenbetreiber nicht vorher anzukündigen, ist im Regelfall verhältnismäßig und bedarf nach dem Sinn und Zweck der Kontrolle keiner einzelfallbezogenen und auch keiner schriftlichen Begründung. Die Überwachungsbehörde soll nach der eher unzutreffenden Ansicht des OVG NRW auch dann nicht zu einer vorherigen Ankündigung verpflichtet sein, wenn der Zweck des Zutritts- und Prüfungsrechts dadurch nicht vereitelt wird.[30] Das leuchtet mit Blick auf Eignung, Erforderlichkeit und Angemessenheit einer unangekündigten Überwachung nicht ein. Die Befugnis der Überwachungsbehörde, im Rahmen der Vor-Ort-Besichtigung **Lichtbilder** anzufertigen, ist auch ohne ausdrückliche Erwähnung in der Ermächtigungsgrundlage für die Überwachung von der Besichtigungsermächtigung gedeckt.[31] 27

In der Begründung zu § 28 weist die Bundesregierung darauf hin, Art und Maß der Überwachungsmaßnahmen ergäben sich in der Regel nicht aus dem UVPG, sondern aus den fachrechtlichen Bestimmungen des Bundes und der Länder. Der nach § 28 Abs. 1 Satz 1 bestehende Vorrang anderen Bundes- und Landesrechts gelte sowohl im Hinblick auf Vorschriften zur behördlichen Überwachung als auch für die Eigenüberwachung. Beispiele vorrangiger Überwachungsvorschriften sind die §§ 27–29a, 31, 52, 52a, 58a und 53 BImSchG, § 61 WHG, § 43 KrWG, §§ 9, 14, 15 Industriekläranlagen-Zulassungs- und Überwachungsverordnung sowie § 3 Abs. 2, § 17 Abs. 7 und 8 BNatSchG. Doppelgleisigkeiten bei der Überwachung sollen vermieden werden (vgl. Art. 8a Abs. 4 Unterabs. 3 der geänderten UVP-RL). Zu überwachen seien nach § 28 Abs. 1 Satz 2 insbesondere die Wirksamkeit bestimmter Eigenschaften des Vorhabens und des Standorts sowie von Maßnahmen, mit denen erhebliche nachteilige Umweltauswirkungen ausgeschlossen, vermindert, ausgeglichen oder ersetzt werden sollen. Merkmale und Maßnahmen, mit denen Umweltauswirkungen ausgeschlossen werden, schließen dabei sowohl die Vermeidung als auch die Verhinderung von Umweltauswirkungen im Sinne der UVP-Änderungsrichtlinie ein. 28

Zwar sieht der Gesetzgeber in § 68 Abs. 1 – anders als in § 28 Abs. 1 – keinen formalen Vorrang bundes- oder landesrechtlicher Regelungen zur Überwachung vor, gleichwohl können sich geeignete Überwachungsmaßnahmen aus anderen Vorschriften des Bundes- oder Landesrechts ergeben. Für Rohrfernleitungsanlagen ergeben sich die wesentlichen Vorgaben aus der Rohrfernleitungsverordnung (RohrFLtgV) und den technischen Regeln für Rohrfernleitungen (TRFL) i.S.d. § 9 RohrFLtgV.[32] Dazu gehören umfangreiche Betreiberpflichten, eine fortlaufende Überwachung der Rohrfernleitungsanlage, das Erstellen und Fortschreiben einer zusammenfassenden Dokumentation über alle sicherheitsrelevanten bedeutsamen Merkmale der Rohrfernleitungsanlage sowie ihres Betriebes, die regelmäßige Prüfung der Anlage durch unabhängige Prüfstellen sowie eine umfassende Schadensfallvorsorge durch das Erstellen eines Alarm- und Gefahrenabwehrplans und regelmäßige Notfallübungen. 29

29 So aber *Dippel,* in: Schink/Reidt/Mitschang, UVPG/UmwRG, § 68 UVPG Rn. 8.

30 BVerwG, Urt. v. 09.11.2022 – 7 C 1/22, juris Rn. 24; OVG NRW, Urt. v. 30.11.2021 – 8 A 513/19, juris Rn. 74; *Jarass,* BImSchG, § 52 Rn. 46; a.A. VG Düsseldorf, Urt. v. 21.02.2017 – 3 K 3004/15, juris Rn. 24 f.; *Kenyeressy,* in: Appel/Ohms/Saurer, BImSchG, § 52 Rn. 58; *Lechelt,* in: Führ, GK-BImSchG, § 52 Rn. 45, jeweils m.w.N.

31 BVerwG, Urt. v. 09.11.2022 – 7 C 1/22, juris Rn. 32; OVG NRW, Urt. v. 30.11.2021 – 8 A 513/19, juris Rn. 120.

32 *Peters/Balla/Hesselbarth,* UVPG, § 68 Rn. 3; Gesetzesbegründung BT-Drs. 18/11499, 109.

30 Die zuständige Behörde kann gem. § 4 Abs. 5 RohrFLtgV unter anderem die im Einzelfall erforderlichen Anordnungen treffen, dass die Anforderungen des § 3 RohrFLtgV erfüllt werden. Nach § 3 Abs. 1 RohrFLtgV müssen Rohrfernleitungsanlagen so beschaffen sein und betrieben werden, dass eine Beeinträchtigung des Wohls der Allgemeinheit vermieden wird und insbesondere schädliche Einwirkungen auf den Menschen und die Umwelt nicht zu besorgen sind. Außerdem ist eine Rohrfernleitungsanlage nach § 3 Abs. 2 Satz 1 RohrFLtgV entsprechend dem Stand der Technik zu errichten und zu betreiben.

31 Für die Überwachung der Einhaltung dieser materiellen Anforderungen an Rohrleitungen ist insoweit insbesondere § 8a RohrFLtgV beachtlich. Nach § 8a Abs. 1 Satz 1 RohrFLtgV sind Bedienstete und Beauftragte der zuständigen Behörde im Rahmen der Überwachung befugt, technische Ermittlungen und Prüfungen vorzunehmen, während der Betriebszeit Betriebsräume sowie unmittelbar zugehörige befriedete Betriebsgrundstücke zu betreten, bei Erforderlichkeit zur Verhütung dringender Gefahren für die öffentliche Sicherheit oder Ordnung Wohnräume und außerhalb der Betriebszeit Betriebsräume sowie unmittelbar zugehörige befriedete Betriebsgrundstücke zu betreten und jederzeit Anlagen zu betreten sowie Grundstücke, die nicht unmittelbar zugehörige befriedete Betriebsgrundstücke nach § 8a Abs. 1 Satz 1 Nrn. 2 und 3 RohrFLtgV sind.

32 § 8a Abs. 2 Satz 1 RohrFLtgV schreibt vor, dass Anlagenbetreiber und ihre Beschäftigten der zuständigen Behörde auf Verlangen Auskünfte zu erteilen haben, Unterlagen vorzulegen und technische Ermittlungen und Prüfungen nach § 8a Abs. 1 Satz 1 Nr. 1 RohrFLtgV zu ermöglichen sowie dafür Arbeitskräfte und technische Hilfsmittel zur Verfügung zu stellen haben, soweit dies zur Durchführung der der Behörde nach Teil 5 des UVPG und der RohrFLtgV übertragenen Aufgaben erforderlich ist.

33 Für die zur Auskunft verpflichtete Person gilt § 55 StPO entsprechend. Eigentümer und Besitzer von Grundstücken, über die Rohrfernleitungsanlagen verlaufen, haben der zuständigen Behörde auf Verlangen technische Ermittlungen und Prüfungen nach § 8a Abs. 1 Satz 1 Nr. 1 RohrFLtgV zu ermöglichen, soweit dies zur Durchführung der Aufgaben erforderlich ist, die der zuständigen Behörde nach Teil 5 des UVPG und nach der RohrFLtgV übertragen worden sind.

34 Beim Bundesumweltministerium ist auf der Grundlage des § 9 Abs. 1 RohrFLtgV **ein Ausschuss für Rohrfernleitungen** eingerichtet worden. Dieser hat nach § 9 Abs. 2 RohrFLtgV die Aufgabe, das Ministerium insbesondere zu technischen Fragen zu beraten und die dem Stand der Technik entsprechenden Regeln vorzuschlagen. In den Ausschuss sind Vertreter von betroffenen Bundes- und Landesbehörden, von Sachverständigen nach § 6 RohrFLtgV, von Herstellern und Betreibern von Rohrfernleitungsanlagen und der Wissenschaft zu berufen. Technische Regeln und das Anforderungsprofil nach § 9 Abs. 2 Nr. 3 RohrFLtgV werden vom Bundesumweltministerium im Bundesanzeiger veröffentlicht. Auf der Grundlage des § 9 Abs. 5 RohrFLtgV ist die technische Regel für Rohrfernleitungen – TRFL – bekannt gemacht worden. Diese technische Regel enthält Anforderungen an die Planung, dem Bau und den Betrieb von Rohrfernleitungsanlagen, aber auch Anforderungen an deren Überwachung. Die Überwachungsvorschriften dieser technischen Regeln wenden sich vorrangig an den Betreiber der Rohrfernleitungsanlage. Er hat alle Vorkehrungen und Maßnahmen zu treffen, die für einen sicheren Betrieb und die Überwachung geboten sind. Er hat insbesondere dafür zu sorgen, dass die Auswirkungen eines Schadensfalls so gering wie möglich gehalten werden. Mittelbar ist die technische Regel aber auch für die behördliche Überwachung beachtlich, soweit diese dazu dient, zu überprüfen, ob der Betreiber der Rohrfernleitungsanlage seine Eigenüberwachung ordnungsgemäß organisiert hat und durchführt.

C. Besondere Gegenstände der behördlichen Überwachung (Abs. 1 Satz 2)

35 Für UVP-pflichtige Vorhaben schreibt § 68 Abs. 1 Satz 2 vor, dass sich die behördliche Überwachung insbesondere auf die im Planfeststellungsbescheid festgelegten Merkmale des Vorhabens und des Standorts, auf die Maßnahmen, mit denen erhebliche nachteilige Umweltauswirkungen aus-

geschlossen, vermindert oder ausgeglichen werden sollen, sowie auf die Ersatzmaßnahmen bei Eingriffen in Natur und Landschaft erstreckt.

Aus der Verwendung des Begriffs »insbesondere« ergibt sich, dass sich der Prüfungsgegenstand für die UVP-pflichtigen Vorhaben sich grundsätzlich nicht von den Vorhaben unterscheidet, die keiner UVP bedürfen. Denn es handelt sich bei den in § 68 Abs. 1 Satz 2 genannten Kriterien lediglich um eine beispielhafte Auflistung, die alle übrigen Prüfungsgegenstände mit Blick auf umweltbezogene Bestimmungen des Planfeststellungsbeschlusses nicht ausschließen oder einschränken. Umgekehrt bedeutet die Regelung in § 68 Abs. 1 Satz 2 auch nicht, dass für die Überwachung von Rohrfernleitungsanlagen, bei deren Zulassung keine UVP notwendig war, die dementsprechend mit einer Plangenehmigung genehmigt worden sind, auf eine Überwachung hinsichtlich der vorgesehenen Maßnahmen, mit denen erhebliche nachteilige Umweltauswirkungen ausgeschlossen, vermindert oder ausgeglichen werden sollen, sowie hinsichtlich der Ersatzmaßnahmen bei Eingriffen in Natur und Landschaft verzichtet werden sollte oder könnte. Insoweit handelt es sich bei der Regelung in § 68 Abs. 1 Satz 2 letztlich nur um einen **Merkposten** für die zuständige Behörde, worauf sie insbesondere ihr Augenmerk bei der Überwachung der Anlage richten soll. 36

Fraglich könnte sein, was unter den im Planfeststellungsbescheid festgelegten Merkmalen des Vorhabens und des Standorts zu verstehen ist, die im Rahmen der behördlichen Überwachung überprüft werden sollen. Zu den Merkmalen des Vorhabens dürften insbesondere die Angaben zu zählen sein, die der Vorhabenträger in den Antragsunterlagen zur technischen Beschaffenheit der Rohrleitung gemacht hat. Nach § 3 Abs. 1 RohrFLtgV müssen Rohrfernleitungsanlagen so beschaffen sein und betrieben werden, dass eine Beeinträchtigung des Wohls der Allgemeinheit vermieden wird und insbesondere schädliche Einwirkungen auf den Menschen und die Umwelt nicht zu besorgen sind. 37

Nach § 3 Abs. 2 RohrFLtgV ist eine Rohrfernleitungsanlage außerdem entsprechend dem Stand der Technik zu errichten und zu betreiben. Als Stand der Technik gelten insbesondere die Technischen Regeln, die nach § 9 Abs. 5 RohrFLtgV veröffentlicht werden. Als gleichwertige Regeln der Technik im Sinne von Satz 1 gelten Normen, sonstige Bestimmungen oder technische Vorschriften anderer Mitgliedstaaten der Europäischen Gemeinschaft oder anderer Vertragsstaaten des Abkommens über den Europäischen Wirtschaftsraum, sofern das geforderte Schutzniveau gleichermaßen dauerhaft erreicht wird. 38

Anforderungen an die Beschaffenheit der Rohrfernleitungsanlage ergeben sich aus Teil 2 der Technischen Regeln für Rohrfernleitungsanlagen. Dabei geht es um die Wanddicken der Rohre, um die Eignung verwendeter Stähle, um das Verfahren der Herstellung (Formgebungsverfahren, Schweißverfahren, Wärmebehandlung, etc.), um die Eignung von Armaturen, Förderpumpen und Verdichter, etc. im Rahmen der Überwachung ist zu prüfen, ob die in den Antragsunterlagen beschriebenen Eignungsmerkmale der Anlage tatsächlich auch bei der Errichtung beachtet worden sind. Auch die Art und Weise des Baus und der Verlegung der Leitung zählen zu den Merkmalen des Vorhabens, die zu überwachen sind. Einzelheiten zur Prüfung einer Rohrfernleitungsanlage beschreibt Anh. B zur TRFL. 39

Zu den Merkmalen des Standorts (bzw. der Trasse), die für die Zulassung einer Rohrfernleitung, aber auch für ihre Überwachung von Bedeutung sein können, gehören z.B. Mindestabstände zur Wohnbebauung. Nach Nr. 3.1 TRLF muss die Trasse der Rohrfernleitung so gewählt werden, dass die im Schadensfall von der Leitung ausgehenden Gefahren sowie die Einwirkungen auf die Leitung so gering wie möglich gehalten werden. Rohrfernleitungsanlagen sollen nach Möglichkeit nicht in bebautem oder in einem durch einen Bebauungsplan für eine Bebauung ausgewiesenen Gebiet errichtet werden, sofern es sich um eine dem Wohnen dienende Bebauung im Sinne der Baunutzungsverordnung handelt. Ist das nicht möglich, müssen besondere Sicherheitsmaßnahmen vorgesehen werden, die ebenfalls Gegenstand einer behördlichen Überwachung sind. Vermieden werden sollen außerdem schutzbedürftige Gebiete, wie z.B. Wasserschutzgebiete, Überschwemmungsgebiete etc. 40

41 Als Maßnahmen, mit denen erhebliche nachteilige Umweltauswirkungen ausgeschlossen, vermindert oder ausgeglichen werden sollen, kommen unter anderem die Verlegung der Leitung in Schutzstreifen, die Einrichtung von Schutzzonen, Anforderungen an die Dichtheit und den Korrosionsschutz, etc. in Betracht. Nr. 1.1 TRLF schreibt als allgemeine Anforderung vor, dass zum sicheren Betrieb von Rohrfernleitungen die chemischen, physikalischen und wassergefährdenden Eigenschaften des Förderguts zu berücksichtigen und die Errichtung und der Betrieb der Rohrfernleitungsanlage so zu gestalten ist, dass die Rohrfernleitungsanlage den zu erwartenden Beanspruchungen sicher standhält und dicht bleibt. Je nach Eigenschaft des Fördermediums sind entsprechende Maßnahmen zum Schutz von Mensch und Umwelt zu treffen.

D. Delegation von Überwachungsaufgaben auf den Vorhabenträger (Abs. 2)

42 Nach § 68 Abs. 2 kann die Überwachung nach § 68 Abs. 1 dem Vorhabenträger aufgegeben werden, soweit dies nach landesrechtlichen Vorschriften vorgesehen ist. Diese Regelung ist missverständlich, weil sie den Eindruck vermittelt, dass dem Vorhabenträger nur dann Überwachungsaufgaben übertragen werden können, wenn dies nach landesrechtlichen Vorschriften vorgesehen ist. Allerdings sieht bereits die RohrFLtgV eine weitgehende Eigenüberwachung durch den Anlagenbetreiber vor. Deshalb heißt es in der Gesetzesbegründung der Bundesregierung, die Geltung von Bestimmungen zur Überwachung nach der Rohrfernleitungsverordnung und den Technischen Regeln für Rohrfernleitungsanlagen, die eine Eigenüberwachung vorsehen, bleibe von der Regelung des Abs. 2 unberührt.[33] Dementsprechend wird durch Abs. 2 letztlich lediglich klargestellt, dass auf der Grundlage von Bestimmungen des Landesrechts eine weitergehende Zuweisung von Überwachungsaufgaben auf den Vorhabenträger zulässig ist.[34]

43 Nach § 4 Abs. 1 RohrFLtgV hat der Betreiber einer Rohrfernleitungsanlage dafür zu sorgen, dass die Rohrfernleitungsanlage in ordnungsgemäßem Zustand erhalten und fortlaufend überwacht wird. Er hat unverzüglich die notwendigen Instandsetzungsmaßnahmen vorzunehmen.[35] Gemäß § 4 Abs. 2 RohrFLtgV hat der Betreiber spätestens bei Inbetriebnahme der Rohrfernleitungsanlage eine zusammenfassende Dokumentation zu erstellen, jährlich oder unverzüglich nach Änderungen fortzuschreiben und der zuständigen Behörde auf Verlangen zur Verfügung zu stellen. Die Dokumentation muss alle wesentlichen sicherheitsrelevanten bedeutsamen Merkmale der Rohrfernleitungsanlage sowie ihres Betriebs enthalten. Nach § 4 Abs. 3 Satz 1 RohrFLtgV hat der Betreiber einer Rohrfernleitungsanlage sicherzustellen, dass auch nach endgültiger oder bei vorübergehender Stilllegung eine Beeinträchtigung des Wohls der Allgemeinheit vermieden wird und insbesondere keine schädlichen Einwirkungen auf den Menschen und die Umwelt von einer Rohrfernleitungsanlage ausgehen. Die endgültige Stilllegung oder eine vorübergehende Stilllegung von mehr als sechs Monaten sowie die erneute Inbetriebnahme der Rohrfernleitungsanlage ist der zuständigen Behörde rechtzeitig vorher anzuzeigen.

44 Der Betreiber einer Rohrfernleitungsanlage muss außerdem nach § 4 Abs. 4 RohrFLtgV als Bestandteil der Betriebsführung über ein **Managementsystem** zur Schaffung und Beibehaltung der Integrität der Rohrfernleitungsanlage verfügen, das eine eindeutige Betriebsorganisation mit Festlegung von Kompetenzen und Verantwortlichkeiten auf allen hierarchischen Ebenen vorsieht. Außerdem muss das Managementsystem Regelungen für eine reibungslose Abwicklung aller Tätigkeiten während des bestimmungsgemäßen Betriebs der Anlage und bei einer Störung des bestimmungsgemäßen Betriebs sowie Regelungen zur Überwachung der Anlage und zur Dokumentation der Überwachungsdaten in prüffähigen Unterlagen und Regelungen zur regelmäßigen Schulung des Personals enthalten.

33 Gesetzesbegründung der BReg, BT-Drs. 18/11499, S. 109.

34 Zustimmend *Hagmann*, in: Landmann/Rohmer, Umweltrecht, Stand: 4/2022, § 68 UVPG Rn. 18.

35 Zur Betreibereigenschaft bei einer Rohrleitungsanlage OVG SH, Beschl. v. 17.07.2024 – 5 MB 5/24, juris Rn. 5.

Der Betreiber hat im Rahmen dieses Managementsystems die für den bestimmungsgemäßen Betrieb, für Betriebsstörungen und für die Überwachung der Rohrfernleitungsanlage erforderlichen Anordnungen schriftlich oder elektronisch festzulegen, regelmäßig zu aktualisieren und allen Mitarbeitern zugänglich zu machen. 45

Zur Erfüllung der Anforderungen nach § 3 und § 4 Abs. 1–4 RohrFLtgV kann die zuständige Behörde nach § 4 Abs. 5 RohrFLtgV die im Einzelfall erforderlichen Anordnungen treffen. 46

Nach § 5 Abs. 1 Satz 1 RohrFLtgV hat der Betreiber dafür zu sorgen, dass Prüfungen von Rohrfernleitungsanlagen durch Prüfstellen nach § 6 vor der Inbetriebnahme der Rohrfernleitungsanlage, vor erneuter Inbetriebnahme nach einer nach § 2 Abs. 1 RohrFLtgV zulassungsbedürftigen Änderung oder nach einer nach § 4a Abs. 1 RohrFLtgV anzeigebedürftigen wesentlichen Änderung, vor erneuter Inbetriebnahme nach einer nicht zulassungsbedürftigen Änderung die die Funktionsfähigkeit der Rohrfernleitungsanlage durch Schweißen oder Schneiden beeinträchtigt, von Teilen einer Fernwirk- oder Fernsteueranlage oder der Druckverhältnisse in der Rohrfernleitungsanlage, nach der Stilllegung, nach einer vorübergehenden Stilllegung von mehr als sechs Monaten und vor der Inbetriebnahme solcher Anlagen, nach allen Schadensfällen nach § 7 RohrFLtgV und während des Betriebs der Anlage in mindestens zweijährigem Abstand durchgeführt werden. Auf Antrag des Betreibers kann aufgrund einer von einer Anlage ausgehenden geringen Gefährdung von der zuständigen Behörde der Zeitpunkt für die wiederkehrenden Prüfungen nach § 5 Abs. 1 Satz 1 Nr. 6 RohrFLtgV auf bis zu drei Jahre verlängert werden. 47

Die zuständige Behörde kann nach § 5 Abs. 2 RohrFLtgV in besonderen Fällen über § 5 Abs. 1 RohrFLtgV hinaus zusätzliche Prüfungen anordnen. Die Prüfstelle hat nach § 5 Abs. 3 RohrFLtgV über das Ergebnis der Prüfungen nach § 5 Abs. 1 oder Abs. 2 RohrFLtgV eine Bescheinigung auszustellen und dem Betreiber und der zuständigen Behörde bei gefährlichen Mängeln unverzüglich, sonst innerhalb von acht Wochen nach Abschluss der Prüfungen vorzulegen. Die zuständige Behörde kann, bei der Prüfstelle in die zu einer Prüfung erstellten Prüfprotokolle, Einsicht nehmen. Die Prüfstelle hat die bei ihren Prüfungen erstellten Prüfprotokolle für einen Zeitraum von zehn Jahren aufzubewahren. Der Betreiber hat der zuständigen Behörde auf Verlangen betriebliche Unterlagen zur Rohrfernleitungsanlage vorzulegen. 48

§ 69 Bußgeldvorschriften

(1) Ordnungswidrig handelt, wer vorsätzlich oder fahrlässig

1. ohne Planfeststellungsbeschluss nach § 65 Absatz 1 oder ohne Plangenehmigung nach § 65 Absatz 2 Satz 1 ein Vorhaben durchführt,

2. einer vollziehbaren Auflage nach § 66 Absatz 2 zuwiderhandelt oder

3. einer Rechtsverordnung nach

a) § 66 Absatz 6 Satz 1 Nummer 1, 3, 4 oder 6, jeweils auch in Verbindung mit Absatz 7 Nummer 2, oder

b) § 66 Absatz 6 Satz 1 Nummer 2, auch in Verbindung mit Absatz 7 Nummer 2, oder § 66 Absatz 6 Satz 1 Nummer 5 oder Absatz 7 Nummer 1

oder einer vollziehbaren Anordnung aufgrund einer solchen Rechtsverordnung zuwiderhandelt, soweit die Rechtsverordnung für einen bestimmten Tatbestand auf diese Bußgeldvorschrift verweist.

(2) Die Ordnungswidrigkeit kann in den Fällen des Absatzes 1 Nummer 3 Buchstabe b mit einer Geldbuße bis zu zwanzigtausend Euro, in den übrigen Fällen mit einer Geldbuße bis zu fünfzigtausend Euro geahndet werden.

Übersicht

A. Allgemeines

1 Durch § 69 werden Vorhaben, die ohne Planfeststellungsbeschluss nach § 65 Abs. 1 oder ohne Plangenehmigung nach § 65 Abs. 2 Satz 1 durchgeführt werden, der Verstoß gegen eine vollziehbare Auflage nach § 66 Abs. 2 oder gegen Vorschriften von bestimmten Rechtsverordnungen als Ordnungswidrigkeit mit einer **Geldbuße** bis zu 50.000 Euro geahndet. § 69 gibt insoweit die Tatbestände, Schuldformen (Vorsatz oder Fahrlässigkeit) und die Höhe der Geldbuße vor (Abs. 2). Im Übrigen gilt das OWiG.[1]

2 Von besonderer Bedeutung dabei ist, dass nach § 17 Abs. 4 OWiG die Geldbuße den wirtschaftlichen Vorteil, den der Täter aus der Ordnungswidrigkeit gezogen hat, übersteigen soll. Reicht das gesetzliche Höchstmaß hierzu nicht aus, so kann es überschritten werden. Hat der Täter durch eine mit Geldbuße bedrohte Handlung oder für sie etwas erlangt und wird gegen ihn wegen der Handlung keine Geldbuße festgesetzt, so kann § 29a Abs. 1 OWiG gegen ihn die Einziehung eines Geldbetrages bis zu der Höhe angeordnet werden, die dem Wert des Erlangten entspricht (**Einziehung des Wertes von Taterträgen**). Zur Bestimmung des erlangten Vorteils i.S.v. § 29a Abs. 1 OWiG sind alle Vermögenswerte heranzuziehen, die einem Tatbeteiligten aus der Verwirklichung des Tatbestandes in irgendeiner Phase des Tatablaufs rein gegenständlich zugeflossen sind, ohne dass es auf eine »unmittelbare« Kausalbeziehung zwischen Tat und Bereicherung oder den Schutzzweck der Verbotsnorm ankommt.[2] Bei der Ausübung des Ermessens, ob und ggf. in welcher Höhe eine **Verfallsanordnung** getroffen werden soll, sind zu berücksichtigen: Bedeutung und Folgen der Tat, der Umfang des Erlangten, die Gefahr einer Wiederholung durch andere, das Bedürfnis nach einer Befriedung der Rechtsordnung, die Auswirkungen des Verfalls für den davon Betroffenen, der zur Aufklärung des Sachverhalts erforderliche Aufwand sowie der Grundsatz der Verhältnismäßigkeit. Unter diesem Gesichtspunkt soll von einer Verfallsanordnung abgesehen werden soll, wenn diese den wirtschaftlichen Zusammenbruch des Adressaten oder sonst eine unbillige Härte zur Folge hätte.[3] Allerdings sind bei der Bestimmung des Wertes des Erlangten nach § 29a Abs. 3 Satz 1 OWiG die Aufwendungen des Täters oder des anderen im Sinne von § 29a OWiG, gegen den sich ebenfalls die Anordnung einer Einziehung eines Geldbetrages richten kann, abzuziehen. Nach § 29a Abs. 3 Satz 1 OWiG sind Gegenleistungen oder sonstige Aufwendungen des Täters abzuziehen, sofern sie in zeitlichem und sachlichem Zusammenhang mit der Tat und dem daraus Erlangten erbracht worden sind. Dabei hat nach § 29a Abs. 3 Satz 2 OWiG das außer Betracht zu bleiben, was willentlich und bewusst »für« die Begehung der Tat oder für ihre Vorbereitung aufgewendet oder eingesetzt wird. Jedoch sind Aufwendungen, die zwar für ein verbotenes Geschäft angefallen sind, bei denen der Tatbeteiligte das Verbotene des Geschäfts aber lediglich fahrlässig verkannt hat, abzugsfähig.[4]

B. Aufnahme in das UVPG

3 Der Bußgeldtatbestand des § 23 (Vorgängerbestimmung zu § 69) wurde durch die Gesetzesänderung vom 24.06.2002 ergänzt, um Bußgeldvorschriften auch in Rechtsverordnungen, gestützt auf das UVPG, aufnehmen zu können. Begründet wurde diese Änderung damit, dass das einer Rechtsver-

---

1 *Peters/Balla/Hesselbarth,* UVPG, § 69 Rn. 1.

2 BayObLG, Beschl. v. 13.12.2021 – 201 ObOWi 1453/21, juris.

3 OLG Oldenburg, Beschl. v. 01.07.2024 – 2 Orbs 93/24, juris Rn. 13; OLG Karlsruhe, Beschl. v. 04.10.2017 – 2 Rb 9 Ss 298/17, juris Rn. 20.

4 BayObLG, Beschl. v. 13.12.2021 – 201 ObOWi 1453/21, juris.

ordnung zugrunde liegende Gesetz eine derartige Sanktionsmöglichkeit eröffnen müsse. Im Nebenstrafrecht würden zu diesem Zweck sog. Blankett-Vorschriften in den entsprechenden Gesetzen geschaffen. Eine solche solle auch das UVPG enthalten. Verstöße gegen in einer Verordnung nach § 66 Abs. 6 Satz 1 Nr. 2, auch i.V.m. Abs. 7 Nr. 2, oder § 66 Abs. 6 Satz 1 Nr. 5 oder Abs. 7 Nr. 1 geregelte Informations- und Anzeigepflichten werden als weniger gewichtig eingeordnet als Verstöße gegen materielle Kernpflichten, z.B. bei Durchführung eines Vorhabens ohne die erforderliche Planfeststellung oder Plangenehmigung. Dies wird in Abs. 2 beim Bußgeldrahmen durch Festlegung einer geringeren Bußgelddrohung (lediglich bis 20.000 Euro anstatt bis 50.000 Euro) berücksichtigt.[5]

Die Ordnungswidrigkeitstatbestände des § 69 sind nicht die einzigen Sanktionsmöglichkeiten bei Gesetzesverstößen im Zusammenhang mit der Errichtung und dem Betrieb von Rohrleitungsanlagen. Insbesondere die Errichtung und der Betrieb einer Rohrleitungsanlage ohne den erforderlichen Planfeststellungsbeschluss oder die Plangenehmigung können auch einen Straftatbestand verwirklichen. In Betracht kommt insbesondere eine Strafbarkeit nach § 327 Abs. 2 Nr. 2 StGB (**Unerlaubtes Betreiben einer genehmigungsbedürftigen oder anzeigepflichtigen Rohrleitungsanlage** zum Befördern wassergefährdender Stoffe) in Betracht. Ferner ist an die Möglichkeit einer Straftat gemäß § 324 StGB (**Gewässerverunreinigung**), § 324a StGB (**Bodenverunreinigung**) oder § 325 StGB (**Luftverunreinigung**) zu denken.[6] 4

Die Missachtung von Erfordernissen einer Planfeststellung oder einer Plangenehmigung oder einer vollziehbaren Auflage oder einer vollziehbaren Anordnung aufgrund einer Rechtsverordnung kann außerdem Anlass für Maßnahmen des **Verwaltungszwangs** bieten. Art und Weise solcher Vollstreckungsmaßnahmen richten sich nach den Verwaltungsvollstreckungsgesetzen der Länder, soweit nicht ausnahmsweise eine Grundverfügung von einer Bundesbehörde erlassen wird. 5

C. Einzelne Tatbestände

§ 69 erstreckt sich auf verschiedene Bußgeldtatbestände, die freilich thematisch zum Teil eng beieinander liegen. Dazu gehören: 6
- ohne Planfeststellungsbeschluss nach § 65 Abs. 1 ein Vorhaben durchführen,
- ohne Plangenehmigung nach § 65 Abs. 2 Satz 1 ein Vorhaben durchführen,
- einer vollziehbaren Auflage nach § 66 Abs. 2 zuwiderhandeln,
- einer Rechtsverordnung nach § 66 Abs. 6 Satz 1 Nr. 1, 3, 4 oder 6, auch i.V.m. § 69 Abs. 7 Nr. 2 zuwiderhandeln,
- einer Rechtsverordnung nach § 66 Abs. 6 Satz 1 Nr. 2, auch i.V.m. Abs. 7 Nr. 2, oder § 66 Abs. 6 Satz 1 Nr. 5 oder Abs. 7 Nr. 1 zuwiderhandeln,
- oder einer vollziehbaren Anordnung aufgrund einer Rechtsverordnung zuwiderhandeln, soweit die Rechtsverordnung für einen bestimmten Tatbestand auf diese Bußgeldvorschrift verweist.

I. Durchführung eines Vorhabens ohne Planfeststellungsbeschluss oder Plangenehmigung

Nach § 65 Abs. 1 bedürfen Vorhaben, die in der Anl. 1 des Gesetzes unter der Nr. 19.3–19.9 aufgeführt sind, einer Planfeststellung durch die zuständige Behörde, sofern dafür nach den §§ 6–14 eine Verpflichtung zur Durchführung einer UVP besteht. Unter den Nrn. 19.3–19.19 sind zahlreiche **Rohrleitungsanlagen** zum Befördern wassergefährdender Stoffe, von verflüssigten Gasen oder auch von nicht verflüssigten Gasen, zum Befördern von bestimmten Chemikalien, von Dampf oder Warmwasser, **Wasserfernleitungen** und künstliche **Wasserspeicher** aufgelistet. Für Vorhaben, die in 7

5 Siehe dazu den Bericht des Ausschusses für Umwelt-, Naturschutz- und Reaktorsicherheit vom 21.03.2002, BT-Drs. 13/8668, S. 17.

6 Erhebliche Änderungen des Umweltstrafrechts sind zur Umsetzung der Richtlinie (EU) 2024/1203 über den strafrechtlichen Schutz der Umwelt zu erwarten. Dazu lag zum Redaktionsschluss dieser Auflage ein umfangreicher Referentenentwurf des Bundesministeriums der Justiz und für Verbraucherschutz mit Bearbeitungsstand vom 16.10.2025 vor; siehe dazu *Heghmanns* ZfStw 2024, 256.

der Anlage 1 Nummer 19.7 oder 19.8 aufgeführt sind und die zugleich die Errichtung, den Betrieb oder die Änderung von **Wärmeleitungen** betreffen, ist nach § 65 Abs. 3 anstelle der §§ 66–69 der § 8 GeOBG anzuwenden. § 69 gilt für diese Vorhaben nicht.

8 Für manche dieser Anlagen ist die Durchführung einer UVP obligatorisch, für andere muss eine allgemeine Vorprüfung des Einzelfalls durchgeführt werden, um die Notwendigkeit einer UVP festzustellen. Für weitere Anlagen bedarf es schließlich einer standortbezogenen Vorprüfung des Einzelfalls, um festzustellen, ob eine UVP erforderlich ist und dementsprechend grundsätzlich auch ein Planfeststellungsverfahren durchzuführen ist.

9 Ergibt die Prüfung, dass keine UVP durchzuführen ist, bedürfen die unter den Nrn. 19.3–19.19 aufgeführten Rohrleitungsanlagen und Wasserspeicher nach § 65 Abs. 2 Satz 1 regelmäßig einer Plangenehmigung. Das Institut einer Plangenehmigung war ursprünglich nur in einigen wenigen Fachplanungsgesetzen vorgesehen, so z.B. im Wasserrecht und im Abfallrecht. Angesichts positiver Erfahrungen in diesen Rechtsbereichen wurde es in zahlreiche Fachplanungsgesetze übernommen.[7] Die Plangenehmigung ist wie die Planfeststellung einerseits eine Zulassungsentscheidung und andererseits eine Planungsentscheidung.[8] Die materiell-rechtlichen Voraussetzungen für den Erlass eines Planfeststellungsbeschlusses und einer diesen ersetzenden Plangenehmigung sind nach den einzelnen Fachgesetzen regelmäßig identisch. Die gilt auch für Rohrleitungsanlagen nach §§ 65, 66. Auch das auszuübende Planungsermessen unterscheidet sich nicht. Der Unterschied liegt im Wesentlichen in dem aufwändigeren Verfahren zur Beteiligung der Öffentlichkeit, das für das Planfeststellungsverfahren zu betreiben ist. Allerdings kann der Gesetzgeber auch für eine Plangenehmigung ein Verfahren mit Öffentlichkeitsbeteiligung vorsehen.

10 Das Erfordernis einer solchen Plangenehmigung entfällt nach § 65 Abs. 2 Satz 2 in Fällen von **unwesentlicher Bedeutung**. Wann ein Fall von unwesentlicher Bedeutung vorliegt, definiert der Gesetzgeber in § 65 Abs. 2 Satz 3. Fälle von unwesentlicher Bedeutung liegen danach vor, wenn die Prüfwerte nach § 7 Abs. 1 und 2 für Größe und Leistung, die die Vorprüfung eröffnen, nicht erreicht werden oder die Voraussetzungen des §§ 74 Abs. 7 Satz 2 VwVfG erfüllt sind. Nach dieser Vorschrift handelt es sich um Fälle von unwesentlicher Bedeutung, wenn andere öffentliche Belange nicht berührt sind oder die erforderlichen behördlichen Entscheidungen vorliegen und sie dem Plan nicht entgegenstehen, wenn Rechte anderer nicht beeinflusst werden oder mit den vom Plan Betroffenen entsprechende Vereinbarungen getroffen worden sind und nicht andere Rechtsvorschriften eine Öffentlichkeitsbeteiligung vorschreiben, die den Anforderungen des § 73 Abs. 3 Satz 1 VwVfG und § 73 Abs. 4–7 VwVfG entsprechen muss.

11 Der Bußgeldtatbestand ist bereits dann erfüllt, wenn mit der Errichtung eines planfeststellungsbedürftigen oder plangenehmigungsbedürftigen Vorhabens i.S.v. § 65 Abs. 1 bzw. § 6 Abs. 2 begonnen wird, wenn also z.B. Ausschachtungsarbeiten begonnen oder bereits Rohre verlegt werden.[9] Ein bußgeldbewehrter Verstoß gegen § 65 Abs. 1 oder § 65 Abs. 2 Satz 1 liegt nicht nur in der erstmaligen Errichtung einer Rohrleitungsanlage ohne die erforderliche Planfeststellung bzw. Plangenehmigung, sondern kann sich auch daraus ergeben, dass eine Rohrleitungsanlage nach vollständiger oder teilweiser Zerstörung wieder errichtet wird. Ohne die erforderliche Planfeststellung bzw. Plangenehmigung werden die Rohrleitungsanlagen auch dann betrieben, wenn eine Befristung i.S.v. § 66 Abs. 2 Satz 1 ausgelaufen oder aber die Planfeststellung bzw. Plangenehmigung gericht-

7 *Neumann/Külpmann*, in: Stelkens/Bonk/Sachs, VwVfG, § 74 Rn. 222 unter Verweis auf BT-Drs. 12/1092, S. 1 ff., 7 ff.; zur Entwicklung des Instituts der Plangenehmigung *Wysk*, in: Kopp/Ramsauer, VwVfG, § 74 Rn. 205; Plangenehmigungen sollen vermehrt auch für UVP-pflichtige Vorhaben in Betracht kommen.

8 Siehe dazu *Beckmann,* Planfeststellung zwischen Zulassungsverfahren und Planung. Steht die Zukunft der Planfeststellung auf dem Spiel?, in: Erbguth, Tagungsband 2011, S. 123 ff.

9 BayObLG Beschl. v. 30.12.1985 – 3 Ob OWi 150/85, UPR 1986, 147; zustimmend *Eckart*, in: Schink/Reidt/Mitschang, UVPG/UmwRG, § 69 UVPG Rn. 2; *Hagmann*, in: Landmann/Rohmer, Umweltrecht, Stand: 4/2022, § 69 UVPG Rn. 5.

lich oder behördlich aufgehoben worden ist, der Betrieb aber nicht beendet wird. Die Durchführung eines Vorhabens ohne erforderlichen Planfeststellungsbeschluss oder ohne erforderliche Plangenehmigung kann schließlich auch in der ungenehmigten Änderung eines Vorhabens liegen.[10] Voraussetzung dafür ist allerdings, dass die Änderung tatsächlich genehmigungsbedürftig ist. Die von einer Nebenbestimmung abweichende Durchführung eines Vorhabens ist für sich genommen keine Ordnungswidrigkeit nach § 69 Abs. 1 Nr. 1 oder Nr. 2.

Wird das Vorhaben auf der Grundlage einer rechtswidrigen, aber rechtswirksamen Planfeststellung 12
durchgeführt, dann ergibt sich daraus keine Ordnungswidrigkeit.[11] Denn maßgeblich ist die Wirksamkeit der Planfeststellung, nicht deren Rechtmäßigkeit. Umgekehrt bewahrt die Genehmigungsfähigkeit bzw. das Vorliegen der Voraussetzungen für die Erteilung einer Planfeststellung nicht vor dem Vorwurf einer Ordnungswidrigkeit. Es genügt also die sogenannte formelle Illegalität.[12] Art. 3 Abs. 1 S. 3 der Richtlinie (EU) 2024/1203 des Europäischen Parlaments und des Rates vom 11.04.2024 über den strafrechtlichen Schutz der Umwelt verlangt von den Mitgliedstaaten allerdings, dass sie sicherstellen, dass eine strafrechtsrelevante Handlung selbst dann rechtswidrig ist, wenn sie im Rahmen einer von einer zuständigen Behörde eines Mitgliedstaats ausgestellten Genehmigung begangen wird, wenn diese Genehmigung auf betrügerische Weise oder durch Korruption, Erpressung oder Zwang erlangt wurde oder wenn diese Genehmigung offensichtlich gegen die einschlägigen materiell-rechtlichen Anforderungen verstößt.[13] Das betrifft die Verwaltungsakzessorietät des deutschen Umweltstrafrechts, wonach die rechtmäßigkeitsunabhängige Wirksamkeit der Genehmigung Rechtsbeständigkeit und Verfahrensklarheit auch im Strafrecht bewirken soll.[14] Eine Durchbrechung dieses Prinzips der Verwaltungsakzessorietät enthält aber auch das bisherige Recht schon in § 330 Abs. 1 Nr. 5 StGB, wonach ein Handeln ohne Genehmigung, Planfeststellung oder sonstige Zulassung auch ein Handeln auf Grund einer durch Drohung, Bestechung oder Kollusion erwirkten oder durch unrichtige oder unvollständige Angaben erschlichenen Genehmigung, Planfeststellung oder sonstigen Zulassung ist. Die Richtlinie geht aber über die in § 330 Abs. 1 Nr. 5 StGB genannten Fälle hinaus. Eine Handlung soll danach auch dann rechtswidrig sein, wenn die Genehmigung zwar rechtmäßig erteilt wurde, aber »offensichtlich gegen die einschlägigen materiell-rechtlichen Anforderungen verstößt«. Das kann bedeuten, dass selbst ein von einer Behörde genehmigtes Verhalten strafbar sein kann, ohne dass der Genehmigungsinhaber vorwerfbar an der Genehmigungserteilung mitgewirkt hat. Eine Genehmigung schafft damit für den Handelnden keinen Vertrauensschutz mehr.[15] Allerdings kann sich ein entsprechender Verlust des Vertrauensschutzes bereits aus § 44 Abs. 1 VwVfG ergeben, wonach eine Genehmigung nichtig ist, soweit sie an einem besonders schwerwiegenden Fehler leidet und dies bei verständiger Würdigung aller in Betracht kommenden Umstände offensichtlich ist.

II. Zuwiderhandlung gegen vollziehbare Auflage

Ordnungswidrig verhält sich nach § 65 Abs. 1 Nr. 2 auch derjenige, der gegen eine vollziehbare 13
Auflage nach § 66 Abs. 2 verstößt. Eine Auflage ist nach § 36 Abs. 2 Nr. 4 VwVfG eine Nebenbestimmung, durch die dem Bescheidadressaten (Inhaber der Zulassung bzw. des Planfeststellungsbeschlusses oder der Plangenehmigung) ein selbstständiges Tun, Dulden oder Unterlassen vorgeschrieben wird, deren Einhaltung für Bestand und Wirksamkeit der Zulassung ohne unmittelbare Bedeutung ist und selbstständig erzwungen werden kann. Auflagen enthalten zumeist Nebenpflichten zum Betrieb einer Anlage und werden von einer Inhaltsbestimmung bzw. modifizierenden Auflage

10 Zustimmend *Hagmann*, in: Landmann/Rohmer, Umweltrecht, Stand: 4/2022, § 69 UVPG Rn. 5.

11 *Peters/Balla/Hesselbarth*, UVPG, § 69 Rn. 4.

12 Zustimmend *Hagmann*, in: Landmann/Rohmer, Umweltrecht, Stand: 4/2022, § 69 UVPG Rn. 9; *Peters/Balla/Hesselbarth*, UVPG, § 69 Rn. 4.

13 Siehe dazu *Lenk* NStZ 2025, 521; *Pfohl* ZWH 2025, 1 ff., 45 ff.; *Kuhn* ZfPC 2025, 98.

14 Ausführlich dazu *Lenk* NStZ 2025, 521 unter Verweis auf BVerfG, Beschl. v. 06.05.1987 – 2 BvL 11/85, BVerfGE 75, 329.

15 *Kuhn* ZfPC 2025, 98 (99).

unterschieden. Eine Inhaltsbestimmung der Zulassung ergänzt diese nicht um eine zusätzliche Pflicht, sondern begrenzt und spezifiziert den Zulassungsgegenstand.[16]

14 Das Nichtbefolgen einer **Bedingung** i.S.v. § 66 Abs. 2 Satz 1 wird in § 65 Abs. 1 Nr. 2 nicht erwähnt. Bedingungen sind Nebenbestimmungen eines Verwaltungsakts, nach der der Eintritt oder der Wegfall einer Vergünstigung oder einer Belastung von dem ungewissen Eintritt eines zukünftigen Ereignisses abhängt (§ 36 Abs. 2 Nr. 2 VwVfG) die Nichterwähnung einer Bedingung Das muss jedoch nicht bedeuten, dass der Verstoß gegen eine solche Bedingung keinen Bußgeldtatbestand erfüllt. Denn wenn es sich um eine echte Bedingung handelt, dann ist § 65 Abs. 1 Nr. 1 einschlägig, weil die Errichtung und der Betrieb einer Rohrleitungsanlage unter Missachtung dieser Bedingung zu einem ungenehmigten Vorhaben führen.[17] Handelt es sich bei der Nebenbestimmung dagegen um eine unechte Bedingung, deren Rechtscharakter dem einer Auflage entspricht, dann ist § 65 Abs. 1 Nr. 2 einschlägig.

15 **Vollziehbar** ist eine Auflage i.S.v. § 65 Abs. 1 Nr. 2, sobald sie rechtswirksam geworden ist. Wirksam wird ein Verwaltungsakt und insbesondere ein Planfeststellungsbeschluss gegenüber demjenigen, für den er bestimmt ist (Adressat des Planfeststellungsbeschlusses) oder der von ihm betroffen wird, in dem Zeitpunkt, in dem er ihm bekannt gegeben wird (§ 43 Abs. 1 Satz 1 VwVfG). Der Verwaltungsakt bleibt nach § 43 Abs. 2 VwVfG wirksam, solange und soweit er nicht zurückgenommen, widerrufen, anderweitig aufgehoben oder durch Zeitablauf oder auf andere Weise erledigt ist. Die Ansicht, dass eine Auflage erst dann vollziehbar ist, wenn sie unanfechtbar geworden oder für sofort vollziehbar erklärt worden ist, ist unzutreffend.[18]

16 **Ein nichtiger Verwaltungsakt** ist nach § 43 Abs. 3 VwVfG unwirksam. Nichtig ist ein Verwaltungsakt nach § 44 Abs. 1 VwVfG, soweit er an einem besonders schwerwiegenden Fehler leidet und dies bei verständiger Würdigung aller in Betracht kommenden Umstände offensichtlich ist. Auch ein Planfeststellungsbeschluss oder eine Plangenehmigung können in diesem Sinne nichtig sein, so dass derjenige, der ein planfeststellungsbedürftiges oder ein plangenehmigungsbedürftiges Vorhaben auf der Grundlage eines nichtigen Planfeststellungsbeschlusses oder einer nichtigen Plangenehmigung durchführt, den Bußgeldtatbestand erfüllen kann. In einem solchen Fall stellt sich allerdings die Frage, ob man dem Adressaten des Bescheids Vorsatz oder Fahrlässigkeit vorwerfen kann. Auch wenn die Nichtigkeit nach § 44 Abs. 1 VwVfG die Offensichtlichkeit des besonders schwerwiegenden Fehlers voraussetzt, dürfte es in aller Regel für den Bescheidadressaten schwierig sein, die Nichtigkeit des Beschlusses in Abgrenzung zu dessen Rechtswidrigkeit zu erkennen.

17 Für den Fall der Einlegung eines Rechtsmittels kommt es auf die **sofortige Vollziehbarkeit** an. Nach § 80 Abs. 1 Satz 1 VwGO haben Widerspruch und Anfechtungsklage grundsätzlich aufschiebende Wirkung. Nach § 67 Satz 1 gelten für die Durchführung des Planfeststellungsverfahrens und des Plangenehmigungsverfahrens jedoch die §§ 72–78 VwVfG. Nach § 74 Abs. 1 Satz 2 VwVfG sind die Vorschriften über die Entscheidung und die Anfechtung der Entscheidung im förmlichen Verwaltungsverfahren (§§ 69, 70 VwVfG) anzuwenden. Nach § 70 VwVfG bedarf es vor Erhebung einer verwaltungsgerichtlichen Klage, die einen im förmlichen Verwaltungsverfahren erlassenen Verwaltungsakt zum Gegenstand hat, keiner Nachprüfung in einem Vorverfahren. Auch vor Erhebung einer verwaltungsgerichtlichen Klage gegen eine Plangenehmigung bedarf es nach § 74 Abs. 6 S. 2 VwVfG keiner Nachprüfung in einem Vorverfahren. Entfällt durch einen Verweis auf § 70 VwVfG das Erfordernis eines Vorverfahrens, dann ist ein dennoch eingelegter Widerspruch unstatthaft und unterbricht den Lauf der Klagefrist nicht.[19] Die Anfechtungsklage gegen einen Planfeststellungsbeschluss hat grundsätzlich aufschiebende Wirkung nach § 80 Abs. 1 VwGO. Spezialgesetzlich ist

16 *Jarass*, BImSchG, § 12 Rn. 6, 15.
17 Zustimmend *Hagmann*, in: Landmann/Rohmer, Umweltrecht, Stand: 4/2022, § 69 UVPG, Rn. 10.
18 *Eckart*, in: Schink/Reidt/Mitschang, UVPG/UmwRG, § 69 UVPG Rn. 3; *Peters/Balla/Hesselbarth*, UVPG, § 69 Rn. 5.
19 *Schink*, in: Knack/Henneke, VwVfG, § 74 Rn. 73.

allerdings in zahlreichen Fällen vom Gesetzgeber angeordnet worden, dass solche Klagen keine aufschiebende Wirkung haben (siehe z.B. §§ 17e Abs. 2 1 FStrG, 18e Abs. 2 Satz 1 AEG, 29 Abs. 6 Satz 2 PBefG). Hinzu kommt, dass nach § 80 Abs. 2 Satz 1 Nr. 3a VwGO die Rechtsbehelfe Dritter gegen Zulassungsentscheidungen für Vorhaben, die Bundesverkehrswege betreffen, unabhängig von einer fachgesetzlichen Regelung keine aufschiebende Wirkung haben.[20] Dementsprechend sieht auch ein Gesetzesentwurf zur Änderung des UmwRG mit Stand 1/2026 vor, dass Widerspruch und Anfechtungsklage gegen Entscheidungen über bestimmte Infrastrukturprojekte keine aufschiebende Wirkung haben sollen. Nach § 67a Abs. 4 haben Widerspruch und Anfechtungsklage gegen die **Zulassung des vorzeitigen Beginns** für ein Vorhaben nach § 65 Abs. 1 keine aufschiebende Wirkung. Erhebt ein Drittbetroffener gegen den Planfeststellungsbeschluss oder die Plangenehmigung Anfechtungsklage, dann kann er gemäß § 80 Abs. 5 Satz 1 VwGO beim zuständigen Verwaltungsgericht beantragen, die aufschiebende Wirkung seines Rechtsmittels wiederherzustellen, soweit von Gesetzes wegen die aufschiebende Wirkung seines Rechtsmittels entfällt. Die aufschiebende Wirkung des Widerspruchs und der Anfechtungsklage endet nach § 80b Abs. 1 Satz 1 VwGO mit der Unanfechtbarkeit oder, wenn die Anfechtungsklage im ersten Rechtszug abgewiesen worden ist, drei Monate nach Ablauf der gesetzlichen Begründungsfrist des gegen die abweisende Entscheidung gegebenen Rechtsmittels. Das gilt nach § 80b Abs. 1 Satz 2 VwGO auch, wenn die Vollziehung durch die Behörde ausgesetzt oder die aufschiebende Wirkung durch das Gericht wiederhergestellt oder angeordnet worden ist, es sei denn, die Behörde hat die Vollziehung bis zur Unanfechtbarkeit ausgesetzt.

III. Zuwiderhandlung gegen Rechtsverordnung oder vollziehbare Anordnung

Als Bußgeldvorschriften aus dem untergesetzlichen Recht i.S.v. § 65 Abs. 1 Nr. 3 ist u.a. § 10 Rohrfernleitungsverordnung (RohrFLtgV) zu nennen, der auf § 69 Abs. 1 Nr. 3 verweist. Ordnungswidrig im Sinne des § 69 Abs. 1 Nr. 3a handelt danach, wer vorsätzlich oder fahrlässig 18

1. entgegen § 3 Abs. 2 eine Rohrfernleitungsanlage nicht nach dem Stand der Technik errichtet oder betreibt,
2. entgegen § 4 Abs. 1 Satz 1 nicht dafür sorgt, dass die Rohrfernleitungsanlage fortlaufend überwacht wird,
3. entgegen § 4 Abs. 1 Satz 2 eine Instandsetzungsmaßnahme nicht oder nicht rechtzeitig vornimmt,
4. entgegen § 4 Abs. 2 Satz 1 eine zusammenfassende Dokumentation nicht oder nicht rechtzeitig erstellt oder nicht oder nicht rechtzeitig fortschreibt,

4a. entgegen § 4a Abs. 1 Nr. 1 eine Anzeige nicht, nicht richtig, nicht vollständig oder nicht rechtzeitig erstattet,

4b. entgegen § 4a Abs. 3 Satz 1 mit der Errichtung oder wesentlichen Änderung einer Rohrfernleitungsanlage beginnt,

5. entgegen § 5 Abs. 1 Satz 1 nicht dafür sorgt, dass eine Prüfung durchgeführt wird,
6. einer vollziehbaren Anordnung nach § 5 Abs. 2 zuwiderhandelt oder
7. entgegen § 7 Abs. 1 eine dort genannte Maßnahme nicht oder nicht rechtzeitig ergreift.

Ordnungswidrig im Sinne des § 69 Abs. 1 Nr. 3b handelt nach § 10 Abs. 2 RohrFLtgV, wer vorsätzlich oder fahrlässig entgegen § 7 Abs. 2 RohrFLtgV eine Anzeige nicht, nicht richtig, nicht vollständig oder nicht rechtzeitig erstattet oder entgegen § 8 Abs. 3 RohrFLtgV eine Information nicht, nicht richtig oder nicht vollständig gibt. Problematisch erscheint der Tatbestand, der sich auf die Errichtung und den Betrieb einer Rohrleitungsanlage nach dem Stand der Technik im Sinne von § 3 Abs. 2 RohrFLtgV bezieht. Als Stand der Technik im Sinne von § 3 Abs. 2 Satz 1 RohrFLtgV gelten »insbesondere« die Technischen Regeln, die nach § 9 Abs. 5 RohrFLtgV veröffentlicht werden. Dementsprechend kann auch die Errichtung oder der Betrieb einer Rohrleitungsanlage, der 19

20 Näher dazu *Beckmann*, in: Stüer/Beckmann, Handbuch des Bau- und Fachplanungsrechts, Rn. 8779; *Schütz*, in: Ziekow, Fachplanungsrecht, § 8 Rn. 108.

allen Anforderungen der nach § 9 Abs. 5 RohrFLtgV veröffentlichten technischen Regeln entspricht, nicht dem Stand der Technik entsprechen. Es fragt sich deshalb, ob der Bußgeldtatbestand hinreichend bestimmt ist. Als gleichwertige Regeln der Technik im Sinne von § 9 Abs. 2 Satz 1 RohrFLtgV gelten Normen, sonstige Bestimmungen oder technische Vorschriften anderer Mitgliedstaaten der Europäischen Gemeinschaft oder anderer Vertragsstaaten des Abkommens über den Europäischen Wirtschaftsraum, sofern das geforderte Schutzniveau gleichermaßen dauerhaft erreicht wird. Ob mit einer derartigen ergänzenden Konkretisierung des Standes der Technik der Zweifel an einer hinreichenden Bestimmtheit des Bußgeldbestands ausgeräumt werden können, ist fraglich.

20 Zu hinterfragen ist auch der Bußgeldtatbestand, der darauf abhebt, dass eine in § 7 Abs. 1 RohrFLtgV genannte Maßnahme nicht oder nicht rechtzeitig ergriffen wird. Nach § 7 Abs. 1 RohrFLtgV hat der Betreiber im Schadensfall unverzüglich Maßnahmen zur Schadensbegrenzung und Schadensbehebung zu ergreifen. Reicht es zur Vermeidung dieser Ordnungswidrigkeit aus, überhaupt nur eine Maßnahme zur Schadensbegrenzung oder Schadensbehebung zu ergreifen oder bedarf es der unverzüglichen Durchführung sämtlicher zur Schadensbegrenzung und Schadensbehebung effektiv erforderlicher Maßnahmen?

D. Anwendung des Ordnungswidrigkeitenrechts

21 Die Verfolgung und Ahndung von Ordnungswidrigkeiten bestimmen sich grundsätzlich nach dem OWiG für Ordnungswidrigkeiten nach Bundesrecht und nach Landesrecht. Nach § 1 Abs. 1 OWiG ist eine Ordnungswidrigkeit eine rechtswidrige und vorwerfbare Handlung, die den Tatbestand eines Gesetzes verwirklicht, das die Ahndung mit einer Geldbuße zulässt. Das OWiG knüpft an das Tun oder Unterlassen einer natürlichen Person an. Die Haftung juristischer Personen oder Personenvereinigungen unterfällt § 30 OWiG. Abweichend von § 17 Abs. 1 OWiG beläuft sich das maximal zulässige Bußgeld nicht auf 1.000 €, sondern wird auf 20.000 bzw. 50.000 € hochgesetzt. Droht das Gesetz für vorsätzliches und fahrlässiges Handeln eine Geldbuße an, ohne im Höchstmaß zwischen dem Vorsatz und der Fahrlässigkeit zu unterscheiden, so kann nach § 17 Abs. 2 OWiG fahrlässiges Handeln im Höchstmaß nur mit der Hälfte des angedrohten Höchstbetrages der Geldbuße geahndet werden. Grundlage für die Zumessung der Geldbuße sind gemäß bei 17 Abs. 3 Satz 1 OWiG die Bedeutung der Ordnungswidrigkeit und der Vorwurf, der den Täter trifft. Auch die **wirtschaftlichen Verhältnisse** des Täters sind gemäß § 17 Abs. 3 Satz 2 OWiG zu berücksichtigen. Lediglich bei geringfügigen Ordnungswidrigkeiten bleiben sie in der Regel unberücksichtigt (§ 17 Abs. 3 Satz 2, 2. HS OWiG). Die Geldbuße soll nach § 17 Abs. 4 Satz 1 OWiG den **wirtschaftlichen Vorteil**, die der Täter aus der Ordnungswidrigkeit gezogen hat, übersteigen. Reicht das gesetzliche Höchstmaß hierzu nicht aus, so kann es gemäß § 17 Abs. 4 Satz 2 OWiG überschritten werden.

22 Maßgeblich für die konkrete Bußgeldhöhe sind die von den Bundesländern erlassenen **Bußgeldkataloge**. Ordnungswidrigkeiten werden grundsätzlich durch die nach Landesrecht zuständigen Verwaltungsbehörden verfolgt (§ 35 Abs. 1 OWiG). Für die Verfolgung von Ordnungswidrigkeiten gilt gem. § 47 OWiG das **Opportunitätsprinzip**. Die Verfolgung liegt dementsprechend im **pflichtgemäßen Ermessen** der Verfolgungsbehörde. Ein abstrakter, situationsunabhängiger Verzicht auf die Einleitung eines Bußgeldverfahrens auf der Grundlage des § 23 Abs. 1 wäre allerdings unzulässig.

23 Die Ordnungswidrigkeit wird grundsätzlich durch einen **Bußgeldbescheid** geahndet (vgl. §§ 65 ff. OWiG, 82 f. OWiG). Gegen den Bußgeldbescheid kann der Betroffene innerhalb von zwei Wochen nach Zustellung schriftlich oder zur Niederschrift bei der Verwaltungsbehörde, die den Bußgeldbescheid erlassen hat, **Einspruch** einlegen (§ 67 Abs. 1 Satz 1 OWiG). Für die Entscheidung über den Einspruch ist das **Amtsgericht** gem. § 68 Abs. 1 OWiG zuständig, in dessen Bezirk die Verwaltungsbehörde ihren Sitz hat. Gegen die Entscheidung des Amtsgerichts findet nach Maßgabe der §§ 79, 80 OWiG die **Rechtsbeschwerde** an das Oberlandesgericht statt. Wird eine Geldbuße nicht gezahlt, kann unter bestimmten Voraussetzungen Erzwingungshaft bis zu sechs Wochen angeordnet werden (§ 96 OWiG).

Die Verfolgung von Ordnungswidrigkeiten verjährt in drei Jahren, wenn die Ordnungswidrigkeit mit einer Geldbuße im Höchstmaß von mehr als 15.000 Euro bedroht wird (§ 31 Abs. 2 Nr. 1 OWiG). Die **Verjährung** beginnt gemäß § 31 Abs. 3 OWiG mit der Beendigung der Handlung, die Ordnungswidrigkeit begründet. Durch die Bekanntgabe der Einleitung des Ermittlungsverfahrens an den Betroffenen wird die Verjährung unterbrochen. 24

Bußgeldbewehrt ist sowohl vorsätzliches als auch fahrlässiges Handeln. Damit wird zum Ausdruck gebracht, dass dem Vorhabenträger besondere Sorgfaltspflichten auferlegt werden. 25

E. Straftatbestände

Ein Verstoß gegen § 65 Abs. 1, Abs. 2 Satz 1 und § 66 Abs. 2 kann nicht nur den Tatbestand einer Ordnungswidrigkeit nach § 69, sondern auch Straftatbestände erfüllen. Mindestvorschriften zur Bestimmung von Straftatbeständen und Sanktionen legt die Richtlinie (EU) 2024/1203 des Europäischen Parlaments und des Rates vom 11.04.2024 über den strafrechtlichen Schutz der Umwelt fest, um einen wirksameren Umweltschutz sicherzustellen, sowie Maßnahmen zur Verhütung und Bekämpfung von Umweltkriminalität und zur wirksamen Durchsetzung des Umweltrechts der Union. Sie ist bis zum 21.05.2026 umzusetzen.[21] Nach § 327 Abs. 2 Nr. 2 StGB wird wegen unerlaubten Betreibens einer Anlage bestraft, wer eine genehmigungsbedürftige oder anzeigepflichtige Rohrleitungsanlage zum Befördern wassergefährdender Stoffe i.S.d. UVPG ohne die hiernach erforderliche Genehmigung oder Planfeststellung oder entgegen einer auf dem UVPG beruhenden vollziehbaren Untersagung betreibt. Wer entgegen einer zum Schutz eines Wasser- oder Heilquellenschutzgebietes erlassenen Rechtsvorschrift oder vollziehbaren Untersagung Rohrleitungsanlagen zum Befördern wassergefährdender Stoffe betreibt oder solche Stoffe befördert, kann wegen Gefährdung schutzbedürftiger Gebiete nach § 329 Abs. 2 Nr. 2 StGB bestraft werden. Führt der Verstoß gegen einen Tatbestand des § 69 zugleich zu nachteiligen Veränderungen der Eigenschaften eines Gewässers, dann ist nur § 324 StGB anzuwenden. Ebenso treten Zuwiderhandlungen nach § 65 gegenüber Straftaten, z.B. nach § 327 Abs. 2 oder § 329 Abs. 2 Nr. 2 StGB, zurück (§ 21 Abs. 1 OWiG). Wird eine Strafe nicht verhängt, kann jedoch die Handlung als Ordnungswidrigkeit gem. § 21 Abs. 2 OWiG geahndet werden. In einem Strafverfahren ist die Staatsanwaltschaft auch für die Verfolgung der Tat unter dem rechtlichen Gesichtspunkt einer Ordnungswidrigkeit zuständig (§ 40 OWiG). Die Staatsanwaltschaft kann ferner die Verfolgung der Ordnungswidrigkeit gem. § 42 OWiG übernehmen, wenn sie eine Straftat verfolgt, die mit der Ordnungswidrigkeit zusammenhängt. Für die Ahndung der Ordnungswidrigkeit ist dann das Gericht, sonst die Verwaltungsbehörde zuständig (§§ 35 Abs. 2, 45 OWiG). 26

Gemäß § 41 OWiG gibt die für die Verfolgung von Ordnungswidrigkeiten zuständige Verwaltungsbehörde die Sache an die Staatsanwaltschaft ab, wenn Anhaltspunkte dafür vorhanden sind, dass die Tat eine Straftat ist. Eine **Abgabe an die Staatsanwaltschaft** ist geboten, weil nach § 21 Abs. 1 OWiG in Fällen, in denen eine Handlung gleichzeitig Straftat und Ordnungswidrigkeit ist, nur das Strafgesetz angewendet wird. Wird im Falle des § 21 Abs. 1 OWiG keine Strafe verhängt, kann die Handlung nach § 21 Abs. 2 OWiG als Ordnungswidrigkeit geahndet werden. 27

Die Abgabepflicht besteht nur, soweit sich für die Behörde im Rahmen eines Bußgeldverfahrens entsprechende Anhaltspunkte ergeben haben. Umgekehrt besteht die Abgabepflicht nach § 41 OWiG an die Staatsanwaltschaft nicht, wenn entsprechende Erkenntnisse aus der sonstigen Verwaltungstätigkeit gewonnen werden. Das folgt aus der systematischen Stellung der Vorschrift im OWiG und dem Sinnzusammenhang mit der Regelung in § 41 Abs. 2 OWiG. Eine Rückgabe der Sache ist nämlich nur möglich, wenn bei der Verwaltungsbehörde zunächst ein Bußgeldverfahren geführt wurde. Missachtet der zuständige Mitarbeiter der Behörde die Abgabepflicht, kann er sich dem Vorwurf einer **Strafvereitelung im Amt** durch Unterlassen gem. §§ 258, 258 a, 13 StGB aussetzen. 28

21 Näher dazu *Pfohl* ZWH 2025, 1; ZWH 2025, 45.

29 Die Abgabepflicht besteht auch noch dann, wenn schon ein Bußgeldbescheid erlassen worden ist. Der Bußgeldbescheid hindert nämlich die Verfolgung des Gesetzesverstoßes als Straftat nicht. Ein noch nicht rechtskräftiger Bußgeldbescheid kann von der Verwaltungsbehörde zurückgenommen werden. Unabhängig davon steht er einer Strafverfolgung durch die Staatsanwaltschaft nicht entgegen. Ein rechtskräftiger Bußgeldbescheid hindert die Staatsanwaltschaft gemäß § 84 OWiG Verfolgungsmaßnahmen allein wegen der Ordnungswidrigkeit durchzuführen, nicht jedoch wegen der mit ihr zusammentreffenden Straftat.

Teil 7 Schlussvorschriften

§ 70 Ermächtigung zum Erlass von Verwaltungsvorschriften

Die Bundesregierung kann mit Zustimmung des Bundesrates allgemeine Verwaltungsvorschriften erlassen, insbesondere über

1. **Kriterien und Verfahren, die zu dem in § 3 Satz 2 und § 25 Absatz 1 genannten Zweck bei der Ermittlung, Beschreibung und Bewertung von Umweltauswirkungen zugrunde zu legen sind,**
2. **Grundsätze für den Untersuchungsrahmen nach § 15,**
3. **Grundsätze für die zusammenfassende Darstellung nach § 24 und für die begründete Bewertung nach § 25 Absatz 1,**
4. **Grundsätze und Verfahren zur Vorprüfung nach § 7 sowie über die in Anlage 3 aufgeführten Kriterien,**
5. **Grundsätze für die Erstellung des Umweltberichts nach § 40,**
6. **Grundsätze für die Überwachung nach den §§ 28, 45 und 68.**

Übersicht

A. Begriff und Funktion der Verwaltungsvorschriften

1 § 70 UVPG enthält die Befugnis der Bundesregierung zum Erlass von Verwaltungsvorschriften. Es handelt sich dabei – allgemein gesprochen – um Anordnungen, die von übergeordneten Verwaltungsinstanzen oder Behörden an nachgeordnete Behörden oder von Vorgesetzten an Bedienstete gerichtet sind und die Verwaltungsorganisation oder das Verhalten der Verwaltung (auch bei der Durchführung von Gesetzen) bestimmen.[1] Es sind mithin Regelungen, die für eine abstrakte Vielheit von Sachverhalten des Verwaltungsgeschehens rechtsverbindliche Aussagen treffen, ohne auf eine unmittelbare Rechtswirkung nach außen gerichtet zu sein.[2] Verwaltungsvorschriften können ganz unterschiedlicher Art sein. Insbesondere sind organisatorische Vorschriften, welche in erster Linie das interne Verfahren, die Dienstordnung oder Zuständigkeiten regeln, von sog. selbstständigen Verwaltungsvorschriften oder von gesetzesanwendungsorientierten Vorschriften zu unterscheiden. Letztere sind Regelungsgegenstand des § 70 UVPG.

2 Grundsätzlich bedarf der Erlass von Verwaltungsvorschriften keiner gesetzlichen Ermächtigung, da die Berechtigung hierzu der Leitungsbefugnis der übergeordneten Verwaltungsbehörde entspringt. Anderes gilt jedoch im Falle intersubjektiver Verwaltungsvorschriften, die an Behörden anderer Verwaltungsträger gerichtet sind. Ohne die verfassungsrechtliche Ermächtigung in Art. 84 Abs. 2 GG

1 *Wolff/Bachof/Stober/Kluth*, VerwR I, § 24 II d2.
2 BVerfGE 100, 249 (258); *Kirchhof*, in: Dürig/Herzog/Scholz, GG, 107. EL März 2025, Art. 84 (93. Lfg. Oktober 2020) Rn. 193 ff.; *Winkler*, in: Sachs, GG, Art. 84 Rn. 39.

wären Stellen des Bundes – entsprechend der doppelten Regelzuständigkeit der Länder nach Art. 84 Abs. 1 GG – nicht befugt, allgemeine Verwaltungsvorschriften für die Verwaltungen der Länder zu erlassen.[3] § 70 UVPG konkretisiert die allgemeine Befugnis des Art. 84 Abs. 2 GG durch die Aufzählung einzelner Sachbereiche (hierzu unter Rdn. 9).

Ziel der Ermächtigung ist es, eine bundesweit einheitliche Ausführung des UVPG zu gewährleisten.[4] 3
Insbesondere die Verwendung zahlreicher unbestimmter Rechtsbegriffe erschwert die Auslegung und Anwendung des UVPG. Die Verwaltungsvorschriften dienen hier dem Ziel, Auslegungsprobleme zu reduzieren und allgemeine Bewertungsmaßstäbe zu kreieren, indem sie »Grundsatzregelungen« schaffen, »die den durch das Gesetz bereitgestellten Verfahrensrahmen in methodischer und inhaltlicher Hinsicht ausfüllen«.[5] Hierdurch wird nicht nur Vollzugsdefiziten entgegengewirkt,[6] die gerade im Umweltrecht durch unbestimmte Rechtsbegriffe auftreten können; es wird auch dem Gedanken der Gleichbehandlung (Art. 3 Abs. 1 GG) ebenso wie dem Grundsatz der Rechtssicherheit (Art. 20 Abs. 3 GG) – im Sinne der Berechenbarkeit und Verlässlichkeit administrativen Handelns – Rechnung getragen.

Der Gedanke der **einheitlichen** Gesetzesanwendung findet im UVPG besondere Beachtung. So 4
spricht § 3 UVPG in der aktuellen Gesetzesfassung (in Übernahme einer in § 1 UVPG a.F. enthaltenen Formulierung) davon, dass die Umweltprüfung »nach einheitlichen Grundsätzen« durchgeführt werden soll. Dieser Gedanke wurzelte zunächst im europäischen Recht: So war im 2. und 7. Erwägungsgrund der ursprünglichen UVP-RL ein entsprechendes Anliegen formuliert.[7] Den Regelungsschwerpunkt der Umweltprüfung sieht der europäische Gesetzgeber seit der Änderung und Neufassung der UVP-RL jedoch nicht mehr – wie noch bei Schaffung der RL 85/337/EWG – in der Wettbewerbsangleichung und Harmonisierung, sondern in der Stärkung des Umweltschutzes.[8] Die Nachfolgevorschriften sind daher nicht mehr (auch) auf die Binnenmarktkompetenz, sondern alleine auf die umweltpolitische Kompetenz gestützt.[9] Zugleich zeigt sich bei Durchsicht der Richtlinien, dass die UVP-Richtlinien keine einheitlichen Maßstäbe, sondern ein heterogenes Regelungsgefüge bereitstellt, das den Mitgliedstaaten z.T. erhebliche Umsetzungsspielräume eröffnet. Zugleich eröffnet Art. 193 AEUV den Mitgliedstaaten die Möglichkeit, sog. schutzverstärkende Maßnahmen zu ergreifen.[10] Der Einheitlichkeitsgrundsatz ist daher weniger Ausdruck des unionsrechtlichen Harmonisierungsbestrebens als vielmehr des Versuchs, einen bundesrechtlichen Mindeststandard zu gewährleisten.

Der in § 70 UVPG zum Ausdruck kommende Gedanke einheitlicher Gesetzesanwendung wird durch 5
die Regelungen in § 1 Abs. 4, § 38 sowie § 71 UVPG flankiert. § 1 Abs. 4 und § 38 UVPG regeln für UVP und SUP die Grenzen fachgesetzlicher Abweichungsbefugnis: Danach gilt der prinzipielle Vorrang anderer Rechtsvorschriften gegenüber dem UVPG nur, soweit diese Vorschriften den Anforderungen, die das UVPG an die Umweltprüfung stellt, entsprechen oder in ihren Anforderungen

3 Hierzu BVerfGE 26, 338 (397); *Winkler*, in: Sachs, GG, Art. 84 Rn. 129.

4 Zur Zielrichtung des Art. 84 Abs. 2 GG BVerfGE 11, 6 (18). Zur »Allgemeinheit« der Verwaltungsvorschriften *Heitsch,* Die Ausführung der Bundesgesetze durch die Länder, S. 221 ff.

5 BT-Drs. 18/11499, S. 110 i.V.m. BT-Drs. 11/3919, S. 31.

6 Hierzu *Jarass* NJW 1987, 1225.

7 »Angleichung der Rechtsvorschriften nach Artikel 100 des Vertrages« im 2. Erwägungsgrund sowie »Harmonisierung der Grundsätze für die Umweltverträglichkeitsprüfung« im 7. Erwägungsgrund der RL 85/337/EG, Amtsblatt Nr. L 175/40. Hierauf nimmt der Gesetzgeber bei Schaffung des UVPG 1990 in BT-Drs. 11/3919, S. 20 explizit Bezug.

8 Vgl. hierzu den 3. Erwägungsgrund der (ersten) UVP-Änderungsrichtlinie RL 97/11/EG des Rates vom 03.03.1997 (ABl. L 73/5): »Die *wichtigsten* Grundsätze für die Prüfung von Umweltauswirkungen sollten harmonisiert werden; die Mitgliedstaaten können jedoch *strengere Umweltschutzvorschriften* festlegen.« (Hervorhebung durch Verf.).

9 Siehe hierzu genauer Einl. Rdn. 10.

10 *Winkler*, in: Grabitz/Hilf/Nettesheim (Hrsg.), Recht der Europäischen Union, 85. EL Mai 2025, Art. 193 (80. EL August 2023) Rn. 14 ff.

weiter reichen. Hierdurch wird sichergestellt, dass das UVPG die Mindestanforderungen an die Durchführung der Umweltprüfung fixiert[11] und daher hinsichtlich der Durchführung von Umweltprüfungen maßstabssteuernde Wirkung entfaltet. Diese Wirkung soll – nach den Vorstellungen des Gesetzgebers des UVPG 1990[12] – bereits auf der Rechtssetzungsebene eintreten. Zur Stärkung dieser Funktion normiert § 71 UVPG ergänzend zur Regelung in § 1 Abs. 4, § 38 UVPG ein verfahrensrechtliches Abweichungsverbot, das sich insbesondere seit den kompetenzrechtlichen Veränderungen der Föderalismusreform 2006 als notwendig erwiesen hat.[13] Auf diesem Wege wird sichergestellt, dass weder Bundes- noch Landesgesetzgeber durch Regelungen über Umweltprüfungen oder sonstige fachgesetzliche Verfahren die Vorgaben des UVPG aufweichen können.

6 Der Auftrag, die Umweltprüfungen »nach einheitlichen Grundsätzen« durchzuführen, meint daher nicht Verfahrens**harmonisierung.** § 1 Abs. 4 Satz 2 sowie § 38 Satz 2 UVPG legen vielmehr gerade fest, dass fachgesetzliche Vorschriften mit **weitergehenden** Anforderungen »unberührt« bleiben. Richtiger ist es daher, von der Gewährleistung eines verfahrensrechtlichen Mindeststandards zu sprechen. Dieser wiederum vermag sicherzustellen, dass die Umweltprüfungen tatsächlich eine »wirksame Umweltvorsorge« (wie in § 3 UVPG bzw. in § 1 UVPG a.F. angenommen) herbeiführen. Zugleich stärkt dieser Regelungsimpuls die legitimierende Funktion, welche den Umweltverfahren zuzusprechen ist.[14]

7 Rechtstatsächlich sind Auseinanderentwicklungen zu beobachten, die einer zunehmenden Detailfreude bei der Regulierung fachgesetzlicher Verfahren entspringen. Zugleich wurde die Forderung nach »einheitlichen Grundsätzen« von dem herausgehobenen Standort in der Zweckbestimmung des § 1 UVPG n.F. nach § 3 UVPG n.F. verschoben. Eine Gegenbewegung lässt sich mit dem Erlass der »Allgemeinen Verwaltungsvorschrift zur Ausführung des Gesetzes über die Umweltverträglichkeitsprüfung vom 14. April 2025« beobachten, welche die Umsetzung wesentlicher Vorschriften des UVPG detailorientiert regeln.

B. Entstehungsgeschichte

8 Mit der Vorschrift wurde weitgehend der Wortlaut des § 24 UVPG a.F. übernommen, der wiederum aus dem nur die Nr. 1–3 umfassenden § 20 UVPG 1990 hervorgegangen ist. Der neue § 70 UVPG, der durch das Gesetz zur Modernisierung des Rechts der Umweltverträglichkeitsprüfung vom 20.07.2017 eingeführt wurde,[15] wurde an die Modifizierungen des überarbeiteten und neu nummerierten UVPG angepasst.[16] Die Änderung von Nr. 6 trägt der neuen Monitoring-Regelung für UVP-pflichtige Vorhaben Rechnung.[17] Demnach kann die Bundesregierung mit Zustimmung des Bundesrates zukünftig in UVP-Verwaltungsvorschriften auch Grundsätze für die Überwachung nach §§ 28, 45 und 68 UVPG regeln. Mit der neuen »Allgemeinen Verwaltungsvorschrift zur Ausführung des Gesetzes über die Umweltverträglichkeitsprüfung vom 14. April 2025« hat die Bundesregierung hiervon Gebrauch gemacht.

C. Inhalt

9 Die Ermächtigung gilt der **Bundesregierung** als **Kollegium**[18] im Sinne des Art. 62 GG und kann nicht durch ein mit Zustimmung des Bundesrates ergangenes Gesetz einem Bundesminister erteilt

11 *Storm/Bunge,* in: HdUVP, § 1 Rn. 36; *Peters/Balla/Hesselbarth*, UVPG, § 1 Rn. 58.
12 BT-Drs. 11/3919, S. 15, 16 f.
13 Hierzu noch genauer unter § 71 Rdn. 1 ff.
14 Siehe hierzu die Einl. Rdn. 3 ff.
15 BGBl. I, S. 2808, in Kraft getreten am 29.07.2017.
16 Hierzu BT-Drs. 18/11499, S. 110.
17 Hierzu § 45 UPVG.
18 Zu den verfahrensrechtlichen Konsequenzen der Zuweisung an das Kollegialorgan BReg bei der Beschlussfassung vgl. BVerfGE 91, 148 (165 ff.); zur spezifischen Schutzfunktion dieser Zuständigkeits- und Verfahrensregelungen gegenüber der Eigenständigkeit der Länderverwaltung bereits BVerfGE 26, 338 (396 ff.).

werden.[19] Ob die Bundesregierung Verwaltungsvorschriften erlassen will, steht grds. in ihrem **Ermessen** (»kann«). Dies gilt seit der Änderung durch das Gesetz zur Einführung einer Strategischen Umweltprüfung und zur Umsetzung der Richtlinie 2001/42/EG vom 25.06.2005,[20] während zuvor eine Verpflichtung normiert war.[21] Laut gesetzgeberischer Begründung diente die Änderung hin zum Ermessen der »Deregulierung« und Flexibilisierung,[22] um der Bundesregierung zu ermöglichen, »in Abstimmung mit den Ländern auch verstärkt mit informellen Instrumenten wie Auslegungs- und Vollzugshinweisen zu arbeiten«.[23] Von dieser Möglichkeit hat das BMU auch Gebrauch gemacht, indem es von Expertenseite verschiedene Leitfäden zur Anwendung des UVPG erarbeiten ließ. So sind bereits der »Leitfaden zur Vorprüfung des Einzelfalls im Rahmen der Feststellung der UVP-Pflicht von Projekten«, der »Leitfaden zur Anwendung und Auslegung der UVP-Vorschriften« aus dem Jahre 2003 und der »Leitfaden zur Strategischen Umweltprüfung« aus dem Jahre 2010 ergangen.[24]

Auch wenn das BVerfG solche konsensualen Methoden grundsätzlich zulässt,[25] ist diese Lockerung 10
aus der Perspektive der Gleichbehandlung und der Rechtssicherheit – weniger aus unionsrechtlichen Gesichtspunkten[26] – kritisch zu würdigen, da die Leitlinien nicht mit vergleichbarer Bindungswirkung wie Verwaltungsvorschriften ausgestattet sind. In ihrer Wirkung gehen die Verwaltungsvorschriften – entsprechend ihrer Steuerungsintention – landesrechtlichen Regelungen vor.[27] Die Anwendbarkeit des Art. 84 Abs. 1 Satz 4 i.V.m. Art. 72 Abs. 3 Satz 3 GG scheidet aus, soweit § 71 UVPG die in Art. 84 Abs. 1 Satz 2 GG vorgesehene Abweichungskompetenz nach Satz 5 der Vorschrift ausschließt. Im Umkehrschluss gilt dies nicht für Verwaltungsvorschriften, hinsichtlich derer ein Land zulässigerweise von seiner Abweichungskompetenz nach § 71 UVPG Gebrauch gemacht hat.[28]

Bereits unter der Geltung der knapperen Vorgängervorschrift des § 20 UVPG a.F. hat die Bundes- 11
regierung von der Ermächtigung Gebrauch gemacht, indem sie die »Allgemeine Verwaltungsvorschrift zur Ausführung des Gesetzes über die Umweltverträglichkeitsprüfung (UVPVwV 1995)« vom 18.09.1995 erlassen hat.[29] Diese wurde nun durch die Allgemeine Verwaltungsvorschrift zur Ausführung des Gesetzes über die Umweltverträglichkeitsprüfung vom 14.04.2025 (UVPVwV 2025) ersetzt.[30]

Die Verwaltungsvorschrift muss mit Zustimmung des Bundesrates ergehen. Diese kann durch schlich- 12
ten Beschluss erteilt werden.[31] Der Bundesrat hat in seiner 1051. Sitzung am 14.02.2025 beschlossen, der Allgemeinen Verwaltungsvorschrift zur Ausführung des Gesetzes über die Umweltverträglichkeitsprüfung vom 30.04.2025 zuzustimmen.[32] Die Verwaltungsvorschrift ist in der Ausgabe vom

19 BVerfGE 100, 249 ff. zu Art. 85 Abs. 2 GG unter Aufgabe der zuvor vertretenen Gegenauffassung in BVerfGE 26, 338 (395 ff.).
20 BGBl. I 2005, Nr. 37.
21 Wörtlich hieß es in § 20 a.F. UVPG: »Die Bundesregierung erlässt […].«.
22 Die Gesetzesänderung sollte »einen flexibleren Einsatz des Instruments der Verwaltungsvorschrift« ermöglichen.
23 BT-Drs. 15/3441, S. 40, worauf auch BT-Drs. 18/11499, S. 110 verweist.
24 Jeweils abrufbar unter https://www.bmuv.de/download/leitfaeden-zu-uvp-und-sup (zuletzt abgerufen am 30.10.2025).
25 BVerfGE 100, 249 (258 f.).
26 Siehe hierzu bereits unter Rdn. 4.
27 BVerwGE 70, 127 (131); *Kment,* in: Jarass/Pieroth, GG, Art. 84 Rn. 25. Ausführlich zur Problematik *Kirchhof,* in: Dürig/Herzog/Scholz, GG, 107. EL März 2025, Art. 84 (93. Lfg. Oktober 2020), Rn. 203 ff.
28 *Kment,* in: Jarass/Pieroth, GG, Art. 84 Rn. 25.
29 Siehe hierzu *Feldmann* UPR 1991, 127 ff.
30 Hierzu BAnz vom 29.04.2025 B8.
31 *Broß/Mayer,* in: v. Münch/Kunig, GG, Art. 84 Rn. 58. Zu den Konsequenzen einer fehlenden Zustimmung *Sauerland,* Verwaltungsvorschriften, S. 163 ff.
32 BR-Drs. 616/24, S. 1.

29.04.2025 im Amtlichen Teil des Bundesanzeigers erschienen und am 30.04.2025 in Kraft getreten. Sie löst die ältere Verwaltungsvorschrift von 1995 ab. Diese war aufgrund zahlreicher Änderungen des Gesetzes über die Umweltverträglichkeitsprüfung sowie zwischenzeitlich ergangener Rechtsprechung des EuGHs sowie der deutschen Verwaltungsgerichtsbarkeit insgesamt neu zu fassen.[33]

13 Die in der Vorschrift aufgezählten Regelungsbereiche sind nicht (mehr) abschließend gemeint;[34] dies wird mit der Ergänzung des Wortes »insbesondere« – durch die jüngste Gesetzesänderung – klargestellt.[35] Die allgemeinen Verwaltungsvorschriften können demnach u.a. Kriterien und Verfahren, die bei der Ermittlung, Beschreibung und Bewertung von Umweltauswirkungen zugrunde zu legen sind (Nr. 1), Grundsätze für den Untersuchungsrahmen nach § 15 UVPG (Nr. 2), Grundsätze für Darstellung und Bewertung nach §§ 24, 25 Abs. 1 UPVG (Nr. 3), Grundsätze und Verfahren zur Vorprüfung nach § 7 UVPG sowie über die in Anl. 3 aufgeführten Kriterien (Nr. 4), Grundsätze für die Erstellung des Umweltberichts nach § 40 UVPG (Nr. 5) und Grundsätze für die Überwachung nach den §§ 28, 45 und 68 UVPG (Nr. 6) enthalten. Die UVPVwV 2025 macht von diesen Ermächtigungen umfassend Gebrauch.

14 Als Verwaltungsvorschriften kommt den Vorgaben der UVPVwV keine Außenwirkung zu. Die Regelungen enthalten zwar z.T. norminterpretierende,[36] jedoch keine normkonkretisierende[37] Wirkung.[38] Mehrheitlich ist ihnen verfahrenslenkende Funktion zuzusprechen.[39] Daher bestehen auch hinsichtlich der Wahl der Rechtsform keine verfassungsrechtlichen Bedenken:[40] Eine parlamentsgesetzliche Regelung ist nicht erforderlich. Soweit (ausnahmsweise) inhaltliche Bewertungsmaßstäbe angelegt werden, erfolgt dies durch Rückverweis auf parlamentsgesetzliche Vorschriften.

15 Die Wahl der Rechtsform der Verwaltungsvorschrift ist auch aus unionsrechtlicher Sicht unproblematisch. Die Rechtsprechung des EuGHs verbietet zwar die Umsetzung unionsrechtlicher Umweltschutzvorgaben (insbesondere Grenzwerte) durch bloße Verwaltungsvorschriften.[41] Die UVPVwV enthält jedoch bloße Verfahrensvorgaben, auf welche diese Rechtsprechung nicht anwendbar ist.

16 Die Neufassung der UVPVwV 2025 berücksichtigt zahlreiche Änderungen im UVPG sowie aktuelle Rechtsprechung (z.B. des Europäische Gerichtshofs und der deutschen Verwaltungsgerichte).[42] Die neue UVPVwV 2025 enthält ausführliche Erläuterungen zu § 2 UVPG (Begriffsbestimmungen): Während die UVPVwV 1995 nur wenige Definitionen, v.a. der Begriffe »Vorhaben« und »Umwelt« enthielt, bietet die UVPVwV 2025 umfassende Definitionen zu »Umweltauswirkungen«, »Vorhaben«, »Windfarm«, »Kumulation«, »Änderungsvorhaben« oder »Nebeneinrichtungen«. Die UVPVwV 2025 enthält nunmehr präzise Regeln zur Feststellung der UVP-Pflicht, inklusive Krite-

---

33 BT-Drs. 21/1090, S. 31.

34 Die weitergehende Ermächtigungsnorm des Art. 84 Abs. 2 GG bleibt unberührt.

35 BT-Drs. 18/11499, S. 110.

36 Hierzu BVerwGE 34, 278 ff., das eine unmittelbar wie mittelbar bindende Wirkung in diesem Fall ausschließt.

37 Hierzu die Rechtsprechung des BVerwG, welche Verwaltungsvorschriften mit normkonkretisierender Wirkung Außenwirkung zuspricht: BVerwGE 72, 300 (320) – Wyhl; BVerwGE 129, 209 (211); BVerwG, NVwZ 1988, 824. Die Verwaltungsgerichte dürfen solche Verwaltungsvorschriften daher nur auf eine Überschreitung des Beurteilungsspielraums kontrollieren, sind im Übrigen aber an diese gebunden. Praktische Relevanz gewinnen solche normkonkretisierenden Verwaltungsvorschriften insbesondere im umwelt- und technikrechtlichen Bereich (für das Atomrecht BVerwGE 72, 300 [320 f.]; für das Wasserrecht BVerwGE 107, 338 [341]; für das Immissionsschutzrecht, insbesondere TA Luft, BVerwG, NVwZ 1988, 824 [825 f.], NVwZ 2000, 440).

38 So auch *Spoerr* NJW 1996, 85.

39 *Spoerr* NJW 1996, 85.

40 So auch *Peters/Balla/Hesselbarth,* UVPG, § 70 Rn. 1.

41 Hierzu EuGH, Rs. C-131/88, Slg. 1991, I-825; Rs. C-361/88, Slg. 1991 I-02567 und C-59/89, Slg. 1991 I-02607.

42 BT-Drs. 21/1090, S. 31.

rien und Prüfschritten. Während die Vorhabenkumulation bisher nur am Rande erwähnt wurde, enthält die UVPVwV 2025 nunmehr in Umsetzung von EU-Vorgaben und Gerichtsurteilen ausführliche Hinweise zur Ermittlung kumulativer Wirkungen (bspw. von Windparks oder Verkehrsachsen). Als eigenständige Schutzgüter neu aufgenommen wurden die Bereiche Bodenschutz,[43] Klima, Landschaft und biologische Vielfalt. Die Vorschrift enthält schließlich nähere Bestimmungen zur Öffentlichkeitsbeteiligung (§ 18 ff. UVPG) sowie zur Nutzung zentraler Internetportale (§ 20 UVPG). Inhaltlich beziehen sich die Vorgaben maßgeblich auf die UVP. Die Vorschriften in Teil 3 des UVPG zur SUP sowie in Teil 5 Abschnitt 2 des UVPG zur grenzüberschreitenden SUP werden hingegen nicht aufgenommen; insofern wurde bereits in der Vergangenheit eine entsprechende Leitlinie erlassen.[44] In der Gesamtschau bieten die neuen VwV damit einen Zugewinn an Rechtssicherheit und Klarheit; das weitere Ziel, bürokratische Hürden zu reduzieren, wird hingegen wohl eher nicht erreicht.

§ 71 Bestimmungen zum Verwaltungsverfahren

Von den Regelungen des Verwaltungsverfahrens, die in diesem Gesetz und aufgrund dieses Gesetzes getroffen werden, kann durch Landesrecht nur in dem Umfang abgewichen werden, der in § 1 Absatz 4 und § 38 bestimmt ist.

Übersicht

A. Einleitung

1 § 71 UVPG bestimmt, dass Regelungen des Verwaltungsverfahrens, die durch oder aufgrund des UVPG getroffen werden, vom Bund grundsätzlich abweichungsfest niedergelegt werden. Eine Ausnahme besteht nur in den Fällen der §§ 1 Abs. 4 und 38 UVPG, die das Verhältnis von UVPG und fachgesetzlichen Sondervorschriften, die ebenfalls Vorgaben zu Umweltprüfungen enthalten, regeln.[1] Hiernach können Bund und Länder fachgesetzliche Regelungen zur Ausgestaltung der UVP bzw. SUP **mit weitergehenden Anforderungen** erlassen (Satz 2), während das UVPG Anwendungsvorrang gegenüber solchen fachgesetzlichen Vorschriften genießt, die die **wesentlichen Anforderungen des UVPG nicht beachten** (Satz 1). Innerhalb dieses Rahmens besteht eine Kompetenz des Landesgesetzgebers zur Regelung der Verfahrensanforderungen; im Übrigen sind die bundesgesetzlichen Verfahrensregelungen **abweichungsfest**. Hierdurch wird die Einhaltung eines verfahrensrechtlichen Mindeststandards gewährleistet, während den Ländern die Kompetenz verbleibt, verschärfende fachgesetzliche Anforderungen zu erlassen, um gegebenenfalls eine **bottom-up**-Entwicklung hin zu einem strengeren Verfahrensregime anzustoßen. Außerhalb seiner Gesetzgebungskompetenz kann der Bund keine abweichungsfesten Mindestanforderungen an eine UVP und die Vorprüfung aufstellen.[2]

2 Die Regelung des § 71 UVPG wurde notwendig mit den verfassungsgesetzlichen Änderungen der Föderalismusreform I im Jahre 2006:[3] Hierdurch wurde die umfassende Organisationsgewalt der Länder bei Ausführung von Bundesgesetzen als eigene Angelegenheiten durch Art. 84 Abs. 1 Satz 1, 2 1. HS GG für das »Verwaltungsverfahren« einer organisationsrechtlichen Einflussnahme des Bundes geöffnet, ohne dass das insoweit erforderliche Bundesgesetz – entgegen früherer Rechtslage –

43 BT-Drs. 21/1090, S. 31.
44 Siehe oben unter Rdn. 9.
1 Siehe hierzu die Einl. Rdn. 48.
2 BVerwGE 168, 287, Rn. 24.
3 Hierzu *Becker*, Art. 83 ff. GG nach den Föderalismusreformen, ZUR 2010, 528 ff.; *Papier*, Aktuelle Fragen der bundesstaatlichen Ordnung, NJW 2007, 2145 ff.

noch der Zustimmung des Bundesrates bedarf. Die im Zusammenhang der Föderalismusreform I erfolgte Streichung des Zustimmungserfordernisses (Art. 84 Abs. 1 Satz 1, 2 2. HS GG a.F.) war als wesentlicher Beitrag gedacht, die Anzahl zustimmungsbedürftiger Gesetze zu verringern.[4] Art. 84 Abs. 1 Satz 2 GG ist insofern kompetenzbegründende Norm, die jedoch nur vor dem Hintergrund einer anderweitig begründeten Gesetzgebungskompetenz des Bundes in Anspruch genommen werden kann:[5] Die organisationsrechtliche Kompetenz aus Art. 84 Abs. 1 Satz 2 GG folgt der (ausschließlichen oder konkurrierenden) materiell-rechtlichen Kompetenz.[6]

3 Über die Kompetenz zur Regelung des Verwaltungsverfahrens eröffnet Art. 84 Abs. 1 Satz 2 GG dem Bund den Zugriff auf das »Wie« des Verwaltungshandelns von Verwaltungsbehörden der Länder,[7] ohne dabei auf Regelungen des Verwaltungsverfahrens i.S.v. § 9 VwVfG beschränkt zu sein.[8] Zugestanden werden gesetzliche Bestimmungen, welche die Tätigkeit der Verwaltungsbehörden im Blick auf die Art und Weise der Ausführung der Gesetze einschließlich ihrer Handlungsformen, die Form der behördlichen Willensbildung, die Art der Prüfung und Vorbereitung der Entscheidung, deren Zustandekommen und Durchsetzung sowie verwaltungsinterne Mitwirkungs- und Kontrollvorgänge in ihrem Ablauf regeln.[9]

4 Die zustimmungsfreie bundesgesetzliche Regelung des Verwaltungsverfahrens nach Art. 84 Abs. 1 Satz 2 1. HS GG steht allerdings unter dem Vorbehalt abweichender landesrechtlicher Regelungen. Mit diesem **Zugriffsrecht** der Länder nach Art. 84 Abs. 1 Satz 2 2. HS GG wird der Verlust des bisherigen Zustimmungserfordernisses bei bundesgesetzlichen Eingriffen in ihre Organisationshoheit kompensiert und die Gestaltungsbefugnis jedes einzelnen Landes im Bereich seiner Verwaltung gemäß den Grundsätzen der Art. 83 und 84 Abs. 1 Satz 1 GG wiederhergestellt. Gegenüber der Einbindung der Länder in das Zustimmungsrecht des Bundesrats nach Art. 84 Abs. 1 GG a.F. bedeutet dies eine deutliche Aufwertung der Organisationshoheit des einzelnen Landes im »eigenen Hause« und die Entbindung von zumindest faktischen Zwängen zur Kompromissbereitschaft im Bundesrat bei Durchsetzung spezifischer Landesinteressen.[10] Zugleich sind hiermit die Gefahren föderaler Divergenzen verbunden, die einer einheitlichen Rechtsdurchsetzung entgegenstehen können. Gemäß Art. 125b Abs. 2 GG betrifft dies auch bundesgesetzliche Regelungen, die aufgrund des Art. 84 Abs. 1 GG in der vor dem 01.09.2006 geltenden Fassung erlassen worden sind, soweit in dem jeweiligen Bundesgesetz ab dem 01.09.2006 Regelungen des Verwaltungsverfahrens geändert worden sind. Dies ist hinsichtlich des UVPG der Fall.[11] Hieraus würde sich daher die Gefahr ergeben, dass die Landesgesetzgeber unter Inanspruchnahme ihrer verfassungsrechtlich garantierten Regelungskompetenz unter den an sich in §§ 1 Abs. 4 und 38 UVPG garantierten Mindeststandard absinken könnten.

---

4 Hierzu die Begründung im Gesetzentwurf, BT-Drs. 16/813, S. 14 (zu Nr. 9).

5 BVerfGE 22, 180 (211); 26, 338 (383 f.); *Mayer,* in: v. Münch/Kunig, GG, Art. 84 Rn. 5; *Winkler*, in: Sachs, GG, 9. Aufl. 2021, Art. 84 Rn. 5; zu dieser Akzessorietät näher *Kirchhof,* in: Dürig/Herzog/Scholz, GG, 107. EL März 2025, Art. 84 (93. Lfg. Oktober 2020) Rn. 76.

6 *Oebbecke,* HStR VI, § 136 Rn. 26.

7 BVerfGE 37, 363 (385); 55, 274 (319). Zum Ausschluss des gerichtlichen Verfahrens aus dem Anwendungsbereich des Art. 84 GG vgl. BVerfGE 14, 197 (219).

8 *Trute,* in: Huber/Voßkuhle, GG, Art. 84 Rn. 13; ausführlich zum Verhältnis des verfassungsrechtlichen und des (weiteren) unterverfassungsrechtlichen Verständnisses von »Verwaltungsverfahren« *Kirchhof,* in: Dürig/Herzog/Scholz, GG, 107. EL März 2025, Art. 84 (93. Lfg. Oktober 2020) Rn. 95 ff.

9 BVerfGE 37, 363 (390, 394); 55, 274 (297 ff.) 75, 108 (150); 105, 313 (331); 114, 196 (224); *Kment,* in: Jarass/Pieroth, GG, Art. 84 Rn. 7; näher *Trute,* in: Huber/Voßkuhle, GG, Art. 84 Rn. 14 f. Zu Einzelfällen vgl. auch die Zusammenstellung *Winkler*, in: Sachs, GG, 9. Aufl. 2021, Art. 84 Rn. 11.

10 *F. Kirchhof,* FS Scholz 2007, S. 635 (640) sieht in dem Abweichungsrecht der Länder eine Abschwächung des Blockadepotenzials der Länder im Bundesrat.

11 Siehe nur bspw. § 5 und §§ 9–12 UVPG, die Änderungen durch das Gesetz zur Modernisierung des Rechts der Umweltverträglichkeitsprüfung vom 20.07.2017 (BGBl. I, S. 2808) erfahren haben.

Um derartigen Entwicklungen entgegenwirken zu können, hat Art. 84 Abs. 1 Satz 5 GG dem Bundesgesetzgeber die Möglichkeit eröffnet, in **Ausnahmefällen** bundeseinheitliche Regelungen des Verwaltungsverfahrens **ohne Abweichungsmöglichkeit** für die Länder zu treffen. Soll die Abweichungsmöglichkeit der Länder bundesrechtlich ausgeschlossen werden, so ist dies in einem Gesetz ausdrücklich zu regeln.[12] Von dieser Möglichkeit hat der Gesetzgeber des UVPG nach Inkrafttreten der verfassungsrechtlichen Änderungen durch Einführung des § 24a UVPG a.F., der in den jetzigen § 71 UVPG übergegangen ist,[13] Gebrauch gemacht. Die Inanspruchnahme dieser Befugnis zur Regelung des Verwaltungsverfahrens ist – neben der ausdrücklichen Beschränkung auf Ausnahmefälle – materiell an ein besonderes Bedürfnis nach bundeseinheitlicher Regelung gebunden und setzt formell die Zustimmung des Bundesrates voraus (Art. 84 Abs. 1 Satz 5, 6 GG). Damit soll der Kompetenzverlust der Länder im Bereich ihrer eigenen Verwaltung durch ihre Mitwirkung über den Bundesrat ansatzweise kompensiert werden. Das Zustimmungserfordernis soll die Grundentscheidung der Verfassung zugunsten des föderalistischen Staatsaufbaus mit absichern und verhindern, dass »Systemverschiebungen« im bundesstaatlichen Gefüge im Wege der einfachen Gesetzgebung herbeigeführt werden.[14] Der mehrfach qualifizierte Regelungsvorbehalt lässt erkennen, dass die Befugnis des Bundes nach Art. 84 Abs. 1 Satz 5 GG nicht zur offenen Flanke des durch die Neufassung von Art. 84 Abs. 1 GG besonders betonten Grundsatzes landesrechtlicher Organisationshoheit werden soll.[15] Andererseits konnte sich der verfassungsändernde Gesetzgeber nicht der Einsicht verschließen, dass zur Sicherung des bundeseinheitlichen Vollzuges materiell-rechtlicher Vorschriften bundeseinheitliches Verfahrensrecht erforderlich sein kann, Verfahrensrecht also nicht nur ergebnisneutrales Ausführungsrecht ist.[16] 5

B. Entstehungsgeschichte

§ 71 UVPG wurde durch Art. 1 des Gesetzes zur Modernisierung des Rechts der Umweltverträglichkeitsprüfung vom 20.07.2017[17] eingeführt und entspricht inhaltlich dem früheren § 24a UVPG; begriffliche Änderungen dienten der leichteren Verständlichkeit.[18] Die Vorgängervorschrift – § 24a UVPG – wurde in Reaktion auf die Änderungen der Föderalismusreform[19] durch Art. 1 des Öffentlichkeitsbeteiligungsgesetzes (ÖffBetG) vom 09.12.2006[20] eingeführt. 6

C. Inhalt

Die Vorschrift des § 71 VwVfG normiert Regelungen des **Verwaltungsverfahrens**, die im UVPG oder auf der Grundlage des UVPG[21] getroffen werden, innerhalb der durch § 1 Abs. 4, § 38 UVPG gezeichneten Grenzen als abweichungsfest. Die Umweltprüfungen nach UVPG, also Umweltverträglichkeitsprüfungen (UVP) und Strategische Umweltprüfung (SUP), sind nach der gesetzlichen Terminologie »unselbständiger Teil verwaltungsbehördlicher Verfahren« zur Zulassung von Projekten (§ 4 UVPG) bzw. zur Aufstellung oder Änderung von Plänen und Programmen (§ 33 UVPG). Damit beschreiben die Umweltprüfungen Verfahrensschritte ohne inhaltliche Konditionierung, sodass die Regelungen des UVPG insgesamt als **Regelungen des Verwaltungsverfahrens** zu qualifizieren und damit abweichungsfest normiert sind. 7

12 Hierzu *Winkler*, in: Sachs, GG, Art. 84 Rn. 36.
13 Siehe Rdn. 6.
14 BVerfGE 37, 363 (379 ff.); 55, 274 (319), 114, 196 (230 f.).
15 So auch *Kirchhof*, in: Dürig/Herzog/Scholz, GG, 107. EL März 2025, Art. 84 (93. Lfg. Oktober 2020) Rn. 132 f.
16 *Winkler*, in: Sachs, GG, Art. 84 Rn. 19.
17 BGBl. I S. 2808.
18 BT-Drs. 18/11499, S. 110.
19 Siehe hierzu unter Rdn. 2.
20 BGBl. I, S. 2819.
21 Darunter fallen auch die nach § 70 UVPG zu erlassenden verfahrensrechtlich relevanten Verwaltungsvorschriften.

8 In Anlehnung an die Gesetzesbegründung[22] unterfallen dem Begriff des Verwaltungsverfahrens in jedem Fall folgende wesentliche Regelungen, einerseits im Hinblick auf die UVP:
- die Feststellung der UVP-Pflicht und die Veröffentlichung des Ergebnisses der gemäß § 7 durchzuführenden Vorprüfung nach § 5 UVPG;
- die Durchführung der Vorprüfung nach § 7 und §§ 9–12;
- die Festlegung des Untersuchungsrahmens nach § 15;
- die Erstellung des UVP-Berichts nach § 16;[23]
- die Beteiligung anderer Behörden nach § 17;
- die grenzüberschreitende Behördenbeteiligung nach § 55;
- die Einbeziehung der Öffentlichkeit nach §§ 18, 19, 21 f.;
- die grenzüberschreitende Öffentlichkeitsbeteiligung nach § 56;
- die grenzüberschreitende Behörden- und Öffentlichkeitsbeteiligung bei ausländischen Vorhaben nach § 58 f.;
- die zusammenfassende Darstellung der Umweltauswirkungen nach § 24;
- die Bewertung der Umweltauswirkungen und Berücksichtigung des Ergebnisses bei der Entscheidung nach § 25;
- die Bekanntmachung der Entscheidung über die Zulassung oder Ablehnung des Vorhabens und die Auslegung des Bescheids nach § 27;[24]
- die Überwachung der Durchführung des Vorhabens nach § 28,[25]

andererseits im Hinblick auf die SUP:
- die Feststellung der SUP-Pflicht und die Veröffentlichung des Ergebnisses der nach § 35 Abs. 2 vorgeschriebenen Vorprüfung nach § 34;
- die Festlegung des Untersuchungsrahmens nach § 39;
- die Erstellung des Umweltberichts nach § 40;
- die Beteiligung anderer Behörden nach § 41;
- die Beteiligung der Öffentlichkeit nach § 42;
- die grenzüberschreitende Behördenbeteiligung nach § 60;
- die grenzüberschreitende Öffentlichkeitsbeteiligung nach § 61;
- die grenzüberschreitende Behörden- und Öffentlichkeitsbeteiligung bei ausländischen Plänen und Programmen nach §§ 62, 63;[26]
- die abschließende Bewertung und Berücksichtigung nach § 43;
- die Bekanntgabe der Entscheidung über die Annahme des Plans oder Programms nach § 44;
- die Überwachung der erheblichen Umweltauswirkungen, die sich aus der Durchführung des Plans oder Programms ergeben, nach § 45.

D. Verfassungsrechtlicher Hintergrund

9 Die Regelungsbefugnis des Bundes nach Art. 84 Abs. 1 Satz 5 GG ist begrifflich von vornherein auf **Ausnahmefälle** beschränkt, ohne dass die Norm näheren Aufschluss darüber gibt, wann ein Ausnahmefall gegeben ist. Aus der Entstehungsgeschichte ist lediglich zu entnehmen, dass Regelungen des wirtschaftsrelevanten Umweltverfahrensrechts regelmäßig einen Ausnahmefall i.S.d. Art. 84

---

22 BT-Drs. 16/3311, S. 15.

23 In der Gesetzesbegründung noch nicht genannt, da der UVP-Bericht nach § 16 UVPG erst mit Gesetz vom 29.07.2017 eingeführt wurde; siehe jedoch bereits die Benennung des § 14g UVPG a.F.

24 In der Gesetzesbegründung noch nicht genannt, da die Bekanntmachungspflicht nach § 27 erst mit Gesetz vom 29.07.2017 eingeführt wurde; siehe jedoch bereits die Benennung des § 14l UVPG a.F.

25 In der Gesetzesbegründung noch nicht genannt, da die Überwachungspflicht mit Blick auf UVP-Vorhaben nach § 28 erst mit Gesetz vom 29.07.2017 eingeführt wurde; siehe jedoch bereits die Benennung des § 14m UVPG a.F.

26 In der Gesetzesbegründung noch nicht genannt, da die grenzüberschreitende Behörden- und Öffentlichkeitsbeteiligung bei ausländischen Plänen und Programmen erst mit Gesetz vom 29.07.2017 eingeführt wurde; siehe jedoch bereits die Benennung des § 9b UVPG a.F.

Abs. 1 Satz 5 darstellen sollen,[27] da andernfalls wesentliche Grundlagen für die Rechtssicherheit und Freizügigkeit von Unternehmen im Bundesgebiet gefährdet erscheinen.[28] Der Ausschuss für Verkehr, Bau und Stadtentwicklung hat einen weiteren Ausnahmefall für Verfahren des BauGB angenommen,[29] da die Ausgestaltung von Verfahrensregeln hier notwendig verbunden ist mit den Regelungen über städtebauliche Instrumente, die in Wahrnehmung der Gesetzgebungskompetenz des Bundes nach Art. 74 Abs. 1 Nr. 30 GG (Bodenrecht) ergehen. Zugleich verlangten die Umsetzung von Unionsrecht und die Wahrung der Grundrechte – namentlich der Eigentumsfreiheit – eine »bundeseinheitliche und rechtssichere Regelung«.[30] Diese entstehungsgeschichtlichen Beispielsfälle erfahren jedoch in der – die verfassungsrechtliche Intention wahrenden – Auslegung weiterer Tatbestandsmerkmale der Norm noch deutliche Beschränkungen.[31]

Über den entstehungsgeschichtlich belegten Grundgedanken einer Wahrung der Rechts- und Wirt- 10
schaftseinheit auch in verwaltungsverfahrensrechtlicher Hinsicht hinaus lässt sich dem quantitativ konnotierten Wortlaut dieser Beschränkung nur die Intention entnehmen, den Normalfall des einfachen Regelungsvorbehaltes mit der Abweichungsmöglichkeit nach Art. 84 Abs. 1 Satz 2 GG nicht zu unterlaufen und das von Art. 84 Abs. 1 GG vorausgesetzte Regel-Ausnahme-Verhältnis nicht durch eine ausgiebige Inanspruchnahme von Art. 84 Abs. 1 Satz 5 umzukehren. Die Eingrenzung des Art. 84 Abs. 1 Satz 5 GG auf Ausnahmefälle vermag dies mit seinem eher appellativen Charakter nicht zu leisten, so dass insoweit den weiteren Voraussetzungen und Restriktionen des Art. 84 Abs. 1 Satz 5 GG entscheidende Bedeutung zuwächst.[32]

Ein **besonderes Bedürfnis** nach bundeseinheitlichem Verfahrensrecht lässt sich nur aus Anforderungen 11
des materiellen Rechts ableiten, für das der Bund zwar regelungsbefugt ist, dass er aber nicht selbst ausführt. Dies kommt vor allem dann in Betracht, wenn – insbesondere bei determinationsschwachem materiellem Recht – die Anwendung unterschiedlichen Verfahrensrechts zu unterschiedlichen Anwendungen des materiellen Bundesrechts führen kann.[33] Dies gilt z.B. für Bundesgesetze, die wegen ihrer Regelungsmaterie auf bundeseinheitliche Ausführung angewiesen sind,[34] weiterhin für Regelungen länderübergreifender Sachverhalte, wenn durch unterschiedliches Verfahrensrecht der Ländergrenzen überschreitende Verkehr oder seine behördliche Kontrolle erschwert würde[35] sowie dann, wenn bundesgesetzlich vorgesehene Kontrollaufgaben durch die Regelungsadressaten nur wirksam wahrgenommen werden können, sofern die für die Kontrollen relevanten Daten nach einheitlichen Erhebungs- oder Messverfahren festgestellt werden.[36] Oft dürften unionsrechtlich veranlasste Kontroll- und Berichtspflichten Anlass sein, die entsprechenden Verfahren für die Länder durch Regelungen nach Art. 84 Abs. 1 Satz 5 verbindlich zu machen.[37] Ein besonderes Bedürfnis nach bundeseinheitlichem Verfahrensrecht ist hingegen nicht bereits in den Fällen gegeben, in denen das materielle Recht den Schutz eines grundrechtlich gewährleisteten Guts mangels hinreichender

27 BT-Drs. 16/813, S. 15 unter Bezug auf die Koalitionsvereinbarung vom 18.11.2005, Anl. 2 Rn. 31; BT-Drs. 16/2069, S. 4 re. Sp.; BT-Drs. 16/2052, S. 2; ebenso *Groß*, in: Friauf/Höfling, GG, Art. 84 Rn. 28; *Henneke*, in: Hofmann/Henneke, GG, Art. 84 Rn. 9; krit. dazu *Suerbaum*, in: Epping/Hillgruber, GG, Art. 84 Rn. 41; diff. *Kahl* NVwZ 2008, 710 (715). Weitere umstrittene Materien bei *Rauber*, in: Holtschneider/Schön (Hrsg.), S. 46.

28 So *Frenz* NVwZ 2006, 742 (745). Kritisch dazu *Kirchhof*, in: Dürig/Herzog/Scholz, GG, 107. EL März 2025, Art. 84 (93. Lfg. Oktober 2020) Rn. 139.

29 BT-Drs. 16/2069, S. 4 re. Sp.

30 BT-Drs. 16/2069, S. 4 re. Sp.

31 Siehe hierzu *Winkler*, in: Sachs, GG, Art. 84 Rn. 30 f.

32 Siehe *Winkler*, in: Sachs, GG, Art. 84 Rn. 28.

33 So *Grimm*, a.a.O., mit konkreten Beispielen. Zurückhaltend *Kirchhof*, in: Dürig/Herzog/Scholz, GG, 107. EL März 2025, Art. 84 (93. Lfg. Oktober 2020) Rn. 144.

34 Z.B. §§ 4 ff., 21 PassG und vergleichbare Vorschriften des PAuswG, des MRRG und des PStG.

35 Z.B. §§ 3, 15 GüKG.

36 Z.B. §§ 5 ff. IfSG; § 28 GenTG; § 68 AMG; §§ 42, 46 f. LFGB.

37 Z.B. § 10 BImSchG.

Determinationskraft nicht, nicht ausreichend oder nicht rechtzeitig bereitstellen kann und dementsprechend Verfahrensvorkehrungen das Defizit an Determinationskraft kompensieren müssen. Dieser »Grundrechtsschutz durch Verfahren« kann und muss durch die Länder sichergestellt werden.[38]

12 Inwieweit die Voraussetzung eines »besonderen Bedürfnisses« tatsächlich eine restriktive Inanspruchnahme des Art. 84 Abs. 1 Satz 5 GG durch den Bundesgesetzgeber gewährleisten kann, ist eher fraglich. Die praktische Erfahrung mit der »Bedürfnisklausel« des Art. 72 Abs. 2 GG a.F. legt die Vermutung nahe, dass auch das »**Bedürfnis**« i.S.d. Art. 84 Abs. 1 Satz 5 GG nur in begrenztem Umfange einer gerichtlichen Überprüfung zugänglich ist, damit keine beschränkende Wirkung entfalten kann und die Frage letztlich dem gesetzgeberischen Ermessen überlassen bleibt. Überprüfbar bleibt insoweit nur, ob der Bundesgesetzgeber die seinem Ermessen gezogene Grenzen verkannt oder das ihm eingeräumte Ermessen eindeutig und evident missbraucht hat.[39] An diesem Befund ändert auch die Voraussetzung eines **besonderen** Bedürfnisses zunächst nichts. Diese Akzentuierung ist dahingehend zu verstehen, dass den Bundesgesetzgeber bei Inanspruchnahme eine **erhöhte Begründungslast** trifft, warum – ausnahmsweise – von den länderfreundlichen Grundsätzen des Art. 84 Abs. 1 Satz 1, 2 GG abgewichen werden soll. Mit der Voraussetzung eines »besonderen Bedürfnisses« steht der Wortlaut des Art. 84 Abs. 1 Satz 5 GG damit in gewisser Weise zwischen der (nicht justiziablen) »Bedürfnisklausel« des Art. 72 Abs. 2 GG a.F. und der (voll überprüfbaren) »Erforderlichkeitsklausel« des Art. 72 Abs. 2 GG n.F. Der Verzicht des verfassungsändernden Gesetzgebers, die Neufassung des Art. 84 Abs. 1 GG mit einem speziellen Normenkontrollverfahren zu flankieren, wie dies bezüglich Art. 72 Abs. 2 GG n.F. mit Art. 93 Abs. 1 Nr. 2 a GG geschehen ist, indiziert eine Zurückhaltung gegenüber einer effektiven verfassungsgerichtlichen Kontrolle und lässt erwarten, dass die Voraussetzung eines »besonderen Bedürfnisses« in Art. 84 Abs. 1 Satz 5 GG die ihm zugedachte begrenzende Funktion nur eingeschränkt erfüllen kann.[40] Letztlich dient das in Art. 84 Abs. 1 Satz 6 GG vorgesehene Zustimmungserfordernis der Restriktion in der praktischen Anwendung.

13 Vor diesem Hintergrund sah sich der Gesetzgeber aufgefordert, sich im Rahmen der Einführung der Vorläufervorschrift zu § 71 UVPG (§ 24 a UVPG a.F.) detaillierter mit der Einhaltung der verfassungsrechtlichen Vorgaben zu beschäftigen. Im Argumentationsniveau lehnte er sich dabei an die Erforderlichkeitsklausel in Art. 72 Abs. 2 GG an: Der Gesetzgeber begründete die Neuregelung mit den Erwägungen des verfassungsändernden Gesetzgebers, wonach bei Regelungen des Umweltverfahrensrechts regelmäßig die Voraussetzungen des Art. 84 Abs. 1 Satz 5 GG erfüllt sind.[41] Innerhalb der richtlinienkonformen Umsetzung der UVP- und SUP-Richtlinie verbleiben dem Gesetzgeber erhebliche Umsetzungsspielräume. Um in der Folge bundesweite Regelungsunterschiede zu vermeiden, wird über die verbindliche Geltung der §§ 1 Abs. 4 und 38 UVPG (§§ 4, 14e UVPG a.F.) ein bestimmter verfahrensrechtlicher Mindeststandard bundesrechtlich garantiert. Dies ist erforderlich, da die durch das UVPG geschaffene Beurteilungsgrundlage **wirtschaftsrelevante** Planungs- und Zulassungsentscheidungen steuert und **effektive länder- und grenzüberschreitende** Bürger- und Behördenbeteiligung gewährleistet. Die Notwendigkeit, einheitliches Verfahrensrecht zu schaffen, ergibt sich daraus, dass »die materiellen Standards nur mit Hilfe des entsprechenden Verfahrensrechts effektiv durchgesetzt werden« können.[42] Da die vom UVPG erfassten Vorhaben gerade dadurch charakterisiert sind, dass sie weitreichende umweltrelevante Auswirkungen verursachen, sind länder-

38 Siehe *Winkler*, in: Sachs, GG, Art. 84 Rn. 30.

39 Zu den Erfahrungen mit der »Bedürfnisklausel« des Art. 72 Abs. 2 GG a.F. BVerfGE 106, 82 ff. (136); a.A. (volle Justiziabilität) *Gerstenberg*, Föderalismusreform, 2009, S. 285 m.w.N.; wohl auch *Kahl* NVwZ 2008, 710 (717); kritisch auch *Meyer*, S. 119; *Maurer* JuS 2010, 945 (949).

40 Optimistisch insoweit *Kahl* NVwZ 2008, 717, der über Art. 93 (jetzt: Art. 94) Abs. 1 Nr. 2 GG bzw. Art. 93 (jetzt: Art. 94) Abs. 1 Nr. 3 GG hinreichende Möglichkeiten einer verfassungsgerichtlichen Kontrolle sieht. Skeptisch *Kirchhof*, in: Dürig/Herzog/Scholz, GG, 107. EL März 2025, Art. 84 (93. Lfg. Oktober 2020) Rn. 144.

41 BT-Drs. 16/3311, S. 14. Siehe hierzu bereits unter Rdn. 9.

42 BT-Drs. 16/3311, S. 16.

übergreifende Schnittpunkte wahrscheinlich. Im Gesetzgebungsverfahren wurde besonders das Problem hervorgehoben, dass Unternehmen und Investoren häufig an mehreren Standorten in verschiedenen Bundesländern tätig sind, was zu Unsicherheiten und erhöhtem Zeit- und Kostenaufwand führen könnte.[43] Einheitliche Verfahrensvorgaben sind daher zur **Wahrung der Wirtschaftseinheit** und zur **Vermeidung von Wettbewerbsverzerrungen** zwischen den Bundesländern unabkömmlich.[44] Im internationalen Vergleich würde eine stark fragmentierte Rechtslage zudem zu Rechtsunsicherheiten und Investitionshemmnissen führen.[45] Durch die Festlegung eines Abweichungsverbots sollen mögliche Nachteile für den Wirtschaftsstandort der Bundesrepublik Deutschland abgewendet werden.[46] Entsprechendes gilt für das Verfahren der SUP, da in den SUP-pflichtigen Plänen und Programmen »wichtige Randbedingungen für wirtschaftliches Handeln festgelegt« werden.[47] Daran dass die gesetzliche Regelung in § 71 UVPG mit den verfassungsrechtlichen Anforderungen vereinbar ist, bestehen letztlich keine vernünftigen Zweifel.

Dem Zustimmungserfordernis nach Art. 84 Abs. 1 Satz 6 GG ist Genüge getan, da der Bundesrat 14
in seiner 959. Sitzung am 07.07.2017 beschlossen hat, dem vom Bundestag am 29.06.2017 verabschiedeten Gesetz über zur Modernisierung des Rechts der Umweltverträglichkeitsprüfung[48] – und damit auch § 71 UVPG – gemäß Art. 84 Abs. 1 Satz 5, 6 GG zuzustimmen.[49]

§ 72 Vermeidung von Interessenkonflikten

Ist die zuständige Behörde bei der Umweltverträglichkeitsprüfung zugleich Vorhabenträger, so ist die Unabhängigkeit des Behördenhandelns bei der Wahrnehmung der Aufgaben nach diesem Gesetz durch geeignete organisatorische Maßnahmen sicherzustellen, insbesondere durch eine angemessene funktionale Trennung.

Übersicht

A. Allgemeines, insbesondere unionsrechtliche Grundlagen

§ 72 UVPG ist eine Vorschrift, die sich mit der **Zuständigkeit** und der **Verfahrensgestaltung** im 1
Rahmen der Umweltverträglichkeitsprüfung befasst. Sie stellt die Unabhängigkeit der zur Entscheidung berufenen Behörde sicher und verlangt hierzu organisatorische Sicherungsmechanismen, um Interessenkonflikte der zuständigen Behörde zu vermeiden. Solche können auftreten, wenn dieselbe Behörde Projektträger eines Vorhabens und zugleich zuständig für die Umweltverträglichkeitsprüfung für dieses Vorhaben ist.

§ 72 UVPG wurde durch das **Gesetz zur Modernisierung des Rechts der Umweltverträglichkeitsprüfung** vom 20.07.2017[1] neu in das Gesetz über die Umweltverträglichkeitsprüfung (UVPG) ein- 2

43 BT-Drs. 16/3311, S. 16.
44 Detailliert hierzu BT-Drs. 16/3311, S. 15.
45 BT-Drs. 16/3311, S. 16.
46 BT-Drs. 16/3311, S. 16.
47 BT-Drs. 16/3311, S. 16.
48 BGBl. I, S. 2808.
49 BR-Drs. 532/17, S. 1.
1 BGBl. I, S. 2808.

gefügt. Grundlage der Vorschrift ist der durch die Richtlinie 2014/52/EU des Europäischen Parlaments und des Rates vom 16.04.2014 zur Änderung der Richtlinie 2011/92/EU über die Umweltverträglichkeitsprüfung bei bestimmten öffentlichen und privaten Projekten (UVP-Änderungsrichtlinie)[2] in die UVP-Richtlinie aufgenommene Art. 9a.[3] Der Bundesgesetzgeber kommt daher durch die Einführung des § 72 UVPG seiner Umsetzungspflicht nach.

3 **Art. 9a UVP-Richtlinie** bestimmt, dass die Mitgliedstaaten sicherzustellen haben, »dass die zuständige Behörde oder die zuständigen Behörden den ihr bzw. ihnen aus dieser Richtlinie erwachsenden Pflichten auf objektive Weise nachkommt bzw. nachkommen und sich nicht in einer Situation befindet bzw. befinden, die Anlass zu einem Interessenkonflikt geben könnte. Ist die zuständige Behörde auch Projektträger, so sorgen die Mitgliedstaaten im Rahmen der Organisation der Verwaltungszuständigkeiten zumindest für eine angemessene Trennung solcher Funktionen, die bei der Durchführung der sich aus dieser Richtlinie ergebenden Aufgaben nicht miteinander vereinbar sind.« Diese Anordnung des Art. 9a UVP-Richtlinie muss in Zusammenhang mit der sog. »**Verfahrensautonomie**« der Mitgliedstaaten gesehen werden. Grundsätzlich sind die Mitgliedstaaten nämlich in der Organisation ihrer Verwaltungen und der Ausgestaltung der Verwaltungsverfahren frei, wenn auf europäischem Recht basierende Regelungen national vollzogen werden.[4] Grenze der mitgliedstaatlichen Verfahrensautonomie ist jedoch stets das allgemein gültige europäische **Effektivitäts- und Äquivalenzgebot**.[5] Danach dürfen die Mitgliedstaaten die Organisation und das Verfahren ihrer Verwaltungen nicht in einer Weise gestalten, wodurch die Umsetzung europäischen Rechts *unmöglich gemacht* oder *erheblich erschwert* wird.[6] Ein solcher »Umsetzungsmangel« verstößt gegen den Effektivitätsgrundsatz gemäß Art. 4 Abs. 3 EUV.[7]

4 Im Zuge der Gewährleistung des effektiven Vollzuges der Vorgaben der Umweltverträglichkeitsprüfung durch die Verwaltungen der Mitgliedstaaten sah sich der Europäische Gesetzgeber gezwungen, die Vorschrift des Art. 9a der UVP-Änderungsrichtlinie 2014/52/EU zu erlassen. Sie soll die **Objektivität der zuständigen Behörde** sicherstellen und dementsprechend Interessenkonflikte vermeiden, um so den Regeln der Umweltverträglichkeitsprüfung sachgerechte verwaltungsorganisatorische Ausgangsbedingungen zu verschaffen.[8] Art. 9a der UVP-Änderungsrichtlinie 2014/52/EU ist folglich eine **sekundärrechtliche Umsetzung des Effektivitätsgrundsatzes** nach Art. 4 Abs. 3 EUV, wonach die Mitgliedstaaten die einheitliche Wirksamkeit europäischen Rechts sicherstellen müssen.[9]

B. Anwendungsbereich

5 § 72 UVPG dient der unionsrechtlich geforderten[10] **Vermeidung von Interessenkonflikten**. Solche können auftreten, wenn die für die Umweltverträglichkeitsprüfung zuständige Behörde gleichzeitig Träger des zu überprüfenden Vorhabens ist. In diesem Fall soll die Unabhängigkeit der Behörde nach Maßgabe des § 72 UVPG durch geeignete organisatorische Maßnahmen gewährleistet werden.

---

2 ABl. L 124, 1.

3 Gesetzentwurf v. 13.03.2017, BT-Drs. 18/11499, S. 110; *Hamacher*, in: Schink/Reidt/Mitschang, UVPG/UmwRG, § 72 UVPG Rn. 2; *Sangenstedt* ZUR 2014, 526 (534).

4 EUGH, Urt. v. 19.09.2006 – C-392/04 u. C-422/04, Slg. 2006, I-8559 Rn. 57; *Kment* EuR 2006, 201 (201 f.); *ders.* AöR 2005, 570 (574 f.); *Streinz*, in: ders., EUV/AEUV, Art. 4 EUV Rn. 52 ff.; *Hatje*, in: Schwarze/Becker/Hatje/Schoo, EU-Kommentar, Art. 4 EUV Rn. 63.

5 *Streinz* Europarecht, Rn. 610; *Hatje*, in: Schwarze/Becker/Hatje/Schoo, EU-Kommentar, Art. 4 Rn. 63; *Streinz*, in: ders., EUV/AEUV, Art. 4 EUV Rn. 34, 52 ff.

6 *Nettesheim*, in: Oppermann/Classen/Nettesheim, Europarecht, § 12 Rn. 36; *Streinz*, in: ders., EUV/AEUV, Art. 4 EUV Rn. 53.

7 *Streinz*, in: ders., EUV/AEUV, Art. 4 EUV Rn. 34, 53.

8 Siehe Erwägungsgrund Nr. 25 der UVP-Änderungsrichtlinie 2014/52/EU (ABl. L 124, 4).

9 *Hatje*, in: Schwarze/Becker/Hatje/Schoo, EU-Kommentar, Art. 4 Rn. 26; *Streinz*, in: ders., EUV/AEUV, Art. 4 EUV Rn. 33.

10 Siehe oben Rdn. 2 ff.

Der Anwendungsbereich des § 72 UVPG beschränkt sich nach seinem Wortlaut auf die Sachverhalte, in denen die **Behörde auch Projektträgerin des Vorhabens** ist. Dies ist zunächst der Fall, wenn eine Behörde aufgrund gesetzlicher Regelungen unmittelbar für die Verwirklichung des Vorhabens, für welches die Umweltverträglichkeitsprüfung durchzuführen ist, zuständig ist.[11] Allerdings sind auch Fälle denkbar, in denen die öffentliche Hand nicht unmittelbar an der Ausführung des Vorhabens, sondern lediglich mittelbar durch **Gesellschaftsanteile** an dem Vorhabenträger beteiligt ist oder das Vorhaben **staatlich finanziell** unterstützt wird.[12] Auch in diesen Sachlagen hat der Staat ein Interesse daran, dass das Vorhaben möglichst schnell und nach seinen im Vorfeld gefassten Vorstellungen umgesetzt wird. Dieses Interesse könnte im Einzelfall einer sorgfältigen Umweltverträglichkeitsprüfung, die unter anderem auch eine Alternativenprüfung nach § 16 Abs. 1 Satz 1 Nr. 6 UVPG kennt,[13] entgegenstehen.[14] Dem aufgezeigten potenziell gesteigerten Eigeninteresse entspricht zudem ein erheblicher Einfluss der Behörde auf die Verwirklichung des Projektes, wenn eine gesellschaftsrechtliche oder finanzielle Beteiligung gegeben ist, die das Exekutivorgan als »Quasi-Projektträger« erscheinen lässt. 6

Es drängt sich daher die Frage auf, ob der Wortlaut des § 72 UVPG nicht zu eng geraten ist, wenn er ausschließlich auf die unmittelbare **Projektträgerschaft** der Behörde abstellt, oder »Projektträgerschaft« jedenfalls **weitläufiger verstanden** werden sollte. Ausgangspunkt einer Beurteilung sind erneut die unionsrechtlichen Richtlinienvorgaben, die auch den Regelungsanlass des § 72 UVPG bilden.[15] Art. 9a der UVP-Änderungsrichtlinie 2014/52/EU gebietet, dass die Mitgliedstaaten sicherzustellen haben, »dass die zuständige Behörde oder die zuständigen Behörden den ihr bzw. ihnen aus dieser Richtlinie erwachsenden Pflichten auf objektive Weise nachkommt bzw. nachkommen und sich nicht in einer Situation befindet bzw. befinden, die Anlass zu einem Interessenkonflikt geben könnte.«[16] Diese Anordnung legt es nahe, dass der Anwendungsbereich des § 72 UVPG unionsrechtskonform[17] dahingehend weit auszulegen ist, dass auch Sachverhalte erfasst sind, in denen die Behörde zwar nicht selbst Projektträger ist, gleichwohl aber durch andere Umstände in einen Interessenkonflikt geraten kann. Solche Interessenkonflikte können etwa auftreten, wenn die zuständige Behörde Anteile an dem Vorhabenträger verwaltet oder diesem für das Vorhaben finanzielle Unterstützung gewährt. Schließlich steht die zuständige Behörde in solchen Situationen dem fraglichen Vorhaben **nicht mehr distanziert** und neutral gegenüber, sondern ist in die Projektverwirklichung verwoben. Sie ist folglich »interessiert«, und dies birgt die Gefahr von Interessenwidersprüchen. Überdies gibt der Wortlaut der Richtlinienbestimmung (»könnte«) den Hinweis, dass bereits die **Möglichkeit eines Interessenwiderspruchs** – also der Anschein einer mangelnden Objektivität – ausreicht, um Kompensationsstrategien im Sinne der Richtlinienbestimmung einzufordern. Ein solcher Anschein dürfte in den angesprochenen erweiterten Interessenlagen (Beteiligung, finanzielle Unterstützung) vorliegen. Schließlich könnte der Regelungsauftrag des Art. 9a der UVP-Änderungsrichtlinie 2014/52/EU zu schnell umgangen werden, wenn die Rechtsfolge des § 72 UVPG nur deshalb nicht ausgelöst würde, weil die öffentliche Hand nicht selbst tätig wird, sondern sich eines privatrechtlich organisierten Unternehmens bedient.[18] Der Interessenkonflikt, welcher durch Art. 9a der UVP-Änderungsrichtlinie 2014/52/EU gerade vermieden werden soll, wäre in solchen Fällen gegeben. 7

---

11 Beispielsweise im Straßenrecht.

12 Eine ähnliche Problematik existiert im Raumordnungsrecht im Hinblick auf die Bindungswirkung von Zielen der Raumordnung im Außenrechtsbereich: siehe hierzu *Kment*, Rechtsschutz im Hinblick auf Raumordnungspläne, S. 76 f.; *ders.* NVwZ 2015, 616 (619 f.).

13 Vgl. dazu § 16 Rdn. 28.

14 Siehe hierzu unten Rdn. 7.

15 Siehe hierzu oben Rdn. 2 ff.

16 Siehe hierzu Rdn. 3.

17 Vgl. zu diesem Gebot etwa BVerfG, Beschl. v. 19.07.2011 – 1 BvR 1916/09, BVerfGE 129, 78 (96, 99); *Jarass/Beljin* NVwZ 2004, 1 (2 f.); *dies.* JZ 2003, 768 (774 f.); *Kment*, FS Jarass, S. 313 ff.

18 Diese Umgehungsproblematik ist insbesondere im Verfassungsrecht unter dem Begriff der »Flucht ins Privatrecht« bekannt. Siehe hierzu BVerfG, Urt. v. 22.02.2011 – 1 BvR 699/06, BVerfGE 128, 226 (244 f.); *Jarass*, in: ders./Pieroth, GG, Art. 1 Rn. 39 f.; *Dreier*, in: ders., GG, Art. 1 III Rn. 69.

8 Gegen diesen Befund wird man wohl nicht einwenden können, Art. 9a Abs. 2 der UVP-Änderungsrichtlinie 2014/52/EU verlange eine angemessene Trennung der behördlichen Funktionen lediglich, wenn die agierende Behörde selbst Vorhabenträger sei, und dies habe auch für § 72 UVPG zu gelten. Die offene Wortwahl des Art. 9a Abs. 1 der UVP-Änderungsrichtlinie 2014/52/EU, die allein auf Interessenkonflikte abstellt, sei bewusst nicht in Art. 9a Abs. 2 der UVP-Änderungsrichtlinie 2014/52/EU hineingetragen worden, der lediglich davon spreche, dass die »Behörde auch Projektträger« sei. Daraus könnte man schließlich weiter schlussfolgern, dass die in § 72 UVPG jedenfalls als optionale Lösung einer geeigneten organisatorischen Maßnahme angebotene funktionale Trennung von Seiten der EU jedenfalls nur auf eine behördeneigene Projektträgerschaft verengt sei. Diesem Argumentationsansatz wird man entgegenhalten müssen, dass Art. 9a Abs. 2 der UVP-Änderungsrichtlinie 2014/52/EU einzig eine Aussage zum »schwersten« Fall des potenziellen Interessenkonflikts macht und sich zu sonstigen Interessenwidersprüchen nicht verhält. Für Identitätsfälle verlangt er »zumindest« eine funktionale Trennung. Eine **Ausdehnung** solcher oder ähnlicher Maßnahmen (wie es § 72 UVPG einfordert) **auf andere Fälle des Interessenkonflikts** ist damit aber nicht unzulässig, zumal § 72 UVPG die funktionale Trennung lediglich als *eine* Option der Objektivitätswahrung benennt (»insbesondere«). Dieser Maßnahmenflexibilität bzw. Rechtsfolgenbreite des § 72 UVPG dürfte durchaus eine Ausdehnung seines Anwendungsbereichs entsprechen.

C. Maßnahmen zur Sicherstellung von Verfahrensunabhängigkeit

9 § 72 UVPG fordert, dass die Unabhängigkeit des Behördenhandelns durch **geeignete organisatorische Maßnahmen** sichergestellt werden muss. Dadurch soll gewährleistet werden, dass die Behörde die ihr nach dem UVPG zugewiesenen Aufgaben in einer objektiven, dem Gemeinwohl dienenden Weise wahrnimmt.[19]

10 Welche organisatorischen Maßnahmen im Sinne des § 72 UVPG **geeignet** sind, ist aus § 72 UVPG direkt nicht abschließend zu erschließen. Daher muss der unbestimmte Rechtsbegriff der geeigneten organisatorischen Maßnahmen nach dem Sinn und Zweck der Vorschrift ausgelegt werden. In diesem Zusammenhang muss vor allem der im Hintergrund wirkende unionsrechtliche Regelungsanlass (Art. 9a der UVP-Änderungsrichtlinie 2014/52/EU) beachtet werden.[20] Legt man diesen Ansatz zugrunde, ist Sinn und Zweck des § 72 UVPG darin zu erblicken, die auf Unionsrecht basierenden Verfahrensvorschriften zur Umweltverträglichkeitsprüfung durch die Gestaltung der Organisation und des Verfahrens der Verwaltungen der Mitgliedstaaten effektiv umzusetzen.[21] Der Sicherstellung der effektiven Umsetzung der Umweltverträglichkeitsprüfung könnten Interessenkonflikte auf Ebene der Verwaltungen der Mitgliedstaaten entgegenstehen, wenn die nach nationalem Recht zuständige Behörde sowohl die Umweltverträglichkeitsprüfung durchführt als auch Projektträgerin des zu prüfenden Vorhabens ist oder sich in einer ähnlich einflussreichen Stellung auf der Vorhabenseite befindet.[22] In dieser Rollenverquickung könnte die zuständige Behörde geneigt sein, die Umweltverträglichkeitsprüfung nicht mit der unionsrechtlich gewünschten Sorgfalt durchzuführen, um die Zulässigkeit des Vorhabens nicht zu gefährden. Demnach ist eine organisatorische Maßnahme wohl dann als geeignet im Sinne des § 72 UVPG anzusehen, wenn durch die Verfahrensunabhängigkeit der die Umweltverträglichkeitsprüfung durchführenden Stelle **die sorgfältige Prüfung der Umweltbelange sichergestellt werden kann**.

---

19 Gesetzentwurf v. 13.03.2017, BT-Drs. 18/11499, S. 110; siehe auch bereits Rdn. 2 ff.

20 Zum Sinn und Zweck des Art. 9a bereits oben Rdn. 3 f.

21 Siehe oben Rdn. 2 ff.

22 Siehe oben Rdn. 6 ff.

I. Angemessene funktionale Trennung

1. Grundsatz

Der Gesetzgeber benennt in § 72 UVPG ausdrücklich die Möglichkeit einer angemessenen funktionalen Trennung als *eine* geeignete organisatorische Maßnahme (»insbesondere«). Eine solche angemessene funktionale Trennung dürfte vorliegen, wenn Vorhabenträgerschaft und Vorhabenprüfung grundsätzlich getrennt sind, d.h. diese **Aufgaben** nach dem Organisationsplan der Behörde **nicht auf dieselbe Abteilung verteilt** werden.[23] Der nähere Bedeutungsgehalt der Begrifflichkeit der angemessenen funktionalen Trennung kann in Anlehnung an das rechtsstaatliche Gebot fairer Verfahrensgestaltung, welches das Bundesverwaltungsgericht im fachplanungsrechtlichen Kontext in mehreren Entscheidungen entwickelt hat, ermittelt werden.[24] 11

2. Konkretisierung: Rechtsstaatliches Gebot fairer Verfahrensgestaltung

Das Gebot fairer Verfahrensgestaltung basiert auf dem **Rechtsstaatsprinzip** gemäß Art. 20 Abs. 3 GG.[25] Neben den Grundsätzen des Vorrangs und Vorbehalts der Gesetze, den Anforderungen an Rechtsetzung und Rechtsanwendung und dem Verhältnismäßigkeitsprinzip enthält das Rechtsstaatsprinzip des Art. 20 Abs. 3 GG auch Anforderungen an eine rechtsstaatliche Ausgestaltung der Organisation und des Verfahrens der Verwaltung bei ihrer Ausübung der Staatsgewalt.[26] Das Rechtsstaatsprinzip verlangt, dass zusätzlich zur Existenz einer Rechtsaufsicht[27] und dem Gebot rationaler Organisation[28] auch das Verwaltungsverfahren selbst rechtsstaatliche Mindestanforderungen erfüllen muss.[29] Gegenstand dieser rechtsstaatlichen Mindestanforderungen ist eine **faire Verfahrensgestaltung**. Aus dem so abgeleiteten allgemeinen Grundsatz des fairen Verwaltungsverfahrens kann man unter anderem schließen, dass Vorhabenträgerschaft und Vorhabenprüfung grundsätzlich getrennt sein müssen, um Interessenwidersprüche zu vermeiden. Anders gewendet: Eine Konzentration der Aufgaben des Projektträgers und die Aufgabe der Vorhabenprüfung widersprechen grundsätzlich dem rechtsstaatlichen Grundsatz fairer Verfahrensgestaltung, jedenfalls wenn die beiden Aufgabenpositionen durch eine exekutive Abteilung ausgeführt werden.[30] 12

Das Bundesverwaltungsgericht hat in zwei Entscheidungen Konturen des rechtsstaatlichen Gebots fairer Verfahrensgestaltung herausgearbeitet und dabei auch zur funktionalen Trennung innerhalb der Verwaltungszuständigkeitsstruktur Stellung bezogen: Danach sind die Anforderungen an eine angemessene funktionale Trennung nicht schon dadurch verletzt, dass sowohl die Aufgaben des Vorhabenträgers als auch die Durchführung der Vorhabenprüfung von derselben Behörde vorgenommen werden.[31] Eine Unbedenklichkeit im Sinne einer hinreichenden funktionalen Trennung ist jedoch 13

23 Siehe hierzu unten Rdn. 12 ff.

24 BVerwG, Urt. v. 24.11.2011 – 9 A 23.10, NVwZ 2012, 557 Rn. 20 ff.; Urt. v. 18.03.2009 – 9 A 39.07, NVwZ 2010, 44 Rn. 24 f.

25 BVerwG, Urt. v. 18.03.2009 – 9 A 39.07, NVwZ 2010, 44 Rn. 24; Urt. v. 24.11.2011 – 9 A 23.10, NVwZ 2012, 557 Rn. 20 f.; *Stern*, Staatsrecht, Band 1, S. 824; *Schulze-Fielitz*, in: Dreier, GG, Art. 20 Rn. 208; *Schmitz*, in: Stelkens/Bonk/Sachs, VwVfG, § 1 Rn. 49.

26 *Grzeszick*, in: Dürig/Herzog/Scholz, GG, Art. 20 – VII, Rn. 129; *Schulze-Fielitz*, in: Dreier, GG, Art. 20 Rn. 199.

27 *Sachs*, in: ders., GG, Art. 20 Rn. 161; *Schulze-Fielitz*, in: Dreier, GG, Art. 20 Rn. 205.

28 *Schulze-Fielitz*, in: Dreier, GG, Art. 20 Rn. 206.

29 *Schulze-Fielitz*, in: Dreier, GG, Art. 20 Rn. 207; *Jarass*, in: ders./Pieroth, GG, Art. 20 Rn. 42 f.; *Schmitz*, in: Stelkens/Bonk/Sachs, VwVfG, § 1 Rn. 51.

30 BVerwG, Urt. v. 18.03.2009 – 9 A 39.07, NVwZ 2010, 44 Rn. 24 f.; Urt. v. 24.11.2011 – 9 A 23.10, NVwZ 2012, 557 Rn. 20 ff.

31 BVerwG, Urt. v. 24.11.2011 – 9 A 23.10, NVwZ 2012, 557 Rn. 20.

nur dann zu bescheinigen, wenn **unterschiedliche Abteilungen** die verschiedenen Aufgaben wahrnehmen.[32]

14 Nutzt man diesen Befund, um sich dem Normverständnis des § 72 UVPG zu nähern, ist eine angemessene funktionale Trennung im Sinne des § 72 UVPG zu attestieren, wenn behördenintern eine **organisatorische und personelle Trennung der Aufgabenbereiche** gesichert ist.[33] Unter diesen Voraussetzungen ist somit selbst bei einer Doppelzuständigkeit einer Behörde für die Vorhabenverwirklichung und -prüfung noch kein zwingender Interessenkonflikt im Sinne des § 72 UVPG zu sehen. Die Exekutivorgane handeln nämlich nicht zum Selbstzweck, sondern haben als Teil der öffentlichen Verwaltung in beiden ihr übertragenen Funktionen dem Gemeinwohl zu dienen.[34] Die involvierten unterschiedlichen Abteilungen einer Behörde bleiben auch weiterhin an Recht und Gesetz gebunden und unterstehen exekutiver Aufsicht.[35] Solange die geforderte organisatorische und personelle Trennung in verschiedenen Abteilungen sichergestellt ist, ist es sogar unschädlich, dass der **Abteilungsleiter** einer der zwei Abteilungen gleichzeitig unmittelbarer Vorgesetzter der anderen Abteilung ist.[36] Würde man dies als Ausschlusskriterium heranziehen, wäre die Möglichkeit der Doppelzuständigkeit einer Behörde, welche gerade auch von § 72 UVPG vorausgesetzt wird, insgesamt ausgeschlossen, da in jedem Fall der Behördenleiter unmittelbarer Vorgesetzter aller Abteilungen ist.[37] Die Konzentration von Leitungsbefugnissen in einer Person unterliegt jedoch auch **Grenzen**: Ein Verstoß gegen § 72 UVPG ist insbesondere dann gegeben, wenn der unmittelbare Vorgesetzte in Fällen der Doppelzuständigkeit fachaufsichtliche Weisungen gegenüber der für die Umweltverträglichkeitsprüfung zuständigen Abteilung erlässt.[38]

II. Sonstige geeignete organisatorische Maßnahmen

15 Eine angemessene funktionale Trennung ist jedoch nicht die einzige geeignete organisatorische Maßnahme im Sinne des § 72 UVPG, um eine Verfahrensunabhängigkeit sicherzustellen. Dies impliziert die in § 72 UVPG aufgenommene Begrifflichkeit »insbesondere«. Der **Katalog geeigneter organisatorischer Maßnahmen** ist daher **nicht abschließend**. Der Gesetzgeber überlässt es der Verwaltung, andere geeignete organisatorische Maßnahmen zu finden. Leitbild der geeigneten organisatorischen Maßnahme sollte dabei stets das Grundanliegen des § 72 UVPG sein, dass nämlich die zuständige Stelle die Umweltverträglichkeitsprüfung **sorgfältig und unabhängig** durchführen kann.[39]

16 Des Weiteren ist zu beachten, dass das Unionsrecht für den Fall, dass eine **Identität von Vorhabenträgerschaft und Behördenzuständigkeit**[40] besteht, die angemessene funktionale Trennung als schutzbezogenes Mindestmaß in Art. 9a Abs. 2 der UVP-Änderungsrichtlinie 2014/52/EU vorschreibt.[41] Für den Bedeutungsgehalt der Begrifflichkeit der geeigneten organisatorischen Maßnahme folgt daraus, dass in den Identitätsfällen eine organisatorische Maßnahme grundsätzlich nur dann geeignet ist, wenn die Unabhängigkeit der die Umweltverträglichkeitsprüfung durchführenden Stelle min-

32 BVerwG, Urt. v. 18.03.2009 – 9 A 39.07, NVwZ 2010, 44 Rn. 25; Urt. v. 24.11.2011 – 9 A 23.10, NVwZ 2012, 557 Rn. 21.

33 BVerwG, Urt. v. 05.12.1986 – 4 C 13.85, BVerwGE 75, 214 (230 f.); Urt. v. 18.03.2009 – 9 A 39.07, NVwZ 2010, 44 Rn. 24; Urt. v. 24.11.2011 – 9 A 23.10, NVwZ 2012, 557 Rn. 20; *Peters/Balla/Hesselbarth*, UVPG, § 72 Rn. 3.

34 BVerwG, Urt. v. 18.03.2009 – 9 A 39.07, NVwZ 2010, 44 Rn. 24; Urt. v. 24.11.2011 – 9 A 23.10, NVwZ 2012, 557 Rn. 20.

35 BVerwG, Urt. v. 18.03.2009 – 9 A 39.07, NVwZ 2010, 44 Rn. 24; Urt. v. 24.11.2011 – 9 A 23.10, NVwZ 2012, 557 Rn. 20.

36 BVerwG, Urt. v. 24.11.2011 – 9 A 23.10, NVwZ 2012, 557 Rn. 21.

37 BVerwG, Urt. v. 18.03.2009 – 9 A 39.07, NVwZ 2010, 44 Rn. 25; Urt. v. 24.11.2011 – 9 A 23.10, NVwZ 2012, 557 Rn. 21.

38 BVerwG, Urt. v. 24.11.2011 – 9 A 23.10, NVwZ 2012, 557 Rn. 22.

39 Siehe hierzu bereits oben Rdn. 10.

40 Siehe oben Rdn. 6.

41 Siehe oben Rdn. 8.

destens durch eine Trennung von der Funktion als Vorhabenträger innerhalb einer Behörde vorliegt. *Weitergehende* organisatorische Maßnahmen, die über diesen Mindeststandard hinausgehen, sind folglich stets geeignet.

Beispiele für geeignete organisatorische Maßnahmen sind die Schaffung einer eigenen, unabhängigen Stelle eines oder mehrerer Umweltverträglichkeitsbeauftragten oder noch weitergehend einer eigenständigen Behörde, welche ausschließlich für die Umweltverträglichkeitsprüfung zuständig ist. Demgegenüber ist es **unzulässig**, die Unabhängigkeit des Behördenhandelns durch eine *nachträgliche* funktional abgetrennte Überprüfung des Verfahrens, wie regelmäßige Audits oder eine Ausweitung der Aufsicht, erreichen zu wollen. In diesen Fällen würde keine angemessene funktionale Trennung zum Zeitpunkt des Umweltverträglichkeitsprüfungsverfahrens selbst vorliegen. 17

§ 73 Berichterstattung an die Europäische Kommission

(1) Zur Vorbereitung der Berichterstattung an die Europäische Kommission teilen die zuständigen Behörden des Bundes und der Länder dem für Umweltschutz zuständigen Bundesministerium erstmals am 31. März 2023 und sodann alle sechs Jahre für ihren Zuständigkeitsbereich folgende Angaben mit:
1. **die Anzahl der Vorhaben, für die im Betrachtungszeitraum eine Umweltverträglichkeitsprüfung durchgeführt worden ist, getrennt nach den in Anlage 1 genannten Vorhabenarten sowie**
2. **die Anzahl der Vorhaben nach Anlage 1 Spalte 2, für die im Betrachtungszeitraum eine Vorprüfung nach § 7 Absatz 1 oder 2 durchgeführt worden ist.**

(2) Sofern entsprechende Angaben verfügbar sind, sind ebenfalls mitzuteilen:
1. **die durchschnittliche Verfahrensdauer der im Betrachtungszeitraum durchgeführten Umweltverträglichkeitsprüfungen,**
2. **eine Abschätzung der durchschnittlichen unmittelbaren Kosten**
   a) **aller im Betrachtungszeitraum durchgeführten Umweltverträglichkeitsprüfungen sowie**
   b) **der Umweltverträglichkeitsprüfungen, die im Betrachtungszeitraum für Vorhaben kleiner und mittlerer Unternehmen durchgeführt worden sind.**

Übersicht

A. Einführung

Die Vorschrift dient der Vorbereitung von Berichten der Bundesregierung an die Europäische Kommission gemäß Art. 12 Abs. 2 UVP-RL. Die Vorschrift wurde mit dem UVP-Modernisierungsgesetz 2017 in das Gesetz aufgenommen. Nach Art. 12 Abs. 2 UVP-RL sind die Mitgliedstaaten verpflichtet, alle 6 Jahre seit dem 16.05.2017 der Kommission eine Mitteilung über bestimmte Angaben, soweit diese verfügbar sind, zu machen. In den Erwägungsgründen (49) der Änderungsrichtlinie wird darauf hingewiesen, dass sich die Mitgliedstaaten gemäß gemeinsamer politischen Erklärung der Mitgliedstaaten und der Kommission vom 28.09.2011 zu erläuternden Dokumenten verpflichtet haben, in begründeten Fällen zusätzlich zur Mitteilung ihrer Umsetzungsmaßnahmen ein oder mehrere Dokumente zu übermitteln, in dem bzw. denen der Zusammenhang zwischen den Bestandteilen einer Richtlinie und den entsprechenden Teilen innerstaatlicher Umsetzungsinstrumente erläutert wird. Die Berichte an die Kommission sind erforderlich, um zu entscheiden, ob eine weitere Novellierung der Richtlinie erforderlich oder sinnvoll ist, um die Qualität des Verfahrens der UVP zu erhöhen und insbesondere die Belastungen mit Blick auf eine Verlängerung der Verfahrensdauer der Zulassungsverfahren und der mit der Durchführung der UVP entstehenden Kosten ver- 1 hältnismäßig zu halten.[1] In der Gesetzesbegründung wird darauf hingewiesen, dass sich die Mitteilungspflicht der zuständigen Behörden nach Absatz 1 und 2 auch Informationen zur Durchführung von UVP im Rahmen immissionsschutzrechtlicher Verfahren erstreckt.[2]

B. Mindestangaben (Abs. 1)

2 Zur Vorbereitung der Berichterstattung an die Europäische Kommission sind die zuständigen Behörden des Bundes und der Länder verpflichtet, dem Bundesumweltministerium erstmals am 31.03.2023 und sodann alle sechs Jahre für ihren Zuständigkeitsbereich bestimmte Mindestangaben mitzuteilen. Die Berichtspflicht dürfte nicht nur am 31.03.2023 bestehen; gemeint sein dürfte, dass die Berichte bis zum 31.03.2023 beim Bundesumweltministerium eingehen mussten. Eine bestimmte Form sieht das Gesetz zwar nicht vor. Die elektronische Übermittlung dürfte zulässig sein (vgl. § 3a VwVfG).[3]

3 Wer für die Berichterstattung an das Bundesumweltministerium zuständig ist, ergibt sich unmittelbar aus der gesetzlichen Regelung nicht. Zuständig dürften nicht die Genehmigungsbehörden sein, die die jeweilige UVP durchführen. Es ist Sache des Bundes und der Länder, die zuständigen Behörden zu bestimmen. Es dürfte sachgerecht sein, die Angaben aus den Bundesländern jeweils in einem Länderbericht zu bündeln und landeseinheitlich dem Bundesumweltministerium vorzulegen. Anders als nach § 73 Abs. 2 sind die zuständigen Behörden des Bundes und der Länder hinsichtlich der in Abs. 1 genannten Angaben zur Informationsbeschaffung verpflichtet; sie müssen daher ggfls. nicht vorliegende Angaben nach § 73 Abs. 1 gesondert erheben.[4]

4 Nach Abs. 1 Nr. 1 ist über die Anzahl der Vorhaben, für die im Betrachtungszeitraum eine UVP durchgeführt worden ist, getrennt nach den in Anlage 1 genannten Vorhabenarten sowie nach Abs. 1 Nr. 2 über die Anzahl der Vorhaben nach Anlage 1 Spalte 2, für die im Betrachtungszeitraum eine **Vorprüfung** nach § 7 Abs. 1 oder 2 durchgeführt worden ist. Eine solche Berichterstattung durch die Länder setzt eine **Addition** der im jeweiligen Bundesland durchgeführten UVP und Vorprüfungen voraus.[5] Dementsprechend müssen die Bundesländer dafür sorgen, dass die Zahlen von den einzelnen Genehmigungsbehörden landesweit zusammengetragen werden. Es bietet sich an, in den Bundesländern die Behörde für die Berichterstattung an das Bundesumweltministerium zuständig zu erklären, die auch das Internetportal nach § 20 Abs. 1 Satz 1 einrichtet. Die Bundesregierung weist in der Gesetzesbegründung darauf hin, dass Bund und Länder sich bei der Zusammenstellung der Informationen nach Abs. 1 Nr. 1 und Abs. 2 Nr. 1 (Umweltverträglichkeitsprüfungen) zu Nutze machen können, dass entsprechende Informationen bei der Stelle, die das jeweilige zentrale Internetportal nach § 20 betreibt, vorhanden bzw. – im Falle von Abs. 2 Nr. 1 – leicht festzustellen sind. Die Zahl der Vorhaben nach Abs. 1 Nr. 2 (Vorprüfungen) müsse allerdings auf anderem Wege ermittelt werden.[6] § 20 Abs. 3 stellt ausdrücklich klar, dass der Inhalt der zentralen Internetportale auch für die Zwecke der Berichterstattung nach § 73 verwendet werden kann.

C. Verfügbare Angaben (Abs. 2)

5 Sofern entsprechende Angaben verfügbar sind, sind gem. Abs. 2 Nr. 1 auch die durchschnittliche Verfahrensdauer der im Betrachtungszeitraum durchgeführten Umweltverträglichkeitsprüfungen sowie nach Abs. 2 Nr. 2 eine Abschätzung der durchschnittlichen unmittelbaren Kosten aller im Betrachtungszeitraum durchgeführten Umweltverträglichkeitsprüfungen sowie der Umweltverträg-

---

1 *Peters/Balla/Hesselbarth,* UVPG, § 73 Rn. 1.
2 BT-Drs. 18/11499, 110; *Hamacher*, in: Schink/Reidt/Mitschang, UVPG/UmwRG, § 73 UVPG Rn. 10; *Peters/Balla/Hesselbarth,* UVPG, § 73 Rn. 2, verweisen dazu auf § 1 Abs. 4.
3 *Dix*, in: Landmann/Rohmer, Umweltrecht, Stand: 1/2025, § 73 UVPG Rn. 10.
4 *Dix*, in: Landmann/Rohmer, Umweltrecht, Stand: 1/2025, § 73 UVPG Rn. 5.
5 Zustimmend *Dix*, in: Landmann/Rohmer, Umweltrecht, Stand: 1/2025, § 73 UVPG Rn. 9.
6 Gesetzesbegründung der BReg, BT-Drs. 18/11499, S. 110.

lichkeitsprüfungen, die im Betrachtungszeitraum für Vorhaben kleiner und mittlerer Unternehmen durchgeführt worden sind, mitzuteilen.

I. Keine Informationsbeschaffungspflicht

Die Bestimmung verpflichtet die zuständigen Behörden des Bundes und der Länder nicht, solche Angaben gesondert zu erheben. Sie müssen vielmehr nur dann weitergeleitet werden, wenn sie bei den zuständigen Behörden auch verfügbar sind. Die Bundesregierung versichert in der Gesetzesbegründung, dass »aufwändige« Maßnahmen zur Ermittlung und Beschaffung nicht vorhandener Informationen nicht ergriffen zu werden brauchen.[7] Unklar bleibt aber, was im Sinne der Bundesregierung eine aufwändige Informationsbeschaffung ist. Aus dem Gesetzeswortlaut jedenfalls ergibt sich nicht, dass eine nicht vorhandene Information i.S.v. Abs. 2 überhaupt beschafft werden muss. Was die Information über die durchschnittliche Verfahrensdauer angeht, dürfte die jeweilige Genehmigungsbehörde zwar unschwer Angaben zur Dauer, der von ihr durchgeführten Umweltverträglichkeitsprüfungen liefern können; sie kann jedoch im Zweifel keine Angabe zum Durchschnitt der Verfahrensdauer der in dem jeweiligen Bundesland durchgeführten Umweltverträglichkeitsprüfungen machen. Das allerdings dürfte wiederum unschwer von einer Landesbehörde leistbar sein, denen die zuständigen Genehmigungsbehörden ihre Verfahrensdauern mitteilen. 6

II. Schwierigkeiten der Kostenabschätzung

Die Bundesregierung weist in der Gesetzesbegründung darauf hin, dass die durchschnittlichen unmittelbaren Kosten der durchgeführten Umweltverträglichkeitsprüfungen deshalb schwer zu ermitteln sind, weil diese Kosten nicht einfach von dem Aufwand für das übrige Verfahren abzugrenzen sind, in das die UVP integriert ist.[8] Fraglich ist, ob bei der Ermittlung dieser durchschnittlichen Kosten solche Aufwendungen abzuziehen sind, die auch ohne Durchführung einer UVP mit dem Zulassungsverfahren verbunden wären. Der Verfahrensaufwand dürfte sich bei Vorhaben, die auch ohne UVP-Pflicht einer Öffentlichkeitsbeteiligung bedürfen, möglicherweise nicht sehr deutlich unterscheiden. Die Prüfung und Feststellung, ob eine UVP-Pflicht besteht, ist grundsätzlich auch bei den Vorhaben notwendig, bei denen sich herausstellt, dass keine UVP durchzuführen ist. Eine Abstimmung und Unterrichtung über den Untersuchungsrahmen i.S.v. § 15 ist zwar bei Vorhaben, die keiner UVP bedürfen, nicht erforderlich. Allerdings ist die zuständige Behörde (Anhörungsbehörde oder Genehmigungsbehörde) schon auf der Grundlage des allgemeinen Verfahrensrechts (§ 25 VwVfG) verpflichtet, den Antragsteller bei der Stellung von Anträgen behilflich zu sein. Nach § 25 Abs. 2 Satz 1 VwVfG erörtert die Behörde, soweit erforderlich, bereits vor Stellung eines Antrags mit dem zukünftigen Antragsteller, welche Nachweise und Unterlagen von ihm zu erbringen sind und in welcher Weise das Verfahren beschleunigt werden kann. Soweit es der Verfahrensbeschleunigung dient, soll die zuständige Behörde nach § 25 Abs. 2 Satz 2 VwVfG dem Antragsteller nach Eingang des Antrags unverzüglich Auskunft über die voraussichtliche Verfahrensdauer und die Vollständigkeit der Antragsunterlagen geben. Auch insoweit unterscheiden sich die Verfahren mit UVP nicht zwingend von solchen, für die keine UVP durchgeführt wird. 7

Die Kosten, die sich daraus ergeben, dass der Vorhabenträger nach § 16 einen **UVP-Bericht** vorzulegen hat, dürften sich im Einzelfall zwar wohl ermitteln lassen, weil auch der Vorhabenträger in aller Regel ein oder mehrere Büros und/oder Gutachter mit der Erstellung eines solchen UVP-Berichts entgeltlich beauftragt. Allerdings müssen Antragsunterlagen auch in den Verfahren ohne UVP erstellt werden. Es ist deshalb entscheidend, ob es für die Angaben zu den durchschnittlichen Kosten der UVP auf einen solchen Kostenvergleich ankommt oder ob lediglich berichtet werden soll, welche Kosten durch die Anforderungen des UVPG bei UVP-pflichtigen Vorhaben oder bei Vorhaben, für die eine Vorprüfung durchgeführt worden ist, entstanden sind. 8

---

7 Gesetzesbegründung der BReg, BT-Drs. 18/11499, S. 110; siehe dazu auch *Hamacher*, in: Schink/Reidt/Mitschang, UVPG/UmwRG, § 73 UVPG Rn. 8.

8 Siehe dazu auch *Peters/Balla/Hesselbarth*, UVPG, § 73 Rn. 4.

9 Angesichts der Schwierigkeiten einer korrekten Kostenermittlung hat sich der Gesetzgeber damit begnügt, eine Kostenabschätzung zu verlangen und das auch nur, soweit entsprechende Informationen bei der zustehenden Behörde vorliegen.

III. Keine Informationspflicht privater Vorhabenträger

10 Die Bundesregierung weist in der Gesetzesbegründung außerdem darauf hin, dass ein großer Teil dieser Kosten bei privaten Vorhabenträgern anfällt, die grundsätzlich nicht verpflichtet sind, hierüber Auskunft zu geben. Daher könnten diesbezügliche Angaben nur in Form einer Abschätzung erfolgen, soweit entsprechende Erkenntnisse verfügbar sind.[9]

IV. Gesonderte Angaben für den Mittelstand

11 Der Gesetzgeber wünscht bei der Berichterstattung eine Differenzierung hinsichtlich der Abschätzung der durchschnittlichen Kosten nach Unternehmensgrößen. Die Kosten, die von kleineren und mittleren Unternehmen zu tragen sind, sollen gesondert angegeben werden. Eine solche Differenzierung ergibt sich nicht aus Art. 12 Abs. 2 der UVP-Änderungsrichtlinie. Offenbar möchte der Gesetzgeber zusätzliche Erkenntnisse über die Belastungen kleinerer oder mittlerer Unternehmen gewinnen, um die Verhältnismäßigkeit des Aufwandes der Umweltverträglichkeitsprüfungen für diese Unternehmen hinterfragen zu können.

12 Was allerdings **kleinere oder mittlere Unternehmen** in diesem Sinne sind, ergibt sich aus dem Gesetz nicht. Das Statistische Bundesamt weist auf seiner Homepage darauf hin, dass im Zusammenhang mit kleinen und mittleren Unternehmen auch vom »Mittelstand« gesprochen werde. Für diesen Begriff existiere jedoch keine abgestimmte oder gesetzlich vorgeschriebene Definition. Aufgrund der unklaren Begriffsabgrenzung sei es nicht möglich, amtliche Daten zum Mittelstand bereitzustellen. Stattdessen habe sich im Sprachgebrauch der internationalen Wissenschaft und Statistik der Begriff »small and medium-sized enterprises« (SME) etabliert, der seine deutsche Entsprechung in »kleine und mittlere Unternehmen« gefunden habe. Die amtliche Statistik orientiere sich bei der Abgrenzung der kleinen und mittleren Unternehmen (KMU) an der Empfehlung der Kommission der Europäischen Gemeinschaften vom 06.05.2003.

13 Das Statistische Bundesamt definiert dementsprechend kleine und mittlere Unternehmen (KMU) nach Umsatz- und Beschäftigtengrößenklassen entsprechend einer EU-Empfehlung 2003/361/EG. Als kleine Unternehmen gelten danach Unternehmen mit einer Mitarbeiterzahl von bis zu 49 Mitarbeitern und einem Jahresumsatz von bis zu 10 Mio. Euro; als mittlerer Unternehmen ordnet das Statistische Bundesamt Unternehmen ein mit einer Mitarbeiterzahl von bis zu 249 Mitarbeitern und einem Jahresumsatz von bis zu 50 Mio. Euro.

§ 74 Übergangsvorschrift

(1) Für Vorhaben, für die das Verfahren zur Feststellung der UVP-Pflicht im Einzelfall nach § 3c oder nach § 3e Absatz 1 Nummer 2 in der Fassung dieses Gesetzes, die vor dem 16. Mai 2017 galt, vor dem 16. Mai 2017 eingeleitet wurde, sind die Vorschriften des Teils 2 Abschnitt 1 über die Vorprüfung des Einzelfalls in der bis dahin geltenden Fassung weiter anzuwenden.

(2) Verfahren nach § 4 sind nach der Fassung dieses Gesetzes, die vor dem 16. Mai 2017 galt, zu Ende zu führen, wenn vor diesem Zeitpunkt

1. **das Verfahren zur Unterrichtung über voraussichtlich beizubringende Unterlagen in der bis dahin geltenden Fassung des § 5 Absatz 1 eingeleitet wurde oder**
2. **die Unterlagen nach § 6 in der bis dahin geltenden Fassung dieses Gesetzes vorgelegt wurden.**

9 Gesetzesbegründung der BReg BT-Drs. 18/11499 S. 110.

(3) Verfahren nach § 33 sind nach der Fassung dieses Gesetzes, die vor dem 16. Mai 2017 galt, zu Ende zu führen, wenn vor diesem Zeitpunkt der Untersuchungsrahmen nach § 14f Absatz 1 in der bis dahin geltenden Fassung dieses Gesetzes festgelegt wurde.

(4) Besteht nach den Absätzen 1 bis 2 eine Verpflichtung zur Durchführung einer Umweltverträglichkeitsprüfung und ist diese gemäß § 50 im Bebauungsplanverfahren nach den Vorschriften des Baugesetzbuchs durchzuführen, gilt insoweit § 244 des Baugesetzbuchs.

(5) (aufgehoben)

(6) Verfahren zur Errichtung und zum Betrieb sowie zur Änderung von Rohrleitungsanlagen nach Nummer 19.3 der Anlage 1, die vor dem 25. Juni 2002 eingeleitet worden sind, sind nach den Bestimmungen des Gesetzes zur Umsetzung der UVP-Änderungsrichtlinie, der IVU-Richtlinie und weiterer EG-Richtlinien zum Umweltschutz vom 27. Juli 2001 (BGBl. I S. 1950) zu Ende zu führen.

(6a) [1]Eine Genehmigung für eine Rohrleitungsanlage zum Befördern wassergefährdender Stoffe, die nach § 19a Absatz 1 Satz 1 des Wasserhaushaltsgesetzes in der am 28. Februar 2010 geltenden Fassung erteilt worden ist, gilt, soweit eine Umweltverträglichkeitsprüfung durchgeführt worden ist, als Planfeststellung nach § 65 Absatz 1, in den übrigen Fällen als Plangenehmigung nach § 65 Absatz 2 fort. [2]Eine Rohrleitungsanlage zum Befördern wassergefährdender Stoffe, die nach § 19e Absatz 2 Satz 1 und 2 des Wasserhaushaltsgesetzes in der am 28. Februar 2010 geltenden Fassung angezeigt worden ist oder keiner Anzeige bedurfte, bedarf keiner Planfeststellung oder Plangenehmigung; § 66 Absatz 2 und 6 gilt entsprechend.

(7) (aufgehoben)

(8) [1]Die Vorschriften des Teils 3 gelten für Pläne und Programme, deren erster förmlicher Vorbereitungsakt nach dem 29. Juni 2005 erfolgt. [2]Verfahren zur Aufstellung oder Änderung von Plänen und Programmen, deren erster förmlicher Vorbereitungsakt nach dem 20. Juli 2004 erfolgt ist, sind nach den Vorschriften dieses Gesetzes zu Ende zu führen.

(9) [1]Pläne und Programme, deren erster förmlicher Vorbereitungsakt vor dem 21. Juli 2004 erfolgt ist und die später als am 20. Juli 2006 angenommen oder in ein Gesetzgebungsverfahren eingebracht werden, unterliegen den Vorschriften des Teils 3. [2] § 48 dieses Gesetzes sowie § 27 Absatz 1 und 3 des Raumordnungsgesetzes bleiben unberührt.

(10) [1]Verfahren, für die nach § 49 Absatz 1 eine Umweltverträglichkeitsprüfung durchzuführen ist und die vor dem 1. März 2010 begonnen worden sind, sind nach diesem Gesetz in der ab dem 1. März 2010 geltenden Fassung zu Ende zu führen. [2]Hat eine Öffentlichkeitsbeteiligung bereits stattgefunden, ist von einer erneuten Beteiligung der Öffentlichkeit nach § 9 in der vor dem 29. Juli 2017 geltenden Fassung abzusehen, soweit keine zusätzlichen oder anderen erheblichen Umweltauswirkungen zu erwarten sind. [3]Hat eine Behördenbeteiligung bereits stattgefunden, bedarf es einer erneuten Beteiligung nach den §§ 7 und 8 in der vor dem 29. Juli 2017 geltenden Fassung nur, wenn neue Unterlagen zu erheblichen Umweltauswirkungen des Vorhabens vorliegen.

(11) [1]Verfahren nach § 4, die der Entscheidung über die Zulässigkeit von Vorhaben dienen und die vor dem 25. Juni 2005 begonnen worden sind, sind nach den Vorschriften dieses Gesetzes in der ab dem 15. Dezember 2006 geltenden Fassung zu Ende zu führen. [2]Satz 1 findet keine Anwendung auf Verfahren, bei denen das Vorhaben vor dem 25. Juni 2005 bereits öffentlich bekannt gemacht worden ist.

(12) [1]Für Verfahren nach § 4, die der Entscheidung über die Zulässigkeit von Vorhaben nach Nummer 13.2.2 der Anlage 1 dienen, findet dieses Gesetz nur Anwendung, wenn das Verfahren nach dem 1. März 2010 eingeleitet worden ist. [2]Verfahren nach § 4, die der Entscheidung über die Zulässigkeit von Vorhaben nach den Nummern 3.15, 13.1 bis 13.2.1.3, 13.3 bis 13.18 und

17 der Anlage 1 dienen und die vor dem 1. März 2010 eingeleitet worden sind, sind nach der bis zu diesem Tag geltenden Fassung des Gesetzes zu Ende zu führen.

(13) Für Verfahren nach § 4, die der Entscheidung über die Zulässigkeit von Vorhaben nach Nummer 17.3 der Anlage 1 dienen, ist dieses Gesetz nur anzuwenden, wenn das Verfahren nach dem 1. August 2013 eingeleitet worden ist.

Übersicht

A. Einleitung

1 § 74 UVPG enthält eine Sammlung von Übergangsvorschriften für unterschiedliche Verfahren, deren Notwendigkeit und Ausdifferenzierung sich aus den fortlaufenden Änderungen und Anpassungen des UVPG sowie ergänzender fachgesetzlicher Vorschriften ergeben hat. Dabei unterscheidet die Regelung zwei Anwendungsfelder: die Entscheidung über die Zulässigkeit von Vorhaben, die eine UVP-Pflicht (§ 4 UVPG) begründen kann, und Verfahren zur Aufstellung oder Änderung von Plänen und Programmen, die eine SUP-Pflicht (§ 33 UVPG) begründen können. Im Hinblick auf Vorhaben enthalten die Absätze 1, 2 und 11 allgemeingültige Vorgaben; die Absätze 6, 6a sowie 10, 12 und 13 beschäftigen sich mit ausgewiesenen Sonderfällen. Hinsichtlich der Pläne und Programme gelten allgemein die Regelungen der Abs. 3 sowie Abs. 8 und 9. Spezielle Vorgaben enthält Abs. 4 für Bauleitpläne.

B. Entstehungsgeschichte

2 Die Vorschrift wurde ursprünglich als § 25 UVPG eingeführt. Aufgrund zahlreicher Änderungen und Novellierungen des UVPG bedurfte die Vorschrift fortwährender Anpassung. Die Absätze 5 und 7 wurden durch das Rechtsbereinigungsgesetz Umwelt vom 11.08.2009[1] aufgehoben. Beide Absätze wurden aufgrund des Wegfalls der Rahmengesetzgebungskompetenz des Bundes nach Art. 75 GG a.F. obsolet, da sie zuvor einen Umsetzungsauftrag an die Länder enthielten.

3 Zuletzt wurde die Vorschrift durch Art. 2 des Gesetzes zur Änderung raumordnungsrechtlicher Vorschriften vom 23.05.2017 an die Änderungen des ROG angepasst.[2] Mit dem Gesetz zur Anpassung des Umwelt-Rechtsbehelfsgesetzes und anderer Vorschriften an europa- und völkerrechtliche Vorgaben vom 29.05.2017[3] wurde die Vorschrift entsprechend der Vorgaben der UVP-Änderungsrichtlinie 2014 geändert:[4] Die Absätze 1–3 des § 74 UVPG wurden ersetzt, da die bisherigen Formulierungen mit den Bestimmungen des Art. 3 der UVP-Änderungsrichtlinie 2014 nicht vereinbar waren. Mit den neuen Absätzen 1 und 2 wurden die Anforderungen des Art. 3 UVP-Änderungs-RL

1 BGBl. I, S. 2723.
2 BGBl. I, S. 1245.
3 BGBl. I, S. 1298.
4 RL 2014/52/EU vom 16.04.2014 zur Änderung der Richtlinie 2011/92/EU über die Umweltverträglichkeitsprüfung bei bestimmten öffentlichen und privaten Projekten; ABl. L 124/1.

umgesetzt.[5] Durch das Gesetz zur Modernisierung des Rechts der Umweltverträglichkeitsprüfung vom 20. Juli 2017[6] wurde die Regelung an die geänderte Nummerierung des UVPG angepasst. Abschließend wurde durch Gesetz zur Änderung des Umweltschadensgesetzes, des Umweltinformationsgesetzes und weiterer umweltrechtlicher Vorschriften vom 25.02.2021[7] in § 74 Abs. 9 S. 2 die Angabe »§ 28« durch die Angabe »§ 27« ersetzt. Zu den sonstigen Gesetzesänderungen siehe die Kommentierungen der Einzelregelungen.

C. Inhalt

I. Begonnene Vorhaben

Absätze 1, 2 sowie 11 betreffen Entscheidungsverfahren, die die Zulässigkeit von Vorhaben zum Gegenstand haben. Während Gegenstand der Regelung in Abs. 1 die Vorprüfung des Einzelfalls ist, normieren Abs. 2 und Abs. 11 das Verfahren der Umweltverträglichkeitsprüfung. Während Abs. 11 im Wesentlichen dem in § 96 Abs. 1 VwVfG niedergelegte Verfahrensgrundsatz, wonach bereits begonnene Verfahren nach den Vorschriften des gültigen Gesetzes zu Ende zu bringen sind,[8] entspricht, enthält Abs. 2 eine differenziertere Regelung. Die Vorschriften knüpfen an unterschiedlichen Gesetzesänderungen an: Abs. 11 bezieht sich auf die Änderung des UVPG durch das Öffentlichkeitsbeteiligungsgesetz vom 09.12.2006, in Kraft getreten am 15.12.2006;[9] die Abs. 1 und 2 beziehen sich auf Änderungen, die in Umsetzung der UVP-Änderungsrichtlinie 2014 durch das Gesetz zur Modernisierung des Rechts der Umweltverträglichkeitsprüfung vom 20.07.2017[10] ergangen sind. Die numerische Reihung der Absätze ist letztlich, aufgrund der vielfältigen Modifizierungen, nur noch Zufälligkeiten geschuldet. 4

1. Vorprüfungsverfahren (Abs. 1)

Abs. 1 bestimmt, dass für Vorprüfungen, die vor dem 16.05.2017 eingeleitet wurden, die Vorschriften des Teils 2 Abschnitt 1 über die Vorprüfung des Einzelfalls in der Fassung des UVPG vor dem 16.05.2017 anzuwenden ist. Der Gesetzgeber stellt auf das Datum des 16.05.2017 ab, da mit diesem Zeitpunkt die Umsetzungsfrist der UVP-Änderungsrichtlinie 2014 abgelaufen ist,[11] sodass davon ausgegangen werden kann, dass die unionsrechtlichen Vorgaben unmittelbare Geltung beanspruchen.[12] Die Anpassung des UVPG an die UVP-Änderungsrichtlinie 2014 erfolgte hingegen erst verspätet durch das Gesetz zur Modernisierung des Rechts der Umweltverträglichkeitsprüfung vom 20.07.2017.[13] Konkret bedeutet die Regelung in Abs. 1, dass die **bereits vor dem genannten Zeitpunkt eingeleiteten** oder durchgeführten Verfahrensschritte der Vorprüfung nicht unter Zugrundelegung des neuen Rechts wiederholt zu werden brauchen; für die **noch nicht durch-** 5

5 BT-Drs. 18/11499, S. 111.

6 BGBl. I, S. 2808.

7 BGBl. I, S. 306.

8 Damit wird ein Rechtsgrundsatz des intertemporalen Verfahrensrechts wiedergegeben, wonach neue Verfahrensvorschriften in anhängigen Verfahren ohne Rückwirkung anzuwenden sind. Hingegen besteht kein Vertrauensschutz des Bürgers darauf, dass während eines anhängigen Verfahrens für die Zukunft ihm günstige Verfahrensregeln vom Gesetzgeber nicht verändert werden; hierzu BVerwG, NVwZ 1986, 45; DVBl 1991, 1093; NJW 1993, 2453; NJW 1994, 1810; VGH BW, NVwZ-RR 1992, 107; VBlBW 2007, 272 m.w.N.; VBlBW 2009, 274.

9 Gesetz über die Öffentlichkeitsbeteiligung in Umweltangelegenheiten nach der EG-Richtlinie 2003/35/EG; BGBl. I, 2006, S. 2819.

10 BGBl. I, S. 2808.

11 Art. 2 Abs. 1 der UVP-Änderungsrichtlinie 2014/52/EU vom 16.04.2014, ABl. L 2014/124, S. 1 ff.

12 Die unmittelbare Wirkung unionsrechtlicher Richtlinien ist in Rechtsprechung und Lehre anerkannt, soweit bestimmte Voraussetzungen erfüllt sind. So dürfen die Richtlinienbestimmungen nicht fristgerecht umgesetzt worden sein und sie müssen inhaltlich unbestimmt und hinreichend genau formuliert sein; detailliert hierzu *Ruffert*, in: Calliess/Ruffert (Hrsg.), EUV/AEUV, Art. 288 EUV Rn. 48 ff.

13 BGBl. I, S. 2808.

geführten Verfahrensschritte der Vorprüfung gelten ebenfalls die bisherigen Vorschriften.[14] Dem Wortlaut entsprechend setzt die Vorschrift die Einleitung des Vorprüfungsverfahrens bis zum 15.05.2017 voraus; nicht genügend ist hingegen die Einleitung des fachgesetzlichen Verfahrens bei (fälschlich) unterbliebener Vorprüfung.[15] Voraussetzung ist, dass Verfahrensschritte für eine allgemeine Vorprüfung des Einzelfalls eingeleitet wurden oder dass zumindest ein Antrag auf Vorprüfung gestellt wurde.[16] Eine nach der Vorprüfung durchzuführende UVP findet nach den geltenden Regelungen des Teil 1 Abschnitt 2 (§§ 15 bis 28 UVPG) statt.[17]

6 Der Gesetzgeber beschränkt die Fortgeltung explizit auf die »Vorschriften des Teils 2 Abschnitt 1«, also die §§ 3a bis 4 UVPG a.F. (§§ 4–14d UVPG n.F.). Sonstige Vorschriften, die für die Vorprüfung relevant werden können, – insbesondere § 2 UVPG n.F. – gelten daher uneingeschränkt seit Inkrafttreten des Gesetzes zur Modernisierung des Rechts der Umweltverträglichkeitsprüfung zum 29.07.2017. Diese Differenzierung kann für die Verfahrensgestaltung bedeutsam sein, wie sich im Hinblick auf Windfarmen zeigt.[18] Für die Frage, wann mehrere Windräder eine **Windfarm** bilden, bietet § 2 Abs. 5 UVPG in der geänderten Fassung eine Legaldefinition: Als **Windfarm** versteht man danach drei oder mehr Windkraftanlagen, deren Einwirkungsbereiche sich überschneiden und die in einem funktionalen Zusammenhang stehen. Damit wird die zuvor vorherrschende Rechtsprechung abgelöst, die im Wesentlichen auf einem Urteil des BVerwG aus dem Jahre 2004 basierte.[19] Dieser Rechtsprechung zufolge war für das Vorliegen einer Windfarm unabhängig von der Personenverschiedenheit ihrer Betreiber entscheidend, dass drei oder mehr Windenergieanlagen einander räumlich so zugeordnet waren, dass sich ihre Einwirkungsbereiche überschneiden oder wenigstens berührten.[20] Nach Ansicht des Gesetzgebers widersprach diese sehr weite Rechtsprechung jedoch den engeren Anforderungen der Kumulation und erschwerte dadurch die Anwendbarkeit der UVP-Vorprüfung.[21] Gemäß § 10 Abs. 4 UVPG kann von einer Kumulation nämlich nur ausgegangen werden, wenn sich der Einwirkungsbereich der Vorhaben überschneidet **und** die Vorhaben funktional und wirtschaftlich aufeinander bezogen sind; die Definition in § 2 Abs. 5 UVPG nähert sich diesem Verständnis an, indem sie ebenfalls einen funktionalen Zusammenhang fordert. Wohl vor diesem Hintergrund ordnet § 74 Abs. 1 UVPG für die vor dem 16.05.2017 eingeleiteten Vorhaben lediglich die weitere Anwendung der Vorschriften des ersten Abschnitts des zweiten Teils an.[22]

7 Führt eine nach Abs. 1, d.h. nach bisherigem Recht, durchgeführte Vorprüfung zu dem Ergebnis, dass eine UVP-Pflicht besteht, so ist die nachfolgende UVP vorbehaltlich des Abs. 2 nach neuem Recht durchzuführen. Die Anwendung der bisherigen Vorschriften endet dann mit Abschluss der Vorprüfung.

---

14 So sehr deutlich BT-Drs. 18/11499, S. 111.

15 In diesem Sinne aber wohl OVG NRW, Beschl. v. 08.02.2018, BeckRS 2018, 1786, Rn. 13 (hier: immissionsschutzrechtliches Verfahren).

16 VGH, Beschl. v. 27.03.2019 – 8 CS 18.2398, BeckRS 2019, 7224, Rn. 31.

17 *Peters/Balla/Hesselbarth,* UVPG, § 74 Rn. 3.

18 So VGH BW, Beschl. v. 25.01.2018 – 10 S 1681/17, IBRRS 2018, 0418; OVG Münster, Beschl. v. 20.11.2020 – 8 A 4256/19, BeckRS 2020, 32548, Rn. 8 ff.; 8 A 894/17, BeckRS 2020, 35676, Rn. 50 ff.

19 BVerwGE 121, 182 ff.

20 Siehe OVG NRW, Beschl. v. 23.10.2017 – 8 B 705/17, Rn. 13 ff.; abw. BayVGH, Beschl. v. 10.12.2015 – 22 CS 15/2247 und Beschl. v. 10.02.2016 – 22 ZB 15.2329; krit. hierzu *Kupke/Magaard* ZUR 2016, 598 (599).

21 Siehe BT-Drs. 18/11948, S. 20.

22 So die Annahme bei VGH BW, Beschl. v. 25.01.2018, BeckRS 2018, 737.

2. UVP-Verfahren (Abs. 2 und 11)

a) Gesetzesänderung 2017 (Abs. 2)

Abs. 2 erging in Umsetzung des Art. 3 Abs. 2 RL 2014/52/EU vom 16.4.2014 zur Änderung der RL 2011/92/EU über die Umweltverträglichkeitsprüfung bei bestimmten öffentlichen und privaten Projekten.[23] Geregelt werden hierdurch die Fälle, in denen vor dem 16.05.2017 bereits bestimmte Verfahrensschritte der UVP eingeleitet oder durchgeführt wurden; auch hier gilt als Stichtag die Umsetzungsfrist der Richtlinie. Dies ist der Fall nach Nr. 1, wenn nach § 5 UVPG a.F. bereits ein Verfahren zur Unterrichtung über voraussichtlich beizubringende Unterlagen (sog. Scoping) eingeleitet worden ist,[24] sowie nach Nr. 2, wenn der Vorhabenträger bereits vor Inkrafttreten der Gesetzesnovelle die (im Wesentlichen)[25] vollständigen Unterlagen nach § 6 UVPG a.F. vorgelegt hat. In diesen Fällen ist die UVP nach den bisher geltenden Verfahrensbestimmungen zu Ende zu führen: Das UVP-Verfahren ist bereits in einem so fortgeschrittenen Stadium angekommen, dass ein Wechsel in ein anderes Verfahren nicht mehr sinnvoll ist.[26]. Die bisherigen Verfahrensschritte bedürfen keiner Wiederholung. Sind diese Verfahrensschritte noch nicht eingeleitet oder durchgeführt, so richtet sich das Verfahren insgesamt nach dem UVPG in der heute geltenden Fassung. Diese Regelung ist im Sinne einer Einheitlichkeit des Verfahrensablaufs zu begrüßen. Die Regelung wirkt sich auch auf die geltenden materiell-rechtlichen Regelungen aus: So sind die Auswirkungen von Abrissarbeiten erst seit dem Inkrafttreten des Gesetzes zur Modernisierung des Rechts der Umweltverträglichkeitsprüfung v. 20.07.2017[27] zu berücksichtigen. Für Vorhaben, die Abs. 2 unterfallen, gelten diese Vorgaben daher noch nicht.[28] Gleiches gilt für die Berücksichtigung der vorhabenbedingten Steigerung der Treibhausgasemissionen und ihrer Auswirkungen auf die menschengemachte Klimakrise bzw. das Makroklima,[29] die nach der st. Rspr. des BVerwG nach alter Rechtslage nicht zu berücksichtigen waren.[30] Daran änderte nach Auffassung des BVerwG auch das Inkrafttreten des Bundes-KSG am 18.12.2019 nichts, weil dies nicht zu einer nachträglichen Aufladung und Erweiterung des Begriffs der Umweltauswirkungen bei der UVP um den Aspekt des globalen Klimas geführt habe.[31] Nach § 2 Abs. 1 Satz 2 Nr. 2 UVPG a.F. umfasste die Umweltverträglichkeitsprüfung zwar auch die Ermittlung, Beschreibung und Bewertung der unmittelbaren und mittelbaren Auswirkungen auf das Klima. Dies betraf aber nur Veränderungen des Kleinklimas und baubedingte Beeinträchtigungen bioklimatischer Verhältnisse, nicht hingegen vorhabenbedingte Auswirkungen auf das großräumige und globale Klima.[32] Erst nach §§ 2 Abs. 1 Nr. 3, 16 Abs. 3 i.V.m. Anlage 4 Nr. 4 b, c) gg) UVPG n.F. sind auch Veränderungen des großräumigen Klimas sowie die Anfälligkeit des Vorhabens gegenüber Folgen des Klimawandels zu berücksichtigen.[33] 8

---

23 ABl. L 124 S. 1. Zur Unionsrechtmäßigkeit der Regelung OVG Schleswig, Beschl. v. 23.02.2023 – 4 LB 5/21, Rn. 75; OVG Schleswig, Urt. v. 13.12.2023 – 4 KS 2/22, BeckRS 2023, 41422, Rn. 44; Beschl. v. 23.02.2023 – 4 LB 5/21, Rn. 75; VGH Mannheim, Urt. v. 28.11.2023 – 3 S 821/21, Rn. 128.

24 Im Detail hierzu *Reidt/Eckart*, in: Schink/Reidt/Mitschang, UVPG/UmwRG, § 74 UVPG Rn. 10. S. auch BVerwG, Urt. v. 10.04.2024 – 11 A 4.23, BeckRS 2024, 23884, Rn. 26.

25 Hierzu *Reidt/Eckart*, in: Schink/Reidt/Mitschang, UVPG/UmwRG, § 74 UVPG Rn. 11.

26 *Peters/Balla/Hesselbarth*, UVPG, § 74 Rn. 4.

27 BGBl. 2017 I, S. 2808.

28 BVerwG, NVwZ 2021, 988, Rn. 751.

29 Hierzu BVerwG, Urt. v. 23.04.2024 – 9 A 3.23, BeckRS 2024, 18464, Rn. 17; NVwZ 2023, 1733, Rn. 32; OVG Koblenz, Urt. V. 22.01.2025 – 8 C 10217/21.OVG, BeckRS 2025, 2646, Rn. 362.

30 BVerwG, NVwZ 2022, 1549 Rn. 65.

31 BVerwG, NVwZ 2022, 1549 Rn. 66. Hierzu auch *Uechtritz* NVwZ 2022, 1525 (1525).

32 BVerwGE 155, 91, Rn. 180; BeckRS 2015, 50623, Rn. 42; BeckRS 2018, 43268, Rn. 23 ff.

33 BVerwG, NVwZ 2020, 788, Rn. 18 ff. S. auch *Fellenberg*, in: Fellenberg/Guckelberger (Hrsg.), Klimaschutzrecht, 2022, § 13 KSG Rn. 32.

b) **Gesetzesänderung 2006 (Abs. 11)**

9 Absatz 11 wurde durch Art. 1 des Öffentlichkeitsbeteiligungsgesetzes vom 09.12.2006[34] eingeführt und stellt eine parallel zu Abs. 2 angelegte Regelung dar. In Übertragung des Grundsatzes des § 96 Abs. 1 VwVfG[35] regelt die Bestimmung, dass Zulassungsverfahren nach § 4, die vor dem 25.06.2005 begonnen worden sind, nach den Vorschriften des UVPG in der ab 15.12.2006 geltenden Fassung zu Ende zu führen sind. Eine Ausnahme besteht nach Satz 2 allerdings im Hinblick auf Verfahren, bei denen das Vorhaben vor dem 25.06.2005 öffentlich gemacht worden ist; insofern bleibt es bei der Anwendung des vor dem 15.12.2006 geltenden UVPG. Satz 3, der sich auf Vorhaben der Verteidigung bezog, wurde durch Art. 2 des Gesetzes zur Änderung des Umwelt-Rechtsbehelfsgesetzes und anderer umweltrechtlicher Vorschriften vom 21.01.2013[36] aufgehoben. Der vorgesehene Stichtag – der 25.06.2005 – ergibt sich daraus, dass die Öffentlichkeitsbeteiligungsrichtlinie,[37] in deren Umsetzung das Öffentlichkeitsbeteiligungsgesetz erging, bis zu diesem Tag umzusetzen war, sodass ab diesem Datum von der unmittelbaren Anwendbarkeit der Richtlinienvorschriften auszugehen ist.[38]

II. Einzelne Vorhaben

1. Rohrleitungsanlagen (Abs. 6 und 6a)

10 Durch die Änderung des UVPG durch Art. 2 des Siebten Gesetzes zur Änderung des Wasserhaushaltsgesetzes vom 24.06.2002 ist in Abs. 6 eine spezielle Übergangsregelung für Verfahren zur Errichtung und zum Betrieb sowie zur Änderung von Rohrleitungsanlagen zum Transport wassergefährdender Stoffe i.S.d. § 19 Abs. 2 WHG 2002 nach Nr. 19.3.der Anl. 1 eingefügt worden. Verfahren zur Errichtung und zum Betrieb sowie zur Änderung dieser Rohrleitungsanlagen sind nach den Bestimmungen des Gesetzes zur Umsetzung der UVP-Änderungsrichtlinie, der IVU-RL und weiterer EG-RL zum Umweltschutz vom 27.07.2001 zu Ende zu führen,[39] wenn sie vor dem 25. Juni 2002 eingeleitet worden sind. Diese Regelung ist Folge der Änderung des § 19 a WHG 2002 und stellt klar, dass auch die nach Satz 4 dieser Vorschrift von der Genehmigung ausgenommenen Tatbestände in diesem Fall entsprechend abzuwickeln sind. Es handelt sich dabei um Rohrleitungsanlagen, die den Bereich eines Werksgeländes nicht überschreiten, Zubehör einer Anlage zum Umgang mit wassergefährdenden Stoffen sind oder Anlagen verbinden, die in engem räumlichen und betrieblichen Zusammenhang miteinander stehen und kurzräumig durch öffentliche Verkehrswege getrennt sind. Für diese Anlagen entfiel die Genehmigungsbedürftigkeit nach § 19 a Abs. 1 WHG. Entsprechend sieht Anl. 1 Nr. 19.3. bei solchen Rohrleitungsanlagen keine UVP-Pflicht vor.

11 Absatz 6a wurde durch das Gesetz zur Neuregelung des Wasserrechts vom 7. August 2009 eingeführt.[40] Anlass dieses Gesetzgebungsakts war die Föderalismusreform 2006,[41] welche die Kompetenz zur Rechtssetzung in wasserrechtlichen Fragen von einer Rahmenkompetenz (Art. 75 GG a.F.) in eine konkurrierende Kompetenz (Art. 74 Abs. 1 Nr. 32 GG) mit gleichzeitigem Abweichungsrecht der Länder (Art. 72 Abs. 3 Nr. 5 GG) umgewandelt hat.[42] Abs. 6a enthält eine Überleitungs-

---

34 BGBl. 2006 I, S. 2819.

35 Hierzu ausgiebig BT-Drs. 16/2494, S. 26. Siehe hierzu auch die Nachw. in Fn. 8.

36 BGBl. I, S. 95.

37 Siehe hierzu den Nachw. in Fn. 9.

38 Hierzu bereits unter Fn. 9.

39 BGBl. 2001 I, S. 1950.

40 BGBl. 2009 I, S. 2585.

41 Gesetz zur Änderung des Grundgesetzes vom 28.08.2006 (BGBl. I, S. 2034).

42 *Degenhardt* NJW 2006, 1209. Von der erweiterten Kompetenz wurde »wegen des sog. Moratoriums nach Art. 125 b Abs. 1 Satz 3 GG« (BT-Drs. 16/12786, S. 1) bereits in der 16. Legislaturperiode Gebrauch gemacht. Hiernach konnten die Länder von ihrer Abweichungskompetenz nach Art. 72 Abs. 3 Satz 1 GG auf dem Gebiet des Wasserhaushalts erst Gebrauch machen, sobald der Bund von seiner Gesetzgebungszuständigkeit Gebrauch gemacht hat, spätestens jedoch ab dem 01.01.2010.

regel für bereits bestehende Rohrfernleitungsanlagen, die nach dem § 19a Abs. 1 Satz 1 WHG in der am 28. Februar 2010 (noch) geltenden Fassung[43] genehmigt wurden. Diese Genehmigungen galten als Planfeststellung nach § 65 Abs. 1 UVPG n.F. (§ 20 Abs. 1 UVPG a.F.), soweit eine UVP durchgeführt wurde, oder – in den übrigen Fällen – als Plangenehmigung nach § 65 Abs. 2 UVPG n.F. (§ 20 Abs. 2 UVPG a.F.) fort. Damit wurden die nach alter Gesetzeslage genehmigten Rohrleitungsanlagen in die rechtliche Regelung des § 65 UVPG eingebettet. Nach § 19e Abs. 2 Satz 1 und 2 WHG in der am 28. Februar 2010 geltenden Fassung angezeigte oder nicht anzeigebedürftige Rohrfernleitungsanlagen bedurften keiner Planfeststellung oder Plangenehmigung nach § 65 UVPG. Dies entspricht § 65 Abs. 2 Satz 2 UVPG, wonach die Pflicht zur Plangenehmigung in Fällen von **unwesentlicher Bedeutung** entfällt. § 66 Abs. 2 und 6 UVPG gilt entsprechend.

2. Raumordnungsverfahren (Abs. 10)

Absatz 10 wurde durch das Rechtsbereinigungsgesetz Umwelt vom 11.08.2009[44] neu gefasst. Die 12
Änderung von Abs. 10 war eine Folge der Änderung von § 49 Abs. 1 UVPG (§ 16 Abs. 1 UVPG a.F.). Nachdem mit der Föderalismusreform 2006[45] die Rahmenkompetenz des Bundes nach Art. 75 Abs. 1 Satz 1 Nr. 4 GG a.F. durch eine konkurrierende Bundeskompetenz für die Raumordnung nach Art. 74 Abs. 1 Nr. 31 ersetzt wurde, entfiel der rahmengesetzliche Regelungsauftrag des § 16 Abs. 1 UVPG a.F. Stattdessen wurde in Umsetzung europäischer Vorgaben angeordnet, dass die Raumordnungsverfahren für UVP-pflichtige Vorhaben nach der Anl. 1 zum UVPG eine vollständige UVP nach dem Planungsstand des Vorhabens durchgeführt wird. Abs. 10 Satz 1 bestimmt hiervon ausgehend für Raumordnungsverfahren, die nach § 49 Abs. 1 UVPG einer UVP-Pflicht unterliegen und die vor dem 1. März 2010 begonnen worden sind, dass diese laufenden Verfahren nach den Bestimmungen des geänderten UVPG (in der ab dem 1. März 2010 geltenden Fassung) zu Ende zu führen sind. Darunter können solche Raumordnungsverfahren fallen, für die bereits eine UVP nach Landesrecht oder eine Prüfung nach § 16 Abs. 2 UVPG a.F. in der bis zum 29. Juni 2005 geltenden Fassung des UVPG (§ 49 Abs. 2 UVPG n.F.) oder keine dieser Prüfungen durchgeführt wird.[46] § 49 UVPG wurde jedoch nunmehr durch das Gesetz zur Änderung des Raumordnungsgesetzes und anderer Vorschriften vom 22.03.2023[47] neu gefasst, wobei insbesondere die Absatzstruktur aufgehoben wurde. Diese Änderung wurde in § 74 Abs. 10 UVPG – vermutlich aufgrund eines Redaktionsversehens – nicht nachvollzogen. Nach der jetzigen Fassung erfolgt in der Raumverträglichkeitsprüfung die Prüfung der Umweltauswirkungen jedoch nur nach Maßgabe des Raumordnungsgesetzes. Diese Gesetzesänderung dient dem Ziel des Koalitionsvertrags der Ampelregierung Bürokratie abzubauen, indem Doppelprüfungen vermieden werden.[48] Für die unter Abs. 10 fallenden Verfahren muss daher das UVPG in der Fassung vom 1. März 2010 angewandt werden. Aus Gründen der Rechtsklarheit sollte die erforderliche Bezugnahme § 49 UVPG a.F. deutlich gemacht werden.

Die Sätze 2 und 3 sehen Ausnahmen von dem oben genannten Grundsatz vor, wenn wichtige Ver- 13
fahrensschritte bereits durchgeführt wurden. Diese müssen dann gegebenenfalls nicht nach der ab 01.03.2010 geltenden Rechtslage wiederholt werden. Wurde etwa bei einem laufenden Raumordnungsverfahren bereits eine Öffentlichkeitsbeteiligung durchgeführt, kann nach Satz 2 von einer erneuten Anhörung der Öffentlichkeit nach § 9 in der vor dem 29.07.2017 geltenden Fassung[49]

43 Das WHG 2002 trat mit Wirkung vom 01.03.2010 außer Kraft (Art. 24 Abs. 2 des Gesetzes zur Neuregelung des Wasserrechts; BGBl. I 2009, S. 2585).

44 BGBl. 2009 I, S. 2723.

45 Gesetz zur Änderung des Grundgesetzes vom 28.08.2006 (BGBl. I, S. 2034).

46 BR-Drs. 281/09, S. 22; BT-Drs. 16/12277, S. 10.

47 BGBl. 2023 I Nr. 88.

48 BT-Drs. 20/4823, S. 30 f.

49 Diese Konkretisierung wurde durch Art. 1 des Gesetzes zur Modernisierung des Rechts der Umweltverträglichkeitsprüfung vom 20.07.2017 (BGBl. I, S. 2808) eingefügt, um klarzustellen, dass sich die Bezugnahme auf § 9 auf die vor Inkrafttreten des aktuellen Gesetzes geltende Paragraphenbezeichnung bezieht.

abgesehen werden, soweit keine zusätzlichen oder anderen erheblichen Umweltauswirkungen zu besorgen sind. Ähnliches gilt für die Behördenbeteiligung: Wurde diese bei einem laufenden Raumordnungsverfahren bereits durchgeführt, so sind nach Satz 3 andere Behörden nach §§ 7, 8 UVPG in der vor dem 29.07.2017 geltenden Fassung nur dann erneut zu beteiligen, wenn neue Unterlagen zu erheblichen Umweltauswirkungen des Vorhabens vorliegen. Der Einschub »in der vor dem 29.07.2017 geltenden Fassung« soll deutlich machen, dass sich die Paragraphenbezeichnung auf die vorherige Gesetzeslage bezieht.[50]

3. Privilegierte Vorhaben (Abs. 12)

14 Absatz 12 beruht auf dem Rechtsbereinigungsgesetz Umwelt vom 11.08.2009.[51] Die Vorschrift dient dazu, laufenden Verfahren zu Vorhaben, die im Zuge der Änderung der Anl. 1 zum UVPG modifiziert wurden, den Übergang von der alten zur neuen Rechtslage ab 01.03.2010 zu erleichtern.[52] Diese Vorhaben sollten noch im Einklang mit der alten Rechtslage, die bis zum 28.02.2010 galt,[53] zu Ende geführt werden können (Satz 2). Privilegierte Vorhaben sind solche nach den Nr. 3.15, 13.1.1 bis 13.1.3, 13.2 bis 13.2.1.3, 13.3 bis 13.18 und 13.17 der Anl. 1.[54]

15 Satz 1 betrifft hingegen Vorhaben nach 13.2.2, die erst mit der Gesetzesänderung durch das Rechtsbereinigungsgesetz Umwelt in den Katalog der Anlage 1 zum UVPG aufgenommen und damit UVP-pflichtig wurden. Diese unterfallen den Vorschriften des UVPG hingegen nur, wenn das Verfahren erst nach dem 1. März 2010 eingeleitet worden ist.

4. Projekte zur Nutzung naturnaher Flächen (Absatz 13)

16 Absatz 13 wurde durch Gesetz zur Änderung des Umwelt-Rechtsbehelfsgesetzes und anderer umweltrechtlicher Vorschriften vom 21.01.2013[55] eingeführt. Er regelt einen erleichterten Übergang für laufende Verfahren bei Vorhaben nach der neu eingeführten Nummer 17.3 der Anl. 1 zum UVPG.[56] Es handelt sich hierbei um Verfahren, welche Projekte zur Verwendung von Ödland oder naturnahen Flächen zu intensiver Landwirtschaftsnutzung betreffen. Hintergrund der Ergänzung war die – im Rahmen der Föderalismusreform 2006 – vorgenommene Erweiterung bundesgesetzlicher Kompetenzen: Hierdurch wurden die Bereiche Naturschutz und Landschaftspflege in die konkurrierende Gesetzgebungskompetenz des Bundes überführt (vgl. Art. 74 Abs. 1 Nr. 29 GG). In Umsetzung der UVP-Pflicht für Vorhaben nach Anh. II Nr. 1 lit. b) UVP-RL wurde die Anlage zum UVPG entsprechend erweitert, während zuvor die UVP-Pflicht durch die Länder sichergestellt werden musste. Für derartige Vorhaben gelten nach Abs. 13 die Verfahrensvorgaben des UVPG nur, wenn das Verfahren nach dem 1. August 2013 eingeleitet worden ist. Im Übrigen ist das Verfahren nach den zuvor geltenden landesrechtlichen Vorschriften zu Ende zu führen.[57]

III. Pläne und Programme

1. Gesetzesänderung 2017 (Abs. 3)

17 Abs. 3 trägt dem Umstand Rechnung, dass sich ein Teil der Änderungen in den Vorschriften zur UVP durch Art. 1 des Gesetzes zur Modernisierung des Rechts der Umweltverträglichkeitsprüfung

---

50 BT-Drs. 18/11499, S. 111.

51 BGBl. I, S. 2723.

52 BT-Drs. 16/12277, S. 10.

53 Das Rechtsbereinigungsgesetz Umwelt trat am 01.03.2010 in Kraft.

54 Eine Auflistung dieser Vorhaben findet sich bei *Reidt/Eckart*, in: Schink/Reidt/Mitschang, UVPG/UmwRG, § 74 UVPG Rn. 28.

55 BGBl. I 2013, S. 95 (Nr. 3).

56 BT-Drs. 17/10957, S. 19.

57 BT-Drs. 17/10957, S. 19.

vom 20.07.2017 auch auf die SUP auswirkt und dass in § 42 Abs. 3 nunmehr klargestellt wird, dass die Frist zur Stellungnahme von mindestens einem Monat erst nach Ende der Auslegungsfrist beginnt.[58] Daher sieht die Vorschrift eine Übergangsfrist für die SUP i.S.d. § 3 UVPG vor, die an die Regelung des Abs. 2 Nr. 1 angelehnt ist. Das Verfahren ist nach der früheren Gesetzesfassung zu Ende zu führen, wenn vor dem 16.05.2017[59] der Untersuchungsrahmen nach § 14 f Abs. 1 UVPG a.F. festgelegt wurde.

2. Gesetzesänderung 2005 (Abs. 8 und 9)

Absatz 8 wurde durch Gesetz zur Einführung einer Strategischen Umweltprüfung und zur Umsetzung der Richtlinie 2001/42/EG vom 25.06.2005,[60] in Umsetzung von Art. 13 Abs. 3 Satz 1 SUP-RL,[61] eingeführt. Der Absatz bezieht sich auf Pläne und Programme i.S.d. Dritten Teils und differenziert zwischen dem Verfahrensbeginn bis (einschließlich) zum und nach dem 29.06.2005; dies ist der Zeitpunkt des Inkraftretens des UVPG 2005. Die Vorschriften des Dritten Teils (§§ 33–46 UVPG) gelten demnach für Pläne und Programme, deren »erster förmlicher Vorbereitungsakt« nach dem 29.06.2005 erfolgt. Was als Vorbereitungsakt in diesem Sinne zu verstehen ist, ergibt sich aus dem jeweils einschlägigen Fachrecht.[62] Darunter ist dies ein förmlich gefasster und entsprechend dokumentierter Beschluss zur Aufstellung oder Änderung eines Plans oder Programms – bspw. nach § 2 Abs. 1 BauGB – zu verstehen, der von reinen internen Vorüberlegungen abzugrenzen ist.[63] 18

Die Regelung in Satz 2 ist dem Umstand geschuldet, dass die SUP-RL aufgrund verspäteter Umsetzung[64] ab dem 21.07.2004 unmittelbare Geltung entfaltete.[65] Verfahren, deren erster förmlicher Vorbereitungsakt nach dem 20.07.2004 erfolgte, sind daher nach den Vorschriften des UVPG »zu Ende zu führen« – die zeitliche Lücke bis zur Geltung des UVPG 2005 wurde durch die direkt wirkende[66] SUP-RL gefüllt.[67] Umgekehrt unterfallen Pläne und Programme, deren erster förmlicher Vorbereitungsakt vor dem 21.07.2004 liegt, grundsätzlich nicht den Vorschriften zur SUP nach dem UVPG, es sei denn, es liegt eine Ausnahme nach Absatz 9 vor.[68] 19

Nach Absatz 9 unterfallen auch solche Pläne und Programme den Vorschriften des 3. Teils, deren erster förmlicher Vorbereitungsakt zwar vor dem 21.07.2004 erfolgt ist, die jedoch später als am 20.07.2006 angenommen oder in ein Gesetzgebungsverfahren eingebracht werden. Damit stellt die Vorschrift klar, dass der Gesetzgeber – aus Gründen der Rechtssicherheit[69] – keinen Gebrauch von der Ausnahmemöglichkeit des Art. 13 Abs. 3 Satz 2 SUP-RL gemacht hat. Danach können die Mitgliedstaaten Pläne und Programme, die nach dem 20.07.2006 angenommen werden, von der Anwendung der Richtlinienbestimmungen ausnehmen, wenn sie im Einzelfall entscheiden, dass eine Umweltprüfung nicht durchführbar ist, und sie die Öffentlichkeit hiervon informieren. § 48 20

58 BT-Drs. 18/11499, S. 111.
59 Wie bereits oben (Rdn. 5) dargelegt, markiert dieses Datum den Ablauf der Umsetzungsfrist der UVP-Änderungsrichtlinie 2017.
60 BGBl. I 2005, S. 1746; Bekanntmachung der Neufassung des Gesetzes über die Umweltverträglichkeitsprüfung vom 25.06.2005, BGBl. I 2005, S. 1757.
61 BT-Drs. 15/3441, S. 41.
62 BT-Drs. 15/3441, S. 41. Vgl. *Reidt/Eckart*, in: Schink/Reidt/Mitschang, UVPG/UmwRG, § 74 UVPG Rn. 20.
63 *Reidt/Eckart*, in: Schink/Reidt/Mitschang, UVPG/UmwRG, § 74 UVPG Rn. 20. S. auch *Dix*, in: Landmann/Rohmer, Umweltrecht, § 74 UVPG Rn. 36.
64 Siehe Einl. Rdn. 36.
65 Zur unmittelbaren Richtlinienwirkung grundsätzlich bereits in Fn. 12.
66 *Hendler* NVwZ 2005, 977 (983).
67 BT-Drs. 15/3441, S. 41.
68 Siehe Rdn. 15.
69 BT-Drs. 15/3441, S. 41.

UVPG sowie § 27 Abs. 1, 3 ROG, die spezielle Regeln für Raumordnungspläne aufstellen, bleiben unberührt (Satz 2).[70]

3. Bebauungsplanverfahren (Abs. 4)

21 Eine spezielle Regelung enthält Abs. 4 für Bebauungsplanverfahren, für die nach den Abs. 1 und 2 eine Verpflichtung zur Durchführung einer Umweltverträglichkeitsprüfung besteht, die gemäß § 50 im Bebauungsplanverfahren nach den Vorschriften des BauGB durchzuführen sind. Es handelt sich dabei um Bebauungspläne i.S.d.§ 2 Abs. 6 Nr. 3, insbesondere bei Vorhaben nach Anl. 1 Nummer 18.1 bis 18.9. § 2 Abs. 6 Nr. 3 BauGB erfasst wiederum Beschlüsse nach § 10 BauGB über die Aufstellung, Änderung oder Ergänzung von Bebauungsplänen, durch die die Zulässigkeit von bestimmten Vorhaben im Sinne der Anl. 1 begründet werden soll, sowie Beschlüsse nach § 10 BauGB über Bebauungspläne, die Planfeststellungsbeschlüsse für Vorhaben im Sinne der Anl. 1 ersetzen. In den genannten Fällen kommt § 244 BauGB zur Anwendung. Nach Abs. 1 dieser Vorschrift werden Verfahren für Bauleitpläne und Satzungen nach § 34 Abs. 4 Satz 1 und § 35 Abs. 6, die nach dem 20.07.2004 förmlich eingeleitet worden waren oder die nach dem 20.07.2006 abgeschlossen wurden, nach den durch das EAG Bau[71] novellierten Verfahrensvorschriften des BauGB, die ebenfalls eine Umweltprüfung umfassen, zu Ende geführt. Die Fristbestimmung ergibt sich aus der Umsetzungsfrist der SUP-RL 2001/42/EG,[72] nach deren Ablauf die Richtlinienvorschriften unmittelbar anwendbar waren.

22 Gemäß § 244 Abs. 2 Satz 1 finden auf Bebauungsplanverfahren, die in der Zeit vom 14.03.1999 bis zum 20.07.2004 förmlich eingeleitet wurden und die vor dem 20.07.2006 abgeschlossen waren, die Vorschriften des Baugesetzbuchs in der vor dem 20.07.2004 geltenden Fassung Anwendung.[73] Sofern mit gesetzlich vorgeschriebenen einzelnen Verfahrensschritten nicht bis zum 20.07.2004 begonnen wurde, konnten diese auch nach den Vorschriften des gültigen BauGB durchgeführt werden (Satz 2). Eine praktische Relevanz dieser Vorschrift ist jedoch nicht mehr anzunehmen.[74]

---

70 Satz 2 wurde durch Art. 7 des Gesetzes zur Neufassung des Raumordnungsgesetzes und zur Änderung anderer Vorschriften vom 22.12.2008 an die Änderungen des ROG angepasst (BGBl. 2008 I, S. 2986); zur Begründung BT-Drs. 16/10292, S. 31.

71 Sog. Gesetz zur Anpassung des Baugesetzbuchs an EU-Richtlinien vom 24.06.2004 (kurz: Europarechtsanpassungsgesetz Bau) vom 24.06.2004 (BGBl. I, S. 1359).

72 RL 2001/42/EG des Europäischen Parlaments und des Rates vom 27.06.2001 über die Prüfung der Umweltauswirkungen bestimmter Pläne und Programme; ABl. 2001 L 197/30 ff.

73 Für diese gilt weiterhin § 245c BauGB a.F.

74 *Dix*, in: Landmann/Rohmer, Umweltrecht, § 74 UVPG Rn. 42.

Anlage 1 Liste »UVP-pflichtige Vorhaben«

Nachstehende Vorhaben fallen nach § 1 Absatz 1 Nummer 1 in den Anwendungsbereich dieses Gesetzes. Soweit nachstehend eine allgemeine Vorprüfung oder eine standortbezogene Vorprüfung des Einzelfalls vorgesehen ist, nimmt dies Bezug auf die Regelungen des § 7 Absatz 1 und 2.

Legende:

Nr. = Nummer des Vorhabens

Vorhaben = Art des Vorhabens mit ggf. Größen- oder Leistungswerten nach § 6 Satz 2 sowie Prüfwerten für Größe oder Leistung nach § 7 Absatz 5 Satz 3

X in Spalte 1 = Vorhaben ist UVP-pflichtig

A in Spalte 2 = allgemeine Vorprüfung des Einzelfalls: siehe § 7 Absatz 1 Satz 1

S in Spalte 2 = standortbezogene Vorprüfung des Einzelfalls: siehe § 7 Absatz 2

Nr.	Vorhaben	Sp. 1	Sp. 2
1.	**Wärmeerzeugung, Bergbau und Energie:**		
1.1	Errichtung und Betrieb einer Anlage zur Erzeugung von Strom, Dampf, Warmwasser, Prozesswärme oder erhitztem Abgas durch den Einsatz von Brennstoffen in einer Verbrennungseinrichtung (wie Kraftwerk, Heizkraftwerk, Heizwerk, Gasturbine, Verbrennungsmotoranlage, sonstige Feuerungsanlage), einschließlich des jeweils zugehörigen Dampfkessels, mit einer Feuerungswärmeleistung von		
1.1.1	mehr als 200 MW,	X	
1.1.2	50 MW bis 200 MW;		A
1.2	Errichtung und Betrieb einer Anlage zur Erzeugung von Strom, Dampf, Warmwasser, Prozesswärme oder erhitztem Abgas in einer Verbrennungseinrichtung (wie Kraftwerk, Heizkraftwerk, Heizwerk, Gasturbinenanlage, Verbrennungsmotoranlage, sonstige Feuerungsanlage), einschließlich des jeweils zugehörigen Dampfkessels, ausgenommen Verbrennungsmotoranlagen für Bohranlagen und Notstromaggregate, durch den Einsatz von		
1.2.1	Kohle, Koks einschließlich Petrolkoks, Kohlebriketts, Torfbriketts, Brenntorf, naturbelassenem Holz, emulgiertem Naturbitumen, Heizölen, ausgenommen Heizöl EL, mit einer Feuerungswärmeleistung von 1 MW bis weniger als 50 MW,		S
1.2.2	gasförmigen Brennstoffen (insbesondere Koksofengas, Grubengas, Stahlgas, Raffineriegas, Synthesegas, Erdölgas aus der Tertiärförderung von Erdöl, Klärgas, Biogas), ausgenommen naturbelassenem Erdgas, Flüssiggas, Gasen der öffentlichen Gasversorgung oder Wasserstoff, mit einer Feuerungswärmeleistung von		
1.2.2.1	10 MW bis weniger als 50 MW,		S
1.2.2.2	1 MW bis weniger als 10 MW, bei Verbrennungsmotoranlagen oder Gasturbinenanlagen,		S
1.2.3	Heizöl EL, Dieselkraftstoff, Methanol, Ethanol, naturbelassenen Pflanzenölen oder Pflanzenölmethylestern, naturbelassenem Erdgas, Flüssiggas, Gasen der öffentlichen Gasversorgung oder Wasserstoff mit einer Feuerungswärmeleistung von		
1.2.3.1	20 MW bis weniger als 50 MW,		S
1.2.3.2	1 MW bis weniger als 20 MW, bei Verbrennungsmotoranlagen oder Gasturbinenanlagen,		S
1.2.4	anderen als in Nummer 1.2.1 oder 1.2.3 genannten festen oder flüssigen Brennstoffen mit einer Feuerungswärmeleistung von		
1.2.4.1	1 MW bis weniger als 50 MW,		A
1.2.4.2	100 KW bis weniger als 1 MW;		S

Nr.	Vorhaben	Sp. 1	Sp. 2
1.3	(weggefallen)		
1.4	Errichtung und Betrieb einer Verbrennungsmotoranlage oder Gasturbinenanlage zum Antrieb von Arbeitsmaschinen für den Einsatz von		
1.4.1	Heizöl EL, Dieselkraftstoff, Methanol, Ethanol, naturbelassenen Pflanzenölen, Pflanzenölmethylestern Koksofengas, Grubengas, Stahlgas, Raffineriegas, Synthesegas, Erdölgas aus der Tertiärförderung von Erdöl, Klärgas, Biogas, naturbelassenem Erdgas, Flüssiggas, Gasen der öffentlichen Gasversorgung oder Wasserstoff mit einer Feuerungswärmeleistung von		
1.4.1.1	mehr als 200 MW,	X	
1.4.1.2	50 MW bis 200 MW,		A
1.4.1.3	1 MW bis weniger als 50 MW, ausgenommen Verbrennungsmotoranlagen für Bohranlagen,		S
1.4.2	anderen als in Nummer 1.4.1 genannten Brennstoffen mit einer Feuerungswärmeleistung von		
1.4.2.1	mehr als 200 MW,	X	
1.4.2.2	50 MW bis 200 MW		A
1.4.2.3	1 MW bis weniger als 50 MW;		S
1.5	(weggefallen)		
1.6	Errichtung und Betrieb einer Windfarm mit Anlagen mit einer Gesamthöhe von jeweils mehr als 50 Metern mit		
1.6.1	20 oder mehr Windkraftanlagen,	X	
1.6.2	6 bis weniger als 20 Windkraftanlagen,		A
1.6.3	3 bis weniger als 6 Windkraftanlagen;		S
1.7	Errichtung und Betrieb einer Anlage zum Brikettieren von Braun- oder Steinkohle;	X	
1.8	Errichtung und Betrieb einer Anlage zur Trockendestillation von Steinkohle oder Braunkohle (z.B. Kokerei, Gaswerk, Schwelerei) mit einem Durchsatz von		
1.8.1	500 t oder mehr je Tag,	X	
1.8.2	weniger als 500 t je Tag, ausgenommen Holzkohlenmeiler;		A
1.9	Errichtung und Betrieb einer Anlage zur Vergasung oder Verflüssigung von Kohle oder bituminösem Schiefer mit einem Durchsatz von		
1.9.1	500 t oder mehr je Tag,	X	
1.9.2	weniger als 500 t je Tag;		A
1.10	Errichtung und Betrieb einer Anlage zur Abscheidung von Kohlendioxid zur dauerhaften Speicherung		
1.10.1	aus einer Anlage, die nach Spalte 1 UVP-pflichtig ist,	X	
1.10.2	mit einer Abscheidungsleistung von 1,5 Mio. t oder mehr pro Jahr, soweit sie nicht unter Nummer 1.10.1 fällt,	X	
1.10.3	mit einer Abscheidungsleistung von weniger als 1,5 Mio. t pro Jahr;		A
1.11	Errichtung und Betrieb einer Anlage zur		
1.11.1	Erzeugung von Biogas, soweit nicht durch Nummer 8.4 erfasst, mit einer Produktionskapazität von		
1.11.1.1	2 Mio. Normkubikmetern oder mehr Rohgas je Jahr,		A
1.11.1.2	1,2 Mio. bis weniger als 2 Mio. Normkubikmetern Rohgas je Jahr,		S
1.11.2	Aufbereitung von Biogas mit einer Verarbeitungskapazität von		
1.11.2.1	2 Mio. Normkubikmetern oder mehr Rohgas je Jahr,		A
1.11.2.2	1,2 Mio. bis weniger als 2 Mio. Normkubikmetern Rohgas je Jahr,		S
2.	**Steine und Erden, Glas, Keramik, Baustoffe:**		

Nr.	Vorhaben	Sp. 1	Sp. 2
2.1	Errichtung und Betrieb eines Steinbruchs mit einer Abbaufläche von		
2.1.1	25 ha oder mehr,	X	
2.1.2	10 ha bis weniger als 25 ha,		A
2.1.3	weniger als 10 ha, soweit Sprengstoffe verwendet werden;		S
2.2	Errichtung und Betrieb einer Anlage zur Herstellung von Zementklinkern oder Zementen mit einer Produktionskapazität von		
2.2.1	1.000 t oder mehr je Tag,	X	
2.2.2	weniger als 1.000 t je Tag;		A
2.3	Errichtung und Betrieb einer Anlage zur Gewinnung von Asbest;	X	
2.4	Errichtung und Betrieb einer Anlage zur Bearbeitung oder Verarbeitung von Asbest oder Asbesterzeugnissen mit		
2.4.1	einer Jahresproduktion von		
2.4.1.1	20.000 t oder mehr Fertigerzeugnissen bei Asbestzementerzeugnissen,	X	
2.4.1.2	50 t oder mehr Fertigerzeugnissen bei Reibungsbelägen,	X	
2.4.2	einem Einsatz von 200 t oder mehr Asbest bei anderen Verwendungszwecken,	X	
2.4.3	einer geringeren Jahresproduktion oder einem geringeren Einsatz als in den vorstehenden Nummern angegeben;		A
2.5	Errichtung und Betrieb einer Anlage zur Herstellung von Glas, auch soweit es aus Altglas hergestellt wird, einschließlich Anlagen zur Herstellung von Glasfasern mit einer Schmelzkapazität von		
2.5.1	200.000 t oder mehr je Jahr oder bei Flachglasanlagen, die nach dem Floatglasverfahren betrieben werden, 100.000 t oder mehr je Jahr,	X	
2.5.2	20 t je Tag bis weniger als in der vorstehenden Nummer angegeben,		A
2.5.3	100 kg bis weniger als 20 t je Tag, ausgenommen Anlagen zur Herstellung von Glasfasern, die für medizinische oder fernmeldetechnische Zwecke bestimmt sind;		S
2.6	Errichtung und Betrieb einer Anlage zum Brennen keramischer Erzeugnisse (einschließlich Anlagen zum Blähen von Ton) mit einer Produktionskapazität von		
2.6.1	75 t oder mehr je Tag,		A
2.6.2	weniger als 75 t je Tag, soweit der Rauminhalt der Brennanlage 4 m^3 oder mehr beträgt oder die Besatzdichte mehr als 100 kg je Kubikmeter Rauminhalt der Brennanlage beträgt, ausgenommen elektrisch beheizte Brennöfen, die diskontinuierlich und ohne Abluftführung betrieben werden;		S
2.7	Errichtung und Betrieb einer Anlage zum Schmelzen mineralischer Stoffe, einschließlich Anlagen zur Herstellung von Mineralfasern;		A
3.	**Stahl, Eisen und sonstige Metalle einschließlich Verarbeitung:**		
3.1	Errichtung und Betrieb einer Anlage zum Rösten (Erhitzen unter Luftzufuhr zur Überführung in Oxide) oder Sintern (Stückigmachen von feinkörnigen Stoffen durch Erhitzen) von Erzen;	X	
3.2	Errichtung und Betrieb eines integrierten Hüttenwerkes (Anlage zur Herstellung oder zum Erschmelzen von Roheisen und zur Weiterverarbeitung zu Rohstahl, bei der sich Gewinnungs- und Weiterverarbeitungseinheiten nebeneinander befinden und in funktioneller Hinsicht miteinander verbunden sind);	X	
3.3	Errichtung und Betrieb einer Anlage zur Herstellung oder zum Erschmelzen von Roheisen oder Stahl einschließlich Stranggießen, auch soweit Konzentrate oder sekundäre Rohstoffe eingesetzt werden, mit einer Schmelzkapazität von		
3.3.1	2,5 t Roheisen oder Stahl je Stunde oder mehr,		A

Nr.	Vorhaben	Sp. 1	Sp. 2
3.3.2	weniger als 2,5 t Stahl je Stunde;		S
3.4	Errichtung und Betrieb einer Anlage zur Herstellung von Nichteisenrohmetallen aus Erzen, Konzentraten oder sekundären Rohstoffen durch metallurgische, chemische oder elektrolytische Verfahren;	X	
3.5	Errichtung und Betrieb einer Anlage zum Schmelzen, zum Legieren oder zur Raffination von Nichteisenmetallen mit einer Schmelzkapazität von		
3.5.1	100.000 t oder mehr je Jahr,	X	
3.5.2	4 t oder mehr je Tag bei Blei und Cadmium oder von 20 t oder mehr je Tag bei sonstigen Nichteisenmetallen, jeweils bis weniger als 100.000 t je Jahr,		A
3.5.3	0,5 t bis weniger als 4 t je Tag bei Blei und Cadmium oder von 2 t bis weniger als 20 t je Tag bei sonstigen Nichteisenmetallen, ausgenommen – Vakuum-Schmelzanlagen, – Schmelzanlagen für Gusslegierungen aus Zinn und Wismut oder aus Feinzink und Aluminium in Verbindung mit Kupfer oder Magnesium, – Schmelzanlagen, die Bestandteil von Druck- oder Kokillengießmaschinen sind oder die ausschließlich im Zusammenhang mit einzelnen Druck- oder Kokillengießmaschinen gießfertige Nichteisenmetalle oder gießfertige Legierungen niederschmelzen, – Schmelzanlagen für Edelmetalle oder für Legierungen, die nur aus Edelmetallen oder aus Edelmetallen und Kupfer bestehen, – Schwalllötbäder und – Heißluftverzinnungsanlagen;		S
3.6	Errichtung und Betrieb einer Anlage zur Umformung von Stahl durch Warmwalzen;		A
3.7	Errichtung und Betrieb einer Eisen-, Temper- oder Stahlgießerei mit einer Verarbeitungskapazität an Flüssigmetall von		
3.7.1	200.000 t oder mehr je Jahr,	X	
3.7.2	20 t oder mehr je Tag,		A
3.7.3	2 t bis weniger als 20 t je Tag;		S
3.8	Errichtung und Betrieb einer Anlage zum Aufbringen von metallischen Schutzschichten auf Metalloberflächen mit Hilfe von schmelzflüssigen Bädern mit einer Verarbeitungskapazität von		
3.8.1	100.000 t Rohgut oder mehr je Jahr,	X	
3.8.2	2 t Rohgut je Stunde bis weniger als 100.000 t Rohgut je Jahr,		A
3.8.3	500 kg bis weniger als 2 t Rohgut je Stunde, ausgenommen Anlagen zum kontinuierlichen Verzinken nach dem Sendzimirverfahren;		S
3.9	Errichtung und Betrieb einer Anlage zur Oberflächenbehandlung von Metallen durch ein elektrolytisches oder chemisches Verfahren mit einem Volumen der Wirkbäder von		
3.9.1	30 m^3 oder mehr,		A
3.9.2	1 m^3 bis weniger als 30 m^3 bei Anlagen durch Beizen oder Brennen unter Verwendung von Fluss- oder Salpetersäure;		S
3.10	Errichtung und Betrieb einer Anlage, die aus einem oder mehreren maschinell angetriebenen Hämmern oder Fallwerken besteht, wenn die Schlagenergie eines Hammers oder Fallwerkes		
3.10.1	20 Kilojoule oder mehr beträgt,		A
3.10.2	1 Kilojoule bis weniger als 20 Kilojoule beträgt;		S
3.11	Errichtung und Betrieb einer Anlage zur Sprengverformung oder zum Plattieren mit Sprengstoffen bei einem Einsatz von 10 kg Sprengstoff oder mehr je Schuss;		A

Nr.	Vorhaben	Sp. 1	Sp. 2
3.12	Errichtung und Betrieb einer Schiffswerft		
3.12.1	zum Bau von Seeschiffen mit einer Größe von 100.000 Bruttoregistertonnen,	X	
3.12.2	zur Herstellung oder Reparatur von Schiffskörpern oder Schiffssektionen aus Metall mit einer Länge von 20 m oder mehr, soweit nicht ein Fall der vorstehenden Nummer vorliegt;		A
3.13	Errichtung und Betrieb einer Anlage zum Bau von Schienenfahrzeugen mit einer Produktionskapazität von 600 oder mehr Schienenfahrzeugeinheiten je Jahr (1 Schienenfahrzeugeinheit entspricht 0,5 Lokomotive, 1 Straßenbahn, 1 Wagen eines Triebzuges, 1 Triebkopf, 1 Personenwagen oder 3 Güterwagen);		A
3.14	Errichtung und Betrieb einer Anlage für den Bau und die Montage von Kraftfahrzeugen oder einer Anlage für den Bau von Kraftfahrzeugmotoren mit einer Kapazität von jeweils 100.000 Stück oder mehr je Jahr;		A
3.15	Errichtung und Betrieb einer Anlage für den Bau und die Instandsetzung von Luftfahrzeugen, soweit je Jahr mehr als 50 Luftfahrzeuge hergestellt oder repariert werden können, ausgenommen Wartungsarbeiten;		A
4.	**Chemische Erzeugnisse, Arzneimittel, Mineralölraffination und Weiterverarbeitung:**		
4.1	Errichtung und Betrieb einer integrierten chemischen Anlage (Verbund zur Herstellung von Stoffen oder Stoffgruppen durch chemische Umwandlung im industriellen Umfang, bei dem sich mehrere Einheiten nebeneinander befinden und in funktioneller Hinsicht miteinander verbunden sind und – zur Herstellung von organischen Grundchemikalien, – zur Herstellung von anorganischen Grundchemikalien, – zur Herstellung von phosphor-, Stickstoff- oder kaliumhaltigen Düngemitteln (Einnährstoff oder Mehrnährstoff), – zur Herstellung von Ausgangsstoffen für Pflanzenschutzmittel und von Bioziden, – zur Herstellung von Grundarzneimitteln unter Verwendung eines chemischen oder biologischen Verfahrens oder zur Herstellung von Explosivstoffen dienen), ausgenommen Anlagen zur Erzeugung oder Spaltung von Kernbrennstoffen oder zur Aufarbeitung bestrahlter Kernbrennstoffe nach Nummer 11.1;	X	
4.2	Errichtung und Betrieb einer Anlage zur Herstellung von Stoffen oder Stoffgruppen durch chemische Umwandlung im industriellen Umfang, ausgenommen integrierte chemische Anlagen nach Nummer 4.1, Anlagen nach Nummer 10.1 und Anlagen zur Erzeugung oder Spaltung von Kernbrennstoffen oder zur Aufarbeitung bestrahlter Kernbrennstoffe nach Nummer 11.1;		A
4.3	Errichtung und Betrieb einer Anlage zur Destillation oder Raffination oder sonstigen Weiterverarbeitung von Erdöl in Mineralölraffinerien;	X	
4.4	Errichtung und Betrieb einer Anlage zur Herstellung von Anstrich- oder Beschichtungsstoffen (Lasuren, Firnisse, Lacke, Dispersionsfarben) oder Druckfarben unter Einsatz von 25 t flüchtiger organischer Verbindungen oder mehr je Tag, die bei einer Temperatur von 293,15 Kelvin einen Dampfdruck von mindestens 0,01 Kilopascal haben;		A
5.	**Oberflächenbehandlung von Kunststoffen:**		
5.1	Errichtung und Betrieb einer Anlage zur Oberflächenbehandlung von Kunststoffen durch ein elektrolytisches oder chemisches Verfahren mit einem Volumen der Wirkbäder von 30 m^3 oder mehr;		A

Nr.	Vorhaben	Sp. 1	Sp. 2
6.	**Holz, Zellstoff:**		
6.1	Errichtung und Betrieb einer Anlage zur Gewinnung von Zellstoff aus Holz, Stroh oder ähnlichen Faserstoffen;	X	
6.2	Errichtung und Betrieb einer Anlage zur Herstellung von Papier oder Pappe mit einer Produktionskapazität von		
6.2.1	200 t oder mehr je Tag,	X	
6.2.2	20 t bis weniger als 200 t je Tag;		A
7.	**Nahrungs-, Genuss- und Futtermittel, landwirtschaftliche Erzeugnisse:**		
7.1	Errichtung und Betrieb einer Anlage zur Intensivhaltung von Hennen mit		
7.1.1	60.000 oder mehr Plätzen,	X	
7.1.2	40.000 bis weniger als 60.000 Plätzen,		A
7.1.3	15.000 bis weniger als 40.000 Plätzen;		S
7.2	Errichtung und Betrieb einer Anlage zur Intensivhaltung oder -aufzucht von Junghennen mit		
7.2.1	85.000 oder mehr Plätzen,	X	
7.2.2	40.000 bis weniger als 85.000 Plätzen,		A
7.2.3	30.000 bis weniger als 40.000 Plätzen;		S
7.3	Errichtung und Betrieb einer Anlage zur Intensivhaltung oder -aufzucht von Mastgeflügel mit		
7.3.1	85.000 oder mehr Plätzen,	X	
7.3.2	40.000 bis weniger als 85.000 Plätzen,		A
7.3.3	30.000 bis weniger als 40.000 Plätzen;		S
7.4	Errichtung und Betrieb einer Anlage zur Intensivhaltung oder -aufzucht von Truthühnern mit		
7.4.1	60.000 oder mehr Plätzen,	X	
7.4.2	40.000 bis weniger als 60.000 Plätzen,		A
7.4.3	15.000 bis weniger als 40.000 Plätzen;		S
7.5	Errichtung und Betrieb einer Anlage zur Intensivhaltung oder -aufzucht von Rindern mit		
7.5.1	800 oder mehr Plätzen,		A
7.5.2	600 bis weniger als 800 Plätzen;		S
7.6	Errichtung und Betrieb einer Anlage zur Intensivhaltung oder -aufzucht von Kälbern mit		
7.6.1	1.000 oder mehr Plätzen,		A
7.6.2	500 bis weniger als 1.000 Plätzen;		S
7.7	Errichtung und Betrieb einer Anlage zur Intensivhaltung oder -aufzucht von Mastschweinen (Schweine von 30 kg Lebendgewicht oder mehr) mit		
7.7.1	3.000 oder mehr Plätzen,	X	
7.7.2	2.000 bis weniger als 3.000 Plätzen,		A
7.7.3	1.500 bis weniger als 2.000 Plätzen;		S
7.8	Errichtung und Betrieb einer Anlage zur Intensivhaltung oder -aufzucht von Sauen einschließlich dazugehörender Ferkel (Ferkel bis weniger als 30 kg Lebendgewicht) mit		
7.8.1	900 oder mehr Plätzen,	X	
7.8.2	750 bis weniger als 900 Plätzen,		A
7.8.3	560 bis weniger als 750 Plätzen;		S
7.9	Errichtung und Betrieb einer Anlage zur getrennten Intensivaufzucht von Ferkeln (Ferkel von 10 bis weniger als 30 kg Lebendgewicht) mit		

Nr.	Vorhaben	Sp. 1	Sp. 2
7.9.1	9.000 oder mehr Plätzen,	X	
7.9.2	6.000 bis weniger als 9.000 Plätzen,		A
7.9.3	4.500 bis weniger als 6.000 Plätzen;		S
7.10	Errichtung und Betrieb einer Anlage zur Intensivhaltung oder -aufzucht von Pelztieren mit		
7.10.1	1.000 oder mehr Plätzen,		A
7.10.2	750 bis weniger als 1.000 Plätzen;		S
7.11	Errichtung und Betrieb einer Anlage zur Intensivhaltung oder -aufzucht von Tieren in gemischten Beständen, wenn		
7.11.1	die jeweils unter den Nummern 7.1.1, 7.2.1, 7.3.1, 7.4.1, 7.7.1, 7.8.1, 7.9.1 und 7.10.1 genannten Platzzahlen nicht erreicht werden, die Summe der Vom-Hundert-Anteile, bis zu denen die Platzzahlen ausgeschöpft werden, aber den Wert 100 erreicht oder überschreitet,	X	
7.11.2	die jeweils unter den Nummern 7.1.2, 7.2.2, 7.3.2, 7.4.2, 7.5.1, 7.6.1, 7.7.2, 7.8.2, 7.9.2 und 7.10.1 genannten Platzzahlen nicht erreicht werden, die Summe der Vom-Hundert-Anteile, bis zu denen die Platzzahlen ausgeschöpft werden, aber den Wert von 100 erreicht oder überschreitet,		A
7.11.3	die jeweils unter den Nummern 7.1.3, 7.2.3, 7.3.3, 7.4.3, 7.5.2, 7.6.2, 7.7.3, 7.8.3, 7.9.3 und 7.10.2 genannten Platzzahlen nicht erreicht werden, die Summe der Vom-Hundert-Anteile, bis zu denen die Platzzahlen ausgeschöpft werden, aber den Wert 100 erreicht oder überschreitet;		S
7.12	(weggefallen)		
7.13	Errichtung und Betrieb einer Anlage zum Schlachten von Tieren mit einer Kapazität von		
7.13.1	50 t Lebendgewicht oder mehr je Tag,		A
7.13.2	0,5 t bis weniger als 50 t Lebendgewicht je Tag bei Geflügel oder 4 t bis weniger als 50 t Lebendgewicht je Tag bei sonstigen Tieren;		S
7.14	Errichtung und Betrieb einer Anlage zur Erzeugung von Speisefetten aus tierischen Rohstoffen, ausgenommen Milch, mit einer Produktionskapazität von		
7.14.1	75 t Fertigerzeugnissen oder mehr je Tag,		A
7.14.2	weniger als 75 t Fertigerzeugnissen je Tag, ausgenommen Anlagen zur Erzeugung von Speisefetten aus selbstgewonnenen tierischen Fetten in Fleischereien mit einer Kapazität von bis zu 200 kg Speisefett je Woche;		S
7.15	Errichtung und Betrieb einer Anlage zum Schmelzen von tierischen Fetten mit einer Produktionskapazität von		
7.15.1	75 t Fertigerzeugnissen oder mehr je Tag,		A
7.15.2	weniger als 75 t Fertigerzeugnissen je Tag, ausgenommen Anlagen zur Verarbeitung von selbstgewonnenen tierischen Fetten zu Speisefetten in Fleischereien mit einer Kapazität von bis zu 200 kg Speisefett je Woche;		S
7.16	Errichtung und Betrieb einer Anlage zur Herstellung von Fleischkonserven mit einer Produktionskapazität von		
7.16.1	75 t Konserven oder mehr je Tag,		A
7.16.2	1 t bis weniger als 75 t Konserven je Tag;		S
7.17	Errichtung und Betrieb einer Anlage zur Herstellung von Gemüsekonserven mit einer Produktionskapazität von		
7.17.1	600 t Konserven oder mehr je Tag, wenn die Anlage an nicht mehr als 90 aufeinanderfolgenden Tagen im Jahr in Betrieb ist,		A
7.17.2	300 t Konserven oder mehr je Tag, wenn die Anlage an mehr als 90 aufeinanderfolgenden Tagen im Jahr in Betrieb ist,		A

Nr.	Vorhaben	Sp. 1	Sp. 2
7.17.3	10 t bis weniger als den in den Nummern 7.17.1 oder 7.17.2 angegebenen Kapazitäten für Tonnen Konserven je Tag und unter den dort genannten Voraussetzungen im Übrigen, ausgenommen Anlagen zum Sterilisieren oder Pasteurisieren dieser Nahrungsmittel in geschlossenen Behältnissen;		S
7.18	Errichtung und Betrieb einer Anlage zur Herstellung von Futtermittelerzeugnissen aus tierischen Rohstoffen, soweit in einer solchen Anlage eine fabrikmäßige Herstellung von Tierfutter durch Erwärmen der Bestandteile tierischer Herkunft erfolgt,		A
7.19	Errichtung und Betrieb einer Anlage zur Beseitigung oder Verwertung von Tierkörpern oder tierischen Abfällen mit einer Verarbeitungskapazität von		
7.19.1	10 t oder mehr je Tag,		A
7.19.2	weniger als 10 t je Tag;		S
7.20	Errichtung und Betrieb einer Anlage zum Gerben einschließlich Nachgerben von Tierhäuten oder Tierfellen mit einer Verarbeitungskapazität von		
7.20.1	12 t Fertigerzeugnissen oder mehr je Tag,		A
7.20.2	weniger als 12 t Fertigerzeugnissen je Tag, ausgenommen Anlagen, in denen weniger Tierhäute oder Tierfelle behandelt werden als beim Schlachten von weniger als 4 t sonstigen Tieren nach Nummer 7.13.2 anfallen;		S
7.21	Errichtung und Betrieb einer Anlage zur Herstellung von Fischmehl oder Fischöl;	X	
7.22	Errichtung und Betrieb einer Anlage zur Herstellung von Braumalz (Mälzerei) mit einer Produktionskapazität von		
7.22.1	600 t Darrmalz oder mehr je Tag, wenn die Anlage an nicht mehr als 90 aufeinanderfolgenden Tagen im Jahr in Betrieb ist,		A
7.22.2	300 t Darrmalz oder mehr je Tag, wenn die Anlage an mehr als 90 aufeinanderfolgenden Tagen im Jahr in Betrieb ist,		A
7.22.3	weniger als den in den Nummern 7.22.1 oder 7.22.2 angegebenen Kapazitäten für Tonnen Darrmalz je Tag und unter den dort genannten Voraussetzungen im Übrigen;		S
7.23	Errichtung und Betrieb einer Anlage zur Herstellung von Stärkemehlen mit einer Produktionskapazität von		
7.23.1	600 t Stärkemehlen oder mehr je Tag, wenn die Anlage an nicht mehr als 90 aufeinanderfolgenden Tagen im Jahr in Betrieb ist,		A
7.23.2	300 t Stärkemehlen oder mehr je Tag, wenn die Anlage an mehr als 90 aufeinanderfolgenden Tagen im Jahr in Betrieb ist,		A
7.23.3	1 t bis weniger als den in den Nummern 7.23.1 oder 7.23.2 angegebenen Kapazitäten für Tonnen Stärkemehle je Tag und unter den dort genannten Voraussetzungen im Übrigen;		S
7.24	Errichtung und Betrieb einer Anlage zur Herstellung oder Raffination von Ölen oder Fetten aus pflanzlichen Rohstoffen mit einer Produktionskapazität von		
7.24.1	600 t Fertigerzeugnissen oder mehr je Tag, wenn die Anlage an nicht mehr als 90 aufeinanderfolgenden Tagen im Jahr in Betrieb ist,		A
7.24.2	300 t Fertigerzeugnissen oder mehr je Tag, wenn die Anlage an mehr als 90 aufeinanderfolgenden Tagen im Jahr in Betrieb ist,		A
7.24.3	weniger als den in den Nummern 7.24.1 oder 7.24.2 angegebenen Kapazitäten für Tonnen Fertigerzeugnisse je Tag mit Hilfe von Extraktionsmitteln und unter den dort genannten Voraussetzungen im Übrigen, soweit die Menge des eingesetzten Extraktionsmittels 1 t oder mehr je Tag beträgt;		S
7.25	Errichtung und Betrieb einer Anlage zur Herstellung oder Raffination von Zucker unter Verwendung von Zuckerrüben oder Rohzucker;		A

Nr.	Vorhaben	Sp. 1	Sp. 2
7.26	Errichtung und Betrieb einer Brauerei mit einer Produktionskapazität von		
7.26.1	6.000 hl Bier oder mehr je Tag, wenn die Brauerei an nicht mehr als 90 aufeinanderfolgenden Tagen im Jahr in Betrieb ist,		A
7.26.2	3.000 hl Bier oder mehr je Tag, wenn die Brauerei an mehr als 90 aufeinanderfolgenden Tagen im Jahr in Betrieb ist,		A
7.26.3	200 hl bis weniger als den in den Nummern 7.26.1 oder 7.26.2 angegebenen Kapazitäten für Hektoliter Bier je Tag und unter den dort genannten Voraussetzungen im Übrigen;		S
7.27	Errichtung und Betrieb einer Anlage zur Herstellung von Süßwaren oder Sirup aus tierischen Rohstoffen, ausgenommen Milch, mit einer Produktionskapazität von		
7.27.1	75 t Süßwaren oder Sirup oder mehr je Tag,		A
7.27.2	50 kg bis weniger als 75 t Süßwaren oder Sirup je Tag bei Herstellung von Lakritz;		S
7.28	Errichtung und Betrieb einer Anlage zur Herstellung von Süßwaren oder Sirup aus pflanzlichen Rohstoffen mit einer Produktionskapazität von		
7.28.1	600 t oder mehr Süßwaren oder Sirup je Tag, wenn die Anlage an nicht mehr als 90 aufeinanderfolgenden Tagen im Jahr in Betrieb ist,		A
7.28.2	300 t oder mehr Süßwaren oder Sirup je Tag, wenn die Anlage an mehr als 90 aufeinanderfolgenden Tagen im Jahr in Betrieb ist,		A
7.28.3	50 kg bis weniger als den in den Nummern 7.28.1 oder 7.28.2 angegebenen Kapazitäten für Tonnen Süßwaren je Tag und unter den dort genannten Voraussetzungen im Übrigen bei Herstellung von Kakaomasse aus Rohkakao oder bei thermischer Veredelung von Kakao- oder Schokoladenmasse;		S
7.29	Errichtung und Betrieb einer Anlage zur Behandlung oder Verarbeitung von Milch, Milcherzeugnissen oder Milchbestandteilen mit einer Produktionskapazität als Jahresdurchschnittswert von		
7.29.1	200 t Milch oder mehr je Tag,		A
7.29.2	5 t bis weniger als 200 t Milch, Milcherzeugnissen oder Milchbestandteilen je Tag bei Sprühtrocknern;		S
8.	**Verwertung und Beseitigung von Abfällen und sonstigen Stoffen:**		
8.1	Errichtung und Betrieb einer Anlage zur Beseitigung oder Verwertung fester, flüssiger oder in Behältern gefasster gasförmiger Abfälle, Deponiegas oder anderer gasförmiger Stoffe mit brennbaren Bestandteilen durch		
8.1.1	thermische Verfahren, insbesondere Entgasung, Plasmaverfahren, Pyrolyse, Vergasung, Verbrennung oder eine Kombination dieser Verfahren		
8.1.1.1	bei gefährlichen Abfällen,	X	
8.1.1.2	bei nicht gefährlichen Abfällen mit einer Durchsatzkapazität von 3 t Abfällen oder mehr je Stunde,	X	
8.1.1.3	bei nicht gefährlichen Abfällen mit einer Durchsatzkapazität von weniger als 3 t Abfällen je Stunde,		A
8.1.2	Verbrennen von Altöl oder Deponiegas in einer Verbrennungsmotoranlage mit einer Feuerungswärmeleistung von		
8.1.2.1	50 MW oder mehr,		A
8.1.2.2	1 MW bis weniger als 50 MW,		A
8.1.2.3	weniger als 1 MW,		S
8.1.3	Abfackeln von Deponiegas oder anderen gasförmigen Stoffen, ausgenommen über Notfackeln, die für den nicht bestimmungsgemäßen Betrieb erforderlich sind;		S

Nr.	Vorhaben	Sp. 1	Sp. 2
8.2	Errichtung und Betrieb einer Anlage zur Erzeugung von Strom, Dampf, Warmwasser, Prozesswärme oder erhitztem Abgas in einer Verbrennungseinrichtung (wie Kraftwerk, Heizkraftwerk, Heizwerk, sonstige Feuerungsanlage), einschließlich zugehöriger Dampfkessel, durch den Einsatz von – gestrichenem, lackiertem oder beschichtetem Holz oder – Sperrholz, Spanplatten, Faserplatten oder sonst verleimtem Holz sowie daraus anfallenden Resten, soweit keine Holzschutzmittel aufgetragen oder infolge einer Behandlung enthalten sind oder Beschichtungen keine halogenorganischen Verbindungen oder Schwermetalle enthalten, mit einer Feuerungswärmeleistung von		
8.2.1	50 MW oder mehr,	X	
8.2.2	1 MW bis weniger als 50 MW;		S
8.3	Errichtung und Betrieb einer Anlage zur biologischen Behandlung von gefährlichen Abfällen mit einer Durchsatzkapazität an Einsatzstoffen von		
8.3.1	10 t oder mehr je Tag,	X	
8.3.2	1 t bis weniger als 10 t je Tag;		S
8.4	Errichtung und Betrieb einer Anlage zur biologischen Behandlung von		
8.4.1	nicht gefährlichen Abfällen, soweit nicht durch Nummer 8.4.2 erfasst, mit einer Durchsatzkapazität an Einsatzstoffen von		
8.4.1.1	50 t oder mehr je Tag,		A
8.4.1.2	10 t bis weniger als 50 t je Tag,		S
8.4.2	Gülle, soweit die Behandlung ausschließlich durch anaerobe Vergärung (Biogaserzeugung) erfolgt, mit einer Durchsatzkapazität von		
8.4.2.1	50 t oder mehr je Tag,		A
8.4.2.2	weniger als 50 t je Tag, soweit die Produktionskapazität von Rohgas 1,2 Mio. Normkubikmeter je Jahr oder mehr beträgt;		S
8.5	Errichtung und Betrieb einer Anlage zur chemischen Behandlung, insbesondere zur chemischen Emulsionsspaltung, Fällung, Flockung, Neutralisation oder Oxidation, von gefährlichen Abfällen;	X	
8.6	Errichtung und Betrieb einer Anlage zur chemischen Behandlung, insbesondere zur chemischen Emulsionsspaltung, Fällung, Flockung, Neutralisation oder Oxidation, von nicht gefährlichen Abfällen mit einer Durchsatzkapazität an Einsatzstoffen von		
8.6.1	100 t oder mehr je Tag,	X	
8.6.2	50 t bis weniger als 100 t je Tag,		A
8.6.3	10 t bis weniger als 50 t je Tag;		S
8.7	Errichtung und Betrieb einer Anlage zur zeitweiligen Lagerung von Abfällen, ausgenommen die zeitweilige Lagerung bis zum Einsammeln auf dem Gelände der Entstehung der Abfälle, bei		
8.7.1	Eisen- oder Nichteisenschrotten, einschließlich Autowracks, mit einer Gesamtlagerkapazität von		
8.7.1.1	1.500 t oder mehr,		A
8.7.1.2	100 t bis weniger als 1.500 t,		S
8.7.2	gefährlichen Schlämmen mit einer Gesamtlagerkapazität von		
8.7.2.1	50 t oder mehr,		A
8.7.2.2	30 t bis weniger als 50 t;		S
8.8	(weggefallen)		
8.9	Errichtung und Betrieb einer Anlage zur Lagerung von Abfällen über einen Zeitraum von jeweils mehr als einem Jahr, bei		
8.9.1	gefährlichen Abfällen mit		

Nr.	Vorhaben	Sp. 1	Sp. 2
8.9.1.1	einer Aufnahmekapazität von 10 t je Tag oder mehr oder einer Gesamtlagerkapazität von 150 t oder mehr,	X	
8.9.1.2	geringeren Kapazitäten als in Nummer 8.9.1.1 angegeben,		A
8.9.2	nicht gefährlichen Abfällen mit		
8.9.2.1	einer Aufnahmekapazität von 10 t je Tag oder mehr oder einer Gesamtlagerkapazität von 150 t oder mehr,		A
8.9.2.2	geringeren Kapazitäten als in Nummer 8.9.2.1 angegeben;		S
9.	**Lagerung von Stoffen und Gemischen:**		
9.1	Errichtung und Betrieb einer Anlage, die der Lagerung von Stoffen oder Gemischen, die bei einer Temperatur von 293,15 Kelvin einen absoluten Dampfdruck von mindestens 101,3 Kilopascal und einen Explosionsbereich mit Luft haben (brennbare Gase), in Behältern oder von Erzeugnissen, die diese Stoffe oder Gemische z. B. als Treibmittel oder Brenngas enthalten, dient, ausgenommen Erdgasröhrenspeicher und Anlagen, die von Nummer 9.3 erfasst werden,		
9.1.1	soweit es sich nicht ausschließlich um Einzelbehältnisse mit einem Volumen von jeweils nicht mehr als 1.000 cm^3 handelt, mit einem Fassungsvermögen von		
9.1.1.1	200.000 t oder mehr,	X	
9.1.1.2	30 t bis weniger als 200.000 t,		A
9.1.1.3	3 t bis weniger als 30 t,		S
9.1.2	soweit es sich ausschließlich um Einzelbehältnisse mit einem Volumen von jeweils nicht mehr als 1.000 cm^3 handelt, mit einem Fassungsvermögen von		
9.1.2.1	200.000 t oder mehr,	X	
9.1.2.2	30 t bis weniger als 200.000 t;		S
9.2	Errichtung und Betrieb einer Anlage, die der Lagerung von Flüssigkeiten dient, ausgenommen Anlagen, die von Nummer 9.3 erfasst werden, soweit		
9.2.1	die Flüssigkeiten einen Flammpunkt von 373,15 Kelvin oder weniger haben, mit einem Fassungsvermögen von		
9.2.1.1	200.000 t oder mehr,	X	
9.2.1.2	50.000 t bis weniger als 200.000 t,		A
9.2.1.3	10.000 t bis weniger als 50.000 t,		S
9.2.2	die Flüssigkeiten einen Flammpunkt unter 294,15 Kelvin haben und deren Siedepunkt bei Normaldruck (101,3 Kilopascal) über 293,15 Kelvin liegt, mit einem Fassungsvermögen von 5.000 t bis weniger als 10.000 t;		S
9.3	Errichtung und Betrieb einer Anlage, die der Lagerung von im Anhang 2 (Stoffliste zu Nummer 9.3 Anhang 1) der Verordnung über genehmigungsbedürftige Anlagen in der jeweils geltenden Fassung genannten Stoffen dient, mit einer Lagerkapazität von		
9.3.1	200.000 t oder mehr,	X	
9.3.2	den in Spalte 4 des Anhangs 2 (Stoffliste zu Nummer 9.3 Anhang 1) der Verordnung über genehmigungsbedürftige Anlagen in der jeweils geltenden Fassung ausgewiesenen Mengen bis weniger als 200.000 t,		A
9.3.3	den in Spalte 3 bis weniger als den in Spalte 4 des Anhangs 2 (Stoffliste zu Nummer 9.3 Anhang 1) der Verordnung über genehmigungsbedürftige Anlagen in der jeweils geltenden Fassung ausgewiesenen Mengen;		S
9.4	Errichtung und Betrieb einer Anlage, die der Lagerung von Erdöl, petrochemischen oder chemischen Stoffen oder Erzeugnissen dient, ausgenommen Anlagen, die von den Nummern 9.1, 9.2 oder 9.3 erfasst werden, mit einem Fassungsvermögen von		

Nr.	Vorhaben	Sp. 1	Sp. 2
9.4.1	200.000 t oder mehr,	X	
9.4.2	25.000 t bis weniger als 200.000 t;		A
10.	**Sonstige Industrieanlagen:**		
10.1	Errichtung und Betrieb einer Anlage zur Herstellung, Bearbeitung oder Verarbeitung von explosionsgefährlichen Stoffen im Sinne des Sprengstoffgesetzes, die zur Verwendung als Sprengstoffe, Zündstoffe, Treibstoffe, pyrotechnische Sätze oder zur Herstellung dieser Stoffe bestimmt sind; hierzu gehört auch eine Anlage zum Laden, Entladen oder Delaborieren von Munition oder sonstigen Sprengkörpern, ausgenommen Anlagen im handwerklichen Umfang oder zur Herstellung von Zündhölzern sowie ortsbewegliche Mischladegeräte;	X	
10.2	Errichtung und Betrieb einer Anlage zur Wiedergewinnung oder Vernichtung von explosionsgefährlichen Stoffen im Sinne des Sprengstoffgesetzes;	X	
10.3	Errichtung und Betrieb einer Anlage zum Vulkanisieren von Natur- oder Synthesekautschuk unter Verwendung von Schwefel oder Schwefelverbindungen mit einem Einsatz von		
10.3.1	25 t Kautschuk oder mehr je Stunde,		A
10.3.2	weniger als 25 t Kautschuk je Stunde, ausgenommen Anlagen, in denen weniger als 50 kg Kautschuk je Stunde verarbeitet wird oder ausschließlich vorvulkanisierter Kautschuk eingesetzt wird;		S
10.4	Errichtung und Betrieb einer Anlage zur Vorbehandlung (Waschen, Bleichen, Mercerisieren) oder zum Färben von Fasern oder Textilien mit		
10.4.1	einer Verarbeitungskapazität von 10 t Fasern oder Textilien oder mehr je Tag,		A
10.4.2	einer Färbekapazität von 2 t bis weniger als 10 t Fasern oder Textilien je Tag bei Anlagen zum Färben von Fasern oder Textilien unter Verwendung von Färbebeschleunigern einschließlich Spannrahmenanlagen, ausgenommen Anlagen, die unter erhöhtem Druck betrieben werden,		S
10.4.3	einer Bleichkapazität von weniger als 10 t Fasern oder Textilien je Tag bei Anlagen zum Bleichen von Fasern oder Textilien unter Verwendung von Chlor oder Chlorverbindungen;		S
10.5	Errichtung und Betrieb eines Prüfstandes für oder mit Verbrennungsmotoren, ausgenommen – Rollenprüfstände, die in geschlossenen Räumen betrieben werden, und – Anlagen, in denen mit Katalysator oder Dieselrußfilter ausgerüstete Serienmotoren geprüft werden, mit einer Feuerungswärmeleistung von insgesamt		
10.5.1	10 MW oder mehr,		A
10.5.2	300 KW bis weniger als 10 MW;		S
10.6	Errichtung und Betrieb eines Prüfstandes für oder mit Gasturbinen oder Triebwerken mit einer Feuerungswärmeleistung von insgesamt		
10.6.1	mehr als 200 MW,	X	
10.6.2	100 MW bis 200 MW,		A
10.6.3	weniger als 100 MW;		S
10.7	Errichtung und Betrieb einer ständigen Renn- oder Teststrecke für Kraftfahrzeuge;		A
10.8	Errichtung und Betrieb einer Anlage zur Wasserelektrolyse zur Erzeugung von Wasserstoff sowie Sauerstoff, ausgenommen integrierte chemische Anlagen nach Nummer 4.1, mit einer elektrischen Nennleistung von		
10.8.1.	50 MW oder mehr		A
10.8.2	5 MW bis weniger als 50 MW		S

Nr.	Vorhaben	Sp. 1	Sp. 2
11.	**Kernenergie:**		
11.1	Errichtung und Betrieb einer ortsfesten Anlage zur Erzeugung oder zur Bearbeitung oder Verarbeitung oder zur Spaltung von Kernbrennstoffen oder zur Aufarbeitung bestrahlter Kernbrennstoffe sowie bei ortsfesten Anlagen zur Spaltung von Kernbrennstoffen die insgesamt geplanten Maßnahmen zur Stilllegung, zum sicheren Einschluss oder zum Abbau der Anlage oder von Anlagenteilen; ausgenommen sind ortsfeste Anlagen zur Spaltung von Kernbrennstoffen, deren Höchstleistung 1 KW thermische Dauerleistung nicht überschreitet; einzelne Maßnahmen zur Stilllegung, zum sicheren Einschluss oder zum Abbau der in Halbsatz 1 bezeichneten Anlagen oder von Anlagenteilen gelten als Änderung im Sinne von § 3 e Absatz 1 Nummer 2;	X	
11.2	Errichtung und Betrieb einer Anlage zur Sicherstellung oder zur Endlagerung radioaktiver Abfälle;	X	
11.3	außerhalb der in den Nummern 11.1 und 11.2 bezeichneten Anlagen Errichtung und Betrieb einer Anlage oder Einrichtung zur Bearbeitung oder Verarbeitung bestrahlter Kernbrennstoffe oder hochradioaktiver Abfälle oder zu dem ausschließlichen Zweck der für mehr als zehn Jahre geplanten Lagerung bestrahlter Kernbrennstoffe oder radioaktiver Abfälle an einem anderen Ort als dem Ort, an dem diese Stoffe angefallen sind;	X	
11.4	außerhalb der in den Nummern 11.1 und 11.2 bezeichneten Anlagen, soweit nicht Nummer 11.3 Anwendung findet, Errichtung und Betrieb einer Anlage oder Einrichtung zur Lagerung, Bearbeitung oder Verarbeitung radioaktiver Abfälle, deren Aktivitäten die Werte erreichen oder überschreiten, bei deren Unterschreiten es für den beantragten Umgang nach einer aufgrund des Atomgesetzes erlassenen Rechtsverordnung keiner Vorbereitung der Schadensbekämpfung bei Abweichungen vom bestimmungsgemäßen Betrieb bedarf;		A
12.	**Abfalldeponien:**		
12.1	Errichtung und Betrieb einer Deponie zur Ablagerung von gefährlichen Abfällen im Sinne des Kreislaufwirtschaftsgesetzes;	X	
12.2	Errichtung und Betrieb einer Deponie zur Ablagerung von nicht gefährlichen Abfällen im Sinne des Kreislaufwirtschaftsgesetzes, mit Ausnahme der Deponien für Inertabfälle nach Nummer 12.3, mit einer Aufnahmekapazität von		
12.2.1	10 t oder mehr je Tag oder mit einer Gesamtkapazität von 25.000 t oder mehr,	X	
12.2.2	weniger als 10 t je Tag oder mit einer Gesamtkapazität von weniger als 25.000 t;		S
12.3	Errichtung und Betrieb einer Deponie zur Ablagerung von Inertabfällen im Sinne des Kreislaufwirtschaftsgesetzes;		A
13.	**Wasserwirtschaftliche Vorhaben mit Benutzung oder Ausbau eines Gewässers:**		
13.1	Errichtung und Betrieb einer Abwasserbehandlungsanlage, die ausgelegt ist für		
13.1.1	organisch belastetes Abwasser von 9.000 kg/d oder mehr biochemischen Sauerstoffbedarfs in fünf Tagen (roh) oder anorganisch belastetes Abwasser von 4.500 m^3 oder mehr Abwasser in zwei Stunden (ausgenommen Kühlwasser),	X	
13.1.2	organisch belastetes Abwasser von 600 kg/d bis weniger als 9.000 kg/d biochemischen Sauerstoffbedarfs in fünf Tagen (roh) oder anorganisch belastetes Abwasser von 900 m^3 bis weniger als 4.500 m^3 Abwasser in zwei Stunden (ausgenommen Kühlwasser),		A

Nr.	Vorhaben	Sp. 1	Sp. 2
13.1.3	organisch belastetes Abwasser von 120 kg/d bis weniger als 600 kg/d biochemischen Sauerstoffbedarfs in fünf Tagen (roh) oder anorganisch belastetes Abwasser von 10 m^3 bis weniger als 900 m^3 Abwasser in zwei Stunden (ausgenommen Kühlwasser);		S
13.2	Errichtung und Betrieb einer Anlage zur intensiven Fischzucht		
13.2.1	in oberirdischen Gewässern oder Küstengewässern oder verbunden mit dem Einbringen oder Einleiten von Stoffen in oberirdische Gewässer oder Küstengewässer mit einem Fischertrag je Jahr von		
13.2.1.1	1.000 t oder mehr, wenn dies durch Landesrecht vorgeschrieben ist,	X	
13.2.1.2	100 t oder mehr, soweit nicht von Nummer 13.2.1.1 erfasst,		A
13.2.1.3	50 t bis weniger als 100 t;		S
13.2.2	in der ausschließlichen Wirtschaftszone Deutschlands mit einem Fischertrag je Jahr von		
13.2.2.1	mehr als 2.500 t,	X	
13.2.2.2	500 t bis 2.500 t,		A
13.2.2.3	250 t bis weniger als 500 t;		S
13.3	Entnehmen, Zutagefördern oder Zutageleiten von Grundwasser oder Einleiten von Oberflächenwasser zum Zwecke der Grundwasseranreicherung, jeweils mit einem jährlichen Volumen an Wasser von		
13.3.1	10 Mio. m^3 oder mehr,	X	
13.3.2	100.000 m^3 bis weniger als 10 Mio. m^3,		A
13.3.3	5.000 m^3 bis weniger als 100.000 m^3, wenn durch die Gewässerbenutzung erhebliche nachteilige Auswirkungen auf grundwasserabhängige Ökosysteme zu erwarten sind;		S
13.4	Tiefbohrung zum Zweck der Wasserversorgung;		A
13.5	Wasserwirtschaftliches Projekt in der Landwirtschaft (sofern nicht von Nummer 13.3 oder Nummer 13.18 erfasst), einschließlich Bodenbewässerung oder Bodenentwässerung, mit einem jährlichen Volumen an Wasser von		
13.5.1	100.000 m^3 oder mehr,		A
13.5.2	5.000 m^3 bis weniger als 100.000 m^3, wenn durch die Gewässerbenutzung erhebliche nachteilige Auswirkungen auf grundwasserabhängige Ökosysteme zu erwarten sind;		S
13.6	Bau eines Stauwerkes oder einer sonstigen Anlage zur Zurückhaltung oder dauerhaften Speicherung von Wasser, wobei		
13.6.1	10 Mio. m^3 oder mehr Wasser zurückgehalten oder gespeichert werden,	X	
13.6.2	weniger als 10 Mio. m^3 Wasser zurückgehalten oder gespeichert werden;		A
13.7	Umleitung von Wasser von einem Flusseinzugsgebiet in ein anderes, ausgenommen Transport von Trinkwasser in Rohrleitungen, mit einem Volumen von – 100 Mio. oder mehr m^3 Wasser pro Jahr, wenn durch die Umleitung Wassermangel verhindert werden soll, oder – 5 % oder mehr des Durchflusses, wenn der langjährige durchschnittliche Wasserdurchfluss des Flusseinzugsgebietes, dem Wasser entnommen wird, 2.000 Mio. m^3 übersteigt,	X	
13.7.2	weniger als den in Nummer 13.7.1 angegebenen Werten;		A
13.8	Flusskanalisierungs- und Stromkorrekturarbeiten;		A
13.9	Bau eines Hafens für die Binnenschifffahrt, wenn der Hafen für Schiffe mit		
13.9.1	mehr als 1.350 t zugänglich ist,	X	
13.9.2	1.350 t oder weniger zugänglich ist;		A

Nr.	Vorhaben	Sp. 1	Sp. 2
13.10	Bau eines Binnen- oder Seehandelshafens für die Seeschifffahrt;	X	
13.11	Bau eines mit einem Binnen- oder Seehafen für die Seeschifffahrt verbundenen Landungssteges zum Laden und Löschen von Schiffen (ausgenommen Fährschiffe), der		
13.11.1	Schiffe mit mehr als 1.350 t aufnehmen kann,	X	
13.11.2	Schiffe mit 1.350 t oder weniger aufnehmen kann;		A
13.12	Bau eines sonstigen Hafens, einschließlich Fischereihafens oder Jachthafens, oder einer infrastrukturellen Hafenanlage;		A
13.13	Bau eines Deiches oder Dammes, der den Hochwasserabfluss beeinflusst (sofern nicht von Nummer 13.16 erfasst);		A
13.14	Errichtung und Betrieb einer Wasserkraftanlage;		A
13.15	Baggerung in Flüssen oder Seen zur Gewinnung von Mineralien;		A
13.16	Bauten des Küstenschutzes zur Bekämpfung der Erosion und meerestechnische Arbeiten, die geeignet sind, Veränderungen der Küste mit sich zu bringen (zum Beispiel Bau von Deichen, Molen, Hafendämmen und sonstigen Küstenschutzbauten), mit Ausnahme der Unterhaltung und Wiederherstellung solcher Bauten, soweit nicht durch Landesrecht etwas anderes als in dieser Nummer bestimmt ist;		A
13.17	Landgewinnung am Meer, soweit nicht durch Landesrecht etwas anderes bestimmt ist;		A
13.18	sonstige der Art nach nicht von den Nummern 13.1 bis 13.17 erfasste Ausbaumaßnahmen im Sinne des Wasserhaushaltsgesetzes		
13.18.1	soweit die Ausbaumaßnahmen nicht von Nummer 13.18.2 erfasst sind,		A
13.18.2	naturnaher Ausbau von Bächen, Gräben, Rückhaltebecken und Teichen, kleinräumige naturnahe Umgestaltungen, wie die Beseitigung von Bach- und Grabenverrohrungen, Verlegung von Straßenseitengräben in der bebauten Ortslage und ihre kleinräumige Verrohrung, Umsetzung von Kiesbänken in Gewässern;		S
14.	**Verkehrsvorhaben:**		
14.1	Bau einer Bundeswasserstraße durch		
14.1.1	Vorhaben im Sinne der Nummern 13.6.1 und 13.7.1,	X	
14.1.2	Vorhaben im Sinne der Nummern 13.6.2, 13.7.2, 13.8, 13.12 und 13.13 (unabhängig von einer Beeinflussung des Hochwasserabflusses);		A
14.2	Bau einer Bundeswasserstraße, die für Schiffe mit		
14.2.1	mehr als 1.350 t zugänglich ist,	X	
14.2.2	1.350 t oder weniger zugänglich ist;		A
14.3	Bau einer Bundesautobahn oder einer sonstigen Bundesstraße, wenn diese eine Schnellstraße im Sinne der Begriffsbestimmung des Europäischen Übereinkommens über die Hauptstraßen des internationalen Verkehrs vom 15. November 1975 ist;	X	
14.4	Bau einer neuen vier- oder mehrstreifigen Bundesstraße, wenn diese neue Straße eine durchgehende Länge von 5 km oder mehr aufweist;	X	
14.5	Bau einer vier- oder mehrstreifigen Bundesstraße durch Verlegung und/oder Ausbau einer bestehenden Bundesstraße, wenn dieser geänderte Bundesstraßenabschnitt eine durchgehende Länge von 10 km oder mehr aufweist;	X	
14.6	Bau einer sonstigen Bundesstraße;		A
14.7	Bau eines Schienenweges von Eisenbahnen mit den dazugehörenden Betriebsanlagen einschließlich Bahnstromfernleitungen;	X	

Nr.	Vorhaben	Sp. 1	Sp. 2
14.8	Bau einer sonstigen Betriebsanlage von Eisenbahnen, insbesondere einer intermodalen Umschlagsanlage oder eines Terminals für Eisenbahnen, soweit der Bau nicht Teil des Baues eines Schienenweges nach Nummer 14.7 ist;		A
14.9	Bau einer Magnetschwebebahnstrecke mit den dazugehörenden Betriebsanlagen;	X	
14.10	Bau einer anderen Bahnstrecke für den öffentlichen spurgeführten Verkehr mit den dazugehörenden Betriebsanlagen;		A
14.11	Bau einer Bahnstrecke für Straßenbahnen, Stadtschnellbahnen in Hochlage, Untergrundbahnen oder Hängebahnen im Sinne des Personenbeförderungsgesetzes, jeweils mit den dazugehörenden Betriebsanlagen;		A
14.12	Bau eines Flugplatzes im Sinne der Begriffsbestimmungen des Abkommens von Chicago von 1944 zur Errichtung der Internationalen Zivilluftfahrt-Organisation (Anhang 14) mit einer Start- und Landebahngrundlänge von		
14.12.1	1.500 m oder mehr,	X	
14.12.2	weniger als 1.500 m;		A
15.	**Bergbau und dauerhafte Speicherung von Kohlendioxid:**		
15.1	bergbauliche Vorhaben, einschließlich der zu ihrer Durchführung erforderlichen betriebsplanpflichtigen Maßnahmen dieser Anlage, nur nach Maßgabe der aufgrund des § 57 c Nummer 1 des Bundesberggesetzes erlassenen Rechtsverordnung,		
15.2	Errichtung, Betrieb und Stilllegung von Kohlendioxidspeichern;	X	
16.	**Flurbereinigung:**		X
16.1	Bau der gemeinschaftlichen und öffentlichen Anlagen im Sinne des Flurbereinigungsgesetzes;		A
17.	**Forstliche und landwirtschaftliche Vorhaben:**		
17.1	Erstaufforstung im Sinne des Bundeswaldgesetzes mit		
17.1.1	50 ha oder mehr Wald,	X	
17.1.2(2)	20 ha bis weniger als 50 ha Wald,		A
17.1.3(3)	2 ha bis weniger als 20 ha Wald;		S
17.2	Rodung von Wald im Sinne des Bundeswaldgesetzes zum Zwecke der Umwandlung in eine andere Nutzungsart mit		
17.2.1	10 ha oder mehr Wald,	X	
17.2.2	5 ha bis weniger als 10 ha Wald,		A
17.2.3(4)	1 ha bis weniger als 5 ha Wald;		S
17.3	Projekte zur Verwendung von Ödland oder naturnahen Flächen zu intensiver Landwirtschaftsnutzung mit		
17.3.1	20 ha oder mehr,	X	
17.3.2	10 ha bis weniger als 20 ha,		A
17.3.3	1 ha bis weniger als 10 ha;		S
18.	**Bauvorhaben:**		
18.1	Bau eines Feriendorfes, eines Hotelkomplexes oder einer sonstigen großen Einrichtung für die Ferien- und Fremdenbeherbergung, für den im bisherigen Außenbereich im Sinne des § 35 des Baugesetzbuchs ein Bebauungsplan aufgestellt wird, mit		
18.1.1	einer Bettenzahl von jeweils insgesamt 300 oder mehr oder mit einer Gästezimmerzahl von jeweils insgesamt 200 oder mehr,	X	
18.1.2	einer Bettenzahl von jeweils insgesamt 100 bis weniger als 300 oder mit einer Gästezimmerzahl von jeweils insgesamt 80 bis weniger als 200;		A

Nr.	Vorhaben	Sp. 1	Sp. 2
18.2	Bau eines ganzjährig betriebenen Campingplatzes, für den im bisherigen Außenbereich im Sinne des § 35 des Baugesetzbuchs ein Bebauungsplan aufgestellt wird, mit einer Stellplatzzahl von		
18.2.1	200 oder mehr,	X	
18.2.2	50 bis weniger als 200;		A
18.3	Bau eines Freizeitparks, für den im bisherigen Außenbereich im Sinne des § 35 des Baugesetzbuchs ein Bebauungsplan aufgestellt wird, mit einer Größe des Plangebiets von		
18.3.1	10 ha oder mehr,	X	
18.3.2	4 ha bis weniger als 10 ha;		A
18.4	Bau eines Parkplatzes, für den im bisherigen Außenbereich im Sinne des § 35 des Baugesetzbuchs ein Bebauungsplan aufgestellt wird, mit einer Größe von		
18.4.1	1 ha oder mehr,	X	
18.4.2	0,5 ha bis weniger als 1 ha;		A
18.5	Bau einer Industriezone für Industrieanlagen, für den im bisherigen Außenbereich im Sinne des § 35 des Baugesetzbuchs ein Bebauungsplan aufgestellt wird, mit einer zulässigen Grundfläche im Sinne des § 19 Absatz 2 der Baunutzungsverordnung oder einer festgesetzten Größe der Grundfläche von insgesamt		
18.5.1	100.000 m^2 oder mehr,	X	
18.5.2	20.000 m^2 bis weniger als 100.000 m^2;		A
18.6	Bau eines Einkaufszentrums, eines großflächigen Einzelhandelsbetriebes oder eines sonstigen großflächigen Handelbetriebes im Sinne des § 11 Absatz 3 Satz 1 der Baunutzungsverordnung, für den im bisherigen Außenbereich im Sinne des § 35 des Baugesetzbuchs ein Bebauungsplan aufgestellt wird, mit einer zulässigen Geschossfläche von		
18.6.1	5.000 m^2 oder mehr,	X	
18.6.2	1.200 m^2 bis weniger als 5.000 m^2;		A
18.7	Bau eines Städtebauprojektes für sonstige bauliche Anlagen, für den im bisherigen Außenbereich im Sinne des § 35 des Baugesetzbuchs ein Bebauungsplan aufgestellt wird, mit einer zulässigen Grundfläche im Sinne des § 19 Absatz 2 der Baunutzungsverordnung oder einer festgesetzten Größe der Grundfläche von insgesamt		
18.7.1	100.000 m^2 oder mehr,	X	
18.7.2	20.000 m^2 bis weniger als 100.000 m^2;		A
18.8	Bau eines Vorhabens der in den Nummern 18.1 bis 18.7 genannten Art, soweit der jeweilige Prüfwert für die Vorprüfung erreicht oder überschritten wird und für den in sonstigen Gebieten ein Bebauungsplan aufgestellt, geändert oder ergänzt wird;		A
18.9	Vorhaben, für das nach Landesrecht zur Umsetzung der Richtlinie 85/337/EWG des Rates über die Umweltverträglichkeitsprüfung bei bestimmten öffentlichen und privaten Projekten (ABl. EG Nr. L 175 S. 40) in der durch die Änderungsrichtlinie 97/11/EG des Rates (ABl. EG Nr. L 73 S. 5) geänderten Fassung eine Umweltverträglichkeitsprüfung vorgesehen ist, sofern dessen Zulässigkeit durch einen Bebauungsplan begründet wird oder ein Bebauungsplan einen Planfeststellungsbeschluss ersetzt;		
19.	**Leitungsanlagen und andere Anlagen:**		
19.1	Errichtung und Betrieb einer Hochspannungsfreileitung im Sinne des Energiewirtschaftsgesetzes mit		

Nr.	Vorhaben	Sp. 1	Sp. 2
19.1.1	einer Länge von mehr als 15 km und mit einer Nennspannung von 220 kV oder mehr,	X	
19.1.2	einer Länge von mehr als 15 km und mit einer Nennspannung von 110 kV bis zu 220 kV,		A
19.1.3	einer Länge von 5 km bis 15 km und mit einer Nennspannung von 110 kV oder mehr,		A
19.1.4	einer Länge von über 200 Metern und weniger als 5 km und einer Nennspannung von 110 kV oder mehr;		S
19.1.5	einer Länge von bis zu 200 Metern und einer Nennspannung von 110 kV oder mehr, wenn die Hochspannungsfreileitung in einem Natura 2000-Gebiet nach § 7 Absatz 1 Nummer 8 des Bundesnaturschutzgesetzes liegt		S
19.2	Errichtung und Betrieb einer Gasversorgungsleitung im Sinne des Energiewirtschaftsgesetzes, ausgenommen Anlagen, die den Bereich eines Werksgeländes nicht überschreiten, mit		
19.2.1	einer Länge von mehr als 40 km und einem Durchmesser von mehr als 800 mm,	X	
19.2.2	einer Länge von mehr als 40 km und einem Durchmesser von 300 mm bis zu 800 mm,		A
19.2.3	einer Länge von 5 km bis 40 km und einem Durchmesser von mehr als 300 mm,		A
19.2.4	einer Länge von weniger als 5 km und einem Durchmesser von mehr als 300 mm;		S
19.3	Errichtung und Betrieb einer Rohrleitungsanlage zum Befördern wassergefährdender Stoffe im Sinne von § 21 Absatz 4 Satz 7 dieses Gesetzes, ausgenommen Rohrleitungsanlagen, die – den Bereich eines Werksgeländes nicht überschreiten, – Zubehör einer Anlage zum Umgang mit solchen Stoffen sind, oder – Anlagen verbinden, die in engem räumlichen und betrieblichen Zusammenhang miteinander stehen und kurzräumig durch landgebundene öffentliche Verkehrswege getrennt sind, mit		
19.3.1	einer Länge von mehr als 40 km,	X	
19.3.2	einer Länge von 2 km bis 40 km und einem Durchmesser der Rohrleitung von mehr als 150 mm,		A
19.3.3	einer Länge von weniger als 2 km und einem Durchmesser der Rohrleitung von mehr als 150 mm;		S
19.4	Errichtung und Betrieb einer Rohrleitungsanlage, soweit sie nicht unter Nummer 19.3 fällt, zum Befördern von verflüssigten Gasen, ausgenommen Anlagen, die den Bereich eines Werksgeländes nicht überschreiten, mit		
19.4.1	einer Länge von mehr als 40 km und einem Durchmesser der Rohrleitung von mehr als 800 mm,	X	
19.4.2	einer Länge von mehr als 40 km und einem Durchmesser der Rohrleitung von 150 mm bis zu 800 mm,		A
19.4.3	einer Länge von 2 km bis 40 km und einem Durchmesser der Rohrleitung von mehr als 150 mm,		A
19.4.4	einer Länge von weniger als 2 km und einem Durchmesser der Rohrleitung von mehr als 150 mm;		S

Nr.	Vorhaben	Sp. 1	Sp. 2
19.5	Errichtung und Betrieb einer Rohrleitungsanlage, soweit sie nicht unter Nummer 19.3 oder als Energieanlage im Sinne des Energiewirtschaftsgesetzes unter Nummer 19.2 fällt, zum Befördern von nichtverflüssigten Gasen, ausgenommen Anlagen, die den Bereich eines Werksgeländes nicht überschreiten, mit		
19.5.1	einer Länge von mehr als 40 km und einem Durchmesser der Rohrleitung von mehr als 800 mm,	X	
19.5.2	einer Länge von mehr als 40 km und einem Durchmesser der Rohrleitung von 300 mm bis zu 800 mm,		A
19.5.3	einer Länge von 5 km bis 40 km und einem Durchmesser der Rohrleitung von mehr als 300 mm,		A
19.5.4	einer Länge von weniger als 5 km und einem Durchmesser der Rohrleitung von mehr als 300 mm;		S
19.6	Errichtung und Betrieb einer Rohrleitungsanlage zum Befördern von Stoffen im Sinne von § 3 a des Chemikaliengesetzes, soweit sie nicht unter eine der Nummern 19.2 bis 19.5 fällt und ausgenommen Abwasserleitungen sowie Anlagen, die den Bereich eines Werksgeländes nicht überschreiten oder Zubehör einer Anlage zum Lagern solcher Stoffe sind, mit		
19.6.1	einer Länge von mehr als 40 km und einem Durchmesser der Rohrleitung von mehr als 800 mm,	X	
19.6.2	einer Länge von mehr als 40 km und einem Durchmesser der Rohrleitung von 300 mm bis 800 mm,		A
19.6.3	einer Länge von 5 km bis 40 km und einem Durchmesser der Rohrleitung von mehr als 300 mm,		A
19.6.4	einer Länge von weniger als 5 km und einem Durchmesser der Rohrleitung von mehr als 300 mm;		S
19.7	Errichtung und Betrieb einer Rohrleitungsanlage zum Befördern von Dampf oder Warmwasser aus einer Anlage nach den Nummern 1 bis 10, die den Bereich des Werksgeländes überschreitet (Dampf- oder Warmwasserpipeline), mit		
19.7.1	einer Länge von 5 km oder mehr außerhalb des Werksgeländes,		A
19.7.2	einer Länge von weniger als 5 km im Außenbereich;		S
19.8	Errichtung und Betrieb einer Rohrleitungsanlage, soweit sie nicht unter Nummer 19.6 fällt, zum Befördern von Wasser, die das Gebiet einer Gemeinde überschreitet (Wasserfernleitung), mit		
19.8.1	einer Länge von 10 km oder mehr,		A
19.8.2	einer Länge von 2 km bis weniger als 10 km;		S
19.9	Errichtung und Betrieb eines künstlichen Wasserspeichers mit		
19.9.1	10 Mio. m^3 oder mehr Wasser,	X	
19.9.2	2 Mio. m^3 bis weniger als 10 Mio. m^3 Wasser,		A
19.9.3	5.000 m^3 bis weniger als 2 Mio. m^3 Wasser;		S
19.10	Errichtung und Betrieb einer Kohlendioxidleitung im Sinne des Kohlendioxid-Speicherung-und-Transport-Gesetzes, ausgenommen Anlagen, die den Bereich eines Werksgeländes nicht überschreiten, mit		
19.10.1	einer Länge von mehr als 40 km und einem Durchmesser der Rohrleitung von mehr als 800 mm,	X	
19.10.2	einer Länge von mehr als 40 km und einem Durchmesser der Rohrleitung von 150 mm bis zu 800 mm,		A
19.10.3	einer Länge von 2 km bis 40 km und einem Durchmesser der Rohrleitung von mehr als 150 mm,		A

Nr.	Vorhaben	Sp. 1	Sp. 2
19.10.4	einer Länge von weniger als 2 km und einem Durchmesser der Rohrleitung von mehr als 150 mm.		S
19.11	Errichtung und Betrieb eines Erdkabels nach § 2 Absatz 5 des Bundesbedarfsplangesetzes	X	

Übersicht

A. Allgemeines

1 Wie sich aus § 1 Abs. 1 Nr. 1 UVPG ergibt, **gilt das UVP-Gesetz** u.a. für die in der **Anlage 1** aufgeführten **Vorhaben**, die das Gesetz als UVP-pflichtig definiert. Die Anlage ist überschrieben mit dem Titel »Liste »UVP-pflichtige Vorhaben««. Daneben gilt das UVP-Gesetz für die in Anl. 5 aufgeführten sowie nach §§ 35 ff. im Einzelfall SUP-pflichtige Pläne und Programme und bestimmten grenzüberschreitenden Vorhaben (§ 1 Abs. 1 Nr. 2–4 UVPG). Eine »Liste »SUP-pflichtiger Pläne und Programme«« findet sich in Anh. 5 zum UVP-Gesetz.

In Anl. 1 wird – entsprechend der Diktion des § 2 Abs. 4 Nr. 1 UVPG – wie folgt differenziert:
a) **Errichtung und Betrieb** einer technischen Anlage,
b) **Bau** einer sonstigen Anlage,
c) **Durchführung** einer sonstigen in Natur oder Landschaft eingreifende Maßnahme.

Die Liste »UVP-pflichtige Vorhaben« wurde zuletzt zum 01.01.2025 durch die Sonderbestimmungen in Nr. 10.8 für Elektrolyseure ergänzt, die nach der Novellierung der Industrieemissions-Richtlinie keine chemischen Industrieanlagen mehr darstellen.[1]

2 Den bei weitem größten Anteil der aufgelisteten Vorhaben, die der Gesetzgeber in insgesamt 19 Kategorien unterteilt, stellen **technische Anlagen** dar, für die es um **Errichtung und Betrieb** geht. Die Terminologie **Bau einer sonstigen Anlage** findet sich insbesondere bei den Verkehrsvorhaben und bei den bauplanungsrechtlichen Vorhaben. Die Durchführung einer **sonstigen** in Natur und Landschaft eingreifenden **Maßnahme** erfolgt u.a. bei forstlichen Vorhaben (Nr. 17). Unter dieser Nummer sind weder die Termini »Errichtung und Betrieb« noch »Bau« zu finden, vielmehr ist z.B. von »Erstaufforstung« bzw. »Rodung von Wald« die Rede. Weiterhin gibt es »bergbauliche Vorhaben« (Nr. 15.1). Unter Nr. 13.3 ff. ist ebenfalls in verschiedenen Varianten eine lediglich allgemeine Beschreibung enthalten.

Schließlich ergibt sich aus der Legende das maßgebliche **Verständnis** der **Buchstaben X, A, S** wie folgt:

X	(Spalte 1)	=	Vorhaben ist **UVP-pflichtig**
A	(Spalte 2)	=	**allgemeine Vorprüfung** des Einzelfalls: siehe § 7 Abs. 1 Satz 1 UVPG
S	(Spalte 2)	=	**standortbezogene Vorprüfung** des Einzelfalls: siehe § 7 Abs. 2 UVPG

Zur richtigen Einordnung des Vorhabens in das formelle Genehmigungsrecht ist auch in diesem Zusammenhang eine **doppelte Blickrichtung** erforderlich, nämlich
– auf den jeweiligen **Zulassungstatbestand** nach dem Fachrecht einerseits und
– auf den betreffenden **UVP-Tatbestand** gemäß der Anlage 1 zum UVPG andererseits.

---

1 Viertes Bürokratieentlastungsgesetz vom 23.10.2024 (BGBl. I Nr. 323); siehe zur Gesetzesbegründung näher BT-Drs. 20/13015, S. 107 f.

Eine solche **parallele Betrachtung** ist auch bei der Anwendung des immissionsschutzrechtlichen Anlagenkatalogs in Anh. 1 zur 4. BImSchV notwendig. Die UVP-Tatbestände für technische Anlagen sind **entsprechend geordnet** (jeweils Nr. 1–10). In weitem Umfang decken sich die Einzeltatbestände sogar durch Wortlautidentität. Die ersten zehn Kategorien von technischen Anlagen (Vorhabengruppen), also die jeweiligen Nr. 1 bis 10 des Anh. 1 zur 4. BImSchV und der Anlage 1 zum UVPG, sind übereinstimmend zusammengefasst, ungeachtet geringfügiger Abweichungen im Wortlaut (s. Nr. 9 und 10). Bei den **Einzeltatbeständen** (Unterkategorien) finden sich dagegen z.T. **Abweichungen**. 3

Die Differenzierungen gemäß Anlage 1 zum UVPG und Anh. 1 zur 4. BImSchV richten sich nach **verschiedenen Ordnungskriterien**, nämlich:

- Der Anh. zur 4. BImSchV unterscheidet die Kategorien des (allgemeinen) Genehmigungsverfahrens nach § 10 BImSchG (mit Öffentlichkeitsbeteiligung) und des vereinfachten Genehmigungsverfahrens nach § 19 BImSchG (ohne Öffentlichkeitsbeteiligung, Spalte 1: G oder V) sowie unter die Industrieemissions-Richtlinie[2] fallenden Anlagen (Spalte 2: E).
- Die Anl. 1 zum UVPG differenziert nach den Kriterien (unbedingte) **UVP-Pflicht** (Spalte 1) und **Einzelfallprüfung** (Spalte 2: A oder S).

Eine besondere Verknüpfung ergibt sich aus § 2 Abs. 1 Satz 1 Nr. 1 lit. c der **4. BImSchV**. Danach ist bei in der Spalte 2 des Anh. 1 mit dem Buchstaben V gekennzeichneten Anlagen, die an sich nach dem Fachrecht im vereinfachten Verfahren ohne Öffentlichkeitsbeteiligung genehmigt werden können, zwingend ein allgemeines Genehmigungsverfahren mit Öffentlichkeitsbeteiligung durchzuführen, wenn für das Vorhaben nach dem UVP-Gesetz eine Umweltverträglichkeitsprüfung durchzuführen ist. Diese Zuordnung ist wegen der notwendigen **Öffentlichkeitsbeteiligung** bei der UVP geboten. Die **fachliche Zuordnung zu den Verfahrensarten** nach dem Anlagenkatalog der 4. BImSchV steht damit gleichsam unter dem **Vorbehalt** einer **anderen Entscheidung** nach dem **UVP-Gesetz.**

Die Zahl **der Vorhaben**, insbesondere solcher, die gemäß Spalte 2 auf der Basis einer Einzelfallprüfung UVP-pflichtig sind, ist erheblich. Der Bestimmung der für die allgemeine Vorprüfung vorgesehenen **Prüfwerte** für Größe oder Leistung liegt aus Sicht der Bundesregierung die Beurteilung zugrunde, dass im **Regelfall** bei kleineren Anlagen **keine** erheblichen nachteiligen Umweltauswirkungen zu erwarten sind. Es sei allerdings nicht auszuschließen, dass dies im Einzelfall ausnahmsweise im Zusammenwirken mit **besonderen örtlichen Gegebenheiten** der Fall sein könnte.[3] 4

B. UVP-relevante Tatbestände

Die **Begriffsbestimmungen gemäß § 2 Abs. 4 Nr. 1 UVPG typisieren** die verschiedenen Tatbestände der ggf. UVP-pflichtigen **Vorhaben.** 5

I. Errichtung und Betrieb von technischen Anlagen

Technische Anlagen stellen insbesondere die immissionsschutzrechtlichen Anlagen dar, aber auch solche des Atomrechts, Abfall- und Wasserrechts (s. Nr. 11, 12 und 13 des Anh. 1). Weiterhin unterfallen Leitungsanlagen und andere Anlagen gemäß Nr. 19 dieser Kategorie. Die UVP ist auf Grund ihres Charakters als unselbstständiger Teil verwaltungsbehördlicher Verfahren[4] an den einzelnen fachgesetzlichen Zulassungstatbeständen zu orientieren. Was das Immissionsschutzrecht anbetrifft, stellt § 4 Abs. 1 BImSchG, ungeachtet seiner differenzierten Anknüpfung an Errichtung und Betrieb, einen einheitlichen Genehmigungstatbestand dar. Mit der (Voll-)Genehmigung werden der Bau der Anlagen und der Betrieb, und zwar grundsätzlich auf Dauer, in einem umfassenden Sinne erlaubt. Die Unterwerfung bereits der Anlagenerrichtung unter die Genehmigungspflicht trägt dem Umstand Rechnung, dass die Anlage regelmäßig nur errichtet wird, um betrieben zu werden, weswegen die Errichtung nur genehmigt werden darf, wenn die Einrichtung der Anlage einschließlich ihrer Funktionsweise einen nach den Vorgaben des 6

2 Richtlinie 2010/75/EU, ABl L 334 v. 17.12.2010, S. 17.
3 Vgl. bereits die Begründung des Gesetzentwurfs zur UVPG-Novelle 2001, BT-Drs. 14/4599, S. 106.
4 Siehe § 4 UVPG und die Kommentierung hierzu.

BImSchG genehmigungsfähigen Betrieb ermöglicht.[5] Ein Genehmigungstatbestand – und damit gleichzeitig auch ein durch die UVP zu erfassender Tatbestand – liegt bereits dann vor, wenn mit der tatsächlichen Errichtung der Anlage begonnen wird, d.h. mit den Bauarbeiten einschließlich des Bodenaushubs. Lediglich vorbereitende Handlungen ohne Bezug zum Vorhabengrundstück, wie die Bestellung von Anlagenkomponenten etc., gehören hingegen nicht dazu.[6] Die in die Genehmigung integrierte UVP hat sich besonders auf den **Betrieb** der Anlage auszurichten. Unter Betrieb ist nicht allein die Produktion im engeren Sinne zu verstehen, sondern die gesamte Betriebsweise, einschließlich z.B. der Wartung und Unterhaltung. Auf Grund der regelmäßigen **Verknüpfung** zwischen den Begriffen in der Anlage 1 zum UVP-Gesetz und denjenigen des Fachrechts wird im Einzelnen auf die diesbezüglich einschlägige Rechtsprechung und Literatur verwiesen. Denn die Frage, auf welche **Anlagenteile** und **Nebeneinrichtungen** sich das Genehmigungserfordernis erstreckt, beantwortet sich allein nach dem jeweiligen Fachrecht.[7]

II. Bau einer sonstigen Anlage

7 Ähnlich wie bei den technischen Anlagen sind auch die in der Anlage 1 zum UVP-Gesetz enthaltenen Tatbestände des »**Baus einer sonstigen Anlage**« fachgesetzlich zu verstehen.[8] Terminologisch entspricht dies etwa § 17 Abs. 1 Satz 1 FStrG, wenn es dort heißt, dass »Bundesfernstraßen… nur **gebaut** oder geändert werden (dürfen), wenn…«. Die Richtigkeit des Begriffs »Bau« ist insbesondere im Falle der bauplanungsrechtlichen Vorhaben (Nr. 18) offenkundig. Eine Parallele zum ergänzenden Begriff des »Betriebs« bei technischen Anlagen ergibt sich fachgesetzlich im Falle der baulichen Anlagen durch den Begriff der »Nutzung«. Anders als beim Vergleichsmodell tritt bzgl. der UVP der Nutzungsaspekt insoweit aber meist hinter den Errichtungsaspekt zurück. Ob sich in Ausnahmefällen etwas anderes ergibt, muss im Einzelnen festgestellt werden.

Soweit einzelne Begriffe nicht fachgesetzlich definiert sind oder keine Parallele aufweisen, müssen diese durch Heranziehung der üblichen Auslegungsmethoden konkretisiert werden. Dies kann mitunter mit Unwägbarkeiten verbunden sein, wie insbesondere die Auslegung des Begriffs eines »**Städtebauprojekts« in Nr. 18.7** veranschaulicht. Die UVP-Richtlinie fasst »Städtebauprojekte« unter die Kategorie der »Infrastrukturprojekte« (Anl. 2 Nr. 10 lit. b der UVP-Richtlinie) und nennt als Beispiele die Errichtung von Einkaufszentren oder Parkplätzen, die das UVPG in Nr. 18.4 und 18.6 der Anlage 1 aber separat erfasst. Angesichts einer divergierenden Rechtsanwendungspraxis in den Mitgliedstaaten hat die EU-Kommission in ihren Auslegungshinweisen[9] Indizien definiert. Anhaltspunkte für die Annahme eines »Städtebauprojekts« sind danach erstens eine Vergleichbarkeit mit den ausdrücklich genannten Parkplätzen und Einkaufszentren, zweitens ein städtischer Charakter mit vergleichbaren Umweltauswirkungen wie bei Wohnsiedlungen, Krankenhäusern, Universitäten, Sportstadien, Kinos, Theatern, Konzerthallen und anderen Kulturzentren sowie drittens die Frage, ob sich das Projekt unter die Begrifflichkeiten »städtisch« und »Infrastruktur« subsumieren lässt (z.B. Wasser- und Abwasserversorgung, Telekommunikationseinrichtungen).

Der deutsche Gesetzgeber hat darauf verzichtet, die UVP-Pflicht auf »Infrastrukturprojekte« im engeren Sinn zu reduzieren, sondern betrachtet Nr. 18.7 als weiterreichenden Auffangtatbestand. Demnach soll es maßgeblich auf die Größe, d.h. darauf ankommen, ob das jeweilige Vorhaben »eine gewisse räumliche Dimension erreicht«.[10] Dementsprechend weit wird der Begriff in der Rechtsprechung ausgelegt. Für die Einordnung als »städtisch« kommt es danach weder darauf an, dass es sich um eine kommunale Einrichtung handelt, noch, dass das Vorhaben ausschließlich oder über-

5 *Dietlein*, in: Landmann/Rohmer, Umweltrecht, § 4 BImSchG Rn. 69.

6 *Dietlein*, in: Landmann/Rohmer, Umweltrecht, § 4 BImSchG Rn. 70.

7 Siehe hierzu die Kommentierung zu § 3 UVPG Rdn. 53 ff.

8 Vgl. bspw. HessVGH, Urt. v. 17.01.2023 – 3 C 1855/20.N, juris Rn. 41, zu der Begründung einer UVP-Pflicht durch einen Angebotsbebauungsplan.

9 Die Auslegung der Definitionen der in den Anhängen 1 und 2 der UVP-Richtlinie aufgeführten Projektkategorien, Amt für Veröffentlichungen der Europäischen Union, 2024, https://data.europa.eu/doi/10.2779/444161, dort. S. 67.

10 BT-Drs. 14/4599 S. 121 f.

wiegend von der Allgemeinheit genutzt wird. Offen bleibt, ob zumindest eine Vielzahl baulicher Anlagen vorausgesetzt wird.[11] Der Begriff des »Städtebauprojekts« droht damit allerdings konturenlos zu werden. Darüber hinaus betrachtet der Europäische Gerichtshof eine ausschließliche Orientierung am Größenkriterium als unionsrechtswidrig.[12] Um eine uferlose Ausdehnung des Auffangtatbestands zu vermeiden, bedarf es daher neben der Größe eines Projekts auch der Berücksichtigung seines »städtischen« Charakters. Hierfür empfiehlt sich eine Orientierung an den in den Auslegungshinweisen der EU-Kommission genannten Kriterien. Diese können etwa gegen eine Einordnung bestimmter erneuerbarer Energieprojekte im Außenbereich als »Städtebauprojekte« sprechen.

III. Sonstige eingreifende Maßnahmen

Einen Beispielsfall für »sonstige« Maßnahmen stellt der Katalog der **forstlichen Vorhaben** gemäß Nr. 17 dar. Es fehlt hier an einem speziellen bzw. differenzierten Genehmigungstypus. § 10 BWaldG erklärt allgemein die »Erstaufforstung von Flächen« für genehmigungsbedürftig. Auch in dieser Hinsicht gilt in Folge des Integrationsprinzips der UVP in den jeweiligen Genehmigungstatbestand, dass sich der Vorhabenbegriff terminologisch (gemäß den Begrifflichkeiten der Anlage 1 zum UVP-Gesetz) an den fachgesetzlichen Zulassungstatbeständen orientiert. 8

C. Reichweite der UVP-Pflichtigkeit von Vorhaben

Bedarf eine Gesamtmaßnahme zu ihrer Verwirklichung mehrerer Teilschritte, von denen nur einzelne 9
nach Maßgabe der Anlage 1 UVP-pflichtig sind, so stellt sich insbesondere dann, wenn diese verfahrensmäßig wie im Immissionsschutzrecht durch die Konzentrationsregelung des § 13 BImSchG miteinander verklammert sind, die Frage, ob die UVP-Pflichtigkeit eines Einzelvorhabens die Gesamtmaßnahme in dem Sinne »infiziert«, dass bezüglich der Gesamtmaßnahmen in allen Teilschritten eine UVP bzw. eine Vorprüfung durchzuführen ist. Dies ist zu verneinen[13], weil die Annahme einer solchen Erstreckung der UVP-Pflicht nicht mit dem Vorhabenbegriff gemäß § 2 Abs. 4 i.V.m. Anl. 1 UVPG vereinbar wäre. Diesem entspricht nicht zuletzt auch der Projektbegriff der UVP-Richtlinie.[14] Darüber hinaus ist zu beachten, dass § 10 UVPG für »kumulierende Vorhaben«[15] gerade eine besondere Regelung trifft. Allein ein funktionaler Bezug mehrerer Einzelvorhaben oder Projekte genügt dabei nicht für die Annahme einer Kumulation.[16] Eine Verfahrenskonzentration einzelner fachrechtlicher Genehmigungserfordernisse oder gar nur ein rein faktischer Bezug verschiedener Einzelvorhaben ändert deswegen nichts daran, dass sich die in der Anlage 1 bezeichneten UVP-Pflichten inhaltlich auf die jeweiligen Einzelvorhaben beschränken. Hieran ändert auch der Umstand nichts, dass die UVP bzw. Vorprüfung die Umweltauswirkungen (§ 2 Abs. 2 UVPG) des betreffenden Einzelvorhabens umfassend mit all seinen Auswirkungen auf die in § 2 Abs. 1 UVPG genannten Schutzgüter in den Blick nehmen muss.[17] Denn hierbei geht es ausschließlich um die Umweltauswirkungen des UVP-pflichtigen (Einzel-)Vorhabens.

---

11 Vgl. BVerwG, Urt. v. 24.04.2024 – 4 CN 3.23, juris Rn. 12 ff. betreffend das Trainingszentrum eines Fußball-Bundesligisten; Saarl. OVG, Urt. v. 09.10.2025 – 2 C 168/24, juris Rn. 77 zu universitären Einrichtungen.

12 EuGH, Urt. v. 25.05.2023 – C-575/21 (»Heumarkt Neu« in Wien), NVwZ 2023, 1313.

13 Vgl. insoweit VGH BW, Beschl. v. 21.01.2022 – 10 S 1861721, EnWZ 2022, 132 = juris Rn. 9; VGH BW, Urt. v. 27.11.2023 – 10 S 1584/22, juris Rn. 45; *Müggenborg*, in: Frenz/Müggenborg/Cosack/Ruttloff/Schomerus, Erneuerbare-Energien-Gesetz (EEG 2023), 6. Aufl. 2025, Vor §§ 36 ff. Rn. 147; a.A. OVG Lüneburg, Beschl. v. 31.03.2025 -12 ME 49/24, NordÖR 2025, 513 = juris Rn. 57; missverständlich Ziff. 2.4.1 UVPVwV.

14 Art. 1 Abs. 2 lit. a, Art. 4 Abs. 1 und 2 i.V.m. Anl. 1 und 2 der Richtlinie 2011/92/EU (zuletzt geändert durch Richtlinie 2014/52/EU).

15 Siehe zum Begriff im Einzelnen die Kommentierung zu § 10 UVPG Rdn. 8 ff.

16 BVerwG, Urt. v. 25.01.2024 – 7 A 4.23, UPR 2024, 300 Rn. 22; siehe in diesem Zusammenhang auch BVerwG, Beschl. v. 29.01.2025 – 10 B 6.24, NVwZ 2025, 1431 Rn. 9.

17 Vgl. § 7 Abs. 1 und 2 sowie § 16 Abs. 1, § 24 Abs. 1 Satz 1 Nr. 1 und § 25 Abs. 1 Satz 1 UVPG.

Anlage 4 Angaben des UVP-Berichts für die Umweltverträglichkeitsprüfung

Soweit die nachfolgenden Aspekte über die in § 16 Absatz 1 Satz 1 genannten Mindestanforderungen hinausgehen und sie für das Vorhaben von Bedeutung sind, muss nach § 16 Absatz 3 der UVP-Bericht hierzu Angaben enthalten.

1. Eine Beschreibung des Vorhabens, insbesondere
   a) eine Beschreibung des Standorts,
   b) eine Beschreibung der physischen Merkmale des gesamten Vorhabens, einschließlich der erforderlichen Abrissarbeiten, soweit relevant, sowie des Flächenbedarfs während der Bau- und der Betriebsphase,
   c) eine Beschreibung der wichtigsten Merkmale der Betriebsphase des Vorhabens (insbesondere von Produktionsprozessen), z. B.
      aa) Energiebedarf und Energieverbrauch,
      bb) Art und Menge der verwendeten Rohstoffe und
      cc) Art und Menge der natürlichen Ressourcen (insbesondere Fläche, Boden, Wasser, Tiere, Pflanzen und biologische Vielfalt),
   d) eine Abschätzung, aufgeschlüsselt nach Art und Quantität,
      aa) der erwarteten Rückstände und Emissionen (z. B. Verunreinigung des Wassers, der Luft, des Bodens und Untergrunds, Lärm, Erschütterungen, Licht, Wärme, Strahlung) sowie
      bb) des während der Bau- und Betriebsphase erzeugten Abfalls.
2. Eine Beschreibung der vom Vorhabenträger geprüften vernünftigen Alternativen (z. B. in Bezug auf Ausgestaltung, Technologie, Standort, Größe und Umfang des Vorhabens), die für das Vorhaben und seine spezifischen Merkmale relevant sind, und Angabe der wesentlichen Gründe für die getroffene Wahl unter Berücksichtigung der jeweiligen Umweltauswirkungen.
3. Eine Beschreibung des aktuellen Zustands der Umwelt und ihrer Bestandteile im Einwirkungsbereich des Vorhabens und eine Übersicht über die voraussichtliche Entwicklung der Umwelt bei Nichtdurchführung des Vorhabens, soweit diese Entwicklung gegenüber dem aktuellen Zustand mit zumutbarem Aufwand auf der Grundlage der verfügbaren Umweltinformationen und wissenschaftlichen Erkenntnisse abgeschätzt werden kann.
4. Eine Beschreibung der möglichen erheblichen Umweltauswirkungen des Vorhabens; Die Darstellung der Umweltauswirkungen soll den Umweltschutzzielen Rechnung tragen, die nach den Rechtsvorschriften, einschließlich verbindlicher planerischer Vorgaben, maßgebend sind für die Zulassungsentscheidung. Die Darstellung soll sich auf die Art der Umweltauswirkungen nach Buchstabe a erstrecken. Anzugeben sind jeweils die Art, in der Schutzgüter betroffen sind nach Buchstabe b, und die Ursachen der Auswirkungen nach Buchstabe c.
   a) Art der Umweltauswirkungen
      Die Beschreibung der zu erwartenden erheblichen Umweltauswirkungen soll sich auf die direkten und die etwaigen indirekten, sekundären, kumulativen, grenzüberschreitenden, kurzfristigen, mittelfristigen und langfristigen, ständigen und vorübergehenden, positiven und negativen Auswirkungen des Vorhabens erstrecken.
   b) Art, in der Schutzgüter betroffen sind
      Bei der Angabe, in welcher Hinsicht die Schutzgüter von den Auswirkungen des Vorhabens betroffen sein können, sind in Bezug auf die nachfolgenden Schutzgüter insbesondere folgende Auswirkungen zu berücksichtigen:

Schutzgut (Auswahl)	mögliche Art der Betroffenheit
Menschen, insbesondere die menschliche Gesundheit	Auswirkungen sowohl auf einzelne Menschen als auch auf die Bevölkerung
Tiere, Pflanzen, biologische Vielfalt	Auswirkungen auf Flora und Fauna
Fläche	Flächenverbrauch
Boden	Veränderung der organischen Substanz, Bodenerosion, Bodenverdichtung, Bodenversiegelung

Wasser	hydromorphologische Veränderungen, Veränderungen von Quantität oder Qualität des Wassers
Klima	Veränderungen des Klimas, z. B. durch Treibhausgasemissionen, Veränderung des Kleinklimas am Standort
kulturelles Erbe	Auswirkungen auf historisch, architektonisch oder archäologisch bedeutende Stätten und Bauwerke und auf Kulturlandschaften

c) Mögliche Ursachen der Umweltauswirkungen
Bei der Beschreibung der Umstände, die zu erheblichen Umweltauswirkungen des Vorhabens führen können, sind insbesondere folgende Gesichtspunkte zu berücksichtigen:
aa) die Durchführung baulicher Maßnahmen, einschließlich der Abrissarbeiten, soweit relevant, sowie die physische Anwesenheit der errichteten Anlagen oder Bauwerke,
bb) verwendete Techniken und eingesetzte Stoffe,
cc) die Nutzung natürlicher Ressourcen, insbesondere Fläche, Boden, Wasser, Tiere, Pflanzen und biologische Vielfalt, und, soweit möglich, jeweils auch auf die nachhaltige Verfügbarkeit der betroffenen Ressource einzugehen,
dd) Emissionen und Belästigungen sowie Verwertung oder Beseitigung von Abfällen,
ee) Risiken für die menschliche Gesundheit, für Natur und Landschaft sowie für das kulturelle Erbe, zum Beispiel durch schwere Unfälle oder Katastrophen,
ff) das Zusammenwirken mit den Auswirkungen anderer bestehender oder zugelassener Vorhaben oder Tätigkeiten; dabei ist auch auf Umweltprobleme einzugehen, die sich daraus ergeben, dass ökologisch empfindliche Gebiete nach Anlage 3 Nummer 2.3 betroffen sind oder die sich aus einer Nutzung natürlicher Ressourcen ergeben,
gg) Auswirkungen des Vorhabens auf das Klima, zum Beispiel durch Art und Ausmaß der mit dem Vorhaben verbundenen Treibhausgasemissionen,
hh) die Anfälligkeit des Vorhabens gegenüber den Folgen des Klimawandels (zum Beispiel durch erhöhte Hochwassergefahr am Standort),
ii) die Anfälligkeit des Vorhabens für die Risiken von schweren Unfällen oder Katastrophen, soweit solche Risiken nach der Art, den Merkmalen und dem Standort des Vorhabens von Bedeutung sind.

5. Die Beschreibung der grenzüberschreitenden Auswirkungen des Vorhabens soll in einem gesonderten Abschnitt erfolgen.
6. Eine Beschreibung und Erläuterung der Merkmale des Vorhabens und seines Standorts, mit denen das Auftreten erheblicher nachteiliger Umweltauswirkungen ausgeschlossen, vermindert, ausgeglichen werden soll.
7. Eine Beschreibung und Erläuterung der geplanten Maßnahmen, mit denen das Auftreten erheblicher nachteiliger Umweltauswirkungen ausgeschlossen, vermindert oder ausgeglichen werden soll, sowie geplanter Ersatzmaßnahmen und etwaiger Überwachungsmaßnahmen des Vorhabenträgers.
8. Soweit Auswirkungen aufgrund der Anfälligkeit des Vorhabens für die Risiken von schweren Unfällen oder Katastrophen zu erwarten sind, soll die Beschreibung, soweit möglich, auch auf vorgesehene Vorsorge- und Notfallmaßnahmen eingehen.
9. Die Beschreibung der Auswirkungen auf Natura 2000-Gebiete soll in einem gesonderten Abschnitt erfolgen.
10. Die Beschreibung der Auswirkungen auf besonders geschützte Arten soll in einem gesonderten Abschnitt erfolgen.
11. Eine Beschreibung der Methoden oder Nachweise, die zur Ermittlung der erheblichen Umweltauswirkungen genutzt wurden, einschließlich näherer Hinweise auf Schwierigkeiten und Unsicherheiten, die bei der Zusammenstellung der Angaben aufgetreten sind, zum Beispiel technische Lücken oder fehlende Kenntnisse.
12. Eine Referenzliste der Quellen, die für die im UVP-Bericht enthaltenen Angaben herangezogen wurden.

Die Kommentierung zu Anlage 4 erfolgt bei § 16 UVPG. 1

Anlage 5 Liste »SUP-pflichtiger Pläne und Programme«

Nachstehende Pläne und Programme fallen nach § 1 Absatz 1 Nummer 2, § 2 Absatz 7 in den Anwendungsbereich dieses Gesetzes.

Legende:

Nr. = Nummer des Plans oder Programms

Plan oder Programm = Art des Plans oder Programms

Nr.	Plan oder Programm
1.	**Obligatorische Strategische Umweltprüfung nach § 35 Absatz 1 Nummer 1**
1.1	Verkehrswegeplanungen auf Bundesebene einschließlich Bedarfspläne nach einem Verkehrswegeausbaugesetz des Bundes
1.2	Ausbaupläne nach § 12 Absatz 1 des Luftverkehrsgesetzes, wenn diese bei ihrer Aufstellung oder Änderung über den Umfang der Entscheidungen nach § 8 Absatz 1 und 2 des Luftverkehrsgesetzes wesentlich hinausreichen
1.3	Risikomanagementpläne nach § 75 des Wasserhaushaltsgesetzes und die Aktualisierung der vergleichbaren Pläne nach § 75 Absatz 6 des Wasserhaushaltsgesetzes
1.4	Maßnahmenprogramme nach § 82 des Wasserhaushaltsgesetzes
1.5	Raumordnungsplanungen nach § 13 des Raumordnungsgesetzes
1.6	Raumordnungsplanungen des Bundes nach § 17 Absatz 1 und 2 des Raumordnungsgesetzes
1.7	Rechtsverordnungen nach § 249b Absatz 1 und 2 des Baugesetzbuchs
1.8	Bauleitplanungen nach den §§ 6 und 10 des Baugesetzbuchs
1.9	Maßnahmenprogramme nach § 45h des Wasserhaushaltsgesetzes
1.10	Bundesbedarfspläne nach § 12e des Energiewirtschaftsgesetzes
1.11	Bundesfachplanungen nach den §§ 4 und 5 des Netzausbaubeschleunigungsgesetzes Übertragungsnetz
1.12	Nationale Aktionsprogramme nach Artikel 5 Absatz 1 der Richtlinie 91/676/EWG des Rates vom 12. Dezember 1991 zum Schutz der Gewässer vor Verunreinigung durch Nitrat aus landwirtschaftlichen Quellen (ABl. L 375 vom 31.12.1991, S. 1), die zuletzt durch die Verordnung (EG) Nr. 1137/2008 (ABl. L 311 vom 21.11.2008, S. 1) geändert worden ist
1.13	Das Nationale Entsorgungsprogramm nach § 2c des Atomgesetzes
1.14	Bundesfachpläne Offshore nach § 17a des Energiewirtschaftsgesetzes
1.15	Festlegung der Standortregionen für die übertägige Erkundung nach § 15 Absatz 3 des Standortauswahlgesetzes
1.16	Festlegung der Standorte für die untertägige Erkundung nach § 17 Absatz 2 des Standortauswahlgesetzes.
1.17	Flächenentwicklungspläne nach § 5 des Windenergie-auf-See-Gesetzes
1.18	Feststellungen der Eignung einer Fläche und der installierbaren Leistung auf der Fläche nach § 12 Absatz 5 des Windenergie-auf-See-Gesetzes
2.	**Strategische Umweltprüfung bei Rahmensetzung nach § 35 Absatz 1 Nummer 2**
2.1	Lärmaktionspläne nach § 47d des Bundes-Immissionsschutzgesetzes
2.2	Luftreinhaltepläne nach § 47 Absatz 1 des Bundes-Immissionsschutzgesetzes
2.3	Abfallwirtschaftskonzepte nach § 21 des Kreislaufwirtschaftsgesetzes
2.4	Fortschreibung der Abfallwirtschaftskonzepte nach § 16 Absatz 3 Satz 4, 2. Alternative des Kreislaufwirtschafts- und Abfallgesetzes vom 27. September 1994 (BGBl. I S. 2705), das zuletzt durch Artikel 5 des Gesetzes vom 6. Oktober 2011 (BGBl. I S. 1986) geändert worden ist,

Nr.	Plan oder Programm
2.5	Abfallwirtschaftspläne nach § 30 des Kreislaufwirtschaftsgesetzes, einschließlich von besonderen Kapiteln oder gesonderten Teilplänen über die Entsorgung von gefährlichen Abfällen, Altbatterien und Akkumulatoren oder Verpackungen und Verpackungsabfällen
2.6	Abfallvermeidungsprogramme nach § 33 des Kreislaufwirtschaftsgesetzes
2.7	Operationelle Programme aus dem Europäischen Fonds für Regionale Entwicklung, dem Europäischen Sozialfonds, dem Kohäsionsfonds und dem Europäischen Meeres- und Fischereifonds sowie Entwicklungsprogramme für den ländlichen Raum aus dem Europäischen Landwirtschaftsfonds für die Entwicklung des ländlichen Raumes
2.8	Besondere Notfallpläne des Bundes oder der Länder nach § 99 Absatz 2 Nummer 9 oder § 100, jeweils auch in Verbindung mit § 103 Absatz 1 des Strahlenschutzgesetzes, für die Entsorgung von Abfällen bei möglichen Notfällen
2.9	Pläne des Bundes oder der Länder nach § 118 Absatz 2 oder 5, jeweils auch in Verbindung mit § 103 Absatz 1 des Strahlenschutzgesetzes, für die Entsorgung von Abfällen
2.10	Bestimmung von Maßnahmen durch Rechtsverordnung nach § 123 Satz 2 des Strahlenschutzgesetzes
2.11	Radonmaßnahmenplan nach § 122 Absatz 1 des Strahlenschutzgesetzes
2.12	Aktionspläne nach § 40d des Bundesnaturschutzgesetzes
2.13	Klimaschutzprogramme nach § 9 des Bundes-Klimaschutzgesetzes
2.14	Entscheidungen über die Ausweisung als Gebiet zum Neu- oder Ausbau von Wärmenetzen oder als Wasserstoffnetzausbaugebiet nach § 26 des Wärmeplanungsgesetzes

Übersicht

A. Allgemeines

1 Die Anl. 5[1] ist im Zuge der Umsetzung der Richtlinie des Europäischen Parlamentes und des Rates v. 27.06.2001 über die Prüfung der Umweltauswirkungen bestimmter Pläne und Programme (SUP-RL)[2] in das UVPG aufgenommen worden. Sie wurde seitdem mehrfach geändert und ergänzt.

2 2010 erfolgte zunächst eine Anpassung mit anschließender Neuverkündung als Folge der Novellierung verschiedener Umweltfachgesetze (u.a. WHG, BNatSchG, ROG), für die nunmehr dem Bund die konkurrierende Gesetzgebungskompetenz zusteht.[3] Geändert und der neuen Rechtslage angepasst wurden dabei die Vorgaben der Anl. 5 aus Nr. 1.3 Risikomanagementpläne nach § 75 WHG (Rdn. 21 ff.), Nr. 1.4 Maßnahmenprogramme nach § 82 WHG (18 ff.), Nr. 1.5 Raumordnungsplanungen nach § 13 ROG (Rdn. 26) und Nr. 1.6 Raumordnungsplanungen des Bundes nach § 17 Abs. 1 und 2 ROG (Rdn. 26). Ersatzlos entfallen sind im Zuge dieser Novellierung die zuvor in Anl. 5 Ziff. 1.9 enthaltenden Vorgaben für Landschaftsplanungen gem. §§ 15 und 16 BNatSchG (2007).[4] Insoweit gilt die Sonderregelung in § 52. § 52 bestimmt, dass sich die SUP bei Landschaftsplanungen im Hinblick auf ihre Erforderlichkeit und die Durchführung nach Landesrecht richtet. Es besteht also keine unmittelbar kraft Anordnung in Anl. 5 Nr. 1 bestimmte SUP-Pflichtigkeit gem. § 35 Abs. 1 Nr. 1 mehr. Zugunsten der Länder ist nunmehr in § 10 Abs. 4 BNatSchG für Landschaftsprogramme und Landschaftsrahmenpläne und in § 11 Abs. 5 BNatSchG für Landschafts- und Grünordnungspläne ein ausdrücklicher Regelungsvorbehalt zum Aufstellungsverfahren, das die Regeln für die SUP solcher Programme und Pläne einschließt, enthalten.[5]

3 2011 hat die Anl. 5 weitere Ergänzungen erfahren. Maßnahmenprogramme nach § 45h WHG (Ziff. 1.9, Rdn. 35) sind durch das Gesetz zur Umsetzung der Meeresstrategie-Rahmenrichtlinie und zur Änderung des Bundeswasserstraßengesetzes eingefügt worden.[6] Weitere Ergänzungen erfolgten – als Teil des Maßnahmenpakets der Bundesregierung zur Energiewende – durch das novellierte

---

1 Bis zur UVPG-Novelle 2017: Anl. 3.

2 Richtlinie 2001/42/EG des Europäischen Parlaments und des Rates v. 27.06.2001 über die Prüfung der Umweltauswirkungen bestimmter Pläne und Programme ABl. EG L 197/30.

3 Neugefasst durch Bek. v. 24.02.2010, BGBl. I 2010, 94 (127).

4 Vgl. die Kommentierung zu Anl. 3 Nr. 1.9 Rn. 27 ff. in der 3. Aufl.

5 Der Bund hat insoweit auf seine Regelungsmöglichkeit kraft der ihm zustehenden konkurrierenden Gesetzgebungskompetenz verzichtet, sodass die Länder regelungsbefugt sind, vgl. BR-Drs. 278/09, S. 176 (Begründung zu § 10 Abs. 5 BNatSchG 2009).

6 BGBl. I 2017, S. 872.

Energiewirtschaftsgesetz[7] (Bundesbedarfspläne nach § 12e EnWG – Ziff. 1.10, siehe Rdn. 39 ff.) und das Netzausbaubeschleunigungsgesetz[8] (Bundesbedarfspläne nach den §§ 4 und 5 des Netzausbaubeschleunigungsgesetzes Übertragungsnetz – Ziff. 1.11, siehe Rdn. 43).

Durch Art. 12 des Gesetzes zur Neuordnung des Rechts zum Schutz vor der schädlichen Wirkung ionisierender Strahlung[9] wurden mit Wirkung zum 31.12.2018 die Ziff. 2.8–2.11 in die Anl. 5 aufgenommen. Diese sehen eine konditionale SUP im Bereich der nuklearen Sicherheit vor. Die jüngste Änderung erfuhr Anl. 5 durch die Einführung des Bundes-Klimaschutzgesetzes[10] im Jahr 2019 und die damit einhergehende Einfügung der Ziff. 2.13, die eine konditionale SUP für Klimaschutzprogramme des Bundes nach § 9 Bundes-Klimaschutzgesetz vorsieht. 4

Im Jahr 2023 wurde die weggefallene Nr. 1.7 ausgetauscht durch »Rechtsverordnungen nach § 249b Abs. 1 und 2 des Baugesetzbuchs«[11] und der Katalog um Nr. 2.14 »Entscheidungen über die Ausweisung als Gebiet zum Neu- oder Ausbau von Wärmenetzen oder als Wasserstoffnetzausbaugebiet nach § 26 des Wärmeplanungsgesetzes«[12] erweitert. Die Umsetzung der Vorgaben der RED III-Richtlinie[13] in nationales Recht[14] führte zu weiteren Gesetzesänderungen, jedoch blieb die SUP unverändert.[15] Sie zielt unter anderem auf den Ausbau erneuerbarer Energien[16] und die Beschleunigung von Genehmigungsverfahren.[17] 5

Anl. 5 enthält eine abschließende Liste derjenigen Pläne, die gem. §§ 1 Abs. 1 Nr. 2, 2 Abs. 7 in den Anwendungsbereich des Gesetzes fallen. Die **Struktur der Anlage** richtet sich dabei nach der durch § 35 Abs. 1 Nr. 1 und Nr. 2 vorgegebenen Unterscheidung in eine obligatorische und eine konditionale Umweltprüfung.[18] Pläne und Programme, die zwingend einer Umweltprüfung nach § 35 Abs. 1 Nr. 1 zu unterziehen sind, werden in der Anl. 5 unter der Gruppennummer 1 geführt (**obligatorische SUP**). Unter der Gruppennummer 2 werden demgegenüber Pläne und Programme aufgelistet, bei denen eine Umweltprüfung durchzuführen ist, sofern eine Prüfung ergibt, dass sie einen Rahmen für in § 35 Abs. 1 Nr. 2 näher bestimmte Vorhaben setzen (**konditionale SUP**). Die frühere Möglichkeit der Bundesregierung, mit Zustimmung des Bundesrates durch Rechtsverordnung die damalige Anl. 3 um Pläne und Programme zu erweitern oder solche dort zu streichen, wurde im Zuge der Novelle 2017 gestrichen, da die Verordnungsermächtigung ohnehin in der Praxis keine Rolle spielte und daher entbehrlich war.[19] 6

---

7 BGBl. I 2017, S. 872.

8 BGBl. I 2017, S. 626.

9 BGBl. I 2017, S. 1966.

10 BGBl. I 2019, S. 2513.

11 BGBl. I 2023 I Nr. 6.

12 BGBl. 2025 I Nr. 394.

13 Richtlinie (EU) 2023/2413 des Europäischen Parlaments und des Rates v. 18.10.2023 zur Änderung der Richtlinie (EU) 2018/2001, der Verordnung (EU) 2018/1999 und der Richtlinie 98/70/EG im Hinblick auf die Förderung von Energie aus erneuerbaren Quellen und zur Aufhebung der Richtlinie (EU) 2015/652 des Rates, ABl. L, 2023/2413.

14 BGBl. 2025 I Nr. 189 und BT-Drs. 21/1491, S. 1.

15 Die Umsetzung der RED III-Richtlinie wurde durch das vorzeitige Ende der Regierungskoalition im November 2024 verzögert. Die 2025 neu initiierten Gesetzentwürfe knüpften an die Vorgängerfassungen der Ampelregierung an. Vgl. zu den teils inhaltsgleichen Vorschriften die Stellungnahmen der Sachverständigen im BT-Ausschuss für Umwelt, *Leidinger* (Ausschussdrucksache 20[25]698 v. 15.10.2024) und *Schlacke* (Ausschussdrucksache 20[25]705 v. 16.10.2024). Zu dem alten Gesetzesentwurf für die Umsetzung der RED III-Richtlinie in nationales Recht im Bereich Windenergie auf See und Stromnetze auch: *Schiffer/Kathstede* UPR 2024, 361.

16 Stüer/Beckmann, Handbuch des Bau- und Fachplanungsrechts, Rn. 4909.

17 *Leidinger/Merfeld* DÖV 2025, 713 (713, 714) dazu sowie grundsätzlich zur Beschleunigung von Genehmigungsverfahren durch den Einsatz von Projektmanagern.

18 Siehe auch die Erläuterungen zu § 35 Rdn. 1, 4 ff., 13 ff.

19 Vgl. BT-Drs. 18/11499, S. 72.

B. Obligatorische SUP

7 Die **Pläne und Programme der Gruppennummer 1** sind ohne weitere Prüfung ihrer Bereichszugehörigkeit vom Anwendungsbereich des Gesetzes und dem Tatbestand des § 35 Abs. 1 Nr. 1 umfasst (siehe § 35 Rdn. 8 f.). Dies entspricht den Umsetzungsvorgaben des Art. 3 Abs. 2 lit. a) SUP-RL, der eine Umweltprüfung für die aufgeführten Sachbereiche vorschreibt.[20] Die unter der Gruppennummer 1 aufgeführten Pläne und Programme setzen einen Rahmen für UVP-pflichtige Vorhaben des Bundes- oder Landesrechts, ohne dass es einer gesonderten Prüfung der Rahmensetzung durch den Rechtsanwender bedarf (siehe § 35 Rdn. 11).[21] Eine im Einzelfall abweichende Beurteilung durch den Rechtsanwender ist unerheblich. Auch eine Vorprüfung, ob die Pläne oder Programme erhebliche Umweltauswirkungen erwarten lassen, ist nicht vorgesehen (siehe § 35 Rdn. 12).

C. Konditionale SUP

8 Bei **Plänen und Programmen der Gruppennummer 2** ist – wie bei der Gruppennummer 1 – eine gesonderte Prüfung im Hinblick auf die einschlägigen Sachbereiche nicht erforderlich, da ihre Zugehörigkeit von der Regelung vorausgesetzt wird (siehe § 35 Rdn. 16).[22] **Konditionales Element** der SUP-Pflicht nach Maßgabe des § 35 Abs. 1 Nr. 2 i.V.m. den Plänen und Programmen der Gruppennummer 2 ist die Rahmensetzung, deren Vorliegen nicht wie im Falle der Gruppennummer 1 unwiderleglich vermutet wird, sondern durch eine gesonderte Prüfung des Rechtsanwenders festgestellt werden muss (siehe § 35 Rdn. 17).[23] Gegenstand dieser Prüfung ist die Frage, ob die konkret in Rede stehenden Pläne und Programme einen Rahmen für Vorhaben setzen, die einer UVP- oder Vorprüfungspflicht unterliegen.[24] Die Prüfung erfolgt nach Maßgabe des § 35 Abs. 3.[25] Entscheidend ist demnach, ob die Pläne und Programme eine signifikante Gesamtheit von Kriterien und Modalitäten für die späteren Zulassungsentscheidungen regeln.[26] Eine Vorprüfung, ob voraussichtlich erhebliche Umweltauswirkungen von den Plänen oder Programmen ausgehen, ist nicht vorgesehen (siehe § 35 Rdn. 20). Die Auflistung unter der Gruppennummer 2 hat abschließenden Charakter.[27]

D. Plan- und Programmkatalog

I. Pläne und Programme der obligatorischen SUP

1. Verkehrswegeplanungen

Nr.	Plan oder Programm
1.	**Obligatorische Strategische Umweltprüfung nach § 35 Abs. 1 Nr. 1**
1.1	**Verkehrswegeplanungen auf Bundesebene einschließlich Bedarfspläne nach einem Verkehrswegeausbaugesetz des Bundes**

a) Allgemeines

9 Die Nr. 1.1 ordnet für Verkehrswegeplanungen auf Bundesebene eine **obligatorische SUP** an. Zu diesen zählen zunächst der **Bundesverkehrswegeplan**, **vergleichbare verkehrsträgerübergreifende Pläne** und **Programme** (z.B. Antistauprogramme) und die Bedarfspläne nach den Verkehrswege-

20 *Hendler* NuR 2003, 2 (4 f.).
21 BT-Drs. 15/3441, S. 41.
22 BT-Drs. 15/3441, S. 42.
23 *Hendler* NVwZ 2005, 977 (980).
24 *Hendler* NVwZ 2005, 977 (980).
25 BT-Drs. 15/3441, S. 41 f.
26 EuGH, Urt. v. 22.02.2022 – Rs. C-300/20, Rn. 62.
27 BT-Drs. 15/3441, S. 42.

ausbaugesetzen.[28] In Umsetzung der Vorgaben des Art. 3 Abs. 2 lit. a) der SUP-RL sind sie dem **Sachbereich »Verkehr«** zugeordnet. Die Nr. 1.1 ist indes nicht auf dieses Planungsinstrumentarium begrenzt. Der Gesetzgeber hat die übergeordnete Bezeichnung der Verkehrswegeplanungen bewusst offen gewählt, um auch künftigen Entwicklungen und neuen Instrumenten Rechnung tragen zu können. Voraussetzung ist danach, dass es sich um eine **Planung des Bundes** handelt, die die Merkmale des § 2 Abs. 7 UVPG erfüllt.[29]

b) Bundesverkehrswegeplan

Der Bundesverkehrswegeplan ist ein **Investitionsrahmenplan**, der von der Bundesregierung aufgestellt und vom Bundeskabinett beschlossen wird. Er beinhaltet eine verkehrsträgerübergreifende Konzeption. Seine Sachaussagen »*beziehen sich im Wesentlichen auf integrierte Gesamtverkehrsprognosen für alle Verkehrszweige sowie auf einheitliche Kriterien für die Bauwürdigkeit und Dringlichkeit von Projekten in der Baulast des Bundes (Fernstraßen, Schienenstrecken, Wasserstraßen) unter Einschluss des finanziellen Bedarfs*«.[30] Festlegungen hinsichtlich der Finanzierung und des Zeitpunktes einer vorgesehenen Maßnahme enthält der Bundesverkehrswegeplan nicht. Er stellt vielmehr eine **Grundlage für neue Bedarfspläne** im Rahmen von Verkehrswegeausbaugesetzen dar.[31] Rechtsvorschriften über seine Aufstellung, seinen Rechtscharakter, die Rechtsverbindlichkeit oder sonstige Aspekte des Bundesverkehrswegeplans existieren nicht.[32] 10

Die Einordnung des Bundesverkehrswegeplans in den Katalog der SUP-pflichtigen Pläne ist vor diesem Hintergrund nicht unumstritten. So verneinte der Bundesrat im Gesetzgebungsverfahren sowohl das Vorliegen einer behördlichen Tätigkeit bei der Planaufstellung als auch die Aufstellungspflicht.[33] In der Literatur wird seine Aufnahme in den Katalog der SUP-pflichtigen Pläne – unter Verweis auf diese Gründe – bisweilen als nicht zwingend bezeichnet.[34] Soweit ein behördliches Tätigwerden bei der Aufstellung des Bundesverkehrswegeplans bestritten wird, ist dem zu Recht entgegenzuhalten, dass die Ausarbeitung durch die Ministerialverwaltung und damit durch eine Behörde erfolgt.[35] Auf die weiteren Alternativen der Annahme oder Änderung durch eine Behörde i.S.d. § 2 Abs. 7 kommt es daneben nicht an.[36] Schwieriger ist die rechtliche Situation im Hinblick auf die Pflicht zur Aufstellung des Bundesverkehrswegeplans zu beurteilen. Zunächst ist richtig, dass außerhalb des Bundesverkehrswegeplans Vorschriften über seine Aufstellung nicht existieren.[37] *Hendler* weist demgegenüber jedoch zu Recht darauf hin, dass sich die geforderte Aufstellungspflicht auch aus einer Fortschreibungsregelung innerhalb des jeweils in Rede stehenden Plans selbst ergeben kann.[38] Dies war bereits im Rahmen des Bundesverkehrswegeplans 1992 der Fall und galt auch für den Plan von 2001 (Geltung bis 2015). Die bloße Existenz einer Fortschreibungsklausel kann die Voraussetzung einer verbindlichen Regelung indes nicht aufheben. Es ist also zu fordern, dass der Plan oder das Programm selbst rechtskategorial zumindest als Verwaltungsvorschrift (oder als höherrangige Norm) charakterisiert werden kann. *Hendler* ordnet den Bundesverkehrswegeplan 1992 11

28 BT-Drs. 15/3441, S. 42.
29 BT-Drs. 15/3441, S. 42.
30 *Hendler*, BMU-Rechtsgutachten 2002, S. 83.
31 Bundesministerium für Verkehr, Bau- und Wohnungswesen, Bundesverkehrswegeplan 2003, Beschluss der Bundesregierung v. 02.07.2003, S. 3 f.
32 *Sauthoff* ZUR 2006, 15 (16); Stüer/Beckmann, Handbuch des Bau- und Fachplanungsrechts, Rn. 4559.
33 BR-Drs. 52/05 (Beschluss), S. 11 f.
34 Stüer/Beckmann, Handbuch des Bau- und Fachplanungsrechts. Rn. 4559.
35 So schon *Hendler*, BMU-Rechtsgutachten, S. 84.
36 *Hendler*, BMU-Rechtsgutachten, S. 84 f.
37 *Sauthoff* ZUR 2006, 15 (16); *Stüer* UPR 2003, 97 (99); Stüer/Beckmann, Handbuch des Bau- und Fachplanungsrechts, Rn. 4559.
38 *Hendler*, BMU-Rechtsgutachten S. 85 f.

seiner Rechtsnatur nach als – allein in Betracht kommende – Verwaltungsvorschrift ein[39] und begründet dies damit, dass dieser *»»als Rechtsgrundlage für Neu- und Ausbauvorhaben« diene und eine Anweisung an die Ministerialverwaltung enthalte, einen bestimmten Planteil bei der Ausarbeitung eines konkreten Gesetzesentwurfes zugrunde zu legen«.*[40] Diese Sichtweise hat der Gesetzgeber offenkundig geteilt und den Bundesverkehrswegeplan insofern folgerichtig in den Plan- und Programmkatalog aufgenommen. Zu beanstanden ist indes, dass der Gesetzgeber die Zweifel, die in Bezug auf die Pflicht zur Aufstellung des Bundesverkehrswegeplans bestehen können, nicht ausgeräumt hat.

c) Bedarfspläne

12 Die Bedarfspläne, die als **Anlagen zu den Ausbaugesetzen** ergehen, übernehmen die Angaben des Bundesverkehrswegeplans zu Neu- und Ausbauvorhaben nahezu unverändert und treffen eine Differenzierung nach vordringlichem und weiterem Bedarf. Sie enthalten ferner eine vereinfachte Darstellung der Linienführung.[41] Entsprechende Ausbaugesetze liegen mit dem Bundesschienenwegeausbaugesetz[42] und dem Bundesfernstraßenausbaugesetz[43] vor. Die politische Forderung nach einem Wasserstraßenausbaugesetz hat sich nach wie vor nicht durchgesetzt.

13 Auch die Frage der Aufnahme der Bedarfspläne in Anl. 5, Gruppennummer 1 ist streitig diskutiert worden. So führte der Bundesrat aus, die Bedarfspläne seien parlamentarische Pläne in Gesetzesform, die wie der Bundesverkehrswegeplan nicht aufgrund von Rechts- und Verwaltungsvorschriften erstellt werden müssten. Sie ergingen nicht aufgrund eines Gesetzes, sondern als Gesetz.[44] Dies kann indes nicht darüber hinwegtäuschen, dass sie von der Ministerialverwaltung ausgearbeitet werden[45] und aufgrund der Ausbaugesetze aufzustellen sind. So ordnet § 1 Bundesfernstraßenausbaugesetz an, dass das Netz der Bundesfernstraßen nach dem entsprechenden Bedarfsplan auszubauen ist. § 4 Bundesfernstraßenausbaugesetz ordnet eine Überprüfung nach fünf Jahren an. Die Regelungen setzen damit die Aufstellung des Bedarfsplanes voraus. Gleiches gilt nach Maßgabe der §§ 1, 4 Bundesschienenwegeausbaugesetz für den Bedarfsplan über den Ausbau der Schienenwege des Bundes.[46] Es ist daher folgerichtig, dass die Bedarfspläne in Anl. 5, Gruppennummer 1 aufgenommen wurden.

d) Rahmensetzung

14 Sowohl der Bundesverkehrswegeplan als auch die Bedarfspläne setzen einen Rahmen für die Zulassung UVP-pflichtiger Vorhaben, namentlich solcher nach Nr. 7, 8 Anh. I UVP-RL und Nr. 10 lit. c)-h) Anh. II UVP-RL (siehe Nr. 14 Anl. 1).[47] Aus dem Bundesverkehrswegeplan gehen innerhalb der Hierarchie der Verkehrsplanung die Bedarfspläne hervor, die ihrerseits Vorgaben für die Linienbestimmung und das sich anschließende Zulassungsverfahren auf Projektebene haben. Die Bindungswirkung der Bedarfspläne wird hinsichtlich der Zulassungsentscheidung UVP-pflichtiger Vorhaben über die Linienbestimmung vermittelt.[48] So ist die **Feststellung des Bedarfs** nach Maßgabe des § 1 Abs. 2 Bundesfernstraßenausbaugesetz für die Linienbestimmung nach § 16 Fernstraßengesetz und für die Planfeststellung nach § 17 Fernstraßengesetz **verbindlich**. Erfasst werden die Dimensionie-

39 *Hendler,* BMU-Rechtsgutachten, S. 85 ff. Das Gutachten befasste sich mit dem zum damaligen Zeitpunkt aktuellen Bundesverkehrswegeplan aus dem Jahre 1992.
40 *Hendler,* BMU-Rechtsgutachten, S. 88; anders § 53 Rdn. 12 f. mit kritischen Anmerkungen zur rechtlichen Verbindlichkeit.
41 *Sauthoff* ZUR 2006, 15 (16).
42 Gesetz über den Ausbau der Schienenwege v. 15.11.1993, BGBl. I, S. 1874, zuletzt geändert durch G.v. 23.12.2016, BGBl. I, S. 3221.
43 Gesetz über den Ausbau der Bundesfernstraßen v. 30.06.1971, BGBl. I, S. 873, neugefasst durch Bekanntmachung v. 23.12.2016, BGBl. I, S. 3354.
44 BR-Drs. 52/05 (Beschluss), S. 12.
45 So auch *Stüer* UPR 2003, 97 (99).
46 Siehe auch *Hendler,* BMU-Rechtsgutachten, S. 94.
47 BT-Drs. 15/3441, S. 42.
48 *Stüer* UPR 2003, 97 (99).

rung der Straße und die festgestellte Netzverknüpfung.[49] Eine entsprechende Regelung trifft § 1 Abs. 2 Bundesschienenwegeausbaugesetz hinsichtlich der Planfeststellung nach § 18 des Allgemeinen Eisenbahngesetzes (AEG). Bundesverkehrswegeplan und Bedarfspläne steuern die Zulassungsentscheidung damit zu einem sehr frühen Zeitpunkt. Es ist daher richtig, insbesondere unter Berücksichtigung der Zielsetzung der SUP-RL, dass auch dieses frühe und der UVP vorgreifende Planungsstadium erfasst ist.[50]

e) Verfahrensrechtliche Gestaltungsmöglichkeiten

Die enge Verknüpfung zwischen Bundesverkehrswegeplan und den Bedarfsplänen sowie die nahezu 15
unveränderte Übernahme der Vorgaben des Bundesverkehrswegeplans führt dazu, dass in Anwendung des § 39 Abs. 3 weitgehende **Abschichtungsmöglichkeiten in verfahrensrechtlicher Hinsicht** bestehen. Wurde bei der Aufstellung des Bundesverkehrswegeplans eine ordnungsgemäße SUP durchgeführt, kann und soll der Untersuchungsrahmen des nachfolgenden Bedarfsplans auf zusätzliche oder andere erhebliche Umweltauswirkungen sowie auf erforderliche Aktualisierungen und Vertiefungen beschränkt werden, § 39 Abs. 3 Satz 3.[51] Vor diesem Hintergrund ist bei Bedarfsplänen nach einem Verkehrswegeausbaugesetz des Bundes eine SUP nur für solche Umweltauswirkungen erforderlich, die nicht bereits Gegenstand einer SUP im Verfahren zur Aufstellung oder Änderung anderer Verkehrswegeplanungen des Bundes, also insbesondere des Bundesverkehrswegeplans, waren.[52] Zudem ist die Privilegierung des § 37 Satz 1 Alt. 1 für geringfügige Änderungen des Bedarfsplans zu berücksichtigen, wonach das Erfordernis der SUP vom Ergebnis einer entsprechenden Vorprüfung abhängig ist (siehe zum Bezugspunkt der Geringfügigkeit § 37 Rdn. 7 f.).

2. Planungen des Luftverkehrsrechts

Nr.	Plan oder Programm
1.2	**Ausbaupläne nach § 12 Abs. 1 des Luftverkehrsgesetzes, wenn diese bei ihrer Aufstellung oder Änderung über den Umfang der Entscheidung nach § 8 Abs. 1 und 2 des Luftverkehrsgesetzes wesentlich hinausreichen**

a) Allgemeines

Nach Maßgabe der Nr. 1.2 ist für Ausbaupläne nach § 12 Abs. 1 LuftVG unter weiteren Voraus- 16
setzungen eine **obligatorische Umweltprüfung** durchzuführen.[53] Ausbaupläne enthalten nach Maßgabe des § 12 Abs. 1 Satz 3 Nr. 1–5 LuftVG näher bestimmte Flächendarstellungen, zu denen etwa die Start- und Landeflächen, Sicherheitsflächen, Anflugsektoren sowie der Flughafenbezugspunkt gehören.[54] Darüber hinaus sind die Ausbaupläne für den Bauschutzbereich um den Flughafen maßgebend. Der **Bauschutzbereich** beschreibt ein räumliches Gebiet, in dem nach Maßgabe des § 12 Abs. 2 und Abs. 3 LuftVG Baubeschränkungen gelten. Innerhalb dieses Bereiches dürfen Bauwerke nur mit Zustimmung der Luftfahrtbehörde genehmigt werden.[55] Zur Verdeutlichung: Im Zusammenspiel der Darstellung des Flughafenbezugspunktes gem. § 12 Abs. 1 Nr. 3 i.V.m. Abs. 2 Satz 1 LuftVG unterfällt die Errichtung aller Bauwerke im Umkreis von 1,5 Kilometer Halbmesser um den Flughafenbezugspunkt diesem Erfordernis.

49 *Sauthoff* ZUR 2006, 15 (17).
50 Siehe auch BT-Drs. 15/3441, S. 42.
51 Vgl. *Sauthoff* ZUR 2006, 15 (17).
52 BVerwG, Urt. v. 11.07.2019 – 9 A 13.18, Rn. 64 = BVerwGE 166, 132 (142).
53 Siehe hierzu *Stüer/Beckmann, Handbuch des Bau- und Fachplanungsrechts*, Rn. 4559.
54 Zu den Ausbauplänen siehe etwa *Giemulla*, in: Giemulla/Schmidt, LuftVG, § 12 Rn. 1, 4 ff.; eindeutig nicht erfasst sind bloße »Nachtflugregelungen«, vgl. OVG Lüneburg, NVwZ-RR 2009, 756.
55 *Giemulla*, in: Giemulla/Schmidt, LuftVG, § 12 Rn. 10 ff.

17 Die Aufnahme der Nr. 1.2 in ihrer Gesetz gewordenen Form wurde vom Bundesrat abgelehnt. In seiner Anrufung des Vermittlungsausschusses argumentierte der Bundesrat, der Ausbauplan habe keine vorentscheidende Auswirkung auf ein Planfeststellungsverfahren oder Plangenehmigungsverfahren gem. § 8 Abs. 1 und 2 LuftVG. Der Ausbauplan schaffe keine Verbindlichkeit für ein späteres Planfeststellungsverfahren und könne es schon gar nicht in dem Teil ersetzen, der über eine unmittelbar darauf folgende Plangenehmigung hinausgehe. Die Genehmigung sei nach § 6 Abs. 4 Satz 1 LuftVG immer an das Ergebnis einer Planfeststellung anzupassen. Ein bis dahin geltender Ausbauplan würde mit der Erteilung einer anders lautenden Genehmigung in Folge einer Planfeststellung aufgehoben oder gegenstandslos.[56]

b) Wesentliches Hinausreichen

18 Anl. 5 Nr. 1.2 stellt die obligatorische Wirkung der Umweltprüfung unter die weitere Voraussetzung, dass die in Rede stehenden Ausbaupläne bei ihrer Aufstellung oder Änderung über den Umfang der Entscheidung nach § 8 Abs. 1 und 2 LuftVG **wesentlich hinausreichen**. Der Umfang der Prüfung nach § 8 Abs. 1 LuftVG wird durch dessen Neufassung nunmehr detaillierter geregelt, als das bislang der Fall war.[57] So bestimmt Abs. 1, dass sich die Prüfung der UVP und der Verträglichkeitsprüfung von Natura 2000-Gebieten räumlich auf den gesamten Einwirkungsbereich des Vorhabens erstrecken muss, indem entscheidungserhebliche Auswirkungen möglich sind. Dies umfasst insbesondere Bereiche in denen An- und Abflugverkehr nicht ausgeschlossen werden kann. Ebenso sind die Auswirkungen von Überflügen zu berücksichtigen. Hinsichtlich des Überfluges kann die Planfeststellungsbehörde bestimmte Bedingungen für die Zulässigkeit festlegen. Nicht ausdrücklich genannt wird, dass auch Änderungen des Flugverfahrens zu berücksichtigen sind, die nach dem Planfeststellungsbeschluss eintreten.[58] Insoweit dient die Neuformulierung auch der Umsetzung des Urteils des BVerwG v. 31.07.2012.[59] Damit nimmt Nr. 1.2 Bezug auf die Entscheidungen der Planfeststellung und der Plangenehmigung von Flughäfen sowie Landeplätzen mit beschränktem Bauschutzbereich nach § 17 LuftVG. Eine nähere Definition, wann ein wesentliches Hinausreichen des Ausbauplans gegeben ist, bietet die Nr. 1.2 indes nicht. Die genauere Bestimmung ist damit letztlich dem Fachrecht überlassen.

c) Rahmensetzung

19 Der **Ausbauplan steuert den Bauschutzbereich**[60] und damit die räumliche Geltung der Baubeschränkungen. Betroffen sind alle Bauwerke, mithin auch UVP-pflichtige Vorhaben. Bestimmte Nutzungen oder die Höhe von Bauwerken sind im Bauschutzbereich aus Gründen der Sicherheit des Luftverkehrs nur eingeschränkt genehmigungsfähig. Die Ausbaupläne setzen in der Folge den Rahmen für die Zulassung von UVP-pflichtigen Vorhaben,[61] so dass ihre Aufnahme in den Katalog der Gruppennummer 1 folgerichtig ist. Eine Prüfung der Rahmensetzung durch den Rechtsanwender kommt nicht in Betracht.

---

56 BR-Drs. 52/05 (Beschluss), S. 12.

57 Neufassung durch Fünfzehntes Gesetz zur Änderung des Luftverkehrsgesetzes v. 28.06.2016, BGBl. I 2016, S. 1548.

58 BT-Drs. 18/6988, S. 28.

59 BVerwGE 144, 44; zur möglichen EU-Rechtswidrigkeit der alten Rechtslage: *Calliess/Wiegand* NVwZ 2016, 793; weitergehend zum Thema der Flugrouten unter Berücksichtigung der Rspr. des BVerwG: *Hermann* DVBl 2014, 813; *Lieber* NVwZ 2014, 397; in der Rspr. ist anerkannt, dass Flugrouten jedenfalls nicht unter Anl. 5 Ziff. 1.2 fallen: OVG Berlin-Brandenburg, Urt. v. 28.09.2017 – OVG 6 A 30.14, Rn. 79; OVG Bautzen, Urt. v. 09.05.2012 – 1 C 20/08, Rn. 32.

60 BT-Drs. 15/3441, S. 42; Stüer/Beckmann, Handbuch des Bau- und Fachplanungsrechts, Rn. 4559.

61 BT-Drs. 15/3441, S. 42; Stüer/Beckmann, Handbuch des Bau- und Fachplanungsrechts, Rn. 4559.

d) Verfahren

In verfahrensrechtlicher Hinsicht ist § 47 Abs. 1 zu beachten, der für die Genehmigung von Flugplätzen nach § 6 Abs. 1 des Luftverkehrsgesetzes bestimmt, dass bei Vorhaben die Umweltverträglichkeit nach dem jeweiligen Planungsstand des Vorhabens geprüft wird. In die Prüfung der Umweltverträglichkeit sind bei der Linienbestimmung alle ernsthaft in Betracht kommenden Trassenvarianten einzubeziehen. Die früher in § 15 Abs. 2 und 3 a.F. enthaltene Regelung zur Öffentlichkeitsbeteiligung wurde im Zuge der Novelle gestrichen, da nun § 18 Abs. 2 die bisherige Grundlage enthält (s. Kommentierung zu § 18 Rdn. 38 f.).[62] 20

3. Planungen des Wasserrechts

Nr.	Plan oder Programm
1.3	Risikomanagementpläne nach § 75 des Wasserhaushaltsgesetzes und die Aktualisierung der vergleichbaren Pläne nach § 75 Abs. 6 des Wasserhaushaltsgesetzes
1.4	Maßnahmenprogramme nach § 82 des Wasserhaushaltsgesetzes
Nr.	Plan oder Programm
1.3	Risikomanagementpläne nach § 75 des Wasserhaushaltsgesetzes und die Aktualisierung der vergleichbaren Pläne nach § 75 Abs. 6 des Wasserhaushaltsgesetzes
1.4	Maßnahmenprogramme nach § 82 des Wasserhaushaltsgesetzes

a) Risikomanagementpläne nach § 75 WHG und die Aktualisierung der vergleichbaren Pläne nach § 75 Abs. 6 WHG (Nr. 1.3)

Nach Maßgabe der novellierten Nr. 1.3[63] sind Risikomanagementpläne gem. § 75 WHG sowie die Aktualisierung der vergleichbaren Pläne nach § 75 Abs. 6 WHG[64] der **obligatorischen Umweltprüfung** zu unterziehen. Dies dient der Umsetzung von Art. 7 Hochwasserrichtlinie (Richtlinie 2007/60/EG).[65] Risikomanagementpläne dienen gem. § 75 Abs. 2 WHG dazu, die nachteiligen Folgen, die an oberirdischen Gewässern mindestens von einem Hochwasser mit mittlerer Wahrscheinlichkeit und beim Schutz von Küstengebieten mindestens von einem Extremereignis ausgehen, zu verringern, soweit dies möglich und verhältnismäßig ist.[66] Insoweit zielen sie – wie die Hochwasserschutzpläne gem. § 31d WHG nach der zuvor geltenden Gesetzesfassung – darauf ab, die Gefahren durch besondere Hochwasserereignisse so weit wie möglich und verhältnismäßig zu minimieren. Neben dem Ziel der Verringerung der Hochwasserfolgen soll auch die Hochwasservorsorge und die Verminderung der Hochwasserwahrscheinlichkeit angestrebt werden.[67] Dabei haben die Risikomanagementpläne auch die entsprechenden Maßnahmen vorzusehen, die zuvor in die nach § 31d WHG a.F. vorgesehenen Hochwasserschutzpläne aufzunehmen waren. Das sind gem. § 75 Abs. 3 WHG alle Maßnahmen, mit denen die Ziele des Plans erreicht werden können. Dazu gehören – wie zuvor bei den Hochwasserschutzplänen gem. § 31d WHG a.F. – unter anderem Maßnahmen im Zusammenhang mit Retentionsflächen, informatorische Maßnahmen sowie Ge- und 21

62 BT-Drs. 18/11499, S. 99 f.

63 Nach Novellierung des WHG 2009 geändert und neugefasst durch Bekanntmachung v. 24.02.2010, BGBl. I 2010, S. 94, 127.

64 IdF des WHG v. 29.03.2017 (BGBl. I 2017, S. 626), in Kraft seit 29.05.2017; zur vorher geltenden Gesetzesfassung, die in § 31d WHG Bestimmungen über »Hochwasserschutzpläne« enthielt, vgl. *Knopp*, in: Sieder/Zeitler/Dahme/Knopp, WHG, § 31d Rn. 2 ff., 14; ausführlich zur SUP im Wasserrecht *Reinhardt* NuR 2005, 499.

65 ABl. L 288/27 v. 06.11.2007.

66 *Rossi*, in: Sieder/Zeitler/Dahme/Knopp, WHG, § 75 Rn. 6.

67 So die Gesetzesbegründung zu § 75 WHG, BT-Drs. 16/13426, S. 29.

Verbote.[68] Gem. Anl. 5 Nr. 1.3 sind auch die Aktualisierungen der gem. § 75 Abs. 6 WHG vergleichbaren Pläne einzubeziehen. Insofern geht es um die bisherigen Hochwasserschutzpläne i.S.v. § 31d WHG a.F., die nunmehr gem. § 75 Abs. 6 Satz 2 WHG regelmäßig zu überprüfen und zu aktualisieren sind. Auch die Risikomanagementpläne gem. § 75 Abs. 1 WHG und die vergleichbaren Pläne gem. § 75 Abs. 6 WHG weisen mithin einen klaren planerischen und gestalterischen Schwerpunkt auf. Sie setzen des Weiteren einen Rahmen für UVP-pflichtige Vorhaben. Dies belegen die Maßnahmen zur Rückverlegung von Deichen in Bezug auf die nach Anl. 1 Nr. 13.13 UVP-pflichtigen Deich-/Dammbauvorhaben eindeutig. Ebenso können die Risikomanagementpläne einen verbindlichen Maßnahmenkatalog festlegen, der Festsetzungen technischer, baulicher, nichtbaulicher Art enthält.[69]

22 Das Verfahren zur Aufstellung der Risikomanagementpläne muss den Anforderungen des UVPG an die SUP genügen.[70]

b) Maßnahmenprogramme nach § 82 WHG (Nr. 1.4)

23 Maßnahmenprogramme nach § 82 WHG sind gem. Nr. 1.4 einer **obligatorischen Umweltprüfung** zu unterziehen.[71] In den Maßnahmenprogrammen, die gem. § 82 Abs. 1 Satz 1 WHG zwingend aufzustellen sind, sind grundlegende sowie ergänzende Maßnahmen zur Erreichung der **Bewirtschaftungsziele** nach Maßgabe der §§ 27–31, 44 und 47 WHG aufzunehmen. Die Maßnahmenprogramme nach § 82 WHG sind das zentrale Instrument der wasserwirtschaftlichen Planung und führen die Schritte auf, die unternommen werden sollen, um die Gewässer entweder einem guten ökologischen Zustand/Potenzial und chemischen Zustand zuzuführen oder sie diesem Ziel näherzubringen.[72] Danach sind insbesondere nachteilige Veränderungen des ökologischen und chemischen Zustandes zu vermeiden. § 82 Abs. 3 WHG definiert als **grundlegende Maßnahmen** diejenigen Maßnahmen, die in Art. 11 Abs. 3 der Richtlinie 2000/60/EG bezeichnet sind, die der Erreichung der in § 27–31, 44 und 47 WHG festgelegten Ziele dienen oder zur Erreichung dieser Ziele beitragen.[73] Hierzu zählen etwa Maßnahmen zur Umsetzung gemeinschaftlicher Wasserschutzvorschriften, Maßnahmen, die die effiziente und nachhaltige Wassernutzung fördern oder auch Begrenzungen der Entnahme von Oberflächensüßwasser und Grundwasser. Zusätzlich zu den grundlegenden Maßnahmen sind gem. § 82 Abs. 4 WHG **ergänzende Maßnahmen** unter weiteren Voraussetzungen aufzunehmen. Unter ergänzenden Maßnahmen sind insbesondere solche gem. Art. 11 Abs. 4 i.V.m. Anh. IV Teil B der Richtlinie 2000/60/EG (»Wasserrahmenrichtlinie«) zu verstehen.[74]

24 Die grundlegenden und ergänzenden Maßnahmen der Programme nach § 82 WHG schränken in der Folge den Entscheidungsspielraum für die künftige Genehmigung der Errichtung oder der wesentlichen Änderung von Anlagen in oder an Gewässern ein. Entsprechende wasserwirtschaftliche Vorhaben im Hinblick auf die Benutzung oder den Ausbau eines Gewässers sind unter anderem

---

68 *Rossi,* in: Sieder/Zeitler/Dahme/Knopp, WHG, § 75 Rn. 25.

69 *Gärditz,* in: Landmann/Rohmer, Umweltrecht, 90. EL Juni 2019 zur Vorgängerregelung, § 14b UVPG Rn. 29; vgl. auch Art. 7 Abs. 3 Hochwasserrichtlinie i.V.m. Anh. A.

70 Vgl. BT-Drs. 15/3441, S. 44 zur Vorfassung des § 31d WHG; Stüer/Beckmann, Handbuch des Bau- und Fachplanungsrechts, Rn. 4562.

71 § 82 WHG i.d.F. des WHG v. 29.03.2017 (BGBl. I 2017, S. 626) ist inhaltlich im Wesentlichen unverändert an die Stelle der Regelung von Maßnahmenprogrammen i.S.v. § 36 WHG a.F. getreten; *Knopp,* in: Sieder/Zeitler/Dahme/Knopp, WHG, § 82 Rn. 1; ausführlich zur SUP im Wasserrecht *Reinhardt* NuR 2005, 499 ff.

72 BVerwG, Urt. v. 09.02.2017 – 7 A 2.15, Rn. 585 = BVerwGE 158, 1 (141).

73 *Knopp,* in: Sieder/Zeitler/Dahme/Knopp, WHG, § 82 Rn. 23 ff.

74 Beispielhaft zu nennen sind neben Rechts- und administrativen Instrumenten steuerliche und wirtschaftliche Instrumente, die Aushandlung von Umweltübereinkommen, Emissionsbegrenzungen, aber auch Verhaltenskodizes für die gute Praxis; ausführlich *Knopp,* in: Sieder/Zeitler/Dahme/Knopp, WHG, § 82 Rn. 44 ff.

nach Anl. 1 Nr. 13 UVP-pflichtig. Für die Zulassung solcher Vorhaben setzen die Maßnahmenprogramme einen Rahmen und erfordern eine (obligatorische) Umweltprüfung.

Nachdem der Bund das WHG 2009 aufgrund der ihm im Wege der Föderalismusreform 2006 neu eingeräumten konkurrierenden Gesetzgebungskompetenz novelliert hat,[75] ist die vormals in § 36 Abs. 7 WHG a.F. bestehende Möglichkeit für die Länder, Regelungen in Bezug auf das Aufstellungsverfahren der Maßnahmenprogramme zu treffen, die auch Vorgaben für die Strategische Umweltprüfung enthalten, ersatzlos entfallen. Maßgebend sind nun allein die Regelungen des UVPG. 25

4. Planungen der Raumordnung

Nr.	Plan oder Programm
1.5	Raumordnungsplanungen nach § 13 des Raumordnungsgesetzes
1.6	Raumordnungsplanungen des Bundes nach § 17 Abs. 1 und 2 des Raumordnungsgesetzes

a) Raumordnungsplanungen nach § 13 des Raumordnungsgesetzes (Nr. 1.5)

Nach Maßgabe von Anl. 5 Nr. 1.5 unterliegen landesweite Raumordnungspläne, Regionalpläne und regionale Flächennutzungspläne i.S.v. § 13 ROG (§ 8 ROG a.F.) einer obligatorischen Umweltprüfung. In den Raumordnungsplänen gem. § 13 ROG werden die Ziele der Raumordnung festgelegt, die für die Bauleitplanung (siehe § 1 Abs. 4 BauGB) sowie für Fachplanungen (z.B. Landschaftsplanung) auf Landesebene verbindlich sind. Die niedergelegten Ziele sind ferner auch bei der Zulassung raumbedeutsamer Vorhaben zu beachten.[76] Als »**Planung der Planung**« setzen die Raumordnungspläne den Rahmen für zukünftige Entscheidungen über die Zulassung von Vorhaben. Dabei ist darauf hinzuweisen, dass die europarechtlichen Anforderungen an die Umweltprüfung von Raumordnungsplänen auch im novellierten Raumordnungsgesetz 2017 in § 8 ROG (§ 9 ROG a.F.) eine spezielle Regelung gefunden haben. Aus der Sicht der Rechtsanwendung ergeben sich daneben aus dem UVPG keine weiteren Anforderungen an die Umweltprüfung.[77] 26

b) Raumordnungsplanungen des Bundes nach § 17 Abs. 1 und 2 des Raumordnungsgesetzes (Nr. 1.6)

Nr. 1.6 ist infolge der Änderung des Raumordnungsgesetzes 2017 novelliert worden und ordnet für bestimmte Raumordnungspläne mit Bezug zur Bundesebene eine obligatorische Umweltprüfung an. 27

§ 17 Abs. 1 ROG behandelt die früher in § 17 Abs. 3 ROG a.F. geregelte Vorgabe an den Bund, einen Raumordnungsplan für die ausschließliche Wirtschaftszone[78] zu erlassen. Nach § 17 Abs. 1 Satz 1 ROG stellt das Bundesministerium für Wohnen, Stadtentwicklung und Bauwesen im Einvernehmen mit den fachlich betroffenen Bundesministerien einen Raumordnungsplan für die deutsche ausschließliche Wirtschaftszone als Rechtsverordnung auf. Dieser trifft Festlegungen zur Gewährleistung der Sicherheit und Leichtigkeit des Schiffsverkehrs, zu weiteren wirtschaftlichen Nutzungen, zur wissenschaftlichen Nutzung sowie zum Schutz und zur Verbesserung der Meeresumwelt. Die 28

75 WHG v. 29.03.2017 (BGBl. I 2017, S. 626), in Kraft getreten am 29.05.2017.

76 *Scheidler* NVwZ 2010, 19, 20.

77 Stüer/Beckmann, Handbuch des Bau- und Fachplanungsrechts, Rn. 4564.

78 »Die ausschließliche Wirtschaftszone ist ein jenseits des Küstenmeers gelegenes und an dieses angrenzende Gebiet, das der in diesem Teil festgelegten besonderen Rechtsordnung unterliegt, nach der die Rechte und Hoheitsbefugnisse des Küstenstaats und die Rechte und Freiheiten anderer Staaten durch die diesbezüglichen Bestimmungen dieses Übereinkommens geregelt werden.«, Art. 55 des Seerechtsübereinkommen der Vereinten Nationen v. 10.12.1982 (SRÜ) BGBl. 1994 II, S. 1799; siehe auch: Proklamation über die Errichtung einer ausschließlichen Wirtschaftszone der Bundesrepublik Deutschland in der Nordsee und in der Ostsee v. 25.11.1994, BGBl. 1994 II, S. 3770.

spezifischen Anforderungen an die Umweltprüfung ergeben sich insoweit aus den speziellen Vorgaben des § 8 ROG, die den Regelungen des UVPG vorgehen. Zudem ist bei planerischen Festlegungen nach § 17 Abs. 1 ROG die langfristige Entwicklung aufgrund des Klimawandels für den Wirtschaftsstandort Deutschland zu beachten.[79]

29 § 17 Abs. 2 ROG erweitert die bereits nach § 17 Abs. 2 ROG a.F. bestehende Kompetenz des Bundes, Raumordnungspläne aufzustellen.[80] Wie bisher können damit durch Raumordnungspläne nach § 17 Abs. 2 ROG Festlegungen zu länderübergreifenden Standortkonzepten für Häfen und Flughäfen als Grundlage für ihre verkehrliche Anbindung im Rahmen der Bundesverkehrswegeplanung getroffen werden. Darüber hinaus wird das Bundesministerium für Wohnen, Stadtentwicklung und Bauwesen seit der Novellierung im Jahr 2017 ermächtigt, im Einvernehmen mit den fachlich betroffenen Bundesministerien länderübergreifende Raumordnungspläne für den Hochwasserschutz aufzustellen. Sämtliche Maßnahmen nach § 17 Abs. 2 ROG unterliegen dabei jedoch gem. § 17 Abs. 2 Satz 2 ROG dem Kriterium der Erforderlichkeit für die räumliche Entwicklung und Ordnung des Bundesgebietes unter Berücksichtigung nationaler oder europäischer Gesichtspunkte. Entgegen früherer Aussagen des Gesetzgebers, ist die Bundesverkehrswegeplanung damit nicht mehr der einzige von den Ziel- und Grundsatzfestlegungen erfasste Adressat.[81] Denn mutmaßlich unter dem Eindruck der räumlichen Erstreckung von Hochwasserlagen auch über mehrere Bundesländer hinweg hat der Gesetzgeber sich mit der letzten Novellierung konsequenterweise dafür entschieden, dass der Bund auch länderübergreifende Raumordnungspläne für den Hochwasserschutz erstellen kann. Die Interessen der betroffenen Länder werden dabei u.a. über eine Beteiligung nach § 9 ROG berücksichtigt.[82]

30 § 17 Abs. 3 ROG ersetzt inhaltsgleich den bisherigen § 17 Abs. 1 ROG a.F., der nach wie vor nicht vom Verweis in Anl. 5 Nr. 1.6 erfasst wird. Denn von der Pflicht zur Durchführung einer Umweltprüfung sollen Pläne dieses erstmalig mit dem ROG 2009 eingeführten Plantypus ausgenommen sein, weil es sich hierbei nicht um einen Raumordnungsplan im herkömmlichen Sinne handelt, für den die Voraussetzungen des Artikels 2 lit. a der SUP-Richtlinie erfüllt wären.[83]

5. Rechtsverordnungen nach § 249b Abs. 1 und 2 des Baugesetzbuchs

Nr.	Plan oder Programm
1.7	**Rechtsverordnungen nach § 249b Abs. 1 und 2 des Baugesetzbuchs**

31 Durch Artikel 3 des Gesetzes zur sofortigen Verbesserung der Rahmenbedingungen für die erneuerbaren Energien im Städtebaurecht vom 04.01.2023 wurde zeitgleich mit der Einführung von § 249b BauGB die Anl. 5 geändert.[84] Dieses Gesetz stellt eine Reaktion auf den Angriffskrieg Russlands gegen die Ukraine dar.[85]

§ 249b BauGB beinhaltet Verordnungsermächtigungen für Anlagen der Solar- und Windenergie im Abbaubereich von Braunkohle- oder Sanierungsplänen.[86] Die Verordnung ermöglicht es den Landesregierungen, die Sperrwirkung etwaiger Raumordnungs- oder Flächennutzungspläne zu sus-

79 BT-Drs. 18/10833, S. 58.
80 BT-Drs. 18/10883, S. 58.
81 Vgl. so aber noch BT-Drs. 16/10292, S. 28.
82 Vgl. BT-Drs. 18/10833, S. 59.
83 So ausdrücklich die Gesetzesbegründung zu § 17 Abs. 1 ROG a.F., BT-Drs. 16/10292, S. 28.
84 BT-Drs. 20/4227, S. 7–9; *Scheidler* RdE 2025, 229 (231, 232).
85 So die Begründung in BT-Drs. 20/4227, S. 1.
86 Stüer/Beckmann, Handbuch des Bau- und Fachplanungsrechts, Rn. 250; *Mitschang/Reidt*, in: Battis/Krautzberger/Löhr, BauGB, § 249b, Rn. 2.

pendieren.[87] So sollen unter Berücksichtigung laufender Rekultivierungen oder bergbaulicher Tätigkeiten weitere Flächen für erneuerbare Energien bereitgestellt werden.[88] Aufgrund der so erfolgten Ergänzung von Anl. 5 um die neue Nr. 1.7 ist die Durchführung einer SUP im Zusammenhang mit der Erlass der Verordnung verpflichtend.[89]

Die Ergänzung in der Anl. 5 wird damit begründet, dass es sich bei den Rechtsverordnungen im Sinne des § 249b BauGB um Pläne und Programme gem. Art. 2 lit. a und Art. 2 Abs. 2a der SUP-Richtlinie handelt, weshalb vor Erlass der Verordnung eine SUP durchzuführen ist.[90] 32

6. Bauleitplanungen

Nr.	Plan oder Programm
1.8	**Bauleitplanungen nach den §§ 6 und 10 des Baugesetzbuchs**

Der **obligatorischen Umweltprüfungspflicht** unterliegen Flächennutzungspläne nach § 6 BauGB und Bebauungspläne nach § 10 BauGB.[91] Beide sind dem Sachbereich *»Bodennutzung«* zugeordnet und von den Gemeinden nach § 2 Abs. 1 Satz 1 BauGB aufzustellen. Die Vorgaben des aus dem Flächennutzungsplan entwickelten Bebauungsplanes sind bei der Zulassung von Vorhaben zu beachten und setzen damit einen Rahmen auch für UVP-pflichtige Vorhaben.[92] 33

Die Umweltprüfung selbst richtet sich nach den **spezialgesetzlichen Vorgaben des BauGB** unter Berücksichtigung von § 50, der das Verhältnis der Umweltprüfung nach UVPG und BauGB regelt. Über das BauGB hinausgehende Anforderungen enthält das UVPG nicht.[93] Von Nr. 1.8 werden Satzungen, Konzepte und Gebietsfestlegungen nach dem besonderen Städtebaurecht – jedenfalls mangels rahmensetzender Wirkung – nicht erfasst.[94] Für die Satzungen nach § 34 Abs. 4 BauGB und § 35 Abs. 6 BauGB enthält § 35 Abs. 2 Satz 2 den klarstellenden Hinweis, dass diese keiner SUP zu unterziehen sind. Beide Satzungsarten beziehen sich auf Bereiche, die bereits bebaut sind und eine bauliche Entwicklung nach den Maßstäben des § 34 Abs. 1 und 2 BauGB zulassen oder die eine Wohnbebauung von einigem Gewicht aufweisen. Die Satzungen greifen diese »Vorprägung« nur auf.[95] Einen Rahmen für Zulassungsentscheidungen UVP-pflichtiger Vorhaben setzen sie nicht. 34

7. Maßnahmenprogramme nach § 45h WHG

Nr.	Plan oder Programm
1.9	**Maßnahmenprogramme nach § 45h des Wasserhaushaltsgesetzes**

Maßnahmenprogramme nach § 45h WHG sind ein Mittel zur Bewirtschaftung von Meeresgewässern.[96] Sie umfassen inhaltlich u.a. die kostenwirksamen Maßnahmen, die erforderlich sind, um den guten Zustand der Meeresgewässer i.S.v. § 45b Abs. 2 WHG zu erreichen oder zu erhalten. Sie waren bis zum 31.12.2015 aufzustellen. 35

87 Stüer/Beckmann, Handbuch des Bau- und Fachplanungsrechts, Rn. 250; *Scheidler* RdE 2025, 229 (230, 231).
88 *Mitschang/Reidt*, in: Battis/Krautzberger/Löhr, BauGB, § 249b, Rn. 1.
89 *Mitschang/Reidt*, in: Battis/Krautzberger/Löhr, BauGB, § 249b, Rn. 9.
90 BT-Drs. 20/4227, S. 15.
91 Der Gesetzesentwurf führte entsprechende Pläne und Programme unter Nr. 1.10, BT-Drs. 15/3441, S. 43.
92 BT-Drs. 15/3441, S. 43.
93 Stüer/Beckmann, Handbuch des Bau- und Fachplanungsrechts, *Rn. 4566*; *Gärditz*, in: Landmann/Rohmer, Umweltrecht, 90. EL Juni 2019 zur Vorgängerregelung, § 14b UVPG Rn. 34.
94 BT-Drs. 15/3441, S. 43.
95 Siehe ausführlich BT-Drs. 15/3441, S. 29.
96 Siehe vertiefend auch *Altenschmidt* NuR 2017, 12–18.

36 Die Regelung des § 45h WHG mit der Pflicht zur Aufstellung von Maßnahmenprogrammen ist 2011 durch das Gesetz zur Umsetzung der Meeresstrategie-Rahmenrichtlinie und zur Änderung des Bundeswasserstraßengesetzes neu in das WHG aufgenommen worden.[97] Die Meeresstrategie-Rahmenrichtlinie 2008/56/EG des Europäischen Parlaments und des Rates v. 17.06.2008 zur Schaffung eines Ordnungsrahmens für Maßnahmen der Gemeinschaft im Bereich der Meeresumwelt[98] wurde durch Ergänzungen im WHG, BNatSchG und UVPG in deutsches Recht umgesetzt. Nach Art. 1 Abs. 1 dieser Richtlinie ist es ihr Hauptziel, einen Rahmen zu schaffen, innerhalb dessen die Mitgliedstaaten die notwendigen Maßnahmen ergreifen, um bis spätestens 2020 einen guten Zustand der Meeresgewässer zu erreichen oder zu erhalten. Dabei zielt die Richtlinie mit ihren Vorgaben darauf ab, einen Beitrag zur Kohärenz der verschiedenen politischen Maßnahmen, Vereinbarungen und Rechtsetzungsmaßnahmen, die sich auf die Meeresumwelt auswirken, zu leisten. Dazu gehören auch die Maßnahmenprogramme nach § 45h WHG, die zur Umsetzung der auf Basis von § 45e WHG festgelegten Bewirtschaftungsziele für Meeresgewässer dienen.

37 Inhaltlich umfassen die Maßnahmenprogramme gemäß § 45h Abs. 1 Satz 1 WHG zunächst die kostenwirksamen Maßnahmen, die insbesondere in Anh. VI der Richtlinie 2008/56/EG benannt sind. Dazu gehören u.a. Managementmaßnahmen, die darauf gerichtet sind, den zulässigen Umfang einer menschlichen Tätigkeit zu beeinflussen (Einwirkungssteuerung) oder das zulässige Ausmaß der Störung einer Komponente des Ökosystems zu beeinflussen (Ergebnissteuerung). Aber auch Mittel zur Schadensbegrenzung und Sanierung geschädigter Komponenten von Meeresökosystemen zählen dazu. Darüber hinaus enthalten die Maßnahmenprogramme gemäß § 45h Abs. 1 Satz 3 WHG auch die räumlichen Schutzmaßnahmen im Sinne des (novellierten) § 56 Abs. 2 BNatSchG, wozu marine Natura 2000-Gebiete und Meeresschutzgebiete gehören können.

38 Nach der Gesetzesbegründung ist die strukturelle Ähnlichkeit der Maßnahmenprogramme nach § 45h WHG und der Maßnahmenprogramme nach § 82 WHG (dazu oben Rdn. 23 ff.) maßgeblich für die Zuordnung nach Anl. 5 Nr. 1, d.h. in den Bereich der obligatorischen Umweltprüfung. Da Maßnahmenprogramme nach § 45h WHG – ebenso wie Maßnahmenprogramme nach § 82 WHG – regelmäßig einen Rahmen für Entscheidungen über die Zulässigkeit von UVP-pflichtigen Vorhaben setzen – sei eine Einzelfallprüfung zur SUP-Pflicht nach § 35 Abs. 1 Nr. 2 des Gesetzes über die Umweltverträglichkeitsprüfung nicht sachgerecht.[99]

8. Bundesbedarfspläne nach § 12e EnWG

Nr.	Plan oder Programm
1.10	**Bundesbedarfspläne nach § 12e EnWG**

39 Die Ergänzung von Ziff. 1.10 in Anl. 5 ist eine Folgeänderung zur Festlegung in §§ 12a ff. des 2011 novellierten Energiewirtschaftsgesetzes.[100] Danach ist ein Bundesbedarfsplan gemäß § 12e EnWG einer Strategischen Umweltprüfung zu unterziehen.

40 Nach § 12c Abs. 2 EnWG erstellt die Regulierungsbehörde zur Vorbereitung eines Bedarfsplans nach § 12e EnWG frühzeitig während des Verfahrens zur Erstellung des Netzentwicklungsplans und des Offshore-Netzentwicklungsplans einen Umweltbericht, der den Anforderungen des § 40 UVPG entsprechen muss.[101] Dabei sind dem Umweltbericht gemäß § 12c Abs. 2a Satz 1 EnWG u.U. weitere Informationen zugrunde zu legen. Gemäß § 12e Abs. 1 EnWG übermittelt die Regulierungsbehörde den Netzentwicklungsplan und den Offshore-Netzentwicklungsplan mindes-

97 BGBl. I 2011, S. 1988 ff.

98 ABl. EU L164/19 v. 25.06.2008.

99 Vgl. BT-Drs. 17/6055, S. 23.

100 BGBl. I 2017, S. 872.

101 Eingehend zur Bedarfsplanung im Bereich der Netzplanung: *Leidinger*, in: Posser/Faßbender, Praxishandbuch Netzplanung und Netzausbau, Kap. 3 Rn. 250 ff.

tens alle vier Jahre der Bundesregierung als Entwurf für einen Bundesbedarfsplan. Grundlage für die Erarbeitung des Entwurfs ist der aktuelle Bundesbedarfsplan. In ihrem Entwurf für einen Bundesbedarfsplan kennzeichnet die Regulierungsbehörde die Höchstspannungsleitungen von überregionaler oder europäischer Bedeutung, insbesondere bundesländer- und grenzübergreifende Leitungen sowie die Anbindungsleitungen von den Offshore-Windpark-Umspannwerken zu den Netzverknüpfungspunkten an Land. Die Bundesregierung legt den Entwurf des Bundesbedarfsplans mindestens alle vier Jahre dem Bundesgesetzgeber vor. Der Bundesbedarfsplan wird sodann vom Bundesgesetzgeber beschlossen.

Mit Erlass des Bundesbedarfsplans durch den Bundesgesetzgeber werden für die darin enthaltenen 41
Vorhaben die energiewirtschaftliche Notwendigkeit und der vordringliche Bedarf festgestellt. Die Feststellungen sind für die Betreiber von Übertragungsnetzen sowie für die Planfeststellung und die Plangenehmigung nach den §§ 43–43d EnWG verbindlich. Insoweit kommt dem Bundesbedarfsplan eine rahmensetzende Wirkung zu, die seine Aufnahme in den Katalog der nach der Gruppennummer 1 der Anl. 5 obligatorisch UVP-pflichtigen Pläne verlangt und rechtfertigt.

Gemäß § 12e Abs. 5 Satz 1 EnWG gilt § 37 Satz 1 UVPG für die Änderung von Bundesbedarfs- 42
plänen entsprechend. Soweit danach wegen der Geringfügigkeit der Änderung keine Pflicht zur Durchführung einer Strategischen Umweltprüfung besteht, findet § 12c Abs. 2 EnWG gem. § 12e Abs. 5 Satz 2 EnWG keine Anwendung, d.h. in diesem Falle bedarf es keiner Erstellung eines Umweltberichts im Rahmen der Änderung des Bundesbedarfsplanes.

9. Bundesfachplanungen NABEG

Nr.	**Plan oder Programm**
1.11	**Bundesfachplanungen nach den §§ 4 und 5 des Netzausbaubeschleunigungsgesetzes Übertragungsnetz**

Anl. 5 Nr. 1.11 ist eine Folgeänderung zur Einführung der Bundesfachplanung in §§ 4 ff. des 2011 43
neu erlassenen Netzausbaubeschleunigungsgesetzes (NABEG).[102] Mit diesem Gesetz, das Teil der Gesetzgebung der Bundesregierung im Jahr 2011 zur »Energiewende« ist, wird erstmals die Planung und Zulassung der Höchstspannungsnetze von den Ländern auf die Bundesnetzagentur übertragen.[103] Damit schafft der Bundesgesetzgeber für den Energiesektor ein neuartiges Sonderzulassungsrecht, d.h. ein auf Höchstspannungsleitungen begrenztes, fachplanerisches Verfahren sui generis.

Der Planungsvorgang gliedert sich nunmehr in zwei Stufen: Auf der ersten Stufe, der inhaltlich in 44
§§ 4 und 5 NABEG geregelten Bundesfachplanung, wird die verbindliche Grobtrassierung für die in einem Gesetz über den Bundesbedarfsplan nach § 12e Abs. 4 Satz 1 EnWG[104] als überregional oder europäisch bedeutsam gekennzeichneten Höchstspannungsleitungen festgelegt. Die Trassenkorridore der danach erforderlichen Höchstspannungsleitungen werden – auch unter Berücksichtigung von ernsthaft in Betracht kommenden Alternativen – auf ihre Raum- und Umweltverträglichkeit hin überprüft. Die Raumverträglichkeit wird am Maßstab der Grundsätze und Erfordernisse der Raumplanung i.S.v. § 2 Abs. 2 und § 3 Abs. 1 Nr. 1 ROG gemessen. Gesonderte Raumordnungs-

102 BGBl. I 2017, S. 626; kritisch zur Konzeption des NABEG, insbesondere im Hinblick auf seine Verfassungsmäßigkeit und das Beschleunigungspotenzial *Durner* DVBl 2011, 853.

103 Dabei ist unter verfassungsrechtlichen Gesichtspunkten zweifelhaft, ob den Ländern die Planung und Zulassung von Höchstspannungsleitungen vollständig entzogen werden kann, ohne dass das Grundgesetz insoweit eine ausdrückliche Verwaltungskompetenz zugunsten des Bundes enthält, auf die sich die Bundesnetzagentur im Rahmen der Bundesfachplanung und der Planfeststellung stützen könnte; insoweit kommt nur Art. 87 Abs. 3 Satz 1 GG als Auffangregelung in Betracht, wobei aber fraglich ist, ob sich die hier in Rede stehenden Planungsaufgaben aufgrund ihrer örtlichen Bezüge so darstellen, dass sie sich zur »zentralen Erledigung eignen«, vgl. *Durner* DVBl 2011, 853, 857 f.

104 Vgl. Rdn. 43.

verfahren finden insoweit nicht statt. Die Ergebnisse dieser Bundesfachplanung sind für die Länder und Gemeinden bei ihren Planungsaktivitäten verbindlich. Für die Vorhabenträger, die Länder und Gemeinden sowie die betroffenen Bürger soll damit bereits im frühestmöglichen Verfahrensstadium ein hohes Maß an Planungs- und Rechtssicherheit gewährleistet werden.[105] Auf der zweiten Stufe, der Planfeststellung, erfolgt die Detail- und Ausführungsplanung. Sie schließt mit dem Planfeststellungsbeschluss ab.

45 Die Ergebnisse der Bundesfachplanung sind gegenüber dem Vorhabenträger und auch gegenüber Einzelnen mangels unmittelbarer Außenwirkung nicht verbindlich, insbesondere ersetzen sie nicht die Entscheidung über die Zulässigkeit der Ausbaumaßnahme selbst. Die Ergebnisse sind aber im späteren Planfeststellungsverfahren nicht nur zu berücksichtigen, sondern diesem nach § 15 Abs. 1 Satz 1 NABEG zu Grunde zu legen. Die Bundesnetzagentur ist auch für die Verfahren auf beiden Stufen (Bundesfachplanung und Planfeststellung) zuständig.

46 Die zweistufige Ausgestaltung des Planungsvorgangs führt im Hinblick auf den Rechtsschutz dazu, dass – mangels Außenwirkung der Bundesfachplanung – Rechtsmittel erst gegen den Planfeststellungsbeschluss erhoben werden können. Fehler auf der Stufe der vorgelagerten verbindlichen Grobtrassierung können mithin den nachfolgenden Fachplanungsprozess bis zum letzten Moment entwerten.[106] Dies kann entgegen der mit dem Gesetz an sich beabsichtigten Beschleunigung des Planungsprozesses zu dem Ergebnis führen, dass der gesamte Planungsvorgang wiederholt werden muss.

47 Gemäß § 5 Abs. 7 NABEG unterliegt die Bundesfachplanung nach § 5 Abs. 1 NABEG kraft gesetzlicher Anordnung der obligatorischen Strategischen Umweltprüfung.

48 Die Bundesfachplanung nach § 5 NABEG setzt ebenso wie der Bundesbedarfsplan nach § 12e Abs. 4 Satz 1 EnWG einen Rahmen für die Zulassung UVP-pflichtiger Vorhaben. Die Vorgaben des energiewirtschaftlichen Bedarfsplans sind verbindlich als Ausgangspunkt für die Bundesfachplanung zum Netzausbau. Die Inhalte der Bundesfachplanung gemäß § 5 Abs. 1 NABEG sind ihrerseits verbindlich für die nachfolgenden Planfeststellungsverfahren (vgl. § 15 Abs. 1 NABEG). Die Zuordnung der Bundesfachplanung in den Bereich der obligatorischen Umweltprüfung ist daher gemeinschaftsrechtlich geboten, da das Planungsverfahren bindende Wirkung hat. Es ist auch unter Berücksichtigung der Zielsetzung der SUP-RL richtig, dass dieses frühe und der UVP vorgreifende Planungsstadium von der Pflicht zur strategischen Umweltprüfung erfasst wird.

49 Die Bundesfachplanung schließt die Ermittlung, Beschreibung und Bewertung der raumbedeutsamen Auswirkungen der Ausbaumaßnahmen auf die in § 2 Abs. 1 genannten Schutzgüter ein, wobei hier auf die Neufassung des Schutzgüterkatalogs durch die Novellierung zu achten ist. Durch diese wurde dem Schutzgut »Fläche« eine eigenständige Bedeutung eingeräumt.[107] Nach § 5 Abs. 5 NABEG kann die Raumverträglichkeitsprüfung und die Strategische Umweltprüfung – auch wenn dies nicht ausdrücklich vom Vorhabenträger beantragt wurde – in Abschnitte gegliedert, d.h. inhaltlich und zeitlich gestaffelt, erfolgen. Damit soll, insbesondere bei besonderer Dringlichkeit bestimmter Streckenabschnitte oder bei besonders umfangreichen Vorhaben, eine Abschichtung ermöglicht werden.[108]

50 Gemäß § 11 Abs. 1 NABEG kann die Bundesfachplanung in einem vereinfachten Verfahren durchgeführt werden, soweit nach § 37 Satz 1 eine Strategische Umweltprüfung nicht erforderlich ist und mindestens eine der weiteren in § 11 Abs. 1 Nr. 1–2 NABEG genannten Voraussetzungen erfüllt ist. Danach bedürfen Pläne, die nur geringfügige Änderungen beinhalten oder die Nutzung kleiner Gebiete auf lokaler Ebene regeln, keiner Umweltprüfung, wenn nicht eine Vorprüfung des Einzel-

105 So die Gesetzesbegründung in BT-Drs. 17/6073, S. 34.
106 *Durner* DVBl 2011, 853, 861.
107 BT-Drs. 18/11499, S. 47.
108 Vgl. BT-Drs. 17/6073, S. 24.

falls i.S.v. § 35 Abs. 4 ergibt, dass der Plan voraussichtlich erhebliche Umweltauswirkungen hat.[109] Durch das Urteil v. 21.12.2016 konkretisierte der EuGH den Begriff »kleine Gebiete auf lokaler Ebene« und stellte fest, dass der Begriff anhand der Fläche des betreffenden Gebietes zu definieren sei und folgende Voraussetzungen erfüllt sein müssen: Der Plan oder das Programm ist von einer lokalen Behörde im Gegensatz zu einer regionalen oder nationalen Behörde ausgearbeitet und/oder erlassen worden, und das fragliche Gebiet innerhalb des räumlichen Zuständigkeitsgebiets der lokalen Behörde weist im Verhältnis zu diesem Zuständigkeitsgebiet nur eine geringe Größe auf.[110]

Seit der Schaffung des § 5a NABEG ist in bestimmten Ausnahmefällen ein vollständiger Verzicht 51
auf die Durchführung der Bundesfachplanung möglich. Bei der Änderung oder Erweiterung einer Leitung, einem Ersatzneubau oder bei einem Neubau in einem planerisch bereits geprüften Trassenkorridor soll nach § 5a Abs. 1 NABEG auf die Bundesfachplanung verzichtet werden (Regelverzicht). In den Fällen des § 5a Abs. 2 NABEG ist der Verzicht im Rahmen des planerischen Ermessens möglich. Durch den Verzicht wird die Wiederholung einer bereits durchgeführten Raumverträglichkeitsprüfung mit der Folge der Verdopplung von zeitaufwendigen Umweltprüfungen und Öffentlichkeitsbeteiligungen vermieden. Umweltverträglichkeitsprüfung und Öffentlichkeitsbeteiligung erfolgen sodann im nachfolgenden Planfeststellungsverfahren, sodass der Verzicht nicht zu bemerkenswerten Nachteilen führt.[111] Nach § 5a Abs. 4 NABEG besteht eine Pflicht zum Verzicht auf die Bundesfachplanung bei solchen Vorhaben, die im Bundesbedarfsplanungsgesetz gekennzeichnet sind.[112] Hintergrund der Ermöglichung der einstufigen Planfeststellungsentscheidung ist die Erkenntnis, dass ein substantielles Abschichten gemäß § 11 NABEG bei Vorhaben von insgesamt geringer Komplexität nicht möglich und daher ein zweistufiges Verfahren nicht erforderlich ist.[113] Insgesamt lässt sich eine deutliche Verfahrensverkürzung erreichen, ohne dass das Schutzniveau sinkt. Denn in den von § 5a NABEG erfassten Fällen hat die Öffentlichkeitsbeteiligung in Bezug auf den Trassenverlauf bereits stattgefunden, sodass eine erneute Beteiligung insoweit nicht angezeigt ist.[114]

10. Nationale Aktionsprogramme

Nr.	Plan oder Programm
1.12	**Nationale Aktionsprogramme nach Art. 5 Abs. 1 der Richtlinie 91/676/EWG des Rates vom 12. Dezember 1991 zum Schutz der Gewässer vor Verunreinigung durch Nitrat aus landwirtschaftlichen Quellen (ABl. L 375 vom 31.12.1991, S. 1), die zuletzt durch die Verordnung (EG) Nr. 1137/2008 (ABl. L 311 vom 21.11.2008, S. 1) geändert worden ist.**

Die Nationalen Programme in Zusammenhang mit der Nitrat-Richtlinie sollen vor allem dem Schutz 52
der Umwelt vor Nitratbelastungen durch die Landwirtschaft dienen. Die SUP-Pflichtigkeit derartiger Programme ergibt sich vor allem aus Urteilen des Europäischen Gerichtshofs v. 17.06.2010 (Rs. C-105/09 und C-110/09). Der Europäische Gerichtshof hat in seinen Urteilen festgestellt, dass Aktionsprogramme nach Art. 5 Abs. 1 der Richtlinie 91/676/EWG grundsätzlich zu den Plänen und Programmen im Sinne der SUP-RL zu zählen sind und damit der SUP-Pflicht unterliegen. Eine SUP-Pflicht besteht jedoch nur insoweit, als die Aktionsprogramme Vorgaben enthalten, die bei der Entscheidung über die Erteilung einer Genehmigung für Vorhaben nach der UVP-Richtlinie zu berücksichtigen sind.[115]

---

109 Vgl. § 37 Rdn. 4 ff.
110 EuGH, Urt. v. 21.12.2016 – C-444/15, NVWZ 2017, 1617.
111 *Leidinger* NVwZ 2020, 1377 (1378).
112 BT-Drs. 20/1599, S. 20, 53, 70.
113 Franke/*Karrenstein* EnWZ 2019, 195 (196).
114 *Leidinger* NVwZ 2020, 1377 (1378).
115 BT-Drs. 17/10957, S. 19.

53 Die SUP-Pflicht für Programme zur Reduzierung der Nitratbelastung ist obligatorisch ausgestaltet, da solche Programme regelmäßig einen Rahmen für die Zulässigkeit UVP-pflichtiger Vorhaben setzen.[116]

54 Ausweislich Art. 1 der Richtlinie ist das Ziel der Nitratrichtlinie, die durch Nitrat aus landwirtschaftlichen Quellen verursachte oder ausgelöste Gewässerverunreinigung zu verringern und weiterer Gewässerverunreinigungen dieser Art vorzubeugen.

55 Die Mitgliedstaaten haben die gefährdeten Gebiete entsprechend auszuweisen (Art. 3 Abs. 2 Richtlinie 91/676/EWG) Nach Art. 5 Abs. 1 der Richtlinie 91/676/EWG haben die Mitgliedstaaten die Pflicht, innerhalb von zwei Jahren nach der ersten Ausweisung der gefährdeten Gebiete nach Art. 3 Abs. 2 der Richtlinie oder innerhalb eines Jahres nach jeder ergänzenden Ausweisung nach Art. 3 Abs. 4 der Richtlinie Aktionsprogramme für die, als gefährdet ausgewiesenen Gebiete festzulegen. Hierdurch soll gewährleistet werden, dass die Gewässerverunreinigung durch Stickstoffverbindungen in den gefährdeten Gebieten verringert wird. Hierzu soll vor allem eine Begrenzung der Verwendung von stickstoffhaltigem Düngemittel sowie die Festlegung spezifischer Grenzwerte für dessen Ausbringung beitragen.[117] Durch die Aufstellung der Aktionsprogramme soll der Schutz der menschlichen Gesundheit und der lebenden Ressourcen und Ökosysteme der Gewässer sowie die sonstige rechtmäßige Nutzung der Gewässer gesichert werden.[118] Die Aktionsprogramme können sich nach Abs. 2 auf alle gefährdeten Gebiete im Gebiet eines Mitgliedstaates erstrecken oder es können verschiedene Programme für unterschiedlich gefährdete Gebiete oder Teilgebiete festgelegt werden, wenn der Mitgliedstaat dies für angebracht hält. Damit die Programme effizient wirken können, bedarf es einer ständigen Überwachung und Anpassung an sich verändernde Gegebenheiten.

56 Nach Art. 10 Richtlinie 91/676/EWG hat die Bundesrepublik Deutschland am Ende jedes Vierjahresprogramms einen Bericht vorzulegen, der die in Anh. V beschriebenen Informationen enthält.[119]

11. Das nationale Entsorgungsprogramm nach § 2c des Atomgesetzes

Nr.	Plan oder Programm
1.13	**Das nationale Entsorgungsprogramm nach § 2c des Atomgesetzes**

57 Im Rahmen des vierzehnten Gesetzes zur Änderung des Atomgesetzes im Jahr 2015 wurde auch die Pflicht der Bundesregierung eingeführt, in einem Nationalen Entsorgungsprogramm nationale Strategien für eine verantwortungsvolle und sichere Entsorgung abgebrannter Brennelemente und radioaktiver Abfälle darzulegen.[120] Vornehmlich wird diese Aufgabe vom für nukleare Sicherheit und Strahlenschutz zuständigen Bundesumweltministerium (BMUKN) wahrgenommen. Die Einführung dient zugleich der Umsetzung von Art. 11 und 12 Abs. 1 der Richtlinie 2011/70/EURATOM vom 19.07.2011, die einen Gemeinschaftsrahmen für die verantwortungsvolle und sichere Entsorgung abgebrannter Brennelemente und radioaktiver Abfälle zum Gegenstand hat.[121] In Deutschland wurde

116 BT-Drs. 17/10957, S. 19.
117 ABl. L 375/2 v. 31.12.1991.
118 ABl. L 375/2 v. 31.12.1991.
119 Die Berichte sind auf der Seite des BMUV unter: https://www.bmuv.de/download/nitratberichte (zuletzt abgerufen am 02.02.2026).
120 Vierzehntes Gesetz zur Änderung des Atomgesetzes eingeführt durch Bekanntmachung v. 20.11.2015, BGBl. I 2015, S. 2053.
121 ABl. L 199/48 v. 02.08.2011; so in der Gesetzesbegründung: BT-Drs. 18/5865, S. 11.

das Nationale Entsorgungsprogramm erstmals am 12.08.2015 vom Bundeskabinett beschlossen.[122] Der Umweltbericht zur dafür durchgeführten SUP datiert vom 20.07.2015.[123]

Es handelt sich bei dem Nationalen Entsorgungsprogramm um ein dynamisches Programm, welches einer ständigen Aktualisierung unterliegt.[124] Mindestens alle 10 Jahre oder nach Bedarf ist das Programm nach der Installierung zu überprüfen (§ 2c Abs. 3 AtG). Die zweite Entwurfsfassung für das Nationale Entsorgungsprogramm 2025 wurde am 30.09.2025[125] veröffentlicht.[126] Der dazugehörige Umweltbericht für das nationale Entsorgungsprogramm 2025 wurde im Oktober 2025 veröffentlicht und das nationale Entsorgungsprogramm 2025 am 03.12.2025 vom Bundeskabinett beschlossen.[127] 58

Durch das Nationale Entsorgungsprogramm soll sichergestellt werden, dass sämtliche entsorgungspolitischen Entscheidungen während des gesamten Prozesses auf dem Weg zur Endlagerung umgesetzt werden.[128] § 2c AtG dient damit auch der Verwirklichung der nationalen Verantwortung für die Entsorgung atomaren Abfalls, wie er in den Art. 4 Abs. 1 und Art. 5 Abs. 1 lit. a der Richtlinie 2011/70/EURATOM dargelegt ist. 59

§ 2c Abs. 2 Satz 1 Nr. 1–11 AtG legen die Bestandteile dar, welche das Nationale Entsorgungsprogramm umfassen muss, wobei nach § 2c Abs. 2 Satz 2 AtG das Programm aus einem oder mehreren Dokumenten bestehen kann. Die Vorgaben zu den Bestandteilen entsprechen dabei den Vorgaben des Art. 12 Richtlinie 2011/70/EURATOM. Bestandteil des Programms ist nach Nr. 3 die Bestandsaufnahme der Mengen, Arten und Eigenschaften sowie aller Standorte die einen Zusammenhang zum atomaren Abfall aufweisen. Die Richtlinie verpflichtet hier zu einer Erneuerung der Bestandsaufnahme alle 3 Jahre.[129] Diese dient dabei ebenfalls der Erstellung des periodischen Sicherheitsberichts nach § 19a AtG. § 2d AtG beinhaltet sechs Grundsätze, welche das nationale Entsorgungsprogramm beinhalten muss. 60

In § 2c Abs. 2 Satz 1 Nr. 5 AtG weicht der deutsche Gesetzestext von der Richtlinie ab. Statt des Begriffs »Verschluss« wird hier der Begriff »Beendigung der Stilllegung« verwendet. Damit wird der deutschen Besonderheit Rechnung getragen, dass die Stilllegung einer Anlage zur Endlagerung auch deren Verschluss umfasst. 61

---

122 Abzurufen auf der Homepage des BMUV: https://www.bmuv.de/fileadmin/Daten_BMU/Download_PDF/Nukleare_Sicherheit/nationales_entsorgungsprogramm_aug_bf.pdf (zuletzt abgerufen am 02.02.2026).

123 Abzurufen auf der Homepage des BMUV: https://www.bmuv.de/fileadmin/Daten_BMU/Download_PDF/Nukleare_Sicherheit/nationales_entsorgungsprogramm_sup_umweltbericht_bf.pdf (zuletzt abgerufen am 02.02.2026).

124 ABl. L 199/55 v. 02.08.2011; BT-Drs. 18/5865, S. 12.

125 S. 1 der Entwurfsfassung des Nationalen Entsorgungsprogramms 2025, download unter: https://www.bundesumweltministerium.de/download/nationales-entsorgungsprogramm (zuletzt abgerufen am 02.02.2026).

126 Ausstehend ist noch die Einbringung und Bestätigung durch das Bundeskabinett sowie die Übersendung an die EU, S. 34 der Präsentation der Abschlussveranstaltung der Behörden- und Öffentlichkeitsbeteiligung, download unter: https://www.bundesumweltministerium.de/download/abschlussveranstaltung-der-behoerden-und-oeffentlichkeitsbeteiligung-zum-nationalen-entsorgungsprogramm-napro-beziehungsweise-der-zugehoerigen-strategischen-umweltpruefung-sup (zuletzt abgerufen am 02.02.2026).

127 Vgl. Mitteilung der Bundesregierung zu ihrem Beschluss vom 03.12.2025 über den Entwurf des Nationalen Entsorgungsprogramms, abrufbar unter: https://www.bundesregierung.de/breg-de/bundesregierung/bundeskanzleramt/kabinettssitzungen/bundeskabinett-ergebnisse-2397124 (zuletzt abgerufen am 02.02.2026). Der Entwurf des Programms – samt Umweltbericht – ist verfügbar unter: https://www.bundesumweltministerium.de/download/nationales-entsorgungsprogramm (zuletzt abgerufen am 02.02.2026).

128 ABl. L 199/55 v. 02.08.2011; BT-Drs. 18/5865, S. 17; dazu auch § 2d Nr. 2 AtG.

129 BT-Drs. 18/5865, S. 12.

62 Durch die SUP-Pflicht bei der Erstellung des Nationalen Entsorgungsprogramms sollen dessen Umweltauswirkungen bestmöglich und zu einem frühestmöglichen Zeitpunkt ermittelt, beschrieben und bewertet werden. Darüber hinaus sollen die Erkenntnisse der SUP bei der anschließenden Aufstellung des Programms entsprechende Berücksichtigung finden. Im Rahmen der SUP sollen auch die Nachbarstaaten beteiligt werden.[130] Bei der Durchführung der SUP gelten die Anforderungen der §§ 38–44 sowie §§ 60–63. Die voraussichtlichen Umweltauswirkungen sowie etwaige Alternativen werden in dem Umweltbericht nach § 39 zusammengefasst und im Rahmen der Öffentlichkeitsbeteiligung nach § 42 Abs. 2 ausgelegt.[131] Der Inhalt des Umweltberichts hat sich an § 40 zu orientieren. Mit Blick auf die Bestimmung des Untersuchungsrahmens nach § 39 sind die Anforderungen des § 40 dann anhand des Nationalen Entsorgungsprogramms zu konkretisieren. Der Umweltbericht muss gerade auf solche Festlegungen des Nationalen Entsorgungsprogramm eingehen, die erhebliche Umweltauswirkungen befürchten lassen.[132]

63 Umweltspezifische Inhalte können gerade in den Konzepten oder Plänen und technischen Lösungen nach § 2c Abs. 2 Satz 1 Nr. 4 AtG enthalten sein. Die übrigen Nummern des § 2c Abs. 2 Satz 1 AtG dürften zumeist keine umwelterheblichen Festsetzungen treffen.[133]

12. Bundesfachpläne Offshore

Nr.	Plan oder Programm
1.14	**Bundesfachpläne Offshore nach § 17a Energiewirtschaftsgesetz**

64 Der geltende Bundesfachplan Offshore (BFO), zuvor geregelt in § 17a EnWG,[134] ist am 28.12.2023 im Wege einer Gesetzesänderung[135] aufgehoben worden.[136] Die Festlegungen im bisherigen BFO galten noch bis zum 31.12.2025.[137]

65 Die bisher im BFO gemäß § 17a EnWG getroffenen Festlegungen wurden zum Jahreswechsel 2025/2026 durch die im Flächenentwicklungsplan nach § 5 WindSeeG getroffenen Festlegungen abgelöst (§ 7 Nr. 1 WindSeeG).[138] Es sind damit nur noch die Festlegungen des Flächenentwicklungsplans gemäß § 5 WindSeeG maßgebend.[139]

66 Die Flächenentwicklungspläne gehen über eine reine Zusammenfassung von BFO und Offshore-Netzentwicklungsplänen hinaus. So regelt das WindSeeG auch ein Ausschreibungssystem für die Errichtung von Windenergieanlagen sowie die zentrale staatliche Kontrolle des Ausbaus.[140] Auch regelt das WindSeeG die zeitliche Reihenfolge der Flächenausschreibungen, wodurch eine frühzeitige Strukturierung des gesamten Planungsverlaufs ermöglicht wird (§ 5 Abs. 1 Nr. 3 WindSeeG).[141]

13. Festlegung von Standorten und Standortregionen

Nr.	Plan oder Programm

130 Kommission Lagerung hoch radioaktiver Abfallstoffe, Nationales Entsorgungsprogramm, 2015, S. 21.
131 Zur Bedeutung der Öffentlichkeitsbeteiligung vgl. BVerwG, Beschl. v. 31.07.2020 – 7 B 2.20, Rn. 15.
132 BT-Drs. 18/5865, S. 18.
133 BT-Drs. 18/5865, S. 18.
134 Bei § 17a EnWG handelte es sich um eine Übergangsvorschrift. Vgl. dazu im Einzelnen die Kommentierung zu Anl. 5, Rdn. 64 der 6. Auflage.
135 BGBl. 2023 I Nr. 405 v. 28.12.2023.
136 BT-Drs. 20/7310, S. 77; dazu *Schink/Schiller*, in: Kment-EnWG, § 17a Rn. 129 ff.
137 *Bunge*, in: BeckOK KlimaR, § 7 WindSeeG Rn. 1 f.
138 BT-Drs. 18/8860, S. 278.
139 *Bunge*, in: BeckOK KlimaR, § 7 WindSeeG Rn. 4.
140 *Bunge*, in: BeckOK KlimaR, § 4 WindSeeG Rn. 1.
141 *Schulz/Appel* ER 2016, 231 (233).

1.15	**Festlegung der Standortregionen und Standorte für die übertägige Erkundung nach § 15 Abs. 3 des Standortauswahlgesetzes**
1.16	**Festlegung der Standorte für die untertägige Erkundung nach § 17 Abs. 2 des Standortauswahlgesetzes**

Die Festlegung von Standortregionen und Standorten für die übertägige sowie untertägige Erkundung dient dem Zweck, eine finale Lösung für die Endlagerung radioaktiver Abfälle zu finden.[142] Das StandAG soll dazu dienen, dass die Endlagersuche unter Wahrung einer entsprechenden Verantwortung durch Bund und Länder geschieht. Dabei kommt dem Schutz von Menschen und Umwelt größte Bedeutung zu.[143] Die Suche ist dabei auf das Gebiet der Bundesrepublik beschränkt. Das heißt, dass ein Export des radioaktiven Abfalls in jedem Fall ausscheidet.[144] Die Endlagersuche findet unter umfassender Einbeziehung der Öffentlichkeit statt, um so die Transparenz und Akzeptanz des Vorgehens in der Bevölkerung zu erhöhen.[145] Die neue Suche ist ergebnisoffen ausgestaltet. Es soll sich letztendlich für den Standort entschieden werden, der ein größtmögliches Maß an Sicherheit bietet.[146] 67

a) Standortregionen und Standorte für übertägige Erkundungen

Das Bundesamt für die Sicherheit der nuklearen Entsorgung (BASE) überprüft nach § 15 Abs. 1 StandAG die Vorschläge des Vorhabenträgers zum Ausschluss von Standortregionen sowie zur Ausweisung von Standorten für die übertägige Erkundung. Für den Fall, dass das BASE von den Vorschlägen abweichen will, hat es dem Vorhabenträger die Möglichkeit zur Stellungnahme einzuräumen. 68

Das BASE übermittelt die Vorschläge für die Standorte der übertägigen Erkundung nach § 15 Abs. 2 StandAG dem BMU. Insgesamt sollen fünf Standorte ausgewählt werden.[147] Die Bundesregierung informiert in einem zweiten Schritt den Bundestag und den Bundesrat über die auszuschließenden Gebiete und die Standorte, welche in Frage kommen. Zu den von der Bundesregierung vorzulegenden Unterlagen gehört auch der Umweltbericht der SUP, die an den jeweils in Frage kommenden Standorten durchzuführen ist.[148] Weitere Unterlagen hat die Bundesregierung auf Anforderung vorzulegen. Über Auswahl und Ausschluss von Gebieten entscheidet letztverbindlich der Bundestag. Dies geht aus Abs. 3 hervor. Die Entscheidung des Gesetzgebers über die Gebietswahl soll der Entscheidung mehr Legitimität verschaffen.[149] 69

b) Standorte für die untertägige Erkundung

Das BASE überprüft ebenfalls die Standortauswahl für die untertägige Erkundung (§ 17 Abs. 1 Satz 1 StandAG). Auch hier hat das BASE dem Vorhabenträger Gelegenheit zur Stellungnahme zu geben, wenn von seinem Vorschlag abgewichen werden soll. 70

---

142 Vertiefende und aktuelle Informationen zur Endlagersuche und dem bereits erreichten Stand finden sich auf der von der Bundesgesellschaft für Endlagerung mbH (BGE) betriebenen Website: https://www.einblicke.de (zuletzt abgerufen am 02.02.2026).

143 BT-Drs. 17/13471, S. 1 f.

144 BT-Drs. 17/13471, S. 2; *Smeddinck,* StandAG, § 1 Rn. 40.

145 BT-Drs. 17/13471, S. 2; siehe hierzu »Zwischenbericht zur ersten Bevölkerungsbefragung im Jahr 2020« des BASE, abrufbar unter https://www.base.bund.de/SharedDocs/Downloads/BASE/DE/fachinfo/fa/EWident_Zwischenbericht_2020.pdf;jsessionid=1D442DDACD354E75FD14C4849B4B-E6BE.2_cid349?__blob=publicationFile&v=4 (zuletzt abgerufen am 02.02.2026).

146 BT-Drs. 17/13471, S. 14; dazu im Einzelnen *Smeddinck,* StandAG, § 1 Rn. 43 ff.

147 BT-Drs. 17/13471, S. 3.

148 BT-Drs. 17/13471, S. 26; dazu auch: Kommission Lagerung hoch radioaktiver Abfallstoffe, Abschlussbericht, 2016, K-Drs. 268, S. 61, 467 f.

149 BT-Drs. 17/13471, S. 26.

71 Hinsichtlich des Vorgehens bei der Standortwahl für die untertägige Erkundung kann im Wesentlichen auf die Ausführungen zur übertägigen Erkundung nach § 15 Abs. 2 StandAG verwiesen werden. Die beiden Vorschriften verlaufen hier parallel. Auch der Entscheidung über die untertägige Erkundung geht eine SUP für den jeweiligen Standort voraus, welche um einen Umweltbericht nach § 40 zu ergänzen ist.[150]

72 § 17 Abs. 3 StandAG legt fest, dass die Auswahl der Standorte für die untertägige Erkundung verwaltungsgerichtlich überprüfbar ist. Dies hat seinen Grund vor allem in der zentralen Bedeutung dieser Entscheidung, die sich als Zäsur im Prozess der Endlagersuche darstellt.[151] In diesem Rahmen eröffnet § 17 Abs. 3 Satz 3 StandAG durch die entsprechende Anwendung des UmwRG klagebefugten Vereinigungen die Möglichkeit der Überprüfung der Standortentscheidung, ohne dass diese an das Vorhandensein eines subjektiven Rechts gebunden sind (§ 3 UmwRG).[152]

14. Flächenentwicklungspläne

Nr.	Plan oder Programm
1.17	**Flächenentwicklungspläne nach § 5 des Windenergie-auf-See-Gesetzes**

73 Mit der Einführung des WindSeeG[153] zum 01.01.2017 geht die Aufstellung eines Flächennutzungsplans durch das Bundesamt für Seeschifffahrt und Hydrographie (BSH) einher. Die Einführung einer SUP-Pflicht für solche Vorhaben ist nach der SUP-RL[154] unionsrechtlich geboten. Der erste Flächenentwicklungsplan wurde am 28.06.2019 bekanntgegeben und im Dezember 2020 fortgeschrieben.[155] Dieser löst mit seinen Regelungen die bisherigen Festlegungen des Bundesfachplans Offshore (§ 17a EnWG) und des Offshore-Netzentwicklungsplans (§§ 17b und 17c EnWG) ab.[156] Am 30.01.2025[157] wurde der Flächenentwicklungsplan 2025 bekanntgemacht und veröffentlicht.[158]

74 Auf Grundlage eines Entwurf des Flächenentwicklungsplans hat das BSH einen Umweltbericht anzufertigen, welcher den Anforderungen an eine SUP nach § 40 entspricht (§ 6 Abs. 4 und 6 WindSeeG).[159]

75 Der Flächenentwicklungsplan kann Festlegungen für die ausschließliche Wirtschaftszone und das Küstenmeer beinhalten. Die Erstreckung des Flächennutzungsplans auf das Küstenmeer ist optional ausgestaltet und liegt im Ermessen des jeweiligen Landes.[160] Dieser soll ab dem Jahr 2026 bis mindestens 2030 vor allem dem Ausbau der Windenergieanlagen auf See und den entsprechenden Offshore-Anbindungsleitungen dienen. So soll mit dem Ausbau der Offshore-Windanlagen u.a. das

150 BT-Drs. 17/13471, S. 27; dazu auch: Kommission Lagerung hoch radioaktiver Abfallstoffe, Abschlussbericht, 2016, K-Drs. 268, S. 61, 467 f.

151 BT-Drs. 17/13471, S. 27 f.

152 BT-Drs. 17/13471, S. 28; *Smeddinck,* StandAG, § 17 Rn. 31.

153 BGBl. I v. 13.10.2016, S. 2258.

154 ABl. L 197/30 v. 21.07.2001.

155 Abrufbar unter: https://www.bsh.de/DE/THEMEN/Offshore/Meeresfachplanung/Flaechenentwicklungsplan/flaechenentwicklungsplan_node.html (zuletzt abgerufen am 02.02.2026).

156 BT-Drs. 18/8860, S. 269; s. auch § 7 WindSeeG.

157 Bei diesem handelt es sich um eine Änderung und Fortschreibung des Flächenentwicklungsplans 2023 v. 20.01.2023, vgl. weitergehend: https://www.bsh.de/DE/THEMEN/Offshore/Meeresfachplanung/Flaechenentwicklungsplan_2023/flaechenentwicklungsplan_2023_node.html (zuletzt abgerufen am 02.02.2026).

158 Abrufbar unter: https://www.bsh.de/DE/THEMEN/Offshore/Meeresfachplanung/Flaechenentwicklungsplan_2025/Anlagen/Downloads_FEP2025/FEP_2025.html (zuletzt abgerufen am 02.02.2026).

159 Dazu auch: *Schulz/Appel* ER 2016, 231 (232).

160 BT-Drs. 18/8860, S. 269.

Ausbauziel des § 1 Abs. 2 Satz 1 EEG[161] erreicht werden (§ 4 Abs. 2 Nr. 1 WindSeeG)[162]. Bis zum Jahr 2030 soll die Kapazität auf insgesamt 30 GW ausgebaut werden.[163] Diese gesteigerte Zielvorgabe[164] geht auf Änderungen im Zuge des sog. »Osterpakets«[165] zurück, welches auf den Ausbau der erneuerbaren Energien sowie auf Verfahrensbeschleunigungen zielt, beides im Interesse des 1,5-Grad-Klimaschutz-Pfades.[166]

Die Planung des Ausbaus der Windenergie folgt dabei dem »zentralen Modell«, d.h. die Offshore-Windparks werden staatlich voruntersucht und die Bieter bei den Ausschreibungen der Windparks bieten auf die Errichtung auf einer der voruntersuchten Flächen. Ziel ist es, die Flächenplanung und Raumordnung, Anlagengenehmigung, EEG-Förderung und Netzanbindung effektiver zu strukturieren.[167] 76

§ 5 WindSeeG regelt die einzelnen Gegenstände, über die der Flächennutzungsplan Bestimmungen enthalten kann. Dies sind vor allem der räumliche und zeitliche Geltungsbereich sowie Trassen und Trassenkorridore. Nach § 5 Abs. 1 WindSeeG können Gebiete für die ausschließliche Wirtschaftszone und nach Maßgabe der Nr. 1–11 für das Küstenmeer festgelegt werden. Gem. § 4 Abs. 1 WindSeeG können nach Maßgabe einer Verwaltungsvereinbarung zwischen dem Bund, vertreten durch das Bundesamt für Seeschifffahrt und Hydrographie, und dem zuständigen Land, einzelne Festlegungen für das Küstenmeer näher bestimmt werden. 77

Zu beachten sind die Einschränkung des § 5 Abs. 3 Satz 1 WindSeeG, wonach Festlegungen nach § 5 Abs. 1 Nr. 1 und 2 und 6–11 WindSeeG unzulässig sind, wenn überwiegende öffentliche oder private Belange entgegenstehen. Die Regelung entspricht damit den Bestimmungen zum Bundesfachplan Offshore § 17a Abs. 1 Satz 3 EnWG und anderen Fachplanungen.[168] 78

Zusätzlich bestimmt § 5 Abs. 3 Satz 5 WindSeeG, dass zur Vermeidung von Mehrfachprüfungen bei der Festlegung des Untersuchungsrahmens im Rahmen der SUP zu bestimmen ist, auf welcher Stufe des mehrstufigen Planungs- und Zulassungsprozesses bestimmte Umweltauswirkungen schwerpunktmäßig zu prüfen sind.[169] Die SUP kann also entsprechend abgeschichtet werden.[170] Nach Satz 6 sind Art und Umfang der Umweltauswirkungen, fachliche Erfordernisse sowie Inhalt und Entscheidungsgegenstand des Flächenentwicklungsplans zu berücksichtigen. Gemäß § 5 Abs. 3 Satz 7 ist die Umweltprüfung auf zusätzliche oder andere erhebliche Umweltauswirkungen sowie auf erforderliche Aktualisierungen und Vertiefungen zu beschränken. 79

Nach § 72 WindSeeG dienen die Ergebnisse der SUP auch dazu, die UVP für Windenergieanlagen auf zusätzliche oder erhebliche Umweltauswirkungen zu beschränken.[171] 80

161 Vgl. *Kahl/Gärditz/Lorenzen*, in: Umweltrecht, § 6 Rn. 76.
162 *Bunge*, in: BeckOK Klimarecht, § 4 WindSeeG Rn. 16 f.
163 BT-Drs. 20/1634, S. 20,69.
164 BGBl. I 2022 S. 1325 v. 20.07.2022.
165 Es handelt sich um die Bezeichnung für ein Gesetzespaket aus der 20. Legislaturperiode, vgl. dazu das Überblickspapier des BMWi zum Osterpaket v. 06.04.2022, S. 1 f. Download unter: https://www.bundeswirtschaftsministerium.de/Redaktion/DE/Downloads/Energie/0406_ueberblickspapier_osterpaket.pdf?__blob=publicationFile&v=1 (zuletzt abgerufen am 02.02.2026).
166 BT-Drs. 20/1634, S. 1 f., 20, 69; vgl. dazu das Überblickspapier Osterpaket v. 06.04.2022, S. 1 f. Download unter: https://www.bundeswirtschaftsministerium.de/Redaktion/DE/Downloads/Energie/0406_ueberblickspapier_osterpaket.pdf?__blob=publicationFile&v=1 (zuletzt abgerufen am 02.02.2026).
167 BT-Drs. 18/8860, S. 150.
168 *Schulz/Appel* ER 2016, 231 (233).
169 Dies dient der Verfahrensbeschleunigung, BT-Drs. 20/1634, S. 4.
170 Die Neufassung von § 5 Abs. 3 S. 5 orientiert sich an § 39 Abs. 3 UVPG, BT-Drs. 20/1634, S. 74.
171 Das Ermessen wurde durch eine gebundene Entscheidung ersetzt, wodurch Doppelprüfungen vermieden und eine Verfahrensbeschleunigung erreicht werden soll, BT-Drs. 20/1634, S. 102.

81 Vor dem Hintergrund der nationalen Wasserstoffstrategie[172] des Bundeministeriums für Wirtschaft und Energie,[173] stellt sich die Frage nach den planungsrechtlichen Voraussetzungen für die Offshore-Produktion von grünem Wasserstoff. Die Bundesregierung sieht daher vor, die Ausweisung von entsprechenden Flächen zu verstärken.[174] Die Offshore-Produktion von grünem Wasserstoff hat den weiteren Vorteil, dass der erzeugte Wasserstoff per Schiff oder ggf. Pipeline an Land gebracht werden kann, wodurch eine alternative Anbindungsmöglichkeit von Offshore-Windparks – anstelle einer Kabelverbindung – geschaffen würde.[175]

82 Planungsrechtlich ist die Errichtung eines Elektrolyseurs in der ausschließlichen Wirtschaftszone nur in sonstigen Energiegewinnungsbereichen nach § 3 Nr. 8 WindSeeG zulässig, die zuvor im Flächenentwicklungsplan nach §§ 4, 5 Abs. 2a WindSeeG festzulegen sind.[176] Hierbei ist die SUP-Pflicht unter den in Rdn. 73 genannten Voraussetzungen zu berücksichtigen. Für die Errichtung und den Betrieb eines Offshore-Elektrolyseurs im Bereich der ausschließlichen Wirtschaftszone der Bundesrepublik Deutschland oder auf der Hohen See kommt ein Planfeststellungs- bzw. Plangenehmigungsverfahren für sonstige Energiegewinnungsanlagen nach § 2 Abs. 1 i.V.m. § 1 Abs. 2 Satz 1 Nr. 3 Seeanlagengesetz in Betracht.[177] Sonstige Energiegewinnungsanlagen sind nicht nur solche zur Erzeugung von Strom, sondern auch zur Umwandlung von Strom in Gas, vgl. § 3 Nr. 7 WindSeeG.

15. Eignung einer Fläche und der installierbaren Leistung

Nr.	Plan oder Programm
1.18	**Feststellungen der Eignung einer Fläche und der installierbaren Leistung auf der Fläche nach § 12 Abs. 5 des Windenergie-auf-See-Gesetzes**

83 Auch die neu eingeführte Voruntersuchung der Flächen auf ihre Eignung zur Nutzung von Windenergie auf See bedarf nach der SUP-RL der Durchführung einer SUP.[178] Genauer bedarf es für die Feststellungen der Eignung einer Fläche und der installierbaren Leistung auf der Fläche nach § 12 Abs. 5 WindSeeG einer SUP. Die Voruntersuchung dient dabei dem Zweck, den Bietern der Ausschreibung nach Teil 3 Abschnitt 5 WindSeeG ausreichende Informationen zur Verfügung zu stellen, damit eine wettbewerbliche Bestimmung des Gebots nach § 51 WindSeeG ermöglicht wird. Ferner sollen die Eignung der Flächen festgestellt sowie vorab einzelne Untersuchungsgegenstände geprüft werden, um das anschließende Plangenehmigungsverfahren nach Teil 4 in der ausschließlichen Wirtschaftszone oder das Genehmigungsverfahren nach dem BImSchG im Küstenmeer für die Errichtung und den Betrieb von Windenergieanlagen auf See auf diesen Flächen zu beschleunigen (§ 9 WindSeeG). Am Bieterverfahren sollen nur geeignete Flächen teilnehmen und es soll die Effizienz der Nutzung der Windenergie auf See gesteigert werden.[179]

---

172 Bundesministerium für Wirtschaft und Klimaschutz, Stand Juni 2020, abrufbar unter: https://www.bmwk.de/Redaktion/DE/Publikationen/Energie/die-nationale-wasserstoffstrategie.pdf (zuletzt abgerufen am 02.02.2026).

173 Die nationale Wasserstoffstrategie wurde im Juli 2023 fortgeschrieben und sieht vor, bis 2030 wirksame Rahmenbedingungen zu schaffen, die auch Erleichterungen bei Planungs- und Genehmigungsverfahren für die Wasserstoffinfrastruktur vorsehen, vgl. S. 7, 8, 26, 28, abrufbar unter: https://www.bundeswirtschaftsministerium.de/Redaktion/DE/Publikationen/Energie/fortschreibung-nationale-wasserstoffstrategie.pdf?__blob=publicationFile&v=9 (zuletzt abgerufen am 02.02.2026).

174 Bundesministerium für Wirtschaft und Klimaschutz, Stand Juni 2020, S. 18, abrufbar unter: https://www.bmwk.de/Redaktion/DE/Publikationen/Energie/die-nationale-wasserstoffstrategie.pdf (zuletzt abgerufen am 02.02.2026).

175 *Langstädtler*, ZUR 2021, 203 (205).

176 *Langstädtler*, ZUR 2021, 203 (205).

177 *Langstädtler*, ZUR 2021, 203 (205).

178 ABl. L 199/48 v. 02.08.2011.

179 *Schulz/Appel* ER 2016, 231 (234).

Gegenstand und Umfang der Voruntersuchung werden durch § 10 WindSeeG bestimmt. Zuständig für die Durchführung der Voruntersuchung ist nach § 11 WindSeeG die Bundesnetzagentur. Es besteht die Möglichkeit der Übertragung der Zuständigkeit in der ausschließlichen Wirtschaftszone auf das BSH und im Küstenmeer auf die nach Landesrecht zuständige Behörde. Es wird zudem geprüft, ob der Errichtung und dem Betrieb der Windanlage bestimmte Belange entgegenstehen (§ 10 Abs. 2 WindSeeG). Darüber hinaus wird die installierbare Leistung auf der jeweiligen Fläche nach § 10 Abs. 3 WindSeeG festgelegt, damit die Fläche im Ausschreibungsvolumen nach § 2a Abs. 3 WindSeeG entsprechend berücksichtigt werden kann.[180] 84

Das zentrale Verfahren der Voruntersuchung richtet sich nach § 12 WindSeeG. Fällt die Eignungsuntersuchung positiv aus, werden die Eignung der Fläche und die installierbare Leistung gem. § 12 Abs. 5 WindSeeG durch Rechtsverordnung festgestellt. Zugleich wird in der Rechtsverordnung entsprechend § 1 Abs. 3 festgestellt, dass die Realisierung von Windenergieanlagen auf See auf der zentral voruntersuchten Fläche aus Gründen eines überragenden öffentlichen Interesses und im Interesse der öffentlichen Sicherheit erforderlich ist. Dabei kann die Eignungsfeststellung bereits Vorgaben für das spätere Vorhaben enthalten. Dies dient vor allem dazu, dass die Anlagen später nicht in Konflikt mit § 10 Abs. 2 WindSeeG geraten.[181] Zuständig für den Erlass der Rechtsverordnung bei Flächen in der ausschließlichen Wirtschaftszone ist das Bundesministerium für Wirtschaft und Klimaschutz, ohne das es einer Zustimmung des Bundesrates bedarf. Für das Bundesministerium für Wirtschaft und Klimaschutz besteht die Möglichkeit der Delegation des Erlasses auf die für die Voruntersuchung zuständige Stelle, mithin das BSH.[182] Bei Flächen im Küstenmeer ist die jeweilige Landesregierung zuständig, in dessen Gebiet die Fläche fällt (§ 12 Abs. 5 WindSeeG). Die Rechtsverordnung dient als Grundlage für die folgende Ausschreibung, sodass ihr ein allgemeinverbindlicher Charakter zukommt.[183] 85

Die für die Voruntersuchung zuständige Stelle hat nach der Eignungsfeststellung die entsprechenden Informationen nach § 44 Abs. 2 zur Einsicht auszulegen. Dabei müssen Ort und Zeit der Auslegung bekanntgemacht werden.[184] 86

II. Pläne und Programme der konditionalen SUP

1. Lärmaktionspläne

Nr.	Plan oder Programm
2.	**Strategische Umweltprüfung bei Rahmensetzung nach § 35 Abs. 1 Nr. 2**
2.1	**Lärmaktionspläne nach § 47d des Bundes-Immissionsschutzgesetzes**

Für Lärmaktionspläne i.S.v. § 47d BImSchG ist gem. Anl. 5 Nr. 2.1 eine Umweltprüfung durchzuführen, wenn diese einen Rahmen für Zulassungsentscheidungen UVP-pflichtiger Vorhaben set- 87

180 So auch: *Schulz/Appel* ER 2016, 231 (235).
181 BT-Drs. 18/8860, S. 285.
182 BT-Drs. 18/8860, S. 285.
183 BT-Drs. 18/8860, S. 285.
184 BT-Drs. 18/8860, S. 285.

zen.[185] Die unter Anl. 5 Nr. 2.1 fallenden Lärmaktionspläne sind den **Sachbereichen »Industrie«** und **»Verkehr«** zuzuordnen.[186]

88 Lärmaktionspläne bilden die vornehmliche Handlungsform der Lärmminderungsplanung nach §§ 47a ff. BImSchG.[187]

89 Die Rahmensetzung für künftige Zulassungsentscheidungen UVP-pflichtiger Vorhaben ist durch den Rechtsanwender zu prüfen. Das Erfordernis der Rahmensetzung ist unter anderem erfüllt, wenn konkrete Maßnahmen festgesetzt werden, die die Beschaffenheit oder Betriebsbedingungen eines UVP-pflichtigen Vorhabens betreffen oder auch bei Maßnahmen, die den Bau einer Ortsumgehungsstraße vorsehen.[188] Die wichtigsten Fachplanungen, für die ein Lärmaktionsplan typischerweise rahmensetzende Wirkung entfalten kann, sind die straßenrechtlichen Fachplanungen und die gemeindliche Bauleitplanung.[189] § 47d BImSchG vermittelt kein subjektiv-öffentliches Recht auf Überprüfung, Ergänzung oder Änderung eines Lärmaktionsplans.[190]

2. Luftreinhaltepläne

Nr.	Plan oder Programm
2.2	**Luftreinhaltepläne nach § 47 Abs. 1 des Bundes-Immissionsschutzgesetzes**

90 Die Luftreinhaltepläne des § 47 Abs. 1 BImSchG (Sanierungspläne) sind der konditionalen Umweltprüfung unterworfen.[191] Diese sind aufzustellen, wenn Immissionsgrenzwerte einschließlich festgelegter Toleranzmargen überschritten werden, die durch eine Rechtsverordnung nach § 48a Abs. 1 BImSchG festgelegt wurden und dienen der **Umsetzung der europäischen Luftqualitätsrichtlinien.**[192] Der nationale Gesetzgeber hat zur Umsetzung der 2008 konsolidierten Luftqualitäts-RL 2008/50/EG sowie der 4. »Tochterrichtlinie« (2004/107/EG) am 02.08.2010 die 39. BImSchV erlassen und in diesem Zusammenhang die zuvor geltende 22. und 33. BImSchV aufgehoben.[193] Die in Luftreinhalteplänen enthaltenen Maßnahmen sind in erster Linie auf die dauerhafte Verminderung von

185 Der Gesetzesentwurf führte entsprechende Pläne und Programme unter Nr. 2.2, BT-Drs. 15/3441, S. 43. Die Nr. 2.2 des Entwurfes des SUPG und die zunächst Gesetz gewordene Fassung unter der Nr. 2.1 stellten auf *»Lärmminderungspläne nach den §§ 47d und 47e BImSchG«* ab und bezogen sich damit auf einen letztlich verworfenen Gesetzesentwurf des BImSchG. Abweichend von dessen Wortlaut wurde im Gesetz zur Umsetzung der EG-Richtlinie über die Bewertung und Bekämpfung von Umgebungslärm v. 29.06.2005 (BGBl. I, S. 1794) in § 47d BImSchG auf *»Lärmaktionspläne«* abgestellt. Die Anl. 5 des UVPG in seiner ursprünglich geplanten und zunächst Gesetz gewordenen Fassung v. 25.06.2005 (damals noch Anl. 3) (BGBl. I, S. 1757) wurde entsprechend abgeändert und erhielt die jetzige Fassung, zu weiteren Einzelheiten *Scheidler* NuR 2005, 628 (629).

186 *Scheidler* NuR 2005, 628.

187 *Gärditz*, in: Landmann/Rohmer, Umweltrecht, 90. EL Juni 2019 zur Vorgängerregelung, § 14b UVPG Rn. 36.

188 BT-Drs. 15/3441, S. 43; vgl. im Einzelnen dazu *Gärditz*, in: Landmann/Rohmer, Umweltrecht, 90. EL Juni 2019 zur Vorgängerregelung, § 14b UVPG Rn. 36 m.w.N.

189 *Scheidler/Tegeder*, in: Feldhaus, Bundesimmissionsschutzrecht, § 47d Rn. 57.

190 BVerwG, Urt. v. 28.11.2019 – 7 C 2/18, Rn. 17 ff. = BVerwG NVwZ 2020, 891 (893) m. Anm. *Kment*.

191 Nicht erfasst werden mangels Aufstellungspflicht die sog. Vorsorgepläne nach § 47 Abs. 3 BImSchG. Ihre Aufstellung ist in das Ermessen der zuständigen Behörde gestellt. Siehe zu Vorsorgeplänen nach § 47 Abs. 1 Satz 3 a.F. *Hendler*, BMU-Rechtsgutachten, S. 113; *Wickel*, in: Führ, GK-BImSchG, § 47 Rn. 135, 150.

192 Bis zum 11.06.2010 galten die Luftqualitätsrahmenrichtlinie von 1996 (RL96/62/EG v. 27.09.1996) und vier EU-Tochterrichtlinien. Dieses Regelwerk ist (mit Ausnahme der 4. Tochter-RL, 2004/107/EG v. 15.12.2004) abgelöst worden durch die Richtlinie 2008/50/EG über Luftqualität und saubere Luft für Europa v. 21.05.2008; zu den Luftreinhalteplänen siehe *Jarass*, BImSchG, § 47 Rn. 1 ff., 7 ff.

193 *Koch/Braun* NVwZ 2010, 1203 ff.

Luftverunreinigungen gerichtet, d.h. es geht um einen qualitativen Ansatz.[194] Luftreinhaltepläne binden die für die fachrechtlichen Entscheidungen zuständigen Träger öffentlicher Verwaltung, ohne Rechtsnorm im klassischen Sinne zu sein.[195] Weder die Pläne noch § 47 BImSchG selbst enthalten eine Ermächtigungsgrundlage zur Durchsetzung der festgelegten Maßnahmen. Durchgesetzt werden können die in den Luftreinhalteplänen festgesetzten Maßnahmen daher nur dann, wenn die jeweils einschlägigen fachgesetzlichen Befugnisnormen dies erlauben (z.B. §§ 17 Abs. 1, 24 BImSchG, § 45 Abs. 1 Satz 2 Nr. 3 StVO, § 71 BBergG).

Geklärt ist, dass es ein subjektives Recht auf Aufstellung eines Luftreinhalteplans gibt. Mit Beschluss vom 29.03.2007 hatte das BVerwG einen Anspruch der von Luftbeeinträchtigungen durch Feinstaub betroffenen Anlieger auf Erstellung eines Luftreinhalteplans i.S.v. § 47 BImSchG noch abgelehnt, diese Frage aber dem EuGH zur Vorabentscheidung vorgelegt.[196] Dagegen sollte der Dritte nach Auffassung des BVerwG einen Anspruch auf planunabhängige Maßnahmen haben, auch bei komplexen Situationen.[197] Der EuGH hat auf die Vorlagefrage des BVerwG durch Urteil vom 25.07.2008 entschieden, dass der Dritte ein subjektives Recht auf Aufstellung eines Aktionsplans hat.[198] Dabei kann er seinen Anspruch auf Schutzmaßnahmen unabhängig von der Existenz eines Luftreinhalteplans geltend machen und durchsetzen.[199] 91

In Deutschland haben Umweltverbände eine Vielzahl von Urteilen zur Nachbesserung von Luftreinhalteplänen erstritten.[200] Hintergrund waren die festgestellten Überschreitungen der Grenzwerte für Luftschadstoffe der europäischen Luftqualitätsrichtlinie.[201] Einen maßgeblichen Anteil an der hohen Luftschadstoffbelastung hat der Straßenverkehr, insbesondere ältere Dieselfahrzeuge.[202] Um die Stadt Düsseldorf von Luftschadstoffen zu entlasten, verurteilte das Verwaltungsgericht Düsseldorf in seinem Urteil vom 13.09.2016 das Land Nordrhein-Westfalen dazu, den Luftreinhalteplan von 2013 so zu ändern, dass die erforderlichen Maßnahmen ergriffen werden, die zur schnellstmöglichen Einhaltung der Grenzwerte führen.[203] Dabei sollen die zuständigen Behörden die Problematik mit Dieselfahrzeugen differenziert berücksichtigen (je nach Schadstoffklasse) und auch ein- 92

194 *Jarass,* § 47 Rn. 1, 14 f.

195 BVerwG NVwZ 2007, 695 (698 f.).

196 BVerwG NVwZ 2007, 695.

197 BVerwG NJW 2007, 3591.

198 Aktionspläne i.S.v. § 47 Abs. 2 BImSchG a.F. entsprechen aktuell den Plänen für kurzfristig zu ergreifenden Maßnahmen i.S.v. § 47 Abs. 2 i.d.F. des BImSchG vom 29.03.2017, BGBl. I 2017, S. 626; dazu *Scheidler*, Immissionsschutz 2011, S. 60.

199 EuGH, NVwZ 2008, 984.

200 Vgl. etwa durch die Deutsche Umwelthilfe erstrittene Urteile für folgende Städte (Liste nicht abschließend): München (VGH München, Urt. v. 21.03.2024 – 22 A 23.40047 – ZUR 2024, 624), Hamburg (BVerwG, Urt. v. 28.05.2021 – 7 C 4/20, NVwZ 2021, 1783), Ludwigsburg (BVerwG, Urt. v. 28.5.2021 – 7 C 2/20, NVwZ 2021, 330), Reutlingen (BVerwG, Urt. v. 27.02.2020 – 7 C 3.19, NVwZ 2020, 1191), Frankfurt a.M. (VGH Hessen, Urt. v. 10.12.2019 – 9 A 2691/18, ZUR 2020, 376), Köln (OVG NRW, Urt. v. 12.09.2019 – 8 A 4775/18, ZUR 2020, 173), Bonn (VG Köln, Urt. v. 08. 11.2018 – 13 K 6682/15, ZNER 2018, 591), Mainz (VG Mainz, Urt. v. 24.10.2018 – 3 K 988/16.MZ, ZUR 2019, 116), Aachen (VG Aachen, Urt. v. 08.06.2018 – 6 K 2211/15, ZUR 2019, 52).

201 Richtlinie 2008/50/EG des Europäischen Parlaments und des Rates v. 21.05.2008 über Luftqualität und saubere Luft für Europa, ABl. 152/1; in Nordrhein-Westfalen überschritten 47 % der Messstellen die Grenzwerte in 2016, vgl. LANUV NRW, Bericht über die Luftqualität im Jahr 2016, unter: https://www.lanuk.nrw.de/fileadmin/lanuv/luft/immissionen/ber_trend/Jahresberichte/Bericht_ueber_die_Luftqualitaet_im_Jahr_2016.pdf (zuletzt abgerufen 02.02.2026); Im Jahr 2021 konnten in Nordrhein-Westfalen – wie erstmals im Jahr 2020 – keine Überschreitungen der Grenzwerte gemessen werden, vgl. https://www.land.nrw/pressemitteilung/luftqualitaet-erste-auswertung-der-messwerte-zeigt-auch-fuer-2021-einhaltung-der (zuletzt abgerufen am 02.02.2026).

202 VG München, Urt. v. 21.06.2016 – M 1 K 15.5714 Rn. 29, 36.

203 *Köck/Wasylow*, in: BeckOK UmweltR, 75. Edition, Stand: 01.07.2025, § 47 BImSchG Rn. 12; VG Düsseldorf, Urt. v. 13.09.2016 – 3 K 7695/15.

schneidende Maßnahmen wie Fahrverbote für Dieselfahrzeuge prüfen.[204] Dieser Auffassung schlossen sich die Verwaltungsgerichte München[205] sowie Stuttgart[206] an. Das BVerwG hat auf die Sprungrevision des Landes Nordrhein-Westfalen gegen die Entscheidung des VG Düsseldorf vom 13.09.2016 am 27.02.2018 durch Urteil entschieden, dass unter Beachtung des Grundsatzes der Verhältnismäßigkeit auch das Ergreifen eines auf bestimmte Straßen oder Straßenabschnitte beschränkten Verkehrsverbots für (bestimmte) Dieselfahrzeuge unionsrechtlich geboten sein kann, wenn dies die einzig geeignete Maßnahme zur schnellstmöglichen Einhaltung der Stickstoffdioxid-Grenzwerte ist.[207]

93 Darüber hinaus hat der EuGH im Jahr 2021 festgestellt, dass Deutschland gegen die EU-Luftqualitätsrichtlinie[208] verstoßen hat.[209] Danach wurde der unionsrechtliche Jahresgrenzwert für Stickstoffdioxid in 26 deutschen Gebieten – wie etwa in Berlin, Stuttgart und Freiburg – in den Jahren 2010 bis einschließlich 2016 systematisch und anhaltend überschritten, ohne dass die nationalen Luftqualitätspläne geeignete Maßnahmen vorgesehen haben, um den Zeitraum der Nichteinhaltung der Grenzwerte so kurz wie möglich zu halten.[210] Der EuGH folgte damit der Rechtsauffassung der Europäischen Kommission, die 2018 die Bundesrepublik verklagt hatte. Da den Mitgliedstaaten die Wahl der geeigneten Mittel zur Einhaltung der Grenzwerte verbleibt, ergibt sich aus der Entscheidung kein Ansatzpunkt, spezifisch die Einführung von Dieselfahrverboten als verpflichtend anzusehen. Vielmehr bildet der Grundsatz der Verhältnismäßigkeit den entscheidenden Maßstab für die Einführung von Maßnahmen.[211] Auch ein Anspruch auf Änderung oder Fortschreibung eines existierenden Luftreinhalteplans kann grundsätzlich bestehen.[212] Noch 2024 bestätigte das Bundesverwaltungsgericht eine Entscheidung des Bayrischen Verwaltungsgerichtshofs,[213] wonach die Behörde bei Verletzung der Verpflichtungen aus § 47 Abs. 1 Satz 1 und 3 BImSchG zur Fortschreibung eines Luftreinhaltungsplans verurteilt werden kann, wenn dies die einzige geeignete und verhältnismäßige Maßnahme zur schnellstmöglichen Einhaltung der Grenzwerte ist.[214]

94 Die Umweltprüfung ist durchzuführen, wenn der in Rede stehende Plan einen Rahmen für künftige Zulassungsentscheidungen setzt.[215] Dies ist nach der amtlichen Begründung der Fall, wenn in den Plänen Maßnahmen zur **dauerhaften Verminderung von Luftverunreinigungen** festgelegt werden, welche bei der Genehmigung von UVP-pflichtigen Anlagen zu berücksichtigen sind.[216] Praktisch bedeutsam ist § 47 Abs. 6 Satz 2 BImSchG, wonach planungsrechtliche Festlegungen der Luftreinhaltepläne durch die Planungsträger zu berücksichtigen sind.[217]

---

204 VG Düsseldorf, Urt. v. 13.09.2016 – 3 K 7695/15 Rn. 43.

205 VG München, Urt. v. 21.06.2016 – M 1 K 15.5714.

206 *Köck/Wasylow*, in: BeckOK UmweltR, 75. Edition, Stand: 01.07.2025, § 47 BImSchG, Rn. 12; VG Stuttgart, Urt. v. 26.07.2017 – 13 K 5412/15.

207 *Röckinghausen*, in: Landmann/Rohmer, Umweltrecht, 108. EL August 2025, § 47 BImSchG Rn. 50; BVerwG, Urt. v. 27.02.2018 – 7 C 26.16, NVwZ 2018, 890.

208 Festgestellt wurde ein Verstoß gegen Art. 13 Abs. 1 i.V.m. Anh. XI sowie Art. 23 Abs. 1, allein und i.V.m. Anh. XV Abschnitt A der Richtlinie 2008/50/EG.

209 EuGH, Urt. v. 03.06.2021 – C-635/18 – NJW 2021, 2637.

210 *Mielke/Pache/Verheyen*, in: Koch/Hofmann/Reese, Umweltrecht, § 16 Rn. 16.

211 BVerwG Beschl. v. 18.09.2024 – 7 B 22.24, ZUR 2025, 40 (40, 41); *Köck/Wasylow*, in: BeckOK UmweltR, 75. Edition, Stand: 01.07.2025, § 47 BImSchG Rn. 12; *Röckinghausen*, in: Landmann/Rohmer, Umweltrecht, 108. EL August 20255, § 47 BImSchG Rn. 51 ff.; siehe dazu auch *Frenz* DVBl 2021, 1370 ff.

212 *Röckinghausen*, in: Landmann/Rohmer, Umweltrecht, 108. EL August 2025, § 47 BImSchG Rn. 63 ff.; Jarass, BImSchG, § 47 BImSchG Rn. 66.

213 VGH München, Urt. v. 21.03.2024 – 22 A 23.40047, ZUR 2024, 624.

214 BVerwG, Beschl. v. 18.09.2024 – 7 B 22.24 Rn. 8, ZUR 2025, 40 (40, 41).

215 Stüer/Beckmann, Handbuch des Bau- und Fachplanungsrechts, Rn. 4577.

216 BT-Drs. 15/3441, S. 43, *Gärditz*, in: Landmann/Rohmer, Umweltrecht, 90. EL Juni 2019 zur Vorgängerregelung, § 14b UVPG Rn. 37 m.w.N.

217 *Schink*, in: Schink/Reidt/Mitschang, § 35 UVPG Rn. 15.

Das Vorliegen einer tatsächlichen SUP-Pflicht ist indes weder für die Zulässigkeit noch die Begründetheit der Umweltverbandsklage auf Fortschreibung eines Luftreinhalteplans erforderlich.[218] 95

3. Abfallwirtschaftliche Planungen

Nr.	Plan oder Programm
2.3	**Abfallwirtschaftskonzepte nach § 21 des Kreislaufwirtschaftsgesetzes**
2.4	**Fortschreibung der Abfallwirtschaftskonzepte nach § 16 Abs. 3 Satz 4, 2. Alternative des Kreislaufwirtschafts- und Abfallgesetzes vom 27. September 1994 (BGBl. I S. 2705), das zuletzt durch Artikel 5 des Gesetzes vom 6. Oktober 2011 (BGBl. I S. 1986) geändert worden ist,**
2.5	**Abfallwirtschaftspläne nach § 30 des Kreislaufwirtschaftsgesetzes, einschließlich von besonderen Kapiteln oder gesonderten Teilplänen über die Entsorgung von gefährlichen Abfällen, Altbatterien und Akkumulatoren oder Verpackungen und Verpackungsabfällen**
2.6	**Abfallvermeidungsprogramme nach § 33 des Kreislaufwirtschaftsgesetzes**

a) Abfallwirtschaftskonzepte nach § 21 KrWG (Nr. 2.3)[219]

Der **konditionalen Umweltprüfung** unterfallen Abfallwirtschaftskonzepte nach § 21 KrWG.[220] 96
Diese sind von den öffentlichen Versorgungsträgern über die Verwertung und Beseitigung der in ihrem Gebiet anfallenden und ihnen zu überlassenden Abfälle zu erstellen.[221] Der Zweck des Abfallwirtschaftskonzeptes besteht darin, als internes Planungsinstrument zu dienen.[222] Im Abfallwirtschaftskonzept werden grundsätzlich die Vermeidung, Verwertung und Beseitigung der zu erwartenden Abfälle im Konzeptzeitraum dargestellt. Das Abfallwirtschaftskonzept gibt damit einen Soll-Zustand wieder, die Abfallbilanz bildet den Ist-Zustand ab.[223] In der Abfallbilanz wird mithin dokumentiert, welches Abfallaufkommen tatsächlich zu verzeichnen war, d.h. es werden die Abfallströme nach Art, Menge und Verbleib der entsorgten Abfälle einschließlich deren Verwertung zusammengestellt.[224]

Ob ein Abfallwirtschaftskonzept einen Rahmen für zukünftige Zulassungsentscheidungen UVP- 97
pflichtiger Vorhaben setzt, ist nach dem jeweiligen Inhalt des Konzeptes, den bisherigen Entsorgungswegen sowie den bereits bestehenden Abfallbeseitigungs- und Verwertungsanlagen zu beurteilen.[225] Regelmäßig kommt Abfallwirtschaftskonzepten keine rahmensetzende Wirkung zu, da es sich lediglich um behördeninterne Instrumente handelt, die keine Bedeutung für Zulassungsentscheidungen von UVP-pflichtigen Vorhaben entfalten.[226] Die Rahmensetzung war nach Einschätzung des Gesetzgebers zu § 19 Abs. 5 KrW-/AbfG a.F. jedoch dann beispielsweise zu bejahen, wenn die Konzepte

218 BVerwG, Urt. v. 27.02.2020 – 7 C 3.19, Leitsatz 1 = BVerwGE 168, 20.

219 Anl. 5 Nr. 2.3 wurde zuletzt durch das Gesetz zur Neuordnung des Kreislaufwirtschafts- und Abfallrechts v. 24.02.2012 (BGBl. I, S. 212) geändert. Die Änderung ist zum 01.06.2012 in Kraft getreten.

220 Der Gesetzesentwurf führte entsprechende Pläne und Programme unter Nr. 2.4, BT-Drs. 15/3441, S. 44. Zum Gesetzgebungsverfahren hinsichtlich der abfallwirtschaftlichen Planungen und zur SUP im Abfallrecht siehe auch: *Erbguth* LKV 2006, 1, der jedoch die SUP i.S.d. Anl. 5 Nr. 2 begrifflich als obligatorische SUP einordnet; *Beckmann*, in: Landmann/Rohmer, 108. EL August 2025, § 21 KrWG Rn. 26.

221 Siehe ausführlich zu Abfallwirtschaftskonzepten *Wendenburg*, in: v. Lersner/Wendenburg, Recht der Abfallbeseitigung, § 21 Rn. 3 ff. 8; OVG NRW, NVwZ-RR 1995, 502 f.

222 *Queitsch*, in: BeckOK UmweltR, 75. Edition, Stand: 01.07.2025, § 21 KrWG Rn. 4; *Spoerr*, in: KrWG, § 21 Rn. 19.

223 *Beckmann*, in: Landmann/Rohmer, Umweltrecht, 108. EL August 2025, § 21 KrWG Rn. 16.

224 *Queitsch*, in: BeckOK UmweltR, 75. Edition, Stand: 01.07.2025, § 21 KrWG Rn. 4.

225 *Beckmann*, in: Landmann/Rohmer, Umweltrecht, 108. EL August 2025, § 21 KrWG Rn. 54; Stüer/Beckmann, Handbuch des Bau- und Fachplanungsrechts, Rn. 4578 f.

226 *Schink*, in: Schink/Reidt/Mitschang, § 35 UVPG Rn. 15.

Darlegungen zu neuen Beseitigungsanlagen (z.B. Standort- oder Anlagenplanung) oder zu Versorgungswegen bzw. geplanten Maßnahmen enthalten, welche bei der künftigen Genehmigung, Verlängerung oder Änderung der Genehmigung einer Abfallbeseitigungs- oder Verwertungsanlage zu berücksichtigen sind.[227]

b) Fortschreibung der Abfallwirtschaftskonzepte nach § 16 Abs. 3 Satz 4, 2. Alt. KrW-/AbfG a.F. (Nr. 2.4)

98 Der **konditionalen Umweltprüfung** werden gem. Anl. 5 Nr. 2.4 Abfallwirtschaftskonzepte zugeordnet, die von beliehenen Privaten nach Maßgabe des § 16 Abs. 3 Satz 4, 2. Alt. KrW-/AbfG a.F. fortzuschreiben sind.[228] Mit der Verwertung und Beseitigung von Abfällen können Private beauftragt werden, wenn sie sach- und fachkundig und zuverlässig sind, die Erfüllung der übertragenen Pflichten sichergestellt ist und keine überwiegenden öffentlichen Interessen entgegenstehen (§ 16 Abs. 2 Satz 1 KrW-/AbfG a.F.).[229] Der Nachweis über die Erfüllung dieser Voraussetzungen erfolgt durch Vorlage eines Abfallwirtschaftskonzepts, das für eine erstmalige Dauer von fünf Jahren konzipiert sein muss. Das Abfallwirtschaftskonzept ist sodann – nach erfolgter Beauftragung – alle fünf Jahre fortzuschreiben. Die **Fortschreibung** wird somit im Sinne einer Aufstellungspflicht gesetzlich vorgeschrieben.[230]

Hinsichtlich des Erfordernisses der Rahmensetzung gilt das zu Anl. 5 Nr. 2.3 Gesagte entsprechend.

c) Abfallwirtschaftspläne nach § 30 KrWG (Nr. 2.5)

99 Abfallwirtschaftspläne[231] nach § 30 KrWG werden gem. Anl. 5 Nr. 2.5 der **konditionalen Umweltprüfung**[232] zugeordnet.[233] Die Pläne weisen, sofern entsprechender Bedarf besteht, zugelassene Abfallanlagen und geeignete Flächen für Abfallbeseitigungsanlagen zur Endlagerung von Abfällen (Deponien) sowie für sonstige Abfallbeseitigungsanlagen aus.[234] Daneben können sie bestimmen, welcher Entsorgungsträger vorgesehen ist und welcher Beseitigungsanlage sich die Beseitigungspflichtigen zu bedienen haben. Die Abfallwirtschaftspläne werden von den Ländern nach überörtlichen Gesichtspunkten aufgestellt.[235]

---

227 BT-Drs. 15/3441, S. 44, noch zu § 19 Abs. 5 KrW-/AbfG a.F.

228 Der Gesetzesentwurf führte entsprechende Pläne und Programme unter Nr. 2.5, BT-Drs. 15/3441, S. 44; Peters/Balla/Hesselbarth, UVPG, § 1 Rn. 51.

229 Stüer/Beckmann, Handbuch des Bau- und Fachplanungsrechts, Rn. 4579.

230 Keine Aufstellungspflicht besteht hinsichtlich der erstmaligen Aufstellung durch den Dritten gem. § 16 Abs. 3 Satz 4, 1. Alt. KrW-/AbfG a.F., da das »Ob« der Aufstellung von der behördlichen Entscheidung hinsichtlich der Beauftragung und der Entscheidung des Dritten, ein Abfallwirtschaftskonzept zur Darlegung der Beauftragungsvoraussetzungen vorzulegen, abhängt.

231 Siehe ausführlich *Wendenburg*, in: v. Lersner/Wendenburg, Recht der Abfallbeseitigung, § 30 Rn. 4 ff.; *Kropp*, in: BeckOK UmweltR, 75. Edition, Stand: 01.07.2025, § 30 KrWG Rn. 5 ff.

232 *Beckmann*, in: Landmann/Rohmer, Umweltrecht, 108. EL August 2025, § 30 KrWG Rn. 79; *Kahl/Gärditz*, in: Umweltrecht, § 4 Rn. 117; *Schubert*, in: KrWG, § 30 Rn. 21.

233 Der Gesetzesentwurf sah für Abfallwirtschaftspläne nach § 30 KrWG noch eine obligatorische Umweltprüfung unter der dortigen Nr. 1.3 vor, BT-Drs. 15/3441, S. 42. Hiergegen wendete sich der Bundesrat mit der Argumentation, dass Abfallwirtschaftspläne nur dann zwingend Planaussagen zu Deponien oder sonstigen Abfallbeseitigungsanlagen enthielten, wenn ein entsprechender Bedarf im Bereich des Abfallwirtschaftsplans bestünde. Fehle der Bedarf, spielten die Planung und Ausweisung von Standorten, insbesondere für neue Deponien, keine Rolle. Die Verpflichtung zur Durchführung einer Strategischen Umweltprüfung hänge daher vom jeweiligen Planinhalt ab und könne demzufolge nicht zwingend vorgeschrieben werden. Es bleibe ausreichend, dass die zuständige Behörde prüfe, ob im Einzelfall ein Rahmen für UVP-pflichtige Vorhaben gesetzt werde, BR-Drs. 52/05 (Beschluss), Anl. 5, S. 12 f. Der Vermittlungsausschuss beschloss in der Folge die Streichung der Nr. 1.3 des Gesetzesentwurfes und die Anfügung der jetzigen Nr. 2.5.

234 *Beckmann*, in: Landmann/Rohmer, Umweltrecht, 108. EL August 2025, § 30 KrWG Rn. 77 ff.

235 Stüer/Beckmann, Handbuch des Bau- und Fachplanungsrechts, Rn. 4580.

Bei der Rechtsanwendung ist zu prüfen, ob ein in Rede stehender Plan einen Rahmen für UVP-pflichtige Vorhaben setzt. Dies ist der Fall, wenn die Abfallwirtschaftspläne Ausweisungen mit Bedeutung für spätere Zulassungsentscheidungen enthalten.[236] Dies trifft bei Deponiestandortbestimmungen stets zu. Standortbestimmungen zu sonstigen Abfallentsorgungsanlagen setzen lediglich dann einen Rahmen, wenn sie für verbindlich erklärt werden.[237] 100

Keine rahmensetzende Wirkung entfalten hingegen Festlegungen über Bedarf und Standorte von Abfallentsorgungsanlagen, die nach § 4 BImSchG i.V.m. Anh. 1, Rn. 8 der 4. BImSchV einer Zulassung nach Immissionsschutzrecht bedürfen.[238] 101

d) Abfallvermeidungsprogramme nach § 33 KrWG (Nr. 2.6)

Nr. 2.6 weist Abfallvermeidungsprogramme[239] nach § 33 KrWG der **konditionalen Umweltprüfung** zu.[240] Die Abfallvermeidungsprogramme werden zum einen durch den Bund erstellt, wobei eine Beteiligung durch die Länder möglich ist.[241] Zum anderen hat das Land eigene Abfallvermeidungsprogramme zu erstellen, soweit diese sich nicht an denen des Bundes beteiligen.[242] Die Abfallvermeidungsprogramme sollen Ziele der Abfallvermeidung festlegen, bestehende Abfallvermeidungsmaßnahmen darstellen und bewerten und erforderlichenfalls weitere Abfallvermeidungsmaßnahmen sowie deren Maßstäbe festlegen.[243] 102

Abfallvermeidungsprogramme entfalten regelmäßig keine rahmensetzende Wirkung, da es sich lediglich um Verwaltungsinterna ohne rechtliche Bindungswirkung handelt und sie daher idR keine Bedeutung für spätere Zulassungsentscheidungen haben.[244] Ihnen kommt allenfalls mittelbar beeinflussende Wirkung auf Abfallwirtschaftspläne und damit mittelbar auf den Bedarf und Standort von Deponien zu.[245] Die Aufnahme von Abfallvermeidungsprogrammen in die Nr. 2.6 erfolgte daher rein vorsorglich. 103

4. Operationelle Programme

Nr.	Plan oder Programm
2.7	**Operationelle Programme aus dem Europäischen Fonds für Regionale Entwicklung, dem Europäischen Sozialfonds, dem Kohäsionsfonds und dem Europäischen Meeres- und Fischereifonds sowie Entwicklungsprogramme für den ländlichen Raum aus dem Europäischen Landwirtschaftsfonds für die Entwicklung des ländlichen Raumes**

Im Jahr 2013 wurde durch Art. 2 des Gesetz zur Änderung des Umwelt-Rechtsbehelfsgesetzes und anderer umweltrechtlicher Vorschriften die Nr. 2.7 in die Anl. 5 übernommen.[246] Noch zum Zeitpunkt des Erlasses der SUP-RL waren die laufenden Strukturfondsplanungen von der SUP-Pflicht 104

236 Stüer/Beckmann, Handbuch des Bau- und Fachplanungsrechts, Rn. 4581.
237 *Franßen,* in: Rehbinder/Schink, Umweltrecht, 13. Abfallwirtschaftsrecht Rn. 222.
238 *Schink,* in: Schink/Reidt/Mitschang, § 35 UVPG Rn. 15; *ders.* NVwZ 2005, 615 (621).
239 *Beckmann,* in: Landmann/Rohmer, Umweltrecht, 108. EL August 2025, § 33 KrWG Rn. 1 ff.; *Wendenburg,* in: v. Lersner/Wendenburg, Recht der Abfallbeseitigung, § 33 Rn. 16–18, 72.
240 *Beckmann,* in: Landmann/Rohmer, Umweltrecht, 108. EL August 2025, § 33 KrWG Rn. 100.
241 *Kropp,* in: BeckOK UmweltR, 75. Edition, Stand: 01.07.2025, § 33 KrWG Rn. 3 ff.
242 *Dieckmann/Reese,* in: Koch/Hofmann/Reese, Umweltrecht, § 8 Rn. 172.
243 Stüer/Beckmann, Handbuch des Bau- und Fachplanungsrechts, Rn. 4582.
244 *Dieckmann/Reese,* in: Koch/Hofmann/Reese, Umweltrecht, § 8 Rn. 172.
245 *Schink,* in: Schink/Reidt/Mitschang, § 35 UVPG Rn. 15.
246 BGBl. I 2013 S. 95 v. 21.01.2013.

ausgenommen (Art. 3 Abs. 9 SUP-RL)[247].[248] Jedoch sollte die Europäische Kommission nach Art. 12 Abs. 4 SUP-RL für eine SUP-Pflicht für zeitlich nachfolgende Strukturfondverordnungen sorgen.[249]

105 Mit Schreiben (REGIO D2/MF/hb DF[2008] 710572) vom 30.09.2008 informierte die Europäische Kommission zunächst die Mitgliedstaaten, dass eine SUP-Pflicht für die Aufstellung oder Änderung von operationellen Programmen immer dann bestehe, wenn diese Pläne inhaltlich für die genannten UVP-pflichtigen Vorhaben eine rahmensetzende Wirkung entfalten.[250] Danach trifft die SUP-Pflicht auch Strukturfondplanungen künftiger Programmplanungszeiträume. Mit den Verordnungsentwürfen vom 06.10.2011 hatte die Europäische Kommission schließlich für die künftige Kohäsionspolitik ab 2014 ausdrücklich eine SUP-Pflicht vorgesehen (Art. 48 Abs. 4 Allgemeine Verordnung – Dokument KOM[2011] 615 endgültig)[251].[252]

106 In einem weiteren Schreiben vom 07.12.2011 (DG ENV/REGIO SA/MF Ares[2011]1323400) stellte die Europäische Kommission nochmalig klar, dass für Änderungen der operationellen Programme der laufenden Strukturfondsplanungen die Vorgaben der SUP-RL einzuhalten sind.

107 Die Aufnahme der operationellen Programme in Anl. 5 ist daher die konsequente Umsetzung der europäischen Vorgaben der Kommission und schafft auf nationaler Ebene eine klare Rechtsgrundlage für den Vollzug. Eine SUP-Pflicht besteht danach nur insoweit, wie die operationellen Programme oder eines der Programme aus den fünf EU-Fonds in geteilter Mittelverwaltung (EFRE, ESF, KF, ELER und EMFF) rahmensetzende Wirkung haben.[253]

5. Strahlenschutzrechtliche Planungen

Nr.	**Plan oder Programm**
2.8	**Besondere Notfallpläne des Bundes oder der Länder nach § 99 Abs. 2 Nummer 9 oder § 100, jeweils auch in Verbindung mit § 103 Abs. 1 des Strahlenschutzgesetzes, für die Entsorgung von Abfällen bei möglichen Notfällen**
2.9	**Pläne des Bundes oder der Länder nach § 118 Abs. 2 oder 5, jeweils auch in Verbindung mit § 103 Abs. 1 des Strahlenschutzgesetzes, für die Entsorgung von Abfällen**
2.10	**Bestimmung von Maßnahmen durch Rechtsverordnung nach § 123 Satz 2 des Strahlenschutzgesetzes**
2.11	**Radonmaßnahmenplan nach § 122 Abs. 1 des Strahlenschutzgesetzes**

a) Notfallpläne für die Entsorgung von Abfällen bei möglichen Notfällen nach §§ 99 Abs. 2 Nr. 9, 100 StrlSchG (Nr. 2.8)

108 Anl. 5 Nr. 2.8 gilt nach § 99 Abs. 2 Nr. 9 Strahlenschutzgesetz (StrlSchG) und § 100 StrlSchG jeweils in Verbindung mit § 103 Abs. 1 StrlSchG für besondere Notfallpläne des Bundes oder der Länder für die Entsorgung von Abfällen und die Beseitigung von Abwasser in Notfällen.[254] Die Regelung wurde durch das Gesetz zur Neuordnung des Rechts zum Schutz vor der schädlichen

247 Zu Art. 3 Abs. 9 auch *Decker* EurUP 2024, 99 (107).
248 BT-Drs. 17/10957, S. 20.
249 BT-Drs. 17/10957, S. 20.
250 BT-Drs. 17/10957, S. 20.
251 KOM(2011) 615 endgültig, S. 68 f. Zu finden unter: https://eur-lex.europa.eu/LexUriServ/LexUriServ.do?uri=COM:2011:0615:FIN:DE:PDF (zuletzt abgerufen am 02.02.2026).
252 BT-Drs. 17/10957, S. 20.
253 Stüer/Beckmann, Handbuch des Bau- und Fachplanungsrechts, Rn. 4584; *Peters/Balla/Hesselbarth,* UVPG, § 1 Rn. 47, 54.
254 Stüer/Beckmann, Handbuch des Bau- und Fachplanungsrechts, Rn. 4585.

Wirkung ionisierender Strahlung[255] in Anl. 5 aufgenommen. Die Aufnahme erfolgte rein vorsorglich.[256] Zum Zeitpunkt der Gesetzgebung war nicht absehbar, ob die Pläne und Programme künftig einen Rahmen für die Entscheidung über die Zulässigkeit von Vorhaben i.S.d. § 35 Abs. 3 setzen würden.[257]

Ziel der Notfallpläne ist es gem. § 97 Abs. 2 StrlSchG, die an der Notfallreaktion beteiligten Behörden und Organisationen in die Lage zu versetzen, im Notfall unverzüglich abgestimmte Entscheidungen zu treffen und die angemessenen Maßnahmen rechtzeitig durchzuführen.[258] Der allgemeine Notfallplan des Bundes wird gem. § 99 StrlSchG durch besondere Notfallpläne ergänzt, in denen die besonderen Planungen für bestimmte Anwendungsbereiche zur angemessenen Notfallreaktion darzustellen sind.[259] Dies gilt gem. § 99 Abs. 2 Nr. 9 StrlSchG für die Entsorgung von Abfällen sowie die Beseitigung von Abwasser bzw. den Betrieb von Abwasseranlagen für kontaminiertes Wasser. Weitergehend wird dieser Bundesnotfallplan gem. § 100 StrlSchG durch korrespondierende Pläne der Länder ergänzt und konkretisiert.[260] Der Bereich der Notfallvorsorge wird somit durch Notfallpläne des Bundes vorstrukturiert, welche durch Notfallpläne der Länder konkretisiert werden. Für die Notfallreaktion selbst sind dann die Länder nach dem allgemeinen Ordnungsrecht oder Katastrophenschutzrecht des jeweiligen Landes zuständig.[261] 109

Der Anwendungsbereich dieses besonderen Notfallplans ist auf Abfall i.S.d. § 5 Abs. 1 Satz 1 StrlSchG begrenzt. Erfasst sind demgemäß nur die Planungen für die Entsorgung aller Stoffe und Gegenstände, die nach der Begriffsbestimmung des § 3 Abs. 1 des Kreislaufwirtschaftsgesetzes als Abfälle anzusehen sind, soweit diese Abfälle notfallbedingt radioaktiv kontaminiert sind oder radioaktiv kontaminiert sein können.[262] Die von § 9a Abs. 1 AtG tatbestandlich erfassten radioaktiven Abfälle, also Reststoffe oder Anlagenteile, die schadlos zu verwerten oder als radioaktive Abfälle geordnet zu beseitigen sind, unterliegen hingegen nicht dem Anwendungsbereich.[263] 110

Ob ein solcher Notfallplan einen Rahmen für die Entscheidung über die Zulässigkeit von Vorhaben i.S.d. § 35 Abs. 3 setzt, ist im Einzelfall zu prüfen. Dies wäre etwa der Fall, wenn der Notfallplan Darlegungen zu neuen Abfallbeseitigungsanlagen (z.B. Standort- oder Anlagenplanung) oder Planungen zu Maßnahmen enthielte, welche bei der künftigen Erteilung, Verlängerung oder Änderung der Genehmigung einer Abfallbeseitigungs- oder Verwertungsanlage zu berücksichtigen wären. Wie eingangs bereits dargestellt, erfolgte die Aufnahme des Nr. 2.8 jedoch rein vorsorglich, da eine Rahmensetzung zum Zeitpunkt der Gesetzesänderung nicht absehbar war. 111

b) Pläne des Bundes und der Länder nach § 118 Abs. 2 oder 5 StrlSchG für die Entsorgung von Abfällen (Nr. 2.9)

Ziff. 2.9 wurde ebenfalls durch das Gesetz zur Neuordnung des Rechts zum Schutz vor der schädlichen Wirkung ionisierender Strahlung[264] in Anl. 5 aufgenommen. Mit § 118 Abs. 2 StrlSchG soll die Möglichkeit geschaffen werden, die in der Spätphase eines Notfalls geltenden Notfallpläne für die nachfolgend bestehende Expositionssituation im angemessenen Umfang fortzuschreiben, um in 112

255 Gesetz zur Neuordnung des Rechts zum Schutz vor der schädlichen Wirkung ionisierender Strahlung v. 27.06.2017, BGBl. I, S. 1966.
256 BT-Drs. 18/11241, S. 220.
257 BT-Drs. 18/11241, S. 220.
258 *Akbarian*, in: Akbarian/Raetzke, Strahlenschutzgesetz Kommentar, § 97 StrlSchG Rn. 6; *Mann/Hundertmark* NVwZ 2019, 825 (830).
259 BT-Drs. 18/11241, S. 229.
260 *Akbarian*, in: Akbarian/Raetzke, Strahlenschutzgesetz Kommentar, § 100 StrlSchG Rn. 1.
261 *Mann/Hundertmark* NVwZ 2019, 825 (830).
262 BT-Drs. 18/11241, S. 359.
263 BT-Drs. 18/11241, S. 461.
264 Gesetz zur Neuordnung des Rechts zum Schutz vor der schädlichen Wirkung ionisierender Strahlung v. 27.06.2017, BGBl. I, S. 1966.

Kenntnis der Umstände des jeweiligen Notfalls angemessene Lösungen zum Schutz der Bevölkerung festzulegen.[265] Der Unterschied zwischen den Notfallplänen nach §§ 97 ff. StrlSchG und den hiesigen Plänen liegt darin, dass Letztere nicht im Vorhinein für mögliche künftige Notfallsituationen festgelegt werden, sondern erst in dem Zeitpunkt, in dem sich die notfallbedingte radiologische Lage stabilisiert hat und die wesentlichen Umstände bekannt sind, die für eine sachgemäße Entscheidung im Einzelfall erforderlich sind.[266] § 118 Abs. 2 StrlSchG stellt es ins Ermessen der Bundesregierung, entweder die Regelungen des allgemeinen Notfallplans und der besonderen Notfallpläne für die betroffenen Sachbereiche in mehreren, aufeinander abgestimmten Plänen zum Schutz der Bevölkerung fortzuschreiben oder die für alle betroffenen Sachbereiche erforderlichen Regelungen in einem Plan zusammenzufassen. Diese Pläne des Bundes können gem. § 118 Abs. 5 StrlSchG durch Pläne der Länder ergänzt und vervollständigt werden, soweit dies für einen angemessenen Schutz der Bevölkerung erforderlich ist.[267]

Die konditionale SUP-Pflicht bezieht sich wiederum nur auf den Sachbereich der Entsorgung von Abfällen.[268]

c) Bestimmung von Maßnahmen durch Rechtsverordnung nach § 123 Satz 2 StrlSchG an Gebäuden (Nr. 2.10)

113 § 123 StrlSchG betrifft Maßnahmen an Gebäuden zum Schutz vor Strahlungen durch aus der Bodenluft austretendes Radon, das sich gegenüber der Außenluft in Gebäuden anreichern kann.[269]

114 Bei dem Wortlaut der Ziff. 2.10, wonach Rechtsverordnungen i.S.v. »§ 123 Satz 2« umfasst seien, handelt es sich um ein Redaktionsversehen. Lediglich § 123 Abs. 2 StrlSchG regelt, dass Bestimmungen von Maßnahmen zum Schutz vor Radon für zu errichtende Gebäude durch Rechtsverordnung getroffen werden können. Daher müsste es in der Vorschrift richtigerweise »§ 123 Abs. 2« lauten. Dies bestätigt die Beschlussempfehlung des Ausschusses.[270]

115 Nach dem ursprünglichen Gesetzentwurf sollte Ziff. 2.10 eine konditionale SUP-Pflicht für »Festlegung der Gebiete nach § 121 Abs. 1 des Strahlenschutzgesetzes« festschreiben.[271] Der Bundesrat hat in seiner Stellungnahme zu dem Gesetzentwurf einen Änderungsvorschlag hinsichtlich der Ziff. 2.10 mit dem Wortlaut: »Bestimmung von Maßnahmen durch Rechtsverordnung nach § 123 Abs. 2 des Strahlenschutzgesetzes« vorgelegt,[272] dem die Bundesregierung zugestimmt hat[273] und der so Eingang in die Beschlussempfehlung[274] gefunden hat. Hintergrund des Änderungsvorschlags seitens des Bundesrates war die Annahme, dass es sich bei den Maßnahmen nach § 123 Abs. 2 StrlSchG um Rechtsverordnungen handelt, die an konkrete Gebietsfestlegungen anknüpfen und daher »Pläne und Programme« i.S.d. Art. 2 lit. a) SUP-RL sein können.[275] Von den Gebietsfestlegungen nach § 121 Abs. 1 StrlSchG sei hingegen keine rahmensetzende Wirkung erwartbar, da

265 BT-Drs. 18/11241, S. 378; *Akbarian*, in: Akbarian/Raetzke, Strahlenschutzgesetz Kommentar, § 118 StrlSchG Rn. 16.
266 BT-Drs. 18/11241, S. 378.
267 BT-Drs. 18/11241, S. 379; *Akbarian*, in: Akbarian/Raetzke, Strahlenschutzgesetz Kommentar, § 118 StrlSchG Rn. 18.
268 BT-Drs. 18/11241, S. 460 f.
269 *Akbarian*, in: Akbarian/Raetzke, Strahlenschutzgesetz Kommentar, § 123 StrlSchG Rn. 1 ff.; Siehe vertiefend: *Pitschke* DS 2017, S. 207.
270 BT-Drs. 18/12151, S. 9, Ziff. 4.
271 BT-Drs. 18/11241, S. 169; *Akbarian*, in: Akbarian/Raetzke, Strahlenschutzgesetz Kommentar, § 123 StrlSchG Rn. 12.
272 BT-Drs. 18/11622, S. 31.
273 BT-Drs. 18/11622, S. 31.
274 BT-Drs. 18/12151, S. 9.
275 BT-Drs. 18/11622, S. 31.

sie keine Auswirkung auf die Zulassung weiterer Planungen hätten, sondern lediglich eine – wenn auch rechtsverbindliche – Beschreibung des bestehenden Belastungszustands enthalten.[276]

Nach § 123 Abs. 2 StrlSchG erlassene Rechtsverordnungen setzen einen Rahmen und unterliegen damit der **konditionalen SUP-Pflicht**, wenn sie rechtsverbindliche Festlegungen für spätere Zulassungsentscheidungen, insbesondere zur Beschaffenheit von Vorhaben enthalten.[277] Dies kann beispielsweise der Fall sein, wenn die Rechtsverordnung konkrete bauordnungsrechtliche Anforderungen an die Bauausführung in den Gebieten nach § 121 Abs. 1 Satz 1 StrlSchG stellt. 116

d) Radonmaßnahmenplan nach § 122 Abs. 1 StrlSchG (Nr. 2.11)

§ 122 Abs. 1 StrlSchG statuiert die Pflicht zur Aufstellung eines Radonmaßnahmenplans durch den Bund unter Beteiligung der Länder. Dieser Maßnahmenplan hat keine rechtsverbindliche Natur.[278] Er soll vielmehr zur Erläuterung der auf formell-gesetzlicher oder Verordnungsebene erlassenen Bestimmungen zum Schutz vor Radon enthalten sowie perspektivisch Ziele zur Verringerung der Radonbelastung enthalten.[279] Aufgrund der fehlenden Rechtsverbindlichkeit des Radonmaßnahmenplans ist eine rahmensetzende Wirkung nur schwer vorstellbar.[280] Die Aufnahme der Nr. 2.11 erfolgte vielmehr rein vorsorglich, falls der Radonmaßnahmenplan doch eine Entscheidung über die Zulässigkeit von Vorhaben i.S.d. § 35 Abs. 3 enthalten sollte.[281] 117

6. Aktionspläne nach § 40d des Bundesnaturschutzgesetzes

Nr.	Plan oder Programm
2.12	Aktionspläne nach § 40d des Bundesnaturschutzgesetzes

Im Jahr 2017 wurde durch Art. 2 des Gesetzes zur Durchführung der Verordnung (EU) Nr. 1143/2014 über die Prävention und das Management der Einbringung und Ausbreitung invasiver gebietsfremder Arten[282] Anl. 5 um Ziff. 2.12 ergänzt.[283] Danach unterliegen Aktionspläne nach § 40d BNatSchG[284] den Bestimmungen über eine konditionale SUP.[285] Mit diesen Aktionsplänen soll präventiv die unvorsätzliche Einbringung und Ausbreitung von invasiven Arten minimiert werden.[286] Zwar sind sowohl unionsrechtlich als auch national keine Anhaltspunkte für eine Verpflichtung zur Durchführung einer obligatorischen SUP in diesem Kontext ersichtlich.[287] Allerdings ist nicht generell auszuschließen, dass ein Aktionsplan im Einzelfall auch rahmensetzende Festlegungen für ein UVP-pflichtiges Vorhaben trifft.[288] Da dies aber vom konkreten Planentwurf und den konkret zu adressierenden invasiven Arten der Unionsliste abhängt, ist zur Erfüllung der Anforderungen der SUP- 118

276 BT-Drs. 18/11622, S. 31.
277 Stüer/Beckmann, Handbuch des Bau- und Fachplanungsrechts, *Rn. 4587*.
278 BT-Drs. 18/11241, S. 208; *Akbarian*, in: Akbarian/Raetzke, Strahlenschutzgesetz Kommentar, § 122 StrlSchG Rn. 9.
279 BT-Drs. 18/11241, S. 208; Stüer/Beckmann, Handbuch des Bau- und Fachplanungsrechts, Rn. 4588.
280 *Akbarian*, in: Strahlenschutzgesetz Kommentar, § 122 StrlSchG Rn. 5.
281 BT-Drs. 18/11241, S. 220.
282 BGBl. I 2017, S. 3370.
283 BT-Drs. 18/11942, S. 35; *Mitschang*, in: Schink/Reidt/Mitschang, Anl. 5 Rn. 20a.
284 *Gellermann*, in: Landmann/Rohmer, Umweltrecht, 108. EL August 2025, § 40d BNatSchG Rn. 1 f.
285 *Gläß*, in: BeckOK UmweltR, 75. Edition, Stand: 01.07.2025, § 40f BNatSchG, Rn. 5; Stüer/Beckmann, Handbuch des Bau- und Fachplanungsrechts, Rn. 4589.
286 *Gläß*, in: BeckOK UmweltR, 75. Edition, Stand v 01.07.2025, § 40d BNatSchG, Einleitung; *Gurreck*, in: GK-BNatSchG, § 40d Rn. 1.
287 Vgl. BT-Drs. 18/11942, S. 35.
288 BT-Drs. 18/11942, S. 35.

Richtlinie eine Vorprüfung der rahmensetzenden Wirkung des Aktionsplans erforderlich, die mit Anl. 5 Ziff. 2.12 gesetzlich festgeschrieben worden ist.[289]

7. Klimaschutzprogramme nach § 9 des Bundes-Klimaschutzgesetzes

Nr.	Plan oder Programm
2.13	**Klimaschutzprogramme nach § 9 des Bundes-Klimaschutzgesetzes**

119 Ziff. 2.13 wurde mit der Einführung des Bundes-Klimaschutzgesetzes (KSG) 2019[290] in die Anl. 5 aufgenommen. Zuvor existierte keine vergleichbare Regelung, weshalb auch das »Aktionsprogramm Klimaschutz 2020« aus dem Jahr 2014 von vornherein keiner Vorprüfungs- oder SUP-Pflicht unterlag (siehe auch § 35 Rdn. 27). § 9 Abs. 1 Satz 1 1. HS KSG beinhaltet die Verpflichtung der Bundesregierung, spätestens zwölf Kalendermonate nach Beginn einer Legislaturperiode ein Klimaschutzprogramm zu beschließen. Des Weiteren prüft die Bundesregierung nach jeder Fortschreibung des Klimaschutzplans, ob ein neues Klimaschutzprogramm beschlossen werden soll.. Der Klimaschutzplan bildet die Grundlage für die von Deutschland zu erreichenden Klimaschutzziele. Der aktuell existierende Klimaschutzplan 2050[291] enthält das klimapolitische Ziel, bis 2050 die Treibhausgasemissionen um 80–95 % im Vergleich zu 1990 zu senken. Zugleich formuliert er Leitbilder, Meilensteine und Maßnahmen für alle Handlungsfelder, um das Langfristziel der weitgehenden Treibhausgasneutralität zu erreichen. Auf der Grundlage von § 9 KSG und des Klimaschutzplans 2050 hat die Bundesregierung im Jahr 2019 das Klimaschutzprogramm 2030[292] beschlossen. Das Klimaschutzprogramm 2030 besteht aus vier Elementen zur konkreten Minderung der Treibhausgasemissionen. Davon umfasst sind Förderprogramme und Anreize zur CO_2 -Einsparung, die Bepreisung von CO_2, Maßnahmen zur Entlastung der Bürger sowie regulatorische Maßnahmen.[293]

120 Die Aufnahme der Ziff. 2.13 erfolgte rein vorsorglich, da nicht zu erwarten ist, dass Klimaschutzprogramme hinreichend konkrete Festlegungen für spätere Zulassungsentscheidungen und damit rahmensetzende Wirkung i.S.d. § 35 Abs. 3 haben. Im Einzelfall kann jedoch dennoch ein Rahmen durch konkrete Maßnahmen im Klimaschutzprogramm gesetzt werden.[294]

8. Entscheidungen über die Ausweisung als Gebiet zum Neu- oder Ausbau von Wärmenetzen oder als Wasserstoffnetzausbaugebiet nach § 26 des Wärmeplanungsgesetzes

Nr.	Plan oder Programm
2.14	**Entscheidungen über die Ausweisung als Gebiet zum Neu- oder Ausbau von Wärmenetzen oder als Wasserstoffnetzausbaugebiet nach § 26 des Wärmeplanungsgesetzes**

289 Vgl. BT-Drs. 18/11942, S. 35; Stüer/Beckmann, Handbuch des Bau- und Fachplanungsrechts, Rn. 4589.

290 Gesetz zur Einführung eines Bundes-Klimaschutzgesetzes und zur Änderung weiterer Vorschriften vom 12.12.2019, BGBl. I 2019, S. 2513.

291 BMU, Klimaschutzplan 2050, Klimaschutzpolitische Grundsätze und Ziele der Bundesregierung, Stand November 2016, abrufbar unter: https://www.bundeswirtschaftsministerium.de/Redaktion/DE/Publikationen/Industrie/klimaschutzplan-2050.pdf?__blob=publicationFile&v=1 (zuletzt abgerufen am 02.02.2026).

292 Klimaschutzprogramm 2030 der Bundesregierung zur Umsetzung des Klimaschutzplans 2050 vom 8. Oktober 2019, abrufbar unter: https://www.bundesregierung.de/resource/blob/974430/1679914/e01d6bd855f09bf05cf7498e06d0a3ff/2019-10-09-klima-massnahmen-data.pdf?download=1 (zuletzt abgerufen am 02.02.2026).

293 Klimaschutzprogramm 2030 der Bundesregierung zur Umsetzung des Klimaschutzplans 2050, S. 21.

294 BT-Drs. 19/14337, S. 42; *Posser*, in: Frenz, Klimaschutzrecht, § 9 KSG Rn. 24; Dagegen *Klafki/Schlacke*, in: Klimaschutzrecht, § 9 Rn. 27, 56 ff.

Ziff. 2.14 wurde durch Art. 3 des Gesetzes für die Wärmeplanung und zur Dekarbonisierung der Wärmenetze vom 20.12.2023 in Anl. 5 eingefügt.[295] Das Gesetz zielt darauf ab, die Umstellung der Erzeugung von Raumwärme, Warmwasser und Prozesswärme aus erneuerbarer Energie zu beschleunigen um dadurch zur Erreichung des Ziels der Klimaneutralität bis zum Jahr 2045 beizutragen (sog. Wärmewende).[296] Den Ländern wird dabei die Durchführung der Wärmeplanung verpflichtend auferlegt.[297] Zudem stellt das Gesetz eine Reaktion auf ein Urteil des BVerwG[298] aus dem Jahr 2023 dar, welches die Unvereinbarkeit von § 13b BauGB mit der SUP-Richtlinie feststellte.[299] Durch die Ergänzung der Anl. 5 um Nr. 2.14 können nun Entscheidungen im Sinne von § 26 Wärmeplanungsgesetz (WPG) einer SUP-Pflicht unterliegen.[300] 121

§ 26 WPG regelt eine eigenständige Entscheidung, welcher Außenwirkung zukommt, da sie als Anknüpfungspunkt für das Gebäudeenergiegesetz dient.[301] § 26 Abs. 3 WPG ist deklaratorischer Natur und begründet keine eigenständige Pflicht zur Durchführung einer SUP.[302] Sofern eine solche durchgeführt wird, muss das Verfahren zur Entscheidung über eine Ausweisung von Gebieten den Vorgaben des UVPG genügen.[303] Ob eine SUP durchzuführen ist, richtet sich nach § 35 Abs. 1 Nr. 2 UVPG.[304] 122

295 BGBl. 2023 I Nr. 394 vom 22.12.2023, S. 28.
296 BT-Drs. 20/8654, S. 1 ff., 46.
297 BT-Drs. 20/8654, S. 2.
298 BVerwG, Urt. v. 18.07.2023 – 4 CN 3.22 Rn. 10 ff., NVwZ 2023, 1652 (1652, 1652).
299 Stüer/Beckmann, Handbuch des Bau- und Fachplanungsrechts, Rn. 257.
300 Stüer/Beckmann, Handbuch des Bau- und Fachplanungsrechts, Rn. 4591; BT-Drs. 20/8654, S. 66, 127.
301 BT-Drs. 20/8654, S. 105.
302 BT-Drs. 20/8654, S. 106.
303 BT-Drs. 20/8654, S. 106.
304 Vgl. dazu in der vorliegenden Kommentierung § 35 UVPG Rdn. 13 ff.

Anlage 6 Kriterien für die Vorprüfung des Einzelfalls im Rahmen einer Strategischen Umweltprüfung

Nachstehende Kriterien sind anzuwenden, soweit auf Anlage 6 Bezug genommen wird.

1. Merkmale des Plans oder Programms, insbesondere in Bezug auf

1.1 das Ausmaß, in dem der Plan oder das Programm einen Rahmen setzen;

1.2 das Ausmaß, in dem der Plan oder das Programm andere Pläne und Programme beeinflusst;

1.3 die Bedeutung des Plans oder Programms für die Einbeziehung umweltbezogener, einschließlich gesundheitsbezogener Erwägungen, insbesondere im Hinblick auf die Förderung der nachhaltigen Entwicklung;

1.4 die für den Plan oder das Programm relevanten umweltbezogenen, einschließlich gesundheitsbezogener Probleme;

1.5 die Bedeutung des Plans oder Programms für die Durchführung nationaler und europäischer Umweltvorschriften.

2. Merkmale der möglichen Auswirkungen und der voraussichtlich betroffenen Gebiete, insbesondere in Bezug auf

2.1 die Wahrscheinlichkeit, Dauer, Häufigkeit und Umkehrbarkeit der Auswirkungen;

2.2 den kumulativen und grenzüberschreitenden Charakter der Auswirkungen;

2.3 die Risiken für die Umwelt, einschließlich der menschlichen Gesundheit (zum Beispiel bei Unfällen);

2.4 den Umfang und die räumliche Ausdehnung der Auswirkungen;

2.5 die Bedeutung und die Sensibilität des voraussichtlich betroffenen Gebiets aufgrund der besonderen natürlichen Merkmale, des kulturellen Erbes, der Intensität der Bodennutzung des Gebiets jeweils unter Berücksichtigung der Überschreitung von Umweltqualitätsnormen und Grenzwerten;

2.6 Gebiete nach Nummer 2.3 der Anlage 3.

Übersicht

A. Allgemeines

Die Anl. 6 listet Kriterien auf, die bei der Vorprüfung des Einzelfalls im Rahmen einer Strategischen Umweltprüfung durch die Behörde zu berücksichtigen sind (zu den Einzelheiten der Vorprüfung im Einzelfall siehe die Erläuterungen zu § 35 Rdn. 49 ff.).[1] Sie ist im Zuge der Umsetzung der Richtlinie des Europäischen Parlamentes und des Rates vom 27.06.2001 über die Prüfung der Umweltauswirkungen bestimmter Pläne und Programme (SUP-RL)[2] in das UVPG aufgenommen worden. 1

Inhaltlich hat der Gesetzgeber in der Anl. 6 den Anh. II der SUP-RL umgesetzt.[3] Die dort genannten Kriterien wurden **weitestgehend inhaltsgleich übernommen** und auch die in Anh. II SUP-RL vorgefundene systematische Gliederung in zwei Gruppennummern wurde beibehalten. Dementsprechend unterscheidet die Anl. 6 zwischen **Merkmalen des Plans oder Programms**, die unter der Gruppennummer 1 geführt werden, und Merkmalen der möglichen Auswirkungen und der voraussichtlich betroffenen Gebiete, die unter der Gruppennummer 2 aufgelistet werden. Inhaltlich fasst die Gruppennummer 2 zwei Merkmalsbereiche unter einem Dach zusammen. Dies sind zum einen **Merkmale der möglichen Auswirkungen** und zum anderen **Merkmale der voraussichtlich betroffenen Gebiete.**[4] Gemeinsam ist ihnen, dass die sie beschreibenden Kriterien die Auswirkungsseite eines Plans oder Programms betrachten. Davon abzugrenzen stellt die Gruppennummer 1 auf Kriterien ab, die »innerhalb« des Plans oder Programms liegen oder Wechselwirkungen mit anderen Plänen und Programmen sowie Umweltschutzvorschriften betreffen. Ziel des Richtliniengebers war es sicherzustellen, dass keine Pläne oder Programme, die voraussichtlich erhebliche Umweltauswirkungen haben, der Umweltprüfung entzogen werden.[5] 2

Die Auflistung der Kriterien ist lediglich beispielhaft zu verstehen. Die Auflistung ist **nicht abschließend.**[6] Dies wird durch die überleitende Wendung »insbesondere in Bezug auf« klargestellt. Bereits die Kriterien des Anh. II SUP-RL sind nach dem Willen des Richtliniengebers nicht abschließend und es stand den Mitgliedstaaten bei der Umsetzung frei, weitere Kriterien für die Berücksichtigung vorzuschreiben.[7] Davon hat der Gesetzgeber nur behutsam und klarstellend Gebrauch gemacht.[8] Für die **Auslegung der Kriterien der Anl. 6** kann daher weitestgehend auf die Erwägungen des Richtliniengebers unmittelbar zurückgegriffen werden.[9] Dies ist auch unter dem Gesichtspunkt der richtlinienkonformen Auslegung anzuraten.[10] 3

1 *Mitschang*, in: Schink/Reidt/Mitschang, UVPG/UmwRG, Anl. 6 UVPG Rn. 23; *Peters/Balla/Hesselbarth*, UVPG, § 35 Rn. 36.

2 Abl. EG L 197/30 v. 21.07.2001.

3 BT-Drs. 15/3441, S. 44; *Mitschang*, in: Schink/Reidt/Mitschang, UVPG/UmwRG, § 35 UVPG Rn. 23.

4 Der Vorschlag des Bundesrates, BR-Drs. 588/04 (Beschluss), S. 25 f., eine dreigliedrige und an die **Anl.** 3 angelehnte Systematik für die **Anl.** 6 zu wählen, ist – zugunsten der spiegelbildlichen Umsetzung des Anh. II SUP-RL – im Gesetzgebungsverfahren nicht weiterverfolgt worden.

5 EuGH Urt. v. 22.09.2011 – Rs. C-295/10, Rn. 53; vgl. auch EuGH, Urt. v. 21.12.2016 – Rs. C-444/15, Rn. 54.

6 *Mitschang*, in: Schink/Reidt/Mitschang, UVPG/UmwRG, Anl. 6 UVPG Rn. 24.

7 EU-Kommission, Umsetzung der Richtlinie 2001/42/EG (Leitfaden) Nr. 3.49.

8 Siehe etwa die ausdrückliche Einbeziehung gesundheitsbezogener Erwägungen im Rahmen umweltbezogener Erwägungen in Anl. 6 Nr. 1.3, siehe auch Anl. 6 Nr. 1.4. In Anl. 6 Nr. 1.5 wurde zusätzlich die Bedeutung für die Durchführung nationaler Umweltvorschriften aufgenommen.

9 Zu den Einzelheiten der in **Anl.** 6 umgesetzten Kriterien des Anh. II SUP-RL: EU-Kommission, Umsetzung der Richtlinie 2001/42/EG (Leitfaden) Nr. 3.48 ff.

10 Die Aussage des Gesetzgebers, die Kriterien der **Anl.** 6 würden denen der **Anl.** 3 entsprechen, BT-Drs. 15/3441, S. 44, ist demgegenüber nur bedingt zutreffend. Die nicht differenzierende Entsprechensbekundung täuscht z.B. darüber hinweg, dass die Kriterien der **Anl.** 6 naturgemäß auch solche Erwägungen widerspiegeln, die für die Vorprüfung des Einzelfalls von Vorhaben nach **Anl.** 3 nicht heranzuziehen sind. Zu nennen ist etwa die Berücksichtigung der Bedeutung des Plans oder Programms für die Einbeziehung von Umwelterwägungen, insbesondere im Hinblick auf die Förderung der nach-

4 Der **Anwendungsbereich der Anl. 6** ist nach Maßgabe ihres Eingangssatzes eröffnet, soweit auf die Anl. 6 Bezug genommen wird. Gesetzessystematischer Hauptanwendungsfall ist damit die vorprüfungsabhängige konditionale SUP i.S.d. § 35 Abs. 2 i.V.m. Abs. 4. Über § 37 Satz 1 werden außerdem die Fälle der obligatorischen und der bereichsabhängigen konditionalen SUP-Pflicht nach § 35 Abs. 1 und der gebietsbezogenen obligatorischen SUP-Pflicht nach § 36 in den Anwendungsbereich einbezogen, sofern die in § 37 Satz 1 geregelten Ausnahmen von der SUP-Pflicht (geringfügige Änderung, Nutzung kleiner Gebiete auf lokaler Ebene) eingreifen.[11]

5 Soweit fachgesetzliche Spezialregelungen Vorrang beanspruchen, findet Anl. 6 **keine Anwendung**. Dies gilt für die in § 37 Satz 2 normierten Fälle aus dem BauGB und dem ROG.[12]

6 Die Kriterien der Anl. 6 helfen – ebenso wie diejenigen der Anl. 3 – im Rahmen der vorzunehmenden **überschlägigen Prüfung,**[13] die Besonderheiten des Einzelfalls zu erfassen und auf dieser Grundlage die Erheblichkeit der voraussichtlichen Umweltauswirkungen zu beurteilen.[14]

7 Eine Rangfolge ist den in Anl. 6 aufgeführten Kriterien nicht beigemessen. Die individuelle Bedeutung der Kriterien hängt vielmehr vom jeweiligen Einzelfall ab.[15] Ebenso wenig ist den Kriterien selbst ein Maßstab mitgegeben, anhand dessen abstrakt beurteilt werden könnte, ab wann ein vorgefundener Sachverhalt unter Berücksichtigung eines Kriteriums die Wahrscheinlichkeit erheblicher Umweltauswirkungen nahelegt. So kann die Frage nach der Dauer, Häufigkeit oder auch der Umkehrbarkeit ebenso wenig wie die Beeinflussung anderer Pläne und Programme mit »Ja oder Nein« beantwortet oder auf jeweils festgelegten Skalen abgetragen werden. Ab welcher zeitlichen Grenze etwa die Dauer einer Auswirkung zu erheblichen Umweltauswirkungen i.S.d. Vorschrift führt, kann nicht ohne Berücksichtigung des Umfanges oder der Merkmale des betroffenen Gebiets beurteilt werden. Dies zeigt bereits, dass zwischen den Kriterien vielschichtige Wechselwirkungen bestehen. Als Faustformel kann die Überlegung herangezogen werden, dass die Wahrscheinlichkeit erheblicher Umweltauswirkungen umso größer ist, je mehr Kriterien angesichts des konkreten Einzelfalls – für sich genommen oder in Wechselwirkung mit anderen – für das Vorliegen von Umweltauswirkungen sprechen. Diese Überlegung darf indes nicht darüber hinwegtäuschen, dass das Vorliegen gewichtiger Auswirkungen in Bezug auf ein einziges Kriterium bereits die Durchführung einer Umweltprüfung erforderlich machen kann.[16]

B. Katalog der Kriterien

I. Merkmale des Plans oder Programms

8 Die Merkmale eines Plans oder Programms geben Aufschluss über seine Eigenschaften und Inhalte in Bezug auf seine Wirkungsweisen. Die erforderliche Berücksichtigung dieser Merkmalsgruppe ist darauf gerichtet den Plan oder das Programm »besser kennen zu lernen«. Das Verständnis seiner **Einbettung** in das rechtliche, planerische und umweltbezogene Umfeld kann geschärft und seine **Wechselwirkungen** sollen anhand dieser Merkmalsgruppe aufbereitet werden.

---

haltigen Entwicklung (Anl. 6 Nr. 1.3). Ein entsprechendes Spiegelbild hierzu existiert in der **Anl.** 3 naturgemäß nicht.

11 Stüer/Beckmann, Handbuch des Bau- und Fachplanungsrechts, Rn. 4598; *Balla/Peters* ZUR 2006, 179 (180).

12 Vgl. dazu die Kommentierung bei § 37 Rdn. 5; *Mitschang*, in: Schink/Reidt/Mitschang, UVPG/UmwRG, Anl. 6 UVPG Rn. 25.

13 Stüer/Beckmann, Handbuch des Bau- und Fachplanungsrechts, Rn. 4557; *Peters/Balla/Hesselbarth*, UVPG, § 35 Rn. 36, 37.

14 Eine weitergehende Funktion oder Bindungswirkung lässt sich den Kriterien der **Anl.** 6 auch nicht durch die irreführende Bezeichnung als »gesetzlich vorgesehene Auslegungsregeln bzw. Definitionselemente« beimessen, so aber *Balla/Peters* ZUR 2006, 179 (182).

15 EU-Kommission, Umsetzung der Richtlinie 2001/42/EG (Leitfaden) Nr. 3.48.

16 EU-Kommission, Umsetzung der Richtlinie 2001/42/EG (Leitfaden) Nr. 3.48; vgl. § 35 Rdn. 57.

1. Ausmaß der Rahmensetzung (Nr. 1.1)

Das Kriterium des Ausmaßes der Rahmensetzung der Nr. 1.1 geht in seinem Kern auf Anh. II Nr. 1, 1. Spiegelstrich der SUP-RL zurück. Nr. 1.1 spiegelt dabei den Kern der Rahmensetzung wider, ohne diese ausdrücklich in Bezug zu Standort, Art, Größe und Betriebsbedingungen oder die Inanspruchnahme von Ressourcen zu setzen, wie dies der Richtlinienvorschrift eigen ist. Ein inhaltlicher Unterschied ergibt sich daraus nicht, da diese Bezugspunkte systematisch Eingang in die Begriffsbestimmung der Rahmensetzung gemäß § 35 Abs. 3 gefunden haben. Bei der rechtlichen Beurteilung des Ausmaßes der Rahmensetzung sind insbesondere der **Detailgrad**, die **Rechtsverbindlichkeit** sowie die **Zweckbestimmung** und **Schwerpunktsetzung** eines in Rede stehenden Plans oder Programms heranziehen.[17] So wird eine Umweltprüfung unter Berücksichtigung des Ausmaßes der Rahmensetzung umso eher durchzuführen sein, je genauer der durch den Plan oder das Programm gesetzte Rahmen ist (Detailgrad). Ein hoher Detailgrad ist etwa anzunehmen, wenn ein Plan oder ein Programm nicht nur das Gebiet für den Bau von Häusern oder gewerbliche Aktivitäten, sondern auch deren Art, Größe sowie Nutzungs- oder Betriebsbedingungen festlegt. Liegt der Hauptzweck eines Plans oder Programms in der Rahmensetzung für Vorhaben, so kann sich daraus ein strengerer Rahmen und mithin ein intensiviertes Ausmaß der Rahmensetzung ergeben. 9

2. Beeinflussung anderer Pläne und Programme (Nr. 1.2)

Das Kriterium der Beeinflussung anderer Pläne und Programme setzt die Vorgaben des Anh. II Nr. 1, 2. Spiegelstrich der SUP-RL um. Es trägt dem Umstand Rechnung, dass die Umweltauswirkungen eines Plans oder Programms weitreichender und/oder tiefgreifender sein können, je stärker andere Pläne und Programme potenziell beeinflusst werden.[18] Die Umweltauswirkungen des einen Plans oder Programms können zum einen innerhalb einer **Planungshierarchie** vertikale Beeinflussungen insbesondere nachgeordneter (aber auch übergeordneter) Pläne und Programme mit sich bringen. Dies ist etwa der Fall, wenn die Inhalte oder Ziele auf einer nachgeordneten Planungsebene ausdrücklich berücksichtigt werden müssen. Zum anderen können Pläne und Programme Breitenwirkungen innerhalb der gleichen Planungsebene haben. Auch die **zeitliche Abfolge** kann zu relevanten Beeinflussungen führen. So können z.B. jüngere Pläne und Programme vorhergehende beeinflussen. Eine starke Beeinflussung ist bei rechtsverbindlichen Plänen und Programmen anzunehmen, zu deren Durchführung weitere Pläne und Programme herangezogen werden müssen. 10

3. Bedeutung für die Einbeziehung umweltbezogener Erwägungen und Förderung nachhaltiger Entwicklung (Nr. 1.3)

Die Nr. 1.3 setzt die Richtlinienvorgabe des Anh. II Nr. 1, 3. Spiegelstrich SUP-RL um. Kern dieses Kriteriums ist die Frage, inwieweit der Plan oder das Programm zur **Verringerung der Umweltbelastung** beitragen kann.[19] Hervorgehobener und klarstellender Anknüpfungspunkt ist die Förderung der nachhaltigen Entwicklung. Kommt einem Plan oder Programm das Potenzial zu, **Nachhaltigkeit zu fördern** und **Umwelterwägungen in den Planungsprozess zu integrieren**, so kann die Umweltprüfung ein wichtiges Hilfsmittel zur Umsetzung und Erreichung dieser Ziele sein. Dem Plan oder Programm kann mithin eine höhere Bedeutung i.S.d. Nr. 1.3 zukommen und damit die Bejahung voraussichtlich erheblicher Umweltauswirkungen nahelegen. Die Vorgabe der Anl. 6 i.V.m. § 35 Abs. 4, dieses Kriterium bei der Vorprüfung des Einzelfalls zu berücksichtigen, führt im Rahmen der Rechtsanwendung regelmäßig zu einer eingehenderen Befassung mit dem Gesichtspunkt 11

17 EU-Kommission, Umsetzung der Richtlinie 2001/42/EG (Leitfaden) Nr. 3.51.

18 Zu den einzelnen Gesichtspunkten: EU-Kommission, Umsetzung der Richtlinie 2001/42/EG (Leitfaden) Nr. 3.52.

19 EU-Kommission, Umsetzung der Richtlinie 2001/42/EG (Leitfaden) Nr. 3.53. Der Leitfaden bleibt bei der Erläuterung dieses Kriteriums in der deutschen Übersetzung indes nahezu unverständlich. Hier sei zur Schärfung des Verständnisses die englische Textfassung ergänzend ans Herz gelegt: EU-Commission, Implementation of Directive 2001/42/EG (SEA-Guidance) No. 3.53.

der nachhaltigen Entwicklung. Das Kriterium soll helfen, eine nachhaltige Entwicklung ohne zusätzlichen Kostenaufwand zu fördern und den in Rede stehenden Plan oder das Programm dahingehend gezielt zu verbessern. Darüber hinaus soll das Kriterium helfen, Alternativen zu überprüfen und ggf. zu wählen sowie die Kosten für Umweltschutzmaßnahmen zu senken während andere (nicht unmittelbar auf den Umweltschutz gerichtete) Ziele erreicht werden. Als Beispiel für Pläne und Programme, denen unter Berücksichtigung dieses Kriteriums Bedeutung zukommt, sind z.B. Bildungspläne zu nennen, die die Unterbringung von Schülern zum Gegenstand haben. Hier kann eine Umweltprüfung sinnvoll sein, da diese einen erheblichen Einfluss auf Verkehrsaspekte oder auch den Wohnungsbau haben können.[20] Das Kriterium der Nr. 1.3 ist schlussendlich auf einen **stetigen Verbesserungsprozess** hin zu einer nachhaltigen Entwicklung und **umfassenden Integration von Umweltschutzbelangen in die Planungstätigkeit** ausgerichtet. Damit wird von der Behörde eine immerwährende Befassung mit den Implikationen der Nachhaltigkeit bezüglich der eigenen Planungstätigkeit verlangt. Angesichts nur schwer handhabbarer Konturen der Nr. 1.3 und des zugrunde liegenden Konzepts der Nachhaltigkeit ist indes zu befürchten, dass die praktische Relevanz dieses Kriteriums im Rahmen der Vorprüfung des Einzelfalls i.S.d. § 35 Abs. 4 gering bleiben wird.

4. Plan- und programmrelevante umweltbezogene Probleme (Nr. 1.4)

12 Gemäß Nr. 1.4 ist die Vorprüfung des Einzelfalls unter Berücksichtigung der für den Plan oder das Programm **relevanten Umweltprobleme** durchzuführen, wobei **gesundheitsbezogene Probleme** – abweichend von Anh. II SUP-RL – ausdrücklich einbezogen werden. Aus welchen Umständen sich eine Relevanz für den Plan oder das Programm ergibt, ist durch Nr. 1.4 nicht vorgegeben. Die möglichen Konstellationen sind vielgestaltig und erfassen die **Verursachung oder Verschärfung von Umweltproblemen** durch einen Plan oder ein Programm ebenso wie die Beeinflussung oder Einschränkung eines Plans oder Programms durch (vorgefundene) Umweltprobleme. Hinzuzuzählen sind auch die Fälle, in denen der Plan oder das Programm zur **Lösung, Verringerung oder Vermeidung von Umweltproblemen** beiträgt.[21] Bei der Berücksichtigung relevanter Umweltprobleme sind in jedem Fall deren Art und Schwere mit einzubeziehen.[22]

5. Bedeutung für die Durchführung von Umweltvorschriften

13 Das Kriterium aus Nr. 1.5 nimmt die **Wechselwirkungen** zwischen dem in Rede stehenden Plan oder Programm mit **nationalen und europäischen Umweltvorschriften** in den Blick. Zu klären ist die Bedeutung des Plans oder Programms für deren Durchführung. Erfasst werden sowohl positive als auch negative Beiträge.[23] Der Blick der planenden Behörde soll durch dieses Kriterium auf das gesamte Spektrum der Umweltvorschriften gelenkt werden. Als Beispiele sind – in Entsprechung des Anh. II Nr. 1, 5. Spiegelstrich der SUP-RL – Pläne und Programme betreffend die Abfallwirtschaft oder den Gewässerschutz zu nennen.[24]

II. Merkmale der möglichen Auswirkungen und Merkmale der voraussichtlich betroffenen Gebiete

14 Die Gruppennummer 2 fasst zwei Merkmalgruppen zusammen. Dies sind zum einen die **Merkmale der möglichen Auswirkungen** des in Rede stehenden Plans oder Programms (Nr. 2.1–2.4) und zum anderen die **Merkmale der voraussichtlich betroffenen Gebiete** (Nr. 2.5 und 2.6). Der Gesetzgeber hat bei der Aufnahme der Kriterien der Anl. 6 ausdrücklich an die spiegelbildlichen Kriterien der

20 EU-Kommission, Umsetzung der Richtlinie 2001/42/EG (Leitfaden) Nr. 3.53.
21 EU-Kommission, Umsetzung der Richtlinie 2001/42/EG (Leitfaden) Nr. 3.55.
22 EU-Kommission, Umsetzung der Richtlinie 2001/42/EG (Leitfaden) Nr. 3.55.
23 EU-Kommission, Umsetzung der Richtlinie 2001/42/EG (Leitfaden) Nr. 3.56.
24 EU-Kommission, Umsetzung der Richtlinie 2001/42/EG (Leitfaden) Nr. 3.56.

Anl. 3 angeknüpft und geht davon aus, dass sich diese entsprechen.[25] Mangels entsprechender Kriterien in der Anl. 3 ist dies für die Kriterien der Gruppennummer 1 (zumindest) unpräzise.

1. Wahrscheinlichkeit, Dauer, Häufigkeit und Umkehrbarkeit (Nr. 2.1)

a) Wahrscheinlichkeit

Dem Kriterium der **Wahrscheinlichkeit** der Umweltauswirkungen kommt in Bezug auf den Beurteilungsmaßstab der Umweltprüfung keine eigenständige Bedeutung zu. Hierin spiegelt sich zunächst und offenkundig der Maßstab der Voraussichtlichkeit wider, der bereits auf die Eintrittswahrscheinlichkeit Bezug nimmt. Ferner können aufgrund der Überschlägigkeit der Vorprüfung keine überspannten Anforderungen an die Ermittlung aller für die Eintrittswahrscheinlichkeit relevanten Faktoren gestellt werden. Der Aussagegehalt des Kriteriums der Wahrscheinlichkeit bleibt daher mit nicht unerheblichen Unschärfen belastet. 15

b) Dauer und Häufigkeit

Die **Merkmale der Dauer und der Häufigkeit** stellen den Bezug zur zeitlichen Dimension der Umweltauswirkungen her. Während die Dauer auf den Zeitraum zwischen dem Eintritt und dem Ende der Umweltauswirkung abstellt, gibt die Häufigkeit Aufschluss darüber, ob und ggf. in welchen zeitlichen Abständen die Auswirkung voraussichtlich eintreten wird. Zu beachten ist, dass beide Merkmale im Rahmen der Gesamtkonzeption der Kriterien der Anl. 6 der Bildung eines absoluten Maßstabes nicht oder nur bedingt zugänglich sind. So korreliert ihre Indizwirkung unmittelbar mit anderen Wirkgrößen der jeweiligen konkreten Umweltauswirkungen. So können Umweltauswirkungen, die unter Berücksichtigung der Nr. 2.3 Risiken für die menschliche Gesundheit bergen und zudem unter Berücksichtigung der Nr. 2.4 einen großen Personenkreis betreffen, indes nur eine geringe Häufigkeit und kurze Dauer aufweisen, ohne weiteres erheblich sein. Aus diesem Grund lassen sich allenfalls Faustformeln für die Handhabung beider Kriterien bilden. So wird man umso eher auf die Erheblichkeit von Umweltauswirkungen schließen können, je länger sie andauern und/oder je häufiger sie eintreten. Eine Orientierung können auch naturwissenschaftliche Schwellenwerte bieten, sofern etwa der Eintritt einer positiven oder negativen Auswirkung auf ein Schutzgut von einer bestimmten Dauer oder Häufigkeit der Exposition abhängt. 16

c) Umkehrbarkeit

Besonderes Augenmerk wird in der Praxis auf das **Merkmal der Umkehrbarkeit** zu legen sein. Hier ergeben sich bereits in der Handhabung und Bewertung nicht unerhebliche Schwierigkeiten. So setzt die Bewertung der Umkehrbarkeit eine präzise Beschreibung und Analyse des Ist-Zustandes voraus. Sodann ist der Zustand während und nach Einsetzen der konkreten Umweltauswirkung zu prognostizieren. Zu berücksichtigen ist im Weiteren, dass der angestrebte Soll-Zustand nicht zwangsläufig dem (vorhergehenden) Ist-Zustand entsprechen muss. 17

2. Kumulativer und grenzüberschreitender Charakter (Nr. 2.2)

Nr. 2.2 stellt auf die auswirkungsbezogenen **Merkmale des kumulativen und des grenzüberschreitenden Charakters** ab. Das Merkmal des kumulativen Charakters der Auswirkungen trägt dem Umstand Rechnung, dass die SUP aufgrund des frühen Planungsstadiums und der umfassenden Betrachtung verschiedenster Umweltauswirkungen einen guten Rahmen bietet, um das Zusammenwirken unterschiedlicher Umweltauswirkungen zu überprüfen. Hinzuweisen ist darauf, dass nicht nur **quantitative Effekte**, sondern auch **qualitative Effekte** zu berücksichtigen sind. So können verschiedene Auswirkungen nicht nur eine wechselseitige Intensivierung, sondern auch weitere (neue) Auswirkungen generieren. Der nach Nr. 2.2 vorzunehmenden, kumulierenden Gesamtschau kommt 18

25 BT-Drs. 15/3441, S. 44.

daher eine gewichtige Rolle im Rahmen der »planungslenkenden« Umweltprüfung zu. Das Merkmal des grenzüberschreitenden Charakters bezieht auch die Überschreitung von Plan- oder Programmgrenzen in die Umweltprüfung ein.

3. Risiken für die Umwelt (Nr. 2.3)

19 Nr. 2.3 erfasst **Risiken für die Umwelt**, womit die Vorgabe aus Nr. 2, 4. Spiegelstrich des Anh. II SUP-RL übernommen wird. Zu diesen Risiken gehören **auch** solche für die **menschliche Gesundheit**. Unter Umweltrisiken sind ferner nicht lediglich negative Umweltauswirkungen zu verstehen, da dem Kriterium bei einem solchen Begriffsverständnis keine eigenständige Bedeutung gegenüber den zu beurteilenden Umweltauswirkungen zukäme. Der Begriff der Risiken ist in Nr. 2.3 vielmehr spezieller und in dem Sinne zu verstehen, dass die mit der Planung einhergehenden und mithin bewusst eingegangenen Gefahren von Schädigungen (Risiken) berücksichtigt werden sollen. Die beispielhafte Bezugnahme auf Unfälle zeigt dies deutlich.

4. Umfang und räumliche Ausdehnung der Auswirkungen (Nr. 2.4)

20 Nr. 2.4 stellt mit dem Umfang der Auswirkungen einerseits und der räumlichen Ausdehnung der Auswirkungen andererseits auf zwei zu unterscheidende Kriterien ab. Die **räumliche Ausdehnung** ist bereits nach ihrem Wortsinn auf das betroffene geographische Gebiet bezogen. Aus der ausdrücklichen Bezugnahme auf die räumliche Dimension ergibt sich zudem, dass das **weitere Kriterium des Umfangs** der Auswirkungen nicht gleichfalls räumlich zu verstehen ist. Erfasst wird z.B. die Anzahl der von den Auswirkungen voraussichtlich betroffenen Personen. Dies zeigt ein Vergleich mit dem entsprechenden Klammerzusatz des in Nr. 2.4 umgesetzten 5. Spiegelstrichs der Nr. 2 Anh. II SUP-RL. Aus dem Umstand, dass der Gesetzgeber den Klammerzusatz nicht in Nr. 2.4 aufgenommen hat und unter Berücksichtigung des nicht abschließenden Charakters der Kriterien der Anl. 6, lassen sich – insbesondere dem Kriterium des Umfangs der Auswirkungen – auch andere Gesichtspunkte zuordnen, die einen quantitativen Ansatz aufweisen. Nr. 2.4 scheint indes nicht dafür geeignet zu sein, die nicht in Anl. 6 aufgenommenen Kriterien der Stärke und der Schwere der Auswirkungen abzudecken.

5. Bedeutung und Sensibilität des voraussichtlich betroffenen Gebiets (Nr. 2.5)

21 Nr. 2.5 schreibt die Berücksichtigung der Bedeutung und der Sensibilität des voraussichtlich betroffenen Gebiets bei der Prüfung vor. Bedeutung und Sensibilität knüpfen an eine umfangreiche Aufzählung von Bezugspunkten an. Hierzu gehören zunächst die **besonderen natürlichen Merkmale**, das **kulturelle Erbe** und die **Intensität der Bodennutzung** des Gebietes. Alle diese Bezugspunkte sind zudem unter der Berücksichtigung der Überschreitung von Umweltqualitätsnormen und Grenzwerten zu betrachten. An den Kriterien der Nr. 2.5 zeigt sich deutlich, dass die Behörde die Charakteristika eines Gebiets umfassend ermitteln soll. Zu beachten ist, dass die Gebietsmerkmale der Nr. 2.5 unabhängig von einem etwaigen Schutzstatus des betroffenen Gebietes sind, wie sich aus der gesonderten Bezugnahme auf geschützte Gebiete in Nr. 2.6 ergibt (sogleich unter Rdn. 22).

6. Gebiete nach Nr. 2.3 der Anl. 3 (Nr. 2.6)

22 Bei der Einschätzung im Rahmen der Vorprüfung im Einzelfall gemäß § 35 Abs. 4 i.V.m. den Kriterien der Anl. 6 ist zu berücksichtigen, ob und inwiefern Gebiete nach Nr. 2.3 der Anl. 3 betroffen sein können. Dabei handelt es sich um Gebiete, die nach verschiedenen Rechtsregimen unter Schutz gestellt sind. Hierzu gehören z.B. bekannt gemachte Gebiete von gemeinschaftlicher Bedeutung (Natura 2000-Gebiete) oder europäische Vogelschutzgebiete sowie Naturschutzgebiete, Nationalparke oder gesetzlich geschützte Biotope (siehe auch Anl. 3).

Gesetz über ergänzende Vorschriften zu Rechtsbehelfen in Umweltangelegenheiten nach der EG-Richtlinie 2003/35/EG (Umwelt-Rechtsbehelfsgesetz – UmwRG)[1]

In der Fassung der Bekanntmachung vom 23. August 2017 (BGBl. I S. 3290)

Zuletzt geändert durch Artikel 14b des Gesetzes vom 22. Dezember 2023 (BGBl. 2023 I Nr. 405)

§ 1 Anwendungsbereich

(1) Dieses Gesetz ist anzuwenden auf Rechtsbehelfe gegen folgende Entscheidungen:

1. Zulassungsentscheidungen im Sinne von § 2 Absatz 6 des Gesetzes über die Umweltverträglichkeitsprüfung über die Zulässigkeit von Vorhaben, für die nach
   a) dem Gesetz über die Umweltverträglichkeitsprüfung,
   b) der Verordnung über die Umweltverträglichkeitsprüfung bergbaulicher Vorhaben oder
   c) landesrechtlichen Vorschriften

   eine Pflicht zur Durchführung einer Umweltverträglichkeitsprüfung (UVP) bestehen kann;
2. Genehmigungen für Anlagen, die in Spalte c des Anhangs 1 der Verordnung über genehmigungsbedürftige Anlagen mit dem Buchstaben G gekennzeichnet sind, gegen Entscheidungen nach § 17 Absatz 1a des Bundes-Immissionsschutzgesetzes, gegen Erlaubnisse nach § 8 Absatz 1 des Wasserhaushaltsgesetzes für Gewässerbenutzungen, die mit einem Vorhaben im Sinne der Richtlinie 2010/75/EU des Europäischen Parlaments und des Rates vom 24. November 2010 über Industrieemissionen (integrierte Vermeidung und Verminderung der Umweltverschmutzung) (Neufassung) (ABl. L 334 vom 17.12.2010, S. 17) verbunden sind, sowie gegen Planfeststellungsbeschlüsse für Deponien nach § 35 Absatz 2 des Kreislaufwirtschaftgesetzes;

2a. Genehmigungen für Anlagen nach § 23b Absatz 1 Satz 1 oder § 19 Absatz 4 des Bundes-Immissionsschutzgesetzes oder Zulassungen für Betriebspläne nach § 57d Absatz 1 des Bundesberggesetzes;

2b. Entscheidungen über die Zulässigkeit von Vorhaben, die benachbarte Schutzobjekte im Sinne des § 3 Absatz 5d des Bundes-Immissionsschutzgesetzes darstellen und die innerhalb des angemessenen Sicherheitsabstands zu einem Betriebsbereich nach § 3 Absatz 5a des Bundes-Immissionsschutzgesetzes verwirklicht werden sollen und einer Zulassung nach landesrechtlichen Vorschriften bedürfen;

3. Entscheidungen nach dem Umweltschadensgesetz;

---

1 Dieses Gesetz dient der Umsetzung von Artikel 11 der Richtlinie 2011/92/EU des Europäischen Parlaments und des Rates vom 13. Dezember 2011 über die Umweltverträglichkeitsprüfung bei bestimmten öffentlichen und privaten Projekten in der Fassung der Richtlinie 2014/52/EU (ABl. L 124 vom 25.04.2014, S. 1), der Umsetzung von Artikel 4 der Richtlinie 2003/35/EG des Europäischen Parlaments und des Rates vom 26. Mai 2003 über die Beteiligung der Öffentlichkeit bei der Ausarbeitung bestimmter umweltbezogener Pläne und Programme und zur Änderung der Richtlinien 85/337/EWG und 96/61/EG des Rates in Bezug auf die Öffentlichkeitsbeteiligung und den Zugang zu Gerichten (ABl. L 156 vom 25.06.2003, S. 17), der Umsetzung von Artikel 25 der Richtlinie 2010/75/EU des Europäischen Parlaments und des Rates vom 24. November 2010 über Industrieemissionen (integrierte Vermeidung und Verminderung der Umweltverschmutzung) (Neufassung) (ABl. L 334 vom 17.12.2010, S. 17), der Umsetzung von Artikel 23 der Richtlinie 2012/18/EU des Europäischen Parlaments und des Rates vom 4. Juli 2012 zur Beherrschung der Gefahren schwerer Unfälle mit gefährlichen Stoffen, zur Änderung und anschließenden Aufhebung der Richtlinie 96/82/EG des Rates (ABl. L 197 vom 24.07.2012, S. 1) sowie der Umsetzung von Artikel 13 der Richtlinie 2004/35/EG des Europäischen Parlaments und des Rates vom 21. April 2004 über Umwelthaftung zur Vermeidung und Sanierung von Umweltschäden (ABl. L 143 vom 30.04.2004, S. 56).

4. Entscheidungen über die Annahme von Plänen und Programmen im Sinne von § 2 Absatz 7 des Gesetzes über die Umweltverträglichkeitsprüfung und im Sinne der entsprechenden landesrechtlichen Vorschriften, für die nach
   a) Anlage 5 des Gesetzes über die Umweltverträglichkeitsprüfung oder
   b) landesrechtlichen Vorschriften

   eine Pflicht zur Durchführung einer Strategischen Umweltprüfung bestehen kann; ausgenommen hiervon sind Pläne und Programme, über deren Annahme durch formelles Gesetz entschieden wird;
5. Verwaltungsakte oder öffentlich-rechtliche Verträge, durch die andere als in den Nummern 1 bis 2b genannte Vorhaben unter Anwendung umweltbezogener Rechtsvorschriften des Bundesrechts, des Landesrechts oder unmittelbar geltender Rechtsakte der Europäischen Union zugelassen werden, und
6. Verwaltungsakte über Überwachungs- oder Aufsichtsmaßnahmen zur Umsetzung oder Durchführung von Entscheidungen nach den Nummern 1 bis 5, die der Einhaltung umweltbezogener Rechtsvorschriften des Bundesrechts, des Landesrechts oder unmittelbar geltender Rechtsakte der Europäischen Union dienen.

Dieses Gesetz findet auch Anwendung, wenn entgegen geltenden Rechtsvorschriften keine Entscheidung nach Satz 1 getroffen worden ist. Unberührt bleiben
1. § 44a der Verwaltungsgerichtsordnung,
2. § 17 Absatz 3 Satz 3 bis 5 und § 19 Absatz 2 Satz 5 bis 7 des Standortauswahlgesetzes sowie
3. § 15 Absatz 3 Satz 2 des Netzausbaubeschleunigungsgesetzes Übertragungsnetz, § 6 Absatz 9 Satz 1 des Windenergie-auf-See-Gesetzes, § 47 Absatz 4 und § 49 Absatz 3 des Gesetzes über die Umweltverträglichkeitsprüfung und andere entsprechende Rechtsvorschriften.

Die Sätze 1 und 2 gelten nicht, wenn eine Entscheidung im Sinne dieses Absatzes auf Grund einer Entscheidung in einem verwaltungsgerichtlichen Streitverfahren erlassen worden ist.

(2) Dieses Gesetz gilt auch im Bereich der ausschließlichen Wirtschaftszone oder des Festlandsockels im Rahmen der Vorgaben des Seerechtsübereinkommens der Vereinten Nationen vom 10. Dezember 1982 (BGBl. 1994 II S. 1799, 1995 II S. 602).

(3) Soweit in Planfeststellungsverfahren, die Absatz 1 Satz 1 Nummer 1, 2 oder 5 unterfallen, Rechtsbehelfe nach diesem Gesetz eröffnet sind, wird § 64 Absatz 1 des Bundesnaturschutzgesetzes nicht angewendet.

(4) Umweltbezogene Rechtsvorschriften im Sinne dieses Gesetzes sind Bestimmungen, die sich zum Schutz von Mensch und Umwelt auf
1. den Zustand von Umweltbestandteilen im Sinne von § 2 Absatz 3 Nummer 1 des Umweltinformationsgesetzes oder
2. Faktoren im Sinne von § 2 Absatz 3 Nummer 2 des Umweltinformationsgesetzes

beziehen.

§ 2 Rechtsbehelfe von Vereinigungen

(1) Eine nach § 3 anerkannte inländische oder ausländische Vereinigung kann, ohne eine Verletzung in eigenen Rechten geltend machen zu müssen, Rechtsbehelfe nach Maßgabe der Verwaltungsgerichtsordnung gegen eine Entscheidung nach § 1 Absatz 1 Satz 1 oder deren Unterlassen einlegen, wenn die Vereinigung
1. geltend macht, dass eine Entscheidung nach § 1 Absatz 1 Satz 1 oder deren Unterlassen Rechtsvorschriften, die für die Entscheidung von Bedeutung sein können, widerspricht,
2. geltend macht, in ihrem satzungsgemäßen Aufgabenbereich der Förderung der Ziele des Umweltschutzes durch die Entscheidung nach § 1 Absatz 1 Satz 1 oder deren Unterlassen berührt zu sein, und

3. im Falle eines Verfahrens nach
   a) § 1 Absatz 1 Satz 1 Nummer 1 bis 2b zur Beteiligung berechtigt war;
   b) § 1 Absatz 1 Satz 1 Nummer 4 zur Beteiligung berechtigt war und sie sich hierbei in der Sache gemäß den geltenden Rechtsvorschriften geäußert hat oder ihr entgegen den geltenden Rechtsvorschriften keine Gelegenheit zur Äußerung gegeben worden ist.

Bei Rechtsbehelfen gegen eine Entscheidung nach § 1 Absatz 1 Satz 1 Nummer 2a bis 6 oder gegen deren Unterlassen muss die Vereinigung zudem die Verletzung umweltbezogener Rechtsvorschriften geltend machen.

(2) Eine Vereinigung, die nicht nach § 3 anerkannt ist, kann einen Rechtsbehelf nach Absatz 1 nur dann einlegen, wenn
1. sie bei Einlegung des Rechtsbehelfs die Voraussetzungen für eine Anerkennung erfüllt,
2. sie einen Antrag auf Anerkennung gestellt hat und
3. über eine Anerkennung aus Gründen, die von der Vereinigung nicht zu vertreten sind, noch nicht entschieden ist.

Bei einer ausländischen Vereinigung gelten die Voraussetzungen der Nummer 3 als erfüllt. Mit der Bestandskraft einer die Anerkennung versagenden Entscheidung wird der Rechtsbehelf unzulässig.

(3) Ist eine Entscheidung nach § 1 Absatz 1 Satz 1 nach den geltenden Rechtsvorschriften weder öffentlich bekannt gemacht noch der Vereinigung bekannt gegeben worden, so müssen Widerspruch oder Klage binnen eines Jahres erhoben werden, nachdem die Vereinigung von der Entscheidung Kenntnis erlangt hat oder hätte erlangen können. Widerspruch oder Klage gegen eine Entscheidung nach § 1 Absatz 1 Satz 1 Nummer 5 oder 6 müssen jedoch spätestens binnen zweier Jahre, nachdem der Verwaltungsakt erteilt wurde, erhoben werden. Satz 1 gilt entsprechend, wenn eine Entscheidung nach § 1 Absatz 1 Satz 1 entgegen geltenden Rechtsvorschriften nicht getroffen worden ist und die Vereinigung von diesem Umstand Kenntnis erlangt hat oder hätte erlangen können.

(4) Rechtsbehelfe nach Absatz 1 sind begründet, soweit
1. die Entscheidung nach § 1 Absatz 1 Satz 1 Nummer 1 und 2 oder deren Unterlassen gegen Rechtsvorschriften verstößt, die für diese Entscheidung von Bedeutung sind, oder
2. die Entscheidung nach § 1 Absatz 1 Satz 1 Nummer 2a bis 6 oder deren Unterlassen gegen umweltbezogene Rechtsvorschriften verstößt, die für diese Entscheidung von Bedeutung sind,

und der Verstoß Belange berührt, die zu den Zielen gehören, die die Vereinigung nach ihrer Satzung fördert. Bei Entscheidungen nach § 1 Absatz 1 Satz 1 Nummer 1 oder 4 muss zudem eine Pflicht zur Durchführung einer Umweltprüfung im Sinne von § 2 Absatz 10 des Gesetzes über die Umweltverträglichkeitsprüfung bestehen.

§ 3 Anerkennung von Vereinigungen

(1) Auf Antrag wird einer inländischen oder ausländischen Vereinigung die Anerkennung zur Einlegung von Rechtbehelfen nach diesem Gesetz erteilt. Die Anerkennung ist zu erteilen, wenn die Vereinigung
1. nach ihrer Satzung ideell und nicht nur vorübergehend vorwiegend die Ziele des Umweltschutzes fördert,
2. im Zeitpunkt der Anerkennung mindestens drei Jahre besteht und in diesem Zeitraum im Sinne der Nummer 1 tätig gewesen ist,
3. die Gewähr für eine sachgerechte Aufgabenerfüllung, insbesondere für eine sachgerechte Beteiligung an behördlichen Entscheidungsverfahren, bietet; dabei sind Art und Umfang ihrer bisherigen Tätigkeit, der Mitgliederkreis sowie die Leistungsfähigkeit der Vereinigung zu berücksichtigen,
4. gemeinnützige Zwecke im Sinne von § 52 der Abgabenordnung verfolgt und

5. jeder Person den Eintritt als Mitglied ermöglicht, die die Ziele der Vereinigung unterstützt; Mitglieder sind Personen, die mit dem Eintritt volles Stimmrecht in der Mitgliederversammlung der Vereinigung erhalten; bei Vereinigungen, deren Mitgliederkreis zu mindestens drei Vierteln aus juristischen Personen besteht, kann von der Voraussetzung nach Halbsatz 1 abgesehen werden, sofern die Mehrzahl dieser juristischen Personen diese Voraussetzung erfüllt.

In der Anerkennung ist der satzungsgemäße Aufgabenbereich, für den die Anerkennung gilt, zu bezeichnen; dabei sind insbesondere anzugeben, ob die Vereinigung im Schwerpunkt die Ziele des Naturschutzes und der Landschaftspflege fördert, sowie der räumliche Bereich, auf den sich die Anerkennung bezieht. Die Anerkennung kann, auch nachträglich, mit der Auflage verbunden werden, dass Satzungsänderungen mitzuteilen sind. Sie ist von der zuständigen Behörde im Internet zu veröffentlichen.

(2) Für eine ausländische Vereinigung sowie für eine Vereinigung mit einem Tätigkeitsbereich, der über das Gebiet eines Landes hinausgeht, wird die Anerkennung durch das Umweltbundesamt ausgesprochen. Bei der Anerkennung einer Vereinigung nach Satz 1, die im Schwerpunkt die Ziele des Naturschutzes und der Landschaftspflege fördert, ergeht diese Anerkennung im Einvernehmen mit dem Bundesamt für Naturschutz. Für die Anerkennung werden keine Gebühren und Auslagen erhoben.

(3) Für eine inländische Vereinigung mit einem Tätigkeitsbereich, der nicht über das Gebiet eines Landes hinausgeht, wird die Anerkennung durch die zuständige Behörde des Landes ausgesprochen.

§ 4 Verfahrensfehler

(1) Die Aufhebung einer Entscheidung über die Zulässigkeit eines Vorhabens nach § 1 Absatz 1 Satz 1 Nummer 1 bis 2b kann verlangt werden, wenn

1. eine nach den Bestimmungen des Gesetzes über die Umweltverträglichkeitsprüfung, nach der Verordnung über die Umweltverträglichkeitsprüfung bergbaulicher Vorhaben oder nach entsprechenden landesrechtlichen Vorschriften
   a) erforderliche Umweltverträglichkeitsprüfung oder
   b) erforderliche Vorprüfung des Einzelfalls zur Feststellung der UVP-Pflichtigkeit

   weder durchgeführt noch nachgeholt worden ist,
2. eine erforderliche Öffentlichkeitsbeteiligung im Sinne von § 18 des Gesetzes über die Umweltverträglichkeitsprüfung oder im Sinne von § 10 des Bundes-Immissionsschutzgesetzes weder durchgeführt noch nachgeholt worden ist oder
3. ein anderer Verfahrensfehler vorliegt, der
   a) nicht geheilt worden ist,
   b) nach seiner Art und Schwere mit den in den Nummern 1 und 2 genannten Fällen vergleichbar ist und
   c) der betroffenen Öffentlichkeit die Möglichkeit der gesetzlich vorgesehenen Beteiligung am Entscheidungsprozess genommen hat; zur Beteiligung am Entscheidungsprozess gehört auch der Zugang zu den Unterlagen, die zur Einsicht für die Öffentlichkeit auszulegen sind.

Eine durchgeführte Vorprüfung des Einzelfalls zur Feststellung der UVP-Pflichtigkeit, die nicht dem Maßstab des § 5 Absatz 3 Satz 2 des Gesetzes über die Umweltverträglichkeitsprüfung genügt, steht einer nicht durchgeführten Vorprüfung nach Satz 1 Nummer 1 Buchstabe b gleich.

(1a) Für Verfahrensfehler, die nicht unter Absatz 1 fallen, gilt § 46 des Verwaltungsverfahrensgesetzes. Lässt sich durch das Gericht nicht aufklären, ob ein Verfahrensfehler nach Satz 1 die Entscheidung in der Sache beeinflusst hat, wird eine Beeinflussung vermutet.

(1b) Eine Verletzung von Verfahrensvorschriften führt nur dann zur Aufhebung der Entscheidung nach § 1 Absatz 1 Satz 1 Nummer 1 bis 2b oder 5, wenn sie nicht durch Entscheidungsergänzung oder ein ergänzendes Verfahren behoben werden kann. Unberührt bleiben

1. § 45 Absatz 2 des Verwaltungsverfahrensgesetzes sowie
2. § 75 Absatz 1a des Verwaltungsverfahrensgesetzes und andere entsprechende Rechtsvorschriften zur Planerhaltung.

Auf Antrag kann das Gericht anordnen, dass die Verhandlung bis zur Heilung von Verfahrensfehlern im Sinne der Absätze 1 und 1a ausgesetzt wird, soweit dies im Sinne der Verfahrenskonzentration sachdienlich ist.

(2) Soweit Gegenstand der gerichtlichen Überprüfung Beschlüsse im Sinne des § 2 Absatz 6 Nummer 3 des Gesetzes über die Umweltverträglichkeitsprüfung sind, gelten abweichend von den Absätzen 1 bis 1b die §§ 214 und 215 und die diesbezüglichen Überleitungsvorschriften des Baugesetzbuchs sowie die einschlägigen landesrechtlichen Vorschriften.

(3) Die Absätze 1 bis 2 gelten für Rechtsbehelfe von

1. Personen gemäß § 61 Nummer 1 der Verwaltungsgerichtsordnung und Vereinigungen gemäß § 61 Nummer 2 der Verwaltungsgerichtsordnung sowie
2. Vereinigungen, die die Anforderungen des § 3 Absatz 1 oder des § 2 Absatz 2 erfüllen.

Auf Rechtsbehelfe von Personen und Vereinigungen nach Satz 1 Nummer 1 ist Absatz 1 Satz 1 Nummer 3 mit der Maßgabe anzuwenden, dass die Aufhebung einer Entscheidung nur verlangt werden kann, wenn der Verfahrensfehler dem Beteiligten die Möglichkeit der gesetzlich vorgesehenen Beteiligung am Entscheidungsprozess genommen hat.

(4) Für Rechtsbehelfe von Vereinigungen nach Absatz 3 Satz 1 Nummer 2 gegen Entscheidungen nach § 1 Absatz 1 Satz 1 Nummer 4 sind die Absätze 1 bis 2 entsprechend anzuwenden. Soweit Gegenstand der gerichtlichen Überprüfung Raumordnungspläne nach dem Raumordnungsgesetz sind, gelten abweichend von Satz 1 die §§ 11 und 27 Absatz 2 des Raumordnungsgesetzes sowie die einschlägigen landesrechtlichen Vorschriften.

(5) Für Rechtsbehelfe gegen Entscheidungen im Sinne des § 1 Absatz 1 Satz 1 Nummer 3, 5 und 6 gelten bei Verfahrensfehlern die jeweiligen fachrechtlichen Regelungen sowie die Regelungen des Verwaltungsverfahrensgesetzes.

§ **4a** (aufgehoben)

§ 5 Missbräuchliches oder unredliches Verhalten im Rechtsbehelfsverfahren

Einwendungen, die eine Person oder eine Vereinigung im Sinne des § 4 Absatz 3 Satz 1 erstmals im Rechtsbehelfsverfahren erhebt, bleiben unberücksichtigt, wenn die erstmalige Geltendmachung im Rechtsbehelfsverfahren missbräuchlich oder unredlich ist.

§ 6 Klagebegründungsfrist

Eine Person oder eine Vereinigung im Sinne des § 4 Absatz 3 Satz 1 hat innerhalb einer Frist von zehn Wochen ab Klageerhebung die zur Begründung ihrer Klage gegen eine Entscheidung im Sinne von § 1 Absatz 1 Satz 1 oder gegen deren Unterlassen dienenden Tatsachen und Beweismittel anzugeben. Erklärungen und Beweismittel, die erst nach Ablauf dieser Frist vorgebracht werden, sind nur zuzulassen, wenn die Voraussetzung nach § 87b Absatz 3 Satz 1 Nummer 2 der Verwaltungsgerichtsordnung erfüllt ist. § 87b Absatz 3 Satz 2 und 3 der Verwaltungsgerichtsordnung gilt entsprechend. Die Frist nach Satz 1 kann durch den Vorsitzenden oder den Berichterstatter auf Antrag verlängert werden, wenn die Person oder die Vereinigung in dem Verfahren, in dem die angefochtene Entscheidung ergangen ist, keine Möglichkeit der Beteiligung hatte. Die vorstehenden Sätze gelten entsprechend für Fälle, in denen das gerichtliche Verfahren zur Durchführung eines Planergänzungs- oder Planänderungsverfahrens ausgesetzt wurde und später fortgesetzt wird; die Frist läuft ab Fortsetzung des gerichtlichen Verfahrens.

§ 7 Besondere Bestimmungen für Rechtsbehelfe gegen bestimmte Entscheidungen

(1) Ist für Entscheidungen nach § 1 Absatz 1 Satz 1 Nummer 5 oder 6 nach den geltenden Rechtsvorschriften keine öffentliche Bekanntmachung vorgeschrieben, so hat die zuständige Behörde die im Einzelfall getroffene Entscheidung mit Rechtsbehelfsbelehrung einer oder mehreren genau zu bezeichnenden Personen oder Vereinigungen bekannt zu geben, wenn dies beantragt wird

1. vom Antragsteller des Verwaltungsaktes nach § 1 Absatz 1 Satz 1 Nummer 5 oder
2. von demjenigen, an den die Behörde den Verwaltungsakt nach § 1 Absatz 1 Satz 1 Nummer 6 gerichtet hat.

Die Kosten der Bekanntgabe hat der Antragsteller zu tragen.

(2) Über Rechtsbehelfe gegen eine Entscheidung nach § 1 Absatz 1 Satz 1 Nummer 4 oder deren Unterlassen entscheidet im ersten Rechtszug das Oberverwaltungsgericht, auch wenn kein Fall des § 47 Absatz 1 Nummer 1 oder 2 der Verwaltungsgerichtsordnung vorliegt. Ist eine Gestaltungs- oder Leistungsklage oder ein Antrag nach § 47 Absatz 1 der Verwaltungsgerichtsordnung nicht statthaft, ist § 47 der Verwaltungsgerichtsordnung entsprechend anzuwenden. Bei länderübergreifenden Plänen und Programmen ist das Oberverwaltungsgericht örtlich zuständig, in dessen Bezirk die Behörde, die die Entscheidung über die Annahme des Plans oder Programms getroffen hat, ihren Sitz hat.

(3) Hat eine Vereinigung im Sinne des § 4 Absatz 3 Satz 1 Nummer 2 in einem Verfahren nach § 1 Absatz 1 Satz 1 Nummer 4 Gelegenheit zur Äußerung gehabt, ist sie im Verfahren über den Rechtsbehelf nach Absatz 2 mit allen Einwendungen ausgeschlossen, die sie im Verfahren nach § 1 Absatz 1 Satz 1 Nummer 4 nicht oder nach den geltenden Rechtsvorschriften nicht rechtzeitig geltend gemacht hat, aber hätte geltend machen können. Satz 1 gilt nicht für Verfahren zur Aufstellung, Änderung, Ergänzung oder Aufhebung von Bebauungsplänen nach § 10 des Baugesetzbuches.

(4) Im Rechtsbehelfsverfahren gegen eine Entscheidung nach § 1 Absatz 1 Satz 1 Nummer 1 bis 2b findet § 73 Absatz 4 Satz 3 bis 6 des Verwaltungsverfahrensgesetzes, auch in den Fällen seines Absatzes 8, keine Anwendung.

(5) Eine Verletzung materieller Rechtsvorschriften führt nur dann zur Aufhebung der Entscheidung nach § 1 Absatz 1 Satz 1 Nummer 1 bis 2b oder 5, wenn sie nicht durch Entscheidungsergänzung oder ein ergänzendes Verfahren behoben werden kann. Satz 1 gilt nicht im Anwendungsbereich des § 75 Absatz 1a des Verwaltungsverfahrensgesetzes.

(6) Absatz 2 Satz 1 und 3 sowie die Absätze 4 und 5 gelten auch für Rechtsbehelfe von Personen und Vereinigungen nach § 4 Absatz 3 Satz 1 Nummer 1.

§ 8 Überleitungsvorschrift

(1) Dieses Gesetz gilt für Rechtsbehelfe gegen Entscheidungen nach § 1 Absatz 1 Satz 1 Nummer 1 und 2, die nach dem 25. Juni 2005 ergangen sind oder hätten ergehen müssen. Abweichend von Satz 1 ist § 6 nur auf solche in Satz 1 genannten Rechtsbehelfe anzuwenden, die nach dem 28. Januar 2013 erhoben worden sind.

(2) Dieses Gesetz gilt für Rechtsbehelfe gegen Entscheidungen nach § 1 Absatz 1 Satz 1 Nummer 4 bis 6,

1. die am 2. Juni 2017 noch keine Bestandskraft erlangt haben oder
2. die nach diesem Zeitpunkt ergangen sind oder hätten ergehen müssen.

(3) Folgende Anerkennungen gelten als Anerkennungen im Sinne dieses Gesetzes fort:

1. Anerkennungen
   a) nach § 3 dieses Gesetzes in der Fassung vom 28. Februar 2010,
   b) nach § 59 des Bundesnaturschutzgesetzes in der Fassung vom 28. Februar 2010 und
   c) auf Grund landesrechtlicher Vorschriften im Rahmen des § 60 des Bundesnaturschutzgesetzes in der Fassung vom 28. Februar 2010,

   die vor dem 1. März 2010 erteilt worden sind, sowie
2. Anerkennungen des Bundes und der Länder nach § 29 des Bundesnaturschutzgesetzes in der bis zum 3. April 2002 geltenden Fassung.

§ 1 Anwendungsbereich

(1) Dieses Gesetz ist anzuwenden auf Rechtsbehelfe gegen folgende Entscheidungen:
1. Zulassungsentscheidungen im Sinne von § 2 Absatz 6 des Gesetzes über die Umweltverträglichkeitsprüfung über die Zulässigkeit von Vorhaben, für die nach
   a) dem Gesetz über die Umweltverträglichkeitsprüfung,
   b) der Verordnung über die Umweltverträglichkeitsprüfung bergbaulicher Vorhaben oder
   c) landesrechtlichen Vorschriften

   eine Pflicht zur Durchführung einer Umweltverträglichkeitsprüfung (UVP) bestehen kann;
2. Genehmigungen für Anlagen, die in Spalte c des Anhangs 1 der Verordnung über genehmigungsbedürftige Anlagen mit dem Buchstaben G gekennzeichnet sind, gegen Entscheidungen nach § 17 Absatz 1a des Bundes-Immissionsschutzgesetzes, gegen Erlaubnisse nach § 8 Absatz 1 des Wasserhaushaltsgesetzes für Gewässerbenutzungen, die mit einem Vorhaben im Sinne der Richtlinie 2010/75/EU des Europäischen Parlaments und des Rates vom 24. November 2010 über Industrieemissionen (integrierte Vermeidung und Verminderung der Umweltverschmutzung) (Neufassung) (ABl. L 334 vom 17.12.2010, S. 17) verbunden sind, sowie gegen Planfeststellungsbeschlüsse für Deponien nach § 35 Absatz 2 des Kreislaufwirtschaftgesetzes;

2a. Genehmigungen für Anlagen nach § 23 b Absatz 1 Satz 1 oder § 19 Absatz 4 des Bundes-Immissionsschutzgesetzes oder Zulassungen für Betriebspläne nach § 57 d Absatz 1 des Bundesberggesetzes;

2b. Entscheidungen über die Zulässigkeit von Vorhaben, die benachbarte Schutzobjekte im Sinne des § 3 Absatz 5d des Bundes-Immissionsschutzgesetzes darstellen und die innerhalb des angemessenen Sicherheitsabstands zu einem Betriebsbereich nach § 3 Absatz 5a des Bundes-Immissionsschutzgesetzes verwirklicht werden sollen und einer Zulassung nach landesrechtlichen Vorschriften bedürfen;

3. Entscheidungen nach dem Umweltschadensgesetz;
4. Entscheidungen über die Annahme von Plänen und Programmen im Sinne von § 2 Absatz 7 des Gesetzes über die Umweltverträglichkeitsprüfung und im Sinne der entsprechenden landesrechtlichen Vorschriften, für die nach
   a) Anlage 5 des Gesetzes über die Umweltverträglichkeitsprüfung oder
   b) landesrechtlichen Vorschriften

   eine Pflicht zur Durchführung einer Strategischen Umweltprüfung bestehen kann; ausgenommen hiervon sind Pläne und Programme, über deren Annahme durch formelles Gesetz entschieden wird;
5. Verwaltungsakte oder öffentlich-rechtliche Verträge, durch die andere als in den Nummern 1 bis 2b genannte Vorhaben unter Anwendung umweltbezogener Rechtsvorschriften des Bundesrechts, des Landesrechts oder unmittelbar geltender Rechtsakte der Europäischen Union zugelassen werden, und
6. Verwaltungsakte über Überwachungs- oder Aufsichtsmaßnahmen zur Umsetzung oder Durchführung von Entscheidungen nach den Nummern 1 bis 5, die der Einhaltung umweltbezogener Rechtsvorschriften des Bundesrechts, des Landesrechts oder unmittelbar geltender Rechtsakte der Europäischen Union dienen.

Dieses Gesetz findet auch Anwendung, wenn entgegen geltenden Rechtsvorschriften keine Entscheidung nach Satz 1 getroffen worden ist. Unberührt bleiben
1. § 44 a der Verwaltungsgerichtsordnung,
2. § 17 Absatz 3 Satz 3 bis 5 und § 19 Absatz 2 Satz 5 bis 7 des Standortauswahlgesetzes sowie
3. § 15 Absatz 3 Satz 2 des Netzausbaubeschleunigungsgesetzes Übertragungsnetz, § 6 Absatz 9 Satz 1 des Windenergie-auf-See-Gesetzes, § 47 Absatz 4 und § 49 Absatz 3 des Gesetzes über die Umweltverträglichkeitsprüfung und andere entsprechende Rechtsvorschriften.

Die Sätze 1 und 2 gelten nicht, wenn eine Entscheidung im Sinne dieses Absatzes auf Grund einer Entscheidung in einem verwaltungsgerichtlichen Streitverfahren erlassen worden ist.

(2) Dieses Gesetz gilt auch im Bereich der ausschließlichen Wirtschaftszone oder des Festlandsockels im Rahmen der Vorgaben des Seerechtsübereinkommens der Vereinten Nationen vom 10. Dezember 1982 (BGBl. 1994 II S. 1799, 1995 II S. 602).

(3) Soweit in Planfeststellungsverfahren, die Absatz 1 Satz 1 Nummer 1, 2 oder 5 unterfallen, Rechtsbehelfe nach diesem Gesetz eröffnet sind, wird § 64 Absatz 1 des Bundesnaturschutzgesetzes nicht angewendet.

(4) Umweltbezogene Rechtsvorschriften im Sinne dieses Gesetzes sind Bestimmungen, die sich zum Schutz von Mensch und Umwelt auf
1. den Zustand von Umweltbestandteilen im Sinne von § 2 Absatz 3 Nummer 1 des Umweltinformationsgesetzes oder
2. Faktoren im Sinne von § 2 Absatz 3 Nummer 2 des Umweltinformationsgesetzes
beziehen.

Übersicht Rdn.

A. Allgemeines

I. Regelungsgegenstand und allgemeine Bedeutung

1 § 1 Abs. 1, 3 und 4 regeln den sachlichen Anwendungsbereich des UmwRG durch enumerative Aufzählung möglicher Gegenstände von Rechtsbehelfen. § 1 Abs. 2 legt den territorialen Anwendungsbereich des Gesetzes fest. Überleitungsregelungen in zeitlicher Hinsicht enthält § 8.

II. Völker- und unionsrechtliche Rahmenbedingungen

1. Aarhus-Konvention

2 Art. 9 der Aarhus-Konvention[1] verpflichtet die Vertragsparteien, einen Zugang zu Gericht in Umweltsachen zu schaffen. Abs. 2–4 der Vorschrift lauten wie folgt:

(2) Jede Vertragspartei stellt im Rahmen ihrer innerstaatlichen Rechtsvorschriften sicher, daß Mitglieder der betroffenen Öffentlichkeit,

(a) die ein ausreichendes Interesse haben oder alternativ

(b) eine Rechtsverletzung geltend machen, sofern das Verwaltungsprozeßrecht einer Vertragspartei dies als Voraussetzung erfordert,

Zugang zu einem Überprüfungsverfahren vor einem Gericht und/oder einer anderen auf gesetzlicher Grundlage geschaffenen unabhängigen und unparteiischen Stelle haben, um die materiellrechtliche und verfahrensrechtliche Rechtmäßigkeit von Entscheidungen, Handlungen oder Unterlassungen anzufechten, für die Artikel 6 und – sofern dies nach dem jeweiligen innerstaatlichen Recht vorgesehen ist und unbeschadet des Absatzes 3 – sonstige einschlägige Bestimmungen dieses Übereinkommens gelten.

Was als ausreichendes Interesse und als Rechtsverletzung gilt, bestimmt sich nach den Erfordernissen innerstaatlichen Rechts und im Einklang mit dem Ziel, der betroffenen Öffentlichkeit im Rahmen dieses Übereinkommens einen weiten Zugang zu Gerichten zu gewähren. Zu diesem Zweck gilt das Interesse jeder nichtstaatlichen Organisation, welche die in Artikel 2 Nummer 5 genannten Voraussetzungen erfüllt, als ausreichend im Sinne des Buchstaben a. Derartige Organisationen gelten auch als Träger von Rechten, die im Sinne des Buchstaben b verletzt werden können.

1 UN/ECE-Übereinkommen über den Zugang zu Informationen, die Öffentlichkeitsbeteiligung an Entscheidungsverfahren und den Zugang zu Gerichten in Umweltangelegenheiten vom 25.06.1998.

Absatz 2 schließt die Möglichkeit eines vorangehenden Überprüfungsverfahrens vor einer Verwaltungsbehörde nicht aus und läßt das Erfordernis der Ausschöpfung verwaltungsbehördlicher Überprüfungsverfahren vor der Einleitung gerichtlicher Überprüfungsverfahren unberührt, sofern ein derartiges Erfordernis nach innerstaatlichem Recht besteht.

(3) Zusätzlich und unbeschadet der in den Absätzen 1 und 2 genannten Überprüfungsverfahren stellt jede Vertragspartei sicher, daß Mitglieder der Öffentlichkeit, sofern sie etwaige in ihrem innerstaatlichen Recht festgelegte Kriterien erfüllen, Zugang zu verwaltungsbehördlichen oder gerichtlichen Verfahren haben, um die von Privatpersonen und Behörden vorgenommenen Handlungen und begangenen Unterlassungen anzufechten, die gegen umweltbezogene Bestimmungen ihres innerstaatlichen Rechts verstoßen.

(4) Zusätzlich und unbeschadet des Absatzes 1 stellen die in den Absätzen 1, 2 und 3 genannten Verfahren angemessenen und effektiven Rechtsschutz und, soweit angemessen, auch vorläufigen Rechtsschutz sicher; diese Verfahren sind fair, gerecht, zügig und nicht übermäßig teuer. Entscheidungen nach diesem Artikel werden in Schriftform getroffen oder festgehalten. Gerichtsentscheidungen und möglichst auch Entscheidungen anderer Stellen sind öffentlich zugänglich.

Nach Art. 9 Abs. 2 Aarhus-Konvention muss eine Umweltverbandsklage möglich sein gegen Entscheidungen, Handlungen oder Unterlassungen, für die Art. 6 Aarhus-Konvention eine Öffentlichkeitsbeteiligung vorschreibt. Eine Öffentlichkeitsbeteiligung ist nach Art. 6 Abs. 1 lit. a Aarhus-Konvention vorgeschrieben für »Entscheidungen darüber, ob die in Anh. I der Aarhus-Konvention aufgeführten geplanten Tätigkeiten zugelassen werden«. Die Vertragsstaaten müssen darüber hinaus nach Art. 6 Abs. 1 lit. b Aarhus-Konvention eine Öffentlichkeitsbeteiligung »in Übereinstimmung mit ihrem innerstaatlichen Recht« auch bei Entscheidungen über nicht in Anh. I der Aarhus-Konvention aufgeführte Tätigkeiten vorsehen, wenn diese eine erhebliche Auswirkung auf die Umwelt haben können. Art. 9 Abs. 3 Aarhus-Konvention sieht zusätzlich einen Gerichtszugang bei allen Entscheidungen vor, die gegen umweltbezogene Bestimmungen verstoßen.[2] 3

Die Aarhus-Konvention verfolgt das Ziel, der betroffenen Öffentlichkeit einen weiten Zugang zu Gericht in Umweltangelegenheiten zu gewähren.[3] Demgemäß vertritt das Compliance Committee der Aarhus-Konvention in ständiger Spruchpraxis eine weite Auslegung des Art. 9 Abs. 3 Aarhus-Konvention. Maßgeblich ist, ob eine Verletzung umweltbezogener Bestimmungen möglich ist.[4] Das Compliance Committee stellte in seinem Bericht vom 20.12.2013 fest, die damaligen Regelungen des UmwRG, die eine Umweltverbandsklage nur gegen bestimmte Entscheidungen und bei Verletzung umweltrechtlicher Vorschriften zuließen, seien mit Art. 9 Abs. 2 und 3 der Aarhus-Konvention unvereinbar.[5] Die Feststellungen des Compliance Committees wurden durch die Entscheidung V/9h der 5. Vertragsstaatenkonferenz der Aarhus-Konvention auf ihrer Sitzung am 30.06./01.07.2014 bestätigt.[6] In einem Bericht zur Sitzung am 11.-13.09.2017 stellte das Compli- 4

2 Vgl. hierzu *UNECE*, The Aarhus Convention: An implementation guide, Second edition, 2014, S. 190 ff.; *Stec*, Handbook on Access to Justice under the Aarhus Convention, 2003, S. 31 ff.; *Happ*, in: Eyermann, VwGO, vor § 1 UmwRG Rn. 2 ff. m.w.N.

3 *Compliance Committee*, Beschl. v. 23.07.2021 – ACCC/C/2016/137 – Dokument ECE/MP.PP/C.1/2021/25, Rn. 96 ff. m.w.N., abrufbar unter https://unece.org/sites/default/files/2021–09/ece.mp_.pp_.c.1.2021.25_aec.pdf (letzter Abruf am 19.10.2025).

4 Vgl. BR-Drs. 422/16, S. 26 f. m.w.N.

5 *Compliance Committee*, Beschl. v. 20.12.2013 – ACCC/C/2008/31 – Dokument ECE/MP.PP/C.1/2014/8, abrufbar unter https://www.unece.org/fileadmin/DAM/env/pp/compliance/CC-45/ECE_MP.PP_C.1_2014_8.eng.pdf (letzter Abruf am 19.10.2025); ebenso BVerwG, Urt. v. 05.09.2013 – 7 C 21.12, BVerwGE 147, 312 Rn. 32 ff.; vgl. auch *Berkemann*, DVBl 2015, 389, 399.

6 Dokument ECE/MP.PP/2014/2/Add. 1, abrufbar unter https://www.unece.org/fileadmin/DAM/env/pp/compliance/MoP5decisions/V.9h_Germany/Decision_V9h.pdf (letzter Abruf am 19.10.2025).

ance Committee unter Hinweis auf fortbestehende Unsicherheiten fest, die Beanstandungen seien durch das geänderte UmwRG ausgeräumt.[7]

2. Unionsrecht

5 Die Aarhus-Konvention ist integraler Bestandteil der Rechtsordnung der EU und für die Mitgliedstaaten i.S.v. Art. 216 Abs. 2 AEUV verbindlich.[8] Die Vorgaben des Art. 9 Abs. 2 Aarhus-Konvention werden durch Art. 11 UVP-RL und Art. 25 IE-RL 2010/75/EU in das Unionsrecht übernommen. Nach diesen Vorschriften müssen die Mitgliedstaaten sicherstellen, dass Mitglieder der betroffenen Öffentlichkeit Zugang zu einem Überprüfungsverfahren vor einem Gericht oder einer anderen auf gesetzlicher Grundlage geschaffenen unabhängigen und unparteiischen Stelle haben, um die materiellrechtliche und verfahrensrechtliche Rechtmäßigkeit von Entscheidungen, Handlungen oder Unterlassungen anzufechten, für die die Richtlinien eine Beteiligung der Öffentlichkeit vorsehen. Ergänzend schreiben Art. 13 Abs. 1 der Umwelthaftungsrichtlinie 2004/35/EG und Art. 23 der Seveso-III-Richtlinie 2012/18/EU für die dort geregelten Fälle einen Zugang zu Gericht vor.

6 Der **EuGH** legt Art. 6 Abs. 1 lit. b Aarhus-Konvention weit aus. Danach muss eine Öffentlichkeitsbeteiligung durchgeführt werden und die Möglichkeit einer Umweltverbandsklage nach Art. 9 Abs. 2 Aarhus-Konvention bestehen, wenn eine Entscheidung erhebliche Auswirkungen auf die Umwelt haben kann.[9] Die Vorbehalte für Regelungen nach innerstaatlichem Recht in Art. 6 Abs. 1 lit. b Aarhus-Konvention versteht der EuGH so, dass sie nur die Modalitäten der verpflichtend vorgegebenen Öffentlichkeitsbeteiligung betreffen.[10] Das widerspricht zwar dem Wortlaut des zweiten Satzes in Art. 6 Abs. 1 lit. b Aarhus-Konvention: »Zu diesem Zweck bestimmen die Vertragsparteien, ob dieser Artikel Anwendung auf eine derartige geplante Tätigkeit findet«. Gleichwohl muss sich die Praxis an der rechtsschutzfreundlichen Auslegung des EuGH[11] orientieren. Zu Art. 9 Abs. 3 Aarhus-Konvention hat der EuGH entschieden, die Vorschrift gelte im Unionsrecht zwar nicht unmittelbar. Die nationalen Gerichte müssten jedoch ihr Verfahrensrecht so weit wie möglich im Einklang sowohl mit den Zielen von Art. 9 Abs. 3 Aarhus-Konvention als auch mit dem Ziel eines effektiven gerichtlichen Rechtsschutzes für die durch das Unionsrecht verliehenen Rechte auslegen, um Rechtsbehelfe bei Verletzung des Unionsrechts zu ermöglichen.[12] Sollte eine solche Auslegung nicht möglich sein, sind die Vorschriften, die einem Rechtsschutz einer Umweltvereinigung im Zusammenhang mit umweltbezogenem Unionsrecht entgegenstehen, wegen Art. 47 der Charta der Grundrechte der Europäischen Union unangewendet zu lassen.[13]

7 Dokument ECE/MP.PP/2017/40, abrufbar unter https://www.unece.org/fileadmin/DAM/env/pp/mop6/English/ECE_MP.PP_2017_40_E.pdf (letzter Abruf am 19.10.2025).

8 EuGH, Urt. v. 08.11.2016 – C-243/15, NuR 2016, 840 Rn. 45; Urt. v. 08.03.2011 – C-240/09, NVwZ 2011, 673 Rn. 30 – »Slowakischer Braunbär«; *Kommission* Mitteilung über den Zugang zu Gerichten in Umweltangelegenheiten, ABlEU C 275 v. 18.08.2017, S. 1, 5.

9 EuGH, Urt. v. 20.12.2017 – C-664/15 – Rn. 38, 42; Urt. v. 08.11.2016 – C-243/15, NuR 2016, 840 Rn. 57.

10 EuGH, Urt. v. 08.11.2016 – C-243/15, NuR 2016, 840 Rn. 48 ff.

11 Vgl. auch zur UVP-RL EuGH, Urt. v. 16.04.2015 – C-570/13, NuR 2015, 321 Rn. 39.

12 EuGH, Urt. v. 08.03.2011 – C-240/09, NVwZ 2011, 673 Rn. 52 – »Slowakischer Braunbär«; ebenso BVerwG, Urt. v. 05.09.2013 – 7 C 21.12, BVerwGE 147, 312 Rn. 43 ff.; vgl. hierzu *Brigola/Heß* NuR 2017, 729; *Bruckert* NuR 2015, 541 (543); *Berkemann* EurUP 2014, 148 (163 ff.); *Porsch* NVwZ 2013, 1393 (1395); *Seibert* NVwZ 2013, 1040 (1041 f.) jeweils m.w.N.

13 EuGH, Urt. v. 08.11.2022 – C-873/19, NVwZ 2023, 47 Rn. 75 ff. – »Deutsche Umwelthilfe«; Urt. v. 20.12.2017 – C-664/15, Rn. 45, 55 – »Protect«; vgl. auch EuGH, Urt. v. 20.12.2017 – C-664/15, Rn. 45 ff.; Urt. v. 08.11.2016 – C-243/15, NuR 2016, 840 Rn. 50 ff.; *Bickenbach* DVBl 2025, 14 (15); *Bunge* NuR 2023, 675; *Schlacke* NVwZ 2017, 905 (906).

3. Konventionskonforme Auslegung

Soweit einschränkende Merkmale des § 1 nicht bereits wegen des Anwendungsvorrangs des Unionsrechts außer Betracht bleiben, werden die völker- und unionsrechtlichen Vorgaben im nationalen Recht in Form einer konventionskonformen Auslegung rezipiert und angewendet. Das BVerwG hat den Anwendungsbereich des § 1 in einer ganzen Reihe von Entscheidungen unter Berufung insbesondere auf Art. 9 Abs. 3 Aarhus-Konvention erweitert.[14] Zum Teil haben die Gerichte auch eine prokuratorische Klagebefugnis gemäß § 42 Abs. 2 HS 2 VwGO bejaht.[15] Wegen der Einzelheiten wird auf die Kommentierung der jeweiligen Detailregelungen verwiesen. 7

III. Innerstaatliche Entstehung

1. UmwRG vom 07.12.2006 und nachfolgende Änderungen

Die durch den Gesetzentwurf der Bundesregierung vom 04.09.2006[16] eingebrachte Fassung des § 1 blieb im Gesetzgebungsverfahren unverändert. Durch den Gesetzentwurf sollten die Vorgaben der Öffentlichkeitsbeteiligungsrichtlinie über den Gerichtszugang in Umweltsachen in deutsches Recht umgesetzt werden. Der deutsche Gesetzgeber übernahm in § 1 den unionsrechtlichen Ansatz, den Zugang zu Gerichten gegen Entscheidungen, Handlungen und Unterlassungen zu eröffnen, die der UVP-RL oder der IVU-RL unterfallen.[17] Er ging davon aus, dass die Öffentlichkeitsbeteiligungsrichtlinie die Anforderungen der Aarhus-Konvention in das Gemeinschaftsrecht übernahm und dass mit der Umsetzung der Öffentlichkeitsbeteiligungsrichtlinie zugleich der Aarhus-Konvention Rechnung getragen wäre. 8

§ 1 Abs. 1 Satz 1 Nr. 2 wurde durch das Gesetz zur Neuregelung des Wasserrechts vom 31.07.2009 (BGBl. I S. 2585) geändert. Die Vorschrift nahm in der Fassung vom 07.12.2006 Bezug auf Erlaubnisse nach den §§ 2, 7 Abs. 1 Satz 1 WHG in Verbindung mit den aufgrund von § 7 Abs. 1 Satz 3 WHG erlassenen landesrechtlichen Vorschriften. Diese Bezugnahme wurde mit Wirkung zum 01.03.2010 an die geänderten Vorschriften des WHG angepasst.[18] Durch das Gesetz zur Neuordnung des Kreislaufwirtschafts- und Abfallrechts vom 24.02.2012 (BGBl. I S. 212) wurde der Verweis auf § 31 Abs. 2 KrW-/AbfG in § 35 Abs. 2 KrWG geändert. 9

2. Gesetz zur Änderung des UmwRG vom 21.01.2013

Durch das Gesetz zur Änderung des Umwelt-Rechtsberatungsgesetzes und anderer umweltrechtlicher Vorschriften vom 21.01.2013 (BGBl. I S. 95) wurden § 1 Abs. 1 Satz 1 Nr. 3 (Entscheidungen nach dem USchadG) und ein neuer Abs. 3 eingefügt. Die Gesetzesbegründung erläutert, die bisher in § 11 Abs. 2 USchadG getroffene Regelung zu Rechtsbehelfen von Vereinigungen werde in das UmwRG überführt. Diese Bestimmung basiere auf Art. 13 der Umwelthaftungsrichtlinie 2004/35/EG. Mit der Aufnahme von Entscheidungen nach dem USchadG in den Anwendungsbereich des UmwRG würden dessen Bestimmungen nun unmittelbar gelten, während § 11 Abs. 2 USchadG eine entsprechende Anwendung des UmwRG anordnete. Damit sei im Vergleich zur bestehenden 10

---

14 BVerwG, Urt. v. 29.04.2021 – 4 C 2.19, NVwZ 2021, 1630 Rn. 22; Urt. v. 23.06.2020 – 9 A 22.19, BVerwGE 168, 368 Rn. 17; Urt. v. 19.12.2019 – 7 C 28.18, BVerwGE 167, 250 Rn. 25; Urt. v. 26.09.2019 – 7 C 5.18, BVerwGE 166, 321 Rn. 25; s. zur Vereinbarkeit des § 1 mit Art. 9 Abs. 3 Aarhus-Konvention auch *Schlacke*, in: Gärditz, VwGO, § 1 UmwRG Rn. 3 und Rn. 59; *Franzius*, in: Schink/Reidt/Mitschang, UVPG/UmwRG, § 1 UmwRG Rn. 7 ff.; *Franzius* NuR 2019, 649 (651); *Klinger* EurUP 2019, 51 (53); *Beier* UPR 2018, 161 (162 ff.).

15 BVerwG, Urt. v. 05.09.2013 – 7 C 21.12, BVerwGE 147, 312 Rn. 46; VG Berlin, Urt. v. 18.04.2018 – 11 K 216.17, juris Rn. 23; hierzu auch *Bickenbach* DVBl 2025, 14 (20); *Schlacke* NVwZ 2024, 564 (567); *Guckelberger* NuR 2020, 217 (225).

16 BT-Drs. 16/2495, S. 5.

17 BT-Drs. 16/2495, S. 10.

18 BT-Drs. 16/12275, S. 82.

Rechtslage keine Erweiterung oder Beschränkung der Rechtsbehelfsmöglichkeiten von anerkannten Umweltvereinigungen verbunden.[19] Der neue Abs. 3 diene der Abgrenzung zur Verbandsklage nach § 64 Abs. 1 BNatSchG. Danach gehe das UmwRG der Verbandsklage vor, wenn beide Gesetze in vollem Umfang anwendbar wären. Die Regelung stehe jedoch einer parallelen Anwendung beider Gesetze in solchen Fällen nicht entgegen, in denen beispielsweise eine erteilte naturschutzrechtliche Befreiung ausnahmsweise nicht bereits in die Zulassungsentscheidung für ein UVP-pflichtiges Vorhaben einkonzentriert worden sei, aber gegen beide Entscheidungen Rechtsbehelfe eingelegt werden sollten. Für die Regelung des BNatSchG verbleibe insbesondere noch ein Anwendungsbereich, wenn im Bundes- oder Landesrecht für ein Vorhaben eine Planfeststellung vorgeschrieben sei, für das nicht zugleich auch eine UVP-Pflicht oder UVP-Vorprüfungspflicht bestehe.[20]

11 Der Bundesrat verlangte die Streichung des neuen § 1 Abs. 3. Die Regelung führe dazu, dass für die geregelten Fälle auch die restriktive Vorschrift des § 4a UmwRG gelten würde. Auf diese Weise würden Umfang und Reichweite der naturschutzrechtlichen Verbandsklage erheblich eingeschränkt. Dass für Klagen der Naturschutzverbände zwei unterschiedliche Rechtsmaterien anwendbar wären, sei nicht nachvollziehbar. Das führe zu Ungleichheiten innerhalb der naturschutzrechtlichen Verbandsklage.[21] Die Bundesregierung lehnte die Streichung ab. § 1 Abs. 3 sei erforderlich, um der Vollzugspraxis Klarheit über das jeweils anzuwendende Recht zu verschaffen. Das vom Bundesrat angestrebte Ziel könne mit der vorgeschlagenen Streichung nicht erreicht werden.[22]

3. Gesetz zur Umsetzung der IE-Richtlinie vom 08.04.2013

12 Durch das Gesetz zur Umsetzung der Richtlinie über Industrieemissionen vom 08.04.2013 (BGBl. I S. 734, 3753) wurde § 1 Abs. 1 Satz 1 Nr. 2 an die IE-RL 2010/75/EU und an die Neustrukturierung des Anh. 1 der 4. BImSchV angepasst. Eine inhaltliche Änderung war damit nicht bezweckt.[23]

4. Gesetz zur Umsetzung der Seveso-III-Richtlinie vom 30.11.2016

13 Das Gesetz zur Umsetzung der Richtlinie 2012/18/EU zur Beherrschung der Gefahren schwerer Unfälle mit gefährlichen Stoffen, zur Änderung und anschließenden Aufhebung der Richtlinie 96/82/EG des Rates vom 30.11.2016 (BGBl. I S. 2749) ergänzte § 1 Abs. 1 Satz 1 um die neuen Nr. 2a und 2b (störfallrechtliche Zulassungen). Damit sollten die Vorgaben über den Gerichtszugang in Art. 23 lit. b i.V.m. Art. 15 Abs. 1 der Seveso-III-Richtlinie 2012/18/EU in nationales Recht umgesetzt werden.[24] Die Gesetzesbegründung führt aus, mit der neuen Nr. 2a werde die Fallgruppe der bislang immissionsschutzrechtlich nicht genehmigungsbedürftigen Anlagen erfasst, die nun nach § 23 b Abs. 1 BImSchG wegen ihrer störfallrechtlichen Relevanz einer Genehmigung bedürften. Nr. 2a erfasse auch immissionsschutzrechtlich grundsätzlich im vereinfachten Verfahren zu genehmigende Anlagen, die Betriebsbereich oder Bestandteil eines Betriebsbereichs seien und durch die der angemessene Sicherheitsabstand zu benachbarten Schutzobjekten nicht eingehalten werde. Die neue Nr. 2b erfasse darüber hinaus Vorhaben, die innerhalb des angemessenen Sicherheitsabstands zu einem Betriebsbereich verwirklicht werden sollten und nach landesrechtlichen Vorschriften einer Zulassung bedürften. Nicht erfasst würden Vorhaben, für die eine Zulassung nach bundesrechtlichen Vorschriften erforderlich sei. Diese seien bereits von § 1 Abs. 1 Satz 1 Nr. 1, 2 und 2a erfasst. Der Begriff des Vorhabens im Sinne der Nr. 2b erfasse alle Vorhaben, die unter die Anforderung der Seveso-III-Richtlinie »neue Entwicklungen in der Nachbarschaft« subsumiert wer-

19 BR-Drs. 469/12, S. 34.
20 BR-Drs. 469/12, S. 34 f.
21 BR-Drs. 469/12 (Beschluss), S. 1.
22 BT-Drs. 17/10957, S. 30.
23 BR-Drs. 314/12, S. 118.
24 BR-Drs. 237/16, S. 32.

den könnten und einer landesrechtlichen Zulassung bedürften. Der Begriff der Entscheidungen sei wie in § 2 Abs. 3 UVPG zu verstehen.[25]

Der Bundesrat schlug vor, die neue Nr. 2b in der Weise zu ergänzen, dass es sich bei den Vorhaben um benachbarte Schutzobjekte i.S.d. § 3 Abs. 5d BImSchG handeln muss.[26] Die Bundesregierung stimmte diesem Änderungsvorschlag in redaktionell veränderter Form zu.[27] 14

Der Ausschuss für Umwelt, Naturschutz, Bau und Reaktorsicherheit übernahm Nr. 2b in der Fassung der Gegenäußerung der Bundesregierung in seine Beschlussempfehlung. Darüber hinaus schlug er vor, Nr. 2a um Zulassungen für Betriebspläne nach der von ihm empfohlenen neuen Vorschrift des § 57d Abs. 1 BBergG zu ergänzen. Dies sei eine notwendige Folgeänderung zu dem neuen § 57d BBergG.[28] Die beschlossene Gesetzesfassung entspricht der Beschlussempfehlung des Ausschusses. 15

5. Gesetz zur Anpassung des UmwRG vom 29.05.2017

Mit dem Gesetz zur Anpassung des UmwRG und anderer Vorschriften an europa- und völkerrechtliche Vorgaben vom 29.05.2017 (BGBl. I S. 1298) sollten Verstöße der deutschen Regelungen zum Gerichtszugang gegen die Aarhus-Konvention und gegen Unionsrecht beseitigt werden. Hierzu wurde der Anwendungsbereich auf SUP-pflichtige Pläne und Programme (neue Nr. 4), auf andere Zulassungen nach umweltbezogenen Rechtsvorschriften (neue Nr. 5) und auf Verwaltungsakte über Überwachungs- oder Aufsichtsmaßnahmen (neue Nr. 6) erweitert. Der Anfang von § 1 Abs. 1 Satz 1 und § 1 Abs. 1 Satz 3 wurden neu gefasst, eine Definition umweltbezogener Rechtsvorschriften wurde als neuer Abs. 4 angefügt. Nach der Gesetzesbegründung sollte hiermit den Vorgaben der 5. Vertragsstaatenkonferenz der Aarhus-Konvention entsprochen und die Anwendung umweltbezogener Bestimmungen durch Privatpersonen und Behörden überprüfbar gemacht werden. Entsprechender Änderungsbedarf ergebe sich auch aus dem Urteil des BVerwG vom 05.09.2013 (7 C 21.12) zur umweltrechtlichen Verbandsklage bei Luftreinhalteplänen und aus dem Urteil des EuGH vom 08.03.2011 (C-240/09) im Fall »Slowakischer Braunbär«.[29] 16

Nach der Begründung des Regierungsentwurfs verdeutlicht die redaktionelle Ergänzung der Einleitung von § 1 Abs. 1 Satz 1, dass der Begriff der »Entscheidung« im Kontext des UmwRG als Oberbegriff zu verstehen sei, dem beispielsweise auch Genehmigungen, Planfeststellungsbeschlüsse etc. unterfielen. Dieser weite Begriff werde durch die Aarhus-Konvention vorgegeben. Die Ergänzungen in § 1 Abs. 1 Satz 1 Nr. 4–6 verfolgten das Ziel, Art. 9 Abs. 3 der Aarhus-Konvention vollständig im deutschen Recht umzusetzen. Dazu müsse die Anwendung umweltbezogener Bestimmungen durch Privatpersonen oder Behörden gerichtlich überprüft werden können.[30] 17

Die neue Nr. 4 erfasse Pläne und Programme, bei denen eine Pflicht zur Durchführung einer Strategischen Umweltprüfung bestehen kann. Sie sei redaktionell der Formulierung von Nr. 1 nachgebildet worden. Ebenso wie dort bei der UVP-Pflicht stelle die neue Nr. 4 darauf ab, ob für den Plan oder das Programm eine SUP-Pflicht bestehen kann. Diese könne darauf beruhen, dass für den konkreten Plan oder das konkrete Programm nach den gesetzlichen Vorgaben zwingend eine Strategische Umweltprüfung durchzuführen ist, oder darauf, dass der Plan oder das Programm nach dem Ergebnis einer Vorprüfung des Einzelfalls einer Strategischen Umweltprüfung bedarf. Nr. 4 gelte im Bundesrecht ausschließlich für Pläne und Programme, die in Anlage 3 UVPG aufgeführt sind. Dies schließe nach § 2 Abs. 5 UVPG Änderungen dieser Pläne und Programme ein.[31] Nr. 4 18

25 BR-Drs. 237/16, S. 32.
26 BR-Drs. 237/16 (Beschluss), S. 18.
27 BT-Drs. 18/9417, S. 53.
28 BT-Drs. 18/10057, S. 5, 13.
29 BR-Drs. 422/16, S. 18; s. zum Gesetzgebungsverfahren *Sauer* UPR 2017, 448 (452).
30 BR-Drs. 422/16, S. 26 f.
31 BR-Drs. 422/16, S. 28.

erfasse unter anderem auch Bauleitpläne, die einer Pflicht zur Durchführung einer Strategischen Umweltprüfung unterliegen.[32]

19 Mit der neuen Nr. 5 werden ausweislich der Gesetzesbegründung Zulassungsentscheidungen für sonstige Vorhaben erfasst, die nicht bereits als Industrieanlagen oder Infrastrukturmaßnahmen unter Nr. 1, 2, 2a oder 2b fallen. Erfasst würden vorrangig Entscheidungen in Form eines Verwaltungsaktes, durch den ein Vorhaben zugelassen bzw. gestattet wird. Ebenso sei die Fallgestaltung des Unterlassens stets auf den Erlass eines solchen Verwaltungsaktes gerichtet. Erfasst würden zudem öffentlich-rechtliche Verträge nach § 54 VwVfG, die anstelle eines Verwaltungsaktes die Zulässigkeit eines Vorhabens begründen.[33]

20 Mit der neuen Nr. 6 sollen die Vorgaben des Beschlusses V/9h und des Art. 9 Abs. 3 Aarhus-Konvention umgesetzt werden. Da nach den Ergebnissen des durchgeführten Compliance-Verfahrens gegen Deutschland direkte zivilrechtliche Rechtsbehelfe gegen Private für eine völkerrechtskonforme Umsetzung des Art. 9 Abs. 3 Aarhus-Konvention nicht ausreichten, müsse eine verwaltungsrechtliche Rechtsbehelfsmöglichkeit eröffnet werden. Nach dem traditionellen Verständnis des deutschen Verwaltungsrechts, an dem festgehalten werden solle, kämen nur Rechtsbehelfe gegen eine Behörde in Betracht.[34]

21 § 1 Abs. 1 Satz 3 wurde neu gegliedert und um Verweise auf weitere Sonderregelungen ergänzt.[35] Als neuer Abs. 4 wurde eine Definition des Begriffs der umweltbezogenen Rechtsvorschriften aufgenommen nach Maßgabe der Vorgabe von Art. 2 Abs. 2 Aarhus-Konvention und des § 2 Abs. 3 Nr. 1 und 2 UIG.[36]

22 Der Bundesrat verlangte in seiner Stellungnahme zum Gesetzentwurf, von der Nr. 6 »Verwaltungsakte im Rahmen der Rechtsaufsicht gegenüber kommunalen Selbstverwaltungskörperschaften« auszunehmen. Soweit kommunale Selbstverwaltungskörperschaften im eigenen Wirkungskreis tätig würden, unterlägen sie der Rechtsaufsicht staatlicher Behörden. Im Rahmen dieser Rechtsaufsicht ergehende Aufsichtsmaßnahmen seien in der Regel Verwaltungsakte. Wenn derartige Maßnahmen die Regelungsgegenstände des § 1 Abs. 1 Satz 1 Nr. 1–5 berührten, könnten sie nach der Fassung des Gesetzentwurfs zum Gegenstand einer Verpflichtungsklage einer anerkannten Umweltvereinigung werden. Um sicherzustellen, dass anstelle oder zusätzlich zu der bestehenden Möglichkeit eines direkten Vorgehens gegen Entscheidungen kommunaler Selbstverwaltungskörperschaften nach Nr. 1–5 nicht auch der Weg über die Rechtsaufsicht bemüht werde, sollte nach Auffassung des Bundesrats die Anwendung des UmwRG auf diese Fälle in der Nr. 6 explizit ausgeschlossen werden. Der Bundesrat schlug darüber hinaus eine Neufassung des § 1 Abs. 3 vor (»Soweit Rechtsbehelfe nach diesem Gesetz eröffnet sind, wird § 64 Abs. 1 des Bundesnaturschutzgesetzes nicht angewendet«). Dies wurde mit der Erweiterung des Anwendungsbereichs des UmwRG begründet. Um die parallele Anwendung von Klagemöglichkeiten nach dem BNatSchG und dem UmwRG auszuschließen, sei der Anwendungsausschluss von § 64 Abs. 1 BNatSchG auf sämtliche Rechtsbehelfe nach dem UmwRG auszudehnen.[37]

23 Die Bundesregierung lehnte in ihrer Gegenäußerung die vom Bundesrat befürwortete Einschränkung der Nr. 6 mit der Begründung ab, die Regelung sei zur Umsetzung von Art. 9 Abs. 3 Aarhus-Konvention erforderlich. Ein »theoretisch in Betracht kommender« Rechtsbehelf einer Umweltvereinigung gegen die Rechtsaufsicht einer kommunalen Selbstverwaltungskörperschaft erscheine zudem unter praktischen Gesichtspunkten nicht sinnvoll. Der vorgeschlagenen Änderung des § 1 Abs. 3 stimmte

32 BR-Drs. 422/16, S. 29.
33 BR-Drs. 422/16, S. 30.
34 BR-Drs. 422/16, S. 31.
35 BR-Drs. 422/16, S. 32.
36 BR-Drs. 422/16, S. 32.
37 BR-Drs. 422/16 (Beschluss), S. 2.

die Bundesregierung insoweit zu, dass die Regelung auf die Fälle des § 1 Abs. 1 Satz 1 Nr. 5 erstreckt wurde.[38]

6. Weitere Änderungen

Durch das UVP-Modernisierungsgesetz vom 20.07.2017 (BGBl I S. 2808) wurde § 1 an die Nummerierung und Terminologie des neuen UVPG angepasst.[39] Durch das Gesetz zur Änderung des Erneuerbare-Energien-Gesetzes, des Kraft-Wärme-Kopplungsgesetzes, des Energiewirtschaftsgesetzes und weiterer energierechtlicher Vorschriften vom 17.12.2018 (BGBl I S. 2549) wurde § 1 Abs. 1 Satz 3 Nr. 3 redaktionell an den geänderten § 6 Abs. 9 WindSeeG angepasst. Das Gesetz zur Anpassung des Energiewirtschaftsrechts an unionsrechtliche Vorgaben und zur Änderung weiterer energierechtlicher Vorschriften vom 22.12.2023 (BGBl I Nr. 405) hat § 17a EnWG und den Verweis auf diese Vorschrift in § 1 Abs. 1 Satz 3 Nr. 3 aufgehoben. 24

7. Geplante Novelle des UmwRG

Die Bundesregierung brachte in der 22. Wahlperiode einen Gesetzentwurf in den Deutschen Bundestag ein, der § 1 an das Urteil des EuGH vom 08.11.2022[40] zu EG-Typgenehmigungen, an das Urteil des BVerwG vom 26.01.2023[41] zu nicht SUP-pflichtigen Plänen und Programmen und an unionsrechtliche Vorschriften anpassen sollte.[42] Der Entwurf hat sich mit Ablauf der Wahlperiode erledigt. Gegenwärtig liegt der Entwurf eines Gesetzes zur Änderung des Umwelt-Rechtsbehelfsgesetzes und weiterer umweltrechtlicher Vorschriften vor, der § 1 in ähnlicher Weise ändern soll.[43] 25

B. Rechtsbehelfe gegen Entscheidungen (Abs. 1 Satz 1)

I. Enumerationsprinzip

Das UmwRG ist bei allen Rechtsbehelfen gegen die in § 1 Abs. 1 Satz 1 Nr. 1–6 aufgeführten Entscheidungen und gegen deren Unterlassen anzuwenden. Ob es sinnvoll ist, an diesem Konzept einer **enumerativ abschließenden Liste** von Entscheidungen festzuhalten, kann bezweifelt werden. Es führt zu Abgrenzungsschwierigkeiten und birgt die Gefahr einer lückenhaften Umsetzung des sehr weit in der Art einer Generalklausel gefassten Art. 9 Abs. 3 Aarhus-Konvention.[44] Der Entwurf eines Gesetzes zur Änderung des Umwelt-Rechtsbehelfsgesetzes und weiterer umweltrechtlicher Vorschriften (s. Rdn. 25) bezeichnet den »abschließenden Katalog« selbst nur als »Momentaufnahme aus Sicht des Gesetzgebers«. Zukünftige, bisher nicht bedachte Fallkonstellationen und Entwicklungen könnten hierdurch nicht ausgeschlossen werden. Insoweit bleibe es auch weiterhin den Verwaltungsgerichten vorbehalten, bei nicht in den Katalogen aufgeführten Klagegegenständen »in Auslegung des UmwRG oder in direkter Anwendung von Artikel 47 GrCh i.V.m. Art. 9 Abs. 2 oder 3 AK zu entscheiden«.[45] 26

Nach gegenwärtiger Rechtslage hat sich das Enumerationsprinzip in vielerlei Hinsicht als zu eng erwiesen und musste durch die Rechtsprechung erweitert, wenn nicht gar aufgelöst werden. Den 27

38 BT-Drs. 18/9909, S. 5; so auch die Beschlussempfehlung des Ausschusses für Umwelt, Naturschutz, Bau und Reaktorsicherheit, BT-Drs. 18/12146, S. 2 und S. 15.

39 BR-Drs. 164/17, S. 53.

40 EuGH, Urt. v. 08.11.2022 – C-873/19, NVwZ 2023, 47; s. unten Rdn. 76.

41 BVerwG, Urt. v. 26.01.2023 – 10 CN 1.23, BVerwGE 177, 350; s. unten Rdn. 72.

42 BT-Drs. 20/13081; hierzu *Schoppen* NWVBl 2024, 495.

43 BR-Drs. 43/26; vgl. dazu *Deutscher Anwaltverein* NuR 2025, 681.

44 *Bickenbach* DVBl 2025, 14 (19); *Korbmacher* NVwZ 2024, 777 (778); *Heß/Hörtzsch* NuR 2024, 391 (394); *Guckelberger* NuR 2024, 73 (78); *Schoppen* NWVBl 2024, 495 (498); *Bunge* NuR 2023, 675 (679 ff.); *Schlacke* NVwZ 2024, 564 (569); *Schlacke* NVwZ 2023, 37 (41); *Guckelberger* NuR 2020, 217; *Schlacke* EurUP 2018, 127 (140); *Schlacke* NVwZ 2017, 905 (908); *Brigola/Heß* NuR 2017, 729 (730); *Deutscher Anwaltverein* NuR 2025, 681 f.

45 BR-Drs. 43/26, S. 23.

dogmatischen Weg, der dabei zu bestreiten ist, hat der EuGH aufgezeigt: Einschränkende Voraussetzungen des § 1 bleiben bei Umweltverbandsklagen wegen des **Anwendungsvorrangs** des Unionsrechts außer Betracht, wenn Vorschriften des Umweltrechts der Union in Rede stehen.[46] Fehlt es hieran, dann stellt sich die Frage, ob das nationale Recht trotz des entgegenstehenden Wortlauts einer **erweiternden Auslegung** zugänglich ist. Das wird mit den Grundsätzen der völkerrechtsfreundlichen Auslegung und mit dem Argument bejaht, der Gesetzgeber habe Art. 9 Abs. 3 Aarhus-Konvention vollständig in deutsches Recht umsetzen wollen.[47] Der engere Wortlaut wird als Redaktionsversehen behandelt. Das erscheint insoweit bedenklich, als hiermit de facto das Enumerationsprinzip zugunsten der Generalklausel aufgegeben wird.

II. Entscheidung

28 Der Begriff der Entscheidung ist ein Sammelbegriff, der alle dem Anwendungsbereich unterfallenden Rechtshandlungen umfasst.[48] Er hat über diese zusammenfassende Funktion hinaus keine eigenständige Bedeutung. Da die dem Anwendungsbereich unterfallenden Entscheidungen in Nr. 1–6 enumerativ aufgeführt sind, gibt es keine sonstigen, unbenannten umweltrechtsbehelfsfähigen Entscheidungen.[49] Andererseits kann aus dem Begriff der Entscheidung keine Einschränkung der Nr. 1–6 abgeleitet werden. Unter welchen Voraussetzungen jeweils eine umweltrechtsbehelfsfähige Entscheidung vorliegt, richtet sich allein nach der Beschreibung der einzelnen Anwendungsfälle in Nr. 1–6.

29 In den Fällen der Nr. 1–6 ist das Gesetz nicht nur auf die in § 2 genannten Rechtsbehelfe von Umweltvereinigungen anwendbar, sondern auf **Rechtsbehelfe aller Kläger**, soweit die einzelnen Bestimmungen des UmwRG ihrem Inhalt nach nicht auf Umweltvereinigungen beschränkt sind. Das UmwRG entwickelt sich damit zunehmend zu einem **Teilbereich des allgemeinen Prozessrechts**, womit sich die Frage aufdrängt, ob es nicht sinnvoller wäre, die Regelungen in die VwGO zu integrieren.[50]

III. Rechtsbehelf

30 Der **Begriff des Rechtsbehelfs** ist weit zu verstehen. Er erfasst jede Handlung, durch die ein gesetzlich vorgesehenes Verfahren eingeleitet wird, das auf die Aufhebung, Einschränkung, Außervollzugsetzung oder Überprüfung einer Entscheidung gem. § 1 Abs. 1 Satz 1 gerichtet ist. Hierzu zählen behördliche und gerichtliche Überprüfungsverfahren, Hauptsacheverfahren und Eilverfahren. Ein Rechtsbehelf **gegen** eine Entscheidung liegt nicht vor, wenn eine Zulassungsentscheidung abgelehnt wurde und der Vorhabenträger auf Zulassung klagt.[51] In diesem Fall greift auch nicht § 1 Abs. 1 Satz 2 ein.[52]

31 Der Anwendungsbereich des UmwRG ist nicht eröffnet, wenn ein Rechtsbehelf nur **mittelbar eine Entscheidung gemäß § 1 Abs. 1 Satz 1 betrifft**, unmittelbar aber auf ein anderes Ziel gerichtet ist.[53] Daher ist eine Dienstaufsichtsbeschwerde gegen einen Beamten, der nach Auffassung des Beschwerdeführers zu Unrecht eine Entscheidung gemäß § 1 Abs. 1 Satz 1 erlassen hat, kein Rechtsbehelf i.S.d. UmwRG. Gleiches gilt für eine Unterlassungsklage gegen die Durchführung einer durch eine Entscheidung gemäß § 1 Abs. 1 Satz 1 erlaubten Tätigkeit. Auch die Geltendmachung von Umweltinformationsansprüchen ist kein Rechtsbehelf i.S.d. § 1 Abs. 1 Satz 1. Denn unmittelbarer Gegen-

46 Siehe oben Rdn. 6.
47 OVG Berlin-Brandenburg, Urt. v. 30.11.2023 – 11 A 1/23, NVwZ 2024, 598 Rn. 52 ff.
48 BR-Drs. 422/16, S. 26 f.; *Guckelberger* NuR 2020, 217.
49 *Happ*, in: Eyermann, VwGO, § 1 UmwRG Rn. 5.
50 *Bickenbach* DVBl 2025, 14 (20).
51 OVG Münster, Urt. v. 27.10.2022 – 22 D 243/21.AK, NuR 2023, 130 f.
52 OVG Münster, Urt. v. 27.10.2022 – 22 D 243/21.AK, NuR 2023, 130 (131).
53 BVerwG, Urt. v. 01.06.2017 – 9 C 2.16, NVwZ 2017, 1634 Rn. 16; *Schlacke*, in: Gärditz, VwGO, § 1 UmwRG Rn. 5; *Fellenberg/Schiller*, in: Landmann/Rohmer, Umweltrecht, § 1 UmwRG Rn. 36.

stand der Dienstaufsichtsbeschwerde, des Unterlassungsbegehrens oder des Informationsverlangens ist nicht die Aufhebung, Einschränkung, Außervollzugsetzung oder Überprüfung der Entscheidung, sondern die Missbilligung des Verhaltens des Beamten, die Unterlassung der ausgeübten Tätigkeit und die Verschaffung der Umweltinformationen. Dass der Rechtsbehelf nur in einem Zusammenhang mit einer Entscheidung gemäß § 1 Abs. 1 Satz 1 steht, ohne gegen oder auf diese gerichtet zu sein, genügt nicht.

Ein Überprüfungsverfahren in dem vorgenannten Sinne wird nicht eingeleitet und ein Rechtsbehelf ist daher nicht anzunehmen, wenn **informale Gespräche** geführt, **Anregungen** gegeben oder **Einwendungen** erhoben werden, ohne dass dies in einem Verwaltungsverfahren erfolgt oder als Antrag auf Einleitung eines behördlichen Überprüfungsverfahrens zu verstehen ist. 32

Ein Rechtsbehelf liegt nicht vor, wenn das geltende Recht das begehrte Verfahren nicht vorsieht oder wenn nach dem Gesetz die erstrebte Rechtsfolge nicht möglich ist. Weder das UmwRG noch seine völker- und unionsrechtlichen Grundlagen schaffen besondere, bislang **im geltenden Recht nicht vorgesehene Überprüfungsverfahren**. Innerhalb welcher Verfahren Umweltrechtsbehelfe geltend gemacht werden können, richtet sich nicht nach dem UmwRG, sondern nach dem allgemeinen oder fachbezogenen Verfahrens- und Prozessrecht. 33

C. Katalog der Entscheidungen (Abs. 1 Satz 1)

I. Zulassungen für UVP-pflichtige Vorhaben (Nr. 1)

§ 1 Abs. 1 Satz 1 Nr. 1 dient der Umsetzung von Art. 11 UVP-RL. Die Vorschrift nimmt auf Zulassungsentscheidungen i.S.v. § 2 Abs. 6 UVPG über die Zulässigkeit von Vorhaben Bezug, für die eine Pflicht zur Durchführung einer Umweltverträglichkeitsprüfung bestehen kann und die deshalb nach Art. 11 UVP-RL Gegenstand von Umweltrechtsbehelfen sein können. 34

1. Zulassungsentscheidungen i.S.v. § 2 Abs. 6 UVPG

Zulassungsentscheidungen i.S.d. § 2 Abs. 6 UVPG sind 35

- die Bewilligung, die Erlaubnis, die Genehmigung, der Planfeststellungsbeschluss und sonstige behördliche Entscheidungen über die Zulässigkeit von Vorhaben, die in einem Verwaltungsverfahren getroffen werden, einschließlich des Vorbescheids, der Teilgenehmigung und anderer Teilzulassungen, mit Ausnahme von Anzeigeverfahren (§ 2 Abs. 6 Nr. 1 UVPG),
- Linienbestimmungen und andere Entscheidungen in vorgelagerten Verfahren nach den §§ 47 und 49 UVPG (§ 2 Abs. 6 Nr. 2 UVPG),
- Beschlüsse nach § 10 BauGB über die Aufstellung, Änderung oder Ergänzung von Bebauungsplänen, durch die die Zulässigkeit von bestimmten Vorhaben im Sinne der Anlage 1 zum UVPG begründet werden soll, sowie Beschlüsse nach § 10 BauGB über Bebauungspläne, die Planfeststellungsbeschlüsse für Vorhaben im Sinne der Anlage 1 zum UVPG ersetzen (§ 2 Abs. 6 Nr. 3 UVPG).[54]

Diese Entscheidungen müssen die Zulässigkeit von Vorhaben zum Gegenstand haben. Das ist bei **Bewilligungen, Erlaubnissen, Genehmigungen und Planfeststellungsbeschlüssen** i.S.d. § 2 Abs. 6 Nr. 1 UVPG der Fall. Gleiches gilt für Entscheidungen, nach denen eine vorgeschriebene Planfeststellung, Plangenehmigung oder sonstige Genehmigung **entfällt**.[55] Entscheidungen, die i.S.v. § 2 36

54 Vgl. dazu *Schrödter* LKV 2008, 391.

55 Vgl. § 74 Abs. 7 VwVfG; BVerwG, Urt. v. 18.12.2014 – 4 C 36.13, BVerwGE 151, 138 Rn. 35 (zum früheren § 8 Abs. 3 LuftVG); OVG Lüneburg, Urt. v. 18.02.2016 – 7 LC 99/14, ZUR 2016, 423 (424) und VG Stade, Urt. v. 15.09.2014 – 1 A 2114/12, juris Rn. 66 (beide zum Negativattest gem. § 41 LuftVZO), bestätigt durch BVerwG, Beschl. v. 13.09.2017 – 4 B 26.16, UPR 2018, 34.

Abs. 6 Nr. 1 UVPG »in einem Verwaltungsverfahren getroffen werden«, sind vor allem solche, die ein Verwaltungsverfahren i.S.v. § 9 VwVfG abschließen.[56]

37 Nach der Rechtsprechung des EuGH unterfallen dem **Genehmigungsbegriff** des Art. 1 Abs. 2 UVP-RL alle Teilentscheidungen innerhalb eines gestuften Genehmigungsverfahrens, durch das der Projektträger insgesamt das Recht zur Durchführung des Projekts erhält.[57] Dementsprechend eröffnet das UmwRG den Zugang zu Gerichten nicht nur in Bezug auf die abschließende behördliche Zulassungsentscheidung, sondern, wenn das nationale Recht überhaupt Rechtsschutz gegen vorgelagerte Entscheidungen vorsieht (s. § 1 Abs. 1 Satz 3), gegen jede einzelne Zulassungsentscheidung i.S.v. § 2 Abs. 6 UVPG, die für die Zulassung eines Vorhabens erforderlich ist.[58]

38 Zulassungsentscheidungen sind nach der Rechtsprechung nur Entscheidungen, durch die **abschließend** über die formellen und materiellen Zulassungsvoraussetzungen eines Vorhabens entschieden wird.[59] Aufgrund der Entscheidung muss der Vorhabenträger das Vorhaben realisieren dürfen.[60] Zu den umweltrechtsbehelfsfähigen Zulassungsentscheidungen zählen insbesondere **Teilgenehmigungen, Vorbescheide und entsprechende Teilzulassungen** gem. § 29 UVPG.[61]

39 Den abschließenden Charakter hat das BVerwG bei einer für die Ausweisung eines Gewerbegebiets erteilten **Zielabweichung** nach § 6 Abs. 2 ROG verneint. Die Zielabweichung stelle nachfolgende Planungen und Zulassungsentscheidungen lediglich von der Beachtung entgegenstehender Ziele der Raumordnung frei, gewähre aber kein Recht zur Ausführung eines Vorhabens.[62] Dem BVerwG ist für die Bauleitplanung zuzustimmen, solange es wie im entschiedenen Fall nicht um einen Bebauungsplan gemäß § 2 Abs. 6 Nr. 3 UVPG geht. Anders verhält es sich jedoch, wenn für ein Vorhaben gemäß § 1 Abs. 1 Satz 1 Nr. 1 neben der eigentlichen Zulassungsentscheidung eine selbstständige Zielabweichung erforderlich ist.[63] In diesem Fall gewährt die Zielabweichung dem Projektträger gemeinsam mit der anderen Zulassungsentscheidung das Recht zur Durchführung des Projekts. Entsprechendes gilt bei selbstständigen **Ausnahmen und Befreiungen**, die für die Zulassung eines UVP-pflichtigen Vorhabens neben der eigentlichen Genehmigung erforderlich sind.[64]

40 Umstritten ist die Einstufung der **Zulassung des vorzeitigen Beginns**. Sie gewährt dem Projektträger zwar ein Recht zur Durchführung des Vorhabens, hat aber nur **vorläufigen Charakter** und entscheidet nicht abschließend über die Zulassungsvoraussetzungen eines Vorhabens, was nach der

56 BVerwG, Urt. v. 19.12.2013 – 4 C 14.12, BVerwGE 149, 17 Rn. 9; Urt. v. 18.12.2014 – 4 C 36.13, BVerwGE 151, 138 Rn. 35.

57 EuGH, Urt. v. 07.01.2004 – C-201/02, NVwZ 2004, 593 Rn. 52 – »Wells«; Urt. v. 04.05.2006 – C-508/03, NVwZ 2006, 803 Rn. 104; Urt. v. 04.05.2006 – C-290/03, NVwZ 2006, 806 Rn. 47; s. hierzu § 29 UVPG Rdn. 9 und Rdn. 40.

58 Vgl. *Karge,* UmwRG, S. 61.

59 BVerwG, Urt. v. 28.09.2023 – 4 C 6.21, BVerwGE 180, 263 Rn. 12; Urt. v. 08.11.2022 – 7 C 7.21, BVerwGE 177, 13 Rn. 20; Urt. v. 19.12.2019 – 7 C 28.18, BVerwGE 167, 250 Rn. 16; VGH München, Urt. v. 30.07.2025 – 8 A 24.40037 u.a., juris Rn. 53.

60 BVerwG, Urt. v. 28.09.2023 – 4 C 6.21, BVerwGE 180, 263 Rn. 12; VGH Mannheim, Urt. v. 19.03.2025 – 10 S 1411/23, juris Rn. 38.

61 S. § 29 UVPG Rdn. 29–36; *Schlacke*, in: Gärditz, VwGO, § 1 UmwRG Rn. 15.

62 BVerwG, Urt. v. 28.09.2023 – 4 C 6.21, BVerwGE 180, 263 Rn. 12 (siebe aber auch Rn. 20 ff.: Zielabweichung sei unionsrechtlich ein »Plan« und könne § 1 Abs. 1 Satz 1 Nr. 4 in der Form des Unterlassens unterfallen); vgl. auch VGH Kassel, Urt. v. 31.05.2021 – 4 A 610/19, juris Rn. 40 und VG Gießen, Urt. v. 23.01.2019 – 1 K 9645/17.GI, juris Rn. 53 ff.

63 *Guckelberger* NuR 2020, 217 (218); a.A. OVG Koblenz, Urt. v. 15.02.2017 – 8 A 10717/16, juris Rn. 35.

64 BVerwG, Urt. v. 08.11.2022 – 7 C 7.21, BVerwGE 177, 13 Rn. 20; VGH Mannheim, Urt. v. 30.09.2021 – 10 S 1956/20, juris Rn. 64; OVG Greifswald, Beschl. v. 31.01.2017 – 1 M 38/17, juris Rn. 9; *Fellenberg/Schiller*, in: Landmann/Rohmer, Umweltrecht, § 1 UmwRG Rn. 20; *Schlacke*, in: Gärditz, VwGO, § 1 UmwRG Rn. 14.

Rechtsprechung des BVerwG Voraussetzung einer Zulassungsentscheidung ist.[65] Das spricht dafür, die Zulassung des vorzeitigen Beginns nicht als umweltrechtsbehelfsfähige Zulassungsentscheidung anzusehen.[66] Entsprechendes gilt für die **Zulassung des vorzeitigen Baubeginns** (vgl. § 67a UVPG und § 44c EnWG). Auch die Anordnung zur **Duldung von Vorarbeiten** (vgl. z.B. § 17 AEG; § 44 EnWG; § 16a FStrG) ist keine Zulassungsentscheidung.[67] Denn der Vorhabenträger erhält hierdurch kein Recht zur Durchführung des Projekts, sondern die Anordnung ermöglicht nur eine Grundstücksbenutzung für vorbereitende Maßnahmen.

In den Anwendungsbereich des § 1 Abs. 1 Satz 1 Nr. 1 fallen auch die in § 2 Abs. 6 Nr. 3 UVPG genannten **Bebauungspläne**, durch die die Zulässigkeit von bestimmten Vorhaben i.S.d. Anlage 1 zum UVPG begründet werden soll oder die eine Planfeststellung ersetzen.[68] Hierunter fallen nicht nur vorhabenbezogene Bebauungspläne (§ 12 BauGB), sondern auch Angebotspläne, die für ein bestimmtes Vorhaben »maßgeschneidert« sind.[69] Die Zulässigkeit wird durch den Bebauungsplan jedoch nicht begründet, wenn auf das Vorhaben § 38 BauGB anzuwenden ist.[70] Andere Bebauungspläne zählen ebenso wenig zu den Zulassungsentscheidungen wie **sonstige Pläne oder Programme**.[71] Kann für Pläne oder Programme, die nicht in der Form eines formellen Gesetzes ergehen, eine Pflicht zur Durchführung einer SUP bestehen, ist das UmwRG aber nach § 1 Abs. 1 Satz 1 Nr. 4 anwendbar. 41

Erlischt eine Genehmigung nach Ablauf einer bestimmten Frist und kann diese Frist verlängert werden, stellt die **Fristverlängerung** keine Entscheidung gem. § 1 Abs. 1 Satz 1 Nr. 1 dar.[72] Maßgeblich ist nicht das gesetzliche Prüfprogramm, sondern der Inhalt der Entscheidung: Die Verlängerung ist nicht auf die Zulassung eines Vorhabens gerichtet, sondern modifiziert die Befristung einer bereits bestehenden Zulassung und verhindert deren Erlöschen.[73] Die Fristverlängerung fällt allerdings unter § 1 Abs. 1 Satz 1 Nr. 5 (siehe dort). 42

Die **nachträgliche** Hinzufügung einer weiteren (belastenden) **Nebenbestimmung** zu einer Zulassungsentscheidung ist keine Entscheidung gemäß § 1 Abs. 1 Satz 1 Nr. 1. Denn sie entfaltet weder eine Zulassungswirkung, noch enthält sie Elemente einer Zulassungsentscheidung. Art. 11 Abs. 1 UVP-RL stellt zwar auf »Entscheidungen, Handlungen oder Unterlassungen« ab, worunter grundsätzlich 43

---

65 BVerwG, Urt. v. 28.09.2023 – 4 C 6.21, BVerwGE 180, 263 Rn. 12; Urt. v. 08.11.2022 – 7 C 7.21, BVerwGE 177, 13 Rn. 20; Urt. v. 19.12.2019 – 7 C 28.18, BVerwGE 167, 250 Rn. 16.

66 Mit Einschränkung ebenso *Fellenberg/Schiller*, in: Landmann/Rohmer, Umweltrecht, § 1 UmwRG Rn. 21: nur bei Zulassung nicht reversibler Maßnahmen; a.A. *Bunge*, UmwRG, § 1 Rn. 56; *Happ*, in: Eyermann, VwGO, § 1 UmwRG Rn. 11; *Schlacke*, in: Gärditz, VwGO, § 1 UmwRG Rn. 15.

67 *Fellenberg/Schiller*, in: Landmann/Rohmer, Umweltrecht, § 1 UmwRG Rn. 22; a.A. *Schlacke*, in: Gärditz, VwGO, § 1 UmwRG Rn. 15.

68 VGH München, Urt. v. 15.03.2021 – 8 A 18.40041, juris Rn. 25.

69 OVG Münster, Urt. v. 24.11.2022 – 7 D 2/21.NE, juris Rn. 65; OVG Koblenz, Urt. v. 27.05.2020 – 8 C 11400/18, juris Rn. 72; OVG Koblenz, Urt. v. 14.10.2014 – 8 C 10233/14, juris Rn. 37; *Rieger* UPR 2021, 321 (323); vgl. auch OVG Koblenz, Urt. v. 25.01.2024 – 1 C 10401/22.OVG, BauR 2024, 1160 (1162): nicht der Fall bei einem allgemeinen Wohngebiet, »das einen weiten Zulässigkeitsrahmen eröffnet«.

70 *Happ*, in: Eyermann, VwGO, § 1 UmwRG Rn. 8.

71 OVG Lüneburg, Beschl. v. 30.01.2024 – 12 KN 61/21, juris Rn. 6; OVG Lüneburg, Urt. v. 30.04.2014 – 1 KN 110/12, juris Rn. 26; VGH Kassel, Beschl. v. 20.03.2013 – 2 B 1716/12, juris Rn. 32; *Bunge*, UmwRG, § 1 Rn. 35; *Fellenberg/Schiller*, in: Landmann/Rohmer, Umweltrecht, § 1 UmwRG Rn. 33.

72 So zu § 18 Abs. 3 BImSchG BVerwG, Urt. v. 19.12.2019 – 7 C 28.18, BVerwGE 167, 250 Rn. 16; OVG Magdeburg, Urt. v. 28.11.2013 – 2 L 157/12, juris Rn. 47; VG Halle, Urt. v. 28.08.2012 – 4 A 51/10, juris Rn. 469; *Dolde*, FS Jarass, S. 287 (294); a.A. VG Weimar, Urt. v. 27.02.2013 – 7 K 224/11 We, juris Rn. 378 ff.; *Berkemann* ZUR 2021, 149 (155 f.); in diese Richtung tendiert auch OVG Berlin-Brandenburg, Beschl. v. 05.09.2014 – OVG 11 S 44.14, ZUR 2015, 45 (46).

73 BVerwG, Urt. v. 19.12.2019 – 7 C 28.18, BVerwGE 167, 250 Rn. 16 und Rn. 18; Urt. v. 21.01.2021 – 7 C 9.19, juris Rn. 13; *Dolde*, FS Jarass, S. 287 (294); vgl. auch *Fellenberg/Schiller*, in: Landmann/Rohmer, Umweltrecht, § 1 UmwRG Rn. 18: präventiver behördlicher Kontrollakt erforderlich.

auch nachträgliche Maßnahmen in Bezug auf ein genehmigtes Vorhaben fallen. Allerdings muss für diese Maßnahmen in der UVP-RL eine Öffentlichkeitsbeteiligung vorgesehen sein. Aus Art. 2 Abs. 2 UVP-RL folgt, dass die Umweltverträglichkeitsprüfung und damit auch die Öffentlichkeitsbeteiligung im Rahmen des Genehmigungsverfahrens durchzuführen ist. Einer erneuten Öffentlichkeitsbeteiligung bedarf es deshalb vor Erlass nachträglicher Nebenbestimmungen nicht.[74]

44 Auch eine isolierte Anfechtungsklage gegen eine **anfänglich** der Zulassungsentscheidung beigefügte **Auflage** soll nach der Rechtsprechung nicht unter § 1 Abs. 1 Satz 1 Nr. 1 fallen. Denn hiermit werde eine Verpflichtung ausgesprochen, die neben der Zulassung des Vorhabens stehe.[75] Ob diese Begründung trägt, erscheint zweifelhaft. Eine Auflage ist zwar isoliert anfechtbar. Sie ist aber inhaltlich auf die Zulassungsentscheidung bezogen, etwa wenn sie sicherstellen soll, dass die gesetzlichen Voraussetzungen des Verwaltungsaktes erfüllt werden (§ 36 Abs. 1 VwVfG), aber auch bei Ermessensverwaltungsakten (§ 36 Abs. 2 VwVfG). Die Auflage schränkt regelmäßig die Befugnis des Vorhabenträgers zur Durchführung des Projekts ein. Das spricht dafür, sie im Sinne des § 1 Abs. 1 Satz 1 Nr. 1 als Teil der Zulassungsentscheidung anzusehen, wie dies auch bei nicht isoliert anfechtbaren Nebenbestimmungen der Fall ist.

45 Zweifelhaft ist auch, ob das Vorliegen einer Zulassungsentscheidung verneint werden kann, wenn eine Zulassungsentscheidung ohne inhaltliche Änderung auf einen neuen Betreiber übertragen wird.[76] Auch wenn der Inhalt nicht geändert wird, wird bei einer »Übertragung« zugunsten des neuen Betreibers erneut über die Zulassungsvoraussetzungen entschieden.

2. UVP-Pflicht

46 Zulassungsentscheidungen fallen nur insoweit in den Anwendungsbereich der Nr. 1 als für die Vorhaben nach dem UVPG, nach der Verordnung über die Umweltverträglichkeitsprüfung bergbaulicher Vorhaben oder nach landesrechtlichen Vorschriften eine **Pflicht zur Durchführung einer UVP bestehen kann**. Das ist der Fall, wenn

- für das Vorhaben nach der Anlage 1 zum UVPG eine zwingende UVP-Pflicht besteht (»X« in Spalte 1);[77]
- für das Vorhaben nach der Anlage 1 zum UVPG eine allgemeine oder standortbezogene Vorprüfung erforderlich ist (»A« oder »S« in Spalte 2);[78]
- das Vorhaben in § 1 der Verordnung über die Umweltverträglichkeitsprüfung bergbaulicher Vorhaben aufgeführt ist;[79]
- für das Vorhaben nach Landesrecht die Durchführung einer UVP oder eine allgemeine oder standortbezogene Vorprüfung vorgeschrieben ist.

Eine UVP-Pflicht kann nicht bestehen, wenn eine eigentlich im UVPG vorgesehene UVP- oder Vorprüfungspflicht aufgrund spezialgesetzlicher Regelung entfällt.[80] In diesem Fall kommt aber eine Anwendung der Nr. 5 in Betracht, wenn kein anderer Tatbestand des Abs. 1 Satz 1 eingreift.

74 BVerwG, Urt. v. 28.09.2016 – 7 C 1.15, NuR 2017, 397 Rn. 29; *Kment* NVwZ 2018, 921 (922).
75 VGH Mannheim, Urt. v. 19.03.2025 – 10 S 1411/23, juris Rn. 40 m.w.N.
76 So OVG Greifswald, Urt. v. 08.12.2023 – 1 LB 203/14, juris Rn. 90.
77 VGH München, Beschl. v. 24.05.2011 – 8 ZB 10.1007, juris Rn. 34; Urt. v. 03.04.2009 – 22 BV 07.1709, juris Rn. 12.
78 BVerwG, Urt. v. 22.06.2023 – 7 A 9.22, BVerwGE 179, 239 Rn. 17; VGH Kassel, Beschl. v. 24.04.2024 – 11 B 1570/23, juris Rn. 20.
79 VG Hannover, Urt. v. 18.11.2009 – 11 A 4612/07, juris Rn. 40.
80 BVerwG, Urt. v. 22.06.2023 – 7 A 9.22, BVerwGE 179, 239 Rn. 17 ff. zu § 4 Abs. 1 LNGG; s. auch *Schwerdtfeger* EurUP 2023, 365 (376).

Soweit sich die UVP-Pflicht aus dem Gesetz ersehen lässt, muss objektiv feststehen, ob das Vorhaben die Kriterien der UVP-Pflicht erfüllt.[81] Wenn die UVP-Pflicht von einer Vorprüfung des Einzelfalls abhängt, muss objektiv feststehen, ob eine Pflicht zur Vorprüfung besteht. Dann »**kann**« die Vorprüfung zu einer UVP-Pflicht führen.[82] Ob sich nach durchgeführter Vorprüfung tatsächlich eine UVP-Pflicht ergibt, ist für die Anwendbarkeit der Nr. 1 nicht relevant.[83] 47

II. Zulassungen für IE-Anlagen (Nr. 2)

§ 1 Abs. 1 Satz 1 Nr. 2 dient der Umsetzung von Art. 25 IE-RL 2010/75/EU. Nach Art. 25 Abs. 1 IE-RL können »Entscheidungen, Handlungen oder Unterlassungen gemäß Artikel 24« Gegenstand von Umweltrechtsbehelfen sein. Art. 24 Abs. 1 IE-RL schreibt eine Öffentlichkeitsbeteiligung vor in Verfahren zur 48
- Erteilung einer Genehmigung für neue Anlagen (Anlagen i.S.d. Art. 3 Nr. 3 IE-RL),
- Erteilung einer Genehmigung für wesentliche Änderungen,
- Erteilung oder Aktualisierung einer Genehmigung für eine Anlage, für die die Anwendung von Art. 15 Abs. 4 IE-RL vorgeschlagen wird,
- Aktualisierung der Genehmigung oder der Genehmigungsauflagen für eine Anlage im Einklang mit Art. 21 Abs. 5 lit. a IE-RL.

1. BImSchG-Genehmigungen

Das UmwRG ist nach § 1 Abs. 1 Satz 1 Nr. 2 Alt. 1 anwendbar für Rechtsbehelfe gegen Genehmigungen für Anlagen, die in der Spalte c des Anh. 1 der Verordnung über genehmigungsbedürftige Anlagen (4. BImSchV) mit dem lit. G gekennzeichnet sind und deshalb einer **Genehmigung nach § 10 BImSchG** bedürfen. Wird eine BImSchG-Genehmigung im vereinfachten Verfahren nach § 19 BImSchG erlassen, liegt kein Fall der Nr. 1, sondern der Nr. 5 vor. 49

2. Nachträgliche Anordnungen gem. § 17 Abs. 1a BImSchG

Nach § 1 Abs. 1 Satz 1 Nr. 2 Alt. 2 ist der Anwendungsbereich des UmwRG auch für Rechtsbehelfe gegen Entscheidungen nach § 17 Abs. 1a BImSchG eröffnet. § 17 Abs. 1a BImSchG betrifft nachträgliche Anordnungen, durch die für die in Spalte d des Anh. 1 der 4. BImSchV genannten Anlagen nach der IE-RL (IE-Anlagen) **Grenzwerte für Emissionen** neu festgelegt werden sollen. Mit Rechtsbehelfen nach dem UmwRG kann eine Vereinigung beispielsweise geltend machen, die Immissionsschutzbehörde habe durch den Erlass einer nachträglichen Anordnung zu hohe Grenzwerte für Emissionen festgelegt. 50

3. Mit einem IE-Vorhaben verbundene Erlaubnisse nach § 8 Abs. 1 WHG

In den Anwendungsbereich des UmwRG fallen weiterhin Rechtsbehelfe gegen Erlaubnisse nach § 8 Abs. 1 WHG für **Gewässerbenutzungen**, die mit einem Vorhaben im Sinne der IE-RL verbunden sind (§ 1 Abs. 1 Satz 1 Nr. 2 Alt. 3). 51

81 BVerwG, Urt. v. 12.11.2014 – 4 C 34.13, BVerwGE 150, 294 Rn. 10; Urt. v. 02.11.2017 – 7 C 25.15, juris Rn. 18.

82 BVerwG, Urt. v. 14.12.2022 – 9 A 18.21, BVerwGE 177, 279 Rn. 12; Urt. v. 26.09.2019 – 7 C 5.18, BVerwGE 166, 321 Rn. 19; OVG Münster, Urt. v. 24.11.2022 – 7 D 2/21.NE, juris Rn. 57; *Fellenberg/Schiller*, in: Landmann/Rohmer, Umweltrecht, § 1 UmwRG Rn. 39.

83 BVerwG, Urt. v. 14.12.2022 – 9 A 18.21, BVerwGE 177, 279 Rn. 12; VGH München, Urt. v. 15.03.2021 – 8 A 18.40041, juris Rn. 25; OVG Berlin-Brandenburg, Urt. v. 23.01.2020 – OVG 6 A 6.18, juris Rn. 18; *Happ*, in: Eyermann, VwGO, § 1 UmwRG Rn. 10; *Schlacke*, in: Gärditz, VwGO, § 1 UmwRG Rn. 23; *Franzius*, in: Schink/Reidt/Mitschang, UVPG/UmwRG, § 1 UmwRG Rn. 18; *Fellenberg/Schiller*, in: Landmann/Rohmer, Umweltrecht, § 1 UmwRG Rn. 40.

52 Der Sprachgebrauch des Gesetzgebers ist insoweit ungenau, als die IE-RL nicht von **Vorhaben** spricht, sondern von Anlagen und Tätigkeiten. Nach Art. 3 Nr. 3 IE-RL ist eine Anlage eine ortsfeste technische Einheit, in der eine oder mehrere der in Anh. I oder Anh. VII Teil 1 genannten Tätigkeiten sowie andere unmittelbar damit verbundene Tätigkeiten am selben Standort durchgeführt werden, die mit den in den genannten Anhängen aufgeführten Tätigkeiten in einem technischen Zusammenhang stehen und die Auswirkungen auf die Emissionen und die Umweltverschmutzung haben können. Diese IE-Anlagen sind in Spalte d des Anh. 1 der 4. BImSchV mit dem lit. E gekennzeichnet (§ 3 der 4. BImSchV). Nach Art. 25 Abs. 1 i.V.m. Art. 24 Abs. 1 IE-RL müssen die Mitgliedstaaten Rechtsbehelfe gegen die Genehmigung von IE-Anlagen vorsehen. Unter einer Genehmigung versteht Art. 2 Nr. 7 IE-RL eine schriftliche Genehmigung zum Betrieb einer Anlage, Feuerungsanlage, Abfallverbrennungsanlage oder Abfallmitverbrennungsanlage oder eines Teils von diesen. Die immissionsschutzrechtliche Genehmigung schließt gemäß § 13 BImSchG zwar andere die Anlage betreffende behördliche Entscheidungen ein, nicht aber wasserrechtliche Erlaubnisse und Bewilligungen.

53 Das Gesetz erwähnt als zulässigen Gegenstand von Umweltrechtsbehelfen zwar nur die **Erlaubnis** gemäß § 8 Abs. 1 WHG, nicht aber die in § 8 Abs. 1 WHG ebenfalls erwähnte **Bewilligung** und die **gehobene Erlaubnis** gemäß § 15 WHG. Wie die Gesetzesbegründung zeigt, wollte der Gesetzgeber aber alle wasserrechtlichen Zulassungsverfahren erfassen, die mit einem Vorhaben im Sinne der IE-RL verbunden sind.[84] Der Begriff der Erlaubnis ist daher entsprechend den unionsrechtlichen Vorgaben als Oberbegriff (wasserrechtliche Gestattung) zu verstehen. § 1 Abs. 1 Satz 1 Nr. 2 Alt. 3 erfasst nicht nur die einfache wasserrechtliche Erlaubnis, sondern auch die gehobene Erlaubnis[85] und die Bewilligung,[86] sofern deren Erteilung in Verbindung mit der Genehmigung einer IE-Anlage in Betracht kommt.[87]

54 Eine Gewässerbenutzung ist nach der Gesetzesbegründung mit einem Vorhaben im Sinne der IE-RL **verbunden**, wenn sie »akzessorisch« zu den immissionsschutzrechtlichen Zulassungsverfahren für IE-Anlagen ist.[88] Gemeint ist also der Fall, dass für eine Anlage i.S.v. Art. 3 Nr. 3 IE-RL sowohl eine immissionsschutzrechtliche Genehmigung, als auch (wegen der insoweit fehlenden Konzentrationswirkung) eine wasserrechtliche Gestattung beantragt wird. In diesem Fall bilden die immissionsschutzrechtliche Genehmigung und die wasserrechtliche Gestattung die nach der IE-RL mit Umweltrechtsbehelfen angreifbare Genehmigung. Die von der Nr. 2 und von Art. 3 Nr. 3 IE-RL geforderte Verbindung setzt somit zweierlei voraus. Zum einen muss eine Verbindung mit der IE-Anlage in dem Sinne bestehen, dass die Gewässerbenutzung am selben Standort durchgeführt wird, mit der IE-Anlage in einem technischen Zusammenhang steht und Auswirkungen auf die Emissionen und die Umweltverschmutzung haben kann. Darüber hinaus ist erforderlich, dass neben der wasserrechtlichen Erlaubnis in einem parallelen Zulassungsverfahren eine immissionsschutzrechtliche Genehmigung für die IE-Anlage beantragt wird, wobei nicht zwingend ein zeitlicher Gleichlauf

84 BR-Drs. 552/06, S. 17 f.; *Fellenberg/Schiller*, in: Landmann/Rohmer, Umweltrecht, § 1 UmwRG Rn. 53.

85 *Bunge*, UmwRG, § 1 Rn. 86; *Fellenberg/Schiller*, in: Landmann/Rohmer, Umweltrecht, § 1 UmwRG Rn. 53; *Franzius*, in: Schink/Reidt/Mitschang, UVPG/UmwRG, § 1 UmwRG Rn. 19; a.A. *Happ*, in: Eyermann, VwGO, § 1 UmwRG Rn. 14; *Schlacke*, in: Gärditz, VwGO, § 1 UmwRG Rn. 28.

86 *Bunge*, UmwRG, § 1 Rn. 89; *Franzius*, in: Schink/Reidt/Mitschang, UVPG/UmwRG, § 1 UmwRG Rn. 19; *Fellenberg/Schiller*, in: Landmann/Rohmer, Umweltrecht, § 1 UmwRG Rn. 54; a.A. *Happ*, in: Eyermann, VwGO, § 1 UmwRG Rn. 14; *Schlacke*, in: Gärditz, VwGO, § 1 UmwRG Rn. 28.

87 Einschränkungen ergeben sich für beide Gestattungen aus § 14 Abs. 3–5 WHG und für die Bewilligung insbesondere aus § 14 Abs. 1 Nr. 3 WHG. Die Bewilligung muss gerade auch dann erfasst sein, wenn sie entgegen dieser Einschränkungen erteilt wird (so zutreffend *Fellenberg/Schiller*, in: Landmann/Rohmer, Umweltrecht, § 1 UmwRG Rn. 54).

88 BT-Drs. 16/2495, S. 11.

beider Verfahren gefordert ist. Vielmehr genügt ein zeitlicher Zusammenhang, der durch das Ziel bestimmt wird, ein bestimmtes einheitliches Vorhaben zuzulassen.[89]

Die notwendige Verbindung fehlt, wenn die wasserrechtliche Gestattung zwar für den Betrieb der IE-Anlage notwendig ist, aber keine immissionsschutzrechtliche Genehmigung oder Änderungsgenehmigung eingeholt werden muss. Ein solcher Fall eines **isolierten wasserrechtlichen Verfahrens** liegt insbesondere vor, wenn für eine IE-Anlage eine unbefristete immissionsschutzrechtliche Genehmigung und eine befristete wasserrechtliche Erlaubnis erteilt wurden und die wasserrechtliche Erlaubnis zum Fristablauf erneuert werden muss. Das dazu erforderliche wasserrechtliche Erlaubnisverfahren ist nicht mit der Genehmigung einer IE-Anlage verbunden, weil die IE-Anlage bereits genehmigt ist und keiner zusätzlichen immissionsschutzrechtlichen Genehmigung bedarf.[90] Eine Erstreckung des Anwendungsbereichs des UmwRG auf eine wasserrechtliche Gestattung ist unionsrechtlich nur geboten, wenn die wasserrechtliche Gestattung Teil der Genehmigung der IE-Anlage ist, wenn sie also ohne die dort geregelte Ausnahme für wasserrechtliche Erlaubnisse von der Konzentrationswirkung gemäß § 13 BImSchG erfasst wäre. Das ist bei einer isolierten wasserrechtlichen Erlaubnis nicht der Fall. Der Anwendungsbereich des UmwRG ist in solchen Fällen aber nach § 1 Satz 1 Nr. 5 eröffnet.[91] 55

4. Planfeststellungsbeschlüsse nach § 35 Abs. 2 KrWG

Das UmwRG ist nach der Nr. 2 auch anwendbar auf Rechtsbehelfe gegen Planfeststellungsbeschlüsse für Deponien gemäß § 35 Abs. 2 KrWG. 56

III. Störfallrechtliche Genehmigungen (Nr. 2a)

Mit Nr. 2a und 2b sollen die Vorgaben über den Gerichtszugang in Art. 23 lit. b i.V.m. Art. 15 Abs. 1 Seveso-III-Richtlinie in nationales Recht umgesetzt werden.[92] Nr. 2a erfasst Genehmigungen nach § 23b Abs. 1 Satz 1 und § 19 Abs. 4 BImSchG und Zulassungen für Betriebspläne nach § 57d Abs. 1 BBergG. 57

1. Genehmigungen für Anlagen nach § 23b Abs. 1 Satz 1 BImSchG

Nr. 2a erfasst störfallrechtliche Genehmigungen gemäß § 23b Abs. 1 Satz 1 BImSchG. Nach dieser Vorschrift bedürfen die störfallrelevante Errichtung und der Betrieb oder die störfallrelevante Änderung einer **nicht genehmigungsbedürftigen Anlage**, die Betriebsbereich oder Bestandteil eines Betriebsbereichs ist, einer störfallrechtlichen Genehmigung, wenn die Feststellung nach § 23a Abs. 2 Satz 1 BImSchG ergibt, dass der angemessene Sicherheitsabstand erstmalig unterschritten wird, räumlich noch weiter unterschritten wird oder eine erhebliche Gefahrenerhöhung ausgelöst wird. Die Genehmigungspflicht besteht nicht, soweit dem Gebot, den angemessenen Sicherheitsabstand zu wahren, bereits auf der Ebene einer raumbedeutsamen Planung oder Maßnahme durch verbindliche Vorgaben Rechnung getragen worden ist. 58

2. Genehmigungen für Anlagen nach § 19 Abs. 4 BImSchG

Der Anwendungsbereich des UmwRG ist auch eröffnet für Rechtsbehelfe gegen immissionsschutzrechtliche Genehmigungen, die nach § 19 Abs. 4 BImSchG nicht im vereinfachten Verfahren erteilt 59

89 OVG Hamburg, Urt. v. 01.09.2020 – 1 E 26/18, juris Rn. 157, dazu auch BVerwG, Urt. v. 29.05.2018 – 7 C 18.17, juris Rn. 34 – »Kraftwerk Moorburg«; ebenso *Fellenberg/Schiller*, in: Landmann/Rohmer, Umweltrecht, § 1 UmwRG Rn. 56.

90 A.A. VGH Kassel, Urt. v. 14.07.2015 – 9 C 1018/12.T, juris Rn. 40 und Urt. v. 14.07.2015 – 9 C 217/13.T, juris Rn. 38 – »Kraftwerk Staudinger«; vgl. hierzu BVerwG, Urt. v. 02.11.2017 – 7 C 25.15 und 7 C 26.15, juris.

91 BVerwG, Urt. v. 02.11.2017 – 7 C 25.15, juris Rn. 19 f.

92 BR-Drs. 237/16, S. 32.

werden können. Hierunter fallen Anlagen, die Betriebsbereich oder Bestandteil eines Betriebsbereichs sind und durch deren störfallrelevante Errichtung und Betrieb der **angemessene Sicherheitsabstand** zu benachbarten Schutzobjekten unterschritten wird oder durch deren störfallrelevante Änderung der angemessene Sicherheitsabstand zu benachbarten Schutzobjekten erstmalig unterschritten wird, der bereits unterschrittene Sicherheitsabstand räumlich noch weiter unterschritten wird oder eine erhebliche Gefahrenerhöhung ausgelöst wird. § 19 Abs. 4 BImSchG ist nicht einschlägig, wenn dem Gebot, den angemessenen Sicherheitsabstand zu wahren, bereits auf der Ebene einer raumbedeutsamen Planung oder Maßnahme durch verbindliche Vorgaben Rechnung getragen worden ist.

3. Zulassungen für Betriebspläne nach § 57d Abs. 1 BBergG

60 Nr. 2a erfasst außerdem Rahmen- oder Sonderbetriebspläne, die nach § 57d Abs. 1 BBergG wegen eines störfallrelevanten Vorhabens erforderlich sind, für das keine Öffentlichkeitsbeteiligung im Rahmen eines Planfeststellungsverfahrens nach § 52 Abs. 2a Satz 1 BBergG vorgesehen ist. Die Regelung geht auf einen Änderungsvorschlag des Ausschusses für Umwelt, Naturschutz, Bau und Reaktorsicherheit zurück.[93] Der Ausschuss brachte vor, Art. 23 lit. b Seveso-III-Richtlinie schreibe für die Fälle, in denen eine Öffentlichkeitsbeteiligung nach Art. 15 der Richtlinie durchzuführen sei, den Zugang zu Gericht vor. Entsprechend der Systematik des UmwRG und zum Nachweis der vollständigen Umsetzung der Seveso-III-Richtlinie sollten daher auch die Entscheidungen auf Grundlage des neuen § 57d Abs. 1 BBergG ausdrücklich in den Anwendungsbereich des UmwRG aufgenommen werden. Die Zulassungsentscheidungen nach § 57d Abs. 2 BBergG, bei denen die Öffentlichkeitsbeteiligung aufgrund der Pflicht zur Durchführung einer UVP erfolge, seien bereits über § 1 Abs. 1 Satz 1 Nr. 1 lit. b erfasst.[94]

IV. Genehmigungen für Vorhaben im Sicherheitsabstand gemäß § 3 Abs. 5a BImSchG (Nr. 2b)

61 Nr. 2b ergänzt den Katalog störfallrelevanter Vorhaben (Nr. 2a) um Entscheidungen über die Zulässigkeit von Vorhaben, die benachbarte Schutzobjekte i.S.d. § 3 Abs. 5d BImSchG darstellen, innerhalb des angemessenen Sicherheitsabstands zu einem Betriebsbereich verwirklicht werden sollen und nach landesrechtlichen Vorschriften einer Zulassung bedürfen. Der Begriff der **Entscheidungen** ist wie in § 2 Abs. 6 UVPG zu verstehen. Der Begriff des **Vorhabens** im Sinne der Nr. 2b erfasst nach der Gesetzesbegründung alle Vorhaben, die unter die Anforderung der Seveso-III-Richtlinie »neue Entwicklungen in der Nachbarschaft« subsumiert werden können.[95] Vorhaben, für die eine Zulassung nach bundesrechtlichen Vorschriften erforderlich ist, fallen nicht unter Nr. 2b, weil sie bereits von § 1 Abs. 1 Satz 1 Nr. 1, 2 und 2a erfasst sind.[96]

62 Die Anforderung, dass es sich bei den Vorhaben um **benachbarte Schutzobjekte** i.S.d. § 3 Abs. 5d BImSchG handeln muss, beruht auf einem Änderungsvorschlag des Bundesrats. Der Bundesrat machte im Gesetzgebungsverfahren geltend, die Umsetzung der Seveso-III-Richtlinie gebiete lediglich, dass für die Verfahren, die in den Schutzbereich der Richtlinie fielen, ein Gerichtszugang gewährt werde. Würde jedes bauliche Vorhaben, wie es der Gesetzentwurf vorsehe, dem UmwRG unterworfen, würde auch jeder Dachgeschossausbau in einem bereits bestehenden Wohngebäude ein Verbandsklagerecht auslösen. Dieser Maßstab entspreche nicht dem Maßstab, den das BImSchG bei der Definition der benachbarten Schutzobjekte anlege und der beim Vollzug des Bauordnungsrechts angelegt werde. Es sei daher sachgerecht, auch hier auf die Definition des benachbarten

93 BT-Drs. 18/10057, S. 5.
94 BT-Drs. 18/10057, S. 13.
95 BR-Drs. 237/16, S. 32.
96 BR-Drs. 237/16, S. 32.

Schutzobjekts des BImSchG zurückzugreifen.[97] Der Bundestag stimmte diesem Änderungsvorschlag in redaktionell veränderter Form zu.[98]

V. Entscheidungen nach dem USchadG (Nr. 3)

Nach Art. 13 Abs. 1 der Umwelthaftungsrichtlinie 2004/35/EG können die in Art. 12 Abs. 1 genannten Personen ein Gericht oder eine andere unabhängige und unparteiische öffentliche Stelle anrufen, um Entscheidungen, Handlungen oder die Untätigkeit der nach dieser Richtlinie zuständigen Behörde auf formelle und materielle Rechtmäßigkeit überprüfen zu lassen. Diese Bestimmung wurde zunächst in § 11 Abs. 2 USchadG umgesetzt. Diese Regelung wurde durch das Gesetz zur Änderung des UmwRG vom 21.01.2013 in das UmwRG überführt. Nach der Gesetzesbegründung war damit keine Erweiterung oder Beschränkung der Rechtsbehelfsmöglichkeiten von anerkannten Umweltvereinigungen verbunden.[99] 63

Nr. 3 ist nicht auf die in Art. 12 Abs. 1 der Umwelthaftungsrichtlinie genannten Personen beschränkt. Der Nr. 3 unterfallen alle Entscheidungen, Handlungen und Unterlassungen (§ 1 Abs. 1 Satz 2) der zuständigen Behörden nach dem USchadG.[100] Auf Maßnahmen nach dem BBodSchG ist die Vorschrift nicht – auch nicht analog – anwendbar.[101] Wird das USchadG allerdings allein wegen der in § 1 Satz 2 USchadG geregelten Subsidiarität verdrängt, so ist im Hinblick auf die Ziele der Umwelthaftungsrichtlinie und des Art. 9 Abs. 3 Aarhus-Konvention fraglich, ob hiermit zugleich von der unionsrechtlich vorgegebenen Verbandsklagebefugnis dispensiert werden kann.[102] 64

VI. Entscheidungen über die Annahme SUP-pflichtiger Pläne und Programme (Nr. 4)

1. Pläne und Programme

Nr. 4 dient der Umsetzung von Art. 7, 9 Abs. 3 Aarhus-Konvention.[103] Die Vorschrift betrifft nicht alle Pläne und Programme, sondern nur solche i.S.v. § 2 Abs. 7 UVPG und entsprechenden Landesrechts. Pläne und Programme i.S.v. **§ 2 Abs. 7 UVPG** sind nur solche bundesrechtlich oder durch Rechtsakte der Europäischen Union vorgesehenen Pläne und Programme, die von einer Behörde ausgearbeitet und angenommen, von einer Behörde zur Annahme durch eine Regierung oder im Wege eines Gesetzgebungsverfahrens ausgearbeitet oder von einem Dritten zur Annahme durch eine Behörde ausgearbeitet werden. Ausgenommen sind Pläne und Programme, die ausschließlich Zwecken der Verteidigung oder der Bewältigung von Katastrophenfällen dienen, sowie Finanz- und Haushaltspläne und -programme. Der Unterscheidung zwischen Plänen und Programmen kommt keine praktische Bedeutung zu.[104] Nach der Rechtsprechung des **EuGH** bezieht sich der Begriff Pläne und Programme auf »jeden Rechtsakt, der dadurch, dass er die in dem betreffenden Bereich anwendbaren Regeln und Verfahren zur Kontrolle festlegt, eine signifikante Gesamtheit von Kriterien und Modalitäten für die Genehmigung und Durchführung eines oder mehrerer Projekte aufstellt, die voraussichtlich erhebliche Umweltauswirkungen haben«.[105] Diese Genehmigungskriterien betreffen insbesondere Standort, Art, Größe und Betriebsbedingungen solcher Projekte oder der mit ihnen verbundenen Inanspruchnahme von Ressourcen.[106] Im Verfahren zur Landschaftsschutzgebietsverordnung »Inntal Süd« entschied der EuGH, dass eine nationale Maßnahme zum Schutz 65

97 BR-Drs. 237/16 (Beschluss), S. 18.
98 BT-Drs. 18/9417, S. 53; BT-Drs. 18/10057, S. 5.
99 BR-Drs. 469/12, S. 34.
100 Vgl. BVerwG, Urt. v. 27.04.2023 – 10 C 3.23, BVerwGE 178, 265 Rn. 16.
101 VGH Mannheim, Urt. v. 14.07.2021 – 10 S 141/20, juris Rn. 66.
102 VGH Mannheim, Urt. v. 14.07.2021 – 10 S 141/20, juris Rn. 67.
103 *Durner* EurUP 2018, 142 (143); *Schlacke* NVwZ 2017, 905 (907).
104 VGH Mannheim, Urt. v. 10.11.2022 – 10 S 3542/21, ZUR 2023, 238 Rn. 33.
105 EuGH, Urt. v. 22.02.2022 – C-300/20, Rn. 60 – »Inntal Süd«; Urt. v. 25.06.2020 – C-24/19, Rn. 67 – »Windkraftanlagen in Aalter und Nevele«.
106 EuGH, Urt. v. 22.02.2022 – C-300/20, Rn. 62 – »Inntal Süd«.

von Natur und Landschaft, die zu diesem Zweck allgemeine Verbotstatbestände und Erlaubnispflichten aufstellt, ohne hinreichend detaillierte Regelungen über den Inhalt, die Ausarbeitung und die Durchführung der maßgeblichen Projekte vorzusehen, kein SUP-pflichtiger Plan oder SUP-pflichtiges Programm ist.[107]

2. Entscheidungen über die Annahme von Plänen und Programmen

66 Das UmwRG ist nach Nr. 4 anwendbar auf Rechtsbehelfe gegen **Entscheidungen über die Annahme** derartiger Pläne und Programme. Hiermit sind abschließende Entscheidungen gemeint, mit denen ein Plan oder ein Programm als finale Fassung beschlossen wird. Soweit Pläne oder Programme nach den jeweils einschlägigen Rechtsvorschriften als rechtlich verbindliche Regelung ergehen, ist die Entscheidung der rechtsverbindliche Erlass dieser Regelung, beispielsweise der Beschluss einer Satzung oder der Erlass einer Rechtsverordnung. Informale Planungen werden regelmäßig ebenfalls mit einem Beschluss oder einer anderweitigen Billigung des zuständigen Planungsträgers abgeschlossen. Dann ist dies die Entscheidung über die Annahme.

67 Wird über die Annahme des Plans oder Programms durch **formelles Gesetz** entschieden, liegt nach dem zweiten Halbsatz kein Fall der Nr. 4 vor.[108] Diese Ausnahme hat insbesondere für die im Bereich der Fernstraßen, Eisenbahnen und Energieleitungen festgelegten Bedarfspläne Bedeutung. Die Vorschrift schließt eine inzidente Prüfung des betreffenden Bedarfsplans nicht aus.[109]

68 Erfasst werden von der Nr. 4 insbesondere **Bauleitpläne** (Flächennutzungspläne[110] und Bebauungspläne).[111] Die Gesetzesbegründung führt hierzu aus, das Compliance Committee habe im Verfahren ACCC/C/2011/11 (Belgien) festgestellt, dass Art. 9 Abs. 3 Aarhus-Konvention »town planning permits and area plans« unterfallen, die nicht wegen der Zulassung eines konkreten Projektes bereits unter Art. 9 Abs. 2 Aarhus-Konvention fallen. Im Verfahren ACCC/C/2010/50 (Tschechische Republik) habe das Compliance Committee festgestellt, dass »land-use planning« sowie »urban and land-planning« Art. 9 Abs. 3 der Aarhus-Konvention unterfallen. Im Verfahren ACCC/C/2011/58 (Bulgarien) habe das Compliance Committee festgestellt, dass »general spatial plans« sowie »detailed spatial plans« in den Anwendungsbereich von Art. 9 Abs. 3 Aarhus Konvention fallen.[112] Nr. 4 gilt grundsätzlich auch für **Raumordnungspläne**. Hiervon ausgenommen sind gemäß § 48 Satz 2 UVPG aber Raumordnungspläne nach Anl. 5 Nr. 1.5 oder 1.6 UVPG, die Flächen für die Windenergienutzung oder für den Abbau von Rohstoffen ausweisen.[113] In den Anwendungsbereich der Nr. 4 fallen außerdem **Luftreinhaltepläne**.[114] Auch **Maßnahmenprogramme** gemäß § 82 WHG[115], **Nationale Aktionsprogramme** nach der Nitratrichtlinie (91/676/EWG)[116] und das **integrierte Energie-**

---

107 EuGH, Urt. v. 22.02.2022 – C-300/20, Rn. 70, 74 – »Inntal Süd«.

108 Näher *Hermsdorf/Glaser* DVBl 2023, 1217 ff.; *Schlacke* NVwZ 2017, 905 (907 f.).

109 BVerwG, Urt. v. 11.07.2019 – 9 A 13.18, BVerwGE 166, 132 Rn. 56; *Decker* VBlBW 2018, 441 (444).

110 VGH München, Urt. v. 10.05.2021 – 2 N 19.1692, juris Rn. 24; *Durner* EurUP 2018, 142 (153); *Heyn* UPR 2019, 365 (378).

111 OVG Koblenz, Urt. v. 25.01.2024 – 1 C 10401/22.OVG, BauR 2024, 1160 Rn. 68; VGH München, Urt. v. 05.10.2021 – 15 N 21.1470, juris Rn. 38; Urt. v. 10.05.2021 – 2 N 19.1690, juris Rn. 28; Urt. v. 17.07.2020 – 15 N 19.1377, juris Rn. 26; OVG Bautzen, Urt. v. 09.07.2020 – 1 C 25/19, juris Rn. 25; *Franzius*, in: Schink/Reidt/Mitschang, UVPG/UmwRG, § 1 UmwRG Rn. 23.

112 BR-Drs. 422/16, S. 29.

113 Siehe hierzu OVG Lüneburg, Beschl. v. 30.01.2024 – 12 KN 61/21, juris, 66 Rn. 7.

114 BVerwG, Urt. v. 28.05.2021 – 7 C 8.20, NVwZ 2022, 337 Rn. 20; Urt. v. 27.02.2020 – 7 C 3.19, BVerwGE 168, 20 Rn. 22; VGH München, Urt. v. 21.03.2024 – 22 A 23.40047, UPR 2024, 508 Rn. 103; *Durner* EurUP 2018, 142 (146).

115 BVerwG, Urt. v. 06.03.2025 – 10 C 1.24, UPR 2025, 310 Rn. 15; *Durner* EurUP 2018, 142 (149).

116 BVerwG, Urt. v. 08.10.2025 – 10 C 1.25, juris Rn. 10; OVG Münster, Urt. v. 25.01.2024 – 20 D 8/19.AK, juris Rn. 129.

und Klimaschutzkonzept gem. § 6 KSG BW[117] werden hierzu gezählt. Dagegen sind nicht erfasst: die Ausweisung eines **Landschaftsschutzgebiets**,[118] andere vergleichbare Ausweisungen zum Schutz von Natur und Landschaft (vgl. § 20 BNatSchG), Regelungen zum Fangen, Vergrämen und Töten von Fischottern,[119] die Verbindlicherklärung eines **Sanierungsplans** nach dem BBodSchG.[120]

Es ist denkbar, dass für den abschließenden Beschluss über den Plan oder das Programm **mehrere** 69
Entscheidungen vorgesehen sind, beispielsweise der Beschluss einer Satzung mit Genehmigung durch die Rechtsaufsichtsbehörde oder der Beschluss eines Plans mit Verbindlicherklärung durch eine andere Stelle. In solchen Fällen sind alle Entscheidungen, die für den rechtswirksamen Abschluss des Planungsverfahrens notwendig sind, »Entscheidungen über die Annahme« i.S.d. Nr. 4.[121] Hiervon zu trennen ist die Frage, gegen welche dieser Entscheidung nach dem maßgeblichen Prozessrecht ein Rechtsbehelf erhoben werden kann.

»Entscheidungen über die Annahme« liegen nicht nur vor, wenn neue Pläne und Programme auf- 70
gestellt werden sollen, sondern auch bei der **Änderung** bestehender Pläne und Programme.[122] Unklar ist, ob auch die **Aufhebung** eines bestehenden Plans oder Programms und die **Einstellung** eines eingeleiteten Aufstellungsverfahrens erfasst sind. Der Begriff der Annahme scheint von einer positiven Planung auszugehen. Die Aufhebung und die Einstellung dürften aber der Untätigkeit gleichstehen (s. § 1 Abs. 1 Satz 2).

3. Möglichkeit der SUP-Pflicht

Pläne und Programme unterfallen nach dem Wortlaut nur dann der Nr. 4, wenn in Bezug auf den 71
Plan oder das Programm eine Pflicht zur Durchführung einer SUP bestehen kann. Hier gilt Entsprechendes wie bei der Nr. 1 für die UVP-Pflicht. Eine SUP-Pflicht kann im Sinne des Gesetzes bestehen, wenn nach der Anlage 5 zum UVPG oder nach landesrechtlichen Vorschriften eine SUP zwingend durchzuführen ist oder wenn zur Feststellung der SUP-Pflicht eine Vorprüfung des Einzelfalls vorzunehmen ist.[123]

Nach der Rechtsprechung des **EuGH** muss § 1 UmwRG allerdings so weit wie möglich im Einklang 72
mit den Zielen von Art. 9 Abs. 3 Aarhus-Konvention als auch mit dem Ziel eines effektiven gerichtlichen Rechtsschutzes für die durch das Unionsrecht verliehenen Rechte ausgelegt werden. Sollte eine solche Auslegung nicht möglich sein, sind die Vorschriften, die einem Rechtsschutz einer Umweltvereinigung im Zusammenhang mit umweltbezogenem Unionsrecht entgegenstehen, wegen Art. 47 der Charta der Grundrechte der Europäischen Union unangewendet zu lassen.[124] Demgemäß hat das **BVerwG** im Rahmen einer Normenkontrolle gegen die **Landschaftsschutzgebiets-Verordnung** »Inntal-Süd« entschieden, die Anforderung der Nr. 4, dass eine SUP-Pflicht bestehen kann, müsse

---

117 VGH Mannheim, Urt. v. 10.11.2022 – 10 S 3542/21, ZUR 2023, 238 Rn. 37: rahmensetzende Wirkung.

118 EuGH, Urt. v. 22.02.2022 – C-300/20, Rn. 70, 74 – »Inntal Süd«; a.A. *Guckelberger* NuR 2020, 217 (221); *Schlacke* NVwZ 2019, 1392 (1398).

119 VGH München, Beschl. v. 30.11.2023 – 14 NE 23.1503 u.a., NuR 2024, 136 Rn. 43.

120 BVerwG, Urt. v. 22.06.2023 – 10 C 4.23, BVerwGE 179, 256 Rn. 29; VGH Mannheim, Urt. v. 14.07.2021 – 10 S 141/20, juris Rn. 69.

121 Ebenso *Heyn* UPR 2019, 365 (379) m.w.N. für die Genehmigung eines Flächennutzungsplans; a.A. *Fellenberg/Schiller*, in: Landmann/Rohmer, Umweltrecht, § 1 UmwRG Rn. 32 für die Genehmigung eines Bebauungsplans.

122 BR-Drs. 422/16, S. 28.

123 BVerwG, Urt. v. 28.09.2023 – 4 C 6.21, BVerwGE 180, 263 Rn. 23; Urt. v. 27.02.2020 – 7 C 3.19, BVerwGE 168, 20 Rn. 22; *Durner* EurUP 2018, 142 (145); *Rieger* UPR 2021, 321 (326).

124 EuGH, Urt. v. 08.11.2022 – C-873/19, NVwZ 2023, 47 Rn. 75 ff. – »Deutsche Umwelthilfe«; EuGH, Urt. v. 20.12.2017 – C-664/15, Rn. 45, 55 – »Protect«.

wegen des Vorrangs des Unionsrechts (Alpenkonvention) unangewendet bleiben.[125] In ähnlicher Weise hat das OVG Berlin-Brandenburg entschieden, bei dem **Sofortprogramm gem. § 8 KSG** handele es sich aufgrund einer dem Willen des Gesetzgebers Rechnung tragenden teleologischen Erweiterung, jedenfalls aber bei der gebotenen Beachtung des Anwendungsvorrangs des Unionsrechts, um eine Entscheidung i.S.d. Nr. 4.[126]

VII. Andere Zulassungen nach umweltbezogenen Rechtsvorschriften (Nr. 5)

1. Auffangtatbestand

73 Nr. 5 ist als Auffangtatbestand konzipiert, der sicherstellen soll, dass Art. 9 Abs. 3 Aarhus-Konvention vollständig im deutschen Recht umgesetzt ist.[127] Entsprechend dieser Zielsetzung ist die Bestimmung so weit wie möglich im Einklang mit den Zielen von Art. 9 Abs. 3 Aarhus-Konvention und dem Ziel eines effektiven Rechtsschutzes für die durch das Unionsrecht verliehenen Rechte auszulegen.[128] Art. 9 Abs. 3 Aarhus-Konvention gilt umfassend für alle Handlungen und Unterlassungen, die gegen umweltbezogene Bestimmungen verstoßen können.[129] Ausgehend von dieser Zielsetzung ist die Nr. 5 weit auszulegen.[130]

74 Die von der Rechtsprechung vorgenommene weite Auslegung beseitigt zwar die Zweifel an der Völker- und Unionsrechtskonformität des § 1 Abs. 1 Satz 1 Nr. 5. Sie erodiert aber ebenso wie bei § 1 Abs. 1 Satz 1 Nr. 4 das vom Gesetzgeber gewollte Enumerationsprinzip und gestaltet dieses sukzessive in Richtung einer Generalklausel um. Es ist zu vermuten, dass sich diese Rechtsprechungsentwicklung fortsetzen wird (s. auch oben Rdn. 26).

2. Vorhaben

75 Was unter einem **Vorhaben** zu verstehen ist, definiert das UmwRG nicht. Nach der Gesetzesbegründung und nach der Rechtsprechung orientiert sich der Begriff des Vorhabens an der Begriffsbestimmung des § 2 Abs. 4 UVPG, allerdings ohne die Bezugnahme auf die Anl. 1 zum UVPG.[131] Vorhaben sind danach Errichtung, Betrieb und Änderung von Anlagen und die Durchführung und Änderung sonstiger in Natur und Landschaft eingreifender Maßnahmen.[132] Dem entsprach es, als

125 BVerwG, Urt. v. 26.01.2023 – 10 CN 1.23, BVerwGE 177, 350 Rn. 21, 26; ebenso OVG Lüneburg, Beschl. v. 04.07.2023 – 4 KN 204/20, juris Rn. 191; vgl. auch BVerwG, Urt. v. 28.09.2023 – 4 C 6.21, BVerwGE 180, 263 Rn. 33 f.; *Korbmacher* NVwZ 2024, 777 (778).

126 OVG Berlin-Brandenburg, Urt. v. 30.11.2023 – 11 A 1/23, NVwZ 2024, 598 Rn. 38, 52; hierzu *Heß/Hörtzsch* NuR 2024, 391; *Saurer* ZUR 2024, 214 (217); *Schlacke* NVwZ 2024, 564 (566); vgl. auch VGH Mannheim, Urt. v. 10.11.2022 – 10 S 3542/21, ZUR 2023, 238 Rn. 37.

127 BR-Drs. 422/16, S. 26 f.; BVerwG, Urt. v. 22.06.2023 – 10 C 4.23, BVerwGE 179, 256 Rn. 14; Urt. v. 19.12.2019 – 7 C 28.18, BVerwGE 167, 250 Rn. 25; VGH Mannheim, Urt. v. 14.07.2021 – 10 S 141/20, juris Rn. 71; VGH Kassel, Urt. v. 17.02.2021 – 2 A 1800/16, juris Rn. 44.

128 EuGH, Urt. v. 08.11.2022 – C-873/19, NVwZ 2023, 47 Rn. 75 – »Deutsche Umwelthilfe«; EuGH, Urt. v. 20.12.2017 – C-664/15, Rn. 45, 55 – »Protect«; EuGH, Urt. v. 08.03.2011 – C-240/09, Rn. 50 – »Slowakischer Braunbär«; BVerwG, Urt. v. 19.12.2019 – 7 C 28.18, BVerwGE 167, 250 Rn. 25; Urt. v. 26.09.2019 – 7 C 5.18, BVerwGE 166, 321 Rn. 25.

129 EuGH, Urt. v. 08.11.2022 – C-873/19, NVwZ 2023, 47 Rn. 56 – »Deutsche Umwelthilfe«; Dokument ECE/MP.PP/2017/40, Ziffer 50, abrufbar unter https://www.unece.org/fileadmin/DAM/env/pp/mop6/English/ECE_MP.PP_2017_40_E.pdf (letzter Abruf am 19.10.2025).

130 BVerwG, Urt. v. 28.09.2023 – 4 C 6.21, BVerwGE 180, 263 Rn. 13; Urt. v. 22.06.2023 – 7 A 9.22, BVerwGE 179, 239 Rn. 27.

131 BR-Drs. 422/16, S. 30; ebenso BVerwG, Urt. v. 02.11.2017 – 7 C 25.15, juris Rn. 19; *Sauer* UPR 2017, 448 (453); *Schlacke* NVwZ 2017, 905 (908). Im Einzelnen wird auf die Kommentierung des § 2 Abs. 4 UVPG verwiesen.

132 BVerwG, Urt. v. 22.06.2023 – 10 C 4.23, BVerwGE 179, 256 Rn. 17; Urt. v. 06.10.2022 – 7 C 5.21, NuR 2023, 256 Rn. 11; Urt. v. 02.11.2017 – 7 C 25.15, juris Rn. 19.

Vorhaben i.S.d. Nr. 5 nur ortsfeste[133] Anlagen und Eingriffe im Sinne der naturschutzrechtlichen Eingriffsregelung[134] anzusehen. Produktbezogene oder personenbezogene Zulassungen waren nach bislang überwiegend vertretener Auffassung keine Zulassungen i.S.d. Nr. 5.

Daran kann (spätestens) seit der Entscheidung des **EuGH** vom 08.11.2022 nicht mehr festgehalten werden.[135] Denn nach Auffassung des EuGH fällt eine Verwaltungsentscheidung, mit der eine **EG-Typgenehmigung** erteilt oder geändert wird und die möglicherweise gegen Art. 5 Abs. 2 VO (EG) 715/2007 verstößt, in den sachlichen Anwendungsbereich von Art. 9 Abs. 3 der Aarhus-Konvention, da sie eine »Handlung« einer Behörde darstellt, deren Verstoß gegen umweltbezogene Bestimmungen des innerstaatlichen Rechts gerügt wird.[136] Der Anwendungsvorrang des Unionsrechts (bei einschlägigem Umweltrecht der Union[137]) und eine an Art. 9 Abs. 3 Aarhus-Konvention orientierte völkerrechtsfreundliche Auslegung verlangen ein weites Verständnis des Begriffs des Vorhabens in Nr. 5, das auch produktbezogene Regelungen[138] erfasst und möglicherweise noch deutlich weiter reicht.[139] 76

Auf dieser Linie liegen neuere Gerichtsentscheidungen, nach denen der Begriff des Vorhabens unionsrechtskonform so auszulegen ist, dass er auch eine **pflanzenschutzrechtliche Genehmigung**[140] und **Bestellungen zum Abschuss von Bibern** in einem FFH-Gebiet[141] erfasst. 77

3. Zulassungsentscheidung

Der Begriff der **Zulassung** ist mit Blick auf das Ziel, Art. 9 Abs. 3 der Aarhus-Konvention umzusetzen, ebenfalls weit zu verstehen. Er knüpft an jenen der Zulassungsentscheidung in § 2 Abs. 6 UVPG an und erfasst alle behördlichen Entscheidungen über die Zulässigkeit von Vorhaben, die in einem Verwaltungsverfahren getroffen werden.[142] 78

Zu einer Zulassungsentscheidung i.S.d. Nr. 5 gehören auch **Nebenbestimmungen**, die mit einer Zulassungsentscheidung verbunden sind. Der Anwendungsbereich der Nr. 5 ist deshalb auch eröffnet, wenn eine Auflage isoliert angefochten wird.[143] 79

Auch **Teilentscheidungen** sind erfasst, soweit sie – gegenständlich oder zeitlich beschränkt – das Vorhaben abschließend zulassen. Solche Teilentscheidungen sind z.B. der Vorbescheid[144] und die 80

---

133 *Fellenberg/Schiller*, in: Landmann/Rohmer, Umweltrecht, § 1 UmwRG Rn. 106.

134 OVG Hamburg, Beschl. v. 27.02.2024 – 2 Bs 19/24, NordÖR 2024, 321 Rn. 38; VG Karlsruhe, Beschl. v. 22.12.2022 – 14 K 4097/22, juris Rn. 107; VG Düsseldorf, Urt. v. 24.01.2018 – 6 K 12341/17, juris Rn. 80; VG Schleswig, Urt. v. 13.12.2017 – 3 A 26/17, juris Rn. 101.

135 *Guckelberger* NuR 2024, 73 (76); *Austermann*, DVBl 2023, 233 (235 f.); *Schlacke* NVwZ 2023, 37 (39); *Schlacke* NVwZ 2017, 905 (908); *Klinger* ZUR 2016, 449 (450).

136 EuGH, Urt. v. 08.11.2022 – C-873/19, NVwZ 2023, 47 Rn. 50 – »Deutsche Umwelthilfe«; ebenso schon zuvor *Guckelberger* NuR 2020, 217 (224); *Fredel* EurUP 2018, 535 (537); *Führ* NVwZ 2017, 265 (272); bislang a.A. VG Schleswig, Urt. v. 13.12.2017 – 3 A 26/17, juris Rn. 101; VG Düsseldorf, Urt. v. 24.01.2018 – 6 K 12341/17, juris Rn. 181; *Fellenberg/Schiller*, in: Landmann/Rohmer, Umweltrecht, § 1 UmwRG Rn. 107.

137 *Bunge* NuR 2023, 675 (678).

138 *Bickenbach* DVBl 2025, 14 (17); *Schlacke* NVwZ 2023, 37 (40); *Austermann* DVBl 2023, 233 (235 f.).

139 So bereits *Seibert* NVwZ 2018, 97 (98): »praktisch jede Maßnahme oder jedes Projekt«.

140 OVG Lüneburg, Beschl. v. 18.12.2023 – 10 OB 125/23, NuR 2024, 404 (406); OVG Berlin-Brandenburg, Beschl. v. 17.05.2019 – OVG 11 S 40.19, juris Rn. 7.

141 VGH München, Urt. v. 01.10.2019 – 14 BV 17.1278, juris Rn. 29.

142 BVerwG, Urt. v. 25.01.2024 – 7 A 4.23, NuR 2024, 467 Rn. 10.

143 OVG Lüneburg, Urt. v. 30.05.2025 – 12 KS 55/24, BauR 2025, 1370; vgl. auch OVG Lüneburg, Beschl. v. 18.12.2023 – 10 OB 125/23, NuR 2024, 404 (405); siehe auch oben Rdn. 44.

144 OVG Münster, Urt. v. 26.10.2023 – 10 A 804/23, ZUR 2024, 103 Rn. 42; OVG Lüneburg, Urt. v. 25.10.2018 – 12 LB 118/16, juris Rn. 148.

Teilgenehmigung,[145] wegen ihres nur vorläufigen Charakters aber nicht die Zulassung des vorzeitigen Beginns.[146]

81 Als Zulassungen sind auch **selbständige Ausnahmen und Befreiungen** anzusehen, die für die Umsetzung eines Vorhabens erteilt werden. Zum Beispiel sind eine Befreiung gemäß § 67 BNatSchG[147] und eine Ausnahme gemäß § 45 Abs. 7 BNatSchG[148] Zulassungsentscheidungen. Gleiches gilt für eine Allgemeinverfügung, die eine zwingende Voraussetzung dafür ist, dass eine Ausnahme vom Verbot der Tötung des Fischotters zugelassen werden kann.[149]

82 Auch eine **selbstständige Zielabweichung** von einem Raumordnungsplan, die für die Genehmigung eines Vorhabens neben der eigentlichen Zulassungsentscheidung erteilt werden muss, ist in diesem Sinne eine Zulassung. Anders verhält es sich aber, wenn die Zielabweichung auf einer der Vorhabenzulassung übergeordneten Ebene ergeht, beispielsweise um die Aufstellung eines Bebauungsplans zu ermöglichen.[150]

Nr. 5 erfasst auch Entscheidungen, die wie die Verlängerungsentscheidung nach § 18 Abs. 3 BImSchG[151], die Zulassung eines Hauptbetriebsplans[152] oder die Verbindlicherklärung eines bodenschutzrechtlichen Sanierungsplans[153] nur Elemente einer Zulassungsentscheidung enthalten. Hierzu wird man auch die Ersetzung des gemeindlichen Einvernehmens (§ 36 BauGB) rechnen können.[154] Dagegen enthält die bloße behördliche Aufforderung, einen Sanierungsplan vorzulegen, keine Elemente einer Zulassungsentscheidung.[155]

83 Keine Zulassung liegt vor, wenn nur eine gesetzliche Rechtsfolge festgestellt wird. Deshalb ist die Feststellung, dass ein **Plan nicht außer Kraft getreten** ist, weil mit seiner Durchführung innerhalb der 10-Jahresfrist des § 9 Abs. 3 LuftVG begonnen wurde, keine Zulassungsentscheidung.[156]

84 **Freistellungsentscheidungen in Anzeigeverfahren** nach § 15 Abs. 2 BImSchG, § 43f EnWG und § 25 NABEG enthalten keine Elemente einer Zulassungsentscheidung (vgl. § 2 Abs. 6 Nr. 1 UVPG: »mit Ausnahme von Anzeigeverfahren«), weil sie nur deklaratorisch die gesetzlich angeordnete Entbehrlichkeit eines Zulassungsverfahrens feststellen.[157] Hätte anstelle des Anzeigeverfahrens ein Zulassungsverfahren durchgeführt werden müssen, kann der Anwendungsbereich des UmwRG gemäß Abs. 1 Satz 2 eröffnet sein.[158] Entsprechendes gilt, wenn ein Vorhaben ohne Anzeige **verfahrensfrei** zulässig ist und die zuständige Behörde dies feststellt.

145 BVerwG, Urt. v. 25.01.2024 – 7 A 4.23, NuR 2024, 467 Rn. 10.
146 Siehe oben Rdn. 40.
147 BVerwG, Urt. v. 08.11.2022 – 7 C 7.21, BVerwGE 177, 13 Rn. 17, 20.
148 OVG Lüneburg, Beschl. v. 05.09.2024 – 4 ME 122/24, juris Rn. 12; VG Schleswig, Beschl. v. 11.06.2025 – 8 B 16/25, juris Rn. 3; VG Düsseldorf, Beschl. v. 17.01.2024 – 28 L 3333/23, juris Rn. 13.
149 VGH München, Beschl. v. 29.07.2025 – 14 CS 25.760, juris Rn. 47; Beschl. v. 30.06.2025 – 14 CS 25.1065, juris Rn. 86.
150 BVerwG, Urt. v. 28.09.2023 – 4 C 6.21, BVerwGE 180, 263 Rn. 13 f.
151 BVerwG, Urt. v. 19.12.2019 – 7 C 28.18, BVerwGE 167, 250 Rn. 25.
152 BVerwG, Urt. v. 06.10.2022 – 7 C 5.21, NuR 2023, 256 Rn. 12.
153 BVerwG, Urt. v. 22.06.2023 – 10 C 4.23, BVerwGE 179, 256 Rn. 16; a.A. VGH Mannheim, Urt. v. 14.07.2021 – 10 S 141/20, juris Rn. 73.
154 Vgl. OVG Greifswald, Urt. v. 13.12.2023 – 5 K 267/22 OVG, juris Rn. 64.
155 BVerwG, Urt. v. 22.06.2023 – 10 C 4.23, BVerwGE 179, 256 Rn. 35.
156 VGH München, Urt. v. 30.07.2025 – 8 A 24.40037 u.a., juris Rn. 55.
157 Offen gelassen durch VGH München, Urt. v. 18.01.2024 – 22 A 22.40045, juris Rn. 27; a.A. *Guckelberger* NuR 2024, 73 (76); für eine Zulassung wohl auch *Rebler/Fritsch* UPR 2025, 136 (138).
158 VGH München, Urt. v. 18.01.2024 – 22 A 22.40045, juris Rn. 27; Beschl. v. 05.04.2019 – 22 CS 18.2572, juris Rn. 61; *Guckelberger* NuR 2020, 217 (223); *Schlacke* NVwZ 2019, 1392 (1399); vgl auch VGH München, Urt. v. 07.02.2023 – 22 B 21.2417, juris Rn. 48: auch »positive« Entscheidung denkbar, weil die Entbehrlichkeit eines Genehmigungsverfahrens festgestellt wird.

4. Andere als in Nr. 1–2b genannte Vorhaben

Nr. 5 soll seinem Wortlaut nach nur Vorhaben erfassen, die **nicht unter Nr. 1–2b fallen.** Das nach dem Wortlaut bestehende Ausschließlichkeitsverhältnis zwischen Nr. 1–2b einerseits und Nr. 5 andererseits,[159] ist nach der Rechtsprechung **einschränkend** dahin zu verstehen, dass es nur solche Vorhaben betrifft, bei denen eine UVP durchgeführt wird und die mithin gemäß § 2 Abs. 4 Satz 2 einer umfassenden gerichtlichen Kontrolle unterliegen.[160] Andernfalls wären vorprüfungspflichtige Vorhaben i.S.d. Nr. 1, bei denen keine UVP-Pflicht besteht, der Umweltverbandsklage entzogen, weil eine solche Klage bei einer ausschließlichen Einstufung als Vorhaben gemäß Nr. 1 nach § 2 Abs. 4 Satz 2 unbegründet wäre. 85

5. Verwaltungsakt oder öffentlich-rechtlicher Vertrag

Gegenstand eines Rechtsbehelfs nach Nr. 5 können nur Verwaltungsakte i.S.d. § 35 VwVfG und öffentlich-rechtliche Verträge i.S.d. §§ 54 ff. VwVfG sein, durch die Vorhaben im Sinne dieses Tatbestands zugelassen werden. 86

Verwaltungsakte, die ein Vorhaben zulassen, sind z.B. der Planfeststellungsbeschluss, die Plangenehmigung, die Entscheidung über das Absehen von Planfeststellung und Plangenehmigung, die wasserrechtliche Erlaubnis und Bewilligung, die immissionsschutzrechtliche Genehmigung und sonstige vorhabenbezogene Genehmigungen einschließlich der Baugenehmigung.[161] 87

Öffentlich-rechtliche Verträge werden von der Nr. 5 erfasst, wenn sie anstelle eines Verwaltungsakts die Zulässigkeit eines Vorhabens begründen. Diese Regelung ist i.S.v. § 54 Satz 2 VwVfG zu verstehen, wonach die Behörde, anstatt einen Verwaltungsakt zu erlassen, einen öffentlich-rechtlichen Vertrag mit demjenigen schließen kann, an den sie sonst den Verwaltungsakt richten würde. 88

Handelt die Behörde nicht in der Form des Verwaltungsakts oder des öffentlich-rechtlichen Vertrags, ist Nr. 5 nicht einschlägig.[162] Daher sind **untergesetzliche Rechtsvorschriften** nicht erfasst.[163] **Informelles Verwaltungshandeln** fällt auch deshalb nicht unter Nr. 5, weil es nicht die Zulässigkeit eines Vorhabens bewirken kann. So ist eine formlose behördliche Duldung keine Zulassungsentscheidung i.S.d. Nr. 5, weil die Duldung das Vorhaben nicht legalisiert, sondern lediglich bedeutet, dass die Behörde derzeit nicht einschreitet. Ein Fall der Nr. 5 liegt auch nicht vor, wenn sich die Zulässigkeit des Vorhabens unmittelbar aus dem Gesetz ergibt oder keiner behördlichen Entscheidung bedarf, sondern lediglich einer **Anzeige** des Vorhabenträgers (Rdn. 84). Wurde eine erforderliche Zulassungsentscheidung zu Unrecht nicht eingeholt, greift Abs. 1 Satz 2 ein. 89

Ob die Beschränkung auf die Handlungsformen des Verwaltungsakts und des öffentlich-rechtlichen Vertrags mit **Art. 9 Abs. 3 Aarhus-Konvention** in Einklang steht, wird bezweifelt.[164] In der Rechtsprechung zeigen sich bereits Erosionstendenzen. So hat der VGH München § 1 Abs. 1 Satz 1 Nr. 5 auf Verordnungen angewendet, die nach ihrer Regelungstechnik dazu dienen, Einzelverwaltungsakte 90

159 BVerwG, Urt. v. 19.12.2019 – 7 C 28.18, BVerwGE 167, 250 Rn. 24; Urt. v. 26.09.2019 – 7 C 5.18, BVerwGE 166, 321 Rn. 25; *Fellenberg/Schiller*, in: Landmann/Rohmer, Umweltrecht, § 1 UmwRG Rn. 13; *Berkemann* DVBl 2020, 1 (2).

160 BVerwG, Urt. v. 22.06.2023 – 7 A 9.22, BVerwGE 179, 239 Rn. 27; Urt. v. 08.11.2022 – 7 C 7.21, BVerwGE 177, 13 Rn. 24; Urt. v. 26.09.2019 – 7 C 5.18, BVerwGE 166, 321 Rn. 25; VGH Mannheim, Urt. v. 30.09.2021 – 10 S 1956/20, juris Rn. 61; OVG Lüneburg, Urt. v. 18.03.2021 – 7 KS 40/18, juris Rn. 54.

161 *Mager* EurUP 2018, 50 (53); *Seibert* NVwZ 2018, 97 (98).

162 BR-Drs. 422/16, S. 30.

163 *Guckelberger* NuR 2020, 217 (222) m.w.N.

164 *Franzius*, in: Schink/Reidt/Mitschang, UVPG/UmwRG, § 1 UmwRG Rn. 27 f.; *Guckelberger* NuR 2024, 73 (78); *Bunge* NuR 2023, 675 (681); *Hermsdorf/Glaser* DVBl 2023, 1217 (1219); *Berkemann* DVBl 2020, 1 (2); *Schlacke* NVwZ 2017, 905 (908); *Brigola/Heß* NuR 2017, 729 (730 f.).

zu ersetzen, die ihrerseits als Ausnahmen gemäß § 45 Abs. 7 BNatSchG der Nr. 5 unterfallen würden.[165]

6. Anwendung umweltbezogener Rechtsvorschriften

91 Nr. 5 greift nur ein, wenn ein Vorhaben unter Anwendung umweltbezogener Rechtsvorschriften des Bundesrechts, des Landesrechts oder unmittelbar geltender Rechtsakte der Europäischen Union zugelassen wird.

92 Erforderlich ist zunächst, dass überhaupt thematisch einschlägige **umweltbezogene Rechtsvorschriften** bestehen. Der Begriff der umweltbezogenen Rechtsvorschriften ist in § 1 Abs. 4 legal definiert (vgl. Rdn. 129 ff.).

93 Darüber hinaus setzt das Gesetz voraus, dass das Vorhaben unter **Anwendung** umweltbezogener Rechtsvorschriften zugelassen wurde. Nach dem Wortlaut des Gesetzes könnte man annehmen, dass es darauf ankäme, ob die Behörde umweltbezogene Rechtsvorschriften im konkreten Fall tatsächlich geprüft und angewendet hat. Eine solche Auslegung entspricht jedoch nicht Sinn und Zweck des Auffangtatbestands und den systematischen Bezügen zu § 2. Art. 9 Abs. 3 der Aarhus-Konvention will erreichen, dass Verstöße gegen umweltbezogene Bestimmungen vor Gericht gebracht werden können. Dementsprechend ist der Rechtsbehelf gemäß § 2 Abs. 4 Satz 1 Nr. 2 begründet, wenn die Entscheidung gegen umweltbezogene Rechtsvorschriften verstößt (und dies satzungsmäßige Belange betrifft). Ein Verstoß setzt voraus, dass das anwendbare Recht falsch angewendet wurde. Der Begriff der »Anwendung« bedeutet deshalb, dass die Behörde im Rahmen ihrer Zulassungsentscheidung umweltbezogene Rechtsvorschriften angewendet hat oder anwenden musste.[166]

94 Ein entsprechender Umweltbezug wird im **Baurecht** nicht nur bei § 35 BauGB[167] angenommen, sondern wegen des Bezugs auf einen (künftigen) Bebauungsplan, der umweltbezogenen Rechtsvorschriften genügen muss und umweltbezogene Festsetzungen haben kann, auch bei § 30 BauGB[168] und bei § 33 BauGB.[169] Bei § 34 BauGB wird ein Umweltbezug grundsätzlich verneint, er könnte im konkreten Einzelfall aber aus dem Rücksichtnahmegebot folgen (z.B. Lärmschutz).[170]

VIII. Verwaltungsakte über Überwachungs- oder Aufsichtsmaßnahmen (Nr. 6)

95 Nach Art. 9 Abs. 3 Aarhus-Konvention muss auch bei der Anwendung umweltbezogener Bestimmungen durch Behörden oder Private eine gerichtliche Überprüfungsmöglichkeit eröffnet sein. Da nach den Ergebnissen des durchgeführten Compliance-Verfahrens gegen Deutschland direkte zivilrechtliche Rechtsbehelfe gegen Private für eine völkerrechtskonforme Umsetzung des Art. 9 Abs. 3 der Aarhus-Konvention nicht ausreichend waren, musste eine verwaltungsrechtliche Rechtsbehelfsmöglichkeit eröffnet werden.[171]

---

165 VGH München, Beschl. v. 30.11.2023 – 14 NE 23.1503, NuR 2024, 136 Rn. 46 ff.

166 Vgl. Bericht des Compliance Committee, Dokument ECE/MP.PP/2017/40, Ziffer 51 f., abrufbar unter https://www.unece.org/fileadmin/DAM/env/pp/mop6/English/ECE_MP.PP_2017_40_E.pdf (letzter Abruf am 19.10.2025).

167 OVG Münster, Urt. v. 10.11.2022 – 10 A 1938/18, juris Rn. 96, 122; VG Regensburg, Urt. v. 18.04.2024 – RO 2 K 23.205, juris Rn. 16.

168 VGH München, Urt. v. 25.09.2023 – 9 BV 22.481, BayVBl 2024, 167 Rn. 41; OVG Schleswig, Beschl. v. 26.05.2023 – 1 MB 13/22, juris Rn. 32; VGH Kassel, Beschl. v. 23.11.2022 – 3 B 680/22, juris Rn. 20; OVG Lüneburg, Beschl. v. 29.12.2020 – 1 ME 68/20, juris Rn. 32; a.A. VGH München, Beschl. v. 11.04.2018 – 2 CS 18.198, juris Rn. 9; offenlassend VGH München, Beschl. v. 08.10.2020 – 2 ZB 19.449, juris Rn. 3.

169 OVG Bautzen, Beschl. v. 27.09.2023 – 1 B 131/23, juris Rn. 18.

170 Vgl. OVG Münster, Urt. v. 26.10.2023 – 10 A 804/23, ZUR 2024, 103 Rn. 81 ff.

171 *Sauer* UPR 2017, 448 (453).

1. Verwaltungsakte

Der Anwendungsbereich der Nr. 6 ist auf Überwachungs- oder Aufsichtsmaßnahmen einer Behörde beschränkt, die in der Form eines **Verwaltungsakts** i.S.v. § 35 VwVfG ergehen. Nr. 6 erfasst damit nicht Überwachungs- oder Aufsichtsmaßnahmen, die als Realakt oder in anderer Rechtsform ergehen. Beispielsweise erfasst die Regelung keine Klage, die auf die Durchführung oder Unterlassung einer behördlichen Schadstoffmessung gerichtet ist. Auch informelles oder vertragliches Verwaltungshandeln im Rahmen der behördlichen Überwachung oder Aufsicht fällt nicht in den Anwendungsbereich der Nr. 6. Aus der Beschränkung auf Verwaltungsakte folgt weiter, dass Nr. 6 keine Anwendung findet auf Klagen gegen Private, die privatrechtliche Überwachungs- oder Aufsichtsmaßnahmen zum Gegenstand haben (z.B. Klage gegen Muttergesellschaft zum Einschreiten gegen die Tochtergesellschaft oder Klage gegen eine privatrechtliche Dachorganisation zum Einschreiten gegen ein Mitglied). 96

Fraglich ist, ob mit der Beschränkung auf behördliche Überwachungs- und Aufsichtsmaßnahmen in der Form eines Verwaltungsakts ausreichender Rechtsschutz gegen umweltrechtliche Vorschriften eröffnet wird.[172] Das Compliance Committee der Aarhus-Konvention führte in seinem Bericht zur Konferenz der Vertragsstaaten am 11.–13.09.2017 aus, Art. 9 Abs. 3 Aarhus-Konvention erfordere zwar nicht notwendigerweise direkte gerichtliche Klagemöglichkeiten in Bezug auf Handlungen und Unterlassungen Privater, bei einem Rückgriff auf Verwaltungsverfahren müssten jedoch eine effektive Durchsetzung der umweltrechtlichen Vorschriften und der nach Art. 9 Abs. 4 Aarhus-Konvention erforderliche effektive Rechtsschutz gewährleistet sein.[173] Hieran können Zweifel bestehen, weil im deutschen Recht regelmäßig kein Anspruch auf behördliches Einschreiten besteht. Nach der Rechtsprechung des BVerwG ist eine Behörde in der Regel zum Einschreiten verpflichtet, um eine behördlich nicht zugelassene erhebliche Beeinträchtigung eines FFH-Gebietes zu verhindern. Es erkennt an, dass das Unionsrecht in derartigen Fällen zu einer Ermessensreduzierung führt.[174] 97

2. Überwachungs- oder Aufsichtsmaßnahme zur Umsetzung oder Durchführung von Entscheidungen nach Nr. 1–5

Nr. 6 setzt weiter voraus, dass mit dem Verwaltungsakt eine Überwachungs- oder Aufsichtsmaßnahme zur Umsetzung oder Durchführung von Entscheidungen nach Nr. 1–5 vorgenommen wird. Zwischen Überwachungs- und Aufsichtsmaßnahmen besteht kein wesentlicher inhaltlicher Unterschied. Es bietet sich an, von Aufsichtsmaßnahmen zu sprechen, wenn innerhalb des Staates eine übergeordnete Stelle im Rahmen der Rechts- oder Fachaufsicht tätig wird. Überwachungsmaßnahmen sind alle anderen Maßnahmen des Gesetzesvollzugs. Dass insbesondere auch Maßnahmen der Rechtsaufsicht gegen kommunale Selbstverwaltungskörperschaften von der Nr. 6 erfasst werden, belegt die Entstehungsgeschichte. Der Bundesrat hatte eine entsprechende Einschränkung der Nr. 6 vorgeschlagen, die jedoch nicht in das Gesetz aufgenommen wurde.[175] 98

Die Rechtsprechung versteht den **Begriff der Überwachungs- und Aufsichtsmaßnahmen** in einem weiten Sinne als Umschreibung von Maßnahmen des Gesetzesvollzugs, die im Zusammenhang mit einer Zulassungsentscheidung stehen.[176] Maßnahmen des Gesetzesvollzugs sind ordnungsrechtliche Maßnahmen, die darauf gerichtet sind, rechtliche Anforderungen in Bezug auf das Vorhaben durch- 99

172 Kritisch *Bunge* NuR 2023, 675 (682); *Schlacke* NVwZ 2017, 905 (908); *Brigola/Heß* NuR 2017, 729 (730).

173 Dokument ECE/MP.PP/2017/40, Ziffer 63 f., abrufbar unter https://www.unece.org/fileadmin/DAM/env/pp/mop6/English/ECE_MP.PP_2017_40_E.pdf (letzter Abruf am 19.10.2025).

174 BVerwG, Urt. v. 01.06.2017 – 9 C 2.16, NVwZ 2017, 1634 Rn. 24.

175 Siehe Rdn. 22 f.; BR-Drs. 422/16 (Beschluss), S. 2; BT-Drs. 18/9909, S. 5; BT-Drs. 18/12146, S. 2 und S. 15.

176 BVerwG, Urt. v. 06.10.2022 – 7 C 5.21, NuR 2023, 256 Rn. 15; Urt. v. 29.04.2021 – 4 C 2.19, NVwZ 2021, 1630 Rn. 22; Urt. v. 23.06.2020 – 9 A 22.19, BVerwGE 168, 368 Rn. 17; VGH München, Urt. v. 30.07.2025 – 8 A 24.40037 u.a., juris Rn. 57; VGH Mannheim, Urt. v. 19.03.2025 – 10

zusetzen.[177] Selbständige, von einer konkreten Vorhabenzulassung unabhängige Überwachungsmaßnahmen sind nicht erfasst.[178]

100 Unklar ist, ob Überwachungs- und Aufsichtsmaßnahmen nur solche sind, die nachträglich zum Vollzug einer Zulassungsentscheidung (oder isoliert bei deren Fehlen) ergehen, oder auch **Nebenbestimmungen**, die anfänglich der Zulassungsentscheidung beigefügt werden.[179] Nach hier vertretener Auffassung sind anfängliche Nebenbestimmungen unabhängig von der Frage ihrer isolierten Anfechtbarkeit als Teil der Zulassungsentscheidung zu verstehen. Während Überwachungs- und Aufsichtsmaßnahmen auf die Einhaltung der Genehmigungsbestimmungen gerichtet sind,[180] legen Nebenbestimmungen die Genehmigungsbestimmungen überhaupt erst fest. Sie fallen deshalb nicht unter die Nr. 6, aber u.U. unter Nr. 1 oder Nr. 5.[181]

101 Nach der Rechtsprechung erfasst die Nr. 6 auch Klagen auf **Rücknahme oder Widerruf** einer bestandskräftigen Entscheidung gemäß § 1 Abs. 1 Satz 1 Nr. 1–5.[182] Das BVerwG räumt zwar ein, dass es sich bei der Rücknahme nicht um eine typische Aufsichtsmaßnahme handele. Die nachträgliche (teilweise) Aufhebung der Zulassungsentscheidung stelle aber die **stärkste Form einer Überwachung oder Aufsicht** dar. Diese weite Auffassung werde dem Zweck der Norm gerecht, den gerichtlichen Rechtsschutz zu erweitern, und entspreche der Vorgabe des Art. 9 Abs. 3 Aarhus-Konvention. Es wäre nicht sachgerecht, den Umweltvereinigungen zwar die Befugnis zuzusprechen, den Erlass eines Planfeststellungsbeschlusses zum Gegenstand eines gerichtlichen Verfahrens zu machen, nicht aber den umgekehrten Akt seiner (teilweisen) behördlichen Aufhebung.[183] Der Qualifizierung von Rücknahme und Widerruf bestandskräftiger Verwaltungsakte als Maßnahmen nach Nr. 6 ist zu widersprechen. Wie das BVerwG nicht verkennt, müssen Verwaltungsakte nach Nr. 6 zur »Umsetzung oder Durchführung« von Entscheidungen nach den Nrn. 1–5 ergehen.[184] Es erscheint jedoch sprachlich sehr bemüht, Rücknahme und Widerruf als Umsetzung und Durchführung einer Entscheidung einzustufen. Umsetzung und Durchführung weisen einen finalen Charakter auf. Die getroffene Entscheidung soll vollzogen werden. Ihr Inhalt und ihre Nebenbestimmungen sollen umgesetzt werden.[185] Rücknahme und Widerruf vollziehen die Entscheidung nicht, sondern beseitigen sie. Auch das Argument, dass Rücknahme und Widerruf nur die Kehrseite des Anfechtungsrechts seien, trägt nicht. Es gibt keinen Grund, einer Umweltvereinigung, die z.B. den Primärrechtsschutz versäumt hat, dasselbe Rechtsschutzziel unter Umgehung aller Rechtsbehelfsfristen und der eingetretenen Bestandskraft nunmehr im Gewand einer »Aufsichtsklage« zu eröffnen. Selbst die rechtskräftige

---

S 1411/23, juris Rn. 42; vgl. auch *Bunge,* UmwRG, § 1 Rn. 149; *Fellenberg/Schiller*, in: Landmann/Rohmer, Umweltrecht, § 1 UmwRG Rn. 117; *Guckelberger* NuR 2020, 217 (224).

177 BVerwG, Urt. v. 06.10.2022 – 7 C 5.21, NuR 2023, 256 Rn. 15: »Maßnahme der Gefahrenabwehr«; ebenso VGH München, Urt. v. 30.07.2025 – 8 A 24.40037 u.a., juris Rn. 57.

178 BVerwG, Urt. v. 29.04.2021 – 4 C 2.19, NVwZ 2021, 1630 Rn. 22; VGH München, Beschl. v. 27.03.2024 – 8 ZB 24.172, juris Rn. 15; OVG Greifswald, Urt. v. 08.12.2023 – 1 LB 203/14, juris Rn. 99; *Fellenberg/Schiller*, in: Landmann/Rohmer, Umweltrecht, § 1 UmwRG Rn. 121.

179 Für eine Klage des Vorhabenträgers ablehnend VGH Mannheim, Urt. v. 19.03.2025 – 10 S 1411/23, juris Rn. 43 ff., Rn. 52.

180 OVG Greifswald, Urt. v. 08.12.2023 – 1 LB 203/14, juris Rn. 99.

181 Siehe Rdn. 44 und Rdn. 79.

182 BVerwG, Urt. v. 23.06.2020 – 9 A 22.19, BVerwGE 168, 368 Rn. 16; ebenso VGH München, Urt. v. 30.07.2025 – 8 A 24.40037 u.a., juris Rn. 57; Beschl. v. 13.02.2025 – 8 ZB 25.64, juris Rn. 8; Urt. v. 08.04.2024 – 22 A 17.40026, juris Rn. 97; VGH Mannheim, Urt. v. 19.03.2025 – 10 S 1411/23, juris Rn. 42; Urt. v. 21.11.2023 – 5 S 1693/21, juris Rn. 29; OVG Greifswald, Urt. v. 08.12.2023 – 1 LB 203/14, juris Rn. 99; ebenso *Bunge,* UmwRG, § 1 Rn. 170; a.A. *Ewer* NVwZ 2007, 267 (268); *Schlacke* NuR 2007, 8 (10); *Kerkmann* BauR 2007, 1527 (1530); *Schumacher* UPR 2008, 13 (17).

183 BVerwG, Urt. v. 23.06.2020 – 9 A 22.19, BVerwGE 168, 368 Rn. 17 f.; vgl. auch BVerwG, Urt. v. 29.04.2021 – 4 C 2.19, NVwZ 2021, 1630 Rn. 21: Betriebsuntersagung; OVG Greifswald, Urt. v. 08.12.2023 – 1 LB 203/14, juris Rn. 97: Untersagung des Flugbetriebs.

184 BVerwG, Urt. v. 29.04.2021 – 4 C 2.19, NVwZ 2021, 1630 Rn. 22.

185 Vgl. *Fellenberg/Schiller*, in: Landmann/Rohmer, Umweltrecht, § 1 UmwRG Rn. 118.

Ablehnung einer Anfechtungsklage entfaltet nach der Rechtsprechung keine Sperrwirkung.[186] Es wäre auch möglich, dass eine Vielzahl von Umweltvereinigungen hintereinander und unabhängig voneinander auf Rücknahme klagen, ohne dass die nachfolgende Vereinigung an die Rechtskraft des vorherigen Urteils gegen eine andere Vereinigung gebunden ist (§ 1 Abs. 1 Satz 4 wird dann regelmäßig nicht eingreifen). Derartige Mehrfachklagen gegen bestandskräftige Verwaltungsentscheidungen sind nicht durch Art. 9 Abs. 3 Aarhus-Konvention geboten. Auch wenn die Aarhus-Konvention einen weiten Zugang zu Gericht eröffnen will, folgt hieraus nicht, dass dies mehrfach und unter Aufgabe des Prinzips der Rechtssicherheit und des Vertrauensschutzes geschehen muss. Da die Frage, ob die Rücknahme bzw. der Widerruf »entgegen geltenden Rechtsvorschriften« (§ 1 Abs. 1 Satz 2) unterblieben ist, keine Frage der Zulässigkeit der Klage, sondern ihrer Begründetheit ist (s. Rdn. 105), könnten öffentliche und private Vorhabenträger auf der Grundlage der Rechtsprechung des BVerwG gezwungen werden, sich gegen Angriffe gegen jahrzehntealte Verwaltungsentscheidungen zu verteidigen, deren Grundlagen möglicherweise nur noch mit großen Schwierigkeiten zu ermitteln sind und die auf gänzlich anderer fachwissenschaftlicher und rechtlicher Grundlage entstanden sind. Derartige Belastungen sind unverhältnismäßig, widersprechen dem Grundsatz der Rechtssicherheit und sind durch das Ziel, einen weiten Zugang zu den Gerichten zu eröffnen, nicht geboten.

3. Einhaltung umweltbezogener Rechtsvorschriften

Die Überwachungs- oder Aufsichtsmaßnahme muss der Einhaltung umweltbezogener Rechtsvorschriften des Bundesrechts, des Landesrechts oder unmittelbar geltender Rechtsakte der Europäischen Union dienen. Der **Begriff der umweltbezogenen Rechtsvorschriften** ist in Abs. 4 legal definiert. Der Einhaltung solcher Rechtsvorschriften dient eine Maßnahme nicht nur dann, wenn ein Verstoß droht oder eingetreten ist und abgewendet oder abgestellt werden soll. Vielmehr sind alle Maßnahmen umfasst, deren Hauptzweck die Beachtung umweltbezogener Rechtsvorschriften ist.[187] Das können auch Maßnahmen sein, die erst feststellen sollen, ob umweltbezogene Rechtsvorschriften eingehalten werden.[188] 102

D. Rechtsbehelfe gegen Unterlassen einer Entscheidung (Abs. 1 Satz 2)

Nach § 1 Abs. 1 Satz 1 ist das UmwRG nur anwendbar für Rechtsbehelfe »gegen« die dort genannten Entscheidungen. Dies bedeutet, dass entsprechende Entscheidungen erlassen sein müssen. Existiert keine Entscheidung, kann gegen sie auch kein Rechtsbehelf eingelegt werden. § 1 Abs. 1 Satz 2 erweitert den Anwendungsbereich des Gesetzes auf Fälle, in denen eine Entscheidung nach § 1 Abs. 1 Satz 1 nicht getroffen wurde, nach geltenden Rechtsvorschriften aber hätte getroffen werden müssen.[189] Das trägt den völker- und unionsrechtlichen Vorgaben Rechnung, nach denen es möglich sein muss, die materiell-rechtliche und verfahrensrechtliche Rechtmäßigkeit von Entscheidungen, Handlungen oder Unterlassungen anzufechten (Art. 9 Aarhus-Konvention, Art. 11 UVP-RL, Art. 25 IE-RL). Ob Gegenstand der Klage eine Entscheidung nach § 1 Abs. 1 Satz 1 ist, muss feststehen, damit der Anwendungsbereich des UmwRG gemäß § 1 Abs. 1 Satz 2 eröffnet ist. Eine bloße Möglichkeit genügt ebenso wie bei § 1 Abs. 1 Satz 1 nicht.[190] 103

I. Rechtsbehelf

§ 1 Abs. 1 Satz 2 erwähnt zwar Rechtsbehelfe nicht ausdrücklich als Voraussetzung. Da das UmwRG jedoch insgesamt Rechtsbehelfe regelt und da § 1 Abs. 1 Satz 2 auf die Bestimmung des § 1 Abs. 1 104

186 So ausdrücklich BVerwG, Urt. v. 23.06.2020 – 9 A 22.19, BVerwGE 168, 368 Rn. 20.
187 VG Stuttgart, Urt. v. 13.02.2025 – 8 K 6924/23, juris Rn. 52.
188 VG Stuttgart, Urt. v. 13.02.2025 – 8 K 6924/23, juris Rn. 51.
189 OVG Lüneburg, Beschl. v. 18.12.2023 – 10 OB 125/23, juris Rn. 16; OVG Münster, Urt. v. 27.10.2022 – 22 D 243/21.AK, juris Rn. 36.
190 BVerwG, Urt. v. 28.09.2023 – 4 C 6.21, BVerwGE 180, 263 Rn. 23.

Satz 1 über Rechtsbehelfe Bezug nimmt und diese erweitert (»findet auch Anwendung«), setzt auch § 1 Abs. 1 Satz 2 einen Rechtsbehelf voraus. Dieser Rechtsbehelf muss unmittelbar gegen das pflichtwidrige Unterlassen oder auf den Erlass einer Entscheidung nach § 1 Abs. 1 Satz 1 gerichtet sein.

105 Ob eine Entscheidung nach § 1 Abs. 1 Satz 1 tatsächlich **»entgegen geltenden Rechtsvorschriften«** nicht getroffen wurde, ist keine Frage des Anwendungsbereichs des UmwRG, sondern eine Frage der Begründetheit des betreffenden Rechtsbehelfs. Der Anwendungsbereich des Gesetzes ist eröffnet, wenn mit einem Rechtsbehelf geltend gemacht wird, es sei zu Unrecht keine Entscheidung nach § 1 Abs. 1 Satz 1 ergangen.[191]

106 Für Handlungen, die nicht als Rechtsbehelf zu verstehen sind oder die zwar Rechtsbehelfe darstellen, aber unmittelbar andere Ziele verfolgen, wird der Anwendungsbereich des UmwRG auch nicht durch § 1 Abs. 1 Satz 2 eröffnet (s. oben Rdn. 30 ff.).

II. Unterlassen einer Entscheidung

1. Umgehung des Abs. 1 Satz 1 durch Entscheidung in anderer Form

107 Das UmwRG ist nach § 1 Abs. 1 Satz 2 anwendbar, wenn für ein Vorhaben zwar eine behördliche Zulassungsentscheidung ergangen ist, jedoch anders als gesetzlich vorgeschrieben **nicht in der Form einer Entscheidung** nach § 1 Abs. 1 Satz 1.[192]

108 In solchen Fällen sollen die Rechtsbehelfsmöglichkeiten nach dem UmwRG nicht durch **Formenmissbrauch** der Verwaltung umgangen werden können. § 1 Abs. 1 Satz 2 soll ermöglichen, dass die getroffene Sachentscheidung auch dann zum Gegenstand eines Umweltrechtsbehelfs gemacht werden kann, wenn sie fehlerhaft nicht in Form einer Entscheidung nach § 1 Abs. 1 Satz 1 ergangen ist. Hieraus folgt, dass § 1 Abs. 1 Satz 2 in diesen Fällen den Anwendungsbereich des UmwRG auf Rechtsbehelfe gegen die tatsächlich ergangene Entscheidung erweitert. Wurde also anstelle einer Entscheidung nach § 1 Abs. 1 Satz 1 eine andere Entscheidung über die Zulässigkeit eines Vorhabens getroffen, ist der Anwendungsbereich des UmwRG auch für Rechtsbehelfe gegen diese andere Entscheidung eröffnet. Gegenstand des Umweltrechtsbehelfs kann somit die Anfechtung der zu Unrecht ergangenen Entscheidung sein. Der Umweltrechtsbehelf ist nicht auf Rügen gegen das Unterlassen einer Entscheidung in der Form des § 1 Abs. 1 Satz 1 beschränkt.[193]

109 Mit der Einfügung der Nr. 5 hat diese Fallgruppe an Bedeutung verloren. Wird beispielsweise anstelle eines Planfeststellungsbeschlusses für eine Deponie eine Baugenehmigung erteilt, dann ist das UmwRG nicht nur wegen § 1 Abs. 1 Satz 2 anwendbar, sondern auch gemäß § 1 Abs. 1 Satz 1 Nr. 5.

2. Realisierung von Projekten ohne behördliche Zulassung

110 Nach § 1 Abs. 1 Satz 2 findet das UmwRG auch Anwendung, wenn ein Projekt ohne eine erforderliche Entscheidung nach § 1 Abs. 1 Satz 1 durchgeführt wird. Das ist beispielsweise der Fall, wenn überhaupt **keine Zulassung beantragt** wird oder wenn fälschlicherweise ein **Anzeigeverfahren** an **Stelle** eines Genehmigungsverfahrens durchgeführt wird.[194] In diesem Fall können Rechtsbehelfe

---

191 BVerwG, Urt. v. 23.06.2020 – 9 A 22.19, BVerwGE 168, 368 Rn. 19; *Bunge,* UmwRG, § 1 Rn. 160; a.A. *Fellenberg/Schiller*, in: Landmann/Rohmer, Umweltrecht, § 1 UmwRG Rn. 126.

192 BVerwG, Urt. v. 19.12.2019 – 7 C 28.18, BVerwGE 167, 250 Rn. 21; OVG Hamburg, Urt. v. 04.06.2020 – 1 E 1/19.P, juris Rn. 31; OVG Berlin-Brandenburg, Urt. v. 04.09.2019 – OVG 11 B 24.16, juris Rn. 30; *Fellenberg/Schiller*, in: Landmann/Rohmer, Umweltrecht, § 1 UmwRG Rn. 128; *Karge,* UmwRG, S. 63; *Schlacke* NuR 2007, 8 (10); *Kerkmann* BauR 2007, 1527 (1530).

193 *Fellenberg/Schiller*, in: Landmann/Rohmer, Umweltrecht, § 1 UmwRG Rn. 128.

194 BT-Drs. 16/2495, S. 10; *Karge,* UmwRG, S. 63; *Schlacke* NuR 2007, 8 (10); *Franzius,* in: Schink/Reidt/Mitschang, UVPG/UmwRG, § 1 UmwRG Rn. 32.

gegen das formell rechtswidrige, weil nicht genehmigte Vorhaben erhoben werden, soweit das geltende Recht hiergegen Rechtsbehelfe vorsieht.

3. Klage auf behördliche Entscheidung

Nach der Gesetzesbegründung zur ursprünglichen Fassung des UmwRG sollte § 1 Abs. 1 Satz 2 Rechtsbehelfe, die auf den Erlass von behördlichen Aufsichtsmaßnahmen gerichtet sind, nicht erfassen.[195] Diese Überlegungen sind jedenfalls seit Einführung des § 1 Abs. 1 Satz 1 Nr. 6 überholt. Nach den völker- und unionsrechtlichen Vorgaben, an denen sich die Auslegung des § 1 orientieren muss (s. Rdn. 2 ff.), hat Deutschland die Möglichkeit zu schaffen, Unterlassungen anzufechten. In Umsetzung dieser Vorgaben erklärt § 1 Abs. 1 Satz 2 das UmwRG für anwendbar, wenn entgegen geltenden Rechtsvorschriften keine Entscheidung nach Satz 1 getroffen worden ist. Der Anwendungsbereich ist also **für alle Rechtsbehelfe eröffnet, mit denen die Unterlassung einer Entscheidung nach Abs. 1 Satz 1 gerügt wird.** Der Gesetzgeber hat ausdrücklich Aufsichtsmaßnahmen in § 1 Abs. 1 Satz 1 Nr. 6 aufgenommen, sodass sich Abs. 1 Satz 2 auch auf das Unterlassen solcher Maßnahmen bezieht. Zu der Frage, ob eine Umweltvereinigung damit auch auf Rücknahme oder Widerruf einer Entscheidung nach § 1 Abs. 1 Satz 1 klagen kann, s. oben Rdn. 101. 111

III. Unterlassen einer Entscheidung nach § 17 Abs. 1a BImSchG

Das UmwRG erfasst nach § 1 Abs. 1 Satz 1 Nr. 2 Klagen gegen eine nachträgliche Anordnung nach § 17 Abs. 1a BImSchG. Die Regelung betrifft nachträgliche Anordnungen nach § 17 Abs. 1 Satz 2 BImSchG, durch die bei IE-Anlagen Emissionsbegrenzungen neu festgelegt werden sollen. Der Anwendungsbereich des UmwRG ist aufgrund der Regelung in § 1 Abs. 1 Satz 2 auch eröffnet, wenn die zuständige Behörde eine solche nachträgliche Anordnung nicht erlässt.[196] Denn auch in diesem Fall wird entgegen geltenden Rechtsvorschriften keine Entscheidung nach § 1 Abs. 1 Satz 1 getroffen. Eine Vereinigung kann in einem solchen Fall Erlass einer entsprechenden nachträglichen Anordnung beantragen. Gegen die Ablehnung kann die Vereinigung Bescheidungsklage und im Falle einer Ermessensreduktion auf Null Verpflichtungsklage erheben. Ebenso wie bei sonstigem Unterlassen einer Entscheidung nach § 1 Abs. 1 Satz 1 sind die Rechtsbehelfe nicht auf die Feststellungsklage gemäß § 43 VwGO beschränkt. 112

E. Unberührt bleibende Vorschriften (Abs. 1 Satz 3)

Nach § 1 Abs. 1 Satz 3 bleiben bestimmte Regelungen über die Anfechtbarkeit von Entscheidungen unberührt. § 44a VwGO legt fest, dass Rechtsbehelfe gegen behördliche **Verfahrenshandlungen** nur gleichzeitig mit den gegen die Sachentscheidung zulässigen Rechtsbehelfen geltend gemacht werden können, es sei denn, behördliche Verfahrenshandlungen können vollstreckt werden oder ergehen gegen einen Nichtbeteiligten. Gemäß § 17 Abs. 3 Satz 3 und § 19 Abs. 2 Satz 6 des Standortauswahlgesetzes (StandAG) findet das UmwRG für Rechtsbehelfe gegen die Entscheidungen über das **Standortauswahlverfahren** mit der Maßgabe entsprechende Anwendung, dass die kommunalen Gebietskörperschaften, in deren Gebiet ein zur untertägigen Erkundung vorgeschlagener Standort liegt, und deren Einwohner und Grundstückseigentümer den nach § 3 UmwRG anerkannten Vereinigungen gleichstehen. Nach § 15 Abs. 3 Satz 2 des Netzausbaubeschleunigungsgesetzes Übertragungsnetz (NABEG) kann die Entscheidung über die **Bundesfachplanung** nur im Rahmen des Rechtsbehelfsverfahrens gegen die Zulassungsentscheidung für die jeweilige Ausbaumaßnahme überprüft werden.[197] § 6 Abs. 9 Satz 1 des Windenergie-auf-See-Gesetzes (WindSeeG) legt fest, dass der **Flächenentwicklungsplan** nicht selbstständig gerichtlich überprüfbar ist. Nach § 47 Abs. 4 113

---

195 BT-Drs. 16/2495, S. 10; ebenso *Ewer* NVwZ 2007, 267 (268); *Schwertner* EurUP 2007, 124 (125); *Kerkmann* BauR 2007, 1527 (1530).

196 So auch die Gesetzesbegründung BT-Drs. 16/2495, S. 10.

197 Hierzu BVerwG, Beschl. v. 24.03.2021 – 4 VR 2.20, BVerwGE 172, 57 Rn. 64; *Fellenberg/Schiller*, in: Landmann/Rohmer, Umweltrecht, § 1 UmwRG Rn. 138 ff.; *Guckelberger* NuR 2024, 73 (75).

UVPG können die **Linienbestimmungen** nach § 16 Abs. 1 FStrG und § 13 Abs. 1 WaStrG nur im Rahmen des Rechtsbehelfsverfahrens gegen die nachfolgende Zulassungsentscheidung überprüft werden. Der Verweis auf § 49 Abs. 3 UVPG geht nach Wegfall dieser Vorschrift ins Leere und soll im Zuge der anstehenden UmwRG-Novelle (siehe Rdn. 25) gestrichen werden.

114 Die Auflistung ist nicht abschließend. Nach der ausdrücklichen gesetzlichen Anordnung (in Nr. 3 a.E.) bleiben auch **andere entsprechende Rechtsvorschriften** unberührt.[198] Hiermit sind vor allem Rechtsvorschriften gemeint, die wie die aufgeführten Bestimmungen den Rechtsschutz gegen vorgelagerte formelle oder materielle Entscheidungen ausschließen oder beschränken und damit auf die eigentliche Zulassungsentscheidung konzentrieren. Wie die Regelungen des Standortauswahlgesetzes zeigen, kann der Rechtsschutz aber auch spezialgesetzlich erweitert werden.

115 Soweit nach den genannten und anderen entsprechenden Vorschriften Rechtsbehelfe gegen vorgelagerte Entscheidungen ausgeschlossen sind, eröffnet auch das UmwRG keinen weitergehenden Rechtsschutz. Die völker- und unionsrechtlichen Vorgaben stehen einer solchen **Konzentration des Rechtsschutzes auf die abschließende Sachentscheidung** nicht entgegen. Die Aarhus-Konvention zielt auf effektiven Rechtsschutz ab, belässt die nähere Ausgestaltung aber den Vertragsparteien (Art. 9 Abs. 4 Aarhus-Konvention). Nach Art. 11 Abs. 2 UVP-RL und Art. 25 Abs. 2 IE-RL legen die Mitgliedstaaten fest, in welchem Verfahrensstadium die Entscheidungen, Handlungen oder Unterlassungen angefochten werden können. Hiermit ist es vereinbar, wenn rechtliche Mängel einer vorgelagerten Entscheidung oder einer Verfahrenshandlung erst im Rahmen der Kontrolle der Letztentscheidung über das konkrete Vorhaben überprüft werden.[199]

F. Zweitklageverbot (Abs. 1 Satz 4)

116 Der Anwendungsbereich des UmwRG wird durch § 1 Abs. 1 Satz 4 eingeschränkt. Nach dieser Vorschrift gelten die Sätze 1 und 2 des § 1 Abs. 1 nicht, wenn eine Entscheidung i.S.d. § 1 Abs. 1 aufgrund einer Entscheidung in einem verwaltungsgerichtlichen Streitverfahren erlassen worden ist. Rechtsbehelfe gegen eine solche Entscheidung können daher nicht nach den Vorschriften des UmwRG erhoben werden.

117 Mit § 1 Abs. 1 Satz 4 hat der Gesetzgeber die Regelung des § 61 Abs. 1 Satz 2 BNatSchG a.F. übernommen. Die Bestimmung des § 1 Abs. 1 Satz 4 dient nach der Gesetzesbegründung dem Schutz der materiellen Rechtskraft einer gerichtlichen Entscheidung. Eine Verwaltungsentscheidung, die der materiellen Rechtskraft einer gerichtlichen Entscheidung unterfällt, soll nicht nochmals angegriffen werden können.[200] In der Gesetzesbegründung zu § 61 Abs. 1 Satz 2 BNatSchG heißt es nur, es solle eine »doppelte gerichtliche Befassung mit dem Verwaltungsakt ausgeschlossen werden«.[201] Mit dieser Zielrichtung erweist sich die Vorschrift nach der Rechtsprechung als **Ergänzung des Instituts der materiellen Rechtskraft**. Die Rechtskraft wirkt zwischen den Beteiligten eines gerichtlichen Verfahrens. § 1 Abs. 1 Satz 4 dehnt ihre Bindungswirkung auf an solchen Verfahren nicht beteiligte Umweltverbände aus.[202]

118 Nach dem Wortlaut muss Grund der Sachentscheidung eine gerichtliche Entscheidung in einem Verwaltungsprozess gewesen sein. Die gerichtliche Entscheidung muss für den Erlass der Sachent-

198 BR-Drs. 422/16, S. 32; vgl. auch *Bunge,* UmwRG, § 1 Rn. 179 unter Hinweis auf § 6 LuftVG und BVerwGE 56, 110 (134).

199 Ebenso *Fellenberg/Schiller*, in: Landmann/Rohmer, Umweltrecht, § 1 UmwRG Rn. 146; *Ewer* NVwZ 2007, 267 (268); kritisch dagegen *Schlacke*, in: Gärditz, VwGO, § 1 UmwRG Rn. 68; *Franzius*, in: Schink/Reidt/Mitschang, UVPG/UmwRG, § 1 UmwRG Rn. 14 f.

200 BT-Drs. 16/2495, S. 11.

201 BT-Drs. 14/6378, S. 61.

202 BVerwG, Urt. v. 12.03.2008 – 9 A 3.06, BVerwGE 130, 299 Rn. 24; VG Aachen, Beschl. v. 16.07.2012 – 7 K 1970/09, juris Rn. 26; *Fellenberg/Schiller*, in: Landmann/Rohmer, Umweltrecht, § 1 UmwRG Rn. 148.

scheidung gemäß § 1 Abs. 1 Satz 1 kausal geworden sein. Das ist der Fall, soweit Gerichtsurteile die Behörde verpflichten, eine gebundene Entscheidung zu erlassen (§ 113 Abs. 5 Satz 1 VwGO) oder den Kläger unter Beachtung der Rechtsauffassung des Gerichts zu bescheiden (§ 113 Abs. 5 Satz 2 VwGO). Bei einem **Verpflichtungsurteil** ist eine Zweitklage generell ausgeschlossen, bei einem **Bescheidungsurteil** nur soweit, wie sie sich zu der im Bescheidungsurteil zum Ausdruck gebrachten Rechtsauffassung des Gerichts in Widerspruch setzt.[203] § 1 Abs. 1 Satz 4 soll verhindern, dass die Fragen, die bereits im Verpflichtungsrechtsstreit mit Rechtskraftwirkung entschieden wurden (insb. die Genehmigungsvoraussetzungen), in einem gegen die ergangene Entscheidung geführten Prozess eines durch die Rechtskraft nicht gebundenen Dritten nochmals einer gerichtlichen Überprüfung unterzogen werden müssen. Es soll ein identischer Streitgegenstand nicht zweimal hintereinander gerichtlich geprüft werden. Diese ratio greift nicht, soweit die im Erstprozess ergangene gerichtliche Entscheidung **der Behörde für deren Sachentscheidung Spielräume belässt.**[204]

Teilweise wird vertreten, das Verbot der Zweitklage greife nur ein, wenn das Verwaltungsgericht im Erstprozess die Frage einer Verletzung des Umweltrechts auch **ausreichend geprüft** habe.[205] Dieser Ansicht ist nicht zu folgen, weil sie der Sache nach zu einer Kontrolle der im Erstprozess ergangenen Entscheidung führt und damit dem Ziel des § 1 Abs. 1 Satz 4, die materielle Rechtskraft der verwaltungsgerichtlichen Entscheidung im Erstprozess zu respektieren, nicht entspricht. Ob die Sachentscheidung vor oder nach Rechtskraft der Verwaltungsgerichtsentscheidung ergeht, spielt keine Rolle.[206] 119

Auf eine **Anfechtungssituation** ist die Vorschrift nicht anwendbar. Hat die Anfechtungsklage eines Umweltverbands Erfolg und erlässt die Behörde eine neue (geänderte) Genehmigung, handelt es sich rechtlich nicht um denselben Verwaltungsakt. In einem neuen Anfechtungsprozess findet deshalb keine doppelte Prüfung statt. Ein Ausschluss von Rechtsbehelfen nach dem UmwRG erscheint in diesem Fall nicht angebracht, zumal die neue Entscheidung an neuen rechtlichen Fehlern leiden kann und der gebotene weite Zugang zu den Gerichten den Umweltverband im Sinne einer effektiven Umsetzung der Umweltschutzziele zur Rüge aller rechtlichen Fehler befähigen soll. Den unionsrechtlichen Vorgaben entspricht es nicht, wenn die Genehmigungsbehörde nach Erlass einer rechtswidrigen Entscheidung und Prozessverlust machen könnte »was sie will, ohne dass ihr eine neue Verbandsklage droht«.[207] Entsprechendes gilt, wenn ein rechtlicher Mangel gemäß § 75 Abs. 1a VwVfG, § 4 Abs. 1b oder § 7 Abs. 5 UmwRG durch **Entscheidungsergänzung** oder durch ein **ergänzendes Verfahren** behoben werden soll. Klagen gegen eine solche ergänzende Entscheidung sind durch § 1 Abs. 1 Satz 4 nicht ausgeschlossen.[208] § 1 Abs. 1 Satz 4 steht deshalb auch einer erneuten Anwendung der §§ 75 Abs. 1a VwVfG, 4 Abs. 1b, 7 Abs. 5 UmwRG nicht entgegen, wenn die ergänzende Entscheidung wiederum an einem Mangel leidet, der durch Entscheidungsergänzung oder ein ergänzendes Verfahren behoben werden kann. 120

203 Für Bescheidungsurteile wie hier *Fellenberg/Schiller*, in: Landmann/Rohmer, Umweltrecht, § 1 UmwRG Rn. 149; *Schlacke*, in: Gärditz, VwGO, § 1 UmwRG Rn. 70; *Franzius*, in: Schink/Reidt/Mitschang, UVPG/UmwRG, § 1 UmwRG Rn. 34; a.A. *Happ*, in: Eyermann, VwGO, § 1 UmwRG Rn. 26; *Gassner*, in: Gassner/Bendomir-Kahlo/Schmidt-Räntsch, BNatSchG, § 61 Rn. 15; *Leppin*, in: Lütkes/Ewer, BNatSchG, § 64 Rn. 53.

204 BVerwG, Urt. v. 12.03.2008 – 9 A 3.06, BVerwGE 130, 299 Rn. 24.

205 *Heselhaus*, in: Frenz/Müggenborg, BNatSchG § 64 Rn. 39 m.w.N.

206 *Fellenberg/Schiller*, in: Landmann/Rohmer, Umweltrecht, § 1 UmwRG Rn. 152; a.A. *Happ*, in: Eyermann, VwGO, § 1 UmwRG Rn. 26; *Ewer* NVwZ 2007, 267 (268).

207 So etwas überspitzt *Vallendar* UPR 2008, 1 (2).

208 BVerwG, Urt. v. 12.03.2008 – 9 A 3.06, BVerwGE 130, 299 Rn. 24; *Happ*, in: Eyermann, VwGO, § 1 UmwRG Rn. 26; *Schlacke*, in: Gärditz, VwGO, § 1 UmwRG Rn. 70; ebenso für Nebenbestimmungen OVG Lüneburg, Beschl. v. 18.12.2023 – 10 OB 125/23, juris Rn. 23.

G. Territorialer Anwendungsbereich (Abs. 2)

I. Deutsches Staatsgebiet

121 Der räumliche Geltungsbereich von Bundesrecht und damit auch des UmwRG ist auf das Staatsgebiet der Bundesrepublik Deutschland begrenzt. § 1 Abs. 2 setzt dies voraus und regelt demgemäß nur die Abgrenzung des territorialen Anwendungsbereichs des UmwRG zur Hohen See.[209]

II. Ausschließliche Wirtschaftszone oder Festlandsockel

122 Nach § 1 Abs. 2 gilt das UmwRG auch im Bereich der ausschließlichen Wirtschaftszone oder des Festlandsockels im Rahmen der Vorgaben des Seerechtsübereinkommens (SRÜ) der Vereinten Nationen vom 10.12.1982.[210] Eine ausdrückliche Erstreckung des territorialen Geltungsbereichs des UmwRG auf die ausschließliche Wirtschaftszone oder den Festlandsockel war erforderlich, weil dieser Bereich nicht zum regulären Hoheitsgebiet Deutschlands zählt. Rechtsnormen gelten in der ausschließlichen Wirtschaftszone nicht automatisch, sondern nur dann, wenn die Bundesrepublik Deutschland eine ausschließliche Wirtschaftszone erklärt und den Geltungsbereich von Rechtsnormen ausdrücklich auf diese Zone erstreckt hat.[211]

123 Die ausschließliche Wirtschaftszone[212] ist nach Art. 55 SRÜ ein jenseits des Küstenmeeres gelegenes und an dieses angrenzende Gebiet, in dem der Küstenstaat besondere Rechte und Hoheitsbefugnisse hat. Der Festlandsockel eines Küstenstaats umfasst den jenseits seines Küstenmeeres gelegenen Meeresboden und Meeresuntergrund der Unterwassergebiete, die sich über die gesamte natürliche Verlängerung seines Landgebiets bis zur äußeren Kante des Festlands oder bis zu einer Entfernung von 200 Seemeilen von den Basislinien, von denen aus die Breite des Küstenmeeres gemessen wird, erstrecken (Art. 76 Abs. 1 SRÜ). Dem Küstenstaat stehen in der ausschließlichen Wirtschaftszone u.a. Hoheitsbefugnisse in Bezug auf die Genehmigung, Errichtung und Nutzung von künstlichen Inseln, Anlagen und Bauwerken zu (Art. 56 Abs. 1, 60 Abs. 1 SRÜ). Entsprechendes gilt im Bereich des Festlandsockels (Art. 77 Abs. 1, 80 SRÜ). Die ausschließliche Wirtschaftszone und der Festlandsockel der Bundesrepublik Deutschland sind aus den Kartenteilen der Verordnung über die Raumordnung in der deutschen ausschließlichen Wirtschaftszone in der Nordsee vom 21.09.2009 (BGBl. I S. 3107) und der entsprechenden Verordnung für die Ostsee vom 10.12.2009 (BGBl. I S. 3861) ersichtlich.

124 Die Bundesrepublik Deutschland ist nach den dargestellten Regelungen des Seerechtsübereinkommens der Vereinten Nationen in ihrer ausschließlichen Wirtschaftszone und im Bereich ihres Festlandsockels allein zuständig für die Genehmigung von baulichen Anlagen wie z.B. Offshore-Windkraftanlagen. Handelt es sich um Entscheidungen i.S.d. § 1 Abs. 1 Satz 1, eröffnet § 1 Abs. 2 für hiergegen gerichtete Rechtsbehelfe den Anwendungsbereich des UmwRG.

H. Verhältnis zur naturschutzrechtlichen Verbandsklage (Abs. 3)

125 In der Begründung zum Gesetzentwurf vom 04.09.2006 ging die Bundesregierung noch davon aus, dass die Verbandsklage gem. § 61 BNatSchG (a.F.) dem UmwRG vorgeht.[213] In der Literatur wurde zu Recht geltend gemacht, dass sich dieses angebliche Spezialitätsverhältnis im Wortlaut des § 1 und der weiteren Vorschriften des UmwRG sowie in § 61 BNatSchG (a.F.) nicht niedergeschlagen hatte.[214] Dementsprechend ging die überwiegende Auffassung davon aus, dass kein Spezialitätsverhält-

209 Vgl. BVerwG, Urt. v. 29.04.2021 – 4 C 2.19, NVwZ 2021, 1630 Rn. 20.
210 BGBl. 1994 II S. 1799; BGBl. 1995 II S. 602.
211 OVG Hamburg, Beschl. v. 01.09.2004 – 1 Bf 128/04, NordÖR 2005, 35 (37); VG Hamburg, Urt. v. 01.12.2003 – 19 K 2474/2003, NordÖR 2004, 161 (162); *Schlacke* NuR 2007, 8 (10, Fußnote 37).
212 Dazu auch *Schlacke* NuR 2007, 8 (10).
213 BT-Drs. 16/2495, S. 11.
214 *Schlacke* NuR 2007, 8 (13).

nis besteht, vielmehr die Klagemöglichkeit von Vereinigungen nach dem UmwRG gleichberechtigt neben der naturschutzrechtlichen Verbandsklage stand.[215] Mit dem durch das Gesetz zur Änderung des UmwRG und anderer umweltrechtlicher Vorschriften vom 21.01.2013 eingefügten § 1 Abs. 3 und einer entsprechenden Änderung in § 64 Abs. 1 BNatSchG wollte der Gesetzgeber klarstellen, dass das UmwRG der Verbandsklage vorgeht, wenn beide Gesetze in vollem Umfang anwendbar wären.[216] Im Gesetzgebungsverfahren des Gesetzes zur Anpassung des UmwRG und anderer Vorschriften an europa- und völkerrechtliche Vorgaben vom 29.05.2017 forderte der Bundesrat, den Anwendungsausschluss von § 64 Abs. 1 BNatSchG auf sämtliche Rechtsbehelfe nach dem UmwRG auszudehnen, um parallele Klagemöglichkeiten nach dem BNatSchG und dem UmwRG auszuschließen.[217] Die Bundesregierung stimmte zu, dass es Planfeststellungsverfahren gebe, die nicht unter § 1 Abs. 1 Satz 1 Nr. 1 und 2, sondern unter die neue Nr. 5 fallen. Daher sei es systemgerecht, den geltenden § 1 Abs. 3 um eine Bezugnahme auf § 1 Abs. 1 Satz 1 Nr. 5 zu erweitern. Im Übrigen solle die bisherige Rechtslage der parallelen Anwendung beider Gesetze – unbeschadet des geltenden § 1 Abs. 3 – zunächst fortgeführt werden.[218]

Aus dem Wortlaut und aus der dargestellten Entstehungsgeschichte folgt, dass der durch § 1 Abs. 3 angeordnete Vorrang des UmwRG nicht für alle Entscheidungen i.S.v. § 1 Abs. 1 Satz 1 gilt, sondern nur für Entscheidungen, die in einem Planfeststellungsverfahren ergehen. Durch die Bezugnahme auf § 1 Abs. 1 Satz 1 Nr. 5 wird klargestellt, dass dies auch dann gilt, wenn keine UVP-Pflicht in Betracht kommt. Da in den von § 64 BNatSchG erfassten Planfeststellungsverfahren stets umweltbezogene Rechtsvorschriften anzuwenden sind, erfasst der Anwendungsvorrang des UmwRG nun alle **Planfeststellungsbeschlüsse.** 126

Fraglich ist, ob § 1 Abs. 3 auch auf **Plangenehmigungen** anwendbar ist.[219] Der Wortlaut der Vorschrift (»Planfeststellungsverfahren«) scheint dagegen zu sprechen, zumal die §§ 64, 63 BNatSchG, auf die sich § 1 Abs. 3 bezieht, ausdrücklich zwischen Planfeststellungsverfahren und Plangenehmigungen differenzieren. Für ein weiteres Verständnis könnte jedoch angeführt werden, dass der Gesetzgeber § 1 Abs. 3 ausdrücklich auf nicht UVP-pflichtige planfeststellungsbedürftige Vorhaben erweitern wollte (s. Rdn. 125). Da der Wegfall der UVP-Pflicht nach dem Fachrecht regelmäßig dazu führt, dass anstelle der Planfeststellung eine Plangenehmigung erteilt wird, erschiene es widersprüchlich, diese Erweiterung nur auf Planfeststellungsbeschlüsse zu beziehen. Es spricht viel dafür, dass ein redaktionelles Versehen vorliegt und dass die dem bisherigen Anwendungsbereich entsprechende Formulierung »Planfeststellungsverfahren« nicht an den erweiterten Anwendungsbereich angepasst wurde.[220] Folgt man dem, kommt dem UmwRG nicht nur für Klagen gegen Planfeststellungsbeschlüsse, sondern auch für Klagen gegen Plangenehmigungen Vorrang zu. 127

§ 1 Abs. 3 erfasst nicht **selbstständige naturschutzrechtliche Befreiungen** i.S.v. § 63 Abs. 1 Nr. 5 BNatSchG, die von der Konzentrationswirkung der Planfeststellung nicht erfasst sind oder außerhalb von Planfeststellungsverfahren ergehen. In diesem Fall sind die Rechtsbehelfe nach dem UmwRG und die naturschutzrechtliche Verbandsklage parallel anwendbar und können in demselben Verfahren geltend gemacht werden.[221] 128

215 OVG Bremen, Urt. v. 04.06.2009 – 1 A 9/09, NordÖR 2009, 460 (461); VGH München, Urt. v. 23.06.2009 – 8 A 08.40001, UPR 2010, 38; *Schlacke* NuR 2007, 8 (13); *Vees* ZUR 2008, 373; *Schrödter* NVwZ 2009, 157 (160), *Marty* ZUR 2009, 115 (121); *Niederstadt/Weber* NuR 2009, 297; a.A. VG Bremen, Urt. v. 29.11.2007 – 5 K 565/07, ZUR 2008, 368 (369); *Kerkmann* BauR 2007, 1527 (1529); *Spieth/Appel* NuR 2009, 312 (314); *Schumacher* UPR 2008, 13 (19).

216 BR-Drs. 469/12, S. 35.

217 BR-Drs. 422/16 (Beschluss), S. 3.

218 BT-Drs. 18/9909, S. 5.

219 Verneinend *Bunge,* UmwRG, § 1 Rn. 193.

220 Auch die amtliche Überschrift vor §§ 72 ff. VwVfG lautet »Planfeststellungsverfahren« und schließt die Plangenehmigung ein (§ 74 Abs. 6 VwVfG).

221 BR-Drs. 469/12, S. 35; BT-Drs. 16/2495, S. 11; *Bunge,* UmwRG, § 1 Rn. 193.

I. Umweltbezogene Rechtsvorschriften (Abs. 4)

129 Abs. 4 konkretisiert den Begriff der umweltbezogenen Rechtsvorschriften, der in § 1 Abs. 1 Satz 1 Nr. 5 und 6 und in § 2 Abs. 1 Satz 2 und Abs. 4 Satz 1 Nr. 2 verwendet wird, nach Maßgabe des Art. 2 Abs. 2 Aarhus-Konvention und der nationalen Ausprägung in § 2 Abs. 3 Nr. 1 und 2 UIG.[222] Im Zweifel ist der »Umweltbezug« weit auszulegen.[223]

I. Bestimmungen

130 Umweltbezogene Rechtsvorschriften sind **Bestimmungen**, ohne dass näher konkretisiert wird, welche Art von Bestimmungen gemeint sind. § 1 Abs. 1 Satz 1 Nr. 5 und 6 nehmen auf umweltbezogene Rechtsvorschriften »des Bundesrechts, des Landesrechts oder unmittelbar geltender Rechtsakte der Europäischen Union« Bezug, während § 2 Abs. 1 Satz 2 und Abs. 4 Satz 1 Nr. 2 nur von »umweltbezogenen Rechtsvorschriften« ohne diese Ergänzung sprechen. Ein inhaltlicher Unterschied ist aber ersichtlich nicht bezweckt. Mit den Bestimmungen des Abs. 4 sind deshalb wie in § 1 Abs. 1 Satz 1 Nr. 5 und 6 Rechtsvorschriften des Bundesrechts, des Landesrechts oder unmittelbar geltender Rechtsakte der Europäischen Union gemeint. **Rechtsvorschriften** in diesem Sinne sind abstrakt-generelle Regelungen mit Außenwirkung, also Gesetze, Rechtsverordnungen und Satzungen, dagegen nicht Verwaltungsvorschriften, Verträge oder Verwaltungsakte. Satzungen von Gebietskörperschaften sind Teil des Landesrechts.[224] Völkerrechtliche Bestimmungen sind nur relevant, soweit sie als Bundesrecht, Landesrecht oder Unionsrecht Geltung haben (vgl. z.B. Art. 25, 59 Abs. 2 Satz 1 GG).

131 Umweltbezogene Rechtsvorschriften können nicht nur materiell-rechtliche Vorschriften sein, sondern auch solche des **Verfahrensrechts**, wenn sie einen hinreichenden Umweltbezug aufweisen. Dass verfahrensrechtliche Vorschriften, die der Umwelt dienen, ausgenommen wären, lässt sich weder Art. 9 Abs. 3 der Aarhus-Konvention, noch § 1 Abs. 1 Satz 1 Nr. 5 und Abs. 4 entnehmen.

132 Eine umweltbezogene Rechtsvorschrift liegt auch dann vor, wenn die Vorschrift nach ihrem Wortlaut zwar nicht ausdrücklich auf Umweltbelange abstellt, wenn solche Belange aber im Rahmen der Auslegung des Gesetzes, bei der Ausfüllung **unbestimmter Rechtsbegriffe** oder im Rahmen einer vorgesehenen **Ermessensentscheidung** berücksichtigt werden.[225] Damit der Begriff der umweltbezogenen Rechtsvorschrift nicht jede Kontur verliert, ist eine **Einschränkung** aber bei sehr offenen Begriffen zu machen. Wenn Umweltbelange zwar theoretisch berücksichtigt werden können, im Ergebnis aber wegen anderer maßgeblicher Gesichtspunkte erkennbar keine Bedeutung für die Auslegung oder Entscheidung entfalten können, dann liegt keine umweltbezogene Rechtsvorschrift vor.[226]

II. Zum Schutz von Mensch und Umwelt

133 Die genannten Bestimmungen müssen dem Schutz von Mensch und Umwelt dienen. Der Begriff der Umwelt entspricht der Summe der in § 2 Abs. 3 Nr. 1 UIG bezeichneten Umweltbestandteile (s.u. 3.). Der Schutz von Mensch und Umwelt muss nicht notwendig Primärzweck des Gesetzes sein. Es genügt, dass es auch diesen Zweck verfolgt. Die im Rahmen der Zulassung von Vorhaben relevanten Gesetze werden durchweg diesem Erfordernis entsprechen. Der erforderliche Schutzzweck fehlt aber bei rein organisationsrechtlichen Rechtsvorschriften (z.B. Rechtsverordnung über die

---

222 BR-Drs. 422/16, S. 32.

223 BVerwG, Urt. v. 28.09.2023 – 4 C 6.21, BVerwGE 180, 263 Rn. 41; OVG Berlin-Brandenburg, Urt. v. 30.11.2023 – 11 A 1/23, juris Rn. 77; OVG Bautzen, Beschl. v. 27.09.2023 – 1 B 131/23, juris Rn. 15; *Seibert* NVwZ 2018, 97 (98).

224 VGH München, Urt. v. 25.09.2023 – 9 BV 22.481, juris Rn. 41; *Guckelberger* NuR 2024, 73 (77); a.A. *Bunge* NuR 2023, 675 (682), der hier zu Unrecht eine Abweichung von Art. 9 Abs. 3 Aarhus-Konvention sieht.

225 VGH Mannheim, Beschl. v. 10.06.2025 – 5 S 385/25, juris Rn. 47.

226 Ähnlich VG München, Beschl. v. 17.02.2025 – M 9 SN 24.7833, juris Rn. 27 ff.

Zuständigkeit von Behörden) oder bei Rechtsvorschriften, die allgemeine rechtliche Konzepte oder Anforderungen ohne spezifischen Bezug zu Mensch und Umwelt regeln (z.B. Gesetz über die Verkündung von Rechtsverordnungen). Insgesamt kommt dem Kriterium des Schutzes von Mensch und Umwelt keine wesentliche einschränkende Wirkung zu.

III. Bezug auf den Zustand von Umweltbestandteilen

Der erforderliche Umweltbezug kann darin bestehen, dass sich die Rechtsvorschrift zum Schutz von Mensch und Umwelt auf den Zustand von Umweltbestandteilen i.S.v. § 2 Abs. 3 Nr. 1 UIG bezieht. Der Begriff des **Zustands** ist weit zu verstehen und erfasst gegenwärtige, zurückliegende und zukünftige Verhältnisse.[227] Als **Umweltbestandteile** bezeichnet § 2 Abs. 3 Nr. 1 UIG Luft, Atmosphäre, Wasser, Boden, Landschaft, natürliche Lebensräume einschließlich Feuchtgebiete, Küsten- und Meeresgebiete, die Artenvielfalt und ihre Bestandteile, einschließlich gentechnisch veränderter Organismen, sowie die Wechselwirkungen zwischen diesen Bestandteilen. Umweltbezogene Vorschriften, die auf Umweltbestandteile bezogen sind, finden sich beispielsweise im Immissionsschutzrecht, Wasserrecht, Bodenschutzrecht, Baurecht, Bergrecht, Abfallrecht, Naturschutzrecht, Waldrecht, Landwirtschaftsrecht, Gentechnikrecht, Jagdrecht und Fischereirecht. 134

Der Zustand der **Luft** bezeichnet den physikalisch-chemischen Zustand der Erdatmosphäre bis zur Grenze des Weltraums.[228] Der Zustand der **Atmosphäre** meint darüber hinaus auch die Wetterbedingungen und das lokale und globale Klima. Der Klimawandel hat auch Auswirkungen auf andere Umweltbestandteile. Rechtsvorschriften, die dem **Klimaschutz** oder der Klimaanpassung dienen, sind deshalb umweltbezogene Rechtsvorschriften.[229] Der Zustand des **Wassers** umfasst insbesondere den Zustand der Gewässer i.S.v. § 1 WHG, also der oberirdischen Gewässer, der Küstengewässer und des Grundwassers. Der **Boden** erfasst die obere Schicht der Erdkruste als Teil des Naturhaushalts und als Lebensgrundlage von Menschen, Tieren und Pflanzen, soweit sein Zustand Auswirkungen auf den Menschen oder auf andere Umweltbestandteile haben kann.[230] Der Zustand der **Landschaft** und der **natürlichen Lebensräume** und der **Artenvielfalt** bezeichnet in einem umfassenden Sinn die Land- und Meeresgebiete einschließlich der dort wachsenden Pflanzen und der dort lebenden Tiere. Da Tiere nur als Teil der natürlichen Umwelt unter dem Aspekt der Biodiversität erfasst sind, wird das Wohlergehens des einzelnen Tieres im Sinne des Tierschutzrechts nicht den Umweltbelangen zugerechnet.[231] Der Begriff der **Wechselwirkungen** ist so zu verstehen wie in § 2 Abs. 1 Nr. 5 UVPG. 135

Mit Blick auf die Erweiterung des Anwendungsbereichs durch § 1 Abs. 1 Satz 1 Nr. 5 ist von besonderer praktischer Bedeutung, inwieweit das **Bauplanungsrecht** zu den umweltbezogenen Vorschriften zählt. Die Vorschriften über die Bauleitplanung in §§ 1 ff. BauGB und die Bestimmungen über die Zulassung einzelner Vorhaben in §§ 30 ff. BauGB beziehen sich auf Umweltbestandteile, weil sie auf eine Veränderung des Bodens gerichtet sind und grundsätzlich Auswirkungen auf die Landschaft, die natürlichen Lebensräume, die Artenvielfalt, die lokale Atmosphäre und auf Gewässer haben können. Im **Bauordnungsrecht** ist der Umweltbezug geringer ausgeprägt. Soweit das Bauordnungsrecht die Sicherheit und Ordnungsmäßigkeit der Bauausführung gewährleisten will oder Fragen der Baugestaltung regelt, fehlt es an einem hinreichenden Umweltbezug. Behandeln bauordnungsrechtliche Vorschriften jedoch spezifische Umweltbelange, liegen umweltbezogene Rechtsvorschriften vor (z.B. Bestimmungen über Waldabstand, Versiegelung von Stellplätzen, Versickerung 136

227 *Fluck/Theuer*, in: Fluck/Fischer/Martini, Informationsfreiheitsrecht, § 2 UIG Rn. 277 f.

228 *Fluck/Theuer*, in: Fluck/Fischer/Martini, Informationsfreiheitsrecht, § 2 UIG Rn. 280.

229 VGH Mannheim, Beschl. v. 10.06.2025 – 5 S 385/25, juris Rn. 47; OVG Berlin-Brandenburg, Urt. v. 30.11.2023 – 11 A 1/23, juris Rn. 78; *Guckelberger* NuR 2024, 73 (78 f.).

230 Vgl. *Fluck/Theuer*, in: Fluck/Fischer/Martini, Informationsfreiheitsrecht, § 2 UIG Rn. 285.

231 BVerwG, Urt. v. 30.01.2020 – 10 C 11.19, BVerwGE 167, 311 Rn. 22 ff.; kritisch *Kerstensteiner* ZUR 2025, 332 (336 ff.).

von Regenwasser, Begrünung von Dächern, Energieeffizienz und Klimaschutz). Vorgaben des **Denkmalschutzrechts** fehlt der notwendige Umweltbezug.[232]

137 Fraglich ist, ob auch **Innenräume** und sonstige innerhalb der Umweltbestandteile vom Menschen geschaffene, von der äußeren Umwelt abgeschlossene Bereiche zur Umwelt zählen. Soweit man in solchen Räumen von Umweltbestandteilen oder Faktoren i.S.v. § 2 Abs. 3 Nr. 1 UIG sprechen kann, ist die Frage zu bejahen. Dass die Regelung vorwiegend dem Gesundheitsschutz dient, steht nicht entgegen, weil es ausreicht, dass sich eine Bestimmung zum Schutz des Menschen auf den Zustand von Umweltbestandteilen bezieht. Deshalb sind z.B. auch Anforderungen an die Trinkwasserqualität, die Qualität der Innenluft[233] und die Schadstofffreiheit von Produkten im Wohnbereich umweltbezogene Bestimmungen.

IV. Bezug auf Faktoren

138 Eine Vorschrift ist auch dann umweltbezogen i.S.v. Abs. 4, wenn sie sich zum Schutz von Mensch und Umwelt auf **Faktoren** i.S.v. § 2 Abs. 3 Nr. 2 UIG bezieht. Faktoren im Sinne dieser Vorschrift sind Umstände, die sich auf Umweltbestandteile (§ 2 Abs. 3 Nr. 1 UIG) auswirken oder wahrscheinlich auswirken, wie Stoffe, Energie, Lärm, Strahlung, Abfälle, Emissionen, Ableitungen und sonstige Freisetzungen von Stoffen in die Umwelt.[234] Es genügt somit, dass ein Gesetz Anforderungen an die genannten Wirkungsfaktoren aufstellt, ohne sich mit den Wirkungen dieser Faktoren auf die Umweltbestandteile zu befassen. Umweltbezogene Rechtsvorschriften, die an Faktoren anknüpfen, finden sich beispielsweise im Chemikalienrecht, Immissionsschutzrecht, Atomrecht, Strahlenschutzrecht und Abfallrecht.

§ 2 Rechtsbehelfe von Vereinigungen

(1) [1]Eine nach § 3 anerkannte inländische oder ausländische Vereinigung kann, ohne eine Verletzung in eigenen Rechten geltend machen zu müssen, Rechtsbehelfe nach Maßgabe der Verwaltungsgerichtsordnung gegen eine Entscheidung nach § 1 Abs. 1 Satz 1 oder deren Unterlassen einlegen, wenn die Vereinigung

1. **geltend macht, dass eine Entscheidung nach § 1 Abs. 1 Satz 1 oder deren Unterlassen Rechtsvorschriften, die für die Entscheidung von Bedeutung sein können, widerspricht,**
2. **geltend macht, in ihrem satzungsgemäßen Aufgabenbereich der Förderung der Ziele des Umweltschutzes durch die Entscheidung nach § 1 Abs. 1 Satz 1 oder deren Unterlassen berührt zu sein, und**
3. **im Falle eines Verfahrens nach**
   a) **§ 1 Absatz 1 Satz 1 Nummer 1 bis 2b zur Beteiligung berechtigt war;**
   b) **§ 1 Absatz 1 Satz 1 Nummer 4 zur Beteiligung berechtigt war und sie sich hierbei in der Sache gemäß den geltenden Rechtsvorschriften geäußert hat oder ihr entgegen den geltenden Rechtsvorschriften keine Gelegenheit zur Äußerung gegeben worden ist.**

[2]Bei Rechtsbehelfen gegen eine Entscheidung nach § 1 Absatz 1 Satz 1 Nummer 2a bis 6 oder gegen deren Unterlassen muss die Vereinigung zudem die Verletzung umweltbezogener Rechtsvorschriften geltend machen.

(2) [1]Eine Vereinigung, die nicht nach § 3 anerkannt ist, kann einen Rechtsbehelf nach Absatz 1 nur dann einlegen, wenn

1. **sie bei Einlegung des Rechtsbehelfs die Voraussetzungen für eine Anerkennung erfüllt,**
2. **sie einen Antrag auf Anerkennung gestellt hat und**

---

232 OVG Berlin-Brandenburg, Urt. v. 19.09.2023 – OVG 3a A 73/23, juris Rn. 35; VG München, Beschl. v. 17.02.2025 – M 9 SN 24.7833, juris Rn. 30 ff.

233 A.A. *Fluck/Theuer*, in: Fluck/Fischer/Martini, Informationsfreiheitsrecht, § 2 UIG Rn. 280.

234 Näher hierzu *Fluck/Theuer*, in: Fluck/Fischer/Martini, Informationsfreiheitsrecht, § 2 UIG Rn. 297 ff.

3. über eine Anerkennung aus Gründen, die von der Vereinigung nicht zu vertreten sind, noch nicht entschieden ist.

[2]Bei einer ausländischen Vereinigung gelten die Voraussetzungen der Nummer 3 als erfüllt. [3]Mit der Bestandskraft einer die Anerkennung versagenden Entscheidung wird der Rechtsbehelf unzulässig.

(3) [1]Ist eine Entscheidung nach § 1 Absatz 1 Satz 1 nach den geltenden Rechtsvorschriften weder öffentlich bekannt gemacht noch der Vereinigung bekannt gegeben worden, so müssen Widerspruch oder Klage binnen eines Jahres erhoben werden, nachdem die Vereinigung von der Entscheidung Kenntnis erlangt hat oder hätte erlangen können. [2]Widerspruch oder Klage gegen eine Entscheidung nach § 1 Absatz 1 Satz 1 Nummer 5 oder 6 müssen jedoch spätestens binnen zweier Jahre, nachdem der Verwaltungsakt erteilt wurde, erhoben werden. [3]Satz 1 gilt entsprechend, wenn eine Entscheidung nach § 1 Absatz 1 Satz 1 entgegen geltenden Rechtsvorschriften nicht getroffen worden ist und die Vereinigung von diesem Umstand Kenntnis erlangt hat oder hätte erlangen können.

(4) [1]Rechtsbehelfe nach Absatz 1 sind begründet, soweit
1. die Entscheidung nach § 1 Absatz 1 Satz 1 Nummer 1 und 2 oder deren Unterlassen gegen Rechtsvorschriften verstößt, die für diese Entscheidung von Bedeutung sind, oder
2. die Entscheidung nach § 1 Absatz 1 Satz 1 Nummer 2a bis 6 oder deren Unterlassen gegen umweltbezogene Rechtsvorschriften verstößt, die für diese Entscheidung von Bedeutung sind, und der Verstoß Belange berührt, die zu den Zielen gehören, die die Vereinigung nach ihrer Satzung fördert. [2]Bei Entscheidungen nach § 1 Absatz 1 Satz 1 Nummer 1 oder 4 muss zudem eine Pflicht zur Durchführung einer Umweltprüfung im Sinne von § 2 Absatz 10 des Gesetzes über die Umweltverträglichkeitsprüfung bestehen.

Übersicht

A. Grundstruktur der Verbandsklage, Verhältnis zum Naturschutzrecht und Historie

I. Verhältnis zum Naturschutzrecht und zur VwGO

1 Der **Rechtsschutz von Vereinigungen bzw. Umweltverbänden** gegen UVP-relevante Entscheidungen findet durch das Umwelt-Rechtsbehelfsgesetz seine zentrale **gesetzliche Grundlage**;[1] die bislang bestehenden Klagebefugnisse anerkannter Naturschutzverbände, die nunmehr in § 64 BNatSchG komprimiert sind, hatten diese Lücke nicht zu füllen vermocht.[2] Im Verhältnis von Naturschutzrecht und Umwelt-Rechtsbehelfsgesetz ist § 1 Abs. 3 UmwRG und § 64 Abs. 1 BNatSchG zudem zu entnehmen, dass die Regelungen des Umwelt-Rechtsbehelfsgesetzes grundsätzlich neben den **Klagemöglichkeiten des Bundesnaturschutzgesetzes** zum Zuge kommen, sofern nicht § 1 Abs. 3 UmwRG eine Spezialität des Umwelt-Rechtsbehelfsgesetzes anordnet.[3] Das Beziehungsgefüge beider Gesetze lässt sich damit erklären, dass die in § 2 Abs. 1 Nr. 1 UmwRG und § 64 Abs. 1 Nr. 1 BNatSchG aufgeführten rügefähigen Vorschriften nicht zwangsläufig deckungsgleich sind.[4]

2 Die Regelung des § 2 UmwRG steht nicht für sich allein, sondern muss in die allgemeinen **Voraussetzungen der VwGO** modifizierend hineingelesen werden.[5] Das heißt, dass die Vorgaben zum Vorverfahren (§§ 68 ff. VwGO), zum Klageverfahren (§§ 40 ff. VwGO) und zum einstweiligen Rechtsschutz (§§ 80 ff., 123 VwGO) weiterhin Anwendung finden und lediglich um die Anordnung des § 2 UmwRG zu ergänzen sind.[6] Dies betrifft insbesondere die Vorschriften zu Klagebefugnis, Feststellungsinteresse und Antragsbefugnis gem. §§ 42 Abs. 2, 43 Abs. 1, 47 Abs. 2, 80 Abs. 4 und 5, 123 Abs. 1 VwGO.[7]

II. Grundstruktur der Verbandsklage nach § 2 UmwRG

3 **Kernelement** des Umwelt-Rechtsbehelfsgesetzes ist der Rechtsbehelf von Vereinigungen gem. § 2 UmwRG. Die Vorschrift hat folgende **Grundstruktur**: Sie ordnet an, dass es den nach § 3 UmwRG anerkannten inländischen oder ausländischen Vereinigungen erlaubt ist, ohne eine Verletzung in eigenen Rechten geltend machen zu müssen, Rechtsbehelfe nach Maßgabe der Verwaltungsgerichtsordnung gegen eine Entscheidung nach § 1 Abs. 1 Satz 1 UmwRG oder deren Unterlassen einzulegen, sofern die weiteren Voraussetzungen des § 2 Abs. 1 Satz 1 Nr. 1 bis 3 UmwRG eingehalten sind. Dabei richten sich die konkreten Voraussetzungen der Anerkennung nach § 3 UmwRG, der an die naturschutzrechtliche Regelung des § 59 BNatSchG 2002 angelehnt war;[8] für noch nicht anerkannte Vereinigungen, die bereits einen Antrag auf Anerkennung gestellt haben, gilt die Sonderregelung des § 2 Abs. 2 UmwRG. Die konkreten Voraussetzungen der Zulässigkeit einer Klage nach § 2 Abs. 1 UmwRG finden ihre Entsprechung in den Anforderungen an die Begründetheit eines Rechtsbehelfs nach § 2 Abs. 4 Satz 1, Abs. 2 UmwRG. Ergänzt werden diese Anforderungen durch eine Bestimmung zur Klagefrist in § 2 Abs. 3 UmwRG.

---

1 *Schlacke*, in: Gärditz, VwGO, § 2 UmwRG Rn. 62.

2 *Gassner*, in: Gassner/Bendomir-Kahlo/Schmidt-Räntsch, BNatSchG § 61 Rn. 23; *Nebelsieck/Schrotz* ZUR 2006, 122 (122).

3 OVG Bautzen, Urt. v. 22.07.2015 – 1 A 509/14, NuR 2016, 771 (773). Vgl. zum Rechtsschutz nach dem BNatSchG und dem UmwRG auch *Meitz* ZUR 2010, 563.

4 VGH München, Urt. v. 23.06.2009 – 8 A 08.40001, NuR 2010, 214 (214 f.); OVG Greifswald, Beschl. v. 19.08.2015 – 3 M 64/14, UPR 2016, 226 (227); *Fischer-Hüftle* NuR 2011, 237 (238); *Schröder* NVwZ 2009, 157 (160). Siehe auch *Marty* ZUR 2009, 115 (120 f.).

5 *Kment* NVwZ 2018, 921.

6 *Schlacke*, in: Gärditz, VwGO, § 2 UmwRG Rn. 1, 16.

7 OVG Bautzen, Urt. v. 22.07.2015 – 1 A 509/14, NuR 2016, 771 (772).

8 Siehe hierzu die Kommentierung unter § 3 UmwRG. Nunmehr vollzieht sich die Anerkennung für die Bundesebene ausschließlich nach dem Umwelt-Rechtsbehelfsgesetz; sie klingt in § 64 BNatSchG insofern nur noch an, ohne Details zu regeln. Vgl. dazu *Gellermann*, in: Landmann/Rohmer, Umweltrecht, § 64 BNatSchG Rn. 4.

III. Historie – Anpassung an unionsrechtliche Vorgaben

Die vergleichsweise junge Regelung des § 2 UmwRG hat seit ihrer Einführung im Jahr 2006[9] **zwei prägnante Änderungen** erfahren. Zum einen ist die Abhängigkeit des überindividuellen Rechtsschutzes von der Verletzung drittschützender Normen (Schutznormakzessorietät[10]) aufgehoben[11] und zum anderen die materielle Präklusion aus dem Gesetz entfernt worden.[12] Beide Änderungen gehen im Wesentlichen auf Urteile des EuGH zurück, außerdem wird auf Verstöße des nationalen Rechts gegen völkerrechtliche Verpflichtungen der Aarhus-Konvention[13] reagiert.[14] 4

So hat sich der EuGH in seinem Urteil vom 12.05.2011 (**Trianel**) zum ersten Mal zur Europarechtskonformität des Umwelt-Rechtsbehelfsgesetzes geäußert und – im Hinblick auf den Teilaspekt der Schutznormakzessorietät[15] – die **Unvereinbarkeit des § 2 Abs. 1 Nr. 1 UmwRG** a.F. **mit Art. 11 UVP-RL (ehemals Art. 10a UVP-RL)** festgestellt.[16] Zuvor war diese Frage Gegenstand einer beherzt geführten Debatte,[17] bei der sich bisweilen gegenseitig Spitzfindigkeiten und politisch-ideologisches Verhalten vorgeworfen wurden.[18] In seinem Urteil betont der EuGH, dass die Richtlinienbestimmung des Art. 11 UVP-RL (ehemals Art. 10a UVP-RL) eingedenk des Ziels verstanden werden muss, der betroffenen Öffentlichkeit »einen weiten Zugang zu Gerichten« zu gewähren.[19] Deshalb und unter Beachtung des unionsrechtlichen Effektivitätsgrundsatzes muss es Vereinigungen möglich sein, eine 5

---

9 Vgl. Umwelt-Rechtsbehelfsgesetz v. 07.12.2006 (BGBl. I, S. 2816).

10 Siehe dazu *Marty* ZUR 2009, 115 (116); *Kerkmann* BauR 2007, 1527 (1533).

11 Vgl. Art. 1 des Gesetzes zur Änderung des Umwelt-Rechtsbehelfsgesetzes und anderer umweltrechtlicher Vorschriften v. 21.01.2013 (BGBl. I, S. 95).

12 Vgl. Art. 1 des Gesetzes zur Anpassung des Umwelt-Rechtsbehelfsgesetzes und anderer Vorschriften an europa- und völkerrechtliche Vorgaben v. 29.05.2017 (BGBl. I, S. 1298).

13 Convention on Access to Information, Public Participation in Decision-Making and Access to Justice in Environmental Matters, v. 25.06.1998 (www.unece.org/fileadmin/DAM/env/pp/documents/cep43e.pdf, abgerufen am 09.02.2026). Vgl. zu einem möglichen Verstoß gegen die Aarhus-Konvention *Berkemann* DVBl 2015, 389; *Klinger* EurUP 2014, 177; *Wegener* EurUP 2014, 226 (227 ff.); *Bunge* NuR 2014, 605; *ders.* ZUR 2015, 531 (532 ff.); *Michl* NuR 2016, 543 (545).

14 Vgl. dazu Gesetzentwurf der Bundesregierung zur Änderung des Umwelt-Rechtsbehelfsgesetzes und anderer umweltrechtlicher Vorschriften v. 10.10.2012, BT-Drs. 17/10957, S. 15 ff.; Gesetzentwurf der Bundesregierung zur Anpassung des Umwelt-Rechtsbehelfsgesetzes und anderer Vorschriften an europa- und völkerrechtliche Vorgaben v. 05.09.2016, BT-Drs. 18/9526, S. 39. Siehe auch *Schlacke* NVwZ 2017, 905 (905 ff.).

15 Siehe dazu *Marty* ZUR 2009, 115 (116); *Kerkmann* BauR 2007, 1527 (1533).

16 EuGH, Urt. v. 12.05.2011 – C-115/09, UPR 2011, 268 Rn. 46 ff. Siehe dazu auch *Mangold/Wahl* Verw 2015, 1 (20 f.); *Greim* BayVBl. 2014, 517 (518); *Guckelberger/Gard* EurUP 2016, 168 (179 ff.); *Kokott/Sobotta* DVBl 2014, 132 (133 f.); *Bier* DVBl 2015, 265 (265 f.); *Gärditz* NVwZ 2014, 1 (7).

17 Unionsrechtliche Vorbehalte äußern etwa OVG Münster, Beschl. v. 05.03.2009 – 8 D 58/08.AK, DVBl 2009, 645; *Lau* BauR 2011, 770 (773); *Gassner* NuR 2007, 143 (157); *Battis*, in: FS Krautzberger, 2008, S. 3 (8); *Gellermann* Europäisierter Rechtsschutz im Umweltrecht, in: FS Stüer, 2008, S. 233 (240 f.); *Genth* NuR 2008, 28 (30); *Niederstadt/Weber* NuR 2009, 297 (302); *Beckmann/Wittmann* UPR 2008, 421 (426); *Bunge* ZUR 2010, 20 (22); *Berkemann* NordÖR 2009, 336; *Schmidt/Kremer* ZUR 2007, 57 (61); *Wegener* ZUR 2009, 459 (462); demgegenüber sprechen sich für eine Europarechtskonformität aus OVG Lüneburg, Beschl. v. 07.07.2008 – 1 ME 131/08, NuR 2008, 576 (577); siehe aber auch OVG Lüneburg, Beschl. v. 10.03.2010 – 12 ME 176/09, NuR 2010, 290 (291 ff.); *Dippel/Niggemeyer* EurUP 2009, 199; *Reinhardt* DÖV 2011, 135 (141 f.); *Schrödter* NVwZ 2009, 157 (157 ff.); *Schwertner* EurUP 2007, 124 (126). Differenzierend OVG Schleswig, Beschl. v. 12.03.2009 – 1 KN 12/08, ZUR 2009, 432 (433 f.).

18 Vgl. etwa *Wegener* UTR 98 (2008), 319 (341): die Argumentation der Befürworter einer Unionsrechtskonformität des Umweltrechtsbehelfsgesetzes sei mitunter »spitzfindig und abenteuerlich«.

19 EuGH, Urt. v. 12.05.2011 – C-115/09, UPR 2011, 268 Rn. 39; vgl. auch EuGH, Urt. v. 16.07.2009 – C-427/07, Slg. 2009, I-6277, Rn. 82. Siehe hierzu auch *Steiger* VerwArch 2016, 497 (516).

Verletzung von aus dem Umweltrecht der Union[20] hervorgegangenen Rechtsvorschriften geltend machen zu können, auch wenn diese »nur« die Interessen der Allgemeinheit schützen.[21] Die zuvor in § 2 Abs. 1 Nr. 1 UmwRG a.F. anzutreffende Einschränkung, dass die gerügten Vorschriften auch Rechte Einzelner begründen, ist damit europarechtswidrig.[22] Bis zur Änderung des defizitären Umwelt-Rechtsbehelfsgesetzes zum 29.01.2013 war deshalb nach dem Grundsatz des Anwendungsvorrangs des Unionsrechts ein Rückgriff auf die unmittelbar anwendbare Vorschrift des Art. 11 UVP-RL (ehemals Art. 10a UVP-RL) notwendig.[23]

6 Der EuGH hat sich in seinem **Urteil vom 15.10.2015** erneut mit § 2 UmwRG befasst und im Rahmen einer Vertragsverletzungsklage nach Art. 258 AEUV **unionsrechtliche Defizite des § 2 Abs. 3 UmwRG a.F.** festgestellt.[24] Richtmaß der EuGH-Entscheidung war, wie schon in den Verfahren »Trianel«[25] und »Altrip«[26], Art. 11 UVP-RL und Art. 25 der RL 2010/75/EU bzw. die entsprechende inhaltsgleiche Vorgängerrichtlinie. Diese Richtlinienbestimmungen garantieren der betroffenen Öffentlichkeit eine gerichtliche Überprüfungsmöglichkeit von Verwaltungsentscheidungen in Umweltangelegenheiten. Dabei richtet sich die Kontrolle sowohl auf die verfahrensals auch die materiell-rechtliche Rechtmäßigkeit.[27] Diese europäischen Gewährleistungen sah der EuGH bei der Anwendung der deutschen Präklusionsvorschriften nicht hinreichend berücksichtigt:[28] Die Beschränkung, welche durch Präklusionsregelungen ausgelöst werde, widerspräche der **Zielsetzung der beiden Richtlinien**, im Bereich des Umweltschutzes einen **weitreichenden Zugang zum**

---

20 Mit dieser Konzentration auf das Unionsrecht in den Ausführungen des EuGH entstand ein Gestaltungsspielraum des nationalen Gesetzgebers. Es lag an ihm zu bestimmen, ob die weiten Klagebefugnisse von Verbänden auf Vorschriften mit unionsrechtlichem Ursprung beschränkt bleiben (»kleine Lösung«) oder auch rein nationale umweltrechtliche Normen erfassen sollten (»große Lösung«); vgl. *Greim* UPR 2011, 271 (272); *Appel* NuR 2011, 414 (425). Vgl. allgemein zu dieser Einschränkung auf das Unionsrecht *Schwertfeger* Verwaltungsrechtsschutz unter dem Einfluss der Aarhus-Konvention, S. 298. Der nationale Gesetzgeber hat sich mit Blick auf die Verpflichtungen aus der Aarhus-Konvention für die große Lösung entschlossen und den Rechtsschutz insofern weiter gefasst; vgl. dazu Gesetzentwurf der Bundesregierung zur Änderung des Umwelt-Rechtsbehelfsgesetzes und anderer umweltrechtlicher Vorschriften v. 10.10.2012, BT-Drs. 17/10957, S. 16.

21 EuGH, Urt. v. 12.05.2011 – C-115/09, UPR 2011, 268 Rn. 46. Ebenso *Schumacher* UPR 2008, 13 (18); *Schmidt/Kremer* ZEuS 2007, 93 (103); *Niederstadt/Weber* NuR 2009, 297 (302). Vgl. dazu auch *Greim* UPR 2011, 271; *Appel* NuR 2011, 414.

22 Vgl. zur damit entstandenen Verbandsklage *Mangold/Wahl* Verw 2015, 1 (18 ff.).

23 So ausdrücklich EuGH, Urt. v. 12.05.2011 – C-115/09, UPR 2011, 268 Rn. 57; vgl. auch OVG Lüneburg, Beschl. v. 10.03.2010 – 12 ME 176/09, NuR 2010, 290 (292 f.); *Appel* NuR 2011, 414 (425). Zuvor trafen diese Einschätzung auch *Hanke/Steinbach* JA 2011, 202 (203); *Niederstadt/Weber* NuR 2009, 297 (303 f.). A.A. jedoch VGH Kassel, Urt. v. 16.09.2009 – 6 C 1005/08.T, NuR 2010, 428 (430).

24 EuGH, Urt. v. 15.10.2015 – C-137/14, NVwZ 2015, 1665 Rn. 75 ff. Siehe hierzu BVerwG, Urt. v. 11.08.2016 – 7 A 1.15, BVerwGE 156, 20 Rn. 33; Urt. v. 09.02.2017 – 7 A 2.15, BVerwGE 158, 1 Rn. 22; Urt. v. 28.09.2016 – 7 C 1.15, ZUR 2017, 287 Rn. 10 f.; *Guckelberger/Gard* EurUP 2016, 168 (179 ff.); *Hofmann* EuR 2016, 188; *Fellenberg* NVwZ 2015, 1721; *Kment* UPR Sonderheft 2016, 487 (489 ff.); *Schüren/Kramer* ZUR 2016, 400 (401 ff.); *Lee* EurUP 2017, 62 (63 ff.); *Szechenyi* BayVBl. 2016, 366 (367 ff.); *Bunge* NuR 2016, 11 (12 ff.); *Frenz* NuR 2015, 832; *Stüer/Buchsteiner* DVBl 2015, 1518; *Beier* UPR 2016, 48; *Zeissler/Schmitz* UPR 2016, 1; *Berkemann* DVBl 2016, 205 (207 ff.); *Skouris* DVBl 2016, 937. Siehe auch *Guckelberger/Geber* EurUP 2014, 167; *Geismann/Schulz* NuR 2014, 624; *Porsch* NVwZ 2013, 1393 (1395 f.).

25 Siehe hierzu bereits oben Rdn. 5.

26 EuGH, Urt. v. 07.11.2013 – C-72/12, NVwZ 2014, 49 ff. Siehe hierzu auch BVerwG, Urt. v. 30.03.2017 – 7 C 17.15, NVwZ-RR 2017, 685 Rn. 23 ff.; *Greim* BayVBl. 2014, 517 (523 f.); *Greim* NuR 2014, 81; *Sinner* UPR 2014, 258; *Bier* DVBl 2015, 265 (266); *Saxler* EurUP 2014, 222; *Schlacke* NVwZ 2014, 11 (14 ff.); *Ekardt* NVwZ 2014, 393.

27 *Kment* NVwZ 2007, 274 (277).

28 Vgl. zum Urteil des EuGH und seinen rechtlichen Konsequenzen *Kment* UPR Sonderheft 2016, S. 487 (489 ff.); *Fellenberg* NVwZ 2015, 1721; *Uschkereit* NJW-Spezial 2015, 748.

Gericht zu gewähren.[29] Zwar erlaubten auch die Richtlinienbestimmungen den Mitgliedstaaten, die gerichtliche Kontrolle mit einem vorausgegangenen behördlichen Verwaltungsverfahren im Sinne eines »Vorverfahrens« zu verknüpfen. Die Art der Gründe, welche im gerichtlichen Verfahren geltend gemacht werden können, dürfe jedoch – so der EuGH – nicht beschränkt werden.[30]

Mit dieser Feststellung zu den Grenzen der nationalen Verfahrensautonomie lässt es der EuGH 7
jedoch nicht bewenden. Er widerspricht auch der Argumentation der Bundesrepublik Deutschland, wonach Präklusionsvorschriften vor allem aus Gründen der Rechtssicherheit unverzichtbar seien. Keineswegs sei es erwiesen, so der EuGH, dass eine erschöpfende gerichtliche Überprüfung der sachlichen Richtigkeit der Entscheidung dem **Grundsatz der Rechtssicherheit** abträglich sein könnte.[31] Damit folgt der EuGH zugleich der durch die Schlussanträge vorgezeichneten Argumentationslinie. Der Generalanwalt hatte bereits ausgeführt, dass die für die Anfechtung einer behördlichen Verwaltungsentscheidung geltenden Klagefristen bereits ein ausreichendes Maß an Rechtssicherheit erzeugten.[32]

Letztlich vermochte der deutsche Hinweis auf Gesichtspunkte der **Verfahrensbeschleunigung** und 8
der **Effizienz der Entscheidungsfindung** ebenfalls nicht zu verfangen. Der EuGH verweist als Reaktion schlicht auf die mit Art. 11 der RL 2011/92/EU (UVP-RL) und Art. 25 der RL 2010/75/EU (IE-RL) verfolgte Zielsetzung, eine umfassende materiell-rechtliche und verfahrensrechtliche Rechtmäßigkeitskontrolle der angegriffenen Verwaltungsentscheidung zu gewährleisten.[33] Die von der Bundesrepublik Deutschland dementgegen zur Begründung der Unionsrechtskonformität der Präklusionsvorschriften ins Feld geführte Problematik, dass sämtliche Betroffene anderenfalls ohne vorherige Beteiligung im Verwaltungsverfahren berechtigt seien, vor Gericht erstmals ihre Einwendungen gegen ein Projekt vorzubringen,[34] lässt der EuGH unbeantwortet. Lediglich Generalanwalt *Wathelet* bezieht sich auf diesen Einwand, betont jedoch sogleich, dass der verfahrensverzögernde bzw. verfahrensbeeinträchtigende Nachteil hingenommen werden müsse.[35] Er trete hinter den Zielen der umweltrechtlichen Richtlinien zurück, einen weitreichenden Zugang zu den nationalen Gerichten zu gewährleisten. Zur Rechtfertigung verweist *Wathelet* ohne nähere Ausführungen darauf, dass der Unionsgesetzgeber dem Ziel der Richtlinie gegenüber der Effizienz des Verwaltungsverfahrens »eindeutig«[36] den Vorrang eingeräumt habe.

Weitere zweifelsohne bedeutsame Entscheidungen des EuGH zum Rechtsschutz in Umweltfragen 9
sind das Urteil zum »**slowakischen Braunbären**« vom 08.03.2011[37] und das »**Protect-Urteil**« vom 20.12.2017.[38] In beiden Fällen äußert sich das höchste europäische Gericht zum Verständnis des Art. 9 Abs. 3 Aarhus-Konvention (AK) i.V.m. Art. 47 Charta der Grundrechte der Europäischen Union (GRCh)[39]. Die Judikate haben zu einer Erweiterung der Rechtsschutzmöglichkeit von anerkannten Umweltverbänden geführt, da der EuGH aus Art. 9 Abs. 3 AK (i.V.m. Art. 47 GRCh)

29 Vgl. dazu EuGH, Urt. v. 15.10.2015 – C-137/14 (Europäische Kommission/Bundesrepublik Deutschland), NVwZ 2015, 1665 Rn. 75, 77.
30 EuGH, Urt. v. 15.10.2015 – C-137/14 (Europäische Kommission/Bundesrepublik Deutschland), NVwZ 2015, 1665 Rn. 76.
31 EuGH, Urt. v. 15.10.2015 – C-137/14 (Europäische Kommission/Bundesrepublik Deutschland), NVwZ 2015, 1665 Rn. 79.
32 Vgl. Schlussantrag des Generalanwalts Wathelet, ECLI:EU:C:2015:344 Rn. 118.
33 EuGH, Urt. v. 15.10.2015 – C-137/14 (Europäische Kommission/Bundesrepublik Deutschland), NVwZ 2015, 1665 Rn. 80.
34 Vgl. zur Argumentation der Bundesrepublik Deutschland Schlussantrag des Generalanwalts Wathelet, ECLI:EU:C:2015:344 Rn. 111.
35 Schlussantrag des Generalanwalts Wathelet, ECLI:EU:C:2015:344 Rn. 119.
36 Schlussantrag des Generalanwalts Wathelet, ECLI:EU:C:2015:344 Rn. 119.
37 EuGH, Urt. v. 08.03.2011 – C-240/09, NVwZ 2011, 673.
38 EuGH, Urt. v. 20.12.2017 – C-664/15, NVwZ 2018, 225; vgl. dazu auch *Franzius* NVwZ 2018, 219.
39 EuGH, Urt. v. 08.03.2011 – C-240/09, NVwZ 2011, 673 Rn. 39 ff., EuGH, Urt. v. 20.12.2017 – C-664/15, NVwZ 2018, 225 Rn. 43 ff.

eine Pflicht zur Eröffnung effektiven gerichtlichen Rechtsschutzes ableitet, um die Vereinbarkeit von nationalen Entscheidungen mit europäischem Umweltrecht überprüfen zu können.[40] Obschon man die Rechtsauffassung des EuGH kritisch sehen kann, da sie an die Grenzen der zulässigen Rechtsfortbildung durch Gerichte führt, zudem die innere Systematik des Art. 9 AK in Frage stellt und den Aussagegehalt des Art. 9 Abs. 3 AK sehr weit – wenn nicht zu weit – interpretiert,[41] hat sie dennoch handfeste Bedeutung für den deutschen Rechtsraum: Durch das Urteil zum slowakischen Braunbären und durch die Bestätigung dieses Judikats im Protect-Urteil schränkt der EuGH den in Art. 9 Abs. 3 AK angelegten Gestaltungsspielraum des nationalen Gesetzgebers in umweltbezogenen Rechtsschutzfragen erheblich ein und schmälert damit den staatlichen Rückzugsraum, um (im Bereich des Umweltrechts) an tradierten Rechtsschutzsystemen festzuhalten;[42] hierauf hat der deutsche Gesetzgeber deshalb mit der Änderung des Umweltrechtsbehelfsgesetzes reagiert.[43] In der Sache sind dies aber Fragen des **Anwendungsbereichs** des Umweltrechtsbehelfsgesetzes,[44] die § 2 UmwRG – mit Ausnahme des § 2 Abs. 1 Satz 1 Nr. 3 UmwRG –[45] nur mittelbar, z.B. bei der Ausgestaltung des § 2 Abs. 1 Satz 2 UmwRG, betreffen.[46] Das Verständnis dieser Judikate wird auch völkerrechtlich durch das KlimaSeniorinnen-Urteil des EGMR bestätigt.[47] Danach erhalten Vereinigungen unter bestimmten Voraussetzungen durch Art. 34 EMRK eine von subjektiven Rechten unabhängige Beschwerdebefugnis zugunsten des Konventionsrechts Art. 8 EMRK, der ein mittelbares Klimaschutzrecht gewährt.[48] Hierbei rekurriert der EGMR – methodisch ebenfalls umstritten – maßgeblich auf Art. 9 Abs. 3 der Aarhus-Konvention sowie auf Unionsrecht.[49] Eine nationale Bindungswirkung der EGMR-Rechtsprechung entsteht durch eine Berücksichtigungspflicht nach Maßgabe des Görgülü-Beschlusses des BVerfG.[50] Der deutsche Gesetzgeber ist aber nicht zur Anpassung des nationalen Rechts verpflichtet.

10 Die 20. Legislaturperiode hat mit einer UmwRG-Novelle begonnen, nämlich dem Entwurf eines Gesetzes zur Änderung des Umwelt-Rechtsbehelfsgesetzes und weiterer umweltrechtlicher Vorschriften vom 30.09.2024.[51] Die Regierung wollte mit der Novelle vor allem auf wegweisende Rechtsprechung und Änderungen im Unionsrecht reagieren.[52] Zentral ist die Überarbeitung des Anwendungsbereichs (§ 1 UmwRG) und die Streichung des Anerkennungskriteriums der Binnen-

---

40 EuGH, Urt. v. 08.03.2011 – C-240/09, NVwZ 2011, 673 Rn. 50; Urt. v. 20.12.2017 – C-664/15, NVwZ 2018, 225 Rn. 54 ff. Zu den Auswirkungen dieser Judikate auch *Eckert* VR 2020, 1 (2 f.). Zur unionsrechtlichen und internationalen Anreicherung der subjektiv-öffentlichen Rechte im Umweltrecht: *Kment,* in: Kahl/Ludwigs, Handbuch des Verwaltungsrechts, § 106 Rn. 26 ff.

41 Kritisch *Ruffert* DVBl 2019, 1033 (1034 ff.); *Franzius* NVwZ 2018, 219 (221); *Schink* DÖV 2012, 622 (627 f.); *Jans*, Review of European Administrative Law 2011, 85 (89 ff.); *Wegener* ZUR 2011, 363 (366); *Franzius*, in: FS Kloepfer, 2013, S. 377 (385); *Pernice-Warnke* DÖV 2017, 846 (851).

42 *Schlacke* NVwZ 2014, 11 (12 ff.); *Lau* NVwZ 2014, 637 (638).

43 Gesetzentwurf der Bundesregierung zur Anpassung des Umwelt-Rechtsbehelfsgesetzes und anderer Vorschriften an europa- und völkerrechtliche Vorgaben v. 05.09.2016, BT-Drs. 18/9526, S. 24.

44 Vgl. auch Gesetzentwurf der Bundesregierung zur Anpassung des Umwelt-Rechtsbehelfsgesetzes und anderer Vorschriften an europa- und völkerrechtliche Vorgaben v. 05.09.2016, BT-Drs. 18/9526, S. 24; *Schlacke* NVwZ 2014, 11 (12); vgl. dazu auch *Klinger* NVwZ 2018, 225 (231). Siehe auch § 1 UmwRG Rdn. 6.

45 Siehe nachfolgend Rdn. 28.

46 Siehe nachfolgend Rdn. 18.

47 EGMR, Urt. v. 09.04.2024 – 53600/20, NVwZ 2024, 979 (983 ff.); *Calliess/Täuber* NVwZ 2024, 945 (947); *Völzmann*, EurUP 2024, 294 (304 f.).

48 EGMR, Urt. v. 09.04.2024 – 53600/20, NVwZ 2024, 979 (986 f.); *Lorenzmeier* EurUP 2024, 263 (267 f.).

49 Kritisch: Das abweichende Votum des Richters *Eicke* mit Einordnung in *Lorenzmeier* EurUP 2024, 263 (268 f.); *Wolff* KlimR 2025, 203 (206); *Czech* NLMR 2024, 106 (125).

50 BVerfG, Beschl. v. 14.10.2004 – 2 BvR 1481/04, NJW 2004, 3407 (3408); zu den Schwierigkeiten der Berücksichtigung der EGMR-Rechtsprechung *Breuer* NVwZ 2024, 1631 (1634 ff.).

51 Gesetzesentwurf v. 30.09.2024, BT-Drs. 20/13081, S. 19 ff.

52 Gesetzesentwurf v. 30.09.2024, BT-Drs. 20/13081, S. 20 f.

demokratie in § 3 UmwRG.[53] In § 2 UmwRG-E entstehen ausschließlich Folgeänderungen, ohne das anzuwendende Recht substanziell zu modifizieren. Durch den politischen Bruch der »Ampelkoalition« fiel der Gesetzesentwurf der Diskontinuität[54] anheim. Er ist allerdings von der aktuellen Bundesregierung mit geringen Änderungen wieder aufgegriffen worden.[55]

B. Prüfungsgegenstände der Rechtsbehelfe nach dem Umwelt-Rechtsbehelfsgesetz

Der in § 1 Abs. 1 Satz 1 UmwRG definierte Anwendungsbereich des Umwelt-Rechtsbehelfsgesetzes 11
bestimmt gem. § 2 Abs. 1 UmwRG die zulässigen **Prüfungsgegenstände**. Die Gruppe der zulässigen Prüfungsgegenstände ist weit gefächert.[56] Sie reicht von UVP-pflichtigen **Zulassungsentscheidungen** im Sinne des § 2 Abs. 6 UVPG (§ 1 Abs. 1 Satz 1 Nr. 1 UmwRG) bis hin zur Annahmeentscheidung von SUP-pflichtigen **Plänen und Programmen** im Sinne des § 2 Abs. 7 UVPG[57] mit Ausnahme von Planwerken oder Programmen, die durch formelles Gesetz angenommen wurden (§ 1 Abs. 1 Satz 1 Nr. 4 UmwRG). Obgleich alle Gerichte formelle Gesetze überprüfen können, ist die Verwerfungskompetenz nach Art. 100 Abs. 1 GG dem Bundesverfassungsgericht vorbehalten;[58] die Rechtfertigung dieser Ausnahme wird aber grundsätzlich in Art. 9 Abs. 3 i.V.m. Art. 2 Nr. 2 AK erblickt.[59] Dem weiten Verständnis des Umwelt-Rechtsbehelfsgesetzes entspricht es, nicht nur die jeweiligen Entscheidungen als anschließende Entscheidung zur gerichtlichen Überprüfung zuzulassen, sondern den Rechtsschutz auf **Teilentscheidungen** oder **vorgelagerte Entscheidungen** zu erweitern;[60] eine nachträgliche Aufnahme einer Nebenbestimmung in eine Genehmigung stellt jedoch keinen zulässigen Prüfungsgegenstand dar.[61] In jedem Fall müssen die Anforderungen an einen zulässigen Prüfungsgegenstand aber **tatsächlich** erfüllt sein; die Behauptung eines tauglichen Prüfungsgegenstandes ist nicht ausreichend.[62] Dabei zählt der § 1 UmwRG die Anwendungsgegenstände abschließend auf und nimmt dadurch unionsrechtlich gebotene Fälle fahrlässigerweise nicht auf.[63] Diese – dem Gesetzgeber bewusste – Unionswidrigkeit kritisierte der EuGH zuletzt bei der fehlenden Überprüfbarkeit von Produktzulassungen wie EG-Typgenehmigungen.[64] Um in derartigen Fällen dennoch eine Klagebefugnis zu begründen, legte das VG Schleswig § 42 Abs. 2 VwGO i.V.m. Art. 9 Abs. 3 AK, Art. 47 GrCH unionskonform aus.[65] Durch diese Vorgehensweise benötigte das Gericht keinen Rückgriff auf § 2 UmwRG. Alternativ hätte das VG Schleswig auch den Vorhabenbegriff des § 1 Abs. 1 Satz 1 Nr. 5, 6 UmwRG im Sinne des Unionsrechts derart erweitern können,

---

53 Siehe § 1 UmwRG Rdn. 25; Gesetzesentwurf v. 30.09.2024, BT-Drs. 20/13081, S. 19 ff.
54 *Klein/Schwarz*, in: Dürig/Herzog/Scholz, GG, Art. 39 Rn. 59.
55 Vgl. Gesetzesentwurf der Bundesregierung v. 23.01.2026, BR-Drs. 43/26, S. 1 ff.
56 Vgl. hierzu ausführlich § 1 UmwRG Rdn. 34 ff.
57 *Michl* NuR 2016, 543 (546).
58 *Dederer*, in: Dürig/Herzog/Scholz, GG, Art. 100 Rn. 10.
59 *Michl* NuR 2016, 543 (546).
60 OVG Koblenz, Beschl. v. 04.03.2016 – 8 B 10233/16, ZUR 2016, 361 (361).
61 BVerwG, Urt. v. 11.08.2016 – 7 A 1.15, BVerwGE 156, 20 Rn. 29.
62 BVerwG, Urt. v. 19.12.2013 – 4 C 14.12, BVerwGE 149, 17 Rn. 8; Urt. v. 12.11.2014 – 4 C 34.13, BVerwGE 150, 294 Rn. 10; Urt. v. 02.11.2017 – 7 C 25/15, NVwZ 2018, 986 Rn. 18; Urt. v. 26.09.2019 – 7 C 5/18, BVerwGE 166, 321 Rn. 19; OVG Bautzen, Urt. v. 22.07.2015 – 1 A 509/14, NuR 2016, 771 (772).
63 Im Einzelnen § 1 UmwRG Rdn. 26 f., 34 ff.; Gesetzesentwurf v. 30.09.2024, BT-Drs. 20/13081, S. 19 f.; Deutscher Anwaltverein, Stellungnahme zum Referentenentwurf zur Änderung des Umwelt-Rechtsbehelfsgesetzes sowie weiterer umweltrechtlicher Vorschriften (Stand: 30.04.2024), S. 3 ff.; *ders.*, Stellungnahme zum gleichnamigen, späteren Referentenentwurf (Stand: August 2025), S. 2 f.
64 EuGH, Urt. v. 08.11.2022 – C-873/19, NVwZ 2023, 47 (51); Gesetzesentwurf der Bundesregierung v. 23.01.2026, BR-Drs. 43/26, S. 23, 27 f.; Gesetzesentwurf v. 30.09.2024, BT-Drs. 20/13081, S. 21.
65 VG Schleswig, Urt. v. 20.02.2023 – VG 3 A 113/18, NVwZ 2023, 851 (854). Vgl. auch EuGH, Urt. v. 08.11.2022 – C-873/19, NVwZ 2023, 47 (51).

dass Produktzulassungen miterfasst sind.[66] Der sachgerechte Umgang mit dem unionsrechtlichen Defizit des § 1 UmwRG ist Teil einer noch andauernden Debatte, bis die UmwRG-Novelle eine Klagemöglichkeit gegen Typgenehmigungen explizit aufnimmt.[67] Unionsrechtlich bedenklich ist es außerdem, dass Sofortprogramme der Bundesregierung[68] und Landschaftsschutzgebietsverordnungen[69] nicht vom Anwendungsbereich des UmwRG erfasst werden. Für diese Rechtsakte besteht nämlich keine Pflicht zur Durchführung einer Umweltprüfung, so dass der Kriterienkatalog des § 1 Abs. 1 Satz 1 Nr. 4 UmwRG nicht greift. Gleichwohl können die beiden Rechtsakte erhebliche Auswirkungen auf Umweltbelange zur Folge haben; sie sind daher unions- und konventionsbefangen[70] und müssten eigentlich mit den Mitteln des UmwRG gerichtlich angreifbar sein. Um die notwendige umweltrechtliche Klagebefugnis zu gewährleisten, ist bei Anwendung des § 1 Abs. 1 Satz 1 Nr. 4 UmwRG auf das Tatbestandsmerkmal der generellen SUP-Pflichtigkeit zu verzichten.[71] Auf diese Weise wird der Weg zu § 2 UmwRG freigemacht.[72] Auch hier entschärft der Gesetzgeber das Problem in der Novelle zum UmwRG. Er schafft in § 1 Abs. 1a Satz 1 Nr. 2 lit. b UmwRG-E einen Auffangtatbestand für Pläne und Programme, bei welchen sonstige umweltbezogene Rechtsvorschriften anzuwenden waren.[73]

12 § 2 UmwRG differenziert innerhalb der zulässigen Prüfungsgegenstände und knüpft hieran **besondere Anforderungen**. So wird nach § 2 Abs. 1 Satz 1 Nr. 3 lit. b UmwRG bei SUP-pflichtigen Plänen und Programmen im Sinne des § 1 Abs. 1 Satz 1 Nr. 4 UmwRG eine Verfahrensbeteiligung von der klagenden Vereinigung eingefordert, sofern ihr diese Möglichkeit eröffnet wurde. Überdies muss gem. § 2 Abs. 1 Satz 2 UmwRG bei allen Rechtsbehelfen außer den Zulassungsentscheidungen nach § 1 Abs. 1 Satz 1 Nr. 1 UmwRG die Verletzung von umweltbezogenen Rechtsvorschriften vorgetragen werden; diese Voraussetzung der Zulässigkeitsebene der Klage wird gem. § 2 Abs. 4 Satz 1 Nr. 2 UmwRG auf Ebene der Begründetheit gespiegelt. Schließlich wird innerhalb der Widerspruchs- und Klagefristen hinsichtlich Prüfungsgegenständen unterschieden und Entscheidungen nach § 1 Abs. 1 Satz 1 Nr. 5 und 6 UmwRG eine gegebenenfalls kürzere Reaktionszeit auf Seiten der Vereinigungen zugestanden als bei den übrigen Prüfungsgegenständen (§ 2 Abs. 3 Satz 2 UmwRG). Schließlich wird durch § 2 Abs. 4 Satz 2 UmwRG die Abhängigkeit des Prüfungsgegenstandes von der Pflicht zur Durchführung einer Umweltprüfung deutlich und damit sogleich die enge Verbindung von UVPG und UmwRG. Nur wenn für die Entscheidungen nach § 1 Abs. 1 Satz 1 Nr. 1 und 4 UmwRG die Pflicht zur Durchführung einer Umweltprüfung tatsächlich besteht, kann der Rechtsbehelf zum Erfolg führen.[74] Das Bestehen dieser Pflicht ist bereits im Rahmen der Zulässigkeitsprüfung abschließend zu klären.[75] Eine Ausnahme des Erfordernisses der SUP-Pflicht liegt vor, wenn Pläne oder Programme nach § 2 Abs. 7 UVPG umweltrechtliche Belange möglicherweise berühren, aber nach den nationalen Gesetzen keine Pflicht zu einer strategischen Umweltprüfung besteht.[76] De lege lata wäre der Anwendungsbereich nach § 1 Abs. 1 Satz 1 Nr. 4 UmwRG

66 *Schlacke* NVwZ 2023, 37 (40); VG Schleswig, Urt. v. 20.02.2023 – VG 3 A 113/18, NVwZ 2023, 851 (854).
67 Gesetzesentwurf der Bundesregierung v. 23.01.2026, BR-Drs. 43/26, S. 27 f.; *Guckelberger/Mitschang* NJW 2022, 3747 (3749); Gesetzesentwurf v. 30.09.2024, BT-Drs. 20/13081, S. 21.
68 OVG Berlin-Brandenburg, Urt. v. 30.11.2023 – OVG 11 A 1/23, juris Rn. 50 ff.
69 BVerwG, Urt. v. 26.01.2023, 10 CN 1.23, NVwZ 2023, 1762 (1763 f.).
70 VG Schleswig, Urt. v. 20.02.2023 – 3 A 113/18, NVwZ 2023, 851 (854).
71 BVerwG, Urt. v. 26.01.2023, 10 CN 1.23, NVwZ 2023, 1762 (1765); OVG Berlin-Brandenburg, Urt. v. 30.11.2023 – OVG 11 A 1/23, juris Rn. 40.
72 *Schlacke* NVwZ 2023, 37 (40); *Guckelberger/Mitschang* NJW 2022, 3747 (3748 f.).
73 Gesetzesentwurf der Bundesregierung v. 23.01.2026, BR-Drs. 43/26, S. 25 f.
74 BVerwG, Urt. v. 12.11.2014 – 4 C 34.13, BVerwGE 150, 294 Rn. 10; OVG Bautzen, Urt. v. 22.07.2015 – 1 A 509/14, NuR 2016, 771 (772); vgl. auch VGH München, Beschl. v. 29.12.2016 – 22 CS 16.2162, UPR 2017, 231 (231 f.). A.A. OVG Koblenz, Beschl. v. 31.01.2013 – 1 B 11201/12, juris – Rn. 9; *Schink* DVBl 2013, 1347 (1348); *Schlacke* NVwZ 2015, 563 (564).
75 BVerwG, Urt. v. 02.11.2017 – 7 C 25/15, NVwZ 2018, 986 Rn. 18. Siehe auch Rdn. 11.
76 Siehe § 2 UVPG Rdn. 25; BVerwG, Urt. v. 26.01.2023 – 10 CN 1.23, NVwZ 2023, 1762 (1763 f.).

nicht eröffnet.[77] Dies ist unions- und im Übrigen völkerrechtswidrig.[78] Reduziert ein Gericht deshalb das Tatbestandsmerkmal der SUP-Pflichtigkeit bei den Prüfungsgegenständen nach § 1 UmwRG teleologisch, muss auch die Begründetheitsprüfung nach § 2 Abs. 4 Satz 2 UmwRG spiegelbildlich begrenzt werden.[79] Das Bestehen einer Pflicht zur Durchführung einer Umweltprüfung ist dann kein erforderlicher Teil der Begründetheit mehr. Die UmwRG-Novelle reagiert auf diese unionsrechtlich gebotene Auslegung; § 2 Abs. 4 Satz 2 UmwRG-E verzichtet auf die eingeschränkte Begründetheitsprüfung bei Plänen und Programmen.[80]

Der Rechtsbehelf nach § 2 UmwRG richtet sich nicht nur gegen eine **Entscheidung** nach § 1 Abs. 1 13
Satz 1 UmwRG, sondern darf sich auch gegen **Unterlassungen** wenden.[81] Wird in rechtswidriger Weise eine rechtsbehelfsfähige Entscheidung nicht getroffen, steht dem Rechtsschutzsuchenden also der Weg zu dem von ihm begehrten Rechtsbehelf ebenfalls offen. Insofern garantiert § 2 Abs. 1 Satz 1 UmwRG, dass die Gewährleistungen des Umwelt-Rechtsbehelfsgesetzes nicht unterlaufen werden.[82] Somit können anerkannte Vereinigungen nunmehr auch den Erlass von Verwaltungsakten oder Auflagen wie auch das Ergreifen behördlicher Maßnahmen verlangen. Allerdings wird wohl stets eine hinreichende Akzessorietät zum jeweiligen Prüfungsgegenstand zu wahren sein.[83]

C. Rügebefugnis anerkannter Vereinigungen gem. § 2 Abs. 1 UmwRG

I. Entscheidungsrelevanz (§ 2 Abs. 1 Satz 1 Nr. 1 UmwRG) und Umweltbezug (§ 2 Abs. 1 Satz 2 UmwRG)

1. Entscheidungsrelevanz

Gem. **§ 2 Abs. 1 Satz 1 Nr. 1 UmwRG** können anerkannte inländische oder ausländische Ver- 14
einigungen, **ohne eine Verletzung in eigenen Rechten** geltend machen zu müssen, Rechtsbehelfe einlegen, wenn sie – neben den weiteren Voraussetzungen nach § 2 Abs. 1 Satz 1 Nr. 2 und 3 UmwRG – geltend machen können, dass eine Entscheidung nach § 1 Abs. 1 Satz 1 UmwRG oder deren Unterlassung Rechtsvorschriften, die für die Entscheidung **von Bedeutung** sein können, widerspricht.[84]

Regelmäßig ist die Frage nach der **Entscheidungsrelevanz** eines Fehlers im Rahmen der Begründet- 15
heit zu prüfen.[85] Man darf daher aus der Verortung dieses Kriteriums in die Zulässigkeit einer Klage schließen, dass lediglich eine überschlägige Prüfung des Gerichts zu erfolgen hat.[86] Eine eingehende Überprüfung würde wohl der Begründetheitsprüfung vorgreifen und wäre wenig sachgerecht. Zielpunkt dieses Zulässigkeitselements dürfte es daher sein, **Bagatellfälle** bereits auf Ebene der Zulässigkeit herauszufiltern, wenn also die Verletzung der Vorschrift nicht zur Rechtswidrigkeit der angegriffenen Entscheidung bzw. des angegriffenen Unterlassens führen kann.[87] Die Regelung des § 2 Abs. 1 Satz 1 Nr. 1 UmwRG darf in diesem Zusammenhang insbesondere nicht durch einen

77 Siehe Rdn. 11.
78 BVerwG, Urt. v. 26.01.2023 – 10 CN 1.23, NVwZ 2023, 1762 (1764 f.).
79 Siehe Rdn. 58 f.; OVG Berlin-Brandenburg, Urt. v. 30.11.2023 – OVG 11 A 11/22, juris Rn. 38 ff., 47 ff., 119; *Schlacke* NVwZ 2024, 564 (565).
80 Gesetzesentwurf der Bundesregierung v. 23.01.2026, BR-Drs. 43/26, S. 32.
81 *Berkemann* DVBl 2020, 1 (4). Siehe etwa BVerwG, Urt. v. 01.06.2017 – 9 C 2/16, BVerwGE 159, 95 Rn. 14; OVG Bautzen, Urt. v. 22.07.2015 – 1 A 509/14, NuR 2016, 771 (772 f.).
82 Ähnlich ist die Rechtslage im Naturschutzrecht; vgl. OVG Bautzen, Beschl. v. 14.02.2005 – 4 BS 273.04, NuR 2006, 310 (311 f.).
83 So zum Bundesnaturschutzrecht BVerwG, Urt. v. 09.06.2004 – 9 A 11.03, BVerwGE 121, 72 (81 ff.).
84 Z.B. die Vogelschutzrichtlinie OVG Nordrhein-Westfalen, Beschl. v. 28.04.2025 – 10 B 336/25.NE, ZfBR 2025, 374 (375).
85 *Schlacke*, in: Gärditz, VwGO, § 2 UmwRG, Rn. 28.
86 *Kerkmann* BauR 2007, 1527 (1534).
87 *Kerkmann* BauR 2007, 1527 (1534); *Happ*, in: Eyermann, VwGO, § 2 UmwRG Rn. 4; *Fellenberg/Schiller*, in: Landmann/Rohmer, Umweltrecht, § 2 UmwRG, Rn. 15.

zu engen Satzungsbezug (vgl. § 2 Abs. 1 Satz 1 Nr. 2 UmwRG) konterkariert werden.[88] Grundsätzlich unbeachtlich ist, ob der vorgetragene Mangel unter Berücksichtigung von Planerhaltungsvorschriften unbeachtlich ist;[89] Planerhaltungsvorschriften können die prozessrechtliche Position des Rechtsmittelführers insofern nicht schwächen.

16 Handelt es sich um eine **gebundene Entscheidung**, wird die Entscheidungsrelevanz regelmäßig anzunehmen sein, in Fällen von **Ermessensentscheidungen** oder gar **Abwägungsentscheidungen** (etwa nach § 1 Abs. 1 Satz 1 Nr. 4 UmwRG) muss die Bedeutung des vorgetragenen Rechtsverstoßes für die Entscheidungsfindung konkret bestimmt werden. Die Darlegungslast trägt grundsätzlich die Vereinigung.[90] Allerdings sind vor dem Hintergrund der Rechtsprechung des EuGH[91] die Anforderungen gering anzusetzen; im Zweifel wird in Anlehnung an § 4 Abs. 1a Satz 2 UmwRG von einer Entscheidungsrelevanz auszugehen sein.[92] Besonderheiten zeigen sich schließlich auch bei Rechtsbehelfen, die sich gegen ein **Unterlassen** richten. In diesen Fällen ist es ausreichend, wenn der Rechtsbehelfsführer die Vorschriften benennt, aus denen sich eine Pflicht zum Agieren der zuständigen Stelle ergeben kann.[93]

2. Verletzung umweltbezogener Rechtsvorschriften

17 Die gerügten Rechtsverstöße müssen eine bestimmte Qualität aufweisen, wenn der fragliche **Prüfungsgegenstand § 1 Abs. 1 Satz 1 Nr. 2a bis 6 UmwRG** zugeordnet werden kann.[94] In diesem Fall verlangt § 2 Abs. 1 Satz 2 UmwRG zusätzlich, dass es sich bei den gerügten Rechtsverstößen um eine Missachtung von **umweltbezogenen Rechtsvorschriften im Sinne des § 1 Abs. 4 UmwRG** handeln muss.[95] Demgemäß muss es sich um Bestimmungen handeln, die sich zum Schutz von Mensch und Umwelt auf den Zustand von Umweltbestandteilen im Sinne von § 2 Abs. 3 Nr. 1 UIG oder Faktoren im Sinne von § 2 Abs. 3 Nr. 2 UIG beziehen.[96]

18 Die in § 2 Abs. 1 Satz 2 UmwRG angelegte Differenzierung geht ausweislich der Gesetzgebungsmaterialien auf eine **Anlehnung an die Aarhus-Konvention** zurück. Der Gesetzgeber meint, dass »in Einklang mit den Anforderungen des Artikels 9 Absatz 3 AK nur mögliche Verstöße gegen umweltbezogene Rechtsvorschriften gerügt und überprüft werden können. Anders als im Anwendungsbereich des Artikels 9 Absatz 2 AK ist dieses nach dem ausdrücklichen Wortlaut von Artikel 9 Absatz 3 AK für solche Entscheidungen, die in den Anwendungsbereich von Artikel 9 Absatz 3 AK fallen, zulässig.«[97] Diese Überlegungen bedürfen insofern einer **Klarstellung**, als auch der Kontrollumfang des Art. 9 Abs. 2 AK – trotz des indifferenten Wortlauts – aufgrund des Anwendungsbereichs der Konvention auf umweltrelevante Aspekte begrenzt ist.[98] Eine Erweiterung der Anforderungen des § 2 Abs. 1 Satz 2 UmwRG auf alle Prüfungsgegenstände des Umweltrechtsbehelfsgesetzes wäre

---

88 BVerwG, Urt. v. 11.10.2017 – 8 A 14/16, BVerwGE 160, 78 Rn. 10; Urt. v. 11.07.2019 – 9 A 13/18, juris – Rn. 222; Urt. v. 03.11.2020 – 9 A 7/19, BVerwGE 170, 138 Rn. 37.

89 BVerwG, Beschl. v. 16.03.2010 – 4 BN 66.09, NVwZ 2010, 1246 Rn. 20; *Happ*, in: Eyermann, VwGO, § 2 UmwRG Rn. 4.

90 *Berkemann*, Umweltverbandsklage, S. 262.

91 EuGH, Urt. v. 07.11.2013 – C-72/12, NVwZ 2014, 52 f.

92 Siehe § 4 UmwRG Rdn. 32.

93 *Fellenberg/Schiller*, in: Landmann/Rohmer, Umweltrecht, § 2 UmwRG, Rn. 17.

94 Siehe hierzu § 1 UmwRG Rdn. 57 ff.

95 *Schlacke* NVwZ 2017, 905 (909); *Michl* NuR 2016, 543 (547).

96 Siehe hierzu § 1 UmwRG Rdn. 129 ff.

97 Gesetzentwurf der Bundesregierung zur Anpassung des Umwelt-Rechtsbehelfsgesetzes und anderer Vorschriften an europa- und völkerrechtliche Vorgaben v. 05.09.2016, BT-Drs. 18/9526, S. 38 f. Vgl. hierzu auch *Heß/Brigola* NuR 2017, 729 (732 f.).

98 BVerwG, Urt. v. 24.10.2013 – 7 C 36.11, UPR 2014, 184 Rn. 24 ff.; *Kment*, Grenzüberschreitendes Verwaltungshandeln, S. 376; *Epiney* ZUR 2003, 176 (178); *Alleweldt* DÖV 2006, 621 (626); *Gellermann* NVwZ 2006, 7 (9); *Seibert* NVwZ 2013, 1040 (1044); a.A. *Schlacke* NVwZ 2017, 905 (909); *Grunow/Salzborn* ZUR 2015, 156 (157 f.); *Michl* NuR 2016, 543 (547).

somit möglich gewesen. Außerdem fallen nicht alle Prüfungsgegenstände des Umweltrechtsbehelfsgesetzes in den Anwendungsbereich der Aarhus-Konvention[99] und unterliegen folglich auch nicht den dortigen Konventionsbindungen. So sind beispielsweise Pläne und Programme nach § 1 Abs. 1 Satz 1 Nr. 4 UmwRG nicht in Anlage I AK aufgenommen und damit nicht konventionsbefangen.

3. Zeitpunkt der Anerkennung

Nach Ansicht des BVerwG[100] muss der klagende Umweltverband erst **zum Zeitpunkt der beantragten Entscheidung** anerkannt sein.[101] Bei der Anerkennung, die § 2 Abs. 1 UmwRG fordere, handele es sich nämlich um eine typische Sachurteils- und keine Zugangsvoraussetzung; dies ergebe die Auslegung der Norm.[102] Die Sachlage zum Zeitpunkt der Klageerhebung ist daher bedeutungslos. Dies hat zur Konsequenz, dass § 2 Abs. 1 UmwRG einen sehr weiten Anwendungsbereich erhält. Gleichzeitig reduziert sich damit der Anwendungsbereich des Abs. 2. Er ist nur noch für solche Konstellationen relevant, in denen bis zur gerichtlichen Entscheidung noch keine Anerkenntnis stattfindet. Erst dann müssten die weiteren Voraussetzungen erfüllt sein, um die Erfolgsaussichten der Klage zu wahren.[103] 19

Das BVerwG könnte mit seiner Entscheidung die juristische Debatte um den relevanten Zeitpunkt beendet haben. So vertrat etwa das OVG Koblenz bislang die gegenteilige Auffassung.[104] Das Gericht meinte, dass es sich bei § 2 Abs. 1 UmwRG um eine Abkehr vom allgemeinen verwaltungsprozessualen Grundsatz handle, dass für die Beurteilung der Sachentscheidungsvoraussetzungen die rechtlichen und tatsächlichen Verhältnisse im Zeitpunkt der gerichtlichen Entscheidung maßgeblich sind.[105] Wenn eine Vereinigung nicht bei Klageerhebung anerkannt sei – abgesehen von § 2 Abs. 2 UmwRG –, solle ihr die erforderliche Klagebefugnis abgesprochen werden.[106] Zur Begründung dieser Abweichung wurde auf den Wortlaut und die Systematik des § 2 UmwRG verwiesen: Im Gegensatz zu § 42 Abs. 2 VwGO unterscheide § 2 UmwRG ausdrücklich zwischen dem Recht zum Einlegen eines Rechtsbehelfs für eine »anerkannte (…) Vereinigung« in § 2 Abs. 1 UmwRG[107] und einem solchen Recht für eine Vereinigung nach § 2 Abs. 2 UmwRG, »die nicht nach § 3 (UmwRG) anerkannt ist«.[108] Könnten dic Voraussetzungen des § 2 Abs. 1 UmwRG auch noch nachträglich erfüllt werden, wäre diese Differenzierung des Gesetzes, so meinte das OVG Koblenz, **weitestgehend ausgehebelt**. Die Gesetzesmaterialien deuteten ebenfalls diesen gesetzgeberischen Willen zur Differenzierung an.[109] Zudem wünsche das Unionsrecht keine voraussetzungslose, verwaltungsprozessuale Privilegierung einzelner Gruppierungen. Der nationale Gesetzgeber erhalte vielmehr das **Recht, Mindestvoraussetzungen** an klagebefugte Umweltvereinigungen auch in *zeitlicher* Hinsicht **zu definieren** (vgl. Art. 11 Abs. 3 Satz 2 i.V.m. Art. 1 Abs. 2 lit. e UVP-RL; Art. 25 Abs. 3 UAbs. 2 IE-RL). Daher könne man auch nicht berechtigterweise von schützenswerten »durch die Unionsrechtsordnung verliehenen Rechte(n)« sprechen, denen bei der engen Auslegung des § 2 UmwRG eine Missachtung drohe. Stehe doch der Anerkennungsakt der Vereinigung im hier streitigen Fall gerade noch aus. Der Gesetzgeber sei nach Unionsrecht nicht gezwungen, über die Zugeständnisse des § 2 Abs. 2 20

99 Vgl. hierzu auch die obigen Ausführungen unter Rdn. 9.
100 BVerwG, Urt. v. 14.09.2022 – 9 C 24.21, NVwZ 2023, 596.
101 VGH Kassel, Beschl. v. 30.04.2019 – 9 A 936/17.Z, ZUR 2019, 554.
102 Vgl. dazu bspw. BVerwG, Urt. v. 12.03.2008 – 9 A 3/06, BVerwGE 130, 299 Rn. 23.
103 Dazu Rdn. 34 ff.
104 So auch die Kommentierung der Vorauflage.
105 Vgl. dazu beispielsweise BVerwG, Urt. v. 12.03.2008 – 9 A 3/06, BVerwGE 130, 299 Rn. 23.
106 Vgl. BVerwG, Beschl. v. 27.07.2020 – 4 VR 7/19, 4 VR 3/20, NVwZ 2021, 723 Rn. 10; VGH München, Beschl. v. 20.01.2010 – 22 CS 09.2968, juris Rn. 13; OVG Saarlouis, Beschl. v. 28.02.2018 – 2 B 811/17, NVwZ-RR 2018, 565 Rn. 11; OVG Koblenz, Urt. v. 04.08.2021 – 8 C 10217/21, juris Rn. 26; *Fellenberg/Schiller*, in: Landmann/Rohmer, Umweltrecht, § 2 UmwRG Rn. 10.
107 OVG Koblenz, Urt. v. 04.08.2021 – 8 C 10217/21, juris Rn. 28.
108 OVG Koblenz, Urt. v. 04.08.2021 – 8 C 10217/21, juris Rn. 28.
109 Vgl. Gesetzesbegr. v. 04.09.2006, BT-Drs. 16/2495, S. 12.

UmwRG hinaus potenziellen Umweltvereinigungen allein in Erwartung ihrer möglichen Anerkennung prozessuale Sonderrechte zu gewähren und ein verwaltungsgerichtliches Verfahren betreiben zu lassen.

21 Die angesprochene enge Auslegung ist vom **BVerwG**[110] in Frage gestellt sowie vom **VGH Kassel**[111] für **unionsrechtswidrig** gehalten worden.[112] Der Wortlaut des § 2 Abs. 2 Satz 1 HS 1 UmwRG spreche keine zeitliche Komponente an. Er regle allein die Rechtsfolge, »klagebefugt zu sein«, soweit die drei Voraussetzungen vorlägen. Der Verweis auf Abs. 1, der eine ähnliche Satzstruktur mit Bezug zur VwGO aufweise, unterstreiche dieses Verständnis. Dieser Verweis zeuge von dem Willen des Gesetzgebers, die allgemeinen Grundsätze des Prozessrechts aufrechtzuerhalten. Eine Abweichung müsste klar zum Ausdruck kommen, was weder im Gesetzestext noch in den -materialien geschehen sei. Der Zweck des Art. 11 UVP-RL und Art. 9 Abs. 3 AK, den »weiten Zugang zu den Gerichten« zu ermöglichen, spreche ebenfalls für eine möglichst lange Möglichkeit, die Klagebefugnis zu erfüllen.[113] Gleichzeitig werde das Gericht entlastet, wenn eine Anerkenntnis doch noch stattfände. Weiter kann man für die Rechtsauffassung aus Leipzig anführen, dass nach ständiger europäischer Rechtsprechung »die Verfahrensmodalitäten für Klagen, die den Schutz der den Einzelnen aus dem Unionsrecht erwachsenden Rechte gewährleisten sollen, […] nicht weniger günstig ausgestaltet sein (dürfen) als die für entsprechende innerstaatliche Klagen (Grundsatz der Äquivalenz) und dadurch die Ausübung der durch die Unionsrechtsordnung verliehenen Rechte nicht praktisch unmöglich machen oder übermäßig erschweren (Grundsatz der Effektivität)«.[114]

II. Betroffenheit im Aufgabenbereich (§ 2 Abs. 1 Satz 1 Nr. 2 UmwRG)

22 Gem. § 2 Abs. 1 Satz 1 Nr. 2 UmwRG muss die anerkannte Vereinigung neben der Rügebefugnis geltend machen, durch die zu kontrollierende Entscheidung oder ihre Unterlassung in **ihrem satzungsgemäßen Aufgabenbereich**, d.h. der Förderung der Ziele des Umweltschutzes, **berührt zu sein**.[115] Es muss somit ein **Zusammenhang** zwischen dem satzungsmäßigen Aufgabenbereich und der mit der Verbandsklage angegriffenen Entscheidung **vorgetragen werden**, der dem Zweck des UmwRG Rechnung trägt.[116] Dieser Zusammenhang kann sich bereits daraus ergeben, dass die anerkannte Vereinigung Bedenken und Einwendungen erhebt, die sich auf ihre satzungsrelevanten Thematiken beziehen; eine ausdrückliche Berufung auf die Satzung ist jedoch nicht notwendig.[117] Darüber hinaus reicht in der Zulässigkeitsprüfung die Behauptung des erforderlichen Zusammenhangs; sein tatsächliches Bestehen wird erst im Rahmen der Entscheidung über die Begründetheit eingehend untersucht.[118] Durch die Zulässigkeitsvoraussetzung des § 2 Abs. 1 Satz 1 Nr. 2 UmwRG wird der Kreis der klageberechtigten Vereinigungen beschränkt: Nicht allen Vereinigungen wird es gelingen, in jedem Fall einen satzungsmäßigen und tatsächlichen Bezug zu dem jeweiligen Prüfungsgegenstand herzustellen.[119] Eine auf Naturschutz ausgerichtete Vereinigung ist allerdings nicht darauf

110 BVerwG, Urt. v. 14.09.2022 – 9 C 24.21, NVwZ 2023, 596.

111 VGH Kassel, Beschl. v. 30.04.2019 – 9 A 936/17.Z, ZUR 2019, 554.

112 A.A. *Fellenberg/Schiller*, in: Landmann/Rohmer, Umweltrecht, § 2 UmwRG Rn. 10, die auch die praktische Relevanz dieser Streitfrage anzweifeln.

113 Vgl. EuGH, Urt. v. 15.10.2009 – C-263/08, NVwZ 2009, 1553 Rn. 45 (Djurgården-Lilla Värtans Miljöskyddsförening/Stockholms kommun genom dess marknämnd).

114 VGH Kassel, Beschl. v. 30.04.2019 – 9 A 936/17.Z, ZUR 2019, 554 (555). Auch nach *Lamfried* ZUR 2020, 288 (295) gibt es für die Schlechterstellung der Umweltverbandsklage unter Beachtung der europäischen Rechtsprechung keinen Spielraum.

115 VGH Mannheim, Urt. v. 21.11.2023 – 5 S 1972/21, NuR, 2024, 423 (425 f.).

116 *Spinner* NuR 2011, 335 (339); *Fellenberg/Schiller*, in: Landmann/Rohmer, Umweltrecht, § 2 UmwRG, Rn. 18.

117 OVG Lüneburg, Urt. v. 09.06.2016 – 12 KN 187/15, NuR 2017, 411 (412); *Fellenberg/Schiller*, in: Landmann/Rohmer, Umweltrecht, § 2 UmwRG, Rn. 18.

118 OVG Berlin, Beschl. v. 06.07.2020 – OVG 11 N 40.18, NuR 2021, 272 (273).

119 Vgl. *Schwertner* EurUP 2007, 124 (125).

reduziert, die Verletzung von naturschutzrechtlichen Vorschriften zu rügen, sondern kann auch die Verletzung von ausschließlich immissionsschutzrechtlichen Regelungen vortragen, wenn die angegriffene Entscheidung bei ihrer Realisierung ein Schutzgut des Naturschutzes (z.B. eine seltene Vogelart) beeinträchtigt.[120] Unionsrechtlich ist diese Begrenzung jedoch unbedenklich, da sie sich im Rahmen des Gestaltungsspielraums befindet, den Art. 11 UVP-RL und Art. 25 IE-RL eröffnen.[121]

Die Rückführung des § 2 Abs. 1 Satz 1 Nr. 2 UmwRG auf den satzungsmäßigen Aufgabenbereich wirkt sowohl in sachlicher als auch in räumlicher Weise. **Sachlich** müssen die in der Satzung dargelegten Zielsetzungen der Vereinigung thematisch zur angegriffenen Entscheidung und gerügten Rechtsvorschrift passen.[122] Der notwendige Bezug zum Aufgabenbereich der Vereinigung kann dabei auch **mittelbar** hergestellt werden, wenn eine Wirkungskette zwischen dem vermeintlichen Rechtsverstoß und seinen negativen Folgen für die Schutzziele der Vereinigung hergestellt ist.[123] Diese offene Interpretation des § 2 Abs. 1 Satz 1 Nr. 2 UmwRG entspricht gerade dem weiten Prüfungsansatz des Umweltverträglichkeitsprüfungsgesetzes, das auch Wechselwirkungen und kumulative Effekte von Umweltbelastungen beachtet.[124] Somit dürfen etwa Vereinigungen, die sich dem Schutz heimischer Bäume verschrieben haben, Wasserverschmutzungen anprangern, wenn sich diese negativ auf die Bodenqualität von Flussufern auswirken und damit die dortige Baumvegetation (etwa Weiden) gefährden. Im Zweifel ist die Satzung der Vereinigung – im Lichte einer unionsrechtlich gewünschten möglichst weiten Eröffnung von Rechtsschutzmöglichkeiten[125] – weit auszulegen. 23

Räumliche Grenzen können sich aus § 2 Abs. 1 Satz 1 Nr. 2 UmwRG ebenfalls ergeben.[126] Eine nach ihrer Satzung offensichtlich regional ausgerichtete Vereinigung kann nicht die Rechtsverletzung durch Behörden anderer Bundesländer rügen.[127] In diesen Fällen mangelt es an einer Verbindung zwischen dem satzungsgemäßen Aktionsraum der Vereinigung und dem Gebiet, das von den Auswirkungen der angegriffenen Entscheidung betroffen ist.[128] 24

Die konkrete Definition des Satzungsziels obliegt der Vereinigung, sofern sie den Anforderungen des § 3 UmwRG entspricht.[129] Unschädlich ist dabei auch ein **allgemein umschriebener Satzungszweck** (z.B. »umfassender Schutz der Umwelt«).[130] Nicht überzeugen kann der hiergegen vorgetragene Vorbehalt, ohne eine Konkretisierungspflicht stände es im Belieben der Vereinigung, sich durch eine möglichst weite Formulierung des Satzungszwecks eine umfassende Rechtsschutzmöglichkeit zu sichern.[131] Wollte eine Vereinigung tatsächlich die Zulässigkeitsanforderungen des § 2 Abs. 1 Satz 1 Nr. 2 UmwRG umgehen, dürfte die Forderung nach konkreten Satzungszwecken in der Konsequenz lediglich dazu verleiten, die jeweiligen Schutzgüter des Umweltrechts in der Satzung einzeln nebeneinander zu stellen und umfassend aufzuführen. 25

120 *Michl* NuR 2016, 543 (549); *Fellenberg/Schiller*, in: Landmann/Rohmer, Umweltrecht, § 2 UmwRG, Rn. 20; a.A. *Schlacke*, in: Gärditz, VwGO, § 2 UmwRG, Rn. 32.

121 *Schlacke*, in: Gärditz, VwGO, § 2 UmwRG, Rn. 32.

122 *Marty* ZUR 2009, 115 (119).

123 *Fellenberg/Schiller*, in: Landmann/Rohmer, Umweltrecht, § 2 UmwRG, Rn. 20.

124 Vgl. § 40 UVPG Rdn. 91.

125 Siehe die obigen Ausführungen unter Rdn. 5 f.

126 OVG Hamburg, Beschl. v. 30.04.2024 – 1 Es 4/24.P, juris Rn. 28.

127 VGH Mannheim, Urt. v. 21.11.2023 – 5 S 1972/21, NuR, 2024, 423 (425 f.).

128 *Fellenberg/Schiller*, in: Landmann/Rohmer, Umweltrecht, § 2 UmwRG, Rn. 21; *Happ*, in: Eyermann, VwGO, § 2 UmwRG Rn. 6.

129 Zu den Anforderungen siehe § 3 UmwRG Rdn. 25 ff.

130 *Schrödter* LKV 2008, 391 (395); *Schlacke*, in: Gärditz, VwGO, § 2 UmwRG, Rn. 36.

131 VG Kassel, Beschl. v. 24.06.2008 – 7 G 1527/07, amtl. Umdruck S. 15 f. zitiert nach *Beckmann/Wittmann* UPR 2008, 421 (425).

III. Beteiligungsberechtigung und Mitwirkungserfordernis (§ 2 Abs. 1 Satz 1 Nr. 3 UmwRG)

26 § 2 Abs. 1 Satz 1 Nr. 3 UmwRG enthält zwei Anforderungen an die Rügebefugnis von Umweltverbänden. In **Abhängigkeit vom konkreten Prüfungsgegenstand** verlangt sie entweder eine Beteiligungsberechtigung der Vereinigung (Nr. 3 lit. a) oder zusätzlich eine aktive Verfahrensmitwirkung bzw. eine Verhinderung dieser (Nr. 3 lit. b).

1. Die Anforderungen des § 2 Abs. 1 Satz 1 Nr. 3 lit. a UmwRG

27 Die von **§ 2 Abs. 1 Satz 1 Nr. 3 lit. a UmwRG** eingeforderte Beteiligungsberechtigung knüpft unmittelbar an die in Art. 11 Abs. 1 UVP-RL und Art. 25 Abs. 1 IE-RL vorgesehene Einschränkung des Prüfungsgegenstands der Richtlinienbestimmungen an. Diese beziehen sich auf Entscheidungen, Handlungen oder Unterlassungen, für die die jeweilige Richtlinie Bestimmungen über die Öffentlichkeitsbeteiligung vorsieht. In Umsetzung dieser Verbindung von Beteiligungsrecht und Rechtsschutz fordert auch § 2 Abs. 1 Satz 1 Nr. 3 lit. a UmwRG, dass bei Rechtsschutzersuchen gegen Entscheidungen nach § 1 Abs. 1 Satz 1 Nr. 1 bis 2b UmwRG[132] eine **Beteiligungsmöglichkeit abstrakt eröffnet** war; eine aktive Beteiligung ist jedoch – im Gegensatz zu § 2 Abs. 1 Satz 1 Nr. 3 lit. b UmwRG – nicht erforderlich.[133] Die Regelung des § 2 Abs. 1 Satz 1 Nr. 3 lit. a UmwRG ist auch auf vor dem Inkrafttreten dieser Regelungen anhängig gewordene Verfahren anwendbar.[134]

28 Das Zugeständnis einer Beteiligungsberechtigung ergibt sich in der Regel aus dem jeweiligen Fachrecht, typischerweise aus der **Anordnung einer Öffentlichkeitsbeteiligung.**[135] Da Umweltvereinigungen keine Träger öffentlicher Belange sind,[136] gelten die Regeln der Behördenbeteiligung für sie nicht.[137] Die in § 2 Abs. 1 Satz 1 Nr. 3 lit. a UmwRG verankerte Anforderung an die erweiterten Rechtsschutzmöglichkeiten von Umweltvereinigungen wird sich in der Sache wohl kaum einschränkend auswirken, da **Beteiligungsregelungen nahezu das gesamte relevante Umweltrecht durchziehen.** Sie finden sich bei allen UVP-relevanten Vorhaben (§ 18 UVPG), im immissionsschutzrechtlichen Verfahren (§ 10 Abs. 3 BImSchG) und in der Fachplanung (§ 18a AEG; § 17a FStrG; § 43a EnWG; § 2 MBPlG; § 14a WaStrG). Eine **Ausnahme** dürfte etwa für immissionsschutzrechtliche Genehmigungen bestehen, für die das vereinfachte Verfahren nach § 19 BImSchG vorgesehen ist; hier gibt es kein Beteiligungsrecht der Umweltvereinigungen.[138] Unionsrechtlich könnte die hiermit verbundene Versagung von Rechtsschutz nach dem jüngsten **Protect-Urteil** des EuGH mit Blick auf Art. 9 Abs. 3 AK i.V.m. Art. 47 GRCh problematisch werden, wenn die Verletzung von europäischem Umweltrecht gerügt wird.[139] Es erfüllt ebenfalls nicht den Tatbestand des § 2 Abs. 1 Satz 1 Nr. 3 lit. a UmwRG, wenn eine Genehmigungsbehörde Umweltvereinigungen **freiwillig** in das Genehmigungsverfahren einbindet. Der Wortlaut des Gesetzes (»zur Beteiligung berechtigt war«) ist insofern eindeutig, da er nach einer rechtlich abgesicherten Verfahrensposition

---

132 Die Ausweitung des § 2 Abs. 1 Satz 1 Nr. 3 lit. a UmwRG auf Vorhaben nach § 1 Abs. 1 Satz 1 Nr. 2a und 2b UmwRG ist dem Umstand geschuldet, dass diese Prüfgegenstände dem Anwendungsbereich der Seveso-III-RL unterfallen sowie Art. 23 lit. b Seveso-III-RL auf Art. 11 UVP-RL verweist und diesen für entsprechend anwendbar erklärt.

133 Siehe hierzu nachfolgend Rdn. 29 ff.

134 OVG Lüneburg, Urt. v. 15.11.2018 – 1 KN 29/17, NVwZ-RR 2019, 631 (632).

135 *Schlacke*, in: Gärditz, VwGO, § 2 UmwRG, Rn. 34, 36.

136 Vgl. BVerwG, Urt. v. 27.02.2003 – 4 A 59.01, BVerwGE 118, 15 (19); Urt. v. 14.05.1997 – 11 A 43.96, BVerwGE 104, 367 (367, 370 f.).

137 *Fellenberg/Schiller*, in: Landmann/Rohmer, Umweltrecht, § 2 UmwRG Rn. 25.

138 BVerwG, Beschl. v. 07.10.2009 – 7 B 28.09, juris – Rn. 12; *Fellenberg/Schiller*, in: Landmann/Rohmer, Umweltrecht, § 2 UmwRG Rn. 25.

139 EuGH, Urt. v. 20.12.2017 – C-664/15, NVwZ 2018, 225 Rn. 54 ff.; *Klinger* NVwZ 2018, 231 (232). Das Beispiel des § 2 Abs. 1 Satz 1 Nr. 3 lit. a UmwRG verdeutlicht anschaulich, dass die jüngste EuGH-Rechtsprechung die systematischen Unterschiede zwischen Art. 9 Abs. 2 AK und Art. 9 Abs. 3 AK einebnet: vgl. dazu auch oben Rdn. 9 sowie *Franzius* NVwZ 2018, 219 (221) und *Epiney* EurUP 2017, 223 (232).

fragt.[140] Angesichts des durch § 1 Abs. 1 Satz 1 Nr. 1 UmwRG eröffneten Anwendungsbereichs ist es aber in erweiternder Auslegung des Wortlautes für nur vorprüfungspflichtige Vorhaben auf der Zulässigkeitsebene ausreichend, wenn die klagende Vereinigung geltend macht, eine Beteiligung sei zu Unrecht unterblieben.[141]

2. Die Anforderungen des § 2 Abs. 1 Satz 1 Nr. 3 lit. b UmwRG

Sind **Pläne oder Programme** aufgrund bundes- oder landesrechtlicher Vorgaben **SUP-pflichtig**, statuiert § 2 Abs. 1 Satz 1 Nr. 3 lit. b UmwRG ein **Mitwirkungserfordernis** als weitere Sachurteilsvoraussetzung für die Zulässigkeit von Klagen nach dem Umwelt-Rechtsbehelfsgesetz. Danach kann eine Vereinigung nur dann einen Umwelt-Rechtsbehelf für sich in Anspruch nehmen, wenn sie zur Beteiligung berechtigt war und sie sich hierbei in der Sache gemäß den geltenden Rechtsvorschriften geäußert hat.[142] Hat man ihr dieses Recht verwehrt, führt die fehlende Beteiligung freilich nicht zur Versagung der Klagemöglichkeit.[143] Die Anforderung zur Ausübung des Beteiligungsrechts ist dem Bundesnaturschutzrecht 2002 nachempfunden (§ 61 Abs. 2 Nr. 3 BNatSchG 2002[144]). Sie verlangt von den Vereinigungen, eröffnete Beteiligungsmöglichkeiten nach Maßgabe des jeweiligen Fachrechts wahrzunehmen; dies schließt insbesondere die Beachtung von Äußerungsfristen oder Formvorgaben ein.[145] Dass die Anforderungen des § 2 Abs. 1 Satz 1 Nr. 3 lit. b UmwRG erfüllt sind, muss von der rechtsschutzführenden Vereinigung nachgewiesen werden; sie trifft die Darlegungslast.[146] Die Möglichkeit der Beteiligungsberechtigung ist auf Zulässigkeitsebene dabei ausreichend.[147] Eine Ausnahme vom Mitwirkungserfordernis ergibt sich, wenn aus unionsrechtlichen Gründen auf das Erfordernis der SUP im Rahmen des § 1 Abs. 1 Satz 1 Nr. 4 UmwRG verzichtet wurde.[148] Ist der Anwendungsbereich des § 2 UmwRG auch ohne die Durchführung einer SUP eröffnet, kann eine Beteiligung bzw. die Vorenthaltung einer Beteiligungsmöglichkeit in einem solchen (nicht erfolgten) Verfahren nicht zur Sachurteilsvoraussetzung des § 2 UmwRG gemacht werden.[149] 29

Die Vereinigung muss sich des Weiteren **»in der Sache« äußern**. Gemeint sind damit Einwendungen, die zumindest in groben Zügen erkennen lassen, in welcher Art und Weise und in welchem räumlichen Zusammenhang eine Beeinträchtigung eines Rechtsguts befürchtet wird.[150] Pauschale oder vage Stellungnahmen reichen grundsätzlich nicht aus.[151] Stets ist eine gewisse problembezogene und substantiierte Einbringung erforderlich, deren Anforderungen aber – gerade mit Blick auf die zunehmende Komplexität einiger Großvorhaben – nicht überdehnt werden sollten.[152] 30

---

140 *Fellenberg/Schiller*, in: Landmann/Rohmer, Umweltrecht, § 2 UmwRG, Rn. 27.

141 BVerwG Urt. v. 14.12.2022 – 9 A 17.21, NVwZ-Beilage 2024, 215 (216); Urt. v. 26.09.2019 – 7 C 5/18, BVerwGE 166, 321 Rn. 24.

142 VGH Kassel, Urt. v. 16.09.2009 – 6 C 1005/08.T, juris Rn. 105; *Ewer* NJW 2007, 3171 (3175).

143 Siehe § 2 Abs. 1 Satz 1 Nr. 3 lit. b. UmwRG a.E.

144 Siehe zum Naturschutzrecht 2002 *Gassner*, in: ders./Bendomir-Kahlo/Schmidt-Räntsch, BNatSchG, § 61 Rn. 29. Zur Neufassung in § 64 Abs. 1 Nr. 3 BNatSchG und dem neuen Verweis auf das UmwRG in § 64 Abs. 2 BNatSchG siehe *Gellermann*, in: Landmann/Rohmer, Umweltrecht, § 64 BNatSchG Rn. 21 f., 23 ff.

145 *Fellenberg/Schiller*, in: Landmann/Rohmer, Umweltrecht, § 2 UmwRG, Rn. 29.

146 *Decker* VBlBW 2018, 441 (445); *Schumacher* UPR 2008, 13 (18); *Kerkmann* BauR 2007, 1527 (1534).

147 BVerwG, Urt. v. 27.02.2020 – 7 C 3/19, BVerwGE 168, 20 Rn. 23; Urt. v. 28.05.2021 – 7 C/20, UPR 2022, 65 Rn. 20; Urt. v. 28.05.2021, UPR 2022, 72 Rn. 20.

148 Siehe Rdn. 11.

149 OVG Berlin-Brandenburg, Urt. v. 30.11.2023 – OVG 11 A 1/23, juris Rn. 81.

150 BVerwG, Urt. v. 22.01.2004 – 4 A 4.03, NVwZ 2004, 861 (863); Urt. v. 29.09.2011 – 7 C 21.09, NVwZ 2012, 176 Rn. 35; Beschl. v. 23.11.2007 – 9 B 38.07, NuR 2008, 176 Rn. 31; OVG Koblenz, Beschl. v. 28.04.2016 – 8 B 10285/16, DVBl 2016, 998 (999); *Happ*, in: Eyermann, VwGO, § 2 UmwRG Rn. 8.

151 Tendenziell anders wohl *Gellermann* NuR 2012, 34 (37).

152 *Berkemann* Umweltverbandsklage, S. 297 ff.

31 § 2 Abs. 1 Satz 1 Nr. 3 lit. b UmwRG bewirkt bei seiner Missachtung den Verlust einer prozessualen Rechtsposition (**materielle Präklusion**[153]).[154] Diese Rechtsfolge ist auch »teilbar«. So kann eine thematisch begrenzte Äußerung im Rahmen einer Verfahrensbeteiligung einzelne Einwendungen im späteren gerichtlichen Verfahren ausschließen.

32 Da die Konzeption der Präklusion maßgeblich auf dem Gedanken basiert, dass ein Betroffener die ihm eingeräumte verfahrensrechtliche Möglichkeit, an der Entscheidungsvorbereitung mitzuwirken, ungenutzt verstreichen lässt,[155] dürfte es aus **rechtsstaatlichen Gründen** prinzipiell notwendig sein, dass dem Betroffenen die Teilnahme am Verfahren zuvor tatsächlich eröffnet war.[156] Dazu gehört auch, dass der Betroffene auf eine **hinreichende Informationsbasis** zurückgreifen konnte, die es ihm erlaubte, nachzuvollziehen, ob seine Rechte durch das fragliche Vorhaben oder den Plan betroffen sein könnten. Er musste beurteilen können, ob er überhaupt aufgerufen war, sich im Verfahren zu äußern (**Anstoßfunktion**).[157] Dazu ist auch notwendig, dass im Vorfeld auf die Präklusionswirkung und die einzuhaltenden Fristen hingewiesen wurde.[158] Sonst kann nicht der Vorwurf erhoben werden, der Betroffene habe sich im Verfahren nicht hinreichend artikuliert.[159]

33 **Unionsrechtlich wie auch völkerrechtlich** ist die Anordnung des § 2 Abs. 1 Satz 1 Nr. 3 lit. b UmwRG **unbedenklich.**[160] Sie fällt nicht in den Anwendungsbereich des Art. 11 UVP-RL und des Art. 25 IE-RL; zudem ist auch Art. 9 AK nicht auf Pläne und Programme anwendbar. Die angesprochenen Richtlinienvorgaben und völkerrechtlichen Verpflichtungen können zudem nicht entsprechend als Prüfungsmaßstab auf Pläne und Programme ausgeweitet werden, da sich die maßgeblichen Regelungen zum Rechtsschutz ausdrücklich nur auf Entscheidungen, Handlungen oder Unterlassungen beziehen.

D. Klagen noch nicht anerkannter Vereinigungen gem. § 2 Abs. 2 UmwRG

34 **Noch nicht anerkannten Vereinigungen** ist es gem. **§ 2 Abs. 2 Satz 1 UmwRG** möglich, bereits **während des laufenden Anerkennungsverfahrens** Rechtsbehelfe nach dem Umwelt-Rechtsbehelfsgesetz einzulegen, sofern sie die materiellen Anerkennungsvoraussetzungen des § 3 Abs. 1 Satz 2 UmwRG erfüllen (Nr. 1),[161] die Vereinigung einen Antrag auf Anerkennung gestellt hat (Nr. 2) und eine Anerkennung aus Gründen, die von den Vereinigungen nicht zu vertreten waren, noch nicht

153 Zur materiellen Präklusion siehe VGH Mannheim, Beschl. v. 01.04.2003 – 5 S 748/02, DÖV 2003, 910 (912); *Brandt* NVwZ 1997, 233 (234); *Thiel* DÖV 2001, 814 (815 ff.); *Stüer/Rieder* DÖV 2003, 473 (476); *Degenhart*, in: FS Menger, S. 621 (622); *Kment* Nationale Unbeachtlichkeits-, Heilungs- und Präklusionsvorschriften und Europäisches Recht, S. 25 f.; *Ronellenfitsch* VerwArch 80 (1989) 92 (102); *Papier* NJW 1980, 313 (314). Die Präklusion wird zum Teil auf einen Verwirkungsgedanken zurückgeführt (so etwa *Ipsen* DVBl 1980, 146 [152]; *Metz* Zulässigkeit und Grenzen formeller und materieller Präklusion, S. 107 ff.; *Redeker* NJW 1980, 1593 [1597 f.]) oder als Verletzung von Mitwirkungspflichten im Bereich kooperativer Sachverhaltsermittlung (so etwa *Röhl/Ladenburger* Materielle Präklusion, S. 22 ff.; *Di Fabio* Risikoentscheidungen im Rechtsstaat, S. 457) verstanden.

154 OVG Koblenz, Beschl. v. 28.04.2016 – 8 B 10285/16, DVBl 2016, 998 (999 f.); *Schlacke*, in: Gärditz, VwGO, § 2 UmwRG, Rn. 35.

155 OVG Koblenz, Beschl. v. 28.04.2016 – 8 B 10285/16, DVBl 2016, 998 (999); *Kment* Grenzüberschreitendes Verwaltungshandeln, S. 417; *Röhl/Ladenburger* Die materielle Präklusion im raumbezogenen Verwaltungsrecht, S. 22 ff.; *Di Fabio* Risikoentscheidungen im Rechtsstaat, S. 457.

156 BVerwG, Urt. v. 17.07.1980 – 7 C 101.78, BVerwGE 60, 297 (308); Urt. v. 24.05.1996 – 4 A 38.95, NVwZ 1997, 489 (490); *Schumacher* UPR 2008, 13 (18).

157 BVerfG, Beschl. v. 08.07.1982 – 2 BvR 1187/80, BVerfGE 61, 82 (116 f.); BVerwG, Urt. v. 17.07.1980 – 7 C 101.78, BVerwGE 60, 297 (308); Beschl. v. 17.09.2008 – 4 BN 22.08, BauR 2009, 75 (75); *Durner*, in: Möllers/Voßkuhle/Walter (Hrsg.), Internationales Verwaltungsrecht, S. 121 (158).

158 A. A. *Fellenberg/Schiller*, in: Landmann/Rohmer, Umweltrecht, § 2 UmwRG Rn. 26.

159 *Beckmann/Wittmann* UPR 2008, 421 (426).

160 *Schlacke* NVwZ 2017, 905 (910).

161 Vgl. dazu § 3 UmwRG Rdn. 25 ff.

erfolgt ist (Nr. 3).[162] Die Laufzeit des Verfahrens soll sich also nicht zu Lasten der Vereinigungen auswirken, wenn diese keine Schuld für eine eventuelle Verfahrensverzögerung trifft.[163]

Der von § 2 Abs. 2 Satz 1 Nr. 2 UmwRG geforderte **Antrag** muss vor dem Zeitpunkt der Einlegung eines Rechtsbehelfs bei der Anerkennungsbehörde eingegangen sein.[164] Ein Formerfordernis besteht hierbei nicht; daher kann der Antrag formlos, also auch mündlich gestellt werden.[165] 35

Die zum Zeitpunkt der Einlegung des Rechtsbehelfs ausgebliebene Entscheidung nach § 3 UmwRG darf von der Vereinigung gem. § 2 Abs. 2 Satz 1 Nr. 3 UmwRG **nicht zu vertreten** sein. Die Ursache für die unterbliebene Entscheidung über den Anerkennungsantrag muss also der **Risikosphäre der zur Entscheidung berufenen Behörde** zuzurechnen sein; ein Verschulden i.S.d. § 276 BGB (Vorsatz oder Fahrlässigkeit) ist nicht erforderlich.[166] Die Anforderungen des § 2 Abs. 2 Satz 1 Nr. 3 UmwRG sind etwa dann zugunsten der Vereinigung erfüllt, d.h. es liegt kein Vertretenmüssen vor, wenn die Anerkennungsbehörde das Anerkennungsverfahren noch nicht abgeschlossen hat, obschon alle notwendigen Informationen vorliegen, oder ein Rechtsstreit über das Vorliegen der Anerkennungsvoraussetzungen geführt wird.[167] Demgegenüber entfällt der Rückgriff auf § 2 Abs. 2 UmwRG, wenn eine Vereinigung bereits mehrere Jahre besteht und ihre Anerkennung nicht betrieben hat oder erforderliche Unterlagen nicht (rechtzeitig[168]) vorgelegt wurden. Ebenfalls erfolglos muss das Unterfangen bleiben, einen zuvor definierten Aufgabenbereich eines Verbands parallel zur Klageerhebung erweitern zu wollen, um sich auf diese Weise – an der Einschränkung des § 2 Abs. 1 Nr. 2 UmwRG vorbei – ein Klagerecht zu erschließen.[169] Zusammenfassend betrachtet greift § 2 Abs. 2 UmwRG somit diejenigen Fälle auf, die – gäbe es die Normierung des § 2 Abs. 2 UmwRG nicht – ohnehin zur Wiederaufnahme des Verfahrens nach § 60 VwGO berechtigen würden.[170] 36

§ 2 Abs. 2 UmwRG ist nicht auf Fälle der erstmaligen Anerkennung einer Vereinigung begrenzt. Die Vorschrift kommt entsprechend zur Anwendung, wenn Anträge **zur sachlichen oder räumlichen Veränderung des Aufgabenbereichs** einer Vereinigung gestellt werden.[171] 37

Vom Erfordernis der Nichtverantwortlichkeit für die fehlende Anerkennung befreit sind **ausländische Vereinigungen** (§ 2 Abs. 2 Satz 2 UmwRG).[172] Damit soll der besonderen Situation ausländischer Vereinigungen – eventuell verspätete Kenntnis von den Regelungen des Umwelt-Rechtsbehelfsgesetzes oder mögliche Sprachprobleme – Rechnung getragen werden.[173] Diese schwierigere Aus- 38

162 Siehe hierzu ausführlich *Ewer* NVwZ 2007, 267 (271); vgl. auch *Schumacher* UPR 2008, 13 (16).

163 Siehe die Begründung zum Gesetzentwurf des Bundes v. 04.09.2006, BT-Drs. 16/2495, S. 12.

164 VGH München, Beschl. v. 20.01.2010 – 22 CS 09.2968, juris – Rn. 13; *Fellenberg/Schiller*, in: Landmann/Rohmer, Umweltrecht, § 2 UmwRG Rn. 34.

165 Vgl. *Fellenberg/Schiller*, in: Landmann/Rohmer, Umweltrecht, § 2 UmwRG, Rn. 34.

166 *Fellenberg/Schiller*, in: Landmann/Rohmer, Umweltrecht, 2 UmwRG, Rn. 36.

167 *Schumacher* UPR 2008, 13 (16). Stützt sich die Vereinigung auf einen laufenden Rechtsstreit, muss sich dieser gegen eine abgelehnte Anerkennung richten; Rechtsbehelfe gegen belastende Nebenbestimmungen in einer Anerkennungsentscheidung sind nicht ausreichend (vgl. *Fellenberg/Schiller*, in: Landmann/Rohmer, Umweltrecht, § 2 UmwRG, Rn. 36). Allerdings stellt sich in diesem Fall die Frage der Anwendbarkeit des § 2 Abs. 2 UmwRG nicht wirklich, da sich die Vereinigung unmittelbar auf § 2 Abs. 1 UmwRG berufen kann.

168 In Anlehnung an § 75 Satz 1 VwGO müssen Vereinigungen mit einer Bearbeitungszeit von drei Monaten rechnen, vgl. OVG Koblenz, Urt. v. 04.08.2021 – 8 C 10217/21, juris – Rn. 44.

169 VGH München, Beschl. v. 20.01.2010 – 22 CS 09.2968, juris.

170 *Schumacher* UPR 2008, 13 (16). Vgl. auch *Porz/Holtbrügge*, in: Fehling/Kastner (Hrsg.), VwGO, § 60; *Schmidt* DÖV 2001, 857.

171 VGH München, Beschl. v. 20.01.2010 – 22 CS 09.2968, juris – Rn. 13; *Happ*, in: Eyermann, VwGO, § 2 UmwRG Rn. 10; *Fellenberg/Schiller*, in: Landmann/Rohmer, Umweltrecht, § 2 UmwRG Rn. 31.

172 Vgl. *Kerkmann* BauR 2007, 1527 (1531).

173 Siehe die Begründung zum Gesetzentwurf des Bundes v. 04.09.2006, BT-Drs. 16/2495, S. 12.

gangslage rechtfertigt zugleich im Hinblick auf das Gleichheitsgebot des Art. 3 Abs. 1 GG die rechtlich günstigere Stellung ausländischer Vereinigungen im Vergleich zu nationalen Vereinigungen.[174]

39 Die **Überprüfung** der Anforderungen des § 2 Abs. 2 UmwRG **obliegt dem Gericht bzw. der Widerspruchsbehörde.** Diese – und nicht das Umweltbundesamt – prüfen die Kriterien des § 2 Abs. 2 UmwRG, um weitere Verzögerungen des Rechtsbehelfsverfahrens zu vermeiden.[175] Im gerichtlichen Verfahren kann die Entscheidung als Zwischenurteil ergehen.[176] Wird einer noch nicht anerkannten Vereinigung im laufenden Verfahren der Status als Vereinigung versagt, führt diese Entscheidung gem. § 2 Abs. 2 Satz 3 UmwRG zur **Unzulässigkeit** des eingelegten Rechtsbehelfs *ex tunc*,[177] sobald die ablehnende Entscheidung mit Ablauf von Widerspruchs- bzw. Klagefrist nach §§ 70 Abs. 1, 74 Abs. 1 VwGO Bestandskraft erlangt.[178] Der schlichte Erlass des Ablehnungsbescheids reicht somit noch nicht.

E. Klagefrist gem. § 2 Abs. 3 UmwRG

I. Anwendung des § 2 Abs. 3 UmwRG im nationalen Rechtsgefüge

40 Historisch aus der Parallele zum Naturschutzrecht entwickelt (§ 61 Abs. 4 BNatSchG 2002), enthält auch das Umwelt-Rechtsbehelfsgesetz in § 2 Abs. 3 UmwRG eine Sonderregelung hinsichtlich der Monatsfrist nach § 74 VwGO i.V.m. § 58 Abs. 2 VwGO.[179] Gem. **§ 2 Abs. 3 Satz 1 UmwRG** läuft eine **Jahresfrist** für den Fall, dass die gerichtlich angegriffene Entscheidung nach den geltenden Rechtsvorschriften weder öffentlich bekannt gemacht, noch der Vereinigung bekannt gegeben worden ist.[180] Die unterbliebene öffentliche Bekanntmachung steht dabei einer fehlerbehafteten öffentlichen Bekanntmachung gleich; dies gilt auch für die individuelle Bekanntgabe.[181] Sofern bundes- oder landesrechtliche Vorschriften die Heilung eines Bekanntgabefehlers vorsehen,[182] schließt dies die Anwendung des § 2 Abs. 3 Satz 1 UmwRG aus.

41 Die Jahresfrist beginnt mit der Kenntnisnahme von der Entscheidung oder ab dem Zeitpunkt, ab dem die Vereinigung von der Entscheidung hätte Kenntnis erlangen können. Gleiches gilt nach **§ 2 Abs. 3 Satz 3 UmwRG** in den **Umgehungsfällen**, wenn eine Entscheidung entgegen geltenden Rechtsvorschriften nicht getroffen worden ist und die Vereinigung von diesem Umstand Kenntnis erlangt hat oder hätte erlangen können.

42 Die Vereinigung erlangt **Kenntnis** von der Entscheidung, wenn der Vorstand, ein anderes vertretungsberechtigtes Organ der Vereinigung oder eine andere zur Einlegung von Widerspruch oder Klage befugte Person hiervon erfährt.[183] Auf welche Weise die Kenntnis erlangt wird, ist dabei unerheblich. Die Kenntnis muss gegenständlich den Inhalt der maßgeblichen Entscheidung umfassen; allein das

174 *Fellenberg/Schiller*, in: Landmann/Rohmer, Umweltrecht, 2 UmwRG Rn. 37.

175 Siehe die Begründung zum Gesetzentwurf des Bundes v. 04.09.2006, BT-Drs. 16/2495, S. 12; *Schlacke* NuR 2007, 8 (10); *Schumacher* UPR 2008, 13 (16); *Kerkmann* BauR 2007, 1527 (1531 f.). Letzterer weist zu Recht darauf hin, dass sich die Prüfungsbefugnisse hinsichtlich der Voraussetzungen des § 3 Abs. 1 Satz 2 Nr. 3 UmwRG lediglich auf die korrekte Erhebung und sachgerechte Bewertung von Daten und Fakten erstrecken können, da es sich um eine Prognoseentscheidung handelt. A. A. wohl *Fellenberg/Schiller*, in: Landmann/Rohmer, Umweltrecht, § 2 UmwRG, Rn. 32.

176 *Fellenberg/Schiller*, in: Landmann/Rohmer, Umweltrecht, § 2 UmwRG, Rn. 32.

177 *Schlacke*, in: Gärditz, VwGO, § 2 UmwRG, Rn. 46.

178 VGH München, Beschl. v. 29.08.2016 – 22 ZB 16.214, ZUR 2017, 109 f.; *Fellenberg/Schiller*, in: Landmann/Rohmer, Umweltrecht, § 2 UmwRG Rn. 38.

179 VG Düsseldorf, Urt. v. 17.03.2015 – 3 K 6048/13, ZUR 2015, 424 (426).

180 *Beckmann/Wittmann* UPR 2008, 421 (426); *Weidemann* VR 2008, 227 (229).

181 *Fellenberg/Schiller*, in: Landmann/Rohmer, Umweltrecht, § 2 UmwRG, Rn. 44.

182 Vgl. etwa § 8 VwZG.

183 OVG Münster, Beschl. v. 24.09.2009 – 8 B 1342/09.AK, NuR 2010, 198 (199); VG Düsseldorf, Urt. v. 17.03.2015 – 3 K 6048/13, ZUR 2015, 424 (426); *Happ*, in: Eyermann, VwGO, § 2 UmwRG Rn. 15; *Fellenberg/Schiller*, in: Landmann/Rohmer, Umweltrecht, § 2 UmwRG, Rn. 48; *Schlacke*, in:

Wissen, *dass* eine Entscheidung ergangen ist, reicht nicht aus.[184] Hat die Vereinigung keine Kenntnis, hätte sie diese aber bei der gebotenen Sorgfalt haben können, spricht man von einem **»Kennen können«.**[185] Auch die schuldhafte Unkenntnis reicht aus, um die Klagefrist des § 2 Abs. 3 Satz 1 UmwRG in Gang zu setzen. Von einem »Kennen können« im Sinne der Vorschrift ist grundsätzlich auszugehen, wenn sich das Vorliegen der anzugreifenden Entscheidung der klageberechtigten Vereinigung aufgrund objektiver Kriterien aufdrängen muss.[186] Hiervon kann man etwa ausgehen, wenn Baumaßnahmen erkennbar durchgeführt werden und es der Vereinigung zumutbar und möglich ist, sich durch Anfragen – etwa bei der Genehmigungsbehörde oder dem Vorhabenträger – Gewissheit zu verschaffen.[187] Die Darlegungslast für »Kennenserlangung« oder »Kennen können« der Vereinigung obliegt grundsätzlich dem Klage- bzw. Antragsgegner, nicht der Vereinigung.[188]

§ 2 Abs. 3 Satz 2 UmwRG sieht für Entscheidungen nach § 1 Abs. 1 Satz 1 Nr. 5 und 6 UmwRG[189] eine **Sonderregelung** vor, die *neben* die Anordnung des § 2 Abs. 3 Satz 1 UmwRG tritt. Die Verbindung beider Regelungsinhalte wird durch die Wahl des Begriffs »jedoch« in § 2 Abs. 3 Satz 2 UmwRG hergestellt, die eine sachliche Einschränkung des § 2 Abs. 3 Satz 1 UmwRG und damit eine Bezugnahme und somit die Verbindung erzeugt. Danach gilt neben der ereignisabhängigen bzw. relativen Jahresfrist des § 2 Abs. 3 Satz 1 UmwRG, die von der Kenntnisnahme bzw. dem »Kennen können« der Vereinigung abhängt, eine **absolute Zweijahresfrist** gem. § 2 Abs. 3 Satz 2 UmwRG, die mit der Erteilung des streitigen Verwaltungsaktes, also mit seiner Bekanntgabe nach §§ 41, 43 Abs. 1 Satz 1 VwVfG, zu laufen beginnt.[190] 43

In seltenen Ausnahmefällen erscheint es denkbar, dass die Rechtsmittelfrist durch eine missbräuchliche Nichtwahrnehmung der im Gesetz vorgesehenen Rechtsmittelbefugnis vorzeitig endet. Die **Verwirkung** setzt jedoch neben einem bloßen Zeitmoment auch einen darüberhinausgehenden Vertrauenstatbestand auf Seiten der Verfahrensgegner voraus (sog. Umstandsmoment), aufgrund dessen der Verfahrensgegner nicht mehr mit der Einlegung eines Rechtsbehelfs innerhalb der Rechtsmittelfrist rechnen muss.[191] 44

II. Unionsrechtliche Zulässigkeit

Betrachtet man abschließend aus europarechtlicher Sicht die **Klagefrist** gem. § 2 Abs. 3 UmwRG, so dürfte dieser eine **unionsrechtliche Unbedenklichkeit** zu bescheinigen sein.[192] Hierfür sprechen folgende Erwägungen: Die Mitgliedstaaten der Europäischen Union genießen im Grundsatz die **Freiheit, das Verwaltungsverfahren eigenständig auszugestalten.**[193] Ausnahmen bestehen, sofern das Unionsrecht ausdrückliche andere Regelungen in diese Richtung aufweist, der Grundsatz der Effektivität oder aber der Grundsatz der Gleichwertigkeit durch die Verfahrensgestaltung verletzt 45

Gärditz, VwGO, § 2 UmwRG, Rn. 48; *Keller* NVwZ 2017, 1080 (1081) hält bei großen Vereinigungen gegebenenfalls bereits die Kenntnis einzelner Ortsverbände für ausreichend.

184 VG Düsseldorf, Urt. v. 17.03.2015 – 3 K 6048/13, ZUR 2015, 424 (426); *Happ*, in: Eyermann, VwGO, § 2 UmwRG Rn. 15; *Bunge*, UmwRG, § 2 Rn. 101.

185 *Fellenberg/Schiller*, in: Landmann/Rohmer, Umweltrecht, § 2 UmwRG, Rn. 49.

186 *Schlacke*, in: Gärditz, VwGO, § 2 UmwRG, Rn. 48.

187 BVerwG, Beschl. v. 12.02.2024 – 7 B 8.23, juris Rn. 6; OVG Münster, Beschl. v. 24.09.2009 – 8 B 1342/09.AK, ZUR 2010, 204 (205 f.); VG Düsseldorf, Urt. v. 17.03.2015 – 3 K 6048/13, ZUR 2015, 424 (426); *Fellenberg/Schiller*, in: Landmann/Rohmer, Umweltrecht, § 2 UmwRG, Rn. 49; *Happ*, in: Eyermann, VwGO, § 2 UmwRG Rn. 15.

188 *Fellenberg/Schiller*, in: Landmann/Rohmer, Umweltrecht, § 2 UmwRG, Rn. 48.

189 Siehe § 1 UmwRG Rdn. 73 ff.

190 *Schlacke*, in: Gärditz, VwGO, § 2 UmwRG Rn. 50.

191 OVG Koblenz, Beschl. v. 02.04.2014 – 1 B 10249/14, DVBl 2014, 940 (941).

192 *Fellenberg/Schiller*, in: Landmann/Rohmer, Umweltrecht, § 2 UmwRG, Rn. 42; *Keller* NVwZ 2017, 1080 (1081).

193 EuGH, Urt. v. 14.12.1995 – C-312/93, Slg. 1995 I-4599 Rn. 12; Urt. v. 27.02.2003 – C-327/00, Slg. 2003 I-1877 Rn. 51; *Wahl* DVBl 2003, 1285 (1285).

werden.[194] Verfahren mit unionsrechtlichem Bezug dürfen demnach zum einen nicht ungünstiger gestaltet werden als bei entsprechenden Verfahren, die nur innerstaatliches Recht betreffen. Zum anderen dürfen sie die Ausübung der durch die Unionsrechtsordnung verliehenen Rechte nicht praktisch unmöglich machen oder übermäßig erschweren.[195]

1. Unionsrechtlicher Vertrauensschutz und Grundsatz der Rechtssicherheit

46 Soweit nationale Vorschriften wie § 2 Abs. 3 UmwRG bei Rechtsverstößen die Rechtsverfolgung an die **Einhaltung einer Frist** knüpfen, sieht der *EuGH* darin **keinen Widerspruch zum europäischen Recht**, da die Fristenbestimmung auf die Grundsätze des Vertrauensschutzes und der Rechtssicherheit zurückgeführt werden könne.[196] Die unionsrechtlichen Verfahrensregeln würden somit grundsätzlich nicht praktisch unmöglich gemacht. Selbst wenn die von den Fristen profitierende Verwaltungsentscheidung europarechtswidrig sein sollte, soll eine Aufhebung der Entscheidung nach dem Fristablauf nicht geboten sein.[197]

2. Ausnahmen im Einzelfall

47 Allerdings vermag die Rechtssicherheit nicht jede Form des Eingriffs in die europäischen Schutzgüter und Schutzinteressen zu rechtfertigen. In einer Einzelfallbeurteilung können das Effektivitäts- und Gleichwertigkeitsprinzip dem Rechtfertigungspotenzial Grenzen setzen (sog. Schranken-Schranken).[198] Im Rahmen einer **Einzelfallprüfung** hat der *EuGH* bisher in nur drei Arten von Fällen nationale Regelungen zu Ausschlussfristen als unzulässig angesehen.

48 Der erste Fall betrifft Regelungen, die zwar abstrakt als Ausschlussfristen konzipiert sind, ***de facto*** aber **keine Ausschlussfristen** in Gang setzen, sondern im Vorhinein dazu führen, dass eine Möglichkeit zur Rechtsverfolgung nie bestand.[199] Dazu zählt auch die Situation, in der nachträglich eine Ausschlussfrist eingeführt wird, die zum Zeitpunkt ihres Erlasses bereits abgelaufen ist und dem Einzelnen Rechte entzieht, die das Unionsrecht ihm zuvor verliehen hatte.[200]

49 Zweitens hält der *EuGH* Fristenregelungen für unzulässig, die auf besondere europäische Vorgaben stoßen. Gemeint sind die europäischen Regelungen, die einen **besonderen Zweck** verfolgen oder ein besonderes europäisches Recht gewähren, und dieser Zweck oder dieses Recht einen dauerhaften und uneingeschränkten gerichtlichen Schutz genießen soll.[201]

50 Drittens sind Fälle gemeint, in denen zwar die gesetzliche Regelung eine zulässige Fristsetzung erlaubt, jedoch durch **Fehlinformationen** bzw. aufgrund fehlender Aufklärung der Betroffene darauf vertrauen durfte, nicht innerhalb der gesetzlichen Frist gerichtlich tätig werden zu müssen.[202]

---

194 *Jarass/Beljin* NVwZ 2004, 1 (10 f.); *Kment* AöR 130 (2005) 570 (575 ff.); *Gärditz* NVwZ 2014, 1 (3).

195 EuGH, Urt. v. 14.12.1995 – C-312/93, Slg. 1995 I-4599 Rn. 12; Urt. v. 27.02.2003 – C-327/00, Slg. 2003 I-1877 Rn. 51; Urt. v. 11.07.2002 – C-62/00, Slg. 2002 I-6325 Rn. 34; Urt. v. 07.01.2004 – C-201/02, Slg. 2004 I-723 Rn. 67.

196 EuGH, Urt. v. 16.12.1976 – 33/76, Slg. 1976, 1989 Rn. 5; Urt. v. 16.12.1976 – 45/76, Slg. 1976, 2043 Rn. 9; Urt. v. 12.12.2002 – C-470/99, Slg. 2002 I-11617 Rn. 77; Urt. v. 11.07.2002 – C-62/00, Slg. 2002 I-6325 Rn. 35; Urt. v. 27.02.2003 – C-327/00, Slg. 2003 I-1877 Rn. 52.

197 EuGH, Urt. v. 16.12.1976 – 33/76, Slg. 1976, 1989 Rn. 5; Urt. v. 16.12.1976 – 45/76, Slg. 1976, 2043 Rn. 9.

198 EuGH, Urt. v. 21.11.2002 – C-473/00, Slg. 2002 I-10875 Rn. 37; siehe auch *Rott* EuZW 2003, 5 (9); *Durner* VerwArch 97 (2006) 345 (348).

199 EuGH, Urt. v. 14.12.1995 – C-312/93, Slg. 1995 I-4599.

200 EuGH, Urt. v. 11.07.2002 – C-62/00, Slg. 2002 I-6325 Rn. 42.

201 EuGH, Urt. v. 21.11.2002 – C-473/00, Slg. 2002 I-10875; angedeutet auch in EuGH, Urt. v. 08.02.1996 – C-212/94, Slg. 1996 I-389 Rn. 63 f.

202 EuGH, Urt. v. 27.02.2003 – C-327/00, Slg. 2003 I-1877; eingehend zu den Fallgruppen siehe auch *Kment* Nationale Unbeachtlichkeits-, Heilungs- und Präklusionsvorschriften und Europäisches Recht, S. 65 ff.

3. Unionsrechtliche Unbedenklichkeit

Diese aufgeführten Ausnahmefälle[203] dürften im Rahmen des Umwelt-Rechtsbehelfsgesetzes jedoch nicht einschlägig sein. Das Umwelt-Rechtsbehelfsgesetz ist strukturell derart konzipiert, dass keine Anhaltspunkte bestehen, wonach die gewährten Klage- und Einwendungsfristen faktisch leerlaufen.[204] Der erstgenannte Ausnahmefall dürfte demnach nicht eintreten. Ebenso sind auch die Voraussetzungen der zweiten Fallgruppe nicht erfüllt, da die Vorschriften des UVPG nicht die notwendige Schutzqualität besitzen. Die Voraussetzungen, unter denen eine Vorschrift ein **besonderes Schutzniveau** aufweist, sind in der Rechtsprechung des *EuGH* zwar noch nicht abschließend geklärt. Auf Grundlage der bisher ergangenen Urteile des *EuGH* deutet sich allerdings an, dass Vorschriften, die vorwiegend oder ausschließlich dem Schutz von privaten Personen oder Verbrauchern dienen, ein besonders hohes Gewicht aufweisen, das eine Rechtsschutzbeschränkung und damit den Erlass einer nationalen Ausschlussfrist europarechtlich nicht erlaubt.[205] Liegt das primäre Ziel der europäischen Vorgabe aber nicht im Schutz eines (besonders schutzbedürftigen)[206] Betroffenen, sondern werden quasi nur sekundär – zur Gewährleistung eines davon unabhängigen Ziels wie etwa des Umweltschutzes – subjektive Rechte gewährt, wie beispielsweise Beteiligungs- oder Anhörungsrechte, dann sind diese Rechtspositionen einschränkungsfähig. Interessen der Rechtssicherheit können der Rechtsverwirklichung im Rahmen des UVPG somit vorgehen. Zur letzten Fallgruppe ist zu sagen, dass diese nicht an die gesetzliche Regelung selbst anknüpft, sondern an das Verhalten öffentlicher Stellen. Sie ist für die abstrakte, vom konkreten Einzelfall losgelöste Bewertung des Umwelt-Rechtsbehelfsgesetzes somit unergiebig.[207] 51

F. Begründetheit des Rechtsbehelfs nach § 2 Abs. 4 UmwRG

I. Prüfungsmaßstab bei Entscheidung nach § 1 Abs. 1 UmwRG oder deren Unterlassen

§ 2 Abs. 4 UmwRG ist eine **Sondervorschrift zur Prüfung der Begründetheit** des Rechtsbehelfs;[208] sie erfordert insbesondere nicht die konkrete Verletzung eines individuellen Rechtsguts, wie dies etwa von § 113 Abs. 1 Satz 1, Abs. 5 VwGO vorausgesetzt wird.[209] 52

Die Anforderungen an die Begründetheit eines Rechtsbehelfs, der sich gegen Entscheidungen nach § 1 Abs. 1 UmwRG oder deren Unterlassen richtet, orientieren sich im Wesentlichen an den Zulässigkeitskriterien des § 2 Abs. 1 UmwRG. Die **Zulässigkeitsvoraussetzungen** werden **in die Begründetheit gespiegelt,**[210] wobei anders als im Kontext der Zulässigkeitsprüfung der objektive Verstoß gegen die Rechtsordnung tatsächlich vorliegen muss und nicht nur behauptet werden kann.[211] 53

Die Parallelführung zwischen § 2 Abs. 1 UmwRG und § 2 Abs. 4 UmwRG wirkt sich folgendermaßen aus: Nach **§ 2 Abs. 4 Satz 1 Nr. 1 UmwRG** wird bei einem Rechtsbehelf gegen Entscheidungen nach § 1 Abs. 1 Satz 1 Nr. 1 und 2 UmwRG gefordert, dass gegen Rechtsvorschriften verstoßen wird, die für die Entscheidung von Bedeutung sind; hier besteht die Parallele zu § 2 Abs. 1 Satz 1 54

---

203 Siehe oben Rdn. 31 ff.

204 BVerwG, Beschl. v. 11.11.2009 – 4 B 57.09, NuR 2010, 339 (340); *Genth* NuR 2008, 28 (31).

205 Vgl. beispielsweise EuGH, Urt. v. 21.11.2002 – C-473/00, Slg. 2002 I-10875. In diesem Fall ging es um den Schutz eines Verbrauchers.

206 Die Schutzbedürftigkeit lehnte der *EuGH* ab im Fall EuGH, Urt. v. 08.02.1996 – C-212/94, Slg. 1996 I-389.

207 Ähnlich für das ROG *Kment* DÖV 2006, 462 (465).

208 *Guckelberger* NuR 2020, 655.

209 *Knauff* EnWZ 2021, 3 (4); *Schlacke*, in: Gärditz, VwGO, § 2 UmwRG Rn. 52; *dies.* NVwZ 2017, 905 (909).

210 *Ziekow* NVwZ 2007, 259 (262).

211 VGH München, Beschl. v. 07.02.2023 – 22 CS 22.1908, ZUR 2023, 496 (497 f.); *Fellenberg/Schiller*, in: Landmann/Rohmer, Umweltrecht, § 2 UmwRG Rn. 56.

Nr. 1 UmwRG.[212] § 2 Abs. 4 Satz 1 Nr. 1 UmwRG ist sachlich auf eine objektive Rechtskontrolle des Rechtsmittelgegenstandes ausgerichtet.[213] Ein Umweltbezug ist nicht erforderlich.[214]

55 Die zusätzliche Forderung nach einem Verstoß gegen umweltbezogene Rechtsvorschriften, die in **§ 2 Abs. 4 Satz 1 Nr. 2 UmwRG** für Entscheidungen nach § 1 Abs. 1 Satz 1 Nr. 2a bis 6 UmwRG formuliert ist, orientiert sich an der parallel aufgebauten Anordnung des § 2 Abs. 1 Satz 2 UmwRG; die Ausführungen hierzu gelten entsprechend.[215] Umweltbezogene Rechtsvorschriften im Sinne des § 2 Abs. 4 Satz 1 Nr. 2 UmwRG sind dabei nicht allein die materiell-rechtlichen Bestimmungen i.S.d. § 1 Abs. 4 UmwRG, sondern auch diejenigen verfahrensrechtlichen Normen, »denen die Funktion zukommt, die Anwendung der umweltbezogenen Bestimmungen zu effektuieren«.[216] Das *BVerwG* lässt bislang offen, ob sich die gerichtliche Kontrolle im Rahmen des § 2 Abs. 4 Satz 1 Nr. 2 UmwRG auf umweltrelevante Komponenten der entscheidungserheblichen Rechtsvorschriften beschränkt.[217]

56 Die **Differenzierung** innerhalb beider Alternativen ist rechtlich unbedenklich. Insbesondere lassen sich aus dem Völker- und Unionsrecht keine Vorbehalte ableiten, da innerhalb der Aarhus-Konvention ebenfalls zwischen einer weiten Rechtmäßigkeitsprüfung nach Art. 9 Abs. 2 AK (»materiell-rechtliche und verfahrensrechtliche Rechtmäßigkeit«) und einer auf »umweltrechtliche Bestimmungen« verengten Überprüfung gem. Art. 9 Abs. 3 AK unterschieden wird.[218]

57 Rechtliche Vorbehalte können sich allerdings dann ergeben, wenn die Überführung von Zulässigkeitsmerkmalen in die Begründetheitsprüfung ein **zusätzliches Belastungspotenzial** enthält, weil die Rechtsschutzmöglichkeiten eingeschränkt werden. Denn weder Art. 11 UVP-RL noch Art. 25 IE-RL oder Art. 9 Abs. 2 AK sehen eine Begrenzung des gerichtlichen Kontrollumfangs bei Rechtsbehelfen von Umweltvereinigungen vor,[219] wenn die Hürde der Zulässigkeit einmal genommen ist.[220] Es ist daher wenig verwunderlich, dass bereits im Jahr 2014 die Bundesrepublik vom Aarhus Convention Compliance Committee (ACCC) darauf aufmerksam gemacht wurde, dass gerade in Verfahren, die Art. 9 Abs. 2 AK tangieren, solche Einschränkungen unzulässig sind: »Therefore, review procedures according to article 9, paragraph 2, of the Convention should not be restricted to alleged violations of national law ›serving the environment‹, ›relating to the environment‹ or ›promoting the protection of the environment‹, as there is no legal basis for such limitation in the Convention.«[221] Vor diesem Hintergrund rückt **§ 2 Abs. 4 Satz 1 a.E. UmwRG** in ein schlechtes Licht. Ungeachtet der Differenzierung innerhalb der Entscheidungsgegenstände des § 2 Abs. 4 Satz 1 UmwRG und damit auch im Hinblick auf Verfahren mit Bezug zu Art. 9 Abs. 2 AK verlangt er für eine erfolg-

212 Vgl. *Kerkmann* BauR 2007, 1527 (1535). Siehe zu Details oben unter Rdn. 14 f.

213 *Schlacke* NVwZ 2017, 905 (909).

214 BVerwG, Beschl. v. 12.07.2018 – 7 B 15/17, AbfallR 2019, 55 (59); *Guckelberger* NuR 2020, 655; *Bunge,* UmwRG, § 2 Rn. 53.

215 Siehe die obigen Ausführungen unter Rdn. 17 f.

216 OVG Lüneburg, Urt. v. 25.10.2018 – 12 LB 118/16, juris – Ls. 4, Rn. 156.

217 BVerwG, Urt. v. 09.11.2017 – 3 A 4/15, BVerwGE 160, 263 Rn. 175 unter Bezug auf BVerwG, Urt. v. 29.06.2017 – 3 A 1/16, juris – Rn. 28; vgl. noch BVerwG, Urt. v. 24.10.2013 – 7 C 36.11, BVerwGE 148, 155 Rn. 23. So VGH München, Urt. v. 10.05.2021 – 2 N 19.1692, NVwZ-RR 2021, 742 Rn. 25; Urt. v. 10.05.2021 – 2 N. 19.1690, juris – Rn. 29.

218 *Schlacke* NVwZ 2017, 905 (909).

219 ACCC/C/2008/31, Findings v. 19.03.2014, Rn. 78; Rat von Sachverständigen für Umweltfragen, Rechtsschutz für die Umwelt – die altruistische Verbandsklage ist unverzichtbar, 2005, S. 8; *Ekardt* NuR 2006, 221 (224); *Schlacke,* in: Erbguth (Hrsg.), Effektiver Rechtsschutz im Umweltrecht?, 2005, S. 119 (127); *Ziekow,* in: Frenz (Hrsg.), Aktuelles Immissionsschutzrecht und Emissionshandel, 2006, S. 73 (82); *Bunge* ZUR 2015, 531 (535).

220 EuGH, Urt. v. 12.05.2011 – C-115/09, UPR 2011, 268 Rn. 45; Urt. v. 15.10.2015 – C-137/14, NVwZ 2015, 1665 Rn. 33; anders ist dies beim Rechtsschutz Einzelner (einschließlich Gemeinden); vgl. EuGH, Urt. v. 15.10.2015 – C-137/14, NVwZ 2015, 1665 Rn. 28 ff.; BVerwG, Urt. v. 30.03.2017 – 7 C 17.15, NVwZ-RR 2017, 685 Rn. 28.

221 ACCC/C/2008/31, Findings v. 19.03.2014, Rn. 78.

reiche Klage, dass der gerügte Verstoß Belange berührt, die zu den von der Vereinigung nach ihrer Satzung zu fördernden Zielen gehören. Gemeint ist damit, dass die als verletzt gerügte Rechtsvorschrift einen Bezug zum Aufgabenbereich der Umweltvereinigung haben muss.[222] Mit der Verengung auf »Belange«, die einen Bezug zum Aufgabenbereich der Vereinigung haben, will der Gesetzgeber verhindern, dass sich der Rechtsschutz nach § 2 UmwRG uferlos auf die Verletzung jedweden Rechts erstreckt,[223] obschon die für den deutschen Gesetzgeber störende Weite der Prüfung gerade völker- und unionsrechtlich gewünscht ist. Eine Verengung der Prüfung, wie sie in § 2 Abs. 4 Satz 1 a.E. UmwRG angelegt ist, transportiert damit ein zusätzliches Merkmal in die Begründetheitsprüfung und beschränkt somit den Prüfungsreichtum des Gerichts. Folglich setzt sich § 2 Abs. 4 Satz 1 a.E. UmwRG in Widerspruch zur **unionsrechtlichen und völkerrechtlichen Rechtslage**. Für Rechtsbehelfe gegen Entscheidungen nach § 1 Abs. 1 Satz 1 Nr. 1 und 2 UmwRG, welche in den Anwendungsbereich des Art. 9 Abs. 2 AK fallen, ist daher von der Einschränkung auf satzungsbezogene Belange abzusehen und ein ausgedehnter Prüfungsansatz zu wählen.[224]

II. Zusätzliche Anforderungen bei UVP-pflichtigen Zulassungsentscheidungen und SUP-pflichtigen Plänen und Programmen

58 Bei einigen Prüfungsgegenständen des UmwRG-Rechtsbehelfs führt erst das Bestehen einer Pflicht zur Durchführung einer Umweltprüfung i.S.v. § 2 Abs. 10 UVPG zur Eröffnung des Anwendungsbereichs des Umwelt-Rechtsbehelfsgesetzes. Demgemäß verlangt § 2 Abs. 4 Satz 2 UmwRG, dass bei den in § 1 Abs. 1 Satz 1 Nr. 1 UmwRG in Bezug genommenen Zulassungsentscheidungen **tatsächlich** eine **Verpflichtung zur Durchführung einer UVP** nach §§ 5 ff. UVPG besteht.[225] Diese Anforderung gilt entsprechend für Pläne und Programme im Sinne des § 1 Abs. 1 Satz 1 Nr. 4 UmwRG, die ebenfalls nur deshalb in den Anwendungsbereich des Umwelt-Rechtsbehelfsgesetzes fallen, weil sie die **Durchführung einer SUP** gem. §§ 34 ff. UVPG erfordern.

59 Bei echten Norm- oder Planerlassklagen, also einer Klage auf erstmaliges Tätigwerden des bislang vollständig untätigen Normgebers, ist die besondere Begründetheitsprüfung schon durch den Wortlaut nicht anwendbar.[226] Im Gegensatz zu den Klagegegenständen des § 2 Abs. 4 Satz 1 UmwRG, die neben einer Entscheidung immer auch das Unterlassen ausdrücklich benennen, fehlt bei § 2 Abs. 4 Satz 2 UmwRG die Erwähnung eines Unterlassens. Daher sind die Anforderungen des § 2 Abs. 4 Satz 2 UmwRG nicht auf Unterlassungsfälle, also echte Norm- oder Planerlassklagen, übertragbar.

60 Einen weiteren Sonderfall provozieren Planwerke, die keiner SUP-Pflicht unterliegen, aus unionsrechtlichen Gründen jedoch in den Anwendungsbereich des UmwRG fallen;[227] dies ist etwa bei der Fortschreibung eines Luftreinhalteplans der Fall.[228] Um dem erweiterten Anwendungsbereich des UmwRG Rechnung zu tragen, muss zwangsläufig auf die Anforderung des § 2 Abs. 4 Satz 2 UmwRG verzichtet werden.[229] Dieser Problematik wird in der UmwRG-Novelle durch § 2 Abs. 4 Satz 2 UmwRG-E Rechnung getragen.[230] Sind Pläne und Programme Gegenstand des Rechtsschutzes, muss im Auffangtatbestand des § 1 Abs. 1a Satz 1 Nr. 2 lit. b UmwRG-E nicht länger eine SUP-

---

222 OVG Koblenz, Beschl. v. 25.07.2017 – 8 B 10987/17.OVG, NuR 2018, 45 (46).

223 *Michl* NuR 2016, 543 (547).

224 *Michl* NuR 2016, 543 (550); *Schlacke* NVwZ 2017, 905 (909); *Kment* NVwZ 2018, 921 (927); *Bunge*, UmwRG, § 2 Rn. 118. Vgl. auch die Kritik von *Franzius* NVwZ 2018, 219 (221 f.).

225 *Fellenberg/Schiller*, in: Landmann/Rohmer, Umweltrecht, § 2 UmwRG Rn. 66; *Happ*, in: Eyermann, VwGO, § 2 UmwRG Rn. 21; *Michl* NuR 2016, 543 (547).

226 VGH Mannheim, Urt. v. 10.11.2022 – 10 S 3542/21, ZUR 2023, 238 (241 f.).

227 Siehe hierzu ausführlich Rn. 12.

228 BVerwG, Urt. v. 27.02.2020 – 7 C 3/19, BVerwGE 168, 20 Rn. 23 f.

229 BVerwG, Urt. v. 26.01.2023 – 10 CN 1.23, NVwZ 2023, 1762 (1765); Urt. v. 27.02.2020 – 7 C 3/19, BVerwGE 168, 20 Rn. 24; OVG Berlin-Brandenburg, Urt. v. 30.11.2023 – OVG 11 A 1/23, juris Rn. 40, 119; VGH Mannheim, Urt. v. 10.11.2022 – 10 S 3542/21, ZUR 2023, 238 (242); *Schlacke* NVwZ 2024, 564 (565).

230 Gesetzesentwurf der Bundesregierung v. 23.01.2026, BR-Drs. 43/26, S. 32.

Pflicht bestehen. Es genügt, wenn sonstige umweltbezogene Rechtsvorschriften bei dem Erlass des Planwerks anzuwenden waren. Spiegelbildlich fordert § 2 Abs. 4 Satz 2 UmwRG-E in diesen Fällen keine besondere Begründetheitsprüfung mehr.[231]

61 Bei der Prüfung, ob die Anforderungen des § 2 Abs. 4 Satz 2 UmwRG vorliegen, ist das zuständige Gericht nicht an behördliche Vorprüfungen gebunden; diese Frage muss das Gericht eigenständig klären. Dabei ist jedoch hinsichtlich der Kontrolldichte zu differenzieren: Ergibt sich die Pflicht zur UVP oder SUP **unmittelbar** aus der Anwendung des § 6 UVPG oder des § 35 Abs. 1 UVPG, ist eine vollumfängliche Prüfung der Rechtsfrage möglich. Unterliegt die Frage nach der UVP- oder SUP-Pflichtigkeit jedoch einer **behördlichen Vorprüfung**, muss die **Kontrolldichte zurückgenommen** werden. Schließlich hat der Gesetzgeber im Fall der Vorprüfung zur Feststellung der UVP-Pflicht im Einzelfall in **§ 5 Abs. 3 Satz 2 UVPG** ausdrücklich angeordnet, dass die Einschätzung der zuständigen Behörde in einem gerichtlichen Verfahren betreffend die Zulassungsentscheidung nur daraufhin zu überprüfen ist, ob die Vorprüfung entsprechend den Vorgaben des § 7 UVPG durchgeführt worden ist und ob das Ergebnis **nachvollziehbar** ist.[232] § 5 Abs. 3 Satz 2 UVPG ist also darauf ausgerichtet, Umfang und Dichte der gerichtlichen Kontrolle bei der Überprüfung von Feststellungen nach § 7 UVPG zu reduzieren.[233] Diese Wertung ist auch für die Überprüfung der UVP-Pflichtigkeit im Rahmen des § 2 Abs. 4 Satz 2 UmwRG bindend.[234] Die Rechtsprechung sieht in dieser Auslegung einen Wertungswiderspruch, da Entscheidungen, für die eine Pflicht zur Durchführung einer Umweltverträglichkeitsprüfung kraft Gesetzes nicht bestehen kann, beim Vorliegen eines Umweltbezuges gem. § 1 Abs. 1 Satz 1 Nr. 5 UmwRG gegebenenfalls erfolgreich angegriffen werden können, während Vorhaben, für die das UVPG eine Vorprüfung vorsieht und die in der Regel gewichtiger sind, für anerkannte Vereinigungen unangreifbar sind, wenn die zuständige Behörde fehlerfrei feststellt, dass eine Umweltverträglichkeitsprüfung nicht durchzuführen ist.[235]

62 Obschon eine dem § 5 Abs. 3 Satz 2 UVPG entsprechende Regelung für das planungsrechtliche Pendant in den §§ 34 ff. UVPG nicht aufgegriffen ist und eine Ausdehnung von Ausnahmevorschriften auf andere Rechtsbereiche nur mit größter Vorsicht vorgenommen werden sollte, spricht gleichwohl einiges dafür, die Konzeption des **§ 5 Abs. 3 Satz 2 UVPG** auch **auf** die einzelfallbezogene Feststellung der **SUP-Pflichtigkeit von Plänen und Programmen** zu übertragen. Hierfür spricht neben der vergleichbaren Interessenlage insbesondere der Umstand, dass die behördliche Entscheidung zur SUP-Pflichtigkeit nach § 35 Abs. 4 Satz 1 UVPG auf einer »überschlägigen Prüfung« basiert und ihrer Natur entsprechend nur grob erfolgen kann, um nicht die eigentliche Prüfung faktisch vorwegzunehmen.[236] Ist aber der Prüfungsmaßstab der zuständigen Behörde naturgemäß reduziert, sollte sich der zurückgenommene Prüfungsanspruch auch auf das gerichtliche Verfahren übertragen.

---

231 Gesetzesentwurf der Bundesregierung v. 23.01.2026, BR-Drs. 43/26, S. 32.

232 Vgl. zu Einzelheiten § 7 UVPG Rdn. 2 ff.; BVerwG, Urt. v. 18.12.2014 – 4 C 36/13, NVwZ 2015, 1223, (1226); Urt. v. 24.05.2018 – 4 C 4/17, NVwZ 2018, 1647, (1648); Urt. v. 31.03.2023 – 4 A 10.21, NuR 2025, 180 (181) Rn. 32; OVG Nordrhein-Westfalen, Urt. v. 24.02.2023 – 7 D 316/21. AK, BauR 2023, 1093 (1094).

233 Siehe die Begründung zum Gesetzentwurf der Bundesregierung zum Öffentlichkeitsbeteiligungsgesetz v. 04.09.2006, BT-Drs. 16/2494 S. 21 zur Vorgängervorschrift des § 3a Satz 4 UVPG; vgl. hierzu zudem OVG Münster, Urt. v. 09.08.2006 – 8 A 1359/05, NWVBl 2007, 154 (155 f.); OVG Lüneburg, Urt. v. 09.11.2016 – 13 LC 71/14, ZUR 2017, 116 (117); VGH Mannheim, Beschl. v. 23.02.2021 – 10 S 1327/20, UPR 2021, 303 (305). So auch OVG Koblenz, Urt. v. 20.09.2018 – 8 A 11958/17, ZNER 2018, 569 Ls. 3, Rn. 123 f.

234 *Schlacke*, in: Gärditz, VwGO, § 2 UmwRG, Rn. 59.

235 BVerwG, Urt. v. 26.09.2019 – 7 C 5.18, juris Rn. 25; BayVGH, Urt. v. 25.09.2023 – 9 BV 22.481, juris Rn. 39; VGH Mannheim, Urt. v. 20.11.2018 – 5 S 2138/16, juris Rn. 165; OVG Lüneburg, Urt. v. 18.03.2021 – 7 KS 40/18, NordÖR 2021, 362 (364).

236 OVG Koblenz, Beschl. v. 02.04.2014 – 1 B 10249/14, DVBl 2014, 940 (942). Vgl. zur Prüfungsintensität bei § 5 Abs. 3 Satz 2 UVPG auch OVG Lüneburg, Urt. v. 09.11.2016 – 13 LC 71/14, ZUR 2017, 116 (117).

§ 3 Anerkennung von Vereinigungen

(1) Auf Antrag wird einer inländischen oder ausländischen Vereinigung die Anerkennung zur Einlegung von Rechtbehelfen nach diesem Gesetz erteilt. Die Anerkennung ist zu erteilen, wenn die Vereinigung

1. nach ihrer Satzung ideell und nicht nur vorübergehend vorwiegend die Ziele des Umweltschutzes fördert,
2. im Zeitpunkt der Anerkennung mindestens drei Jahre besteht und in diesem Zeitraum im Sinne der Nummer 1 tätig gewesen ist,
3. die Gewähr für eine sachgerechte Aufgabenerfüllung, insbesondere für eine sachgerechte Beteiligung an behördlichen Entscheidungsverfahren, bietet; dabei sind Art und Umfang ihrer bisherigen Tätigkeit, der Mitgliederkreis sowie die Leistungsfähigkeit der Vereinigung zu berücksichtigen,
4. gemeinnützige Zwecke im Sinne von § 52 der Abgabenordnung verfolgt und
5. jeder Person den Eintritt als Mitglied ermöglicht, die die Ziele der Vereinigung unterstützt; Mitglieder sind Personen, die mit dem Eintritt volles Stimmrecht in der Mitgliederversammlung der Vereinigung erhalten; bei Vereinigungen, deren Mitgliederkreis zu mindestens drei Vierteln aus juristischen Personen besteht, kann von der Voraussetzung nach Halbsatz 1 abgesehen werden, sofern die Mehrzahl dieser juristischen Personen diese Voraussetzung erfüllt.

In der Anerkennung ist der satzungsgemäße Aufgabenbereich, für den die Anerkennung gilt, zu bezeichnen; dabei sind insbesondere anzugeben, ob die Vereinigung im Schwerpunkt die Ziele des Naturschutzes und der Landschaftspflege fördert, sowie der räumliche Bereich, auf den sich die Anerkennung bezieht. Die Anerkennung kann, auch nachträglich, mit der Auflage verbunden werden, dass Satzungsänderungen mitzuteilen sind. Sie ist von der zuständigen Behörde im Internet zu veröffentlichen.

(2) Für eine ausländische Vereinigung sowie für eine Vereinigung mit einem Tätigkeitsbereich, der über das Gebiet eines Landes hinausgeht, wird die Anerkennung durch das Umweltbundesamt ausgesprochen. Bei der Anerkennung einer Vereinigung nach Satz 1, die im Schwerpunkt die Ziele des Naturschutzes und der Landschaftspflege fördert, ergeht diese Anerkennung im Einvernehmen mit dem Bundesamt für Naturschutz. Für die Anerkennung werden keine Gebühren und Auslagen erhoben.

(3) Für eine inländische Vereinigung mit einem Tätigkeitsbereich, der nicht über das Gebiet eines Landes hinausgeht, wird die Anerkennung durch die zuständige Behörde des Landes ausgesprochen.

Übersicht Rdn.

A. Allgemeines

I. Regelungsgegenstand und allgemeine Bedeutung

1 Die Vorschrift regelt die Anerkennung von Vereinigungen, die Rechtsbehelfe nach § 2 einlegen können. Abs. 1 enthält Vorgaben zum Anerkennungsverfahren, zu den Voraussetzungen der Anerkennung und zum Inhalt der Anerkennungsentscheidung. Die Abs. 2 und 3 regeln die für die Anerkennung zuständige Behörde. § 3 hat über das UmwRG hinaus auch Bedeutung für andere Gesetze, die den nach dieser Vorschrift anerkannten Vereinigungen Rechte einräumen (so z.B. § 63 BNatSchG, §§ 10, 11 Abs. 2 USchadG).

II. Gesetzesgeschichte

1. Aarhus-Konvention und Unionsrecht

2 Der deutsche Gesetzgeber hatte bei Erlass des § 3 in der Fassung vom 07.12.2006 die Vorgaben der Aarhus-Konvention und der Öffentlichkeitsbeteiligungsrichtlinie zu beachten. Nach Art. 9 Abs. 2 der Aarhus-Konvention, Art. 10a UVP-RL und Art. 15a der IVU-RL, der später durch Art. 25 IE-RL ersetzt wurde, muss Mitgliedern der betroffenen Öffentlichkeit ein Zugang zu Gerichten eröffnet werden. »Betroffene Öffentlichkeit« ist nach Art. 2 Nr. 5 der Aarhus-Konvention die von umweltbezogenen Entscheidungsverfahren betroffene oder wahrscheinlich betroffene Öffentlichkeit oder die Öffentlichkeit mit einem Interesse daran. Im Sinne dieser Begriffsbestimmung haben nichtstaatliche Organisationen oder Nichtregierungsorganisationen, die sich für den Umweltschutz einsetzen und alle nach innerstaatlichem Recht geltenden Voraussetzungen erfüllen, ein Interesse. Die »Öffentlichkeit« definiert Art. 2 Abs. 4 der Aarhus-Konvention als eine oder mehrere natürliche oder juristische Personen und, in Übereinstimmung mit den innerstaatlichen Rechtsvorschriften oder der innerstaatlichen Praxis, deren Vereinigungen, Organisationen oder Gruppen. Das Unionsrecht hat diese Definitionen übernommen und nur redaktionell an den Regelungsgegenstand der UVP-RL und der IE-RL angepasst (Art. 1 Abs. 2 UVP-RL, Art. 3 Nr. 16 und 17 IE-RL).

3 Die Voraussetzungen, die eine Nichtregierungsorganisation erfüllen muss, richten sich zwar nach dem nationalen Recht. Das Compliance Committee und die Vertragsstaatenkonferenz der Aarhus-

Konvention haben aus der Konvention aber Rahmenbedingungen abgeleitet, die bei der nationalen Ausgestaltung zu beachten sind:[1]

(1) Die Anerkennungsvoraussetzungen müssen klar definiert sein.

(2) Die Voraussetzungen müssen mit den Zielen der Aarhus-Konvention übereinstimmen, einschließlich des Ziels, der betroffenen Öffentlichkeit breiten Zugang gewähren; sie dürfen nicht unangemessen ausgrenzend sein.

(3) Die Anforderungen dürfen Nichtregierungsorganisationen nicht übermäßig belasten.

Auf der Grundlage einer entsprechenden Empfehlung des Compliance Committee[2] hat die 7. Vertragsstaatenkonferenz der Aarhus Konvention auf ihrer Sitzung am 18.-20.10.2021 entschieden (Entscheidung VII/8g), dass § 3 Abs. 1 Satz 2 Nr. 5 diesen Anforderungen nicht entspricht und mit Art. 9 Abs. 2 i.V.m. Art. 2 Abs. 5 der Aarhus-Konvention unvereinbar ist.[3]

2. Innerstaatliche Entstehung

Die durch den Gesetzentwurf der Bundesregierung vom 04.09.2006[4] eingebrachte Fassung des § 3 wurde im Gesetzgebungsverfahren nur geringfügig geändert. 4

Der Bundesrat forderte, § 3 Abs. 2 um die folgenden Sätze 2–5 zu ergänzen: »Die Anerkennung wird wirksam, sobald sie vom Umweltbundesamt in ein öffentlich zugängliches Verzeichnis eingestellt wird. Das Verzeichnis enthält Angaben über den satzungsmäßigen Aufgabenbereich der Vereinigung sowie Namen und Anschrift ihrer satzungsmäßigen Vertreter. Die Vereinigung ist verpflichtet, Änderungen dieser Angaben unverzüglich mitzuteilen. Die Anerkennung von Vereinen gemäß Absatz 1 Satz 4 wird dem Umweltbundesamt mit den nach Satz 3 erforderlichen Angaben übermittelt und vom Umweltbundesamt veröffentlicht.« 5

Zur Begründung führte der Bundesrat aus, die Ergänzungen stellten die Vollzugstauglichkeit der Anerkennung von Umweltschutzvereinigungen sicher. Durch die Einführung eines allgemein zugänglichen, möglichst im Internet eingestellten Verzeichnisses solle den Genehmigungsbehörden eine für ihre Verfahren nutzbare Informationsquelle zur Verfügung gestellt werden. Wegen der Begründung von Mitwirkungspflichten für die Vereinigungen und in den Fällen des § 3 Abs. 1 Satz 3 für die Behörden sei eine gesetzliche Regelung des Anerkennungsverfahrens erforderlich. Auch die vorgesehene Veröffentlichung personenbezogener Daten durch das Umweltbundesamt sei nicht lediglich auf Grundlage von Verwaltungsvorschriften möglich.[5] 6

Die Bundesregierung führte in ihrer Gegenäußerung aus, eine Notwendigkeit für ein gesetzlich vorgeschriebenes, öffentlich zugängliches Verzeichnis werde nicht gesehen. Dem Informationsanliegen der Länderbehörden könne ohne gesetzliche Regelung durch eine bei der zuständigen Behörde vorgehaltene und abrufbare Liste anerkannter Umweltschutzvereinigungen Rechnung getragen werden. Die Bundesregierung lehnte auch den Vorschlag ab, die Wirksamkeit der Anerkennung von der 7

1 *Compliance Committee*, Beschl. v. 23.07.2021 – ACCC/C/2016/137 – Dokument ECE/MP.PP/C.1/2021/25, Rn. 100, abrufbar unter https://unece.org/sites/default/files/2021–09/ece.mp_.pp_.c.1.2021.25_aec.pdf (letzter Abruf am 12.10.2025); vgl. auch *UNECE*, The Aarhus Convention: An Implementation Guide, Second edition, 2014, S. 58; *Lamfried* DVBl 2020, 609 (610); *Schomerus* DVBl 2024, 1313 (1316).

2 *Compliance Committee*, Beschl. v. 23.07.2021 – ACCC/C/2016/137 – Dokument ECE/MP.PP/C.1/2021/25, abrufbar unter https://unece.org/sites/default/files/2021–09/ece.mp_.pp_.c.1.2021.25_aec.pdf (letzter Abruf am 12.10.2025).

3 Entscheidung VII/8g, Dokument ECE/MP.PP/2021/2/Add.1, S. 56, abrufbar unter https://unece.org/sites/default/files/2022–02/ECE_MP.PP_2021_2_Add.1_E_aec.pdf (letzter Abruf am 12.10.2025). Die weitere Kommunikation zur noch ausstehenden Umsetzung der Entscheidung ist unter https://unece.org/env/pp/cc/decision-vii8g-concerning-germany (letzter Abruf am 12.10.2025) zu finden.

4 BT-Drs. 16/2495, S. 5.

5 BT-Drs. 16/2931, S. 3.

Einstellung in ein Verzeichnis abhängig zu machen. Grundsätzlich werde ein Verwaltungsakt mit Bekanntgabe gegenüber dem Adressaten wirksam. Der Vorschlag des Bundesrates würde die Bekanntgabe durch das Einstellen der Anerkennung in ein öffentlich zugängliches Verzeichnis ersetzen. Dieser Vorgang des Einstellens wäre seiner Wirkung nach als eine öffentliche Bekanntgabe gemäß § 41 Abs. 3 und 4 VwVfG zu werten, ohne dessen Erfordernisse einzuhalten. Die im Änderungsvorschlag vorgesehene Form würde zu einer sachlich nicht angemessenen Uneinheitlichkeit im Bereich der öffentlichen Bekanntmachung führen. Die vom Bundesrat vorgeschlagene Ersetzung eines Anerkennungsbescheides durch eine Einstellung der Anerkennung in ein öffentlich zugängliches Fahrzeugverzeichnis werfe zudem praktische Fragen hinsichtlich des Schriftformerfordernisses nach § 39 VwVfG sowie der Beifügung einer wirksamen Rechtsbehelfsbelehrung auf. Ausgehend vom Vorschlag des Bundesrates erscheine es jedoch sachdienlich, § 3 Abs. 2 durch einen neuen Satz 2 wie folgt zu ergänzen: »Sie kann auch öffentlich bekannt gemacht werden.«

8 Diese Ergänzung ermögliche, auch locker strukturierten Vereinigungen (beispielsweise Personenmehrheiten), die über einen wechselnden Mitgliederbestand oder eine Vielzahl vertretungsberechtigter Personen verfügen, auf einfachem und unbürokratischen Wege die Anerkennungsentscheidung bekanntzugeben. Die Möglichkeit, die Anerkennung öffentlich bekannt zu machen, könne der Anerkennungsstelle aufwändige Recherchearbeit ersparen und so den Vollzug des UmwRG erleichtern. Die konkrete Ausgestaltung des Verfahrens über die öffentliche Bekanntmachung richte sich nach § 41 Abs. 3 und 4 VwVfG. Die Möglichkeit der öffentlichen Bekanntmachung solle der Anerkennungsbehörde nur als eine Möglichkeit zur Verfügung stehen, auf die sie bei Bedarf – unter Beachtung des Verhältnismäßigkeitsprinzips – zurückgreifen könne.[6]

9 § 3 wurde durch das Gesetz zur Neuregelung des Rechts des Naturschutzes und der Landschaftspflege vom 29.07.2009 (BGBl. I S. 2542) mit Wirkung zum 01.03.2010 erheblich geändert. In § 3 Abs. 1 Satz 2 Nr. 5 wurde der **Mitgliederbegriff** dahingehend konkretisiert, dass nur diejenigen Personen Mitglieder im Sinne des Gesetzes sind, die tatsächlich in der Vereinigung mitentscheiden können.[7] Die in dieser Vorschrift vorgesehene Erleichterung für Dachverbände setzt nun nicht mehr voraus, dass deren Mitglieder ausschließlich juristische Personen sind. Vielmehr genügt es nun, dass der Mitgliederkreis zu mindestens drei Vierteln aus juristischen Personen besteht. § 3 Abs. 1 Satz 4 bestimmte in der Fassung vom 07.12.2006, dass ein als Naturschutzverein nach dem BNatSchG oder nach landesrechtlichen Vorschriften anerkannter Verein zugleich als nach Satz 1 anerkannt galt. Mit dem Gesetz zur Neuregelung des Rechts des Naturschutzes und der Landschaftspflege hat sich der Gesetzgeber um eine Harmonisierung des Anerkennungsrechts bemüht. Die Regelungen im BNatSchG über die Anerkennung von Naturschutzvereinen wurden gestrichen. In § 63 Abs. 1 BNatSchG wurde der Begriff der anerkannten Naturschutzvereinigung eingeführt. Hierbei handelt es sich um eine nach § 3 UmwRG anerkannte Vereinigung, die nach ihrem satzungsgemäßen Aufgabenbereich im Schwerpunkt die Ziele des Naturschutzes und der Landschaftspflege fördert. Die Anerkennung solcher Vereinigungen erfolgt nun nach den Bestimmungen des UmwRG.[8] Die hierzu in § 3 Abs. 1 Satz 3–5 vorgenommenen Änderungen dienen überwiegend der Verzahnung mit den Regelungen in § 63 f. BNatSchG. Während nach § 3 Abs. 2 Satz 1 in der Fassung vom 07.12.2006 nur das Umweltbundesamt für die Anerkennung zuständig war, hat das Gesetz zur Neuregelung des Rechts des Naturschutzes und der Landschaftspflege eine differenzierte Zuständigkeitsregelung gebracht. Abs. 2 wurde neu gefasst, Abs. 3 wurde neu eingefügt.

10 Durch das Gesetz zur Strukturreform des Gebührenrechts des Bundes vom 07.08.2013 (BGBl. I S. 3154) wurde § 3 Abs. 2 »auf Grund europa- und völkerrechtlicher Vorgaben«[9] um eine Regelung zur Gebühren- und Auslagenfreiheit der Anerkennung ergänzt.

6 BT-Drs. 16/2931, S. 7; so auch die Beschlussempfehlung des Ausschusses für Umwelt, Naturschutz und Reaktorsicherheit vom 08.11.2006, BT-Drs. 16/3312, S. 8.

7 BT-Drs. 16/12274, S. 78.

8 BT-Drs. 16/12274, S. 75.

9 BR-Drs. 305/12, S. 248.

Das Gesetz zur Anpassung des UmwRG und anderer Vorschriften an europa- und völkerrechtliche Vorgaben vom 29.05.2017 (BGBl. I S. 1298) ergänzte die Anerkennungsvoraussetzung in § 3 Abs. 1 Satz 2 Nr. 3 (Gewähr für eine sachgerechte Aufgabenerfüllung, »insbesondere für eine sachgerechte Beteiligung an behördlichen Entscheidungsverfahren«). Außerdem wurde aufgenommen, dass in der Anerkennung der räumliche Bereich, auf den sie sich bezieht, zu bezeichnen ist und dass die Anerkennung von der zuständigen Behörde im Internet veröffentlicht wird (§ 3 Abs. 1 Satz 3 und 5). 11

Die Bundesregierung brachte in der 22. Wahlperiode einen Gesetzentwurf in den Deutschen Bundestag ein, der unter anderem der Entscheidung VII/8g der Vertragsstaatenkonferenz Rechnung tragen sollte.[10] Der Entwurf hat sich mit Ablauf der Wahlperiode erledigt. Gegenwärtig liegt der Entwurf eines Gesetzes zur Änderung des Umwelt-Rechtsbehelfsgesetzes und weiterer umweltrechtlicher Vorschriften vor, der § 3 in ähnlicher Weise ändern soll.[11] 12

B. Antrag einer Vereinigung auf Anerkennung (Abs. 1 Satz 1)

I. Anspruch auf Anerkennung

Nach dem klaren Wortlaut des Gesetzes (»wird... erteilt«, »ist zu erteilen«) besteht ein Anspruch auf Anerkennung, wenn die im Gesetz genannten Voraussetzungen erfüllt sind.[12] Stellt somit eine Vereinigung in zulässiger Weise einen Antrag auf Anerkennung und erfüllt sie die Anerkennungsvoraussetzungen, muss die zuständige Behörde die Anerkennung erteilen. 13

II. Zulässiger Antrag

Die Anerkennung setzt einen zulässigen Antrag voraus. Ein Antrag auf Erteilung einer Anerkennung ist mangels Antragsinteresses unzulässig, wenn die Vereinigung bereits über die begehrte Anerkennung verfügt. Das ist nicht nur dann der Fall, wenn die Anerkennung bereits nach § 3 erteilt wurde, sondern auch dann, wenn eine nach früherem Recht erteilte Anerkennung nach § 8 Abs. 3 fort gilt. Eine bereits erteilte Anerkennung steht einem neuen Anerkennungsantrag nicht entgegen, wenn die Vereinigung eine Erweiterung der bestehenden Anerkennung erstrebt. 14

III. Vereinigung als Antragsteller

1. Inländische und ausländische Vereinigungen

Die Anerkennung ist inländischen und ausländischen Vereinigungen zu erteilen. Eine inländische Vereinigung liegt vor, wenn sie ihren Sitz im Inland hat. Eine ausländische Vereinigung ist gegeben, wenn die Vereinigung im Inland keinen Sitz hat. Wo die ausländische Vereinigung ihren Sitz hat, ist unerheblich. Insbesondere muss sie keinen Sitz in der EU haben.[13] 15

2. Begriff der Vereinigung

Bereits aus der Zulassung ausländischer Vereinigungen folgt, dass die Vereinigung keine Gesellschaft deutschen Rechts sein muss. Es muss sich auch nicht um eine juristische Person handeln. Selbst die Rechtsfähigkeit der Vereinigung als solche fordert das Gesetz nicht.[14] 16

---

10 BT-Drs. 20/13081.

11 BR-Drs. 43/26.

12 *Schlacke*, in: Schlacke, GK-BNatSchG, § 63 Rn 23; *Heselhaus*, in: Frenz/Müggenborg, BNatSchG, § 63 Rn. 91; *Balleis*, Naturschutzverbände, S. 104; *Franzius*, in: Schink/Reidt/Mitschang, UVPG/UmwRG, § 3 UmwRG Rn. 5.

13 *Fellenberg/Schiller*, in: Landmann/Rohmer, Umweltrecht, § 3 UmwRG Rn. 13; *Schlacke*, in: Gärditz, VwGO, § 3 UmwRG Rn. 6; *dies.*, in: Schlacke, GK-BNatSchG, § 63 Rn 19.

14 *Ewer* NVwZ 2007, 267 (270); *Karge*, UmwRG, S. 70; *Marty* ZUR 2009, 115 (117); vgl. auch § 61 Nr. 2 VwGO; *Heselhaus*, in: Frenz/Müggenborg, BNatSchG, § 63 Rn. 72.

17 Der weite Begriff der Vereinigung entspricht den Vorgaben der Aarhus-Konvention und der Öffentlichkeitsbeteiligungsrichtlinie. Unter »Öffentlichkeit« verstehen Art. 2 Nr. 4 Aarhus-Konvention und Art. 3 Nr. 1 sowie Art. 4 Nr. 1b der Öffentlichkeitsbeteiligungsrichtlinie **eine oder mehrere natürliche oder juristische Personen** und, in Übereinstimmung mit den innerstaatlichen Rechtsvorschriften oder der innerstaatlichen Praxis, **deren Vereinigungen, Organisationen oder Gruppen**. Als Vereinigung ist jeder Zusammenschluss von natürlichen oder juristischen Personen anzusehen, der die Anerkennungsvoraussetzungen erfüllt.[15]

18 Nur aus den **Anerkennungsvoraussetzungen** lassen sich einschränkende Merkmale des Begriffs der Vereinigung ableiten. So ergibt sich beispielsweise aus § 3 Abs. 1 Satz 2 Nr. 1 und Nr. 5, dass die Vereinigung über eine Satzung verfügen und aus Mitgliedern bestehen muss, die in einer Mitgliederversammlung die Geschicke der Vereinigung leiten. Die Begrifflichkeiten sind dem deutschen Vereinsrecht entlehnt, müssen aber sinngemäß auch auf andere Typen von Vereinigungen (insbesondere solche ausländischen Rechts) Anwendung finden.[16]

3. Beschränkung auf Nichtregierungsorganisationen (NGO)

19 Keine Vereinigungen im Sinne des § 3 sind die staatlichen Untergliederungen wie Bund, Länder, Landkreise und Gemeinden und ihre Organe, Behörden und Zusammenschlüsse (z.B. Zweckverbände oder Arbeitsgruppen). Solche Körperschaften des öffentlichen Rechts und staatliche Stellen oder Gruppen fallen zwar dem Wortlaut nach unter den weiten Begriff der Vereinigung.[17] Nach Sinn und Zweck sind jedoch nur Vereinigungen von Privaten gemeint.[18]

20 Die Aarhus-Konvention und das Unionsrecht sehen einen Zugang zu Gerichten in Umweltangelegenheiten für Mitglieder der **»betroffenen Öffentlichkeit«** vor, die ein ausreichendes Interesse oder eine Rechtsverletzung geltend machen, wenn das nationale Verwaltungsprozessrecht dies als Voraussetzung fordert (Art. 9 Abs. 2 Aarhus-Konvention, Art. 11 UVP-RL, Art. 25 IE-RL). Zur betroffenen Öffentlichkeit zählen auch »Vereinigungen, Organisationen oder Gruppen« natürlicher oder juristischer Personen (Art. 1 Abs. 2 lit. d) und e) UVP-RL, Art. 3 Nr. 16 und 17 IE-RL).

21 Die Aarhus-Konvention und das Unionsrecht privilegieren »nichtstaatliche Organisationen« oder »Nichtregierungsorganisationen«, die sich »für den Umweltschutz einsetzen und alle nach innerstaatlichem Recht geltenden Voraussetzungen erfüllen«. Das kommt darin zum Ausdruck, dass solche Umweltschutzvereinigungen über ein ausreichendes Interesse verfügen (Art. 9 Abs. 2 Aarhus-Konvention, Art. 11 UVP-RL, Art. 25 IE-RL).[19] Das UmwRG regelt Rechtsbehelfe solcher Umweltschutzvereinigungen. Die Genese spricht dafür, dass es sich um Nichtregierungsorganisationen handeln muss.[20] Diese Auslegung entspricht auch dem bisherigen nationalen Recht. Schon § 59 BNatSchG a.F. setzte voraus, dass die Beteiligung von Umweltverbänden eine **»staatsfreie Bürgerbeteiligung«**[21] ermöglichen sollte und Körperschaften des öffentlichen Rechts ausschloss.[22] Die weit

15 VG Halle (Saale), Urt. v. 01.12.2022 – 4 A 102/22, juris Rn. 63: »keine Vorgabe zur Organisationsform«.

16 *Heselhaus*, in: Frenz/Müggenborg, BNatSchG, § 63 Rn. 74.

17 Ebenso für den Begriff der Öffentlichkeit in der Aarhus-Konvention und der Öffentlichkeitsbeteiligungsrichtlinie *v. Schwanenflug/Strohmayr* NVwZ 2006, 395 (398); *Stapelfeldt/Siemko* KommJur 2008, 321 (328); a.A. *Franzius*, in: Schink/Reidt/Mitschang, UVPG/UmwRG, § 3 UmwRG Rn. 6.

18 *Bunge*, UmwRG, § 3 Rn. 28; *Franzius*, in: Schink/Reidt/Mitschang, UVPG/UmwRG, § 3 UmwRG Rn. 6; *Heselhaus*, in: Frenz/Müggenborg, BNatSchG, § 63 Rn. 73.

19 EuGH, Urt. v. 15.10.2009 – C-263/08, NuR 2009, 773 Rn. 44; Urt. v. 12.05.2011 – C-115/09, NuR 2011, 423 Rn. 50 – »Trianel«.

20 Ebenso *Bunge*, UmwRG, § 3 Rn. 28.

21 BVerwG, Urt. v. 14.05.1997 – 11 A 43.96, BVerwGE 104, 367 (371).

22 OVG Saarlouis, Beschl. v. 26.06.1985 – 2 R 269/83, NVwZ 1986, 320; *Gassner*, in: Gassner/Bendomir-Kahlo/Schmidt-Räntsch, BNatSchG, § 59 Rn. 6; *Louis* NuR 1994, 381.

gehende Übernahme der Anerkennungsvoraussetzungen des bisherigen Rechts spricht dafür, dass der Gesetzgeber diese Konzeption nicht ändern wollte.

Aus den dargestellten Gründen ist davon auszugehen, dass staatliche Stellen gleich welcher Rechtsnatur keine Vereinigungen im Sinne des § 3 sind.[23] Sie werden in aller Regel auch nicht die Anerkennungsvoraussetzungen erfüllen (s.u. Rdn. 55). 22

C. Anerkennungsvoraussetzungen (Abs. 1 Satz 2)

I. Vorgaben der Aarhus-Konvention und des Unionsrechts

Nicht jede Vereinigung hat nach § 3 Abs. 1 Satz 1 Anspruch auf Anerkennung. Die Anerkennung wird nur erteilt, wenn die Vereinigung die in § 3 Abs. 1 Satz 2 aufgeführten materiellen Anerkennungsvoraussetzungen erfüllt. Die Anerkennungsvoraussetzungen orientieren sich am Katalog der Kriterien des § 59 Abs. 1 BNatSchG, wobei sich im Detail deutliche Unterschiede ergeben und bei der Auslegung die eingangs dargestellten völker- und unionsrechtlichen Vorgaben beachtet werden müssen. Die Abweichungen vom bisherigen Recht tragen nach der Gesetzesbegründung dem Umstand Rechnung, dass nach den Vorgaben des europäischen Rechts auch ausländische Vereine entsprechend dem Grundsatz der Gleichbehandlung die Möglichkeit einer zulässigen Einlegung von Rechtsbehelfen haben müssen.[24] 23

Die Verbandsklage nach der Aarhus-Konvention und nach Unionsrecht muss privaten Umweltschutzvereinigungen (s. Rdn. 19) offen stehen, die »alle nach innerstaatlichem Recht geltenden Voraussetzungen erfüllen« (Art. 2 Nr. 5 Aarhus-Konvention, Art. 1 Abs. 2 lit. e UVP-RL, Art. 3 Nr. 17 IE-RL). Damit ist es zwar vorrangig Sache des nationalen Gesetzgebers, die fachlichen und sonstigen Anforderungen, die an eine Umweltschutzvereinigung zu stellen sind, festzulegen. Die Mitgliedstaaten müssen bei der Ausgestaltung ihrer innerstaatlichen Rechtsvorschriften jedoch die Ziele der Aarhus-Konvention und des Unionsrechts, insbesondere den Effektivitätsgrundsatz (effet utile) beachten. Das innerstaatliche Recht muss daher einen **weiten Zugang** zu Gerichten sicherstellen und die **praktische Wirksamkeit** der Bestimmungen gewährleisten, die die Umweltverbandsklage vorsehen.[25] Das nationale Recht darf die Ausübung des Klagerechts **nicht übermäßig erschweren.**[26] Hieraus folgt, dass die Anerkennungsvoraussetzungen des § 3 Abs. 1 Satz 2 sachlich erforderlich sein müssen und weder diskriminierend noch prohibitiv wirken dürfen.[27] Dies bedeutet in der Praxis, dass die Anerkennungsvoraussetzungen nicht überspannt werden dürfen und dass § 3 Abs. 1 Satz 2 weiter auszulegen ist als § 59 BNatSchG a.F.[28] Da § 3 Abs. 1 Satz 2 Nr. 5 mit der Aarhus-Konvention nicht vereinbar ist, soll diese Voraussetzung gestrichen werden.[29] 24

---

23 VGH München, Urt. v. 19.07.2006 – 8 A 04.40006, juris Rn. 30; *Karge,* UmwRG, S. 68; *Ewer* NVwZ 2007, 267 (270).

24 BT-Drs. 16/2495, S. 13.

25 EuGH, Urt. v. 15.10.2009 – C-263/08, NuR 2009, 773 Rn. 45.

26 *Compliance Committee,* Beschl. v. 23.07.2021 – ACCC/C/2016/137 – Dokument ECE/MP.PP/C.1/2021/25, Rn. 100 ff., abrufbar unter https://unece.org/sites/default/files/2021–09/ece.mp_.pp_.c.1.2021.25_aec.pdf (letzter Abruf am 12.10.2025); EuGH, Urt. v. 12.05.2011 – C-115/09, NuR 2011, 423 Rn. 43 – »Trianel«; Urt. v. 15.10.2009 – C-263/08, NuR 2009, 773 Rn. 47; BVerwG, Beschl. v. 11.11.2009 – 4 B 57.09, UPR 2010, 103 = juris Rn. 5; Beschl. v. 14.09.2010 – 7 B 15.10, NVwZ 2011, 364 = juris Rn. 9.

27 Ebenso *Fellenberg/Schiller,* in: Landmann/Rohmer, Umweltrecht, § 3 UmwRG Rn. 10.

28 *Bunge,* UmwRG, § 3 Rn. 25; *Lamfried* DVBl 2020, 609 (610); *Gröhn* NuR 2019, 225 (228); *Marty* ZUR 2009, 115 (119); für eine völkerrechtsfähige Auslegung auch *Heselhaus,* in: Frenz/Müggenborg, BNatSchG, § 63 Rn. 72.

29 Siehe oben Rdn. 2 und Rdn. 12 und unten Rdn. 53 ff.

II. Die Anerkennungsvoraussetzungen im Einzelnen

1. Satzungsgemäßes Ziel der Förderung des Umweltschutzes

25 Nach § 3 Abs. 1 Satz 2 Nr. 1 muss die Vereinigung nach ihrer Satzung[30] ideell und nicht nur vorübergehend die Ziele des Umweltschutzes fördern. Diese Voraussetzung entspricht § 59 Abs. 1 Satz 2 Nr. 1 BNatSchG a.F. Die zu dieser Vorschrift in Rechtsprechung und Literatur entwickelten Grundsätze können auf § 3 Abs. 1 Satz 2 Nr. 1 übertragen werden.[31] Die Beschränkung auf Vereinigungen, die aus ideellen Motiven Ziele des Umweltschutzes fördern, steht mit der Aarhus-Konvention und mit Unionsrecht in Einklang.[32] Der Begriff der »betroffenen Öffentlichkeit« in Art. 1 Abs. 2 UVP-RL und in Art. 2 Nr. 17 IE-RL nimmt ausdrücklich Bezug auf »Nichtregierungsorganisationen, die sich für den Umweltschutz einsetzen«.

a) Förderung des Umweltschutzes

26 Satzungsgemäßes Ziel der Vereinigung muss die **Förderung des Umweltschutzes** sein. Der Begriff des Umweltschutzes ist weit zu verstehen.[33] Er erfasst alle Maßnahmen, die auf die Erhaltung oder Verbesserung des Zustands der Umwelt unter Einschluss aller Umweltmedien, Umweltgüter, Tiere und Pflanzen gerichtet sind. Zum Umweltschutz zählen insbesondere die bereits in § 59 Abs. 1 Satz 2 Nr. 1 BNatSchG a.F. genannten Belange des Naturschutzes und der Landschaftspflege, die auch die Vielfalt, Eigenart und Schönheit sowie den Erholungswert von Natur und Landschaft erfassen.[34] Auch der Denkmalschutz wird als Teilaspekt des Umweltschutzes verstanden,[35] der Tierschutz jedoch nicht.[36] Die Vereinigung muss sich nicht zum Ziel gesetzt haben, den Umweltschutz in allen seinen Ausprägungen zu fördern. Erforderlich ist nur, dass überhaupt Ziele des Umweltschutzes gefördert werden. In welcher Breite dies geschieht, ist nicht relevant. Eine Vereinigung kann somit auch zum Ziel haben, **nur einzelne Ziele des Umweltschutzes oder bestimmte Umweltmedien oder Umweltgüter** zu fördern.[37] Setzt sich eine Vereinigung allerdings für spezifische Umweltgüter in einer Weise ein, die wesentliche Umweltschutzbelange beeinträchtigt, kann eine »Förderung« zu verneinen sein.[38]

b) Hauptzweck

27 Nach § 3 Abs. 1 Satz 2 Nr. 1 muss die Vereinigung **vorwiegend** die Ziele des Umweltschutzes fördern. Dies bedeutet, dass die Förderung von Zielen des Umweltschutzes nach der Satzung Haupt-

30 VG Halle (Saale), Urt. v. 01.12.2022 – 4 A 102/22, juris Rn. 64; VG Hamburg, Urt. v. 29.11.2018 – 7 K 1365/18, juris Rn. 47; *Lamfried* DVBl 2020, 609 (612); *Heselhaus*, in: Frenz/Müggenborg, BNatSchG, § 63 Rn. 80; kritisch *Gröhn* NuR 2019, 225 (230).

31 *Schlacke*, in: Gärditz, VwGO, § 3 UmwRG Rn. 13; *Franzius*, in: Schink/Reidt/Mitschang, UVPG/UmwRG, § 3 UmwRG Rn. 8.

32 EuGH, Urt. v. 15.10.2009 – C-263/08, NuR 2009, 773 Rn. 47; *Fellenberg/Schiller*, in: Landmann/Rohmer, Umweltrecht, § 3 UmwRG Rn. 14.

33 *Heselhaus*, in: Frenz/Müggenborg, BNatSchG, § 63 Rn. 75.

34 *Gassner*, in: Gassner/Bendomir-Kahlo/Schmidt-Räntsch, BNatSchG, § 59 Rn. 6.

35 VG Ansbach, Beschl. v. 28.02.2024 – AN 9 S 23.2188, ZUR 2024, 306 = juris Rn. 51 ff.

36 VG Halle (Saale), Urt. v. 01.12.2022 – 4 A 102/22, juris Rn. 70 ff.; zur Abgrenzung des Umweltschutzes vom Tierschutz *Lamfried* ZUR 2020, 288 (292 f.); *Heselhaus*, in: Frenz/Müggenborg, BNatSchG, § 63 Rn. 89.

37 BVerwG, Urt. v. 06.12.1985 – 4 C 55.82, BVerwGE 72, 277 (280); *Gassner*, in: Gassner/Bendomir-Kahlo/Schmidt-Räntsch, BNatSchG, § 59 Rn. 7; *Lorz/Müller/Stöckel*, NatSchR, § 59 Rn. 6; *Louis* NuR 1994, 381 (383); *Karge*, UmwRG, S. 68; *Bunge*, in: Schumacher/Fischer-Hüftle, BNatSchG, § 3 UmwRG Rn. 7; *Heselhaus*, in: Frenz/Müggenborg, BNatSchG, § 63 Rn. 75; *Fellenberg/Schiller*, in: Landmann/Rohmer, Umweltrecht, § 3 UmwRG Rn. 16.

38 Dazu *Marty* ZUR 2009, 115 (119) mit Beispielen.

zweck der Vereinigung sein muss.[39] Der Umweltschutz muss die satzungsmäßige Tätigkeit der Vereinigung **prägen**. Wenn die Vereinigung in untergeordnetem Umfang auch andere Ziele verfolgt, steht dies der Anerkennung als Umweltschutzvereinigung nicht entgegen. Der Umweltschutz muss jedoch solchen Vorrang genießen, dass sich ihm alle anderen Nebenzwecke unterordnen.[40] Dieser Vorrang muss sich **in der Satzung** niederschlagen. Wenn die Satzung unterschiedliche Zielsetzungen enthält, die über den Bereich des Umweltschutzes hinausgehen, muss sie somit einen klaren Vorrang der Ziele des Umweltschutzes regeln.[41] Das Vorwiegen der Ziele des Naturschutzes und der Landschaftspflege im Sinne des § 59 Abs. 1 Satz 2 Nr. 1 BNatSchG a.F. bzw. der Ziele des Umweltschutzes wurde beispielsweise verneint für einen Jagdverband,[42] einen Landesverband der Deutschen Gebirgs- und Wandervereine,[43] Vereinigungen des Angelsports[44] und einen Verein, der nach seiner Satzung im Wesentlichen die Garten-, Landschafts- und Friedhofskultur förderte.[45] Generell lässt sich sagen, dass Vereinigungen von Naturnutzern (Jäger, Fischer, Landwirt, Forstwirt, Imker, Wanderer, Bergsteiger) eher der Naturnutzung dienen als dem Umweltschutz und daher nicht anerkennungsfähig sind.[46] Gleiches gilt für Vereinigungen, die sich schwerpunktmäßig der Förderung der Erholung oder des Tourismus widmen oder die in erster Linie sportliche Interessen verfolgen.[47] Ungeachtet dessen gibt es aber eine große Zahl anerkannter Vereinigungen von Naturnutzern, was zum Teil mit einer großzügigen Anerkennungspraxis begründet wird und zum Teil mit dem Umstand, dass sich Naturgenuss und Naturschutz gegenseitig bedingen.[48]

c) Nicht nur vorübergehend

Die Vereinigung muss sich nach ihrer Satzung ohne zeitliche Beschränkung für die Ziele des Umweltschutzes einsetzen. Diese Voraussetzung ist nicht erfüllt, wenn die Vereinigung Ziele des Umweltschutzes nur vorübergehend fördern will. Das ist beispielsweise anzunehmen, wenn eine Vereinigung sich nur in Bezug auf ein bestimmtes Vorhaben für Ziele des Umweltschutzes einsetzt.[49] Dagegen wird unter Hinweis auf die in Deutschland üblichen langen Verfahrensdauern eingewandt, Vorhabenbezug und dauerhaftes Engagement schlössen sich keineswegs aus.[50] 28

39 BT-Drs. 16/2495, S. 13; VG Halle (Saale), Urt. v. 01.12.2022 – 4 A 102/22, juris Rn. 67; VG Hamburg, Urt. v. 29.11.2018 – 7 K 1365/18, juris Rn. 48; *Bunge*, UmwRG, § 3 Rn. 40; *Fellenberg/Schiller*, in: Landmann/Rohmer, Umweltrecht, § 3 UmwRG Rn. 18; *Lamfried* DVBl 2020, 609 (612); *Gröhn* NuR 2019, 225 (228); *Schumacher* UPR 2008, 13 (16).

40 VG Halle (Saale), Urt. v. 01.12.2022 – 4 A 102/22, juris Rn. 67; VG Köln, Urt. v. 28.11.1983 – 14 K 2664/81, NuR 1984, 115 (116); *Heselhaus*, in: Frenz/Müggenborg, BNatSchG, § 63 Rn. 76; *Bunge*, in: Schumacher/Fischer-Hüftle, BNatSchG, § 3 UmwRG Rn. 13; *Gassner*, in: Gassner/Bendomir-Kahlo/Schmidt-Räntsch, BNatSchG, § 59 Rn. 6; *Balleis*, Naturschutzverbände, S. 113; *Gröhn* NuR 2019, 225 (228); *Marty* ZUR 2009, 115 (119).

41 VG Halle (Saale), Urt. v. 01.12.2022 – 4 A 102/22, juris Rn. 67.

42 OVG Münster, Urt. v. 20.06.1984 – 7 A 327/84, NuR 1985, 76 (77); VG Köln, Urt. v. 28.11.1983 – 14 K 2664/81, NuR 1984, 115 (116).

43 VG Wiesbaden, Urt. v. 14.04.1982 – III/2 E 629/81, NVwZ 1982, 697 (699).

44 VG Hamburg, Urt. v. 29.11.2018 – 7 K 1365/18, juris Rn. 59; VG Wiesbaden, Urt. v. 14.04.1982 – III/2 E 629/81, NVwZ 1982, 697 (699).

45 VGH Kassel, Urt. v. 24.10.1985 – III OE 141/82, NuR 1986, 254.

46 VG Hamburg, Urt. v. 29.11.2018 – 7 K 1365/18, juris Rn. 59; *Lorz/Müller/Stöckel*, NatSchR, § 59 Rn. 7; *Louis* NuR 1994, 381 (383); a.A. *Gröhn* NuR 2019, 225 (229).

47 *Schumacher* UPR 2008, 13 (16); *Schlacke*, in: Gärditz, VwGO, § 3 UmwRG Rn. 17.

48 Vgl. *Lamfried* ZUR 2020, 288 (289 f.); *Lamfried* DVBl 2020, 609 (612 f.); *Gröhn* NuR 2019, 225 (229).

49 BT-Drs. 16/2495, S. 13; BVerwG, Urt. v. 24.04.2024 – 4 CN 2.23, BVerwGE 182, 200 Rn. 17; *Karge*, UmwRG, S. 69; *Ewer* NVwZ 2007, 267 (270).

50 *Lamfried* DVBl 2020, 609 (614).

d) Ideelle Förderung

29 Schließlich darf die Vereinigung den Umweltschutz nur ideell fördern. Die Vereinigung muss ihre Ziele altruistisch, also ohne eigenes materielles Interesse verfolgen. Dies schließt Vereinigungen aus, die **gewerbliche oder kommerzielle Zwecke** verfolgen.[51] Damit können insbesondere berufsständische Vereinigungen[52] und Verbände, die wirtschaftliche oder politische Interessen wahrnehmen, nicht gem. § 3 anerkannt werden.[53]

30 Eine Anerkennung kann auch nicht erteilt werden, wenn kommerzielle Zwecke nur als Nebenzweck verfolgt werden und untergeordnete Bedeutung haben. Denn nach dem Gesetz genügt es nicht, wenn vorwiegend ideelle Zwecke verfolgt werden. Die Vereinigung muss **ausschließlich** ideelle Ziele verfolgen, bei denen es sich vorwiegend um Ziele des Umweltschutzes handeln muss.[54] Dies wird nicht beachtet, wenn die Literatur teilweise einen »Geschäftsbetrieb als Nebenzweck« oder eine »untergeordnete wirtschaftliche Betätigung« als unschädlich ansieht.[55]

2. Bestand und Tätigkeit seit drei Jahren

31 Als weitere Anerkennungsvoraussetzungen schreibt § 3 Abs. 1 Satz 2 Nr. 2 vor, dass eine Vereinigung im Zeitpunkt der Anerkennung mindestens drei Jahre bestehen und in diesem Zeitraum im Sinne des § 3 Abs. 1 Satz 2 Nr. 1 tätig gewesen sein muss. Die Regelung übernimmt das Muster des § 59 Abs. 1 Satz 2 Nr. 3 BNatSchG a.F. Der gewählte Zeitraum von **drei Jahren** beruht nach der Gesetzesbegründung auf den verwaltungspraktischen Erfahrungen der Länder, die bereits vor dem Jahr 2002 eine Verbandsklage für Naturschutzvereine im Landesrecht eingeführt hatten. Durch das Erfordernis einer bereits dreijährigen Tätigkeit sollen Vereinigungen, die sich nur vorübergehend wie z.B. anlässlich eines konkreten Zulassungsverfahrens zusammenschließen und sich nicht dauerhaft und mit einer gewissen Ernsthaftigkeit für den Umweltschutz einsetzen, ausgeschlossen werden.[56]

32 Das Gesetz setzt ausdrücklich voraus, dass die Vereinigung nicht nur drei Jahre bestanden hat, sondern in diesem Zeitraum auch im Sinne der Nr. 1 **tätig gewesen ist**. Die Vereinigung muss also nachweisen, dass sie über einen Zeitraum von mindestens drei aufeinander folgenden[57] Jahren ideell vorwiegend die Ziele des Umweltschutzes gefördert hat. Welches Maß an Aktivität erforderlich ist, lässt sich dem Gesetzeswortlaut nicht entnehmen. Dies beurteilt sich nach den Umständen des Einzelfalls und hängt unter anderem auch von der Mitgliederzahl, der Leistungsfähigkeit und dem Umfang der verfolgten Umweltschutzziele ab. Ebenso wie bei den organisatorischen Anforderungen (§ 3 Abs. 1 Satz 2 Nr. 3) dürfen in Bezug auf den Umfang der Aktivitäten keine überzogenen Anforderungen gestellt werden. Es reicht aus, wenn die Vereinigungen in dem Zeitraum von drei Jahren mit einer gewissen Regelmäßigkeit, also nicht nur sporadisch, Aktivitäten entfaltet hat, die Ziele des Umweltschutzes fördern[58] und nicht in gravierender Weise hinter dem zurückbleiben, was nach der Struktur, Mitgliederzahl, Leistungsfähigkeit und nach den selbst gesetzten Zielen der Vereinigung zu erwarten wäre. Hinreichende Tätigkeiten zur Förderung des Umweltschutzes liegen jedenfalls nicht vor, wenn eine Vereinigung nur formale Tätigkeiten ohne eigentliche Förderung des

---

51 BT-Drs. 16/2495, S. 13; *Ewer* NVwZ 2007, 267 (270); *Schlacke* NuR 2007, 8 (9).

52 VG Wiesbaden, Urt. v. 14.04.1982 – III/2 E 629/81, NVwZ 1982, 697 (698).

53 *Fellenberg/Schiller*, in: Landmann/Rohmer, Umweltrecht, § 3 UmwRG Rn. 15; *Gassner*, in: Gassner/Bendomir-Kahlo/Schmidt-Räntsch, BNatSchG, § 59 Rn. 6.

54 Ebenso *Bunge*, UmwRG, § 3 Rn. 42.

55 So *Fellenberg/Schiller*, in: Landmann/Rohmer, Umweltrecht, § 3 UmwRG Rn. 15; *Franzius*, in: Schink/Reidt/Mitschang, UVPG/UmwRG, § 3 UmwRG Rn. 9; *Schlacke*, in: Gärditz, VwGO, § 3 UmwRG Rn. 17.

56 BT-Drs. 16/2495, S. 13; hierzu auch *Balleis* Naturschutzverbände, S. 108; *Schlacke*, in: Schlacke, GK-BNatSchG, § 63 Rn 30; *Ewer* NVwZ 2007, 267 (270); *Schumacher* UPR 2008, 13 (16).

57 *Schlacke*, in: Schlacke, GK-BNatSchG, § 63 Rn 30.

58 *Bunge*, UmwRG, § 3 Rn. 45.

Umweltschutzes nachweist (z.B. jährliche Mitgliederversammlungen)[59] oder wenn die Umweltschutzaktivitäten so geringfügig sind, dass sie insgesamt nicht den Eindruck einer aktiven Vereinigung vermitteln.[60]

3. Gewähr für sachgerechte Aufgabenerfüllung

Nach § 3 Abs. 1 Satz 2 Nr. 3 muss eine Vereinigung die Gewähr für eine sachgerechte Aufgabenerfüllung bieten, und zwar insbesondere für eine sachgerechte Beteiligung an behördlichen Entscheidungsverfahren. Dabei sind Art und Umfang der bisherigen Tätigkeit, der Mitgliederkreis sowie die Leistungsfähigkeit der Vereinigung zu berücksichtigen. Diese Voraussetzung knüpft an § 59 Abs. 1 Satz 2 Nr. 4 BNatSchG a.F. an. 33

Die Gewähr für eine sachgerechte Aufgabenerfüllung bietet die Vereinigung, wenn sie über die zur Erfüllung ihrer Aufgaben notwendige **Organisation** verfügt, wenn die hierfür erforderliche **Fachkunde** sowohl in qualitativer wie quantitativer Hinsicht vorhanden ist und wenn die Vereinigung auch über die **finanzielle Leistungsfähigkeit**[61] verfügt, die zur Bewältigung der satzungsgemäßen Aufgaben erforderlich ist. Zur sachgerechten Aufgabenerfüllung gehört insbesondere auch die sachgerechte **Beteiligung an behördlichen Entscheidungsverfahren.** Behördliche Entscheidungsverfahren sind Verwaltungsverfahren i.S.v. § 9 VwVfG, die auf den Erlass von Entscheidungen nach § 1 Abs. 1 Satz 1 und, soweit eine Anerkennung als Naturschutzvereinigung erfolgen soll, von Entscheidungen nach § 64 BNatSchG gerichtet sind.[62] 34

a) Organisation

Voraussetzung für eine sachgerechte Aufgabenerfüllung ist zunächst ein organisatorischer Aufbau, der erwarten lässt, dass die Vereinigung die zur Förderung des Umweltschutzes erforderlichen Entscheidungen treffen und die notwendigen Aktivitäten durchführen kann.[63] Hierbei sind keine überzogenen Anforderungen zu stellen. Die Vereinigung muss nicht besonders gut organisiert sein. Auf die Effizienz ihrer Abläufe kommt es nicht an. Maßgeblich ist nur, dass das für die Sacharbeit notwendige Mindestmaß an organisatorischen Strukturen vorhanden ist.[64] 35

b) Fachkunde

Nach dem Gesetzeswortlaut muss die Vereinigung insbesondere auch die Gewähr für eine sachgerechte Beteiligung an behördlichen Entscheidungsverfahren bieten. Der Gesetzgeber räumt den anerkannten Vereinigungen ihre besonderen Klagerechte und Mitwirkungsbefugnisse wegen ihrer besonderen Fachkunde ein.[65] Durch ihre Beteiligung in Verwaltungsprozessen und Verwaltungsverfahren soll Vollzugsdefiziten auf dem Gebiet des Umweltschutzes entgegen gewirkt werden.[66] Die Beteiligung von Umweltschutzvereinigungen soll die Belange des Umweltschutzes in besonderer Weise zur Geltung bringen.[67] Eine Vereinigung muss beispielsweise im Bereich des Naturschutzes zu einer kritischen Auseinandersetzung mit dem vorhandenen Material unter naturschutzfachlichen 36

59 *Schlacke*, in: Gärditz, VwGO, § 3 UmwRG Rn. 19.
60 *Fellenberg/Schiller*, in: Landmann/Rohmer, Umweltrecht, § 3 UmwRG Rn. 22.
61 Vgl. OVG Lüneburg, Beschl. v. 06.12.2023 – 1 KN 146/22, NVwZ 2024, 93 Rn. 3.
62 BR-Drs. 422/16, S. 34.
63 Vgl. BT-Drs. 16/2495, S. 13.
64 *Bunge*, UmwRG, § 3 Rn. 46; *Lorz/Müller/Stöckel*, NatSchR, § 59 Rn. 13; vgl. auch *Schlacke*, in: Schlacke, GK-BNatSchG, § 63 Rn 31.
65 BVerwG, Urt. v. 09.07.2009 – 4 C 12.07, BVerwGE 134, 166 Rn. 46; OVG Münster, Urt. v. 20.01.2012 – 2 D 141/09.NE, juris Rn. 61.
66 BVerwG, Urt. v. 09.07.2009 – 4 C 12.07, BVerwGE 134, 166 Rn. 46; Urt. v. 12.11.1997 – 11 A 49.96, BVerwGE 105, 348 (350); beide zu § 59 BNatSchG.
67 So zu den Belangen von Naturschutz und Landschaftspflege BVerwG, Urt. v. 31.10.1990 – 4 C 7.88, BVerwGE 87, 62 (70).

Gesichtspunkten in der Lage sein.[68] Die Vereinigung muss somit nicht nur abstrakt in der Lage sein, ihre satzungsmäßigen Ziele zu verfolgen. Erforderlich ist vielmehr, dass sie die ihr zur Beseitigung von Umweltschutzdefiziten eingeräumten Klage- und Mitwirkungsmöglichkeiten auch effektiv und in qualitativ und quantitativ zufriedenstellender Weise erfüllen kann. Den besonderen Klage- und Mitwirkungsrechten der Vereinigung korrespondiert somit eine besondere Sachkunde und Fähigkeit, den satzungsgemäßen Umweltschutzbelangen zur Geltung zu verhelfen. Das Gesetz verlangt »kompetente und potente Sachwalter«.[69] Nach Literaturstimmen soll hierfür der Umweltsachverstand eines Laien ausreichen.[70] Der Sachverstand der Vereinigung ist im Anerkennungsverfahren zu prüfen.[71]

c) Art und Umfang der bisherigen Tätigkeit

37 Die in § 3 Abs. 1 Satz 2 Nr. 3 beispielhaft und nicht abschließend (»dabei«) genannten Anhaltspunkte sind im Rahmen der Prognose, ob die Vereinigung die Gewähr für eine sachgerechte Aufgabenerfüllung bietet, zu berücksichtigen.

38 Art und Umfang der bisherigen Tätigkeit lassen sich einem Jahresbericht der Vereinigung, aus Veröffentlichungen der Vereinigung, aus Angaben im Internet, aus der Presse und der Kenntnis über Verwaltungsverfahren, an denen die Vereinigung beteiligt war, entnehmen.[72] Art und Umfang der bisherigen Tätigkeit geben einerseits einen Eindruck von der organisatorischen Fähigkeit der Vereinigung, ihre Ziele auch tatsächlich in die Praxis umzusetzen. Vor allem aber gibt die bisherige Tätigkeit Aufschluss über die Fachkunde und Leistungsfähigkeit der Vereinigung in qualitativer, quantitativer und zeitlicher Hinsicht.

d) Mitgliederkreis

39 Der im Gesetz erwähnte Mitgliederkreis dient ebenfalls zur qualitativen und quantitativen Einschätzung der Leistungsfähigkeit. Hat eine Vereinigung nur wenige Mitglieder, wirft dies Zweifel auf, ob die Vereinigung in der Lage ist, die gesetzlich vorgesehenen Mitwirkungsmöglichkeiten auszunutzen.

40 Weder die Aarhus-Konvention, noch das Unionsrecht oder § 3 sehen eine **Mindestgröße** für eine Vereinigung vor. Eine Mindestgröße ist auch nicht mittelbar durch die Vorgabe eines bestimmten räumlichen Tätigkeitsbereichs (wie früher in § 59 Abs. 1 Satz 2 Nr. 2 BNatSchG a.F.) vorgegeben.[73] Die Aarhus-Konvention und das Unionsrecht verweisen zwar auf die innerstaatlichen Rechtsvorschriften. Die Mitgliedstaaten dürfen den vorgesehenen weiten Zugang zu Gerichten durch die Ausgestaltung der Anerkennungsvoraussetzungen jedoch nicht übermäßig erschweren (s. Rdn. 24).[74]

41 Nach Auffassung des EuGH ist nicht auszuschließen, dass sich eine Voraussetzung des nationalen Rechts, wonach eine Umweltschutzvereinigung eine Mindestzahl an Mitgliedern haben muss, als sachdienlich erweisen könne, um sicherzustellen, dass diese Vereinigung auch tatsächlich existiert und tätig ist. Die erforderliche Mitgliederzahl dürfe jedoch vom nationalen Recht **nicht so hoch angesetzt werden, dass sie den Zielen der Richtlinie, insbesondere dem Ziel, die gerichtliche Kon-**

---

68 Vgl. BVerwG, Urt. v. 09.07.2009 – 4 C 12.07, BVerwGE 134, 166 Rn. 46, zur Präklusionswirkung gem. § 61 Abs. 3 BNatSchG.

69 *Gassner*, in: Gassner/Bendomir-Kahlo/Schmidt-Räntsch, BNatSchG, § 59 Rn. 10; vgl. auch *Rehbinder* NuR 2015, 733 (738).

70 *Lamfried* DVBl 2020, 609 (615); *Gröhn* NuR 2019, 225 (231).

71 BVerwG, Urt. v. 12.11.1997 – 11 A 49.96, BVerwGE 105, 348 (353); *Fellenberg/Schiller*, in: Landmann/Rohmer, Umweltrecht, § 3 UmwRG Rn. 27.

72 *Fellenberg/Schiller*, in: Landmann/Rohmer, Umweltrecht, § 3 UmwRG Rn. 24.

73 *Gröhn* NuR 2019, 225 (231).

74 Vgl. *Franzius*, in: Schink/Reidt/Mitschang, UVPG/UmwRG, § 3 UmwRG Rn. 11.

trolle der unter die Richtlinie fallenden Vorgänge unschwer zu ermöglichen, zuwider laufe.[75] Die UVP-RL regele auch Vorgänge geringeren Umfangs, mit denen sich auf lokaler Ebene organisierte Vereinigungen besser befassen könnten.[76] Eine Mindestzahl von 2.000 Mitgliedern genügt diesen Vorgaben nicht.[77]

Ob es danach zulässig ist, **kleine Vereinigungen** generell auszuscheiden, »schon um den Verwaltungsaufwand in vernünftigen Grenzen zu halten«[78] erscheint sehr zweifelhaft. Die völker- und unionsrechtlichen Vorgaben fordern für Umweltschutzvereinigungen einen weiten Zugang zu Gerichtsverfahren. Dies darf nicht durch eine Auslegung des nationalen Rechts, die den Kreis der Umweltschutzvereinigungen stark verengt, konterkariert werden. Wenn der EuGH Mindestgrößen akzeptieren will, dann nicht, um den Verwaltungsaufwand zu verringern oder die Verbandsklage professionellen Vereinigungen vorzubehalten, sondern um überhaupt festzustellen, ob eine hinreichend organisierte Vereinigung besteht. Zulässige Mindestgrößen liegen daher weit unter der beanstandeten Mindestzahl von 2.000 Teilnehmern. Nach der Literatur sollen bereits 5–10 aktive Mitglieder ausreichen.[79] 42

Die Anerkennungsbehörde muss prüfen, ob die geringe Mitgliederzahl einer sachgerechten Aufgabenerfüllung entgegensteht. Generalisierende Annahmen sind zu vermeiden. Beispielsweise können eine besondere Fachkunde der Mitglieder[80] oder ein besonders starkes ehrenamtliches Engagement in Verbindung mit einem regional oder fachlich beschränkten Tätigkeitsbereich der Vereinigung zu der Prognose führen, dass auch eine Vereinigung mit nur wenigen Mitgliedern die Gewähr für eine sachgerechte Aufgabenerfüllung bietet.[81] 43

Eine **große Mitgliederzahl** stellt in der Regel einen Anhaltspunkt dafür dar, dass die Vereinigung in der Lage ist, auch größere Aufgaben und komplexere Verfahren zu bewältigen. Denn ein großer Mitgliederbestand führt in der Regel zu einem entsprechenden Einsatz ehrenamtlich tätiger Personen. Außerdem wirkt sich ein großer Mitgliederbestand in der Regel günstig auf das Spendenaufkommen und die Fähigkeit zur Finanzierung der Aufgaben durch Mitgliedsbeiträge aus. Auch insoweit kann sich jedoch aus den Umständen des Einzelfalls eine andere Beurteilung ergeben. Eine Vereinigung, die nur über eine große Zahl an »Karteileichen« verfügt, aber nicht über für die Aufgabenerfüllung tatsächlich verfügbaren Sachverstand, bietet keine Gewähr für eine sachgerechte Aufgabenerfüllung.[82] 44

Der Mitgliederkreis spielt nicht nur für die Sachkunde, über die der Verband verfügen muss, eine Rolle, sondern auch für die **Unabhängigkeit**, die für eine sachgerechte Aufgabenerfüllung erforderlich ist. Sind Organe der anzuerkennenden Vereinigung mit denjenigen einer bereits anerkannten Vereinigung identisch, kann sich die neue Vereinigung auf die Leistungsfähigkeit der bereits anerkannten Vereinigung nicht berufen.[83] 45

Die Zusammensetzung des Mitgliederkreises kann auch Aufschluss darüber geben, ob der Verband wirklich vorwiegend Ziele des Umweltschutzes realisieren will und ob er dies auf Dauer kann.[84] 46

75 EuGH, Urt. v. 15.10.2009 – C-263/08, NuR 2009, 773 Rn. 47.
76 EuGH, Urt. v. 15.10.2009 – C-263/08, NuR 2009, 773 Rn. 50.
77 EuGH, Urt. v. 15.10.2009 – C-263/08, NuR 2009, 773 Rn. 52.
78 BVerwG, Urt. v. 06.12.1985 – 4 C 55.82, BVerwGE 72, 277 (280); ebenso *Gassner*, in: Gassner/Bendomir-Kahlo/Schmidt-Räntsch, BNatSchG, § 59 Rn. 11; *Karge*, UmwRG, S. 67.
79 *Lamfried* DVBl 2020, 609 (615); in diese Richtung auch *Heselhaus*, in: Frenz/Müggenborg, BNatSchG, § 63 Rn. 84.
80 Vgl. *Lorz/Müller/Stöckel*, NatSchR, § 59 Rn. 12.
81 Ebenso *Fellenberg/Schiller*, in: Landmann/Rohmer, Umweltrecht, § 3 UmwRG Rn. 25; *Bunge*, UmwRG, § 3 Rn. 49; *Gröhn* NuR 2019, 225 (231).
82 OLG Hamm, Urt. v. 12.07.1994 – 4 U 33/94, juris Rn. 32; *Lamfried* DVBl 2020, 609 (615); Ewer NVwZ 2007, 267 (270).
83 So *Gassner*, in: Gassner/Bendomir-Kahlo/Schmidt-Räntsch, BNatSchG, § 59 Rn. 11.
84 *Gassner*, in: Gassner/Bendomir-Kahlo/Schmidt-Räntsch, BNatSchG, § 59 Rn. 11.

e) Finanzielle Leistungsfähigkeit

47 Wenn nach dem Gesetz die Leistungsfähigkeit der Vereinigung zu berücksichtigen ist, erfasst dies insbesondere ihre finanzielle Leistungsfähigkeit.

48 Die Gewähr für eine sachgerechte Aufgabenerfüllung bietet eine Vereinigung nur dann, wenn sie über die finanziellen Mittel verfügt oder sich die Mittel beschaffen kann, die sie zur Erfüllung ihrer satzungsmäßigen Aufgaben benötigt. Die Fähigkeit, den Umweltschutz als satzungsgemäßen Aufgabenschwerpunkt zu fördern, erfordert nicht nur, dass die Vereinigung in der Lage ist, Stellungnahmen und Einwendungen mündlich und schriftlich zu formulieren, sondern auch, dass sie **über ausreichende Mittel verfügt, um nötigenfalls die ihr mit der Anerkennung verliehenen Rechte einschließlich des Klagerechts ausüben zu können.**[85]

49 Maßgeblich sind in erster Linie die durchschnittlichen Einnahmen der letzten drei Jahre (vgl. § 3 Abs. 1 Satz 2 Nr. 2). Die Vereinigung ist jedoch nicht gehindert, eine größere Leistungsfähigkeit nachzuweisen, wie es umgekehrt der Anerkennungsbehörde unbenommen bleibt, gegenüber den Abschlüssen der letzten drei Jahre nachteilige Veränderungen der Leistungsfähigkeit zu berücksichtigen. Die finanzielle Leistungsfähigkeit kann auf freiwilligen Leistungen der Mitglieder beruhen.[86] Geringe Einnahmen können durch unentgeltliche Leistungen der Mitglieder kompensiert werden.[87] Als problematisch wird eine Abhängigkeit des Verbandes von **öffentlichen Haushaltsmitteln** angesehen, insbesondere wenn hiermit eine institutionelle Förderung verbunden ist.[88] Eine solche Abhängigkeit kann einerseits die Frage aufwerfen, ob die finanzielle Leistungsfähigkeit auf Dauer gegeben sein wird. Denn öffentliche Mittel werden regelmäßig nur für begrenzte Zeiträume vergeben; sie begründen keinen Anspruch auf dauerhafte Förderung. Darüber hinaus kann die finanzielle Förderung auch zu einer sachlichen Abhängigkeit führen. Dies kann die Vereinigung einerseits in die Nähe staatlicher Organisationen rücken, die von § 3 nicht erfasst werden und kann andererseits die für eine sachgerechte Aufgabenerfüllung nötige sachliche Unabhängigkeit in Zweifel ziehen.

4. Verfolgung gemeinnütziger Ziele

50 Gemäß § 3 Abs. 1 Satz 2 Nr. 4 wird eine Anerkennung nur erteilt, wenn die Vereinigung gemeinnützige Zwecke im Sinne von § 52 AO verfolgt.

51 Die Regelung des §§ 59 Abs. 2 Satz 1 Nr. 5 BNatSchG a.F., die eine Befreiung von der Körperschaftsteuer voraussetzte, hat der Gesetzgeber nicht übernommen. Er ging davon aus, dass dieses Erfordernis zu einer unangemessenen Benachteiligung ausländischer Vereinigungen führen würde. Vereinigungen, die eine Befreiung von der Körperschaftsteuer nachweisen können, sollten jedoch mit ihrem Anerkennungsantrag einen entsprechenden Beleg vorlegen, da damit die Prüfung des Kriteriums der Verfolgung gemeinnütziger Zwecke vereinfacht wird.[89] Anders als nach bisherigem Recht, das auf den Bescheid des Finanzamts über die Befreiung von der Körperschaftssteuer Bezug nahm, besteht nach § 3 Abs. 1 Satz 2 Nr. 4 **keine Bindung** der Anerkennungsbehörde an die Beurteilung der Finanzbehörden zur Gemeinnützigkeit der Vereinigung.[90] Eine solche Bindungs-

---

85 OVG Münster, Beschl. v. 30.04.2008 – 8 D 20/08.AK, NuR 2009, 63 (64); *Fellenberg/Schiller*, in: Landmann/Rohmer, Umweltrecht, § 3 UmwRG Rn. 26; vgl. auch *Karge*, UmwRG, S. 70; kritisch *Gröhn* NuR 2019, 225 (231).

86 *Gassner*, in: Gassner/Bendomir-Kahlo/Schmidt-Räntsch, BNatSchG, § 59 Rn. 12; OVG Münster, Beschl. v. 30.04.2008 – 8 D 20/08.AK, NuR 2009, 63 (64).

87 VG Hannover, Urt. v. 26.02.1988 – 2 A 341/95, NuL 1988, 390.

88 *Gassner*, in: Gassner/Bendomir-Kahlo/Schmidt-Räntsch, BNatSchG, § 59 Rn. 12; *Bunge*, UmwRG, § 3 Rn. 51; keine Bedenken haben *Fellenberg/Schiller*, in: Landmann/Rohmer, Umweltrecht§ 3 UmwRG Rn. 26; *Gröhn* NuR 2019, 225 (231 f.).

89 BT-Drs. 16/2495, S. 13.

90 Ebenso *Bunge*, UmwRG, § 3 Rn. 53; *Fellenberg/Schiller*, in: Landmann/Rohmer, Umweltrecht, § 3 UmwRG Rn. 28; zur Bindungswirkung nach § 59 Abs. 1 Satz 2 Nr. 5 BNatSchG a.F. siehe *Louis* NuR

wirkung kann ungeachtet des abweichenden Wortlauts, der nur noch auf das Vorliegen der Gemeinnützigkeit und nicht mehr auf das Vorliegen eines Bescheids des Finanzamts abstellt, bereits deshalb nicht bestehen, weil § 3 auch auf ausländische Vereinigungen anwendbar ist, die keiner Beurteilung durch die deutschen Finanzbehörden unterliegen.[91]

Eine Vereinigung verfolgt **gemeinnützige Zwecke**, wenn ihre Tätigkeit darauf gerichtet ist, die Allgemeinheit auf materiellem, geistigem oder sittlichem Gebiet selbstlos zu fördern (§ 52 Abs. 1 Satz 1 AO). Eine **Förderung der Allgemeinheit** ist nicht gegeben, wenn der Kreis der Personen, dem die Förderung zugutekommt, fest abgeschlossen ist oder infolge seiner Abgrenzung dauerhaft nur klein sein kann (§ 52 Abs. 1 Satz 2 AO). Als Förderung der Allgemeinheit erkennt das Gesetz unter diesen Voraussetzungen insbesondere die Förderung des Umweltschutzes und die Förderung des Naturschutzes und der Landschaftspflege an (§ 52 Abs. 2 Nr. 8 AO). Die Förderung muss selbstlos erfolgen. Der Begriff der **Selbstlosigkeit** richtet sich nach § 55 AO. Danach ist die Förderung selbstlos, wenn nicht in erster Linie eigenwirtschaftliche, insbesondere gewerbliche Zwecke oder sonstige Erwerbszwecke verfolgt werden und die weiteren Voraussetzungen des § 55 Abs. 1 Nr. 1 bis 5 AO erfüllt sind. Im Wesentlichen muss die Vereinigung nach diesen Bestimmungen ihre Mittel ausschließlich und zeitnah für ihre steuerbegünstigten satzungsmäßigen Zwecke verwenden. Die Mitglieder der Vereinigung dürfen keine Gewinnanteile oder Zuwendungen aus Mitteln der Körperschaft erhalten. Die Vereinigung darf keine unverhältnismäßig hohen Vergütungen bezahlen und keine Person durch Ausgaben, die dem Zweck der Körperschaft fremd sind, begünstigen. Bei Auflösung der Vereinigung darf das Vermögen der Körperschaft nach Abzug der Kapitalanteile der Mitglieder und etwaiger Sacheinlagen nur für steuerbegünstigte Zwecke verwendet werden. Insgesamt muss also sichergestellt sein, dass das Vermögen der Vereinigung möglichst ungeschmälert zur Förderung des Umweltschutzes zur Verfügung steht.[92] 52

5. Aufnahme von Mitgliedern

Nach § 3 Abs. 1 Satz 2 Nr. 5 kann eine Vereinigung nur anerkannt werden, wenn sie jeder Person, die die Ziele der Vereinigung unterstützt, den Eintritt als Mitglied mit vollem Stimmrecht ermöglicht. Die Regelung übernimmt die Voraussetzung des § 59 Abs. 2 Satz 1 Nr. 6 BNatSchG a.F. 53

Auf der Grundlage einer entsprechenden Empfehlung des Compliance Committee der Aarhus-Konvention[93] hat die 7. Vertragsstaatenkonferenz der Aarhus Konvention auf ihrer Sitzung am 18.-20.10.2021 entschieden, dass § 3 Abs. 1 Satz 2 Nr. 5 mit Art. 9 Abs. 2 i.V.m. Art. 2 Abs. 5 der Aarhus-Konvention unvereinbar ist.[94] Hintergrund des Verfahrens war eine Beschwerde von WWF Deutschland, die von Greenpeace Deutschland unterstützt wurde. WWF Deutschland besitzt als Stiftung bürgerlichen Rechts keine Mitglieder. Greenpeace Deutschland ist als eingetragener Verein zwar mitgliedschaftlich organisiert, hat jedoch nicht stimmberechtigte Fördermitglieder. Nach Auffassung des Compliance Committee und der Vertragsstaatenkonferenz verstößt es gegen das Ziel, der betroffenen Öffentlichkeit einen weiten Zugang zu Gericht zu gewähren und ist übermäßig belastend, wenn diesen Organisationen wegen ihrer rechtlichen Struktur eine Anerkennung gemäß § 3 versagt wird.[95] Es ist fraglich wie auf diesen Befund zu reagieren ist. Der festgestellte Verstoß gegen die Aarhus-Konvention führt nicht zur Nichtigkeit des nationalen Rechts, sondern »nur« zu

1994, 381 (385).

91 *Schlacke*, in: Gärditz, VwGO, § 3 UmwRG Rn. 29.

92 Ebenso *Fellenberg/Schiller*, in: Landmann/Rohmer, Umweltrecht, § 3 UmwRG Rn. 29.

93 *Compliance Committee*, Beschl. v. 23.07.2021 – ACCC/C/2016/137 – Dokument ECE/MP.PP/C.1/2021/25, abrufbar unter https://unece.org/sites/default/files/2021–09/ece.mp_.pp_.c.1.2021.25_aec.pdf (letzter Abruf am 12.10.2025).

94 Entscheidung VII/8g, Dokument ECE/MP.PP/2021/2/Add.1, S. 56, abrufbar unter https://unece.org/sites/default/files/2022–02/ECE_MP.PP_2021_2_Add.1_E_aec.pdf (letzter Abruf am 12.10.2025).

95 *Compliance Committee*, Beschl. v. 23.07.2021 – ACCC/C/2016/137 – Dokument ECE/MP.PP/C.1/2021/25, Rn. 111 f., abrufbar unter https://unece.org/sites/default/files/2021–09/ece.mp_.pp_.c.1.2021.25_aec.pdf

einer völkerrechtlichen Anpassungspflicht.[96] Es ist möglich, dass der Bundesgesetzgeber das übermäßig einschränkende Kriterium der mitgliedschaftlichen Organisation durch andere Anforderungen ersetzt, die den Vorgaben der Aarhus-Konvention genügen. Ob eine konventionskonforme Auslegung dazu führen kann, dass § 3 Abs. 1 Satz 2 Nr. 5 künftig generell nicht mehr angewendet wird, erscheint im Hinblick auf das Erfordernis der Mitgliedschaft angesichts des klaren, einer derart restriktiven Auslegung kaum zugänglichen Wortlauts[97] sehr zweifelhaft. Im Hinblick darauf ist § 3 Abs. 1 Satz 2 Nr. 5 bis zu der geplanten Änderung des UmwRG[98] weiter anwendbar.[99] Soweit dies der Wortlaut zulässt, ist die Vorschrift bis dahin aber völkerrechtsfreundlich auszulegen (s. u. Rdn. 59).

a) Mitgliedschaftliche Organisation mit Eintrittsrecht

54 Nach dem eindeutigen Wortlaut ist nach derzeitiger Rechtslage Voraussetzung, dass die Vereinigung nach ihrer Verfassung **Mitglieder** haben kann. Ist eine Vereinigung nicht mitgliedschaftlich organisiert, ist sie gegenwärtig nicht anerkennungsfähig.

55 Das ist beispielsweise der Fall bei öffentlich-rechtlichen Gebietskörperschaften wie z.B. den Gemeinden und Landkreisen (diese sind allerdings schon begrifflich keine Vereinigungen, s.o. Rdn. 22) und bei Stiftungen.[100] Ein Änderungsantrag der Fraktion Bündnis 90/Die Grünen, der die Streichung des § 3 Abs. 1 Satz 2 Nr. 5 und die Anerkennung von Stiftungen als Vereinigungen ohne Rücksicht auf ihren Mitgliederkreis vorsah, fand im Ausschuss für Umwelt, Naturschutz und Reaktorsicherheit keine Mehrheit.[101] Nach der Entscheidung der 7. Vertragsstaatenkonferenz der Aarhus-Konvention müssen Stiftungen aber künftig anerkennungsfähig sein (s. Rd. 53).

56 Wenn die Vereinigung jeder Person, die die Ziele der Vereinigung unterstützt, den Eintritt als Mitglied ermöglichen muss, bedeutet dies nach gegenwärtiger Rechtslage, dass ein **Eintrittsrecht für neue Mitglieder** bestehen muss. Ein solches Eintrittsrecht wird regelmäßig in der Satzung der Vereinigung verankert sein. Das Gesetz nennt als Voraussetzung für eine Mitgliedschaft nur, dass das Mitglied **die Ziele der Vereinigung unterstützt**. Dies bedeutet nicht, dass die Vereinigung jeden aufnehmen muss, der erklärt, die Vereinsziele unterstützen zu wollen.[102] Entscheidend ist nicht die subjektive Absicht des Bewerbers, sondern seine objektive Eignung zur Unterstützung der Ziele der Vereinigung. Maßgeblich ist, ob die Vereinigung objektiv mit einer Förderung ihrer Ziele durch den Bewerber rechnen kann. Nach der Rechtsprechung muss die Vereinigung in der Lage sein, eine »Unterwanderung« z.B. durch solche Personen abzuwehren, die zwar vorgeben, den Umweltschutz fördern zu wollen, letztlich jedoch andere Ziele verfolgen.[103] Im Einzelfall kann es auch gerechtfertigt sein, solchen Personen die Aufnahme zu versagen, die zwar subjektiv gewillt sind, die Vereinsziele zu fördern, die aber aus bestimmten, in ihrer Person liegenden Gründen objektiv eine **Störung des Betriebes der Vereinigung**, eine Behinderung ihrer Aufgabenerfüllung oder eine Schädigung ihres Ansehens oder ihrer Glaubwürdigkeit befürchten lassen (z.B. Querulanten). Auch bei solchen Bewerbern kann es objektiv an der notwendigen Unterstützung der Ziele der Vereinigung fehlen.[104] Die Aufnahme eines Bewerbers (entsprechendes gilt für den Ausschluss eines Mitglieds) darf nur

---

(letzter Abruf am 12.10.2025); ebenso bereits zuvor *Gröhn* NuR 2019, 225 (232 f.); vgl. auch *Lamfried* DVBl 2020, 609 (616); *Guckelberger* NuR 2020, 505 (509).

96 Instruktiv zu den insoweit offenen Fragen *Durner* EurUP 2018, 142 (143); vgl. auch *Klinger* EurUP 2019, 51 ff.

97 Vgl. VGH Mannheim, Urt. v. 14.07.2021 – 10 S 141/20, juris Rn. 72; VG Halle (Saale), Urt. v. 01.12.2022 – 4 A 102/22, juris Rn. 83 ff.

98 Siehe oben Rdn. 12.

99 VG Halle (Saale), Urt. v. 01.12.2022 – 4 A 102/22, juris Rn. 98 ff.

100 *Marty* ZUR 2009, 115 (117); *Bunge,* UmwRG, § 3 Rn. 24 und 29. Künftig sollen Stiftungen anerkennungsfähig sein, siehe BR-Drs. 43/26.

101 Beschlussempfehlung und Bericht des Ausschusses, BT-Drs. 16/13430, S. 8, 38 f.

102 BVerwG, Urt. v. 06.12.1985 – 4 C 55.82, BVerwGE 72, 277 (280) zu § 29 BNatSchG a.F.

103 BVerwG, Urt. v. 06.12.1985 – 4 C 55.82, BVerwGE 72, 277 (281) zu § 29 BNatSchG a.F.

104 BVerwG, Urt. v. 06.12.1985 – 4 C 55.82, BVerwGE 72, 277 (281) zu § 29 BNatSchG a.F.

verweigert werden, wenn **objektiv**[105] in der Person des Bewerbers eine Störung vorliegt oder nach der vor dem Eintritt anzustellenden Prognose zu erwarten ist. Auf die subjektive Empfindlichkeit des Vorstands oder der Mitglieder der Vereinigung kommt es nicht an. Bewerber dürfen nicht bereits deshalb abgelehnt werden, weil sie unbequem erscheinen, bisherige Abläufe in Frage stellen oder allgemein Veränderungen anstreben.[106] Der Gesetzgeber will mit dem Jedermann-Prinzip des § 3 Abs. 1 Satz 2 Nr. 5 eine **demokratische Binnenstruktur** der Vereinigung gewährleisten. Hierzu gehört innerhalb gewisser Bandbreiten auch eine **Meinungspluralität** und die **Offenheit für Veränderungen**, die einen Wechsel im Mitgliederbestand mit sich bringen kann.[107] Die Gründe, die ein Bewerber als zur Unterstützung der Ziele der Vereinigung objektiv ungeeignet erscheinen lassen, lassen sich nicht in einer Norm kasuistisch aufführen. Das Fehlen einer solchen Satzungsbestimmung verstößt deshalb nicht gegen § 3 Abs. 2 Satz 2 Nr. 5.[108]

Die Mitgliedschaft darf darüber hinaus an weitere sachliche Voraussetzungen geknüpft werden, die 57 für einen ordnungsgemäßen Betrieb erforderlich sind. Beispielsweise darf die Vereinigung von ihren Mitgliedern **finanzielle und tatsächliche Beiträge** zur Förderung ihrer Ziele verlangen. Sie kann daher die Aufnahme auch von der Zahlung eines Mitgliedsbeitrags abhängig machen. Die Aufnahmevoraussetzungen und die mit der Mitgliedschaft verbundenen Pflichten müssen jedoch **diskriminierungsfrei** ausgestaltet sein und dürfen **nicht übermäßig belastend** wirken.[109] Bedingungen, die selektiv wirken und nur von einem bestimmten Personenkreis erfüllt werden können, genügen nicht der gesetzlichen Vorgabe, wonach eine Mitgliedschaft grundsätzlich jedermann ermöglicht werden muss.[110] Eine Vereinigung erfüllt deshalb nicht die Vorsetzung des § 3 Abs. 1 Satz 2 Nr. 5, wenn die Aufnahme von Kriterien wie Beruf, Religion, Geschlecht, Alter, Wohnsitz, Nationalität und dergleichen abhängig gemacht wird. Beispielsweise ist eine Vereinigung nicht i.S.d. § 3 Abs. 1 Satz 2 Nr. 5 für jedermann zugänglich, wenn nur Inhaber eines Jagdscheins aufgenommen werden.[111]

In der Literatur wird eingewandt, für das Erfordernis des § 3 Abs. 1 Satz 2 Nr. 5 bestehe kein **sachlicher Grund**. Es hänge nicht von der Ausgestaltung des Stimmrechts der Mitglieder ab, ob eine sachgerechte Verfolgung von Umweltschutzzielen gewährleistet sei. Die Vorschrift könne zum Ausschluss von Vereinigungen, die sich eindeutig für den Umweltschutz einsetzen, führen.[112] Dem wurde bislang entgegnet, dass es für die Ausfüllung der Rolle, die der Gesetzgeber den Umweltverbänden zuweist, nicht ausreicht, dass diese sich für den Umweltschutz einsetzen. Die anerkannten Umweltverbände sollen sich als unabhängige Sachwalter der Allgemeinheit für den Umweltschutz einsetzen. Dies schließt Vereinigungen aus, »die sich nur einem eingeengten, einseitig zusammengesetzten Kreis von Interessenten öffnen«.[113] Wenn Umweltverbände als »Anwalt der Natur« Allgemeinwohlinteressen wahrnehmen sollen, ist es eigentlich nur folgerichtig, dass sie auch die Allgemeinheit repräsentieren und hierzu grundsätzlich jedermann den Eintritt und die Mitwirkung an der internen Willensbildung nach demokratischen Grundsätzen ermöglichen müssen.[114] Diese Gründe haben das Compliance Committee und die Vertragsstaatenkonferenz der Aarhus-Konvention aber nicht gelten lassen (s.o. Rdn. 53). 58

105 Vgl. VG Stuttgart, Urt. v. 30.03.2017 – 4 K 2539/16, juris Rn. 43 f.

106 Zustimmend *Bunge,* UmwRG, § 3 Rn. 56.

107 *Bunge,* UmwRG, § 3 Rn. 54.

108 BVerwG, Urt. v. 06.12.1985 – 4 C 55.82, BVerwGE 72, 277 (281).

109 Vgl. *Ewer* NVwZ 2007, 267 (270).

110 *Bunge,* UmwRG, § 3 Rn. 57.

111 So OVG Saarlouis, Beschl. v. 26.06.1985 – 2 R 269/83, NVwZ 1986, 320; *Balleis,* Naturschutzverbände, S. 114.

112 *Schmidt/Kremer* ZUR 2007, 57 (62); kritisch auch *Heselhaus,* in: Frenz/Müggenborg, BNatSchG, § 63 Rn. 86.

113 BVerwG, Urt. v. 06.12.1985 – 4C 55.82, BVerwGE 72, 277 (280); ebenso *Ewer* NVwZ 2007, 267 (270).

114 Vgl. *Bunge,* UmwRG, § 3 Rn. 24; *Guckelberger* NuR 2020, 505 (509).

b) Stimmrecht der Mitglieder

59 Nach der gesetzlichen Definition sind Mitglieder Personen, die mit dem Eintritt **volles Stimmrecht in der Mitgliederversammlung** der Vereinigung erhalten. Der Gesetzgeber wollte mit der Aufnahme eines gesetzlichen Mitgliederbegriffs klarstellen, dass die Mitgliedseigenschaft an das Stimmrecht geknüpft ist und nicht durch die Bezeichnung in der Satzung begründet wird. Personen, die zwar in der Satzung als Mitglieder bezeichnet werden, aber kein Stimmrecht haben, fallen nach der Gesetzesbegründung nicht unter den gesetzlichen Mitgliederbegriff.[115] Bisher wurde angenommen, dass es mit § 3 Abs. 1 Satz 2 Nr. 5 nicht vereinbar ist, wenn eine Vereinigung über Fördermitglieder ohne Stimmrecht verfügt.[116] Wie die zunehmend vertretene Gegenauffassung[117] zeigt, ist der Wortlaut aber auch für eine konventionsfreundliche, weite Auslegung offen. Um den Anforderungen der Aarhus-Konvention Rechnung zu tragen, muss § 3 Abs. 1 Satz 2 Nr. 5 deshalb so ausgelegt werden, dass die Vereinigung Interessenten neben einer Mitgliedschaft mit vollem Stimmrecht auch eine Fördermitgliedschaft ohne Stimmrecht anbieten kann.

c) Ausnahme für Dachorganisationen

60 Nach dem dritten Halbsatz in § 3 Abs. 1 Satz 2 Nr. 5 kann bei Vereinigungen, deren Mitgliederkreis zu mindestens drei Vierteln aus juristischen Personen besteht, von der »Voraussetzung nach Halbsatz 1« abgesehen werden, sofern die Mehrzahl dieser juristischen Personen diese Voraussetzung erfüllt. Der Gesetzgeber will dieser »typischen Form der demokratischen Repräsentation [...] die Anerkennungsfähigkeit nicht von vornherein« versagen.[118] Die auf den ersten Blick etwas schwer verständliche Vorschrift ermöglicht eine Ausnahme von dem Gebot, jeder Person den Eintritt als Mitglied zu ermöglichen, die die Ziele der Vereinigung unterstützt.

61 Die Ausnahme setzt zunächst voraus, dass **drei Viertel** der Mitglieder einer Vereinigung juristische Personen sind. Für die Bestimmung dieses Verhältnisses ist die Zahl der Mitglieder der Vereinigung entscheidend (Kopfzahl), dagegen nicht die Höhe einer kapitalmäßigen Beteiligung der Mitglieder, ihre Mitgliederzahl oder sonstige Eigenschaften der Mitglieder.[119]

62 Erfüllt die Vereinigung das Quorum von drei Vierteln, kann von dem Öffentlichkeitsgebot des Halbsatzes 1 abgesehen werden, wenn die **Mehrzahl** der juristischen Personen jeder Person den Eintritt als Mitglied ermöglicht, die die Ziele der juristischen Person unterstützt. Diese Voraussetzung muss nicht von jeder juristischen Person erfüllt werden, die Mitglied der Vereinigung ist. Auch das Quorum von drei Vierteln muss insoweit nicht erreicht werden. Der Gesetzeswortlaut spricht lediglich von der »Mehrzahl« der juristischen Personen. Dies wird man so verstehen müssen, dass mehr als die Hälfte der juristischen Personen das Öffentlichkeitsgebot des Halbsatzes 1 erfüllen muss.[120]

63 Liegen diese Voraussetzungen vor, hat die Vereinigung also zu mindestens drei Vierteln juristische Personen als Mitglied und ermöglicht mehr als die Hälfte dieser juristischen Personen jeder Person, die ihre Ziele unterstützt, den Eintritt als Mitglied, dann kann für die Vereinigung von der Voraussetzung des Öffentlichkeitsgebots abgesehen werden. Die Vereinigung kann anerkannt werden, auch

115 BT-Drs. 16/12274, S. 79; *Bunge,* UmwRG, § 3 Rn. 54; *Schumacher* UPR 2008, 13 (16).

116 *Franzius,* in: Schink/Reidt/Mitschang, UVPG/UmwRG, § 3 UmwRG Rn. 13; *Heselhaus,* in: Frenz/Müggenborg, BNatSchG, § 63 Rn. 86; zum früheren Recht OVG Lüneburg, Urt. v. 08.03.1990 – 3 OVG A 308/87, NuR 1990, 416 (417).

117 So *Fellenberg/Schiller,* in: Landmann/Rohmer, Umweltrecht, § 3 UmwRG Rn. 33; *Bunge,* UmwRG, § 3 Rn. 55; *Bunge,* in: Schumacher/Fischer-Hüftle, BNatSchG, § 3 UmwRG Rn. 28; ebenso (zu § 5 Abs. 1 Satz 2 Nr. 6 TierSchMVG) VGH Mannheim, Urt. v. 12.03.2020 – 1 S 702/18, juris Rn. 117 und VG Stuttgart, Urt. v. 30.03.2017 – 4 K 2539/16, juris Rn. 37.

118 BT-Drs. 16/12274, S. 79.

119 *Fellenberg/Schiller,* in: Landmann/Rohmer, Umweltrecht, § 3 UmwRG Rn. 34; *Schlacke,* in: Gärditz, VwGO, § 3 UmwRG Rn. 31.

120 *Bunge,* UmwRG, § 3 Rn. 58; *Bunge,* in: Schumacher/Fischer-Hüftle, BNatSchG, § 3 UmwRG Rn. 30.

wenn sie keine weiteren Mitglieder aufnimmt oder nur einem beschränkten Personenkreis offensteht. Nach dem Gesetzeswortlaut hat die Vereinigung in diesem Fall jedoch **keinen Anspruch auf Anerkennung**. Die zuständige Behörde »kann« von der Erfüllung der Voraussetzung des Halbsatzes 1 absehen. Sie muss hiervon jedoch nicht absehen. Die Entscheidung über die Gewährung der Ausnahme ist in das pflichtgemäße Ermessen der zuständigen Behörde gestellt. Die Vereinigung hat daher insoweit nur Anspruch auf ermessensfehlerfreie Entscheidung über die Gewährung einer solchen Ausnahme.

Das Gesetz lässt eine Ausnahme nur von dem Öffentlichkeitsgebot des Halbsatzes 1 zu. Die weiteren Voraussetzungen des § 3 Abs. 1 Satz 2 Nr. 5 muss die Vereinigung erfüllen. Dies gilt insbesondere für die Voraussetzung des Halbsatzes 2, wonach die Mitglieder der Vereinigung volles Stimmrecht in der Mitgliederversammlung der Vereinigung haben müssen. Diese Voraussetzung gilt nicht nur für die juristischen Personen, sondern auch für die natürlichen Personen, die Mitglieder der Vereinigung sind. In der Gesetzesbegründung wird zu dem Quorum von drei Vierteln der Mitglieder ausgeführt, dieses sei angemessen, um auch diejenigen Vereinigungen zu erreichen, die natürlichen Einzelpersonen ein Stimmrecht (z.B. Ehrenmitglieder) geben.[121] 64

III. Räumlicher Tätigkeitsbereich der Vereinigung

Die bisher in § 59 Abs. 1 Satz 2 Nr. 2 BNatSchG a.F. geregelte Voraussetzung, dass der Umweltverband einen Tätigkeitsbereich hat, der über das Gebiet eines Landes hinausgeht, ist **ersatzlos entfallen**. Sofern die Anerkennungsvoraussetzungen des § 3 Abs. 1 Satz 2 erfüllt sind, kann somit auch eine Vereinigung, die in Deutschland nur in einem Bundesland oder nur regional/lokal[122] tätig ist oder deren Tätigkeitsbereich (bislang) nur im Ausland liegt, Anerkennung nach § 3 verlangen.[123] Ihre Anerkennung ist nicht auf den räumlichen Bereich beschränkt, in dem die Vereinigung in dem nach § 3 Abs. 1 Satz 1 Nr. 2 erforderlichen Zeitraum von drei Jahren tatsächlich tätig gewesen ist.[124] 65

IV. Nachweis und gerichtliche Überprüfung

Nach allgemeinen Grundsätzen muss derjenige, der sich auf ein Recht beruft, dessen tatsächliche Voraussetzungen darlegen und beweisen. Dementsprechend muss die Vereinigung, die die Anerkennung erstrebt, darlegen und beweisen, dass die Anerkennungsvoraussetzungen des § 3 Abs. 1 Satz 2 erfüllt sind.[125] Soweit Anerkennungsvoraussetzungen wie § 3 Abs. 1 Satz 2 Nr. 3 (Gewähr für sachgerechte Aufgabenerfüllung, s. Rdn. 33) eine **Prognose** erfordern, muss die Vereinigung Tatsachen vortragen, auf deren Grundlage eine positive Prognose möglich ist. Wie stets bei Prognosen ist für die Beurteilung der Frage, ob eine Gewähr für sachgerechte Aufgabenerfüllung besteht, keine absolute Sicherheit erforderlich. Es genügt, dass bei verständiger Würdigung aller Umstände eine gewisse Wahrscheinlichkeit besteht.[126] Der prognostische Charakter dieser Anerkennungsvoraussetzung hat Konsequenzen auch für den Rechtsschutz. Lehnt die für die Anerkennung zuständige Behörde die Anerkennung mangels Gewähr für eine sachgerechte Aufgabenerfüllung ab, kann das Verwaltungsgericht die von der Behörde angestellte Prognose nicht durch eine eigene Prognose 66

---

121 BT-Drs. 16/12274, S. 79.

122 *Fellenberg/Schiller*, in: Landmann/Rohmer, Umweltrecht, § 3 UmwRG Rn. 35; *Schlacke* NuR 2007, 8 (9); *Kerkmann* BauR 2007, 1527 (1531); *Meitz* ZUR 2010 563 (565); *Heselhaus*, in: Frenz/Müggenborg, BNatSchG, § 63 Rn. 92.

123 *Schlacke*, in: Gärditz, VwGO, § 3 UmwRG Rn. 20; *Marty* ZUR 2009, 115 (120).

124 Bedenklich daher BR-Drs. 422/16, S. 34, soweit dort auch auf die tatsächliche Tätigkeit Bezug genommen wird.

125 VG München, Urt. v. 03.12.2015 – M 24 K 12.6289, juris Rn. 46; *Fellenberg/Schiller*, in: Landmann/Rohmer, Umweltrecht, § 3 UmwRG Rn. 9; *Schlacke*, in: Schlacke, GK-BNatSchG, § 63 Rn 27; *Franzius*, in: Schink/Reidt/Mitschang, UVPG/UmwRG, § 3 UmwRG Rn. 8; *Ewer* NVwZ 2007, 267 (270).

126 *Bunge*, UmwRG, § 3 Rn. 50; *Ewer* NVwZ 2007, 267 (270); ebenso zum gewerberechtlichen Begriff der »Gewähr« BVerwG, Beschl. v. 02.11.1994 – 1 B 215.93, NVwZ-RR 1995, 143.

ersetzen. Es ist auf die Überprüfung beschränkt, ob die Behörde ihrer Prognose einen zutreffenden und vollständig ermittelten Sachverhalt zugrunde gelegt hat und ob sie ihre Entscheidung in einer »der Materie angemessenen und methodisch einwandfreien Weise« erarbeitet hat.[127]

D. Erteilung der Anerkennung (Abs. 1 Sätze 3–5)

I. Rechtsform der Anerkennung

67 Die Anerkennung ist ein **Dauerverwaltungsakt.**[128] Sie entfaltet auf dem Gebiet des öffentlichen Rechts rechtliche Außenwirkung, da sie der Vereinigung die Erhebung von Rechtsbehelfen nach § 2 ermöglicht. Von einem Verwaltungsakt geht auch § 3 Abs. 1 Satz 4 aus, der die Anordnung einer Auflage, also einer Nebenbestimmung zu einem Verwaltungsakt, zulässt.

68 Die Anerkennung entfaltet als Verwaltungsakt **Tatbestandswirkung**. Sie ist von allen Staatsorganen, insbesondere von den Gerichten, als gegebener Tatbestand ihren Entscheidungen zugrunde zu legen. Von den Gerichten ist daher nicht mehr zu prüfen, ob die Anerkennungsvoraussetzungen vorlagen oder im Zeitpunkt der gerichtlichen Entscheidung noch vorliegen. Solange die Anerkennung rechtlich wirksam ist, also insbesondere nicht nichtig (§ 44 VwVfG) und nicht aufgehoben (§§ 48, 49 VwVfG) ist, stellt sie bindend fest, dass die anerkannte Vereinigung als solche zu behandeln ist und die im UmwRG oder in anderen Gesetzen vorgesehenen Klage- und Mitwirkungsrechte hat.[129] Umgekehrt stellt ein wirksamer **Ablehnungsbescheid** für alle Behörden und Gerichte bindend fest, dass kein zur Umweltverbandsklage befugter Umweltverband besteht.[130]

69 Als Verwaltungsakt muss die Anerkennung den jeweils anwendbaren verwaltungsverfahrensrechtlichen Regelungen entsprechen. Sie muss insbesondere hinreichend bestimmt sein und soll begründet werden. Sie ergeht als Bescheid mit Rechtsbehelfsbelehrung. Sie ist dem Adressaten bekannt zu geben. Unter den Voraussetzungen der §§ 48, 49 VwVfG kann die Anerkennung zurückgenommen oder widerrufen werden.[131]

II. Inhalt der Anerkennung

1. Beschränkung auf den satzungsgemäßen Aufgabenbereich

70 Die antragstellende Vereinigung wird nicht abstrakt als Vereinigung anerkannt. Vielmehr erfolgt die Anerkennung nach § 3 Abs. 1 Satz 1 »zur Einlegung von Rechtsbehelfen nach diesem Gesetz«, also nach dem UmwRG. Dem steht nicht entgegen, dass andere Gesetze an die Anerkennung zusätzliche Rechte knüpfen (z.B. § 63 Abs. 1 BNatSchG, § 10 USchadG). Die Anerkennung erstreckt sich nur auf die anerkannte Vereinigung, nicht auf etwaige Untergliederungen.[132]

71 Nach § 3 Abs. 1 Satz 3 ist in der Anerkennung der **satzungsgemäße Aufgabenbereich**, für den die Anerkennung gilt, zu bezeichnen (vgl. § 59 Abs. 1 Satz 3 BNatSchG a.F.). Hieraus folgt, dass die Anerkennung der Vereinigung Rechte nur für den Aufgabenbereich verleiht, der sich aus der Fassung

---

127 BVerwG, Urt. v. 06.12.1985 – 4 C 59.82, BVerwGE 72, 282 (286); *Kopp/Ramsauer,* VwVfG, § 40 Rn. 104 ff.; *Bunge,* UmwRG, § 3 Rn. 50; *Fellenberg/Schiller*, in: Landmann/Rohmer, Umweltrecht, § 3 UmwRG Rn. 23.

128 BT-Drs. 16/12274, S. 79; BT-Drs. 16/2495, S. 13; *Balleis,* Naturschutzverbände, S. 104; *Marty* ZUR 2009, 115 (117).

129 BVerwG, Urt. v. 24.04.2024 – 4 CN 2.23, BVerwGE 182, 200 Rn. 13; OVG Schleswig, Beschl. v. 25.06.2024 – 5 MR 2/24, juris Rn. 11; VGH Mannheim, Urt. v. 21.11.2023 – 5 S 1972/21, VBlBW 2024, 203 (204); *Bunge,* UmwRG, § 3 Rn. 18; vgl. zu § 59 BNatSchG *Gassner,* in: Gassner/Bendomir-Kahlo/Schmidt-Räntsch, BNatSchG, § 59 Rn. 2.

130 VGH München, Beschl. v. 29.08.2016 – 22 ZB 16.124, juris Rn. 14.

131 BT-Drs. 16/2495, S. 13; vgl. auch BVerwG, Urt. v. 06.12.1985 – 4 C 55.82, BVerwGE 72, 277 (282).

132 OVG Lüneburg, Urt. v. 18.01.2023 – 1 KN 80/21, juris Rn. 16.

der Satzung der Vereinigung ergibt, die der Anerkennung zugrunde liegt.[133] Ist der Aufgabenbereich **in sachlicher oder räumlicher Hinsicht beschränkt**, gilt Gleiches für die Anerkennung. Dies gilt auch für nach dem BNatSchG anerkannte Naturschutzverbände (vgl. § 8 Abs. 3).[134] Erweitert die Vereinigung nach Anerkennung durch Satzungsänderung ihren Aufgabenbereich, bedarf sie einer entsprechend erweiterten Anerkennung.[135]

2. Anerkannte Naturschutzvereinigungen

Die in § 63 Abs. 1 BNatSchG geregelten naturschutzrechtlichen Mitwirkungsrechte stehen vom 72 Bund »anerkannten Naturschutzvereinigungen« zu, die das Gesetz definiert als Vereinigungen, die nach § 3 anerkannt sind und nach ihrem satzungsgemäßen Aufgabenbereich im Schwerpunkt die Ziele des Naturschutzes und der Landschaftspflege fördern. Damit aus der Anerkennung ersichtlich ist, ob eine anerkannte Naturschutzvereinigung vorliegt, muss **in der Anerkennung** angegeben werden, ob die Vereinigung im Schwerpunkt die Ziele des Naturschutzes und der Landschaftspflege fördert (§ 3 Abs. 1 Satz 3 2. HS). Die Zuständigkeit des Bundes (Umweltbundesamts) ist in § 3 Abs. 2 geregelt (s. Rdn. 85 ff.).

3. Räumlicher Bereich, auf den sich die Anerkennung bezieht

In der Anerkennung ist auch der räumliche Bereich, auf den sich die Anerkennung bezieht, zu 73 bezeichnen. Ob eine Vereinigung bundesweit, landesweit oder nur in einem kleineren räumlichen Bereich anerkannt wird, hängt davon ab, für welchen räumlichen Bereich die Anerkennungsvoraussetzungen nachgewiesen werden. Insbesondere kann sich eine räumliche Begrenzung aus der Satzung ergeben (s. Rdn. 65, 71). Die Festlegung des räumlichen Bereichs der Anerkennung ist bedeutsam für den Umfang des Klagerechts gemäß § 2 und für das Mitwirkungsrecht anerkannter Naturschutzvereinigungen gemäß § 63 Abs. 2 BNatSchG, die nach ihrer Satzung landesweit tätig sein müssen. Ist die Vereinigung nur regional oder lokal tätig, wird sie zwar gemäß § 3 anerkannt (s. Rdn. 65), hat aber nicht die Rechte einer anerkannten Naturschutzvereinigung gemäß § 63 Abs. 2 BNatSchG.[136] Die Zuständigkeit des Landes ist in § 3 Abs. 3 geregelt (s. Rdn. 92).

III. Nebenbestimmungen

Als gebundener Verwaltungsakt darf die Anerkennung mit einer Nebenbestimmung nur versehen 74 werden, wenn die Nebenbestimmung durch Rechtsvorschrift zugelassen ist oder wenn sie sicherstellen soll, dass die gesetzlichen Voraussetzungen der Anerkennung erfüllt werden (§ 36 Abs. 1 VwVfG).

Durch § 3 Abs. 1 Satz 4 wird eine Nebenbestimmung im Sinne des § 36 Abs. 1 VwVfG durch 75 Rechtsvorschrift zugelassen. Gemäß § 3 Abs. 1 Satz 4 kann die Anerkennung mit der **Auflage** verbunden werden, dass **Satzungsänderungen mitzuteilen** sind. Eine solche Auflage kann auch nachträglich, also nach Erlass der Anerkennung angeordnet werden. Zweck der Regelung ist es, der Anerkennungsbehörde die Überprüfung zu ermöglichen, ob die Vereinigung die Anerkennungsvoraussetzungen weiterhin einhält. Die Anerkennungsvoraussetzungen sind maßgeblich vom Inhalt der Satzung der Vereinigung abhängig. Die Vereinigung kann ihre Satzung im Rahmen der hierfür

133 OVG Bremen, Urt. v. 04.06.2009 – 1 A 7/09, NuR 2010, 120 (121); VGH München, Beschl. v. 20.01.2010 – 22 CS 09.2968, juris Rn. 10; VGH Kassel, Beschl. v. 28.01.2014 – 9 B 2184/13, juris Rn. 4; VGH Mannheim, Urt. v. 21.11.2023 – 5 S 1972/21, VBlBW 2024, 203 (204); Urt. v. 28.11.2023 – 3 S 821/21, juris Rn. 37; *Bunge,* UmwRG, § 3 Rn. 70; *Marty* ZUR 2009, 115 (118); *Meitz* ZUR 2010, 563 (566).

134 BT-Drs. 16/12274, S. 79; OVG Bremen, Urt. v. 04.06.2009 – 1 A 7/09, NuR 2010, 120 (121); VGH München, Beschl. v. 20.01.2010 – 22 CS 09.2968, juris Rn. 11; *Marty* ZUR 2009, 115 (118); *Meitz* ZUR 2010, 563 (566).

135 *Fellenberg/Schiller,* in: Landmann/Rohmer, Umweltrecht, § 3 UmwRG Rn. 48; *Bunge,* UmwRG, § 3 Rn. 70.

136 *Meitz* ZUR 2010 563 (565).

bestehenden gesetzlichen Regelungen jederzeit ändern. Hierdurch können nachträglich die Anerkennungsvoraussetzungen wegfallen. Dies kann zur Rücknahme oder zum Widerruf der Anerkennung führen.[137] Insbesondere könnte die Anerkennung gem. § 49 Abs. 2 Satz 1 Nr. 3 VwVfG widerrufen werden. Erfüllt die Vereinigung die Auflage nicht, kommt ein Widerruf der Anerkennung gemäß § 49 Abs. 2 Satz 1 Nr. 2 VwVfG in Betracht.

IV. Veröffentlichung im Internet

76 § 3 Abs. 1 Satz 5 sah ursprünglich vor, dass die Anerkennung »ferner auch öffentlich bekannt gemacht werden« kann. Dabei war fraglich, ob die Norm eine Befugnis zur öffentlichen Information[138] oder zur öffentlichen Bekanntgabe[139] im Sinne des § 41 Abs. 3 Satz 1 VwVfG begründete.

77 In der aktuell geltenden Fassung bestimmt § 3 Abs. 1 Satz 5, dass die Anerkennung von der zuständigen Behörde im Internet zu veröffentlichen ist. Damit ist klargestellt, dass lediglich eine **öffentliche Information** erfolgt. Die Veröffentlichung im Internet stellt keine öffentliche Bekanntgabe dar.[140]

78 Nach der Gesetzesbegründung ist die neue Fassung des Satzes 5 im Zusammenhang mit der neuen Regelung in § 7 Abs. 1 zu sehen. Damit der Vorhabenträger die in § 7 Abs. 1 vorgesehene Möglichkeit effektiv nutzen könne, sei es erforderlich, dass er einen Überblick über die anerkannten Verbände habe. Daher sei die Anerkennungsbehörde zukünftig verpflichtet, alle Anerkennungen im Internet zugänglich zu machen. In der Praxis erfolge eine entsprechende Information über das Internet bereits durch die Anerkennungsbehörden des Bundes und der meisten Länder. Wegen der verpflichtenden Veröffentlichung der Anerkennung im Internet sei die bislang vorgesehene fakultative öffentliche Bekanntmachung nicht mehr erforderlich.[141]

79 Zur Veröffentlichung im Internet ist die jeweils zuständige Anerkennungsbehörde verpflichtet. Das Umweltbundesamt führt bereits seit einigen Jahren eine **Liste der vom Bund ausgesprochenen Anerkennungen.**[142] Diese Liste enthält den Namen und die Adresse der Vereinigung und die Kennzeichnung, ob es sich um eine Umweltvereinigung oder eine Naturschutzvereinigung handelt. Eine derartige Liste genügt nicht der gesetzlichen Vorgabe. Nach dem Gesetzeswortlaut ist die »Anerkennung« im Internet zu veröffentlichen und nicht nur die Tatsache, dass die Anerkennung erfolgt ist. Die Anerkennung besteht in dem Anerkennungsbescheid, der deshalb im Volltext, jedenfalls aber mit dem nach § 3 Abs. 1 Satz 3 maßgeblichen Inhalt im Internet zu veröffentlichen ist.

E. Rechtsschutz im Zusammenhang mit der Anerkennung

I. Rechtsschutz des Antragstellers

80 Wird die Anerkennung **versagt**, kann die antragstellende Vereinigung hiergegen Widerspruch (soweit das Widerspruchsverfahren eröffnet ist) und/oder Klage erheben. Zulässige Klageart ist grundsätzlich die Verpflichtungsklage, im Fall einer Ausnahme nach § 3 Abs. 1 Satz 2 Nr. 5 die Bescheidungsklage.

81 Der Antragsteller kann in gleicher Weise Rechtsschutz suchen, wenn die Anerkennung zwar erteilt, jedoch zu Unrecht eingeschränkt oder **teilweise abgelehnt** wurde, so z.B., wenn der Schwerpunkt

---

137 BT-Drs. 16/12274, S. 79.

138 So wohl *Schumacher* UPR 2008, 13 (16); vgl. auch *Schlacke* NuR 2007, 8 (9).

139 *Marty* ZUR 2009, 115 (117).

140 *Schlacke*, in: Gärditz, VwGO, § 3 UmwRG Rn. 35.

141 BR-Drs. 422/16, S. 34.

142 https://www.umweltbundesamt.de/themen/nachhaltigkeit-strategien-internationales/anerkennung-von-umwelt-naturschutzvereinigungen, zuletzt abgerufen am 12.10.2025.

im Bereich des Naturschutzes und der Landschaftspflege gemäß § 3 Abs. 1 Satz 3 2. HS nicht festgestellt oder die Anerkennung entgegen dem Antrag sachlich oder räumlich beschränkt wurde.[143]

Wird der Antrag auf Anerkennung **nicht beschieden**, kann die antragstellende Vereinigung unter den Voraussetzungen des § 75 VwGO Untätigkeitsklage erheben.[144] 82

Eine **vorlaufige Anerkennung** im Wege des Eilrechtsschutzes scheidet aus, weil hierdurch die Hauptsache vorweg genommen würde und weil das Gesetz in § 2 Abs. 2 bereits Regelungen vorsieht, die einer vorläufigen Anerkennung gleichkommen.[145] Nach § 2 Abs. 2 kann eine Vereinigung einen Rechtsbehelf nach § 2 Abs. 1 bereits dann einlegen, wenn sie einen Antrag auf Anerkennung gestellt hat und die Voraussetzungen der Anerkennung erfüllt. Erst wenn die Anerkennung bestandskräftig abgelehnt ist, wird der Rechtsbehelf der Vereinigung gem. § 2 Abs. 1 unzulässig (§ 2 Abs. 2 Satz 3). 83

II. Kein Rechtsschutz Dritter

Dritte können gegen die Anerkennung einer Vereinigung nicht gerichtlich vorgehen. Die Anerkennung ist kein Verwaltungsakt mit Drittwirkung, der Dritte belastet.[146] Die Anerkennung kann zwar für Dritte faktisch von Nachteil sein, etwa wenn die anerkannte Vereinigung gemäß dem UmwRG Rechtsbehelfe gegen die einem Investor erteilte Genehmigung einlegt. Dies ändert aber nichts daran, dass die Anerkennung selbst in Rechte Dritter nicht unmittelbar eingreift. Sie ist **rechtlich neutral** und dient allein dem **öffentlichen Interesse** an einer Mitwirkung von Vereinigungen, die auf dem Gebiet des Umweltschutzes über Sachkunde und Erfahrung verfügen und Ziele des Umweltschutzes gemeinnützig und zum Wohl der Allgemeinheit verfolgen.[147] 84

F. Zuständigkeit des Umweltbundesamts (Abs. 2)

I. Ausländische Vereinigungen

Das Umweltbundesamt ist zuständig für die Anerkennung ausländischer Vereinigungen. Ob es sich um eine ausländische oder um eine inländische Vereinigung handelt, richtet sich nach dem Sitz der Vereinigung. Das Tätigkeitsgebiet der Vereinigung und die Nationalität ihrer Mitglieder spielen keine Rolle. 85

II. Inländische Vereinigungen mit Tätigkeit über ein Bundesland hinaus

Das Umweltbundesamt ist weiterhin zuständig für die Anerkennung von Vereinigungen mit einem Tätigkeitsbereich, der **über das Gebiet eines Landes hinausgeht**. Da die Zuständigkeit des Umweltbundesamts für ausländische Vereinigungen an keine Einschränkungen geknüpft ist, kann es sich bei dieser zweiten Alternative des § 3 Abs. 2 Satz 1 nur um inländische Vereinigungen handeln. Unter »Land« ist nicht die Bundesrepublik Deutschland zu verstehen, sondern wie in § 3 Abs. 3 ein Bundesland. Das Umweltbundesamt ist somit für inländische Vereinigungen zuständig, deren Tätigkeitsbereich über das Gebiet eines Bundeslandes hinausgeht. Dabei spielt es keine Rolle, wie groß das Tätigkeitsgebiet insgesamt ist.[148] 86

Ist eine Vereinigung in **mehreren Bundesländern** oder gar bundesweit tätig, bestehen an der Zuständigkeit des Umweltbundesamts keine Zweifel. 87

143 *Meitz* ZUR 2010 563 (567).

144 *Fellenberg/Schiller*, in: Landmann/Rohmer, Umweltrecht, § 3 UmwRG Rn. 60.

145 *Schlacke*, in: Gärditz, VwGO, § 3 UmwRG Rn. 42.

146 *Bunge*, UmwRG, § 3 Rn. 32; *Fellenberg/Schiller*, in: Landmann/Rohmer, Umweltrecht, § 3 UmwRG Rn. 64; *Schlacke*, in: Gärditz, VwGO, § 3 UmwRG Rn. 43; *dies.*, in: Schlacke, GK-BNatSchG, § 63 Rn 36.

147 *Bunge*, UmwRG, § 3 Rn. 32; *Lorz/Müller/Stöckel*, NatSchR, § 59 Rn. 19; *Ewer* NVwZ 2007, 267 (271).

148 Kritisch für »Dorfvereinigungen« *Burger* DVBl 2024, 880 (885).

88 Nicht ausdrücklich geregelt ist der Fall, dass der Tätigkeitsbereich einer Vereinigung zwar nur ein Bundesland betrifft, aber **auch das angrenzende Ausland** (z.B. Umweltschutzvereinigung mit Tätigkeitsgebiet in Baden-Württemberg und im Elsass). Der grenzüberschreitende Kontext scheint zunächst eine Zuständigkeit des Umweltbundesamtes wie im Falle ausländischer Vereinigungen nahe zu legen. Allerdings wirkt die Anerkennung nur im territorialen Geltungsbereich des UmwRG. Sie kann in dem Beispielsfall eine Wirkung nur für die Tätigkeit der Vereinigung in Baden-Württemberg entfalten, nicht aber für deren Tätigkeit in Frankreich. Der für die Anerkennung **rechtlich relevante Tätigkeitsbereich** geht daher trotz tatsächlich weiterreichender Tätigkeit nicht über ein »Land« hinaus.[149] Somit kann es bei der Zuständigkeit der Behörde des betreffenden Bundeslandes (im Beispiel Baden-Württemberg) bleiben. Einer Zuständigkeit des Umweltbundesamtes zur Vermeidung von Kompetenzkonflikten oder mehrfachen Anerkennungen in den Gebieten mehrerer Bundesländer bedarf es nicht.[150]

III. Einvernehmen des Bundesamts für Naturschutz

89 Fördert eine ausländische Vereinigung oder eine inländische Vereinigung mit Tätigkeitsbereich in mehreren Bundesländern im Schwerpunkt Ziele des Naturschutzes und der Landschaftspflege, ergeht ihre Anerkennung im Einvernehmen mit dem Bundesamt für Naturschutz (§ 3 Abs. 2 Satz 2).

90 Verfolgt eine inländische Vereinigung mit Tätigkeitsbereich in nur einem Bundesland im Schwerpunkt Ziele des Naturschutzes und der Landespflege, ist ein Einvernehmen des Bundesamts für Naturschutz nicht vorgeschrieben. § 3 Abs. 2 Satz 2 bezieht sich ausdrücklich nur auf Vereinigungen, für die das Umweltbundesamt gemäß § 3 Abs. 2 Satz 1 zuständig ist. Auf § 3 Abs. 3 verweist die Vorschrift nicht.

IV. Kostenfreiheit

91 Nach § 3 Abs. 2 Satz 3 werden für die Anerkennung keine Gebühren und Auslagen erhoben. Für die Gerichtskosten, die in einem Rechtsstreit über die Anerkennung anfallen, gilt die Kostenfreiheit nicht.[151] Die Vorschrift wurde durch das Gesetz zur Strukturreform des Gebührenrechts des Bundes vom 07.08.2013 (BGBl. I, S. 3154) »auf Grund europa- und völkerrechtlicher Vorgaben«[152] eingefügt. Wie die systematische Stellung in Abs. 2 zeigt, gilt sie nur für Anerkennungen, die durch den Bund ausgesprochen werden. Inwieweit Gebühren oder Auslagen für Anerkennungen anfallen, die durch die nach § 3 Abs. 3 zuständigen Landesbehörden ausgesprochen werden, richtet sich nach dem jeweiligen Landesrecht.[153]

G. Zuständigkeit von Landesbehörden (Abs. 3)

92 Nach § 3 Abs. 2 in der Fassung des UmwRG vom 07.12.2006 war das Umweltbundesamt für die Anerkennung aller Vereinigungen und damit auch für inländische Vereinigungen mit Tätigkeit in nur einem Bundesland zuständig. Durch das Gesetz zur Neuregelung des Rechts des Naturschutzes und der Landschaftspflege vom 29.07.2009 wurde § 3 Abs. 3 neu eingefügt und § 3 Abs. 2 eingeschränkt. Die Anerkennung inländischer Vereinigungen mit Tätigkeit in nur einem Bundesland wird nun durch die zuständige Behörde des Bundeslandes ausgesprochen, in dem die Vereinigung tätig ist (§ 3 Abs. 3). Die Bestimmung der zuständigen Behörde richtet sich nach dem jeweiligen Landesrecht.

---

149 Zustimmend *Burger* DVBl 2024, 880 (883).
150 A.A. *Bunge,* UmwRG, § 3 Rn. 80.
151 *Bunge,* UmwRG, § 3 Rn. 86.
152 BR-Drs. 305/12, S. 248.
153 *Bunge,* UmwRG, § 3 Rn. 87.

§ 4 Verfahrensfehler

(1) [1]Die Aufhebung einer Entscheidung über die Zulässigkeit eines Vorhabens nach § 1 Absatz 1 Satz 1 Nummer 1 bis 2b kann verlangt werden, wenn

1. eine nach den Bestimmungen des Gesetzes über die Umweltverträglichkeitsprüfung, nach der Verordnung über die Umweltverträglichkeitsprüfung bergbaulicher Vorhaben oder nach entsprechenden landesrechtlichen Vorschriften
   a) erforderliche Umweltverträglichkeitsprüfung oder
   b) erforderliche Vorprüfung des Einzelfalls zur Feststellung der UVP-Pflichtigkeit

   weder durchgeführt noch nachgeholt worden ist,
2. eine erforderliche Öffentlichkeitsbeteiligung im Sinne von § 18 des Gesetzes über die Umweltverträglichkeitsprüfung oder im Sinne von § 10 des Bundes-Immissionsschutzgesetzes weder durchgeführt noch nachgeholt worden ist oder
3. ein anderer Verfahrensfehler vorliegt, der
   a) nicht geheilt worden ist,
   b) nach seiner Art und Schwere mit den in den Nummern 1 und 2 genannten Fällen vergleichbar ist und
   c) der betroffenen Öffentlichkeit die Möglichkeit der gesetzlich vorgesehenen Beteiligung am Entscheidungsprozess genommen hat; zur Beteiligung am Entscheidungsprozess gehört auch der Zugang zu den Unterlagen, die zur Einsicht für die Öffentlichkeit auszulegen sind.

[2]Eine durchgeführte Vorprüfung des Einzelfalls zur Feststellung der UVP-Pflichtigkeit, die nicht dem Maßstab des § 5 Absatz 3 Satz 2 des Gesetzes über die Umweltverträglichkeitsprüfung genügt, steht einer nicht durchgeführten Vorprüfung nach Satz 1 Nummer 1 Buchstabe b gleich.

(1a) [1]Für Verfahrensfehler, die nicht unter Absatz 1 fallen, gilt § 46 des Verwaltungsverfahrensgesetzes. [2]Lässt sich durch das Gericht nicht aufklären, ob ein Verfahrensfehler nach Satz 1 die Entscheidung in der Sache beeinflusst hat, wird eine Beeinflussung vermutet.

(1b) [1]Eine Verletzung von Verfahrensvorschriften führt nur dann zur Aufhebung der Entscheidung nach § 1 Absatz 1 Satz 1 Nummer 1 bis 2b oder 5, wenn sie nicht durch Entscheidungsergänzung oder ein ergänzendes Verfahren behoben werden kann. [2]Unberührt bleiben

1. § 45 Absatz 2 des Verwaltungsverfahrensgesetzes sowie
2. § 75 Absatz 1a des Verwaltungsverfahrensgesetzes und andere entsprechende Rechtsvorschriften zur Planerhaltung.

[3]Auf Antrag kann das Gericht anordnen, dass die Verhandlung bis zur Heilung von Verfahrensfehlern im Sinne der Absätze 1 und 1a ausgesetzt wird, soweit dies im Sinne der Verfahrenskonzentration sachdienlich ist.

(2) Soweit Gegenstand der gerichtlichen Überprüfung Beschlüsse im Sinne des § 2 Absatz 6 Nummer 3 des Gesetzes über die Umweltverträglichkeitsprüfung sind, gelten abweichend von Absätzen 1 bis 1b die §§ 214 und 215 und die diesbezüglichen Überleitungsvorschriften des Baugesetzbuchs sowie die einschlägigen landesrechtlichen Vorschriften.

(3) [1]Die Absätze 1 und 2 gelten für Rechtsbehelfe von

1. Personen gemäß § 61 Nummer 1 der Verwaltungsgerichtsordnung und Vereinigungen gemäß § 61 Nummer 2 der Verwaltungsgerichtsordnung sowie
2. Vereinigungen, die die Anforderungen des § 3 Absatz 1 oder des § 2 Absatz 2 erfüllen.

[2]Auf Rechtsbehelfe von Personen und Vereinigungen nach Satz 1 Nummer 1 ist Absatz 1 Satz 1 Nummer 3 mit der Maßgabe anzuwenden, dass die Aufhebung einer Entscheidung nur verlangt werden kann, wenn der Verfahrensfehler dem Beteiligten die Möglichkeit der gesetzlich vorgesehenen Beteiligung am Entscheidungsprozess genommen hat.

(4) [1]Für Rechtsbehelfe von Vereinigungen nach Absatz 3 Satz 1 Nummer 2 gegen Entscheidungen nach § 1 Absatz 1 Satz 1 Nummer 4 sind die Absätze 1 bis 2 entsprechend anzuwenden. [2]Soweit Gegenstand der gerichtlichen Überprüfung Raumordnungspläne nach dem Raumordnungsgesetz sind, gelten abweichend von Satz 1 die §§ 11 und 27 Absatz 2 des Raumordnungsgesetzes sowie die einschlägigen landesrechtlichen Vorschriften.

(5) Für Rechtsbehelfe gegen Entscheidungen im Sinne des § 1 Absatz 1 Satz 1 Nummer 3, 5 und 6 gelten bei Verfahrensfehlern die jeweiligen fachrechtlichen Regelungen sowie die Regelungen des Verwaltungsverfahrensgesetzes.

Übersicht Rdn.

A. Regelungsgehalt der Vorschrift im Überblick

1 Aus Sicht des UVPG-Rechtsanwenders ist § 4 UmwRG *die* **zentrale Vorschrift** des gesamten Umwelt-Rechtsbehelfsgesetzes.[1] Diese Einschätzung lässt sich damit rechtfertigen, dass **§ 4 UmwRG** ausweislich seiner Überschrift den **Rechtsschutz** bei Fehlern im Umgang mit **Verfahrensvorschriften** regelt und die Bestimmungen des Umweltverträglichkeitsprüfungsgesetzes **qualitativ Verfahrensbestimmungen** sind.[2] Steht der Rechtsschutz im Anwendungsumfeld des Umweltverträglichkeitsprüfungsgesetzes in Frage, hat sich dieser im Wesentlichen an den Vorgaben des § 4 UmwRG zu

1 *Bunge* JuS 2020, 740 (743) bezeichnet § 4 UmwRG als »komplexeste Regelung des Gesetzes«.

2 BVerwG, Beschl. v. 10.10.2006 – 9 B 27.05, UPR 2007, 33 (34); Urt. v. 16.11.1998 – 6 B 110.98, NuR 1999, 507 (507 ff.); Urt. v. 10.04.1997 – 4 C 5.96, NVwZ 1998, 508 (508 ff.); Urt. v. 21.03.1996 – 4 C 19.94, BVerwGE 100, 370 (376); *Wemdzio* NuR 2008, 479 (481). Siehe auch *Schlacke*, in: Jahrbuch des Instituts für Umwelt- und Planungsrecht 2016, 173 (176, 178).

orientieren. Dabei trifft die Vorschrift lediglich eine Aussage zur **Begründetheit** von Rechtsbehelfen,[3] liefert aber nicht die notwendige **eigenständige Rechtsbehelfsbefugnis.**[4] Ein Rückgriff auf die Anforderungen des § 2 UmwRG ist somit für anerkannte Vereinigungen i.S.d. § 3 UmwRG erforderlich.[5]

Die recht umfangreiche Vorschrift des § 4 UmwRG **gliedert sich** wie folgt: Zu Beginn findet sich in § 4 Abs. 1 UmwRG eine Regelung zu sog. »absoluten« **Verfahrensfehlern.**[6] Diese Fehlerbilder ziehen die Aufhebung der mängelbehafteten Entscheidung nach sich.[7] Als Gegenstück zu diesen Fehlerbildern sind die sog. »relativen« Verfahrensfehler zu verstehen.[8] Ihre Beachtlichkeit richtet sich gem. § 4 Abs. 1a UmwRG nach § 46 VwVfG, also im Wesentlichen danach, ob der Verfahrensfehler die Entscheidung in der Sache beeinflusst hat.[9] Sind Verfahrensfehler nach Maßgabe des § 4 Abs. 1 oder Abs. 1a UmwRG als relevant einzustufen, besteht nach § 4 Abs. 1b UmwRG die Möglichkeit einer **Heilung** des Verfahrensfehlers im ergänzenden behördlichen oder gerichtlichen Verfahren.[10] 2

Die weiteren Vorschriften des § 4 UmwRG betreffen im Wesentlichen Vorgaben zum **Anwendungsbereich** der Norm in sachlicher und persönlicher Hinsicht.[11] § 4 Abs. 2 und 4 UmwRG verhalten sich zu Plänen als Gegenstand des § 4 UmwRG; § 4 Abs. 3 UmwRG klärt, welche Personengruppe bzw. Vereinigung sich auf die Gewährleistung des § 4 UmwRG berufen kann. Schließlich stellt § 4 Abs. 5 UmwRG fest, dass die Regeln zu den Verfahrensfehlern, die § 4 UmwRG bereithält, bei Entscheidungen nach § 1 Abs. 1 Satz 1 Nr. 3, 5 und 6 UmwRG nicht zu berücksichtigen sind. 3

B. Gesetzeshistorie und europäischer Einfluss

Die Regelung des § 4 UmwRG hat seit ihrem Inkrafttreten am 15.12.2006 einen **lebhaften Veränderungsprozess** durchlaufen, der ein eindrucksvolles Beispiel abgibt vom Unbehagen der deutschen Rechtsordnung, sich in das europäische Verständnis von Bedeutung und Funktion des Verwaltungsverfahrens[12] einzufügen. An seinem Anfang steht das **Gesetzgebungsverfahren zu § 4 UmwRG, das bereits durch spürbare Interessenwidersprüche gekennzeichnet war.** Der Regierungsentwurf hatte zunächst vorgesehen, dass die Verletzung *wesentlicher Verfahrensvorschriften* zur Aufhebung der angegriffenen Entscheidung führen sollte, um so das Verfahrensrecht hinreichend abzusichern.[13] Welche Verfahrensvorschriften als wesentlich im Sinne der Norm anzusehen waren, wurde 4

3 BVerwG, Urt. v. 20.12.2011 – 9 A 30.10, NVwZ 2012, 573 Rn. 20 f.; Beschl. v. 14.11.2018 – 4 B 12/18, juris Rn. 4; Urt. v. 26.09.2019 – 7 C 5/18, BVerwGE 166, 321 Rn. 26; OVG Koblenz, Urt. v. 11.10.2018 – 1 A 10581/16, juris Rn. 50; OVG Hamburg, Urt. v. 30.08.2019 – 1 E 25/18.P, ZUR 2020, 99 (102 f.); a.A. noch OVG Münster, Urt. v. 18.05.2017 – 8 A 870/15, juris Rn. 42 ff.; siehe aber jetzt OVG Münster, Urt. v. 11.12.2017 – 8 A 928/16, juris Rn. 41 ff.; Beschl. v. 30.01.2018 – 8 B 1060/17, AUR 2018, 356 Rn. 11; offenlassend *Fellenberg/Schiller*, in: Landmann/Rohmer, Umweltrecht, § 4 UmwRG Rn. 50.

4 *Held* DÖV 2019, 121 (127); a.A. *Schlacke, in:* Gärditz, VwGO, § 4 UmwRG Rn. 59 ff.; zur Vorgängerregelung wohl auch OVG Magdeburg, Beschl. v. 02.09.2008 – 1 EO 448/0, NuR 2009, 133 (134).

5 Siehe § 2 UmwRG Rdn. 14 ff.

6 Die Wortwahl orientiert sich am Gesetzentwurf vom 07.09.2015 zur Änderung des Umwelt-Rechtsbehelfsgesetzes zur Umsetzung des Urteils des Europäischen Gerichtshofs vom 07.11.2013 in der Rechtssache C-72/12, BT-Drs. 18/5927, S. 9. *Külpmann* DVBl 2019, 140 (143): »Todsünden«.

7 Siehe nachfolgend Rdn. 20.

8 Die Wortwahl orientiert sich am Gesetzentwurf vom 07.09.2015 zur Änderung des Umwelt-Rechtsbehelfsgesetzes zur Umsetzung des Urteils des Europäischen Gerichtshofs vom 07.11.2013 in der Rechtssache C-72/12, BT-Drs. 18/5927, S. 9. *Külpmann* DVBl 2019, 140 (143): »lässliche Sünden«.

9 Siehe hierzu nachfolgend Rdn. 30 ff.

10 Siehe hierzu nachfolgend Rdn. 33 ff.

11 Siehe hierzu nachfolgend Rdn. 8 ff.

12 Vgl. dazu *Kment,* Nationale Unbeachtlichkeits-, Heilungs- und Präklusionsvorschriften und Europäisches Recht, S. 35 ff.; *Kahl* VerwArch 95 (2004) 1; *Lee* EurUP 2017, 62 (64); *Schlacke* UPR Sonderheft 2016, 478 (478 f.); *dies.,* in: Jahrbuch des Instituts für Umwelt- und Planungsrecht 2016, 173 (176 ff.).

13 Gesetzentwurf des Bundes v. 04.09.2006, BT-Drs. 16/2495, S. 6.

dann in einem folgenden Satz der Entwurfsfassung der Vorschrift für den Regelfall bestimmt. Auf den Widerspruch des Bundesrates hin war der Gesetzgeber dann aber einem vermittelnden Vorschlag des Umwelt-, Agrar- und Verkehrsausschusses gefolgt und hatte die rügefähigen Fehlertypen durch zwei konkrete Fälle abschließend definiert.[14] Nur das vollständige Fehlen von UVP oder Vorprüfung des Einzelfalls sollten beachtlich sein, nicht mehr aber die fehlerhafte Durchführung der UVP (einschließlich der Beteiligungsvorschriften) oder der Vorprüfung.[15] Diese unbestritten klare, damit aber auch einer europarechtskonformen Auslegung unzugängliche Gesetzesfassung[16] ist bereits relativ schnell hinsichtlich ihrer unionsrechtlichen Defizite kritisiert worden.[17]

5 Später hat der **EuGH** die Unionsrechtswidrigkeit dieses Regelungsansatzes in zwei Urteilen festgestellt, wobei die **Altrip-Entscheidung**[18] als das für das Verständnis des § 4 UmwRG maßgebliche Urteil angesehen werden kann. Das nachfolgende **Vertragsverletzungsverfahren vom Jahr 2015**[19] hat im Wesentlichen die Grundaussagen der Altrip-Entscheidung bestätigt. In seinen Urteilen stellt das Unionsgericht fest, dass die in § 4 UmwRG a.F. auf ein Unterbleiben der UVP angelegte Verengung der als beachtlich definierten Fehler unzulässig ist, wenn nicht auch der Fall aufgenommen wird, dass eine solche Prüfung zwar durchgeführt wurde, aber fehlerhaft war.[20] Überdies wurde vom EuGH die ausgedehnte deutsche Kausalitätslehre zur Auswirkung von Verfahrensfehlern auf das Entscheidungsergebnis kritisiert, die ebenfalls den alten § 4 UmwRG mit seinem Verweis auf § 46 VwVfG prägte. Der Gerichtshof stellte hierzu klar, dass Art. 11 UVP-RL »die Möglichkeit, einen Verfahrensfehler geltend zu machen, nicht an die Voraussetzung knüpfen (will), dass dieser Fehler Auswirkungen auf den Inhalt der angegriffenen endgültigen Entscheidung hatte.«[21] Vielmehr sei es Ziel der entsprechenden Richtlinienbestimmung, »grundsätzlich jeden Verfahrensfehler geltend machen (zu) können.«[22] Bei diesem weiten Verständnis lässt es das Gericht jedoch nicht bewenden. Es räumt ein, dass nicht jeder Verfahrensfehler zwangsläufig Folgen habe, die sich auf den Inhalt einer Entscheidung auswirken können.[23] Daher könne man durchaus einschränkend an die Auswirkung eines Verfahrensfehlers (Kausalität) regulierend anknüpfen.[24] Jedenfalls sei es unzulässig, bei Unerweislichkeit der Auswirkungen eines Verfahrensfehlers dem Beschwerdeführer dies zum Nachteil gereichen zu lassen.[25]

6 Beide Urteile des EuGH haben den Umgestaltungsprozess des § 4 UmwRG maßgeblich geprägt. Mit **Art. 1 des Gesetzes zur Änderung des Umwelt-Rechtsbehelfsgesetzes zur Umsetzung des Urteils des Europäischen Gerichtshofs vom 07.11.2013 in der Rechtssache C-72/12 vom**

14 Siehe die Gegenäußerung der Bundesregierung v. 12.10.2006, BT-Drs. 16/2931, S. 8.

15 *Vgl. dazu Ziekow* NVwZ 2007, 259 (264 f.).

16 *Ziekow* NVwZ 2007, 259 (264).

17 *Kment* NVwZ 2007, 274 (277 f.); *ders.* NVwZ 2012, 481 (481); *Durner* VerwArch 97 (2006) 345 (348 f.); *Schmidt/Kremer* ZUR 2007, 57 (62); *Genth* NuR 2008, 28 (31).

18 EuGH, Urt. v. 07.11.2013 – C-72/12 (Altrip), NVwZ 2014, 49. Vgl. dazu auch *Greim* BayVBl. 2014, 517 (523 f.); *dies.* NuR 2014, 81; *Sinner* UPR 2014, 258; *Bier* DVBl 2015, 265 (266); *Saxler* EurUP 2014, 222; *Schlacke* NVwZ 2014, 11 (14 ff.); *Ekardt* NVwZ 2014, 393; *Ziekow* NuR 2014, 229 (231 ff.).

19 EuGH, Urt. v. 15.10.2015 – C-137/14 (Europäische Kommission/Bundesrepublik Deutschland), NVwZ 2015, 1665; vgl. dazu *Schüren/Kramer* ZUR 2016, 400; *Szechenyi* BayVBl. 2016, 366; *Beier* UPR 2016, 48; *Frenz* NuR 2015, 832; *Bunge* NuR 2016, 11; *Schlacke* UPR Sonderheft 2016, 478 (480).

20 EuGH, Urt. v. 07.11.2013 – C-72/12 (Altrip), NVwZ 2014, 49 Rn. 38; bestätigt durch EuGH, Urt. v. 15.10.2015 – C-137/14 (Europäische Kommission/Bundesrepublik Deutschland), NVwZ 2015, 1665 Rn. 48, 50.

21 EuGH, Urt. v. 07.11.2013 – C-72/12 (Altrip), NVwZ 2014, 49 Rn. 47.

22 EuGH, Urt. v. 07.11.2013 – C-72/12 (Altrip), NVwZ 2014, 49 Rn. 48.

23 EuGH, Urt. v. 07.11.2013 – C-72/12 (Altrip), NVwZ 2014, 49 Rn. 49.

24 EuGH, Urt. v. 07.11.2013 – C-72/12 (Altrip), NVwZ 2014, 49 Rn. 51; BVerwG, Beschl. v. 25.01.2024 – 7 VR 1.24, NVwZ 2024, 500 (501 f.).

25 EuGH, Urt. v. 07.11.2013 – C-72/12 (Altrip), NVwZ 2014, 49 Rn. 52 f., 57; bestätigt durch EuGH, Urt. v. 15.10.2015 – C-137/14 (Europäische Kommission/Bundesrepublik Deutschland), NVwZ 2015, 1665 Rn. 60.

20.11.2015[26] wurde die Struktur der relevanten Fehlerbilder grundlegend neu konzipiert und zur Anpassung an die Rechtsprechung des EuGH[27] in § 4 Abs. 1 und Abs. 1a UmwRG eine Unterscheidung zwischen absoluten und relativen Fehlertypen eingeführt. Überdies wurde die Beweislastverteilung bei Anwendung des § 46 VwVfG ausdrücklich zugunsten der Kläger in § 4 Abs. 1a Satz 2 UmwRG geklärt.[28] In einem weiteren Modifikationsprozess wurde durch **Art. 1 des Gesetzes zur Anpassung des Umwelt-Rechtsbehelfsgesetzes und anderer Vorschriften an europa- und völkerrechtliche Vorgaben vom 29.05.2017**[29] die Erweiterung des Anwendungsbereichs des Umweltrechtsbehelfsgesetzes auf der Ebene der Verfahrensfehler in § 4 UmwRG nachvollzogen. Demgemäß bestimmen neben dem ursprünglichen § 4 Abs. 2 UmwRG nun auch § 4 Abs. 3–5 UmwRG den sachlichen und persönlichen Geltungsbereich des § 4 UmwRG; auch § 4 Abs. 1 Satz 1 UmwRG wurde angepasst. Außerdem wurde in § 4 Abs. 1b UmwRG eine neue Möglichkeit geschaffen, durch Entscheidungsergänzung oder ergänzendes Verfahren Verfahrensfehler zu heilen.[30] Die vorerst letzte Änderung des § 4 UmwRG geht auf **Art. 2 Abs. 18 des Gesetzes zur Modernisierung des Rechts der Umweltverträglichkeitsprüfung vom 20.07.2017**[31] zurück; hierbei handelt es sich ausschließlich um Anpassungen an die Änderungen des Umweltverträglichkeitsprüfungsgesetzes und des Raumordnungsgesetzes.

Die 20. Legislaturperiode hat mit einer UmwRG-Novelle begonnen, nämlich dem Entwurf eines 7
Gesetzes zur Änderung des Umwelt-Rechtsbehelfsgesetzes und weiterer umweltrechtlicher Vorschriften vom 30.09.2024.[32] Die Regierung wollte mit der Novelle vor allem auf wegweisende Rechtsprechung und Änderungen im Unionsrecht reagieren.[33] Zentral sind die Überarbeitung des Anwendungsbereichs (§ 1 UmwRG) und die Streichung des Anerkennungskriteriums der Binnendemokratie in § 3 UmwRG.[34] In § 4 UmwRG entstehen ausschließlich Folgeänderungen, ohne das anzuwendende Recht substanziell zu modifizieren. Durch den politischen Bruch der »Ampelkoalition« fiel der Gesetzesentwurf der Diskontinuität[35] anheim. Er ist allerdings von der aktuellen Bundesregierung mit geringen Änderungen wieder aufgegriffen worden.[36]

C. Anwendungsbereich

Mit Ausdehnung des Anwendungsbereichs des Umwelt-Rechtsbehelfsgesetzes durch die Erweiterung 8
des § 1 UmwRG hat sich ein besonderes legislatorisches Bedürfnis ergeben, den Zugriffsbereich des § 4 UmwRG präzise zu definieren. Dieser ist nunmehr abhängig vom Prüfungsgegenstand (**sachlicher Anwendungsbereich**) und vom Rechtsmittelführer (**persönlicher Anwendungsbereich**). Dabei können beide Regelungsrichtungen auch kombiniert sein, wie dies bei § 4 Abs. 4 Satz 1 UmwRG der Fall ist.

26 BGBl. I, S. 2069.
27 Gesetzentwurf vom 07.09.2015 zur Änderung des Umwelt-Rechtsbehelfsgesetzes zur Umsetzung des Urteils des Europäischen Gerichtshofs vom 07.11.2013 in der Rechtssache C-72/12, BT-Drs. 18/5927, S. 9 f.
28 *Kment/Lorenz* EurUP 2016, 47 (52 f.).
29 BGBl. I, S. 1298.
30 Siehe hierzu auch *Schlacke* NVwZ 2017, 905 (910).
31 BGBl. I, S. 2808.
32 Gesetzesentwurf v. 30.09.2024, BT-Drs. 20/13081, S. 19 ff.
33 Gesetzesentwurf v. 30.09.2024, BT-Drs. 20/13081, S. 20 f.
34 Siehe § 1 UmwRG Rdn. 25; Gesetzesentwurf v. 30.09.2024, BT-Drs. 20/13081, S. 19 ff.
35 *Klein/Schwarz*, in: Dürig/Herzog/Scholz, GG, Art. 39 Rn. 59.
36 Vgl. Gesetzesentwurf der Bundesregierung v. 23.01.2026, BR-Drs. 43/26, S. 1 ff.

I. Sachlicher Anwendungsbereich

1. Grundsätzliche Anwendbarkeit des § 4 UmwRG

9 Nach der **Grundkonzeption** des § 4 UmwRG ist dieser **auf alle Verfahrensfehler anwendbar**, die sich im Anwendungsbereich des Umwelt-Rechtsbehelfsgesetzes ergeben. Dies kann man dem systematischen Zusammenspiel des § 4 Abs. 1 und Abs. 1a UmwRG entnehmen. In § 4 Abs. 1 UmwRG ist eine differenzierte Regelung für Verfahrensfehler enthalten, die sich im Kontext von Entscheidungen nach § 1 Abs. 1 Satz 1 Nr. 1–2b UmwRG ergeben. »Für Verfahrensfehler, die nicht unter Absatz 1 fallen«, also für alle übrigen Verfahrensfehler im Anwendungsbereich des Umwelt-Rechtsbehelfsgesetzes, gilt § 4 Abs. 1a UmwRG und sieht hierfür eine Rechtsfolge vor. Systematisch wählt § 4 UmwRG somit einen weiten und umfassenden Ausgangspunkt.

2. Sonderbestimmungen für die Bauleitplanung (§ 4 Abs. 2 UmwRG) und Raumordnungspläne (§ 4 Abs. 4 Satz 2 UmwRG)

10 Die weite Grundausrichtung des § 4 UmwRG findet spürbare Einschränkungen. **Sonderregelungen** bestehen gem. § 4 Abs. 2 UmwRG **für Beschlüsse nach § 2 Abs. 6 Nr. 3 UVPG**, also für satzungsgemäße Entscheidungen der Bauleitplanung mit einem engen Bezug zu Projekten der Anl. I des UVPG. Für sie gelten nicht die in § 4 Abs. 1–1b UmwRG bezeichneten Fehlerfolgenregelungen, sondern die Vorgaben der §§ 214, 215 BauGB, die diesbezüglichen Übergangsvorschriften des Baugesetzbuchs – vor allem § 233 Abs. 2 BauGB[37] – sowie die einschlägigen landesrechtlichen Vorschriften.[38] Von besonderer Bedeutung sind dabei die §§ 214 Abs. 1 Satz 1 Nr. 2, 3 und Abs. 2a und Abs. 4 sowie 215 Abs. 1 BauGB.[39] Auf landesrechtlicher Ebene ist auf die kommunalrechtlichen Heilungsvorschriften für Satzungen zurückzugreifen.[40] Wesentliche Verstöße, die sich bei der Aufstellung der Bebauungspläne im Zusammenhang mit der Umweltprüfung zeigen, sind somit ausschließlich nach Maßgabe des Baugesetzbuchs zu beurteilen.[41] Aus diesem Grund ist eine Aussetzung des Verfahrens nach § 4 Abs. 1b Satz 3 UmwRG zur Heilung von Ermittlungs- und Bewertungsdefiziten nicht möglich.[42]

11 Eine mit § 4 Abs. 2 UmwRG[43] vergleichbare Regelung findet sich in § 4 Abs. 4 Satz 2 UmwRG. Dort ist für **Raumordnungspläne** i.S.d. § 3 Abs. 1 Nr. 7 ROG festgeschrieben, dass nicht die Vorgaben des § 4 Abs. 1–1b UmwRG zur Anwendung kommen, sondern die §§ 11 und 27 Abs. 2 ROG sowie die jeweils einschlägigen landesrechtlichen Vorgaben zur Planerhaltung.[44] Diese Vorgabe führt den Rechtsanwender ebenfalls heraus aus dem Umwelt-Rechtsbehelfsgesetz und belässt es bei der Anwendung der speziellen planungsrechtlichen Fehlerbewältigungsvorschriften des Raumordnungsgesetzes.[45]

---

37 Siehe hierzu BVerwG, Urt. v. 04.11.2015 – 4 CN 9.14, BVerwGE 153, 174 Rn. 27; *Jarass/Kment*, BauGB, § 233 Rn. 5.

38 OVG Bautzen, Urt. v. 09.07.2020 – 1 C 25/19, SächsVBl 2021, 107 Rn. 47; *Schumacher* UPR 2008, 13 (19); *Battis/Ingold* LKV 2007, 433 (438).

39 Vgl. hierzu *Schrödter* LKV 2008, 391 (396 f.); *Kerkmann* BauR 2007, 1527 (1536); *Fellenberg/Schiller*, in: Landmann/Rohmer, Umweltrecht, § 4 UmwRG Rn. 20.

40 § 4 Abs. 4, 5 BW GemO; § 3 Abs. 4, 6 BbgKVerf; § 5 Abs. 4 HGO; § 5 Abs. 5, 7 KV M-V; § 10 Abs. 2 NKomVG; § 7 Abs. 6 GO NRW; § 24 Abs. 6 GemO Rh.-Pf.; § 12 Abs. 6, 7 KSVG Saarl.; § 4 Abs. 4, 5 SächsGemO; § 8 Abs. 3 KVG LSA; § 4 Abs. 3 GO S-H; § 21 Abs. 4 ThürKO.

41 *Fellenberg/Schiller*, in: Landmann/Rohmer, Umweltrecht, § 4 UmwRG Rn. 20.

42 VGH München, Urt. v. 27.03.2020 – 15 N 19.1377, juris Rn. 26; *Rieger* UPR 2021, 321 (324).

43 Siehe hierzu bereits oben unter Rdn. 10.

44 § 5 LplG BW; Art. 23 BayLplG; Art. 9 Landesplanungsvertrag Berlin-Brandenburg; § 5 Abs. 3, 4, 5 LPlG M-V; § 15 LPlG NRW; § 6 Abs. 7, 8 LPlG Rh.-Pf.; § 4 SLPG; § 8 SächsLPlG; § 7 LaplaG; § 6 ThürLPlG; vgl. *Mager* EurUP 2018, 50 (54).

45 Vgl. den Gesetzentwurf zur Anpassung des Umwelt-Rechtsbehelfsgesetzes und anderer Vorschriften an europa- und völkerrechtliche Vorgaben vom 05.09.2016, BT-Drs. 18/9526, S. 40.

3. Sonderbestimmungen für Entscheidungen i.S.d. § 1 Abs. 1 Satz 1 Nr. 3, 5, 6 UmwRG (§ 4 Abs. 5 UmwRG)

Mit der Anordnung des § 4 Abs. 5 UmwRG stellt der Gesetzgeber klar, dass die spezielle Verfahrensfehlerfolgenregelung des **§ 4 UmwRG nicht zur Anwendung** kommt, wenn Entscheidungen i.S.d. § 1 Abs. 1 Satz 1 Nr. 3, 5 oder 6 UmwRG angegriffen werden.[46] Insofern soll es bei der Anwendung der jeweiligen fachrechtlichen Vorschriften und der Vorschriften des Verwaltungsverfahrensgesetzes bleiben.[47] Dies gilt generell und ungeachtet der Tatsache, dass in **§ 4 Abs. 1b Satz 1 UmwRG** eine Entscheidung nach § 1 Abs. 1 Satz 1 Nr. 5 UmwRG in Bezug genommen wird, was für eine Ausweitung des besonderen Verfahrensfehlerfolgenregimes auf Entscheidungen nach § 1 Abs. 1 Satz 1 Nr. 5 UmwRG sprechen könnte und die Anordnung des § 4 Abs. 5 UmwRG zumindest partiell relativieren würde. Allerdings spricht die Entstehungsgeschichte der Norm wie auch die übrige Systematik des § 4 UmwRG eher für ein **redaktionelles Versehen** des Gesetzgebers: § 4 Abs. 1b Satz 1 UmwRG wurde erst relativ spät in das letzte Änderungsgesetz aufgenommen; die Ergänzung geht auf einen Vorschlag des Ausschusses für Umwelt, Naturschutz, Bau und Reaktorsicherheit zurück.[48] Der Ausschuss suchte dabei Anlehnung an § 7 Abs. 5 Satz 1 UmwRG und übernahm die Vorschrift auch für den § 4 UmwRG,[49] ohne jedoch die Anordnung des § 4 Abs. 5 UmwRG zu berücksichtigen.[50] Eine Ausnahme stellt die Verbindlichkeitserklärung eines Sanierungsplans nach § 13 Abs. 6 Satz 1 BBodSchG dar.[51] Diese ist ein Verwaltungsakt nach § 1 Abs. 1 Satz 1 Nr. 5 UmwRG, wodurch das spezielle Rechtsfolgensystem des § 4 UmwRG nicht unmittelbar anwendbar ist. Da dieser Einzelakt durch seine Feststellungswirkung nachgelagerte Behördenentscheidungen erheblich steuert, ist unionsrechtlich eine einzelfallbezogene Vorprüfung nach § 35 Abs. 2 Satz 1 und Abs. 3 UVPG geboten. Hierdurch nähert sich die Verbindlichkeitserklärung als Verwaltungsakt den Plänen und Programmen nach § 1 Abs. 1 Satz 1 Nr. 4 UmwRG an. Wird eine solche erforderliche Umwelt(vor)prüfung unterlassen, muss für die Verbindlichkeitserklärung von Sanierungsplänen das gleiche Rechtsfolgensystem wie bei Plänen greifen. Daher ist § 4 Abs. 1 Satz 1 Nr. 1 lit. b, Abs. 4 Satz 1 UmwRG in diesem Fall analog anzuwenden und die Regelung des § 46 BayVwVfG wird verdrängt.[52] 12

II. Persönlicher Anwendungsbereich

1. Kreis der nach § 4 Abs. 3 Satz 1 Nr. 1 UmwRG berechtigten Personen; Rechtsschutzbefugnis

Der Kreis derjenigen Personen, die eine Verletzung von Verfahrensvorschriften mit Erfolg gerichtlich vortragen kann (persönlicher Anwendungsbereich),[53] ist in § 4 Abs. 3 Satz 1 UmwRG in zwei 13

46 *Schlacke* NVwZ 2017, 905 (910); *Mager* EurUP 2018, 50 (54).

47 Vgl. den Gesetzentwurf zur Anpassung des Umwelt-Rechtsbehelfsgesetzes und anderer Vorschriften an europa- und völkerrechtliche Vorgaben vom 05.09.2016, BT-Drs. 18/9526, S. 41; BVerwG, Urt. v. 08.11.2022 – 7 C 7.21, NVwZ 2023, 745 (749); *Mager* EurUP 2018, 50 (54).

48 Siehe die Beschlussempfehlung und den Bericht des Ausschusses für Umwelt, Naturschutz, Bau und Reaktorsicherheit vom 26.04.2017, BT-Drs. 18/12146, S. 3, 16.

49 Siehe die Beschlussempfehlung und den Bericht des Ausschusses für Umwelt, Naturschutz, Bau und Reaktorsicherheit vom 26.04.2017, BT-Drs. 18/12146, S. 16.

50 Vgl. die insofern deutlichen Worte des Gesetzentwurfs zur Anpassung des Umwelt-Rechtsbehelfsgesetzes und anderer Vorschriften an europa- und völkerrechtliche Vorgaben vom 05.09.2016, BT-Drs. 18/9526, S. 41: »Absatz 5 stellt klar, dass § 4 UmwRG keine Regelung über die Rechtsfolgen von Verfahrensfehlern bei Entscheidungen nach § 1 Absatz 1 Nummer 3, 5 und 6 trifft«.

51 BVerwG, Urt. v. 22.06.2023 – 10 C 4.23, NVwZ 2024, 66 (68).

52 BVerwG, Urt. v. 22.06.2023 – 10 C 4.23, NVwZ 2024, 66 (68 f.).

53 Vgl. den Gesetzentwurf zur Anpassung des Umwelt-Rechtsbehelfsgesetzes und anderer Vorschriften an europa- und völkerrechtliche Vorgaben vom 05.09.2016, BT-Drs. 18/9526, S. 40; *Schlacke* NVwZ 2017, 905 (910).

Lager unterteilt. Zu Beginn nennt das Gesetz in § 4 Abs. 3 Satz 1 Nr. 1 UmwRG die **Beteiligten nach § 61 Nr. 1 und 2 VwGO**.

14 Auf den ersten Blick erscheint die Regelung des § 4 Abs. 3 Satz 1 UmwRG ein wenig »sperrig«, insbesondere, weil sie den Kreis der von ihr begünstigten Personengruppe über eine Vorschrift der Verwaltungsgerichtsordnung zu bestimmen sucht, die keinen inneren Bezug zum in § 4 UmwRG behandelten Verfahrensrecht (insbesondere nach Maßgabe des UVPG) aufweist. Deutet man das Zusammenspiel von § 61 Nr. 1 und Nr. 2 VwGO und § 4 Abs. 3 Satz 1 Nr. 1 UmwRG jedoch richtig, so adressiert sie grundsätzlich **alle natürlichen und juristischen Personen** (§ 61 Nr. 1 VwGO), ebenso wie **alle Vereinigungen**, soweit ihnen ein Recht zustehen kann (§ 61 Nr. 2 VwGO).[54] Zu den letztgenannten Vereinigungen können auch solche gerechnet werden, die gerade nicht die Anforderungen des § 3 UmwRG erfüllen oder denen die formelle Anerkennung nach § 3 UmwRG noch fehlt (vgl. Abs. 3 Satz 1 Nr. 2).[55] **Öffentliche Stellen** i.S.d. § 61 Nr. 3 VwGO sollen die Verletzung von Verfahrensrecht nicht rügen dürfen; sie wurden ausdrücklich aus dem Anwendungsbereich des § 4 Abs. 3 Satz 1 Nr. 1 UmwRG herausgenommen.[56] Dies gilt jedoch nicht uneingeschränkt für **Gemeinden**,[57] denn Letztgenannte können zu den Mitgliedern der betroffenen Öffentlichkeit gezählt werden, wenn sie in ihrem Recht aus Art. 28 Abs. 2 GG möglicherweise betroffen sind.[58] So kommen Abwehransprüche einer Gemeinde insbesondere in Betracht, wenn das Vorhaben eine hinreichend bestimmte kommunale Planung nachhaltig stört, wesentliche Teile des Gemeindegebiets einer durchsetzbaren Planung entzieht oder kommunale Einrichtungen erheblich beeinträchtigt.[59]

15 Die Anordnung des § 4 Abs. 3 Satz 1 Nr. 1 UmwRG darf nicht dahingehend missverstanden werden, dass den insofern angesprochenen Personengruppen eine Besserstellung im Rahmen der Zulässigkeit zuteilwird. Der **individualbezogene Ansatz der Verwaltungsgerichtsordnung**, wie er in § 42 Abs. 2 VwGO bzw. den jeweils entsprechenden Antrags- und Klagebefugnisnormen zum Ausdruck kommt, bleibt **unangetastet**.[60] Das grundlegende System der Rechtsbehelfe von Individualklägern besteht mithin fort.[61] Die Betroffenen müssen folglich zunächst die Zulässigkeitshürde unter Hin-

54 Zur Beteiligtenfähigkeit nach der Verwaltungsgerichtsordnung siehe *Kopp/Schenke,* VwGO, § 61; *Dolde*, FS Menger, S. 423.

55 *Schlacke,* in: Gärditz, VwGO, § 4 UmwRG Rn. 57.

56 *Kment* NVwZ 2007, 274 (279).

57 *Elgeti/Dietrich* NuR 2009, 461 (464); *Ogorek* NVwZ 2010, 401 (402 f.); *Fellenberg/Schiller*, in: Landmann/Rohmer, Umweltrecht, § 4 UmwRG Rn. 22.

58 BVerwG, Urt. v. 17.12.2013 – 4 A 1.13, NVwZ 2014, 669 Rn. 41; OVG Magdeburg, Urt. v. 02.04.2012 – 2 L 193/09, juris Rn. 66 ff.; OVG Lüneburg, Urt. v. 08.05.2012 – 12 KS 5/10, NVwZ-RR 2012, 836 (838); OVG Münster, Beschl. v. 18.12.2015 – 8 B 400/15, DVBl 2016, 579 (581); *Ogorek* NVwZ 2010, 401 (404 f.); *Dietz/Meyer* AöR 2015, 198 (219 f.); für das UIG: BVerwG, Urt. v. 21.02.2008 – 4 C 13.07, NVwZ 2008, 791 (793 f.).

59 BVerwG, Urt. v. 27.03.1992 – 7 C 18.91, NVwZ 1993, 364 (365); Urt. v. 12.08.1999 – 4 C 3.98, NVwZ 2000, 675 (675 f.); OVG Münster, Urt. v. 04.09.2017 – 11 D 14/14.AK, juris Rn. 55 ff.

60 BVerwG, Urt. v. 20.12.2011 - 9 A 30.10, NVwZ 2012, 573 Rn. 22; Beschl. v. 14.11.2018 – 4 B 12/18, juris Rn. 4; OVG Lüneburg, Urt. v. 08.05.2012 – 12 KS 5/10, NVwZ-RR 2012, 836 (837); OVG Münster, Urt. v. 04.09.2017 – 11 D 14/14.AK, juris Rn. 35, 37; VGH Kassel, Beschl. v. 02.03.2015 – 9 B 1791/14, NuR 2016, 258 (258); OVG Berlin-Brandenburg, Urt. v. 28.09.2017 – OVG 6 A 29.14, juris Rn. 23; OVG Hamburg, Beschl. v. 23.06.2017 – 1 Bs 14/17, juris Rn. 15; VGH München, Beschl. v. 28.08.2017 – 22 ZB 16.1445, juris Rn. 13; OVG Berlin, Urt. v. 20.01.2020 – OVG 6 A 2.18, LKV 2020, 232 (235); *Ludwigs* NVwZ 2016, 314 (315); *Frenz* NuR 2015, 832 (834); *Bunge* NuR 2016, 11 (19).

61 BVerwG, Urt. v. 17.12.2013 – 4 A 1.13, NVwZ 2014, 669 Rn. 41; Urt. v. 02.10.2013 – 9 A 23.12, NVwZ 2014, 367 Rn. 21 ff.; Urt. v. 20.12.2011 – 9 A 30.10, NVwZ 2012, 573 Rn. 19 ff.; Beschl. v. 04.09.2020 – 3 B 41/19, NVwZ 2021, 736 Rn. 7; OVG Münster, Urt. v. 04.09.2017 – 11 D 14/14.AK, juris Rn. 48; OVG Hamburg, Beschl. v. 11.03.2016 – 2 Bs 33/16, NVwZ-RR 2016, 492 Rn. 7; OVG Berlin, Urt. v. 20.01.2016 – 6 A 2/14, LKV 2016, 180 (183); VGH München,

weis auf die mögliche Verletzung eines **eigenen subjektiv-öffentlichen Rechts** nehmen, bevor sie unter Berufung auf § 4 UmwRG eine – in Anlehnung an § 47 VwGO zu verstehende – ausgedehntere Überprüfung des Verfahrensrechts auf Ebene der Begründetheit für sich in Anspruch nehmen können, die von der individuellen Betroffenheit abgekoppelt ist und dazu führt, dass allein wegen des maßgeblichen Verfahrensfehlers die angegriffene Entscheidung aufgehoben wird.[62]

Die in der Vergangenheit gegen diese Grundkonzeption vorgetragene Ansicht, wonach die in § 4 UmwRG aufgeführten Verfahrensfehler dem Rechtsmittelführer eine selbstständige Rechtsposition im Sinne eines subjektiv-öffentlichen Rechts verschaffen sollten,[63] kann wohl nach **eindeutigen Judikaten des EuGH** nicht mehr aufrechterhalten werden. Der Gerichtshof hat mehrfach ausgeführt, dass die Gewährleistungen des Art. 11 UVP-RL und des Art. 25 IE-RL dem nationalen Gesetzgeber nicht die Möglichkeit nehmen, die Eröffnung des Rechtsschutzes einzelner – mithin die Zulässigkeit des Rechtsschutzes – an Bedingungen zu knüpfen.[64] Von Individualklägern darf somit der Nachweis einer möglichen Verletzung in eigenen Rechten (Klagebefugnis/Antragsbefugnis) **im Einklang mit dem Unionsrecht** verlangt werden.[65] 16

Obschon einige Literaturstimmen bereits in der Vergangenheit einzelnen UVP-Vorschriften – etwa über die Öffentlichkeitsbeteiligung – einen dritt- oder nachbarschützenden Charakter zustanden,[66] kann man aus der Haltung der (überwiegenden) Rechtsprechung zum Umwelt-Rechtsbehelfsgesetz ableiten, dass die (überwiegende) Rechtsprechung weiterhin den **Verfahrensvorschriften des Umweltverträglichkeitsprüfungsgesetzes keine drittschützende Wirkung entnimmt, die einen Ansatzpunkt für die Ableitung einer Klagebefugnis liefern könnte.**[67] Dies bedeutet in der Konsequenz mit Blick 17

Beschl. v. 09.05.2017 – 9 CS 16.1241, juris Rn. 28; VGH Kassel, Beschl. v. 02.03.2015 – 9 B 1791/14, NuR 2016, 258 (258); VGH Mannheim, Beschl. v. 05.04.2016 – 3 S 373/16, ZNER 2016, 157 (157); OVG Lüneburg, Beschl. v. 11.06.2021 – 4 ME 267/20, NordÖR 2021, 495 (496); VGH Mannheim, Urt. v. 09.03.2022 – 10 S 2369/21, juris Rn. 26; a.A. OVG Münster, Urt. v. 25.02.2015 – 8 A 959/10, ZUR 2015, 492 (493 ff.); *Held* NVwZ 2012, 461 (463 ff.); *Seibert* NVwZ 2013, 1040 (1045); *Steinbeiß-Winkelmann* NJW 2010, 1233 (1235); *Berkemann* DVBl 2020, 1 (10).

62 BVerwG, Urt. v. 20.12.2011 - 9 A 30.10, NVwZ 2012, 573 Rn. 21 f.; Urt. v. 17.12.2013 – 4 A 1.13, NVwZ 2014, 669 Rn. 41; Urt. v. 18.12.2014 – 4 C 36.13, BVerwGE 151, 138 Rn. 34; Urt. v. 22.10.2015 – 7 C 15.13, NVwZ 2016, 308 Rn. 23; Beschl. v. 27.06.2013 – 4 B 37.12, NuR 2014, 117 Rn. 10; Urt. v. 24.05.2018 – 4 C 4/17, BVerwGE 162, 114 Rn. 30; Urt. 27.09.2018 – 7 C 24/16, NVwZ 2019, 410 Rn. 37; OVG Lüneburg, Urt. v. 04.07.2017 – 7 KS 12/15, KommJur 2018, 34 (40); OVG Magdeburg, Urt. v. 24.03.2021 – 2 L 79/17, juris Rn. 219; *Ludwigs* NVwZ 2016, 1260 (1261); *ders.* NVwZ 2016, 314 (315); *Held* DVBl 2016, 12 (19, 21).

63 OVG Magdeburg, Beschl. v. 17.09.2008 – 2 M 146/08, ZUR 2009, 36 (37 f.); *Schlacke* NuR 2007, 8 (15); *Ziekow* NVwZ 2007, 259 (261); *Kment* NVwZ 2007, 274 (279); a.A. OVG Lüneburg, Beschl. v. 21.10.2008 – 7 ME 170/07, NuR 2009, 59 (60); OVG Münster, Urt. v. 03.01.2006 – 20 D 118/03.AK, NVwZ-RR 2007, 89 (96); *Appel* NVwZ 2010, 473 (477 f.); *Ogorek* NVwZ 2010, 401 (404 f.). Vgl. zu den unterschiedlichen Auffassungen auch *Elgeti/Dietrich* NuR 2009, 461 (464); *Spieth/Appel* NuR 2009, 312 (313 ff.).

64 EuGH, Urt. v. 15.10.2015 – C-137/14 (Europäische Kommission/Bundesrepublik Deutschland), NVwZ 2015, 1665 Rn. 32 f., 63 ff.; Urt. v. 12.05.2011 – C-115/09, NJW 2011, 2779 Rn. 45; Urt. v. 16.04.2015 – C-570/13, NuR 2015, 321 Rn. 32; vgl. ausführlich hierzu *Held* DVBl 2016, 12 (20 ff.); siehe auch *Schüren/Kramer* ZUR 2016, 400 (402).

65 VGH München, Beschl. v. 28.08.2017 – 22 ZB 16.1445, juris Rn. 13; VGH Mannheim, Beschl. v. 05.04.2016 – 3 S 373/16, ZNER 2016, 157 (157); *Held* DVBl 2016, 12 (19 ff.); kritisch: *Schlacke*, in: Jahrbuch des Instituts für Umwelt- und Planungsrecht 2016, 173 (176, 181).

66 *Jarass,* UVP bei Industrievorhaben, S. 99 ff.; *Dohle* NVwZ 1989, 697 (705); *Beckmann* DVBl 1991, 358 (362); *Steinberg* DÖV 1996, 221 (229 ff.); *Scheidler* NVwZ 2005, 863 (864 ff.).

67 BVerwG, Urt. v. 24.11.2011 – 9 A 24.10, NuR 2013, 184 Rn. 14; Beschl. v. 19.12.2013 – 9 B 44.13, NVwZ 2014, 365 Rn. 3; *Held* DVBl 2016, 12 (14 f.). So schon BVerwG, Beschl. v. 16.11.1998 – 6 B 110.98, NVwZ-RR 1999, 429 (430); VGH München, Beschl. v. 26.01.1993 – 8 A 92. 40143, NVwZ 1993, 906 (906); OVG Koblenz, Urt. v. 29.10.2008 – 1 A 11330/07, DVBl 2009, 390 (392); offengelassen im Hinblick auf die Bestimmungen der §§ 9 u. 11 a.F. UVPG BVerwG, Beschl. v. 30.10.1992 –

auf das Umweltverträglichkeitsprüfungsgesetz, dass ein Dritter (z.B. Nachbar) wie auch nicht anerkannte Vereinigungen grundsätzlich keinen einklagbaren Anspruch auf Durchführung einer UVP im Rahmen der Zulassung eines UVP-pflichtigen Vorhabens haben. Den Mangel einer rechtswidrig unterlassenen oder fehlerhaften UVP konnten – abgesehen von anerkannten Vereinigungen nach § 3 UmwRG[68] – lediglich Eigentümer, deren Flächen von einer Entscheidung bzw. Planung unmittelbar in Anspruch genommen wurden, im Rahmen einer Anfechtungsklage rügen.[69] Für sie streitet (weiterhin) der aus Art. 14 Abs. 3 GG abzuleitende Anspruch auf gesetzmäßige Enteignung. Hierauf gestützt konnten die Betroffenen die **Verletzung des Abwägungsgebots** mit der Begründung geltend machen, die Auswirkungen des jeweiligen Vorhabens auf die Umwelt seien nicht den Anforderungen der §§ 15 ff. UVPG entsprechend ermittelt, beschrieben und bewertet und mit dem ihnen zukommenden Gewicht in die Abwägung eingestellt worden. Fehlt Dritten oder nicht anerkannten Vereinigungen jedoch dieser subjektive Bezug zum eigenen subjektiven Rechtskreis, müssen sie Verstöße gegen das Recht des Umweltverträglichkeitsprüfungsgesetzes (wehrlos) hinnehmen.

2. Anerkannte und anerkennungsfähige Vereinigungen (§ 4 Abs. 3 Satz 1 Nr. 2 UmwRG)

18 Die Rechtsschutzmöglichkeiten des § 4 UmwRG stehen gem. § 4 Abs. 3 Satz 1 Nr. 2 UmwRG **anerkannten** und **anerkennungsfähigen Vereinigungen** offen. Sie benötigen keinen Nachweis einer möglichen Rechtsverletzung i.S.d. § 42 Abs. 2 VwGO, um in den Genuss des § 4 UmwRG kommen zu können; insofern streitet die Privilegierung des § 2 UmwRG auch hier für einen weiten Zugang zu Gericht.[70] Die ausdrückliche Bezugnahme des Normtextes auf § 2 Abs. 2 UmwRG macht überdies deutlich, dass eine bislang unterbliebene Anerkennung einer grundsätzlich nach § 3 UmwRG anerkennungsfähigen Vereinigung insbesondere nicht auf Gründen beruhen darf, die von der Vereinigung zu vertreten sind.[71] Im Hinblick auf ausländische Vereinigungen ist der erleichternden Anordnung des § 2 Abs. 2 Satz 2 UmwRG aber Rechnung zu tragen.[72]

D. Verfahrensfehler

19 Die gesetzliche Ausgestaltung des § 4 UmwRG orientiert sich insbesondere bei der Kategorisierung der einzelnen Fehlertypen eng an den Vorgaben des EuGH.[73] Die relevanten Verfahrensfehler sind im Rahmen des § 4 UmwRG daher auf zwei Absätze (Abs. 1 und 1a) aufgeteilt und innerhalb des § 4 Abs. 1 UmwRG sogar nochmals aufgefächert (Nr. 1–3). Innerhalb der beiden ersten Absätze des § 4 UmwRG wird differenziert: Das Gesetz unterscheidet zwischen **absoluten** (Abs. 1) und **relativen** (Abs. 1a) **Verfahrensfehlern**,[74] also solchen Fehlern, die bei ihrem Vorliegen zur Aufhebung

---

4 A 4.92, NVwZ 1993, 565 (566); vgl. dazu auch *Knill/Winkler* VerwArch 98 (2007) 1 (17); *Schlacke* UPR Sonderheft 2016, 478 (479).

68 Siehe hierzu § 3 UmwRG Rdn. 13 ff.

69 BVerwG, Urt. v. 25.01.1996 – 4 C 5.95, BVerwGE 100, 388 (391); VGH München, Beschl. v. 05.11.1992 – 8 A 92.40017 u.a., DVBl 1993, 165 (165 f.); Entsch. v. 05.07.1994 – 8 A 93.40056 u.a., DVBl 1994, 1198 (1199 ff.); allg. *Kühling/Herrmann,* Fachplanungsrecht, Rn. 600 ff.

70 *Frenz* NuR 2015, 832 (834).

71 Vgl. zu Einzelheiten § 2 UmwRG Rdn. 34 ff.

72 Vgl. hierzu bereits § 2 UmwRG Rdn. 38.

73 Gesetzentwurf vom 07.09.2015 zur Änderung des Umwelt-Rechtsbehelfsgesetzes zur Umsetzung des Urteils des Europäischen Gerichtshofs vom 07.11.2013 in der Rechtssache C-72/12, BT-Drs. 18/5927, S. 1 »1:1-Umsetzung«. So auch die Einschätzung von BVerwG, Urt. v. 21.01.2016 – 4 A 5.14, NVwZ 2016, 844 Rn. 41. Zu den Urteilen des EuGH siehe oben Rdn. 5 f.

74 Gesetzentwurf vom 07.09.2015 zur Änderung des Umwelt-Rechtsbehelfsgesetzes zur Umsetzung des Urteils des Europäischen Gerichtshofs vom 07.11.2013 in der Rechtssache C-72/12, BT-Drs. 18/5927, S. 9; *Ludwigs* NVwZ 2016, 1260 (1261); *Fellenberg* NVwZ 2015, 1721 (1722); *Schlacke* NVwZ 2017, 905 (910).

der Entscheidung führen (absolute Fehler),[75] und solchen, die nur dann die Aufhebung der Entscheidung nach sich ziehen, wenn sie auf die Entscheidung in der Sache Einfluss genommen haben (relative Verfahrensfehler).[76] Unionsrechtlich ist dies unbedenklich.[77]

I. Absolute Verfahrensfehler (§ 4 Abs. 1 UmwRG)

1. Allgemeines

§ 4 Abs. 1 UmwRG enthält die absoluten Verfahrensfehler. Liegen die in den § 4 Abs. 1 Satz 1 Nr. 1–3 UmwRG aufgeführten Fehlerbilder vor, rechtfertigt dies die **Aufhebung** der in einem fehlerhaften Verfahren zustande gekommenen Entscheidung. Nicht erforderlich ist die Verletzung von subjektiv-öffentlichen Rechten oder ein Nachweis, dass § 46 VwVfG nicht zum Zuge kommt.[78] Demgegenüber kann sich die Behörde nicht auf die Unbeachtlichkeit von absoluten Verfahrensfehlern nach § 80c Abs. 1, 2 VwGO im Eilrechtsschutz berufen.[79] Die Beschleunigungsnorm ist nach § 80c Abs. 2 Satz 5 VwGO »grundsätzlich« nicht anwendbar.[80] Lediglich in engen unionsrechtlichen Ausnahmefällen, die die Wertung des UmwRG überlagern, kann der § 80c VwGO doch greifen.[81] 20

Bezugspunkte des § 4 Abs. 1 UmwRG können nach dem eindeutigen Wortlaut der Norm lediglich **Entscheidungen nach § 1 Abs. 1 Satz 1 Nr. 1–2b UmwRG** sein.[82] Sofern eine schützenswerte, anerkannte Vereinigung klagt, stellt § 4 Abs. 4 Satz 1 UmwRG einen Gleichlauf der Rechtsfehlersystematik bei Entscheidungen über die Annahme von Plänen und Programmen nach § 1 Abs. 1 Satz 1 Nr. 4 UmwRG her, für die eine SUP-Pflicht besteht.[83] 21

2. Fehlende und fehlerhafte UVP (§ 4 Abs. 1 Satz 1 Nr. 1 UmwRG)

§ 4 Abs. 1 Satz 1 Nr. 1 UmwRG entspricht der Ursprungsfassung des § 4 Abs. 1 UmwRG. Nach der Intention des Gesetzgebers wird somit auch weiterhin **das vollständige Fehlen von UVP oder Vorprüfung** nach §§ 5 ff. UVPG zur Aufhebung der Entscheidung führen.[84] Auch das Unterlassen einer aufgrund der unmittelbaren Anwendung einer Richtlinienbestimmung erforderlichen UVP ist ein Verfahrensfehler i.S.v. § 4 Abs. 1 Satz 1 Nr. 1 lit. a UmwRG.[85] 22

Der unterbliebenen Vorprüfung wird nach § 4 Abs. 1 Satz 2 UmwRG eine **mangelhafte UVP-Vorprüfung** gleichgestellt, die nicht den Maßstäben des **§ 5 Abs. 3 Satz 2 UVPG** entspricht. Damit nimmt das Gesetz zum einen auf den veränderten **Kontrollmaßstab bei UVP-Vorprüfungen** Rück- 23

75 *Held* DVBl 2016, 12 (15 f.).

76 BVerwG, Urt. v. 21.01.2016 – 4 A 5.14, NVwZ 2016, 844 Rn. 41; Urt. v. 11.08.2016 – 7 A 1.15, NuR 2016, 845 Rn. 41.

77 Ebenso *Bunge* ZUR 2015, 531 (538).

78 BVerwG, Urt. v. 21.01.2016 – 4 A 5.14, NVwZ 2016, 844 Rn. 41; OVG Nordrhein-Westfalen, Urt. v. 24.05.2024 – 22 D 77/23.AK, juris Rn. 101; *Schlacke* UPR Sonderheft 2016, 478 (481).

79 BT-Drs. 20/5165, S. 15.; *Marquard* EurUP 2024, 306 (306); *Siegel* UPR 2023, 403 (407).

80 Vgl. dazu BT-Drs. 20/5165, 07.09.2022, S. 18.

81 Als Ausnahme kann man auf den abgelaufenen Art. 6 der Notfall-VO (EU) 2022/2577 verweisen; vgl. *Schöndorf-Haubold*, Stellungnahme zu BR-Drs. 640/22 und BT-Drs. 20/5165, 22.12.2022, S. 13 ff.; *Saurer* NVwZ 2020, 1137 (1142); kritisch *Scheffczyk* NordÖR 2023, 177 (179); *Schoch*, in: Schoch/Schneider, VwGO, § 80c Rn. 38.

82 Siehe zu Einzelheiten § 1 UmwRG Rdn. 34 ff.

83 BVerwG, Urt. v. 22.06.2023 – 10 C 4.23, DVBl 2024, 364 (366 f.).

84 *Ogorek* NVwZ 2010, 401 (402); *Wolf* NuR 2010, 244 (253); *Schink* NuR 2018, 21 (29). A.A. VGH Kassel, Urt. v. 24.09.2009 – 6 C 1600/07.T, ZUR 2009, 87 (88).

85 BVerwG, Urt. v. 27.09.2018 – 7 C 24/16, NVwZ 2019, 410 Rn. 33 m. krit. Anm. zur dogmatischen Begründung *Kment* NVwZ 2019, 413 (414).

sicht[86] und behebt zum anderen ein noch in der Ursprungsfassung des Gesetzes angelegtes Regelungsdefizit.[87] Würde nämlich eine Vorprüfung mangelhaft durchgeführt und unterbliebe deshalb eine UVP, würde dies ohne die Anordnung des § 4 Abs. 1 Satz 2 UmwRG dazu führen, dass wegen der Durchführung der Vorprüfung kein Fehler i.S.d. § 4 Abs. 1 Satz 1 Nr. 1 lit. b) UmwRG anzunehmen wäre, zugleich aber auch kein Fehler nach § 4 Abs. 1 Satz 1 Nr. 1 lit. a) UmwRG attestiert werden könnte.[88] Auf Grund der fehlerhaften Einschätzung der Behörde wäre keine UVP-Pflicht entstanden.[89] In der Sache würde somit trotz UVP-Pflicht sanktionslos keine UVP durchgeführt, unabhängig davon, ob im Rahmen der §§ 5 ff. UVPG schwerste Anwendungsfehler unterlaufen wären.[90] Dieses unbefriedigende Resultat wird durch § 4 Abs. 1 Satz 2 UmwRG abgefedert, indem zumindest bei Vorprüfungsentscheidungen, die nicht nach **Maßgabe des § 7 UVPG durchgeführt** worden sind oder deren Ergebnisse nicht **nachvollziehbar** sind, ein (absoluter) Verfahrensfehler angenommen wird.[91] Es handelt sich hierbei um eine »**Plausibilitätskontrolle**«[92]. Um den Beleg einer nachvollziehbaren Entscheidung zu erbringen, wird vom Entscheidungsträger gefordert werden dürfen, die wesentlichen Prüfschritte und die dabei gewonnenen Erkenntnisse grob zu skizzieren und zu dokumentieren.[93]

3. Unterbliebene und mangelhafte Öffentlichkeitsbeteiligung (§ 4 Abs. 1 Satz 1 Nr. 2 UmwRG)

24 Einzelne **Fehler bei der Durchführung der UVP** sind weiterhin grundsätzlich nicht ausreichend, um die Aufhebung der Entscheidung automatisch zu begründen.[94] Eine fehlerhafte Durchführung kann lediglich über § 4 Abs. 1 Satz 1 Nr. 3 UmwRG[95] oder als relativer Verfahrensfehler über § 4 Abs. 1a UmwRG[96] erfolgreich gerügt werden.[97] In Erweiterung von § 4 Abs. 1 Satz 1 Nr. 1 UmwRG wird in **§ 4 Abs. 1 Satz 1 Nr. 2 UmwRG** lediglich ein **Sonderfall** der fehlerhaften UVP, nämlich eine nicht durchgeführte oder nicht nachgeholte, aber erforderliche **Öffentlichkeitsbeteiligung** nach § 18 UVPG oder nach § 10 BImSchG, als absoluter Verfahrensfehler gesetzlich verankert. Die *teilweise* unterbliebene Öffentlichkeitsbeteiligung[98] und eine zu Unrecht unterbliebene *erneute* Öffentlichkeitsbeteiligung[99] gehören jedoch nicht hierzu.

86 Siehe hierzu § 5 UVPG Rdn. 24 ff. sowie VG Osnabrück, Urt. v. 29.07.2015 – 3 A 46/13, NuR 2016, 60 (61 f.); *Schlacke,* in: Gärditz, VwGO, § 4 UmwRG Rn. 37 f.

87 *Pauli/Hageman* UPR 2018, 8 (13).

88 Vgl. zur Ursprungsfassung des § 4 UmwRG *Ziekow* NVwZ 2007, 259 (265); *Kment* NVwZ 2007, 274 (276).

89 Vgl. *Sangenstedt,* in: Landmann/Rohmer, Umweltrecht, Stand: 07/2017, § 3a UVPG Rn. 5.

90 So auch VGH München, Urt. v. 20.10.2020 – 22 A 16/40009, juris Rn. 110.

91 Vgl. zu Einzelheiten § 7 UVPG Rdn. 2 ff.; OVG Nordrhein-Westfalen, Urt. v. 24.02.2023 – 7 D 316/21. AK, BauR 2023, 1093 (1094); Urt. v. 24.05.2024 – 22 D 77/23.AK, juris Rn. 101.

92 BVerwG, Urt. v. 18.12.2014 – 4 C 36/13, NVwZ 2015, 1223, (1226); BVerwG, Urt. v. 24.05.2018 – 4 C 4/17, NVwZ 2018, 1647 (1648); Urt. v. 31.03.2023 – 4 A 10.21, NuR 2025, 180 (181) Rn. 32; OVG Nordrhein-Westfalen, Urt. v. 24.05.2024 – 22 D 77/23.AK, juris Rn. 101 f. m.w.N.

93 OVG Lüneburg, Urt. v. 09.11.2016 – 13 LC 71/14, ZUR 2017, 116 (117).

94 Siehe, z.T. auch bereits zur Ursprungsfassung des UmwRG: VGH Kassel, Urt. v. 16.09.2009 – 6 C 1005/08.T, NuR 2010, 428 (431); OVG Schleswig, Beschl. v. 09.07.2010 – 1 MB 12/10, NVwZ-RR 2011, 9 (9); *Happ,* in: Eyermann, VwGO, § 4 UmwRG Rn. 9; *Spinner* NuR 2011, 335 (340); *Ziekow* NVwZ 2007, 259 (264 f.).

95 Siehe hierzu nachfolgend Rdn. 25 f.

96 Siehe hierzu nachfolgend Rdn. 30 ff.

97 Vgl. *Kment/Lorenz* EurUP 2016, 47 (52).

98 Vgl. BVerwG, Urt. v. 09.02.2017 – 7 A 2.15, NVwZ-Beilage 2017, 101 Rn. 33.

99 BVerwG, Urt. v. 28.04.2016 – 9 A 9.15, NVwZ 2016, 1710 Rn. 37.

4. Sonstige absolute Verfahrensfehler (§ 4 Abs. 1 Satz 1 Nr. 3 UmwRG)

a) Generelle Anforderungen

25 Abschließend enthält **§ 4 Abs. 1 Satz 1 Nr. 3 UmwRG**[100] einen generalklauselartigen Tatbestand (**Auffangtatbestand**),[101] dessen Wortlaut gemäß der Gesetzesbegründung in enger Anlehnung an die Ausführungen des EuGH in seiner »Altrip« Entscheidung ausgestaltet wurde.[102] Gemäß der gesetzlichen Vorgaben können sonstige nicht geheilte Verfahrensfehler (lit. a), die nicht unter § 4 Abs. 1 Satz 1 Nr. 1 oder 2 UmwRG fallen, als absolute Fehler erfasst werden, wenn sie nach **Art und Schwere** mit den Fällen in Nr. 1 und Nr. 2 vergleichbar sind (lit. b). Zudem müssen die verletzten Vorschriften der betroffenen Öffentlichkeit die Möglichkeit der gesetzlich vorgesehenen **Beteiligung** am Entscheidungsprozess sichern (lit. c),[103] wobei zur Beteiligung nach der gesetzlichen Anordnung des § 4 Abs. 1 Satz 1 Nr. 3 lit. c HS 2 UmwRG auch der **Zugang zu den Unterlagen** zählt, die nach § 19 Abs. 2 UVPG für die Öffentlichkeit zur Einsichtnahme ausgelegt werden müssen.[104] Die Schwere des Verfahrensfehlers ist in diesem Kontext ausschließlich ein Kriterium des § 4 Abs. 1 Satz 1 Nr. 3 UmwRG und gehört nicht in die Prüfung des § 4 Abs. 1a UmwRG. Erst wenn die Schwere des Fehlerbildes untersucht wurde und eine Vergleichbarkeit mit § 4 Abs. 1 Satz 1 Nr. 1, 2 UmwRG ausgeschlossen werden konnte, eröffnet sich der Anwendungsbereich des § 4 Abs. 1a UmwRG.[105] Von einer hinreichenden Schwere des Einzelfalls ist nach der Rechtsprechung des EuGH jedenfalls dann auszugehen, wenn der Fehler der betroffenen Öffentlichkeit eine der Garantien genommen hat, die geschaffen worden sind, um ihr im Einklang mit den Zielen der UVP-RL Zugang zu Informationen und Beteiligung am Entscheidungsprozess zu verschaffen.[106] Die Beurteilung der Schwere des Verfahrensverstoßes ist stets eine Frage des Einzelfalls;[107] angesichts des außergewöhnlich hohen Gewichts der in Bezug genommenen und in der Praxis sehr selten vorkommenden Vergleichsgrößen[108] werden gängigere typischere Verfahrensfehler mittleren Ausmaßes (für sich allein) nur selten den Schweregrad der Nr. 1 und Nr. 2 erreichen können.[109] Im Einklang mit dem in Art. 11 Abs. 3 Satz 1 UVP-RL bzw. in Art. 25 Abs. 3 Satz 1 IE-RL verankerten Grundsatz eines weiten Zugangs zu Gerichten ist allerdings zu berücksichtigen, dass es bei der Beurteilung des Schweregrades von Verfahrensfehlern zulässig ist, mehrere Verfahrensfehler **kumulativ** zu berück-

---

100 Stellungnahme Nr. 24/2015 des BRAK-Ausschusses zum Referentenentwurf vom 26.06.2015, S. 4, abrufbar unter: https://www.brak.de/interessenvertretung/stellungnahmen-der-brak/stellungnahmen-pdf/stellungnahmen-deutschland/2015 (zuletzt abgerufen am 09.02.2026).

101 VG Hamburg, Beschl. v. 15.06.2016 – 7 E 1486/16, ZUR 2016, 497 (500); vgl. Stellungnahme des DAV zum Referentenentwurf eines Gesetzes zur Änderung des Umwelt-Rechtsbehelfsgesetzes zur Umsetzung des Urteils des Europäischen Gerichtshofs vom 07.11.2013 in der Rechtssache C-72/12 (»Altrip«), S. 4; *Fellenberg* NVwZ 2015, 1721 (1722); *Schlacke* UPR Sonderheft 2016, 478 (481).

102 Gesetzentwurf vom 07.09.2015 zur Änderung des Umwelt-Rechtsbehelfsgesetzes zur Umsetzung des Urteils des Europäischen Gerichtshofs vom 07.11.2013 in der Rechtssache C-72/12, BT-Drs. 18/5927, S. 9; vgl. EuGH, Urt. v. 07.11.2013 – C-72/12 (Altrip), NVwZ 2014, 49 (53), Rn. 54. Siehe auch *Schink* NuR 2018, 21 (29).

103 Die Anforderungen sind angelehnt an EuGH, Urt. v. 07.11.2013 – C-72/12, NVwZ 2014, 49 (53), Rn. 54.

104 Vgl. zu Einzelheiten § 19 UVPG Rdn. 25 ff.

105 A.A. wohl BVerwG, Urt. v. 21.01.2016 – 4 A 5.14, NVwZ 2016, 844 Rn. 43.

106 EuGH, Urt. v. 15.10.2015 – C-137/14 (Europäische Kommission/Bundesrepublik Deutschland), NVwZ 2015, 1665 Rn. 33 ff., 55 f.; ebenso *Schlacke* UPR Sonderheft 2016, 478 (481); *dies.*, in: Jahrbuch des Instituts für Umwelt- und Planungsrecht 2016, 173 (176, 183); OVG Hamburg, Beschl. v. 08.01.2020 – 2 Bs 183/19, NVwZ 2020, 406 Rn. 49 (dazu *Wendt/Uffelmann* NordÖR 2020, 214); VG Osnabrück, Urt. v. 04.11.2015 – 3A 88/14, ZUR 2016, 238 (240).

107 BVerwG, Beschl. v. 21.06.2016 – 9 B 65/15, NVwZ 2016, 1257 Rn. 7; *Rennert* DVBl 2017, 209 (213).

108 *Fellenberg* NVwZ 2015, 1721 (1722).

109 *Bunge* ZUR 2015, 531 (538 f.).

sichtigen,[110] so dass hierin ein größeres Anwendungspotenzial des § 4 Abs. 1 Satz 1 Nr. 3 UmwRG liegen dürfte.

26 Die **Rechtsprechung** hat sich intensiv mit den Verfahrensfehlern i.S.d. § 4 Abs. 1 Satz 1 Nr. 3 UmwRG befasst. Sie ordnet dieser Kategorie nur solche Fehlerbilder zu, die die **äußere Ordnung des Verfahrens**, d.h. den Verfahrensablauf als solchen betreffen, wie Regelungen über den Verfahrensbeginn, die Beteiligung anderer Behörden und der Öffentlichkeit oder sonstige Verfahrensschritte.[111] Nicht zum äußeren Verfahrensgang gehört der materiell-rechtlich gesteuerte Prozess der Willens- und Entscheidungsbildung.[112] So ist ein Fehler im Abwägungsergebnis einer UVP regelmäßig nicht nach § 4 UmwRG rügefähig.[113] Dies gilt grundsätzlich auch für inhaltliche Fehler öffentlich ausgelegter Fachgutachten. Anders ist dies zu beurteilen, wenn ein materieller Fehler so gravierend ist, dass die nach § 16 Abs. 5 Satz 3 Nr. 2 UVPG **notwendige Anstoßwirkung** nicht mehr gegeben ist.[114] Dies kann unter anderem der Fall sein, wenn bei der Umweltprüfung im Rahmen der Aufstellung eines Bebauungsplans die Ermittlung der Lärmvorbelastung der Umgebung außerhalb des Plangebietes fehlt.[115] Insbesondere in Bezug auf inhaltliche Mängel einer UVP scheint diese schematische Betrachtungsweise zu eng, denn die inhaltlichen Anforderungen und die Verfahrensschritte einer UVP können nur schwerlich voneinander getrennt werden.[116] So ist beispielsweise die Sachverhaltsermittlung sowohl eine inhaltliche als auch eine verfahrenstechnische Anforderung.[117] Es erscheint daher vorzugswürdig, dass auch gewisse materielle Mindeststandards gewährleistet werden.[118]

b) Einzelne Fehlerbilder

27 Der Gesetzgeber hat keine **Beispielsfälle** benannt, wann er die Voraussetzungen des § 4 Abs. 1 Satz 1 Nr. 3 UmwRG erfüllt sieht; dies birgt regelmäßig die Gefahr, dass die Formulierung – entgegen der Intention des Art. 11 UVP-RL bzw. Art. 25 IE-RL – eng ausgelegt wird.[119] In den Gesetzesmaterialien lässt sich lediglich der Hinweis finden, dass ein Fall des § 4 Abs. 1 Satz 1 Nr. 3 UmwRG vorliege, wenn in einem Zulassungsverfahren für ein UVP-pflichtiges Vorhaben erst gar keine Unterlagen nach § 19 Abs. 2 UVPG, insbesondere kein UVP-Bericht, ausgelegt worden sind, so dass es der Öffentlichkeit unmöglich war, sich gemäß den gesetzlichen Gewährleistungen über die Umweltaus-

---

110 BVerwG, Beschl. v. 21.06.2016 – 9 B 65/15, NVwZ 2016, 1257 Rn. 8; *Ludwigs* NVwZ 2016, 1260 (1261); *Rennert* DVBl 2017, 209 (213).

111 BVerwG, Urt. v. 28.11.2017 – 7 A 3/17, NVwZ-Beilage 2018, 19 Rn. 29; Urt. v. 28.11.2017 – 7 A 17/12, BVerwGE 161, 17 Rn. 29; Urt. v. 19.12.2017 – 7 A 6/17, NVwZ-Beilage 2018, 10 Rn. 19; Beschl. v. 31.01.2019 – 4 B 9/17, juris Rn. 23; Beschl. v. 07.01.2020 – 4 B 74/17, juris Rn. 8; Beschl. v. 28.03.2020 – 4 VR 5/19, juris Rn. 23; OVG Koblenz, Urt. v. 11.10.2018 – 1 A 10581/16, juris Rn. 77; OVG Münster, Urt. v. 05.10.2020 – 8 A 894/17, ZNER 2020, 558 (562).

112 BVerwG, Urt. v. 28.11.2017 – 7 A 3/17, NVwZ-Beilage 2018, 19 Rn. 29; Urt. v. 28.11.2017 – 7 A 17/12, BVerwGE 161, 17 Rn. 29; Urt. v. 19.12.2017 – 7 A 6/17, NVwZ-Beilage 2018, 10 Rn. 19; Beschl. v. 07.01.2020 – 4 B 74/17, juris Rn. 8; OVG Koblenz, Urt. v. 11.10.2018 – 1 A 10581/16, juris Rn. 77; OVG Münster, Urt. v. 05.10.2020 – 8 A 894/17, ZNER 2020, 558 (562); VGH Mannheim, Beschl. v. 29.01.2019 – 10 S 1919.17, EnWZ 2019, 131 Rn. 12.

113 BVerwG, Beschl. v. 07.01.2020 – 4 B 74/17, juris Rn. 8; Beschl. v. 28.03.2020 – 4 VR 5/19, juris Rn. 23.

114 Siehe § 16 UVPG Rdn. 13, 18; BVerwG, Beschl. v. 26.03.2020 – 3 B 24/19, NVwZ 2020, 1199 (1200); Urt. v. 28.11.2017 – 7 A 17/12, BVerwGE 161, 17 Rn. 31; Beschl. v. 07.01.2020 – 4 B 74/17, juris Rn. 9; Beschl. v. 26.03.2020 – 3 B 24/19, NVwZ 2020, 1199 Rn. 9; OVG Hamburg, Beschl. v. 30.04.2024 – 1 Es 4/24, juris Rn. 40; VGH Mannheim, Urt. v. 17.11.2022 – 14 S 2056/21, NVwZ 2023, 767 (770); OVG Münster, Urt. v. 01.03.2021 – 8 A 1183/18, juris Rn. 106.

115 OVG Hamburg, Beschl. v. 08.01.2020 – 2 Bs 183/19, NVwZ 2020, 406 Rn. 45.

116 *Seibert* NVwZ 2019, 337 (339).

117 *Seibert* NVwZ 2019, 337 (339).

118 *Saurer* NVwZ 2020, 1137 (1140).

119 *Bunge* ZUR 2015, 531 (538).

wirkungen des Vorhabens zu informieren.[120] Des Weiteren dürfte das Fehlen der zusammenfassenden Darstellung nach § 24 UVPG wie auch das Fehlen einer darauf basierenden Bewertung nach § 25 UVPG einen solchen absoluten Fehler darstellen.[121] Demgegenüber **mangelt** es jedenfalls dann **an der notwendigen Vergleichbarkeit** mit den Verfahrensverstößen nach Nr. 1 und Nr. 2, wenn lediglich einzelne Unterlagen fehlen[122] oder inhaltlich mangelhaft sind.[123] Ebenfalls unzureichend ist ein Bekanntmachungsfehler[124] oder eine teilweise unterbliebene Öffentlichkeitsbeteiligung[125] sowie eine zu Unrecht unterbliebene *erneute* Öffentlichkeitsbeteiligung.[126] Schließlich ist es kein Verfahrensfehler i.S.d. § 4 Abs. 1 Satz 1 Nr. 3 UmwRG, wenn trotz eines zulässigen Widerspruchs ein Erörterungstermin teilweise öffentlich durchgeführt wird.[127] Sofern trotz des Vorliegens mehrerer Vorhaben i.S.d. UVPG nur eine UVP durchgeführt wird, so kann dies – zumindest für eines der Vorhaben – als relativer Verfahrensfehler qualifiziert werden.[128] Ob das auf einer fehlerhaften FFH-Vorprüfung beruhende Fehlen einer FFH-Verträglichkeitsprüfung als Verfahrensfehler zu qualifizieren ist, ist noch nicht abschließend geklärt.[129]

c) Überspringen des § 4 Abs. 1 Satz 1 Nr. 3 UmwRG

Sind die erkannten Fehlerbilder nicht unter § 4 Abs. 1 Satz 1 Nr. 3 UmwRG subsumierbar, kann 28
der gerügte Verfahrensfehler gegebenenfalls auf Grundlage des § 4 Abs. 1a UmwRG – unter Beachtung des § 46 VwVfG[130] – einen Aufhebungsanspruch begründen.[131] Außerdem ist es zulässig, die Voraussetzungen des § 4 Abs. 1 Satz 1 Nr. 3 UmwRG **ungeprüft zu lassen** und unmittelbar auf § 4 Abs. 1a

---

120 Gesetzentwurf vom 07.09.2015 zur Änderung des Umwelt-Rechtsbehelfsgesetzes zur Umsetzung des Urteils des Europäischen Gerichtshofs vom 07.11.2013 in der Rechtssache C-72/12, BT-Drs. 18/5927, S. 10; *Schlacke* UPR Sonderheft 2016, 478 (481); *Fellenberg* NVwZ 2015, 1721 (1722).

121 VG Osnabrück, Urt. v. 04.11.2015 – 3A 88/14, ZUR 2016, 238 f.; VG Hamburg, Beschl. v. 15.06.2016 – 7 E 1486/16, ZUR 2016, 497 (499 ff.); *Beckmann,* in: Frenz, BBergG, § 57a Rn. 67; offenlassend OVG Hamburg, Beschl. v. 24.08.2016 – 2 Bs 113/16, ZUR 2017, 113 (115 f.). Siehe auch *Schlacke*, in: Jahrbuch des Instituts für Umwelt- und Planungsrecht 2016, 173 (176, 183).

122 Zur unterbliebenen Auslegung einer Verkehrsuntersuchung: BVerwG, Urt. v. 15.02.2018 – 9 C 1/17, BVerwGE 161, 180 Rn. 34; zur unterbliebenen Auslegung des wasserrechtlichen Fachbeitrags: OVG Münster, Urt. v. 05.02.2021 – 11 D 13/18.AK, juris Rn. 141.

123 BVerwG, Beschl. v. 26.03.2020 – 3 B 24/19, NVwZ 2020, 1199 Rn. 9; OVG Münster, Urt. v. 05.10.2020 – 8 A 894/17, ZNER 2020, 558 (564); Urt. v. 01.03.2021 – 8 A 1183/18, juris Rn. 102; vgl. auch Gesetzentwurf vom 07.09.2015 zur Änderung des Umwelt-Rechtsbehelfsgesetzes zur Umsetzung des Urteils des Europäischen Gerichtshofs vom 07.11.2013 in der Rechtssache C-72/12, BT-Drs. 18/5927, S. 10. So schon VGH Kassel, Urt. v. 24.09.2008 – 6 C 1600/07.T, ZUR 2009, 87 Rn. 12; *Schlacke*, in: Jahrbuch des Instituts für Umwelt- und Planungsrecht 2016, 173 (176, 183).

124 BVerwG, Urt. v. 21.01.2016 – 4 A 5.14, NVwZ 2016, 844 Rn. 47, 50; Beschl. v. 21.06.2016 – 9 B 65/15, NVwZ 2016, 1257 Rn. 7; Urt. v. 14.03.2018 – 4 A 5/17, BVerwGE 161, 263 Rn. 23; Urt. v. 30.11.2020 – 9 A 5/20, BVerwGE 170, 378 Rn. 25; OVG Hamburg, Beschl. v. 24.08.2016 – 2 Bs 113/16, ZUR 2017, 113 (114); OVG Koblenz, Beschl. v. 25.07.2017 – 8 B 10987/17, NuR 2018, 45 (46); OVG Lüneburg, Urt. v. 07.04.2022 – 7 KS 30/21, NVwZ-RR 2022, 574 (576).

125 BVerwG, Urt. v. 09.02.2017 – 7 A 2.15, NVwZ-Beilage 2017, 101 Rn. 33.

126 BVerwG, Urt. v. 28.04.2016 – 9 A 9.15, NVwZ 2016, 1710 Rn. 37.

127 BVerwG, Urt. v. 16.06.2016 – 9 A 4.15, NVwZ 2016, 1641 Rn. 15 ff.

128 VGH Mannheim, Urt. v. 20.11.2018 – 5 S 2138/16, juris Rn. 130 ff.

129 So OVG Greifswald, Urt. v. 30.06.2010 – 3 K 19/06, NuR 2011, 136 (142); OVG Münster, Urt. v. 01.12.2011 – 8 D 58/08.AK, ZUR 2012, 372 (378 f.); a.A. VGH Mannheim, Beschl. v. 29.01.2019 – 10 S 1919.17, EnWZ 2019, 131 Rn. 13; wohl auch OVG Magdeburg, Urt. v. 08.06.2018 – 2 L 11/16, juris Rn. 132.

130 Vgl. hierzu nachfolgend Rdn. 30 ff.; OVG Lüneburg, Urt. v. 07.04.2022 – 7 KS 30/21, NVwZ-RR 2022, 574 (576).

131 Gesetzentwurf vom 07.09.2015 zur Änderung des Umwelt-Rechtsbehelfsgesetzes zur Umsetzung des Urteils des Europäischen Gerichtshofs vom 07.11.2013 in der Rechtssache C-72/12, BT-Drs. 18/5927, S. 9 f.

UmwRG zurückzugreifen, wenn offensichtlich die Unbeachtlichkeitsregelung des § 46 VwVfG nicht eingreift.[132]

d) Besondere Anforderungen an Dritte und sonstige Vereinigungen

29 Eine Besonderheit galt bislang für den Rechtsschutz von Dritten und sonstigen Vereinigungen nach § 4 Abs. 3 Satz 1 Nr. 1 UmwRG.[133] Diese konnten die Aufhebung einer Entscheidung bei Vorliegen eines absoluten Verfahrens nach § 4 Abs. 1 Satz 1 Nr. 3 UmwRG lediglich dann verlangen, wenn der Verfahrensfehler ihnen *selbst* die Möglichkeit genommen hat, sich am Entscheidungsprozess der angegriffenen Entscheidung zu beteiligen.[134] Eine Verkürzung von Beteiligungsrechten anderer Personen oder anderer Vereinigungen war grundsätzlich unerheblich, so dass der Rechtsbehelf unbegründet war.[135] Kein Aufhebungsanspruch bestand etwa, wenn eine Auslegung der Unterlagen zwar in einigen von dem Vorhaben betroffenen Gemeinden unterlassen wurde, gleichwohl aber am Wohnort des Beschwerdeführers erfolgt war.[136] Von dieser Rechtsprechung ist das Bundesverwaltungsgericht aufgrund eines Judikats des EuGH[137] mittlerweile abgewichen. Auf relative Verfahrensfehler ist die Regelung des § 4 Abs. 3 Satz 2 UmwRG nicht anwendbar, so dass sich Personen nach § 61 Nr. 1 VwGO nicht nur auf relative Verfahrensfehler berufen können, wenn ihnen die Möglichkeit der gesetzlich vorgesehenen Beteiligung am Entscheidungsprozess genommen wird.[138] Dies hat zur Folge, dass nun jedermann die Aufhebung einer Entscheidung verlangen kann, sofern ein beachtlicher Verfahrensfehler vorliegt, unabhängig davon, ob der Kläger selbst durch diesen in seinen Beteiligungsmöglichkeiten eingeschränkt wurde.[139] Die mögliche Verletzung eigener Rechte spielt lediglich für den Zugang zu Gericht eine Rolle.[140]

II. Relative Verfahrensfehler (§ 4 Abs. 1a UmwRG)

30 § 4 Abs. 1a UmwRG behandelt die sog. relativen Verfahrensfehler.[141] Dies sind all jene Verfahrensfehler, die nicht in den Anwendungsbereich des spezielleren § 4 Abs. 1 UmwRG fallen.[142] Bei der Abgrenzung beider Anwendungsbereiche kann im Einzelfall auch die Schwere des Fehlers, gemessen

---

132 BVerwG, Urt. v. 11.08.2016 – 7 A 1.15, NuR 2016, 845 Rn. 40.

133 Siehe hierzu auch oben Rdn. 13 ff.

134 Gesetzentwurf vom 07.09.2015 zur Änderung des Umwelt-Rechtsbehelfsgesetzes zur Umsetzung des Urteils des Europäischen Gerichtshofs vom 07.11.2013 in der Rechtssache C-72/12, BT-Drs. 18/5927, S. 10 f.; OVG Nordrhein-Westfalen, Urt. v. 12.01.2024 – 8 D 92/22.AK, BauR 2024, 911 (914); VG Hamburg, Beschl. v. 15.06.2016 – 7 E 1486/16, ZUR 2016, 497 (501).

135 BVerwG, Beschl. v. 21.06.2016 – 9 B 65/15, NVwZ 2016, 1257 Rn. 5; Vorlagebeschl. v. 25.04.2018 – 9 A 16/16, ZUR 2018, 615 Rn. 24 ff.; Hinweisbeschl. v. 25.04.2018 – 9 A 16/16, ZUR 2018, 623 Rn. 14; Hinweisbeschl. v. 27.11.2018 – 9 A 10/17, juris Rn. 31; OVG Münster, Urt. v. 20.12.2018 – 8 A 2971/17, juris Rn. 60; OVG Lüneburg, Urt. v. 27.08.2019 – 7 KS 24/17, juris Rn. 132; OVG Münster, Urt. v. 05.10.2020 – 8 A 894/17, ZNER 2020, 558 (564); OVG Lüneburg, Urt. v. 02.09.2020 – 7 KS 17/15, juris Rn. 111.

136 Gesetzentwurf vom 07.09.2015 zur Änderung des Umwelt-Rechtsbehelfsgesetzes zur Umsetzung des Urteils des Europäischen Gerichtshofs vom 07.11.2013 in der Rechtssache C-72/12, BT-Drs. 18/5927, S. 11; VG Hamburg, Beschl. v. 15.06.2016 – 7 E 1486/16, ZUR 2016, 497 (501); *Ludwigs* NVwZ 2016, 1260 (1261).

137 EuGH, Urt. v. 28.05.2020 – C-535/18, ECLI:EU:C:2020:391 Rn. 58 ff. (IL u.a.).

138 BVerwG, Urt. v. 30.11.2020 – 9 A 5/20, BVerwGE 170, 378 Rn. 31; Urt. v. 24.02.2021 – 9 A 8/20, UPR 2021, 348 Rn. 30; Urt. v. 24.02.2021 – 9 A 8.20, NuR 2023, 485 (486); OVG Hamburg, Urt. v. 12.05.2021 – 1 Bf 492/19, NordÖR 2021, 485 (487).

139 *Christiansen,* jurisPR-UmwR 8/2021 Anm. 2.

140 *Christiansen,* jurisPR-UmwR 8/2021 Anm. 2.

141 BVerwG, Urt. v. 11.08.2016 – 7 A 1.15, NuR 2016, 845 Rn. 41; Urt. v. 16.06.2016 – 9 A 4.15, NVwZ 2016, 1641 Rn. 19.

142 BVerwG, Urt. v. 21.01.2016 – 4 A 5.14, NVwZ 2016, 844 Rn. 41. Siehe allerdings die Möglichkeit des Überspringens von § 4 Abs. 1 Satz 1 Nr. 3 UmwRG oben bei Rdn. 28.

am Zweck der Öffentlichkeitsbeteiligung Bedeutung erlangen.[143] Für relative Verfahrensfehler gilt gem. § 4 Abs. 1a Satz 1 UmwRG, dass **§ 46 VwVfG** zu berücksichtigen ist.[144] Anders als nach § 4 Abs. 1 UmwRG[145] besteht demnach kein Anspruch auf Aufhebung einer Entscheidung wegen der Verletzung einer Verfahrensvorschrift, wenn **offensichtlich** ist, dass der Verfahrensfehler die Entscheidung in der Sache selbst nicht beeinflusst hat.[146] Um herauszuarbeiten, wann eine derartige Offensichtlichkeit anzunehmen ist, bedarf es einer besonderen sprachlichen Präzision: Das BVerfG hat hierzu im planungsrechtlichen Kontext in seinem Beschluss vom 16.12.2015 ausgeführt, dass von einer Unbeachtlichkeit des Mangels nur dann ausgegangen werden darf, wenn konkrete Anhaltspunkte dafür nachweisbar sind, dass der Plangeber **trotz des Fehlers** gleichwohl die ***gleiche*** **Entscheidung** getroffen hat.[147] Hingegen genügt es unter dem Gesichtspunkt effektiven Rechtsschutzes regelmäßig nicht, wenn sich lediglich keine konkreten Anhaltspunkte dafür ergeben, dass der Entscheidungsträger bei Vermeidung des Mangels eine *andere* Entscheidung getroffen hätte.[148] Denn allein das Fehlen konkreter Anhaltspunkte für eine *andere* Entscheidung lässt grundsätzlich keinen hinreichend sicheren Schluss darauf zu, welches Entscheidungsergebnis ohne den Fehler zu Stande gekommen wäre.[149]

Das Gericht hat zur Aufklärung der Frage, ob die Voraussetzungen des § 46 VwVfG erfüllt sind, auf Grundlage seiner **Amtsermittlungspflicht** nach § 86 Abs. 1 VwGO alle verfügbaren Erkenntnismöglichkeiten auszuschöpfen.[150] Als **Erkenntnismittel** stehen dem zuständigen Gericht die vom Vorhabenträger und der zuständigen Behörde vorgelegten Beweise zur Verfügung. Außerdem kann das Gericht auf alle verfügbaren Akten und Entscheidungs- bzw. Planungsunterlagen zurückgreifen sowie alle erkennbaren und naheliegenden Umstände heranziehen.[151] Eine Darlegungslast des Beschwerdeführers besteht nicht.[152] 31

143 BVerwG, Beschl. v. 15.07.2020 – 9 B 5/20, NVwZ 2021, 254 Rn. 7.

144 OVG Lüneburg, Urt. v. 07.04.2022 – 7 KS 30/21, NVwZ-RR 2022, 574 (576).

145 Siehe hierzu bereits Rdn. 20 ff.

146 BVerwG, Urt. v. 21.01.2016 – 4 A 5.14, NVwZ 2016, 844 Rn. 42; Urt. v. 09.02.2017 – 7 A 2.15, NVwZ-Beilage 2017, 101 Rn. 33; Urt. v. 16.06.2016 – 9 A 4.15, NVwZ 2016, 1641 Rn. 19; Beschl. v. 21.06.2016 – 9 B 65/15, NVwZ 2016, 1257 Rn. 5; OVG Schleswig, Beschl. v. 23.02.2023 – 4 LB 5/21, juris Rn. 87 ff.

147 BVerwG, Urt. v. 11.08.2016 – 7 A 1.15, NuR 2016, 845 Rn. 42; *Schlacke* UPR Sonderheft 2016, 478 (481); zur Bauleitplanung: BVerfG, Beschl. v. 16.12.2015 – 1 BvR 685/12, NVwZ 2016, 524 Rn. 23; VGH Mannheim, Beschl. v. 11.01.1989 – 8 S 2295/88, BRS 49 Nr. 27.

148 So wohl weiterhin BVerwG, Urt. v. 21.01.2016 – 4 A 5.14, NVwZ 2016, 844 Rn. 43 f.; Beschl. v. 21.06.2016 – 9 B 65/15, NVwZ 2016, 1257 Rn. 5; *Ludwigs* NVwZ 2016, 1260 (1261); undeutlich OVG Hamburg, Beschl. v. 24.08.2016 – 2 Bs 113/16, ZUR 2017, 113 (114).

149 Zur Bauleitplanung: BVerfG, Beschl. v. 16.12.2015 – 1 BvR 685/12, NVwZ 2016, 524 Rn. 23.

150 Gesetzentwurf vom 07.09.2015 zur Änderung des Umwelt-Rechtsbehelfsgesetzes zur Umsetzung des Urteils des Europäischen Gerichtshofs vom 07.11.2013 in der Rechtssache C-72/12, BT-Drs. 18/5927, S. 10; BVerwG, Urt. v. 11.08.2016 – 7 A 1.15, NuR 2016, 845 Rn. 42; Urt. v. 09.02.2017 – 7 A 2.15, NVwZ-Beilage 2017, 101 Rn. 33; Urt. v. 16.06.2016 – 9 A 4.15, NVwZ 2016, 1641 Rn. 19; Beschl. v. 21.06.2016 – 9 B 65/15, NVwZ 2016, 1257 Rn. 5; *Kment/Lorenz* EurUP 2016, 47 (52); *Rennert* DVBl 2017, 209 (213); *Schlacke* UPR Sonderheft 2016, 478 (481).

151 BVerwG, Urt. v. 21.01.2016 – 4 A 5.14, NVwZ 2016, 844 Rn. 43; Urt. v. 15.02.2018 – 9 C 1/17, BVerwGE 161, 180 Rn. 36; OVG Koblenz, Beschl. v. 25.07.2017 – 8 B 10987/17, NuR 2018, 45 (46).

152 BVerwG, Urt. v. 15.02.2018 – 9 C 1/17, BVerwGE 161, 180 Rn. 35; *Kahl* JZ 2016, 666 (670); *Schlacke* NVwZ 2014, 11 (15); *Ludwigs* NVwZ 2016, 1260 (1262).

32 Gelingt es dem Gericht, auf der Grundlage dieser Erkenntnismittel zu der Überzeugung zu kommen,[153] dass trotz des festgestellten Fehlers gleichwohl die *konkrete*[154] Möglichkeit besteht, dass die gleiche Entscheidung getroffen wurde, kommt die Rechtsfolge des § 46 VwVfG zur Anwendung.[155] Der Verfahrensfehler wirkt sich somit nicht auf die Rechtmäßigkeit oder die Vollziehbarkeit der angegriffenen Entscheidung aus.[156] Scheitert diese Überzeugungsbildung und das Gericht ist anderer Auffassung, kann § 46 VwVfG keine Wirksamkeit entfalten. Bleibt die Sachfrage offen (**non liquet**), bürdet **§ 4 Abs. 1a Satz 2 UmwRG** die **materielle Beweislast** der Behörde auf;[157] zu ihren Lasten wird die Beeinflussung der Sachentscheidung durch den Verfahrensfehler vermutet.[158] Die Einführung dieser Vorschrift stellt – entsprechend der Gesetzesbegründung – sicher, dass § 46 VwVfG gemäß seinem Wortlaut und seines *Telos* in Einklang mit den vom EuGH in seinen Judikaten bezüglich der Beachtlichkeit von Verfahrensfehlern aufgestellten Grundsätzen in der gerichtlichen Rechtspraxis Anwendung findet.[159]

E. Heilung von Verfahrensfehlern

I. Regelungsmethode

33 Bei der Anwendung des § 4 Abs. 1, 1a UmwRG ist zu beachten, dass ein Rechtsbehelf keinen Erfolg haben wird, wenn der vorgebrachte Fehler erfolgreich **nachgeholt** bzw. **geheilt** oder durch eine **Entscheidungsergänzung** behoben worden ist.[160] Der Normtext des § 4 UmwRG nimmt mehrfach auf die Möglichkeit der Nachholung, Heilung bzw. Ergänzung Bezug. So findet sich in § 4 Abs. 1 Satz 1 UmwRG bei jedem der drei absoluten Verfahrensfehler[161] ein Hinweis hierauf, wodurch die mangelnde Fehlerbehebung zum Tatbestandsmerkmal des Aufhebungsanspruchs selbst gemacht wird. Ergänzend sieht der Gesetzgeber in § 4 Abs. 1b UmwRG eine eigenständige Ausnahmevorschrift[162] zur Durchführung eines ergänzenden Verfahrens und zu einer Entscheidungsergänzung vor und verweist außerdem noch auf das allgemeine ergänzende Verfahren nach § 45 Abs. 2 VwVfG sowie die speziell für Planfeststellungen und Plangenehmigungen eingeführte Heilung nach § 75 Abs. 1a

153 Das Regelbeweismaß ist die richterliche Überzeugung nach § 108 Abs. 1 Satz 1 VwGO; vgl. dazu *Rixen*, in: Sodan/Ziekow, VwGO, § 108 Rn. 64 ff.; *Kraft*, in: Eyermann, VwGO, § 108 Rn. 14 ff.; *Breunig*, in: Posser/Wolff, VwGO, § 108 Rn. 4 ff.

154 EuGH, Urt. v. 28.05.2020 – C-535/18, ECLI:EU:C:2020:391 Rn. 59 (IL u.a.); OVG Hamburg, Beschl. v. 24.08.2016 – 2 Bs 113/16, ZUR 2017, 113 (114); OVG Münster, Urt. v. 05.02.2021 – 11 D 13/18.AK, juris Rn. 133; *Rennert* DVBl 2017, 209 (213); *Fellenberg/Schiller*, in: Landmann/Rohmer, Umweltrecht, § 4 UmwRG Rn. 28, 33; *Berkemann* DVBl 2020, 1 (8).

155 BVerwG, Beschl. v. 21.06.2016 – 9 B 65/15, NVwZ 2016, 1257 Rn. 5.

156 BVerwG, Urt. v. 21.01.2016 – 4 A 5.14, NVwZ 2016, 844 Rn. 44; Urt. v. 30.11.2020 – 9 A 5/20, BVerwGE 170, 378 Rn. 23 f.; OVG Münster, Urt. v. 05.02.2021 – 11 D 13/18.AK, juris Rn. 133.

157 *Bier* DVBl 2015, 265 (266); *Happ*, in: Eyermann, VwGO, § 4 UmwRG Rn. 14.

158 BVerwG, Urt. v. 21.01.2016 – 4 A 5.14, NVwZ 2016, 844 Rn. 44; Urt. v. 11.08.2016 – 7 A 1.15, NuR 2016, 845 Rn. 42; Urt. 09.02.2017 – 7 A 2/15, BVerwGE 158, 1 Rn. 33; Urt. v. 15.02.2018 – 9 C 1/17, BVerwGE 161, 180 Rn. 35; Urt. v. 14.03.2018 – 4 A 5/17, BVerwGE 161, 263 Rn. 23; Urt. v. 18.06.2020 – 3 C 3/19, BVerwGE 168, 287 Rn. 40; Urt. v. 15.10.2020 – 7 A 9/19, NVwZ 2021, 1145 Rn. 30; *Beier* UPR 2016, 48 (50).

159 Gesetzentwurf vom 07.09.2015 zur Änderung des Umwelt-Rechtsbehelfsgesetzes zur Umsetzung des Urteils des Europäischen Gerichtshofs vom 07.11.2013 in der Rechtssache C-72/12, BT-Drs. 18/5927, S. 10; BVerwG, Urt. v. 11.08.2016 – 7 A 1.15, NuR 2016, 845 Rn. 42; Urt. v. 16.06.2016 – 9 A 4.15, NVwZ 2016, 1641 Rn. 19; Urt. v. 09.02.2017 – 7 A 2.15, NVwZ-Beilage 2017, 101 Rn. 33; Beschl. v. 21.06.2016 – 9 B 65/15, NVwZ 2016, 1257 Rn. 5; *Kment/Lorenz* EurUP 2016, 47 (54); *Beier* UPR 2016, 48 (50); *Ludwigs* NJW 2015, 3484 (3486).

160 Vgl. hierzu *Seibert* NVwZ 2018, 97.

161 Siehe hierzu bereits Rdn. 20 ff.

162 OVG Bautzen, Beschl. v. 19.07.2017 – 4 E 24/17, LKV 2018, 177 (178).

VwVfG.[163] Die in diesem Kontext insofern benutzten variierenden Begrifflichkeiten (»nachgeholt«, »geheilt« oder »ergänzendes Verfahren«) zielen im Ergebnis auf dasselbe **behördliche Verhalten** ab. Sie sollen ermöglichen, dass die Behörde die mangelhaften Verfahrenselemente durch eine korrekte Neuvornahme ersetzt und hierdurch das gesamte Verfahren mit den gesetzlichen Vorgaben in Einklang bringt. Eine Entscheidung der Behörde kann allerdings nur bezüglich der konkreten Verfahrensmängel neu ergehen – eine sonstige Neubewertung des materiellen Rechts kommt hiernach nicht in Betracht.[164] Neben dem exekutiv durchgeführten, ergänzenden Verfahren besteht außerdem Raum für eine **Entscheidungsergänzung** nach § 4 Abs. 1b Satz 1 UmwRG.[165] Der Gesetzgeber sucht mit dieser Norm eine Anlehnung an § 75 Abs. 1a Satz 2 VwVfG.[166] Hierdurch wird die Option geschaffen, formelle Mängel auf Grundlage der **Gerichtsentscheidung** zu beheben.[167] Im Eilverfahren sind die Voraussetzungen des § 4 Abs. 1b Satz 1 UmwRG nicht zu prüfen.[168] In der Revisionsinstanz kommt eine Aussetzung nicht in Betracht.[169]

Einer **Aussetzung** steht die bereits erfolgte Verwirklichung des Vorhabens nicht entgegen.[170] Bei 34
einer nachträglich durchgeführten UVP müssen dann auch die seit Errichtung des Vorhabens eingetretenen Umweltauswirkungen beachtet werden.[171] Eine Aussetzung gem. § 4 Abs. 1b Satz 3 UmwRG ist selbst dann möglich, wenn der Beklagte im Rahmen des ergänzenden Verfahrens zusätzlich die Heilung materieller Fehler beabsichtigt.[172] Dem steht sogar die Möglichkeit, dass dadurch ein Beteiligter – trotz zunächst erfolgsversprechender Klage – bei streitiger Entscheidung die Prozesskosten tragen muss, nicht entgegen.[173] Eine Aussetzung ist aber nur dann möglich, wenn die Nachholung von Verfahrensschritten zumindest ernsthaft beabsichtigt wird, die Fehlerbehebung nicht von vornherein ausgeschlossen ist[174] und letztlich »kein endloses Ping Pong mit der Verwaltung droht«[175]. Sofern eine UVP im ergänzenden Verfahren nachgeholt wird, darf die Genehmigungsbehörde Fragen, deren Klärung die UVP nicht dient, nur in den Grenzen des § 48 VwVfG abweichend vom Ausgangsverfahren zulasten des Drittbegünstigten beantworten.[176]

---

163 Zur Spezialität BVerwG, Beschl. v. 14.06.2017 – 4 B 22.16, juris Rn. 17. Zu den Grenzen der Heilbarkeit von Verfahrensfehlern *Saurer* NVwZ 2020, 1137 (1142 f.); *Rubel* EurUP 2019, 386 (393).

164 OVG Lüneburg, Beschl. v. 23.11.2021 – 1 LA 160/19, ZUR 2022, 165 (166).

165 VGH Mannheim, Beschl. v. 11.02.2025 – VGH 10 S 1979/23, BeckRS 2025, 4248 Rn. 13.

166 *Schlacke* NVwZ 2017, 905 (910).

167 Vgl. die Beschlussempfehlung und den Bericht des Ausschusses für Umwelt, Naturschutz, Bau und Reaktorsicherheit zu dem Gesetzentwurf der Bundesregierung – BR-Drs. 18/9526, 18/9909, 18/10102 Nr. 8 – vom 26.04.2017, BT-Drs. 18/12146, S. 16.

168 OVG Münster, Beschl. v. 08.02.2018 – 8 B 1620/17, ZUR 2018, 374 f.

169 BVerwG, Urt. v. 27.09.2018 – 7 C 24/16, NVwZ 2019, 410 Rn. 42 mit zustimmender Anmerkung *Kment* NVwZ 2019, 413 (414).

170 BVerwG, Urt. v. 24.05.2018 – 4 C 4/17, BVerwGE 162, 114 Rn. 28 ff.

171 *Rubel* EurUP 2019, 386 (390); Wichtig ist es, den richtigen »Ist-Zustand« zum damaligen Zeitpunkt des Mangels zu bestimmen, vgl. OVG Magdeburg, Beschl. v. 04.07.2024 – 2 L 94/23.Z, juris Rn. 15 ff.

172 BVerwG, Beschl. v. 08.05.2018 – 9 A 12/17, DVBl 2018, 1232 Rn. 5; OVG Magdeburg, Beschl. v. 14.02.2018 – 2 K 3/17, NVwZ 2018, 1331 Rn. 5.

173 BVerwG, Beschl. v. 08.05.2018 – 9 A 12/17, DVBl 2018, 1232 Rn. 9 mit zustimmender Anmerkung *Stüer/Stüer* DVBl 2018, 1233 (1234 f.).

174 OVG Magdeburg, Beschl. v. 18.09.2019 – 2 O 59/19, NVwZ-RR 2020, 157 Rn. 8.

175 *Rennert* DVBl 2019, 133 (138).

176 OVG Lüneburg, Beschl. v. 23.11.2021 – 1 LA 160/19, juris Ls. 1, Rn. 14.

II. Spezielle Fehlerbilder und ihre Heilungsmöglichkeit

1. Mangelnde UVP

35 Ist die UVP nicht durchgeführt worden, führt eine Heilung bzw. ein Nachholen zumeist dazu, dass das Verwaltungsverfahren im Ergebnis mit **UVP neu durchzuführen** ist.[177] Verwertet werden können nur Verfahrenshandlungen, die keinen Bezug zur UVP aufweisen. Kein Heilungsbedarf besteht allerdings, wenn ohne Kenntnis von der UVP-Pflicht die Anforderungen der UVP eingehalten wurden. In diesen Fällen mangelt es an einem beachtlichen Fehler i.S.d. § 4 Abs. 1 Satz Nr. 1, Abs. 1a UmwRG.[178]

2. Fehlende bzw. mangelhafte Vorprüfung des Einzelfalls

36 Ist die **erforderliche Vorprüfung des Einzelfalls** gem. § 7 UVPG unterlassen worden, hängen die weiteren Schritte von der notwendig nachzuholenden Vorprüfung ab. Ergibt die Vorprüfung, dass keine UVP-Pflichtigkeit besteht, ist die Heilung abgeschlossen.[179] Im Übrigen ist das Verfahren ab dem Zeitpunkt des Verfahrensfehlers erneut durchzuführen. Ein Nachholen der UVP im gerichtlichen Verfahren wird in der Regel jedoch ausgeschlossen sein, da den jeweiligen Verfahrensschritten sonst ihre Bedeutung genommen würde und sie in ihrer Funktion geschwächt würden.[180] Selbiges kann auf die Problematik der mangelhaften Vorprüfung übertragen werden, da zum einen gem. § 4 Abs. 1 Satz 2 UmwRG die mangelhafte der unterlassenen Vorprüfung gem. § 4 Abs. 1 Satz 1 Nr. 1 lit. b. UmwRG gleichgestellt wurde.[181] Zum anderen muss eine Nachbesserung einer mangelhaften Vorprüfung erst recht möglich sein, wenn die vollständige Nachholung einer unterbliebenen Vorprüfung anerkannt ist.[182] Allerdings ist wie bei der Nachholung der fehlenden eine Nachbesserung der mangelhaften Vorprüfung nur möglich, solange die Vorprüfung nach der Nachbesserung weiterhin zu dem Ergebnis kommt, dass das Vorhaben keine erheblichen Umweltauswirkungen hat, weshalb eine UVP nicht erforderlich ist und daher kein Anlass besteht, das Genehmigungsverfahren neu durchzuführen.[183]

3. Fehlende zusammenfassende Darstellung und einer darauf basierenden Bewertung

37 Wurde von der zuständigen Behörde die zusammenfassende Darstellung nach § 24 UVPG nicht erstellt und ist aus diesem Grund eine darauf basierende Bewertung nach § 25 UVPG unterblieben, besteht grundsätzlich keine Möglichkeit der Heilung bzw. des Nachholens dieses Verfahrensschritts, wenn die **Zulassungsentscheidung bereits ergangen** ist. Beide unterbliebene Verfahrensschritte dienen der Vorbereitung der späteren Zulassungsentscheidung; sie sind also basisbildend bzw. fungieren als Entscheidungsgrundlage.[184] Sie können daher ihre primäre Funktion nicht mehr erreichen, wenn die Entscheidung, der sie dienen sollten, bereits ergangen ist.[185]

---

177 *Ziekow* NVwZ 2007, 259 (265); *Kment* NVwZ 2007, 274 (277); ähnlich *Gassner* NVwZ 2008, 1203 (1205); zurückhaltend auch *Seibert* NVwZ 2018, 97 (101). Vgl. auch BVerwG, Urt. v. 20.08.2008 – 4 C 11/07, NVwZ 2008, 1349 Rn. 26; Urt. v. 20.12.2011 - 9 A 31.10, NVwZ 2012, 575 Rn. 36; Urt. v. 08.01.2014 – 9 A 4.13, NVwZ 2014, 1008 Rn. 27 f.; OVG Münster, Beschl. v. 30.08.2017 – 8 A 493/16, UPR 2018, 35 (36); a.A. wohl *Hofmann* EurUP 2015, 266 (271).

178 Zu § 4 UmwRG a.F. *Ziekow* NVwZ 2007, 259 (265).

179 BVerwG, Urt. v. 20.08.2008 – 4 C 11.07, BVerwGE 131, 352 Rn. 25; *Fellenberg/Schiller*, in: Landmann/Rohmer, Umweltrecht, § 4 UmwRG Rn. 102.

180 BVerwG, Urt. v. 20.08.2008 – 4 C 11/07, NVwZ 2008, 1349 Rn. 26.

181 *Pauli/Hageman* UPR 2018, 8 (13).

182 *Pauli/Hageman* UPR 2018, 8 (14).

183 *Pauli/Hageman* UPR 2018, 8 (14).

184 VG Hamburg, Beschl. v. 15.06.2016 – 7 E 1486/16, ZUR 2016, 497 (500 f.).

185 VG Hamburg, Beschl. v. 15.06.2016 – 7 E 1486/16, ZUR 2016, 497 (501).

III. Unionsrechtliche Unbedenklichkeit nationaler Nachhol- und Heilungsmöglichkeiten

Die Eröffnung von Heilungsmöglichkeiten im Rahmen des § 4 UmwRG gestaltet sich unionsrechtskonform.[186] Zwar zeichnet sich das Verhältnis des *EuGH* zu **Heilungsvorschriften** – die nach europäischem Verständnis Nachholoptionen qualitativ wohl mitumfassen – durch **Zurückhaltung** aus.[187] Diese Zurückhaltung kann jedoch für die in § 4 UmwRG aufgeführten Fälle überwunden werden. Die allgemeine Skepsis des *EuGH* beruht auf der Sorge, dass der Entscheidungsträger gegebenenfalls für die gewünschte Einflussnahme des Verfahrensabschnitts auf das Entscheidungsergebnis nicht mehr offen ist, wenn der Fall der Heilung eintritt. Das Gericht befürchtet, dass es dem Entscheidungsträger möglicherweise nicht mehr um die bestmögliche Entscheidung, d.h. um die Sache selbst gehe, sondern um das Aufrechterhalten der bereits getroffenen Feststellungen.[188] Gewinnt das Verfahren zudem in Entscheidungsprozessen mit weitem Beurteilungsspielraum noch zusätzlich an Gewicht, erhöhen sich nach Ansicht des *EuGH* die Anforderungen an seine Durchführung und die Hürden für eine Heilung.[189] Denn schließlich soll der Idealfall, dass ein unvoreingenommener Entscheidungsträger aus der Fülle aller zugänglichen Informationsquellen schöpft, um eine ausgewogene Entscheidung zu finden, in diesem sensiblen und leicht zu beeinflussenden Prozess der Entscheidungsfindung der Regelfall sein. 38

Um diesen unionsrechtlichen Bedenken im Vorhinein zu begegnen, beschränken sich die Möglichkeiten der Nachholung, Heilung bzw. Ergänzung allein auf solche Fälle, in denen **die Fehlerbehebung nicht die Funktionsfähigkeit des Verfahrenselements beeinträchtigt.**[190] Zudem muss die Nachholung die **Ausnahme** bleiben und nicht zum Regelfall werden.[191] Dies bedeutet etwa in den Fällen des § 4 Abs. 1 Satz 1 Nr. 1 UmwRG, dass wegen der Schwere des Fehlerbildes die UVP – sofern überhaupt eine UVP-Pflicht bestand – nochmals (gänzlich) durchzuführen ist.[192] Es geht dann also *nicht* mehr darum, *Teilaspekte* des UVP-Verfahrens nachzuholen und in einen abgeschlossenen Verfahrensvorgang nachträglich »einzufügen«, so dass die Bereitschaft zur Ergebnisoffenheit mit dem Verfahrensneubeginn angenommen werden kann. Der aufgezeigte Weg dürfte die Anforderungen des Unionsrechts erfüllen.[193] In diese Richtung weist jedenfalls die *Wells*-Entscheidung des *EuGH*,[194] in der das Gericht dem betroffenen Mitgliedstaat die Befugnis einräumt, eine erteilte Genehmigung auszusetzen, um ein UVP-pflichtiges Projekt der erforderlichen UVP nachträglich zu unterziehen.[195] 39

§ 4a Verfahrensfehler

(aufgehoben)

186 *Schlacke* UPR Sonderheft 2016, 478 (482); a.A. wohl *Hofmann* EurUP 2015, 266 (270). Zur Heilung im unionsrechtlichen Kontext siehe *Kokott/Sobotta* NVwZ-Beilage 2013, 48 (51 ff.). Zur Europarechtskonformität der baurechtlichen Planerhaltungsregelungen siehe *Kment* AöR 130 (2005) 570.

187 *Kment* EuR 2006, 201 (223 ff.); *Hofmann* EurUP 2015, 266 (270); a.A. *Durner* VerwArch 97 (2006) 345 (350).

188 EuGH, Urt. v. 10.07.2001 – C-315/99 P, Slg. 2001, I-5281 Rn. 31; siehe auch EuGH, Urt. v. 22.09.1988 – C-187/87, Slg. 1988, 5013 Rn. 18. Siehe ergänzend OVG Münster, Urt. v. 09.12.2009 – 8 D 12/08. AK, NuR 2010, 583 (584).

189 EuG, Urt. v. 27.02.1992 – T-79/89 u.a., Slg. 1992, II-315 Rn. 73; vgl. auch EuGH, Urt. v. 21.11.1991 – C-269/90, Slg. 1991, I-5469 Rn. 26 f.

190 VG Hamburg, Beschl. v. 15.06.2016 – 7 E 1486/16, ZUR 2016, 497 (501); *Ziekow* NVwZ 2007, 259 (265); *Kment* NVwZ 2007, 274 (277). Siehe auch die Ausführungen unter Rdn. 35, 37.

191 BVerwG, Urt. v. 20.12.2011 - 9 A 31/10, NVwZ 2012, 575 Rn. 36; *Fellenberg/Schiller*, in: Landmann/Rohmer, Umweltrecht, § 4 UmwRG Rn. 14.

192 Siehe bereits Rdn. 35.

193 *Fellenberg/Schiller*, in: Landmann/Rohmer, Umweltrecht, § 4 UmwRG Rn. 14; *Schlacke*, in: Gärditz, VwGO, § 4 UmwRG Rn. 70; a.A. wohl *Hofmann* EurUP 2015, 266 (271).

194 EuGH, Urt. v. 07.01.2004 – C-201/02, Slg. 2004, I-723 Rn. 70. Siehe dazu auch *Durner* VerwArch 97 (2006) 345 (350); OVG Münster, Urt. v. 09.12.2009 – 8 D 12/08.AK, NuR 2010, 583 (584 f.).

195 Vgl. auch *Fellenberg/Schiller*, in: Landmann/Rohmer, Umweltrecht, § 4 UmwRG Rn. 102.

§ 5 Missbräuchliches oder unredliches Verhalten im Rechtsbehelfsverfahren

Einwendungen, die eine Person oder eine Vereinigung im Sinne des § 4 Absatz 3 Satz 1 erstmals im Rechtsbehelfsverfahren erhebt, bleiben unberücksichtigt, wenn die erstmalige Geltendmachung im Rechtsbehelfsverfahren missbräuchlich oder unredlich ist.

Übersicht

A. Unionsrechtlicher Hintergrund der gesetzlichen Regelung

1 Die Regelung des § 5 UmwRG ist Folge der EuGH-Entscheidung vom 15.10.2015,[1] mit der dieser die Präklusion nach § 2 Abs. 3 UmwRG a.F.[2] sowie § 73 Abs. 4 Satz 3 VwVfG – in Abweichung von der bis dahin überwiegend vertretenen Meinung in Rechtsprechung und Literatur[3] – für unionsrechtswidrig erklärte, soweit die Vorschriften die Gründe beschränken, »auf die ein Rechtsbehelfsführer seinen Rechtsbehelf gegen eine unter Art. 11 der Richtlinie 2011/92 und Art. 25 der Richtlinie 2010/75 fallende Verwaltungsentscheidung stützen kann«. Strukturprägend für das deutsche Verwaltungsrecht waren in der Vergangenheit sog. Präklusionsvorschriften, wobei die **formelle** Präklusion, welche nur die Zurückweisung von Einwendungen im laufenden Verfahren meint, von der **materiellen** Präklusion, nach welcher Einwendungen aufgrund eines Fristversäumnisses weder im laufenden noch in künftigen (insbesondere auch gerichtlichen) Verfahren gehört werden, zu unterscheiden ist.[4] Der EuGH-Entscheidung lagen Streitigkeiten über materielle Präklusionsanordnungen zugrunde.[5] Diese sollen einerseits der Effizienz und Beschleunigung des verwaltungsbehördlichen Verfahrens dienen, indem die Betroffenen angehalten werden, ihre Einwendungen möglichst frühzeitig vorzubringen, und andererseits den Interessen des Vorhabenträgers an Investitions- und Rechtssicherheit Rechnung tragen.[6]

2 Solche materielle Präklusionsvorschriften wurden zunächst an verfassungsrechtlichen Maßstäben gemessen, wobei insbesondere eine Verletzung des Art. 19 Abs. 4 GG diskutiert wurde.[7] In einer grundlegenden Entscheidung lehnte das BVerfG einen Verstoß gegen die grundrechtsgleiche Rechtsschutzgarantie ab, soweit die Erlangung gerichtlichen Rechtsschutzes nach der konkreten Ausgestaltung nicht vereitelt oder unzumutbar erschwert wird.[8] Letzteres wurde jedoch bspw. angenom-

---

1 EuGH, Rs. C-137/14, ECLI:EU:C:2015:683; hierzu *Fellenberg* NVwZ 2015, 1721 ff.; *Klinger* ZUR 2016, 33 ff.; *Kment* UPR 2016, 487 ff.; *Otto* NVwZ 2016, 292 ff.

2 Im Wortlaut: »Hat die Vereinigung im Verfahren nach § 1 Absatz 1 Satz 1 Gelegenheit zur Äußerung gehabt, ist sie im Verfahren über den Rechtsbehelf mit allen Einwendungen ausgeschlossen, die sie im Verfahren nach § 1 Absatz 1 Satz 1 nicht oder nach den geltenden Rechtsvorschriften nicht rechtzeitig geltend gemacht hat, aber hätte geltend machen können.«.

3 So BVerwG, NVwZ 2010, 1225 Rn. 107 f.; NVwZ 2011, 364; NVwZ 2012, 180 Rn. 21 ff.; NVwZ 2012, 176 Rn. 31 ff.; *Gärditz* NVwZ 2014, 1 (9); *Gellermann* NVwZ 2006, 7 (11); *Kment* EuR 2006, 201 (222 f.); *Siegel* DÖV 2012, 709 (713 f.) m.w.N. in Fn. 68. A.A. *Schwerdtfeger*, Aarhus-Konvention, S. 283 f. Weitere Nachw. zu den div. Meinungen finden sich auch bei *Guckelberger/Geber* EurUP 2014, 167 ff.

4 Zur Begrifflichkeit *Siegel* NVwZ 2016, 337 (338).

5 Das Verdikt erfasst demgegenüber nicht die formelle Präklusion, die bspw. in § 73 Abs. 6 Satz 1 VwVfG, § 21 Abs. 4 UVPG vorgesehen ist; allg. Ansicht, s. nur *Ludwigs*, NJW 2015, 3484 (3486).

6 Statt vieler *Hildebrandt/Koch* NVwZ 2017, 1099 (1100); *Weidermann* DÖV 2017, 933.

7 Eine Verletzung des Art. 103 Abs. 1 GG offenlassend: BVerfG, NVwZ 2018, 406 (407).

8 BVerfGE 61, 82 (109 f.) – Sasbach; ebenso BVerwGE 60, 297 (305 ff.) sowie Teile der Literatur (*Dietlein*, in: Landmann/Rohmer, Umweltrecht, 107. EL 2025, § 10 BImSchG [100. EL 2023] Rn. 160 f.; *Thiel* DÖV 2001, 814 [817 ff.]; *Streinz*, VerwArch 79 [1988], 272 [292 ff.]; anders *Wolfrum* DÖV 1979, 497;

men, wenn das Vorhaben unzureichend bekanntgemacht oder die Auslegungsfrist zu knapp bemessen wurde, wenn die ausgelegten Unterlagen unvollständig oder unverständlich waren, wenn die Einwendung auf Tatsachen beruhte, die erst nach Ablauf der Einwendungsfrist eingetreten waren oder wenn der Betroffene die Einwendungsfrist unverschuldet versäumt und erfolgreich Wiedereinsetzung in den vorigen Stand beantragt hatte.[9]

Vereinzelte Zweifel an der **Vereinbarkeit** der materiellen Präklusion mit Unionsrecht wurden schon länger geäußert, zunächst unter Verweis auf die EuGH-Entscheidungen Rs. C-312/93[10] und Rs. C-263/08[11] sowie den Effektivitätsgrundsatz,[12] später mit Blick auf die – durch die Öffentlichkeitsbeteiligungsrichtlinie 2003 nachträglich eingeführten – Art. 10a UVP-RL a.F. (jetzt: Art. 11 UVP-RL) und Art. 15a IVU-RL (jetzt: Art. 25 IE-RL).[13] Das BVerwG schloss sich – ebenso wie die überwiegende Literaturauffassung – diesen Zweifeln zunächst nicht an,[14] leitete eine Abkehr von seiner bisherigen Rechtsprechung jedoch mit Beschluss vom 05.01.2015 ein. In dieser Entscheidung ließ es die Revision eines Umweltverbandes mit der Begründung zu, dass es die dem Europäischen Gerichtshof seit dem vorangegangenen Jahr vorliegende Frage, ob die deutschen Präklusionsvorschriften mit Unionsrecht vereinbar sind, für »klärungsbedürftig« halte.[15] In dem in der Folge ergangenen Urteil vom 15.10.2015 hat der Gerichtshof die Unionsrechtswidrigkeit der Präklusionsanordnungen festgestellt: Die unionsrechtlichen Vorschriften dienen hiernach dem Ziel, Mitgliedern der betroffenen Öffentlichkeit den »Zugang zu einem Überprüfungsverfahren vor einem Gericht« zu ermöglichen. Ausweislich des EuGH stellten § 2 Abs. 3 UmwRG a.F. und § 73 Abs. 4 Satz 3 VwVfG hingegen »besondere Bedingungen auf, die die gerichtliche Kontrolle einschränken und die weder nach Art. 11 der Richtlinie 2011/92/EU noch nach Art. 25 der Richtlinie 2010/75/EU vorgesehen sind.«[16] Der von Seiten der Bundesrepublik geltend gemachte Aspekt der Rechtssicherheit konnte nicht durchgreifen. Recht lapidar entgegnete dem der EuGH, es sei »keineswegs erwiesen, dass eine umfassende gerichtliche Kontrolle der sachlichen Richtigkeit dieser Entscheidung **diesem Grundsatz abträglich sein könnte**«.[17] Der Konflikt zwischen den Grundsätzen der Rechtssicherheit und der Rechtmäßigkeit hoheitlichen Handelns wird damit zugunsten des letzteren aufgelöst; nach Auffassung des **GA Wathelet** werde dem Gedanken der Rechtssicherheit bereits durch die im deutschen Verwaltungsprozessrecht vorgesehenen Klagefristen[18] hinreichend genügt.[19] Ebenso wenig konnte der Einwand der Effizienz durchgreifen, denn ihm gegenüber genügt – so der EuGH – »der Hinweis darauf, dass das mit Art. 11 der Richtlinie 2011/92 und Art. 25 der Richtlinie 2010/75 angestrebte Ziel nicht nur darin besteht, den rechtsuchenden Bürgern einen möglichst weitreichenden Zugang zu gerichtlicher Überprüfung zu geben, sondern auch darin, eine umfassende materiellrechtliche und verfahrensrechtliche Kontrolle der Rechtmäßigkeit der angefochtenen Entscheidung 3

Papier NJW 1980, 313 ff.; *Erbguth*, Rechtssystematische Grundfragen des Umweltrechts, S. 264 ff.; *Beckmann*, Rechtsschutz, S. 217 ff.).

9 Hierzu BVerwGE 60, 297 (309 f.); BVerfGE 61, 82 (118).

10 EuGH, EuZW 1996, 636 f. – *Peterbroeck*; gegen eine Verallgemeinerung dieser Entscheidung hingegen *Schlacke* NuR 2007, 8 (15).

11 EuGH, NVwZ 2009, 1553 f. – *Djurgarden*; hierzu *Bunge* ZUR 2010, 20 (23); *Ziekow* NVwZ 2010, 793 (795).

12 So *Erbguth* UPR 2000, 81 (90); *v. Danwitz* UPR 1996, 323 (327) – mit Blick auf die in Fn. 10 genannten EuGH-Entscheidung; auch (noch) *Bunge*, in: Schlacke/Schrader/Bunge (Hrsg.), Informationsrechte, Öffentlichkeitsbeteiligung und Rechtsschutz im Umweltrecht, § 2 Rn. 60.

13 *Schwerdtfeger*, Aarhus-Konvention, S. 283 f.

14 Vgl. hierzu die Nachw. in Fn. 3.

15 BVerwG, Beschl. v. 05.01.2015 – 7 B 4.14 (7 C 1.15), BeckRS 2015, 10051; BeckRS 2015, 40926.

16 EuGH, Rs. C-137/14, ECLI:EU:C:2015:683, Rn. 78.

17 EuGH, Rs. C-137/14, ECLI:EU:C:2015:683, Rn. 79 (Hervorhebung durch Verf.).

18 §§ 58, 74 VwGO.

19 GA Wathelet, Rs. C-137/14, ECLI:EU:C:2015:344, Rn. 118.

zu ermöglichen«.[20] Umfänglicher Rechtsschutz ist demnach vorrangig zur Effizienz des gerichtlichen Verfahrens.[21]

4 Auch wenn die Entscheidung mit Blick auf die unions- und umweltrechtsfreundliche Rechtsprechung des EuGH nicht überrascht, so begründet sie doch bei näherem Hinsehen einen Fremdkörper innerhalb der umweltrechtlichen Verfahren: Ist hier eine Aufwertung des Verfahrensgedankens (hin von der »dienenden« Funktion zum Eigenwert)[22] zu beobachten, so fügt sich die EuGH-Entscheidung in diese Entwicklung nur auf den ersten Blick ein. Auf den zweiten Blick zeigt sich stattdessen eine ›Entkernung‹ des Verfahrens, wenn die relevanten Einwendungen gerade nicht mehr auf dieser Ebene ausgetauscht werden müssen, sondern in das Gerichtsverfahren getragen werden können.[23]

5 So klar die EuGH-Entscheidung im Hinblick auf die Unionsrechtswidrigkeit der streitgegenständlichen Vorschriften war, so offen und klärungsbedürftig blieb die Entscheidung in anderen Fragen.[24] Insbesondere unbeantwortet blieb die Frage, ob die Präklusionsvorschriften bei einem UVP-pflichtigen Vorhaben insgesamt unangewendet bleiben müssen oder das Präklusionsverbot nur umwelt- und naturschutzrechtliche Rügen betrifft. Während das BVerwG diese Frage zunächst offen ließ,[25] entschied sich das OVG NRW im Nachgang der bundesverwaltungsgerichtlichen Entscheidung für eine einschränkende Interpretation: »Der Einwendungsausschluss kann einem Rechtsschutzsuchenden aber dann nicht mehr entgegengehalten werden, wenn für das betreffende Planfeststellungsvorhaben die IE-RL gilt bzw. wenn die Einwendung Sachverhalte betrifft, die – wie hier – Gegenstand der Umweltverträglichkeitsprüfung im Sinne der UVP-RL waren oder hätten sein müssen, und soweit es sich um ›natur-, umwelt- und artenschutzrechtliche Rügen‹ handelt.«[26] Im Umkehrschluss bedeutete dies, dass ein Einwendungsausschluss im Hinblick auf sonstige Rügen durchaus möglich bleiben sollte.[27] Der 9. Senat des BVerwG erteilte jedoch bereits in einer Entscheidung vom 22.11.2016 dieser Interpretation eine Absage.[28] Recht lapidar verwies der BVerwG darauf, dass die »Präklusionsvorschrift des § 73 IV 3 VwVfG […] außer Betracht« bleibt, da »(d)ie Beschränkung der gerichtlichen Kontrolle auf Einwendungen, die im Verwaltungsverfahren innerhalb der dafür bestimmten Frist geltend gemacht worden sind [….] mit Art. 11 I der RL 2011/92/EU (UVP-Richtlinie) nicht vereinbar [sind]«.[29] Diese sehr offene Formulierung sowie der Umstand, dass klägerseitig (auch) nicht-umweltrelevante Einwendungen (»Bewirtschaftungserschwernisse und Ertragseinbußen«) vorgebracht wurden, belegt das weite – sämtliche Einwendungen erfassende – Verständnis. Dies entspricht der EuGH-Rechtsprechung, die in Umsetzung der **weiten** Formulierung von Richtlinientext und Art. 9 Abs. 2 Aarhus-Konvention erging.[30] Die Regelung in § 5 UmwRG ist somit auch parallel zu § 2 Abs. 1 Satz 1 Nr. 1 UmwRG gestaltet, wonach anerkannte Umweltvereinigungen geltend machen können, dass eine Entscheidung »Rechtsvorschriften, die für die Entscheidung von Bedeutung sein können« widerspricht; die frühere Beschränkung auf Vorschriften, »die dem Umweltschutz dienen«, wurde in Umsetzung der Aarhus-Konvention gestrichen.[31]

---

20 EuGH, Rs. C-137/14, ECLI:EU:C:2015:683, Rn. 80.

21 Zu Recht kritisch zur geringen Begründungstiefe des Urteils *Kment* UPR 2016, 487 ff.

22 Siehe hierzu Einl. Rdn. 3 ff., 16.

23 Siehe auch *Fellenberg* NVwZ 2015, 1721 (1724); einschränkend *Siegel* NVwZ 2016, 337 (341).

24 So auch noch unter Rdn. 9.

25 So in BVerwG, NVwZ 2016, 308 Rn. 25 f.

26 OVG NRW, Beschl. v. 30.01.2017 – 11 B 1058/16, BeckRS 2017, 101208, Rn. 24.

27 In diesem Sinne auch OVG NRW, Urt. v. 24.08.2016 – 11 D 2/14, BeckRS 2016 52710 Rn. 53; OVG NRW, Urt. v. 28.04.2016 – 11 D 33/13, BeckRS 2016 45422 Rn. 44.

28 BVerwG, NVwZ 2017, 627 ff., Rn. 11; ebenso BVerwG, NVwZ-RR 2017, 685 ff., Rn. 22. Kritisch hierzu *Hildebrandt/Koch* NVwZ 2017, 1099 ff.

29 BVerwG, NVwZ 2017, 627 ff., Rn. 11.

30 Hierzu detailliert *Schlacke* NVwZ 2017, 905 (909).

31 Vgl. Entscheidung des Compliance Committee vom 20.12.2013, ACCC/C/2008/31; Beschluss V/9h der 5. Vertragsstaatenkonferenz vom 02.07.2014.

Der Bundesgesetzgeber reagierte mit einer umfassenden Streichung materieller Präklusionsanordnungen durch das Gesetz zur Modernisierung des Rechts der Umweltverträglichkeitsprüfung vom 20.7.2017.[32] Im Mittelpunkt standen die Vorschriften des Umweltrechtsbehelfsgesetzes: § 2 Abs. 3 a.F. UmwRG wurde aufgehoben, und § 7 Abs. 4 UmwRG n.F. stellt nunmehr fest, dass § 73 Abs. 4 Satz 3–6 VwVfG im Rechtsbehelfsverfahren gegen eine Entscheidung nach § 1 Abs. 1 Satz 1 Nr. 1–2b UmwRG keine Anwendung findet – eine Ausnahme für Pläne und Programme nach der SUP-Richtlinie enthält § 7 Abs. 3 Satz 1 UmwRG (vgl. § 3 Abs. 3 BauGB).[33] Auch die fachgesetzlichen Präklusionsanordnungen wurden gestrichen, da das Verdikt der Unionsrechtswidrigkeit – legt man die EuGH-Rechtsprechung zu Grunde – auch diese trifft.[34] Zu benennen sind namentlich die Änderungen in § 10 Abs. 3 Satz 5 BImSchG n.F. für immissionsschutzrechtliche Verfahren sowie § 3 Abs. 2 BauGB n.F. i.V.m. der Streichung des § 47 Abs. 2a VwGO a.F. für das bauplanungsrechtliche Verfahren.[35] Die Fachplanungsgesetze[36] verweisen nun auf § 18 Abs. 1 Satz 4 UVPG n.F., der nicht mehr § 73 Abs. 4 VwVfG, sondern nur noch § 73 Abs. 5–7 VwVfG benennt. 6

Formelle Präklusionsanordnungen bleiben aufrechterhalten oder wurden stellenweise in Ersetzung der materiellen Präklusionen neu eingeführt.[37] Dies ist mit Blick auf die eingangs zitierte EuGH-Entscheidung zwar unionsrechtlich unproblematisch, jedoch rechtspolitisch fragwürdig: Unter Berücksichtigung des Ausschlusses der materiellen Präklusion wäre einer entscheidungsbefugten Behörde der Verweis auf die formelle Präklusion wenig zu empfehlen, da die zurückgestellten Einwände im Klageverfahren wieder vorgebracht werden könnten. 7

Die gesetzlichen Regeln verdeutlichen, dass sich – im Einklang mit der BVerwG-Rechtsprechung – der Gesetzgeber für ein weites Verständnis entschieden hat, nach dem das Präklusionsverbot sämtliche Einwendungen und nicht nur solche mit Umweltrelevanz betrifft. Die Verbesserung der Rechtsverwirklichung wird mit Einbußen der Rechts- und Investitionssicherheit erkauft, auch da dem Kläger der Umfang seiner Einwendungsobliegenheit nicht immer deutlich vor Augen stehen wird.[38] Politisch scheint die Ausweitung von Präklusionsvorschriften daher immer dann angezeigt, wenn es um die Durchsetzung von Beschleunigungsimpulsen geht.[39] Der unionsrechtliche Rahmen hierfür ist jedoch – wie gesehen – eng beschränkt.[40] 8

32 BGBl. I, S. 2808. Die Unzulässigkeit der materiellen Präklusion wurde schon im Jahr 2015 durch das EuGH-Urteil vom 15.10.2015 festgestellt. Daher war die materielle Präklusionsregelung bereits ab diesem Zeitpunkt nicht mehr anzuwenden, auch wenn die entsprechenden Rechtsänderungen im UmwRG erst durch die Novelle von 2017 vorgenommen wurden.

33 Siehe jedoch auch Satz 2, der hiervon wiederum eine Rückausnahme für Bebauungspläne nach § 10 BauGB macht. Insgesamt hierzu noch unter § 7 Rdn. 16.

34 Für § 10 Abs. 3 Satz 5 BImSchG explizit OVG NRW, ZUR 2016, 364 ff.

35 Jeweils durch das Gesetz zur Anpassung des Umwelt-Rechtsbehelfsgesetzes und anderer Vorschriften an europa- und völkerrechtliche Vorgaben vom 29.05.2017 (BGBl. I, S. 1298).

36 § 18a Abs. 5 Nr. 1, § 18dSatz 1 AEG; § 17a Abs. 5 Satz 1, § 17d Satz 1 FStrG; § 14a Abs. 5 Satz 1, § 14d Satz 1 WaStrG; § 6 Abs. 7, § 10 Abs. 2 Satz 1 Nr. 3 LuftVG; § 2 Nr. 2, § 2c Satz 1 MBPlG; § 43a Nr. 3 Satz 1, § 43d Satz 1 EnWG.

37 § 21 Abs. 4 Satz 1, § 42 Abs. 3 UVPG; § 3 Abs. 2 Satz 4 2. HS Nr. 3 BauGB; § 10 Abs. 3 Satz 9, § 23b Abs. 2 Satz 7 BImSchG.

38 Siehe hierzu noch unter Rdn. 13.

39 So formuliert schon der Koalitionsvertrag der Vorgängerregierung (»Mehr Fortschritt wagen: Bündnis für Freiheit, Gerechtigkeit und Nachhaltigkeit«, Koalitionsvertrag 2021–2025 zwischen SPD, Bündnis 90/Die Grünen und FDP für die 20. Legislaturperiode) das ambitionierte Ziel, »eine wirksame und unionsrechtlich zulässige Form der materiellen Präklusion« wiedereinzuführen (S. 13). Auch der Koalitionsvertrag der jetzigen Regierung (»Verantwortung für Deutschland«, Koalitionsvertrag zwischen CDU/CSU und SPD für die 21. Legislaturperiode) macht es sich zur Aufgabe zu prüfen, wieweit bspw. Präklusionsregelungen »den Ausbau der Erneuerbaren Energien durch Planungserleichterung beschleunigen« können (Z 976–980).

40 So auch explizit BT-Drs. 19/31266, S. 14.

9 Der EuGH ergänzte in der Entscheidung vom 15.10.2015, dass »der nationale Gesetzgeber spezifische Verfahrensvorschriften vorsehen [kann], nach denen z. B. ein missbräuchliches oder unredliches Vorbringen unzulässig ist«. Welcher Art diese **spezifischen Verfahrensvorschriften** sein können, ist aufgrund der unbestimmten Formulierung[41] umstritten. Nach durchaus plausibler Auffassung[42] erlaubt der Gerichtshof hiernach die Beibehaltung von Präklusionsvorschriften, sofern diese nicht – wie bislang – zu einer unverhältnismäßigen Beschränkung der Klagemöglichkeit führen. Dies müsste bspw. durch verlängerte Fristenregelungen oder administrative Flexibilität sichergestellt werden. Der Bundesgesetzgeber hat sich mit dem Erlass des § 5 UmwRG hingegen eng an die Formulierung des EuGHs angelehnt. Die Vorschrift ist gemeinsam mit § 6 UmwRG zu lesen, der durch Festlegung einer Klagebegründungsfrist die Klagemöglichkeiten innerhalb des vom EuGH gezogenen Rahmens beschränken soll.

B. Entstehungsgeschichte

10 § 5 UmwRG wurde in der nun geltenden Fassung durch Artikel 1 des Gesetzes zur Anpassung des Umwelt-Rechtsbehelfsgesetzes und anderer Vorschriften an europa- und völkerrechtliche Vorgaben vom 29.05.2017 eingeführt.[43] Er hat bisher keine weiteren Änderungen erfahren.

C. Inhalt

11 Wie der Wortlaut unmissverständlich belegt, erfasst der **persönliche Anwendungsbereich** der Vorschrift (natürliche) Personen und (anerkannte) Vereinigungen i.S.d. § 4 Abs. 3 Satz 1 UmwRG. Dies entspricht der EuGH-Entscheidung vom 15.10.2015, die ebenfalls mit Art. 2 Abs. 3 UmwRG die Verbandspräklusion und mit § 73 Abs. 4 Satz 3 VwVfG die Individualpräklusion erfasste.[44] **Sachlich** betrifft die Regelung die in § 1 Abs. 1 Satz 1 UmwRG genannten umweltrechtlichen Verfahren. Die geplante[45] Anpassung des sachlichen Anwendungsbereichs des UmwRG würde entsprechend auch den Anwendungsbereich des § 5 UmwRG betreffen.

12 Der Gesetzgeber hat (leider) die – äußerst unbestimmte[46] – Formulierung des EuGHs übernommen, wonach erstmalig im Rechtsbehelfsverfahren erhobene Einwendungen unberücksichtigt bleiben, wenn »die erstmalige Geltendmachung im Rechtsbehelfsverfahren **missbräuchlich oder unredlich** ist«. **Einwendungen** sind »sachliches, auf die Verhinderung oder Modifizierung des [Plans oder Vorhabens] zielendes Gegenvorbringen«.[47] Es handelt sich dabei um einen Tatsachenvortrag, nicht um die Rüge der Verletzung rechtlicher Bestimmungen.[48] Der Begriff des **Rechtsbehelfsverfahrens** umfasst dem Wortlaut nach sowohl das Widerspruchsverfahren als auch nachgelagerte gerichtliche Verfahren erster oder höherer Instanz sowie des vorläufigen Rechtsschutzes. Der vom Gesetzgeber gewählte Begriff ist – in Anlehnung an die deutsche Sprachfassung der EuGH-Entscheidung[49] – denkbar weit gefasst. Entsprechend der Funktion der Regelung, den Austausch von Sachargumenten auf der Verwaltungsebene zu forcieren, liegt es jedoch nahe, den Anwendungsbereich der Regelung

41 Keine weitere Konkretisierung enthält auch die Mitteilung der Kommission über den Zugang zu Gerichten in Umweltangelegenheiten vom 28.04.2017, C(2017)2616 final, abrufbar unter http://ec.europa.eu/environment/aarhus/pdf/notice_accesstojustice_de.pdf (zuletzt abgerufen am 30.10.2025), Rn. 122.

42 *Kahl* JZ 2016, 666 (670); *Kment/Lorenz* EurUP 2016, 47 (57); *Siegel* NVwZ 2016, 337 (341); *ders.* ZUR 2017, 451 (455). Wohl a.A. *Fellenberg* NVwZ 2015, 1721 (1723 f.).

43 BGBl. I, S. 1298; in Kraft getreten am 02.06.2017. Zur Entstehungsgeschichte *Fellenberg/Schiller*, in: Landmann/Rohmer, Umweltrecht, 107. EL 2025, § 5 UmwRG (86. EL 2018) Rn. 5 ff.

44 Hierzu *Siegel* NVwZ 2016, 337 (340).

45 Vgl. Referentenentwurf des Bundesministeriums für Umwelt, Klimaschutz, Naturschutz und nukleare Sicherheit, Juli 2025.

46 So auch *Siegel* ZUR 2017, 451 (455). Nach *Rieger/Groß* NZBau 2017, 195 (198) behält es sich der EuGH hierdurch selbst vor zu entscheiden, wann ein missbräuchliches Verhalten vorliegt.

47 BVerwGE 60, 297 (300).

48 OVG Hamburg, ZUR 2019, 37 (39).

49 EuGH, Rs. C-137/14, ECLI:EU:C:2015:683, Rn. 75.

auf das gerichtliche Verfahren zu beschränken.[50] Dies entspricht auch der englischen Sprachfassung, die den Begriff der **legal proceedings** verwendet.

Die Vorschrift setzt des Weiteren voraus, dass Einwendungen **erstmalig** im Rechtsbehelfsverfahren erhoben werden müssen. Dies führt zu der Frage, wann eine Einwendung als bereits **erhoben** gilt. Welche Anforderungen an ihre Substantiierung zu stellen sind, hat das BVerwG für Einwendungen Privater und Einwendungen von Verbänden in Abhängigkeit von den unterschiedlichen Funktionen der Betroffenen- und der Verbändebeteiligung differenziert bestimmt.[51] Besonders für Verbände, deren Beteiligungsrecht »der Mobilisierung natur- oder umweltschutzfachlichen Sachverstandes« dient,[52] gelten strenge Anforderungen,[53] die sich auch auf die Präklusionswirkungen beziehen. Die Vereinigungen sind daher angehalten, bereits im Verwaltungsverfahren ihre Sachkunde einzubringen, um die Bewältigung der Konflikte zwischen Infrastrukturplanung und Natur-, Landschafts- und Umweltschutz voranzutreiben. Insoweit dienen Einwendungsfristen der Generierung externen Sachverstandes und damit korrespondierend dem Abbau von Vollzugsdefiziten.[54] Dementsprechend erkennt die Rechtsprechung eine Mitwirkungslast der Verbände, ihre Einwände in einer der Problembewältigung fördernder Weise einzubringen. Die Einwendungsfrist soll zugleich der Rechtssicherheit der Begünstigten dienen, die auf diese Weise vor einem überraschenden Prozessvortrag geschützt werden sollen.[55] 13

Die Anhörung Planbetroffener soll diesen hingegen die Gelegenheit bieten, »ihre individuellen Betroffenheiten zu artikulieren«. Zu diesem Zweck müssen betroffene Private darlegen, welches Rechtsgut das Vorhaben aus ihrer Sicht gefährdet und welche nachteiligen Folgen sie befürchten.[56] Nicht anzugeben brauchen sie, auf welche Weise die Beeinträchtigung im Einzelnen verursacht wird. Der Begriff der **Einwendung** schließt nach der Interpretation der Rechtsprechung die Begründung des Abwehranspruchs gerade nicht ein.[57] Es genügen Ausführungen, die dem »durchschnittlichen Wissen eines nicht sachverständigen Bürgers« in Bezug auf mögliche Beeinträchtigungen der Rechtsgüter entsprechen.[58] Mögliche Beeinträchtigungen, die in der Sphäre des Einwenders liegen (so bspw. dessen besondere Empfindlichkeit), müssen – um berücksichtigungsfähig zu bleiben – von diesem hingegen rechtzeitig eingebracht werden.[59] 14

Missbräuchlich oder **unredlich** kann – nach der gesetzgeberischen Begründung – ein erstmaliges Vorbringen etwa dann sein, »wenn der Rechtsbehelfsführer im Verwaltungsverfahren erklärt oder auf andere Weise deutlich gemacht hat, dass entsprechende Einwendungen nicht bestehen«.[60] Damit wird ein spezieller Anwendungsfall des **venire contra factum proprium** beschrieben.[61] Die Vorschrift 15

50 Im Ergebnis ebenso *Fellenberg/Schiller*, in: Landmann/Rohmer, Umweltrecht, 107. EL 2025, § 5 UmwRG (86. EL 2018) Rn. 15.

51 BVerwG, NVwZ 2012, 176, Rn. 34.

52 Vgl. hierzu auch § 10 Abs. 3a BImSchG, der durch Art. 3 des Gesetzes zur Anpassung des Umwelt-Rechtsbehelfsgesetzes und anderer Vorschriften an europa- und völkerrechtliche Vorgaben (UmwRGuaÄndG 2017) vom 29.05.2017 (BGBl. I, S. 1298) neu eingefügt wurde: »Nach dem Umwelt-Rechtsbehelfsgesetz anerkannte Vereinigungen sollen die zuständige Behörde in einer dem Umweltschutz dienenden Weise unterstützen.«.

53 BVerwG, NVwZ 2012, 176, Rn. 34.

54 Vgl. BT-Drs. 14/6378, S. 61.

55 BVerwGE 118, 15 (17 f.); BVerwGE 134, 166 Rn. 46.

56 So im Hinblick auf das immissionsschutzrechtliche Verfahren *Jarass*, BImSchG, § 10 Rn. 85.

57 BVerwGE 60, 297 (311).

58 BVerfGE 61, 82 (117 f.).

59 BVerwGE 60, 297 (311).

60 BT-Drs. 18/9526, S. 41. S. auch VGH München, Urt. v. 15.03.2021 – 8 A 18.0041, BeckRS 2021, 6122, 4. Ls.

61 Zur Frage, ob die Regelung unter Betrachtung des allgemeinen Verwirkungsgedankens entbehrlich ist, *Fellenberg/Schiller*, in: Landmann/Rohmer, Umweltrecht, 107. EL 2025, § 5 UmwRG (86. EL 2018) Rn. 10.

ist der unionsrechtlichen Stoßrichtung entsprechend eng auszulegen.[62] Generell wird dem Vorwurf missbräuchlichen Verhaltens eine subjektive Komponente zugeschrieben,[63] welche insbesondere in Fällen der Arglist zu bejahen ist.[64] In der Rechtsprechung wird daher gefordert, dass »dem Betroffenen bei der gebotenen Gesamtbetrachtung in subjektiver Hinsicht ein Vorwurf gemacht werden kann und der späte Zeitpunkt des Vorbringens auf einer bewussten Entscheidung beruht«.[65] Insbesondere ein im Verfahren beobachtbarer Erkenntnisgewinn, der zur Einbringung neuer Einwendungen führt, ist nicht ausreichend.[66] Gleiches gilt für die Nichtbeteiligung am Anhörungsverfahren.[67] Bezugspunkt des Missbrauchs bzw. der Unredlichkeit ist nicht der Inhalt der Einwendung, sondern der Zeitpunkt ihrer Geltendmachung.[68] Die subjektive Komponente wird auch in dem neuen »Entwurf eines Gesetzes zur Änderung des Umwelt-Rechtsbehelfsgesetzes und weiterer umweltrechtlicher Vorschriften« aufgegriffen. Danach soll in einem § 5 neu angefügten Satz 2 klargestellt werden, dass »die erstmalige Geltendmachung einer Einwendung im Rechtsbehelfsverfahren« missbräuchlich oder unredlich ist, »wenn dem Rechtsbehelfsführer die Einwendung bereits im Verwaltungsverfahren bekannt war und er sie in vorwerfbarer Weise mit Verzögerungsabsicht erst im Rechtsbehelfsverfahren geltend macht«.[69] Mit der gesetzlichen Normierung der »Vorwerfbarkeit« und der »Verzögerungsabsicht« wird die oben zitierte Rechtsprechung[70] in Gesetzesform gegossen.

16 Bei **Rechtsbehelfen anerkannter Umweltvereinigungen** wird ein missbräuchliches oder unredliches Verhalten vom Gesetzgeber auch dann angenommen, »wenn die im Rechtsbehelfsverfahren erstmalige Erhebung bestimmter Einwendungen, die der Vereinigung bereits im Zulassungsverfahren bekannt waren, den Schutzanliegen und Umweltbelangen, als deren Sachwalter sich die Vereinigung versteht, zuwiderläuft«,[71] sich die Vereinigung im Hinblick auf ihre Handlungsziele und ihre Rolle als »Quasi-Verwaltungshelfer«[72] also »unvernünftig«[73] verhält.[74] Hierdurch wird jedoch eine Beteiligungspflicht der Verbände suggeriert, welche in solcher Breite nicht existiert[75] und zudem die Rechtsschutzposition der Verbände ungerechtfertigterweise beschränkt. In der Rechtsprechung finden sich daher konsequenterweise Entscheidungen, wonach die Nichtbeteiligung am Anhörungs-

62 OVG Koblenz, Urt. v. 06.11.2019 – 8 C 10240/18.OVG, BeckRS 2019, 30636, Rn. 76; OVG Hamburg, ZUR 2019, 37 (39).

63 *Schlacke* NVwZ 2017, 905 (910).

64 Vgl. VG Osnabrück, Urt. v. 04.11.2015 – 3 A 88/14, BeckRS 2015 55585; *Kment* EurUP 2016, 47 (57).

65 BVerwG, Urt. v. 12.06.2019 – 9 A 2.18, BeckRS 2019, 20641, Rn. 38; VGH Mannheim, Urt. v. 11.12.2023 – 10 S 1914/22, Rn. 120; VGH München, Urt. v. 15.03.2021 – 8 A 18.0041, BeckRS 2021, 6122, Rn. 63.

66 So OVG Koblenz, Urt. v. 06.11.2019 – 8 C 10240/18.OVG, BeckRS 2019, 30636, Rn. 76 in Anlehnung an *Schlacke* NVwZ 2017, 905 (910).

67 BVerwGE 166, 1 (38 f.), Urt. v. 12.06.2019 – 9 A 2.18; BVerwG, Urt. v. 25.05.2023 – 7 A 7.22, NVwZ 2023, 1733, Rn. 25; OVG Münster, Urt. v. 03.09.2021 – 11 D 77/19.AK, BeckRS 2021, 30468, Rn. 27 f.; *Fellenberg/Schiller*, in: Landmann/Rohmer, Umweltrecht, 107. EL 2025, § 5 UmwRG (86. EL 2018) Rn. 21. Explizit auch für Umweltvereinigungen VGH München, Urt. v. 15.03.2021 – 8 A 18.0041, BeckRS 2021, 6122, Rn. 63, 65; OVG Hamburg, ZUR 2019, 37 (39).

68 VGH Mannheim, Urt. v. 11.12.2023 – 10 S 1914/22, Rn. 120.

69 Vgl. Referentenentwurf des Bundesministeriums für Umwelt, Klimaschutz, Naturschutz und nukleare Sicherheit, Juli 2025.

70 Vgl. Fn. 65.

71 BT-Drs. 18/9526, S. 41.

72 In Anlehnung an BVerwGE 152, 10, Rn. 25.

73 BT-Drs. 18/9526, S. 41.

74 Deutlich krit. hierzu *Franzius*, in: Schink/Reidt/Mitschang, UVPG/UmwRG, § 5 Rn. 6; *ders.* NuR 2019, 649 (653).

75 Dies ergibt sich auch im Umkehrschluss aus § 2 Abs. 1 Nr. 3a UmwRG (OVG Lüneburg, NVwZ-RR 2019, 631 [632]), wodurch zugleich die Soll-Verpflichtungen nach § 10 Abs. 3a BImSchG, § 18 Abs. 1 Satz 3 UVPG relativiert werden. Hierzu auch *Guckelberger* NuR 2020, 505 (512). Vgl. andererseits *Fellenberg/Schiller*, in: Landmann/Rohmer, Umweltrecht, 107. EL 2025, § 5 UmwRG (86. EL 2018) Rn. 22 f.

verfahren – ebenso wie bei Privatpersonen – unerheblich ist.[76] Auch die Neufassung durch den Referentenentwurf greift eine Differenzierung zwischen den Rechtsbehelfen Privater und jenen anerkannter Umweltvereinigungen nicht auf und stützt hierdurch (zumindest indirekt) die vorliegende Rechtsauffassung.

Das rechtsmissbräuchliche Verhalten muss im Einzelfall festgestellt werden und aus objektiven Kri- 17
terien und Umständen ableitbar sein. Die Beweislast liegt bei der Verwaltung,[77] um dem Effektivitätsgrundsatz des Unionsrechts Rechnung zu tragen. Der Beweis ist insbesondere im Hinblick auf den Vorwurf der Arglist schwierig zu führen. Daran wird auch eine Anpassung der Vorschrift durch den Referentenentwurf nichts ändern, da gerade die »Verzögerungsabsicht« schwer zu belegen sein wird. Eine weitere Konkretisierung der Missbrauchsklausel durch Regelbeispiele, die im Rahmen der Sachverständigenanhörung empfohlen wurde,[78] ist unterblieben. Durch die zugleich unbestimmte Formulierung wird die Entscheidung über den Anwendungsraum der Vorschrift in die Rechtsanwendung verschoben. Dies wird zu Recht kritisiert.[79] Es ist anzunehmen, dass die Gerichte aus Furcht vor einer unionsrechtswidrigen Auslegung in der Anwendung äußerst zurückhaltend bleiben werden, so dass die Vorschrift keinen beachtenswerten Anwendungsbereich erringen wird.[80] Dies bestätigen auch die hierzu bereits ergangenen Entscheidungen.[81] Das mit der Regelung verfolgte Ziel, Investitionsrisiken zu verringern,[82] wird hierdurch nicht erreicht werden.

D. Bewertung

Die Entwicklung zeigt, dass »die Schlacht« um die nationalen Präklusionsvorschriften weitgehend[83] 18
»verloren ist«.[84] Auch der Einwand des Rechtsmissbrauchs nach § 5 UmwRG wird wohl nur einen minimalen Anwendungsbereich haben. Die Ausweitung der Verbandsklagerechte begründet zugleich eine Tendenz zu objektiver Rechtskontrolle, auch wenn der EuGH abweichend von der Einschätzung des Generalanwalts **Wathelet** keine Unionsrechtswidrigkeit des § 113 Abs. 1 VwGO erkannt hat.[85] Dies alles führt zu einer Verschiebung der Gewaltenbalance. Denn während die Gerichte traditionell

76 Vgl. Fn. 65. In diesem Sinne auch *Behnsen* NVwZ 2021, 119 (120).

77 OVG Koblenz, Urt. v. 06.11.2019 – 8 C 10240/18.OVG, BeckRS 2019, 30636, Rn. 76; *Ludwigs* NJW 2015, 3484 (3485 ff.); *Schlacke* UPR 2016, 478 (485); *dies.* NVwZ 2017, 905 (910). Vgl. hierzu auch ausf. *Fellenberg/Schiller*, in: Landmann/Rohmer, Umweltrecht, 107. EL 2025, § 5 UmwRG (86. EL 2018) Rn. 25 ff.

78 Stellungnahme von *Prof. Dr. S. Schlacke* zum Entwurf eines Gesetzes zur Anpassung des UmwRG und anderer Vorschriften an europa- und völkerrechtliche Vorgaben (S. 6), Ausschuss für Umwelt, Naturschutz, Bau und Reaktorsicherheit vom 21.09.2016, Ausschuss-Drs. 18(16)417-C, abrufbar unter https://www.bundestag.de/blob/461924/413c02144294c3c38da083895643fc51/18–16–417-c_anhoerung_umwelt-rechtsbehelfsgesetz_prof_dr_sabine_schlacke-data.pdf (abgerufen am 30.10.2025). Als weiteres Bsp. benennt *Schlacke* den Fall eines Klägers, der Einwendungen arglistig verschweigt, um sich im Klageverfahren Vorteile zu verschaffen.

79 *Schlacke*, Stellungnahme (o. Fn. 78), S. 6; *Siegel* ZUR 2017, 451 (455). A.A. *Franzius*, in: Schink/Reidt/Mitschang, UVPG/UmwRG, § 5 Rn. 4.

80 Vgl. auch *Ludwigs* NJW 2015, 3484 (3486): »kaum sinnvoll zu führende(r) Beweis«; *Klinger* ZUR 2016, 33 (42): Anwendbarkeit nur in »krassen Ausnahmefällen«. Ebenso *Fellenberg* NVwZ 2015, 1721 (1724); *Kment* UPR 2016, 487 (490); *Schlacke* NVwZ 2017, 905 (910); *Siegel* NVwZ 2016, 337 (340 f.). Einen engen Anwendungsbereich letztlich begrüßend *Schüren/Kramer* ZUR 2016, 400 (416).

81 Vgl. nur BVerwG, Urt. v. 12.06.2019 – 9 A 2.18, BeckRS 2019, 20641, Rn. 38 f.; OVG Koblenz, Urt. v. 06.11.2019 – 8 C 10240/18.OVG, BeckRS 2019, 30636, Rn. 76 sowie die Nachw. in Fn. 62, 65, 66.

82 EuGH, Rs. C-137/14, ECLI:EU:C:2015:683, Rn. 80 f.

83 Die einzige Ausnahme bildet § 7 Abs. 3 UmwRG, der sich allerdings dem Vorwurf der Völkerrechtswidrigkeit ausgesetzt sieht; vgl. § 7 Rdn. 15.

84 *Durner* im Rahmen des Forum Umweltrechtsschutz 2017 nach *Lutz/Grandjot* ZUR 2018, 185; *Kment* UPR 2016, 487 ff.

85 EuGH, Rs. C-137/14, ECLI:EU:C:2015:683, Rn. 28 ff.

auf die Prüfung einer durch Verwaltungsentscheidung herbeigeführten Rechtsverletzung ausgerichtet sind, werden sie zunehmend zu einer umfassenden Rechtmäßigkeitskontrolle – auch unter Berücksichtigung neuer Einwendungen und evtl. unter Zuhilfenahme aufwändiger Gutachten – verpflichtet. Während die Behörden bisher unter Berücksichtigung neuer Einwendungen die Möglichkeit hatten, Fehler vor der Entscheidung zu korrigieren, werden nunmehr manche Einwendungen erst im Rahmen des Gerichtsverfahrens geprüft. Dieser Erweiterung des Kontrollumfangs könnte mit einer Verminderung der Kontrolldichte begegnet werden. Die europäischen Regelungen stellen es den Mitgliedstaaten weitgehend frei, die Reichweite der gerichtlichen Kontrollbefugnis zu bestimmen.[86] So eingängig daher diese Idee auf den ersten Blick erscheint, so wenig überzeugt der Ansatz auf den zweiten Blick. Zunächst gleichen Rechtsordnungen, die nur eine geringe materiell-rechtliche Kontrolldichte kennen, dies mit einer Fokussierung auf verfahrensrechtliche Fragen aus.[87] Eine entsprechende Betonung der Verfahrensvorgaben kennt das deutsche Verwaltungsrecht jedoch (noch) nicht. Zudem erscheint es inkohärent innerhalb und außerhalb UVP- und SUP-pflichtiger Vorhaben und Pläne unterschiedliche Prüfungsmaßstäbe anzuwenden. Schließlich enthalten UVP- und SUP-pflichtige Vorhaben und Pläne in vielen Fällen Ermessens- und Abwägungsentscheidungen, deren Überprüfung bereits auf eine »Fehlersuche« beschränkt ist.

19 Dass eine Verfahrensbeschleunigung, insbesondere mit Blick auf die Errichtung einer (zukunftsfähigen) Infrastruktur, erforderlich (und politisch gewollt) ist, wird zunehmend offensichtlich. Der (weitgehende) Wegfall der materiellen Präklusion bedingt hingegen tendenziell eher eine inhaltliche wie rechtliche Verdichtung und damit erhöhte Komplexität wie Dauer der Gerichtsverfahren.[88] Zu überlegen bleibt, wie das Ziel der Straffung des Prozessstoffes und damit die Beschleunigung des Gesamtverfahrens auch durch eine eventuelle Anpassung des § 5 UmwRG zu erreichen ist. In diesem Sinne ist an eine Definition vorrangiger Projekte zu denken, hinsichtlich welcher engere Anforderungen (etwa jegliche Verzögerungswirkung) für den Einwendungsausschluss als hinreichend erachtet werden.[89] Teilweise wird auch über eine Anpassung des § 7 Abs. 4 UmwRG nachgedacht.[90] An dieser Stelle ist es Aufgabe des Gesetzgebers, die bestehenden Handlungsoptionen unter Berücksichtigung der unionsrechtlichen Vorgaben auszuloten. Die geplante Neufassung durch den Referentenentwurf erscheint hierbei nicht als großer Wurf, sondern beschränkt sich im Wesentlichen auf die Normierung der gerichtlichen Praxis.

§ 6 Klagebegründungsfrist

Eine Person oder eine Vereinigung im Sinne des § 4 Absatz 3 Satz 1 hat innerhalb einer Frist von zehn Wochen ab Klageerhebung die zur Begründung ihrer Klage gegen eine Entscheidung im Sinne von § 1 Absatz 1 Satz 1 oder gegen deren Unterlassen dienenden Tatsachen und Beweismittel anzugeben. Erklärungen und Beweismittel, die erst nach Ablauf dieser Frist vorgebracht werden, sind nur zuzulassen, wenn die Voraussetzung nach § 87 b Absatz 3 Satz 1 Nummer 2 der Verwaltungsgerichtsordnung erfüllt ist. § 87 b Absatz 3 Satz 2 und 3 der Verwaltungsgerichtsordnung gilt entsprechend. Die Frist nach Satz 1 kann durch den Vorsitzenden oder den Berichterstatter auf Antrag verlängert werden, wenn die Person oder die Vereinigung in dem Verfahren, in dem die angefochtene Entscheidung ergangen ist, keine Möglichkeit der Beteiligung hatte. Die

86 Mitteilung der Kommission über den Zugang zu Gerichten in Umweltangelegenheiten vom 28.04.2017, C(2017)2616 final, abrufbar unter http://ec.europa.eu/environment/aarhus/pdf/notice_accesstojustice_de.pdf (zuletzt abgerufen am 30.10.2025), Rn. 123 f.

87 So auch Mitteilung der Kommission über den Zugang zu Gerichten in Umweltangelegenheiten vom 28.04.2017, C(2017)2616 final, abrufbar unter http://ec.europa.eu/environment/aarhus/pdf/notice_accesstojustice_de.pdf (zuletzt abgerufen am 30.10.2025), Rn. 123.

88 *Fellenberg/Schiller*, in: Landmann/Rohmer, Umweltrecht, 107. EL 2025, § 5 UmwRG (86. EL 2018) Rn. 3.

89 In diesem Sinne *Pfannkuch/Schönfeldt* NVwZ 2020, 1557 (1560).

90 Siehe hierzu *Durner* UPR 2020, 443 ff.

vorstehenden Sätze gelten entsprechend für Fälle, in denen das gerichtliche Verfahren zur Durchführung eines Planergänzungs- oder Planänderungsverfahrens ausgesetzt wurde und später fortgesetzt wird; die Frist läuft ab Fortsetzung des gerichtlichen Verfahrens.

Übersicht Rdn.

A. Einleitung

§ 6 UmwRG, der durch Artikel 1 des Gesetzes zur Anpassung des Umwelt-Rechtsbehelfsgesetzes und anderer Vorschriften an europa- und völkerrechtliche Vorgaben vom 29.05.2017 eingeführt wurde,[1] greift den vorherigen – im Jahre 2013 eingeführten[2] – § 4a Abs. 1 UmwRG auf: Die hierin vorgesehene Klagebegründungsfrist wurde von sechs auf zehn Wochen verlängert. Zugleich wurden die Gründe zur Zulassung verspäteten Vorbringens reduziert. Die frühere Ermessensregelung wurde in eine gebundene Entscheidung umgewandelt. Die Regelung soll zur Straffung des Gerichtsverfahrens beitragen, indem der Prozessstoff zu einem frühen Zeitpunkt handhabbar gemacht wird.[3] Gemäß § 8 Abs. 1 Satz 2 UmwRG findet diese Vorgabe nur auf Rechtsbehelfe gegen Entscheidungen nach § 1 Abs. 1 Satz 1 Nr. 1 UmwRG Anwendung, die nach dem 28.01.2013 erhoben worden sind. Da mit der Einführung des § 6 UmwRG jedoch zugleich eine Verschlechterung der Rechtslage verbunden ist,[4] ist eine prozessuale Rückwirkung mit dem Rechtsstaatsprinzip unvereinbar. Stattdessen muss vielmehr auf den Zeitpunkt des Inkrafttretens der Neufassung des Umweltrechtsbehelfsgesetzes vom 29.05.2017 am 02.06.2017[5] abgestellt werden.[6] Für Verfahren nach § 8 Abs. 2 UmwRG liegt eine analoge Anwendung des § 8 Abs. 1 Satz 2 UmwRG nahe, wobei der Stichtag im Wege einer teleologischen Reduktion auf den 02.06.2017 zu verschieben ist.[7] Die übrigen Absätze des § 4 a UmwRG a.F. wurden ersatzlos gestrichen. Laut gesetzgeberischer Begründung hätten die Abs. 2[8] und 3[9] »in der Praxis nicht zu einer Vereinfachung und Erleichterung umweltrechtlicher Rechts- 1

1 BGBl. I, S. 1298; in Kraft getreten am 02.06.2017.

2 Die Einfügung erfolgte durch das »Gesetz zur Änderung des Umwelt-Rechtsbehelfsgesetzes und anderer umweltrechtlicher Vorschriften« vom 21.01.2013, BGBl. I 2013, S. 95.

3 BT-Drs. 18/12146, S. 16. Diese Argumentation wird auch regelmäßig in der Rspr. wiederaufgegriffen; vgl. nur beispielhaft OVG Münster, Urt. v. 20.06.2022 – 11 D 29/21.AK, BeckRS 2022, 17578.

4 Hierzu noch detailliert unter Rdn. 6.

5 Vgl. Art. 18 des Gesetzes zur Anpassung des Umwelt-Rechtsbehelfsgesetzes und anderer Vorschriften an europa- und völkerrechtliche Vorgaben vom 29.05.2017 (BGBl. I, S. 1298) i.V.m. Art. 82 Abs. 2 Satz 1 GG.

6 BVerwG, Urt. v. 26.09.2019 – 7 C 6.18, BeckRS 2019, 36447, Rn. 21; BVerwG, NVwZ 2020, 477, Rn. 26; OVG Hamburg, Urt. v. 12.05.2021 – 1 Bf 492/19, Rn. 46; *Fellenberg/Schiller*, in: Landmann/Rohmer, Umweltrecht, 107. EL 2025, § 6 UmwRG (86. EL 2018) Rn. 29, § 8 UmwRG (86. EL 2018) Rn. 17 ff.

7 VGH München, NVwZ-RR 2020, 1009, Rn. 68.

8 »Soweit der Verwaltungsbehörde bei der Anwendung umweltrechtlicher Vorschriften eine Beurteilungsermächtigung eingeräumt ist, ist eine behördliche Entscheidung im gerichtlichen Verfahren nur daraufhin zu überprüfen, ob 1. der Sachverhalt vollständig und zutreffend erfasst wurde, 2. die Verfahrensregeln und die rechtlichen Bewertungsgrundsätze eingehalten wurden, 3. das anzuwendende Recht verkannt wurde, 4. sachfremde Erwägungen vorliegen.«.

9 »§ 80 Absatz 5 Satz 1 der Verwaltungsgerichtsordnung ist mit der Maßgabe anzuwenden, dass das Gericht der Hauptsache die aufschiebende Wirkung ganz oder teilweise anordnen oder wiederherstellen kann, wenn im Rahmen einer Gesamtabwägung ernstliche Zweifel an der Rechtmäßigkeit des Verwaltungsakts bestehen.«.

behelfsverfahren, sondern eher für Verunsicherung gesorgt.«[10] Die Regelung des Absatzes 4 (Erweiterung auf Individualkläger) wurde in die Formulierung des § 6 UmwRG integriert.

Zuletzt wurde § 6 UmwRG durch Artikel 2 des Gesetzes zur Beschleunigung von verwaltungsgerichtlichen Verfahren im Infrastrukturbereich vom 14.03.2023[11] um einen weiteren Satz 5 ergänzt, wonach die vorstehenden Sätze 1–4 entsprechend für Fälle gelten, in denen das gerichtliche Verfahren zur Durchführung eines Planergänzungs- oder Planänderungsverfahrens ausgesetzt wurde und später fortgesetzt wird, wobei die Frist ab Fortsetzung des gerichtlichen Verfahrens läuft.

2 Der Referentenentwurf des Bundesministeriums für Umwelt, Klimaschutz, Naturschutz und nukleare Sicherheit bezüglich eines Gesetzes zur Änderung des Umwelt-Rechtsbehelfsgesetzes und weiterer umweltrechtlicher Vorschriften sieht weitere Anpassungen der Vorschrift vor.[12] Insbesondere soll die Vorschrift durch die Untergliederung in mehrere Absätze besser strukturiert werden.[13] Neben verschiedenen redaktionellen Folgeänderungen zur Neugestaltung des UmwRG sowie einer Klarstellung in § 6 S. 2[14] (jetzige Fassung) sollen § 6 UmwRG zwei Absätze beigefügt werden. Dem geplanten neuen Absatz 2 entsprechend »soll« das Gericht »im Interesse der Verfahrensbeschleunigung« den übrigen Beteiligten mit der Zustellung der Klagebegründung eine angemessene (und durch den Vorsitzenden oder Berichterstatter verlängerbare) Frist zur Äußerung setzen. Damit wird ein früheres gesetzgeberisches Unterfangen wiederaufgegriffen:[15] Eine solche Klageerwiderungsfrist war nämlich bereits im Entwurf des Gesetzes zur Beschleunigung von verwaltungsgerichtlichen Verfahren im Infrastrukturbereich, das am 14.03.2023 erlassen wurde, vorgesehen,[16] jedoch im Laufe des Gesetzgebungsprozesses gestrichen.[17] Die Entscheidung über die Festlegung der Klageerwiderungsfrist sowie über ihre Verlängerung soll danach im richterlichen Ermessen liegen. Die Frist soll vor allem darauf hinwirken, dass die Behörden der Erstellung der Klageerwiderung in ihrer internen Arbeitsorganisation die nötige Priorität einräumen. Eine innerprozessuale Präklusion wird damit jedoch nicht verbunden.[18] Ein weiterer Absatz 3 würde Erweiterungen des Anwendungsbereichs des § 6 regeln. Der geplante Abs. 3 Nr. 1 würde die bisherige Regelung des § 6 S. 5 UmwRG aufgreifen und erweitern, indem er nunmehr auf die Aussetzung sämtlicher ergänzender Verfahren erstreckt würde. Hierdurch soll ausweislich der Gesetzesbegründung die Aussetzung des Verfahrens wegen formeller Mängel bei anderen, mit Planfeststellungen gleich zu behandelnden Zulassungsentscheidungen erfasst werden.[19] Der Gesetzgeber sieht zugleich die Notwendigkeit klarzustellen, dass sich dies nur auf die Klagebegründungsfrist, nicht jedoch auf die neu einzuführende Klageerwiderungsfrist bezieht.[20] Ein geplanter neuer Abs. 3 Nr. 2 soll schließlich den Anwendungsbereich der Norm

10 BT-Drs. 18/9526, S. 41.
11 BGBl. I S. 3290.
12 Zugleich würde die Vorschrift unter der neuen Überschrift »Fristen, Fristversäumnis« statt wie bisher »Klagebegründungsfrist« geführt.
13 Referentenentwurf des Bundesministeriums für Umwelt, Klimaschutz, Naturschutz und nukleare Sicherheit vom Juli 2025, S. 37.
14 Vgl. Rdn. 5.
15 Referentenentwurf des Bundesministeriums für Umwelt, Klimaschutz, Naturschutz und nukleare Sicherheit vom Juli 2025, S. 37.
16 BT-Drs. 20/5165, S. 9.
17 BT-Drs. 20/5570, S. 19.
18 Referentenentwurf des Bundesministeriums für Umwelt, Klimaschutz, Naturschutz und nukleare Sicherheit vom Juli 2025, S. 37.
19 Referentenentwurf des Bundesministeriums für Umwelt, Klimaschutz, Naturschutz und nukleare Sicherheit vom Juli 2025, S. 38.
20 Referentenentwurf des Bundesministeriums für Umwelt, Klimaschutz, Naturschutz und nukleare Sicherheit vom Juli 2025, S. 38.

auf Normenkontrollverfahren erweitern,[21] die bisher aufgrund des eindeutigen Wortlauts nicht erfasst werden.[22]

B. Inhalt

I. Klagebegründungsfrist

§ 6 Satz 1 UmwRG bestimmt eine Frist, innerhalb derer natürliche Personen und Verbände die Klage gegen eine Entscheidung i.S.v. § 1 Abs. 1 Satz 1 UmwRG oder gegen deren Unterlassen durch Vorbringen von Tatsachen und Beweismitteln zu begründen haben. Die Klagebegründungsfrist wurde mit der Gesetzesänderung von 2017 von ursprünglich sechs[23] auf zehn Wochen verlängert, um – so die gesetzliche Begründung – einer drohenden Unionsrechtswidrigkeit entgegenzuwirken und die Verhältnismäßigkeit zu wahren.[24] Inwieweit diesem Ziel genügt wird, wird in einer abschließenden Bewertung erörtert.[25] Sie ist – als »einheitliche und abschließende Regelung für alle Rechtsbehelfe im Geltungsbereich dieses Gesetzes«[26] – **vorrangig** gegenüber anderen fachgesetzlichen Klagebegründungsfristen,[27] wie insbesondere § 43e Abs. 3 Satz 1 EnWG.[28] Ausnahmen bestehen nur,[29] soweit das Fachgesetz die Anwendung des § 6 UmwRG explizit ausschließt: Ein solcher Ausschluss ist in verschiedenen Fachgesetzen zu finden, deren Regelungen jedoch nahezu wortgleich an § 6 UmwRG angeglichen wurden,[30] sodass auch insoweit eine Harmonisierung vorliegt.[31] Der Anwendungsbereich der innerprozessualen Präklusion hat damit eine erhebliche Erweiterung erfahren.[32] Die Anpassung dient insgesamt der Verfahrensbeschleunigung. Der Anwendungsbereich des § 6 UmwRG beschränkt sich (nach Wortlaut, Systematik und Zwecksetzung der Vorschrift) auf **Klageverfahren**, die Vorschrift ist daher nicht auf Normenkontrollverfahren nach § 47 Abs. 1 Nr. 1 VwGO[33] anwendbar.[34] Ebenso scheidet die Anwendbarkeit auf Verfahren des vorläufigen Rechtsschutzes aus.[35] Da im Rahmen des vorläufigen Rechtsschutzes die Erfolgsaussichten der Hauptsache 3

21 Referentenentwurf des Bundesministeriums für Umwelt, Klimaschutz, Naturschutz und nukleare Sicherheit vom Juli 2025, S. 38.

22 Vgl. unter Rdn. 3.

23 Vgl. § 4a Abs. 1 Satz 1 UmwRG a.F.

24 BT-Drs. 18/12146, S. 16.

25 Unter Rdn. 12 ff.

26 BVerwGE 163, 380, Rn. 14.

27 Vgl. etwa BVerwG, NVwZ 2021, 1846, Rn. 20; BVerwG, Urt. v. 04.06.2020 – 7 A 1.18, BeckRS 2020, 24268, Rn. 11.

28 BVerwG, Urt. v. 20.01.2021 – 4 A 4.19, BeckRS 2021, 8675, Rn. 17; OVG Bln-Bbg, Urt. v. 29.10.2020 – OVG 11 A 2.18, BeckRS 2020, 31526, Rn. 20.

29 Vgl. hierzu noch ausf. *Külpmann*, NVwZ 2025, 529 (530).

30 Vgl. § 17e Abs. 5 FStrG; § 18e Abs. 5 AEG, § 14e Abs. 5 WaStrG (jeweils in der Fassung des Gesetzes zur Beschleunigung von Planungs- und Genehmigungsverfahren im Verkehrsbereich v. 29.11.2018. BGBl. I, S. 2237). Die Anwendbarkeit des § 6 UmwRG wird jeweils in Satz 6 ausgeschlossen.

31 Vgl. BT-Drs. 19/4459, S. 32, 41, 50.

32 *Schmidt/Kelly*, VerwArch 2021, 97 (131).

33 Solche können sich gegen Bebauungspläne oder (in analoger Anwendung der Vorschrift) gegen die von einem Flächennutzungsplan herbeigeführte Ausschlusswirkung nach § 35 Abs. 3 Satz 3 BauGB (vgl. nur BVerwGE 164, 74 Rn. 29) richten.

34 BVerwG, Urt. v. 29.10.2020 – 4 CN 9.19, ZfBR 2021, 277; Beschl. v. 29.04.2021, 4 BN 69.20, Rn. 4; NVwZ 2021, 331, Rn. 11 ff. (m. ausf. Begr.); Beschl. v. 07.07.2025 – 4 BN 37.24, BeckRS 2025, 18230, Rn. 5; BayVGH, Urt. v. 24.03.2021 – 15 N 18.925, BeckRS 2021, 6093, Rn. 12; OVG NRW, Urt. v. 18.20.2020 – 10 D 43/17.NE, BeckRS 2020, 31378, Rn. 100 ff. A.A. *Fellenberg/Schiller*, in: Landmann/Rohmer, Umweltrecht, 107. EL 2025, § 6 UmwRG (86. EL 2018) Rn. 24 f.; Anwendbarkeit auf Normenkontrollverfahren »erwägenswert« nach *Külpmann*, NVwZ 2025, 529 (534). Der Referentenentwurf des Bundesministeriums für Umwelt, Klimaschutz, Naturschutz und nukleare Sicherheit vom Juli 2025 sieht nunmehr in dem geplanten Abs. 3 Nr. 2 hingegen eine ausdrückliche Erweiterung der Klagebegründungsfrist auf Normenkontrollverfahren vor (vgl. S. 38).

35 VGH BW, Beschl. v. 09.02.2022 – 3 S 3940/21, Rn. 13 m.w.N.

geprüft werden, wirkt die Klagebegründungsfrist jedoch zumindest mittelbar auf den vorläufigen Rechtsschutz ein.[36] Höchstrichterlich noch nicht geklärt, ist die Frage, ob die Präklusionswirkung sich auch auf **nicht umweltbezogene Einwendungen** bezieht.[37] Das vollständige Fehlen einer nach § 6 UmwRG berücksichtigungsfähigen Klagebegründung führt regelmäßig bereits zur Unzulässigkeit der Klage,[38] da es an der nach § 42 Abs. 2 VwGO erforderlichen Klagebefugnis fehlt. Nicht hinreichend ist die Bezugnahme auf ein bereits im Verwaltungsverfahren eingereichtes Einwendungsschreiben.[39]

4 Der Fristlauf beginnt mit der Klageerhebung nach § 81 Abs. 1 VwGO.[40] Diese muss regelmäßig innerhalb der Monatsfrist erfolgen (§ 74 i.V.m. § 58 Abs. 2 VwGO). Dem Kläger verbleibt daher eine zeitliche Spanne von 10 Wochen zuzüglich der regelmäßig einmonatigen Klagefrist, um die hochkomplexen Sachverhalte betreffende Klage, zu begründen. Eine bedeutsame Sonderregelung enthält – in Anlehnung an § 64 Abs. 2 BNatSchG – § 2 Abs. 3 Satz 1 UmwRG: Danach gilt die Jahresfrist für Klagen, wenn die Entscheidung weder der Vereinigung noch öffentlich bekannt gegeben wurde und die Vereinigung dennoch von der Entscheidung Kenntnis erlangt hat oder hätte erlangen können. Die Jahresfrist gilt ebenfalls, wenn es sich um einen Fall der Umgehung einer verbandsklagefähigen Entscheidung handelt (vgl. § 2 Abs. 3 Satz 3 UmwRG). Die Klagefrist beginnt mit dem Zeitpunkt der (erstmaligen) Klageerhebung. Die Frist kann daher auch durch die Rücknahme der Klage und eine darauffolgende erneute Klageerhebung nicht verlängert oder erneut in Lauf gesetzt werden.[41] Innerhalb der (Klage- zuzüglich Begründungs-)Frist[42] muss der Kläger die ihn beschwerenden Tatsachen so konkret angeben, dass der Lebenssachverhalt bzw. die tatsächlichen Gesichtspunkte (»der Prozessstoff«), aus dem er den mit der Klage verfolgten Anspruch ableitet, unverwechselbar feststeht.[43] Hierzu muss der Vortrag »ein Mindestmaß an Schlüssigkeit und Substanz aufweisen und dem Gericht einen Eindruck von der Sicht des Klägers auf den Tatsachenkomplex verschaffen«.[44] Das schließt einen späteren vertiefenden Vortrag nicht aus.[45] Auf rechtliche

---

36 VGH BW, Beschl. v. 09.02.2022 – 3 S 3940/21, Rn. 25 f.; HessVGH, Beschl. v. 24.04.2024 – 11 B 1570/23, BeckRS 2024, 21411, Rn. 15; OVG Bln-Bbg, Beschl. v. 28.05.2025 – OVG 11 S 29/22, BeckRS 2025, 11757, Rn. 9.

37 So OVG Schleswig, Urt. v. 30.10.2024 – 5 KS 5/23, EnWZ 2025, 128 (132); OVG Greifswald, Urt. v. 10.05.2023 – 5 K 448/21 OVG, ZNER 2023, 406, Rn. 63. Eine Beschränkung auf umweltbezogene Einwendungen ergibt sich weder aus dem Wortlaut, noch dem Sinn und Zweck des § 6 UmwRG. Vielmehr zeigt die Gesetzessystematik, dass der Gesetzgeber eine einheitliche und (weitgehend) abschließende Regelung für Rechtsbehelfe im Geltungsbereich des UmwRG schaffen wollte (vgl. BVerwG, Urt. v. 27.11.2018 – 9 A 8/17, NVwZ 2019, 1202 [1203]). A.A. jedoch (mit ausf. Begründung) *Heinze/Wolff*, NVwZ 2022, 931 (935 f.). Mit Beschluss vom 23.05.2025 – 7 B 1.25, BeckRS 2025, 16704, Rn. 1 hat das BVerwG eine Revision wegen grundsätzlicher Bedeutung der Rechtssache zugelassen, konkret um zu klären, welchen Anwendungsbereich die Klagebegründungsfrist des § 6 S. 1 UmwRG insbesondere im Hinblick auf nicht umweltbezogene Einwendungen hat.

38 VGH Mannheim, Urt. v. 21.10.2025 – 3 S 872/25, BeckRS 2025, 29386, Rn. 57 f.; Urt. v. 14.08.2025 – 3 S 465/24, BeckRS 2025, 20993, Rn. 27 ff.

39 OVG Münster, Urt. v. 22.07.2025 – 8 D 267/21.AK, ZNER 2025, 453.

40 Hierdurch lehnt sich der Gesetzgeber (BT-Drs. 17/10957, S. 17) an die Rechtsprechung zu den vergleichbaren Vorschriften nach § 17e Abs. 5 FStrG, § 18e Abs. 5 AEG, § 43e Abs. 3 EnWG u.a. an; siehe hierzu BVerwG, NVwZ 1994, 371 (372).

41 VGH Mannheim, Urt. v. 14.08.2025 – 3 S 465/24, BeckRS 2025, 20993, Rn. 36.

42 Zur Fristberechnung *Fellenberg/Schiller*, in: Landmann/Rohmer, Umweltrecht, 107. EL 2025, § 6 UmwRG (86. EL 2018) Rn. 37.

43 BVerwG, NVwZ 1994, 371; BVerwGE 163, 380, Rn. 14; BVerwG, Urt. v. 20.01.2021 – 4 A 4.19, BeckRS 2021, 8675, Rn. 17.

44 BVerwG, Urt. v. 09.12.2021 – 4 A 2.20, BeckRS 2021, 47033, Rn. 24 unter Verweis auf *Fellenberg/Schiller*, in: Landmann/Rohmer, Umweltrecht, 107. EL 2025, § 6 UmwRG (86. EL 2018) Rn. 56, 61; vgl. auch OVG Saarlouis, Beschl. v. 05.07.2021 – 2 A 123/20, BeckRS 2021, 17592, 1. Ls.; VG Schwerin, Beschl. v. 19.09.2025 – 2 B 1913/25 SN, BeckRS 2025, 26434, Rn. 39.

45 Vgl. die Nachw. in Fn. 44.

Bewertungen findet § 6 UmwRG keine Anwendung,[46] dennoch muss der Tatsachenvortrag im Hinblick auf die rechtliche Begründung gestaltet werden.[47]

II. Entschuldigungsgründe

Von der Frist nach § 6 Satz 1 UmwRG kann in Einzelfällen abgewichen werden (§ 6 Satz 2–4 UmwRG). Außerhalb dieser gesetzlich normierten Ausnahmen ist dem Antragsteller nicht von Amts wegen Wiedereinsetzung in die Klagebegründungsfrist nach § 60 VwGO zu gewähren, da diese Vorschrift durch die spezieller Regelung in § 6 Satz 2 i.V.m. § 87b Abs. 3 Satz 1 Nr. 2 systematisch gesperrt wird.[48] Nach Ablauf der Frist vorgebrachte Erklärungen und Beweismittel sind daher nur zuzulassen, wenn die Voraussetzungen des § 87b Abs. 3 Satz 1 Nr. 2 VwGO »erfüllt« sind (Satz 2), im Umkehrschluss – zum missglückten Verweis[49] – also immer dann, wenn der Beteiligte die Verspätung genügend entschuldigt hat. Der Entschuldigungsgrund ist auf Verlangen des Gerichts glaubhaft zu machen (Satz 3 i.V.m. § 87b Abs. 3 Satz 2 VwGO). Hinsichtlich der Ausfüllung der Tatbestandsvoraussetzungen ist auf die Rechtsprechung zu § 87b Abs. 3 VwGO zurückzugreifen. Hiernach ist von einem Entschuldigungsgrund **jedenfalls** dann auszugehen, wenn ein Wiedereinsetzungsgrund nach § 60 VwGO vorliegt.[50] Hiervon ausgehend können die für die Wiedereinsetzungsgründe gemäß § 60 Abs. 1 VwGO entwickelten Grundsätze entsprechend herangezogen werden. Damit wird jedoch keine absolute Grenze gezogen, vielmehr muss die Rechtsprechung Maßstäbe entwickeln, wann von einer vorwerfbaren Verspätung auszugehen ist. Abzulehnen ist die Vorwerfbarkeit immer dann, wenn sie im Verantwortungsbereich der Behörde verortet ist, etwa bei verspäteter amtlicher Auskunft.[51] Alleine der Umstand, dass der Kläger eine Tatsache erst nach Ablauf der Klagebegründungsfrist erfährt, führt hingegen nicht automatisch dazu, dass der Nichtvortrag entschuldigt ist.[52] Dies unterfällt vielmehr einer Einzelfallprüfung.[53] 5

Indem die Neufassung der Vorschrift nur noch auf Nr. 2 des § 87b Abs. 3 Satz 1 VwGO verweist, nimmt sie im Vergleich zur Vorgängervorschrift eine Verschärfung vor: Die Einwendungen können daher bereits zurückgewiesen werden, wenn kein Entschuldigungsgrund vorliegt, während zuvor dem Gesetzeswortlaut folgend Belehrung, mangelnde Entschuldigung und Verzögerung (Nr. 1–3) kumulativ zusammentreten mussten. Relevant wird diese Änderung lediglich im Hinblick auf die erforderliche Verzögerung. Aufgrund der gesetzlich festgelegten Begründungsfrist in § 4a Abs. 1 UmwRG a.F. war eine Belehrung über die gerichtliche Zurückweisungsmöglichkeit bereits vor der Gesetzesänderung nicht erforderlich.[54] Diese wird nicht mit der Zustellung der angefochtenen Entscheidung in Gang gesetzt, sondern läuft als selbstständige Frist ab Klageerhebung.[55] Eine Belehrungs- 6

46 VGH München, NVwZ-RR 2020, 1009, Rn. 64.

47 *Fellenberg/Schiller*, in: Landmann/Rohmer, Umweltrecht, 107. EL 2025, § 6 UmwRG (86. EL 2018) Rn. 57. Nach VGH Mannheim (Urt. v. 23.07.2025 – 5 S 1288/23, BeckRS 2025, 23708) ist der Klagebegründungsfrist nur genügt, wenn die Tatsachen »wenigstens in einen groben rechtlichen Kontext« gestellt werden.

48 OVG Berlin-Brandenburg (11. Senat), Beschl. v. 28.05.2025 – OVG 11 S 29/22, BeckRS 2025, 11757, Rn. 29.

49 Eine Klarstellung ist durch den Referentenentwurf des Bundesministeriums für Umwelt, Klimaschutz, Naturschutz und nukleare Sicherheit vom Juli 2025 geplant (siehe S. 37).

50 BVerwG, NVwZ 2000, 1042 (1043).

51 Ähnlich *Fertig*, in: BeckOK VwGO, 75. EL 2023, § 87b VwGO Rn. 20 ff. zur Auslegung des § 87b VwGO.

52 BVerwG, Beschl. v. 28.07.2020 – 9 B 24.20, BeckRS 2020, 20364, Rn. 6; BVerwG, Beschl. v. 16.04.2020 – 9 B 66.19, BeckRS 2020, 12982, Rn. 9.

53 Vgl. hingegen *Fellenberg/Schiller*, in: Landmann/Rohmer, Umweltrecht, 107. EL 2025, § 6 UmwRG (86. EL 2018) Rn. 81.

54 Vgl. BR-Drs. 469/12, S. 42.

55 BVerwGE 163, 380, Rn. 15.

pflicht nach § 58 VwGO schied daher schon vorher aus.[56] Dass ebenfalls keine Belehrungspflicht aus § 87b Abs. 3 Satz 1 Nr. 3 VwGO resultiert, hat der Gesetzgeber durch den eingeschränkten Verweis noch einmal deutlich gemacht.[57] Für Individualkläger könnte sich eine Belehrungspflicht jedoch aus verfassungsrechtlichen Erwägungen, konkret Art. 19 Abs. 4 Satz 1 GG sowie Art. 103 GG, oder – wie jüngst diskutiert – auf unionsrechtlichen Gründen[58] ergeben. Art. 19 Abs. 4 Satz 1 GG garantiert den Zugang zu Gericht sowie die Effektivität des Rechtsschutzes. Dies verbietet unangemessen hohe verfahrensrechtliche Hindernisse für den Zugang zu gerichtlicher Kontrolle.[59] Nach der Regelungsidee des Art. 103 Abs. 1 GG, der den Anspruch auf rechtliches Gehör garantiert, muss dem Rechtsschutzsuchenden auch ermöglicht werden, mit seinem Vortrag auf die gerichtliche Entscheidung Einfluss zu nehmen.[60] Beides wird durch die vorliegende Klagebegründungsfrist erschwert, jedoch nicht grundsätzlich ausgeschlossen. Zugleich dient diese der Rechtssicherheit, welche ebenfalls Gegenstand des Rechtsstaatsprinzips nach Art. 20 Abs. 3 GG ist. Zweifel an der Vereinbarkeit des § 6 UmwRG mit diesen verfassungsrechtlichen Grundlagen bestehen daher erst, wenn der Rechtsschutzsuchende im Einzelfall unzumutbar benachteiligt wird. Dies nimmt das OVG Münster (zurecht) an, wenn ein »nicht fach- und rechtkundige[r] Individualkläger […], der den Rechtsstreit vor dem Verwaltungsgericht nach § 67 Abs. 1 VwGO selbst führt«, nicht über die Befristung der Klagebegründung belehrt wird.[61] Dies gilt hingegen nicht, wenn der Kläger durch einen rechtskundigen Prozessbevollmächtigten vertreten wird.[62] Das BVerwG ist dieser Einschätzung jedoch nicht gefolgt.[63]

7 Mit Entscheidung des VG Aachen vom 28.07.2025 wurde die Unionsrechtskonformität der Fristenregelung in § 6 UmwRG im Rahmen eines Vorabentscheidungsersuchens an den EuGH grundlegend in Zweifel gezogen.[64] Bei dem entscheidenden Gericht bestehen Zweifel, ob die in § 6 UmwRG geregelte Möglichkeit zur innerprozessualen Präklusion des Klagevorbringens dem unionsrechtlich verankerten Prinzip des fairen und gerechten Verfahrens widerspricht.[65] Problematisch erscheint auch dies insbesondere im Falle des nicht anwaltlich vertretenen Klägers, bezüglich dessen das Gericht eine Belehrungspflicht annimmt.[66] Hiernach sollte – nach Auffassung des Gerichts – schließlich das Vertrauen des (nicht belehrten und anwaltlich nicht vertretenen) Individualklägers in Umweltsachen dahingehend zu schützen sein, dass er vor einem Rechtsverlust verschont bleibt, wenn er die von der vorlegenden Kammer nach Klageeingang gesetzten und aufgrund mehrerer Anträge jeweils verlängerten allgemeinen Fristen zur Klagebegründung im Wesentlichen einhält.[67] Insoweit widerspricht das Gericht der oben dargestellten höchstrichterlichen Rechtsprechung, wonach einerseits keine gerichtliche Belehrungspflicht besteht,[68] andererseits aber – wie noch zu sehen sein wird – eine (gesetzeswidrige) Fristverlängerung wirkungslos bleibt.[69]

---

56 Für die jetzige Rechtslage bestätigend BVerwG, NVwZ 2021, 1846, Rn. 20; OVG Münster, Beschl. v. 01.02.2022 – 11 A 2168/20, BeckRS 2022, 1364, Rn. 19.

57 BVerwGE 163, 380, Rn. 15; OVG Münster, Beschl. v. 01.02.2022 – 11 A 2168/20, BeckRS 2022, 1364, Rn. 19. S. auch OVG Weimar, Urt. v. 17.04.2024 – 5 O 499/21, ZUR 2025, 49 (51); OVG Bautzen, Urt. v. 05.07.2023 – 4 C 25/22, BeckRS 2023, 50881, Rn. 22.

58 Vgl. noch Rdn. 7.

59 BVerfGE 133, 1, Rn. 69.

60 BVerfGE 94, 166, Rn. 138.

61 OVG Münster, Beschl. v. 01.02.2022 – 11 A 2168/20, BeckRS 2022, 1364, Rn. 25.

62 OVG Münster, Beschl. v. 01.02.2022 – 11 A 2168/20, BeckRS 2022, 1364, Rn. 26. Hierzu auch *Fellenberg/Schiller*, in: Landmann/Rohmer, 107. EL 2025, § 6 UmwRG (86. EL 2018) Rn. 48.

63 Mit knapper Begründung BVerwG, Beschl. v. 01.07.2024 – 11 B 4.23, BeckRS 2024, 21286, Rn. 14 m.w.N.

64 VG Aachen, Beschl. v. 28.07.2025 – 3 K 2522/20 und 3 K 2523/20, ZUR 2025, 629.

65 VG Aachen, Beschl. v. 28.07.2025 – 3 K 2522/20 und 3 K 2523/20, ZUR 2025, 629, Rn. 63 ff.

66 VG Aachen, Beschl. v. 28.07.2025 – 3 K 2522/20 und 3 K 2523/20, ZUR 2025, 629, Rn. 67 ff.

67 VG Aachen, Beschl. v. 28.07.2025 – 3 K 2522/20 und 3 K 2523/20, ZUR 2025, 629, Rn. 80 ff.

68 Vgl. Rdn. 7.

69 Vgl. noch unter Rdn. 8.

8 Auch die verspätete Einwendung ist zu berücksichtigen, wenn es mit geringem Aufwand möglich ist, den Sachverhalt auch ohne Mitwirkung des Beteiligten zu ermitteln (Satz 3 i.V.m. § 87b Abs. 3 Satz 3 VwGO).[70] Davon kann ausgegangen werden, wenn das Gericht über eigene effektive Ermittlungsmöglichkeiten, etwa behördliche Auskünfte, verfügt.[71] In diesem Fall fehlt es an der Kausalität des verspäteten Vorbringens für die Verzögerung.[72] Eine Beschleunigung wäre in diesem Fall auch durch die Präklusion nicht zu erreichen, da deren Aufwand dem Ermittlungsaufwand entsprechen würde.[73] Die Verpflichtung des Gerichts, selbst tätig zu werden, entspricht auch dem Amtsermittlungsgrundsatz,[74] der allerdings im Umweltverwaltungsprozessrecht zunehmend relativiert wird.[75] Dies ergibt sich vorliegend bereits daraus, dass die Präklusionsanordnung nach § 6 UmWG eine Konturierung des Amtsermittlungsgrundsatzes nach § 86 Abs. 1 VwGO beinhaltet, dem allerdings keine verfassungsrechtlichen Bedenken entgegengehalten werden.[76]

III. Fristverlängerung

9 Die Zehn-Wochen-Frist kann auf Antrag verlängert werden, wenn die Person oder die Vereinigung in dem Verfahren, in dem die angefochtene Entscheidung ergangen ist, keine Möglichkeit der Beteiligung hatte (Satz 4). Hierin liegt ebenfalls eine Verschärfung im Vergleich zu § 4a Abs. 3 Satz 1 VwGO a.F., wonach eine Fristverlängerung noch alleine im Ermessen des Vorsitzenden oder Berichterstatters lag. Jetzt ist sie hingegen an enge Tatbestandsvoraussetzungen gebunden. Von einer Möglichkeit der Beteiligung wird bereits dann ausgegangen, wenn der Kläger im Rahmen eines Widerspruchsverfahrens die Möglichkeit hatte, sich zu den streitgegenständlichen Punkten zu äußern.[77] Das BVerwG hat mittlerweile festgestellt, dass die Frist des § 6 Satz 1 UmwRG eine im Grundsatz nicht verlängerbare Frist ist und allein nach § 6 Satz 4 UmwRG verlängert werden kann.[78] Fehlt es wiederum an den gesetzlichen Voraussetzungen für eine Fristverlängerung nach § 6 Satz 4 UmwRG, ist die Gewährung der Fristverlängerung wirkungslos, da die innerprozessuale Präklusion kraft Gesetzes und als zwingende Rechtsfolge eintritt und nicht von einer richterlichen Ermessensentscheidung abhängt.[79] Dies gilt auch, wenn dem Kläger erst nach Klageerhebung Akteneinsicht gewährt wird.[80] Unerheblich ist zugleich, ob der Kläger über die Folgen der Fristversäumung belehrt wurde. Umgekehrt ist davon auszugehen, dass im Falle der Nichtbeteiligung, die eine wesentliche Beschränkung des Beteiligten zur Folge hätte, das eingeräumte Ermessen im Sinne einer Soll-Vorschrift zu interpretieren ist.

IV. Entsprechende Anwendung auf Planergänzungs- und Planänderungsverfahren

10 Der neu eingeführteSatz 5 des § 6 UmwRG legt fest, dass die Geltung der Klagebegründungsfrist aus § 6 Satz 1–4 UmwRG auf die Fälle erstreckt wird, in denen ein Verfahren zur Durchführung eines Planergänzungs- oder Planänderungsverfahrens ausgesetzt wird. Dies soll sich daraus begründen, dass die Situation bei Fortsetzung eines zur Durchführung eines Planergänzungs- oder Planänderungsverfahrens ausgesetzten Verfahrens mit der Situation bei Klageerhebung vergleichbar ist, da die

70 OVG Münster, Urt. v. 12.01.2024 – 8 D 92/22.AK, ZNER 2024, 70, Rn. 106; VGH München (8. Senat), Urt. v. 01.12.2022 - 8 A 21.40033, BeckRS 2022, 36234, Rn. 31.
71 *Fertig*, in: BeckOK VwGO, 75. EL 2023, § 87b VwGO Rn. 24.
72 *Riese*, in: Schoch/Schneider (Hrsg.), VwGO, 47. EL 2025, § 87b VwGO (EL 45 Januar 2024) Rn. 56.
73 *Kley*, in: FS Schlichter, S. 637 (650).
74 Hierzu noch unter Rdn. 12.
75 *Külpmann*, NVwZ 2025, 529 (535).
76 OVG Schleswig, Urt. v. 17.04.2024 – 5 KS 12/22, BeckRS 2024, 13750, Rn. 26.
77 BVerwG, Urt. v. 23.05.2024 – 7 C 1/23, BeckRS 2024, 23371, Rn. 20; OVG Lüneburg, Beschl. v. 11.08.2025 – 7 ME 38/25, NordÖR 2025, 650 (654).
78 BVerwG, Urt. v. 23.05.2024 – 7 C 1/23, BeckRS 2024, 23371, Rn. 23.
79 BVerwG, Urt. v. 23.05.2024 – 7 C 1.23, BeckRS 2024, 23371, Rn. 21.
80 BVerwG, Beschl. v. 05.07.2023 – 9 B 8.23, NVwZ 2023, 1664, Rn. 11.

Klägerseite aufgefordert ist, ihre Einwände gegen den Zulassungsbescheid vorzubringen.[81] Auch hier wird dementsprechend eine Zehn-Wochen-Frist zugrunde gelegt. Die Frist beginnt mit dem Zeitpunkt, in dem das gerichtliche Verfahren fortgesetzt wird.

C. Bewertung

11 Bei der Einführung des § 4a UmwRG wurde die hierin enthaltene Klagebegründungsfrist vom Gesetzgeber damit begründet, dass sie der Beschleunigung von Gerichtsverfahren und damit letztlich der Gewährung von Rechts- und Investitionssicherheit dient.[82] Nach der vorletzten Gesetzesänderung – der Streichung des § 2 Abs. 3 UmwRG sowie der begrenzten Anwendung des § 73 Abs. 4 Satz 3 VwVfG – übernimmt die Klagebegründungsfrist die früher der materiellen Präklusion zugewiesene Funktion und wirkt ergänzend zur Rechtsmissbrauchsklausel nach § 5 UmwRG. Sehr bildhaft wird die Klagebegründungsfrist nach § 6 UmwRG daher in Anlehnung an die Gesetzesbegründung[83] als »innerprozessuale Präklusion« bezeichnet:[84] Funktional der materiellen Präklusion vergleichbare Vorschriften werden auf diesem Wege in den Verwaltungsprozess verlagert. Schon mit Schaffung des § 4a UmwRG wurde diese Argumentation kritisiert, da sie der Zielsetzung, Klagerechte (auch für Umweltverbände) auszuweiten, gerade entgegenläuft. Diesen Widerspruch indirekt bestätigend wurde in der Gesetzesbegründung zur Vorgängervorschrift betont, dass aus Anlass der Ausweitung der Verbandsklagerechte die Regelungen »einen Ausgleich zwischen der umweltschützenden Zielsetzung von Verbandsklagerechten einerseits und den Belangen der von Verbandsklagen Betroffenen andererseits« herstellen sollten.[85]

12 Die Bewertung der neu eingeführten Vorschrift fällt aus verschiedenen Gründen kritisch aus. Zunächst ist eine deutliche Verschärfung im Vergleich zur Vorgängerregelung zu beobachten. Auch wenn die Frist formal von sechs auf zehn Wochen **hochgesetzt** wurde, so steht eine Fristverlängerung doch nicht mehr im Ermessen des Vorsitzenden oder Berichterstatters, wie dies noch § 4a Abs. 1 Satz 3 UmwRG a.F. vorsah – eine Regelung, die zudem noch deutlich besser mit dem Amtsermittlungsgrundsatz nach § 86 Abs. 1 VwGO zu verbinden war. Zugleich verweist die Vorschrift in ihrer neuen Fassung nicht mehr auf § 87b Abs. 3 (wie noch § 4a Abs. 1 Satz 2 UmwRG a.F.), sondern lediglich auf Nr. 2 des Abs. 3 Satz 1. Die verspätet vorgebrachten Klagegründe können daher bereits zurückgewiesen werden, wenn es an einer hinreichenden Entschuldigung fehlt; der (Rück-)Einwand der »Nicht-Verzögerung« (§ 87b Abs. 3 Satz 1 Nr. 1 VwGO) trägt nicht mehr.[86] Diese (in der Vorschrift versteckten) Verschärfungen bestätigen die Annahme, die Klagebegründungsfrist führe ›unter der Hand‹ eine innerprozessuale Präklusion ein.[87] Wurde bereits unter Geltung des § 4a UmwRG a.F.

---

81 BT-Drs. 20/5570, S. 50.

82 So BT-Drs. 18/9526, S. 41. Krit. zu der Beschleunigungswirkung der Vorschrift *Schlacke*, Stellungnahme von *Prof. Dr. S. Schlacke* zum Entwurf eines Gesetzes zur Anpassung des UmwRG und anderer Vorschriften an europa- und völkerrechtliche Vorgaben (S. 7), Ausschuss für Umwelt, Naturschutz, Bau und Reaktorsicherheit vom 21.09.2016, Ausschuss-Drs. 18(16)417-C, abrufbar unter https://www.bundestag.de/blob/461924/413c02144294c3c38da083895643fc51/18-16-417-c_anhoerung_umwelt-rechtsbehelfsgesetz_prof_dr_sabine_schlacke-data.pdf (abgerufen am 15.11.2025).

83 BT-Drs. 18/12146, S. 16.

84 BVerwGE 163, 380, Rn. 15; BVerwG, Urt. v. 26.09.2019 – 7 C 6.18, BeckRS 2019, 36447, Rn. 21; BVerwG, NVwZ 2020, 477, Rn. 26; OVG Münster, Urt. v. 04.05.2022 – 8 D 297/21.AK, ZNER 2022, 424 (425); *Fellenberg/Schiller*, in: Landmann/Rohmer, Umweltrecht, 107. EL 2025, § 6 UmwRG (86. EL 2018) 1, 71; *Franzius*, in: Schink/Reidt/Mitschang, UVPG/UmwRG, 2. Aufl. 2023, § 6 UmwRG Rn. 1; *Gärditz* im Rahmen des Forum Umweltrechtsschutz 2017 nach *Lutz/Grandjot* ZUR 2018, 185; *Schlacke*, NVwZ 2017, 905 (911).

85 BT-Drs. 17/10957, S. 17.

86 OVG Bautzen, Urt. v. 27.11.2024 – 4 C 9/23, DÖV 2025, 856; VGH München, Beschl. v. 12.09.2024 – 8 ZB 23.485, BeckRS 2024, 26815, Rn. 18.

87 Zu dieser Vermutung siehe die Nachw. in Fn. 21, 22, 23.

ein hoher »zeitliche(r) und inhaltliche(r) Begründungsdruck für die Umweltverbands- und Individualkläger« festgestellt,[88] so gilt dies umso mehr für die aktuelle Rechtslage.

Hinter der Regelung steht die gesetzgeberische Annahme, dass gerade die Verbandsklage von Seiten der anerkannten Umweltvereinigungen instrumentalisiert wird, um Vorhabensverzögerungen durch langwierige und querulatorische Klageverfahren herbeizuführen.[89] Dies ist empirisch nicht belegbar.[90] Vielmehr ist diese Annahme wohl eher[91] Ergebnis erfolgreicher Lobbyarbeit.[92] Eine weitere Zielsetzung der Klagebegründungsfrist könnte die Herstellung der »Waffengleichheit« von Umweltverbänden und Privaten sein,[93] wenn man annimmt, dass Umweltrechtsbelange über die Verbandsklagebefugnisse im Vergleich zu grundrechtlichen Belangen (etwa der Investoren) übermäßigen Schutz erlangen. Allerdings ist die Einführung und Ausweitung der Verbandsklagebefugnisse gerade Ausdruck eines Ungleichgewichts, dass dadurch entstehen konnte, dass Umweltrechtsgüter häufig nur durch objektives Recht, nicht jedoch subjektiv öffentliche Rechte geschützt werden.[94] Die Verbandsklagebefugnisse haben die »Waffengleichheit« gerade hergestellt.[95] 13

Auf der verfassungsrechtlichen Ebene bestehen Zweifel an der Vereinbarkeit der Vorschrift mit Art. 19 Abs. 4 GG.[96] Die hier normierte Rechtsschutzgarantie verbürgt die Möglichkeit, in Falle einer (drohenden) Rechtsverletzung effizienten Rechtsschutz zu erlangen. Dies hindert den Gesetzgeber nicht grundsätzlich daran, Mitwirkungslasten und Ausschlussfristen vorzusehen;[97] in mehrpoligen Verwaltungsverhältnissen sollen derartige Vorgaben der Ausgewogenheit des Rechtsschutzes dienen. An der Rechtmäßigkeit des § 87b Abs. 3 VwGO werden daher auch selten Zweifel geäußert.[98] Die Vorschrift dient (im Interesse Drittbetroffener) der Vermeidung von Verzögerungen im Verfahrensablauf und ermöglicht durch die fakultative Fristverlängerung die Berücksichtigung der Klägerinteressen. § 6 UmwRG formuliert hingegen eine strikte Ausschlussfrist, die gerade nicht an eine objektive Verzögerungswirkung gebunden ist. Der Gleichlauf von Verbands- und Individualklägern verursacht eine Schlechterstellung letzterer: Für Individualkläger scheint die Einhaltung einer Zeitdauer von regelmäßig zehn Wochen (+ 1 Monat) – ohne Verlängerungsmöglichkeit (!) – nicht als ausreichend, um angesichts der hochkomplexen Materie und des im Vergleich zu den Verbänden regelmäßig geringeren Sachverstandes einen umfänglichen Sachvortrag vorzubereiten. Die mit Blick auf die Verbände strikt formulierte Regelung bewirkt im Ergebnis eine übermäßige 14

---

88 *Schlacke* ZUR 2013, 195 (200).

89 BR-Drs. 469/12, S. 40 f.

90 Dies betonend *Schlacke* ZUR 2013, 195 (200). Mit zahlreichen Nachweisen *Radespiel*, Die naturschutzrechtliche Verbandsklage, 2007; *Schmidt*, ZUR 2012, 210 (216); *Schmidt*, ZUR 2011, 296 ff.; *Schmidt/Zschiesche/Tryjanowski*, NuR 2012, 77 ff.; *Schmidt/Zschiesche/Rosenbaum*, Die naturschutzrechtliche Verbandsklage in Deutschland, 2004.

91 So die Annahme bei *Schlacke* ZUR 2013, 195 (200).

92 Zur Position des Bundesverbandes deutscher Industrie (e.V.) BT-Drs. 18/9526, S. 7.

93 Auf diese Problematik weist *Schlacke* ZUR 2013, 195 (200) zu Recht hin.

94 Hierzu ausf. *SRU*, Rechtsschutz für die Umwelt – die altruistische Verbandsklage ist unverzichtbar, 2005, abrufbar unter https://www.umweltrat.de/SharedDocs/Downloads/DE/04_Stellungnahmen/2004_2008/2005_Stellung_Rechtsschutz_fuer_die_Umwelt.pdf;jsessionid=356EC8813997BDB800DF65D42091BA2C.intranet241?__blob=publicationFile&v=2 (zuletzt abgerufen am 16.11.2025) Rz. 12 f.

95 Sehr treffend diese Begründung bei *Schlacke* ZUR 2013, 195 (201).

96 So auch *Gärditz* auf dem Forum Umweltrechtsschutz 2017 (nach *Lutz/Grandjot* ZUR 2018, 185 ff.), der eine verfassungskonforme Auslegung im Hinblick auf Individualkläger fordert.

97 *Schmidt-Aßmann*, in: Dürig/Herzog/Scholz, GG, 107. EL 2025, Art. 19 Abs. 4 GG (92. Lfg. 2020) Rn. 220. Explizit zur verfassungsrechtlichen Zulässigkeit von Präklusionen unter § 5 UmwRG Rdn. 2.

98 *Bender* NVwZ 1982, 26; *Redeker* DVBl 1981, 83 (86); *Schmidt-Aßmann*, in: Dürig/Herzog/Scholz, GG, 107. EL 2025, Art. 19 Abs. 4 GG (92 Lfg. 2020) Rn. 220; *Sendler* DVBl 1982, 812 (819). Kritisch hingegen *Schenke,* in: BK, GG, Art. 19 Abs. 4 Rn. 140; *Kopp* DVBl 1982, 613 (618); *Ule* DVBl 1981, 363 (365).

Belastung der Individualkläger.[99] Das BVerwG verneint hingegen einen Verstoß gegen Art. 19 Abs. 4 GG (speziell mit Blick auf eigentumsbetroffene Private).[100]

15 Durch die jüngste Rechtsprechung des VG Aachen wurden mit vergleichbarer Argumentation Zweifel an der Unionsrechtmäßigkeit der vorliegenden Regelung geäußert.[101] Insofern stellt das Gericht speziell auf den nicht belehrten, gleichwohl aber durch scheinbare Fristverlängerungen »in Sicherheit gewogenen« und zugleich nicht anwaltlich vertretenen Individualkläger ab. Zumindest in dieser Situation ist an einen Verstoß gegen das Prinzip eines fairen und gerechten Verfahrens in Umweltsachen nach Art. 11 Abs. 1 und 4 UAbs. 2 RL 2011/92/EU, Art. 9 Abs. 4 Aarhus-Konvention sowie Art. 47 Satz 2 GRC zu denken. Dies gilt insbesondere vor dem Hintergrund der jüngeren bundesverwaltungsgerichtlichen Rechtsprechung, die eine gerichtliche Verlängerbarkeit der Klagebegründungsfrist rigoros ausschließt.[102]

16 Zweifel bestehen auch im Weiteren an der Vereinbarkeit mit unionsrechtlichen Vorgaben. Nicht durchsetzen konnte sich ein vom Bundesumweltministerium vorgelegter Referentenentwurf, der aufgrund unionsrechtlicher Bedenken die ersatzlose Streichung der Klagebegründungsfrist vorsah.[103] Der Gesetzgeber stützte die Fristverlängerung von sechs auf zehn Wochen ebenfalls auf unionsrechtliche Erwägungen,[104] verknüpft diese Erleichterung jedoch – wie gesehen – mit schleichenden Verschärfungen. Gerade der Vergleich mit den allgemeinen Regelungen der VwGO erweckt Zweifel an der Vereinbarkeit mit dem Äquivalenzgrundsatz.[105] Dieser verlangt, dass die innerstaatlichen Verfahrensmodalitäten, die unionsrechtliche Fragestellungen treffen, nicht ungünstiger sein dürfen als diejenigen, die gleichartige innerstaatliche Sachverhalte regeln.[106] Die Verwaltungsgerichtsordnung stellt für die Klagebegründung § 82 Abs. 2 Satz 2 VwGO sowie in dessen Ergänzung § 87b Abs. 1, 2 VwGO zur Verfügung. § 82 Abs. 2 Satz 2 VwGO eröffnet die Möglichkeit einer Ausschlussfrist, wenn in einer Klage die Angaben nach § 82 Abs. 1 Satz 1 VwGO (Kläger, Beklagter, Klagegegenstand) fehlen. Nach § 87b Abs. 1 Satz 1, Abs. 2 Nr. 1 1. Alt. VwGO können Vorsitzender oder Berichterstatter die Angabe weiterer Tatsachen unter Fristsetzung aufgeben. In beiden Fällen verzichtet der Gesetzgeber auf die Benennung einer starren (Ausschluss-)Frist, sondern legt die Fristkonkretisierung in die Hände des Vorsitzenden bzw. Berichterstatters. Dahinter steht die gesetzgeberische Annahme, dass die Gestaltung des Verfahrensablaufs – unter Berücksichtigung des Amtsermittlungsgrundsatzes – am besten flexibel unter Berücksichtigung des Einzelfalls geschehen sollte. Das Umweltrechtsbehelfsgesetz bewirkt daher eine teilweise Schlechterstellung im Vergleich zu sonstigen Klageverfahren. Die unterschiedliche Behandlung von Rechtsbehelfen im Sinne des UmwRG zu solchen, die allein der VwGO unterfallen, wird von Seiten des Gesetzgebers nicht näher begründet, obwohl der Bundesrat für die uneingeschränkte Anwendung von § 87b VwGO plädierte.[107] Diese Ungleichbehandlung kann zwar nicht in Bezug auf die Verbände in Anschlag gebracht werden, da diese ohnehin erst über § 2 UmwRG zur Klage ermächtigt werden und bspw. in § 7

99 So auch *Schlacke* ZUR 2013, 195 (200): »Erst recht leuchtet die Ausgleichs-Begründung in Bezug auf Individualkläger, die auf der Grundlage von § 4 Abs. 3 i.V.m. Abs. 1 UmwRG klagen, nicht ein.«.

100 BVerwG, Beschl. v. 01.07.2024 – 11 B 4.23, BeckRS 2024, 21286, Rn. 14 m.w.N. Zur Vereinbarkeit mit Art. 103 Abs. 1 GG VG Bayreuth, Urt. v. 24.06.2024 – B 7 K 23.11, BeckRS 2024, 24676, Rn. 53 f.

101 Vgl. bereits unter Rdn. 7.

102 Vgl. Rdn. 9.

103 *Referentenentwurf des Bundesumweltministeriums*, S. 34, abrufbar unter https://www.bmuv.de/fileadmin/Daten_BMU/Download_PDF/Glaeserne_Gesetze/18._Lp/umwrg_160419/entwurf/umwrg_160419_refe_bf.pdf (zuletzt abgerufen am 16.11.2025).

104 Siehe in Rdn. 1.

105 *Gärditz* im Rahmen des Forum Umweltrechtsschutz 2017 nach *Lutz/Grandjot* ZUR 2018, 185. Anders hingegen *Fellenberg/Schiller*, in: Landmann/Rohmer, Umweltrecht, 107. EL 2025, § 6 UmwRG (86. EL 2018) Rn. 14.

106 EuGH, Rs. C-298/16, Rn. 29.

107 BR-Drs. 341/1/17, S. 2.

Abs. 2 Satz 2 UmwRG weiter begünstigt werden.[108] Individualkläger jedoch werden in umweltrechtlichen Streitigkeiten, die zumeist auf die UVP-RL bzw. IE-RL rückführbar sind, gegenüber der Regelung der VwGO deutlich benachteiligt. Dies führt die gesetzgeberische Überlegung, die Vorschrift auf Verbände **und** natürliche Personen zu erstrecken, um eine unionsrechtswidrige Benachteiligung *der Verbände* zu vermeiden,[109] **ad absurdum**.

Im Hinblick auf die Verbände bestehen Zweifel an der Vereinbarkeit mit dem Effektivitätsgrundsatz. Hiernach dürfen nationale Regeln die Ausübung der durch das Unionsrecht verliehenen Rechte nicht übermäßig erschweren oder praktisch unmöglich machen. § 6 UmwRG ist insofern unionsrechtlich problematisch, da die Vorschrift die Zielsetzung der UVP- und IE-Richtlinien, eine Ausweitung der Verbandsklagerechte herbeizuführen, gerade aushöhlen soll.[110] Dies belegt die gesetzgeberische Begründung, wonach die Vorschrift »einen Ausgleich zwischen der umweltschützenden Zielsetzung von Verbandsklagerechten einerseits und den Belangen der von Verbandsklagen Betroffenen andererseits« herstellen soll.[111] Der EuGH hat hingegen in der Entscheidung vom 15.10.2015 noch einmal gezeigt, wieviel Wert er auf weitreichenden Rechtsschutz in Umweltangelegenheiten legt. 17

§ 7 Besondere Bestimmungen für Rechtsbehelfe gegen bestimmte Entscheidungen

(1) Ist für Entscheidungen nach § 1 Absatz 1 Satz 1 Nummer 5 oder 6 nach den geltenden Rechtsvorschriften keine öffentliche Bekanntmachung vorgeschrieben, so hat die zuständige Behörde die im Einzelfall getroffene Entscheidung mit Rechtsbehelfsbelehrung einer oder mehreren genau zu bezeichnenden Personen oder Vereinigungen bekannt zu geben, wenn dies beantragt wird
1. vom Antragsteller des Verwaltungsaktes nach § 1 Absatz 1 Satz 1 Nummer 5 oder
2. von demjenigen, an den die Behörde den Verwaltungsakt nach § 1 Absatz 1 Satz 1 Nummer 6 gerichtet hat.

Die Kosten der Bekanntgabe hat der Antragsteller zu tragen.

(2) Über Rechtsbehelfe gegen eine Entscheidung nach § 1 Absatz 1 Satz 1 Nummer 4 oder deren Unterlassen entscheidet im ersten Rechtszug das Oberverwaltungsgericht, auch wenn kein Fall des § 47 Absatz 1 Nummer 1 oder 2 der Verwaltungsgerichtsordnung vorliegt. Ist eine Gestaltungs- oder Leistungsklage oder ein Antrag nach § 47 Absatz 1 der Verwaltungsgerichtsordnung nicht statthaft, ist § 47 der Verwaltungsgerichtsordnung entsprechend anzuwenden. Bei ländergreifenden Plänen und Programmen ist das Oberverwaltungsgericht örtlich zuständig, in dessen Bezirk die Behörde, die die Entscheidung über die Annahme des Plans oder Programms getroffen hat, ihren Sitz hat.

(3) Hat eine Vereinigung im Sinne des § 4 Absatz 3 Satz 1 Nummer 2 in einem Verfahren nach § 1 Absatz 1 Satz 1 Nummer 4 Gelegenheit zur Äußerung gehabt, ist sie im Verfahren über den Rechtsbehelf nach Absatz 2 mit allen Einwendungen ausgeschlossen, die sie im Verfahren nach § 1 Absatz 1 Satz 1 Nummer 4 nicht oder nach den geltenden Rechtsvorschriften nicht rechtzeitig geltend gemacht hat, aber hätte geltend machen können. Satz 1 gilt nicht für Verfahren zur Aufstellung, Änderung, Ergänzung oder Aufhebung von Bebauungsplänen nach § 10 des Baugesetzbuches.

(4) Im Rechtsbehelfsverfahren gegen eine Entscheidung nach § 1 Absatz 1 Satz 1 Nummer 1 bis 2b findet § 73 Absatz 4 Satz 3 bis 6 des Verwaltungsverfahrensgesetzes, auch in den Fällen seines Absatzes 8, keine Anwendung.

---

108 Siehe hierzu noch genauer unter § 7 UmwRG Rdn. 12 ff.
109 BT-Drs. 17/10957, S. 17.
110 So schon *Schlacke* ZUR 2013, 195 (200).
111 BT-Drs. 17/10957, S. 17.

(5) Eine Verletzung materieller Rechtsvorschriften führt nur dann zur Aufhebung der Entscheidung nach § 1 Absatz 1 Satz 1 Nummer 1 bis 2b oder 5, wenn sie nicht durch Entscheidungsergänzung oder ein ergänzendes Verfahren behoben werden kann. Satz 1 gilt nicht im Anwendungsbereich des § 75 Absatz 1a des Verwaltungsverfahrensgesetzes.

(6) Absatz 2 Satz 1 und 3 sowie die Absätze 4 und 5 gelten auch für Rechtsbehelfe von Personen und Vereinigungen nach § 4 Absatz 3 Satz 1 Nummer 1.

Übersicht Rdn.

A. Einleitung

1 § 7 UmwRG umfasst verschiedene Vorschriften, die den Rechtsschutz gegen Vorhaben, Pläne und Programme nach dem UVPG mittelbar oder unmittelbar betreffen. Damit sind Modifizierungen des Verwaltungsprozessrechts und des Verwaltungsverfahrensrechts verbunden, die aus notwendigen Anpassungen an unions- und völkerrechtliche Vorgaben resultieren. Ein darüber hinausgehender innerer Zusammenhang der Regelungsgegenstände fehlt.[1]

2 Die Vorschrift wurde durch Art. 1 des Gesetzes zur Anpassung des Umwelt-Rechtsbehelfsgesetzes und anderer Vorschriften an europa- und völkerrechtliche Vorgaben vom 29.05.2017 eingeführt.[2] Im Zuge des Referentenentwurfs bezüglich eines Gesetzes zur Änderung des Umwelt-Rechtsbehelfsgesetzes und weiterer umweltrechtlicher Vorschriften vom Juli 2025 wird die Differenzierung zwischen Verfahren nach Art. 9 Abs. 2 und Abs. 3 Aarhus-Konvention (jetzt: § 1 Abs. 1 S. 1 Nr. 1–3 einerseits, § 1 Abs. 1 S. 1 Nr. 4 andererseits) noch einmal deutlicher herausgearbeitet, indem § 1 Abs. 1 ein weiterer Abs. 1a hinzugefügt wird, der ausweislich der Gesetzesbegründung[3] Verfahren nach Art. 9 Abs. 3 Aarhus-Konvention aufgreift, während Verfahren nach Art. 9 Abs. 2 Aarhus-Konvention weiterhin in Abs. 1 geführt werden. Dies führt auch im Rahmen des § 7 UmwRG zu Anpassungsbedarfen. Die für § 7 UmwRG geplanten Änderungen sind daher im Wesentlichen redaktionelle Folgeänderungen anlässlich der Neustrukturierung des § 1.[4]

B. Inhalt

I. Erweiterte Bekanntgabe des VA (Abs. 1)

3 Abs. 1 betrifft umweltrechtliche Zulassungsverfahren im Sinne des § 1 Abs. 1 Satz 1 Nr. 5 UmwRG und umweltrechtliche Aufsichts- und Überwachungsmaßnahmen im Sinne des § 1 Abs. 1 Satz 1 Nr. 6 UmwRG,[5] die regelmäßig ein mehrpoliges Verwaltungsverhältnis begründen. Beteiligt sind

1 *Fellenberg/Schiller*, in: Landmann/Rohmer, Umweltrecht, § 7 UmwRG (86. EL 2018) Rn. 1 sprechen daher zu Recht von »disparate(n)« Regelungsgegenständen, die »ohne erkennbare systematische Ambition« in § 7 behandelt werden.

2 BGBl. I, S. 1298; in Kraft getreten am 02.06.2017.

3 Referentenentwurf des Bundesministeriums für Umwelt, Klimaschutz, Naturschutz und nukleare Sicherheit, Entwurf eines Gesetzes zur Änderung des Umwelt-Rechtsbehelfsgesetzes und weiterer umweltrechtlicher Vorschriften, S. 22.

4 Hierzu Referentenentwurf (o. Fn. 3), S. 39 f.

5 Zu möglichen Anwendungsfällen noch detailliert *Fellenberg/Schiller*, in: Landmann/Rohmer, Umweltrecht, § 7 UmwRG (86. EL 2018) Rn. 15 ff.

dann nicht nur Antragsteller (nach Nr. 5) bzw. VA-Adressat (nach Nr. 6) und Behörde, sondern zugleich ein unbestimmter Kreis von Drittbetroffenen. Dem Referentenentwurf bezüglich eines Gesetzes zur Änderung des Umwelt-Rechtsbehelfsgesetzes und weiterer umweltrechtlicher Vorschriften vom Juli 2025 entsprechend[6] sollen diese Verweise an die neue Struktur des § 1 UmwRG redaktionell angepasst werden. Zugleich soll die Möglichkeit zur Bekanntgabe eines Verwaltungsaktes auf Produktzulassungen und bestimmte Entscheidungen des § 63 BNatSchG erweitert werden.

Abs. 1 ermöglicht den nach § 13 Abs. 1 Nr. 1 1. Alt. und Nr. 2 VwVfG beteiligten Antragstellern oder Adressaten, die individuelle Bekanntgabe dieser Entscheidungen zu beantragen, wenn nicht schon durch andere Rechtsvorschriften eine öffentliche Bekanntmachung vorgeschrieben ist.[7] Die Personen oder Vereinigungen, denen gegenüber die Bekanntgabe erfolgen soll, sind vom Antragsteller oder Adressaten im Rahmen des Antrags anzugeben.[8] Hierdurch wird die Rechtssicherheit des Vorhabenträgers im Hinblick auf den Bestand der Entscheidung erhöht,[9] denn durch die Bekanntgabe eines Verwaltungsakts mit ordnungsgemäßer Rechtsbehelfsbelehrung gegenüber einer klage- oder widerspruchsberechtigten Person[10] oder anerkannten Umweltvereinigung[11] wird der Lauf der Rechtsmittelfrist ausgelöst.[12] In diesem Zusammenhang ist auch § 3 Abs. 1 Satz 5 UmwRG zu lesen. Die hier erwähnte verpflichtende öffentliche Bekanntmachung im Internet stand zuvor im Ermessen der Behörde.[13] Damit der Vorhabenträger die in § 7 Abs. 1 vorgesehene Möglichkeit effektiv nutzen kann, ist es hingegen erforderlich, dass er einen Überblick über die anerkannten Verbände hat.[14] Zugleich soll ihn die zuständige Behörde auf der Grundlage ihrer Beratungspflicht – etwa durch Verweis auf aktuelle Bekanntmachungen – unterstützen.[15] Da die Bekanntgabe im Interesse des VA-Adressaten liegt und von diesem veranlasst wird,[16] hat er die dadurch entstehenden Kosten zu tragen (Satz 2).[17] 4

Die Bekanntgabe wirkt zudem zu Gunsten der Bekanntgabeadressaten. Bei den Verfahren nach § 1 Abs. 1 Satz 1 Nr. 5, 6 UmwRG bedarf es keiner Öffentlichkeitsbeteiligung.[18] Die Bekanntgabe bewirkt daher, dass »die potenziell Drittbetroffenen überhaupt von der getroffenen Verwaltungsentscheidung Kenntnis erlangen können«.[19] Andernfalls würden die Drittbetroffenen erst über einen später stattfindenden Umsetzungsakt Kenntnis von der Verwaltungsentscheidung erlangen. 5

6 Vgl. Fn. 3.
7 So bspw. in § 21a der 9. BImSchVO.
8 BT-Drs. 18/9526, S. 42.
9 Zu dieser Gesetzesintention BT-Drs. 18/9526, S. 42.
10 Vgl. §§ 58, 74 Abs. 1 VwGO. Die Anwendbarkeit auf Individualkläger ergibt sich aus dem Wortlaut des § 7 Abs. 1 UmwRG (vgl. auch *Fellenberg/Schiller*, in: Landmann/Rohmer, Umweltrecht, § 7 UmwRG [86. EL 2018], Rn. 19).
11 Vgl. § 2 Abs. 3 Satz 1 u. 2 UmwRG.
12 Eine Ausnahme liegt im Falle der öffentlichen Bekanntgabe nach § 41 Abs. 3 VwVfG (vgl. etwa §§ 74 VwVfG, 10 Abs. 7 BImSchG) vor.
13 Diese Gesetzesänderung wurde ebenfalls durch Art. 1 des Gesetzes zur Anpassung des Umwelt-Rechtsbehelfsgesetzes und anderer Vorschriften an europa- und völkerrechtliche Vorgaben vom 29.05.2017 (BGBl. I, S. 1298) veranlasst.
14 BT-Drs. 18/9526, S. 39 f.
15 BT-Drs. 18/9526, S. 42.
16 BT-Drs. 18/9526, S. 42.
17 Zur Frage der Gesetzgebungskompetenz *Fellenberg/Schiller*, in: Landmann/Rohmer, Umweltrecht, § 7 UmwRG (86. EL 2018) Rn. 24.
18 Vgl. hingegen §§ 18, 42 UVPG.
19 BT-Drs. 18/9526, S. 42.

II. Rechtsschutzmodifikationen (Absatz 2)

6 Die in Abs. 2 benannten Rechtsschutzmodifikationen gelten zunächst für anerkannte Umweltschutzvereinigungen (vgl. § 2 Abs. 1 UmwRG). Im Hinblick auf die Sätze 1 und 3 sieht Abs. 6 eine Erweiterung auf die von sonstigen Rechtsträgern eingelegten Rechtsbehelfe vor.[20]

1. Zuständigkeit des OVG (Satz 1)

7 Abs. 2 des § 7 UmwRG betrifft nach Bundes- oder Landesrecht SUP-pflichtige Pläne und Programme i.S.d. § 1 Abs. 1 Satz 1 Nr. 4 UmwRG. In Annäherung an § 47 VwGO wird durch Abs. 2 Satz 1 die erstinstanzliche Zuständigkeit für Rechtsbehelfe in Bezug auf solche Pläne und Programme erstinstanzlich den Oberverwaltungsgerichten zugewiesen,[21] auch wenn kein Fall des § 47 Abs. 1 Nr. 1 oder Nr. 2 VwGO vorliegt. Dies ist der grundsätzlichen Vergleichbarkeit der Planungsentscheidungen geschuldet[22] und im Hinblick auf §§ 47, 48 VwGO folgerichtig.

2. Analoge Anwendung des § 47 VwGO (Satz 2)

8 Nach Abs. 2 Satz 2 findet in den Fällen des § 1 Abs. 1 Satz 1 Nr. 4 UmwRG, in denen weder eine Gestaltungs- oder eine Leistungsklage noch eine Normenkontrolle gemäß § 47 VwGO statthaft ist, subsidiär § 47 VwGO analog Anwendung. Damit sind die für die Normenkontrolle – jenseits der Statthaftigkeit – geltenden Voraussetzungen einzuhalten.

9 Die analoge Anwendung des § 47 VwGO kommt nur zur Anwendung, soweit nicht bereits ein Fall des § 47 Abs. 1 Nr. 1 oder 2 VwGO vorliegt oder eine Gestaltungs-[23] oder Leistungsklage[24] in Betracht kommt. Bereits bisher unterfallen § 47 VwGO Satzungen, die nach den Vorschriften des BauGB erlassen werden,[25] sowie Rechtsverordnungen auf der Grundlage des § 246 Abs. 2 BauGB und Darstellungen in Flächennutzungsplänen gemäß § 35 Abs. 3 Satz 3 BauGB. Grundsätzlich sind Darstellungen des Flächennutzungsplans einer prinzipalen verwaltungsgerichtlichen Normenkontrolle mangels Außenwirkung[26] nicht zugänglich. Eine analoge Anwendung des § 47 Abs. 1 Nr. 1 VwGO nimmt das BVerwG hingegen an hinsichtlich der »in den Darstellungen des Flächennutzungsplans zum Ausdruck kommenden planerischen Entscheidung der Gemeinde, mit der Ausweisung von Flächen für privilegierte Nutzungen nach § 35 Abs. 1 Nrn. 2–6 BauGB die Rechtswirkungen des § 35 Abs. 3 Satz 3 BauGB an Standorten außerhalb der ausgewiesenen Flächen eintreten zu lassen«.[27]

10 Fraglich ist, auf welchem Weg die Verpflichtung zum *Erlass* von Plänen und Programmen einklagbar ist. Soweit Pläne in Satzungsform ergehen,[28] käme grundsätzlich eine Normenerlassklage nach § 47 VwGO in Betracht. Der Wortlaut des § 47 VwGO[29] verdeutlicht jedoch, dass die Vorschrift keinen Rechtsschutz gegen rechtswidriges Unterlassen gewährt. Eine analoge Anwendung wird

20 Siehe hierzu noch unter Rdn. 29.

21 Dies betrifft Rechtsbehelfe von Umweltverbänden, aber auch von Personen und Vereinigungen i.S.d. § 61 Nr. 1 und 2 VwGO (vgl. hierzu Abs. 6).

22 BT-Drs. 18/9526, S. 42.

23 Im Detail hierzu *Fellenberg/Schiller*, in: Landmann/Rohmer, Umweltrecht, § 7 UmwRG (86. EL 2018) Rn. 34.

24 Vgl. etwa VGH Kassel, Urt. v. 26.05.2020 – 9 C 2796/16.N, BeckRS 2020, 15688 Rn. 85 zu Risikomanagementplänen.

25 Vgl. hierzu Nr. 1.8. der Anl. 5 zum UVPG.

26 Hierzu BVerwG, NVwZ 2007, 1081 Rn. 15 m.w.N.

27 So BVerwGE 146, 40 Rn. 10; ebenso bereits BVerwG, NVwZ 2007, Rn. 11 ff.; parallel zur Festsetzung im Rahmen der Raumordnung BVerwG, NVwZ 2015, 1540 ff.

28 Vgl. § 10 Abs. 1 BauGB.

29 Entscheidungen »über die Gültigkeit« von Satzungen und Rechtsverordnungen; Satzungen, die »… erlassen worden sind«.

mangels systemwidriger Regelungslücke ebenfalls abgelehnt,[30] da der Rückgriff auf die sonstigen Klagearten der VwGO möglich bleibt. Weitgehende Einigkeit besteht auch darüber, dass eine verwaltungsgerichtliche Normenerlassklage nicht durch § 47 VwGO ausgeschlossen wird.[31] Im Einklang mit Art. 19 Abs. 4 GG, der auch Rechtsschutz gegen rechtswidriges Unterlassen gewährt,[32] wird § 47 VwGO so gelesen, dass er den Rechtsschutz des Bürgers nicht einschränken, sondern umgekehrt gerade verbessern will, »indem er mögliche Zweifel an der Gültigkeit einer Rechtsnorm in einem ausschließlich der Klärung dieser Zweifel dienenden Verfahren bündelt und so zahlreichen Einzelprozessen gegen auf die Norm gestützte konkrete Verwaltungsentscheidungen vorbeugt, in denen die Gültigkeit der Norm nur als Vorfrage überprüft werden kann«.[33] Rechtsschutz für Planerlassklagen wird daher im Ergebnis regelmäßig durch die Leistungsklage gewährt.[34] Der früher geführte Streit um die Statthaftigkeit von Leistungs- oder Feststellungsklage wurde letztlich durch die Entscheidung des BVerwG zum »Luftreinhalteplan Darmstadt«[35] im Sinne der Leistungsklage entschieden. Die zuvor auch in der Rechtsprechung vorfindliche Auffassung, nur eine Feststellungsklage sei statthaft, soweit dem Normgeber weiterhin ein gestalterischer Spielraum zusteht, wurde damit eine Absage erteilt. Diese Rechtsauffassung legt offensichtlich auch der Gesetzgeber zugrunde.

§ 7 Abs. 2 Satz 2 UmwRG erweitert nun den Rechtsschutz auf jene Pläne und Programme i.S.d. 11
§ 1 Abs. 1 Satz 1 Nr. 4 UmwRG,[36], für die bisher kein Rechtsschutz bereitstand.[37] Als Anwendungsfälle in Betracht kommen – dem Wortlaut der Vorschrift entsprechend – bspw. diejenigen umweltbezogenen Anordnungen in Flächennutzungsplänen, die keine Festsetzung gem. § 35 Abs. 3 Satz 3 BauGB enthalten.[38] Grundsätzlich in Betracht kommen auch Anordnungen in Raumordnungsplänen (wobei § 48 Satz 2 UVPG zu berücksichtigen ist).[39] Erfasst werden können zudem umweltbezogene Fachplanungen.[40]

Fraglich bleibt allerdings, wieweit durch diese Erweiterung der Verbandsklagerechte das in mehrstufigen Verfahren angeordnete System konzentrierten Rechtsschutzes ausgehebelt wird.[41] § 7 Abs. 2 Satz 2 UmwRG sieht eine gerichtliche Überprüfungsmöglichkeit für Rechtsbehelfe gegen Entscheidungen nach § 1 Abs. 1 Satz 1 Nr. 4 UmwRG oder deren Unterlassen vor. Dies sind Entscheidungen über die Annahme von Plänen und Programmen im Sinne von § 2 Abs. 7 UVPG, für

30 H.M.; vgl. BVerwG NVwZ 1990, 162; *Kopp/Schenke*, VwGO, § 47 Rn. 13; *Hüttenbrink*, in: Kuhla/Hüttenbrink, VerwProzR, D Rn. 288.

31 *Schmidt*, in: Eyermann, VwGO, § 47 Rn. 16; für eine verfassungsrechtliche Streitigkeit dagegen *Kopp/Schenke*, VwGO, § 47 Rn. 13.

32 Vgl. BVerwG NVwZ 1989, 648; 2002, 1505.

33 *Hüttenbrink*, in: Kuhla/Hüttenbrink, VerwProzR, D Rn. 288.

34 In diesem Sinne aus der Literatur *Axer* NZW 1997, 10 (16); *Duken* NVwZ 1993, 546; *Gleixner*, Normerlaßklage, S. 26; differenzierend *Pietzcker/Marsch*, in: Schoch/Schneider (Hrsg.), VwGO, 47. EL 2025, § 42 Abs. 1 VwGO (38. EL 2020) Rn. 160 m.w.N.; aus der Rechtsprechung BVerwGE 147, 312 – Luftreinhalteplan Darmstadt – konkret zu einem Luftreinhalteplan nach § 47 BImSchG; BayVGH NVwZ-RR 1995, 114; VGH BW NVwZ-RR 2000, 701 – Verordnung, die das Ausscheiden aus einer vereinbarten Verwaltungsgemeinschaft ermöglicht; OVG Bremen NVwZ-RR 2001, 378; anders noch BVerwG, NVwZ 2002, 1505; BVerwGE 80, 355 (358 f.); BVerwG, NVwZ 1990, 163.

35 BVerwGE 147, 312 – Luftreinhalteplan Darmstadt.

36 Im Detail *Fellenberg/Schiller*, in: Landmann/Rohmer, Umweltrecht, § 7 UmwRG (86. EL 2018) Rn. 31.

37 Eine ausf. Aufzählung findet sich bei *Fellenberg/Schiller*, in: Landmann/Rohmer, Umweltrecht, § 7 UmwRG (86. EL 2018) Rn. 38.

38 So das Bsp. bei *Schlacke* NVwZ 2017, 905 (911). A.A. hingegen *Fellenberg/Schiller*, in: Landmann/Rohmer, Umweltrecht, § 7 UmwRG (86. EL 2018) Rn. 37 f. mit Verweis auf BT-Drs. 18/9526, S. 43 oben.

39 Ausf. zur bisherigen (sehr kasuistischen) Rechtsprechung *Fellenberg/Schiller*, in: Landmann/Rohmer, Umweltrecht, § 7 UmwRG (86. EL 2018) Rn. 44.

40 Zur Rechtslage insoweit *Fellenberg/Schiller*, in: Landmann/Rohmer, Umweltrecht, § 7 UmwRG (86. EL 2018) Rn. 46 ff.

41 Allgemein zum Gegeneinander von konzentriertem und phasenspezifischen Rechtsschutz *Schlacke* ZUR 2017, 456 ff.

die nach Anl. 5 des UVPG oder nach landesrechtlichen Vorschriften eine Pflicht zur Durchführung einer SUP bestehen kann, soweit kein Fall der Legalplanung vorliegt. In Nr. 1.11. der Anl. 5 des UVPG wird nun bspw. die Bundesfachplanung als SUP-pflichtige Planung benannt, die daher grundsätzlich unter § 7 Abs. 2 Satz 2 UmwRG fallen müsste. Für die Planung von Höchstspannungsleistungen sieht der Gesetzgeber jedoch bspw. ein System konzentrierten Rechtsschutzes vor, welches Rechtsschutz in dem mehrstufigen Planungsverfahren (Bedarfsplanung, Bundesfachplanung, Planfeststellung) nur auf der letzten Ebene, der Stufe der zulassenden Planfeststellung, ermöglicht (vgl. § 15 Abs. 3 Satz 2 i.V.m. § 24 Abs. 1 NABEG).[42] Eine Verbandsklage i.S.d. § 2 UmwRG ist daher auf vorgelagerter Ebene – bspw. gegen die Entscheidung der Bundesfachplanung – ausgeschlossen, wie § 1 Abs. 1 Satz 3 Nr. 3 UmwRG klarstellt.[43] § 7 Abs. 2 Satz 2 UmwRG versäumt es nun, auf diesen expliziten Ausschluss zu verweisen, so dass bei oberflächlicher Lektüre der Vorschrift eine Anwendung auch auf vorgelagerte Planungsverfahren möglich erscheint. Dies würde jedoch das vom Gesetzgeber eingeführte System konzentrierten Rechtsschutzes aushebeln. Der Verweis auf § 1 Abs. 1 Satz 1 Nr. 4 UmwRG ist daher mit § 1 Abs. 1 Satz 3 Nr. 3 UmwRG zu lesen, um eine widerspruchsfreie Interpretation des Rechtsschutzsystems sicherzustellen.[44]

12 Gemäß § 7 Abs. 2 Satz 2 UmwRG erhalten anerkannte Umweltvereinigungen die Berechtigung, die Vereinbarkeit eines angenommenen Plans oder Programms im Hinblick auf die ordnungsgemäße Anwendung umweltbezogener Rechtsvorschriften überprüfen zu lassen (vgl. § 2 Abs. 1 Satz 2 UmwRG).[45] Hierzu gehört insbesondere die ordnungsgemäße Durchführung der SUP.[46] Die Vorschrift gilt hingegen nicht für Individualklagen im Anwendungsbereich des UmwRG.[47] Dies ergibt sich aus der Systematik des Gesetzes: § 7 Abs. 6 UmwRG verweist nur auf die Zuständigkeitsregelungen nach § 7 Abs. 2 Satz 1 und 3, nicht jedoch auf § 7 Abs. 2 Satz 2 UmwRG.[48]

Diese zugunsten der Umweltverbände vorgenommene Erweiterung der Rechtsschutzoptionen erfolgt in Umsetzung des Art. 9 Abs. 3 der Aarhus-Konvention,[49] die – über den Anwendungsbereich des Art. 9 Abs. 2 der Aarhus-Konvention hinausgehend – die Vertragsparteien dazu verpflichtet sicherzustellen, dass »Mitglieder der Öffentlichkeit, sofern sie etwaige im innerstaatlichen Recht festgelegte Kriterien erfüllen, Zugang zu verwaltungsbehördlichen oder gerichtlichen Verfahren haben, um die von Privatpersonen und Behörden vorgenommenen Handlungen und begangenen Unterlassungen anzufechten, die gegen umweltbezogene Bestimmungen ihres innerstaatlichen Rechts verstoßen«. Dies gilt insbesondere für Pläne und Programme, die nicht in Art. 6 Abs. 1 i.V.m. Anh. 1 der Aarhus-Konvention, aber stattdessen in Art. 7 AK benannt werden. Die Beschränkung auf die Geltendmachung umweltbezogener Rechtsvorschriften findet sich ebenfalls in Art. 9 Abs. 3 der Aarhus-Konvention.

3. Anordnung der Zuständigkeit (Satz 3)

13 Satz 3 trifft – mit Bezug auf Satz 1 – eine Regelung zur örtlichen Zuständigkeit des Oberverwaltungsgerichts für den besonderen Fall eines länderübergreifenden Plans oder Programms. In diesem Fall ist das Oberverwaltungsgericht örtlich zuständig, in dessen Bezirk die Behörde, die die Entscheidung über die Annahme des Plans oder Programms getroffen hat, ihren Sitz hat. Dies gilt für Rechts-

42 Hierzu *Franke/Wabnitz* ZUR 2017, 462 (464 f.); *Hermes* EnWZ 2013, 395 (399).

43 Zur Frage, ob hierin ein Verstoß gegen Art. 9 Abs. 3 AK liegt, *Schlacke*, in: FS Jarass, 2015, S. 379 (390 f.).

44 So im Ergebnis auch *Fellenberg/Schiller*, in: Landmann/Rohmer, Umweltrecht, § 7 UmwRG (86. EL 2018) Rn. 31.

45 BT-Drs. 18/9526, S. 43.

46 BT-Drs. 18/9526, S. 43.

47 BVerwG, Beschl. v. 22.12.2021 – 7 BN 1.21, BeckRS 2021, 46743, Rn. 9; *Fellenberg/Schiller*, in: Landmann/Rohmer, Umweltrecht, § 7 UmwRG (86. EL 2018), Rn. 32.

48 So explizit BVerwG, Beschl. v. 22.12.2021 – 7 BN 1.21, BeckRS 2021, 46743, Rn. 9.

49 *Schlacke* NVwZ 2017, 905 (911) spricht von »unionsrechtliche(n) Effektivitätsgesichtspunkte(n)«.

behelfe von Umweltverbänden, Personen und Vereinigungen nach § 61 Nr. 1 und 2 VwGO (Abs. 6).[50] Damit ist nicht die planaufstellende Behörde maßgeblich, sondern jene Behörde, die dem Plan rechtsverbindlichen Charakter verleiht.[51]

III. Verbandspräklusion (Abs. 3)

Absatz 3 führt für anerkannte Umweltvereinigungen in Verfahren nach § 1 Abs. 1 Satz 1 Nr. 4 eine materielle Präklusionsregelung analog zur Regelung des § 2 Abs. 3 UmwRG a.F. ein, welche mit Gesetzesänderung vom 20.07.2017[52] wegen Unionsrechtswidrigkeit gestrichen wurde.[53] Die Rechtsprechung des EuGH vom 15. Oktober 2015[54] bezog sich dabei explizit auf Verstöße gegen Art. 11 UVP-RL und Art. 25 IE-Richtlinie. Aus Gründen des Unionsrechts ist eine materielle Präklusion daher nur im Regelungsbereich dieser Vorschriften zwingend verboten. Art. 11 UVP-RL und Art. 25 IE-RL ergingen in Umsetzung des Art. 9 Abs. 2 der Aarhus-Konvention, der sich explizit auf Verfahren nach Art. 6 Abs. 1 i.V.m. Anh. 1 der Aarhus-Konvention bezieht. SUP-pflichtige Pläne und Programme nach § 1 Abs. 1 Satz 1 Nr. 4 UmwRG unterfallen hingegen (nur) Art. 9 Abs. 3der Aarhus-Konvention. Der Gesetzgeber hat sich daher dazu entschieden, die materiellen Präklusionsvorschriften insoweit für anerkannte Umweltvereinigungen[55] aufrechtzuerhalten,[56] denen die rechtzeitige und umfassende Geltendmachung aller Einwendungen zugemutet wird (vgl. hierzu auch § 3 Abs. 3 BauGB).[57] Damit wird leider die Gelegenheit vergeben, das die Öffentlichkeitsbeteiligung (mit-)prägende Konzept der Präklusion prinzipiell zu überdenken.[58] Die gesetzgeberische Entscheidung entspricht dem auch im Koalitionsvertrag zum Ausdruck kommenden Wunsch[59] nach Verfahrensbeschleunigung und Bürokratieabbau, welche auch – soweit mit EU-Recht vereinbar – durch Präklusion ermöglicht werden soll. Der Eintritt der Präklusion setzt die Möglichkeit zur Äußerung im Aufstellungsverfahren voraus.[60] Die Präklusion wird nur durch rechtzeitiges substantiiertes Vorbringen im Verfahren verhindert.[61] Die Einwendungsfristen ergeben sich aus dem Raum- und Fachplanungsrecht.[62] 14

Jedoch bestanden zunächst Zweifel an der Völkerrechtskonformität dieser Regelung.[63] Auch wenn Pläne und Programme nicht Art. 9 Abs. 2 der Aarhus-Konvention unterfallen, so bewegen sie sich 15

50 Hierzu noch unter Rdn. 29.

51 *Fellenberg/Schiller*, in: Landmann/Rohmer, Umweltrecht, § 7 UmwRG (86. EL 2018) Rn. 56 (mit weiteren Details Rn. 57 ff.). Hierzu noch unter Rdn. 29.

52 Art. 1 des Gesetzes zur Modernisierung des Rechts der Umweltverträglichkeitsprüfung vom 20.07.2017, BGBl. I, S. 2808.

53 Hierzu ausführlich unter § 5 Rdn. 1 ff.

54 EuGH, Rs. C-137/14, ECLI:EU:C:2015:683; hierzu *Fellenberg* NVwZ 2015, 1721 ff.; *Klinger* ZUR 2016, 33 ff.; *Kment* UPR 2016, 487 ff.; *Otto* NVwZ 2016, 292 ff.

55 Vgl. § 4 Abs. 3 S. 1 Nr. 2 UmwRG, der auf § 3 Abs. 1 bzw. § 2 Abs. 2 UmwRG verweist.

56 Außerhalb dieser Regelungen sind materielle Präklusionsvorschriften letztlich nur noch im Rahmen landesrechtlicher Planfeststellungsverfahren ohne UVP-Pflicht denkbar; *Keller*, NVwZ 2017 1080 (1082).

57 Vgl. dazu unter § 5 Rdn. 14.

58 Der das deutsche Recht prägende Gedanke der Verfahrensbeschleunigung durch Präklusion wird von Seiten des europäischen Rechts zunehmend in Zweifel gezogen; siehe bspw. Art. 1 Abs. 2 lit. b) TEN-E VO 347/2013, ABl. 2013 L 115/39, wonach umgekehrt gerade die Öffentlichkeitsbeteiligung eine Verfahrensbeschleunigung bewirkt.

59 »Verantwortung für Deutschland«, Koalitionsvertrag zwischen CDU/CSU und SPD für die 21. Legislaturperiode Z 1942 ff., 1951 (abrufbar unter https://www.koalitionsvertrag2025.de/sites/www.koalitionsvertrag2025.de/files/koav_2025.pdf, zuletzt abgerufen am 15.11.2025).

60 Im Detail siehe *Fellenberg/Schiller*, in: Landmann/Rohmer, Umweltrecht, § 7 UmwRG (86. EL 2018) Rn. 68. Vgl. zudem § 2 Abs. 1 Nr. 3 b UmwRG.

61 Hierzu unter § 5 Rdn. 14.

62 Hierzu *Fellenberg/Schiller*, in: Landmann/Rohmer (86. EL 2018), Umweltrecht, § 7 UmwRG Rn. 71.

63 So auch *Schlacke* NVwZ 2017, 905 (909).

doch im Anwendungsbereich des Art. 9 Abs. 3 der Aarhus-Konvention,[64] der gegenüber Abs. 2 eine Erweiterung des sachlichen Anwendungsbereichs vorsieht. Die Kommission geht ausweislich ihrer **Mitteilung über den Zugang zu Gerichten in Umweltangelegenheiten** davon aus, dass die Vorgaben in der Rs. C-137/14[65] »auch für Handlungen und Unterlassungen i.S.v. Artikel 9 Absatz 3 des Übereinkommens« gelten.[66] Eine nähere Begründung hierfür gibt sie nicht. Ansatzpunkt einer weiten Interpretation könnte zunächst der Wortlaut sein, der in Absatz 3 wie in Absatz 2 des Art. 9 AK den Zugang zu einem gerichtlichen (Überprüfungs-)Verfahren gewährt. In beiden Fällen ist auch der in Abs. 4 niedergelegte Gedanke effektiven Rechtsschutzes anwendbar.[67] Mangels unmittelbarer Anwendbarkeit wurde die Vorschrift bislang durch EuGH (Slowakischer Braunbär)[68] und BVerwG (Luftreinhalteplan Darmstadt)[69] jedenfalls zur völkerrechtskonformen Auslegung herangezogen. Zwar beschränkt Art. 9 Abs. 3 der Aarhus-Konvention seinen Anwendungsbereich auf »umweltbezogene Bestimmungen des nationalen Rechts«; sonstige Bestimmungen ohne Umweltbezug werden daher nicht erfasst. In Verfahren nach § 1 Abs. 1 Satz 1 Nr. 4 UmwRG[70] sind Umweltverbände jedoch ohnehin auf umweltrelevante Einwendungen beschränkt, wie § 2 Abs. 1 Satz 2 UmwRG explizit belegt. In seiner an die Entscheidung »Protect«[71] anschließenden Rechtsprechung in der Rechtssache »Stichting Varkins« hat der EuGH betont, dass es Art. 9 Abs. 3 Aarhus-Konvention grundsätzlich nicht verbietet, die Zulässigkeit von Rechtsbehelfen von der rechtzeitigen Erhebung von Einwendungen im Verwaltungsverfahren abhängig zu machen.[72] Hieraus resultiert, dass den Mitgliedstaaten im Anwendungsbereich des Art. 9 Abs. 3 Aarhus-Konvention deutlich größerer Spielraum zukommt.[73] Dieser Spielraum wurde mit der Regelung des Abs. 5 S. 1 in völker- und unionsrechtmäßiger Weise genutzt.[74] Hiermit wird ein Gegengewicht zur weiten Argumentationsbasis der Umweltvereinigungen geschaffen, die jegliche Verstöße gegen umweltrelevante Vorschriften, gerade aber nicht nur Verletzungen in eigenen Rechten geltend machen können. Der Referentenentwurf bezüglich eines Gesetzes zur Änderung des Umwelt-Rechtsbehelfsgesetzes und weiterer umweltrechtlicher Vorschriften vom Juli 2025[75] sieht vor, den Anwendungsbereich auf Entscheidungen über die Annahme von Plänen und Programmen i.S.v. § 2 Abs. 7 UVPG zu erweitern, »für deren Annahme in sonstiger Weise umweltbezogene Rechtsvorschriften des Bundesrechts, des Landesrechts oder unmittelbar geltender Rechtsakte der Europäischen Union anzuwenden sind«, ausgenommen Pläne und Programme, über deren Annahme durch formelles Gesetz entschieden wird. Gemäß dem geplanten § 2 Abs. 1 S. 1 Nr. 3b muss die Öffentlichkeitsbeteiligung hierzu jedoch die Mindestvoraussetzungen des § 42 UVG erfüllen. Hiermit soll den seitens des EuGH aufgestellten Maßstäben zur materiellen Präklusion Rechnung getragen werden.[76]

---

64 Zu dessen Inhalt siehe oben unter Rdn. 12.

65 EuGH, Rs. C-137/14, ECLI:EU:C:2015:683.

66 Mitteilung der Kommission über den Zugang zu Gerichten in Umweltangelegenheiten vom 28.04.2017, C(2017)2616 final, abrufbar unter http://ec.europa.eu/environment/aarhus/pdf/notice_accesstojustice_de.pdf (zuletzt abgerufen am 15.11.2025), Rn. 121.

67 Hierauf verweist *Schlacke* NVwZ 2017, 905 (909).

68 EuGH, Rs. C-240/09, NVwZ 2011, 673 ff.

69 BVerwGE 147, 312 ff.

70 Sofern der Anwendungsbereich des § 1 Abs. 1 S. 1 Nr. 4 UmwRG teleologisch erweitert wird, folgt daraus nicht, dass in einem solchen Fall auch die Präklusionsregelung des § 7 Abs. 3 UmwRG – direkt oder entsprechend – anzuwenden ist (vgl. hierzu OVG Bln-Bbg, Urt. v. 23.07.2024 – 11 A 16/20, ZUR 2025, 103 [104]).

71 EuGH, Rs. C-664/15, EU:C:2017:987, Rn. 88 ff.

72 EuGH, Rs. C-826/15, *Stichting Varkins*, ZUR 2021, 229, Rn. 63.

73 *Römling* ZUR 2021, 229 (236).

74 OVG Münster, Urt. v. 25.01.2024 – 20 D 8/19.AK, BeckRS 2024, 739, Rn. 108.

75 Vgl. Fn. 3.

76 Referentenentwurf (o. Fn. 3), S. 39.

Satz 2 trifft eine Sonderregelung für Bebauungspläne, die sowohl UVP-Pflichten als auch SUP-Pflichten unterfallen können.[77] Nur soweit die Bebauungspläne einer UVP unterliegen, unterfallen sie dem EuGH-Urteil vom 15. Oktober 2015. Um Abgrenzungsschwierigkeiten zu vermeiden – so die Gesetzesbegründung[78] –, stellt Satz 2 klar, dass § 7 Abs. 3 Satz 1 UmwRG nicht für die Aufstellung, Änderung, Ergänzung oder Aufhebung von Bebauungsplänen nach § 10 BauGB gilt. Hier findet vielmehr § 5 UmwRG Anwendung.[79] 16

IV. Ausschluss weiterer Präklusion (Abs. 4)

Auch Absatz 4 ist im Zusammenhang mit Absatz 3 sowie § 5 UmwRG zu lesen: Die Vorschrift stellt klar, dass (auch) die allgemeine Präklusionsregel des § 73 Abs. 4 Satz 3–6 VwVfG (sowie inhaltsgleiche Regelungen des Landesverfahrensrechts)[80] im Anwendungsbereich des § 1 Abs. 1 Satz 1 Nr. 1–2b UmwRG für anerkannte Umweltverbände sowie Personen und Vereinigungen (Abs. 6) keine Anwendung findet.[81] Dahinter steht ebenfalls die Anpassung der nationalen Rechtslage an das EuGH-Urteil vom 15. Oktober 2015,[82] denn der Anwendungsbereich der Vorschrift erstreckt sich auf jene Verfahren, die Art. 11 UVP-RL und Art. 25 IE-RL (und damit den gerichtlichen Feststellungen) unterfallen. Dies sind § 1 Abs. 1 Satz 1 Nr. 1–2b UmwRG, nicht jedoch § 1 Abs. 1 Nr. 3–6 UmwRG, hinsichtlich derer keine Rechtsänderung vorgesehen ist. § 7 Abs. 4 UmwRG schließt die Anwendbarkeit der Präklusionsregelung des § 73 Abs. 4 Satz 3 VwVfG auch in Fällen aus, in denen eine UVP-Pflicht bestehen kann, weil eine Vorprüfung des Einzelfalls die Möglichkeit erheblicher nachteiliger Umweltauswirkungen ergibt.[83] Da die materielle Präklusion bereits durch zahlreiche Änderungen[84] in den fachgesetzlichen Vorschriften gestrichen wurde,[85] kommt der Vorschrift lediglich eine »Auffangfunktion«[86] zu. 17

Abs. 4 betrifft lediglich das Rechtsbehelfsverfahren.[87] Formelle Präklusionsanordnungen bleiben aufrechterhalten oder wurden sogar in Ersetzung der materiellen Präklusionen neu eingeführt.[88] Diesbezüglich bestehen keine völker- oder unionsrechtlichen Bedenken.[89] Unter Berücksichtigung des Ausschlusses der materiellen Präklusion wäre einer entscheidungsbefugten Behörde der Verweis auf die formelle Präklusion jedoch wenig zu empfehlen, da die zurückgestellten Einwände im Klageverfahren wieder vorgebracht werden könnten. 18

77 Siehe einerseits Anl. 1 zu UVPG Nr. 18, andererseits Anl. 5 zu UVPG Nr. 1.8.

78 BT-Drs. 18/9526, S. 43. Auch die Umsetzung im EAG Bau vermeidet eine trennscharfe Differenzierung (BT-Drs., a.a.O.).

79 BT-Drs. 18/9526, S. 43.

80 BVerwG, Urt. v. 14.12.2017 – 4 C 6.16, BVerwGE 161, 99, Rn. 12 ff.; Beschl. v. 26.04.2023 – 4 VR 6.22; Rn. 11; OVG Bautzen, Urt. v. 08.09.2020 – 4 C 18/17, BeckRS 2020, 31668, Rn. 64; Beschl. v. 14.07.2020 – 4 B 169/19, BeckRS 2020, 20498, Rn. 50; OVG Hamburg, Urt. v. 01.09.2020 – 1 E 26/18, BeckRS 2020, 30095, Rn. 145; OVG Greifswald, Urt. v. 28.01.2020 – 5 K 19/09, BeckRS 2020, 24170, Rn. 20. Zur Kompetenzfrage ausführlich *Guckelberger* NuR 2020, 505 (510).

81 Vgl. BVerwGE 161, 99 Rn. 12; BVerwG, Urt. v. 20.01.2021 – 4 A 4.19, BeckRS 2021, 8675, Rn. 17.

82 EuGH, Urt. v. 15.10.2015 – Rs. C-137/14.

83 BVerwG, NVwZ 2017, 1717 (1717); OVG Magdeburg, UPR 2018, 78, Rn. 43; OVG Magdeburg, Beschl. v. 14.07.2020 – 4 B 169/19, BeckRS 2020, 20498, Rn. 50.

84 Kritisch zu dieser Gesetzgebungstechnik *Schlacke* NVwZ 2017, 905 (909), wonach der Rechtsanwender »mit diesen sehr verzweigten, tief in das Fachrecht hineinragenden Spezialvorschriften vor Herausforderungen gestellt wird«.

85 Siehe hierzu § 5 UmwRG Rdn. 6.

86 So explizit *Schlacke* NVwZ 2017, 905 (909).

87 VGH Mannheim, Urt. v. 14.08.2025, 3 S 831/23, BeckRS 2025, 20998, Rn. 57.

88 § 21 Abs. 4 S. 1, § 42 Abs. 3 S. 3 UVPG n.F.; § 3 Abs. 2 S. 2 2. HS BauGB; § 10 Abs. 3 S. 5 (i.V.m. § 23b Abs. 2 S. 4) BImSchG; § 7 Abs. 1 S. 2, § 7a Abs. 1 S. 3 AtVfV.

89 S. nur *Ludwigs* NJW 2015, 3484 (3486).

19 Abs. 4 stellt sicher, dass die Präklusion auch für Einwendungen ausgeschlossen ist, die nach § 9 Abs. 1 Satz 1 UVPG nicht Umweltauswirkungen, sondern andere Gesichtspunkte des Vorhabens betreffen.[90] Dies resultiert aus der oben genannten EuGH-Entscheidung ebenso wie aus Art. 9 Abs. 2[91] der Aarhus-Konvention und wird auch von Seiten des BVerwG bestätigt.[92] Dem entsprechen auch die Änderungen von § 2 Abs. 1 Nr. 1 und Abs. 4 Nr. 1 UmwRG, wonach es genügt, dass Umweltverbände, den Verstoß gegen Rechtsvorschriften geltend machen, die »für die Entscheidung von Bedeutung sein können«. Der Einschub »die dem Umweltschutz dienen« wurde hingegen gestrichen.[93]

V. Heilungsmöglichkeiten (Abs. 5)

20 Abs. 5 S. 1 erweitert die bereits im geltenden Planfeststellungsrecht[94] bestehenden Möglichkeiten zur Heilung von materiellen Fehlern auf Zulassungsentscheidungen nach § 1 Abs. 1 Satz 1 Nr. 1–2 b, 5 UmwRG[95] und erweist sich hierdurch als äußerst praxisrelevant. Es handelt sich hierbei – nach der gesetzgeberischen Intention[96] – um eine Parallelregelung zu § 75 Abs. 1 a Satz 2 VwVfG, welche gleichermaßen die Folgen eines Rechtsverstoßes abweichend von § 113 Abs. 1 S. 1 VwGO regelt.[97] Abs. 5 S. 1 kommt daher, wie § 75 Abs. 1a S. 2 VwVfG, nach seinem eindeutigen Wortlaut und seinem Sinn und Zweck nur im gerichtlichen, nicht aber im behördlichen Verfahren zur Anwendung.[98] Mit der letzten Gesetzesänderung ebenfalls neu eingeführt wurde die Heilungsmöglichkeit von Verfahrensfehlern nach § 4 Abs. 1 b) UmwRG.[99] Anders als nach § 4 Abs. 1 b) Satz 3 UmwRG ist eine Aussetzung des Verfahrens zur Behebung materieller Rechtsfehler nach § 7 Abs. 5 UmwRG jedoch nicht möglich. Die Fehlerheilung durch Entscheidungsergänzung oder in einem ergänzenden Verfahren soll (nur) jene Fälle erfassen, in denen die Rechtmäßigkeit der Entscheidung unproblematisch herbeigeführt werden kann und die vollständige Durchführung eines neuen Genehmigungsverfahrens unverhältnismäßig wäre.[100] Damit wird der Grundsatz der Plan- bzw. Genehmigungserhaltung verfolgt.[101]

21 Der Anwendungsbereich der Vorschrift ist auf Entscheidungen nach § 1 Abs. 1 Satz 1 Nr. 1–2b sowie Nr. 5 UmwRG begrenzt, da in den anderen Fällen des § 1 Abs. 1 Satz 1 UmwRG kein Bedarf für eine solche Regelung besteht. Planfeststellungen und Plangenehmigungen unterfallen weiterhin dem spezielleren § 75 Abs. 1 a VwVfG (Satz 2).[102] § 7 Abs. 5 UmwRG erfasst daher vor allem immissionsschutzrechtliche Genehmigungen und wasserrechtliche[103] Erlaubnisse und Bewilligungen, u.U. aber auch Baugenehmigungen.[104]. Der Grundgedanke der Fehlerbehebung durch ergänzendes Verfahren trifft nicht nur auf Planfeststellungsverfahren zu, sondern gleichermaßen auf die beispielhaft genannten Zulassungsverfahren. Nach der gesetzgeberischen Intention soll es zu einer Gleich-

90 BT-Drs. 18/9526, S. 43.
91 Siehe hierzu Beschluss V/9h der 5. Vertragsstaatenkonferenz.
92 BVerwG, NVwZ 2017, 627 (Rn. 11). Näheres hierzu unter § 5 Rdn. 5.
93 Durch das Gesetz zur Anpassung des Umwelt-Rechtsbehelfsgesetzes und anderer Vorschriften an europa- und völkerrechtliche Vorgaben vom 29.05.2017, BGBl. I, S. 1298.
94 So § 18d AEG, § 17d FStrG, § 14d WaStrG, § 2c MBPlG, § 43d EnWG.
95 Zum Anwendungsbereich *Seibert*, NVwZ 2018, 97 (97 f.). Zur Anwendbarkeit dieser Vorschrift auf die Verlängerungsentscheidung nach § 18 Abs. 3 BImSchG: BVerwGE 171, 140, Rn. 32 ff.; 167, 250, Rn. 29; BVerwG, NVwZ 2021, 160 ff.
96 BT-Drs. 18/9526, S. 44.
97 OVG Bln-Bbg, Urt. v. 22.07.2025 – OVG 7 A 9/25, ZUR 2025, 617.
98 BVerwG, Beschl. v. 05.03.2025 – 7 B 19.24, NVwZ 2025, 1274, Rn. 12.
99 BT-Drs. 18/9526, S. 45.
100 *Seibert* NVwZ 2018, 97 (97).
101 *Berkemann* DVBl. 2020, 1 (12).
102 Siehe hierzu noch unter Rdn. 28.
103 Siehe etwa VG Darmstadt, Urt. v. 22.08.2019 – 6 K 1357/13.DA, BeckRS 2019, 27128.
104 Vgl. *Seibert* NVwZ 2018, 97 (98).

behandlung der unterschiedlichen Verfahren kommen, da der Differenzierung nach Planfeststellung, Genehmigung oder anderen Zulassungsformen ein Zufallscharakter innewohnt, so dass die Art der Zulassung nicht zwingend die Größe oder Komplexität eines Vorhabens widerspiegelt.[105] Die Fallkonstellationen nach § 75 Abs. 1 a Satz 2 VwVfG sowie § 7 Abs. 5 UmwRG sind – laut gesetzgeberischer Begründung – »vollkommen vergleichbar«.[106] Abs. 5 lehnt sich daher auch eng an § 75 Abs. 1 a Satz 2 VwVfG an: Beide Vorschriften regeln, dass bei einem materiellen Verstoß gegen Rechtsvorschriften die Entscheidung über die Zulässigkeit eines Vorhabens nicht aufgehoben wird (vgl. § 113 Abs. 1 Satz 1 VwGO),[107] wenn der materielle Verstoß durch Entscheidungsergänzung oder in einem ergänzenden Verfahren geheilt werden kann. Bei der Entscheidungsergänzung wird die ansonsten unveränderte Entscheidung um Regelungen ergänzt, die für ein fehlerfreies Ergebnis erforderlich sind. Dem Ursprung im Planfeststellungsrecht entsprechend betrifft dies Fälle, in denen die Entscheidung nicht zu beanstanden ist und daher sicher feststeht, dass das Vorhaben verwirklicht werden darf.[108] Das ergänzende Verfahren ist ein wiederaufgreifendes Verfahren, das dazu dient, behebbare Fehler im Entscheidungsvorgang (insbes. bei der Ausübung der Abwägung oder des Ermessens, aber ggf. auch hinsichtlich der Anforderungen strikten Rechts) zu beseitigen.[109] Es führt nicht zwingend zur Änderung der behördlichen Entscheidung, sondern kann auch mit deren Bestätigung enden.[110] Nach der (überzeugenden) Rechtsprechung des BVerwG[111] sind Verstöße gegen Art. 6 Abs. 3 FFH-RL keine Verfahrensfehler, sondern materiell-rechtliche Fehler i.S.v. § 7 Abs. 5 Satz 1 UmwRG, die im ergänzenden Verfahren zu beheben sind. In Anlehnung an die Herkunft der Instrumentarien aus dem Planfeststellungsrecht wird teilweise ein Ermessens- oder Abwägungsspielraum der Behörde verlangt.[112] Andererseits handelt es sich zumindest bei der immissionsschutzrechtlichen Genehmigung um eine konditionale Genehmigung, die (zumindest auf den ersten Blick) diese Voraussetzungen nicht erfüllt. Dass § 7 Abs. 5 UmwRG dennoch auch auf diese Genehmigungen Anwendung finden kann,[113] erklärt sich bereits aus dem Umstand, dass gerade mit Blick auf umweltrechtliche Belange konditionale und finale Normen nicht mehr überschneidungsfrei voneinander abgrenzbar sind. Dies zeigt sich etwa mit Blick auf die Integration nachträglicher FFH-Verträglichkeitsprüfungen, nachträglicher UVP-Verträglichkeitsprüfungen oder von Lärmschutzerwägungen[114] in immissionsschutzrechtliche Entscheidungen.

Besteht die Möglichkeit, dass ein Rechtsfehler in einem ergänzenden Verfahren oder durch Entscheidungsergänzung behoben wird, so wird das Gericht den Bescheid nicht aufheben, sondern (nur) tenorieren, dass dieser rechtswidrig und nicht vollziehbar ist.[115] Während dieses Schwebezustands besteht die Möglichkeit, den Fehler zu beheben.[116] Ob ein Aufhebungsanspruch ausgeschlossen ist, ist in der Begründetheit zu prüfen.[117] Eine Entscheidungsergänzung kommt nur dann 22

---

105 BT-Drs. 18/9526, S. 44.

106 BT-Drs. 18/9526, S. 44.

107 Zur (Nicht-)Anwendbarkeit des § 7 Abs. 5 UmwRG im Falle des vorläufigen Rechtsschutzes VG München, Beschl. v. 29.09.2020 – M 1 SN 20.3658, BeckRS 2020, 32677, Rn. 36.

108 *Seibert* NVwZ 2018, 97 (99).

109 *Neumann/Külpmann*, in: Stelkens/Bonk/Sachs, VwVfG, § 75 Rn. 43a; *Seibert* NVwZ 2018, 97 (98).

110 *Neumann/Külpmann*, in: Stelkens/Bonk/Sachs, VwVfG, § 75 Rn. 43a.

111 BVerwG, DVBl. 2018, 1434, Rn. 34; BVerwGE 161, 17, Rn. 28 ff., 33.

112 In diesem Sinne VG München, Urt. v. 22.03.2019 – M 19 K 17.3738, BeckRS 2019, 4543, Rn. 132; vgl. auch *Fellenberg/Schiller*, in: Landmann/Rohmer, Umweltrecht, § 7 UmwRG (86. EL 2018) Rn. 96; *Seibert* NVwZ 2018, 97 (99).

113 So explizit *Franzius*, in: Schink/Reidt/Mitschang, UVPG/UmwRG, § 7 UmwRG Rn. 7 f.

114 So das Bsp. bei *Seibert* NVwZ 2018, 97 (99).

115 OVG Bln-Bbg, Urt. v. 22.07.2025 – OVG 7 A 9/25, ZUR 2025, 617; OVG Münster, Urt. v. 18.12.2024 – 7 D 21/24.AK, EnWZ 2025, 230, Rn. 65. Zum parallelen § 75 Abs. 1a VwVfG BVerwG, NVwZ 1996, 1016 (1017); NVwZ 2009, 467 f., Rn. 73; VG Düsseldorf, Urt. v. 25.05.2011 – 3 K 1599/07 mit Tenorierungsbsp.

116 BVerwG, Urt. v. 19.12.2019 – 7 C 28.18, NVwZ 2021, 160, Rn. 29.

117 OVG Münster, Urt. v. 18.12.2024 – 7 D 21/24.AK, EnWZ 2025, 230, Rn. 61 ff.

in Betracht, wenn die Identität des Vorhabens nicht angetastet wird und die Behebung des Mangels nicht von vornherein ausgeschlossen ist.[118] Die Rechtskraft der Entscheidung erstreckt sich nach Maßgabe der Entscheidungsgründe auf die Feststellung aller behebbaren Mängel und damit zugleich auf die (negative) Feststellung, dass weitere Mängel nicht vorliegen.[119] Im Fall der Entscheidungsergänzung ergeht ein Verpflichtungsurteil, das auf Ergänzung der Entscheidung um die bisher fehlende Regelung gerichtet ist, was vor allem Schutzauflagen betrifft.[120] Im Berufungsverfahren ist die obergerichtliche Überprüfung der angefochtenen Entscheidung, eine Genehmigung für nicht vollziehbar zu erklären, nicht auf den Streitgegenstand insgesamt, sondern nur auf die den Berufungsführer belastenden und gesonderter Rechtskraft fähigen Rechtsgründe der Vorinstanz zu erstrecken, wenn der Berufungsführer selbst nur diese Rechtsgründe zum Gegenstand eines entsprechend beschränkten Berufungsantrags (§ 128 Satz 1 VwGO) und entsprechend beschränkter Berufungsgründe (§ 124 a Abs. 3 Satz 4 VwGO) macht.[121]

Im Normenkontrollverfahren nach § 47 VwGO findet § 7 Abs. 5 S. 1 keine Anwendung.[122] Dem Wortlaut nach bezieht sich Abs. 5 S. 1 auf Verfahren, welche »zur Aufhebung der Entscheidung« führen können. Eine stattgebende Entscheidung im Normenkontrollverfahren hebt eine Rechtsvorschrift hingegen nicht auf, sondern stellt nach § 47 Abs. 5 S. 2 VwGO deren Unwirksamkeit fest. Zugleich ist davon auszugehen, dass sich das UmwRG gefestigter prozessrechtlicher Begriffe bedient.[123] Diese Auslegung wird zugleich dadurch bestätigt, dass die Gesetzesbegründung zwar einige von der Norm erfasste Entscheidungen, nicht aber UVP-pflichtige Bebauungspläne nennt.[124]

23 Die Formulierung des Abs. 5 wurde bewusst an § 75 Abs. 1a Satz 2 VwVfG angelehnt, damit die umfassende »Heilungsrechtsprechung« des BVerwG auf Abs. 5 übertragen werden kann.[125] Dies gilt insbesondere, da die ständige Rechtsprechung § 75 Abs. 1a Satz 2 VwVfG auch auf andere materielle Fehler als Abwägungsfehler angewendet hat.[126] Dies ist relevant, da Abs. 5 wie oben gesehen gerade auf Genehmigungsverfahren Anwendung finden soll. Nach der Rechtsprechung des BVerwG können sogar Verstöße gegen zwingendes Recht, deren Heilung nicht in der Hand der Planfeststellungsbehörde selbst liegt, sondern das Einschreiten eines anderen Verwaltungsträgers in einem externen Verfahren voraussetzen, ausgeräumt werden.[127]

24 Eine Heilung ist (ebenso wie nach § 75 Abs. 1 a Satz 2 VwVfG) nicht im Hinblick auf jeden Verstoß gegen materielle Rechtsvorschriften denkbar. Vielmehr ist eine Heilung nur möglich, wenn die konkrete Möglichkeit der Fehlerbehebung in einem ergänzenden Verfahren nach Feststellung der Rechtswidrigkeit und Nichtvollziehbarkeit oder durch Ergänzung der Entscheidung besteht. Das setzt einerseits voraus, dass der Verstoß nicht von solcher Art und Schwere ist, dass er das Vorhaben als Ganzes von vornherein in Frage stellt.[128] Ferner muss sich die konkrete Möglichkeit abzeichnen, dass sich der Mangel in absehbarer Zeit beseitigen lässt:[129] Wenn im Zeitpunkt der gerichtlichen

118 VG Regensburg, Urt. v. 10.01.2024 – RN 7 K 22.1528, Rn. 93.
119 OVG Lüneburg, Beschl. v. 11.05.2020 – 12 LA 150/19, Rn. 16.
120 VG Lüneburg, Urt. v. 20.09.2024 – 2 A 267/18, BeckRS 2024, 32269, Rn. 47.
121 OVG Lüneburg, Beschl. v. 11.05.2020 – 12 LA 150/19, Rn. 17.
122 BVerwG, Urt. v. 20.06.2023 – 4 CN 11.21, NVwZ 2023, 1748, Rn. 19; Beschl. v. 20.02.2024 – 4 BN 22.23, BeckRS 2024, 5487, Rn. 7; Urt. v. 20.06.2023 – 4 CN 11.21, NVwZ 2023, 1748, Rn. 19.
123 BVerwG, NVwZ 2021, 331 Rn. 12.
124 BVerwG, Urt. v. 20.06.2023 – 4 CN 11.21, NVwZ 2023, 1748, Rn. 20 mit Verweis auf BT-Drs. 18/9526, S. 44.
125 BT-Drs. 18/9526, S. 45.
126 BVerwGE 112, 140 (165); 116, 254 (268); 120, 276, Rn. 28.
127 BVerwGE 120, 276, Rn. 28.
128 *Fellenberg/Schiller*, in: Landmann/Rohmer, Umweltrecht, § 7 UmwRG (86. EL 2018) Rn. 113; *Seibert* NVwZ 2018, 97 (100). Dies ist indes der Fall, wenn die städtebauliche Privilegierung des Vorhabens in Rede steht (vgl. BayVGH, ZfBR 2019, 59 [63]; VG München, Urt. v. 22.03.2019 – M 19 K 17.3738, BeckRS 2019, 4543, Rn. 133).
129 BVerwG, ZfBR 2004, 382 (382).

Entscheidung feststeht, dass eine Beseitigung des Mangels aus tatsächlichen oder rechtlichen Gründen auf unabsehbare Zeit nicht in Betracht kommt, steht der Planung ein unüberwindliches Hindernis entgegen, das der Fehlerbehebung in einem ergänzenden Verfahren keinen Raum mehr ließe.[130] Der Gesetzeswortlaut verlangt die positive Feststellung, dass die Fehlerbehebung möglich ist. Aus der gerichtlichen Begründung müsste also hervorgehen, dass und wie der Fehler behebbar ist. Diese aus dem Amtsermittlungsgrundsatz resultierende Pflicht muss unter Berücksichtigung des Grundsatzes des fairen Verfahrens, der auch in Art. 9 Abs. 4 der Aarhus-Konvention Erwähnung findet, ausgeübt werden. Dem steht nicht unbedingt entgegen, dass durch die gerichtliche Stellungnahme die Prozesschancen einer Partei verringert werden; das Gericht darf Empfehlungen zur Fehlerbehebung geben, sich jedoch nicht zum Berater der Behörde machen.[131]

In der gesetzlichen Formulierung bleibt unklar, ob Abs. 5 ein Fehlerbehebungsverfahren voraussetzt oder dieses bereits geschaffen hat. Abs. 5 selbst enthält keine Vorgaben für die Gestaltung des Verfahrens. Die Gesetzesbegründung unterstellt hingegen, dass nach Maßgabe des jeweils konkreten Einzelfalls bspw. nachträgliche Inhalts- und Nebenbestimmungen oder Änderungsgenehmigungen in Betracht kommen.[132] Dies ist wohl so zu lesen, dass das UmwRG kein eigenständiges Verfahren zur Fehlerbehebung schaffen soll, sondern dessen Existenz voraussetzt. Eine solche Fehlerheilung könnte etwa dann möglich sein, wenn unproblematisch die Rechtmäßigkeit der Entscheidung herbeigeführt werden kann, z.B. durch eine zusätzliche Nebenbestimmung, und daher die Durchführung eines vollständig neuen Genehmigungsverfahrens unverhältnismäßig wäre. Die Heilung ist demnach von dem Vorliegen der erforderlichen fachrechtlichen Vorschriften abhängig. So kämen im Immissionsschutzrecht insbesondere für die Entscheidungsergänzung insbesondere Auflagen nach § 12 Abs. 1 BImSchG in Betracht.[133] Gemäß Art. 12 Abs. 1 BImSchG kann die immissionsschutzrechtliche Genehmigung mit Auflagen verbunden werden, »soweit dies erforderlich ist, um die Erfüllung der in § 6 genannten Genehmigungsvoraussetzungen sicherzustellen«. Erforderlich ist allerdings in jedem Fall, dass die maßgeblichen gesetzlichen Voraussetzungen des Verwaltungsaktes ohne die Nebenbestimmung bereits erfüllt werden.[134] Ist dies nicht der Fall, darf bereits die Genehmigung nicht erlassen werden.[135] Die Vorschriften des Genehmigungsrechts erweisen sich daher im Hinblick auf die Entscheidungsergänzung zumeist als wenig passgenau, sodass § 7 Abs. 5 S. 1 UmwRG insoweit nur ein marginaler Anwendungsbereich zugesprochen wird.[136] Ausgeschlossen ist ein Rückgriff auf § 7 Abs. 5 S. 1 UmwRG dennoch nicht. Als Ermessensvorschrift sind die wasserrechtliche Erlaubnis oder Bewilligung nach § 12 WHG der Entscheidungsergänzung grundsätzlich offener. Hier bietet § 13 Abs. 1 WHG die Möglichkeit, Inhalts- und Nebenbestimmungen zu erlassen. Schließlich kommen naturschutzrechtliche Kompensationsmaßnahmen nach § 15 Abs. 2 BNatSchG in Betracht. Auch hinsichtlich des Verfahrens sind die fachgesetzlichen Vorschriften anzuwenden.[137] 25

Nach Auffassung des Gesetzgebers widerspricht § 7 Abs. 5 Satz 1 UmwRG Art. 11 RL 2011/92/EU und Art. 25 RL 2010/75/EU nicht.[138] Beide Vorschriften verlangen die Möglichkeit, umwelt- 26

130 Z.B. BVerwGE 116, 254; vgl. ferner die Nachweise zu dem – mittlerweile aufgehobenen – gleich lautenden § 215a Abs. 1 Satz 1 BauGB BVerwG, 4 CN 20.02.

131 BVerwG, NVwZ 2018, 181 ff.

132 BT-Drs. 18/9526, S. 44.

133 Als abschließende Regelung der immissionsschutzrechtlich zulässigen Nebenbestimmungen und als lex specialis geht § 12 Abs 1 BImSchG § 36 VwVfG (gemäß § 1 Abs. 2 VwVfG) vor (OVG Münster, NVwZ-RR 2002, 342). Vgl. aber VG Regensburg, Urt. v. 10.01.2024 – RN 7 K 22.1528, Rn. 93, welches auf § 36 VwVfG zurückgreift.

134 *Seibert* NVwZ 2018, 97 (99).

135 *Lau*, in: Hoppenberg/de Witt, Handbuch des öffentlichen Baurechts, 63. EL 2024, K. VIII. Verbandsklage Rn. 69.

136 *Fellenberg/Schiller*, in: Landmann/Rohmer, Umweltrecht, § 7 UmwRG (86. EL 2018) Rn. 92.

137 Im Detail hierzu *Fellenberg/Schiller*, in: Landmann/Rohmer, Umweltrecht, § 7 UmwRG Rn. 104 ff.

138 So BT-Drs. 18/9526, S. 46.

rechtliche Entscheidungen in einem Rechtsbehelfsverfahren dahingehend überprüfen zu lassen, ob diese mit materiellen und verfahrensrechtlichen Anforderungen übereinstimmen. Ein Aufhebungsanspruch im Hinblick auf die fehlerhafte Entscheidung bestehe demgegenüber nicht. Ziel der Richtlinienbestimmungen sei es, bei Entscheidungen über die Zulässigkeit eines Vorhabens die Übereinstimmung mit materiellen und verfahrensrechtlichen Anforderungen zu gewährleisten. Dieses Ziel könne auch mit der Einräumung eines ergänzenden Verfahrens zur Heilung materieller Fehler erreicht werden. Den an der Unionsrechtsmäßigkeit der Heilungsmöglichkeiten geäußerten Zweifeln[139] hat das BVerwG entgegengehalten, dass die Anordnung der Nichtvollziehbarkeit einer immissionsschutzrechtlichen Genehmigung zum Zwecke der Durchführung einer FFH-Verträglichkeitsprüfung nicht gegen Unionsrecht verstößt.[140] Diese Rechtsprechung ist im Ergebnis zweifelhaft. Sie verweist darauf, dass die Möglichkeit der gerichtlichen Kontrolle der angefochtenen Zulassungsentscheidungen nicht erschwert wird. Zwar richtet sich das ergänzende Verfahren nach den materiell- und verfahrensrechtlichen Vorschriften der einschlägigen Fachgesetze. Doch sollen FFH-Verträglichkeitsprüfung und Umweltverträglichkeitsprüfung dem Unionsrecht entsprechend vor der behördlichen Entscheidung durchgeführt werden.[141] Insbesondere soll im Rahmen der Umweltverträglichkeitsprüfung eine frühzeitige Öffentlichkeitsbeteiligung durchgeführt werden.[142] Auch die FFH-Richtlinie normiert, dass die Genehmigung eines Plans oder Programms »unter *Berücksichtigung* der Ergebnisse der Verträglichkeitsprüfung« und »gegebenenfalls« nach Anhörung der Öffentlichkeit erfolgt.[143] Der EuGH schließt (in seiner vom BVerwG zitierten Rechtsprechung) die Fehlerbehebung in einem nachträglichen ergänzenden Verfahren zwar dann nicht aus, wenn dadurch nicht die Möglichkeit eröffnet wird, das Unionsrecht zu umgehen oder nicht anzuwenden, und wenn die nachträgliche Legalisierung die Ausnahme bleibt.[144] Gerade an der letzten Voraussetzung können vorliegend jedoch Zweifel bestehen, da durch die gewählte Regelung die prinzipielle Möglichkeit geschaffen wird, Prüfungen zur Umweltverträglichkeit bzw. FFH-Verträglichkeit erst nachträglich durchzuführen. Speziell für die UVP-Prüfung lässt sich zudem darauf verweisen, dass die hier vorgesehene Alternativenoffenheit[145] hierdurch praktisch unmöglich gemacht wird.

27 Im Hinblick auf die gerichtliche Kostenentscheidung gelten die allgemeinen Regelungen (vgl. §§ 154 ff. VwGO).[146]

28 Satz 2 regelt das Verhältnis zum bestehenden § 75 Abs. 1a VwVfG. Danach ist Abs. 5 Satz 1 dann nicht anzuwenden, wenn § 75 Abs 1a VwVfG auf eine Entscheidung nach § 1 Abs. 1 Satz 1 Nrn. 1 bis 2 b sowie Nr. 5 angewendet werden kann. Dies betrifft in der Regel Planfeststellungen und Plangenehmigungen. In diesen Fällen besteht kein Bedarf für die Anwendung des Abs. 5 Satz 1, da § 75 Abs. 1a VwVfG die Heilung materieller Fehler bereits vorsieht.[147] Um Anwendungsschwierigkeiten in der Praxis zu vermeiden, schließt Satz 2 in diesen Fällen die Anwendung ausdrücklich aus. Mit der Bezugnahme auf § 75 Abs. 1a VwVfG wird zugleich sichergestellt, dass in den Bereichen, in denen das Fachplanungsrecht ergänzende Vorschriften vorsieht, die zur Heilung von Fehlern auf § 75 Abs. 1a VwVfG verweisen, Abs. 5 Satz 1 nicht anzuwenden ist. Auch die bauplanungsrechtlichen Fehlerfolgenregelungen sind (obwohl nicht explizit in § 7 Abs. 5 UmwRG aufgeführt) vor-

139 Siehe etwa *Franzius* NuR 2019, 649 (653).
140 BVerwG, DVBl. 2018, 1434, Rn. 30 ff.; NVwZ 2019, 1611, Rn. 4 ff.
141 So EuGH, C-404/09, ECLI:EU:C:2011:768, Rn. 99, 104 für die FFH-Verträglichkeitsprüfung.
142 Vgl. Art. 6 Abs. 2 Satz 1, Abs. 4 Satz 1 UVP-RL 2011/92/EU für die Umweltverträglichkeitsprüfung.
143 Art. 6 Abs. 3 FFH-RL 92/43/EWG.
144 EuGH, C-215/06, ECLI:EU:C:2008:380, Rn. 57; EuGH, C-117/17, ECLI:EU:C: 2018:129, Rn. 30.
145 Vgl. 13. Erwägungsgrund UVP-RL 2011/92/EU.
146 BT-Drs. 18/9526, S. 45.
147 BT-Drs. 18/9526, S. 46.

rangig anzuwenden.[148] Insoweit ist der Anwendungsbereich des § 7 Abs. 5 Satz 1 UmwRG unter Berücksichtigung von Entstehungsgeschichte und Telos teleologisch zu reduzieren.[149]

VI. Anwendungsbereich der Vorschrift (Abs. 6)

Die Vorschrift differenziert zwischen Vereinigungen i.S.d. § 4 Abs. 3 Satz 1 Nr. 2 (so erwähnt in 29
Abs. 2) und Personen und Vereinigungen i.S.d. § 4 Abs. 3 Satz 1 Nr. 1 (so erwähnt in Abs. 6). Vereinigungen i.S.d. § 4 Abs. 3 Satz 1 Nr. 2 sind anerkannte Umweltschutzvereinigungen nach § 2; für diese finden alle Absätze des § 7 Anwendung. Personen und Vereinigungen i.S.d. § 4 Abs. 3 Satz 1 Nr. 1 sind natürliche und juristische Personen sowie Vereinigungen nach § 61 Nr. 1, 2 VwGO; gem. Abs. 6 können diese ebenfalls (im Anwendungsbereich des § 1) die Rechtsbehelfe nach § 7 Abs. 2 Satz 1, 3 in Anspruch nehmen, ebenso gelten die Absätze 4 und 5. Ausgenommen von dem Verweis ist § 7 Abs. 2 Satz 2, weil die Möglichkeit einer gerichtlichen Überprüfung von Plänen und Programmen in Umsetzung des Art. 9 Abs. 3 AK nur für Umweltvereinigungen erweitert werden soll.[150]

§ 8 Überleitungsvorschrift

(1) Dieses Gesetz gilt für Rechtsbehelfe gegen Entscheidungen nach § 1 Absatz 1 Satz 1 Nummer 1 und 2, die nach dem 25. Juni 2005 ergangen sind oder hätten ergehen müssen. Abweichend von Satz 1 ist § 6 nur auf solche in Satz 1 genannten Rechtsbehelfe anzuwenden, die nach dem 28. Januar 2013 erhoben worden sind.

(2) Dieses Gesetz gilt für Rechtsbehelfe gegen Entscheidungen nach § 1 Absatz 1 Satz 1 Nummer 4 bis 6,
1. **die am 2. Juni 2017 noch keine Bestandskraft erlangt haben oder**
2. **die nach diesem Zeitpunkt ergangen sind oder hätten ergehen müssen.**

(3) Folgende Anerkennungen gelten als Anerkennungen im Sinne dieses Gesetzes fort:
1. **Anerkennungen**
   a) **nach § 3 dieses Gesetzes in der Fassung vom 28. Februar 2010,**
   b) **nach § 59 des Bundesnaturschutzgesetzes in der Fassung vom 28. Februar 2010 und**
   c) **auf Grund landesrechtlicher Vorschriften im Rahmen des § 60 des Bundesnaturschutzgesetzes in der Fassung vom 28. Februar 2010,**

   die vor dem 1. März 2010 erteilt worden sind, sowie
2. **Anerkennungen des Bundes und der Länder nach § 29 des Bundesnaturschutzgesetzes in der bis zum 3. April 2002 geltenden Fassung.**

Übersicht

148 OVG Magdeburg, Urt. v. 20.10.2021 – 2 K 52/18, BeckRS 2021, 35449, Rn. 55; OVG Lüneburg, Urt. v. 24.06.2021 – 12 KN 112/20, BeckRS 2021, 18143, Rn. 53.
149 OVG Magdeburg, Urt. v. 20.10.2021 – 2 K 52/18, BeckRS 2021, 35449, Rn. 55.
150 BT-Drs. 18/9526, S. 46.

A. Allgemeines

I. Regelungsgegenstand und allgemeine Bedeutung

1 § 8 enthält Überleitungsvorschriften für Rechtsbehelfe gegen Entscheidungen gemäß § 1 Abs. 1 Satz 1 Nr. 1, 2, 4–6 (Abs. 1 und 2) und für bereits erklärte Anerkennungen (Abs. 3). Die Vorschrift erfasst auch Rechtsmittel, die bis zum Inkrafttreten des Gesetzes zur Anpassung des UmwRG und anderer Vorschriften an europa- und völkerrechtliche Vorgaben vom 29.05.2017 unzulässig waren und erst dadurch zulässig wurden.[1]

II. Gesetzesgeschichte

2 Durch Erlass des UmwRG wurde die Öffentlichkeitsbeteiligungsrichtlinie in deutsches Recht umgesetzt. Nach ihrem Art. 6 musste die Öffentlichkeitsbeteiligungsrichtlinie durch die Mitgliedstaaten bis zum 25.06.2005 umgesetzt werden. Der deutsche Gesetzgeber hat diese Frist überschritten. Die Bundesregierung hat erst am 04.09.2006 einen Gesetzentwurf in den Deutschen Bundestag eingebracht.[2] Das UmwRG wurde durch den Deutschen Bundestag am 07.12.2006 als Gesetz beschlossen und ist am 15.12.2006 in Kraft getreten (§ 6 a.F.). Um Art. 6 der Öffentlichkeitsbeteiligungsrichtlinie zu genügen, wurde in der ursprünglichen Fassung der Überleitungsvorschrift (§ 5 a.F.) bestimmt, dass das Gesetz auch auf nach dem 25.06.2005 eingeleitete Verfahren Anwendung findet.

3 § 5 a.F. regelte zunächst nur die Anwendbarkeit des UmwRG auf nach dem 25.06.2005 bereits eingeleitete oder zu Unrecht nicht eingeleitete Verfahren nach § 1 Abs. 1 Satz 1. Diese Regelung wurde durch das Gesetz zur Neuregelung des Rechts des Naturschutzes und der Landschaftspflege vom 29.07.2009 (BGBl. I S. 2542) um zwei weitere Absätze ergänzt. Absatz 2 ersetzte die Anerkennungsfiktion des § 3 Abs. 1 Satz 4 in der Fassung vom 07.12.2006 und regelte die Überleitung bereits ausgesprochene Anerkennungen. Abs. 3 regelte die Fortführung bereits begonnener Anerkennungsverfahren.

4 Das Gesetz zur Änderung des Umwelt-Rechtsbehelfsgesetzes und anderer umweltrechtlicher Vorschriften vom 21.01.2013 (BGBl. I S. 95) änderte die Frist in § 5 Abs. 2 a.F. von 28.02.2010 in 01.03.2010[3] und fügte als neuen Abs. 4 eine weitere Überleitungsregelung ein. Abs. 4 betraf am 12.05.2011 – dem Tag der Entscheidung des EuGH in der Rechtssache »Trianel« (C-115/09) – bereits laufende bzw. nach diesem Datum eingeleitete Rechtsbehelfsverfahren, die im Zeitpunkt des Inkrafttretens dieses Änderungsgesetzes noch nicht rechtskräftig abgeschlossen waren.[4] Der Bundesrat lehnte § 5 Abs. 4 Satz 2 a.F. ab,[5] konnte sich damit aber nicht durchsetzen.

5 Nachdem der EuGH in der Rechtssache »Altrip« (C-72/12) entschieden hatte, dass die bisherige Übergangsregelung in § 5 Abs. 1 a.F. gegen Unionsrecht verstieß, wurde sie durch das Gesetz zur Änderung des Umwelt-Rechtsbehelfsgesetzes zur Umsetzung des Urteils des Europäischen Gerichtshofs vom 07.11.2013 in der Rechtssache C-72/12 vom 20.11.2015 (BGBl. I S. 2069) geändert. § 5 Abs. 4 Satz 2 a.F. wurde als § 5 Abs. 1 Satz 2 a.F. fortgeführt, womit Abs. 4 gelöscht werden konnte.

---

1 BVerwG, Urt. v. 29.04.2021 – 4 C 2/19, juris Rn. 23; OVG Lüneburg, Urt. v. 15.11.2018 – 1 KN 29/17, juris Rn. 21.

2 BT-Drs. 16/2495, S. 5.

3 BR-Drs. 469/12, S. 44: Bereinigung eines redaktionellen Versehens.

4 BR-Drs. 469/12, S. 44.

5 BR-Drs. 469/12 (Beschluss), S. 4.

Im Gesetzentwurf der Bundesregierung wird hierzu ausgeführt, nach dem Urteil des EuGH müssten die zur Umsetzung von Art. 10a der UVP-Richtlinie 85/337/EWG bzw. Art. 11 der kodifizierten UVP-Richtlinie 2011/92/EU ergangenen Vorschriften des nationalen Rechts auch für behördliche Genehmigungsverfahren gelten, die vor dem 25.06.2005 eingeleitet wurden, in denen aber erst nach diesem Zeitpunkt eine Genehmigung erteilt worden ist. Dementsprechend erfasse der Geltungsbereich des UmwRG künftig Rechtsbehelfe gegen Entscheidungen nach § 1 Abs. 1 Satz 1 Nr. 1 und 2, die nach dem 25.06.2005 ergangen sind oder hätten ergehen müssen. Eine Erstreckung des § 5 Abs. 1 Satz 1 a.F. auf Rechtsbehelfe gegen Entscheidungen nach § 1 Abs. 1 Satz 1 Nr. 3 oder deren Unterlassen sei dagegen nicht geboten, weil Art. 11 der UVP-Richtlinie und Art. 25 der IE-Richtlinie für solche Rechtsbehelfe nicht gelten würden. Sie würden daher durch das Urteil des EuGH vom 07.11.2013 in der Rechtssache C-72/12 nicht berührt. Entscheidungen nach § 1 Abs. 1 Satz 1 Nr. 3 oder deren Unterlassen fänden ihre europarechtliche Grundlage vielmehr in den Vorgaben der Umwelthaftungsrichtlinie 2004/35/EG.[6] 6

Durch das Gesetz zur Anpassung des Umwelt-Rechtsbehelfsgesetzes und anderer Vorschriften an europa- und völkerrechtliche Vorgaben vom 29.05.2017 (BGBl. I S. 1298) erhielt die Überleitungsvorschrift die heutige Nummerierung (§ 8). Sie wurde auch inhaltlich erheblich verändert. Nach der Gesetzesbegründung wurde Abs. 1 Satz 2 lediglich redaktionell angepasst. Mit dem neuen Abs. 2 sollte eine Stichtagsregelung für die neuen Nummern 4 bis 6 des § 1 geschaffen werden. Im Übrigen bedürfe es für den Anwendungsbereich des § 1 keiner Überleitungsbestimmung, weil für die verbliebenen Fallkonstellationen die Eröffnung von Rechtsbehelfen nach dem UmwRG zeitgleich mit dem Inkrafttreten des jeweiligen Fachrechts erfolgt sei bzw. erfolgen werde. Abs. 3 übernehme den Regelungsgehalt des bislang geltenden § 5 Abs. 2 unverändert; der Absatz sei jedoch anwendungsfreundlicher gestaltet worden. § 5 Abs. 3 a.F. wurde wegen Zeitablaufs gestrichen.[7] § 8 Abs. 2 wurde im Gesetzgebungsverfahren gegenüber dem Regierungsentwurf geändert. Der Ausschuss für Umwelt, Naturschutz, Bau und Reaktorsicherheit führte zu dieser Änderung aus, wie im Regierungsentwurf werde sichergestellt, dass der erweiterte Anwendungsbereich des geänderten UmwRG auf alle zukünftigen Entscheidungen Anwendung finde. Zusätzlich würden auch alle Entscheidungen erfasst, die zum Zeitpunkt des Inkrafttretens des Gesetzes noch keine Bestandskraft erlangt hätten. Bestandskräftige Entscheidungen lägen vor, wenn die Widerspruchs- oder Klagefrist abgelaufen sei. Dasselbe gelte für den Ablauf der Antragsfrist nach § 47 Abs. 2 VwGO. Die Änderung betreffe nur solche Entscheidungen, zu denen im Zeitpunkt des Inkrafttretens des Gesetzes bereits ein Rechtsbehelfsverfahren anhängig sei oder noch anhängig gemacht werden könne.[8] 7

B. Entscheidungen nach § 1 Abs. 1 Satz 1 Nr. 1 und 2 (Abs. 1)

Abs. 1 enthält eine Überleitungsvorschrift für Rechtsbehelfe gegen Entscheidungen nach § 1 Abs. 1 Satz 1 Nr. 1 und 2 (UVP-relevante Vorhaben und IE-Anlagen). Das UmwRG wäre ohne diese Regelung nach den Grundsätzen des intertemporalen Prozessrechts auf alle Rechtsbehelfe gegen oder auf Entscheidungen i.S.d. § 1 Abs. 1 Satz 1 Nr. 1 oder 2 anwendbar, die am Tag seines Inkrafttretens am 15.12.2006 rechtshängig waren oder danach erhoben wurden. Die Überleitungsvorschrift bewirkt somit keine Rückwirkung,[9] sondern begrenzt den Anwendungsbereich des UmwRG im Grundsatz auf Rechtsbehelfe gegen Entscheidungen, die nach Ablauf der durch die Öffentlichkeitsbeteiligungsrichtlinie vorgegebenen Umsetzungsfrist (25.06.2005) ergangen sind oder hätten ergehen müssen. Abweichend davon ist § 6 nur auf Rechtsbehelfe anzuwenden, die nach dem 28.01.2013 erhoben worden sind. 8

6 BR-Drs. 361/15, S. 9.
7 BR-Drs. 422/16, S. 41.
8 BT-Drs. 18/12146, S. 16.
9 A.A. OVG Saarlouis, Urt. v. 10.01.2017 – 2 A 3/16, juris Rn. 74; *Fellenberg/Schiller*, in: Landmann/Rohmer, Umweltrecht, § 8 UmwRG Rn. 15.

I. Entscheidungen, die nach dem 25.06.2005 ergangen sind oder hätten ergehen müssen

9 Nach dem Urteil des EuGH in der Rechtssache »Altrip« verstieß die Übergangsregelung in § 5 Abs. 1 a.F. gegen Unionsrecht.[10] Die daraufhin geänderte Fassung trägt den Vorgaben des EuGH Rechnung. Der EuGH wies darauf hin, dass eine neue Rechtsnorm grundsätzlich ab dem Inkrafttreten des Rechtsakts anwendbar ist, mit dem sie eingeführt wird. Sie sei zwar nicht auf unter dem alten Recht entstandene und endgültig erworbene Rechtspositionen anwendbar, finde jedoch auf deren künftige Wirkungen sowie auf neue Rechtspositionen Anwendung. Etwas anderes gelte nur, wenn zusammen mit der Neuregelung besondere Vorschriften getroffen würden, die speziell die Voraussetzungen für ihre zeitliche Geltung regeln.[11] Die Öffentlichkeitsbeteiligungsrichtlinie enthalte keine besondere Vorschrift hinsichtlich der zeitlichen Geltung des Art. 10a UVP-RL (jetzt Art. 11 UVP-RL). Die von dieser Vorschrift geforderten Rechtsbehelfe müssten deshalb auch für behördliche Genehmigungsverfahren gelten, die vor dem 25.06.2005, der Frist zur Umsetzung der Richtlinie, eingeleitet worden waren, in denen aber erst nach diesem Zeitpunkt eine Genehmigung erteilt wurde.[12]

10 Ergangen ist eine Entscheidung, sobald sie rechtlich existent ist.[13] Da Gegenstand eines Umweltrechtsbehelfs auch das Unterlassen einer Entscheidung nach § 1 Abs. 1 Satz 1 Nr. 1 und 2 sein kann, erfasst § 8 Abs. 1 Satz 1 nicht nur Entscheidungen, die nach dem 25.06.2005 ergangen sind, sondern auch Entscheidungen, die danach hätten ergehen müssen. Entscheidend ist dabei der Zeitpunkt, in dem die Zulassungsentscheidung erstmals hätte ergehen müssen.[14]

II. Besondere Überleitungsvorschrift für § 6

11 Für die in § 6 geregelte **Klagebegründungsfrist** enthält Abs. 1 Satz 2 eine besondere Übergangsregelung, die der allgemeinen Überleitungsvorschrift in Abs. 1 Satz 1 vorgeht. § 6 gilt für die in Abs. 1 Satz 1 genannten Rechtsbehelfe nur dann, wenn sie nach dem 28.01.2013 erhoben worden sind. Erhoben ist ein Rechtsbehelf, wenn er bei Gericht eingereicht wurde, also anhängig ist.

12 Die Vorschrift entspricht im Wesentlichen dem früheren § 5 Abs. 4 Satz 2, der durch das Gesetz zur Änderung des UmwRG und anderer umweltrechtlicher Vorschriften vom 21.01.2013 (BGBl. I S. 95) in das UmwRG eingefügt wurde. Die damalige Regelung der Klagebegründungsfrist in § 4a Abs. 1 a.F. trat nach Art. 13 Abs. 3 des Änderungsgesetzes am 29.01.2013 in Kraft. § 5 Abs. 4 Satz 2 a.F. sollte verhindern, dass das Erfordernis der Klagebegründungsfrist auch für am 29.01.2013 bereits anhängige gerichtliche Verfahren gilt.[15] Nach dieser Zielsetzung und nach dem eindeutigen Wortlaut ist § 6 auch in allen Verfahren gegen Entscheidungen nach § 1 Abs. 1 Satz 1 Nr. 1 und 2 anwendbar, die beim Inkrafttreten des neuen § 8 am 02.06.2017 bereits anhängig waren.[16]

13 § 8 Abs. 1 Satz 2 betrifft nur Rechtsbehelfe gegen Entscheidungen nach § 1 Abs. 1 Satz 1 Nr. 1 oder 2. § 6 schreibt eine Klagebegründungsfrist aber nicht nur für diese Rechtsbehelfe vor, sondern für alle Klagen gegen Entscheidungen i.S.v. § 1 Abs. 1 Satz 1. Für Rechtsbehelfe gegen Entscheidungen i.S.v. § 1 Abs. 1 Satz 1 Nr. 2a und 2b bedurfte es keiner speziellen Übergangsvorschrift zu § 6, weil im Zeitpunkt des Inkrafttretens dieser Änderung keine entsprechenden Rechtsbehelfe anhängig sein

---

10 EuGH, Urt. v. 07.11.2013 – C-72/12, NVwZ 2014, 49 Rn. 31; ebenso EuGH, Urt. v. 15.10.2015 – C-137/14, juris Rn. 101 ff.; BVerwG, Urt. v. 22.10.2015 – 7 C 15.13, NVwZ 2016, 308 Rn. 19; *Karge* UmwRG, S. 65, *Berkemann* DVBl 2010, 1403 (1404 ff.).

11 EuGH, Urt. v. 07.11.2013 – C-72/12, NVwZ 2014, 49 Rn. 22.

12 EuGH, Urt. v. 07.11.2013 – C-72/12, NVwZ 2014, 49 Rn. 31.

13 Näher hierzu *Fellenberg/Schiller*, in: Landmann/Rohmer, Umweltrecht, § 8 UmwRG Rn. 11.

14 So zutreffend *Fellenberg/Schiller*, in: Landmann/Rohmer, Umweltrecht, § 8 UmwRG Rn. 14.

15 BR-Drs. 469/12, S. 44.

16 OVG Lüneburg, Urt. v. 02.09.2020 – 7 KS 17/15, juris Rn. 135; VG Stade, Urt. v. 27.03.2019 – 1 A 3271/16, juris Rn. 95; a.A. OVG Hamburg, Urt. v. 12.05.2021 – 1 Bf 492/19, juris Rn. 57; *Fellenberg/Schiller*, in: Landmann/Rohmer, Umweltrecht, § 8 UmwRG Rn. 19.

konnten. Anders verhält es sich bei den restlichen in § 1 Abs. 1 Satz 1 Nr. 3 bis 6 genannten Entscheidungen. Insbesondere ist damit zu rechnen, dass am 02.06.2017, dem Inkrafttreten des § 1 Abs. 1 Satz 1 Nr. 4 bis 6, zahlreiche Rechtsbehelfe i.S.v. § 1 Abs. 1 Satz 1 Nr. 5 anhängig waren, für die sich mangels spezieller Überleitungsvorschrift die Frage stellt, ob die Klagebegründungsfrist des § 6 in diesen Verfahren ab dem 02.06.2017 gilt. Ohne besondere Überleitungsvorschrift wäre hiervon nach den Grundsätzen des intertemporalen Prozessrechts grundsätzlich auszugehen.[17] Allerdings dürfte eine planwidrige Regelungslücke vorliegen, die wegen der vergleichbaren Interessenslage durch analoge Anwendung des § 8 Abs. 1 Satz 2 geschlossen werden kann.[18] Der Gesetzgeber wollte mit § 8 Abs. 1 Satz 2 und der Vorgängervorschrift in § 5 Abs. 4 Satz 2 offenkundig verhindern, dass bei Inkrafttreten der Klagebegründungsfrist am 29.01.2013 bereits anhängige Verfahren diesem Erfordernis unterworfen werden. Eine vergleichbare Konstellation liegt vor, wenn § 6 bereits gilt, aber nachträglich sein Anwendungsbereich auf zusätzliche Entscheidungen erweitert wird. § 8 Abs. 1 Satz 2 kann der allgemeine Grundsatz entnommen werden, dass bereits anhängige Klageverfahren nicht während des Verfahrens erstmals einer Klagebegründungsfrist unterworfen werden sollen. Die Klagebegründungsfrist des § 6 gilt deshalb nicht für Rechtsbehelfe gegen oder auf Entscheidungen gemäß § 1 Abs. 1 Satz 1 Nr. 4 bis 6, die am 02.06.2017 bereits anhängig waren.[19]

C. Entscheidungen nach § 1 Abs. 1 Satz 1 Nr. 2a, 2b und 3

§ 8 enthält keine Überleitungsvorschrift für Rechtsbehelfe gegen Entscheidungen nach § 1 Abs. 1 Satz 1 Nr. 2a, 2b und 3. Die Klagebegründungsfrist des § 6 ist jedoch auf bei Inkrafttreten dieser Tatbestände bereits anhängige Rechtsbehelfe entsprechend § 8 Abs. 1 Satz 2 nicht anwendbar (s. Rdn. 13). 14

Eine Überleitungsvorschrift für Rechtsbehelfe gegen die in § 1 Abs. 1 Satz 1 Nr. 2a und 2b genannten **störfallrechtlichen Entscheidungen** war nicht erforderlich. Diese störfallrechtlichen Entscheidungen wurden mit dem Gesetz zur Umsetzung der Seveso-III-Richtlinie vom 30.11.2016 (BGBl. I S. 2749) neu geschaffen, durch das auch Nr. 2a und 2b in § 1 Abs. 1 eingefügt wurden. Angesichts dessen gab es vor Inkrafttreten dieses Gesetzes keine entsprechenden Rechtsbehelfe.[20] 15

Eine Überleitungsvorschrift für Rechtsbehelfe gegen Entscheidungen nach dem **USchadG** i.S.v. § 1 Abs. 1 Satz 1 Nr. 3 hielt der Gesetzgeber für entbehrlich. Er war der Auffassung, eine Erstreckung des § 5 Abs. 1 Satz 1 a.F. (§ 8 Abs. 1 Satz 1) auf Rechtsbehelfe gegen diese Entscheidungen oder deren Unterlassen sei nicht geboten, weil Art. 11 UVP-RL und Art. 25 IE-RL für solche Rechtsbehelfe nicht gelten würden. Sie würden daher durch das Urteil des EuGH vom 07.11.2013 in der Rechtssache C-72/12 (»Altrip«) nicht berührt. Entscheidungen nach § 1 Abs. 1 Satz 1 Nr. 3 oder deren Unterlassen fänden ihre unionsrechtliche Grundlage vielmehr in den Vorgaben der Umwelthaftungsrichtlinie 2004/35/EG.[21] Das USchadG ist nicht anwendbar auf Ereignisse, die vor dem 30.04.2007 stattgefunden haben (§ 13 USchadG).[22] 16

Nach den Grundsätzen des intertemporalen Prozessrechts finden neue prozessuale Vorschriften auf die im Zeitpunkt ihres Inkrafttretens anhängigen gerichtlichen Verfahren Anwendung.[23] Auch ohne 17

17 Vgl. *Schlacke*, in: Gärditz, VwGO, § 5 UmwRG Rn. 4.
18 Ähnlich *Fellenberg/Schiller*, in: Landmann/Rohmer, Umweltrecht, § 8 UmwRG Rn. 19: teleologische Reduktion.
19 VG Münster, Urt. v. 04.03.2021 – 2 K 1905/16, juris Rn. 123; VG Schwerin, Urt. v. 16.09.2020 – 7 A 1408/17 SN, juris Rn. 89; *Fellenberg/Schiller*, in: Landmann/Rohmer, Umweltrecht, § 8 UmwRG Rn. 19; *Happ*, in: Eyermann, VwGO, § 8 UmwRG Rn. 3.
20 Vgl. BT-Drs. 18/12146, S. 16.
21 BR-Drs. 361/15, S. 41.
22 *Fellenberg/Schiller*, in: Landmann/Rohmer, Umweltrecht, § 8 UmwRG Rn. 24.
23 *Berkemann* DVBl 2010, 1403 (1408).

eine ausdrückliche Überleitungsvorschrift ist § 1 Abs. 1 Satz 1 Nr. 3 deshalb auf Rechtsbehelfsverfahren anzuwenden, die im Zeitpunkt des Inkrafttretens der Regelung bereits anhängig waren.[24]

D. Entscheidungen nach § 1 Abs. 1 Satz 1 Nr. 4 bis 6 (Abs. 2)

18 Abs. 2 enthält eine Überleitungsvorschrift für Rechtsbehelfe gegen Entscheidungen nach § 1 Abs. 1 Satz 1 Nr. 4 bis 6. Das UmwRG wäre ohne diese Regelung auf alle Sachverhalte anwendbar, die ab dem Inkrafttreten des Gesetzes zur Anpassung des UmwRG und anderer Vorschriften an europa- und völkerrechtliche Vorgaben (BGBl. I S. 1298) am 02.06.2017 die Voraussetzungen des § 1 Abs. 1 Satz 1 Nr. 4, 5 oder 6 erfüllen. Nach der Überleitungsvorschrift ist das UmwRG auf Rechtsbehelfe gegen an diesem Tag bereits bestandskräftige Entscheidungen nicht anzuwenden.[25] Die Klagebegründungsfrist des § 6 ist auf an diesem Tag bereits anhängige Rechtsbehelfe entsprechend § 8 Abs. 1 Satz 2 nicht anwendbar (s. Rdn. 13). § 8 Abs. 2 ändert nicht i.V.m. § 7 Abs. 2 Satz 1 eine zuvor begründete Gerichtszuständigkeit.[26]

19 *Schlacke* hält die am Altrip-Urteil des EuGH orientierte neue Stichtagsregelung für völkerrechtswidrig. Spätestens ab Bekanntgabe der Entscheidung der 5. Vertragsstaatenkonferenz der Aarhus-Konvention (s. § 1 Rdn. 4) habe festgestanden, dass Deutschland verpflichtet gewesen sei, auch Art. 9 Abs. 3 Aarhus-Konvention umzusetzen. Als Stichtag habe deshalb der 03.07.2014 festgelegt werden müssen.[27] Die Frage hat angesichts der seitdem verstrichenen Zeit aber wohl keine große praktische Bedeutung mehr.

I. Entscheidungen, die am 02.06.2017 noch keine Bestandskraft erlangt haben

20 Das UmwRG findet keine Anwendung auf Entscheidungen nach § 1 Abs. 1 Satz 1 Nr. 4 bis 6, die am 02.06.2017 bereits **Bestandskraft** erlangt haben. Fraglich ist, wann anzunehmen ist, dass die in § 1 Abs. 1 Satz 1 Nr. 1 bis 4 genannten Entscheidungen »bestandskräftig« sind. Die Regelung beruht auf einem Änderungsvorschlag des Ausschusses für Umwelt, Naturschutz, Bau und Reaktorsicherheit. Nach Auffassung des Ausschusses liegen bestandskräftige Entscheidungen vor, wenn die Widerspruchs- oder Klagefrist oder die Antragsfrist nach § 47 Abs. 2 VwGO abgelaufen ist. Es sollten solche Entscheidungen in den Anwendungsbereich des UmwRG einbezogen werden, zu denen im Zeitpunkt des Inkrafttretens des Änderungsgesetzes bereits ein Rechtsbehelfsverfahren anhängig war oder noch anhängig gemacht werden konnte.[28] Ob eine Entscheidung nach § 8 Abs. 2 Nr. 1 bestandskräftig oder anfechtbar ist, beurteilt sich nach altem Recht, also nicht nach § 2 Abs. 3.[29]

21 Ein **Verwaltungsakt** i.S.v. § 1 Abs. 1 Satz 1 Nr. 5 oder 6 ist bestandskräftig, wenn er wirksam und unanfechtbar ist. Er ist unanfechtbar, wenn die Widerspruchs- bzw. Klagefrist abgelaufen ist, ohne dass ein Rechtsbehelf eingelegt wurde. Wird der Verwaltungsakt einem Betroffenen bekannt gegeben, endet die Widerspruchs- bzw. Klagefrist einen Monat nach Bekanntgabe (§§ 70 Abs. 1, 74 Abs. 1 VwGO). Wird der Verwaltungsakt einem Betroffenen nicht bekannt gegeben, läuft für diesen Betroffenen keine Rechtsmittelfrist, sodass in Bezug auf diesen Betroffenen auch keine Unanfechtbarkeit und Bestandskraft eintritt. Ein Verwaltungsakt kann deshalb am 02.06.2017 bestimmten Betroffenen gegenüber bereits bestandskräftig sein, anderen aber nicht. Wurde der Verwaltungsakt einem Betroffenen vor dem 02.06.2017 nicht bekannt gegeben und ist er deshalb nicht bestandskräftig, dann ist das UmwRG im Anwendungsbereich des § 1 Abs. 1 Satz 1 Nr. 4 bis 6 auf einen Rechtsbehelf dieses Betroffenen anwendbar. Bei Vereinigungen gilt dann jedoch § 2 Abs. 3. Unter

---

24 *Fellenberg/Schiller*, in: Landmann/Rohmer, Umweltrecht, § 8 UmwRG Rn. 7.

25 In anhängigen Gerichtsverfahren, die nicht bestandskräftige Entscheidungen betreffen, ist es somit anwendbar: BVerwG, Urt. v. 29.04.2021 – 4 C 2/19, juris Rn. 21.

26 VG Gelsenkirchen, Urt. v. 15.11.2018 – 8 K 5068/15, juris Rn. 106.

27 *Schlacke* NVwZ 2017, 905 (912); ebenso wohl *Franzius*, in: Schink/Reidt/Mitschang, UVPG/UmwRG, § 8 UmwRG Rn. 2; a.A. *Fellenberg/Schiller*, in: Landmann/Rohmer, Umweltrecht, § 8 UmwRG Rn. 22.

28 BT-Drs. 18/12146, S. 16.

29 OVG Lüneburg, Urt. v. 25.10.2018 – 12 LB 118/16, juris Rn. 152.

den Voraussetzungen des § 7 Abs. 1 kann der Vorhabenträger außerdem eine individuelle Bekanntgabe verlangen. Ein Verwaltungsakt ist nicht bestandskräftig, wenn gegen ihn am 02.06.2017 eine Klage anhängig war. Das gilt auch dann, wenn diese Klage wegen der ursprünglich fehlenden Klagebefugnis unzulässig war.[30]

Die Voraussetzung, dass eine der genannten Entscheidungen am 02.06.2017 noch keine Bestandskraft erlangt hat, liegt auch vor, wenn der betreffende Verwaltungsakt **nichtig** ist. Denn nichtige Verwaltungsakte werden nicht bestandskräftig.[31] Ihre Nichtigkeit kann gemäß § 43 VwGO ohne zeitliche Beschränkung festgestellt werden.

Für **Pläne und Programme** i.S.v. § 1 Abs. 1 Satz 1 Nr. 4 passt der Begriff der Bestandskraft nicht. 22
Rechtsnormen sind wirksam oder nichtig, werden aber nicht wie Verwaltungsakte bestandskräftig. Planerhaltungsregelungen führen nicht zur Unbeachtlichkeit aller Fehler. Wenn die Frist des § 47 Abs. 2 Satz 1 VwGO zur Einleitung eines Normenkontrollverfahrens abgelaufen ist, kann die Wirksamkeit noch inzident überprüft werden.[32] Allerdings darf nicht unberücksichtigt bleiben, dass der Ausschuss für Umwelt, Naturschutz, Bau und Reaktorsicherheit, auf dessen Beschlussempfehlung die Regelung zurückgeht, von einer bestandskräftigen Entscheidung ausgeht, wenn die Antragsfrist nach § 47 Abs. 2 VwGO abgelaufen ist.[33] Hierfür spricht immerhin, dass bei inzidentem Rechtsschutz regelmäßig kein Rechtsbehelf gegen den Plan oder das Programm selbst vorliegen dürfte, sondern ein Rechtsbehelf gegen eine auf der Grundlage des Plans oder Programms ergangene Entscheidung, womit derartige Klagen regelmäßig einer anderen Nr. des Katalogs des § 1 Abs. 1 Satz 1 unterfallen werden. Vor diesem Hintergrund ist bei Plänen und Programmen von einer »Bestandskraft« i.S.v. § 8 Abs. 2 Nr. 1 auszugehen, wenn unmittelbar gegen den Plan oder das Programm kein Rechtsbehelfsverfahren mehr anhängig gemacht werden konnte.[34] Soweit gegen Pläne und Programme das Normenkontrollverfahren des § 47 VwGO eröffnet war, liegt Bestandskraft einem Betroffenen gegenüber somit vor, wenn dieser innerhalb der Antragsfrist keinen Normenkontrollantrag eingereicht hat. Entsprechendes gilt, wenn er den Normenkontrollantrag zurückgenommen hat. Wenn kein Normenkontrollverfahren statthaft war, kommt es darauf an, ob am 02.06.2017 anderweitiger Rechtsschutz möglich war.

Auch für die in § 1 Abs. 1 Satz 1 Nr. 5 genannten **öffentlich-rechtlichen Verträge** passt der Begriff 23
der Bestandskraft nicht. Ebenso wie Rechtsnormen sind sie entweder wirksam oder nichtig. Für die im Zusammenhang mit Verträgen in Betracht kommenden Rechtsbehelfe (insbesondere die Feststellungsklage, in bestimmten Konstellationen möglicherweise auch die allgemeine Leistungsklage) gilt keine Klagefrist. Soweit nicht ausnahmsweise Grundsätze der Verwirkung oder Treu und Glauben einer Klage entgegenstehen, ist deshalb davon auszugehen, dass das UmwRG gemäß § 8 Abs. 2 Nr. 1 auf alle Rechtsbehelfe gegen am 02.06.2017 bestehende öffentlich-rechtliche Verträge i.S.v. § 1 Abs. 1 Satz 1 Nr. 4 anwendbar ist.[35]

II. Entscheidungen, die nach dem 02.06.2017 ergangen sind oder hätten ergehen müssen

Nach § 8 Abs. 2 Nr. 2 ist das UmwRG auf alle Entscheidungen nach § 1 Abs. 1 Satz 1 Nr. 4 bis 6 24
anwendbar, die »nach« dem 02.06.2017 ergangen sind oder hätten ergehen müssen. Bei wörtlicher Auslegung wäre das am 02.06.2017 in Kraft getretene Gesetz insoweit erst ab dem 03.06.2017 anwendbar. Das dürfte nicht gemeint gewesen sein. Mangels entgegenstehender Anhaltspunkte ist

30 OVG Hamburg, Urt. v. 08.04.2019 – 1 Bf 200/15, juris Rn. 129 m.w.N.
31 *Kopp/Ramsauer*, VwVfG, § 43 Rn. 29.
32 *Bunge* UmwRG § 8 Rn. 25.
33 BT-Drs. 18/12146, S. 16.
34 BT-Drs. 18/12146, S. 16; a.A. *Bunge* UmwRG § 8 Rn. 25.
35 Im Grundsatz ebenso *Bunge* UmwRG § 8 Rn. 27, der aber wegen verspäteter Umsetzung des Art. 9 Abs. 3 Aarhus-Konvention den 15.04.2007 als maßgeblichen Stichtag ansieht.

vielmehr davon auszugehen, dass das UmwRG auf alle Entscheidungen nach § 1 Abs. 1 Satz 1 Nr. 4 bis 6 anwendbar ist, die **am 02.06.2017 oder danach** ergangen sind oder hätten ergehen müssen.[36]

E. Erteilte Anerkennungen (Abs. 3)

I. Fortgeltung erteilter Anerkennungen

25 Nach § 8 Abs. 3 gelten die nach früherem Recht erteilten Anerkennungen von Naturschutzvereinigungen und Umweltvereinigungen als Anerkennungen i.S.d. UmwRG fort. Die Regelung erfasst

- Anerkennungen nach § 3 in der Fassung vom 28.02.2010, die vor dem 01.03.2010 erteilt worden sind,
- Anerkennungen nach § 59 BNatSchG in der Fassung vom 28.02.2010, die vor dem 01.03.2010 erteilt worden sind,
- Anerkennungen nach landesrechtlichen Vorschriften im Rahmen des § 60 BNatSchG in der Fassung vom 28.02.2010, die vor dem 01.03.2010 erteilt worden sind, und
- Anerkennungen des Bundes und der Länder nach § 29 des BNatSchG in der bis zum 03.04.2002 geltenden Fassung.

26 Die Bedeutung des § 8 Abs. 3 erschöpft sich in der Fiktion, dass die nach früherem Recht erteilten Anerkennungen als Anerkennungen i.S.d. § 3 zu behandeln sind. Dies ist insbesondere für die nach Naturschutzrecht in der Vergangenheit ausgesprochenen Anerkennungen bedeutsam. Denn § 63 Abs. 1 BNatSchG definiert die **anerkannte Naturschutzvereinigung** als eine nach § 3 UmwRG anerkannte Vereinigung, die nach ihrem satzungsgemäßen Aufgabenbereich im Schwerpunkt Ziele des Naturschutzes und der Landschaftspflege fördert. § 8 Abs. 3 stellt sicher, dass die nach früherem Naturschutzrecht anerkannten Verbände auch nach der neuen Fassung des § 63 Abs. 1 BNatSchG anerkannte Naturschutzvereinigungen sind.

II. Inhalt und Umfang der fortgeltenden Anerkennungen

27 § 8 Abs. 3 ändert nichts an Inhalt und Umfang der nach früherem Recht ausgesprochenen Anerkennungen.[37] Der konkrete Inhalt und der Umfang der bestehenden Anerkennung richtet sich nach dem Anerkennungsbescheid.[38] Nach früherem Recht anerkannte Naturschutzvereine können deshalb Rechtsbehelfe nach dem UmwRG nur in dem Umfang erheben, der in der naturschutzrechtlichen Anerkennung festgelegt wurde. Sie sind damit auf die Geltendmachung naturschutzrechtlicher Vorschriften beschränkt. Möchten sie Rügen in anderen Bereichen des Umweltrechts erheben, bedürfen Sie hierzu einer ergänzenden Anerkennung gemäß § 3.[39]

---

36 OVG Münster, Urt. v. 25.01.2024 – 20 D 8/19.AK, juris Rn. 133.

37 BVerwG, Urt. v. 16.09.2021 – 7 A 5/21, juris Rn. 20; VGH München, Beschl. v. 20.01.2010 – 22 CS 09.2968, juris Rn. 11; OVG Bremen, Urt. v. 04.06.2009 – 1 A 7/09, NuR 2010, 120 (121); *Marty* ZUR 2009, 115 (118); *Meitz* ZUR 2010, 563 (566).

38 Dazu § 3 UmwRG Rdn. 71.

39 BT-Drs. 16/12274, S. 79; OVG Berlin, Urt. v. 17.07.2015 – OVG 6 A 11.14, juris Rn. 15; VGH München, Beschl. v. 27.05.2015 – 22 CS 15.485, juris Rn. 24; wohl a.A. OVG Koblenz, Urt. v. 14.10.2014 – 8 C 10233/14, DVBl 2015, 42 Rn. 36.

Stichwortverzeichnis

Halbfett gedruckte Ziffern verweisen auf den Paragrafen (bzw. Einleitung, Anlagen zum UVPG und auf die Kommentierung des UmwRG), mager gedruckte Ziffern auf die Randnummern der Kommentierung.